Complete Study Guide

# JHTET

## झारखंड शिक्षक पात्रता परीक्षा

### उच्च प्राथमिक

### पेपर–2 कक्षा 6 से 8 के लिए

# सामाजिक अध्ययन

टीम प्रभात

प्रभात एग्जाम
www.prabhatexam.com

*प्रकाशक*

**प्रभात एग्जाम**

**प्रभात प्रकाशन प्रा. लि. का उपक्रम**

4/19 आसफ अली रोड, नई दिल्ली-110002

फोन : 23289555 • 23289666 • 23289777 • हेल्पलाइन/ 7827007777

इ-मेल : prabhatbooks@gmail.com ❖ वेब ठिकाना : www.prabhatexam.com



*मूल्य*

चार सौ पचानवे रुपए

अ.मा.पु.स. 978-81-971732-9-5

*मुद्रक*

संजय प्रिंटर, साहिबाबाद

★

**JHTET JHARKHAND SHIKSHAK PATRATA PAREEKSHA**
**PAPER-2 (CLASS: 6 - 8)**
**SAMAJIK ADHYAYAN**
by Team Prabhat

ISBN 978-81-971732-9-5

₹495.00

# पाठ्यक्रम

झारखण्ड शिक्षक पात्रता परीक्षा (संशोधन) नियमावली, 2022 के नियम 3 में अंकित प्रावधान को निम्नवत् प्रतिस्थापित किया जाता है–

| क्र. खण्ड | | | वर्तमान प्रावधान | | | क्र. | | | प्रतिस्थापित प्रावधान | | |
|---|---|---|---|---|---|---|---|---|---|---|---|
| | | | विषय | बहु–विकल्पीय प्रश्नों की संख्या | पूर्णांक | | खण्ड | | विषय | बहु–विकल्पीय प्रश्नों की संख्या | पूर्णांक |
| 1. | (अनिवार्य) | I. | बाल विकास एवं शिक्षण पद्धति (अनिवार्य) | 20 | 20 | 1. | (अनिवार्य) | I. | बाल विकास एवं शिक्षण पद्धति (अनिवार्य) | 30 | 30 |
| | | II. | भाषा–I<br>(a) सहायक शिक्षक: हिन्दी एवं अंग्रेजी या (हिन्दी/ संस्कृत के लिए 20 प्रश्न एवं अंग्रेजी के लिए 20 प्रश्न) | 40 | 40 | | | II. | भाषा–I<br>(a) सहायक आचार्य/ विशेष प्रशिक्षित सहायक आचार्य: हिन्दी एवं अंग्रेजी (हिन्दी के लिए 15 प्रश्न एवं अंग्रेजी के लिए 15 प्रश्न) | 30 | 30 |
| | | | (b) उर्दू शिक्षक: उर्दू एवं अंग्रेजी (उर्दू के लिए 20 प्रश्न एवं अंग्रेजी के लिए 20 प्रश्न) | | | | | | (b) सहायक आचार्य (उर्दू) उर्दू एवं अंग्रेजी (उर्दू के लिए 15 प्रश्न एवं अंग्रेजी के लिए 15 प्रश्न) | | |
| | | III. | **भाषा-II**<br>क्षेत्रीय/जनजातीय भाषा | 40 | 40 | | | III. | **भाषा-II**<br>कार्मिक प्रशासनिक सुधार तथा राजभाषा विभाग के अधिसूचना संख्या 1427 दिनांक 10.03.2023 से अधिसूचित भाषा में से कोई एक भाषा। | 30 | 30 |
| 2. | वैकल्पिक | | भाषा–I<br>(a) गणित विज्ञान एवं विज्ञान शिक्षक: | 150 | 150 | 2. | वैकल्पिक | IV. | (a) गणित विज्ञान एवं विज्ञान शिक्षक: | 60 | 60 |
| | | | गणित–50, विज्ञान–100, (भौतिकी–50, रसायन–50 वनस्पति–50, जीव विज्ञान–50 में से कोई भी दो विषय) | | | | | | गणित एवं विज्ञान से संबंधित प्रश्न | | |

|  |  |  | (b) समाज अध्ययन शिक्षक: | 150 | 150 |  |  |  | (b) समाज अध्ययन शिक्षक: | 60 | 60 |
|---|---|---|---|---|---|---|---|---|---|---|---|
|  |  |  | (इतिहास 50, भूगोल-50 राजनीतिशास्त्र-50 अर्थशास्त्र-50 समाजशास्त्र-50, लेखा शास्त्र-50 तथा व्यापार अध्ययन-50 में से कोई भी तीन विषय) |  |  |  |  |  | समाज अध्ययन से संबंधित प्रश्न |  |  |
|  |  |  | (c) भाषा शिक्षक: |  |  |  |  |  | (c) भाषा शिक्षक अन्य शिक्षक: अथवा में से कोई एक | 60 | 60 |
|  |  |  | (अंग्रेजी-75 एवं हिंदी/संस्कृत/उर्दू/अन्य संबंधित भाषा-75) | 150 | 150 |  |  |  |  |  |  |
|  |  |  | **कुल** | **250** | **250** |  |  |  | **कुल** | **150** | **150** |

नोट : परीक्षा में उत्तीर्ण अभ्यर्थियों (कक्षा 6 से 8 के लिए) को झारखण्ड अधिविद्य परिषद्, राँची अथवा राज्य सरकार द्वारा प्राधिकृत प्राधिकार द्वारा निर्गत प्रमाण-पत्र में अभ्यर्थियों द्वारा चयनित किये गये विकल्पों यथा-सहायक आचार्य/विशेष प्रशिक्षित सहायक आचार्य/सहायक आचार्य (उर्दू) चयनित भाषा-II तथा चयनित वैकल्पिक विषय (गणित एवं विज्ञान शिक्षक या सामाजिक विज्ञान शिक्षक) का स्पष्ट रूप में उल्लेख किया जाएगा। सहायक आचार्य (उर्दू) के प्रतियोगी द्वारा भाषा-II ने उर्दू भाषा का चयन अनिवार्य होगा।

# विषय-सूची

# बाल विकास एवं शिक्षण शास्त्र

# 1 विकास की अवधारणा और इसका अधिगम से संबंध

## विकास की अवधारणा

- विकास जीवनपर्यन्त निरन्तर चलने वाली एक प्रक्रिया है। विकास की प्रक्रिया में बालक का शारीरिक (Physical), क्रियात्मक (Motor), संज्ञानात्मक (Cognitive) भाषागत् (Language), संवेगात्मक (Emotional) एवं सामाजिक (Social) आदि पक्षों का विकास होता है।
- बालक में आयु के साथ होने वाले गुणात्मक एवं परिमाणात्मक परिवर्तन सामान्यतया देखे जाते हैं। बालक में क्रमबद्ध रूप से होने वाले सुसंगत परिवर्तन की क्रमिक श्रृंखला को (Sequence Chain) 'विकास' कह सकते हैं।
- क्रमबद्ध एवं 'सुसंगत' होना इस बात का संकेत करता है कि बालक के अन्दर अब तक संघटित गुणात्मक परिवर्तन तथा उसमें आगे होने वाले परिवर्तनों में एक निश्चित सम्बन्ध है। आगे होने वाले परिवर्तन अब तक के परिवर्तनों की परिपक्वता पर निर्भर करते हैं।
- **अरस्तू** के अनुसार, "विकास आन्तरिक एवं बाह्य कारणों से व्यक्ति में होने वाले परिवर्तन है।"
- **मुनरो** के अनुसार, "विकास परिवर्तन-श्रृंखला की वह अवस्था है, जिसमें बच्चा भ्रूणावस्था से लेकर प्रौढ़ावस्था तक गुजरता है, विकास कहलाता है।"

## विकास के अभिलक्षण

- विकास एक जीवनपर्यन्त चलने वाली प्रक्रिया है, जो गर्भधारण से लेकर मृत्युपर्यन्त तक चलती रहती है। मनोवैज्ञानिकों ने विकास के विभिन्न अभिलक्षणों (Characteristics) को बताया है, जो इस प्रकार हैं
- विकासात्मक परिवर्तन प्राय: व्यवस्थित प्रगतिशील और नियमित होते हैं। सामान्य से विशिष्ट और सरल से जटिल और एकीकृत से क्रियात्मक स्तरों की ओर अग्रसर होने के दौरान प्राय: यह एक क्रम का अनुसरण करते हैं।
- विकास बहु आयामी (Multi-dimensional) होता है अर्थात् कुछ क्षेत्रों में यह बहुत तीव्र वृद्धि को दर्शाता है, जबकि कुछ अन्य क्षेत्रों में धीमी गति से होता है।
- विकास बहुत ही लचीला होता है इसका तात्पर्य है कि एक ही व्यक्ति अपनी पिछली विकास दर की तुलना में किसी विशिष्ट क्षेत्र में अपेक्षाकृत आकस्मिक रूप से अच्छा सुधार प्रदर्शित कर सकता है। एक अच्छा परिवेश शारीरिक शक्ति अथवा स्मृति और बुद्धि के स्तर में अनापेक्षित सुधार ला सकता है।
- विकासात्मक परिवर्तनों में प्राय: परिपक्वता में क्रियात्मकता (Functional) के स्तर पर उच्च स्तरीय वृद्धि देखने में आती हैं, उदाहरणस्वरूप शब्दावली के आकार और जटिलता में वृद्धि, परन्तु इस प्रक्रिया में कोई कमी अथवा क्षति भी निहित हो सकती है; जैसे- हड्डियों के घनत्व में कमी या वृद्धावस्था में याददाशत (स्मृति) का कमजोर होना।
- विकासात्मक परिवर्तन मात्रात्मक एवं गुणात्मक दोनों हो सकते हैं; जैसे- आयु बढ़ने के साथ कद बढ़ना एवं नैतिक मूल्यों का निर्माण।
- विकास प्रासंगिक हो सकता है। यह ऐतिहासिक, परिवेशीय और सामाजिक-सांस्कृतिक घटकों से प्रभावित हो सकता है।
- विकासात्मक परिवर्तनों की दर अथवा गति में उल्लेखनीय 'व्यक्तिगत अन्तर' हो सकते हैं। यह अन्तर आनुवंशिक घटकों अथवा परिवेशीय प्रभावों के कारण हो सकते हैं। कुछ बच्चे अपनी आयु की तुलना में अत्यधिक पूर्व-चेतन (जागरूक) हो सकते हैं, जबकि कुछ बच्चों में विकास की गति बहुत धीमी होती है। उदाहरणस्वरूप, यद्यपि एक औसत बच्चा 3 शब्दों के वाक्य 3 वर्ष की आयु में बोलना शुरू कर देता है, परन्तु कुछ ऐसे बच्चे भी हो सकते हैं, जो 2 वर्ष के होने से बहुत पहले ही ऐसी योग्यता प्राप्त कर लेते हैं।

## विकास के आयाम

मनोवैज्ञानिकों ने अध्ययन की सुविधा के दृष्टिकोण से विकास को निम्नलिखित भागों में बाँटा गया है

### शारीरिक विकास

- शरीर के बाह्य परिवर्तन जैसे-ऊँचाई एवं शारीरिक अनुपात में वृद्धि इत्यादि जिन्हें स्पष्ट रूप से देखा जा सकता है, किन्तु शरीर के आन्तरिक अवयवों के परिवर्तन बाह्य रूप से दिखाई तो नहीं पड़ते, किन्तु शरीर के भीतर इनका समुचित विकास होता रहता है।
- शारीरिक विकास क्रम में आयु वृद्धि के साथ-साथ शरीर के आंकार एवं भार में परिवर्तन होता है।
- प्रारम्भ में शिशु अपने हर प्रकार के कार्यों के लिए दूसरों पर निर्भर रहता है, धीरे-धीरे विकास की प्रक्रिया के फलस्वरूप वह अपनी आवश्यकताओं की पूर्ति में सक्षम होता जाता है।
- शारीरिक विकास पर बालक के आनुवंशिक गुणों का प्रभाव देखा जा सकता है। इसके अतिरिक्त बालक के परिवेश एवं उसकी देखभाल का भी उसके शारीरिक विकास पर प्रभाव पड़ता है। यदि बच्चे को पर्याप्त मात्रा में पोषक आहार उपलब्ध नहीं हो रहा है, तो उसके विकास की सामान्य गति की आशा कैसे की जा सकती है?
- बालक की वृद्धि एवं विकास के बारे में शिक्षकों को पर्याप्त जानकारी इसलिए भी रखना अनिवार्य हैं, क्योंकि बच्चों की रुचियाँ, इच्छाएँ, दृष्टिकोण एवं एक तरह से उसका पूर्ण व्यवहार शारीरिक वृद्धि एवं विकास पर ही निर्भर करता है।
- बच्चों की शारीरिक वृद्धि एवं विकास के सामान्य ढाँचे से परिचित होकर अध्यापक यह जान सकता है कि एक विशेष आयु स्तर पर बच्चों से क्या आशा की जा सकती है?

### मानसिक विकास

- संज्ञानात्मक या मानसिक विकास (Cognitive or Mental Development) से तात्पर्य बालक की उन सभी मानसिक योग्यताओं एवं क्षमताओं में वृद्धि और

विकास से है, जिसका प्रयोग अधिगम करने, समस्याओं का समाधान करने तथा वातावरण में समायोजन स्थापित करने आदि में किया जाता है।

- कल्पना करना, स्मरण करना, विचार करना, निरीक्षण करना, समस्या-समाधान करना, निर्णय लेना इत्यादि की योग्यता संज्ञानात्मक विकास के फलस्वरूप ही विकसित होते हैं।
- जन्म के समय बालक में मानसिक योग्यताओं का अभाव होता है, किन्तु आयु बढ़ने के साथ-साथ उसमें मानसिक विकास की गति भी बढ़ती रहती है।
- संज्ञानात्मक विकास के बारे में शिक्षकों को पर्याप्त जानकारी इसलिए होनी चाहिए, क्योंकि इसके अभाव में वह बालकों की इससे सम्बन्धित समस्याओं का समाधान नहीं कर पाएँगे।
- यदि कोई बालक मानसिक रूप से कमजोर है, तो इसके क्या कारण हैं, यह जानना उसके उपचार के लिए आवश्यक है।
- विभिन्न अवस्थाओं और आयु-स्तर पर बच्चों की मानसिक वृद्धि और विकास को ध्यान में रखते हुए उपयुक्त पाठ्य-पुस्तकें तैयार करने में भी इससे सहायता मिल सकती है।

## सांवेगिक विकास

- संवेग, जिसे भाव भी कहा जाता है का अर्थ होता है ऐसी अवस्था जो व्यक्ति के व्यवहार को प्रभावित करती है। भय, क्रोध, घृणा, आश्चर्य, स्नेह, खुशी इत्यादि संवेग के उदाहरण हैं। बालक में आयु बढ़ने के साथ ही इन संवेगों के उचित प्रक्षेपण एवं नियन्त्रण की योग्यता का विकास होता है।
- संवेगात्मक विकास (Emotional Development) मानव वृद्धि एवं विकास का एक महत्त्वपूर्ण पहलू है। बालक का संवेगात्मक व्यवहार उसकी शारीरिक वृद्धि एवं विकास को ही नहीं, बल्कि बौद्धिक, सामाजिक एवं नैतिक विकास को भी प्रभावित करता है।
- बालक के सन्तुलित विकास में उसके संवेगात्मक विकास की अहम भूमिका होती हैं।
- बालक के संवेगात्मक विकास पर उसका पारिवारिक वातावरण भी बहुत प्रभाव डालता है।
- विद्यालय के परिवेश और क्रिया-कलापों को उचित प्रकार से संगठित कर अध्यापक बच्चों के संवेगात्मक विकास में महत्त्वपूर्ण योगदान दे सकते हैं।

## क्रियात्मक विकास

क्रियात्मक विकास (Motor Development) से आशय व्यक्ति की कार्य करने की शक्तियों, क्षमताओं या योग्यताओं के विकास से है।

यहाँ क्रियात्मक शक्तियों, क्षमताओं या योग्यताओं का अर्थ ऐसी शारीरिक गतिविधियों या क्रियाओं से है जिनको सम्पन्न करने के लिए माँसपेशियों एवं तन्त्रिकाओं की गतिविधियों के संयोजन की आवश्यकता होती है; जैसे- चलना, बैठना तथा खेलना इत्यादि।

- एक नवजात शिशु ऐसे कार्य करने में अक्षम होता है। शारीरिक वृद्धि एवं विकास के साथ ही आयु बढ़ने के साथ उसमें इस तरह की योग्यताओं का भी विकास होने लगता है।
- इसके कारण बालक को आत्मविश्वास अर्जित करने में भी सहायता मिलती है। पर्याप्त क्रियात्मक विकास के अभाव में बालक में विभिन्न प्रकार के कौशलों के विकास में बाधा पहुँचती है।
- क्रियात्मक विकास के स्वरूप एवं उसकी प्रक्रिया का ज्ञान होना शिक्षकों के लिए आवश्यक है।
- इसी ज्ञान के आधार पर ही वह बालक में विभिन्न कौशलों का विकास करवाने में सहायक हो सकता है।
- जिन बालकों में क्रियात्मक विकास सामान्य से कम होता है, उनके समायोजन एवं विकास हेतु विशेष कार्य करने की आवश्यकता होती है।

## भाषायी विकास

- भाषा के विकास को एक प्रकार से संज्ञानात्मक (भावनात्मक) विकास माना जाता है। भाषा के माध्यम से बालक अपने मन के भावों, विचारों को एक-दूसरे के सामने रखता है एवं दूसरे के भावों, विचारों एवं भावनाओं को समझता है।
- भाषायी ज्ञान के अन्तर्गत बोलकर विचारों को प्रकट करना, संकेत के माध्यम से अपनी बात रखना तथा लिखकर अपनी बातों को रखना इत्यादि को सम्मिलित किया जाता है।
- बालक 6 माह से 1 वर्ष के बीच कुछ शब्दों को समझने एवं बोलने लगता है।
- 3 वर्ष की अवस्था में वह कुछ छोटे वाक्यों को बोलने लगता है। 15 से 16 के मध्य उसके शब्दकोश का तीव्रता से विस्तार होने लगता है तथा शब्दों की समझ विकसित हो जाती है।

## सामाजिक विकास

सामाजिक विकास (Social Development) का शाब्दिक अर्थ होता है- समाज के अन्तर्गत रहकर विभिन्न पहलुओं को सीखना। समाज के अन्तर्गत ही चरित्र निर्माण, अच्छा व्यवहार (सद्गुण) तथा जीवन से सम्बन्धित व्यावहारिक शिक्षा इत्यादि का विकास होता है।

- सामाजिक विकास की प्रथम संस्था परिवार है, जिसे बालक की प्रथम पाठशाला माना जाता है।
- सम्बन्धों के दायरे में वृद्धि अर्थात् माता-पिता एवं भाई-बहन के अतिरिक्त दोस्तों/मित्रों से जुड़ना।
- सामाजिक विकास के माध्यम से बालकों में सांस्कृतिक, धार्मिक तथा सामुदायिक विकास इत्यादि की भावनाएँ उत्पन्न होती हैं।
- बालकों के मन में आत्म-सम्मान, स्वाभिमान तथा विचारधारा का जन्म होता है।
- बालक समाज के माध्यम से ही अपने आदर्श व्यक्तियों का चयन करता है तथा कुछ बनने की प्रेरणा उनसे लेता है।
- एक शिक्षित समाज में ही व्यक्ति का उत्तम विकास सम्भव हो सकता है।

# वृद्धि

- वृद्धि (Growth) से आशय बालकों की शारीरिक संरचना के विकास से है, जिसके अन्तर्गत लम्बाई, भार, मोटाई तथा अन्य अंगों का विकास सम्मिलित है।
- वृद्धि की प्रक्रिया आन्तरिक एवं बाह्य दोनों रूपों में होती है, यह एक निश्चित आयु तक होती है तथा भौतिक पहलू (Physical Aspect) में ही सम्भव है।
- वृद्धि पर आनुवंशिकता का सकारात्मक एवं नकारात्मक दोनों प्रभाव पड़ते हैं।

## वृद्धि एवं विकास में अन्तर

वृद्धि एवं विकास का प्रयोग लोग प्राय: पर्यायवाची शब्दों के रूप में करते हैं। अवधारणात्मक रूप से देखा जाए, तो इन दोनों में अन्तर होता है।

इस अन्तर को हम निम्न प्रकार से व्यक्त कर सकते हैं

| आधार | वृद्धि | विकास |
|---|---|---|
| परिमाणात्मक | वृद्धि शब्द का प्रयोग परिमाणात्मक परिवर्तनों; जैसे-बच्चे के बड़े होने के साथ उसके आकार, लम्बाई, ऊँचाई इत्यादि के लिए होता है। | विकास शब्द का प्रयोग परिमाणात्मक परिवर्तनों के साथ-साथ व्यावहारिक परिवर्तनों; जैसे- कार्यकुशलता, कार्यक्षमता, व्यवहार में सुधार इत्यादि के लिए भी होता है। |

| क्षेत्र | वृद्धि विकास की प्रक्रिया का एक चरण होता है। इसका क्षेत्र सीमित होता है। | विकास अपने आप में एक विस्तृत अर्थ रखता है। वृद्धि इसका एक भाग होती है। |
|---|---|---|
| परिपक्वता | वृद्धि की क्रिया आजीवन नहीं चलती। बालक के परिपक्व होने के साथ ही यह रुक जाती है। | विकास एक सतत प्रक्रिया है। बालक के परिपक्व होने के बाद भी यह चलती रहती है। |
| विकास | बालक की शारीरिक वृद्धि हो रही है इसका अर्थ यह नहीं हो सकता कि उसमें विकास भी हो रहा है। अत: यह भौतिक विकास को दर्शाता है। | बालक में विकास के लिए भी वृद्धि आवश्यक नहीं है। अत: यह गुणात्मक विकास को दर्शाता है। |

## वृद्धि तथा विकास को प्रभावित करने वाले कारक

वृद्धि तथा विकास को प्रभावित करने वाले अनेक कारक उत्तरदायी होते हैं, जो निम्नलिखित हैं

### 1. पोषण

- यह वृद्धि तथा विकास का महत्त्वपूर्ण घटक होता है। बालक को विकास के लिए उचित मात्रा में प्रोटीन, वसा, कार्बोहाइड्रेट, खनिज लवण इत्यादि की आवश्यकता होती है।
- हमारे खान-पान में उपयुक्त पोषक तत्त्वों की कमी होगी तो वृद्धि एवं विकास प्रभावित होगा।

### 2. बुद्धि

- यह विकास के अन्य कारकों में सबसे महत्त्वपूर्ण कारक होता है।
- जो बालक के वृद्धि एवं विकास को प्रत्यक्ष एवं अप्रत्यक्ष रूप से प्रभावित करता है। सामान्यत: यह देखा जाता है कि तीव्र बुद्धि वाले बालकों का विकास मन्द बुद्धि वाले बालकों की तुलना में तीव्र गति से होता है।

### 3. वंशानुगत

- वंशानुगत (Heredity) कारक शारीरिक एवं मानसिक विकास में महत्त्वपूर्ण भूमिका निभाते हैं।
- बालकों का रंग-रूप, लम्बाई एवं शारीरिक अनुपात आदि शारीरिक विशेषताएँ एवं चिन्तन, तर्क, बुद्धि एवं स्मृति आदि अन्य मानसिक योग्यताओं का निर्धारण वंशानुक्रम द्वारा ही होता है।
- वातावरण इसके अन्तर्गत वे समस्त बाह्य शक्तियाँ, परिस्थितियाँ एवं प्रभाव सम्मिलित हैं, जो बालक के शारीरिक, मानसिक एवं संवेगात्मक आदि पक्षों को प्रभावित करते हैं। सामान्यत: बालक के घर का वातावरण अन्य क्षेत्रों के वातावरण की अपेक्षा उसे अधिक प्रभावित करता है, इसलिए घर का वातावरण शान्त, सुखद एवं सुविधाजनक होना चाहिए।

### 4. लिंग

- सामान्यतया लड़के एवं लड़कियों में विकास के क्रम में विविधता देखी जाती है।
- किसी अवस्था में विकास की गति लड़कियों में तीव्र होती है तो किसी अवस्था में लड़कों में।
- वय: सन्धि काल में लड़कियों में परिपक्वता के लक्षण लड़कों की अपेक्षा शीघ्र दिखाई देने लगते हैं साथ ही लड़कियों का मानसिक विकास भी लड़कों की अपेक्षा कुछ समय पूर्व ही पूर्ण हो जाता है।

### 5. वायु एवं प्रकाश

- शरीर को स्वस्थ रखने के लिए स्वच्छ वायु की आवश्यकता होती है, अगर वायु स्वच्छ न मिले तो बालक बीमार हो सकता है एवं इनके अभाव में कार्य करने की क्षमता प्रभावित हो सकती है।
- शारीरिक विकास के लिए सूर्य के प्रकाश की महत्त्वपूर्ण भूमिका होती है, क्योंकि सूर्य के प्रकाश में विटामिन-डी की प्राप्ति होती है, जो विकास के लिए अपरिहार्य है।

### 6. अन्त: स्रावी ग्रन्थियाँ

अन्त:स्रावी ग्रन्थियों (Endocrine Glands) से निकलने वाला हॉर्मोन बालक एवं बालिकाओं के शारीरिक विकास को प्रभावित करता है; जैसे-थॉयराइड ग्रन्थि से निकलने वाले स्राव से बालकों की लम्बाई, पैराथॉयराइड ग्रन्थि के स्राव से दाँतों एवं हड्डियों का विकास तथा पुरुषत्व एवं स्त्रीत्व के लक्षणों का विकास जनन ग्रन्थि पर निर्भर करता है।

### 7. शारीरिक क्रिया

जीवन को स्वस्थ रखने के लिए व्यायाम बहुत आवश्यक है। यह मानव की आयु बढ़ाता है। यह व्यक्ति को सक्रिय (Active) बनाए रखता है। यह व्यक्ति की रोग प्रतिरोध शक्ति बढ़ाता है।

## वृद्धि की अवस्थाएँ

मनोवैज्ञानिकों ने मानव वृद्धि को निम्नलिखित अवस्थाओं में विभाजित किया है, जो निम्न प्रकार हैं

### 1. शैशवकाल

- इसमें जन्म से 2 वर्ष तक बच्चों का शारीरिक एवं मानसिक विकास तेजी से होता है।
- बालक इस अवस्था में पूर्णरूप से माता-पिता पर आश्रित रहता है।
- इस अवस्था में संवेगात्मक विकास भी होता है तथा इस अवस्था में सीखने की गति तीव्र होती है।
- जब नवजात शिशु शैशवकाल (Infancy) की ओर अग्रसर होता है, तो उसके अन्दर प्यार व स्नेह की आवश्यकता बढ़ने लगती है।

### 2. बाल्यकाल

बाल्यकाल (Childhood) को निम्न दो भागों में विभाजित किया गया है

**(i) पूर्व बाल्यकाल**

- 2 से 6 वर्ष के बीच की अवस्था पूर्व बाल्यकाल अवस्था कहलाती है। इस काल में बालकों का बाह्य जगत से जुड़ाव होने लगता है।
- बच्चों में (नकल करने की प्रवृत्ति) अनुकरण एवं दोहराने की प्रवृत्ति पाई जाती है।
- इस अवस्था में बालकों में जिज्ञासु प्रवृत्ति अधिक होती है इसी कारण वे अपने अभिभावकों एवं अध्यापकों से भिन्न-भिन्न प्रश्न पूछते हैं। मनोवैज्ञानिक दृष्टि से यह काल भाषा सीखने की सर्वोत्तम अवस्था है।

**(ii) उत्तर बाल्यकाल**

- 6 से 12 वर्ष के बीच की अवस्था उत्तर बाल्यकाल कहलाती है। इस अवस्था में बच्चों में बौद्धिक, नैतिक, सामाजिक, कल्पनाशीलता एवं तर्कशीलता इत्यादि का व्यापक विकास होता है।
- पढ़ने की रुचि में वृद्धि के साथ-साथ स्मरण क्षमता का भी विकास होता है। बच्चों में समूह भावना का विकास होता है अर्थात् समूह में खेलना, समूह में रहना, समलैंगिक व्यक्ति को ही मित्र बनाना इत्यादि।
- जीवन में अनुशासन तथा नियमों की महत्ता समझ में आने लगती है।
- खोजी दृष्टिकोण एवं घूमने की प्रवृत्ति का विकास।

### 3. किशोरावस्था

- 12 से 18 वर्ष के बीच की अवस्था किशोरावस्था कहलाती है। यह अत्यन्त जटिल अवस्था है इसमें व्यक्ति के शारीरिक संरचना में तीव्र परिवर्तन देखने को मिलता है।
- यह वह समय होता है, जिसमें बालक बाल्यावस्था से परिपक्वता की ओर उन्मुख होता है।
- इस अवस्था में किशोरों की लम्बाई एवं भार दोनों में वृद्धि होती है, साथ ही माँसपेशियों में भी वृद्धि होती है।

- 12-14 वर्ष की आयु के बीच लड़कों की अपेक्षा लड़कियों की लम्बाई एवं माँसपेशियों में तेजी से वृद्धि होती है एवं 14-18 वर्ष की आयु के बीच लड़कियों की अपेक्षा लड़कों की लम्बाई एवं माँसपेशियाँ तेजी से बढ़ती हैं।
- इस काल में प्रजनन अंग विकसित होने लगते हैं एवं उनकी काम की मूल प्रवृत्ति जाग्रत होती है।
- इस अवस्था में किशोर दुश्चिन्ता (दुविधा) एवं स्वयं से सम्बन्धित सरोकार (मतलब) का भाव रखते हैं। 'मैं कौन हूँ', 'मैं क्या हूँ', 'मैं भी कुछ हूँ' जैसी प्रबल भावनाओं का विकास इस अवस्था में होने लगता है।
- इस अवस्था में किशोर-किशोरियों की बुद्धि का पूर्ण विकास हो जाता है, उनकी ध्यान केन्द्रित करने की क्षमता बढ़ जाती है, स्मरण शक्ति बढ़ जाती है एवं उनमें स्थायित्व आने लगता है।
- इस अवस्था में मित्र बनाने की प्रवृत्ति तीव्र होती है एवं सामाजिक सम्बन्धों में वृद्धि होती है। इस अवस्था में नशा यो अपराध की ओर उन्मुख होने की अधिक सम्भावना रहती है।
- किशोरावस्था के शारीरिक बदलावों का प्रभाव किशोर जीवन के सामाजिक और मनोवैज्ञानिक पहलुओं पर पड़ता है। अत: इस अवस्था में उन्हें शिक्षकों, मित्रों एवं अभिभावकों के सही मार्गदर्शन एवं सलाह की आवश्यकता पड़ती है।

**4. प्रौढ़ावस्था**

- 18 से 40 वर्ष तक की अवस्था प्रौढ़ावस्था कहलाती है।
- सामान्यत: किशोरावस्था एवं प्रौढ़ावस्था (Adulthood) की कोई निश्चित आयु नहीं होती। यह अवस्था मानव विकास में एक निश्चित परिपक्वता ग्रहण करने से प्राप्त होती है।

**5. मध्यावस्था**

- 40 से 60 वर्ष की अवस्था मध्यावस्था कहलाती है।
- इस अवस्था में तीव्र शारीरिक एवं मानसिक परिवर्तन दृष्टिगोचर होते हैं। व्यक्ति सम्मान, सुख, शान्ति एवं प्रतिष्ठा से जीवनयापन करने का प्रयास करता है।

**6. वृद्धावस्था**

- 60 वर्ष से वृद्धावस्था का प्रारम्भ होता है।
- यह मानव विकास की अन्तिम अवस्था है। इस अवस्था को 'ह्रास' की अवस्था भी कहा जाता है। इस अवस्था में शारीरिक एवं मानसिक शक्तियाँ दुर्बल होने लगती हैं तथा स्मरण शक्ति कमजोर होती है।
- इस अवस्था के अन्तर्गत शारीरिक क्षमता कमजोर हो जाती है।
- सामाजिक, आध्यात्मिक, धार्मिक तथा सांस्कृतिक क्रियाकलापों के प्रति रुझान बढ़ता है।

## अधिगम

- अधिगम (Learning) का अर्थ होता है- सीखना। अधिगम एक जटिल प्रक्रिया है, जो जीवनपर्यन्त चलती रहती है एवं जिसके द्वारा हम कुछ ज्ञान अर्जित करते हैं या जिसके द्वारा हमारे व्यवहार में परिवर्तन होता है। जन्म के तुरन्त बाद से ही बालक देखकर, सुनकर एवं छोटी-छोटी विभिन्न क्रियाओं के माध्यम से सीखते हैं।
- अधिगम व्यक्तित्व के सर्वांगीण विकास में सहायक होता है। इसके द्वारा जीवन के लक्ष्यों को प्राप्त करने में सहायता मिलती है। अधिगम के बाद व्यक्ति स्वयं और दुनिया को समझने के योग्य हो जाता है।
- यदि छात्र किसी विषय-वस्तु के ज्ञान के आधार पर कुछ परिवर्तन करने एवं उत्पादन करने में सक्षम हो गया हो, तो उसके सीखने की प्रक्रिया को अधिगम कहा जाएगा।
- अधिगम में अधिगमकर्ताओं की संक्रिय संलग्नता की आवश्यकता होती है। सार्थक अधिगम ठोस चीजों एवं मानसिक द्योतकों को प्रस्तुत करने व उनमें बदलाव लाने की उत्पादक प्रक्रिया है न कि जानकारी एकत्रित कर उसे रटने की प्रक्रिया।
- अधिगम के सन्दर्भ में विद्वानों द्वारा कुछ परिभाषाएँ निम्न प्रकार दी गई हैं
- **गेट्स** के अनुसार, "अनुभव द्वारा व्यवहार में रूपान्तर लाना ही अधिगम है।"
- **ई. ए. पील** के अनुसार, "अधिगम व्यक्ति में एक परिवर्तन है, जो उसके वातावरण के परिवर्तनों के अनुसरण में होता है।"
- **क्रो** एवं **क्रो** के अनुसार, "सीखना आदतों, ज्ञान एवं अभिवृत्तियों का अर्जुन है। इसमें कार्यों को करने के नवीन तरीके सम्मिलित हैं और इसकी शुरुआत व्यक्ति द्वारा किसी भी बाधा को दूर करने अथवा नवीन परिस्थितियों में अपने समायोजन को लेकर होती है। इसके माध्यम से व्यवहार में उत्तरोत्तर परिवर्तन होता रहता है। यह व्यक्ति को अपने अभिप्राय अथवा लक्ष्य को पाने में समर्थ बनाती है।"

## विकास का अधिगम से सम्बन्ध

- विकास के विभिन्न पहलुओं का आपस में घनिष्ठ सम्बन्ध है एवं ये सभी अधिगम को प्रभावित करते हैं।
- शारीरिक विकास, विशेषकर छोटे बच्चों में मानसिक व संज्ञानात्मक विकास में मददगार है। सभी बच्चों की खेल की गतिविधियों में सहभागिता उनके शारीरिक व मनो-सामाजिक विकास के लिए आवश्यक है।
- मानसिक और भाषायी विकास, सामाजिक विकास एवं अधिगम को प्रत्यक्ष रूप से प्रभावित करते हैं। विकास एवं अधिगम एक ऐसी प्रक्रिया है, जिसके द्वारा बालकों में उन सिद्धान्तों का विकास होता है, जो बच्चे को प्राकृतिक व सामाजिक दुनिया के बारे में समझ विकसित करने योग्य बनाते हैं।
- इसमें दूसरों के साथ अपने रिश्ते के सम्बन्ध के विभिन्न सिद्धान्त भी सम्मिलित हैं, जिनके आधार पर उन्हें यह पता चलता है कि चीजें जैसी हैं वैसी क्यों हैं? कारण और कारक के बीच क्या सम्बन्ध है और कार्य व निर्णय लेने के क्या आधार हैं?
- अर्थ निकालना, अमूर्त्त सोच (Abstract Thought) की क्षमता विकसित करना, विवेचना व कार्य, अधिगम की प्रक्रिया के सर्वाधिक महत्त्वपूर्ण पहलू हैं। दृष्टिकोण, भावनाएँ और आदर्श, संज्ञानात्मक विकास के अभिन्न हिस्से हैं और भाषा विकास, मानसिक चित्रण, अवधारणाओं व तार्किकता से इनका गहरा सम्बन्ध है।
- बच्चे व्यक्तिगत स्तर पर एवं दूसरों से भी विभिन्न तरीकों से सीखते हैं- अनुभव के माध्यम से, स्वयं चीजें करने व स्वयं बनाने से, प्रयोग करने से, पढ़ने से, विमर्श करने, पूछने, सुनने, उस पर सोचने व मनन करने से तथा गतिविधि या लेखन के द्वारा अभिव्यक्त करने से। अपने विकास के मार्ग में उन्हें इस प्रकार के अवसर मिलने चाहिए।

## प्रश्नमाला

**1. "विकास आन्तरिक एवं बाह्य कारणों से व्यक्ति में होने वाले परिवर्तन है।" यह कथन निम्नलिखित में से किस विचारक का है?**

(a) लास्की (b) अरस्तु
(c) प्लेटो (d) मुनरो

**2. विकास ......... चलने वाली प्रक्रिया है?**

(a) जीवनपर्यन्त और निरंतर
(b) केवल जन्म के समय
(c) प्रौढ़ावस्था तक
(d) इनमें से कोई नहीं

**3. मानव विकास परिवर्तन होता है?**

(a) मात्रात्मक
(b) गुणात्मक
(c) मात्रात्मक और गुणात्मक दोनों
(d) इनमें से कोई नहीं

**4. एक बालक कब कुछ शब्दों को बोलने और समझने लगता है ?**

(a) 3 वर्ष बाद
(b) 6 माह से 1 वर्ष के बीच
(c) 5 साल बाद
(d) जन्म के तुरंत बाद

**5. निम्नलिखित में से कौन-से कारक बालकों की वृद्धि तथा विकास को प्रभावित करते हैं ?**

(a) पोषण
(b) वातावरण
(c) अन्तःस्त्रावी ग्रंथियाँ
(d) उपरोक्त सभी

**6. निम्नलिखित में से किस काल में बालक पूर्ण रूप से माता-पिता पर आश्रित होता है ?**

(a) पूर्व बाल्यकाल (b) उत्तर बाल्यकाल
(c) शैशवकाल (d) किशोरावस्था

**7. वृद्धि की किस अवस्था में बालकों द्वारा नई खोज करने की और घुमने की प्रवृत्ति बहुत अधिक बढ़ जाती है ?**

(a) शैशव काल (b) उत्तर बाल्यकाल
(c) किशोरावस्था (d) प्रौढ़ावस्था

**8. मानव विकास की अंतिम अवस्था है-**

(a) वृद्धावस्था (b) मध्यावस्था
(c) प्रौढ़ावस्था (d) किशोरावस्था

**9. वृद्धावस्था का आरंभ कब से होता है ?**

(a) 50 वर्ष से (b) 60 वर्ष से
(c) 45 वर्ष से (d) 65 वर्ष से

**10. किशोरों में सबसे नाजुक एवं संवेदनशील समस्या क्या होती है ?**

(a) व्यवसाय संबंधी समस्या
(b) यौन संबंधी समस्या
(c) समायोजन संबंधी समस्या
(d) प्रश्नाभ्यास संबंधी समस्या

**11. वह समय जब बालक परिपक्वता की ओर उन्मुख होता है ?**

(a) बाल्यावस्था (b) शैशवावस्था
(c) प्रौढ़ावस्था (d) किशोरावस्था

**12. "अनुभवों द्वारा व्यवहार में रूपान्तरण लाना ही अधिगम है।" अधिगम की यह परिभाषा किसके द्वारा दी गई है ?**

(a) ई. ए. पील (b) गेट्स
(c) क्रो एवं क्रो (d) जॉनसन

**13. निम्नलिखित में से किस अवस्था में बच्चें अपने मित्र समूह के साथ ज्यादा रहना पसंद करते हैं ?**

(a) बाल्यावस्था (b) किशोरावस्था
(c) प्रौढ़ावस्था (d) शैशवावस्था

**14. वृद्धि की किस अवस्था में बालक अपनी संवेदी इन्द्रियों (sensory) की सहायता से वस्तुओं को समझने की कोशिश करता है ?**

(a) शैशवावस्था
(b) शैशवकाल अवस्था
(c) पूर्व बाल्यावस्था
(d) आरम्भिक बाल्यावस्था

**15. शिक्षण की विभिन्न विधियों के प्रयोग के लिए कौन-सी अवस्था सर्वाधिक उपयुक्त है ?**

(a) बाल्यावस्था (b) शैशवावस्था
(c) प्रौढ़ावस्था (d) किशोरावस्था

**16. इस अवस्था में बालकों में नई खोज करने की और घूमने की प्रवृत्ति बहुत अधिक बढ़ जाती है**

(a) शैशव
(b) उत्तर बाल्यकाल
(c) किशोरावस्था
(d) प्रौढ़ावस्था

**17. किशोरों की सबसे नाजुक एवं संवेदनशील समस्या क्या होती है ?**

(a) व्यवसाय संबंधी समस्या
(b) यौन संबंधी समस्या
(c) समायोजन संबंधी समस्या
(d) प्रश्नाभ्यास संबंधी समस्या

**18. मानव विकास की किस अवस्था के बाद व्यक्ति परिपक्व हो जाती है ?**

(a) बाल्यावस्था (b) शैशवावस्था
(c) प्रौढ़ावस्था (d) किशोरावस्था

**19. भाषा विकास में सहयोग करने का कौन-सा तरीका गलत है ?**

(a) बच्चे को बिना टोके प्रकरण पर बात करना
(b) उसकी अपनी भाषा के प्रयोग को अमान्य करना
(c) उसके प्रयोगों का समर्थन करना
(d) भाषा के प्रयोग के अवसर उपलब्ध कराना

**20. निम्नलिखित में से कौन प्रारम्भिक बाल्यावस्था अवधि के दौरान उन भूमिकाओं एवं व्यवहारों के बारे में जानकारी प्रदान करते हैं, जो एक समूह में स्वीकार्य हैं ?**

(a) भाई बहन एवं अध्यापक
(b) अध्यापक एवं साथी
(c) साथी एवं माता-पिता
(d) माता-पिता एवं भाई-बहन

**21. "कोई भी नाराज हो सकता है- यह आसान है, परन्तु एक सही व्यक्ति के ऊपर, सही मात्रा में, सही समय पर, सही उद्देश्य के लिए तथा सही तरीके से नाराज होना आसान नहीं है।" यह सम्बन्धित है**

(a) संवेगात्मक विकास से
(b) सामाजिक विकास से
(c) संज्ञानात्मक विकास से
(d) शारीरिक विकास से

**22. शैशवकाल की अवधि है**

(a) जन्म से 2 वर्ष तक
(b) जन्म से 3 वर्ष तक
(c) 2 से 3 वर्ष तक
(d) जन्म से 1 वर्ष तक

**23. विकास ........ से ........ की ओर बढ़ता है।**

(a) जटिल, कठिन
(b) विशिष्ट, सामान्य
(c) साधारण, आसान
(d) सामान्य, विशिष्ट

## उत्तरमाला

| | | | | | | | | | |
|---|---|---|---|---|---|---|---|---|---|
| **1.** (b) | **2.** (a) | **3.** (c) | **4.** (b) | **5.** (d) | **6.** (c) | **7.** (b) | **8.** (a) | **9.** (b) | **10.** (b) |
| **11.** (d) | **12.** (b) | **13.** (b) | **14.** (d) | **15.** (a) | **16.** (b) | **17.** (b) | **18.** (d) | **19.** (b) | **20.** (d) |
| **21.** (a) | **22.** (a) | **23.** (d) | | | | | | | |

❑❑❑

# 2 बाल विकास के सिद्धान्त

## बाल विकास का अर्थ

बाल विकास, मनोविज्ञान की एक शाखा के रूप में विकसित हुआ है। इसके अन्तर्गत बालकों के व्यवहार, स्थितियाँ, समस्याओं तथा उन सभी कारणों का अध्ययन किया जाता है, जिनका प्रभाव बालक के व्यवहार पर पड़ता है।

बाल मनोविज्ञान की परिभाषाएँ निम्नलिखित हैं-

1. **जेम्स ड्रेवर के अनुसार-** ''बाल मनोविज्ञान, मनोविज्ञान की वह शाखा है जिसमें जन्म से परिपक्वावस्था तक विकसित हो रहे मानव का अध्ययन किया जाता है।''
2. **क्रो और क्रो के अनुसार-** ''बाल मनोविज्ञान वह वैज्ञानिक अध्ययन है जो व्यक्ति के विकास का अध्ययन गर्भकाल के प्रारम्भ से किशोरावस्था की प्रारम्भिक अवस्था तक करता है।''
3. **हरलॉक के अनुसार-** ''आज बाल-विकास में मुख्यत: बालक के रूप व्यवहार, रुचियों और लक्ष्यों में होने वाले उन विशिष्ट परिवर्तनों की खोज पर बल दिया जाता है, जो उसके एक विकासात्मक अवस्था से दूसरी विकासात्मक अवस्था में पदार्पण करते समय होते हैं। बाल-विकास में यह खोज करने का भी प्रयास किया जाता है। कि यह परिवर्तन कब होते हैं, इसके क्या कारण हैं और यह वैयक्तिक हैं या सार्वभौमिक।''

उपर्युक्त परिभाषाओं के आधार पर कहा जा सकता है कि बाल विकास मनोविज्ञान की वह शाखा है, जिसमें विभिन्न विकास अवस्थाओं में मानव के व्यवहार में होने वाले क्रमिक परिवर्तनों का वैज्ञानिक अध्ययन किया जाता है।

## बाल विकास की आवश्यकता

बाल विकास अनुसन्धान का एक क्षेत्र माना जाता है। बालक के जीवन को सुखी और समृद्धिशाली बनाने में बाल-मनोविज्ञान का योगदान प्रशंसनीय है। मनोविज्ञान की इस शाखा का केवल बालकों से प्रत्यक्ष या अप्रत्यक्ष रूप से सम्बन्ध है, जो बालकों की समस्याओं पर विचार करते हैं और बाल मनोविज्ञान की उपयोगिता को स्वीकार करते हैं। समाज के विभिन्न लोग बाल-मनोविज्ञान से लाभान्वित हो रहे हैं, जैसे- बालक के माता-पिता तथा अभिभावक, बालक के शिक्षक, बाल सुधारक तथा बाल-चिकित्सक आदि।

अत: बाल-मनोविज्ञान की एक व्यावहारिक उपयोगिता यह भी है कि यह बालकों के समुचित निर्देशन के लिए व्यावहारिक उपाय बता सकता है। हम निर्देशन के द्वारा ही बालकों की क्षमताओं और अभिव्यक्तियों का उचित रूप से लाभ उठा सकते हैं। व्यक्तिगत निर्देशन में बालक की व्यक्तिगत कठिनाइयों और दोषों तथा उसकी प्रवृत्तियों और उसके व्यक्तित्व से सम्बन्धित विकारों को दूर करने के उपायों की जानकारी बाल-मनोविज्ञान से प्राप्त होती है।

## बाल विकास का क्षेत्र

बाल-विकास का क्षेत्र दिन-प्रतिदिन बढ़ रहा है। बाल विकास विषय के क्षेत्र के अन्तर्गत जिन समस्याओं अथवा विषय सामग्री का अध्ययन किया जाता है वह निम्न प्रकार की हो सकती है-

1. **वातावरण और बालक-** बाल-विकास में इस समस्या के अन्तर्गत दो प्रकार की समस्याओं का अध्ययन किया जाता है। प्रथम यह कि बालक का वातावरण पर क्या प्रभाव पड़ता है? द्वितीय यह कि वातावरण बालक के व्यवहार, व्यक्तित्व तथा शारीरिक विकास आदि को किस प्रकार प्रभावित करता है? अत: स्पष्ट है कि बालक का पर्यावरण एक विशेष प्रभावकारी क्षेत्र है।
2. **मानसिक प्रक्रियाएँ-** बाल विकास में बालक की विभिन्न मानसिक प्रक्रियाओं का अध्ययन भी किया जाता है जैसे- प्रत्यक्षीकरण, सीखना, कल्पना, स्मृति, चिन्तन, साहचर्य आदि। इन सभी मानसिक प्रक्रियाओं का अध्ययन दो समस्याओं के रूप में किया जाता है। प्रथम यह कि विभिन्न आयु स्तरों पर बालक की यह विभिन्न मानसिक प्रक्रियाएँ किस रूप में पाई जाती हैं, इनकी क्या गति है आदि। द्वितीय यह कि इन मानसिक प्रक्रियाओं का विकास कैसे होता है तथा इनके विकास को कौन से कारक प्रभावित करते हैं।
3. **बालकों की वैयक्तिक भिन्नताओं का अध्ययन**

   बाल विकास में वैयक्तिक भिन्नताओं तथा इससे सम्बन्धित समस्याओं का अध्ययन भी किया जाता है। व्यक्तिगत भेदों की दृष्टि से निम्नलिखित तथ्यों का अध्ययन किया जाता है-शरीर रचना सम्बन्धी भेद, मानसिक योग्यता सम्बन्धी भेद, सांवेगिक भेद, व्यक्तित्व सम्बन्धी भेद, सामाजिक व्यवहार सम्बन्धी भेद तथा भाषा विकास सम्बन्धी भेद आदि।
4. **बालक-बालिकाओं का मापन-** बाल-विकास के क्षेत्र में बालकों की मानसिक और शारीरिक मापन तथा मूल्यांकन से सम्बन्धित समस्याओं का अध्ययन भी किया जाता है। मापन से तात्पर्य है कि इन क्षेत्रों में उसकी समस्याएं क्या हैं और उनका निराकरण कैसे किया जा सकता है?
5. **बाल व्यवहार और अन्त:क्रियाएँ-** बाल विकास के अध्ययन क्षेत्र में विभिन्न प्रकार की अन्त:क्रियाओं का अध्ययन भी होता है। बालक का व्यवहार गतिशील होता है तथा उसकी विभिन्न शारीरिक और मानसिक योग्यताओं और विशेषताओं में क्रमिक विकास होता रहता है। अत: स्वाभाविक है कि बालक और उसके वातावरण में समय-समय पर अन्त:क्रियाएँ होती रहें। एक बालक की ये अन्त:क्रियाएँ सहयोग, व्यवस्थापन, सामाजिक संगठन या संघर्ष, तनाव और विरोधी प्रकार की भी हो सकती हैं। बाल-मनोविज्ञान में इस समस्या का भी अध्ययन होता है कि विभिन्न विकास अवस्थाओं में बालक की विभिन्न अन्त:क्रियाओं में कौन-कौन से और क्या-क्या

क्रमिक परिवर्तन होते हैं तथा इन परिवर्तनों की गतिशीलता किस प्रकार की है?

6. **विशिष्ट बालकों का अध्ययन-** जब बालक की शारीरिक और मानसिक योग्यताओं और विशेषताओं का विकास दोषपूर्ण ढंग से होता है तो बालक के व्यवहार और व्यक्तित्व में असमान्यता के लक्षण उत्पन्न हो जाते हैं। बाल विकास में इन विभिन्न असमानताओं व इनके कारणों और गतिशीलता का अध्ययन होता है। विशिष्ट बालक की श्रेणी में निम्न बालक आते हैं- शारीरिक रूप से अस्वस्थ रहने वाले बालक, पिछड़े बालक, अपराधी बालक एवं समस्यात्मक बालक आदि।

7. **समायोजन सम्बन्धी समस्याएँ-** बाल विकास में बालक के अनेक प्रकार की समायोजन-समस्याओं का अध्ययन भी किया जाता है। साथ ही इस समस्या का अध्ययन भी किया जाता है कि भिन्न-भिन्न समायोजन क्षेत्रों (पारिवारिक समायोजन, संवेगात्मक समायोजन, शैक्षिक समायोजन, स्वास्थ्य समायोजन आदि) में भिन्न-भिन्न आयु स्तरों पर बालक का क्या और किस प्रकार का समायोजन है। इस क्षेत्र में कुसमायोजित व्यवहार का भी अध्ययन किया जाता है।

8. **अभिभावक बालक सम्बन्ध-** बालक के व्यक्तित्व विकास के क्षेत्र में अभिभावकों और परिवार की महत्वपूर्ण भूमिका है। अभिभावक-बालक सम्बन्ध का विकास, अभिभावक, बालक सम्बन्धों के निर्धारक, पारिवारिक सम्बन्धों में ह्रास आदि समस्याओं का अध्ययन बाल-विकास मनोविज्ञान के क्षेत्र के अन्तर्गत किया जाता है।

इस प्रकार हम कह सकते हैं कि गर्भावस्था से किशोरावस्था तक की सभी समस्याएँ बाल-विकास की परिसीमा या क्षेत्र में आती हैं।

## बाल विकास के सिद्धान्त

बाल विकास के सन्दर्भ में कुछ महत्त्वपूर्ण सिद्धान्तों का वर्णन निम्न प्रकार से किया जा रहा है-

### 1. निरन्तरता का सिद्धान्त

- विकास निरन्तर चलने वाली प्रक्रिया है। माँ के गर्भ से ही यह प्रक्रिया प्रारम्भ हो जाती है और मृत्युपर्यन्त चलती रहती है।
- एक छोटे से नगण्य आकार से अपना जीवन प्रारम्भ करके हम सबके व्यक्तित्व के सभी पक्षों— शारीरिक, मानसिक, सामाजिक आदि का सम्पूर्ण विकास इसी निरन्तरता के गुण के कारण भली-भाँति सम्पन्न कर सकते हैं।

### 2. समान प्रतिमान का सिद्धान्त

- इस सिद्धान्त के अनुसार, सभी बालकों का विकास समान प्रतिमान का अनुसरण करता है, किन्तु उनमें वृद्धि एवं विकास अपनी वैयक्तिकता के अनुरूप होता है। वे अपनी स्वाभाविक गति से ही वृद्धि और विकास के विभिन्न क्षेत्रों में आगे बढ़ते हैं और इसी कारण उनमें पर्याप्त विभिन्नताएँ देखने को मिलती हैं। इसलिए किसी के विकास की गति तीव्र और किसी की मन्द होती है।
- **गेसल** के अनुसार, "दो व्यक्ति समान नहीं होते, परन्तु सभी बालकों में विकास का क्रम समान होता है।"

### 3. विकास क्रम की एकरूपता

- यह सिद्धान्त बताता है कि विकास की गति एक जैसी न होने तथा पर्याप्त वैयक्तिक अन्तर पाए जाने पर भी विकास क्रम में कुछ एकरूपता के दर्शन होते हैं। उदाहरण के लिए, मनुष्य जाति के सभी बालकों की वृद्धि सिर की ओर प्रारम्भ होती है। इसी तरह बालकों के गत्यात्मक और भाषा विकास में एक निश्चित प्रतिमान और क्रम के दर्शन किए जा सकते हैं।

### 4. वृद्धि एवं विकास की गति की दर एक सी नहीं रहती

- विकास की प्रक्रिया जीवनपर्यन्त चलती है, किन्तु इस प्रक्रिया में विकास की गति हमेशा एक जैसी नहीं होती। शैशवावस्था के शुरू के वर्षों में यह गति कुछ तीव्र होती है, परन्तु बाद के वर्षों में यह मन्द पड़ जाती है। पुनः किशोरावस्था के प्रारम्भ में इस गति में तेजी से वृद्धि होती है, परन्तु यह गति अधिक समय तक नहीं बनी रहती।

### 5. विकास सामान्य से विशेष की ओर चलता है

- विकास और वृद्धि की सभी दिशाओं में विशिष्ट क्रियाओं से पहले उनके सामान्य रूप के दर्शन होते हैं। उदाहरण के लिए, अपने हाथों से कुछ चीज पकड़ने से पहले बालक इधर से उधर हाथ मारने या फैलाने की कोशिश करता है। इसी तरह शुरू में एक नवजात शिशु के रोने और चिल्लाने में उसके सभी अंग-प्रत्यंग भाग लेते हैं, परन्तु बाद में वृद्धि और विकास की प्रक्रिया के फलस्वरूप यह क्रियाएँ उसकी आँखों और वाक्तन्त्र (Vocal System) तक सीमित हो जाती हैं।

### 6. परस्पर-सम्बन्ध का सिद्धान्त

- विकास के सभी आयाम; जैसे- शारीरिक, मानसिक, सामाजिक, संवेगात्मक आदि एक-दूसरे से परस्पर सम्बन्धित हैं। इनमें से किसी भी एक आयाम में होने वाला विकास अन्य सभी आयामों में होने वाले विकास को पूरी तरह प्रभावित करने की क्षमता रखता है। उदाहरण के लिए, जिन बच्चों में औसत से अधिक वृद्धि होती है, वे शारीरिक और सामाजिक विकास की दृष्टि से भी काफी आगे बढ़े हुए पाए जाते हैं। दूसरी ओर, एक क्षेत्र में पाई जाने वाली कमियाँ दूसरे क्षेत्र में हो रही प्रगति में बाधक सिद्ध होती हैं। यही कारण है। कि शारीरिक विकास की दृष्टि से पिछड़े बालक संवेगात्मक, सामाजिक एवं बौद्धिक विकास में भी उतने ही पीछे रह जाते हैं।

### 7. एकीकरण का सिद्धान्त

- विकास की प्रक्रिया एकीकरण के सिद्धान्त (Principle of Integration) का पालन करती है। इसके अनुसार, बालक पहले सम्पूर्ण अंग को और फिर अंग के भागों को चलाना सीखता है और इसके बाद वह उन भागों में एकीकरण करना सीखता है अर्थात् बालक इस सिद्धान्त के अनुसार सामान्य से विशेष क्रियाओं की ओर बढ़ते हुए विशेष प्रतिक्रियाओं तथा प्रयासों को एक साथ प्रयोग में लाना सीखता है।
- उदाहरण के लिए, एक बालक पहले पूरे हाथ को, फिर अँगुलियों को फिर हाथ एवं अँगुलियों को एकसाथ चलाना सीखता है।

### 8. वैयक्तिक अन्तर का सिद्धान्त

- बालकों की विकास दर एवं स्वरूपों में वैयक्तिक अन्तर पाया जाता है। प्रत्येक बालक की वृद्धि एवं विकास उनकी वैयक्तिक के अनुरूप होता है। वे अपनी स्वाभाविक गति से वृद्धि एवं विकास के विभिन्न क्षेत्रों में आगे बढ़ते हैं और इसी कारण उनमें विभिन्नताएँ देखने को मिलती हैं।

### 9. विकास की भविष्यवाणी की जा सकती है

- एक बालक की अपनी वृद्धि और विकास की गति को ध्यान में रखकर उसके आगे बढ़ने की दिशा और स्वरूप के बारे में भविष्यवाणी की जा सकती है। उदाहरण के लिए, एक बालक की कलाई की हड्डियों का एक्स किरणों से लिया जाने वाला चित्र यह बता सकता है कि उसका आकार-प्रकार आगे जाकर किस प्रकार का होगा? इसी तरह बालक की इस समय की मानसिक योग्यताओं के ज्ञान के सहारे उसके आगे के मानसिक विकास के बारे में पूर्वानुमान (prediction) लगाया जा सकता है।

### 10. विकास की दिशा का सिद्धान्त

- इस सिद्धान्त के अनुसार, विकास की प्रक्रिया पूर्व निश्चित दिशा में आगे बढ़ती है। विकास की प्रक्रिया की यह दिशा व्यक्ति के वंशानुगत एवं वातावरणजन्य कारकों से प्रभावित होती है। इसके अनुसार, बालक सबसे पहले अपने सिर और

हाथों की गति पर नियन्त्रण करना सीखता है और फिर टाँगों को। इसके बाद ही वह अच्छी तरह बिना सहारे के खड़ा होना और चलना सीखता है। शारीरिक विकास के दो निश्चित क्रम निम्न हैं

**(i) शिर: पदाभिमुख दिशा सिद्धान्त** इस सिद्धान्त के अनुसार सभी बालकों का शारीरिक विकास सिर से पैरों की दिशा में होता है। सर्वप्रथम सिर फिर धड़ तथा अन्त में पैरों का विकास होता है। इसलिए एक शिशु सर्वप्रथम अपने सिर् को तत्पश्चात् धड़ को उठानां सीखता है। इसके पश्चात् ही बैठना, घुटनों के बल चलना तथा खड़े होना आदि क्रियाएँ करता है।

**(ii) निकट दूर क्रम सिद्धान्त** इस क्रम के अनुसार विकास का क्रम केन्द्र से 'प्रारम्भ होता है, फिर बाहरी विकास होते हुए सम्पूर्ण विकास होता है। उदाहरणस्वरूप, सर्वप्रथम रीढ़ की हड्डी का विकास होता है उसके पश्चात् भुजाओं, हाथ की उँगलियों तत्पश्चात् संयुक्त विकास होता है।

**11. विकास लम्बवत् सीधा न होकर वर्तुलाकार होता है**

- बालक का विकास लम्बवत् सीधा न होकर वर्तुलाकार होता है। वह एक-सी गति से सीधा चलकर विकास को प्राप्त नहीं होता, बल्कि बढ़ते हुए पीछे हटकर अपने विकास को परिपक्व और स्थायी बनाते हुए वर्तुलाकार आकृति का अनुगमन कर आगे बढ़ता है। किसी एक अवस्था में वह तेजी से आगे बढ़ते हुए उसी गति से आगे नहीं जाता, बल्कि अपनी विकास की गति को धीमा करते हुए वर्षों में विश्राम लेता हुआ प्रतीत होता है, ताकि प्राप्त वृद्धि और विकास को स्थायी रूप दिया जा सके।

**12. आंशिक पुनर्बलन का सिद्धान्त**

- इसके प्रतिपादक जॉन डोलार्ड नील मिलर हैं। पुनर्बलन किसी अनुक्रिया (Response) को बार-बार दोहराने की सम्भावना को बढ़ाता है। सामान्यत: आंशिक पुनर्बलन सतत् पुनर्बलन की अपेक्षा अधिक प्रभावी होता है। चूँकि पुनर्बलन के माध्यम से नवीन प्रतिक्रियाओं को भी जन्म मिलता है।

**13. वृद्धि और विकास की क्रिया वंशानुक्रम और वातावरण का संयुक्त परिणाम है**

- बालक के वृद्धि और विकास को वंशानुक्रम और वातावरण की संयुक्त देन माना जाता है। दूसरे शब्दों में, वृद्धि और विकास की प्रक्रिया में वंशानुक्रम जहाँ आधार का कार्य करता है, वहाँ वातावरण इस आधार पर बनाए जाने वाले व्यक्तित्व सम्बन्धी भवन के लिए आवश्यक सामग्री एवं वातावरण जुटाने में सहयोग देता है। अत: वृद्धि और विकास की प्रक्रियाओं में इन दोनों को समान महत्त्व दिया जाना आवश्यक हो जाता है।

## बाल विकास के सिद्धान्तों का शैक्षिक महत्त्व

बाल विकास के सिद्धान्तों के ज्ञान के फलस्वरूप शिक्षकों को बालकों की स्वभावगत विशेषताओं, रुचियों एवं क्षमताओं के अनुरूप सफलतापूर्वक अध्यापन में सहायता मिलती है।

निचली कक्षाओं में शिक्षण की खेल-पद्धति मूलरूप से वृद्धि एवं विकास के मनोवैज्ञानिक सिद्धान्तों पर आधारित है।

- बाल विकास के सिद्धान्तों से हमें यह जानकारी मिलती है कि विकास की किस अवस्था में बालकों में सीखने की प्रवृत्ति किस प्रकार की होती है? साथ ही यह उचित शिक्षण-विधि अपनाने में शिक्षकों की सहायता करता है।
- वृद्धि और विकास के सिद्धान्तों से बालकों की भविष्य में होने वाली प्रगति का अनुमान लगाना काफी हद तक सम्भव होता है। इस तरह बाल विकास के सिद्धान्तों की जानकारी बालकों के मार्गदर्शन, परामर्श एवं निर्देशन में सहायक होकर उनके भविष्य निर्माण में प्रमुख भूमिका निभाती है।
- वृद्धि और विकास की सभी दिशाएँ अर्थात् विभिन्न पहलू; जैसे- मानसिक विकास, शारीरिक विकास, संवेगात्मक विकास और सामाजिक विकास आदि परस्पर एक-दूसरे से सम्बन्धित हैं। इस बात का ज्ञान शिक्षकों और अभिभावकों को बालक के सर्वांगीण विकास पर ध्यान देने के लिए प्रेरित करता है।
- बाल विकास के सिद्धान्तों के ज्ञान से बालक की रुचियों, अभिवृत्तियों, क्षमताओं इत्यादि के अनुरूप उचित पाठ्यक्रम के निर्धारण एवं समय-सारणी के निर्माण में सहायता मिलती है।
- बालक के व्यक्तित्व के सर्वांगीण विकास के लिए यह आवश्यक है कि उसके व्यवहार की जानकारी शिक्षक को हो तथा बालक के व्यवहार के बारे में जानने के बाद उसकी समस्याओं का समाधान करना आसान हो जाता है।
- बाल विकास का अध्ययन शिक्षक को इस बात की स्पष्ट जानकारी दे सकता है कि बालक की शक्तियों, योग्यताओं, क्षमताओं तथा व्यवहार एवं व्यक्तिगत गुणों के विकास में आनुवंशिकी तथा वातावरण किस सीमा तक, किस रूप में उत्तरदायी ठहराए जा सकते हैं? यह जानकारी शिक्षक को अपने उत्तरदायित्वों का सही ढंग से पालन करने में सहायक होती है।
- किस अवस्था विशेष में बालक के विकास का क्या सामान्य स्तर होना चाहिए? इस बात के ज्ञान से अध्यापक को अपने शिक्षण के उचित नियोजन में पूरी सहायता मिलती है। विकास स्तर की दृष्टि से वह बालकों को सामान्य, अति सामान्य तथा सामान्य से नीचे जैसी श्रेणियों में विभाजित कर सकता है तथा फिर उनकी शिक्षा एवं समायोजन व्यवस्था को उन्हीं के उपयुक्त रूप में ढालने का प्रयत्न कर सकता है।

## बाल विकास को प्रभावित करने वाले कारक

बाल विकास को प्रभावित करने वाले कारकों को विद्वानों ने दो भागों में विभाजित किया है, जो निम्न प्रकार हैं-

1. आन्तरिक कारक 2. बाह्य कारक

### आन्तरिक कारक

बाल विकास को आन्तरिक कारक बहुत हद तक प्रभावित करते हैं, जोकि उसके विकास के लिए महत्त्वपूर्ण आधार निर्मित करते हैं। आन्तरिक कारक निम्न प्रकार से हैं

- **वंशानुगत कारक** (Heredity Factor) बालक के रंग-रूप, आकार, शारीरिक गठन, ऊँचाई इत्यादि के निर्धारण में उसके आनुवंशिक गुणों का महत्त्वपूर्ण योगदान होता है। बालक के आनुवंशिक गुण उसकी वृद्धि एवं विकास को भी प्रभावित करते हैं।
- **शारीरिक कारक** (Physical Factor) जो बालक जन्म से ही दुबले-पतले, कमजोर, बीमार तथा किसी प्रकार की शारीरिक समस्या से पीड़ित रहते हैं, उनकी तुलना में सामान्य एवं स्वस्थ बच्चे का विकास अधिक होना स्वाभाविक ही है। शारीरिक कमियों का स्वास्थ्य पर ही नहीं अपितु वृद्धि एवं विकास पर भी प्रतिकूल प्रभाव पड़ता है। कई बार किसी दुर्घटना के कारण भी शरीर को क्षति पहुँचती है और इस क्षति का बालक के विकास पर प्रतिकूल प्रभाव पड़ता है।
- **बुद्धि** (Intelligence) बुद्धि को अधिगम (सीखने) की योग्यता, समायोजन योग्यता, निर्णय लेने की क्षमता इत्यादि के रूप में परिभाषित किया जाता है। जिस प्रकार बालक बुद्धि प्रखर होती है, उसका मानसिक विकास भी तीव्र गति से होगा। बालक अपने परिवार, समाज एवं विद्यालय में अपने आपको किस तरह समायोजित (Adjustment) करता है, यह उसकी बुद्धि पर निर्भर करता है।
- **संवेगात्मक कारक** (Emotional Factor) बालक में जिस प्रकार के संवेगों/भावों (Emotions) का जिस रूप में विकास होगा वह उसके सामाजिक, मानसिक, नैतिक, शारीरिक तथा भाषा सम्बन्धी विकास को पूरी तरह प्रभावित करने की क्षमता रखता है। यदि बालक अत्यधिक क्रोधित या भयभीत रहता है अथवा यदि उसमें ईर्ष्या एवं वैमनस्यता की भावना अधिक होती है, तो उसके विकास की

प्रक्रिया पर इन सबका प्रतिकूल प्रभाव पड़ना स्वाभाविक ही है। संवेगात्मक रूप से असन्तुलित बालक पढ़ाई में ठीक से ध्यान नहीं दे पाते, फलस्वरूप उनका मानसिक विकास भी प्रभावित होता है।

- **सामाजिक प्रकृति** (Social Nature) बच्चा जितना अधिक सामाजिक रूप से सन्तुलित होगा, उसका प्रभाव उसके शारीरिक, मानसिक, संवेगात्मक, भौतिक तथा भाषा सम्बन्धी विकास पर भी उतना ही अनुकूल पड़ेगा। सामाजिक दृष्टि से कुशल बालक अपने वातावरण से दूसरों की अपेक्षा अधिक सीखता है।

## बाह्य कारक

बालक के विकास की प्रक्रिया को प्रभावित करने में उपरोक्त आन्तरिक कारकों के साथ ही निम्नलिखित बाह्य कारकों (Exernal Factors) की भी महत्त्वपूर्ण भूमिका होती है

- **गर्भावस्था के दौरान माता का स्वास्थ्य एवं परिवेश** (Physical Health of Mother and Environment During Pregnancy) गर्भावस्था में माता को अच्छा मानसिक एवं शारीरिक स्वास्थ्य बनाएं रखने की सलाह इसलिए दी जाती है कि उससे न केवल गर्भ के अन्दर बालक के विकास पर प्रभाव पड़ता है, बल्कि आगे के विकास की बुनियाद भी मजबूत होती है।
- **जीवन की घटनाएँ** (Events of Life) जीवन की घटनाओं का बालक के जीवन पर प्रभाव पड़ता है। यदि बालक के साथ अच्छा व्यवहार हुआ है, तो उसके विकास की गति सामान्य होगी अन्यथा उसके विकास पर प्रतिकूल प्रभाव पड़ेगा। जिस बच्चे को उसकी माता ने बचपन में ही छोड़ दिया हो, वह माँ के प्यार से वंचित हो जाएगा। ऐसी स्थिति में उसका सर्वांगीण विकास प्रभावित होता है।
- **भौतिक वातावरण** (Physical Environment) बालक का जन्म किस परिवेश में हुआ, वह किस परिवेश में किन लोगों के साथ रह रहा है? इन सबका प्रभाव उसके विकास पर पड़ता है। परिवेश की कमियों, प्रदूषणों, भौतिक सुविधाओं का अभाव इत्यादि कारणों से भी बालक का विकास प्रतिकूल रूप से प्रभावित होता है।
- **सामाजिक-आर्थिक स्थिति** (Socio-Economic State) बालक की सामाजिक एवं आर्थिक स्थिति का प्रभाव भी उसके विकास पर पड़ता है। निर्धन परिवार के बच्चे को विकास के अधिक अवसर उपलब्ध नहीं होते। अच्छे विद्यालय में पढ़ने, सांस्कृतिक कार्यक्रमों में भाग लेने इत्यादि का अवसंर आर्थिक रूप से कमजोर बच्चों को नहीं मिलता, इसके कारण उनका विकास सन्तुलित नहीं होता। शहर के अमीर बच्चों को गाँवों के गरीब बच्चों की तुलना में बेहतर सामाजिक एवं सांस्कृतिक वातावरण मिलता है, जिसके कारण उनका मानसिक एवं सामाजिक विकास स्वाभाविक रूप से अधिक होता है।

# बाल मनोविज्ञान

- बाल मनोविज्ञान (Child Psychology) मनोविज्ञान की एक शाखा है, जिसके अन्तर्गत बालकों के व्यवहार, स्थितियों, समस्याओं तथा उन सभी कारणों का अध्ययन किया जाता है, जिसका प्रभाव बालक के व्यवहार एवं विकास पर पड़ता है।
- इसके अन्तर्गत बालकों के जन्म से लेकर बाल्यावस्था तक का अध्ययन किया जाता है। यह शिक्षकों को शिक्षण की प्रक्रिया में सहायता करता तथा बालकों के सर्वांगीण विकास में महत्त्वपूर्ण भूमिका निभाता है।
- **क्रो** एवं **क्रो** ने बाल मनोविज्ञान को इस प्रकार परिभाषित किया है, "बाल मनोविज्ञान एक वैज्ञानिक अध्ययन है, जिसमें बालक के जन्म के पूर्व काल से लेकर उसकी किशोरावस्था तक का अध्ययन किया जाता है।"
- **थॉमसन** के अनुसार, "बाल मनोविज्ञान सभी को एक नई दिशा में संकेत करता है। यदि उसे उचित रूप में समझा जा सके तथा उसका उचित समय पर उचित ढंग से विकास हो सके, तो हर बच्चा एक सफल व्यक्ति बन सकता है।"

## बाल मनोविज्ञान की उपयोगिता एवं महत्त्व

बाल मनोविज्ञान की उपयोगिता एवं महत्त्व (Uility and Importance of Child Psychology) को निम्न प्रकार से समझाया जा सकता है

- बाल मनोविज्ञान के द्वारा बालकों के स्वभाव एवं विकास को समझने के बाद उनको शिक्षित करने की प्रक्रिया सरल हो जाती है। बाल मनोविज्ञान बालकों के व्यक्तित्व-विकास को समझने में सहायक होता है।
- बच्चों को समय-समय पर निर्देशन (Direction) की आवश्यकता होती है। इस निर्देशन के द्वारा ही बालकों में उनकी रुचियों के अनुरूप विभिन्न कौशलों का विकास किया जा सकता है। बाल मनोविज्ञान की सहायता के बिना बाल निर्देशन सम्भव नहीं।
- बाल मनोविज्ञान की सहायता से बालकों के व्यवहार के अध्ययन के बाद विद्यालय एवं घर के वातावरण को बच्चों के अनुकूल उपयुक्त बनाने में सहायता मिलती है। बाल मनोविज्ञान बालकों के व्यवहार एवं उसके कारणों के बारे में बताता है। इसलिए बालकों की आदतों एवं व्यवहार में सुधार करने में इसकी प्रमुख भूमिका होती है।
- बाल मनोविज्ञान के द्वारा बालक के व्यक्तित्व का अध्ययन कर उसके भविष्य के बारे में बताया जा सकता है एवं आवश्यकता पड़ने पर उसे बेहतर भविष्य के लिए सलाह दी जा सकती है। बाल मनोविज्ञान का अध्ययन प्राथमिक शिक्षकों के लिए अति आवश्यक है, ताकि वे बालकों को सही तरीके से पढ़ा सकें।

# प्रश्नमाला

**1. दो व्यक्ति समान नहीं होते, परन्तु सभी बालकों में विकास का क्रम समान होता है। यह कथन किस विचारक का है?**

(a) स्कीनर
(b) गेसल
(c) हरलॉक
(d) क्रो और क्रो

**2. बाल विकास के "आंशिक पुनर्बलन के सिद्धान्त" के प्रतिपादक कौन हैं?**

(a) हरलॉक
(b) जॉन डोलार्ड नील मिलर
(c) डी. जॉनसन
(d) क्रो और क्रो

**3. निम्नलिखित में से कौन बाल विकास को प्रभावित करने को आन्तरिक नहीं काटक हैं?**

(a) वंशानुगत कारक
(b) जीवन की घटनाएँ
(c) बुद्धि
(d) भौतिक वातावरण

**4. "एक बालक पहले पूरे हाथ को, फिर अँगुलियों को फिर हाथ एवं अँगुलियों को एक साथ चलाना सीखता हैं।" यह बाल विकास के किस सिद्धान्त का वर्णन करता है?**

(a) निरन्तरता का सिद्धान्त
(b) समान प्रतिमान का सिद्धान्त
(c) एकीकरण का सिद्धान्त
(d) वैयक्तिक अन्तर का सिद्धान्त

**5. विकास का क्रम केन्द्र से प्रारम्भ होता है, फिर बाहरी विकास होते हुए सम्पूर्ण विकास होता है। यह बाल विकास के किस सिद्धान्त को परिभाषित करता है?**

(a) एकीकरण का सिद्धान्त
(b) निकट दूर क्रम सिद्धान्त

(c) वैयक्तिक अन्तर सिद्धान्त
(d) आंशिक पुनर्बलन का सिद्धान्त

**6. निम्नलिखित में से कौन-कौन-से कारक बाल विकास को प्रभावित करने के बाहय कारक हैं?**
(a) गर्भावस्था के दौरान माता का स्वास्थ्य एवं परिवेश
(b) जीवन की घटनाएँ
(c) सामाजिक आर्थिक स्थिति
(d) उपरोक्त सभी सत्य हैं।

**7. बाल विकास की दिशा चलती है-**
(a) सामान्य से विशिष्ट की ओर
(b) विशिष्ट से सामान्य की ओर
(c) लम्बवत्
(d) इनमें से कोई नहीं

**8. निम्नलिखित में बाल विकास का कौन-सा सिद्धान्त यह बताता है कि शारीरिक विकास की दृष्टि से पिछड़े बालक संवेगात्मक, सामाजिक एवं बौद्धिक विकास में भी उतने पीछे रह जाते हैं?**
(a) परस्पर संबंध का सिद्धान्त
(b) विकास क्रम की एकरूपता का सिद्धान्त
(c) एकीकरण का सिद्धान्त
(d) विकास की दिशा का सिद्धान्त

**9. बाल मनोविज्ञान में अध्ययन किया जाता है-**
(a) बालक के जन्म से युवावस्था तक का
(b) बालक को जन्म से पूर्व गर्भावस्था से लेकर किशोरावस्था तक का
(c) बालक के जन्म से लेकर किशोरावस्था तक का
(d) बालक के जन्म से लेकर युवावस्था तक का

**10. "विकास एक क्रमिक एवं मन्द गति से चलने वाली प्रक्रिया है।" यह कथन किस विचारक का है?**
(a) अरस्तु (b) मॉस्लो
(c) स्कीनर (d) लास्की

**11. मानव विकास कुछ विशेष सिद्धान्तों पर आधारित है। निम्नलिखित में से कौन-सा मानव विकास का सिद्धान्त नहीं है?**
(a) अनुक्रमिकता (b) सामान्य से विशिष्ट
(c) प्रतिवर्ती (d) निरन्तरता

**12. बाल विकास का कौन-सा सिद्धान्त यह बताता है कि जिन बच्चों में औसत से अधिक वृद्धि होती है, वे शारीरिक, सामाजिक एवं संवेगात्मक विकास में भी काफी आगे बढ़े हुए पाए जाते हैं?**
(a) परस्पर सम्बन्ध का सिद्धान्त
(b) विकास क्रम की एकरूपता का सिद्धान्त
(c) एकीकरण का सिद्धान्त
(d) विकास की दिशा का सिद्धान्त

**13. बाल विकास का निम्नलिखित में से कौन-सा सिद्धान्त यह बताता है कि बालकों का विकास उनकी वैयक्तिकता के अनुरूप होता है?**
(a) वैयक्तिक अन्तर का सिद्धान्त
(b) निरन्तरता का सिद्धान्त
(c) विकास क्रम की एकरूपता का सिद्धान्त
(d) परस्पर सम्बन्ध का सिद्धान्त

**14. बालक के व्यक्तित्व के सर्वांगीण विकास के लिए यह आवश्यक है कि उसके .......... की जानकारी शिक्षक को हो।**
(a) मित्रों (b) व्यवहार
(c) ज्ञान (d) कक्षा के साथियों

**15. विकास का ......... सिद्धान्त बताता है कि गामक कौशलों का विकास शरीर के मध्य से आरम्भ होकर शरीर के सिरों की ओर बढ़ता है।**
(a) अधोगामी
(b) घुमावदार
(c) शीर्षगामी
(d) विशिष्टता

**16. निम्नलिखित में से कौन बालक के विकास को प्रभावित करने वाला आन्तरिक कारक है?**
**A. बुद्धि**
**B. शारीरिक कारण**
**C. आनुवंशिक गुण**
**कूट**
(a) कवेल A (b) A और B
(c) केवल C (d) ये सभी

**17. बाल मनोविज्ञान में अध्ययन किया जाता है**
(a) बालक के जन्म से लेकर किशोरावस्था तक का
(b) बालक के जन्म के पूर्व गर्भावस्था से लेकर किशोरावस्था तक का
(c) बालक के जन्म से लेकर प्रौढ़ावस्था तक का
(d) बालक के जन्म से लेकर युवावस्था तक का

**18. निम्नलिखित में से किसे बाल मनोविज्ञान की उपयोगिता के अन्तर्गत नहीं रखा जा सकता है?**
(a) बालक के भविष्य के बारें में पूर्वकथन में सहायक
(b) बाल निर्देशन में सहायक
(c) शिक्षक की आर्थिक प्रगति में सहायक
(d) बालकों के व्यक्तित्व विकास को समझने में उपयोगी

**19. शिक्षा मनोविज्ञान एक विज्ञान है**
(a) मानव व्यवहार का
(b) मानव सिद्धान्तों का
(c) शैक्षिक सिद्धान्तों का
(d) मानव की व्यक्तिगत विभिन्नताओं का

**20. बाल मनोविज्ञान का अध्ययन निम्नलिखित में से किसके लिए सर्वाधिक आवश्यक है?**
(a) माध्यमिक शिक्षक के लिए
(b) विश्वविद्यालय के शिक्षक के लिए
(c) प्राथमिक शिक्षक के लिए
(d) उपरोक्त सभी

## उत्तरमाला

| | | | | | | | | | |
|---|---|---|---|---|---|---|---|---|---|
| **1.** (b) | **2.** (b) | **3.** (d) | **4.** (c) | **5.** (b) | **6.** (d) | **7.** (a) | **8.** (a) | **9.** (b) | **10.** (c) |
| **11.** (c) | **12.** (a) | **13.** (a) | **14.** (b) | **15.** (a) | **16.** (d) | **17.** (b) | **18.** (c) | **19.** (a) | **20.** (c) |

❑❑❑

# आनुवंशिकता एवं वातावरण का प्रभाव

## वंशानुक्रम का अर्थ व परिभाषाएँ (Meaning and Definition of Heredity)

साधारणतया जैसे माता-पिता होते हैं, वैसी ही उनकी सन्तान होती हैं। उसे अपने माता-पिता के शारीरिक और मानसिक गुण प्राप्त होते हैं। बालक को न केवल अपने माता-पिता से वरन् उनसे पहले के पूर्वजों से भी अनेक शारीरिक और मानसिक गुण प्राप्त होते हैं। इसी को हम वंशानुक्रम, वंश-परम्परा, पैतृकता, आनुवांशिकता आदि नामों से पुकारते हैं।

**बुडवर्थ के शब्दों में–** "वंशानुक्रम में वे सभी बातें आ जाती हैं, जो जीवन का आरम्भ करते समय, जन्म के समय नहीं वरन् गर्भाधान के समय, जन्म से लगभग नौ माह पूर्व, व्यक्ति में उपस्थित थी।"

**जेम्स ड्रेवर के अनुसार–** "माता-पिता की विशेषताओं का सन्तानों में हस्तान्तरण होना वंशानुक्रम है।"

उपर्युक्त विद्वानों के मतों से स्पष्ट होता है कि वंशानुक्रम की धारणा अर्मूत होती है। इसको हम व्यक्ति के व्यवहारों एवं विशेषताओं के द्वारा ही जान सकते हैं। अत: मानव व्यवहार का वह संगठित रूप, जो छात्र में उसके माता-पिता और पूर्वजों द्वारा हस्तान्तरित होता है, को हम वंशानुक्रम कहते हैं।

**वंशानुक्रम की प्रक्रिया (Process of Heredity)**– मानव शरीर कोषों (cells) का योग होता है। शरीर का आरम्भ केवल एक कोष से होता है, जिसे संयुक्त कोष (zygote) कहते हैं। यह कोष 2, 4, 8, 16, 32 और इसी क्रम में संख्या में आगे बढ़ता है। संयुक्त कोष दो उत्पादक कोषों का योग होता है। इनमें से एक कोष पिता का होता है, जिसे 'पितृकोष' (sperm) और दूसरा माता का होता है, जिसे 'मातृकोष' (ovum) कहते हैं। 'उत्पादक कोष' भी 'संयुक्त कोष' के समान संख्या में बढ़ते हैं।

पुरुष और स्त्री के प्रत्येक कोष में 23–23 गुणसूत्र (chromosomes) होते हैं। इस प्रकार संयुक्त कोष में 'गुणसूत्रों' के 23 जोड़े होते हैं।

1. **संयुक्त कोष (Zygote)**– ये गाढ़े एवं तरल पदार्थ साइटोप्लाज्म का बना होता है। साइटोप्लाज्म के अन्दर एक नाभिक (न्यूक्लियस) होता है, जिसके भीतर गुणसूत्र (क्रोमोसोम्स) होते हैं।
2. **गुणसूत्र (Chromosomes)**– प्रत्येक कोशिकाओं के नाभिक में डोरों की समान रचना पाई जाती है, जिनको क्रोमोसोम्स कहा जाता है। ये गुणसूत्र सदैव जोड़ों में पाए जाते हैं। एक संयुक्त कोष में गुणसूत्रों के 23 जोड़े होते हैं। जिसमें आधे पिता द्वारा प्राप्त होते हैं और आधे माता द्वारा। प्रत्येक गुणसूत्र में छोटे-छोटे तत्व होते हैं, जिनको 'जीन्स' कहते हैं।
3. **पित्रैक (Gene)**– एक गुणसूत्र के अन्दर वंशानुक्रम के अनेक निश्चयात्मक तत्व पाये जाते हैं, जिनको पित्रैक (जीन) कहा जाता है। जैसा कि एनास्टासी ने लिखा है– "पित्रैक वंशानुक्रम की विशेषताओं का वाहक है, जो किसी न किसी रूप में सदैव स्थानांतरित होता है।"

## वंशानुक्रम के सिद्धान्त और नियम (Law and Theories of Heredity)

विभिन्न विद्वानों द्वारा की गयी खोजों को हम सिद्धान्त एवं नियम मानते हैं। इनका वर्णन निम्नलिखित है–

1. **बीजकोष की निरन्तरता का नियम (Law of continuity of Germ Plasm)**– इस नियम के अनुसार बालक को जन्म देने वाला बीजकोष कभी नष्ट नहीं होता। इस नियम के प्रतिपादक बीजमैन का कथन है– "बीजकोष का कार्य केवल उत्पादक कोषों (Germ Cells) का निर्माण करना है, जो बीजकोष बालक को अपने माता-पिता से मिलता है, उसे वह अगली पीढ़ी को हस्तान्तरित कर देता है। इस प्रकार बीजकोष पीढ़ी दर पीढ़ी चलता रहता है।"
2. **समानता का नियम (Law of Resemblance)** इस नियम के अनुसार जैसे माता-पिता होते हैं, वैसी ही उनकी सन्तान होती हैं। इस नियम को स्पष्ट करते हुए सोरेनसन ने लिखा है–"बुद्धिमान माता-पिता के बालक बुद्धिमान, साधारण माता-पिता के बालक साधारण और मन्दबुद्धि माता-पिता के बालक मन्दबुद्धि होते हैं। इसी प्रकार शारीरिक रचना की दृष्टि से भी माता-पिता के समान होते हैं।" यह नियम भी अपूर्ण है क्योंकि प्राय: देखा जाता है कि काले माता-पिता की संतान गोरी या मंदबुद्धि माता-पिता की संतान बुद्धिमान होती हैं।
3. **विभिन्नता का नियम (Law of Variation)** इस नियम के अनुसार बच्चे अपने माता-पिता के बिल्कुल समान न होकर कुछ भिन्न होते हैं। इसी प्रकार एक ही माता-पिता के बच्चे एक-दूसरे के समान होते हुए भी बुद्धि, रंग और स्वभाव में एक-दूसरे से भिन्न होते हैं।

   भिन्नता का नियम प्रतिपादित करने वालों में डार्विन तथा लैमार्क ने अनेक प्रयोगों और विचारों द्वारा यह मत प्रकट किया है कि उपयोग न करने वाले अवयव तथा विशेषताओं का लोप आगामी पीढ़ियों में हो जाता है। नवोत्पत्ति तथा प्राकृतिक चयन द्वारा वंशक्रमीय विशेषताओं का उन्नयन होता है।
4. **प्रत्यागमन का नियम (Law of Regression)** इस नियम के अनुसार बालक में अपने माता-पिता के विपरीत गुण पाए जाते हैं। 'प्रत्यागमन' शब्द का अर्थ विपरीत होता है। जब बालक माता-पिता से विपरीत विशेषताओं वाले विकसित होते हैं, तो यहाँ पर प्रत्यागमन का सिद्धान्त लागू होता है। जैसे– मन्दबुद्धि माता-पिता की सन्तान का प्रखर बुद्धि होना। इस नियम के सन्दर्भ में विद्वानों ने निम्न धारणाएँ प्रस्तुत की हैं–

   यदि वंश सूत्रों का मिश्रण सही रूप से नहीं हो पाता है तो विपरीत विशेषताओं वाले बालक विकसित होते हैं।

   जागृत और सुषुप्त दो प्रकार के गुण वंश को निश्चित करते हैं। विपरीत विशेषताएँ सुषुप्त गुणों का परिणाम होती हैं।

5. **अर्जित गुणों के संक्रमण का नियम (Inheritance of Acquired Traits)**– इस नियम के अनुसार माता-पिता द्वारा अपने जीवन-काल में अर्जित किये जाने वाले गुण उनकी सन्तान को प्राप्त नहीं होते हैं। इस नियम को अस्वीकार करते हुए विकासवादी लेमार्क ने लिखा है- "व्यक्तियों द्वारा अपने जीवन में जो अर्जित किया जाता है, वह उनके द्वारा उत्पन्न किए जानें वाले व्यक्तियों को संक्रमित करता है।" लैमार्क ने जिराफ की गर्दन का लम्बा होना परिस्थितिवंश बताया, लेकिन अब वह वंशानुक्रमीय हो चुका है।

6. **मेण्डल का नियम**– इस नियम के अनुसार, वर्णसंकर प्राणी या वस्तुएं अपने मौलिक या सामान्य रूप की ओर अग्रसर होती हैं। इस नियम को चेकोस्लावाकिया के मेण्डल नामक पादरी ने प्रतिपादित किया था। उसने अपने बगीचे में बड़ी और छोटी मटरें बराबर संख्या में मिलाकर बोई। उगने वाली मटरों में सब वर्णसंकर जाति की थी। मेण्डल ने इस वर्णसंकर मटरों को फिर बोया और इस प्रकार उसने उगने वाली मटरों को कई बार बोया। अन्त में उसे ऐसी मटरें मिलीं, जो वर्णसंकर होने के बजाय शुद्ध थी। जैसा कि निम्नलिखित रेखाचित्र से स्पष्ट है-

**मेण्डल का मटरों पर प्रयोग**

शुद्ध बड़ी मटर — शुद्ध छोटी मटर

वर्णसंकर मटर

| शुद्ध बड़ी मटर | बड़ी वर्णसंकर मटर | शुद्ध छोटी मटर |
|---|---|---|
| 25% | 50% | 25% |

इस प्रकार से मेण्डल ने चूहों पर भी प्रयोग किए और पूर्व निष्कर्षों को प्राप्त किया। आपने सफेद और काले चूहों को एक साथ रखा। इनके समागम से पहले काले चूहे उत्पन्न हुए। फिर वर्णसंकर चूहों को एक साथ रखा गया, इनसे सफेद एवं काले दोनों ही प्रकार के चूहे उत्पन्न हुए।

मेण्डल के प्रयोगों से निम्न निष्कर्ष प्राप्त होते हैं-

- मेण्डल का नियम प्रत्यागमन को स्पष्ट करता है।
- बालक में माता-पिता की ओर से एक-एक गुणसूत्र आता है।
- गुणसूत्र की अभिव्यक्ति संयोग पर निर्भर करती है।
- एक ही प्रकार के गुणसूत्र अपने ही प्रकार की अभिव्यक्ति करते हैं।
- जागृत गुणसूत्र अभिव्यक्ति करता है, सुषुप्त नहीं।
- कालान्तर में यह अनुपात 1:2, 2:4, 1:2, 1:2 होता जाता है।

## बाल विकास पर वंशानुक्रम का प्रभाव (Influence of Heredity on child Development)

बालक के व्यक्तित्व के प्रत्येक पहलू पर वंशानुक्रम का प्रभाव पड़ता है। मनोवैज्ञानिकों ने वंशानुक्रम के प्रभाव को रोकने के लिए विभिन्न प्रयोग किए और यह सिद्ध किया कि बालक का विकास वंशानुक्रम से प्रभावित होता है। वंशानुक्रम निम्नलिखित प्रकार से बाल-विकास को प्रभावित करता है-

1. **तन्त्रिका तन्त्र की बनावट (Structure of Nervous system)**– तन्त्रिका तन्त्र में प्राणी की वृद्धि, सीखना, आदतें विचार और आकांक्षाएं आदि केन्द्रित रहती हैं। तन्त्रिका तन्त्र बालक में वंशानुक्रम से ही प्राप्त होती है। इससे ही ज्ञानेन्द्रियाँ, पेशियाँ तथा ग्रन्थियाँ आदि प्रभावित होती हैं। छात्र की प्रतिक्रियाएँ तन्त्रिका तन्त्र पर निर्भर करती हैं। अत: हम बालक के तन्त्रिका तन्त्र के विकास को सामान्य, पिछड़ा एवं असामान्य आदि भागों में बांट सकते हैं। बालक का भविष्य तन्त्रिका तन्त्र की बनावट पर भी निर्भर करता है।

2. **मूल प्रवृत्तियों पर प्रभाव (Effect on Instincts)**– मूल प्रवृत्तियाँ बालक के व्यवहार को शक्ति प्रदान करती हैं। इसको हम देख नहीं सकते बल्कि व्यक्ति के व्यवहार को देखकर पता लगाते हैं कि कौन-सी मूल प्रवृत्ति जागृत होकर व्यवहार का संचालन कर रही है? मैक्डूगल महोदय ने इनका पता लगाया था और इनको जानने के लिए उन्होंने प्रत्येक मूल प्रवृत्ति के साथ एक संवेग को भी जोड़ दिया, जो मूल प्रवृत्ति का प्रतीक होता है। संवेग को देखकर ही मूल प्रवृत्ति का पता लगाया जा सकता है। मूल प्रवृत्तियाँ एवं सहयोगी संवेग निम्नवत् हैं-

| मूल प्रवृत्ति | संवेग |
|---|---|
| 1. निवृत्ति | घृणा |
| 2. पलायन | भय |
| 3. युयुत्सा | क्रोध |
| 4. जिज्ञासा | आश्चर्य |
| 5. आत्मगौरव | सकारात्मक आत्मानुभूति |

3. **बुद्धि पर प्रभाव (Effect on Intelligence)**– मनोवैज्ञानिकों ने अपने प्रयोगों में यह स्पष्ट कर दिया है कि वंशानुक्रम के द्वारा ही छात्र में बुद्धि आती है। अत: बुद्धि को जन्मजात माना जाता है। 'स्पियरमैन' ने बुद्धि में विशिष्ट एवं सामान्य तत्वों को वंशानुक्रम की देन माना है। बालक की बुद्धि वंशानुक्रम से ही निश्चित होती है।

4. **स्वभाव का प्रभाव (Effect of Nature)**– बालक के स्वभाव का प्रक. टीकरण उनके माता-पिता के स्वभाव के अनुकूल होता है। यदि बालक के माता-पिता मीठा बोलते हैं तो उसका स्वभाव भी मीठा बोलने वाला ही होता है। इसी प्रकार से क्रोधी एवं निर्दयी स्वभाव वाले माता-पिता के बालक भी निर्दयी एवं क्रोधी ही होते हैं। शैल्डन महोदय ने मानव स्वभाव का अध्ययन कर उसे तीन भागों में बांटा है:

   (1) **सोमेटोटोनिया (Somatotonia)**– इस प्रकार के स्वभाव के व्यक्ति महत्वाकांक्षी, क्रोधी, निर्दयी, सम्मानप्रिय और दृढ़ प्रतिज्ञ आदि विशेषताओं वाले होते हैं।

   (2) **विसेरोटोनिया (Viscerotonia)**– इस स्वभाव के व्यक्ति समाजप्रिय, आराम पसन्द, हँसमुख और स्वादिष्ट भोजन में रुचि रखने वाले होते हैं।

   (3) **सेरेब्रोटोनिया (Cerebrotonia)**– इस स्वभाव के व्यक्ति चिन्तनशील, एकान्तप्रिय, नियन्त्रण पसन्द एवं विचारशील होते हैं।

5. **शारीरिक गठन (Physical Structure)**– बालक का शारीरिक गठन एवं शरीर की बनावट उसके पूर्वजों पर निर्भर करती है। कार्ल पियरसन ने बताया है कि माता-पिता की लम्बाई, रंग एवं स्वास्थ्य आदि का प्रभाव सन्तान पर पड़ता है। 'क्रेश्मर' महोदय ने एक अध्ययन कर शारीरिक गठन के आधार पर सम्पूर्ण मानव जाति को तीन भागों में बाँटा है-

   (1) **पिकनिक (Picnic)**– इस प्रकार का व्यक्ति शरीर से मोटा, कद में छोटा, गोल-मटोल और अधिक वसा युक्त होता है। उसका सीना चौड़ा लेकिन दबा हुआ तथा पेट निकला हुआ होता है।

   (2) **ऐथलैटिक (Athletic)**– इस प्रकार का व्यक्ति शारीरिक क्षमताओं के आधार से युक्त होता है जैसे- सिपाही या खिलाड़ी।

   (3) **ऐस्थेनिक (Asthenic)**– इस प्रकार का व्यक्ति दुबला-पतला और शक्तिहीन शरीर का होता है तथा यह संकोची स्वभाव का होता है।

यह लोग किसी भी प्रकार से अन्य लोगों को प्रभावित नहीं कर पाते हैं।

6. **व्यावसायिक योग्यता पर प्रभाव (Effect on vocational Ability)**– बालकों में माता-पिता की व्यावसायिक योग्यता की कुशलता भी हस्तान्तरिक होती है। 'कैटेल' ने 885 अमेरिकन वैज्ञानिकों के परिवारों का अध्ययन कर पाया कि उनमें से 2/5 व्यवसायी वर्ग, 1/2 भाग उत्पादक वर्ग और केवल 1/4 भाग कृषि वर्ग के थे। अतः स्पष्ट है कि व्यावसायिक कुशलता वंश पर आधारित होती है।

7. **सामाजिक स्थिति पर प्रभाव (Effect on Social Status)** – जो लोग वंश से अच्छा चरित्र, गुण या सामाजिक स्थिति सम्बन्धी विशेषताओं को लेकर उत्पन्न होते हैं, वे ही सामाजिक प्रतिष्ठा प्राप्त करते हैं। 'विनसिप महोदय का मत है कि ''गुणवान एवं प्रतिष्ठित माता-पिता की सन्तान ही प्रतिष्ठा प्राप्त करती है।''

## वातावरण (पारिवारिक, सामाजिक, विद्यालयी, संचार माध्यम)

'वातावरण' के लिए 'पर्यावरण' शब्द का भी प्रयोग किया जाता है। पर्यावरण दो शब्दों से मिलकर बना है–

'परि + आवरण'। 'परि' का अर्थ है- 'चारों ओर' एवं 'आवरण' का अर्थ है- 'ढकने वाला'।

वातावरण के अर्थ को अधिक स्पष्ट करने के लिए कुछ परिभाषाएँ निम्नलिखित हैं-

1. **वुडवर्थ के शब्दों में**– ''वातावरण में सब बाह्य तत्व आ जाते हैं जिन्होंने व्यक्ति को जीवन आरम्भ करने के समय से प्रभावित किया है।''
2. **जिस्बर्ट के शब्दों में**– ''वातावरण वह हर वस्तु है जो किसी अन्य वस्तु को घेरे हुए है और उस पर सीधे अपना प्रभाव डालती है।''

### बाल-विकास पर वातावरण का प्रभाव (Influence of Environment on Child Development)

बालक के व्यक्तित्व के प्रत्येक पहलू पर भौगोलिक, सामाजिक और सांस्कृतिक वातावरण का प्रभाव पड़ता है। वंशानुक्रम के साथ-साथ वातावरण का भी प्रभाव बालक के विकास पर पड़ता है।

वातावरण के प्रभाव निम्नलिखित हैं–

1. **मानसिक विकास पर प्रभाव**– गोर्डन का मत है कि उचित सामाजिक और सांस्कृतिक वातावरण न मिलने पर मानसिक विकास की गति धीमी हो जाती है। बालक का मानसिक विकास सिर्फ बुद्धि से ही निश्चित नहीं होता है। बल्कि उसमें बालक की ज्ञानेन्द्रियाँ, मस्तिष्क के सभी भाग एवं मानसिक क्रियाएँ आदि सम्मिलित होती हैं। अतः बच्चे वंश से कुछ लेकर उत्पन्न होता है, उसका विकास उचित वातावरण से ही हो सकता है। वातावरण से बालक की बौद्धिक क्षमता में तीव्रता आती है और मानसिक प्रक्रिया का सही विकास होता है।

2. **शारीरिक अन्तर पर प्रभाव**– फ्रेंच बोन्स का मत है कि विभिन्न प्रजातियों के शारीरिक अन्तर का कारण वंशानुक्रम न होकर वातावरण है।

3. **शिक्षा पर प्रभाव**– बालक की शिक्षा बुद्धि, मानसिक प्रक्रिया और सुन्दर वातावरण पर निर्भर करती है। शिक्षा का उद्देश्य बालक का सामान्य विकास करना होता है। अतः शिक्षा के क्षेत्र में बालकों का सही विकास उपयुक्त शैक्षिक वातावरण पर ही निर्भर करता है। प्रायः यह देखने में आता है कि उच्च बुद्धि वाले बालक भी सही वातावरण के बिना उच्च शिक्षा प्राप्त नहीं कर पाते हैं।

4. **व्यक्तित्व विकास पर प्रभाव**– कूले का मत है कि व्यक्तित्व के निर्माण में वंशानुक्रम की अपेक्षा वातावरण का अधिक प्रभाव पड़ता है। व्यक्ति का विकास आन्तरिक क्षमताओं का विकास करके और नवीनताओं को ग्रहण करके किया जाता है इन दोनों ही परिस्थितियों के लिए उपयुक्त वातावरण को उपयोगी माना गया है। कूल महोदय ने यूरोप के साहित्यकारों का अध्ययन कर पाया कि उनके व्यक्तित्व का विकास स्वस्थ वातावरण में पालन-पोषण के द्वारा हुआ।

5. **सामाजिक गुणों का प्रभाव**– बालक का सामाजीकरण उसके सामाजिक विकास पर निर्भर होता है। समाज का वातावरण उसे सामाजिक गुण एवं विशेषताओं को धारण करने के लिए उन्मुख करता है। न्यूमैन, फ्रीमैन एवं होलिंजगर ने 20 जोड़े बालकों का अध्ययन किया। आपने जोड़े के एक बालक को गाँव में और दूसरे बालक को नगर में रखा। बड़े होने पर गाँव के बालक में अशिष्टता, चिन्ताएँ, भय, हीनता और कम बुद्धिमता सम्बन्धी आदि विशेषताएँ पाईं गईं, जबकि शहर के बालक में शिक्षित व्यवहार, चिन्तामुक्त, भयहीन एवं निडरता और बुद्धिमता सम्बन्धी विशेषताएँ पाई गईं। अतः स्पष्ट है कि वातावरण सामाजिक गुणों पर भी प्रभाव डालता है।

6. **बालक पर बहुमुखी प्रभाव**– वातावरण, बालक को शारीरिक, मानसिक, सामाजिक, संवेगात्मक आदि सभी अंगों पर प्रभाव डालता है। बालक का सर्वागीण या बहुमुखी विकास तभी हो पाता है जब उसे अच्छे वातावरण में रखा जाए। यह वातावरण ऐसा हो, जिसमें बालक की वंशानुक्रमीय विशेषताओं का सही प्रकाशन हो सके। भारत एवं अन्य देशों में जिन बालकों को जंगली जानवर उठा ले गये और उनको मारने के स्थान पर उनका पालन-पोषण किया। ऐसे बालकों का सम्पूर्ण विकास जानवरों जैसा था, बाद में उनको मानव वातावरण देकर सुधार लिया गया। अतः स्पष्ट है कि वातावरण ही बालक के सर्वागीण विकास में सहायक होता है।

## बालक के विकास को प्रभावित करने वाले वातावरणीय कारक (Environment Factors Affecting Child Development)

बालक के विकास को प्रमुख रूप से आनुवांशिकता तथा वातावरण प्रभावित करते हैं। इसी प्रकार कुछ विभिन्न कारक और भी है, जो बालक के विकास में या तो बाधा पहुँचाते हैं या विकास को अग्रसर करते हैं। ऐसे प्रभावी कारक निम्नलिखित हैं-

1. **बालकों के लालन-पालन या संरक्षण की दशाएँ (conditions of childs care)**– बालक के विकास पर उसके लालन-पालन तथा माता-पिता की आर्थिक स्थितियाँ अत्यधिक प्रभाव डालती हैं। परिवार की परिस्थितियों तथा दशाओं का बालक के विकास पर हमेशा प्रभाव पड़ता है। बालक के लालन-पालन में परिवार का अत्यधिक महत्व होता है। बालक के जन्म से किशोरावस्था तक उसका विकास परिवार ही करता है। स्नेह, सहिष्णुता, सेवा, त्याग, आज्ञापालन एवं सदाचार आदि का पाठ परिवार से ही मिलता है। परिवार मानव के लिये एक अमूल्य संस्था है। बालक के विकास में परिवार एक अहम संस्था की भूमिका अदा करता है। बालक के लालन-पालन में परिवार के शैक्षणिक कार्य निम्नलिखित हैं–

   (1) मॉण्टेसरी के अनुसार सीखने का प्रथम स्थान माँ की गोद है। बालक की सभी मूल-प्रवृत्तियों का शोधन धीरे-धीरे परिवार के सदस्यों द्वारा ही होता रहता है।

(2) परिवार बालक की मानसिक एवं भावात्मक प्रवृत्ति के विकास में महत्वपूर्ण भूमिका निभाता है। यदि परिवार का वातावरण वैज्ञानिक या साहित्यिक है तो बालक का झुकाव वैसा ही होगा।

(3) अनुकूलन का पाठ बालक परिवार से ही सीखता है क्योंकि परिवार के सदस्य एक दूसरे से समायोजन कर अपनी समस्याएँ हल करते हैं।

(4) परिवार बालक में स्वस्थ आदतों के निर्माण में सहायक होता है। बाल्यावस्था से किशोरावस्था तक बालक कुछ न कुछ आदतें परिवार में रहकर अन्य सदस्यों से सीखता है।

(5) बालक को व्यावहारिक जीवन की शिक्षा भी परिवार से ही मिलती है।

(6) परिवार बालक के सामाजीकरण का आधार है। बालक स्वयं सामाजिक जीवन की क्रियाओं तथा सामाजिक गुणों को यहीं से सीखता है।

(7) परिवार में रहकर बालक अपने बड़ों के प्रति सम्मान का भाव तथा आज्ञापालन की भावना को ग्रहण करता है। परिवार के सभी सदस्यों से वह कर्तव्यपरायणता, आत्मसंयम तथा अनुशासन की शिक्षा प्राप्त करता है।

इस प्रकार बालक के लालन-पालन में परिवार का योगदान सराहनीय है।

**2. सामाजिक वातावरण एवं उसका प्रभाव**

**(Social Environment and Its Effect)-** बालक को प्रभावित करने में परिवार का वातावरण अपनी भूमिका का निर्वहन करता है। समाज द्वारा बालकों पर विभिन्न प्रकार के प्रभाव पड़ते हैं। विद्यालय में अनेक परिवारों से आये बालक अपने साथ अलग-अलग वातावरणीय सोच लेकर आते हैं। परन्तु विद्यालय का वातावरण एक सुनिश्चित, अनुशासित एवं शिक्षा हेतु संगठित वातावरण होता है। कहीं-कहीं तो बाहर का वातावरण विद्यालय के वातावरण से पूर्णत: विरोधी होता है। वैसे वातावरण का क्षेत्र अत्यन्त व्यापक है। वातावरण को हम दो भागों में विभाजित कर सकते हैं-

**(1) आन्तरिक वातावरण-** आन्तरिक वातावरण जन्म से पूर्व ही अपना प्रभाव डालना आरम्भ कर देता है। गर्भावस्था बालक के विकास की दृष्टि से अत्यन्त महत्वपूर्ण समय है।

**(2) बाह्य वातावरण-** बालक के बाह्य वातावरण के अन्तर्गत जाति, समाज, राष्ट्र तथा उसकी संस्कृति को लिया जा सकता है। इस प्रकार के वातावरण की परिस्थितियाँ प्रत्येक देश में प्रत्येक काल में एक पीढ़ी से दूसरी पीढ़ी को हस्तान्तरित होती रहती हैं। परिवार में यह कार्य माता-पिता अपने बच्चों को पूर्ववत् चले आए रीति-रिवाज, भाषा, संस्कृति, साहित्य, जातीय जीवन दर्शन आदि का पाठ व्यवहार द्वारा सिखाते हैं, जबकि विद्यालय बालकों में राष्ट्रीयता एवं मूल्यों का विकास आदि के भाव विकसित करता है।

**3. विद्यालय की आन्तरिक स्थितियों का प्रभाव- (Effect of Internal Situations of School)–**

बालक जब विद्यालय में प्रवेश लेता है तो विद्यालय में अधिक सुलभ साधनों की अपेक्षा रखता है। यहाँ हम उन बिन्दुओं पर चर्चा करेंगे, जिनसे बालक शिक्षा की ओर उन्मुख होता है-

**(1) विद्यालय का वातावरण-** शिक्षकों का व्यवहार बालकों के प्रति अति सरल, सौम्य एवं स्नेहमयी होना चाहिए। विद्यालय का भवन, साफ, स्वच्छ तथा सुविधाओं से युक्त होना चाहिए। एक शिक्षक पर बीस या पच्चीस तक बालकों की संख्या होनी चाहिए। एक अच्छे विद्यालय में पठन-पाठन की सामग्री, बालकों के खेलने के सुन्दर खिलौने, बाग-बगीचे आदि भौतिक संसाधन होने चाहिए जिससे बालक विद्यालय के प्रति आकर्षित हो सकें।

**(2) समय विभाजन चक्र-** विद्यालय में बड़े छात्रों की अपेक्षा छोटे आयु वर्ग के छात्रों के समय विभाजन चक्र में अधिक अन्तर रहता है। छोटे बच्चों की पाठशाला प्रात: 9:30 से 12:30 तक ही संचालित करना चाहिए। इस अवधि में अल्प भोजन, विश्राम, स्वास्थ्य निरीक्षण तथा प्रार्थना सभा आदि के लिये समय नियत किया जाये। विद्यालयी शिक्षा के अन्तर्गत बाल-विकास में निम्नलिखित अभिकरण पर्याप्त सहायता पहुँचा रहे हैं-

**4. संचार माध्यमों का प्रभाव (Effect of Mass-Media)–** मानव समाज में अपने समुदाय एवं अन्य व्यक्तियों के प्रति निरन्तर अन्त: प्रतिक्रियाएँ करता रहता है। इस अन्त: प्रतिक्रिया का व्यापक आधार है- संचार एवं सम्प्रेषण। संचार पर ही सभी प्रकार के मानव सम्बन्ध आधारित होते हैं। संचार की प्रक्रिया सामाजिक एकता एवं सामाजिक संगठन की निरन्तरता का आधार है। इसके विकास एवं विभिन्न समाजों के मध्य संचार की स्थापना पर सामाजिक प्रगति निर्भर करती है। जिस देश में जितने प्रबल एवं अत्याधुनिक संचार साधन उपलब्ध हैं, वह देश उतना ही अधिक विकसित कहा जाता है।

**5. जनसंचार के माध्यम (Media of Mass Communication)-** इसमें ऐसे माध्यम भी शामिल हैं, जो जनसंचार के आधुनिक साधनों का उपयोग करते हैं जैसे-रेडियो, टेलीविजन, सिनेमा, समाचार-पत्र और विज्ञापन आदि। भारत में सूचना और प्रसारण मन्त्रालय के पास जन-संचार की विशाल व्यवस्था है, जिसके क्षेत्रीय तथा शाखा कार्यालय सम्पूर्ण देश में फैले हुए हैं।

**6. कक्षा-कक्ष में जनसंचार माध्यमों की उपयोगिता-** कक्षीय परिस्थितियों में अधिकतम शिक्षण अधिगम की प्रभावशाली परिस्थितियाँ उत्पन्न करने के लिए शिक्षा तकनीकी के जनसंचार माध्यमों का प्रयोग एक उत्तम साधन है। हमारे देश के विद्यालयों में कुछ नवीन विधियों जैसे-फिल्म, फिल्म-पट्टिकाएँ, प्रोजेक्टर, रेडियो आदि का प्रयोग किया जाने लगा है।

## प्रश्नमाला

**1. गुणों का एक पीढ़ी से दूसरे पीढ़ी में स्थानान्तरण क्या कहलाता है ?**

(a) उत्परिवर्तन
(b) प्रजनन
(c) आनुवंशिकता
(d) इनमें से कोई नहीं

**2. "मन्दबुद्धि माता-पिता की संतान मन्दबुद्धि और तीव्रबुद्धि माता-पिता की संतान तीव्रबुद्धि वाली होती है।" यह कथन किस विचारक से संबंधित है ?**

(a) जेम्स ड्रेवर (b) वुडवर्थ
(c) गोडार्ड (d) जिसबर्ट

**3. माता-पिता के चरित्र का प्रभाव भी उनके बच्चों पर पड़ता है। यह किस वैज्ञानिक ने अपने अनुसंधान में बताया है ?**

(a) डगडेल (b) रच
(c) एनास्टैसी (d) जिसबर्ट

**4. बच्चों के विकास में उसके परिवेश का जो प्रभाव पड़ता है, उसे हम ......... कहते हैं।**

(a) पालन पोषण
(b) सामाजिक विकास
(c) संवेगात्मक विकास
(d) उपरोक्त में से कोई नहीं

**5. निम्नलिखित में से किसकी बालकों के विकास में महत्वपूर्ण भूमिका होती है ?**

(a) परिवार (b) समाज
(c) पास पड़ोस (d) उपरोक्त सभी

**6. किसी व्यक्ति में विशिष्ट लक्षण दिखाई देने के लिए क्या जिम्मेदार होता है ?**

(a) चरित्र
(b) व्यक्ति का रंग
(c) त्वचा
(d) जीन

**7. निम्नलिखित में से किस परिस्थिति में बच्चें अच्छी तरह से सीख सकते हैं ?**

(a) जहाँ उन्हें खेलने का मौका मिलता है।
(b) बच्चों को डराकर
(c) जहाँ उनके अनुभवों और भावनाओं को उचित स्थान मिले
(d) जहाँ उन्हें मित्र बनाने का मौका मिले

**8. बालकों के सम्पूर्ण व्यवहार की ......... द्वारा अन्त:क्रिया होती है ?**

(a) सृष्टि (b) वंशानुक्रम
(c) वातावरण (d) उपरोक्त सभी

**9. मानव के विकास में ......... महत्वपूर्ण प्रभाव डालता है ?**

(a) वातावरण
(b) आनुवंशिकता
(c) वातावरण और आनुवंशिकता दोनों
(d) उपरोक्त में से कोई नहीं

**10. प्रकृति पोषण विवाद निम्नलिखित में से किससे संबंधित है ?**

(a) आनुवंशिकी एवं वातावरण
(b) व्यवहार एवं वातावरण
(c) वातावरण और जीव विज्ञान
(d) वातावरण और पालन पोषण

**11. बच्चे के विकास में उसके परिवेश का जो प्रभाव उस पर पड़ता है, उसे हम ......... कहते हैं।**

(a) पालन-पोषण
(b) सामाजिक विकास
(c) संवेगात्मक विकास
(d) परिवेश के लाभ

**12. परिवेश का प्रभाव, मानव के ......... और ......... दोनों चरणों में बहुत ही महत्त्वपूर्ण हैं।**

(a) सामाजिक, आर्थिक
(b) समाज, विद्यालय में शिक्षा
(c) प्रसव-पूर्व, प्रसव के उपरान्त
(d) परिवार, विद्यालय में विकास

**13. "शारीरिक एवं मानसिक विशेषताओं का माता-पिता के सन्तानों में हस्तान्तरण आनवंशिकता कहलाता है।" आनुवंशिकता के सन्दर्भ में निम्न कथन किस विचारक का है ?**

(a) एच. ए. पेटरसन
(b) अब्राहम मास्लो
(c) जेम्स ड्रेवर
(d) वुडवर्थ

**14. माता-पिता से सन्तानों को प्राप्त होने वाले गुणों को कहते हैं-**

(a) वंश (b) वंशानुक्रम
(c) वातावरण (d) इनमें से कोई नहीं

**15. बालक के सम्पूर्ण व्यवहार की सृष्टि ......... और .......... की अन्त: क्रिया द्वारा होती है।**

(a) माता-पिता के व्यवहार
(b) उसके मित्रों, भाई-बहनों के व्यवहार
(c) उसके शिक्षकों, अभिभावकों के व्यवहार
(d) आवंशिकता, वातावरण

**16. बच्चे उसी वातावरण में सीख सकते हैं, जहाँ**

(a) उनके अनुभवों एवं भावनाओं को उचित स्थान मिले
(b) उन्हें खेलने का मौका मिले
(c) उन्हें मित्र बनाने का मौका मिले
(d) कड़ा अनुशासन हो

**17. 'प्रत्येक छात्र स्वयं में विभिन्न है।' इस तथ्य का प्रमुख कारण क्या है ?**

**A. भौतिक वातावरण**
**B. सामाजिक वातावरण**
**C. वंशानुक्रम**
**कूट**

(a) केवल A (b) A और B
(c) A और C (d) A, B और C

**18. विकास की वर्तमान विचारधारा में निम्नलिखित में से किसका महत्व है ?**

(a) केवल प्रकृति
(b) केवल पोषण
(c) (a) और (b) दोनों
(d) इनमें से कोई नहीं

**19. मानव-व्यक्तित्व परिणाम है-**

(a) केवल आनुवंशिकता का
(b) पालन-पोषण और शिक्षा का
(c) आनुवंशिकता और वातावरण की अन्त:क्रिया का
(d) केवल वातावरण का

**20. सीखने सम्बन्धी निर्योग्यताएँ सामान्यत:**

(a) लड़कियों की तुलना में अधिकतम लड़कों में पाई जाती हैं
(b) अधिकतम उन बच्चों में पाई जाती हैं, जो शहरी क्षेत्रों की अपेक्षा ग्रामीण क्षेत्रों से सम्बन्ध रखते है।
(c) उन बच्चों में पाई जाती हैं, विशेषत: जिनके पैत्रिक अभिभावक इस प्रकार की समस्याओं से ग्रसित होते हैं।
(d) औसत से श्रेष्ठ बुद्धि लब्धि वाले बच्चों में पाई जाती है।

## उत्तरमाला

**1.** (c) **2.** (c) **3.** (a) **4.** (a) **5.** (d) **6.** (d) **7.** (c) **8.** (d) **9.** (c) **10.** (a)
**11.** (a) **12.** (c) **13.** (c) **14.** (b) **15.** (d) **16.** (a) **17.** (d) **18.** (c) **19.** (c) **20.** (c)

❑❑❑

# 4 समाजीकरण की प्रक्रिया

बालक में सामाजिक विकास अति महत्वपूर्ण है। किशोर व किशोरियों में विभिन्न कारक सक्रिय होने लगते हैं। अत: अध्यापक के लिए समाजीकरण की इस प्रक्रिया को समझना अतिआवश्यक है। जन्म के समय शिशु न सामाजिक और न असामाजिक बल्कि वह समाज के प्रति उदासीन होता है। आयु से सुशोभित होता जाता है और कुछ ही वर्षो बाद वह सामाजिक प्राणी कहलाने लगता है। बालक सामाजिक गुणों का सामाजिक विकास की अवस्थाओं के अनुसार ग्रहण करता है।

सामाजिक विकास से अभिप्राय, सामाजिक अपेक्षाओं के अनुसार व्यवहार करने की योग्यता को ग्रहण करना है।

हरलॉक के अनुसार, ''सामाजिक विकास का अर्थ है- सामाजिक संबंधों में परिपक्वता ग्रहण करना।''

चाइल्ड के अनुसार, ''सामाजिक विकास वह प्रक्रिया है जिसके द्वारा व्यक्ति में उसके समूह मानकों के अनुसार वास्तविक व्यवहार का विकास होता है।''

## सामाजिक विकास को प्रभावित करने वाले कारक

सामाजिक विकास किसी न किसी कारक से प्रभावित होता है। बालक के सामाजिक विकास को प्रभावित करने वाले कारक निम्नलिखित हैं :-

1. **परिवार :** जन्म लेते ही शिशु परिवार का सदस्य बनता है। उसका समाजीकरण शुरू हो जाता है। परिवार इस प्रक्रिया को प्रभावित करता है। परिवार का आकार, माता-पिता का आपसी संबंध, उनका दृष्टिकोण, परिवार का आर्थिक स्तर, सामाजिक स्तर आदि परिवार से संबंधित कारक है, जो बालक के सामाजिक विकास को प्रभावित करते हैं।
2. **स्कूल :** बालक के व्यक्तित्व पर स्कूल का गहरा प्रभाव पड़ता है क्योंकि वे अधिकतम समय स्कूल में ही व्यतीत करते हैं। माता-पिता का स्थान अध्यापक लेता है। स्कूल में सांस्कृतिक ज्ञान और विषयों का ज्ञान प्रदान करती है। स्कूलों में निरंकुश वातावरण सामाजिक विकास को प्रभावित करता है तथा जनतांत्रिक वातावरण सामाजिक विकास में सहयोग करता है।
3. **समुदाय का प्रभाव :** सामाजिक विकास पर समुदाय का भी प्रभाव पड़ता है। बालक जैसे समुदाय में रहता है, उसका समाज के प्रति व्यवहार भी वैसा ही होता है। समुदाय के बालक के सकारात्मक तथा नकारात्मक दोनों प्रकार का सामाजिक विकास हो सकता है। समुदाय से बालक आज्ञापालन, ईमानदारी, नम्रता आदि गुणों का विकास करता है।
4. **शारीरिक स्वास्थ्य :** शारीरिक विकास भी सामाजिक विकास पर अपना प्रभाव छोड़ता है। अस्वस्थ बच्चा कभी भी समाज में स्वयं को समायोजित नहीं कर पाता, परंतु एक स्वस्थ बालक प्रत्येक स्थान में समायोजन कर सकता है। अस्वस्थ बालकों में हीन भावना देखने को मिलती है। जिसकी वजह से सामाजिक विकास में बाधाएँ आती हैं।
5. **आस-पड़ोस का प्रभाव :** बच्चों के आस-पड़ोस का प्रभाव सामाजिक विकास पर पड़ता है। इसका बालक प्रत्यक्ष-अप्रत्यक्ष रूप से प्रभावित करता है। आस-पड़ोस द्वारा बच्चों के जीवन के स्तर का ज्ञान होता है। दोषपूर्ण आस-पड़ोस से बच्चों का समायोजन भी दोषपूर्ण ही होगा।
6. **बौद्धिक विकास :** सामाजिक विकास व बौद्धिक विकास में गहरा संबंध है। बौद्धिक विकास के अंतर्गत व्यक्ति स्वयं को ठीक प्रकार से समायोजित कर सकता है। इस प्रकार का विकास बच्चे के सामाजिक विकास का एक आवश्यक तत्व है। अत: बौद्धिक रूप से विकसित बालक सामाजिक रूप से भी विकसित होगा।
7. **सामाजिक-आर्थिक स्तर :** सामाजिक विकास पर परिवार के आर्थिक स्तर का प्रभाव भी आसानी से देखा जा सकता है। विभिन्न सामाजिक आर्थिक स्तरों के बच्चों के व्यवहारों में भी भिन्नता देखने को मिलती है। यह विभिन्न धन-व्यय करने, प्रशिक्षण देने, अनुशासन तथा माता-पिता के प्रति दृष्टिकोण आदि में पाई जाती है।

**माता-पिता का व्यवसाय :** माता-पिता का व्यवसाय बच्चों के सामाजिक विकास को भी प्रत्यक्ष या अप्रत्यक्ष रूप से प्रभावित करता है। बाल्यकाल के प्रारंभिक वर्षों में यह प्रभाव अधिक होता है। क्योंकि बालक के लालन-पालन में व्यवसाय का सीधा संबंध होता है। जैसे उसका भोजन, कपड़े, खेल का सामान इत्यादि। माता-पिता का व्यवसाय बच्चों को सामाजिक सम्मान भी दिलाता है।

## बालक का समाजीकरण

''समाजीकरण वह प्रक्रिया है जिसके माध्यम से बालक अपने समाज के स्वीकृत ढंगों को अपने व्यक्तित्व का एक अंग बना लेते हैं।''

### समाजीकरण की परिभाषा

बोगार्डस, ''समाजीकरण वह प्रक्रिया है जिसके द्वारा लोग मानव कल्याण के लिए एक-दूसरे पर निर्भर होकर व्यवहार करना सीखते हैं और ऐसा करने में सामाजिक आत्म-नियंत्रण, सामाजिक उत्तरदायित्व तथा संतुलित व्यक्ति का अनुभव होता है।''

ग्रीन, ''समाजीकरण वह प्रक्रिया है जिसके द्वारा बालक सांस्कृतिक विशेषताओं, आत्मपन और व्यक्तित्व को प्राप्त करता है।''

रॉस, ''समाजीकरण सहयोग करने वाले व्यक्तियों में हम भावना का विकास करता है और उनमें एक साथ कार्य करने की इच्छा तथा क्षमता में वृद्धि करता है।''

उपरोक्त परिभाषाओं से स्पष्ट है कि समाजीकरण सीखने की एक प्रक्रिया है जिसके द्वारा मानव शिशु अपने व्यक्तित्व का विकास करता है। समाज का क्रियाशील सदस्य बनता है तथा सामाजिक आदर्शों, मूल्यों एवं प्रतिमानों को सीखकर उनके अनुरूप आचरण करता है।

## समाजीकरण की प्रक्रिया में शिक्षक का कार्य

समाजीकरण की प्रक्रिया को तीव्र गति देने हेतु शिक्षकों को निम्नलिखित बातों पर ध्यान देना चाहिए-

1. शिक्षकों को चाहिए कि वे सामाजिक मूल्यों एवं आदर्शों को अपने कर्त्तव्यों एवं क्रियाओं के माध्यम से बालक के समक्ष प्रस्तुत करें। वे वस्तुतः बालकों के समक्ष सामाजिक व्यवहार के उच्च आदर्श उपस्थित करें।
2. शिक्षकों को बालकों को समाज की संस्कृति से परिचित कराना चाहिए। वे बालकों में ऐसी भावना उत्पन्न करें जिससे वे अपनी संस्कृति का सम्मान करना सीखें।
3. शिक्षकों का कर्त्तव्य है कि वे बालकों में अंतर-सांस्कृतिक भावना का विकास करें जिससे वे केवल अपनी संस्कृति की परिधि में सीमित न रहें वरन् विभिन्न संस्कृतियों का आदर करना भी सीखें। वे अपने साथ पढ़ने वाले विभिन्न सांस्कृतिक पृष्ठ भूमियों वाले बालकों के साथ मिल-जुलकर रहें और संर्कीण विचारों से ऊपर उठें।
4. परम्पराएँ सामाजिक दृष्टि से उपयोगी एवं श्रेष्ठ होती हैं तो शिक्षकों का कर्त्तव्य है कि बालकों में इन परम्पराओं में विश्वास उत्पन्न करें तथा उन्हीं के अनुसार कार्य करने को प्रोत्साहित करें।
5. बालकों के चरित्र निर्माण के लिए आवश्यक है कि शिक्षक पहले उनकी रुचियों एवं मनोवृत्तियों आदि को समझें। इसके लिए उन्हें बालकों के माता-पिता से घनिष्ठ संबंध रखने आवश्यक हैं। संबंधों के परिणामस्वरूप एक ही प्रकार के विश्वासों व दृष्टिकोणों को अपनाकर बालक का उचित दिशा में समाजीकरण किया जा सकता है।
6. बालकों के समाजीकरण को प्रोत्साहित करने की दृष्टि से विद्यालय को सामुदायिक केन्द्र के रूप में संगठित करना चाहिए। दूसरे शब्दों में विद्यालय में सामूहिक कार्यों को संगठित एवं प्रोत्साहित किया जाना चाहिए। इससे बालकों में सामूहिक भावना का उदय होता है।

## बालक के समाजीकरण की प्रक्रिया

समाजीकरण की प्रक्रिया के महत्वपूर्ण कारक निम्नलिखित हैं:-

1. **पालन-पोषण :** उचित समाजीकरण के लिए आवश्यक है कि बालक का पालन-पोषण अच्छे वातावरण में उचित ढंग से किया जाए। ऐसा करने पर ही वह समाज के आदर्शों व मूल्यों के अनुरूप आचरण करना सीखता है।
2. **सहानुभूति :** बालक, प्रारंभ में अपनी सभी आवश्यकताओं की पूर्ति के लिए परिवार के अन्य सदस्यों पर निर्भर रहता है। यहां पर ध्यान रखना आवश्यक है कि परिवार में बालक की समस्त आवश्यकताएं पूरी करना पर्याप्त नहीं। बल्कि उनके साथ सहानुभूतिपूर्णव्यवहार करना भी अनिवार्य है। इससे बालक अपनत्व की भावना अनुभव करने लगता है व उन्हें अधिक प्यार भी करने लगता है।
3. **सहकारिता :** जैसे-जैसे बालक अपने साथ अन्य व्यक्तियों का सहयोग पाता है वैसे-वैसे वह दूसरों का सहयोग भी प्रारंभ कर देता है इससे उसकी सामाजिक प्रवृत्तियां संगठित हो जाती हैं।
4. **पुरुस्कार एवं दंड :** जब बालक समाज के आदर्शों एवं प्रतिमानों के अनुरूप आचरण करता है तो उसकी प्रशंसा होती है अथवा उसे उचित रूप में पुरुस्कृत किया जाता है। इसके विपरीत जब वह समाज के आदर्शों के विपरीत आचरण करता है तो उसे दंड दिया जाता है। इससे बालक के समाजीकृत होने में सहायता मिलती है।
5. **आत्मीकरण :** जब परिवार तथा अन्य समूहों द्वारा बालक को सहानुभूति प्राप्त होती है तब आत्मीकरण की भावना का विकास होता है।
6. **अनुकरण :** अनुकरण समाजीकरण का एक मूलभूत तत्व है। बालक परिवार, पड़ोस तथा अन्य समूहों के लोगों को जिस प्रकार का व्यवहार करते हुए देखता है, उसी का अनुसरण करने लगता है।
7. **सामाजिक शिक्षण :** सामाजिक शिक्षण का भी बालक के समाजीकरण पर गहरा प्रभाव पड़ता है। यह सामाजिक शिक्षण परिवार से प्रारंभ होता है। परिवार में बालक माता-पिता, भाई-बहन तथा अन्य सदस्यों से रहन-सहन, उठना-बैठना, खान-पान, बोलचाल आदि के विषय में शिक्षा प्राप्त करता है।

## बालक का समाजीकरण करने का प्रमुख अभिकरण

समाजीकरण प्रक्रिया दीर्घ एवं जटिल है। इस कार्य में अनेक संस्थाओं और समूहों का योगदान होता है। बालक में सामाजिकता का विकास करने या उसके समाजीकरण में सहायता देने वाले प्रमुख साधन अथवा तत्व निम्नलिखित हैं :

**परिवार :** समाजीकरण करने वाली संस्था से परिवार सर्वाधिक महत्वपूर्ण है। क्योंकि बालक परिवार में ही जन्म लेता है। उन्हीं के संपर्क में आता है। कुछ विद्वान परिवार को समाजीकरण का सबसे स्थाई साधन मानते हैं। इसमें माँ-बाप की भूमिका अत्यधिक महत्वपूर्ण है। क्योंकि उनके संबंध परस्पर सौहार्दपूर्ण हैं तो बालक का समाजीकरण उचित ढंग से हो जाता है, यदि उनमें कलह होती है तो समाजीकरण विकृत हो जाता है।

**पड़ोस :** परिवार के समान पड़ोस भी बालक के समाजीकरण पर गहरा प्रभाव डालता है। इसी कारण अच्छे लोग किराए के लिए मकान लेते समय इस बात का काफी ध्यान रखते हैं कि पड़ोस कैसा है? पड़ोस एक प्रकार का बड़ा परिवार है। वैसे शहरों की तुलना में गांवों में पड़ोस का अधिक प्रभाव होता है। पड़ोस के लोग बालक को स्नेह व प्यार में कई नई बातों का ज्ञान करा देते हैं तथा उसकी प्रशंसा तथा निंदा द्वारा उसे समाज सम्मत व्यवहार करने को प्रेरित करते हैं।

**विद्यालय :** समाजीकरण में विद्यालय का सर्वाधिक प्रभाव पड़ता है। विद्यालय में ही उसे सामाजिक एवं सांस्कृतिक आदर्शों एवं मान्यताओं की शिक्षा प्राप्त होती है। विद्यालयों में बालक अन्य पारिवारिक पृष्ठभूमियों से आए अन्य बालकों के संपर्क में आता है। इससे उसका समाजीकरण तीव्र गति से होने लगता है। विद्यालय में बालक को कुछ विशिष्ट नियमों का पालन करना पड़ता हैं, इससे उसमें धीरे-धीरे आत्म नियंत्रण का भाव विकसित होने लगता है। विद्यालय में प्रायः बालक का कोई अध्यापक अवश्य मॉडल होता है। जिसके अनुरूप अपने को ढालना सीखता है।

**समूह :** समाजीकरण की दृष्टि से बालक के लिए मित्रों का समूह अर्थात् खेल समूह एक महत्वपूर्ण प्राथमिक समूह है। खेल समूह में बालक खेल के नियमों का पालन करना सीखता है, वह दूसरों के नियंत्रण में रहना व अनुशासन का पालन करना भी सीखता है। उसमें नेतृत्व के गुणों का विकास होता है तथा वह लोगों पर नियंत्रण करना व अनुशासन अनुकूलन कराना भी सीखता है। इसके साथ ही वह खेल में पारस्परिक सहयोग प्रतिस्पर्धा एवं स्वस्थ संघर्ष की भावनाएँ भी ग्रहण करता है।

**समुदाय या समाज :** समुदाय या समाज बालक के समाजीकरण को विभिन्न रूपों में प्रभावित करता है। समाज जिन साधनों के माध्यम से बालक के समाजीकरण को प्रभावित करता है उनमें प्रमुख हैं :

संस्कृति- इतिहास जातीय एवं राष्ट्रीय प्रथा।

कला - साहित्य सामाजिक प्रथाएं और परम्पराएँ।

जातीय पूर्व धारणाएँ - समाज का आर्थिक और राजनीतिक संगठन

**जाति :** समाजीकरण का एक प्रमुख कारण जाति भी है। प्रत्येक जाति के अपने रीति-रिवाज, आदर्श, परंपराएँ एवं सांस्कृतिक उपलब्धियाँ होती हैं तथा बालक अपनी जाति की इन विशेषताओं को स्वाभाविक रूप से ग्रहण कर लेता है। यही कारण है कि प्रत्येक जाति के बालक का समाजीकरण भिन्न होता है। उदाहरण- क्षत्रिय बालक के समाजीकरण का रूप वैश्य बालक के समाजीकरण से भिन्न होगा।

## सामाजिक परिवर्तन में लिंग तथा आयु की भूमिका

समाज में परिवर्तन होता है और इसके साथ पुरुष और स्त्री की भूमिकाओं में भी अंतर आता है। यह अंतर नातेदारी व्यवस्था में भी देखने को मिलता है। विवाह की उम्र और संपत्ति के उत्तराधिकार लिंग के आधार पर निश्चित किए जाते हैं। मिसाल के लिए भारतीय समाज में लड़की की विवाह की उम्र 18 वर्ष और लड़के की 21 वर्ष है। उम्र के ये समूह नातेदार इस भांति विवाह संबंध वंशानुक्रम के आधार पर तय किया जाता है। मातृ-पितृ समूहों की पीढ़ियों को वंशानुक्रम के नियम के अनुसार तय किया जाता है। नोतदारी में पुरुषों और स्त्रियों की भूमिकाएँ परंपरा से निर्धारित होती हैं, जब समाज में तीव्रता से परिवर्तन आते हैं तो इसके परिणामस्वरूप नातेदारों की भूमिका में भी अंतर आता है।

नातेदारी संबंधों का सामाजिक संरचना में विशेष स्थान है। नातेदारी संबंध सामाजिक परिवर्तन के साथ बदलते रहते हैं। इन संबंधों के जहां संरचनात्मक अंगों जैसे विवाह के प्रकार निवास के नियम, उत्तराधिकार के नियम और नातेदारी समूह की रचना में परिवर्तन की गति प्राय: धीमी रहती है। समकालीन सामाजिक जीवन में जनसंख्या, लिंग तथा आयु समूहों के आकार में परिवर्तन, संसाधनों की खोज, विकास उत्पादन के नए साधन, अपनी उत्पादन प्रक्रिया के बीच।

## प्रश्नमाला

**1. "सामुहिक प्रतिनिधित्व का सिद्धान्त के जन्मदाता" कौन है ?**

(a) कूले (b) मीड
(c) रॉस (d) दुर्खिम

**2. मनुष्य एक सामाजिक प्राणी हैं। उपरोक्त कथन किसका है ?**

(a) अरस्तु (b) प्लेटो
(c) लास्की (d) मैकाइबर

**3. मानव स्वभाव को विकसित करने की प्रथम पाठशाला है ?**

(a) परिवार
(b) आस-पास का वातावरण
(c) खेल समूह
(d) उपरोक्त सभी

**4. निम्नलिखित में से किया समाजीकरण के किस सिद्धान्त का जनक "मीड महोदय" हैं ?**

(a) समाजीकरण के स्वदर्पण सिद्धान्त
(b) मैं और मुझे का सिद्धान्त
(c) सामूहिक प्रतिनिधित्व का सिद्धान्त
(d) आंशिक पुनर्बलन का सिद्धान्त

**5. प्रत्येक समाज अपनी विचारधारा, मूल्य, भाव विश्वास, आर्दश, संस्कार तथा मान्यताएँ प्रगतिशील अवस्था में होती है, जिसे समाज के व्यक्तियों द्वारा स्वीकृति मिली हुई होती है। उपरोक्त कथन समाजीकरण के किस सिद्धान्त से संबंधित है ?**

(a) मैं और मुझे का सिद्धान्त
(b) स्वदर्पण सिद्धान्त
(c) सामूहिक प्रतिनिधित्व का सिद्धान्त
(d) आंशिक पुनर्बलन का सिद्धान्त

**6. "समाजीकरण" का क्या अर्थ है ?**

(a) सामाजिक मापदण्ड का कठोरता से पालन करना
(b) समाज में समायोजित होना
(c) सामाजिक विविधता को समझना
(d) सामाजिक मापदण्डों के विरूद्ध विद्रोह करना

**7. प्राथमिक समाजीकरण के मुख्य अभिकर्ता (Agent) के रूप में किसकी भूमिका महत्वपूर्ण होती है ?**

(a) पाठशाला (b) मित्र
(c) परिवार (d) मित्र एवं परिवार

**8. समाजीकरण के मुख्य अभिकर्ता के रूप में खेलों की भूमिका महत्वपूर्ण है क्योंकि**

(a) खेल में हार-जीत का अनुभव बच्चों में सहनशक्ति का विकास करता है, जो समाजीकरण के लिए अत्यन्त महत्पूर्ण हैं।
(b) बच्चे हमेशा खेलते रहना चाहते हैं।
(c) इससे बच्चों में स्वाभिमान का विकास होता है।
(d) इनमें से कोई नहीं

**9. "प्रत्येक समाज में अपनी विचारधारा, मूल्य, भाव, विश्वास, आदर्श तथा संस्कार जीवित अवस्था में होते हैं।" सामूहिक प्रतिनिधित्व का सिद्धान्त के अन्तर्गत यह किसका मत है ?**

(a) किंबल यंग का (b) दुर्खिम का
(c) डार्विन का (d) रॉस का

**10. समाजीकरण की प्रक्रिया में अनुकरण को 'उपयोगी' तथा विकासात्मक बनाने के लिए आवश्यक तत्त्व हैं-**

(a) परिवार एवं पड़ोस
(b) गाँव एवं शहर
(c) देश एवं राजनीति
(d) परिवहन एवं संचार साधन

**11. निम्न में कौन-सा कारक बच्चों के समाजीकरण में महत्त्वपूर्ण भूमिका निभाता है ?**

(a) पालन-पोषण (b) सहानुभूति
(c) पड़ोस (d) ये सभी

**12. बच्चों के समाजीकरण में शिक्षक की भूमिका होती है-**

(a) उनका बौद्धिक विकास करना
(b) उन्हें साम्प्रदायिक शिक्षा प्रदान करना
(c) उन्हें गृह-कार्य देना
(d) उनके आर्थिक प्रयोग में सहायोग करना

**13. निम्न में से कौन-सी समाजीकरण की निष्क्रिय एजेन्सी है ?**

(a) स्वास्थ्य क्लब
(b) परिवार
(c) ईको क्लब
(d) सार्वजनिक पुस्तकालय

**14. बच्चे के समाजीकरण में परिवार ........ भूमिका निभाता है।**

(a) कम महत्त्वपूर्ण (b) रोमांचकारी
(c) मुख्य (d) गौण

**15. निम्नलिखित में से कौन प्राथमिक समाजीकरण माध्यम है ?**

(a) मीडिया (b) परिवार
(c) विद्यालय (d) सरकार

**16. निम्नलिखित में से कौन-सा द्वितीयक समाजीकरण एजेन्सी का उदाहरण है ?**

(a) परिवार एवं पास-पड़ोस
(b) परिवार एवं मीडिया
(c) विद्यालय एवं मीडिया
(d) मीडिया एवं पास-पड़ोस

**17. समाजीकरण वह प्रक्रिया है जिसे बच्चे व वयस्क सीखते हैं-**

(a) परिवार से (b) विद्यालय से
(c) श्रेष्ठ जनों से (d) ये सभी

**18. निम्नलिखित में से कौन-सा बच्चों के समाजीकरण का प्राथमिक कारक है ?**

(a) माता-पिता का कार्यस्थल
(b) निकटस्थ परिवार
(c) पुस्तकें और पत्रिकाएँ
(d) अस्पताल के कर्मचारी

## उत्तरमाला

| | | | | | | | | | |
|---|---|---|---|---|---|---|---|---|---|
| **1.** (d) | **2.** (a) | **3.** (d) | **4.** (b) | **5.** (c) | **6.** (b) | **7.** (d) | **8.** (a) | **9.** (b) | **10.** (a) |
| **11.** (d) | **12.** (a) | **13.** (d) | **14.** (b) | **15.** (b) | **16.** (c) | **17.** (d) | **18.** (b) | | |

❑❑❑

# 5 पियाजे, कोहलबर्ग एवं वाइगोत्स्की के सिद्धान्त

## जीन पियाजे का अधिगम सिद्धांत (Learning theory of Jean Piaget)

विकासात्मक मनोविज्ञान के विभिन्न सिद्धान्तों में से एक बहुत ही सर्वाधिक महत्वपूर्ण सिद्धान्त जीन पियाजे (Jean Piaget) का सर्वाधिक विकास का सिद्धान्त है जिसका मूल उद्देश्य बच्चों के विकास के अंतर्गत जो क्रमिक परिवर्तन होते हैं, जिसके कारण मानसिक क्रियाएं और भी जटिल (Complex/Sophisticated) हो जाती हैं, सरलता से व्याख्या करना है। संज्ञानात्मक विकास के अध्ययन में जीन पियाजे (Jean Piaget) का अभूतपूर्व योगदान है। पियाजे ने अपने सिद्धान्त में शैशवस्था से वयस्कावस्था के बीच चिन्तन-क्रिया में जो विकास होते हैं व्याख्या की है। संज्ञान (Cognition) का तात्पर्य उन सारी मानसिक क्रियाओं से है जिसका संबंध चिंतन (Thinking), समस्या-समाधान, भाषा संप्रेषण तथा और भी बहुत सी मानसिक प्रक्रियाओं से है। निस्सर (Neisser 1067) ने कहा है कि 'संज्ञान' संवेदी सूचनाओं (Sensory Information) को ग्रहण करके उसका रूपान्तरण (Transformation), विस्तारण (Elaboration), संग्रहण (Storage), पुनर्लाभ (Recovery) तथा इसके समुचित प्रयोग करने से होता है।

## संज्ञानात्मक विकास की अवस्थाएँ (Stages of Cognitive Development)

1. संवेदी पेशीय अवस्था (Sensory Motor stage)
2. पूर्व-संक्रियात्मक अवस्था (Pre-operational stage)
3. मूर्त-सक्रिय अवस्था (Period of concrete operation)
4. औपचारिक सक्रिय अवस्था (Period of formal operation)

1. **संवेदी-पेशीय अवस्था (Sensory Motor stage)**

   यह अवस्था जन्म से दो साल तक की होती है। इस अवस्था में बालक कुछ संवेदी-पेशीय क्रियाएँ जैसे पकड़ना, चूसना, चीजों को इधर-उधर करना आदि स्वत: सहज क्रियाओं से व्यवस्थित क्रियाओं की ओर अग्रसित होता है। पियाजे के अनुसार इस अवस्था में शिशुओं का बौद्धिक और संज्ञानात्मक विकास निम्नलिखित छ: उप-अवस्थाओं से होकर गुजरता है-

   (i) पहली अवस्था को **प्रतिवर्त्त क्रिया की अवस्था (Stage of Relax Actions)** कहा जाता है जो जन्म से एक महीना तक की होती है। इस प्रतिवर्त्त क्रिया की अवस्था में शिशु अपने को नये वातावरण में अभियोजन करने की कोशिश करता है। इस समय चूसने की क्रिया सबसे प्रबल होती है।

   (ii) दूसरी अवस्था को **प्रमुख वृत्तीय प्रतिक्रिया की अवस्था (Stage of secondary circular reaction)** कहा जाता है जो 1 से 4 महीने तक होती है। इस अवस्था में शिशुओं की प्रतिवर्त्त क्रियाएं (Reflex activities) में कुछ हद तक परिवर्तन होता है। शिशु अपने को नये वातावरण में अभियोजित करने की कोशिश करता है। वह अपने अनुभवों को दोहराता है तथा उसमें रूपान्तरण लाने का प्रयास करता है। इसे प्रमुख (Primary) इसलिए कहा जाता है क्योंकि ये प्रतिवर्त्त क्रियाएं प्रमुख होती हैं एवं उन्हें वृतीय (Circular) इसलिए कहा जाता है क्योंकि इन क्रियाओं को वे बार-बार दोहराते हैं।

   (iii) तीसरी अवस्था **गौण तृतीय प्रतिक्रिया की अवस्था (Stage of secondary circular reaction)**– होती है जो 4 से 8 महीने तक की होती हे। इस अवस्था में शिशु ऐसी क्रियाएं करता है जो रुचिकर होते हैं तथा अपने आस-पास की वस्तुओं को छूने की कोशिश करता है।

   (iv) चौथी अवस्था **गौण-स्कीमटा के समन्वय की अवस्था (Stage of coordination of secondary schemata)**– जो 6 महीने से 12 महीने तक होती है। इस अवधि में शिशु अपने उद्देयों की प्राप्ति के लिए सहज क्रिया को इच्छानुसार प्रयोग करना सीख जाता है। वह वयस्कों द्वारा किये गये कार्यों को अनुकरण (Imitation) करने की कोशिश करता है।

   (v) **तृतीय वृतीय प्रतिक्रिया की अवस्था (Tertiary circular reaction)**– 12 महीने से 18 महीने तक होती है। इस अवस्था में बालक प्रयास एवं त्रुटि के आधार पर अपनी परिस्थितियों को समझाने की कोशिश करने से पहले सोचना प्रारंभ कर देता है। इस अवधि में बच्चों में उत्सुकता (Curiosity) उत्पन्न होती है तथा भाषा का भी प्रयोग करना शुरू कर देता है।

   (vi) **मानसिक संयोग द्वारा नए साधनों की खोज अवस्था (Stage of the new means through mental combination)** 18 महीनों से 2 साल तक में शिशु प्रतिमा (Image) का प्रयोग करना सीख जाता है। अब वह स्वयं ही समस्या का हल प्रतीकात्मक चिंतन क्रिया (Symbolic thought process) द्वारा ढूंढ लेता है।

   इस अवस्था में संज्ञानात्मक विकास के साथ बौद्धिक-विकास भी तीव्र गति से होता है।

2. **पूर्व संक्रियात्मक अवस्था (Pre operational stage)**

   संज्ञानात्मक विकास की पूर्व-संक्रियात्मक अवस्था लगभग दो साल से प्रारंभ होकर सात साल तक होती है।

   इस अवस्था में संकेतात्मक कार्यों की उत्पत्ति (Emergence of symbolic functions) तथा भाषा का प्रयोग (Use of language) होता है।

   पियाजे ने इस अवस्था को दो भागों में बांटा है।

   (i) **प्राकसंप्रत्यात्मक अवधि (Pre conceptual period)**– जो कि 2 से 4 साल तक होता है। यह अवस्था वस्तुत: परिवर्तन की अवस्था है जिसे खोज (Exploration) की अवस्था भी कही जाती है। इस अवस्था में बच्चे जो संकेत (Symbol) का प्रयोग करते हैं वह थोड़ी-सी अव्यवस्थित (Discorganized) होती है। इस अवस्था में

बच्चे बहुत सी ऐसी क्रियाएं करते हैं जिसे इससे पहले वह नहीं कर सकते थे। जैसे संकेत (Symbol) व चिन्ह (Signs) का प्रयोग कब और कहां किया जाता है। वे शब्दों (Words) का प्रयोग कर समस्याओं का समाधान करते हैं। बालक विभिन्न घटनाओं या कार्यों के संबंध में क्यों तथा कैसे (Why and How) जैसे प्रश्नों को जानने में रुचि रखते हैं। वे जिस कार्य को दूसरों के द्वारा करते हैं या होते देखते हैं उस कार्य को करने लगते है। उनमें बड़ों का अनुकरण (Imitation) करने की प्रवृत्ति होती है।

(ii) **अंतर्दर्शी अवधि (Intuitive period)**– यह अवधि 4 साल से 7 साल तक होता है। इस अवधि में बालक की चिन्तन और तार्किक क्षमता पहले से अधिक सुदृढ हो जाती है। पियाजे के अनुसार अंतर्दर्शी चिन्तन ऐसा चिन्तन है जिसमें बिना किसी तार्किक विचार द्वारा प्रक्रिया के किसी बात को तुरन्त स्वीकार कर लिया जाना है।

(iii) **मूर्त सक्रिय अवस्था (Period of concrete operation)**– यह अवस्था 7 साल से 12 साल तक चलती है। इस अवस्था में बच्चे का अतार्किक चिन्तन संक्रियात्मक विचारों का स्थान ले लेता है। बच्चे अब जोड़ना (Addition), घटाना (Subtraction) गुणा करना (Multiplication) और भाग (Divison) कर सकते हैं। लेकिन अगर उसे शाब्दिक कथन (Verbal statement) के आधार पर मानसिक क्रियाएं करने को कहा जाये तो वे नहीं कर सकते हैं। इस अवस्था के दौरान बालकों द्वारा तीन मानसिक निपुणता हासिल कर ली जाती हैं। ये तीन योग्यताएं विचारों की विलोमता (Reversibility of Thought), संरक्षण (Conservation) तथा वर्गीकरण व पूर्ण अंश प्रत्ययों का उपयोग (Classification and part whole conception) हैं।

इस अवस्था में विचारों की विलोमता में बालक सक्षम हो जाते हैं। भौतिक वस्तुओं में संरक्षण (Conservation in physical objects) बालकों की मानसिक प्रक्रिया का एक अंग बन जाता है। सबसे महत्वपूर्ण विकास उनकी क्रमबद्धता अर्थात विभिन्न वस्तुओं को उनके आकार व भार आदि की दृष्टि से अलग करना तथा छोटे से बड़े क्रम में वर्गीकरण करना है।

बालकों में यह क्षमता विकसित हो जाती है कि वह वस्तुओं को कुछ भागों में बांट सकें और उन भागों की समस्या का समाधान तार्किक ढंग से कर सकें।

मूर्तसक्रिय अवस्था में बालक का ध्यान अपनी ओर से हटकर दूसरे की ओर जाने लगता है। अर्थात् उसके सामाजीकरण (Socialization) की शुरूआत होती है।

इस अवस्था में मानसिक विकास की दो सीमाएँ पायी जाती हैं–

a. इस अवस्था में बालक तार्किक चिन्तन (Logical Thinking) तभी कर सकते हैं जब उनके सामने वस्तु ठोस रूप से उपस्थित की गई हो।
b. दूसरा, इस अवस्था में ठोस संक्रियात्मक चिन्तन की दूसरी परिसीमा यह है कि यह बहुत क्रमबद्ध नहीं होती है। किसी समस्या के तार्किक रूप से संभावित सभी समाधान के बारे में बालक नहीं सोच पाता है (ब्राउन तथा कूक, 1986)।

## औपचारिक-सक्रिय अवस्था (Period of formal operations)

यह संज्ञानात्मक विकास की अंतिम अवस्था है जो लगभग 11 साल से 15 साल की आयु तक होती है। इस अवस्था के दौरान बालक अमूर्त बातों के संबंध में तार्किक चिन्तन करने की क्षमता का विकास कर लेता है। इस अवस्था को किशोरावस्था (Period of Adolescence) कहा जाता है। बच्चे अब वर्तमान, भूत एवं भविष्य (Present, Past & Future) के मध्य अन्तर समझने लगते हैं। समस्या का हल सुव्यवस्थित ढंग से करने लगते हैं। इस अवस्था में बालक परिकल्पनाएं (Hypothesis) निर्माण के योग्य हो जाता है। उसकी व्याख्या करता है तथा व्याख्यान के आधार पर निष्कर्ष भी निकालता है। पियाजे के अनुसार इस अवस्था में बालकों में बौद्धिक संगठन अधिक क्रमबद्ध हो जाता है। बालक एक साथ अधिक-से-अधिक बातों को समझाने तथा उसका विचार करने में समर्थ हो जाता है। इस तरह पियाजे द्वारा बताई गई संज्ञानात्मक विकास के सिद्धान्त की चार अवस्थाएं इस बात का द्योतक हैं कि किसी भी बालक का संज्ञानात्मक विकास चार विभिन्न अवस्थाओं से होकर गुजरता है जिसमें कुछ बालकों का बौद्धिक विकास तीव्र गति से होता है। कुछ का औसत गति से तथा कुछ का धीमी गति से।

## लेव वाइगोत्सकी का अधिगम सिद्धांत (Learning theory of Lev Vygotsky)

लेव सेमोनोविच वाइगोत्सकी एक सोवियत मनोवैज्ञानिक थे जिन्हें मानव के सांस्कृतिक तथा जैव-सामाजिक विकास के सिद्धांत के प्रवर्तक के रूप में जाना जाता है। इनका जन्म नवंबर 17, 1896 में बेलारूस के ओर्शा में हुआ। इनकी मृत्यु जून 11, 1934 में मास्को में हुई। इनके जीवन दर्शन पर जीन पियाजे, अल्फ्रेड एडलर, कर्ट लेविन जैसे मनोवैज्ञानिकों का अत्यधिक प्रभाव पड़ा। इनके मुख्य विचारों को निम्न बिंदु के अंतर्गत देखा जा सकता है–

- बिना किसी सन्दर्भ के अधिगम संभव नहीं हो सकता अर्थात सन्दर्भगत अधिगम ही मौलिक अधिगम है।
- किसी भी व्यक्ति तथा वातावरण के मध्य पृथकता कृत्रिम होता है।
- अधिगम में परासंज्ञान (Meta Cognition) की भूमिका अत्यधिक महत्वपूर्ण होती है।
- सहकारी अधिगम (cooperative learning) प्रभावशाली होती है।
- अधिगम उत्पाद से ज्यादा महत्वपूर्ण अधिगम प्रक्रिया होती है अर्थात अधिगम प्रक्रिया को रुचिकर बनाकर इसे प्रभावशाली बनाया जा सकता है।
- अधिगम को गत्यात्मक तरीके से आकलन करना चाहिए।
- वाइगोत्सकी के अनुसार मानव विकास हेतु सामाजिक सन्दर्भ अत्यन्त आवश्यक है, इसलिए वाइगोत्सकी को सामाजिक सृजनवाद का जनक भी माना जाता है।
- बच्चों द्वारा ज्ञान का सृजन किया जाता है न कि उनके द्वारा प्राप्त किया जाता है।
- वाइगोत्सकी के अनुसार किसी भी बच्चे का विकास सामाजिक परिस्थिति में ही संभव है।
- वाइगोत्सकी के सिद्धांत को सामाजिक विकास का भी सिद्धांत कहा जाता है।
- बच्चों का संज्ञानात्मक विकास सामूहिक प्रक्रिया द्वारा संभव हो पाता है।
- बच्चे सामाजिक अंत:क्रिया द्वारा ही सीखते हैं।
- वाइगोत्सकी के अनुसार विकास जन्म से शुरू होकर मृत्युपर्यंत चलता रहता है।
- वाइगोत्सकी के अनुसार विकास एक आजीवन प्रक्रिया है जो सामाजिक अंत:क्रिया पर निर्भर करता है तथा इस सामाजिक अधिगम के फलस्वरूप संज्ञानात्मक विकास संभव होता है।
- वाइगोत्सकी ने अधिगम के क्षेत्र में समीपस्थ विकास क्षेत्र (Zone of Proximal Development) के संप्रत्यय को लोकप्रिय बनाया। किसी भी अधिगमकर्ता हेतु समीपस्थ विकास क्षेत्र से आशय उन दो क्षेत्रों के मध्य से है, अर्थात वह क्षेत्र जहां अधिगमकर्ता बिना किसी सहायता से सीखता है तथा जहाँ अधिगमकर्ता को सीखने हेतु किसी की मदद की आवश्यकता होती है।

उनका विश्वास था कि कोई भी अधिगम दो स्तरों पर संपन्न होता है- पहला, एक-दूसरे के साथ अंत:क्रिया तथा दूसरा, अंत:क्रिया के फलस्वरूप प्राप्त अनुभव को मानसिक संरचना में समाविष्ट करना।

वाइगोत्सकी के सिद्धांत का दूसरा महत्वपूर्ण पहलू है कि संज्ञानात्मक विकास की संभावना समीपस्थ विकास क्षेत्र (zone of proximal development) (ZPD) तक सीमित होती है। यह क्षेत्र ऐसा अन्वेषण क्षेत्र है जिसके लिए छात्र संज्ञानात्मक रूप से तो तैयार होता है लेकिन उसके पूर्ण विकास के लिए उसे सामाजिक अंत:क्रिया की आवश्यकता पड़ती है। छात्र के संज्ञानात्मक विकास के लिए एक अध्यापक अथवा अधिक अनुभवी सहयोगी के सहयोग की आवश्यकता पड़ती है जिसे वाइगोत्सकी ने स्केफोल्डिंग "scaffolding" की संज्ञा दी है।

**स्केफोल्डिंग:** किसी भी कार्य को पूर्ण करने के लिए ऐसा सहयोग जिसके बिना उस कार्य को किसी भी व्यक्ति द्वारा स्वतंत्र रूप से नहीं किया जा सकता है।

## लारेन्स कोहलबर्ग के नैतिक विकास की अवस्था का सिद्धांत

लॉरेन्स कोहलबर्ग ने जीन पियाजे के सिद्धान्त को आधार बनाकर नैतिक विकास की अवस्था का सिद्धान्त दिया, जिसे उसने तीन भागों में विभाजित किया है

### पूर्व परम्परागत स्तर या पूर्व नैतिक स्तर ( 4 से 10 वर्ष )

- इस आयु में बालक अपनी आवश्यकताओं के सम्बन्ध में सोचते हैं। नैतिक दुविधाओं से सम्बन्धित प्रश्न उनके लाभ या हानि पर आधारित होते हैं।
- नैतिक कार्य का सम्बन्ध सामाजिक एवं सांस्कृतिक रूप से क्या सही है एवं क्या गलत है इससे सम्बन्धित होता है। यथा-अच्छा या बुरा, सही या गलत की व्याख्या मिलने वाले दण्ड, पुरस्कार अथवा नियमों का समर्थन करने वाले व्यक्तियों की शारीरिक क्षमता या उसके परिणाम से मापी जाती है। इसके अन्तर्गत दो चरण हैं

1. **दण्ड तथा आज्ञापालन अभिमुखता** (Punishment and Obedience Orientation) बालकों के मन में आज्ञापालन का भाव दण्ड पर आधारित होता है। इस अवस्था में बालकों में नैतिकता का ज्ञान होता है। बालक स्वयं को परेशानियों से बचाना चाहता है। कोहलबर्ग का मानना है कि कोई बालक यदि स्वीकृत व्यवहार अपनाता है, तो इसका कारण दण्ड से स्वयं को बचाना है।
2. **आत्म अभिरुचि तथा प्रतिफल अभिमुखता** (Self-Interest and Reward Orientation) इस अवस्था में बालकों का व्यवहार खुलकर सामने नहीं आता है, वह अपनी रुचि को प्राथमिकता देता है। वह पुरस्कार पाने के लिए नियमों का अनुपालन करता है।

### परम्परागत नैतिक स्तर ( 10 से 13 वर्ष )

कोई बालक दूसरे व्यक्ति के नैतिक मानकों को अपने व्यवहार में समाहितं करता है तथा उस मानक के सही एवं गलत पक्ष पर चिन्तन के माध्यम से निर्णय करता है और उस पर अपनी सहमति बनाता है। इस स्तर पर बालक अपनी आवश्यकता के साथ-साथ दूसरों की आवश्यकता का भी ध्यान रखता है।। इस स्तर के दो प्रमुख चरण निम्न हैं

1. **अधिकार संरक्षण अभिमुखता** (Law and Order Orientation) इस अवस्था में बच्चे नियम एवं व्यवस्था के प्रति जागरूक होते हैं तथा वे नियम एवं व्यवस्था के अनुपालन के प्रति जवाबदेह होते हैं।
2. **अच्छा लड़का या अच्छी लड़की** (Good Boy or Good Girl) इस अवस्था में बच्चे में एक-दूसरे का सम्मान करने की भावना होती है तथा दूसरों से भी सम्मान पाने की इच्छा रखते हैं।

### उत्तर परम्परागत नैतिक स्तर या आत्म अंगीकृत नैतिक मूल्य ( 13 वर्ष से ऊपर )

कोहलबर्ग के मतानुसार नैतिक विकास के परम्परागत स्तर पर नैतिक मूल्य या चारित्रिक मूल्य का सम्बन्ध अच्छे या बुरे कार्य के सन्दर्भ में निहित होता है। बालक बाहरी सामाजिक आशाओं को पूरा करने में रुचि लेता है। बालक अपने परिवार, समाज एवं राष्ट्र के महत्त्व को प्राथमिकता देते हुए एक स्वीकृत व्यवस्था के अन्तर्गत कार्य करता है।

मानव विकास की वृद्धि एवं विकास के कई आयाम होते हैं। विकास की विविध अवस्थाओं के बालकों में कुछ विशेष, गुण एवं विशेषताएँ उभरकर सामने आती हैं। इसके अन्तर्गत वयस्क वस्तुओं को निर्धारित कर कार्य करना सीख जाता है। इसके अन्तर्गत दो चरण हैं

1. **सामाजिक अनुबन्ध अभिमुखता** (Social Contract Orientation) इस अवस्था में बच्चे वही करते हैं, जो उन्हें सही लगता है तथा वे यह भी सोचते हैं कि स्थापित नियमों में सुधार की आवश्यकता तो नहीं है। उदाहरणस्वरूप, यदि एक व्यक्ति अपने बच्चे की जान बचाने के लिए दवा की चोरी करता है, तो यहाँ देखा जाएगा कि जीवन बचाना यहाँ महत्त्वपूर्ण है।
2. **सार्वभौमिक नैतिक सिद्धान्त अभिमुखता** (Universal Ethical Principle Orientation) इस अवस्था में अन्त:करण (Con science) की ओर अग्रसर हो जाती है। अब बच्चे का आचरण दूसरे की प्रतिक्रियाओं का विचार किए बिना उसके आन्तरिक आदर्शों के द्वारा होता है।

## कोहलबर्ग के नैतिक के सिद्धांत की अन्य अवस्थाएँ

कोहलबर्ग ने नैतिक विकास की अवस्था के कुछ अन्य सिद्धान्त दिए हैं, जो निम्न प्रकार हैं

### स्वकेन्द्रित अवस्था

- इस अवस्था का कार्यकाल तीसरे वर्ष से शुरू होकर 6 वर्ष तक होता है।
- इस अवस्था के बालक की सभी व्यावहारिक क्रियाएँ अपनी वैयक्तिक आवश्यकताओं और इच्छाओं की पूर्ति के चारों ओर केन्द्रित रहती हैं। बालक के लिए वही नैतिक होता है, जो उसके स्व अर्थात् आत्म-कल्याण से जुड़ा होता है।

### परम्पराओं को धारण करने वाली अवस्था

- सातवें वर्ष से लेकर किशोरावस्था के प्रारम्भिक काल का सम्बन्ध इस अवस्था से है।
- इस अवस्था का बालक सामाजिकता के गुणों को धारण करता हुआ देखा जाता है।
- अत: उसमें समाज के बनाए नियमों, परम्पराओं तथा मूल्यों को धारण करने सम्बन्धी नैतिकता का विकास होता हुआ देखा जा सकता है।
- इस अवस्था में उसे अच्छाई-बुराई का ज्ञान हो जाता है और वह यह समझने लगता है किं उसके किस प्रकार के आचरण या व्यवहार से दूसरों का अहित होगा या ठेस पहुँचेगी।

### आधारहीन आत्मचेतना अवस्था

- यह अवस्था किशोरावस्था से जुड़ी हुई है।
- इस अवस्था में बालकों का सामाजिक, शारीरिक तथा मानसिक विकास अपनी ऊँचाइयों को छूने लगता है और उसमें आत्मचेतना की शुरुआत हो जाती है।
- यह मेरा आचरण है, मैं ऐसा व्यवहार करता हूँ, जिसकी उसे अनुभूति होने लगती है तथा अपने व्यवहार आचरण और व्यक्तित्व सम्बन्धी गुणों की स्वयं ही आलोचना करने की प्रवृत्ति उसमें पनपने लगती है।

- पूर्णता की चाह उसमें स्वयं से असन्तुष्ट रहने का मार्ग प्रशस्त कर देती है।
- यही असन्तुष्टि उसे समाज तथा परिवेश में जो कुछ गलत हो रहा है, उसे बदल डालने या परम्पराओं के प्रति सुधारवादी दृष्टिकोण अपनाने को प्रेरित करती है।

## आधारयुक्त आत्मचेतना अवस्था

- नैतिक या चारित्रिक विकास की यह चरम (Extreme) अवस्था है। भली-भाँति परिपक्वता ग्रहण करने के बाद ही इस प्रकार का विकास सम्भव है।
- जिस प्रकार के नैतिक आचरण और चारित्रिक मूल्यों की बात बालक विशेष में की जाती है उसके पीछे केवल उसकी भावनाओं का प्रवाह मात्र ही नहीं होता, बल्कि वह अपनी मानसिक शक्तियों का उचित प्रयोग करता हुआ अच्छी तरह सोच-समझकर किसी व्यवहार या आचरण विशेष को अपने व्यक्तित्व गुणों में धारण करता हुआ पाया जाता है।

# प्रश्नमाला

**1. निम्नलिखित में से किन-किन वैज्ञानिकों ने विकास से संबंधित सिद्धांत दिया था ?**
(a) पियाजे (b) कोहलबर्ग
(c) वाइगोत्स्की (d) उपरोक्त सभी

**2. निम्नलिखित में से किस वैज्ञानिक ने संज्ञात्मक विकास का सिद्धांत दिया था ?**
(a) वाइगोत्स्की (b) एनास्टैसी
(c) रिच (d) पियाजे

**3. जीन पियाजे ने संज्ञानात्मक विकास को कितनी अवस्थाओं में विभाजित किया ?**
(a) चार (b) पाँच
(c) तीन (d) सात

**4. जीन पियाजे के संज्ञानात्मक विकास का तात्पर्य -**
(a) नैतिक विकास की अवस्थाओं से है।
(b) बच्चों के सीखने एवं सूचनाएँ एकत्रित करने के तरीकों से है।
(c) बच्चों के माता-पिता के सीखने के तरीकों से है।
(d) उपरोक्त में से कोई नहीं।

**5. जीन पियाजे के संज्ञानात्मक विकास सिद्धांत की इन्द्रियजनित नामक अवस्था होती है-**
(a) जन्म से 2 वर्ष तक
(b) जन्म से 7 वर्षों तक
(c) 7 से 11 वर्षों तक
(d) 2 से 7 वर्षों तक

**6. निम्नलिखित में से किस मनोवैज्ञानिक ने यह बताया की बालकों के हर प्रकार के विकास में समाज का महत्त्वपूर्ण योगदान होता है ?**
(a) स्किनर (b) जीन पियाजे
(c) वाइगोत्स्की (d) रिच

**7. किस अवस्था में बालक की सभी मनोक्रियाएँ अपनी वैयक्तिक आवश्यकताओं और इच्छाओं की पूर्ति के चारों ओर केन्द्रित रहती हैं ?**
(a) आधारहीन आत्मचेतना अवस्था
(b) परंपराओं को धारण करने वाली अवस्था
(c) स्वकेंद्रित अवस्था
(d) आधार युक्त आत्मचेतना अवस्था

**8. निम्नलिखित में से कौन-सी अवस्था नैतिक या चारित्रिक विकास की चरम अवस्था है ?**
(a) आधारयुक्त आत्म चेतना अवस्था
(b) स्वकेंद्रित अवस्था
(c) परंपराओं को धारण करने वाली अवस्था
(d) इनमें से कोई नहीं

**9. "स्कॉफ होलडिंग" क्या है ?**
(a) जब बच्चा अपनी समस्या का समाधान खुद करता है।
(b) जब बच्चा अपनी समस्या के समाधान के लिए वयस्क या साथी के मार्गदर्शन में काम करता है।
(c) जब बच्चे अपनी समस्या को छुपाते हैं।
(d) इनमें से कोई नहीं

**10. पियाजे के अनुसार, संज्ञानात्मक विकास के किस चरण पर बच्चा "वस्तु स्थायित्व" को प्रदर्शित करता है ?**
(a) मूर्त संक्रियात्मक चरण
(b) औपचारिक संक्रियात्मक चरण
(c) संवेदी-प्रेरक चरण
(d) पूर्व संक्रियात्मक चरण

**11. निम्नलिखित में से किस मनोवैज्ञानिक ने सइयोगात्मक समस्या समाधान पर बल दिया ?**
(a) कोहलबर्ग (b) लेब वाइगोत्स्की
(c) रॉस (d) जीन पियाजे

**12. वाइगोत्स्की के अनुसार किसी बालक के विकास में सबसे महत्त्वपूर्ण योगदान निम्न में से किसका होता है ?**
(a) परिवार का
(b) विद्यालय का
(c) समाज का
(d) धर्म का

**13. निम्नलिखित में से कौन-सी अवस्था बालकों के आत्म कल्याण से जुड़ी हुई है ?**
(a) स्वकेन्द्रित अवस्था
(b) परंपराओं को धारण करने वाली अवस्था
(c) आधारयुक्त आत्मचेतना की अवस्था
(d) उपरोक्त में से कोई नहीं

**14. इन्द्रियजनित गामक अवस्था होती है-**
(a) जन्म से 3 वर्ष तक
(b) 2 से 27 वर्ष तक
(c) जन्म से 2 वर्ष तक
(d) 11 से 18 वर्ष तक

**15. पियाजे ने किसी बच्चे के विचारों में नए विचारों के समावेश हो जाने को क्या कहा है ?**
(a) व्यवस्थापन (b) आत्मसातीकरण
(c) खोज (d) निर्माण

**16. पियाजे के संज्ञानात्मक विकास के सिद्धान्त के अनुसार विकास .........।**
(a) रुक-रुक कर चलने वाली प्रक्रिया है
(b) निरन्तर चलने वाली प्रक्रिया है
(c) (a) और (b) दोनों
(d) उपरोक्त में से कोई नहीं

**17. निम्न में से किसने 'नैतिक विकास की अवस्था' के सिद्धान्त का प्रतिपादन किया ?**
(a) जीन पियाजे ने
(b) लॉरेन्स कोहलबर्ग ने
(c) फ्रॉयड ने
(d) सीयर्स ने

**18. "विचार न केवल भाषा को निर्धारित करते हैं, बल्कि उसे आगे भी बढ़ाते हैं।" यह विचार ......... द्वारा रखा गया।**
(a) जीन पियाजे (b) कोहलबर्ग
(c) वाइगोत्स्की (d) पावलोव

**19. वाइगोत्स्की के अनुसार, बच्चे साथी-समूह के सक्रिय सदस्य कब होते हैं ?**
(a) पूर्व बाल्यावस्था में
(b) बाल्यावस्था में
(c) किशोरावस्था में
(d) प्रौढ़ावस्था में

**20. "बच्चे दुनिया के बारे में अपनी समझ का सृजन करते हैं।" इसका श्रेय ......... को जाता है।**
(a) पियाजे (b) पावलोव
(c) कोहलबर्ग (d) स्किनर

**21. कोहलबर्ग के अनुसार, शिक्षक बच्चों में नैतिक मूल्यों का विकास कर सकता है-**

(a) कैसे व्यवहार किया जाना चाहिए इस पर कठोर निर्देश देकर
(b) धार्मिक शिक्षा को महत्त्व देकर
(c) व्यवहार के स्पष्ट नियम बनाकर
(d) नैतिक मुद्दों पर आधारित चर्चाओं में उन्हें शामिल करके

**22. लॉरेन्स कोहलबर्ग के सिद्धान्त में कौन-सा स्तर नैतिकता की अनुपस्थिति को सही अर्थ में सूचित करता है ?**

(a) स्तर III (b) स्तर IV
(c) स्तर I (d) स्तर II

**23. पियाजे के सिद्धान्त के अनुसार, निम्नलिखित में से कौन-सा व्यक्ति के संज्ञानात्मक विकास को प्रभावित नहीं करेगा ?**

(a) भाषा (b) सामाजिक अनुभव
(c) परिपक्वन (d) क्रियाकलाप

## उत्तरमाला

| | | | | | | | | | |
|---|---|---|---|---|---|---|---|---|---|
| **1.** (d) | **2.** (d) | **3.** (a) | **4.** (b) | **5.** (a) | **6.** (c) | **7.** (c) | **8.** (a) | **9.** (b) | **10.** (d) |
| **11.** (b) | **12.** (c) | **13.** (a) | **14.** (c) | **15.** (b) | **16.** (b) | **17.** (b) | **18.** (c) | **19.** (c) | **20.** (a) |
| **21.** (d) | **22.** (c) | **23.** (b) | | | | | | | |

❑❑❑

# 6 बाल केन्द्रित एवं प्रगतिशील शिक्षा की अवधारणा

## बाल-केन्द्रित शिक्षा

- प्राचीनकाल में शिक्षा का उद्देश्य बालकों के मस्तिष्क में मात्र कुछ जानकारियाँ भरना होता था, किन्तु आधुनिक शिक्षाशास्त्र में बालकों के सर्वांगीण विकास पर जोर दिया जाता है, जिसके कारण बाल मनोविज्ञान की भूमिका सर्वाधिक महत्त्वपूर्ण होती है।
- वर्तमान समय में बालकों के सर्वांगीण विकास के महत्त्व को समझते हुए शिक्षकों के लिए बाल मनोविज्ञान की पर्याप्त जानकारी आवश्यक होती है। इस जानकारी के अभाव में शिक्षक न तो शिक्षा को अधिक-से-अधिक आकर्षक और सुगम बना सकते हैं और न ही वे बालकों की विभिन्न प्रकार की समस्याओं का समाधान कर सकते हैं।
- बाल-केन्द्रित शिक्षा के अन्तर्गत हस्तपरक गतिविधियों एवं बालकों के अनुभवों को महत्त्व दिया जाता है। एक बाल-केन्द्रित कक्षा में अधिगम शिक्षक एवं छात्रों द्वारा सह-निर्मित है।
- भारतीय शिक्षाविद् गिजू भाई की बाल-केन्द्रित शिक्षा के क्षेत्र में विशेष एवं उल्लेखनीय भूमिका रही है। बाल केन्द्रित शिक्षा के बारे में समझाने एवं इसे क्रियान्वित रूप देने के लिए उन्होंने इससे सम्बन्धित कई प्रकार की पुस्तकों की रचना की तथा कुछ पत्रिकाओं का भी प्रकाशन किया। उनका साहित्य बाल-मनोविज्ञान, शिक्षाशास्त्र एवं किशोर-साहित्य से सम्बन्धित है।
- जॉन डी.वी. ने बाल-केन्द्रित शिक्षा का समर्थन किया है। इनके द्वारा समर्थित 'लैब विद्यालय' प्रगतिशील विद्यालय का उदाहरण है। **जॉन डी.वी.** के अनुसार, "शिक्षा एक त्रिध्रुवीय प्रणाली है, जिसके अन्तर्गत शिक्षक, बालक एवं पाठ्यक्रम आते हैं।"
- आज की शिक्षा पद्धति बाल-केन्द्रित है। इसमें प्रत्येक बालक की ओर विशेष रूप से ध्यान दिया जाता है। पिछड़े (Backward) हुए और मन्दबुद्धि तथा प्रतिभाशाली बालकों के लिए शिक्षा का विशेष पाठ्यक्रम देने का प्रयास किया जाता है। बालकों की प्रवृत्ति, रुचियों एवं क्षमताओं के बारे में शिक्षक को जानकारी रखनी चाहिए।
- व्यावहारिक मनोविज्ञान ने व्यक्तियों की परस्पर विभिन्नताओं पर प्रकाश डाला है, जिससे यह सम्भव हो सका है कि शिक्षक हर एक विद्यार्थी की विशेषताओं पर ध्यान दें और उसके लिए प्रबन्ध करें।
- आज के शिक्षक को केवल शिक्षा एवं शिक्षा पद्धति के बारे में ही नहीं, बल्कि शिक्षार्थी के बारे में भी जानना होता है, क्योंकि आधुनिक शिक्षा विषय प्रधान या अध्यापक प्रधान न होकर बाल-केन्द्रित है। इसमें इस बात का महत्त्व नहीं कि शिक्षक कितना ज्ञानी, आकर्षक और गुणयुक्त है, बल्कि इस बात का महत्त्व है कि वह बालक के व्यक्तित्व का कहाँ तक विकास कर पाता है।

## बाल-केन्द्रित शिक्षा की विशेषताएँ

- बाल-केन्द्रित शिक्षा आधुनिक शिक्षा प्रणाली का अभिन्न अंग है। मनोवैज्ञानिकों ने इसके सन्दर्भ में अनेक विशेषताएँ बताई हैं, जो इस प्रकार हैं-

### बालकों को समझना

- बालक के सम्बन्ध में शिक्षक को उसके व्यवहार के मूल आधारों, आवश्यकताओं, मानसिक स्तर, रुचियों, योग्यताओं, व्यक्तित्व इत्यादि का विस्तृत ज्ञान होना चाहिए, क्योंकि शिक्षा का उद्देश्य ही बालक के व्यवहार को परिमार्जित करना है।
- अत: शिक्षा बालक की मूल प्रवृत्तियों, प्रेरणाओं और संवेगों पर आधारित होनी चाहिए।
- बालक, जो कुछ सीखता है, उससे उसकी आवश्यकताओं का बड़ा घनिष्ठ सम्बन्ध होता है। स्कूल में पिछड़े हुए और समस्याग्रस्त बालकों में से अधिकतर बालक ऐसे होते हैं, जिनकी आवश्यकताएँ स्कूल में पूरी नहीं होती हैं, इसलिए वे स्कूल से भाग जाते हैं, परन्तु बालकों को समझने वाला शिक्षक यह जानता है कि इनके दोषों का मूल कारण उनकी शारीरिक, सामाजिक अथवा मनोवैज्ञानिक आवश्यकताओं में ही कहीं-न-कहीं छिपा हुआ है।
- बाल मनोविज्ञान शिक्षक को बालकों के व्यक्तिगत भेदों से परिचित कराता है और यह बताता है कि उनमें रुचि, स्वभाव तथा बुद्धि आदि की दृष्टि से भिन्नता पाई जाती है।
- अत: कुशल शिक्षक मन्दबुद्धि, सामान्य बुद्धि तथा कुशाग्र बुद्धि बालकों में भेद करके उन्हें उनकी योग्यताओं के अनुसार शिक्षा देता है। शिक्षा देने में शिक्षक को बालक और समाज की आवश्यकताओं में समन्वय करना होता है।

### शिक्षण विधि

- शिक्षाशास्त्र शिक्षक को यह बताता है कि बालकों को क्या पढ़ाया जाए, परन्तु वास्तविक समस्या यह है कि कैसे पढ़ाया जाए? इस समस्या को हल करने में बाल मनोविज्ञान शिक्षक की सहायता करता है।
- बाल मनोविज्ञान सीखने की प्रक्रिया, विधियों, महत्त्वपूर्ण कारकों, लाभदायक और हानिकारक दशाओं, रुकावटों, सीखने का वक्र तथा प्रशिक्षण, संक्रमण आदि विभिन्न तत्त्वों से परिचित कराता है। इनके ज्ञान से शिक्षक बालकों को सिखाने में सहायता प्राप्त कर सकता है।
- शिक्षा, मनोविज्ञान शिक्षण की विधियों का भी मनोवैज्ञानिक विश्लेषण करती हैं और उनमें सुधार के उपाय बताती है। बाल-केन्द्रित शिक्षा में शिक्षण विधि को प्रयोग में लाते समय बाल मनोविज्ञान को ही आधार बनाया जाता है। एक बाल-केन्द्रित कक्षा में एक शिक्षक ज्ञान की सक्रिय संरचना प्रक्रिया को विशेष महत्त्व देता है।

### मूल्यांकन और परीक्षण

शिक्षण से ही शिक्षक की समस्या हल नहीं हो जाती वरन् उसे बालकों के ज्ञान और विकास का मूल्यांकन और परीक्षण (Evaluation and Test) भी करना होता है।

- मूल्यांकन से परीक्षार्थी की उन्नति का पता चलता है। शिक्षण की प्रक्रिया में शिक्षक और शिक्षार्थी बार-बार यह जानना चाहते हैं कि उन्होंने कितनी प्रगति की है। यदि उन्हें सफलता अथवा असफलता मिली है, तो क्यों तथा उसमें क्या परिवर्तन किए जा सकते हैं। इन सभी प्रश्नों को सुलझाने में मूल्यांकन के साथ-साथ विभिन्न प्रकार के परीक्षणों और मापों की भी आवश्यकता पड़ती है।

- भारतीय शिक्षा प्रणाली में मूल्यांकन शब्द परीक्षा, तनाव और दुश्चिता से जुड़ा हुआ है। वर्तमान बाल-केन्द्रित शिक्षा प्रणाली में सतत एवं व्यापक मूल्यांकन (CCE) पर जोर दिया गया है, जो बालकों के इस प्रकार के तनाव एवं दुश्चिता को दूर करने में सहायक सिद्ध हो रहा है।
- सतत और व्यापक मूल्यांकन (CCE) का अर्थ छात्रों के विद्यालय पर आधारित मूल्यांकन की प्रणाली से है, जिसमें छात्रों के विकास के सभी पक्ष शामिल होते हैं। यह एक बच्चे की विकास प्रक्रिया है, जिसमें दोहरे उद्देश्यों पर बल दिया जाता है। ये उद्देश्य एक ओर मूल्यांकन में निरन्तरता और व्यापक रूप से सीखने के मूल्यांकन पर तथा दूसरी ओर व्यवहार के परिणामों पर आधारित हैं।
- यहाँ 'निरन्तरता' का अर्थ इस बात पर बल देना है कि छात्रों की 'वृद्धि और विकास' के ज्ञात पक्षों का मूल्यांकन एक बार न होकर निरन्तर चलने वाली प्रक्रिया है, जिसे सम्पूर्ण अध्यापन-अधिगम प्रक्रिया में निर्मित किया गया है और यह शैक्षिक सत्रों की पूरी अवधि में फैली हुई है। इसका अर्थ है- मूल्यांकन की नियमितता, अधिगम अन्तरालों का निदान, सुधारात्मक उपायों का उपयोग, स्वयं मूल्यांकन के लिए अध्यापकों और छात्रों के साक्ष्य का फीडबैक अर्थात् प्रतिपुष्टि।
- दूसरा पद 'व्यापक' का अर्थ है शैक्षिक और सह-शैक्षिक पक्षों को शामिल करते हुए छात्रों की वृद्धि और विकास को परखने की योजना। चूँकि क्षमताएँ, मनोवृत्तियाँ और सोच अपने आप को लिखित शब्दों के अतिरिक्त अन्य रूपों में प्रकट करती हैं, इसलिए यह पद अनेक साधनों और तकनीकों के अनुप्रयोग को सन्दर्भित करता है (परीक्षणकारी और गैर-परीक्षणकारी दोनों) और यह सीखने के क्षेत्रों में छात्रों के विकास के मूल्यांकन पर लक्षित है; जैसे— ज्ञान, समझ, व्याख्या, अनुप्रयोग, विश्लेषण, मूल्यांकन एवं सृजनात्मकता आदि।

### पाठ्यक्रम

- समाज और व्यक्ति की आवश्यकताओं को पूरा करने के लिए स्कूल के पाठ्यक्रम (Curriculum) का विकास, व्यक्तिगत विभिन्नताओं, प्रेरणाओं, मूल्यों एवं सीखने के सिद्धान्तों के मनोवैज्ञानिक ज्ञान के आधार पर किया जाना चाहिए। पाठ्यक्रम बनाने में शिक्षक यह ध्यान रखता है कि शिक्षार्थी की और समाज की क्या आवश्यकताएँ हैं और सीखने की कौन-सी क्रियाओं से ये आवश्यकताएँ सर्वोत्तम रूप से पूर्ण हो सकती हैं?
- भिन्न-भिन्न परिस्थितियों में तथा विभिन्न स्तरों पर सीखने की कुछ क्रियाएँ वांछनीय हो सकती हैं और कुछ अवांछनीय, यह निश्चित करने में शिक्षक को विकास की विभिन्न स्थितियों का मनोवैज्ञानिक ज्ञान होन चाहिए। इस प्रकार बाल-केन्द्रित शिक्षा में इस बात पर बल दिया जाता है कि क्रियात्मक होने के लिए प्रत्येक पाठ्यक्रम एकं समुचित मनोवैज्ञानिक आधार पर स्थापित हो।

### व्यवस्थापन एवं अनुशासन

- बाल-केन्द्रित शिक्षा के अन्तर्गत कक्षा व विद्यालय में अनुशासन एवं व्यवस्था (Management and Discipline) बनाए रखने के लिए बाल मनोविज्ञान का सहारा लिया जाता है। उदाहरण के लिए, कभी-कभी कुछ शरारती बालकों में अच्छे समायोजक के लक्षण दिखाई देते हैं, ऐसी परिस्थिति में शिक्षकों को उन्हें दबाने के स्थान पर प्रोत्साहित करने के बारे में सोचना पड़ता है।
- बाल मनोविज्ञान ही शिक्षक को बताता है कि एक ही व्यवहार भिन्न-भिन्न व्यक्तियों में भिन्न-भिन्न प्रेरणाओं के कारण हो सकता है। शिक्षक को उनके वास्तविक प्रेरक कारणों का पता लगाकर उनके अनुकूल व्यवहार करना होता है।

### प्रयोग एवं अनुसन्धान

- बाल-केन्द्रित शिक्षा में बालकों को प्रयोग एवं अनुसन्धान (Practical and Research) की ओर उन्मुख करने के लिए भी बाल मनोविज्ञान का सहारा लिया जाता है।
- नई-नई परिस्थितियों में नई-नई समस्याओं को सुलझाने के लिए शिक्षक को स्वयं प्रयोग करते रहना चाहिए और उससे निकले निष्कर्षों का उपयोग करना चाहिए।
- मनोविज्ञान के क्षेत्र में होने वाले नए-नए अनुसन्धानों से जो नए-नए तथ्य प्रकाश में आते हैं, उनकी जाँच करने के लिए भी शिक्षक को प्रयोग करने की आवश्यकता है।

### कक्षा में समस्याओं का निदान और निराकरण

बाल-केन्द्रित शिक्षा के अन्तर्गत कक्षा की विभिन्न प्रकार की समस्याओं को पहचानने एवं उनका निराकरण करने के लिए भी बाल मनोविज्ञान का ही सहारा लिया जाता है।

## बाल-केन्द्रित शिक्षण के सिद्धान्त

केन्द्रित शिक्षण के प्रमुख सिद्धान्त निम्न हैं

**1. प्रेरणा का सिद्धान्त**

- बालकों को प्रेरित करने के लिए उन्हें महापुरुषों की जीवनगाथा, नाटक, वैज्ञानिकों का योगदान इत्यादि के बारे में बताकर उन्हें प्रेरित करना चाहिए।
- कहानी एवं कविता के माध्यम से भी बालकों को प्रेरित किया जा सकता है।

**2. व्यक्तिगत अभिरुचि का सिद्धान्त**

- बालकों को यदि उनकी रुचि के अनुसार शिक्षण मिलेगा, तो पढ़ने के प्रति वे अत्यधिक जागरुक एवं उत्सुक होंगे। शिक्षक को बाल अभिरुचि को ध्यान में रखकर ही शिक्षण कार्य करना चाहिए।

**3. लोकतान्त्रिक सिद्धान्त**

- शिक्षक को सभी छात्रों को एक समान दृष्टिकोण से देखना चाहिए, न कि भेदभावपूर्ण तरीके से। प्रश्न पूछने या उत्तर देने के सन्दर्भ में शिक्षक को भेद-भाव नहीं करना चाहिए।

**4. सर्वांगीण विकास का सिद्धान्त**

- बालकों में उसके सभी पक्षों को (सामाजिक, सांस्कृतिक, चारित्रिक, खेल, नेतृत्व) विकसित करने पर बल देना चाहिए, क्योंकि इसके माध्यम से ही बच्चों का सर्वांगीण विकास हो पाएगा।

**5. चयन का सिद्धान्त**

- बालकों की योग्यता के अनुरूप ही विषय-वस्तु का चयन करना चाहिए। बालकों की मानसिक दशा का भी शिक्षण के दौरान ध्यान रखना चाहिए। बाल-केन्द्रित शिक्षा के अन्तर्गत पाठ्यक्रम वातावरण के अनुसार, लचीला, ज्ञान पर केन्द्रित, रुचि पर आधारित राष्ट्रीय भावनाओं को विकसित करने वाला, बालक के मानसिक स्तर के अनुरूप इत्यादि विभिन्नताओं को ध्यान में रखकर बनाना चाहिए।

## प्रगतिशील शिक्षा

- प्रगतिशील शिक्षा (Progressive Education), जटिल (Complex) पारम्परिक शिक्षा प्रणाली है, जो एक विकल्प के रूप में उभरकर आई है। इस शिक्षा प्रणाली को विकसित करने में अमेरिकी मनोवैज्ञानिक जॉन डीवी का विशेष योगदान रहा है।
- इसके अन्तर्गत शिक्षा का एकमात्र उद्देश्य बालकों का समग्र विकास करना तथा एक ऐसा वातावरण उपलब्ध कराना है जो अधिगम को सुगम एवं खोजपूर्ण प्रोत्साहन देता है। इस सन्दर्भ में वैयक्तिक विभिन्नता को भी ध्यान में रखना है, जिससे कि विकास के दौर में कोई भी बालक पीछे न रह जाए। इस शिक्षा के अन्तर्गत विभिन्न विधियों का प्रयोग किया जाता है; जैसे— परियोजना (project) विधि, समस्या विधि तथा क्रिया-कलाप विधि इत्यादि।
- प्रगतिशील शिक्षा, आधुनिक शिक्षा पद्धति पर आधारित है। **जॉन डीवी** इस शिक्षा पद्धति के पिता माने जाते हैं। एक प्रगतिशील कक्षा में अधिगमकर्ताओं की वैयक्तिक विभिन्नता को ध्यान में रखकर शिक्षा प्रक्रिया का संचालन किया जाता है।

## प्रगतिशील शिक्षा के विभिन्न प्रकार

प्रगतिशील शिक्षा के विभिन्न प्रकार निम्न हैं-

1. **मॉण्टेसरी शिक्षा** (Montessori Education) प्रसिद्ध इटालियन डॉक्टर एवं शिक्षाविद् मारिया मॉण्टेसरी द्वारा मॉण्टेसरी शिक्षा प्रणाली की नींव रखी गई, जिसके अन्तर्गत बच्चों के विश्लेषण एवं पर्यवेक्षण (Supervision) पर बल दिया गया। उसने पर्यवेक्षण के आधार पर पाया कि बच्चें स्वयं सीखते हैं, शिक्षक केवल सीखने की प्रक्रिया बताते हैं तथा बच्चों के लिए स्वस्थ वातावरण का निर्माण करते हैं।
2. **मानवतावादी शिक्षा** (Humanistic Education) इस तरह की शिक्षा का केन्द्र-बिन्दु कला एवं सामाजिक विज्ञान होता है। यह बच्चों में आलोचनात्मक सोच (critical thinking) एवं तार्किक कौशल (Reasoning skill) को विकसित करती है। मानवतावादी शिक्षा सामाजिक अन्तर्क्रिया के माध्यम से सीखने पर जोर देती है।
3. **संरचनावादी शिक्षा** (Constructivism Education) यह शिक्षा बालकों की सृजनात्मकता पर आधारित है। यह अधिगम तकनीक एवं प्रायोगिक अधिगम (Experimental learning) के माध्यम से करके सीखने पर बल देती है। संरचनावादी शिक्षा के अन्तर्गत बालकों की अवस्था के बारे में आवश्यक रूप से विचार करने की आवश्यकता है।

## प्रगतिशील शिक्षा के विकास में योगदान देने वाले मनोवैज्ञानिक सिद्धान्त

प्रगतिशील शिक्षा के विकास में योगदान देने वाले महत्त्वपूर्ण मनोवैज्ञानिक सिद्धान्त का वर्णन मनोवैज्ञानिकों ने अनुसन्धान के आधार पर निम्न प्रकार से किया है

### 1. बुद्धि

- मस्तिष्क एवं बुद्धि (Brain and Intelligence), मनुष्य की उन क्रियाओं के परिणाम हैं, जिन्हें वह जीवन की विभिन्न व्यावहारिक एवं सामाजिक समस्याओं को सुलझाने के लिए प्रयोग करता है। ज्यों-ज्यों वह जीवन की दैनिक क्रियाओं को करने में मानसिक शक्तियों का प्रयोग करता जाता है, त्यों-त्यों उसका विकास भी होता जाता है।
- मस्तिष्क ही वह सबसे प्रमुख साधन है, जिसकी सहायता से मनुष्य अपनी समस्याओं का समाधानं करता है। एक साधन के रूप में मस्तिष्क के तीन प्रमुख रूप हैं- चिन्तन, अनुभूति एवं संकल्प।

### 2. ज्ञान

- ज्ञान (Knowledge) कर्म का ही परिणाम है। कर्म अनुभव से पूर्व आता है। अनुभव ज्ञान का स्रोत है। जिस प्रकार बालक अनुभव से यह समझता है कि अग्नि हाथ जला देती है, उसी प्रकार उसका सम्पूर्ण ज्ञान अनुभव पर आधारित होता है।

### 3. मौलिक प्रवृत्तियाँ

- सभी ज्ञान व्यक्तियों की उन क्रियाओं के फलस्वरूप प्राप्त होता है, जो वे अपने अस्तित्व के लिए संघर्ष करने में करते हैं। सुरक्षा, भोजन तथा वस्त्र के लिए मानव जो संघर्ष करता है, उसका परिणाम होता है कुछ क्रियाओं का प्रारम्भ और ये क्रियाएँ ही व्यक्ति की उन प्रवृत्तियों, मौलिक भावनाओं तथा रुचियों को जन्म देती हैं।

### 4. चिन्तन की प्रक्रिया

- चिन्तन केवल मनन करने और भावना-समूह से ही पूर्ण नहीं होता वरन् इसकी उत्पत्ति होती है। चिन्तन का कुछ कारण होता है। किसी उद्देश्य के आधार पर मनुष्य सोचना प्रारम्भ करता है। यदि मनुष्य की क्रिया सरलतापूर्वक चलती रहती है, तो उसे सोचने की आवश्यकता ही नहीं पड़ती, किन्तु जब उसकी प्रगति में बाधा पड़ती है तो वह सोचने के लिए बाध्य हो जाता है।
- मनोविज्ञान के उपरोक्त सिद्धान्तों एवं अवधारणाओं के आधार पर प्रगतिशील शिक्षा की नींव रखी गई है जिसमें इस बात पर जोर दिया गया है कि बालक को जो शिक्षा दी जाए, वह मानसिक क्रियाओं की विभिन्न दशाओं के अनुसार हो।

## प्रगतिशील शिक्षा का महत्त्व

प्रगतिशील शिक्षा के महत्त्व (Importance of Progressive Education) के सन्दर्भ में मनोवैज्ञानिकों ने विभिन्न पहलुओं का वर्णन किया है, जो निम्न प्रकार हैं

### 1. बालकों की शक्तियों का विकास

- प्रगतिशील शिक्षा का उद्देश्य बालकों की शक्तियों का विकास करना है। इसमें बच्चों को सक्रिय अन्वेषकों के रूप में देखा जाता है। बालकों की रुचि एवं योग्यता को ध्यान में रखकर ही अध्यापक द्वारा उनका निर्देशन एवं मार्गदर्शन किया जाता है।
- बालकों को स्वयं 'करके सीखने' पर बल देना चाहिए। जॉन डी.वी. की शिक्षा पद्धति से प्रोजेक्ट प्रणाली का विकास हुआ, इसके अन्तर्गत बालकों को ऐसे कार्य दिए जाने चाहिए, जिनसे उनमें स्फूर्ति (Active), आत्मविश्वास, आत्मनिर्भरता एवं मौलिकता का विकास हो।

### 2. सामाजिक विकास का अवसर

- शिक्षा बालक के लिए नहीं है, बालक शिक्षा के लिए है, इसलिए शिक्षा का उद्देश्य ऐसा वातावरण तैयार करना है जिससे बालकों को सामाजिक विकास के पर्याप्त अवसर प्राप्त हो सकें।
- शिक्षा के माध्यम से एक ऐसे समाज के निर्माण पर बल देना चाहिए, जो भेद-भाव मुक्त हो और जिनमें सहयोग की प्रवृत्ति तथा कार्य का स्वतन्त्र वातावरण हो।
- सभी मनुष्यों को उनकी स्वाभाविक प्रवृत्तियों, इच्छाओं और आकांक्षाओं के अनुसार समाज में विकास का अवसर मिलना चाहिए।

### 3. जनतान्त्रिक मूल्यों का विकास

- प्रगतिशील शिक्षा का उद्देश्य लोकतान्त्रिक मूल्यों की स्थापना करना है। शिक्षा के द्वारा मनुष्य में परस्पर सहयोग एवं सामंजस्य का भाव स्थापित होना चाहिए।
- बालक का व्यक्तित्व विकास बेहतर हो जिससे शिक्षा के द्वारा जनतन्त्र की स्थापना की जा सके।

### 4. अनुशासन का विकास

- प्रगतिशील शिक्षा के अन्तर्गत अनुशासन बनाए रखने के लिए बालकों की स्वाभाविक प्रवृत्तियों को दबाना नहीं चाहिए।
- अनुशासन का सम्बन्ध केवल बालक के निजी व्यक्तित्व से ही नहीं, अपितु सामाजिक परिस्थितियों से भी है।
- विद्यालय में एक समान उद्देश्य लेकर सामाजिक, नैतिक, बौद्धिक तथा शारीरिक कार्यों में एक साथ भाग लेने से बालकों में अनुशासन उत्पन्न होता है तथा उनमें नियमित रूप से कार्य करने की आदतों का विकास होता है।
- विद्यालय में कार्यक्रमों का बालक के चरित्र निर्माण पर महत्त्वपूर्ण प्रभाव पड़ता है। बालकों को एक ऐसा सामाजिक परिवेश दिया जाना चाहिए, जिससे प्रेरित होकर वे स्वयं में आत्मानुशासन की भावना का विकास कर सकें तथा एक अच्छा सामाजिक प्राणी बन सकें।

# प्राथमिक शिक्षा का सार्वभौमीकरण

- सार्वभौमीकरण का अर्थ होता है, सब के लिए उपलब्ध कराना। प्राथमिक शिक्षा के सार्वभौमीकरण (Globalisation of Primary Education) के अन्तर्गत देश के सभी बच्चों के लिए पहली से आठवीं कक्षा तक निःशुल्क और अनिवार्य शिक्षा का प्रावधान करने का उद्देश्य सुनिश्चित किया गया। इसमें इस बात पर बल दिया गया कि इस अनिवार्य शिक्षा के लिए स्कूल बच्चों के घर के समीप हो तथा चौदह वर्ष तक बच्चे स्कूल न छोड़ें।
- ऑपरेशन ब्लैक बोर्ड, न्यूनतम शिक्षा स्तर, मध्याह्न भोजन स्कीम, पोषाहार सहायता कार्यक्रम, जिला प्राथमिक शिक्षा कार्यक्रम, सर्वशिक्षा अभियान, कस्तूरबा गाँधी बालिका विद्यालय, प्राथमिक शिक्षा कोष इत्यादि प्राथमिक शिक्षा के सार्वभौमीकरण से सम्बन्धित कुछ प्रमुख कार्यक्रम हैं।

## सर्वशिक्षा अभियान

- सर्वशिक्षा अभियान (Sarva Shiksha Abhiyan, SSS) प्राथमिक शिक्षा के सार्वभौमीकरण से सम्बन्धित प्रमुख कार्यक्रम है। इसे सभी के लिए शिक्षा अभियान के नाम से भी जाना जाता है। इस अभियान के अन्तर्गत 'सब पढ़ें सब बढ़ें' का नारा दिया गया है।
- सर्वशिक्षा अभियान भारत सरकार द्वारा वर्ष 2000-01 में प्रारम्भ किया गया था। कस्तूरबा गाँधी बालिका विद्यालय योजना की शुरुआत वर्ष 2004 में हुई थी, जिसके अन्तर्गत समस्त लड़कियों को प्राथमिक शिक्षा देने का सपना देखा गया था, बाद में यह योजना सर्व शिक्षा अभियान के साथ विलय हो गई।

सर्वशिक्षा अभियान के अन्तर्गत निम्नलिखित लक्ष्य निर्धारित किए गए थे।

- विद्यालय, शिक्षा गारण्टी केन्द्र, वैकल्पिक विद्यालयों या 'विद्यालयों में वापस अभियान' द्वारा वर्ष 2003 तक सभी बच्चों को विद्यालय में लाना।
- वर्ष 2007 तक 5 वर्ष की आयु वाले सभी बच्चों की प्राथमिक शिक्षा पूरी करवाना। वर्ष 2010 तक 8 वर्ष की आयु वाले सभी बच्चों की प्रारम्भिक शिक्षा पूरी करवाना।
- जीवन के लिए शिक्षा पर बल देते हुए सन्तोषजनक गुणवत्ता की प्रारम्भिक शिक्षा पर ध्यान केन्द्रित करना। वर्ष 2007 तक प्राथमिक चरण और वर्ष 2010 तक प्रारम्भिक शिक्षा स्तर पर आने वाले सभी लिंग सम्बन्धी और सामाजिक श्रेणी के अन्तराल को समाप्त करना।

सर्वशिक्षा अभियान की उपलब्धियाँ निम्न प्रकार रहीं

- सर्वशिक्षा अभियान के अन्तर्गत उन बस्तियों में नए स्कूल बनाने का प्रयास किया जाता है, जहाँ बुनियादी स्कूली शिक्षा की सुविधा नहीं है।
- इसके अन्तर्गत अतिरिक्त कक्षा, पीने का पानी, शौचालय का रखरखाव, स्कूल सुधार तथा अनुदान के माध्यम से वर्तमान स्कूलों के बुनियादी ढाँचे में सुधार करना है। यह अभियान जीवन कौशल सहित गुणवत्ता युक्त प्रारम्भिक शिक्षा उपलब्ध कराता है। इस अभियान के अन्तर्गत लड़कियों एवं विशिष्ट आवश्यकता वाले बच्चों पर विशेष ध्यान दिया जाता है।
- इस अभियान के अन्तर्गत कम्प्यूटर शिक्षा पर बल दिया गया है। इसके अन्तर्गत डिजिटल अन्तर को समाप्त करने का प्रयास किया जा रहा है।
- बच्चों की उपस्थिति आशाजनक करने के उद्देश्य से मध्याह्न भोजन जैसी योजना की शुरुआत की गई है।
- यद्यपि सर्वशिक्षा अभियान के फलस्वरूप विद्यालय छोड़ने वाले बच्चों की संख्या में भारी कमी लाने में सफलता प्राप्त हुई है, किन्तु वर्ष 2010 तक यह सफलता लक्षित अनुपात तक प्राप्त नहीं हुई है।
- वर्ष 2010 तक सर्वशिक्षा अभियान का लक्ष्य पूरा होने के कारण केन्द्र सरकार के मानव संसाधन मन्त्रालय ने दिसम्बर, 2010 में यह निर्णय लिया था कि सर्वशिक्षा अभियान को शिक्षा का अधिकार अधिनियम लागू करने का प्रमुख साधन बनाया जाएगा। इसके लिए संशोधित सर्वशिक्षा अभियान से सम्बन्धित अधिनियम, 2011 में लागू किया जाएगा।

## मध्याह्न भोजन स्कीम

मध्याह्न भोजन स्कीम (Mid Day Meal Scheme) का शुरुआत सर्वप्रथम भारत के तमिलनाडु से प्रारम्भ हुई, जिसका उद्देश्य सर्वशिक्षा अभियान को सफलीभूत (Successful) बनाना था। प्राथमिक कक्षाओं में नामांकन में वृद्धि हो तथा स्कूल छोड़ने की प्रवृत्ति में कमी हो इत्यादि को ध्यान में रखकर यह स्कीम शुरू की गई, जिसकी विशेषताएँ निम्न प्रकार वर्णित हैं

- सुविधाहीन वर्गों से सम्बन्धित बच्चों के प्रवेश, उपस्थिति, प्रतिधारण एवं अध्ययन स्तरों में सुधार करके प्राथमिक शिक्षा के व्यापीकरण को बढ़ाने तथा प्राथमिक स्तर के छात्रों की पोषाहार स्थिति को सुधारने के उद्देश्य से 15 अगस्त, 1995 को पोषाहार समर्थन के राष्ट्रीय कार्यक्रम मध्याह्न भोजन स्कीम की शुरुआत की गई।
- इस योजना के अन्तर्गत पहली से पाँचवीं कक्षा तक देश के राजकीय अनुदान प्राप्त प्राथमिक विद्यालयों में पढ़ने वाले सभी बच्चों को 80% उपस्थिति पर प्रतिमाह 3 किग्रा गेहूँ अथवा चावल दिए जाने की व्यवस्था की गई थी, किन्तु इस योजना के अन्तर्गत छात्रों को दिए जाने वाले खाद्यान्न का पूर्ण लाभ छात्र को न प्राप्त होकर उसके परिवार को मिल जाता था। इसलिए 1 सितम्बर, 2004 से प्राथमिक विद्यालयों में पके- पकाए भोजन उपलब्ध कराने की योजना आरम्भ कर दी गई।
- इस योजना के अन्तर्गत विद्यालयों में मध्यावकाश में छात्र-छात्राओं को सप्ताह में 4 दिन चावल से बने भोज्य पदार्थ तथा 2 दिन गेहूँ से बने भोज्य पदार्थ दिए जाने की व्यवस्था की गई है।
- प्रत्येक छात्र/छात्रा के लिए प्रतिदिन 100 ग्राम खाद्यान्न से निर्मित सामग्री दिए जाने का प्रावधान है, जिसे पकाने के लिए परिवर्तन लागत की व्यवस्था भी की गई है।
- पौष्टिकता सुनिश्चित करने के लिए यह तय किया गया है कि भोजन कम-से-कम 450 कैलोरी व 12 ग्राम प्रोटीन वाला हो। भोजन पकाने का कार्य ग्राम पंचायतों की देख-रेख में किया जाता है।
- मध्याह्न भोजन वर्ष में कम-से-कम 200 दिनों तक उपलब्ध कराया जाएगा।

## शिक्षा का अधिकार अधिनियम, 2009

- शिक्षा का अधिकार (Right to Education) अधिनियम, 2009 राज्य, परिवार और समुदाय की सहायता से 6 से 14 वर्ष तक के सभी बच्चों के लिए समान रूप से मुफ्त एवं अनिवार्य गुणवत्तापूर्ण प्राथमिक शिक्षा सुनिश्चित करता है।
- यह अधिनियम मूलत: वर्ष 2005 के शिक्षा के अधिकार विधेयक का संशोधित रूप है। वर्ष 2002 में संविधान के 86वें संशोधन द्वारा अनुच्छेद 21A के भाग 3 के माध्यम से 6 से 14 वर्ष तक की आयु के सभी बच्चों को मुफ्त एवं अनिवार्य शिक्षा उपलब्ध कराने का प्रावधान किया गया था।
- इसको प्रभावी बनाने के लिए 4 अगस्त, 2009 को लोकसभा में यह अधिनियम पारित किया गया, जो 1 अप्रैल, 2010 से पूरे देश में लागू हो गया।

## शिक्षा का अधिकार अधिनियम का महत्त्व

- शिक्षा का अधिकार अधिनियम, 2009 के क्रियान्वयन के बाद कक्षा-कक्ष आयु के अनुसार अधिक समजातीय है। यह समावेशी शिक्षण को प्रोत्साहन करता है।
- इसमें 6-14 वर्ष तक की आयु वर्ग के सभी बच्चों को अनिवार्य रूप से प्रारम्भिक से माध्यमिक स्कूल तक की शिक्षा देने पर जोर दिया गया है। इससे इस आयु वर्ग के बच्चों का भविष्य उज्ज्वल होगा।
- किसी प्रजातान्त्रिक देश में शिक्षित नागरिकों का बहुत बड़ा महत्त्व होता है। शिक्षा द्वारा ही आर्थिक आवश्यकताओं को पूरा करने के लिए हर स्तर पर जनशक्ति का विकास होता है।
- शिक्षा के आधार पर ही अनुसन्धान और विकास को बल मिलता है। इस प्रकार शिक्षा वर्तमान ही नहीं भविष्य के निर्माण का भी अनुपम साधन है।
- इन सब दृष्टिकोणों से भी शिक्षा को मौलिक अधिकार बनाने का महत्त्व स्पष्ट हो जाता है।
- शिक्षा ही मनुष्य को विश्व के अन्य प्राणियों से अलग कर उसे श्रेष्ठ एवं सामाजिक प्राणी के रूप में जीवन जीने के योग्य बनाती है।
- शिक्षा के अभाव में न केवल समाज का, बल्कि पूरे देश का विकास अवरुद्ध हो जाता है।
- शिक्षा के इन्हीं महत्त्वों को देखते हुए भारत सरकार ने सभी के लिए शिक्षा को अनिवार्य करने के उद्देश्य से शिक्षा का अधिकार अधिनियम पारित करने का एक प्रशंसनीय कार्य किया था।
- इस कड़ी में सर्वशिक्षा अभियान को इसका सहयोगी बनाना नि:सन्देह अत्यधिक लाभप्रद सिद्ध होगा।

- इस अधिनियम का सर्वाधिक लाभ श्रमिकों के बच्चे, बाल मजदूर, विशेष आवश्यकता वाले बच्चे या फिर ऐसे बच्चों को मिलेगा, जो सामाजिक, सांस्कृतिक, आर्थिक, भौगोलिक, भाषायी अथवा अन्य कारणों से शिक्षा से वंचित रह जाते हैं।
- इस अधिनियम के लागू होने के बाद यह आशा की जा सकती है कि विद्यालय छोड़ने वाले तथा पहले विद्यालय न जाने वाले बच्चों को अब प्रशिक्षित शिक्षकों द्वारा गुणवत्तापूर्ण शिक्षा प्राप्त हो सकेगी।

### शिक्षा के अधिकार अधिनियम की कमियाँ

- इस अधिनियम की सबसे बड़ी कमी यह है कि इसमें 0-6 वर्ष की आयु वर्ग और 14 - 18 वर्ष की आयु वर्ग के बच्चों की बात नहीं की गई है। अन्तर्राष्ट्रीय बाल अधिकार समझौते के अनुसार 18 वर्ष तक की आयु तक के बच्चों को बच्चा माना गया है, जिसे भारत सहित 142 देशों ने स्वीकृति प्रदान की है। फिर भी 14-18 वर्ष की आयु वर्ग की शिक्षा की बात इस अधिनियम में नहीं की गई है।

## प्रश्नमाला

**1. शिक्षा एक त्रिध्रुवीय प्रणाली है, जिसके अन्तर्गत शिक्षक, बालक और पाठ्यक्रम आते हैं? यह कथन किस मनोवैज्ञानिक का है?**

(a) जार्ज पिर्यसन (b) रिच
(c) स्किनर (d) जॉन डी.वी.

**2. निम्नलिखित में से किस भारतीय शिक्षाविद् ने बाल केन्द्रित शिक्षा में अपना उल्लेखनीय योगदान दिया है?**

(a) कैलाश चंद्र (b) गिजू भाई
(c) रमेश दास (d) मानसी भार्गव

**3. जॉन देवी समर्थित लैब विद्यालय किस प्रकार के विद्यालय का उदाहरण है?**

(a) चरवाहा (b) प्रगतिशील विद्यालय
(c) फैक्टी विद्यालय (d) इनमें से कोई नहीं

**4. मध्याह्न भोजन स्कीम की शुरूआत सर्वप्रथम किस राज्य से की गई थी?**

(a) कर्नाटक (b) आंध्र प्रदेश
(c) तमिलनाडु (d) केरल

**5. "सब पढ़ें, सब बढ़ें" का नारा किससे संबंधित है?**

(a) शिक्षा का अधिकार अधिनियम से
(b) मध्याह्न भोजन स्कीम से
(c) सर्व शिक्षा अभियान से
(d) उपरोक्त में से कोई नहीं

**6. 'प्रगतिशील शिक्षा के पिता' किसे माना जाता है**

(a) स्किनर (b) जॉन डीवी
(c) चार्ल्स डार्विन (d) स्पैनसर

**7. निम्नलिखित में से किस शिक्षा में बच्चों के विश्लेषण एवं पर्यवेक्षण पर बल दिया गया?**

(a) मॉण्टेसरी शिक्षा
(b) मानवतावादी शिक्षा
(c) संरचनावादी शिक्षा
(d) इनमें से कोई नहीं

**8. एक साधन के रूप में मस्तिष्क के कितने रूप हैं?**

(a) एक (b) दो
(c) तीन (d) चार

**9. निम्नलिखित में से कौन एक साधन के रूप में मनुष्य के तीन प्रमुख रूप हैं?**

(a) चिन्तन (b) अनुभूति
(c) संकल्प (d) उपरोक्त सभी

**10. निम्नलिखित में से क्या बाल-केंद्रित शिक्षाशास्त्र की प्रमुख विशेषता क्या है?**

(a) केवल पाठ्य-पुस्तकों पर निर्भर होना
(b) बच्चों के अनुभवों को प्रमुखता देना
(c) योग्यता के आधार पर विद्यार्थियों को नामित करना तथा वर्गीकरण करना
(d) यंत्रवत् याद करना।

**11. सर्वशिक्षा अभियान की शुरूआत किस वर्ष हुई?**

(a) वर्ष 2000-2001
(b) वर्ष 2000-2004
(c) वर्ष 2000-2005
(d) वर्ष 2004-2005

**12. एक बाल-केंद्रित कक्षा में, बच्चे सामान्यतः सीखते हैं-**

(a) वैयक्तिक और सामूहिक दोनों रूप में
(b) मुख्य रूप से शिक्षक से
(c) वैयक्तिक रूप में
(d) समूहों में

**13. वर्तमान समय में बाल-केन्द्रित शिक्षा पर जोर दिया जाता है।**
**निम्नलिखित में से कौन-सी बाल-केन्द्रित शिक्षा की विशेषता नहीं है?**

(a) बालक के सर्वांगीण विकास पर जोर देना
(b) बालक के मनोविज्ञान को समझना
(c) बालक को केवल तथ्यात्मक ज्ञान से अवगत कराने पर जोर देना
(d) बालक के मनोविज्ञान को समझते हुए उसकी समस्याओं को दूर करना

**14. निःशुल्क एवं अनिवार्य शिक्षा का अधिकार 2009 में 'अनिवार्य' शब्द का अर्थ है-**

(a) दण्डात्मक कार्य से बचने के लिए अपने बच्चों को विद्यालय भेजने के लिए अभिभावकों पर अनिवार्य रूप से जोर डाला गया है।
(b) अनिवार्य शिक्षा सतत परीक्षण के माध्यम से प्रदान की जाएगी।
(c) केन्द्र सरकार दाखिले, उपस्थिति और प्रारम्भिक शिक्षा की पूर्णता को सुनिश्चित करेगी।
(d) राज्य सरकार दाखिले, उपस्थिति और प्रारम्भिक शिक्षा की पूर्णता को सुनिश्चित करेंगी।

**15. किसी प्रगतिशील कक्षा की व्यवस्था में शिक्षक एक ऐसे वातावरण को उपलब्ध कराकर अधिगम को सुगम बनाता है, जो-**

(a) नियामक है।
(b) समावेशन को हतोत्साहित करता है।
(c) आवृत्ति को बढ़ावा देता है।
(d) खोज को प्रोत्साहन देता है।

**16. निम्नलिखित में से कौन-सा विकल्प प्रगतिशील शिक्षा का सबसे अच्छा वर्णन करता है?**

(a) परियोजना विधि, क्षमता समूह बनाना, रैंकिंग
(b) करके सीखना, परियोजना विधि, सहयोग से सीखना
(c) थिमैटिक इकाइयाँ, नियमित इकाई परीक्षण, रैंकिंग
(d) व्यक्तिगत अधिगम, क्षमता समूह बनाना, छात्रों की लेबलिंग

**17. निम्नलिखित संरचनाओं में से शिक्षा का अधिकार अधिनियम, 2009 किसकी वकालत करता है?**

(a) मुख्यधारा शिक्षा की
(b) एकीकृत शिक्षा की
(c) समावेशी शिक्षण की
(d) पृथक्करण की

**18. किसी प्रगतिवादी कक्षा के बारे में एक अध्यापिका का क्या विश्वास होना चाहिए?**

(a) अधिगम केवल कक्षा में ही होता है।
(b) विद्यार्थी केवल ड्रिल और अभ्यास के माध्यम से ही सबसे अधिक सार्थकता से सीखते हैं
(c) कक्षा हमारे कठोर नियन्त्रण में रहे और केवल अध्यापक को निर्देश देने चाहिए।
(d) कक्षा में विद्यार्थी अपने साथ विविध प्रकार के समृद्ध अनुभव लाते हैं।

**19. एक बाल-केन्द्रित कक्षा में अधिगम-**
(a) पुरस्कार और दण्ड पर निर्भर है
(b) पूरी तरह से शिक्षक पर निर्भर है और छात्रों की भूमिका निष्क्रिय है।
(c) उद्दीपन- प्रतिक्रिया संघों के युग्म द्वारा होता है।
(d) शिक्षक और छात्रों द्वारा सह-निर्मित है।

**20. एक प्रगतिशील कक्षा में, अधिगम-**
(a) परीक्षाओं पर प्रतिबन्धात्मक है।
(b) एक सरल प्रक्रिया है।
(c) एक सामाजिक प्रक्रिया है।
(d) केवल औपचारिक अनुदेश द्वारा ही हो सकता है।

## उत्तरमाला

| | | | | | | | | | |
|---|---|---|---|---|---|---|---|---|---|
| **1.** (d) | **2.** (b) | **3.** (b) | **4.** (c) | **5.** (c) | **6.** (b) | **7.** (a) | **8.** (c) | **9.** (d) | **10.** (b) |
| **11.** (a) | **12.** (a) | **13.** (c) | **14.** (d) | **15.** (d) | **16.** (b) | **17.** (c) | **18.** (d) | **19.** (c) | **20.** (c) |

❑❑❑

# बुद्धि निर्माण एवं बहुआयामी बुद्धि

## बुद्धि का अर्थ एवं परिभाषा

बुद्धि वह योग्यता है जिससे मनुष्य अपनी नई आवश्यकताओं के अनुकूल अपने चिंतन को चेतन रूप से अभियोजित कर लेता है। बुद्धि को मनोवैज्ञानिकों ने अलग-अलग तरह से परिभाषित किया है।

**टरमन** के अनुसार, ''बुद्धि अमूर्त विचारों के बारे में सोचने की योग्यता है।''
**स्टर्न** के अनुसार, ''बुद्धि एक सामान्य योग्यता है जिसके द्वारा व्यक्ति नई परिस्थितियों में अपने विचारों को जानबूझकर समायोजित कर लेता है।''
**स्टर्न** के अनुसार, ''बुद्धि जीवन की नई परिस्थितियों तथा समस्याओं के अनुरूप समायोजन की सामान्य योग्यता है।''
**बकिंघम** के अनुसार, ''सीखने की शक्ति ही बुद्धि की है।''
**गाल्ट्न** के अनुसार, ''बुद्धि पहचानने तथा सीखने की शक्ति है।''
**वेश्लर** के अनुसार, बुद्धि एक समग्र क्षमता है जिसके सहारे व्यक्ति उद्देश्यपूर्ण क्रिया करता है, विवेकशील चिन्तन करता है तथा वातावरण के साथ प्रभावकारी ढंग से समायोजन करता है अर्थात् बुद्धि को कई तरह की क्षमताओं का योग माना है।''
**स्टोडार्ड** के अनुसार, ''बुद्धि उन क्रियाओं को समझने की क्षमता है जो जटिल, कठिन, अमूर्त, मितव्यय, किसी लक्ष्य के प्रति अनुकूलनशील, सामाजिक व मौलिक हो तथा कुछ परिस्थिति में वैसी क्रियाओं को करना जो शक्ति की एकाग्रता तथा सांवेगिक कारकों का प्रतिरोष दिखाता हो।''
**राबिन्सन तथा राबिन्सन**, ने भी बुद्धि को संज्ञानात्मक व्यवहारों का संपूर्ण माना है जो व्यक्ति में सूझ द्वारा समस्या समाधान करने की क्षमता, नई परिस्थितियों के साथ समायोजन करने की क्षमता, अमूर्त रूप से सोचने की क्षमता तथा अनुभवों से लाभ उठाने की क्षमता को परिलक्षित करता है।
**बोरिंग** के अनुसार, ''बुद्धि वही है, जो बुद्धि परीक्षण मापता है।

**बुद्धि की प्रकृति:** इन सभी परिभाषाओं से बुद्धि की प्रकृति के बारे में निम्नलिखित निष्कर्ष निकाला जा सकता है–

1. बुद्धि सीखने की क्षमता है।
2. बुद्धि वातावरण के साथ प्रभावकारी ढंग से समायोजन करने की क्षमता है।
3. यह व्यक्ति के समस्या समाधान करने की योग्यता को प्रदर्शित करता है।
4. बुद्धि अमूर्त चिंतन करने की क्षमता है।
5. बुद्धि विभिन्न क्षमताओं का समग्र योग है।
6. बुद्धि को प्रत्यक्ष व्यवहार के आधार पर मापा जा सकता है।
7. बुद्धि द्वारा ही किसी समस्या के समाधान में गत अनुभूतियों का लाभ मिलता है।
8. बुद्धि विवेकशील चिंतन करने की योग्यता है।
9. बुद्धि मानसिक परिपक्वता का द्योतक है।
10. बुद्धि के विकास के लिए आनुवंशिकी व वातावरण दोनों ही उत्तरदायी कारक हैं।
11. यह अपनी ऊर्जा को किसी कार्य को करने में संकेन्द्रण की क्षमता है।
12. यह उच्च श्रेणी के चिंतन प्रक्रिया के लिए आवश्यक है।
13. यह आगमन विधि व निगमन विधि द्वारा तर्क करने की योग्यता है।
14. बुद्धि शाब्दिक व अशाब्दिक योग्यता है।
15. यह एक प्रत्यक्षण/सूझ की योग्यता है।
16. यह जटिल, कठिन, मितव्यय, अमूर्त व सामाजिक मूल्यों वाले कार्य को करने की योग्यता है।
17. बुद्धि एक परिकल्पित सम्प्रत्यय है।
18. बुद्धि को सतर्कता, धारणा, विचार एवं प्रतीक, स्वयं की आलोचना करने की क्षमता, आत्मविश्वास और तीव्र प्रेरणा की क्षमता के रूप में समझा जा सकता है।
19. बुद्धि में व्यक्तिगत भिन्नताएं पाई जाती हैं।
20. बुद्धि को किसी कार्य करने की प्रणाली के द्वारा अवलोकन किया जा सकता है।

## बुद्धि के प्रकार

बुद्धि के विभिन्न परिभाषाओं और सिद्धांतों से इसके स्वरूप व प्रकार का पता चलता है। बुद्धि का स्वरूप कुछ ऐसा होता है जिसे किसी एक कारक (Factor) या क्षमता के आधार पर नहीं समझा जा सकता है। बुद्धि विभिन्न क्षमताओं के समग्रता को परिलक्षित करता है। ई.एल. थार्नडाइक, डोनेल्ड हेब्ब और वर्नन जैसे मनोवैज्ञानिकों ने बुद्धि को निम्न प्रकारों में विभक्त किया है:-

1. **आनुवांशिक क्षमता के रूप में बुद्धि (Intelligence as Genetic Capacity):** इसके अनुसार बुद्धि को पूर्णत: वंशागत माना जाता है। इसे हेब्ब (Hebb, 1978) ने बुद्धि 'ए' (Intelligence 'A') की संज्ञा दी है। स्पष्टत: यह बुद्धि का एक जीनोटाइपिक (Genotypic) प्रकार है तथा इसमें बुद्धि को व्यक्ति का आनुवंशिक गुण माना जाता है।
2. **अवलोकित व्यवहार के रूप में बुद्धि (Intelligence as an observable behaviour) :** इस परिप्रेक्ष्य में बुद्धि को आनुवंशिकता व वातावरण के अंत: क्रिया का परिणाम माना जाता है। जिस सीमा तक व्यक्ति नए वातावरण या अपने वर्तमान वातावरण के साथ समायोजित करता है, इस सीमा तक उसे बुद्धिमान समझा जाता है। इसे हेब्ब ने बुद्धि 'बी' (Intelligence 'B') की संज्ञा दी है जिसका अर्थ फेनोटाइपिक (Phenotypic) प्रारूप पर आधारित है।
3. **परीक्षण श्रेयांक के रूप में बुद्धि (Intelligence as test score) :** बुद्धि एक परिकल्पनात्मक संप्रत्यय है। इसके मापन के लिए इसका संक्रियात्मक परिभाषा का होना आवश्यक है। बोरिंग के अनुसार ''बुद्धि वही है जो बुद्धि परीक्षण मापता है''। इसे हेब्ब ने बुद्धि 'सी' (Intelligence 'C') की संज्ञा दी है।

**थार्नडाइक के अनुसार बुद्धि को तीन भागों में वर्गीकृत किया गया है:-**

**A. अमूर्त बुद्धि (Abstract Intelligence) :** यह बुद्धि अमूर्त समस्याओं के समाधान के लिए आवश्यक है। यह विचारों के परिचालित करने की क्षमता से संबंधित है।

**B. मूर्त बुद्धि (Concrete Intelligence) :** यह बुद्धि मूर्त समस्याओं के समाधान के लिए आवश्यक है। यह वस्तुओं के परिचालित करने की क्षमता से संबंधित है।

**C. सामाजिक बुद्धि (Social Intelligence):** यह बुद्धि सामाजिक समायोजन की क्षमता से संबंधित है। यह बुद्धि व्यक्तियों के सामाजिक संबंधों को बेहतर बनाने के लिए काम आती है।

इसके अतिरिक्त आजकल बुद्धि के और दो प्रकारों की चर्चा की जाती है, जो निम्नलिखित हैं:-

1. **संवेगात्मक बुद्धि (Emotional Intelligence) :** यह बुद्धि अपने संवेग व दूसरों के संवेगों को समझने में सहायक है। यह संवेगात्मक समस्याओं को हल करने में मदद करती है।
2. **आध्यात्मिक बुद्धि (Spiritual Intelligence) :** यह व्यक्ति के आध्यात्मिक परिपक्वता का सूचकांक है। ऐसी बुद्धि वाले व्यक्ति स्वअनुशासित, कर्तव्यपरायण, परोपकारी, चेतना का विकसित स्वरूप वाले होते हैं। इसके सोचने का तरीका मानवतावादी उपागम पर आधारित होता है।

**सामान्य मानसिक बुद्धि**

| मानसिक क्रियाएं | विषयवस्तु | उत्पाद |
|---|---|---|
| मूल्यांकन | आभासी | ईकाई |
| अभिसारित चिंतन | श्रवण संबंधी | वर्ग |
| अवसरित चिंतन | प्रतीकात्मक | सम्बन्ध |
| स्मृति | अर्थगत | प्रणाली |
| संज्ञान | व्यावहारिक | रूपान्तरण |
| | | निहितार्थ |

## बुद्धि मापन या परीक्षा का अर्थ (Meaning of Intelligence Measurement or Testing)

बाह्य व्यवहार द्वारा मानसिक योग्यता, संज्ञानात्मक परिपक्वता और समायोजन की क्षमता का मापन बुद्धि मापन कहलाता है। बुद्धि मापन का कार्य विभिन्न प्रकार के परीक्षणों के माध्यम से किया जाता है। इस परीक्षणों में सम्मिलित पदों की प्रकृति व प्रकार के आधार पर बुद्धिलब्धि सूचकांक तैयार किया जाता है।

## बुद्धि मापांक के अवयव (Components of Intelligence Quotient)

1. **तैथिक या कालक्रमिक आयु (Chronological Age):** किसी व्यक्ति के वास्तविक जन्मतिथि से वर्तमान समय के अवधि को तैथिक या कालक्रमिक आयु की संज्ञा दी जाती है। दूसरे शब्दों में, व्यक्ति की कालक्रमिक आयु (chronological age, CA) जन्म लेने के बाद बीत चुकी अवधि होती है। इसकी जानकारी व्यक्ति (परीक्षार्थी) या उनके माता-पिता से पूछकर अथवा जन्मकुंडली, विद्यालय के रिकार्ड (Record) को देखकर प्राप्त की जा सकती है।
2. **मानसिक आयु (Mental Age):** सर्वप्रथम 1905 में अल्फ्रेड बिने तथा थियोडोर साइमन (Theodore Simon) ने औपचारिक रूप में बुद्धि के मापन का सफल प्रयास किया। 1908 में अपनी मापनी का संशोधन करते समय उन्होंने मानसिक आयु (Mental Age, MA) का संप्रत्यय दिया। मानसिक आयु के माप का अभिप्राय है, किसी व्यक्ति के मानसिक परिपक्वता का सूचकांक अर्थात किसी व्यक्ति का बौद्धिक विकास अपनी आयु वर्ग के अन्य व्यक्तियों की तुलना में कितना हुआ है। यदि किसी बच्चे की मानसिक आयु 5 वर्ष है तो इसका अर्थ है कि किसी बुद्धि परीक्षण पर उस बच्चे का निष्पादन 5 वर्ष वाले बच्चे के औसत निष्पादन के बराबर है।
3. **बुद्धि लब्धि (Intelligence Quotient, IQ) :** 1912 में जर्मन मनोवैज्ञानिक विलियम स्टर्न (Williamm Stern) ने बुद्धि को मापने के लिए मानसिक लब्धि के संप्रत्यय का विकास किया जिसका सूत्र निम्न प्रकार से है।

मानसिक लब्धि (Mental Quotient)

$$= \frac{\text{मानसिक आयु}}{\text{कालानुक्रमिक आयु}}$$

1916 में टरमन (Terman) ने मानसिक लब्धि के स्थान पर बुद्धि लब्धि के संप्रत्यय को जन्म दिया।

$$\text{बुद्धि लब्धि (IQ)} = \frac{\text{मानसिक आयु}}{\text{कालानुक्रमिक आयु}} \times 100$$

अर्थात् किसी व्यक्ति की मानसिक आयु को उसकी कालानुक्रमिक आयु से भाग देने के बाद उसको 100 से गुणा करने से उसकी बुद्धि लब्धि प्राप्त हो जाती है। गुणा करने में 100 की संख्या का उपयोग दशमलव बिन्दु समाप्त करने के लिए किया जाता है।

इस सूत्र के माध्यम से बुद्धि लब्धि के मापन में तीन प्रकार की स्थितियाँ हो सकती हैं:

(1) जब मानसिक आयु (MA) = कालानुक्रगिक आयु (CA) तो IQ = 100 होगा।

(2) जब मानसिक आयु (MA) > कालानुक्रमिक आयु (CA) तो IQ का मान 100 से अधिक होगा।

(3) जब मानसिक आयु (MA) < कालानुक्रमिक आयु (CA) तो IQ का मान 100 से कम होगा।

## बुद्धि लब्धि प्राप्तांक का वितरण (Distribution of IQ Scores)

बुद्धि लब्धि प्राप्तांक का वितरण किसी जनसंख्या में सामान्य प्रायिकता वितरण के अनुसार होता है। अधिकांश लोगों का बुद्धि लब्धि प्राप्तांक मध्य क्षेत्र में तथा बहुत कम लोगों के बुद्धि लब्धि प्राप्तांक बहुत अधिक या बहुत कम होते हैं। बुद्धि लब्धि प्राप्तांकों का यदि एक आवृति वितरण वक्र (Frequency Distribution Curve) बनाया जाए तो यह लगभग एक घंटाकार वक्र (Bell Shaped Curve) से सदृश होता है। इस वक्र को सामान्य वक्र (Normal Curve) कहा जाता है। ऐसा वक्र अपने केन्द्रीय माध्य के दोनों ओर सममित (Symmetrical) आकार का होता है। एक सामान्य वितरण के रूप में बुद्धि लब्धि प्राप्तांकों के वितरण को निम्न रेखाचित्र द्वारा प्रदर्शित किया गया है-

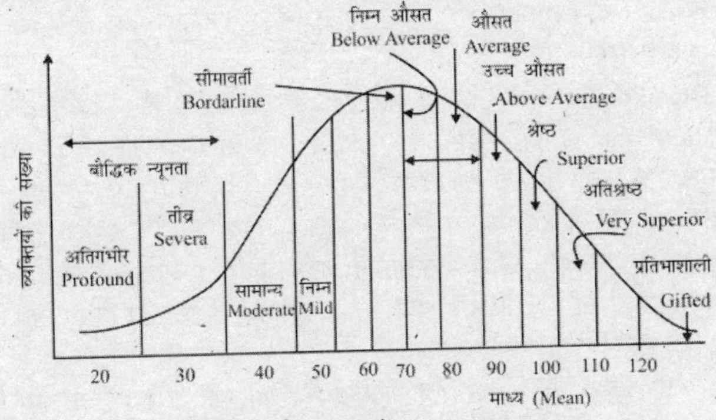


**बुद्धि लब्धि प्राप्तांक (IQ Score)**

किसी भी जनसंख्या में बुद्धि लब्धि प्राप्तांक का वितरण सामान्य वक्र के अनुरूप होता है। किसी जनसंख्या की बुद्धि लब्धि प्राप्तांक का माध्य (औसत) 100 होता है। जिन व्यक्तियों की बुद्धि लब्धि प्राप्तांक 90 से 110 के बीच होती है उन्हें सामान्य बुद्धि वाला कहा जाता है। जिनकी बुद्धि लब्धि 70 से भी कम होती है वे मानसिक मंदन (Mental Retardation) से प्रभावित समझे जाते हैं और जिनकी बुद्धि लब्धि 130 से अधिक होती है वे आसाधारण रूप से प्रतिभाशाली समझे जाते हैं। किसी व्यक्ति के बुद्धि लब्धि प्राप्तांक की व्याख्या निम्न तालिका की मदद से की जा सकती है-

**स्टेनफोर्ड-बिने के आधार पर बुद्धिलब्धि का वर्गीकरण**

| बुद्धिलब्धि | व्याख्या |
|---|---|
| 140 या अधिक | प्रतिभाशाली |
| 120-139 | अति श्रेष्ठ |
| 110-119 | श्रेष्ठ |
| 90-109 | सामान्य |
| 80-89 | मन्द |
| 70-79 | सीमान्त मन्द बुद्धि |
| 60-69 | मूर्ख |
| 20-59 | मूढ़ |
| 20 से कम | जड़ |

## बुद्धिलब्धि (IQ) की सीमाएँ तथा विचलन बुद्धिलब्धि (Deviation Intelligence Quotient, DIQ)

बुद्धिलब्धि का संप्रत्यय दोष-रहित नहीं है। वर्तमान समय में IQ का संप्रत्यय संदिग्ध बन गया है, जिसमें कई त्रुटियां हैं। सामान्यत: यह माना जाता है कि 16 वर्ष की आयु तक मानसिक आयु का विकास होता है, इसके बाद इसमें ह्रास होता जाता है, जबकि कालानुक्रमिक आयु बढ़ती जाती है। MA का स्थिर हो जाना या इसमें ह्रास होना तथा CA का निरंतर बढ़ना, IQ के संप्रत्यय को भ्रामक बना देता है। अर्थात् यह संप्रत्यय वयस्क व्यक्तियों की बौद्धिक योग्यता को व्यक्त करने में सक्षम नहीं है। वेश्लर ने सन् 1981 में वेश्लर वयस्क बुद्धि लब्धि मापनी (Wechsler Adult Intelligence Scale, WAIS) को संशोधित कर IQ के बदले विचलन बुद्धिलब्धि (Deviation Intelligence Quotient, DIQ) का संप्रत्यय दिया जो मानसिक आयु तथा कालानुक्रमिक आयु का अनुपात न होकर एक प्रामाणिक अंक (Standard Score) या Z-Score के सूत्र के आधार पर निकाला जाता है। Z-Score को निकालने का सूत्र निम्नवत् है:-

$$Z = \frac{\text{प्रयोज्य द्वारा प्राप्त अंक(X) - मध्य मान(M)}}{\text{मानक विचलन (SD)}}$$

Z score के आधार पर ही DIQ का सूचकांक निकाला जाता है।

DIQ = 100 + 16 Z

DIQ एक ऐसा मानक प्राप्तांक (Standard Score) है जिसका विकास आर्थर ओटिस (Arthur Otis) के शोधों से हुआ है। यह प्राप्तांक आज बुद्धि परीक्षण के मापन के क्षेत्र में एक लोकप्रिय मापक बन गया है। IQ के सूत्र के साथ समस्या यह उत्पन्न हुई कि व्यक्ति की कालानुक्रमिक आयु तो हमेशा बढ़ती है परन्तु 17-18 की आयु के बाद सामान्यत: नहीं बढ़ती है। अत: IQ का पारंपरिक सूचकांक एक भ्रामक परिणाम देता है। इसी कठिनाई को दूर करने के लिए DIQ के संप्रत्यय का विकास हुआ।

किसी बुद्धि परीक्षण पर एक व्यक्ति का प्राप्तांक उसी व्यक्ति की आयु समूह के अन्य व्यक्तियों के प्राप्तांकों के औसत (माध्य) से कितनी दूरी (प्रमाप विचलन) पर है, इसका पता DIQ से चलता है। DIQ ज्ञात करने के लिए प्रत्येक आयु समूह के लिए Z- प्राप्तांक ज्ञात किया जाता है और फिर उस Z प्राप्तांक को एक ऐसे वितरण में बदल दिया जाता है जिसका माध्य = 100 तथा प्रमाप विचलन = 16 होता है। इसका सूत्र निम्न प्रकार से है:-

DIQ = 16 Z + 100

$$\text{जहाँ } Z = \frac{\text{X - माध्य}}{\text{प्रमाण विचलन}}$$

X = व्यक्ति का किसी बुद्धि परीक्षण पर उसका प्राप्तांक

Wechsler Adult Intelligence Scale (WAIS) में DIQ का उपयोग किया जाता है। अगर किसी व्यक्ति का इस बुद्धि परीक्षण पर प्राप्तांक एक प्रमाप विचलन इकाई माध्य से ऊपर है, तो उसका DIQ = 16 × 1 + 100 = 116 होगा जिससे पता चलता है कि उसका DIQ अपनी आयु समूह के व्यक्तियों के औसत से ऊपर है। उसी तरह से यदि किसी व्यक्ति का प्राप्तांक आदि माध्य से एक प्रमाप विचलन कम है तो उसका DIQ प्राप्तांक 84 होगा जिसका अर्थ है कि उसका DIQ अपने आयु समूह के व्यक्तियों के औसत से नीचे है। इस तरह DIQ में प्रत्येक उम्र स्तर पर प्रमाप विचलन (Standard deviation) का एक स्थिर मान होता है, जिसके परिणामस्वरूप IQ में होने वाला असामान्य परिवर्तनशीलता को नियंत्रित करता है।

वेश्लर के अनुसार IQ के साथ एक कठिनाई यह है कि 15-16 साल की आयु के बाद मानसिक आयु (MA) तेजी व क्रमिक रूप से नहीं बढ़ती है। दूसरी कठिनाई यह है कि वयस्कों के लिए मानसिक आयु का संप्रत्यय अर्थहीन है। अत: IQ के बदले DIQ का संप्रत्यय बुद्धि का मूल्यांकन करने में ज्यादा सक्षम है। दूसरे शब्दों में किसी व्यक्ति के बुद्धि लब्धि प्राप्तांक से यह पता चलता है कि औसत जिसे IQ कहा गया है, से किसी बुद्धि परीक्षण पर व्यक्ति का निष्पादन कितना विचलित है।

## बुद्धि परीक्षण की उपयोगिताएँ

शिक्षा मनोवैज्ञानिकों ने शिक्षा में बुद्धि परीक्षण की अनेक उपयोगिताओं का वर्णन किया है जिनमें मुख्य हैं:-

(1) कक्षोन्नति के निर्णय में।
(2) शिक्षकों के चयन में।
(3) विभिन्न प्रकार के निर्देशन देने में (व्यक्तिगत, व्यावसायिक व शैक्षिक निर्देशन में)।
(4) छात्रों के श्रेणीकरण में।
(5) शैक्षिक दुर्बलता के निदान में।
(6) विद्यार्थियों के समायोजन में।
(7) मानसिक बीमारियों के इलाज में।
(8) कक्षा में प्रवेश लेने में।
(9) अनुशासन की समस्या के समाधान में।
(10) पाठ्यक्रमों तथा व्यवसाय चयन में।

**शाब्दिक बुद्धि परीक्षण व अशाब्दिक बुद्धि परीक्षण की तुलना**

| | शाब्दिक परीक्षण | अशाब्दिक परीक्षण |
|---|---|---|
| 1. | इस तरह के बुद्धि परीक्षणों में एकाशों को भाषा के माध्यम से प्रकट किया जाता है | एकांशों के संकेत चित्र या वस्तुओं के माध्यम से प्रकट किया जाता है |
| 2. | यह संस्कृति अभिनति परीक्षण होता है | यह अपेक्षाकृत संस्कृति स्वच्छ परीक्षण होता है |

| | | |
|---|---|---|
| 3. | शाब्दिक परीक्षणों में परीक्षार्थी को मौखिक अथवा लिखित रूप में शाब्दिक अनुक्रियाएं करनी होती हैं | एकांशों का उत्तर देने के लिए लिखित भाषा के उपयोग की आवश्यकता नहीं होती। |
| 4. | यह परीक्षण भिन्न संस्कृतियों के व्यक्तियों को नहीं दिया जा सकता है बल्कि केवल उन्हीं व्यक्तियों को दिया जा सकता है जिस सांस्कृतिक पृष्ठभूमि में वह परीक्षण निर्मित हुआ है | यह भिन्न संस्कृतियों के व्यक्तियों को आसानी से दिया जा सकता है। |
| 5. | यह परीक्षण केवल साक्षरों के लिए उपयुक्त है। | यह परीक्षण असाक्षर व साक्षर दोनों के बुद्धि के लिए उपयुक्त है। |

**व्यक्तिगत बुद्धि परीक्षण व सामूहिक बुद्धि परीक्षण की तुलना**

| | व्यक्तिगत परीक्षण | सामूहिक परीक्षण |
|---|---|---|
| 1. | वैयक्तिक बुद्धि परीक्षण के द्वारा एक समय में एक ही व्यक्ति का बुद्धि परीक्षण किया जा सकता है, जैसे स्टेंनफोर्ड बिने परीक्षण | सामूहिक बुद्धि परीक्षण को एक साथ बहुत से व्यक्तियों को समूह में दिया जा सकता है जैसे आर्मी अल्फा परीक्षण |
| 2. | इस परीक्षण को प्रशासित करने के लिए अनुभवी व्यक्ति चाहिए | यह परीक्षा सामान्य योग्यता का व्यक्ति भी ले सकता है। |
| 3. | इस परीक्षण के माध्यम से परीक्षार्थी के सफलता के कारणों का पता लगाया जा सकता है | अपेक्षाकृत जटिल व दुरूह कार्य है |
| 4. | इस परीक्षा में परीक्षार्थी व परीक्षक का निकट संबंध होता है | इसमें निकट संबंध की संम्भावना नहीं के बराबर होती है |
| 5. | इस परीक्षा के माध्यम से परीक्षार्थी की भाषा और व्यवहार का पूर्ण ज्ञान हो जाता है | इस परीक्षा में इन तत्वों का आंशिक ज्ञान हो पाता है |
| 6. | इन परीक्षणों की विश्वसनीयता व वैधता अधिक होती है | विश्वसनीयता व वैधता अपेक्षाकृत कम होती है |

## बुद्धि परीक्षण की सीमाएँ
**(Limitations of Intelligence Testing)**

बुद्धि परीक्षण कई उपयोगी उद्देश्य को पूर्ण करता है जैसे- चयन, परामर्श, निर्देशन, आत्मविश्लेषण और निदान में। जब तक ये परीक्षण किसी प्रशिक्षित परीक्षणकर्ता द्वारा नहीं उपयोग किए जाते, जानबूझकर या अनजाने में इनका दुरुपयोग हो सकता है। अप्रशिक्षित परीक्षणकर्ताओं द्वारा किए गए बुद्धि परीक्षणों के कुछ दुष्परिणाम निम्नलिखित हैं:-

1. किसी परीक्षण पर किसी व्यक्ति का खराब प्रदर्शन, उसके निष्पादन व आत्मसम्मान पर प्रतिकूल प्रभाव डाल सकता है।
2. परीक्षण द्वारा माता-पिता, अध्यापकों तथा बड़ों के भेद-भावपूर्ण आचरण को बढ़ावा मिलने का भय बना रहता है।
3. मध्यवर्गीय और उच्चवर्गीय जनसंख्याओं के पक्ष में अभिनत (पक्षपातपूर्ण) बुद्धि परीक्षण समाज के सुविधावंचित समूहों से आने वाले बच्चों की IQ को कम आंकने की सम्भावना बनी रहती है।
4. बुद्धि परीक्षा सृजनात्मक संभाव्यताओं और बुद्धि के व्यावहारिक पक्ष का माप नहीं कर पाता है और उनका जीवन में सफलता से ज्यादा संबंध नहीं होता। बुद्धि जीवन के विभिन्न क्षेत्रों में उपलब्धियों का एक संभाव्य कारक हो सकती है।

## बुद्धि के सिद्धान्त बुद्धि के सिद्धान्तः महत्व एवं वर्गीकरण

बुद्धि की संरचना की पूर्णरूपेण व्याख्या तब हो पाती है जब हम बुद्धि के सिद्धान्तों की ओर ध्यान देते हैं। वास्तव में मनोवैज्ञानिकों को प्रारम्भ से ही प्रयास रहा है कि बुद्धि की व्याख्या करने के लिए एक वैज्ञानिक सिद्धान्त का प्रतिपादन किया जाए। इस प्रयास के परिणामस्वरूप हमें बुद्धि के कई सिद्धान्त प्राप्त हैं। सिद्धान्तों का वर्गीकरण मूल रूप से निम्नांकित दो प्रमुख श्रेणियों में किया गया है-

(क) कारकीय सिद्धान्त (Factorial Theories)
(ख) प्रक्रिया-उन्मुखी सिद्धान्त (Process-oriented Theories)

कारकीय सिद्धान्तों की व्याख्या निम्न प्रकार से है-

### कारकीय सिद्धान्त (Factorial Theories)

इसके अन्तर्गत उन मनावैज्ञानिकों के सिद्धान्तों को सम्मिलित किया गया है जिन्होंने बुद्धि की संरचना (structure) की व्याख्या कुछ कारकों के रूप में की है। प्रायः इन कारकों को विशेष सांख्यिकीय विधि (Statistical Analysis) जिसे कारक विश्लेषण (factor analysis) कहा जाता है, के आधार पर ज्ञात किया जाता है। इस श्रेणी के अन्तर्गत आने वाले प्रमुख सिद्धान्त निम्न प्रकार से हैं-

(1) एक-कारक सिद्धान्त (Unitary or Monarchic Theory)
(2) स्पीयरमैन का द्विकारक सिद्धान्त (Spearman's Two Factor Theory)
(3) थर्स्टन का समूहकारक सिद्धान्त (Thurstone Group Factor Theory)
(4) बहुकारक सिद्धान्त (Multi Factor Theory)
(5) कैटेल का सिद्धान्त (Catell's Theory)
(6) गार्डनर का बहु बुद्धि सिद्धान्त (Gardner's Theory of Multiple intelligence)
(7) पदानुक्रमिक सिद्धान्त (Hierarchical Theory)

**इस श्रेणी में भी मनोवैज्ञानिकों के दो समूह हैं**

प्रथम समूह में वैसे मनोवैज्ञानिक हैं जिनका मत है कि बुद्धि समस्या समाधान करने, तर्क करने तथा ज्ञान प्राप्त करने की एक सामान्य एवं संगठित क्षमता है। स्पीयरमैन इस समूह के अग्रणी मनोवैज्ञानिक हैं जिनका मानना है कि किसी भी बौद्धिक कार्य के निष्पादन का आधार सामान्य कारक होता है।

द्वितीय समूह में उन वैज्ञानिकों को स्थान दिया गया है जो यह मानते हैं कि बुद्धि बहुत सारी भिन्न-भिन्न मानसिक क्षमताओं, जो करीब-करीब स्वतन्त्र रूप से क्रियाशील होती हैं, का एक योग होता है। इसमें थर्स्टन, कैटेल, थार्नडाइक, वर्तन, गिलफोर्ड तथा गार्डनर आदि के नाम प्रसिद्ध हैं।

### प्रक्रिया उन्मुखी सिद्धान्त (Process Oriented Theories)

लगभग 1960 तक बुद्धि के स्वरूप की व्याख्या कारक सिद्धान्तों द्वारा काफी प्रभावित रही। परन्तु इसके बाद के वर्षों में जब संज्ञानात्मक मनोविज्ञान (Cognitive Psychology) पर अधिक जोर दिया जाने लगा, तो वैसी परिस्थिति में बुद्धि के स्वरूप की व्याख्या नये-नये सिद्धान्तों द्वारा अधिक की जाने लगी। इन सिद्धान्तों को प्रक्रिया-उन्मुखी सिद्धान्त कहा गया। इस सिद्धान्त की मुख्य विशेषता यह है कि इसके द्वारा बुद्धि के स्वरूप की व्याख्या उसके भिन्न-भिन्न कारकों के रूप में न करके उन बौद्धिक प्रक्रियाओं के रूप में की गयी है जिसे व्यक्ति किसी समस्या के समाधान करने में या सोच विचार करने में लगाता है। इस सिद्धान्त के अन्तर्गत बुद्धि के लिए संज्ञान (Cognition) तथा संज्ञानात्मक प्रक्रिया (Cognitive process) का प्रयोग अधिक किया गया। ये सिद्धान्त निम्नांकित दो तथ्यों की व्याख्या से सम्बन्धित है-

1. व्यक्ति किसी दिए हुए समस्या का समाधान करने में किन-किन प्रक्रियाओं का सहारा लेता है?
2. व्यक्ति में बौद्धिक प्रक्रियाओं (intellectual processes) का विकास कैसे होता है? जैसे-जैसे व्यक्ति में परिपक्वता बढ़ती जाती है, वैसे-वैसे इन प्रक्रियाओं में किस ढंग का परिवर्तन आता है?

इसके अन्तर्गत पियाजे, ब्रुनर, स्टेनवर्ग, जुआन पासकुएल लियोनी, जेन्सन आदि मनोवैज्ञानिकों के सिद्धान्त प्रमुखता से आते हैं।

### बुद्धि के कारक सिद्धान्त

पिछले खण्ड में आप बुद्धि के सिद्धान्त के महत्व से परिचित हो चुके हैं साथ ही बुद्धि के विभिन्न सिद्धान्तों के वर्गीकरण को भी जान चुके हैं। अब हम कुछ प्रमुख कारकीय सिद्धान्तों का अध्ययन करेंगे।

## स्पीयरमैन का द्विकारक सिद्धान्त
**(Spearman's two Factor Theory)**

इस सिद्धान्त का प्रतिपादन ब्रिटेन के मनोवैज्ञानिक स्पीयरमैन ने 1904 में किया। इन्होंने कारक विश्लेषण की प्रविधि द्वारा कई प्रयोगात्मक अध्ययनों से प्राप्त आँकड़ों का विश्लेषण किया और बताया कि बुद्धि की संरचना में मूल रूप से दो कारक निहित होते हैं- सामान्य कारक (General factor या 'g' factor) तथा विशिष्ट कारक (Specific factor या 's' factor)

**सामान्य कारक या 'g' कारक**-स्पीयरमैन के अनुसार 'g' कारक से तात्पर्य यह होता है कि प्रत्येक व्यक्ति में कोई भी मानसिक कार्य करने की एक सामान्य क्षमता (general capacity) भिन्न-भिन्न मात्रा में मौजूद होती है। यही कारण है कि 'g' कारक को स्पीयरमैन ने मानसिक ऊर्जा की संज्ञा प्रदान की है। स्पीयरमैन के अनुसार जिस व्यक्ति में 'g' कारक जितना ही अधिक होगा वह व्यक्ति उतना ही अधिक सभी तरह के मानसिक कार्यों को करने में प्रवीण होगा।

### सामान्य कारक की विशेषताएं

स्पीयरमैन के अनुसार सामान्य कारक की दो प्रमुख विशेषताऐं हैं-

1. सामान्य कारक जन्मजात योग्यता है। इसलिए इस कारक पर किसी तरह के शिक्षण, प्रशिक्षण, पूर्व अनुभवों आदि का प्रभाव नहीं पड़ता है।
2. प्रत्येक व्यक्ति में सामान्य कारक की मात्रा निश्चित होती है। इसका तात्पर्य यह नहीं है कि सभी व्यक्तियों में इसकी मात्रा समान होती है। वास्तव में, प्रत्येक व्यक्ति में प्रत्येक मानसिक कार्य करने की जो क्षमता होती है, वह निश्चित नहीं होती है। किसी में इस क्षमता की मात्रा अधिक हो सकती है तथा किसी में इसकी मात्रा कम हो सकती है।

**विशिष्ट कारक या 'S' कारकः** स्पीयरमैन का यह भी विचार था कि प्रत्येक मानसिक कार्य करने में कुछ विशिष्टता की भी आवश्यकता पड़ती है क्योंकि मानसिक कार्य एक दूसरे से कुछ न कुछ भिन्न होते हैं। स्पीयरमैन ने इसे ही 'S' कारक का नाम दिया है।

## विशिष्ट कारक की विशेषताएं

### विशिष्ट कारक की विशेषताएं निम्नलिखित हैं

(1) एक ही व्यक्ति में विशिष्ट कारक की मात्रा भिन्न-भिन्न कार्यों के लिए निश्चित नहीं होती है। एक कार्य के लिए एक व्यक्ति में विशिष्ट कारक की मात्रा अधिक हो सकती है परन्तु उसी व्यक्ति में दूसरे कार्य के लिए विशिष्ट कारक की मात्रा कम हो सकती है। जैसे, एक व्यक्ति में गाना गाने का विशिष्ट कारक अधिक हो सकता है परन्तु उसी व्यक्ति में पेंटिंग की क्रिया के लिए जिस विशिष्ट कारक की जरूरत है, उसकी मात्रा कम हो सकती है।

(2) विशिष्ट कारक का स्वरूप परिवर्तनशील होता है। एक मानसिक क्रिया में एक तरह के विशिष्ट कारक की आवश्यकता होती है तो दूसरे तरह की मानसिक क्रिया में दूसरे तरह के विशिष्ट कारक की आवश्यकता होती है।

(3) विशिष्ट कारक पर व्यक्ति के प्रशिक्षण, पूर्व अनुभवों आदि का काफी प्रभाव पड़ता है। प्रशिक्षण देकर हम किसी खास मानसिक कार्य के लिए आवश्यक विशिष्ट कारक की मात्रा को बढ़ा सकते हैं। दूसरे शब्दों में, प्रशिक्षण देकर हम किसी को अच्छा 'तबलावादक' बना सकते हैं या अच्छा 'चित्रकार' बना सकते हैं।

स्पीयरमैन के द्विकारक सिद्धान्त की उपयुक्त व्याख्या से स्पष्ट है कि स्पीयरमैन के अनुसार बौद्धिक कार्य में सामान्य कारक तथा विशिष्ट कारक दोनों ही सम्मिलित होते हैं जिसे चित्र के द्वारा स्पष्ट किया जा सकता है।

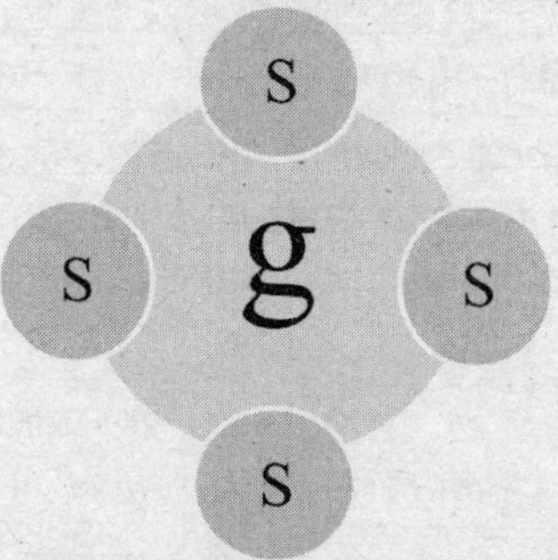


**चित्रः स्पीयरमैन का द्विकारक सिद्धान्त**

स्पष्ट है कि इन दोनों कारकों में 'g' कारक को अधिक महत्व दिया गया है। 'g' कारक कम होने से व्यक्ति को किसी भी बौद्रिक कार्य करने में पूर्ण सफलता नहीं मिलेगी। स्पीयरमैन के अनुसार विषयों में स्थानान्तरण केवल सामान्य कारकों के द्वारा ही सम्भव होता है। इसलिए स्पीयरमैन के बुद्धि सिद्धान्त को 'g' कारक सिद्धान्त भी कहा गया है। जबकि विशिष्ट कारक व्यक्ति की किन्हीं विशेष क्रियाओं में पाया जाता है। विभिन्न व्यक्तियों में भिन्न-भिन्न प्रकार के विशिष्ट कारक पाए जाते हैं। एक व्यक्ति में केवल एक विशिष्ट कारक पाया जाता है तो अन्य में कई विशिष्ट कारक निहित रहते हैं। व्यक्ति की विषय में प्रवीणता उसकी विशिष्ट योग्यताओं के अतिरिक्त सामान्य योग्यताओं पर निर्भर है जो उसकी सम्पूर्ण मानसिक क्रियाओं को प्रभावित करती है।

### स्पीयरमैन के द्विकारक सिद्धान्त की आलोचना

(1) स्पीयरमैन के सिद्धान्त में बुद्धि की व्याख्या सिर्फ दो कारकों अर्थात् 'g' कारक तथा 'S' कारक के आधार पर की गयी है। थर्स्टन एवं गिलफोर्ड ने स्पीयरमैन के इस तथ्य की आलोचना की है और कहा है कि बुद्धि की व्याख्या करने के लिए अनेक कारकों की आवश्यकता पड़ती है जो केवल दो तत्त्वों या कारकों से सम्भव नहीं है।

(2) स्पीयरमैन के अनुसार प्रत्येक कार्य को करने में कुछ सामान्य योग्यता की आवश्यकता पड़ती है और कुछ विशिष्ट योग्यता की। इसका अर्थ हुआ कि प्रत्येक कार्य में अलग-अलग विशिष्ट योग्यता चाहिए। परन्तु व्यवहार में हम ऐसा नहीं पाते। अनेक कार्यों को मिलाकर ऐसे समूहों में बाँटा जा सकता है जिसमें एक ही प्रकार की योग्यता की आवश्यकता पड़ती है, जैसे-फोरमैन, मैकेनिक एवं इंजीनियर के कार्य में, या नर्सिंग, कम्पांउडर तथा डॉक्टर के व्यवसाय में।

इन आलोचनाओं के बावजूद स्पीयरमैन का बुद्धि सिद्धान्त बहुत ही महत्वपूर्ण सिद्धान्त है और इसे मनोवैज्ञानिकों द्वारा बुद्धि के अन्य कारक सिद्धान्तों की नींव माना गया है।

## थर्स्टन का समूह कारक सिद्धान्त (Thurstone's group factor theory)

इस सिद्धान्त का प्रतिपादन एल.एल. थर्स्टन; 1938 द्वारा किया गया है जो कई वर्षों तक किए गए कारक विश्लेषण से प्राप्त तथ्यों पर आधारित है।

इस सिद्धान्त के अनुसार, बुद्धि की व्याख्या कई कारकों के आधार पर की जाती है न कि सिर्फ दो कारकों के आधार पर। इस सिद्धान्त के अनुसार किसी बौद्धिक कार्य में अनेक छोटे-छोटे विशिष्ट कारक या तत्त्व नहीं पाए जाते हैं जो अलग-अलग मानसिक क्षमताओं के द्योतक हों। साथ ही साथ किसी बौद्धिक कार्य में 'g' कारक की भी प्रधानता नहीं होती है। इस प्रकार थर्स्टन ने स्पीयरमैन के 'g' कारक की मान्यता को अस्वीकृत किया है।

थर्स्टन के समूह कारक सिद्धान्त के अनुसार मानसिक प्रक्रियाओं या क्षमताओं का एक सामान्य प्राथमिक कारक (common primary factor) होता है जो उन सभी मानसिक प्रक्रियाओं को आपस में सूत्र में बांधे रखता है तथा साथ ही साथ इन मानसिक क्रियाओं को अन्य मानसिक क्रियाओं से भिन्न रखता है। ऐसी सभी मानसिक प्रक्रियाएँ जिनका एक प्राथमिक कारक होता है, आपस में सहसम्बन्धित होते हैं एवं एक साथ मिलकर समूह का निर्माण करते हैं। इस समूह का प्रतिनिधित्व करने वाले कारक को प्राथमिक कारक (primary factor) की संज्ञा दी जाती है।

इसी तरह से दूसरे तरह की मानसिक प्रक्रियाओं को एक सूत्र में बाँधने वाला अन्य प्राथमिक कारक होता है। ऐसी सभी प्रक्रियाओं का एक अन्य समूह होता है। फिर तीसरे तरह की मानसिक क्षमताओं का एक तीसरा प्राथमिक कारक होता है जो उन सभी क्षमताओं को आपस में बांधकर रखता है।

थर्स्टन ने अपने सिद्धान्त में सात प्राथमिक या प्रारम्भिक मानसिक क्षमताओं (Primary Mental Abilities) का स्पष्टीकरण किया है। उन सात प्रारम्भिक मानसिक क्षमताओं का वर्णन निम्नांकित है–

1. **शाब्दिक अर्थ क्षमता (Verbal meaning ability or V):** शब्दों तथा वाक्यों के अर्थ एवं शाब्दिक सम्बन्धों को समझने की क्षमता को शाब्दिक अर्थ क्षमता कहा गया है जिसे अक्षर 'V' द्वारा सम्बोधित किया गया है। शाब्दिक सम्बन्धों को समझने की क्षमता को निम्न उदाहरण द्वारा स्पष्ट किया जा सकता है–

   **उदाहरण**– पैर: जूता:: हाथ:? (अंगूर, सिर, दस्ताना, अंगुली)

   **उत्तर**– दस्ताना

2. **शब्द प्रवाह क्षमता (Word fluency ability or W):** दिए हुए शब्दों से असम्बन्धित या अलग शब्दों को त्वरित गति से सोचने की क्षमता को शब्द प्रवाह कहा गया है। इसे अक्षर 'w' से सम्बोधित किया गया।

   उदाहरण– निम्नांकित अक्षरों को इस प्रकार व्यवस्थित करें कि जानवरों के नाम बन जाएँ–

   | अक्षर | उत्तर |
   |---|---|
   | odg | dog |
   | ebar | bear |
   | act | cat |

   उदाहरण– क अक्षर से शुरू होने वाले शब्द लिखो।

   (उत्तर– कमल, कलम, कबूतर, कौआ, कल.......)

3. **आंकिक क्षमता (Numerical ability or N) :** परिशुद्धता (accuracy) तथा तीव्रता के साथ आंकिक गणना (manipulate) करने की क्षमता को आंकिक क्षमता कहा गया है और इसे अक्षर 'S' द्वारा सम्बोधित किया गया। उदाहरणार्थ–

   $(29)^2$ = 755, 841, 872, 910

4. **स्थानिक क्षमता (Spatial ability or S)** – किसी दिए हुए स्थान (space) में काल्पनिक रूप से वस्तुओं के परिचालन (manipulate) करने की क्षमता को स्थानिक क्षमता कहा गया। इसे अक्षर 'S' से सम्बोधित किया गया। यह दो-तीन परिमाणों में स्थान स्मरण करने की सामर्थ्य है।

5. **तर्क क्षमता (Reasoning ability or R)**– वाक्यों के समूह या अक्षरों के समूह में छिपे नियम (Principle) की खोज करने की क्षमता को तर्क क्षमता कहा गया। इसे अक्षर 'R' द्वारा सम्बोधित किया गया। निम्न उदाहरण के द्वारा यह स्पष्ट होता है–

   | उदाहरण– | गुप्त लेखन |
   |---|---|
   | SAW | 5, 8, 3 |
   | SAT | 5, 8, 6 |
   | WAS | 3, 8, 5 |

   बताओ कौन सा अक्षर किस अंक के लिए है?

   उत्तर – S = 5, W=3, A=8, T=6

6. **स्मृति क्षमता (Memory ability or M)**– किसी पाठ, विषय या घटना को शीघ्रता से स्मरण कर लेने की क्षमता को स्मृति क्षमता कहा गया। इसे अक्षर 'M' से सम्बोधित किया गया। इसमें शब्दों के साथ कुछ अंक दिए रहते हैं, जैसे- Box 76, Chain 54, Fan 39, Lamp 80। अगले पृष्ठ पर वस्तु का संख्या क्रम दिया रहता है और प्रयोज्य को वस्तुओं के नाम बताने पड़ते हैं।

7. **प्रत्यक्षीकरण गति क्षमता (Perceptual Speed ability or P)**– किसी घटना या वस्तु की विस्तृतता (details) का तेजी से प्रत्यक्षीकरण करने की क्षमता इसके अन्तर्गत आती है। प्रत्यक्ष विवरणों को शीघ्रता एवं यथार्थता से ग्रहण करना, समानताओं एवं अन्तरों की शीघ्र पहचान करना इसी योग्यता से सम्बन्धित है। इसका सम्बोधन 'P' अक्षर द्वारा किया गया। इसको स्पष्टता से निम्न उदाहरण द्वारा समझा जा सकता है–

   **उदाहरण**–

   | | |
   |---|---|
   | 696 | 980 |
   | 352 | 552 |
   | 456 | 666 |
   | 696 | 630 |
   | 870 | 980 |
   | 230 | 240 |
   | 696 | 980 |

   स्तम्भ के ऊपर जो संख्याएँ लिखी हैं, उन्हें देखें। नीचे की संख्याओं में वे दुबारा कहाँ हैं? उन्हें रेखांकित करें।

   इस तरह से हम देख सकते हैं कि थर्स्टन ने अपने सिद्धान्त में प्राथमिक क्षमताओं के आधार पर बुद्धि की व्याख्या की है। ये सभी क्षमताएँ एक दूसरे से स्वतन्त्र होती हैं। इसकी संरचना को निम्न चित्र द्वारा भली-भाँति समझा जा सकता है–

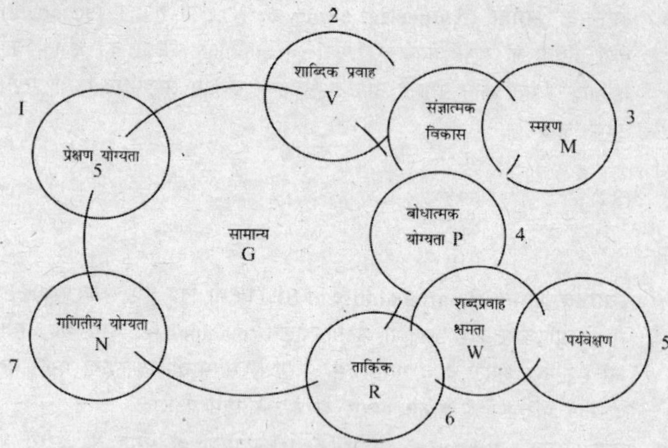


**चित्रः थर्स्टन का समूहकारक सिद्धान्त**

उपर्युक्त चित्र में N आंकिक योग्यता, R तर्कक्षमता, V शाब्दिक अर्थ क्षमता, W शब्द प्रवाह क्षमता, S स्थानिक क्षमता, M स्मृति क्षमता तथा P प्रत्यक्षीकरण गति क्षमता को दर्शाता है।

## समूह कारक सिद्धान्त की आलोचना

एटकिन्सन तथा हिलगार्ड (Atkinson & Hilgard, 1983) ने थर्स्टन के सिद्धान्त की समीक्षा की और बताया कि इस सिद्धान्त में कुछ दोष भी हैं जो इस प्रकार है-

1. थर्स्टन ने इस बात पर पर्याप्त जोर दिया है कि उनके द्वारा प्रतिपादित सात प्राथमिक क्षमताएँ एक दूसरे से स्वतन्त्र हैं अर्थात् उनमें सहसम्बन्ध नहीं है। परन्तु कई मनोवैज्ञानिकों ने यह स्पष्ट रूप से पाया है कि ये सभी क्षमताएं आपस में पूर्णतः स्वतन्त्र नहीं हैं बल्कि वे काफी हद तक सहसम्बन्धित हैं।
2. थर्स्टन के अनुसार चूँकि ये सभी सात क्षमताएँ आपस में स्वतन्त्र होती हैं, अतः 'g' कारक के समान कोई कारक वास्तव में नहीं होता है। इसी आधार पर थर्स्टन ने स्पीयरमैन के 'g' कारक को अस्वीकृत किया था। लेकिन जब सचमुच में ये सात क्षमताएं स्वतन्त्र न होकर आपस में सहसम्बन्धित पाई गईं तो ऐसी परिस्थिति में स्पीयरमैन के 'g' कारक को ही समर्थन मिल जाता है। थर्स्टन ने भी इस आलोचना को स्वीकार किया है और कहा है कि वे सात क्षमताएं प्रथम क्रम के 'g' कारक नहीं हैं बल्कि द्वितीय क्रम के 'g' कारक हैं।
3. थर्स्टन के सिद्धान्त का आधार कारक विश्लेषण था। कारक विश्लेषण था कारक विश्लेषण द्वारा कितनी तरह की क्षमताओं की पहचान की जा सकती है, यह तो निश्चित नहीं है। अतः थर्स्टन द्वारा यह निश्चित कर देना कि बुद्धि में मूलतः सात ही तरह की प्राथमिक मानसिक क्षमताएं होती हैं, न तो उचित है और न ही वैज्ञानिक।

## थॉर्नडाइक का बहुकारक सिद्धान्त
**(Thorndike's Multiple factor theory)**

थॉर्नडाइक ने स्पीयरमैन के सिद्धान्त का खण्डन करते हुए कहा है कि बुद्धि सिर्फ दो कारकों या तत्त्वों के मिलने से नहीं होता है बल्कि बुद्धि की रचना बहुत से छोटे-छोटे तत्वों या कारकों के मिलने से होती है। प्रत्येक कारक या तत्व एक विशिष्ट मानसिक क्षमता का प्रतिनिधित्व करते हैं तथा साथ ही साथ एक दूसरे से स्वतन्त्र होते हैं। ऐसे ही बहुत से कारकों के आपस में मिलने से बुद्धि की रचना होती है, ठीक वैसे ही जैसे अनेक ईंटों के मिलने से एक मकान का निर्माण होता है। जिस तरह प्रत्येक ईंट एक दूसरे से स्वतन्त्र होते हुए भी अपना योगदान करके एक मकान का निर्माण करता है, ठीक उसी तरह से अनेक विशिष्ट क्षमताएं जो एक दूसरे से स्वतन्त्र होती हैं, मिलकर बुद्धि का निर्माण करती हैं। अतः थॉर्नडाइक के सिद्धान्त के अनुसार कोई सामान्य बुद्धि नाम की चीज नहीं होती है जैसा कि स्पीयरमैन ने कहा था। बुद्धि कई विशेष मानसिक क्रियाओं या क्षमताओं का एक योग है।

थॉर्नडाइक के सिद्धान्त के अनुसार व्यक्ति के भिन्न-भिन्न मानसिक क्रियाओं के बीच सहसम्बन्ध का कारण 'g' कारक नहीं होता है बल्कि उन मानसिक क्रियाओं में कई उभयनिष्ठ तत्व पाए जाते हैं। दिये हुए मानसिक क्रियाओं में जितने ही अधिक उभयनिष्ठ तत्व (common elements) होंगे, उनके बीच सहसम्बन्ध उतना ही अधिक होगा। उदाहरणार्थ-मान लीजिए कि मानसिक कार्य 'X' तथा 'Y' में अलग-अलग 10-10 तत्वों या कारकों की आवश्यकता है। इन तत्वों या कारकों में से 8 ऐसे तत्व हैं, जो इन दोनों तरह की मानसिक क्रियाओं को पूरा करने में उभयनिष्ठ (Common) हैं।

ऐसी परिस्थिति में दोनों मानसिक कार्यों के बीच उच्च धनात्मक सहसम्बन्ध होगा। दूसरी ओर यदि यह मान लिया जाए कि इन दोनों मानसिक कार्यों के बीच दो-दो ही तत्व ऐसे हैं जिन्हें उभयनिष्ठ कहा जा सकता है। ऐसी परिस्थिति में इन दोनों कार्यों के बीच धनात्मक सम्बन्ध तो होगा, परन्तु काफी कम। इस प्रकार जब दो मानसिक कार्यों के प्रतिपादन में धनात्मक सहसम्बन्ध पाया जाता है तो यह स्पष्ट है कि उसमें उभयनिष्ठ कारक (common factor) निहित है। इन तत्वों या कारकों की उभयनिष्ठता के आधार पर थार्नडाइक ने स्पीयरमैन के 'g' कारक की एक तरह से आलोचना की है।

थॉर्नडाइक का यह भी विचार था कि कुछ मानसिक कार्य ऐसे होते हैं जिनके तत्वों की कारकों में उभयनिष्ठता (commonness) कम होती है। ऐसा इसलिए होता है क्योंकि प्रत्येक मानसिक कार्य का स्वरूप भिन्न-भिन्न होता है। तत्वों की कारकों के बीच इस तरह की अ-उभयनिष्ठता (uncommon-ness) के कारण ही दो मानसिक कार्यों या उनके मापने के लिए बने परीक्षणों के बीच समसम्बन्ध पूर्ण नहीं होता है। इस तरह की व्याख्या देकर थार्नडाइक ने स्पीयरमैन के 'S' कारक की भी आलोचना की है क्योंकि इस व्याख्या से स्पष्ट हो जाता है कि दो मानसिक कार्यों या उन्हें मापने के लिए बने परीक्षणों के बीच कम सहसम्बन्ध 'S' कारक के कारण नहीं होता है, बल्कि इसलिए होता है क्योंकि इन दोनों मानसिक कार्यों के तत्वों या कारकों के बीच अ-उभयनिष्ठता होती है।

थॉर्नडाइक के द्वारा वर्णित बहुकारक सिद्धान्त के आधार पर बुद्धि की संरचना को चित्र के द्वारा स्पष्ट किया जा सकता है।

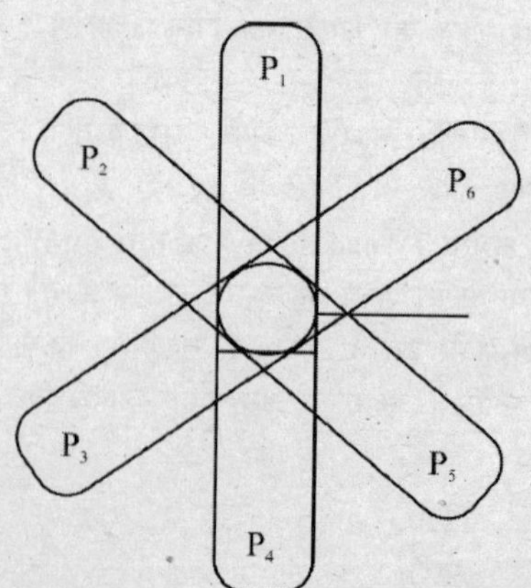


**चित्रः थॉर्नडाइक का बहुकारक सिद्धान्त**

प्रस्तुत चित्र में esa $P_1$, $P_2$, $P_3$, $P_4$, .......... $P_6$ आदि विभिन्न मानसिक योग्यताएँ हैं और C उनमें उभयनिष्ठ (common factor) कारक है।

इस प्रकार इस सिद्धान्त में स्पीयरमैन के सामान्य कारक (General factor) की अवहेलना करके अपने द्वारा प्रतिपादित उभयनिष्ठ कारक को महत्व दिया गया है। यह उभयनिष्ठ कारक कुछ अंश में तो समस्त मानसिक क्रियाओं में पाया जाता है।

**थार्नडाइक के सिद्धान्त की आलोचना**

यदि ध्यानपूर्वक देखा जाए तो थार्नडाइक का सिद्धान्त स्पीयरमैन के सिद्धान्त से मौलिक रूप से भिन्न नहीं है। वास्तव में थार्नडाइक ने 'g' कारक को एक तरह से स्वीकार किया क्योंकि स्पीयरमैन ने जिसे सामान्य कारक या तत्व कहा है उसे थार्नडाइक ने उभयनिष्ठ तत्व (common element) कहा है तथा जिसे स्पीयरमैन ने विशिष्ट कारक या 'S' कारक कहा है उसे थार्नडाइक ने अ-उभयनिष्ठ (uncommon factor) कहा है।

यदि इन दोनों सिद्धान्तों में अन्तर है तो सिर्फ इतना कि स्पीयरमैन ने 'g' कारक को छोटी-छोटी इकाइयों या उपकारकों (subfactors) में नहीं बाँटा है जबकि थार्नडाइक ने इसे कई उपकारकों का योग माना है।

## बुद्धि के कारक सिद्धान्त विश्लेषण एवं निष्कर्ष

पिछले खण्ड में आप बुद्धि के मुख्य कारक सिद्धान्तों का अध्ययन कर चुके हैं। उपरोक्त वर्णित सिद्धान्तों के द्वारा बुद्धि की संरचना को विभिन्न प्रकार से समझाने का प्रयोग किया गया। स्पीयरमैन ने जहाँ दो कारकों का उल्लेख किया वहीं थर्स्टन ने बुद्धि की संरचना में मुख्य रूप से सात प्राथमिक मानसिक क्षमताओं को स्वीकार किया जबकि थार्नडाइक ने माना कि बुद्धि की संरचना बहुत से छोटे-छोटे तत्वों या कारकों के मिलने से होती है।

स्पीयरमैन ने अपने प्रयोगों से यह निष्कर्ष निकाला कि बुद्धि दो कारकों का योग है। प्रथम कारक को उन्होंने सामान्य कारक ('g' कारक) तथा दूसरे को विशिष्ट कारक ('S' कारक) कहा। उन्होंने स्पष्ट किया कि सामान्य कारक या 'g' कारक व्यक्ति के सभी कार्यों में सहायक होता है जबकि विशिष्ट कारक या 'S' कारक कारक कार्य विशेष के लिए ही सहायक होता है। इस प्रकार विभिन्न प्रकार के विशिष्ट कारकों को $S_1$ $S_2$ $S_3$ $S_4$ आदि से व्यक्त किया।

दूसरे शब्दों में, सामान्य बुद्धि नाम की कोई चीज अवश्य है जो सभी क्रियाओं में विद्यमान रहती है और इसके अतिरिक्त कुछ विशिष्ट योग्यताएँ होती हैं जिनके द्वारा मनुष्य विशिष्ट समस्याओं का सामना करता है। उदाहरणस्वरूप किसी व्यक्ति की हिन्दी की योग्यता में कुछ तो उसकी सामान्य बुद्धि होती है और कुछ भाषा सम्बन्धी विशिष्ट योग्यता होती है। अर्थात $g + s_1$ या गणित में उसकी योग्यता कारण होगा $g + s_2$। इस प्रकार कई विशिष्ट योग्यताएँ हो सकती हैं। इस आधार पर व्यक्ति की पूर्ण बुद्धि (जिसे यदि 'A' की संज्ञा दे दी जाए) को इस प्रकार स्पष्ट किया जा सकता है- $g+s_1+s_2+s_3+ ...... = A$

एल.एल. थर्स्टन ने अपने प्रयोगों के आधार पर यह निष्कर्ष निकाला कि न तो बुद्धि किसी एक योग्यता का द्योतक है, न दो योग्यताओं का, न तीन योग्यताओं का और न अनेक योग्यताओं का, अपितु यह सामूहिक योग्यताओं के अनेक समूहों का योग है। उन्होंने आगे स्पष्ट किया कि प्रत्येक ऐसे समूह का एक प्राथमिक कारक होता है जो समूह का प्रतिनिधित्व करता है। उन्होंने इस प्रकार के सात प्राथमिक कारकों का उल्लेख किया। इस आधार पर बुद्धि की संरचना को संक्षेप में निम्नांकित रूप में व्यक्त किया जाता है-

बुद्धि = N+V+S+W+R+M+P

चहाँ N आंकिक क्षमता, V शाब्दिक अर्थक्षमता, S स्थानिक क्षमता, W शब्द प्रवाह क्षमता, R तर्क क्षमता, M आंकिक क्षमता, P प्रत्यक्षीकरण गति क्षमता का द्योतक है।

थर्स्टन के अनुसार ये सात मानसिक क्षमताएं ही बुद्धि के रूप में कार्य करती हैं। उन्होंने आगे स्पष्ट किया कि जिस मनुष्य में इन सात मानसिक क्षमताओं में जो क्षमता अधिक होती है वह व्यक्ति उसी के अनुकूल विकास करता है। दूसरे शब्दों में, थर्स्टन के प्राथमिक मानसिक क्षमताओं के आधार पर यह पता चल जाता है कि बुद्धि के खास-खास क्षेत्र में व्यक्ति कितना मजबूत या कमजोर है। उदाहरणस्वरूप, इन क्षमताओं के आधार पर यह आसानी से पता चल जाता है कि एक व्यक्ति शब्द प्रवाह तथा शाब्दिक बोध में बहुत मजबूत है किन्तु तर्क या विवेचना में बहुत कमजोर है।

थॉर्नडाइक ने बुद्धि की संरचना का वर्णन करते हुए कहा कि बुद्धि में सामान्य योग्यता का कारक (g कारक) जैसा कोई कारक नहीं होता अपितु इसके अन्तर्गत कई कारक होते हैं। किसी भी मानसिक क्रिया में कई कारक मिलकर कार्य करते हैं। उन्होंने स्पष्ट किया कि जिन अनुभवों में उद्दीपन (Stimulus, S) और अनुक्रिया (Response, R) में सम्बन्ध स्थापित हो जाता है उनका प्रयोग व्यक्ति भविष्य में उसी प्रकार की समस्याओं को हल करने में करता है। उन्होंने आगे स्पष्ट किया कि किसी कारण यदि कोई व्यक्ति एक प्रकार के कार्यों को करने में दक्ष है तो यह आवश्यक नहीं कि वह दूसरे कार्यों में भी दक्ष होगा।

थॉर्नडाइक के अनुसार बुद्धि के कोई एक, दो या तीन कारक नहीं होते। बुद्धि में कारक उतने ही होते हैं जितनी कि मनुष्य की क्रियाएँ। ये विभिन्न कारक मिलकर एक उभयनिष्ठ कारक का निर्माण करते हैं। आंकिक, शाब्दिक, दिशा, तर्क, स्मरण तथा भाषण की योग्यता इसके अतिरिक्त कारक हैं। थार्नडाइक का यह मत सम्बन्ध अथवा संयोजना पर आधारित है। जितने अधिक सम्बन्ध होंगे, व्यक्ति उतना ही बुद्धिमान होगा।

## बहुआयामी बुद्धि

बुद्धि बहुआयामी तथा जटिल योग्यताओं का समूह है।

बहुआयामी बुद्धि (Multi-Dimensional Intelligence) का शब्दिक अर्थ होता है, एक ही व्यक्ति के अन्दर विभिन्न प्रकार के कौशलों का विकास, अर्थात् उसमें सामाजिक समझ, राजनीतिक समझ, समस्या समाधान से सम्बन्धित समझ तथा नेतृत्व का गुण इत्यादि का होना।

- केली एवं थर्सटन नामक मनोवैज्ञानिकों ने बताया कि बुद्धि का निर्माण प्राथमिक मानसिक योग्यताओं के द्वारा होता है।
- केली के अनुसार, बुद्धि का निर्माण इन योग्यताओं से होता है वाचिक योग्यता, गामक योग्यता, सांख्यिकी योग्यता, यान्त्रिक योग्यता, सामाजिक योग्यता, संगीतात्मक योग्यता, स्थानिक सम्बन्धों के साथ उचित ढंग से व्यवहार करने की योग्यता, रुचि और शारीरिक योग्यता।
- थर्सटन का मत है कि बुद्धि इन प्राथमिक मानसिक योग्यताओं का समूह होती है प्रत्यक्षीकरण सम्बन्धी योग्यता, तार्किक योग्यता, सांख्यिकी योग्यता, समस्या समाधान की योग्यता, स्मृति सम्बन्धी योग्यता।

## प्रश्नमाला

**1. "बुद्धि अमूर्त विचारों के संदर्भ में सोचने की क्षमता है।" यह कथन किसके द्वारा दिया गया है?**

(a) स्टर्न (b) पिन्टर
(c) रायबर्न (d) एल.एम.टर्मन

**2. निम्नलिखित में से कौन बुद्धि की श्रेणियाँ हैं?**

(a) सामाजिक बुद्धि (b) स्थूल बुद्धि
(c) अमूर्त बुद्धि (d) उपरोक्त सभी

**3. बुद्धि के 'बहुकारक सिद्धांत' के प्रतिपादक कौन थे?**

(a) टर्मन (b) थॉर्नडाइक
(c) थॉमसन (d) कॉलविन

**4. निम्नलिखित में से कौन हॉवर्ड गार्डनर के 'बहु-बुद्धि सिद्धांत' के कारक नहीं हैं ?**

(a) बुद्धि का स्वरूप एकाकी न होकर बहुकारकीय होता है।

(b) प्रत्येक बुद्धि एक दूसरे से स्वतंत्र होती है।

(c) प्रत्येक बुद्धि में सृजनात्मक क्षमता नहीं पाई जाती है।

(d) प्रत्येक बुद्धि में विलक्षण योग्यताएँ होती हैं।

**5. बहु-बुद्धि सिद्धांत के जन्मदाता कौन थे ?**

(a) आर.बी.कैटिल (b) हॉवर्ड गार्डनर

(c) रॉबर्ट स्टर्नबर्ग (d) गिलफोर्ड

**6. मनोवैज्ञानिक मैरिल के अनुसार प्रतिभाशाली बुद्धि के लिए कितने बुद्धि-लब्धि ( IQ ) का होना जरूरी है ?**

(a) 120 से 130 के बीच

(b) 140 या इससे ऊपर

(c) 90 से 100 के बीच

(d) 70-80 के बीच

**7. बुद्धि-लब्धि प्राप्त करने का सही सूत्र है-**

(a) $\frac{\text{कालानुक्रमिक आयु}}{\text{मानसिक आयु}} \times 100$

(b) $\frac{\text{मानसिक आयु}}{\text{कालानुक्रमिक आयु}} \times 100$

(c) $\frac{\text{मानसिक आयु}}{\text{कालानुक्रमिक आयु}} \times 500$

(d) उपरोक्त में से कोई नहीं

**8. निम्नलिखित में से किस वैज्ञानिक ने बुद्धि के मापन के लिए बुद्धि-लब्धि (Intelligence Quotient) के प्रयोग का सुझाव दिया था ?**

(a) विलियम स्टर्न (b) थर्सटन

(c) कॉलविन (d) बुटरो

**9. निम्नलिखित में से कौन बुद्धि के एक कारक सिद्धांत का समर्थक नहीं है ?**

(a) स्पीयर मैन (b) बिने

(c) टर्मन (d) स्टर्न

**10. बुद्धि है-**

(a) सामर्थ्यों का एक समुच्चय

(b) एक अकेला और जातीय विचार

(c) दूसरों के अनुकरण करने की योग्यता

(d) एक विशिष्ट योग्यता

**11. निम्नलिखित में से कौन बुद्धि को निर्धारित करने वाले कारक हैं ?**

(a) वंशानुगत कारक

(b) वातावरणीय कारक

(c) (a) और (b) दोनों

(d) इनमें से कोई नहीं

**12. यदि व्यक्ति ने अपने वातावरण से सामंजस्य करना सीख लिया है या सीख सकता है, तो उसमें बुद्धि है। बुद्धि की यह परिभाषा किसने दी ?**

(a) थॉर्नडाइक ने (b) रायबर्न ने

(c) कॉलविन ने (d) थॉमसन ने

**13. निम्नलिखित में से कौन बुद्धि की परिभाषा नहीं है ?**

(a) बुद्धि, कार्य करने की एक विधि है।

(b) बुद्धि, ज्ञान अर्जन करने की क्षमता है।

(c) जीवन की अपेक्षाकृत नवीन परिस्थितियों से अपना सामंजस्य करने की व्यक्ति की योग्यता ही बुद्धि है।

(d) राजनीतिक, आर्थिक एवं सामाजिक शक्ति प्राप्त करने के लिए प्रयुक्त उक्ति बुद्धि है।

**14. निम्नलिखित में से किस प्रकार की बुद्धि का प्रयोग अन्तरिक्ष यात्रा के दौरान होता है ?**

(a) स्थानिक बुद्धि

(b) भाषायी बुद्धि

(c) शारीरिक गतिक बुद्धि

(d) सांगीतिक बुद्धि

**15. "प्रत्येक बुद्धि एक-दूसरे से भिन्न होती है।" यह कथन निम्न में से किसका है ?**

(a) हॉवर्ड गार्डनर का

(b) मॉस्लो का

(c) अरस्तू का

(d) स्टर्नबर्ग का

**16. यदि किसी बालक की मानसिक आयु 12 वर्ष एवं वास्तविक आयु 10 वर्ष हो, तो उसका बुद्धि-लब्धांक कितना होगा ?**

(a) 120 (b) 100

(c) 124 (d) 130

**17. आप आठवीं कक्षा के अध्यापक हैं। आप इस कक्षा के एक छात्र का बुद्धि-लब्धांक 130 से अधिक पाते हैं, तो इसका अर्थ है कि वह ......... बालक है।**

(a) मन्द बुद्धि

(b) औसत बुद्धि

(c) अति श्रेष्ठ बुद्धि

(d) सामान्य बुद्धि

**18. मानव बुद्धि एवं विकास की समझ शिक्षक ......... को योग्य बनाती है।**

(a) निष्पक्ष रूप से अपने शिक्षण-अभ्यास

(b) शिक्षण के समय शिक्षार्थियों के संवेगों पर नियन्त्रण बनाए रखने

(c) विविध शिक्षार्थियों के शिक्षण के बारे में स्पष्टता

(d) शिक्षार्थियों को यह बताने कि वे अपने जीवन को कैसे सुधार सकते हैं ?

**19. निम्नलिखित में से कौन-सा आलोचनात्मक दृष्टिकोण 'बहु-बुद्धि सिद्धान्त' (Theory of Multiple Intelligences) से सम्बद्ध नहीं है ?**

(a) यह शोधाधारित नहीं है

(b) विभिन्न बुद्धियाँ भिन्न-भिन्न विद्यार्थियों के लिए विभिन्न पद्धतियों की माँग करती हैं

(c) प्रतिभाशाली विद्यार्थी प्राय: एक क्षेत्र में ही अपनी विशिष्टता प्रदर्शित करते हैं

(d) इसका कोई अनुभावात्मक आधार नहीं है

**20. किसने सबसे पहले बुद्धि-परीक्षण का निर्माण किया ?**

(a) डेविड वैश्लर ने

(b) एल्फ्रेड बिने ने

(c) चार्ल्स एडवर्ड स्पीयरमैन ने

(d) रॉबर्ट स्टर्नबर्ग ने

## उत्तरमाला

| | | | | | | | | | |
|---|---|---|---|---|---|---|---|---|---|
| **1.** (d) | **2.** (d) | **3.** (b) | **4.** (c) | **5.** (b) | **6.** (b) | **7.** (b) | **8.** (a) | **9.** (a) | **10.** (c) |
| **11.** (c) | **12.** (c) | **13.** (d) | **14.** (b) | **15.** (a) | **16.** (a) | **17.** (c) | **18.** (c) | **19.** (c) | **20.** (b) |

❑❑❑

# 8 भाषा और चिन्तन

## भाषा विकास (Language Development)

मनुष्य एक सामाजिक प्राणी है। उसकी आवश्यकताएं उसे समाज में रहने को विवश करती हैं। समाज में रहने की उसकी अनिवार्यता उसमें भाषा विकास को जन्म देती है। भाषा एक ऐसा माध्यम है, जिसके द्वारा व्यक्ति अपनी इच्छा एवं विचारों को दूसरे व्यक्ति तक पहुंचाने में समर्थ होता है।

यह शाब्दिक अथवा अशाब्दिक दोनों प्रकार की हो सकती है। इन दोनों ही प्रकार की भाषा का प्रयोग व्यक्ति समय, काल एवं परिस्थिति के अनुसार करता है। व्यक्ति में सामाजिक गुणों के विकास के लिये भाषा के विकास को अनिवार्य माना गया है।

**हरलाक (1974)** के अनुसार ''भाषा में सम्प्रेषण के (अथवा विचारों के आदान प्रदान के) वे सभी साधन आते हैं, जिसमें विचारों एवं भावों को प्रतीकात्मक बना दिया जाता है। जिससे कि अपने विचारों और भावों को दूसरों से अर्थपूर्ण ढंग से कहा जा सके।''

## भाषा विकास की प्रक्रिया

भाषा विकास की योग्यता बहुत सीमा तक अर्जित है। भाषा विकास में योगदान देने वाले विभिन्न अंगों की रचना आनुवांशिक होती है जैसे स्वर यंत्र की बनावट दांत, होंठ, जिव्हा आदि की रचना।

सामाजिक परिवेश भाषा को सहयोग देने वाले अंगों को प्रभावित करता है। निम्नलिखित मनोवैज्ञानिक प्रक्रियाओं का भाषा विकास में महत्वपूर्ण योगदान होता है-

1. **अभिप्रेरणा (Motivation)**– जन्म के उपरांत शिशु में अनेक आवश्यकताओं का प्रादुर्भाव होता है। वह उन क्रियाओं को करना चाहता है जिनसे उसकी आवश्यकताओं की पूर्ति हो सके किंतु बढ़ती आयु के साथ ही उसके माता-पिता उसमें अर्थपूर्ण एवं सामाजिक क्रियाओं को पुनर्बलित करते हैं। इसी पुनर्बलन से वह भाषा विकास की दृष्टि से महत्वपूर्ण क्रियाओं को करने के लिये प्रेरित होता है।
2. **अनुकरण (Imitation)**– शिशु में अनुकरण की क्षमता जितनी अधिक होती है, उसमें भाषा का विकास भी उतनी ही तेजी से होता है। इस अनुकरण की प्रक्रिया में सर्वप्रथम स्वरों का उच्चारण होता है तत्पश्चात व्यंजनों का उच्चारण प्रारंभ होता है।
3. **परिपक्वता (Maturation)**– ध्वनियों की उत्पत्ति के लिये सभी उच्चारण सहयोगी अंगों में समय के साथ आने वाली परिपक्वता भी बालक को भाषा विकास की प्रक्रिया में प्रोत्साहित करती है।
4. **अनुबंघन (Conditioning)**– बालक के भाषा विकास में उद्दीपक एवं अनुक्रिया के मध्य साहचर्य की भी अहम भूमिका होती है। जिससे वह वस्तु के अर्थ व उसके उच्चारण को समझते हुए उसी प्रकार की क्रिया करता जाता है। उदाहरणार्थ- कलम को देखकर कलम शब्द का उच्चारण।

## भाषा विकास के चरण (Stages of Language Development)

भाषा विकास एक क्रमबद्ध एवं समयबद्ध रूप में चलने वाली प्रक्रिया है, जिसके कई चरण होते हैं-

1. **क्रन्दन**- क्रन्दन एवं रूदन को बालक की भाषा का प्रारंभिक रूप माना गया है। क्रन्दन एवं रूदन के माध्यम से ही वह अपनी आवश्यकताओं का इजहार करता है।
2. **बलबलाना**- जन्म से दूसरे अथवा तीसरे महीने तक बालक तक क्रन्दन बलबलाने का रूप ले लेता है। इस बलबलाने में सर्वप्रथम स्वरों से प्रारम्भ होता है तथा उम्र बढ़ने के साथ-साथ इसमें कुछ व्यंजनों का उच्चारण भी शामिल हो जाता है। बलबलाने की यह अवस्था लगभग सात-आठ महीने की आयु तक रहती है।
3. **हाव भाव**- बलबलाने के साथ ही बालकों में विभिन्न हाव-भाव भी विकसित होने लगते हैं। इनमें मुस्कुराना, हाथ फैलाना, हाथ पैर पटकना, किसी वस्तु को पकड़ने का प्रयास करना आदि प्रमुख हैं।
4. **आंकलन शक्ति**- हरलाक (1974) के अनुसार बालक शब्दों को समझना पहले सीख लेता है, बोलना बाद में। इसी प्रकार वह जितने शब्द बोल पाता है, उससे कहीं अधिक शब्दों तथा भावों को वह समझ लेता है।
5. **शब्द प्रयोग**- आकलन के साथ ही बालक के शब्द कोश में वृद्धि होने लगती है। डेढ़ वर्ष की आयु में जहां बालक के शब्द कोश 10 से 12 शब्द होते हैं, वहीं ढाई वर्ष की आयु में वह लगभग 300 शब्दों का स्वामी बन जाता है।
6. **वाक्य प्रयोग**- 18 माह की उम्र होते-होते बालक एक पदीय वाक्यों को बोलने लग जाता है तथा विद्यालय जाने की उम्र तक उसके यह वाक्य अपेक्षाकृत बड़े, संयुक्त तथा मिश्रित होने लग जाते हैं।

## चिन्तन का अर्थ

वह प्रक्रिया जिसमें हम अतीत के अनुभवों के निष्कर्षों का प्रयोग किसी नई स्थिति का सामना करने के लिये और किसी समस्या के समाधान के लिये करते हैं, उस मानसिक प्रक्रिया को चिन्तन कहा जाता है। चिन्तन सरल हो या जटिल उसमें एक मध्यस्थ प्रक्रिया सदा निहित होती है, जिसके द्वारा पूर्व अनुभवों को वर्तमान क्रिया से जोड़ा जाता है। यह एक ऐसी प्रक्रिया है, जो हमें पहले से ही किसी परिस्थिति को सामना करने के लिये तैयार कर देती है।

### परिभाषाएं

चिन्तन के अर्थ को विभिन्न मनोवैज्ञानिकों द्वारा दी गई निम्न परिभाषाओं के माध्यम से और अधिक स्पष्ट किया जा सकता है-

**वारेनः** ''चिन्तन एक प्रतीकात्मक स्वरूप की विचारात्मक प्रक्रिया है, जिसका प्रारंभ व्यक्ति के समक्ष उपस्थित किसी समस्या या कार्य से

होता है। इसमें कुछ प्रयत्न और भूल से युक्त किन्तु उसकी समस्या प्रवृत्ति से प्रभावित क्रिया होती है जिससे कि अन्त में समस्या का समाधान या निष्कर्ष मिलता है।''

**रासः** ''चिन्तन मानसिक क्रिया का ज्ञानात्मक पहलू है।''

**वेलेन्टाइनः** ''मनोवैज्ञानिक विवेचन में चिन्तन शब्द का प्रयोग उस क्रिया के लिये किया जाता है जिसमें विशेष रूप से शृंखलाबद्ध विचार किसी लक्ष्य या उद्देश्य की ओर प्रवाहित होते हैं।''

## चिंतन के प्रकार (Types of Thinking)

चिंतन को प्रमुखतः निम्न चार प्रकारों में बांटा जा सकता है-

1. **प्रत्यक्षात्मक चिंतन-** इस प्रकार के चिंतन का सम्बन्ध पूर्व अनुभवों पर आधारित वर्तमान वस्तुओं से होता है। यह निम्न प्रकार का चिंतन है। यह प्रमुखतः पशुओं एवं बालकों में पाया जाता है। उदाहरणार्थ- कई दिनों तक माता पिता के घर वापस आने पर यदि बालक को चॉकलेट मिलती है, तो प्रत्येक बार उनके घर आने पर उसके मस्तिष्क में चॉकलेट का विचार आता है। इस प्रकार के चिंतन में भाषा एवं नाम का प्रयोग नहीं किया जाता है।
2. **प्रत्ययात्मक चिंतन-** इस चिंतन का सम्बन्ध पूर्व निर्मित प्रत्ययों से होता है, जिनकी सहायता से भविष्य के किसी निर्णय पर पहुंचा जाता है। उदाहरणार्थ- किसी गाय को देख कर बालक अपने मस्तिष्क में गाय के प्रत्यय का निर्माण कर लेता है तथा पुनः भविष्य में गाय के दिखाई देने पर वह उसकी ओर संकेत कर गाय शब्द का प्रयोग करता है।
3. **कल्पनात्मक चिंतन-** इस प्रकार के चिंतन का सम्बन्ध पूर्व अनुभवों पर आधारित भविष्य की वस्तुओं से होता है। उदाहरणार्थ-माता पिता के घर वापस आने पर बालक के मस्तिष्क में विचार आता है कि वे उसके लिए चॉकलेट लायेंगे। इस प्रकार के चिंतन में भाषा एवं नाम का प्रयोग नहीं किया जाता है।
4. **तार्किक चिंतन-** यह चिंतन सर्वश्रेष्ठ चिंतन माना जाता है। इसका सम्बन्ध किसी समस्या के तर्कपूर्ण समाधान से होता है। डीवी ने इसे विचारात्मक चिंतन की संज्ञा दी है।

## चिंतन की अधिगम में भूमिका
**(Role of Thinking in Learning)**

चिंतन की प्रक्रिया में हम अतीत के अनुभवों के निष्कर्षों का प्रयोग किसी नई स्थिति का सामना करने के लिये और किसी समस्या के समाधान के लिये करते हैं।

**मरसेल के अनुसार-** ''समस्या का ज्ञान और उसके समाधान की खोज, यही चिंतन की प्रक्रिया है और सही सीखने की भी प्रक्रिया है।'' इस प्रकार चिंतन अधिगम को न केवल आत्मसात करने में सहायक होता है वरन् यह उसे स्थाई भी बनाता है।

**श्रेष्ठ** अधिगम हेतु यह आवश्यक है कि बालकों में श्रेष्ठ चिंतन शक्ति का विकास किया जाए। बालकों में चिंतन शक्ति के विकास के लिये शिक्षक द्वारा निम्न उपायों को अपनाया जा सकता है-

1. भाषा, चिंतन के माध्यम और अभिव्यक्ति की आधारशिला है। अतः शिक्षक को बालकों के भाषा ज्ञान में वृद्धि करनी चाहिए।
2. ज्ञान, चिंतन का स्तम्भ है। अतः शिक्षक को बालकों के ज्ञान का विस्तार करना चाहिए।
3. उत्तरदायित्व, चिंतन को प्रोत्साहित करता है। अतः शिक्षक को बालकों को उत्तरदायित्वपूर्ण कार्य सौंपने चाहिए।
4. रुचि और जिज्ञासा का चिंतन में महत्वपूर्ण स्थान है। अतः शिक्षक को बालकों में रूचि और जिज्ञासा की वृद्धि करनी चाहिए।
5. तर्क, बाद-विवाद और समस्या समाधान के अवसर प्रदान करने चाहिए।
6. प्रयोग, अनुभव और निरीक्षण सम्बन्धी परिस्थितियां उत्पन्न की जानी चाहिए।
7. विचारात्मक योग्यता में वृद्धि करनी चाहिए।

## प्रश्नमाला

**1. ध्वनि की सबसे छोटी इकाई क्या होती है ?**
(a) रूपिम (b) स्वनिम
(c) वाक्य-विन्यास (d) अर्थ विन्यास

**2. निम्नलिखित में से कौन भाषा दोष/विकार से संबंधित है ?**
(a) ध्वनि परिवर्तन
(b) हकलाना
(c) तुतलाना / अस्पष्ट वाणी
(d) उपरोक्त सभी

**3. सृजनात्मक चिंतन है-**
(a) अपसारी चिन्तन
(b) अभिसारी चिन्तन
(c) नकारात्मक चिन्तन
(d) उपरोक्त सभी

**4. 'परिपक्वता का सिद्धांत' किससे संबंधित है ?**
(a) भाषा विकास से (b) समावेशी शिक्षा से
(c) सृजनात्मकता से (d) मूल्यांकन से

**5. निम्नलिखित में से भाषा विकास को प्रभावित करने के कौन-कौन-से कारक हैं ?**
(a) स्वास्थ्य
(b) सामाजिक-आर्थिक स्थिति
(c) बहुजन्म
(d) उपरोक्त में सभी

**6. निम्नलिखित में से कौन मनोवैज्ञानिक भाषा विकास के अनुकरण सिद्धांत के समर्थक हैं ?**
(a) शर्ली (b) चैंपनीज
(c) कर्टी (d) उपरोक्त सभी

**7. भाषा का महत्त्व है:-**
(a) इच्छाओं और आवश्यकताओं की संतुष्टि के लिए
(b) ध्यान आकर्षित करने के लिए
(c) सामाजिक मूल्यांकन के लिए
(d) उपरोक्त सभी के लिए

**8. निम्नलिखित में से कौन-सी वैज्ञानिक पद्धति समस्या समाधान का पहला चरण है ?**
(a) समस्या के प्रति जागरूकता
(b) समस्या के बारे में सोचना
(c) प्रासंगिक जानकारी एकत्र करना
(d) प्राक्कल्पना का परीक्षण करना

**9. अ, आ, ई, त ध्वनियाँ हैं ?**
(a) स्वनिम (b) रूपिम
(c) लेखीम (d) शाब्दिम

**10. निम्नलिखित में से कौन-सी अवस्था बालकों के भाषा अर्जन और विकास की दृष्टि से सबसे संवेदनशील है ?**
(a) किशोरावस्था (b) प्रारंभिक बाल्यावस्था
(c) गर्भावस्था (d) इनमें से कोई नहीं

**11. निम्नलिखित में से कौन-से युग्म के सही होने की सम्भावना सबसे कम है ?**
(a) बच्चे भाषा के बारे में निश्चित ज्ञान के साथ प्रवेश करते हैं।
(b) भाषा और विचार प्रारम्भ में दो भिन्न गतिविधियाँ हैं।
(c) भाषा विचार पर आधारित है।
(d) भाषा वातावरण में एक उद्दीपक है।

**12. निम्नलिखित में से कौन-सा तरीका भाषा सीखने का साधन है ?**
(a) कहानी सुनना
(c) अनुकरण द्वारा

(b) प्रश्नोत्तर के माध्यम से
(d) ये सभी

**13. निम्नलिखित में से कौन-सा कारक भाषा विकास को प्रभावित करता है ?**

**A. स्वास्थ्य** **B. परिवार का आकार**
**C. लिंगीय भिन्नता** **D. परिपक्वता**

**कूट**

(a) A और B (b) C और D
(c) B और C (d) A, B, C और D

**14. किसी बच्चे के चिन्तन में आयु के बढ़ने के साथ-साथ किसकी प्रधानता बढ़ती है ?**

(a) तर्क की
(b) सामान्यीकरण
(c) आत्मकेन्द्रीकरण
(d) जीववाद की

**15. यदि आपकी कक्षा में एक छात्र दोषयुक्त है, तो आप किसी सामान्य छात्र की तुलना में उसमें क्या पाएँगे ?**

(a) उस छात्र का अपने स्वर यन्त्रों पर नियन्त्रण नहीं है।
(b) वह कक्षा में अन्य छात्रों की तुलना में अधिक बोलता है।
(c) भाषा दोष के कारण वह अधिक शैक्षिक उपलब्धियाँ प्राप्त करता है।
(d) वह कक्षा में किसी अन्य छात्र से पिछड़ा नहीं है।

**16. 'यदि पृथ्वी पर वर्षा होना सदा के लिए रुक जाए तो इसका परिणाम क्या होगा ?' इस प्रकार के प्रश्नों के उत्तर के लिए .........की आवश्यकता पड़ती है।**

(a) अभिसारी चिन्तन
(b) समस्या समाधान
(c) सृजनात्मक चिन्तन
(d) सामान्य चिन्तन

**17. थ, फ, च ध्वनियाँ हैं-**

(a) स्वनिम (b) रूपिम
(c) लेखीम (d) शब्दिम

**18. एल्बर्ट बैण्ड्यूरा के सामाजिक अधिगम सिद्धान्त के अनुसार निम्न में से कौन-सा सही है ?**

(a) खेल अनिवार्य है और उसे विद्यालय में प्राथमिकता दी जानी चाहिए
(b) बच्चों के सीखने के लिए प्रतिरूपण (मॉडलिंग) एक मुख्य तरीका है
(c) अनसुलझा संकट बच्चे को नुकसान पहुँचा सकता है।
(d) संज्ञानात्मक विकास सामाजिक विकास से स्वतन्त्र है

**19. भारत में अधिकांश कक्षाएँ बहुभाषी होती हैं इसे शिक्षक द्वारा ......... के रूप में देखा जाना चाहिए।**

(a) परेशानी (b) समस्या
(c) संसाधन (d) बाधा

**20. आपकी कक्षा का एक विद्यार्थी अपने विचारों को व्यक्त करने में मुश्किल महसूस करता है और बार-बार विद्यालय द्वारा निर्धारित मुख्यधारा रूपी भाषा और उसके स्थानीय कस्बे की बोली में फेर-बदल करता रहता है। एक अध्यापिका के तौर पर आपको-**

(a) आनुक्रमिक रूप से लक्षित भाषा में समरूपी शब्द-अर्थ प्रस्तावित करने चाहिए।
(b) भाषा के शुद्ध (एकल) स्वरूपी उपयोग को प्रोत्साहित करना चाहिए।
(c) विद्यार्थी को विशेष शिक्षा वाले विद्यालय में भेजने का प्रस्ताव रखना चाहिए।
(d) भाषाओं को मिश्रित करने पर फटकारना चाहिए।

## उत्तरमाला

| | | | | | | | | | |
|---|---|---|---|---|---|---|---|---|---|
| **1.** (b) | **2.** (d) | **3.** (a) | **4.** (a) | **5.** (d) | **6.** (d) | **7.** (d) | **8.** (a) | **9.** (a) | **10.** (b) |
| **11.** (c) | **12.** (d) | **13.** (d) | **14.** (a) | **15.** (a) | **16.** (c) | **17.** (a) | **18.** (d) | **19.** (c) | **20.** (a) |

❑❑❑

# समाज निर्माण में लैंगिक मुद्दे

समाज की संरचना, संगठन और व्यवस्था में लिंग की समानता और असमानता का विशेष महत्व है। लिंग की असमानता पर समाज के संरचनात्मक संस्थागत और संगठनात्मक ढांचे का प्रभाव पड़ता है। लिंग की असमानता भी समाज के संतुलन व्यवस्था और विकास को प्रभावित करती है।

## लिंग की परिभाषा एवं अर्थ

लिंग और यौन अवधारणाएं एक दूसरे से संबंधित हैं। इसलिए लिंग और लिंग भेद को यौन और यौन के संदर्भ में समझना अधिक सरल है। इसी संदर्भ में लिंग की परिभाषा और अर्थ की विवेचना प्रस्तुत है।

सामाजिक विज्ञानों में विशेष रूप से समाजशास्त्र में स्त्री-पुरुषों का अध्ययन-1 लिंग भेद (Gender) के आधार पर किया जाता है, जिसका तात्पर्य है कि उन्हें सामाजिक अर्थ प्रदान किया जाता है। 'स्त्री' और 'पुरुष' का अध्ययन सामाजिक संबंधों को गहराई से समझने के लिए किया जाता है। योनि-भेद जैविक-सामाजिक है, और लिंग भेद सामाजिक संस्कृति है। योनि-भेद (सेक्स) शीर्षक के अंतर्गत स्त्री-पुरुष का नर-मादा के बीच भिन्नताओं का अध्ययन करते हैं, जिसमें जैविक लक्षणों जैसे पुनर्जनन कार्य पद्धति, शुक्राणु-अण्डाणु एवं गर्भाधान क्षमता, शारीरिक बल क्षमता, शरीर रचना की भिन्नता आदि पर ध्यान किया जाता है। लिंग भेद 'स्त्री' और 'पुरुष' का अध्ययन पति-पत्नी, माता-पिता, भाई-बहन, पुत्र-पुत्री के रूप में अर्थात सामाजिक सांस्कृतिक दृष्टिकोण से किया जाता है।

### लिंग की सामाजिक संरचना

#### लिंग असमानता

1. 1970 तक स्त्री और पुरुषों में जैविकीय लक्षणों के आधार पर असमानताओं का अध्ययन किया जाता था।
2. बाद में समाजशास्त्र और मनोविज्ञान लिंग भेद के अध्ययनों की ओर वैज्ञानिकों का ध्यान गया, जिससे स्त्री और पुरुषों में सामाजिक, सांस्कृतिक और मनोवैज्ञानिक यथार्थताओं के आधार पर भिन्नताओं की खोज की जाने लगी।
3. वैज्ञानिकों से इनमें संस्कृति के कारण अनेक भिन्नताएँ और असमानताओं का विश्लेषण किया।
4. समाजशास्त्रियों ने विभिन्न समाजों में ऐतिहासिक और स्थैनिक अध्ययनों के आधार पर लिंग असमानताओं को उजागर किया।
5. विद्वानों ने स्पष्ट किया कि लिंग भेद सभी समाजों में और सभी कालों में तथा सामाजिक जीवन के प्रत्येक क्षेत्र में विद्यमान रहा है।
6. लिंग भेद या स्त्री-पुरुषों में असमानताएं इनकी समाज में प्रस्थिति और भूमिकाओं के आधार पर देखी जा सकती हैं।
7. प्रास्थिति के महत्वपूर्ण सूचकों-काम में सहभागिता, समाजीकरण, स्वास्थ्य सुविधाएं प्राप्त करने की क्षमता, साक्षरता दर, संपत्ति में हिस्सेदारी आदि के आधार पर पाया गया है।
8. स्त्रियों की प्रस्थिति सभी क्षेत्रों में खराब है। समाज पुरुष प्रधान है तथा पुरुषों की प्रस्थिति सभी क्षेत्रों में अच्छी है।

### लिंग असमानता के सिद्धांत

लिंग असमानता के प्रमुख तीन सिद्धांत हैं–

**उदारवादी :** उदारवादी के अनुसार लिंग असमानता का प्रमुख कारण सामाजीकरण में भेदभाव है। बालक और बालिका के समाजीकरण में पक्षपात किया जाता है, जो आगे चलकर पुरुष को विशेषाधिकार प्रदान करता है और स्त्री को विभिन्न प्रकार के शोषण और निर्योग्यताओं में ढकेल देता है और पुरुष प्रधान सामाजिक मूल्यों को विकसित करता है। सामाजिक और सांस्कृतिक प्रथाएं भी नारी शोषण को बढ़ावा देती हैं और लिंग असमानता का पोषण करती हैं।

**मार्क्सवादी :** मार्क्सवादी मान्यता है कि लिंग असमानता अर्थात् नारी शोषण का प्रमुख कारण पितृ सत्तात्मक सामाजिक व्यवस्था एवं पूंजीवादी है। इनका कहना है कि समाज पुरुष प्रधान है। सत्ता पुरुष के पास रहती है। पिता से पुत्र को सत्ता हस्तांतरित होने के कारण नारी का समाज में निम्न स्थान है। पूंजीवादी समाज होने के कारण नारी पर अनेक प्रतिबंध लगाए जाते हैं।

**उग्र उन्मूलनवादी :** उग्र उन्मूलनवादी संप्रदाय समाज में नारी की पितृ प्रस्थिति का कारण पूंजीवाद समाज की पितृ सत्तात्मक व्यवस्था और समाजीकरण की प्रक्रिया का परिणाम नहीं माना है। उग्र उन्मूलन वादियों या रेडिकल समाजशास्त्रियों का कहना है कि लिंग असमानता अर्थात् नारी की निम्न स्थिति का कारण अज्ञानता एवं परतंत्रता है। लिंग असमानता पुरुषों के द्वारा महिलाओं पर नियंत्रण करने की सोची-समझी सामूहिक योजनाओं का परिणाम है। पुरुषों ने महिलाओं पर अपनी सत्ता को सामूहिक रूप से थोपा है। पुरुषों ने नारियों पर अनेक प्रतिबंध एवं नियंत्रण लागू करके उनकी परिस्थिति दयनीय कर दी है।

#### लैंगिक सामाजिक विकास

निस्संदेह लैंगिक विकास एक सामाजिक सिद्धांत है। आज भी लैंगिक विकास का एक सर्वमान्य अथवा सामाजिक सिद्धांत बना पाना अत्यंत ही कठिन है। इस विषय में अध्ययन तो अनेक किए गये हैं, किन्तु उनमें सार्वभौमीकरण का अभाव है। सोवल, कार्टर आदि ऐसे ही कुछ विद्वान हैं, जिन्होंने उपरोक्त विषय पर अध्ययन किया है।

#### लैंगिक विकास के अध्ययन

एक सामान्य सामाजिक ढांचे को देखा जाए तो हमारा समाज दो लिंगों स्त्री तथा पुरुष में विभाजित है। जैविक रूप में स्त्रियों की स्थिति पुरुषों की अपेक्षा जटिल तथा पृथक होती है।

### जैविक रूप से स्त्रियों का लैंगिक विकास

शारीरिक रूप से स्त्रियां पुरुषों की अपेक्षा कम सशक्त तथा कमजोर होती है। साथ ही उनकी औसत लंबाई तथा वजन भी पुरुषों की अपेक्षा कम होता है। इन सबके अतिरिक्त उन्हें मातृत्व-दायित्व का भी निर्वहन करना होता है। अत: जैविक रूप से स्त्रियां पुरुषों की अपेक्षा कम सशक्त किन्त अधिक दायित्व का

निर्वहन करने वाली होती है। यदि इस रूप में देखा जाये तो स्त्रियों में लैंगिक विकास अधिक नहीं हो पाया है। आज भी उनकी स्थिति लगभग वैसी ही है, जैसी सदियों पूर्व हुआ करती थी।

## सामाजिक रूप में स्त्रियों का लैंगिक विकास

सामाजिक रूप से स्त्रियाँ पुरुषों की अपेक्षा अधिक सामाजिक सरोकार रखने वाली होती हैं। अपने मातृत्व काल से ही स्त्री का बालक के साथ घनिष्ठ संबंध स्थापित हो जाता है जो जीवनपर्यन्त गतिमान रहता है। एक स्त्री अपने जन्म से मृत्यु तक विभिन्न सामाजिक नातेदारी संबंधों को सशक्त रूप से स्त्री-पुरुषों की अपेक्षा अधिक आगे है। आधुनिक समय में स्त्रियों की इस स्थिति में कुछ जटिलता भी आई है। मुख्य रूप से देखा जाए तो स्त्री कामकाजी महिलाओं को अपनी इस स्थिति के निर्वहन के लिए अधिक परिश्रम करना होता है, अन्यथा उसके लिए स्थिति अत्यंत जटिल हो जाती है।

## जैविक रूप से पुरुषों का लैंगिक विकास

निस्संदेह जैविक रूप से पुरुष स्त्रियों की अपेक्षा सशक्त होते हैं, जिसके परिणामस्वरूप उनकी प्रस्थिति स्त्रियों की अपेक्षा उच्च रही है। आरंभ में ही पुरुषों को घर से बाहर गतिविधियाँ संचालित करनी होती हैं तथा साथ ही इन्हें सैन्य अभियानों में भी भाग लेना होता था। भारतीय परिप्रेक्ष्य में कुछ दशकों पूर्व तक स्त्री मुख्यता घर में अपने कार्य करती थी, जबकि पुरुष ऊपर बताए कार्य करते थे किन्तु वर्तमान में स्थितियाँ बदल रही हैं तथा अब लैंगिक रूप से कोई ऐसा कार्य नहीं है जो केवल पुरुषों के लिए आरक्षित हो।

## सामाजिक रूप से पुरुषों का लैंगिक विकास

जहाँ एक ओर पुरुष जैवकीय रूप से महिलाओं से अधिक सशक्त होते हैं, तो वहीं सामाजिक तथ्य सांस्कृतिक रूप से महिलाओं से न्यून स्थिति में होते हैं। भावनात्मक रूप से महिला पुरुषों की अपेक्षा अपने परिवार तथा समाज के प्रति अधिक संवेदनशील तथा कर्तव्यपरायण होती है। यह व्यवस्था आज भी गतिमान है। किंतु ऐसी भी नहीं है कि यह एक सार्वभौमिक सिद्धांत है। आधुनिक समय में ऐसा देखने में आता है कि बड़े शहरों में संयुक्त परिवार विघटित हो रहे हैं तथा एकल परिवार अस्तित्व में आ रहे हैं। ऐसी स्थिति में सामाजिक रूप से पुरुषों की वहीं प्रस्थिति है, जो कि महिलाओं की, क्योंकि जब पति-पत्नी दोनों आजीविका के लिए घर से बाहर जाते हैं तो दोनों के सामाजिक दायित्व समान हो जाते हैं। इस प्रकार लैंगिक विकास का सर्वमान्य अथवा सार्वभौमिक सिद्धांत की स्थिति में बनना अत्यन्त कठिन है।

# प्रश्नमाला

**1. लैंगिक असमानता का आधार है-**
(a) स्त्री और पुरूष की जैविक बनावट
(b) प्रचलित रूढ़िवादी छवियाँ
(c) स्वीकृत सामाजिक मान्यताएँ
(d) उपरोक्त सभी

**2. निम्नलिखित में से लैंगिक भेदभाव उत्पन्न करने वाले कारक क्या नहीं हैं?**
(a) लड़कियों को शिक्षित करना
(b) लड़कियों का कम आयु में विवाह
(c) समाज में स्त्रियों का निम्न स्तर
(d) धार्मिक मान्यताएँ

**3. निम्नलिखित में से क्या लड़कियों के प्रति रूढ़िवादी मानसिकता को प्रदर्शित करता है?**
(a) लड़कियों को उच्च शिक्षा के लिए प्रेरित करना
(b) लड़कियों को घर के कामकाज में अधिक ध्यान देने के लिए कहना
(c) लड़कियों को पढ़ने के लिए स्कूल भेजना
(d) इनमें से कोई नहीं

**4. 'लड़के-लड़कियों की अपेक्षा अधिक बुद्धिमान होते हैं।' यह दर्शाता है-**
(a) लैंगिक पूर्वाग्रह को
(b) लैंगिक समानता को
(c) वैश्विक समानता को
(d) उपरोक्त सभी को

**5. विद्यालय में लैंगिक भेदभाव को दूर किया जा सकता है-**
(a) सभी छात्र-छात्राओं को विद्यालय में समान अवसर उपलब्ध कराकर
(b) शिक्षकों द्वारा लड़कों व लड़कियों के साथ समान व्यवहार करने से
(c) लड़कियों को स्कूल परीक्षा में नकल की छूट देकर
(d) लड़कियों को उनकी रूचि के हिसाब से विषय चयन में छूट देकर

**6. जेन्डर क्या है?**
(a) एक सामाजिक अवधारणा
(b) एक जैविक निर्धारक
(c) एक आर्थिक अवधारणा
(d) एक मनोवैज्ञानिक सोच

**7. विद्यालय में लैंगिक भेदभाव के कारण छात्राओं की मनोदशा पर पड़ने वाला प्रभाव है-**
(a) वे विद्यालय में प्रसन्न रहती हैं।
(b) वे विद्यालय जाने से कतराती हैं।
(c) पढ़ाई से उन्हें विरक्ति होने लगती है।
(d) उनका शैक्षिक विकास बेहतर होता है।

**8. एक अच्छी पाठ्य-पुस्तक ......... से बचाती है।**
(a) लैंगिक समानता
(b) सामाजिक उत्तरदायित्व
(c) लैंगिक पूर्वाग्रह
(d) लैंगिक संवेदनशीलता

**9. "पुरुष, स्त्रियों की अपेक्षा ज्यादा बुद्धिमान होते हैं।" यह कथन-**
(a) सही हो सकता है
(b) लैंगिक पूर्वाग्रह को प्रदर्शित करता है
(c) बुद्धि के भिन्न पक्षों के लिए सही है
(d) उपरोक्त सभी

**10. निम्न में से लैंगिक भेदभाव उत्पन्न करने वाला कारक कौन-सा है?**
(a) स्त्रियों में निम्न स्तर
(b) मनोवैज्ञानिक कारक
(c) लड़कियों का कम आयु में विवाह
(d) ये सभी

**11. राज्य स्तर की एक एकल गायन प्रतियोगिता के लिए विद्यार्थियों को तैयार करते समय एक विद्यालय लड़कियों को वरीयता देता है। यह दर्शाता है-**
(a) लैंगिक पूर्वाग्रह
(b) वैश्विक प्रवृत्तियाँ
(c) प्रयोजनात्मक उपागम
(d) प्रगतिशील चिन्तन

**12. 'लिंग' है-**
(a) शारीरिक संरचना
(b) सहज गुण
(c) सामाजिक संरचना
(d) जैविक सत्ता

**13. "लड़की की तरह न रोओ, तुम लड़के हो" पिता के द्वारा पुत्र को कहा गया यह वाक्य क्या दर्शाता है?**
(a) जेण्डर सातव्यता/स्थिरता
(b) जेण्डर समानता
(c) जेण्डर पहचान
(d) जेण्डर रूढ़िवादिता

**14. एक शिक्षिका यह धारणा रखती है कि लड़के अधिक बुद्धिमान और जोखिम लेने वाले होते हैं और लड़कियाँ आज्ञाकारी और ईमानदार होती हैं और उनके अनुसार व्यवहार करती हैं। यह किसका उदाहरण है?**

(a) जेण्डर समानता का
(c) जेण्डर स्थिरता का
(b) जेण्डर समता का
(d) जेण्डर पक्षपात का

**15. चार साल के राहुल को एक गुड़िया उपहार में मिलने पर वह बोला- "मैं इसका क्या करूँगा! लड़के गुड़ियों से नहीं खेलते।" वह क्या दर्शाता है?**

(a) जेण्डर पक्षपात
(b) जेण्डर रूढ़िवादिता
(c) जेण्डर प्रासंगिकता
(d) जेण्डर समता

**16. सृजनात्मक चिन्तन होता है-**

(a) उच्च अपसारी चिन्तन
(b) अभिसारी चिन्तन
(c) मूल्यांकन
(d) भाषा विकास

**17. निम्नलिखित में से कौन-सी समस्या-समाधान की वैज्ञानिक पद्धति का पहला चरण है?**

(a) प्राक्कल्पना का निर्माण
(b) प्राक्कल्पना का परीक्षण करना
(c) समस्या के प्रति जागरूकता
(d) प्रासांगिक जानकारी को एकत्र करना

**18. बच्चों में भाषा विकास किससे प्रभावित होता है?**

(a) आनुवंशिकता एवं पर्यावरण दोनों से
(b) केवल आनुवंशिकता से
(c) न आनुवंशिकता से न पर्यावरण से
(d) केवल पर्यावरण से

**19. भाषा में अर्थ की सबसे छोटी इकाई ........ है।**

(a) स्वनिम
(b) संकेत प्रयोग विज्ञान (प्रैगमैटिक्स)
(c) वाक्य
(d) रूपिम

**20. भाषा विकास के लिए सबसे संवेदनशील समय निम्नलिखित में से कौन-सा है?**

(a) मध्य बचपन का समय
(b) वयस्कावस्था
(c) प्रारंभिक बचपन का समय
(d) जन्मपूर्व का समय

## उत्तरमाला

| | | | | | | | | | |
|---|---|---|---|---|---|---|---|---|---|
| **1.** (d) | **2.** (a) | **3.** (b) | **4.** (a) | **5.** (c) | **6.** (b) | **7.** (b) | **8.** (c) | **9.** (b) | **10.** (d) |
| **11.** (a) | **12.** (c) | **13.** (d) | **14.** (d) | **15.** (d) | **16.** (c) | **17.** (a) | **18.** (c) | **19.** (a) | **20.** (c) |

❑❑❑

# 10 वैयक्तिक विभिन्नता

सामान्यत: व्यक्तित्व से अभिप्राय व्यक्ति के रूप, रंग, कद, लम्बाई, चौड़ाई अर्थात् शारीरिक संरचना, व्यवहार तथा मृदुभाषी होने से लगाया जाता है। ये समस्त गुण व्यक्ति के समस्त व्यवहार का दर्पण है।

## व्यक्तित्व की अवधारणा: अर्थ व परिभाषा

व्यक्तित्व अंग्रेजी के पर्सनेल्टी (Personality) शब्द का रूपान्तर है। अंग्रेजी के इस शब्द की उत्पत्ति यूनानी भाषा के 'पर्सोना' (Persona) शब्द से हुई है, जिसका अर्थ है- **'नकाब'**। यूनानी लोग नकाब या मुखौटा पहनकर मंच पर अभिनय करते थे, ताकि दर्शकगण यह न जान सकें कि अभिनय करने वाला कौन है?

### परिभाषाएँ

1. **मन के अनुसार**–"व्यक्तित्व एवं व्यक्ति के गठन, व्यवहार के तरीकों, रूचियों, दृष्टिकोणों, क्षमताओं और तरीकों का सबसे विशिष्ट संगठन है।"
2. **बिग व हण्ट के अनुसार**- "व्यक्तित्व एक व्यक्ति के सम्पूर्ण व्यवहा. र-प्रतिमान और इसकी विशेषताओं के योग का उल्लेख करता है।"
3. **रैक्स के अनुसार**- "व्यक्तित्व समाज द्वारा मान्य तथा अमान्य गुणों का संगठन है।"

   उपर्युक्त परिभाषाओं से स्पष्ट है कि व्यक्तित्व, व्यक्ति के विषय में एक समग्र धारणा है।

### व्यक्तित्व के प्रकार

व्यक्तित्व के सन्दर्भ में अलग-अलग शिक्षा शास्त्रियों ने अपने विचार पृथक-पृथक प्रकट किये हैं। इनमें से निम्नांकित तीन वर्गीकरण को साधारणत: स्वीकार किया जाता है, पर सबसे अधिक महत्वपूर्ण अन्तिम को माना जाता है-

1. **शरीर रचना प्रकार**- जर्मन विद्वान क्रेशमर ने शरीर रचना के आधार पर व्यक्तित्व के तीन प्रकार बताए हैं-

   (1) शक्तिहीन (2) खिलाड़ी (3) नाटा
2. **समाजशास्त्रीय प्रकार**- स्प्रेंगर ने अपनी पुस्तक "Types of Men" में व्यक्ति के सामाजिक कार्यों और स्थिति के आधार पर व्यक्तित्व के छ: प्रकार बताए हैं; यथा-

   (1) सैद्धान्तिक (2) राजनीतिक (3) आर्थिक

   (4) धार्मिक (5) सामाजिक (6) कलात्मक
3. **मनोवैज्ञानिक प्रकार**- मनोवैज्ञानिकों ने मनोवैज्ञानिक लक्षणों के आधार पर व्यक्तित्व का वर्गीकरण किया है। मनोविश्लेषणवादी युग ने व्यक्ति को दो भागों में बाँटा है-

   (1) अन्तर्मुखी

   (2) बहिर्मुखी तथा दोनों के मिश्रित उभयोमुखी

1. **अन्तर्मुखी व्यक्तित्व**- ऐसे व्यक्तित्व का व्यक्ति चिन्तनशील होता है तथा अपनी ही ओर केन्द्रित रहता है। इस व्यक्तित्व के लक्षण, स्वभाव, आदतें, अभिवृत्तियाँ आदि बाह्य रूप में प्रकट नहीं होते हैं। इसीलिए, इसको अन्तर्मुखी कहा जाता है। इसका विकास बाह्य रूप में न होकर आन्तरिक रूप में होता है। अन्तर्मुखी व्यक्तित्व की निम्नलिखित विशेषताएं है-

   (1) वे एकांकी होते हैं।

   (2) ऐसे व्यक्ति का बाह्य जगत की वस्तुओं से कम अनुराग होता है।

   (3) वे कर्त्तव्य परायण होते हैं तथा समय का सदैव ध्यान रखते हैं।

   (4) यह चिन्ताग्रस्त होते हैं तथा अपनी वस्तुओं व कष्टों के प्रति सजग होते हैं।

   (5) यह व्यवहार कुशल नहीं होता तथा हँसी, मजाक एवं व्यर्थ के छलों आदि में नहीं फँसता।

   (6) युंग ने अन्तर्मुखी व्यक्तियों को विचार प्रधान, भावप्रधान, तर्क प्रधान व दिव्यदृष्टि प्रधान चार रूपों में विभक्त किया है।

   (7) अच्छे लेखक होते हैं परन्तु अच्छे वक्ता नहीं क्योंकि चिन्तन का धरातल प्रबल होता है।

   (8) ये स्वयं के लिए चिन्तशील होते हैं तथा शान्त मुद्रा में रहते हैं।

   (9) ये भाव प्रधान होते हैं, आत्मचिन्तन करते हैं तथा आत्मोदार हेतु लीन रहते हैं।

   (10) ये प्राय: प्रतिक्रियावादी होते हैं तथा यथार्थ को अपने स्वभाव के अनुरूप ढालने का प्रयास करते हैं।
2. **बहिर्मुखी व्यक्तित्व**- ऐसे व्यक्तित्व वाले व्यक्ति की रुचि बाह्य जगत में होती है। वे अपने विचारों और भावनाओं को स्पष्ट रूप से व्यक्त करते हैं। वे संसार के भौतिक और सामाजिक लक्ष्यों में विशेष रूचि रखते हैं। इसकी निम्नलिखित विशेषताएँ हैं-

   (1) ये सबको प्रसन्न करने वाले होते हैं तथा प्रशंसकों से घिरे रहने की कामना करते हैं।

   (2) इनमें कार्यकुशलता की मात्रा अन्तर्मुखी से अधिक होती है।

   (3) वातावरण के साथ आसानी से अनुकूलन कर लेते हैं।

   (4) ये विचार प्रधान तथा व्यवहार-कुशल होते हैं तथा निर्णय भी भावों के अनुरूप ही लेते हैं।

   (5) बाह्य क्रियाओं की ओर संवेदनशील होते हैं।

   (6) आत्मचिन्तनशील नहीं होते परन्तु सभी के विचारों के आधार पर अपना विचार प्रकट करते हैं।

   (7) स्वयं की पीड़ा परिस्थिति की चिन्ता नहीं करते व चिन्तामुक्त होते हैं।

   (8) ये धारा प्रवाह बोलने वाले होते हैं।
3. **उभयमुखी व्यक्तित्व**- कुछ ऐसे भी व्यक्ति होते हैं, जो दोनों का सम्मिश्रण होते हैं, उन्हें उभयोमुखी या विकासोन्मुखी कहते हैं।

इस प्रकार अलग-अलग व्यक्तियों के अलग-अलग गुण होने के कारण उनके दृष्टिकोण में अन्तर पाया जाता है। इनके दृष्टिकोणों का अध्ययन कर हम इनके व्यक्तित्व के विभिन्न पक्षों में विकास करने का प्रयास कर सकते हैं तथा परिवार में माता-पिता तथा विद्यालय में शिक्षक से उचित मार्गदर्शन ले सकते हैं।

## वैयक्तिक भिन्नता-अर्थ, कारक एवं महत्व

जब दो बालक विभिन्न समानताएँ रखते हुए भी आपस में भिन्नता व्यवहार करते हैं तो इसे 'वैयक्तिक भिन्नता' कहा जाता है। वैयक्तिक भिन्नता से अभिप्राय है कि प्रत्येक व्यक्ति में जैविक, मानसिक, सांस्कृतिक, संवेगात्मक अन्तर पाया जाना।

**विभिन्न मनोवैज्ञानिकों ने वैयक्तिक भिन्नता को निम्नलिखित प्रकार से परिभाषित किया है-**

1. **स्किनर के अनुसार-** ''व्यक्तिगत विभिन्नता में सम्पूर्ण व्यक्तित्व का कोई भी ऐसा पहलू सम्मिलित हो सकता है, जिसका माप किया जा सकता है।''

2. **टायलर के अनुसार-** ''शरीर के आकार और स्वरूप, शारीरिक गति सम्बन्धी क्षमताओं, बुद्धि, उपलब्धि, ज्ञान, रूचियों, अभिवृत्तियों और व्यक्तित्व के लक्षणों में माप की जा सकने वाली विभिन्नताओं की उपस्थिति सिद्ध की जा चुकी है।''

यदि हम उपर्युक्त कथनों का विश्लेषण करें, तो स्पष्ट होता है कि व्यक्तिगत भिन्नताओं के अन्तर्गत किसी एक विशेषता को आधार मानकर हम अन्तर स्थापित नहीं करते बल्कि सम्पूर्ण व्यक्तित्व के आधार पर अन्तर करते हैं।

## वैयक्तिक भिन्नता के प्रभावी कारक

वैयक्तिक भिन्नता का प्रभाव अधिगम प्रक्रिया तथा उसकी उपलब्धि पर पड़ता है। बुद्धि तथा व्यक्तित्व, वैयक्तिक भिन्नता के आधार हैं। इसके कारण सीखने की क्रिया प्रभावित होती है। वैयक्तिक विभिन्नताओं के अनेक कारण हैं, जिनमें से महत्वपूर्ण कारक निम्नांकित हैं-

1. **वंशानुक्रम-** वंशानुक्रम में वे सभी जीन्स सम्मिलित हैं, जो एक बालक को उसके माता-पिता से गर्भधारण के समय प्राप्त होते हैं। वंशानुक्रम एक प्रकार की वंशपरम्परागत शक्ति है जिसके द्वारा माता-पिता और पूर्वजों के गुण नवनिर्मित शिशु में स्थानान्तरित होते हैं। इसमें शारीरिक और मानसिक, दोनों प्रकार के गुणों का स्थानान्तरण होता है।

2. **वातावरण-** वैयक्तिक भिन्नताओं का दूसरा महत्वपूर्ण कारण है- वातावरण मनोवैज्ञानिकों का तर्क है कि व्यक्ति जिस प्रकार के सामाजिक वातावरण में निवास करता है, उसी के अनुरूप उसका व्यवहार, रहन-सहन, आचार-विचार आदि होते हैं। अत: विभिन्न सामाजिक वातावरणों में निवास करने वाले व्यक्तियों में भिन्नताओं का होना स्वाभाविक है। यही बात भौतिक और सांस्कृतिक वातावरणों के विषय में भी कही जा सकती है। वातावरण कारक का शारीरिक और मानसिक विकास, दोनों ही क्षेत्रों में प्रभाव है। उपयुक्त वातावरण के अभाव में शारीरिक व मानसिक योग्यताओं का सामान्य विकास सम्भव नहीं है।

3. **आयु व बुद्धि-** वैयक्तिक भिन्नता का एक कारण आयु और बुद्धि भी है। आयु के साथ-साथ बालक का शारीरिक, मानसिक और संवेगात्मक विकास होता है। इसीलिए विभिन्न आयु के बालकों में अन्तर मिलता है। बुद्धि जन्मजात गुण होने के कारण किसी को प्रतिभाशाली और किसी को मूढ़ बनाकर अन्तर की स्पष्ट रेखा खींच देती है।

4. **लिंग भेद-** वैयक्तिक भिन्नता का एक महत्वपूर्ण कारक लिंगभेद भी है। इस भेद के कारण बालक और बालिकाओं की शारीरिक बनावट, संवेगात्मक विकास की कार्य क्षमता में अन्तर मिलता है। स्किनर का विचार है कि, ''बालिकाओं में स्मृति योग्यता अधिक तथा बालकों में शारीरिक कार्य करने की क्षमता अधिक होती है। बालक गणित और विज्ञान में बालिकाओं से आगे होते हैं, जबकि बालिकायें भाषा और सुन्दर हस्तलेख में बालकों से आगे होती हैं। बालकों पर सुझाव का कम प्रभाव पड़ता है, पर बालिकाओं पर अधिक।

इस प्रकार वैयक्तिक भिन्नता के अनेक कारक हैं। पर जहाँ तक विद्यालयों में शिक्षा ग्रहण करने वाले छात्रों का प्रश्न है, उसकी भिन्नता के कुछ अन्य कारण प्रमुख है। इनका उल्लेख करते हुए गैरीसन व अन्य ने लिखा है- ''बालकों की भिन्नता के श्रेष्ठ कारणों में प्रेरणा, बुद्धि परिपक्वता, वातावरण सम्बन्धी उद्दीपन में विचलन है।''

## वैयक्तिक विभिन्नता का महत्व

आधुनिक मनोवैज्ञानिक, बालकों की वैयक्तिक विभिन्नताओं को अत्यधिक महत्व देते हैं। उनका यह विश्वास है कि इन भिन्नताओं का ज्ञान प्राप्त करके शिक्षक अपने छात्रों का सर्वाधिक हित कर सकता है। साथ ही शिक्षा के परम्परागत स्वरूप में क्रान्तिकारी परिवर्तन करके उसे बालकों की वास्तविक आवश्यकताओं के अनुकूल बना सकता है। औद्योगिक मनोविज्ञान, शिक्षा-मनोविज्ञान और बाल-मनोविज्ञान के क्षेत्रों में वैयक्तिक भिन्नताओं का महत्व सर्वाधिक है। कुछ प्रमुख महत्व इस प्रकार हैं-

(1) कक्षा में वैयक्तिक भिन्नताओं के अनुसार शैक्षिक आवश्यकताओं की पूर्ति के लिए आवश्यक है कि कक्षा में बालकों की संख्या अधिक से अधिक 20 होनी चाहिए। कक्षा में विद्यार्थियों की संख्या कम होने से शिक्षक का विद्यार्थियों से व्यक्तिगत सम्पर्क व सम्बन्ध अच्छा होता है तथा वह विद्यार्थियों से उनके स्वभाव के अनुसार कार्य करवा सकता है।

(2) व्यक्तियों के वर्गीकरण में वैयक्तिक भिन्नताओं का ज्ञान आवश्यक है। यह वर्गीकरण विद्यालय में विद्यार्थियों का हो सकता है। विद्यार्थियों का मानसिक योग्यताओं के आधार पर वर्गीकरण कर यदि उन्हें शिक्षा दी जाती है तो शिक्षा उनके लिए बहुत उपयोगी हो जाती है।

(3) व्यक्तिगत भेदों के कारण सब बालकों में समान कार्य की समान मात्रा पूर्ण करने की क्षमता नहीं होती है। अत: गृह-कार्य देते समय बालकों की क्षमताओं और योग्यताओं का पूर्ण ध्यान रखना आवश्यक है।

(4) एक ही कक्षा के बालकों की रूचियों, अभिवृत्तियों एवं मानसिक योग्यताओं में अन्तर होने के कारण पाठ्यक्रम का विभिन्नीकरण अत्यन्त आवश्यक है। सबको अपनी रूचियों, योग्यताओं और इच्छाओं के अनुसार विषयों के चयन में छूट होनी चाहिए।

(5) वैयक्तिक भिन्नताएँ लिंग-भेद के कारण भी पाई जाती हैं जिससे बालक-बालिकाओं की रुचियों, क्षमताओं, योग्यताओं, आवश्यकताओं आदि में अन्तर होता है। जैसे-जैसे वह बड़े होते हैं, वैसे-वैसे अन्तर अधिक स्पष्ट होता है। अत: प्राथमिक कक्षाओं में उनके लिए समान पाठ्य-विषय हो सकते हैं परन्तु माध्यमिक कक्षाओं में इस विषयों में अन्तर की स्पष्ट रेखा का खींचा जाना आवश्यक है। शिक्षक और माता-पिता को इन अन्तरों को ध्यान में रखकर बालक-बालिकाओं को सिखाना या प्रशिक्षण देना चाहिए।

## प्रश्नमाला

1. "वैयक्तिक विभिन्नताओं से तात्पर्य व्यक्तित्व के उन सभी पहलुओं से है, जिसका मापन और मूल्यांकन किया जा सकता है।" यह कथन किस मनोवैज्ञानिक का है ?
   (a) टॉयलर (b) जेम्स ड्रेवर
   (c) स्किनर (d) फ्रायड
2. वैयक्तिक विभिन्नता का अर्थ होता है ?
   (a) दो व्यक्तियों के बीच शारीरिक क्षमता में अंतर
   (b) दो व्यक्तियों के बीच मानसिक क्षमता में अंतर
   (c) दो व्यक्तियों के बीच मनोवैज्ञानिक रूप से अंतर
   (d) दो व्यक्तियो के बीच शारीरिक और मानसिक दोनों प्रकार की क्षमताओं में अंतर
3. निम्नलिखित में से वैयक्तिक विभिन्नताओं के कारण है ?
   (a) वंशानुक्रम
   (b) परिपक्वता
   (c) जाति प्रथा एवं राष्ट्र का प्रभाव
   (d) उपरोक्त सभी
4. धर्म और समाज-
   (a) एक दूसरे के पूरक हैं।
   (b) एक-दूसरे से अलग-अलग हैं।
   (c) एक दूसरे से समान्तर हैं।
   (d) उपरोक्त सभी सत्य हैं।
5. निम्नलिखित कथन किस मनोवैज्ञानिक का है कि "संभवतः व्यक्ति, योग्यताओं की विभिन्नताओं के बजाए व्यक्तित्व की भिन्नताओं से अधिक प्रभावित होता है।"
   (a) टॉयलर (b) जेम्स ड्रेवर
   (c) स्किनर (d) रिच
6. जाति से संबंधित वैयक्तिक विभिन्नता का कौन-सा कारण नहीं है ?
   (a) शिक्षा की आधुनिक पद्धति
   (b) व्यक्ति की रूढ़िवादी सोच
   (c) नकारात्मक मनोवृत्तियाँ
   (d) पूर्वधारणाएँ
7. सभी मनुष्य अपने बुद्धि प्रेरणा एवं अभिरूचि से अन्य से भिन्न होते हैं। यह सिद्धांत संबंधित है-
   (a) पर्यावरण सिद्धांत से
   (b) भाषा विकास के सिद्धांत से
   (c) वैयक्तिक भिन्नता से
   (d) बुद्धि विकास के सिद्धांत से
8. अच्छे परिवार एवं समुदाय में रहने वाले बालकों का विकास होता है-
   (a) सामान्य बच्चों से अधिक
   (b) सामान्य बच्चों से कम
   (c) औसत
   (d) सभी बच्चों का एक समान विकास होता है।
9. निम्नलिखित में से कौन वैयक्तिक विभिन्नता को जानने की विधियाँ हैं ?
   (a) व्यक्तिगत इतिहास विधि
   (b) सामूहिक अभिलेख विधि
   (c) परीक्षण विधि
   (d) उपरोक्त सभी
10. वैयक्तिक विभिन्नता का प्रमुख कारण है
   A. वातावरण
   B. वंशानुक्रम
   C. आयु
   कूट
   (a) A और B (b) केवल B
   (c) A और C (d) A, B और C
11. वैयक्तिक विभिन्नता को प्रभावित करता है
   (a) केवल वंशानुक्रम कारक
   (b) केवल वातावरणीय कारक
   (c) वंशानुक्रम एवं वातावरणीय दोनों कारक
   (d) उपरोक्त में से कोई नहीं
12. प्रत्येक व्यक्ति में भाषा के विकास की अवस्थाएँ पाई जाती हैं
   (a) समान अवस्था
   (b) भिन्न-भिन्न अवस्था
   (c) समान तथा भिन्न दोनों
   (d) इनमें से कोई नहीं
13. मनोवैज्ञानिकों का ऐसा मानना है कि बालकों में अन्तर होता है
   (a) उनकी रुचि के आधार पर
   (b) उनकी योग्यता के आधार पर
   (c) उनकी क्षमता के आधार पर
   (d) उपरोक्त सभी के आधार पर
14. यदि कोई बालक सीखने की प्रक्रिया में कमजोर है, तो उस स्थिति में अध्यापकों को कक्षा का आकार रखना चाहिए
   (a) कक्षा का आकार कम होना चाहिए।
   (b) कक्षा का आकार अधिक होना चाहिए।
   (c) कक्षा का आकार न कम न अधिक होना चाहिए।
   (d) उपरोक्त में से कोई नहीं
15. धर्म एवं समाज दोनों हैं
   (a) एक-दूसरे से पृथक्
   (b) एक-दूसरे के पूरक
   (c) समाज का धर्म से कोई मतलब नहीं होता
   (d) उपरोक्त में से कोई नहीं
16. कक्षा में विद्यार्थियों के वैयक्तिक विभेद
   (a) लाभकारी नहीं हैं, क्योंकि अध्यापकों को वैविध्यपूर्ण कक्षा को नियन्त्रित करने की आवश्यकता है।
   (b) हानिकारक हैं, क्योंकि इनसे विद्यार्थियों में परस्पर द्वन्द्व उत्पन्न होते हैं।
   (c) अनुपयुक्त हैं, क्योंकि ये सर्वाधिक मन्द विद्यार्थियों के स्तर तक पाठ्यचर्या के स्थानान्तरण की गति को कम करते हैं।
   (d) लाभकारी हैं, क्योंकि ये विद्यार्थियों की संज्ञानात्मक संरचनाओं को खोजने में अध्यापकों को प्रवृत्त करते हैं।
17. हम सभी अपनी बुद्धि, प्रेरणा, अभिरुचि आदि के सन्दर्भ में भिन्न होते हैं। यह सिद्धान्त सम्बन्धित है
   (a) वैयक्तिक भिन्नता से
   (b) बुद्धि के सिद्धान्तों से
   (c) वंशानुक्रम से
   (d) पर्यावरण से
18. एक उभयलिंगी व्यक्तित्व
   (a) समाज में प्रचलित रूढ़िवादी लिंग भूमिकाओं का पालन करता है।
   (b) स्त्री लक्षणों वाले पुरुषों को सन्दर्भित करता है।
   (c) में आमतौर पर माने गए पुरुष और स्त्री गुणों का समायोजन होता है।
   (d) में दृढ़ और अहंकारी होने की आदत है।

## उत्तरमाला

1. (c) 2. (a) 3. (d) 4. (a) 5. (a) 6. (a) 7. (c) 8. (a) 9. (d) 10. (d)
11. (b) 12. (b) 13. (d) 14. (a) 15. (b) 16. (d) 17. (a) 18. (c)

❑❑❑

# अधिगम का मूल्यांकन

किसी भी क्षेत्र में जब कोई कार्य किया जाता है, तो वह कार्य सफल हुआ या असफल ये हम परिणाम के द्वारा ही ज्ञात कर पाते हैं, ये परिणाम क्या है?, कितना है, कैसा है? इसे हम एक निश्चित विधि से ही ज्ञात करते हैं, इसे ही **मूल्यांकन** कहते हैं।

शिक्षण प्रक्रिया में मूल्यांकन करना अत्यधिक महत्वपूर्ण कार्य है, इस कार्य को शिक्षक ही करता है और यह ज्ञात करता है कि उसके द्वारा प्रदान किया गया शिक्षण एवं कक्षा-कक्ष व्यवस्था कितना प्रभावशाली है एवं सफल है। ये सफलता शिक्षण उद्देश्यों की प्राप्ति में सहायक होती है। यदि उद्देश्यों की प्राप्ति नहीं होती है तो अध्यापक शिक्षण प्रक्रिया एवं व्यवस्था में संशोधन करते हैं और ये मूल्यांकन के द्वारा ही संभव है, क्योंकि मूल्यांकन प्रक्रिया ही हमें सफलता एवं असफलता का ज्ञान कराती है। शिक्षक हेतु आवश्यक तीन कार्य इस प्रकार हैं–

1. अधिगम-प्रणाली का मूल्यांकन
2. अधिगम का मापन
3. अधिगम उद्देश्यों द्वारा व्यवस्था

उपरोक्त तीन कार्यों की सहायता से अध्यापक अपनी शिक्षण प्रक्रिया को प्रभावी बना सकता है तथा उद्देश्यों को प्राप्त कर सकता है।

शिक्षा एक निरन्तर चलने वाली प्रक्रिया है, परन्तु समय-समय पर परिस्थितियों के अनुसार इसमें परिवर्तन होते रहते हैं और इसी के परिणाम स्वरूप छात्रों की रुचियों, व्यवहार, आदतों, योग्यताओं आदि में परिवर्तन होते रहते हैं। मूल्यांकन प्रक्रिया से यह ज्ञात होता है कि छात्र के व्यवहार में परिवर्तन किस सीमा तक हुआ है।

मापन किसी वस्तु या उपलब्धि का संख्यात्मक मान है। मापन वह प्रक्रिया है जिसके द्वारा विभिन्न योग्यताओं तथा गुणों के परिणाम के संबंध में बताया जाता है। मापन में प्राप्त अंकों का स्तर क्या है? प्राप्तांक अच्छे हैं या बुरे ये मूल्यांकन के द्वारा ही ज्ञात होता है।

**मापन क्या है–**

मापन को किसी व्यक्ति या पदार्थ में निहित विशेषताओं के आंकिक वर्णन की प्रक्रिया के रूप में परिभाषित किया गया है। **– हैल्मस्टेडर**

मापन किन्हीं निश्चित स्वीकृत नियमों के अनुसार वस्तुओं को अंक प्रदान करने की प्रक्रिया है। **– एस॰ एस॰ स्टीवेन्स**

अर्थात् हम कह सकते हैं कि मापन के द्वारा विभिन्न वस्तुओं तथा घटनाओं आदि का संख्यात्मक रूप से वर्णन किया जाता है।

**मूल्यांकन क्या है –**

शिक्षा का संबंध बालक के सर्वांगीण विकास से है। शिक्षा के उद्देश्यों को प्राप्त करके बालक का सर्वांगीण विकास भली-भाँति किया जा सकता है। मूल्यांकन शिक्षा के उद्देश्यों पर निर्भर रहता है।

''मूल्यांकन एक ऐसी प्रक्रिया है, जिससे सही ढंग से किसी वस्तु का मापन किया जा सकता है।'' **– गुड्स**

''मूल्यांकन एक ऐसी क्रमबद्ध प्रक्रिया है जो हमें यह बताती है कि बालक ने किस सीमा तक किन उद्देश्यों को प्राप्त किया है।'' **– डान्डेकर**

''मूल्यांकन एक प्रमुख साधन है, जिसके द्वारा समाज इस बात का पता लगाता है कि विद्यालय अपने दायित्वों को उचित प्रकार से पूरा करते हैं तथा विद्यालय में अध्ययन करने वाले छात्रों को उचित प्रकार से शिक्षा प्राप्त हो रही है तथा वे आपेक्षित स्तरों को प्राप्त कर रहे हैं।'' **– माध्यमिक शिक्षा आयोग**

''मूल्यांकन एक सतत् प्रक्रिया है तथा शिक्षा की सम्पूर्ण प्रक्रिया का अभिन्न अंग है। इसके द्वारा शिक्षा उपलब्धि की जाँच ही नहीं की जाती बल्कि इसके सुधार में सहायता भी मिलती है।'' **– कोठारी आयोग**

अर्थात् हम कह सकते हैं मूल्यांकन एक सतत् प्रक्रिया है, मूल्यांकन का प्रमुख प्रयोजन व्यवहारगत-परिवर्तनों की दिशा प्रकृति एवं स्तर के संबंध में निर्णय करना है। यह शिक्षा के उद्देश्यों की प्राप्ति की सीमा का निर्धारण करने वाली प्रक्रिया है।

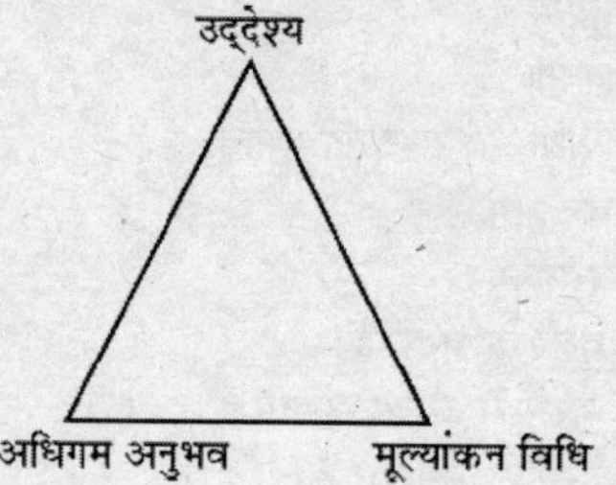


उपरोक्त तीनों बिन्दु मिलकर मूल्यांकन प्रक्रिया को पूरा करते हैं।

**मूल्यांकन के उद्देश्य–**

1. परीक्षा प्रणाली में सुधार
2. निर्देशन एवं परामर्श में सहायक
3. शिक्षण प्रक्रिया का मापन
4. बालकों के व्यवहार में परिवर्तन का अध्ययन
5. पाठ्यक्रम में समय-समय पर जरूरी संशोधन
6. नई एवं प्रभावशाली शिक्षण विधियों को लागू करना
7. छात्रों की कठिनाई का पता लगाना
8. छात्रों को उनकी योग्यता अनुसार श्रेणियों में विभाजित करना
9. छात्रों को अधिगम हेतु अभिप्रेरित करना
10. छात्रों के निदानात्मक एवं उपचारात्मक शिक्षण पर ध्यान देना

**मूल्यांकन उपयोगिता–**

1. मूल्यांकन द्वारा भविष्यवाणी की जा सकती है।
2. मूल्यांकन के द्वारा समस्याओं का ज्ञान, उपचार एवं समाधान किया जाता है।
3. मूल्यांकन से ज्ञान में वृद्धि होती है।
4. मूल्यांकन के आधार पर छात्रों को वर्गीकृत किया जा सकता है।
5. मूल्यांकन परामर्श देने एवं निर्देशन में सहायक है।
6. मूल्यांकन के परिणामस्वरूप शिक्षण विधियों में आवश्यक संशोधन होता है।

**मूल्यांकन की प्रविधियाँ–**

मूल्यांकन प्रक्रिया के द्वारा ज्ञानात्मक, भावात्मक तथा क्रियात्मक उद्देश्य की प्राप्ति होती है।

1. ज्ञानात्मक उद्देश्यों के लिए मौखिक, लिखित, निबन्धात्मक प्रश्नों पर आधारित परीक्षा, उपयोग पर आधारित परीक्षा प्रयोग में लाई जाती है। इसके अन्तर्गत निरीक्षण विधि का भी प्रयोग किया जाता है।
2. भावात्मक उद्देश्यों के लिए रेटिंग स्केल, मूल्यों की परीक्षा आदि प्रयुक्त किए जाते हैं। निबन्धात्मक परीक्षा का भी कहीं-कहीं प्रयोग किया जाता है तथा निरीक्षण विधि का भी प्रयोग होता है।
3. क्रियात्मक उद्देश्यों को प्राप्त करने के लिए प्रयोगों पर आधारित परीक्षा अर्थात् प्रयोगात्मक परीक्षा अधिक उपयोगी होती है। इसमें छात्रों को क्रियाशील रहना पड़ता है अर्थात् उनके द्वारा की गई क्रियाओं से उनके कौशल का मूल्यांकन किया जाता है।

**मूल्यांकन प्रविधियों का वर्गीकरण—**

विद्यालयों में प्रयोग की जाने वाली सभी मूल्यांकन प्रविधियों को मुख्यत: दो भागों में विभाजित किया गया है।

1. परिणात्मक/संख्यात्मक प्रविधि Quantitative Techniques
2. गुणात्मक प्रविधि Qualitative Techniques

प्रविधियों का वर्गीकरण
(Classification of Techniques)

- परिणात्मक प्रविधियाँ
  - परिणात्मक प्रविधियाँ
    - निबन्धात्मक परीक्षा
    - वस्तुनिष्ठ परीक्षा
  - भौतिक परीक्षा
  - प्रयोगात्मक परीक्षा
- गुणात्मक प्रविधियाँ
  - निरीक्षण
  - जाँच सूची
  - साक्षात्कार
  - संचयी अभिलेख
  - आकस्मिक निरीक्षण
  - प्रश्नावली
  - क्रम निर्धारण मापनी

**अच्छे मूल्यांकन परीक्षण की विशेषताएँ**

**Characteristics of a good Evaluation Toolest**

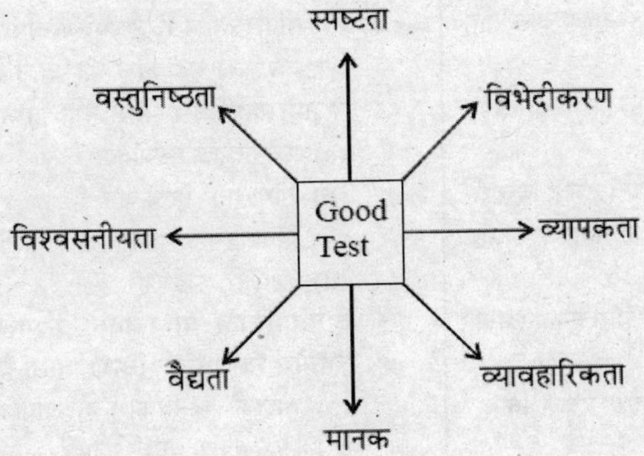


**मूल्यांकन एवम् मापन में अन्तर**

**Difference between Evaluation and Measurement**

| | मूल्यांकन | | मापन |
|---|---|---|---|
| 1. | इसका क्षेत्र व्यापक है। इसके द्वारा छात्र के सम्पूर्ण व्यक्तित्व का मूल्यांकन होता है। | 1. | इसका क्षेत्र सीमित है। इसके द्वारा व्यवहार के कुछ आयाम का ही मापन होता है। |
| 2. | मूल्यांकन हेतु अधिक मेहनत, धन एवं शक्ति तथा साधनों की जरूरत होती है। | 2. | मापन हेतु अधिक मेहनत, धन एवं शक्ति तथा साधनों की जरूरत नहीं होती है। |
| 3. | मूल्यांकन द्वारा तुलनात्मक अध्ययन संभव है। | 3. | मापन द्वारा तुलनात्मक अध्ययन संभव नहीं है। |
| 4. | मूल्यांकन में अंकों के आधार पर मूल्यों का निर्धारण किया जाता है। | 4. | मापन का कार्य केवल अंक प्रदान करना है। |
| 5. | मूल्यांकन के परिणाम द्वारा छात्र के संबंध में भाविष्य वाणी की जा सकती है। | 5. | मापन के आधार पर सार्थक भाविष्यवाणी संभव नहीं है। |
| 6. | मूल्यांकन के द्वारा निदान एवं उपचार संभव है। | 6. | मापन द्वारा ऐसी संभावना नहीं है। |

स्कूली शिक्षा आज परिवर्तन के दौर से गुजर रही है और जो भी स्कूल में पढ़ाया जाता है, जिस तरह से पढ़ाया जाता है वह सब कुछ मूल्यांकन से प्रभावित होता है। मूल्यांकन प्रक्रिया के प्रति अभी भी यह माना जाता है कि कई बार सीखने के सकारात्मक परिणाम प्राप्त करने की जगह यह नकारात्मक परिणाम प्रदान करती है।

आज पारम्परिक परीक्षा प्रणाली एवं मूल्यांकन की प्रक्रिया बदल चुकी है और परिवर्तनशील अवस्था में भी है। माध्यामिक स्तर पर सतत् एवं समतल मूल्यांकन पद्धति को अपने सभी स्कूलों में लागू करते हुए सी.बी.एस.ई. ने निर्देश दिया है कि मूल्यांकन का मुख्य उद्देश्य छात्रों का सर्वांगीण (सम्पूर्ण) विकास है। सीखने की प्रक्रिया एक सतत् प्रक्रिया है इसलिए मूल्यांकन भी सतत् होना चाहिए। मूल्यांकन, सीखने एवं शिक्षण की प्रक्रिया का एक अभिन्न अंग है। सी. सी. ई. मूल्यांकन विधि में छात्रों की ज्ञान की परीक्षा के स्थान पर उसके सीखने की प्रक्रिया को मूल्यांकन हेतु चुना गया है। इसमें छात्रों के विकास के पक्षों को शामिल किया जाता है मुख्यत: दोहराने की प्रक्रिया पर विशेष बल दिया जाता है। सी. सी. ई. मूल्यांकन पर तथा व्यवहार के परिणामों पर आधारित होती है। 'निरंतरता' से तात्पर्य है बालक के वृद्धि एवं विकास के विभिन्न पक्षों का मूल्यांकन निरंतर होता रहना चाहिए। ये प्रक्रिया सम्पूर्ण शैक्षणिक सत्र में निश्चित कार्यक्रम के अनुसार व्यवस्थित होती है। इस व्यवस्था के अन्तर्गत मूल्यांकन की नियमितता, अधिगम अंतरालों का निदान, सुधार हेतु उपाय, स्वयं के मूल्यांकन हेतु शिक्षक एवं छात्रों के साक्ष्यों का पृष्ठपोषण।

'व्यापक' से तात्पर्य है छात्र के सभी पक्षों जैसे शैक्षिक एवम् सह-शैक्षिक पक्षों को शामिल करते हुए विकास का मूल्यांकन करने की योग्यता। छात्रों की क्षमताएँ, रुचियाँ, सोच एवं मनोवृत्तियाँ लिखित रूप के अलावा अन्य रूपों में भी प्रकट होती हैं।

**सतत् एवं व्यापक मूल्यांकन के उद्देश्य—**

1. शिक्षक एवं सीखने की प्रक्रिया को छात्र केन्द्रित बनाना।
2. मूल्यांकन को शिक्षक–अधिगम प्रक्रिया का निश्चित हिस्सा बनाना।
3. अधिगम (सीखने) की प्रक्रिया पर अधिक बल देना, याद रखने पर नहीं।
4. भावात्मक, मनोप्रेरक एवं बोधात्मक कौशलों के विकास में सहायता
5. मूल्यांकन को निष्पादन के वांछित स्तर पर बनाये रखने के लिए गुणवत्ता नियंत्रण युक्ति के रूप में इस्तेमाल करना।

6. सामाजिक उपयोगिता, वांछनीयता अथवा एक कार्यक्रम की प्रभावशीलता का निर्धारण करना एवं छात्र, सीखने की प्रक्रिया तथा सीखने के परिवेश के बारे में उचित निर्णय लेना।
7. नियमित निदान के आधार पर उपचारात्मक अनुदेशों के बाद छात्रों की उपलब्धियों और अध्यापन-अधिगम कार्यनीतियों के सुधार के लिए मूल्यांकन का उपयोग करना।

**सतत् एवं व्यापक मूल्यांकन ( सी. सी. ई. ) की विशेषताएँ**

1. सतत् एवं व्यापक मूल्यांकन से तात्पर्य है कि बालक के व्यक्तित्व का चहुँमुखी विकास। इस विकास का अर्थ है शैक्षिक एवं सह-शैक्षिक पक्षों का निर्धारण।
2. शैक्षिक पक्षों में नियमित पाठ्यक्रम एवं विषयों से जुड़े अन्य क्षेत्र सम्मलित होते हैं। सह-शैक्षिक पक्षों में अन्य गतिविधियां जैसे– छात्र की रुचि, मूल्य, अभिवृत्तियाँ, कौशल आदि शामिल होते हैं
3. 'सतत्' से तात्पर्य है 'निरन्तर' अर्थात् निरन्तर मूल्यांकन
4. 'व्यापक' से तात्पर्य है 'विस्तृत' अर्थात् विस्तृत आधार पर मूल्यांकन
5. आवधिकता का अर्थ कार्य अर्थात् अवधि के अंत में बार-बार निष्पादन का मूल्यांकन
6. सह-शैक्षिक पक्षों का मूल्यांकन विभिन्न तकनीक से किया जाता है।
7. शैक्षिक पक्षों का मूल्यांकन विभिन्न तकनीकों जैसे औपचारिक अथवा अनौपचारिक के प्रयोग से होता है, निदान संबंधी मूल्यांकन अंत में किया जाता है, परिस्थिति अनुसार निदानात्मक परीक्षा और पुन: परीक्षा का आयोजन किया जाता है।

**सतत् एवं व्यापक मूल्यांकन का महत्व**

1. यह अध्यापक को प्रभावी रुप से कार्य करने में सहायता देता है।
2. इसके द्वारा छात्रों की शैक्षिक एवं सह-शैक्षिक क्षमताओं की प्रगति की जानकारी मिलती है तथा इसके द्वारा भविष्य की योजनाओं को मार्गदर्शन मिलता है।
3. निरन्तर मूल्यांकन करने से शिक्षकों को छात्रों के बारे में पूर्ण जानकारी प्राप्त हो जाती है कि कहाँ निदान की आवश्यकता है ये भी ज्ञात हो जाता है। अध्यापक ये निश्चित कर लेता है कि कक्षा के कितने छात्रों को निश्चित पाठ पुन: पढ़ाने की आवश्यकता है या पूरी कक्षा को पुन: पाठ पढ़ाया जाए। ऐसा पृष्ठपोषण द्वारा ही संभव है।
4. निरन्तर मूल्यांकन से छात्रों को भी जानकारी हो जाती है कि किस विषय को ज्यादा ध्यान देना है और किस विषय को कम ध्यान देना है। छात्र स्वयं भी अपना मूल्यांकन कर सकता है और अपने निश्चित लक्ष्य को प्राप्त करने हेतु प्रयत्नशील हो सकता है।
5. निरंतर और व्यापक मूल्यांकन छात्रों की रुचि, अभिवृत्तियों, मूल्यों, आदतों आदि के बारे में उचित जानकारी देता है और प्रगतिपूर्ण क्षेत्रों में और आगे बढ़ने हेतु अभिप्रेरित किया जाता है साथ ही निम्न स्तर के क्षेत्रों में भी उचित मार्गदर्शन प्रदान किया जाता है।
6. निरंतर एवं व्यापक मूल्यांकन शिक्षकों के साथ-साथ अभिभावकों को भी बच्चों के विषय में जानकारी प्रदान करता है तथा उनके प्रति जागरुक करता है। इनमें छुपी प्रतिभा के बारे में बताता है, साथ ही कमियों की भी जानकारी प्रदान करता है। इसके परिणामस्वरूप शिक्षकों के साथ अभिभावक भी उपचारात्मक उपाय अपना सकते हैं जैसे– परिवार का माहौल ठीक करना, पढाई पर ध्यान देना, खान-पान का ध्यान रखना आदि।

**सतत् एवं व्यापक मूल्यांकन की विभिन्न विधियां**

सतत् एवं व्यापक मूल्यांकन हेतु विभिन्न विधियां प्रयोग में लाई जाती हैं–

1. **प्रश्न-उत्तर विधि** – छात्रों को निश्चित पाठ्यक्रम से जुड़े प्रश्न देकर उनसे उत्तर प्राप्त किए जाते हैं और उत्तरों के आधार पर मूल्यांकन किया जाता है। छोटे बच्चों को चित्र संबंधी प्रश्नावली दी जाती है और वे चित्रों को देखकर उत्तर देते हैं।
2. **जांच-सूची** – इसके द्वारा छात्रों से जुड़े अनेक पहलुओं का अध्ययन किया जाता है जैसे- भाषा का प्रयोग-विचार प्रस्तुत करना, निश्चिय विषय-विचार को निश्चिय समय में कक्षा के समक्ष प्रस्तुत करना, समूह में नाटक प्रस्तुत करना, श्यामपट्ट या स्मार्ट बोर्ड की मदद से चित्रों द्वारा प्रस्तुतीकरण, अध्यापक द्वारा एकाएक किसी विषय-विचार को दिया जाए और छात्र को निश्चित समय में प्रस्तुतीकरण करना इत्यादि गतिविधियों के द्वारा छात्रों का मूल्यांकन शिक्षक द्वारा किया जाता है।
3. **साक्षात्कार**– इस विधि में अध्यापक छात्र से विभिन्न शैक्षिक एवं सह-शैक्षिक गतिविधियों से जुड़े विषयों पर जानकारी प्राप्त करता है तथा मूल्यांकन करता है कि छात्र के ज्ञान का स्तर क्या है तथा साथ में नई जानकारी भी प्रदान करता है और इसके साथ छात्रों में बोलने और बातचीत करने की झिझक खत्म होती है, आत्मविश्वास में वृद्धि होती है, अपने विचारों को व्यक्त करने की क्षमता का विकास होता है, अन्त:दृष्टि का विकास होता है।
4. **निरीक्षण/अवलोकन** – निरीक्षण विधि द्वारा बालकों द्वारा किए जाने वाले सहज तथा स्वाभाविक व्यवहार, क्रियाओं तथा चेष्टाओं का बड़े ही स्वाभाविक तरीके से अध्ययन किया जा सकता है। इस विधि में सीमित साधन का प्रयोग होता है। इस विधि के द्वारा सामूहिक व्यवहार तथा जटिल समस्याओं का भी अध्ययन किया जा सकता है। निरीक्षण विधि का प्रयोग औपचारिक रूप से तथा अनौपचारिक रूप से किया जा सकता है। इस विधि का प्रयोग बाल व्यवहार के अध्ययन हेतु उत्तम है।

## प्रश्नमाला

**1. निम्नलिखित में से आकलन (Assessment) का मूल उद्देश्य नहीं है ?**

(a) बालकों की अभिवृत्ति क्षमता का पता लगना
(b) बालकों को हतोत्साहित करना
(c) बालकों को सीखने के लिए प्रेरित करना
(d) बालकों के ज्ञान के स्तर को मापना

**2. आकलन एक ......... है ?**

(a) संक्षिप्त प्रक्रिया है
(b) एक विस्तृत प्रक्रिया है
(c) एक बहुआयामी संकल्पना है
(d) इनमें से कोई नहीं

**3. निम्नलिखित में से अधिगम में मूल्यांकन की विशेषताएँ नहीं हैं-**

(a) यह मूल्यांकन शिक्षा प्राप्ति के बाद किया जाता है।
(b) यह विद्यार्थियों के सीखने एवं उनके विचारों एवं समझ की जाँच करने में सहायता करता है।
(c) इसमें सूचना को अध्यापक द्वारा एकत्र किया जाता है।
(d) इसमें सूचना को छात्रों द्वारा एकत्र किया जाता हैं।

**4. निम्नलिखित में किस मूल्यांकन के अन्तर्गत शिक्षक द्वारा यह जाँच की जाती है कि बच्चों ने ज्ञान को किस सीमा तक प्राप्त किया है ?**

(a) रचनात्मक मूल्यांकन
(b) योगात्मक मूल्यांकन
(c) निंदानात्मक मूल्यांकन
(d) इनमें से कोई नहीं

**5. निर्माणात्मक या रचनात्मक मूल्यांकन का उपयोग किस लिए किया जाता है ?**

(a) बालकों के विकास की लगातार प्रतिपुष्टि (Feed back) के लिए।

(b) बालकों की ज्ञान की सीमा को जाँचने के लिए
(c) बालकों को पढ़ाई के प्रति प्रोत्साहित करने के लिए
(d) बालकों के असफलता के कारणों का पता लगाने के लिए

**6. अधिगम में आकलन किसलिए आवश्यक होता है ?**
(a) ग्रेड एवं अंकों के लिए
(b) जाँच परीक्षण के लिए
(c) प्रेरणा के लिए
(d) पृथक्करण और श्रेणीकरण के उद्देश्य को प्रोत्साहित करने के लिए

**7. "सतत और व्यापक मूल्यांकन" में 'व्यापक' का अर्थ है-**
(a) शैक्षिक और सह-शैक्षिक पक्षों को सम्मिलित करते हुए छात्रों के वृद्धि और विकास को जाँचना
(b) छात्रों की याद करने की क्षमता का मूल्यांकन
(c) छात्रों को अभिवृति आधारित शिक्षा देना
(d) उपरोक्त सभी

**8. "सतत एवं व्यापक मूल्यांकन" के उद्देश्य नहीं हैं-**
(a) बोधात्मक, मनोप्रेरक और भावनात्मक कौशलों के विकास में सहायता
(b) सीखने की प्रक्रिया पर बल देना
(c) छात्रों को याद कराने पर बल देना
(d) अध्यापन और अधिगम प्रक्रिया को छात्र केन्द्रित क्रियाकलाप बनाना।

**9. सतत एवं व्यापक मूल्यांकन के महत्व हैं-**
(a) सतत मूल्यांकन द्वारा बच्चे अपनी शक्ति और कमजोरियों को जान सकते हैं।
(b) सतत मूल्यांकन समय-समय पर बच्चे, अध्यापकों और माता-पिता को उपलब्धि के बारे में जागरूक बनाने में मदद करता है ?
(c) यह शैक्षिक और सह-शैक्षिक क्षेत्रों में विद्यार्थियों के प्रगति के बारे में रिपोर्ट देता है।
(d) उपरोक्त सभी

**10. आकलन को "उपयोगी और रोचक" प्रक्रिया बनाने के लिए ............ के प्रति सचेत हो जाना चाहिए।**
(a) अलग-अलग विद्यार्थियों में तुलना करना
(b) विद्यार्थियों को बुद्धिमान या औसत विद्यार्थी की उपाधि देना
(c) शैक्षिक और सह-शैक्षिक क्षेत्रों में विद्यार्थी के सीखने के बारे में जानकारी प्राप्त करने के लिए विविध तरीकों का प्रयोग करने
(d) फीड बैक देने के लिए तकनीकी भाषा का प्रयोग करना।

**11. निम्नलिखित में से कौन-सा मूल्यांकन सत्र (Session) की समाप्ति के बाद होता है ?**
(a) योगात्मक मूल्यांकन
(b) रचनात्मक मूल्यांकन
(c) निदानात्मक मूल्यांकन
(d) उपरोक्त में से कोई नहीं

**12. विद्यालय आधारित आकलन-**
(a) शिक्षार्थियों और शिक्षकों को लापरवाह बनाता है।
(b) शिक्षा बोर्ड की जवाबदेही कम कर देता है।
(c) सार्वभौमिक राष्ट्रीय मानकों की प्राप्ति में बाधा उत्पन्न करता है।
(d) परिचित वातावरण में अधिक सीखने में सभी शिक्षार्थियों की सहायता करता है।

**13. गणित में अधिगम निर्योग्यता का आकलन निम्न में से किस परीक्षण द्वारा सर्वाधिक उचित तरीके से किया जा सकता है ?**
(a) अभिक्षमता परीक्षण
(b) निदानात्मक परीक्षण
(c) स्क्रीनिंग परीक्षण
(d) उपलब्धि परीक्षण

**14. आकलन उद्देश्यपूर्ण होता है यदि-**
(a) इससे विद्यार्थियों और शिक्षकों को प्रतिपुष्टि (फीडबैक) प्राप्त हो।
(b) यह केवल एक बार वर्ष के अन्त में हो।
(c) विद्यार्थियों की उपलब्धियों में अन्तर करने के लिए तुलनात्मक मूल्यांकन किए जाएँ।
(d) इससे विद्यार्थियों में भय और तनाव का संचार हो।

**15. मूल्यांकन पद्धतियों का लक्ष्य होना चाहिए**
(a) विद्यार्थियों की आवश्यकताओं की पहचान करना।
(b) पुरस्कार वितरण हेतु उच्च अंक प्राप्त करने वाले विद्यार्थियों की पहचान करना।
(c) विद्यार्थियों को नामांकित करना।
(d) योग्यता-आधारित समूहों में विद्यार्थियों को विभाजित करना।

**16. निम्नलिखित में से कौन-सा कथन सतत और व्यापक मूल्यांकन के सन्दर्भ में सही नहीं है ?**
(a) पारम्परिक पेपर-कलम परीक्षण विद्यार्थियों की सभी विशेषताओं और क्षमताओं का आकलन नहीं कर पाते हैं।
(b) उध्यापन-अधिगम प्रक्रिया में नवीनतम प्रक्रिया।
(c) यह शिक्षकों के लिए शिक्षार्थियों का निरन्तर परीक्षण करने का आसान तरीका है।
(d) यह विद्यार्थियों में अध्ययन के प्रति रुचि पैदा करता है।

## उत्तरमाला

**1.** (b) **2.** (a) **3.** (d) **4.** (b) **5.** (a) **6.** (c) **7.** (a) **8.** (c) **9.** (d) **10.** (c)
**11.** (a) **12.** (d) **13.** (b) **14.** (c) **15.** (a) **16.** (c)

❑❑❑

# उपलब्धियों का मूल्यांकन एवं प्रश्नों का निर्माण

## उपलब्धियों का मूल्यांकन

- छात्रों की उपलब्धियों का मूल्यांकन (Evaluation of Achievements) सतत एवं व्यापक रूप से होते रहना चाहिए तथा कक्षा में मूल्यांकन के लिए शिक्षक को विविध विधियों का प्रयोग करना चाहिए। क्योंकि शिक्षार्थी की सफलता अथवा असफलता को केवल पेपर-पेन्सिल टेस्ट परीक्षा द्वारा निर्धारित नहीं किया जा सकता, इसलिए मूल्यांकन हेतु ग्रेडिंग पद्धति का प्रयोग करना चाहिए।
- विभिन्न क्षेत्रों में विद्यार्थियों की उपलब्धियों की रिपोर्ट तैयार करते समय समग्र ज्ञान में अप्रत्यक्ष ग्रेडिंग के पाँच बिन्दुओं का प्रयोग किया जा सकता है। इन ग्रेडों में अंकों का वितरण निम्न प्रकार से किया जाना चाहिए-

| ग्रेड | परिणाम | अंक ( प्रतिशत में ) |
|---|---|---|
| ए + | सर्वोत्कृष्ट (Extraordinary) | 90%-100% |
| ए | उत्कृष्ट (Excellent) | 75%-89% |
| बी | बहुत अच्छा (Very good) | 56%-74% |
| सी | अच्छा (Good) | 35%-55% |
| डी | औसत (Average) | 35% से कम |

- बच्चे के ग्रेड उपलब्धि कार्ड में दर्शाये जाने चाहिएँ, जो प्रतिशतता की उपरोक्त श्रेणी में व्यवहार के सूचक के अनुसार प्रतिशतता पर आधारित हों। इसके अतिरिक्त, शैक्षिक और शिक्षा से जुड़े क्षेत्रों और बच्चे की उपलब्धि के स्तर के सम्बन्ध में कुछ टिप्पणियाँ दर्ज की जा सकती हैं। ये टिप्पणियाँ शिक्षण के क्षेत्र में प्रयास करने के लिए माता-पिता और बच्चे के लिए सहायक होती हैं।
- आकलन उद्देश्यपूर्ण तब ही माना जाता है जब शिक्षकों एवं शिक्षार्थियों को प्रतिपुष्टि प्राप्त होती है। एक शिक्षक बच्चों की प्रगति और उपलब्धि स्तर को जानने के लिए, सीखने के लिए मूल्यांकन और सीखने के मूल्यांकन दोनों का उपयोग कर सकता है।
- सतत एवं व्यापक मूल्यांकन, सतत निदान, उपचार प्रोत्साहन और सराहना इत्यादि विद्यार्थी की उपलब्धियों में सुधार लाने के लिए उपयोगी सिद्ध होते हैं। इसके लिए प्रधानाचार्य, अध्यापक और माता-पिता को अभिमुखी और ठोस प्रयास करने होंगे जिससे बच्चे के व्यक्तित्व का सर्वांगीण विकास हो सके। संलग्न रेटिंग मान में विभिन्न ग्रेडों के रूप में विद्यार्थियों को उचित रूप से रखने में अध्यापक को सहायता मिलती है।

### उपलब्धियों का परीक्षण

किसी भी क्षेत्र में कार्य करने वाले व्यक्ति की उपलब्धियों को मापने की प्रक्रिया को उपलब्धि परीक्षण कहते हैं। इसका प्रयोग अनेक क्षेत्रों में किया जाता है, उदाहरणस्वरूप-शिक्षा जगत् में, व्यवसाय जगत् में तथा तकनीकी क्षेत्र में तथा अन्य क्षेत्रों में। उपलब्धि परीक्षण दो तरह से होता है

1. **शिक्षक निर्मित उपलब्धि परीक्षण** (Teacher Made Achievement Test) यह परीक्षण शिक्षक के द्वारा विद्यार्थियों में समझ को विकसित करने हेतु समय-समय पर आकार अवधि की समाप्ति पर अध्याय के समाप्त होने पर किया जाता है। यह परीक्षण छात्रों को व्यक्तिगत विकास तथा उनको अभिप्रेरित करने के लिए किया जाता है।
2. **मानकीकृत उपलब्धि परीक्षण** (Standardised Achievement Test) सामान्य भाषा में उपलब्धि परीक्षण को मानकीकृत उपलब्धि परीक्षण कहा जाता है। इसका विकास कक्षा स्तर पर कौशल तथा ज्ञानार्जन को मापने हेतु किया गया है। सामान्यतः योजनाबद्ध निर्देश यथा प्रशिक्षण या कला निर्देशन द्वारा किया जाता है। सामान्यतः मानकीकृत परीक्षणों की आलोचना भी की जाती है। इसका एक प्रमुख कारण यह है कि ये परीक्षण मुख्य धारा की संस्कृति का प्रतिनिधित्व करते हैं इसलिए इन्हें पक्षपाती परीक्षण भी कहा जाता है।

## रचनात्मक मूल्यांकन

- रचनात्मक मूल्यांकन (Formative Evaluation) फीडबैक उपलब्ध कराता है, जो विद्यार्थी को (शिक्षा प्राप्ति की) त्रुटियों को समझने और उन्हें दूर करने में सहायता देता है।
- **सैडलर** के अनुसार, "रचनात्मक मूल्यांकन में फीडबैक और स्व-मूल्यांकन दोनों सम्मिलित होते हैं।"
- **ब्लैक** और **विलियम** के अनुसार, "रचनात्मक मूल्यांकन प्रायः इससे अधिक कुछ नहीं होता कि मूल्यांकन बारम्बार किया जाता है और अध्यापन की तरह उसी समय किया जाता है।"
- रचनात्मक मूल्यांकन को रूपात्मक आकलन भी कहा जाता है। रचनात्मक मूल्यांकन में कार्य अनुभव, कला-शिक्षा और स्वास्थ्य तथा शारीरिक शिक्षा जैसे क्षेत्रों में कार्य-निष्पादन का निर्धारण 5 बिन्दु (point) वाले पैमाने; जैसे-ग्रेड ए, ए, बी, बी, सी आदि पर किया जाता है जिसका विवरण रिपोर्ट कार्ड की पिछली ओर दिया जाता है।

**रचनात्मक मूल्यांकन ग्रेडिंग पैमाना**

| अंक | शृंखला श्रेणी ( ग्रेड ) | श्रेणी बिन्दु ( ग्रेड प्वॉइण्ट ) |
|---|---|---|
| 91-100 | $ए_1$ | 10.0 |
| 81-90 | $ए_2$ | 9.0 |
| 71-80 | $बी_1$ | 8.0 |
| 61-70 | $बी_2$ | 7.0 |
| 51-60 | $सी_1$ | 6.0 |
| 41-50 | $सी_2$ | 5.0 |
| 33-40 | डी | 4.0 |

| 21–32 | $ई_1$ | — |
|---|---|---|
| 00–20 | $ई_1$ | – |

## रचनात्मक मूल्यांकन का कार्यान्वयन

- रचनात्मक मूल्यांकन का कार्यान्वयन (Implementation of Formative Evaluation) शिक्षा प्राप्ति के लक्ष्य, अभिप्राय अथवा परिणाम और इन्हें प्राप्त करने की कसौटियों को पूरा करने में सहयोग देता है। रचनात्मक मूल्यांकन से अध्यापकों और विद्यार्थियों के बीच गम्भीर बातचीत, जो निरन्तर बनती रहती है उसमें और परिपक्वता आ जाती है।
- रचनात्मक मूल्यांकन के कार्यान्वयन के अन्तर्गत प्रभावशाली फीडबैक समय पर उपलब्ध कराया जाना चाहिए, जो विद्यार्थियों को अपनी शिक्षा को आगे बढ़ाने में समर्थ बनाता है।
- रचनात्मक मूल्यांकन विद्यार्थियों का स्वयं अपनी शिक्षा प्राप्ति में सक्रिय रूप से सम्मिलित होना निर्धारित करता है।
- रचनात्मक मूल्यांकन का कार्यान्वयन अध्यापकों द्वारा अपनी अध्यापन की पद्धतियों में संशोधन करके शिक्षा प्राप्ति की निर्धारित आवश्यकताओं को पूरा किया जाना निर्धारित करता है।
- रचनात्मक मूल्यांकन का उपयोग पाठ्यक्रम के अध्यापन और शिक्षा प्राप्ति को आँकने के लिए किया जाना चाहिए।
- रचनात्मक मूल्यांकन के अन्तर्गत विद्यालय का यह दायित्व है कि वह विद्यार्थियों को उनके कार्य-निष्पादन में सुधार करने में सहायता देने के लिए, शैक्षिक वर्ष के शुरू होने के समय से विद्यार्थियों की शिक्षा प्राप्त करने की कठिनाइयों का निदान करे और उन्हें समय के उपयुक्त अन्तरालों पर माता-पिता के ध्यान में लाए।
- विद्यालयों को विद्यार्थियों की सीखने की क्षमता को बढ़ाने के उपयुक्त उपचारी उपायों की सिफारिश भी देनी चाहिए। इसी प्रकार विशेष रूप से. प्रतिभाशाली बच्चों को अतिरिक्त कार्य देकर, प्रतिभा को और बढ़ाने वाली सामग्री देकर और परामर्श देकर उन्हें और अधिक योग्य बनाया जाना चाहिए। कमजोर और प्रतिभाशाली दोनों प्रकार के बच्चों की सहायता के लिए उन्हें परामर्श देने के लिए कक्षा की समय-सारणी में उपयुक्त व्यवस्था की जानी चाहिए।
- अध्यापक के लिए यह भी आवश्यक है कि वह अपनी कक्षा में विभिन्न प्रकार की योग्यताओं वाले विद्यार्थियों से निपटने की कार्यनीतियों का उपयोग करे। यह उचित होगा कि शैक्षिक वर्ष के दौरान विद्यार्थियों की और उनके माता-पिता को विद्यार्थियों की उपलब्धि के स्तर की जानकारी दी जाए, ताकि विद्यार्थियों के कार्य-निष्पादन को बढ़ाने के लिए उनके सहयोग से उपयुक्त समय पर उपचारी कदम उठाए जा सकें।
- सम्पूर्ण मूल्यांकन के अन्त में बच्चे की सकारात्मक और महत्त्वपूर्ण उपलब्धियों के बारे में कक्षा के अध्यापक की वर्णनात्मक अभ्युक्तियाँ होनी चाहिए और अप्रत्यक्ष नकारात्मक मूल्यांकन को टाला जाना चाहिए।
- रचनात्मक मूल्यांकन के उद्देश्यों को पूरा करने के लिए और विद्यार्थियों को अपने कार्य-निष्पादन में सुधार करने में समर्थ बनाने के लिए अध्यापकों को अपने अध्यापन के दौरान मूल्यांकन के विभिन्न साधनों का उपयोग करने की आवश्यकता है।
- अध्यापकों को चाहिए कि वे रचनात्मक मूल्यांकन की अवधि में निर्धारण के कम-से-कम तीन विभिन्न साधनों का उपयोग करें। जहाँ तक रचनात्मक मूल्यांकनों का सम्बन्ध है, यह प्रस्ताव है कि विद्यालयों को अपने मूल्यांकन स्वयं करने चाहिए।
- विद्यालयों को अपने आपको केवल कागज, पेन्सिल वाली परीक्षाओं तक सीमित नहीं रखना चाहिए।
- मूल्यांकन, लिखित और मौखिक दोनों ही प्रकार की परीक्षाओं का होना चाहिए। इसमें परियोजनाएँ/क्रियाकलाप/प्रश्नोत्तरियाँ/निर्दिष्ट कार्य/कक्षा-कार्य/घर का कार्य भी सम्मिलित हो सकता है। परीक्षा से विद्यार्थियों के मन में भय उत्पन्न नहीं करना चाहिए और इसका स्वरूप ऐसा होना चाहिए कि उन्हें अनौपचारिक तरीके से किया जा सके।

**रचनात्मक मूल्यांकन योजना**

रचनात्मक निर्धारण पर संकेन्द्रण (फोकस)

↓

विद्यार्थियों के शिक्षा-प्राप्ति के परिणामों और निर्धारण की अपेक्षाओं को बाँटना

↓

स्पष्ट रूप से निर्धारित कसौटियों का उपयोग करना

↓

उदाहरणों और आदर्शों का उपयोग करें

↓

विशिष्ट फीडबैक और फीड फार्वर्ड दें
(जिससे यह सहायता मिलेगी)

↓

विद्यार्थी स्व-निर्धारण करें

↓

विद्यार्थी अपनी प्रगति का विवरण रखें

↓

अध्यापक विद्यार्थी की प्रगति का विवरण रखें

## रचनात्मक मूल्यांकन के लिए विशिष्ट सिफारिशें

- विद्यार्थी अपना सत्र अप्रैल में शुरू करते हैं और सीबीएसई ने रचनात्मक मूल्यांकन के लिए यह सिफारिश की है कि यह नए सत्र के प्रारम्भ में अप्रैल में शुरू हो।
- सीबीएसई द्वारा की गई सिफारिशों में विभिन्न विषयों के बारे में कुछ महीने- वार सुझाव दिए गए हैं। यह सलाह दी गई है कि प्रत्येक अवधि में, विद्यालय रचनात्मक मूल्यांकन के अन्तर्गत विद्यार्थी के कार्य-निष्पादन का मूल्यांकन करने के लिए कागज, पेन्सिल परीक्षा का उपयोग एक से अधिक बार न करें।
- यह सुझाव दिया गया है कि विज्ञान के मामले में वर्ष में 4 रचनात्मक मूल्यांकनों में से कम-से-कम एक मूल्यांकन प्रयोगों के रूप में हो।
- गणित में चार मूल्यांकन में से एक मूल्यांकन गणित प्रयोगशाला क्रियाकलापों का मूल्यांकन होना चाहिए। समाज विज्ञान में 4 में से कम-से-कम 1 मूल्यांकन परियोजनाओं पर आधारित होना चाहिए।
- भाषाओं में 4 में से कम-से-कम एक मूल्यांकन श्रवण बोध अथवा वार्तालाप के रूप में वार्तालाप करने के कौशल का मूल्यांकन होना चाहिए।
- उपरोक्त मार्ग-निर्देशों का प्रयोजन यह है कि मूल्यांकन के बहुविध मॉडलों का उपयोग किया जाए, ताकि लिखित परीक्षाओं पर ध्यान के संकेन्द्रण (Concentration) को कम किया जाए।

रचनात्मक मूल्यांकन ग्रेड केवल एक निर्धारण के लिए नहीं हो सकता। यह किसी सारी अवधि में किए गए कार्य का औसत होना चाहिए। उदाहरण के लिए एक ग्रेड, जो प्रयोगों को दर्शाता है, एक विशेष अवधि में किए गए प्रयोगों (3–4) का औसत होना चाहिए।

## प्रश्नों का निर्माण

- बच्चे के ज्ञान, सोच, छवि और भावनाओं का पता लगाने का सबसे उत्कृष्ट तरीका क्या है ? शिक्षार्थी का मूल्यांकन उससे प्रश्न पूछकर और उसके सामने समस्याएँ रखकर किया जा सकता है। दिए गए उत्तरों के सम्बन्ध में प्रश्न बनाने की क्षमता भी शिक्षण का उचित परीक्षण है।

- सकारात्मक मूल्यांकन करने के रूप में अध्यापक शिक्षण के दौरान उसके शिक्षण की जानकारी या बच्चे के सामने आने वाली कठिनाइयों को बच्चे से पूछकर कर सकता है कि बच्चा उनके बारे में क्या सोचता है।

## अच्छे प्रश्नों की विशेषताएँ

मनोवैज्ञानिकों ने अच्छे प्रश्नों की निम्नलिखित विशेषताएँ बताई हैं-

1. **उद्देश्य पर आधारित** प्रश्न पूर्वनिर्धारित उद्देश्य पर आधारित होने चाहिए और इन्हें इस तरीके से तैयार किया जाना चाहिए कि इससे उद्देश्य का प्रभावी परीक्षण हो सके।
2. **अनुदेश** इसके माध्यम से उसे विशेष कार्य सौंपा जाना चाहिए। इस प्रयोजन के लिए समुचित निर्देशात्मक शब्दों का प्रयोग किया जाना चाहिए और वाक्य संरचना की स्थिति का उल्लेख किया जाना चाहिए।
3. **विषय क्षेत्र** इसमें उत्तर की सीमा और क्षेत्र (उत्तर की लम्बाई) का उल्लेख किया जाना चाहिए, जो अनुमानित समय और उसके लिए तय अंकों के अनुसार हो।
4. **विषय-वस्तु** प्रश्न उसी विषय क्षेत्र के अन्तर्गत होना चाहिए, जिसके सम्बन्ध में परीक्षण किया जाना है।
5. **प्रश्न का रूप** इसका रूप उस उद्देश्य और विषय-वस्तु पर निर्भर करता है, जिसकी परीक्षा ली जानी है। कतिपय योग्यताओं की परीक्षा देने के लिए कई तरीके बेहतर होते हैं।
6. **भाषा** अच्छा प्रश्न स्पष्ट, संक्षिप्त और दुविधारहित भाषा में तैयार किया जाना चाहिए। इसकी भाषा विद्यार्थी की पहुँच में होनी चाहिए।
7. **कठिनाई का स्तर** प्रश्न उस विद्यार्थी को ध्यान में रखते हुए तैयार किया जाना चाहिए, जिससे यह प्रश्न पूछा जाना है। प्रश्न की कठिनता परीक्षा की क्षमता, परीक्षण के विषय क्षेत्र और उत्तर देने के लिए उपलब्ध समय पर निर्भर करती है।
8. **शक्ति का अन्तर** अच्छे प्रश्न में मेधावी विद्यार्थियों और अन्य विद्यार्थियों को भी ध्यान में रखा जाता है।
9. **उत्तर की सीमा का क्षेत्र पुनः निर्धारित करना** प्रश्न की भाषा इतनी स्टीक और संक्षिप्त होनी चाहिए कि उससे सम्भावित उत्तर की सीमा या परिभाषा स्पष्ट हो सके।
10. **मूल्यबिन्दु** पूरे प्रश्न के लिए और उसके उप-भागों के लिए मूल्यबिन्दु या अंकों का स्पष्ट उल्लेख किया जाना चाहिए।

## पूरक प्रकार के प्रश्न

पूरक प्रकार के प्रश्नों (Supplementary Type Questions) में विद्यार्थियों को एक शब्द में या कई वाक्यों अथवा अनुच्छेदों में उत्तर देना होता है। इस प्रकार के प्रश्नों को 'स्वच्छ उत्तर' प्रश्न भी कहा जाता है। पूरक प्रकार के प्रश्नों को तीन वर्गों में विभाजित किया जा सकता हैं- निबन्ध प्रकार, संक्षिप्त उत्तर प्रकार और बहुत संक्षिप्त उत्तर प्रकार।

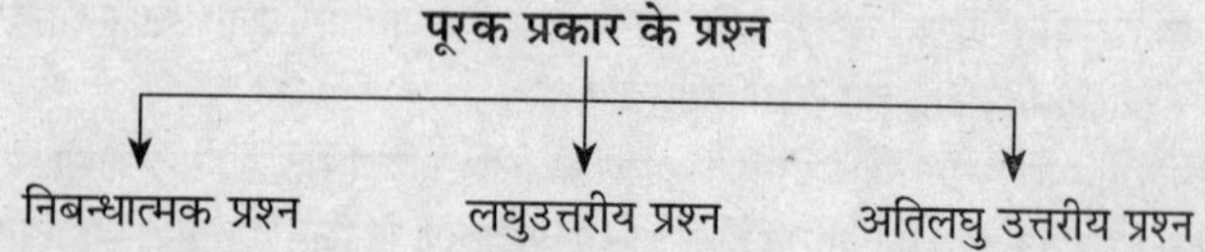


### निबन्धात्मक प्रश्न

- निबन्ध प्रकार के प्रश्न से आशय है— ऐसा लिखित उत्तर जो एक या दो पृष्ठों में हो। विद्यार्थियों को इस बात की छूट होती है कि वे उत्तर की शब्दावली, उसकी लम्बाई और उनके संयोजन अपने तरीके से कर सकते हैं। ज्ञान को मापने के लिए प्रयोग किए जाने वाले निबन्ध प्रकार के प्रश्नों में अन्तर किया जाना चाहिए। निबन्ध प्रकार के प्रश्नों का उद्देश्य यह है कि बच्चों का भाषाओं में लिखने का परीक्षण किया जाए। इसे निबन्ध परीक्षा कहा जाता है।
- ऐसी कई प्रकार की योग्यताएँ हो सकती हैं जिनकी अन्य तरीके से नहीं बल्कि निबन्ध प्रकार के प्रश्न पूछकर ही परीक्षा ली जा सकती है। ये योग्यताएँ निम्न प्रकार हैं
  - अर्जित ज्ञान से संगत तथ्य का चयन करना।
  - ज्ञान के विभिन्न पहलुओं के बीच उनकी पहचान करना और उनके आपस का सम्बन्ध निर्धारित करना।
  - अनुमान लगाकर सूचनाओं को व्यवस्थित करना, उनका विश्लेषण करना, तथ्यों की व्याख्या करना और अन्य प्रकार की सूचनाएँ एकत्र करना।
  - दी गई समस्या के बारे में अपने व्यक्तिगत और मूल दृष्टिकोण को व्यक्त करना।
  - तथ्यों, आँकड़ों और उपयुक्त तर्कों से अपने विचार को बनाए रखना।
  - समस्या और मुद्दे के प्रति आन्तरिक अभिवृत्ति का प्रदर्शन करना।
  - स्थूल (व्यापक) और सूक्ष्म दोनों स्तरों पर समस्या को समझना।

## निबन्धात्मक प्रश्नों को तैयार करना

- निबन्धात्मक प्रकार के प्रश्नों का आरम्भ सामान्यतः चर्चा, व्याख्या, मूल्यांकन, परिभाषा, तुलनात्मक व विश्लेषण से होता है।
- निबन्ध प्रकार के प्रश्न अच्छे होते हैं जब उनका समूह छोटा व समय सीमा के अन्तर्गत परीक्षा के लिए तैयार किया जाता है। ये लिखित अभिव्यक्ति के लिए भी उचित होते हैं।
- कुछ सामान्य प्रश्न निम्न प्रकार हैं
  - रेतीली मिट्टी जल को क्यों नहीं रोकती है? (प्रश्नात्मक)
  - चार ज्ञानेन्द्रियों के नाम बताइए एवं उनके बारे में संक्षेप में लिखिए। (कथनात्मक)
  - गुप्त काल को भारतीय इतिहास का स्वर्ण युग क्यों कहा जाता है? (प्रश्नात्मक)

### अन्य उदाहरण

(i) रूजवेल्ट द्वारा वर्ष 1932 में संयुक्त राष्ट्र अमेरिका के राष्ट्रपति के चुनाव जीतने के कारण बताइए और इस प्रश्न में समावेशन कर इसे इस प्रकार बनाया जा सकता है।

(ii) रूजवेल्ट का राष्ट्रपति का चुनाव जीतने का महत्त्वपूर्ण कारण था हूवर की अलोकप्रियता। क्या आप सहमत हैं? अपना उत्तर स्पष्ट करें।

इनमें पहले उदाहरण में पूछे गए प्रश्न रटे-रटाए उत्तर पर बल देते हैं, जबकि दूसरे उदाहरण में पूछे गए प्रश्न अपेक्षित विचारों, विश्लेषण एवं मूल्यांकन आदि को महत्त्व देते हैं।

## लघुउत्तरीय प्रश्न

- निबन्धात्मक प्रश्नों में वस्तुनिष्ठता और विश्वसनीयता की कमी होती है। इसलिए निबन्ध प्रकार के प्रश्नों में संक्षिप्त सार-संक्षेप और स्पष्टता नहीं होती है।
- लघु प्रश्न-उत्तर दो चरम स्थितियों के मध्य मार्ग है। शिक्षक एवं छात्र यदि इनके प्रारूप को भली-भाँति समझ लें, तो वस्तुनिष्ठ और निबन्ध दोनों ही प्रकार के प्रश्न लाभदायक सिद्ध हो सकते हैं। कुछ लघुउत्तरीय प्रश्न निम्न प्रकार हैं
  - संसार के सात अजूबों में से पिरामिड को एक अजूबे के रूप में क्यों माना गया? (प्रश्नात्मक)
  - पौधे और जानवरों में चार अन्तर बताइए। (कथनात्मक)
- लघुउत्तरीय प्रश्न के सन्दर्भ में निम्नलिखित बातों पर ध्यान देने की आवश्यकता पड़ती है
  - लघु प्रश्नों का प्रयोग वार्षिक/यूनिट परीक्षाओं में किया जा सकता है। लगभग सभी वस्तुनिष्ठ अध्ययनों में इसका प्रयोग किया जा सकता है।

- ➢ यह छात्रों में सही तथ्यों के संगठन और समझने के विकास में सहायता करता है। इस प्रकार के प्रश्नों की अपेक्षा अधिक वस्तुनिष्ठता और विश्वसनीयता होती है।
- ➢ इस तरह के प्रश्न अधिक-से-अधिक पाठ्यक्रम को सम्मिलित करने में सहायता करेंगे, क्योंकि कुछ निबन्धात्मक प्रश्नों के स्थान पर अधिक लघु प्रश्न पूछे जा सकते हैं। इससे प्रश्न-पत्र की वैधता में भी सुधार आएगा।

## अतिलघु उत्तरीय प्रश्न (Very Short Answer Type Questions)

- अतिलघु उत्तरीय प्रश्न वे हैं, जिनके द्वारा निश्चित परीक्षा बिन्दु जाना जाता है और वस्तुनिष्ठता को चिह्नित किया जा सकता है। इन प्रश्नों से ज्यादातर विषय-वस्तु के मूल को समझा जा सकता है और अधिक विश्वसनीयता व वैधता को बनाया जा सकता है।
- अतिलघु उत्तरीय प्रश्नों के अन्तर्गत परीक्षार्थी से शब्द, पदबन्ध अथवा अलंकार और वाक्य पूछकर प्रश्नों के उत्तरों को जाना जा सकता है। इससे उत्तर एक शब्द या एक वाक्य में दिया जा सकता है। इनके उत्तर देने में ज्यादा-से-ज्यादा एक से दो मिनट लगेंगे और आधा से एक नम्बर दिया जा सकेगा। अतिलघु प्रश्नोत्तरों का प्रयोग सभी विद्यालयी विषयों में किया जा सकता है।

कुछ अतिलघु प्रश्नोत्तरों के उदाहरण निम्नलिखित हैं

1. **रिक्त स्थान पूर्ति प्रकार के प्रश्न** यह भाषा ज्ञान में अभिव्यक्ति को जानने में सहायक होगा। प्रश्न का एक उदाहरण- मैं बहुत परेशान था क्योंकि ........।
2. **समानार्थक प्रकार के प्रश्न** भाषा में अनुच्छेदों में दिए गए विचार, शब्द, वाक्य, समानार्थक व विलोम शब्दों को चुनने के लिए भी इनका प्रयोग किया जा सकता है।
3. **मानचित्र पर आधारित प्रश्न** भूगोल में नक्शा कौशल को मापने के लिए इन प्रश्नों का प्रयोग किया जाता है। प्रश्न का एक उदाहरण नक्शे में सिडनी, कोलोराडो रेगिस्तान दर्शाएँ।
4. **रूपान्तरण प्रकार** इस प्रकार के प्रश्नों का प्रयोग केवल भाषा को जाँचने के लिए होता है। इस तरह के प्रश्नों के द्वारा कथ्य, वाच्य, संश्लेषण व वाक्य- रूपान्तरण आदि को जाँचा जा सकता है।

## चित्रात्मक प्रश्न

- चित्रात्मक प्रश्नों (Picture Based Questions) का निर्माण सामान्यतः प्राथमिक कक्षा के ज्ञान की जाँच हेतु किया जाता है। इस प्रकार के प्रश्नों में दिए गए चित्रों से सम्बन्धित प्रश्न पूछे जाते हैं।
- किसी चित्र के आधार पर यह पूछा जा सकता है कि दिए गए चित्र में व्यक्ति क्या कर रहा है अथवा यह किसकी तस्वीर है अथवा दिए गए व्यक्ति का व्यवसाय क्या है?

## निर्वचनात्मक प्रश्न

- निर्वचनात्मक प्रश्नों (Interpretative Questions) के द्वारा विविध विषयों से सम्बन्धित ज्ञान की परीक्षा ली जाती है।
- इस प्रकार के प्रश्नों के द्वारा एक ही बार में किसी विषय से सम्बन्धित कई पहलुओं की परीक्षा सम्भव है।

**उदाहरण**

**निर्देश** बस की समय-सारणी को पढ़ें और नीचे दिए गए प्रश्नों के उत्तर दें

**हिमाचल प्रदेश सड़क परिवहन बस सेवा समय-सारणी**

| मार्ग | दिल्ली से जाने का समय | दूसरी ओर से जाने का समय | दूरी (किमी) | किराया (₹ में) |
|---|---|---|---|---|
| दिल्ली-वैद्यनाथ | 18:15 | 17:30 | 539 | 77.00 |
| दिल्ली-चम्बा | 20:00 | 14:00 | 626 | 84.00 |
| दिल्ली-धर्मशाला | 21:45 | 19:30 | 513 | 71.50 |

- बस की समय-सारणी का शीर्षक क्या है?
- समय-सारणी में कितने मार्गों की सूची दी गई है?

## रिक्त स्थान प्रकार के प्रश्न

इस प्रकार के प्रश्नों में एक कथन दिया जाता है, जिसमें कि एक शब्द या दो शब्दों को उनके स्थान से हटा दिया जाता है और छात्रों को इन रिक्त स्थानों में उपयुक्त शब्द भरने को कहा जाता है। इसके कुछ उदाहरण इस प्रकार हैं

- सभी प्राणी .......... प्राप्त करने के लिए साँस लेते हैं। (ऊर्जा)
- सूफी सन्तों के मकबरे को .......... कहा जाता है। (दरगाह)
- पृथ्वी के ऊपरी भाग को ......... कहते हैं। (भू-पर्पटी)
- क्षेत्रफल के दृष्टिकोण से भारत विश्व का .......... सबसे बड़ा देश है। (सातवाँ)
- **वस्तुनिष्ठ प्रश्न** वे प्रश्न जिनके एक से अधिक विकल्प हों उन्हें वस्तुनिष्ठ प्रश्न कहा जाता है।

## वस्तुनिष्ठ प्रकार के प्रश्नों के विभिन्न रूप

### 1. वैकल्पिक उत्तर प्रकार के प्रश्न

इस तरह के प्रश्नों में छात्रों को विकल्प के रूप में दिए गए दो में से किसी एक सही उत्तर का चयन करना होता है।

**सत्य-असत्य और हाँ - नहीं प्रश्न** (True False and Yes-No Question) इस प्रकार के प्रश्नों में एक कथन दिया जाता है और छात्रों को यह बताना होता है कि कथन सत्य है या असत्य। सत्य/असत्य वाले प्रश्न सरलता से बनाए जा सकते हैं और आसानी से निरीक्षित किए जा सकते हैं। ये विद्यार्थियों की समझ को भली-भाँति विश्वसनीय ढंग से मापते हैं। विशेष रूप से कक्षा में ली जाने वाली परीक्षाओं में। कथन यदि सत्य है तो 'स' लिखें, यदि असत्य है तो 'अ' लिखें

विभिन्न प्रकार के वैकल्पिक प्रश्न-उत्तर निम्न प्रकार हैं

- जानवर और पौधे दोनों जीवनपूर्ण हैं।
- सभी/जानवर छोटे जानवरों को खाते हैं।
- सही/गलत प्रकार व हाँ/नहीं प्रकार के प्रश्न सही कथन के सामने सही का गलत के सामने गलत का चिह्न लगाएँ
- द्रव का निश्चित आकार नहीं होता।
- बर्फ पानी से हल्की होती है।

### 2. मिलान प्रकार के प्रश्न

मिलान प्रकार (Matching Type) के प्रश्न दो सारणी में होते हैं। शब्द व कथन एक सारणी में दिए जाते हैं, जिनका मिलान दूसरी सारणी में दिए गए उत्तरों से करना होता है। मिलान प्रकार के प्रश्न नीचे दिए गए हैं

(i) **एकल मिलान** (Single Match) इस प्रकार के प्रश्नों में दो सारणी दी जाती हैं। बाएँ सारणी में प्रश्न पूछे जाते हैं और दूसरे में उत्तर दिया जाता है। छात्रों से पूछे गए प्रश्नों को मिलान करके उत्तर देना होता है। मिलान प्रकार के प्रश्न के उदाहरण नीचे दिए गए हैं

**निर्देश** सारणी (क) और सारणी (ख) में दिए गए शब्दों का मिलाने करें (सरल)

| सारणी (क) | सारणी (ख) |
|---|---|
| सुबह | तारे |
| रात | 24 घण्टे |
| दिन | सूर्य का प्रकाश |

**निर्देश** सारणी (क) में दिए गए शब्दों का मिलान सारणी (ख) में दिए अर्थों के अनुसार करें। (कठिन)

| (क) | (ख) |
|---|---|
| नाई | ब्रेड/बिस्कुट बनाने वाला |
| बैरा | स्थानं की देख-रेख करने वाला |
| बेकर | लोगों के बाल काटने वाला |
| वास्तुविद् | होटल में खाना परोसने वाला |
| रखवाला | इमारतों व पुलों का रेखांकन करने वाला |

**(ii) दोहरा मिलान** (Double Match) इस प्रकार के प्रश्नों में दो क्षेत्रों की जानकारी के लिए एक सूची दी जाती है, जिसमें दो के अतिरिक्त तीन सारणियों का प्रयोग किया जाता है। मध्य सारणी में उत्तर देना होता है और बाएँ व दाएँ दोनों ओर उसके उत्तर दिए होते हैं **उदाहरण** यहाँ तीन सारणी दी गई हैं। दूसरी सारणी में चार जानवरों की सूची दी गई है, जबकि पहली सारणी में जानवरों का व्यवहार और तीसरी सारणी में भोजन के प्रकार हैं, जिन्हें वे सामान्यत: खाते हैं।

सारणी दो और तीन से सही उत्तर चुनें

| सारणी 1 (व्यवहार) | | सारणी 2 (जीव-जन्तु) | सारणी 3 (भोजन) |
|---|---|---|---|
| 1. | दिन का प्रकाश पसन्द करते हैं, लेकिन रात में सक्रिय होते हैं। | (क) चूहा | (क) प्राणी |
| 2. | दिन का प्रकाश पसन्द करते हैं, लेकिन दिन में सक्रिय होते हैं। | (ख) कीड़ा | (ख) फूलों का मकरन्द |
| 3. | दिन का प्रकाश पसन्द नहीं करते | (ग) घर | (ग) जानवरों का माँस |
| 4. | दिन का प्रकाश पसन्द नहीं करते, लेकिन रात और दिन दोनों में सक्रिय रहते हैं। | (घ) छिपकली | (घ) पौधों के पत्ते<br>(ङ) रोटी<br>(च) कार्बनिक वस्तु का भार<br>(छ) लकड़ी<br>(ज) साँप |

**(iii) कुंजी सूची और जाँच सूची** (Key List and Check List) इसमें छात्रों को कुंजी के रूप में दो/तीन विकल्प दिए जाते हैं, जिसमें उसे कुंजी सूची के आधार पर उत्तर देना होता है।

नीचे दिए गए तत्त्वों के बारे में बताइए कि कौन-सा ठोस (ठो), द्रव (द्र), गैस (गै) है?

| विषय | स्थिति |
|---|---|
| जल | पारा |
| वाष्प | लोहा |

**(iv) साँचा मदें** (Item Template) यह दोहरे मिलान वाले प्रकार के विस्तार के रूप में होते हैं, जिसमें किसी प्रेरक के लिए दो से अधिक उत्तर दिए जाते हैं। इस प्रकार के पूछे गए प्रश्न खड़ी लाइनों में होते हैं और उत्तर सारणी में देना होता है। छात्रों को प्रत्येक सारणी को जाँचकर उत्तर देना होता है।

**विटामिन और उनकी कमी से होने वाले रोग**

| विटामिन | अधिक रक्त प्रवाह (1) | बेरी-बेरी (2) | सूखा रोग (3) | रक्ताल्पता (4) | खुजली (5) | रतौंधी (6) |
|---|---|---|---|---|---|---|
| ए | | | | | | |
| बी1 | | | | | | |
| बी12 | | | | | | |
| सी | | | | | | |
| डी | | | | | | |
| के | | | | | | |

### 3. बहु-विकल्पात्मक प्रकार के प्रश्न

सभी वस्तुनिष्ठात्मक प्रकार के प्रश्नों में बहुविध चयनात्मक प्रश्न बहुत उपयोगी होते हैं। इस तरह के प्रश्नों में एक अधूरा कथन दिया जाता है और उसके लिए चार/पाँच वैकल्पिक उत्तर दिए होते हैं। विकल्पों में से छात्रों को सही उत्तर देना होता है।

इसमें बहु-वैकल्पिक प्रश्न (Multiple Choice Question) दो प्रकार के होते हैं

**प्रश्न रूप** (Question Form) (परीक्षण अनुदेशात्मक वस्तुनिष्ठ व्याख्या)

(i) इनमें से कौन-सी बीमारी जीवाणु व विषाणु द्वारा नहीं होती है?

(1) चेचक (2) हृदयाघात

(3) मलेरिया (4) हैजा

(ii) अधूरे कथन के रूप में (वस्तुनिष्ठ अनुदेशनात्मक परीक्षण सम्बन्धों की पहचान कीजिए)

ह्वेल और चमगादड़ दोनों में निम्नलिखित बातें समान होती हैं

(1) बाल (2) पंख

(3) अंग (4) गर्दन

उपरोक्त प्रश्नों के इस रूप का प्रयोग विभिन्न परीक्षणों और छात्रों द्वारा सफलता प्राप्त करने के लिए किया जाता है।

यदि परीक्षा में विभिन्न प्रकार के प्रश्नों का प्रयोग किया जाए तो यह निश्चित तौर पर वस्तुनिष्ठ और सन्तोषजनक होगा। दूसरी ओर विश्वसनीय और विधिमान्य तरीका भी होगा।

## आलोचनात्मक चिन्तन

- आलोचनात्मक चिन्तन (Critical Thought), चिन्तन की एक ऐसी प्रक्रिया है, जिसके अन्तर्गत किसी भी वस्तु-विषय के सकारात्मक एवं नकारात्मक पहलुओं के बारे में विचार किया जाता है।
- शिक्षण के दौरान अध्यापकों को छात्रों में आलोचनात्मक चिन्तन का विकास करना चाहिए, इससे विषय-वस्तु के बारे में छात्रों में एक दृष्टिकोण का निर्माण होता है। यदि किसी तथ्य के बारे में विद्यार्थी को बताया जाता है, यदि वह उस तथ्य को उसी रूप में स्वीकार कर लेता है तो माना जाएगा कि उसमें आलोचनात्मक चिन्तन का गुण नहीं है, लेकिन वही विद्यार्थी उपलब्ध तथ्य के बारे में एक अलग सोच व्यक्त कर उसके दोनों पक्षों को बताता है, तो यह गुण आलोचनात्मक चिन्तन कहलाएगा; जैसे—कोई बालक फुटबॉल खरीदते वक्त उसके गुण, मजबूती इत्यादि के बारे में पता लगाकर खरीदता है तो यह माना जाएगा कि उसमें आलोचनात्मक चिन्तन का विकास हो रहा है।

# प्रश्नमाला

**1. मूल्यांकन हेतु ग्रेडिंग पद्धति में "उत्कृष्ट" (Excellence) के लिए कौन-सा ग्रेड प्रयोग में लाया जाता है ?**
(a) सी (b) ए
(c) 1ए⁺ (d) बी

**2. छात्र की उपलब्धि के मूल्यांकन का सबसे बेहतर तरीका क्या हो सकता है ?**
(a) ग्रेडिंग पद्धति का प्रयोग
(b) प्राप्ताकों के आधार पर श्रेणी प्रदान करना
(c) तुलनात्मक मूल्यांकन
(d) साप्ताहिक परीक्षा

**3. "रचनात्मक मूल्यांकन में फीडबैक और स्व-मूल्यांकन दोनों सम्मिलित होते हैं।" यह कथन किस मनोवैज्ञानिक का है ?**
(a) सैडलर (b) विलियम
(c) ब्लैक (d) रिच

**4. अच्छे प्रश्नों की निम्नलिखित में क्या-क्या विशेषताएँ हैं ?**
(a) प्रश्न पूर्व निर्धारित उद्देश्यों पर आधारित होना चाहिए
(b) प्रश्न विषय वस्तु से संबंधित होना चाहिए
(c) प्रश्नों की भाषा सरल और स्पष्ट होनी चाहिए
(d) उपरोक्त सभी

**5. छात्रों के मूल्यांकन हेतु पूरक प्रश्न पूछे जाते हैं, जो होते हैं:-**
(a) अतिलघु उत्तरीय प्रश्न
(b) लघु उत्तरीय प्रश्न
(c) निबंधात्मक प्रश्न
(d) उपरोक्त सभी

**6. केवल भाषा को जाँचने के लिए किस प्रकार के प्रश्नों का प्रयोग किया जाता हैं ?**
(a) रिक्त स्थान पूर्ति प्रकार के प्रश्न
(b) समानार्थक प्रकार के प्रश्न
(c) रूपान्तरण प्रकार के प्रश्न
(d) मानचित्र पर आधारित प्रश्न

**7. चित्रात्मक प्रश्नों (Picture Based Question) का निर्माण सामान्यत: ....... कक्षा के बच्चों के जाँच के लिए बनाया जाता है ?**
(a) उच्च कक्षा (b) माध्यमिक कक्षा
(c) प्राथमिक कक्षा (d) उच्च-माध्यमिक कक्षा

**8. विविध विषयों से संबंधित ज्ञान की परीक्षा के लिए किस प्रकार के प्रश्न बनाए जाते हैं ?**
(a) चित्रात्मक प्रश्न
(b) निर्वचनात्मक प्रश्न
(c) रिक्त स्थान की पूर्ति प्रकार के प्रश्न
(d) मानचित्र पर आधारित प्रश्न

**9. आलोचनात्मक चिंतन का अर्थ होता है-**
(a) केवल सकारात्मक चिंतन
(b) केवल नकारात्मक चिंतन
(c) सकारात्मक और नकारात्मक दोनों प्रकार के चिंतन
(d) इनमें से कोई नहीं

**10. आकलन उद्देश्यपूर्ण होता है, जब-**
(a) इससे छात्रों में परीक्षा के प्रति भय की भावना हो।
(b) इससे छात्रों एवं शिक्षकों को फीडबैक प्राप्त हो
(c) जब छात्रों की तुलना कक्षा के अन्य छात्रों से हो
(d) जब यह केवल वर्ष के अन्त में हो।

**11. वर्तमान समय में सतत एवं व्यापक मूल्यांकन के अन्तर्गत ग्रेडों में अंकों का वितरण किया जाता है। इस प्रणाली में कितने प्रतिशत अंक प्राप्त करने वाले छात्र को 'सर्वोत्कृष्ट' या 'ए⁺' ग्रेड के अन्तर्गत रखा जाता है ?**
(a) 90-100% (b) 56-74%
(c) 75-89% (d) 35-55%

**12. मार्गदर्शन का प्रयोजन है**
(a) मूल्यांकन के बहुविध मॉडलों का प्रयोग
(b) मूल्यांकन के एकल मॉडल का प्रयोग
(c) मूल्यांकन के दो मॉडलों का प्रयोग
(d) मूल्यांकन के तीन मॉडलों का प्रयोग

**13. आप एक शिक्षक के रूप में विद्यार्थी के ज्ञान के विभिन्न पहलुओं के बीच उनकी पहचान करने और उनके आपस का सम्बन्ध निर्धारित करने की योग्यता की जाँच करना चाहते हैं। इसके लिए आपको किस प्रकार के प्रश्नों का निर्माण करना चाहिए ?**
(a) निबन्धात्मक प्रश्न
(b) अतिलघु उत्तरीय प्रश्न
(c) वस्तुनिष्ठ प्रश्न
(d) मिलान वाले प्रश्न

**14. एक चित्र के द्वारा एक डॉक्टर को रोगी का परीक्षण करते हुए दिखाया जा रहा है, यह कौन-से प्रश्न का प्रकार है ?**
(a) चित्रात्मक प्रश्न
(b) लघुउत्तरीय प्रश्न
(c) अतिलघु उत्तरीय प्रश्न
(d) वस्तुनिष्ठ प्रश्न

**15. सत्य/असत्य, सही/गलत एवं हाँ/नहीं उत्तर देने वाले प्रश्न किस प्रकार के प्रश्नों के उदाहरण हैं ?**
(a) मिलान वाले प्रश्न
(b) बहुविकल्पीय प्रश्न
(c) वैकल्पिक उत्तर वाले प्रश्न
(d) उपरोक्त में से कोई नहीं

**16. एक शिक्षक कक्षा के कार्य को एकत्र करता है और उन्हें पढ़ता है उसके बाद योजना बनाता है और अपने अगले पाठ को शिक्षार्थियों की आवश्यकताओं को पूरा करने के लिए समायोजित करता है। वह कर रहा/रही है।**
(a) सीखने का आकलन
(b) सीखने के रूप में आकलन
(c) सीखने के लिए आकलन
(d) सीखने के समय आकलन

**17. निम्नलिखित में से कौन-सा एक आधारभूत सहायता का उदाहरण है ?**
(a) अनुबोधन और संकेत देना तथा नाजुक स्थितियों पर प्रश्न पूछना।
(b) शिक्षार्थियों को प्रेरित करने वाले भाषण देना।
(c) प्रश्न पूछने को बढ़ावा दिए बिना स्पष्टीकरण देना।
(a) मूर्त और अमूर्त दोनों प्रकार के उपहार देना।

**18. शिक्षक सीखने के लिए मूल्यांकन और सिखाने के मूल्यांकन दोनों का उपयोग कर सकते हैं-**
(a) बच्चों की प्रगति की निगरानी करने और उनके सीखने के अन्तराल को भरने के लिए उचित लक्ष्य निर्धारित करने में।
(b) बच्चों की प्रगति और उपलब्धि स्तर को जानने में।
(c) बच्चे की सीखने की आवश्यकताओं को जानने में और तद्नुसार शिक्षण रणनीति का चयन करने में।
(d) आवधिक अन्तरालों पर बच्चे के प्रदर्शन का आकलन करने और उसके प्रदर्शन को प्रमाणित करने में।

# उत्तरमाला

**1.** (b) **2.** (a) **3.** (a) **4.** (d) **5.** (d) **6.** (c) **7.** (c) **8.** (b) **9.** (c) **10.** (b)
**11.** (a) **12.** (a) **13.** (a) **14.** (a) **15.** (c) **16.** (c) **17.** (a) **18.** (b)

❑❑❑

# 13 विविध पृष्ठभूमि के बालकों की पहचान

## समावेशी शिक्षा

- समावेशी शिक्षा (Inclusive Education) का तात्पर्य है समाज के सभी वर्गों के बच्चों को शिक्षा की मुख्य धारा में समाविष्ट कर उन्हें शिक्षा के समान अवसर उपलब्ध कराना।
- भारत विविधता से परिपूर्ण एक विशाल देश है। जाति सम्प्रदाय, रीति-रिवाज, आर्थिक-सामाजिक स्थिति आदि अनेक आधारों पर यहाँ विविधता देखने को मिलती है। विविध पृष्ठभूमि के बालकों से यहाँ तात्पर्य भारतीय समाज के विविध वर्गों; जैसे- निर्धन, वंचित, पिछड़े, अनुसूचित जाति एवं जनजाति के बच्चों से है।
- भारतीय समाज के निर्धन, पिछड़े, अनुसूचित जाति एवं अनुसूचित जनजातियों में साक्षरता दर सामान्य वर्ग से काफी कम है। इन वर्गों के उद्धार के लिए यह आवश्यक है कि इनके बच्चों को सामान्य वर्गों की तरह शिक्षा के अवसर उपलब्ध कराए जाएँ।
- समावेशन (Inclusion) का तात्पर्य है कि इसमें विकलांग बच्चों को सामान्य बच्चों के साथ शिक्षा दी जाती है। यह समावेशन का एक संकुचित अर्थ है। वास्तविकता में समावेशन केवल विकलांग लोगों तक ही सीमित नहीं है, बल्कि इसका अर्थ किसी भी बच्चे का वंचित न होना भी है।

## समावेशी शिक्षा की विशेषताएँ

- समावेशी शिक्षा कक्षा में विविधता को प्रोत्साहित करती है, जिससे सभी संस्कृतियों को साथ मिलकर आगे बढ़ने का समुचित अवसर मिलता है।
- समावेशी शिक्षा के अन्तर्गत सभी विशेष शैक्षिक आवश्यकता वाले विद्यार्थियों को विद्यालय में प्रवेश को रोकने की कोई प्रक्रिया नहीं होनी चाहिए।
- समावेशन की नीति को प्रत्येक स्कूल और सारी शिक्षा व्यवस्था में व्यापक रूप से लागू किए जाने की आवश्यकता है।
- समावेशी शिक्षा उस विद्यालयी शिक्षा व्यवस्था की ओर संकेत करती है, जो उनकी शारीरिक, बौद्धिक, सामाजिक, भाषिक या अन्य विभिन्न योग्यता स्थितियों को ध्यान में रखे बिना सभी बच्चों को शामिल करती है।
- सफल समावेशन के लिए बच्चे के जीवन के हर क्षेत्र में वह चाहे स्कूल में हो या बाहर, शिक्षा में सभी बच्चों की भागीदारी सुनिश्चित किए जाने की आवश्यकता है।
- समावेशी शिक्षा में शिक्षक के सामाजिक-आर्थिक स्तर का अधिक महत्त्व नहीं है, इसमें सर्वाधिक महत्त्वपूर्ण हैं
  (i) बच्चों के प्रति उसकी संवेदनशीलता
  (ii) विद्यार्थियों के लिए उसका लगाव और धैर्य
  (iii) विद्यार्थियों की अक्षमताओं का ज्ञान
- पृथक्-पृथक् समजातीय समूहों के व्यक्तियों के प्रति बच्चों की अभिवृत्ति साधारणतया उनके अभिभावक की चित्तवृत्ति पर आधारित होती है इसलिए इनके समावेशन हेतु यह आवश्यक है कि शिक्षकों में पर्याप्त धैर्य-शक्ति हो, यह तभी होगा जब वे उनके प्रति लगाव महसूस करेंगे।
- सफल समावेशन में अभिभावकों की भागीदारी, उनके क्षमता-संवर्द्धन एवं उन्हें संवेदनशील बनाने की भी आवश्यकता होती है, ताकि वे अपने बच्चों को स्कूल आने के अवसर उपलब्ध कराएँ, ताकि उसके हर प्रकार के विकास में सहयोग करें।
- निर्धन, वंचित, अनुसूचित जाति एवं जनजाति तथा असंगठित घर से आने वाला बच्चा स्वतन्त्र अध्ययन में सबसे अधिक कठिनाई का अनुभव करता है। इसलिए इनके सफल समावेशन के लिए इस प्रकार के विशेष रूप से जरूरतमन्द बच्चों की शिक्षा का प्रबन्ध दूसरे सामान्य बच्चों के साथ होना चाहिए।

## समावेशी शिक्षा का उद्देश्य

मनोवैज्ञानिकों ने समावेशी शिक्षा के निम्नलिखित उद्देश्य (Object) बताए है

- असमर्थ बालकों को सामाजिक व सांस्कृतिक रूप से जोड़कर विकास की मुख्य धारा में लाना।
- असमर्थ/अक्षम बालकों की समस्या का पता लगाकर उनके निवारण का प्रयास करना, ताकि उनका समुचित विकास हो सके।
- बालकों में जागरुकता एवं उत्सुकता की भावना का विकास करना, ताकि वे प्रखर बन सकें। सभी बालकों को शिक्षा देकर देश की प्रगति में उनकी मानव संसाधन क्षमता का उपयोग करना।
- शिक्षण के क्षेत्र में लोकतान्त्रिक मूल्यों को बढ़ाना। बालकों को स्वावलम्बी/आत्मनिर्भर बनाना।
- अध्ययन के दौरान सभी बालकों की भ्रान्तियों को दूर करने का प्रयास करना, ताकि उनके विकास में बाधा उत्पन्न न हो।
- बालकों में नैतिक मूल्यों का संचार करना।

प्रत्येक व्यक्ति दूसरे व्यक्ति से कई बातों में भिन्न होता है। व्यक्तियों के बीच यह भिन्नता उनकी शारीरिक, मानसिक, सामाजिक तथा सांस्कृतिक विशेषताओं में होती है। ये विभिन्नतायें सामान्यत: सभी में पायी जाती हैं। परन्तु जब कोई व्यक्ति साधारण व्यक्ति से बहुत अधिक भिन्नता रखता है तो उसे उस भिन्नता के आधार पर सुगमता से पहचाना जा सकता है। ऐसे बालक को विशिष्ट बालक की श्रेणी में रखा जाता है।

## विशिष्ट आवश्यकता वाले बच्चे, उनकी पहचान एवं वर्गीकरण

ऐसे बालक की कुछ विशेष आवश्यकताएं होती हैं। उन्हें विशिष्ट बालकों की श्रेणी में रखा जा सकता है। वैसे मनोवैज्ञानिकों ने विशिष्ट शब्द का अर्थ अलग-अलग तरह से दिया है। क्रो एण्ड क्रो (Kro and Kro) ने विशिष्ट शब्द को स्पष्ट करते हुए लिखा है कि- विशिष्ट शब्द किसी एक ऐसे गुण या उस गुण को धारण करने वाले व्यक्ति के लिए उस समय प्रयोग में लाया जाता है जबकि वह व्यक्ति उस विशेष गुण को धारण करते हुए अन्य सामान्य व्यक्तियों से इतना अधिक असामान्य प्रतीत हो कि वह उस गुण विशेष के कारण अपने

साथियों से विशिष्ट ध्यान की मांग करे अथवा उसे प्राप्त करे और साथ ही इससे उसके व्यवहार की क्रियाएं तथा अनुक्रियाएं भी प्रभावित हों।

अमेरिकन नेशनल सोसायटी फॉर स्टडी ऑफ ऐजूकेशन के अनुसार ''विशिष्ट बालक वे हैं जो कि सामान्य बालकों से शारीरिक, मानसिक, संवेगिक या सामाजिक विशेषताओं में इतनी अधिक दूरी पर हैं कि अपनी उच्चतम योग्यता तक विकसित होने के लिए उन्हें विशेष शैक्षिक सेवाओं की आवश्यकता पड़ती है।''

किर्क (Kirk) के अनुसार, ''विशिष्ट बालक वह है जो सामान्य तथा औसत बालक से शारीरिक, मानसिक तथा सामाजिक विशेषताओं में इतना अधिक भिन्न है कि वह विद्यालय व्यवस्थाओं में संशोधन अथवा विशेष सेवाएं अथवा पूरक शिक्षण चाहता है जिससे वह अपनी अधिकतम क्षमता का विकास कर सके।

## विशिष्ट बालकों का वर्गीकरण

अलग-अलग मनोवैज्ञानिकों ने विशिष्ट बालकों के अलग-अलग प्रकार बताये हैं। पाण्डेय तथा श्रीवास्तव (2007) ने बालकों को उनकी विशिष्टता की प्रकृति एवं क्षेत्र के आधार पर निम्न प्रकार से वर्गीकृत किया है-

1. **मानसिक रूप से विशिष्ट**
   इस वर्ग में मुख्यतः दो प्रकार के विशिष्ट बालक आते हैं-
   (i) प्रतिभाशाली बालक
   (ii) मन्द बुद्धि बालक
2. **शारीरिक दृष्टि से बाधित**
   इसके अन्तर्गत निम्न प्रकार के विकलांग बालक आते हैं-
   (i) दृष्टि विकलांग
   (ii) श्रवण दोष युक्त बालक
   (iii) वाक् दोष युक्त बालक
   (iv) विरूपित बालक
   (v) अस्वस्थ विकलांग
3. **सांवेगिक दृष्टि से विशिष्ट**
   इस वर्ग में निम्न प्रकार के बालक आते हैं-
   (i) असमायोजित एवं नैतिक-विचलित बालक
   (ii) समस्यात्मक बालक
   (iii) बाल अपराधी
   (iv) सांवेगिक रूप से विशिष्ट
4. **बहु विकलांग**
   इसके अन्तर्गत ऐसे बालक आते हैं जो एक से अधिक दृष्टि से विशिष्ट होते हैं।

### विशिष्ट बालकों की पहचान

कक्षा में विशिष्ट बालकों की पहचान उनकी विशेषताओं को कसौटी मानकर की जा सकती है-

(1) विभिन्न प्रकार के बुद्धि परीक्षण जैसे-सामूहिक एवं व्यक्तिगत बुद्धि परीक्षण
(2) उपलब्धि परीक्षण
(3) अभिरुचि परीक्षण
(4) शारीरिक परीक्षण
(5) मानसिक परीक्षण इत्यादि।

## श्रवण दोष युक्त

श्रवण दोष युक्त बालक से अभिप्राय उन बालकों से है। जिन्हें या तो सुनाई नहीं देता अथवा ऐसे बालक जिन्हें सुनने, ध्वनियों को पहचानने तथा अर्थ लगाने में सहजता महसूस नहीं होती है। श्रवण दोष से युक्त बालक विकलांगता के शिकार माने जाते हैं। श्रवण विकलांग बालक को दो श्रेणियों में बांटा जा सकता है-

1. बधिर अथवा बहरा बालक जिसे कुछ सुनाई नहीं देता।
2. ऊँचा सुनने वाला बालक

   बहरे बालक को कुछ भी सुनाई नहीं देता। यदि यह बात जन्म से होती है तो वे गूंगे भी होते हैं। वे अपनी बात को ईशारों से ही थोड़ा बहुत समझ सकते हैं, ऊँचा सुनने वाले बालकों में पूर्णतः बहरापन नहीं होता इनकी श्रवण यंत्रों में दोष पाये जाने के कारण वे सामान्य वार्तालाप तथा ध्वनियों को अच्छी तरह से सुन व समझ नहीं पाते हैं। इसलिए इनके साथ काफी तेज बोलना पड़ता है। श्रवण यंत्रों के माध्यम से ऐसे बालकों की परेशानियों को कम किया जा सकता है। धीरे-धीरे ये सामान्य बालकों की तरह व्यवहार करना शुरू कर देते हैं। इसलिए श्रवण दोषों को ठीक से पहचान कर, इलाज करने तथा श्रवण यंत्रों का सही इस्तेमाल का प्रशिक्षण देकर इन्हें सामान्य बालकों की तरह शिक्षा प्रदान की जा सकती है।

   श्रवण दोष के लिए कई कारण जिम्मेदार हो सकते हैं जैसे-

   (1) यदि माँ के गर्भ में बालक को उचित वातावरण की कमी है अथवा माँ को लगी चोट, सदमा, आदि भी बालक के मस्तिष्क पर सीधा प्रभाव डाल सकते हैं।
   (2) कोई भी गम्भीर बीमारी से ग्रसित होने पर या कुपोषण का शिकार होने पर भी श्रवण दोष हो सकता है।
   (3) भयंकर दुर्घटनाएँ भी श्रवण दोष का कारण बन सकती हैं। शरीर व मस्तिष्क पर पहुँचा गहरा आघात श्रवण दोष उत्पन्न कर सकता है।
   (4) माता-पिता के क्रोमोसोम्स तथा जीन्स का दोषपूर्ण होना व इनका स्थानान्तरण बालकों में होने पर जैसे ही बच्चा भ्रूण अवस्था में आता है वह श्रवण दोष का शिकार हो जाता है।
   (5) वर्तमान परिस्थितियों में तेजी से बढ़ता प्रदूषण ही बहरेपन की समस्या के लिए जिम्मेदार है।
   (6) सामान्य तथा कान सम्बन्धी बीमारियाँ भी श्रवण दोष का कारण होती हैं। जैसे- बीमारियों में ली जाने वाली तेज दवाइयों का मस्तिष्क पर सीधा प्रभाव पड़ता है। जिससे व्यक्ति की श्रवण तन्त्रिकाओं पर सीधा प्रभाव पड़ता है, तथा व्यक्ति की सुनने की शक्ति प्रभावित होती है।

## श्रवणदोष युक्त विकलांग विद्यार्थियों की शिक्षा

बालक किस प्रकार की श्रवण विकलांगता से ग्रसित है यह जानना अत्यन्त आवश्यक है। जो बालक पूर्ण रूप से बहरे तथा जिन्हें ऊँचा सुनाई देता है उनके लिए शिक्षा की व्यवस्था अलग-अलग होनी चाहिए। जैसे:-

### बहरे बालकों की शिक्षा

बहरे बालकों की समस्याएं सामान्य बालकों की तुलना में काफी गंभीर होती हैं जैसे-

(1) पूर्ण रूप से बहरे बालकों के लिए विशेष विद्यालयों की व्यवस्था होनी चाहिए जिससे इन्हें मूक एवं बधिर विद्यालयों में भेजा जा सके।
(2) ध्वनियाँ न सुनाई देने के कारण ये अपनी अभिव्यक्ति मौखिक रूप से नहीं कर पाते हैं, जिससे ये अपनी सहायता के लिए कह नहीं पाते हैं।
(3) मूक, बधिर बालकों को इस प्रकार से प्रशिक्षित किया जाये कि ये होंठों के संचालन, हाव भाव, मुख, जिह्वा, तालू आदि की पेशीय क्षति (मांसपेशियों से संबंधित कमी) का अनुभव कर, विचारों को ग्रहण कर सके।
(4) ऐसे बालक जो पूरी तरह से सुन नहीं सकते हैं उनके अन्दर सुनने की शक्ति का विकास प्रशिक्षित अध्यापकों द्वारा किया जा सकता है।
    ऐसे बालकों के पाठ्यक्रम में क्रियाओं तथा इन्द्रिय अनुभवों को विशेष रूप से स्थान दिया जाना चाहिए।

### ऊँचा सुनने वाले बालकों की शिक्षा

पूर्ण रूप से बहरे बालकों की तुलना में कम या ऊँचा सुनने वाले बालकों की शिक्षा की व्यवस्था करना आसान है। उन्हें आसानी से जीवन की परिस्थितियों के साथ समायोजित किया जा सकता है जैसे:

ऊँचा सुनने वाले बालकों की श्रवण शक्ति के विकास के लिए श्रवण सहायक यंत्रों का नियमित प्रयोग तथा अभ्यास का सहारा लिया जा सकता है।

- ऐसे बालकों की देखभाल इस प्रकार की जाए ताकि इन्हें अपनी अक्षमता का बोध न हो सके।
- कम सुनने वालों में उन कौशलों की कमी पायी जाती है जिनका सम्बन्ध सुनने से होता है कभी ये बहुत जोर से बोलते हैं कभी धीरे से। ऐसा इनकी स्वयं की ध्वनि को सुन न पाने के कारण होता है। इसलिए बोलने से सम्बन्धित त्रुटियों तथा उच्चारण से संबंधित गलतियों को दूर करने के प्रयास किये जाने चाहिए। इसके लिए सुनने के साधन तथा दृश्य साधनों (टेलीविजन) का प्रयोग किया जा सकता है।

### दृष्टि दोष युक्त विकलांग बालक

ऐसा दोष जिसके कारण या तो कुछ भी दिखायी नहीं देता अथवा जिसमें स्पष्ट रूप से दिखायी नहीं देता, दृष्टि दोष कहलाता है तथा इस दोष के शिकार बालक दृष्टि विकलांग कहलाते हैं। दृष्टि विकलांग बालकों के कई प्रकार हो सकते हैं जैसे: कमजोर दृष्टि वाले, पूरी तरह से अंधे, अपूर्ण अंधे आदि।

(1) दृष्टि दोष युक्त बालकों की पहचान– दृष्टि दोष युक्त बालकों को चलने, उठने, बैठने, विद्यालयों में भाग लेने में असुविधा होती है।
(2) दृष्टि दोष होने के कारण बालक हीन भावना से ग्रसित हो जाते हैं।
(3) नेत्र के दोषपूर्ण होने के कारण ज्ञान को ग्रहण करने में असुविधा होती है।
(4) ऐसे बालकों को उचित सामाजिक तथा संवेगात्मक समायोजन में असुविधा होती है।
(5) इनमें से कुछ को विशेष उपकरणों की आवश्यकता होती है जिससे वे अपने परिवेश के साथ उचित रूप से समायोजन कर सकें।

### दृष्टि दोष के कारण

दृष्टि दोष के लिए, प्रमुख रूप से आनुवांशिकता तथा वातावरण जिम्मेदार होते हैं। प्रमुख कारण निम्नलिखित हैं-

(1) बालक के शुरुआती जीवन में दिया जाने वाले भोजन, कुपोषण आदि।
(2) प्रसव के समय होने वाली असावधानियाँ।
(3) बहुत कम रोशनी या अधिक रोशनी, गहरे रंग वाली रोशनी में पढ़ना, हिलती-डुलती रोशनी में पढ़ना तथा बहुत देर तक कम्प्यूटर पर कार्य करना या बहुत पास से टीवी देखने से भी दृष्टि दोष हो जाता है।
(4) शरीर में महत्वपूर्ण पोषक तत्वों की कमी।
(5) डायबिटीज, मलेरिया आदि बीमारियाँ जिससे शरीर में महत्वपूर्ण पोषक तत्वों की कमी हो जाये।
(6) गर्भकाल में माँ का अशान्त रहना या दुर्घटना का शिकार होना आदि।
(7) माँ बाप से दृष्टि दोष का अपनी संतति में स्थानान्तरण।

### दृष्टि दोष युक्त बालकों की शिक्षा

दृष्टि दोष युक्त बालकों की शिक्षा की व्यवस्था निम्न प्रकार से की जा सकती है-

### पूर्ण रूप से अंधो बालकों की शिक्षा

यदि बालक पूरी तरह से अंधा है तो उसे अंध विद्यालयों में भेजना चाहिए तथा विशेष शिक्षण विधियों का भी प्रयोग करना चाहिए जैसे-ब्रेल लिपि, व्यक्तिगत शिक्षण, स्वक्रिया एकीकृत शिक्षण इन विधियों के माध्यम से पूर्णरूपेण दृष्टि दोष युक्त बालक वातावरण से समायोजन करना सीख सकते हैं। पूर्णरूपेण अंधे बालकों का पाठ्यक्रम इस प्रकार से बनाया जाना चाहिए कि वे पढ़ने, लिखने, जानने तथा अपने वातावरण को समझने के योग्य बन सकें। ब्रेल लिपि इसमें सहायक है। पाठ्यक्रम में निम्न बातों को लक्ष्य बनाया जाना चाहिए-

- वे अपने आवश्यक कार्यों (चलना, घूमना, सड़क पार करना आदि) को स्वयं कर सकें।
- कला तथा संगीत के प्रति इनका लगाव देखा गया है अत: पूर्णरूपेण अंधे बालकों की शिक्षा में संगीत विषय तथा क्रियाओं को स्थान दिया जाना चाहिए।
- ऐसे बालकों का पाठ्यक्रम कार्यानुभव तथा बुनियादी उद्योगों के प्रशिक्षण पर आधारित होना चाहिए।
- देश के सभी प्रान्तों में सरकार तथा स्वयंसेवी संस्थाओं द्वारा पूर्णरूपेण अंधे बालकों के लिए विद्यालय चलाये जा रहे हैं।

### दृष्टि दोष युक्त विकलांग बालकों की शिक्षा

ऐसे बालक जो पूरी तरह से अंधे नहीं होते या जिनकी दृष्टि कमजोर होती है। उनकी शिक्षा सामान्य बालकों के साथ नियमित कक्षाओं में करायी जा सकती है। परन्तु ऐसे बालकों के समायोजना तथा शिक्षा प्राप्त करने में निम्न बातों का ध्यान रखना चाहिए, जैसे-

1. ऐसे बालकों को दृष्टि यंत्रों के उपयोग की आदत डालने का अभ्यास कराना चाहिए।
2. ऐसे बालकों का दृष्टि परीक्षण करवाकर, उनके नेत्र के उपयुक्त लेन्स, चश्मों का प्रयोग करना चाहिए ताकि इन्हें देखने में असुविधा न हो।
3. वे बालक जो कम देखते हैं उन्हें ऐसी कक्षाओं में भेजना चाहिए जहाँ बड़े छापे वाली पुस्तकें व साम्रगी प्रयोग में लायी जाती हों। ऐसी कक्षाएं 'कम्जरवेशन कक्षाएं' कहलाती हैं।
4. ऐसी कक्षाएं जिनमें नेत्र का उपयोग कम होता है वहीं दृष्टिदोष युक्त बालकों को सामान्य कक्षाओं में रखना चाहिए। इसके विपरीत जिन कार्यों के लिए नेत्र की अधिक आवश्यकता होती है इन बालकों को विशेष कक्षाओं में रखना चाहिए। इस प्रकार की कक्षा की व्यवस्था करना 'सहकारी योजना' के अन्तर्गत आता है।
5. कक्षा में श्यामपट्ट ऐसा हो जिसका बालकों की आँखों पर प्रभाव न पड़े।

## प्रतिभाशाली बालक

प्रतिभाशाली बालक को विशिष्ट बालक की श्रेणी में रखे जाने का कारण ऐसे बालकों में उच्च बुद्धि तथा अभिक्षमताओं का पाया जाना है। प्रतिभाशाली बालक को मनोवैज्ञानिकों द्वारा अलग-अलग ढंग से परिभाषित किया गया है। लूसिटो ने प्रतिभाशाली शब्द की व्याख्या पांच भागों में विभाजित करके की है जो कि निम्न है:-

1. ऐसे व्यक्तियों को प्रतिभाशाली माना गया है जिन्होंने किसी विशेष व्यवसाय में उच्च स्थान प्राप्त किया हो।
2. द्वितीय वर्ग में ऐसे व्यक्तियों को प्रतिभाशाली माना गया है जो कि बुद्धिलब्धि की दृष्टि से उच्च होते हैं। परन्तु बुद्धिलब्धि के वितरण का कोई सुनिश्चित विभेदक बिन्दु निर्धारित नहीं है। फिर भी मनोवैज्ञानिक 120 से ऊपर बुद्धिलब्धि रखने वाले विद्यार्थियों को प्रतिभाशाली मानते हैं।
3. तृतीय वर्ग में ऐसे विद्यार्थियों/व्यक्तियों को प्रतिभाशाली माना जाता है जिन्होंने किसी विशेष वर्ग (कला, संगीत, सांस्कृतिक क्षेत्र) में विशेष उपलब्धि अर्जित की हो।
4. चतुर्थ वर्ग में ऐसे बालक/व्यक्ति जो किसी समूह में निश्चित अनुपात या प्रतिशत में आते हैं, को प्रतिभाशाली माना गया है।
5. पंचम वर्ग में उन परिभाषाओं को रखा गया है जिनमें सृजनात्मकता पर बल दिया गया है। अर्थात ऐसा व्यक्ति प्रतिभाशाली माना जायेगा जिसमें सृजनशीलता की मात्रा अधिक होती है। गिलफर्ड के बुद्धि संरचना के सिद्धान्त के अनुसार अपसारी उत्पादन की अधिक क्षमता रखने वाले व्यक्ति को प्रतिभागी माना गया है।

   उपरोक्त वर्गों से निष्कर्ष निकलता है कि प्रतिभाशाली बालक की श्रेणी में आने के कई प्रकार के मानदण्ड हैं।

   लूसिटो ने प्रतिभाशाली बालक को निम्न शब्दों में परिभाषित किया है- ''प्रतिभाशाली बालक वे हैं जिनकी क्षमता तथा बौद्धिक शक्तियों की उत्पादकता एवं मूल्यांकनात्मक चिन्तन में इतने उच्च स्तर की है कि

तर्कसंगत रूप में माना जा सकता है कि यदि इन्हें पर्याप्त शैक्षिक अनुभव प्रदान किये जाये तो वे संस्कृति के भावी समस्या समाधानकर्ता, खोजकर्ता, प्रवर्तक एवं मूल्यांकनकर्ता बन सकेंगे''।

## प्रतिभाशाली बालक की पहचान

प्रत्येक विद्यालय में प्रतिभाशाली बालक होते हैं परन्तु इनकी पहचान करना इतना आसान नहीं होता। निम्नलिखित विधियों तथा प्रविधियों का प्रयोग कर प्रतिभाशाली विद्यार्थियों की पहचान की जा सकती है-

1. बुद्धि परीक्षण (व्यक्तिगत एवं सामूहिक) का प्रयोग कर प्रतिभाशाली बालकों की पहचान की जा सकती है। इन परीक्षणों के लिए अध्यापक का प्रशिक्षित होना आवश्यक है।
2. स्कूल के अंकपत्र तथा संचयी प्रपत्रों से भी बालकों की प्रतिभा का पता लगाया जा सकता है।
3. मानवीकृत उपलब्धि परीक्षणों के प्रयोग द्वारा भी प्रतिभाशाली बालकों को पहचाना जा सकता है।
4. प्रतिभाशाली बालकों की पहचान के लिए अध्यापक व्यक्तियों से भी सूचनायें एकत्रित कर सकता है। अध्यापक अन्य गतिविधियों के माध्यम से भी बालक की प्रतिभा का पता लगा सकता है, जैसे प्रतियोगिता आयोजित कर, कक्षा में तथा कक्षा से बाहर निरीक्षण करके, विशेष प्रकार की परीक्षा का आयोजन आदि।

डीहान और कफ ने शिक्षकों के लिए प्रकाशित निर्देश पुस्तिका में प्रतिभाशाली विद्यार्थियों के गुणों की सूची तैयार की है जिसके आधार पर भी विद्यार्थियों की पहचान की जा सकती है, जैसे:-

1. अधिक शब्दों का प्रयोग शुद्धता व सरलता से करना।
2. शीघ्रता व सरलता से सीखने की क्षमता।
3. तर्क करने की क्षमता, स्पष्ट चिन्तन तथा अर्थों का अवबोध करने की क्षमता।
4. अपने स्तर से ऊँचे स्तर की पुस्तकों को पढ़ना व समझना।
5. कठिन कार्यों को आसानी से कर लेना।
6. सामान्य बुद्धि तथा व्यावहारिक ज्ञान का अधिकाधिक उपयोग करना।
7. अनेक प्रकार की चीजों से संबंधित रुचि रखना।
8. बिना रटे समझने में विश्वास करना।
9. सामान्य बालक जिन चीजों से अनभिज्ञ रहते हैं उनकी जानकारी करना।
10. अनुक्रियाओं को शीघ्रता तथा सतर्कतापूर्वक उत्पन्न करना।

प्रतिभाशाली बालकों की पहचान उपरोक्त विधियों/प्रविधियों का प्रयोग करके की जा सकती है।

प्रतिभाशाली बालकों की पहचान के लिए विशेषकर 'बुद्धि परीक्षण' तथा 'उपलब्धि परीक्षणों' का संचालन किया जाता है। भारत में ये परीक्षायें एन.सी. आर.टी व एस.सी.ई.आर.टी. संस्थाओं द्वारा ली जाती हैं। एन.सी.आर.टी., एस.सी. ई.आर.टी. तथा मनोवैज्ञानिक केन्द्रों द्वारा समय-समय पर प्रतिभाशाली बालकों की खोज के लिए प्रशिक्षण भी प्रदान किए जाते हैं।

## प्रतिभाशाली बालकों की शिक्षा

प्रतिभाशाली बालकों को शिक्षा प्रदान करने के लिए मुख्यत: तीन उपागम उपयोग में लाये जाते हैं-

(I) त्वरण उपागम: इस उपागम के अनुसार त्वरण तीन प्रकार से किया जाता है-
- वर्ष में एक से अधिक बार अगली कक्षा में प्रवेश देना/प्रोन्नत करना।
- तीन वर्ष की विषय सामग्री को दो वर्ष में पढ़ाना।
- लचीली शैक्षिक व्यवस्थाएं जैसे- खुला विद्यालय, पत्राचार पाठ्यक्रम आदि के माध्यम से प्रतिभाशाली विद्यार्थियों की सीखने की गति को बढ़ावा दिया जाता है। कुछ मनोवैज्ञानिकों का मानना है ऐसा करने से बालकों का संवेगित तथा सामाजिक विकास बाधित होता है। परन्तु ये मत शोध पर आधारित नहीं हैं।

(II) संवर्धन उपागम इससे प्रतिभाशाली विद्यार्थियों की प्रतिभावों (विशिष्ट योग्यताएं, क्षमताएं तथा गुण) को विकसित करने का अवसर प्रदान किया जाता है। इसके अन्तर्गत विद्यार्थियों को अतिरिक्त कक्षाएं, तथा अन्य क्रियाकलापों में भाग लेने के लिए प्रोत्साहित किया जाता है। इन क्रियाओं के अन्तर्गत दिया जाने वाला गृह कार्य भी उच्च स्तर का होता है। प्रतिभाशाली बालकों के लिए अलग शिक्षक का प्रावधान करना भी संवर्धन के अन्तर्गत आता है। जिसका कार्य इन बालकों की पहचान करके, उनकी रुचि व योग्यताओं के अनुसार शिक्षा की व्यवस्था करना होता है। संवर्धन के अन्तर्गत शिक्षकों को इस बात के लिए प्रेरित किया जाता है कि वे प्रतिभाशाली बालकों को स्वतन्त्र रूप से कार्य करने व पहल करने की स्वतन्त्रता दें जिससे उनकी उपलब्धि का स्तर ऊँचा हो सके।

(III) विशिष्ट कक्षाएं एवं विद्यालय प्रतिभाशाली बालकों विशेष कक्षाओं तथा विद्यालय के प्रावधान के अन्तर्गत तीन प्रकार की व्यवस्थाएं आती हैं-

(1) बालकों को पूर्णत: पृथक करके अलग शिक्षा देने की व्यवस्था की जाए। इसे पूर्ण पृथक्करण के नाम से जाना जाता है।

(2) ऐसी व्यवस्था जिसमें प्रतिभाशाली विद्यार्थियों को सामान्य विद्यार्थियों के साथ ही पढ़ाया जाता हो अपृथक्करण कहलाती है।

(3) जब प्रतिभाशाली विद्यार्थियों को उनकी प्रतिभा के क्षेत्र या विषय में पढ़ाने के लिए अलग बिठाकर पढ़ाया जाए जबकि अन्य विषयों में सामान्य बालकों के साथ रखकर पढ़ाया जाए तो यह उपागम 'आंशिक पृथक्करण' कहलाता है। आजकल आंशिक पृथक्करण बहुत अधिक प्रचलन में है। उपरोक्त उपागमों के अतिरिक्त प्रतिभाशाली विद्यार्थियों की आवश्यकताओं की पूर्ति के लिए परियोजना, यात्रा, शोध, नाटकीकरण आदि शिक्षण विधियों का प्रयोग किया जाना चाहिए।

# पिछड़े विद्यार्थी

पिछड़े विद्यार्थी से तात्पर्य ऐसे बालक से है जो बार-बार समझाने पर भी नहीं समझता तथा सामान्य बालकों की भांति प्रगति नहीं कर पाता है। इस प्रकार पिछड़े बालक सामान्य बालकों की तुलना में पढ़ने-लिखने में पीछे होते हैं। इसलिए ऐसे बालक कक्षा में कई बार अनुत्तीर्ण हो जाते हैं।

बालकों का पिछड़ापन दो प्रकार का होता है- (1) मानसिक पिछड़ापन (2) शैक्षिक उपलब्धि के आधार पर पिछड़ापन। परन्तु पिछड़ा बालक सदैव मानसिक रूप से मन्द नहीं होता यह देखने में आया है कि सामान्य बुद्धिलब्धिक वाले बालक भी शैक्षिक प्रगति में पिछड़ जाते हैं। शोनेल के अनुसार, ''पिछड़ा हुआ बालक वह है जो अपनी आयु के अन्य बालकों की तुलना में अत्यधिक शैक्षणिक कमी का परिचय देता है।''

बर्ट के अनुसार ''पिछड़ा बालक वह है जो अपने विद्यालयी जीवन के मध्यकाल, लगभग साढ़े दस वर्ष की आयु में अपनी कक्षा का वह कार्य नहीं कर सकता, जो उसकी आयु के लिए सामान्य कार्य है।''

## पिछड़े बालक की पहचान

बर्ट के अनुसार ऐसा बालक जिसका शैक्षिक अनुपात 85 से कम होता है पिछड़ा बालक कहलाता है। बालकों का शैक्षिक अनुपात निम्न सूत्र द्वारा ज्ञात किया जा सकता है:

$$\text{शैक्षिक अनुपात} = \frac{(\text{शैक्षणिक})}{(\text{कालानुक्रमिक आयु})} \times 100$$

इसके अतिरिक्त पिछड़ बालकों की पहचान अनेक मनोवैज्ञानिक परीक्षणों के माध्यम से भी की जा सकती है तथा बुद्धि परीक्षण (व्यक्तिक या सामूहिक), निष्पत्ति परीक्षण, व्यक्तित्व परीक्षण, निदानात्मक परीक्षण, व्यक्तित्व अध्ययन।

इसके अलावां शिक्षण प्रेक्षण के अन्तर्गत बालक के व्यवहार का अध्ययन कक्षा में तथा कक्षा के बाहर किया जाता है। जबकि व्यक्तित्व अध्ययन में बालक की शारीरिक, मानसिक, सामाजिक तथा नैतिक विशेषताओं को उसके अतीत, वर्तमान एवं भविष्य को ध्यान में रखकर परीक्षित किया जाता है।

## पिछड़े बालक की शिक्षा

पिछड़ेपन की पहचान हो जाने पर उसके दूर करने के लिए उपचारात्मक शिक्षण की व्यवस्था निम्न प्रकार से की जा सकती है-

1. पिछड़ेपन की समस्या के कारणों का सही-सही पता लगाकर, छात्र पर व्यक्तिगत रूप से ध्यान दिया जाए।
2. पिछड़े बालकों के बौद्धिक स्तर, रूचि व ग्रहण करने की क्षमता के अनुकूल शिक्षण विधियों का प्रयोग किया जाए।
3. बालक को उचित पारिवारिक व विद्यालय वातावरण प्रदान किया जाये। पारिवारिक वातावरण से तात्पर्य बालक के पढ़ने का उचित प्रबन्ध सही मार्गदर्शन दिया जाए जबकि विद्यालय वातावरण में उपयुक्त शिक्षण विधि, परस्पर सहभागिता का कक्षा में प्रावधान हो।
4. पिछड़े बालकों की शिक्षा विशेष रूप से नियोजित कक्षाओं में होनी चाहिए ताकि वे हीनता से ग्रसित न हों।

## बाल अपराधी बालक

बाल अपराध का सम्बन्ध बालक के व्यक्तित्व सभी पक्षों जैसे-सामाजिक, संवेगात्मक पक्षों से होता है। किसी भी पक्ष के समायोजन करने में यदि बालक असफल रहता है तो वह बाल अपराधी बन जाता है।

बाल अपराध शाब्दिक अर्थ रास्ते से भटक जाना या गिर पड़ना होता है। हीली के अनुसार 'यह बालक जो व्यवहार में सामाजिक मापदण्ड से विचलित हो जाता है या भटक जाता है, बाल अपराधी कहलाता है।''

सिरिल वर्ट के अनुसार ''यह बालक वैधानिक रूप से उस समय अपराधी कहलाता है जब उसके समाज विरोधी कार्य इतने गम्भीर हो जाते हैं कि सरकार उन पर नियन्त्रण करने के लिए आवश्यक कार्यवाही करती है या कार्यवाही करने की आवश्यकता महसूस करती है।''

''बाल अपराधी व्यवहार के अन्तर्गत न्यूमेयर के अनुसार ऐसे समाज विराधी व्यवहार आते हैं जो व्यक्तिगत तथा सामाजिक विघटन उत्पन्न करते हैं।''

### बाल अपराधी बालक के लक्षण

बाल अपराधी बालक के मनोवैज्ञानिक द्वारा निम्न लक्षण बताए गए हैं:

(I) स्वाभाव से बैचेन रहते हैं।
(II) व्यक्तित्व में बैचेन रहते हैं।
(III) समस्या के समाधान में पूर्ण नियोजन की कमी रहती है।
(IV) ये बालक अवसाद ग्रसित होते हैं।

### बाल अपराधों के कारण

बाल अपराध के कई कारण हो सकते हैं जैसे-

(1) मनोवैज्ञानिक कारण - बालक की बौद्धिक दुर्बलता, मानसिक रोग, सांवेगिक अस्थिरता आदि भी बालक को अपराधी बनाने में सहायक होती है।
(2) सामाजिक कारण - सामाजिक कारणों के अन्तर्गत आस पड़ोस, सामाजिक परिवेश तथा पारिवारिक वातावरण में व्याप्त प्रतिकूल परिस्थितियां आती हैं। जाने अनजाने बालक का परिवेश बालक पर अपना प्रभाव डालता है।

### पारिवारिक वातावरण

1. घरेलू लड़ाई-झगड़े।
2. माता-पिता का बालकों पर नियन्त्रण न होना।
3. माता-पिता में से किसी एक की मृत्यु होना।
4. परिवार के किसी सदस्य का अपराधी प्रवृत्ति का होना।
5. बालक के साथ पक्षपातपूर्ण रवैया।
6. बालक को पर्याप्त स्वतन्त्रता न मिलना।

### विद्यालय वातावरण का प्रभाव

1. दोषपूर्ण शिक्षा प्रणाली, पाठ्यक्रम तथा अनुचित शिक्षण विधियां।
2. अध्यापक द्वारा किया गया पक्षपातपूर्ण व्यवहार।
3. उचित अनुशासन का अभाव।
4. शैक्षिक असफलता व पिछड़ापन।
5. साथियों का समाज विरोधी व्यवहार।

### बाल अपराधी की शिक्षा

आज के समय में बाल अपराधी को दण्ड न देकर उनके सुधार के उपाय किए जाते हैं। बाल अपराध की रोकथाम दो प्रकार से की जा सकती है:

1. रोकथाम के प्रयत्न
2. सुधारात्मक प्रयत्न
   (1) रोकथाम के प्रयत्न के अन्तर्गत समाज, विद्यालय, परिवार तथा वातावरण में सुधार के लिए बाल अपराध को रोकने का प्रयास किया जाता है।
   (2) सुधारात्मक प्रयत्नों के अन्तर्गत ऐसे प्रयत्नों को शामिल किया जाता है जो बाल अपराधी को अपराधपूर्ण जीवन से मुक्ति दिला सकें। जैसे-

## परिवीक्षण

इसमें बाल अपराधी को परिवीक्षण अधिकारी के संरक्षण में रखा जाता है। यह अधिकारी बालपराधी बालक की मानसिक प्रवृत्तियां, मनोवैज्ञानिक आवश्यकताओं को सन्तुष्ट कर सही रास्ते पर लाने का प्रयास करता है। 1938 में उत्तर प्रदेश का प्रथम अपराधी परिवीक्षण अधिनियम पास हुआ।

## मनोवैज्ञानिक उपचार

बाल अपराधियों का उपचार करने से पहले इनका पता विभिन्न के परीक्षणों द्वारा लगा लेना चाहिए जैसे- शारीरिक परीक्षण, मनौवैज्ञानिक परीक्षणों के अन्तर्गत व्यक्तित्व परीक्षण, साक्षात्कार, केस स्टडी आदि।

## खेल चिकित्सा

व्यक्तिगत व सामूहिक खेलों द्वारा ऐसे बालकों में विश्वास, सहयोग व सहकारिता की भावना का विकास किया जा सकता है।

## अंगुली चित्रण

इसमें बाल अपराधी अपनी अंगुली से विभिन्न रंगों के माध्यम से चित्र बनाने का प्रयास करता है, इन चित्रों के माध्यम से अपनी दबी इच्छाओं व भावनाओं को उजागर कर देता है। जिससे उपचार के व्यवहार को धीरे-धीरे सामान्य करने में आसानी होती है।

## मनोभिनय

इसमें बालक को एक काल्पनिक भूमिका में भाग लेने का अवसर प्रदान किया जाता है। जिससे बालक की आक्रामक तथा विध्वंसात्मक प्रवृत्तियों का पता लग जाता है।

इसके अतिरिक्त मनोविश्लेषण विधि द्वारा बाल अपराधी बालक के मन में दबी इच्छाओं और संवेगों का पता लगाकर उपचार किया जा सकता है।

## विशिष्ट समूह की शिक्षा की आवश्यकता व योजना बनाना : अध्यापक की संक्रियता

### विशिष्ट समूह की शिक्षा की आवश्यकता

ऐसे बालक जो शारीरिक, सामाजिक, सांवेगिक एवं नैतिक दृष्टि से पिछड़े हुए या कमजोर हैं लेकिन बौद्धिक दृष्टि से ठीक हैं, उन्हें शिक्षा देने की आवश्यकता है। ऐसे विकलांग जिनके पैर या हाथ नहीं हैं वे कई कार्य एक हाथ या पैर से ही बड़ी कुशलता से कर लेते हैं, कई नेत्रहीन बड़े अच्छे संगीतज्ञ, शिक्षक व कलाकार होते हैं। प्रशिक्षण उनके लिए उपयोगी होता है, जो बौद्धिक दृष्टि से बहुत ठीक नहीं होते, पर वे किसी भी कार्य को अनुसरण कर या अभ्यास करके सीख सकते हैं, इसलिए शिक्षा उनके लिए आवश्यक है-

(1) जो सामाजिक, सांवेगिक, नैतिक दृष्टि से पिछड़े हुए हैं या सामान्य से अति नीचे हैं या बौद्धिक दृष्टि से प्रखर हैं।

(2) जो शारीरिक दृष्टि से विकलांग हैं, किन्तु बौद्धिक दृष्टि से ठीक हैं। शिक्षा के साथ प्रशिक्षण उनके लिए आवश्यक है।

(i) जो बौद्धिक दृष्टि से मन्द, किन्तु अन्य दृष्टियों से ठीक हैं।

(ii) जो शारीरिक दृष्टि से विकलांग, लेकिन बौद्धिक दृष्टि के अलावा अन्य दृष्टियाँ से ठीक हैं।

विशिष्ट समूह में ऐसे बालक आते हैं, जिनकी बुद्धि 120 या इससे भी अधिक है इन बालकों में ध्यान केन्द्रित करने की शक्ति बहुत अधिक होती है। उन्हें यदि थोड़ा सा भी मार्गदर्शन मिल जाये तो वे अपना मार्ग स्वयं खोज लेते हैं और बिना थके घंटों तक अपने कार्य में व्यस्त रहते हैं। बालक स्वयं अपनी समस्या का समाधान खोज लेते हैं। उनके लिए ऐसे विद्यालय कार्यक्रम हों, जिनसे वे अधिकतम लाभ उठा सकें। वे बालक सामान्य बालकों का नेतृत्व कर सकते हैं। वे चिन्तनशील होते हैं, उन्हें नेतृत्व करने के अवसर प्रदान करने चाहिए। दूसरी श्रेणी के ऐसे बालक जो किसी कारणवश पिछड़े हुए हैं वे समस्याग्रस्त हैं उनके लिए शिक्षा की अत्यधिक आवश्यकता है, क्योंकि यदि ऐसे बालकों की समस्याओं का समाधान आरम्भिक स्तर पर नहीं किया गया, तो वे आगे चलकर गम्भीर समस्या के लिए रूप धारण कर लेंगे, इसलिए ऐसे बालकों के समुचित विकास के लिए शिक्षा अति आवश्यक है। पिछड़े हुए बालकों में आत्महीनता की भावना को दूर करने हेतु उन्हें आत्मनिर्भर बनाने हेतु, व्यावसायिक दक्षता उत्पन्न करने हेतु, आत्मविश्वास जगाने हेतु, समाज में स्थान बनाने हेतु, जीविकोपार्जन हेतु, अवकाश के समय का सदुपयोग करने हेतु, समाज सुधार हेतु विशिष्ट समूह की शिक्षा की आवश्यकता है।

विशिष्ट समूह के वे बालक जो शारीरिक रूप से अक्षम हैं, जिसके कारण उनमें बहुत-सी व्यक्तिगत, सामाजिक, आर्थिक संवेगात्मक समस्याएँ उत्पन्न हो जाती हैं और वे मानसिक रूप से अशान्त व विचलित हो जाते हैं, अपनी अक्षमता के कारण उनमें हीन भावना व मानसिक तनाव पैदा हो जाता है। ये बालक अपने चारों ओर के वातावरण द्वारा की जाने वाली अपेक्षाओं के प्रति अत्यधिक संवेदनशील हो जाते हैं। सामाजिक जीवन से कतराने लगते हैं, संकोची होने की प्रवृत्ति उत्पन्न होने लगती है। अनेक प्रकार की कुंठाएँ आक्रोश व असमायोजन की समस्याएँ पैदा होने लगती हैं। इन सब स्थितियों को कम करने के लिए, हल करने के लिए, स्वस्थ व सकारात्मक दृष्टिकोण विकसित करने के लिए विशिष्ट समूह की शिक्षा की आवश्यकता है।

### विशिष्ट समूह बालक व पाठ्यक्रम

जिन विशिष्टताओं या कमियों के कारण बालकों को विशिष्ट की श्रेणी में रखा गया है, उनके लिए समान पाठ्यक्रम निर्धारित करना न्यायसंगत नहीं होगा। हमें प्रत्येक कमी या विशेषता के लिए अलग-अलग प्रकार का पाठ्यक्रम निर्धारित करना होगा।

ये बालक सामान्य पाठ्यक्रम से संतुष्ट नहीं होते, जिज्ञासु व कर्मठ होने के कारण बहुत कुछ सीख सकते हैं, इसलिए ऐसे छात्रों के लिए-

(1) अपेक्षाकृत कुछ कठिन व विस्तृत पाठ्यवस्तु होनी चाहिए।

(2) विज्ञान, प्रौद्योगिकी, गणित विषयों का समावेश होना चाहिए।

(3) तर्क, चिन्तन व अनुसंधान पर आधारित विषय-वस्तु होनी चाहिए।

(4) उन्हें नेतृत्व के अवसर प्रदान करने चाहिए।

### पिछड़े बालक व उनका पाठ्यक्रम

पर्यावरण द्वारा बालकों के लिए पारिवारिक व शैक्षिक दोनों प्रकार से वातावरण में सुधार करना होगा। बुरी संगत से बचाने के लिए नैतिक मूल्यों का ज्ञान देकर उसका आत्मविश्वास जगाना होगा, यदि बालक की मूल आवश्यकताओं की पूर्ति न होती हो तो माता-पिता से सम्पर्क कर पौष्टिक भोजन, स्वच्छता, पढ़ाई के साधनों की व्यवस्था, यदि कोई रोग है, तो उसके उपचार हेतु परामर्श देना होगा।

## मंद बुद्धि बालक व उनका पाठ्यक्रम

मंद बुद्धि बालकों के लिए अलग विद्यालय की व्यवस्था होनी चाहिए, लेकिन हमारे देश में ऐसी व्यवस्था कम है, ऐसे बालकों के लिए विशिष्ट कक्षाओं का आयोजन किया जाना चाहिए। इनका पाठ्यक्रम सामान्य से अलग होना चाहिए, इनके लिए शिक्षण की अपेक्षा प्रतिक्षण योग्य पाठ्य सामग्री निर्धारित की जानी चाहिए। इनके लिए-

(1) पढ़ाये जाने वाले विषयों की संख्या अधिक न हो।

(2) विषयवस्तु सरल व सुलभ हो।

(3) जीवन में उपयोग में आने वाले ज्ञान को अधिक महत्व दिया जाये।

(4) मानसिक की अपेक्षा शारीरिक व क्रियात्मक कार्यों पर विशेष बल दिया जाये।

(5) पाठ्यक्रम थोपा न जाये बल्कि वह व्यावहारिक एवं उनकी रुचि के अनुसार हो।

## शारीरिक दोष वाले पिछड़े बालक व उनका पाठ्यक्रम

ऐसे बालक जो अपंग हों, लेकिन मंद बुद्धि न हों उनके लिए उनकी सामर्थ्य अनुसार पाठ्यक्रम निर्धारित किया जाना चाहिए।

(1) अपनी अपंगता के कारण को जानना व उसे दूर करना या कम करना, स्वास्थ्य सम्बन्धी जानकारी का ज्ञान जैसी विषय वस्तु रखी जाये।

(2) संगीत, चित्रकला, सिलाई, कढ़ाई, बुनाई, क्राफ्ट, लकड़ी का कार्य जीविकोपार्जन हेतु दक्षता व्यावसायिक कुशलता जैसे विषयों का होना आवश्यक है।

(3) नैतिक मूल्यों के ज्ञान द्वारा आत्मविश्वास व आत्मनिर्भरता जागृत करने जैसे विषयवस्तु का समावेश होना।

## विशिष्ट बालकों हेतु विभिन्न स्तर पर पाठ्यक्रम

विशिष्ट बालकों के व्यक्तित्व के विकास की दृष्टि से प्रत्येक स्तर पर शैक्षिक पाठ्यक्रम ऐसा हो, जो विभिन्न शैक्षिक स्तरों के बालकों व उन बातों का विकास कर सके, जो व्यक्तित्व के प्रमुख अंग हैं। इस सम्बन्ध में पाठ्यक्रम के निर्माण के समय मूलरूप से दो बातों को ध्यान में रखना आवश्यक है-

1. बालकों की आयु एवं उनका शैक्षिक स्तर।
2. व्यक्तित्व का वह विशेष अंग जिसका विकास किया जाना है।

इन दोनों ही बातों को ध्यान में रखते हुए-

## प्राथमिक स्तर पर

**(1) शारीरिक विकास के लिए** – ऐसे पाठों का चयन किया जाना चाहिए, जिनमें सफाई का स्वास्थ्य पर प्रभाव, गंदगी के कारण फैलने वाली बीमारियाँ, सड़ी-गली चीजों से घृणा करना, स्वच्छ जल, वायु पर्यावरण, शिक्षा, पेड़-पौधों का महत्व आदि हो।

**(2) सामाजिक विकास के लिए** – भाषायी पाठों का चयन किया जाये जिनमें संगठन, सहयोग, समाज सेवा आदि से संबंधित पाठ हों। इन पाठों का धनात्मक प्रभाव पाठ के निष्कर्ष के रूप में बताया गया हो। इसके विपरीत असहयोग, अकेलेपन की आदत आदि के दुष्परिणामओं को भी दर्शाया गया होना चाहिए।

**(3) बौद्धिक विकास के लिए** – गणित व सामान्य विज्ञान जैसे विषयों पर अधिक बल दिया जाये। गणित में रटाने को कम व विज्ञान में स्वयं करके देखने और बौद्धिक क्रियाओं को अधिक महत्व दिया जाये। इस दृष्टि से इस स्तर पर गणित व विज्ञान अनिवार्य हो और अवश्य पढ़ाया जाये।

**(4) नैतिक विकास के लिए** – नीति सम्बन्धी उन कहानियों, कविताओं आदि के माध्यम से इस अवस्था में सत्य, अहिंसा, चोरी न करना, साथियों को धोखा न देना आदि ऐसे गुणों पर आधारित पाठ पढ़ाए जाएं जिनमें बच्चों में उन गुणों का विकास हो सके जो उनके भावी जीवन के लिए जरूरी हैं।

**(5) सांवेगिक विकास के लिए** – मातृभाषा के पाठ के अन्तर्गत क्रोधी राजा, साहसी बालक आदि ऐसे पाठों का चयन किया जाए, जिन्हें पढ़कर विद्यार्थियों में भय, क्रोध आदि का शमन हो तथा साहस, उत्साह, सामाजिकता, सहानुभूति आदि सांवेगिक गुणों का विकास हो।

पाठ्यवस्तु की दृष्टि से बच्चों पर अधिक बोझ न डाला जाये, क्योंकि उनसे यह अपेक्षा करना कि वे सभी विषयों का ज्ञान प्राप्त कर सकेंगे, ठीक नहीं। उन्हें तो उनकी बौद्धिक एवं शारीरिक क्षमता को ध्यान में रखते हुए केवल उतना ही पढ़ाया जाये जो-

(i) उनके विकास की दृष्टि से आवश्यक हो, तथा

(ii) क्षमता की दृष्टि से जिसे वे आत्मसात् कर सकें।

**इस दृष्टि से प्राथमिक स्तर पर-**

1. मातृभाषा (विचारों के आदान-प्रदान की दृष्टि से)
2. गणित व विज्ञान (बौद्धिक विकास की दृष्टि से)
3. सामाजिक अध्ययन (समाज से सम्बन्धित सामान्य बातों की जानकारी की दृष्टि से)
4. बच्चों की क्षमता को ध्यान में रखते हुए प्राथमिक स्तर पर ये चार विषय ही पर्याप्त हैं।

## माध्यमिक स्तर पर

पाठ्यवस्तु के अन्तर्गत थोड़ा परिवर्तन किया जाये क्योंकि आयु बढ़ने के साथ-साथ बालकों की बौद्धिक क्षमता का भी विकास होता है। इस प्रकार इस स्तर पर निम्न विषय होने चाहिए-

1. मातृभाषा या क्षेत्रीय भाषा
2. राष्ट्रभाषा
3. गणित व सामाजिक विज्ञान
4. सामजिक अध्ययन एवं
5. विभिन्न कलाओं में से बच्चों की रूचि के अनुसार कोई भी एक कला।

## पाठ्यक्रम की दृष्टि से

1. **मानसिक विकास हेतु** – गणित यहाँ भी अनिवार्यत: पढ़ाया जाये। साथ ही विज्ञान एवं सम्बन्धित सामान्य बातों की जानकारी भी इसी स्तर पर दी जा सकती है।
2. **शारीरिक विकास के लिए** – विभिन्न प्रकार के खेलों में से आयु अनुसार खिलाये जाने वाले खेलों की सामान्य जानकारी, उनका प्रभाव, स्वास्थ्य को अनुकूल या प्रतिकूल रूप से प्रभावित करने वाले विभिन्न तत्वों का अध्ययन कराया जाना चाहिए। ये पाठ भाषायी पाठों के अन्तर्गत भी पढ़ाये जा सकते हैं जैसे स्वास्थ्य शिक्षा, पर्यावरण शिक्षा, योग शिक्षा आदि।
3. **सांवेगिक विकास की दृष्टि से** – छात्रों के शैक्षिक स्तर के अनुसार ऐसी कविताओं, कहानियों आदि का चयन किया जाना चाहिए, जो विद्यार्थियों में सांवेगिक स्थिरता लाने में सहायक सिद्ध हों।
4. **सामाजिक विकास की दृष्टि से** – सामाजिक अध्ययन विषय के अन्तर्गत राष्ट्रीय एकता, अखण्डता, राष्ट्रीयता की भावना, आतंकवाद, फूट के दुष्परिणाम, समाजवाद, अन्धविश्वास, रूढ़ियों आदि सभी से सम्बन्धित उन सभी बातों को पढ़ाया जाना चाहिए, जो अन्ततः सामाजिक विकास में सहायक या बाधक सिद्ध होती हैं।
5. **नैतिक विकास हेतु** – इस आयु में उन मूल्यों के विकास का प्रयास तो किया ही जाये जिनका उल्लेख हमने प्राथमिक स्तर के विद्यार्थियों के लिए किया था। साथ ही महाराणा प्रताप, शिवाजी, महारानी लक्ष्मीबाई, महात्मा गाँधी, सत्यवादी हरिश्चन्द्र जैसे पाठों का भी चयन किया जाए, जिनके द्वारा विद्यार्थियों में आदर्श मूल्यों का विकास हो।

## उच्च स्तर पर

**पाठ्यवस्तु की दृष्टि से** – चूंकि विद्यार्थियों में बौद्धिक दृष्टि से काफी परिपक्वता आ जाती है, रुचियाँ अपना स्पष्ट प्रभाव दिखाने लगती हैं, जीवन मूल्य भी स्पष्ट झलकने लगते हैं, अतः इन सभी दृष्टियों से विद्यार्थियों को अपने भविष्य को ध्यान में रखते हुए अपनी रूचियों बौद्धिक क्षमताओं आदि की दृष्टि से विषयों के चयन में छूट होनी चाहिए। उनकी बौद्धिक क्षमता के अनुरूप उन्हें उनकी इच्छा से किसी अन्य भाषा के अध्ययन की भी सुविधा होनी चाहिए। इस प्रकार इस स्तर पर तीन भाषाओं का अध्ययन सरलता से कराया जा सकता है। उनके लिए पाठ्यवस्तु होगी-

1. सामाजिक ज्ञान (अनिवार्य)
2. सामान्य विज्ञान (अनिवार्य)
3. विज्ञान, सामाजिक विज्ञान, भाषाओं आदि के समूहों में से किन्हीं तीन विषयों का स्वेच्छा से चयन या अध्ययन। यहाँ विज्ञान वर्ग को छोड़कर भाषाओं और सामाजिक विज्ञान के विषयों को परस्पर मिलाया जा सकता है।
4. किसी भी विदेशी भाषा का अध्ययन (पूरी तरह ऐच्छिक) यहाँ यह आवश्यक नहीं कि विदेशी भाषा देश के बाहर की ही भाषा हो। प्रान्त से बाहर की भाषा का चयन किया जा सकता है।

## पाठ्यक्रम की दृष्टि से

1. **बौद्धिक विकास हेतु**- प्रत्येक विषय के अध्ययन को तर्क आधारित बनाने का प्रयत्न किया जाये। भाषाओं के अध्ययन में शब्द परिवर्तन, तुलना एवं अन्तर के द्वारा तथा सामाजिक विज्ञान के विषयों में स्थिति बदलकर तथ्यों में क्या परिवर्तन आ सकता है- यह बताया जाये। प्रश्नों में 'क्या' का आधार कम किया जाये और क्यों, कैसे, किस प्रकार, किस कारण, क्या प्रभाव पड़ेगा से सम्बन्धित प्रश्न अधिक पूछे जायें।
2. **शारीरिक विकास हेतु**- ब्रह्मचर्य से अनुभव एवं लाभ, जैवीय दृष्टि से प्रजनन अंगों की सामान्य जानकारी, यौन शिक्षा, वंशानुक्रम का प्रभाव, जीव विज्ञान के विभिन्न नियम आदि से सम्बन्धित जानकारी दी जाये।
3. **सांवेगिक विकास की दृष्टि से**- क्रोध, साहस आदि विभिन्न संवेगों का अस्तित्व, सार्थकता, उपयोगिता एवं महत्व आदि का तर्कसंगत विश्लेषण कराया जाये। भाषा की दृष्टि से पाठ इतने बोधगम्य हों कि विद्यार्थी स्वतः उन्हें समझकर अपने विचारों एवं मान्यताओं में वांछित परिवर्तन करे सकें।

4. **सामाजिक विकास की दृष्टि से** - सामाजिक रीति-रिवाज एवं परम्पराओं के पीछे निहित आधार, परम्पराओं का वैज्ञानिक आधार, रूढ़ियाँ एवं अन्ध विश्वासों (यदि वास्तव में हैं तो) का खण्डन। उपद्रवों, आतंकवाद आदि का सामाजिक आधार और उसे दूर करने के उपाय आदि से सम्बन्धित ज्ञान दिया जाये।
5. **नैतिक विकास की दृष्टि से** - सत्य आदि नैतिक गुणों की परिभाषा न देकर उनसे सम्बन्धित तथ्यों का विवेचन वर्तमान संदर्भ में कराया जाये। अनीति के दुष्परिणामों को विद्यार्थियों से ही निकलवाया जाए।

## विशिष्ट बालकों के लिए विशिष्ट कक्षाएँ

प्रत्येक प्रकार की विशिष्टताओं के लिए अलग-अलग प्रकार के पाठ्यक्रम हैं, जैसे नेत्रहीन बालकों के लिए अलग पाठ्यक्रम होना चाहिए तथा मूक बधिर के लिए अलग। जहाँ एक ओर पाठ्यक्रम में प्रत्येक स्तर और विशेषता के अनुसार पाठ्यक्रम अलग-अलग होगा, वहीं एक ही स्तर और एक ही प्रकार की विशेषता के लिए सभी बालकों के लिए कक्षाएँ समान होनी चाहिए।

प्रतिभावान छात्रों के लिए विशेष शिक्षण कक्षाओं को व्यवस्थित करना होगा, जबकि पिछड़े बालकों के लिए सामान्य शिक्षण कक्षाओं को आयोजित करना होगा।

विशिष्ट बालकों में भी छात्रों व छात्राओं की रुचि, योग्यता, कर्तव्यबोध अलग-अलग होता है, इसलिए हमें छात्र व छात्राओं के लिए अलग-अलग कक्षाओं की व्यवस्था करनी चाहिए, यह अन्तर प्रतिभाशाली छात्र व छात्राओं में अधिक देखने को मिलता है।

## विशिष्ट विद्यालयों का संगठन

विशिष्ट बालकों की शिक्षा व्यवस्था अलग-अलग प्रकार से होनी चाहिए। जैसे यदि प्रतिभाशाली बालकों के समूह को सामान्य वर्ग के बच्चों के साथ रख दिया जाये, तो ये बच्चे तो किसी बात को बड़ी जल्दी सीख लेते हैं, जबकि सामान्य या पिछड़े बालक नहीं सीख पाते। जो बच्चे जल्दी सीख लेते हैं वे यह सोचते हैं कि हम बहुत होशियार हैं और उनमें अहम भाव पनपने लगता है और वे बच्चे जो सीखने में कठिनाई का अनुभव करते हैं, उनमें हीन भावना पनपने लगती है। दोनों ही प्रकार की भावनाएँ अधिगम में बाधक होती हैं। इस दृष्टि से सभी बालकों को एक ही कक्षा या विद्यालय में पढ़ाना उचित नहीं, प्रत्येक प्रकार के विशिष्ट बालक हेतु अलग-अलग विद्यालय होने चाहिए।

मंद बुद्धि बालकों को शिक्षित करने के बजाय प्रशिक्षित करना अधिक उपयोगी होता है, उनके लिए ऐसे विद्यालय हों जहाँ उन्हें कौशल अर्जन कर कार्य सिखाये जाएं ताकि वे जीविकोपार्जन हेतु उनका उपयोग कर सकें।

ज्ञानेन्द्रिय दोष वाले पिछड़े बालकों हेतु सामान्य विद्यालय उपर्युक्त नहीं होते ऐसे बच्चों को विशेष साधन सुविधाओं की आवश्यकता होती है। जैसे अलग प्रकार से बैठने की व्यवस्था, सुनने की व्यवस्था देखने की व्यवस्था, श्रव्य-दृश्य साधनों की व्यवस्था, चिकित्सा व्यवस्था, दोषों के अनुरूप प्रशिक्षित शिक्षकों की व्यवस्था इसलिए इस प्रकार के पिछड़े बालकों हेतु अलग विद्यालयों का संगठन करना आवश्यक है। ऐसे बालक उपहास के पात्र न बनें, क्योंकि उपहास के कारण भी कई छात्र विद्यालय छोड़ देते हैं।

विशेष रूप से मंद बुद्धि व ज्ञानेन्द्रिय दोष वाले पिछड़े हेतु अलग प्रकार के विद्यालयों की व्यवस्था की जानी चाहिए। परन्तु हमारे देश में ऐसे विद्यालयों का अभाव है, ऐसी स्थिति में इन बच्चों के शिक्षण के लिए सामान्य विद्यालयों में ही विशिष्ट कोष्ठ विकसित किये जा सकते हैं। जहाँ विशिष्ट कक्षाएँ चलाई जाएं इन बालकों हेतु अलग समय-सारणी, अलग पाठ्यक्रम व लम्बा कालांश व्यवस्था हो। इन कोष्ठों में विशिष्ट छात्रों के अनुकूल जहाँ तक संभव हो व्यवस्था की जाये। ये व्यवस्था स्वयं के द्वारा विकसित व आशुरचित भी हो सकती हैं।

## विशिष्ट समूह और विशिष्ट शिक्षण विधियाँ व प्रविधियाँ

प्रत्येक प्रकार की विशिष्टता के लिए शिक्षण व विधियों में प्रविधियों में विविधता होनी चाहिए। प्रतिभावान बालकों हेतु - तर्क, चिन्तन, मनन, चर्चा व आलोचना पर आधारित विधियों जैसे प्रश्नोत्तर प्रविधि, प्रयोजन विधि ह्युरिस्ट विधि, समस्या समाधान विधि, समूह परिचर्चा आदि द्वारा शिक्षण कार्य हो।

**मंद बुद्धि बालकों के समूह हेतु** - क्रियाओं पर आधारित विधियों जैसे किंडर गार्टन विधि खेल विधि क्रिया सह-सम्बंध विधि नाटक द्वारा गीत, कविता गाकर उदाहरणों द्वारा, प्रदर्शन द्वारा, खिलौने द्वारा, जादू द्वारा ऐसे बालकों को उपयोगी व व्यावहारिक ज्ञान दिया जा सकता है।

**पिछड़े बालकों हेतु**- निदानात्मक व उपचारात्मक विधि द्वारा, शिक्षक अभिभावक सम्मेलन द्वारा पिछड़ेपन के कारण जानकर उनके अनुरूप शिक्षण विधियों का चुनाव किया जाये।

जैसे नेत्रहीनों के लिए व्याख्यान विधि, प्रश्नोत्तर प्रविधि, वर्णन, व्याख्या प्रविधि, मूक बधिर बालकों के लिए प्रदर्शन विधि, प्रयोगशाला विधि, अधिक उपयोगी सिद्ध होगी। कान के दोष वाले बालक होठों की गति के अध्ययन द्वारा ज्ञानार्जन कर सकते हैं।

## विशिष्ट समूह और शिक्षण सामग्री

विशिष्ट बालकों के शिक्षण हेतु प्रयुक्त सहायक सामग्री अलग-अलग प्रकार की होगी। प्रतिभाशाली बालकों हेतु ऐसे प्रयोग, चार्ट मॉडल हों, जिन्हें वे अपने विवेक व बौद्धिक क्षमता द्वारा पूर्ण करें व उनमें नयापन लाएं। स्वनिर्मित उपकरण, क्रियात्मक मॉडल, मानसिक चिन्तन, तर्क, सोच-विचार वाली सहायक सामग्री उनके लिए हों जो आँखों से देख सकते हैं, जबकि जो आँखों से देख नहीं सकते उनके लिए श्रव्य सामग्री जैसे रेडियो, कैसेट प्लेयर, टेपरिकॉर्डर, ग्रामोफोन, छूकर महसूस करने वाली सहायक सामग्री उपयुक्त होगी। शारीरिक विकलांग वाले विशिष्ट समूह हेतु उनकी क्षमता व जिस अंग से वे कार्य कर सकते हैं, उसी के अनुरूप श्रव्य, दृश्य सामग्री उनके लिए उपयोगी होगी।

कामचोर व आलसी बेईमान बालकों के लिए प्रेरणादायी कहानियाँ प्रसंग व कविताएँ उपयोगी रहेंगी जबकि दुष्ट प्रवृत्ति निर्ममी के लिए दया भरी, दुख भरी कहानियाँ अधिक उपयोगी सिद्ध होंगी।

## विशिष्ट समूह हेतु शिक्षक की संक्रियता

विशिष्ट समूह के व्यक्तित्व के विकास में यदि सबसे अधिक महत्वपूर्ण भूमिका किसी की है तो वह है- शिक्षक। शिक्षक के बाद माता-पिता का स्थान है। माता-पिता का स्थान बाद में इसलिए कि व्यक्तित्व का विकास किस प्रकार किया जा सकता है- इसे माता-पिता इतना नहीं जानते जितना शिक्षक। पहले देखते हैं कि शिक्षक को क्या करना चाहिए? अपने विद्यार्थियों के व्यक्तित्व के विकास हेतु शिक्षक को चाहिए कि वह-

1. व्यक्तित्व के किसी पहलू के विकास हेतु विद्यार्थियों को जो कार्य दिये जायें वे उनकी रुचि, आयु-योग्यता एवं क्षमता के अनुसार हों।
2. पहले तो इस बात को जानें कि विद्यार्थी-विद्यार्थी में किसी न किसी दृष्टि से अन्तर होता है। अतः विद्यार्थियों के व्यक्तित्व के विकास हेतु ज्ञान-प्राप्ति, भावना-परिवर्तन एवं क्रियाशीलता की दृष्टि से सभी को उत्प्रेरित करने और सिखाने के तरीके अलग-अलग होंगे।
3. कार्य देते समय विद्यार्थियों की पारिवारिक पृष्ठभूमि का भी अवश्य ध्यान रखा जाये।
4. केवल ज्ञानार्जन की ओर ही बच्चों का ध्यान आकर्षित न किया जाये, अपितु भावात्मक परिवर्तन पर अधिक बल दिया जाये, क्योंकि कर्म तो भावना के अनुरूप ही होते हैं।
5. छात्रों में राग, द्वेष, ईर्ष्या, जैसे नकारात्मक भावों को न पनपने दिया जाये और यदि पनप चुके हैं तो उचित उदाहरण महापुरुषों के दृष्टांत, संस्मरण आदि के द्वारा उनका शमन किया जाये और बदलने का प्रयास किया जाये।
6. विशिष्ट समूह के व्यक्तित्व के विभिन्न अंगों का विकास अलग-अलग प्रकार से होता है। बौद्धिक विकास यदि अध्ययन करने से अधिक होता

है, तो शारीरिक विकास, व्यायाम, खेलकूद जैसी पाठ्येतर क्रियाओं से और सामाजिक विकास समूह-कार्यों या शैक्षिक भ्रमण वगैरह से। अत: सभी प्रकार की क्रियाओं को उचित स्थान दिया जाये।

7. कक्षा के वातावरण को इतना आकर्षक एवं भयमुक्त बनाने को प्रयास किया जाये कि विद्यार्थी भयमुक्त होकर पढ़ने में रुचि लें।
8. विद्यार्थियों की गलती के समय उन्हें समझाया जाये न कि उन्हें भय दिखाकर उनकी भावनाओं को उकसाया जाये।
9. हीनता के समय विद्यार्थियों को उत्प्रेरित किया जाये और अहं भाव पनपने से उसे दूर किया जाये।
10. बच्चों के साथ व्यवहार मातृत्व/ पितृत्व या मित्रवत हो, न कि अधिकारात्मक।
11. विद्यार्थियों में नैतिकता और चरित्र के विकास पर अधिक ध्यान दिया जाए, क्योंकि व्यक्तित्व के अन्य पहलू इसी पर आधारित अधिक होते हैं।
12. किसी भी प्रकार की कोई समस्या उत्पन्न होने पर उन्हें उचित मार्गदर्शन दिया जाये।
13. व्यक्तित्व की उन कमजोरियों को दूर करने का हठात् प्रयास न किया जाये जो वंशानुगत हैं।
14. निष्पक्ष मूल्यांकन द्वारा समय-समय पर उन्हें उनकी कमजोरी से अवगत कराया जाए, ताकि वे उस कमजोरी को दूर करने हेतु विशेष प्रयास कर सकें।
15. अपने व्यक्तित्व में भी वह परिवर्तन लाने का प्रयास करें जिसकी अपेक्षा वह अपने विद्यार्थियों से करता है।

## प्रश्नमाला

**1. समावेशी शिक्षा क्या है ?**
(a) वंचित छात्रों पर विशेष ध्यान देना
(b) जाति आधारित शिक्षा
(c) समाज के सभी वर्गों के बच्चों को शिक्षा का समान अवसर उपलब्ध कराना
(d) बच्चों को नि:शुल्क पाठ्य पुस्तक उपलब्ध कराना

**2. समावेशी शिक्षा का मुख्य उद्देश्य हैं—**
(a) असमर्थ बालकों को सामाजिक और सांस्कृतिक रूप से जोड़कर विकास की मुख्य धारा में लाना
(b) बालकों में जागरूकता एवं उत्सुकता की भावना का विकास करना
(c) अक्षम बालकों की समस्या का पता लगाकर उनके निवारण का प्रयास करना
(d) उपरोक्त सभी

**3. अनुसूचित जाति और अनुसूचित जनजाति के बच्चों के शिक्षा बेहतर न होने के निम्नलिखित में से कौन-से कारण नहीं हैं—**
(a) इस वर्ग के लोगों में शिक्षा के प्रचार प्रसार का अभाव
(b) बौद्धिक क्षेत्र में इनका पिछड़ापन
(c) विद्यालय में अनुसूचित जनजाति के बालकों की अधिक संख्या
(d) सरकार द्वारा ध्यान देना

**4. विविध पृष्ठभूमि वाले बालकों में शिक्षा का माध्यम होना चाहिए—**
(a) अंग्रेजी
(b) हिन्दी
(c) अंग्रेजी और हिन्दी दोनों
(d) स्थानीय भाषा

**5. विशेष आवश्यकता वाले बच्चों को शिक्षा उपलब्ध कराई जानी चाहिए—**
(a) विशेष विद्यालयों में
(b) विशेष विद्यालय में विशेष शिक्षकों द्वारा
(c) अन्य सामान्य बच्चों के साथ
(d) विशेष विद्यालयों में विशेष बच्चों के लिए विकसित पद्धतियों द्वारा

**6. विविध पृष्ठभूमि के बच्चों के लिए पाठ्यक्रम किस प्रकार का होना चहिए—**
(a) जो भारतीय समाज एवं संस्कृति की सराहना करें और विवेचनात्मक मूल्यांकन पर बल दें
(b) पाठ्यक्रम में केवल व्यवसायिक शिक्षा देनी चाहिए
(c) पाठ्यक्रम बच्चों की रूचि पर आधारित होनी चाहिए
(d) उपरोक्त सभी

**7. निम्नलिखित में से किस अधिनियम के तहत सभी बच्चों के लिए नि:शुल्क और अनिवार्य शिक्षा की व्यवस्था की गई है ?**
(a) शिक्षा का अधिकार अधिनियम 2009 के अन्तर्गत
(b) सूचना के अधिकार अधिनियम के अन्तर्गत
(c) शिक्षा का अधिकार अधिनियम 2013 के अन्तर्गत
(d) इनमें से कोई नहीं

**8. पिछड़े वर्ग के बच्चों को शिक्षा की मुख्य धारा में जोड़ने के लिए निम्नलिखित में से किसके द्वारा प्रयास किया जाता है ?**
(a) केन्द्र सरकार
(b) राज्य सरकार
(c) दोनों सरकार द्वारा
(d) इनमें से कोई नहीं

**9. निम्नलिखित में से कौन-सी सरकारी योजना अनुसूचित जाति और जनजाति के बच्चों की शिक्षा से संबंधित नहीं है ?**
(a) मनरेगा
(b) मिड-डे मील
(c) सर्व शिक्षा अभियान
(d) शिक्षा का अधिकार अधिनियम 2009

**10. समावेशन का अर्थ होता है-**
(a) जरूरतमन्द बच्चों की शिक्षा का प्रबन्ध सामान्य बच्चों के साथ होना चाहिए
(b) इनकी शिक्षा की व्यवस्था अलग होनी चाहिए
(c) सामान्य बच्चों के साथ इन्हें नहीं मिलाना चाहिए
(d) उपरोक्त में से कोई नहीं

**11. निम्नलिखित में से कौन-सी अनुसूचित जनजाति के छात्रों की प्रमुख समस्या है ?**
**A. अधिकतर परिवारों की निर्धनता**
**B. विद्यालय में सामान्य वर्ग के छात्रों द्वारा उनको पर्याप्त सम्मान नहीं दिया जाना**
**C. इनके समाज में शिक्षा के पर्याप्त प्रचार-प्रसार का अभाव**
**कूट**
(a) केवल A (b) केवल C
(c) केवल B (d) A, B और C

**12. पृथक्-पृथक् समजातीय समूहों के व्यक्तियों के प्रति बच्चों की अभिवृत्ति साधारणतया आधारित होती है-**
(a) उनके अभिभावक की चित्तवृत्ति पर
(b) उनके समकक्षियों की अभिवृत्ति पर
(c) दूरदर्शन के प्रभाव पर
(d) उनके सहोदरों की अभिवृत्ति पर

**13. 'सभी के लिए विद्यालयों में सभी की शिक्षा' निम्नलिखित में से किसके लिए प्रचार वाक्य हो सकता है ?**
(a) संसक्तिशील शिक्षा
(b) समावेशी शिक्षा
(c) सहयोगात्मक शिक्षा
(d) पृथक् शिक्षा

**14. शिक्षण में अध्यापकों के द्वारा विद्यार्थियों का आकलन इस अन्तर्दृष्टि को विकसित करने के लिए किया जा सकता है**
(a) उन विद्यार्थियों की पहचान करना जिन्हें उच्चतर कक्षा में प्रोन्नत करना है
(b) उन विद्यार्थियों को प्रोन्नत न करना जो विद्यालय के स्तर के अनुकूल नहीं हैं
(c) शिक्षार्थियों की आवश्यकता के अनुसार शिक्षण उपागम में परिवर्तन करना
(d) कक्षा में 'प्रतिभाशाली' तथा 'कमजोर' विद्यार्थियों के समूह बनाना

**15. शिक्षण-अधिगम प्रक्रिया में, वंचित समूह से सम्बन्धित विद्यार्थियों के द्वारा सहभागिता कम होने की स्थिति में एक शिक्षक को क्या करना चाहिए ?**

(a) बच्चों को विद्यालय छोड़ने के लिए कहना चाहिए

(b) इस स्थिति को जैसी है, स्वीकार कर लेना चाहिए

(c) इन विद्यार्थियों से अपनी अपेक्षाओं को कम चाहिए

(d) अपनी शिक्षण पद्धति पर विचार करना चाहिए तथा बच्चों की सहभागिता में सुधार करने के लिए नए तरीके ढूँढ़ने चाहिए

**16. विविध पृष्ठभूमियों के अधिगमकर्ताओं को सम्बोधित करने हेतु, एक अध्यापक को**

(a) सभी के लिए मानकीकृत आकलनों का उपयोग करना चाहिए

(b) ऐसे कथनों का उपयोग करना चाहिए जो नकारात्मक रूढ़िबद्ध धारणाओं को मजबूत करें

(c) विविधता सम्बन्धी मुद्दों पर बातचीत टालनी चाहिए

(d) विविध विन्यासों के उदाहरण लेने चाहिए

**17. अनुसूचित जातियों और जनजातियों से जुड़े बच्चे, 'प्रथम पीढ़ी विद्यालय-गामी,' लड़कियाँ और दिव्यांग बालक, शिक्षा की पहुँच के सन्दर्भ में ......... स्तर पर है।**

(a) अनुकूल (b) प्रतिकूल

(c) प्राधिकृत (d) समान

## उत्तरमाला

| | | | | | | | | | |
|---|---|---|---|---|---|---|---|---|---|
| **1.** (c) | **2.** (d) | **3.** (c) | **4.** (d) | **5.** (d) | **6.** (a) | **7.** (a) | **8.** (c) | **9.** (a) | **10.** (a) |
| **11.** (d) | **12.** (a) | **13.** (b) | **14.** (c) | **15.** (d) | **16.** (d) | **17.** (b) | | | |

❑❑❑

# बच्चों में सोचना एवं सीखना

## बच्चे कैसे सोचते हैं?

- सोचना एक उच्च प्रकार की मानसिक प्रक्रिया है, जो ज्ञान को संगठित करने में एक महत्त्वपूर्ण भूमिका निभाती है। इस मानसिक प्रक्रिया में बहुधा स्मृति, प्रत्यक्षीकरण, अनुमान, कल्पना आदि मानसिक प्रक्रियाएँ भी सम्मिलित होती हैं।
- एक बालक के समक्ष हमेशा अनेक वस्तुएँ, समस्याएँ, दृश्य-परिदृश्य आदि दृष्टिगोचर होती रहती हैं तथा बालक उन समस्याओं, वस्तुओं, दृश्य-परिदृश्यों आदि के विषय में चिन्तन करता रहता है। यह चिन्तन अनुभवजन्य होता है।
- बालक अपनी स्वाभाविक प्रवृत्ति के अनुसार वस्तुओं को देखकर या छूकर उनके बारे में अनुभव प्राप्त करता है। धीरे-धीरे बालक में प्रत्यय निर्माण होने लगता है तथा पूर्व किशोरावस्था में बालक अमूर्त वस्तुओं के विषय में सोचने लगता है।

बालक में सोचने की प्रक्रिया का विकास एक निश्चित क्रम में होता है।

## बालकों में सोचने की प्रक्रिया

बालकों में सोचने की प्रक्रिया (Process of Thinking in Children) के निम्नलिखित प्रकार हैं

### 1. प्रत्यक्षीकरण के आधार पर सोचना

- बच्चों में इस प्रकार की सोच का विकास वस्तुओं और परिस्थितियों के प्रत्यक्षीकरण से सम्बन्धित होता है। बालक अपने चारों ओर के भौतिक और मनोवैज्ञानिक वातावरण में जिन वस्तुओं और परिस्थितियों को देखता है या प्रत्यक्षीकरण करता है, उसके आधार पर वह अपने ज्ञान का संचय कर अपनी सोच का विकास करता है।

### 2. कल्पना के आधार पर सोचना

- जब उद्दीपन, वस्तु या पदार्थ, उपस्थित नहीं होता है, तब उसकी कल्पना (Imagination) की जाती है। इनके अभाव में कोई बालक इनकी मानसिक प्रतिमा (Image) बनाकर अपने ज्ञान का संचय करता है, कल्पना, बालकों में सोचने का एक सुदृढ़ आधार है, जिसके आधार पर बालक अपने पूर्व अनुभवों के आधार पर अपनी भविष्यगत सोच का निर्माण करता है।

### 3. प्रत्ययों के आधार पर सोचना

- यह अपेक्षाकृत अधिक उच्च प्रकार की सोच है। इसकी बालकों में अभिव्यक्ति तभी होती है, जब बालकों में प्रत्ययों (Concepts) का निर्माण प्रारम्भ होता है। एक बालक में जितने ही अधिक प्रत्यय निर्मित होते हैं, उसमें उतनी ही अधिक प्रत्ययात्मक सोच पाई जाती है।
- इस प्रकार की सोच को विचारात्मक सोच भी कहते हैं। स्थान, आकार, भार, समय, दूरी और संख्या आदि सम्बन्धी प्रत्यय बालकों में प्रारम्भिक आयु स्तर पर ही बन जाते हैं।

### 4. तर्क के आधार पर सोचना

- इस प्रकार की सोच का विकास किसी बालक में भाषा सम्प्रेषण के आधार पर होता है। यह सबसे उच्च प्रकार की सोच है।

### 5. तर्कणा के आधार पर सोचना

- किसी बात/समस्या को लेकर भिन्न-भिन्न प्रकार का तर्क (logic) लगाना, तर्कणा कहलाता है। तर्कणा के विभिन्न प्रकार हैं

  (i) **निगमनात्मक तर्कणा** (Deductive Reasoning) तर्क करने की एक ऐसी विधि जो अभिग्रह या पूर्वधारणा से आरम्भ होती है। यह सामान्य से विशिष्ट की ओर तर्कणा है।

  (ii) **आगमनात्मक तर्कणा** (Inductive Reasoning) तर्क करने की एक ऐसी विधि जो विशिष्ट तथ्यों एवं प्रेक्षण पर आधारित हो। यह विशिष्ट से सामान्य की ओर चलती है।

### 6. अनुभव के आधार पर सोचना

- बालक अपने पूर्व अनुभवों के आधार पर अपनी नवीन सोच का विकास करते हैं। इस प्रकार की सोच का विकास बच्चों में स्थायी ज्ञान प्राप्ति का सर्वोत्तम साधन माना जाता है।

### 7. रुचि और जिज्ञासा के आधार पर सोचना

- कुछ बालक अपनी रुचियों और जिज्ञासाओं के आधार पर अपनी सोच का सृजन करते हैं। शिक्षक तथा अभिभावकों को चाहिए कि वह बालकों में नई-नई रुचियों और जिज्ञासा (Desire) को पैदा करें, जिससे कि बच्चों में सोचने की प्रक्रिया की गति तीव्र हो सके।

### 8. अनुकरण के आधार पर सोचना

- बालकों की सोच के विकास में अनुकरण का एक महत्त्वपूर्ण स्थान है। वह जब अपने आस-पास लोगों को कोई कार्य करते देखते हैं, तब वह उसी कार्य को करने की कोशिश करते हैं तथा अपनी सोच का विकास करते हैं।

## बच्चों में सोचने की योग्यता को बढ़ाने हेतु आवश्यक कदम

बालकों में सोचने की योग्यता सफल जीवन के लिए आवश्यक है। अत: अभिभावकों और शिक्षकों को चाहिए कि बालकों में इस योग्यता के विकास पर ध्यान दिया जाए। बालकों में सोचने की योग्यता के विकास में निम्नलिखित उपाय सहायक हैं, जो निम्न प्रकार हैं

- बालकों को सोचने के लिए प्रोत्साहित और प्रेरित करना चाहिए। बालकों के भाषा ज्ञान को उच्च करने के उपाय करने चाहिए, जिससे वह समय-समय पर अपने विचारों की अभिव्यक्ति कर सकें।
- बालकों की रुचियों के विकास पर ध्यान देना चाहिए। रुचियों के अभाव में सोचने की योग्यता कठिनाई से विकसित हो पाती है।
- बालकों को उनकी आयु के अनुसार समय-समय पर ऐसे कार्य सौंपे जाने चाहिए, जिससे उनमें उत्तरदायित्व की भावना का विकास हो सके और उत्तरदायित्व के निर्वहन हेतु सोचने के लिए प्रेरित हो सकें।
- बालकों की गलतियाँ भी अधिगम प्रक्रिया का एक भाग है, जो उनके विचारों को अन्तदृष्टि प्रदान करती है।
- बालकों को उनकी आयु के अनुसार समस्या समाधान करना भी माता-पिता और शिक्षकों को सिखलाना चाहिए, क्योंकि समस्या समाधान के द्वारा भी सोचने की

योग्यता विकसित होती है। शिक्षकों और माता-पिता को बालकों को नवीन बातों की समय-समय पर अर्थात् उनकी आयु के अनुसार जानकारी देनी चाहिए, जिससे उनमें सोचने का विकास सुचारु रूप से चल सके। तर्क और वाद-विवाद भी सोचने की योग्यता के विकास में महत्त्वपूर्ण भूमिका निभाते हैं।

## बच्चे कैसे सीखते हैं?

- सीखना एक प्रक्रिया है, जो जीवनपर्यन्त चलती रहती है एवं जिसके द्वारा हम कुछ ज्ञान अर्जित करते हैं या जिसके द्वारा हमारे व्यवहार में परिवर्तन होता है।
- **फ्रेण्डसन** के अनुसार, "सीखना, अनुभव या व्यवहार में परिवर्तन है।"
- जन्म के तुरन्त बाद से ही व्यक्ति सीखना प्रारम्भ कर देता है। सीखना कोई आसान और सीधी प्रक्रिया नहीं होती, बल्कि यह जटिल (complex), बहुआयामी और गतिशील प्रक्रिया है।
- अधिगम व्यक्तित्व के सर्वांगीण विकास में सहायक होता है। इसके द्वारा जीवन के लक्ष्यों को प्राप्त करने में सहायता मिलती है। अधिगम के बाद व्यक्ति स्वयं और दुनिया को समझने के योग्य हो पाता है।
- **गेट्स** के अनुसार, "अनुभव द्वारा व्यवहार में रूपान्तर लाना ही अधिगम है।"
- **ई. ए. पील** के अनुसार, "अधिगम व्यक्ति में एक परिवर्तन है, जो उसके वातावरण के परिवर्तनों के अनुसरण में होता है।"
- **क्रो** एवं **क्रो** के अनुसार, "सीखना, आदतों, ज्ञान एवं अभिवृत्तियों का अर्जन है। इसमें कार्यों को करने के नवीन तरीके सम्मिलित हैं और इसकी शुरुआत व्यक्ति द्वारा किसी भी बाधा को दूर करने अथवा नवीन परिस्थितियों में अपने समायोजन को लेकर होती है। इसके माध्यम से व्यवहार में उत्तरोत्तर परिवर्तन होता रहता है। यह व्यक्ति को अपने अभिप्राय अथवा लक्ष्य को पाने में समर्थ बनाती है।" सभी बच्चे स्वभाव से ही सीखने के लिए प्रेरित रहते हैं और उनमें सीखने की क्षमता होती है।
- अर्थ निकालना, अमूर्त सोच (Abstract thinking) की क्षमता विकसित करना, विवेचना व कार्य, अधिगम या सीखने की प्रक्रिया के सर्वाधिक महत्त्वपूर्ण पहलू हैं।
- बच्चे विभिन्न गतिविधियों एवं कार्यों में सक्रिय रूप से भाग लेते हुए प्रभावी अधिगम करते हैं।
- बच्चे व्यक्तिगत स्तर पर एवं दूसरों से भी विभिन्न तरीकों से सीखते हैं। अनुभव के माध्यम से, प्रयोग करने से, पढ़ने, विमर्श करने, पूछने, सुनने, उस पर सोचने व मनन करने से तथा गतिविधि या लेखन के द्वारा अभिव्यक्ति करने से। अपने विकास के मार्ग में उन्हें ये सभी तरह के अवसर मिलने चाहिए।
- बच्चे मानसिक रूप से तैयार हों, उससे पहले ही उन्हें पढ़ा देना बाद की अवस्थाओं में उनमें सीखने की प्रवृत्ति को प्रभावित करता है। उन्हें बहुत-से तथ्य 'याद' तो रह सकते हैं, लेकिन सम्भव है कि वे न तो उन्हें समझ पाएँ और न ही उन्हें अपने आस-पास की दुनिया से जोड़ पाएँ।
- बच्चों के समक्ष सुव्यवस्थित रूप से सूचनाओं को प्रस्तुत करना चाहिए, क्योंकि अलग-अलग टुकड़ों में अव्यवस्थित रूप से प्रस्तुत की गई सूचना से अधिगम में कठिनाई होती है।
- स्कूल के अन्दर और बाहर दोनों जगहों पर सीखने की प्रक्रिया चलती रहती है। इन दोनों जगहों में यदि सम्बन्ध रहे, तो सीखने की प्रक्रिया पुष्ट होती है।
- स्व निर्देशित अधिगम अधिक सार्थक एवं प्रभावशाली होता है।
- कला और कार्य समग्र सीखने के अवसर प्रदान करते हैं, जो सौन्दर्यबोध (Aesthetic sense) से पुष्ट होता है। ऐसे अनुभव भाषायी रूप से ज्ञात चीजों के लिए महत्त्वपूर्ण होते हैं, विशेषकर नैतिक मुद्दों में जिससे कि प्रत्यक्ष अनुभवों से सीखा जा सके और उन्हें जीवन में समाहित किया जा सके।
- बालकों के मध्य भ्रान्तियाँ अवधारणाओं के विषय में उनकी सरल एवं सहज समक्ष को दर्शाती है।
- सीखना किसी की मध्यस्थता या उसके बिना भी हो सकता है। प्रत्यक्ष रूप से सीखने से सामाजिक सन्दर्भ व संवाद विशेषकर अधिक सक्षम लोगों से संवाद विद्यार्थियों को उनके स्वयं के उच्च संज्ञानात्मक स्तर पर कार्य करने का मौका देते हैं।
- बच्चों की अधिगम (सीखने) की प्रक्रिया में माता-पिता को अग्रोन्मुखी भूमिका निभाना चाहिए, क्योंकि परिवार को बच्चों की प्रथम पाठशाला माना गया है।

## बच्चों में सीखने के नियम अथवा सिद्धान्त

### 1. तत्परता का नियम

- इस नियम का प्रतिपादन **थॉर्नडाइक** ने किया था। इस नियम का अभिप्राय यह है कि यदि बालक किसी कार्य को सीखने के लिए तत्पर या तैयार होते हैं, तो वह उसे शीघ्र ही सीख लेते हैं। तत्परता में कार्य करने की इच्छा निहित रहती है। यदि बालक में गणित के प्रश्न करने की तीव्र इच्छा हो, तो वह उनको करता है अन्यथा नहीं। इतना ही नहीं, तत्परता के कारण वह उनको अधिक शीघ्रता और कुशलता से करता है। तत्परता उसके ध्यान को कार्य पर केन्द्रित करने में सहायता देती है, जिसके फलस्वरूप वह उसे सम्पन्न करने में सफल होता है।

### 2. अभ्यास का नियम

- इस नियम का प्रतिपादन भी थॉर्नडाइक ने ही किया था। इस नियम का अभिप्राय है कि यदि बालक कार्य को बार-बार करता रहे, तो वह उस कार्य में अन्य सामान्य बालक की अपेक्षा अधिक निपुण हो जाता है।

### 3. प्रभाव/सन्तोष का नियम

- थॉर्नडाइक के इस नियम के अनुसार बालक उस कार्य को सीखना चाहते हैं, जिसका परिणाम हमारे लिए हितकर होता है या जिससे बालकों को सुख और सन्तोष मिलता है। यदि बालकों को किसी कार्य को करने या सीखने में कष्ट होता है, तो बालक उसको करते या सीखते नहीं हैं।
- **वाशबर्न** के अनुसार, "जब सीखने का अर्थ किसी उद्देश्य या इच्छा को सन्तुष्ट करना होता है, तब सीखने में सन्तोष का महत्त्वपूर्ण स्थान होता है।"

### 4. सीखने का प्रबलन सिद्धान्त

- इस सिद्धान्त का प्रतिपादन अमेरिकी मनोवैज्ञानिक सी. एल. हल द्वारा किया गया था। इस सिद्धान्त के अनुसार, "सीखने का आधार आवश्यकता की पूर्ति की प्रक्रिया है।" जब बालक की किसी आवश्यकता की पूर्ति नहीं होती है, तब उसमें असन्तोष उत्पन्न हो जाता है।
- उदाहरण के लिए, भोजन की आवश्यकता पूर्ण न होने पर बालक में तनाव उत्पन्न हो जाता है, उसके फलस्वरूप उसकी दशा असन्तुलित हो जाती है।

## बालक विद्यालय प्रदर्शन में सफलता प्राप्त करने में कैसे और क्यों असफल होते हैं

पढ़ाई के दौरान बालक विद्यालय स्तर पर कैसे एवं क्यों असफल हो जाते हैं, यह आरम्भ से ही अनुसन्धान (Research) का विषय रहा है। शिक्षार्थियों की असफलता के पीछे कोई एक कारण नहीं, अपितु कारणों की शृंखला उत्तरदायी है, जो इस प्रकार हैं

### 1. विद्यालय का परिवेश

- विद्यालय का परिवेश (Environment of School) काफी हद तक विद्यार्थियों की सफलता एवं असफलता को प्रभावित करता है। विद्यालय का वातावरण बाल-केन्द्रित होना चाहिए तथा विद्यालय की सभी व्यवस्था के केन्द्र में बालकों को होना चाहिए। साथ ही विद्यालय का वातावरण जनतान्त्रिक आदर्शों, मौलिकता, स्वतन्त्र चिन्तन तथा सृजन पर आधारित होना चाहिए। शिक्षक एवं शिक्षार्थी दोनों को पढ़ाई के प्रति अभिप्रेरित होना चाहिए तथा विद्यालय का वातावरण शान्त एवं

भयमुक्त होना चाहिए। यदि इन व्यवस्थाओं में कमियाँ उत्पन्न होंगी, तो इसका नकारात्मक प्रभाव बच्चों के परिणाम पर पड़ेगा।

**2. पारिवारिक माहौल**

- बालकों की असफलता के लिए पारिवारिक माहौल (Familiar Environment) भी जिम्मेदार होता है। यदि माता-पिता अपने बच्चों की पढ़ाई के प्रति जागरूक न हों, तो बच्चे विलम्ब से पढ़ना प्रारम्भ करते हैं। माता-पिता एवं परिवार के अन्य सदस्यों के जागरूक नहीं रहने के कारण बच्चों की सफलता की दर काफी हद तक प्रभावित होती है, क्योंकि परिवार को ही शिक्षा की प्रथम पाठशाला माना गया है।

**3. अभ्यास का अभाव**

- बच्चे पढ़ाई के दौरान अपने पाठ्यक्रम का उचित तरीके से अभ्यास नहीं करते हैं। इसके परिणामस्वरूप वे सीखे हुई विषयों को भूलने लगते हैं। अभ्यास की कमी के कारण जब बालकों की उपलब्धियों का मूल्यांकन विद्यालय स्तर पर होता है, तो वे असफल हो जाते हैं।

**4. अभिरुचि एवं जिज्ञासा की कमी**

- विद्यालय स्तर पर अध्ययन के दौरान प्राय: यह देखा जाता है कि बालकों में पढ़ाई के प्रति अभिरुचि एवं जिज्ञासा (Interest and Curiousness) का अभाव दिखता है जिसके कारण बच्चे पढ़ाई के प्रति संवेदनशील नहीं हो पाते तथा जब उनकी उपलब्धियों का मूल्यांकन होता है, तो वे पिछड़ जाते हैं और असफल हो जाते हैं।

**5. स्वास्थ्य**

- पठन-पाठन के लिए बालकों को शारीरिक एवं मानसिक रूप से स्वस्थ रहना अतिआवश्यक है।
- स्वास्थ्य ठीक न होने के कारण बालक पढ़ाई पर ध्यान केन्द्रित नहीं कर पाते हैं। अस्वस्थ वातावरण में उसका शैक्षिक विकास मन्द पड़ जाता है। इस कारण परीक्षा की उचित तैयारी नहीं हो पाती है, परिणामस्वरूप वे असफल हो जाते हैं।

**6. कक्षा वर्ग का वातावरण**

- विद्यालय स्तर पर अध्ययन के दौरान कक्षा का माहौल प्रतिस्पर्द्धात्मक, (competitive) एवं अनुशासनात्मक होना चाहिए। यह तभी सम्भव होगा, जब शिक्षक एवं शिक्षार्थी दोनों अपने-अपने कार्यों के प्रति जवाबदेह हों। कक्षा का अनुपयुक्त परिवेश भी बालकों के कमजोर प्रदर्शन के लिए जिम्मेदार होता है।

**7. शिक्षण विधियाँ एवं युक्तियाँ**

- छात्रों के प्रदर्शन एवं उपलब्धियों पर उचित शिक्षण विधि एवं युक्ति (Teaching Method & Instrument) का गहरा प्रभाव पड़ता है। अध्यापक यदि अध्यापन (teaching) के दौरान नवीन तरीकों का प्रयोग करते हैं, तो बच्चों की पढ़ाई के प्रति जागरूक होंगे। यदि पढ़ाने की परम्परागत विधि अर्थात् 'रटंत प्रणाली' पर शिक्षक जोर देंगे, तो इसका नकारात्मक प्रभाव बालकों के परीक्षा परिणाम पर पड़ेगा।

**8. प्रेरणा एवं मागदर्शन का अभाव**

- यदि बालकों को पढ़ाई के दौरान उचित प्रेरणा एवं मार्गदर्शन (Motivation & Guidance) मिलता रहे तो वे कभी असफल नहीं होंगे। बालकों को क्या पढ़ना चाहिए? कैसे पढ़ना चाहिए? पढ़ने की वैज्ञानिक शैली क्या हो, यह काफी हद तक प्रेरणा एवं मार्गदर्शन पर निर्भर करता है। प्रेरणा बालकों में पढ़ाई के प्रति जोश उत्पन्न करती है। इसके अभाव के कारण बच्चे असफल हो सकते हैं।

## बालकों को असफल होने से रोकने के लिए-सुझाव एवं रणनीति

**1. माता-पिता की भागीदारी**

- बच्चों की सफलता के पीछे माता-पिता की महत्वपूर्ण भूमिका होती है। यदि घर का वातावरण मजबूत एवं स्थिर हो तो बच्चों की सफल होने की सम्भावना बढ़ जाती है। माता-पिता बालकों की पढ़ाई में सहयोगी भूमिका निभाते हैं अर्थात् बच्चों से बात-चीत करने का उचित तरीका, होमवर्क के समय उपस्थित रहना, शिष्टाचार सिखाना, समय पर विद्यालय भेजना तथा विषय-वस्तु से हटकर अपने बालकों को सामान्य ज्ञान की जानकारी देना आदि।

**2. बालकों में कौशल का विकास**

- माता-पिता एवं शिक्षक दोनों मिलकर बालकों में विभिन्न प्रकार के कौशलों का विकास करते हैं, **उदाहरणस्वरूप** पढ़ना, लिखना, गणित के विषय में बताना, सामाजिक शिष्टाचार के बारे में बताना तथा बालकों में नैतिक विकास को बढ़ावा देना आदि।
- स्कूल में उत्पन्न चुनौतियों का सामना करने में इस प्रकार का कौशल उन्हें सहायता करता है।

**3. उच्च अभिप्रेरणा स्तर**

- अभिप्रेरणा (Motivation) बालकों को विद्यालय स्तर पर बेहतर प्रदर्शन में उत्प्रेरक (Catalyst) का कार्य करती है। शैक्षणिक सफलता एवं माता-पिता का सहयोग उनके आत्म सम्मान को बढ़ाता है। अभिप्रेरणा के कारण बालकों में पाठ्यक्रम से अलग जाकर ज्ञान अर्जित करने की क्षमता तथा उनमें जोखिम उठाने की क्षमता होती है। बालकों के कार्य प्रदर्शन के अनुरूप माता-पिता एवं शिक्षक उन्हें लगातार फीडबैक देते रहते हैं।

## प्रश्नमाला

**1. निम्नलिखित में से क्या सोचने की प्रक्रिया में शामिल नहीं होता है?**
(a) स्मृति (b) प्रत्यक्षीकरण
(c) अनुमान (d) मांसपेशियाँ

**2. बालकों में सोचने की प्रक्रिया ......... क्रम में होती है।**
(a) निश्चित क्रम
(b) अनिश्चित क्रम
(c) निश्चित और अनिश्चित दोनों क्रम में
(d) इनमें से कोई नहीं

**3. बालकों में सोचने की क्षमता को किस प्रकार बढ़ाया जाता सकता है?**
(a) बालकों की सोचने के लिए प्रोत्साहित करके
(b) बालकों को समस्या समाधान के लिए प्रेरित करके
(c) बालकों में उत्तरदायित्व की भावना का विकास करके
(d) उपर्युक्त सभी

**4. सीखना, अनुभव या व्यवहार में परिवर्तन है। यह कथन हिस मनोवैज्ञानिक का है?**
(a) क्रो स्वं क्रो (b) गेट्स
(c) फ्रेण्डसन (d) थार्नडाइक

**5. सीखने की प्रक्रिया जीवन में चलती रहती है-**
(a) किशोरावस्था तक
(b) केवल जन्म के तुरंत बाद तक
(c) वयस्कावस्था तक
(d) जीवनपर्यंत

**6. बच्चों में सीखने के तत्परता का नियम के प्रतिपादक कौन हैं-**
(a) थॉर्नडाइक (b) काशबर्न
(c) क्रो और क्रो (d) गेट्स

**7. बच्चों को सीखने के लिए आवश्यक तत्व हैं-**
(a) अभ्यास (b) तत्परता
(c) अन्त: दृष्टि (d) उपरोक्त सभी

**8. बालकों के सीखने का प्रबलन सिद्धांत किसने दिया है?**
(a) क्रो और क्रो (b) सी.एल.डल
(c) वाशवर्न (d) गेट्स

9. **शिक्षा की प्रथम पाठशाला किसने माना गया है-**
(a) दोस्त (b) परिवार
(c) परिजन (d) समाज

10. **जब बच्चा फेल होता है तो इसका तात्पर्य है कि-**
(a) व्यवस्था फेल हो गई।
(b) बच्चों ने उत्तर को याद नहीं किया।
(c) बालक पढ़ाई योग्य नहीं है।
(d) बालकों को प्राइवेट ट्यूशन देना चाहिए।

11. **प्रकाश कक्षा दो का विद्यार्थी है वह अपनी सोच की प्रक्रिया को अभिरुचि एवं उत्सुकता के आधार पर बढ़ा रहा है वह सोच की किस प्रक्रिया की तरफ अग्रसर है ?**
(a) रुचि एवं जिज्ञासा की प्रक्रिया
(b) अनुकरण की प्रक्रिया
(c) तर्क की प्रक्रिया
(d) कोई प्रक्रिया नहीं

12. **"बालकों में सोचने की योग्यता सफल जीवन के लिए आवश्यक है।" निम्न में से यह मत किसका है ?**
(a) पियाजे (b) क्रो एवं को
(c) स्किनर (d) पैवलॉव

13. **बच्चे के सोचने की प्रक्रिया में किस आधार पर सोचने को सबसे उच्च माना गया है ?**
(a) रुचि के आधार पर सोचना
(b) अनुभव के आधार पर सोचना
(c) तर्क के आधार पर सोचना
(d) अनुकरण के आधार पर सोचना

14. **यदि कोई बालक किसी कार्य को बार-बार दोहराता है, तो वह थॉर्नडाइक के किस नियम का अनुपालन करता है ?**
(a) तत्परता का नियम
(b) अभ्यास का नियम
(c) प्रभाव का नियम
(d) उपरोक्त सभी

15. **निम्नलिखित कथनों पर विचार कीजिए-**
**A. सीखना अनुभव या व्यवहार में परिवर्तन है।**
**B. सीखना एक जटिल एवं बहुआयामी पद्धति है।**
**C. बच्चे व्यक्तिगत स्तर पर एक-दूसरे से विभिन्न तरीकों से सीखते हैं।**
**D. तर्क एवं वाद-विवाद का सोचने की प्रक्रिया में कोई स्थान नहीं होता है।**
**उपरोक्त कथनों में कौन-सा/से कथन सत्य है/हैं ?**
(a) केवल A (b) A और B
(c) केवल D (d) A, B और C

16. **सीखना समृद्ध हो सकता है यदि-**
(a) वास्तविक दुनिया से उदाहरणों को कक्षा में लाया जाए जिसमें विद्यार्थी एक-दूसरे से अन्त:क्रिया करें और शिक्षक उस प्रक्रिया को सुगम बनाए।
(b) कक्षा में अधिक-से-अधिक शिक्षण-सामग्री का प्रयोग किया जाएं।
(c) शिक्षक विभिन्न प्रकार के व्याख्यान और स्पष्टीकरण का प्रयोग करें।
(d) कक्षा में आवधिक परीक्षाओं पर अपेक्षित ध्यान दिया जाए।

17. **वे शिक्षार्थी, जो संवृद्ध ज्ञान और शैक्षणिक दक्षता की हार्दिक इच्छा प्रदर्शित करते हैं, उनके पास होता है-**
(a) निष्पादन-परिहार अभिविन्यास
(b) कार्य-परिहार अभिविन्यास
(c) नैपुण्यता अभिविन्यास
(d) निष्पादन-उपागम अभिविन्यास

18. **जब बच्चा कार्य करते हुए ऊबने लगता है, तो यह इस बात का संकेत है कि**
(a) बच्चे को अनुशासित करने की आवश्यकता है
(b) सम्भवत: कार्य यान्त्रिक रूप से बार-बार हो रहा है
(c) बच्चा बुद्धिमान नहीं है
(d) बच्चे में सीखने की योग्यता नहीं है

19. **निगमनात्मक तर्कणा में शामिल हैं/हैं-**
(a) सामान्य से विशिष्ट की ओर तर्कणा
(b) विशिष्ट से सामान्य की ओर तर्कणा
(c) ज्ञान का सक्रिय निर्माण और पुनर्निर्माण
(d) अन्वेषणपरक सीखना और स्वत: खोजपरक सम्बन्धी पद्धतियाँ

## उत्तरमाला

**1.** (d) **2.** (a) **3.** (d) **4.** (c) **5.** (d) **6.** (a) **7.** (d) **8.** (b) **9.** (b) **10.** (a)
**11.** (a) **12.** (b) **13.** (c) **14.** (b) **15.** (d) **16.** (a) **17.** (b) **18.** (b) **19.** (d)

❑❑❑

# शिक्षण अधिगम की मूल प्रक्रियाएँ

## शिक्षण

सभी विषयों के शिक्षण सिद्धान्त सामान्यत: एक समान होते हैं। शिक्षण से तात्पर्य है सीखने में सहायता करना अर्थात् प्रत्येक मानव अपने अनुभव एवं प्रयास से ही सीखता है। शिक्षक, छात्रों को सीखने हेतु प्रेरणा देता है, रुचि उत्पन्न करवाता है, व्यक्तिगत विभिन्नताओं के आधार पर उनके गुणों का विकास कर सकता है। मनोवैज्ञानिक शिक्षण विधि के आधार पर बालक की व्यक्तिगत भिन्नता को ध्यान में रख कर उनके गुणों को विकसित करने का प्रयास किया जाता है। शिक्षण की प्रक्रिया अधिगम से जुड़ी हुई है। अधिगम के अभाव में शिक्षण प्रक्रिया अधूरी है। शिक्षण एवं अधिगम एक दूसरे से जुड़े हुए हैं। शिक्षण प्रदान करते समय बालक केन्द्र होता है अर्थात् उसकी व्यक्तिगत रूचियों को ध्यान में रख कर शिक्षण प्रदान किया जाना चाहिए।

**शिक्षण सिद्धान्त :** यह दो प्रकार के होते हैं-

1. मनोवैज्ञानिक सिद्धान्त
2. सामान्य सिद्धान्त

**मनोवैज्ञानिक सिद्धान्त —**

1. **अभ्यास का सिद्धान्त—** शिक्षण प्रक्रिया में यह अत्यन्त आवश्यक है कि सीखने वाली प्रक्रिया का बार-बार अभ्यास किया जाए।
2. **पुनर्बलन का सिद्धान्त—** पुनर्बलन सक्रिय व्यवहार को बल प्रदान करके वांछित व्यवहार के रूप में सीखने के कार्य में भरपूर सहयोग देता है।
3. **अभिप्रेरणा का सिद्धान्त—** अभिप्रेरणा सीखने की क्रियाओं में विद्यार्थी की रुचि को उत्पन्न एवं उत्तेजित करने के साथ संबंधित है। यह एक ऐसी शक्ति है जो मानव को कार्य की ओर अग्रसर करती है।
4. **परिवर्तन का सिद्धान्त—** परिवर्तन विकास की ओर अग्रसर होता है, ऐसा माना जाता है। परिवर्तन से जिज्ञासा और रुचि बनी रहती है, जो कार्य करने हेतु अभिप्रेरित करती है।

**सामान्य सिद्धान्त —**

1. **बाल केन्द्रित शिक्षा—** शिक्षण स्वरूप बालक पर केंद्रित हो अर्थात् बालक की जरूरतों को ध्यान में रखकर शिक्षण प्रदान किया जाना चाहिए।
2. **व्यक्तिगत विभिन्नता का सिद्धान्त—** भिन्न-भिन्न बालकों की क्षमतायें भी भिन्न होती हैं। अत: उनकी व्यक्तिगत विभिन्नताओं को ध्यान में रखकर शिक्षण प्रदान किया जाना चाहिए।
3. **विषयों को जोड़ने का सिद्धान्त—** एक विषय को दूसरे से जोड़ने से तात्पर्य उस सिद्धान्त से है, जिसमें जब एक विषय को पढ़ाया जाता है, तो उसके ज्ञान का प्रयोग दूसरे विषय के लिए भी किया जाता है। जैसे गणित के ज्ञान का प्रयोग भौतिक विज्ञान में किया जाता है।
4. **शैक्षणिक उद्देश्य का सिद्धान्त—** शिक्षक को शिक्षा प्रदान करने से पूर्व अपने उद्देश्य निश्चित कर लेने चाहिए।
5. **नवीन ज्ञान को पूर्वज्ञान से जोड़ने का सिद्धान्त—** पिछला सीखा हुआ अर्थात् पूर्व अध्याय में जो सीखा है उसे अगले अध्याय से जोड़कर समझाया जाए।
6. **छात्रों की सक्रियता का सिद्धान्त—** छात्रों को पाठ्यक्रम संबंधी विभिन्न गतिविधियों में क्रियाशील रखना चाहिए, जिससे वे गतिविधियों में संलग्न रहेंगे।
7. **वास्तविक जीवन से जुड़े उदाहरण दे कर समझाने का सिद्धान्त—** छात्रों को यदि उनकी दिनचर्या और जीवन से जुड़े विभिन्न उदाहरण दिए जाएँ तो समझाने में आसानी रहेगी और छात्र अधिक रुचि भी लेंगे।

शिक्षण प्रक्रिया में कई प्रकार के चर सक्रिय होते हैं। जैसे- शिक्षक, विद्यार्थी, शिक्षण-विधियाँ, सहायक सामग्री आदि। इन चरों की सक्रियता से ही शिक्षण प्रक्रिया पूर्ण होती है। मुख्य रूप से तीन प्रकार के चर शिक्षण प्रक्रिया में कार्य करते हैं।

1. स्वतंत्र चर (Independent Variable)
2. आश्रित चर (Dependent Variable)
3. मध्यवर्ती चर (Intervening Variable)

**1. स्वतंत्र चर (Independent Variable) :** स्वतंत्र चरों को इच्छानुसार व्यवस्थित किया जा सकता है। जरूरत के अनुसार इसमें परिवर्तन भी संभव है।

''स्वतंत्र चर वह है जिसमें प्रयोगकर्त्ता परिवर्तन कर सकता हो और वह चर आश्रित चर में परिवर्तन के लिए उत्तरदायी हो।''

**— गैरट**

शिक्षण प्रक्रिया में शिक्षक एक स्वतंत्र चर है। अध्यापक स्वतंत्र होता है छात्रों को अधिगम हेतु अभिप्रेरित करने के लिए। शिक्षक ही छात्रों का मार्गदर्शन करता है और पाठ्यक्रम को सुचारू रूप से संचालित कर छात्रों को ज्ञान प्रदान करता है, शिक्षक पर ही इसका उत्तरदायित्व होता है। अत: अध्यापक अधिक स्वतंत्र होता है। छात्रों को अध्यापक अपने ज्ञान से प्रभावित करता है। अत: सम्पूर्ण शिक्षण प्रक्रिया में अध्यापक स्वतंत्र चर का कार्य करता है।

**2. आश्रित चर (Dependent Variable) :** स्वतंत्र चर में परिवर्तन के परिणामस्वरूप किसी और चर में परिवर्तन आ जाए तो उस चर को आश्रित चर कहते हैं।

''वह चर जिसकी मात्रा किसी अन्य चरों के मूल्य पर निर्भर करती हो।''

**—कार्टर बी॰ गुड**

शिक्षण प्रक्रिया में आश्रित चर भी बहुत महत्वपूर्ण होते हैं। छात्र ही आश्रित चर होते हैं, क्योंकि छात्रों को अध्यापक की योजनानुसार कार्य करना होता है। छात्र अपनी इच्छा के अनुसार कार्य नहीं कर सकता, उसे अध्यापक के अनुदेशों का पालन करना होता है अर्थात् छात्र अध्यापक पर आश्रित होता है।

अध्यापक के द्वारा छात्र के व्यवहार में परिवर्तन लाया जाता है क्योंकि छात्र, अध्यापक पर आश्रित होता है।

**3. मध्यवर्ती चर (Intervening Variables) :** इसको हस्तक्षेप चर भी कहते हैं। इसका प्रयोग सर्वप्रथम हल ने सीखने के सिद्धान्तों में किया।

साधारण भाषा में मध्यवर्ती चरों में चर वह है, जो स्वतंत्र और आश्रित के मध्य में स्थित हो। चरों में मध्यवर्ती चर का महत्वपूर्ण स्थान है। अभिप्रेरणा तकनीक, विषय-वस्तु आदि मध्यवर्ती चर के अंतर्गत आते हैं। इसके नियंत्रण के द्वारा छात्रों में अपेक्षित परिवर्तन लाए जा सकते हैं।

हल ने अपने अधिगम सिद्धांतों में मध्यवर्ती चर को शारीरिक आवश्यकता एवं प्रलोभन बताया है।

छात्र और अध्यापक के बीच में शिक्षण प्रक्रिया हेतु जो अन्त:क्रिया होती है उसे ही मध्यवर्ती चर कहते हैं।

चरों के मुख्य कार्य इस प्रकार हैं—

1. समस्या को पहचानने संबंधी कार्य
2. समस्या का निदान करने संबंधी कार्य
3. मूल्यांकन संबंधी कार्य

एक स्वतंत्र चर के रूप में अध्यापक बहुत ज्यादा क्रियाशील होता है, क्योंकि उसे ही समस्याओं की जानकारी प्राप्त करनी होती है। उसे अपने पूर्व ज्ञान के आधार पर छात्र के व्यवहार का अवलोकन करना और व्यक्तिगत भिन्नता को ध्यान में रखते हुए समस्याओं को पहचानना होता है।

समस्या की जानकारी प्राप्त हो जाने के बाद किस प्रकार से उसका निराकरण किया जाए अर्थात् छात्र के व्यवहार में परिवर्तन किया जाए, जिससे समस्या का समाधान हो सके। इस प्रक्रिया हेतु छात्रों को प्रोत्साहित किया जाता है। उचित रूप से परामर्श एवं निर्देशन दे कर उसका क्या परिणाम प्राप्त हुआ उसे पृष्ठपोषण विधि द्वारा ज्ञात किया जाता है, सबसे अन्त में यह ज्ञात किया जाता है कि जो निदान किया गया उसका परिणाम क्या प्राप्त हुआ, वह निदान प्रभावशाली है या नहीं इस तकनीक को मूल्यांकन कहते हैं। मूल्यांकन करना अत्यन्त आवश्यक है, क्योंकि तभी अध्यापक को यह ज्ञात होता है कि इसके द्वारा जो समस्या चयन की गई वह सही थी और उसका निदान जो प्रदान किया उसका प्रभाव सकारात्मक है, तो मूल्यांकन करके परिणाम सामने आता है।

शिक्षण प्रक्रिया अलग-अलग अवस्था या चरण में अलग-अलग होती है। इसकी मुख्यत: तीन अवस्थाएँ होती हैं—

1. पूर्व क्रियाशील अवस्था
2. मध्यस्थ क्रियाशील अवस्था
3. पश्च क्रियाशील अवस्था

पूर्व क्रियाशील अवस्था में शिक्षण प्रक्रिया की योजना बनाई जाती है। अध्यापक उद्देश्य निर्धारित करता है, विभिन्न शैक्षणिक गतिविधियाँ निर्धारित की जाती हैं और उसी के अनुसार सहायक सामग्री का निर्माण किया जाता है और शिक्षण प्रक्रिया को प्रभावशाली बनाया जाता है।

योजना बनाने के बाद मध्यस्थ अवस्था में वास्तविक कक्षा-कक्ष परिस्थिति में शिक्षण कार्य प्रस्तुत किया जाता है। छात्र एवं अध्यापक के बीच अन्त:क्रिया होती है। अध्यापक शिक्षण को प्रभावशाली बनाने के लिए विभिन्न सहायक सामग्री का प्रयोग करता है जैसे— चार्ट, मॉडल, सजीव प्रदर्शन, वीडियो क्लिप, आडियो क्लिप आदि का प्रयोग करता है। इन सभी सामग्रियों से छात्रों को प्रोत्साहित भी किया जाता है।

पश्च क्रियाशील अवस्था में मूल्यांकन किया जाता है कि जिन उद्देश्यों को ध्यान में रख कर शिक्षण प्रक्रिया संचालित की गई थी उसका क्या परिणाम प्राप्त हुआ। अध्यापक विभिन्न यंत्रों का प्रयोग करके यह जानने का प्रयास करता है कि शिक्षण प्रक्रिया कितनी प्रभावशाली रही, छात्रों को कितना ज्ञान प्राप्त हुआ या व्यवहार में कितना परिवर्तन आया है। यह भी ध्यान दिया जाता है कि यदि उद्देश्य प्राप्त नहीं हुए हैं, तो किस तरह से योजना में परिवर्तन किया जाए।

## शिक्षण की योजना, विधि और तकनीक

शिक्षण एक पूर्व नियोजित और शक्तिशाली प्रक्रिया है। शिक्षण के उद्देश्यों के द्वारा सीखने के अनुभवों को प्राप्त किया जा सकता है। शिक्षण का प्रमुख कार्य है अधिगम को प्रभावशाली बनाना। शिक्षण क्रिया के परिणाम स्वरूप ही अधिगम क्रिया संपूर्ण होती है। शिक्षण प्रक्रिया के द्वारा ज्ञानात्मक, भावात्मक और क्रियात्मक पक्षों का विकास संभव है।

शिक्षण योजना के अंतर्गत यह बताया जाता है कि किस प्रकार से विषय-वस्तु की व्याख्या की जाए।

शिक्षण योजना को दो भागों में विभाजित किया जा सकता है—

1. निरंकुश योजना    2. प्रजातांत्रिक योजना

1. निरंकुश योजना के अंतर्गत व्याख्यान, प्रदर्शन, शिक्षकीय, क्रमबद्ध निर्देशन आदि सम्मलित हैं।
2. प्रजातांत्रिक योजना के अंतर्गत आता है विचार-विमर्श, खोज, परियोजना, सर्वेक्षण (समीक्षा), कार्य प्रदान, सामूहिक शिक्षकीय, समस्याओं को सुलझाना, भूमिका कार्य, स्व:अध्ययन आदि। शिक्षण योजना में इन बिंदुओं पर ध्यान दिया जाता है—

1. तेजी से पढ़ना / तेजी से सोचना
2. मिलकर पढ़ना, पढ़ाने में मदद करना
3. लिखना
4. समझा कर पढ़ाना
5. कक्षा-कक्ष में दृश्य-श्रव्य सामग्री का प्रयोग

शिक्षण के नियम सीधे शिक्षण के उद्देश्यों से जुड़े होते हैं।

पारंपरिक शिक्षण नियम के अंतर्गत अध्यापक, उद्गम बिंदु है, शिक्षण सामग्री किसी भी रूप में हो सकती है, जानकारी के रूप में, संदेश के रूप में और छात्र ग्राहक है, जो जानकारी को प्राप्त करता है। जानकारी देने के कई तरीके होते हैं। जैसे- लिखकर, बोलकर, प्रोजेक्टर द्वारा, ट्रांसपेरेंसी द्वारा आदि। अध्यापक मुख्यत: निर्देश देने की प्रक्रिया को संतुलित रखता है अर्थात् कक्षा के प्रत्येक छात्र की जरूरत का ध्यान रखता है और ज्ञान प्रदान करता है, अध्यापक व्याख्यान द्वारा भी जानकारी प्रदान करता है, ज्यादातर जानकारी प्रदान करने का मुख्य आधार व्याख्यान विधि ही माना जाता है।

| भेजने वाला | संदेश | प्राप्त करने वाला |
|---|---|---|
| (अध्यापक) | माध्यम | (छात्र) |

अध्यापक लंबे समय तक व्याख्यान द्वारा जानकारी प्रदान कर सकता है।

सामग्री प्रदान करने का स्रोत व्याख्यान नोट्स या पाठ्य-पुस्तक होती है।

छात्रों के साथ अध्यापक की अन्त:क्रिया भी होती है।

अपनी याददाश्त और समझ के अनुसार सीखने की प्रक्रिया होती है।

तकनीक से तात्पर्य है कि शिक्षण प्रक्रिया की विवरणात्मक सूची या निर्देशन। यह प्रत्येक पद के विवरण तथा क्या करना है या क्या नहीं करना है आधारित होती है पर और योजना तथा विधि से भी जुड़ी होती है।

शिक्षण तकनीक कई प्रकार की होती हैं। उनका वर्गीकरण इस प्रकार है—

1. व्याख्या तकनीक    2. योजना की व्याख्या तकनीक
3. विवरण तकनीक    4. वर्णन तकनीक
5. निरीक्षण तकनीक    6. दृष्टांत तकनीक

शिक्षण तकनीक के अंतर्गत विभिन्न बातों का ध्यान रखना चाहिए—

शिक्षण प्रक्रिया को प्रभावशाली बनाने हेतु दृश्य सामग्री का प्रयोग करना चाहिए।

अध्यापक को विषय बिंदु पर आधारित अपना व्याख्यान देना चाहिए तथा बोलने की सही तकनीक का प्रयोग करना चाहिए। छात्रों के स्तर को ध्यान में रखते हुए बोलने की गति पर नियंत्रण रखना चाहिए ना तो बहुत धीमी हो और न ही बहुत तीव्र हो। शब्दों का प्रयोग, भाषा का प्रयोग छात्रों के स्तर का होना चाहिए, व्याकरण का उचित प्रयोग होना चाहिए तथा यह विशेष रूप से ध्यान रखना चाहिए कि विषय-वस्तु से बाहर नहीं जाना चाहिए। छात्रों को बोलने हेतु प्रोत्साहित करना चाहिए।

शिक्षण योजना के अन्तर्गत व्याख्यान विधि का प्रयोग पहले से किया जा रहा है और यह प्रभावशाली भी है। मुख्य बिंदु इस प्रकार है—

- व्याख्यान हमेशा सुनने वाले के स्तर का होना चाहिए

- व्याख्यान में विषय बिंदु पर ध्यान देना चाहिए एवं अधिक से अधिक जानकारी प्रदान करना चाहिए।
- सभी बिंदु पर बोलते समय उनमें स्पष्टता होनी चाहिए।
- व्याख्यान विधि में उदाहरणों का उचित प्रयोग होना चाहिए।
- व्याख्यान के दौरान यदि आवश्यक हो तो कुछ बिंदुओं को दोहराया भी जा सकता है।
- छात्रों का पृष्ठपोषण कैसा है ध्यान रखना चाहिए।
- विषय या उपविषय के प्रति प्रोत्साहित होना चाहिए। शिक्षण के प्रमुख उद्देश्य एवं उनकी प्रकृति इस प्रकार है–
- शिक्षण एक विकास की प्रक्रिया है।
- शिक्षण एक उद्देश्यपूर्ण प्रक्रिया है।
- शिक्षण आमने-सामने होने वाली प्रक्रिया है।
- शिक्षण त्रिध्रुवी प्रक्रिया है।
- शिक्षण निर्देशन की प्रक्रिया है।
- शिक्षण औपचारिक एवं अनौपचारिक दोनों ही प्रक्रिया है।
- शिक्षण एक भाषायी प्रक्रिया है।
- शिक्षण सामाजिक प्रक्रिया है।
- शिक्षण कला भी है और विज्ञान भी।

## शैक्षणिक उद्देश्य

विद्यालय के पाठ्यक्रम में प्रत्येक विषय का अपना अलग स्थान होता है। प्रत्येक विषय को पढ़ने अथवा पढ़ाने हेतु निश्चित उद्देश्यों का होना अत्यन्त आवश्यक है, जब तक उद्देश्य निर्धारित नहीं होंगे, तब तक शिक्षण प्रक्रिया का सुचारू रूप से चलना संभव नहीं होता है। शिक्षा एक उद्देश्य आधारित प्रक्रिया है। शिक्षा के उद्देश्य समाज के द्वारा निर्धारित मूल्यों एवं मान्यताओं पर आधारित होते हैं। इन उद्देश्यों में समय-समय पर परिस्थितियों के अनुरूप परिवर्तन होते रहते हैं।

बी॰ एस॰ ब्लूम (Benjamin Samuel Bloom) ने परीक्षा प्रणाली में सुधार के लिए (1956) एक प्रयास किया, इसका मुख्य उद्देश्य है परीक्षा को शिक्षण पर आधारित करना। शिक्षण और परीक्षण को उद्देश्य केन्द्रित बनाने हेतु दो नए प्रत्ययों का विकास हुआ, प्रथम है – मूल्यांकन आयाम एवं द्वितीय है- शैक्षिक उद्देश्यों का वर्गीकरण।

**राबर्ट मेगर** (Robert Megar) ने **शैक्षिक उद्देश्यों का वर्गीकरण** का प्रयोग अपने उद्देश्यों को व्यावहारिक रूप में लिखने की विधि में किया। राबर्ट मेगर इस विधि को (1963) से अभिक्रमित अनुदेशन विशिष्टीकरण के लिए प्रयुक्त करते आ रहे हैं। ये विधि सबसे उपयोगी विधि मानी जाती है।

उद्देश्य एक कथन के रूप में होता है, जो किसी प्रकार के परिवर्तन को प्रस्तावित करता है, उद्देश्य की तीन विशेषतायें होती हैं–

1. उद्देश्यों की सहायता से क्रियाओं की व्यवस्था की जाती है।
2. उद्देश्य अंतिम लक्ष्य हेतु दिशा प्रदान करता है।
3. उद्देश्यों की सहायता से नियोजित परिवर्तन लाया जाता है।

अत: शैक्षिक उद्देश्यों का तात्पर्य छात्रों में होने वाले उस परिवर्तन से है, जो शिक्षण क्रियाओं द्वारा नियोजित रूप में लाया जाता है।

''शैक्षिक उद्देश्यों की सहायता से केवल पाठ्यक्रम की रचना और अनुदेशन के लिए निर्देशन ही नहीं दिया जाता है, अपितु ये मूल्यांकन की प्रविधियों के विशिष्टीकरण में भी सहायक होते हैं।''

**— बी॰ एस॰ ब्लूम**

शिक्षण की सम्पूर्ण प्रक्रिया को त्रि-ध्रुवीय प्रक्रिया (Tri-polar process) कहा जाता है, ये तीन ध्रुव हैं–

1. ध्येय (goals) 2. साधन (means)
3. साक्ष्य (evidences)

इस प्रकार कक्षा में शिक्षण कार्य प्रारंभ करने से पूर्व अध्यापक कुछ उद्देश्यों को निर्धारित करता है। शिक्षण की त्रि-ध्रुवीय संरचना को मूल्यांकन प्रणाली भी कहते हैं। यह प्रणाली संपूर्ण शिक्षण प्रक्रिया को आधार प्रदान करती है। बी॰ एस॰ ब्लूम ने इसे इस प्रकार दर्शाया है–

**शिक्षण उद्देश्य**

| शिक्षण अधिगम | उपलब्धि मूल्यांकन |
|---|---|
| परिस्थितियाँ | या |
| या अधिगम | व्यवहार में परिवर्तन |
| अनुभव | |

उपरोक्त त्रि-ध्रुवीय प्रक्रिया में यह स्पष्ट होता है कि तीनों ध्रुव आपस में सह-संबंधित हैं तथा साथ ही एक दूसरे पर आश्रित भी हैं और इसी कारण से एक दूसरे को प्रभावित भी करते रहते हैं। मूल्यांकन प्रणाली के द्वारा हमें यह ज्ञात होता है कि शिक्षण उद्देश्य किस सीमा तक प्राप्त हुए, कक्षा में दिए गए सीखने संबंधी अनुभव कितने प्रभावशाली हैं तथा छात्रों के व्यवहार में कितना परिवर्तन हुआ है।

**उद्देश्यों का महत्व एवं आवश्यकता :**

1. उद्देश्यों के आधार पर ही पाठ्यक्रम, शिक्षण विधि, परीक्षा तकनीक आदि का निर्धारण एवं उसमें परिवर्तन किए जाते हैं।
2. उद्देश्यों के अभाव में शिक्षा एवं शिक्षण प्रक्रिया को सुचारू रूप से चलाना कठिन है।
3. शिक्षण उद्देश्य के द्वारा ही शिक्षक एवं छात्र दोनों में ही आत्मविश्वास, धैर्य तथा लगन और उत्साह उत्पन्न होता है।
4. उद्देश्यों के द्वारा ही समाज तथा व्यक्ति का उचित विकास संभव है।
5. उद्देश्यों के अभाव में कार्य करना, दिशाहीन कार्य क़हलाता है।
6. उद्देश्यों का ज्ञान अत्यन्त उपयोगी है।

शैक्षणिक उद्देश्यों की प्रकृति मनोवैज्ञानिक होती है, शिक्षण की युक्तियों तथा रचना के लिए ये अधिक महत्वपूर्ण होते हैं, इनके द्वारा ही शैक्षिक उद्देश्यों की प्राप्ति होती है। अध्यापक शिक्षण संबंधी उद्देश्यों का निर्धारण उचित रूप से कर सकता है। शिक्षण उद्देश्यों का संबंध, व्यवहार में होने वाले परिवर्तनों से भी है, जिनका क्षेत्र सीमित, निश्चित तथा विशिष्ट होता है। इस कारण से शिक्षण उद्देश्यों को व्यवहारगत उद्देश्य भी कहते हैं।

शिक्षण उद्देश्यों का संबंध प्रत्यक्ष रूप से अधिगम प्रक्रिया से होता है।

बी॰ एस॰ ब्लूम ने सीखने के उद्देश्यों को तीन भागों में विभाजित किया है। सीखने के उद्देश्यों का संबंध छात्रों के व्यवहार परिवर्तन से होता है। ब्लूम के अनुसार सीखने के उद्देश्य इस प्रकार हैं–

1. ज्ञानात्मक उद्देश्य (Cognitive Objectives)
2. भावात्मक उद्देश्य (Affective Objectives)
3. क्रियात्मक उद्देश्य (Psychomotor Objectives)

उपरोक्त तीनों उद्देश्यों का वर्गीकरण इस प्रकार हैं–

**ज्ञानात्मक पक्ष (Cognitive Domain)**

(a) ज्ञान (b) बोध
(c) प्रयोग (d) विश्लेषण
(e) संश्लेषण (f) मूल्यांकन

**भावात्मक पक्ष (Affective Domain)**

(a) आग्रहण (b) अनुक्रिया
(c) अनुमूल्यन (d) विचारण
(e) संगठन (f) चरित्रीकरण

**क्रियात्मक पक्ष (Psychomotor Domain)**

(a) उत्तेजना (b) अनुकरण

(c) कार्यवाही (d) समन्वय

(e) नियंत्रण (f) आदतों का निर्माण

**उद्देश्यों को व्यावहारिक रूप में लिखने की आवश्यकता**

1. शिक्षण क्रिया एवं अधिगम प्रक्रिया में संतुलन बनाने में सहायता मिलती है।
2. शिक्षण से संबंधित सहायक सामग्री, युक्तियाँ, व्यूह रचना आदि में सहायता मिलती है।
3. प्रश्नों के चयन में सहायता मिलती है।
4. शिक्षण संबंधी क्रियाएँ निश्चित एवं सुनियोजित हो जाती हैं।
5. परीक्षा संबंधी तैयारी एवं उद्देश्यों की प्राप्ति में सहायता मिलती है।

**उद्देश्यों को व्यावहारिक रूप में लिखने की विधियाँ**

1. ड्यूकर विधि 2. बी॰ एस॰ ब्लूम विधि

3. रॉबर्ट मेगर विधि 4. मिलर विधि

5. भारतीय परिस्थितियों में क्षेत्रीय महाविद्यालय मैसूर द्वारा दी गई विधि

**ड्यूकर विधि (1954)** – इसमें व्यावहारिक पक्ष को अधिक महत्व दिया गया। दर्शन के नए रूप को प्रमुखता दी गई और यह भी बताया गया कि यह परिवर्तनशील है।

**बी॰ एस॰ ब्लूम (1956)** – परीक्षा प्रणाली में सुधार पर ध्यान दिया। निष्पत्ति परीक्षणों के निर्माण में उद्देश्यों को महत्व दिया अर्थात् उन्हें उद्देश्य केंद्रित बनाया।

**राबर्ट मेगर (1962)** – व्यावहारिक उद्देश्यों को अधिक महत्व दिया। इसमें रॉबर्ट मेगर ने ज्ञानात्मक पक्ष को विशेष स्थान दिया।

**मिलर (1962)** – इन्होंने सैन्य-अनुदेशन के लिए उद्देश्यों को व्यावहारिक रूप में लिखने का प्रयास किया। मिलर ने क्रियात्मक पक्ष को अधिक महत्व दिया।

**भारतीय परिस्थितियों में क्षेत्रीय महाविद्यालय मैसूर द्वारा दी गई विधि (Regional College of Education, Mysore) (RCEM) :** इसमें व्यावहारिक रूप से लिखने से पहले उद्देश्यों का निर्धारण किया जाता है और मान"क क्रियाओं को पाठ्य-वस्तु के तत्वों के साथ प्रयुक्त करके व्यावहारिक रूप में लिखा जाता है। RCEM विधि का आधार ब्लूम टैक्सोनोमी है।

## शिक्षण कौशल तथा शिक्षण प्रक्रिया में नवाचार

शिक्षण प्रक्रिया में प्राचीनकाल से अध्यापक का विशेष महत्व है। योग्य शिक्षकों की सहायता से ही छात्र अपने उद्देश्यों को प्राप्त कर सकता है।

शिक्षण भी एक कला है एवं विज्ञान भी। दोनों ही रूपों में शिक्षण का अपना स्थान है।

शिक्षण एक कला है इसके अन्तर्गत माना जाता है कि श्रेष्ठ अध्यापक जन्मजात होते हैं और उनमें विशिष्ट शिक्षण कौशल होता है, जो कक्षा-शिक्षण में अध्यापक द्वारा उपयोग किया जाता है।

शिक्षण एक विज्ञान है, इसके अन्तर्गत माना जाता है कि श्रेष्ठ अध्यापक प्रशिक्षण के द्वारा तैयार किया जाता है और प्रशिक्षण से विशिष्ट कौशल का विकास किया जाता है। साथ ही कक्षा-शिक्षण में किस कौशल का प्रयोग कब प्रभावशाली होगा, इसका भी प्रशिक्षण दिया जाता है और वह छात्रों के लिए उपयोगी साबित होता है।

### शिक्षण कौशल क्या है?

''शिक्षण कौशल वह विशिष्ट अनुदेशन प्रक्रिया है जिसे अध्यापक अपनी कक्षा-शिक्षण में प्रयोग करता है यह शिक्षण-क्रम की विभिन्न क्रियाओं से संबंधित होता है जिन्हें शिक्षक अपने कक्षा क्रिया में लगातार उपयोग करता है।''

**–एन. एल. गाजी (1968)**

''शिक्षण कौशल का संबंध शिक्षण-क्रियाओं अथवा उन व्यवहारों के सम्पादन से है, जो छात्रों के सीखने के लिये सुगमता प्रदान करने के इरादे से किये जाते है।''

**–बी. के. पासी (1976)**

**शिक्षण कौशल की विशेषताएँ–**

1. शिक्षण कौशल विशिष्ट उद्देश्यों की प्राप्ति में सहायक होती है
2. शिक्षण कौशल की सहायता से छात्रों को सीखने में सुगमता एवं सरलता होती है।
3. शिक्षण कौशल का संबंध व्यवहार एवं शिक्षण क्रियाओं से होता है।

अध्यापक अपनी शिक्षण प्रक्रिया में विभिन्न प्रकार के कौशलों का प्रयोग करता है। अलग-अलग विषय के अध्यापकों में भिन्न-भिन्न कौशल पाये जाते हैं, जो सम्पूर्ण शिक्षण प्रक्रिया को पूर्ण करते हैं।

प्रमुख शिक्षाशास्त्री बी॰ के॰ पासी ने शिक्षण कौशलों के बारे में अध्ययन करके 13 शिक्षण कौशलों के बारे में बताया है–

1. अनुदेशन उद्देश्यों को लिखना
2. पाठ की प्रस्तावना
3. प्रश्नों की प्रवाहशीलता
4. खोजपूर्ण प्रश्न
5. व्याख्या कौशल
6. दृष्टांत देना
7. उद्दीपन भिन्नता
8. मौन तथा अशाब्दिक अन्तः क्रिया
9. पुनर्बलन
10. छात्रों के कार्यों को प्रोत्साहन
11. श्यामपट्ट का प्रयोग
12. समीपता की प्राप्ति
13. छात्र व्यवहार की पहचान

अध्यापक शिक्षा संस्थाओं का प्रमुख कार्य है प्रभावशाली अध्यापक तैयार करना। स्वतंत्रता प्राप्ति के पश्चात इन संस्थानों की संख्या में वृद्धि हुई है। परन्तु प्रभावशाली शिक्षक निर्माण की प्रक्रिया में गिरावट आई है। इस गिरावट को दूर करने हेतु मनोवैज्ञानिकों एवं शिक्षाशास्त्रियों ने अनेक प्रभावशाली कदम उठाये हैं। इसमें मुख्य रूप से शिक्षा तकनीकी की दिशा में विशेष प्रयास किए गए हैं। शिक्षक व्यवहार में सुधार हेतु अनेक पृष्ठपोषण तकनीक का प्रयोग किया जाने लगा है। इन तकनीक में प्रमुख शिक्षण विधियों का विस्तार से उल्लेख किया गया है, इस प्रकार है–

1. सूक्ष्म शिक्षण (Micro Teaching)
2. अनुकरणीय शिक्षण (Stimulated Social Skill Teaching (SSST))
3. अन्तः प्रक्रिया विश्लेषण (Interaction Analysis)
4. प्रशिक्षण समूह (Training-Group)
5. अभिक्रमित अनुदेशन (Programmed Instruction)

पृष्ठपोषण का उपयोग पुनर्बलन के स्थान पर भी किया जा सकता है। पृष्ठपोषण के मुख्य तीन कार्य हैं

1. स्वाप्रक्रम 2. गति उत्पन्न करना

3. नियंत्रण

सूक्ष्म शिक्षण एक प्रशिक्षण की पृष्ठपोषण की प्रविधि है। सूक्ष्म शिक्षण की तकनीक पृष्ठपोषण में सहायक होती है, सूक्ष्म शिक्षण के अन्तर्गत 5–6 छात्रों को संक्षिप्त पाठ पढ़ाया जाता है और छात्रों को अलग-अलग भूमिका अदा करनी होती है। 'एचीसन' के अनुसार यदि छात्र-अध्यापक को पढ़ाया गया पाठ वीडियो, टेप-रिकॉर्डर से दिखाया जाता है, तो उसे पृष्ठपोषण में सहायता प्राप्त होती है।

सूक्ष्म शिक्षण में कक्षा का आकार छोटा होता है। छात्र कालांश का समय 5–10 मिनट होता है। शिक्षण प्रकरण का रूप भी छोटा होता है, एक समय में एक ही शिक्षण कौशल के विकास का प्रयास किया जाता है।

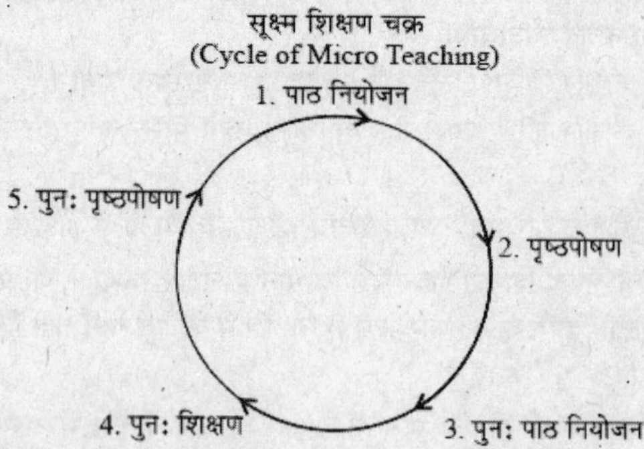


उद्दीपन परिवर्तन शिक्षण कौशल, की सफलता का एक महत्वपूर्ण तथ्य है। इसके अन्तर्गत शिक्षक श्यामपट्ट का प्रयोग करता है, छात्रों से प्रश्न पूछता है, अपने हाव-भाव से छात्रों को समझाता है, कभी प्रश्नों के उत्तर देता है तथा कभी सहायक सामग्री द्वारा समझाता है और इसी प्रकार से पाठ को प्रभावशाली बनाया जाता है। प्रशिक्षण समूह (T-Group) के अन्तर्गत 8–12 अध्यापकों के बीच में समूह वाद-विवाद होता है और शिक्षण समस्याओं का समाधान होता है।

शिक्षण-अधिगम प्रक्रिया को अधिक प्रभावशाली बनाने के लिए जिन युक्तियों, अव्यूह रचनाओं तथा प्रविधियों का विकास किया जाता है, उन्हें 'शिक्षा में नवाचार' कहते हैं। 'नवाचार' शब्द में नवीनता का आभास होता है, इसके अन्तर्गत शिक्षण- अधिगम की गुणवत्ता एवं विशिष्टता के गुण सम्मलित होते हैं। नवाचार के द्वारा वर्तमान स्थिति में सुधार लाना होता है, जिससे शिक्षण अधिगम प्रक्रिया अधिक प्रभावपूर्ण बन सके एवं उद्देश्यों को प्राप्त कर सकें।

विषयों के शिक्षण हेतु विभिन्न नवचारों का प्रयोग किया जाता है और शिक्षण प्रक्रिया को प्रभावशाली बनाया जाता है। प्रमुख नवचार इस प्रकार हैं–

1. अभिक्रमित अधिगम एवं अनुदेशन (Programmed Learning & Instraction)
2. टोली शिक्षण (Team Teaching)
3. निरीक्षित-अध्ययन (Supervised Study)
4. बुद्धि अध्ययन (Brain Storming)
5. खुली कक्षा-कक्ष (Open Classroom)
6. व्यक्तिनिष्ठ अनुदेशन (Individualized Instruction)

1. **अभिक्रमित अधिगम एवं अनुदेशन–** इसके अन्तर्गत विषय-वस्तु के प्रस्तुतीकरण पर विशेष बल दिया जाता है। छात्र स्वयं अपनी गति से सीखता है, स्वयं अध्ययन करता है तथा स्वयं ही तुरंत अपने उत्तरों की जाँच भी करता है। यह एक व्यक्तिगत अनुदेशन प्रविधि है, जिनके जन्मदाता बी० एफ० स्किनर हैं।

   "अभिक्रमित–अधिगम व्यक्तिगत अनुदेशन की वह विधि है जिसमें बालक स्वयं क्रियाशील रहकर स्वयं की सीखने की गति से सीखता है तथा उसके उत्तरों की तत्काल जाँच करता है।" **–सुसन मार्कल**

2. **दल या टोली शिक्षण–** टोली शिक्षण का अर्थ है एक शिक्षक की तुलना में कई शिक्षक मिल कर शिक्षण करें तो उसका परिणाम अधिक प्रभावी होता है। इस प्रविधि में दो या दो से अधिक शिक्षक मिलकर अध्यापन से जुड़ी योजना को आकार देते हैं तथा उसका क्रियान्वयन एवं मूल्यांकन करते हैं। इस प्रविधि का सर्वप्रथम प्रयोग हार्वर्ड विश्वविद्यालय में 1955 में किया गया था।

   टोली शिक्षण के अन्तर्गत अध्यापकों का समूह कार्य करता है, इसमें एक प्रमुख अध्यापक होता है तथा अन्य सहयोगी अध्यापक होते हैं, जो मिलकर विषय-वस्तु का प्रस्तुतीकरण करते हैं तथा बारी-बारी सभी अध्यापकगण अपना शिक्षण कार्य करते हैं। प्रमुख अध्यापक संयोजक होता है।

   उपरोक्त आधार पर यह कहा जा सकता है कि टोली शिक्षण प्रविधि में दो या दो से अधिक अध्यापक अपने अनुभवों, योग्यताओं एवं कुशलताओं का सम्मिलित रूप से लाभ सभी छात्रों को देते हैं।

   "टोली शिक्षण एक ऐसी व्यवस्था है, जिसमें कई अध्यापक अपने स्रोतों, अभिरुचियों एवं दक्षताओं के अनुरूप एक ही कक्षा में शिक्षण कार्य करते हैं।" **– डेविस वारविक**

3. **निरीक्षित अध्ययन–** इस विधि का प्रयोग बोध-स्तर के शिक्षण हेतु किया जाता है। इस प्रविधि के अन्तर्गत बालक स्वयं अध्ययन करता है और शिक्षक द्वारा उसका मार्गदर्शन किया जाता है। इस प्रविधि का प्रमुख उद्देश्य है शिक्षण को व्यक्तिगत विभिन्नताओं के अनुरूप बनाकर अध्यापक के निर्देशन में स्वाध्याय करना। इसमें छात्र को अपनी योग्यता एवं क्षमता के अनुरूप सीखने का अवसर प्रदान किया जाता है।

4. **मस्तिष्क उदेयलन या बुद्धि अध्ययन–** यह प्रविधि एक प्रजातांत्रिक प्रविधि है। यह प्रविधि समस्या केन्द्रित होती है। इसमें ऐसा माना जाता है कि एक छात्र या व्यक्ति की अपेक्षा उन छात्रों या व्यक्तियों का समूह अधिक उत्तम विचार प्रस्तुत कर सकता है। इस प्रविधि में एक समस्या पर समूह में वाद-विवाद होता है। समूह के प्रत्येक सदस्य को अपने विचारों को प्रस्तुत करने की पूर्ण स्वतंत्रता होती है। समूह के द्वारा ही समस्या का मूल्यांकन तथा विश्लेषण किया जाता है।

   बुद्धि अध्ययन प्रविधि का प्रयोग अध्यापकों को समय-समय पर कक्षा-कक्ष परिस्थिति में करते रहना चाहिए। इसमें छात्रों में विचार-विमर्श, तर्क-वितर्क, सृजनात्मक क्षमताओं का विकास उचित रूप से होता है तथा समूह में कार्य करने की भावना का भी विकास होता है।

5. **खुली कक्षा-कक्ष** –सर्वप्रथम इंग्लैण्ड में इसके बारे में सुना गया। 'सेंट्रल एडवाइजरी काउन्सिल फॉर एजुकेशन' ने खुली कक्षा का समर्थन किया। इस प्रकार की कक्षा में छात्र पूर्णत: स्वतंत्र होता है, वह जो चाहे कर सकता है जैसे- प्रकृति को निहारना, ईंटों से खेलना, इधर-उधर घूमना, या खेलना आदि। जॉन पयाजे ने इस प्रविधि को सैद्धान्तिक आधार प्रदान किया है।

   खुली कक्षा में छात्र पूर्णत: स्वतंत्र होता है यदि वह एक क्रिया करते-करते थक जाता है, तो दूसरी क्रिया करने लगता है और वह कक्षा-कक्ष में सभी क्रियाओं को करने के लिए स्वतंत्र होता है। इसी कारण से खुली या अनौपचारिक शब्द का प्रयोग किया जाता है। इस प्रकार की कक्षा को सफल बनाने हेतु कल्पनाशील एवं सृजनात्मक शिक्षक की आवश्यकता होती है, जो छात्रों को सहयोग प्रदान कर सकें तक उनके भावों और विचारों को समझ सके।

6. **व्यक्तिनिष्ठ अनुदेशन–** प्रत्येक छात्र दूसरे छात्र से भिन्न होता है। यह व्यक्तिगत विभिन्नताओं के कारण होता है। परन्तु कक्षा सामूहिक होती है और कक्षा-कक्ष परिस्थिति में सामूहिकृत हो कर शिक्षण प्रदान किया जाता है। अधिकांश अध्यापक ऐसा महसूस करते हैं कि प्रत्येक छात्र के अनुदेशन में अंतर होना चाहिए।

   यदि सकारात्मक रूप से व्यक्तिनिष्ठ अनुदेशन को कार्यान्वित करना चाहते हैं तो प्रत्येक छात्र की क्रियाओं में अंतर होना चाहिए अर्थात् उनसे एक सामान क्रियाएं नहीं करवाना चाहिए। उनकी अभिरुचि, योग्यता एवं क्षमता को मुख्य आधार मानना चाहिए।

अध्यापकों द्वारा छात्रों को अपने व्यक्तिगत अनुभव प्रदान किए जाने चाहिए। शिक्षक की भूमिका छात्रों की जरूरतों के अनुसार परिवर्तित होती रहनी चाहिए। अध्यापकों का मुख्य कार्य है यह विश्लेषण करना कि छात्र क्या कर रहा है और कितने प्रभावी तरीके से कर रहा है।

## शिक्षण सहायक सामग्री के प्रकार एवं महत्व

एक सफल शिक्षक वही है जो छात्रों को उचित रूप से विषय का ज्ञान दे सके। शिक्षक का प्रमुख कार्य है छात्रों को सिखाना। शिक्षण अधिगम सामग्री सीखने की प्रक्रिया में महत्वपूर्ण भूमिका अदा करती है। सहायक सामग्री की सहायता से छात्रों को रुचिपूर्ण, प्रभावपूर्ण एवं आकर्षक तरीके से सिखाया जा सकता है। शिक्षक सदैव यही चाहता है कि छात्र भली-भाँति विषय की जानकारी प्राप्त कर सकें एवं स्पष्ट रूप से समझ सकें। इसलिए अध्यापक विभिन्न सहायक सामग्री का प्रयोग करता है। जिनमें सीखना एवं सिखाना सरल एवं सहज हो सके, यदि संप्रेषण सर्वोत्तम होगा तो परिणाम उत्कृष्ट प्राप्त होंगे। शिक्षण सहायक सामग्री को तीन भागों में विभाजित किया गया है—

1. दृश्य सामग्री 2. श्रव्य सामग्री
3. दृश्य-श्रव्य सामग्री

1. **दृश्य सामग्री—** वह सामग्री जिसको देखा जाता है जैसे— मॉडल, चार्ट्स, नक्शे, डाइग्राम, एटलस, श्यामपट्ट, आदि।
2. **श्रव्य सामग्री—** वह सामग्री जिसको सुनकर जानकारी प्राप्त की जाती है जैसे— टेपरिकार्डर, रेडियो आदि।
3. **दृश्य-श्रव्य सामग्री—** वह सामग्री जिसका प्रयोग हम देखने एवं सुनने दोनों रूप में करते हैं जैसे— टेलीविजन, स्लाइड प्रोजेक्टर, ओवर हे॰ प्रोजेक्टर, चलचित्र, डी॰वी॰डी॰ आदि।

भारतीय शिक्षा आयोग (Indian Education Commission 1964–66) के अनुसार ''शिक्षण की गुणवत्ता में सुधार करने के लिए प्रत्येक विद्यालय में शिक्षण सहायक सामग्री वास्तव में अपने देश में शैक्षिक क्रांति ला सकती है।''

बर्टन के अनुसार— ''श्रव्य-दृश्य सामग्री, वह संवेदीय पदार्थ या काल्पनिक वस्तुएं हैं जो अधिगम को प्रारंभ एवं प्रेरित करती हैं तथा उसे पुनर्बलन प्रदान करती हैं।''

एस॰ के॰ कोचर के अनुसार— ''श्रव्य-दृश्य साधन ऐसे सहायक उपकरण हैं, जिनके उपयोग को बढ़ाकर एक शिक्षक छात्रों को भाव स्पष्ट कर सकता है तथा विभिन्न प्रत्ययों को समझाने, अर्थ करने, गुण-दोषों का विमोचन करने, ज्ञान वृद्धि, रुचियों, चिंतन शक्ति आादि को बढ़ाने में सहायता प्रदान कर सकता है।''

**सहायक सामग्री के प्रयोग में ध्यान देने योग्य बिंदु—**

1. सहायक सामग्री का प्रयोग किसी विषय के ज्ञान को स्पष्ट करने हेतु किया जाता है। सहायक सामग्री साधन है साध्य नहीं।
2. दृश्य-श्रव्य सामग्री या सहायक सामग्री विषय के अनुरूप होनी चाहिए।
3. दृश्य-श्रव्य सामग्री का प्रयोग अधिक प्रभावशाली होता है क्योंकि इसमें दो इंन्द्रियां जुड़ी होती हैं।
4. सभी दृश्य-श्रव्य सामग्री, शिक्षण सामग्री नहीं हो सकती है इसलिए ये ध्यान देना आवश्यक है।

**सहायक सामग्री के गुण—**

1. सहायक सामग्री का आकर्षण होना अत्यंत आवश्यक है। इसे उचित रंगों के साथ प्रस्तुत किया जाना चाहिए।
2. सहायक सामग्री का प्रयोग छात्रों के स्तर को ध्यान में रखते हुए होना चाहिए।
3. सहायक सामग्री कक्षा-कक्ष परिस्थितियों के अनुरूप होनी चाहिए अर्थात् कक्षा का आकार, कक्षा में छात्रों की संख्या, रोशनी आदि को ध्यान में रखते हुए सामग्री का निर्माण किया जाना चाहिए।

**सहायक सामग्री की आवश्यकता एवं महत्व—**

1. सहायक सामग्री की सहायता से शिक्षण प्रक्रिया रुचिपूर्ण एवं प्रभावशाली हो जाती है।
2. सहायक सामग्री द्वारा शिक्षण प्रदान करने से छात्रों को जल्दी और स्पष्ट समझ आता है। इससे समय की बचत होती है।
3. अधिक दूर की वस्तुओं या जो आसानी से उपलब्ध ना हो ऐसी वस्तुओं को सहायक सामग्री की मदद से जीवंत रूप में देखा जा सकता है और छात्रों को ज्ञान प्रदान किया जा सकता है।
4. सहायक सामग्री की सहायता से छात्रों में वैज्ञानिक दृष्टिकोण विकसित किया जा सकता है।
5. सहायक सामग्री की सहायता से सीखा हुआ ज्ञान लम्बे समय तक छात्रों की स्मृति में बना रहता है।

**सहायक सामग्री का चुनाव या चयन—**

1. सहायक सामग्री विषय के अनुरूप होनी चाहिए
2. सहायक सामग्री छात्रों के मान"क स्तर के अनुरूप होनी चाहिए, तभी अच्छे परिणाम प्राप्त होंगे
3. सहायक सामग्री को प्रयोग में लाते समय यह प्रयास करना चाहिए कि छात्रों के पूर्वज्ञान से नवीन ज्ञान को जोड़ दिया जाए।
4. सहायक सामग्री प्रभावशाली एवं क्रियाशील होनी चाहिए।
5. सहायक सामग्री मितव्ययी होनी चाहिए
6. सहायक सामग्री का प्रस्तुतीकरण करने से पूर्व अध्यापक को स्वयं को तैयार कर लेना चाहिए।
7. सहायक सामग्री का प्रयोग इस प्रकार से करना चाहिए कि अनुशासन और व्यवस्था बनी रहे।
8. सहायक सामग्री ज्ञानवर्धक, आकर्षक होने के साथ-साथ रुचिपूर्ण भी होनी चाहिए तथा छात्रों में नीरसता नहीं होनी चाहिए।

**सहायक सामग्री की सापेक्षिक प्रभावशीलता—**

सापेक्षिक प्रभावशीलता को एडगर डेल ने शंकु के द्वारा प्रदर्शित किया है। इसमें सहायक सामग्री को उसकी प्रभावशीलता के क्रम में व्यवस्थित किया गया है। इस शंकु को कोण ऑफ एक्सपीरियन्स कहते हैं।

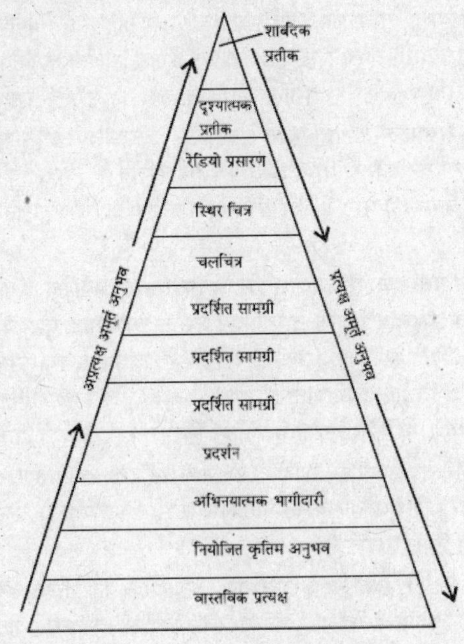


एडगर डेल का अनुभव कोण (शंकु)

एडगर डेल के इस अनुभव शंकु में सम्पूर्ण सामग्री इस प्रकार व्यवस्थित की गई है कि यदि हम ऊपर की ओर चलें तो सामग्री की प्रभावशीलता या प्रत्यक्षता घटती जाती है तथा मूर्तता बढ़ती चली जाती है।

**एडगर डेल प्रतिमान का उपयोग—**

1. बहु-इन्द्रियाँ तथा क्रियात्मक इन्द्रियों के द्वारा अधिगम अनुभवों की गहनता, व्यापकता तथा सार्थकता को बढ़ाया जाता है।
2. बहु-इन्द्रिय अनुदेशन के माध्यम से ही आंतरिक अनुभवों की प्राप्ति होती है।
3. दृश्य-श्रव्य सामग्री की सार्थकता अधिगम अनुभवों के आधार पर की जाती है।
4. प्रक्षेपित सामग्री का प्रयोग शिक्षण को प्रभावशाली बनाता है और छात्रों में रुचि का विकास होता है।

**सहायक सामग्री का शिक्षण में महत्व—**

1. सहायक सामग्री के प्रयोग से छात्रों में शिक्षा के प्रति रुचि का विकास किया जा सकता है।
2. सहायक सामग्री छात्रों में विचार और कल्पना को दिशा प्रदान करती है।
3. शिक्षण प्रक्रिया में पाठ्यक्रम का कोई अंश व्याख्यान कौशल द्वारा छात्रों को पूरी तरह समझाने या स्पष्ट करने में असक्षम होता है। वहाँ सहायक सामग्री का प्रयोग लाभदायक होता है। छात्र आसानी से समझ लेता है।
4. सुनने के प्रभाव से देखने का प्रभाव ज्यादा लाभदायक होता है जैसे— अरावली पर्वत से नदियाँ निकलती हैं, खनिज प्राप्त होता है परन्तु मानचित्र की सहायता से छात्रों को यह प्रदर्शित कर सकते हैं कि अरावली पर्वत कहाँ स्थित है।
5. सहायक सामग्री की सहायता से जब पाठ प्रस्तुत किया जाता है, तो छात्रों को समझने में कम समय लगता है।
6. प्रत्येक सहायक सामग्री प्रत्येक पाठ के प्रस्तुतीकरण में सहायक नहीं होती है, इसलिए अलग-अलग सहायक सामग्री का प्रयोग पाठ की आवश्यकतानुसार किया जाता है।

## प्रभावशाली शिक्षक एवं शिक्षण को प्रभावित करने वाले कारक

किसी भी देश की शिक्षण पद्धति उस देश का आईना होती है और उस शिक्षण पद्धति को चलाने वाला, गत्यात्मक रूप प्रदान करने वाला, हमारी आने वाली पीढ़ियों के भविष्य को सँवारने वाला शिक्षक ही होता है। एक शिक्षक ही किताबों में लिखे ज्ञान को बच्चों तक पहुँचाता है। हमारे आने वाले कल का संरक्षक शिक्षक ही है।

**डॉ० सर्वपल्ली राधाकृष्णन ने कहा है—** ''समाज में अध्यापक का स्थान बहुत महत्वपूर्ण है। वह एक पीढ़ी से दूसरी पीढ़ी में बौद्धिक एवं तकनीकी कुशलताओं का हस्तान्तरण करने का केन्द्र है और सभ्यता के प्रकाश को प्रज्जवलित रखने में सहायता देता है।''

**माध्यमिक शिक्षा आयोग के अनुसार**— ''अपेक्षित शिक्षा के पुनर्निर्माण में सर्वाधिक महत्वपूर्ण तत्व अध्यापक, उसके व्यक्तिगत गुण, शैक्षिक योग्यताएँ, व्यावसायिक प्रशिक्षण और उसकी स्थिति जो वह विद्यालय तथा समाज में प्राप्त करता है आदि है। विद्यालय की प्रतिष्ठा तथा समाज के जीवन पर उसका प्रभाव नि: संदेह उन अध्यापकों पर निर्भर करता है जो उस विद्यालय में कार्यरत होते हैं।''

**स्पेन्सर के अनुसार**- शिक्षक सदाचारी रहें तथा अपने आचरण से शिष्यों को प्रभावित करें। शिक्षक बालक के नैतिक विकास में सहायक हों, क्योंकि नैतिक मूल्य ही राष्ट्र का निर्माण करते हैं।

**डॉ. के. जी. सैयदन के अनुसार**- अध्यापक की प्रतिष्ठा इस बात पर निर्भर करती है कि वह कहाँ तक राष्ट्र की समस्याओं में रुचि लेता है। यदि अध्यापक राष्ट्र और समाज के लिए कुछ कर सकता है, तो उसका सम्मानित होना स्वाभाविक है।

एक कुशल शिक्षक के प्रमुख गुण और शिक्षक से जुड़े प्रमुख कारक इस प्रकार हैं—

1. शिक्षक को बाल मनोविज्ञान का ज्ञान
2. प्रभावशाली शिक्षण विधि
3. व्यक्तिगत भिन्नता का ज्ञान
4. कुशल व्यवहार
5. विषय का विशेष ज्ञान
6. प्रभावशाली व्यक्तित्व
7. पाठ्य सहगामी क्रियाओं का ज्ञान
8. अनुशासन को महत्व
9. समय-सारणी का उचित ज्ञान
10. शिक्षण से जुड़े कार्य के प्रति निष्ठा
11. उत्तम शारीरिक एवं मानसिक स्वास्थ्य
12. सामान्य ज्ञान में रुचि
13. अन्य विषयों की जानकारी
14. छात्रों को समझने की क्षमता एवं योग्यता
15. विद्यालय एवं बालकों के साथ समायोजन की क्षमता
16. उचित आत्मविश्वास
17. सहयोगपूर्ण नेतृत्व एवं भेदभाव रहित सामाजिकता की भावना

एक सफल शिक्षक हेतु उपरोक्त गुण अत्यन्त आवश्यक हैं। विभिन्न दार्शनिकों एवं मनोवैज्ञानिकों ने अपना मत रखा है कि शिक्षकों में स्वतंत्र चिंतन की वृत्ति होनी चाहिए, तभी सृजनात्मक चिंतन एवं क्षमताओं का विकास करने में सहयोग हो सकता है। एक शिक्षक का व्यक्तित्व सबसे ज्यादा छात्रों को प्रभावित करता है। शिक्षक का दृष्टिकोण, छात्रों के लिए मार्गदर्शन का कार्य करता है। योग्य नागरिकों का निर्माण करने में सहायता प्रदान करता है तथा छात्रों में मानवता की भावना पैदा करता है। **रवीन्द्रनाथ टैगोर** ने शिक्षक की तुलना (उपमा) जलते हुए दीपक से की है। आज की परिस्थिति में गुरु का स्वरूप पूर्णत: परिवर्तित हो गया है। शिक्षा एक व्यवसाय एवं उद्योग का रूप धारण कर चुकी है। शिक्षक एवं गुरु पूजनीय होने की जगह वेतन प्राप्त करने वाले एक कर्मचारी हो गए हैं। अध्यापक के अपने गुणों का महत्व गौण हो गया है और उनकी डिग्रियों का महत्व बहुत ज्यादा। विषय का ज्ञान हो न हो परंतु उच्च डिग्रियां नौकरी दिलाने एवं अच्छी सैलरी दिलाने में अत्यन्त सहायक हैं। पूर्वकाल में शिष्य हेतु गुरु का भय होता था उनकी कही बात शिष्य हेतु पत्थर की लकीर होती थी, परंतु वर्तमान परिस्थितियों में इसका स्वरूप बिल्कुल परिवर्तित हो गया है। सभी की मानसिकता पूर्णत: परिवर्तित हो गई है और छात्र की यही सोच है कि मेरे माता-पिता स्कूलों में फीस जमा करते हैं, स्कूल शिक्षकों की सैलरी देता है और तभी वह हमें पढ़ाते हैं। शिक्षकों का भी यही सोचना है ज्यादा से ज्यादा सैलरी और कम से कम काम। इन्हीं सब कारणों से हमारी शिक्षा व्यवस्था में प्रश्न चिह्न लग गया है।

आज शिक्षा का केंद्र-बिंदु बालक (छात्र) है, इसलिए शिक्षक को बालक की आवश्यकता को ध्यान में रख कर शिक्षा प्रदान करनी चाहिए। व्यक्तिगत भिन्नता का ज्ञान इसीलिए आवश्यक है, शिक्षक को जब यह ज्ञान होगा, तभी वह छात्र की जरूरतों को समझ कर शिक्षा प्रदान करेगा।

एक प्रभावशाली शिक्षक वह है, जो बालक की रूचि, अभिवृत्ति, योग्यता, क्षमता आदि को ध्यान में रख कर शिक्षा प्रदान करता है, क्योंकि सम्पूर्ण विश्व में कोई भी दो बालक पूर्णत: एक समान नहीं हो सकते, इसलिए व्यक्तिगत भिन्नता को महत्व देना अत्यन्त आवश्यक है।

**शिक्षण को प्रभावित करने वाले कारक**

शिक्षण का अर्थ है, शिक्षक द्वारा शिक्षा देना अर्थात् सिखाना, हर वह व्यक्ति जो किसी को कुछ "खाता है उस व्यक्ति का गुरु अथवा शिक्षक होता है, केवल स्कूल में पढ़ाये जाने वाले पाठ्यक्रम को करवाने वाला ही शिक्षक नहीं होता है, बल्कि कोई भी व्यक्ति

जो किसी भी प्रकार का ज्ञान देता है, सिखाता है, मार्गदर्शन करता है वह हमारे लिये गुरु अथवा शिक्षक का दर्जा प्राप्त करता है। शिक्षक केवल मार्गदर्शन करता है, राह दिखाता है या समझाता है परंतु स्वयं के प्रयासों से, बुद्धि के प्रयोग से, अनुभवों से हम स्वयं सीखते हैं। एक शिक्षक पूरी कक्षा को एक साथ पढ़ाता है, समझाता है, विभिन्न सहायक सामग्री का प्रयोग करके प्रभावशाली रूप से शिक्षण प्रदान करता है। सभी छात्र एक साथ समान रूप से पढ़ते हैं, परंतु कक्षा में कुछ छात्र बहुत अच्छे अंक प्राप्त करते हैं, कुछ सामान्य अंक प्राप्त करते हैं और कुछ बहुत कम अंक प्राप्त करते हैं, ऐसा हमारी स्वयं की व्यक्तिगत विभिन्नता के कारण होता है। शिक्षक छात्र को सीखने हेतु प्रेरित कर सकता है, रुचि पैदा कर सकता है, परंतु सीखना स्वयं छात्र द्वारा ही होता है। शिक्षण की प्रक्रिया अधिगम के बिना अधूरी है। अत: शिक्षण-अधिगम प्रक्रिया एक दूसरे के अभाव में अधूरी है।

शिक्षण प्रक्रिया से जुड़ी प्रमुख परिभाषाएँ इस प्रकार हैं—

"शिक्षण उद्देश्य केन्द्रित क्रिया है।" **—स्मिथ**

"शिक्षण अन्तवैयक्तिक प्रभाव का एक रूप है, जिसका उद्देश्य दूसरे व्यक्ति की व्यवहार क्षमता को परिवर्तित करना है।" **—गेज**

"शिक्षण बच्चों को अपनी सभी शक्तियों के विकास की ओर अग्रसर करता है।" **—रायबर्न**

"शिक्षण अधिगम हेतु प्रेरणा, पथ-प्रदर्शन व प्रोत्साहन है।" **—बर्टन**

"अधिगम में वृद्धि करना ही शिक्षण है।" **—थाइन**

"शिक्षण उन परिस्थितियों का प्रबन्ध और परिचालन है, जिनमें कुछ अधूरापन और बाधायें होती हैं और व्यक्ति उन्हें पूरा करने या उन पर काबू पाने का प्रयत्न करता है और इसके परिणामस्वरूप कुछ सीखता है।" **—जॉन ब्रूबकर**

शिक्षण एक प्रक्रिया है। जॉन डी वी ने शिक्षण प्रक्रिया के अंतर्गत तीन पहलुओं को सम्मलित किया है—

1. शिक्षक 2. विद्यार्थी 3. पाठ्यक्रम (समाज)

उपरोक्त प्रक्रिया को त्रि-ध्रुवीय (Tri-polar) प्रक्रिया कहते हैं। इस प्रक्रिया में समाज को भी इसलिए सम्मलित किया गया है, क्योंकि शिक्षा एक सामाजिक प्रक्रिया है। पाठ्यक्रम समाज की जरूरतों के अनुसार निर्मित किया जाता है। इसका प्रमुख उद्देश्य होता है व्यक्ति एवं समाज का समुचित विकास करना।

**शिक्षण की प्रकृति एवं विशेषताएँ—**

1. शिक्षण एक त्रि-ध्रुवीय प्रक्रिया है।
2. शिक्षण एक समाजिक प्रक्रिया है।
3. शिक्षण एवं अधिगम में गहरा संबंध है।
4. शिक्षण एक उद्देश्यपूर्ण प्रक्रिया है।
5. शिक्षण विकासपूर्ण प्रक्रिया है।
6. शिक्षण प्रक्रिया औपचारिक भी है और अनौपचारिक भी है।
7. शिक्षण एक निर्देश आधारित प्रक्रिया है।
8. शिक्षण एक भाषा आधारित प्रक्रिया है।
9. शिक्षण प्रक्रिया कौशलपूर्ण प्रक्रिया है।
10. शिक्षण व्यक्ति की व्यक्ति के साथ होने वाली प्रक्रिया है।
11. शिक्षण एक अंत:क्रिया है।
12. शिक्षण की प्रक्रिया अधिगम से जुड़ी हुई है।
13. शिक्षण एक कला भी है और विज्ञान भी।
14. शिक्षण से व्यवहार में परिवर्तन प्राप्त होता है।
15. शिक्षण अध्यापक और छात्र के बीच अंत:क्रिया का परिणाम है।
16. शिक्षण एक व्यावसायिक प्रक्रिया है।
17. शिक्षण एक निदानात्मक एवं उपचारात्मक प्रक्रिया है।
18. शिक्षण एक योजनापूर्ण नियोजित प्रक्रिया है।
19. शिक्षण प्रक्रिया का मुख्य उद्देश्य है बालक का सम्पूर्ण विकास करना।

**शिक्षण के सिद्धान्त**

1. **व्यक्तिगत विभिन्नता का सिद्धान्त :** बालकों को व्यक्तिगत विभिन्नता को ध्यान में रख कर शिक्षण प्रदान किया जाना चाहिए।
2. **बाल केन्द्रित शिक्षा का सिद्धान्त :** बालक की जरूरतों को ध्यान में रखकर शिक्षण प्रदान किया जाना चाहिए।
3. **वास्तविक जीवन से जोड़ने का सिद्धान्त :** बालक को शिक्षा प्रदान करते समय उसकी विषय-वस्तु को यदि वास्तविक जीवन से जोड़ दिया जाए, तो शिक्षा रुचिपूर्ण हो जाएगी और छात्र आसानी से समझ जाएगा।
4. **समन्वय का सिद्धान्त :** शिक्षण प्रक्रिया के दौरान एक विषय को अन्य विषयों से जोड़ कर समन्वय स्थापित किया जाना चाहिए।
5. **क्रियाशीलता का सिद्धान्त :** शिक्षण प्रक्रिया में छात्रों को शामिल किया जाना चाहिए, क्योंकि इससे वे क्रियाशील रहेंगे।
6. **निश्चित उद्देश्य का सिद्धान्त :** शिक्षण प्रक्रिया शुरू करने से पूर्व उद्देश्य निश्चित एवं स्पष्ट होने चाहिए, तभी शिक्षण प्रक्रिया की प्रभावशीलता बढ़ती है।
7. **लचीलेपन का सिद्धान्त :** कक्षा-कक्ष परिस्थिति को ध्यान में रखते हुए पूर्व निर्धारित उद्देश्य, समय, सामग्री, स्थान, विधि आदि में परिवर्तन लाए जाने की सुविधा होनी चाहिए।
8. **पूर्व अनुभवों से जोड़ने का सिद्धान्त :** छात्र ने पूर्व में जो सीखा है, उसे नवीन विषय-सामग्री के साथ जोड़ कर पढ़ाया जाए, तो पहले सीखा हुआ ज्ञान सहयोग प्रदान करता है।
9. **विषय-वस्तु के चयन का सिद्धान्त :** शिक्षण प्रक्रिया प्रारम्भ करने के पूर्व शिक्षक को यह निर्धारित करना चाहिए कि किस समय कौन-सी विषय-वस्तु पढ़ाई जाए, जो उचित है उसका परिस्थिति के अनुसार ही चयन किया जाना चाहिए।
10. **पुनरावृत्ति का सिद्धान्त :** इसके अंतर्गत शिक्षक यह जानने का प्रयास करता है कि जो शिक्षण प्रदान किया गया, उसे छात्रों ने कितना आत्मसात् किया अर्थात् सीखा। इस प्रक्रिया को पुनरावृत्ति या दोहराने की प्रक्रिया कहा जाता है।
11. **अभिप्रेरणा एवं रुचि का सिद्धान्त :** शिक्षण प्रक्रिया प्रारंभ करने से पूर्व शिक्षक के लिए यह आवश्यक है कि वह छात्रों की विषय में रुचि पैदा करे और रुचि पैदा करने के लिए आवश्यक है छात्रों को अभिप्रेरित किया जाए।

**शिक्षण प्रक्रिया से संबंधित प्रमुख कारक—**

1. **अभिप्रेरणा :** शिक्षण प्रदान करते समय छात्रों को अभिप्रेरित करना अत्यन्त आवश्यक है, क्योंकि अभिप्रेरणा बालकों को सीखने हेतु प्रेरित करती है।
2. **उपयुक्त वातावरण :** शिक्षण प्रक्रिया की प्रभावशीलता को बढ़ाने के लिए वातावरण का उचित होना अत्यन्त आवश्यक है— जैसे कक्षा में उचित रोशनी, शान्त वातावरण, स्वच्छता, सहयोग आदि सभी शिक्षण को प्रभावित करते हैं।
3. **पाठ्य सामग्री :** शिक्षण प्रक्रिया में पढ़ाई जाने वाली सामग्री या पाठ्यक्रम छात्रों की जरूरतों के अनुसार होना चाहिए, जिसमें छात्र अपना ध्यान दे सकें। पाठ्यक्रम ना तो अधिक कठिन होना चाहिए और ना ही अधिक सरल होना चाहिए।
4. **परिपक्वता :** शिक्षण प्रक्रिया में छात्रों का मानसिक स्तर एवं उनकी आयु शिक्षण को प्रभावित करती है। यदि छात्र पढ़ाई गई शिक्षण सामग्री के लिए मानसिक रूप से या शारीरिक रूप से परिपक्व नहीं है, तो शिक्षक कितना भी प्रभावशाली तरीके से पढ़ा ले व्यर्थ जाएगा।
5. **अध्यापक का व्यवहार :** शिक्षण प्रक्रिया के दौरान अध्यापक का व्यवहार, छात्र की अधिगम प्रक्रिया को प्रभावित करता है। शिक्षक का व्यवहार, सहानभूतिपूर्ण, सहयोगपूर्ण, अभिप्रेरणापूर्ण होना चाहिए। संयम के साथ यदि अध्यापक सभी गतिविधियों को चलाता है, तो छात्रों की सीखने की प्रक्रिया गतिशील होती है। यदि इसके विपरीत शिक्षक का व्यवहार कठोर होता है, तो छात्रों को असुविधा

का सामना करना पड़ता है और वे परिस्थितियों से पलायन करने लगते हैं। इसके लिए आवश्यक है अध्यापकों को भेदभाव रहित सहयोगपूर्ण व्यवहार करना चाहिए।

6. **शिक्षण की विधियां :** शिक्षण की विधियां प्रभावपूर्ण होनी चाहिए, छात्रों के स्तर की होनी चाहिए तथा शिक्षक को यह ध्यान रखना चाहिए कि विषय-वस्तु का कक्षा में ज्ञान प्रदान करते समय आवश्यकतानुसार विधियों या प्रविधियों का प्रयोग करना चाहिए।
7. **बुद्धि :** शिक्षण प्रक्रिया में बुद्धि का प्रभाव पड़ता है, बुद्धिमान छात्र सरलता से सीख लेता है।
8. **आयु :** आयु का प्रभाव भी शिक्षण पर पड़ता है एवं अधिगम की प्रक्रिया भी आयु से प्रभावित होती है। छोटे बच्चों की तुलना में बड़े बच्चे जल्दी सीखते हैं।
9. **लिंग भेद :** शिक्षण प्रक्रिया में प्रथम चरण पर अर्थात् बहुत छोटे बच्चों पर लिंग का प्रभाव नहीं देखने को मिलता है, परन्तु किशोरावस्था तक यह प्रभाव देखने को मिलता है ऐसा अध्ययनों से ज्ञात हुआ है। ब्रिट एवं बर्ट ने परीक्षण के आधार पर यह निष्कर्ष निकाला है कि लड़के विज्ञान एवं गणित विषय में अधिक रुचि लेते हैं तथा लड़कियाँ कला विषयों में अधिक रुचि लेती हैं।
10. **स्मृति स्तर :** स्मरण करने की क्षमता यदि अच्छी है, तो अधिगम स्तर भी उच्च होगा और शिक्षण प्रक्रिया प्रभावशाली होगी।
11. **इच्छा शक्ति :** शिक्षण प्रक्रिया में अधिगम को प्रभावी बनाने के लिए इच्छा शक्ति दृढ़ होना अत्यन्त आवश्यक है। दृढ़ इच्छा शक्ति छात्रों को सीखने हेतु प्रेरित करती है। जब हम किसी कार्य को सीखने हेतु तत्पर होते हैं, तो उस काम को हम आसानी से कम समय में सीख लेते हैं।
12. **थकान :** थकान का प्रभाव भी शिक्षण प्रक्रिया पर पड़ता है। थकान वह कारक है, जो सीखने की गति को मंद कर देता है तथा इससे मान"क तत्परता भी प्रभावित होती है।
13. **अन्य कारक :** शिक्षण प्रक्रिया को अन्य कारक भी प्रभावित करते हैं, जैसे भोजन का पौष्टिक एवं संतुलित होना आवश्यक है। समय-सारणी का संतुलित होना अत्यन्त आवश्यक है। सुबह बच्चे थकान मुक्त होते हैं, इसलिये गणित, विज्ञान विषय का शिक्षण होना चाहिए, दोपहर तक थकाने होने लगती है तब डाँस, हस्तकला, कला आदि की कक्षा होनी चाहिए। घर का वातावरण, माता-पिता का सहयोग, सुविधाएँ, जैसे– कंप्यूटर, कैलकुलेटर, प्रिंटर आदि। उपरोक्त सभी कारण भी शिक्षण की प्रक्रिया को प्रभावित करते हैं और इससे अधिगम प्रभावित होता है।

## प्रश्नमाला

**1. शिक्षण (Teaching) का क्या उद्देश्य है ?**
(a) छात्रों को ज्ञान उपलब्ध कराना
(b) छात्रों को नौकरी योग्य बनाना
(c) छात्रों को पढ़ाई के प्रति प्रेरित करना
(d) छात्रों को पढ़ाई के लिए दंड देना

**2. शिक्षण (Teaching) की त्रिस्तरीय पद्धति के अंतर्गत आते हैं-**
(a) अध्यापक (b) छात्र
(c) पाठ्यक्रम (d) उपरोक्त सभी

**3. "शिक्षण अधिगम हेतु प्रेरणा, पथ प्रर्दशन व प्रोत्साहन है"। यह कथन किस मनोवैज्ञानिक से संबंधित है ?**
(a) बर्टन (b) क्रो और को
(c) डेविड डफ (d) डंकन

**4. शिक्षा एक प्रक्रिया है, जिसके अंतर्गत आते हैं ?**
(a) ज्ञान (b) अनुभव
(c) कौशल (d) उपरोक्त सभी

**5. शिक्षक अधिगम प्रक्रिया के पुनर्बलन का सिद्धांत किस मनोवैज्ञानिक द्वारा दिया गया ?**
(a) बी. एफ. स्किनर
(b) जेम्स रास
(c) ग्रांट
(d) मौरिस

**6. शिक्षण अधिगम प्रक्रिया के उद्दीपन सिद्धांत के अनुसार विद्यार्थी कब सबसे सक्रिय और क्रियाशील रहेगा-**
(a) जब उसे दंड दिया जाय
(b) जब वह कार्य करने के प्रति उत्तेजित रहता है।
(c) जब उसे किसी कार्य को करने लिए दबाव दिया जाता है।
(d) जब उसे कार्य करने के लिए पैसे दिया जाए

**7. शिक्षण अधिगम के अंतर्गत शिक्षकों को प्रमुख कार्य क्या होता है ?**
(a) बालकों को सीखने के लिए अभिप्रेरित करना
(b) बालकों को पढ़ाना
(c) बालकों को दंडित करना
(d) बालकों को खेलने से रोकना

**8. "सूक्ष्म चिंतन समस्त शिक्षण को लघु क्रियाओं में बाँटना है"। यह कथन किस मनोवैज्ञानिक द्वारा दिया गया है ?**
(a) स्टोन्स (b) मौरिस
(c) डी. एलन (d) थॉमसन

**9. सूक्ष्म शिक्षण क्या है ?**
(a) छात्रों के व्यवहार में सुधार के लिए अपनाई जाने वाली पद्धति
(b) शिक्षकों के व्यवहार में सुधार के लिए अपनाई गई पद्धति
(c) माता-पिता के व्यवहार में सुधार के लिए अपनाई गई पद्धति
(d) उपरोक्त सभी

**10. सूक्ष्म शिक्षण का प्रयोग .......... के विकास के लिए किया जाता है ?**
(a) छात्र कौशल
(b) शिक्षक कौशल
(c) परिजनों के कौशल
(d) कक्षा के मॉनिटर के कौशल

**11. "प्रोजेक्ट शिक्षा प्रणाली के जनक" किसे माना जाता है ?**
(a) फोबेल (b) कुमारी हेलना
(c) किल पैट्रिक (d) जॉन हेनरी

**12. शिक्षण विधियों के निम्नलिखित अनुदेश में सबसे प्राचीन विधि कौन-सा है ?**
(a) छात्र नियंत्रित अनुदेशन
(b) समूह नियंत्रित अनुदेशन
(c) शिक्षक नियंत्रित अनुदेशन
(d) शिक्षक और छात्र नियंत्रित अनुदेशन

**13. अध्यापन में दृश्य साधन के रूप में किसका सर्वाधिक प्रयोग होता है ?**
(a) ग्राफ (b) चार्ट
(c) ब्लौकबोर्ड (d) रेखाचित्र

**14. एपिडियास्कोप उपकरण का उपयोग निम्नलिखित में से किसके लिए किया जाता है ?**
(a) किसी अपारदर्शी वस्तु को स्क्रीन पर प्रक्षेपित करने के लिए
(b) वस्तुओं को स्पष्ट रूप से देखने के लिए
(c) किसी वस्तु को बड़ा दिखाने के लिए
(d) किसी वस्तु की नकल उतारने के लिए

**15. सूक्ष्म शिक्षण के सन्दर्भ में यह कथन "सूक्ष्म शिक्षण समस्त शिक्षण को लघु क्रियाओं में बाँटना है।" किस मनोवैज्ञानिक का है ?**
(a) डी. एलन का (b) डी. पार्कर का
(c) सी. कर्टनर का (d) हर्जबर्ग का

**16. सूक्ष्म शिक्षण किस सिद्धान्त पर बल देता है ?**
(a) एकल कौशल प्रशिक्षण पर
(b) द्विकौशल प्रशिक्षण पर

(c) बहुकौशल प्रशिक्षण पर
(d) इनमें से कोई नहीं

**17. निम्नलिखित विशेषताओं में कौन-सी डाल्टन शिक्षा विधि की विशेषता है ?**
(a) शिक्षा का स्वरूप व्यक्तिगत भिन्नता पर आधारित होना
(b) स्वयं करके अनुभव के माध्यम से सीखने पर बल
(c) एक निश्चित समय में निश्चित कार्य करने पर बल
(d) उपरोक्त सभी

**18. अध्यापक को इस बात की जानकारी होनी चाहिए कि बच्चों को कैसे पढ़ाना है, बच्चे किस आयु में सीखते हैं शिक्षा की कौन-सी विधि इस विचारधार का पोषण करती है ?**
(a) पेस्तालॉजी विधि
(b) डाल्टन विधि
(c) मॉण्टेसरी विधि
(d) किण्डर गार्टन विधि

**19. दृश्य सामग्री बालकों को सिखाने की एक वैज्ञानिक विधि है। नीचे दिए गए विकल्पों में से कौन एक दृश्य सामग्री का अंग नहीं है ?**
(a) नमूना (b) चित्र
(c) रेखाचित्र (d) रेडियो

**20. किस शिक्षण सहायक सामग्री से छात्रों को उच्च कोटि का पुनर्बलन प्राप्त हो सकता है ?**
(a) कम्प्यूटर (b) चार्ट
(c) रेडियो (d) टेलीविजन

**21. एक शिक्षिका पाठ्य-वस्तु और फल-सब्जियों के कुछ चित्रों का प्रयोग करती है और अपने विद्यार्थियों से चर्चा करती है। विद्यार्थी इस जानकारी को अपने पूर्व ज्ञान से जोड़ते हैं और पोषण की संकल्पना को सीखते हैं। यह उपागम ......... पर आधारित है।**
(a) ज्ञान के निर्माण
(b) अधिगम के शास्त्रीय अनुबन्धन
(c) पुनर्बलन के सिद्धान्त
(d) अधिगम के सक्रिय अनुबन्धन

**22. बीजों का अंकुरण संकल्पना के शिक्षण की सबसे प्रभावी पद्धति है**
(a) विस्तृत व्याख्या करना
(b) विद्यार्थियों द्वारा पौधे के बीज बोना और उसके अंकुरण के चरणों का अवलोकन करना
(c) श्याम पट्ट पर चित्र बनाना और वर्णन करना
(d) बीज की वृद्धि के चित्र दिखाना

## उत्तरमाला

| | | | | | | | | | |
|---|---|---|---|---|---|---|---|---|---|
| **1.** (a) | **2.** (d) | **3.** (a) | **4.** (d) | **5.** (a) | **6.** (b) | **7.** (a) | **8.** (c) | **9.** (b) | **10.** (b) |
| **11.** (c) | **12.** (c) | **13.** (c) | **14.** (a) | **15.** (a) | **16.** (a) | **17.** (d) | **18.** (a) | **19.** (d) | **20.** (a) |
| **21.** (a) | **22.** (b) | | | | | | | | |

❑❑❑

# 16 बच्चा : एक समस्या-समाधक तथा एक वैज्ञानिक अन्वेषक के रूप में

## समस्या-समाधान का अर्थ एवं परिभाषा

- समस्या को सुलझाना हमारे दैनिक जीवन का अभिन्न अंग है। हर दिन हम सरल से लेकर जटिल समस्याओं का समाधान करते हैं। कुछ समस्याओं का हल करने में कम समय लगता है और कुछ में अधिक। किसी समस्या का समाधान करने के लिए यदि समुचित साधन उपलब्ध नहीं होते, तो समाधान का विकल्प देखना पड़ता है।
- किसी भी प्रकार की समस्या का समाधान निकालने में हमारा चिन्तन निर्देशित और केन्द्रित हो जाता है और सही और उपयुक्त निर्णय पर पहुँचने के लिए हम सभी संसाधनों आन्तरित (मन) और बाह्य (दूसरों का समर्थन और सहायता) दोनों का उपयोग करने का प्रयास करते हैं। उदाहरण के लिए- यदि आप एक परीक्षा में अच्छे अंक प्राप्त करना चाहते हैं, तो आप परिश्रम से पढ़ाई, शिक्षकों, मित्रों और माता-पिता की सहायता लेते हैं और अन्त में आप अच्छे अंक प्राप्त कर लेते हैं। इस प्रकार समस्या समाधान एक विशिष्ट समस्या से निपटने की दिशा में निर्देशित चिन्तन है।
- **स्टैनले ग्रे** के शब्दों में "समस्या समाधान वह प्रतिमान है, जिसमें तार्किक चिन्तन निहित होता है।"
- समस्या समाधान (Problem Solving) के अनेक स्तर हैं। कुछ समस्याएँ बहुत सरल होती हैं, जिनको हम बिना किसी कठिनाई के हल कर सकते हैं।
- निर्देशित चिन्तन के तीन तत्त्व हैं- समस्या, लक्ष्य और लक्ष्य दिशा में एक कदम।
- ऐसी दो विधियाँ हैं, जिनका प्रमुख रूप से समस्या समाधान में उपयोग किया जाता है, ये हैं- 'मध्यमान-अन्त-विश्लेषण' और 'एल्गोरिद्म' या कलन विधि।

**कलन विधि** (Algorithm Method) में प्रक्रिया या नियमों का समुच्चय जिसका प्रयोग गणना या अन्य समस्या समाधान संक्रियाओं (operations) में किया जाता है।

- **मध्यमान-अन्त-विश्लेषण में** विशेष प्रकार की समस्याओं का समाधान करने में एक विशिष्ट प्रकार की प्रक्रिया का चरणबद्ध प्रयोग किया जाता है।
- ह्यूरिस्टिक्स या अन्वेषणात्मक के मामले में व्यक्ति समस्या समाधान के लिए किसी सम्भव नियम या विचार का उपयोग करने के लिए स्वतन्त्र है। इसे अभिसूचक नियम (रूल ऑफ थम्ब) भी कहा जाता है।

## बच्चा : एक समस्या समाधक के रूप में

स्कूली जीवन में एक बच्चे के समक्ष अनेकों समस्याएँ आती हैं तथा उनका समाधान भी उसे ही ढूँढना होता है। बच्चों को इस स्तर के योग्य बनाने के लिए आवश्यक है कि उसका व्यक्तिगत विकास किया जाए जिससे कि वह सभी प्रकार की परिस्थितियों का सही ढंग से सामना कर सके। बच्चे को समस्या-समाधक के रूप में बनाने के लिए निम्नलिखित गुणों का विकास किया जा सकता है

- बच्चे में आत्म पहचान का गुण विकसित करके तथा अपनी कमियों को स्वीकार करना तथा दूर करना सिखाकर बच्चे को स्वावलम्बी बनाने के लिए प्रोत्साहित करके बच्चे में भाषा का विकास करके।
- बालकों में चिन्तन एवं तर्क का विकास प्रायोगिक स्तर पर करना चाहिए। बालकों को समस्या समाधान करने पर उन्हें पुरस्कृत करना चाहिए। बच्चे को बार-बार प्रयास करके तथा बालकों में भाषा कौशल का विकास किया जाना चाहिए।
- बच्चों को प्रभावी रूप से समस्या का समाधान करने में सक्षम बनाने के लिए उन्हें समस्या के विषय में सहजानुभूत अनुमान लगाने एवं बहुविकल्पों को देखने हेतु प्रोत्साहित किया जाना चाहिए।

## बच्चा : एक वैज्ञानिक अन्वेषक के रूप में

जब बालक अपने ज्ञान और अनुभव के माध्यम से किसी समस्या के प्रत्येक पहलू को जानने लगता है तथा स्वयं ही समस्या का समाधान खोज लेता है तब बच्चे में एक वैज्ञानिक अन्वेषक के गुण आने लगते हैं तथा वह अपनी समस्याओं का स्वयं समाधान करने लगता है। बच्चों को वैज्ञानिक अन्वेषक के रूप में विकास के लिए निम्नलिखित गुणों का विकास किया जा सकता है

- बच्चों के समक्ष छोटी-छोटी समस्याएँ रखकर (To insert small problems in front of Children) बच्चों में एक वैज्ञानिक अन्वेषक बनने के लिए यह आवश्यक है कि उसे यह जानकारी हो कि समस्या क्या है? इसके लिए बच्चों के समक्ष छोटी-छोटी समस्याओं को रखकर उनसे समस्या के विषय में पूछा जा सकता है।
- **बच्चों को सम्भावित समाधानों के निर्माण हेतु प्रेरित करके** (To motivate children for the formation of the possible solution) बच्चों को समस्या देकर उस समस्या से सम्बन्धित समाधान हेतु उपाय बताने के लिए प्रेरित करना चाहिए, जिससे बच्चों में समस्या को स्वयं हल करने के गुण विकसित हो सकें।
- **बच्चे के द्वारा बताए गए सम्भावित समाधानों का परीक्षण करके** (To test the possible solution formulated by the Children) शिक्षक को बच्चे में वैज्ञानिक अन्वेषक के गुण विकसित करने के लिए बच्चे द्वारा समस्या पर बताए गए समाधानों का परीक्षण करना अत्यन्त आवश्यक है कि बच्चा समस्या का समाधान सही दिशा में कर भी रहा है अथवा नहीं।

### समस्या-समाधान की वैज्ञानिक विधि

स्किनर के अनुसार, समस्या-समाधान की वैज्ञानिक विधि में निम्नलिखित सात सोपानों का अनुसरण किया जाता है

1. **समस्या को समझना** (To Understand the Problem) आरम्भ में बालक पहले समस्या को समझता है, तब उसके समाधान के बारे में सोचता है।
2. **जानकारी संग्रह** (Information Collecting) बालक समस्या से सम्बन्धित समस्त जानकारी एकत्र करता है, क्योंकि समस्या समाधान के लिए जानकारी का होना बहुत आवश्यक है।
3. **सम्भावित समाधानों का मूल्यांकन** (Evaluation of Possible Solutions) इस सन्दर्भ में बालक सभी समाधानों का मूल्यांकन कर यह सोचता है कि कौन-सी समस्या का समाधान असफल हुआ।

4. **सम्भावित समाधानों का निर्माण** (Formulation of Possible Solutions) पूर्व अनुभव के आधार पर बालक सभी समाधानों का निर्माण करना आरम्भ कर देता है।
5. **समाधान का प्रयोग** (Implementation of Solutions) जिस प्रक्रिया से बालक किसी पूर्व समस्या का हल निकालता है, वह उस प्रक्रिया को अन्य समस्याओं के समाधान में भी प्रयोग करता है।
6. **सम्भावित समाधानों का परीक्षण** (Examine of Solvings) बालक समस्या का समाधान करने के लिए जो-जो विधि अपनाता है, वह उसका परीक्षण करता है तथा उनकी एक बेहतर विधि को अपनाता है।
7. **निष्कर्षों का निर्णय** (Decision of Conclusions) इस सन्दर्भ में बालक निष्कर्षों के बारे में सोचता है। वह एक अन्तिम निष्कर्ष पर पहुँचता है कि कौन-सा समस्या समाधान उसके लिए उत्तम है।

## बच्चों का वैज्ञानिक अन्वेषक के रूप में विकास क्यों ?

- इससे बालक अपने **संज्ञानात्मक** स्तर के अनुरूप विज्ञान के तथ्यों व धारणाओं को समझने और इसे प्रयुक्त करने के योग्य हो जाएगा।
- बालक उन तरीकों और प्रक्रियाओं को समझ सके, जिससे वैज्ञानिक ज्ञान का सृजन किया जा सके तथा इसका वैधीकरण भी किया जा सके।
- बालक विज्ञान के ऐतिहासिक एवं विकास सम्बन्धी परिप्रेक्ष्यों को समझ सके। साथ ही विज्ञान को एक सामाजिक उद्यम की तरह देख सके।
- बालक खुद को स्थानीय तथा वैश्विक परिवेश से जोड़ सके और विज्ञान, प्रौद्योगिकी और समाज के बीच की अन्त:क्रिया से त्वरित उपजे मुद्दों को समझ सके।
- बालक रोजगार की दुनिया में स्वयं को स्थापित करने के लिए आवश्यक सैद्धान्तिक और व्यावहारिक कुशलता प्राप्त कर सके।
- बालक अपनी स्वाभाविक जिज्ञासा, सौन्दर्य बोध और रचनात्मकता से विज्ञान व प्रौद्योगिकी को परिभाषित कर सके।
- बालक ईमानदारी, सत्यनिष्ठा, सहयोग, जीवन के प्रति सरोकार और पर्यावरण सुरक्षा जैसे मूल्यों की महत्ता समझ सके।
- बालक 'वैज्ञानिक स्वभाव' विकसित करना सीख जाए, जिससे हमारा मतलब है- वस्तुनिष्ठता, आलोचनात्मक सोच (सकारात्मक एवं नकारात्मक पक्ष) और भय एवं अन्धविश्वास से मुक्ति।

## प्रश्नमाला

**1. "समस्या समाधान वह प्रतिमान है, जिसमें तार्किक चिंतन निहित होता है"। यह कथन किस मनोवैज्ञानिक का है ?**
(a) मौरिस
(b) स्टैनले ग्रे
(c) क्रो और क्रो
(d) जॉनसन

**2. निर्देशित चिंतन के तीन तत्व हैं ?**
(a) समस्या
(b) लक्ष्य
(c) लक्ष्य की दिशा में एक कदम
(d) उपरोक्त सभी

**3. जब बच्चा अपनी समस्या को सुलझाने लगता है तो उसमें निम्नलिखित में से कौन-सा गुण विकसित हो जाता है ?**
(a) प्रतिशोध का
(b) वैज्ञानिक अन्वेषण का
(c) स्वाभिमान का
(d) ईर्ष्या का

**4. बच्चों को वैज्ञानिक अन्वेषक के विकास के लिए निम्नलिखित में से किन-किन गुणों का विकास किया जा सकता है:-**
(a) बच्चों के समक्ष छोटी-छोटी समस्याएँ रखकर
(b) बच्चों को संभावित समाधानों के निर्माण हेतु प्रेरित करके
(c) बच्चों को सम्भावित समाधानों के निर्माण हेतु प्रेरित करके
(d) उपरोक्त सभी

**5. समस्या-समाधान की वैज्ञानिक विधि का प्रथम सोपान क्या है ?**
(a) जानकारी संग्रह
(b) समस्या को समझना
(c) समाधान का प्रयोग
(d) निष्कर्षों का निर्णय

**6. बच्चों के सीखने की प्रक्रिया में सबसे महत्वपूर्ण योगदान किसका होता है ?**
(a) माता-पिता का
(b) शिक्षक का
(c) शिक्षक और माता-पिता दोनों का
(d) मित्रों का

**7. चिन्तन तथा तर्क का उद्देश्य है**
(a) समस्या को जटिल बनाना
(b) संवेग को समाप्त करना
(c) समस्या का समाधान करना
(d) संज्ञान का अन्त करना

**8. "समस्या समाधान वह प्रतिमान है, जिसमें तार्किक चिन्तन निहित होता है।" निम्न में से यह कथन किसका है ?**
(a) स्टेनले (b) स्किनर
(c) पियाजे (d) पावलॉव

**9. एक बच्चा माचिस के खाली डिब्बों से कई प्रकार की वस्तुएँ बनाकर खेलता है। उस बच्चे के सन्दर्भ में आपकी राय क्या है ?**
(a) उसमें वैज्ञानिक अन्वेषक के गुणों का विकास हो रहा है।
(b) वह पढ़ने से कतराता है एवं खेलता रहता है।
(c) उसके माता-पिता उसकी पढ़ाई पर ध्यान नहीं देते।
(d) उसे खेल से दूर कर पढ़ाई में लगाने की आवश्यकता है।

**10. बालक में वैज्ञानिक अन्वेषक के गुणों का विकास क्यों किया जाना चाहिए ?**
(a) उसे खेलों से दूर करने के लिए
(b) उसमें 'वैज्ञानिक स्वभाव' विकसित करने के लिए
(c) उसे पढ़ाई में व्यस्त रखने के लिए
(d) उसे शरारत करने से रोकने के लिए

**11. निम्नलिखित में से कौन-सी स्थिति विद्यार्थियों में गर्व का कारण बन सकती है ?**
(a) जब असफलता का कारण दूसरों को माना जाता है।
(b) अब असफलता का कारण स्वयं को माना जाता है।
(c) जब सफलता का कारण स्वयं को माना जाता है।
(d) जब सफलता का कारण दूसरों को माना जाता है।

## उत्तरमाला

**1.** (b) **2.** (d) **3.** (b) **4.** (d) **5.** (b) **6.** (c) **7.** (c) **8.** (a) **9.** (a) **10.** (b)
**11.** (c)

# 17 बच्चों में अधिगम की वैकल्पिक अवधारणाएँ

## अधिगम का अर्थ एवं परिभाषा (Meaning and Definition of Learning)

अधिगम या सीखना एक बहुत ही सामान्य और आम प्रचलित प्रक्रिया है। जन्म के तुरन्त बाद से ही व्यक्ति सीखना प्रारम्भ कर देता है और फिर जीवनपर्यन्त कुछ न कुछ सीखता ही रहता है। सामान्य अर्थ में 'सीखना' व्यवहार में परिवर्तन को कहा जाता है। (Learning refers to change in behaviour) परन्तु सभी तरह के व्यवहार में हुए परिवर्तन को सीखना या अधिगम नहीं कहा जा सकता।

**वुडवर्थ के अनुसार**- ''नवीन ज्ञान और नवीन प्रतिक्रियाओं को प्राप्त करने की प्रक्रिया, सीखने की प्रक्रिया है।''

**गेट्स एवं अन्य के अनुसार**- ''अनुभव और प्रशिक्षण द्वारा व्यवहार में परिवर्तन लाना ही अधिगम या सीखना है।''

**क्रो एवं क्रो के अनुसार**- ''सीखना या अधिगम आदतों, ज्ञान और अभिवृत्तियों का अर्जन है।''

**क्रॉनवेक के अनुसार**- ''सीखना या अधिगम अनुभव के परिणाम स्वरूप व्यवहार में परिवर्तन द्वारा व्यक्त होता है।

**मॉर्गन और गिलीलैण्ड के अनुसार**- ''अधिगम या सीखना, अनुभव के परिणाम स्वरूप प्राणी के व्यवहार में कुछ परिमार्जन हैं, जो कम से कम कुछ समय के लिए प्राणी द्वारा धारण किया जाता है।''

**जी.डी. बोआज के अनुसार**- ''सीखना या अधिगम एक प्रक्रिया है जिसके द्वारा व्यक्ति विभिन्न आदतें, ज्ञान एवं दृष्टिकोण अर्जित करता है जो कि सामान्य जीवन की माँगों को पूरा करने के लिए आवश्यक है।''

ऊपर की परिभाषाओं एवं अनेक अन्य मनोवैज्ञानिकों द्वारा दी गई लगभग समान परिभाषाओं का यदि एक संयुक्त (analysis) विश्लेषण किया जाए, तो सीखने का स्वरूप बहुत कुछ स्पष्ट हो जाता है। इस तरह के विश्लेषण करने पर हम निम्नांकित निष्कर्ष पर पहुँचते हैं।

(i) **सीखना व्यवहार में परिवर्तन को कहा जाता है (Learning is the change in behaviour) :** प्रत्येक सीखने की प्रक्रिया में व्यक्ति के व्यवहार में परिवर्तन होता है। अगर परिस्थिति ऐसी है जिसमें व्यक्ति के व्यवहार में परिवर्तन नहीं होता है, तो उसे हम सीखना नहीं कहेंगे। व्यवहार में परिवर्तन एक अच्छा एवं अनुकूली (adaptive) परिवर्तन भी हो सकता है या खराब में कुसमंजित (Maladaptive) परिवर्तन भी हो सकता है।

(ii) **व्यवहार में परिवर्तन अभ्यास या अनुभूति के फलस्वरूप होता है (The change in behaviour occurs as a function of practice or experience):** सीखने की प्रक्रिया में व्यवहार में जो परिवर्तन होता है, वह अभ्यास या अनुभूति के फलस्वरूप होता है।

(iii) **व्यवहार में अपेक्षाकृत स्थायी परिवर्तन होता है (There is relatively permanent change in behaviour):** ऊपर दी गयी परिभाषाओं में इस बात पर विशेष रूप से बल डाला गया है कि सीखने में व्यवहार में अपेक्षाकृत स्थायी परिवर्तन होता है।

## अधिगम की प्रकृति (The Nature of Learning)

अधिगम एक मानसिक प्रक्रिया है जिसमें मानसिक प्रक्रियाओं की अभिव्यक्ति व्यवहारों द्वारा होती है। मानव व्यवहार अनुभवों के आधार पर परिवर्तित और परिमार्जित होते रहते हैं। अत: अधिगम प्रक्रिया में दो तत्व निहित होते हैं। परिपक्वता और पूर्व अनुभवों से लाभ उठाने की योग्यता। अधिगम पूर्व अनुभव द्वारा व्यवहार में प्रगतिशील परिवर्तन है। अधिगम की क्रिया जीवन में सदा और सर्वत्र चलती रहती है, बालक परिपक्वता की ओर बढ़ता हुआ अपने अनुभवों से लाभ उठाता हुआ, वातावरण के प्रति जो उपर्युक्त प्रतिक्रिया करता है वही अधिगम होता है।

मनोवैज्ञानिकों ने अधिगम की प्रकृति, प्रक्रिया कोई व्यक्ति कैसे सीखता है यदि इसको समझने के लिए ढेर सारा साहित्य इकट्ठा किया है। जब हम अधिगम की विभिन्न परिभाषाओं का विश्लेषण करते हैं तो अधिगम की प्रकृति के सन्दर्भ में निम्न बिन्दु स्पष्ट होते हैं-

(1) अधिगम की क्रिया द्वारा व्यवहार में परिवर्तन होता है।
(2) व्यवहार में जो परिवर्तन होता है वह कुछ समय तक बना रहता है, और अगर आलोप हो जाए तब भी व्यक्ति द्वारा कुछ प्रयासों के पश्चात फिर वह परिवर्तन हो जाता है।
(3) व्यवहार में परिवर्तन पूर्व अनुभवों पर आधारित होता है।
(4) अधिगम द्वारा व्यवहार में जो परिवर्तन आता है वह बाह्य रूप से दिखाई देने वाला या न दिखाई देने वाला हो सकता है।
(5) अधिगम द्वारा हुए व्यवहारों में होने वाले परिवर्तनों में परिपक्वता नशावृत्ति, थकान, तथा मूल प्रवृत्तियात्मकक व्यवहार शामिल नहीं होते।
(6) एक बार व्यवहार में परिवर्तन होने के पश्चात् नवीन परिस्थिति में उस परिवर्तित व्यवहार का संशोधन हो सकता है।
(7) अधिगम के द्वारा व्यक्ति के ज्ञानात्मक, भावात्मक तथा मनोक्रियात्मक क्षेत्रों में व्यवहारों का विकासात्मक परिवर्तन होता है।
(8) अधिगम व्यक्ति में सामाजिक या असामाजिक दोनों प्रकार के व्यवहार पैदा कर सकता है।
(9) अधिगम त्रुटि रहित या त्रुटिपूर्ण हो सकता है।

## अधिगम की विशेषताएँ (Characterstics of Learning)

अधिगम की प्रकृति को निम्न रूप में वर्णित किया जा सकता है

1. **अधिगम के फलस्वरूप व्यवहार में स्थायी परिवर्तन होते हैं**- व्यक्ति अपने अनुभवों के आधार पर सीखता है जैसे एक शिशु जिसका आग के बारे में कोई पूर्व अनुभव नहीं है वह आग की तरफ उत्सुकता से बढ़ता है वह उसे पकड़ने का प्रयास करता है जिससे वह जलन अनुभव करता है और इस अनुभव के आधार पर दुबारा आग को पकड़ने का प्रयास नहीं करेगा और यह व्यवहार परिवर्तन ही अधिगम है।

2. **संपूर्ण जीवन ही अधिगम है-** व्यक्ति जन्म से लेकर मृत्यु तक वातावरण के साथ सक्रिया-अन्तक्रिया करता रहता है जिसके फलस्वरूप वह जीवन-पर्यन्त अधिगम करता है।
3. **अधिगम के फलस्वरूप जो परिवर्तन होते हैं वह स्थायी होते हैं-** अधिगम द्वारा व्यवहारों में परिवर्तन होते हैं जिनका स्वरूप स्थायी होता है अगर किसी व्यक्ति ने साइकिल चलाना सीखा है और कई वर्षों तक नहीं चलाई फिर भी वह थोड़े अभ्यास के बाद साइकिल पुनः चला पता है।
4. **अधिगम एक समायोजन की प्रक्रिया है-** व्यक्ति हर हालत में अपने वातावरण में समायोजित होने का प्रयास करता है जिसके फलस्वरूप वह अपने व्यवहारों में संशोधन, नए व्यवहारों को ग्रहण करता है। ताकि वह अपनी समायोजित अवस्था में रह सके।
5. **अधिगम की प्रक्रिया सार्वभौमिक है-** प्रत्येक जीवित प्राणी अधिगम करता है। मनुष्य में अधिगम की क्षमता सर्वाधिक होती है।
6. **अधिगम व्यक्तिगत और सामाजिक दोनों ही हैं-** अधिगम एक व्यक्तिगत कार्य है। प्रत्येक व्यक्ति स्वयं ही सीखने की प्रक्रिया से होकर निकलता है परन्तु व्यक्ति सामाजिक वातावरण में रहकर भी बहुत कुछ सीखता है।
7. **अधिगम विकास की प्रक्रिया है-** अधिगम द्वारा व्यक्ति का निरन्तर विकास होता है। हर अवस्था पर व्यक्ति अपने भविष्य के विकास के लिए नए लक्ष्य बनाता है और उन्हें प्राप्त करने का प्रयास करता है और इन्हीं प्रयासों के फलस्वरूप उसके विकास की प्रक्रिया चलती रहती है।
8. **अधिगम को प्रत्यक्ष रूप से नहीं देखा जा सकता है-** अधिगम के बारे में जानने के लिए व्यक्ति के व्यवहारों का अध्ययन करना पड़ता है क्योंकि अधिगम को देखा नहीं जा सकता बल्कि व्यक्ति के व्यवहारों में हुए परिवर्तनों के उसके बारे में पता लगाया जा सकता है।
9. **अधिगम उद्देश्यपूर्ण एवं विवेकपूर्ण होता है-** सीखने में सफलता निश्चित उद्देश्यों की उपस्थिति में ही संभव है। सीखना एक विवेकपूर्ण कार्य है। बिना बुद्धि या विवेक के सीखने की प्रक्रिया संतोषजनक ढंग से नहीं चलती।
10. **अधिगम स्थानान्तरणीय है-** एक प्रकार की परिस्थिति में सीखे गए कौशलों अथवा समस्या के समाधानों का उपयोग व्यक्ति मिलती-जुलती दूसरी परिस्थितियों में कर लेता है, अर्थात अधिगम का स्थानान्तरण हो जाता है। इस प्रकार अधिगम स्थानान्तरणीय है।
11. **अधिगम उत्तेजना तथा अनुक्रिया के मध्य एक संबंध है-** किसी उत्तेजना के साथ सही अथवा वांछित अनुक्रिया का संबंध स्थापित करना ही अधिगम है।
12. **अधिगम ज्ञानात्मक, भावात्मक व मनोक्रियात्मक पक्ष सें संबंधित है-** मनुष्य जो कुछ सीखता है उसका क्षेत्र ज्ञानात्मक, भावात्मक व मनोक्रियात्मक होता है क्योंकि वह ज्ञान का संग्रह करता है, भावनाओं को ग्रहण करता है तथा क्रियाओं को करने हेतु दक्षताओं को भी संकलित करता है।

## अधिगम का प्रकार (Types of Learning)

अधिगम के प्रकार को बताना एक चुनौतीपूर्ण कार्य ही है क्योंकि इसका वर्गीकरण अनेक आधारों पर किया जा सकता है।

- अधिगम के क्षेत्र में आधार पर अधिगम के प्रकार
- अधिगम प्रक्रिया में घटित होने वाली दशाओं के आधार पर अधिगम
- कठिनाई के स्तर पर आधारित अधिगम प्रकार

### अधिगम के क्षेत्र के आधार पर अधिगम के प्रकार

अधिगम ज्ञानात्मक, भावात्मक व मनोक्रियात्मक क्षेत्रों से संबंधित रहता हैं। इसी आधार पर अधिगम के निम्न प्रकार देखे जा सकते हैं-

1. **संवेदन गति अधिगम (Sensory Motor Learning)**

   इस अधिगम में कौशल अर्जन सम्बन्धी ज्ञान आता है और व्यक्ति द्वारा विभिन्न प्रकार की कुशलता अर्जित की जाती है। जैसे तैरना, साइकिल चलाना, टाइपिंग इत्यादि। इस प्रकार के अधिगम में तीन चरण होते हैं-

   (i) **ज्ञानात्मक (Cognitive Phase)**– इस चरण में व्यक्ति सीखे जाने वाले कौशल के बारे में सैद्धान्तिक ज्ञान प्राप्त करता है। वह कौशल के अभ्यास करने की योजना बनाता है वह संभावित त्रुटियों के सन्दर्भ में विश्लेषण करता है।

   (ii) **दृढ़ीकरण (Fixation)**– इस चरण में सही व्यवहार प्रारूपों का तब तक अभ्यास किया जाता है जब तक कि गलत अनुक्रिया की संभावना शून्य नहीं हो जाती। यह स्थिति दृढ़ीकरण कहलाती है।

   (iii) **स्वचलित स्थिति (Autonomous Phase)**– इस चरण में किसी कौशल में कार्य करने की गति में वृद्धि करने की आवश्यकता होती है। यह चरण कौशल में पूर्ण निपुणता का द्योतक है। इस स्थिति में व्यक्ति निपुणता के कारण किसी कार्य को यन्त्रवत रूप में करता है।

2. **गामक अधिगम (Motor Learning)**– गामक अधिगम में बालक विकास की प्रारम्भिक अवस्थाओं में शरीर के अंगों के संचालन एवं गति पर नियंत्रण करना सीखता है।

3. **बौद्धिक अधिगम (Intellectual Learning)**– इसके अन्तर्गत ज्ञानोपार्जन सम्बन्धी समस्त क्रियाएं आती हैं। जो निम्नलिखित हैं–

(i) **प्रत्यक्षीकरण अधिगम (Perceptual Learning)**– इसमें बालक प्रत्यक्ष ज्ञानात्मक स्तर पर ज्ञानेन्द्रियों की सहायता से सम्पूर्ण परिस्थिति को देखकर व सुनकर प्रतिक्रिया करता है वह सीखता है।

(ii) **प्रत्ययात्मक अधिगम (Conceptual Learning)**– इस प्रकार के सीखने में उसे तर्क, कल्पना और चिन्तन का सहारा लेना पड़ता है।

(iii) **साहचर्यात्मक अधिगम (Associative Learning)**– प्रत्ययात्मक अधिगम इसी अधिगम की सहायता से सम्पन्न होता है। इस प्रकार का अधिगम स्मृति के अन्तर्गत आता है।

(iv) **रसानुभूतिपरक अधिगत (Appreciation Learning)**– इस प्रकार के सीखने में बालक में संवेगात्मक या भावुकतापूर्ण वर्णन या घटना से प्रभावित होकर मूल्यांकन करने अर्थात गुण- दोष विवेचना करने तथा सौन्दर्य बोध की क्षमता आ जाती है।

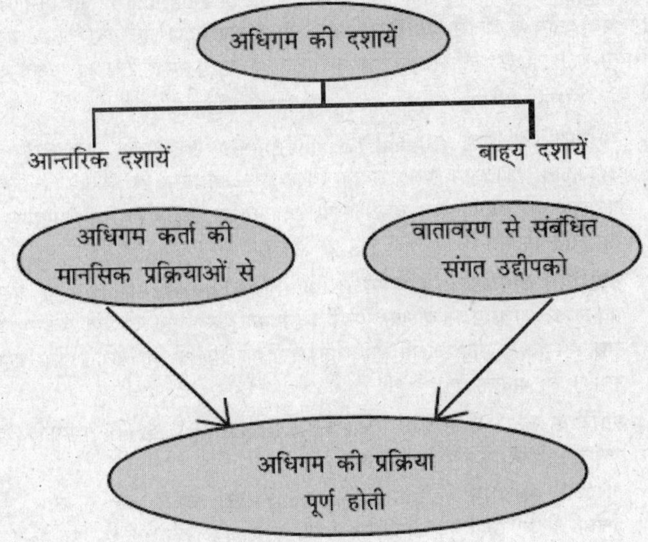

## अधिगम प्रक्रिया में घटित होने वाली दशाओं के आधार पर अधिगम के प्रकार

अधिगम प्रक्रिया में घटित होने वाली दशाओं के आधार पर निम्न प्रकार के अधिगम देखने को मिलते हैं-

1. **स्मृति अधिगम**- इस प्रकार के अधिगम में बालक अर्थपूर्ण तथ्यों को स्मृति में धारण करता है वह यंत्रवत तरीके से तथ्यों को याद करता है।
2. **चिन्तन स्तर अधिगम**- इस प्रकार के अधिगम में बालक अपने समक्ष प्रस्तुत की गई समस्या के समाधान के लिए प्रेरित होता है। वह समस्या समाधान हेतु सीखे गए तथ्यों, नियमों एवं सिद्धांतों का विश्लेषण करके नियम आदि बनाता है।
3. **समझ स्तर अधिगम**- इस अधिगम में बालक तथ्यों का बोध करता है व उन्हें समझने का प्रयास करता है विभिन्न तथ्यों में अंतर करता है उनका वर्गीकरण करता है आदि। बोध द्वारा प्राप्त अनुभव बालक की स्मृति का स्थायी अंग बन जाते हैं तथा वह समस्या समाधान में इन तथ्यों का प्रयोग कर पाता है।
4. **सरल अधिगम**- बालक जब स्वत: ही स्वतंत्र रूप से कार्य करते हुए कुछ सीख जाता है, तो उसे स्वतंत्र अधिगम कहते हैं।
5. **स्वायत्ता अधिगम**- इस प्रकार के अधिगम में बालक प्राकृतिक रूप में सीखता है। वह अपनी अंतदृष्टि के आधार पर समस्याओं का विश्लेषण कर उन्हें सुलझाता है।
6. **आकस्मिक अधिगम**- यह अधिगम अनायास ही घटित हो जाता है। इसमें अधिगम कर्ता न तो सचेत होता है और न ही उसके द्वारा अधिगम हेतु किसी प्रकार का प्रयास किया जाता है।
7. **कठिन अधिगम**- कठिन अधिगम में संगठित एवं जटिल प्रक्रियाएं शामिल होती हैं। इस अधिगम में कठिनता का स्तर बढ़ता ही जाता है। इसमें बालक को ज्ञान एवं क्रिया में सामन्जस्य करना होता है। जैसे संगीत में सुर, लय एवं ताल को सीखना तथा उसके बाद राग एवं अलाप आदि कठिन प्रक्रियाओं को सीखना।
8. **उद्देश्यपूर्ण अधिगम**- इस प्रकार के अधिगम में जानबूझ कर एवं सचेत प्रयास करने पड़ते हैं। इसमें उद्देश्यों का पहले ही निर्धारण कर लिया जाता है। यह एक संगठित अधिगम होता है।

## कठिनाई के स्तर पर आधारित अधिगम के प्रकार

गेने (Gagne) ने अपनी पुस्तक The Conditions of Learning में अधिगम के आठ भेद बताये हैं, जिसे वह निष्पादन परिवर्तन कहता है। गेने द्वारा बताये गये अधिगम के भेदों को कठिनता के स्तर के आधार पर एक क्रम में रखा जा सकता है। गेने के अनुसार अधिगम के ये आठ भेद निम्नलिखित हैं-

1. **संकेतक अधिगम (Signal Learning)**– यह एक प्रकार का रूढ़िगत अनुकूलन है। इसमें एक संकेत विशेष से अधिगम हो जाता है। जैसे पावलोव के प्रयोगानुसार घण्टी रूपी उद्दीपन से लार स्त्राव की अनुक्रिया का घटित होना।
2. **उद्दीपन अनुक्रिया अधिगम (Stimulus Response Learning)**– इस प्रकार के अधिगम में बालक किसी विभेदकारी उद्दीपन के प्रति एक-एक सही अनुक्रिया सीख लेता है। थार्नडाइक के बिल्ली के प्रयोग द्वारा इसे समझा जा सकता है।
3. **शाब्दिक साहचर्य अधिगम (Verbal Association Learning)**– शाब्दिक संयोजन, शाब्दिक शृंखलाओं का अधिगम है।
4. **शृंखला अधिगम (Chain Learning)**– इस प्रकार के अधिगम में अलग-अलग उद्दीपन अनुक्रियाओं के मध्य एक संयोजन स्थापित किया जाता है तथा उनके मध्य एक सम्बन्ध स्थापित कर सम्बन्धों की एक शृंखला सी बन जाती है।
5. **विभेदन अधिगम (Discrimination Learning)**– इस अधिगम के अन्तर्गत बालक भिन्न-भिन्न उद्दीपनों के प्रति अनुकूलन से भिन्न-भिन्न प्रकार की अनुक्रियाएं करना सीख जाता है तथा उसमें एक जैसे उद्दीपनों में भेद करने की एवं उनके अनुसार अनुक्रिया करने की क्षमता आ जाती है।
6. **सम्प्रत्यय अधिगम (Concept Learning)**– यह अधिगम विभेदन पर आधारित है। इस अधिगम में बालक में उद्दीपनों के प्रत्ययों के अनुसार अनुक्रिया करने की क्षमता आ जाती है।
7. **नियम अधिगम (Rule Learning)**– इस अधिगम को महाप्रत्यय अधिगम भी कहते हैं क्योंकि नियम की शाब्दिक रूप में भी अभिव्यक्ति संभव है। इस अधिगम में बालकों द्वारा विचार का समायोजन किया जाता है।
8. **समस्या समाधान अधिगम (Problem Solving Learning)**– इस अधिगम में बालक पूर्व में सीखे गए नियमों का संयोग खोजता है तथा उनका प्रयोग नवीन समस्यात्मक परिस्थितियों को हल करने के लिये करता है। यह अधिगम नियम अधिगम का प्राकृतिक विस्तार है।

## अधिगम को प्रभावित करने वाले सामान्य कारक (General Factors Affecting Learning)

### शिक्षार्थी सम्बन्धी कारक (Factors Related with Learner)

शिक्षार्थी सम्बन्धी कारकों को निम्न रूप में निर्दिष्ट किया जा सकता है-

(1) **बालक स्वयं**- बालक किसी भी सीखने की प्रक्रिया की धुरी है। बालक शिक्षण-अधिगम की प्रक्रिया का आधार है, इसलिए किसी भी स्तर पर बालक के प्रति अज्ञानता सीखने की प्रक्रिया को व्यर्थ व कोरी कल्पना कर देगी। इसलिए अधिगम के लिए यह आवश्यक है कि बालक की रुचियों, आवश्यकताओं, शारीरिक एवं मानसिक क्षमताओं का पूर्ण ज्ञान शिक्षक को होना चाहिए।

(2) **बुद्धि**- बुद्धि सीखने को प्रभावित करने वाला एक प्रमुख कारक है। इसको हम एक सामान्य कक्षा में भी अनुभव कर सकते हैं।

(3) **आयु**- आयु और अधिगम के विषय में शृंखलाबद्ध अध्ययनों के उपरान्त यह पाया गया है कि एक निश्चित सीमा तक सीखने की क्षमता उम्र के साथ बढ़ती है जिसके बाद यह कुछ समय तक स्थित रहती है व अंत में सीखने की क्षमता में बढ़ती उम्र के साथ कमी आती है, इस प्रक्रिया को समझने के लिए विकास के चक्र को ध्यान देना आवश्यक है।

(4) **सीखने की इच्छा**- सीखने की इच्छा का सीधा संबंध सीखने की मात्रा से होता है। यह माना जाता है कि किसी भी विषय पर पकड़ बनाने के व्यक्ति में सीखने के लिए अंदर से इच्छा होनी चाहिए जो उसे उस विषय के बारे में जानने के लिए अभिप्रेरित करती रहे। और यह अभिप्रेरणा व्यक्ति की आवश्यकताओं रुचियों द्वारा निर्धारित होती है और इनके विकास में शिक्षक की अहम भूमिका होती है। एक बुद्धिमान शिक्षक अपने छात्रों को केवल ज्ञान प्रदान नहीं करता बल्कि उन्हें सीखने के लिए अभिप्रेरित करता है, जीवन के वृहद विषयों के संबंध में रुचियों का विकास करता है।

(5) **मार्गदर्शन**- आमतौर पर प्रयास एवं त्रुटि को सीखने की विधि माना जाता है। जहाँ व्यक्ति एक नये कार्य से परिचित होता है तो वह प्रयास करता है और असफल होने पर पुन: नयी विधि अपनाता है और कुछ प्रयासों और त्रुटियों के पश्चात वह उस कार्य को करने की सही विधि विकसित कर लेता है। पर व्यावहारिक रूप में एक छात्र काफी समय इस प्रक्रिया में बर्बाद करता है और वह असफलता का सामना करने पर वह तनाव और हताशा महसूस करता है। एक शिक्षक छात्रों को सही मार्गदर्शन देकर उनका समय व उनमें तनाव व हताशा को उत्पन्न होने से बचा सकता है।

(6) **शैक्षिक पृष्ठभूमि**- शिक्षार्थी की शैक्षिक पृष्ठभूमि उसके सीखने को प्रभावित करती है। शैक्षिक दृष्टि से बालक सामान्य रूप या विशिष्ट रूप

में पिछड़े हो सकते हैं। कुछ छात्र सामान्यत: सभी विषयों में पिछड़े होते हैं जिन्हें सामान्य पिछड़ेपन की श्रेणी में रखा जाता है वहीं कुछ बालक किन्हीं विशिष्ठ विषयों में पिछड़े होते हैं जो विशिष्ठ पिछड़ेपन की श्रेणी में आते हैं, अगर एक बालक एक विषय में पिछड़ा है तो उसे विषय के नए प्रत्ययों को समझने में दिक्कत आती है और यदि कोई बालक प्रतिभाशाली है तो उसे उस विषय को सीखने में आसानी रहती है। इस प्रकार शैक्षिक पृष्ठभूमि आगे सीखने में योगदान देती है।

(7) **अभिप्रेरणा-** अभिप्रेरणा का सीखने में बहुत योगदान होता है, कोई भी अर्थपूर्ण अधिगम अभिप्रेरणा के अभाव में नहीं हो सकता। मनुष्य का मस्तिष्क ज्ञान को स्पंज की भांति नहीं सोख सकता, कुछ सीखने के लिए उसे सक्रिय गतिविधियों में लिप्त रहना होता है। और इन गतिविधियों के लिए अभिप्रेरणा का होना आवश्यक है इसके अभाव में गतिविधि रुक जाती है जिसके फलस्वरूप अधिगम भी रुक जाता है।

(8) **बालक का स्वास्थ्य-** एक स्वस्थ्य शरीर में स्वस्थ्य मन विकसित होता है। सीखने की पहली शर्त है कि अधिगमकर्ता शारीरिक व मानसिक रूप से स्वस्थ हो। एक कुपोषित, विकलांग अधिगमकर्ता अपनी समस्त क्षमताओं के अनुसार अधिगम करने में असफल होते हैं। अगर कोई बालक संवेगात्मक रूप से संतुलन में नहीं है तो उसका अधिगम भी प्रभावित होगा। सीखने में बालक की रुचि, दृष्टिकोण अवधान, शारीरिक व मानसिक स्वास्थ्य सीधे तौर पर अधिगम से सम्बन्धित रहते हैं।

(9) **बालक की मनोवृत्ति-** अनुकूल या सकारात्मक मनोवृत्ति किसी भी क्षेत्र में सफलता पाने के लिए आवश्यक होती है। अधिगम के प्रति सकारात्मक मनोवृत्ति बालक को अधिक उत्साही और सक्रिय बनाती है, यदि छात्र का किसी विषय के प्रति सकारात्मक सोच है तो वह उस विषय में शिक्षक द्वारा दिए गए ज्ञान को पूरी दिलचस्पी से ग्रहण करेगा। परंतु यदि वह किसी विषय के प्रति नकारात्मक मनोवृत्ति रखता है तो वह उस विषय से नफरत करेगा। इसलिए अधिगम को प्रभावी बनाने के लिए यह आवश्यक है शिक्षक अधिगम गतिविधियों के प्रति छात्रों में सकारात्मक मनोवृत्ति को विकसित करने में सहायता प्रदान करें।

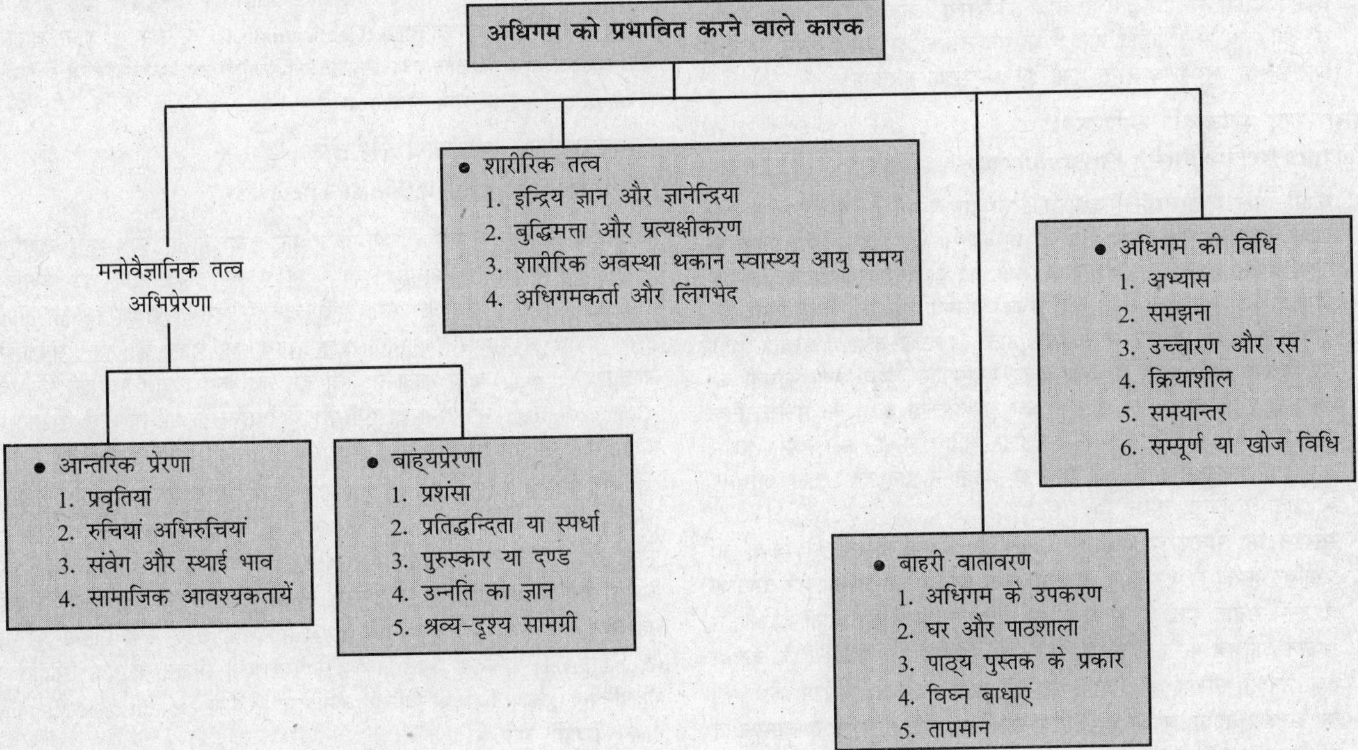


## शिक्षक सम्बन्धी कारक (Factors Related with Teacher)

1. **शिक्षक का व्यवहार-** शिक्षक के व्यवहार का भी छात्रों के अधिगम पर प्रभाव पड़ता है। यदि कोई शिक्षक बहुत ही मित्रवत व्यवहार द्वारा छात्रों को अधिगम के लिए प्रेरित करता है तो निश्चित ही उन छात्रों में अधिगम प्रभावी तरीके से होता है क्योंकि वह शिक्षक को अपने मित्र की तरह मानते हैं व भयमुक्त वातावरण में अपनी समस्याओं से शिक्षक को अवगत करा कर मार्गदर्शन लेते हैं दूसरी ओर यदि शिक्षक का व्यवहार कठोर व भय पैदा करने वाला हो तो छात्र अपनी समस्याओं को शिक्षक से नहीं बताते जिसके फलस्वरूप वह पिछड़ जाते हैं अत: इस प्रकार हम कह सकते हैं कि शिक्षक के व्यवहार का अधिगम में महत्वपूर्ण योगदान होता है।
2. **विषय का ज्ञान-** शिक्षक का अपने विषय में विस्तृत ज्ञान, अनुभव आदि का अधिगमकर्ता के अधिगम करने की क्षमता से संबंधित रहता है। शिक्षक विषय सामग्री को छात्रों की योग्यता, रुचि, आयु आदि के अनुकूल बना कर अधिगम को प्रभावी बनाने में सहायक होता है परन्तु वह यह सब तभी कर सकता है जब उसे अपने विषय पर पकड़ हो।
3. **व्यक्तिगत विभिन्नताओं का ज्ञान-** शिक्षक से अपेक्षा रखी जाती है कि वह प्रत्येक बालक-बालिका के व्यक्तित्व का सर्वांगीण विकास में सहायक हो, किन्तु यह कार्य तब तक सम्भव नहीं है जब तक शिक्षक को व्यक्तिगत विभिन्नताओं का ज्ञान न हो। व्यक्तिगत विभिन्नताओं का ज्ञान होने पर शिक्षक बालकों के अनुरूप ही अधिगम अनुभवों का चयन कर सकता है। व्यक्तिगत विभिन्नताओं का ज्ञान प्राप्त करने में सहायक होता है। और इस ज्ञान के द्वारा वह अधिगम को प्रभावी बना कर नियोजित कर सकता है।
4. **शिक्षण विधि-** शिक्षण विधियों का प्रयोग शिक्षक द्वारा विषय संबंधी नियोजन ज्ञान को छात्रों तक पहुंचाने के लिए किया जाता है। शिक्षण विधियां भी कई प्रकार की होती हैं पर मुख्यत: इन्हें दो श्रेणी में रखा जाता है। शिक्षक केन्द्रित व छात्र केन्द्रित। अधिगम इस बात पर निर्भर करता है कि सीखने की कैसी विधि का प्रयोग किया जा रहा है। शिक्षक द्वारा

सिखाने के लिए यदि रुचिकर तथा आनंददायक विधियों का प्रयोग किया जाता है तो छात्र उस पाठ में अधिक रुचि लेकर सीखते हैं।

5. **मनोविज्ञान का ज्ञान-** शिक्षा में बालक द्वारा अधिगम क्रियाएँ करवाकर उसके व्यवहार में अपेक्षित परिवर्तन लाए जाने के प्रयास किए जाते हैं। इसलिए शिक्षक को जहां एक ओर अपने विषय का ज्ञान होना चाहिए वहीं उसे बाल मनोविज्ञान का भी ज्ञान होना चाहिए। यह माना जाता है कि शिक्षा बालक की अन्तर्निहित शक्तियों का विकास है। अन्तर्निहित शक्तियों की पहचान और उसके विकास की सभ्यताओं का ज्ञान मनोविज्ञान द्वारा ही प्राप्त किया जा सकता है। बालक की अधिगम क्रियाओं में उसकी बुद्धि, अभियोग्यता, अभिवृत्ति, अभिरुचि और आकांक्षा स्तर का अत्यधिक महत्व होता है। इनका पर्याप्त ज्ञान मनोविज्ञान से प्राप्त कर अधिगम क्रियाओं को प्रभावी बनाया जा सकता है।
6. **शिक्षक का व्यक्तित्व-** अधिगम प्रक्रिया में शिक्षक की भूमिका अतुलनीय है। शिक्षक का व्यक्तित्व भी अधिगम को प्रभावित करते हैं। अधिगम की प्रक्रिया में सामाजिक अधिगम भी महत्वपूर्ण होता है बहुत सारी बातें शिक्षक अपने व्यवहार द्वारा ही छात्रों को सिखा सकता है। यदि छात्र शिक्षक के व्यक्तित्व से प्रभावित होते हैं तो वह उसका अनुकरण करने लगते हैं जिससे वह उस शिक्षक के गुणों को आत्मसात करते हैं।

## वातावरण सम्बन्धी कारक
## (Factors Related with Environment)

1. **कक्षा-कक्ष वातावरण-** कक्षा-कक्ष ही वह स्थान है जहां शिक्षक और छात्रों के मध्य अन्तःक्रिया होती है और शिक्षा के उद्देश्यों की प्राप्ति के लिए प्रयास किये जाते हैं। कक्षा-कक्ष का वातावरण अधिगम अनुकूल होना चाहिए छात्रों के बैठने की उचित व्यवस्था, प्रकाश, हवा, आदि की उचित व्यवस्था अधिगम में सहायक होती है। कक्षा-कक्ष में उचित स्थानों पर डिस्प्ले बोर्ड, छात्रों के लिए बोर्ड, श्यामपट्ट, दृश्य-श्रव्य साधनों की व्यवस्था होनी चाहिए इन भौतिक तत्वों के अलावा कक्षा का मनोवैज्ञानिक वातावरण भी अधिगम के अनुरूप होना चाहिए, कक्षा-कक्ष किसी प्रकार का भय, घबराहट आदि को छात्रों में व्याप्त न होने देकर उन्हें अधिगम के प्रति अभिप्रेरित करता है।
2. **सीखने का समय व थकान-** सीखने का समय सीखने की क्रिया को प्रभावित करता है, जैसे जब छात्र विद्यालय आते हैं तब उनका मन तरोताजा व उनमें स्फूर्ति होती है जो घण्टों के बीतने के साथ कम होती है और वे थकान अनुभव करने लगते हैं। प्रातः वह सुगमता से सीखते हैं व दोपहर तक उनकी सीखने की क्रिया मन्द हो जाती है। अतः सीखने के समय के अनुरूप छात्रों के कठिन विषयों का ज्ञान प्रातःकाल में व आसान व रुचिकर विषयों का ज्ञान बाद में देकर अधिगम में उनकी सक्रियता को बनाया रखा जा सकता है।

### अधिगम के सिद्धान्त

सीखना या अधिगम एक बहुत ही व्यापक एवं महत्वपूर्ण शब्द है। मानव में सीखने की प्रक्रिया जन्म से लेकर मृत्यु-पर्यन्त तक पाई जाती है। दैनिक जीवन में सीखने के अनेक उदाहरण दिए जा सकते हैं। सीखना मनुष्य की एक जन्मजात प्रकृति है। प्रतिदिन प्रत्येक व्यक्ति अपने जीवन में नये अनुभवों को एकत्र करता रहता है, ये नवीन अनुभव, व्यक्ति के व्यवहार में वृद्धि तथा संशोधन करते हैं। इसलिए यह अनुभव तथा इनका उपयोग ही सीखना या अधिगम करना कहलाता है। इस इकाई में आप अधिगम के विभिन्न परिप्रेक्ष्य, अवधारणा, सिद्धांतों तथा इनका विभिन्न अधिगम परिस्थितियों में अनुप्रयोग का अध्ययन करेंगे तथा साथ ही जीन पियाजे, ब्रुनर, वैगोत्स्की, रोजर्स तथा चॉम्स्की द्वारा प्रतिपादित अधिगम के सिद्धांत तथा उनके शैक्षिक निहितार्थ का भी अध्ययन कर उनके शैक्षिक निहितार्थों को जान पायेंगे।

# अधिगम के सिद्धान्त

सीखने के आधुनिक सिद्धान्तों को निम्नलिखित श्रेणियों में विभक्त किया जा सकता है-

(अ) व्यवहारवादी साहचर्य सिद्धान्त
(Behavioural Associationist Theories)

(ब) ज्ञानात्मक एवं क्षेत्र संगठनात्मक सिद्धान्त
(Congnitive Organisation Theory)

(स) मानवतावादी (Humanistic Approach)

(द) निर्मितवादी उपागम (Constructivistic Approach)

विभिन्न उद्दीपनों के प्रति सीखने वाले की विशेष अनुक्रियाएं होती हैं। इन उद्दीपनों तथा अनुक्रियाओं के साहचर्य से उसके व्यवहार में जो परिवर्तन आते हैं उनकी व्याख्या करना ही पहले प्रकार के सिद्धान्तों का उद्देश्य है। इस प्रकार के सिद्धान्तों के प्रमुख प्रवर्तकों में थोर्नडाइक, वाटसन और पैवलोव तथा स्किनर के नाम विशेष रूप से उल्लेखनीय हैं। थोर्नडाइक द्वारा प्रतिपादित विचार प्रणाली को संयोजनवाद (Connectionism) के नाम से जाना जाता है, वहां वाटसन और पैवलोव तथा स्किनर की प्रणाली को अनुबन्धन या प्रतिबद्धता (Conditioning) का नाम दिया गया है।

## व्यवहारवादी साहचर्य सिद्धांत
## (Behavioural Associationist Theories)

थॉर्नडाइक ने सीखने की व्याख्या करते हुए कहा है कि जब कोई उद्दीपक (stimulus) व्यक्ति के सामने दिया जाता है तो उसके प्रति वह अनुक्रिया (respponse) करता है। अनुक्रिया सही होने से उसका संबंध (connection) उसी विशेष उद्दीपक (stimulus) के साथ हो जाता है। इस संबंध को सीखना (learning) कहा जाता है तथा इस तरह की विचारधारा को संबंधवाद (Connectionism) की संज्ञा दी गयी है। थार्नडाइक के अधिगम के सिद्धांत को प्रयास एवं त्रुटि का सिद्धांत तथा संबंधवाद के नाम से जाना जाता है।

आई.पी. पैवलव (I.P. Pavlov) एक रूसी शरीर-वैज्ञानिक (physiologist) थे जिन्होंने अपनी जीवन-वृत्ति (career) हृदय के कार्यों के अध्ययन से शुरू की परन्तु बाद में उन्होंने पाचन क्रिया (digestion) के दैहिकी (physiology) का विशेष रूप से अध्ययन करना प्रारम्भ किया और उनका यह अध्ययन इतना महत्वपूर्ण एवं लोकप्रिय हुआ कि 1904 में इसके लिए उन्हें नोबल पुरस्कार (Nobel Prize) भी दिया गया। संयोग से पैवलव ने सीखने के एक सिद्धांत का भी प्रतिपादन किया जिस अनुबन्धित अनुक्रिया सिद्धान्त (conditioned response theory) कहा जाता है।

पैवलव ने अपने सीखने के सिद्धान्त का आधार अनुबन्धन (conditioning) को माना है। पैवलव के सीखने के इस अनुबन्धन सिद्धान्त को शास्त्रीय अनुबन्धन सिद्धान्त (classical conditioning theory) या प्रतिवादी अनुबन्धन सिद्धान्त (Respondent conditioning theory) या टाइप-एस (Type–S) अनुबन्धन भी कहा जाता है।

क्लासिकल अनुबन्धन में प्रतिमान की शुरुआत एक उद्दीपक (stimulus) तथा इससे उत्पन्न अनुक्रिया के बीच के संबंध से होता है।

पैवलव के अनुसार जब कोई स्वाभाविक एवं उपर्युक्त उद्दीपक को जीव के सामने उपस्थित किया जाता है तो वह उसके प्रति एक स्वाभाविक अनुक्रिया (natural response) करता है। जैसे गर्म बर्तन को छूते ही हाथ खींच लेना तथा भूखा होने पर भोजन देखकर मुंह में लार आना, कुछ ऐसी अनुक्रियाओं (responses) के उदाहरण हैं। जब इस स्वाभाविक एवं उपयुक्त उद्दीपक के ठीक कुछ सेकेण्ड पहले एक दूसरा तटस्थ उद्दीपक (netural stimulus) बार-बार उपस्थित किया जाता है तो कुछ प्रयास (trials) के बाद उस तटस्थ उद्दीपक द्वारा

ही स्वाभाविक अनुक्रिया (लार आना या हाथ खींच लेना जो सिर्फ स्वाभाविक उद्दीपक के प्रति होती थी) उत्पन्न होने लगती है।

पैवलव का यह निष्कर्ष कि यदि तटस्थ उद्दीपक (neutral stimulus) को किसी उपयुक्त एवं स्वाभाविक उद्दीपक (neutral stimulus) के साथ बार-बार दिया जाता है तो तटस्थ उद्दीपक के प्रति व्यक्ति वैसी ही अनुक्रिया (responses) करना सीख लेता है जैसा कि वह उपयुक्त एवं स्वाभाविक उद्दीपक के प्रति करता है। यह निष्कर्ष एक प्रयोग पर आधारित है।

## स्किनर

स्किनर (1938) द्वारा प्रतिपादित सिद्धान्त नैमित्तिक अनुबंधन, सक्रिय अनुबन्धन या क्रिया प्रसूत अनुबन्धन भी कहा जाता है। यह प्राचीन अनुबंधन की अपेक्षा अधिक उपयोगी तथा व्यावहारिक है। प्राचीन अनुबंधन में वांछित व्यवहार उत्पन्न करने के लिए सम्बन्धित उद्दीपक पहले प्रदर्शित किया जाता है। इसके विपरीत सक्रिय अनुबंध की अवधारणा यह है कि प्राणी को वांछित उद्दीपक या परिणाम प्राप्त करने या कष्टदायक उद्दीपक से बचने के लिए प्रत्याशित, उचित या सही अनुक्रिया (व्यवहार) पहले स्वयं प्रदर्शित करना होता है। अर्थात् उद्दीपक या परिस्थित के निमित प्राणी द्वारा किया जाने वाला व्यवहार ही परिणाम का स्वरूप निर्धारित करता है। इसी कारण इसे नैमित्तिक अनुबंधन कहते हैं (Hulseet. al. 1975)। इसी आधार पर इसे संक्रियात्मक या क्रिया प्रसूत अधिगम (Operant learning) भी कहा जाता है (Hilgard and Bower, 1981)। पोस्टमैन एवं इगन (1967) ने भी लिखा है कि नैमित्तिक अनुबंधन में धनात्मक पुनर्बलन (S +) का प्राप्त होना या नकारात्मक पुनर्बलन (S–) से बचना इस बात पर निर्भर करता है कि किसी अधिगम परिस्थिति में प्रयोज्य कैसा व्यवहार (उचित/अनुचित) करता है।

दूसरे प्रकार के सिद्धान्त सीखने को उस क्षेत्र में, जिसमें सीखने वाला और उसका परिवेश शामिल होता है, आये हुये परिवर्तनों तथा सीखने वाले द्वारा इस क्षेत्र के प्रत्यक्षीकरण किये जाने के रूप में देखते हैं। ये सिद्धान्त सीखने की प्रक्रिया में उद्देश्य (Purpose), अन्तर्दृष्टि (Insight) और सूझबूझ (Understanding) के महत्व को प्रदर्शित करते हैं। इस प्रकार के सिद्धान्तों के मुख्य प्रवर्तकों में वर्दाईमर (Werthemier), कोहलर (Kohler), और लेविन (Lewin) के नाम उल्लेखनीय हैं।

### मानवतावादी परिप्रेक्ष्य में सीखना
### (Learning in Humanistic Perspectives)

मानव एक जागृत प्राणी है, वह जीवन भर सीखता रहता है और अपने सीखे हुए ज्ञान को आने वाली पीढ़ी को स्थानान्तरित करता रहता है।

**मासलो:** मनावैज्ञानिक मास्लो (1968) और रोजर (1983) ने बताया कि मनुष्य अपनी आकांक्षा आवश्यकताओं के आधार पर सीखता है। इसके लिए मजबूत धारणा, आत्मसम्मान तथा आत्म यथार्थीकरण का होना अति आवश्यक है। मनुष्य को उच्च स्तर पर पहुंचने हेतु सही दिशा या मार्ग का ज्ञान होना परम आवश्यक है। मास्लो के अनुसार जब व्यक्ति की बुनियादी आवश्यकता की पूर्ति हो जाती है तथा वह उनसे संतुष्ट हो जाता है तब वह अपनी उच्च आकांक्षाओं, आत्मसम्मान और यथार्थीकरण के बारे में सोचेगा। उनका सिद्धान्त इस बात पर निर्भर करता है कि व्यक्ति क्या अपील कर रहा है अर्थात् वह किस वस्तु की कमी महसूस कर रहा है। जैसे-एक छात्र जो थका, भूखा, प्यासा, चिन्तित, डरा हुआ है, वह पूर्ण रूप से सीखने में अपनी शक्ति नहीं लगा सकता। जबकि दूसरा छात्र पूर्ण रूप से सुरक्षित व स्वस्थ है, वह उस छात्र की अपेक्षा अधिक सीख पायेगा।

**रोजर:** रोजर ने बताया कि छात्रों की आवश्यकता के अनुसार उन्हें सीखने का स्वतंत्रतापूर्वक मौका दिया जाए और अध्यापकों से उनके व्यक्तिगत संपर्क अच्छे होने चाहिए और अध्यापक को छात्रों की भावनाओं को पहचानकर उनके साथ घुल-मिल जाना चाहिए। अध्यापक द्वारा छात्र की पसन्द को ध्यान में रखते हुए उनके उचित मार्गदर्शन दिया जाना चाहिए। एक वयस्क सीखने वाले द्वारा इन सिद्धान्तों का पालन किया जाना चाहिए। जैसे-सक्रिय, आत्म-निर्देशित, समस्या-केंद्रित, अनुभव से संबंधित, प्रासंगिक रूप में आवश्यक, आन्तरिक रूप से प्रेरित, प्रभावशाली तरीके से सीखने का वातावरण उसमें होना आवश्यक है, तभी अधिगम अधिक होगा।

### अधिगम का सर्जनवादी परिप्रेक्ष्य
### (Constructivism Perspective of Learning)

शिक्षण शास्त्र की परिधि में सबसे प्रचलित शब्द सर्जनवाद है। सर्जनवाद मूलत: 'मानव कैसे सीखता है' से सम्बंधित एक सिद्धांत है जो अवलोकन तथा वैज्ञानिक पद्धति पर आधारित है। इसके अनुसार कोई भी व्यक्ति इस संसार के सन्दर्भ में जो भी ज्ञान अथवा अवधारणा का विकास करता है वह स्वयं के अनुभव पर ही आधारित होता है। किसी भी ज्ञान का आधार उसके स्वयं का ही अनुभव होता है। अर्थात् अनुभव ही ज्ञान की कुंजी होती है। यदि कोई व्यक्ति किसी कार्य को पूरा करता है तो उसे किसी न किसी प्रकार का अनुभव प्राप्त होता है और यही अनुभव उस व्यक्ति के लिए ज्ञान सृजन का आधार होता है। सृजनवाद को अर्थ निर्माण के ऐसे सिद्धांत के रूप में देखा जा रहा है जो ज्ञान की प्रकृति और सीखने की प्रक्रिया का स्पष्टीकरण देता है। अधिगम की इस व्याख्या के अनुसार, ''व्यक्ति अपनी नई समझ अथवा ज्ञान की रचना अथवा निर्माण, जितना वह जानते एवं मानते हैं और जिन विचारों, घटनाओं एवं गतिविधियों के संपर्क में आते हैं, दोनों संवादो के माध्यम से करते हैं। (रिचर्डस)। ज्ञान को यहाँ जिस प्रकार से देखा जा रहा है उसे दोहराव की शुरुआत करने की बजाय विषय में संलिप्त होकर प्राप्त किया जाता है। (करोल और लोबास्की)। सृजनवादी स्थितियों में अधिगम गतिविधियाँ सक्रिय भागीदारी, पूछताछ, समस्या समाधान और अन्यों साझेदारी से विभूषित होती हैं। तदनुसार, इस प्रकार की परिस्थिति में शिक्षक की भूमिका ज्ञान के वितरक मात्र की ही नहीं होती बल्कि एक मार्गदर्शक, प्रेरणादायी और साथी अन्वेषक के रूप में होता है जो छात्रों को प्रश्न करने, चुनौती लेने, अपने विचार सृजन करने, राय बनाने और निष्कर्ष तक पहुँचने के लिए प्रेरित करता है।

## कार्ल रोजर्स का अधिगम सिद्धांत
## (Learning theory of Carl Ranson Rogers)

**कार्ल रोजर्स** (Carl Ranson Rogers) (8 जनवरी 1902–4 फरवरी 1987): अमेरिका के प्रसिद्ध मानवतावादी चिन्तक तथा मनश्चिकित्सक थे। वे मनश्चिकित्सा में मानवीय संवेदना को स्थान देने के लिये प्रसिद्ध हैं।

उपचारार्थी केंद्रित मनश्चिकित्सा नामक मानसिक रोगों के निवारण की एक मनोवैज्ञानिक विधि कार्ल रोजर्स द्वारा प्रतिपादित की गई है। रोजर्स का स्व-स्वाद प्रसिद्ध है जो अधिकांशत: उपचार प्रक्रिया या परिस्थितियों से उद्धृत प्रदत्तों पर अवलंबित है। रोजर्स की मूल कल्पनाएँ स्व:विकास, स्व:ज्ञान, स्व:संचालन, बाह्य तथा आंतरिक अनुभूतियों के साथ परिचय, सूझ का विकास करना, भावों की वास्तविक रूप में स्वीकृति इत्यादि संबंधी हैं। वस्तुत: व्यक्ति में वृद्धिविकास, अभियोजना एवं स्वास्थ्य लाभ तथा स्वस्फुटन की स्वाभाविक वृत्ति होती है। मानसिक संघर्ष तथा संवेगात्मक क्षोभ इस प्रकार की अनुभूति में बाधक होते हैं। इन अवरोधों का निवारण भावों के प्रकाशन और उनको अंगीकार करने से सूझ के उदय होने से हो जाता है।

इस विधि में ऐसा वातावरण उपस्थित किया जाता है कि रोगी अधिक से अधिक सक्रिय रहे। वह स्वतंत्र होकर उपचारक के सम्मुख अपने भावों, इच्छाओं तथा तनाव संबंधी अनुभूतियों का अभिव्यक्तिकरण करें, उद्देश्य, प्रयोजन को समझें और संरक्षण के लिए दूसरे पर आश्रित न रह जाए।

इसमें स्व:संरक्षण अथवा अपनी स्वयं देख रेख आवश्यक होती है। उपचारक परोक्ष रूप से, बिना हस्तखेप के रोगी को वस्तुस्थिति की चेतना में केवल सहायता देता है जिससे उसके भावात्मक, ज्ञानात्मक क्षेत्र में प्रौढ़ता आए। वह निर्देश नहीं देता, न तो स्थिति की व्याख्या ही करता है।

इन्होंने इस बात पर जोर दिया कि किसी भी व्यक्ति की वृद्धि व विकास के लिए एक जीवंत वातावरण की आवश्यकता होती है जिसमें उस व्यक्ति को खुलापन तथा आत्माभिव्यक्ति का अवसर मिले, उसे अन्य व्यक्तियों से स्वीकृति तथा सम्मान मिले, तथा साथ ही उसे तदनुभूति (उसे लोगों द्वारा सुना जाए तथा समझा जाए) का एहसास हो। रोजर्स का मानना है कि एक व्यक्ति आकांक्षा, इच्छा तथा अपना लक्ष्य हासिल कर सकता है जब वह स्व यथार्थीकरण की स्थिति में पहुँच जाए।

रोजर्स ने मानव प्रकृति के सम्बन्ध में मनोविश्लेषणवादी तथा व्यवहारवादी के नियतिवादी प्रकृति को मानने से इनकार कर दिया। उनका मानना था कि व्यक्ति का प्रत्यक्षण ही उसके वृद्धि और विकास की कुंजी है। हमारे प्रत्यक्षण के सम्बन्ध में कोई दूसरा व्यक्ति पता नहीं कर सकता क्योंकि हम स्वयं ही अपना जज हैं अथवा मूल्यांकन कर्ता हैं।

कार्ल रोजर्स (1959) के अनुसार प्रत्येक मानव की एक मूल प्रवृत्ति होती है, वह है आत्म यथार्थीकरण अर्थात अपनी अन्त:शक्ति को विकसित कर सफलता के उत्कर्षतम स्थिति पर पहुंचना ठीक उसी तरह जिस तरह एक बीज को वृक्ष बनने हेतु अनुकूल वातावरण का मिलना आवश्यक हो जाता है।

रोजर्स के अनुसार पूर्ण रूप से कार्यात्मक व्यक्ति में निम्नांकित विशेषताएँ पाई जाती हैं-

1. अनुभव के प्रति खुलापन (Open to experience)
2. अस्तित्वपरक जीवन जीना (Existential living)
3. भावनाओं पर भरोसा (Trust feelings)
4. सृजनात्मकता (Creativity)
5. संतुष्ट जीवन (Fulfilled life)

रोजर्स यह मानते हैं कि पूर्ण रूप से कार्यात्मक व्यक्ति समाज में पूर्ण रूप से समायोजित होता है तथा समाज में ऐसे व्यक्ति उच्च उपलब्धि वाले भी होते हैं।

रोजर्स के सिद्धांत का केन्द्र बिन्दु उसका स्व. संप्रत्यय है, स्व.संप्रत्यय का अर्थ है व्यक्ति के स्वयं के बारे में उसके प्रत्यक्षण का संगठित तथा संगतिपूर्ण समुच्चय व उसका विश्वास।

रोजर्स का उपागम स्व. संप्रत्यय के तीन अवयवों पर प्रकाश डालता है।

**स्व-मूल्य अथवा आत्म सम्मान (Self worth or self-esteem)**– अर्थात् हम अपने बारे में क्या सोचते हैं। यह पूर्व बाल्यावस्था के दौरान माता-पिता के अंत:क्रिया के फलस्वरूप विकसित होता है।

**स्व-प्रतिमा (Self-image)**– अर्थात हम अपने आपको कैसे देखते हैं। स्व-प्रतिमा के रूप में साधारण तौर पर हम अपने आपको अच्छा या बुरा व्यक्ति के रूप में देखते हैं। स्व-प्रतिमा का प्रभाव हमारे सोचने तथा व्यवहार पर होता है

**आदर्श स्व (Ideal self)**– अर्थात् जैसा हम बनना चाहते हैं। यह हमारे उद्देश्य तथा आकांक्षाओं को प्रतिबिंबित करता है जो गतिशील प्रकृति का होता है।

**कार्ल रोजर्स (1951)**– के अनुसार किसी बच्चे की दो मूलभूत आवश्यकताएं होती हैं- अन्य लोगों से सकारात्मक सम्बन्ध तथा स्व-मूल्य अथवा आत्म सम्मान।

एक अध्यापक को विद्यार्थियों के स्व-मूल्य अथवा आत्म सम्मान (Self worth or self-esteem), स्व-प्रतिमा (Self-image) तथा आदर्श स्व (Ideal self) के निर्माण तथा उनके संगतिपूर्ण विकास के लिए प्रयासरत रहना चाहिए ताकि वे समाज का पूर्ण रूप से कार्यात्मक व्यक्ति बने। रोजर्स के अनुसार एक अध्यापक छात्रों के आत्म यथार्थीकरण की वृद्धि में महत्वपूर्ण भूमिका अदा कर सकता है तथा उन्हें आदर्श नागरिक बनाने में सार्थक भूमिका अदा कर सकता है।

## प्रश्नमाला

**1. निम्नलिखित में से कौन अधिगम की विशेषता नहीं है ?**

(a) अधिगम सार्वभौमिक होता है।
(b) अधिगम किशोरावस्था के बाद समाप्त हो जाता है।
(c) अधिगम विकास की प्रक्रिया है।
(d) अधिगम अनुभवों का संगठन है।

**2. सीखना आदतों, ज्ञान एवं अभिवृत्तियों का अजेबन है। यह कथन निम्न में से किस मनोवैज्ञानिक का है ?**

(a) स्किनर (b) क्रो एण्ड को
(c) मोस्का (d) रॉल्स

**3. अधिगम के "प्रयास और त्रुटि सिधान्त" के प्रतिपादक कौन थे ?**

(a) वाटसन (b) पावलोव
(c) स्निकर (d) थॉर्नडाइक

**4. थॉर्नडाइक के उद्दीपन अनुक्रिया पुनर्बलन सिद्धांत के तीन नियम है-**

(a) तत्परता का नियम
(b) अभ्यास का नियम
(c) प्रभाव का नियम
(d) उपरोक्त सभी

**5. प्रयास एवं त्रुटि का सिद्धांत:**

(a) यह बताता है कि सीखने हेतु कार्य को दोहराना आवश्यक है।
(b) यह सिद्धांत इस बात पर बल देता है कि बार-बार अभ्यास से गलतियों को कम किया जा सकता है।
(c) यह सिद्धांत बालकों को सीखने के लिए अभिप्रेरित करने पर बल देता है।
(d) उपरोक्त सभी

**6. निम्नलिखित में से किसने सक्रिय अनुबंध। साघनात्मक अनुबंध/क्रिया प्रसूत अनुबंध। का सिद्धांत दिया था ?**

(a) पावलोव (b) थॉर्नडाइक
(c) वाटसन (d) स्किनर

**7. निम्नलिखित में से कौन गेस्टाल्टवादी चिंतक हैं ?**

(a) थॉर्नडाइक (b) वाटसन
(c) पावलोव (d) कोहलर

**8. अनुभवजन्य अधिगम सिद्धांत के प्रतिपादक कौन हैं ?**

(a) कोह्वर
(b) कार्ल रेन्मस रोजर्स
(c) लेविन
(d) कोफ्फका

**9. निम्नलिखित में से कौन-सा सिद्धांत यह बताता है कि अधिगम एक सापेक्षिक प्रक्रिया है जिसके द्वारा सीखने वालों में नवीन अंतदृष्टि का विकास होता है।**

(a) कोह्वर का अंतदृष्टि का सिद्धांत
(b) कर्ट लेविन का क्षेत्र सिद्धांत
(c) स्किनर का सक्रिय अनुबंधन का सिद्धांत
(d) थॉर्नडाइक का प्रयास एवं त्रुटि का सिद्धांत

**10. कर्ट लेविन के क्षेत्र सिद्धांत के प्रमुख तत्व है-**

(a) शक्ति (b) अभिप्रेरणा
(c) जीवन-विस्तार (d) उपरोक्त सभी

**11. अधिगम के प्रयास एवं त्रुटि सिद्धान्त के अनुसार, सीखने की प्रक्रिया में व्यक्ति गलतियाँ कर सकता है, किन्तु बार-बार किए गए प्रयासों के बाद वह सीखने में सफल हो**

जाता है। इस सिद्धान्त का प्रतिपादन किसने किया ?
(a) पावलॉव ने (b) टोलमैन ने
(c) थॉर्नडाइक ने (d) कोहर ने

**12. सीखने के उद्दीपक-अनुक्रिया सिद्धान्त के मुख्य प्रतिपादक कौन हैं ?**
(a) थॉर्नडाइक (b) पावलॉव
(c) कोहर (d) स्किनर

**13. निम्नलिखित में से कौन एक गेस्टाल्टवादी चिन्तक नहीं है ?**
(a) स्किनर (b) कोहर
(c) कोफ्का (d) वर्देमीयर

**14. अधिगम एक सापेक्षिक प्रक्रिया है, जिसके द्वारा सीखने वालों में नवीन अन्तर्दृष्टि का विकास होता है, निम्न में से यह कौन-सा सिद्धान्त है ?**
(a) लेविनवादी सिद्धान्त
(b) कोह्लरवादी सिद्धान्त
(c) पावलॉववादी सिद्धान्त
(d) स्कीनरवादी सिद्धान्त

**15. एक पी टी ( खेल ) शिक्षक क्रिकेट के खेल में अपने शिक्षार्थियों के क्षेत्ररक्षण को सुधारना चाहता है। निम्न में से कौन-सी युक्ति शिक्षार्थियों को अपना लक्ष्य प्राप्त करने में सर्वाधिक सहायक है ?**
(a) शिक्षार्थियों को क्षेत्ररक्षण का अधिक अभ्यास करवाना।
(b) शिक्षार्थियों को यह बताना कि क्षेत्ररक्षण सीखना उनके लिए किस प्रकार महत्त्वपूर्ण है।
(c) बेहतर क्षेत्ररक्षण और सफलता की दर के पीछे के तर्क को स्पष्ट करना।
(d) क्षेत्ररक्षण को प्रदर्शित करना और शिक्षार्थी अवलोकन करेंगे।

**16. सीता का साइकिल चलाने के पूर्व अनुभव के आधार पर स्कूटर चलाने के तरीकों में बदलाव करना क्या कहलाएगा ?**
(a) समावेशन
(b) सन्तुलन/साम्यधारणा
(c) समायोजन
(d) असन्तुलन/असाम्यधारणा

## उत्तरमाला

**1.** (b) **2.** (b) **3.** (d) **4.** (d) **5.** (d) **6.** (d) **7.** (d) **8.** (b) **9.** (b) **10.** (d)
**11.** (c) **12.** (a) **13.** (a) **14.** (a) **15.** (a) **16.** (c)

❑❑❑

# संज्ञान तथा संवेग

## संज्ञान शब्द से तात्पर्य

संज्ञा शब्द को अंग्रेजी में Cognition कहा जाता है, जो कि लैटिन भाषा के Cognosco शब्द से बना है, जिसका अर्थ पहचान करना या प्रत्यय बनाना है। किसी व्यक्ति द्वारा अपने अथवा अपने वातावरण के बारे में प्राप्त ज्ञान, विचार, धारणा या व्याख्या ही संज्ञान है। संज्ञान ज्ञान सम्बन्धी सभी मानसिक योग्यताओं एवं प्रक्रियाओं का समुच्चय है। सरलतम शब्दों में कहा जा सकता है कि बाह्य जगत के बारे में ज्ञान प्राप्त करना ही संज्ञान है।

संज्ञानात्मक क्षमताएं बालक के विकास क्रम में उसके द्वारा बाह्य जगत, अपने वातावरण तथा उसमें विद्यमान उद्दीपकों के प्रति कोई अनुक्रिया करने में तथा उनके प्रति समायोजन स्थापित करने में महत्वपूर्ण भूमिका निभाती हैं। जो मानसिक प्रक्रियाओं के रूप में कार्य करती हैं। ये मानसिक प्रक्रियाएं मानव व्यवहार तथा वातावरण के मध्य मध्यस्थ की भूमिका निभाती हैं।

इस प्रकार हम कह सकते हैं कि-

(1) संज्ञानात्मक प्रक्रिया एक जटिल मानसिक योग्यता है।
(2) यह आजीवन चलने वाली अर्जित की हुई योग्यता है।
(3) इसमें अमूर्तिकरण पाया जाता है।
(4) इसमें अन्तरण पाया जाता है।
(5) इसमें प्रत्यक्षीकरण प्रक्रम घटित होता है।
(6) इसमें प्रतीकों का उपयोग होता है।
(7) इनका निरीक्षण सम्भव नहीं है क्योंकि ये समस्त मानसिक प्रक्रियाएं अप्रत्यक्ष होती हैं।
(8) प्राणी का संज्ञान पूर्णतः व्यक्तिगत होता है।
(9) यह वातावरण के बारे में ज्ञान प्राप्त करने तथा उसे समझकर उसके प्रति व्यवहार करने की प्रक्रिया है।
(10) बालक की आयु, शिक्षा एवं पूर्वानुभावों के विकास के साथ ही उसकी संवेगात्मक क्षमताएं भी विकसित होती जाती हैं।

### संज्ञान में निहित प्रमुख प्रक्रियाएं (Important Processess in Cognition)

संज्ञान में प्रमुख रूप से निम्न तीन प्रक्रियाएं निहित होती हैं-

(1) वातावरण में सूचनाएं ग्रहण करने हेतु केन्द्रिय एवं प्रत्यक्षीकरण प्रक्रियाएं (उदाहरण के लिये-दृष्टि, श्रवण क्षमता, गंध, स्वाद, स्पर्श, संवेदनाएं आदि)।
(2) वह सभी मानसिक प्रक्रियाएं जिनके द्वारा वातावरण से ग्रहण की गई सूचनाओं को पहचान कर उन्हें अर्थपूर्ण सूचनाओं में परिवर्तित किया जाता है तथा महत्वपूर्ण व अमहत्वपूर्ण सूचनाओं में विभेद कर उनका भंडारण किया जाता है व आवश्यकतानुसार इन्हें पुनः प्राप्त किया जाता है।
(3) सूचनाओं का निर्णय लेने, समस्या समाधान करने, सम्प्रेषण आदि से सम्बन्धित प्रयोगों में शामिल मानसिक प्रक्रियाएं।

### संज्ञान की तत्व प्रणालियां

संज्ञान की निम्न प्रमुख तत्व प्रणालियां होती हैं-

1. **अल्पकालिक स्मृति/कार्यात्मक स्मृति-** यह वह स्मृति होती है जो इस पर आधारित होती है कि कोई व्यक्ति एक समय में कितनी जानकारी अथवा सूचनाएं चेतन स्थिति में रख सकता है।
2. **ज्ञानकोश/दीर्घकालिक स्मृति-** यह वह स्मृति होती है जिसके द्वारा सूचनाओं का वर्गीकरण एवं भण्डारण किया जाता है तथा आवश्यकता पड़ने पर इन सूचनाओं को पुनः प्राप्त किया जाता है।
3. **कार्यकारी प्रणाली-** इसके अन्तर्गत पराबोध आता है, जिसमें व्यक्ति को अपनी क्षमताओं तथा कमजोरियों का ज्ञान होता है। इसके द्वारा ही वह अपनी मानसिक प्रक्रियाओं को नियोजित, नियंत्रित व मूल्यांकित कर सकता है ताकि समस्या समाधान में आसानी हो सके।
4. **प्रतिक्रिया प्रणाली-** इसके अन्तर्गत व्यक्ति द्वारा संकलित अथवा प्राप्त सूचनाओं का विश्लेषण करने के उपरांत प्रतिक्रियाएं दी जाती हैं।

## संवेग का अर्थ (Meaning of Emotions)

संवेग अंग्रेजी भाषा के शब्द Emotion का हिन्दी रूपांतरण है, जो लैटिन भाषा के शब्द Emovere से बना है, जिसका शाब्दिक अर्थ है- शरीर को हिला देना। मनोवैज्ञानिकों ने इसमें शारीरिक एवं मानसिक दोनों प्रकार की प्रक्रियाओं को शामिल माना है।

**यंग (1943)** के अनुसार "संवेग व्यक्ति की एक तीव्र उपद्रव की अवस्था है, जिसका प्रभाव उस पर सम्पूर्ण रूप से पड़ता है, जो मनोवैज्ञानिक ढंग से उत्पन्न होती है और जिनमें चेतन अनुभव, व्यवहार एवं अन्तरायव सम्बन्धी कार्य सन्निहित होते हैं।"

इस प्रकार उपरोक्त परिभाषाओं का विश्लेषण करने के बाद संवेद के सन्दर्भ में कहा जा सकता है कि-

(1) संवेग तीव्र उपद्रव की अवस्था है।
(2) यह प्राणी में सम्पूर्ण रूप में घटित होते हैं।
(3) संवेगों की उत्पत्ति मनोवैज्ञानिक आधार पर होती है।
(4) संवेगों के अनुभव व्यक्तिगत अनुभव के रूप में होते हैं।
(5) संवेगात्मक अवस्था में व्यक्ति में विशेष प्रकार के व्यवहार देखे जाते हैं। जैसे भय की अवस्था में रोना, चिल्लानां एवं भागना आदि।
(6) संवेगात्मक अवस्था में व्यक्ति की आन्तरिक शारीरिक क्रियाओं में भी कई प्रकार के परिवर्तन देखे जाते हैं। जैसे- क्रोध की अवस्था में रक्तचाप एवं श्वास की गति का बढ़ जाना आदि।

### संवेग से सम्बन्धित सिद्धान्त

#### 1. जेम्स लेंज का सिद्धान्त

- जेम्स-लेंज सिद्धान्त के प्रतिपादक **विलियम जेम्स एवं कॉर्ल लेंज** (Carl Lange) हैं। यह सिद्धान्त स्वीकार करता है कि संवेग एवं शारीरिक अनुक्रिया का सम्बन्ध

कारण एवं प्रभाव (Cause and Effect) से है। शारीरिक अनुक्रियाएँ जैसा कि रक्त दाब (Blood Pressure) का बढ़ना, पसीना आना (Sweating), चेहरे का सूखना, हृदय की धड़कन बढ़ना इत्यादि का सम्बन्ध हमारे शरीर में होने वाले अचानक परिवर्तन से है, जो आन्तरिक एवं बाह्य दोनों रूपों में होता है। इन्हें इस रूप में समझा जा सकता है।

घटना → कार्य करने के लिए उत्तेजना → व्याख्या → संवेग।

**2. कैनन-बार्ड का सिद्धान्त**

- यह सिद्धान्त **वाल्टर कैनन** और **फिलिप बार्ड** द्वारा जेम्स लेंज सिद्धान्त के विरोध में दिया गया है।
- **कैनन-बार्ड** के अनुसार, संवेग एवं शारीरिक अनुक्रिया (Response) कारण और प्रभाव से कोई सम्बन्ध नहीं रखते, इसके बावजूद यह किसी उत्तेजित भावनाओं में भी अनुक्रिया करता है।

घटना → साथ-साथ कार्य करने की उत्तेजना और संवेग। यह सिद्धान्त तन्त्रिका जीव विज्ञान के विषय में बात करता है।

**3. स्कैचर-सिंगर का सिद्धान्त**

- इस सिद्धान्त को संवेग के द्विकारक सिद्धान्त के नाम से जाना जाता है। यह सिद्धान्त वर्ष 1950 में दिया गया। यह एक संज्ञानात्मक विधि है, जो संवेग के चरणों को समझने की एक कला है, जोकि संज्ञानात्मक क्रिया के द्वारा सम्पन्न होती है।
- **स्टेनली स्कैचर** और **जिरोम सिंगर** के अनुसार, संज्ञानात्मक कारक संवेगों तथा मनोदशाओं के विभिन्न चरणों को प्रभावित करते हैं। यह सिद्धान्त उत्तेजनात्मक घटनाएँ, अवधारणा तथा व्याख्या को प्रदर्शित करता है, जोकि सूचना प्रसंस्करण (processing) का अनुसरण करती है, इस प्रकार हम कह सकते हैं कि संज्ञान तथा संवेग बालकों के विकास में महत्त्वपूर्ण भूमिका निभाते हैं, संवेग पुनः भाव एवं भावनात्मक व्यवहार को अभिव्यक्त करने में सहायता करता है।

## संवेग के प्रकार

मैक्डूगल के अनुसार संवेगों का सम्बन्ध मूल प्रवृत्तियों से होता है, मैक्डूगल ने संवेग के चौदह प्रकार बताए हैं, जो निम्न हैं

| मूल प्रवृत्ति (Fundamental Trend) | संवेग (Emotion) |
|---|---|
| पलायन (Escape) | भय (Fear) |
| युयुत्सा (Combat) | क्रोध (Anger) |
| निवृत्ति (Repulsion) | घृणा (Disgust) |
| सन्तान की कामना (Parental) | वात्सल्य (Tenderness) |
| शरणार्थी (Refugee) | करुणा (Distrees) |
| काम-प्रवृत्ति (Sex) | कामुकता (Lust) |
| जिज्ञासा (Curiosity) | आश्चर्य (Wonder) |
| दैन्य (Sub-mission) | आत्महीनता (Negative-self-feeling) |
| आत्मगौरव (Self-pride) | आत्माभिमान (Self-esteem) |
| सामूहिकता (Grouping) | एकाकीपन (Lonliness) |
| भोजन की खोज (Food searching) | भूख (Hunger) |
| संग्रहण (Acqusition) | अधिकार (Ownership) |
| रचनाधर्मिता (Construction) | कृतिभाव (Creativeness) |
| हास (Laughter) | आमोद (Amusement) |

## संवेग की प्रकृति

- प्रत्येक व्यक्ति अपने अच्छे और बुरे अनुभवों के प्रति दृढ़ भावनाओं का अनुभव करता है।
- संवेग के उदाहरण हैं- खुश होना, शर्मिन्दा होना, दुःखी होना, उदास होना आदि। संवेग हमारे प्रतिदिन के जीवन को प्रभावित करता है।

## संवेगों की प्रमुख विशेषताएँ

संवेगों की प्रमुख विशेषताएँ निम्न हैं

- आन्तरिक व बाहरी शारीरिक बदलाव तथा संवेगों में व्यापकता होती है। विभिन्न व्यक्ति एक भाव (संवेग) के प्रति अलग-अलग प्रतिक्रिया व्यक्त करते हैं।
- संवेग में एक निश्चित दिशा में क्रिया की प्रवृत्ति होती है। मानसिक दशा में बदलाव तथा संवेग परिवर्तनशील प्रवृत्ति के होते हैं।
- संवेग में दुःख, सुख, भय, क्रोध, प्रेम, ईर्ष्या, घृणा आदि की भावना निहित होती है। संवेगों में तीव्रता का गुण पाया जाता है।
- संवेग मानव व्यवहार में परिवर्तन हेतु उत्तरदायी हैं। संवेग क्षणिक होते हैं। संवेगों में अस्थाई प्रवृत्ति का गुण पाया जाता है। संवेग सार्वभौमिक हैं।

## संवेगों के घटक

1. **शारीरिक परिवर्तन** (Physical Changes) जब एक व्यक्ति किसी संवेग का अनुभव करता है तब उसके शरीर में कुछ परिवर्तन होते हैं जैसे- हृदय गति और रक्त चाप बढ़ जाना, पुतली का बड़ा हो जाना, साँस तेज होना, मुँह का रूखा हो जाना या पसीना निकलना आदि।
2. **व्यवहार में बदलाव और संवेगात्मक अभिव्यक्ति** (Changes in Behaviour and Emotional Expression) इसका तात्पर्य बाहरी और ध्यान देने योग्य चिह्नों से है, जो एक व्यक्ति अनुभव कर रहा है। इसमें चेहरे के हाव-भाव, शारीरिक स्थिति, हाथ के द्वारा संकेत करना, भाग जाना, मुस्कुराना, क्रोध करना एवं कुर्सी पर अचानक बैठना सम्मिलित हैं। चेहरे की अभिव्यक्ति के छः मूल संवेग हैं- भय, क्रोध, दुःख, आश्चर्य, घृणा एवं प्रसन्नता। इसका तात्पर्य है कि यह संवेग विश्वभर के लोगों में आसानी से पहचाने जा सकते हैं।
3. **संवेगात्मक भावनाएँ** (Emotional Feelings) संवेग उन भावनाओं को भी सम्मिलित करता है जो व्यक्तिगत हों। हम संवेग को वर्गीकृत कर सकते हैं; जैसे— प्रसन्न, दुःखी, क्रोध, घृणा आदि। हमारे पूर्व अनुभव और संस्कृति जिससे हम जुड़े हुए हैं हमारी भावनाओं को आकृति प्रदान करते हैं। जब हम किसी व्यक्ति के हाथ में छड़ी देखते हैं, तो हम भाग सकते हैं या अपने आपको लड़ाई के लिए तैयार कर लेते हैं, जब यदि एक प्रसिद्ध गायक आपके पड़ोस में रहता है, तो आप उससे अपने प्रिय गीत सुनने के लिए चले जाएँगे।

## संवेगों का शिक्षा में महत्त्व

शिक्षा में संवेग के महत्व को स्पष्ट करते हुए रॉस ने कहा है "शिक्षा के आधुनिक मनोविज्ञान में संवेगों का प्रमुख स्थान है और शिक्षण विधि में जो आज प्रगति हो रही है, उसका कारण सम्भवतः किसी अन्य तत्त्व की अपेक्षा यह अधिक है।" संवेग हमारे सभी कार्यों को गति प्रदान करते हैं, और शिक्षक को उन पर ध्यान देना अतिआवश्यक है। शिक्षा के क्षेत्र में संवेग का महत्त्व निम्न प्रकार है

- संवेग एवं संज्ञान परस्पर सम्बन्धित हैं तथा संवेगों का सकारात्मक तथा नकारात्मक प्रभाव बालकों के संज्ञान पर पड़ता है।
- शिक्षक, बालकों के संवेगों को जाग्रत करके, पाठ में उनकी रुचि उत्पन्न कर सकता है। शिक्षक, बालकों के संवेगों का ज्ञान प्राप्त करके, उपयुक्त पाठ्यक्रम का निर्माण करने में सफलता प्राप्त कर सकता है।

- शिक्षक, बालकों में उपयुक्त संवेगों को जाग्रत करके, उनको महान् कार्यों को करने की प्रेरणा दे सकता है।
- शिक्षक, बालकों की मानसिक शक्तियों के मार्ग को प्रशस्त करके, उन्हें अपने अध्ययन में अधिक क्रियाशील बनने की प्रेरणा प्रदान कर सकता है।
- शिक्षक, बालकों के संवेगों को परिष्कृत करके उनको समाज के अनुकूल व्यवहार करने की क्षमता प्रदान कर सकता है। शिक्षक, बालकों को अपने संवेगों पर नियन्त्रण करने की विधियाँ बताकर, उनको शिष्ट और सभ्य बना सकता है।
- शिक्षक, बालकों के संवेगों का विकास करके उनमें उत्तम विचारों, आदर्शों, गुणों और रुचियों का निर्माण कर सकता है।

## प्रश्नमाला

**1. संज्ञान का अर्थ होता है ?**
(a) समझ/ज्ञान (b) विकास
(c) विनाश (d) गति

**2. निम्नलिखित में से किस मनोवैज्ञानिक का कथन है कि "संज्ञानात्मक संरचना बाहय वातावरण में विचारपूर्वक, प्रभावपूर्ण ढंग से तथा सुविधा के अनुसार कार्य करने की क्षमता है।"**
(a) हिलगार्ड (b) जॉनसन
(c) स्टॉट (d) कोह्वर

**3. जीन पियाजे के संज्ञानात्मक विकास की "संवेदी-गतिक अवस्था की उम्र" क्या है ?**
(a) जन्म से 2 वर्ष (b) 2 वर्ष से 7 वर्ष
(c) 7 से 11 वर्ष (d) 11 से 15 वर्ष

**4. "संवेग (Emotion) व्यक्ति की उत्तेजित दशा है।" यह किस मनोवैज्ञानिक का कथन है।**
(a) वुडवर्थ (b) ड्रेवर
(c) जरसील्ड (d) रॉस

**5. संवेग का कौन-सा सिद्धान्त यह स्वीकार करता है कि संवेग एवं शारीरिक अनुक्रिया का संबंध "कारण एवं प्रभाव" से है ?**
(a) जेम्स-लेंज सिद्धान्त
(b) कैनन-बार्ड सिद्धान्त
(c) स्कैयर-सिंगर सिद्धान्त
(d) स्टेनली-जिरोम सिद्धान्त

**6. संवेग के "द्विकारक सिद्धान्त" को अन्य किस नाम से जाना जाता है ?**
(a) स्कैचर-सिंगर सिद्धान्त
(b) कैनन-बार्ड का सिद्धान्त
(c) जेम्स-लेंज सिद्धान्त
(d) इनमें से कोई नहीं

**7. मैक्डूगल ने संवेगों के कितने प्रकार बताएँ है ?**
(a) 13 (b) 14
(c) 15 (d) 18

**8. निम्नलिखित में से कौन संवेग के उदाहरण नहीं है ?**
(a) खुश होना
(b) दुःखी होना
(c) वैज्ञानिक अनुप्रयोग करना
(d) उदास होना

**9. संवेग एवं संज्ञान एक-दूसरे से ......... हैं ?**
(a) पूर्णतया अलग (b) स्वतन्त्र
(c) सन्निहित (d) संबंधित नहीं है

**10. "माइंड मैपिक" का संबंध है ?**
(a) बोध (समझ) बढ़ाने की तकनीक
(b) मन का चित्र बनाने से
(c) मन की क्रियाशीलता एवं अनुसंधान
(d) इनमें से कोई नहीं

**11. निम्न में से कौन एक संज्ञानात्मक विकास का उपागम नहीं है ?**
(a) अवधान
(b) स्मृति
(c) मस्तिष्क मानचित्रण
(d) समावेशी विकास

**12. 'संवेग अभिप्रेरकों का भावात्मक पक्ष है।' यह कथन है-**
(a) बरनी का (b) गैरिट का
(c) वुडवर्थ का (d) जरसील्ड का

**13. 'संवेग प्रकृति का हृदय है।' यह कथन है**
(a) मैक्डूगल का (b) बरनी का
(c) क्रो व क्रो का (d) गेट्स का

**14. किसी बच्चे के विकास का निर्धारण करने में संवेग एक महत्त्वपूर्ण आन्तरिक कारक है 'संवेग' का शाब्दिक अर्थ है-**
(a) उत्तेजित दशा (b) तीव्र गति
(c) क्रोधावस्था (d) भावना

**15. बच्चों के विकास से सम्बन्धित 'निर्माण एवं खोज' का सिद्धान्त निम्नलिखित में से किसने दिया था ?**
(a) स्किनर (b) रॉबर्ट
(c) जीन पियाजे (d) वाइगोत्स्की

**16. बच्चों में ज्ञान की रचना करने और अर्थ का निर्माण करने की क्षमता होती है। इस परिप्रेक्ष्य में एक शिक्षक की भूमिका है-**
(a) सम्प्रेषक और व्याख्याता की
(b) सुगमकर्ता की
(c) निर्देशक की
(d) तालमेल बैठाने वाले की

**17. निम्नलिखित में से कौन-सा एक संवेग है ?**
(a) उत्तेजना (b) स्मृति
(c) डर (d) ध्यान

## उत्तरमाला

**1.** (a) **2.** (c) **3.** (a) **4.** (a) **5.** (a) **6.** (a) **7.** (b) **8.** (c) **9.** (c) **10.** (a)
**11.** (d) **12.** (a) **13.** (a) **14.** (a) **15.** (c) **16.** (c) **17.** (c)

□□□

# अभिप्रेरणा एवं अधिगम

## अभिप्रेरणा

- अभिप्रेरणा (Motivation) का शाब्दिक अर्थ होता है किसी कार्य को करने की इच्छा शक्ति का होना। अभिप्रेरणा वह आन्तरिक शक्ति है जो उनके उद्दीपन (Stimulus) का परिणाम होती है, जिसके माध्यम से बालक निश्चित व्यवहार की दिशा में सक्रिय तथा नियन्त्रित होता है, यह हमेशा सीखने के लिए छात्रों में उत्सुकता (Curiosity) उत्पन्न कर उसे निरन्तर क्रियाशील बनाए रखती है इसलिए **बी. एफ स्किनर** ने अभिप्रेरणा को सीखने का राजमार्ग बताया है। यह व्यक्ति के समग्र विकास एवं सफलता प्राप्त करने का महत्त्वपूर्ण स्रोत है।
- अभिप्रेरणा सामान्यत: किसी आवश्यकता से प्रारम्भ होती है तथा लक्ष्य प्राप्ति के उपरान्त समाप्त हो जाती है। अभिप्रेरणा के अर्थ को स्पष्ट करने हेतु मनोवैज्ञानिकों द्वारा कुछ परिभाषाएँ दी गई हैं, जो इस प्रकार हैं
- **गुडं** के अनुसार, "क्रिया को उत्तेजित करने, नियन्त्रित करने तथा नियन्त्रित रखने की प्रक्रिया को अभिप्रेरणा कहते हैं।"
- **बर्नार्ड** के अनुसार, "जिस लक्ष्य के प्रति पहले कोई आकर्षण नहीं था, उस लक्ष्य के प्रति कार्य की उत्तेजना ही अभिप्रेरणा है।"
- **वुडवर्थ** के अनुसार, "प्रेरक व्यक्ति की वह स्थिति है जो उसे निर्धारित व्यवहार करने हेतु तथा निर्धारित उद्देश्य को प्राप्त करने हेतु उत्तेजित करती है।"

**अभिप्रेरणा के अन्य महत्त्वपूर्ण सिद्धान्त**

| सिद्धान्त | सिद्धान्त के प्रतिपादक |
|---|---|
| मूल प्रवृत्ति का सिद्धान्त | मैक्डूगल |
| मनोविश्लेषण का सिद्धान्त | सिगमण्ड फ्रॉयड |
| अन्तर्नाद का सिद्धान्त | हल |
| प्रोत्साहन का सिद्धान्त | बोल्स तथा कॉफमैन |
| शरीर क्रिया का सिद्धान्त | मॉर्गन |
| अधिगम का सिद्धान्त | कर्ट लेविन |

### अभिप्रेरणा की संकल्पना

- मानव व्यवहार को निर्देशित करने में अभिप्रेरणा का महत्त्वपूर्ण स्थान है।
- अभिप्रेरणा की अनेक विशेषताएँ हैं। सर्वप्रथम यह हमें अपने निर्धारित उद्देश्यों तक पहुँचने के लिए प्रेरित करती है तथा अपने उद्देश्यों तक पहुँचने के लिए हमें अभिप्रेरित और क्रियाशील रखती है।
- अभिप्रेरणा की कमी हमें शिथिल (कमजोर) और विचलित अनुभव कराएगी और अधिक अभिप्रेरणा हमें अपने उद्देश्य से भटका देगी। इस प्रकार हमें एक सन्तुलित प्रेरणा या संयमित स्तर पर उत्तेजना की आवश्यकता होती है।
- दूसरी ओर हम कुछ बाह्य उद्दीपनों; जैसे- रुपये, अच्छे अंक, भोजन आदि को प्राप्त करने वाली उत्तेजनाएँ मानकर एक विशिष्ट प्रकार का व्यवहार करने के लिए प्रेरित होते हैं, क्योंकि ये उत्तेजनाएँ व्यक्ति को उद्देश्यपूर्ण करने को प्रेरित करती हैं।
- अभिप्रेरणा व्यक्ति के विचारों और आकांक्षाओं का परिणाम है। यह दो प्रकार की हो सकती है- स्वाभाविक अभिप्रेरणा जो व्यक्ति में अन्दर से आती है, और यह किसी कार्य को करने से प्राप्त हुई प्रसन्नता पर निर्भर करती है तथा बाह्य अभिप्रेरणा जोकि बाहरी पुरस्कारों; जैसे- रुपए, वेतन और प्राप्तांकों आदि पर निर्भर करती है।
- जब हम मेहनत से कार्य करते हैं और उच्च श्रेणी का परिणाम पाते हैं, तब प्रेरणा आन्तरिक होती है बाह्य नहीं।
- हम बाह्य पुरस्कारों से भी प्रभावित होते हैं। जीवन में दोनों प्रकार की अभिप्रेरणाएँ महत्त्वपूर्ण हैं।
- आवश्यक अभिप्रेरणाओं को इस प्रकार क्रमबद्ध किया जा सकता है। अन्ततः अभिप्रेरक आवश्यकताओं को क्रमबद्ध करते हैं; जैसे- मूल प्रेरक, भूख और प्यास जिन्हें सबसे पहले सन्तुष्ट करना आवश्यक है।
- तत्पश्चात् उच्चकोटि की आवश्यकताएँ; जैसे- उपलब्धि, सन्तुष्टि, शक्ति आदि का क्रम आता है।

### अभिप्रेरणा के प्रकार

अभिप्रेरणा के दो प्रकार निम्न हैं

1. **आन्तरिक अभिप्रेरणा** (Internal Motivation) वे आन्तरिक शक्तियाँ, जो व्यक्ति के व्यवहार को उत्तेजित करती हैं, आन्तरिक अभिप्रेरणा कहलाती है। भूख, प्यास, नींद, प्यार तथा काम इसी के उदाहरण हैं।
2. **बाह्य अभिप्रेरणा** (External Motivation) पहले से निर्धारित कोई ऐसा उद्देश्य जिसे प्राप्त करना व्यक्ति का उद्देश्य हो, बाह्य अभिप्रेरणा कहलाती है। रुचि, इच्छा, आत्मसम्मान, सामाजिक प्रतिष्ठा एवं विशेष उपलब्धि, सत्ताप्रेरक तथा पुरस्कार इसके प्रमुख उदाहरण हैं।

### अभिप्रेरणा की विशेषताएँ

मनोवैज्ञानिकों ने अभिप्रेरणा की निम्नलिखित विशेषताएँ बताई हैं, जो इस प्रकार हैं

- अभिप्रेरणा गतिशीलता/क्रियाशीलता की प्रतीक होती है। भावनात्मक प्रदर्शन के द्वारा छात्रों को अभिप्रेरित करने के लिए अध्यापक इस विधि का प्रयोग करता है। किसी भी कार्य को पूरा करने के लिए अभिप्रेरणा एक स्रोत है।
- सामान्यतया अभिप्रेरणा व्यक्ति के व्यवहार को उत्तेजित करती है। अभिप्रेरित व्यवहार अर्जित तथा जाग्रत होता है। यह किसी क्रिया को उत्तेजित रखने, निरन्तरता बनाए रखने एवं नियन्त्रित रखने की प्रक्रिया है। अभिप्रेरणा किसी कार्य को करने के लिए ऊर्जा (Energy) प्रदान करती है।

**प्रेरणा (Motivation) के तत्त्व**

- प्रेरणा दो प्रकार की होती हैं, सकारात्मक और नकारात्मक।
- **सकारात्मक प्रेरणा** (Positive Motivation) इस प्रेरणा में बालक किसी कार्य को अपनी स्वयं की इच्छा से करता है। इस कार्य को करने से उसे सुख और सन्तोष प्राप्त होता है।

- **नकारात्मक प्रेरणा** (Negative Motivation) इस प्रेरणा में बालक किसी कार्य को अपनी स्वयं की इच्छा से न करके, किसी दूसरे की इच्छा या बाह्य प्रभाव के कारण करता है। इस प्रकार को करने से उसे किसी वांछनीय या निश्चित लक्ष्य की प्राप्ति होती है।

## आवश्यकता-पदानुक्रम सिद्धान्त

- मनोवैज्ञानिक अब्राहम मास्लो ने आवश्यकता-पदानुक्रम सिद्धान्त (Hierarchy Theory of Needs) का प्रतिपादन किया, जिसे मॉस्लो की आठ विकासात्मक अवस्था प्रतिमान के नाम से भी जाना जाता है।
- आरम्भ में मॉस्लो ने पाँच विकासात्मक मॉडल दिए तथा कालान्तर (बाद में) में उसने तीन मॉडल और जोड़ दिए।
- मॉस्लो के अनुसार, आवश्यकताओं के कई स्तर होते हैं, जिन्हें व्यक्तिगत पूर्णता के उच्चतम स्तर तक पहुँचने के लिए एक व्यक्ति को पूरा करने का प्रयत्न करना पड़ता है। इस प्रकार एक व्यक्ति को सबसे निचले स्तर पर अपनी प्राथमिक (शारीरिक) आवश्यकताओं को पूरा करने योग्य होना चाहिए। जब एक बार ये आवश्यकताएँ पूरी हो जाती हैं तब सुरक्षा महत्त्वपूर्ण हो जाती है। तत्पश्चात् किसी से जुड़े होने की आवश्यकता और स्नेह करने और स्नेह करवाने की आवश्यकता आती है।
- किसी समूह से जुड़े होने की इच्छा; जैसे- परिवार, मित्र और धार्मिक संगठन, हमें स्नेह किए जाने का और दूसरों द्वारा स्वीकार किए जाने का अनुभव कराते हैं। जब हम ऊपर दी गई आवश्यकताओं की सफलता से सन्तुष्ट होते हैं तब हम आत्मसम्मान, आत्मविश्वास और आत्म-मूल्य जैसी आवश्यकताओं को पूरा करना चाहते हैं।
- अन्य आवश्यकता ज्ञान और अनुभव सम्बन्धी आवश्यकताएँ हैं, जो अपने ज्ञान और समझ को समाहित करती हैं, तत्पश्चात् आज्ञा और सुन्दरता की आवश्यकता आती है। अन्तत: एक व्यक्ति अपनी पूरी क्षमता तक पहुँच जाता है, जिसे हम आत्मसिद्धि कहते हैं। इस प्रकार के व्यक्ति में आत्मज्ञान की विशेषताएँ होती हैं, ऐसा व्यक्ति समाज के प्रति जिम्मेदार होता है और जीवन की सभी चुनौतियों के लिए तैयार होता है।
- आवश्यकताओं की उपरोक्त सूची को पदानुक्रम या शृंखलाओं की पंक्ति कहते हैं।
- जैसे-जैसे जीवन बीतता है व्यक्ति समझदारी और ज्ञान प्राप्त करता जाता है और वह सीखता है कि कैसे परिस्थितियों का सामना करे। इस प्रकार वह पदानुक्रम या सीढ़ी पर ऊपर की ओर चढ़ता जाता है।

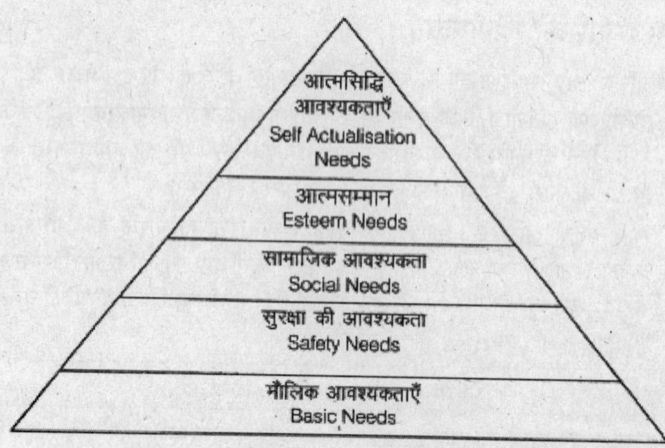


**मास्लो द्वारा प्रतिपादित आवश्यकताओं का पदानुक्रम**

- व्यक्ति किस परिस्थिति का सामना कर रहा है? यह प्रश्न इस बात का निर्धारण करता है कि व्यक्ति पदानुक्रम पर ऊपर चढ़ता है या नीचे आता है।
- यह पदानुक्रम बहुत-सी संस्कृतियों के लिए सत्य नहीं है। यह पाया गया है कि कुछ देशों; जैसे- स्वीडन और नार्वे में उच्च जीवन-शैली बहुत महत्त्वपूर्ण स्थान रखती है और आत्मसिद्धि से ज्यादा सामाजिक आवश्यकताएँ महत्त्वपूर्ण हैं।
- कुछ संस्कृतियों में आत्मसिद्धि की आवश्यकता से सुरक्षा की आवश्यकता ज्यादा प्रबल है इसी तरह काम की सन्तुष्टि से ज्यादा नौकरी की सुरक्षा का महत्त्व है।

## मूल आवश्यकताओं पर संस्कृति एवं पर्यावरण का प्रभाव

हमारी शारीरिक आवश्यकताएँ; जैसे- भूख, प्यास आदि पर्यावरण के कारकों से प्रभावित हैं। हमारे रक्त में शर्करा की मात्रा होने के कारण तथा अन्य कारणों से भी भूख लगती है। पर्यावरण के निम्नलिखित कारकों का प्रभाव भूख और खाने की प्रकृति पर पड़ता है

- मूल आवश्यकताओं पर संस्कृति का व्यापक प्रभाव पड़ता है। यहाँ मूल आवश्यकता का अर्थ है भोजन, वस्त्र एवं आवास।
- संस्कृति का खान-पान पर व्यापक प्रभाव पड़ता है, जिस प्रकार की हमारी संस्कृति होगी हमारा रहन-सहन का स्तर, वेश-भूषा वैसी ही होगी। उदाहरणस्वरूप आदिवासी समुदाय जगलों में रहते हैं, फूस के मकान में रहते हैं। अपने जीविकोपार्जन हेतु जंगली उत्पाद पर निर्भर रहते हैं, उनका समाज, धर्म ......... सभी दूसरे से अलग होता है अर्थात् उनके जीवन में संस्कृति का महत्त्वपूर्ण योगदान होता है।
- मूल आवश्यकताओं पर पर्यावरण का व्यापक प्रभाव पड़ता है।
- यहाँ पर्यावरण के अन्तर्गत परिवार, समाज, पास-पड़ोस, विद्यालय इत्यादि आते हैं। इन सभी पर्यावरणीय कारकों का प्रभाव व्यक्ति के जीवन पर पड़ता है।
- व्यक्ति अपने आस-पास के पर्यावरण से सम्मान की आकांक्षा, प्रतिष्ठा की आकांक्षा रखता है। जो व्यक्ति या विद्यार्थी अपने आस-पास के पर्यावरण में मुखर व्यक्तित्व का होता है उसमें नेतृत्व का गुण धीरे-धीरे विकसित हो जाता है तथा आस-पास के पर्यावरण में उसकी भूमिका बढ़ जाती है।

### गौण आवश्यकताएँ

- मनोवैज्ञानिक व सामाजिक अभिप्रेरक हमें गौण आवश्यकताओं (Secondary Requirements) की ओर अग्रसर करते हैं। यह सामाजिक अभिप्रेरक इसलिए हैं, क्योंकि यह एक सामाजिक समूह में सीखे जाते हैं, विशेषकर एक परिवार में जैसे-जैसे बच्चे बड़े होते हैं और वे दूसरों के साथ संवाद करते हैं तब वे कुछ विशिष्ट आवश्यकताएँ ग्रहण करते हैं जोकि एक सामूहिक परिवेश में पूरी होती हैं। जैसे कि उपलब्धि की अभिप्रेरणा बच्चे को अपने माता-पिता, या आदर्शों से मिलती है एवं बालक सामाजिक-सांस्कृतिक प्रभाव के द्वारा भी उपलब्धि ग्रहण करते हैं। कुछ सामान्य सामाजिक उद्देश्य हैं
  - उपलब्धि
  - शक्ति
  - आक्रामकता
  - सम्बन्ध
  - पालन-पोषण
  - जिज्ञासा
- सामाजिक अभिप्रेरकों के प्रकार और उनकी शक्ति हर व्यक्ति के लिए भिन्न-भिन्न होते हैं। उदाहरण के लिए, आपको सम्बन्धन और उपलब्धि की अधिक आवश्यकता है जबकि आपके मित्र को उपलब्धि की सामान्य और सम्बन्धन की निम्न स्तर की आवश्यकता है या आपको सम्बन्धन की अधिक आवश्यकता है और जिज्ञासा अधिक महत्त्वपूर्ण अभिप्रेरक है।

- हम आवश्यकताओं को तीन प्राथमिक प्रकारों में बाँट सकते हैं। अस्तित्व सम्बन्धी आवश्यकता जिसमें जीवित रहने के लिए सभी आवश्यक प्राथमिक आवश्यकताएँ सम्मिलित होती हैं।
- सम्बन्धों से सम्बन्धी आवश्यकताओं में सुरक्षा, जुड़ाव, सम्मान दूसरे सामाजिक सम्बन्धों सम्बन्धी आवश्यकताएँ सम्मिलित होती हैं और प्रगति की आवश्यकताओं में उन तथ्यों को सम्मिलित किया जाता है जिसमें व्यक्तियों को उनके पूरे सामर्थ्य के अनुसार विकसित होने में सहायता करता है।

## प्रेरणा देने वाले घटक

प्रेरणा देने वाले घटक (Inspiration Factors) निम्न हैं-

**उत्तेजना** किसी कार्य को करने की तीव्र अभिलाषा उत्तेजना (Stimulus) कहलाती है।

**डोनाल्ड हैब** के अनुसार, "उत्तेजना अथवा जागरुकता शक्ति प्रदान करती है, लेकिन दिशा-निर्देश प्रदान नहीं करती। यह एक इंजन के समान है, लेकिन उसका मार्ग परिवर्तित करने वाला साधन नहीं।"

उत्तेजना निम्न, मध्य एवं उच्च हो सकती है।

**आकांक्षा** (Ambitious) का उत्तेजना स्तर से सीधा सम्बन्ध है। हम उस स्थिति में उत्तेजित हो उठते हैं जब हम देखते कुछ हैं और देखना कुछ और चाहते हैं।

**प्रोत्साहन** (Encourage) लक्ष्य तक पहुँचने के साधन होते हैं। इनका स्वरूप पुरस्कार के रूप में भी हो सकता है और संकेत के रूप में भी। **स्किनर** के अनुसार, "पुनर्बलन ही प्रोत्साहन है, अर्थात् धनात्मक तथा ऋणात्मक पुनर्बलन ही प्रोत्साहन का काम करते हैं।"

**दण्ड** (Punishment) एक उद्दीपन के समान है, जिससे व्यक्ति बचने का प्रयास करता है अथवा उससे दूर भागना चाहता है। **बोम्पस स्मिथ** के अनुसार, "विद्यालयी दण्ड प्रतिशोध नहीं होता है। इसका उद्देश्य प्रशिक्षण है सर्वप्रथम अपराधी का प्रशिक्षण। दूसरे, उसके अवलोकन से अन्य बालकों का प्रशिक्षण। साथ ही, उसे तथा दूसरों को पुन: अपराध करने से बचाना है।"

## सीखने में प्रेरणा का स्थान

सीखने में प्रेरणा का अत्यन्त महत्त्वपूर्ण स्थान है, जिसका विवरण निम्न प्रकार है

1. **बाल-व्यवहार में परिवर्तन** (Changing in Child Behaviour) शिक्षक प्रशंसा, निन्दा, पुरस्कार, भर्त्सना आदि कृत्रिम प्रेरकों का बुद्धिमानी से प्रयोग करके बालकों के व्यवहार को निर्देशित और परिवर्तित कर सकता है।
2. **चरित्र-निर्माण में सहायता** (Help in Character Build up) शिक्षक, बालकों को उत्तम गुणों और आदर्शों को प्राप्त करने के लिए प्रेरित कर सकता है। इस प्रकार, वह उनके चरित्र निर्माण में सहायता दे सकता है।
3. **ध्यान केन्द्रित करने में सहायता** (Help in Attention Concentration) क्रो एवं क्रो के अनुसार, "शिक्षक, बालकों को प्रेरित करके उन्हें अपने ध्यान को पाठ्य विषय पर केन्द्रित करने में सहायता दे सकता है।"
4. **मानसिक विकास** (Mental Development) **क्रो** एवं **क्रो** के अनुसार, "प्रेरक, छात्रों को अपनी सीखने की क्रियाओं में प्रोत्साहन देते हैं।" अत: शिक्षक, प्रेरकों का प्रयोग करके छात्रों को ज्ञान का अर्जन करने के लिए प्रोत्साहित कर सकता है। इस प्रकार, वह उनके मानसिक विकास में अपूर्व योगदान दे सकता है।
5. **रुचि का विकास** (Development of Interest) **थॉमसन** के अनुसार, "प्रेरणा, छात्र में रुचि उत्पन्न करने की कला है।" अत: शिक्षक, प्रेरणा का प्रयोग करके बालकों में कार्य या अध्ययन के प्रति रुचि का विकास कर सकता है। इस प्रकार, वह उनके लिए ज्ञान प्राप्त करने का कार्य सरल बना सकता है।
6. **अनुशासन की भावना का विकास** (Development of Sense of Discipline) शिक्षक, बालकों को अच्छे कार्य करने के लिए प्रेरित कर सकता है। इस प्रकार, वह उनमें अनुशासन की भावना का विकास करके अनुशासनहीनता की समस्या का समाधान कर सकता है।

# अधिगम

- किसी कार्य को सोच-विचार कर करना तथा एक निश्चित परिणाम तक पहुँचना ही अधिगम है।
- गिलफोर्ड के अनुसार, "सीखना व्यवहार के फलस्वरूप व्यवहार में कोई भी परिवर्तन है।"
- **क्रो** एवं **क्रो** के अनुसार, "ज्ञान एवं अभिवृत्ति की प्राप्ति ही सीखना है।"
- **स्किनर** के अनुसार, "व्यवहार के अर्जन में उन्नति की प्रक्रिया को सीखना कहते हैं।"

## अधिगम में अभिप्रेरणा का महत्त्व

अभिप्रेरणा अध्यापक एवं छात्र दोनों के लिए महत्त्वपूर्ण है, अधिगम में अभिप्रेरणा महत्त्वपूर्ण भूमिका निभाती है, जिससे छात्रों की कार्यकुशलता में वृद्धि होती है। सामान्यत: यह माना जाता है कि सभी बच्चे अधिगम के लिए स्वाभाविक रूप से अभिप्रेरित होते हैं तथा सीखने में सक्षम होते हैं। इसलिए अधिगम में अभिप्रेरणा का अपना विशेष महत्त्व है। इसके विभिन्न बिन्दु इस प्रकार हैं

- अभिप्रेरणा छात्रों में उत्सुकता या जिज्ञासा उत्पन्न करती है।
- यह छात्रों को कार्य के लिए आन्तरिक ऊर्जा प्रदान करती है तथा निरन्तरता की प्रवृत्ति को बनाए रखती है।
- यह छात्रों की सीखने की अभिरुचि को बढ़ाती है।
- यह छात्रों में नैतिक, सांस्कृतिक, चारित्रिक तथा सामाजिक मूल्यों को बढ़ाती है।
- यह छात्रों को लक्ष्यउन्मुख (Goal-oriented) बनाती है।

अधिगम के लिए छात्रों में अभिप्रेरणा बनाए रखने के लिए महत्त्वपूर्ण सुझाव निम्न हैं

- ➢ विद्यालय में पढ़ाए जाने वाले विषय की उपयोगिता हो।
- ➢ उपयुक्त शिक्षण विधि।
- ➢ छात्रों को दिया जाने वाला पुनर्बलन जिसके अन्तर्गत पुरस्कार, दण्ड, प्रशंसा तथा निन्दा इत्यादि आते हैं।
- ➢ छात्रों के मध्य प्रतियोगिता, वाद-विवाद, खेल इत्यादि का आयोजन होना चाहिए।

- शिक्षकों के लिए अभिप्रेरणा का महत्त्व निम्नलिखित है
  - ➢ पढ़ाने की शैली सरल हो।
  - ➢ एक सफल प्रेरक के रूप में स्वयं को छात्रों के समक्ष प्रस्तुत करना चाहिए।
  - ➢ विषय-वस्तु को व्यावहारिकता के साथ जोड़कर पढ़ाना चाहिए।
  - ➢ शिक्षक को शिक्षण के लिए एक नवीन दृष्टिकोण तथा प्रयोगों को अपनाना चाहिए।
  - ➢ पुरस्कार के माध्यम से शिक्षकों को विद्यालय में प्रतिस्पर्द्धात्मक वातावरण उत्पन्न करना चाहिए।
  - ➢ छात्रों में जिज्ञासा/उत्सुकता का भाव उत्पन्न करना चाहिए।
  - ➢ शिक्षकों को उच्च नैतिक मूल्य प्रस्तुत करना चाहिए।
  - ➢ शिक्षकों को लोकतान्त्रिक मूल्यों से प्रेरित होना चाहिए।
  - ➢ अध्यापकों को स्वयं अपने कार्य के प्रति अभिप्रेरित होना चाहिए।

## अधिगम में योगदान देने वाले कारक-व्यक्तिगत एवं पर्यावरणीय

मनोवैज्ञानिकों ने अनुसन्धान के आधार पर यह माना है कि अधिगम की प्रक्रिया में व्यक्तिगत एवं पर्यावरणीय दोनों कारकों का असाधारण योगदान होता है, इनके बिना अधिगम की प्रक्रिया पूर्ण नहीं हो सकती। इन दोनों कारकों का वर्णन इस प्रकार किया जा रहा है

**1. व्यक्तिगत कारक**

**(i) शारीरिक व मानसिक दशाएँ** (Physical and Mental Situations) बच्चों का शारीरिक व मानसिक रूप से स्वस्थ रहना अधिगम के लिए अतिआवश्यक है। निम्न बच्चों की बुद्धि-लब्धि सामान्य से बेहतर होती है उसमें सीखने की प्रवृत्ति अधिक होती है।

**(ii) बुद्धि** (Intelligence) यह सोचने की प्रक्रिया का अभिन्न अंग है। यह बालकों में खोजे गए दृष्टिकोण की मानसिकता को बढ़ाती है। बच्चे अपने प्रयोगों के माध्यम से नवीन सिद्धान्त/अवधारणा खोजते रहते हैं।

**(iii) अनुशासन** (Discipline) अनुशासन की शुरुआत छात्र जीवन से ही हो जाती है। यदि छात्र अनुशासित होंगे तो वे पढ़ाई के प्रति संवेदनशील होंगे तथा अपना प्रत्येक कार्य एक नियम के अनुरूप करेंगे। अनुशासित बालक विद्यालय का कार्य, होमवर्क तथा अन्य कार्यों के प्रति सजग होते हैं।

**(iv) पाठ्यक्रम की व्यवस्था** (Arrangement of Curriculum) अध्ययन के दौरान, सुविधा के दृष्टिकोण से पाठ्यक्रम को छोटे-छोटे अध्यायों में विभाजित करके छात्रों को पढ़ना तथा सतत एवं समग्र मूल्यांकन अधिगम को बढ़ावा देता है।

**(v) ध्यान** (Concentration) बालकों को अध्ययन के दौरान ध्यान केन्द्रित करके पढ़ना चाहिए ताकि पढ़ी हुई विषय-वस्तु याद रहे।

**(vi) योग्यता/क्षमता** (Ability/Capacity) बालकों को अपनी क्षमता के अनुरूप अध्ययन करना चाहिए।

**2. पर्यावरणीय कारक**

**(i) पर्यावरण का प्रभाव** (Impact of Environment) सीखने की प्रक्रिया में पर्यावरण/वातावरण का अधिक महत्त्व है। सहयोगात्मक अधिगम पर्यावरण सार्थक अधिगम को प्रोत्साहित करता है। यदि किसी कक्षा के अधिकतम विद्यार्थी पढ़ाई के प्रति जागरूक हैं तो कमजोर छात्र भी उनसे प्रेरित होकर पहले की तुलना में अधिक मेहनत करेंगे।

**(ii) वंशानुक्रम** (Heredity) वंशानुक्रम से भी सीखने की प्रक्रिया को बल मिलता है, क्योंकि कुछ योग्यताएँ, गुण तथा विशेषताएँ बच्चों में वंशानुक्रम के माध्यम (माता-पिता) से आ जाती हैं।

**(iii) कक्षा का परिवेश** (Environment of Class) कक्षा का वातावरण भी बच्चों को सीखने में सहायता करता है। यदि कक्षा प्रकाश युक्त हो, बैठने की अच्छी व्यवस्था हो, बिजली की व्यवस्था हो, व्हाइट बोर्ड इत्यादि हो तो उसका बच्चों पर सकारात्मक प्रभाव पड़ता है।

**(iv) सामाजिक व सांस्कृतिक वातावरण** (Social and Cultural Environment) यदि समाज तथा संस्कृति शिक्षित एवं जागरूक होगा तो उस समाज के बच्चे में सीखने की उत्सुकता अधिक होगी। आडम्बर मुक्त समाज में बच्चों का स्वतन्त्र मानसिक विकास, प्रगतिशीलता का सूचक है। प्रगतिशील समाज व संस्कृति आधुनिकता के पोषक हैं।

**(v) स्वस्थ प्रतियोगिता** (Healthy Competition) बालकों के विकास के लिए समय-समय पर विद्यालय में प्रतियोगिता का आयोजन होना चाहिए; जैसे - निबन्ध प्रतियोगिता, सामान्य ज्ञान प्रतियोगिता, खेल प्रतियोगिता इत्यादि। इसके माध्यम से बालकों में पढ़ाई के प्रति संवेदनशीलता आएगी।

**(vi) अभ्यास एवं परिणाम पर बल** (Focus on Practice and Result) शिक्षकों को शिक्षण के दौरान बालकों को बताना चाहिए कि पढ़े हुए अध्याय को बार-बार पढ़ना चाहिए ताकि इसे लम्बे समय तक याद रखा जा सके। बच्चों को यह भी बताना चाहिए कि आपने क्या पढ़ा, इसका मूल्यांकन स्वयं करना चाहिए इससे यह पता चलेगा कि आपने कितना विकास किया ? साथ ही प्रवीणता-अभिमुखी लक्ष्यों पर बल देकर अधिगम को सार्थक बनाया जा सकता है।

**(vii) समूह अध्ययन** (Group Study) बालकों को संवेदनशील छात्रों का एक समूह बनाकर अध्ययन करना चाहिए ताकि विषय-वस्तु से सम्बन्धित कुछ समस्या का समाधान समूह के माध्यम से हो जाए।

## प्रश्नमाला

**1. किसी कार्य को अपनी स्वयं की इच्छा से न करके दूसरे की इच्छा से करना पड़ता है तो अभिप्रेरणा की कौन-सी स्थिति होगी ?**

(a) सकारात्मक स्थिति
(b) नकारात्मक स्थिति
(c) उदासीन स्थिति
(d) इनमें से कोई नहीं

**2. यदि कोई व्यक्ति आत्मसम्मान, सामाजिक प्रतिष्ठा एवं विशेष उपलब्धि की आकांक्षा रखता है तो उसके बारे में कहा जा सकता है कि वह**

(a) आन्तरिक रूप से अभिप्रेरित है
(b) बाह्य रूप से अभिप्रेरित है
(c) आन्तरिक एवं बाह्य दोनों रूप से अभिप्रेरित है
(d) उपरोक्त में से कोई नहीं

**3. अधिगम के सन्दर्भ में दिया गया कथन "व्यवहार के अर्जन में उन्नति की प्रक्रिया को सीखना कहते हैं।" किस मनोवैज्ञानिक का है ?**

(a) स्किनर (b) वाइगोत्स्की
(c) गिलफोर्ड (d) क्रो एवं क्रो

**4. अधिगम की प्रक्रिया में निम्न में से कौन-सा व्यक्तिगत कारक योगदान देता है ?**

(a) बालकों को सीखने की रुचि
(b) शारीरिक व मानसिक दशाएँ
(c) बुद्धि
(d) उपरोक्त सभी

**5. निम्नलिखित में से कौन एक सोचने की प्रक्रिया का अभिन्न अंग है ?**

(a) बुद्धि (b) रुचि
(c) अनुकरण (d) अनुशासन

**6. राजेश अति लोलुप पाठक है। वह अपने कोर्स की पुस्तकें पढ़ने के अतिरिक्त प्रायः पुस्तकालय जाता है और भिन्न प्रकरणों पर पुस्तकें पढ़ता है। इतना ही नहीं राजेश भोजन अवकाश में अपने परियोजना का कार्य करता है। उसे परीक्षाओं के लिए पढ़ने के लिए अपने शिक्षकों अथवा अभिभावकों द्वारा कभी भी कहने की आवश्यकता नहीं है और वह वास्तव में सीखने का आनन्द लेता नजर आता है। उसे ......... के रूप में सर्वाधिक बेहतर रूप में वर्णित किया जा सकता है।**

(a) आन्तरिक रूप से अभिप्रेरित शिक्षार्थी
(b) तथ्य आधारित शिक्षार्थी
(c) शिक्षक अभिप्रेरित शिक्षार्थी
(d) मापन आधारित शिक्षार्थी

**7. एक आन्तरिक बल जो प्रोत्साहित करता है और व्यवहारपरक प्रतिक्रिया के लिए बाध्य करता है एवं उस प्रतिक्रिया को विशिष्ट दिशा उपलब्ध कराता है,**

(a) अभिप्रेरणा (b) अध्यवसाय
(c) संवेग (d) वचनबद्धता

**8. अधिगम की सर्वोत्तम अवस्था कौन-सी है ?**

(a) सन्तुलित उत्तेजना, कोई भय नहीं
(b) कोई उत्तेजना नहीं, कोई भय नहीं
(c) उच्च उत्तेजना, उच्च भय
(d) निम्न उत्तेजना, उच्च भय

**9. अभिप्रेरणा क्या है ?**

(a) किसी कार्य को करने की इच्छा शक्ति
(b) किसी कार्य को नहीं करने की इच्छाशक्ति
(c) अभिप्रेरणा सामान्यतया बालकों में निराशा का भाव उत्पन्न करती है
(d) उपरोक्त में से कोई नहीं

**10. मॉस्लो के आवश्यकता पदानुक्रम सिद्धान्त के अनुसार कौन-सी आवश्यकता सबसे अन्त में पूरी होती है ?**

(a) सम्मान (b) आत्म-यथार्थता

(c) सुरक्षा (d) सामाजिक

**11. निम्नलिखित में से प्रेरणा देने वाला घटक है**

(a) आकांक्षा (b) प्रोत्साहन

(c) दण्ड (d) ये सभी

**12. बालकों को पढ़ते समय निम्न में से किस बात पर अधिक बल देना चाहिए ?**

(a) विषय-वस्तु को रटने पर

(b) ध्यान लगाकर पढ़ने पर

(c) बातचीत करते हुए पढ़ने पर

(d) उपरोक्त में से कोई नहीं

**13. .......... को एक अभिप्रेरित शिक्षण का संकेतक माना जाता है।**

(a) कक्षा में अधिकतम उपस्थिति

(b) शिक्षक द्वारा दिया गया उपचारात्मक कार्य

(c) विद्यार्थियों द्वारा प्रश्न पूछना

(d) कक्षा में एकदम खामोशी

**14. विद्यार्थियों को स्वच्छता के लिए प्रेरित करने हेतु उन्हें स्वच्छता समिति का सदस्य बनाना, प्रतिबिम्बित करता है**

(a) प्रेरणा की सामाजिक-सांस्कृतिक संकल्पनाएँ

(b) प्रेरणा का व्यवहारवादी उपागम

(c) प्रेरणा का मानवतावादी उपागम

(d) प्रेरणा का संज्ञानात्मक उपागम

**15. कक्षा में बच्चों को प्रेरित समझा जा सकता है यदि-**

(a) वे शिक्षक से स्पष्टीकरण प्राप्त करने के लिए प्रश्न पूछते हैं।

(b) वे अच्छी तरह से वर्दी पहने स्कूल में आते हैं।

(c) वे कक्षा में अनुशासन बनाए रखते हैं।

(d) वे सभी उपस्थिति में नियमित हैं।

## उत्तरमाला

| | | | | | | | | | |
|---|---|---|---|---|---|---|---|---|---|
| **1.** (b) | **2.** (b) | **3.** (a) | **4.** (d) | **5.** (a) | **6.** (a) | **7.** (a) | **8.** (a) | **9.** (a) | **10.** (b) |
| **11.** (d) | **12.** (b) | **13.** (c) | **14.** (a) | **15.** (a) | | | | | |

# 20 राष्ट्रीय पाठ्यचर्या की रूपरेखा (NCF) 2005

- राष्ट्रीय पाठ्यचर्या की रूपरेखा 2005 का उद्धरण रवीन्द्रनाथ टैगोर के निबन्ध 'सभ्यता और प्रगति' से हुआ, जिसमें उन्होंने हमें बताया है कि सृजनात्मकता उदार और आनन्द बचपन की कुंजी है।
- सामाजिक न्याय और समानता के संवैधानिक मूल्यों पर आधारित एक धर्मनिरपेक्ष, समतामूलक और बहुलतावादी समाज के आदर्श से प्रेरणा लेते हुए इस दस्तावेज में शिक्षा के कुछ व्यापक उद्देश्य चिह्नित किए गए हैं। इनमें सम्मिलित हैं, विचार और कर्म की स्वतन्त्रता, दूसरों की भलाई और भावनाओं के प्रति संवेदनशीलता, नई स्थितियों का लचीलेपन और रचनात्मक तरीके से सामना करना, लोकतान्त्रिक प्रक्रिया में भागीदारी की प्रवृत्ति और आर्थिक प्रक्रियाओं तथा सामाजिक बदलाव में योगदान देने के लिए काम करने की क्षमता।
- यदि शिक्षा को जानने के लोकतान्त्रिक तरीकों को सुदृढ़ करना है तो उसे स्कूल में जाने वाली पहली पीढ़ी की उपस्थिति का भी ध्यान रखना ही होगा, जिसका स्कूल में बने रहना उस संविधान संशोधन के अन्तर्गत अनिवार्य हो गया है। जिसने आरम्भिक शिक्षा को हर बच्चे का मौलिक अधिकार बना दिया है।
- संविधान के इस संशोधन से हम पर यह जिम्मेदारी आ गई है कि हम सारे बच्चों को जाति, धर्म सम्बन्धी अन्तर, लिंग और असमर्थता सम्बन्धी चुनौतियों से निरपेक्ष रहते हुए स्वास्थ्य, पोषण और समावेशी स्कूली माहौल उपलब्ध कराएँ, जो उनको शिक्षा ग्रहण में सहायता पहुँचाए तथा उन्हें सशक्त बनाएँ।
- हमारे शैक्षिक उद्देश्यों और शिक्षा की गुणवत्ता में आज गहरी विकृति आ गई है, इसका प्रमाण यह तथ्य है कि शिक्षा बच्चों और उनके माता-पिता के लिए तनाव और बोझ का कारण बन गई है।

इस विकृति को मजबूत करने के लिए पाठ्यचर्या के इस दस्तावेज ने पाठ्यचर्या निर्माण के पाँच निर्देशक सिद्धान्तों का प्रस्ताव रखा है

1. ज्ञान को स्कूल के बाहरी जीवन से जोड़ना।
2. परीक्षा को अपेक्षाकृत अधिक लचीला बनाना और कक्षा की गतिविधियों से जोड़ना।
3. एक ऐसी अधिभावी पहचान का विकास, जिसमें प्रजातान्त्रिक राज्य-व्यवस्था के अन्तर्गत राष्ट्रीय चिन्ताएँ समाहित हों।
4. यह सुनिश्चित करना की पढ़ाई रटंत प्रणाली पर आधारित न हो, बल्कि समझ पर आधारित हो।
5. पाठ्यचर्या का विकास/संवर्द्धन इस प्रकार हो कि वह बालकों को सर्वांगीण विकास का अवसर उपलब्ध करवाए।

## पाठ्यचर्या एवं व्यवहार के लिए निहिता

- रचनात्मक परिप्रेक्ष्य में, सीखना ज्ञान के निर्माण की एक प्रक्रिया है। विद्यार्थी सक्रिय रूप से पूर्व प्रचलित विचारों में उपलब्ध सामग्री/गतिविधियों के आधार पर अपने लिए ज्ञान की रचना करते हैं।
- उदाहरण के लिए-यातायात व्यवस्था को पाठ या चित्र या दृश्य सामग्री का उपयोग करते हुए पढ़ाने तथा उस पर विद्यार्थियों में चर्चा कराने से उनके यातायात व्यवस्था सम्बन्धी ज्ञान के निर्माण में सहायता की जा सकती है।
- आरम्भिक निर्मित (मानसिक चित्रण) सड़क यातायात के विचार पर (7 आधारित हो सकती है और ग्रामीण क्षेत्रों का कोई विद्यार्थी बैलगाड़ी के इर्द-गिर्द अपने विचार का सृजन कर सकता है। विद्यार्थी दी गई गतिविधियों (अनुभव) के माध्यम से बाह्य यथार्थ (यातायात व्यवस्था) की मानसिक छवि का सृजन कर सकते हैं।
- विचारों की रचना एवं पुनर्रचना उनके विकास के आवश्यक लक्षण हैं। ज्ञान-निर्माण की प्रक्रिया का एक सामाजिक पहलू यह भी है कि जटिल कार्य के लिए आवश्यक ज्ञान समूह परिस्थितियों में निहित होता है।
- इस सन्दर्भ में, सहयोगी शिक्षण के लिए अर्थ की बहुलता और बाह्य यथार्थ के आन्तरिक प्रतिनिधित्व को पर्याप्त जगह दिए जाने की आवश्यकता है।
- हर विद्यार्थी व्यक्तिगत और सामाजिक तौर पर अर्थ का निर्माण करता है। अर्थ निर्माण सीखता है। रचनात्मक परिप्रेक्ष्य ऐसी रणनीतियाँ उपलब्ध करवाता है, जो सबके द्वारा सीखने को प्रोत्साहित करती हैं।
- बच्चों के संज्ञान में अध्यापकों की भूमिका भी बढ़ सकती है, यदि वे ज्ञान निर्माण की उस प्रक्रिया में ज्यादा सक्रिय रूप से सम्मिलित हो जाएँ, जिसमें बच्चे व्यस्त हैं। सीखने की प्रक्रिया में व्यस्त एक बालक या बालिका अपने ज्ञान का सृजन स्वयं करता/करती है।
- बच्चों को ऐसे प्रश्न पूछने की अनुमति देना जिनसे वे स्कूल में सिखाई जाने वाली चीजों का सम्बन्ध बाहरी दुनिया से स्थापित कर सकें, उन्हें एक ही तरीके से उत्तर रटने/याद करने देने के अतिरिक्त अपने शब्दों में जवाब देने और अपने अनुभव बताने के लिए प्रोत्साहित करना-ये सभी बच्चों की समझ विकसित करने में छोटे, किन्तु बेहद महत्त्वपूर्ण कदम हैं।
- 'चतुर अनुमान' को एक कारगर शिक्षा शास्त्रीय साधन के रूप में प्रोत्साहित किया जाना चाहिए। अपने रोजमर्रा के जीवन या 'मीडिया एक्सपोजर' से प्रायः बच्चों को एक बोध तो होता है, लेकिन वे उसे उस प्रकार प्रस्तुत नहीं कर पाते जो शिक्षक को पसन्द हो।
- पूछताछ, अन्वेषण, प्रश्न पूछना, वाद-विवाद, व्यावहारिक प्रयोग व ऐसा चिन्तन, जिससे सिद्धान्त बन सकें और विचार/स्थितियों की रचना हो सके ये सभी बच्चों की सक्रिय व्यस्तता को सुनिश्चित करते हैं।
- स्कूलों द्वारा ऐसे अवसर प्रदान किए जाने चाहिए ताकि बच्चे प्रश्न पूछकर और चर्चा एवं चिन्तन कर अवधारणाओं को आत्मसात करें या नए विचारों की रचना करें।
- इस प्रक्रिया के द्वारा विभिन्न अवधारणाओं एवं कौशल सीखने के लिए व स्थितियों तक पहुँचने के लिए बच्चों की सक्रिय भूमिका में चुनौती का तत्त्व निर्णायक है। एक विशेष आयु वर्ग के लिए जो चुनौतीपूर्ण है, वह दूसरे आयु वर्ग के लिए सरल हो सकता है।
- अतः प्रायः 'वस्तुपरक' होने के नाम पर अध्यापक लचीलेपन और रचनात्मकता को समाप्त कर देता है। प्रायः निजी व सरकारी दोनों स्कूलों के अध्यापक इस बात पर बल देते हैं कि सभी बच्चों को प्रश्नों के एकसमान उत्तर देने चाहिए। अन्य उत्तरों को स्वीकार न करने के लिए यह तर्क दिया जाता है कि 'वे ऐसा उत्तर नहीं दे सकते जो पाठ्य-पुस्तक में नहीं हैं', 'क्या हमें सभी तरह के जवाबों को सही मानना चाहिए?' ऐसे तर्क पढ़ाई के अर्थ का उपहास बना देते हैं और बच्चों व माता-पिता को और भी आश्वस्त कर देते हैं कि स्कूल अतार्किक रूप से सख्त है।

- हमें वास्तव में, इस बात पर सोचना चाहिए कि हम हमेशा बच्चों से सवाल के जवाब देने के लिए ही क्यों कहते हैं। दिए गए उत्तरों के लिए प्रश्नों की एक सूची बनाना भी सीखने का वैध परीक्षण हो सकता है।

## राष्ट्रीय पाठ्यचर्या की रूपरेखा का विवरण

राष्ट्रीय पाठ्यचर्या की रूपरेखा 2005 (National Curriculum Framework) रचनावाद से प्रभावित है। निम्नलिखित भागों में बाँटकर वर्णित किया गया है

### परिप्रेक्ष्य

इस भाग में राष्ट्रीय पाठ्यचर्या की रूपरेखा का परिचय, पश्चावलोकन, मार्गदर्शक सिद्धान्त, गुणवत्ता के आयाम, शिक्षा का सामाजिक सन्दर्भ तथा शिक्षा का लक्ष्य जैसे महत्त्वपूर्ण विषयों का समावेश है।

इस भाग के महत्त्वपूर्ण तथ्य निम्नलिखित हैं-

- 'शिक्षा बिना बोझ के' की सूझ के आधार पर पाठ्यचर्या के बोझ को कम करना।
- इस तथ्य को समझना कि शिक्षा के लक्ष्य, समाज में तत्कालीन महत्त्वकांक्षाओं व आवश्यकताओं के साथ शाश्वत मूल्यों (Universal values) तथा समाज के सरोकारों के साथ वृहद् मानवीय आदर्शों को भी प्रतिबिम्बित करते हैं।
- ऐसे नागरिक वर्ग का निर्माण करना, जो लैंगिक न्याय, मूल्यों, लोकतान्त्रिक व्यवहारों, अनुसूचित जनजातियों और विशेष आवश्यकताओं वाले बच्चों की समस्या की ओर आवश्यकताओं के प्रति संवेदनशील हों तथा उनमें राजनीतिक एवं आर्थिक प्रक्रियाओं में भाग लेने की क्षमता हो।

## सीखना और ज्ञान

इस भाग में सक्रिय विद्यार्थियों की प्राथमिकता, विद्यार्थी को सन्दर्भ में रखना, विकास और सीखना तथा पाठ्यचर्या एवं व्यवहार के लिए निहितार्थ जैसे विषयों का समावेश है।

इस भाग के महत्त्वपूर्ण तथ्य निम्नलिखित हैं, जो इस प्रकार हैं

- समाज में मिलने वाली अनौपचारिक शिक्षा, विद्यार्थी में अपना ज्ञान स्वयं सृजित करने की स्वाभाविक क्षमता को विकसित करती है।
- बाल-केन्द्रित शिक्षा का अर्थ है बच्चों के अनुभवों, उनके स्वरों और उनकी सक्रिय सहभागिता को प्राथमिकता देना।
- बच्चे उसी वातावरण में जल्दी सीखते हैं, जिसमें उन्हें लगे कि उन्हें महत्त्वपूर्ण माना जा रहा है।
- प्राथमिक स्कूल से विश्वविद्यालय तक शारीरिक एवं भावात्मक सुरक्षा प्रत्येक प्रकार से सीखने की आधारशिला है।
- सभी बच्चों की स्वतण खेलों, अनौपचारिक व औपचारिक खेलों, योग आदि की गतिविधियों में सहभागिता उनके शारीरिक तथा मनो-सामाजिक विकास के लिए आवश्यक है।
- संज्ञान का अर्थ है, कर्म व भाषा के माध्यम से स्वयं और दुनिया को समझना।
- आस-पास के वातावरण, प्रकृति, चीजों व लोगों से कार्य व भाषा दोनों के माध्यम से अन्त:क्रिया करना, सीखने की प्रक्रिया का अभिन्न अंग है।
- शिक्षक एक उत्प्रेरक (Catalyst) है, जो विद्यार्थियों को अभिव्यक्ति के लिए और ज्ञानार्जन के क्रम में व्याख्या और विश्लेषण करने के लिए प्रोत्साहित करता है।
- समावेशी कक्षा के शिक्षक की पाठ योजना और इकाई योजना को इस ओर इंगित करना चाहिए कि वह बच्चों की आवश्यकतानुसार कक्षा में जारी गतिविधि को बदल सके।
- विवेचनात्मक शिक्षाशास्त्र, विभिन्न मुद्दों पर उनके राजनीतिक, सामाजिक, आर्थिक तथा नैतिक पहलुओं के सन्दर्भ में आलोचनात्मक चिन्तन का अवसर प्रदान करता है।
- बच्चों की बुनियादी क्षमताएँ उनके बौद्धिक विकास, मूल्यों और कौशलों के लिए एक वृहत आधार तैयार करती है।
- अवलोकन, अन्वेषण, विश्लेषणात्मक विमर्श तथा ज्ञान की विषय-वस्तु विद्यार्थियों की सहभागिता के प्रमुख क्षेत्र हैं।

## पाठ्यचर्या के क्षेत्र, स्कूल की अवस्थाएँ और आकलन

इस भाग में भाषा, गणित, विज्ञान, सामाजिक विज्ञान, कला शिक्षा, स्वास्थ्य और शारीरिक शिक्षा, काम और शिक्षा, आवास और सीखना, अध्ययन और आकलन की योजनाएँ तथा आकलन और मूल्यांकन जैसे विषयों का समावेश है।

इस भाग के महत्त्वपूर्ण तथ्य निम्नलिखित हैं

- बहुभाषिता एक ऐसा संसाधन है, जिसकी तुलना सामाजिक तथा राष्ट्रीय स्तर पर किसी अन्य राष्ट्रीय संसाधन से की जा सकती है।
- द्विभाषी/बहुभाषी क्षमता संज्ञानात्मक वृद्धि, विस्तृत चिन्तन, सामाजिक सहिष्णुता और बौद्धिक उपलब्धियों के स्तर को बढ़ाती है।
- भाषायी अल्पसंख्यक वर्गों के बच्चों की प्राथमिक स्तर पर शिक्षा व्यवस्था उनकी मातृभाषा में करना उनके संज्ञानात्मक विकास के लिए आवश्यक है।
- गणितीय अवधारणाओं को विभिन्न तरीकों से निरूपित करना गणितीय सामर्थ्य को बढ़ाता है।
- प्रत्यक्षीकरण तथा निरूपण जैसे कौशलों के विकास में गणित बहुत सहायक सिद्ध होता है।
- गणित शिक्षण का मुख्य लक्ष्य तार्किक ढंग से सोचने, अमूर्तनों का निर्माण करने तथा संचालित करने की योग्यता का विकास करने से होना चाहिए।
- विज्ञान गत्यात्मक और निरन्तर परिवर्द्धित ज्ञान का एक ऐसा भण्डार है, जिसमें अनुभव के नवीन क्षेत्रों को सम्मिलित किया जाता है।
- विज्ञान की शिक्षा ऐसी होनी चाहिए, जिससे शिक्षार्थी तरीकों एवं प्रक्रियाओं का बोध करने में सक्षम हो सके।
- उच्च प्राथमिक स्तर पर शिक्षार्थियों को विज्ञान शिक्षण के अन्तर्गत वैज्ञानिक अवधारणाओं को मुख्यत: गतिविधियों (Activities) एवं प्रयोगों (Experiment) द्वारा ही समझाना चाहिए।
- सामाजिक विज्ञान शिक्षण के अन्तर्गत एक ऐसी पाठ्यचर्या का होना आवश्यक है, जो शिक्षार्थियों में समाज के प्रति आलोचनात्मक समझ का विकास कर सके।
- सामाजिक विज्ञान शिक्षण में उन विधियों का उपयोग किया जाना चाहिए, जो शिक्षार्थियों में रचनात्मक, सौन्दर्यबोध तथा आलोचनात्मक समझ बढ़ाने के साथ-साथ उनके अतीत तथा वर्तमान के मध्य सम्बन्ध बनाने में सहायक हो।
- हस्तशिल्प एक उत्पादन प्रक्रिया है, जो समावेशी शिक्षा के क्षेत्र में अत्यन्त महत्त्वपूर्ण सिद्ध होता है।
- स्वास्थ्य और स्वच्छता पर आधारित शिक्षा का सम्बन्ध बच्चों के दैनिक जीवन के व्यावहारिक पहलुओं से सम्बन्धित होना चाहिए।
- शान्ति के लिए शिक्षा, नैतिक विकास के साथ-साथ उन मूल्यों, दृष्टिकोणों तथा कौशलों के पोषण पर बल देती है, जो प्रकृति और मानव के बीच सामंजस्य बिठाने के लिए आवश्यक है।
- शिक्षार्थियों के नैतिके विकास हेतु यह आवश्यक है कि उन्हें ऐसी सीख दी जाए, जिसके माध्यम से वे सही क्या है ?, गलत क्या है ? आदि प्रश्नों के उत्तर खोज सकें।
- आकलन का मुख्य प्रयोजन सीखने-सिखाने की प्रक्रियाओं एवं सामग्री में सुधार लाना तथा उन लक्ष्यों पर पुनर्विचार (Review) करना है, जो स्कूल के विभिन्न चरणों के लिए तैयार किए जाते हैं।
- स्वयं सीखने वाली गतिविधियाँ बच्चों के सतत गुणात्मक तथा अवलोकनात्मक आकलन का आधार होती हैं।
- पूर्व प्राथमिक स्तर पर आकलन बच्चों की दैनिक गतिविधियों, स्वास्थ्य और शारीरिक विकास पर आधारित होना चाहिए।

## विद्यालय तथा कक्षा का वातावरण

इस भाग में भौतिक वातावरण, सक्षम बनाने वाले वातावरण का पोषण, सभी बच्चों की भागीदारी, अनुशासन और सहभागी प्रबन्धन, अभिभावकों और समुदाय के लिए

स्थान, पाठ्यचर्या के स्थल और अधिगम के संसाधन, समय तथा शिक्षकं की स्वायत्तता और व्यावसायिक स्वतन्त्रता जैसे विषयों का समावेश है। इस भाग के महत्त्वपूर्ण तथ्य निम्नलिखित हैं

- **चेतन** और **अचेतन** दोनों रूप में बच्चे हमेशा विद्यालय के भौतिक वातावरण से निरन्तर अन्त:क्रिया करते रहते हैं। कक्षा का आकार शिक्षण-अधिगम प्रक्रिया को प्रभावित करने वाला एक महत्त्वपूर्ण कारक है। किसी भी अवस्था में शिक्षक तथा शिक्षार्थियों का अनुपात 1:30 से अधिक होना वांछित नहीं है।
- स्कूल की संस्कृति ऐसी होनी चाहिए कि शिक्षार्थियों की अस्मिता को उजागर करने के साथ- साथ ऐसा वातावरण तैयार करे, जिसमें प्रत्येक शिक्षार्थी की रुचि और क्षमताओं के विकास को बढ़ावा मिल सके।
- बच्चों की सक्रिय भागीदारी, हमारी संस्कृति के समतामूलक, लोकतान्त्रिक धर्मनिरपेक्षी और समानता के मूल्यों में नई जान डालने जैसे लक्ष्यों की प्राप्ति हेतु अत्यन्त आवश्यक है।
- अनुशासन ऐसा होना चाहिए जो कार्य के सम्पन्न होने में सहायता करे साथ ही बच्चों की सक्षमता को बढ़ाए।
- यह आवश्यक है कि सत्र के आरम्भिक और अन्तिम दो या तीन दिन स्कूल की वार्षिक योजना तैयार किए जाने हेतु रखने चाहिए, जिसमें ऐसी गतिविधियों की स्वतन्त्रता हो जिनमें शिक्षार्थी सक्रिय रूप से भाग ले सकें।

## व्यवस्थागत सुधार

इस भाग में गुणवत्ता को लेकर सरोकार, पाठ्यचर्या नवीकरण के लिए शिक्षक-शिक्षा, परीक्षा सुधार, बाल-केन्द्रित शिक्षा, विचार और व्यवहार में नवाचार तथा नई साझेदारियाँ जैसे विषयों का समावेश है।

इस भाग के महत्त्वपूर्ण तथ्य निम्नलिखित हैं

- बच्चों की शिक्षा व्यवस्था में विकासात्मक मानकों (Standards) का प्रयोग किया जाना चाहिए, जो अभिप्रेरणा तथा क्षमता की समग्र वृद्धि की पूर्व मान्यता पर आधारित हों।
- अधिगम को सहभागिता की उस प्रक्रिया के रूप में देखना चाहिए, जो सहपाठियों और वृहत सामाजिक समुदाय या पूरे राष्ट्र के साझे सामाजिक सन्दर्भों के बीच होती है।
- पाठ्यचर्या को इस प्रकार निर्मित करना चाहिए जिसमें शिक्षक शिक्षार्थियों को खेलते तथा काम करते हुए प्रत्यक्ष रूप से अवलोकित कर सके।
- शिक्षक-प्रशिक्षण कार्यक्रमों में समकालीन भारतीय समाज के मुद्दों और चिन्ताओं, उसके बहुलतावादी स्वभाव और पहचान, लिंग, समता, जीविका और गरीबी जैसे विषयों का समावेश होना चाहिए।
- काम केन्द्रित शिक्षा का अर्थ है बच्चों में उनके परिवेश, प्राकृतिक-संसाधनों तथा जीविका से सम्बन्धित ज्ञान आधारों, सामाजिक अन्तर्दृष्टियों तथा कौशलों को विद्यालयी व्यवस्था में उनकी गरिमा और मजबूती के स्रोतों में बदलना।

## नियोजन के उपागम

- हमारी शिक्षा आज भी सीमित 'पाठ योजना' पर आधारित है, जिसका लक्ष्य हमेशा परिमेय (Rational) 'आचरणों' को प्राप्त करना होता है। इस दृष्टिकोण से बच्चे ऐसे प्राणी माने जाते हैं जिन्हें हम प्रशिक्षित कर सकते हैं या फिर एक कम्प्यूटर के समान जिन्हें हम अपने हिसाब से कार्यबद्ध कर सकते हैं। इसलिए 'परिणामों' पर बहुत ज्यादा ध्यान दिया जाता है। बल इस बात पर रहता है कि ज्ञान को जानकारी के टुकड़ों के रूप में प्रस्तुत किया जाए, जिससे बच्चे प्रोत्साहित होने के बाद उन्हें सीधे पाठ से याद कर सकें।
- अन्त में यह देखने के लिए बच्चे के मूल्यांकन पर भी बड़ा बल रहता है कि बच्चे ने याद किया कि नहीं, जबकि आवश्यकता यह है कि हम बच्चे को हमेशा ज्ञान सृजन में व्यस्त रखने की आवश्यकता को समझें।
- केवल गणित, विज्ञान, भाषा व समाज विज्ञान जैसे ज्ञानात्मक विषयों के बारे में ही यह सच नहीं, बल्कि मूल्यों, अभिरुचियों और कौशलों के बारे में भी यह बात उतनी ही सटीक है।
- एक शिक्षार्थी को देखने का यह परिप्रेक्ष्य बहुत स्पष्ट लग सकता है, लेकिन आज भी अनेक अध्यापक, परीक्षक व पाठ्य-पुस्तक लेखक इस पर विश्वास नहीं कर पाते कि इस आदर्श को वास्तविकता में बदला जा सकता है।

## अनुशासन एवं सहगामी प्रबन्धन

- स्कूल विद्यार्थियों का भी उतना ही होता है जितना कि शिक्षकों, प्रधानाध्यापकों का और यह सरकारी स्कूलों के लिए विशेष रूप से सही है। शिक्षकों और विद्यार्थियों में परस्पर निर्भरता होती है, विशेषकर आज के दौर में जब सीखने का काम सूचना की उपलब्धि पर निर्भर करता है और ज्ञान का सृजन उन संसाधनों की नींव पर आधारित होता है, जिनके केन्द्र में शिक्षक होता है। शिक्षक और विद्यार्थी दोनों ही एक-दूसरे के बिना कार्य नहीं कर सकते।
- वर्तमान में स्कूल के नियम और मानक (परम्पराएँ) विद्यार्थियों के 'अच्छे' और 'उपयुक्त' व्यवहार को परिभाषित करते हैं। अनुशासन बनाए रखना ज्यादातर शिक्षकों एवं वयस्क अधिकारियों (अकसर खेलकूद के अध्यापक और प्रबन्धक) का विशेषाधिकार होता है। ये अधिकारी अकसर कुछ बच्चों को 'मॉनीटर' और 'अध्यक्ष' के रूप में रख लेते हैं और उनको नियन्त्रण एवं व्यवस्था बनाए रखने की जिम्मेदारी दे देते हैं। सज़ा एवं पुरस्कारों की इसमें महत्त्वपूर्ण भूमिका होती है।
- जो लोग इस व्यवस्था को लागू करते हैं वे शायद ही इन नियमों पर या बच्चों पर पड़ने वाले उस प्रभाव पर प्रश्न उठाते हैं जो इस आज्ञापालन से बच्चों के सम्पूर्ण विकास, आत्मसम्मान और शिक्षा में रुचि पर पड़ता है।
- आज भी कई स्कूलों में बच्चों को शारीरिक और शाब्दिक या गैर-शाब्दिक यातनाएँ दी जाती हैं। स्कूल बच्चों को उनके सहपाठियों के -सामने अपमानित भी करते हैं। आज भी कई शिक्षक, यहाँ तक कि माता-पिता भी, यही सोचते हैं कि बच्चों को इस तरह की सजा या यातना देना बहुत आवश्यक है।
- ये लोग इस तरह के व्यवहार से पड़ने वाले तात्कालिक और दीर्घकालिक, अहितकारी प्रभावों से बिलकुल अनभिज्ञ हैं। शिक्षकों के लिए आवश्यक है कि वे स्कूलों को नियन्त्रित करने वाले नियमों और परम्पराओं के पीछे दिए गए मूलाधार पर चिन्तन करें और यह सोचें कि क्या ये नियम और परम्पराएँ हमारी शिक्षा के लक्ष्यों के साथ सामंजस्य बिठा पाते हैं।
- कक्षा में चुप्पी बनाए रखने से सम्बन्धित जो नियम होते हैं; जैसे- 'एक बार में एक ही बच्चा बोले' या 'तभी बोले जब सही उत्तर पता हो', इस तरह के नियम समानता और बराबर अवसर देने के मूल्यों को कमजोर बनाते हैं और उन्हें क्षति पहुँचाते हैं।
- ऐसे नियम उन प्रक्रियाओं को भी हतोत्साहित करते हैं जो बच्चों की सीखने की प्रक्रिया में अन्तर्निहित होती हैं और सहपाठियों में समुदाय की भावना को विकसित होने से भी रोकती हैं। हालाँकि इन नियमों से शिक्षकों के लिए कक्षा 'व्यवस्था की नजर से आसान हो जाती है और 'पाठ्यक्रम पूरा करना भी आसान हो जाता है।
- अधिगम के व्यवस्थित-अनुकरण के लिए और बच्चों की रुचियों एवं सम्भावनाओं के विकास के लिए उनमें आत्मानुशासन का मूल्य और आदत डालना महत्त्वपूर्ण होता है। अनुशासन ऐसा होना चाहिए जो काम के सम्पन्न होने में सहायता करे और जो बच्चों का सक्षमता को बढ़ाए।
- अनुशासन शिक्षक और बच्चे दोनों के लिए आजादी, विकल्प एवं स्वायत्तता बढ़ाने वाला होना चाहिए। यह आवश्यक है कि बच्चों को नियम विकसित करने की प्रक्रिया में सम्मिलित किया जाए ताकि वे नियम के पीछे के तर्क को समझें और उसके पालन की अपनी जिम्मेदारी को भी महसूस करें।
- स्कूल के सहभागी प्रबन्धन में ऐसी व्यवस्था को विकसित करने की आवश्यकता है, जिसमें बच्चों, शिक्षकों और प्रबन्धकों की भूमिका हो। इस बात की भी

आवश्यकता है कि बच्चों को अपनी परिषद् हेतु प्रतिनिधि चुनने के लिए प्रोत्साहित किया जाए और इसी तरह शिक्षकों, प्रशासकों और अध्यापकों को भी अपने आप को संगठित करना चाहिए।

## शिक्षा के लक्ष्य

- शिक्षा के लक्ष्यों (Goal of Education) में व्यापक दिशा-निर्देश हैं, जो शैक्षणिक प्रक्रियाओं के तय किए गए आदेशों और स्वीकृत सिद्धान्तों से संगति बिठाने में सहायता करते हैं। शिक्षा के लक्ष्य समाज की मौजूदा महत्त्वाकांक्षाओं व आवश्यकताओं के साथ शाश्वत मूल्यों तथा मानवीय आदर्शों को भी प्रतिबिम्बित करते हैं।
- एक उद्देश्य को पूर्व-दृष्टि भी देनी चाहिए। ऐसा तीन तरीकों से किया जा सकता है
  - ➢ पहला, निश्चित परिस्थितियों का सूक्ष्म अध्ययन करके यह देखना कि लक्ष्य तक पहुँचने के लिए क्या साधन उपलब्ध हैं और उस मार्ग में क्या बाधाएँ हैं।
  - ➢ इसमें बच्चों का बहुत सूक्ष्म अध्ययन करने और यह देखने की आवश्यकता होगी कि विभिन्न अवस्थाओं में वे क्या-क्या सीख सकते हैं।
  - ➢ दूसरा, यह पूर्व-दृष्टि उस क्रम की ओर इंगित करती है, जो कारगर होगा।
  - ➢ तीसरा, यह विकल्पों के चुनाव की सम्भावनाएँ भी खोलती है। इसलिए, एक लक्ष्य के साथ हम अपेक्षाकृत अधिक समझदारी से काम करते हैं।
- स्कूल, कक्षा और सम्बन्धित शैक्षिक स्थल वास्तव में वे स्थान होते हैं जहाँ सर्वाधिक महत्त्वपूर्ण शैक्षिक क्रियाकलाप होते हैं। ये वे स्थान होने चाहिए जहाँ विद्यार्थियों को ऐसे अनुभव मिलें जो वांछित शैक्षिक उद्देश्यों को पाने में सहायक हों। विद्यार्थियों, शैक्षिक उद्देश्यों, ज्ञान की प्रकृति एवं सामाजिक जगह के रूप में स्कूल की समझ, कक्षा में चल रही गतिविधियों को निर्देशित करने के सिद्धान्तों तक पहुँचने में सहायता कर सकती है।
- जिन मार्गदर्शक सिद्धान्तों की पहले चर्चा की गई है वे सामाजिक मूल्यों को एक आधार प्रदान करते हैं, जिसमें हम अपने शैक्षिक उद्देश्यों को रख सकते हैं, पहला है लोकतन्त्र, समानता, न्याय, स्वतन्त्रता, परोपकार, धर्मनिरपेक्षता, मानवीय गरिमा' व अधिकार तथा दूसरे के प्रति आदर जैसे मूल्यों के प्रति प्रतिबद्धता।
- पाठ्यचर्या में स्कूलों के लिए वह सीमा आवश्यक होनी चाहिए ताकि वह संवाद एक विमर्श के लिए जगह पैदा करते हुए बच्चों में इस तरह की प्रतिबद्धता का निर्माण कर सके।
- विचार तथा क्रिया की आजादी, स्वतन्त्र तथा सामूहिक रूप से सावधानीपूर्वक विचार किए गए मूल्य निर्धारित निर्णय लेने की क्षमता की ओर संकेत करते हैं।

## प्रश्नमाला

**1. बच्चों के शारीरिक एवं मनो-सामाजिक विकास के लिए निम्न में से क्या आवश्यक है?**

(a) योग
(b) औपचारिक खेल
(c) अनौपचारिक खेल
(d) ये सभी

**2. राष्ट्रीय पाठ्यचर्या की रूपरेखा-2005 के अनुसार कक्षा में शिक्षक की भूमिका होनी चाहिए-**

(a) एक उत्प्रेरक के रूप में
(b) एक आदेशक के रूप में
(c) एक नेता के रूप में
(d) इनमें से कोई नहीं

**3. कला विषय को स्कूली शिक्षा के किस स्तर पर सम्मिलित किए जाने पर बल देना चाहिए?**

(a) पूर्व प्राथमिक (b) प्राथमिक
(c) उच्च प्राथमिक (d) इन सभी स्तरों पर

**4. राष्ट्रीय पाठ्यचर्या की रूपरेखा-2005 किस सूझ के आधार पर पाठ्यचर्या के बोझ को कम करने पर बल देती है?**

(a) शिक्षा बोझ के साथ
(b) शिक्षा बिना बोझ के
(c) शिक्षा पर्यावरण के साथ
(d) शिक्षा पर्यावरण के बिना

**5. शिक्षा के क्षेत्र में 'पाठ्यचर्या' शब्दावली ......... की ओर संकेत करती है।**

(a) शिक्षण-पद्धति एवं पढ़ाई जाने वाली विषय-वस्तु
(b) विद्यालय का सम्पूर्ण कार्यक्रम जिसमें विद्यार्थी प्रतिदिन अनुभव प्राप्त करते हैं
(c) मूल्यांकन-प्रक्रिया
(d) कक्षा में प्रयुक्त की जाने वाली पाठ्य सामग्री

**6. राष्ट्रीय पाठ्यचर्या की रूपरेखा के दिशा-निर्देश के अन्तर्गत आता है।**

(a) ज्ञान को स्कूल के बाहरी जीवन से जोड़ना
(b) पढ़ाई रटंत प्रणाली से मुक्त हो
(c) परीक्षा को अपेक्षाकृत सरल बनाना
(d) उपरोक्त सभी

**7. विवेचनात्मक शिक्षाशास्त्र खुले विमर्श और विविध दृष्टिकोण के माध्यम से ......... लेने की प्रक्रिया को सरल बनाता है।**

(a) सामूहिक निर्णय (b) एकल निर्णय
(c) स्व निर्णय (d) इनमें से कोई नहीं

**8. यदि बच्चे फेल होते हैं, तो वे दर्शाते हैं-**

(a) अपनी असफलता को
(b) स्कूल की असफलता को
(c) समाज की असफलता को
(d) परिवार की असफलता को

**9. ......... की चिन्ताओं के प्रति जागरुकता को सम्पूर्ण स्कूली पाठ्यचर्या में व्याप्त होना चाहिए?**

(a) गणित (b) पर्यावरण
(c) भाषा (d) मातृभाषा

**10. निम्नलिखित में से पाठ योजना का दर्शन किसने दिया?**

(a) हरबर्ट (b) गिलबर्ट
(c) एलबर्ट (d) हजवर्ग

**11. अनुशासन व्यक्ति के जीवन में बहुत आवश्यक है, विशेषकर विद्यालय स्तर पर जब इसकी आधारशिला रखी जाती है, विद्यालय स्तर पर अनुशासन महत्व है-**

(a) केवल शिक्षकों के लिए
(b) केवल छात्रों के लिए
(c) शिक्षक एवं छात्र दोनों के लिए
(d) इनमें से कोई नहीं

**12. छोटे शिक्षार्थियों को कक्षा-कक्षा में समवयस्कों के साथ अन्तःक्रिया करने के लिए प्रोत्साहित करना चाहिए जिससे-**

(a) शिक्षक कक्षा-कक्षा को बेहतर तरीके से नियन्त्रित कर सके।
(b) वे एक-दूसरे से प्रश्नों के उत्तर सीख सकें।
(c) पाठ्यक्रम को बहुत जल्दी पूरी किया जा सके।
(d) वे पढ़ने के दौरान सामाजिक कौशल सीख सके।

## उत्तरमाला

**1.** (d) **2.** (a) **3.** (d) **4.** (b) **5.** (b) **6.** (d) **7.** (a) **8.** (b) **9.** (b) **10.** (a)
**11.** (c) **12.** (d)

❑❑❑

# 21 नई राष्ट्रीय शिक्षा नीति–2020

- भारत सरकार द्वारा 29 जुलाई, 2020 को राष्ट्रीय शिक्षा नीति 2020 को मंजूरी प्रदान की गई। यह शिक्षा नीति 34 वर्ष पुरानी राष्ट्रीय शिक्षा नीति, 1986 को प्रतिस्थापित करेगी।
- यह नीति अन्तरिक्ष वैज्ञानिक के. कस्तूरीरंगन की अध्यक्षता वाली समिति की रिपोर्ट पर आधारित है। इस नीति की घोषणा के साथ ही मानव संसाधन मन्त्रालय का नाम परिवर्तित कर शिक्षा मन्त्रालय कर दिया गया है।

## राष्ट्रीय शिक्षा नीति 2020 के प्रमुख बिन्दु

नई शिक्षा नीति 2020 के प्रमुख बिन्दु निम्न हैं-

### स्कूली शिक्षा सम्बन्धी प्रावधान

- नई शिक्षा नीति में 5 + 3 + 3 + 4 डिजाइन वाले शैक्षणिक संरचना का प्रस्ताव किया गया है, जो 3 से 18 वर्ष की आयु वाले बच्चों को सम्मिलित करता है।
  - पाँच वर्ष की फाउण्डेशनल स्टेज-3 साल का प्री-प्राइमरी स्कूल और ग्रेड 1, 2
  - तीन वर्ष का प्रीपेरी स्टेज ग्रेड-3, 4, 5
  - तीन वर्ष का मध्य (या उच्च प्राथमिक) चरण-ग्रेड 6, 7, 8 और
  - 4 वर्ष का उच्च (या माध्यमिक) चरण-ग्रेड 9, 10, 11, 12
- नई शिक्षा नीति 2020 के अन्तर्गत HHRO द्वारा 'बुनियादी साक्षरता और संख्यात्मक ज्ञान पर एक राष्ट्रीय मिशन' की स्थापना का प्रस्ताव किया गया है। इसके द्वारा वर्ष 2025 तक कक्षा-3 स्तर तक के बच्चों के लिए आधारभूत कौशल सुनिश्चित किया जाएगा।

### भाषायी विविधता का संरक्षण

- नई शिक्षा नीति 2020 में कक्षा-5 तक की शिक्षा में मातृभाषा/स्थानीय या क्षेत्रीय भाषा को अध्ययन के माध्यम के रूप में अपनाने पर बल दिया गया है। साथ ही इस नीति में मातृभाषा को कक्षा-8 और आगे की शिक्षा के लिए प्राथमिकता देने का सुझाव दिया गया है।
- स्कूली और उच्च शिक्षा में छात्रों के लिए संस्कृत और अन्य प्राचीन भारतीय भाषाओं का विकल्प उपलब्ध होगा परन्तु किसी भी छात्र पर भाषा के चुनाव की कोई बाध्यता नहीं होगी।

### शारीरिक शिक्षा

- विद्यालयों में सभी स्तरों पर छात्रों को बागवानी, नियमित रूप से खेल-कूद, योग, नृत्य, मार्शल आर्ट को स्थानीय उपलब्धता के अनुसार प्रदान करने की कोशिश की जाएगी, ताकि बच्चे शारीरिक गतिविधियों एवं व्यायाम आदि में भाग ले सकें।

### पाठ्यक्रम और मूल्यांकन सम्बन्धी सुधार

- इस नीति में प्रस्तावित सुधारों के अनुसार, कला और विज्ञान, व्यावसायिक तथा शैक्षणिक विषयों एवं पाठ्यक्रम व पाठ्येत्तर गतिविधियों के बीच बहुत अधिक अन्तर नहीं होगा।
- कक्षा-6 से ही शैक्षिक पाठ्यक्रम में व्यावसायिक शिक्षा को सम्मिलित कर दिया जाएगा और इसमें इण्टर्नशिप की व्यवस्था भी की जाएगी।
- राष्ट्रीय शैक्षिक अनुसन्धान और प्रशिक्षण परिषद् (NCERT) द्वारा स्कूली शिक्षा के लिए राष्ट्रीय पाठ्यक्रम की रूपरेखा तैयार की जाएगी।
- छात्रों के समग्र विकास के लक्ष्य को ध्यान में रखते हुए कक्षा-10 और कक्षा-12 की परीक्षाओं में बदलाव किया जाएगा। इसमें भविष्य में सेमेस्टर या बहुविकल्पीय प्रश्न आदि जैसे सुधारों को सम्मिलित किया जा सकता है।
- छात्रों की प्रगति के मूल्यांकन के लिए मानक निर्धारक निकाय के रूप में परख (PARAKH) नामक एक नए राष्ट्रीय आकलन केन्द्र की स्थापना की जाएगी।
- छात्रों की प्रगति के मूल्यांकन तथा छात्रों को अपने भविष्य से जुड़े निर्णय लेने में सहायता प्रदान करने के लिए कृत्रिम बुद्धिमत्ता (SI) आधारित सॉफ्टवेयर का प्रयोग किया जाएगा।

### शिक्षण व्यवस्था से सम्बन्धित सुधार

- शिक्षकों की नियुक्ति में प्रभावी और पारदर्शी प्रक्रिया का पालन तथा समय-समय पर किए गए कार्य-प्रदर्शन आकलन के आधार पर पदोन्नति।
- राष्ट्रीय अध्यापक शिक्षा परिषद् द्वारा वर्ष 2022 तक शिक्षकों के लिए राष्ट्रीय व्यावसायिक मानक (NPST) का विकास किया जाएगा।
- राष्ट्रीय अध्यापक शिक्षा परिषद् द्वारा NCERT के परामर्श के आधार पर अध्यापक शिक्षा हेतु राष्ट्रीय पाठ्यचर्या की रूपरेखा (NCFTE) का विकास किया जाएगा।
- वर्ष 2030 तक अध्यापन के लिए न्यूनतम डिग्री योग्यता 4 वर्षीय एकीकृत बी. एड. डिग्री का होना अनिवार्य किया जाएगा।
- भारत में उत्कृष्टता के साथ शिक्षा के लक्ष्य को प्राप्त करने के लिए देश के कुल सकल घरेलू उत्पाद (GDP) का 6% शिक्षा के क्षेत्र में व्यय करने का लक्ष्य निर्धारित किया गया है।

### उच्च शिक्षा से सम्बन्धित प्रावधान

- नई शिक्षा नीति 2020 के अन्तर्गत उच्च शिक्षण संस्थानों में सकल नामांकन अनुपात को 26.3% (वर्ष 2018) से बढ़ाकर 50% तक करने का लक्ष्य रखा गया है, इसके साथ ही देश के उच्च शिक्षण संस्थानों में 3.5 करोड़ नई सीटों को जोड़ा जाएगा।
- नई शिक्षा नीति 2020 के अन्तर्गत स्नातक पाठ्यक्रम में मल्टीपल एण्ट्री एण्ड एक्जिट व्यवस्था को अपनाया गया है, इसके अन्तर्गत 3 या 4 वर्ष के स्नातक

कार्यक्रम में छात्र कई स्तरों पर पाठ्यक्रम को छोड़ सकेंगे और उन्हें उसी के अनुरूप डिग्री या प्रमाण-पत्र प्रदान किया जाएगा (1 वर्ष के बाद प्रमाण-पत्र, 2 वर्षों के बाद एडवांस डिप्लोमा, 3 वर्षों के बाद स्नातक की डिग्री तथा 4 वर्षों के बाद शोध के साथ स्नातक)।

- विभिन्न उच्च शिक्षण संस्थानों से प्राप्त अंकों या क्रेडिट को डिजिटल रूप से सुरक्षित रखने के लिए एक एकेडमिक बैंक ऑफ क्रेडिट दिया जाएमा, ताकि अलग-अलग संस्थानों में छात्रों के प्रदर्शन के आधार पर उन्हें डिग्री प्रदान की जा सके। नई शिक्षा नीति के अर्न्तगत एम. फिल. कार्यक्रम को समाप्त कर दिया गया है।

## भारतीय उच्च शिक्षा आयोग

नई शिक्षा नीति में देश भर के उच्च शिक्षा संस्थानों के लिए एक एकल नियामक अर्थात् भारतीय उच्च शिक्षा परिषद् (HECI) का गठन किया जाएगा, जिसमें विभिन्न भूमिकाओं को पूरा करने हेतु कई कार्यक्षेत्र होंगे। भारतीय उच्च शिक्षा आयोग चिकित्सा एवं कानूनी शिक्षा को छोड़कर पूरे उच्च शिक्षा क्षेत्र के लिए एक एकल निकाय के रूप में कार्य करेगा।

HECI के कार्यों के प्रभावी निष्पादन हेतु चार निकाय निम्नलिखित हैं

**राष्ट्रीय उच्चतर शिक्षा नियामकीय परिषद्** (National Higher Education Regulatroy Council, NHERC) यह शिक्षक शिक्षा सहित उच्च शिक्षा क्षेत्र के लिए एक नियामक का कार्य करेगा।

**सामान्य शिक्षा परिषद्** (General Education Council, GEC) यह उच्च शिक्षा कार्यक्रमों के लिए अपेक्षित सीखने के परिणामों का ढाँचा तैयार करेगा अर्थात् उनके मानक निर्धारण का कार्य करेगा।

**राष्ट्रीय प्रत्यायन परिषद्** (National Accreditation Council, NAC) यह संस्थानों के प्रत्यायन का कार्य करेगा जो मुख्य रूप से बुनियादी मानदण्डों, सार्वजनिक स्व-प्रकटीकरण, सुशासन और परिणामों पर आधारित होगा।

**उच्चतर शिक्षा अनुदान परिषद्** (Higher Education Grants Council, HGFC) यह निकाय कॉलेजों एवं विश्वविद्यालयों के लिए वित्तपोषण का कार्य करेगा।

- वर्तमान में उच्च शिक्षा निकायों का विनियमन विश्वविद्यालय अनुदान आयोग (यूजीसी), अखिल भारतीय तकनीकी शिक्षा परिषद् (एआईसीटीई) और राष्ट्रीय अध्यापक शिक्षा परिषद् (एनसीटीई) जैसे निकायों के माध्यम से किया जाता है।
- देश में आईआईटी (IIT) और आईआईएम (IIM) के समकक्ष वैश्विक मानकों के बहुविषयक शिक्षा एवं अनुसंधान विश्वविद्यालय (MERU) की स्थापना की जाएगी।

## प्रश्नमाला

**1. नई राष्ट्रीय शिक्षा नीति 2020 को कैबिनेट की मंजूरी कब मिली ?**
(a) 9 जुलाई, 2020 को
(b) 29 जुलाई, 2020 को
(c) 31 अगस्त, 2020 को
(d) 5 दिसम्बर, 2020 को

**2. नई राष्ट्रीय शिक्षा नीति 2020 का लक्ष्य किस वर्ष तक 3-18 आयु वर्ग के प्रत्येक बच्चों को गुणवत्तापूर्ण व समावेशी शिक्षा प्रदान करना है ?**
(a) वर्ष 2025 तक
(b) वर्ष 2030 तक
(c) वर्ष 2035 तक
(d) वर्ष 2040 तक

**3. NEP-2020 में किस वर्ष तक स्कूली शिक्षा में 100% GER (Gross Enrolment Ratio) के साथ माध्यमिक स्तर तक Education For All का लक्ष्य निर्धारित किया गया है ?**
(a) वर्ष 2030 तक
(b) वर्ष 2035 तक
(c) वर्ष 2040 तक
(d) वर्ष 2050 तक

**4. नई शिक्षा नीति 2020 के अनुसार वोकेशनल कोर्स किस कक्षा से शुरू किए जाएँगे ?**
(a) कक्षा-5 (b) कक्षा-6
(c) कक्षा-7 (d) कक्षा-8

**5. NEP-2020 के अनुसार, भारत में शोध व अनुसन्धान को बढ़ावा देने के लिए किस संस्थान की स्थापना की जाएगी ?**
(a) नेशनल सांइस फाउण्डेशन (NSF)
(b) नेशनल रिसर्च फाउण्डेशन (NRF)
(c) नेशनल एजुकेशन रिसर्च फाउण्डेशन (NERF)
(d) उपरोक्त में से कोई नहीं

**6. नई शिक्षा नीति 2020 के अनुसार स्नातक (Graduation) कितने वर्ष का कर दिया गया है ?**
(a) 2 वर्ष (b) 6 वर्ष
(c) 3 वर्ष (d) 5 वर्ष

**7. नई राष्ट्रीय शिक्षा नीति 2020 को लागू करने वाला भारत का प्रथम राज्य कौन बन गया है ?**
(a) कर्नाटक (b) केरल
(c) उत्तराखण्ड (d) महाराष्ट्र

**8. राष्ट्रीय शिक्षा नीति 2020 पूरे देश के लिए प्राथमिक स्तर पर किस भाषा को निर्देश के माध्यम से प्रस्तावित करती है ?**
(a) मातृभाषा घर की भाषा
(b) संस्कृत
(c) अंग्रेजी
(d) हिन्दी

**9. राष्ट्रीय शिक्षा नीति 2020 क्या सिफारिश करती है ?**
(a) पाठ्यक्रम का मानकीकरण
(b) एकभाषावाद
(c) मूल्यांकन का मानकीकरण
(d) बहुभाषावाद

**10. भारत में प्रथम राष्ट्रीय शिक्षा नीति (NEP) किस वर्ष लागू की गई थी ?**
(a) वर्ष 1968 (b) वर्ष 1986
(c) वर्ष 1992 (d) वर्ष 2020

**11. नई शिक्षा नीति 2020 के मसौदा समिति (Drafting Committee) के अध्यक्ष कौन है ?**
(a) डॉ. के. कस्तूरीरंगन
(b) रीना रे
(c) रमेश पोखरियाल 'निशंक'
(d) संजय घोत्रे

**12. किस वर्ष तक अध्यापन के लिए न्यूनतम डिग्री योग्यता 4-वर्षीय एकीकृत बी.एड. डिग्री का होना अनिवार्य किया जाएगा ?**
(a) वर्ष 2022 तक (b) वर्ष 2025 तक
(c) वर्ष 2028 तक (d) वर्ष 2030 तक

**13. NEP-2020 के अनुसार, उच्च शिक्षा में से किस कोर्स को समाप्त कर दिया गया है ?**
(a) बी. एस. सी. (BSC)
(b) एम. एस. सी. (MSC)
(c) एम. ए. (MA)
(d) एम. फिल (M. Phil)

**14. किस वर्ष विश्वविद्यालय अनुदान आयोग (UGC) की स्थापना की गई थी ?**

(a) वर्ष 1958 (b) वर्ष 1960

(c) वर्ष 1956 (d) वर्ष 1955

**15. राष्ट्रीय शिक्षा नीति 2020 के अनुसार मूल्यांकन का उद्देश्य क्या है ?**

(a) पूरे देश में बच्चों की तुलना करने के मापदण्ड बताना

(b) बच्चों को सीखने की प्रक्रिया में सहायता करना

(c) पुनरुत्पादन व याद रखने की क्षमता को मापना

(d) रटने की क्षमता का परीक्षण

## उत्तरमाला

**1.** (b) **2.** (b) **3.** (a) **4.** (b) **5.** (b) **6.** (c) **7.** (a) **8.** (a) **9.** (d) **10.** (a)
**11.** (a) **12.** (d) **13.** (d) **14.** (c) **15.** (b)

❑❑❑

# हिंदी

# 1 भाषा एवं व्याकरण

## हिन्दी शब्द की व्युत्पत्ति

- वैदिक संस्कृत, लौकिक संस्कृत, पालि, प्राकृत, अपभ्रंश आदि किसी भी प्राचीन भारतीय भाषा में 'हिन्दी' शब्द उपलब्ध नहीं है।
- वस्तुत: हमारी भाषा का नाम-'हिन्दी' ईरानियों की देन है। संस्कृत की स् ध्वनि फ़ारसी में ह् बोली जाती है; जैसे-सप्ताह-हफ्ताह, असुर-अहुर, सिन्धु-हिन्दू आदि।
- भारतवर्ष की पश्चिमी सीमा के लगभग जो इतिहास में प्रसिद्ध सिन्धु नदी बहती है, उसे ईरानी हिन्दू या हिन्द कहते थे। कालान्तर में सिन्धु नदी के पार का सम्पूर्ण भू-भाग **हिन्द** कहा जाने लगा और हिन्द की भाषा **हिन्दी** कहलाई।
- मध्यकालीन अरबी तथा फ़ारसी साहित्य में भारत की संस्कृत, पालि, प्राकृत और अपभ्रंश भाषाओं के लिए **जबान-ए-हिन्दी** शब्द का प्रयोग मिलता है।
- भारत में साहित्यिक भाषाओं-संस्कृत, प्राकृत, अपभ्रंश से भिन्न जनसामान्य की भाषा के लिए भाषा या भाखा शब्द का प्रयोग होता था; जैसे-"संसकीरत है कूप जल भाखा बहता नीर"-कबीर; "लिखि भाखा चौपाई कहै"-जायसी; "भा[illegible] मोरि मति थोरी"-तुलसी; "भाखा बोल न जानहीं जिनके [illegible] इत्यादि।
- [illegible]मीर खुसरो (125[illegible]-1325 ई.) ने सबसे पहले भाषा या भाखा के स्थान पर हिन्दी या हिन्दवी शब्द का प्रयोग किया। खुसरो के ही समय में हिन्दी और हिन्दवी शब्द मध्यदेश की भाषा के अर्थ में प्रचलित हो गए।
- अमीर खुसरो ने ग्यासुद्दीन तुगलक के बेटे को हिन्दी या हिन्दवी की शिक्षा देने के लिए **खालिकबारी** नामक **फारसी-हिन्दी कोश** की रचना की। इस ग्रन्थ में भाषा के अर्थ में **हिन्दवी** शब्द 30 बार और हिन्दी शब्द 5 बार आया है।
- भाषा के लिए **हिन्दी** शब्द का प्राचीनतम् प्रयोग शरफुद्दीन के **ज़फरनामा** (1424 ई.) में मिलता है।

## हिन्दी भाषा का प्रादुर्भाव

- प्राचीन भारतीय आर्यभाषा का काल 1500 ई.पू. से 500 ई.पू. तक माना गया है। इस अवधि में संस्कृत बोलचाल की भाषा थी।
- संस्कृत भाषा के दो रूप हैं-(i) **वैदिक संस्कृत** (ii) **लौकिक संस्कृत।**
- संस्कृतकालीन बोलचाल की भाषा कालान्तर में परिवर्तित होकर **पालि** के रूप में विकसित हुई। इसका समय 500 ई.पू. से पहली शताब्दी ई. तक है। पालि का मानक रूप बौद्ध साहित्य में उपलब्ध है।
- कालान्तर में पहली शताब्दी ई. तक आते-आते पालि बोलचाल की भाषा के रूप में विकसित होती हुई, **प्राकृत** के रूप में आई। इस अवधि में **शौरसेनी, पैशाची, ब्राचड़, महाराष्ट्री, मागधी** और **अर्द्धमागधी** नामक क्षेत्रीय बोलियाँ विकसित हुईं।

## हिन्दी का विकास क्रम

- संस्कृत-पालि-प्राकृत-अपभ्रंश-अवहट्ठ-हिन्दी-वैदिक लौकिक शौरसेनी पैशाची ब्राचड़, महाराष्ट्री, मागधी, अर्द्धमागधी
- आगे चलकर प्राकृत की विभिन्न बोलियाँ विकसित होती गईं, जो **अपभ्रंश** की बोलियों के रूप में प्रस्तुत हुईं। अपभ्रंश का समय 500 ई. से 1000 ई. तक माना गया है।
- अपभ्रंश और पुरानी हिन्दी के मध्य का समय **संक्रान्ति काल** कहा गया है।
- चन्द्रधर शर्मा गुलेरी ने राजा मुंज को पुरानी हिन्दी का प्रथम कवि माना है।
- अपभ्रंश को रामचन्द्र शुक्ल ने **प्राकृताभास** तथा चन्द्रधर शर्मा गुलेरी ने **पुरानी हिन्दी** कहा है।
- अपभ्रंश की उत्तरकालीन अवस्था 'अवहट्ठ' के नाम से जानी जाती है। अवहट्ठ में विद्यापति ने **कीर्तिलता** और **कीर्तिपताका** की रचना की है।
- 'दोहा' (दूहा) मूलत: अपभ्रंश भाषा का ही छन्द है।

### अपभ्रंश से आधुनिक भारतीय आर्यभाषाओं का विकास

| अपभ्रंश के भेद | आधुनिक भारतीय आर्यभाषा |
|---|---|
| शौरसेनी अपभ्रंश | पश्चिमी हिन्दी, राजस्थानी, गुजराती, पहाड़ी |
| पैशाची अपभ्रंश | लैंहदा, पंजाबी |
| ब्राचड़ अपभ्रंश | सिन्धी |
| महाराष्ट्री अपभ्रंश | मराठी |
| मागधी अपभ्रंश | बिहारी, बांग्ला, उड़िया और असमिया |
| अर्द्धमागधी अपभ्रंश | पूर्वी हिन्दी (अवधी, बघेली, छत्तीसगढ़ी) |

### हिन्दी की उपभाषाएँ, बोलियाँ और उनके क्षेत्र

### पश्चिमी क्षेत्र में हिन्दी की पाँच बोलियाँ

पश्चिमी क्षेत्र में हिन्दी की पांच बोलियाँ निम्नलिखित हैं-

(i) **खड़ी बोली/कौरवी** का उद्भव शौरसेनी अपभ्रंश के ऊपरी रूप से हुआ है। इसका क्षेत्र देहरादून का मैदानी भाग, सहारनपुर, मुजफ्फरनगर, मेरठ, दिल्ली का कुछ भाग, बिजनौर, रामपुर तथा मुरादाबाद हैं। खड़ी बोली के लिए सुनीति कुमार चटर्जी ने जनपदीय हिन्दुस्तानी शब्द का प्रयोग किया है। खड़ी बोली **आकार बहुला** है।

(ii) **ब्रजभाषा** का विकास शौरसेनी अपभ्रंश के मध्यवर्ती रूप से हुआ है। यह आगरा, मथुरा, अलीगढ़, धौलपुर, मैनपुरी, एटा, बदायूँ, बरेली तथा उनके आस-पास के क्षेत्रों में बोली जाती है। ब्रजभाषा साहित्य और लोक साहित्य दोनों दृष्टियों से बहुत सम्पन्न है। यह कृष्ण भक्ति की एकमात्र भाषा है। लगभग सारा रीतिकालीन साहित्य ब्रजभाषा में लिखा गया है। साहित्यिक दृष्टि से यह हिन्दी भाषा की सर्वाधिक महत्त्वपूर्ण बोली है।

साहित्यिक महत्त्व के कारण ही इसे ब्रजबोली नहीं, ब्रजभाषा कहा जाता है। सूरदास, नन्ददास, रहीम, रसखान, बिहारी, मतिराम, भूषण, देव, भारतेन्दु हरिश्चन्द्र, जगन्नाथ दास 'रत्नाकर' इत्यादि ब्रजभाषा के अमर कवि हैं। साथ ही, तुलसीदास जी ने भी अपनी कुछ रचनाएँ ब्रजभाषा में लिखी हैं; जैसे-कवितावली, विनयपत्रिका आदि। ब्रजभाषा देश के बाहर उज्वेकिस्तान में भी बोली जाती है, जिसे उजबेकी ब्रजभाषा कहा जाता है।

(iii) **बाँगरू** या **हरियाणी** का विकास उत्तरी शौरसेनी अपभ्रंश के पश्चिमी रूप से हुआ है। इसका क्षेत्र हरियाणा तथा दिल्ली का देहाती भाग है। हरियाण ी भाषा **आकार बहुला** है।

(iv) **बुन्देली** का विकास शौरसेनी अपभ्रंश से हुआ है। इसका क्षेत्र झाँसी, जालौन, हमीरपुर, ग्वालियर, ओरछा, सागर, नरसिंहपुर, सिवनी, होशंगाबाद तथा उनके आस-पास के क्षेत्र हैं। बुन्देली भाषा **ओकार बहुला** है।

(v) **कन्नौजी** का भी विकास शौरसेनी अपभ्रंश से हुआ है। इसके क्षेत्र इटावा, फर्रुखाबाद, शाहजहाँपुर, कानपुर, हरदोई, पीलीभीत हैं। कन्नौजी भाषा **ओकार बहुला** है।

### पूर्वी क्षेत्र में हिन्दी की तीन बोलियाँ

पूर्वी क्षेत्र में हिन्दी की तीन बोलियाँ निम्नलिखित हैं-

(i) **अवधी** का उद्भव अर्द्धमागधी अपभ्रंश से हुआ है। इसके क्षेत्र लखनऊ, इलाहाबाद, फतेहपुर, मिर्जापुर (अंशतः), उन्नाव, रायबरेली, सीतापुर, खीरी, फैजाबाद, गोण्डा, बस्ती, बहराइच, बाराबंकी, सुल्तानपुर, प्रतापगढ़ आदि हैं। अवधी में साहित्य तथा लोक साहित्य पर्याप्त मात्रा में उपलब्ध है। प्रबन्ध काव्य परम्परा का विकास विशेष रूप से अवधी में ही हुआ है। सूफी काव्य तथा रामभक्ति काव्य की रचना अवधी में हुई है। मुल्ला दाऊद, कुतुबन, मंझन, जायसी, तुलसीदास, नारायणदास, जगजीवन साहब, रघुनाथ दास, राम सनेही आदि इसके सुप्रसिद्ध साहित्यकार हैं। अवधी में लिखा गया सर्वप्रसिद्ध ग्रन्थ 'रामचरित मानस' है। भारत के बाहर **फिजी** में अवधी बोलने वालों की संख्या अच्छी खासी है।

(ii) **बघेली** का उद्भव अर्द्धमागधी अपभ्रंश के ही एक क्षेत्रीय रूप से हुआ है। इसके क्षेत्र रीवा, सतना, शहडोल, मैहर और उसके आस-पास हैं।

(iii) **छत्तीसगढ़ी** का उद्भव अर्द्धमागधी अपभ्रंश के दक्षिणी रूप से हुआ है। इसके क्षेत्र सरगुजा, कोरबा, बिलासपुर, रायगढ़, खैरागढ़, रायपुर, दुर्ग, राजनन्दगांव, कांकेर आदि हैं।

### राजस्थानी क्षेत्र में हिन्दी की चार बोलियाँ

राजस्थानी क्षेत्र में हिन्दी की चार बोलियाँ निम्नलिखित हैं-

(i) **पश्चिमी राजस्थानी** (मारवाड़ी) का उद्भव शौरसेनी अपभ्रंश से हुआ है। इसके क्षेत्र जोधपुर, मेवाड़, सिरोही, जैसलमेर, बीकानेर आदि हैं।

(ii) **पूर्वी राजस्थानी** (जयपुरी या ढूँढाड़ी) इसके क्षेत्र जयपुर, अजमेर, किशनगढ़ आदि हैं।

(iii) **उत्तरी राजस्थानी** (मेवाती) यह अलवर, गुड़गाँव, भरतपुर तथा उसके आस-पास बोली जाती है। इसकी एक मिश्रित बोली **अहीरवाटी** है, जो गुड़गांव, दिल्ली तथा करनाल के पश्चिमी क्षेत्रों में बोली जाती है।

(iv) **दक्षिणी राजस्थानी** (मालवी) यह इन्दौर, उज्जैन, देवास, रतलाम, भोपाल, होशंगाबाद तथा उसके आस-पास बोली जाती है।

### पहाड़ी क्षेत्र में हिन्दी की दो बोलियाँ

पहाड़ी क्षेत्र में हिन्दी की बोलियाँ निम्न दो भागों में विभाजित हैं-

(i) **पश्चिमी पहाड़ी** जौनसार, सिरमौर, शिमला, मण्डी, चम्बा के आस-पास क्षेत्र में बोली जाती है,

(ii) **मध्यवर्ती पहाड़ी** कुमाऊँनी तथा गढ़वाली क्रमशः कुमाऊँ, गढ़वाल (उत्तराखण्ड) क्षेत्र में बोली जाती है।

### बिहार क्षेत्र में हिन्दी की तीन बोलियाँ

बिहार क्षेत्र में हिन्दी की तीन बोलियाँ निम्नलिखित हैं-

(i) **मगही** मागधी अपभ्रंश से विकसित हुई है। यह पटना, गया, पलामू, हजारीबाग, मुंगेर, भागलपुर और इसके आस-पास बोली जाती है।

(ii) **भोजपुरी** मागधी अपभ्रंश के पश्चिमी रूप से विकसित हुई है। इसके क्षेत्र बनारस, जौनपुर, मिर्जापुर, गाजीपुर, बलिया, गोरखपुर, देवरिया, आजमगढ़, बस्ती, शाहाबाद, चम्पारण, सारन तथा उसके आस-पास है। हिन्दी क्षेत्र की बोलियों में **भोजपुरी** बोलने वाले सर्वाधिक हैं। भोजपुरी हिन्दी की वह बोली है, जिसमें सर्वाधिक फिल्में बनी हैं। वर्तमान में दूरदर्शन द्वारा इसके अनेक धारावाहिक प्रसारित हो रहे हैं। भोजपुरी अन्तर्राष्ट्रीय महत्त्व की बोली है, भारत के बाहर सूरीनाम, फिजी, मॉरिशस, गुयाना, त्रिनिदाद में इस बोली का प्रसार है। भोजपुरी में लिखित साहित्य नगण्य है। इसके रचनाकार भिखारी ठाकुर को **भोजपुरी का शेक्सपियर, भोजपुरी का भारतेन्दु** कहा जाता है।

(iii) **मैथिली** मागधी अपभ्रंश के मध्यवर्ती रूप से विकसित हुई है। इसके क्षेत्र दरभंगा, मुजफ्फरपुर, पूर्णिया, मुंगेर और इसके आस-पास हैं। मगही तथा मैथिली लोक साहित्य की दृष्टि से बहुत सम्पन्न भाषाएँ हैं। मैथिली में साहित्य रचना प्राचीन काल से होती आई है। विद्यापति ने मैथिली को चरमोत्कर्ष पर पहुँचाया। इसके अतिरिक्त नागार्जुन, गोविन्द दास, रणजीत लाल, हरिमोहन झा, राजकमल चौधरी 'स्वरगंधा' मैथिली के प्रमुख साहित्यकार हैं।

## संज्ञा

संज्ञा उस विकारी शब्द को कहते हैं, जिससे किसी विशेष वस्तु स्थान अथवा व्यक्ति के नाम का बोध हो। संज्ञा के मुख्यतः तीन भेद होते हैं-

### 1. व्यक्तिवाचक संज्ञा

जिस शब्द से किसी एक वस्तु या व्यक्ति का बोध हो, उसे व्यक्तिवाचक संज्ञा कहते हैं; जैसे- श्याम, गंगा, दिल्ली, जापान, रामचरितमानस, सिपाही, विद्रोह, दीपावली आदि।

### 2. जातिवाचक संज्ञा

जिस संज्ञा से किसी जाति के सम्पूर्ण पदार्थों व उनके समूहों का बोध होता है उसे जातिवाचक संज्ञा कहते हैं; जैसे- घर, पर्वत, मनुष्य, नदी, मोर, सभा आदि।

### 3. भाववाचक संज्ञा

जिस संज्ञा से व्यक्ति या वस्तु के गुण या धर्म, दशा अथवा व्यापार का बोध होता है, उसे भाववाचक संज्ञा कहते हैं; जैसे- लम्बाई, ऊँचाई, गहराई, जवानी, चतुराई, नम्रता, नारीत्व, सुन्दरता, समझ इत्यादि। पदार्थ का गुण या धर्म पदार्थ से अलग नहीं रह सकता, व्यक्तिवाचक संज्ञा की तरह भाववाचक संज्ञा से भी किसी एक ही भाव का बोध होता है। धर्म, गुण, अर्थ और भाव प्रायः पर्यायवाची शब्द हैं, इससे संज्ञा का अनुभव होता है तथा इसका बहुवचन प्रायः नहीं होता है।

भाववाचक संज्ञा शब्दों का निर्माण विशेषण, सर्वनाम, जातिवाचक संज्ञा शब्द आदि से भी होता है।

**(i) जातिवाचक संज्ञा से**

| शब्द | प्रत्यय | भाववाचक संज्ञा |
|---|---|---|
| बच्चा | पन | बचपन |
| बूढ़ा | पा | बुढ़ापा |
| इन्सान | इयत | इन्सानियत |
| डाकू | ऐती | डकैती |
| मानव | मानवता | ता |

**(ii) सर्वनाम से**

| सर्वमान | प्रत्यय | भाववाचक संज्ञा |
|---|---|---|
| अपना | पन | अपनापन |
| निज | त्व | निजत्व |
| मम | ता, त्व | ममता/ममत्व |

**(iii) विशेषण से**

| विशेषण | प्रत्यय | भाववाचक संज्ञा |
|---|---|---|
| बड़ा | पन | बड़प्पन |
| छोटा | पन | छुटपन |
| मूर्ख | ता | मूर्खता |
| नीच | ता | नीचता |
| अच्छा | ई | अच्छाई |
| बुरा | ई | बुराई |
| हरा | आली | हरियाली |
| चिकना | आई, आहट | चिकनाई/चिकनाहट |

**(iv) क्रिया से**

| क्रिया | प्रत्यय | भाववाचक संज्ञा |
|---|---|---|
| लिखना | ई | लिखाई/लेख |
| दौड़ना | अ | दौड़ |
| भूलना | अ | भूल |
| झगड़ना | आ | झगड़ा |
| थकना | आन, आवट | थकान/थकावट |
| घबराना | आहट | घबराहट |

## संज्ञाओं के विकार/रूपान्तर

संज्ञा विकारी शब्द है, अर्थात् संज्ञा शब्दों में प्रसंग के अनुसार परिवर्तन होता है; जैसे–

**1. लिंग**–लड़का (खाता है), लड़की (खाती है)।

**2. वचन**–लड़का (खाता है), लड़के (खाते हैं)।

**3. कारक**–लड़का खाना खाता है–लड़के ने खाना खाया।

लड़की खाना खाती है–लड़कियों ने खाना खाया।

स्पष्ट है कि इस उदाहरण में रूपान्तर का कारण कर्त्ता कारक का चिह्न है, जिससे एकवचन होते हुए भी लड़के (बहुवचन जैसा) रूप हो गया। इसी तरह लड़के को बुलाओ, लड़के को खिलाओ, भगाओ आदि में लड़का एकवचन होते हुए भी बहुवचन रूप (लड़के) में प्रयुक्त हुआ है।

# सर्वनाम

[illegible] को कहते [illegible] पूर्वापर सम्बन्ध के कारण किसी [illegible] है। दूसरे शब्दों में, सर्व (सब) नामों (संज्ञाओं) के बदले जो शब्द प्रयोग में आंते हैं, उन्हें सर्वनाम कहते हैं; जैसे–मैं, तू, यह, वह। कामताप्रसाद गुरु के अनुसार–''सर्वनाम में एक विशेष विलक्षणता है, जो संज्ञा में नहीं पायी जाती। संज्ञा में सदैव उसी वस्तु का बोध होता है जिसका वह (संज्ञा) नाम है, परन्तु सर्वनाम से पूर्वापर सम्बन्ध के अनुसार किसी भी वस्तु का बोध हो सकता है। 'लड़का' संज्ञा से 'लड़के' का ही बोध होता है, घर, सड़क आदि का बोध नहीं हो सकता किन्तु 'वह' कहने से पूर्वापर सम्बन्ध 'वह' लड़का, घर, सड़क आदि किसी भी वस्तु का बोध हो सकता है।''

## सर्वनाम के भेद

सर्वनाम के छः भेद हैं–

### 1. पुरुषवाचक सर्वनाम

जो सर्वनाम पुरुषों (स्त्री या पुरुष) के नाम के बदले आते हैं, उन्हें पुरुषवाचक सर्वनाम कहते हैं। ये तीन प्रकार के होते हैं–

**(i) उत्तम पुरुषवाचक सर्वनाम**–मैं, हमें, मुझसे, मेरा इत्यादि।

**(ii) मध्यम पुरुषवाचक सर्वनाम**–तू, तुम, मुझसे, तुम्हें, तुम्हारा, आप, आपका आदि।

**(iii) अन्य पुरुषवाचक सर्वनाम**–वह, वे, उनसे, उनका, उनमें, उनपर आदि।

### 2. निजवाचक सर्वनाम

जिस सर्वनाम से स्वयं का बोध हो उसे निजवाचक सर्वनाम कहते हैं, जैसे– आप।

निजवाचक सर्वनाम 'आप' का प्रयोग अपने लिए होता है, आदरसूचक शब्द, 'आप' के लिए नहीं; जैसे– मैं अपने आप चला जाऊँगा।

### 3. निश्चयवाचक सर्वनाम

जो सर्वनाम पास या दूर की किसी निश्चित वस्तु या व्यक्ति के लिए संकेत करता है, उसे निश्चयवाचक सर्वनाम कहते हैं; जैसे– यह, वह, ये, वे, इसको, इनसे, उसके लिए, इसमें, उस पर आदि। मूलतः निश्चयवाचक सर्वनाम दो हैं– यह, वह; जैसे–

(i) यह लो

(ii) वह रहने दो

(iii) वह बेकार है मत लो।

### 4. अनिश्चयवाचक सर्वनाम

जिस सर्वनाम से किसी निश्चित वस्तु का बोध न हो, उसे अनिश्चयवाचक सर्वनाम कहते हैं; जैसे– कोई, कुछ।

**उदाहरण–**

(i) कोई यहाँ आएगा तो मैं आपके साथ चल सकूँगा।

(ii) कोई नहीं आता।

(iii) कहते सब हैं, करते कोई-कोई ही हैं।

(iv) आज कोई-न-कोई अवश्य आएगा।

### 5. सम्बन्धवाचक सर्वनाम

जिस सर्वनाम से किसी दूसरे सर्वनाम से सम्बन्ध ज्ञात होता है, उसे सम्बन्धवाचक सर्वनाम कहते हैं; जैसे– जो-सो, जिसने-उसने, जिसकी-उसकी, जिसमें-उसमें, जो-वह।

**उदाहरण–**

(i) जिसकी लाठी, उसकी भैंस।

(ii) जो जागे है सो पावे है।

### 6. प्रश्नवाचक सर्वनाम

जिस सर्वनाम से प्रश्न का बोध होता है अथवा प्रश्न करने के लिए जिस सर्वनाम का प्रयोग होता है, उसे प्रश्नवाचक सर्वनाम कहते हैं; जैसे– कौन, क्या।

**उदाहरण–**

(i) तुम क्या खा रहे हो?

(ii) हम किस पर भरोसा करें?

**सर्वनाम शब्दों की कारक-रचना समस्त विभक्तियों के रूप में (उत्तम पुरुष)**

| कारक | एकवचन | बहुवचन |
|---|---|---|
| कर्त्ता | मैं, मैंने | हम, हमने |
| कर्म | मुझे, मुझको | हमें, हमको |
| करण | मुझसे, मेरे द्वारा | हमसे, हमारे द्वारा |
| सम्प्रदान | मुझे, मेरे लिए | हमें, हमारे लिए |
| अपादान | मुझसे | हमसे |
| सम्बन्ध | मेरा, मेरी, मेरे | हमारा, हमारी, हमारे |
| अधिकरण | मुझमें, मुझ पर | हमसे, हम पर |

**तू (मध्यम पुरुष)**

| कारक | एकवचन | बहुवचन |
|---|---|---|
| कर्त्ता | तु, तूने | तुम, तुमने, तुम लोगों ने |
| कर्म | तुझे, तुझको | तुम्हें, तुम लोगों को |
| करण | मुझसे, तेरे द्वारा | तुमसे, तुम्हारे से, तुम लोगों से |
| सम्प्रदान | तुझको, तुझे, तेरे लिए | तुम्हें, तुम्हारे लिए, तुम लोगों के लिए |
| अपादान | तुझसे | तुमसे, तुम लोगों से |
| सम्बन्ध | तेरा, तेरी, तेरे | तुम्हारा, तुम्हारी, तुम लोगों के लिए |
| अपादान | तुझसे | तुमसे, तुम लोगों से |
| सम्बन्ध | तुझसे | तुमसे, तुम लोगों से |

## लिंग

शब्द की जाति लिंग कहलाती है। संज्ञा के जिस रूप से व्यक्ति या वस्तु के नर अथवा मादा जाति का पता चलता है, उसे 'लिंग' कहते हैं।

संस्कृत में संज्ञा के तीन भेद बताए गए हैं। ये हैं पुल्लिंग, स्त्रीलिंग तथा नपुंसक लिंग। हिंदी में शब्दों के दो लिंगों में रखा गया है। यहाँ नपुंसक लिंग नहीं है। हिंदी में सारे जड़ अथवा चेतन शब्द पुल्लिंग तथा स्त्रीलिंग दो लिंगों में विभक्त हैं।

हिंदी में लिंगों की अभिव्यक्ति वाक्यों में होती है। वाक्य प्रयोग द्वारा संज्ञा शब्दों के लिंग का भेद स्पष्ट होता है। वाक्यों में लिंग सर्वनाम, विशेषण, क्रिया तथा कारक की विभक्तियों में विकार से उत्पन्न होता है।

### लिंग-निर्णय

### सर्वनाम में विकार से

मेरी घड़ी सुन्दर है।
('घड़ी' स्त्रीलिंग के कारण सर्वनाम में विकार उत्पन्न हुआ)
मेरा घर अच्छा है। ('घर' पुल्लिंग है)

### विशेषण में विकार से

वह बड़ा घर है। वह बड़ी घड़ी है।

### क्रिया में विकार से

रोटी जली है। (जलना में विकार 'रोटी' स्त्रीलिंग के कारण)
बुढ़ापा आ गया ('बुढ़ापा' पुल्लिंग के अनुसार क्रिया)

### विभक्ति में विकार से

गुलाब का लाल रंग सुन्दर है। उसकी नाक कट गई।

### तत्सम शब्दों का लिंग-निर्णय

- तत्सम शब्द जिनके अन्त में 'त्र', 'न', 'ज', त्व, टा, व, य होता है, पुल्लिंग शब्द होते हैं। वैसे कई शब्द अपवाद स्वरूप हो सकते हैं, जैसे पवन का प्रयोग दोनों लिंगों में होता है।
- तत्सम शब्द जिनके अन्त में 'आर', 'आय' तथा 'आस' हो, वे भी पुल्लिंग होते हैं; जैसे- समुदाय, विकास, विकार इत्यादि।
- अ-प्रत्ययान्त, त-प्रत्ययान्त तथा ख-प्रत्ययान्त वाले तत्सम शब्द भी होते हैं; जैसे- जय, गणित, फलित, मुख, लेख इत्यादि।
- तत्सम शब्दों में आकारान्त, नाकारान्त, उकारान्त, ईकारान्त, इकारान्त, तथा 'ता' तथा इमा प्रत्ययान्त वाली भाववाचक संज्ञाएँ स्त्रीलिंग होती हैं। इसमें भी कतिपय अपवाद हैं, जो प्रयोग के आधार पर पुल्लिंग शब्द बन गए। इकारान्त शब्द वारि, पाणि, गिरि आदि इत्यादि शब्द पुल्लिंग हैं।
- उकारान्त शब्दों में मधु, अश्रु, मेरु, सेतु, इत्यादि पुल्लिंग शब्द हैं।

### तत्सम पुल्लिग शब्दों के उदाहरण

पत्र, मित्र, गगन, कार्य, माधुर्य प्रसार, प्रहार कमल, व्यवसाय, क्रोध, मोद, सुख, मेघ, यवन, रविवार, विवाह, निबन्ध, आवास, संकल्प, उत्पादन, शासन, विवाद, विरोध इत्यादि।

### तत्सम स्त्रीलिंग शब्दों के उदाहरण

दया, माया, ममता, प्रार्थना, प्रस्तावना, कला, परीक्षा, योग्यता, समता, सेना, कृति, स्थिति, क्षति, हानि, नदी मृत्यु, वायु, गरिमा, कालिमा, वस्तु, कुण्डली, शान्ति, भाषा, विधा।

### तद्भव शब्दों का लिंग-निर्णय

- ऊनवाचक संज्ञाओं को छोड़कर सभी तद्भव आकारान्त संज्ञाएँ पुल्लिंग हैं; जैसे– पहिया, आटा इत्यादि।
- जिन तद्भव भाववाचक संज्ञाओं के अन्त में ना, आव, पन वा, पा इत्यादि होता है, पुल्लिंग शब्द होते हैं; जैसे- चढ़ाव, बुढ़ापा इत्यादि।
- 'आन' कृदन्तान्त संज्ञाएँ पुल्लिंग होती हैं; जैसे– पठान, खान-पान इत्यादि। वैसे कतिपय अपवाद भी हैं; जैसे– उड़ान, चट्टान स्त्रीलिंग शब्द हैं।
- ईकारान्त ऊनवाचक, याकारान्त, तकारान्त, ऊकारान्त, अनुस्वारान्त, सकारान्त कृदन्त नकारान्त, कृदन्त अकारान्त, ख अन्त्य वाली तथा ट, वट, हट अन्त्य वाली भाववाचक संज्ञाएँ स्त्रीलिंग होती हैं, किन्तु इसमें कई अपवाद हैं।
- ईकारान्त संज्ञाएँ घी, जी, मोती इत्यादि पुल्लिंग होते हैं।
- आकारान्त संज्ञाओं में भात, गात इत्यादि पुल्लिंग हैं।

# विशेषण

संज्ञा या सर्वनाम की विशेषता (गुण-दोष, रूप-रंग, आकार-प्रकार) आदि बताने वाले शब्द 'विशेषण' कहलाते हैं। जिसकी विशेषता बताई जाती है, उसे 'विशेष्य' कहते हैं; जैसे–

अच्छा लड़का।

काली गाय।

यहाँ 'अच्छा' और 'काली' विशेषण हैं और 'लड़का' 'गाय' विशेष्य। वाक्यों में विशेषण के भी विशेषण प्रयोग करने का प्रचलन बढ़ा है; जैसे– वह बहुत सुन्दर लड़की है।

यहाँ 'सुन्दर' विशेषण है और 'बहुत' विशेषण का भी विशेषण। विशेषण के भी विशेषण को 'प्रविशेषण' कहा जाता है। कामता प्रसाद गुरु ने इन्हें 'अन्तर्विशेषण' कहा है।

## विशेषण के भेद

विशेषण के मुख्यत: चार भेद हैं–

1. गुणवाचक विशेषण
2. संख्यावाचक विशेषण
3. परिमाणवाचक विशेषण
4. सार्वनामिक विशेषण

### 1. गुणवाचक विशेषण

गुणवाचक विशेषण से संज्ञा के रूप-रंग, आकार-प्रकार, समय-स्थान, गुण-दोष आदि का बोध होता है। विशेषण में इनकी संख्या सबसे अधिक है। इनके कुछ उदाहरण इस प्रकार हैं–

काल–नया, पुराना, ताजा, अगला, पिछला, प्राचीन, वर्तमान, भविष्य, आगामी, टिकाऊ आदि।

स्थान–ऊँचा, नीचा, गहरा, भीतरी, स्थानीय, उजड़ा, दायाँ, बायाँ, देशीय, पंजाबी, भारतीय आदि।

आकार–गोल, सुडौल, समान, नुकीला, लम्बा, चौड़ा, तिरछा, सीधा, सँकरा आदि।

रंग–लाल, हरा, नीला, पीला, बैंगनी, सुनहरी, धुँधला, चमकीला, फीका आदि।

दशा–दुबला, पतला, मोटा, भारी, सूखा, गीला, पिघला, गरीब, रोगी, पालतू, उद्यमी आदि।

गुण–भला, बुरा, उचित, अनुचित, सच्चा, झूठा, पापी, दानी, दुष्ट, सीधा, शान्त आदि।

गुणवाचक विशेषण के साथ 'सा' सादृश्यवाचक शब्दहीनता के अर्थ में प्रयुक्त किया जाता है; जैसे– छोटा-सा, पीला-सा, बड़ा-सा आदि।

### 2. संख्यावाचक विशेषण

संज्ञा की संख्या बताने वाले विशेषण 'संख्यावाचक विशेषण' कहलाते हैं। ये दो प्रकार के होते हैं–

निश्चित संख्यावाचक– दो लड़के, तीन लड़कियाँ, सौ रुपए।

अनिश्चित संख्यावाचक– कुछ लड़के, अनेक लड़कियाँ, थोड़े रुपए।

**निश्चित संख्यावाचक विशेषण के भी पाँच भेद हैं–**

1. गणनावाचक–एक, दो, तीन, चार।
2. क्रमवाचक–पहला, दूसरा, तीसरा, चौथा।
3. समुदायवाचक–तीनों, चारों, पाँचों।
4. आवृत्तिवाचक–दोगुना, तिगुना, चौगुना।
5. प्रत्येकवाचक–हर, प्रत्येक।

### 3. परिमाणवाचक विशेषण

वस्तु की मात्रा या माप-तौल बताने वाले विशेषण 'परिमाणवाचक विशेषण' कहलाते हैं; जैसे– पूरा दूध, कम पानी, बहुत सोना, थोड़ी चाँदी, सारा जेवर, कितनी पुस्तकें, जितनी चाय, उतनी चीनी।

### 4. सार्वनामिक विशेषण

सर्वनाम से बनने वाले विशेषण 'सार्वनामिक विशेषण' कहलाते हैं। इनका प्रयोग संज्ञा के पहले होता है; जैसे– ऐसी लड़की, वैसा लड़का, यह कलम, वह पुस्तक, वैसी गाड़ी, ऐसा चालक, जैसा नाम, वैसा काम, मेरा घर, उसकी खिड़की, ऐसे-वैसे लोग, ऐसी-वैसी बातें।

विशेषण के एक अन्य रूप तुलनात्मक विशेषण का उल्लेख भी यहाँ प्रासांगिक होगा। दो या दो से अधिक वस्तुओं या भावों के गुण, मान आदि के परस्पर मिलान का विशेषण तुलनात्मक विशेषण कहलाता है। इसमें 'से', 'अपेक्षा', 'सामने', 'सबसे', 'सबमें' आदि विशेषणों की तुलना की जाती है। इन वाक्यों को देखें–

यह सबसे अच्छा फूल है।

फूल की अपेक्षा काँटे बहुत हैं।

बाप से बेटा अधिक लम्बा है।

उसके सामने तुम कुछ भी नहीं।

तुम्हारा भाई तुमसे बढ़कर है।

वह तुमसे कहीं अच्छा है।

## विशेषण प्रयोग के प्रमुख नियम

1. विशेषण विकारी और अविकारी दोनों होते हैं। अविकारी विशेषणों के रूप, लिंग-वचन के अनुसार परिवर्तित नहीं होते जैसा कि विकारी विशेषणों में होता है। अविकारी विशेषण अपने मूल रूप में बने रहते हैं। लाल, सुन्दर, चंचल, गोल, भारी, सुडौल–अविकारी विशेषण हैं। लिंग-वचन के अनुसार इनमें रूप परिवर्तित नहीं होता; जैसे– लड़का कितना चंचल है। लड़की कितनी चंचल है।

2. संज्ञा में प्रत्यय लगाकर भी विशेषण बनाए जाते हैं; जैसे–

धर्म + इक = धार्मिक

धन + वान = धनवान

चमक + ईला = चमकीला

जाति + इय = जातीय

दान + इ = दानी

# क्रिया

जिस शब्द से किसी कार्य के होने की प्रवृत्ति प्रकट हो, उसे 'क्रिया' कहा जाता है; जैसे पढ़ना, लिखना, चलना इत्यादि। क्रिया विकारी शब्द है, जिसके रूप लिंग, वचन तथा पुरुष के अनुसार बदलते हैं। क्रिया के रूप में यह परिवर्तन हिंदी की अपनी विशेषता है।

क्रिया का मूल 'धातु' है। धातु क्रिया पद के उस अंश को कहते हैं, जो प्राय: सभी रूपों में अपनी उपस्थिति दर्शाता है। वस्तुत: जिन मूल अक्षरों से क्रिया का निर्माण होता है, उन्हें धातु कहते हैं; जैसे– 'पढ़ना' क्रिया में 'पढ्' धातु के साथ 'ना' प्रत्यय लगा है।

हिंदी में क्रिया का निर्माण धातुओं के अतिरिक्त संज्ञा तथा विशेषण से भी होता है।

## क्रिया के भेद

रचना की दृष्टि से क्रिया के दो भेद हैं–

(1) सकर्मक (2) अकर्मक।

## सकर्मक क्रिया

सकर्मक क्रिया, उस क्रिया को कहते हैं, जिसका फल कर्त्ता पर न पड़कर कहीं और पड़े। सकर्मक क्रिया के साथ 'कर्म' रहता है या उसके रहने की सम्भावना होती है, जैसे राम खाना खाता है। इस वाक्य में क्रिया का फल 'भोजन' पर पड़ता है, जो प्रत्यक्षत: उपस्थित नहीं है। 'जाता है' के साथ यदि गन्तव्य स्थल की चर्चा वाक्य में नहीं होती है, तब भी फल, घर विद्यालय आदि शब्दों पर पड़ता है। ऐसी क्रियाएँ 'सकर्मक' होती हैं।

## अकर्मक क्रिया

जिस क्रिया के कार्य का फल कर्त्ता पर पड़े, उसे अकर्मक क्रिया कहते हैं। अकर्मक क्रिया के साथ कोई कर्म कारक नहीं होता। इस कारण इसे अकर्मक क्रिया कहते हैं; जैसे- मोहन हँसता है। 'हँसने' या 'रोने' की क्रिया का फल कर्त्ता पर पड़ता है।

कतिपय ऐसी क्रियाएँ हैं, जो अकर्मक तथा सकर्मक दोनों होती हैं, वह निर्धारण वाक्य में उनके प्रयोग द्वारा होता है। इन्हें उभयविध धातु भी कहते हैं; जैसे–

मेरा जी घबराता है। (क्रिया- घबराना)–सकर्मक

मुसीबत में सभी घबराते हैं (क्रिया- घबराना)–अकर्मक

अकर्मक क्रिया में उ, ना, आना, प्रत्यय लगाकर सकर्मक क्रिया बनाया जाता है; जैसे–

रोना (अकर्मक)–रुलाना (सकर्मक)

उड़ना (अकर्मक)–उड़ाना (सकर्मक)

कटना (अकर्मक)–काटना (सकर्मक)

अकर्मक क्रिया के धातुओं को उकार, ओकार, इकार तथा एकार में बदलकर तथा अन्त्य में ना प्रत्यय जोड़कर सकर्मक क्रियाएँ बनाई जाती हैं, जैसे खुलना (अकर्मक) खोलना (सकर्मक)।

## क्रिया के अन्य भेद

## द्विकर्मक क्रिया

कुछ क्रियाएँ एक कर्म वाली होती हैं जबकि कतिपय दो कर्म वाली होती हैं। ऐसी क्रियाओं को 'द्विकर्मक क्रिया' कहते हैं; जैसे- उसने राम को डण्डे से मारा। यहाँ दो कर्म हैं–'राम को' और 'डण्डा'।

## संयुक्त क्रिया

जो क्रिया दो या दो से अधिक धातुओं के मेल से बनती है, उसे 'संयुक्त क्रिया' कहते हैं; जैसे वह घर पहुँच गया। इस वाक्य में 'पहुँच गया' संयुक्त क्रिया का उदाहरण है। संयुक्त क्रिया का निर्माण अकर्मक तथा सकर्मक दोनों क्रियाओं द्वारा हो सकता है; जैसे- लेट जाना, गिर पड़ना, बेच लेना इत्यादि।

संयुक्त क्रिया में पहली क्रिया प्रधान होती है तथा बाद वाली क्रिया उसमें विशेषता उत्पन्न करती है; जैसे मैं पढ़ सकता हूँ। इस वाक्य में 'पढ़ना' तथा 'सकना' दो क्रियाएँ हैं। 'सकना' 'पढ़ना' क्रिया की विशेषता उत्पन्न करती है।

## सहायक क्रिया

मुख्य क्रिया के अर्थ को स्पष्ट करने में सहायता करने वाली 'क्रिया को सहायक क्रिया' कहा जाता है; जैसे- उसने बाघ को मार डाला। 'मारना' इस वाक्य में मुख्य क्रिया है, जिसके अर्थ को स्पष्टता प्रदान करने वाली क्रिया 'डालना' है। है, थे, हुए, रहे इत्यादि सहायक क्रियाएँ हैं।

## प्रेरणार्थक क्रिया

जिस क्रिया को करने के लिए कर्ता दूसरों की प्रेरणा या सहायता लेता अथवा दूसरों को देता है, ऐसी क्रियाओं को प्रेरणार्थक क्रिया कहते हैं; जैसे- मैंने नौकर से पेड़ कटवाया। इस वाक्य में 'कटवाया' प्रेरणार्थक क्रिया है, क्योंकि कार्य कर्ता (मैंने) द्वारा नहीं 'नौकर' द्वारा किया गया है।

## नामबोधक क्रिया

संज्ञा या विशेषण के साथ जुड़कर बनने वाली क्रिया नामबोधक कहलाती है। उदाहरण पर ध्यान दें–

भस्म (संज्ञा) + करना (क्रिया)– भस्म करना।

निराश (विशेषण) + होना (क्रिया)– निराश होना

इन वाक्यों में नामबोधक क्रिया का शुद्ध प्रयोग देखें–

उसने मकान हथिया लिया।

सभा विसर्जित हो गई।

नामबोधक क्रिया को संयुक्त क्रिया नहीं माना जा सकता। दोनों में पर्याप्त अन्तर है। नामबोधक क्रिया संज्ञा या विशेषण में क्रिया के संयोग से बनती है, जबकि संयुक्त क्रिया में केवल दो क्रियाओं का ही संयोग होता है।

## पूर्ण कालिक क्रिया

इसमें प्रथम कार्य की समाप्ति का बोध होता है। इसमें कर/करके/पर जैसे शब्दों का प्रयोग होता है; जैसे–

मैंने उसे जानबूझकर नहीं मारा।

यह चमत्कार देखकर मैं दंग रह गया।

सूर्योदय होने पर वह घर आया।

नौकर काम करके चला गया।

कभी-कभी पुनरुक्ति में भी पूर्वकालिक क्रिया का प्रयोग होता है; जैसे–

उसने रो-रो कर सारी बात कही।

वह खोज-खोज कर हार गया।

पूर्वकालिक क्रियाएँ विशेषण का भी काम करती हैं, क्योंकि ये क्रिया की विशेषता (कार्य करने की रीति) बताती हैं; जैसे–

वह मुझे आँखें फाड़ कर देखता रहा।

उसने मुझसे हँसकर कहा।

पूर्वकालिक क्रिया से कार्य का कारण भी स्पष्ट होता है; जैसे–

रात होने पर सब लोग चले गए।

सूर्योदय होने पर अन्धकार छँट गया।

# कारक

ज्ञा तथा सर्वनाम के जिस रूप से उसका वाक्य के अन्य शब्दों के साथ सम्बन्ध सामने आता है, उसे 'कारक' कहते हैं, जैसे रमेश ने महेश को जेब से पैसे निकाल कर दिये। इस वाक्य में 'रमेश ने' 'महेश को', 'जेब से' संज्ञा शब्दों में परिवर्तन है, जो 'पैसे निकालने' की क्रिया से सम्बन्ध निर्धारित करता है। इन सम्बन्धों को संज्ञा के कारक रूप कहते हैं। कारकीय रूप निर्धारण के लिए संज्ञा का सर्वनाम के बाद जो 'चिह्न' आता है, उसे 'विभक्ति' अथवा 'परसर्ग' कहते हैं।

- विभक्ति से बने शब्द-रूप को 'विभक्त्यन्त' या 'पद' कहते हैं।

## कारक के भेद

- हिंदी में कारक के आठ भेद हैं कर्त्ता, कर्म, करण, सम्प्रदान, अपादान, सम्बन्ध, अधिकरण तथा सम्बोधन।

हिंदी कारक की विभक्तियों का प्रयोग निम्नलिखित रूप में होता है :

| कारक | विभक्ति ( परसर्ग ) | कारक | विभक्ति ( परसर्ग ) |
|---|---|---|---|
| कर्त्ता | ने | अपादान | से (अलग होना) |
| कर्म | को | सम्बन्ध | का, के, की, रा, री |
| करण | से, द्वारा | अधिकरण | में, पर |
| सम्प्रदान | को, के लिए | सम्बोधन | हे, अजी, अरे |

हिंदी में विभक्तियों की दो प्रवृत्तियाँ मिलती हैं-

(i) विश्लिष्ट तथा (ii) संश्लिष्ट

- संज्ञा के साथ आने वाली विभक्तियाँ शब्द से पृथक् लगाई जाती हैं, जैसे राम ने, वृक्ष पर इत्यादि जबकि सर्वनाम के साथ आने वाली विभक्तियाँ शब्द से संयुक्त रहती हैं, जैसे उसने तुमको इत्यादि।
- कर्ता कारक की विभक्ति 'ने' का प्रयोग भूतकालिक वाक्यों में होता है।
- करण तथा अपादान कारक की विभक्ति 'से' समान लगती है, किन्तु इनका प्रयोग पृथक् अर्थों में होता है। करण कारक में संज्ञा का क्रिया से सम्बन्ध का बोध होता है, जबकि अपादान में किसी वस्तु के अलग होने का भाव प्रकट होता है। जैसे–राम ने **डण्डे** से उसे पीटा (करण कारक)
मोहन ने कुत्ते को **घर** से निकाला। (अपादान कारक)

## काल

क्रिया का वह रूप जिससे किसी कार्य के होने के समय का पता चलता है, काल कहलाता है।

काल तीन प्रकार के होते हैं।

1. **वर्तमान काल** क्रिया के जिस रूप से यह पता चलता है कि कार्य अभी हो रहा है अथवा कार्य की निरन्तता का पता चलता है, उसे वर्तमान काल कहते हैं। जैसे–सीता पुस्तक पढ़ती है।
2. **भूतकाल काल** क्रिया का वह रूप जिससे पता चलता है कि कार्य पूर्व में पूरा हो गया है, भूतकाल कहलाता है। जैसे–गीता ने दूध पिया।
3. **भविष्यत् काल** क्रिया का वह रूप जिससे किसी कार्य के भविष्य में होने अथवा करने का बोध होता है, भविष्यत् काल कहलाता है। जैसे–दीपा स्कूल जाएगी।

## प्रश्नमाला

**1. मध्यकालीन अरबी तथा फ़ारसी साहित्य में भारत की भाषाओं के लिए किस शब्द का प्रयोग मिलता है?**

(a) रेख्ता (b) दूहा

(c) जबान-ए-हिन्द (d) हिन्दी

**2. 'खालिकबारी' किसकी रचना है?**

(a) खालिक खलक (b) रहीम

(c) अमीर खुसरो (d) अकबर

**3. खड़ी बोली हिन्दी में सर्वप्रथम रचना वाले कवि का नाम है-**

(a) जायसी (b) अमीर खुसरो

(c) विद्यापति (d) भारतेन्दु

**4. हिन्दी के उद्‌भव का सही क्रम है-**

(a) पालि, प्राकृत, अपभ्रंश, अवहट्ठ

(b) प्राकृत, पालि, अवहट्ठ, अपभ्रंश

(c) अपभ्रंश, प्राकृत, अवहट्ठ, पालि

(d) अवहट्ठ, प्राकृत, पालि, अपभ्रंश

**5. अपभ्रंश को 'पुरानी हिन्दी' किसने कहा है?**

(a) ग्रियर्सन

(b) श्याम सुन्दर दास

(c) चन्द्रधर शर्मा 'गुलेरी'

(d) भारतेन्दु हरिश्चन्द्र

**6. साहित्यिक अपभ्रंश को पुरानी हिन्दी किसने कहा था?**

(a) आचार्य रामचन्द्र शुक्ल

(b) हजारी प्रसाद द्विवेदी

(c) शिवसिंह सेंगर

(d) राहुल सांस्कृत्यायन

**7. शौरसेनी अपभ्रंश से उत्पन्न भाषाएँ हैं-**

(a) ब्रजभाषा, अवधी, कुमाऊँनी और गढ़वाली

(b) पश्चिमी हिन्दी, राजस्थानी, पहाड़ी और गुजराती

(c) बिहारी, बांग्ला, उड़िया और असमिया

(d) लेंहदा, पंजाबी, गुजराती और मराठी

**8. सिन्धी भाषा का उद्‌भव हुआ है-**

(a) ब्राचड़ अपभ्रंश से

(b) पैशाची अपभ्रंश से

(c) मागधी अपभ्रंश से

(d) शौरसेनी अपभ्रंश से

**9. 'अवधी' का उद्‌भव किस अपभ्रंश से हुआ है?**

(a) शौरसेनी (b) पैशाची

(c) मागधी (d) अर्द्धमागधी

**10. कचहरियों में हिन्दी प्रवेश आन्दोलन का मुखपत्र किस पत्र को कहा जाता है?**

(a) कविवचन सुधा

(b) समाचार सुधावर्षण

(c) हिन्दी प्रदीप

(d) भारत-मित्र

**11. नागरी प्रचारिणी सभा का स्थापना वर्ष है-**

(a) 1893 ई. (b) 1857 ई.

(c) 1902 ई. (d) 1917 ई.

**12. नागरी प्रचारिणी सभा के संस्थापकों में थे-**

(a) शिवकुमार सिंह और बाबू श्याम सुन्दर दास

(b) रामचन्द्र शुक्ल और भारतेन्दु हरिश्चन्द्र

(c) पं. प्रताप नारायण मिश्र और बालकृष्ण भट्ट

(d) जगंन्नाथ दास रत्नाकर और शिवप्रसाद गुप्त

**13. काशीनागरी प्रचारिणी सभा के संस्थापकों में कौन नहीं है?**

(a) बाबू श्याम सुन्दर दास

(b) ठा. शिवकुमार सिंह

(c) रामनारायण मिश्र

(d) रामचन्द्र शुक्ल

**14. भारतीय संविधान में हिन्दी को मान्यता कब मिली?**

(a) 26 जनवरी, 1950

(b) 14 सितम्बर, 1949

(c) 15 अगस्त, 1947

(d) 14 सितम्बर, 1955

**15. भारतवर्ष के लिए हिन्दी भाषा का नाम सबसे पहले किसने सुझाया?**

(a) राजा राममोहन राय

(b) महात्मा गाँधी

(c) रवीन्द्रनाथ ठाकुर
(d) मदन मोहन मालवीय

**16. 'इंसानियत' शब्द में कौन-सी संज्ञा है?**
(a) व्यक्तिवाचक (b) जातिवाचक
(c) भाववाचक (d) द्रव्यवाचक

**17. इनमें से जातिवाचक संज्ञा छाँटिए–**
(a) लड़का (b) सेना
(c) श्याम (d) दु:ख

**18. 'लड़का' से भाववाचक संज्ञा बनाइए–**
(a) लड़कपन (b) लड़के
(c) लड़काई (d) लड़कापन

**19. 'स्त्रीत्व' किस प्रकार की संज्ञा है?**
(a) व्यक्तिवाचक (b) जातिवाचक
(c) भाववाचक (d) द्रव्यवाचक

**20. इन शब्दों में कौन-सा शब्द संज्ञा है?**
(a) क्रुद्ध (b) क्रोध
(c) क्रोधी (d) क्रोधित

**21. कौन-सा शब्द जातिवाचक संज्ञा नहीं है?**
(a) बालक (b) बालिका
(c) गंगा (d) पर्वत

**22. निम्नलिखित में भाववाचक संज्ञा कौन-सी है?**
(a) शत्रुता (b) वीर
(c) मनुष्य (d) गुरु

**23. 'ताजमहल' किस प्रकार की संज्ञा है?**
(a) व्यक्तिवाचक (b) जातिवाचक
(c) भाववाचक (d) द्रव्यवाचक

**24. "यह मेरा घर है।" वाक्य में मेरा शब्द में कारक बताइए–**
(a) सम्बन्ध (b) अधिकरण
(c) अपादान (d) सम्प्रदान

**25. कवि का स्त्रीलिंग बताइए–**
(a) कवित्री (b) कवियत्री
(c) कवियित्री (d) कवयित्री

**26. इनमें से प्रश्नवाचक सर्वनाम बताइए–**
(a) कौन (b) क्या
(c) किससे (d) ये सभी

**27. कौन-सा शब्द व्याकरण की दृष्टि से सर्वनाम है?**
(a) कुशलता (b) क्रोध
(c) तुम्हारा (d) उठाना

**28. क्या यह तुम्हारा घर है?**
(a) सम्बन्धवाचक सर्वनाम
(b) प्रश्नवाचक सर्वनाम
(c) निजवाचक सर्वनाम
(d) मध्यम पुरुषवाचक सर्वनाम

**29. सर्वनाम के कितने भेद हैं?**
(a) 4 (b) 5
(c) 6 (d) 8

**30. '<u>वह</u> बेकार है, क्यों लेते हो?' वाक्य में रेखांकित शब्द है–**
(a) निश्चयवाचक सर्वनाम
(b) अनिश्चयवाचक सर्वनाम
(c) निजवाचक सर्वनाम
(d) सम्बन्धवाचक सर्वनाम

**31. पं. जवाहरलाल नेहरू अपने माता-पिता के इकलौते बेटे थे। <u>आपका</u> विवाह अनिंद्य सुन्दरी कमला नेहरू के साथ हुआ था। वाक्य में रेखांकित शब्द है–**
(a) मध्यम पुरुषवाचक सर्वनाम
(b) निजवाचक सर्वनाम
(c) सम्बन्धवाचक सर्वनाम
(d) अन्य पुरुषवाचक सर्वनाम

**32. आप यहाँ चले आए। <u>किसी</u> ने आपको रोका नहीं? वाक्य में रेखांकित शब्द है–**
(a) निश्चयवाचक सर्वनाम
(b) प्रश्नवाचक सर्वनाम
(c) अनिश्चयवाचक सर्वनाम
(d) सम्बन्धवाचक सर्वनाम

**33. '<u>आप</u> भला तो जग भला' वाक्य में रेखांकित शब्द है–**
(a) उत्तम पुरुषवाचक सर्वनाम
(b) मध्यम पुरुषवाचक सर्वनाम
(c) निजवाचक सर्वनाम
(d) कोई सर्वनाम नहीं

**34. सर्वनाम की दृष्टि से अशुद्ध वाक्य छाँटिए–**
(a) मैंने तेरे को बोला था
(b) मुझे आगरा जाना है
(c) कुछ हो गया क्या?
(d) कौन आया था?

**35. 'चतुरानन' में समास है–**
(a) कर्मधारय (b) बहुब्रीहि
(c) द्विगु (d) द्वन्द्व

**36. निम्नलिखित में कौन-सा शब्द स्त्रीलिंग नहीं है?**
(a) सुबह (b) दोपहर
(c) साँझ (d) दिन

**37. कौन-सा शब्द पुल्लिंग है?**
(a) दया (b) घटना
(c) जड़ता (d) बुढ़ापा

**38. निम्नलिखित में से कौन-सा शब्द पुल्लिंग है?**
(a) आय (b) आँख
(c) आदत (d) आलस्य

**39. निम्नलिखित में से कौन-सा शब्द स्त्रीलिंग है?**
(a) पक्षी (b) केकड़ा
(c) चकोर (d) गिलहरी

**40. 'लिंग' किस भाषा का शब्द है?**
(a) हिंदी (b) अंग्रेजी
(c) संस्कृत (d) जर्मन

**41. निम्न में कौन जातिवाचक पुल्लिंग संज्ञा है?**
(a) चावल (b) मोहन
(c) चपरासी (d) हिमालय

**42. 'ठाकुर' शब्द का स्त्रीलिंग क्या होगा?**
(a) ठकुरानी (b) ठकुराइन
(c) ठकुरिन (d) ठाकुरी

**43. 'दही' शब्द है–**
(a) पुल्लिंग (b) स्त्रीलिंग
(c) नपुंसक लिंग (d) उभयलिंग

**44. लिंग भेद में किसका रूपान्तर नहीं होता?**
(a) संज्ञा (b) सर्वनाम
(c) विशेषण (d) कारक

**45. निम्न में से कौन-सा शब्द स्त्रीलिंग है?**
(a) चना (b) अरहर
(c) बाजरा (d) उड़द

**46. निम्नलिखित में कौन-सा शब्द पुल्लिंग है?**
(a) बनावट (b) चिल्लाहट
(c) बचपन (d) सिलाई

**47. 'जेठ' का स्त्रीलिंग शब्द क्या होता है?**
(a) जेठीन (b) जेठरानी
(c) जेठराइन (d) जेठानी

**48. 'अध्यापक' शब्द का सही स्त्रीलिंग क्या होता है?**
(a) अध्यापिका (b) अध्यापिकी
(c) अध्यापकी (d) अध्यापीक

**49. पुल्लिंग-स्त्रीलिंग में कौन विषम संयोजन है?**
(a) प्राचार्य-प्राचार्य (b) मोर-मोरनी
(c) सेवक-सेविका (d) श्याम-श्यामी

**50. निम्नलिखित में कौन-सा शब्द स्त्रीलिंग है?**
(a) नमक (b) जीरा
(c) पीपल (d) दाल

**51. निम्न में कौन-सा शब्द पुल्लिंग है?**
(a) कस्तूरी (b) घोषणा
(c) झील (d) सदन

**52. निम्नलिखित में कौन-सा शब्द स्त्रीलिंग नहीं है?**
(a) नदी (b) गाय
(c) गंगा (d) रवि

**53. निम्नलिखित में कौन-सा शब्द पुल्लिंग है?**
(a) कपट (b) सुन्दरता
(c) मूर्खता (d) निद्रा

**54. निम्न में कौन-सा शब्द पुल्लिंग है?**
(a) आकाश (b) धरती
(c) नदी (d) आभा

**55. 'सूर्य' शब्द का स्त्रीलिंग क्या होता है?**
(a) सूर्या (b) सूर्याणी
(c) सूर्यायी (d) सूर्यों

**56. निम्नलिखित में कौन-सा शब्द स्त्रीलिंग है?**
(a) लिपि (b) विद्रोह
(c) बलशाली (d) दाता

**57. 'पानी' का लिंग निर्धारित कीजिए–**
(a) पुल्लिंग (b) स्त्रीलिंग
(c) नपुंसक लिंग (d) उभयलिंग

**58. निम्नलिखित में कौन-सा शब्द स्त्रीलिंग है?**
(a) हीरा (b) मोती
(c) सोना (d) चाँदी

**59. निम्नलिखित में से कौन-सा शब्द स्त्रीलिंग है?**
(a) दही (b) मोती
(c) किताब (d) तेल

**60. 'बुद्धिमान' का स्त्रीलिंग शब्द क्या है?**
(a) बुद्धिमती (b) बुद्धिमान्या
(c) विदुषी (d) बुद्धिवाली

**61. 'महाशय' शब्द का सही स्त्रीलिंग रूप क्या है?**
(a) महाशया (b) महाशयी
(c) महाशियी (d) महाशिनी

**62. स्त्रीलिंग शब्द चुनिए–**
(a) रास्ता (b) पेड़
(c) पत्थर (d) मिट्टी

**63. 'दाता' शब्द का स्त्रीलिंग शब्द क्या है?**
(a) दातृ (b) दात्री
(c) दात्रि (d) दाताई

**64. 'नेता' का सही स्त्रीलिंग शब्द क्या है?**
(a) नेत्री (b) नेतृ
(c) नेतिन (d) नेताइन

**65. 'चट्टान शब्द किस लिंग से सम्बन्धित है?**
(a) पुल्लिंग (b) स्त्रीलिंग
(c) नपुंसक लिंग (d) इनमें से कोई नहीं

**66. निम्नलिखित में से कौन-सा शब्द पुल्लिंग है?**
(a) सड़क (b) किताब
(c) नाक (d) दही

**67. निम्नलिखित में से कौन-सा शब्द स्त्रीलिंग है?**
(a) पानी (b) आग
(c) घी (d) मोती

**68. निम्नलिखित तत्सम शब्दों में पुल्लिंग नहीं है–**
(a) पत्र (b) गगन
(c) पवन (d) दया

**69. निम्नलिखित तत्सम शब्दों में स्त्रीलिंग है–**
(a) आवास (b) प्रतिवेदन
(c) संकल्प (d) कृति

**70. निम्नलिखित शब्दों में पुल्लिंग है–**
(a) गरिमा (b) महिमा
(c) परीक्षा (d) विरोध

**71. निम्नलिखित में कौन-सा शब्द पुल्लिंग है?**
(a) मणि (b) चाँदी
(c) झील (d) मोती

**72. बुद्धि से विशेषण शब्द बनाइए-**
(a) बुद्धिमान (b) बौद्धिक
(c) बुद्धि (d) इनमें से कोई नहीं

**73. मानव से कौन-सा विशेषण शब्द बनेगा?**
(a) मनुष्य (b) मानवता
(c) मानवीकरण (d) मानवीय

**74. 'कुछ आदमी वहाँ खड़े थे।' इस वाक्य में प्रयुक्त 'कुछ' किस प्रकार का विशेषण है?**
(a) निश्चित संख्यावाचक
(b) अनिश्चित संख्यावाचक
(c) परिमाणबोधक
(d) गुणवाचक

**75. 'संस्कृति' से कौन-सा विशेषण शब्द बनेगा?**
(a) संस्कृत (b) संस्कृति
(c) सांस्कृतिक (d) संस्कृतिक

**76. 'भला' किस प्रकार का विशेषण है?**
(a) सार्वनामिक (b) परिमाणबोधक
(c) गुणवाचक (d) संख्यावाचक

**77. संज्ञा या सर्वनाम की विशेषता बताने वाले शब्द कहे जाते हैं–**
(a) विशेषण (b) सर्वनाम
(c) क्रिया-विशेषण (d) अव्यय

**78. आलस्य से विशेषण बनाइए।**
(a) आलस (b) अलस
(c) आलसी (d) इनमें से कोई नहीं

**79. 'कुछ बच्चे कक्षा में शोर मचा रहे हैं।' इसमें कुछ किस प्रकार का विशेषण है?**
(a) गुणवाचक
(b) अनिश्चित संख्यावाचक
(c) निश्चित संख्यावाचक
(d) परिमाणबोधक

**80. कौन-सा विशेषण परिमाणबोधक है?**
(a) तिकोना (b) थोड़ा
(c) कैसा (d) लाल

**81. सामान्यतः विशेषण के कितने भेद किए गए हैं?**
(a) तीन (b) चार
(c) छः (d) पाँच

**82. वह बहुत तेज दौड़ता है। इस वाक्य में बहुत क्या है?**
(a) विशेषण (b) प्रविशेषण
(c) सर्वनाम (d) क्रिया विशेषण

**83. निम्नलिखित में कौन-सा शब्द विशेषण है?**
(a) सौन्दर्य (b) वृक्ष
(c) बेकारी (d) फुफेरा

**84. चमक से कौन-सा विशेषण शब्द बनेगा?**
(a) चमकीला (b) चमकना
(c) चमकता (d) चमकी

**85. लाल रूमाल में लाल किस प्रकार का विशेषण है?**
(a) गुणवाचक (b) आकृतिबोधक
(c) परिमाणबोधक (d) सार्वनामिक विशेषण

**86. 'वह घर पहुँच गया' इस वाक्य में 'पहुँच गया' निम्नलिखित में से किस क्रिया का उदाहरण है?**
(a) प्रेरणार्थक क्रिया
(b) द्विकर्मक क्रिया
(c) संयुक्त क्रिया
(d) पूर्वकालिक क्रिया

**87. 'हँसना' कैसी क्रिया है?**
(a) सकर्मक क्रिया (b) अकर्मक क्रिया
(c) संयुक्त क्रिया (d) प्रेरणार्थक क्रिया

**88. मुख्य क्रिया के अर्थ को स्पष्ट करने वाली क्रिया होती है–**
(a) सहायक क्रिया (b) प्रेरणार्थक क्रिया
(c) नाम बोधक (d) नामधातु

**89. 'अनुराग ने फल खरीदे' में कौन-सी क्रिया है?**
(a) अकर्मक (b) सकर्मक
(c) प्रेरणार्थक (d) सहायक

**90. 'रमेश गिर पड़ा'। इस वाक्य में 'गिर पड़ा' क्या है?**
(a) सकर्मक क्रिया (b) संयुक्त क्रिया
(c) प्रेरणार्थक क्रिया (d) सहायक क्रिया

**91. निम्न में से क्रिया विशेषण है–**
(a) अंधेरा (b) धीरे-धीरे
(c) चाल-चलन (d) सौन्दर्य

**92. कौन-सा शब्द सकर्मक क्रिया है?**
(a) लिखना (b) हँसना
(c) रोना (d) सोना

**93. 'तुम खा रहे हो' वाक्य में सहायक क्रिया है?**
(a) हो (b) खा
(c) रहे (d) तुम

94. 'वह खाना खाकर सो गया।' इस वाक्य में कौन-सी क्रिया है?
(a) सहायक (b) पूर्वकालिक
(c) नामबोधक (d) इनमें से कोई नहीं

95. मुख्य क्रिया के अर्थ को स्पष्ट करने वाली क्रिया होती है–
(a) सहायक क्रिया (b) प्रेरणार्थक क्रिया
(c) नामबोधक (d) नामधातु

96. निम्नलिखित में कौन-सी अकर्मक क्रिया है?
(a) खाना (b) पीना
(c) उठाना (d) आना

97. निम्नलिखित में से कौन प्रेरणार्थक क्रिया नहीं है?
(a) रहना (b) भेजना
(c) चुभोना (d) रखना

98. जिस शब्द से क्रिया के होने का समय निर्धारित हो, उसे कहते हैं–
(a) कारक (b) काल
(c) अव्यय (d) क्रिया-विशेषण

99. कारक के भेद हैं-
(a) पाँच (b) छह
(c) सात (d) आठ

100. 'राम कलम से लिखता है' वाक्य में किस कारक का प्रयोग किया गया है?
(a) करण (b) कर्म
(c) कर्ता (d) अपादान

101. किस कारक में 'से' विभक्ति का प्रयोग साधन के अर्थ में होता है?
(a) अपादान (b) कर्ता
(c) करण (d) सम्प्रदान

102. किस कारक में 'से' विभक्ति का प्रयोग अलगाव के अर्थ में होता है?
(a) करण (b) अपादान
(c) सम्प्रदान (d) सम्बन्ध

103. 'सुधा नेहा को हाथ से मारती है' इस वाक्य में कौन-सा कारक है?
(a) कर्त्ता (b) अपादान
(c) करण (d) अधिकरण

104. 'वृक्ष से पत्ते गिरते हैं' इस वाक्य में कौन-सा कारक है?
(a) अधिकरण (b) कर्म
(c) करण (d) अपादान

105. क्रिया का फल जिस पर पड़ता है, वह कारक कहलाता है–
(a) अधिकरण (b) करण
(c) कर्म (d) कर्त्ता

106. 'वह कार मेरी है' इस वाक्य में कौन-सा कारक है?
(a) करण (b) सम्बन्ध
(c) सम्प्रदान (d) अधिकरण

107. 'तोता डाली पर बैठा है' इस वाक्य में कौन-सा कारक है?
(a) सम्प्रदान (b) करण
(c) अधिकरण (d) अपादान

108. 'पिता ने पुत्र को डण्डे से मारा' इस वाक्य में कौन-सा कारक है?
(a) करण (b) सम्बोधन
(c) कर्त्ता (d) अपादान

109. 'मुझ से रोटी नहीं खाई गई' वाक्य में 'से' किस कारक का चिह्न है?
(a) करण (b) अपादान
(c) सम्प्रदान (d) अधिकरण

110. 'शिकारी ने बाघ मारा' इस वाक्य में किस कारक के परसर्ग का प्रयोग हुआ है?
(a) कर्म कारक (b) करण कारक
(c) अधिकरण (d) सम्प्रदान कारक

111. 'वह जन्म का भिखारी है' इस वाक्य में 'का' किस कारक की विभक्ति है?
(a) सम्बन्ध (b) अधिकरण
(c) सम्प्रदान (d) करण

112. 'हे, अरे' किस कारक के परसर्ग हैं?
(a) कर्ता (b) करण
(c) सम्प्रदान (d) सम्बोधन

113. निम्नलिखित में से कौन 'काल' का भेद नहीं है?
(a) वर्तमान काल (b) भूतकाल
(c) भविष्यत् काल (d) आधुनिक काल

114. 'उसने पढ़ा था।' इस वाक्य में निहित 'काल' है–
(a) भूतकाल (b) वर्तमान काल
(c) भविष्यत् काल (d) इनमें से कोई नहीं

## उत्तरमाला

| | | | | | | | | | |
|---|---|---|---|---|---|---|---|---|---|
| 1. (c) | 2. (c) | 3. (b) | 4. (a) | 5. (c) | 6. (a) | 7. (b) | 8. (a) | 9. (d) | 10. (d) |
| 11. (a) | 12. (a) | 13. (d) | 14. (b) | 15. (a) | 16. (c) | 17. (a) | 18. (a) | 19. (c) | 20. (b) |
| 21. (c) | 22. (a) | 23. (a) | 24. (a) | 25. (d) | 26. (d) | 27. (c) | 28. (b) | 29. (c) | 30. (a) |
| 31. (b) | 32. (c) | 33. (c) | 34. (a) | 35. (b) | 36. (d) | 37. (d) | 38. (d) | 39. (d) | 40. (c) |
| 41. (c) | 42. (b) | 43. (a) | 44. (b) | 45. (b) | 46. (c) | 47. (d) | 48. (a) | 49. (d) | 50. (d) |
| 51. (d) | 52. (d) | 53. (a) | 54. (a) | 55. (a) | 56. (a) | 57. (a) | 58. (d) | 59. (c) | 60. (a) |
| 61. (a) | 62. (d) | 63. (b) | 64. (a) | 65. (b) | 66. (d) | 67. (b) | 68. (d) | 69. (d) | 70. (d) |
| 71. (d) | 72. (a) | 73. (d) | 74. (b) | 75. (c) | 76. (c) | 77. (a) | 78. (c) | 79. (b) | 80. (b) |
| 81. (b) | 82. (b) | 83. (d) | 84. (a) | 85. (a) | 86. (c) | 87. (b) | 88. (a) | 89. (b) | 90. (b) |
| 91. (b) | 92. (a) | 93. (a) | 94. (b) | 95. (a) | 96. (d) | 97. (a) | 98. (b) | 99. (d) | 100. (a) |
| 101. (c) | 102. (b) | 103. (c) | 104. (d) | 105. (c) | 106. (b) | 107. (c) | 108. (a) | 109. (a) | 110. (a) |
| 111. (a) | 112. (d) | 113. (d) | 114. (a) | | | | | | |

❑❑❑

# संधि

## संधिः परिभाषा एवं भेद

निकटवर्ती दो वर्गों के सम्मिलन से जो विकार (परिवर्तन) उत्पन्न हो जाता है उसे सन्धि कहते हैं।

सन्धि तीन प्रकार की होती हैं–

(1) स्वर सन्धि (2) व्यंजन सन्धि (3) विसर्ग सन्धि

### (1) स्वर सन्धि

स्वर के साथ स्वर अर्थात् दो स्वरों के मेल से जो विकार (परिवर्तन) होता है उसे स्वर सन्धि कहते हैं; जैसे–

महा + आत्मा = महात्मा   सूर्य + अस्त = सूर्यास्त

स्वर सन्धि मुख्यत: पाँच प्रकार की होती है–

(i) गुण सन्धि (ii) दीर्घ सन्धि
(iii) वृद्धि सन्धि (iv) यण सन्धि
(v) अयादि सन्धि

#### (i) गुण सन्धि (अदेंगुणः आद्गुणः)

यदि प्रथम शब्द के अन्त में ह्रस्व अथवा दीर्घ अ हो और दूसरे शब्द के आदि में ह्रस्व अथवा दीर्घ इ, उ, ऋ में से कोई वर्ण हो तो अ + इ = ए, आ + उ = ओ, अ + ऋ = अर् हो जाते हैं। यह गुण सन्धि कहलाती हैं; जैसे–

- **अ + इ = ए**

  उप + इन्द्र = उपेन्द्र
  प्र + इत = प्रेत

- **आ + इ = ए**

  महा + इन्द्र = महेन्द्र

- **अ + ई = ए**

  नर + ईश = नरेश
  देव + ईश = देवेश

- **आ + ई = ए**

  रमा + ईश = रमेश
  महा + ईश = महेश

- **अ + उ = ओ**

  मानव + उचित = मानवोचित
  हित + उपदेश = हितोपदेश

- **अ + ऊ = ओ**

  नव + ऊढ़ा = नवोढ़ा

- **आ + उ = ओ**

  महा + उत्सव = महोत्सव
  महा + उदधि = महोदधि

- **आ + ऊ = ओ**

  महा + ऊर्जा = महोर्जा

- **अ + ऋ = अर्**

  देव + ऋषि = देवर्षि
  सप्त + ऋषि = सप्तर्षि
  ब्रह्म + ऋषि = ब्रह्मर्षि

- **आ + ऋ = अर्**

  महा + ऋषि = महर्षि

#### (ii) दीर्घ-संधि

ह्रस्व या दीर्घ 'अ', 'इ', 'उ' के पश्चात क्रमशः ह्रस्व या दीर्घ 'अ', 'ई', 'उ' स्वर आएँ तो दोनों को मिलाकर दीर्घ 'आ', 'ई', 'ऊ' हो जाते हैं; जैसे–

- **अ + अ = आ**

  स्व + अर्थी = स्वार्थी
  वीर + अंगना = वीरांगना

- **अ + आ = आ**

  नव + आगत = नवागत
  देव + आगमन = देवागमन

- **आ + अ = आ**

  सीमा + अंत = सीमांत
  रेखा + अंश = रेखांश

- **आ + आ = आ**

  विद्या + आलय = विद्यालय
  वार्ता + आलाप = वार्तालाप

- **इ + ई = ई**

  मुनि + इंद्र = मुनींद्र
  कपि + इंद्र = कपींद्र

- **इ + इ = ई**

  परि + ईक्षा = परीक्षा
  हरि + ईश = हरीश

- **ई + इ = ई**

  योगी + इंद्र = योगींद्र
  लक्ष्मी + इच्छा = लक्ष्मीच्छा

- **ई + ई = ई**

  योगी + ईश्वर = योगीश्वर
  जानकी + ईश = जानकीश

- **उ + उ = ऊ**

  भानु + उदय = भानूदय
  गुरू + उपदेश = गुरूपदेश

- **उ + ऊ = ऊ**

  धातु + ऊष्मा = धातूष्मा
  सिंधु + ऊर्मि = सिंधूर्मि

- ऊ + उ = ऊ

  भू + उत्सर्ग = भूत्सर्ग

  वधू + उपकार = वधूपकार

- ऊ + ऊ = ऊ

  भू + ऊष्मा = भूष्मा

  वधू + ऊर्मि = वधूर्मि

### (iii) वृद्धि-संधि

'अ' या 'आ' के बाद 'ए' या 'ऐ' आए तो दोनों के मेल से 'ऐ' हो जाता है तथा 'अ' और 'आ' के पश्चात 'ओ' या 'औ' आए तो दोनों के मेल से 'औ' हो जाता है; जैसे–

- **अ + ए = ऐ**

  लोक + एषणा = लोकैषणा

- **अ + ऐ = ऐ**

  धन + ऐश्वर्य = धनैश्वर्य

- **आ + ए = ऐ**

  तथा + एव = तथैव

- **आ + ऐ = ऐ**

  महा + ऐश्वर्य = महैश्वर्य

- **अ + ओ = औ**

  वन + ओषधि = वनौषधि

  परम + ओज = परमौज

- **आ + ओ = औ**

  महा + ओज = महौज

- **अ + औ = औ**

  परम + औषध = परमौषध

- **आ + औ = औ**

  महा + औदार्य = महौदार्य

  महा + औषधि = महौषधि

  **अपवाद :** अ अथवा आ के आगे ओष्ट्य शब्द आए तो विकल्प से ओ अथवा औ होता है; जैसे–

  बिंब + ओष्ठ = बिबोंष्ठ/बिंबौष्ठ

  अधर + ओष्ठ = अधरोष्ठ/अधरौष्ठ

### (iv) यण सन्धि

ह्रस्व अथवा दीर्घ इ, उ, ऋ के बाद यदि कोई सवर्ण (इनसे भिन्न) स्वर आता है तो इ अथवा ई के बदले य्, उ अथवा ऊ के बदले व्, ऋ के बदले र् हो जाता है। इसे यण सन्धि कहते हैं; जैसे–

- **इ + अ = य**

  यदि + अपि = यद्यपि

  इति + अर्थ = अत्यर्थ

  रीति + अनुसार = रीत्यनुसार

- **इ + आ = या**

  अति + आचार = अत्याचार

- **इ + उ = यु**

  अति + उत्तम = अत्युत्तम

- **इ + ऊ = यू**

  नि + ऊन = न्यून

- **इ + ए = ये**

  प्रति + एक = प्रत्येक

- **ई + आ = या**

  सखी + आगमन = सख्यागमन

- **ई + ऐ = ये**

  सखी + ऐश्वर्य = सख्यैश्वर्य

- **उ + अ = व**

  सु + अच्छ = स्वच्छ

  अनु + अय = अन्वय

- **उ + आ = वा**

  मधु + आलय = मध्वालय

### (iv) अयादि संधि

यदि 'ए', 'ऐ', 'ओ', 'औ' स्वरों का मेल दूसरे स्वरों से हो तो 'ए' का 'अय', 'ऐ' का 'आय्', 'ओ' का 'अव्' तथा 'औ' का 'आव्' के रूप में परिवर्तन हो जाता है; जैसे–

- **ए + अ = अय**

  ने + अन = नयन

- **ऐ + अ = आय् + अ = आय**

  गै + अक = गायक

- **ओ + ई = अव् + ई = अवी**

  अव् + ई = अवी

- **ओ + ई = अवी**

  गो + ईश = गवीश

- **औ + अ = आव**

  पौ + अन = पावन

  भौ + अन = भावन

- **औ + इ = आवि**

  नौ + इक = नाविक

- **औ + उ = आवु**

  भौ + उक = भावुक

## (2) व्यंजन संधि

व्यंजन के बाद स्वर या व्यंजन आने से जो परिवर्तन होता है, उसे व्यंजन संधि कहते हैं; जैसे–

वाक् + ईश = वागीश (क् + ई = गी)

सत् + जन = सज्जन (त् + ज = ज्ज)

उत् + हार = उद्धार (त् + ह = द्ध)

**नोट :** व्यंजन का शुद्ध रूप हल् वाला रूप (क्, ख्, ग्) होता है।

### व्यंजन-संधि के नियम

**वर्ग के पहले वर्ण का तीसरे वर्ण में परिवर्तन :** किसी वर्ग के पहले वर्ण (क् च् ट् त् प्) का मेल किसी स्वर अथवा किसी वर्ग के तीसरे वर्ण (ग ज ड द ब) या चौथे वर्ण (घ झ ढ ध भ) अथवा अंत:स्थ व्यंजन (य र ल व) के किसी वर्ण से होने पर वर्ग का पहला वर्ण अपने ही वर्ग के तीसरे वर्ण (ग् ज् ड् य् ब्) में परिवर्तित हो जाता है; जैसे–

**क वर्ग**

दिक् + अम्बर = दिगम्बर

वाक् + जाल = वाग्जाल

**च वर्ग**

अच् + अन्त = अजन्त

वाक् + धारा = वाग्धारा

**ट वर्ग**

षट् + आनन = षडानन

**त वर्ग**

तत् + इच्छा = तदिच्छा

वृहत् + रथ = वृहद्रथ

**प वर्ग**

सुप् + अन्त = सुबन्त

अप् + ज = अब्ज

अप् + धि = अब्धि

सत् + आशय = सदाशय

सत् + उपयोगी = सदुपयोग

जगत् + ईश = जगदीश

कृत् + अन्य = कृदन्त

- **'छ' संबंधी नियम :**
किसी भी ह्रस्व स्वर या 'आ' का मेल 'छ' से होने पर 'छ' से पहले 'च्' जोड़ दिया जाता है; जैसे—
स्व + छंद = स्वच्छंद
अनु + छेद = अनुच्छेद

- **त् संबंधी नियम :**
(1) 'त्' के बाद यदि 'च' 'छ' हो तो 'त्' का 'च्' हो जाता है; जैसे—
उत् + चरित = उच्चरित
जगत् + छाया = जगच्छाया
त् या द् के बाद ज अथवा झ हो तो त् या द् के स्थान पर ज् हो जाता है; जैसे—
सत् + जन = सज्जन
विपद् + जाल = विपज्जाल
उत् + ज्जवल = उज्जवल
उत् + झटिल = उज्झटिल
त् या द् के बाद ट या ठ हो तो त् या द् के स्थान पर ट् हो जाता है; जैसे—
तत् + टीका = तट्टीका
सत् + टीका = सट्टीका
वृहत + टीका = वृहट्टीका

- **'न' सम्बन्धी नियम :**
यदि 'ऋ', 'र', 'ष' के बाद 'न' व्यंजन आता है तो 'न' का 'ण' हो जाता है;
जैसे— परि + नाम = परिणाम
राम + अयन = रामायण

- **'म' सम्बन्धी नियम :**
'म्' का मेल 'क' से 'म' तक के किसी भी व्यंजन वर्ग से होने पर 'म्' उसी वर्ग के पंचमाक्षर (अनुस्वार) में बदल जाता है; जैसे—
सम् + गति = संगति
परम् + तु = परंतु
'म्' के बाद 'य', 'र', 'ल', 'व', 'श', 'ष', 'स', 'ह' में कोई वर्ण हो तो 'म्' अनुस्वार में बदल जाता है; जैसे—
सम् + सार = संसार
किम् + वा = किंवा
सम् + हार = संहार
सम् + यम = संयम
सम् + शय = संशय

'म्' का मेल यदि 'य', 'र', 'ल', 'व', 'श', 'ष', 'स', 'ह' से हो तो 'म्' सदैव अनुस्वार ही होता है; जैसे—
सम् + योग = संयोग
सम् + लाप = संलाप
सम् + शय = संशय

'म्' के बाद 'म' आने पर कोई परिवर्तन नहीं होता; जैसे—
सम् + मान = सम्मान

ऋ, र्, ष् के बाद न हो तथा इनके बीच में कोई स्वर, क वर्ग, प वर्ग, अनुस्वार य, व ह आता हो तो न का ण हो जाता है; जैसे—
भूष् + अन = भूषण
प्र + मान = प्रमाण
तृष + ना = तृष्णा

'स' संबंधी नियम : 'स' से पहले 'अ', 'आ' से भिन्न स्वर हो तो 'स' का 'ष' हो जाता है; जैसे—
वि + सम = विषम
वि + साद = विषाद
सु + समा = सुषमा

## (3) विसर्ग संधि

विसर्ग के बाद स्वर या व्यंजन आने पर विसर्ग में जो विकार होता है, उसे विसर्ग संधि कहते हैं; जैसे–
दुः + आशा = दुराशा
मनः + योग = मनोयोग

## विसर्ग संधि के प्रमुख नियम

- यदि विसर्ग के पहले 'अ' और बाद में 'अ' अथवा प्रत्येक वर्ग का तीसरा, चौथा, पाँचवाँ वर्ण अथवा 'य', 'र', 'ल', 'व', 'ह' हो तो विसर्ग का 'ओ' हो जाता है; जैसे—
मनः + अनुकूल = मनोनुकूल
वयः + वृद्ध = वयोवृद्ध
तपः + भूमि = तपोभूमि
पयः + द = पयोद
पयः + धन = पयोधन
मनः + हर = मनोहर
**अपवाद :** पुनः एवं अंतः में विसर्ग का र् हो जाता है; जैसे—
पुनः + जन्म = पुनर्जन्म
अंतः + धान = अंतर्धान

- **विसर्ग का 'र्' हो जाता है :** यदि विसर्ग के पहले 'अ', 'आ' को छोड़कर कोई दूसरा स्वर हो और बाद में 'आ', 'उ', 'ऊ' या तीसरा, चौथा, पाँचवाँ वर्ण या 'य', 'र', 'ल', 'व' में से कोई हो तो विसर्ग का 'र्' हो जाता है; जैसे—
निः + आशा = निराशा
निः + झर = निर्झर
दुः + गुण = दुर्गुण
निः + गुण = निर्गुण
दुः + भाग्य = दुर्भाग्य
निः + संदेह = निस्संदेह
दुः + शील = दुश्शील
निः + हार = निर्हार

दु: + यश = दुर्यश
नि: + एकीभाव = निरेकीभाव
दु: + लक्ष्य = दुर्लक्ष्य
नि: + गम = निर्गम
दु: + आत्मा = दुरात्मा
नि: + उपाय = निरूपाय
दु: + नाम = दुर्नाम

- विसर्ग के पहले यदि इ या उ हो और विसर्ग के बाद क ख या प फ हो तो इनके पहले विसर्ग के बदले ष हो जाता है; जैसे–

नि: + कपट = निष्कपट
दु: + कर्म = दुष्कर्म
नि: + पाप = निष्पाप
दु: + खचित = दुष्खचित
चतु: + पद = पचुष्पद
दु: + फल = दुष्फल

- यदि विसर्ग से पहले अ, आ को छोड़कर अन्य कोई स्वर हो और बाद में र हो तो विसर्ग का लोप हो जाता है और उसके पूर्व का ह्रस्व स्वर दीर्घ में कर दिया जाता है; जैसे–

नि: + रव = नीरव
नि: + रोग = नीरोग
नि: + रज = नीरज

- विसर्ग के बाद च या छ हो तो विसर्ग का श् हो जाता है। यदि बाद में ट् या ठ् हो तो ष् और त् या थ हो तो स् हो जाता है; जैसे–

क: + चित् = कश्चित
दु: + ट = दुष्ट
धनु: + टङकार = धनुष्टङ्कार
नि: + तेज = निस्तेज
नि: + चेष्ट = निश्चेष्ट
तत: + ठकार = ततष्ठकार
नि: + छिद्र = निश्छिद्र
वहि: + थोडन = वहिस्थोडन

- विसर्ग का 'श्' हो जाता है; यदि विसर्ग के पहले कोई स्वर हो और बाद में 'च', 'छ' या 'श' हो तो विसर्ग का 'श्' हो जाता है; जैसे–

नि: + चिंत = निश्चिंत
दु: + शासन = दुश्शासन

- विसर्ग के बाद क, ख, प, फ आता है तो विसर्ग में कोई परिवर्तन नहीं होता है; जैसे –

अन्त: + पुर = अन्त:पुर
पय: + पान = पय:पान
अन्त: + करण = अन्त:करण
अध: + पतन = अध:पतन
अध: + फलित = अध:फलित

## विसर्ग का लोप हो जाना

- यदि विसर्ग के बाद 'छ' हो तो विसर्ग लुप्त हो जाता है और 'च' का आगम हो जाता है; जैसे–

अनु: + छेद = अनुच्छेद
छत्र: + छाया = छत्रच्छाया

- यदि विसर्ग के बाद 'र' हो तो विसर्ग लुप्त हो जाता है और उस के पहले का स्वर दीर्घ हो जाता है; जैसे–

नि: + रोग = नीरोग
नि: + रस = नीरस

- यदि विसर्ग से पहले 'अ' या 'आ' हो और विसर्ग के बाद कोई भिन्न स्वर हो तो विसर्ग का लोप हो जाता है; जैसे–

अत: + एव = अतएव

- **विसर्ग में परिवर्तन न होना :** यदि विसर्ग के पूर्व 'अ' हो तथा बाद में 'क' या 'प' हो तो विसर्ग में परिवर्तन नहीं होता है; जैसे–

प्रात: + काल = प्रात:काल
अंत: + करण = अंत:करण
अंत: + पुर = अंत:पुर
अध: + पतन = अध:पतन
प्रात: + काल = प्रात:काल

## प्रश्नमाला

**1. 'निष्छल' शब्द में कौन-सी सन्धि है?**
(a) विसर्ग सन्धि
(b) स्वर सन्धि
(c) व्यंजन सन्धि
(d) वृद्धि सन्धि

**2. 'तिरस्कार' शब्द का सही सन्धि विच्छेद होगा–**
(a) तिरस् + कार (b) तिर: + कार
(c) तीर + सकार (d) तिरस: + कार

**3. निम्नलिखित सन्धि विच्छेदों में से कौन-सा एक सन्धि विच्छेद 'नीरव' शब्द के लिए सही है?**
(a) नि: + रव (b) नी: + रव
(c) निर् + व (d) नीर् + व

**4. 'मृत + मय' विच्छेद से सन्धि करने पर जिस शब्द का निर्माण होगा, वह है–**
(a) म्रितमय (b) मृतमय
(c) मृण्मय (d) मृनमय

**5. 'भाग्य + उदय' विच्छेद को सन्धि करने पर जिस शब्द की रचना होगी वह है–**
(a) भाग्योदय (b) भाग्यूदय
(c) भाग्यौदय (d) भाग्यदय

**6. 'यथा + इष्ट' विच्छेद का सन्धि किए जाने पर जो शब्द बनेगा, वह है–**
(a) यथीष्ट (b) यथैष्ट
(c) यथेष्ट (d) यथिष्ट

**7. 'यथा + उचित' विच्छेद के आधार पर जिस शब्द का निर्माण सन्धि करने के बाद होगा, वह शब्द है–**
(a) यथाचित (b) यथूचित
(c) यथोचित (d) यथ्यचित

**8. निम्न सन्धि विच्छेदों में से कौन-सा एक सन्धि विच्छेद 'व्युत्पत्ति' शब्द के लिए सही है?**
(a) वि + उत्पत्ति (b) व्यू + उत्पत्ति
(c) व्य + उत्पत्ति (d) व्युत्प + अति

**9. 'संसार' शब्द का सही सन्धि विच्छेद है–**
(a) सन् + सार (b) समस् + आर
(c) सम् + सार (d) स: + सार

10. निम्नलिखित सन्धि विच्छेदों में से 'समुदाय' शब्द के लिए सही सन्धि विच्छेद का चयन कीजिए—
(a) सम् + उदाय (b) सम् + दाय
(c) सम + ऊदाय (d) समु + अदाय

11. 'नीरोग' में प्रयुक्त सन्धि का नाम है—
(a) स्वर संधि (b) व्यंजन संधि
(c) विसर्ग संधि (d) इनमें से कोई नहीं

12. 'निर्जन' में प्रयुक्त संधि का नाम है—
(a) स्वर संधि (b) व्यंजन संधि
(c) विसर्ग संधि (d) इनमें से कोई नहीं

13. 'वातानुकूल' का सही संधि-विच्छेद है—
(a) वात + अनुकूल (b) वात + अनूकुल
(c) वाता + अनुकूल (d) वाता + अनूकुल

14. 'ब्रह्मास्र' का सही संधि-विच्छेद है—
(a) ब्रह्म + अस्र (b) ब्रह्मा + अस्र
(c) ब्रह्म + आस्र (d) ब्रह्मः + अस्र

15. 'उच्छवास' का सही संधि-विच्छेद है—
(a) उच् + श्वास (b) उत् + श्वास
(c) उद् + ध्वास (d) उच्छ + वास

16. 'प्रत्युत्तर' का सही संधि-विच्छेद है—
(a) प्र + त्युत्तर (b) प्रति + उत्तर
(c) प्रति + युत्तर (d) प्रत्यु + उत्तर

17. 'संतोष' का सही संधि-विच्छेद है—
(a) सम् + तोष (b) सम + तोष
(c) सः + तोष (d) सन् + तोष

18. 'उज्ज्वल' का सही संधि-विच्छेद है—
(a) उत् + जबल (b) उत् + ज्वल
(c) उत + जल (d) उत + ज्वल

19. 'विश्वामित्र' का सही संधि-विच्छेद है—
(a) विश्व + मित्र (b) विश्वा + मित्र
(c) विश्वः + मित्र (d) विश्व + अमित्र

20. 'संगम' का सही संधि-विच्छेद है—
(a) सम + गम (b) सम् + गम
(c) सङ् + गम (d) सन् + गम

21. 'भानूदय' में प्रयुक्त संधि का नाम है—
(a) व्यंजन संधि (b) दीर्घ संधि
(c) गुण संधि (d) वृद्धि संधि

22. 'हरिश्चन्द्र' में प्रयुक्त संधि का नाम है—
(a) स्वर संधि (b) व्यंजन संधि
(c) विसर्ग संधि (d) इनमें से कोई नहीं

23. 'उल्लेख' का सही संधि-विच्छेद है—
(a) उल् + लेख (b) उत् + लेख
(c) उल्ल + लेख (d) उ + आलेख

24. 'दिगम्बर' का सही संधि-विच्छेद है—
(a) दिग् + अम्बर (b) दिक् + अम्बर
(c) दिग + अम्बर (d) दिक + अम्बर

25.' निर्विकार' में प्रयुक्त संधि का नाम है—
(a) स्वर संधि (b) व्यंजन संधि
(c) विसर्ग संधि (d) इनमें से कोई नहीं

26. 'श्रावण' का सही संधि-विच्छेद है—
(a) श्रौ + अण (b) श्राव + अन
(c) श्राव + अण् (d) श्रौ + अन

27. 'सत्याग्रह' का सही संधि-विच्छेद है—
(a) सत्या + ग्रह (b) सत + आग्रह
(c) सत्य + ग्रह (d) सत्य + आग्रह

28. निम्नलिखित सन्धि विच्छेदों में से कौन-सा एक 'अन्यान्य' शब्द के लिए सही है?
(a) अन्य + आन्य (b) अन्य + अन्य
(c) अन् + यान्य (d) अ + न्यान्य

29. निम्नलिखित सन्धि विच्छेदों में से कौन-सा एक 'अन्वित' शब्द के लिए उपयुक्त है?
(a) अनु + इत
(b) अनु + वित्
(c) अनु + अइत
(d) अन्य + इत

30. 'अन्वेषण' शब्द के लिए नीचे दिए गए सन्धि विच्छेदों में से सही सन्धि विच्छेद का चयन कीजिए—
(a) अन्य + एषण (b) अन् + एषण
(c) अनु + एषण (d) अन्व + एषण

31. निम्न में से कौन-सा एक सन्धि विच्छेद 'आद्यन्त' शब्द के लिए सही होगा?
(a) आद्य + अन्त (b) आदि + अन्त
(c) यदि + अन्त (d) आधि + अन्त

32. 'उन्नति' शब्द के लिए सही सन्धि विच्छेद निम्न में से कौन-सा है?
(a) उन्न + इति
(b) उन् + अति
(c) उत् + नति
(d) उन् + इति

33. 'उन्नयन' शब्द के लिए निम्न में से कौन-सा एक सही सन्धि विच्छेद है?
(a) उ + नयन (b) उन् + नयन
(c) उन्न + अयन (d) उत् + नयन

34. 'निस्तेज' का सही सन्धि विच्छेद है—
(a) निस् + तेज (b) निज + तेज
(c) निस + तेज (d) निः + तेज

35. 'उद्भव' शब्द के लिए निम्न दिए गए सन्धि विच्छेदों में से कौन-सा एक सही सन्धि विच्छेद है?
(a) उत् + भव (b) उद् + भव
(c) उद्द + भव (d) उक् + भव

36. 'तपोवन' शब्द का सही सन्धि विच्छेद क्या होगा?
(a) तप् + वन (b) तपो + वन
(c) तपः + वन (d) तप + वन

37. दो वर्णों के मेल से होने वाले विकार को कहते हैं—
(a) संधि (b) समास
(c) उपसर्ग (d) प्रत्यय

38. 'दयानन्द' में प्रयुक्त संधि का नाम है—
(a) गुण संधि (b) दीर्घ संधि
(c) व्यंजन संधि (d) यण् संधि

39. 'सदैव' में प्रयुक्त संधि का नाम है—
(a) व्यंजन संधि
(b) स्वर संधि
(c) विसर्ग संधि
(d) इनमें से कोई नहीं

40. निम्नांकित में से कौन-सा शब्द वृद्धि संधि का उदाहरण नहीं है?
(a) सदैव (b) जलौघ
(c) गुरूपदेश (d) परमौदार्य

## उत्तरमाला

| | | | | | | | | | | |
|---|---|---|---|---|---|---|---|---|---|---|
| **1.** (a) | **2.** (b) | **3.** (a) | **4.** (c) | **5.** (a) | **6.** (c) | **7.** (c) | **8.** (a) | **9.** (c) | **10.** (a) | **11.** (c) |
| **12.** (c) | **13.** (a) | **14.** (a) | **15.** (b) | **16.** (b) | **17.** (a) | **18.** (b) | **19.** (d) | **20.** (b) | **21.** (b) | **22.** (c) |
| **23.** (b) | **24.** (b) | **25.** (c) | **26.** (d) | **27.** (d) | **28.** (b) | **29.** (a) | **30.** (c) | **31.** (b) | **32.** (c) | **33.** (d) |
| **34.** (d) | **35.** (a) | **36.** (c) | **37.** (a) | **38.** (b) | **39.** (b) | **40.** (c) | | | | |

❑❑❑

# 3 समास

## समास

### परिभाषा

दो या दो से अधिक शब्दों के मिलने से बने शब्द को **'सामासिक पद'** या **'समास'** कहते हैं।

### समास के भेद

समास के छः भेद होते हैं–

1. **अव्ययीभाव समास**–जिस सामासिक शब्द में प्रथम पद अव्यय तथा प्रधान होता है, उसे अव्ययीभाव समास कहते हैं; जैसे–

| | |
|---|---|
| यथाशीघ्र | शीघ्रता से |
| सानन्द | आनन्द सहित |
| आजन्म | जन्म भर |

2. **तत्पुरुष समास**–जिस सामासिक शब्द में दूसरे पद की प्रधानता होती है तथा विभक्ति चिह्न लुप्त हो जाता है, उसे तत्पुरुष समास कहते हैं; जैसे–

| | |
|---|---|
| सुखप्रद | सुख को देने वाला |
| जन्मांध | जन्म से अंधा |
| आपबीती | अपने पर बीती |

3. **कर्मधारय समास**–जिस सामासिक शब्द में उत्तर पद प्रधान होता है, उसे कर्मधारय समास कहते हैं। इसमें पूर्व पद विशेषण और उत्तर पद विशेष्य होता है; जैसे–

| | |
|---|---|
| महात्मा | महान है जो आत्मा |
| पुरुषोत्तम | पुरुषों में उत्तम |
| चंद्रमुख | चंद्रमा के समान मुख |

4. **द्विगु समास**–जिस सामासिक शब्द का प्रथम पद संख्यावाची और अन्तिम पद संज्ञा हो, उसे द्विगु समास कहते हैं; जैसे–

| | |
|---|---|
| चौमासा | चार महीनों का समूह |
| पंचवटी | पाँच वटों का समूह |
| सप्त सिंधु | सात नदियों का समूह |

5. **द्वन्द्व समास**–जिस सामासिक शब्द के दोनों पद प्रधान हों, दोनों पद संज्ञाएँ अथवा विशेषण हों, उसे द्वन्द्व समास कहते हैं; जैसे–

| | |
|---|---|
| राम-कृष्ण | राम और कृष्ण |
| कंद-मूल | कंद और मूल |
| भला-बुरा | भला या बुरा |

6. **बहुब्रीहि समास**–इस सामासिक पद में कोई भी शब्द प्रधान नहीं होता, बल्कि दोनों शब्द मिलकर एक नया अर्थ प्रकट करते हैं; जैसे–

| | |
|---|---|
| दुरंगा | दो रंगों वाला |
| निर्जन | निकल गए जन जहाँ से |
| चक्रपाणि | चक्र है हाथ में जिसके |

## प्रश्नमाला

**1. 'राजभाषा' में समास बताइए–**
(a) अव्ययीभाव (b) द्विगु
(c) द्वन्द्व (d) तत्पुरुष

**2. 'रुपया-पैसा' में समास बताइए–**
(a) अव्ययीभाव
(b) द्वन्द्व
(c) द्विगु
(d) तत्पुरुष

**3. सामासिक पद में पूर्व पद में आए संख्या बोधक शब्द किस समास के अन्तर्गत आता है?**
(a) तत्पुरुष समास (b) द्विगु समास
(c) कर्मधारय समास (d) बहुब्रीहि समास

**4. सामासिक पद में दोनों पद प्रधान होते हैं?**
(a) द्वन्द्व समास में
(b) द्विगु समास में
(c) बहुब्रीहि समास में
(d) तत्पुरुष समास में

**5. 'मानापमान' शब्द में कौन-सा समास है?**
(a) द्वन्द्व समास
(b) द्विगु समास
(c) बहुब्रीहि समास
(d) तत्पुरुष समास

**6. विशेषण और विशेष्य के योग से कौन-सा समास बनता है?**
(a) द्विगु (b) द्वन्द्व
(c) कर्मधारय (d) तत्पुरुष

**7. 'नीललोहित' में किस प्रकार का समास है?**
(a) अव्ययीभाव (b) द्वन्द्व
(c) कर्मधारय (d) बहुब्रीहि

**8. 'निर्भय' शब्द में कौन-सा समास है?**
(a) अव्ययीभाव
(b) तत्पुरुष
(c) द्वन्द्व
(d) द्विगु

**9. 'सूर्योदय' में प्रयुक्त समास बताइए–**
(a) द्विगु (b) द्वन्द्व
(c) अव्ययीभाव (d) तत्पुरुष

**10. 'युधिष्ठिर' में समास बताइए–**
(a) द्वन्द्व (b) बहुब्रीहि
(c) द्विगु (d) तत्पुरुष

**11. 'सुख-दुख' में कौन-सा समास है?**
(a) द्वन्द्व (b) द्विगु
(c) अव्ययीभाव (d) कर्मधारय

12. किस समास में दोनों पद मिलकर एक नया अर्थ प्रकट करते हैं?
(a) बहुव्रीहि (b) द्वन्द्व
(c) कर्मधारय (d) तत्पुरुष

13. निम्नांकित में कौन-सा पद अव्ययीभाव समास है?
(a) गृहागत (b) आचारकुशल
(c) प्रतिदिन (d) कुमारी

14. 'हाथोंहाथ' शब्द में कौन-सा समास है?
(a) तत्पुरुष (b) अव्ययीभाव
(c) द्वन्द्व (d) बहुव्रीहि

15. 'देशनिकाला' शब्द में प्रयुक्त समास है—
(a) तत्पुरुष (b) अव्ययीभाव
(c) द्विगु (d) बहुव्रीहि

16. 'विद्यार्थी' में कौन-सा समास है?
(a) तत्पुरुष (b) कर्मधारय
(c) बहुव्रीहि (d) द्विगु

17. 'कन्यादान' में कौन-सा समास है?
(a) बहुव्रीहि (b) तत्पुरुष
(c) द्विगु (d) कर्मधारय

18. 'पथभ्रष्ट' में कौन-सा समास है?
(a) कर्मधारय (b) तत्पुरुष
(d) द्वन्द्व

बताइए—
(a) कमध. (b) द्विगु
(c) तत्पुरुष (d) बहुव्रीहि

20. 'पदारविन्द' में कौन-सा समास है?
(a) कर्मधारय समास
(b) द्विगु समास
(c) तत्पुरुष समास
(d) बहुव्रीहि समास

21. 'अनुराग-विराग' शब्द में कौन-सा समास है?
(a) तत्पुरुष समास (b) द्वन्द्व समास
(c) कर्मधारय समास (d) बहुव्रीहि समास

22. 'देशांतर' में कौन-सा समास है?
(a) बहुव्रीहि (b) द्विगु
(c) तत्पुरुष (d) कर्मधारय

23. 'दीनानाथ' में कौन-सा समास है?
(a) कर्मधारय (b) बहुव्रीहि
(c) द्विगु (d) द्वन्द्व

24. 'निशाचर' में कौन-सा समास है?
(a) अव्ययीभाव (b) कर्मधारय
(c) द्वन्द्व (d) बहुव्रीहि

25. 'चौराहा' में कौन-सा समास है?
(a) बहुव्रीहि (b) तत्पुरुष
(c) अव्ययीभाव (d) द्विगु

26. 'जितेन्द्रिय' में कौन-सा समास है?
(a) द्वन्द्व (b) बहुव्रीहि
(c) तत्पुरुष (d) कर्मधारय

27. 'देवासुर' में कौन-सा समास है?
(a) बहुव्रीहि (b) कर्मधारय
(c) तत्पुरुष (d) द्वन्द्व

28. 'प्रत्यक्ष' शब्द किस समास का उदाहरण है?
(a) अव्ययीभाव (b) तत्पुरुष
(c) कर्मधारय (d) द्वन्द्व

29. 'पंकज' में कौन-सा समास है?
(a) द्वन्द्व (b) कर्मधारय
(c) द्विगु (d) बहुव्रीहि

30. 'वनवास' में कौन-सा समास है?
(a) तत्पुरुष (b) कर्मधारय
(c) द्वन्द्व (d) बहुव्रीहि

31. 'पंचवटी' में कौन-सा समास है?
(a) द्वन्द्व (b) द्विगु
(c) तत्पुरुष (d) कर्मधारय

32. जिस समास का पूर्व खण्ड प्रधान हो, वह है—
(a) तत्पुरुष (b) द्वन्द्व
(c) अव्ययीभाव (d) बहुव्रीहि

33. जिस समास के दोनों खण्ड प्रधान न हों, वह है—
(a) तत्पुरुष (b) द्वन्द्व
(c) अव्ययीभाव (d) बहुव्रीहि

34. 'पाप-पुण्य' शब्दांश में कौन-सा समास है?
(a) द्वन्द्व समास (b) द्विगु समास
(c) तत्पुरुष समास (d) कर्मधारय समास

35. 'सचेत' जिसका विग्रह है, चेतना के साथ है जो, में समास है—
(a) कर्मधारय समास (b) द्विगु समास
(c) तत्पुरुष समास (d) बहुव्रीहि समास

36. 'स्वर्गवासी' में समास बताइए—
(a) तत्पुरुष (b) द्वन्द्व
(c) द्विगु (d) कर्मधारय

37. 'वक्रतुण्ड (गणेश)' में समास बताइए—
(a) द्वन्द्व (b) द्विगु
(c) बहुव्रीहि (d) तत्पुरुष

38. 'यथाशक्ति' अर्थात् शक्ति के अनुसार वाक्यांश में कौन-सा समास है?
(a) अव्ययीभाव (b) तत्पुरुष समास
(c) द्वन्द्व समास (d) द्विगु समास

39. 'मुँहतोड़' अर्थात् 'मुँह को तोड़ने वाला' शब्द में कौन-सा समास है?
(a) द्वन्द्व समास (b) द्विगु समास
(c) तत्पुरुष समास (d) कर्मधारय

40. 'नरसिंह' में समास बताइए—
(a) द्विगु (b) द्वन्द्व
(c) कर्मधारय (d) अव्ययीभाव

41. 'इकलौता' शब्द में समास बताइए—
(a) द्वन्द्व (b) द्विगु
(c) तत्पुरुष (d) कर्मधारय

42. 'हस्तलिखित' शब्द में कौन-सा समास है?
(a) कर्मधारय समास (b) तत्पुरुष समास
(c) द्विगु समास (d) बहुव्रीहि समास

43. 'मृगनयन' शब्द में कौन-सा समास है?
(a) तत्पुरुष समास (b) द्विगु समास
(c) कर्मधारय समास (d) बहुव्रीहि समास

44. 'चतुर्भुज' में कौन-सा समास है?
(a) द्वन्द्व (b) बहुव्रीहि
(c) तत्पुरुष (d) कर्मधारय

45. 'भाई-बहन' में कौन-सा समास है?
(a) द्वन्द्व (b) बहुव्रीहि
(c) द्विगु (d) तत्पुरुष

46. 'धर्माधर्म' में कौन-सा समास है?
(a) तत्पुरुष (b) अव्ययीभाव
(c) द्वन्द्व (d) द्विगु

47. 'राधाकृष्ण' में कौन-सा समास है?
(a) तत्पुरुष (b) द्वन्द्व
(c) द्विगु (d) बहुव्रीहि

48. 'सिंहवाहिनी (दुर्गा)' में कौन-सा समास है?
(a) द्वन्द्व (b) द्विगु
(c) बहुव्रीहि (d) तत्पुरुष

49. 'शरणागत' में कौन-सा समास है?
(a) कर्मधारय (b) तत्पुरुष
(c) बहुव्रीहि (d) द्विगु

50. 'संगीतज्ञ' में समास है—
(a) द्विगु (b) द्वन्द्व
(c) कर्मधारय (d) तत्पुरुष

51. 'यथासाध्य' में कौन-सा समास है?
   (a) द्वन्द्व (b) अव्ययीभाव
   (c) कर्मधारय (d) तत्पुरुष

52. 'गृहागत' अर्थात् 'गृह को आगत' शब्दांश में कौन-सा समास है?
   (a) तत्पुरुष समास
   (b) कर्मधारय समास
   (c) द्विगु
   (d) अव्ययी-भाव

53. 'चौराहा' में समास है—
   (a) बहुव्रीहि (b) तत्पुरुष
   (c) अव्ययीभाव (d) द्विगु

54. 'दिनकर' में समास है—
   (a) तत्पुरुष (b) द्विगु
   (c) द्वन्द्व (d) कर्मधारय

## उत्तरमाला

| | | | | | | | | | |
|---|---|---|---|---|---|---|---|---|---|
| **1.** (d) | **2.** (b) | **3.** (b) | **4.** (a) | **5.** (a) | **6.** (c) | **7.** (c) | **8.** (a) | **9.** (d) | **10.** (b) |
| **11.** (a) | **12.** (a) | **13.** (c) | **14.** (b) | **15.** (a) | **16.** (a) | **17.** (b) | **18.** (b) | **19.** (c) | **20.** (a) |
| **21.** (b) | **22.** (c) | **23.** (a) | **24.** (d) | **25.** (d) | **26.** (b) | **27.** (d) | **28.** (a) | **29.** (d) | **30.** (a) |
| **31.** (b) | **32.** (c) | **33.** (d) | **34.** (a) | **35.** (d) | **36.** (a) | **37.** (c) | **38.** (a) | **39.** (c) | **40.** (c) |
| **41.** (b) | **42.** (b) | **43.** (c) | **44.** (b) | **45.** (a) | **46.** (c) | **47.** (b) | **48.** (c) | **49.** (b) | **50.** (d) |
| **51.** (b) | **52.** (b) | **53.** (d) | **54.** (a) | | | | | | |

❑❑❑

# 4 पर्यायवाची शब्द

पर्याय का अर्थ एकार्थ बोधक, तुल्यार्थक अथवा समान अर्थ देने वाले शब्दों से है अर्थात् जब एक ही अर्थ या भाव का बोध कराने वाले कई शब्द होते हैं तब वह परस्पर पर्यायवाची कहलाते हैं। पर्यायवाची शब्द को प्रतिशब्द भी कहते हैं।

### अ

**अभिमान** – अहंकार, गर्व, मद, दर्प, गरूर, घमंड, दंभ
**अभागा** – भाग्यहीन, बदकिस्मत, हतभाग्य, मंदभाग्य
**अधीर** – आकुल, आतुर, बेचैन, उतावला
**अच्छा** – बढ़िया, उत्तर, उम्दा, चोखा, उचित, ठीक
**अर्वाचीन** – आधुनिक, नवीन, वर्तमानकालीन
**अन्वेषण** – खोज, शोध, अनुसंधान, गवेषण, जाँच
**अचल** – अटल, अडिग, अविचल, स्थिर, दृढ़
**अधर्म** – विधर्म, दुराचार, दुष्कर्म, कुकर्म, पाप, अन्धेर
**अपयश** – बदनामी, अपकीर्ति, निन्दा, अकीर्ति, अपवाद
**अंग** अवयव, भाग, हिस्सा, अंश, घटक
**अं[illegible]** [illegible], फासला, भि[illegible]ता, असादृश्य
[illegible]्यागत, मेहमान, [illegible]तुक
**अध्यापक** – [illegible]ाय, शिक्षक, गुरु, व्याख्याता, अवबोधक
**अनाज** – धान्य, अन्न, गल्ला, शस्य
**अखण्ड** – समूचा, पूर्ण, अविभक्त, समग्र, सारा, पूरा
**अदृश्य** – तिरोहित, लुप्त, गायब, ओझल, अंतर्धान, अस्त
**अनुपम** – अपूर्व, अनोखा, अद्‌भुत, अनूठा, अद्बितीय
**अहीर** – ग्वाला, गोपाल, आभीर, गोप
**अमर** – नित्य, अमर्त्य, अनश्वर, अक्षप्य
**अल्प** – न्यून, कम, थोड़ा, अपर्याप्त
**असभ्य** – अशिष्ट, अभद्र, दुःशील, बर्बर, गँवार, उजड्ड
**अनिवार्य** – आवश्यक, बाध्यकर, उपरिहार्य, जरूरी, लाजिमी
**अंधा** – सूरदास, अंध, नेत्रहीन, प्रज्ञाचक्षु, चक्षुहीन
**अचला** – पृथ्वी, धरा, वसुधा, वसुन्धरा, महि, धरती
**अतीत** – गत, विगत, भूत, व्यतीत
**अधीन** – पराधीन, आश्रित, निर्भर, मातहत, पराश्रित
**अनजान** – उपरिचित, अजनबी, अज्ञात, नावाकिफ, नादान
**अनुरोध** – निवेदन, याचना, प्रार्थना, विनती, अभ्यर्थना

### आ

**आनन्द** – सुख, चैन, प्रसन्नता मोद, विनोद, प्रमोद, हर्ष, आह्लाद, उल्लास
**आकर्षक** – दिलकशी, खिचाव, विमोहन, सम्मोहन
**आज्ञा** – अनुमति, मंजूरी, स्वीकृति, सहमति, इजाजत
**आश्रय** – अवलंब, भरोसा, सहारा, आधार, प्रश्रय
**आशीर्वाद** – आशीष, आशीर्वचन, मंगलकामना
**आलसी** – सुस्त, काहिल, ठलुआ, निकम्मा, निरूद्यमी
**आख्यान** – कहानी, कथा, वृत्तान्त, इतिवृत्त, किस्सा
**आकाश गंगा** – स्वर्गनदी, सुरनदी, मन्दाकिनी, नभोनदी, नभगंगा
**आकृति** – चेहरा-मोहरा, नैन-नक्श, गढ़न, डील-डौल, आकार
**आदर्श** – मानक, नमूना, प्रतिरूप, प्रतिमान
**आदि** – प्रथम, पहला, आदिम, शुरू का, आरंभिक

### इ

**इच्छा** – चाह, कामना, अभिलाषा, आकांक्षा, मनोरथ, ईप्सा
**इन्द्राणी** – शची, पौलोमी, इन्द्रवधू, इन्द्रा, महेन्द्री, मधवानी
**इंकार** – अस्वीकृति, निषेध, अनंगीकार, प्रत्याख्यान

### ई

**ईश्वर** – परमात्मा, भगवान, ईश, परमेश्वर, ब्रह्म, जगदीश, अज, जगन्नाथ, दीनानाथ
**ईर्ष्या** – डाह, जलन, कुढ़न, मत्सर, द्वेष

### उ

**उत्तम** – बढ़िया, उत्कृष्ट, श्रेष्ठ, प्रवर, प्रदृष्ट
**उत्थान** – उठव, आरोह, चढ़ाव, उत्कर्ष, उत्क्रमण
**उद्धार** – मुक्ति, मोक्षण, निस्तार, छुटकारा, अपमोचन
**उन्नति** – प्रगति, तरक्की, विकास, उत्थान, बढ़ती
**उपयुक्त** – वांछनीय, ठीक, वाजिब, मुनासिब, उचित
**उपस्थित** – मौजूद, विद्यमान, प्रस्तुत, हाजिर, वर्तमान
**उपाय** – ढंग, युक्ति, जुगत, जुगाड़, तरीका, तरकीब
**उलझन** – अनिश्चय, संभ्रम, असमंजस, दुविधा, चक्कर
**उदास** – उन्मन, अप्रसन्न, विषण्ण, खिन्न, चिंताकुल
**उपमा** – सादृश्य, मिलान, समानता, तुलना
**उल्लास** – आह्लाद, आनंद, हर्ष, प्रमोद, मौज
**उपकार** – हितसाधन, भलाई, नेकी, कल्याण, परोपकार, अच्छाई, हित, उद्धार
**उद्यत** – तैयार, प्रस्तुत, तत्पर
**उपालंभ** – उलाहना, शिकवा, शिकायत
**उत्कर्ष** – उन्नति, उन्मेष, उत्थान, अभ्युदय, आरोह,
**उग्र** – प्रबल, तेज, चण्ड
**उत्पात** – ऊधम, बखेड़ा, उपद्रव, टंटा
**उत्कंठा** – आतुरता, चाव, उत्सुकता, लालसा, प्रबलेच्छा

**ऊ**

**ऊसर** – अनुर्वर, सस्यहीन, अनुपजाऊ

**ऊँघ** – तंद्रा, ऊँघाई, झपकी, अर्धनिद्रा, अलसाई

**ऊबड़** – खाबड़, बीहड़, असम, अटपटा, ऊँचा-नीचा, उच्चावच

**ऋ**

**ऋद्धि** – संपन्नता, बढ़ती, बढ़ोत्तरी, वृद्धि, समृद्धि

**ऋषि** – मुनि, मनीषी, साधु, महात्मा, सन्त, मन्त्रद्रष्टा

**ए**

**एकता** – एकरूपता, एकसूत्रता, ऐक्स, अभिन्नता, अभेद

**एहसान** – अनुग्रह, कृतज्ञता, आभार

**ऐ**

**ऐश** – विलास, ऐयाशी, सुख-चैन

**ऐच्छिक** – स्वेच्छाकृति, वैकल्पिक, अख्तियारी, सावकल्प, पसन्द का

**ऐंठन** – मरोड़, बल, तनाव, अकड़न, उमेठन

**ओ**

**ओस** – तुषार, हिमकण, हिमसीकर, हिमबिन्दु, तुहिनकण

**ओंठ** – होंठ, अधर, ओष्ठ, दंतच्छद, रदनच्छ

**औ**

**औषधि** – भेषज, दवा, दवाई, औषध

**क**

**कस्तूरी** – मृगमद, मदलता, मृगनाभि

**क्रोध** – रोष, गुस्सा, कोप, अमर्ष, आक्रोश, तैश

**कुत्ता** – श्वान, कुक्कुर, श्वा, शुनक, सारमेय

**केला** – बदली, रम्भा, भानुफल

**कबूतर** – कपोत, पारावत, रक्तलोचन, हारीत, परेवा

**कपड़ा** – वस्त्र, वसन, पट, चीर, पहरावा, परिधान, अम्बर

**कमर** – कटि, श्रोणि

**कोयल** – कोकिला, श्यामा, बासंत

**कृपा** – दया, अनुग्रह, रहमत

**किरण** – मयूख, मरीच, रश्मि, अंशु, कर, केतु

**कामदेव** – मदन, मन्मथ, मयन, मार, रतिपति, मनोज, मीनकेतु, काम, अनंग, कंदर्प, कुसमेषु, प्रद्युम्न, स्मर

**कर्ण** – अंगराज, राधे, सूर्यपुत्र

**कली** – मुकुल, कलिका, गुंचा, कोरक, पंखुड़ी

**कल्पवृक्ष** – पारिजात, कल्पद्रुम, मन्दार

**कृष्ण** – माधव, राधारमण, श्याम, मुरलीधर, गिरिधर, कंसारि, हृषीकेश, मुकुन्द, वासुदेव, केशव, कन्हैया

**कौआ** – काग, काक, एकाक्ष, करट

**कारागार** – जेल, कारावास, बन्दीगृह

**कर** – महसूल, टैक्स, शुल्क

**कंदरा** – गुफा, गुहा, खोह, गह्वर

**कटु** – कर्कश, तीक्ष्ण, चरपरा, तीखा

**कामुकता** – लंपटता, व्यभिचारिता, विषयासक्ति

**किनारा** – तीर, कूल, तट, पुलिन

**किला** – दुर्ग, गढ़, कोट, कोटला

**कीचड़** – पंक, कर्दम, कांदो

**कुरुप** – भद्दा, बदशक्ल, बेडौल

**कृतज्ञ** – उपकृत, कृतार्थ, ऋणी

**कन्या** – बालिका, कुमारी, किशोरी, बाला

**कपट** – छल, फरेब, झाँसा

**कर्मठ** – उद्यमी, कर्मपरायण, कर्मनिष्ठ

**कष्ट** – दुःख, पीड़ा, क्लेश, संताप

**कायर** – भीरु, बुजदिल, डरपोक, सभय, पामर

**कृत्रिम** – नकली, अवास्तविक, दिखावटी

**ख**

**खून** – रक्त, शोणित, रुधिर, लोहू, लहू

**खम्भा** – थंभ, स्तम्भ, स्तूप

**खतरा** – आशंका, जोखिम, डर, भय, अंदेशा

**ग**

**गरुड़** – खगेश्वर, वैनतेय, सर्पारि, नागांतक

**गूढ़** – जटिल, क्लिष्ट, गंभीर, दुरूह, गहन

**गौरव** – गुरुता, सम्मान, बड़प्पन, महत्व, मान

**गंगा** – सुरसरि, जाह्नवी, मन्दाकिनी, त्रिपथगा, भागीरथी, देवनदी, देवपगा, विष्णुपदी

**गदहा** – खर, रासभ, वैशाखनंदन, गर्दभ

**घ**

**घड़ा** – घट, कुम्भ, कलश, गागर

**घाव** – जख्म, व्रण, क्षत

**घी** – घृत, नवनीतक, हवि, अमृत

**च**

**चतुर** – प्रवीण, कुशल, नागर, विदग्ध, पटु, निपुण

**चाँदी** – रजत, रूपा, रौप्य, रूप्य, रूपक, चन्द्रहास

**चोटी** – शिखर, तुंग, श्रृंग, परकोटि, शिरोबिन्दु

**छ**

**छेद** – सूराख, छिद्र, रंध्र

**ज**

**जीभ** – जिह्वा, रसना, रसज्ञा

**जंग** – रण, समर, युद्ध, लड़ाई, संग्राम

**जंगल** – विपिन, कानन, वन, अरण्य, कान्तार, अटवी

**झ**

**झण्डा** – ध्वजा, पताका, केतु, निशान

**ट**

**टपकना** – चूना, रिसना, झरना, स्रावित होना

**टीस** – कसक, शूल, चुटकी, दर्द, हूल

**ठ**

**ठग** – वंचक, प्रतारक, अड़मीर, प्रवंचक, जालसाज

**ठगी** – प्रतारणा, वंचना, मायाजाल, फरेब, जालसाजी

**ठीक** – उचित, उपयुक्त, मुनासिब, समीचीन

## ड

**डर** – भय, खौफ, त्रास, भीति, आतंक
**डरावना** – भयंकर, भयानक, खौफनाक, भयावह, दहशतनाक
**डाकू** – दस्यु, लुटेरा, लुंठक, बटमार, डकैत, साहसिक
**डीलडौल** – रूप, आकृति, बनावट, रचना, गठन, गढ़न
**डोरी** – जेवरी, सुतली, तनी, रस्सी, डोर

## ढ

**ढंग** – रीति, तरीका, विधि, मुक्ति, उपाय, तदबीर, युक्ति, ढब
**ढिठाई** – धृष्टता, बेशरमी, अशिष्टता, गुस्ताखी, अविनय
**ढेर** – जमाव, अंबार, राशि, पुंज, ओघ

## त

**तरुणी** – युवती, मनोज्ञा, सुन्दरी, यौवनवती, प्रमदा, रमणी
**तम** – तिमिर, अन्धकार, ध्वान्त
**तरु** – वृक्ष, विटप, पेड़, पादप, द्रुम
**तथापि** – तोभी, फिरभी, तदपि, तिसपर भी, इसके बावजूद
**तन्मय** – लीन, मग्न, तल्लीन, ध्यानमग्न, लवलीन
**तोता** – शुक, कीर, सुआ, सुग्गा, रक्ततुण्ड, दाड़िम, प्रिय
**तीखा** – तीक्ष्ण, तेज, पैना, प्रखर
**तत्पर** – तैयार, उद्यत, मुस्तैद, कटिबद्ध, संन्नद्ध
**तानाशाह** – अधिनायक, निरंकुश, शासक, डिक्टेटर
**तालिका** – सारणी, सूची, फहरिस्त
**तुरन्त** – झटपट, क्षिप्र, फटाफट, तुरत
**तैयार** – तत्पर, उद्यत, सन्नद्ध, मुस्तैद, कटिबद्ध

## थ

**थल** – धरती, जमीन, पृथ्वी, धरा, भूतल, भूमि
**थपेड़ा** – चमेटा, थप्पड़, झापड़, चाँटा, धौल
**थाह** – सीमा, हद, छोरा, सिरा, अन्त
**थोथा** – पोला, खाली, खोखला, रिक्त, छूछा

## द

**दुष्ट** – खल, नीच, दुर्जन, पिशुन, पामर
**दैत्य** – असुर, सुरारि, दनुज, दानव, दैते, यातुधान, रजनीचर
**द्रौपदी** – कृष्णा, द्रुपदसुता, पांचाली, सैलेंध्री, याज्ञसेनी
**दिनांक** – तारीख, तिथि, मिति
**दया** – करुणा, अनुकंपा, रहम, तरस
**दुविधा** – धर्मसंकट, ऊहापोह, असमंजस, कशमकश
**दीपावली** – दीपमालिका, दीवाली, दीपमाला, दीपोत्सव
**दास** – भृत्य, अनुचर, सेवक, किंकर, परिचारक, नौकर
**दासी** – भृत्या, बाँदी, अनुचरी, सेविका, किंकरी, परिचारिका
**दुःख** – पीड़ा, कष्ट, संकट, क्लेश, व्यथा, विषाद, वेदना, यातना, यंत्रणा, खेद, संताप, उत्पीड़न

## ध

**धूप** – घाम, आतप, द्योत
**धंध** – व्यापार, कारोबार, व्यवसाय, रोजगार
**धन्यवाद** – शुक्रिया, आभार, कृतज्ञता, मेहरबानी

## न

**नट** – जन, मानव, मनुष्य, पुरुष, मत्य, मनुज
**नमक** – लवण, लोन, रामरस, नोन
**नंगा** – निर्वस्त्र, दिगम्बर, नग्न, खुला, अनावृत्त
**नरेन्द्र** – राजा, भूपति, नरपति, भूपाल, भूप, नरेश
**नवल** – अनोखा, विलक्षण, अजब, विचित्र, अद्‌भुत
**नाज़** – अदा, चौचला, नखरा, हाव-भाव, बनाव, सिंगार
**नाम** – ख्याति, बड़ाई, कीर्ति, यश, प्रसिद्धि, मशहूरी, शोहरत
**नाशवान** – क्षणभंगुर, क्षणिक, विनाशी, अस्थिर, नश्वर
**निकट** – पास, समीप, करीब, आसत्र, निकटस्थ
**निगम** – निकाय, संगठन, समिति, प्रतिष्ठान, संस्था
**नित्य** – शाश्वत, अमर, अविनाशी, अमर्त्य, अनश्वर, सदा, सनातन, सतत्, सर्वदा, सदैव, अहर्निश, प्रतिदिन, रोज
**नियम** – कायदा, विधान, विधि, दस्तूर, उसूल
**निरपेक्ष** – अलग, निष्पक्ष, बेलाग, तटस्थ, उदासीन
**निराधार** – आधारहीन, बेबुनियाद, जड़हीन, निर्मूल, आधाररहित
**निर्णय** – निश्चय, निष्कर्ष, फैसला, परिणाम
**निर्दय** – दयाहीन, निर्मम, बेरहम, बेदर्द, निष्ठुर
**निर्दोष** – निरपराध, दोषरहित, बेकसूर, बेगुनाह, अदोष
**निर्बल** – कृश, कृशकाय, कमजोर, दुर्बल
**निमंत्रण** – बुलावा, आमंत्रण, न्योता
**निश्चित** – तय, निर्धारित, दृढ़, पक्का, निर्णीत
**निष्कलंक** – निर्दोष, बेदाग, बे-ऐब, स्वच्छ, साफ
**निष्ठा** – श्रद्धा, आस्था, विश्वास, यकीन
**निस्संदेह** – जरूर, सचमुच, वाकई, बेशक, अवश्य, बिला शक
**नीचता** – तुच्छता, अधमता, ओछापन, कमीनापन, क्षुद्रता
**नेता** – अग्रणी, मुखिया, अगुआ, सरदार, प्रधान
**नौबत** – दशा, अवस्था, हालत
**न्यायाधीश** – न्यायाध्यक्ष, मुशिफ, जज
**न्यारा** – अनोखा, अजीब, विलक्षण, निराला, अद्‌भुत

## प

**पंक** – कीचड़, कीच, कर्दम
**पंकिल** – गंदला, गंदा, मैला, मलिन, मलीन
**पंथ** – मार्ग, रास्ता, डगर, पथ, राह
**पछतावा** – पश्चाताप, प्रायश्चित, अनुताप, ग्लानि, संताप
**पटु** – दक्ष, प्रवीण, निपुण, कुशल, होशियार
**पढ़ाई** – पठन-पाठन, अध्ययन, विद्याभास
**पत्ता** – दल, पर्ण, पल्लव, पत्र, पात, छदन
**पति** – भर्ता, वल्लभ, भतरि, आर्यपुत्र, ईश, स्वामी, बालम, जीवन धारा, नाथ
**पण्डित** – सुधी, विद्वान, कोविद्र, बुध, धीर, मनीषी, प्राज्ञ, विलक्षण, युध, विज्ञ
**पर्वत** – भूधर, गिरि, महिधर, शैल, नग, भूमिधर, आदि, मेरू, तुंग अचल, पहाड़
**पल्ला** – आँचल, छोर, दामन
**पवित्र** – पावन, पुनीत, साफ, पूत, विशुद्ध, पाक, शुचि, शुद्ध, स्वच्छ
**पसीना** – श्रमकण, श्रमसीकर, प्रस्वेद

**पांडुलिपि** – हस्तलिपि, मसौदा, पाण्डुलेख

**पाखंड** – ढोंग, स्वांग, प्रपंच, ढकोसला, आडम्बर

**पाप** – अध, पातक, गुनाह, अपकर्म, कलुष

**पान** – ताम्बुल, नागरबेल, नागबल्ली, पर्णलता, सप्तशिला, नागिनी पत्र

**पुत्र** – तनय, आत्मज, सुत, लड़का, बेटा, औरस, पूत

**पुत्री** – तनया, आत्मजा, सुता, लड़की, बेटी, दुहिता

**पिक** – कोयल, कोकिला, कलकंठ, बसंत, श्यामा

**पुंज** – राशि, ढेर, समूह, जमाव, अंबार

**पुरातन** – प्राचीन, पुराना, प्राक्तन, पूर्वकालीन, भूतकालीन, प्राक्कालीन

**पुष्टि** – समर्थन, हिमायत, अनुमोदन

**पूज्य** – आराध्य, अर्चनीय, उपास्य, वंद्य, वंदनीय, पूजनीय

**प्रगति** – विकास, उन्नति, बढ़ती, तरक्की, श्रीवृद्धि

**प्रगल्भ** – अहंकारी, घमंडी, अभिमानी, गर्वीला, दंभी

**प्रचुरता** – बहुलता, बहुतायत, प्रभूतता, इफरात, आधिक्य

**प्रज्ञा** – ज्ञान, प्रतिभा, मेधा, बुद्धि, समझ

**पथिक** – मुसाफिर, यात्री, राही, पंथी, बटोही

**पद** – पाँव, पाद, चाँण, पैर, पग, पगु, कदम

**परन्तु** – किन्तु, मगर, लेकिन, पर

**पराग** – रज, पुष्पराज, कुसुमराज, पुष्पधूलि

**परतन्त्र** – पराधीन, परवश, पराश्रित, गुलाम, अधीन

**परमार्थ** – भलाई, परोपकार

**पराजित** – परास्त, विजित, हारा हुआ

**पराया** – दूसरा, बेगाना, पराभूत

**परिचय** – मुलाकात, पहचान, वाकिफयत

**परिचर्या** – सेवा, टहल, शुश्रूषा, चाकरी, खिदमत

**परिणाम** – फल, नतीजा

**परिताप** – दु:ख, दर्द, पीड़ा, क्लेश, व्यथा

**परिभव** – अपमान, अनादर, तिरस्कार, उपेक्षा, अवमान

**परिवर्तन** – हेर-फेर, अदल-बदल, तबदीली

**परिवाद** – बदनामी, बुराई, अपयश, अपवाद, निंदा

**परिष्कार** – सफाई, संशोधन, संस्कार, शुद्धि, परिमार्जन

**परोक्ष** – अप्रत्यक्ष, ओझल, गुप्त, अगोचर, तिरोहित

**प्रसन्नता** – हर्ष, आह्लाद, खुशी, आनन्द, प्रफुल्लता

**प्रभात** – उषा, प्रात:, अरुणोदय, सवेरा

**प्रकाश** – प्रभा, छवी, द्युति, ज्योति, चमक, विकास, आलोक, रोशनी, उजाला

**प्राणी** – जीवधारी, जीव, जानदार, सजीव

**प्रभा** – प्रकाश, द्युति, चमक, दीप्ति, विभा

**प्रिया** – प्रेमिका, प्रेयसी, प्यारी, वल्लभा, प्रियतमा, सजनी, दिलरूबा, प्रिये

**प्रेमी** – प्रियतम, आशिक, स्नेही, प्यारा, अनुरागी

**प्रौढ़ावस्था** – पक्की उम्र, अधेड़ उम्र, प्रौढ़ता

**फ**

**फणी** – सर्प, साँप, फणधर, नाग, उरग

**फायदा** – लाभ, मुनाफा, नफा, प्राप्ति, उपलब्धि

**फिर** – पुन:, बहुरि, दोबारा

**ब**

**बलात्कार** – शीलभंग, सतीत्वहरण, बलात्संभोग, शीलहरण, शीलाघात

**बहुतायत** – बहुलता, सरसाई, आधिक्य, अधिकता, प्रचुरता

**बाण** – तीर, तोमर, विशिख, शिलीमुख, नाराच, शर, ईषु, सायक

**बाल** – बच्चा, बालक, लड़का

**बालिका** – बाला, कन्या, बच्ची, लड़की, किशोरी

**बियाबान** – निर्जन, सुनसान, उजाड़, वीरान, जनशून्य

**बुद्धि** – मेधा, जेहन, अक्ल, मति

**बुनियाद** – नींव, आधार, जड़

**बड़ा** – वृहत, लम्बा-चौड़ा

**बेदर्द** – निर्मम, निष्ठुर, दयाहीन, अकरूण

**बेसुध** – अचेत, संज्ञाहीन, निश्चेष्ट

**बेशर्म** – बेहया, ढीठ, धृष्ट, चिकनाघड़ा

**बोध** – बुद्धि, विवेक, समझ, जानकारी, ज्ञान

**ब्रह्मांड** – दुनिया, जगत, विश्व, संसार, जगती

**ब्राह्मण** – विप्र, भूसुर, भूदेव,

**बलवान** – बली, जोरावर, ताकतवर, सबल, बलशाली

**बलवा** – दंगा, फसाद, मारकाट

**बन्दर** – कपि, वानर, हरि, मर्कट, कीश

**बर्तन** – पात्र, बरतन, भाँडा

**बहन** – भगिनी, स्वसा, स्वसृ

**विधाता** – विधि, ब्रह्मा, प्रजापति, स्वयंभू, चतुरानन

**बाघ** – व्याघ्र, चित्रक, व्याल

**बाज** – कपोतारि, श्येन

**भ**

**भय** – भीति, डर, त्रास, आतंक, खौफ

**भौंरा** – अलि, मधुकर, चंचरीक, मिलिन्द, भृंग

**भाँग** – विजया, शिवा, भंग, जया, चपला

**भगिनी** – बहन, दीदी, जीजी

**भोला** – सीधा, निष्कपट, अकुटिल

**भेदी** – गुप्तचर, जासूस, दूत, भेदिया

**म**

**माँ** – माता, अम्बा, माई, मैया, जननी, अम्बिका, जन्मदात्री

**मित्र** – सुहृद, दोस्त, सहचर, सपक्ष, यार

**मुँह** – मुख, आनन, वदन, मुखड़ा, चेहरा

**मूँगा** – प्रवाल, लतामणिखर रक्तमणि, रक्तांग

**मेढक** – दर्दुर, दादुर, भेक,

**मोर** – मयूर, शिखी, ध्वजी, नीलकंठ, कलापी, शिखण्डी

**मोक्ष** – निर्वाण, कैवल्य, मुक्ति, सद्गति, परमपद, अपवर्ग

**मन** – चित्त, मानव, अन्त:करण, जी, अंतर

**मेहनत** – श्रम, परिश्रम, अध्यवसाय, उद्योग, कर्मठता

**महाशय** – महानुभाव, महात्मा, महापुरुष, महामना

**मांगलिक** – शुभकर, शुभ, कल्याणकारी, मंगलदायक

**मिलन** – भेंट, संयोग, मेल, मिलाप, संपर्क, सहचार

**मेहमान** – पाहुन, अतिथि, अभ्यागत, आगंतुक

**मूढ़** – अज्ञानी, मूर्ख, जड़, गँवार, निर्बुद्धि, अज्ञ

मक्खन – नवनीत, माखन, दधिसार

मनुष्य – मानव, नर, जन, मनुज, मानुष, आदमी

मस्तक – माथा, ललाट, भाल, कपालक

**य**

यमुना – सूर्यतनया, तरणि-तनूजा, जमुना, कालिन्दी, रवितनया, रविसुता, भनुजा

युद्ध – रण, समर, संग्राम, जंग, लड़ाई

युवती – सुन्दरी, किशोरी, नवयौवना, रमणी

यौवन – जवानी, तारुण्य, युवावस्था

यश – कीर्ति, प्रसिद्धि, नेकनामी, ख्याति

**र**

रंडी – वेश्या, नगरवधू, गणिका, वारस्त्री, वारांगना, रूपजीवा, मंगलामुखी, भोग्या

रात्रि – निशा, रजनी, यामिनी, विभावरी, रैन, हियामा, रात, तमी

राधा – बृजरानी, राधिका, वृषभानु, नंदिनी

रामचन्द्र – राम, रघुपति, रघुवर, दाशरथि, रघुराज, सीतापति, जानकीवल्लभ, रावणारि

रश्मि – किरण, मयूख, मरीचि, कर, अंशु

रुग्ण – रोगी, व्याधिग्रस्त, अस्वस्थ

राका – पूनम, पूर्णमासी, पौर्णमी, पूनो

राक्षस – असुर, दैत्य, दानव, सुरारि

राय – सलाह, परामर्श, मंत्रणा, मत

रिक्त – खाली, रीता, शून्य, थोथा

**ल**

लक्ष्मी – कमला, रमा, हरिप्रिया, चंचला, श्री, पद्मा, भार्गवी, इन्दिरा

लाल – अरुण, रक्ताभ, रक्तिम, सुर्ख

लोहा – लौह, सार, अयस, लोह

लघु – न्यून, छोटा, हलका, थोड़ा

लहर – ऊर्मि, तरंग, बीचि, लहरी

लाचार – निरुपाय, बेबस, बाध्य, मजबूर

लाभ – मुनाफा, फायदा, प्राप्ति

लोभ – लालच, लिप्सा, लोलुपता, तृष्णा

**व**

वन – अरण्य, अटवी, कानन, जंगल, कांतार

वर्षा – पावस, वृष्टि, बारिस, बरसात

वसंत – मधुमास, कुसुमाकर, माधव, ॠतुपति

वस्त्र – पट, परिधान, अम्बर, चीर, बसन, कपड़ा

वाणी – गिरा, भारती, बोली, भाषा, बात

वायु – पवन, हवा, अनिल, समीर, मारुत

वक्ष – सीना, छाती, तुर, वक्षस्थल

विमान – हवाई, वायुयान, नभयान

विद्या – शिक्षा, हुनर, सरस्वती, ज्ञान, इल्म

विमल – विशुद्ध, स्वच्छ, साफ, पावन

वपु – देह, शरीर, जिस्म, वदन, तन

वर्ग – जमात, कोटि, श्रेणी, समुदाय, सम्प्रदाय

विघ्न – बाधा, रोड़ा, अड़चन, अड़ंगा, रुकावट, व्यवधान

व्याघ – लीन, बहेलिया, आखेटक, लुब्धक, शिकारी

विवाह – ब्याह, शादी, पाणिग्रहण, परिणय

वीर्य – शुक्र, बीज, जीवन, तेज, सार, रेता, धातु

वृक्ष – पेड़, पादप, द्रुम, विटप, शाखी

व्यास – वेदव्यास, द्वैपायन

विद्युत – चपला, तड़ित, बिजली, क्षणप्रभा

वंदना – अर्चना, पूजा, आराधना, प्रार्थना

वस्तुतः – सचमुच, यथार्थत, वास्तव में

विलोम – उल्टा, विरुद्ध, खिलाफ

**श**

शीघ्र – त्वरित, द्रुत, सत्वर, अविलम्ब, आशु, लघु

शेषनाग – अहीश, शेष, फणीश

शपथ – सौगंध, सौंह, कसम, हलफ

शस्य – फसल, उपज

शिष्ट – शालीन, संभ्रांत, भद्र

शत्रु – रिपु, वैरी, अमित्र, दुश्मन

शराब – मदिरा, हाला, दारू, सुरा, वारुणी

शरीर – कलेवर, वपु, तन, बदन, देह

श्रृंगार – सिंगार, साजसज्जा, भूषा, रूपसज्जा

शोभा – सुषमा, छटा, मनोहरता, सुन्दरता

**स**

सहोदर – बन्धु, भाई, भ्राता, सोदर, सजात, सगर्भ

सेविका – दासी, भृत्या, परिचारिका, अनुचरी, किंकरी

संसार – विश्व, जग, जहान, लोक, दुनिया, जगत, भव

सधवा – सौभाग्यवती, सुहागिन, सनाथा

सिंह – शेर, केसरी, केहरि, पुण्डरीक, हरि, वनराज, व्याघ्र

सीता – वैदेही, जनकनंदिनी

सुन्दरी – सुमुखी, ललिता, सुनयना, रमणी, कामिनी, ललना

सुगंधि – सुवास, महक, इष्टगंध

स्वर्ण – कनक, कंचन, हेम, हिरण्य, कुन्दन, सोना, सुवर्ण

स्त्री – नारी, कलत्र, महिला, वामा, वधू, ललना, कामिनी, प्रमदा, सुन्दरी

संध्या – गोधूलि, निशारम्भ

समान – सदृश, बराबर

संक्षेप – सार, निचोड़

सूत – तागा, सूत्र

स्वर्ग – सुरलोक, जन्नत, गोलोक, नाक, बैकुंठ

**ह**

हनुमान – कपीश, मारुति, वज्रांगी, पवनसुत, कपीश्वर, पवनपुत्र

हरिण – मृग, सारंग, हिरन

हाथी – हस्ती, गज, करि, गयन्द, मातंग, कुंजर, द्विरद, हरि, नाग, दन्ती, गजेन्द्र

हिमालय – हिमाद्रि, हिमवान, हिमगिरि

हर्ष – प्रसन्नता, आह्लाद, उल्लास, आनन्द

हवा – अनिल, पवन, वायु, समीर, समीरण, प्रभंजन, बयार

हाथ – हस्त, कर, पाणि, बाहु, भुजा

हार – पराजय, शिकस्त, मात, पराभव

हितैषी – शुभचिंतक, शुभेच्छु, मंगलाकांक्षी, हितचिंतक

## प्रश्नमाला

1. पावक का पर्यायवाची शब्द है—
(a) अंगारा (b) हुताशन
(c) लपट (d) ज्वाला

2. किरण का पर्यायवाची शब्द है—
(a) प्रभा (b) रवि
(c) हिमांशु (d) दिनकर

3. धरती का पर्यायवाची शब्द है—
(a) चंचला (b) विपुला
(c) सरसी (d) अचला

4. विनायक का पर्यायवाची शब्द है—
(a) सुर (b) पुत्र
(c) शत्रु (d) गणेश

5. अतनु का पर्यायवाची शब्द है—
(a) ईश्वर (b) कृष्ण
(c) कामदेव (d) वसंत

6. कानन का पर्यायवाची शब्द है—
(a) पुष्प (b) विहिप
(c) वन (d) इनमें से कोई नहीं

7. वारिद का पर्यायवाची शब्द है—
(a) कमल (b) चन्द्रमा
(c) बिजली (d) बादल

8. भुजंग का पर्यायवाची शब्द है—
(a) केंचुआ (b) गिरगिट
(c) सर्प (d) तोता

9. मीन का पर्यायवाची शब्द है—
(a) शिखि (b) शायक
(c) मत्स्य (d) विभावरी

10. दामिनी का पर्यायवाची शब्द है—
(a) वर्षा (b) नीरद
(c) बादल (d) विद्युत

11. सारंग का पर्यायवाची शब्द है—
(a) नमक (b) सारथी
(c) मोर (d) घोड़ा

12. पिशुन का पर्यायवाची शब्द है—
(a) पिशाच (b) चुगलखोर
(c) पीसना (d) बेईमान

13. केतु का पर्यायवाची शब्द है—
(a) झंडा (b) आचार्य
(c) किरण (d) दिशा

14. प्रसून का पर्यायवाची शब्द है—
(a) वृक्ष (b) पुष्प
(c) चन्द्रमा (d) अग्नि

15. अमृत का पर्यायवाची शब्द नहीं है—
(a) अमिय (b) सुधा
(c) पीयूष (d) रसाल

16. विभावरी का पर्यायवाची शब्द है—
(a) चन्द्रिका (b) तपसा
(c) क्षणदा (d) तरणि

17. दिनकर का पर्यायवाची शब्द है—
(a) दिशाचर (b) प्रभाकर
(c) सुधाकर (d) विभाकर

18. हवा का पर्यायवाची शब्द नहीं है—
(a) सलिल (b) वायु
(c) अनिल (d) समीर

19. शेर का पर्यायवाची शब्द है—
(a) चीता (b) केशरी
(c) शावक (d) मतंग

20. धाता का पर्यायवाची शब्द है—
(a) विष्णु (b) धाय
(c) पक्ष (d) हार

21. तनु का पर्यायवाची शब्द है—
(a) शरीर (b) झील
(c) चन्द्रमा (d) खटिया

22. कंचन का पर्यायवाची शब्द है—
(a) हीरा (b) कनक
(c) ताँबा (d) चाँदी

23. केदार का पर्यायवाची शब्द है—
(a) ब्रह्मा (b) विष्णु
(c) महेश (d) इन्द्र

24. घर का पर्यायवाची शब्द है—
(a) विहार (b) इला
(c) निकेतन (d) नग

25. भवन का पर्यायवाची शब्द है—
(a) मन्दिर (b) धाम
(c) महल (d) घर

26. कमल का पर्यायवाची शब्द है—
(a) कुसुम (b) पुष्प
(c) प्रसून (d) पुंडरीक

27. इन्द्र का पर्यायवाची शब्द है—
(a) बाजीगर (b) राजराज
(c) मधवा (d) विनायक

28. भागीरथी का पर्यायवाची शब्द है—
(a) सरिता (b) गंगा
(c) यमुना (d) निर्झरिणी

29. सरस्वती का पर्यायवाची शब्द नहीं है—
(a) शारदा (b) कमला
(c) वाणी (d) वीणापाणि

30. रक्त का पर्यायवाची शब्द नहीं है—
(a) खून (b) रुधिर
(c) शोणित (d) कासरि

31. पवन का पर्यायवाची शब्द नहीं है—
(a) वात (b) अनल
(c) वायु (d) समीर

32. आकाश का पर्यायवाची शब्द है—
(a) दृग (b) विप्र
(c) व्योम (d) हय

33. फूल का पर्यायवाची शब्द नहीं है—
(a) सुमन (b) कुसुम
(c) पुष्प (d) तनुजा

34. दिए हुए शब्दों में भिन्न अर्थ वाला शब्द है—
(a) भास्कर (b) रवि
(c) दिवाकर (d) सुधाकर

35. मर्कट का पर्यायवाची शब्द है—
(a) पानी (b) पुत्र
(c) बंदर (d) मित्र

36. शांभवी का पर्यायवाची शब्द है—
(a) दुर्गा (b) दासी
(c) पत्नी (d) पार्वती

37. कुसुमेषु का पर्यायवाची शब्द है—
(a) कबूतर (b) काला
(c) कामदेव (d) आकाश

38. चन्द्रमा का पर्यायवाची शब्द है—
(a) दिवाकर (b) निशि
(c) मार्तंड (d) शशि

39. कमल का पर्यायवाची शब्द है—
(a) रजनीगंधा (b) गुलाब
(c) अम्बुज (d) मल्लिका

40. गणेश का पर्यायवाची शब्द है—
(a) नरेश (b) सुरेश
(c) गजानन (d) दिनेश

41. दाँत का पर्यायवाची शब्द नहीं है—
(a) दाड़िम (b) दन्त
(c) दशन (d) रदन

42. घोड़ा का पर्यायवाची शब्द नहीं है—
(a) अश्व (b) घोटक
(c) हय (d) कटक

**43. कमल का पर्यायवाची शब्द नहीं है—**

(a) नलिन (b) रसाल
(c) उत्पल (d) राजीव

**44. तीर का पर्यायवाची शब्द नहीं है—**

(a) तार (b) बाण
(c) शर (d) नाराच

**45. पहाड़ का पर्यायवाची शब्द नहीं है—**

(a) पर्वत (b) भूधर
(c) शैवाल (d) नग

**46. दिन का पर्यायवाची शब्द नहीं है—**

(a) दिवस (b) दीन
(c) बार (d) बासर

**47. अनुचर का पर्यायवाची शब्द नहीं है—**

(a) भृत्य (b) चाकर
(c) सेवक (d) निर्झर

**48. वीणापाणि का पर्यायवाची शब्द है—**

(a) रंभा
(b) सरस्वती
(c) लक्ष्मी
(d) कमल

**49. दिए हुए शब्दों में भिन्न अर्थ वाला शब्द है—**

(a) उषा (b) दिन
(c) प्रभात (d) सवेरा

**50. आडम्बर का समानार्थी शब्द है—**

(a) ढोंग (b) तम्बू
(c) दर्प (d) आवाज

## उत्तरमाला

| | | | | | | | | | |
|---|---|---|---|---|---|---|---|---|---|
| **1.** (b) | **2.** (a) | **3.** (d) | **4.** (d) | **5.** (c) | **6.** (c) | **7.** (d) | **8.** (c) | **9.** (c) | **10.** (d) |
| **11.** (c) | **12.** (b) | **13.** (a) | **14.** (b) | **15.** (d) | **16.** (c) | **17.** (b) | **18.** (a) | **19.** (b) | **20.** (a) |
| **21.** (a) | **22.** (b) | **23.** (c) | **24.** (c) | **25.** (d) | **26.** (d) | **27.** (c) | **28.** (b) | **29.** (b) | **30.** (d) |
| **31.** (b) | **32.** (c) | **33.** (d) | **34.** (d) | **35.** (c) | **36.** (a) | **37.** (c) | **38.** (d) | **39.** (c) | **40.** (c) |
| **41.** (a) | **42.** (d) | **43.** (b) | **44.** (a) | **45.** (c) | **46.** (b) | **47.** (d) | **48.** (b) | **49.** (b) | **50.** (a) |

❑❑❑

# विलोम शब्द

जिस शब्द से किसी दूसरे विशिष्ट शब्द का उल्टा अर्थ निकले उसे विलोम शब्द कहते हैं। विलोम अर्थ वाले शब्दों को लिखते समय यह ध्यान रखना आवश्यक है कि शब्द जैसा हो (अर्थात् संज्ञा, सर्वनाम, विशेषण इत्यादि) उसका विलोम शब्द भी उसी कोटि का होना आवश्यक है।

| शब्द | विलोम | शब्द | विलोम |
|---|---|---|---|
| अनुरक्त | विरक्त | अनुरक्ति | विरक्ति |
| अनुराग | विराग | अनुशासित | अनुशासनहीन |
| अन्यायी | न्यायी, न्यायशील | अन्वित | अनन्वित |
| अपकर्ष | उत्कर्ष | अपनापन | परायापन |
| अपमान | सम्मान | अपेक्षा | उपेक्षा |
| अभिज्ञता | अनभिज्ञता | अभिनंदनीय | निन्दनीय |
| अभिमानी | निरभिमान | अभिलषित | अनभिलषित |
| अभिव्यक्त | अनभिव्यक्त | अभिहित | अनभिहित |
| अभ्यस्त | अनभ्यस्त | अभ्यास | अनभ्यास |
| अमावस्या | पूर्णिमा | अमित | परिमित |
| अमृत | विष | अर्जित | अनर्जित |
| अर्थ | अनर्थ | अर्थवान | अर्थहीन, निरर्थक |
| अर्पण | ग्रहण | अर्हता | अनर्हता |
| अल्पज्ञ | बहुज्ञ | अल्पप्राण | महाप्राण |
| अल्पमत | बहुमत | अल्पायु | दीर्घायु |
| अवगत | अनवगत | अवनत | उन्नत |
| अवर | प्रवर | अवलंबित | अनवलंबित |
| अवशेष | नि:शेष | अवसर | अनवसर |
| अवाक् | सवाक् | अशक्त | सशक्त |
| अविचल | विचल, डाँवाडोल, ढुलमुल | अश्लील | श्लील |
| असली | नकली | असीम | ससीम |
| अस्त | उदय | अस्तित्व | अनस्तित्व |
| अस्वस्थ | स्वस्थ | अंगीकरण | अनंगीकरण |
| अंत | आदि | अन्तर्द्वन्द्व | बहिर्द्वन्द्व |
| अंतर्मुखी | बहिर्मुखी | अंदर | बाहर |
| अंधेरा | उजाला | अकंटक | कंटकित |
| अकेला | दुकेला | अक्षत | विक्षत |
| अक्षम | सक्षम | अगम | सुगम |
| अगला | पिछला | अगाड़ी | पिछाड़ी |
| अग्नि | जल | अग्र | पश्च |
| अग्रज | अनुज | अच्छा | बुरा, खराब |
| अच्छाई | बुराई | अच्युत | च्युत |
| अटल | डाँवाडोल, ढुलमुल | अतिक्रमण | अनतिक्रमण |
| अतिवृष्टि | अनावृष्टि | अहंकार | अनहंकार |

| शब्द | विलोम | शब्द | विलोम |
|---|---|---|---|
| अहंकारी | निरहंकारी | अत्यधिक | अत्यल्प |
| अथाह | छिछला | अदृश्य | दृश्य |
| अद्यतन | अनद्यतन, पुरातन | अधम | उत्तम |
| अधिकता | अल्पता | अधिकारी | अनधिकारी |
| अधिकृत | अनधिकृत | अधिगत | अनधिगत |
| अधिगम्य | अनधिगम्य | अधिष्ठित | अनधिष्ठित |
| अनंत | सांत, ससीम | अनाजी | फलाहारी |
| अनाथ | सनाथ | अनाहूत | आहूत |
| अनुकूल | अननुकूल, प्रतिकूल | अनुक्रिया | प्रतिक्रिया |
| अनुग्रह | विग्रह | अनुज | अग्रज |
| अनुदार | उदार | अनुभवी | अनुभवहीन |
| अनुभूत | अननुभूत | अनुमत | अननुमत |
| आकर्षण | विकर्षण | आपत्ति | सम्पत्ति |
| आस्तिक | नास्तिक | आध्यात्मिक | सांसारिक |
| आशा | निराशा | आक्रमण | प्रतिरक्षा |
| आय | व्यय | आशावादी | निराशावादी |
| आर्य | अनार्य | आस्था | अनास्था |
| आहत | अनाहत | आसीन | अनासीन |
| आजादी | गुलामी | आगामी | विगत |
| आद्य | अंत्य | आरम्भिक | अंतिम |
| आवश्यक | अनावश्यक | आधुनिक | प्राचीन |
| आगम | निर्गम | आसक्ति | विरक्ति |
| आकर्षण | अनाकर्षण | आमदनी | खर्च |
| आडम्बर | निराडम्बर | आत्मावलम्बी | परावलम्बी |
| आह्वान | विसर्जन | आदरणीय | निन्दनीय |
| आकीर्ण | विकीर्ण | आहत | अनाहत |
| आमदनी | खर्च | इच्छा | अनिच्छा |
| आवर्तक | अनावर्तक | आकाश | पाताल |
| आहूत | अनाहूत | आहार | निराहार |
| आक्रांत | अनाक्रांत | आगत | निर्गत |
| आदि | अंत | आपूरित | रिक्त |
| आभ्यान्तर | बाह्य | आनन्द | शोक |
| आज्ञाकारी | अवज्ञाकारी | आधिक्य | अभाव |
| आर्द्र | शुष्क | आराम | तकलीफ |
| आर्ष | अनार्ष | आधार | निराधार |
| आकुंचन | प्रसरण | आरम्भ | अंत |
| आभूषित | अनाभूषित | आहत | अनाहत |
| इहलोक | परलोक | इच्छा | अनिच्छा |

| शब्द | विलोम | शब्द | विलोम | शब्द | विलोम | शब्द | विलोम |
|---|---|---|---|---|---|---|---|
| इच्छित | अनिच्छित, अनचाहा | इज्जत | बेइज्जती | खाद्य | अखाद्य | खाली | भरा |
| इष्ट | अनिष्ट | ईप्सित | अनीप्सित | खिला | मुरझाया | खुला | बंद, अवरुद्ध |
| ईमानदार | बेईमान | ईमानदारी | बेईमानी | खुशमिज़ाज | बदमिज़ाज | खुशी | गम, गमी |
| उक्त | अनुक्त | उग्र | सौम्य | खुशी-खुशी | बेमन से | खूबसूरत | बदसूरत |
| उच्चरित | अनुच्चरित | उच्च | अनुच्च, निम्न, नीचा | गणतंत्र | राजतंत्र | गमन | आगमन |
| उच्छिष्ट | अनुच्छिष्ट | उज्ज्वल | धूमिल | ग्रस्त | मुक्त | ग्राम | नगर |
| उठना | बैठना | उतरना | चढ़ना | ग्राह्य | अग्राह्य | गूढ़ | प्रकट |
| उतार | चढ़ाव | उत्कृष्टता | निकृष्टता | गहरा | छिछला | गरिमा | लघिमा |
| उत्तम | अनुत्तम, अधम | उत्तरायण | दक्षिणायन | गगन | पृथ्वी | गोचर | अगोचर |
| उत्तरित | अनुत्तरित | उत्तेजन | प्रशमन | गरल | सुधा | गर्म | ठण्डा |
| उत्तेजित | अनुत्तेजित, शांत | उत्पन्न | अनुत्पन्न, मृत | गहन | पुलिन | गौरव | लाघव |
| उत्पादक | अनुत्पादक | उत्साही | अनुत्साही | गोप्य | प्रकाश्य | गीत | अगीत |
| उत्सुक | अनुत्सुक | उत्सुकता | अनुत्सुकता | घना | विरल | घटित | अघटित |
| उदात्त | अनुदात्त | उदार | अनुदार, कृपण | घनिष्ट | दूरस्थ | घटना | बढ़ना |
| उदासीन | आसक्त | उदारता | अनुदारता, कृपणता | घोषित | अघोषित | चंचल | अचंचल, स्थिर |
| उदित | अस्त | उद्धत | अनुद्धत | चतुर | मूर्ख | चर | अचर |
| उद्भव | अवसान | उद्यत | अनुद्यत | चरित्रवान | चरित्रहीन | चालाक | सीधा, भोला |
| उद्यम | आलस्य | उद्यमी | आलसी, निरुद्यम | चाहा | अनचाहा | चिंतनीय | अचिंतनीय |
| उद्विग्न | अनुद्विग्न, निरुद्विग्न | उद्वेग | निरुद्वेग | चिंत्य | अचिंत्य | चिरंतन | नश्वर |
| उन्नत | अनुन्नत, अवनत | उन्नति | अवनति, गिरावट | चिरस्थायी | अल्पस्थायी | चेतन | अचेतन, जड़ |
| उन्मूलन | रोपण | उपकारक | अनुपकारक | चैन | बेचैनी | चोर | साह |
| उपगत | अनुपगत | उपजाऊ | अनुपजाऊ | छली | निष्छल | छाँह | धूप |
| उपमित | अनुपमित | उपमेय | अनुपमेय | छुटकारा | बंधन | छूत | अछूत |
| उपयुक्त | अनुपयुक्त | उपयुक्तता | अनुपयुक्तता | छेद्य | अछेद्य | छोटा | बड़ा, लंबा |
| उपरि | अधः | उपयोगी | अनुपयोगी, निरुपयोगी | जड़ | चेतन | जटिल | सरल |
| उपरिलिखित | निम्नलिखित, अधोलिखित | उपस्थिति | अनुपस्थिति | जल | थल | जारज | औरस |
| उपस्थित | अनुपस्थित | उपार्जित | अनुपार्जित | जागरण | सुषुप्ति | ज्योति | तम |
| उल्लंघन | अनुल्लंघन | ऊँचा | नीचा | ज्वार | भाटा | जल | निर्जल |
| ऊपर | नीचे | ऋणग्रस्त | ऋणमुक्त | जाड़ा | गर्मी | ज्येष्ठ | कनिष्ठ |
| एक | अनेक | एकता | अनेकता | जीवन | मरण | जातीय | विजातीय |
| एकपक्षीय | बहुपक्षीय | एकार्थक | अनेकार्थक | जितेन्द्रिय | इन्द्रियासक्त | जवानी | बुढ़ापा |
| एकेश्वरवाद | बहुदेववाद | एड़ी | चोटी | जीत | हार | जल्दी | देरी |
| ऐच्छिक | अनैच्छिक | ऐश्वर्य | अनैश्वर्य | जर्जर | सुदृढ़ | जोड़ | घटाना |
| औचित्य | अनौचित्य | कामी | अकाम, निष्काम | झड़ना | उगना | टीकाकार | रचनाकार |
| काला | गोरा | किस्मतवर | बदकिस्मत | ठीक | गलत | ठोस | तरल |
| कीर्तिकार | अकीर्तिकार | कुंठित | अकुंठित, तीखा, धारदार | ठंडा | गर्म | ठोस | पोला, खोखला, तरल |
| कुटिल | सरल | कुप्रथा | सुप्रथा | ढाढ़स | दुतकार | तंदुरुस्त | कमजोर |
| कुफल | सुफल | कुमारी | विवाहिता | तद्वत | अतद्वत | तप्त | शीतल |
| कुलीन | अकुलीन | कुव्यवस्था | सुव्यवस्था | तर | शुष्क | तरुण | वृद्ध |
| कृतकार्य | अकृतकार्य, विफल-मनोरथ | कुशल | अकुशल | तर्क | वितर्क | तर्कसंगत | अतर्कसंगत |
| कृत | अकृत | कृतज्ञता | अकृतज्ञता | ताजा | बासी | तामसिक | सात्विक |
| कृत्रिमता | अकृत्रिमता | कृपा | अकृपा, अवकृपा | तारीफ | बुराई | तिमिर | प्रकाश |
| कृष्ण | शुक्ल, श्वेत | के अन्दर | के बाहर | तुकांत | अतुकांत | तुच्छ | महान् |
| के नीचे | के ऊपर | कोमल | कठोर | तुल्य | अतुल्य | तृप्त | अतृप्त |
| कोलाहल | शान्ति | क्रमिक | अक्रमिक | तेज | हल्का, मंद | त्याज्य | अत्याज्य |
| क्रूर | अक्रूर | क्रोध | क्षमा | थोक | फुटकर | दुर्जन | सज्जन |
| कल्पित | यथार्थ | कृश | स्थूल | दुष्कर | सुकर | देयता | अदेयता |
| कठोर | मृदु | करुण | निष्ठुर | दक्षिण | उत्तर, वाम | दुष्ट | साधु |
| खंड-खंड | अखंडित | खंडनीय | मंडनीय | दुःख | सुख | दुर्गति | सुगति |
| खरा | खोटा | खरीद | बिक्री | | | | |

| शब्द | विलोम | शब्द | विलोम | शब्द | विलोम | शब्द | विलोम |
|---|---|---|---|---|---|---|---|
| दूर | निकट | दीर्घकाय | कृशकाय | पेय | अपेय | प्रयुक्त | अप्रयुक्त |
| दुर्दान्त | शान्त | दैविक | भौतिक | पार्थिव | अपार्थिव | पूर्वार्द्ध | उत्तरार्द्ध |
| दृश्य | अदृश्य | दुर्मति | सुमति | प्रस्थान | आगमन | प्रकाश | अंधकार |
| दुरात्मा | महात्मा | देदीप्यमान | तिमिरांकित | प्रकाशन | गोपन | प्रदान | आदान |
| दयालु | निर्दय | दूरदर्शिता | अदूरदर्शिता | पक्षपातपूर्ण | निष्पक्ष | परुष | कोमल |
| दुराचार | सदाचार | देश | विदेश | प्रगल्भ | अप्रगल्भ | पराजय | विजय |
| द्वैत | अद्वैत | देवता | दानव | पराजित | अपराजित | परिपुष्ट | अपरिपुष्ट |
| द्रुत | मंथर | दुर्लभ | सुलभ | पाश्चात्य | पौर्वात्य | प्रकृत | कृत्रिम |
| दरिद्र | धनी | द्वेष | सद्भाव | पराधीन | स्वाधीन | प्रत्याशा | दुराशा |
| दुर्बल | सबल | दास | स्वामी | प्राची | प्रतीची | प्रासाद | पर्णकुटी |
| दीर्घ | ह्रस्व | दुराग्रह | आग्रह | प्रशांत | अशांत | प्रतिकूल | अनुकूल |
| द्रव | ठोस | दुर्दिन | सुदिन | प्रफुल्ल | म्लान | फूल | काँटा |
| दुर्भाग्य | सौभाग्य | देवर | जेठ | फलित | अफलित | फायदा | नुकसान |
| धनी | निर्धन | धर्मी | अधर्मी | बंधन | मुक्ति, मोक्ष | बढ़ना | घटना |
| धार्मिक | अधार्मिक | धीरज | उतावली | बद्ध | अबद्ध, मुक्त | बनना | मिटना, बिगड़ना |
| धूप | छाँह | धृष्ट | विनम्र | बर्बर | सभ्य | बहिरंग | अंतरंग |
| निरर्थक | सार्थक | निर्दिष्ट | अनिर्दिष्ट | बहुधा | यदाकदा | बाधक | अबाधक |
| निर्धनता | धनाढ्यता | निर्धारित | अनिर्धारित | बाधित | अबाधित | बार-बार | कभी-कभी |
| निर्लज्ज | सलज्ज | निर्वचनीय | अनिर्वचनीय | बाह्य | आभ्यंतर | बुरा | भला |
| निश्चय | अनिश्चय | निश्चित | अनिश्चित | बुराई | भलाई, अच्छाई | बेचना | खरीदना |
| निष्काम | सकाम | निष्क्रिय | सक्रिय | निर्भीक | भयभीत | निर्मल | मलिन |
| नीति | अनीति | नीरुजता | रुग्णता | बेदम | दमदार | बेमेल | संगत |
| नूतन | पुरातन | नेकनामी | बदनामी | बोधगम्य | अबोधगम्य, गूढ़, दुरुह | भाग्य | अभाग्य |
| नेकी | बदी | नैसर्गिक | कृत्रिम | भक्ष्य | अभक्ष्य | भोग्य | अभोग्य |
| न्यायी | अन्यायी | न्यून | अधिक | भद्र | अभद्र | भूत | भविष्य |
| नास्तिक | आस्तिक | प्रवैगिक | स्थैतिक | भयभीत | निर्भय | भिन्न | अभिन्न |
| प्रधान | सहायक | प्रगति | प्रतिगमन | भग्न | उद्विग्न | भावना | दुर्भावना |
| प्राचीन | अर्वाचीन | पारदर्शी | अपारदर्शी | भीतरी | बाहरी | मंगल | अमंगल |
| प्रधान | गौण | प्रेम | घृणा | मंद | द्रुत | मत्त | अमत्त |
| पद्य | गद्य | प्रवृत्ति | निवृत्ति | मधुर | अमधुर, कटु, कर्कश | मर्यादित | अमर्यादित |
| पृथक | संयुक्त | प्रोत्साहित | हतोत्साहित | मसृण | रूक्ष | महत् | लघु |
| प्रसार | संकोच | प्रामाणिक | अप्रामाणिक | महात्मा | दुरात्मा | महान | तुच्छ |
| प्रसन्नता | अप्रसन्नता | पक्षपात | निष्पक्षता | मान | अपमान | मानवता | नृशंसता |
| परिश्रमी | आलसी | पाच्य | अपाच्य | मान्य | अमान्य | मितव्ययिता | अमितव्ययिता |
| प्रकट | गुप्त | प्रशंसा | निन्दा | मिथ्या | सत्य | मिलना | बिछुड़ना |
| पराजेय | अपराजेय | परिवर्तनीय | अपरिवर्तनीय | मीठा | नमकीन, फीका | मुख | पृष्ठ |
| प्रवेश | निकास | प्रगतिशील | अप्रगतिशील | मुग्ध | अमुग्ध | मुनासिब | नामुनासिब |
| प्रात: | सायं | प्रत्यक्ष | अप्रत्यक्ष | मुलायम | कड़ा, कठोर, सख्त | मूक | वाचाल, मुखर |
| पंडित | मूर्ख | प्रथम | अंतिम | मूर्छित | सचेत, सजग | मूर्त | अमूर्त |
| प्रवर | अवर | प्रतिबद्ध | अप्रतिबद्ध | मृत | जीवित | मैत्री | अमैत्री |
| परकीया | स्वकीया | प्रचुर | अल्प | मौके | बेमौके | मौलिक | अमौलिक |
| पाप | पुण्य | प्रतिम | अप्रतिम | योगी | भोगी | यथेष्ठ | स्वल्प |
| प्रश्न | उत्तर | प्रस्तुत | अप्रस्तुत | यश | अपयश | योग्य | अयोग्य |
| पक्का | कच्चा | परमार्थ | स्वार्थ | रक्षक | भक्षक | रक्षित | अरक्षित |
| पूरा | अधूरा | प्रमुख | गौण | रचित | अरचित | रसिक | अरसिक |
| प्रशस्त | अप्रशस्त | पूर्णकालिक | अंशकालिक | रहमदिल | बेरहम | रागी | विरागी |
| परिहार्य | अपरिहार्य | प्रत्याशित | अप्रत्याशित | राजा | रंक | रिक्त | पूर्ण, भरा |
| परिमित | अपरिमित | पतन | उत्थान | रुचि | अरुचि | रूक्ष | मृदु |
| परिगृह | अपरिगृह | परिमार्जित | अपरिमार्जित | रूपवान | कुरूप | रोचक | अरोचक |

| शब्द | विलोम | शब्द | विलोम | शब्द | विलोम | शब्द | विलोम |
|---|---|---|---|---|---|---|---|
| लघु | गुरु, दीर्घ | लोकप्रिय | अलोकप्रिय | सृष्टि | प्रलय | संगत | असंगत |
| लुप्त | व्यक्त | लंघनीय | अलंघनीय | संभव | असंभव | संघटित | विघटित |
| लोक | परलोक | लम्बा | ठिगना | सभय | निर्भय | सद्भावना | दुर्भावना |
| लुभावना | घिनौना | लिप्त | निर्लिप्त | स्वप्न | जागरण | समीप | दूर |
| लजीला | बेशर्म | लाभ | हानि | सतत | असतत | सकाम | निष्काम |
| लौकिक | अलौकिक | लज्जाशील | निर्लज्ज | स्वीकृति | अस्वीकृति | सुन्दर | असुन्दर |
| लायक | नालायक | लिखित | मौखिक | सुन्दरता | कुरूपता | सन्निविष्टन | निस्तारण |
| लाभदायक | हानिकारक | विधवा | सधवा | सातत्य | असातत्य | समावेशन | अनावेशन |
| व्यष्टि | समष्टि | व्यय | आय | सरलता | कठिनता | सुकर | दुष्कर |
| वेदना | आनन्द | विशेष | साधारण | सनाथ | अनाथ | सक्रिय | निष्क्रिय |
| वयस्क | अवयस्क | विजय | पराजय | सदुपयोग | दुरुपयोग | स्वार्थ | परमार्थ |
| विकारी | अविकारी | वैध | अवैध | सापेक्ष | निरपेक्ष | सदाचार | दुराचार |
| विस्तृत | संक्षिप्त | वरिष्ठ | कनिष्ठ | स्वकीय | परकीय | सरस | नीरस |
| विपुल | स्वल्प | व्यभिचारी | सदाचारी | सगुण | निर्गुण | संगठित | असंगठित |
| वृद्धि | ह्रास | विकल | अविकल | समय | असमय | संयत | असंयत |
| विख्यात | कुख्यात | विरल | अविरल | सत्संगति | कुसंगति | सुख | दुख |
| विश्वास | अविश्वास | विदित | अविदित | स्वीकृत | अस्वीकृत | सीमित | असीमित |
| व्यावहारिक | अव्यावहारिक | व्यक्त | अव्यक्त | सुलभ | दुर्लभ | सशस्त्र | निरस्त्र |
| वर्णनीय | वर्णनातीत | विवस्त्र | वस्त्रधारी | सावधानी | असावधानी | संकोच | असंकोच |
| वरदान | अभिशाप | वर्ण्य | अवर्ण्य | सच्चा | झूठा | समर्थ | असमर्थ |
| विवेकी | अविवेकी | वियोग | संयोग | संयम | असंयम | स्वीकार्य | अस्वीकार्य |
| विच्छिन्न | अविच्छिन्न | विशुद्ध | अशुद्ध | स्वतंत्रता | परतंत्रता | सहिष्णुता | असहिष्णुता |
| विनत | उद्धत | विभव | पराभव | संगति | विसंगति | सजीव | निर्जीव |
| विवादित | अविवादित | व्यवस्था | अव्यवस्था | संधि | विग्रह | सृजन | विनाश |
| विस्मरणीय | अविस्मरणीय | व्यापक | संकुचित | स्वदेशी | विदेशी | स्वार्थी | परार्थी |
| विनय | अविनय | वांछित | अवांछित | सुखभोग | दुखभोग | साहचर्य | पृथक्करण |
| विषाद | हर्ष | वैयक्तिक | सार्वजनिक | सहानुभूति | घृणा | सफलता | असफलता |
| विहित | अविहित | विकृत | अविकृत | सनातनी | प्रगतिवादी | संश्लेषण | विश्लेषण |
| विचारवान | अविचारी | विजयी | परास्त | संभाव्य | असंभाव्य | सद्व्यवहार | दुर्व्यवहार |
| विधिक | अविधिक | विनीत | अविनीत | सदाशय | कदाशय | समास | व्यास |
| व्यस्त | अव्यस्त | व्यर्थ | सार्थक | सामिष | निरामिष | साक्षरता | निरक्षरता |
| वैषम्य | साम्य | विस्मरण | स्मरण | स्थावर | जंगम | सदाचारी | दुराचारी |
| विवादग्रस्त | निर्विवाद | शकुन | अपशकुन | सार्थक | निरर्थक | सकारात्मक | नकारात्मक |
| शक्य | अशक्य | शत्रुता | मित्रता | संपन्न | विपन्न | सुधा | गरल |
| शम्य | अशम्य | शयन | जागरण | स्वामी | सेवक | सावधान | असावधान |
| शर्मदार | बेशर्म | शांत | अशांत, उत्तेजित, उद्विग्न | सुगंध | दुर्गन्ध | स्वर्ग | नरक |
| शांति | अशांति | शाप | वरदान | साम्यावस्था | असाम्यावस्था | सानुनासिक | निरनुनासिक |
| शालीन | धृष्ट | शास्त्रीय | अशास्त्रीय | सहोदर | अन्योदर्य | संलग्न | असंलग्न |
| शिक्षित | अशिक्षित | शीतल | उष्ण | सहेतुक | अहेतुक | सूक्ष्म | विशाल |
| शीर्ष | तल | शुचि | अशुचि | स्थायी | स्थानापन्न | स्मृति | विस्मृति |
| शुद्धता | अशुद्धता | शुभ | अशुभ | स्वादिष्ट | नि:स्वाद | स्निग्ध | अस्निग्ध |
| शूर | भीरु | शूरता | भीरुता | स्वच्छता | अस्वच्छता | सबाध | निर्बाध |
| शोक | हर्ष | शोधित | अशोधित | सुकीर्ति | अपकीर्ति | सुषुप्ति | जागरण |
| शोषक | शोषित | शौच | अशौच | संस्कृत | असंस्कृत | सुमति | कुमति |
| श्यामा | गौरी | श्लील | अश्लील | सांसारिक | पारलौकिक | समानता | असमानता |
| श्वेत | अश्वेत, श्याम | श्रद्धा | अश्रद्धा | सक्रियता | निष्क्रियता | संभावित | असंभावित |
| श्रव्य | दृश्य | श्रीगणेश | इतिश्री | सत्संग | कुसंग | संयमी | व्यभिचारी |
| श्रुत | अश्रुत | श्रेष्ठ | अधम | सम | विषम | स्खलित | अस्खलित |
| श्रेष्ठता | अधमता | सुखान्त | दुखान्त | सार्वजनिक | निजी | सत्यवादी | मिथ्याचारी |
|  |  |  |  | समाप्त | आरम्भ | स्तुत्य | निन्द्य |

| शब्द | विलोम | शब्द | विलोम | शब्द | विलोम | शब्द | विलोम |
|---|---|---|---|---|---|---|---|
| स्थिरचित्त | चंचलचित्त | सह्य | असह्य | स्वल्पायु | चिरायु | स्वाधीन | पराधीन |
| सशुल्क | निःशुल्क | सुपात्र | कुपात्र | स्पृश्यता | अस्पृश्यता | सन्निहित | असन्निहित |
| सस्ता | महँगा | सिद्ध | असिद्ध | सभय | निर्भय | समझदार | नासमझ |
| सफल | विफल | साक्षर | निरक्षर | सुकर्म | दुष्कर्म | सुबुद्धि | दुर्बुद्धि |
| सुडौल | बेडौल | सख्त | नरम | स्त्री | पुरुष | हवेली | झोपड़ी |
| संपदा | विपदा | सक्षम | अक्षम | हत | अहत | हमदर्द | बेदर्द |
| सतर्कता | असतर्कता | स्पर्धा | सहयोग | हार | जीत | हास | रुदन |
| सच्चरित्र | दुश्चरित्र | संशोधित | असंशोधित | हितकर | अहितकर | ह्रास | वृद्धि |
| सहनीय | असहनीय | समीपस्थ | दूरस्थ | हार | जीत | हित | अहित |
| सुसंगति | कुसंगति | साध्वी | असाध्वी | वीर | कायर | व्यवहृत | अव्यवहृत |
| सम्मानित | उपेक्षित | सहज | असहज | हतोत्साह | सहोत्साह | हत्या | जीवनदान |
| साम्प्रदायिक | असाम्प्रदायिक | सुसाध्य | दुःसाध्य | हास | रुदन | हलका-फुलका | भारी-भरकम |
| सायं | प्रातः | सारथी | रथी | क्षणिक | शाश्वत | क्षम | अक्षम |
| सहायक | प्रधान | संसारी | असंसारी | क्षम्य | अक्षम्य | क्षुद्र | विशाल, महान् |
| सकारण | अकारण | सुकृति | दुष्कृति | ज्ञात | अज्ञात | ज्ञानी | मूढ़, अज्ञानी |
| सुखद | दुखद | सूखा | गीला | ज्ञेय | अज्ञेय | | |

## प्रश्नमाला

**निर्देश— यहाँ प्रत्येक शब्द के नीचे उसके विलोम स्वरूप चार शब्द दिए गए हैं जिनमें केवल एक शब्द सही है। उसका चयन कीजिए—**

**1. अंतरंग**
(a) बहुरंग (b) अनंग
(c) बहिरंग (d) कुरंग

**2. अंधकार**
(a) दिन (b) प्रकाश
(c) ऊषा (d) प्रभात

**3. अगम**
(a) अनागम (b) आगम
(c) निर्गम (d) सुगम

**4. अग्रज**
(a) पश्चगामी (b) अनुज
(c) लघु (d) कनिष्ठ

**5. अज्ञ**
(a) पण्डित (b) अभिज्ञ
(c) विद्वान (d) सुविज्ञ

**6. अत्यधिक**
(a) नाधिक (b) कम
(c) अल्प (d) स्वल्प

**7. गरिमा**
(a) अंधकार (b) लघिमा
(c) घृणा (d) नीचता

**8. अनाथ**
(a) धनी (b) सनाथ
(c) निर्धन (d) बेकार

**9. सकारात्मक**
(a) नकारात्मक (b) आशात्मक
(c) संभावात्मक (d) निराशात्मक

**10. अथ**
(a) इतिशुभम् (b) इत्यादि
(c) इति (d) अन्त

**11. अधुनातन**
(a) पुरा (b) प्राचीनतम
(c) पुरातन (d) प्राचीन

**12. अधोमुख**
(a) ऊर्ध्वमुख (b) उन्नत
(c) प्रोन्नत (d) उच्च

**13. अनंत**
(a) सीमित (b) अंत
(c) परिमित (d) अनादि

**14. अनावृष्टि**
(a) वृष्टि (b) वर्षा
(c) बरसात (d) अतिवृष्टि

**15. अनिवार्य**
(a) अनावश्यक (b) अनभीत्सित
(c) ऐच्छिक (d) अवांछनीय

**16. अनुकूल**
(a) अप्रीतिकर (b) अनैच्छिक
(c) अवांछित (d) प्रतिकूल

**17. अनुराग**
(a) विराग (b) विरक्ति
(c) ललिमा (d) अविरक्ति

**18. आलोक**
(a) अद्भूत (b) अज्ञात
(c) अंधकार (d) रात्रि

**19. स्थावर**
(a) सचल (b) चंचल
(c) चेतन (d) जंगम

**20. अपमान**
(a) अभिनन्दन (b) स्वागत
(c) सम्मान (d) सत्कार

**21. अभिज्ञ**
(a) अनभ्यस्त (b) अनभिज्ञ
(c) अनजान (d) अज्ञान

**22. अमृत**
(a) जहर (b) अपेय
(c) हलाहल (d) विष

**23. अर्वाचीन**
(a) अनाधुनिक (b) जरठ
(c) जीर्ण (d) प्राचीन

**24. अल्पायु**
(a) दीर्घायु (b) दीर्घजीवी
(c) शतायु (d) चिरंजीवी

**25. अलभ्य**
(a) सुगम (b) प्राप्य
(c) लभ्य (d) सुलभ

**26. नीरस**
(a) रसीला (b) सरस
(c) विरस (d) अरस

27. **कनिष्ठ**
(a) भूतपूर्व (b) अग्रज
(c) पूर्व (d) ज्येष्ठ

28. **कायर**
(a) शक्ति (b) साहसी
(c) निडर (d) निर्भय

29. **कुटिल**
(a) उदार (b) उदात्त
(c) साधु (d) सरल

30. **कृतज्ञ**
(a) अबोध (b) अज्ञान
(c) कृतघ्न (d) अल्पज्ञ

31. **कृत्रिम**
(a) प्राकृत (b) निर्मित
(c) अप्राकृतिक (d) बनावटी

32. **कृपण**
(a) महानुभाव (b) उदार
(c) उदात्त (d) दानी

33. **कृश**
(a) पुष्ट (b) बलिष्ठ
(c) सशक्त (d) स्थूल

34. **चितरंतन**
(a) स्थायी (b) प्राचीन
(c) अनादि (d) सनातन

35. **जड़**
(a) सप्राण (b) सजीव
(c) जीवन (d) चेतन

36. **महान**
(a) अल्प (b) नगण्य
(c) अनुचित (d) क्षुद्र

37. **उद्धत**
(a) सौख्य (b) सौम्य
(c) उत्तम (d) कोमल

38. **अर्वाचीन**
(a) नूतन (b) नव्य
(c) प्राचीन (d) नवीन

39. **शोषक**
(a) शोषित (b) पोषक
(c) पोसक (d) पोषित

40. **मौन**
(a) मुखर (b) मौखिक
(c) मयंक (d) विकार

41. **सम्पन्न**
(a) आसन्न (b) विपन्न
(c) निष्पन्न (b) विषण्ण

42. **आहूत**
(a) उपेक्षित (b) तिरस्कृत
(c) अनाहत (d) अनाहूत

43. **उत्कर्ष**
(a) पतन (b) पराभव
(c) अधोगति (d) अपकर्ष

44. **उत्थान**
(a) पराभव (b) अधोगति
(c) पतन (d) अपकर्ष

45. **उदार**
(a) संकुचित (b) संकीर्ण
(c) कृपण (d) कंजूस

46. **उन्मूलन**
(a) उत्थापण (b) स्थापन
(c) आरोपण (d) रोपण

47. **उर्वर**
(a) अनुर्वर
(b) अनपयोगी
(c) ऊसर
(d) अनुत्पादक

48. **ऋत**
(a) असत्य (b) अनैतिक
(c) अवैध (d) अनृत

49. **उर्वर**
(a) उत्कृष्ट (b) उत्तमर्ण
(c) ऊसर (d) अतिवृष्टि

50. **भूषण**
(a) विष्णु (b) भूशक
(c) दूषण (d) भूषा

51. **मृदुल**
(a) कठिन (b) खराब
(c) रूक्ष (d) असभ्य

52. **कलुष**
(a) पापशून्य (b) निष्पाप
(c) निष्कलुष (d) निष्करुण

53. **सन्यासी**
(a) राजा (b) भोगी
(c) गृहस्थ (d) ब्रह्मचर्य

54. **एकाधिकार**
(a) अनेकाधिकार
(b) सर्वाधिकार
(c) पराधिकार
(d) परमाधिकार

55. **अवनत**
(a) उन्नत (b) प्रोन्नत
(c) ऊर्ध्वोन्मुख (d) ऊर्ध्व

56. **असुर**
(a) यक्ष (b) किन्नर
(c) सुर (d) दनुज

57. **विपत्ति**
(a) समृद्धि (b) हर्ष
(c) आपत्ति (d) संपत्ति

58. **दक्षिण**
(a) पश्चिम (b) पूरब
(c) वाम (d) दायाँ

59. **परोक्ष**
(a) प्रत्यक्ष (b) स्थूल
(c) द्रष्टव्य (d) अपरोक्ष

60. **हर्ष**
(a) खेद (b) वेदना
(c) दुःख (d) विषाद

## उत्तरमाला

| | | | | | | | | | |
|---|---|---|---|---|---|---|---|---|---|
| **1.** (c) | **2.** (b) | **3.** (d) | **4.** (b) | **5.** (b) | **6.** (d) | **7.** (b) | **8.** (b) | **9.** (a) | **10.** (c) |
| **11.** (c) | **12.** (a) | **13.** (b) | **14.** (d) | **15.** (c) | **16.** (d) | **17.** (a) | **18.** (c) | **19.** (d) | **20.** (c) |
| **21.** (b) | **22.** (d) | **23.** (d) | **24.** (a) | **25.** (b) | **26.** (b) | **27.** (d) | **28.** (b) | **29.** (d) | **30.** (c) |
| **31.** (a) | **32.** (d) | **33.** (a) | **34.** (b) | **35.** (d) | **36.** (d) | **37.** (d) | **38.** (c) | **39.** (b) | **40.** (a) |
| **41.** (b) | **42.** (d) | **43.** (d) | **44.** (c) | **45.** (c) | **46.** (d) | **47.** (a) | **48.** (d) | **49.** (c) | **50.** (c) |
| **51.** (c) | **52.** (c) | **53.** (c) | **54.** (b) | **55.** (a) | **56.** (c) | **57.** (a) | **58.** (c) | **59.** (a) | **60.** (d) |

□□□

# 6 वाक्यांश के लिए एक शब्द

व्यस्त जीवन पद्धति व समायाभाव के कारण आधुनिक समय में संक्षिप्त भाषा का महत्व बहुत अधिक बढ़ गया है, क्योंकि कम से कम समय में हम अधिक से अधिक ज्ञान प्राप्त करना चाहते हैं। हिंदी में ऐसे शब्दों की बहुलता है।

**अनेक शब्दों के लिए एक शब्द**

|  | |  |
|---|---|---|
| मन में आप से आप उत्पन्न होने वाली प्रेरणा | – | **अंतःप्रेरणा** |
| धरती और आकाश के बीच का स्थान | – | **अंतरिक्ष** |
| मन में होने वाला या स्वाभाविक ज्ञान | – | **अंतर्ज्ञान** |
| जो किसी वस्तु के अंदर दृढ़तापूर्ण वर्तमान या स्थित है | – | **अंतर्निविष्ट** |
| जो अंतिम (शुद्र) वर्ण में जन्मा हो | – | **अंत्यज** |
| तर्क के बिना मान लिया गया विश्वास | – | **अंधविश्वास** |
| जिसमें काँटे या विघ्न बाधा न हो | – | **अकंटक** |
| जो कहा न जा सके | – | **अकथनीय** |
| जो कहा न गया हो | – | **अकथित** |
| जिसके पास कुछ भी न हो | – | **अकिंचन** |
| जिसका खंडन न किया जा सके | – | **अखंडनीय** |
| जिसके खंड या टुकड़े न किए गए हों | – | **अखंडित** |
| जो न जाना गया हो | – | **अज्ञात** |
| जिसके आने की तिथि (ज्ञात) न हो | – | **अतिथि** |
| कोई बात जो बढ़ा-चढ़ाकर कही गयी हो | – | **अतिशयोक्ति** |
| जिसकी तुलना न की जा सके | – | **अतुलनीय** |
| जो दण्ड पाने योग्य न हो | – | **अदंडनीय** |
| जो दूर की बात न सोच सके | – | **अदूरदर्शी** |
| जो दिए जाने योग्य न हो | – | **अदेय** |
| जिसके समान कोई दूसरा न हो | – | **अद्वितीय** |
| पर्वत के ऊपर की समतल भूमि | – | **अधित्यका** |
| राज्य के प्रधान शासक द्वारा दिया या निकाला गया आधिकारिक आदेश | – | **अध्यादेश** |
| वह जो विद्यार्थियों को पढ़ाने का कार्य करता है | – | **अध्यापक** |
| जिसका एक के बिना किसी दूसरे से संबंध न होता हो | – | **अनन्य** |
| जिस पर आक्रमण न किया गया हो | – | **अनाक्रांत** |
| जिसका कोई नाथ/मालिक न हो | – | **अनाथ** |
| बिना आयास किए | – | **अनायास** |
| कनिष्ठा और मध्यमा के बीच की उँगली | – | **अनामिका** |
| जो किसी वस्तु या विषय में आसक्त न हो | – | **अनासक्त** |
| जिस पर कोई नियंत्रण न हो | – | **अनियंत्रित** |
| जिसका या जिसके संबंध में कोई निर्णय न हुआ हो | – | **अनिर्णीत** |
| जो वचन या वाणी द्वारा कहा न जा सकता हो | – | **अनिर्वचनीय** |
| जो अनुकरण करने योग्य हो | – | **अनुकरणीय** |
| किसी के पीछे-पीछे चलने वाला | – | **अनुगामी** |
| जिस पर अनुग्रह किया गया हो | – | **अनुगृहीत** |
| जिसकी उपमा न की जा सके | – | **अनुपम** |
| जो किसी वस्तु या व्यक्ति के प्रति आसक्त हो | – | **अनुरक्त** |
| जो गिना न जा सके | – | **अगणित/अनगिनत** |
| जिसके अंदर या पास न पहुँचा जा सके | – | **अगम्य** |
| किसी आदरणीय का स्वागत करने के लिए चलकर कुछ आगे पहुँचना | – | **अगवानी** |
| जिसकी गहराई या थाह का पता न लग सके | – | **अगाध** |
| जो गाए जाने योग्य न हो | – | **अगेय** |
| दूर तक फैलने वाली अत्यधिक नाशक आग | – | **अग्निकांड** |
| जो सबसे आगे रहता हो | – | **अग्रणी** |
| जो चिंतन करने योग्य न हो | – | **अचिन्त्य** |
| जिसमें चेतन न हो | – | **अचेतन** |
| जो छेदा न जा सके | – | **अछेद्य** |
| जिसका कभी जन्म न हो | – | **अजन्मा** |
| जिसका कोई शत्रु पैदा ही न हुआ हो | – | **अजातशत्रु** |
| जिसे जीता न जा सके | – | **अजेय** |
| जो कुछ न जानता हो | – | **अज्ञ** |
| जो अवश्य होना वाला हो | – | **अवश्यंभावी** |
| बिना वेतन लिए-दिए किया जाने वाला कार्य | – | **अवैतनिक** |
| जो विधि या कानून के विरुद्ध हो | – | **अवैध** |
| जो व्यवहार में न लाया गया हो | – | **अव्यवहृत** |
| चंद्रमास के किसी पक्ष की आठवीं तिथि | – | **अष्टमी** |
| जो नहीं हो सकता | – | **असंभव** |
| जिसमें सामर्थ्य न हो | – | **असमर्थ** |
| जो (स्त्री) सूर्य भी नहीं देख पाती | – | **असूर्यपश्या** |
| अहंकारपूर्वक अपने को सबसे बढ़कर समझना | – | **अहंमन्यता** |
| जिसमें किसी का कोई हेतु या कारण न हो | – | **अहैतुक** |
| जिसकी पहले से कोई आशा न हो | – | **अप्रत्याशित** |
| जो प्रमाण से सिद्ध न हो | – | **अप्रमेय** |
| जिसके लिए कोई बाधा या रोक-टोक न हो | – | **अबाध** |
| पुरुष जो अभिनय करता हो | – | **अभिनेता** |
| स्त्री जो अभिनय करती हो | – | **अभिनेत्री** |

जिस पर अभियोग लगाया गया हो — **अभियुक्त**
जैसा या जो पहले (घटित) न हुआ हो — **अभूतपूर्व**
जो भेदा या तोड़ा न जा सके — **अभेद्य**
कोई काम स्वभाववश करते रहने की क्रिया — **अभ्यास**
जो कभी मरे नहीं — **अमर**
जिसका अस्तित्व अल्पकाल तक रहे — **अल्पकालिक**
जो कम जानता हो — **अल्पज्ञ**
जिसका वर्णन न हो सकता हो — **अवर्ण्य**
एक भाषा में कही या लिखी हुई बात को दूसरी भाषा में कहने या लिखने की क्रिया — **अनुवाद**
किसी और स्थान पर — **अन्यत्र**
जिसका मन किसी दूसरी ओर लगा हो — **अन्यमनस्क**
जिसका अपकार किया गया हो — **अपकृत**
जो पढ़ा न जा सके — **अपठनीय**
दोपहर के बाद का समय — **अपरा**
आवश्यकता से अधिक धन का ग्रहण न करना — **अपरिग्रह**
जो मापा न जा सके — **अपरिमेय**
सामान्य या व्यापक नियम के विरुद्ध बात — **अपवाद**
जिसके अंग दुरुस्त न हों — **अपांग**
जिसके उस पार की वस्तु को न देखा जा सके — **अपारदर्शी**
जो पहले न हो रहा हो या न हुआ हो — **अपूर्व**
जो किसी वंश में बराबर चलता आया है — **आनुवंशिक**
अपराधों से संबंधित — **आपराधिक**
जिसकी कामनाएँ पूरी हो गई हों — **आप्रकाश**
आभार मानने वाला — **आभारी**
प्राणियों के पेट की वह थैली जिसमें भोजन पचता है — **आमाशय**
वह जो दूसरे देशों से वस्तुओं का आयात करता है — **आयातक**
आयोजन करने वाला व्यक्ति — **आयोजक**
किसी मत का सर्वप्रथम प्रवर्तन करने वाला — **आदि प्रवर्तक**
अधिकारपूर्वक कहा गया या किया गया — **आधिकारिक**
भूतों अर्थात् जीवों द्वारा होने वाला (दु:ख) — **आधिभौतिक**
किसी वस्तु को आधुनिक रूप देने की क्रिया — **आधुनिकीकरण**
आत्मा और ईश्वर से संबंध रखने वाला — **आध्यात्मिक**
आँतों में होने वाला — **आंत्रिक**
आकाश को चूमने वाला — **आकाशचुंबी**
वह जिसका पति परदेश से लौटा हो — **आगत पतिका**
पूरे जीवन में — **आजीवन**
जिस पर किसी का आतंक छाया हो — **आतंकित**
जो अपनी हत्या कर लेता है — **आत्मघाती**
दूसरों के (सुख के) लिए अपने सुखों का त्याग — **आत्मोत्सर्ग**
धन से संबंध रखने वाला — **आर्थिक**
जो किसी वस्तु या व्यक्ति के गुण-दोष की आलोचना करता हो — **आलोचक**
जो आलोचना के योग्य हो — **आलोच्य**

किसी अवधि से संबंध रखने वाला — **आवधिक**
आशा से बहुत अधिक — **आशातीत**
वह क्लर्क जो आशुलिपि जानता है — **आशुलिपिक**
जिसे विश्वास या दिलासा दिलाया गया हो — **आश्वस्त**
प्राय: वर्षा ऋतु में आकाश में दिखायी देने वाले सात रंगों वाले धनुष — **इंद्रधनुष**
इंद्रियों पर किया जाने वाला वश — **इंद्रियानिग्रह**
जो इंद्रियों की पहुँच से बाहर हों — **इंद्रियातीत**
अपनी इच्छा के अनुसार सब काम करने वाला — **इच्छाचारी**
किन्हीं घटनाओं का कालक्रम से किया गया वृत्त — **इतिवृत्त**
किसी देश या समाज के सार्वजनिक क्षेत्र की घटनाओं, तथ्यों आदि का क्रमबद्ध विवरण — **इतिहास**
इमारत के लिए या इमारत से संबंधित — **इमारती**
जो दूसरों की उन्नति देखकर जलता हो — **ईर्ष्यालु**
पर्वत के पास की भूमि — **उपत्यका**
जिसे ऊपर कहा गया हो — **उपर्युक्त**
जिसका उल्लेख करना आवश्यक हो — **उल्लेखनीय**
सूर्योदय से पहले का समय — **उषाकाल**
वह वस्तु जिसका उत्पादन हुआ हो — **उत्पाद**
सूर्य जिस पर्वत के पीछे निकलता है — **उदयाचल**
जिस पर उपकार किया गया हो — **उपकृत**
जिससे बढ़कर ऊँचा कोई न हो — **उच्चतम**
नीचे की ओर आना या जाना — **उतरना**
ऊपर की ओर उछाया या फेंका हुआ — **उत्क्षिप्त**
जिसका संबंध किसी एक देश से हो — **एकदेशीय**
किसी एक पक्ष से संबंध रखने वाला — **एक पक्षीय**
जिसका चित्त एकाग्रित हो — **एकाग्रचित**
चन्द्रमास के किसी पक्ष की ग्यारहवीं तिथि — **एकादशी**
किसी वस्तु के क्रय-विक्रय का अकेला अधिकार — **एकाधिकार**
इंद्रियों से संबंधित — **ऐंद्रिक**
जो अपनी इच्छा पर निर्भर हो — **ऐच्छिक**
इतिहास से संबंधित — **ऐतिहासिक**
इस लोक से संबंध रखने वाला — **ऐहलौकिक**
जिसका संबंध उपनिवेश या उपनिवेशों से है — **औपनिवेशिक**
जिसका संबंध उपन्यास से हो — **औपन्यासिक**
अपनी विवाहिता पत्नी से उत्पन्न (पुत्र) — **औरस**
बहुत काम करते रहने वाला — **कर्मठ**
फूल जो अभी खिला न हो — **कली**
स्त्री जो कविता रचती है — **कवयित्री**
जिसने कोई कसूर किया हो — **कसूरवार**
सारे शरीर की हड्डियों का ढाँचा — **कंकाल**
जो कहा गया है — **कथित**
पद, वय आदि के विचार से औरों की अपेक्षा छोटा — **कनिष्ठ**
जो किए जाने या करने योग्य हो — **करणीय**

जो अपने उद्देश्य सिद्ध होने पर संतुष्ट हो – **कृतार्थ**
जिसकी उत्त्पत्ति स्वभावगत न हो – **कृत्रिम**
अँधेरी रातों वाला पखवारा – **कृष्णपक्ष**
जो केन्द्र से हटकर दूर जाता हो – **केन्द्रापसारी**
सुन्दर और बड़े बालों वाली (स्त्री) – **केशिनी**
केश के बालों को सजाने-सँवारने का काम – **केशविन्यास**
ठीक अपने क्रम में आया हुआ – **क्रमागत**
कारागार से संबंध रखने वाला – **कारागारिक**
कार्य करने वाला व्यक्ति – **कार्यकर्त्ता**
नियमविरुद्ध या निंदनीय कार्य करने वालों की सूची – **कालीसूची**
जिसे यह न जान पड़ता हो कि क्या करूँ और क्या न करूँ – **किंकर्तव्यविमूढ़**
जिसकी अब कीर्ति शेष रह गयी हो – **कीर्तिशेष**
जिस लड़की का विवाह न हुआ हो – **कुमारी**
जो अच्छे या ऊँचे कुल में उत्पन्न हुआ हो – **कुलीन**
व्यक्ति जिसका ज्ञान अपने ही स्थान पर सीमित हो – **कूपमंडूक**
क्षण भर में नष्ट होने (टूट-फूट जाने) वाला – **क्षणभंगुर**
क्षमा किए जाने योग्य – **क्षम्य**
जिसका हाथ बहुत तेज चलता हो – **क्षिप्रहस्त**
किसी के घर होने वाली तलाशी – **खानातलाशी**
जो खाने योग्य हो – **खाद्य**
गृह बसाकर रहने वाला – **गृहस्थ**
घर या देश के अन्दर की आपस के लोगों या दलों की लड़ाई – **गृहयुद्ध**
नए बनवाए घर में पहले-पहल होने वाला प्रवेश – **गृहप्रवेश**
संध्या काल जब गायें चरकर लौटती हैं – **गोधूलि**
जिसे दूसरे से छिपाकर रखना आवश्यक हो – **गोपनीय**
गाँव से संबंधित – **ग्रामीण**
गंगा और यमुना के जल के दो तरह के रंग का – **गंगा-जमुनी**
गणित शास्त्र का जानकार – **गणितज्ञ**
बहुत गप्पें हाँकने वाला – **गपोड़िया**
जो कठिनता से और देर में पचे – **गरिष्ठ**
जिसके पेट में बच्चा हो – **गर्भवती/गर्भिणी**
जिस पशु के पेट में बच्चा हो – **गाभिन**
जो कुछ भी बोल न सके – **गूँगा**
वह व्यक्ति जो दूसरों के घरों में फूट डालता हो – **घरफोड़ा**
घूस लेने वाला – **घूसखोर**
जिसे देखकर घृणा उत्पन्न होती हो – **घृणित**
घृणा किए जाने योग्य – **घृण्य**
किसी के इर्द-गिर्द घेरा डालने की क्रिया – **घेराबन्दी**
जिसकी घोषणा की गयी हो – **घोषित**
जिस (देवता) की चार भुजाएँ हैं – **चतुर्भुज**
जिसके चार-चार पैर होते हैं – **चतुष्पद**
वह मास जो चन्द्रमा की गति के अनुसार गिना जाता है – **चन्द्रमास**
जो आँखों से संबंधित हो – **चाक्षुष**

चिंता उत्पन्न करने वाला – **चिंताजनक**
चित्त को चुराने वाला – **चितचोर**
चिरकाल तक जीवित रहने वाला – **चिरंजीवी**
चिरकाल तक बना रहने वाला – **चिरस्थायी**
जिस पर चित लगाया गया हो – **चिति**
किसी को चेताने के लिए कही जाने वाली बात – **चेतावनी**
जिसके चूड़ा (बालों) में चंद्रमा है – **चंद्रचूड़**
जो चक्र को धारण करता है – **चक्रधर**
कर्मचारी आदि को छाँटकर निकाल देने का काम – **छँटनी**
अकस्मात कहीं भी आकर छापा मारने वाला – **छापामार**
सेना के ठहरने का स्थान – **छावनी**
किसी काम या व्यक्ति में छिद्रों, त्रुटियों व दोषों को ढूँढ़ने का काम – **छिद्रान्वेषण**
वह यान जो जल में चलता है – **जलयान**
किसी को जीतने की चाह – **जिगीषा**
किसी पर विजय पाने की इच्छा रखने वाला – **जिगीषु**
अधिक समय तक जीने की इच्छा – **जिजीविषा**
कुछ जानने या ज्ञान प्राप्त करने की चाह – **जिज्ञासा**
जिसने इन्द्रियों पर विजय पा ली हो – **जितेन्द्रिय**
जन्म से सौ वर्ष का समय – **जन्मशती**
जो जन्म से ही अंधा है – **जन्मांध**
जल में पैदा होने वाला – **जलज**
जल लेने के बदले में दिया जाने वाला टैक्स – **जलकर**
जिसे ज्ञान प्राप्त करने की प्यास हो – **ज्ञानपिपासु**
जिसे जानना आवश्यक हो – **ज्ञेय**
झूठ बोलने वाला – **झूठा**
लगातार घंटा बजने से होने वाला टन-टन शब्द – **टनाटन**
चारों ओर जल से घिरा हुआ भू-भाग – **टापू**
किराए पर चलने वाली मोटरगाड़ी – **टैक्सी**
घर-घर जाकर लोगों का डाक पहुँचाने वाला कर्मचारी – **डाकिया**
वह स्थान जहाँ तोपें और बारूद आदि रखा रहता है – **तोपखाना**
कोई काम या पद छोड़ देने के लिए लिखा गया पत्र – **त्यागपत्र**
जिसे तीनों कालों (भूत, वर्तमान, भविष्य) में होने वाली घटनाएँ दिखायी देती हों – **त्रिकालदर्शी**
किसानों को सरकार या जमींदार द्वारा दी गयी ऋण के रूप में आर्थिक सहायता – **तकावी**
विवाद या गुटबाजी से अलग रहने वाला – **तटस्थ**
अध्यात्म के तत्वों को जानने वाला – **तत्त्वज्ञ**
जो तर्क के आधार पर ठीक सिद्ध हो – **तर्कसंगत**
तर्क के द्वारा जो माना गया हो – **तर्कसम्मत**
चोरी-छिपे और चुंगी शुल्कादि दिए बिना माल लाकर बेचने वाला – **तस्कर**
जिसका होना या करना कठिन हो – **दुष्कर**
जिसका रोकना या निवारण करना कठिन हो – **दुर्निवार्य**

जिसे दबाया या सताया गया हो – **दलित**
जिसका ठीक तौर से कथन सम्भव न हो – **दुष्परिमेय**
दो बार जन्म लेने वाला – **द्विज**
किसी काम में पूर्णरूप से मन लेने वाला – **दत्तचित्त**
जिसको अपने देश से प्रेम हो – **देशभक्त**
वह रोग जिसमें सूर्य की तेज किरणों के कारण दिन में बहुत कम दिखाई देता हो – **दिनौंधी**
शीघ्र जाने वाला – **द्रुतगामी**
जो स्पष्ट न दिखाई दे – **धूमिल**
धन देने वाला – **धनद**
धर्म में आस्था रखने वाला – **धर्मात्मा**
धारण करने या रोकने वाला – **धारक**
ध्यान या विचार करने वाला – **ध्याता**
जो वस्तुओं की क्षणभंगुरता एवं बुराइयों की ओर अधिक ध्यान देता हो – **निराशावादी**
जिसका कोई आकार न हो – **निराकार**
एक देश से दूसरे देशों को वस्तुओं का भेजा जाना – **निर्यात**
रात्रि का दूसरा पहर – **निशीथ**
वह (कार्य) जिसके बदले में कुछ देना न पड़े – **नि:शुल्क**
जिसे त्याग अथवा हटा दिया गया हो – **निरस्त**
जिसकी जड़ अथवा उत्पत्ति का ज्ञान न हो – **निर्मूल**
हाल की व्याही, समान लज्जा और शील वाली नायिका – **नवोढ़ा**
नया उत्पन्न हुआ – **नवजात**
आकाश में विचरण करने वाला – **नभचर**
जो निन्दा के योग्य हो – **निन्दनीय**
जिसके विषय में विवाद न हो – **निर्विवाद**
नगर में रहने वाला – **नागरिक**
जो नष्ट होने वाला हो – **नश्वर**
जिसके कोई सन्तान न हो – **नि:संतान**
जिसे कोई इच्छा न हो – **निस्पृह**
बिना पलक गिराए – **निर्निमेष**
निर्णय करने वाला – **निर्णायक**
जिसमें ममता का अभाव हो – **निर्मम**
जहाँ किसी बात का डर या खतरा न हो – **निरापद**
जिसके मन में पाप न हो – **निष्पाप**
जिसमें दया का अभाव हो – **निर्दय, निष्ठुर**
नरक से सम्बन्धित, अत्यन्त निष्कृष्ट – **नारकीय**
जो पृथ्वी से सम्बन्धित हो – **पार्थिव**
रास्ता दिखाने वाला – **पथप्रदर्शक**
पहनने के योग्य – **परिधेय**
एक बार कहे शब्द या वाक्य को फिर कहना – **पिष्टपेषण**
इतिहास के पूर्व काल से सम्बन्धित – **प्रागैतिहासिक**
दूसरों को शिक्षा देने वाला – **परोपदेशक**
इन्द्रियों से प्राप्त निश्चयात्मक ज्ञान – **प्रत्यक्ष**

सूक्ष्मता से देखने वाला – **प्रेक्षक**
पहर-पहर का घण्टा बजाने वाला, पहरा देने वाला – **प्रहरी**
जाकर लौटा हुआ – **प्रत्यागत**
दोष या पाप मिटाने के लिए शास्त्रानुकूल कर्म या कृत्य – **प्रायश्चित**
प्राण रक्षा करने वाला – **प्राणद**
पशु के ढंग का – **पाश्विक**
जो दूसरों की भलाई करता हो – **परोपकारी**
जो दूसरों का भला चाहता हो – **परार्थी**
पुस्तक की हाथ से लिखी हुई प्रति – **पांडुलिपि**
वह (वस्तु) जिसके आर-पार देखा जा सके – **पारदर्शी**
रात्रि का प्रथम पहर – **प्रदोष**
जो तौला या मापा जा सके – **परिमेय**
बिना अधिकार के भी दूसरों की वस्तु का उपयोग करने वाला – **परिभोक्ता**
पूर्ण रूप से फूला, पका या पचा हुआ – **परिपक्व**
जो दूसरों के अधीन हो – **पराधीन**
जो प्रमाण से सिद्ध हो सके – **प्रमेय**
पत्ते की बनी हुई कुटी – **पर्णकुटी**
शीघ्र आग पकड़ने वाला – **प्रज्जवलनशील**
उत्तर द्वारा जिसका खण्डन किया जाए – **प्रत्युक्त**
जो फिर से या ठीक समय पर उत्पन्न हो – **प्रत्युत्पन्न**
जिसका स्पष्टीकरण किया जाए – **प्रतिपाद्य**
परपुरुष से प्रेम करने वाली नायिका – **परकीया**
बच्चा जनने वाली स्त्री – **प्रसूता**
खंडन या प्रतिवाद करने वाला, जिस पर मुकदमा चलाया गया हा – **प्रतिवादी**
उत्तर पाने पर दिया हुआ उत्तर – **प्रत्युत्तर**
प्रार्थना करने वाला – **प्रार्थी**
जिसकी कामना पूरी हो गयी हो – **पूर्णकाम**
जो पढ़ने योग्य हो – **पठनीय**
पीने की इच्छा वाला – **पिपासु**
किसी विषय या क्षेत्र का पूरा ज्ञान रखने वाला – **पारंगत**
पीने योग्य – **पेय**
प्रकृति सम्बन्धी – **प्राकृतिक**
परलोक सम्बन्धी – **पारलौकिक**
जिसका उत्तर खोजना पड़े, ऐसा कथन – **प्रहेलिका**
क्रमबद्ध इतिहास लिखने के पहले के काल का – **प्रागैतिहासिक**
प्राण (श्वास-प्रश्वास) की गति का क्रमश: दमन – **प्राणायाम**
प्रार्थना करने वाला व्यक्ति – **प्रार्थी**
देखने में प्रिय लगने वाला – **प्रियदर्शी**
फल को इस प्रकार रखना कि गलने सड़ने न पाए – **फल-परिरक्षण**
केवल फल खाकर रहने वाला – **फलाहारी**
समुद्र की आग – **बड़वानल**
जिसे समाज, जाति अथवा देश से निकाल दिया गया हो – **बहिष्कृत**

बाहर आया या निकला हुआ – बहिर्गत
बहुत से लोगों की मिलकर एक राय – बहुमत
बड़े दाम का – बहुमूल्य
खाने की इच्छा – बुभुक्षा
बहुत सी भाषाएँ जानने वाला – बहुभाषाविद्
किसी टूटी-फूटी इमारत या बस्ती का बचा हुआ अंश – भग्नावशेष
जिसका भजन करना उचित और आवश्यक है – भजनीय
जो भय से घबराया हुआ हो – भयाकुल
भारत देश से संबंधित या भारत में उत्पन्न – भारतीय
(किसी पद पर) जो पहले रहा हो – भूतपूर्व
जिसका भोग करना उचित हो – भोग्य
कम या नपा-तुला खर्च करने वाला – मितव्ययी
थोड़ा और नपा-तुला भोजन करने वाला – मिताहारी
मिथ्या (झूठ) बोलने वाला – मिथ्यावादी
जिसकी आँखें मीन के आकार की तरह सुन्दर हों – मीनाक्षी
जो खुले हाथों दान/व्यय करता हो – मुक्तहस्त
प्रदेश या राज्य के मन्त्रियों में सबसे बड़ा – मुख्यमंत्री
जिसे मोक्ष की कामना हो – मुमुक्ष
जिसे मर जाने की कामना हो – मुमूर्षा
जिसने मृत्यु को जीत लिया हो – मृत्युंजय
मेघ के समान जो गरजता हो – मेघनाद
असाधारण मेधा बुद्धि वाला – मेधावी
चुनाव में अपना मत देने की क्रिया – मतदान
मतिमंद होने की अवस्था – मतिमांद्य
जो मद्यपान करने का आदी हो – मद्यप
दो विरोधी मार्गों के बीच का मार्ग – मध्यमार्ग
मन को मोह लेने वाला – मनमोहक
मन के दुर्बल होने की स्थिति या भाव – मनोदौर्बल्य
मन और उसकी अवस्थाओं तथा क्रियाओं का अध्ययन करने वाला शास्त्र – मनोविज्ञान
मन को हर लेने वाला – मनोहर
किसी बात के मर्म (गूढ़ रहस्य) को जानने वाला – मर्मज्ञ
जिसके हृदय को चोट पहुँची हो – मर्माहत
माया संबंधी या माया के रूप में होने वाला – मायावी
जो युद्ध में स्थिर रहता है – युधिष्ठिर
युद्ध करने या लड़ने की इच्छा – युयुत्सा
यंत्र सम्बन्धी – यांत्रिक
जहाँ तक सम्भव हो – यथासम्भव
शक्ति के अनुसार – यथाशक्ति
यज्ञ करने या कराने वाला – याज्ञिक
रात को दिखाई न देने वाला रोग – रतौंधी
दूसरे देश में अपने राष्ट्र का प्रतिनिधित्व करने वाला – राजदूत
राज्य द्वारा आधिकारिक रूप से प्रकाशित होने वाला पत्र – राजपत्र
वह काव्य जिसका अभिनय हो सके – रूपक
लालिमा से युक्त – रक्तिम
राष्ट्र का प्रधान – राष्ट्रपति
बच्चों को सुलाने का गीत और थपकी – लोरी
जो लेखा-जोखा रखता हो – लेखाकार
इस लोक से सम्बन्धित – लौकिक
लुभाया या ललचाया हुआ – लुब्ध
चाटने योग्य वस्तु – लेह्य
वर्ष में एक बार होने वाला – वार्षिक
एक से अधिक बातों में से कोई एक – विकल्प
जिसमें कोई विकार या परिवर्तन नहीं होता – विकारी
वस्तुओं की बिक्री करने वाला – विक्रेता
जिसकी जानकारी बहुत अधिक हो – विज्ञ
जो स्त्री विद्वान् हो – विदुषी
वह स्त्री जिसका पति मर गया हो – विधवा
कानून का रूप देने के लिए प्रस्तुत किया गया प्रस्ताव या मसौदा – विधेयक
जिसको पत्नी का साथ न हो – विपत्नीक
योग या मिलन न होने की अवस्था – वियोग
वज्र रहता है हाथ में जिसके – वज्रपाणि
जो बढ़ रहा हो – वर्द्धमान
जो निरन्तर कई वर्षों से चलता रहे या होता रहे – वर्षानुवर्ष
वसंत पंचमी के दिन मनाया जाने वाला उत्सव – वसंतोत्सव
कन्या जिसके विवाह कर देने का वचन दे दिया गया हो – वागदत्ता
ऐसी व्यवस्था करना कि बाहर के तापमान का प्रभाव भीतर न पड़े – वातानुकूलन
वह जो किसी के विरुद्ध वाद (मुकदमा) पेश करे – वादी
जिसका विश्वास किया जाए – विश्वस्त
वीणा है जिसके हाथ में वह देवी – वीणापाणि
विदेश का या विदेश में होने वाला – वैदेशिक
जो विधि की दृष्टि से ठीक हो – वैध
विष्णु संबंधी या उस संप्रदाय के निमयों पर चलने वाला – वैष्णव
पर-स्त्री से अनुचित संबंध रखने वाला – व्यभिचारी
शिव की उपासना करने वाला – शैव
तरकारी और फलों का भोजन करने वाला – शाकाहारी
हरा-भरा मैदान – शाद्वल
शरण में जो आया हो – शरणागत
शब्द से निशाना मारने वाला – शब्दवेधी
वह स्त्री जिसका पति जीवित हो – सधवा
जो अपनी पत्नी के साथ हो – सपत्नीक
चन्द्रमास के किसी पक्ष की सातवीं तिथि – सप्तमी
सात दिनों की अवधि – सप्ताह
उसी समय में होने वाला या रहने वाला – समकालीन
संबंध की दृष्टि से किसी के पुत्र या पुत्री का ससुर – समधी
जिसका समर्थन किया गया हो – समर्थित

मनुष्यों का किसी विशेष विषय पर विचार के लिए मिलन – सम्मेलन
जो सव्य (बाएं) हाथ से भी काम कर लेता हो – सव्यसाची
जिसका संबंध संसार या संसार के विषयों से हो – सांसारिक
जो अक्षरों को पढ़ना-लिखना जानता हो – साक्षर
जो सिद्ध या पूरा किया जा सके – साध्य
वर्तमान समय या ठीक समय पर होने वाला – सामयिक
माँस से युक्त – सामिष
सर्वसाधारण से संबंधित – सार्वजनिक
सब भूमि या सब देशों में होने वाला – सार्वभौम
जो अवधानपूर्वक कोई काम करता हो – सावधान
जिसका गला या गले का स्वर अच्छा हो – सुकंठ
जो सुख देता हो – सुखद
सौर जगत् का सबसे बड़ा ग्रह, जिसकी अन्य ग्रह परिक्रमा करते हैं – सूर्य
चोरी के लिए मकान की दीवार में किया गया बड़ा-सा छेद – सेंध
जो एक स्थान से हटाकर दूसरे स्थान पर भेज दिया गया हो – स्थानान्तरित
जिसमें स्नान किया जा सके – स्नानीय
जिसने अस्थायी रूप से किसी का स्थान (पद) ग्रहण किया हो – स्थानापन्न
जो एक जगह से दूसरी जगह न ले जाया जा सके – स्थावर
जो दो या अधिक भिन्न तत्वों या जातियों के संसर्ग से उत्पन्न हो – संकर
किसी रोगी द्वारा दूसरों में रोग फैलने वाला रोग – संक्रामक
वह स्थान जहाँ स्थायी महत्त्व की वस्तुओं का संग्रह हो – संग्रहालय
संचय किया हुआ – संचित
जिसके संबंध में संदेह हो – संदिग्ध
कुछ खास शर्तों द्वारा कोई कार्य करने कराने का समझौता – संविदा
अलग-अलग अवयवों को एक में जोड़ना – संश्लेषण
नित्य दीन-दुखियों को भोजने देने की व्यवस्था – सदावर्त
जिसने अभी हाल ही में बच्चे को जन्म दिया हो – सद्य-प्रसूता
जो आप से आप उत्पन्न हुआ हो – स्वयंभू
जो स्वर्ग सिधार गया हो – स्वर्गीय
जो किसी के अधीन या पराधीन न हो – स्वाधीन
जो सब काम अपने भरोसे करता हो – स्वावलंबी
वह जिसके पास संपत्ति या अधिकार सौंपा गया हो – हस्तांतरित
जिसे देख सुनकर हृदय फटता हो – हृदयविदारक
हाथी की पीठ पर रखी जाने वाली चौकी – हौदा
दूसरों को जान से मार डालने वाला – हत्यारा
किसी व्यक्ति द्वारा हलफ (शपथ) के साथ लिखा हुआ न्यायालय में प्रस्तुत पत्र – हलफनामा

## प्रश्नमाला

**1. जो सदा दूसरे पर संदेह करता है–**
(a) झगड़ालू (b) दयालु
(c) इर्ष्यालु (d) शंकालु

**2. अन्तेवासी–**
(a) अन्य स्थान पर रहने वाला
(b) अन्त तक रहने वाला
(c) गुरु के समीप रहने वाला शिष्य
(d) किसी विद्या को अन्त तक पढ़ने वाला

**3. जिसके पास कुछ न हो–**
(a) अकिंचन (b) निर्धन
(c) नंगा (d) दरिद्र

**4. क्षेपक–**
(a) दूसरों को क्षमा कर देने वाला
(b) शत्रु पर घातक वार करने वाला
(c) किसी ग्रन्थ में अन्य व्यक्ति द्वारा जोड़ा गया भाग
(d) किसी व्यक्ति द्वारा छोड़े गए शेष कार्य को पूरा करने वाला

**5. किसी के पास रखी दूसरे की वस्तु–**
(a) परवर्ती (b) बपौती
(c) थाती (d) वर्तिका

**6. वह भाई जो अन्य माता से उत्पन्न हुआ हो–**
(a) सहोदर (b) औरस
(c) अन्योदर (d) दूरस्थ

**7. गोद में सोने वाली स्त्री–**
(a) अंकशायिनी (b) अनीन्द्रिय
(c) सिदित (d) कोई नहीं

**8. कष्ट से सम्पन्न होने वाला–**
(a) कष्टकारी (b) कष्टप्रद
(c) कष्टसाध्य (d) कोई नहीं

**9. किसी संस्था के 25 वर्ष पूरे होने पर होने वाला उत्सव के लिए शब्द है–**
(a) हीरक जयंती (b) रजत जयंती
(c) शताब्दी (d) स्वर्ण जयंती

**10. जो देखने में प्रिय लगता हो–**
(a) समदर्शी (b) प्रियदर्शी
(c) प्रियपात्र (d) दर्शनप्रिय

**11. जो आँखों के सामने न हो–**
(a) प्रत्यक्ष
(b) अप्रत्यक्ष
(c) दूरस्थ
(d) परोक्ष

**12. जो किए गए उपकारों को मानता है–**
(a) कृतज्ञ (b) कृपापात्र
(c) उपकारी (d) सुपात्र

**13. जिस स्त्री का पति जीवित हो–**
(a) कामिनी (b) सुभगा
(c) सधवा (d) मधवा

**14. जिसके विरुद्ध मुकदमा या केस दायर किया जाए–**
(a) प्रतिवादी (b) प्रतिपक्षी
(c) अभियुक्त (d) अपराधी

**15. जिसने अपने घर का ऋण उतार दिया हो–**
(a) अऋण (b) उन्मुक्त
(c) उऋण (d) स्वतंत्र

**16. जिसकी उपमा किसी से न की जा सके–**
(a) अद्वितीय (b) अनुपम
(c) अनन्य (d) अभूतपूर्व

**17. जिसमें जानने की इच्छा हो–**
(a) जिज्ञासु
(b) इच्छुक
(c) अभिलाषी
(d) ज्ञानोन्मुख

**18. जो इन्द्रियों की अनुभूति से परे हो–**
(a) इन्द्रियातीत (b) अप्रत्यक्ष
(c) अनुभवातीत (d) ज्ञानातीत

**19. जिस समय बड़ी मुश्किल से खाद्य-पदार्थ मिलते हों–**
(a) दुर्भिक्ष (b) अकाल
(c) दुष्काल (d) भुखमरी

**20. जिसका ज्ञान इन्द्रियों के द्वारा न हो–**
(a) इन्द्रियातीत (b) इन्द्रियागम्य
(c) अगोचर (d) अगम

**21. जिसका प्रयोजन सिद्ध हो चुका हो–**
(a) कृतकार्य (b) सिद्धकाम
(c) वीतराग (d) सिद्धि-प्राप्त

**22. जो तुरन्त कोई उपयुक्त बात या काम सोच ले–**
(a) तीक्ष्ण बुद्धि (b) प्रत्युत्पन्नमति
(c) कुशाग्रबुद्धि (d) अग्रचेता

**23. जिसका इन्द्रियों से अनुमान न हो सके–**
(a) जितेन्द्रिय (b) अतीन्द्रिय
(c) कालजयी (d) सर्वजयी

**24. दूर तक देखने वाला–**
(a) दूरदर्शी (b) गिद्धदृषि
(c) भविष्यदर्शी (d) अनुभवी

**25. जो माँस नहीं खाता–**
(a) सात्विक (b) निरामिष
(c) अमांसभक्षी (d) फलाहारी

**26. जो माँस खाता है–**
(a) माँसभक्षी (b) सामिष
(c) तामसिक (d) राजसी

**27. जिस पर विश्वास न किया जा सके–**
(a) अविश्वसनीय (b) धूर्त
(c) धोखेबाज (d) दगाबाज

**28. जिस पर विजय प्राप्त कर ली गयी हो–**
(a) पराभूत (b) विजित
(c) पराजित (d) अनुशासित

**29. ईश्वर की सत्ता में विश्वास न रखने वाला–**
(a) ईश्वर विन्मुख (b) अधार्मिक
(c) नास्तिक (d) अविश्वासी

**30. ईश्वर का कोई आकार नहीं होता है–**
(a) सरोकार (b) साकार
(c) निराकार (d) इनमें से कोई नहीं

**31. भारतीयों की बुरी दशा देखकर गाँधीजी का मन द्रवित हो गया–**
(a) दुर्व्यवहार (b) दीनता
(c) दुर्दशा (d) दुर्दिन

**32. वैभव को उस विद्यालय में इम्तिहान लेने वाला बनकर जाना है–**
(a) विशेषज्ञ (b) परीक्षक
(c) अध्यापक (d) समन्वयक

**33. जिसकी बाहें घुटनों तक पहुँचती हों–**
(a) दीर्घबाहु (b) लम्बबाहु
(c) आजानुबाहु (d) विशालबाहु

**34. जिसका कोई शत्रु नहीं जन्मा है–**
(a) सर्वप्रिय (b) अजातशत्रु
(c) शत्रुहीन (d) लोकमित्र

**35. किसी बात को बढ़ा-चढ़ा कर कहना–**
(a) अत्युक्ति (b) अतिश्योक्ति
(c) अतिचार (d) अभिभाषण

**36. जो शक्ति का उपासक है–**
(a) चाटुकार (b) शाक्त
(c) अवसरवादी (d) स्वार्थोपासक

**37. जिसका जन्म निम्न जाति में हुआ हो–**
(a) अछूत (b) अस्वर्श्य
(c) अन्त्यज (d) शूद्र

**38. पति एवं पत्नी–**
(a) वर-वधू
(b) प्रेमी-प्रेमिका
(c) पति-पत्नी
(d) दम्पत्ति

**39. जो कठिनाई से प्राप्त हो–**
(a) दुर्लभ (b) दुष्प्राप्य
(c) अलभ्य (d) दुर्गम

**40. थोड़ा जानने वाला–**
(a) अल्पज्ञ (b) बहुज्ञ
(c) मूर्ख (d) अज्ञ

**41. जिस तर्क का कोई जवाब न हो–**
(a) जोरदार (b) तीखा
(c) सटीक (d) अकाट्य

**42. जिसे बुलाया न गया हो–**
(a) अनाहूत
(b) अनबोला
(c) अतिथि
(d) अभ्यागत

**43. स्त्री जो अभिनय करती हो–**
(a) नर्तकी (b) नटी
(c) अभिनेत्री (d) नायिका

**44. आशा से बहुत अधिक–**
(a) आशातीत (b) आशावान
(c) अप्रत्याशित (d) प्रत्याशित

**45. जिसकी आशा न की गई हो–**
(a) निराशा (b) अचानक
(c) अप्रत्याशित (d) गलत

**46. दूसरे के स्थान पर कार्य करने वाला–**
(a) प्रतिनिधि (b) स्थानापन्न
(c) विस्थापित (d) अस्थायी

**47. वह व्यक्ति जिसके शरीर का कोई अंग बेकाम हो गया हो–**
(a) लुंज (b) पंगु
(c) विकलांग (d) असहाय

**48. पृथ्वी और अन्य ग्रहों के बीच का स्थान–**
(a) आकाश
(b) अंतरिक्ष
(c) अवकाश
(d) द्युलोक

**49. अपराध या भूल शमन के लिए किया गया धार्मिक कृत्य–**
(a) प्रतिशोध
(b) प्रायश्चित
(c) प्रतिकार
(d) तपस्या

**50. जिसे कठिनाई से जीता जा सके–**
(a) विजित (b) अज्ञेय
(c) अजेय (d) दुर्जेय

## उत्तरमाला

| | | | | | | | | | |
|---|---|---|---|---|---|---|---|---|---|
| **1.** (d) | **2.** (c) | **3.** (a) | **4.** (c) | **5.** (c) | **6.** (c) | **7.** (a) | **8.** (c) | **9.** (b) | **10.** (b) |
| **11.** (d) | **12.** (a) | **13.** (c) | **14.** (a) | **15.** (c) | **16.** (b) | **17.** (a) | **18.** (a) | **19.** (b) | **20.** (c) |
| **21.** (a) | **22.** (b) | **23.** (b) | **24.** (a) | **25.** (b) | **26.** (b) | **27.** (a) | **28.** (b) | **29.** (c) | **30.** (c) |
| **31.** (c) | **32.** (b) | **33.** (c) | **34.** (b) | **35.** (b) | **36.** (b) | **37.** (c) | **38.** (d) | **39.** (b) | **40.** (a) |
| **41.** (d) | **42.** (a) | **43.** (c) | **44.** (a) | **45.** (c) | **46.** (b) | **47.** (c) | **48.** (b) | **49.** (b) | **50.** (d) |

❑❑❑

# 7 तत्सम एवं तद्भव शब्द

- उद्गम या व्युत्पत्ति के आधार पर हिंदी में पाँच प्रकार के शब्द पाए जाते हैं। अत: हिंदी शब्द की पाँच कोटियाँ हैं– **1.** तद्भव, **2.** तत्सम, **3.** देशज, **4.** विदेशी, तथा **5.** संकर।

1. **तद्भव शब्द**—तद्भव शब्द तत् और भव के योग से बना है। हिंदी में प्रयुक्त संस्कृत के वे शब्द जिनका रूप परिवर्तित हो गया है अथवा शब्दों से बिगड़कर बने हुए शब्द तद्भव शब्द कहलाते हैं।
2. **तत्सम शब्द**—तत्सम शब्द तत् और सम के योग से बना है। संस्कृत के वे शब्द जो बगैर किसी परिवर्तन के हिंदी में प्रयुक्त होते हैं उन्हें तत्सम शब्द कहते हैं। स्रोत की दृष्टि में तत्सम शब्द तीन प्रकार के होते हैं। यथा–

- संस्कृत से सीधे हिंदी में आने वाले शब्द जैसे तीक्ष्ण, गृह, नर, अग्नि आदि।
- संस्कृत के व्याकरण नियमों के आधार पर हिंदी में निर्मित शब्द, जैसे– वायुयान, पत्राचार, प्रवक्ता इत्यादि।
- वे शब्द जो अन्य भाषाओं से बगैर परिवर्तन के हिंदी में प्रयुक्त किया गया है। जैसे– स्टेशन, कालोनी, साइड, रोड इत्यादि।

3. **देशज/देशी**—देशज शब्द देश+ज के योग से बना है। अर्थात् ऐसे शब्द जो क्षेत्रीय प्रभाव के कारण परिस्थिति या आवश्यकतानुसार प्रचलित हो गए हैं। देशज शब्द कहलाते हैं।
   जैसे– थैला, गड़बड़, पगड़ी तथा ठेठ इत्यादि।
4. **विदेशी/विदेशज शब्द**—विदेशज शब्द विदेश और ज के योग से बना है। हिंदी में अनेक ऐसे शब्द हैं जो हैं तो विदेशी मूल के परंतु परस्पर संपर्क के कारण यहाँ प्रचलित हो गए हैं। हिंदी में विदेशज शब्द मुख्यत: दो प्रकार के हैं– मुस्लिम शासन के दौरान अरबी तथा फारसी और यूरोपीय कंपनियों के आगमन व ब्रिटिश शासन के प्रभाव से आए अंग्रेजी शब्द। हिंदी में अरबी तथा फारसी शब्दों की संख्या क्रमश: 2500 तथा 3500 और अंग्रेजी शब्दों की संख्या 3000 है।
5. **संकर**—दो भिन्न स्रोतों से आए शब्दों के मेल से बने शब्दों को संकर शब्द कहते हैं। जैसे–
   रेल (अंग्रेजी) + गाड़ी (हिंदी) = रेलगाड़ी
   पान (हिंदी) + दान (फारसी) = पानदान
   छाया (संस्कृत) + दार (फारसी) = छायादार

**तद्भव-तत्सम शब्द सूची**

| तद्भव | तत्सम | तद्भव | तत्सम |
|---|---|---|---|
| अमिय | अमृत | अदरक | आर्द्रक |
| अठारह | अष्टादश | अकाज | अकार्य |
| अधरम | अधर्म | अँगूठी | अंगुष्ठिका |
| अरपन | अर्पण | अछोह | अक्षोभ |
| अनेह | अस्नेह | अकास | आकाश |
| अकेला | एकल | अजान | अज्ञान |
| अमोल | अमूल्य | अच्छत | अक्षत |
| अगाड़ी | अग्रणी | अँखुआ | अंकुर |

| तद्भव | तत्सम | तद्भव | तत्सम |
|---|---|---|---|
| अमावस | अमावस्या | अंधा | अंध |
| अपाहज | अपादहस्त | अचवन | आचमन |
| अजवाइन | यवनिका | अपढ़ | अपठ |
| अलच्छन | अलक्षण | अँगूठा | अंगुष्ठ |
| अँजुली | अंजलि | अनाज | अन्न |
| अँधियारा | अंधकार | आग | अग्नि |
| आठ | अष्ट | आढ़त | आढ्यत्व |
| आप | आत्मा | आम | आम्र |
| आलस | आलस्य | आँख | अक्षि |
| आँच | अर्चि | आँब | आमा |
| आँसू | अश्रु | आवाँ | आपाक |
| आवन | पंचाशत्, जैसे इक्यावन | आसरा | आश्रय |
| इकट्ठा | एकत्र | इक्कीस | एकविंशति |
| इकतालीस | एकचत्वारिंशत् | इक्यासी | एकाशीति |
| इतवार | आदित्यवार | उँगली | अंगुलि |
| उद्गलन | उछाह | उत्साह | उठ उत्तिष्ठ |
| उड़ | उडु | उबटन | उद्वर्तन |
| उन्तालीस | ऊनचत्वारिंशत् | उन्नीस | ऊनविंशति |
| उलहना | उपालंभ | ऊखल | उद्खल |
| एक | एक | एका | ऐक्य |
| ओंठ | ओष्ठ | ओझा | उपाध्याय |
| ओस | अवश्याय | औंधा | अवमूर्ध |
| और | अपरं | कोढ़ | कुष्ठ |
| किसान | कृषक | कपूत | कुपुत्र |
| क्रोधी | क्रुद्ध | कंचन | कांचन |
| कोयल | कोकिल | कौवा | काक |
| कपड़ा | कर्पट | कंधा | स्कंध |
| काँटा | कंटक | कातिक | कार्तिक |
| कैथा | कपित्थ | कुंजी | कुंचिका |
| कंगन | कंकण | कान | कर्ण |
| कोख | कुक्षि | कोस | क्रोश |
| कडुआ | कटु | कपूर | कर्पूर |
| कुम्हार | कुम्भकार | कन | कण |
| केवट | कैवर्त | कोठी | कोष्ठिका |
| केकड़ा | कर्कट | कुम्हड़ा | कूष्माण्ड |
| खंडहर | खंडगृह | खत्री | क्षत्रिय |
| खम्भा | स्तम्भ | खाँसी | कास |
| खाज | खर्जू | खान | खनि |

| तद्भव | तत्सम | तद्भव | तत्सम | तद्भव | तत्सम | तद्भव | तत्सम |
|---|---|---|---|---|---|---|---|
| खार | क्षार | खीर | क्षीर | दुबला | दुर्बल | दृग | दृक् |
| खुर | क्षुर | खेत | क्षेत्र | देवर | द्विवर | दाद | दद्रु |
| खेल | खेला | खैर | खदिर | दाढ़ी | दंष्ट्रिका | दाख | द्राक्षा |
| गोबर | गोमय | गाँव | ग्राम | दुरजोधन | दुर्योधन | दिवाली | दीपावली |
| गाहक | ग्राहक | गुन | गुण | दाई | धात्री | दूज | द्वितीया |
| गेंद | कंदुक | गेहूँ | गोधूम | दोना | द्रोण | दस | दश |
| गाभिन | गर्भिणी | गधा | गर्दभ | दूल्हा | दुर्लभ | दुरद | द्विरद |
| गिद्ध | गृध्र | ग्वाला | गोपाल | धरती | धरित्री | धनिया | धनिका |
| गाँठ | ग्रन्थि | ग्यारह | एकादश | धरम | धर्म | धान | धान्य |
| घड़ा | घट | घर | गृह | नाका | नक्र | नंदोई | ननांदृपति |
| घाव | घात | घिसना | घृषण | नब्बे | नवति | नवासी | नवाशीति |
| घी | घृत | घूँघट | गुंठन | नहना | नखहरण | नाँघना | लंघन |
| चूना | चूर्ण | चौपाया | चतुष्पद | नाक | नक्र | नाती | नप्तृ |
| चाँदनी | चंद्रिका | चूमना | चुम्बन | नारियल | नारिकेल | निठुर | निष्ठुर |
| चिकना | चिक्कण | चार | चत्वारि | निन्नानवे | नवनवति | निहाई | निघाति |
| चरित | चरित्र | चोला | चोल | नीचे | नीचैः | नीबू | निम्बक |
| चीता | चित्रक | चोरी | चौर्य | नेउता | निमंत्रण | नैन | नयन |
| चोंच | चन्चु | चिड़िया | चटक | नोचना | लुंचन | पाख | पक्ष |
| चाँद | चंद्र | चबाना | चर्वण | पत्ता | पत्र | पक्का | पक्व |
| चौदह | चतुर्दश | चितेरा | चित्रकार | पोती | पौत्री | पलँग | पर्यंक |
| चौथा | चतुर्थ | चौपाई | चतुष्पदी | पोता | पौत्री | पराठा | पर्पटा |
| चौमासा | चतुमसि | चरन | चरण | पतोहू | पुत्रवधू | पाती | पत्रिका |
| छत | छत्र | छः | षष् | परस | स्पर्श | पूँछ | पुच्छ |
| छक्का | षट्क | छठा | षष्ठ | पहरुआ | प्रहरी | पोथी | पुस्तिका |
| छप्पन | षट्पञ्चाशत | छब्बीस | षट्विंशति | पनसारी | पण्यशालिक | पलड़ा | पटल |
| छाँह | छाया | छाजन | छाद्य, छादन | पपड़ी | पर्पटी | पीपल | पिप्पल |
| छिलका | शकल | छुरी | क्षुरिका | पखवारा | पक्षवार | पुआ | पूप |
| छेद | छिद्र | छोड़ना | क्षोडन | पतला | प्रतनु | परपोता | प्रपौत्र |
| जमुना | यमुना | जीरन | जीर्ण | पूँजी | पुंज | पहर | प्रहर |
| जाँघ | जंघा | जोगी | योगी | परमारथ | परमार्थ | पूसा | पौष |
| जम | यम | जवान | युवा | पूत | पुत्र | पड़ोस | प्रतिवास |
| जड़ | जटा | जेठ | ज्येष्ठ | पीला | पीत | परीवा | प्रतिपदा |
| जुगति | युक्ति | जो | यः | प्यास | पिपासा | पसारना | प्रसारण |
| जमाई | जामातृ | जब | यदा | पाँव | पाद | पीठ | पृष्ठ |
| जम्हाई | जृम्भिका | जामुन | जंबु | पीढ़ा | पीठ | पुजारी | पूजाकारी |
| झूठा | जुष्ट | झरना | निर्झर | पुरुषारथ | पुरुषार्थ | पल्ला | पल्लव |
| झोना | जीर्ण | टकसाल | टंकशाला | फटकरी | स्फटिक | फाँसी | पाशिका |
| ठंडा | स्तब्ध | ठाँव | स्थान | फुरती | स्फूर्ति | फूल | फुल्ल |
| डाइन | डाकिनी | डाह | दाह | फोड़ा | स्फोट | बगुला | वक |
| डेढ़ | द्व्यर्द्ध | ढाई | अर्धतृतीय | बजरंग | वज्रांग | बाँस | वंश |
| ढीला | शिथिल | तुरत | त्वरित | बरगद | वट | बालू | बालुका |
| तीता | तिक्त | तोल | तुल्य | बहिरा | बधिर | बाँध | बंध |
| तमोली | ताम्बूलिक | तलवार | तरवारि | बिच्छू | वृश्चिक | बारह | द्वादश |
| तीरथ | तीर्थ | तपसी | तपस्वी | बैल | वृषभ | बेर | बदरी |
| तीखा | तीक्ष्ण | तेरह | त्रयोदश | बायाँ | वाम | बाजा | वाद्य |
| ताव | ताप | तरनी | तरणी | बकरा | वर्कर | बढ़ई | वर्द्धकि |
| थन | स्तन | था | स्थित | बहनोई | भगिनीपति | बावला | वातुल |
| थामना | स्तम्भन | दाँत | दंत | बैन | वचन | बछड़ा | वत्स |
| दई | दैव | दाहिना | दक्षिण | बेल | बिल्व | बाड़ी | वाटिका |

| तद्भव | तत्सम | तद्भव | तत्सम | तद्भव | तत्सम | तद्भव | तत्सम |
|---|---|---|---|---|---|---|---|
| बाँह | बाहु | बत्ती | वर्तिका | रूख | वृक्ष | रूठा | रुष्ट |
| बखान | व्याख्यान | बनारस | वाराणसी | रैन | रजनी | लोहा | लौह |
| बाँधना | बंधन | बिकना | विक्रयण | लाख | लक्ष | लौंग | लवंग |
| बुआ | पितृश्वसा | बत्ती | वर्तिका | लीख | लिक्षा | लोन | लवण |
| भीख | भिक्षा | भूषन | भूषण | लोहार | लौहकार | लिलार | ललाट |
| भभूत | विभूति | भाई | भ्रातृ | लँगोट | लिंगपट्ट | लोयन | लोचन |
| भांजा | भागिनेय | भात | भक्त | वह | असौ | शक्कर | शर्करा |
| भला | भद्र | भट्ठी | भ्रष्ट्रिका | सँभल | सफल | सगा | स्वक |
| भादों | भाद्रपद | भिच्छुक | भिक्षुक | सजाना | सज्जापन | सतहत्तर | सप्तसप्तति |
| भीसम | भीष्म | भाड़ा | भाटक | सत्त | सत्व | सतावन | सप्तपंचाशत् |
| भूख | बुभुक्षा | भालू | भल्लुक | सत्तू | सक्तु | सपना | स्वप्न |
| भीत | भित्ति | भावज | भ्रातृजाया | समझ | सबुद्धि | सयाना | सज्ञान |
| मंडुआ | मंडप | मच्छर | मत्सर | सलाई | शलाका | सवा | सपाद |
| मजीठ | मञ्जिष्ठ | मढ़ना | मंडन | ससुर | श्वसुर | सहिजन | शोभांजन |
| मरना | मरण | महँगा | महार्घ | साँई | स्वामी | सांकल | शृंखला |
| महावत | महापात्र | माँ | माता | साँझ | संध्या | साँड़ | षण्ड |
| माँग | मार्ग | माई | मातृ | साँवला | श्यामल | साँस | श्वास |
| माखन | मृक्षण | मिट्टी | मृतिका | साझा | सांश | साड़ी | शाटी |
| मीठा | मिष्ट | मुँह | मुख | सात | सप्त | साथ | सार्थ |
| मुआ | मृत | मुझे | मह्यम् | सावन | श्रावण | साही | शल्यकी |
| मुट्ठी | मुष्टि | मूँछ | श्मश्रु | सिंगार | शृंगार | सिकड़ी | शृंखला |
| मूँड़ | मुंड | मूठ | मुष्टि | सितार | सप्ततार | सिर | शिर |
| में | मध्ये | मेह | मेघ | सींग | शृंग | सीढ़ी | श्रेढी, श्रेणी |
| मैल | मल | मोर | मयूर | सीला | शीतल | सुअर | शूकर |
| मौर | मुकुट | यह | एष | सुघड़ | सुघट्ट | सुन | श्रुणु |
| यहाँ | अत्र | रखना | रक्षण | सुन्न | शून्य | हाथी | हस्ती |
| रस्सी | रश्मि | रहट | अरघट्ट | होंठ | ओष्ठ | हल्दी | हरिद्रा |
| राजपूत | राजपुत्र | रानी | राज्ञी | हलका | लघुक | हाथ | हस्त |
| रीठा | अरिष्ट | रीस | ईर्ष्या | हीरा | हीरक | हरड़ | हरीतकी |
| | | | | होली | होलिका | | |

## प्रश्नमाला

**निर्देश— नीचे प्रत्येक वर्ग में केवल एक शब्द तत्सम है। उसका चयन कीजिए।**

**1.** (a) कमरा (b) घोड़ा (c) ईर्ष्या (d) नमक

**2.** (a) मगन (b) क्षेत्र (c) गिलास (d) पानी

**3.** (a) तीखा (b) तेल (c) तपाक (d) तीक्ष्ण

**4.** (a) हवा (b) पक्ष (c) बरस (d) पत्ता

**5.** (a) आइ (b) दुरुस्त (c) उदय (d) झंझट

**6.** (a) काँटा (b) सुई (c) शान्ति (d) साजन

**7.** (a) खीर (b) निलय (c) सौत (d) गोबर

**8.** (a) युवक (b) जशन (c) पतलून (d) खिड़की

**9.** (a) करुण (b) खजूर (c) गली (d) आसरा

**10.** (a) वीर (b) लड़की (c) कालीन (d) जनम

**11.** (a) लोहा (b) दीपक (c) गाय (d) सच

**12.** (a) कोना (b) आम (c) चरिल (d) बादल

**13.** (a) शिथिल (b) शाम (c) चोंच (d) चना

**14.** (a) कुपात्र (b) कोसा (c) काहिल (d) किसान

**15.** (a) छिद्र (b) बादल (c) चिड़िया (d) सूराख

**16.** (a) भूखा (b) भिखारी (c) भिक्षा (d) इग

**17.** (a) खरगोश (b) बदन (c) बच्चा (d) मस्तक

**18.** (a) एकत्र (b) गजक (c) बर्फ (d) ओला

**निर्देश— नीचे प्रत्येक वर्ग में केवल एक शब्द तद्भव हैं। उसका चयन कीजिए।**

**19.** (a) भविष्य (b) पुण्य (c) मानुष (d) वाणी

**20.** (a) अनुभूति (b) करुणा (c) उछाह (d) अधिवेशन

**21.** (a) क्राज (b) आशा (c) दृष्टान्त (d) घोष

**22.** (a) पुरातन (b) पर्याप्त (c) निपुन (d) विरुद्ध

23. (a) पुराना (b) मान्य
(c) चिन्ता (d) सतर्क

24. (a) स्थायी (b) हँसी
(c) संस्कृति (d) अधीन

25. (a) स्वार्थ (b) सरग
(c) स्वदेश (d) संशोधन

26. (a) वित्त (b) धर्म
(c) मारग (d) विवाह

27. (a) थाली (b) राष्ट्र
(c) प्रान्त (d) मुख

28. (a) अनुच्छेद (b) आम
(c) उद्‌भव (d) प्रहार

29. (a) श्रवण (b) प्रांगण
(c) प्रस्ताव (d) नेह

30. (a) वृक्ष (b) ऋषि
(c) मधुर (d) कारज

31. (a) आयु (b) माह
(c) पर्यन्त (d) नीरव

32. (a) कमल (b) कीर्ति
(c) जवान (d) कूल

33. (a) नष्ट (b) सींग
(c) नियति (d) निर्धन

34. (a) क्षुद्र (b) निर्मल
(c) जीभ (d) निराश

35. (a) रकत (b) नाखून
(c) मस्तक (d) उर

36. (a) दाँत (b) केश
(c) गर्दभ (d) सागर

37. (a) पोथी (b) कृषि
(c) स्वर्ग (d) सिंह

38. (a) गाँव (b) गौरव
(c) गोधन (d) गृहस्थ

39. (a) खेत (b) गमन
(c) गवाक्ष (d) गर्व

40. (a) रंध्र (b) चन्द्रमा
(c) चोखा (d) चक्षु

41. (a) कपट (b) जूझ
(c) मन्दिर (d) देवता

42. (a) द्रव्य (b) अवस्था
(c) तेज (d) अपशबद

43. (a) गोधूलि (b) साँकल
(c) अहंकार (d) अश्व

44. (a) दक्ष (b) सुरभि
(c) भूषण (d) दाह

45. (a) महँगा (b) उत्पादन
(c) प्रांगण (d) कष्ट

46. (a) परीक्षा (b) निधि
(c) धन (d) सम्पदा

47. (a) चाँदनी (b) छवि
(c) योग्य (d) गरिमा

48. (a) वणिक (b) निर्माण
(c) दूध (d) ध्वंस

49. (a) पुहुप (b) रज्जु
(c) कटि (d) पवित्र

50. (a) गिरि (b) माथा
(c) मुनि (d) धात्री

## उत्तरमाला

1. (d) 2. (b) 3. (d) 4. (b) 5. (c) 6. (c) 7. (b) 8. (a) 9. (a) 10. (a) 11. (b)
12. (c) 13. (a) 14. (a) 15. (a) 16. (c) 17. (d) 18. (a) 19. (c) 20. (c) 21. (a) 22. (c)
23. (a) 24. (b) 25. (b) 26. (c) 27. (a) 28. (b) 29. (d) 30. (d) 31. (b) 32. (c) 33. (b)
34. (c) 35. (b) 36. (a) 37. (a) 38. (a) 39. (a) 40. (c) 41. (b) 42. (c) 43. (b) 44. (d)
45. (a) 46. (c) 47. (a) 48. (c) 49. (a) 50. (b)

❑❑❑

# 8 उपसर्ग एवं प्रत्यय

## उपसर्ग

'उपसर्ग' उस शब्दांश या अव्यय को कहते हैं, जो किसी शब्द के पहले आकर उसका विशेष अर्थ प्रकट करे। उपसर्ग दो शब्दों 'उप' तथा 'सर्ग' से बनता है। 'उप' का अर्थ समीप तथा 'सर्ग' का अर्थ सृजन करने वाला, अर्थात् शब्द के निकट आकर नये शब्द का सृजन करने वाले शब्दांश को 'उपसर्ग' कहते हैं:

**जैसे** प्र + हार = प्रहार

हिन्दी में संस्कृत, हिन्दी तथा उर्दू के उपसर्ग प्रयुक्त होते हैं। हिन्दी में उपसर्गों की संख्या 41 है, जिसमें संस्कृत के 19 उपसर्ग भी शामिल हैं।

**महत्त्वपूर्ण उपसर्ग तथा उनसे बनने वाले शब्द**

| उपसर्ग | निर्मित शब्द |
|---|---|
| **अधि** | अधिकरण, अधिराज, अध्यात्म, अध्यक्ष, अधिपति, अधिकार इत्यादि। |
| **अप** | अपमान, अपशब्द, अपहरण, अपराध, अपयश, अपव्यय, अपवाद, अपकर्ष इत्यादि। |
| **अनु** | अनुशासन, अनुकरण, अनुवाद, अनुज, अनुशीलन, अनुकूल, अनुस्वार, अनुपात इत्यादि। |
| **अति** | अतिशय, अतिरिक्त, अत्यन्त, अत्याचार, अतिक्रमण, अतिव्याप्ति इत्यादि। |
| **उप** | उपकार, उपनिवेश, उपस्थिति, उपवन, उपनाम, उपासना, उपदेश, उपहार इत्यादि। |
| **अभि** | अभिभावक, अभियोग, अभिमान, अभ्युदय, अभ्यागत, अभ्यास, अभिनव, अभिलाषा इत्यादि। |
| **अव** | अवगत, अवलोकन, अवनत, अवसान, अवशेष अवतार, अवनति, अवज्ञा, अवरोही इत्यादि। |
| **परि** | परिक्रमा, परिजन, परिणाम, परिधि, परिपूर्ण, परिवर्तन, परिणय, परिचय, परिशीलन इत्यादि। |
| **नि** | निदर्शन, निपात, नियुक्त, निवास, निमग्न, निदान, निबन्ध, निषेध इत्यादि। |
| **परा** | पराजय, पराक्रम, पराभव, परामर्श, पराभूत इत्यादि। |
| **प्र** | प्रकाश, प्रचलन, प्रजनन, प्रज्ज्वलित, प्रयास, प्रस्थान, प्रणय, प्रताप इत्यादि। |
| **प्रति** | प्रतिकर्त्तव्य, प्रतिकृति, प्रतिगृह, प्रत्येक, प्रतिद्वन्द्वी, प्रतिनायक, प्रतिपालन, प्रतिज्ञा, प्रतिच्छाया इत्यादि। |
| **वि** | विकास, विज्ञान, विशुद्ध, विदेश, विराम, वियोग, विभाग, विभिन्न, विनाश, विकराल, विभूति इत्यादि। |
| **सु** | सुकोमल, सुडौल, सुजान, सुपात्र, सुविदित, सुवासित, सुशील, सुश्रुत, सुशब्द इत्यादि। |
| **स** | सगोत्र, सरस, सहित, सपूत, सजग, सहर्ष, सविनय, सलक्षण, सलज्ज इत्यादि। |
| **ला** | लाचार, लाजवाब, लापरवाह, लापता, लावारिस, लानत, लागत इत्यादि। |
| **सम्** | संकल्प, संग्रह, सन्तोष, संन्यास, संयोग, संस्कार, संरक्षण, सम्मेलन, संस्कृत इत्यादि। |
| **भर** | भरसक, भरपेट, भ्रमर, भरपूर, भरमार, भरपाई इत्यादि। |

## प्रत्यय

शब्दों के बाद जो अक्षर या अक्षर-समूह लगाया जाता है, उसे 'प्रत्यय' कहा जाता है। 'प्रत्यय' का निर्माण 'प्रति + अय' से हुआ है। प्रति का अर्थ है 'साथ में' तथा 'अय' का अर्थ चलने वाला होता है अर्थात् 'प्रत्यय' का अर्थ होता है–शब्दों के साथ चलने वाला:

**जैसे** दया + वान = दयावान, 'वान' यहाँ 'प्रत्यय' है।

प्रत्यय के दो भेद होते हैं 1. कृत तथा 2. तद्धित, क्रिया या धातु के अन्त में प्रयुक्त होने वाले प्रत्यय को 'कृत' प्रत्यय कहते हैं तथा इनके संयोग से निर्मित क्रिया या धातु के नवीन रूप को 'कृदन्त' कहा जाता है;

**जैसे** वाला (कृत-प्रत्यय) + हँसना (क्रिया) = हँसने वाला (शब्द)

हिन्दी क्रिया पदों के अन्त में कृत-प्रत्ययों के योग से (1) कर्तृवाचक (2) कर्मवाचक (3) करणवाचक तथा (4) भाववाचक संज्ञाएँ बनती हैं।

**हिन्दी की कृत-प्रत्ययों के उदाहरण**

| प्रत्यय | धातु | शब्द |
|---|---|---|
| अन्त | कथा | कथान्त |
| आई | भल | भलाई |
| अ | चल | चाल |
| अन्त | दुःख | दुखान्त |
| आन | मिल | मिलान |

**संज्ञा, सर्वनाम** तथा **विशेषण** के अन्त में लगने वाले प्रत्यय को **'तद्धित'** कहा जाता है;

**जैसे** मानवीय + ता = मानवीयता

कृत प्रत्यय क्रिया या धातु के अन्त में लगता है, जबकि तद्धित प्रत्यय संज्ञा, सर्वनाम तथा विशेषण के अन्त में लगता है। उपसर्ग की तरह की तद्धित प्रत्यय संस्कृत, हिन्दी तथा उर्दू से आकर हिन्दी शब्दों का रूप

निर्मित करते हैं। अ, अक, आयन, इक, इत, इन, इम, इमा, इय, इल्, इष्ट ई, ईन, ईय इत्यादि तद्धित प्रत्यय के उदाहरण हैं। कतिपय शब्दांश भी तद्धित प्रत्यय के रूप में कार्य करते हैं; **जैसे** अतीत, अनुरूप, अर्थ, आतुर, आकुल, शाली, हीन इत्यादि।

**तद्धित प्रत्यय के प्रयोग से बने शब्दों के उदाहरण**

| प्रत्यय | संज्ञा/विशेषण/सर्वनाम | शब्द |
|---|---|---|
| अ | शिव | शैव |
| आयन | रस | रसायन |
| इक | वर्ष | वार्षिक |
| इय | क्षत्र | क्षत्रिय |
| ईन | कुल | कुलीन |
| क | बाल, दर्श | बालक, दर्शक |
| ता | लघु, दृढ़, जन | लघुता, दृढ़ता, जनता |
| मान् | बुद्धि | बुद्धिमान |
| ता | शत्रु | शत्रुता |
| | वीर | वीरता |

संज्ञा के अन्त में आ, आना, आर, आल, ई, ईला, उआ, ऊ, एरा, एड़ी, ऐल, ओं, वाला, वी, वाँ, वन्त, हर, हरा, इला, हा इत्यादि तद्धित प्रत्यय लगाकर विशेषण बनाया जाता है। संज्ञा तथा विशेषण में आ, आई, अन, आयत, आवट, आहट जैसे तद्धित प्रत्यय जोड़कर भाववाचक संज्ञा का निर्माण किया जा सकता है: **जैसे**

अपना + पन = अपनापन
लम्बा + लाई = लम्बाई
लड़का + पन = लड़कपन

## प्रश्नमाला

**1. 'गुजारा' में कौन-सा प्रत्यय है?**
(a) आऊ (b) आड़ी
(c) अक (d) आ

**2. 'पिटाई' में प्रयुक्त प्रत्यय है–**
(a) आव (b) आई
(c) आप (d) आका

**3. 'चुनाव' में कौन-सा प्रत्यय प्रयुक्त हुआ है?**
(a) वि (b) व
(c) अ (d) आव

**4. 'संलग्न' शब्द से कौन-सा उपसर्ग जुड़ा है?**
(a) सन् (b) सम्
(c) सं (d) संक्

**5. 'दु:साहस' शब्द में उपसर्ग जुड़ा है–**
(a) दुस् (b) दुर्
(c) दुः (d) दुस

**6. 'अवलोकन' में प्रयुक्त उपसर्ग है–**
(a) अप (b) अव
(c) अभि (d) अ

**7. 'निर्' उपसर्ग से किस शब्द का निर्माण नहीं हुआ है?**
(a) निराकरण (b) निरपराध
(c) निदर्शन (d) निर्भय

**8. 'पावक' शब्द में प्रत्यय है–**
(a) अक (b) आक
(c) आई (d) ति

**9. तैराक में कौन-सा प्रत्यय है?**
(a) आकू (b) आक
(c) अक (d) अक्कड़

**10. उपसर्ग रहित शब्द कौन-सा है?**
(a) सुखी (b) आरूढ़
(c) उपकरण (d) निर्विरोध

**11. 'अध्यापिका' शब्द में प्रत्यय है–**
(a) का (b) पिका
(c) आइका (d) इका

**12. 'अक' प्रत्यय का प्रयोग किस शब्द में नहीं है?**
(a) कारक (b) धारक
(c) मारक (d) शायर

**13. 'उत्थान' शब्द में कौन-सा शब्द उपसर्ग है?**
(a) उ (b) उत्थ
(c) उत् (d) उत्था

**14. निम्नलिखित शब्दों में से कौन-सा शब्द उपसर्ग रहित है?**
(a) अपमान (b) अपना
(c) आवरण (d) अपकीर्ति

**15. 'अनुपस्थित' शब्द में किस उपसर्ग का प्रयोग हुआ है?**
(a) अनु (b) अन्
(c) अ (d) अनुप

**16. 'अधिपति' शब्द में किस उपसर्ग का प्रयोग हुआ है?**
(a) अधि (b) अदि
(c) अद् (d) अद्य

**17. 'उपराष्ट्रपति' शब्द में किस उपसर्ग का प्रयोग है?**
(a) उप (b) पति
(c) राष्ट्र (d) उपर

**18. 'दुर्जन' का उपसर्ग है–**
(a) दुर् (b) दु
(c) दुज (d) दुरा

**19. 'लापरवाह' शब्द में कौन-सा उपसर्ग है?**
(a) ला (b) लापर
(c) लाप (d) वाह

**20. 'सम्' उपसर्ग से निर्मित शब्द है–**
(a) संयोग (b) संविधान
(c) संस्कृत (d) ये सभी

**21. 'कु' उपसर्ग से निर्मित शब्द है–**
(a) कुपात्र (b) कुलीन
(c) कुश (d) कुर्ता

**22. 'निबन्ध' में कौन-सा उपसर्ग है?**
(a) नि (b) निर्
(c) नि: (d) बन्ध

**23. 'प्रति' उपसर्ग से बना शब्द निम्न में से कौन नहीं है?**
(a) प्रतिकूल (b) प्रतिशत
(c) प्रत्येक (d) प्रशान्त

**24. 'उत्' उपसर्ग से बना शब्द है**
(a) उत्कर्ष (b) उत्तराधिकार
(c) उत्तरवर्ती (d) उत्तरोत्तर

**25. 'अभ्यागत' में कौन-सा उपसर्ग है?**
(a) अभि (b) अभ्य
(c) अभय (d) अभा

**26. 'अध्ययन' शब्द में कौन-सा उपसर्ग है?**
(a) अधि (b) अध्य
(c) अध् (d) अ

**27. 'अनारूढ़' शब्द में प्रयुक्त उपसर्ग है–**
(a) अन (b) अना
(c) अ (d) अन्या

**28. 'प्रत्युपकार' शब्द में किस उपसर्ग का प्रयोग हुआ है?**
(a) प्रत् (b) प्रति
(c) प्रत्यु (d) प्रत्युप

**29. 'सदाचार' में प्रयुक्त उपसर्ग है–**
(a) सत् (b) सद्
(c) सदा (d) सद

**30. 'अपहरण' में प्रयुक्त उपसर्ग है–**
(a) अ (b) अव
(c) अप (d) अपोह

**31. 'आरोहण' में किस उपसर्ग का प्रयोग है?**
(a) आ (b) अ
(c) अभि (d) अनु

**32. 'दुष्परिणाम' में प्रयुक्त उपसर्ग है–**
(a) दुर् (b) दुस्
(c) दु (d) दुष्

'अनुचर' में प्रयुक्त उपसर्ग क्या है?
(a) अनु (b) अप
(c) अव (d) अति

'अवतार' में किस उपसर्ग का प्रयोग हुआ है?
(a) अपि (b) अभि
(c) अव (d) अधि

'बद' उपसर्ग से कौन-सा शब्द निर्मित नहीं है?
(a) बदनाम (b) बदकिस्मत
(c) बेरहम (d) बदहजमी

एक भिन्न उपसर्ग के निर्मित शब्द को अलग करें–
(a) बेडौल (b) बेकसूर
(c) बेवफा (d) बाकायदा

'सु' उपसर्ग से निर्मित शब्द नहीं है–
(a) सुन्दर (b) सुकोमल
(c) सुपात्र (d) सुपाच्य

निम्न शब्दों में कौन 'स्व' उपसर्ग से नहीं बना?
(a) स्वतन्त्र (b) स्वदेश
(c) स्वरचित (d) सज्जन

'पाठक' शब्द में किस 'प्रत्यय' का प्रयोग हुआ है?
(a) अक्क (b) अक
(c) आक (d) इव

'घुमक्कड़' शब्द में प्रयुक्त प्रत्यय क्या है?
(a) अक्कड़ (b) अक
(c) आक (d) अ

'दाता' में प्रयुक्त प्रत्यय है–
(a) आ (b) आऊ
(c) ता (d) आता

'होनहार' में प्रयुक्त प्रत्यय है–
(a) हार (b) अ
(c) अ (d) अहार

43. 'उच्चतम' में किस 'प्रत्यय' का प्रयोग हुआ है?
(a) तर (b) तम
(c) दार (d) इया

44. 'ई' प्रत्यय के लगने से निम्न में किस शब्द का निर्माण नहीं हुआ?
(a) बोली (b) देहाती
(c) गगरी (d) चुनौती

45. भिन्न प्रत्यय प्रयोग से बने शब्द को पृथक् करें–
(a) ओजस्वी (b) मेधावी
(c) मायावी (d) विद्यार्थी

46. 'गाह' प्रत्यय के प्रयोग से निम्न में से कौन शब्द नहीं बना?
(a) दरगाह (b) बन्दरगाह
(c) आगाह (d) कब्रगाह

47. 'त्व' प्रत्यय से कौन-सा शब्द निर्मित नहीं है?
(a) कवित्व (b) नेतृत्व
(c) कर्त्तव्य (d) मातृत्व

48. 'जलमय' शब्द में कौन-सा 'प्रत्यय' है?
(a) मय (b) इय
(c) अय (d) च

49. 'महीप' में किस प्रत्यय का प्रयोग हुआ है?
(a) प (b) ईप
(c) आप (d) आयप

50. 'बुढ़ापा' में किस प्रत्यय का प्रयोग है?
(a) आपा (b) पा
(c) अप (d) यापा

51. 'बदबू' में कौन-सा उपसर्ग प्रयुक्त है?
(a) ब (b) बद
(c) बा (d) बे

52. कृत प्रत्यय के मेल से बनने वाले शब्द कहलाते हैं–
(a) तद्धित (b) कृदन्त
(c) समास (d) कारक

53. 'उज्ज्वल' में कौन-सा उपसर्ग है?
(a) उत् (b) उज्
(c) उ (d) उप

54. संज्ञा के अन्त में लगने वाला प्रत्यय कहलाता है–
(a) तद्धित (b) कृदन्त
(c) समाज (d) क्त

55. 'अभ्यर्थी' में कौन-सा उपसर्ग है?
(a) अ (b) अभ्य
(c) अभि (d) अभ

56. 'अति' उपसर्ग से निम्न में से कौन-सा शब्द नहीं बना?
(a) अत्युक्ति (b) अतिशय
(c) अतिरिक्त (d) अधीन

57. 'सपरिवार' में किस उपसर्ग का प्रयोग हुआ है?
(a) स (b) सप
(c) स्व (d) सु

58. 'अनु' उपसर्ग से निर्मित शब्द है–
(a) अनाचार (b) अनुस्वार
(c) अनहद (d) अन्य

59. 'निर्भय' में किस उपसर्ग का प्रयोग हुआ है?
(a) नि (b) निर
(c) ना (d) निभ

60. 'बादरायण' में किस प्रत्यय का प्रयोग हुआ है?
(a) एय (b) एण
(c) आयन (d) ण

61. 'ग्रामीण' शब्द में किस प्रत्यय का प्रयोग हुआ है?
(a) उल (b) इल
(c) ईन (d) ईम

62. निम्न में किस शब्द में 'अन्त' प्रत्यय है?
(a) लड़ाई (b) लड़ाकू
(c) भिड़न्त (d) भीड़

## उत्तरमाला

| | | | | | | | | | |
|---|---|---|---|---|---|---|---|---|---|
| 1. (d) | 2. (b) | 3. (d) | 4. (b) | 5. (a) | 6. (b) | 7. (c) | 8. (a) | 9. (b) | 10. (a) |
| 1. (d) | 12. (d) | 13. (c) | 14. (b) | 15. (b) | 16. (a) | 17. (a) | 18. (a) | 19. (a) | 20. (d) |
| 1. (a) | 22. (a) | 23. (d) | 24. (a) | 25. (a) | 26. (a) | 27. (a) | 28. (b) | 29. (a) | 30. (c) |
| 1. (a) | 32. (b) | 33. (a) | 34. (c) | 35. (c) | 36. (d) | 37. (a) | 38. (d) | 39. (b) | 40. (a) |
| 1. (c) | 42. (a) | 43. (b) | 44. (d) | 45. (d) | 46. (c) | 47. (c) | 48. (a) | 49. (b) | 50. (b) |
| 1. (b) | 52. (b) | 53. (a) | 54. (a) | 55. (c) | 56. (d) | 57. (a) | 58. (b) | 59. (b) | 60. (c) |
| 1. (c) | 62. (c) | | | | | | | | |

❑❑❑

# 9 मुहावरे

मुहावरे किसी भाषा की सम्पन्नता और समृद्धि के सूचक होते हैं। सामाजिक उन्नति या परिवर्तन के साथ नए मुहावरे भी जन्म लेते रहते हैं। इनके अध्ययन से समाज के विविध क्षेत्रों की गतिविधियों का आभास होता है। लेकिन इस बात का हमेशा ध्यान रखना चाहिए कि एक बार रूप ग्रहण करने के पश्चात् किसी मुहावरे की भाषा में परिवर्तन कदापि नहीं किया जा सकता है। जैसे कलम तोड़ना एक मुहावरा है जिसका अर्थ 'बहुत अच्छा लिखना'। अब यदि कोई कलम की जगह लेखनी रख कर कहे कि 'लेखनी तोड़ना' तो मुहावरा स्वीकार्य न होगा।

**लक्षण**–उपर्युक्त परिभाषाओं के आधार पर मुहावरे के निम्नलिखित लक्षण सिद्ध होते हैं–

- मुहावरा एक वाक्यांश है।
- वाक्यांश का सामान्य अर्थ महत्व का नहीं होता।
- वाक्यांश किसी विलक्षण, लाक्षणिक, विशेष अथवा व्यंग्यार्थ को व्यक्त करता है।

**विशेषताएँ**–मुहावरे की कुछ विशेषताएँ होती हैं। इन्हें ध्यान में रखकर इनके सही प्रयोग के लिए निम्नलिखित विशेषताओं का उल्लेख किया गया है–

- मुहावरे पूर्ण वाक्य नहीं होते हैं।
- मुहावरे का प्रयोग स्वंत्रत रूप से नहीं होता, वाक्य में प्रसंगानुसार होता है।
- मुहावरे की रचना में लगे शब्द नहीं बदले जाते हैं।
- मुहावरे का सामान्य अर्थ नहीं विशिष्ट अर्थ लिया जाता है।
- **अगर-मगर करना** (टालमटोल करना)–मैं रोज तकादा करने आता हूँ और तुम अगर मगर करके टाल देते हो।
- **अपना उल्लू सीधा करना** (स्वार्थ सिद्ध करना)–राम बाबू को अभी तुम नहीं समझोगे। तुम्हारी आँखों के सामने वह अपना उल्लू सीधा कर लेंगे और तुम देखते ही रह जाओगे।
- **अग्नि परीक्षा** (कठिन जाँच)–एक मामूली धोबी के लाँछन लगाने पर सीताजी को भी अग्नि परीक्षा देनी पड़ी थी।
- **अक्ल के पीछे लट्ठ लिए फिरना** (मूर्खता करना)–तुम तो हमेशा हर काम बिगाड़ देते हो। अक्ल के पीछे लट्ठ लिए फिरते हो।
- **अक्ल चकराना** (कुछ समझ में न आना)–आँखों के सामने ट्रेन दुर्घटना देखकर उसकी अक्ल ही चकरा गई।
- **अंगारे उगलना** (क्रोध में कठोर वचन बोलना)–अपने विषय में अनर्गल सुनकर वह अंगारे उगलने लगा।
- **अंधेरे घर का उजाला** (एकमात्र पुत्र)–रमेश अपने सम्पूर्ण परिवार में अंधेरे घर का उजाला है।
- **अगिया बैताल** (कठिन और असम्भव कार्य करना)–मुकेश ने बीच नदी में डूबते बच्चे को निकालकर अगिया बैताल किया।
- **अन्धे को दिया दिखाना** (व्यर्थ के कार्य करना)– आजकल के नवयुवकों को नैतिकता का उपदेश देना अंधे को दिया दिखाना है।
- **अपना सा मुँह लेकर रह जाना** (विफल मनोरथ रह जाना)–अब मैंने उसका झूठ सिद्ध कर दिया तो वह अपना सा मुँह लेकर रह गया।
- **अन्न जल उठना** (किसी स्थान से सम्बन्ध टूटने का समय आना)–जिला बदर होने के कारण रामू बदमाश का यहाँ से अन्न जल उठ गया।
- **अंगार सिर पर धरना** (कठिन दुःख सहना)–बचपन में ही माँ-बाप का निधन हो जाने के कारण अपने आरम्भिक जीवन काल में उसे अंगार सिर पर धरना पड़ा था।
- **अन्धा होना** (जान-बूझकर किसी बात पर ध्यान न देना)–पूरे काम को बिगाड़कर रख दिया, लगता है, आप अन्धे हो गये थे।
- **अंगारों पर लोटना** (रोष और जलन के मारे कुढ़ना)–छोटे भाई की उन्नति देखकर ईर्ष्यालु बड़े भाई की स्थिति अंगारों पर लोटने जैसी हो गई।
- **अंकुश न हो** (नियंत्रण न होना)–आजकल के लड़कों पर बड़ों का अंकुश नहीं है।
- **अंग-अंग ढ़ीला होना** (फुर्ती न रहना)–कड़ा परिश्रम करने के बाद अंग-अंग ढ़ीला हो जाता है।
- **अंगूठी का नगीना** (सुन्दर और सजीला)–अरे दूल्हा तो देखो। बिल्कुल अंगूठी का नगीना है।
- **अंटी मारना** (चाल चलना)–महेश के घर में ठग ने ऐसी अंटी मारी कि उसके घर के सभी सदस्यों को बेवकूफ बनाकर पैसा ले गया।
- **अंडा फूट जाना** (भेद खुल जाना)–चोर के साथी का पुलिस से मिल जाने पर अंडा फूट गया।
- **अपना ही राग अलापना** (अपनी कहना, दूसरे की न सुनना)–अपना ही राग अलापते रहोगे या कुछ मेरी भी सुनोगे ?
- **अपनी खिचड़ी अलग पकाना/अढ़ाई चावल की खिचड़ी अलग पकाना** (सबसे अलग विचार रखना, सबके साथ न चलना)–यदि सभी अपनी खिचड़ी अलग पकाने लगे तो देश और समाज की उन्नति होने से रही।
- **अपने पाँव पर कुल्हाड़ी मारना/अपने पैर आप कुल्हाड़ी मारना** (जान-बूझकर स्वयं को संकट में डालना)–अपने अधिकारी से झगड़ा करके उसने अपने पाँव पर कुल्हाड़ी मार ली है।
- **आँधी के आम** (सस्ती चीजें)–अरे भैया, ये आँधी के आम हैं, हर माल पाँच रुपए में ले लो।
- **आँसू पोंछना** (ढाढ़स बँधाना)–बेचारे की मुसीबत में आँसू पोंछने वाला भी कोई न था।
- **आकाश चूमना या आकाश से बातें करना** (बहुत ऊँचा होना)–दिल्ली की कुछ इमारतें आकाश चूमती हैं।
- **आग पर तेल छिड़कना** (और भड़काना)–दोनों से सुलह-सफाई कराने की बजाय तुम तो लगे हो आग पर तेल छिड़कने में।
- **आग पर पानी डालना** (झगड़ा मिटाना)–मैने दोनों को समझा-बुझाकर आग पर पानी डाल दिया और उनमें सुलह हो गई।
- **आग पानी या आग और फूल का बैर होना** (स्वाभाविक शत्रुता होना) –दोनों पार्टियों में या साँप और नेवले में आग पानी का बैर है।

- **आग बबूला होना** (बहुत गुस्सा होना)–शिव धनुष टूटा तो परशुराम आग बबूला हो गए।
- **आग में कूदना** (जान जोखिम में डालना)–हमारे जवान देश के लिए आग में कूदने को तैयार रहते हैं।
- **आँख लगना** (झपकी आना)–रात 2 बजे तक जागता रहा, फिर जरा आँख लग गई।
- **आँखें चार होना** (आमने-सामने होना)–आँखें चार होते ही वह शर्मा गई।
- **आँखें तरेरना** (क्रोध से देखना)–वह आँखें तरेरकर बोली–चल, हट यहाँ से दूर हो जा।
- **आँखें नीची होना** (लज्जित होना)–तुम्हारी करतूत से मेरी आँखें नीची हो गईं।
- **आँखें पथरा जाना** (आँखें थक जाना)–तुम्हारी प्रतीक्षा में मेरी आँखें पथरा गईं।
- **आँखें बिछाना** (प्रेम से स्वागत करना)–दुलहिन वरमाला पहनाने के लिए आँखें बिछाए खड़ी थी।
- **आँखों का काजल चुराना** (गहरी चोरी कर लेना)–गार्ड सोते रह गए और चोर सेठजी की आँखों का काजल चुरा ले गये।
- **आग लगाकर तमाशा देखना** (झगड़ा पैदा करके खुश होना)–बुरे लोग पड़ोसियों में आग लगाकर तमाशा देखते हैं।
- **आगे का पैर पीछे पड़ना** (किस्मत उल्टी होना)–मैं जो भी काम करता हूँ आगे का पैर पीछे पड़ता है।
- **आपे से बाहर होना** (क्रोध में अपने वश में न रहना)–हमारा अफसर ज़रा-ज़रा सी बात पर आपे से बाहर हो जाता है।
- **आव देखा न ताव** (बिना कारण)–आव देखा न ताव, उसने बच्चे को पीटना शुरू कर दिया।
- **आसन डोलना** (विचलित होना)–धन और स्त्री पाने के लिए बड़ों-बड़ों का आसन डोल जाता है।
- **इशारों पर नाचना** (किसी की इच्छाओं का तुरंत पालन करना)–गाउदी आदमी है, अपनी पत्नी के इशारों पर नाचता है।
- **ईंट का जवाब पत्थर से देना** (क्रिया के जवाब में कड़ी प्रतिक्रिया/दुष्ट के साथ दुष्टता का व्यवहार करना बराबर कर देना)–भारत को चाहिए कि अब धैर्य छोड़कर पाकिस्तान को ईंट का जवाब पत्थर से दे।
- **उल्लू बोलना** (उजाड़ हो जाना)–गुजरात में आए भूकंप से भुज और कच्छ क्षेत्रों में उल्लू बोलने लगे।
- **उल्लू सीधा करना** (काम निकालना, स्वार्थ सिद्ध करना)–विकास कार्यालय में राम बहुत ही चालाक है। वह सभी अधिकारियों से अपना उल्लू सीधा कर लेता है।
- **उधार खाए बैठना** (प्रतीक्षा में रहना)–महेश अपने दुश्मन से बदला लेने को उधार खाए बैठा है।
- **उँगली उठाना** (आलोचना करना)–जीवन में ऐसा कार्य मत करो, जिससे लोग उंगली उठाएं।
- **उल्लू का पट्ठा** (मूर्ख)–कालिदास पेड़ की जिस डाल पर बैठे थे, उसी को काटने के कारण, उन्होंने उल्लू का पट्ठा वाला मुहावरा सिद्ध कर दिया।
- **उल्लू फँसाना** (मूर्ख बनाकर काम निकालना)–रामू ने परीक्षा के दिनों में श्याम से किताबें लेकर उसे अच्छा उल्लू फँसाया।
- **उतार चढ़ाव देखना** (अनुभव प्राप्त करना)–तुम्हें शायद नहीं मालूम कि इन सफेद बालों ने कितने उतार-चढ़ाव देखे हैं।
- **उल्लू बनाना** (मूर्ख बनाना)–रमेश ने दिनेश को उल्लू बनाकर अपना काम निकाल लिया।
- **उर्वशी होना** (प्रिय होना)–मेरी पत्नी मेरे लिए तो उर्वशी है।
- **उल्टा तवा** (अत्यधिक काला)–कलुआ तो बिल्कुल उल्टा तवा है।
- **ऐसी-वैसी बात करना** (ओछी बात करना)–आज आपने फिर ऐसी-वैसी बात करनी प्रारम्भ कर दी।
- **ऐरा-गैरा नत्थू खेरा** (सामान्य व्यक्ति)–आज ऐसा समय आ गया है कि हर ऐरा, गैरा, नत्थू खेरा भी राजनेता बनकर अधिकारियों पर रौब गाँठना चाह रहा है।
- **ऐब निकालना** (दोष निकालना)–रमेश हमेशा ही दूसरों में ऐब निकालता रहता है।
- **ऐंठ कर रह जाना** (मन मसोस कर रह जाना)–मैं निर्बल व गरीब हूँ इसलिए उसके दुर्व्यव्हार पर मैं ऐंठ कर रह गया।
- **ओखली में सिर देना** (जानबूझ कर संकट मोल लेना)–पाकिस्तान ने भारत में अपरोक्ष रूप से आतंकवाद को बढ़ावा देकर ओखली में सिर दे दिया है।
- **औघट चाल चलना** (असली रास्ता छोड़कर चलना)–वह स्कूल से आते समय हमेशा औघट चाल चलता है।
- **औंधे मुँह गिरना** (पराजित होना)–आज अखाड़े में राम को पहलवान ने ऐसा दाँव मारा कि वह फौरन औंधे मुँह गिर गया।
- **औचट में पड़ना** (संकट में पड़ना)–पाकिस्तानी टीम अपनी खराब गेंदबाजी के कारण आज औचट में पड़ गई।
- **और का और हो जाना** (बदल जाना)–मैंने सोचा कुछ था लेकिन और का और ही हो गया।
- **काजल की कोठरी** (कलंक लगने का स्थान)–वेश्या मंडी काजल की कोठरी है, उधर जो जाएगा बदनामी तो होगी ही।
- **काठ का उल्लू** (महामूर्ख)–उसे कोई क्या समझाइए, बिल्कुल काठ का उल्लू है।
- **कान कतरना** (मात करना)–चापलूसी में वह बड़े-बड़े खुशामदियों के कान कतरता/काटता है।
- **कान खोलना** (सावधान कर देना)–कान खोलकर सुना
- **कान गरम करना** (पीटना)–शरारत करोगे तो तुम्हारे कान गरम कर दूँगा।
- **कान पकड़ना** (गलती मान लेना)–मैं कान पकड़ता हूँ आइंदा ऐसी भूल नहीं होगी।
- **कदम उखड़ना** (भाग खड़े होना)–हमारी सेनाओं की मार से शत्रु के कदम उखड़ने लगे।
- **कमर कसना** (तैयार हो जाना)–उन्होंने कमर कस ली और हल चलाने निकल पड़े।
- **कलम का धनी** (अच्छा लेखक)–निराला जी कलम के धनी थे।
- **कलम तोड़ना** (बढ़िया लिखना)–प्रसाद ने 'कामायनी' क्या लिखी, कलम तोड़ दी।
- **कली खिलना** (खुश होना)–तुम आ जाते हो तो मेरे दिल की कली खिल जाती है।
- **कलेजा ठंडा होना** (मन को शांति मिलना)–बेटा पास हो गया, माँ का कलेजा ठंडा हुआ।
- **कलेजे का टुकड़ा** (बहुत प्यारा बेटा)–मेरा प्यारा बेटा मेरे कलेजे का टुकड़ा है।
- **कहा-सुनी होना** (झगड़ा होना)–मामूली-सी बात पर पड़ोसियों में कहा-सुनी हो गई।
- **काँटे बिछाना** (अड़चनें पैदा करना)–चाहे उसने मेरी राह में जितने काँटे बिछाए, पर मेरे लड़के का विवाह उसी घर में हुआ।
- **काँटों पर घसीटना** (संकट में डालना)–भाई, तुम आपस में फैसला कर लो, मुझे काँटों में मत घसीटो।

- **कोई दम भर का मेहमान होना** (मरने के करीब होना)–डाक्टर ने कह दिया है वह लाइलाज है और कोई दम भर का मेहमान है।
- **कोढ़ में खाज होना** (दुःख में दुःख होना)–लड़का खो गया, उसकी माँ बेहोश पड़ी है–कोढ़ में खाज।
- **खेत रहना** (युद्ध में मारा जाना)–महाभारत के युद्ध में अगणित वीर खेत रहे।
- **खून सवार होना** (मरने-मारने को तैयार हो जाना)–बहन के बलात्कार की घटना ने उसके अन्दर तूफान खड़ा कर दिया। अभियुक्तों के विरुद्ध बदले की भावना व आक्रोश के कारण अब उसके सिर पर खून सवार है।
- **खूनी हाथ** (हत्यारे के हाथ)–उमाकान्त की हत्या करने के बाद उसके हाथ खूनी हो गए।
- **खून के घूँट होना** (अपमान सहना)–ससुराल में अपने माँ-बाप के विषय में अपमानजनक बातें सुनकर शीला खून के घूँट पीकर रह गई।
- **खेल खेलाना** (परेशान करना)–हफ्तों से तुम्हारे ही चक्कर लगा रहा हूँ, कब तक खेल-खेलाते रहोगे।
- **खिचड़ी पकाना** (अंदर-अंदर षड्यन्त्र रचना)–पता लगाओ कि इस चुनाव में मेरे विरोधी क्या खिचड़ी पका रहे हैं।
- **खुले हाथ** (उदारता से)–सेठ जमुनादास धार्मिक कार्यों हेतु खुले हाथ से दान देते हैं।
- **गाल फुलाना** (रूठना)–मैं क्या करूँ, जरा-जरा सी बात पर गाल फुला लेता है।
- **गाल बजाना** (डींग हाँकना)–किस बल-बूते गाल बजाते फिरते हो।
- **गिन-गिन कर पैर/ कदम रखना** (बहुत सावधानी से बढ़ना)–खबरदार रहना और जो काम करो, गिन-गिन कर कदम रखो।
- **गिरगिट की तरह रंग बदलना** (एक रंग-ढंग न रखना)–आज यों कहते हो, कल कुछ और कह रहे थे, परसों और तुम तो रोज गिरगिट की तरह रंग बदलते हो।
- **गीदड़ भभकी** (दिखावटी धमकी)–वह तुम्हें जानते हैं, इसीलिए तुम्हारी गीदड़ भभकियों से डरते नहीं।
- **गुल खिलाना** (कोई बखेड़ा खड़ा करना)–बड़ा फसादी आदमी है, रोज कोई न कोई नया गुल खिलाता है।
- **गुस्सा पी जाना** (क्रोध रोकना)–बात तो बुरी लगी पर मैं गुस्सा पी गया और चुप रहा।
- **गाजर मूली समझना** (तुच्छ समझना)–मेरे हाथ चढ़ोगे तो पता चल जाएगा, क्या तुमने मुझे गाजर मूली समझ रखा है।
- **गाढ़े का साथी** (संकट का साथी)–तुम्हारे जैसे मेरे गाढ़े के साथ हैं तभी तो इस मुसीबत को भी सह लूँगा।
- **घोट कर पी जाना** (एक-एक अक्षर याद कर लेना)– परीक्षा के दिनों में नीतू पुस्तक को घोंट कर पी जाती है।
- **घूँघट की लाज** (सतीत्व की मर्यादा)–आज उसने गुंडों से जमकर मुकाबला करते हुए अपने घूँघट की लाज रख ली।
- **घिग्घी बँधना** (डर के मारे बोल न पाना)–पुलिस लॉकअप में अच्छे-अच्छे की घिग्घी बँध जाती है।
- **घोड़े के आगे गाड़ी रखना** (उल्टा कार्य करना/विरुद्ध गामी)–तुम्हारे जैसे शिक्षित एवं योग्य व्यक्ति से मैं उम्मीद नहीं करता था कि घोड़े के आगे गाड़ी रखोगे।
- **घोड़े पर चढ़े आना** (उतावली में आना)–थोड़ा धैर्य रखकर आया करो यहाँ हर काम नियमपूर्वक होता है। घोड़े पर चढ़े आने से कभी नहीं होगा।
- **घर काटने को दौड़ना** (दिल न लगना, सूनापन अखरना)–इकलौती बेटी सीमा की शादी के बाद मानों घर काटने को दौड़ता है।
- **घर करना** (पूरी तरह से रच-बस जाना)–उसका प्रदर्शन देखने के बाद ही से उसकी कला ने मेरे अन्दर घर कर लिया।
- **चार दिन की चाँदनी** (थोड़े दिनों का सुख)–धन-दौलत पर मत इतराइए, बस चार दिन की चाँदनी है।
- **चारपाई से लगना** (बीमारी से उठ न पाना)–मियादी बुखार के कारण वह चारपाई से लग गया है।
- **चिकना घड़ा** (बेशर्म)–लाख उपदेश दो, कोई असर नहीं, वह तो है ही चिकना घड़ा।
- **चित से उतरना** (भूल जाना)–रुपया नहीं लाया हूँ, चित से उतर गए थे।
- **चिराग तले अँधेरा होना** (अपने पास का वातावरण ठीक न होना) –प्रोफेसर साहब के लड़के ने चार क्लास पढ़ के छोड़-छाड़ दिया है। है न चिराग तले अँधेरा।
- **चींटी के पर निकलना** (नष्ट होने के करीब होना)–लड़का खूब गुलछर्रे उड़ा रहा है, अब चींटी के पर निकल आए हैं।
- **चुटिया हाथ में होना** (वश में होना)–जिसकी चुटिया हाथ में हो, उससे जो चाहो करा लो।
- **चुल्लुओं लहू पीना** (बहुत पेरशान करना)-चुल्लुओं लहू पी रहा हूँ, उससे कैसे जान छूटे।
- **चूल्लू भर पानी में डूब मरना** (शर्म के मारे मुँह न दिखाना)–इतना भारी पाप, तुम्हें तो चुल्लू भर पानी में डूब मरना चाहिए।
- **छुरी-कटारी दिखाना** (मारने की धमकी देना)–चोरों ने उससे पैसा छीनने के लिए छुरी-कटारी दिखा दी।
- **छूछे हाथ** (रुपये-पैसे से खाली हाथ)–शादी में अधिक खर्च हो जाने के कारण दिनेश के हाथ छूछे हो गए।
- **छोटी हँड़िया** (छोटे दिल का)–महेश से "पार्टी" की उम्मीद करना व्यर्थ है वह तो हमेशा से ही छोटी हंड़िया है।
- **छोह दिखाना** (ऊपरी प्रेम प्रकट करना)–वह तो हमेशा ही राम के प्रति छोह दिखाती है।
- **छुरी तेज करना** (हानि करने की तैयारी करना)–ईश्वर करें कि किसी को भी छुरी तेज करने वाला पड़ोसी न मिले।
- **छुरी-तले दबाना** (कष्ट देना)–मोहन तो हमेशा ही श्याम की छुरी तले दबा रहता है।
- **छाती पर मूँग दलना** (निरन्तर दुःख देना, पास रहकर कष्ट देना) –किराया न देकर भी मकान में रहकर वह मकान मालिक की छाती पर मूँग दल रहा है।
- **छक्का पंजा भूलना** (कुछ भी याद न रहना)–जो परीक्षार्थी कुछ देर पहले चहक रहा था। प्रश्न-पत्र देखे ही छक्का पंजा भूल गया।
- **जंगल में मंगल होना** (उजाड़ में चहल-पहल होना)–यहाँ वार्षिक मेला लगता है तो जंगल में मंगल हो जाता है।
- **जड़ खोदना/काटना** (समूल नष्ट करना)–चाणक्य ने नंदवंश की जड़ ही खोद दी।
- **जबान काट कर देना** (वादा करना)–जब जबान काट कर दे दी है तो निभाएँगे अवश्य।
- **जबान पर चढ़ना** (याद आना)–उसका नाम इस समय मेरी जबान पर चढ़ रहा है।
- **जमीन में गड़ना** (लज्जा से सिर नीचा होना)–लड़के की करतूतों का किस्सा सुना तो मैं तो जमीन में गड़ गया।
- **जलती आग में तेल डालना** (और भड़काना)–रूठे हुए लड़कों को डाँट-डपट कर तुमने जलती आग में तेल डाल दिया।
- **जली-कटी सुनाना** (बुरा-भला कहना)–जब विनोद ने व्यंग्य किया तो विमल ने उसे जली-कटी सुनाकर चुप करा दिया।

- **ज़हर उगलना** (कड़वी बातें कहना)–एक उम्मीदवार अपने विरोधी के खिलाफ ज़हर उगलता रहा।
- **ज़हर की पुड़िया** (झगड़ालू औरत)–क्रोधी बुढ़िया है ज़हर की पुड़िया है।
- **झाड़ू फेरना** (नष्ट करना)–वार्षिक परीक्षा के दौरान बुखार ने मोहन की सारी मेहनत पर झाड़ू फेर दिया।
- **झगड़ा मोल देना** (जान-बूझकर झगड़ा में पड़ना)–श्याम झगड़े से बार-बार परहेज कर रहा है, किंतु रघु है कि झगड़ा मोल लेने पर उतारू है।
- **झड़ी लगा देना** (अधिक परिमाण में उपस्थित करना)–आज तो थियेटर में गंगाधर ने अपने अभिनय द्वारा पुरस्कारों की झड़ी लगा दी।
- **झाँसा देना** (टरका देना, धोखे में डालना)–लिपिक ने मुझे झाँसा देकर टरका दिया और आज के दिन कोई काम नहीं किया।
- **टका-सा जवाब देना** (साफ इन्कार करना)–मैंने उधार माँगा तो उसने टका सा जवाब दे दिया।
- **टका-सा मुँह लेकर रह जाना** (लज्जित हो जाना)–जब मैंने उसकी पोल खोली तो वह टका-सा मुँह लेकर रह गया।
- **टेढी खीर** (कठिन काम)–हिमालय की चोटी पर चढ़ना टेढ़ी खीर तो है ही।
- **ढोलना हाथों पर होना** (हर समय कुरान शरीफ की कसम खाना) –(मुस्लिम कहावत)–अधिकतर झूठ बोलने वाले किसी से कुछ कहते समय ढोलना हाथों पर लिए रहते हैं।
- **ढील देना** (आजाद छोड़ देना, नियन्त्रण न रखना)–परीक्षा कक्षा में निरीक्षक ढील देकर छात्रों के जीवन से खिलवाड़ करते हैं।
- **तख्ता उलटना** (सरकार बदलना)–एक फौजी जरनैल ने उस देश का तख्ता उलट दिया।
- **तलवा खुजलाना** (यात्रा करने को होना)–मेरे तलवे खुजला रहे हैं, कहीं जाना पड़ेगा।
- **ताक पर धरना/रखना** (हटा देना)–अपनी योजना ताक पर रख दो, यह नहीं चलेगी।
- **तेवर चढ़ाना** (गुस्सा होना)–अजीब मिजाज का आदमी है,जब देखो तेवर चढ़ाए रहता है।
- **त्रिशुंक होना** (अधर में लटकना)–हम न इधर के रहे न उधर के हुए, त्रिशंकु होकर रह गए।
- **टाँगे का घोड़ा होना** (पिस-पिसकर काम करना)–यह तो अन्याय है मिल के मजदूर तांगे का घोड़ा हों, और तुम गुलछर्रे उड़ाते रहो।
- **तारीफ के पुल बाँधना** (झूठी प्रशंसा करना)–मुख्यमंत्री की प्रशंसा में विधायक जी ने तारीफ के पुल बाँध दिए।
- **तीसमार खाँ बनना** (काबिल बनना)–जतिन को टी.वी. का काम तो आता नहीं फिर भी तीसमार खाँ बना फिरता है।
- **तन पर एक सूत न होना** (वस्त्र-हीन रहना)–कुंभ मेला में भयंकर सर्दी में भी नागा साधुओं के तन पर एक सूत नहीं था।
- **थूक कर चाटना** (प्रतिज्ञा भंग करना)–कभी तो अपनी जबान पूरी किया करो, सदा ही तुम थूक कर चाट लेते हो।
- **थैली खोलना** (अधिक खर्च करना)–अपने परिवार के सुख के लिए हर व्यक्ति हमेशा ही थैला खोले रहता है।
- **थोथी बातें** (केवल बातें)–बाबाजी को बड़बड़ाने और बोलते रहने की आदत है। अब किसके पास फुर्सत है कि उनकी थोथी बातों से समय बर्बाद करें।
- **थर्रा जाना** (डर जाना)–कठोर और निर्दयी थानेदार को देखते ही चोर थर्रा गया और उसने चोरी की घटना का पर्दाफाश कर दिया।
- **थाली का बैगन** (अस्थिर चित्त का व्यक्ति)–उस पर कभी विश्वास मत करना वह तो देखने मात्र से ही थाली का बैगन लगता है।
- **थैली भर लेना** (अनुचित ढंग से धन-संग्रह करना)–अब तो लोग सरकारी नौकरियों के लिए जोड़-तोड़ करते हैं क्योंकि जानते हैं कि नौकरी मिलने के एक वर्ष के भीतर ही उनकी थैली भर जायेगी।
- **दमड़ी के तीन होना** (सस्ते होना)–वह जमाना गया जब आम दमड़ी के तीन होते थे।
- **दमड़ी के लिए चमड़ी उधेड़ना** (मामूली सी बात के लिए भारी दंड देना)–एक कलम चुराने पर सौ रुपए जुर्माना। आप तो दमड़ी के लिए चमड़ी उधेड़ते हैं।
- **दाई से पेट छिपाना** (जानकार से बात छिपाना)–कहते हो उसे कुछ न बताना, भला दाई से पेट कैसे छिपाऊँ।
- **दाना पानी उठना** (जगह छोड़ना)–मेरी तबदीली हो गई है, यहाँ से दाना पानी उठ गया।
- **दाल जूतियों में बँटना** (अनवन होना)–बच्चों में लड़ाई हुई, पर पड़ोसियों में दाल जूतियों में बँटने लगी।
- **दिमाग आसमान पर चढ़ना** (बहुत घमंड होना)–जब से लाटरी निकली है, तब से इसका दिमाग आसमान पर चढ़ गया है।
- **दूध के दाँत न टूटना** (ज्ञान और अनुभव न होना)– बिल्कुल बच्चा है, अभी दूध के दाँत नहीं टूटे।
- **दूर की कौड़ी लाना** (दूर की सोच लेना)–उसका सुझाव सबको पसंद आया, कहने लगे वह कैसे दूर की कौड़ी ले आया।
- **देवता कूच कर जाना** (घबरा जाना)–मालिक ने डाँटा फटकारा तो नौकर के देवता कूच कर गए।
- **दो टूक बात कहना** (थोड़े में साफ-साफ कहना)–मकान के किराये के बारे में मैंने उससे दो टूक बात कह दी।
- **दशरथ वचन (** दृढ़, प्रतिज्ञा, जिन वचनों से हटा न जाए)–सभा में विधायक बोले क्षेत्र में विद्युतीकरण करवाना हमारे लिए दशरथ वचन है।
- **दम फूलना** (परिश्रम के कारण साँस का जल्दी-जल्दी चलना)–गाड़ी पकड़ने के लिए दौड़ते-दौड़ते मेरा तो दम फूल गया।
- **दम साधना** (चुप रहना)–ज्योंही मैंने सेठजी से अग्रिम रुपये माँगे, वे दम साध गए।
- **दिन काटना** (जैसे-तैसे समय काटना)–सात सौ रुपये की तनख्वाह में कैसे गुजारा होता होगा यह तुम सोच सकते हो। बस किसी तरह दिन काट रहा हूँ।
- **दुधारी तलवार कलेजे पर फिरना** (दोहरा दुःख होना)–पिता दशरथ की मृत्यु और राम के वनवास के समाचार से भरत के कलेजे पर दुधारी तलवार फिर गई।
- **धूल फाँकना** (मारे-मारे फिरना)–नौकरी छूटने के बाद आजकल वह धूल फाँक रहा है।
- **धूल में मिलना** (बर्बाद/नष्ट कर देना)–शराब की लत ने उसके परिवार को धूल में मिला दिया।
- **धब्बा लगना** (कलंक लगना)–चोरी की घटना से उसके चरित्र पर धब्बा लग गया।
- **नकेल हाथ में होना** (बस में होना)– आपका काम अवश्य हो जाएगा, तुम्हारे अधिकारी की नकेल मेरे हाथ में है।
- **नब्ज पहचानना** (स्वभाव जानना)–मैं तो उसकी नब्ज पहचानता हूँ, देख लेना वह तुम्हारा काम करेगा नहीं।

- **नमक मिर्च लगाना** (बढ़ा–चढ़ाकर कहना)–जरा सी बात थी, लड़की ने नमक मिर्च लगाकर प्रधानाचार्य से जा कही।
- **नस–नस फड़क उठना** (बहुत उत्साहित होना)–देश गान सुनकर जवानों की नस–नस फड़क उठती है।
- **नस पहचानना** (अच्छी तरह जानना)–मेरे सामने मत बनो, मैं तुम्हारी नस पहचानता हूँ।
- **नहले पर दहला मारना** (करारा जवाब देना)–क्या याद करेगा, मैंने उसके नहले पर दहला मार दिया।
- **नाक कटना** (बदनामी होना)–अगर फ्रिज का प्रबंध न हुआ और बारात लौट गई तो नाक कट जाएगी।
- **फूला न समाना** (बहुत प्रसन्न होना)–पुत्र जन्म को सुनकर वह फूला न समाया।
- **बंदर घुड़की या भभकी** (प्रभावहीन धमकी)–तुम्हारी बंदर घुड़कियों की हम परवाह करने वाले नहीं हैं।
- **बखिया उधेड़ना** (भेद खोलना)–तुम मेरे साथ मत उलझा करो, नहीं तो तुम्हारा बखिया उधेड़ कर रख दूँगा।
- **बच्चों का खेल** (सरल काम)–दिल्ली जैसे शहर में बस चलाना कोई बच्चों का खेल नहीं है।
- **बाएँ हाथ का खेल** (अति सरल काम)–यह बच्चा कहानियाँ बनाकर सुनाता है, और कविता करना तो इसके बाएँ हाथ का खेल है।
- **बाछें खिल जाना** (अत्यंत प्रसन्न होना)–पास होने की खबर आई तो लड़के की बाछें खिल गईं।
- **बाजार गर्म होना** (काम धंधा तेज होना)–आजकल तो चोरबाजारी का बाजार गर्म है।
- **बात का धनी होना** (वचन का पक्का होना)–उसने कह दिया तो समझो कि काम हो जाएगा, वह बात का धनी है।
- **भरम गँवाना** (सत्य प्रकट हो जाना)–मैं तुम्हें अपना हितैषी मानता था और तुमने मेरे विरोधी का साथ देकर अपना भरम गँवा दिया।
- **भँग खा लेना** (विवेकहीन होना)–भँग खाकर के तुम किसी विवाद का सही हल नहीं निकाल सकते ।
- **भँवर में पड़ना** (विपत्ति में पड़ना)–पिता की मृत्यु के बाद उसका भविष्य भँवर में पड़ गया।
- **भादों का मेढ़क होना** (अत्यन्त मोटा होना)–खा–पीकर आजकल वह पूरी तरह से भादों को मेढ़क हो गया।
- **भुजा उठाना** (प्रतिज्ञा करना)–आज नारियों को समाज और देश से दहेज प्रथा को समाप्त करने के लिए भुजा उठाने की आवश्यकता है।
- **भगीरथ प्रयत्न करना** (काफी कोशिश करना)–इस प्रकरण में भगीरथ प्रयत्न करने से ही सफलता मिल सकती है।
- **भागीरथ परिश्रम** (अथक परिश्रम)–सिविल सेवा की परीक्षा उत्तीर्ण करने के लिए श्रीधर ने भागीरथ परिश्रम किया।
- **भैंस के आगे बीन बजाना** (नासमझ से समझदारी की बातें करना) –गँवार से नीति की बातें करना भैंस के आगे बीन बजाना है।
- **भंडा फूटना** (गुप्त बात प्रगट होना)–अपने कुकर्मों का भंडा फूट जाने के डर से अधिकारी ने बहुत सी फाइलें जलवा दी।
- **रो–धोकर दिन काटना** (जैसे–तैसे जीवन बिताना)–विधवा बेचारी रो–धोकर दिन काट रही है।
- **रस्सी का साँप बनाना** (निराधार को बढ़ा–चढ़ा कर कहना, सिद्ध करना) –पुलिस तो अनायास ही पकड़ कर और झूठे आरोप लगाकर रस्सी का साँप बना देती है।
- **राम तले दबाना** (कब्जे में रखना)–कर्ज देकर लाला जी ने उसे राम तले दबा दिया।
- **राह लेना** (चल देना)–मुझे देखते ही उसने राह ले ली।
- **रोआँ टेढ़ा करना** (कुछ कर न सकना)–मुझे उसकी कोई चिन्ता नहीं क्योंकि मेरा रोआँ भी वह टेढ़ा नहीं कर सकता।
- **राम राज्य** (सुख–सम्पन्न होना)–बदमाश टाइगर के मुठभेड़ में मारे जाने के बाद अब क्षेत्र में पूरी तरह से राम राज्य कायम है।
- **रुस्तम होना** (शक्तिशाली होना)–बिहार में लालू प्रसाद रुस्तम हो गए हैं।
- **राम–कहानी** (आप–बीति)–कुछ मेरी भी सुनेंगे या आप अपनी ही राम–कहानी सुनाए जायेंगे।
- **रावण होना** (दुष्ट होना, पापी होना)–अपने कुकृत्यों द्वारा वह रावण हो गया है।
- **ले देकर** (किसी प्रकार)–मैंने इस कार्य को बड़ी मेहनत से ले देकर किसी तरह पूरा किया है।
- **लकीर पीटना/लीक पीटना** (अवसर निकल जाने पर व्यर्थ प्रयत्न)–वक्त गुजरता जा रहा है लेकिन गाँवों के लिए वैकल्पिक उद्योग या रोजगार की व्यवस्था सुनिश्चित नहीं की जा सकी है। आर्थिक प्रगति में पंचर्षीय योजनाओं की केवल दुहाई देकर हम लोग लकीर को पीट रहे हैं।
- **लहू के घूँट पीना** (क्रोध करना)–उसके घृणित कार्यों को देखकर मैं लहू के घूँट पीकर रह गया।
- **लोहा मानना** (महत्व स्वीकार करना)–गामा पहलवान का आज भी लोग लोहा मानते हैं।
- **लोहा लेना** (सामना करना)–आज के युग में भ्रष्टाचार से लोहा लेना आसान नहीं है।
- **लंगोटिया यार** (बहुत नजदीक का साथी)–तुम्हारे अधिकारी से तुम्हारी सिफारिश मैं कर सकता हूँ, क्योंकि वह मेरा लँगोटिया यार है।
- **लंगर जारी करना** (भोजन दान देना)–कुंभ मेला में भारी संख्या में लंगर जारी किए गए।
- **लंगड़े की लकड़ी होना** (सहारा होना)–रामू अंधे पिता का लंगड़े की लकड़ी है।
- **विष की गाँठ** (उपद्रवी, खोटा)–उससे बच के रहना, विष की गाँठ है।
- **विष के घूँट पीना** (कटु वचन सहन कर लेना)–उसके इतना जलील करने पर भी मैं विष के घूँट पीकर रह गया।
- **वज्र बेशरम होना** (निर्लज्ज होना)–उसे लाख समझाया जाए वह नहीं सुधरेगा, वह तो वज्र बेशरम हो गया है।
- **वज्रपात होना** (घोर आपत्ति का आना)–दादाजी के मरते ही सिन्हा परिवार पर मानो वज्रपात हो गया।
- **वकूल में आना** (प्रकट होना)–उसकी नीयति का ज्ञान आज उसके कार्यों द्वारा वकूल में आया है।
- **वक्त ताकना** (मौका अथवा अवसर देखना)–वह हमेशा रिश्वत के लिए वक्त ताकता रहता है।
- **शान में बट्टा लगना** (शान घटना)–बुलाया नहीं, क्या मतलब ? अरे अपने ताया का घर है, वहाँ जाने में हमारी शान में बट्टा नहीं लग जायगा।
- **शीशे में मुँह देखना** (अपनी योग्यता–अयोग्यता को समझना)–चले हैं फ्रीज खरीदने, पहले शीशे में अपना मुँह देख लेते।
- **शैतान की आँत** (लम्बी बात)–यह कहानी है या शैतान की आँत, जो खत्म होने को नहीं आ रही।
- **शाम की सुबह करना** (समय व्यतीत करना)–बिजली की ग्रिड फेल हो जाने के कारण सभी व्यग्रता से शाम की सुबह करते रहे।
- **शामत का घेरा** (दुर्दशा का समय)–ग्रह दशा खराब होने के कारण उसके परिवार में शामत का घेरा है।
- **शेर के कान कतरना** (बहुत साहसी अथवा वीर होना)–चक्रव्यूह को भेदकर अभिमन्यु ने शेर के कान कतर दिए।

# प्रश्नमाला

1. **आँखों पर चर्बी छाना का अर्थ है–**
(a) आँखों में रोग होना
(b) आँख से न दिखाई देना
(c) आँखों में परदा पढ़ जाना
(d) घमंड से उपेक्षा करना

2. **आँख की किरकरी होना का अर्थ है–**
(a) आँखों के लिए कष्ट कारी होना
(b) बुरे काम करना
(c) अदर्शनीय होना
(d) जिसे देखने मात्र से कष्ट हो।

3. **आँखों में धूल झोंकना का अर्थ है–**
(a) धोखे में डालना
(b) परेशान करना
(c) आमने-सामने चुनौती देना
(d) प्रत्यक्ष रूप से अनिष्ट करना

4. **आँखों का तारा का अर्थ है–**
(a) अत्यधिक प्रिय होना
(b) आँखों की रोशनी
(c) आँख की पुतली
(d) आँख की किरकिरी

5. **आँख की पुतली का अर्थ है–**
(a) आँख की रोशनी (b) आँख का तारा
(c) अत्यन्त प्रिय (d) आँख की किरकिरी

6. **आँखें लड़ना का अर्थ है–**
(a) आँखों से लड़ाई करना
(b) प्रेम होना
(c) युद्ध-कला का एक रूप
(d) प्रेम पूर्वक देखना

7. **आँखों में गड़ना का अर्थ है–**
(a) आँख में किरकिरी पड़ना
(b) आँखों में कष्ट होना
(c) शत्रुता होना
(d) बुरा लगना

8. **आँखों में खून उतरना का अर्थ है–**
(a) आँखों का लाल हो जाना
(b) अत्यन्त क्रोधित होना
(c) आँखों की रोशनी का गायब होना
(d) आँखों में कष्ट होना

9. **आँखों से ओझल होना का अर्थ है–**
(a) नजर से दूर होना
(b) दूर तक दिखाई देना
(c) लुकी-छिपी खेलना
(d) आँखों से न दिखाई देना

10. **आँखों पर पर्दा चढ़ना का अर्थ है–**
(a) आँखों में झिल्ली बन जाना
(b) अज्ञान के अंधकार में रहना
(c) घमंड से सच्चाई की उपेक्षा करना
(d) न दिखाई देना

11. **आँखों में पानी न होना का अर्थ है–**
(a) शर्म-लिहाज होना
(b) शील-संकोच का न होना
(c) आँखों का सूख जाना
(d) एक नेत्र-रोग

12. **पेट में दाढ़ी होना का अर्थ है–**
(a) धूर्त प्राणी
(b) रोगग्रसित होना
(c) पेट तक लंबी दाढ़ी होना
(d) देखने में सीधा, किन्तु चालाक होना

13. **कान का कच्चा होना का अर्थ है–**
(a) कम सुनना
(b) सुनी बात पर विश्वास करना
(c) दूसरे की बात न मानना
(d) कान का कमजोर होना

14. **पानी न माँगना का अर्थ है–**
(a) मर्यादा की रक्षा करना
(b) तत्काल मर जाना
(c) असंभव कार्य करना
(d) इज्जत न खोना

15. **'बच्चों का खेल' मुहावरे का अर्थ है–**
(a) सरल काम (b) जरूरी काम
(c) कठिन काम (d) गैर-जरूरी काम

16. **कूपमंडूक होना का अर्थ है–**
(a) घर में ही रहना
(b) कुएँ में गिरना
(c) अत्यन्त सीमित ज्ञान होना
(d) मूर्ख होना

17. **गुड़ गोबर करना का अर्थ है–**
(a) अच्छी चीज को बुरा कहना
(b) बनाया काम बिगाड़ना
(c) अच्छा और बुरा मिलना
(d) इनमें से कोई नहीं

18. **न तीन में न तेरह में का अर्थ है–**
(a) बहुत उपयोगी होना
(b) नष्ट कर देना
(c) बुद्धिहीन होना
(d) किसी काम का न होना

19. **अपने मुँह मियाँ मिट्ठू बनना का अर्थ है–**
(a) मीठी बोली बोलना
(b) आत्म-प्रशंसा में आदर पाना
(c) अपनी बड़ाई आप करना
(d) तोते समान बोली बोलना

20. **अपना किया पाना का अर्थ है–**
(a) जो प्रारब्ध में है, वही मिलता है
(b) जैसी करनी वैसी भरनी
(c) बुरे काम का बुरा नतीजा
(d) अपने कर्म का फल भोगना

21. **अब-तब होना का अर्थ है–**
(a) मरणासन्न होना (b) आगे-पीछे करना
(c) शंका ग्रस्त होना (d) किंकर्त्तव्यविमूढ़ होना

22. **आँचल पसारना का अर्थ है–**
(a) भीख माँगना
(b) याचना करना
(c) क्षमा-प्रार्थना करना
(d) वरदान माँगना

23. **उँगली पकड़कर पोहंचा पकड़ना का अर्थ है–**
(a) एक अंग पकड़ कर पूरे शरीर पर कब्जा करना
(b) अल्पांश प्राप्तकर सर्वांश हथियाने की इच्छा करना
(c) दाँव साधना
(d) बदला चुकाना

24. **पाँचों उँगलियाँ घी में होना का अर्थ है–**
(a) मौजमस्ती में रहना
(b) खूब छक कर भोजन करना
(c) खाने में स्वादिष्ट चीजें मिलना
(d) सभी तरह से सुख ही सुख होना

25. **उल्लू बोलना का अर्थ है–**
(a) रात का आना
(b) उल्लुओं का राज होना
(c) उल्लू की बोली बोलना
(d) उजाड़ होना

26. **एड़ी-चोटी का जोर लगाना का अर्थ है–**
(a) योगाभ्यास का एक विशेष रूप
(b) एड़ी को चोटी से मिला देना
(c) भरपूर जोर लगाना
(d) सभी अंगों से कार्य में लग जाना

27. **कंधे-से-कंधे मिलाकर चलना का अर्थ है–**
(a) एक-दूसरे से कंधा मिलाकर काम करना
(b) परस्पर होड़ में आगे बढ़ना
(c) परस्पर सहयोग से काम करना
(d) आपस में प्रतिद्वन्द्विता होना

28. **कमर कसना का अर्थ है–**
(a) कमर को कस कर बाँध लेना
(b) दृढ़ निश्चय करना
(c) तैयारी करना
(d) युद्ध के लिए सन्नद्ध होना

**29. गले का हार होना का अर्थ है–**
(a) भाग्यशाली होना
(b) अत्यन्त प्रिय होना
(c) किसी के बहुत समीप पहुँचना
(d) गले का शृंगार बनना

**30. गरदन पर छुरी फेरना का अर्थ है–**
(a) कत्ल करना (b) धोखा देना
(c) अत्याचार करना (d) क्षति पहुँचाना

**31. गला भर जाना का अर्थ है–**
(a) रोने लगना
(b) बोलने में असमर्थ होना
(c) दुखी होना
(d) गला अवरुद्ध हो जाना

**32. घर का न घाट का अर्थ है–**
(a) बेकार, कहीं का नहीं
(b) जगह-जगह घूमने वाला
(c) बे-घर बार का
(d) व्यर्थ

**33. घी के दिये जलाना का अर्थ है–**
(a) अप्रत्याशित लाभ पर प्रसन्नता होना
(b) तेल के अभाव की पूर्ति घी से करना
(c) अति करना
(d) खुशी मनाना

**34. ईंट का जवाब पत्थर से देना का अर्थ है–**
(a) जम कर लड़ाई करना
(b) करारा जवाब देना
(c) एक प्रहार का उत्तर उससे दोगुना प्रहार से देना
(d) कड़ी बात का उत्तर उससे भी कड़ी बात में देना

**35. ईद का चाँद होना का अर्थ है–**
(a) अलभ्य होना
(b) दूर हो जाना
(c) बहुत दिनों पर मिलना
(d) दुर्लभ होना

**36. उड़ती चिड़िया पहचानना का अर्थ है–**
(a) चिड़ियों का विशेषज्ञ होना
(b) मन की बात जान लेना
(c) सच-झूठ में अंतर करना
(d) दूर की कौड़ी लाना

**37. उल्टी गंगा बहाना का अर्थ है–**
(a) गंगा की धारा को उल्टी दिशा में लौटा देना
(b) परम्परा विरुद्ध कार्य करना
(c) असंभव कार्य करना
(d) व्यर्थ परिश्रम करना

**38. उँगली उठाना का अर्थ है–**
(a) उंगली से इशारा करना
(b) क्षति पहुँचाना
(c) बदनाम करना
(d) अपशब्द कहना

**39. भाड़ झोंकना का अर्थ है–**
(a) अनाज भूनना
(b) काम बिगाड़ना
(c) मामूली कमाई करना
(d) व्यर्थ-समय नष्ट करना

**40. लंगोटी में फाग खेलना का अर्थ है–**
(a) पहलवानी करना
(b) व्यायाम करना
(c) ब्रह्मचारी होना
(d) दरिद्रता में आनन्द मनाना

**41. अब सुनीता के हाथ पीले करने का समय आ गया है। रेखांकित मुहावरे का अर्थ है–**
(a) सजाने का
(b) विवाह करने का
(c) प्यार करने का
(d) अत्यधिक पिटाई करने का

**42. कपटी मित्र के लिए सही मुहावरा है–**
(a) दाँत काटी रोटी (b) आस्तीन का साँप
(c) अक्ल की दुम (d) आबनूस का कुन्दा

**43. अँधेरा छाना का अर्थ है–**
(a) कोई उपाय न सूझना
(b) प्रकाश का नितान्त अभाव होना
(c) सूर्यास्त होना
(d) अंधकार फैलना

**44. अंगार बनना का अर्थ है–**
(a) प्रज्वलित होना (b) क्रोध में आना
(c) जल उठना (d) लाल हो जाना

**45. अक्ल पर पत्थर पड़ना का अर्थ है–**
(a) चोट से दिमाग खराब होना
(b) मूर्खता का परिचय देना
(c) बुद्धि भ्रष्ट होना
(d) बिना समझ का काम करना

**46. अक्ल की दुम बनना का अर्थ है–**
(a) अपने को होशियार समझने वाला
(b) बुद्धिहीन होना
(c) हर समय चंचल बना रहना
(d) अधिक सावधानी दिखाना

**47. अड़ियल टट्टू का अर्थ है–**
(a) हठधर्मी होना
(b) दूसरों के इशारे पर काम करना
(c) अटक-अटक कर काम करना
(d) डाँट-फटकार खाने का काम करना

**48. अन्न लगना का अर्थ है–**
(a) स्वस्थ बनना
(b) पराये अन्न से मोटा होना
(c) अन्न का अनुकूल सिद्ध होना
(d) अन्न का हानिप्रद सिद्ध होना

**49. आँच न आने देना का अर्थ है–**
(a) आग की लपटों से बचाना
(b) जरा भी कष्ट न आने देना
(c) नुकसान से बचाना
(d) दोष से बचाना

**50. आठ-आठ आँसू रोना का अर्थ है–**
(a) विलख-विलख कर रोना
(b) दारूण कष्ट में पड़ना
(c) बार-बार रोना
(d) बुरी तरह पछताना

## उत्तरमाला

| | | | | | | | | | |
|---|---|---|---|---|---|---|---|---|---|
| **1.** (d) | **2.** (d) | **3.** (a) | **4.** (a) | **5.** (c) | **6.** (b) | **7.** (d) | **8.** (b) | **9.** (a) | **10.** (b) |
| **11.** (b) | **12.** (d) | **13.** (b) | **14.** (b) | **15.** (a) | **16.** (c) | **17.** (b) | **18.** (d) | **19.** (c) | **20.** (d) |
| **21.** (a) | **22.** (b) | **23.** (b) | **24.** (d) | **25.** (d) | **26.** (c) | **27.** (c) | **28.** (b) | **29.** (b) | **30.** (c) |
| **31.** (c) | **32.** (a) | **33.** (d) | **34.** (b) | **35.** (c) | **36.** (b) | **37.** (b) | **38.** (c) | **39.** (d) | **40.** (d) |
| **41.** (b) | **42.** (b) | **43.** (a) | **44.** (b) | **45.** (c) | **46.** (a) | **47.** (a) | **48.** (a) | **49.** (b) | **50.** (d) |

# लोकोक्तियाँ

लोकोक्ति का अर्थ है 'लोक में प्रचलित उक्ति'। इससे तात्पर्य एक ऐसे वाक्य से है जो चमत्कृत ढंग से संक्षेप में किसी सत्य या असत्य के आशय को स्पष्ट एवं सशक्त रूप में व्यक्त करता हो तथा अधिक समय से प्रयोग में आकर जन-जीवन में प्रचलित हो गया। जैसे– 'दूध का जला छाछ फूँक-फूँक कर पीता है।'

लोकोक्तियों के प्रयोग से बोली अधिक युक्ति-युक्त, प्रामाणिक तथा जोरदार तथा भाषा स्पष्ट तथा जीवन्त हो जाती है। किसी बात को स्पष्ट करने के लिए कहावतें बड़ी ही उपयोगी सिद्ध होती हैं।

लोकोक्तियाँ नीति विषयक और धार्मिक होती हैं अत: वे व्यक्ति पर स्थायी प्रभाव डालती हैं। सामाजिक मनोवैज्ञानिक तथ्यों को समझने-समझाने हेतु भी इनका प्रयोग भाषा में सजीवता लाने में सहायक होता है। इसके मूल में नीति मूलक सूत्र रहता है जो गद्य और पद्य में होता है।

- **अन्धा क्या चाहे दो आँखें**—इच्छित वस्तु का प्राप्त होना।
- **अन्धी पीसे कुत्ते खांय**—किसी भी कमाई अथवा परिश्रम का लाभ अयोग्य द्वारा उठाना।
- **अन्धा बाँटे रेवड़ी; फिर-फिर अपने को ही दे**—स्वार्थ-लाभ, सम्पूर्ण लाभ स्वयं उठाना।
- **अपना रख पराया चख**—अपनी वस्तु का बचाव करना और दूसरे का मनमाना उपयोग करना।
- **अक्ल बड़ी या भैंस**—शारीरिक शक्ति से बुद्धि श्रेष्ठ है।
- **अपना सोना खोटा तो परखैया का क्या दोष**—अपने ही लोग बुरे हों तो पराये व्यक्तियों को क्या दोष दिया जाए।
- **अपनी करनी पार उतरनी**—अपने कर्म का फल स्वयं भोगना पड़ता है।
- **अपना हाथ जगन्नाथ**—स्वयं द्वारा सम्पादित कार्य फलदायक होता है।
- **अपनी नाक कटे तो कटे; दूसरे का सगुन तो बिगड़े**—दूसरों को हानि पहुँचाने के लिए स्वयं की हानि के लिए भी तैयार करना।
- **अरहर की टट्टी, गुजराती ताला**—छोटी वस्तु की सुरक्षा में अधिक व्यय।
- **अटका बनिया देय उधार**—दबाव पड़ने पर सब कुछ करना पड़ता है।
- **अजगर करे न चाकरी पंछी करे न काम**—ईश्वर सबकी आवश्यकतायें पूरी करता है।
- **अंधा क्या जाने बसन्त बहार**—जिसने जो वस्तु नहीं देखी हो, वह उसका आनन्द क्या जाने।
- **अकेला हँसता भला न रोता भला**—सुख-दुख में साथी होने चाहिए।
- **अपने मरे बिना स्वर्ग नहीं दिखता है**—स्वयं अपने आप प्रयत्न करने पर ही काम बनता है।
- **अल्लाह मेहरबान तो गधा पहलवान**—ईश्वर की कृपा से नाकाबिल भी काबिल हो जाता है।
- **आँख एक नहीं कजरौटा दस**—व्यर्थ आडंबर।
- **आँख ओट पहाड़ ओट**—आँख से ओझल हुए तो समझो कि बहुत दूर हो गए।
- **आँख और कान में चार अंगुल का फर्क है**—आँखों देखी बात का विश्वास है, कानों सुनी का नहीं।
- **आँख बची माल दोस्तों का**—पलक चूकने से माल गायब हो सकता है।
- **आँख एक नहीं कलेजा टुक-टुक**—बनावटी दु:ख प्रकट करना।
- **आई है जान के साथ, जाएगी जनाजे के साथ**—लाइलाज बीमारी।
- **'आग' कहते मुँह नहीं जलता**—केवल नाम लेने से कोई हानि-लाभ नहीं होता।
- **आग खाएगा तो अंगार उगलेगा**—बुरे काम का बुरा फल।
- **आग बिना धुआँ नहीं**—हर चीज का कारण अवश्य होता है।
- **आगे नाथ न पीछे पगाहा**—पूर्णत: बंधन रहित।
- **आँख के अन्धे नाम नयन-सुख**—गुण के विपरीत नाम।
- **आप का काज महाकाज**—अपना कार्य स्वयं करना ही श्रेयस्कर है।
- **आठ कनौजिया नौ चूल्हे**—मेल से न रहना।
- **उगले तो अंधा, खाए तो कोढ़ी**—दुविधा में पड़ना।
- **उत्तर जाए कि दक्खिन, वही करम के लक्खन**—भाग्य दुर्भाग्य हर जगह साथ देता है।
- **उलटी गंगा पहाड़ को चली**—असंभव या विपरीत बात होना।
- **उसी की जूती उसी का सिर**—जिसकी करनी, उसी को फल मिलता है।
- **उल्टा चोर कोतवाल को डाँटें**—दोषी व्यक्ति निर्दोषी पर दोष लगाए/अपराध करने का लज्जित होने के बजाय अकड़ दिखाना।
- **उल्टे बाँस बरेली को**—विपरीत काम।
- **उल्टी गंगा पहाड़ को चली**—असंभव या विपरीत कार्य।
- **ऊँट किस करवट बैठता है**—निर्णय किसके पक्ष में होता है।
- **ऊँट के बगल में बिल्ली**—विपरीत वस्तुओं का मेल।
- **ऊँट के मुँह में जीरा**—खाने को बहुत कम मिलना।
- **एक तवे की रोटी, क्या छोटी क्या मोटी**—किसी प्रकार का भेदभाव नहीं है।
- **एक मुँह दो बात**—अपनी बात को पलटना/एक ही मुँह से दो प्रकार की बात करना।
- **एक हम्माम में सब नंगे**—सहयोगी एक दूसरे की दुर्बलताएँ जानते हैं।
- **काजी जी दुबले क्यों शहर के अंदेशे से**—अपनी चिंता न करके दूसरें की चिंता में घुलना।
- **काबुल में क्या गधे नहीं होते**—कुछ न कुछ बुराई सब जगह होती है।
- **काम का न काज का, दुश्मन अनाज का**—निकम्मा आदमी, खाने के लिए होशियार।
- **किस खेत का बथुआ है; किस खेत की मूली है**—अरे, वह तो नगण्य है।
- **कुंजड़ा अपने बेरों को खट्टा नहीं बताता**—कोई अपने माल को खराब नहीं कहता।
- **कुत्ता भी दुम हिलाकर बैठता है**—सफाई सब को पसंद होनी चाहिए।
- **का वर्षा जब कृषि सुखाने**—अवसर निकल जाने पर सहायता देना व्यर्थ है
- **काला अक्षर : भैंस बराबर**—अनपढ़ मुनष्य।
- **कुत्तों के भौंकने से हाथी नहीं डरते**—महापुरुष नीच मनुष्यों की बातों का बुरा नहीं मानते।
- **कुत्ते की मौत मरना**—बुरी मौत मरना।
- **कान में तेल डाले बैठे हैं**—कुछ सुनने को तैयार नहीं।

- **कंगाली में आटा गीला**—एक मुसीबत पर दूसरी मुसीबत आ पड़ना।
- **कबीर दास की उलटी बानी, बरसे कंबल भीगे पानी**—उल्टी बात करना।
- **कुत्ते के भौंकने से हाथी नहीं डरते**—महापुरुष नीचों की निंदा से नहीं घबराते।
- **कै हंसा मोती चुगे कै भूखा मर जाय**—प्रतिष्ठित व्यक्ति अपनी मर्यादा में रहता है।
- **कोई मरे या रोवे, कोई मल्हार गावे**—सबको अपने ही सुख-दुख से मतलब रहता है।
- **कोयल हाय न उजली सौ मन साबुन लाइ**—स्वभाव नहीं बदलता।
- **कौड़ी नहीं गाँठ चले बाग की सैर**—साधन नहीं तो काम क्यों करने लगे।
- **कौआ चला हंस की चाल, अपनी भी भूल गया**—दूसरों की नकल करने से अपनापन खो जाता है।
- **खग जाने खग ही की भाषा**—अपने वर्ग के लोग ही एक-दूसरे को समझ सकते हैं।
- **खरबूजे को देखकर खरबूजा रंग पकड़ता है**—देखा देखी काम करना।
- **खाक डाले चाँद नहीं छिपता**—अच्छे आदमी की निंदा करने से उसका कुछ नहीं बिगड़ता।
- **खाली बनिया क्या करे, इस कोठी का धान उस कोठी में धरे**—बेकार आदमी उलटे सीधे काम करता रहता है।
- **खुदा गंजे को नाखून न दे**—ओछा और बेसमझ आदमी अधिकार पाकर अपनी ही हानि कर बैठता है।
- **खुशामद से ही आमद है**—खुशामद से ही धन आता है।
- **खेती, खसम लेती**—कोई काम अपने हाथ से करने पर ही ठीक होता है।
- **चिड़िया अपनी जान से गई, खाने वाले को स्वाद न आया**—इतना भारी काम किया फिर भी सराहना नहीं हुई।
- **चिराग तले अँधेरा**—पास की चीज दिखाई न पड़ना।
- **चाँद को भी ग्रहण है**—सज्जन व्यक्ति में भी दोष होते हैं। उत्तम चरित्र में भी धब्बा लगता है
- **चिकने घड़े पर पानी नहीं ठहरता**—निर्लज्ज व्यक्ति पर उपदेशों का प्रभाव नहीं पड़ता।
- **चिकना घड़ा**—निर्लज्ज व्यक्ति।
- **चोरी का माल मोरी में**—काला धन अधिक समय तक नहीं रहता।
- **चोर की दाढ़ी में तिनका**—अपराधी सदैव सशंकित रहता है।
- **चोर-चोर मौसेरे भाई**—एक स्वभाव वाले शीघ्र ही मित्रता कर लेते हैं। दुष्टों की मित्रता शीघ्र होती है।
- **चील के घोंसले में मांस कहा**—यहाँ कुछ भी बचा नहीं रह सकता।
- **चुपड़ी और दो-दो**—उत्तम वस्तु और वह भी इतनी ज्यादा।
- **चुल्लू भर पानी में डूब मरो**—तुम्हें शर्म होनी चाहिए।
- **चूहे का बच्चा बिल ही खोदता है**—जन्मजात कार्य बदल नहीं सकता।
- **चूहों की मौत बिल्ली का खेल**—किसी को कष्ट देकर मौज करना।
- **चोर का भाई गठकटा**—एक जैसे बदमाश।
- **चोर को कहें चोरी कर और साहूकार से कहें जागते रहे**—दो पक्षों को लड़ाने वाला।
- **जहाँ न पहुँचे रवि वहाँ पहुँचे कवि**—कवि की कल्पना सब जगह पहुँचती है।
- **जहाँ फूल वहाँ काँटा**—अच्छाई के साथ बुराई लगी रहती है।
- **जागेगा सो पावेगा, सोवेगा सो खोवेगा**—लाभ इसमें है कि आदमी सतर्क रहे।
- **जिसका खाइए उसका गाइए**—जिससे लाभ हो, उसी का पक्ष लें।
- **जिसकी जूती उसी के सिर**—जिसकी करनी उसी को फल।
- **जब तक स्वाँसा तब तक आशा/जब तक सांस है तब तक आस है**—अन्तिम क्षण तक आशान्वित रहना।
- **जस दूल्हा तस बने बराती**—बुरों का बुरों के साथ मिलना/अपने समान ही संगत रखना।
- **जान बची लाखों पाए**—छुटकारा मिलना। किसी भी रूप में हानि उठाकर भी मुक्त होना।
- **जिसकी लाठी उसी की भैंस**—शक्ति संपन्न आदमी अपना काम बना लेता है।
- **जिसके हाथ डोई, उसका सब कोई**—धनी आदमी के सब मित्र हैं।
- **ठोकर लगे तब आँख खुले**—कुछ खोकर ही अक्ल आती है।
- **डायन को दामाद प्यारा**—अपना सब को प्यारा।
- **डायन भी अपने बच्चे को नहीं खाती**—अपनों को कोई हानि नहीं पहुँचाता।
- **ढाक से वही तीन पात**—फिर-फिर वही बात या दशा।
- **ढोल के भीतर पोल**—केवल दिखावटी शान।
- **तन को कपड़ा न पेट की रोटी**—अत्यधिक दरिद्र।
- **तलवार का खेत हरा नहीं होता**—अत्याचार का फल अच्छा नहीं होता।
- **तिरिया बिन तो नर है ऐसा, राह बटाऊ होवे जैसा**—बिना स्त्री के पुरुष का कोई ठिकाना नहीं।
- **तीन बुलाए तेरह आए, दे दाल में पानी**—समय आ पड़े तो साधन निकाल लेना पड़ता है।
- **तेरी करनी तेरे आगे, मेरी करनी मेरे आगे**—सब को अपने-अपने कर्म का फल भोगना पड़ता है।
- **तुम्हारे मुँह में घी-शक्कर**—तुम्हारी बात सच हो।
- **तुरन्त दान महा कल्यान**—जो करना हो चटपट करें, शुभ कार्य में देर कैसी।
- **तेल तिलों से ही निकलता है**—जो व्यक्ति कुछ देने लायक हो उसी से प्राप्ति होती है।
- **तेल देखो तेल की धार देखो**—सावधानी और धैर्य से काम लो।
- **तेली के बैल को घर ही पचास कोस**—घर में बहुत अधिक काम हो जाता है।
- **तीन में न तेरह में, मृदंग बजावे डेरा में**—निर्द्वन्द्व व्यक्ति सुखी रहता है, तटस्थ रहना।
- **ताँत बजी और राग बूझा**—बोलने से ही योग्यता प्रकट होती है।
- **तीन लोक से मथुरा न्यारी**—अन्य से विशिष्ट या भिन्न होना।
- **तीरथ गए मुँडाए सिर**—जहाँ हो, वहाँ की रीति-रिवाज का पालन करो।
- **थूक कर चाटना**—कही बात से मुकर जाना।
- **थका ऊँट सराय ताकता**—थकने पर विश्राम चाहिए।
- **थूक से सत्तू सानना**—कम सामग्री से काम पूरा करना।
- **दबाने पर चींटी भी चोट करती है**—जिस किसी को दु:ख दिया जाए वह बदला लेता है।
- **दर्जी की सुई, कभी तागे में कभी टाट में**—हर परिस्थिति में सहनशीलता बनाए रखना।
- **दलाल का दिवाला क्या, मस्जिद का ताला क्या**—जिसके पास कुछ है ही नहीं, उसे हानि का क्या डर।
- **दादा कहने से बनिया गुड़ देता है**—मधुर वाणी से काम बन जाता है।
- **दान की बछिया के दांत नहीं देखे जाते**—मुफ्त वस्तु के गुण-अवगुण नहीं परखे जाते।
- **दाम सँवारे सबई काम**—पैसा सब काम करता है।
- **दाल-भात में मूसरचंद**—बीच में दखल देने वाला।
- **दाल में नमक, सच में झूठ**—थोड़ा झूठ तो चल सकता है।
- **दिन भर चले अढ़ाई कोस**—समय बहुत लगा और काम बहुत थोड़ा हुआ।
- **दिल्ली दूर है**—अभी सफलता में देरी है।
- **दीवार के भी कान होते हैं**—रहस्य की बात गुप-चुप करनी चाहिए।
- **दुधारू गाय की लात सहनी पड़ती है**—जिससे कुछ पाना होता है, उसकी धौंस डपट सहनी पड़ती है।
- **न अंधे को न्योता देते न दो जने आते**—गलत आदमी को बुलावा देना।
- **पाप का घड़ा भरकर डूबता है**—पाप जब बहुत बढ़ जाता है तब विनाश होता है।

- **पीर बावर्ची भिस्ती खर**—सब तरह का काम एक को करना पड़ता है।
- **पेड़ फल से जाना जाता है**—कर्म का महत्त्व परिणाम से होता है।
- **पैसा गाँठ का, जोरू साथ की**—अपने पास पैसा और पत्नी हो तो जीवन सुखी रहता है।
- **फलेगा सो झड़ेगा**—उन्नति के पश्चात् अवनति अवश्यम्भावी है।
- **फिसल पड़े तो हर गंगा**—मजबूरी से विवश होकर काम करना।
- **फलूदा खाते दाँत टूटें तो टूटें**—स्वाद के लिए घाटा भी मंजूर।
- **फटी न जाके पाँव बिवाई सो क्या जाने पीर पराई**—जिसने स्वयं दुःख नहीं झेला है, वह दूसरे के दुःख को नहीं समझ सकता।
- **बंदर क्या जाने अदरक का स्वाद**—वह इस वस्तु का महत्व नहीं समझता।
- **बकरी की जान गई, खाने वाले को मजा न आया**—दे चिड़िया अपनी जान से।
- **बकरी ने दूध दिया पर मेंगनी भरकर**—काम किया तो अवश्य, पर सद्भाव से नहीं।
- **बड़े बरतन की खुरचन भी बहुत है**—जहाँ बहुत होता है वहाँ घटते-घटते भी काफी रह जाता है।
- **बड़े मियाँ सो बड़े मियाँ, छोटे मियाँ सुभान अल्लाह**—बड़ों से बढ़कर बात करना।
- **बनिक पुत्र जाने कहा गढ़ लेवे की बात**—छोटा आदमी बड़ा काम नहीं कर सकता।
- **बरतन से बरतन खटकता ही है**—जहाँ चार लोग होते हैं, वहाँ कभी अनबन हो ही जाती है।
- **बहती गंगा में हाथ धो लो**—मौका मिले तो तुरंत उसका लाभ उठाओ।
- **बहुत जोगी मठ उजाड़**—बहुत लोग हो जाएँ तो काम खराब हो जाता है।
- **बाँझ का जाने प्रसव की पीड़ा**—दुःख को दुःखी ही समझता है।
- **भरी थाली में लात मारना**—अभिमान से तिरस्कार करना/परिपूर्ण चीज की उपेक्षा करना।
- **भूल गए रागरंग भूल गए छकड़ी, तीन चीज याद रही नून, तेल, लकड़ी**—गृहस्थी के चक्कर में फँस जाना।
- **मन के लड्डुओं से भूख नहीं मिटती**—मन में सोचने मात्र से इच्छा पूरी नहीं होती।
- **मन चंगा तो कठौती में गंगा**—मन की शुद्धता ही वास्तविक शुद्धता है।
- **मरज बढ़ता गया ज्यों-ज्यों दवा की**—सुधार के बजाय बिगाड़ होता गया।
- **मरता क्या न करता**—मजबूरी में आदमी सब कुछ करता है।
- **मरे को मारे शाह मदार**—दुःखी को दुःखी करना बहादुरी नहीं है।
- **माँ का पेट कुम्हार का आवाँ**—संतानें सभी एक-सी नहीं होती।
- **मानो तो देव नहीं तो पत्थर**—मानो तो आदर, नहीं तो उपेक्षा।
- **माया बादल की छाया**—धन दौलत का कोई भरोसा नहीं।
- **मार के आगे भूत भागे**—मार से सब डरते हैं।
- **मिस्सों से पेट भरता है किस्सों से नहीं**—पेट को खाना चाहिए, केवल बातों से पेट नहीं भरता।
- **मुँह में राम बगल में छुरी**—ऊपर से मित्र, भीतर से शत्रु।
- **मुँह चिकना, पेट खाली**—केवल ऊपरी दिखावा।
- **मुए बैल की बड़ी-बड़ी आँखें**—जो चीज नहीं रही उसकी प्रशंसा।
- **मुफ्त की शराब काजी को भी हलाल**—मुफ्त का माल सभी ले लेते हैं।
- **मुल्ला की दौड़ मस्जिद तक**—घूम-फिरकर एकमात्र ठिकाना।
- **मेरी तेरी आगे, तेरी मेरे आगे**—चुगलखोरी।
- **मैं की गरदन पर छुरी**—अहंकार का नाश।
- **मोरी की ईंट चौबारे पर**—छोटी चीज का बड़े काम में लाना।
- **यह मुँह और मसूर की दाल**—अपनी औकात से बढ़कर बात करना।
- **योगी था सो उठ गया आसन रही भभूत**—पुराना गौरव समाप्त।
- **रघुकुल रीति सदा चली आई प्राण जाएँ पर वचन न जाई**—अपने वचन का पालन करना चाहिए।
- **रस्सी का साँप बन गया**—बात का बतंगड़ बन गया।
- **रस्सी जल गई पर ऐंठन न गई**—सर्वनाश हो गया पर घमंड नहीं गया।
- **राजहंस बिन को करे छीर नीर अलगाव**—न्याय करना बहुत कठिन काम है।
- **राजा के घर मोतियों का काल**—यहाँ किसी वस्तु का अभाव नहीं है।
- **रातों रोई एक ही मुआ**—थोड़ी चीज के लिए कष्ट अधिक।
- **शर्म की बहू नित भूखी मरे**—शर्म करने में कष्ट उठाना पड़ता है।
- **शेरों का मुँह किसने धोया**—सामर्थ्यवान् के लिए कोई उपाय नहीं।
- **सहज पके सो मीठा होए**—आराम से किया गया काम सुखकर होता है।
- **साँच को आँच नहीं**—सच्चे आदमी को कोई खतरा नहीं।
- **साँप के मुँह में छछूँदर, निगले अंधा, उगले तो कोढ़ी**—दुविधा में पड़ जाना।
- **साँप मरे न लाठी टूटे**—बिना बल प्रयोग के काम हो जाए।
- **सारी उम्र भाड़ ही झोंका**—कुछ सीख पाया नहीं।
- **सावन के अंधे को हरा ही दिखाई देता है**—पक्षपात में दूसरे पक्ष की नहीं सूझती।
- **सिंह के वंश में उपजा स्यार**—बहादुरों की कायर संतान।
- **सिर तो नहीं खुजला रहा**—(तुम्हारा) जी मार खाने को हो रहा है।
- **सिर मुँड़ाते ही ओले पड़े**—शुरू में ही विघ्न पड़ गया।
- **सीधे का मुँह कुत्ता चाटे**—सीधेपन का लोग अनुचित लाभ उठाते हैं।
- **सूखे धान पड़ा क्या पानी**—समय पर सहायता न मिली तो बेकार।
- **सूरज धूल डालने से नहीं छिपता**—गुणी व्यक्ति का गुण प्रकट हो ही जायेगा।
- **सेर को सवा सेर**—एक से बढ़कर दूसरा।
- **सोने में सुगंध/सुहागा**—गुणा के साथ कोई और विशेषता।
- **सौ सुनार की एक लोहार की**—क्रिया को फैलाने की अपेक्षा एकदम कर डालना अच्छा होता है।
- **हर्रा/हींग लगे न फिटकरी रंग चोखा होए**—खर्च भी न हो और काम भी बन जाए।
- **हथेली पर सरसों जमाना**—बात कहते ही कार्य सम्पन्न होने की इच्छा करना।
- **हजारों टाँकी सहकर महादेव होते हैं**—कठिनाइयाँ झेलते-झेलते आदमी ऊँचा पद पाता है।
- **हम साँप नहीं जो हवा पीकर जियें**—भर पेट खाना चाहिए।
- **हर मर्ज की दवा**—हर बात का उपाय है।
- **हराम की कमाई हराम में गँवाई**—बेईमानी का पैसा बुरे कामों में लग जाता है।
- **हींजड़े के घर बेटा हुआ**—असंभव बात।
- **हाँडी का एक ही चावल देखते हैं**—किसी परिवार जाति या देश के एक ही आदमी देखने से पता चल जाता है कि शेष कैसे होंगे।
- **हाथी के दाँत खाने के और दिखाने के और**—करना कुछ, कहना कुछ। द्विरंगी चाल।
- **हाथी निकल गया, पूँछ रह गई**—अधिकांश काम का पूरा हो जाना।
- **हिमायती की घोड़ी ऐराकी को लात मारे**—बड़े का सहारा पाकर अपने से बड़ों तथा शक्तिशाली से उलझना।
- **हवन करते हाथ जलते हैं**—भलाई के प्रतिफल में बुराई मिलना।
- **हीरे की परख जौहरी ही करते हैं**—गुण की पहचान गुणी को ही होती है।
- **हाथ सुमरनी बगल कतरनी**—मन में कुछ और प्रत्यक्ष में कुछ और। ऊपर से निर्मल भीतर से कलुषित।

# प्रश्नमाला

**1. चोर-चोर मौसेरे भाई का अर्थ है–**

(a) चोरों के बीच मौसेरे भाईयों जैसा सम्बन्ध होता है।

(b) अपराधियों में भिन्नता अपने आप हो जाती है।

(c) जो चोर है उसका मौसेरा भाई भी चोर होगा।

(d) अपराधी प्रवृत्ति के लोगों में घनिष्ठ मित्रता होती है।

**2. छछूँदर के सिर में चमेली का तेल का अर्थ है–**

(a) छछूँदर के सिर में चमेली का तेल लगाने से भी उसकी बदबू नहीं जाती।

(b) अयोग्य व्यक्ति के पास अच्छी वस्तु का होना एक विडम्बना ही है।

(c) अयोग्य व्यक्ति अच्छी वस्तु की कीमत क्या जाने?

(d) जो व्यक्ति जिस वस्तु का पात्र नहीं है वह उसे नहीं देना चाहिए।

**3. छोटे मियाँ तो छोटे मियाँ, बड़े मियाँ तो सुभान अल्लाह का अर्थ है–**

(a) छोटे से भी बढ़कर दोष बड़े में होना।

(b) बड़े के समान छोटे की क्या बिसात?

(c) बड़े छोटे से अधिक पूज्य होते हैं।

(d) छोटे-छोटे होते हैं और बड़े-बड़े ही हैं।

**4. जंगल में मोर नाचा, किसने देखा का अर्थ है–**

(a) मोर की बस्ती के आस-पास नाचना ठीक रहता है।

(b) मोर का नाच देखने भला जंगल में कौन जायगा?

(c) गुण का प्रदर्शन उपयुक्त स्थान में होना चाहिए।

(d) मनोरंजन का कार्यक्रम नगर में ही ठीक होता है।

**5. जाके पाँव ने फटी बिवाई सो क्या जाने पीर पराई का अर्थ है–**

(a) पैर की बिवाई का कष्ट वही जानता है जिसे वह होती है।

(b) स्वयं भुक्तभोगी हुए बिना पराया दुख समझ में नहीं आता।

(c) दूसरों के दुख में सहानुभूति होने के लिए स्वयं दुख झेलना जरूरी है।

(d) पर दुख-कातरता कुछ ही लोगों में होती है।

**6. नक्कार खाने में तूती की आवाज का अर्थ है–**

(a) जहाँ नगाड़ा बोल रहा है वहाँ पिपहरी की आवाज सुनाई नहीं पड़ सकती।

(b) बड़े लोगों के सामने छोटो की सुनवाई नहीं होती।

(c) अपनी बात मनवाने के लिए ऊँची आवाज में कहना चाहिए।

(d) नक्कार खाने में तुती की आवाज मधुर लगती है।

**7. नाम बड़े पर दर्शन थोड़े का अर्थ है–**

(a) नाम बड़ा हो, पर सूरत-शक्ल बौने जैसी।

(b) नाम चारों ओर फैला हो, पर दिखाई कहीं न दे।

(c) मिथ्या प्रसिद्धि

(d) प्रचार चारों ओर, पर दर्शन कभी ही कभी।

**8. नाच न जाने, आँगन टेढ़ा का अर्थ है–**

(a) आँगन टेढ़ा होने पर अच्छा नृत्य-प्रदर्शन नहीं हो सकता।

(b) जिसे नाचना नहीं आता, वह आँगन टेढ़ा होने का बहाना बनाता है।

(c) कमी अपने में हो, पर उसका दोष साधनों या औरों के सिर मढ़ना।

(d) योग्यता हो तो उसकी अभिव्यक्ति बाधाओं के होते हुए भी हो जाती है।

**9. हँसुए के ब्याह में खुरपी का गीत का अर्थ है–**

(a) शादी का गीत गाना

(b) जश्न मनाना

(c) असंगत बातें करना

(d) निचले स्तर का कार्य करना

**10. अंधे के आगे रोये, अपना नैना खोये का अर्थ है–**

(a) अयोग्य व्यक्ति से कहना

(b) अभावग्रस्त व्यक्ति से याचना सफल नहीं हो सकती

(c) हृदयहीन व्यक्ति से दया की याचना करना

(d) अत्याचारी से कुछ माँगने जाने का अर्थ है कि अपने पास जो कुछ है वह भी लुट जाय

**11. जस दूल्हा तस बना बराता का अर्थ है–**

(a) संगठन से ही कार्य सिद्ध होता है।

(b) सुन्दर वस्तु के साथ ही सुन्दर वस्तु का मेल होना

(c) सभी साथी एक ही जैसे

(d) बेढंगा होना

**12. आडम्बर बहुत, किन्तु वास्तविकता कुछ नहीं के लिए सही लोकोक्ति है–**

(a) आँख का अंधा नाम नयनसुख

(b) ऊँची दुकान फीका पकवान

(c) ऊँट के मुँह में जीरा

(d) खोदा पहाड़ निकली चुहिया

**13. पुचकारने पर कुत्ता सिर चढ़े का अर्थ है–**

(a) पुचकारने पर कुत्ता भी प्यार दिखाता है

(b) ओछे लोग मुँह लगाने पर अनुचित लाभ उठाते हैं

(c) ओछे लोग ही इस जमाने में तरक्की क[र] सकते हैं

(d) नगण्य व्यक्ति को कभी अपमानित नह[ीं] करना चाहिए

**14. तीन दिन मेहमान चौथे दिन हैवान का अर्थ है–**

(a) आतिथ्य थोड़े दिन का ही अच्छा होता है

(b) अतिथि का कभी अनादर नहीं करना चाहि[ए]

(c) मेहमान भी कभी-कभी शैतान बन जाता है

(d) ससुराल में दामाद को अधिक दिन नहीं रहन[ा] चाहिए

**15. तबेले की बला बन्दर के सिर का अर्थ है–**

(a) किसी की शिकायत दूसरों से करना

(b) एक-दूसरे से लड़वाना

(c) किसी का अपराध दूसरे के सिर

(d) अपना दोष दूसरों पर सिर मँढ़ना

**16. एक और एक ग्यारह होते हैं का अर्थ है–**

(a) संसार में सब सम्भव है

(b) भीड़ में बल है

(c) गणित विद्या में निपुणता प्राप्त करना

(d) संगठन में शक्ति है

**17. कुम्हार अपना ही घड़ा सराहता है का अर्थ है–**

(a) अपनी ही प्रशंसा करना

(b) अपनी बनाई हुई वस्तु सबको अच्छी लगती है

(c) किसी को बोलने नहीं देना

(d) दूसरों की वस्तु को तुच्छ समझना

**18. ऊँट के मुँह में जीरा का अर्थ है–**

(a) ऊँट भला जीरे का स्वाद क्या जाने?

(b) ऊँट के इतने बड़े मुँह में तनिक सा जीरा क्या मालूम पड़ेगा।

(c) जरूरत बड़ी हो तो चीज की अल्प मात्रा से काम नहीं चल सकता।

(d) छोटे आदमी से बड़े आदमी का काम नहीं निकल सकता।

**19. ऊँट किस करवट बैठता है का अर्थ है–**

(a) ऊँट के बारे में कोई नहीं कह सकता कि वह किस बल बैठेगा।

(b) ऊँट का स्वभाव अनिश्चयात्मक होता है।

(c) जब दो पक्षों में मत-भेद या विग्रह की स्थिति हो तब कोई नहीं कह सकता कि अंत में निर्णय किसके पक्ष में होगा।

(d) अनिश्चय की स्थिति दुखदायी होती है।

**20. ऊधौ की पगड़ी माधों के सिर पर अर्थ है–**

(a) ऊधौ की इज्जत का भार माधो पर।

(b) एक का दोष दूसरे के सिर मढ़ना।

(c) किसी का दायित्व किसी को ओढ़ाना।

(d) एक का भाग दूसरे के सिर पर डालना।

1. **खोदा पहाड़ निकली चुहिया का अर्थ है—**
(a) आशा के विपरीत अधिक लाभ
(b) अभिलाषा की पूर्ति न होना
(c) प्रयास का विफल होना
(d) परिश्रम अत्यधिक परिणाम अति तुच्छ।

2. **एक चुप सौ को हराए का अर्थ है—**
(a) मौन एक उपयोगी मंत्र है।
(b) शत्रु को हराने के लिए मौन का सहारा लेना चाहिए।
(c) अधिक बोलना ठीक नहीं।
(d) वार्तालाप में शक्ति व्यय नहीं करना चाहिए।

23. **एक अनार सौ बीमार का अर्थ है—**
(a) दवा थोड़ी और मरीज अधिक
(b) जरा सी चीज और उसमें हिस्सा बँटाने वाले बीसियों।
(c) एक वस्तु के कई हिस्सेदार
(d) एक वस्तु कई में बँटने पर बेकार हो जाती है।

24. **एक हाथ से ताली नहीं बजती का अर्थ है—**
(a) झगड़ा दोनों या कई पक्षों के कारण होता है।
(b) एक हाथ बेकार होता है, जब तक कि दूसरा भी उसकी सहायता न करें।
(c) मित्रता के लिए कम से कम दो व्यक्ति चाहिए।
(d) बिना दो के प्रेम नहीं हो सकता।

25. **काला अक्षर भैंस बराबर का अर्थ है—**
(a) छिद्रान्वेषी होना
(b) समदर्शी होना
(c) अनपढ़ होना
(d) अदूरदर्शी होना

26. **गए थे रोजा छुड़ाने, नमाज गले पड़ी का अर्थ है—**
(a) मुश्किल में पड़ जाना
(b) कष्ट पहुँचना
(c) गरीब हो जाना
(d) उपकार करने के बदले स्वयं को दु:ख भोगना पड़ा

27. **गंगा गए गंगादास, जमुना गए जमुनादास का अर्थ है—**
(a) अपने-अपने घर जाना
(b) अपना-अपना काम करना
(c) किसी की नहीं सुनना
(d) जिसका कोई दृढ़ सिद्धान्त नहीं होता।

28. **कहाँ राजा भोज कहाँ गंगू तेली का अर्थ है—**
(a) ऊटपटांग बात करना
(b) राजा और सामान्य व्यक्ति की तुलना
(c) राजा भोज और गंगू तेली के बीच तुलना करने का प्रयास
(d) आकाश-पाताल का अन्तर होना

29. **टूट चाप नहिं जुरै रिसाने का अर्थ है—**
(a) टूटा धनुष क्रोध करने से नहीं जुड़ता
(b) चिन्ता छोड़ो सुख से जिओ
(c) नुकसान के लिए परेशान नहीं होना चाहिए
(d) नुकसान हो जाने पर क्रोध करना व्यर्थ है

30. **अंधा पावै आँखें तो पतियाय का अर्थ है—**
(a) सबसे मूल्यवान वस्तु प्राप्त करके प्रसन्न होना
(b) अभीष्ट की प्राप्ति होने पर विश्वास का जमना
(c) असंभव की चाह होना
(d) असंभव को संभव कर दिखाना

31. **यह प्रेम का पंथ कराल महा के लिए सही लोकोक्ति है—**
(a) अरु नेह सों नातो बड़ावतो है
(b) तरवारि की धार पै धावनो है
(c) दुखदाई और घोर सतावनी है
(d) मन ही मन में उर भावनी है

32. **राम नाम जपना, पराया माल अपना का अर्थ है—**
(a) दान करना
(b) सर्वज्ञ होना
(c) धोखे से धन जमा करना
(d) दूसरों से सहानुभूति रखना

33. **सौ सयाने एक मत का अर्थ है—**
(a) कुछ भी निश्चय न कर पाना
(b) ज्यादा चालाक बनना
(c) अच्छे विचारों में भिन्नता होना
(d) बुद्धिमानों के विचार एक से होते हैं

34. **खाइये मनभाता पहनिये जगभाता का अर्थ है—**
(a) खाने पीने में अपनी रुचि का ध्यान रखिए, किन्तु पहनना वह चाहिए जो दूसरों को आपके ऊपर अच्छा लगे।
(b) निजी जीवन जैसी स्वतंत्रता सार्वजनिक जीवन में नहीं खोजनी चाहिए।
(c) खान-पान और पहनने-ओढ़ने के नियम भिन्न-भिन्न हैं।
(d) वेषभूषा वह होना चाहिए जो दूसरों को अच्छी लगे।

35. **कहने पर धोबी गधे पर नहीं चढ़ता का अर्थ है—**
(a) हर एक अपनी इच्छा के अनुसार कार्य करता है।
(b) किसी को कोई कार्य करने की विवश नहीं किया जा सकता
(c) धोबी का गधा लादी ढोने के लिए है, चढ़ने के लिए नहीं।
(d) धोबी स्वतंत्र प्रकृति का मनुष्य होता है।

36. **कोयले की दलाली में मुँह काला का अर्थ है—**
(a) काले धंधे में हाथ नहीं डालना चाहिए।
(b) खराब काम का नतीजा खराब होता है।
(c) कोयले के धंधे में कालिख नहीं लगेगी तो क्या होगा?
(d) बुरे काम से सिवा अपयश के कुछ नहीं मिलता।

37. **खरबूजे को देख कर खरबूजा रंग बदलता है का अर्थ है—**
(a) एक को देखकर दूसरे का उसकी नकल करना
(b) मदद के लिए तैयार रहना
(c) एक खरबूजा पकने के साथ ही सभी पकते हैं।
(d) एक-दूसरे की सहायता करना

## उत्तरमाला

| | | | | | | | | | |
|---|---|---|---|---|---|---|---|---|---|
| **1.** (d) | **2.** (b) | **3.** (a) | **4.** (c) | **5.** (b) | **6.** (b) | **7.** (c) | **8.** (c) | **9.** (c) | **10.** (a) |
| **11.** (c) | **12.** (b) | **13.** (b) | **14.** (a) | **15.** (c) | **16.** (d) | **17.** (b) | **18.** (c) | **19.** (d) | **20.** (b) |
| **21.** (d) | **22.** (a) | **23.** (c) | **24.** (a) | **25.** (c) | **26.** (d) | **27.** (d) | **28.** (d) | **29.** (d) | **30.** (b) |
| **31.** (b) | **32.** (c) | **33.** (d) | **34.** (b) | **35.** (a) | **36.** (d) | **37.** (a) | | | |

❑❑❑

# 11 वाक्य रचना एवं वर्तनी शुद्धि

## वाक्य रचना

### ( लिंग, वचन, कारक, काल, वर्तनी त्रुटि से संबंधित )

वाक्य भाषा की अत्यंत महत्वपूर्ण इकाई होती है अर्थात् परिष्कृत भाषा के लिए वाक्य-शुद्धि का ज्ञान आवश्यक है। वाक्य रचना में संज्ञा, सर्वनाम, विशेषण, क्रिया, अव्यय से संबंधित या अन्य प्रकार की अशुद्धियाँ हो सकती हैं जैसे–

### 'संज्ञा' संबंधी अशुद्धियाँ

भाषा में एक संज्ञा की बहुत-सी समानार्थक संज्ञाएँ होती हैं। अर्थ की दृष्टि से उनमें समानता होने पर भी भाव की दृष्टि से उनमें भिन्नता रहती है; अतः प्रयोग करते समय प्रसंग के अनुकूल भाव वाली संज्ञाओं का ही प्रयोग करना चाहिए। प्रसंग के विरुद्ध भाव वाली संज्ञाओं के प्रयोग से भाषा में दोष आ जाता है। जैसे–

- सीता ने गीत की दो-चार लड़ियाँ गायी। (कड़ियाँ)
- प्रेम करना तलवार की नोक पर चलना है। (धार पर)
- नगर की सारी जनंसख्या भूखी है। (जनता)
- जिसकी लाठी उसकी भैंस वाली कथा चरितार्थ होती है। (कहावत)
- इस समस्या की औषध उसके पास है। (का समाधान)

### 'सर्वनाम' संबंधी अशुद्धियाँ

संज्ञा के स्थान पर प्रयुक्त होने के कारण सर्वनाम का प्रयोग ऐसी संज्ञा के स्थान पर उचित होता है, जिसका प्रयोग 'सर्वनाम' से पहले हो गया। बाद में आने वाली संज्ञा के स्थान पर उससे संबंधित 'सर्वनाम' का प्रयोग अशुद्ध होता है। जैसे–

- मेरे को यह बात पसंद नहीं। (मुझे)
- तेरे को अब जाना चाहिए। (तुझे)
- आप आपका काम करो। (अपना)
- आप जाकर ले लो। (तुम)
- आँख में कौन पड़ गया। (क्या)

  'विशेषण' तथा 'क्रिया-विशेषण' संबंधी अशुद्धियाँ
- विशेषण संज्ञा अथवा सर्वनाम की तथा क्रिया-विशेषण क्रिया विशेषता प्रकट करते हैं। जब विशेषण अथवा क्रिया-विशेषण अपने अभीष्ट अर्थ को प्रकट न करके किसी भ्रामक अथवा विरोधी अर्थ को प्रकट करने लगते हैं, तभी उनका प्रयोग अशुद्ध कहा जाता है।
- विशेषणों अथवा क्रिया विशेषणों के स्थानों पर संज्ञाओं का प्रयोग भी अशुद्ध होता है जैसे– मैं निश्चत रूप से कह सकता हूँ कि वह कब आयेगा। इस वाक्य में निश्चत के स्थान पर निश्चित होना चाहिए, क्योंकि रूप संज्ञा की विशेषता निश्चित (विशेषण) ही प्रकट कर सकता है, निश्चय (संज्ञा) नहीं।
- जिस प्रकार विशेषण के स्थान पर संज्ञा प्रयोग त्याज्य है, उसी प्रकार संज्ञा के स्थान पर विशेषण का प्रयोग भी हेय है। जैसे– लाचार-वश में लाचार के स्थान पर लाचारी का प्रयोग ही शुद्ध है; क्योंकि 'लाचार' विशेषण है।

### विशेषण-संबंधी अशुद्धियाँ

- जीवन और साहित्य का घोर संबंध है। (घनिष्ट)
- मुझे बड़ी भूख लगी है। (बहुत)
- वहाँ भारी भरकम भीड़ जमा थी। (बहुत या बहुत भारी)
- इस वीरान जीवन में। (नीरस)
- राजेश आगामी बुधवार को आएगा।

### 'क्रिया' संबंधी अशुद्धियाँ

क्रिया वाक्य का प्रमुखतम अंग है। उसके अशुद्ध प्रयोग से सारा वाक्य ही भद्दा लगता है। प्रायः विद्यार्थी किसी संज्ञा के साथ ऐसी क्रिया का प्रयोग करते हैं, जो वहाँ पर प्रयुक्त नहीं होनी चाहिए; जैसे– मैंने स्मरण दिलाया कि उसे आज पत्र लिखना है। इस वाक्य में दिलाया के स्थान पर कराया होना चाहिए, क्योंकि स्मरण कोई ऐसी वस्तु नहीं है, जिसे किसी दूसरे से दिलाया जा सके। यदि एक वाक्य में कई क्रियाएँ हों तो उनके काल आदि में संगति का ध्यान रखना चाहिए। एक ही वाक्य में विभिन्न कालों की क्रियाओं का प्रयोग अशुद्ध होता है; जैसे– जिसे अपने कुल की मर्यादा का तनिक भी ध्यान है, वह ऐसे निन्दित कर्म नहीं करेगा। इस वाक्य में है वर्तमान काल की तथा करेगा भविष्यत काल की क्रियाएँ हैं; अतः इनका प्रयोग अशुद्ध है।

### क्रिया-संबंधी अशुद्धियाँ

- वह कुरता डालकर गया है। (पहनकर)
- अपने हस्ताक्षर लगा दो। (कर)
- उपस्थित लोगों ने संकल्प लिया। (किया)
- वहाँ घना अँधेरा घिरा था। (छाया)

### लिंग-संबंधी अशुद्धियाँ

- हिंदी की शिक्षा अनिवार्य कर दिया गया। (दी गयी)
- मुझे मजा आती है। (आता)
- रामायण का टीका। (की)
- लड़की ने जोर से हँस दी। (दिया)
- दंगे में बालक, युवा नर-नारी सब पकड़ी गयी। (पकड़े गये)

# प्रश्नमाला

**निर्देश– प्रत्येक वर्ग में चार वाक्य दिये गये हैं। इनमें एक वाक्य किसी न किसी दृष्टि से अशुद्ध है। उसकी पहचान कीजिए।**

1. (a) दवा खाकर रामू आरोग्य हो गया।
   (b) गोपाल यहाँ आने को मत कहना।
   (c) जाड़े के दिनों में रातें बड़ी होती हैं।
   (d) पुलिस ने अपराधी पर मुकदमा चलाया।
2. (a) अपना काम निकालने के लिए दूसरों की खुशामद करनी पड़ती है।
   (b) अब मौसम ठीक हो गया।
   (c) अपना काम समय पर निपटा देना ही अच्छा है।
   (d) इस समय शंभू की आयु चालीस वर्ष है।
3. **निम्नलिखित में से वाक्य से शुद्ध रूप का चयन कीजिए।**
   (a) फल बच्चे को काटकर खिलाओ।
   (b) बच्चे को काटकर फल खिलाओ।
   (c) बच्चे को फल काटकर खिलाओ।
   (d) काटकर फल बच्चे को खिलाओ।

**निर्देश– नीचे (4–7) चार वाक्य दिये गये हैं, इनमें एक वाक्य किसी न किसी दृष्टि से अशुद्ध है, उसकी पहचान कीजिए।**

4. (a) बाहर से किसकी आवाज आ रही है।
   (b) तुम्हीं ने ही मेरी शिकायत की है।
   (c) सत्यभाषण हर एक के बूते की बात नहीं।
   (d) मैं जो कहता हूँ, वही करता हूँ।
5. (a) यह बात एक उदाहरण से स्पष्ट हो जायेगी।
   (b) मोहन की गाय एक बार में आठ किलो दूध देती है।
   (c) जो कुछ आप जानते हों, बात दीजिए।
   (d) इस समय बाहर निकलना ठीक नहीं।
6. (a) उसे तो हर समय अपनी ही पड़ी रहती है।
   (b) इतना भोजन चार आदमी के लिए पर्याप्त है।
   (c) बरसात में मच्छर बहुत हो जाते हैं।
   (d) बिना छना पानी नहीं पीना चाहिए।
7. (a) भले लोग झगड़ों से हमेशा बचते हैं।
   (b) देश की आर्थिक दशा में सुधार हो रहा है।
   (c) आजकल के नेताओं का आचरण पहले के नेताओं जैसा नहीं है।
   (d) प्राकृतिक छटा देखना हो तो नगर की भीड़-भाड़ से बाहर जाना होगा।
8. **निम्नलिखित में से वाक्य के शुद्ध रूप का चयन कीजिए।**
   (a) आज का अवकाश कृपया देने की कृपा करें।
   (b) कृपया आज का अवकाश देने की कृपा करें।
   (c) आज का अवकाश देने की कृपा करें।
   (d) आज का कृपया अवकाश देने की कृपा करें।
9. **निम्नलिखित में से वाक्य के शुद्ध रूप का चयन कीजिए–**
   (a) वन में प्रात: काल का दृश्य बहुत ही सुहावना होता है।
   (b) वन में प्रात: काल के समय बहुत ही सुहावना दृश्य होती है।
   (c) वन में प्रात: काल के समय बहुत ही मनोहारी दृश्य होता है।
   (d) वन में प्रात:काल के दृश्य बहुत ही खूबसूरत होता है।
10. **निम्नलिखित में वाक्य के शुद्ध रूप से चयन कीजिए।**
   (a) मैं गाने की कसरत करता हूँ
   (b) मैं गाने का अभ्यास करता हूँ
   (c) मैं गाने का शौक कर रहा हूँ
   (d) मैं गाने का व्यायाम कर रहा हूँ
11. **निम्नलिखित में से वाक्य से शुद्ध रूप का चयन कीजिए।**
   (a) बैल और बकरी घास चरती है।
   (b) बैल और बकरी घास चरते हैं।
   (c) बैल और बकरी घास चरता है।
   (d) बैल और बकरी घास चरती है।
12. **कौन-सा वाक्य शुद्ध है?**
   (a) वाह! कितना सुन्दर दृश्य है?
   (b) वाह! कितना सुन्दर दृश्य है।
   (c) वाह! कितना सुन्दर दृश्य है!
   (d) वाह! कैसा सुन्दर दृश्य है!

# उत्तरमाला

**1.** (b) **2.** (b) **3.** (c) **4.** (b) **5.** (c) **6.** (b) **7.** (d) **8.** (c) **9.** (a) **10.** (b) **11.** (b) **12.** (b)

## वर्तनी-शुद्धि

- किसी भाषा का कोई सार्थक शब्द शब्दकोश में जिस रूप में लिखा जाता है, उसे **वर्तनी** कहा जाता है। लिखते समय वर्तनी की गलतियाँ प्राय: गलत उच्चारण करने अथवा नियमों की जानकारी न होने के कारण होती हैं। यहाँ कुछ शुद्ध एवं अशुद्ध शब्दों की सूची दी जा रही है–

| अशुद्ध | शुद्ध | अशुद्ध | शुद्ध |
|---|---|---|---|
| अध्यन | अध्ययन | अर्थात | अर्थात् |
| आर्शीवाद | आशीर्वाद | अभीष्ठ | अभीष्ट |
| अजीविका | आजीविका | अनाधिकार | अनधिकार |
| अनुग्रहीत | अनुगृहीत | आहवान | आह्वान |
| अर्धांगिनी | अर्द्धांगिनी | अंगूठी | अँगूठी |
| आद्र | आर्द्र | आकांछा | आकांक्षा |

| अशुद्ध | शुद्ध | अशुद्ध | शुद्ध |
|---|---|---|---|
| छत्रिय | क्षत्रिय | छमा | क्षमा |
| छय | क्षय | छोभ | क्षोभ |
| नछत्र | नक्षत्र | रच्छा | रक्षा |
| श्रेष्ट | श्रेष्ठ | इकट्टा | इकट्ठा |
| इष्ठ | इष्ट | चेष्ठा | चेष्टा |
| प्रविष्ठ | प्रविष्ट | कन्नड | कन्नड़ |
| घोडा | घोड़ा | झाड़ू | झाड़ू |
| लुड़कना | लुढ़कना | पढता | पढ़ता |
| ढ़कना | ढकना | ढ़ेर | ढेर |
| अनुदित | अनूदित | सुश्रुषा | सुश्रूषा |

| अशुद्ध | शुद्ध | अशुद्ध | शुद्ध | अशुद्ध | शुद्ध | अशुद्ध | शुद्ध |
|---|---|---|---|---|---|---|---|
| उंचाई | ऊँचाई | हदय | हृदय | निश्काम | निष्काम | निश्फल | निष्फल |
| प्रथक् | पृथक् | प्रक्रिति | प्रकृति | परिभाशा | परिभाषा | पुश्प | पुष्प |
| विक्ष | वृक्ष | तृकोण | त्रिकोण | बहिश्कार | बहिष्कार | भ्रश्ट | भ्रष्ट |
| कृया | क्रिया | ऐषणा | एषणा | अमावश्या | अमावस्या | कोशी | कोसी |
| अनेकों | अनेक | उपलक्ष | उपलक्ष्य | तपश्या | तपस्या | नमश्कार | नमस्कार |
| उज्वल | उज्ज्वल | उपाधी | उपाधि | पुरश्कार | पुरस्कार | प्रशन्न | प्रसन्न |
| एश्वर्य | ऐश्वर्य | एतिहासिक | ऐतिहासिक | फागुण | फागुन | रसायण | रसायन |
| श्रंग | शृंग | कवित्री | कवयित्री | राणी | रानी | प्रनाली | प्रणाली |
| क्रत्रिम | कृत्रिम | ग्रहीत | गृहीत | प्रमान | प्रणाम | प्रान | प्राण |
| गुरू | गुरु | गृहणी | गृहिणी | मरन | मरण | रनभूमि | रणभूमि |
| गृहण | ग्रहण | चक्षू | चक्षु | रमन | रमण | रामायन | रामायण |
| चिन्ह | चि | निर्दयी | निर्दय | विस्मरन | विस्मरण | वीना | वीणा |
| नृसंश | नृशंस | नारियां | नारियाँ | श्रवन | श्रवण | बिकट | विकट |
| नुपुर | नूपुर | परिक्षा | परीक्षा | बिख्यात | विख्यात | बिद्वान | विद्वान |
| परीशिष्ट | परिशिष्ट | परलम्बी | परावलम्बी | बिधि | विधि | अन्ग | अंग |
| प्राविधान | प्रावधान | प्रत्यांचा | प्रत्यंचा | अनगिन्त | अनगिनत | कन्ठ | कण्ठ |
| परोच्छ | परोक्ष | प्रशंशा | प्रशंसा | कुन्डली | कुण्डली | घन्टे | घण्टे |
| प्रतियाशित | प्रत्याशित | प्रसंशनीय | प्रशंसनीय | चन्चल | चंचल | पडता | पड़ता |
| पूज्यनीय | पूजनीय | प्रत्यच्छ | प्रत्यक्ष | पेड | पेड़ | लडका | लड़का |
| मात्रिभूमि | मातृभूमि | मिरच | मिर्च | रोड़ | रोड | षड़यंत्र | षड्यंत्र |
| रामचन्दर | रामचंद्र | उत्कर्श | उत्कर्ष | सोड़ा | सोडा | बूढ़ा | बूढ़ा |

## प्रश्नमाला

**1. शुद्ध वर्तनी का चयन कीजिए।**
(a) परिषद (b) प्रिथा
(c) परिषद् (d) प्रिथक

**2. शुद्ध वर्तनी का चयन कीजिए।**
(a) पुष्ट (b) पुन्सत्व
(c) पुश्ट (d) पुरुष

**3. शुद्ध वर्तनी का चयन कीजिए।**
(a) विश्तार (b) बिस्तृत
(c) बिस्तार (d) विस्तृत

**4. शुद्ध वर्तनी का चयन कीजिए।**
(a) बेबश (b) विलास
(c) विलाश (d) बिलास

**5. सही वर्तनी वाला शब्द चुनिए।**
(a) अव्राजन (b) आव्रजन
(c) आवजन (d) ऑवर्जन

**6. सही वर्तनी वाला रूप है।**
(a) अनिभिज्ञ (b) अनभिज्ञ
(c) अनाभि (d) अनभिग्य

**7. शुद्ध वर्तनी का चयन कीजिए।**
(a) तहसीलदारी (b) तहिसीलदारी
(c) तहशीलदारी (d) तहीसलदारी

**8. शुद्ध वर्तनी का चयन कीजिए।**
(a) अपकर्ति (b) अपकीर्ति
(c) अपकीर्ती (d) अपकिति

**9. इनमें से सही शब्द कौन-सा है?**
(a) समपृक्त (b) संपृक्त
(c) संपक्तृ (d) सृपंक्त

**10. शुद्ध वर्तनी का चयन कीजिए।**
(a) बिशेष (b) बेकल
(c) विशेष (d) बिडाल

**11. शुद्ध वर्तनी का चयन कीजिए।**
(a) बिशाल (b) बिसाल
(c) विषाल (d) विशाल

**12. शुद्ध वर्तनी का चयन कीजिए।**
(a) वृक्ष (b) बेषुमार
(c) बृक्ष (d) बिमार

**13. शुद्ध वर्तनी का चयन कीजिए।**
(a) वृद्ध (b) बृद्ध
(c) बृटेन (d) बृटिश

**14. शुद्ध वर्तनी का चयन कीजिए।**
(a) बिषय (b) विषय
(c) वेमुख (d) बेवाद

**15. शुद्ध वर्तनी का चयन कीजिए।**
(a) तीमाही (b) विष्णु
(c) बिष्णु (d) तृश्ना

**16. सही वर्तनी कौन-सी है?**
(a) आजीविका (b) अजीविका
(c) आजिविका (d) अजीभीका

**17. इनमें से सही शब्द कौन-सा है?**
(a) पारलौकिक (b) परलौकिक
(c) पारलेकिक (d) पारलोकिक

**18. शुद्ध वर्तनी का चयन कीजिए।**
(a) बर्षा (b) वर्सा
(c) वर्शा (d) वर्षा

**19. शुद्ध वर्तनी का चयन कीजिए।**
(a) वहिरगमन (b) वहिष्कार
(c) बहिष्कार (d) वहिरगमन

**20. शुद्ध वर्तनी का चयन कीजिए।**
(a) प्रतिष्टा (b) प्रतिष्ठा
(c) परतिष्टा (d) परतिष्ठा

**21. शुद्ध वर्तनी का चयन कीजिए।**
(a) मृत्यूंजय (b) म्रित्यन्जय
(c) मृत्युंजय (d) मृत्युन्जय

22. शुद्ध वर्तनी का चयन कीजिए।
(a) परिणति (b) परणति
(c) परणिति (d) परीणीत

23. शुद्ध वर्तनी का चयन कीजिए।
(a) स्थायि (b) स्थायी
(c) स्थाई (d) स्थाइ

24. शुद्ध वर्तनी का चयन कीजिए।
(a) कुमुदनी (b) कुमुदुनी
(c) कुमुदिनी (d) कुमदुनी

25. शुद्ध वर्तनी का चयन कीजिए।
(a) ब्रतन (b) वरतन
(c) बर्तन (d) बरतन

26. शुद्ध वर्तनी का चयन कीजिए।
(a) श्रष्टि (b) शृष्टि
(c) सृष्टि (d) श्रष्टि

27. शुद्ध वर्तनी का चयन कीजिए।
(a) क्रपा (b) क्रर्पा
(c) क्रिपा (d) कृपा

28. शुद्ध वर्तनी का चयन कीजिए।
(a) प्रशन्न (b) प्रसांत
(c) प्रस्न (d) प्रसन्न

29. शुद्ध वर्तनी का चयन कीजिए।
(a) सताब्दी (b) सताब्दि
(c) शताब्दि (d) शताब्दी

30. शुद्ध वर्तनी का चयन कीजिए।
(a) त्रिदोश (b) तिरदोष
(c) त्रिदोष (d) तृदोष

31. शुद्ध वर्तनी का चयन कीजिए।
(a) अभिसेक (b) अन्त्यानुप्रास
(c) अराधना (d) अस्थाई

32. शुद्ध वर्तनी का चयन कीजिए।
(a) इत्यादी (b) इच्छा
(c) इर्ष्या (d) ईन्धन

33. शुद्ध वर्तनी का चयन कीजिए।
(a) अन्तर्ध्यान (b) अंतर्ध्यान
(c) अन्तरध्यान (d) अन्त:ध्यान

34. शुद्ध वर्तनी का चयन कीजिए।
(a) अधम्र (b) अध्रम
(c) अधर्म (d) अधृम

35. शुद्ध वर्तनी का चयन कीजिए।
(a) पृथक (b) प्रिथ्वी
(c) प्रथक (d) प्रिथिवी

36. शुद्ध वर्तनी का चयन कीजिए।
(a) प्रतीयोगी (b) प्रतिकार
(c) प्रत्यूस (d) प्रकान्ड

37. सही वर्तनी के लिए विकल्प चुनिए।
(a) अवस्थापना (b) आवस्थापना
(c) अवसथापनो (d) अवास्थापना

38. इनमें से किसकी वर्तनी शुद्ध है?
(a) अभ्युत्थान (b) अभित्थान
(c) अभुत्थान (d) आभ्युत्थान

39. शुद्ध वर्तनी का चयन कीजिए।
(a) दुभासिया (b) दाहिने
(c) दहिने (d) दाहीने

40. शुद्ध वर्तनी का चयन कीजिए।
(a) दाइत्व (b) दायीत्व
(c) दाईत्व (d) दायित्व

41. सही विकल्प का चयन कीजिए।
(a) उपर्युक्त (b) उपर्युक्ता
(c) ऊपर्युक्त (d) अपयुक्त

42. निम्नलिखित शब्दों में से किसकी वर्तनी शुद्ध है?
(a) सिदहस्त (b) सिद्धहस्त
(c) सिद्धेहस्त (d) सिद्धोहस्त

43. इनमें से कौन-सा शब्द सही है?
(a) प्रादुभाव (b) प्रादुर्भाव
(c) प्रार्भुदाव (d) प्रदुर्भाव

44. इनमें से सही विकल्प चुनिए।
(a) विछोह (b) बिछोह
(c) विछेहा (d) वीछोह

45. सही वर्तनी क्या है?
(a) निवृत्ति (b) निवत्ति
(c) निर्वत्ति (d) नृिवत्ति

46. कौन-सी वर्तनी सही है?
(a) प्राक्कथन (b) प्राकथन
(c) प्राक्कथेन (d) प्राक्केथन

47. शुद्ध वर्तनी का चयन कीजिए।
(a) छोभ (b) क्षुधा
(c) धुब्ध (d) छुधा

48. शुद्ध वर्तनी का चयन कीजिए।
(a) छेत्र (b) छत्रिय
(c) क्षेत्र (d) छण

49. शुद्ध वर्तनी का चयन कीजिए।
(a) गर्भीत (b) गृहिणी
(c) गार्हस्थ (d) ग्रहिणी

50. शुद्ध वर्तनी का चयन कीजिए।
(a) घनिष्ट (b) घन्टा
(c) कुन्डी (d) घनिष्ठ

51. शुद्ध वर्तनी का चयन कीजिए।
(a) जन्माष्टिमी (b) जनम
(c) जन्मष्टिमी (d) जन्माष्टमी

52. शुद्ध वर्तनी का चयन कीजिए।
(a) झंझट (b) झन्झट
(c) झांझ (d) झूरमूट

53. शुद्ध वर्तनी का चयन कीजिए।
(a) औशधि (b) कन्स
(c) अहार (d) अधीन

54. शुद्ध वर्तनी का चयन कीजिए।
(a) आच्छादन (b) अस्विकार
(c) असोक (d) आच्छदन

55. निम्न रूपों में से सही वर्तनी चुनिए।
(a) साहत्यकार (b) साहित्यिकर
(c) साहित्यकार (d) सहित्यकार

56. सही वर्तनी वाला शब्द चुनिए।
(a) सम्रादत (b) समादृत
(c) संमादृत (d) सम्पादृत

## उत्तमाला

| | | | | | | | | | |
|---|---|---|---|---|---|---|---|---|---|
| 1. (c) | 2. (a) | 3. (d) | 4. (b) | 5. (b) | 6. (b) | 7. (a) | 8. (b) | 9. (b) | 10. (c) |
| 11. (d) | 12. (a) | 13. (a) | 14. (b) | 15. (b) | 16. (a) | 17. (a) | 18. (d) | 19. (c) | 20. (b) |
| 21. (c) | 22. (a) | 23. (b) | 24. (c) | 25. (c) | 26. (c) | 27. (d) | 28. (d) | 29. (d) | 30. (c) |
| 31. (b) | 32. (b) | 33. (b) | 34. (c) | 35. (a) | 36. (b) | 37. (a) | 38. (a) | 39. (b) | 40. (d) |
| 41. (a) | 42. (b) | 43. (b) | 44. (a) | 45. (a) | 46. (a) | 47. (b) | 48. (c) | 49. (b) | 50. (d) |
| 51. (d) | 52. (a) | 53. (d) | 54. (a) | 55. (c) | 56. (b) | | | | |

❑❑❑

# रस एवं छन्द

## रस के भेद

आचार्य भरतमुनि के आठ रस माने हैं, तो आचार्य विश्वनाथ तथा आचार्य मम्मद के रसों की संख्या भी मानी है। आगे चलकर भक्ति तथा वात्सल्य रस जुड़कर 'ग्यारह' हो गए।

## शृंगार रस

शृंग' तथा 'आर' के योग से उत्पत्ति शृंग (काम की उत्पत्ति) तथा आर (गीत या प्राप्ति) अर्थात् शृंगार का अर्थ-काम-वृद्धि की प्राप्ति है। शृंगार में स्त्री-पुरुष की पवित्र प्रेम भावना का वर्णन होता है।

## संयोग शृंगार

- कौन हो तुम वसन्त के दूत, विरस पतझड़ में अति सुकुमार; मन तिमिर से चपला की रेख तपन में शीतल मन्द बयारा।
- विश्लेषण-स्थायीभाव-रति। विमाय-आलम्बन-श्रद्धा, आश्रय-मनु, उद्दीपन-एकान्त प्रदेश, श्रद्धा की सुन्दरता, कोकिल कण्ठ रम्स वेशभूषा। **संचारी भाव-हर्ष,** चपलता, आशा, उत्सुकता आदि।

## वियोग शृंगार

मेरे प्यारे नव जलद से कंज से नेत्र वाले।
जाके आये न मधुवन से औं न भेजा सन्देशा।।
में रो-रो के प्रिय-विरह से वावली हो रही हूँ।
जा के मेरी सब दुःख कथा श्याम को तू दे।।

- **विश्लेषण-स्थायी**

**भाव-राति।** विभाव-आलम्बन-कृष्ण। आश्रय-राधा।
**उद्दीपन**–शीतल-मन्द-पवन और एकान्त स्थल। संचारी

## हास्य रस

अपने अथवा पराये परिधान वचन, क्रिया-कलाप आदि से उत्पन्न हुआ हास नामक स्थायी भाव, विभाव अनुभाव और संचारी भाव के संयोग से हास्य का रूप ग्रहण करता है, जैसे–

नाना वाहन नाना वेषा विहँसे सिव समाज निज देखा।
कोउ मुख-हीन विपुल मुख काहा बिनु पद-कर कोउ बहु पद बाह्य।

## करुण रस

किसी प्रिय व्यक्ति अथवा प्रिय वस्तु के विनाश हो जाने, प्रेमीजन के वियोग, धन की हानि आदि से हृदय में करुण रस की निप्पत्ति होती है। इसका स्थायी भाव-शोक है।

जो भूरि भाग्य नारी विदित थी निरुपमेय सुहागिनी।
हे हृदय बल्लम। हूँ वही अब में महा हतभागिनी।।
जो साथिनी होकर तुम्हारी थी अतीव सनाथिनी
है अब इसी मुझ-सी जगत में और कौन अनाथिनी।

## वीर रस

दुष्कर कार्यों यथा, युद्ध आदि में वीर रस है उत्पत्ति होता है वीरता का प्रदर्शन अनेक क्षेत्रों में सम्भव है और उसी के आधार पर दानवीर, यशवीर, दयावीर, धर्मवीर, युद्धवीर, शोधवीर, कर्मवीर जैसे– अनेक वीर हो सकते हैं। इसका स्थायी भाव उत्साह है।

सौमित्र से धनवाद का ख, अल्प भी न सहा गया।
निज शत्रु को देखे बिना, उससे तनिक न रहा-गया।

## रौद्र वीर

अपनी,अपने गुरुजनों या प्रियजनों आदि की निन्दा, भाव-भंग स्वाभिमान पर चोट आदि की स्थिति में रौद्र-रस का जन्म होता है।
इसका स्थायी भाव क्रोध है।

## भयानक रस

किसी भयंकर व्यक्ति, वस्तु या दृश्य को देखने, बलशाली के भयंकर कार्य से उत्पन्न रस 'भयानक' रस है। इसका स्थायी भाव 'भय है।

एक और अजगरहि लखि, एक ओर मृगराइ।
विकल बढोही बीच ही, परयो मूर्छा खाइ।।

## अद्भूत रस

विचित्र, विस्मयकारक व्यक्ति, वस्तु या कृत्य को देखकर उत्पन्न भाव से अद्भुत रस की उत्पत्ति होती है। इसका स्थायी भाव 'विस्मय' है।

बिनु पद चलै, सुने बिनु काना।
की बिनु कर्म करै विधि नाना।।
आनन रहित सकल रस भोगी।
बिनु वाणी वक्ता बड़ जोगी।।

## वीभत्स रस

'घृणा' नामक स्थायी भाव से इस रस की उत्पत्ति होती है। घृणा पैदा करने वाली वस्तुओं (पीव,हड्डी, मांस, चर्बी आदि) के सड़ने की दुर्गन्ध से हृदय में एक प्रकार की ग्लानि उत्पन्न होती है। इसका स्थायी भाव-'जुगुप्सा' नाम से भी पुकारा जाता है।

कोउ अंतड़िनि का पहिरि माल इतराल दिखावत।
कोउ चरबी से 'चोप सहित निज अंगनि लावत।।
कोउ मुंडनि ले मनि, मोंद कंदुक लौ डारत।
कोउ रुंड़नि पे बैठि करेजी फारि निकारत।।

## शान्त रस

संसार की क्षण भंगुरता, असारता तथा विषय-भोगी की अनिश्चितता तथा परमात्मा के ज्ञान से उत्पन्न 'वैराग्य' ही पुष्ट होकर शान्त रस से परिणत होता है।

इसका स्थायी भाव -निर्वेद' (उदासीनता) है।

मन पछितैहे अवसर वीते।
दुर्लभ देह पाई हरिपद भजु, करम वचन अरु होते।
अब नाथहि अनुराग जागु जड़-त्यागु दुराया जीते।
बुझे ने काम अगिनि तुलसी कहुँ विषय भोर बहु घी ते।।

## वात्सल्य रस

सन्तान-स्नेह वत्सलता स्थायी भाव से इस रस की उत्पत्ति होती है। प्राचीन आचार्यों ने इसे श्रृंगार के अन्तर्गत माना, परन्तु आज यह स्वतंत्र रस है। इसका वर्णन हिन्दी साहित्य में अनुपमेय है। सूर तो इसके सम्राट कहे गए।

इसके भी संयोग वात्सल्य' और 'वियोग वात्सल्य' दो भेद किए गए हैं।

## भक्ति रस

ईश्वर या देवता के विषय में रति (श्रद्धा) भाव भक्त के हृदय उत्पन्न होता है, उसी से भक्ति रस की उत्पत्ति होती है।

स्थायी भाव-'देवता विनायक रति'।

मेरे तो गिरधर गोपाल दूसरा न कोई।
जाके सिर मुकुट मेरो पति सोई।
साधुन संग बैठि-बैठि लोक लाज खोई।
अब तो बात फैल गई जाने सब कोई।
अँसुअन जल सींचि-सींचि प्रेम बेल दोई।
मीरा की लगन लागी होनी हो सो, होई।

## छन्द

व्याकरण के नियमों से बँधी रचना 'गद्य' तथा 'पिंगल' शास्त्र के नियमों से बँधी लयात्मक रचना 'पद्य' कहलाती है।

- हिन्दी साहित्य कोश के अनुसार, ''अक्षर, अक्षरों की संख्या एवं क्रम, मात्रा, मात्रा-गणना तथा यति-गति आदि से सम्बन्धित विशिष्ट नियमों से नियोजित पद्य-रचना 'छन्द कहलाती है।''
- गद्य की अपेक्षा छन्द बद्ध रचना अधिक प्रभावित एवं रस प्रवाह करती है।
- छन्दबद्ध रचना कर्णप्रिय, चिरस्थायी, चिर् स्मृति रक्षित होती है।
- छन्द बद्धता से रचना में गेयता, संगीतात्मकता, लयात्मकता आ जाती है।

### छन्द के तत्त्व

- वर्ण, मात्रा, शुभाक्षर, अशुभाक्षर, वर्णिकरण।
- मुख से निकलने वाली ध्वनि को सूचित करने के लिए निर्शिचित किए गए चिह्न '**वर्ण**' कहलाते हैं।
- **वर्ण** ह्रस्व तथा दीर्घ-दो प्रकार के होते हैं।
- **मात्रा** वर्ण के उच्चारण में जो समय व्यतीत होता है, उसे मात्रा कहते हैं। ह्रस्व (लघु) वर्ण की एक (।) तथा दीर्घ (गुरु) वर्ण की दो (ऽ) मात्रा होती हैं।
- **शुभाक्षर** 15 वर्ण हैं– क, ख, ग, घ, च, छ, ज, द, ध, न, य, श, स, क्ष, ज्ञ।
- **अशुभाक्षर** इन्हें दग्धाक्षर कहते हैं–ङ, झ, ञ, ट, ठ, ड, ढ, ण, त, थ, ब, भ, म, र, ल, व, ष, ह।
- **वर्णिक गण** वार्णिक छन्दों में 3 अक्षरों की मात्रा गणना को 'एक गण' कहा जाता है।
- वर्णिक गणों की संख्या आठ मानी गई है।
- यमाताराज भानसलगा' सूत्र के द्वारा–**यगण** (।ऽऽ), **मगण** (ऽऽऽ), **तगण** (ऽऽ।), **रगण** (ऽ।ऽ), **जगण** (।ऽ।), **भगण** (ऽ।।) **नगण** (।।।), **सगण** (।।ऽ) निर्धारित हैं।
- **छन्द** मात्रिक एवं वार्णिक दो प्रकार के छन्द होते हैं।
- 'मात्रा की गणना' पर आधारित छन्द (मात्रिक) तथा 'वर्ण-गणना' पर आधारित छन्द 'वार्णिक' छन्द होते हैं।
- एक से 26 वर्ण गणना वाले छन्द '**साधारण**' तथा 26 से अधिक वर्ण-गणना वाले छन्द '**दण्डक**' कहलाते हैं।
- 'यति' का अर्थ विराम, 'गति' का अर्थ लय तथा 'तुक' का अर्थ अन्तिम वर्णों की आवृत्ति है।
- **लघु या ह्रस्व वर्ण**–अ, इ, उ।
- **दीर्घ या गुरु वर्ण**–आ, ई, ऊ, ऋ, ओ, औ अनुस्वार विसर्ग युक्त वर्ण गुरु।
- संयुक्ताक्षर से पूर्व का वर्ण गुरु (ऽ) हो जाता है।

### मात्रिक छन्द

1. **दोहा** अर्द्ध-सम मात्रिक छन्द, चार चरण, प्रथम और तृतीय चरण में 13-13 तथा द्वितीय और चतुर्थ चरण में 11-11 मात्राएँ, विषम चरणों के अन्त में जगण (।ऽ।) नहीं होना चाहिए–

   ऽ ऽ ।। ऽऽ ।ऽ ऽऽ ऽ।। ऽ।
   मेरी भव बाधा हरौ, राधा नागरि सोय।
   ऽ ।। ऽ ऽऽ ।ऽ ऽ। ।।। ।। ऽ।
   जा तन की झाँई परै, स्याम हरित दुति होय।।

2. **चौपाई** सम मात्रिक छन्द, चार चरण, प्रत्येक चरण में 16-16 मात्राएँ, अन्त में जगण (।ऽ।), तगण (ऽऽ।) का निषेध।

   ।।। ।।। ऽ।। ।।ऽऽ ।।। ।ऽ। ।ऽ।। ऽऽ
   निरखि सिद्ध साधक अनुरागे । सहज सनेहु सराहन लागे ।।
   ऽ। । ऽ।। ऽ। ।।। ऽ ।।। ।।। ।। ।।। ।।। ऽ
   होत न भूतल भाउ भरत को। अचर सचर वर अचर करत को ।।

3. **सोरठा** अर्द्धसम मात्रिक-छन्द, प्रथम एवं तृतीय चरण में 11-11 और द्वितीय एवं चतुर्थ चरण में 13-13 मात्राएँ, दोहे का उल्टा होता है–

   ऽ। ।ऽ।। ऽ। ।। ।।। ऽ।। ।।।
   नील सरोरुह स्याम, तरुन अरुन बारिज नयन।
   ।।। ऽ ।। ।। ऽ। ।ऽ ऽ। ऽ।। ।।।
   करउ सो मन उर धाम, सदा छीरसागर सयन।

4. **कुण्डलियाँ** विषम मात्रिक छन्द, छः चरण, प्रत्येक चरण में 24 मात्राएँ, आदि में एक दोहा तथा बाद में एक सेला जोड़कर यह छन्द बनता है। जिस शब्द से आरम्भ उसी पर अन्त होता 'दोहे' का चौथा 'रोला' का प्रथम चरण 'एक' ही होता है।

   ऽ ऽ ऽ। । ऽ । ऽ ।। ऽ ।। । । ऽ ।
   साईं-बैर न कीजिए गुरु पण्डित कवि यार।
   ऽ ऽ । । ऽ ऽ । ऽ ऽ। ।ऽ।। ऽ।

बेटा बनिता पौरिया यज्ञ करावन हार ॥
ऽ । । ऽ । । ऽ। ऽ। ऽऽ ऽ ऽऽ
यज्ञ, करावन हार, राजमन्त्री जो होई।
ऽ। ।ऽऽऽ ।ऽ ।ऽ।ऽ ।ऽऽ
विप्र पड़ौसी वैद्य आपुनौ तपै रसोई॥

5. **बरवै** अर्द्धसम मात्रिक छन्द, विषम चरणों में 12-12 तथा सम चरणों में 7-7 मात्राएँ। सम चरणों के अन्त में जगण (।ऽ।) होता है–

"चम्पक हरवा अँग मिलि, अधिक सुहाय।
जानि परै सिय हियरें, जब कुंभिलाई॥"

6. **हरिगीतिका** सम मात्रिक छन्द, चार चरण, प्रत्येक चरण में 28 मात्राएँ, 16-12 पर यति, प्रत्येक चरण के अन्त में रगण (ऽ।ऽ) आवश्यक है–
।। ऽ। ऽऽ ऽ ।ऽ ।। ।। ।ऽ ऽऽ ।ऽ
खग-वृन्द सोता है अतः कल-कल नहीं होता यहाँ।

## प्रश्नमाला

**1. रस के अंग है-**
(a) स्थायी भाव
(b) विभाव एवं अनुभाव
(c) संचारी भाव
(d) ये सभी

**2. 'रस' के अन्तर्गत स्थायी भावों की संख्या है-**
(a) नौ (b) दस
(c) ग्यारह (d) बारह

**3. रस रूप में पुष्ट या परिणत होने वाले, सम्पूर्ण प्रसंग में व्याप्त रहने वाला भाव कहलाता है-**
(a) स्थायी भाव (b) विभाव
(c) अनुभाव (d) संचारी भाव

**4. जो व्यक्ति, वस्तु परिस्थितियाँ आदि स्थायी भावों को जाग्रत या उद्दीप्त करती है, वे-**
(a) स्थायी भाव (b) विभाव
(c) अनुभाव (d) संचारी भाव

**5. 'विभाव' के भेद हैं-**
(a) आलम्बन (b) उद्दीपन
(c) आश्रय (d) (a) तथा (b)

**6. भावों के उदय होने के पश्चात् आश्रय की चेष्टाएँ हैं-**
(a) स्थायी भाव (b) विभाव
(c) अनुभाव (d) संचारी भाव

**7. 'अनुभाव' के भेद नहीं है-**
(a) सात्विक
(b) वाचिक
(c) कायिक एवं आहार्य
(d) ये सभी

**8. छन्द कितने प्रकार के होते हैं?**
(a) मात्रिक (b) वर्णिक
(c) आर्थिक (d) (a) और (b) दोनों

**9. 'छन्द' के तत्त्व होते हैं-**
(a) वर्ण-मात्रा
(b) शुभ-अशुभाक्षर
(c) वर्णिकगण
(d) ये सभी

**10. 'यमाताराज भानसलगा' सूत्र के आधार पर 'गणों' की संख्या है-**
(a) नौ (b) आठ
(c) दस (d) सात

## उत्तरमाला

**1.** (d) **2.** (c) **3.** (a) **4.** (b) **5.** (d) **6.** (c) **7.** (b) **8.** (d) **9.** (a) **10.** (b)

❑❑❑

# अलंकार

- अलंकार का अर्थ आभूषण अर्थात् 'जो भूषित करे' होता है। काव्य में जिन धर्मों द्वारा चमत्कार उत्पन्न हो उसे अलंकार कहते हैं। भाषा के शब्द और अर्थ दो प्रमुख अंग होते हैं। अतएव काव्य में चमत्कार, शाब्दिक अथवा अर्थगत हो सकता है।

### (1) अनुप्रास

जहाँ पर वर्णों की आवृत्ति हो, वहाँ अनुप्रास अलंकार होता है : जैसे—मुदित महीपति मन्दिर आये। सेवक सचिव सुमन्त बुलाये।

इस चौपाई में पूर्वार्द्ध में म की और उत्तरार्द्ध में स की तीन-तीन बार आवृत्ति हुई है, पर इनमें स्वरों का मेल नहीं है। कहीं-कहीं स्वर भी मिल जाते हैं; जैसे—

सो सुख सुजस सुलभ मोहिं स्वामी।

इसमें स की आवृत्ति पाँच बार हुई है, पर स्वरों का मेल (सुख, सुजस, सुलभ) केवल तीन बार हुआ है।

### (2) यमक

जब कोई शब्द एक से अधिक बार प्रयुक्त हो परंतु **अर्थ भिन्न** हो वहाँ यमक अलंकार होता है। जैसे—

हरि हरि रूप दियो नारद को देखईं<br>
दोउ शिवगण मुस्काई।

यहाँ एक हरि का अर्थ विष्णु व दूसरे का अर्थ बंदर है।

आचार्यों ने यमक की तीन कोटियाँ बताई हैं—आदिपद, यमक, मध्यपद यमक और अंत पद यमक। मोटे तौर पर यमक के दो भेद माने जाते हैं।

(क) सभंग पद यमक<br>
(ख) अभंग पद यमक

**(क) सभंग पद यमक**—जब किसी शब्द का एक से अधिक बार प्रयोग होता है तथा उस शब्द को भंग करने पर भिन्न-भिन्न अर्थ निकलते हैं, तब सभंग पद यमक होता है। उदाहरणार्थ—

'हरिणी के नैनानी ते हरिनीके ये नैना'

प्रस्तुत उदाहरण में हरिणी (अच्छे) शब्द का प्रयोग दो बार हुआ है, परंतु अर्थ भिन है। पहले स्थान पर इसका अर्थ है हिरण जबकि दूसरे स्थान पर हरि नीके। इस प्रकार पूरी पंक्ति का अर्थ बनता है—हरि राधा के नेत्र तो हिरनी के नेत्रों से अधिक भव्य है।

**(ख) अभंग पद यमक**—जब किसी पद को भंग किए बिना भिन्न-भिन्न अर्थों की प्राप्ति हो, तब वहाँ अभंग पद यमक होता है। उदाहरणार्थ—

जल जो ना होता तो यह जग जाता जल।<br>
अथवा<br>
'जेते तुम तारे तेते नभ में ना तारे है

### (3) श्लेष

जब पंक्ति में एक ही शब्द के अनेक अर्थ होते हैं तब वहाँ श्लेष अलंकार होता है। जैसे—

चरण धरत चिन्ताकरत, भावत नींद न शोर।<br>
सुबरन को ढूँढ़त फिरत, कवि, कामी और चोर।।

**श्लेष अलंकार के प्रकार**—श्लेष अलंकार दो प्रकार का होता है—

(i) शब्द श्लेष (ii) अर्थ श्लेष

### (4) उपमा

समान धर्म, स्वभाव, शोभा, गुण आदि के आधार पर जहाँ एक वस्तु की तुलना दूसरी वस्तु से की जाती है, वहाँ उपमा अलंकार होता है। जैसे—

**राम का मुख कमल के समान सुन्दर है।**

राम का मुख उपमेय कमल उपमान<br>
समानवाचक सुन्दर समान धर्म

### (5) रूपक

जहाँ उपमेय में उपमान का आरोप किया जाए, वहाँ रूपक अलंकार होता है। इसमें वाचक और साधारण धर्म लुप्त हो उपमेय और उपमान में अभेद का भाव प्रकट करते हैं। जैसे—

खोलो अपना मुख पंकज सखी, देखो तेरा प्रिय तरणि आया।

### (6) उत्प्रेक्षा

जब उपमेय में उपमान से भिन्नता होते हुए भी उपमेय की उपमान के रूप में सम्भावना की जाए। जैसे—

लता भवन ते प्रकट भे तेहि अवसर दो ऊभाई।<br>
निकसे जनु जुग विमल बिधु जलद पटल विलगाइ।

उत्प्रेक्षालंकार के तीन भेद होते हैं—

(i) वस्तूत्प्रेक्षा (ii) फलोत्प्रेक्षा (iii) हेतूत्प्रेक्षा।

### (7) अतिशयोक्ति

जहाँ किसी वस्तु का बढ़ा-चढ़ाकर वर्णन किया जाए, वहाँ अतिशयोक्ति अलंकार होता है। जैसे—

लेवत मुख में घास मृग, मोर तजत नृत जात।<br>
आँसू गिरियत जर लता, पीरे-पीरे पात।।

### (8) विरोधाभास

जहाँ विरोध न होते हुए भी विरोध का आभास दिया जाए, वहाँ विरोधाभास अलंकार होता है। जैसे—

भर लाऊँ सीपी में सागर, प्रिय ! मेरी अब हार विजय क्या ?

सीपी में भला सागर कैसे भरा जा सकता है? अत: यहाँ विरोधाभास अलंकार है।

### (9) वक्रोक्ति

वक्रोक्ति अलंकार वहाँ होता है, जहाँ वक्ता के किसी कथन का श्रोता उसके आशय से भिन्न अर्थ ग्रहण करता है। इसके दो भेद किये जा सकते हैं। जैसे—

को तुम हो? घनश्याम हम, तो बरसो कित जाय।<br>
नहीं-नहीं गोपाल हूँ, धनु देख बन जाय।।

### (10) व्यतिरेक

जहाँ उपमेय में उपमान की अपेक्षा कुछ विशेषता दिखाई जाए, वहाँ व्यतिरेक अलंकार होता है। जैसे—

संत हृदय नवनीत समाना, कहा कविन पै कहत न जाना।

### (11) प्रतीप

जब प्रसिद्ध उपमान को उपमेय करके अथवा प्रसिद्ध उपमेय को उपमान करके उपमेय से उपमान की समानता, हीनता अथवा उत्कर्ष दिखाया जाए, इसे प्रतीप अलंकार कहा जाता है।

### (12) पुनरुक्तिवदाभास

जब समान अर्थ वाले शब्द प्रयुक्त हों, परन्तु अभिप्राय भिन्न हो, तो इस अलंकार की सृष्टि होती है। उदाहरण—

काल समय तव आयहू, मूढ़ सुनै" मम बात।
अस कहि मारी पवन सुत, कालनेमि इक लात।।

यहाँ 'काल' और 'समय' समानार्थी शब्द हैं परन्तु 'काल' शब्द 'मृत्यु' के अर्थ में प्रयुक्त होने से दोनों का अभिप्राय भिन्न हो गया।

### (13) पुनरुक्ति प्रकाश

जब शब्द की आवृत्ति रोचकता के लिए उसी अर्थ में हो, जैसे—

कलिका कलिका किसलय किसलय, में, पवन प्रमादी घूम रहा।
कोमल अंगों को हिला हिला, मंथर गति से वह डोल रहा।।

यहाँ 'कलिका', 'किसलय' और 'हिला' शब्द पुनः उसी अर्थ में प्रयुक्त हुए हैं।

### (14) वीप्सा

जहाँ किसी भाव पर बल देने के लिए एक ही शब्द की कई बार आवृत्ति हो, परन्तु प्रत्येक का अर्थ वही हो। जैसे—

दौड़ो! दौड़ो! दौड़ो आगि लगी है हमारे घर,
अरे नाहीं सारी लंक याकी है चपेट में।

## प्रश्नमाला

**1. 'पट-पीत मानहुं तड़ित रुचि, सुचि नौमि जनक सुतावरं' में कौन-सा अलंकार है?**
(a) उपमा (b) रूपक
(c) उत्प्रेक्षा (d) उदाहरण

**2. रहिमन जो गति दीप की, कुल कपूत गति सोय। बारे उजियारै लगै, बढ़ै अंधेरो होय।। प्रस्तुत पंक्तियों में कौन-सा अलंकार है?**
(a) उपमा (b) रूपक
(c) यमक (d) श्लेष

**3. "उदारहि बिमल बिलोचन ही के। मिटहिं दोष दुख भव रजनी के।" में आये अलंकार का नाम बताइये—**
(a) अनुप्रास अलंकार (b) उत्प्रेक्षा अलंकार
(c) उल्लेख अलंकार (d) रूपक अलंकार

**4. "सो सुख सुजस सुलभ मोहिं स्वामी" में आये अलंकार का नाम बताइये—**
(a) उपमा अलंकार (b) यमक अलंकार
(c) रूपक अलंकार (d) अनुप्रास अलंकार

**5. "चपला चमके घन बीच जगै छवि मोतिन माल अमोलन की" पद्यांश में अलंकार का नाम बताइये—**
(a) श्लेष अलंकार (b) यमक अलंकार
(c) उपमा अलंकार (d) रूपक अलंकार

**6. "नवल सुन्दर श्याम-शरीर की, सजल नीरद सी कल कान्ति थी।" उपर्युक्त पद्यांश में जो अलंकार है, वह है—**
(a) रूपक अलंकार (b) श्लेष अलंकार
(c) उपमा अलंकार (d) यमक अलंकार

**7. 'अयि गौरवशालिनी मानिनि आज" पद्यांश में अलंकार है—**
(a) रूपक अलंकार (b) श्लेष अलंकार
(c) उत्प्रेक्षा अलंकार (d) यमक अलंकार

**8. "सेस महेस गनेस दिनेस सुरेसहु जाँहि निरन्तर गावैं" पद्यांश में जो अलंकार है, वह है—**
(a) अनुप्रास अलंकार (b) उत्प्रेक्षा अलंकार
(c) यमक अलंकार (d) श्लेष अलंकार

**9. कबिरा सोई पीर है, जे जाने पर पीर। जे पर पीर न जानई, सो काफिर बेपीर।। प्रस्तुत पंक्तियों में कौन-सा अलंकार है?**
(a) यमक (b) रूपक
(c) पुनरुक्ति (d) श्लेष

**10. "संदेसनि मधुवन-कूप भरे" में कौन-सा अलंकार है?**
(a) रूपक (b) वक्रोक्ति
(c) अन्योक्ति (d) अतिशयोक्ति

**11. मेरे नगपति मेरे विशाल। साकार, दिव्य गौरव विराट।। उपर्युक्त पद्यांश में आये अलंकार का नाम बताइये—**
(a) उत्प्रेक्षा अलंकार (b) उल्लेख अलंकार
(c) यमक अलंकार (d) रूपक अलंकार

**12. "सारी बीच नारी है कि नारी बीच सारी है" में आये अलंकार का नाम है—**
(a) स्वभावोक्ति अलंकार
(b) दृष्टान्त अलंकार
(c) सन्देह अलंकार
(d) रूपक अलंकार

**13. सिंह-सुता क्या कभी स्यार से प्यार करेगी? क्या परनर का हाथ कुलस्त्री कभी धरेगी।।** उपर्युक्त पद्यांश में कौन-सा अलंकार है?
(a) उत्प्रेक्षा अलंकार (b) यमक अलंकार
(c) प्रतिवस्तूपमा (d) उपमा अलंकार

**14. लसत सूर सायक धनु-धारी। रवि प्रताप सन सोहत भारी।। में अलंकार का नाम बताइये—**
(a) प्रतिवस्तूपमा अलंकार
(b) स्वभावोक्ति अलंकार
(c) उत्प्रेक्षा अलंकार
(d) उल्लेख अलंकार

**15. "तू रूप है किरन में, सौन्दर्य है सुमन में" पद्यांश में कौन अलंकार है?**
(a) उल्लेख अलंकार (b) उत्प्रेक्षा अलंकार
(c) यमक अलंकार (d) रूपक अलंकार

**16. "जानत सौति अनीति है, जानत सखी सुनीति" में आये अलंकार का नाम बताइये—**
(a) उत्प्रेक्षा अलंकार (b) उल्लेख अलंकार
(c) यमक अलंकार (d) श्लेष अलंकार

**17. "मुदित महीपति मन्दिर आये,......." पद्यांश में कौन-सा अलंकार है?**
(a) अनुप्रास अलंकार (b) यमक अलंकार
(c) रूपक अलंकार (d) श्लेष अलंकार

**18. "रीझि रीझि रहसि-रहसि हँसि-हँसि उठे" पद्यांश में कौन-सा अलंकार है?**
(a) उपमा अलंकार (b) श्लेष अलंकार
(c) अनुप्रास अलंकार (d) यमक अलंकार

**19. "समय-सिन्धु चंचल है भारी" में आये अलंकार का नाम बताइये—**
(a) उपमा अलंकार (b) रूपक अलंकार
(c) श्लेष अलंकार (d) उत्प्रेक्षा अलंकार

**20. "अम्बर पनघट में डुबो रही तारा घट ऊषा नागरी" में कौन-सा अलंकार है?**
(a) यमक अलंकार
(b) श्लेष अलंकार
(c) रूपक अलंकार
(d) उपमा अलंकार

## उत्तरमाला

| | | | | | | | | | |
|---|---|---|---|---|---|---|---|---|---|
| **1.** (a) | **2.** (d) | **3.** (a) | **4.** (d) | **5.** (c) | **6.** (c) | **7.** (b) | **8.** (a) | **9.** (a) | **10.** (d) |
| **11.** (b) | **12.** (c) | **13.** (c) | **14.** (a) | **15.** (a) | **16.** (b) | **17.** (a) | **18.** (c) | **19.** (b) | **20.** (c) |

❑❑❑

# 14 अनुच्छेद में रिक्त स्थानों की पूर्ति

**नीचे दिए गए अनुच्छेदों में कुछ शब्दों को निकाल दिया गया है। ये शब्द रिक्त स्थान की पूर्ति के लिए दिए गए विकल्पों में सम्मिलित हैं। अनुच्छेद की विषय-वस्तु, वाक्य-रचना और शब्द-प्रयोग की उपयुक्तता को दृष्टिगत रखते हुए दिए गए विकल्पों में से उपयुक्त विकल्प का चयन कीजिए।**

### अनुच्छेद 1

पुरुषोत्तम राम एक ....1... पुरुष थे। वे माता-पिता के ...2... पुत्र थे। उन्होंने पिता का वचन ...3... हेतु 14 वर्ष का वनवास स्वीकार किया। भौतिक साधनों से... 4... उनके जीवन का उज्ज्वल पक्ष है। राम ...5... के धनी थे। उन्होंने ...6... परिस्थितियों में शक्तिशाली असुर रावण से लोहा लिया और अन्त में उसे ...7.... किया। राम के व्यक्तित्व का ... 8... था कि मनुष्य ही नहीं वानर भी उनसे प्रभावित हो उनके ...9... बन गए। उनके अयोध्या लौटने पर अयोध्यावासियों ने घी के ... 10. प्रज्वलित किए।

1. (a) उदार (b) मर्यादा (c) विलक्षण (d) प्रसन्नचित्त
2. (a) विद्वान् (b) साहसी (c) आज्ञाकारी (b) पुजारी
3. (a) मिलाने (b) विचारने (c) निभाने (d) सुझाने
4. (a) निर्मोह (b) मोह (c) त्याग (d) लागव
5. (a) कर्त्तव्य (b) जीवट (c) प्रेम (d) कलम
6. (a) सुगम (b) विरल (c) सघन (d) विकट
7. (a) पराजित (b) पराभव (c) सुवासित (d) विजेता
8. (a) बड़प्पन (b) आकर्षण (c) राज (d) औदार्य
9. (a) भक्त (b) शत्रु (c) साथी (d) विश्वासी
10. (a) मोमबत्ती (b) मशाल (c) दीपक (d) दीवट

### अनुच्छेद 2

किसान एक पूज्य प्राणी है। वह अपनी ...1... शक्ति का मोह त्याग मानवता की ... 2 मिटाने में संलग्न है । परन्तु यह विडम्बना ही कही जाएगी कि वह आज भी ...3... के चंगुल से मुक्त नहीं हो पाया है। सरकारें आईं, सरकारें गईं और किसानों के ... 4 की अनेक योजनाएँ घोषित की गईं लेकिन ये सभी ...5... के मुँह में जीरा ही साबित हुईं। यदि सच्चे अर्थों में कृषि और ग्रामीण विकास करना है तो किसानों को ... 6... बिजली प्रत्येक प्रदेश को देनी होगी । किसानों को कृषि उत्पादन में संलग्न रखने हेतु 7. देना...8. की माँग है। इस कार्य से वर्तमान में ग्रामीण क्षेत्रों से विशेषत: युवाशक्ति के नगरों की ओर ...9... पर अंकुश लग सकता है ताकि वे कृषि उत्पादन एवं ग्राम्य उद्योगों की ओर ... 10... हो सकें।

1. (a) बेहतर (b) सहन (c) परिश्रम (d) जीवनी
2. (a) पीड़ा (b) बुभुक्षा (c) कातरता (d) दयनीयता
3. (a) दुकानदार (b) साहूकार (c) पटवारी (d) ठेकेदार
4. (a) हितवर्धन (b) परिवर्तन (c) प्रगति (d) उन्नति
5. (a) किसान (b) बिल्ली (c) ग्रामीण (d) ऊँट
6. (a) अत्यल्प (b) क्रमागत (c) निशुल्क (d) विपुल
7. (a) प्रश्रय (b) सब्सिडी (c) उपकरण (d) उर्वरक
8. (a) किसान (b) ग्रामीण (c) समय (d) कृषि
9. (a) अर्थव्यवस्था (b) विघटन (c) पलायन (d) अपराध
10. (a) अभिमुख (b) उन्मुक्त (c) अग्रसर (d) अनुगामी

### अनुच्छेद 3

क्या ... 1... पता है। 2. भारत ...3... कितने लोग रोज भूखे पेट सोते ...4... ? क्या आपको... 5... है कि दुनिया के सबसे ... 6. गरीब लोग किस देश में रहते हैं? आपको यह जानकर 7 होगा कि भारत के कम-से-कम 50 करोड़ 8. गरीबी रेखा के नीचे हैं यानी उन्हें रोज भरपेट भोजन भी नहीं मिलता। ऐसे ... 9... लोग जितने भारत में हैं, दुनिया के किसी देश में नहीं हैं। इन गरीबों के लिए भारत सरकार अब 10 का कानून बनाने जा रही है। कानून उतना ही क्रान्तिकारी माना जा रहा है, जितना शिक्षा का अधिकार या सूचना के अधिकार का कानून।

1. (a) हमें (b) आपको (c) उन्हें (d) उसे
2. (a) तथा (b) कि (c) या (d) है
3. (a) पर (b) में (c) का (d) की
4. (a) था (b) है (c) हैं (d) हो
5. (a) जानकारी (b) ज्ञान (c) पता (d) जागरूकता
6. (a) कम (b) ज्यादा (c) तनिक (d) तुरन्त
7. (a) आश्चर्य (b) खुशी (c) दुख (d) उत्साह
8. (a) मनुष्य (b) लोग (c) जनसंख्या (d) पुरुष
9. (a) अमीर (b) गरीब (c) अमीरी (d) गरीबी
10. (a) खाद्य सुरक्षा (b) भोजन (c) फैशन (d) रोटी

### अनुच्छेद 4

भारत के गरीब ...1... हैं? हाड़-तोड़ काम करने वाले और भारत के ... 2... कौन हैं? - कुर्सियों और गधों पर बैठकर ... 3 ... करने वाले । यदि यह ...4... पट सके, जो कि समाजवादी व्यवस्था में ही... 5... रही है तो भारत में ... 6... यानी भुखमरी नामक बीमारी बची ही क्यों रहेगी? भूखों ...7... भारत का इलाज बस यही है। अगर हम यह असली इलाज नहीं करेंगे तो ... 8... कितना भी मालदार हो जाए, ... 9... का भूत उसके ... 10... पर नाचता रहेगा।

1. (a) क्या (b) कौन (c) किस (d) किधर
2. (a) अमीर (b) अमीरी (c) दरिद्र (d) दरिद्रता
3. (a) सोने (b) काम (c) रोने (d) गाने
4. (a) नदी (b) पहाड़ (c) खाई (d) पठार
5. (a) भरती (b) पटती (c) खेलती (d) टहली

6. (a) गरीबी (b) अमीरी
   (c) हस्ती (d) स्वार्थी
7. (a) सोते (b) मरते
   (c) हँसते (d) गाते
8. (a) भारत (b) नदी
   (c) मैदान (d) पहाड़
9. (a) अमीरी (b) गरीबी
   (c) जीवन (d) मृत्यु
10. (a) हाथ
    (b) अंगुलियों
    (c) सिर
    (d) पैर

## उत्तरमाला

**अनुच्छेद 1**

**1.** (b) **2.** (c) **3.** (c) **4.** (a) **5.** (b) **6.** (d) **7.** (a) **8.** (b) **9.** (a) **10.** (c)

**अनुच्छेद 2**

**1.** (d) **2.** (b) **3.** (b) **4.** (a) **5.** (d) **6.** (c) **7.** (b) **8.** (c) **9.** (c) **10.** (c)

**अनुच्छेद 3**

**1.** (b) **2.** (b) **3.** (b) **4.** (c) **5.** (c) **6.** (b) **7.** (c) **8.** (b) **9.** (b) **10.** (a)

**अनुच्छेद 4**

**1.** (b) **2.** (a) **3.** (b) **4.** (c) **5.** (b) **6.** (a) **7.** (b) **8.** (a) **9.** (b) **10.** (c)

❑❑❑

# 15 रचनाएँ एवं रचनाकार

- **कबीरदास :** बीजक (साखी, सबद, रमैनी), युगान्त के क्षितिज पर।
- **सूरदास :** सूरसागर (समग्र रचनाओं का संकलन), साहित्य लहरी, सूर-पच्चीसी, सूर सारावली, नागलीला, गोवर्द्धनलीला, प्राणप्यारी, सूरसागर-सार।
- **गोस्वामी तुलसीदास :** रामचरितमानस, गीतावली, दोहावली, कवितावली, कुण्डलियां, रामायण, कृष्ण गीतावली, रामाज्ञा प्रश्नावली, हनुमानबाहुक, विनय-पत्रिका, रामलला नहछू, पार्वतीमंगल, जानकीमंगल, बरवै रामायण, वैराग्य सन्दीपनी, रामसतसई।
- **नाभादास :** अष्टयाम, रामचरित के पद।
- **मीराबाई :** नरसीजी का माहरा, राम गोविन्द, सोरठा के पद, फुटकर पद, गीत गोविन्द की टीका, मीरा का मल्हार, रागविहाग।
- **रहीम (अब्दुर्रहीम खानखाना) :** रहीम दोहावली, रहीम रत्नावली, रहीम सतसई, बरवै नायिकाभेद, राम पंचाध्यायी, श्रृंगार सोरठा, मदनाष्ट, नगर शोभा, फुटकल बरवै, फुटकल सवैये, नायिकाभेद।
- **रसखान :** प्रेमवाटिका, सुजान रसखान, गीत काव्य।
- **मालिक मुहम्मद जायसी :** पद्मावत, अखरावट, आख़िरी कलाम।
- **भूषण :** शिवराज भूषण, शिवा बावनी, छत्रसाल दशक, भूषण उल्लास, भूषण हजारा, छत्रसाल दशक।
- **लल्लूजी लाल :** सिंहासन बत्तीसी, बैताल पच्चीसी, शकुन्तला नाटक, माधोनल, प्रेमसागर, राजनीति, भाषा कायदा, सभाबिलास, माधव बिलास, लतायफ़े हिन्दी या नक़लयाते हिन्दी, लाल चन्द्रिका, ब्रजभाषा व्याकरण।
- **लाला श्रीनिवासदास :** परीक्षागुरु (हिन्दी का प्रथम उपन्यास; 1882 ई.), प्रह्लादचरित, ताप्तासंवरणम्, रणधीर प्रेममोहिनी, संयोगिता स्वयंवर (नाटक)।
- **किशोरीलाल गोस्वामी :** त्रिवेणी, प्रणयिनी प्रणय, लवंगलता, राजकुमारी, मस्तानी, चन्द्रावली, हीराबाई, गुलबहार, इन्दुमती, लावण्यमयी (उपन्यास)।
- **गयाप्रसाद शुक्ल 'सनेही' (वे 'त्रिशूल' उपनाम से भी लेखन-कार्य करते थे।) :** प्रेमपच्चीसी, कृषकक्रन्दन, राष्ट्रीय वीणा, त्रिशूलतरंग, कला में त्रिशूल, करुणा कादम्बिनी, संजीवनी।
- **राजा शिवप्रसाद 'सितारेहिन्द' :** योगवासिष्ठ, मानवधर्मसार, उपनिषद्सार।
- **जगन्नाथदास रत्नाकार :** हिण्डोला, कलकाशी, श्रृंगारलहरी, वीराष्टक, प्रकीर्ण पद्यावली, गंगावतरण, अष्टक, उद्धव शतक।
- **मैथिलीशरण गुप्त :** साकेत, यशोधरा, काबा और कर्बला, मंगलभट्ट, झंकार, स्वदेश-संगीत, वैज्ञानिक, हिन्दू, विकटभट्ट, रंग में भंग, पत्रावली, सिद्धराज, कुणाल, गुरुकुल, हिन्दू, राष्ट्रकुल, राष्ट्रवाणी, स्वस्ति और संकेत, जयद्रथ वध, सैरन्ध्री, किसान, प्रदक्षिणा, तिलोत्तमा, बहुष, विष्णुप्रिया, भारत-भारती, द्वापर, पंचवटी, अनघ, चन्द्रहास, शकुन्तला, शक्ति, वन-वैभव, वक्संहार।
- **अयोध्या सिंह उपाध्याय 'हरिऔध' : महाकाव्य-** प्रिय प्रवास, वैदेही वनवास, **काव्यसंग्रह-** पारिजात, चुभते चौपदे, चोखे चौपदे, रस कलश; **उपन्यास-** अध खिला फूल, ठेठ हिन्दी का ठाठ; **नाटक-** रुक्मिणी परिणय; **अन्य-** हिन्दी भाषा और साहित्य का इतिहास।
- **श्रीधर पाठक :** कश्मीर सुषमा, जगतसचाईसार, भारतगीत, उजड़ग्राम, एकान्त योगी, श्रान्त पथिक।
- **भारतेन्दु हरिश्चन्द : नाटक-** विद्यासुन्दर, रत्नावली, धनंजय विजय, कर्पूर मंजरी, मुद्राराक्षस, भारत जननी, दुर्लभ बन्धु, वैदिकी हिंसा हिंसा न भवति, सत्य हरिश्चन्द्र, श्रीचन्द्रावली, विषस्य विषमौषधम्, भारत दुर्दशा, नील देवी, अंधेर नगरी, सती-प्रताप, प्रेम जोगिनी; कश्मीर कुसुम, महाराष्ट्र देश का इतिहास, **सम्पादन-** कविवचन सुधा, हरिश्चन्द चन्द्रिका; **उपन्यास-** शीलवती, चन्द्रप्रभा प्रकाश, रामलीला, हम्मीर हठ (अपूर्ण)।
- **दयानन्द सरस्वती :** सत्यार्थ प्रकाश।
- **देवकीनन्दन खत्री :** चन्द्रकान्ता सन्तति, देवकान्ता, भूतनाथ, नरेन्द्रमोहिनी, कुसुमकुमारी, वीरेन्द्रवीर, काजर की कोठरी, गुप्त गोदना।
- **दुर्गाप्रसाद खत्री :** प्रतिशोध, लाल पंजा, रक्तमण्डल, काला चोर, सफ़ेद शैतान, भूतनाथ।
- **रविन्द्रनाथ टैगोर :** गीतांजलि, गोरा, चित्रा, राजऋषि, विसर्जन।
- **आचार्य हजारीप्रसाद द्विवेदी : उपन्यास-** बाणभट्ट की आत्मकथा, चारुचन्द्रलेख, पुनर्नवा, अनामदास का पोथा; **निबन्ध-** अशोक के फूल, कल्पलता, विचार-प्रवाह, विचार और वितर्क; **समीक्षा-** सूर-साहित्य, हिन्दी-साहित्य की भूमिका, प्राचीन भारत के कलात्मक विनोद, मेघदूत : एक पुरानी कहानी, सन्देशरासक, पृथ्वीराज रासो, कालिदास की लालित्य-योजना, मध्ययुगीन बोध, आलोकपर्व।
- **आचार्य रामचन्द्र शुक्ल : समालोचना-** जायसी ग्रन्थावली, तुलसीदास, सूरदास, चिन्तामणि (दो भागों में), रस मीमांसा, त्रिवेणी; **कहानी-** ग्यारह वर्ष का समय; **काव्य-** बुद्ध-चरित्, अभिमन्यु-वध; **सम्पादन**-हिन्दी-शब्दसागर, **नागरी**-प्रचारिणी पत्रिका, आनन्द कादम्बिनी, भ्रमर गीतसार; **निबन्ध**-काव्य में प्राकृतिक दृश्य, काव्य में अभिव्यंजनावाद, रसबोध के विविध रूप, काव्य में रहस्यवाद सारणीकरण और व्यक्ति वैचित्र्यवाद, उत्साह, श्रद्धा-भक्ति, करुणा, लज्जा और ग्लानि, लोभ और प्रीति, घृणा, ईर्ष्या, भय, क्रोध; **इतिहास**-हिन्दी-साहित्य का इतिहास, फारस-साहित्य का इतिहास।
- **प्रेमचन्द : उपन्यास**-गोदान, सेवा सदन, प्रतिज्ञा, वरदान, प्रेमाश्रम, निर्मला, रंगभूमि (दो भागों में), कर्मभूमि, काया-कल्प, गबन, मंगल सूत्र; **कहानी-संग्रह**-नवविधि, प्रेम पूर्णिमा, लाल फीता, नमक का दारोगा, प्रेम प्रमोद, बैंक का दिवाला, प्रेम चतुर्थी, अग्निसमाधि, पाँच फूल, शान्ति, पंच फूल, मानसरोवर (आठ भागों में), कुत्ते की कहानी, हिन्दी की आदर्श कहानियाँ, कफ़न, नारी जीवन की कहानियाँ, जंगल की कहानियाँ, प्रेमचन्द की सर्वश्रेष्ठ कहानियाँ, प्रेम पचीसी, प्रेम-प्रसून प्रेम-द्वादशी, प्रेम-तीर्थ, प्रेम प्रतिमा, सपत सुमन, प्रेम पंचगी, प्रेमकुंज, प्रेरणा, समरयात्रा, पंच प्रसून, पंच प्रश्न, नव जीवन, बड़े घर की बेटी, सप्त सरोज; **नाटक**-संग्राम, कर्बला, प्रेम की बेटी, चन्द्रहार; **सम्पादित ग्रन्थ**-मनमोहक, गल्प समुच्चय, गल्परत्न।

- **फणीश्वरनाथ रेणु : उपन्यास**-मैला आंचल, पान की बेगम, रसपिरिया, तीन बिन्दयाँ, परती परिकथा, दीर्घतपा, तीन रंग और तरेह चित्र; **कहानी-संग्रह**-ठुमरी, आदिम रात्रि की महक।
- **भगवतीचरण वर्मा : उपन्यास**-पतन, चित्रलेखा, तीन वर्ष, टेढ़े मेढ़े रास्ते, सामर्थ्य और सीमा, रेखा, सीधी-सच्ची बातें, सबहि नचावत राम गुसाई, प्रश्न और मरीचिका।
- **माखनलाल चतुर्वेदी :** काव्य-हिमकिरीटिनी, हिमतरंगिणी, वेणु लो गूँजे धरा, माता, युगचरण, समर्पण, बीजुरी काजल आँज रही, वलय धूम; **कहानी-संग्रह**-वनवासी, कला का अनुवाद; **नाटक**-कृष्णार्जुन युद्ध;
- **रामधारी सिंह 'दिनकर' काव्य**-उर्वशी, कुरुक्षेत्र, रश्मिरथी, बापू, हारे को हरिनाम, आत्मा की आँखें, परशुराम की प्रतीक्षा, मिट्टी की ओर, नीलकुसुम, नये सुभाषित, दिनकर की सूक्तियाँ, सीपी और शंख, दिनकर के गीत, कविश्री, कोयला और कविता, नीम के पत्ते, धूप और धुआँ, मृत्ति तिलक, रश्मिलोक, रेणुका, हुँकार, रसवन्ती, सामधेनी, **संस्मरण**-श्रद्धांजलियाँ, मेरी यात्राएँ;
- **वृन्दावनलाल वर्मा : उपन्यास**-मृगनयनी, गढ़ कुण्डहार, कुण्डली चक्र, विराटा की पद्मिनी, मुसाहिब जू, कचनार, अचल मेरा कोई, अमर बेल, टूटे काँटे, अहिल्याबाई, माधवजी सिन्धिया, भुवन विक्रम; **नाटक**-राखी की लाज, फूलों की बोली, बाँस की फाँस, कश्मीर का काँटा, झाँसी की रानी, मंगलसूत्र, जहाँदारशाह, कनेर, नीलकण्ठ, पूर्व की ओर।
- **राहुल सांकृत्यायन : उपन्यास**-सिंह सेनापति, जययौधेय, जीने के लिए, मधुर स्वप्न, विस्मृत यात्री, मधुर स्वप्न, सप्तसिन्धु; **कहानी-संग्रह**-सतमी के बच्चे, वोल्गा से गंगा, कनैला की कथा, बहुरंगी मधुपुरी; **समीक्षा-इतिहास-निबन्ध**-इसलाम धर्म की रूपरेखा, तिब्बत में बौद्ध धार्म, मध्य एशिया का इतिहास, पुरातत्व निबन्धावली, हिन्दी-काव्यधारा; **जीवनी**-मेरी जीवनयात्रा, राजस्थानी रनिवास, काल मार्क्स, माओ-चे-तुंग; **कोश**-शासन, शब्दकोश, राष्ट्रभाषा कोश; **दर्शन**-दर्शन-दिग्दर्शन, वैज्ञानिक भौतिकवाद, बौद्ध-दर्शन; **राजनीति-चिन्तन**-भागों नहीं दुनिया को बदलो, बाईसवीं सदी, साम्यवाद ही क्यों?

## प्रश्नमाला

**1. 'कस्तूरी कुण्डल बसै' आत्मकथा है–**
(a) शीला झुनझुनवाला की
(b) मैत्रेयी पुष्पा की
(c) मृदुला गर्ग की
(d) डॉ. कमल कुमार की

**2. 'पुरस्कार' के रचनाकार हैं–**
(a) सुदर्शन (b) अमृत लाल नागर
(c) मन्नू भण्डारी (d) जयशंकर प्रसाद

**3. 'विनयपत्रिका' के रचयिता का नाम है–**
(a) सूरदास (b) कबीरदास
(c) तुलसीदास (d) केशवदास

**4. 'मानस का हंस' के लेखक का नाम क्या है?**
(a) जयशंकर प्रसाद
(b) प्रेमचन्द
(c) महावीर प्रसाद द्विवेदी
(d) अमृत लाल नागर

**5. 'रामलला नहछू' के रचनाकार हैं–**
(a) रत्नाकर (b) रैदास
(c) तुलसीदास (d) घनानन्द

**6. 'यामा' की रचयिता हैं–**
(a) तिलोत्तमा (b) सुभद्राकुमारी चौहान
(c) महादेवी वर्मा (d) मीराबाई

**7. 'चीफ की दावत' कहानी के रचनाकार हैं–**
(a) भगवतीचरण वर्मा
(b) इलाचन्द्र जोशी
(c) भीष्म साहनी
(d) दुष्यन्त कुमार

**8. 'अतीत के चलचित्र' के रचयिता हैं–**
(a) जयशंकर प्रसाद
(b) सूर्यकान्त त्रिपाठी 'निराला'
(c) महादेवी वर्मा
(d) सुमित्रानन्दन पन्त

**9. 'रंगभूमि' (उपन्यास) के लेखक हैं–**
(a) सुदर्शन (b) राँगेय राघव
(c) प्रेमचन्द (d) शरच्चन्द्र

**10. 'शिवा बावनी' के रचनाकार हैं–**
(a) पद्माकर (b) भूषण
(c) केशवदास (d) जगनिक

**11. 'प्रेम पचीसी' (कहानी-संग्रह) के लेखक हैं–**
(a) प्रेमचन्द (b) जयशंकर प्रसाद
(c) अज्ञेय (d) यशपाल

**12. 'प्रेम सागर' के लेखक कौन हैं?**
(a) ईशाअल्ला खाँ (b) लल्लू लाल
(c) मुंशी प्रेमचन्द (d) मुंशी सदासुख लाल

**13. 'ईदगाह' (कहानी) के रचनाकार हैं–**
(a) प्रेमचन्द (b) अज्ञेय
(c) प्रसाद (d) जैनेन्द्र

**14. हिन्दी-पत्रिका 'कादम्बिनी' के सम्पादक कौन हैं?**
(a) राजेन्द्र अवस्थी
(b) रमेश बक्षी
(c) राजेन्द्र यादव
(d) प्रभाकर माचवे

**15. फणीश्वरनाथ 'रेणु' किसके लेखक हैं?**
(a) गबन (b) गीतांजलि
(c) मैला आँचल (d) कामायनी

## उत्तरमाला

**1.** (b) **2.** (d) **3.** (c) **4.** (d) **5.** (c) **6.** (c) **7.** (c) **8.** (c) **9.** (c) **10.** (b)
**11.** (a) **12.** (b) **13.** (a) **14.** (a) **15.** (c)

❑❑❑

# अपठित गद्यांश

**निर्देश : गद्यांश को पढ़कर निम्नलिखित प्रश्नों (प्र. सं. 1 से 9) में सबसे उचित विकल्प चुनिए।**

मनु बहन ने पूरे दिन की डायरी लिखी, लेकिन एक जगह लिख दिया, ''सफाई वगैरह की।''

गाँधीजी प्रतिदिन डायरी पढ़कर उस पर अपने हस्ताक्षर करते थे। आज की डायरी पर हस्ताक्षर करते हुए गाँधीजी ने लिखा, ''कातने की गति का हिसाब लिखा जाए। मन में आए हुए विचार लिखे जाएँ। जो-जो पढ़ा हो, उसकी टिप्पणी लिखी जाए। 'वगैरह' का उपयोग नहीं होना चाहिए। डायरी में 'वगैरह' शब्द के लिए कोई स्थान नहीं है।''

जिसने जो पढ़ा हो, वह लिखा जाए। ऐसा करने से पढ़ा हुआ कितना पच गया है, यह मालूम हो जाएगा। जो बातें हुई हों वे लिखी जाएँ। मनु ने अपनी गलती का अहसास किया और डायरी विधा की पवित्रता को समझा।

गाँधीजी ने पुनः मनु से कहा — ''डायरी लिखना आसान कार्य नहीं है। यह इबादत करने जैसी विधा है। हमें शुद्ध व सच्चे रूप से प्रत्येक छोटी-बड़ी घटना को निष्पक्ष रूप से लिखना चाहिए चाहे कोई बात हमारे विरुद्ध ही क्यों न जा रही हो। इससे हममें सच्चाई स्वीकार करने की शक्ति प्राप्त होगी।'' *(गाँधीजी के रोचक संस्मरण)*

**1. मनु को अपनी किस गलती का अहसास हुआ?**
(a) उन्होंने डायरी में सही-सही बातें लिखी थीं
(b) उन्होंने डायरी में 'वगैरह' शब्द का प्रयोग किया था
(c) उन्होंने गाँधीजी की बात नहीं मानी थी
(d) मनु ने डायरी में कातने की गति का हिसाब लिखा था

**2. गाँधीजी ने 'वगैरह' शब्द पर अपनी आपत्ति क्यों जताई?**
(a) 'वगैरह' शब्द में कार्य और विचार की स्पष्टता नहीं है
(b) वे चाहते थे कि बातों को ज्यों-का-त्यों लिखा जाए
(c) 'वगैरह' शब्द की जगह 'आदि' शब्द का प्रयोग सही है
(d) गाँधीजी चाहते थे कि सही भाषा का प्रयोग हो

**3. गाँधीजी ने डायरी लिखने को इबादत करने जैसा क्यों कहा है?**
(a) दोनों कार्य रोज किए जाते हैं
(b) दोनों में सच्चाई और ईमानदारी चाहिए
(c) दोनों में समय लगता है
(d) दोनों कार्य हमारे कर्तव्यों में शामिल हैं

**4. डायरी लिखना इसलिए महत्त्वपूर्ण है क्योंकि—**
(a) गाँधीजी इसे महत्त्वपूर्ण मानते हैं
(b) इससे व्यक्ति का समय अच्छा गुजर जाता है
(c) इसमें व्यक्ति स्वयं का विश्लेषण करता है और स्व-मूल्यांकन भी करता है
(d) इससे व्यक्ति पूरे दिन किए गए जमा-खर्च का हिसाब-किताब कर सकता है

**5. गाँधीजी प्रतिदिन डायरी पढ़कर क्या करते थे?**
(a) डायरी पर हस्ताक्षर करते थे और यह देखते थे कि व्यक्ति अपने कार्य और विचार में किस दिशा में जा रहा है
(b) हस्ताक्षर करते थे ताकि जाँच का प्रमाण दिया जा सके
(c) हस्ताक्षर करते थे क्योंकि यह नियम था
(d) लोगों को उनकी गलती का अहसास कराते थे

**6. 'प्रतिदिन' शब्द में कौन-सा समास है?**
(a) द्विगु समास
(b) तत्पुरुष समास
(c) द्वंद्व समास
(d) अव्ययीभाव समास

**7. 'पढ़ा हुआ कितना पच गया है' का अर्थ है —**
(a) पढ़ा हुआ कितना समझ में आया है
(b) पढ़ा हुआ कितना आत्मसात् किया है
(c) कितना सही उच्चारण के साथ पढ़ा है
(d) पढ़े हुए का कितना विश्लेषण किया है

**8. 'कार्य' शब्द का तद्भव रूप बताइए।**
(a) काज (b) काम
(c) सेवा (d) कारज

**9. 'विचार' में इक प्रत्यय लगाकर शब्द बनेगा —**
(a) विचौरिक (b) वैचारिक
(c) वैचारीक (d) विचारिक

**निर्देश : गद्यांश को पढ़कर निम्नलिखित प्रश्नों (प्र. सं. 10 से 15) में सबसे उचित विकल्प चुनिए।**

लोक कथाएँ हमारे आम जीवन में सदियों से रची-बसी हैं। इन्हें हम अपने बड़े-बूढ़ों से बचपन से ही सुनते आ रहे हैं। लोक कथाओं के बारे में यह भी कहा जाता है कि बचपन के शुरुआती वर्षों में बच्चों को अपने परिवेश की महक, सोच व कल्पना की उड़ान देने के लिए इनका उपयोग जरूरी है। हम यह भी सुनते हैं कि बच्चों के भाषा के विकास के संदर्भ में भी इन कथाओं की उपयोगिता महत्त्वपूर्ण है। ऐसा इसलिए कहा जाता है क्योंकि इन लोक कथाओं के विभिन्न रूपों में हमें लोक जीवन के तत्त्व मिलते हैं जो बच्चों के भाषा विकास में उल्लेखनीय भूमिका निभाते हैं। अगर हम अपनी पढ़ी हुई लोक कथाओं को याद करें तो सहजता से हमें इनके कई उदाहरण मिल जाते हैं। जब हम कहानी सुना रहे होते हैं तो बच्चों से हमारी यह अपेक्षा रहती है कि वे पहली घटी घटनाओं को जरूर दोहराएँ। बच्चे भी घटना को याद रखते हुए साथ-साथ मजे से दोहराते हैं। इस तरह कथा सुनाने की इस प्रक्रिया में बच्चे इन घटनाओं को एक क्रम में रखकर देखते हैं। इन क्रमिक घटनाओं में एक तर्क होता है जो बच्चों के मनोभावों से मिलता-जुलता है।

*(क्या बताती हैं लोक कथाएँ - कमलेश चंद्र जोशी)*

**10. लोक कथाओं में शामिल हैं —**
(a) लोक कल्पना
(b) लोक जीवन के रंग
(c) लोक की उड़ान
(d) घटनाएँ

**11. लोक कथाओं में किस परिवेश की महक की बात की गई है?**
(a) बच्चों के आस-पास मौजूद परिवेश की
(b) शहरी परिवेश की
(c) विद्यालयी परिवेश की
(d) ग्रामीण परिवेश की

**12. बच्चों से हमारी क्या अपेक्षा रहती है?**
(a) वे कहानी की घटनाओं को याद रखें ताकि आगे की कहानी से जुड़ा जा सके
(b) कहानी सुनना
(c) घटनाओं की भाषा को समझना
(d) वे कहानी में मजे लें

13. **अनुच्छेद के आधार पर कहा जा सकता है कि इसका मुख्य बिन्दु है —**
   (a) लोक कथाओं में लोक तत्त्व होता है
   (b) लोक कथाओं के माध्यम से कल्पना, तर्क और भाषा का विकास किया जा सकता है
   (c) कहानी में याद रखना जरूरी है
   (d) लोक कथाएँ हमारे जीवन का हिस्सा हैं

14. **'परिवेश की महक' पद का अर्थ है —**
   (a) परिवेश की गंध
   (b) परिवेश की विशिष्टताएँ, सीमाएँ
   (c) परिवेश की कहानियाँ
   (d) परिवेश की खुशबू

15. **'कहानी की क्रमिक घटनाओं में एक तर्क होता है जो बच्चों के मनोभावों से मिलता-जुलता है।' वाक्य किस ओर संकेत करता है?**
   (a) बच्चे भी कहानी के बारे में लगभग उसी तरह सोचते हैं जिस तरह कहानी में घटनाएँ घटती हैं
   (b) कहानियों में एक क्रम होता है
   (c) बच्चे भी कहानी के क्रम में ही सोचते हैं
   (d) कहानियाँ बच्चों की मानसिक दशा को दर्शाती हैं

**निर्देश : गद्यांश को पढ़कर निम्नलिखित प्रश्नों (प्र. सं. 16 से 24) में सबसे उचित विकल्प चुनिए।**

गाँधीजी मानते थे कि सामाजिक या सामूहिक जीवन की ओर बढ़ने से पहले कौटुम्बिक जीवन का अनुभव प्राप्त करना आवश्यक है। इसलिए वे आश्रम-जीवन बिताते थे। वहाँ सभी एक भोजनालय में भोजन करते थे। इससे समय और धन तो बचता ही था, सामूहिक जीवन का अभ्यास भी होता था। लेकिन यह सब होना चाहिए, समय-पालन, सुव्यवस्था और शुचिता के साथ।

इस ओर लोगों को प्रोत्साहित करने के लिए गाँधीजी स्वयं भी सामूहिक रसोईघर में भोजन करते थे। भोजन के समय दो बार घंटी बजती थी। जो दूसरी घंटी बजने तक भोजनालय में नहीं पहुँच पाता था, उसे दूसरी पंक्ति के लिए बरामदे में इंतजार करना पड़ता था। दूसरी घंटी बजते ही रसोईघर का द्वार बंद कर दिया जाता था, जिससे बाद में आने वाले व्यक्ति अंदर न आने पाएँ।

एक दिन गाँधीजी पिछड़ गए। संयोग से उस दिन आश्रमवासी श्री हरिभाऊ उपाध्याय भी पिछड़ गए। जब वे वहाँ पहुँचे तो देखा कि बापू बरामदे में खड़े हैं। बैठने के लिए न बैंच है, न कुर्सी। हरिभाऊ ने विनोद करते हुए कहा, ''बापूजी आज तो आप भी गुनहगारों के कठघरे में आ गए हैं।''

गाँधीजी खिलखिलाकर हँस पड़े। बोले ''कानून के सामने तो सब बराबर होते हैं न?''

हरिभाऊ जी ने कहा, ''बैठने के लिए कुर्सी लाऊँ बापू?'' गाँधीजी बोले, ''नहीं, इसकी जरूरत नहीं है। सजा पूरी भुगतनी चाहिए। उसी में सच्चा आनंद है।''

*(स्रोत : गाँधीजी के रोचक संस्मरण - डॉ. कृष्णवीर* सिंह)

16. **गाँधीजी ने किस बात की पूरी सजा भुगतने की बात की?**
   (a) आश्रम-जीवन बिताने की
   (b) गलत नियम बनाने की
   (c) देर से रसोईघर में पहुँचने की
   (d) सामूहिक जीवन की

17. **सामूहिक जीवन बिताने के लिए सबसे महत्त्वपूर्ण है—**
   (a) समान विचारधारा होना
   (b) समूह के सदस्यों की आपसी प्रतिस्पर्धा
   (c) समूह के लिए बनाए गए नियमों का पालन
   (d) सब समान स्तर के हों

18. **''कानून के सामने तो सब बराबर होते हैं न?'' गाँधीजी का यह कथन इस ओर संकेत करता है कि—**
   (a) गाँधीजी पूरी ईमानदारी से नियमों का पालन करने में विश्वास रखते थे
   (b) कानून के हाथ लंबे होते हैं
   (c) गाँधीजी झेंप गए थे
   (d) कानून किसी तरह का भेदभाव नहीं करता

19. **दूसरी घंटी के बाद रसोईघर का दरवाजा क्यों बंद कर दिया जाता था?**
   (a) ताकि लोग एकाध दिन उपवास कर सकें
   (b) ऐसा गाँधीजी का निर्देश था
   (c) ताकि लोग समय से भोजन करें और नियम का पालन भी
   (d) ताकि लोग अंदर न आ सकें

20. **सभी भोजनालय में एक साथ भोजन करते थे। इससे—**
   (a) सामूहिक जीवन का महत्त्व पता चलता था
   (b) केवल धन की बचत होती थी
   (c) सुव्यवस्था रहती थी
   (d) गाँधीजी और हरिभाऊजी को बहुत असुविधा हुई

21. **'शुचिता' शब्द का क्या अर्थ है?**
   (a) पवित्रता (b) निर्मलता
   (c) सरलता (d) निष्पक्षता

22. **इनमें कौन-सा 'इक' प्रत्यय का उदाहरण है?**
   (a) माणिक्य (b) अत्यधिक
   (c) कौटुम्बिक (d) आधिक्य

23. **'भोजनालय' का संधि-विच्छेद है —**
   (a) भोज + नालय (b) भोजन + अलय
   (c) भोजन + आलय (d) भोजन + लय

24. **'रसोईघर' शब्द है —**
   (a) योगरूढ़ (b) यौगिक
   (c) तत्सम (d) रूढ़

**निर्देश : गद्यांश को पढ़कर निम्नलिखित प्रश्नों (प्र.सं. 25 से 33) में सबसे उचित विकल्प चुनिए।**

मुझे मालूम नहीं था कि भारत में 'तिलोनिया' नाम की भी कोई जगह है जहाँ हमारे देश के समसामयिक इतिहास का एक विस्मयकारी पन्ना लिखा जा रहा है। उस वक्त तक तिलोनिया के बारे में मुझे इतनी ही जानकारी थी कि वहाँ पर एक स्वावलंबी विकास-केंद्र चल रहा है, जिसे स्थानीय ग्रामवासी, स्त्री-पुरुष मिलजुलकर चला रहे हैं। मुझे वहाँ जाने का अवसर मिला। बस्ती क्या थी, कुछ पुराने और कुछ नए छोटे-छोटे घरों का झुरमुट थी।

वहाँ एक सज्जन ने बताया कि एक सुशिक्षित तथा उसके दो साथियों टाइपिस्ट तथा फोटोग्राफर ने मिलकर 1972 में इस संस्थान की स्थापना की थी। संस्थान का नाम था - सामाजिक कार्य तथा शोध-संस्थान (एस. डब्ल्यू. आर. सी.)।

मेरे मन में संशय उठने लगे थे। आज के जमाने में वैज्ञानिक उपकरणों और जानकारी के बल पर ही तरक्की की जा सकती है। उससे कटकर और अवहेलना करते हुए नहीं की जा सकती। एक पिछड़े हुए गाँव के लोग अपनी समस्याएँ स्वयं सुलझा लेंगे, यह नामुमकिन था। वह सज्जन कहे जा रहे थे ''हमारे गाँव आज नहीं बसे हैं। इन गाँवों में शताब्दियों से हमारे पूर्वज रहते आ रहे हैं। पहले जमाने में भी हमारे लोग अपनी सूझ और पहलकदमी के बल पर ही अपनी दिक्कतें सुलझाते रहे होंगे। जरूरत इस बात की है कि हम शताब्दियों की इस परंपरागत जानकारी को नष्ट न होने दें। उसका उपयोग करें।'' फिर मुझे समझाते हुए बोले ''हम बाहर की जानकारी से भी पूरा-पूरा लाभ उठाते हैं, पर मूलत: स्वावलंबी बनना चाहते हैं, स्वावलंबी, आत्मनिर्भर।'' मुझे बार-बार गाँधीजी के कथन याद आ रहे थे। मैंने गाँधीजी का जिक्र किया तो वह बड़े उत्साह से बोले — ''आपने ठीक ही कहा है। यह संस्थान गाँधीजी की मान्यताओं के अनुरूप ही चलता है — सादापन, कर्मठता, अनुशासन, सहभागिता। यहाँ सभी निर्णय मिल-बैठकर किए जाते हैं। आत्मनिर्भरता . . . .।'' आत्मनिर्भरता से मतलब कि ग्रामवासियों की छिपी क्षमताओं को काम में लाया जाए और गाँधीजी के अनुसार, ग्रामवासी अपनी अधिकांश बुनियादी जरूरत की वस्तुओं का उत्पादन स्वयं करें....। *(एक तीर्थ यात्रा, स्रोत : भीष्म साहनी)*

25. **सामाजिक कार्य तथा शोध-संस्थान की स्थापना का उद्देश्य था —**
   (a) ग्रामवासियों को देश-विदेश की जानकारी प्रदान करना
   (b) उन्हें केवल अनुशासित करना
   (c) उन्हें स्वावलंबी, आत्मनिर्भर बनाना
   (d) उन्हें प्राचीन परंपराओं से परिचित कराना

**26. लेखक का मानना था —**

(a) आधुनिक समय में वैज्ञानिक उपकरणों ओर जानकारी के बल पर ही तरक्की नहीं की जा सकती है

(b) ग्रामवासी अपनी समस्याएँ स्वयं सुलझा सकते हैं

(c) ग्रामवासियों को अपनी समस्याएँ स्वयं सुलझाने की आदत है

(d) आधुनिक समय में वैज्ञानिक उपकरणों और जानकारी से कटकर या उसकी अवहेलना करके तरक्की नहीं की जा सकती है

**27. संस्थान के निर्णय और संचालन में आधारभूत भूमिका इनमें से किसकी है?**

(a) संस्थापक की

(b) केवल गरीब और दलित महिलाओं की

(c) उस गाँव में रहने वाले सभी लोगों की

(d) गाँव-प्रधान की

**28. 'आत्म' उपसर्ग किस शब्द में नहीं है?**

(a) आत्मनिर्भर (b) आत्मसम्मान

(c) आत्मीय (d) परमात्मा

**29. लेखक के अनुसार 'तिलोनिया' गाँव में हमारे देश के आजकल के इतिहास का विस्मयकारी पन्ना लिखा जा रहा है। इसका कारण है —**

(a) 'तिलोनियां' गाँव पिछड़े गाँव के रूप में जाना जाता है

(b) वहाँ एक स्वावलंबी विकास-केंद्र चल रहा है

(c) वहाँ के लोग अनुदान पर आश्रित हैं

(d) केन्द्र में इतिहास पर विस्मयकारी शोध किया जा रहा है

**30. 'शताब्दी' ........ समास का उदाहरण है।**

(a) बहुव्रीहि (b) द्विगु

(c) तत्पुरुष (d) अव्ययीभाव

**31. गाँधीजी ........ को मान्यता नहीं देते हैं।**

(a) आत्मनिर्भरता (b) कर्मठता

(c) अकर्मण्यता (d) सादापन

**32. निम्नलिखित में से संज्ञा का उदाहरण नहीं है—**

(a) आत्मनिर्भरता (b) स्वावलंब

(c) अनुशासन (d) अनुशासित

**33. 'उपयोगी' शब्द का विलोम है —**

(a) अउपयोगी (b) अनुपयोगी

(c) अनपयोगी (d) उपयोगिता

**निर्देश : गद्यांश को पढ़कर निम्नलिखित प्रश्नों (प्र.सं. 34 से 41) में सबसे उचित विकल्प चुनिए।**

विद्यार्थी जीवन को मानव जीवन की रीढ़ की हड्डी कहें तो कोई अतिशयोक्ति नहीं होगी। विद्यार्थी काल में बालक में जो संस्कार पड़ जाते हैं जीवन-भर वही संस्कार अमिट रहते हैं। इसीलिए यही काल आधारशिला कहा गया है। यदि यह नींव दृढ़ बन जाती है तो जीवन सुदृढ़ और सुखी बन जाता है। यदि इस काल में बालक कष्ट सहन कर लेता है तो उसका स्वास्थ्य सुंदर बनता है। यदि मन लगाकर अध्ययन कर लेता है तो उसे ज्ञान मिलता है, उसका मानसिक विकास होता है। जिस वृक्ष को प्रारंभ से सुंदर सिंचन और खाद मिल जाती है, वह पुष्पित एवं पल्लवित होकर संसार को सौरभ देने लगता है। इसी प्रकार विद्यार्थी काल में जो बालक श्रम, अनुशासन, समय एवं नियमन के साँचे में ढल जाता है, वह आदर्श विद्यार्थी बनकर सभ्य नागरिक बन जाता है। सभ्य नागरिक के लिए जिन-जिन गुणों की आवश्यकता है उन गुणों के लिए विद्यार्थी काल ही तो सुन्दर पाठशाला है। यहाँ पर अपने साथियों के बीच रह कर वे सभी गुण आ जाने आवश्यक हैं, जिनकी कि विद्यार्थी को अपने जीवन में आवश्यकता होती है।

**34. मानव जीवन की रीढ़ की हड्डी विद्यार्थी जीवन को क्यों माना जाता है?**

(a) पूरा जीवन विद्यार्थी जीवन पर चलता है

(b) जो संस्कार विद्यार्थी जीवन में पड़ जाते हैं वे संस्कारस्थायी हो जाते हैं

(c) विद्यार्थी जीवन सुखी जीवन होता है

(d) विद्यार्थी जीवन में ज्ञान मिलता है

**35. गद्यांश में वृक्ष किसे कहा गया है?**

(a) पेड़ को (b) विद्यार्थी को

(c) जीवन को (d) समय को

**36. गद्यांश के आधार पर कहा जा सकता है कि —**

(a) विद्यार्थी जीवन में व्यक्ति अनेक गुणों को धारण कर लेता है

(b) विद्यार्थी जीवन के लिए सुंदर पाठशाला की आवश्यकता होती है

(c) कष्ट सहन करने से सेहत बनती है

(d) वृक्षों को सींचना पर्यावरण के लिए आवश्यक है

**37. गद्यांश में आदर्श विद्यार्थी के किन गुणों की चर्चा की गई है?**

(a) नियमावली का पालन

(b) ज्ञान प्राप्ति हेतु ध्यान की आवश्यकता की

(c) नियमन

(d) व्यायाम

**38. 'संसार को सौरभ' देने का अर्थ है —**

(a) संसार में सुगंध फैलाना

(b) संसार को बेहतर बनाना

(c) संसार में पेड़ लगाना

(d) संसार को सुगंधित द्रव्य देना

**39. किन शब्दों में 'इत' प्रत्यय है?**

(a) पुष्पित, पल्लवित

(b) पुष्पित, सिंचन

(c) नागरिक, पल्लवित

(d) मानसिक, नागरिक

**40. 'विद्यार्थी' शब्द का संधि-विच्छेद है —**

(a) विद्या + आर्थी (b) विद्या + अर्थी

(c) विद्य + आर्थी (d) विद्या + आर्थि

**41. 'सभ्य' का विलोम है —**

(a) अनसभ्य (b) उजड्ड

(c) बेसभ्य (d) असभ्य

**निर्देश : गद्यांश को पढ़कर निम्नलिखित प्रश्नों (प्र.सं. 42 से 48) में सबसे उचित विकल्प चुनिए।**

हमारे देश के त्योहार चाहे धार्मिक दृष्टि से मनाए जा रहे हैं या नए वर्ष के आगमन के रूप में; फ़सल की कटाई एवं खलिहानों के भरने की खुशी में हों या महापुरुषों की याद में; सभी देश की राष्ट्रीय एवं सांस्कृतिक एकता और अखंडता को मज़बूती प्रदान करते हैं। ये त्योहार जनमानस में उल्लास, उमंग एवं खुशहाली भर देते हैं, ये हमारे अंदर देश-भक्ति एवं गौरव की भावना के साथ-साथ, विश्व-बंधुत्व एवं समन्वय की भावना भी बढ़ाते हैं। इनके द्वारा महापुरुषों के उपदेश हमें इस बात की याद दिलाते हैं कि सद्विचार एवं सद्भावना द्वारा ही हम प्रगति की ओर बढ़ सकते हैं। इन त्योहारों के माध्यम से हमें यह भी संदेश मिलता है कि वास्तव में धर्मों का मूल लक्ष्य एक है, केवल उस लक्ष्य तक पहुँचने के तरीके अलग-अलग हैं।

**42. त्योहारों का मनाना किससे संबंधित है?**

(a) सांस्कृतिक विविधता

(b) फसल

(c) विश्व बंधुत्व

(d) एकरसता से छुटकारे

**43. 'अलग-अलग तरीके' के माध्यम से किस ओर संकेत किया गया है?**

(a) अलग-अलग रास्ते

(b) अलग-अलग उपाय

(c) विभिन्न संप्रदाय

(d) विभिन्न पूजा-स्थल

**44. निम्नलिखित में से कौन-सा त्योहार किसी महापुरुष से नहीं जुड़ा है?**

(a) शिक्षक दिवस (b) बाल दिवस

(c) गाँधी जयंती (d) गणतंत्र दिवस

**45. त्योहार राष्ट्र को क्या लाभ पहुँचाते हैं?**

(a) राष्ट्र खुश रहता है

(b) सभी मिल-जुल कर रहते हैं

(c) सभी एक ही धर्म का अनुगमन करते हैं

(d) राष्ट्र की आर्थिक हालत सुधरती है

**46. 'देशभक्ति' में कौन-सा समास है?**

(a) कर्मधारय समास (b) द्वंद्व समास

(c) तत्पुरुष समास (d) द्विगु समास

**47. 'भी' शब्द है—**

(a) क्रिया-विशेषण (b) विशेषण

(c) क्रिया (d) निपात

**48. 'खुशी' शब्द है—**

(a) विशेषण (b) क्रिया-विशेषण

(c) भाववाचक संज्ञा (d) क्रिया

**निर्देश : गद्यांश को पढ़कर निम्नलिखित प्रश्नों (प्र.सं. 49 से 59-) में सबसे उचित विकल्प चुनिए।**

समस्याओं का हल ढूँढ़ने की क्षमता पर एक अध्ययन किया गया। इसमें भारत में तीन तरह के बच्चों के बीच तुलना की गई – एक तरफ वे बच्चे जो दुकानदारी करते हैं पर स्कूल नहीं जाते हैं, ऐसे बच्चे जो दुकान सँभालते हैं और स्कूल भी जाते हैं और तीसरा समूह उन बच्चों का था जो स्कूल जाते हैं पर दुकान पर कोई मदद नहीं करते।

उनसे गणना के व इबारती सवाल पूछे गए। दोनों ही तरह के सवालों में उन स्कूली बच्चों ने जो दुकानदार नहीं हैं, मौखिक गणना या मनगणित का प्रयोग बहुत कम किया, बनिस्बत उनके जो दुकानदार थे। स्कूली बच्चों ने ऐसी गलतियाँ भी कीं, जिनका कारण नहीं समझा जा सका। इससे यह साबित होता है कि दुकानदारी से जुड़े हुए बच्चे हिसाब लगाने में गलती नहीं कर सकते क्योंकि इसका सीधा असर उनके काम पर पड़ता है, जबकि स्कूलों के बच्चे वही हिसाब लगाने में अक्सर भयंकर गलतियाँ कर देते हैं।

इससे यह स्पष्ट होता है कि जिन बच्चों को रोजमर्रा की जिंदगी में इस तरह के सवालों से जूझना पड़ता है, वे अपने लिए जरूरी गणितीय क्षमता हासिल कर लेते हैं।

लेकिन साथ ही इस बात पर भी गौर करना महत्त्वपूर्ण है कि इस तरह की दक्षताएँ एक स्तर तक और एक कार्य-क्षेत्र तक सीमित होकर रह जाती हैं। इसलिए वे सामाजिक व सांस्कृतिक परिवेश जो कि ज्ञान को बनाने व बढ़ाने में मदद करते हैं, वह उस ज्ञान को संकुचित और सीमित भी कर सकते हैं।

**49. समस्याओं का हल खोजने पर आधारित अध्ययन किस विषय से जुड़ा हुआ था?**

(a) गणित (b) भाषा

(c) दुकानदारी (d) सामाजिक विज्ञान

**50. किन बच्चों ने सवाल हल करने में मौखिक गणना का ज्यादा प्रयोग किया?**

(a) जो बच्चे न तो दुकानदारी करते हैं और न ही स्कूल जाते हैं

(b) जो स्कूली बच्चे दुकानदारी नहीं करते

(c) जो दुकानदारी करते हैं

(d) जो सिर्फ स्कूल जाते हैं

**51. अनुच्छेद के आधार पर कहा जा सकता है कि—**

(a) सिर्फ दुकानदार बच्चे ही गणित सीख सकते हैं

(b) बच्चों को गणित सीखना चाहिए

(c) बच्चों को गणित सीखने के लिए दुकानदारी करनी चाहिए

(d) बच्चे रोजमर्रा के जीवन में काम आने वाली दक्षताओं को स्वत: ही हासिल कर लेते हैं

**52. दुकानदार बच्चे हिसाब लगाने में प्राय: गलती नहीं करते क्योंकि—**

(a) गलती का असर उनके काम पर पड़ता है

(b) इससे उन्हें माता-पिता से डाँट पड़ेगी

(c) वे जन्म से ही बहुत ही दक्ष हैं

(d) वे कभी भी गलती नहीं करते

**53. जो दक्षताएँ हमारे दैनिक जीवन में काम नहीं आतीं उनमें हमारा प्रदर्शन अक्सर—**

(a) संतोषजनक होता है

(b) खराब होता है

(c) अच्छा होता है

(d) खराब-अच्छा होता रहता है

**54. लेखिका के अनुसार अपनी बात कहने के संदर्भ में सबसे महत्त्वपूर्ण क्या है?**

(a) सवाल का जवाब देना

(b) जो कुछ कहा जा रहा है

(c) बात कहने का तरीका

(d) ध्यान केंद्रित करने के लिए आवाजों का प्रयोग करना

**55. संवाद तभी सार्थक होता है जब —**

(a) शांत माहौल हो

(b) जरूरी बात कहना

(c) कहने-सुनने वाले सक्रिय हों

(d) मधुर आवाज हो

**56. बच्चे कैसे जरूरी गणितीय क्षमता हासिल कर लेते हैं?**

(a) माता-पिता से

(b) शिक्षक से

(c) रोजमर्रा के सवालों से

(d) वाद-विवाद से

**57. 'महत्त्वपूर्ण' शब्द है—**

(a) यौगिक (b) रूढ़

(c) योगरूढ़ (d) विकारी

**58. निम्नलिखित में से कौन-सा शब्द स्त्रीलिंग है?**

(a) सवाल (b) पियानो

(c) बातचीत (d) जवाब

**59. 'इस सवाल का जवाब तो कोई भी शिक्षक दे सकता है।' वाक्य में आए 'भी', 'तो' शब्द हैं—**

(a) संबंधबोधक

(b) क्रिया-विशेषण

(c) सर्वनाम

(d) निपात

**निर्देश : गद्यांश को पढ़कर निम्नलिखित प्रश्नों (प्र. सं. 60 से 67) में सबसे उचित विकल्प चुनिए।**

जहाँ तक मैं समझता हूँ, मेरी आत्मिक शक्तियों के विकास में बार्सिलोना और उसके निवासियों का सबसे सुंदर चित्रण भी सहायक नहीं हो सकता था। स्योम्का और फेद्का को पीटर्सबर्ग के जलमार्गों को जानने की क्या जरूरत है, अगर जैसी कि संभावना है, वे वहाँ कभी नहीं जा पाएँगे? अगर स्योम्का का वहाँ कभी जाना होगा भी, तो उसे इससे कोई फर्क नहीं पड़ेगा कि उसने यह स्कूल में पढ़ा था या नहीं, क्योंकि तब इन जलमार्गों को वह व्यवहार में जान ही जाएगा और अच्छी तरह जान जाएगा। मैं नहीं समझ सकता कि उसकी आत्मिक शक्तियों के विकास में इस बात की जानकारी से कोई मदद मिल सकती है कि वोल्गा में सन से लदे जहाज नीचे की ओर जाते हैं और अलकतरे से लदे जहाज ऊपर की ओर; कि दुबोब्का नाम का एक बंदरगाह है; कि फलाँ भूमिगत परत फलाँ जगह तक जाती है; कि सामोयेद लोग बारहसिंगा गाड़ियों पर सफर करते हैं, वगैरह-वगैरह।

**60. स्योम्का और फेद्का हैं—**

(a) कर्मचारियों के नाम

(b) शहरों के नाम

(c) शिक्षकों के नाम

(d) विद्यार्थियों के नाम

**61. लेखक के अनुसार वह पढ़ाई निरर्थक है—**

(a) जिसका उपयोग बच्चे अपने रोजमर्रा के जीवन में न करते हों

(b) जिसमें जलमार्गों के बारे में नहीं पढ़ाया जाता

(c) जानकारी नहीं दी जाती

(d) जो बंदरगाहों के बारे में न बताए

**62. बच्चे ढेर सारी जानकारी हासिल करके—**

(a) कक्षा में अव्वल आ सकते हैं

(b) बहुत कुछ सीख सकते हैं

(c) विद्वान् बन सकते हैं

(d) आत्मिक विकास नहीं कर सकते

**63. बच्चे बहुत कुछ स्वत: ही तभी सीख जाते हैं जब—**

(a) वे किताब में पढ़ते-देखते हैं

(b) शिक्षक उन्हें सिखाते हैं

(c) वे चीजों को व्यवहार में लाते हैं

(d) माता-पिता बताते हैं

**64. व्यावहारिक जीवन में उपयोग में न आने वाली बातों को जानने या न जानने से फर्क नहीं पड़ता, क्योंकि—**

(a) बच्चे कुशाग्रबुद्धि होते हैं

(b) ये बातें व्यावहारिक जीवन को प्रभावित नहीं करतीं

(c) बच्चे अभी इन बातों का उपयोग करने योग्य नहीं हैं

(d) बाद में शिक्षक बता ही देंगे

65. 'निवासी' का बहुवचन रूप है—
(a) निवासों (b) निवासियों
(c) निवासी (d) निवासिएँ

66. निम्नलिखित में से कौन-सा 'चित्रण' के लिए उपयुक्त विशेषण नहीं है?
(a) सौंदर्य (b) कलात्मक
(c) सुंदर (d) मनोहारी

67. 'फर्क' का समानार्थी है—
(a) हानि (b) प्रभावकारी
(c) असरदार (d) अंतर

**निर्देश : निम्नांकित अवतरण को ध्यान से पढ़िए और प्रश्न-संख्या 68 से 76 तक के सही उत्तर प्रत्येक प्रश्न के नीचे दिए गए सम्भावित उत्तरों में से चुनकर दीजिए।**

मनु और नाना साहब के बीच घुड़सवारी का मुकाबला शुरू हो गया। नाना साहब अपना घोड़ा तेजी से दौड़ा रहा था। वह सुबह की हार का बदला लेना चाहता था। मनु समझ गई। उसने अपने घोड़े को जोर की एड़ लगाई। उसका घोड़ा हवा से बातें करने लगा। उसने पलक झपकते ही नाना साहब के घोड़े को पीछे छोड़ दिया। मनु फिर जीत गई। उसकी खुशी का ठिकाना न रहा।

बड़ी होकर मनु रानी लक्ष्मीबाई बनी। उसे सब लोग झाँसी की रानी के नाम से भी जानते हैं। उसके पिता का नाम मोरोपंत ताँबे था। बचपन में ही उसकी माँ का देहान्त हो गया था। पिता उसे बिठुर ले आए थे। मनु का लालन-पालन पेशवा बाजीराव के यहाँ हुआ। वह बहुत सुन्दर थी। पेशवा उसे छबीली कहा करते थे। मनु ने बचपन में ही घुड़सवारी, तलवारबाजी, भाला चलाना, बन्दूक चलाना, कुश्ती लड़ना सीख लिया था। वह जन्मजात वीरांगना थी।

मनु का विवाह झाँसी के राजा गंगाधर राव के साथ हुआ था। राजा की मृत्यु के बाद लक्ष्मीबाई ने झाँसी का शासन सम्भाला। सन् 1857 में स्वाधीनता संग्राम फूट पड़ा। अंग्रेजों ने झाँसी पर हमला कर दिया। लक्ष्मीबाई ने अपने दत्तक पुत्र दामोदर राव गंगाधर राव को पीठ पर बाँध लिया। उन्होंने आजादी की रक्षा के लिए कमर कस ली। उन्होंने बहादुरी के साथ अंग्रेजों की विशाल सेना का मुकाबला किया। उनका साहस देख सबने दाँतों तले अंगुलियाँ दबा लीं।

68. मनु की खुशी का क्या कारण था?
(a) मनु का घोड़ा तेज दौड़ता था
(b) मनु घुड़सवारी में जीत गई
(c) नाना साहब ने मनु को जिता दिया
(d) नाना साहब मनु को नहीं जीता सका

69. मनु का लालन-पालन पेशवा बाजीराव के यहाँ क्यों हुआ?
(a) मनु का पिता उसे नहीं पाल सका
(b) मनु जन्मजात वीरांगना थी
(c) बचपन में मनु की माँ मर गई थी
(d) पेशवा बाजीराव की कोई सन्तान न थी

70. सन् 1857 के स्वाधीनता-संग्राम को भारत के इतिहास में किस नाम से जाना जाता है?
(a) प्रथम स्वाधीनता-संग्राम
(b) झाँसी का युद्ध
(c) अंग्रेज-विद्रोह-संग्राम
(d) सिपाही-विद्रोह

71. लड़ाई के समय लक्ष्मीबाई ने दामोदर राव को पीठ पर क्यों बाँध लिया?
(a) दामोदर राव छोटा बच्चा था
(b) दामोदर राव डरपोक था
(c) दामोदर राव अपंग बच्चा था
(d) दामोदर राव को युद्ध कला नहीं आती थी

72. दत्तक पुत्र का अर्थ है—
(a) गोद लिया हुआ पुत्र (b) भाई का पुत्र
(c) सपूत (d) औरस पुत्र

73. 'हवा से बातें करना' मुहावरे का अर्थ कौन-सा है?
(a) बहुत आगे बढ़ना
(b) हवा की तरह तेज दौड़ना
(c) हवा का तेज बहना
(d) अकारण झगड़ा होना

74. 'दाँतों तले अंगुलियाँ दबाना' का अर्थ है—
(a) गलती से दाँतों से उँगली काटना
(b) चकाचौंध हो जाना
(c) आश्चर्य में पड़ जाना
(d) देखा नहीं जाना

75. 'बचपन' किस प्रकार का शब्द-भेद है?
(a) क्रिया-विशेषण (b) विशेषण
(c) संज्ञा (d) अव्यय

76. ''पेशवा मनु को छबीली कहा करते थे।'' यह किस प्रकार का वाक्य है?
(a) सन्देहार्थक (b) इच्छार्थक
(c) संकेतार्थक (d) विधानार्थक

## उत्तरमाला

| | | | | | | | | | |
|---|---|---|---|---|---|---|---|---|---|
| **1.** (b) | **2.** (a) | **3.** (b) | **4.** (c) | **5.** (a) | **6.** (d) | **7.** (b) | **8.** (b) | **9.** (b) | **10.** (b) |
| **11.** (a) | **12.** (a) | **13.** (b) | **14.** (b) | **15.** (a) | **16.** (c) | **17.** (c) | **18.** (d) | **19.** (c) | **20.** (a) |
| **21.** (a) | **22.** (c) | **23.** (c) | **24.** (b) | **25.** (c) | **26.** (d) | **27.** (c) | **28.** (d) | **29.** (b) | **30.** (b) |
| **31.** (c) | **32.** (d) | **33.** (b) | **34.** (b) | **35.** (b) | **36.** (a) | **37.** (a) | **38.** (b) | **39.** (a) | **40.** (b) |
| **41.** (d) | **42.** (a) | **43.** (c) | **44.** (d) | **45.** (b) | **46.** (c) | **47.** (d) | **48.** (c) | **49.** (a) | **50.** (c) |
| **51.** (d) | **52.** (a) | **53.** (b) | **54.** (a) | **55.** (c) | **56.** (c) | **57.** (c) | **58.** (c) | **59.** (a) | **60.** (d) |
| **61.** (a) | **62.** (d) | **63.** (c) | **64.** (b) | **65.** (b) | **66.** (a) | **67.** (d) | **68.** (b) | **69.** (c) | **70.** (a) |
| **71.** (a) | **72.** (a) | **73.** (b) | **74.** (c) | **75.** (a) | **76.** (c) | | | | |

❑❑❑

# ध्वनि

संरचना की दृष्टि से वर्ण भाषा की लघुतम इकाई है। वर्ण उस मूल ध्वनि को कहते हैं, जिसका खण्ड सम्भव नहीं है। जैसे अ, क्, च्, प् इत्यादि वर्ण के अन्तर्गत अक्षरों की प्रवृत्ति ध्वनि चिन्ह तथा शब्द निर्माण की प्रक्रिया का अध्ययन होता है। वर्ण के उच्चारण समूह को 'वर्णमाला' कहते हैं। हिन्दी वर्णमाला में 46 वर्ण हैं। इसके अतिरिक्त 3 संयुक्त वर्ण एक मिश्र वर्ण तथा 2 अयोगवाह वर्ण भी हैं। इन वर्णों को 'स्वर' तथा 'व्यंजन' में बाँटा गया है ।

## स्वर वर्ण

'स्वर वर्ण' उन वर्णों को कहते हैं, जिनका उच्चारण स्वतन्त्र रूप से होता है। हिन्दी वर्णमाला में स्वरों की संख्या 11 है। स्वरों को उसके उच्चारण के आधार पर दो भागों में विभाजित किया जाता है–ह्रस्व या दीर्घ। अ, इ, उ ह्रस्व स्वर हैं, इनके उच्चारण में कम समय लगता है। आ, ई, ऊ, ए, ऐ, ओ, औ तथा ऋ दीर्घ स्वर हैं क्योंकि ह्रस्व स्वर की तुलना में इन स्वरों के उच्चारण में अधिक समय लगता है। ए, ऐ ओ तथा औ को संयुक्त स्वर भी कहा जाता है। वस्तुत: इनकी संरचना दो स्वरों के मेल से हुई है। 'ऋ' स्वर वर्ण है किन्तु तत्सम शब्दों में ही यह स्वतन्त्र रूप से शब्द के आरम्भ में आता है।

अयोगवाह कहलाने वाले दो वर्ण 'अं' (अनुस्वार) तथा अ: (विसर्ग) हैं। इनका प्रयोग स्वर तथा व्यंजनों के साथ किया जाता है। अ: (विसर्ग) का प्रयोग तत्सम शब्दों में व्यंजनों के अन्त में ही होता है; जैसे प्रात:। स्वर वर्ण व्यंजनों के साथ शब्दों में मात्रा के रूप में ही होता है। शब्द के प्रारम्भ तथा अन्त में ही ये स्वतंत्र रूप में आते हैं, मध्य में कभी नहीं । स्वर रहित व्यंजन के अन्त में हलन्त (्) लगाकर शब्द पूर्ण किया जाता है। स्वरों का उच्चारण स्थान 'कण्ठ' है, जिसका उच्चारण वायु निष्कासन के माध्यम से होता है।

## व्यंजन वर्ण

व्यंजन वह वर्ण है, जिसका उच्चारण स्वर की सहायता से होता है। प्रत्येक स्वतन्त्र वर्ण के उच्चारण में 'अ' स्वर की ध्वनि छिपी होती है। हिंदी में व्यंजनों की संख्या 33 है। व्यंजन तीन प्रकार के होते हैं–1. स्पर्श, 2. अन्त:स्थ तथा 3. ऊष्म।

**स्पर्श व्यंजन**–स्पर्श व्यंजन का उच्चारण किसी विशेष अंग अथवा अंगों की सहायता से होता है। इनके उच्चारण में कण्ठ के अतिरिक्त जिह्वाग्र द्वारा तालु, मूर्द्धा दन्त, ओष्ठ इत्यादि स्थानों के स्पर्श से होता है। इसे वर्गीय व्यंजन भी कहा जाता है ।

| वर्ग | वर्ण |
|---|---|
| क वर्ग | क, ख, ग, घ, ङ (कण्ठ से उच्चारित वर्ण) |
| च वर्ग | च, छ, ज, झ, ञ (तालु से उच्चारित वर्ण) |
| ट वर्ग | ट, ठ, ड, ढ, ण (मूर्द्धा से उच्चारित वर्ण) |
| त वर्ग | त, थ, द, ध, न (दंत्य से उच्चारित वर्ण) |
| प वर्ग | प, फ, ब, भ म (ओष्ठ से उच्चारित वर्ण) |

**अन्त:स्थ व्यंजन**–य, र, ल, व अन्त:स्थ व्यंजन कहलाते हैं। ये वर्ण स्वर तथा व्यंजन के मध्य स्थित हैं, जिस कारण अन्त:स्थ कहलाते हैं। ये आधे स्वर तथा आधे व्यंजन हैं। इनके उच्चारण में जिह्वाग्र विशेष सक्रिय नहीं रहती, जैसा अन्य वर्णों में होता है, आधुनिक काल में र तथा ल को पूर्ण व्यंजन माना जा रहा है, जबकि य और व ही अन्त:स्थ व्यंजन के रूप में प्रयुक्त हो रहे हैं।

**ऊष्म व्यंजन**–श, ष, स, ह को ऊष्म व्यंजन माना गया है। इनको ऊष्म व्यंजन इसलिए माना जाता है क्योंकि इनके उच्चारण में घर्षण से उत्पन्न वायु का निष्कासन होता है। इनके अतिरिक्त हिंदी वर्णमाला में तीन संयुक्त व्यंजन क्ष, त्र, ज्ञ भी सम्मिलित हैं। 'श्र' एक मिश्र वर्ण है। ये संयुक्त व्यंजन दो वर्णों के संयोग से बने हैं।

क + ष = क्ष
त् + र = त्र
ज् + ञ = ज्ञ
श् + र = श्र

ड़ तथा ढ़ दो ऐसे व्यंजन हैं, जो द्विगुण व्यंजन कहलाते हैं। शब्दों के अन्त या मध्य में ड़, ढ़ वर्ण का प्रयोग होता है, जबकि प्रारम्भ में ड़, ढ़, कभी नहीं आते और वहाँ वर्ण ड, ढ ही प्रयुक्त होता है।

### व्यंजनों का उच्चारण वर्गीकरण

प्रयत्न के आधार पर व्यंजनों के उच्चारण को आठ भागों में बाँटा गया है–

| | | |
|---|---|---|
| 1. | स्पर्श | क, ख, ग, घ, ट, ठ, ड, ढ, त,थ,द, ध, प, फ, ब, भ |
| 2. | स्पर्श संघर्षी | च, छ, ज, झ |
| 3. | संघर्षी | फ, श, ह, ज, ष |
| 4. | अनुनासिक | ङ, ञ, ण, न, म |
| 5. | पार्श्विक | ल |
| 6. | प्रकम्पित | र |
| 7. | उत्क्षिप्त | ड़ ढ़ |
| 8. | अर्द्धस्वर | य, व |

## वर्ण तथा ध्वनि विचार

बाह्य प्रयत्न के आधार पर सम्पूर्ण व्यंजनों को दो भागों में विभाजित किया जाता है–अल्पप्राण तथा महाप्राण।

प्रत्येक वर्ण समूह का पहला, तीसरा तथा पाँचवाँ वर्ण 'अल्पप्राण' कहलाता है। 'महाप्राण' वर्णों के उच्चारण में श्वास की अधिक मात्रा निष्कासित होती है । प्रत्येक वर्ग का दूसरा, चौथा तथा सभी ऊष्म वर्ण 'महाप्राण' हैं।

क, ग, ड़, च, ज, ञ, ट, ड, ण, त, द, न, प, ब, म, य, र, ल, व, ड इत्यादि अल्पप्राण व्यंजन हैं ।

इनके उच्चारण में हवा की कम मात्रा तथा हवा कम शक्ति के साथ बाहर आती है। ख, घ, छ, झ, ठ, ढ, थ, फ, भ, श, ष, स, ह महाप्राण व्यंजन हैं। इनके उच्चारण में हवा की अधिक मात्रा तथा हवा अधिक शक्ति के साथ बाहर आती है।

ध्वनि के उच्चारण में तन्त्रियों के कम्पन की प्रक्रिया होती है। इस कम्पन के कारण वर्ण के उच्चारण के साथ जो तरंग वायु के साथ बाहर आती है, उन्हें 'घोष' कहा जाता है । इस आधार पर वर्णों को दो भागों में विभाजित किया गया है–सघोष तथा अघोष। जब स्वर तन्त्रियाँ एक-दूसरे के निकट आकर वायु में

कम्पन पैदा करती हुई ध्वनि के उच्चारण में सहायता करती है, तो ऐसी ध्वनियों को 'सघोष' कहते हैं। सभी स्वर वर्ण; प्रत्येक व्यंजन वर्ग का तीसरा, चौथा, पाँचवाँ वर्ण तथा अंत:स्थ वर्ण (य, र, ल, व) तथा ह 'सघोष' कहलाते हैं।

'अघोष' ध्वनियों के उच्चारण में स्वर तंत्रियाँ दूर-दूर रहती हैं तथा वायु स्वर-तन्त्रियों में बिना कम्पन के निकल जाती है। व्यंजन वर्ग का पहला, दूसरा तथा श, ष, स (ऊष्म वर्ण) 'अघोष' है।

**स्वराघात तथा बलाघात** स्वराघात तथा बलाघात का सम्बन्ध शब्दों के उच्चारण के समय वर्ण पर पड़ता है। इसके द्वारा शब्दों को समझने की चेतना सामने आती है। शब्दों का उच्चारण करते हुए किसी वर्ण पर अधिक बल दिया जाता है, उसे 'स्वराघात' कहते हैं। यह बल स्वर पर अधिक होने के कारण 'स्वराघात' कहलाता है।

'बलाघात' का प्रभाव वर्णों के बदले शब्दों पर पड़ता है। बलाघात विशेषण के समान अर्थ का निवारण तथा परिवर्तन में सहायता प्रदान करता है।

## अनुतान

अनुतान उच्चारण के आरोह-अवरोह को 'अनुतान' कहते हैं। यह आरोह-अवरोह शब्द तथा वाक्य का सही अर्थ प्रदान करता है।

**मात्रा विचार** व्यंजन तथा स्वर के संयोग से जो रूप-परिवर्तन होता है, उसे 'मात्रा' कहते हैं। प्रत्येक स्वर की अपनी 'मात्रा' है। 'अ' के लिए कोई मात्रा चिन्ह निर्धारित नहीं है, क्योंकि यह सदा व्यंजन के साथ उच्चारित होती है।

## प्रश्नमाला

**1. 'व' का उच्चारण स्थान है:**
(a) दन्तोष्ठ्य (b) ओष्ठ्य
(c) दन्त्य (d) तालव्य

**2. 'उ' ध्वनि का उच्चारण स्थान क्या है:**
(a) ओष्ठ (b) मूर्द्धा
(c) तालु (d) दन्तोष्ठ्य

**3. 'क' का उच्चारण स्थान है:**
(a) कण्ठ (b) तालु
(c) मूर्धा (d) दन्त

**4. निम्नलिखित में से स्पर्श व्यंजन कौन-सा है?**
(a) श (b) ह
(c) ल (d) छ

**5. इनमें से कौन-सी ध्वनि अन्तःस्थ नहीं है?**
(a) व (b) ब
(c) र (d) ल

**6. इनमें से 'ऊष्म' वर्ण कौन-सा है?**
(a) त (b) फ
(c) र (d) ष

**7. निम्न में से कौन सही नहीं है?**
(a) त, थ दंत्य व्यंजन है
(b) व्यंजनों का उच्चारण बिना स्वर के हो सकता है
(c) य, व अर्द्ध स्वर हैं
(d) श, ष, स ऊष्म व्यंजन है

**8. निम्न में से कौन मूर्द्धन्य ध्वनि नहीं है?**
(a) ट (b) ठ
(c) ढ (d) द

**9. दन्तोष्ठ्य से उच्चारित होने वाले व्यंजन हैं:**
(a) फ, व (b) य, र
(c) क, च (d) ट, ठ

**10. निम्न में कौन सही शब्द है?**
(a) ड़, ढ़ को वर्णमाला में स्थान प्राप्त है
(b) पहला तथा तीसरा वर्ण 'महाप्राण' होता है
(c) च, छ, ज, झ स्पर्श-संघर्ष हैं
(d) य, र, ल, व ऊष्म वर्ण हैं

**11. निम्नलिखित में से कौन सही शब्द है?**
(a) परिक्षा (b) परीक्षा
(c) परिच्छा (d) परीच्छा

**12. 'क + ए' से निर्मित रूप है:**
(a) का (b) के
(c) कै (d) को

**13. 'ग + ऊ' से निर्मित रूप है :**
(a) गु (b) गू
(c) गि (d) गे

**14. निम्न में से कौन सत्य है?**
(a) स्वर का उच्चारण स्वतंत्र रूप में होता है
(b) व्यंजन हमेशा स्वतंत्र रूप में उच्चारित होते हैं
(c) अनुस्वार तथा विसर्ग हिन्दी में प्रयुक्त नहीं होते
(d) व्यंजन दो प्रकार के होते हैं ह्रस्व और दीर्घ

**15. निम्न में कौन सही है :**
(a) अल्पप्राण में मुख से वायु की कम मात्रा निकलती है
(b) महाप्राण में मुख से वायु की कम मात्रा निकलती है
(c) अल्पप्राण में खास स्वर पर बल पड़ता है
(d) महाप्राण में शब्द के प्रथम स्वर पर बल पड़ता है

**16. 'अनुतान' का सम्बन्ध है :**
(a) उच्चारण के समय से
(b) उच्चारण के उतार-चढ़ाव से
(c) उच्चारण में निकली वायु से
(d) उच्चारण के कम्पन से

**17. निम्न में कौन 'महाप्राण' नहीं है?**
(a) श (b) स
(c) ख (d) प

**18. निम्न में से कौन एक 'अल्पप्राण' ध्वनि है?**
(a) क (b) ख
(c) घ (d) ध

**19. निम्न में से किस शब्द की वर्तनी शुद्ध है?**
(a) अगामी (b) आगामि
(c) आगामी (d) आगमी

**20. कौन-सा वर्ण ओष्ठ्य नहीं है?**
(a) प (b) न
(c) म (d) ब

**21. निम्न में से किस युग्म को अर्द्धस्वर कहा जाता है?**
(a) य, व (b) य, र
(c) त, फ (d) ग, घ

**22. च वर्ग है:**
(a) तालव्य (b) दंत्य
(c) ओष्ठ्य (d) दंतोष्ठ्य

**23. 'ज्ञ' को वर्णमाला में माना जाता है:**
(a) संयुक्त व्यंजन (b) द्विगुण व्यंजन
(c) स्वर (d) व्यंजन

**24. निम्नलिखित में से कौन 'उत्थिप्त' व्यंजन है?**
(a) य, व (b) ड़, ढ़
(c) भ, म (d) श, ष, स ह

**25. 'क्ष' का निर्माण किन दो वर्णों (व्यंजनों) के मेल से हुआ है?**
(a) क् + ष (b) क् + ख
(c) ख + ध (d) ध् + च

## उत्तरमाला

**1.** (a) **2.** (a) **3.** (a) **4.** (d) **5.** (b) **6.** (d) **7.** (b) **8.** (d) **9.** (a) **10.** (c)
**11.** (b) **12.** (b) **13.** (b) **14.** (a) **15.** (a) **16.** (b) **17.** (d) **18.** (a) **19.** (c) **20.** (b)
**21.** (a) **22.** (a) **23.** (a) **24.** (b) **25.** (a)

❑❑❑

# श्रुतिसम भिन्नार्थक शब्द

हिन्दी में ऐसे अनेक शब्द प्रयुक्त होते हैं, जिनका उच्चारण प्राय: समान होता है, किन्तु अर्थ में भिन्नता होती है। ऐसे शब्दों को 'श्रुतिसम भिन्नार्थक शब्द' अथवा **'युग्म शब्द'** कहते हैं।

1. प्रयोगगत व्यावहारिक अर्थ, 2. व्युत्पत्तिमूलक अर्थ तथा 3. शब्दकोशीय अर्थ

**महत्त्वपूर्ण श्रुतिसम भिन्नार्थक शब्द** (अर्थ सहित)

| शब्द | अर्थ |
|---|---|
| अंस | कन्धा |
| अंश | भाग |
| अन्त | समाप्ति |
| अत्य | नीच |
| अन्न | अनाज |
| अन्य | दूसरा |
| अग | सूर्य |
| अघ | पाप |
| अभिराम | सुन्दर |
| अविराम | लगातार |
| अगम दुर्गम | |
| आगम | प्राप्ति |
| आदि | आरम्भ |
| आदी | अभ्यस्त |
| आकर | खान |
| आयात | चतुर्भज |
| आयात | बाहर से आना |
| आभरण | गहना |
| आमरण | मरण तक |
| कर्म | कार्य |
| क्रम | सिलिसिला |
| कृति | रचना |
| कीर्ति | यश |
| जलज | कमल |
| जलद बादल | |
| दिन | दिवस |
| दीन | गरीब |
| द्विप | हाथी |
| द्वीप | टापू |

| शब्द | अर्थ |
|---|---|
| तुरंग | घोड़ा |
| तरंग | लहर |
| कली | फूल की पूर्व अवस्था |
| कलि | कलियुग |
| बलि | बलिदान |
| बली | वीर |
| मणि | रत्न |
| मणी | सर्प |
| लक्ष्य | उद्देश्य |
| लक्ष | लाख |
| संकर | मिश्रित |
| शंकर महादेव | |
| सूर | सूर्य, अन्धा |
| सुर | देवता |
| स्वर्ग | समान |
| सर्ग | अध्याय |
| सन्देहशक | |
| सदेह | देह सहित |
| शब | रात |
| शव | लाश |
| शास्त्र सिद्धान्त की पुस्तक | |
| शस्त्र | हथियार |
| शौर्य | पराक्रम |
| सौर्य | सूर्य सम्बन्धी |
| अकाल | दुर्भिक्ष |
| आकाल | अनुपयुक्त समय |
| सीकर | जल बिन्दु |
| सीकड़ | जंजीर |
| श्वेत | उजला |
| स्वेद | पसीना |
| सम्बल | सहारा |
| समबल | समान शक्ति |
| सिर | माथा |
| सीर | हल की रेखा, खूड़ |

## प्रश्नमाला

**निर्देश–नीचे दिए गए युग्मों में से सही युग्म के विकल्प को चिह्नित करें–**

**1.** (a) गृह-आवास (b) गृह-नक्षत्र (c) गृह-पहाड़ (d) गृह-ग्रहण करना

**2.** (a) अनल-आग (b) अनल-हवा (c) अनल-पानी (d) अनल-सूर्य

**निर्देश–नीचे दिए गए युग्मों में से सही युग्म के विकल्प को चिह्नित करें–**

**3. आकर**
(a) न करने योग्य (b) न जाने योग्य (c) खान (d) नगर

**4. आकृति**
(a) बनावट (b) वस्त्र (c) चित्र (d) समरूप

**5. निगम**
(a) संस्था (b) आदमी (c) दुकान (d) दल

**6. सहारा**
(a) आजन्म (b) अवलम्ब (c) थका हुआ (d) निगम

**7. नीरद**
(a) बादल (b) कमल (c) प्रेम (d) पानी

**8. प्रेषित**
(a) पति (b) भेजा गया (c) प्रवास (d) निराशा

**9. निर्वाण**
(a) मुक्ति (b) मरा हुआ (c) निर्माण करना (d) अमर

**10. बल**
(a) प्रताप (b) मालिक (c) बलिदान (d) ऊर्जा

**11. निशा**
(a) रात्रि (b) दिन (c) सवेरा (d) निराशा

**12. तरणि**
(a) सूर्य (b) नौका (c) स्त्री (d) तैराक

**13. असि**
(a) तलवार (b) शत्रु (c) अस्सी (d) रस्सी

**14. अयस**
(a) लोहा (b) घोड़ा (c) बदनामी (d) दर्पण

**15. अमात्य है**
(a) नहीं मरने वाला (b) मन्त्री (c) कम मात्रा (d) सन्तान

**16. अनल**
(a) हवा (b) आग (c) पानी का स्रोत (d) कमल

**17. गिरि**
(a) पर्वत (b) नारियल (c) शहर (d) हिमालय

**18. जलद**
(a) कमल (b) बादल (c) सागर (d) नदी

**19. आलोक**
(a) प्रकाश (b) अन्तरिक्ष (c) सुनसान (d) स्वर्गलोक

**20. भुवन**
(a) मकान (b) संसार (c) समुद्र (d) नदी

**21. द्वीप**
(a) टापू (b) हाथी (c) सागर (d) पहाड़

**22. तोष**
(a) सन्तोष (b) हिंसा (c) गर्म (d) बन्धन

**23. जबान**
(a) जीभ (b) युवा (c) युवती (d) दृष्टि

**24. तृप्त**
(a) गर्म (b) सन्तुष्ट (c) गीला (d) प्यास

**25. च्युत**
(a) भ्रष्ट (b) आम (c) इच्छा (d) नरम

**26. सम्बल**
(a) सहारा (b) परामर्श (c) आशा (d) अनुभूति

**27. पंक**
(a) कीचड़ (b) पंख (c) कमल (d) पैर

**नीचे दिए गए युग्मों में से सही युग्म के विकल्प को चिह्नित करें–**

**28.** (a) कलापी-मोर (b) कलापी-कीट (c) कलापी-तलवार (d) कलापी-तिजोरी

**29.** (a) चाप-धनुष (b) चाप-वृत्त (c) चाप-दाब (d) चाप-रेखा

**30.** (a) कूच-किनारा (b) कूच-प्रस्थान (c) कूच-पक्षी (d) कूच-दुष्ट

**31.** (a) कृपण-कटार (b) कृपण-कंजूस (c) कृपण-बन्दर (d) कृपण-महाजन

**32.** (a) कलि-कलियुग (b) कलि-कालिमा (c) कलि-अधखिला फूल (d) कलि-चूना

**33.** (a) चीता-शवदाह (b) चीता-फुर्तीला जानवर (c) चीता-एक पेड़ (d) चीता-पक्षी

**34.** (a) कलम-हाथी (b) कलम-सिंह (c) कलम-वस्त्र (d) कलम-कलम

**35.** (a) पाश-बन्धन (b) पाश-निकट (c) पाश-लाश (d) पाश-पलाश

**36.** (a) सूर-सूर्य (b) सूर-देवता (c) सूर-लय (d) सूर-वीर

**37.** (a) चरम-चमड़ा (b) चरम बेहद (c) चरम-सुन्दर (d) चरम-बुनना

**38.** (a) कृशानु-आग (b) कृशानु-किसान (c) कृशानु-घास (d) कृशानु-दृष्ट

## उत्तरमाला

| | | | | | | | | | |
|---|---|---|---|---|---|---|---|---|---|
| **1.** (a) | **2.** (a) | **3.** (c) | **4.** (a) | **5.** (a) | **6.** (b) | **7.** (a) | **8.** (b) | **9.** (a) | **10.** (a) |
| **11.** (a) | **12.** (a) | **13.** (a) | **14.** (a) | **15.** (b) | **16.** (b) | **17.** (a) | **18.** (b) | **19.** (a) | **20.** (b) |
| **21.** (a) | **22.** (a) | **23.** (a) | **24.** (a) | **25.** (a) | **26.** (a) | **27.** (a) | **28.** (a) | **29.** (a) | **30.** (b) |
| **31.** (b) | **32.** (a) | **33.** (b) | **34.** (a) | **35.** (a) | **36.** (a) | **37.** (b) | **38.** (a) | | |

❑❑❑

# 19 हिंदी शिक्षण शास्त्र

## सीखना और अधिग्रहण करना

अपने व्यापकतम रूप से तो "भाषा वह साधन है जिसके माध्यम से हम सोचते हैं तथा अपने विचारों को व्यक्त करते हैं", किन्तु भाषाविज्ञान में हम जिस भाषा का अध्ययन-विश्लेषण करते हैं, जो बोली और सुनी जाती है और बोलना भी पशु-पक्षियों का नहीं, गूंगे मनुष्यों का भी नहीं, केवल बोल सकने वाले मनुष्यों का हैं।

1. **प्रोक्तिविज्ञान**- तर्कपूर्ण, क्रमयुक्त और आपस में आन्तरिक रूप से सुसम्बद्ध, एकाधिक वाक्यों की ऐसी व्यवस्थित इकाई को प्रोक्ति कहते है जो सन्दर्भ-विशेष में अर्थद्योतन की दृष्टि से पूर्ण हो। अर्थात्
   - प्रोक्ति में एक से अधिक वाक्य होते हैं।
   - इन वाक्यों का क्रम तर्कपूर्ण होता है।
   - ये आन्तरिक रूप से आपस में सुसम्बद्ध होते हैं।
   - ये वाक्य, आपस में मिलकर, सन्दर्भ-विशेष में अर्थ की दृष्टि से पूर्ण होते हैं।
   - ये वाक्य तर्कपूर्ण क्रमयुक्तता, आपस में सुसम्बद्धता तथा अर्थद्योतन की दृष्टि से पूर्णता के कारण एक इकाई के रूप में होते हैं।

   उपरोक्त परिभाषा में 'तर्कपूर्ण क्रमयुक्तता', 'आन्तरिक रूप से', 'आपस में', 'एकाधिक', 'व्यवस्थित' तथा 'सन्दर्भ विशेष' आदि को छोड़ा जा सकता है, क्योंकि 'यदि वाक्य सुसम्बद्ध है' तो 'उनका क्रम तर्कपूर्ण ही होगा' तथा वे 'आन्तरिक रूप से जुड़े' भी होंगे, क्योंकि 'सुसम्बद्ध वाक्यों' पदबन्ध में 'एकाधिकता', 'तर्कपूर्ण क्रमयुक्तता' (बिना इसके सुसम्बद्धता) नहीं आ सकती), 'आपस में समबद्धता' तथा 'आन्तरिक सम्बद्धता' स्वतः समाहित है और बिना 'व्यवस्थितता' के वाक्यों की लड़ी की कड़ी तो हो सकती है, सच्चे अर्थों में 'इकाई' नहीं बन सकती।

2. **वाक्य विज्ञान**- वाक्य को साधारणतः लोग सार्थक शब्दों का समूह मानते हैं, जो भाव को व्यक्त करने की दृष्टि से अपने आप में पूर्ण हो। इस प्रकार पूर्ण अर्थ प्रतीत करने वाले शब्दों के समूहों को वाक्य कहते हैं। भाषा की दृष्टि से वाक्य की प्रमुख विशेषताएँ इस प्रकार हैं-
   - वाक्य भाषा की सहज इकाई है।
   - वाक्य में एक शब्द (पद) भी हो सकता है और एक से अधिक भी।
   - वाक्य में अर्थ की पूर्णता हो सकती है और नहीं भी।
   - वाक्य व्याकरणिक दृष्टि से पूर्ण होता है।
   - व्याकरणिक पूर्णता कभी - कभी सन्दर्भ पर भी निर्भर करती है।
   - वाक्य में प्रत्यक्ष या परोक्ष रूप से कम-से-कम एक समापिका क्रिया का भाव अवश्य होता है।

3. **अर्थ विज्ञान**- "किसी भी भाषिक इकाई (वाक्य, वाक्यांश, रूप, शब्द, मुहावरा आदि) को किसी भी इन्द्रिय (प्रमुखतः कान, आँख) से ग्रहण करने पर जो मानसिक प्रतीति होती है वही अर्थ है।"

   अर्थ की प्रतीति दो प्रकार से होती है-

   1. आत्म-अनुभव तथा 2. पर अनुभव

   आत्म-अनुभव स्वयं किसी चीज का अनुभव करके। उदाहरण के लिए 'चीनी मीठी होती है' में 'मीठी' के अर्थ की प्रतीति स्वयं चीनी चखने से हो जाती है। पानी, गर्मी, धूप के अर्थ की प्रतीति भी इसी प्रकार से हो सकती है।

   पर- अनुभव अनेक क्षेत्र ऐसे भी होते हैं जहाँ हमारी पहुँच नहीं होती, उस क्षेत्र से सम्बद्ध शब्दादि के अर्थ की प्रतीति के लिए हमें दूसरों के अनुभव या ज्ञान पर निर्भर रहना पड़ता है। उदाहरण के लिए, हममें से अनेक लोगों ने 'जहर' नहीं देखा होगा, किन्तु दूसरों से ऐसा, सुन रखा है कि जहर जीव को मार डालने वाला पदार्थ होता है। अतः 'जहर' शब्द के अर्थ की प्रतीति का मूलाधार आत्म अनुभव न होकर पर- अनुभव है। ऐसे ही आत्मा, ईश्वर आदि अन्य अनेक प्रकार के शब्द हो सकते हैं।

   अर्थ बोध के साधन भारतीय परम्परा में अर्थ बोध के आठ साधन माने गए हैं-

   1. व्यवहार 2. शब्दकोष
   3. व्याकरण 4. प्रकरण
   5. व्याख्या 6. उपमान
   7. आप्तवाक्य 8. ज्ञात का सानिध्य

4. **रूप विज्ञानः** रूप विज्ञान या पद विज्ञान में 'रूप' या 'पद' का विभिन्न दृष्टियों से अध्ययन किया जाता है। वर्णनात्मक रूप विज्ञान में किसी भाषा या बोली के किसी एक समय के रूप या पद का अध्ययन होता है, इतिहास में उसके विभिन्न कालों के रूपों का अध्ययन कर उसमें रूप-रचना का इतिहास या विकास प्रस्तुत किया जाता है, और तुलनात्मक रूप विज्ञान में दो या अधिक भाषाओं के रूपों का तुलनात्मक अध्ययन किया जाता है।

   सामान्य दृष्टि से देखने पर रूप-परिवर्तन और ध्वनि-परिवर्तन में अन्तर नहीं दिखाई देता, परन्तु वास्तव में दोनों में अन्तर है। यद्यपि कभी-कभी ये दोनों इतने समान या समीप हो जाते हैं कि इनको अलग कर पाना यदि असम्भव नहीं तो कठिन अवश्य हो जाता है।

5. **शब्द विज्ञान**- 'शब्द विज्ञान' शब्द का विज्ञान है। इसमें 'शब्द' और उससे सम्बद्ध उन सारे अध्ययनों को रखा जा सकता है जो भाषा विज्ञान की पारम्परिक शाखाओं - ध्वनि विज्ञान, रूप विज्ञान तथा अर्थ विज्ञान में नहीं रखें जा सकते।

   "शब्द अर्थ के स्तर पर भाषा की लघुतम स्वतन्त्र इकाई है।" इस परिभाषा में शब्द के सम्बन्ध में प्रमुखतः दो बातें कही गई हैं जो उसकी विशिष्टता मानी जा सकती है- (i) यह अर्थ के स्तर की लघुतम इकाई है, अर्थात् इसका एक स्पष्ट अर्थ होता है जो अर्थ स्तर पर लघुतम (वाक्य, उपवाक्य, पदबन्ध तथा पद की तुलना में) होता है। यह ध्वनि के स्तर की लघुतम इकाई नहीं है, क्योंकि इसमें एक ध्वनि भी हो सकती है और अधिक भी। (ii) यह इकाई स्वतन्त्र है, अर्थात् प्रयोग में या अर्थ व्यक्त करने के लिए इसे किसी और की सहायता की आवश्यकता नहीं होती। 'अ' (उपसर्ग) भी अर्थ के स्तर पर लघुतम इकाई (= नहीं) है और 'ता' (प्रत्यय) भी (= सुन्दरता), किन्तु ये शब्द नहीं माने जा सकते, क्योंकि अर्थ की लघुतम इकाई होते हुए भी इनका अकेले प्रयोग नहीं हो सकता। इनके अर्थ की सार्थकता किसी के साथ होने (अपूर्णता, पूर्णता) पर ही है और उसी रूप में ये प्रयोग में आ सकते हैं। इस प्रकार ये परतन्त्र हैं। इसके विपरीत 'पूर्ण' एक शब्द है, क्योंकि इसमें उपरोक्त दोनों बातें हैं। यह लघुतम इकाई भी है और स्वतन्त्र (वह पूर्ण है) भी।

6. **ध्वनि विज्ञान**- संस्कृत में ध्वनि विज्ञान का पुराना नाम 'शिक्षाशास्त्र' (Pedagogy) था। हिन्दी में इस प्रसंग में 'फोनिटिक्स' के लिए मुख्यतः ध्वनि विज्ञान, ध्वनि शास्त्र अथवा स्वन विज्ञान आदि तथा 'फोनॉलॉजी' के लिए ध्वनि प्रक्रिया, स्वन

प्रक्रिया या स्वनिम विज्ञान और फोनॉलॉजी के लिए ध्वनि प्रक्रिया, स्वनप्रक्रिया या स्वनिमविज्ञान का प्रयोग किया जा सकता है। ध्वनि विज्ञान के अन्तर्गत वाचन तथा श्रवण कौशलों का प्रयोग किया जाता है।

7. **लिपि विज्ञान**- भाषा अपने मूल रूप में ध्वनि पर आधारित है। ध्वनियाँ ही उच्चरित होती हैं और सुनी जाती हैं। इस प्रकार भाषा की काल और स्थान की दृष्टि से सीमा है। वह केवल तभी सुनी जा सकती है जब बोली जाती है तथा वहीं तक सुनी जा सकती है जहाँ तक आवाज जा सकती है। काल और स्थान की इस सीमा के बन्धन से भाषा को निकालने के लिए लिपि का जन्म हुआ। निश्चय ही भाषा के विकसित हो जाने के बाद ही लिपि का विकास हुआ होगा।

लिपि और भाषा के सम्बन्ध से यह अर्थ है कि भाषा अपने मूल रूप में ध्वनियों पर आधारित है, लिपि में उन ध्वनियों (या कुछ भाषाओं में शब्दों) को रेखाओं द्वारा व्यक्त करते हैं। अर्थात् दोनों में माध्यम का अन्तर है। लिपि विज्ञान के अन्तर्गत अक्षर बोध और उनके उच्चारण को महत्त्व दिया जाता है। अक्षरों का विभाजन स्वर और व्यंजनों के रूप में करते हैं।

## भाषा कौशल

भाषा कौशल एक अभिव्यक्ति का साधन है जिसमें सुनने, बोलने, पढ़ने तथा लिखने का कौशल सम्मिलित होता है। किसी व्यक्ति की सम्प्रेषण की सक्षमता उसके भाषा कौशल की दक्षता पर निर्भर करती है। भाषा की प्रभावशीलता का सम्बन्ध उसकी बोधगम्यता से सम्बन्धित होता है।

### भाषा कौशल की विशेषताएँ

भाषा कौशल के विवेचन से विशेषताओं एवं प्रकृति का बोध होता है।

भाषा कौशल की सामान्य विशेषताएँ इस प्रकार हैं-

- कौशल भाषा का व्यावहारिक पक्ष है।
- भाषा कौशल सम्प्रेषण का साधन तथा मुख्य माध्यम है।
- भाषा कौशल में मानसिक, शारीरिक अंग, ज्ञानेन्द्रियाँ तथा कर्मेन्द्रियाँ क्रियाशील होती हैं।
- भाषा कौशल अर्जित किया जाता है, इसके लिए प्रशिक्षण तथा अभ्यास किया जाता है।
- भाषा कौशल में प्रत्यक्षीकरण तथा मानसिक व्यवस्था की भी आवश्यकता होती है।
- भाषा कौशल के दो घटक - (i) पाठ्यवस्तु तथा (ii) अभिव्यक्ति होते हैं। भाव - विचारों तथा उनका सम्प्रेषण करना।
- भाषा कौशल के दो प्रवाह - (i) लिखना पढ़ना तथा (ii) बोलना-सुनना हैं।
- भाषा कौशल का उद्देश्य बोधगम्यता है।
- भाषा कौशल से सम्प्रेषण की सक्षमता का विकास होता है।
- भाषा कौशल से शाब्दिक अन्त:प्रक्रिया होती है।
- भाषा कौशल की प्रभावशीलता का आकलन कौशलों की शुद्धता तथा बोधगम्यता से किया जाता है।
- भाषा कौशल का भाषा विज्ञान तथा व्याकरण ही मुख्य आधार होता है। भाषा कौशल के विकास हेतु उपयुक्त विधियाँ निम्नवत् हैं-

**1. बोलने का कौशल (Speaking Skill)**

'वाचन' एक कला है। वाचन की जीवन के प्रत्येक क्षेत्र में आवश्यकता होती है। व्यक्ति का सबसे बड़ा आभूषण उसकी सुसंस्कृत एवं मधुर वाणी है। क्योंकि अन्य सभी आभूषण तो टूट या घिस जाते हैं, किन्तु वाणी सदा बनी रहती है। व्यक्ति का एकमात्र आभूषण उसकी मधुर वाणी है। अमृत भी मधुर वाणी में ही होता है। मनुष्य अपने भावों एवं विचारों को बोलकर अथवा लिखकर व्यक्त करता है। भावों एवं विचारों का सम्प्रेषण या प्रकाशन ही रचना है। अत: रचना के दो मुख्य रूप हैं— मौखिक रचना एवं लिखित रचना। ' वशीकरण एक मन्त्र है— परिहर वचन कठोर।

**कैथरीन ओकानर** के अनुसार, "वाचन वह जटिल सीखने की प्रक्रिया है, जिसमें सुनने के गतिवाही माध्यमों का मानसिक पक्षों से सम्बन्ध होता है।

भाषाओं के विश्लेषण से विदित होता है कि उनके अक्षरों की ध्वनियाँ स्थानों पर विभिन्न प्रकार से निकलती हैं। इसका अर्थ यह हुआ कि अक्षर ध्वनि परिस्थिति अनुसार बदल जाती है इसलिए इन भाषाओं के विद्वानों ने शुद्ध उच्चारण के लिए नियमों को प्रतिपादित किया है। परन्तु हिन्दी देवनागरी लिपि में ऐसा नहीं है, अक्षरों की ध्वनियाँ नहीं बदलती हैं। इसलिए हिन्दी के शिक्षकों को भाषा सिखाने उसअथवा वाचन के लिए अलग से आवश्यकता नहीं होती है। वाचन में शब्दों के उच्चारण का विशेष महत्त्व होता है। शब्दों का शुद्ध उच्चारण होना चाहिए।

भाषा शिक्षण वाचन एवं लिखने से आरम्भ किया जाता है। इस सम्बन्ध में सभी एक मत नहीं हैं। मॉण्टेसरी शिक्षा प्रणाली, लिखने से आरम्भ करने के पक्ष में है। परन्तु अन्य सभी वाचन से आरम्भ करने के पक्षधर हैं क्योंकि ध्वनि से ज्ञान सरल है। लिखने से बोलना सरल होता है। लिखने से ध्वनि और लिपि के रूप को समझने में समय भी लगता है। लिपिबद्ध शब्दों को सरलता से पढ़ाया जा सकता है।

वाचन की विशेषताएँ सुन्दर वाचन में निम्नलिखित गुणों का होना आवश्यक है-

- मधुरता, प्रभावोत्पादकता तथा चमत्कारपूर्ण ढंग से उतार-चढ़ाव के साथ वाचन होना चाहिए।
- प्रत्येक अक्षर का शुद्ध तथा स्पष्ट उच्चारण करना।
- प्रत्येक शब्द को अन्य शब्दों से अलग करके उचित बल तथा विराम के साथ पढ़ना।
- वाचन में सुन्दरता के साथ प्रवाह बनाए रखना।
- आवश्यकतानुसार उचित हाव-भाव का होना तथा समान गति से पढ़ना।

**2. पढ़ने का कौशल (Reading Skill)**

लिखित भाषा को पढ़ने की क्रिया को पठन कौशल कहा जाता है; जैसे- पुस्तकों को पढ़ना, समाचार-पत्रों को पढ़ना आदि। भाषा के सन्दर्भ में पढ़ने का अर्थ कुछ भिन्न होता है। भाव और विचारों को, लिखित भाषा के माध्यम से अभिव्यक्ति को पढ़कर समझना पठन कहा जाता है। लिखने का उद्देश्य होता है कि भाव और विचारों को हम दूसरों तक पहुँचाना चाहते हैं। अन्य व्यक्ति जब उसको लिखित भाषा के रूप में पढ़ेगा तब उसके भाव एवं विचारों को समझ लेगा। इस क्रिया को पठन कहते हैं। किस सीमा तक कोई व्यक्ति उसके भाव एवं विचारों को समझता है, यह उसकी एकाग्रता एवं ग्रहण शक्ति पर निर्भर करता है।

पठन दो प्रकार से किया जाता है-

1. मौखिक रूप से पठन या बोलकर पढ़ना,
2. मौन रूप से पठन या मन ही मन पढ़ना।

मौखिक रूप से पढ़ने के भी कई रूप होते हैं— (i) व्यक्तिगत पठन, (ii) सामूहिक पठन, (iii) आदर्श पठन, (iv) अनुकरण पठन आदि।

पठन के आवश्यक कारक लिखित भाव एवं विचारों को मौखिक या मौन रूप में पढ़कर बोधगम्य करने में निम्नांकित कारक होते हैं-

- पठन में दृश्य इन्द्रीय सामान्य तथा क्रियाशील होना।
- लिखित भाषा लिपि का ज्ञान होना।
- लिखित पाठ्य सामग्री की शब्दावली का बोध एवं शुद्ध उच्चारण का अभ्यास होना।
- पठन में तत्परता, एकाग्रता एवं रुचि का होना।
- पठन में लिखित अभिव्यक्ति के साथ उसके अर्थ एवं भाव को समझने की क्षमता होना।
- वाक्यविज्ञान, रूपविज्ञान एवं अर्थविज्ञान का बोध होना।

पठन कौशल का विकास कौशल का सम्बन्ध क्रियात्मक पक्ष के विकास से होता है। इसलिए भाषा कौशलों के विकास के लिए अभ्यास तथा प्रशिक्षण की आवश्यकता होती है। छात्रों को पढ़ने के लिए अवसर दिए जाएँ और उन्हें ऐसा साहित्य उपलब्ध कराया जाए जो उनकी रुचि के अनुकूल हो; जैसे—छात्र कहानियों में अधिक रुचि लेते हैं इसलिए उन्हें शिक्षाप्रद् कहानियाँ पढ़ने का अवसर दिया जाए। पढ़ने का निरन्तर अभ्यास कराया जाए जिससे उनमें पठन की आदत का विकास हो जाए। पठन के

अभ्यास का कार्य घर एवं विद्यालय दोनों से आरम्भ किया जा सकता है। छात्रों की अवस्थानुकूल विभिन्न स्तरों पर उनकी आवश्यकता एवं इच्छाओं के अनुकूल पठन के लिए अवसर दिए जाएँ।

**3. लिखने का कौशल (Writing Skill)**

रचना भावों, एवं विचारों की कलात्मक अभिव्यक्ति है। वह शब्दों को क्रम से लिपिबद्ध, सुव्यवस्थित करने की कला है। भावों एवं विचारों की यह कलात्मक अभिव्यक्ति जब लिखित रूप में होती है तब उसे लेखन अथवा लिखित रचना कहते हैं। अभिव्यक्ति की दृष्टि से लेखन तथा वाचन परस्परपूर्वक होते हैं। वाचन से लेखन कठिन होता है। लेखन में वर्तनी का विशेष महत्त्व है जबकि वाचन में उच्चारण का महत्त्व होता है उच्चारण की शुद्धता आवश्यक तत्त्व है और लेखन में अक्षरों का सुडौल होना और वर्तनी की शुद्धता होनी चाहिए।

लेखन की कला स्थायी साहित्य का अंग है लेखन की विषयवस्तु साहित्य का क्षेत्र होता है और वाक्य लिखित भाषा अभिव्यक्ति का माध्यम होता है। लेखन में सोचने तथा चिन्तन के लिए अधिक समय मिलता है जबकि वाचन में भावाभिव्यक्ति का सतत् प्रवाह बना रहता है सोचने का समय नहीं रहता। मानव जीवन में लेखन तथा वाचन दोनों रूपों का महत्त्व है।

लेखन की अशुद्धियाँ पाठकों तथा आलोचकों की दृष्टियों से बच नहीं सकती जबकि वाचन में इतना ध्यान नहीं जाता है। इस कारण लेखन में भाषा की शुद्धता का विशेष ध्यान रखना पड़ता है। पाठ्य सामग्री, विषय-सामग्री, भाषा व शैली के परिष्कार पर विशेष ध्यान देना पड़ता है। लेखन में भाषा, शैली तथा विषय-सामग्री आदि सभी दृष्टि से शुद्ध होनी चाहिए।

लेखन के माध्यम से साहित्य की विधाओं एवं शैली का निर्माण तथा विकास किया जाता है। साहित्य में स्थायीपन लेखन से आता है। लेखन से अभिव्यक्ति के अनेक रूप हैं— कहानी, नाटक, निबन्ध कथाएँ, आत्मकथा, संवाद, संस्मरण, जीवनी, कविता, गद्य गीत, काव्य आदि। छात्रों को शिक्षण द्वारा इन विधाओं एवं रूपों से अवगत कराया जाता है। वाचन में भावात्मक पक्ष की प्रधानता होती है जो लेखन द्वारा सम्भव नहीं हो पाती। स्वर के उतार-चढ़ाव से शब्दों में शक्ति आती है जिससे उसे प्रोत्साहन मिलता जाता है।

**4. सुनने का कौशल (Listening Skill)**

वाचन सुनने और सुनकर उसका अर्थ एवं भाव समझने की क्रिया को सुनने का कौशल कहा जाता है। इस कौशल का सैद्धान्तिक पक्ष ध्वनि विज्ञान के अन्तर्गत दिया गया है।

सामान्यत: कानों द्वारा जो ध्वनियाँ ग्रहण की जाती हैं और मस्तिष्क द्वारा उनकी अनुभूति तथा प्रत्यक्षीकरण को श्रवण कहते हैं। मौखिक भाषा के माध्यम से अभिव्यक्त भाव एवं विचारों को सुनकर समझना ही श्रवण कौशल है। भाषा के सन्दर्भ में अर्थ बोध एवं भाव की प्रतीति सुनने के आवश्यक तत्त्व होते हैं। इस प्रकार जब कोई व्यक्ति हमारे सामने अपने भाव एवं विचार मौखिक भाषा के माध्यम से अभिव्यक्त करता है और हम उसे सुनकर यथा भाव एवं विचार समझते और ग्रहण करते हैं तो हमारी यह क्रिया सुनना अथवा श्रवण कहलाती है, यह बात दूसरी है कि हम यथा भाव एवं विचार किस सीमा तक समझते और ग्रहण करते हैं।

## मूल्यांकन की प्रविधियाँ

मूल्यांकन की प्रक्रिया ज्ञानात्मक, भावात्मक तथा क्रियात्मक उद्देश्य की प्राप्ति के सम्बन्ध में प्रदत्त का संकलन करती है। परम्परागत परीक्षाओं से ज्ञानात्मक उद्देश्यों का ही मापन किया जाता है। मूल्यांकन की प्रक्रिया का क्षेत्र अधिक व्यापक होता है। इसमें अनेक प्रकार की प्रविधियाँ प्रयुक्त की जाती हैं-

- ज्ञानात्मक उद्देश्यों के लिए मौखिक, लिखित, निबन्धात्मक परीक्षाएँ तथा वस्तुनिष्ठ परीक्षाएँ तथा प्रयोगात्मक परीक्षाएँ उपयोग में लाई जाती हैं। निरीक्षण प्रविधि का भी प्रयोग करते हैं।
- भावात्मक उद्देश्यों के लिए अभिरुचि सूची (Attitude Scale), रेटिंग स्केल तथा मूल्यों की परीक्षा (Values Test) आदि प्रयुक्त किए जाते हैं। निबन्धात्मक परीक्षाएँ भी आंशिक रूप से प्रयुक्त की जा सकती हैं। निरीक्षण-प्रविधि को भी प्रयोग में लाया जाता है।
- क्रियात्मक उद्देश्यों के लिए प्रयोगात्मक परीक्षा अधिक उपयोगी मानी जाती है। इसमें छात्रों को कुछ क्रियाएँ करनी पड़ती हैं और उनके कौशल का मूल्यांकन किया जाता है।

मूल्यांकन में मानदण्ड परीक्षा को विशेष महत्त्व दिया जाता है। इसकी तीन प्रमुख विशेषताएँ होती हैं-

1. **समुचितता**- मानदण्ड परीक्षा समुचित मानी जाती है क्योंकि इसमें उद्देश्यों को विशेष महत्त्व दिया जाता है। परीक्षा के प्रश्न विशिष्ट उद्देश्यों की प्राप्ति का मापन करते हैं।
2. **प्रभावशीलता**- मानदण्ड परीक्षा के मापन का कार्य भली प्रकार करना चाहिए। परीक्षा विश्वसनीय तथा वैध होनी चाहिए।
3. **व्यावहारिकता**- मानदण्ड परीक्षा का प्रशासन सरल होना चाहिए। अंकन भी सरल हो तथा प्रदत्तों का अर्थापन सार्थक होना चाहिए। परीक्षा छात्रों तथा शिक्षकों को मान्य होनी चाहिए।

अभिक्रमित अनुदेशन के मूल्यांकन में प्रमुख रूप से मानदण्ड परीक्षा को प्रयुक्त किया जाता है। यदि मानदण्ड परीक्षा में छात्रों को अच्छे अंक (90/90 मानदण्ड) नहीं प्राप्त हुए तो यह इस बात का सूचक है कि अधिगम प्रक्रिया प्रभावशाली नहीं है। इसमें परिवर्तन तथा सुधार लानी चाहिए। इस प्रकार अनुदेशन अभिक्रमित की प्रभावशीलता के सम्बन्ध में निर्णय लिया जा सकता है। छात्रों की प्रतिक्रियाओं को एवं उनकी कमजोरियों को जानने के लिए भी मानदण्ड परीक्षा प्रयुक्त कर सकते हैं और उनमें सुधार ला सकते हैं।

## मूल्यांकन प्रविधियों का वर्गीकरण

विद्यालयों में प्रयुक्त की जाने वाली सभी मूल्यांकन प्रविधियों को प्रमुख रूप से दो वर्गों में विभाजित किया जाता है-

1. परिमाणात्मक (Quantitative) प्रविधि तथा
2. गुणात्मक (Qualitative) प्रविधि।

## परिमाणात्मक परीक्षाएँ

मूल्यांकन में इस प्रकार की प्रविधियाँ अधिक उपयोगी, विश्वसनीय तथा वैध होती हैं। ये तीन प्रकार की होती हैं-

(i) मौखिक परीक्षा (Oral Test)

(ii) लिखित परीक्षा (Written Test)

(iii) प्रयोगात्मक परीक्षा (Practical Test)

**मौखिक** इसमें मौखिक प्रश्न, वाद-विवाद प्रतियोगिता तथा नाटक आदि को प्रयुक्त किया जाता है।

**लिखित** इसमें प्रश्न लिखित रूप में पूछे जाते हैं, छात्रों को उनका उत्तर लिखना होता है। लिखित परीक्षाएँ दो प्रकार की होती हैं।

(क) निबन्धात्मक परीक्षाएँ (Essay type test)

(ख) वस्तुनिष्ठ परीक्षाएँ (Objective type test)

प्रयोगात्मक (Practical) इसमें छात्रों को कोई निर्धारित कार्य पूरा करना होता है। विज्ञान, भूगोल, गृह विज्ञान, कला, क्राफ्ट आदि विषयों में इन्हें प्रयुक्त किया जाता है।

## गुणात्मक परीक्षाएँ

विद्यालय में गुणात्मक परीक्षाओं का उपयोग आन्तरिक मूल्यांकन के लिए किया जाता है। ये साधारणत: पाँच प्रकार की होती हैं-

(i) संचयी आलेख (Cumulative Records)

(ii) एनेकडोटल आलेख (Anecdotal Records)

(iii) निरीक्षण (Observation)

(iv) जाँच सूची (Check List)

(v) अनुपस्थिति मापनी (Rating Scale)

**संचयी आलेख** (Cumulative Records)- विद्यालयों में प्रत्येक छात्र के सम्बन्ध में सूचनाओं को क्रमबद्ध रूप में व्यवस्थित किया जाता है। इसमें शैक्षिक प्रगति, मांसिक परीक्षा - फल, उपस्थिति, योग्यता तथा अन्य विद्यालयों की क्रियाओं में भाग लेने आदि का आलेख प्रस्तुत किया जाता है। छात्र की प्रगति तथा कमजोरियों को जानने के लिए अभिभावकों, शिक्षकों तथा प्रधानाचार्य के लिए यह अधिक उपयोगी आलेख होता है।

**एनेकडोटल आलेख** (Anecdotal Records)- इसमें बालकों के व्यवहार से सम्बन्धित महत्त्वपूर्ण घटनाओं तथा कार्यों का वर्णन किया जाता है। इन कार्यों तथा घटनाओं का आलेख सही रूप में किया जाता है। निरीक्षण करने वाले छात्र की रुचियों तथा झुकावों को उत्पन्न करने वाले घटकों का भी उल्लेख करता है, इलके आधार पर छात्र के सम्बन्ध में सामान्यीकरण किया जा सकता है और निर्देशन में इसे प्रयुक्त करते हैं।

**निरीक्षण** (Observation)- इसका प्रयोग विशेष रूप से छोटे बालकों के मूल्यांकन के लिए किया जाता है, क्योंकि उनको अन्य कोई परीक्षा नहीं दी जा सकती है और उनके व्यवहार में वास्तविकता होती है। इसका प्रयोग उनकी योग्यता तथा व्यवहारों के सम्बन्ध में किया जाता है। उच्च कक्षाओं में छात्र स्वयं आत्मनिरीक्षण के लिए भी इसे प्रयोग करता है।

**जाँच सूची** (Check List) लिखित तथा मौखिक परीक्षाएँ छात्रों के ज्ञानात्मक पक्ष की परीक्षा करती हैं और प्रयोगात्मक परीक्षा कौशल तथा क्रियात्मक पक्ष की जाँच करती है। जाँच सूची का प्रयोग अभिरुचियों, अभिवृत्तियों तथा भावात्मक पक्ष के लिए किया जाता है। इसमें कुछ कथन दिए जाते हैं। उन कथनों के सम्बन्ध में छात्रों को हाँ अथवा नहीं में उत्तर देना होता है। इस प्रकार के कथनों की सूची की रचना करते समय उद्देश्य स्पष्ट होने चाहिए। प्रत्येक कथन को किसी विशिष्ट उद्देश्य का मापन करना चाहिए; जैसे-

- आपको शिक्षण-सोपानों का स्मरण करने में रुचि है। (हाँ / नहीं)
- आप पाठ योजना की रचना करने में रुचि लेते हैं। हाँ / नहीं)
- आपको कक्षा-शिक्षण के प्रस्तुतीकरण में आनन्द मिलता है। (हाँ/ नहीं)
- आपको छात्रों के कार्यों की प्रशंसा करना अच्छा लगता है। (हाँ/ नहीं)
- इस जाँच सूची से छात्राध्यापकों की शिक्षण में रुचि का मूल्यांकन किया जा सकता है।

**अनुपस्थिति मापनी** (Rating Scale) इसमें कुछ कथन दिए जाते हैं, उनका तीन, पाँच, सात बिन्दुओं तक सापेक्ष निर्णय करना होता है। इसका प्रयोग उच्च कक्षाओं के छात्रों के लिए ही किया जा सकता है, क्योंकि निर्णय लेने की शक्ति छोटी आयु के छात्रों में नहीं होती। शिक्षक भी प्रत्येक छात्र के मापन के लिए इसका प्रयोग करता है, परन्तु शिक्षक को प्रत्येक छात्र से भली प्रकार परिचित होना चाहिए। अनुपस्थिति मापनी के कथन स्पष्ट तथा विशिष्ट व्यवहारों से सम्बन्धित होने चाहिए।

## पाठ्य-पुस्तक का अर्थ एवं परिभाषा

पाठ्य-पुस्तक मानव की एक महत्त्वपूर्ण रचना है। मनुष्य अपने अनुभवों, विचारों एवं अनुभूतियों का पुस्तक के रूप में संचय करता है। पाठ्य-पुस्तक ज्ञान संचय का साधन है जिसका लाभ नई पीढ़ी को होता है। पुस्तकों के माध्यम से संचित ज्ञान को शिक्षक अपने छात्रों को प्रदान करता है। मानवीय ज्ञान संचय एवं संचार का साधन पुस्तक है। आज के तकनीकी एवं कम्प्यूटर युग में पुस्तकों के अतिरिक्त आधुनिक साधनों एवं माध्यमों का विकास हो रहा है। टेप रिकॉर्डर, विडियो टेप, फ्लॉपी, माइक्रो फिल्म आदि का विकास हुआ है। जिसमें महापुरुषों को देखने एवं सुनने का अवसर भी मिलता है जबकि पुस्तक के माध्यम से पढ़ने को मिलता है।

**हैरोलिकर** के अनुसार, "पाठ्य-पुस्तक ज्ञान, अनुभवों, भावनाओं, विचारों तथा प्रवृत्तियों व मूल्यों के संचय का साधन है।"

**पाठ्य-पुस्तकों की विशेषताएँ**

पाठ्य-पुस्तकों की उपयोगिता के अनुसार उनमें निम्नलिखित विशेषताएँ होनी चाहिए-

1. **अनुभवों का उपयोग**- पाठ्य-पुस्तकें एक ऐसा माध्यम रही हैं जिनके द्वारा महापुरुषों के विचारों तथा विद्वानों के शोध कार्यों के निष्कर्षों का प्रचार एवं प्रसार किया जाता है। शिक्षक तथा छात्र उनके अनुभवों का प्रर्याप्त लाभ उठाते हैं। मानव के अतीत के अनुभवों तथा ज्ञान का संचय पुस्तकों के माध्यम से किया जाता है और भावी नागरिकों को प्रदान किया जाता है।

   किसी विषय का अनुभवी शिक्षक यदि पुस्तक लिखता है तो वह दो प्रकार के अनुभवों को सम्मिलित करता है। पाठ्य-वस्तु का प्रारूप उस स्तर के लिए कितना उपयुक्त है और उसे किस रूप में प्रस्तुत किया जाए जिसे छात्र सुगमता से बोधगम्य कर सकें, ऐसी पुस्तकें उत्तम प्रकार की मानी जाती हैं।
2. **समय की बचत या मितव्ययिता**- मानव का जीवन-काल सीमित हैं और समय तीव्रता से व्यतीत होता है तथा परिवर्तित होता है। अतः ज्ञान प्राप्त करने की क्रियाएँ सरल एवं सुगम बनाने के लिए पाठ्य-पुस्तकें महत्त्वपूर्ण स्थान रखती हैं। उत्तम प्रकार की पाठ्य-पुस्तकों से समय की बचत होती है। मानवीय अनुभव तथा ज्ञान- राशि क्रमबद्ध तथा व्यवस्थित रूप में पुस्तकों में मिल जाती है, छात्र उनके अध्ययन से कम समय में अधिक ज्ञान प्राप्त कर सकते हैं।
3. **सुनिश्चितता**- पाठ्य-पुस्तकों का निर्माण विभिन्न स्तरों के लिए किया जाता है। किस स्तर पर कितना ज्ञान अथवा जानकारी छात्रों को प्रदान की जाए इसका बोध पाठ्य-पुस्तकों से होता है। शिक्षक अपने शिक्षण की क्रियाओं का नियोजन करके उनका सम्पादन करता है। छात्रों के समुचित अधिगम परिस्थिति उत्पन्न करके अपेक्षित व्यवहार परिवर्तन करता है।
4. **सुगमता**- शिक्षण अधिगम-क्रियाओं को व्यवस्थित और उनका संचालन करना सुगम हो, इसके लिए पाठ्य-पुस्तकों का विशेष महत्त्व होता है। प्रकरण के तत्त्वों को चढ़ाव के क्रम में व्यवस्थित किया जाता है जो शिक्षक के लिए व्यवस्था की दृष्टि से और छात्रों के लिए सीखने की दृष्टि से सुगम है। गेने की अधिगम - परिस्थितियों के चढ़ाव के क्रम और उद्देश्यों के चढ़ाव के क्रम में ध्यान रख कर पाठ्य पुस्तकों का निर्माण किया गया हो।

## मल्टीमीडिया

शिक्षण सहायक सामग्री के रूप में आजकल निम्नलिखित मल्टीमीडिया साधनों का प्रयोग किया जाता है-

1. **चल-चित्र अथवा सिनेमा**- चल-चित्र अथवा सिनेमा मूक- चित्र का दूसरा रूप है। इसमें मूक-चित्र की भाँति क्रियाएँ भी दिखाई जाती हैं, साथ ही ध्वनि की व्यवस्था भी होती है। इस प्रकार चल-चित्र अथवा सिनेमा बीसवीं शताब्दी की शिक्षा का सस्ता, सुलभ एवं यन्त्रीकृत महत्त्वपूर्ण साधन है। इसका प्रयोग रेडियो और टेलीविजन के द्वारा अधिक प्रभावशाली होता है तथा इसके अनेक लाभ हैं, जो निम्नलिखित हैं-
   - चल-चित्र द्वारा प्राप्त किया हुआ ज्ञान अन्य उपकरणों की अपेक्षा अधिक स्थायी होता है, क्योंकि इसमें देखने तथा सुनने की इन्द्रियाँ सक्रिय रहती हैं।
   - चल-चित्र औद्योगिक तथ्यों तथा उनके प्रभावों एवं ऐतिहासिक घटनाओं और वैज्ञानिक अनुसन्धानों का साक्षात्कार कराने में सहायक है।
   - चल-चित्र द्वारा बालकों को विभिन्न देशों की स्थितियों, परिस्थितियों तथा मानव और उसके कार्य-कलापों का ज्ञान सरलतापूर्वक करा दिया जाता है।
   - चल-चित्र द्वारा बालकों की कल्पना-शक्ति को विकसित करके उनकी निरीक्षण शक्ति का विकास भी सरलतापूर्वक किया जा सकता है।
   - चल-चित्र द्वारा सभी बालक सामाजिक, आर्थिक, धार्मिक एवं नैतिक सभी प्रकार से विकसित होते हैं। संक्षेप में चल-चित्र द्वारा मन्द एवं तीव्र बुद्धि के सभी बालकों का जहाँ एक ओर मनोरंजन होता वहाँ दूसरी ओर वे हर प्रकार की शिक्षा भी ग्रहण करते हैं।
   - दूसरे शब्दों में, चल-चित्र द्वारा सिनेमा में प्रयोग किए जाने वाले 35 मिमी के प्रोजेक्टर के स्थान पर स्कूल में केवल 16 मिमी के प्रोजेक्टर द्वारा बालकों को प्रत्येक विषय का ज्ञान सरलतापूर्वक दिया जा सकता है।
2. **समाचार सम्बन्धी फिल्म**- समाचार सम्बन्धी फिल्मों का तात्पर्य उन फिल्मों से है जिनके द्वारा बालकों को सामाजिक विषयों की शिक्षा दी जाती है। ऐसी फिल्मों द्वारा जनता को देश के राजनैतिक, आर्थिक तथा सामाजिक जीवन से सम्बन्धित

परिस्थितियों, घटनाओं तथा योजनाओं के सम्बन्ध में समाचार भी दिए जाते हैं। यही कारण है कि आजकल प्रत्येक देश में अधिक-से-अधिक समाचार सम्बन्धी फिल्में तैयार हो रही हैं।

3. **दूरदर्शन**- टेलीविजन भी रेडियो की भाँति बीसवीं शताब्दी की वैज्ञानिक उपलब्धियों में शिक्षा का एक महत्त्वपूर्ण उपकरण है। रेडियो द्वारा तो हम उच्च कोटि के शिक्षाशास्त्रियों तथा कलाकारों की केवल वाणी ही सुन सकते हैं परन्तु टेलीविजन पर उन सबकी शक्लें तथा उन्हें विभिन्न कार्यक्रमों में भाग लेते हुए भी देख सकते हैं। दूसरे शब्दों में टेलीविजन द्वारा बालकों के कान और आँख दोनों ही ज्ञानेन्द्रियाँ सक्रिय होती हैं।

4. **रेडियो**- रेडियो के जन्म की कहानी 1886 ई. से आरम्भ हुई है। आधुनिक जीवन में रेडियो का विकास इतना अधिक हो गया है कि अब यह हमारे लिए आवश्यकता की वस्तु बन गया है। रेडियो द्वारा दूर-दूर रहने वाले बालकों को एक ही साथ आधुनिकतम घटनाओं तथा नवीनतम सूचनाओं का ज्ञान प्राप्त होता है।

   इससे बालकों में नई-नई बातें सीखने की उत्सुकता उत्पन्न होती है। रेडियो द्वारा बालकों को उच्च कोटि के शिक्षा- शास्त्रियों से राष्ट्रीय तथा अन्तर्राष्ट्रीय समस्याओं के विषय में अनेक वार्ताएँ तथा भाषण सुनने को मिलते हैं। इससे उनमें राष्ट्रीयता की भावना का विकास होता है। साथ ही वे दैनिक जीवन की समस्याओं को समझने और सुलझाने के योग्य बन जाते हैं। रेडियो पर प्रसिद्ध कलाकारों तथा संगीतज्ञों के प्रोग्राम भी प्रसारित किए जाते हैं।

5. **ग्रामोफोन तथा लिंग्वाफोन**- ग्रामोफोन तथा लिंग्वाफोन भी रेडियो की भाँति शिक्षण के महत्त्वपूर्ण उपकरण हैं। ग्रामोफोन द्वारा बालकों को भाषण तथा गाने की शिक्षा दी जाती है तथा लिंग्वाफोन द्वारा बालकों के उच्चारण शुद्ध कराकर भाषा की शिक्षा दी जाती है।

6. **टेप- रिकॉर्डर**- शैक्षिक उपकरण के रूप में टेप रिकॉर्डर एक नया उपकरण है। कोई भी व्यक्ति इसके अन्दर अपनी ध्वनि को किसी भी समय भर कर पुन: सुन सकता है। इस दृष्टि से टेप रिकॉर्डर का प्रयोग जहाँ एक ओर महापुरुषों के प्रवचन, नेताओं के भाषण तथा प्रसिद्ध कलाकारों की कविताएँ एवं संगीत आदि के सुनाने में किया जाता है, वहीं दूसरी ओर बालक तथा शिक्षक भी इसमें अपनी ध्वनि को भरकर पुन: सुन सकते हैं।

## कक्षा के बहुआयामी स्रोत

भाषा शिक्षण में पाठ्य-पुस्तक तथा मल्टीमीडिया मध्यमों के अतिरिक्त कक्षा में अन्य बहुआयामी स्रोतों के माध्यम से भाषा शिक्षण को और अधिक सरल तथा सुगम बनाया जा सकता है। ये स्रोत मुख्यत: दृश्य सामग्री के रूप में होते हैं इनका विवरण निम्न प्रकार है-

1. **वास्तविक पदार्थ**- वास्तविक पदार्थों का तात्पर्य वस्तुओं से है। वास्तविक पदार्थ बालकों की इन्द्रियों को प्रेरणा देते हैं तथा उन्हें निरीक्षण एवं परीक्षण के अवसर प्रदान करके उनकी अवलोकन शक्ति का विकास करते हैं। ध्यान देने की बात है कि जब बालक वास्तविक पदार्थों को देखते, छूते तथा चखते हैं तो उनकी क्रमश: दृष्टिक, स्पर्शावण तथा रस प्रतिभाएँ निर्मित होती हैं। ये प्रतिभाएँ बालकों की कल्पना शक्ति को विकसित करने में सहयोग प्रदान करती हैं।

2. **प्रतिमान**- प्रतिमान वास्तविक पदार्थों अथवा मूल वस्तुओं के छोटे रूप होते हैं। इनका प्रयोग उस समय किया जाता है जब वास्तविक पदार्थ या तो उपलब्ध न हों अथवा इतने बड़े हों कि उन्हें कक्षा में दिखाना ही सम्भव न हो। उदाहरण के लिए हाथी, घोड़े, रेल का इन्जन तथा जहाज आदि इतने बड़े होते है कि उन्हें कक्षा में उपस्थित नहीं किया जा सकता। अत: बालकों को उक्त सभी का ज्ञान देने के लिए उनके नमूने दिखाए जाते हैं। स्मरण रहे कि नमूने बड़े हों अथवा छोटे वास्तविक पदार्थों से मिलते-जुलते होने चाहिए।

3. **अचल चित्र**- चित्रों का प्रयोग उस समय किया जाता है जब न तो वास्तविक पदार्थ ही उपलब्ध हों और न ही नमूने मिल सकें। दूसरे शब्दों में जब वास्तविक पदार्थों तथा नमूनों का मिलना कठिन हो जाता है तो ऐसी स्थिति में चित्रों का प्रयोग किया जाता है। स्मरण रहे कि चित्रों से वास्तविक पदार्थों के स्पर्श के सम्बन्ध में कोई ज्ञान प्राप्त नहीं होता, फिर भी इनका शिक्षण में विशेष लाभ होता है। वैसे भी चित्र प्राय: पदार्थों तथा नमूनों से सस्ते होते हैं एवं बाजार में आसानी से मिल भी जाते हैं।

4. **मानचित्र**- मानचित्र का प्रयोग प्रमुख ऐतिहासिक घटनाओं तथा भौगोलिक तथ्यों अथवा स्थानों के अध्ययन करने के लिए परम आवश्यक है। यूँ तो मानचित्र बने-बनाए ही बाजार से मिल जाते हैं, पर अच्छा यही है कि शिक्षक मानचित्रों को स्वयं ही बनाए और उनमें केवल उन्हीं बातों को सुन्दर ढंग से अंकित करे जिनकी नितान्त आवश्यकता हो।

5. **ग्राफ**- ग्राफ का अपना निजी महत्त्व होता है। ग्राफ के प्रयोग से बालकों को भूगोल, इतिहास, गणित तथा विज्ञान आदि अनेक विषयों का ज्ञान सरलतापूर्वक दिया जा सकता है।

   स्मरण रहे कि ग्राफ की सहायता से भूगोल के पाठ में जलवायु उपज तथा जनसंख्या आदि का ज्ञान दिया जा सकता है तथा इतिहास के शिक्षण में इसका प्रयोग स्वतन्त्रता संग्राम की प्रगति तथा धार्मिक अथवा राजनैतिक विकास की प्रगति का ज्ञान देने के लिए किया जाता है।

6. **चार्ट**- चार्टों के प्रयोग से शिक्षक को शिक्षण का उद्देश्य प्राप्त करने में बड़ी सहायता मिलती है। ध्यान देने की बात है कि चार्टों का प्रयोग भूगोल, इतिहास, अर्थशास्त्र, नागरिकशास्त्र तथा गणित एवं विज्ञान आदि सभी विषयों में सफलतापूर्वक किया जा सकता है। अत: शिक्षक को पाठ की आवश्यकताओं को दृष्टि में रखते हुए अधिक-से-अधिक चार्ट स्वयं ही तैयार करके उचित ढंग से प्रयोग करने चाहिए। स्मरण रहे कि चार्ट द्वारा प्रदर्शित की हुई विषय-वस्तु इतनी सुन्दर, सुडौल तथा मोटी होनी चाहिए कि कक्षा के प्रत्येक बालक का ध्यान उसकी ओर आकर्षित हो जाए और शिक्षक अपने प्रयोजन को सरलता से स्पष्ट कर सके।

7. **संग्रहालय**- संग्रहालय भी शिक्षा का एक महत्त्वपूर्ण उपकरण है। इसमें सभी वस्तुओं को एकत्रित करके रखा जाता है। इन वस्तुओं की सहायता से पाठ रोचक तथा सजीव बन जाता है एवं बालक उसे सरलतापूर्वक समझ लेते हैं। अत: शिक्षक को संग्रहालय का सदुपयोग अवश्य करना चाहिए। शिक्षक द्वारा संग्रहालय में एकत्रित की हुई वस्तुओं का प्रयोग भूगोल, इतिहास, गणित तथा विज्ञान आदि विषयों के शिक्षण में सरलतापूर्वक किया जा सकता है।

8. **जादू की लालटेन**- जादू की लालटेन एक चित्र प्रदर्शक यन्त्र है। यह यन्त्र शिक्षण को सजीव एवं प्रभावशाली बनाने में इतना सफल सिद्ध हुआ है कि इसकी उपयोगिता को प्राय: सभी शिक्षा-शास्त्रियों ने स्वीकार किया है। स्मरण रहे कि जादू की लालटेन को प्रयोग में लाने के लिए स्लाइडों (Slides) की आवश्यकता पड़ती है।

   जादू की लालटेन का प्रयोग करते समय शिक्षक को निम्नलिखित सावधानियाँ बरतनी चाहिए

   - स्लाइडें दिखाने से पहले शिक्षक को प्रस्तावना के रूप में विषय से सम्बन्धित छोटी-सी टिप्पणी देनी चाहिए।
   - स्लाइडें दिखाते समय उनको स्पष्ट करने के लिए शिक्षक को कुछ स्पष्टीकरण देना चाहिए।

9. **चित्र-विस्तारक यन्त्र**- चित्र-विस्तारक यन्त्र पाठ को अधिक स्पष्ट तथा रोचक बनाने के लिए जादू की लालटेन (Magic Lantern) की अपेक्षा अधिक प्रभावशाली यन्त्र है। इसका कारण यह है कि जादू की लालटेन में चित्रों को दिखाने से पहले स्लाइडें बनाने की आवश्यकता पड़ती है। यह बात चित्र-विस्तार यन्त्र के साथ नहीं है।

10. **मूक-चित्र**- मूक-चित्र चलचित्र का पहला रूप है। इससे क्रियाएँ तो पूरी दिखाई जाती हैं परन्तु ध्वनि नहीं होती। दूसरे शब्दों में मूक-चित्र द्वारा विभिन्न विषयों तथा क्रियाओं जैसे सफाई के साधन, विभिन्न रोगों से बचने के उपाय तथा प्राकृतिक दृश्यों एवं वर्णनों को क्रिया रूप में आसानी से स्पष्ट किया जाता है। अत: चित्र-विस्तारक यन्त्र तथा प्रक्षेपक यन्त्रों की अपेक्षा मूक-चित्रों का शिक्षण में विशेष महत्त्व है।

## उपचारात्मक शिक्षण

शैक्षणिक निदान का प्रयोजन ही उपचारात्मक शिक्षण है। शैक्षणिक निदान द्वारा बालकों की कठिनाइयों का पता लगाकर उन कठिनाइयों को दूर करते हुए जो शिक्षण कार्य अपनाया जाता है, उसे उपचारात्मक शिक्षण कहते हैं। उपचारात्मक शिक्षण के भी उनके रूप हो सकते हैं यथा-बालकों की कठिनाइयों का सामूहिक रूप से निवारण और उचित अभ्यास, वैयक्तिक भेदों के आधार पर व्यक्तिगत बालक की अशुद्धियों का निवारण, उपचार गृहों अथवा भाषा-प्रयोगशालाओं में बालकों को उच्चारण एवं भाषा सम्बन्धी प्रशिक्षण और अभ्यास।

उदाहरण के लिए, सस्वर वाचन सम्बन्धी पूर्वोल्लिखित कठिनाइयों को जान लेने पर उपचारात्मक शिक्षण के निम्नांकित रूप अपनाए जा सकते हैं

- सर्वप्रथम शिक्षक को अपना आदर्श वाचन सभी दृष्टियों-शुद्ध एवं स्पष्ट उच्चारण, उचित स्वर, गति, यति, पवाह, आरोह-अवरोह आदि से आदर्श बनाना चाहिए।
- जिन ध्वनियों एवं शब्दों के उच्चारण में अशुद्धियाँ होती हैं, उनके शुद्ध उच्चारण की शिक्षा और अभ्यास कराना।
- शुद्ध एवं स्पष्ट उच्चारण और उचित स्वर, गति, यति, प्रवाह की दृष्टि से भी बालकों को प्रशिक्षित करना और सस्वर वाचन का अभ्यास कराना।
- शब्दार्थ सम्बन्धी कठिनाइयों को दूर करना और अर्थ ग्रहण की योग्यता बढ़ाना।
- अच्छे-अच्छे अवतरणों का चयन कर वाचन कराना, वाचन में रुचि उत्पन्न करना, अधिक वाचन के लिए प्रोत्साहित करना।
- मौखिक रचना सम्बन्धी विविध अभ्यास भाषण, वाद-विवाद, कविता-पाठ, अंत्याक्षरी प्रतियोगिता आदि।

## उपचारात्मक शिक्षण विधियाँ एवं प्रविधियाँ

निदान का कार्य त्रुटि के कारण का पता लगाना है। उसके निराकरण के लिए विशिष्ट विधियों एवं प्रविधियों का चयन किया जाता है। यह शिक्षण सामान्य-शिक्षण से भिन्न होता है। यह व्यक्तिगत अधिक होता है इसलिए शिक्षण तथा अनुदेशन की व्यक्तिगत विधियों का प्रयोग किया जाता है। इसके लिए अभ्यास के साथ प्रमुख विधियाँ निम्नांकित हैं।

- अभिक्रमित अनुदेशन में शाखीय अनुदेशन प्रमुख है।
- अनुवर्ग-शिक्षण-सामान्य-शिक्षण के उपरान्त व्यवस्था की जाती है।
- परिपाक-शिक्षण को पर्यवेक्षित अध्ययन भी कहते हैं।
- क्रियात्मक-अनुसन्धान विधि।

साधारणतः हिन्दी की त्रुटियों पर ध्यान कम दिया जाता है, क्योंकि यह छात्रों की मातृभाषा है और यह सभी को आती है। छात्र भी हिन्दी के अध्ययन पर ध्यान नहीं देते हैं। उपचारात्मक विधियों का उपयोग विशेषकर गणित, विज्ञान तथा हिन्दी भाषा के शिक्षण में ही किया जाता है। अनुवर्ग - शिक्षण की व्यवस्था गणित तथा विज्ञान विषयों के लिए की जाती है। जबकि भाषा की त्रुटि अधिक गम्भीर होती है।

छात्रों को अपनी अभिव्यक्ति के लिए भाषा का ही प्रयोग करना होता है, शुद्ध भाषा के ज्ञान एवं कौशल से ही शुद्ध सम्प्रेषण किया जाता है। शब्दों का प्रयोग समुचित न करने पर उसके अर्थ के बजाय अनर्थ हो जाता है। अन्य राष्ट्रों के छात्र तथा द्वितीय भाषा के रूप में हिन्दी-सीखने वाले छात्र हिन्दी की अशुद्धियों पर विशेष ध्यान देते हैं। जिनकी मातृभाषा हिन्दी है, वे हिन्दी की अशुद्धियों पर ध्यान कम देते हैं। हिन्दी भाषा की त्रुटियों एवं अशुद्धियों के सुधार से हिन्दी भाषा की गरिमा रखी जा सकती है और शुद्ध सम्प्रेषण किया जा सकता है।

## प्रश्नमाला

**1. "वह लड़का शरीफ है।" वाक्य में 'शरीफ' शब्द है-**
(a) क्रिया-विशेषण (b) विशेषण
(c) अव्यय (d) सर्वनाम

**2. विवृत जिह्वा द्वारा उत्पन्न होने वाला हिन्दी भाषा का स्वर है-**
(a) 'आ' (b) 'अ'
(c) 'इ' (d) 'उ'

**3. किस शब्द में अधिकरण कारक का प्रयोग हुआ है ?**
(a) वाहनारूढ़ (b) सत्ताधीश
(c) स्वप्नभंग (d) गंगाजल

**4. नाटक का तत्त्व है-**
(a) वस्तु का तत्त्व है (b) कथोपकथन
(c) अभिनय (d) ये सभी

**5. निम्नलिखित में से मन्त्रणा और तर्क विधियों का सम्मिलित रूप है-**
(a) समवाय विधि (b) स्वाध्याय विधि
(c) निर्देश विधि (d) आदर्श विधि

**6. 'अभ्यास के नियम' को अधिगम का एक नियम स्वीकार किया है-**
(a) एच. स्वीट ने (b) थार्नडाइक ने
(c) महाकवि माघ ने (d) कवि वृन्द ने

**7. 'हिमाच्छादित' शब्द में कौन-सी सन्धि है ?**
(a) गुण सन्धि (b) वृद्धि सन्धि
(c) दीर्घ सन्धि (d) यण् सन्धि

**8. व्याकरण शिक्षण पाठ के प्रकार होते हैं-**
(a) औपचारिक व्याकरण पाठ
(b) व्यावहारिक व्याकरण पाठ
(c) प्रासंगिक व्याकरण पाठ
(d) ये सभी

**9. हिन्दी के जिह्वामूलीय व्यंजन हैं-**
(a) क्, ख्, ग्, (b) च्, छ्, ज्
(c) ट, ठ, ड (d) प्, फ्, ब्

**10. कविता किसका विषय है ?**
(a) अनुभूति का (b) विद्या का
(c) रस का (d) आनन्द का

**11. स्वर यन्त्र में श्वास के आघात से जन्म होता है-**
(a) स्वर का (b) पूर्ण ध्वनियों का
(c) ध्वनियों का (d) इनमें से कोई नहीं

**12. 'आधि-व्याधि' युग्म का अर्थ होता है-**
(a) सांसारिक कष्ट - मानसिक कष्ट
(b) मानसिक कष्ट - शारीरिक कष्ट
(c) शारीरिक कष्ट - मानसिक कष्ट
(d) आध्यात्मिक कष्ट - सांसारिक कष्ट

**13. भाषा शिक्षण में परम्परागत उद्योतन सामग्री के रूप में बहुत अधिक सहायक किसे समझा जाना चाहिए ?**
(a) पाठ्यपुस्तक
(b) रेखाचित्र
(c) श्यामपट्ट
(d) चित्र

**14. मोहन-पिटारी विधि का नामकरण किसके नाम पर किया गया है ?**
(a) मदनमोहन मालवीय
(b) महात्मा गाँधी
(c) गोपाल मोहन
(d) अरविंद मोहन

**15. हिन्दी वर्णमाला में ड़ ढ़ को कहा जाता है-**
(a) संयुक्त व्यंजन (b) उत्क्षिप्त व्यंजन
(c) ग्रहीक व्यंजन (d) इनमें से कोई नहीं

**16. 'ओवर हेड प्रोजेक्टर' कौन-सी अधिगम सामग्री का उदाहरण है ?**
(a) दृश्य-श्रव्य उपकरण
(b) श्रव्य उपकरण
(c) दृश्य उपकरण
(d) इनमें से कोई नहीं

**17. भारत के सन्दर्भ में भाषा के विविध रूप हैं-**
(a) मातृभाषा व राष्ट्रभाषा
(b) सांस्कृतिक भाषा व क्षेत्रीय भाषा
(c) अन्तर्राष्ट्रीय भाषा
(d) उपरोक्त सभी

**18. भाषा शिक्षण में उद्योतन सामग्री का रूप है-**
(a) दृश्य साधन (b) श्रव्य साधन
(c) दृश्य-श्रव्य साधन (d) ये सभी

**19. 'लोकतन्त्र' शब्द किस समास का उदाहरण है ?**
(a) द्वन्द्व (b) कर्मधारय
(c) तत्पुरुष (d) अव्ययीभाव

20. संज्ञा के स्थान पर प्रयुक्त होने वाला शब्द कहलाता है-
(a) विशेषण (b) सर्वनाम
(c) क्रिया (d) अव्यय

21. नैदानिक परीक्षण का उद्देश्य है-
(a) छात्र की अभिव्यक्ति का सुधार करना
(b) छात्र की भाषा सम्बन्धी क्षमता का मूल्यांकन करना
(c) छात्र की कमजोरियों का पता लगाना
(d) छात्र में सद्वृत्तियों का विकास करना

22. प्रवचन विधि का उदाहरण है-
(a) पर्यायवाची शब्दों द्वारा
(b) समानार्थी शब्द
(c) प्रत्यक्ष क्रिया द्वारा
(d) (a) तथा (b)

23. 'विद्वान' का स्त्रीलिंग शब्द है-
(a) विदूषी (b) कवयित्री
(c) लेखिका (d) इनमें से कोई नहीं

24. 'हस्तलिखित' पद जिस समास का उदाहरण है, वह है-
(a) द्वन्द्व (b) तत्पुरुष
(c) द्विगु (d) अव्ययीभाव

25. 'व्यावहारिक' शब्द में प्रत्यय प्रयोग किया गया है-
(a) इक (b) क
(c) ऐक (d) ईक

26. हिन्दी वर्णमाला के दो शब्दों अथवा दो वाक्यों अथवा दो उपवाक्यों के मध्य थोड़ा रुकने की प्रक्रिया का नाम है-
(a) विवृत्ति (b) बलाघात
(c) अनुतान (d) इनमें से कोई नहीं

27. 'स्वर' को हिन्दी वर्णमाला में परिभाषित करते हैं-
(a) ऐसी ध्वनियाँ, जो स्वतन्त्र रूप से स्वयं उच्चरित की जाती हैं
(b) ऐसी ध्वनियाँ, जो स्वर की सहायता से उच्चरित की जाती हैं
(c) (a) तथा (b) दोनों ही सत्य हैं
(d) (a) तथा (b) दोनों ही असत्य हैं

28. उच्च प्राथमिक कक्षाओं में कविता शिक्षण की किस विधि का प्रयोग किया जाता है ?
(a) तुलना विधि (b) प्रश्नोत्तर विधि
(c) व्याख्या विधि (d) व्यास विधि

29. 'लिंग्वाफोन' उद्योतन सामग्री का प्रकार है-
(a) दृश्य उपकरण
(b) श्रव्य उपकरण
(c) दृश्य-श्रव्य उपकरण
(d) ये सभी

30. निम्नलिखित में मातृभाषा शिक्षण का सिद्धान्त नहीं है-
(a) आवृत्ति का सिद्धान्त
(b) पुनर्बलन का सिद्धान्त
(c) चिन्तन मनन का सिद्धान्त
(d) नियोजन का सिद्धान्त

31. संयुक्त वाक्य का उदाहरण है-
(a) जो जागेगा सो पाएगा
(b) जब तुम सोते हो मैं जागता हूँ
(c) पत्र लिखकर वह सो गया
(d) राम सोया पर मोहन जागता रहा

32. निर्देशित स्वाध्याय प्रणाली का सोपान है-
(a) नियोजन (b) क्रियान्वयन
(c) मूल्यांकन (d) ये सभी

33. मातृभाषा हिन्दी शिक्षक में विस्तृत ज्ञान से अभिप्राय है-
(a) भाषा के तत्त्वों का ज्ञान
(b) हिन्दी साहित्य का ज्ञान
(c) विषय में रुचि एवं लगन
(d) ये सभी

34. 'चन्द्रमा' का पर्यायवाची शब्द है-
(a) रजनीकर (b) भास्कर
(c) दिवाकर (d) दिनकर

35. अक्षर बोध प्रणाली ( प्राचीन प्रणाली ) से छात्रों का-
(a) वाक्यों का क्रमबद्ध ज्ञान होता है
(b) उच्चारण शुद्ध होता है
(c) विवरण दोष नहीं आ पाता है
(d) उपरोक्त सभी

36. विद्यालयी पाठ्यक्रम में त्रिभाषा सूत्र से क्रियान्वयन इस प्रकार है
(a) निम्न प्राथमिक स्तर
(b) उच्च प्राथमिक स्तर
(c) निम्न माध्यमिक स्तर
(d) ये सभी

37. 'इक' प्रत्यय से बना शब्द कौन-सा नहीं है ?
(a) वैदिक (b) ऐतिहासिक
(c) क्रमिक (d) प्राकृतिक

38. य, र, ल, व वर्ण हैं-
(a) अन्तस्थ (b) कोमल
(c) संयुक्त (d) इनमें से कोई नहीं

39. जिह्वा के भागों के आधार पर हिन्दी वर्णमाला स्वरों के भेद हैं-
(a) 2 (b) 3
(c) 4 (d) 5

40. मातृभाषा शिक्षण का सिद्धान्त निम्नलिखित में है-
(a) अभिप्रेरणा का सिद्धान्त
(b) रुचि का सिद्धान्त
(c) क्रियाशीलता का सिद्धान्त
(d) ये सभी

41. हिन्दी मातृभाषा विषय में उसकी वास्तविक विषय-वस्तु होती है-
(a) वैचारिक अनुशीलन
(b) भाषा तात्विक अनुशीलन
(c) पाठ का विशिष्ट स्थल
(d) जीवन-मूल्य

42. उच्च प्राथमिक स्तर पर व्याकरण शिक्षण की उपयुक्त विधि प्रणाली है-
(a) सूत्र प्रणाली
(b) भाषा संसर्ग प्रणाली
(c) आगमन प्रणाली
(d) समवाय प्रणाली

43. जिस यन्त्र के माध्यम से छोटे चित्रों/मानचित्रों को विस्तृत ( बड़े आकार ) करके दिखाया जा सकता है, वह है-
(a) एपिडॉयस्कोप
(b) मैजिक लैण्टर्न
(c) ओवर हैड प्रोजेक्टर
(d) लिंग्वाफोन

44. जब दो शब्दों के मिलने से कोई विकास उत्पन्न हो तो वह कहलाता है-
(a) सन्धि (b) समास
(c) प्रत्यय (d) उपसर्ग

45. मूल्यांकन से अभिप्राय है-
(a) निरन्तर / सतत् चलने वाली प्रक्रिया
(b) वांछितं व्यवहारगत परिवर्तन की जानकारी
(c) उद्देश्यों की पूर्ति की सीमांकन
(d) उपरोक्त सभी

46. हिन्दी में एक वर्ण की है-
(a) एक ध्वनि (b) दो ध्वनि
(c) तीन ध्वनि (d) इनमें से कोई नहीं

47. मूल्यांकन में किसे महत्त्व दिया जाता है ?
(a) क्रियात्मक उद्देश्य को
(b) मानदण्ड परीक्षा को
(c) भाषा रचना भावों को
(d) इनमें से कोई नहीं

48. बालकों के शब्दकोष होने चाहिए-
(a) चित्रात्मक (b) भाषात्मक
(c) काव्यात्मक (d) इनमें से कोई नहीं

## उत्तरमाला

| | | | | | | | | | |
|---|---|---|---|---|---|---|---|---|---|
| **1.** (b) | **2.** (b) | **3.** (a) | **4.** (d) | **5.** (b) | **6.** (b) | **7.** (c) | **8.** (d) | **9.** (a) | **10.** (a) |
| **11.** (b) | **12.** (b) | **13.** (a) | **14.** (a) | **15.** (b) | **16.** (c) | **17.** (d) | **18.** (d) | **19.** (c) | **20.** (b) |
| **21.** (c) | **22.** (d) | **23.** (a) | **24.** (b) | **25.** (a) | **26.** (a) | **27.** (a) | **28.** (c) | **29.** (b) | **30.** (c) |
| **31.** (d) | **32.** (d) | **33.** (d) | **34.** (a) | **35.** (b) | **36.** (d) | **37.** (c) | **38.** (a) | **39.** (b) | **40.** (d) |
| **41.** (b) | **42.** (c) | **43.** (a) | **44.** (a) | **45.** (d) | **46.** (a) | **47.** (b) | **48.** (a) | | |

❑❑❑

# English

# Common Errors

These types of questions are intended to test the knowledge of the students about the understanding of the basic rules of English Grammar. The knowledge of basic rules of grammar relating to Articles, Nouns, Pronouns, Adjectives, Verb, Adverbs, Conjunctions, Prepositions, Subject-Verb Agreement are, therefore, necessary to solve this type of questions.

## NOUNS

A Noun is a word used as the name of a person, place or thing.

### Kinds of Nouns

1. **Proper Noun :** A proper noun is the name of a particular person or place. *e.g.,* Anamika, Kolkata, India.

**Note :** Proper nouns are always written with a capital letter at the beginning.

2. **Common Noun :** A common noun is a name given in common to every person or thing of the same class or kind. *e.g.,* student, mother, bird.
3. **Collective Noun :** A collective noun is the name of a group of persons or things taken together and spoken of as a whole, as unit. *e.g.,* team, army, jury, fleet.
4. **Material Noun :** A material noun is the name of metal or substance, of which things are made of. *e.g.,* gold, cotton, wood.
5. **Abstract Noun :** An abstract noun is usually the name of a quality, action or state considered apart from the object to which it belongs. *e.g.,*
kindness, laughter, childhood.

### Some Important Rules

**Rule 1**

Some nouns like furniture, information, poetry, scenery, machinery, work, wood, paper, glass, dust, traffic, electricity, food, grass, luggage, advice etc. are always singular.

**Rule 2**

Some nouns have the singular and the plural alike. As : sheep, deer, swine, species etc. *e.g.,*

(i) It is a rare species.

(ii) There are many species of dogs.

**Rule 3**

Nouns expressing number like dozen, score, hundred thousand etc. are used in singular with numerical adjective. *e.g.,*

(i) She bought three dozen oranges.

(ii) I gave him five hundred rupees.

**Rule 4**

Some nouns like cattle, poultry, people, police gentry, peasantry, electorate etc. are always plural. *e.g.,*

(i) Cattle are not allowed to enter this ground.

(ii) There are few gentry in this town.

**Rule 5**

Some nouns like committee, jury, family, crowd, government, audience etc. are used as singulars when they are thought of as a unit but they are used as plurals when their members are thought of. *e.g.,*

(i) The committee are divided and there is bitterness among the members.

(ii) The audience are requested to take their seats.

**Rule 6**

When the plural noun is a proper name for some single object or some collective unit, it is used as singular. *e.g.,*

(i) The United States has a big navy.

**Rule 7**

If a noun is used both before and after a preposition, it is in singular always. *e.g.,*

(i) Woman after woman climbed the rostrum to speak against the cruel practices of dowry and bride burning.

**Rule 8**

A plural noun is used after one of, either of, neither of and each of. *e.g.,*

(i) Neither of the girls has come yet.

**Rule 9**

The plural of compound nouns are formed by forming plural of the principal word. *e.g.,*

(i) None of the passers-by helped him.

**Rule 10**

Plural formation is done in both the parts of the compound nouns of man and woman. *e.g.,*

(i) None of the men-servants was present yesterday.

### Possessive Case

**Rule 11**

The possessive case is chiefly used with the names of living things. *e.g.,*

(i) The cart's wheel was broken. (*Incorrect*)
The wheel of the cart was broken. (*Correct*)

(ii) Ravi's brother is my friend.

**Rule 12**

If else is used with anybody, somebody, nobody etc. the possessive sign is put to. *e.g.,*

(i) This shirt is not mine, it is somebody else's.

(ii) I follow your suggestion and nobody else's.

**Rule 13**

When two nouns are in opposition, the possessive sign is put to the latter only. *e.g.,*

(i) That is Dinkar the poet's house.

(ii) He is going to James Watt the scientist's country.

**Rule 14**

With compound nouns the possessive sign is attached only to the last word. *e.g.,*

(i) Her mother-in-law's health is not good these days.

(ii) His maid-servant's son has broken the pot.

## PRONOUNS

A Pronoun is a word used in place of a noun.

### Kinds of Pronouns

1. **Personal Pronouns :** I, we, you, he, me, her, them etc.

**(a)** If a pronoun acts as a subject of a verb, it is in Nominative/ Subjective Case and if it acts as an object of a verb, it is in Objective Case.

**Nominative Case**– I, we, you, her, she, it, they

**Objective Case**–me, us, you, him, her, it, them

**(b)** A pronoun is used in Objective Case after let. *e.g.,*

(i) Let him and me do this.

**(c)** A pronoun is used in Objective Case after a preposition. *e.g.,*

(i) They laughed at her and me.

**(d)** Nominative Case is used after than if the comparison is between two nominatives. *e.g.,*

(i) As a student of science you are far better than her.

**(e)** Objective Case is used after than if the comparison is between two objects. *e.g.,*

(i) She loves you more than me.

(f) Good manners require that the order of personal pronouns in a sentence should be 231 *i.e.,* the second person should come before the third and the third person before the first. *e.g.,*

(i) You and he will follow it.

(ii) You, he and I are going to Delhi.

2. **Distributive Pronouns :** Each, either, neither.

**(a) Either** and **Neither** are used for two persons or things. *e.g.,*

(i) Either of them can do this.

(ii) Neither of you will go there.

**(b) Each** is used for two or more than two persons/things. *e.g.,*

(i) Each of the students contributed fifty rupees.

(ii) Each of the two boys is doing his work.

3. **Demonstrative Pronouns :** This, that, these, those, such etc.

**(a) This** and **these** are used for the persons/things which are near the speaker.

**This** is used for one person/thing and those is used for more than one person/thing. *e.g.,*

(i) This bat is a present for you.

(ii) These flowers are beautiful.

**(b) That** and **those** are used for the persons/things which are away from the speaker.

**That** is used for one person/thing and those is used for more than one person/thing. *e.g.,*

(i) That boy is my friend.

(ii) Those skirts are mine.

4. **Indefinite Pronouns :** One, some, any, everybody, somebody, anybody, everyone, someone, anyone, no-one, everything, something, anything, nothing etc.

**(a)** In referring to **anybody, everybody, everyone, anyone, each** etc., the pronoun he or she is used according to the context. *e.g.,*

(i) I shall be glad to help everyone of the boys in his studies.

(ii) Everyone of the Miss World contestants tried to improve herself through rigorous training.

**(b)** The indefinite pronoun 'one' should be used throughout, if used as all, i.e. its nominative-one, objective - one, Possessive-one's and Reflexive-one-self should be used *e.g.,*

(i) One should take care of one's house.

(ii) One should help oneself.

5. **Reflexive Pronouns :** Myself, yourself, himself, herself, ourselves, itself, etc.

**(a)** A reflexive pronoun or an object must be put after resign, revenge, exert, apply, adjust, pride. *e.g.,*

**(b)** Verbs such as be, break, burst, feed, hide, make, open, qualify, rest, roll, speed, stop, turn are usually not followed by a reflexive pronoun. *e.g.,*

(i) He has qualified for the match.

(ii) You should keep a distance from bad boys.

**(c)** A reflexive pronoun cannot be used as a substitute for the subject. *e.g.,*

Rohit and myself decided to join the army. (*Incorrect*)

Rohit and I decided to join the army. (*Correct*)

6. **Emphatic Pronouns :** When yourself, themselves etc. are used for the sake of emphasis, they are called Emphatic Pronouns. *e.g.,*

(i) I myself went to finalise the deal.

(ii) They themselves admitted their guilt.

7. **Relative Pronouns :** Who, Whom, Whose, Which, That

**(a) Who** is used for persons only and **which** is used for things without life and for animals. *e.g.,*

(i) This is the man who brought the news.

(ii) The horse which I recently bought is an Arab.

**(b) That** is used for persons and things. *e.g.,*

(i) This is the man that brought the news.

(ii) The horse that I recently bought is an Arab.

**(c) Who/Which** is used in both defining and non-defining cases. That is used in defining case. *e.g.,*

(i) The cow which she has bought is black.

**(d)** **That** is used after superlative degree, all, same, only, none, nothing. *e.g.,*

(i) He was the most eloquent speaker that I ever heard.

**(e)** **Who** is used in Nominative Case i.e. it is followed by a verb while whom is used in Objective Case i.e. it is not followed by a verb. *e.g.,*

(i) The girl whom I met today was his friend.

**8. Interrogative Pronouns :** Who, Whom, Whose, Which, That etc.

**(a)** **Who** is used for persons only.

Who was knocking at the door?

**(b)** **Which** is used for both persons and things. It implies selection. *e.g.,*

Which of them has said so?

**9. Exclamatory Pronoun:** What,

When interrogative word **what** is used to express surprise, it is called Exclamatory Pronoun. *e.g.,*

What! you don't know Modi?

**10. Reciprocal Pronouns:** Each other, one another

**Each other** is used for two persons/things and **one another** is used for more than two persons/things.

But in modern use there is no difference in the use of **each other** and **one another**. *e.g.,*

They all loved one another.

## ADJECTIVES

An **Adjective** is a word which qualifies a noun or a pronoun.

### Kinds of Adjectives

**1.** ***Proper Adjectives*:** Adjectives formed from Proper Nouns are called Proper Adjectives, *e.g.,*

| Proper Nouns | Proper Adjectives |
|---|---|
| India | Indian |
| Turkey | Turkish |
| Shakespeare | Shakespearian |

A Proper Adjective must begin with a capital letter.

**2.** ***Possessive Adjectives*:** My, our, your, his, her, their, its are called Possessive Adjectives.

Possessive Adjectives are always used before noun. *e.g.,*

My book, Your brother, His horse

**3.** ***Distributive Adjectives*:** Each, every, either, neither are called Distributive Adjectives.

**(a)** **Each** is used for two or more than two things/persons *e.g.,*

Each boy must take his turn.

**(b)** **Every** is used for more than two persons/things. *e.g.,*

He gave every girl the same dress.

**(c)** **Either** and **Neither** are used for two persons/things. *e.g.,*

Neither of the two ministers was available for comments.

**4.** ***Demonstrative Adjectives:*** Demonstrative Adjectives are of two kinds:

**(a)** **Definite:** this, that, these, those, such, same.

These Adjectives point out a particular person or thing exactly.

**(b)** **Indefinite:** a, an, a certain, certain, some, any, any other, another, other.

These adjectives point out persons or things in a certain sense, but not exactly.

**5.** ***Numeral Adjectives*:** Numeral Adjectives are of two kinds :

**(I) Definite:** These adjectives denote exact number or order of persons/things.

**(a)** Those which denote exact number of persons/things are called Cardinals.

**(b)** Those which denote the serial order in which a person or thing stands are called Ordinals. *e.g.,*

**(c)** Ordinals are used before Cardinals, if they both are to be used in a sentence. *e.g.,*

(i) The first three pages of this book.

(ii) The last two scenes of this movie.

**(II)** **Indefinite:** These adjectives denote number of some kind without saying precisely what the number is. *e.g.,*

Many, enough, all, most, various, numerous, several etc.

**NOTE :** *If Definite and Indefinite both Numeral Adjectives are to be used together, Indefinite Numeral Adjectives should be used before Definite Numeral Adjectives.*

**6.** ***Quantitative Adjectives*:** These adjectives show the quantity or degree of a thing. *e.g.,*

Much, little, whole, some, enough, all etc.

**(a)** Much, little, whole are always used for quantity.

**(b)** All, some, enough, sufficient, most are used for both quantity and number.

**7.** ***Qualitative Adjectives*:** These adjectives show what quality or in what state persons or things are. *e.g.,*

Big, small, sick, good etc.

**8. Interrogative Adjectives:** These adjectives are used to ask questions. *e.g.,*

(i) Which picture do you like most ?

(ii) Whose wife is she ?

**9.** ***Exclamatory Adjectives*:** What is called Exclamatory Adjective when it is used to express surprise. *e.g.,*

(i) What an idea!

(ii) What a piece of work is man!

## DEGREES OF COMPARISON

### Positive Degree

The Positive Degree of an Adjective is the Adjective in its simple form. It is used when no comparison is made. *e.g.,*

Rekha is a good singer.

### Comparative Degree

The Comparative Degree of an Adjective is used when the quality of two persons or things are compared *e.g.,*

My mango is sweeter than his mango.

### Superlative Degree

The Superlative Degree of an Adjective denotes the highest degree of quality and is used when more than two persons or things are compared. *e.g.,*

He is the most intelligent boy in the class.

### Some Important Facts

**(a)** **Senior, superior, junior, prior, inferior, posterior** are followed by to instead of than. *e.g.,*

All his colleagues are senior than him. (*Incorrect*)
All his colleagues are senior to him. (*Correct*)

**(b) Interior, exterior, minor, major** etc. are the Adjectives of Positive Degree

Neither more/most is used before them nor then/to is used after them. *e.g.,*

His age is a matter of minor importance.

**(c) After Comparatively** or **Relatively** Positive Degree is used. *e.g.,*

The wind is comparatively faster today. (*Incorrect*)
The wind is comparatively fast today. (*Correct*)

**(d)** Before **enough** Positive Degree is used. *e.g.,*

He is smarter enough to get selected for this prestigious post. (*Incorrect*)

He is smart enough to get selected for this prestigious post. (*Correct*)

## ADVERB

An Adverb is a word which modifies the meaning of a verb, an adjective or another adverb.

### Kinds of Adverbs

**(A)** According to their use, adverbs are divided into three classes :

1. **Simple Adverb:** These adverbs modify the meaning of a verb, an adjective, or an adverb. *e.g.,*
   She can hardly believe it.
2. **Interrogative Adverb:** These adverbs are used for asking questions. *e.g.,*
   Why is she not playing ?
3. **Relative Adverb:** These adverbs are the same in form as Interrogative Adverbs, but instead of asking question, they join two sentences together.
   These adverbs relate to some antecedent, expressed or understood. *e.g.,*
   (i) Let me know the time when you will come. (The antecedent expressed)
   Let me know when you will come. (the antecedent understood.)
   (ii) I remember the house where I was born.

**(B)** According to their meaning, adverbs may be divided into the following classes:

1. **Adverbs of time:** These are the adverbs which tell us when does an action takes place. *e.g.,*
   I hurt my knee yesterday.
2. **Adverbs of Place:** These are the adverbs which tell us where does an action takes place. *e.g.,*
   She left her bag here.
3. **Adverbs of Frequency:** These are the adverbs which tell us how often an action takes place. *e.g.,*
   I have called you twice.
4. **Adverbs of Degree or Quantity:** These are the adverbs which tell us how much or in what degree or to what extent. *e.g.,*
   He is kind enough to help her.

### Position of Adverbs

1. **Always, often, seldom, never, just, ever, usually, hardly, already, nearly,** etc. are used before the main verb. *e.g.,*
   (i) I have told often him to write neatly. (*Incorrect*)
   I have often told him to write neatly. (*Correct*)
   (ii) He never talks ill of his friends.
   (iii) Imran always comes late.
2. Adverbs of Time/Place/Manner are generally placed after the verb or after the object if there is one. *e.g.,*
   (i) He does his work carefully.
   (ii) She looked everywhere.
   (iii) I met her yesterday.

**Note :** *Adverb of Manner is used before the object if a clause starting with who/which/that is used after the object. e.g.,*
She received warmly all those who had come in time.

3. If adverbs of time/place/manner, all are to be used in a sentence, the normal order is adverb of manner, adverb of place, adverb of time. *e.g.,*
   He danced in the city hall well last night. (*Incorrect*)
   He danced well in the city hall last night. (*Correct*)

**Note :** *With come/go/arrive etc. adverb of manner is used after adverb of place.*

4. Adverbs of quantity are usually used before the word that they qualify. *e.g.,*
   (i) The party was too dull.
   (ii) She is quite cool.

**Note :** But enough is always placed after the word to which it qualifies.

## CONJUNCTIONS

A **Conjunction** is a word which joins two or more than two words, phrases, clauses or sentences.

### Some Important Rules

***Rule* 1**

**Scarcely/Hardly** is always followed by **when/before**. *e.g.,*

Scarcely had he gone out of the office then he came. (*Incorrect*)

Scarcely had he gone out of the office when he came. (*Correct*)

***Rule* 2**

**Lest** is followed by **should. Not** is not used with it. *e.g.,*

Be careful lest you will fall. (Incorrect)
Be careful lest you should fall. (*Correct*)

***Rule* 3**

**Both** is followed by **and** *e.g.,*

Both Sonu as well as Pawan have done their work. (*Incorrect*)

Both Sonu and Pawan have done their work. (*Correct*)

***Rule* 4**

**Rather** and **other** are always followed by **than.** *e.g.,*

I have no other choice but to do it. (*Incorrect*)
I have no other choice than to do it. (*Correct*)

*Rule* 5

**And** is not used before a Relative Pronoun. *e.g.*,

He is an intelligent boy and who is my friend. (*Incorrect*)

He is an intelligent boy who is my friend. (*Correct*)

*Rule* 6

**That, as to** etc. are not used before Interrogative words (where, who, what, whom etc.). *e.g.*,

They asked her that where she had been. (*Incorrect*)

They asked her where she had been. (*Correct*)

*Rule* 7

**Seldom** or **never** and **Seldom or ever** are used. *e.g.*,

We seldom or ever see those forsaken who trust in God. (*Incorrect*)

We seldom or never see those forsaken who trust in God. (*Correct*)

## Exercise-1

**Directions (1-30): In each of the following questions, some of the sentences have errors and some are correct. Find out which part of a sentence has an error and blacken the option corresponding to it (a,b,c). If a sentence is free from errors, then your answer is (d) i.e. No error.**

1. The minister for Education (a) / vehemently refused (b)/ the allegation that he had taken bribes. (c)/ No error. (d)
2. If I were Zubin (a) / I would not attend (b)/ the wedding, come what may. (c)/ No error. (d)
3. He says that (a) / he reads novels (b)/ to pass away the time. (c)/ No error. (d)
4. He left for Mumbai on Sunday (a) / arriving there (b)/ on Monday. (c)/ No error. (d)
5. No sooner did the teacher (a) / enter the class room (b)/ the students got up. (c)/ No error. (d)
6. It is (a) / nothing else (b)/ than pride. (c)/ No error. (d)
7. To the ordinary man, in fact, the pealing of bells (a) / is a monotonous jangle and a nuisance (b)/ tolerably only when mitigated by remote distance and sentimental association. (c)/ No error. (d)
8. The increasing mechanisation of life (a) / have led us farther away from daily contact with nature and (b)/ the crafts of the farm (c)/ No error. (d)
9. If you have a way with words, (a) / a good sense of design and administration ability (b)/ you may enjoy working in the high pressure world of advertising. (c)/ No error. (d)
10. Last week's sharp hike in the wholesale price of beef (a) / is a strong indication for (b)/ higher meat costs to come. (c)/ No error. (d)
11. Supposing if (a) / it rains (b)/ what shall we do? (c)/ No error. (d)
12. The captain along with his team (a) / are practising very hard (b)/ for the forthcoming match. (c)/ No error. (d)
13. It was him (a) / who came running (b)/ into the classroom. (c)/ No error. (d)
14. The capital of Yemen (a) / is situating (b)/ 2190 meters above the sea level. (c)/ No error. (d)
15. Ram was (a) / senior to (b)/ Sam in college. (c)/ No error. (d)
16. You are (a) / always doing (b)/ this mistake. (c)/ No error. (d)
17. He has (a) / a large family (b)/ to care. (c)/ No error. (d)
18. These poisonous gases (a) / will effect (b)/ our health. (c)/ No error. (d)
19. The only Indian (a) / to win the Nobel Prize for the Literature (b)/ was Rabindranath Tagore. (c)/ No error. (d)
20. After his illness, (a) / the patient was (b)/ sick with life. (c)/ No error. (d)
21. I told him (a) / that I availed (b)/ the opportunity. (c)/ No error. (d)
22. I think (a) / he owns an expensive (b)/ painting by Hussain. (c)/ No error. (d)
23. It is time (a) / we should have done (b)/ something useful. (c)/ No error. (d)
24. He will tell you (a) / about it when (b)/ he will come back. (c)/ No error. (d)
25. A large sign near (a) / the entrance warns the visitors (b)/ to beware about bears. (c)/ No error. (d)
26. I am going (a) / to have this certificate (b)/ attest by the Director. (c)/ No error. (d)
27. Ravi (a) / told to his friend (b)/ to buy a car. (c)/ No error. (d)
28. I would (a) / accept the offer (b)/ if were you. (c)/ No error. (d)
29. I am more lonelier (a) / here than (b)/ I was in the USA. (c)/ No error. (d)
30. May I know (a) / to who (b)/ I am speaking? (c)/ No error. (d)

## Answers

| | | | | | | | | | |
|---|---|---|---|---|---|---|---|---|---|
| 1. (a) | 2. (d) | 3. (c) | 4. (d) | 5. (c) | 6. (c) | 7. (c) | 8. (b) | 9. (b) | 10. (b) |
| 11. (a) | 12. (b) | 13. (a) | 14. (b) | 15. (d) | 16. (d) | 17. (c) | 18. (b) | 19. (b) | 20. (c) |
| 21. (b) | 22. (d) | 23. (c) | 24. (b) | 25. (c) | 26. (c) | 27. (2) | 28. (d) | 29. (a) | 30. (b) |

# Exercise-2

**Directions (1-30) : In each of the following questions some of the sentences have errors and some are correct. Find out which part of a sentence has an error and blacken the option corresponding to it (a,b,c). If a sentence is free from errors, then your answer is (d) i.e. No error.**

1. The way to increase the production of the food (a)/ is to bring more land (b)/ under cultivation. (c)/ No error. (d)
2. The girls watched intently (a)/ as the model applied her make up (b)/ with a practiced hand. (c)/ No error. (d)
3. If he is a millionaire (a)/ he would help (b)/ the millennium project. (c)/ No error. (d)
4. The Prime Minister along with his Cabinet colleagues (a)/ have been welcomed by the Chief Minister (2)/ at a formal ceremony. (c)/ No error. (d)
5. The political candidate talked (a)/ as if she has already been elected (b)/ to the presidency. (c)/ No error. (d)
6. Several guests noticed Mr. Sharma (a)/ collapsing in his chair (b)/and gasping for breath. (c)/ No error. (d)
7. This is our second reminder (a)/ and we are much surprised (b)/ at receiving no answer from you. (c)/ No error. (d)
8. You should (a)/ be always greatful (b)/ to your mentor. (c)/ No error. (d)
9. The furnitures (a)/ had become (b)/ old and rusty. (c)/ No error. (d)
10. Most people (a)/ are afraid of (b)/ swine flu these days. (c)/ No error. (d)
11. I may not be able (a)/ to attend (b)/ to the function. (c)/ No error. (d)
12. He is (a)/ residing here (b)/ since 1883. (c)/ No error. (d)
13. At his return (a)/ we asked him (b)/ many questions. (c)/ No error. (d)
14. The chief guest (a)/ entered into (b)/ the room. (c)/ No error. (d)
15. She is (a)/ very angry (b)/ on him. (c)/ No error. (d)
16. She is one of the (a)/ best mothers (b)/ that has ever lived. (c)/ No error. (d)
17. John, I and Hari (a)/ have finished (b)/ our studies. (c)/ No error. (d)
18. Neither the mouse (a)/ nor the lion (b)/ were caught. (c)/ No error. (d)
19. After you will returns (a)/ from New Delhi (b)/ will meet you (c)/ No error. (d)
20. When I was young, (a)/ I used to collect stamps (b)/ as a hobby. (c)/ No error. (d)
21. A senior doctor (a)/ expressed concern (b)/ about physicians recommended the vaccine. (c)/ No error. (d)
22. We have discussing (a)/ all the known mechanisms (b)/ of physical growth. (c)/ No error. (d)
23. Children enjoy listening to (a)/ ghosts stories (b)/ especially on Halloween night. (c)/ No error. (d)
24. (a)I/ have (b)/ many works to do. (c)/ No error. (d)
25. There are so many filths (a)/ all around (b)/ the place. (c)/ No error. (d)
26. A great many student (a)/ have been declared (b)/ successful. (c)/ No error. (d)
27. We are going to launch (a)/ this three-crores project (b)/ within the next few months. (c)/ No error. (d)
28. I hope to go to shopping (a)/ this weekend (b)/ if the weather permits. (c)/No error. (d)
29. The lawyer asked (a)/ if it was worth to take (b)/ the matter to court. (c)/ No error. (d)
30. After a carefully investigation (a)/ we discovered (b)/ that the house was infested with termites. (c)/No error (d)

# Answers

| | | | | | | | | | |
|---|---|---|---|---|---|---|---|---|---|
| **1.** (a) | **2.** (c) | **3.** (a) | **4.** (b) | **5.** (b) | **6.** (d) | **7.** (d) | **8.** (b) | **9.** (a) | **10.** (a) |
| **11.** (c) | **12.** (a) | **13.** (a) | **14.** (b) | **15.** (c) | **16.** (c) | **17.** (a) | **18.** (c) | **19.** (a) | **20.** (d) |
| **21.** (c) | **22.** (a) | **23.** (b) | **24.** (c) | **25.** (a) | **26.** (a) | **27.** (b) | **28.** (d) | **29.** (b) | **30.** (a) |

❑❑❑

# Prepositions

**Definition**

Preposition is a word placed before a Noun or Pronoun, denotes the relation, the person or thing referred by it, has with something else.

**Rule**

There is one very simple rule about prepositions, and unlike most rules, this rule has no exception.

**Kinds of Prepositions**

Preposition is divided into four parts.

1. **Simple Prepositions :** e.g., at, in, from, for, of, off, on, out, till, to, up, with through, down, by etc. These are called simple prepositions.
2. **Compound Prepositions :** About, beside, inside, along, below outside etc. are called compound prepositions.
3. **Phrasal Prepositions :** When two more words are joined to make a preposition it is called phrasal prepositions.
4. **Participle Prepositions :** When present participle is used without Noun/Pronoun/present participle it is called participle preposition e.g., concerning, pending regarding, considering, touching etc.
   (i) Pending enquiry into the matter, he was transferred from the office.
   (ii) Considering the quality, the prices are reasonable.

**Use of Some Important Prepositions**

1. **At/In/On**
   These are very commonly used prepositions
   **Note:** The use of these preposition in reference of 'Time'
   (i) 'At' is used for precise time,

| At | In | On |
|---|---|---|
| Precise Time | Months, Years, Centuries and Long Periods | Days, Dates |
| At 3 o'clock | In May | On Sunday |
| At 10.30 am | In summer | On Tuesdays |
| At sunrise | In the next century | On Independence Day |
| At the moment | in the past/future | On New Year's Eve |

(ii) 'In' is used for months years, centuries and long periods,
(iii) 'on' is used for days and date

**Examples**

(i) The shop closes at midnight
(ii) Where will you be on Independence Day?
(iii) There should be a lot of progress in the next century.
(iv) Her birthday is on 26 April.

| Expression | Example |
|---|---|
| At night | The stars shine at night |
| At the weekend | I don't usually work at the weekend |
| At the same time | We finished the test at the same time |

**Examples**

We should not use; 'at, in, on' with 'last, next, every'.
(a) I went to Mexico last May. (not in last May)
(b) I go home every Easter. (not at every Easter).

**The use of these prepositions in reference of 'Place'**

(a) 'At' is used for a point.
(b) 'On' is used for a surface.

| At | In | On |
|---|---|---|
| Point | Enclosed Space | Surface |
| At the corner | In the garden | On the wall |
| At the door | In India | On the door |
| At the end of the road | In my pocket | On the floor |
| At the entrance | In my wallet | On the carpet |
| At the altar | In a car | On a page |

**Look at the following examples**

(a) Rima is waiting for you at the bus stop.
(b) The shop is at the end of the lane.
(c) I live on the 4th floor at 21 Diamond Street in Kolkata.
(d) Do you work in a company?
(e) I have a meeting in Delhi.
(f) Do you live in India?

(g) Saturn is in the solar system.
(h) The author's name is on the cover of the book.
(i) There are no prices on this menu.
(j) You are standing on my foot.
(k) There was a 'no smoking' sign on the wall.

Please note that these three prepositions are most commonly used, in writing and speaking, so students must learn the use of these prepositions well.

**Comparing At, In, To, Into**

A. 'At' shows stationary position or existing state while 'in' shows movement

**Examples**

(a) She is at School.
(b) The Bus is in motion.

B. 'At' for small place, town etc. while 'in' for big place, town, city, country etc.

**Example**

(a) He lives at Alwar in Uttar Pradesh.

C. 'At' is used for point of time and 'in' is used for period of time

**Example**

(a) The train will arrive at six in the morning.

D. 'In' shows existing state of things while 'into' shows movement

(a) He jumped into the river.
(b) There are three students in the class.
(c) They climbed into the lorry.
(d) He is swimming in the river.

'In can also be used as an adverb

Come in = Enter : e.g., Get in (into the train).

E. 'To' and 'Into' are used as following:

**To**

(a) In the direction of :
Turn to the right.
(b) Until : From Monday to Friday; Five minutes to ten.
(c) With indirect object;
Please give it to me.

**Into**

(a) To the inside of :
We stepped into room.

**2. On/Onto**

'On' can also be used for both existing position and movement

**Examples**

(i) He was sitting on his bag.
(ii) Snowfall on the hills.
(iii) His number is on the gate.
(iv) He went on board ship.

'On' can also be used as an adverb

1. Go on
2. Come on

'Onto' is used when there is movement involving a change of level

**Example**

(a) People climbed onto their roofs.

**3. With/By**

'with' is used for instruments and 'by' is used for agents.

**Example**

(i) The snake was killed by him with a stick.

**4. Since/For/From**

'Since' is often used with period of time i.e., present perfect or past perfect tense. 'Since' is used to denote point of time and never for period of time, as; Since 6 O' Clock/last night/ last Monday/since morning/ evening/ Monday/ January/ 2005 etc.

**Examples**

(i) It has been raining since 2 O'clock.
(ii) He had been ill since Monday.
(iii) He left school in 1983. I haven't seen him since.

'For' is used to express period of time; two hours/ two days/ two years/ a long time/ some time/ for ever etc.

**Examples**

(a) Boil it for five minutes
(b) He lived in this house for six months.

For is also used with present perfect tense or past perfect tense for an action which extends up to the time of speaking

**Examples**

(a) He has worked here for a year.
(b) He worked for three hours.

'From' is normally used with 'to or till/ until'

**Example**

(a) Most people work from eight to six.

'From' can also be used for place,

**Examples**

(a) He is from Lucknow.
(b) Where do you come from?

**5. For/ During**

'During' is used with known periods of time, i.e., – periods known by name, such as Christmas, Easter or periods which have been already defined:

(i) during the Middle ages,
(ii) during the summer,
(iii) during his childhood.

**Examples**

(a) It rained all Monday but stopped raining during the night.
(b) She was ill for a week and during that week she ate nothing.

'For' may be used to denote purpose and may also be used before known periods

**Examples**

(a) I went there for the summer.
(b) I rented my house for my holidays.

'For' has various other uses

**Examples**

(a) He asked for ten. I paid six for it.
(b) I bought one for Kuku.

**6. Below/ Under/ Beneath**

'Below' and 'under' both mean-lower than (in level) and sometimes either can be used. But 'under' usually denotes physical contact and 'below' denotes space between the things.

**Example**

(a) He put the books under the pillow.

'Below' and 'under' may also mean junior in rank

**Examples**

(b) He is under me; means that I am superior to him.

(c) He is working under me.

'Below' is used meaning – opposite to 'above'.

**Examples**

(d) The temperature can fall below 15 degree Celsius.

(e) Rainfall has been below average this year.

Beneath/Something that is beneath another thing is under the other thing

**Examples**

(f) I could see the muscles of his shoulders beneath his T-shirt.

(g) I found pleasure in sitting beneath the trees ...

(h) ... the frozen grass crunching beneath his feet.

'Beneath' could also mean 'unworthy as per status' or 'in lower strata in social class'

**Examples**

(i) It is beneath his dignity to beg for money. (unworthy of him)

(j) She married beneath her. (into a lower social class)

**7. Ago and Before**

'Ago' is used for past events while 'before' is used in reference to two events

**Examples**

(i) He came three days ago.

(ii) The train had left before he reached the station.

**8. Beside/ Besides**

Beside and Besides have altogether different meanings. Don't confuse beside with besides beside = at the side of

**Examples**

(i) He was sitting besides Sarla.

Besides = in addition to/ as well as

(ii) We camped beside a lake.

**Examples**

(a) He has a car besides a motor cycle.

(b) Besides doing the cooking I help Ram.

**9. Of/Off**

'Of' and 'Off' are used in following situations referring

(i) **Location** east of here; the middle of the road,

(ii) **Possession** a friend of mine; the sound of music,

(iii) **Part of a group** one of us; a member of the team,

(iv) **Measurement** a cup of milk; two metres of snow,

(v) **Not** on ways from; e.g., Please keep off the grass.

(vi) **At some distance** from e.g., There are islands off the coast.

**Examples**

(a) He is a member of our family

(b) He is off duty now.

But 'over' also means – 'covering'/ 'on the other side of' / 'across'

**Examples**

(a) I put a cloth over her. (covering)

(b) He lives over this mountain. (on the other side of)

(c) There is a bridge over the railway line. (across)

(d) He put a blanket over the dead body.

'Above' and have none of these meanings.

'Over' can mean higher in rank

(e) He is over me. (means; He is my immediate boss.)

**'Over'** is also used with meals/ food/ drink

**Examples**

(a) We had a chat over a cup of tea. (while drinking tea)

(b) The matter was decided over the lunch.

'Above' is also used meaning 'earlier' or 'previous'

**Examples**

(a) He lives at the above address. (Previously mentioned)

(b) For details please see (P–1) above. (Previously mentioned)

**10. In/With**

'In is used in following situations:

**Examples**

(i) Place thought of as an area : in London; in Europe.

(ii) Large units of time; That happened in March, in 1992.

(iii) By means of : write in pencil; speak in English.

(iv) A member of : He is in the orchestra; in the navy.

(v) With reference to : lacking in ideas; rich in oil.

'With' is used in following situations:

1. Accompanying : He came with her: I have my keys with me.
2. By means of; using : I repaired the shoes with glue.
3. Because of : We were paralysed with fear.

**11. By and Before**

'By' a time/by a date' usually implies before that time or date

**Examples**

(i) The train starts at 7:15, so you would better be at the station by 7:00 ('by 7:00' implies – 'before 7:00'.)

By + a time expression structure is often used with future perfect tense

**Examples**

(ii) By the end of July I'll have really those books.

'Before' can be used as a preposition or as a conjunction or as an adverb

**Examples**

(iii) Before signing this agreement let us discuss each and every point thread bare. (preposition)

(iv) Before you sign this you can discuss it with your father. (conjunction)

(v) I've seen her somewhere before. (adverb)

**12. But and except**

Both 'but' and 'except' have the same meaning and are usually interchangeable. After 'nobody/ none/ nothing/ nowhere' etc. usually 'but' is used:

**Examples**

(i) Nobody but Shyam knew the way.

(ii) Nothing but the best is sold in our shop.

Note 'Except' is used when the prepositional phrase comes later in a sentence. Look at the following examples:

**Example**

(a) Nobody knew the way except Shyam.

Note After 'but' and 'except' bare infinitive (infinitive without 'to') is used.

**13. To and Towards**

The preposition 'to' indicates movement with the aim of a specific destination, which can be a place or an event, e.g.,

(a) I'm going to the USA tomorrow.

(b) I need to go to the bank.

(c) Can you tell me the way to the station?

(d) Are you going to the party?

(e) I've never been to a cricket match.

(f) What time did you go to work?

Here some important Preposition are given.

1. Abundance of (wealth)
2. Accustomed to (work)
3. Attain to (a position)
4. Accede to (a request)
5. Absolved from (a promise, a sin)
6. Adhere to (principles)
7. Afraid to (A ghost)
8. Accession to (throne)
9. Absorbed in (study)
10. Acquaintance with (a person)
11. Comply with (one's wishes)
12. Cured of (a disease)
13. Comply with (wishes)
14. Despair of (success)
15. Desirous (doing something)
16. Devoid of (quality)
17. Eligible for (a post)
18. Excuse for (a fault)
19. Exchange a thing (with a person)
20. Fatal to (one's cause)
21. Fearful of (death)
22. Greedy of (money)
23. Heir to (ancestral property)
24. Hopeful of (success)
25. Hostile to (a person)
26. Innocent of (a crime)
27. Intimate with (a person)
28. Insist on a (thing)
29. Impertinent to (elders)
30. Invite to (dinner)
31. Jealous of (a person)
32. Keep to (the left, the point)
33. Match for (a person)
34. Key to (success)
35. Match for (a person)
36. Motive for (an action)
37. Need of (a thing)
38. Occur to (mind)
39. Overwhelmed with (sorrow, grief)
40. Passion for (study)
41. Peculiar to (a person or a thing)
42. Persist in (doing)
43. Pleased with (a person)
44. Proud of (a thing)
45. Pride (on a thing)
46. Refrain from (doing some wrong)
47. Repent of (a mistake)
48. Rob (a person) of (a thing)
49. Sentence of (punishment)
50. Short of (money)
51. Shocked at (a loss)
52. Sure of (some fact)
53. Sacred to (a cause)
54. Triumph over (difficulties)
55. Vain of (beauty)
56. Wanting in (wisdom)
57. Worthy of (a reward)
58. Yield to (an enemy)
59. Sacred to (a cause)
60. Work at (subject)
61. Stick to (point)
62. Suspect of something (point)
63. Touch upon (subject)

## Exercise

**Directions (Q. 1–35): In the following questions, choose the appropriate option to fill in the blanks in given sentences.**

**1. The poor have to work ........... morning to evening.**

(a) in (b) to
(c) from (d) before

**2. I go ........... swimming every morning.**

(a) to (b) for
(c) at (d) in

**3. Never laugh........... the disables.**

(a) on (b) from
(c) to (d) at

**4. Please wait ........... me, I am coming within five minutes.**

(a) for (b) by
(c) from (d) to

**5. He fell ........... love with Sakshi.**

(a) by (b) for
(c) in (d) with

**6. I got your parcel ........... Tuesday.**

(a) since
(b) for
(c) to
(d) on

7. **She was married ........... en early age.**
(a) for (b) of
(c) at (d) in

8. **They will go to Bengaluru ........... plane.**
(a) on (b) in
(c) by (d) from

9. **I am grateful ........... my friends for their moral support.**
(a) for (b) to
(c) of (d) with

10. **This watch is a gift ........... my uncle.**
(a) by (b) from
(c) of (d) in

11. **They will leave the place ........... 10 pm.**
(a) in (b) since
(c) for (d) at

12. **The box belonged ........... the landlord.**
(a) of (b) with
(c) to (d) for

13. **Children are fond ........... chocolates and computer games.**
(a) for (b) of
(c) with (d) in

14. **His father died ........... cancer.**
(a) in (b) of
(c) by (d) for

15. **She has great love ........... her children.**
(a) for (b) of
(c) by (d) with

16. **Listen ........... what your teachers say.**
(a) at (b) in
(c) to (d) for

17. **This book is a collection ........... Shakespeare's poem.**
(a) for (b) of
(c) with (d) by

18. **She wants to get rid ........... the brown fox.**
(a) for (b) to
(c) with (d) of

19. **You cannot see germs ........... naked eyes.**
(a) by (b) with
(c) for (d) in

20. **He was fast asleep ........... his bed.**
(a) into (b) in
(c) by (d) for

21. **We have a very good news ........... him.**
(a) for (b) of
(c) to (d) with

22. **They have been reading ........... 7 o'clock.**
(a) for (b) in
(c) since (d) at

23. **The four brothers always quarrelled ........... themselves.**
(a) to (b) between
(c) for (d) among

24. **These boys go to college ........... college bus.**
(a) by (b) on
(c) to (d) for

25. **He was fined ........... driving negligently.**
(a) to (b) of
(c) by (d) for

26. **He is often late ........... his dinner.**
(a) for (b) at
(c) to (d) in

27. **Try to reach the village ........... the sunset.**
(a) before (b) by
(c) from (d) of

28. **A jeep hit him while he was going ........... the main road.**
(a) on (b) across
(c) behind (d) through

29. **The case was put ........... the judge and the judge decides it within a year.**
(a) at (b) from
(c) before (d) of

30. **She is suffering ........... fever.**
(a) with (b) of
(c) through (d) from

31. **Chairs are made ........... wood.**
(a) of (b) from
(c) on (d) through

32. **There are tall beautiful coconut trees ........... the river.**
(a) along (b) at
(c) into (d) over

33. **Mount Abu is about five thousand feet ........... the sea-level.**
(a) above (b) along
(c) after (d) behind

34. **Ramesh fell down while he was running ........... a bus.**
(a) into
(b) after
(c) over
(d) through

35. **The shopkeeper does not have the toys, I was looking ...........**
(a) by
(b) about
(c) for
(d) to

## Answers

**1.** (c) **2.** (b) **3.** (d) **4.** (a) **5.** (c) **6.** (d) **7.** (c) **8.** (c) **9.** (b) **10.** (b)
**11.** (d) **12.** (c) **13.** (b) **14.** (b) **15.** (a) **16.** (c) **17.** (b) **18.** (d) **19.** (b) **20.** (b)
**21.** (a) **22.** (c) **23.** (d) **24.** (a) **25.** (d) **26.** (a) **27.** (a) **28.** (b) **29.** (c) **30.** (d)
**31.** (a) **32.** (a) **33.** (a) **34.** (b) **35.** (c)

❑❑❑

# Synonyms and Antonyms

| WORD | SYNONYMS | ANTONYMS |
|---|---|---|
| abbreviate | shorten, condense | lengthen, increase |
| ability | skill, aptitude | incompetence, inability |
| able | capable, qualified | incapable |
| above | overhead | below |
| abundant | ample, sufficient | scanty, insufficient |
| accurate | correct, right | wrong |
| achieve | accomplish, attain | fail |
| active | energetic, animated, lively | lethargic, idle, sluggish |
| add | increase, total | subtract |
| adequate | sufficient, enough, ample | insufficient, sparse |
| adjourn | postpone, recess | recommence, continue |
| adult | grown-up | child |
| after | following, next | before |
| afraid | frightened, scared | courageous, brave |
| aggressive | assertive, pushy, militant | passive, peaceful |
| always | forever | never |
| amateur | beginner, novice | professional |
| antagonize | provoke, embitter | soothe, tranquilize |
| apparent | obvious, evident | hidden, obscure |
| approve | accept, ratify, endorse | disapprove, censure |
| arrogant | haughty, stuck-up | humble, modest |
| artificial | fake, synthetic | real, authentic |
| ask | question, inquire | answer |
| atrocious | dreadful, contemptible, vile | kind, wonderful |
| authentic | genuine, real, factual | false, artificial |
| average | ordinary, fair | unusual, exceptional |
| awful | dreadful, atrocious | pleasant |
| awkward | clumsy, | gracefu |
| ban | prohibit, forbid, outlaw | allow, permit |
| barren | unproductive, infertile | fertile, productive |
| bashful | shy, timid | outgoing, assured |
| beautiful | pretty, attractive, lovely | ugly |
| before | prior, | after, behind |
| beginning | start, initiate | finish, end |
| believe | trust, accept | doubt, distrust |

| | | |
|---|---|---|
| below | under, lower | above |
| beneficial | helpful, | harmful, adverse |
| best | finest, choice | worst |
| birth | beginning | death, end |
| blend | combine, mix | separate |
| bottom | base, foundation | top |
| brave | courageous, bold, heroic | cowardly, timid |
| break | fracture, burst | repair, heal |
| brief | short, concise | long |
| broad | wide, | narrow |
| busy | active, occupied, working | idle, inactive |
| buy | purchase | sell |
| calm | quiet, tranquil, still | excited, turbulent |
| capture | apprehend, seize, arrest | free, release |
| care | concern, | neglect |
| careful | cautious, watchful | careless, reckless |
| cease | stop, discontinue | continue, recommence |
| charming | delightful, appealing, enchanting | obnoxious, gross, vulgar |
| chilly | cool, nippy | warm |
| chubby | plump, pudgy | thin, skinny |
| clarify | explain, simplify | confuse |
| close | shut, fasten | open |
| close | near, | far |
| coarse | bumpy, rough | fine, smooth |
| colossal | enormous, immense, mammoth | tiny, insignificant, trivial |
| combine | blend, unite, join | separate |
| comical | amusing, funny, humorous | tragic, sorrowful |
| complex | complicated, intricate | simple |
| competent | capable, qualified | incompetent, inept |
| comprehend | grasp | confuse, misinterpret |
| complex | complicated, intricate | simple |
| compress | crush, condense, squeeze | expand |
| concrete | real, tangible, solid | abstract, flimsy |
| concur | cooperate | disagree |
| condemn | censure, denounce | approve |
| condense | compress, concentrate | expand, enlarge |
| confess | acknowledge | deny |
| confine | contain, enclose, restrain | free, release |
| conflict | differ, clash | agree |
| conflict | fight, battle, struggle | peace, harmony |
| conform | comply, submit | dissent, dispute |
| confuse | complicate, muddle, jumble | clarify |
| congested | stuffed | empty, unfilled |
| connect | attach | separate, disconnect |

| | | |
|---|---|---|
| conscientious | scrupulous, virtuous | neglectful, careless |
| conscious | aware, cognizant | unaware, unconscious |
| consecutive | successive, continuous | interrupted |
| conservative | cautious, restrained | radical, extreme |
| considerate | mindful | thoughtless, selfish |
| constantly | always, continually | scarcely, seldom |
| contaminate | infect | purify |
| contented | satisfied, pleased | dissatisfied, unhappy |
| convalesce | recover, heal | relapse |
| convenient | handy, accessible | inconvenient |
| conventional | traditional | unusual |
| correct | accurate, right, proper | wrong, incorrect |
| courage | bravery, valor | cowardice |
| courteous | polite, civil | rude |
| cover | conceal, hide | expose |
| cozy | comfortable, snug, homey | uncomfortable |
| cranky | irritable | good-humored |
| crazy | daft, mad | sane |
| cruel | mean, heartless, ruthless | kind, humane |
| cry | sob, weep | laugh |
| dally | linger | rush |
| damage | hurt, impair, harm | remedy, repair |
| dangerous | unsafe, hazardous, perilous | safe |
| daring | bold, audacious | cautious |
| dark | black | light |
| dawn | daybreak, sunrise | evening |
| dead | lifeless, deceased | alive, active |
| decay | rot, spoil | bloom, flourish |
| deduct | subtract, remove | add |
| defend | shield | attack, assault |
| defy | resist, challenge | obey, comply |
| delicate | dainty | sturdy |
| demolish | destroy, wreck | restore |
| denounce | blame, censure, indict | commend |
| dense | thick, heavy, compressed | sparse, empty |
| depart | leave, exit | arrive |
| deposit | place | withdraw |
| desolate | barren, forsaken | dense, verdant |
| despise | detest, loathe | love |
| destitute | penniless | wealthy |
| destroy | ruin, wreck, devastate | restore |
| detach | unfasten, remove | attach |
| deter | hinder, prevent | encourage |
| determined | sure, convinced, resolute | doubtful |

| | | |
|---|---|---|
| die | expire, perish | live |
| different | distinct, unlike | same, alike |
| difficult | hard, challenging | easy |
| dilute | thin | strengthen |
| diminish | curtail, lessen, decrease | increase, amplify |
| dirty | soiled, messy | clean |
| disagree | differ, dispute | agree |
| dispute | debate, oppose | agree |
| diverse | different, distinct | same, similar |
| divide | separate, split | unite |
| docile | tame, gentle | wild, stubborn |
| dormant | sleeping, inactive | awake, active |
| doubt | dispute | believe |
| drab | dull, lifeless | bright |
| drastic | severe, extreme, tough | mild, moderate |
| dreadful | unpleasant | splendid, super |
| dry | arid, parched | wet |
| dubious | doubtful, questionable | certain |
| dull | blunt, dreary | sharp, bright |
| dumb | stupid, dense | smart |
| early | beforetime | late |
| easy | simple | hard |
| eccentric | peculiar, unusual | normal |
| ecstasy | joy, rapture, elation | sadness, depression |
| empty | drain, unload | fill encourage |
| encourage | urge | discourage |
| enemy | opponent, foe | ally, friend |
| enjoy | appreciate | dislike, hate |
| enlarge | magnify | reduce, shrink |
| enormous | vast, immense, colossal | tiny, microscopic |
| enough | sufficient, ample, plenty | insufficient |
| entirely | wholly, completely, solely | partly |
| eternal | always, perpetual, everlasting | temporary, passing |
| evident | apparent, obvious, clear | doubtful, vague |
| evil | bad, wrong, wicked | good |
| exceptional | outstanding | ordinary, commonplace |
| excite | provoke, incite | compose, calm |
| exhilarated | ecstatic, elated | depressed, dejected, sad |
| explicit | exact, distinct, unmistakable | indefinite, unclear |
| exquisite | charming, lovely | revolting, repulsive |
| exterior | outside, outer | interior |
| extravagant | extreme, excessive, luxurious | meager |
| fabulous | marvelous, amazing | unexciting |
| face | confront, meet | avoid |

| | | |
|---|---|---|
| fair | honest, just, impartial | unjust, unfair |
| fake | phony, artificial | real, genuine |
| false | incorrect, untrue | true |
| fancy | ornate, fussy | simple, plain |
| fantastic | incredible, outrageous | ordinary, usual |
| fast | quick, swift | slow |
| fat | chubby, plump, stout | thin |
| fatal | deadly, mortal, killing | Harmless |
| fatigue | tire, exhaust | Energatic |
| feasible | attainable, practical | impossible |
| feeble | weak, frail | strong |
| ferocious | savage, brutal, savage | tame, gentle |
| fertile | productive | unproductive, barren |
| fill | pack | empty |
| fix | mend, repair | break |
| flaw | defect, fault, blemish | perfection |
| flimsy | frail, fragile, delicate | sturdy, strong |
| flippant | sassy | polite, respectful |
| fluid | liquid | solid |
| foe | adversary, opponent | friend |
| follow | succeed, trail | lead, precede |
| forbid | ban, bar | encourage |
| forgive | pardon, excuse, absolve | Panish |
| former | earlier | latter |
| fraction | portion, segment | whole |
| frank | candid, straightforward, blunt | evasive |
| frenzy | fury, rage | serenity, calmness |
| fresh | unused, new | old, stale |
| friend | comrade, buddy | enemy |
| frigid | frosty | warm, hot |
| frivolous | trivial, unimportant, silly | important, serious |
| front | fore | back |
| full | stuffed | empty |
| furious | enraged, infuriated | calm, placid |
| future | tomorrow | past |
| gain | acquire, obtain, receive | lose |
| gallant | chivalrous, stately | ungentlemanly |
| gather | collect, accumulate, compile | scatter, disperse |
| gaudy | showy, garish, vulgar | tasteful, refined |
| gaunt | scrawny, skinny, thin | overweight, plump |
| generous | giving, selfless, big-hearted | selfish, stingy |
| gentle | tender, mild | rough, harsh |
| genuine | real, authentic, sincere | fake, phony |
| gigantic | immense, colossal, enormous | tiny, minute |

| | | |
|---|---|---|
| give | donate, present, offer | take, receive |
| glad | happy, pleased, delighted | sad, unhappy |
| gloomy | dark, dismal, depressing | cheery, bright |
| glorious | splendid, magnificent, superb | terrible, awful |
| good | nice, fine, well-behaved | bad, awful |
| hard | firm, solid, difficult | soft, easy |
| hate | loathe, detest | love |
| help | aid, assist | hinder, thwart |
| high | elevated, lofty | low |
| hold | grasp, grip, retain | release, discharge |
| honest | truthful, sincere, frank | untruthful, insincere |
| hospitable | welcoming, cordial, gracious | rude, unfriendly |
| hostile | antagonistic, aggressive, militant | friendly, cordial |
| huge | vast, immense, great | small, tiny |
| humble | modest, unpretentious | vain, showy |
| humiliate | embarrass, disgrace, dishonor | honor, dignify |
| identical | alike, duplicate | different, varied |
| idle | inactive, lazy | busy, ambitious |
| ignorant | uninformed, unaware | knowledgeable |
| immaculate | spotless, pure | dirty, filthy |
| immature | childish, inexperienced | mature, adult |
| immune | resistant, exempt | susceptible |
| impartial | neutral, unbiased, fair | prejudiced |
| impatient | eager, anxious, intolerant | patient |
| imperative | compulsory, crucial, mandatory | unnecessary, optional |
| impetuous | impulsive, rash, reckless | restrained, careful |
| important | significant, meaningful | unimportant, meaningless |
| independent | self-reliant, autonomous | dependent, unsure |
| inferior | lesser, substandard | superior |
| infuriate | enrage, agitate, provoke | soothe, clam |
| ingenious | clever, creative, original | unoriginal, dull |
| innocent | guiltless, blameless | guilty |
| insane | crazy, deranged, mad | sane |
| insufficient | inadequate, deficient | adequate, enough |
| intelligent | bright, sensible, rational | ignorant, dense |
| interesting | provocative, engrossing | dull, boring |
| intermittent | sporadic, periodic | regular, continual |
| internal | inner, inside | external, outer |
| intolerant | bigoted, prejudiced | understanding, accepting |
| intriguing | fascinating, enthralling | uninteresting, dull |
| irrelevant | inappropriate, unrelated | relevant, pertinent, applicable |
| irritate | annoy, agitate, provoke | soothe, calm |
| join | connect, unite, link | separate, disconnect, detach |
| jolly | merry, jovial, joyful | sad, grim, glum |

| | | |
|---|---|---|
| jubilant | overjoyed, delighted, elated | dejected, depressed |
| keep | save, protect, guard | discard, lose |
| kind | considerate, tender, thoughtful | mean, cruel, inconsiderate |
| lament | mourn, grieve | rejoice, celebrate |
| large | big, massive, huge | small, little |
| last | final, end | first, beginning |
| least | fewest, minimum, smallest | most, maximum |
| legible | readable, clear | illegible, unreadable |
| lenient | lax, unrestrained, easy | harsh, strict |
| listless | lethargic, tired | active, energetic |
| logical | sensible, sane, rational | illogical, unreasonable |
| loose | slack, limp | tight |
| lure | attract, seduce, entice | repel |
| luxurious | extravagant, elegant | meager, scanty |
| magnify | expand, enlarge, exaggerate | reduce, minimize |
| mandatory | required, compulsory | optional |
| maneuver | manipulate, handle, scheme | — |
| maximum | greatest, uppermost, highest | minimum, least |
| meager | scanty, sparse, poor | abundant, generous |
| mean | unkind, malicious, nasty | pleasant, nice |
| mediocre | fair, moderate, so-so | outstanding |
| mend | repair, fix | break |
| migrant | drifting, traveling, transient | stationary, immovable |
| minor | lesser, inferior, secondary | major |
| mirth | merriment, fun, laughter | gloom, sadness |
| mischievous | naughty, impish | well-behaved, angelic |
| mobile | moveable, changeable | immobile, stationary |
| moderate | temperate, lenient, medium | extreme, harsh |
| momentous | important, powerful, outstanding | unimportant, insignificant |
| monotonous | boring, tedious dreary, humdrum | interesting |
| moral | ethical, virtuous, righteous | immoral, unethical |
| morbid | appalling, awful, ghastly | pleasant |
| morose | gloomy, sullen, moody, glum | cheerful, optimistic |
| mourn | grieve, lament, bemoan | rejoice |
| mysterious | elusive, occult, secret | obvious, known |
| naughty | bad, disobedient, wrong | good, appropriate |
| neat | clean, orderly, tidy | sloppy, disorderly |
| negligent | careless, derelict, inattentive | conscientious, careful |
| neutral | impartial, unprejudiced | prejudiced, partial |
| new | unused, fresh, modern | old, antique |
| nice | pleasing, desirable, fine | unpleasant, naughty |
| nonchalant | indifferent, lackadaisical, blase | concerned, apprehensive |
| numerous | several, abundant, considerable | few, scanty |
| obey | mind, heed, comply | disobey, resist |

| | | |
|---|---|---|
| oblivious | unconscious, preoccupied, dazed | mindful, aware |
| obnoxious | offensive, abominable, repulsive | pleasant, pleasing |
| observe | examine, study, scrutinize | ignore, disregard |
| obsolete | extinct, dated, antiquated | stylish, vogue, current |
| offend | displease, affront, disgust | please, delight |
| ominous | threatening, menacing | Lacky |
| opaque | obscure, murky, unclear | transparent, clear |
| open | begin, unfold, originate | close |
| opponent | enemy, rival, foe | ally, friend |
| optimistic | hopeful, confident | pessimistic |
| optional | voluntary, elective | required |
| ordinary | usual, average | unusual, remarkable |
| outrageous | preposterous, shocking | warranted, acceptable |
| painstaking | meticulous, precise, fastidious | careless, negligent |
| passive | compliant, submissive, yielding | forceful |
| past | former, previous, preceding | future |
| patience | tolerance, perseverance | impatience |
| peculiar | weird, bizarre | normal, conventional |
| permanent | enduring, lasting | temporary, changing |
| perpetual | eternal, endless, incessant | short-lived, fleeting |
| persuade | convince, influence | dissuade, deter |
| plausible | believable, reasonable, logical | unbelievable |
| plentiful | ample, enough, abundant | scarce, insufficient |
| pliable | supple, flexible, compliant | rigid, closed-minded |
| polite | gracious, refined, courteous | rude, discourteous |
| poor | destitute, needy, impoverished | rich, wealthy |
| portion | part, segment, piece | whole, total |
| possible | conceivable, feasible, plausible | impossible, unachievable |
| precarious | dangerous, uncertain, shaky | sure, safe |
| precious | cherished, valuable, prized | cheap, worthless |
| prejudiced | biased, opinionated, influenced | impartial |
| premature | early, hasty | late, delayed |
| premeditated | planned, intended, calculated | spontaneous, accidental |
| preserve | uphold, guard, save | destroy, neglect |
| pretty | lovely, beautiful, attractive | homely, unattractive |
| prevalent | customary, widespread | uncommon, unusual |
| prevent | thwart, prohibit, hinder | permit, allow |
| probable | likely, apt, liable | improbable, doubtful |
| proficient | skilled, adept, competent | inefficient, inept |
| profit | gain, earnings, benefit | loss |
| prohibit | forbid, bar, restrict | allow, permit |
| prominent | distinguished, eminent | unknown, not renowned |
| prosperous | thriving, successful, flourishing | unsuccessful, fruitless |
| push | shove, propel | pull |

| | | |
|---|---|---|
| qualified | competent, suited, capable | unfit, unsuited |
| question | interrogate, inquire, ask | answer |
| quiet | silent, hushed, tranquil | noisy, rowdy |
| quit | cease, stop, withdraw | continue, remain |
| racket | noise, commotion, disturbance | peace, quiet |
| radiant | luminous, shining, lustrous | dim, not illuminated |
| raise | hoist, elevate | lower |
| ratify | approve, confirm, endorse | veto, refuse |
| rational | logical, level-headed, sensible | irrational, crazy |
| ravage | devastate, ruin, damage | restore, revitalize |
| raze | destroy, demolish | build, construct |
| recreation | amusement, pleasure, pastime | work, labor |
| reduce | lessen, decrease, diminish | increase, enlarge, amplify |
| regular | routine, customary, steady | irregular, abnormal |
| regulate | control, oversee, handle | decontrol |
| relentless | persistent, merciless, unyielding | lenient, sympathetic |
| relevant | pertinent, suitable, apropos | irrelevant, insignificant |
| reliable | trustworthy, steadfast, stable | undependable, unreliable |
| reluctant | unwilling, hesitant | willing, accommodating |
| remote | secluded, isolated, distant | close, accessible |
| repulsive | hideous, offensive, gruesome | pleasing, alluring |
| reputable | honorable, upstanding, honest | dishonest, untrustworthy |
| resist | oppose, withstand, defy | comply, conform |
| retaliate | avenge, revenge, reciprocate | — |
| reveal | show, disclose, divulge | hide, conceal |
| ridiculous | nonsensical, foolish, preposterous | sensible, believable |
| risky | hazardous, perilous, chancy | safe, sound |
| rowdy | boisterous, rambunctious | well-mannered, genteel |
| sad | unhappy, dejected, gloomy | happy, glad |
| same | identical, alike, equivalent | different, diverse |
| savage | uncivilized, barbarous | civilized, gentle, tame |
| save | preserve, conserve, keep | spend, discard |
| scarce | scanty, rare, sparse | plentiful, abundant |
| scrawny | skinny, gaunt, spindly | husky, chubby |
| scrupulous | meticulous, ethical, fastidious | unethical, careless |
| seize | apprehend, grab, snatch | release, free |
| separate | divide, segregate, partition | unite, join |
| serene | peaceful, tranquil, calm | disturbed, upset |
| serious | grave, solemn, pensive | flighty, fickle |
| shrewd | clever, cunning, crafty | unthinking, careless |
| shy | bashful, timid | bold, aggressive |
| sick | ill, ailing | well, healthy |
| slim | slender, thin, svelte | stout, stocky |
| sluggish | listless, lethargic, inactive | quick, speedy |

| | | |
|---|---|---|
| small | little, insignificant, trivial | large, important |
| smooth | slick, glossy, level | rough |
| sociable | friendly, cordial, gregarious | unfriendly, aloof |
| sorrow | woe, anguish, grief | joy, ecstasy |
| special | exceptional, notable, particular | ordinary, usual |
| spontaneous | instinctive, automatic, natural | planned, rehearsed |
| stable | steady, unchanging, settled | unsettled |
| stationary | fixed, immobile, firm | movable, portable |
| stimulate | rouse, stir, motivate | stifle, suppress |
| stop | quit, cease, terminate | start, begin |
| strenuous | vigorous, laborious | effortless, easy |
| strict | stringent, severe, stern | lenient |
| strong | powerful, mighty, potent | weak |
| stupid | unintelligent, dense, foolish | knowledgeable, smart |
| successful | thriving, prosperous, triumphant | failing, unsuccessful |
| sufficient | ample, enough, adequate | lacking, insufficient |
| superb | magnificent, exquisite | inferior, mediocre |
| suppress | restrain, inhibit, squelch | foster, encourage |
| surplus | excess, additional, extra | lack, deficit |
| swift | fast, speedy, hasty | slow, sluggish |
| synthetic | man-made, artificial | natural |
| tall | high, lofty | short |
| tangible | concrete, definite | vague, ambiguous |
| taut | tense, tight, stiff | relaxed |
| tender | delicate, gentle, affectionate | harsh, rough |
| terrible | dreadful, horrible, vile | wonderful, superb |
| thaw | melt, defrost | freeze |
| thrifty | economical, frugal, prudent | wasteful, extravagant |
| total | whole, entire, complete | partial |
| trivial | insignificant, worthless | important, crucial |
| turbulent | tumultuous, blustering, violent | clam, peaceful |
| turmoil | commotion, disturbance, fracas | quiet, tranquility |
| unbiased | impartial, unprejudiced, fair | prejudiced, partial |
| upset | perturb, ruffle, agitate | soothe, calm |
| urgent | crucial, important, imperative | unimportant, trivial |
| vacant | unoccupied, empty | filled, occupied |
| vague | unclear, obscure, indistinct | clear, definite |
| valiant | courageous, brave, heroic | cowardly, fearful |
| vibrate | shake, quiver, tremble | firm, steady |
| vicious | malicious, spiteful, ferocious | kind, humane |
| victory | triumph, win, success | defeat |
| virtuous | moral, righteous, angelic | sinful, wicked |
| vulgar | offensive, uncouth, coarse | refined, tasteful |
| wealth | riches, prosperity, assets | poverty |

| weary | tired, fatigued, lethargic | energetic, lively |
|---|---|---|
| wholehearted | earnest, sincere | insincere |
| wild | uncivilized, savage, reckless | tame, calm |
| win | triumph, succeed, prevail | lose |
| wise | knowing, scholarly, smart | dull, uneducated |
| wonderful | marvelous, incredible, splendid | ordinary, blah |
| worn | used, impaired, old | new, fresh |
| wrong | incorrect, untrue, mistaken | correct, right |
| yield | produce, bear, provide | keep, retain |
| zenith | peak, pinnacle, apex | bottom, base |

## Exercise-1

**Directions : (Q. No. 1-50) Choose the correct synonym for the word given in capital letters.**

**1. TRIUMPH**
(a) Joy (b) Excitement
(c) Gain (d) Victory

**2. APPORTIONMENT**
(a) Allotment (b) Bestowal
(c) Delivery (d)Presentation

**3. PREDICT**
(a) Explain (b) Foretell
(c) Assert (d) Observe

**4. DOCILE**
(a) Stubborn (b) Stupid
(c) Gentle (d) Vague

**5. KID**
(a) Regulate (b) Divert
(c) Entertain (d) Cheat

**6. ARTIFACT**
(a) Synthetic (b) Man-made
(c) Natural (d) Exact copy

**7. AMPLE**
(a) Sufficient (b) Swift
(c) Detailed (d) Huge

**8. PILFER**
(a) Destroy (b) Damage
(c) Steal (d) Snatch

**9. RESILIENT**
(a) Flexible (b) Proud
(c) Separable (d) Rigid

**10. CAVIL**
(a) Appreciate (b) Amuse
(c) Quibble (d) Munch

**11. LOQUACIOUS**
(a) Sad (b) Secretive
(c) Quiet (d) Talkative

**12. CELIBATE**
(a) Saint (b) Widower
(c) Bachelor (d) Teetotaller

**13. LUDICROUS**
(a) Absurd (b) Clear
(c) Simple (d) Dismal

**14. LETHAL**
(a) Dreary (b) Dreadful
(c) Deadly (d) Strange

**15. GAMBIT**
(a) Expression (b) Trick
(c) Explanation (d) Appeal

**16. EXPOSE**
(a) Open (b) Revel
(c) Declare (d) Conceal

**17. DELETERIOUS**
(a) Morose (b) Devious
(c) Harmful (d) Remorseful

**18. AUTHENTIC**
(a) Apparent (b) Intricate
(c) Stable (d) Factual

**19. INFINITE**
(a) Strange (b) Endless
(c) Indefinite (d) Vague

**20. BAULK**
(a) Identify (b) Prevent
(c) Encourage (d) Verify

**21. ADMONISH**
(a) Threaten (b) Praise
(c) Appeal (d) Support

**22. PENCHANT**
(a) Like (b) Eagerness
(c) Disability (d) Dislike

**23. BARTER**
(a) Deal (b) Return
(c) Lend (d) Exchange

**24. RANGE**
(a) Level (b) Expanse
(c) Grade (d) Standing

**25. HAGGLE**
(a) Postpone (b) Accept
(c) Bargain (d) Reject

**26. REVISE**
(a) Edit (b) Alter
(c) Correct (d) Reconsider

**27. ACCUSE**
(a) Absolve (b) Exonerate
(c) Vindicate (d) Impeach

**28. UNCONSCIONABLE**
(a) Distasteful (b) Unmanageable
(c) Excessive (d) Unmindful

**29. DANK**
(a) Dangerous (b) Ugly
(c) Plunder (d) Damp

**30. DIVVY**
(a) Selfless (b) Foolish
(c) Follower (d) Pioneer

**31. APOGEE**
(a) Climax (b) Beginning
(c) Middle (d) Bottom

**32. ADVERSITY**
(a) Crisis (b) Misfortune
(c) Failure (d) Helplessness

**33. LIMP**
(a) Kneel (b) Bend
(c) Falter (d) Stoop

**34. MASSACRE**
(a) Stab (b) Slaughter
(c) Murder (d) Assassinate

**35. COMBAT**
(a) Quarrel (b) Fight
(c) Conflict (d) Feud

**36. ABSCOND**
(a) Turn (b) Flee
(c) Manage (d) Avoid

**37. PROFOUND**
(a) Profuse (b) Boundless
(c) Deep (d) Fathomless

**38. OVERSEE**
(a) Supervise (b) Glance
(c) Contest (d) Look

39. **COMPUNCTION**
(a) Anger (b) Appreciate
(c) Regret (d) Wonder

40. **DILETTANTE**
(a) Opponent (b) Specialist
(c) Amateur (d) Expert

41. **HOODLUM**
(a) Pioneer (b) Criminal
(c) Devotee (d) Scholar

42. **FOSTER**
(a) Encourage (b) Fabricate
(c) Foment (d) Nurture

43. **FILTHY**
(a) Healthy (b) Ugly
(c) Dirty (d) Angry

44. **SOPORIFIC**
(a) Lethargic (b) Merry
(c) Soothing (d) Impressive

45. **ABOMINATION**
(a) Revulsion (b) Disgust
(c) Criticism (d) Attack

46. **BURLESQUE**
(a) Insult (b) Irritate
(c) Mock (d) Annoy

47. **SOLICIT**
(a) Beseech (b) Demand
(c) Claim (d) Require

48. **PRUNE**
(a) Lend (b) Reduce
(c) Expand (d) Prolong

49. **VOGUE**
(a) Fashion (b) Rejection
(c) Order (d) Satisfaction

50. **DELEGATE**
(a) Officer (b) Participant
(c) Member (d) Representative

## Answers

| | | | | | | | | | |
|---|---|---|---|---|---|---|---|---|---|
| 1. (d) | 2. (a) | 3. (b) | 4. (c) | 5. (d) | 6. (b) | 7. (a) | 8. (c) | 9. (a) | 10. (c) |
| 11. (d) | 12. (c) | 13. (a) | 14. (c) | 15. (b) | 16. (b) | 17. (c) | 18. (d) | 19. (b) | 20. (b) |
| 21. (a) | 22. (a) | 23. (d) | 24. (b) | 25. (c) | 26. (b) | 27. (d) | 28. (c) | 29. (d) | 30. (d) |
| 31. (a) | 32. (b) | 33. (c) | 34. (b) | 35. (b) | 36. (b) | 37. (c) | 38. (a) | 39. (c) | 40. (c) |
| 41. (b) | 42. (d) | 43. (c) | 44. (c) | 45. (b) | 46. (c) | 47. (a) | 48. (c) | 49. (a) | 50. (d) |

## Exercise-2

**Direction : (Q. No. 1-58) In each of the following questions, choose the alternative which is opposite in meaning to the given word.**

1. **OUTMODED**
(a) Polished (b) Practicable
(c) Stylish (d) Fashionable

2. **BRIDGE**
(a) Divide (b) Bind
(c) Release (d) Open

3. **TRANQUIL**
(a) Impatient (b) Agitated
(c) Vociferous (d) Noisy

4. **MALFORMED**
(a) Fetid (b) Sketchy
(c) Curvaceous (d) Shapely

5. **KNOWLEDGE**
(a) Ignorance (b) Illiteracy
(c) Foolishness
(d) Backwardness

6. **NADIR**
(a) Progress (b) Liberty
(c) Zenith (d) Modernity

7. **HOLY**
(a) Offesive (b) Orthodox
(c) Simple (d) Obnoxious

8. **LISSOME**
(a) Ungainly (b) Huge
(c) Pungent (d) Crude

9. **ALLEVIATION**
(a) Exaggeration
(b) Exasperation
(c) Magnification
(d) Intensification

10. **MINION**
(a) Master (b) Quorum
(c) Majority (d) Host

11. **LANGUID**
(a) Smart (b) Energetic
(c) Fast (d) Ferocious

12. **BAULK**
(a) Admire (b) Strengthen
(c) Clamour (d) Encourage

13. **STRINGENT**
(a) Magnanimious (b) Lanient
(c) Vehement (d) General

14. **IGNORE**
(a) Support (b) Favour
(c) Redress (d) Accept

15. **WRECK**
(a) Make (b) Build
(c) Restore (d) Relieve

16. **FLACCID**
(a) Upright (b) Taut
(c) Uneven (d) Tough

17. **AVOIDANCE**
(a) Possession (b) Passion
(c) Pursuit (d) Power

18. **RESPITE**
(a) Tension (b) Exertion
(c) Regularity (d) Delay

19. **GRATUITY**
(a) Annuity (b) Grave
(c) Discount (d) Wages

20. **ALIENATE**
(a) Gather (b) Identify
(c) Assemble (d) Unite

21. **EVANESCENT**
(a) Blooming (b) Growing
(c) Twinkling (d) Teasing

22. **MALICIOUS**
(a) Boastful (b) Indifferent
(c) Kind (d) Generous

23. **SAGACIOUS**
(a) Casual (b) Cunning
(c) Foolish (d) False

24. **PERSUASIVE**
(a) Demoralizing
(b) False
(c) Discouraging
(d) Unconvincing

25. **ZEST**
(a) Restive (b) Callous
(c) Indifference (d) Distaste

26. **REPEL**
(a) Attract (b) Concentrate
(c) Attend (d) Continue

27. **BANISH**
(a) Abandon (b) Harbour
(c) Intrude (d) Drop

28. **REWARD**
(a) Demotion (b) Forfeiture
(c) Penalty (d) Retribution

29. **FOSTER**
(a) Repress (b) Curb
(c) Check (d) Control

30. **AUSPICIOUS**
(a) Spicy
(b) Unfavourable
(c) Conspicuous
(d) Condemnatory

31. **CONVEX**
(a) Flat (b) Protuberant
(c) Full (d) Indented

32. **MANAGE**
(a) Direct (b) Avail
(c) Bungle (d) Wild

33. **ARID**
(a) Plentiful (b) Productive
(c) Humid (d) Agreeble

34. **TENTATIVE**
(a) Immediate (b) Urgent
(c) Developed (d) Final

35. **STUBBORN**
(a) Willing (b) Consenting
(c) Pliable (d) Easy

36. **LIABILITY**
(a) Treasure (b) Debt
(c) Assets (d) Property

37. **JEER**
(a) Mourn (b) Praise
(c) Mock (d) Sneer

38. **ADEQUATE**
(a) Profuse (b) Abounding
(c) Scanty (d) Abundant

39. **CONTENTED**
(a) Rash (b) Narrow-minded
(c) Gloomy (d) Disappointed

40. **CONCEAL**
(a) Unfold (b) Revel
(c) Open (d) Discover

41. **ROUGHLY**
(a) Exactly (b) Completely
(c) Pointedly (d) Largely

42. **LIBERALISM**
(a) Humanism
(b) Dynamism
(c) Sectarianism
(d) Totalitarianism

43. **MISERLY**
(a) Generous (b) Liberal
(c) Spendthrift (d) Charitable

44. **SELDOM**
(a) Rarely (b) Daily
(c) Often (d) Never

45. **AMALGAMATE**
(a) Generate (b) Repair
(c) Materialise (d) Separate

46. **FRAILTY**
(a) Emaciation (b) Strength
(c) Health (d) Boldness

47. **PROHIBIT**
(a) Accept (b) Permit
(c) Agree (d) Grant

48. **EMBRACE**
(a) Suspect (b) Harm
(c) Reject (d) Hurt

49. **BASHFUL**
(a) Daring (b) Boastful
(c) Upright (d) Confident

50. **WONDER**
(a) Stock
(b) Amusement
(c) Expectation
(d) Surprise

51. **DENSITY**
(a) Brightness
(b) Clarity
(c) Intelligence
(d) Rarity

52. **APPOINTMENT**
(a) Disappointment
(b) Suspension
(c) Dismissal
(d) Discharge

53. **ALLURE**
(a) Repulse (b) Develop
(c) Entice (d) Decoy

54. **CRASS**
(a) Gross (b) Refined
(c) Coarse (d) Dense

55. **REPRAISAL**
(a) Relief (b) Forgiveness
(c) Exemption (d) Relaxation

56. **FRIEND**
(a) Rival (b) Acquaintance
(c) Foe (d) Competitor

57. **JUSTIFY**
(a) Regular (b) Infuriate
(c) Absolve (d) Vindicate

58. **MONOLOGUE**
(a) Dialogue (b) Prologue
(c) Epilogue (d) Catalogue

## Answers

| | | | | | | | | | |
|---|---|---|---|---|---|---|---|---|---|
| **1.** (d) | **2.** (d) | **3.** (b) | **4.** (d) | **5.** (a) | **6.** (c) | **7.** (c) | **8.** (a) | **9.** (b) | **10.** (a) |
| **11.** (b) | **12.** (d) | **13.** (b) | **14.** (c) | **15.** (c) | **16.** (b) | **17.** (c) | **18.** (b) | **19.** (d) | **20.** (b) |
| **21.** (a) | **22.** (d) | **23.** (c) | **24.** (d) | **25.** (d) | **26.** (a) | **27.** (b) | **28.** (c) | **29.** (a) | **30.** (b) |
| **31.** (d) | **32.** (c) | **33.** (c) | **34.** (d) | **35.** (c) | **36.** (c) | **37.** (b) | **38.** (c) | **39.** (d) | **40.** (b) |
| **41.** (a) | **42.** (d) | **43.** (a) | **44.** (c) | **45.** (d) | **46.** (b) | **47.** (b) | **48.** (c) | **49.** (d) | **50.** (c) |
| **51.** (d) | **52.** (c) | **53.** (a) | **54.** (b) | **55.** (b) | **56.** (c) | **57.** (a) | **58.** (a) | | |

□□□

# Spelling Rules

**Some spelling rules are as follows:**

The knowledge of grammatical rules is essential to write perfect English but the knowledge of accurate spelling is also equally important.

### Final Consonant

**Rule 1**

One-syllable words ending in single vowel + single consonant double the consonant before a suffix beginning with a vowel. e.g.,

(i) big + er = bigger

(ii) swim + ing = swimming

**Rule 2**

Words of two or three syllables ending in singie vowel + single consonant double the final consonant if the last syllable is stressed. e.g.,

(i) control + er = controller

(ii) permit + ed = permitted

**Rule 3**

Consonant 'l' is doubled in the words ending in single 'l' before a suffix beginning with a vowel. e.g.,

(i) signal + ing = signalling

(ii) quarrel + ed = quarrelled

**Rule 4**

When the suffix 'full' is added to a word, one 'l' is removed. e.g.

(i) use + full = useful

If the word to which the suffix 'full' is added ends in 'll', one 'l' is removed from the word also. e.g.,

(i) skill + full = skilful

(ii) will + full = wilful

### Final 'e'

**Rule 5**

Words ending in silent 'e' drop the 'e' before a suffix beginning with a vowel. e.g.,

(i) hope + ing = hoping

(ii) live + ed = lived

(iii) drive + er = driver

(iv) tire + ing = tiring

If the suffix begins with a consonant, 'e' is not dropped. e.g.,

(i) hope + full = hopeful

(ii) sincere + ly = sincerely

## Exercise

**Directions (Q. 1–60) : In each of the following words group, choose the correctly spelt word.**

**1.** (a) Sattlite (b) Satellite (c) Sattelite (d) Satelite

**2.** (a) Embarasment (b) Embarassment (c) Embarrasment (d) Embarrassment

**3.** (a) Ocasion (b) Ocassion (c) Occasion (d) Occassion

**4.** (a) Distilry (b) Distillry (c) Distillery (d) Distilery

**5.** (a) Efflorascence (b) Efflorescence (c) Efflorescence (d) Eflorescence

**6.** (a) Commettee (b) Committe (c) Comittee (d) Committee

**7.** (a) Posesion (b) Possession (c) Posession (d) Possesion

**8.** (a) Forefiet (b) Forefeit (c) Forfeit (d) Forfiet

**9.** (a) Aliennate (b) Allienate (c) Alienate (d) Alienatte

**10.** (a) Greivance (b) Grievance (c) Griveance (d) Grieveance

**11.** (a) Comemorate (b) Commemmorate (c) Comemmorate (d) Commemorate

**12.** (a) Exemple (b) Exampel (c) Example (d) Exampal

**13.** (a) Inteligensia (b) Inteligentsia (c) Intelligensia (d) Intelligentsia

**14.** (a) Beligrent (b) Belligerent (c) Belligrent (d) Belligeerent

**15.** (a) Dielectic (b) Diallectic (c) Dilectic (d) Diallectic

**16.** (a) Coruppt (b) Curropt (c) Corrupt (d) Currupt

**17.** (a) Variegated (b) Varegated (c) Varigated (d) Variagated

**18.** (a) Psychology (b) Sycology (c) Psykology (d) Sychology

**19.** (a) Liesure (b) Leisure (c) Leasure (d) Lesiure

**20.** (a) Accesible (b) Accessibel (c) Accessible (d) Acessible

**21.** (a) Desicate (b) Desiccate (c) Dessicate (d) Dessiccate

**22.** (a) Tresspas (b) Trespass (c) Tresspas (d) Trwspas

**23.** (a) Pasanger (b) Pessenger (c) Pesanger (d) Passenger
**24.** (a) Argumant (b) Arguemant (c) Argument (d) Arguement
**25.** (a) Tariff (b) Tarriff (c) Tarif (d) Tarrif
**26.** (a) Mustach (b) Moustach (c) Mustache (d) Moustache
**27.** (a) Jewelery (b) Jewellry (c) Jwellry (d) Jewellery
**28.** (a) Sedantry (b) Sedentery (c) Sedentary (d) Sedantary
**29.** (a) Grametic (b) Grammetic (c) Grammatic (d) Gramatic
**30.** (a) Idiosynrcrecy (b) Idiosyncrasy (c) Idiosyncracy (d) Idiosyrcracy
**31.** (a) Blisfull (b) Blissful (c) Blisful (d) Blissfull
**32.** (a) Leftinent (b) Leutinent (c) Lieutenant (d) Liutenent
**33.** (a) Aproched (b) Aproached (c) Appraoched (d) Approached
**34.** (a) Amacher (b) Ameture (c) Amateur (d) Ametur
**35.** (a) Comentry (b) Commentry (c) Commentery (d) Commentary
**36.** (a) Itinerary (b) Itinerery (c) Itinery (d) Ittinerary
**37.** (a) Commission (b) Comision (c) Comission (d) Commision
**38.** (a) Appearent (b) Appareant (c) Apparant (d) Apparent
**39.** (a) Scripturi (b) Skripture (c) Scripture (d) Scripcher
**40.** (a) Nuisance (b) Neusense (c) Neusance (d) Nuisence
**41.** (a) Acquiescence (b) Aquicence (c) Acquisence (d) Acquissence
**42.** (a) Massenger (b) Messenger (c) Messanger (d) Massanger
**43.** (a) Guerila (b) Gurilla (c) Gorila (d) Gorilla
**44.** (a) Assignmante (b) Assignment (c) Asignment (d) Asienement
**45.** (a) Harasment (b) Harassment (c) Harrassment (d) Harrasment
**46.** (a) Sustinence (b) Sustenance (c) Sustenence (d) Sustinance
**47.** (a) Bizarre (b) Bizaree (c) Bizare (d) Bizzare
**48.** (a) Achievment (b) Acheivment (c) Achievement (d) Achevement
**49.** (a) Perseverance (b) Preservatance (c) Perseverence (d) Preserverence
**50.** (a) Coreander (b) Coriander (c) Coriandar (d) Coreandor
**51.** (a) Sovereignty (b) Soveriegnty (c) Sovereignity (d) Soveriegnity
**52.** (a) Kalidoscope (b) Kalaidoscope (c) Kaleidoscope (d) Kaliedoscope
**53.** (a) Addultration (b) Adultration (c) Addulteration (d) Adulteration
**54.** (a) Acurrate (b) Accurate (c) Acurate (d) Accuratte
**55.** (a) Gorgean (b) Georgian (c) Gorgian (d) Georgeaen
**56.** (a) Buisness (b) Bussiness (c) Business (d) Buisiness
**57.** (a) Examplary (b) Exemplary (c) Examplery (d) Exemplery
**58.** (a) Rapprochmant (b) Rapprochment (c) Raproachment (d) Rapproachement
**59.** (a) Sabotage (b) Sabbotage (c) Sabotaze (d) Sabatage
**60.** (a) Forecast (b) Forcaust (c) Forcast (d) Forecaste

## Answers

| | | | | | | | | | |
|---|---|---|---|---|---|---|---|---|---|
| **1.** (b) | **2.** (d) | **3.** (c) | **4.** (c) | **5.** (b) | **6.** (d) | **7.** (b) | **8.** (c) | **9.** (c) | **10.** (b) |
| **11.** (d) | **12.** (c) | **13.** (d) | **14.** (d) | **15.** (d) | **16.** (c) | **17.** (a) | **18.** (a) | **19.** (b) | **20.** (c) |
| **21.** (b) | **22.** (b) | **23.** (d) | **24.** (c) | **25.** (a) | **26.** (d) | **27.** (d) | **28.** (c) | **29.** (c) | **30.** (b) |
| **31.** (b) | **32.** (c) | **33.** (d) | **34.** (c) | **35.** (d) | **36.** (a) | **37.** (a) | **38.** (d) | **39.** (c) | **40.** (a) |
| **41.** (a) | **42.** (b) | **43.** (d) | **44.** (b) | **45.** (b) | **46.** (b) | **47.** (a) | **48.** (c) | **49.** (a) | **50.** (b) |
| **51.** (a) | **52.** (c) | **53.** (d) | **54.** (b) | **55.** (b) | **56.** (c) | **57.** (b) | **58.** (d) | **59.** (a) | **60.** (a) |

❑❑❑

# 5 One Word Substitution

One word substitution questions are designed to test a candidate's vocabulary as well as his ability to express in fewer words. The candidate is required to select the alternative which can be substituted for the given words/sentence.

**Words and their Substitutes**

| Word/Sentence | Substitute |
|---|---|
| Voluntary giving up of throne in favour of someone | Abdication |
| Allowance paid to wife on legal separation | Alimony |
| A lover of others | Altruist |
| One who can use either hand with ease | Ambidextrous |
| Animals which live both on land and in water | Amphibian |
| One who is out to destroy all government law and order | Anarchist |
| One who studies the evolution of mankind | Anthropologist |
| A person appointed by two parties to solve a dispute | Arbitrator |
| A place for ammunition and weapons | Arsenal |
| A person who does not believe in God | Atheist |
| The life history of a person written by himself | Autobiography |
| A nation that is in a war-like mood | Belligerent |
| The practice of having two wives or two husbands at a time | Bigamy |
| The act of speaking disrespectfully about sacred things | Blasphemy |
| Government by the officials | Bureaucracy |
| A person who is bad in spelling | Cacographist |
| One who feeds on human flesh | Cannibal |
| One who draws maps | Cartographer |
| One who teaches dancing | Choreographer |
| A critical judge of any art and craft | Connoisseur |
| Persons living at the same time | Contemporaries |
| Nursery where children are cared for while their parents are at work | Creche |
| A religious war | Crusade |
| Centre of attraction | Cynosure |
| A room for several people to sleep in, especially in a college or public institution | Dormitory |
| Fit to be eaten | Edible |
| A poem of lamentation | Elegy |
| A person who leaves his own country and goes to live in another | Emigrant |
| Lasting one day | Ephemeral |
| Words which are inscribed on the grave or the tomb in the memory of the buried | Epitaph |
| One who is very selective in one's taste | Fastidious |

| | |
|---|---|
| One who believes in fate | Fatalist |
| One who works for welfare of the women | Feminist |
| The plants of particular region | Flora |
| Easily broken | Fragile |
| One who runs away from justice or the law | Fugitive |
| Murder of race | Genocide |
| Animals which live in flocks | Gregarious |
| A place for housing aeroplanes | Hangar |
| One who acts against religion | Heretic |
| A place for bees | Hive |
| Holding office without any remuneration | Honorary |
| Incapable of being read | Illegible |
| A person who comes to one country from another in order to settle there | Immigrant |
| A person who cannot be easily approached | Inaccessible |
| A sound that cannot be heard | Inaudible |
| Incapable of being corrected | Incorrigible |
| That cannot be erased | Indelible |
| One who is free from all mistakes and failures | Infallible |
| Murder of an infant | Infanticide |
| Liable to catch fire easily | Inflammable |
| A person who is unable to pay his debts | Insolvent or bankrupt |
| One who supervises in the examination hall | Invigilator |
| One who is too strong to be overcome | Invincible |
| A place for dogs | Kennel |
| One who cuts precious stones | Lapidist |
| One who is skilled in foreign language | Linguist |
| One who, talks continuously | Loquacious |
| The first speech delivered by a person | Maiden speech |
| One who dies for a noble cause | Martyr |
| Murder of mother | Matricide |
| A place where money is made | Mint |
| A hater of mankind | Misanthrope |
| A hater of womankind | Misogynist |
| The practice of marrying one at a time | Monogamy |
| A place where dead bodies are kept for post mortem | Mortuary |
| A person having same name as another | Namesake |
| A strong desire to return home, home sickness | Nostalgia |
| One new to anything, inexperienced | Novice or tyro |
| An account of one's achievements in the newspaper after one's death | Obituary |
| One who is all powerful | Omnipotent |
| One, who knows everything | Omniscient |
| One who eats everything | Omnivorous |
| One who has lost parents | Orphan |
| The study of ancient writing | Paleography |

| | |
|---|---|
| A remedy for all diseases | Panacea |
| Murder of father | Patricide |
| A person who looks at the dark side of things | Pessimist |
| A lover of mankind | Philanthropist |
| One, who does not care for art and literature | Philistine |
| Literary theft or passing off an author's original work as one's own | Plagiarism |
| The practice of marrying more than one husband at a time | Polyandry |
| The practice of marrying more than one wife at a time | Polygamy |
| One who speaks many languages | Polyglot |
| That can be carried easily | Portable |
| Child born after the death of his father, or the book published | — |
| after the death of writer | Posthumous |
| Fit to drink | Potable |
| An act of separation from other persons to avoid infection | Quarantine |
| Murder of a king or queen | Regicide |
| Violating or profaning religious things/places | Sacrilege |
| A place for the sick to recover health | Sanatorium |
| A person who walks in sleep | Somnambulist |
| A person who talks in sleep | Somniloquist |
| Murder of sister | Sororicide |
| One who is habitual drunkard | Sot, toper |
| A place for horses | Stable |
| Murder of oneself | Suicide |
| One who does not take any intoxicating drink | Teetotaller |
| Government by religious principles | Theocracy |
| A person/student who absents himself from class or duty without permission | Truant |
| Murder of wife | Uroxicide |
| One extremely fond of one's wife | Uxorious |
| A fault that may be forgiven | Venial |
| Able to adapt oneself readily to many situations | Versatile |
| One who offers one's services | Volunteer |

## Exercise

**Directions (Q. 1–47) : In each of the following questions, choose the alternative which can be substituted for the given words/ sentence.**

**1. A man who does a thing for pleasure and not as a profession**
(a) Veteran (b) Player
(c) Connoisseur (d) Amateur

**2. That which can be interpreted in any way**
(a) Ambient (b) Ambivalent
(c) Amphibious (d) Ambiguous

**3. A light sailing boat built especially for racing.**
(a) Dinghy (b) Canoe
(c) Yacht (d) Frigate

**4. A person who rarely speaks the truth**
(a) Scoundrel (b) Liar
(c) Crook (d) Hypocrite

**5. The practice of marrying more than one wife at a time**
(a) Polyandry (b) Polygamy
(c) Matrimony (d) Celibacy

**6. Animals living on land and in water as well**
(a) Ambiguous (b) Amphibian
(c) Amorphous (d) Ambivalent

**7. An instrument for viewing objects at a distance**
(a) Microscope (b) Telescope
(c) Periscope (d) Keleidoscope

**8. Be the embodiment or perfect example of**
(a) Signify (b) Characterise
(c) Personify (d) Masquerade

9. **A man who operates on sick people**
(a) Physician
(b) Operator
(c) Surgeon
(d) Physiotherapist

10. **A man of odd habits**
(a) Eccentric (b) Cynical
(c) Introvert (d) Moody

11. **One whose attitude is : eat, drink and be merry**
(a) Epicurean (b) Cynic
(c) Materialistic (d) Stoic

12. **One who pretends illness to escape duty**
(a) Truant (b) Malingerer
(c) Hypocrite (d) Concubine

13. **Use of more words than needed to express the meaning**
(a) Circumlocution
(b) Verbatim
(c) Ventriloquism
(d) Pleonasm

14. **A person who is always dissatisfied**
(a) Heretic (b) Felon
(c) Malcontent (d) Surrogate

15. **Loss of power to move in any or every part of the body**
(a) Rheumatism (b) Paralysis
(c) Eczema (d) Leprosy

16. **A group of three novels or plays, each complete in itself**
(a) Triplet (b) Triumvir
(c) Trilogy (d) Trivet

17. **A house for storing grains**
(a) Cellar (b) Store
(c) Godown (d) Granary

18. **A person claiming to be superior in culture and intellect to others**
(a) Intellectual (b) Aristocrat
(c) Elite (d) Highbrow

19. **Responsible according to law**
(a) Liable (b) Eligible
(c) Legalised (d) Legitimate

20. **Decision made upon a political question by the votes of all qualified persons**
(a) Veto (b) Suffrage
(c) Pubiscite (d) Franchise

21. **A person who is made to bear the blame due to others**
(a) Innocent (b) Scapegoat
(c) Ignoramus (d) Nincompoop

22. **Person holding a scholarship at a university**
(a) Intellectual (b) Pedant
(c) Scholar (d) Bursar

23. **Member of a band of robbers**
(a) Dacoit (b) Brigand
(c) Thief (d) Pirate

24. **A speech by an actor at the end of a play**
(a) Epilogue (b) Monologue
(c) Duologue (d) Prologue

25. **The line which a plough cuts in the ground**
(a) Vale (b) Trench
(c) Furrow (d) Trough

26. **A person who forsakes religion**
(a) Charlatan (b) Apostle
(c) Renegade (d) Apotheosis

27. **To mediate between two parties in a dispute**
(a) Interfere (b) Interact
(c) Interrups (d) Intercede

28. **The place where bricks are baked**
(a) Foundry (b) Mint
(c) Cemetery (d) Kiln

29. **The branch of medical science which deals with the problems of the old**
(a) Oncology (b) Geriatrics
(c) Obstetrics (d) Endocrinology

30. **Indifference to pleasure or pain**
(a) Docility (b) Stoicism
(c) Patience (d) Reticence

31. **Equal in rank, merit or quality**
(a) Chum (b) Contemporary
(c) Peer (d) Colleague

32. **A field or a part of a garden where fruit-trees grow**
(a) Park (b) Nursery
(c) Yard (d) Orchard

33. **A woman of lax moral**
(a) Prostitute (b) Harlot
(c) Concubine (d) Hostess

34. **Present opposing arguments or evidence**
(a) Rebut (b) Criticise
(c) Rebuff (d) Reprimand

35. **A person who makes and sells ladies' hats, etc.**
(a) Draper (b) Tinker
(c) Milliner (d) Farrier

36. **A person who enters without any invitation**
(a) Burglar (b) Intruder
(c) Thief (d) Vandal

37. **The period between two reigns**
(a) Lapse (b) Interregnum
(c) Stasis (d) Anachronism

38. **Lack of enough blood**
(a) Amnesia (b) Insomnia
(c) Anaemia (d) Allergy

39. **A man who is having the qualities of woman**
(a) Loquacious (b) Celibate
(c) Effeminate (d) Epicurean

40. **One who does not know how to save money**
(a) Reckless (b) Lavish
(c) Careless (d) Spendthrift

41. **One who comes from a country area and is often considered to be stupid**
(a) Villager (b) Rustic
(c) Bumpkin (d) Philanderer

42. **Walk in a vain, self-important way**
(a) Jog (b) Trek
(c) Trudge (d) Strut

43. **A person working in the same place with another**
(a) Comrade (b) Colleague
(c) Assistant (d) Contemporary

44. **Place which provides both board and lodging**
(a) Cafe (b) Inn
(c) Restaurant (d) Motel

45. **A small shop that sells fashionable clothes, cosmetics etc.**
(a) Booth (b) Stall
(c) Boutique (d) Store

46. **A short journey made by a group of persons together**
(a) Hike (b) Excursion
(c) Picnic (d) Stroll

47. **Creature having both male and female organs**
(a) Sodomite (b) Homosexual
(c) Masochist (d) Hermaphrodite

**Direction (Q. 48–52) : In each of the following questions, find out which one of the words given below the sentence can most appropriately replace the group of words italicised in the sentence.**

48. **He does *unpaid work* for the Red Cross.**
(a) honorific (b) honest
(c) honorary (d) honourable

49. **The education in primitive Gurukuls comprised mainly of telling the stories *of old time Gods or heroes*.**
(a) ode (b) epic
(c) allegory (d) legend

**50. In the olden days the king was considered *all powerful*.**

(a) veteran (b) omnipotent

(c) omnivorous (d) omniscient

**51. *Those who pass through this gate without permission* will be prosecuted.**

(a) Bypassers (b) Culprits

(c) Absconders (d) Trespassers

**52. *The shelter for cow* ought to be clean and well ventilated.**

(a) hutch (b) byre

(c) hangar (d) kennel

## Answers

| | | | | | | | | | |
|---|---|---|---|---|---|---|---|---|---|
| **1.** (d) | **2.** (d) | **3.** (c) | **4.** (b) | **5.** (b) | **6.** (b) | **7.** (b) | **8.** (c) | **9.** (c) | **10.** (a) |
| **11.** (a) | **12.** (b) | **13.** (d) | **14.** (c) | **15.** (b) | **16.** (c) | **17.** (d) | **18.** (d) | **19.** (d) | **20.** (c) |
| **21.** (b) | **22.** (c) | **23.** (b) | **24.** (a) | **25.** (c) | **26.** (c) | **27.** (d) | **28.** (d) | **29.** (b) | **30.** (b) |
| **31.** (c) | **32.** (d) | **33.** (d) | **34.** (a) | **35.** (c) | **36.** (b) | **37.** (b) | **38.** (c) | **39.** (c) | **40.** (d) |
| **41.** (c) | **42.** (d) | **43.** (b) | **44.** (b) | **45.** (c) | **46.** (b) | **47.** (d) | **48.** (c) | **49.** (d) | **50.** (b) |
| **51.** (d) | **52.** (b) | | | | | | | | |

❑❑❑

# 6 Idioms and Phrases

It will not be wrong to say that idioms and phrases are the soul of a language. The idiomatic words and phrases are usually independent of the dictionary definitions and often go against grammatical rules. Candidates generally commit errors in the use of idioms and phrases because they do not know their exact meaning. Every student, therefore should try to do the best of his/her capacity to achieve excellence in this field.

Important Idioms and Phrases along with their meaning are given below:

- **At daggers drawn** (*having open enmity*): These days the two friends are at daggers drawn.
- **At home in** (*familiar*): He is at home in English.
- **At one's finger ends** (*ready with knowledge of something*): The names of all boys in the class are at my finger ends.
- **At the eleventh hour** (*at the last moment*): He came to me for help at the eleventh hour.
- **A white lie** (*a harmless lie*) : To save the child from a beating by the father, the mother had to tell a white lie.
- **Well-to-do** (*rich*): He belongs to a well-to-do family.
- **At a stone's throw** (*very near*) : My house is at a stone's throw from the college.
- **At sea** (*weak*): He is at sea in all subjects.
- **Break out** (*spread*): Cholera breaks out in a dirty city.
- **Bag and baggage** (*completely leaving nothing behind*) : Last year he left his village bag and baggage.
- **To bell the cat** (*to face risk*): All cry against the officer but nobody has the courage to bell the cat.
- **To bring up** (*to rear*): Parents bring up their children.
- **To burn the midnight oil** (*to work hard till late in night*): He bums the midnight oil and must win a scholarship.
- **By leaps and bounds** (*quickly*) : India can progress by leaps and bounds if we work together.
- **Bone of contention** (*cause of quarrel*): Parental property often becomes a bone of contention between brothers.
- **Carry out** (*to obey*): The servant must carry out the orders of his master.
- **Come off** (*to happen*): His marriage comes on next Monday.
- **Call off** (*to withdraw*) : The workers have called off then strike.
- **To cut a sorry figure** (*to feel insulted*): He had to cut a sorry figure in his first speech.
- **To call a spade a spade** (*to be frank and truthful*): Political leaders never call a spade a spade.
- **A child's play** (*easy job*) : To win a scholarship in the Matriculation Examination is not a child's play.
- **Dispose of** (*to sell*): He has disposed of his old cycle.
- **Drawn game** (*in which no party wins*): The well-contested match turned out to be a drawn game.
- **To deal with** (*to behave*): He deals kindly with his friends.
- **To deal in** (to have trade in): My father is a doctor and his father deals in cloth.
- **To do without** (*to dispense with*) : I cannot do without tea.
- **Heart and soul** (*with full energy*) : He threw himself heart and soul into work.
- **Hale and hearty** (*very healthy*): Mohan was ill yesterday but today he is hale and hearty.
- **Hard and fast** (*strict*): There are no hard and fast rules in English grammar.
- **Hand in glove with** (*to have close relationship*): The two cousins are hand in glove with each other.
- **Hue and cry** (*a loud noise*): On seeing a snake he raised a hue and cry.
- **Hard up** (*in difficulties of money*): Help him because he is hard up these days.
- **A hair breadth escape** (*a narrow escape*) : He had a hair breadth escape in the car accident.
- **To hold good** (*to be true*) : The law of gravitation holds good everywhere.
- **In the long run** (*in the end*): Honesty pays in the long run.
- **In the nick of time** (*just in time*): The doctor reached the patient in the nick of time and saved him.
- **In full swing** (*in good progress*): Spring is in full swing these days.
- **In cold blood** (*without incitement from the other party*): Gandhiji was killed in cold blood.
- **Ins and outs** (*full details*): The head-clerk knows the ins and outs of office work.
- **In a fix** (*in confusion*): I am in a fix and want your help.
- **Get through** (*pass*) : An intelligent boy always gets through an examination.
- **To give a piece or a bit of one's mind** (*to scold*): The teacher gives the late comers a bit of his mind.
- **To get rid of** (*to be relieved of*) : I soon got rid of bad friends.
- **A mare's nest** (*seeming interesting but of no value; a complicated situation*): A good number of innovations turn out to be mare's nests on investigation.

- **A moot point** (*a matter that is undecided and open to discussion*) : Whether the menace of terrorism can be settled by offence or dialogue is a moot point.
- **To make a clean breast of** (*to tell the whole thing without concealing anything*): The best way to relieve yourself of mental tension is to make a clean breast of yourself.
- **To make a mess of something** (*to spoil*): If you try to do too many things too soon, you shall make a mess of everything.
- **To make a mountain of a molehill/To make much ado about nothing** (*to exaggerate something trivial*): Political business works upon the principle of making a mountain of a molehill.
- **To make both ends meet** (*to sustain one's life*) : In a well-structured society making both ends meet is the minim guarantee.
- **To fight with one's back to the wall** (*to make a desperate attempt in a no-way-out situation*): Even the most timid of persons wages a fierce battle when he has to fight with his back to the wall.
- **To flog a dead horse** (*to try in a hopeless condition*): Those who are reactive flog a dead horse when the calamity has actually struck.
- **Gift of the gab** (*eloquence*): An imposter always uses the gift of the gab to deceive innocent people.
- **To get into hot water** (*To be caught into trouble*): Why to blame others?
  You got into hot water yourself.
- **To get on one's nerves** (*to irritate*) : The actor had decided to look composed, but media persons got on his nerves with their personal questions.
- **To get the jitters** (*to become nervous*): Even the most well-prepared of the students get the jitters on examination day.
- **To give someone a rope** (*to give someone freedom of action or initiative*): If a manager wants innovation talent to bud, he will have to give them a rope.
- **To go begging/go to dogs** (*to do in vain*): At one stroke of misfortune, your entire effort could go a begging/go to dogs.
- **To go** (at something) **hammer and tongs** (*to try at something with full energy*): Piecemeal steps will not solve the problem of population; the government must go at it hammer and tongs.
- **To go berserk** (*to become uncontrolled and violent*): Mob psychology works in a way that the entire gathering will go berserk if just a few turn violent.
- **Hush money** (*bribe*) : The secret cameras of the investigators have revealed the deep penetration of the hush money into the system.
- **Left-handed compliment** (*criticism in the form of praise*) : Indian Cricket team is a bunch of individually talented players. It is a left-handed compliment.
- **Long and short** (*summary*): The long and short of every holy book is that man should realise his worth.
- **Man of parts** (*having great qualities*): A man of parts always acts as a source of inspiration to many.

## Exercise

**1. Find the meaning of the following idiom.**
**The read between the lines**
(a) to suspect
(b) to read carefully
(c) to understand the hidden meaning of the word
(d) to do useless things

**2. Select the most appropriate meaning of the given idiom.**
**A bird of passage**
(a) A person of great importance
(b) An evil person
(c) A person who travels widely
(d) A weak person

**3. Find the meaning of the following idiom.**
**He is in the habit of fishing in troubled waters.**
(a) putting others in trouble
(b) indulging in evil conspirancies
(c) aggravating the situation
(d) taking advantage of troubled for personal profit

**Direction : In each of the following questions, some alternatives are given or suggested for the idiom/phrase in italics in the sentence. Choose the one which best expresses the meaning of the idiom/phrase in italics.**

**4. She rejected his proposal of marriage point-blank.**
(a) directly
(b) pointedly
(c) abruptly
(d) briefly

**5. We should guard against our green-eyed friends.**
(a) rich
(b) jealous
(c) handsome
(d) enthusiastic

**6. The leader was popular with the audience as he had the gift of gab.**
(a) a charismatic personality
(b) the ability to speak impressively
(c) pleasing manners
(d) an attractive appearance

**7. He is under duress to finish the work in time.**
(a) under pressure
(b) under request
(c) under orders
(d) under obligation

**8. By signing this bond I have burnt all my boats.**
(a) relieved myself of worries
(b) risked everything
(c) utilized all my resources
(d) tried my best

**9. If you rub him the wrong way, he is bound to react,**
(a) annoy him
(b) abuse him
(c) flatter him
(d) encourage him

**10. He is in the habit of chewing the cuds.**
(a) accusing others
(b) crying over split milk
(c) forgetting things
(d) to muse on

**11. There was opposition to the new policy by the rank and file of the Government.**
(a) the majority
(b) the ordinary members
(c) the cabinet members
(d) the official machinery

**12. Bappi Lahiri's orchestra brought the house down.**
(a) disappointed the audience
(b) was liked by the audience
(c) evoked tremendous applause
(d) created noise pollution

**13. Dowry is a burning question of the day.**
(a) a relevant problem
(b) a dying issue
(c) an irrelevant problem
(d) a widely debated issue

**14. There is no love lost between the two neighbours.**
(a) close friendship
(b) intense dislike
(c) a love-hate relationship
(d) cool indifference

**15. He was cut to the quick when he leamt that his best friend had betrayed him.**
(a) parted suddenly
(b) collapsed immediately
(c) was deeply hurt
(d) became angry

**16. If you pass this difficult examination, it will be a feather in your cap.**
(a) you will get a very good job
(b) you will feel proud of it
(c) your parents will be very happy
(d) you will get a scholarship for higher studies

**17. I did not mind what he was saying, he was only talking through his hat.**
(a) talking insultingly
(b) talking irresponsibly
(c) talking ignorantly
(d) talking nonsense

**18. We should give a wide berth to bad characters,**
(a) keep away from
(b) publicly condemn
(c) give publicly to
(d) not sympathise with

**19. The boy turned a deaf ear to the pleading of all his well-wishers.**
(a) listened carefully
(b) was deadly opposed
(c) posed indifference
(d) did not pay any attention

**20. Sumit had to look high and low before he could find his scooter key.**
(a) nowhere (b) always
(c) everywhere (d) somewhere

**21. He is a plain, simple and sincere man. He will always call a spade a spade.**
(a) say something to be taken seriously
(b) resist from making controversic statement
(c) find meaning or purpose in your action
(d) be out spoken in language

**22. At a party, he is always in high spirits.**
(a) talkative
(b) cheerful
(c) drunk
(d) uncontrollable

## Answers

**1.** (c) **2.** (c) **3.** (d) **4.** (a) **5.** (b) **6.** (b) **7.** (a) **8.** (b) **9.** (a) **10.** (d)
**11.** (b) **12.** (c) **13.** (d) **14.** (b) **15.** (c) **16.** (b) **17.** (d) **18.** (a) **19.** (d) **20.** (c)
**21.** (d) **22.** (b)

❑❑❑

# 7 Cloze Test

**Directions: In the following passages, some of the words have been left out. First read the passage over and try to understand what it is about. Then fill in the blanks with the help of the alternatives given.**

## PASSAGE-1

"Quit India" came not from the lips but the aching hearts of millions. In this open rebellion, the Indian **(1)** reached its climax. The British were not only **(2)** by it, but also were obliged to quit unilaterally. The importance of Quit India can be **(3)** from Lord Linlithgow's statement, "I am engaged here in meeting by far the most **(4)** rebellion since that of 1857, the gravity and extent of which we have so far **(5)** from the world for reasons of military security." Still more significant was Churchill's gloomy disclosure to the King Emperor that, "the idea of **(6)** of power had become an admitted **(7)** in the minds of British party leaders." Although his public statements were diametrically opposite. The **(8)** created by Quit India made the British **(9)** that they could no longer keep India in **(10)**.

1. (a) freedom (b) patriotism (c) liberation (d) revolution
2. (a) threatened (b) inspired (c) attacked (d) impressed
3. (a) diffused (b) gauged (c) established (d) determined
4. (a) trivial (b) magnificent (c) serious (d) auspicious
5. (a) excluded (b) elicited (c) prevented (d) concealed
6. (a) transfer (b) seizure (c) grabbing (d) retainment
7. (a) tactics (b) fantasy (c) inevitability (d) occurrence
8. (a) violence (b) taboos (c) vengeance (d) anarchy
9. (a) imagine (b) pretend (c) realise (d) anxious
10. (a) power (b) bondage (c) exile (d) suspense

## PASSAGE-2

If you prefer mountains **(11)** deserts, try Darjeeling, West Bengal's hill resort that **(12)** at the foothills of the mighty Himalayas. **(13)**, while in Bengal, if your spirit of adventure gets the better of you, **(14)** the ferry to the Sunderbans, the world's largest delta. But if these places do not attract you, there's Bhutan, the quiet Himalayan Kingdom, **(15)** West Bengal.

11. (a) against (b) from (c) with (d) to
12. (a) nestles (b) cuddles (c) sleeps (d) rests
13. (a) so (b) and (c) but (d) since
14. (a) ask (b) take (c) pick (d) pay
15. (a) adjoining (b) surrounding (c) skirting (d) bordering

## PASSAGE-3

It seems there was no Marina beach during the 1700's. The **(16)** developed only after the construction **(17)** the Madras harbour in the **(18)** century. It should be remembered **(19)** any kind of developmental activity **(20)** the coast will have an impact on the adjoining regions.

16. (a) beach (b) coast (c) shore (d) sea
17. (a) with (b) in (c) of (d) on
18. (a) tenth (b) nineteenth (c) fifteenth (d) sixth
19. (a) that (b) this (c) these (d) they
20. (a) within (b) therein (c) along (d) long

## PASSAGE-4

Delhi **(21)** the capital of India. People from all parts of the country and the world **(22)** to Delhi. There **(23)** many historical buildings. People **(24)** the Rajghat, Shantivan and Vijayghat. We visited Delhi last year **(25)** our cousins. There **(26)** many other historical cities, Agra **(27)** one of them. We **(28)** visit Agra and Jaipur next time. The Red Fort of Delhi and the Hawa Mahal of Jaipur were **(29)** famous for their Mughal **(30)** Rajasthani architecture respectively.

21. (a) was (b) are (c) is (d) were
22. (a) came (b) comes (c) come (d) coming
23. (a) has (b) were (c) is (d) are
24. (a) visit (b) visited (c) visiting (d) visits

25. (a) for (b) on
(c) of (d) with
26. (a) is (b) are
(c) were (d) was
27. (a) are (b) was
(c) is (d) were
28. (a) will (b) would
(c) could (d) can
29. (a) much (b) very
(c) too (d) more
30. (a) either (b) because
(c) or (d) and

**PASSAGE-5**

One should always keep in mind that psychology is essentially a laboratory science, and **(31)** a text-book subject. The laboratory material is to be **(32)** in ourselves. While the text should be thoroughly mastered, its statements should always be verified **(33)** reference to one's own experience, and observation of others. Prospective teachers should constantly correlate the lessons of the book **(34)** the observation of children at work in the school. The problems suggested for **(35)** and introspection will, if mastered, do much to render practical help to find the truths of psychology.

31. (a) nor (b) neither
(c) not (d) none
32. (a) find (b) finding
(c) sound (d) finds
33. (a) to (b) at
(c) by (d) for
34. (a) with (b) until
(c) from (d) upon
35. (a) observe (b) observes
(c) observed (d) observation

**PASSAGE-6**

Saina Nehwal's bronze medal win **(36)** Saturday, at the London Olympics, may be seen as a lucky **(37)** after her Chinese opponent **(38)** hurt. But **(39)** Saina's father, Dr. Harvir Singh, "it's god's gift". "She was **(40)** on Friday after losing the semi-final. It was god's **(41)** that she won a medal. This is very satisfying for everyone. I was very **(42)** about Saina winning a bronze." Prime Minister Manmohan Singh **(43)** the Indian shuttler (or winning the medal. "The country is proud of your **(44)**". Singh said in his congratulatory message. Andhra Pradesh governor ESL Narasimhan and Chief Minister N. Kiran Kumar Reddy too congratulated Saina. "After Gagan Narang, Saina is the second sportsperson from AP to win a **(45)** at the Olympics," the chief minister said.

36. (a) on (b) in
(c) at (d) onto
37. (a) succeed (b) win of
(c) winning (d) victory
38. (a) retired (b) crashed
(c) injure (d) fated
39. (a) according to (b) from
(c) instead of (d) on the way
40. (a) joyous (b) appointed
(c) disappointed (d) cheerful
41. (a) prayer (b) nature
(c) notion (d) wish
42. (a) pessimistic (b) optimistic
(c) nostalgic (d) emotional
43. (a) prayed (b) congratulated
(c) wishes (d) dictated
44. (a) getting of (b) order
(c) achievement (d) position
45. (a) post (b) match
(c) entry (d) medal

**PASSAGE-7**

The new claim that **(46)** out of misplaced confidence that all that is in education can be **(47)** is that the 'per unit cost of outcome' is lower in private schools. Meaning that even **(48)** the learning outcomes of private schools are not better **(49)** the public schools, the cost **(50)** running private schools is much lower.

46. (a) emerging (b) emerge
(c) was emerged (d) emerged
47. (a) quantified (b) counted
(c) totalled (d) scored
48. (a) if (b) when
(c) whereas (d) as
49. (a) then (b) than
(c) to (d) as
50. (a) for (b) about
(c) of (d) with

**PASSAGE-8**

History rarely produces moments **(51)** epiphany, where politics appears as a creative act of redemption and the future becomes a collective act of healing. **(52)** society carries its wounds like a burden, a **(53)** reminder that justice works fragmentarily. Suddenly out of the crassness, the **(54)** of everyday politics, **(55)** a moment to treasure.

51. (a) for (b) of
(c) with (d) about
52. (a) Each (b) One
(c) All (d) A
53. (a) infinite (b) pleasant
(c) long (d) perpetual
54. (a) crudity (b) delicacy
(c) beauty (d) wonder
55. (a) came (b) went
(c) comes (d) goes

**PASSAGE-9**

Corruption is a **(56)** which has been spread in the mind of wrong people of the society, community and **(57)**. It is the mistreatment of public resources just for getting some **(58)** advantage to fulfil little wish. It is concerned with the unnecessary and wrong use of both power and **(59)** by anyone whether the government or non government organisation. It affects the growth and development of the nation in all aspects like socially, **(60)** and politically.

**56.** (a) havoc (b) poison
(c) pollutant (d) grassroot

**57.** (a) country (b) world
(c) universe (d) company

**58.** (a) fruitful (b) wishful
(c) favourite (d) unfair

**59.** (a) position (b) growth
(c) status (d) symbol

**60.** (a) emotionally (b) scientifically
(c) manually (d) economically

**PASSAGE-10**

Mother Teresa was a **(61)** woman and famous as "one woman, one mission" who had taken a big step to change the **(62)**. She was born as Agnes Gnocchi Bojaxhin on 26th of August in 1910 in the Macedonia. She came **(63)** Kolkata when she was just 18 years old and continued **(64)** life's mission of caring the poorest people. She had helped a lot of poor people of Kolkata **(65)** from leprosy.

**61.** (a) big (b) beautiful
(c) fair (d) great

**62.** (a) universe (b) globe
(c) world (d) religion

**63.** (a) to (b) in
(c) at (d) on

**64.** (a) here's (b) her
(c) their (d) our

**65.** (a) enjoying (b) suffering
(c) caring (d) containing

**PASSAGE-11**

Crude mineral oil comes out of the Earth as a thick brown or black liquid with strong **(66)**. It is a **(67)** mixture of many different substances, each with its own **(68)** qualities. Most of them are combinations of hydrogen and carbon in varying **(69)**. Such hydrocarbons are also found in other **(70)** such as bitumen, asphalt and natural gas.

**66.** (a) aura (b) body
(c) smell (d) bend

**67.** (a) simple (b) complex
(c) varying (d) usual

**68.** (a) individual (b) relational
(c) rational (d) inseparable

**69.** (a) qualities (b) combinations
(c) proportions (d) inhibits

**70.** (a) relations (b) forms
(c) things (d) varieties

**PASSAGE-12**

India is largely an **(71)** based country. Farmers are the backbone of the **(72)** economy. They work very hard in agricultural fields where they grow **(73)** and vegetables. They conserve **(74)** in ponds and canals to irrigate crops. The life of farmers is close to nature, away from the hustle and bustle of cities. There is **(75)** and tranquility everywhere, except for conflicts over land and caste prejudices and the prevailing taboos and superstitions.

**71.** (a) agriculture (b) industry
(c) cultural (d) pisciculture

**72.** (a) urban (b) rural
(c) political (d) city

**73.** (a) machines (b) brain
(c) grains (d) trees

**74.** (a) gold (b) diamond
(c) electricity (d) water

**75.** (a) peace (b) war
(c) turbulence (d) irritation

**PASSAGE-13**

Let us examine the facts in the case more **(76)**. First of all, language is no more **(77)** a medium it is like air to the creatures of the land or water to fishes. If it is perfectly clear and pure, we do not notice it any more than we notice pure air when the sun is shining **(78)** a clear sky, or the taste of pure cool water when we drink a glass **(79)** a hot day. Unless the sun is shining, there is no brightness; unless the water is cool, there is **(80)** refreshment.

**76.** (a) closely (b) close
(c) closed (d) closeness

**77.** (a) then (b) so
(c) such (d) than

**78.** (a) inside (b) in
(c) into (d) inner

**79.** (a) on (b) onto
(c) of (d) for

**80.** (a) not (b) no
(c) none (d) never

**PASSAGE-14**

Division of labour is the law in the organic world as in the industrial world. Animals **(81)** the lowest type, such as the amoeba, do not have separate organs for respiration, digestion, assimilation, elimination, etc. But in the **(82)** forins each organ not only has its own specific work, but even within the same organ each part has its own particular function assigned. **(83)** we have seen that the **(84)** parts of the neurone probably perform different functions, the cells generating energy and the fibers **(85)** it.

**81.** (a) form (b) for
(c) of (d) at

**82.** (a) high (b) higher
(c) highest (d) height

**83.** (a) Thus (b) If
(c) Than (d) Why

**84.** (a) twice (b) pair
(c) together (d) two

**85.** (a) transmit (b) transmits
(c) transmitted (d) transmitting

## PASSAGE-15

The Bhopal gas tragedy has been described as the world's **(86)** _____ industrial disaster. Forty two tonnes of methyl isocyanate **(87)** ___ from the steel containers **(88)** _____ the Union Carbide factory and released a cloud of **(89)** _____ gas. It left a legacy of instant and **(90)** _____ death.

**86.** (a) bad (b) worst (c) worse (d) best
**87.** (a) flowed (b) released (c) emitted (d) leaked
**88.** (a) across (b) at (c) beside (d) along
**89.** (a) merciless (b) deathly (c) incurable (d) abominable
**90.** (a) averted (b) detained (c) momentary (d) deferred

## PASSAGE-16

The other day there was a heavy downpour in our town. The roads looked **(91)** small rivulets. There was a house **(92)** our locality which was in a **(93)** condition. All of a sudden it collapsed. **(94)** news spread in the whole **(95)** like wild fire.

**91.** (a) same (b) so as (c) as (d) like
**92.** (a) in (b) to (c) at (d) on
**93.** (a) destroyed (b) dilapidated (c) dejected (d) declined
**94.** (a) A (b) Few (c) One (d) The
**95.** (a) house (b) village (c) valley (d) town

## PASSAGE-17

"Tenizing and Hillary haye done it! Mount Everest has been conquered!" This news evoked **(96)** _____ reactions. Somehow, there was a sense of disappointment **(97)** _____ the fact that the great mountain had been **(98)** _____. It would have been nice to **(99)** _____ the Everest as an **(100)** _____ part of the Earth.

**96.** (a) intruding (b) intimate (c) interesting (d) inspired
**97.** (a) on (b) of (c) at (d) for
**98.** (a) invaded (b) challenged (c) occupied (d) conquered
**99.** (a) be leaving (b) left (c) had left (d) have left
**100.** (a) unavailed (b) unusual (c) unassailable (d) unruly

## PASSAGE-18

If winter seems to be the season for migratory birds to flock to warmer climates, summer time is ideal for wetland birds. **(101)** _______ fifty kilometers from Warangal in Telangana, Pakhal lake **(102)** _____ to be playing host to **(103)** _____ wide variety of flora and fauna **(104)** _____ season. Wetland birds from North and Central India come **(105)** _____ the south in search of larger water bodies.

**101.** (a) Totally (b) But (c) Nearly (d) Not
**102.** (a) will seems (b) seems (c) was seemed (d) seem
**103.** (a) one (b) a (c) the (d) an
**104.** (a) their (b) these (c) this (d) that
**105.** (a) below (b) towards (c) away (d) about

## PASSAGE-19

The quick thinking of an animal lover saved **(106)** life of a turtle who had **(107)** a fishing hook and a safety pin. The female turtle was **(108)** on the streets of Mumbai by the animal lover, **(109)** took it to a vet. An X-ray **(110)** the presence of sharp objects in its stomach.

The turtle was operated upon successfully.

**106.** (a) one (b) the (c) an (d) a
**107.** (a) absorbed (b) feasted (c) drowned (d) swallowed
**108.** (a) finds (b) find (c) finding (d) found
**109.** (a) who (b) whose (c) whom (d) which
**110.** (a) revealed (b) covered (c) protected (d) concealed

## PASSAGE-20

Central Park Tower has just become the tallest residential building in the world, The views **(111)** this building are amazing. The **(112)** of apartments in this skyscraper are **(113)** as the sky. The cheapest apartment **(114)** at $6.7 million, and the most **(115)**five-bedroom apartment costs $63 million.

**111.** (a) above (b) up (c) from (d) on
**112.** (a) prices (b) bills (c) amounts (d) values
**113.** (a) as high (b) high (c) higher (d) highest
**114.** (a) start (b) started (c) starts (d) is starting
**115.** (a) extreme (b) economical (c) expensive (d) excessive

## PASSAGE-21

Discipline is doing any work with rules and regulations. It is **(116)** misunderstood as a restriction to freedom but it makes our lise organized. Discipline is a **(117)** for students and people in different professions. A disciplined person always **(118)** in each and every field of lise. Disciplined people **(119)** a disciplined society and a powerful nation. Discipline should not be **(120)** upon the people, rather it should come from within.

116. (a) happily (b) usually
(c) slowly (d) proudly

117. (a) disadvantage (b) virtue
(c) dream (d) curse

118. (a) succeed (b) succeeds
(c) successful (d) success

119. (a) makes (b) make
(c) had made (d) made

120. (a) curbed (b) adorned
(c) imposed (d) reposed

## PASSAGE-22

There are certainly some things in common between science and religion both want the ...**(121)**... of mankind. Only their ways and ...**(122)**... are different. Then, both of them ...**(123)**... to have truth as their basic. Religion. ...**(124)**... that the truth it ...**(125)**... should be believed in with a blind ...**(126)**... Science says that it should be studied, ...**(127)**... tested and only then relied upon. if during ...**(128)**... some new truth or new aspect of the truth ...**(129)**... science is ready to accept ...**(130)**... But religion is not ready for research, experiment and change in whatever has already been accepted or revealed.

121. (a) goodwill (b) goodness
(c) welfare (d) best

122. (a) manner (b) demonstration
(c) style (d) methods

123. (a) say (b) claim
(c) assure (d) promise

124. (a) wants (b) promotes
(c) shows (d) forces

125. (a) proclaims (b) announces
(c) creates (d) ensures

126. (a) belief (b) mind
(c) faith (d) trust

127. (a) touched (b) felt
(c) seen (d) probed

128. (a) hypothesis (b) research
(c) meditation (d) concentration

129. (a) emerges (b) comes
(c) presents (d) revealed

130. (a) these (b) this
(c) it (d) them

## PASSAGE-23

Experts are beginning to suspect that one of the major ...**(131)**... of crime in modern cities is the actual design of the city. Oscar Newman, a professor of architecture, in his book titled 'Defensible Space' has ...**(132)**... the result of his research on this question.

The effect of environment ...**(133)**... crime is two fold. Professor Newman's research shows that some building may encourage people not only to interfere, but to allow crimes to ...**(134)**... crowded apartments in a huge block bring people physically together, but isolate them ...**(135)**... People living in what is. ...**(136)**... one building with a common entry fell isolated within their own apartments.

131. (a) expositions (b) causes
(c) theories (d) results

132. (a) published (b) printed
(c) predicted (d) pasted

133. (a) on (b) in
(c) over (d) about

134. (a) witness (b) show
(c) appear (d) happen

135. (a) spiritually (b) deliberately
(c) intellectually (d) mentally

136. (a) essentially (b) deliberately
(c) accidentally (d) ideologically

## PASSAGE-24

...**(137)**... the common ...**(138)**... the ostrich does not bury its head in the sand to ...**(139)**... danger. A ostrich can run... **(140)**.. a speed of forty-five miles ...**(141)**... hour kick powerfully and ...**(142)**... aggressively ...**(143)**... its beak. As the ...**(144)**... and fastest bird in the world, it ...**(145)**... need to ...**(146)**... its head.

137. (a) In keeping with (b) As per
(c) According to (d) Contrary to

138. (a) fact (b) view
(c) expectation (d) belief

139. (a) resist (b) avoid
(c) face (d) encounter

140. (a) with (b) for
(c) at (d) to

141. (a) one (b) per
(c) a (d) every

142. (a) peck (b) play
(c) push (d) poke

143. (a) on (b) through
(c) with (d) by

144. (a) larger (b) largest
(c) more large (d) large

145. (a) doesn't (b) did
(c) does (d) didn't

146. (a) put (b) cover
(c) shield (d) bury

## PASSAGE-25

In most enterprise around the world, it is the information technology infrastructure that is undergoing the most rapid upgradation. Perhaps this a direct result of the rate of ...**(147)**... in the information technology industry ...**(148)**... with new ...**(149)**... and business ...**(150)**... invading our consciousness everyday. In this context, it is ...**(151)**... of this new technology that looms ...**(152)**.. as an issue ...**(153)**... chief information officers of end-user organisations.

147. (a) rejection (b) growth
(c) obsolescence (d) magnificence

148. (a) where (b) hence
(c) what (d) since
149. (a) armies (b) agencies
(c) enemies (d) technologies
150. (a) relations (b) prospects
(c) applications (d) agreements
151. (a) absorption (b) development
(c) delineation (d) filtration
152. (a) large (b) wide
(c) across (d) close
153. (a) eluding (b) facing
(c) confounding (d) comprising

## Answers

| | | | | | | | | | |
|---|---|---|---|---|---|---|---|---|---|
| **1.** (d) | **2.** (a) | **3.** (b) | **4.** (b) | **5.** (d) | **6.** (a) | **7.** (c) | **8.** (d) | **9.** (c) | **10.** (b) |
| **11.** (d) | **12.** (a) | **13.** (a) | **14.** (b) | **15.** (d) | **16.** (a) | **17.** (c) | **18.** (b) | **19.** (a) | **20.** (c) |
| **21.** (c) | **22.** (c) | **23.** (d) | **24.** (a) | **25.** (d) | **26.** (b) | **27.** (c) | **28.** (a) | **29.** (b) | **30.** (d) |
| **31.** (c) | **32.** (c) | **33.** (c) | **34.** (a) | **35.** (d) | **36.** (a) | **37.** (d) | **38.** (a) | **39.** (a) | **40.** (c) |
| **41.** (d) | **42.** (b) | **43.** (b) | **44.** (c) | **45.** (d) | **46.** (d) | **47.** (a) | **48.** (a) | **49.** (b) | **50.** (c) |
| **51.** (b) | **52.** (a) | **53.** (d) | **54.** (a) | **55.** (c) | **56.** (b) | **57.** (a) | **58.** (d) | **59.** (a) | **60.** (d) |
| **61.** (d) | **62.** (c) | **63.** (a) | **64.** (b) | **65.** (b) | **66.** (c) | **67.** (b) | **68.** (a) | **69.** (c) | **70.** (b) |
| **71.** (a) | **72.** (b) | **73.** (c) | **74.** (d) | **75.** (a) | **76.** (a) | **77.** (d) | **78.** (b) | **79.** (a) | **80.** (b) |
| **81.** (c) | **82.** (b) | **83.** (a) | **84.** (d) | **85.** (d) | **86.** (b) | **87.** (d) | **88.** (b) | **89.** (b) | **90.** (d) |
| **91.** (d) | **92.** (a) | **93.** (b) | **94.** (d) | **95.** (d) | **96.** (c) | **97.** (c) | **98.** (d) | **99.** (d) | **100.** (c) |
| **101.** (c) | **102.** (b) | **103.** (b) | **104.** (c) | **105.** (b) | **106.** (b) | **107.** (d) | **108.** (d) | **109.** (a) | **110.** (a) |
| **111.** (c) | **112.** (a) | **113.** (a) | **114.** (c) | **115.** (c) | **116.** (b) | **117.** (b) | **118.** (b) | **119.** (b) | **120.** (c) |
| **121.** (c) | **122.** (d) | **123.** (b) | **124.** (a) | **125.** (a) | **126.** (c) | **127.** (d) | **128.** (b) | **129.** (b) | **130.** (c) |
| **131.** (b) | **132.** (a) | **133.** (a) | **134.** (d) | **135.** (d) | **136.** (c) | **137.** (d) | **138.** (d) | **139.** (b) | **140.** (c) |
| **141.** (b) | **142.** (a) | **143.** (c) | **144.** (b) | **145.** (a) | **146.** (d) | **147.** (b) | **148.** (b) | **149.** (d) | **150.** (b) |
| **151.** (b) | **152.** (a) | **153.** (c) | | | | | | | |

❑❑❑

# 8 Sequence of Sentence

In this type of questions, six sentences are given and labelled $S_1$, P, Q, R, S and $S_6$. $S_1$ and $S_6$ are the first and the last sentences of a paragraph respectively. The middle four sentences viz. P, Q, R and S are given in a jumbled order. The candidate is required to arrange these four sentences in a meaningful sequence and then choose the correct order from among the alternatives provided.

**Example:** Considering the positions of $S_1$ and $S_6$ as fixed, rearrange the four sentences P, Q, R and S and choose one of the four alternatives which would be the most logical sequence of the sentences in the passage.

**$S_1$ : Speech was the first means of conveying information.**

**$S_6$: Therefore, computer is hailed as the fourth information revolution.**

**P : Thirdly printing' helped in Solution : Clearly, the author speaks of . dissemination of knowledge in a 'passive media' of conveying information on permanent form.**

**Q : Then writing as a means introduced hand. In $S_1$, speech is talked of as the first a capacity for storing information.**

**R : Computer is the only medium that can not only store but analyse information to make decision.**

**S : However, all these are passive media.**

**The proper sequence should be**

(a) PQSR (b) QPRS
(c) QPSR (d) QRPS

**Solution:** Clearly, the author speaks of 'passive media' of conveying information on the one hand and 'computer' on the other hand. In $S_1$, speech is talked of as the first means. Then comes sentence Q which talks of writing as the next means.

P follows Q because it discusses about information to make decision printing as the third means.

The next sentence is S because the author conveys that all these three are passive media. Since $S_6$ (The last sentence) is concerned with computers, so the fifth sentence in the paragraph should be R. Hence, the correct sequence is QPSR. So, the answer is (c).

**Directions: In each of the following questions, there are six sentences marked $S_1$, $S_6$, P, Q, R, S. The positions of $S_1$ and $S_6$ are fixed. You are required to choose one of the four alternatives which would be the most logical sequence of the sentences in the passage.**

**1. $S_1$: The Hound of Baskervilles was feared by the people of the area.**

**$S_6$: The Hound of Baskervilles remains an unsolved mystery.**

**P : Some people spoke of seeing a huge, shadowy form of a hound at midnight on the moor.**

**Q : But they spoke of it in tones of horror.**

**R : Nobody had actually seen the hound.**

**S : This shadowy form did not reveal any details about the animal.**

(a) PQRS (b) PSRQ
(c) SPQR (d) SPRQ

**2. $S_1$: Rammohan Roy was associated with several newspapers.**

**$S_6$: Rammohan Roy even addressed a petition to the King - in - Council in England.**

**P : Many educationists protested vigorously against these measures.**

**Q : But this came to grief soon after the enactment in 1823, of new measures for the control of the press.**

**R : He brought out a bilingual, Bengali- English magazine.**

**S : Later, desiring an all - India circulation, he published a weekly in Persian, which was recognised then as the language of the cultured classes all over India.**

(a) QPRS (b) RQPS
(c) RSPQ (d) RSQP

**3. $S_1$: Different countries show. different patterns of growth.**

**$S_6$: Compared to this in Europe the growth rate is low.**

**P : Many others have a high birth rate, with a low death rate.**

**Q : Some have a high birth rate and still have a high death rate.**

**R : The developing countries show the most rapid growth rate.**

**S : Some others like the European nations, have a low birth rate and a low death rate.**

(a) PQSR (b) QSPR
(c) RSQP (d) SPQR

**4. $S_1$: There are examinations at school which a pupil can pass by cramming the texts.**

**$S_6$: Thus, reading, reflection and experience are the three stages in gaining spiritual knowledge.**

**P : But for spiritual knowledge. mere memory of holy texts will be of no use in passing the texts.**

Q : One can score in them by the power of memory.

R : A competent guru alone can provide the necessary guidance to an earnest disciple.

S : What the text says has to be reflected upon and experienced by the speaker.

(a) QPSR (b) RSPQ
(c) RSQP (d) SRPQ

5. $S_1$ : The domestic cat is a contradiction in itself.

$S_6$ : Hence it has won such a reputation for obedience and loyalty.

P : But the adult pet dog also sees its human family as the dominant members of the pack.

Q : Nursed in kittenhood it develops extraordinary intimacy with man kind.

R : The dog, like the pet cat, sees its owners as pseudo-parents.

S : At the same time however, the cat continues to retain its independence.

(a) QSPR (b) QSRP
(c) SQPR (d) SQRP

6. $S_1$ : He could not rise.

$S_6$ : It was colder than usual.

P : All at once, in the distance, he heard an elephant trumpet.

Q : He tried again with all his might, but to no use.

R : The next moment he was on his feet.

S : He stepped into the river.

(a) PQSR (b) PRQS
(c) QPRS (d) QPSR

7. $S_1$ : An elderly lady suddenly became blind.

$S_6$ : The lady said that she had not been properly cured because she could not see all her furniture.

P : The doctor called daily and every time he took away some of her furniture he liked.

Q : At last, she was cured and the doctor demanded his fee.

R : She agreed to pay a large fee to the doctor who would cure her.

S : On being refused, the doctor wanted to know the reason.

(a) PQRS (b) RPQS
(c) RQPS (d) RSPQ

8. $S_1$ : Yawning or its absence has been related to various clinical conditions.

$S_6$ : It is in reality a releasing stimulus.

P : Interestingly, some clinicians claim that those with acute physical illness don't yawn until they are on the road to recovery.

Q : It can be a symptom of brain lesions, haemorrhage, motion sickness and encephalitis.

R : But what is currently known about yawning is essentially anecdotal, mostly because the yawn has not got the respect it deserves.

S : On the other hand, it has been reported that psychotics rarely yawn, except those suffering from brain damage.

(a) PSRQ (b) PSQR
(c) QSPR (d) QSRP

9. $S_1$ : Man has existed for about a million years.

$S_6$ : What its future effects will be is a matter of conjecture, but possibly a study of its effects hitherto may make the conjecture a little less hazardous.

P : Science, as a dominant factor in determining the beliefs of educated men, has existed for about 300 years; as a source of economic technique, for about 150 years.

Q : When we consider how recently it has risen i to power, we find ourselves forced to believe that we are at the very beginning of its work in transforming human life.

R : In this brief period it has proved itself an incredibly powerful revolutionary force.

S : He has possessed writing for about 6,000 years, agriculture somewhat longer, but perhaps not much longer.

(a) PQSR (b) PRSQ
(c) RQPS (d) SPRQ

10. $S_1$ : The path of Venus lies inside the path of the Earth.

$S_6$ : When at its brightest, it is easily seen with the naked eye in broad daylight.

P : When at its farthest from the Earth, Venus is 160 million miles away.

Q : With such a wide range between its greatest and least distances it is natural that at sometimes Venus appears. much brighter than others.

R : No other body ever comes so near the Earth, with the exception of the Moon and an occasional comet or asteroid.

S : When Venus is at its nearest to the Earth, it is only 26 million miles away.

(a) PSQR (b) QPRS
(c) SQRP (d) SRPQ

**Directions: In each of the following questions, there are six sentences marked $S_1$, $S_6$, P, Q, R, S. The positions of $S_1$ and $S_6$ are fixed. You are required to choose one of the four alternatives which would be the most logical sequence of the sentences in the passage.**

11. $S_1$ : Once upon a time an ant lived on the bank of a river.

$S_6$ : She was touched.

P : The dove saw the ant struggling in water in a helpless condition.

Q : All its efforts to come up failed.

R : One day it suddenly slipped into the water.

S : A dove lived in a tree on the bank not far from the spot.

(a) PQRS (b) QRPS
(c) RQSP (d) SRPQ

12. $S_1$ : The time has come for us to consider seriously the question of a Bharat brand of English.

$S_6$ : Bharat English will respect the rule of law and maintain the dignity of grammar, but still have a swadeshi stamp about it.

P : I am not suggesting here a mongrelisation of the language.

Q : English must adopt the complexion of our life and assimilate its idiom.

R : Now the time is ripe for it to come to the dusty street, market place and under the banyan tree.

S : So far English has had a comparatively confined existence in our country, chiefly in the halls of learning, justice or administration.

(a) QPSR (b) RQSP
(c) SRPQ (d) SRQP

13. $S_1$ : Some old people are oppressed by the fear of death.

$S_6$ : Gradually the river grows wider, the banks recede, the waters flow more quietly, and in the end, without any visible break, they become merged in the sea and painlessly lose their individual being.

P : An individual human existence should be like a river-small at first, narrowly contained within its banks, and rushing passionately past boulders and over waterfalls.

Q : In the young there is a justification for this feeling.

R : Young men who have reason to fear that they will be killed in battle may justifiably feel bitter in the thought that they have been cheated of the best thing that life has to offer.

S : But in the old man who has known human joys and sorrows, the fear of death is somewhat object and ignoble, and the best way to overcome it is to make your interests gradually wider and more impersonal.

(a) PQSR (b) QPSR
(c) QRSP (d) RSQP

14. $S_1$ : It was early 1943 and the war in the East was going disastrously.

$S_6$ : Boarding Party, James Leasor's - latest best - seller is a record of this tale of heroics tinged with irony and humour.

P : How this unlikely bunch of middle aged civilians accomplished their missions makes fascinating reading.

Q : To stop the sinkings a spy ring had to be broken, a German ship assaulted, and a secret radio transmitter silenced.

R : U-boats were torpedoing Allied ships in the Indian ocean faster chan they could be replaced.

S : And the only people who could do the job were a handful of British businessmen in Calcutta-all men not called out for active service.

(a) PRSQ (b) QSRP
(c) RQSP (d) SQPR

15. $S_1$ : The distinction between state or sovereign and government is developed by Rousseau with utmost exactness and accuracy.

$S_6$ : Collectively, they may be called 'prence' or 'magistracy'.

P : While 'state denotes the community as a whole, created by social pact and manifesting itself in supreme general will, 'government denotes merely the individual or group of individuals that is designated by the community to carry into effect the sovereign will.

Q : Government, to Rousseau, means executive power.

R : The individuals, to whom this power is assigned are the officers or the agents of the sovereign.

S : The government is created not by any contract but by a decree of the sovereign, and its function is in no sense to make but only to administer law.

(a) PSQR (b) QSPR
(c) RPSQ (d) SQRP

16. $S_1$ : Primitive man was helpless and weak.

$S_6$ : Today the knowledge gained from science has armed him with superhuman strength.

P : He conceived of some divinity behing this.

Q : As ages passed, he began to think and to investigate nature's mysteries.

R : He bowed down before natural phenomena.

S : The flash of lightning, the clap of thunder struck him with awe.

(a) PSQR (b) RPSQ
(c) RSPQ (d) RSQP

17. $S_1$ : We and all other animals breathe in and breathe out air all the time.

$S_6$ : It is a part of the earth.

P : If we stop breathing, we die.

Q : It is because of this fact that we are able to live.

R : It is called the atmosphere.

S : All parts of the earth are surrounded by air.

(a) PQRS (b) PRQS
(c) QPSR (d) SRQP

18. $S_1$ : Trucks, trains, planes and refrigerator ships are new ways of carrying food.

$S_6$ : And in a lonely bay, a fisherman still rows home with the day's catch.

P : In many countries, women carry food to market on their heads.

Q : High in the Andes Mountains long lines of Illamas, each with a heavy bag of grain, pick their way along rocky trails.

R : But a great deal of food is still carried on the heads of women and the backs of animals.

S : Over the desert sands, camels carry loads of salt, dates and cheese from one oasis to another.

(a) PQRS (b) RPQS
(c) RPSQ (d) RSQP

**19. $S_1$: This is the story of a tram that woke up at dead of night and went off on a trip all by itself to end in a disaster.**

**$S_6$: As a result, when the power supply was restored in the early morning the tram began to move.**

**P : In the early morning of 19 January it suddenly started backing out of the depot on its own.**

**Q : Tramways sources explained that power supply to the overhead wires at the siding had been switched off for some repair work.**

**R : It went up a quarter mile away, crashed into state bus which caught fire when it smashed into an electric feeder box and a water tap.**

**S : There was presumably, some defect in the reversal handle of the tram and its main switch had not been put off.**

(a) PQRS (b) PRQS
(c) RPSQ (d) RSPQ

**20. $S_1$: Growing up means not only getting larger, but also 'using our senses and our brains to become more aware of the things around us.**

**$S_6$: In other words, we must develop and use our ability to reason, because the destruction or the preservation of the places in which we live depends on us.**

**P : Not only does he have a memory but he is able to think and reason.**

**Q : In this, man differs from all other animals.**

**R : Before we spray our roadside plants or turn sewage into our rivers, we should pause to think what the results of our actions are likely to be.**

**S : That is to say, he is able to plan what he is going to do in the light of his experience before he does it.**

(a) QPSR (b) QRSP
(c) SPQR (d) SPRQ

**Directions: In each of the following questions, there are six sentences marked $S_1$, $S_6$, P, Q, R, S. The positions of $S_1$ and $S_6$ are fixed. You are required to choose one of the four alternatives which would be the most logical sequence of the sentences in the passage.**

**21. $S_1$: "You know my wife, Madhavi, always urged me to give up smoking".**

**$S_6$: "Poor girl!"**

**P : I really gave it up.**

**Q : And so when I went to jail I said to myself I really must give it up, if for no other reason than of being self - reliant.**

**R : When I emerged from jail, I wanted to tell her of my great triumph.**

**S : But when I met her, there she was with a packet of cigarettes.**

(a) PSRQ (b) QPRS
(c) RSPQ (d) SPQR

**22. $S_1$: In hunting and gathering societies people live in what anthropologists call "the seasonal round."**

**$S_6$: The circle is not broken into a line; the tribe does not stay in one place altering nature to suit the needs of the human settlement.**

**P : When the salmon are running, it comes to the stream; when the wild grasses must be gathered, the band moves on again.**

**Q : The tribal band is delicately adjusted to nature.**

**R : It circulates through space in the rhythm of the seasons each year.**

**S : It moves through space with the flow of time.**

(a) PRQS (b) QPRS
(c) QSPR (d) RPQS

**23. $S_1$: Reena went-shopping one morning.**

**$S_6$: She drove home with an empty shopping basket.**

**P : Disappointed she turned around and returned to the parking lot.**

**Q : She got out and walked to the nearest shop.**

**R : She drove her car into the parking lot and stopped.**

**S : It was there that she realised that she'd forgotten her purse at home.**

(a) PQRS (b) QPRS
(c) RQSP (d) RSQP

**24. $S_1$: Those are fortunate people who have good, true and faithful friends.**

**$S_6$: It must be borne in mind that prosperity breeds and multiplies friends and adversity tests them.**

**P : It is a sacred attachment or a bond of intimacy between two persons of a congenial mind.**

**Q : True friendship increases. Our happiness in prosperity and diminishes our misery in adversity.**

**R : Friendship often springs from similarity of taste, feelings and sentiments**

**S : However, true friendship should be based on truth and such vices as selfishness, greed and falsehood should be kept out of it.**

(a) PQRS (b) QRPS
(c) RPQS (d) SPRQ

**25. $S_1$: In the eighteenth century people expected most of their children to die before they were grown up.**

**$S_6$: There is no obvious limit to the improvement of health that can be brought about by medicine.**

**P : Improvement began at the beginning of the nineteenth century, chiefly owing to vaccination.**

**Q : The general death rate in 1948 (10.8) was the lowest ever recorded upto that date.**

**R : In 1920 the infant mortality in England and Wales was 80 per thousand, in 1948 it was 34 per, thousand.**

**S : It has continued ever since and is still continuing**

(a) PSRQ (b) QRPS
(c) RQPS (d) SPQR

26. $S_1$: The exact cause of migraine is still not known.
$S_6$: On the other hand physical overexertion, fatigue, irregularities in dietary habits, prolonged eye strain are common precipitating factors.
P : Several factors like digestive disorders and psychological disturbances, have been said to be causative factors.
Q : Certain foods like cheese, chocolate or red wine have also been found to trigger off an attack.
R : The causative factors are numerous: psychologically, anxiety and frustration play an important part.
S : It seems to be hereditary and a majority of sufferers are women.
(a) QPRS (b) RQPS
(c) SPQR (d) SQPR

27. $S_1$: The real cause for the rise and fall of the sea level was not known to men for a long time.
$S_6$: So they concluded that the Moon and the tide are connected in some way.
P : They found out that the Moon is a satellite and it travels a regular path around the Earth
Q : As time passed and knowledge increased, men began more about the heaven and the stars and the planets.
R : The noticed that the Moon rose each day about an hour later than it rose the day defore and the peak of the high tide also comes about an hour later each day.
S : Some imagined that the Earth itself was alive and the rising and falling of the tide was caused by the breathing of the Earth's big body.
(a) PRQS (b) QPRS
(c) SQPR (d) SRQP

28. $S_1$: The future beckons to us.
$S_6$: There is no resting for anyone of us till we redeem our pledge in full.
P : In fact we have hard work ahead.
Q : Where do we go and what shall be our endeavour?
R : We shall also have to fight and end poverty, ignorance and disease.
S : It will be to bring freedom and opportunity to the common man.
(a) PSRQ (b) QPSR
(c) QSRP (d) SRPQ

29. $S_1$: Machines have parts made of iron.
$S_6$: When the machine is not in use, it should be covered.
P : They must be painted or chrome plated.
Q : Some parts rub against each other.
R : Iron gets rusted.
S : They must be lubricated with oil or grease.
(a) PRQS (b) QRPS
(c) QSRP (d) RPQS

30. $S_1$: At the age of four, Jagdish Chandra Bose was sent to a village 'pathshala'.
$S_6$: His mother, too, reinforced what he learnt and did at school.
P : This step proved beneficial to the boy, for he thus became familiar with his mother tongue and learnt to read and write it.
Q : This was very unusual because a man of his father's status was expected to send his son to an English school.
R : He also became acquainted with some of the rich' treasures of Indian culture.
S : At the same time he mixed with children of all castes and lost the sense of class superiority.
(a) PSRQ (b) QPSR
(c) RSQP (d) SQRP

**Directions :** In each of the following questions, there are six sentences marked $S_1$, $S_6$, P, Q, R, S. The positions of $S_1$ and $S_6$ are fixed. You are required to choose one of the four alternatives which would be the most logical sequence of the sentences in the passage.

31. $S_1$: The fifty seven storey Wool-worth Tower is in New York.
$S_6$: A new champion is the Empire State Building which rises 102 storeys into the sky.
P : Soon it became one of the famous buildings in the world.
Q : It was completed in 1912.
R : Americans took pride in this tall skyscraper.
S : However, it was not long before five other buildings topped the Woolworth Tower.
(a) PQRS (b) QPRS
(c) QRSP (d) RPQS

32. $S_1$: A certain young man was : entrusted to the care of a teacher.
$S_6$: The teacher asked him to wait.
P : This dullard will come to grief if I send him away without a single lesson, thought the teacher.
Q : He was so dull of mind that he could not, even in three months, time, learn as much as a single lesson.
R : The young man came to ask the teacher's permission to go home.
S : It's my business to provide a good education to my pupils, to get on in life.
(a) PSRQ (b) QPSR
(c) RQPS (d) SRQP

33. $S_1$: American private lives may seem shallow.
$S_6$: This would not happen in China, he said.
P : Students would walk away with books they had not paid for.
Q : A Chinese journalist commented on a curious institution: the library.
R : Their public morality, however, impressed visitors.

S : But in general they recurned them.
(a) PSQR (b) QPSR
(c) RPSQ (d) RQPS

**34.** $S_1$: Widowhood in India used to be specially miserable.
$S_6$: Today nobody looks upon remarriage of widows with disgust or disapproval.
P : There were widows even in ages ranging from five to ten.
Q : A widow was a widow always.
R : However, several communities began to rebel against the ill treatment of widows.
S : She could not marry again however tender in age she might be.
(a) PRSQ (b) QSPR
(c) RSQP (d) SPQR

**35.** $S_1$: Production of coins starts with the buying of unmixed metals and their testing by the Assay Department.
$S_6$: The blanks are heated to soften them, then rolled so that the rim is raised and are stamped with the design of the coin.
P : These ingots are reheated until the temperature is hot enough for hot rolling.
Q : During this stage, the ingots pass through a series of rollers until they form long, thin sheets which are the thickness of a coin.
R : From these thin strips, blank discs are punched.
S : Then the metals are alloyed in oil fired or electric arc furnaces, and cast into ingots 40 cm wide, 15 cm thick and 6 m long.
(a) PRSQ (b) PSQR
(c) SPQR (d) SQRP

**36.** $S_1$: Much of our adult behaviour and our attitudes are determined by our upbringing.
$S_6$: Psychologists have studied these forces in depth.
P : But the process does not stop here.
Q : In particular by the effects of that small part of society which is our family.
R : As we grow we are constantly and increasingly affected by new forces such as the social pressure of our friends and the larger world of society.
S : The family and our early life have profound effect on our later life.
(a) PRSQ (b) QSPR
(c) QPSR (d) SRPQ

**37.** $S_1$: He took two cigarettes from my case.
$S_6$: Then he continued to draw on it.
P : But when the fit of coughing was over, he replaced it between his lips.
Q : He lit one of them and placed it between the lips.
R : Then with a feeble hand die removed the cigarette.
S : Siowly he took a pull at it and coughed violently.
(a) PSQR (b) QPSR
(c) QSRP (d) SRPQ

**38.** $S_1$: Progress and success are attained in slow degrees.
$S_6$: However, we must realise the truth that perfection is attained in slow proportions to the amount of labour put in by us.
P : But slow progress makes us grow impatient, disheartened and discouraged.
Q : The general tendency is to find fault with the system.
R : It is for this reason that people condemn and criticise the government.
S : People expect miracles and nothing short of a magical transformation can convince them.
(a) PSQR (b) QPSR
(c) RSPQ (d) SQRP

**39.** $S_1$: Plastic containers are being used more and more to package soft drinks, milk, oil, fruit juices, ketchup, etc.
$S_6$: Yet as plastics do not decompose by bacteria or naturally in the air, they are a big threat to the environment. Most people think that this is the right thing to do, as it is economical.
Q : Plastic containers are cheap and light.
R : It is easier to transport materials packaged in them than in glass bottles.
S : They also involve the least transport costs.
(a) PQRS (b) PQSR
(c) QRSP (d) QSPR

**40.** $S_1$: Your letter was a big relief.
$S_6$: But don't forget to bring chocolate for Geeta.
P : How did your exams go?
Q : After your result, you must come here for a week.
R : You hadn't written for over a month.
S : I am sure you will come out with flying colours.
(a) PSRQ (b) QRPS
(c) RPSQ (d) RSPQ

Directions: In the following questions, the first and the last parts of the sentence are numbered as 1 and 6. The rest of the sentence is split into four parts and are named as P, Q, R and S. These four parts are not given in their proper order. Read the jumbled parts of the sentence and find out which of the four combinations is correct. Then find the correct answer.

**41.** 1 : India has been a land
P : but in the sense that learning has always been very highly valued
Q : not indeed in the sense that education has been universal
R : and the learned man has been held in higher esteem
S : of learning throughout the ages
6 : than the warrior or the administrator.

(a) PQSR (b) RQPS
(c) RSQP (d) SQPR

**42.** **1 : Religion has been used**
**P : both as a weapon of isolation**
**Q : to dull awareness**
**R : about real problems**
**S : and as morphia**
**6 : like education, health and employment.**
(a) PQRS (b) PSQR
(c) QPSR (d) RPQS

**43.** **1 : Inspite of an unprecedented boom in the market**
**P : and had to remain content**
**Q : the paper-dealer could not**
**R : push up his sales**
**S : with a volume of sale lower than**
**6 : what he had sold the previous year.**
(a) QRPS (b) SPRQ
(c) PRQS (d) RPSQ

**44.** **$S_1$ : For some people patriotism**
**$S_6$ : as much as to any one country.**
**P : today man belongs to the whole world**
**Q : it should be condemned because**
**R : type of patriotism is an evil and**
**S : means hatred for other countries, but this**
(a) SRQP (b) PQSR
(c) RSPQ (d) QPSR

**45.** **$S_1$ : A connection had long been suspected**
**$S_6$ : of this connection had not been understood.**
**P : since both were at their worst in the**
**Q : same regions and seasons, but the nature**
**R : between the abundance of mosquitoes**
**S : and the occurrence of malaria**
(a) QSPR (b) RSPQ
(c) PSQR (d) SPRQ

**Directions: In the following items, some parts of the sentence have been jumbled up. You are required to re-arrange these parts which are labelled as P, Q, R and S to produce the correct sentence. Choose the proper sequence.**

**46.** So, now India can lose out at first base because it's too busy chasing an ephemeral dream
P
either put aside its hopes of getting the veto power and
Q
first concentrate on ensuring that the
R
Security Council is enlarged or
S

**Which one of the following sequences is correct?**
(a) QPSR (b) SRQP
(c) QRSP (d) SPQR

**47.** But Nelson Mandela modern country in a modern way and could run a new,
P Q
shifted the beliefs of the people so they could
R
heal the racial confict
S

**Which one of the following sequences is correct?**
(a) RSQP (b) QPRS
(c) RSPQ (d) QSRP

**48.** But, Kuala Lumpur where modern Malay executives but will never miss Friday prayers
P Q
might have a cellular phone in hand,
R
is a city firmly rooted in tradition
S

**Which one of the following sequences is correct?**
(a) RQSP (b) SPRQ
(c) RPSQ (d) SQRP

**49.** If farming life is not to collapse, there is need for as a profession and as a way of
P Q
attention today to farmers' needs in the areas
R
of water, credit, technology, market and land and agrarian reforms
S

**Which one of the following sequences is correct?**
(a) QPRS (b) RSQP
(c) QSRP (d) RPQS

**50.** Having achieved success to ride the next big outsourcing wave
P
in software exports and information technology areas,
Q
-this time in manufacturing from the U.S.
R
Indian manufacturers-exporters are well equipped
S

**Which one of the following sequences is correct?**
(a) PSQR (b) QRPS
(c) PRQS (d) QSPR

**Direction: Given below are the jumbled sentences of a paragraph. The first and the last sentence of the jumbled paragraph are given in correct order. Arrange the middle sentences in the correct sequence.**

**51.** **(i) On one hand, we are proud of being Indians,**
**(ii) On the other hand, we behave as if we were still at the dawn of our civilization.**
**(iii) Murder of our own brothers and sisters is not the way to please Ran1 or Rahim,**
**(iv) the citizens of the land where Buddha and Gandhi taught**
**(v) the principles of love and non-violence**
**(vi) nor does it fetch us any prosperity**

(a) (ii), (iii), (iv), (v) (b) (iii), (iv), (v), (ii)
(c) (iv), (v), (iii), (ii) (d) (iv), (v), (ii), (iii)

**52. (i) On the basis of experiments with rats,**
**(ii) health experts here say that**
**(iii) exercise more and consume vitamins,**
**(iv) they will live up to 100 years or more.**
**(v) if humans eat less**
**(vi) and be vigorous in their eighties and nineties**
(a) (ii), (iii), (v), (iv) (b) (ii), (v), (iii), (iv)
(c) (i), (ii), (iv), (iii) (d) (v), (ii), (iii), (iv)

**53. (i) The release of atomic energy is the greatest achievement which science has yet attained.**
**(ii) but the first invention to which their discoveries were applied was a bomb.**
**(iii) The atom was split by physicists whose minds were set on the search for knowledge,**
**(iv) It was more deadly than any other weapon invented so far.**
**(v) It is with dread that scientists regard the first use to which their greatest discovery was put**
**(vi) However, they are gratified by the numerous applications of atomic energy for peaceful and constructive purposes.**
(a) (ii), (iii), (iv), (v) (b) (v), (iii), (ii), (iv)
(c) (iii), (ii), (iv), (v) (d) (iv), (v), (iii), (ii)

**54. (i) The problem of food is intimately connected with population.**
**(ii) Wages will seldom rise in proportion to the rising prices.**
**(iii) The market is governed by demand and supply.**
**(iv) Without enough food, such people lack health, strength of efficiency**
**(v) If too many people demand goods to go round, prices will rise and poor classes will starve.**
**(vi) They fall an easy prey to all sorts of diseases.**
(a) (iii), (v), (ii), (iv) (b) (ii), (iii), (iv), (v)
(c) (iv), (ii), (v), (iii) (d) (iv), (iii), (v), (ii)

**55. (i) India's message has always been one of love and peace.**
**(ii) our Buddha was the light of Asia**
**(iii) It has been a source of light and wisdom to the rest of the world.**
**(iv) Ashoka, moved by the horrors of Kalinga War, adopted the message of non-violence.**
**(v) The greatest apostle of non-violence in recent years was Mahatma Gandhi**
**(vi) He shook the foundation of the British rule in India through non-violence.**
(a) (ii), (v), (iii), (iv) (b) (iv), (ii), (iii), (v)
(c) (v), (iv), (iii), (ii) (d) (iii), (ii), (iv), (v)

## Answers

1. (a) The correct sequence is PQRS
2. (d) The correct sequence is RSQP
3. (b) The correct sequence is QSPR
4. (a) The correct sequence is QPSR
5. (b) The correct sequence is QSRP
6. (c) The correct sequence is QPRS
7. (b) The correct sequence is RPQS
8. (c) The correct sequence is QSPR
9. (d) The correct sequence is SPRQ
10. (d) The correct sequence is SRPQ
11. (c) The correct sequence is RQSP
12. (c) The correct sequence is SRPQ
13. (c) The correct sequence is QRSP
14. (c) The correct sequence is RQSP
15. (b) The correct sequence is QSPR
16. (b) The correct sequence is RPSQ
17. (c) The correct sequence is QPSR
18. (c) The correct sequence is RPSQ
19. (b) The correct sequence is PRQS
20. (a) The correct sequence is QPSR
21. (b) The correct sequence is QPRS
22. (c) The correct sequence is QSPR
23. (c) The correct sequence is RQSP
24. (c) The correct sequence is RPQS
25. (a) The correct sequence is PSRQ
26. (c) The correct sequence is SPQR
27. (c) The correct sequence is SQPR
28. (c) The correct sequence is QSRP
29. (d) The correct sequence is QSRP
30. (b) The correct sequence is QPSR
31. (b) The correct sequence is QPRS
32. (b) The correct sequence is QPSR
33. (d) The correct sequence is RQPS
34. (b) The correct sequence is QSPR
35. (c) The correct sequence is SPQR
36. (b) The correct sequence is QSPR
37. (c) The correct sequence is QSRP
38. (a) The correct sequence is PSQR
39. (b) The correct sequence is PQSR
40. (c) The correct sequence is RPSQ
41. (d) The correct sequence is SQPR
42. (b) The correct sequence is PSQR
43. (a) The correct sequence is QRPS
44. (a) The correct sequence is SRQP
45. (b) The correct sequence is RSPQ
46. (c) The correct sequence is QRSP
47. (a) The correct sequence is RSQP
48. (b) The correct sequence is SPRQ
49. (a) The correct sequence is QPRS
50. (d) The correct sequence is QSPR
51. (d) The correct sequence is (iv), (v), (ii), (iii)
52. (b) The correct sequence is (ii), (v), (iii), (iv)
53. (c) The correct sequence is (iii), (ii), (iv), (v)
54. (a) The correct sequence is (iii), (v), (ii), (iv)
55. (d) The correct sequence is (iii), (ii), (iv), (v)

❑❑❑

# Comprehension

**Read the following passages (1-7) and answer the questions that follow.**

## PASSAGE-1

The superintendence, direction and control of preparation of electoral rolls for, and the conduct of, elections to Parliament and State Legislatures and elections to the offices of the President and the Vice - President of India are vested in the Election Commission of India. It is an independent constitutional authority.

Independence of the Election Commission and its insulation from executive interference is ensured by a specific provision under Article 324 (5) of the Constitution that the Chief Election Commissioner shall not be removed from his office except in like manner and on like grounds as a Judge of the Supreme Court and conditions of his service shall not be varied to his disadvantage after his appointment.

In C.W.P. No. 4912 of 1998 (Kushra Bharat Vs. Union of India and Others), the Delhi High Court directed that information relating to Government dues owed by the candidates to the departments dealing with Government accommodation, electricity, water, telephone and transport etc. and any other dues should be furnished by the candidates and this information should be published by the election authorities under the commission.

1. **The text of the passage reflects or raises certain questions:**
   (a) The authority of the commission cannot be challenged.
   (b) This would help in stopping the criminalization of Indian politics.
   (c) This would reduce substantially the number of contesting candidates.
   (d) This would ensure fair and free elections.
2. **According to the passage, the Election Commission is an independent constitutional authority. This is under Article No.**
   (a) 324 (b) 356
   (c) 246 (d) 161
3. **Independence of the Commission means:**
   (a) have a constitutional status.
   (b) have legislative powers.
   (c) have judicial powers.
   (d) have political powers.
4. **Fair and free election means:**
   (a) transparency
   (b) to maintain law and order
   (c) regional considerations
   (d) role for pressure groups
5. **The Chief Election Commissioner can be removed from his office under Article:**
   (a) 125 (b) 352
   (c) 226 (d) 324

## Answers

**1.** (d) **2.** (a) **3.** (a) **4.** (b) **5.** (d)

## PASSAGE-2

All political systems need to mediate the relationship between private wealth and public power. Those that fail risk a dysfunctional government captured by wealthy interests. Corruption is one symptom of such failure with private willingness-to-pay trumping public goals. Private individuals and business firms pay to get routine services and to get to the head of the bureaucratic queue. They pay to limit their taxes, avoid costly regulations, obtain contracts at inflated prices and get concessions and privatised firms at low prices. If corruption is endemic, public officials – both bureaucrats and elected officials – may redesign programmes and propose public projects with few public benefits and many opportunities for private profit. Of course, corruption, in the sense of bribes, pay-offs and kickbacks, is only one type of government failure. Efforts to promote 'good governance' must be broader than anti-corruption campaigns. Governments may be honest but inefficient because no one has an incentive to work productively, and narrow elites may capture the state and exert excess influence on policy. Bribery may induce the lazy to work hard and permit those not in the inner circle of cronies to obtain benefits. However, even in such cases, corruption cannot be confined to 'functional' areas. It will be a temptation whenever private benefits are positive. It may be a reasonable response to a harsh reality but, over time, it can facilitate a spiral into an even worse situation.

1. **The governments which fail to focus on the relationship between private wealth and public power are likely to become:**
   (a) Functional
   (b) Dysfunctional
   (c) Normal functioning
   (d) Good governance
2. **One important symptom of bad governance is:**
   (a) Corruption
   (b) High taxes
   (c) Complicated rules and regulations
   (d) High prices
3. **When corruption is rampant, public officials always aim at many opportunities for:**
   (a) Public benefits
   (b) Public profit
   (c) Private profit
   (d) Corporate gains
4. **Productivity linked incentives to public/private officials is one of the indicatives for:**

(a) Efficient government
(b) Bad governance
(c) Inefficient government
(d) Corruption

5. **The spiralling corruption can only be contained by promoting:**
(a) Private profit
(b) Anti-corruption campaign
(c) Good governance
(d) Pay-offs and kick-backs

## Answers

**1.** (b) **2.** (a) **3.** (c) **4.** (a) **5.** (a)

## PASSAGE- 3

After almost three decades of contemplating Swarovski-encrusted navels on increasing flat abs, the Mumbai film industry is on a discovery of India and itself. With budgets of over 30 crore each, four soon to be released movies by premier directors are exploring the idea of who we are and redefining who the other is. It is a fundamental question which the bling-bling, glam-sham and disham-disham tends to avoid. It is also a question which binds an audience when the lights go dim and the projector rolls: as a nation, who are we? As a people, where are we going?

The Germans coined a word for it, zeitgeist, which perhaps Yash Chopra would not care to pronounce. But at 72, he remains the person who can best capture it. After being the first to project the diasporic Indian on screen in Lamhe in 1991, he has returned to his roots in a new movie. Veer Zaara, set in 1986, where Pakistan, the traditional other, the part that got away, is the lover and the saviour. In Subhas Ghai's Kisna, set in 1947, the other is the English woman. She is not a memsahib, but a mehbooba. In Ketan Mehta's The Rising, the East India Englishman is not the evil oppressor of countless cardboard characterisations, which span the spectrum from Jewel in the Crown to Kranti, but an honourable friend. This is Manoj Kumar's Desh Ki dharti with a difference: there is culture, not contentious politics; balle balle, not bombs: no dooriyan (distance), only nazdeekiyan (closeness).

All four films are heralding a new hero and heroine. The new hero is fallible and vulnerable, committed to his dharma, but also not afraid of failure - less of a boy and more of a man. He even has a grown up name: Veer Pratap Singh in Veer-Zaara and Mohan Bhargav in Swades. The new heroine is not a babe, but often a babe, dressed in traditional Punjabi clothes, often with the stereotypical body type as well, as in Bride and Prejudice of Gurinder Chadha.

1. **Which word Yash Chopra would not be able to pronounce?**
(a) Bling + bling (b) Zeitgeist
(c) Montaz (d) Dooriyan

2. **Who made Lamhe in 1991?**
(a) Subhash Ghai
(b) Yash Chopra
(c) Aditya Chopra
(d) Sakti Samanta

3. **Which movie is associated with Manoj Kumar?**
(a) Jewel in the Crown
(b) Kisna
(c) Zaara
(d) Desh Ki dharti

4. **Which is the latest film by Yash Chopra?**
(a) Deewar
(b) Kabhi Kabhi
(c) Dilwale Dulhaniya Le Jayenge
(d) Veer Zaara

5. **Which is the dress of the heroine in Veer-Zaara?**
(a) Traditional Gujarati Clothes
(b) Traditional Bengali Clothes
(c) Traditional Punjabi Clothes
(d) Traditional Madras Clothes

## Answers

**1.** (b) **2.** (b) **3.** (d) **4.** (d) **5.** (c)

## PASSAGE-4

Gandhi's overall social and environmental philosophy is based on what human beings need rather than what they want. His early introduction to the teachings of Jains, Theosophists, Christian sermons, Ruskin and Tolstoy, and most significantly the Bhagavad Gita, was to have profound impact on the development of Gandhi's holistic thinking on humanity, nature and their ecological interrelation. His deep concern for the disadvantaged, the poor and rural Perhaps the moral principle for which Gandhi is best known is that of active non-violence, derived from the traditional moral restraint of not injuring another being. The most refined expression of this value is in the great epic of the Mahabharata, (c. 100 BCE to 200 CE), where moral development proceeds through placing constraints on the liberties, desires and acquisitiveness endemic to human life. One's action is judged in terms of consequences and the impact it is likely to have on another. Jainas had generalized this principle to include all sentient creatures and biocommunities alike. Advanced Jaina monks and nuns will sweep their path to avoid harming insects and even bacteria. Non-injury is a non-negotiable universal prescription.

1. **Which one of the following have a profound impact on the development of Gandhi's holistic thinking on humanity, nature and their ecological interrelations?**
(a) Jain teachings
(b) Christian sermons
(c) Bhagavad Gita
(d) Ruskin and Tolstoy

2. **Gandhi's overall social and environmental philosophy is based on human beings':**
(a) need (b) desire
(c) wealth (d) welfare

3. **Gandhiji's deep concern for the disadvantaged, the poor and rural population created an ambience for an alternative:**
(a) rural policy
(b) social thinking
(c) urban policy
(d) economic thinking

4. **Colonial policy and modernization led to the destruction of:**
(a) major industrial infrastructure
(b) irrigation infrastructure
(c) urban infrastructure
(d) rural infrastructure

5. **Gandhi's active non-violence is derived from:**
(a) Moral restraint of not injuring another being
(b) Having liberties, desires and acquisitiveness
(c) Freedom of action
(d) Nature-blind technology and enslavement of human spirit and energies

## Answers

**1.** (c) **2.** (a) **3.** (b) **4.** (d) **5.** (a)

## PASSAGE-5

The phrase "What is it like?" stands for a fundamental thought process. How does one go about observing and reporting on things and events that occupy segments of earth space? Of all the infinite variety of phenomena on the face of the earth, how does one decide what phenomena to observe? There is no such thing as a complete description of the earth or any part of it, for every microscopic point on the earth's surface differs from every other such point. Experience shows that the things observed are already familiar, because they are like phenomena that occur at home or because they resemble the abstract images and models developed in the human mind.

How are abstract images formed? Humans alone among the animals possess language; their words symbolize not only specific things but also mental images of classes of things. People can remember what they have seen or experienced because they attach a word symbol to them.

During the long record of our efforts to gain more and more knowledge about the face of the earth as the human habitat, there has been a continuing interplay between things and events. The direct observation through the senses is described as a percept; the mental image is described as a concept. Percepts are what some people describe as reality, in contrast to mental images, which are theoretical, implying that they are not real.

The relation of Percept to Concept is not as simple as the definition implies. It is now quite clear that people of different cultures or even individuals in the same culture develop different mental images of reality and what they perceive is a reflection of these preconceptions. The direct observation of things and events on the face of the earth is so clearly a function of the mental images of the mind of the observer that the whole idea of reality must be reconsidered.

Concepts determine what the observer perceives, yet concepts are derived from the generalizations of previous percepts. What happens is that the educated observer is taught to accept a set of concepts and then sharpens or changes these concepts during a professional career. In any one field of scholarship, professional opinion at one time determines what concepts and procedures are acceptable, and these form a kind of model of scholarly behaviour.

1. **The problem raised in the passage reflects on**
   (a) thought process
   (b) human behaviour
   (c) cultural perceptions
   (d) professional opinion
2. **According to the passage, human beings have mostly in mind**
   (a) Observation of things
   (b) Preparation of mental images
   (c) Expression through language
   (d) To gain knowledge
3. **Concept means**
   (a) A mental image
   (b) A reality
   (c) An idea expressed in language form
   (d) All the above
4. **The relation of Percept to Concept is**
   (a) Positive (b) Negative
   (c) Reflective (d) Absolute
5. **In the passage, the earth is taken as**
   (a) The Globe
   (b) The Human Habitat
   (c) A Celestial Body
   (d) A Planet
6. **Percept means**
   (a) Direct observation through the senses
   (b) A conceived idea
   (c) Ends of a spectrum
   (d) An abstract image

## Answers

**1.** (c) **2.** (b) **3.** (c) **4.** (c) **5.** (c) **6.** (b)

## PASSAGE-6

It should be remembered that the nationalist movement in India, like all nationalist movements, was essentially a bourgeois movement. It represented the natural historical stage of development, and to consider it or to criticise it as a working-class movement is wrong. Gandhi represented that movement and the Indian masses in relation to that movement to a supreme degree, and he became the voice of Indian people to that extent. The main contribution of Gandhi to India and the Indian masses has been through the powerful movements which he launched through the National Congress. Through nation-wide action he sought to mould the millions, and largely succeeded in doing so, and changing them from a demoralised, timid and hopeless mass, bullied and crushed by every dominant interest, and incapable of resistance, into a people with self-respect and self-reliance, resisting tyranny, and capable of united action and sacrifice for a larger cause.

Gandhi made people think of political and economic issues, and every village and every bazaar hummed with argument and debate on the new ideas and hopes that filled the people. That was an amazing psychological change. The time was ripe for it, of course, and circumstances and world conditions worked for this change. But a great leader is necessary to take advantage of circumstances and conditions. Gandhi was that leader, and he released many of the bonds that imprisoned and disabled our minds, and none of us who experienced it can ever forget that great feeling of release and exhilaration that came over the Indian people.

Gandhi has played a revolutionary role in India of the greatest importance because he knew how to make the most of the objective conditions and could reach the heart of the masses, while groups with a more advanced ideology functioned largely in the air because they did not fit in with those conditions and could therefore not evoke any substantial response from the masses.

It is perfectly true that Gandhi, functioning in the nationalist plane, does not think in terms of the conflict of classes, and tries to compose their differences. But the action he has indulged and taught the people has inevitably raised mass consciousness tremendously and made social issues vital. Gandhi and the Congress must be judged by the policies they pursue and the action they indulge in. But behind this, personality counts and colours those policies and activities. In the case of very exceptional person like Gandhi the question of personality becomes especially important in order to understand and appraise him. To us he has represented the spirit and honour of India, the yearning of her sorrowing millions to be rid of their innumerable burdens, and an insult to him by the British Government or others has been an insult to India and her people.

**1. Which one of the following is true of the given passage?**
(a) The passage is a critique of Gandhi's role in Indian movement for independence.
(b) The passage hails the role of Gandhi in India's freedom movement.
(c) The author is neutral on Gandhi's role in India's freedom movement.
(d) It is an account of Indian National Congress's support to the working-class movement.

**2. The change that the Gandhian movement brought among the Indian masses was**
(a) Physical
(b) Cultural
(c) Technological
(d) Psychological

**3. To consider the nationalist movement or to criticise it as a working-class movement was wrong because it was a**
(a) historical movement
(b) voice of the Indian people
(c) bourgeois movement
(d) movement represented by Gandhi

**4. Gandhi played a revolutionary role in India because he could**
(a) preach morality
(b) reach the heart of Indians
(c) see the conflict of classes
(d) lead the Indian National Congress

**5. Groups with advanced ideology functioned in the air as they did not fit in with**
(a) objective conditions of masses
(b) the Gandhian ideology
(c) the class consciousness of the people
(d) the differences among masses

**6. The author concludes the passage by**
(a) criticising the Indian masses
(b) the Gandhian movement
(c) pointing out the importance of the personality of Gandhi
(d) identifying the sorrows of millions of Indians

## Answers

**1.** (b) **2.** (d) **3.** (b) **4.** (b) **5.** (a) **6.** (c)

## PASSAGE-7

There are three main groups of oils-animal, vegetable and mineral. Great quantities of animal oil come from whales, normous creatures of the sea, which are the largest of the animals remaining in the world.

To protect the whales from the cold of the Arctic seas, nature has provided them with a thick convening of fat, called blubber.

When the whale is killed, the blubber is stripped off and boiled down. It produces a great quantity of oil which can be made into food for human consumption. A few other creatures yield oil, but none so much as the whale. The livers of the cod and halibut, two kinds of fish, yield nourishing oil.

Both cod liver oil and halibut oil are given to sick children and other invalids who need certain vitamins.

Vegetable oil has been known from very old times. No household can get on without it, for it is used in cooking. Perfumes may be made from the oils of certain flowers. Soaps are made from vegetable and animal products and the oils of certain flowers.

**1. The main source of animal oil, is**
(a) fish (b) whale
(c) sea weeds (d) plants

**2. Vegetable oil is mainly used for**
(a) eating (b) cooking
(c) frying (d) lubricating

**3. The ______ of fish yields nourishing oil.**
(a) liver (b) stomach
(c) eyes (d) head

**4. The thick protective covering of fat on a whale is called a**
(a) skin (b) cells
(c) blubber (d) fins

**5. ________ are made from vegetable animal products and the oils of certain flowers.**
(a) Perfumes
(b) Cosmetics
(c) Cooking medium
(d) Soaps

## Answers

**1.** (b) **2.** (b) **3.** (a) **4.** (c) **5.** (d)

❑❑❑

# 10 Direct and Indirect Speech

### Direct Speech

When we convey the words of a person in his actual words, this is called Direct Speech. We use inverted commas to mark off the exact words of the speaker.

### Indirect Speech

When we convey the words of a person without using his exact words, this is called Indirect Speech.

**Reporting Verb :** It is the verb of the sentence which is outside inverted commas.

**Reported Speech :** It is the matter quoted within inverted commas.

When Direct Speech is transformed into Indirect Speech, changes are made in the following :

1. Reported verb
2. Inverted commas
3. Tense
4. Reported verb and Reported Speech
5. Adverbs of Time and Place

**1. Change of Reporting Verbs**

(a) In **Assertive sentences** the Reporting verb is changed into **tell** or **told**.

(b) In **Interrogative sentences** the Reporting verbs is changed into **asked** or **inquired of.**

(c) In **Imperative** sentences the Reporting verb is changed into **ordered, advised, requested, forbade, suggested** etc. according to the sense of the sentence.

(d) In **Exclamatory sentences** the reporting verb is changed **into exclaimed with joy, exclaimed with sorrow, exclaimed with surprise** etc. according to the sense of the sentence.

(e) In **Optative** sentence (prayers and wishes) the Reporting verb is changed into **wished** and **prayed.**

**2. Removal of Inverted Commas**

(a) In **Assertive** sentences **that** is used in place of inverted commas.

(b) **Interrogative** sentences

(i) In the sentences which start with **Auxiliary verbs** (do, did, is, are, was, were, can, may etc) if or whether is used in place of inverted commas.

(ii) In sentences which start with **question words** (who, by, what, where, etc), inverted commas are replaced by question word itself.

(c) In **Imperative** sentences to or not to is used in place of inverted commas.

(d) In **Exclamatory** sentences **that** is used in place of inverted commas.

(e) In **Optative** sentences **that** is used in place of inverted commas.

**3. Change of Tense**

(a) If the **Reporting verb** is in **Present** or **Future Tense,** the tense of Reported speech does not change.

(i) She will say to me, "I need your help".
She will tell me that she needs my help.

(b) If the **Reporting verb** is in the **Past Tense,** the tense of Reported Speech changes as

| Direct | Indirect |
|---|---|
| Simple Present | Simple Past |
| Present Continuous | Past Continuous |
| Present Perfect | Past Perfect |
| Present Perfect Continuous | Past Perfect Continuous |
| Simple Past | Past Perfect |
| Past Continuous | Past Perfect Continuous |
| Past Perfect | No change |
| Past Perfect Continuous | No change |

(i) He said to me, "I don't believe you".
He told me that he didn't believe me.

(ii) He said to the mother, "I have done my home work".
He told the mother that he had done his home work.

(iii) He said, "I wrote a letter".
He said that he had written a letter".

(iv) He said, "I shall meet her".
He said that he would meet her.

(v) We said to them, "We can defeat you".
We told them that we could defeat them.

**4. Change of Pronoun**

(a) First person of the Reported speech changes according to the subject of the Reporting verb.

(b) Second person of the Reported speech changes according to the object of the Reporting verb.

(c) Third person does not change.

***Remember it as***

| 1 | 2 | 3 |
|---|---|---|
| First Person | Second Person | Third Person |

S (Subject) O (Object) N (No Change)

1 → First Person S → Subject

2 → Second Person O → Subject

3 → Third Person N→No change

e.g.,

(i) They say to me, " We help you".
They tell me that they help me.

(ii) I said to Manoj, "You can meet her".
I told Manoj that he could meet her.

(iii) Rani said to me, "He is my friend".
Rani told me that he was her friend.

**5. Change of Adverbs of Time and Place**

Word expressing nearness in time or place are generally changed into words expressing distance. As

| | | |
|---|---|---|
| **Now** | becomes | **Then** |
| **ago** | comes | **before** |
| **this** | becomes | **that** |
| **today** | becomes | **that day** |
| **yesterday** | becomes | **the day before** |
| **last night** | becomes | **the night before** |

e.g.,

(i) She said to me, "I shall do it next month".
She told me that she would do it the following month.

(ii) They said, "It is not so humid today as it was yesterday".
They said that it was not so humid that day as it had been the day before.

## Exercise

**Directions (Q. 1–30) : In each of the following questions, a sentence has been given in Direct/ Indirect Speech. Out of the given alternatives choose the one which best expresses the same sentence in Indirect/Direct Speech.**

**1. He said, "I saw a book here."**
(a) He said that he saw a book here.
(b) He said that he saw a book there.
(c) He said that he had seen a book here.
(d) He said that he had seen a book there.

**2. He said, "I have often told you not to waste your time."**
(a) He said that he had often told not waste your time.
(b) He said that he had often told him not to waste his time.
(c) He said that he had often suggested to him not to waste his time.
(d) He told that he had often told him not to waste his time.

**3. Pinki said to Gaurav, "Will you help me in my work just now?"**
(a) Pinki asked Gaurav if he would help her in her work just then.
(b) Pinki questioned to Gaurav that will you help me in my work just now.
(c) Pinki told Gaurav whether he will help her in her work just now.
(d) Pinki asked to Gaurav that will he help her in her work just now.

**4. He said to me, "What time to the officer close?"**
(a) He wanted to know that time the offices close.
(b) He asked me what time the offices closed.
(c) He asked me what time the offices closed.
(d) He asked me what time the offices did close.

**5. He said, "What a beautiful scene!"**
(a) He said that what a beautiful scene it was.
(b) He wondered that it was a beautiful scene.
(c) He exclaimed what a beautiful scene it was.
(d) He exclaimed that it was very beautiful scene.

**6. Rajan said, "O that I were a child against!"**
(a) Rajan exclaimed with wonder that he was a child again.
(b) Rajan wondered that were he a child again
(c) Rajan strongly wished that he had been a child again.
(d) Rajan prayed that he were a child again.

**7. Sarita said to me. "I will do it now or never."**
(a) Sarita told me that I would do it then or never
(b) Sarita told me that she would do it now or never
(c) Sarita told me that she will do that now or never
(d) Sarita told me that she would do it then or never

**8. I said to my brother, "Let us go to some hill station for a change."**
(a) I asked my brother to go to some hill station for a change.
(b) I asked my brother if he would go to some hill station for a change.
(c) I permitted my brother to go to some hill station for a change.
(d) I suggested to my brother that we should go to some hill station for a change.

**9. The Manager said, "Well, what can I do for you?"**
(a) The Manager asked what he could do for him.
(b) The Manager wondered what he could do for him.
(c) The Manager wanted to know what he could do for him.
(d) The manager said that he couldn't to anything for him.

**10. She said to him, "Why don't you go today?"**
(a) She said to him that why he don't go today
(b) She asked him if he was going that day
(c) She asked him why he did not go today
(d) She asked him why he did not go that day

**11. He said, "May God grant peace to the departed soul!"**
(a) He wished by God to grant peace to the departed soul.
(b) He wished that God may grant peace to the departed soul

(c) He prayed that might God grant peace to the departed soul
(d) He prayed that God would grant peace to the departed soul

**12. Mahendra Singh Dhoni said, "Sachin, you have done well".**
(a) Mahendra Singh Dhoni exclaimed with joy that Sachin had done well
(b) Mahendra Singh Dhoni called Sachin and exclaimed that he had done well
(c) Mahendra Singh Dhoni congratulated Sachin, saying that he had done well
(d) Mahendra Singh Dhoni praised Sachin for his having done well

**13. "Are you alone, my son?" asked a soft voice close behind me.**
(a) A soft voice from by back asked if I was alone.
(b) A soft voice said to me are you alone son.
(c) A soft voice asked that what I was doing there alone.
(d) A soft voice behind me asked if I was alone.

**14. He said to me, "Where is the post office?"**
(a) He wanted to know where the post office was.
(b) He asked me that where the post office was.
(c) He asked me where the post office was.
(d) He asked me where was the post office.

**15. He said, "I must go next week."**
(a) He said that he must go next week.
(b) He said that he must go the following week.
(c) He said that he would have to go the following week.
(d) He said that he was to go the following week.

**16. He said, "The mice will play, when the cat is away".**
(a) He said that the mice will play when the cat is away.
(b) He said that the mice would play when the cat was away.
(c) He said that the mice would play when the cat would be away.
(d) He said that the mice shall play, when the cat is away.

**17. He said to her, "Don't read so fast."**
(a) He told her not to read so fast.
(b) He advised her don't read so fast.
(c) He requested her not to read so fast.
(d) He ordered her not to read so fast.

**18. The sage said, "God helps those who help themselves."**
(a) The sage said that God helps those who help themselves.
(b) The sage said that God helped those whose helped themselves.
(c) The sage said that God helps those who helped themselves.
(d) The sage said that God helped those who help themselves.

**19. He said, "I clean my teeth twice a day."**
(a) He said that he cleaned his teeth twice a day.
(b) He said that he cleans his teeth twice a day.
(c) He said that he used to clean his teeth twice a day.
(d) He said that he is used to cleaning his teeth twice a day.

**20. "Please don't go away", she said.**
(a) She said to please her and not go away.
(b) She told me not to go away.
(c) She begged that I not go away.
(d) She begged me not to go away.

**21. He said, "Will you listen to such a man?"**
(a) He asked them will you listen to such a man.
(b) He asked them are you listening to such a man.
(c) He asked them whether they would listen to such a man.
(d) He asked them whether they will listen to such a man.

**22. The teacher said, "Be quiet, boys."**
(a) The teacher said that they boys should be quiet.
(b) The teacher called the boys and ordered them to be quiet.
(c) The teacher urged the boys to be quiet.
(d) The teacher commanded the boys that they be quiet.

**23. He said to them, "Don't make a noise."**
(a) He told them that don't make a noise.
(b) He told them not to make noise.
(c) He told them not to make a noise.
(d) He asked them not to make a noise

**24. "If you don't keep quiet I shall shoot you", he said to her in a calm voice.**
(a) He warned her to shoot if she didn't keep quiet calmly.
(b) He said calmly that I shall shoot you if you don't be quiet.
(c) He warned her calmly that he would shoot her if she didn't keep quiet.
(d) Calmly he warned her that be quiet or else he will have to shoot her.

**25. My friend said to me, "Has your father returned from Kolkata?"**
(a) My friend said to me that my father has returned from Kolkata.
(b) My friend asked me if my father had returned from Kolkata.
(c) My friend told me that his father had returned from Kolkata.
(d) My friend enquired me if his father had returned form Kolkata.

**26. Rajesh said, "I bought a car yesterday."**
(a) Rajesh said that I have bought a car the previous day.
(b) Rajesh told that he had bought a car yesterday.
(c) Rajesh said that he bought a car the previous day.
(d) Rajesh said that he had bought a car the previous day.

**27. He said, "Where shall be I be this time next year!"**
(a) He asked that where should he be that time next year.
(b) He wondered where he should be that time the next year.
(c) He contemplated where shall he be that time the following year.
(d) He wondered where he would be that time the following years.

**28. The employer said to the workman, "I cannot pay you higher wages."**
(a) The employer told the workman that he could not be paid higher wages.
(b) The employer told the workman that he could not pay him higher wages.
(c) The employer forbade the workman to pay higher wages.
(d) The employer warned the workman that he cannot pay him higher wages.

**29. "I don't know the way. Do you?" he asked.**

(a) He said that he didn't know the way and did I know it.

(b) He told that he was not knowing the way, but wondered if I knew.

(c) He said that he didn't know the way and asked me if I did.

(d) He asked me if I knew the way which he didn't.

**30. My cousin said, "My room-mate snored throughout the night."**

(a) My cousin said that her room-mate had snored throughout the night.

(b) My cousin told me that her room-mate snored throughout the night.

(c) My cousin complained to me that her room-mate is snoring throughout the night.

(d) My cousin felt that her room-may be snoring throughout the night.

## Answers

| | | | | | | | | | |
|---|---|---|---|---|---|---|---|---|---|
| **1.** (d) | **2.** (b) | **3.** (a) | **4.** (c) | **5.** (d) | **6.** (c) | **7.** (d) | **8.** (d) | **9.** (c) | **10.** (d) |
| **11.** (d) | **12.** (c) | **13.** (d) | **14.** (c) | **15.** (c) | **16.** (a) | **17.** (a) | **18.** (a) | **19.** (b) | **20.** (d) |
| **21.** (c) | **22.** (c) | **23.** (d) | **24.** (c) | **25.** (b) | **26.** (d) | **27.** (d) | **28.** (b) | **29.** (c) | **30.** (a) |

❑❑❑

# 11 Improvement of Sentences

Sentence Improvement or Phrase Replacement is basically related to Common Errors, or it may be taken as an improved version of questions on Spotting the Errors. The only difference between the two types of questions is that in case of questions relating to Common Errors a candidate has to spot the error only, but in case of questions relating to Sentence Improvement one has to find out the correct alternative for the erroneous part. The questions in this section may be related to Grammatical Norms, Word Usage, Idioms/Phrases, Subject-Verb Agreement, Tenses, Gerunds, Prepositions etc. General questions are framed on accepted rules of Grammar and Usage. But most of the questions are asked on exceptional rules. Earlier, the questions of simple nature pertaining to the use of Articles, Prepositions, Common rules of Tenses etc. were asked but not the emphasis has been shifted to Auxiliaries, Infinitives, Gerunds, Subject-Verb Agreement, Uses of Idioms/Phrases, Uncommon Structure etc. which may pose some problems for general candidates. Errors, thus, may be in Grammar, Appropriate word usage or Idioms. There may be a necessary word missing or there may be a word which should be deleted.

In order to solve questions on Sentence Improvement correctly, one must be acquainted with the rules of English Grammar and Usage, viz., Article, Noun, Pronoun, Adjective, Verb, Adverb, Voice, Mood, Preposition, Conjunction, Syntax, Tense, Infinitives, Gerund, Participle etc.

## Exercise

**Directions (1-10): In the following questions, a sentence is given which may need improvement. Alternatives are given at (a), (b) and (c) below, which may be a better option. In case no improvement is needed, your answer is (d).**

**1. A taller Sikh rushed forward than any of his comrades :**
(a) A Sikh, taller than any of his comrades, rushed forward.
(b) A Sikh rushed forward taller than any of his comrades.
(c) A Sikh rushed forward than any of his comrades taller.
(d) No improvement

**2. An author in the reign of Queen Anne who was famous lived in a cottage:**
(a) An author in the reign, who was famous, of Queen Anne lived in a cottage.
(b) In the reign of Queen Anne, an author lived in a cottage, who was famous.
(c) An author who was famous in the reign of Queen Anne lived in a cottage.
(d) No improvement

**3. In the absence of your support, he would have lost the election:**
(a) Lacking your support, he would have lost the election.
(b) But for your support, he would have lost the election.
(c) He would have lost the election, if you had not supported him.
(d) No improvement

**4. My uncle is enough rich to buy a car:**
(a) My uncle is rich enough to buy a car.
(b) My uncle is richer enough to by a car.
(c) My uncle is enough richer to buy a car.
(d) No improvement

**5. Walking along the road, an old man ran over the lorry:**
(a) Walking along the road, an old man ran behind the lorry.
(b) Running along the road, the lorry ran over an old man.
(c) The lorry ran over an old man walking along the road.
(d) No improvement

**6. He has for good left India:**
(a) He has left for good India.
(b) He has left India for good.
(c) Good he has left India.
(d) No improvement

**7. We are credibly informed that the murderer has given himself up:**
(a) We are informed that the murderer has credibly given himself up.
(b) We are informed that the murderer has given credibly himself up.
(c) We are informed that credibly the murderer has given up himself.
(d) No improvement

**8. We generally select one of the most intelligent student of the school for this award:**
(a) one of the most intelligent students of the school
(b) one of the intelligent most students of the school
(c) one of the intelligent most student of the school
(d) No improvement

**9. My friend lives in a nearby street *whose name* I have forgotten:**

(a) the name of which
(b) which name
(c) of which name
(d) No improvement

**10. He both won a medal and a scholarship:**
(a) He won a medal and a scholarship both.
(b) Both he won a medal and a scholarship.
(c) He won both a medal and a scholarship.
(d) No improvement

**Directions (11-30): In the following questions, a sentence is given, the italic part of which may need improvement. Alternatives are given at (a), (b) and (c) below, which may be a better option. In case no improvement is needed, your answer is (d).**

**11. With these extra people you can *work* easily with this job:**
(a) deal
(b) improve
(c) cope
(d) no improvement

**12. I visited my aunt just *before a week:***
(a) a week before
(b) a week earlier
(c) a week ago
(d) no improvement

**13. Foreigners often *come across with* serious difficulties in studying English :**
(a) have to come across with
(b) come cross with
(c) come across
(d) no improvement

**14. He *work hard* will succeed :**
(a) who will work hard
(b) who will be working hard
(c) who works hard
(d) no improvement

**15. It is high time you *started* revising your lessons:**
(a) start
(b) had started
(c) will start
(d) no improvement

**16. It took her a long time to get *past* her failure in the medical examination:**
(a) through
(b) over
(c) by
(d) No improvement

**17. The boy wanted to ask his father for money, but waited for a *propitious* occasion:**
(a) protective
(b) prophetic
(c) prospective
(d) no improvement

**18. I did not agree with him; he appeared to be *so* bigoted for me to concur:**
(a) much
(b) very
(c) too
(d) no improvement

**19. As soon as she noticed the workmen, she asked them what they *have been* doing:**
(a) have done
(b) had been
(c) are doing
(d) no improvement

**20. He was asleep before the mother tucked him *off*:**
(a) through
(b) away
(c) in
(d) no improvement

**21. Sordid and sensational books tend to *vitiate* the public taste:**
(a) divide
(b) distract
(c) distort
(d) No improvement

**22. *By studying* AIDS has engaged many researchers in the last decade:**
(a) Important study
(b) Now that the study
(c) The study of
(d) No improvement

**23. His Master's thesis *was highly estimated* and is now being prepared for publication:**
(a) was highly discussed
(b) was highly commended
(c) is highly appraised
(d) No improvement

**24. No sooner had she realized her blunder *than she began to take* corrective measures:**
(a) then she began to take
(b) than she began taking
(c) when she began to take
(d) No improvement

**25. A good scholar *must be precise and possess originality:***
(a) must be precise and original
(b) must be possess precision and original
(c) must be precision and possess originality
(d) No improvement

**26. The ship *ran over* when it crashed into an iceberg:**
(a) got over
(b) gave up
(c) went down
(d) No improvement

**27. His wife was *contentious*:**
(a) contagious
(b) quarrelsome
(c) content
(d) No improvement

**28. Historians feel there is an *earnest* need for the review of history textbooks every five years and a revision of the same every ten years:**
(a) imperative
(b) indispensable
(c) urgent
(d) No improvement

**29. My car broke *off* on my way to the office:**
(a) out
(b) in
(c) down
(d) No improvement

**30. Freedom is a wonderful thing *for* Jimmy was eager to experience it:**
(a) though
(b) and
(c) but
(d) No improvement

# Answers

1. (a) A sikh, taller than any of his comrades, rushed forward.
2. (c) An author who was famous in the reign of Queen Anne lived in a cottage.
3. (c) He would have lost the election, if you had not supported him.
4. (a) My uncle is rich enough to buy a car.
5. (c) The lorry ran over an old man walking along the road.
6. (b) He has left India for good.
7. (d) **Give yourself up to somebody** means : to offer yourself to be captured.
8. (a) one of the most intelligent students of the school.
9. (a) the name of which
10. (c) He won both a medal and a scholarship.
11. (c) **To cope with** means : manage: to deal successfully with something difficult.
12. (c) Here, a **week ago** should be used.
13. (c) Here, **come across** should be used.
14. (c) Here, Adjective clause i.e. who works hard (Simple Present) should be used.
15. (d) No improvement
16. (b) over
17. (d) No improvement
18. (c) too
19. (b) had been
20. (c) **Tuck somebody in/up** means: to make somebody feel comfortable in bed by pulling the covers up around them.
21. (b) distract
22. (c) The study of
23. (b) was highly commended
24. (d) No improvement
25. (a) must be precise and original
26. (c) went down
27. (b) quarrelsome
28. (d) No improvement
29. (c) down
30. (b) and

❑❑❑

# 12 Fill in the Blanks

**A sentence completion question consists of a sentence from which one or two words have been deleted. You must choose the lettered word or set of words that complete the meaning of the sentence most logically.**

***Example:***

**Q.** They have...........up the deficit.
(A) covered
(B) filled

## Exercise

**Directions (Q. 1–70): Fill in the following blanks with either a single word or a group of words from the given choices such that the sentence is grammatically correct and meaningful:**

**1. Some of the luggage ______ not yet arrived.**
(a) has (b) have
(c) is (d) are

**2. One of the ______injured.**
(a) player was
(b) players were
(c) players was
(d) players are

**3. We should always be careful in the choice of __________.**
(a) our friend (b) our friends
(c) ours friend (d) ours friends

**4. Election _____by both the rival contestants was in full swing**
(a) Propagonda
(b) Canvassing
(c) Campaigning
(d) Publicity

**5. He __________since morning.**
(a) is playing
(b) has been playing
(c) has played
(d) will be playing

**6. When the meeting began, everybody took ____.**
(a) his/her seat (b) their seat
(c) their seats (d) one's seat

**7. I wonder whether I _________ ever see him again.**
(a) shall (b) will
(c) should (d) would

**8. I ________sing well when I was younger.**
(a) could (b) might
(c) would (d) did

**9. No sooner __________than the police handcuffed him.**
(a) he came
(b) did he came
(c) did he come
(d) had he come

**10. We _____ some friends in for dinner tomorrow night.**
(a) have (b) are having
(c) do have (d) will have

**11. "What exactly does he want?" "He would like to see you _______a good job on the project."**
(a) got (b) get
(c) to get (d) will get

**12. "She was sorry she didn't attend her friend's wedding." "Yes, she__________"**
(a) regretted she can't have gone
(b) was regretting she does not go
(c) will regret she didn't go
(d) was regretting that she couldn't go

**13. "Sujata is late in the office." "She rarely come in time ________?"**
(a) don't she (b) does she
(c) doesn't she (d) won't she

**14. "There is a visitor here." "All right man I __________-"**
(a) shall be expecting this man
(b) am expecting this man
(c) was to expect this man
(d) had to expect this man

**15. "Can we start our match? "No, we can't unless the referee ________ ____"**
(a) will not give the signal
(b) gives the signal
(c) did not give the signal
(d) does not give the signal

**16. "Why is he breathing so fast?" "The teacher made him _____ a mile as a measure of punishment for his coming late."**
(a) running (b) to run
(c) ran (d) run

**17. The ________ is working on wood.**
(a) artefact (b) artiste
(c) artist (d) artisan

**18. Do not look ______the poor.**
(a) down (b) up
(c) upon (d) down upon

**19. The dog has been _________by the car.**
(a) run out (b) run over
(c) run into (d) run for

**20. __________you apologise I shall punish you.**
(a) until (b) unless
(c) till (d) none of these

**21. I spoke to the chairman _____he was sitting alone in the cabin.**
(a) where (b) when
(c) whereas (d) whenever

**22. I went directly to my boss to __________his approval.**
(a) order (b) restore
(c) seek (d) collect

**23. It was an unhappy life _______I lived, full of many anxieties.**
(a) that (b) which
(c) as (d) where

**24. My concern for Jugal's future was very ______as he was not in job then.**
(a) strong (b) big
(c) good (d) powerful

**25. She remained there for hours after Jayant ____ gone.**
(a) had (b) did
(c) have (d) has

**26. The strike in ports has ________ in a heavy loss.**
(a) pushed (b) resulted
(c) gone (d) developed

**27. Since he started legal practice, his knowledge of law has begun to _________but not his income.**
(a) promote (b) grow
(c) develop (d) extend

**28. I left home _______a walk in the garden.**
(a) to (b) at
(c) for (d) by

**29. Despite severe drought excellent results have been ______in the agricultural sector.**
(a) given (b) visualised
(c) achieved (d) retained

**30. The minister asked why medicines and grains were __________late in relief camps.**
(a) going (b) getting
(c) sending (d) reaching

**31. I am interested ________some other job.**
(a) in (b) to
(c) about (d) for

**32. There is not much difference ________you and me.**
(a) between (b) in
(c) for (d) to

**33. The shortage of essential _______ must be overcome in a short time.**
(a) products (b) commodities
(c) material (d) delivery

**34. Because of ___________power supply the machine is lying idle.**
(a) erratic (b) sudden
(c) bad (d) wrong

**35. It certainly is attractive, but is it _________?**
(a) genuine (b) valuable
(c) bonafide (d) rare

**36. It is the duty of a physician to _________to the sick.**
(a) attend (b) help
(c) serve (d) tend

**37. Modesty ______a woman.**
(a) becomes (b) tells
(c) call (d) rules

**38. The book will help to ________ your doubts.**
(a) clear (b) fulfil
(c) complete (d) supply

**39. Man is a _____________of circumstances.**
(a) master (b) companion
(c) slave (d) creature

**40. Everybody these days complains __________corruption in public life.**
(a) against (b) about
(c) of (d) off

**41. He is going to remain here _________you come.**
(a) unless (b) if
(c) because (d) till

**42. The two sisters look so _________ that it is difficult to tell one from other.**
(a) identical (b) same
(c) resembling (d) similar

**43. The poet died in the _______of his life.**
(a) peak (b) end
(c) youth (d) prime

**44. My friend has invited me along with all the members of my family _________dinner.**
(a) on (b) at
(c) upon (d) to

**45. We should always stick to our decisions otherwise the people will mock ______us.**
(a) on (b) at
(c) upon (d) over

**46. The doctor _______him to task for his misbehaviour.**
(a) made (b) reprimanded
(c) forced (d) took

**47. Fate smiles _________him in all his ventures.**
(a) over (b) at
(c) with (d) on

**48. You should never lack confidence ______yourself otherwise life will become hell for you.**
(a) about (b) upon
(c) of (d) in

**49. Know for certain that she looks ________her mother.**
(a) after (b) to
(c) down (d) at

**50. Production of crude oil during the first six months of the last year was 15 million tonnes as ________14 million tonnes this year.**
(a) of (b) per
(c) against (d) on

**51. Ram is _________ or perhaps more honest than Shyam.**
(a) almost as honest
(b) as honest as
(c) equally honest
(d) as honest

**52. Rose is the most beautiful _________in the garden.**
(a) flower
(b) of all flowers
(c) than other flowers
(d) of all the other flowers

**53. Don't take my words ________.**
(a) by heart (b) in heart
(c) to heart (d) at heart

**54. What ______needed are not clothes but food?**
(a) is (b) were
(c) are (d) was

**55. The main point of his ________ was well understood.**
(a) that he spoke
(b) in the speech of his
(c) made when spoke
(d) speech

**56. Casius and Brutes ________ a conspiracy to assassinate Caesar.**
(a) prepared (b) cooked
(c) hatched (d) made

**57. The waitress handed over two cups of ______tea and left.**
(a) burning (b) steaming
(c) heating (d) sweating

**58. I love ___________**
(a) the literature, music and art
(b) literature, music and the art
(c) the literature, the music and the art
(d) literature, music and art

**59. We must work for the ________ our city.**
(a) upliftment to
(b) upliftment of
(c) uplifting
(d) uplift of

**60. The winter has ______ and the days are cold.**
(a) set out (b) set up
(c) set (d) set in

**61. How can one _______ with a fellow like you?**
(a) put on (b) put up
(c) put in (d) put out

**62. The police ____searching for the notorious criminal.**
(a) is (b) are
(c) was (d) has been

**63. Old habits ___________.**
(a) die hardly
(b) die hard
(c) die more hard
(d) die much hard

**64. 'Hard Days' is his _____ novel.**
(a) latest (b) latter
(c) later (d) of late

**65. No one ___________ about me.**
(a) has to worry
(b) need worry
(c) shall worry
(d) needs to worry

**66. The officer ___________ my complaint.**
(a) looked of
(b) looked into
(c) looked at
(d) looked on

**67. We spent good time discussing ________________.**
(a) his character
(b) about his character
(c) of his character
(d) on his character

**68. No sooner ________ entered the room than the intruder jumped at him.**
(a) he had been
(b) he has
(c) had he
(d) he had

**69. I need not buy a new _______.**
(a) spectacles
(b) spectacle
(c) pair of spectacles
(d) set of spectacles

**70. Mr. Dalip _______ here since 1995.**
(a) has staying
(b) has been staying
(c) has stayed
(d) had staying

## Answers

| | | | | | | | | | |
|---|---|---|---|---|---|---|---|---|---|
| **1.** (a) | **2.** (c) | **3.** (b) | **4.** (c) | **5.** (b) | **6.** (a) | **7.** (d) | **8.** (a) | **9.** (c) | **10.** (b) |
| **11.** (a) | **12.** (d) | **13.** (b) | **14.** (b) | **15.** (b) | **16.** (d) | **17.** (d) | **18.** (d) | **19.** (b) | **20.** (b) |
| **21.** (b) | **22.** (c) | **23.** (a) | **24.** (a) | **25.** (a) | **26.** (b) | **27.** (b) | **28.** (c) | **29.** (c) | **30.** (d) |
| **31.** (a) | **32.** (a) | **33.** (b) | **34.** (a) | **35.** (a) | **36.** (a) | **37.** (a) | **38.** (a) | **39.** (c) | **40.** (c) |
| **41.** (d) | **42.** (d) | **43.** (d) | **44.** (d) | **45.** (b) | **46.** (d) | **47.** (d) | **48.** (d) | **49.** (a) | **50.** (c) |
| **51.** (b) | **52.** (a) | **53.** (c) | **54.** (a) | **55.** (d) | **56.** (c) | **57.** (b) | **58.** (d) | **59.** (b) | **60.** (d) |
| **61.** (b) | **62.** (b) | **63.** (b) | **64.** (a) | **65.** (b) | **66.** (b) | **67.** (a) | **68.** (c) | **69.** (c) | **70.** (b) |

❑❑❑

# Tenses

Tense is that form of a verb which shows the time and state of an action or event.

There are three main tenses

1. The Present Tense
2. The Past Tense
3. The Future Tense

## 1. The Present Tense

The present tense indicates action in the present.

- **Present Indefinite Tense :** The Present Indefinite or Simple Present Tense is used

➢ To express a habitual action

I get up everyday at 7 O'clock.

➢ To express general truths

The sun sets in the west.

➢ To indicate a future event that is part of a plan or arrangement

We leave for Indore next Wednesday.

- **Present Continuous Tense:** The Present Continuous Tense is used.

➢ For an action going on at the time of speaking

The boys are playing cricket.

➢ For a temporary action which may not be actually happening at the time of speaking.

I am reading "Romeo Juliet."

➢ For an action that is planned or arranged to take place in the near future.

My father is arriving day after tomorrow.

**Exception :** The following verbs are not used in the continuous form

(a) **Verbs of Emotion:** want, wish, desire, feel, like, love, hate, hope, refuse, prefer.

(b) **Verbs of Perception:** see, hear, smell, recognize.

(c) **Verbs of Appearance:** appear, look, seem.

- **Present Perfect Tense :** The Present Perfect Tense is used

➢ To indicate complete activities in the immediate past

(i) He has just finished the Match.

(ii) The Bus has just started.

➢ To express past actions the time of which is not given and not definite

(i) I have never known him to be pessimistic.

(ii) Mr. Vikas has been to Europe.

- **Present Perfect Continuous Tense :** The Present Perfect Continuous Tense is used for an action which began at some time in the past and is still going on.

(i) He has been fishing for two hours.

## 2. The Past Tense

➢ The past tense shows that the action took place in the past.

- **Past Indefinite Tense :** The past Indefinite or Simple past Tense is used

➢ To indicate an action completed in the past

(i) The boy left college an hour ago.

➢ To denote past habits

He practiced many hours everyday.

- **Past Continuous Tense :** The Past Continuous Tense is used

➢ To denote an action going on at some time in the past

(i) We were watching the movie all evening.

➢ With always, continually, etc. for persistent habits in the past

(i) She was continually neglecting her duty.

- **Past Perfect Tense :** The Past Perfect Tense is used

➢ To describe an action completed before a certain moment in the past

(i) I called him at 5 am, I had found him got up at 8 am.

When two actions happened in the past and it may be necessary to show which action happened earlier than the other

(i) I had completed my work before the officer came.

- **Past Perfect Continuous Tense :** The Past Perfect Continuous Tense is used

➢ To describe an action that began before a certain point in the past and continued upto that time

(i) At that time he had been writing a short story for three months.

## 3. The Future Tense

The future tense shows that the action is going to take place in the future. The future tense needs the auxiliary verb will or shall.

- **Future Indefinite Tense :** The Future Indefinite or Simple Future Tense is used

➢ For an action that has still to take place.

(i) Day after tomorrow will be Friday.

- **Future Continuous Tense :** The Future Continuous Tense represents an action as going on at some time in Future.
  (i) I shall be writing the letter then.
- **Future Perfect Tense :** The Future Perfect Tense is used
- ➢ To indicate the completion of an action by a certain future time.
  (i) Before you go to meet him, he will have left the office.
- **Future Perfect Continuous Tense :** The Future Perfect Continuous Tense indicates an action represented as being in progress over a period of time that will end in the future.
  (i) When he completes his school, he will have been studying at IIT.

## Exercise

**Directions : Pick out the most effective word from the given words to fill in the blank to make the sentence meaningfully complete.**

**1. They told us that man .......... a social animal.**
(a) is (b) was
(c) had been (d) will be

**2. The population of the world .......... very fast now.**
(a) rises (b) rose
(c) is rising (d) will rise

**3. It .......... last week.**
(a) has not rained
(b) did not rained
(c) will not be raining
(d) did not rain

**4. The little girl confessed that she .......... the glass.**
(a) broke (b) had broken
(c) breaks (d) will break

**5. She was tired because she .......... very hard.**
(a) is working
(b) was working
(c) has been working
(d) had been working

**6. When I .......... may bath I went to have a sleep.**
(a) had taken (b) took
(c) have taken (d) take

**7. Ruby .......... very long hair when she was a child.**
(a) has (b) will have
(c) didn't have (d) used to have

**8. The child .......... any food until he has remembered his lesson.**
(a) would not get
(b) will not get
(c) gets
(d) had got

**9. If I .......... his number, I would phone him.**
(a) know (b) known
(c) knew (d) did not know

**10. I asked Babita if Savitri .......... already been married.**
(a) has (b) have
(c) had (d) would have

**11. Payal told me that she .......... out for a walk every morning.**
(a) went (b) goes
(c) had gone (d) has gone

**12. If they .......... early, they would have caught the train.**
(a) left (b) have left
(c) had left (d) would have left

**13. She told her mother that Sonam .......... her there the previous day.**
(a) met (b) meets
(c) had met (d) would meet

**14. She .......... in Kolkata for three years before the year 1992.**
(a) was living
(b) has been living
(c) would have been living
(d) had been

**15. The Principal .......... the peon to let the girl come in.**
(a) said to (b) has said
(c) ordered to (d) ordered

**16. She talks as if she .......... mad.**
(a) is (b) was
(c) were (d) had

**17. Sushma said that she .......... finished her work by 9 am.**
(a) said to (b) has
(c) had (d) would have

**18. I order her about as if she .......... my wife.**
(a) is (b) was
(c) had (d) were

**19. Sarika said that she would go home ..........**
(a) tomorrow
(b) yesterday
(c) the previous day
(d) the next day

**20. I .......... many countries before I returned from England.**
(a) saw
(b) have seen
(c) had seen
(d) had been seeing

**21. I .......... the newspaper when Rohit came.**
(a) is reading (b) read
(c) has read (d) was reading

**22. I shall tell you when she ..........**
(a) will come (b) come
(c) comes (d) is coming

**23. Mr. Singh helped us more than he .......... his own students.**
(a) helped (b) has helped
(c) helps (d) is helping

**24. They worked hard lest they .......... in the examination.**
(a) will fail (b) failed
(c) should fail (d) fail

**25. Her mother told him that the sun .......... in the east.**
(a) rose
(b) is rising
(c) will rise
(d) rises

## Answers

| | | | | | | | | | |
|---|---|---|---|---|---|---|---|---|---|
| **1.** (a) | **2.** (c) | **3.** (d) | **4.** (b) | **5.** (d) | **6.** (a) | **7.** (d) | **8.** (b) | **9.** (c) | **10.** (c) |
| **11.** (b) | **12.** (c) | **13.** (c) | **14.** (d) | **15.** (d) | **16.** (c) | **17.** (d) | **18.** (d) | **19.** (d) | **20.** (c) |
| **21.** (d) | **22.** (c) | **23.** (c) | **24.** (c) | **25.** (d) | | | | | |

□□□

# 14 Determiners and Articles

The word 'determiner' is not found in traditional grammar books. Half of what we now call determiners used to be a separate class, the articles. The other half, even though they work in the same way as articles do, used to be lumped in with adjectives. So, we had 'real' adjectives and also things called demonstrative adjectives, possessive adjectives etc.

Modern grammarians and linguists make a clear distinction between adjectives and determiners, because they have different sorts of meanings and different uses. Adjectives tell us about the qualities of the thing referred to (red pens, a black dog, beautiful girls).

The most common determiners are as follows

(i) Articles : a, an, the.
(ii) Quantifiers : all, few, many, several, some.
(iii) Possessives : her, his, its, my, our, their, your.
(iv) Demonstratives : this, that, these, those.
(v) Numerals : one, three, hundred, etc.
(vi) Negative : no

The determiner, along with the adjective, usually indicates whether a noun is singular or plural, masculine or feminine. In other words, it indicates Number and Gender. This means that most determiners have several different forms.

Determiners are words which quantify or identify nouns, determiners are followed by a noun.

The most common determiners in alphabetical order are as follows : a (n), all, another, any, both, certain, each, either, enough, every, few, half, last, least, less, little, many, more, most, much, neither, next, no, other, own, plenty, same, several, some, such, that/those, the, this/these, whole. To these must be added the numerals (cardinal and ordinal) and the possessives (e.g., my/mine, our/ours, Ram's).

The adjectives; a, an and the; are called Articles.

There are two kinds of articles

(I) Indefinite article—A/An
(II) Definite article—The

### Use of Indefinite Articles–A/An

1. The article **An** is used before a word beginning with a vowel sound. e.g.,
   (i) She is an intelligent girl.
   (ii) You are an honest man.
2. The article **A** is used before a word beginning with a consonant sound. e.g.,
   (i) He is a university student.
   (ii) He is a one-eyed main.
3. **A/An** is used before a singular countable noun when it is mentioned for the first time representing no particular person or thing. e.g.,
   (i) He has an axe.
   (ii) A boy came to my office.
4. **A** is used before a singular countable noun which is used as the representative of a class of things or persons. e.g.,
   (i) A lion is a fierce animal.
   (ii) A pupil should obey his teacher.
5. **A** is used to make a common noun of a proper noun. e.g.,
   (i) My neighbour is a Daniel.
   (ii) She is a singer.
6. **A/An** is used in exclamations before singular countable nouns. e.g.,
   (i) What an interesting movie!
   (ii) What a lovely morning!
7. **A** is used in its original sense of one or any. e.g.,
   (i) She wants a car.
   (ii) He bought a book.

### Use of Definite Article – The

The definite article **The** is used

1. When we talk about a particular person or thing or one already mentioned. e.g.,
   (i) Give me the book which you bought yesterday.
   (ii) The dress you want is out of stock.
2. When a singular noun represents a whole class. e.g.,
   (i) The lotus is a beautiful flower.
   (ii) The banyan is a useful tree.
3. Before the first noun in 'noun + preposition + noun' construction. e.g.,
   (i) She likes the sweets of Jaipur.
4. Before names of mountain-ranges. e.g. The Alps, The Himalayas, The Vindhyas
5. Before names of groups of islands. e.g.,
   The Andamans, The Herbrides, The West Indies.
6. Before names of rivers, oceans, gulfs, deserts and forests. e.g., The Ganga, The Nile, The Arabian Sea, The Indian Ocean, The Persian Gulf, The Sahara, The Black Forest
7. Before names of religious and mythological books. e.g., The Veda, The Ramayana,
8. Before names of newspapers and magazines. e.g., The Hindustan Times, The Statesman

9. Before names of heavenly bodies, directions and things unique of their kind. e.g.,
   The sun, The east, The north, The equator
10. Before names of historical buildings, places and events. e.g., The Taj Mahal, The Pyramids, The Kaba, The French Revolution
11. Before musical instruments. e.g.,
   (i) He can play the guitar.
   (ii) She is fond of playing on the piano.
12. Before religious communities and political parties. e.g.,
   The Muslims, The BJP, The Congress Party, The Janata Dal
13. Before names of ships, aeroplanes and trains. e.g.,
   The Vikrant, The Shatabdi Express, The Rajdhani Express.
14. Before the words denoting physical positions. e.g.,
   The top, The bottom, The back, The inside, The front
15. Before parts of body. e.g.,
   (i) He was hit on the head.
   (ii) You caught me by the arm.
16. Before names of government departments and armed forces. e.g.,
   The Judiciary, The Legislative, The Executive,
   The Army, The Navy, The Air Force
17. Before the dates of months. e.g.,
   The 6th February, The 21st of December

### Omission of Articles

The articles; **a, an** and **the**; are omitted

1. Before names of days and months, e.g.,
   (i) She will go on Monday.
   (ii) They are getting married in January.
2. Before names of subjects e.g.,
   (i) She has no interest in mathematics.
   (ii) Biology is his favourite subject.
3. Before names of festivals and seasons. e.g.,
   (i) He will go to Canada in winter.
   (ii) She celebrated Christmas with her friends.
   But,
   (iii) He will go to Canada in the winter season.
   (iv) She went to Delhi in the Diwali holidays.
4. Before the names of persons, villages, cities, districts, states and countries. e.g.,
   (i) Anjali is a beautiful girl.
   (ii) London is a big city.
   (iii) Paris is the capital of France.
5. After possessive adjectives (my, our, your, his, her, their, its) and nouns in possessive case (Ram's, lion's). e.g.,
   (i) This is Rahul's car.
   (ii) That is my book.
6. Before school, college, church, prison, hospital, bed, market, when these places are visited or used for their primary purpose. e.g.
   (i) She goes to church on Sunday.
   (ii) The criminal was sent to prison.
   (iii) I go to bed at 10 pm.
7. Before the nouns used after rank of/ title of. e.g.,
   (i) He was promoted to the rank of Colonel.
   (ii) He was given the title of Nawab.

## Exercise

**1. Complete the sentence by putting an appropriate determiner.**
**You should always carry ....... umbrella with you.**
(a) a (b) an
(c) any (d) a few

**2. Supply an appropriate determiner.**
**I have ........... glass of milk every morning.**
(a) the (b) a
(c) any (d) some

**3. Supply an appropriate determiner.**
**My neighbour is ........... honest person.**
(a) a (b) an
(c) the (d) any

**Directions (Q. 4–10) : Insert appropriate determiners where necessary.**

**4. Have you got any ........... coffee?**
(a) much (b) little
(c) some (d) more

**5. This is ........... only remaining copy.**
(a) a (b) an
(c) the (d) a few

**6. She kicks the ball with ........... left foot.**
(a) a (b) two
(c) the (d) her

**7. ........... say one thing, some say another.**
(a) A few (b) Much
(c) More (d) Some

**8. ........... of philosophy is concerned with questions that have no answer.**
(a) More (b) Many
(c) Much (d) Any

**9. Have you got ........... sugar?**
(a) little (b) much
(c) any (d) few

**10. Many are called but ........... are chosen.**
(a) less (b) a little
(c) a few (d) few

**Direction (Q. 11– 20) : Find out the part which has an error in each of the following sentences. If there is no error in a sentence, the answer is (d).**

**11.** Sunil is a best student (a)/ in our class (b)/ at present, (c)/No error (d).

**12.** Important Congress dissident source said as (a)/ one stage that Raman Rao and Chandra Shekhar (b)/ had been asked the dissident group to suggest suitable names. (c)/ No error (d)

**13.** A cell is the smallest (a)/ identifiable unit of life (b)/ and cannot be seen with a naked eye. (c)/ No error (d).

**14.** Children who have had (a)/ good Pre-school Education are most likely (b)/ to out do other children at school. (c)/ No error (d).

**15.** The burglars were caught just as (a)/ they were about to (b)/ escape from the jail. (c)/ No error (d)

**16.** On my request Jatin (a)/ introduced me to his friend (b)/who is singer and scientist. (c)/No error (d)

**17.** I am not wealthy (a)/so I cannot afford (b)/ to buy a expensive car. (c)/ No error (d)

**18.** The teacher drew (a)/ an attention of the boys (b)/ to the importance of regular practice. (c)/ No error (d)

**19.** First European sailor (a)/to come to India in (b)/modern times was Vasco-Da-Gama. (c)/ No error (d).

**20.** It was by the mistake (a)/ that he caught (b)/ her hand. (c)/ No error (d)

**Direction (Q. 21–40) : Choose the most appropriate article to fill in the blanks.**

**21. I bought .......... horse, an ox and a buffalo.**

(a) the (b) an
(c) a (d) no article

**22. Do you see .......... blue sky?**

(a) the (b) an
(c) a (d) No article

**23. Why do you throw .......... tea?**

(a) the (b) an
(c) a (d) No article

**24. Let us discuss .......... matter seriously.**

(a) the (b) an
(c) a (d) no article

**25. The guide knows .......... way.**

(a) the (b) an
(c) a (d) no article

**26. Where is .......... servant? I want a glass of water.**

(a) the (b) an
(c) a (d) no article

**27. He is .......... unlucky man.**

(a) the (b) an
(c) a (d) no article

**28. It is .......... unit of measurement.**

(a) the (b) an
(c) a (d) no article

**29. It is .......... hour's distance from here.**

(a) the (b) an
(c) a (d) no article

**30. I want to be .......... MP.**

(a) the (b) an
(c) a (d) no article

**31. The lion is .......... king of beasts.**

(a) the (b) an
(c) a (d) no article

**32. I eat an egg .......... day.**

(a) the (b) an
(c) a (d) no article

**33. .......... Ganga is a sacred river.**

(a) The (b) An
(c) A (d) No article

**34. Give me .......... umbrella which you bought yesterday.**

(a) the (b) an
(c) a (d) no article

**35. He died without .......... heir.**

(a) the (b) an
(c) a (d) no article

**36. She is .......... real Hitler.**

(a) the (b) an
(c) a (d) no article

**37. A bird in hand is worth two in .......... bush.**

(a) the (b) an
(c) a (d) no article

**38. He looks as stupid as .......... owl.**

(a) the (b) an
(c) a (d) no article

**39. It is very difficult to get .......... taxi at such a time.**

(a) the (b) an
(c) a (d) no article

**40. Thieves stole the money from .......... box.**

(a) the (b) an
(c) a (d) no article

## Answers

| | | | | | | | | | |
|---|---|---|---|---|---|---|---|---|---|
| **1.** (b) | **2.** (b) | **3.** (b) | **4.** (b) | **5.** (c) | **6.** (d) | **7.** (d) | **8.** (b) | **9.** (a) | **10.** (c) |
| **11.** (a) | **12.** (a) | **13.** (c) | **14.** (b) | **15.** (c) | **16.** (c) | **17.** (c) | **18.** (b) | **19.** (a) | **20.** (a) |
| **21.** (c) | **22.** (a) | **23.** (a) | **24.** (a) | **25.** (a) | **26.** (a) | **27.** (b) | **28.** (c) | **29.** (b) | **30.** (b) |
| **31.** (a) | **32.** (c) | **33.** (a) | **34.** (a) | **35.** (b) | **36.** (c) | **37.** (a) | **38.** (b) | **39.** (c) | **40.** (a) |

❑❑❑

# 15 Active and Passive Voice

Voice is the form of a verb that shows whether the subject of the verb does something or has something done to it. The verb has two voices—Active and Passive.

**Active Voice:** A Verb is said to be in the Active Voice when the person or thing denoted by the subject acts.

***For example,***

(i) Aryan writes a letter. The sentence indicates the subject 'Aryan' does something. So, it is in Active Voice.

**Passive Voice:** A Verb is said to be in the Passive Voice when the person or thing denoted by the subject does not act, but suffers the action done by something/someone.

***For example,***

(i) A letter is written by Aryan. In this sentence, the written verb indicates that something is done by Aryan. So, the verb here is in Passive voice.

## Rules to Change the Voice

To change a sentence from Active to Passive Voice the following steps are involved:

- To change the object into a subject: if object is the pronoun change it as follows

| | | |
|---|---|---|
| me | = | I |
| you | = | you |
| her | = | she |
| us | = | we |
| him | = | he |
| it | = | it |
| whom | = | who |

- Change the subject into object by using 'by'

| | | |
|---|---|---|
| I | = | by me |
| We | = | by us |
| You | = | by you |
| He | = | by him |
| She | = | by her |
| It | = | by it |
| They | = | by them |
| Who | = | by whom |

- The verb is changed according to the tense.

## Rules for Change of Voice Exemplified

### Present Indefinite Tense

(*Change into–Is/Am/Are + Past Participle of Verb*)

| Active | Passive |
|---|---|
| He speaks French. | French is spoken by him. |
| Does he speak French? | Is French spoken by him? |
| He does not speak French. | French is not spoken by him. |
| Does he not' speak French? | Is French not spoken by him? |

### Present Continuous Tense

(*Change into–Is/Am/Are+Being+Past participle of Verb*)

| Active | Passive |
|---|---|
| He is painting the wall. | The wall is being painted by him. |
| Is he painting the wall? | Is the wall being painted by him? |
| He is not painting the wall. | The wall is not being painted by him.. |
| Is he not painting the wall? | Is the wall not being painted by him? |

### Present Perfect Tense

(*Change into—Has/Have + Been + Past Participle of Verb*)

| Active | Passive |
|---|---|
| You have spoken the truth. | The truth has been spoken by you. |
| Have you spoken the truth? | Has the truth been spoken by you? |
| You have not spoken the truth. | The truth has not been spoken by you. |
| Have you not spoken the truth? | Has the truth not been spoken by you? |

## Past Indefinite Tense

*(Change into–Was/Were + Past Participle of Verb)*

| Active | Passive |
|---|---|
| England won victory. | Victory was won by England. |
| Did England win victory? | Was victory won by England? |
| England did not win victory. | Victory was not won by England. |
| Did England not win victory? | Was victory not won by England? |

## Past Continuous Tense

*(Change into–Was/Were + Being + Past Participle of Verb)*

| Active | Passive |
|---|---|
| Rohit was reading a book. | A book was being read by Rohit. |
| Was Rohit reading a book? | Was a book being read by Rohit? |
| Rohit was not reading a book. | A book was not being read by Rohit |
| Was Rohit not reading a book? | Was a book not being read by Rohit? |

## Past Perfect Tense

*(Change into–Had + Been + Past Participle of Verb)*

| Active | Passive |
|---|---|
| Students had purchased Bags. | Bags had been purchased by students. |
| Had students purchased Bags? | Had Bags been purchased by students? |
| Students had not purchased Bags. | Bags Had not been purchased by students. |
| Had students not purchased Bags? | Had Bags not been purchased by students? |

## Future Indefinite Tense

*(Change into–Shall be/Will be + Past Participle of verb)*

| Active | Passive |
|---|---|
| War will destroy everything. | Everything will be destroyed by war. |
| Will war destroy everything? | Will everything be destroyed by war? |
| War will not destroy everything. | Everything will not be destroyed by war. |
| Will war not destroy everything? | Will everything not be destroyed by war? |

## Future Perfect Tense

| Active | Passive |
|---|---|
| Shila will have completed work. | Work will have been completed by Shila. |
| Will Shila have completed work? | Will work have been completed by Shila? |
| Shila will not have completed work. | Work will not have been completed by Shila. |
| Will Shila not have completed work? | Will not work have been completed by Shila? |

## Verb followed by modals

In those sentences which carry modals like can, could, should, would, must etc., 'be' is used between the modal and the third form of verb in the passive voice.

Active voice : I can do this work.

Passive voice : This work can be done by me.

## Imperative Sentence

In changing imperative sentence to passive voice, the following rules are observed :

(i) Let + new object + be/not be + 3rd form

(ii) According to the idea of the sentence, we use phrases like you are requested to/advised to/ordered to, etc.

(iii) Kindly or please is deleted.

| Active Voice | Passive Voice |
|---|---|
| Shut the door. | Let the door be shut. |
| Do not starve the man. | Let the man not be starved. |
| Get out of my sight. | You are ordered to get out of my sight. |

## Exercise

**Direction (Q. 1–14): In each of the following questions a sentence has been given in Active or Passive Voice. Out of the four alternatives you have to select the one which best expresses the same sentence in Passive or Active Voice.**

1. **Poverty obliged him to steal.**
   (a) He was by poverty obliged to steal.
   (b) He was to steal obliged by poverty.
   (c) He was obliged by poverty to steal.
   (d) He was obliged to steal.
2. **People speak different languages in India.**
   (a) Different languages have been spoken in India.
   (b) Different languages are spoken in India.
   (c) Different languages were spoken in India.
   (d) Different languages had been spoken in India.
3. **Darjeeling grows tea.**
   (a) Tea grows in Darjeeling.
   (b) Tea is grown in Darjeeling.
   (c) Let the tea be grown in Darjeeling.
   (d) Tea is being grown in Darjeeling.
4. **Do not insult the weak.**
   (a) The weak should not be insulted.
   (b) Let the weak not be insulted.
   (c) The weak you should not insult.
   (d) The weak insulted should not be.
5. **Mona was writing a letter to her rather.**
   (a) A letter was written to her father by Mona.
   (b) A letter has been written to her father by Moan.
   (c) A letter was being written by Mona to her father.
   (d) A letter was written by Mone to her father.
6. **Who taught her such things ?**
   (a) Who was she taught such things by ?
   (b) She was taught such things by who ?
   (c) By whom she was taught such things ?
   (d) By whom was she taught such things ?
7. **I shall order the carriage.**
   (a) The carriage will be ordered.
   (b) The carriage by me order.
   (c) The carriage I will ordered.
   (d) The carriage ordered by me.
8. **You will have finished this work by tomorrow.**
   (a) This work will have been finished tomorrow.
   (b) This work will be finished by tomorrow.
   (c) This work will finished tomorrow.
9. **The manager will give you a ticket.**
   (a) A ticket the manager will give you.
   (b) A ticket will be given by manager.
   (c) A ticket by the manager will be given to you.
   (d) A ticket will give you the manager
10. **A tiger may be helped even by a little mouse.**
    (a) A little mouse may even help a tiger.
    (b) Even a little mouse may help a tiger.
    (c) A little mouse can even help a tiger.
    (d) Even a little mouse-ought to help a tiger.
11. **The passive voice of 'We make Ice cream from milk' is**
    (a) Ice cream is being made from milk
    (b) Ice cream has been made from milk
    (c) Ice cream was made from milk
    (d) Ice cream is made from milk by us
12. **Which is the correct passive voice of the following sentence?**
    **You have painted the window.**
    (a) The window was painted
    (b) The window has been painted by you
    (c) The window is painted
    (d) The window be painted
13. **Change the following into Passive Voice**
    'Do not insult your elders'.
    (a) Let not your elders be insulted
    (b) Your elders let not be insulted
    (c) Let your elders not be insulted by you
    (d) Let us not insult your elders.
14. **Point out the sentence in passive voice**
    (a) The striking students were throwing stones
    (b) Twenty lessons have been finished
    (c) The murderer hide the knife
    (d) The enemy will have sunk the ship by now

## Answers

**1.** (d) **2.** (b) **3.** (b) **4.** (b) **5.** (c) **6.** (d) **7.** (a) **8.** (d) **9.** (b) **10.** (c)
**11.** (d) **12.** (b) **13.** (c) **14.** (b)

□□□

# 16 English Teaching Pedagogy

"What an Indian student at the secondary school stage requires is competence in the language of a degree which would enable him to use the language with a fair amount of command and ease in all the domains where he needs to use it. Therefore, the primary objective of teaching English should be to help the students to acquire Practical Command of English so that it may be useful to them in their ordinary life."

1 The National Curriculum Framework 2005 states: "The goals for a second language curriculum are twofold : attainment of a basic proficiency, such as is acquired in natural language learning, and the development of the language into an instrument for abstract thought and knowledge acquisition through (for example) literacy."

Broadly speaking the desired result which we aim at in our English lessons is to train our pupils :

(i) to hear and understand
(ii) to speak and be understood
(iii) to read and understand
(iv) to write and be understood. When we have finished our teaching, our pupils should be able to use English with ease and confidence demonstrating automatic control of the required vocabulary and structures. Their comprehension and expression of both oral and written English should be developed enough to serve their purposes in life.

## The Specific Objectives of Teaching English

The objectives involve :

(i) an analysis of the complex skills of language into simpler elements so that all the aspects are taken care of in teaching.
(ii) the specific objectives based on this analysis
(iii) resources and transactional strategies to achieve the objectives.

Let us now take up the four skills of language one by one.

## Listening

Correct hearing is an essential step. Language is learnt by imitation; that is true of both the baby learning its mother tongue and the student learning a foreign language. Before a learner can understand the meaning of the word or a construction, before he can speak it, he must be allowed to hear it. The training to hear accurately and understand when it is spoken as a second language in one's country or as an international language, involves the ability to

(i) recognize English speech sounds both in isolation and in combination readily and quickly;
(ii) differentiate the speech sounds of English;
(iii) distinguish between English speech sounds and almost similar speech sounds in the mother tongue;
(iv) understand the vocabulary and sentence patterns used in speech;
(v) derive meaning from stress, pitch and intonation of English language;
(vi) understand English speech sounds at normal speed as in conversation or movies.

## Specific Objectives

To develop the ability to

(i) get the sense of what an educated speaker is speaking on a general subject at normal speed;
(ii) receive orders or instructions;
(iii) understand conversation of average tempo, lectures, talks on the radio, news broadcasts, and running commentaries on matches etc.;
(iv) follow closely and with ease all types of standard speech such as rapid or group conversation, extended dialogues, documentary films, plays and movies etc.;
(v) pay attention to and value the other people's point of view.

## Resources and Transactional Strategies

(i) Making greater use of English in the classroom for both teaching the text and the activities surrounding the text
(ii) Giving commands, asking questions and getting responses
(iii) Telling stories with brief questions based on them
(iv) Reciting poems
(v) Listening to music, especially popular compositions and community singing (vi) Watching dramas being performed in a theatre
(vi) Listening to recorded material on the tape recorder
(vii) Listening to various programmes in English on TV and radio

## Speech

Speech is the foundation of all language work. The purpose of learning English is to use it as a second language or as an international language and on most occasions it implies the ability to speak to someone. It has been argued on both linguistic and psychological grounds that spoken English should be the principal objective in language teaching. The training to speak confidently and be understood by fellow countrymen and foreigners involves the ability to

(i) produce English speech sounds both in isolation and in combination readily and quickly;
(ii) distinguish between English speech sounds and almost similar speech sounds in the mother tongue;
(iii) recall appropriate words, sentence and phrase patterns readily and quickly, according to needs and situations;
(iv) speak sentences with correct speed, pause, pronunciation and intonation keeping the sense groups in view;
(v) select and organize one's ideas on a subject readily and express them correctly;
(vi) read a passage aloud with correct pauses, accent and intonation.

## Specific Objectives

To develop the ability to

(i) talk on prepared topics in simple and correct sentences (e.g. in classroom situations) without obvious faltering and speaking with a pronunciation readily understandable to others;
(ii) hold ordinary everyday conversation, asking conversational questions and responding to such questions, exchanging greetings, receiving or giving orders or directions, making a request for something etc.;
(iii) speak without making glaring mistakes, and with a command of vocabulary and syntax sufficient to express one's thought in sustained conversation, speak at a normal speed with good pronunciation and intonation, read a passage or report aloud; give short talks recounting experiences or something seen; provide commentary, tell stories, give explanations that are properly sequenced and linked; make a short presentation in formal English;
(iv) Participate in school debates, group talks, plays etc.;
(v) exchange ideas and to be at ease in social situations;
(vi) speak freely, naturally, idiomatically with ease and facility at home, at school and in society;
(vii) Promote fluency-based communication.

## Resources and Transactional Strategies

(i) Encouraging child's talk in the classroom
(ii) Making learners participate in group discussions on given issues
(iii) Asking questions
(iv) Reciting poems
(v) Narrating stories and experiences
(vi) Holding discussions based on pictures containing total scene
(vii) Using dialogues
(viii) Making announcements in the school assembly
(ix) Organising speech contests, debates etc.
(x) Telephoning
(xi) Encouraging learners to participate in dramatic performances.

Training in speech is associated with the expressive and participatory functions of language. The teachers should see the child's talk as a resource rather than a nuisance. They should encourage children to explore different issues with small group talk and undertake activities that nurture the abilities to compare and contrast, to wonder and express, to guess and challenge, to judge and evaluate.

## Reading

The confident reader is one who can recognize instantaneously the word or word group in front, without dividing it into parts or looking at individual letters. The more we read the more we increase our ability to read. Training to read and understand implies the ability to

(i) sound out and syllabify words;
(ii) take in whole phrases and sense groups at once without inwardly pronouncing single words when reading silently;
(iii) read a passage with speed without losing the general meaning and important details;
(iv) gather the meaning of unknown words and expressions from the context, pictures or diagrams in the book and, if necessary, with the help of a dictionary;
(v) understand the meaning communicated by the syntax, punctuation and various linking and reference devices;
(vi) recognize the relationships of ideas in a passage and draw appropriate inferences;
(vii) know how to locate sources for a given task and find out relevant information in them using skimming, scanning, contents, index, glossary etc.

## Specific Objectives To develop the ability to

(i) grasp directly (i.e. without translating) the meaning of simple and non-technical prose (reading daily newspapers, magazines, simple and general books for pleasure or for information, letters received etc.
(ii) read with immediate comprehension prose and verse of average difficulty and mature content;
(iii) locate the central idea and the supporting details;
(iv) compare and contrast ideas by finding out similarities and dissimilarities;
(v) identify the suggested or hidden meaning of the text;
(vi) infer the mood of the writer – humorous, sarcastic , joyous or sad;
(vii) recognise the bias and objectively distinguish facts from opinions;
(viii) appreciate the emotional and aesthetic aspects of the text;
(ix) read as a habit.

## Resources And Transactional Strategies

(i) Model reading by the teacher in meaningful units with appropriate stress and intonation.
(ii) Use of recorded material for reading texts at a stretch.
(iii) Loud reading by the students with correct pronunciation especially at lower levels.
(iv) Correction of errors in pronunciation.
(v) Practice in silent reading with speed regulating regressions and fixations.
(vi) Providing supplementary reading material
(vii) Practice in skimming and scanning

(viii) Reading comprehension exercises with focus on interpretative, inferential, evaluative and appreciative level questions
(viii) Using a library and consulting reference books

## Writing

Writing is the graphical representation of spoken language. It comes last as it is the most difficult aspect of language learning. Training to write correctly with confidence and without error implies the ability to

(i) write legibly with reasonable speed even under pressure;
(ii) spell words correctly;
(iii) use the capital letters and punctuation marks correctly;
(iv) recall and use appropriate words, phrase and sentence patterns readily;
(v) identify and correct wrongly constructed sentences;
(vi) select relevant ideas and organize them into paragraphs and essays;
(vii) present the matter logically and avoid unnecessary repetitions;
(viii) stick to the point and reach an effective conclusion;
(ix) compare the structure of English with that of the mother tongue and improve one's language facility by following relational approach;
(x) use a dictionary, reference books and such other source materials.

## Specific Objectives to develop the ability to

(i) write letters to relatives and friends that we cannot speak to about everyday experiences and needs;
(ii) write invitations, complaints and offer condolences;
(iii) write business letters;
(iv) write applications for leave, testimonial, jobs etc.;
(v) write notices, telegrams and advertisements;
(vi) write cohesive paragraphs on familiar topics, using appropriate linkers and reference devices;
(vii) write reports of committees and minutes of meetings;
(viii) write short descriptive essays or simple stories heard or read elsewhere;
(ix) record things we wish to remember ourselves or things that we think other people would like to know later;
(x) make notes with speed and accuracy on subjects being studied for our future reference;
(xi) summarise longer texts;
(xii) take examinations;
(xiii) write freely and independently on a variety of subjects with idiomatic naturalness, ease of expression and some feeling for the style.

Besides correctness, teachers should insist that children express their own thoughts and feelings in writing. At middle and senior levels of schooling, note-making should receive special attention as a skill development training exercise. It will discourage mechanical copying from the blackboard, textbooks and guides. Imagination and originality should be allowed to play a more prominent role.

## Resources And Transactional Strategies

(i) Pre-writing exercises at initial stages
(ii) Transcription
(iii) Dictation
(iv) Reordering words/sentences/paragraphs
(v) Fill-in exercises
(vi) Completion type exercises
(vii) Questions and Answers
(viii) Developing an outline
(ix) Changing the person or tense in a paragraph
(x) Picture composition
(xi) Free expression—describing persons, places, objects and events
(xii) Letter writing–both formal and informal
(xiii) Summarizing
(xiv) Skill of note making and note taking
(xv) Practice in writing notices, telegrams and advertisements
(xvi) e-mail

It is desirable to follow the integrated approach to the teaching of different skills of language. NCF 2005 states "Children appear to learn much better in holistic situations that make sense to them rather than in a linear and additive way that often has no meaning. Rich and comprehensible input should constitute the site for acquisition of all the different skills of language. In several communicative situations, such as taking notes while listening to somebody on the phone several skills may need to be used together." Adequate practice in different aspects of the four skills in imaginary or real life situations has to be ensured to develop the mastery over them.

## Cognition, Concepts and Elements

Cognition refers to the process by which knowledge is acquired. Perception, memory, thinking, imaging all contribute to it. A Concept is generalized meaning. It is a symbol which stands for a class or group of objects or events with common characteristics. We are all familiar with many concepts like chair, book, orange etc. They stand for groups of objects with common properties. Concepts, therefore, enable us to group objects or events that share common properties and respond in a similar manner to each example of the concept. Obviously for each concept a rule defines which concepts are examples of that particular concept. In fact, the acquisition of concepts depends on the reciprocal process of generalisation and discrimination. Generalization enables the learner to incorporate two or more separate experiences into a more comprehensive new meaning. Discrimination enables the learner to distinguish between classes of events and experiences. Actually we can't develop generalization without discrimination nor can we go far in forming discrimination establishing some generalizations.

## The meaning and implication of cognitive maps for learning of languages

It was Tolman who conceived of the organism knowledge as organized into a sort of 'cognitive maps of the environment rather than being a simple listing of stimulus-response pairs. In fact, the world in which behavior goes on is a world of paths and tools, obstacles and bypaths with which the organism has commerce. The manner in which the organism makes use of path and tools in relation to its goals characterizes behavior as planful as well as purposive. Actually knowledge of the world is used in planning out efficient action sequences. Learning a new subject, therefore, should begin by getting a view of it as a whole and should proceed by analysing it into parts, each to be studied in greater detail. In fact, this is in line with the Gestalt view that the primary emphasis is to be placed on the whole. It is in line with the integration movement because seeing the subject as a whole facilitates integration. It is also in line with the experimental evidence which shows that learning is accomplished more rapidly and efficiently if we have a clear understanding of what we are attempting. Actually a definition of 'whole' depends upon the learning capacity to see relationship. In general, we learn by wholes when the activity that results from the learning is unified, integrated, functional and independent. So far as languages are concerned at its most elementary level psycholinguistics describe the nature of speech sounds called phonemes and how phonemes combine to form words. A higher level of analysis called grammar discusses the rules by which words combine to form plurals and sentences. The highest level of study deals with semantics and pragmatics. Semantics is the study of meaning and pragmatics concerns everyday use of the language. Phrases cannot be randomly combined to form a sentence. Rules govern the formation of sentences and rules determine how phonemes are grouped to form words and how words are combined to express various ideas.

Grammar rules establish the ways that words can be combined into meaningful phrases, clauses and sentences. Words must be arranged to indicate mutual relations, they cannot be grouped haphazardly. In fact, Tolman who talked about 'cognitive maps' visualized the potential of cognitive approach to learning languages to recreate, to use the rules to develop competence which is basic, a prerequisite to acquiring the skills of listening, speaking, reading and writing. Actually, cognitive map is knowledge of the environment and the knower makes maps of what he learns and they in turn help him know more about the environment and with the elements form concepts. Obviously, this implies that the teacher should structure his teaching strategies in view of the knowledge the learner has already had which means follow a spiral approach for easy understanding and longer retention.

The following are the perceptual features emphasized by advocates of cognitive theory :

1. A learning problem should be so structured and presented that the essential features are open to the inspection of the learner.
2. The function of knowledge should be an essential thing for the teacher or educational planner. He should proceed from simplified wholes to more complex wholes.
3. Emphasis should be on meaningful learning.
4. Cognitive feedback confirms correct knowledge and also corrects faulty learning.
5. Goal-setting is as important as motivation for learning.
6. Development of thinking leads to inventive solutions of problems or to the creation of novel and valid points nurtured alone with concept thinking which leads to correct answers.

## Concept Maps and Curricular Elements

Some psychologists believe that cognitive maps are, in fact, mind maps. Mind maps are based on content analysis (analysis of idea/s). Mind maps essentially facilitate understanding which is based on curricular elements (content),

(i) What are the curricular elements in English?
(ii) How can learners apply the concepts to learning the subject?
(ii) How can a teacher develop an understanding of the curricular elements in the learners?

These are some of the basic questions which we are going to discuss in the following paragraphs :

### The curricular elements in the English Language are generally as follows:

(i) Pronunciation (Sounds)
(ii) Lexical Items
(iii) Structural items
(iv) Reading texts
(v) Composition (oral and written)
(vi) Grammar (Formal)
(vii) Comprehension (through listening and reading)
(viii) Expression/Communication (spoken and written)

## Steps for Concept Mapping

The general steps for concept mapping are as follows:

(i) Analyse the content to be taught.
(ii) Find out a concept in each curricular element/area.
(iii) Sequence them (in terms of difficulty level, abstract and concrete abstract, i.e. concept from the abstract world and from the physical world?
(iv) Prepare a flow diagram/chart.
(v) Establish relationships/a hierarchy (That is usually like a map)
(vi) Prepare a concept map keeping in view the 'objectives' of the subject (why to teach?) and 'the content' of the subject (what to teach?)
(vii) Try not to select topics without a strong rationale.

## Stages of Preparing Concept Mapping

The following are the general stages of curricular transaction:

(i) Rationale (Why to teach the subject?)
(ii) Objective (Why to teach the curricular element)
(iii) Content (What to teach?)
(iv) Mode (How to teach?)
(v) Evaluation (Application) Cognitive maps should essentially show the above mentioned things.

## Different Approaches and Methods of Teaching English Approach, Method and Technique

In English Language Teaching, the key words are techniques, methods and approach. Edwin Anthony made a distinction among these three levels with specific reference to language learning. An approach is a set of assumption dealing with the nature of language and language learning. Approaches are axiomatic. A method is an overall plan for the orderly presentation of language material, no part of which contradicts, and all of which is based on the selected approach. In other words, it is a specification of strategies for language learning. Within one approach, there could be several methods. Methods are procedural. A technique is that which happens within the classroom and is consistent with the method. It may be described as a particular trick or strategy used to accomplish an immediate objective for example: drills, pair work. Techniques are implementational. The relationship among these three concepts may be stated as follows: Techniques carry out a method which is consistent within an approach. While questions of approach are of concern to theorists, course designers and syllabus makers, methods and techniques are of more immediate relevance to teachers in the classroom.

## The Grammar Translation Method

The Grammar – Translation Method is not new. It has had different names, but it has been used by language teachers for many years. Earlier in this century, this method was used for the purpose of helping students read and appreciate foreign language literature. It was also hoped that, through the study of the grammar of the target language, students would become more familiar with the grammar of their native language and that this familiarity would help them speak and write their native language better. Finally, it was thought that foreign language learning would help students grow intellectually; it was recognized that students would probably never use the target language, but the mental exercise of learning it would be beneficial anyway.

In Grammar Method the primary skills to be developed are reading and writing. Little attention is given to speaking and listening, and almost none to pronunciation. The teacher is the authority in the classroom. It is very important that students get the correct answer. It is possible to find native language equivalents for all target language words. Learning is facilitated through attention to similarities between the target language and the native language. It is important for students to learn about the form of the target language. Deductive application of an explicit grammar rule is a useful pedagogical technique. Language learning provides good mental exercise. Students should be conscious of the grammatical rules of the target language. Whenever possible, verb, conjugations and other grammatical paradigms should be committed to memory.

## The Direct Method

The Direct Method is not new. Its principles have been applied by language teachers for-many years. Most recently, it was revived as a method when the goal of instruction became learning how to use a foreign language to communicate. Since the Grammar – Translation Method was not very effective in preparing students to use the target language communicatively, the Direct Method became popular. The Direct Method has one very basic rule. No translation is allowed. In fact, the Direct Method receives its name from the fact that meaning is to be connected directly with the target language, without going through the process of the beginning of language instruction; however, the reading skill will be developed through practice with speaking. Language is primarily speech. Culture consists of more than the fine arts (e.g., in this lesson we observed the students studying geography and cultural values). Objects (e.g., realia or pictures) present in the immediate classroom environment should be used to help students understand the meaning. The native language should not be used in the classroom. The teacher should demonstrate, not explain or translate. It is desirable that students make a direct association between the target language and meaning. Students should learn to think in the target language as soon as possible. Vocabulary is acquired more naturally if students use in full sentences, rather memorizing word lists. The purpose of language learning is communication. (therefore, students need to learn how to ask questions as well as answer them. Pronunciation should be worked on right from the beginning of language instruction. Self-correction facilitates language learning. Lessons should contain some conversational activity-some opportunity for students to use language in real contexts. Students should be encouraged to speak as much as possible. Grammar should be taught inductively. There may never be an explicit grammar rule given. Writing is an important skill, to be developed from the beginning of language instruction. The syllabus is based on situations or topics, not usually on linguistic structures. Learning another language also involves learning how speakers of the language live.

## The Structural Approach

The Structural Approach, which consists of selecting and grading the structures of a language rather than the words. Of course, words are also selected and graded, but the main emphasis is put on teaching the students a command of the structures. Once they know these frames or patterns, they can fit words into them easily enough. For instance, once they know the pattern If...... had been..... would have (done), they can easily learn words to put into the blanks and brackets; but if they only know lists of words, they cannot possibly speak, understand, read or write a sentence. Strictly speaking, the Structural Approach should deal not only with sentence pattern (syntactical structures), but also with such things as the sound patterns of a language (phonological structures), the patterns of words (how they are built up from smaller pieces, or morphological structures), different meanings of words and patterns, and idioms. All these should be selected and graded. The Structural Approach is not a method of teaching: it is an approach. Any method can be used with it. Once the structures have been selected and graded, it would be possible to teach them by grammar and translation, or by the Direct Method, or by any other method one could think of.

## Uses and Limitations of the Structural Approach

Now that we know what the Structural Approach is and also what it is not, we can examine it to see how far it fits into our aims and means. The mere selection and grading of structures will not solve the problems we have. It will help us to prepare materials for the teacher, because it will help us to take one thing at a time, to have the easier things before the more difficult ones, and to have those which can serve as a good basis for teaching other things, coming before the latter. It will also make it much easier for us to keep track of what we have taught at any given point so that we can know. (i) What we can expect the pupils to have no difficulty with and (ii) What we should revise. But the structural approach will not provide the teacher with advice on how to present each new teaching point, nor with drills for consolidating it nor with reading material, nor with material for written exercise. All this has to be prepared, in great detail. If we are to provide the average teacher with what he desperately needs if he is to break the vicious circle. And we must never forget that it is the pupil that should be the centre of our interest, not the material. If an order of grading the structures is excellent in theory, but does not work in practice, because the material which one can write on the basis of it is nonsensical, or terribly boring or psychologically unsuited to pupils of the target level, we have to change the order of grading.

## The Situational Approach

The Structural Approach is often combined with the Situation Approach, which means that everything that is taught should be taught in a situation or context that links the words with the thing they refer to. If you want to teach 'This is a book', you should actually take a book and demonstrate to the pupils what you are talking about. The utterance, 'This is a book' should grow out of the situation of having a book and wanted to tell the pupils what its name is in English. The meaning of words and of structures are only the situations in which they can be used. Without the situational approach, teachers are liable to fall into the mistake of thinking that there is some advantage in drilling words and structures without reference to meaning, which means without putting them in any context.

## The Drill Method

Besides the Oral Approach, the Structural Approach is usually linked with the Drill Method. Followers of the Drill Method believe that we learn a thing by hearing it, speaking it, reading it or and/or writing it many times. A thing cannot usually stick in our heads if we hear, speak, see or write it only once: only repetition can ensure retention. Until the thing to be learnt is so well known that we can instantaneously recall it when we need it, it is not really known. In the case of weak, unimaginative teachers, this sometimes degenerates into mechanical repetition of what they want their students to learn: This is a book, This is a book, This is a book, etc. But such drill is both extremely boring and inefficient. The brain just ceases to register after a time: the words roll mechanically out of the pupils' minds without any real impression on the brain. Furthermore, the words cease to be associated with any meaning, or any situation in the students' minds.

## Bilingual approach

This method was invented by Pro. C J Dodson of Wales. It is a midway approach between the grammar translation method and the direct method. This method believes that while learning the mother tongue, the child has already established the concept of so many objects and things in his mind. This method teaches us a foreign language with the help child's native language.

## Chief characteristics

1. Mother tongue equallent of English words are told to the class.

2. The word by word translation is not done by the teacher. Translation is used only when the meaning of a particular word is difficult to explain through direct method. English passages are explain in English and not in the student's mother tongue.

3. The mother tongue is used only at the initial stage. This practice is dropped as soon as students develop sufficient vocabulary of foreign language.

4. Rules of grammar are not taught separately as is done in Grammar Translation Method.

5. Sentences is a unit of teaching.

## Communicative Approach

The Communicative Approach also known as communicative language teaching (CLT) emphasizes interaction and problem solving as both the means and the ultimate goal of learning English. As such, it tends to emphasize activities such as role play, pair work and group work. It switched traditional language teaching's emphasis on grammar and the teacher-centred classroom, to that of the active use of authentic language in learning and acquisition. CLT is interested in giving students the skills to be able to communicate under various circumstances. As such, it places less emphasis on the learning of specific grammatical rules and more on obtaining native-speaker like fluency and pronunciation. Students are assessed on their level of communicative competence rather than on their explicit knowledge. It is more of an approach or philosophy than a highly structured methodology. David Nunan listed five key elements to the communicative approach. 1- An emphasis on learning to communicate through interaction in the target language. 2- The introduction of authentic texts into the learning situation. 3- The provision of opportunities for learners to focus not only on the language but also on the learning process itself. 4- An enhancement of the learner's own personal experiences as important contributing elements to classroom learning. 5- An attempt to link classroom language learning with language activation outside the classroom.

## Dr. West's new method

Dr. Michael West during his long stay in India an association with Indian Education, studied carefully the problem of teaching in India. After a considerable thinking he came to the conclusion that by far the greater number of Indians required only a passive knowledge of English Indian children need to be able to read

English then to write it and lastly to speak it and understand it when spoken. Therefore, the main purpose of Indian child according to Dr. West, should be purposeful silent reading not oral reading. He also suggested that for the first two years Indian pupil should be engaged in learning to read English because.

1. Learning to read English is rather easy. 2. Teaching of reading English is also easy. 3. Reading creates joy and interest among children. 4. The major emphasis of teaching of speech that was laid in the direct method, considered useless by Dr. West. He wanted to lessen it and to lay it on the reading aspect. The new method is based on 1. priority of reading . 2. separate provision for reader with controlled vocabulary. 3. a judicious use of mother tongue.

## Objectives

1. By teaching to read English the children may be able to understand not only English people but also the people of other countries, their customs, tradition etc. They may be able to collect information in connection with future vocation by reading English books on science, technology, medicine etc.
2. Since most of the Indian children will not be required to go to England and to speak English, nor will they need to write English in their practical life, they should be able only to have a practical passive knowledge of English that is reading with comprehension. In order to develop the reading ability of English adequate provision for reading material needs to be made with controlled vocabulary.

## The Audio-Lingual Method

The Audio-Lingual Method, like Direct Method has a goal very different from that of the Grammar Translation Method. The Audio-Lingual Method was developed in the United States during World War II. At that time there was a need for people to learn foreign languages rapidly for military purposes. The Grammar Translation Method did not prepare people to use the target language. While communication in the target language was the goal of the Direct Method, there were at the time exciting new ideas about language and learning emanating from the disciplines of descriptive linguistics and behavioural psychology. These ideas led to the development of the Audio-Lingual Method. Some of the principles are similar to those of the Direct Method, but many are different, having been based upon conceptions of language and learning from these two disciplines. In the Audio-Lingual Method language forms do not occur by themselves; they occur most naturally within a context. The native language and the target language have separate linguistic systems. They should be kept apart so that the students' native language interferes as little as possible with the students' attempts to acquire the target language. One of the language teacher's major roles is that of model of the target language. Teachers should provide students with a native speaker-like model. By listening to how it is supposed to sound, students should be able to mimic the model. Language learning is a process of habit formation. The more often something is repeated, the stronger the habit and the greater the learning. It is important to prevent learners from making errors. Errors lead to the formation of bad habits. When errors do occur, they should be immediately corrected by the teacher. The purpose of language learning is to learn how to use the language to communicate. Particular parts of speech occupy particular "slots" in sentences. In order to create new sentences, students must learn which part of speech occupies which slot. Positive reinforcement helps the students to develop correct habits. Students should learn to respond to both verbal and non-verbal stimuli. Each language has a finite number of patterns. Pattern practice helps students to form habits which enable the students to use the patterns. Students should be like an orchestra leader conducting, guiding, and controlling the students' behavior in the target language. The major objective of language teaching should be for students to acquire the structural patterns; students will learn vocabulary afterwards. The learning of a foreign language should be the same as the acquisition of the native language. We do not need to memorize rules in order to use our native language. The rules necessary to use the target language will be figured out or induced from examples. The major challenge of foreign language teaching is getting students to overcome the habits of their native language. A comparison between the native and target language will tell the teacher in what areas her students-will probably experience difficulty. Speech is more basic to language than the written form. The "natural order" the order children follow when learning their native language – of skill acquisition is: listening, speaking, reading, and writing. Language cannot be separated from culture. Culture is not only literature and the arts, but also the everyday behavior of the people who use the target language. One of the teacher's responsibilities is to present information about that culture.

## Learner and teacher roles

Communicative language emphasizes "self direction for the learners". As the teacher won't be around to guide them the whole time, especially not when the learners speak the language outside the classroom. They are expected to take on a greater degree of responsibility for their own learning. This is essential for the active development of the new language. The learner should enter into situations where communication takes place as much as possible to increase his or her communicative proficiency. Teachers no longer rely on activities that require repetition, accruals and memorization of sentences and grammatical patterns jested. They require the learners to negotiate meaning and to interact meaningfully in the new language. Learners have to participate in classroom activities based on a cooperative rather than individualistic approach to learning. They need to listen to their peers in order to carry out group work successfully. The teacher adopts different rules. On the one side she is a facilitator and guide on the other hand a coordinator, an ideal – person and a co-communicator. She talks less and listen more to the students output. In addition to that, the teacher also identifies the students, learning strategies and helps the students to improve them if necessary and show them how to work independently.

Instructional task become less important. That doesn't mean that they aren't used at all, but with less significance. There changes give the teacher more scope for variety and creativity and she gives up her status as a person of authority in a teacher-learner hierarchy. It is teacher responsibility to be creative and prepare appropriate material at home.

## Materials

Materials play an important role in communicative language teaching. They provide the basis for communication among the learners. There are three basic types of materials. 1- Text-based materials 2- Task-based materials 3- Realia Text-based material like text books will if designed on CLT. Principles on which they can build up conversations. They may contain visual cues, pictures and sentences fragments which the learners can use as a starting point for conversation. Other books context of different text the teacher can use for pair work. Both learners get texts with different information and task is to ask each other question to get to know the content of the missing piece.

Task- based material consists of exercise hand-books, cue cards activity cards pair communication practice materials and student-interaction practice booklets pair communication practice material contains material for a pair of students. It is similar to a task using text based material. Both students have different kinds of information and through communication they need to put the part together. Other pair work tasks involve one student as an interviewer and the other one as interviewee. Topics can range from personal experience and telling the other person about one's own life and preferences to talking about a topic that was discussed in the news recently.

Using radio in communicative language teaching means using authentic material, for example newspaper article, photos, maps, symbols and many more. Material which can be touched and held makes speaking and learning more concrete and meaningful. Maps can used to describe way from one point to be another and photos can be used for describing where things are placed. In front of, on top and undermean something, and so on.

A classic example of a communicative classroom activity in the jigsaw activity. Functional communication activities require students to use their language resources to overcome an information or solve a problem. Usually the class is divided into several groups and each group has a different piece of information needed to complete an activity. The task of the class is to fit all the pieces together to complete the hole they must use their language resources and communicative strategies to communicate with each other in order to get the information the group do not have.

## Advantage and Disadvantage

The most obvious advantage in communicative language teaching is that· of the increases of fluency in the target language.

This enables the learners to be more confident when interaction with· other people and they also enjoy talking more. The approach also leads to gains in the areas of grammatical· sociolinguistics/discourse / strategic/competence through communication.

**Classroom activities :** Classroom activities are used in communicative language teaching that includes the following :

1. Role play
2. Interviews
3. Information gaps
4. Games
5. Language exchanges
6. Surveys
7. Pair-hole
8. Learning by teaching

## Language Games

Looking at the importance, richness and the usefulness of English Language, it is necessary to make teaching/learning process enjoyable, interesting and easy. In language learning enjoyment and success go together. That's why a great emphasis is on the teacher to create a more informal atmosphere and enjoyment as a positive factor in overcoming anxiety. Language games are an admirable way to practice language because they place language in a social context. The child is encouraged to use all his linguistic knowledge/capacity actively. Language games performed in groups or team activity create rivalry and cooperation hand in hand. There is hardly any difference between work and play. There is a pleasant, informal and often relaxed atmosphere. Through games a language is learnt by using it in situations and communicatively. Isolated sounds, words, phrases and sentences, however, governed with rules do not carry language learning far, although it is helpful upto a point. Through games, students consolidate and supplement the language they have learnt in an informal manner. The boredom of ordinary repetitive devices are removed through participation of the students/children in a high competitive spirit. In games, language material is presented with more dynamic stimulation. Games bring the teacher and the learner into more agreeable and intimate relationship which helps to make the process of learning/teaching more easy.

## Organization of games in the classroom

As the success of the game depends on its organization, the teacher has to be very careful while organizing games in the classroom. He has to be careful about :

- the division of teams or groups a fresh or new division as far as possible should be made.
- the groups should be evenly matched in abilities and numbers.
- games must be very well explained beforehand in the class.
- if necessary mother tongue may be used.
- one or two examples must be given by the teacher.
- the teacher must take part as a leader.
- teacher's own participation can bring better result.
- games should be within the linguistic capacity of the child.
- scoring is also necessary to arise real team spirit.
- the teacher can name the teams also.

Any effort that makes the learning go with an extra swing is worthwhile. It is essential, however, that the language game lessons should be well prepared and pleasantly and brightly conducted so that the learners actively use the language most of the time. Examples of a few games are given below but the teacher should always be imaginative and in search of new games. Some games are recognition games, word building games. Chain spelling, word ladder, etc. Reading and writing development games.

## Recognition Games

Divide the class into two teams. Place a large tray of objects/ flashcards with pictures on them in front of the class. Then the teacher asks in turn each member of the alternative team to name the object or pictures of objects on the flash cards. As such one is named correctly e.g. ball, it should be written on the blackboard. No object should be repeated. As the learner's linguistic capacity increases, detailed description may be demanded.

**Example:** ball, a ball, a red ball, a small ball, an old ball, smaller than a tennis ball. The team which names more number of object wins.

**Word building/Word Ladder/Chain Spelling**

The words used in this game may be limited to a category such as verbs, nouns, adjectives, prepositions and words of similar sounds. One player begins by spelling or writing a word in the category decided upon. The next player must spell or write a word in the same category, but beginning with the last letter of the word spelt/written e.g. laugh, hate employ, yawn, and so on. Any player beginning with the wrong letter, mis-spell his words or giving a word out-side the category is dropped from the game.

e.g.

at - cat, rat, mat, bat, hat
in – pin, bin, tin, sin
en - pen, ten, hen, zen
all - ball, tall, call, hall
est - rest, test, nest, best, west, chest
op - stop, hop, top, shop
sure - pleasure, measure, treasure
ear - near, bear, wear, tear, clear, fear, clear, year
are - care, hare, dare, bare
ost - host, most, lost, cost, post

Conversation "Conversation is a dialogue between two persons" It is very important way to know each/ one another and convey our ideas and thoughts with the help of words. It develops our language learning skills. It helps in creating a proper atmosphere for better understanding of person, place or things and some general greetings.

# Teaching method

## Activity-1

To prepare a chart, write some sentences and read loudly before the children. For eg. How are you? I am fine, thank you, how are you?

- What is your name? My name is Rohit.
- Note- Prepare more conversational sentences and read it again and again· before children.

## Activity-2

Teacher will call two children with English text books. Instruct them to give their books to each other respectively. After receiving books they will say "Thank you."

- Teacher should explain that we should say thank you when someone gives us something.

## Importance of Reading Skill

Teaching and learning of English language aim at making English language a library language, and this directly involves reading skills. By achieving mastery over reading skills of English language we will be able to get the latest and most advanced knowledge of every field and it also:

Helps the learners to widen the horizon of their knowledge and understanding.

- Gives them a rapid sense of achievement and less regress programming for the productive activities like writing skills. It gives more variety to their experience.
- Uses as source of feedback.
- Helps the learner to acquire speed which he would needs in future.
- What do we mean by ability to read. Reading ability means reading with understanding and speed. Helping the students to read in sense group- deducing meaning in sense groups and in isolation.
- Combining sense groups in meaningful units.
- Guessing the meaning of unfamiliar words.
- Making prediction regarding the meaning of the text as a whole and also of isolated words and sentences. Understanding the text organisation by locating places, identifying main ideas, facts, events, figures and characters, dealing with most relevant ideas and unfamiliar words.
- Ignoring unnecessary language items and ideas.4 Overall reading with understanding involves recognizing, memorizing, recalling and organizing. What is natural process of reading? The principle of the second language approach for developing reading skills are:
- In the beginning the same matter should be given to read which has been4 practiced orally.
- The units of subject matter should be in sequence.
- There must be progressive system.
- Known to unknown.
- Simple to complex.
- Whole to part.
- Easy to difficult.
- Familiar to unfamiliar.
- Frequent before less frequent.
- Subject matter should be presented in meaningful situations and in small units. Content should appeal the child to develop interest.

- Children should enjoy what they read.
- Interest should be kept high.
- Motivation is very important with adequate drill and exercises.

## How does a good reader read?

What are undesirable things which should be avoided for making our students a good reader.

- Learners should not read aloud to solve they should not make visible articulatory movements while reading silently.
- There should be no head waving.
- They should not be tongue wobbler.
- they should not be sub vocalizer (whisper)
- They should not look at each word separately.
- The eye doesn't take much of a pause to make the recognition.

How to make a speedy reader-

1. A beginner is compel, to read almost every letter, to be sure of its shape. It is the teacher's work to make this stage as short as possible. The learner should not look letters separately and not even words one by one.

- A good reader moves quickly making long gaps and very short holds.
- He must be trained to look in groups.
- Good reader does not follow the print with his finger.
- It is a wrong habit.
- In this beginning he can be given a pencil instead of the finger and finally it should be totally removed. Good reader doesnt look back frequently.
- He should not always read at the same speed. i.e. more slowly at the beginning of the story because he hasnt got into yet.
- He may go faster through the parts where all the matter is known to him and where he doesnt have to make the detailed of the passage.

## Reading Retardation

The reasons responsible for reading retardation are:

- lack of practice
- lack of proper guidance
- lack of good teachers miss implementation of methods
- reading skills are avoided
- to underestimate reading skills

# Innovations in the Teaching of English with Futurist Vision

## Conceptualizing innovations

The classic definitions of 'innovation' are as follows:

(1) "The introduction of new things, ideas or ways of doing something." (Oxford Advanced Learner's Dictionary (2000)

(2) "a new idea, method, or invention,"(Longman Dictionary of Contemporary English (2004),

(3) "the act of introducing something new: something newly introduced" (The American Heritage Dictionary)

(4) "the successful exploitation of new ideas" (Dept. of Trade and Industry, U K)

(5) change that creates a new dimension of performance.

## Types, sources and goals of innovation

Scholars have identified numerous types of innovations in general. However, innovations in ELT may be categorized as follows:

**Process Innovation** involves the implementation of a new idea, procedure, technique, method or approach.

**Product Innovation** involves the introduction of a new idea, procedure, technique, method, or approach.

Simply speaking, a process innovation is an idea which you implement and you see to it that it works. A product innovation is an idea which has been successfully tried out or implemented and it is the one which you want to use or introduce in your own setting.

### There are two main sources of innovation

**Producer Innovation**: This is where an agent (person, etc.) innovates in order to sell the innovation.

**End-User Innovation**: This is where an agent (person, etc.) develops an innovation for their own (personal or in-house) use because the existing ideas, methods, etc. do not meet their needs.

The goals of innovation are to improve quality, create new and meaningful procedures, resources and devices, etc. Innovation in language education is achieved by formal research, practice, experience, etc. Technology, particularly, ICT [Information Communication Technology] has been useful in generating and implementing new ideas in ELT. We will discuss some of them in this Unit. Innovations and Technology affect each other. For example behaviorism caused programmed learning. Internet online learning and teaching.

## Innovations in ELT

We have discussed the concept, types, sources and goals of innovation. New we are going to discuss the major areas of innovations in ELT.

## Major areas of innovations in ELT

Generally speaking the major areas of innovations in ELT are as follows:

(i) Teaching Approach
(ii) Teaching Method
(iii) Teaching Procedure
(iv) Curriculum Construction
(v) Resources
(vi) Testing and Evaluation
(vii) ICT, Multimedia
(viii) Other Allied Aspects

## Major innovations in ELT

Every new approach, method, procedure, device, resource, etc. is largely an improvement on the previous or existing one. Thanks to this particular reason we have had the emergence of Grammar-Translation Method, Direct Method(s), Structural Approach, Situational Approach, Structural Situational Approach, Bilingual Method, the Communicative Approach, etc. Presently the Communicative Approach is in great use and demand, notwithstanding some genuine objections. Let us briefly discuss some of the alternative methods in and approaches to ELT.

## Total Physical Response (TPR)

This method is built around the coordination of speech and action: it attempts to teach language through physical (motor) activity. Developed by James Asher, TPR reflects a grammar-based view of language. Oral proficiency is stressed at the beginning. Comprehension is a means to the end, and the ultimate aim is to teach basic speaking skills. TPR regards reduction of stress as a key to successful language acquisition.

## The Silent Way

The Silent Way is the name of a method of language teaching devised by Caleb Gattengo. It is based on the premise that the teacher should be silent as much as possible in the classroom but the learner should be encouraged to produce as much language as possible. The elements of the Silent Way are the use of colour charts and colored Cuisenaire rods. The general objective of the method is to provide beginning level students with oral and aural facility in basic elements of the target language.

### Community Language Learning (CLL)

CLL was developed by Charles A. Curran and his associates. CLL represents the use of counseling Learning theory to teach languages. CLL combines innovative learning tasks and activities with conventional ones, which include translation, group work, and recording transcription, analysis, reflection and observation, listening and free conversation. Learners become members of a community- their follow learners and the teacher, and learn through integrating with the community. Learning is not viewed as an individual accomplishment but as something that is achieved collaboratively. Teachers function as counselors.

### Suggestopedia (Desuggestopedia)

This method was developed by Georgi Lozanov, a Bulgaria Psychiatrist-educator. "Suggestopedia is a specific set of learning recommendations derived from suggestology, which Lozano describes as," Science.... concerned with the systematic study of the non-rational and/or non-conscious influences that human beings are constantly responding to." Suggestopedia tries to harness these influences and redirect them as to optimize learning. The most conspicuous characteristics of suggestopedia are the decoration, furniture and arrangement of the classroom, the use of music and the authoritative behavior of the teacher. Conversational proficiency, mastery of prodigious lists of vocabulary pairs, suggesting to the students for setting such goals for themselves are some of the objectives of Suggestopedia. Learning activities include imitation, question and answer, role play and listening. Silence is also part of the lesson.

## The Whole Language

In this approach developed by a group of US educators, language is seen as a whole entity. The approach is implemented by each individual teacher keeping in view the needs and relevant activities of the learners. Authentic materials are used for teaching language. The approach aims at helping learners to read and write naturally with a focus on real communication. The teacher is seen as a facilitator and the learner is a collaborator. The whole language instruction activities comprise individual and small group reading and writing, ungraded dialogue, journals, writing portfolios, story writing, etc. There is a particular focus on using literature.

## Multiple Intelligences (MI)

MI is a learner based philosophy propounded by Howard Gardner. According to this view, human intelligence has multiple dimensions. Gardner is of the opinion that all humans have these types of intelligences but people differ in the strengths and combination of intelligences. All of them can be enhanced through practice and training. 50 Gardner mentions eight native "intelligences" which are

(1) linguistic
(2) logical/mathematical
(3) spatial
(4) musical
(5) bodily/kinesthetic
(6) interpersonal
(7) interpersonal and
(8) naturalist.

Gardener believes that there is more to language than linguistic intelligence. A multisensory view of language helps us construct an adequate theory of language as well as an effective design for language learning. MI based language teaching consists of four stages:

(1) awaken the intelligence,
(2) amplify the intelligence,
(3) teach with/for the intelligence and,
(4) transfer of the intelligence.

The activities for MI based learning are lectures, small and large group discussions, demonstrations, charts, maps and other visual awareness activities, role plays, music appreciation, peer teaching, group brainstorming, individualized projects, inventories, checklists, etc.

## The Lexical Approach

The fundamental belief of this approach is that the building blocks of language learning and communication are not grammar, functions, noting, or some other unit of planning and teaching but lexis, that is words and words combination. This approach reflects the centrality of the lexicon, language structure, second language learning and language use and in particular to multiword lexical units or "chunks" that are learned and used as single units. The lexical syllabus is used in this approach. The learners take on the role of 'discourse analyst'. Classroom procedures involve the use of activities that draw student attention to lexical collocations and seek to enhance their retention and use of collocations, add exercises and focus explicitly on lexical phrases.

## Competency-Based Language Teaching [CBLT]

CBLT stresses the outcomes or outputs of learning in the development of language programme. It advocates defining educational goals in terms of precise measurable descriptions of knowledge, skills, and behaviours student should posses at the end of a course of study. CBLT is based on a functional and international perspective on the nature of language. It seeks to teach language in relation to the social contexts in which it is used. The following are the eight key features of Competency Based Education programme in English as a second language :

1. A focus on successful functioning in society.
2. A focus on life skills.
3. Task-or performance centered orientation .
4. Modularized instruction.
5. Outcomes that are made explicit a priori.
6. Continue and ongoing assessment.
7. Demonstrated mastery of performance objectives.
8. Individualized, student-centered instruction.

The following are the four domains of competency descriptions at each stage of twelve core competencies:

1 Knowledge and learning outcomes

2 Oral competencies

3 Reading competencies 4 Writing competencies

## The Natural Approach

In this approach there is an emphasis on exposure, or input, rather than practice; optimizing emotional preparedness for learning; a prolonged period of attention to what the language learners hear before they try to produce language; and a willingness to use written and other materials as a source of comprehensible input. Krashan and Terrell see communication as the primary function of language. In the Natural Approach, emphasis is also given to the use of visual aids, listening and reading, speaking, and a relaxed classroom atmosphere. Academic learning skills are also focused.

## Cooperative Language Learning (CLL)

It is a learner centered approach that makes maximum use of cooperative activities involving pairs and small groups of learners in the classroom. Cooperative learning advocates draw heavily on the theoretical framework of development psychologists Jean Piaget and Lev Vygotsky, both of whom stress the central role of social interaction in learning. A central premise of CLL is that learners develop communicative competence in a language by conversing in socially or pedagogically structured situations. CLL also seeks to develop learners' critical thinking skills, which are seen as central to learning of any sort.

## Content Based Instruction

In this approach, teaching is organised around the content or information that student will acquire, rather than around a linguistic or other type of syllabus. Content is the subject matter or substance that students learn or communicate through language rather than language to convey it. The two central principles of CBI are as follows:

People learn a second language more successfully when they use the language as a means of acquiring information rather than as an end in itself. (ii) Content Based Instruction better reflects learners' needs for leaning a second language. The CBI aims at activating and developing learners' existing language skills, their general academic skills and helping them to acquire learning skills and strategies that could be applied in future language development opportunities.

## Task- Based Language

Teaching This approach is based on the use of tasks as the core unit of planning and instruction in language teaching. Learners learn language by interacting communicatively and purposefully while engaged in the activities and tasks. A task is an activity or goal that is carried out by using language, such as finding out a solution to a puzzle, reading a map and giving directions, writing a letter or reading a set of instruction, etc. Tasks are done individually, in pairs in peers and in groups also. The procedure includes pre-tasks, task and post-task activities, planning, reporting, analysis and practice.

## Notional Functional Approach (NFA)

NFA refers to that approach to teaching language in which instruction is organised in terms of 'notions' and 'functions'. Thus the focus is on 'content', rather than on 'forms' of the language. In this approach language is categorised on the basis of notions such as quantity, location, and time, and functions such as making requests, making offers, apologising, etc. A notion is a particular context in which people communicate and a function is a specific purpose for a speaker in a given context.

## More Models of Language

Teaching Language teaching especially ELT, has been very a fascinating area for researchers and practiceners who have propagated and advocated new ideas and models. We have discussed many of them above. Some of the new models are briefly discussed below:-

(i) PPP (Presentation, Practice, and Production) Model:

In this model, the teacher 'presents' new language materials in meaningful contexts, the students have 'practice' and then they 'produce' language.

(ii) ESA (Engage, Study and Activate) Model:

In this model, the students are 'engaged' in a meaningful task. They 'study' the material provided to them. The teacher 'activates' them by way of questions, exercises, activities, etc

(iii) TTT (Test, Teach and Test) Model :

In the TTT model, the teacher first of all conducts a 'test', then 'teaches' on the basis of student performance on the text, and thereafter gives another 'test' based on the teaching.

# Exercise

**1. According to Dr. West's new method reading can be divided into:**
(a) Two parts (b) Three parts
(c) Four parts (d) Five parts

**2. Which one of the following is demerit of situational approach?**
(a) It is not suitable for lower class
(b) Trained teachers are not required for it
(c) Text-books cannot be taught by this method
(d) Any sentence patterns can be taught by this approach

**3. One of the main disadvantages of Dr. West's method is:**
(a) Pronunciation of the students cannot be improved because undue emphasis is given on reading
(b) Reading and writing are ignored
(c) It developes the habit of translation in thinking
(d) It needs trained teachers

**4. Which one of the following is the main feature of phonetic method:**
(a) It is easy to apply
(b) It is logical, economical and graded
(c) It is complete as regards the phonetic elements
(d) Above all

**5. Substitution table method was adopted by:**
(a) Dr. West
(b) Prof.C.J. Dodson
(c) H.E. Palmer
(d) Dalton

**6. Which one of the following is the method used in Remedial teaching opinion by Yoakam and Simpson:**
(a) Incidentally. as in the past
(b) By the case-study or clinical method in which individual pupils are segregated for treatment
(c) Both (a) and (b)
(d) None of the above

**7. In which teaching method, words of one sentence are substituted by other words:**
(a) Direct method
(b) Translation-Cum-Grammar method
(c) Subsitutiontable method
(d) Bilingual method

**8. Which method is also known as spelling method:**
(a) Alphabetic method
(b) Phonetic method
(c) Syllabic method
(d) Word method

**9. Which one of the following is not characteristics of Bilingual method?**
(a) Word for word translation is not done
(b) Translation is done by the teacher only to explain the subject matter
(c) Situations are created by giving the mother tongue equivalent of English words
(d) In the initial stage it lays emphasis, purely on oral work

**10. Which one of the following is not merit of Bilingual method?**
(a) It gives emphasis on speech practice
(b) It develops the habit of independent reading
(c) Audio-visual aids are not much needed
(d) It is suited to all the types of school located in rural or urban areas

**11. Which method is fairly common is England and is some of the European schools in India:**
(a) A.B.C. or Alphabetic method
(b) Phonetic method
(c) Word method
(d) Syllabic method

**12. The sentence method has:**
(a) It is a psychological and natural method
(b) It develops fluency in speaking and reading
(c) It stresses the meaning of what is read and thus it develops intelligent reading
(d) Above all

**13. Which one of the following method is also called look and say method (or) see and say method:**
(a) the syllabic method
(b) the word method
(c) the phase method
(d) the sentence method

**14. Which one of the following is the main limitation of the substitution method:**
(a) There is no sequence and there fore children learn any isolated sentences
(b) This method cannot be used for teaching grammar systematically
(c) It lays a greater stress in oral work than on written work which in equally important
(d) Above all

**15. Which one of the following is the merit of Direct Method ?**
(a) A natural Method
(b) Easy understanding of English
(c) Fluency of Speech and bases of writing
(d) Above all

**16. According to whom, "Substitution is a process by which any model sentence may be multiplied indefinitely substituting for any of its words of word-groups and other words of the same grammatical family"**
(a) Palmer
(b) Ogden and Richards
(c) Bhardwaj and Suri
(d) P. Gurrey

**17. Direct Methods makes only an:**
(a) aural oral appeal
(b) written appeal
(c) both (a) and (b)
(d) none of these

**18. The substitution method was devised to:**
(a) Supplement the Direct method
(b) Supplement the Translate Method
(c) Both (a) and (b)
(d) None of above

**19. Which method is strictly in conformity with the educational principles particular before**

general concrete before abstract, practice before theory:
(a) Translate Method
(b) Direct Method
(c) Indirect Method
(d) None of these

**20. The chief advantage of the translation method is:**
(a) in the sphere of vocabulary getting
(b) a strong memory bond is established
(c) the develops an attitude of exactness and definiteness
(d) above all

**21. Who say that "Only the clever child can profit by Direct Method"**
(a) Dr. West (b) Dr. Breton
(c) Wyatt (d) none of these

**22. The word method is criticized because:**
(a) It associates picture with the word
(b) It combines the words into sentence
(c) It is a burden of learning so many words individually and then combining them
(d) It needs several visual aids

**23. Free composition, if introduced too early produces bad results because:**
(a) It gives rise to writing skill
(b) The child is unable to make up his own throughts
(c) It gives birth to speaking power
(d) None of the above

**24. The rapid reading has the aims:**
(a) Recreational aim
(b) Literary and Linguistic aim
(c) Intellectual aim
(d) All the three mentioned above

**25. The colour words cannot be taught to the beginners by showing:**
(a) red pen
(b) yellow ribbon
(c) water
(d) blue bag

**26. The best method of teaching a language specially English is:**
(a) Word or phrase method
(b) Sentence method
(c) Story method
(d) Mixed method

**27. A story is always written in the following tense:**
(a) Present tense
(b) Past tense
(c) Future tense
(d) None of these

**28. Demerits of word-method are:**
(a) uneconomical
(b) burden of learning
(c) placing emphasis on meaning
(d) all the above

**29. Important types of letters are:**
(a) Personal or private letters
(b) Business letters
(c) Official letters or applications
(d) All the above

**30. In sentence method, the evaluation takes place:**
(a) After reading from false card
(b) After reading from the black-board
(c) After comprehending the subject matter
(d) All the three mentioned above

**31 .The Lexical Items, with which language teaching is concerned may be:**
(a) Dictionary head words
(b) Group of words
(c) Idioms and pharases
(d) All the above

**32. Story should be written:**
(a) According to its outline
(b) Different to its outline
(c) Not similar to its outline
(d) Just opposite to its outline

**33. Teaching and Testing are important activities from the point of view that they are:**
(a) similar to each other
(b) same
(c) alike
(d) different from each other

**34. Importance of oral composition lies in the fact that:**
(a) The students cannot learn to write sentences
(b) The student cannot learn to collect good ideas to write
(c) It is useful for giving practice in using the language already learnt
(d) It enables the students to misuse the words

**35. Description in English teaching should be:**
(a) Easy and clear
(b) Based on facts
(c) Impressive
(d) All of the above

**36. The necessary element which helps is learning English is:**
(a) imitation
(b) oral production
(c) reading with understanding
(d) all the above

**37. Written composition can be improved by:**
(a) Checking the written composition seriously
(b) Pointing out the errors and mistakes
(c) Asking questions in the oral preparation stages
(d) All the above

**38. Speaking and writing are:**
(a) Confidential skills
(b) Receptive skills
(c) Productive skills
(d) Non-creative skills

## Answers

| | | | | | | | | | |
|---|---|---|---|---|---|---|---|---|---|
| **1.** (a) | **2.** (c) | **3.** (a) | **4.** (d) | **5.** (c) | **6.** (c) | **7.** (c) | **8.** (a) | **9.** (d) | **10.** (b) |
| **11.** (b) | **12.** (d) | **13.** (b) | **14.** (d) | **15.** (d) | **16.** (a) | **17.** (a) | **18.** (a) | **19.** (b) | **20.** (d) |
| **21.** (b) | **22.** (c) | **23.** (b) | **24.** (d) | **25.** (c) | **26.** (d) | **27.** (b) | **28.** (d) | **29.** (d) | **30.** (d) |
| **31.** (d) | **32.** (a) | **33.** (d) | **34.** (c) | **35.** (d) | **36.** (d) | **37.** (d) | **38.** (c) | | |

❑❑❑

# क्षेत्रीय/जनजातीय भाषाएँ

# 1. खोरठा

1. **गंगा भारतेक सोबले बोड नदी हे' में संड़गा ( संज्ञा ) है-**
(a) व्यक्तिवाचक (b) जातिवाचक
(c) समूहवाचक (d) भाववाचक

2. **हँठेक गुलायं के खोरठाक नांवजइजको साहितकार हे ?**
(a) श्री निवास पानुरी
(b) विश्वनाथ दसौंधी राज
(c) ए.के.झा
(d) उपर्युक्त सभी

3. **'हाम घर जा रहल ही' में सरबनाम ( सर्वनाम ) है-**
(a) व्यक्तिवाचक (b) निश्चयवाचक
(c) सम्बंधवाचक (d) प्रश्नवाचक

4. **'गांवेक मुखिया बंढिया लोक हे' में गुनबाचक बिसेसन ( गुणवाचक विशेषण ) हैं**
(a) गांवेक (b) मुखिया
(c) बंढिया (d) लोक

5. **खोरठा भाखाक जनमेक बिचार टा सोब कोय माने हथ-**
(a) एकर जनम 'खरोष्ठी' ले भेले हुई
(b) एकर जनम 'खरठा' ले भेले हई
(c) एकर जनम परकीरती ले जनमल सांडा ले भेले हई
(d) उपरेक सोब ले

6. **'ऊ गीत गाइ रहल हइ' में किरिया ( क्रिया ) है-**
(a) करम फुचका किरिया
(b) करम धरिया किरिया
(c) 'a' एवं 'b' दोनों
(d) इनमें से कोई नहीं

7. **खोरठा भाषा के शब्द 'अझुराइल' में आगाइड़ा ( उपसर्ग ) है-**
(a) अन (b) अर
(c) अध (d) अड़

8. **खोरठा साहित आर आर-सदानेक भाखा गुलाक सोब ले बोड़ गुण हे-**
(a) संयुक्ताक्षर (b) स्वरागम
(c) मध्यस्वरागम (d) इनमें से कोई नहीं

9. **हेठे उखरवल कउन टा खोरठा भाखाक पेरमुख क्षेत्रीय रुप हे ?**
(a) सिखरिया-खास पइलिया
(b) गोलवारी
(c) देसवसी और परनदिया
(d) उपरोक्त सभी

10. **हँठे उखरवल कउन टा खोरठा भाखाक खांटी रुप हे ?**
(a) श्रेष्ठ (b) गिआन
(c) ज्ञान (d) प्यार

11. **'यह चाय है' को खोरठा भाषा में लिखेंगे**
(a) ईटा चाह लागइ (b) उटा चाह लागइ
(c) ऊ चाह लागइ (d) ई चाह लागइ

12. **हेंठे उखरवल कउन टा खोरठा भाखाक खांटी रुप हे ?**
(a) व्यापार (b) व्यवहार
(c) बेबहार (d) व्याप्त

13. **हँठे उखरवल कउन टा खोरठा भाखाक खांटी रुप हे ?**
(a) भिक्षा (b) भिक्खा
(c) शिक्षा (d) शेष

14. **हेठे उखरवल कउन टा खोरठा भाखाक खांटी रुप हे ?**
(a) रिसी (b) रीषी
(c) ऋषि (d) ऋषी

15. **'गांवेक बोड अदमी' के लिए एक शब्द है-**
(a) जमींदार (b) बुजुर्ग
(c) सबसे लम्बा (d) मजदूर

16. **"बेरा पूरबे उगे हे ई बाइकें 'बेरा' की लागे ?**
(a) संज्ञा (b) सर्वनाम
(c) विशेषण (d) क्रिया

17. **खोरठा भाषा के शब्द 'साजा' का पर्यायवाची शब्द है-**
(a) सपरा (b) ठाँव
(c) झगरा (d) लिब-लिब

18. **'एक टोकी फूल आना' ई बाइकें 'एक टोकी फूल ' कउन किसिमेक संड़गा हे ?**
(a) भाव वाचक संज्ञा
(b) द्रव्य वाचक संज्ञा
(c) समूह वाचक संज्ञा
(d) व्यक्तिवाचक संज्ञा

19. **'सोना पइले आर हेरवले दुइयो खराप' ई बाइके 'सोना' कउन किसिमेक संड़गा हे ?**
(a) भाव वाचक संज्ञा
(b) द्रव्य वाचक संज्ञा
(c) समूह वाचक संज्ञा
(d) व्यक्तिवाचक संज्ञा

20. **'एके पुता चुल्हे मुता' लोकोक्ति का अर्थ है-**
(a) अकेला पुत्र चुल्हा जलाने में साथ देता है
(b) अकेला पुत्र लाड़-प्यार से बदमाश बन जाता है
(c) अकेला पुत्र हमेशा अच्छा पढ़ पाता है
(d) उपरोक्त में से कोई नहीं

21. **'ई लोक टा लगी लखे ढांगा हे' ई बाइके 'ढांगा' कउन किसिमेक संडगा हे ?**
(a) व्यक्ति वाचक संज्ञा
(b) द्रव्य वाचक संज्ञा
(c) समूह वाचक संज्ञा
(d) भाव वाचक संज्ञा

22. **'बुढ़ा गुला रउदे बइसल हथ 'ई बाइके 'बुढा'कउन किसिमेक संड़गा हे ?**
(a) भाव वाचक संज्ञा
(b) द्रव्य वाचक संज्ञा
(c) समूह वाचक संज्ञा
(d) व्यक्तिवाचक संज्ञा

23. **गुरू सबदेक इसतिरलिंग कि भेवे हे ?**
(a) मासटरनी (b) गुरवाइन
(c) पंडीताइन (d) इनमें से कोई नहीं

24. **ऐंठे उखखल सबद गुलायं कउने सबद टा इसतिरलिंग हे ?**
(a) महतवाइन (b) तेलीन
(c) आजी (d) सोभे टा

25. **'हामनिक एक कोरी छगरी है' में बिसेसन ( विशेषण ) है-**
(a) नाप-जोख बाचक बिसेसन
(b) गनतीबाचक बिसेसन
(c) गुनबाचक बिसेसन
(d) सरबनामिक चाहे इंगित बाचक बिसेसन

26. **हँठे अखखल कउन सबद टा पुलिंग सबद हे ?**
(a) कोइरी (b) कुकुर
(c) माँझी (d) सोभे गुला

27. **"सोहन काइल घर गेले हे, ऊ काइल घुइर अइतइ ' ई बाइके 'ऊ' कि लागई ?**
(a) संज्ञा (b) सर्वनाम
(c) विशेषण (d) क्रिया

28. **खोरठा भाषा के शब्द 'गुडरइल' में पेछाइड़ ( प्रत्यय ) है-**
(a) आइन (b) आहिक
(c) आड़ी (d) आइल

29. **जे सबद संड़गाक जधायं परजोग भेवे हे ओकरा कि बइजकल जा हे ?**
(a) संज्ञा (b) सर्वनाम
(c) कारक (d) क्रिया

30. **'हमर मांय हमरा दुलार करऽ हइ' में काल है-**
(a) सामान्य वर्तमानकाल
(b) अपूर्ण वर्तमानकाल

(c) संदिग्ध वर्तमानकाल
(d) इनमें से कोई नहीं

**31. "ऊ लोक टा मोहनेका बाप हथीना।" इस वाक्य खंड में 'ऊ' क्या है?**
(a) निश्चयवाचक सर्वनाम
(b) व्यक्तिवाचक सर्वनाम
(c) अनिश्चय वाचक सर्वनाम
(d) सम्बंध वाचक सर्वनाम

**32. "जे जइसन करे हे, ऊ ओइसन भोरे हे" इस वाक्य खंड में 'जइसन' और 'ओइसन' क्या हे?**
(a) निश्चयवाचक सर्वनाम
(b) व्यक्तिवाचक सर्वनाम
(c) अनिश्चय वाचक सर्वनाम
(d) सम्बन्ध वाचक सर्वनाम

**33. जे सबद ले संइगा चाहे सरबनामेक गुन-भाय फुरछा हे ओकरा बइजकल जा हे?**
(a) संज्ञा (b) कारक
(c) क्रिया (d) विशेषण

**34. "गांवेक मुखिया टा बेस लोक लागइ इस वाक्य खंड में 'बेस' शब्द क्या हे?**
(a) संज्ञा (b) कारक
(c) क्रिया (d) विशेषण

**35. "दोकान बाट ले पांच सेर चाउर किन के आन "ई बाइके पांच सेर कि हे?**
(a) संकेत वाचक
(b) परिमाण वाचक
(c) संख्या वाचक
(d) निश्चित परिमाण वाचक

**36. "ऊ गीदर गुला खेतेक आइरे दोइर रहल हथ" इस वाक्य में 'ऊ'क्या हे?**
(a) संज्ञा (b) सर्वनाम
(c) क्रिया (d) विशेषण

**37. जे सबद ले कान्हों काम करेक चाहे भेवेक भाभ फुरछा हे ओकरा कि बइजकले जा हे?**
(a) संज्ञा (b) क्रिया
(c) कारक (d) विशेषण

**38. "गीता भात खाइ रहल हे" ई बाइके 'भात' कि लागई?**
(a) क्रिया में (b) कर्म
(c) कर्ता (d) इनमें से कोई नहीं

**39. "ऊ अनठेकारी हांइस रहल हे" इस वाक्य में 'हाइस' कि रकमेक किरया हे?**
(a) सकर्मक क्रिया (b) अकर्मक क्रिया
(c) सार्थक क्रिया (d) निरर्थक क्रिया

**40. अधखेचरा, अधमोरवा, अधकपारी, ई सबद गुलांय कउन अगाइड़ (उपसर्ग) के परजोग भेले हइ?**
(a) अ (b) अधख
(c) अध (d) अधि

**41. गरजुड़त, गरगत और गरसड़ सबद गुलायं कउन अगाइड़ेक परजोग भेले हइ?**
(a) ग (b) गिर
(c) गर (d) गरेड

**42. निंदतलइ, बोलतलइ, करतलइ सबद गुलायं कि रकमेक पेछाइड (प्रत्यय) हे?**
(a) लइ (b) तलई
(c) निंद (d) ई

**43. आइझ इसकूल टा खुजल होतोऽ "ई बाइके 'खूजल होतोऽ" ले कउन संवइक भाभ फुरछा हे?**
(a) भूतकाल (b) वर्तमान काल
(c) भविष्यत् काल (d) इनमें से कोई नहीं

**44. 'ढढ़नच नाय कर हाम बुझ रहल ही' में सइंगा (संज्ञा) है-**
(a) व्यक्तिवाचक (b) जातिवाचक
(c) समूहवाचक (d) भाववाचक

**45. खोरठा भाषा के शब्द 'डिहराइ' में पेछाइड (प्रत्यय) है-**
(a) इअइ (b) इयो
(c) इ (d) थि

**46. 'तोइं इसकूल कखन जिबे?' का अर्थ है-**
(a) तुम स्कूल में क्या खाओंगे?
(b) तुम स्कूल कब आओगे?
(c) तुम स्कूल क्यों नहीं आओगें?
(d) तुम स्कूल क्यों आए हो?

**47. खोरठा भाषा के शब्द 'बोदा' का विलोम शब्द है-**
(a) लबरा (b) बोका
(c) ढ़ाइढ़ (d) दूइर

**48. 'जेकर ऐगो आइँख हे' के लिए एक शब्द है-**
(a) अंधा (b) तीव्र दृष्टि वाला
(c) काना (d) त्रिनेत्री

**49. खोरठा भाषा के शब्द 'मुदा' का पर्यायवाची शब्द है-**
(a) मकिन (b) मेनेक
(c) मंतुम (d) ये सभी

**50. 'इटा ने उटा' मुहावरे का अर्थ है-**
(a) भाग्यशाली होना
(b) एक सीधे में होना
(c) छिपकर रहना
(d) इधर-उधर की करना

## उत्तरमाला

| | | | | | | | | | |
|---|---|---|---|---|---|---|---|---|---|
| 1. (a) | 2. (b) | 3. (a) | 4. (c) | 5. (d) | 6. (b) | 7. (b) | 8. (b) | 9. (d) | 10. (b) |
| 11. (a) | 12. (c) | 13. (b) | 14. (a) | 15. (b) | 16. (a) | 17. (a) | 18. (c) | 19. (b) | 20. (b) |
| 21. (d) | 22. (d) | 23. (b) | 24. (d) | 25. (b) | 26. (d) | 27. (b) | 28. (d) | 29. (b) | 30. (a) |
| 31. (a) | 32. (d) | 33. (d) | 34. (d) | 35. (d) | 36. (b) | 37. (b) | 38. (b) | 39. (b) | 40. (c) |
| 41. (c) | 42. (b) | 43. (b) | 44. (d) | 45. (c) | 46. (b) | 47. (c) | 48. (c) | 49. (d) | 50. (d) |

# 2. नागपुरी

**1. 'राजा कर चुनाव' का हेके -**
(a) गद्य
(b) पद्य
(c) नागपुरी लोककथा
(d) महाग्रंथ

**2. आंजन गाँव कर दखिन बटे कोन नदी हय-**
(a) खटवा नदी (b) फलवरीया नदी
(c) नागफनी (d) स्वर्णरेखा

**3. बडगा' कहल जायला-**
(a) भक्त
(b) पुजारी
(c) भगवान
(d) गुरू

**4. नागपुरी भाषा में संज्ञा (संगया) के भेद हैं-**
(a) दो (b) तीन
(c) चार (d) पाँच

**5. 'ततः नमः' का अरथ होवेला -**
(a) तोके नमन (b) थोड़ासा नमक
(c) नीम तोड़ना (d) नींद से जगना

**6. 'गरु सउब धान चइर गलक' वाक्य में जातिवाचक (जाइत बाचक) शब्द है-**
(a) गरु (b) सउब
(c) चइर (d) धान

7. 'तोतो-नोनो' कर लेखक हेकयँ -
(a) नीमय कहानी (b) तीन कौड़ी साहू
(c) कर्मदयाल (d) हरिनन्दन राम

8. 'हठात' मतलब होवेला -
(a) अचके (b) अचरज
(c) बलवान (d) बुद्धिमान

9. "मदक्की" कहल जायला -
(a) पूजा करेक वाला
(b) नीसा करेक वाला
(c) झगड़ा करेक वाला
(d) पेरेम करेक वाला

10. 'इस्कूल ढेइर दूर में हय' वाक्य में संज्ञा (संगया) है-
(a) जातिवाचक (जाइत बाचक)
(b) भाववाचक (भाव बाचक)
(c) समूहवाचक (समूह बाचक)
(d) द्रव्यवाचक्र (दरब बाचक)

11. बरजू राम का रचना काल कब से कब तक माना जाता हे ?
(a) 1800 से 1850 तक
(b) 1800 से 1870 तक
(c) 1800 से 1864 तक
(d) 1800 से 1896 तक

12. जिस सर्वनाम में किसी वस्तु या प्राणी का बोध ना हो, वह कहलाता है-
(a) व्यक्तिवाचक सर्वनाम (बेकति बाचक सरबनाम)
(b) निश्चयवाचक सर्वनाम (निस्चय बाचक सरबनाम)
(c) अनिश्चयवाचक सर्वनाम (बेनिस्चय बाचक सरबनाम)
(d) सम्बंधवाचक सर्वनाम (सम्बंध बाचक सरबनाम)

13. 'बंधुवा मजदूर' का हेके -
(a) कहानी (b) लोककथा
(c) नाटक (d) काब्य

14. 'सपूत' नाटक कर लेखक हेकयँ -
(a) डॉ.बी.पी. केसरी
(b) दुर्गा नाथ राय
(c) प्रफ्फुल कु. राय
(d) डॉ. कुमारी बासंती

15. 'जुली दीदी' के लिख हयँ -
(a) किरण बाला मिश्र,
(b) शंकुतला मिश्र
(c) डॉ. कुमारी बासंती
(d) शीला कुमारी

16. नागपुरी भाषा के शब्द 'छोड़ा' का स्त्रीलिंग है-
(a) छोंडी (b) छोंडिया
(c) छोड़ (d) इनमें से कोई नहीं

17. 'सेयान मनक सिकछा' का हेके -
(a) वयस्क शिक्षा
(b) प्राथमिक शिक्षा
(c) माध्यमिक शिक्षा
(d) कोय नय हे

18. परब-तेवहार कर मोताबिक चाइर नागपुरी राग हेके ?
(a) फगुवा, फगुवा पुछारी, जितिया सोहराई
(b) फगुवा, अधरतिया, डमकच, सोहराई
(c) फगुवा पुछारी, मर्दाना झूमइर, अंगनई, जनाना झूमइर
(d) तीनों

19. 'विप्लवी महान' कोन नागपुरी बिदुवान कर रचना हेके ?
(a) काली शंकर मलार
(b) गिरिधारी राम गौंझू
(c) शारदा प्रसाद शर्मा
(d) उपेन्द्र पाल सहनी नहन'

20. 'तोयँ पढ़त हिस' में क्रिया (किरिया) है-
(a) अकर्मक क्रिया (अकरमक किरिया)
(b) सकर्मक क्रिया (सकरमक किरिया)
(c) 'a' एवं 'b' दोनों
(d) उपरोक्त में से कोई नहीं

21. मरदानामन दबारा गावल जायक वाला चाइर राग हेके ?
(a) मरदानी झूमइर, ढढ़िया, उदासी, आउर पावस
(b) दढ़िया, उदासी, लुझरी आउा, गोलवारी
(c) मरदानी झूमईर, उदासी, झूमटा आउर बिहा
(d) के सउब

22. नागपुरी लोक गीतमन में कोन प्रवृत्ति कर गीत नइ मिलेल ?
(a) सूफी-काव्य प्रवृत्ति
(b) भक्ति काव्य प्रवृत्ति
(c) दुइयो केउ नइ
(d) दुइयो (a) और (b)

23. 'उमन घर जात हयँ' वाक्य किस काल से है ?
(a) वर्तमानकाल
(b) भूतकाल
(c) भविष्यकाल
(d) निर्धारित नहीं किया जा सकता

24. कोन बिदुवान नागपुरी के गीतों की रानी' कइह हे ?
(a) डॉ. वीपी केशरी
(b) प्रो. केशरी कुमार
(c) डॉ. कुमारी वासन्ती
(d) नन्दलाल नायक

25. नागपुरी भाषा में विशेषण (बिसेसन) के कितने भेद होते हैं ?
(a) दो (b) तीन
(c) चार (d) सात

26. एगो बुढ़िया उठते-उठते काँदेल ?
(a) मुरगा (b) जांता
(c) ढेकी (d) चुलहा

27. जोन ठिना धान मिसल जायल ?
(a) अंगना (b) डीह
(c) खरिहान (d) टंगरा

28. नागपुरी भासा में लिंग कर परभाव कोन संगयामन में पड़ेल -
(a) प्राणी बाचक संगयामन में
(b) जाइत बाचक संगयामन में
(c) भाव वाचक संगयामन में
(d) कोय नय

29. 'मोर ठन दर ठो सत्तरा आहे' वाक्य में विशेषण (बिसेसन) है-
(a) गुणवाचक (गुन बाचक)
(b) संख्यावाचक (संख्या बाचक)
(c) परिणामवाचक (परिमान बाचक)
(d) सर्वनामिक (सर्बनामिक वाचक)

30. नागपुरी कर पहिल छपल नाटक हेके ?
(a) नारद मोह लीला
(b) तेतइर कर छाँइह
(c) सातो नदी पर
(d) अखरा निदांय गेलक

31. 'ऊ जोरगर हय' वाक्य में गुणवाचक (गुन बाचक) विशेषण शब्द है-
(a) ऊ (b) जोरगर
(c) हय (d) यह सभी

32. उपन्यास 'शंकर एक जिनगी' कर रचियता हेकयँ ?
(a) क्षितिज कुमार राय
(b) प्रफ्फूल कुमार राय
(c) लालू शंकर मलार
(d) घासी राम

33. 'द्वरक खरचा खातिर बगरा काम करु' वाक्य में कारक है-
(a) अपादान (b) सम्बंध
(c) सम्प्रदान (d) करण

34. 'मधुशाला' कर नागपुरी उल्था कइर हयँ ?
(a) डॉ. कृष्ण कलाधर
(b) उमेश नन्द तिवारी
(c) हरि प्रसाद चौरसिया
(d) शारदा प्रसाद शर्मा

35. 'लोर' केकर रचना हेके ?
(a) बीपी केशरी
(b) डॉ. राम दयाल मुंडा
(c) धनेन्द्र प्रवाही
(d) जानकी देवी

36. 'साइकिल से छउवा गिरलक' वाक्य में कारक है-
(a) अपादान (b) सम्बंध
(c) अधिकरण (d) कर्त्ता

37. 'छन-दु-छन कर रचियता हेकनँ?
(a) बीरेन्द्र कुमार महतो
(b) धनेन्द्र प्रवाही
(c) अशोक पागल
(d) सी.डी. सिंह

38. नागपुरी भाषा के शब्द 'होनहार' में प्रत्यय है-
(a) आउर (b) लक
(c) होर (d) होन

39. नागपुरी काव्य संग्रह 'हिमइत ना हार' कर रचियता हेकयँ?
(a) पुष्कर महतो
(b) मधु मंसुरी
(c) बीरेन्द्र कुमार महतो
(d) नइमुद्दीन निराहा

40. नागुपरी भाषा के शब्द 'कुचर' में उपसर्ग है-
(a) कु (b) नि:
(c) क (d) कि

41. शब्द 'पहिले-पहिल' में समास है-
(a) अव्ययीभाव (b) तत्पुरुष
(c) कर्मधारय (d) द्वन्द्व

42. नागपुरी कबि लाल रणविजय नाथ शाहदेव मूल रूपे कोन रस कर कबि हेकनँ?
(a) बीर रस
(b) बीर आउर सिंगार रस
(c) बिरह रस
(d) बिरह रस

43. नागपुरी भाषा के शब्द 'साइत' का विलोम शब्द है-
(a) दुराल (b) निझल
(c) गड़ाल (d) गुइल

44. काव्य संग्रह आसरा कर डोंगा' कर रचनाकार हेकयँ?
(a) यशोदा देवी (b) पुष्कर महतो
(c) मुकुन्द नायक (d) अशोक पागल

45. नागपुरी में 'य' अकछर बदल जायल?
(a) 'ज' में (b) 'इया' में हें
(c) 'आ' में (d) 'जा' में

46. नागपुरी में 'श' अकछर बदइल जायल?
(a) 'सा' में (b) 'स' में
(c) 'सअ' में (d) 'ष' में

47. नागपुरी भाषा में शब्द 'नाजिम' का पर्यायवाची शब्द है/हैं-
(a) भिरे (b) ठाँवे
(c) पासे (d) ये सभी

48. नागपुरी सब्द में का जोइड़ के पूर्वकालिक किरिया ! कर सब्द बनाल जायल?
(a) 'के' (b) 'कइर'
(c) 'फेइर' (d) 'केने

49. 'बुढ़िया गाय के सोहराइ कर साधा' मुहावरे का अर्थ है-
(a) वृद्ध गाय के सौ रंग होते हैं
(b) वृद्ध महिला का रंगीला मिजाज होना
(c) वृद्ध गाय का ज्यादा दूध होना
(d) वृद्ध महिला का ज्यादा सोना

50. नागपुरी काग शतक कर रचनाकार हेकयँ?
(a) घासीराम
(b) हनुमान सिंह
(c) कंचन
(d) बरजू राम

## उत्तरमाला

| | | | | | | | | | |
|---|---|---|---|---|---|---|---|---|---|
| 1. (a) | 2. (a) | 3. (b) | 4. (d) | 5. (a) | 6. (a) | 7. (c) | 8. (c) | 9. (b) | 10. (b) |
| 11. (a) | 12. (c) | 13. (c) | 14. (b) | 15. (b) | 16. (a) | 17. (a) | 18. (a) | 19. (c) | 20. (a) |
| 21. (a) | 22. (a) | 23. (a) | 24. (b) | 25. (c) | 26. (c) | 27. (c) | 28. (a) | 29. (b) | 30. (a) |
| 31. (b) | 32. (b) | 33. (c) | 34. (c) | 35. (b) | 36. (a) | 37. (b) | 38. (c) | 39. (c) | 40. (b) |
| 41. (a) | 42. (d) | 43. (d) | 44. (b) | 45. (a) | 46. (b) | 47. (d) | 48. (a) | 49. (b) | 50. (a) |

# 3. कुड़ुख़

1. बढ़रका लेख'आ बकने एवँदा डाड़ा नु खुइट्ट्का
(a) ओंद (b) हँड
(c) मून्द (d) नाख

2. कुड़ुख़ भाषा के शब्द 'मेसरका' का अर्थ है-
(a) अन्य कोई (b) मिला हुआ
(c) मिला-जुला (d) मसखरा

3. बेबढ़रका बक एवँदा बरन गहि र'ई?
(a) मून्द (b) नाख
(c) पंचे (d) सोय

4. 'जतरा नू खद्दर अरा मुक्कर गे बेस लग्गी' में पिज्जका ( संज्ञा ) है-
(a) नामें पिंज्जका (व्यक्तिवाचक संज्ञा)
(b) गयरह पिंज्जका (जातिवाचक संज्ञा)
(c) गोठ पिंज्जका (समूहवाचक संज्ञा)
(d) दरप पिंज्जका (द्रव्यवाचक संज्ञा)

5. बधऊ गहि बढ़रना बक एवँदा बरन गहि मनी?
(a) एँड़ (b) मून्द
(c) नाख़ (d) पंचे

6. 'आस मोखा लगदस' में क्रिया है-
(a) अकर्मक क्रिया
(b) सकर्मक क्रिया
(c) 'a' एवं 'b' दोनों
(d) इनमें से कोई नहीं

7. कुड़ुख़ नु मेद एवं गोटंग मनी?
(a) एँड़ (b) मून्द
(c) नाख़ (d) पंचे

8. कुड़ुख़ शब्द 'कुधाबग्गे' में मुहड़ालटखु ( उपसर्ग ) है-
(a) कठ (b) कु
(c) अर (d) गर

9. जोरन तुनउ करिचका बक गहि एवंदा खंदहा मनी?
(a) एँड (b) मुन्द
(c) नाख (d) पंचे

10. पिंज्जका गहि एवैदा डाड़ा मनी?
(a) नाख (b) पंचे
(c) सोय (d) सय

11. बुदहु भगत एका पिंजका हिके तेगा?
(a) गयरह पिंजका (b) गोठ पिज्जका
(c) नामे पिंज्जका (d) दरप पिज्जका

12. बिरसा मुण्डा एका पिंजका तली तेगा?
(a) गयरह पिंजको (b) गोठ पिंजका
(c) नामे पिज्जका (d) दरप पिंजका

13. कुड़ुख़ शब्द 'अक्कुन' में मुहड़ालटखु ( उपसर्ग ) है-
(a) अ (b) अड़
(c) अध (d) अर

14. फंसी टुंगरी एका पिंजका तली तेगा?
(a) गयरह पिंजका (b) गोठ पिंज्जका
(c) नामे पिज्जका (d) दरप पिज्जका

15. कुड़ुख़ शब्द 'कयरारआी' में मुंज्जालटखु ( प्रत्यय ) है-

(a) रओ (b) दर
(c) का (d) या

**16. कीड़ा एका पिंजका तली तेगा ?**
(a) नामे पिंजका (b) गोठ पिंजका
(c) मनगुन पिंञ्जका (d) दरप पिंञ्जका में

**17. कुड़ुख़ शब्द 'होच्चस' में मुंज्जालटखु (प्रत्यय) है-**
(a) या (b) हो
(c) चस (d) खा

**18. मेच्छा एका पिंज़का हिके तेगा ?**
(a) नामे पिंजका (b) गोठ पिंञ्जका
(c) मनगुन पिंञ्जका (d) दरप पिञ्जका

**19. 'सीतद दोहा ईयाईद ननी' में परिया (काल) है-**
(a) सामान्य वर्तमानकाल
(b) पूर्ण वर्तमानकाल
(c) अपूर्ण वर्तमानकाल
(d) इनमें से कोई नहीं

**20. सोना एका पिंज़का हिके तेगा ?**
(a) मनगुन पिंजका (b) गोठ पिंजका
(c) दरप पिंजका (d) गयरह पिंजका

**21. 'ककस पटना ती बरचस' में परिया (काल) है-**
(a) आसन्न भूतकाल (b) पूर्ण भूतकाल
(c) संदिग्ध भूतकाल (d) अपूर्ण भूतकाल

**22. अम्म एका पिंजको तली तेंगा ?**
(a) मनगुने पिंजका (b) गोठ पिंञ्जका
(c) गयरह पिजका (d) दरप पिंञ्जका

**23. इसुंग एका पिंजका तली तेगा ?**
(a) मनगुन पिंजका (b) गोठ पिंजको
(c) गयरह पिंजका (d) दरप पिंजका

**24. कुड़ुख़ भाषा के वाम्प 'नीन लूरगर रअदय' का अर्थ है-**
(a) मै बुद्धिमान हूँ
(b) आप बुद्धिमान हैं
(c) सब बुद्धिमान हैं
(d) कोई बुद्धिमान नहीं हैं

**25. जतरा एका पिंजका हिके तेगा ?**
(a) मनगुन पिजका (b) दरप पिंञ्जका
(c) गयरह पिंजका (d) गोठ पिंञ्जका

**26. बइसकी एका पिंज़का हिके तेगा ?**
(a) मनगुन पिंञ्जका (b) दरप पिञ्जका
(c) गयरह पिंजका (d) गोठ पिंञ्जका

**27. 'मैं एक चपरासी हूँ' को कुड़ुख़ भाषा में लिखेंगे-**
(a) आस ओन्टा चपरासी तलदन
(b) एन ओन्टा चपरासी तलदन
(c) आर ओन्टा चपरासी तलनर
(d) एन ओन्टा चपरासी तलदस

**28. पे-ठ एका पिंज़का हिके तेगा ?**
(a) मनगुन पिंजका (b) दरेप पिंजका
(c) गयरह पिंञ्जका (d) गोठ पिंजका

**29. ओय गुट्ठी एक पिंज्जका तली तेगा ?**
(a) मनुगुन पिंजका (b) दरप पिंजका
(c) गयरह पिंजका (d) गोठ पिंजका

**30. अड्डो एका पिंजका तली तेगा ?**
(a) मनगुन पिंजका (b) दरप पिंञ्जको
(c) गयरह पिंञ्जका (d) गोठ पिंञ्जका

**31. ए-ड़ा एका पिंजका तली तेगा ?**
(a) गोठ पिंञ्जका (b) दरप पिंजका
(c) गयरह पिंजका (d) गोठ पिंजका

**32. अल्ला एका पिंजका हिके तेगा ?**
(a) गोठ पिंजका (b) दरप पिंञ्जका
(c) मनगुन पिंञ्जका (d) गयरह पिंञ्जका

**33. बेरखा एका पिंजको तली तेगा ?**
(a) गोठ पिंञ्जका (b) दरप पिंञ्जको
(c) मनगुन पिंजका (d) गयरह पिंजका

**34. मनखी एका पिंजका तली तेगा ?**
(a) गोठ पिंञ्जका (b) दरप पिञ्जका
(c) मनगुन पिंञ्जका (d) गयरह पिञ्जका

**35. 'यह एक स्कूल है' को कुड़ुख़ भाषा में लिखेंगे-**
(a) आस ओन्टा लूरकुड़िया हेके
(b) ईद ओन्टा लूरकुड़िया हेके
(c) आद ओन्टा लूरकुड़िया हेके
(d) आर ओन्टा लूरकुड़िया हेके

**36. परता एका पिंजका हिके तेगा ?**
(a) गोठ पिंञ्जका (b) दरप पिंञ्जका
(c) मनगुन पिंञ्जका (d) गयरह पिंञ्जका

**37. मन्न एका पिंजका तली तेगा ?**
(a) गोठ पिंञ्जका (b) बरप पिंञ्जका
(c) मनगुन पिंञ्जका (d) रायरह पिंजका

**38. कुड़ुख़ शब्द 'चिऊस' का विलोम शब्द है-**
(a) बक बक (b) कजुस
(c) एम्बा (d) पण्डरा

**39. अड्डो एका पिंजको तली तेगा ?**
(a) गोठ पिंजका (b) दरप पिंजका
(c) मनगुन पिंजका (d) गर्यारह पिंजका

**40. कुड़ुख़ शब्द 'तीना' का विलोम शब्द है-**
(a) डेब्बा (b) चाँड़े
(c) मैय्या (d) चिऊ

**41. ओ-ड़ा एका पिंजका तली तें ?**
(a) गोठ पिंजका (b) दरप पिंजका
(c) मनगुन पिंजका (d) गयरह पिंजका

**42. पॅप एका पिंजका तली तेगा ? '**
(a) गोठ पिंजका (b) दरप पिंञ्जका
(c) मनगुन पिञ्जका (d) गयरह पिंजका

**43. 'नेखय बेजा मल मन्जकी रओ' के लिए एक शब्द है-**
(a) मोटगर (b) मड़वा
(c) दुवाबार (d) डिण्डा

**44. 'एका मुक्का नाली-तोकी' के लिए एक शब्द है-**
(a) छयलाही (b) झगड़ाही
(c) टूरा (d) छयलहा

**45. उइजि पिंजको गहि एलँदा गोटंग डाड़ा मनी तेगा ?**
(a) अख (b) सोय
(c) सय (d) नय

**46. एन एका उइजिपिंजको तली तेगा ?**
(a) बऊ उइजि पिजका
(b) मिनु उइजि पिंञ्जका
(c) बारऊ उइजि पिञ्जका
(d) टिपल उइजि पिंञ्जको

**47. कुड़ुख़ शब्द 'लुदऊ' का पर्यायवाची शब्द है-**
(a) गुल-गुल (b) लेदेर-बेदेर
(c) लुदुर-बुदुर (d) यह सभी

**48. नाम एका उइजि पिंजका तली तेगा ?**
(a) बऊ उइजि पिंजका
(b) मिनु उइजि पिंञ्जका
(c) बारऊ उइजि पिंजका
(d) टिपल उइजि पिंजका

**49. 'भीड़िया भसान' मुहावरे का अर्थ है-**
(a) भडार स्थल
(b) बहुत भारी होना
(c) बहुत अधिक संख्या में
(d) भीड में मिल जाना

**50. 'कनी गाय ही जुदम बथान' लोकोक्ति का अर्थ है-**
(a) अन्धी गाय ज्यादा दूध देती है
(b) अन्धी गाय भगवान के समान होती है
(c) अन्धी गाय का अलग स्थान होता है
(d) अन्धी गाय अलग-बगल में ही है

## उत्तरमाला

| | | | | | | | | | |
|---|---|---|---|---|---|---|---|---|---|
| **1.** (b) | **2.** (b) | **3.** (b) | **4.** (c) | **5.** (b) | **6.** (a) | **7.** (b) | **8.** (d) | **9.** (b) | **10.** (b) |
| **11.** (c) | **12.** (c) | **13.** (a) | **14.** (c) | **15.** (a) | **16.** (c) | **17.** (c) | **18.** (c) | **19.** (a) | **20.** (c) |
| **21.** (a) | **22.** (d) | **23.** (d) | **24.** (b) | **25.** (d) | **26.** (d) | **27.** (b) | **28.** (d) | **29.** (d) | **30.** (d) |
| **31.** (a) | **32.** (a) | **33.** (a) | **34.** (a) | **35.** (b) | **36.** (d) | **37.** (d) | **38.** (b) | **39.** (d) | **40.** (a) |
| **41.** (d) | **42.** (d) | **43.** (d) | **44.** (a) | **45.** (a) | **46.** (a) | **47.** (d) | **48.** (a) | **49.** (c) | **50.** (c) |

# 4. कुरमाली

**1. 'केरिआ बहु' काकर रचना हेकेइक ?**
(a) कालिपद महतो (b) तुलसि दास
(c) अनंत केसरिआर (d) बिनंद सिंह

**2. शब्द 'सबरनेखा' में संज्ञा ( बाना ) है-**
(a) व्यक्तिवाचक (झगनि बाचिक)
(b) जातिवाचक (गठ बाचिक)
(c) द्रव्यवाचक (देरिब बाचिक)
(d) समूहवाचक (डिंग बाचिक)

**3. 'जाहलि' नाट्क काकर रचल हेकेइक ?**
(a) बसंत कुमार मेहता
(b) अनंत केसरिआर
(c) चन्द्र मोहन महतो
(d) प्यारा केरकेट्टा

**4. भाववाचक संज्ञा ( धेई बाचिक बाना ) का उदाहरण है-**
(a) गांउ. (b) बिरहि
(c) देइआ (d) ढाका

**5. 'नर जनम बिधिंइ काहे देल' काकर रचल कबिता हेकेइक ?**
(a) बरजुराम तांति (b) भबअ पिता
(c) बिनंद सिंह (d) सरदुआ

**6. द्रव्य वाचक संज्ञा ( देरिब बाचिक बाना ) से सम्बधित शब्द है-**
(a) नुन (b) डिम
(c) माटि (d) ये सभी

**7. सुरेन्द्र नाथ मंहतक साहित हेकेइक**
(a) सपन आपने
(b) गांधिक जय
(c) फुरंग
(d) एकर भितर केउए नांइ.

**8. दिए गए शब्दों में पुंलिंग (नारा लिंग) छाटिएँ-**
(a) अझिन (b) बिलाइर
(c) अढ़ाइर (d) घअड़ा

**9. उपनइआस कारेक रुपे जानल जाइक**
(a) ललिकांत मुतगुआर
(b) सुरेन्द्र नाथ महतो
(c) राधा गोबिद महतो
(d) कालि पद महतो

**10. कुरमाली भाषा के शब्द 'तहरानि' में सर्वनाम ( अइजि ) है-**
(a) प्रश्नवाचक (खंच बाचिक)
(b) आदरवाचक (कदर बाचिक)
(c) सम्बंधवाचक (नाता बाचिक)
(d) निश्चयवाचक (ठेकान बाचिक)

**11. एकर भितर कन आदि जुगिन कबि हेकत ?**
(a) बिनंद सिंह
(b) महिपाल
(c) 1 और 2 दुइअ
(d) एकर भितर केउ नाइ

**12. कुड़मालि भाखा साहितके जुगेक अनुजांइ खड़ल गेल आहेइक**
(a) आदि काल, मइध काल आर आधुनिक काल
(b) आदि काल आर आधुनिक काले
(c) आदि काल, रिति काल, भकति काल आर आधुनिक काल
(d) रिति काल, मइध काल आर आधुनिक काल

**13. अधिकरणवाचक सर्वनाम ( बाछान बाचिक अइजि ) का उदाहरण है-**
(a) तहिं (b) अहें
(c) अखराइ (d) ये सभी

**14. 'करम कथा' पथिटा काकर रचल हेकेइक ?**
(a) बसंत कुमार मेहता
(b) राधा गोबिंद महतो
(c) दुइअक भितर केउ एक
(d) एकर भितर काकरअ नांइ

**15. एकर भितर कनटा सहि आहेइक ?**
(a) 'फुरंग' केहनि पथि हेकेइक
(b) 'गांधिक जइ' नाटक हेकेइक
(c) आंधरिआ राइत' नाटक हेकेइक
(d) 2 आर 3 गलत आहेइक

**16. सुनिल कुमार महतअकर रचल पथिक नाम किना हेकेइक**
(a) गांधिक जई (b) करम कथा
(c) पलास फुल (d) डहर

**17. कुरमाली भाषा में विशेषण (गुनिन) के कितने भेद होते हैं ?**
(a) दस (b) दो
(c) तीन (d) चार

**18. निबंध कारेक डुल चिनहाप आहेइक**
(a) शशि भुषण महतो
(b) लखि कांत मुरुआर
(c) निताइ चन्द्र महतो
(d) एच. एन. सिंह

**19. 'पलास फुल' काकर रचना हेकेइक ?**
(a) निताई चन्द्र महतो
(b) ज्योति लाल महतो,
(c) सपन कुमार महतो
(d) सिरि पदअ बसरिआर

**20. बुधु बाबुक रचल पथि हेकेइक**
(a) गांधि बाबुक संबाद
(b) एक डडरा फुले
(c) फारकति
(d) जाहलि

**21. 'क' बरगेक उचरनि काहांले हेइक ?**
(a) तालु (b) कठ
(c) माड़ि (d) ठठ

**22. एकर भितर कन आखड़ एहे भाखा माहान बेबहार निहिं हेइक।**
(a) य (a) छ
(c) क्ष (d) 1 आर 3 दुइअ

**23. 'कांचा-कांचा आम देइ भुलाइ देला' वाक्य में विशेषण ( गुनिन ) है-**
(a) संख्यावाचक (गनान बाचिक)
(b) गुणवाचक (गुन बाचिक)
(c) परिणामवाचक (तल बाचिक)
(d) सर्वनामवाचक (अइजि बाचिक)

**24. 'ह' आखड़ेक उचरन ठाइन हेकेइक।**
(a) लुड़लुड़ि (b) माड़ि
(c) तालु (d) ठठ

**25. साड़ाक सउब ले खांटअ खंड़के कहाइल जाइक।**
(a) धमस खंड
(b) आखड़
(c) बरनको
(d) एकर भितर केउ नांइ

**26. 'अना सेर चार देबे' वाक्य में परिणाम वाचक ( तल बाचिक ) शब्द है-**
(a) अना (b) सेर
(c) चार (d) देबे

**27. 'गरु पाल' साड़ा उदाहरन हेकेइक ?**
(a) धेइ बाचिक आंगा
(b) झेनगि बाचिक आंगा
(c) डिंग बाचिक आंगा
(d) खंच बाचिक गुनिन

**28. 'अई भितर घारे घुमाल आहे' वाक्य में क्रिया विशेषण ( गुनिन सरान ) है-**
(a) स्थानवाचक (ठांउ बाचिक)
(b) कालवाचक (काल बाचिक)
(c) रीतिवाचक (रिति बाचिक)
(d) सम्बंधवाचक (नाता बाचिक)

**29. साड़ाक खंड़के कहल जाइक।**
(a) साड़ा (b) टुम
(c) धमस (d) अखंड

**30. कुरमाली भाषा के शब्द 'ढेइर' का विलोम शब्द है-**
(a) टुएक (b) सकत
(c) रअका (d) जित

**31. एकर भितर कनटा गलत आहेइक।**
(a) इ अना गअ बिभकति परधान भाखा हेकेइक
(b) पाइन परधान भाखा हेकेइक

(c) आकार परधान भाखा हेकेइक
(d) समास परधान भाखा निहिं हेकेइक

**32. 'बिहाक परे जाकर भातार मरि जाइक' के लिए एक शब्द है-**
(a) भंदा (b) कानी
(c) राड़ (d) टुअर

**33. एकर मितर कन टुमटा गलत आहेइक ?**
(a) तंइ काहां जाइहे
(b) अखरा आउअहत
(c) हामरानि जाइह
(d) महे जाइएक रहल

**34. 'जेटाई खुचरा पइसा राखल जाइक' के लिए एक शब्द है-**
(a) रांधाघार (b) कुपि
(c) माचान (d) गाबल

**35. सहि टुम बाछा।**
(a) तंइ काहां जाहिस
(b) तर किना नाम हेकेइक
(c) अकर बाप काम ठिन जाबई
(d) अखरा इसकुल जाइ तेलिए

**36. तर ढिड़ा काहां हेकउअ ? इठिन 'काहा' साड़ा हेकेइक।**
(a) खंच बाचिक अइजि
(b) खंच बाचिक गुनिन
(c) नाता बाचिक अइजि
(d) गुनिन सरान

**37. कुरमाली भाषा के शब्द 'मनतुक' का पर्यायवाची शब्द है/हैं-**
(a) मेनतुक (b) मेनेक
(c) किनतु (d) ये सभी

**38. काड़ा गिला इठिन 'गिला' कन डुल साड़ा हेकेइक।**
(a) लिंग बाचिक
(b) झन बाचिक
(c) संगि लेखा बाचिक
(d) एकर भितर केउ नांइ

**39. मेदि लिंगेक उदाहरन हेकेइक।**
(a) डाकटरनि (b) डाकटर
(c) कुकुर (d) गाइछ

**40. कुरमाली भाषा के शब्द 'सांइड़' का पर्यायवाची शब्द है-**
(a) इस (b) साढ़ा
(c) खाड़राह (d) टुना

**41. बांउडिंइ पानि तअ टिकरे धान एकर माने कहा।**
(a) बांउडिइ पानि गिरले धान निहिं हेइक
(b) बांउडिंइ पानि निहिं गिरले दउमे धान हेइक पर
(c) बांउडिइ पानि गिरले दउमे धान हेइक
(d) एकर भितर एकअ नाइ

**42. 'एड़रि बने बिलाइर राजा' लोकोक्ति का अर्थ है-**
(a) अंधों में अंधा राजा
(b) अंधों में काना राजा
(c) जनता के बीच काना राजा
(d) राजाओं का राजा

**43. मेहनत करिके पेट पसाक माने कन मुहावराले बाहराइक ?**
(a) घाम गारा (b) धाड़ मचड़ा
(c) आंइख उठा (d) कपाल फुटा

**44. 'उपरे आइग हेंठे अधन' पहेली ( भांग केहनि ) का उत्तर है-**
(a) सिघन (b) गेहुम
(c) तेली (d) हुंका

**45. 'डमकच' कखन गाउथिक ?**
(a) बिहाक रातिंइ (b) करमाक रातिंइ
(c) आखाइनेक रातिंइ (d) सहराएक रातिंइ

**46. 'चाइन पेरुआक चाइर रंग, टंगे ढुकले एके रंग' पहेली ( भांग केहनि ) का उत्तर है-**
(a) भात डबका (b) पान
(c) आसि (d) दुध दुहा

**47. एकर भितर कनटा सहि आहेइक ?**
(a) दुनु परबे डमकच नाइच नाचत
(b) आखांइन जातरा बछरेक सेंस दिन हेइक हे
(c) चाचर बांदना पुरबे गाउअतः
(d) एकर भितर कनअ सहि निहिं आहेइक

**48. 'रसे रसे बाचाइ राखा' मुहावरे का अर्थ है-**
(a) रस इकट्ठा करना
(b) मधुमक्खियाँ पालना
(c) पेट काट-काट कर धन जमा करना
(d) उपरोक्त में से कोई नहीं

**49. एकर भितर कनटा गलत आहेइक ?**
(a) टुसु परब पुस मासे हेइक
(b) रहइन परब कारतिक मासे हेइक
(c) सहराई बरब कारतिक मासे हेइक
(d) पाचाडिक परे धान रपथिक

**50. कुरमाली भाषा के शब्द 'नंचाइ जाउआ' का अर्थ है-**
(a) खण्डन करना (b) खींचना
(c) खोंसना (d) खरोंच लगाना

## उत्तरमाला

| | | | | | | | | | |
|---|---|---|---|---|---|---|---|---|---|
| 1. (a) | 2. (a) | 3. (b) | 4. (c) | 5. (a) | 6. (d) | 7. (b) | 8. (d) | 9. (b) | 10. (b) |
| 11. (a) | 12. (a) | 13. (d) | 14. (d) | 15. (d) | 16. (b) | 17. (d) | 18. (d) | 19. (b) | 20. (a) |
| 21. (b) | 22. (d) | 23. (b) | 24. (a) | 25. (b) | 26. (b) | 27. (c) | 28. (a) | 29. (d) | 30. (a) |
| 31. (a) | 32. (c) | 33. (a) | 34. (b) | 35. (a) | 36. (b) | 37. (d) | 38. (c) | 39. (a) | 40. (a) |
| 41. (c) | 42. (b) | 43. (a) | 44. (d) | 45. (a) | 46. (b) | 47. (c) | 48. (c) | 49. (b) | 50. (d) |

# 5. मुंडारी

**1. 'अनाचु उदुब वकंड़ा' बकंड़ा ( वाक्य ) है-**
(a) कुनुलि उदुब (प्रश्नवाचक)
(b) उजुर उदुब (नकारवाचक)
(c) अनाचु उदुब (आज्ञावाचक)
(c) मुंडि उदुब (विधानवाचक)

**2. 'उरि: को गुपितना' में मेता ( संज्ञा ) है-**
(a) जतिमेता (जातिवाचक संज्ञा)
(b) बितिमेता (द्रव्यवाचक संज्ञा)
(c) बोरोनमेता (भाववाचक संज्ञा)
(d) सुपरमेता (व्यक्तिवाचक संज्ञा)

**3. आदि धरम पुथि ओकोए ओला कदा आदि धरम पुस्तक किसने लिखा है**
(a) डॉ० रामदयाल मुंडा
(b) भैयाराम मुंडा
(c) विशप हंस
(d) एन.ई. होरो

**4. "एओ नवा कानि को पुथि ओकोए ओलाकदा ''सात नई कहानियाँ' पुस्तक किसकी रचना है-**
(a) काण्डे मुंडा
(b) डॉ० रामदयाल मुंडा
(c) विशप हंस
(d) एन.ई. होरो

**5. शब्द 'पीट' में मेता ( संज्ञा ) है-**
(a) बितिमेता (द्रव्यवाचक)
(b) बोरोनमेता (भाववाचक)

(c) थोक (समूहवाचक)
(d) सुपर (व्यक्तिवाचक)

**6. "मुंडा लोक कथाएँ ओकोए ओल चपा तदा 'मुंडा लोक कथाएँ" किसने रचना की है–**
(a) जगदीश त्रिगुणायत
(b) भइयाराम मुंडा
(c) एन.ई.होरो
(d) निकोदिम केरकेट्टा

**7. 'राजन हिजुः तना' में नड़ मेता (सर्वनाम) है–**
(a) होड़ो नड. मेता (पुरुषवाचक सर्वनाम)
(b) चुंडुल नड मेता (संकेतवाचक सर्वनाम)
(c) मुंडिनड. मेता (निश्चयवाचक सर्वनाम)
(d) का मुंडिनड मेता (अनिश्चयवाचक सर्वनाम)

**8. 'हरियर तसद्' में गमनड. (विशेषण) है–**
(a) गुन उदुब (गुणवाचक)
(b) लेनेका उदुब (संख्यावाचक)
(c) नपि उदुब (परिणामवाचक)
(d) उपरोक्त में से कोई नहीं

**9. भगवान बिरसा मुंडा ओको सिरमा जोनोम लेना भगवान बिरसा मुंडा का जन्म किस वर्ष हुआ था**
(a) 2000 (b) 1900
(c) 1947 (d) 1875

**10. 'उपनिया मिंडिको' में गमनड. (विशेषण) है–**
(a) गुन उदुब (गुणवाचक)
(b) लेनेका उदुब (संख्यावाचक)
(c) नपि उदुब (परिणामवाचक)
(d) उपरोक्त में से कोई नहीं

**11. झारखण्ड रेआ राजधानी कोरे मेना झारखण्ड की राजधानी कहाँ है?**
(a) राँची (b) बोकारो
(c) बूंटी (d) पटना

**12. मुण्डारी भाषा के शब्द 'जां लेका' में क्रिया-विशेषण (उद्‌म गमनड.) है–**
(a) रीतिवाचक (रीति उदुब)
(b) परिणामवाचक (नपि उदुब)
(c) कालवाचक (बेड़ा उदुब)
(d) स्थानवाचक (टयद् उदुब)

**13. 'बम्बरू' पुथि रेन ओनोल हरिआ ओकोए तनि**
**'बम्बरू' पुस्तक के लेखक कौन है?**
(a) निकोदिम केरकेट्टा
(b) काण्डे मुंडा
(c) दुलायचन्द्र मुंडा
(d) सुलेमान बडिग

**14. मेरोम (बकरी) का बहुवचन है–**
(a) मेरोम किड. (b) मेरोमको
(c) मोरोम किन (d) इनमें से कोई नहीं

**15. हॉकी इनुड. रेन नुतुमान होड़ो ओकोए तइकेना हॉकी खेल के प्रसिद्ध खिलाड़ी कौन थे?**
(a) जयपाल सिंह मुंडा
(b) मदरा मुंडा
(c) सिंगराय मुंडा
(d) कोन्ता मुंडा

**16. "नवी मुंडा कानि को "पुथि ओकोए ओलाकदा 'आधुनिक मुंडा कहानियाँ' पुस्तक के रचयिता कौन है?**
(a) प्रो. तुलसीनारायण सिंह मुंडा
(b) डॉ. बीरेन्द्र कुमार सोय
(c) प्रो. मनय मुंडा
(d) डॉ. सिकरादास तिर्की

**17. 'गुजाअः कुडि' में कारक (गनलड.) है–**
(a) सम्बंध कारक (नाता गनलड.)
(b) सम्बोधन कारक (केनेड़ा गनलड.)
(c) अधिकरण कारक (अपद गनलड.)
(d) करण कारक (सनब् गनलड.)

**18. 'बा' पोरोब चिमतुङ, मनातिड, होबाओआ सरहूल पर्व कब मनाया जाता है?**
(a) जून-जुलाई
(b) मार्च-अप्रैल
(c) अगस्त-सितम्बर
(d) अक्टूबर-दिसम्बर

**19. उरि केड़ा कोआ पोरोब चिकना कजिओआ गाय, भैसों का त्योहार कब मनाया जाता है?**
(a) बा (b) करम
(c) सोहराई (d) मागे

**20. मुण्डारी भाषा में कारक (गनलड.) के कितने भेद हैं–**
(a) 4 (b) 6
(c) 8 (d) 10

**21. झारखण्ड राइज चिमतुडे, बइ लेना (झारखण्ड राज्य कब बना)?**
(a) 15 नवंबर, 2000
(b) 18 दिसम्बर, 2001
(c) 15 अक्टूबर, 1999
(d) 15 जनवरी, 1998

**22. 'रीताए हिजुः तना' में क्रिया (उदम) है–**
(a) अकर्मक क्रिया (समारिनिका उदम)
(b) सकर्मक क्रिया (समरिनिका उदम)
(c) 'a' एवं 'b' दोनों
(d) उपरोक्त में से कोई नहीं

**23. झारखण्ड रे राजकीय दारू चिकना तना (झारखण्ड की राजकीय पेड़ क्या है?)**
(a) सागवन (b) सखुआ / शाल
(c) कटहल (d) नीम

**24. 'अलिड़ सेनोः जनालड.' वाक्य में काल (बेडा) है–**
(a) आसन्न भूतकाल (होबाजन होलामन बेडा)
(b) पूर्ण भूतकाल (होबाकन होलामन बेडा)
(c) तात्कालिन भूतकाल (हलि होलामन बेडा)
(d) सामान्य भूतकाल (सोंगडा होलामन बेडा)

**25. मुण्डारी भाषा के शब्द 'दलेन' में प्रत्यय (गनतिन) है–**
(a) ते (b) एन
(c) अन (d) ओन

**26. मुंडा होडो कोरे ओकोए पद्मश्री नम लाः (मुंडा समदाय से किनको पद्मश्री पुरस्कार मिला)**
(a) डॉ. रामदयाल मुंडा
(b) दुलायचन्द्र मुंडा
(c) काण्डे मुंडा
(d) बुदु बाबु

**27. 'निदा-सिंगि' शब्द समूह में समान (टुड. मेनेसा) है–**
(a) तत्पुरुष समास (सकि टुड. मेनेसा)
(b) कर्मधारय समास (जोनोका टुड. मेनेसा)
(c) द्विगु समास (लेनेका टुड. मेनेसा)
(d) द्वन्द्व समास (जुड़ि टुड. मेनेसा)

**28. "गुइरम" चिलिकन पुथि तना (गुइरम कैसी पुस्तक है?)**
(a) उपन्यास (b) कहानी
(c) नाटक (d) एकांकी

**29. मुण्डारी भाषा के शब्द 'कसरा कोड़ा' में समास (टुड. मेनेसा) है–**
(a) तत्पुरुष समास (सकि टुड. मेनेसा)
(b) बहुव्रीहि समास (बनर टुड. मेनेसा)
(c) कर्मधारय समास (जोनोका टुड. मेनेसा)
(d) द्विगुसमास (लेनेका टुड. मेनेसा)

**30. "ससं बा" ओकोए ओल तद पुथि तना (ससे बा पुस्तक की किसने रचना की?)**
(a) काशीनाथ सिंह मुंडा काण्डे
(b) सुलेमान बडिंग
(c) कुंजलसाय मिरू
(d) निकोदिम केरकेट्टा

**31. "बइअंकिर' चिकना तना (बइअंकिर क्या है?)**
(a) व्याकरण (b) नाटक
(c) कहानी (d) पहेली

**32. मुण्डारी भाषा के शब्द 'निरल' का पर्यायवाची शब्द है–**
(a) बहा (b) सोनोत्
(c) पाटि (d) गड़ा

**33. मुंडा कोआ महाराजा ओकोए तइकेना (मुंडाओं के महाराजा कौन थे?)**
(a) मदरा मुंडा (b) कोन्ता मुंडा
(c) जोवन मुंडा (d) लुकस मुंडा

34. मुण्डारी भाषा के शब्द 'किरिड़' का विलोम शब्द है-
(a) अकिरिड
(b) लंडिया
(c) जमा
(d) देला

35. 'कमि रअः गोनोड' के लिए एक शब्द है-
(a) गोड़ोम (b) उकुता
(c) हिड़ि (d) नला

36. बिरसा महाविद्यालय ओकोताः रे मेना (बिरसा महाविद्यालय कहाँ स्थित है)
(a) बँटी
(b) चाईबासा
(c) हजारीबाग
(d) दुमका

37. 'दअः लेका दुल' मुहावरे का अर्थ है-
(a) रुपया कमाना
(b) पानी की तरह रुपया खर्च करना
(c) पेड़ से रुपया तोड़ के लाना
(d) चोरी कर रुपया लाना

## उत्तरमाला

| | | | | | | | | | |
|---|---|---|---|---|---|---|---|---|---|
| 1. (c) | 2. (a) | 3. (a) | 4. (b) | 5. (c) | 6. (a) | 7. (a) | 8. (a) | 9. (d) | 10. (b) |
| 11. (a) | 12. (a) | 13. (c) | 14. (b) | 15. (a) | 16. (b) | 17. (a) | 18. (b) | 19. (c) | 20. (c) |
| 21. (a) | 22. (a) | 23. (b) | 24. (d) | 25. (b) | 26. (a) | 27. (d) | 28. (a) | 29. (b) | 30. (a) |
| 31. (a) | 32. (b) | 33. (a) | 34. (a) | 35. (d) | 36. (a) | 37. (b) | | | |

# 6. मगही

1. मगही शब्द के कउन व्युत्पत्ति सबसे ज्यादे सटीक ह?
(a) मागधी > मगधी > मगही
(b) मागधी > मागही > मगही
(c) मागध > मागधी > मगही
(d) ई सभे में कउनों नँय

2. मगही भाषा को सरकार ने एक क्षेत्रीय भाषा के रूप में स्वीकार किया है, इस भाषा का मुख्य क्षेत्र है-
(a) पशिचमी सिंहभूम जिला
(b) राँची जिला
(c) पलामू और लातेहार जिले
(d) धनबाद जिला

3. मगही भासा पुत्री हे-
(a) मागधी प्राकृत के
(b) शौर सेनी अपभ्रंश के
(c) मागधी अपभ्रंश के
(d) मागधी अवहट्ट के

4. एक अपढ़ मगही भाषी कम ही समय में साहचर्य के बाद शुद्ध बोलेले शुरू कर दे हे-
(a) अवधी
(b) ब्रजभाषा
(c) खड़ी बोली हिन्दी
(d) बंगला

5. दोसर-तेसर का अर्थ है-
(a) मिला-जुला (b) दूसरा-तीसरा
(c) अन्य कोई (d) टूटा-फूटा

6. उदन्तपुर (बिहार शरीफ) में सदियों से संचित ज्ञान भंडार के सब पुस्तक के आग में झोंक देवेला आक्रमणकारी हल-
(a) कन्नौजराज
(b) शहाबुद्दीन मुहम्मद गोरी
(c) मुहम्मद बिन बख्तियार खिलजी
(d) ललितादित्य एवं ओकर प्रतापी बेटा जयापीड

7. जे संग्या सब से एगो बेक्ति, एगो जगह, एगो बसुत के बोध होव है, ओकरा कहल जाहे-
(a) समूहवाचक संग्या
(b) दरबवाचक संग्या
(c) व्यक्तिवाचक संग्या
(d) जातिवाचक संग्या

8. नीचू में देवल गेल समूह में केउन समूह अइसन हे जेकरा में अंकित नाम-क्षेत्र में आदर्श मगही बोलल जाई।
(a) नालन्दा, भागलपुर, गया, हजारीबाग
(b) पटना, चतरा, मुंगेर, कोडरमा
(c) पटना, गया, नालन्दा, नवादा, पलामू के उत्तरी-पूर्वी आउर हजारीबाग (पुराना) के उत्तरी भाग में
(d) हजारीबाग, चतरा औरा नवादा, पुराना पलामू

9. बिहार के तीन प्रमुख बोलियों को डॉ. ग्रियर्सन ने एक ही 'बिहारी वर्ग के रखा है, एकर कारण ह?
(a) तीन बोलियन के आन्तरिक एकता है
(b) पूर्वी हिन्दी से उनकर व्याकरणिक आठर भाषा वैज्ञानिक भिन्नता
(c) बंगला असमिया आउर उड़िया से इनकर लिपि में भिन्नता
(d) पारस्परिक बोध सभ्यता में भिन्नता

10. बुढ़ारी बड़ी दुख देहे।
उपरोक्त वाक्य में बुढ़ारी है-
(a) विशेषण
(b) समूहवाचक संग्या
(c) भाववाचक संग्या
(d) बेक्तिवाचक संग्या

11. 1951 के जनगणना के अनुसार मगही-क्षेत्र में कुल हिन्दी भाषी लोगों में मगही बोले बलन के प्रतिशत ह-
(a) 52.2% (b) 65.2%
(c) 51.2% (d) 58.2%

12. 1951 के भाषायी जनगणना के अनुसार मगही क्षेत्र में कुल जनसंख्या में मगही बोलेवलन के संख्या हे-
(a) 23.4% (b) 62.2%
(c) 65.2% (d) 51.2%

13. 'ओकरा कुछो दे द।' इस वाक्य में 'कुछो' शब्द है-
(a) निश्चय बाचक सर्वनाम
(b) सम्बंध बाचक सर्वनाम
(c) निज बाचक सर्वनाम
(d) अनिश्चय बाचक सर्वनाम

14. स्व. कृष्णदेव प्रसाद के अनुसार शुद्ध मगही के क्षेत्र हे-
(a) गया जिला
(b) राजगृह से ले के बिहारशरीफ के उत्तर वयना तके और पटना जिल के देहाती क्षेत्र
(c) नवादा, शेखपुरा और लक्खीसराय के दक्षिणी पश्चिमी क्षेत्र
(d) पलामू, कोडरमा और चतरा जिला

15. मगही भासा में स्थानीय व्यवहार से सम्बन्धित भिन्नता आवे के मुख्य कारण है
(a) मगही भासा के क्रिया रूप में भिन्नता
(b) शब्द रूप में भिन्नता है
(c) वाक्य-गठन में भिन्नता
(d) प्रातिपदिक सभे(संज्ञा, सर्वनाम, विशेषण, अव्यय) में भिन्नता

16. निम्नलिखित में से किस वाक्य से निज बाचक सर्वनाम का बोध हो रहा है?
(a) बरियात में के-के जा हथिन
(b) जे जइसन कर हे
(c) मनीस अप्पन काम करइत है
(d) हम काल्हु घर जा रहल हियोही

**17. मगही उपभासा ह:**
(a) भोजपुरी
(b) मैथिली
(c) खोरठा
(d) ई में से कउनो के नँय

**18. मगही सगी बहिन है-**
(a) मैथिली के (b) भोजपुरी के
(c) अंगिका के (d) ई सभ के

**19. भोजपुरी पुत्री ह-**
(a) अर्द्ध मागधी अपभ्रंश के
(b) मागधी प्राकृत के
(c) अर्द्ध मागधी प्राकृत के
(d) ई में से कउनों के नँय

**20. नींबू के वाक्य में मगही के एगो वाक्य है-**
(a) एकटी वृद्ध छिल
(b) एगो बूढा हल
(c) एक बूढ़ छल
(d) एगो बूढा रहल

**21. जिस प्रकार बैल, बैलन का एकवचन है, उसी प्रकार अउरतियन का एकवचन है-**
(a) आउरत (b) अउरति
(c) अउरत (d) ओउरत

**22. लोक साहित्य शब्द के व्यग्यार्थ है**
(a) लोग
(b) समाज
(c) धरती, आकाश, पाताल
(d) विराट

**23. निम्नलिखित शब्दों से भविष्यत् काल का बोध होता है-**
(a) ऊ पढ़लक (b) तूँ खेल है
(c) ऊ पढ़तै (d) हम पढ ही

**24. लोक-साहित्य के विशेषता होव हे-**
(a) कि जे जनता दुआरे लिखल जा हे
(b) जे जनता के खातिर लिखल जा हे
(c) जे जनता के साहित्य होव हे
(d) ई में से सभे

**25. विद्वान लोग लोक-साहित्य के तुलना कइले हथिन-**
(a) नदी से (b) तालाब से
(c) झील से (d) ई सभे से

**26. 'ई बुतरू पढ रहल हइ।' इस वाक्य में 'ई' है-**
(a) सरबनामिक बिसेसन
(b) गुनबाचक बिसेसन
(c) गिनतीबाचक बिसेसन
(d) उपरोक्त में से कोई नहीं

**27. शब्द 'नामोनासिब' में उपसर्ग है-**
(a) ना (b) नाम
(c) नामो (d) नामोना

**28. लोक-साहित्य त लोकवार्ता के ही एगो अंग ह काहे कि लोकवार्ता में-**
(a) लोकविश्वास और अन्धपरम्परा सब समाहित रहे हे
(b) एह में लोक रीति-रिवाज और सामाजिक प्रथा 'समाहित रहे हे
(c) 'लोक साहित्य के कहानी, गीत, कहावत, पहेली आदि सभे चीज समाहित रहे हे
(d) ई सभे तत्व लोकवार्ता में संचित होने के कारण

**29. लोक साहित्य में ई सभ में से कउन तत्त्व समाहित नँय रहे है-**
(a) लोकगीत (b) लोकगाथा
(c) लोककथा (d) प्रकीर्ण साहित्य

**30. ऐसन शब्द, दोसर शब्द के अंत में आके शब्द के अर्थ में बदलाव ला देते है, ओकरा ....... कइल जाहे।**
(a) उपसरग (b) क्रिया-विशेषण
(c) समास (d) परतय

**31. निम्नलिखित में कौन-सा युग्म विलोम शब्दों का उदाहरण है ?**
(a) देर-अंधेर (b) खिच्चा-जोबाल
(c) बासी-तिबासी (d) सिबिल-फरचि

**32. नीबू में लिखल कउन तत्त्व लोकगाथा गीत में नँय होवे हे-**
(a) गेयता के साथ सुगठित कथा के तारतम्य
(b) जीवन के अनेकरूपता से सम्बन्धित अभिव्यक्ति के अभाव
(c) संगीत तत्त्व से युक्त एके गो घटना-सामग्री के संकलन'
(d) अभिव्यक्ति-क्षेत्र के विशालता

**33. 'सौटा' के पर्यायवाची है-**
(a) लौर, डंटा, पैना
(b) गाछ, दुरूभ, विरप
(c) ठाँवे, लगे, भिरे
(d) मतंग, वात, लहु-पुह

**34. 'अरवा चाउर से चुमाना' मुहावरे का अर्थ है-**
(a) ज्ञान होना
(b) निर्लज्ज होना
(c) स्वागत करना
(d) मन लुभाना

**35. कउन नाटकीय विद्या के अन्तर्गत खुला मैदान या घर के आँगन रंगमंच बन जा हे, खाली रमणिये जेह 1 में अभिनय करे हे, दर्शको खाली रमनियें रहे हें और कथानक छोट-मोट गो होवे हे ?**
(a) लोकनाट्यगीत (b) प्रहसन
(c) एकांकी (d) नुक्कड़ नाटक

**36. 'जे मरद जनी के बेस में नाच हे' के लिए एक शब्द है-**
(a) नचिनी (b) नटुआ
(c) नचनियाँ (d) भुचुँग

## उत्तरमाला

| | | | | | | | | | |
|---|---|---|---|---|---|---|---|---|---|
| 1. (c) | 2. (c) | 3. (c) | 4. (d) | 5. (c) | 6. (c) | 7. (c) | 8. (c) | 9. (a) | 10. (c) |
| 11. (b) | 12. (d) | 13. (d) | 14. (b) | 15. (a) | 16. (c) | 17. (d) | 18. (d) | 19. (a) | 20. (b) |
| 21. (c) | 22. (d) | 23. (c) | 24. (d) | 25. (a) | 26. (a) | 27. (a) | 28. (d) | 29. (d) | 30. (d) |
| 31. (b) | 32. (b) | 33. (a) | 34. (c) | 35. (d) | 36. (b) | | | | |

# 7. भोजपुरी

**1. जवना समास में सत घटक पद प्रधान रहे, ऊ**
(a) बहुब्रीहि कहाला
(b) द्वन्द्व कहाला
(c) द्विगु कहाला
(d) अव्ययीभाव कहाला

**2. ई भाषा सभ में कवन भाषा जोड़ी भोजपुरी का सगीवहिन बाटे ?**
(a) आसामी-मगही
(b) मैथिली-बंगला
(c) उड़िया-अंगिका
(d) मगही-मैथिली

**3. 'ओकरा बुराइयन के हम का गनाईं' में 'बुराइयन' शब्द ह**
(a) व्यक्तिवाचक संज्ञा
(b) समूहवाचक संज्ञा
(c) द्रव्यवाचक संज्ञा
(d) भाववाचक संज्ञा

**4. भोजपुरी भाषा में साहित्य का विशेष रचना ना भइल एकर कारण बाटे-**
(a) भोजपुरी क्षेत्र का साहित्य स्रष्टा सभ को देववाणी संस्कृत का प्रति विशेष आस्था
(b) भोजपुरी के राजाश्रय ना मिलल रहल
(c) ई क्षेत्र में ज्यादातर किसान सभ के बस्ती का रहल
(d) ई संभ तत्वन का कारण

**5. 'सभ, केहू, कवनो, अमुक' आदि हैं**
(a) परस्परवाचक सर्वनाम
(b) सम्बन्धसूचक सर्वनाम
(c) अनिश्चयवाचक सर्वनाम
(d) प्रश्नवाचक सर्वनाम

**6. ध्वनि और उच्चारण की दृष्टि से भोजपुरी निम्नांकित बोलियों में से सबसे नजदीक किससे है ?**
(a) मैथिली (b) मगही
(c) अंगिका (d) खोरठा

**7. आदर्श भोजपुरी का निखरा और विशुद्धतम रूप मिलता है-**
(a) छपरा में (b) बलिया में
(c) रोहतास में (d) आरा में

**8. भोजपुरी इनमें से किस भाषा परिवार की बोली है ?**
(a) दक्षिण-पूर्व एशियाई भाषा परिवार
(b) आर्य भाषा परिवार
(c) द्रविण भाषा परिवार
(d) अमरीकी भाषा परिवार

**9. इनमें से किनकी भाषा भोजपुरी रही है ?**
(a) कबीरदास का
(b) प्रेमचन्द की
(c) राहुल सांकृत्यायन की
(d) फणेश्वर नाथ रेणु की

**10. वर्तमान काल का का उदाहरण है**
(a) तूँ देखले होखऽ
(b) तूँ देखन भा आवत होख
(c) तूँ देखव, अइब
(d) तूँ देखत रहलऽ, आवत रहलऽ

**11. 'कहवाँ से जीव आइल, कहवाँ समाइल हो कहवाँ कइल मुकाम, कहाँ लपटाइल हो ' - ई रहस्यवादी दर्शन के प्रस्तोता हवें-**
(a) सन्त कवि शिवनारायण
(b) सन्त कबीर दास
(c) धरनीदास
(d) धरमदास

**12. 'राम नाम सुधि आई लिखनी अब ना करबि ए भाई ' - एकर रचयिता बाड़न-**
(a) धरनीदास
(b) कबीर दास
(c) धरमदास
(d) एह में से कवनो नाहीं

**13. ई आदमी, के लोग, जे लड़का। उपरोक्त में ई. के. जे है**
(a) स्थानबोधक विशेषण
(b) दशाबोधक विशेषण
(c) स्पर्शबोधक विशेषण
(d) सार्वनामिक विशेषण

**14. 'प्रेम प्रगास' नाम ग्रंथ के रचयिता हवें-**
(a) धरनी दास
(b) धरम दास
(c) बाबा लक्ष्मीसखी
(d) कबीर दास

**15 ई में से कवन सन्त सखी सम्प्रदाय के अनुयायी रहले ?**
(a) कबीर दास
(b) धरम दास
(c) बाबा लक्ष्मीसखी
(d) शिवनारायण

**16. "मोटर एक घण्टा मा 30 कोस जाला" उपरोक्त तथ्य में कोस**
(a) कर्म बा (b) करण बा
(c) कर्ता बा (d) सम्प्रदान बा

**17. एह में से कवन विदेशी अनुसंधाता "विजयमल' के गीत प्रकाशित करवइले रहन**
(a) फ्रेजर (b) ग्रियर्सन
(c) ग्राउस (d) जे. बीम्स

**18. शब्द 'रोवल' में प्रत्यय है-**
(a) ल (b) वल
(c) अल (d) ओवल

**19. 'सोहर' गावले जाला-**
(a) बियाह के समय में
(b) मेला के समय में
(c) जनेऊ के समय में
(d) जन्मोत्सव के समय में

**20. 'लोरिकायन' कवना जाति के सांस्कृतिक गीत मानल जा ह-**
(a) धोबी (b) कहार
(c) अहीर (d) चमार

**21. कजली गावल जात है-**
(a) आश्विन माह में (b) फागुन माह में
(c) सावन माह में (d) जेठ माह में

**22. झूमर गावल जा ह-**
(a) यज्ञोपवीत के अवसर पर
(b) विवाह के अवसर पर
(c) जाँत पीसेन के अवसर पर
(d) इनमें से प्रत्येक अवसर पर

**23. भोजपुरी भाषा में स्पर्श व्यंजन के 'ट' वर्ग के सभी वर्ण इस प्रकार हैं-**
(a) ट, ठ, ड, ढ़ (कुल 4)
(b) ट, ठ, ड, ढ, थ (कुल 5)
(c) ट, ड, ढ़, ण, त, थ (कुल 6)
(d) ट, ठ, ड, ड़, ढ़, ढ, ण (कुल 7)

**24. जवन विकारी प्रातिपादिक कवनो ( मूर्त भा अमूर्त्त ) पदार्थ के सूचित कर ले, ऊ**
(a) सर्वनाम कहाले (b) संज्ञा कहाले
(c) विशेषण कहाले (d) विशेष्य कहाले

**25. भोजपुरी लोकगीत ( प्रथम भाग ) के भूमिका के लिखले बाड़न ?**
(a) डॉ. कृष्णदेव उपाध्याय
(b) डॉ. पी. एन. ओझा
(c) पं. रामनरेश त्रिपाठी
(d) डॉ. कृष्णदेव उपाध्याय

**26. भोजपुरी लोकगीत ( द्वितीय भाग ) के संग्रह 'आ सम्पादन के कइले बाड़न ?**
(a) डॉ. अमरनाथ झा
(b) डॉ. पी. एन. ओझा
(c) पं. रामनरेश त्रिपाठी
(d) डॉ. कृष्णदेव उपाध्याय

**27. निम्नलिखित में से अत्यादर सूचक सर्वनाम का उदाहरण है-**
(a) रउवा (b) रउराभारवाँ
(c) आप (d) अपने का

**28. भोजपुरी लोकगीत (द्वितीय भाग) में लोकगीतन के कुल संख्या कातना बा ?**
(a) 271 (b) 430
(c) 275 (d) 410

**29. 'असमापिका' तथा 'समापिका', दो भेद हैं**
(a) क्रिया के (b) काल के
(c) वचन के (d) लिंग के

**30. 'भोजपुरी और उसका साहित्य के प्रकाशन कवन प्रकाशन से भइल बा ?**
(a) हिन्दी साहित्य सम्मेलन, प्रयाग
(b) राजकमल प्रकाशन, दिल्ली
(c) बिहार रिसर्च सोसाइटी, पटना
(d) बज साहित्य मण्डल, मथुरा

**31. 'भोजपुरी लोक-गाथा' का अन्दरं निम्नांकित कवना विशुद्ध समूह आवेले ?**
(a) भगवती देवी, कुँअर सिंह, हिंडोला, सोहर
(b) आल्हा, झूमर, छठी माता, खेलवना
(c) बिहुला, कुंवर सिंह, बारहमासा, शीतलामाता
(d) सोरठी, विजयमल, ढोलन, बिहुला

**32. 'धरती गाती है' नाम के लोकगीत सम्बन्धी पुस्तक के लेखक कवना बाड़न ?**
(a) श्रीदेवेन्द्र सत्यार्थी
(b) श्री संकठा प्रसाद

(c) डब्लू. जी. आर्चर
(d) डॉ. कृष्णदेव उपाध्याय

**33. आ जेकरं विशेषता बतावल जाले, ऊ**
(a) विशेषण कहाला
(b) क्रिया-विशेषण कहाला
(c) सार्वनामिक विशेषण कहाला
(d) विशेष्य कहाला

**34. 'बेला फूले आधीरात' के लेखक के बाड़न ?**
(a) डॉ. पी. एन. ओझा
(b) श्री देवेन्द्र सत्यार्थी
(c) डॉ. कृष्णदेव उपाध्याय
(d) डॉ. बलदेव उपाध्याय

**35. निम्नलिखित किस वाक्य से अपादान कारक का बोध होता है ?**
(a) मोहन गुरु के दक्षिणा देतारे
(b) मोहन टडुल्ली से लकड़ी काटतारे
(c) सोमार के अइले आ चार दिन रहले
(d) राम गाँव से अइले ह

**36. 'बदमाश दर्पण' किनकर रचना है ?**
(a) बिसराम के ,
(b) तेग अली के
(c) बाबू रामकृष्ण वर्मा के
(d) दूधनाथ उपाध्याय के

**37. ऊ वर्णात्मक खण्ड, जवना का योग से प्रकृति खण्ड अपना कवनो अर्थ के प्रकट, परिवर्तित भा परिवर्धित कर सके, कहाला**
(a) प्रत्यय (b) उपसर्ग
(c) सन्धि-विच्छेद (d) इनमें से कोई नहीं

**38. 'बिरहा नायिका भेद' नाम के पुस्तक किनकर लिखल बा ?**
(a) बाबू रामकृष्ण वर्मा के
(b) तेगअली के
(c) बिसराम के
(d) ए में कवनो के ना

**39. हिन्दी शब्द 'हल' का मगही भाषा में कौन-सा शब्द समूह है, जो तीन अलग-अलग तरह से प्रयोग होता है ?**
(a) हर, हारा, हरबा
(b) हार, हाला, हलरबा
(c) हरा, हराबा, हरवे
(d) उपरोक्त में से कोई नहीं

**40. 'लजिया के बतिया में कइसे कहूँ ए भउजी, जे मोर बूते कहलो ना जाय पर के फगुनवाँ की सियली चोलियवा में, असों न - जोवनवाँ अमाय - ई बिरहा में**
(a) नवोढा नायिका (b) मुग्धा नायिका
(c) मध्या नायिका
(d) प्रौढा नायिका सभ में कवना के चित्रण बा

## उत्तरमाला

| | | | | | | | | | |
|---|---|---|---|---|---|---|---|---|---|
| 1. (b) | 2. (d) | 3. (d) | 4. (d) | 5. (c) | 6. (b) | 7. (b) | 8. (b) | 9. (c) | 10. (b) |
| 11. (d) | 12. (a) | 13. (d) | 14. (a) | 15. (c) | 16. (a) | 17. (b) | 18. (c) | 19. (d) | 20. (c) |
| 21. (c) | 22. (d) | 23. (d) | 24. (b) | 25. (b) | 26. (c) | 27. (d) | 28. (b) | 29. (a) | 30. (b) |
| 31. (d) | 32. (a) | 33. (d) | 34. (b) | 35. (d) | 36. (b) | 37. (a) | 38. (a) | 39. (a) | 40. (c) |

# 8. संथाली

**1. हांस- हांसिल चेंड़े दो ओका रे किन आप 'माड़ाड़ लेना ?**
(a) धारति पुरी रे
(b) सेरमा पुरी रे
(c) सारजोम दारे रे
(d) सिज सादोमा मोचा फोतो रे

**2. हांस-हांसिल चेंड़े दो सिरोम दाधी रे तुका काते तिनाक् किन बिलि लेदा ?**
(a) बार गांडा (b) पुनया
(c) मित् टाड. (d) बारया

**3. हांस-हांसिल चेंडे बेले खोन चिलि किन जानाम लेना ?**
(a) चेंडे (b) मानवा
(c) सादोम (d) चिलि हों बाड

**4. पिलचु हाड़ाम दो ओका बिर ते आच् रिन कोड़ा सेंदराय इदिलेत् कोवा ?**
(a) मान बिर (b) सिव बिर
(c) खानडराय बिर (d) सुडुकुच् बिर

**5. पिलचु हाड़ाम रिन कोड़ा को आकोवाक् पारिस चेत् को लाय लेदा ?**
(a) हांसदा
(b) मुरमु
(c) सोरेन
(d) कोचे कांड़बा हेंसेल पायड़ा

**6. कुड़ी को आकोवाक् पारिस चेत् को लाय लेदा ?**
(a) हांसदा
(b) टुडू
(c) रेयाड़ कांडा किता कांडुम
(d) नोवा मुद रे ओका हों बाड.

**7. सोहराय दोसार हिलोक् दो चेत् को मेताक् आ ?**
(a) उम (b) बोंगा
(c) खुनटाव (d) जाजले

**8. पिलचु हाड़ाम आर पिलचु बुड़ही रिन कुड़ी कोड़ा ओका रेको बापला लेना ?**
(a) ओड़ाक् रे
(b) चापाकिया बाड़े बुटा रे
(c) सुडुकुच बिर रे
(d) नोवा मुद रे ओका हों बाड.

**9. गोट टांडी रे दो चिली को बोंगा कोवा ?**
(a) सिम (b) सुकरी
(c) मेरोम (d) भेडा,

**10. किस्कू कोवाक् दो चेत् गाड़ तांहे कान ताको-आ ?**
(a) बादोलि गाड़ (b) चामपा गाड़
(c) कोयडा गाडे (d) चाय गाड़

**11. गाय दो तिस को जागाव कोवा ?**
(a) बाहा रे (b) सोहराय रे
(c) बापला रे (d) काराम रे

**12. सिर दिसोम सिकार दिसोम खोन सानताड़ होड़ ओका तेको चालावं लेना ?**
(a) बिर भुम (b) मानभुम
(c) सामन्त भुम (d) सिंहभुम

**13. ओका, पोरोब दो हाती सांव को तुला जोखा आकादा ?**
(a) काराम (b) बाहा
(c) दांसाय (d) सोहराय

**14. समाज रेयाक् आरसी दो चेत् काना ?**
(a) एनेच् सेरेज (b) लाक्चार म
(c) सांवहेत् (d) पाता छाता

**15. सोहराय पोरोब रे दो चिली को खुनटाव कोवा ?**
(a) सुकरी (b) बाना
(c) काडा (d) मेरोम्

**16. होड़ कोवाक् रेंगेच्- तेताड., रोड़-लांदा, बोर-बोतोर दो चेत् रे तुमाल जावरा दाड़ेयाक् आ ?**
(a) लाक्चार रे (b) सांवहेद रे
(c) काहनी रे (d) सेरेब रे

**17. होड़ होपोनाक् सानाम खोन माराड, पोरोब दो ओका काना ?**
(a) बाहा (b) सोहराय
(c) काराम (d) दांसाय

**18. हापड़ाम कोवाक् काथा लेकाते 'मडी' को दो ओका गाड़ रेको तांहे काना ?**
(a) चामपा गाड़
(b) कुटामपुरी गाड़
(c) बादोली गाड़
(d) चाय गाड़

**19. हापड़ाम कोवाक् काथा लेकाते 'मुरमू' को दो ओका गाड़ रेको ताहे काना ?**
(a) चामपा गाड़ (b) कुटामपुरी गाड़
(c) बादोली गाड़ (d) चाय गाड़

**20. भोगनाड़ी दो चेदाक् नाम डाक् ?**
(a) हाड़मावाक् आतु खातिर
(b) पालटिन साहेब खातिर
(c) सिदो-कान्हुवाक् जानाम जायगा
(d) लिल कुठि खतिर

**21. "पे पावा चावले' काहनी दो ओका साल रे छापा आकाना ?**
(a) 1985 साल रे (b) 1978 साल रे
(c) 1988 साल रे (d) 1981 साल रे

**22. ओका पारिस होड़ दो 'सिपाहि' को मेता कोवा ?**
(a) बेसरा (b) हांसदा
(c) सोरेन (d) मुरमू

**23. ओका पारिस होड़ दो 'किसाड़' को मेता कोवा ?**
(a) बेसरा (b) हांसदा
(c) सोरेन (d) मडी

**24. ओका पारिस होड़ दो 'बाडोही' को मेता कोवा ?**
(a) बासके (b) हांसदा
(c) सोरेन (d) मुरमू

## उत्तरमाला

| | | | | | | | | | |
|---|---|---|---|---|---|---|---|---|---|
| **1.** (d) | **2.** (d) | **3.** (b) | **4.** (c) | **5.** (d) | **6.** (c) | **7.** (b) | **8.** (c) | **9.** (a) | **10.** (c) |
| **11.** (b) | **12.** (c) | **13.** (b) | **14.** (c) | **15.** (c) | **16.** (b) | **17.** (b) | **18.** (c) | **19.** (a) | **20.** (c) |
| **21.** (d) | **22.** (c) | **23.** (d) | **24.** (a) | | | | | | |

# 9. खड़िया

**1. निम्नांकित शब्दों में सही शब्द को चयन करें-**
(a) जाङ (b) एङना
(c) सेना (d) उपरोक्त सभी

**2. खड़िया भाषा के लेखन में किस वर्ण का प्रयोग होता है-**
(a) ज (b) ध
(c) ञ (d) उपरोक्त सभी

**3. खड़िया व्याकरण में 'उडण्ना' क्या है ?**
(a) संज्ञा (b) सर्वनाम
(c) क्रिया (d) विशेषण

**4. निम्नांकित शब्दों में सही शब्द का चयन करें-**
(a) रेंग (b) रेङ
(c) बेलोंग (d) कोंगतांगें

**5. खड़िया भाषा व्याकरण में हलन्त स्वर कितने होते है ?**
(a) दो (b) तीन करो
(c) चार (d) पाँच

**6. क्रिया शब्द का चयन करें-**
(a) ओरेज्ज (b) जींमी
(c) जूंङना (d) पेऽ

**7. क्रिया शब्द का चयन करें-**
(a) बनना
(b) केज्ञना
(c) खुऽना
(d) उपरोक्त सभी

**8. निम्नांकित में से कौन व्यक्तिवाचक संज्ञा ,**
(a) किड़ोऽ (b) मांगरा
(c) डाऽ (d) किनिर

**9. निम्नांकित में से कौन हलन्त स्वर है ?**
(a) डण (b) ज्ञ
(c) ब्म (d) उपरोक्त सभी

**10. निम्नांकित में से कौन जाति वाचक संज्ञा है ?**
(a) बुनुई (b) बुधवा
(c) तोमलेङ (d) पेऽ

**11. निम्नांकित में से कौन द्रव्यवाचक संज्ञा है ?**
(a) सेबोल (b) गुंडी
(c) गोलाङ (d) कायार

**12. खड़िया भाषा में विशेषण कितने प्रकार के होते हैं ?**
(a) दो (b) चार
(c) तीन (d) पाँच

**13. निम्नांकित में से कौन समूह वाचक संज्ञा है ?**
(a) लेरेऽ (b) किनिर
(c) कायार (d) डाऽ

**14. खड़िया भाषा में सर्वनाम कितने प्रकार के होते हैं ?**
(a) चार (b) पाँच
(c) छः (d) सात

**15. निम्नांकित में से कौन भाव वाचक संज्ञा है ?**
(a) दारू (b) किड़ोऽ
(c) डाऽ (d) सेबोल

**16. खड़िया भाषा में संज्ञा कितने प्रकार के होते हैं ?**
(a) पाँच (b) तीन
(c) चार (d) छः

**17. निम्नांकित में से कौन पुरुष वाचक सर्वनाम है ?**
(a) ईंज (b) आम
(c) होकाड़ (d) उपरोक्त सभी

**18. खड़िया भाषा में वचन कितने प्रकार के होते हैं ?**
(a) दो (b) तीन
(c) चार (d) पाँच

**19. निम्नांकित में से कौन निजवाचक सर्वनाम कौन है ?**
(a) ईंब-ईबगा (b) आम-आमगा
(c) आडी-आडीगा (d) उपरोक्त सभी

**20. निम्नांकित में से कौन निश्चय वाचक सर्वनाम है ?**
(a) ईजार (b) अनींब
(c) उकाड़ (d) जाहांई

**21. खड़िया भाषा में कारक के कितने भेद होते हैं ?**
(a) छः (b) सात
(c) आठ (d) पाँच

**22. निम्नांकित में से सम्बंध वाचक सर्वनाम कौन है ?**
(a) आडी (b) हिनजेऽ
(c) हिनकाड़ (d) उपरोक्त सभी

**23. निम्नांकित में से कौन विशेषण है ?**
(a) आकाड़. (b) ओसेल
(c) होकाड़ (d) उपरोक्त सभी

**24. खड़िया भाषा में काल के कितने भेद होते हैं ?**
(a) दो (b) तीन
(c) चार (d) पाँच

## उत्तरमाला

| | | | | | | | | | |
|---|---|---|---|---|---|---|---|---|---|
| 1. (d) | 2. (d) | 3. (c) | 4. (b) | 5. (b) | 6. (c) | 7. (d) | 8. (b) | 9. (d) | 10. (a) |
| 11. (c) | 12. (b) | 13. (b) | 14. (c) | 15. (d) | 16. (a) | 17. (d) | 18. (b) | 19. (d) | 20. (c) |
| 21. (c) | 22. (d) | 23. (b) | 24. (b) | | | | | | |

# 10. अंगिका

**1. अंगिका वर्णों के प्रत्येक वर्ग के पहिलको दू टा अक्षर जैसे ट-ठ, प-फ आदि, कहाबै छै।**
(a) कोमल अक्षर (b) कठोर अक्षर
(c) मृदु अक्षर (d) अव्यय अक्षर

**2. जो न संज्ञा से कोनो एक्के तरहो के जीव, वस्तु ओगैरह के बोध होय छे, ऊ**
(a) व्यक्ति बाचक संज्ञा कहावै छे
(b) जाति बाचक संज्ञा कहावै छै
(c) भाव बाचक संज्ञा कहावै छै
(d) द्रव्य बाचक संज्ञा कहावै छै

**3. 'अभिनव विद्यापति' के नामो से केकरा जानलौ जाय छै?**
(a) भवप्रीतानंद ओझा
(b) सुमन सूरो
(c) पं. कौशल झा
(d) राजेन्द्र ना. सिंह

**4. भवप्रीतानंद पदावली कैसनो रचना छैकै?**
(a) विवाह गीत (b) खेती
(c) झूमर गीत (d) काव्य संग्रह

**5. जेना-जे, जेकरा ········· आदि शब्द छै**
(a) निश्चय बाचक सर्वनाम
(b) पुरुष बाचक सर्वनाम
(c) प्रश्न बाचक सर्वनाम
(d) सम्बन्ध बाचक सर्वनाम

**6. पं. भवप्रीतानंद रो रचना कौन अंगिका में छै।**
(a) देवघरिया (b) धरमपुरिया
(c) मुंगेरिया (d) गिद्धोरिया

**7. डॉ. महेश्वरी सिंह महेश के जन्म कौन गॉवों में होलौ छैलै?**
(a) भागलपुर (b) पकढ़िया
(c) बेलडीहा (d) भतडीहा

**8. 'गाय' का बहुवचन रूप है-**
(a) गाये (b) गायानी
(c) गायसिनी (d) गउएँ

**9. इनमें से कौ-सा वर्तमान काल का उदाहरण नहीं है?**
(a) हम्में जाय दी
(b) वै सिनी घो र जाय रहलो
(c) मीना खाना खैते
(d) वें देखै छै

**10. अंग भाषा-परिषदो रो स्थापन कहया होलै?**
(a) 1956 (b) 1957
(c) 1959 (d) 1967

**11. अंग भाश परिषद् के प्रथम सभापति के छेलै?**
(a) गदाधर प्रसाद अम्बर
(b) सुमन सूरो
(c) डॉ. तपेश्वर नाथ
(d) डॉ. लक्ष्मी नारायण सुधांशु

**12. 'सड़लो आम', 'छोटो बुतरू' में 'सड़लो' तथा छोटो छेकै**
(a) श्याम बजार (b) पंजवारा
(c) गोलहट्टी (d) गंगटी

**13. सुमन सुरो के मूल नाम कि छेलै-**
(a) नरेन्द्र (b) वीरेन्द्र
(c) महेन्द्र (d) सुरेन्द्र

**14. संज्ञा आरो क्रिया के मध्य रहे बला सम्बन्धों के रो-**
(a) क्रिया कहलो जाय छै
(b) क्रिया-विशेषण कहलो जाय छै
(c) संज्ञा कहलो जाय छै
(d) कारक कहलो जाय छै

**15. 1960 में कवि सुमन सुरो के सन्तावन गीतों के संग्रह के कि नाम छैकै?**
(a) नहर पर (b) डगर पर
(c) प्रकाश (d) गीतवली

**16. 'उध्वरेता' महाकाव्य में केकरो वर्णन है-**
(a) राम (b) भीष्म
(c) कर्ण (d) अर्जुन

**17. 'ओसरा' का विलोम है-**
(a) दूर (b) घोर
(c) सस्तो (d) बिहान

**18. निम्नलिखित में कौन-सी अंगिका भाषा की प्रचलित कहावत नहीं है?**
(a) खाय के 'चलियो' कोस
(b) एक माघ से जाड़ा नयँ जाहे
(c) सतमाय कारणै बाप बैरी
(d) एक गाछ रहार, गाँवों से बाहर

**19. 'जेकरो माथा में केश नै छै' के लिए एक शब्द है-**
(a) ढेलुऐलो (b) दुबटिया
(c) छितरैलो (d) मुड़लो

**20. सती परीक्षा के रचनाकार के छैकै-**
(a) डोमन साहु (b) गदाधर मिश्र
(c) सुमन सुरो (d) जगदेव भग

**21. 'ढिसाहा' छै-**
(a) जे आदमी दोसरा से लड़लो चलै छै
(b) जे लुंगा के नै पिन्हलो गेलो छै
(c) जे गाय दूध दै छै
(d) जेकरो देह थुल-पुथल छै

**22. 'हौ काम होय जाना चाहियौ' कैसनो वाक्य छेकै?**
(a) इच्छार्थक (b) निदेशार्थक
(c) प्रश्नार्थक (d) संदेहार्थक

**23. 'खिच्चा' के विपरीतार्थक कि होतै-**
(a) कच्चा (b) पाकलो
(c) जुरोलो (d) मोटेलो

**24. जेकरो माय-बाप मरी गेलो छै-**
(a) टूअर (b) निसंतान
(c) अबला (d) दुबिहार

**25. ओखली में मूडी देवों के अर्थ छै-**
(a) पहाड़ तोड़बो
(b) उछलकूद करबो
(c) मुसीबत मोल
(d) ये में कौनो नै

## उत्तरमाला

| | | | | | | | | | |
|---|---|---|---|---|---|---|---|---|---|
| 1. (b) | 2. (b) | 3. (a) | 4. (c) | 5. (d) | 6. (a) | 7. (b) | 8. (c) | 9. (c) | 10. (a) |
| 11. (d) | 12. (b) | 13. (d) | 14. (d) | 15. (b) | 16. (b) | 17. (b) | 18. (b) | 19. (d) | 20. (c) |
| 21. (a) | 22. (c) | 23. (c) | 24. (c) | 25. (d) | | | | | |

# 11. पंचपरगनिया

1. पंचपरगनिया भाषा पर निम्न में से किस भाषा का प्रभाव दिखता है ?
(a) हिन्दी (b) बांग्ला
(c) सन्थाली (d) ये सभी

2. सुट-बूट कालो छोकड़ा
पोकेट नाई कानी दोकड़ा
उपरोक्त काव्य खण्ड में 'कालों' क्या है ?
(a) संज्ञा (b) सर्वनाम
(c) क्रिया (d) विशेषण

3. 'पांच केजी आटा किन के आना' का अर्थ है-
(a) पांच किलो आटा लाना
(b) पांच किलो आटा देकर आना
(c) पांच किलो आटा खरीद कर लाना
(d) पांच किलो आटा बेचकर आना

4. पंचपरगनिया में कौन सा प्रत्यय है ?
(a) गनिया (b) निया
(c) इया (d) परगनिया

5. पंचपरगनिया भाषा में लिंग के कितने भेद है ?
(a) 2 (b) 3
(c) 4 (d) 5

6. शब्द 'कुटुम' में कौन-सा लिंग है ?
(a) स्त्रीलिंग (b) पुल्लिंग
(c) उभयलिंग (d) नपुसगलिंग

7. 'ऊ गितका तेहे' में क्रिया है
(a) अकरमक (b) सकरमक
(c) 'a' एवं 'b' दोनो (d) कोई नहीं

8. शब्द 'आधुक' में उपसर्ग है-
(a) अ (b) अड़
(c) अधि (d) अध

9. जन शब्द टाके कहले कन खास जाति चाहे व्यक्ति केर बोध होयला उके कहल जायला-
(a) व्यक्ति वाचक संज्ञा
(b) ज़ातिवाचक संज्ञा
(c) द्रव्य वाचक संज्ञा
(d) समूह वाचक संज्ञा

10 शब्द 'भात खाडका' में प्रत्यय है
(a) ई (b) छां
(c) उका (d) गा

11. जन शब्द केर केहल माहान कोनों एक खास व्यक्ति चाहे वस्तु केर बोध होयला उके कहल जायला-
(a) जातिवाचक संज्ञा
(b) द्रव्य वाचक संज्ञा
(c) व्यक्ति वाचक संज्ञा
(d) समूह वाचक संज्ञा

12. कौन-सा शब्द जातिवाचक संज्ञा है ?
(a) गाई (b) बुण्डू
(c) घबराहट (d) चाँदी

13. कौन-सा शब्द भाव वाचक संज्ञा है ?
(a) ईमानदारी (b) बुढ़ापा
(c) मिठास (d) उपरोक्त सभी

14. निम्न में से कौन व्यक्ति वाचक संज्ञा है ?
(a) राम (b) बुण्डू
(c) राँची (d) उपरोक्त सभी

15. पंचपरगनिया भाषा में प्रचलित लोकोक्ति 'बुड़बक लोकेक बिना मतलब केर काम' का अर्थ है
(a) बेकार आदमी का अनुपयोगी कार्य
(b) ज्यादा बोलने वाले आदमी का सफल कार्य
(c) बेकार आदमी अच्छा काम
(d) उपरोक्त में से कोई नहीं

16. 'राम तोके पीटलक' इस वाक्य में किस कारक का प्रयोग हुआ है ?
(a) कर्ता कारक (b) कर्म कारक
(c) करण कारक (d) सम्प्रदान कारक

17. 'मोहन जग माहान पानी आनेला' इस वाक्य में किस कारक का प्रयोग होता है ?
(a) कर्ता कारक (b) कर्मकारेक
(c) करण कारक (d) आपादान कारक

18. 'माए छुआक खातीर भात रांधेला ' इस वाक्य में किस कारक का प्रयोग हुआ है ?
(a) करण कारक
(b) आपादान कारक
(c) सम्प्रदान कारक
(d) अधिकरण कारक

19. पंचपरगनिया भाषा में प्रचलित लोकोक्ति 'का खाबे घेरे कोनो नेखे' का अर्थ है-
(a) घर के कोने-कोने में अनाज होना
(b) क्या खाएँ घर में कुछ भी नहीं हैं
(c) क्या खाएँ घर भरा पड़ा है
(d) क्यों खाएँ पेट भटा हुआ है

20. 'हामरेक कामियां गिला खेते काम करेनला 'इस वाक्य में किस कारक का प्रयोग हुआ है ?
(a) करण कारक
(b) आपादान कारक
(c) अधिकरण कारक
(d) सम्बन्ध कारक

21. 'छुवा टा हंइस रहे।' वाक्य में काल है-
(a) सामान्य भूतकाल (b) आसन्न भूतकाल
(c) पूर्ण भूतकाल (d) अपूर्ण भूतकाल

22. पंचपरगनिया में विशेषण के कितने भेद होते हैं ?
(a) दो (b) तीन
(c) चार (d) पाँच

23. शब्द 'प्रेमगग्न' में समास है
(a) तत्पुरुष समास (b) कर्मधारय समास
(c) बहुव्रीहि समास (d) द्विगु समास

24. 'तमड़िया' शब्द का स्त्रीलिंग शब्द क्या है ?
(a) तामाड़ी (b) तामड़िया
(c) तमड़ियान (d) तमाड़बइया

25. शब्द 'ढोंगी' का विलोम शब्द है-
(a) ठुरका (b) ठुरकी
(c) भुट्टा (d) शोरगुल

26. 'झागड़ा करने आवली जनी' के लिए एक शब्द है-
(a) झागड़ाहा (b) झागड़ाही
(c) ढेढ़ीयाल (d) नाचनी

27. 'जे झाड़ा फूंका केरला' के लिए एक शब्द है-
(a) झाड़इया (b) ओझा
(c) गुनी (d) ये सभी

28. पंचपरगनिया भाषा के शब्द 'खाटना' का पर्यायवाची शब्द है-
(a) कामिया (b) ठिका
(c) राड़ (d) ये सभी

29. पंचपरगनिया भाषा के शब्द 'लाठा' का पर्यायवाची शब्द है-
(a) झमेला (b) पईना
(c) मिन्तुक (d) भिनु

30. हिन्दी भाषा के शब्द 'क्रोधित' को पंचपरगनिया भाषा में कहते हैं-
(a) राग (b) रागाल
(c) महली (d) धुर

31. 'आपन वोटलेक कहेक' का अर्थ है-
(a) अपनी ओर से बोलना
(b) अपनी ओर से कुछ न कहना
(c) अपनो के साथ घूमने जाना
(d) उपरोक्त में कोई नहीं

32. 'कैइथ-कैइथ के' मुहावरे का अर्थ है-
(a) धीरे-धीरे से
(b) बहुत मुश्किल से
(c) हिच-किचाहट से
(d) जोर-जोर से

33. 'टोमड़ा-टोमड़ी' मुहावरे का अर्थ है-
(a) जगह खोजना
(b) अन्धेरे से खोजना
(c) इधर-उधर जाना
(d) जल्दी-जल्दी खोजना

**34. 'गंगा भारतेक सोबले बोड नदी हे' में संइगा ( संज्ञा ) है-**
(a) व्यक्तिवाचक (b) जातिवाचक
(c) समूहवाचक (d) भाववाचक

**35. 'होमनिक एक कोरी छगरी है' में बिसेसन ( विशेषण ) है-**
(a) नाप-जोख बाचक बिसेसन
(b) गनतीबाचक बिसेसन
(c) गनतीबाचक बिसेसन
(d) सरबनामिक चाहे इंगित बाचक बिसेसन

**36. 'आस मोखा लगदस' में क्रिया है-**
(a) अकर्मक क्रिया
(b) सकर्मक क्रिया
(c) (a) और (b) दोनों
(d) इनमें से कोई नहीं

**37. 'सीतद दोहा ईयाईंद ननी' में परिया ( काल ) है-**
(a) आसन्न भूतकाल
(b) पूर्ण भूतकाल
(c) संदिग्ध भूतकाल
(d) अपूर्ण भूतकाल

**38. पंचपरगनिया भाषा पर निम्न में से किस भाषा का प्रभाव दिखता है ?**
(a) हिन्दी (b) बांग्ला
(c) सन्थाली (d) ये सभी

**39. शब्द 'कुटुम' में कौन-सा लिंग है ?**
(a) स्त्रीलिंग (b) पुल्लिंग
(c) उभयलिंग (d) कोई नहीं

**40. 'सभ, केहू, कवनो, अमुक' आदि है-**
(a) परस्परवाचक सर्वनाम
(b) सम्बन्धसूचक सर्वनाम
(c) अनिश्चयवाचक सर्वनाम
(d) प्रश्नवाचक सर्वनाम

**41. "मोटर एक घण्टा मा 30 कोस जाला" उपरोक्त तथ्य में कोस-**
(a) कर्म बा (b) करण बा
(c) कर्त्ता बा (d) सम्प्रदान बा

**42. दोसर-तेसर का अर्थ है**
(a) मिला-जुला (b) दूसरा-तीसरा
(c) अन्य कोई (d) टूटा-फूटा

**43. बुढ़ारी बड़ी दुख देहे।**
**उपरोक्त वाक्य में बुढारी है-**
(a) विशेषण
(b) समूहवाचक संज्ञा
(c) भाववाचक संज्ञा
(d) व्यक्तिवाचक संज्ञा

**44. जो न संज्ञा से कोनो एक्के तरहो के जीव, वस्तु ओगैरह के बोध होय छै, ऊ**
(a) व्यक्ति बाचक संज्ञा कहावै छै
(b) जाति बाचक संज्ञा कहावै छै
(c) भाव बाचक संज्ञा कहावै छै
(d) द्रव्य बाचक संज्ञा कहावै छै

**45. इनमें से कौन-सा वर्तमान काल का उदाहरण नहीं है ?**
(a) हम्में जाय दी
(b) वै सिनी घो र जाय रहलो
(c) मीना खाना खैते
(d) वें देखै छै

**46. भाववाचक संज्ञा ( धेई बाचिक बाना ) का उदाहरण है-**
(a) गांउ (b) बिरहि
(c) देइआ (d) ढाका

**47. द्रव्य वाचक संज्ञा ( देरिब बाचिक बाना ) से सम्बन्धित शब्द है-**
(a) नुन (b) डिम
(c) माटि (d) ये सभी

**48. 'उरि: को गुपितना' में मेता ( संज्ञा ) है**
(a) जतिमेता (जातिवाचक संज्ञा)
(b) बोरोनमेता (भाववाचक)
(c) थोक (समूहवाचक)
(d) सुपर (व्यक्तिवाचक)

**49. मेरोम ( बकरी ) का बहुवचन है-**
(a) मेरोम किङ
(b) मेरोमको
(c) मोरोम किन
(d) इनमें से कोई नहीं

**50. नागपुरी भाषा में संज्ञा ( संगया ) के भेद है-**
(a) दो (b) तीन
(c) चार (d) पाँच

**51. 'इस्कूल ढेइर दूर में हय' वाक्य में संज्ञा ( संगया ) है-**
(a) जातिवाचक (जाइत बाचक)
(b) भाववाचक (भाव बाचक)
(c) समूहवाचक (समूह बाचक)
(d) द्रव्यवाचक (दरब बाचक)

## उत्तरमाला

| | | | | | | | | | |
|---|---|---|---|---|---|---|---|---|---|
| 1. (d) | 2. (d) | 3. (c) | 4. (c) | 5. (c) | 6. (c) | 7. (a) | 8. (a) | 9. (b) | 10. (c) |
| 11. (c) | 12. (a) | 13. (d) | 14. (d) | 15. (a) | 16. (b) | 17. (c) | 18. (c) | 19. (b) | 20. (c) |
| 21. (c) | 22. (c) | 23. (a) | 24. (b) | 25. (b) | 26. (b) | 27. (d) | 28. (d) | 29. (a) | 30. (b) |
| 31. (a) | 32. (b) | 33. (a) | 34. (a) | 35. (b) | 36. (a) | 37. (a) | 38. (d) | 39. (c) | 40. (c) |
| 41. (a) | 42. (c) | 43. (c) | 44. (b) | 45. (c) | 46. (c) | 47. (d) | 48. (a) | 49. (b) | 50. (d) |
| 51. (b) | | | | | | | | | |

# सामाजिक अध्ययन

# इतिहास

# 1 कब, कहाँ और कैसे

## इतिहास में तिथियों को लिखने की पद्धति

- वर्तमान में वर्ष की गणना, ईसाई धर्म-प्रवर्तक ईसा मसीह के जन्म की तिथि से की जाती है। ईसा मसीह के जन्म के पूर्व सभी तिथियाँ बिफोर क्राइस्ट (ई. पू.) तथा ईसा मसीह के जन्म के बाद की तिथि 'एनो डॉमिनी' (ई.) के रूप में जानी जाती है।
- कभी-कभी 'एडी' के स्थान पर 'कॉमन एरा' (CE) तथा 'बीसी' के स्थान पर 'बिफोर कॉमन एरा' (BCE) का प्रयोग होता है।

## भारतीय इतिहास के स्रोत

### साहित्यिक साक्ष्य

- साहित्यिक साक्ष्य के अंतर्गत साहित्यिक ग्रंथों से प्राप्त सामग्रियों का अध्ययन किया जाता है। यह दो प्रकार के हैं-धार्मिक साहित्य एवं लौकिक साहित्य।
- पुरालेख शास्त्र शिलालेखों का अध्ययन करता है। ऐतिहासिक लेखों का संरक्षण विज्ञान की म्यूजियोलॉजी शाखा के अंतर्गत आता है।

### धार्मिक साहित्य

- धार्मिक साहित्य के अंतर्गत ब्राह्मण तथा ब्राह्मणेत्तर ग्रंथों की चर्चा की जा सकती है।
- ब्राह्मण ग्रंथों के अंतर्गत वेद, बाह्मण ग्रंथ, उपनिषद्, आरण्यक, वेदांग, रामायण, महाभारत, पुराण तथा स्मृति ग्रंथ आते हैं।
- ब्राह्मणेत्तर साहित्य के अंतर्गत बौद्ध तथा जैन साहित्य से सम्बन्धित रचनाओं का उल्लेख किया जाता है।
- **वेद:** ये भारत के सर्वप्राचीन धर्म ग्रंथ हैं जिनके संकलनकर्ता महर्षि कृष्ण द्वैपायन वेदव्यास को माना जाता है।
- वेदों की संख्या चार है-ऋग्वेद, यजुर्वेद, सामवेद तथा अथर्ववेद। इन चारों वेदों को संहिता कहा जाता है।
- **ऋग्वेद:** चारों वेदों में सर्वाधिक प्राचीन ऋग्वेद में **10 मण्डल**, **8 अष्टक**, **10,600 मंत्र** एवं **1028 सूक्त** हैं।
- ऋग्वेद का रचना काल सामान्यत: **1500 ई.पू.** से **1000 ई.पू.** के बीच माना जाता है।
- ऋग्वेद का दूसरा एवं सातवाँ मण्डल सर्वाधिक प्राचीन तथा पहला एवं दसवाँ मण्डल सबसे बाद का है।
- ऋग्वेद के नौवें मण्डल को 'सोम मण्डल भी' कहा जाता है।
- ऋग्वेद की मान्य 5 शाखाएँ हैं-**शाकलायन**, **आश्वलायन**, **माण्डूकायन**, **शांखायन** एवं **वाष्कलायन**।
- ऋग्वेद के 10वें मण्डल के पुरुषसूक्त में सर्वप्रथम वर्ण व्यवस्था का उल्लेख मिलता है।
- प्रसिद्ध **गायत्री मंत्र ( सावित्री )** का उल्लेख **ऋग्वेद** में मिलता है।
- **सामवेद**- को भारतीय संगीत का मूल अथवा जनक कहा जाता है। यह मुख्यत: यज्ञों के अवसर पर गाए जाने वाले मंत्रों का संग्रह है। सामवेद में कुल 1875 ऋचाएँ हैं। इनमें मात्र 75 ही नई हैं, शेष ऋग्वेद से ली गई हैं।
- इस वेद की तीन मुख्य शाखाएँ हैं-जैमिनीय, राणायनीय तथा कौथुमीय।
- **यजुर्वेद**- में यज्ञ के नियमों एवं विधि-विधानों का संकलन मिलता है। यह एकमात्र ऐसा वेद है जो पद्य एवं गद्य दोनों ही रूपों में लिखा गया है।
- इस वेद के दो भाग हैं-**कृष्ण यजुर्वेद** और **शुक्ल यजुर्वेद**।
- कृष्ण यजुर्वेद की चार शाखाएँ हैं-**तैत्तिरीय**, **कठ**, **कपिष्ठल**, **मैत्रायणी**।
- यजुर्वेद धार्मिक अनुष्ठानों से संबंध रखता है।
- शुक्ल यजुर्वेद की प्रधान शाखाएँ **माध्यन्दिन संहिता** तथा **काण्व संहिता** हैं।
- शुक्ल यजुर्वेद की संहिताओं के रचयिता वाजसनेयी के पुत्र याज्ञवल्क्य हैं, इसलिए इसे वाजसनेयी संहिता भी कहा जाता है। इसमें केवल मंत्रों का समावेश है।
- **अथर्ववेद** में सामान्य मनुष्यों के विचारों तथा अंधविश्वासों का विवरण मिलता है, इसमें कुल **20 मण्डल**, **730 ऋचाएँ** तथा **5987 मंत्र** हैं।
- अथर्ववेद की दो शाखाएँ-शौणिक और पिप्पलाद हैं।
- **उपनिषद्:** इसका शाब्दिक अर्थ है समीप बैठना। इसमें आत्मा-परमात्मा एवं संसार के सन्दर्भ में प्रचलित दार्शनिक विचारों का संग्रह है।
- उपनिषद् वेदों का अन्तिम भाग है। इसे वेदान्त भी कहा जाता है।
- उपनिषदों की कुल संख्या 108 है।
- प्रमुख उपनिषद हैं-ईशावास्य, कठ, केन, मुण्डक, माण्डूक्य, प्रश्न, ऐतरेय, तैत्तिरीय, छान्दोग्य, वृहदारण्यक, श्वेताश्वतर, कौशितकी एवं मैत्रायणी।
- प्रसिद्ध राष्ट्रीय वाक्य 'सत्यमेव जयते' मुण्डकोपनिषद् से लिया गया है।
- **आरण्यक:** यह ब्राह्मण ग्रंथों का अन्तिम भाग है। इसमें दार्शनिक एवं रहस्यात्मक विषयों का वर्णन है। इनकी रचना वनों में पढ़ाए जाने के निमित्त की गई।
- प्रमुख आरण्यक हैं-ऐतरेय, शांखायन, तैत्तिरीय, वृहदारण्यक, जैमिनी, तलवकार।
- **वेदांग:** वेदों को भली-भाँति समझने के लिए छ: वेदांगों की रचना की गई है। ये वेदों के शुद्ध उच्चारण तथा यज्ञादि करने में सहायक थे।
- **पुराण:** पुराणों की संख्या 18 है।
- **रामायण:** यह आदि काव्य है। इसकी रचना दूसरी शताब्दी के आस-पास संस्कृत भाषा में वाल्मीकि द्वारा की गई थी। प्रारम्भ में इसमें **6000 श्लोक** थे जो कालांतर में **24,000** हो गए। इसे चतुर्विंशति सहस्त्री संहिता भी कहा जाता है।
- **महाभारत:** इस महाकाव्य की रचना चौथी शताब्दी के आस-पास महर्षि व्यास द्वारा की गई थी। प्रारंभ में इसमें **8,800 श्लोक** थे जिसे जयसंहिता कहा जाता था, तत्पश्चात् इसमें श्लोकों की **संख्या 24,000** हो गई और इसे भारत कहा जाने लगा। कालांतर में इसमें श्लोकों की संख्या एक लाख

हो जाने पर महाभारत या शतसहस्री संहिता कहा जाने लगा। महाभारत का प्रारंभिक उल्लेख **आश्वलायन गृहसूत्र** में मिलता है।

- **सूत्रः** इस साहित्य की रचना ई. पूर्व छठी शताब्दी के आस-पास की गई थी। सूत्र ग्रंथों को **कल्प** भी कहा जाता है।
- **कल्प सूत्रः** ऐसे सूत्र जिनमें नियमों एवं विधियों का प्रतिपादन किया जाता है, **कल्पसूत्र** कहलाते हैं।

## ई.पू. 600 से 300 ई. के मध्य रचित साहित्य

(क) **श्रौत सूत्रः** वेदों में वर्णित यज्ञ भागों का क्रमबद्ध विवरण तथा उस काल की परम्पराओं तथा धार्मिक रूढ़ियों का ज्ञान ऋग्वेद के दो श्रौत सूत्र-**आश्वलायन** एवं **शांखायन; यजुर्वेद के कात्यायन**, **आपस्तम्ब**, **हिरण्यकेशी**, **बौधायन**, **भारद्वाज** तथा **वैखानस;** सामवेद के लाटयायन द्राह्यायण व आर्षेय तथा अथर्ववेद के वैतान से मिलता है।

(ख) **गृह्य सूत्रः** गृहस्थाश्रम से संबद्ध धार्मिक अनुष्ठान (कर्त्तव्य) से संबद्ध प्रमुख गृह सूत्र शांखायन आश्वलायन, बोधायन, आपस्तम्ब, हिरण्यकेशी, भारद्वाज, परासर, गोभिल, खादिर एवं कौशिक।

(ग) **धर्म सूत्रः** धर्मसूत्रों में, वर्णधर्म, राजा के कर्तव्य, प्रायश्चित विधान, न्यायालयों की स्थापना, कराधान, वियोग नियम तथा गृहस्थ कर्तव्यों का विवरण आदि मौजूद है। प्रमुख धर्मसूत्र-वशिष्ठ हारीत, आपस्तम्ब, बौधायन, गौतम आदि हैं। धर्मसूत्रों से ही कालान्तर में स्मृति ग्रंथों का विकास हुआ।

(घ) **शुल्व सूत्रः** 'शुल्व' का तात्पर्य है—**नापने की डोरी**। इसमें यज्ञ की वेदियों को नापने, स्थान चयन एवं निर्माणादि का वर्णन है। ये आर्यो के ज्यामिति ज्ञान का परिचायक है।

- **षड्दर्शनः** उपनिषदों के दर्शन को भारतीयों ने छः भागों में विभाजित किया है जिसे षड्दर्शन कहा जाता है। इसमें **आत्मा**, **परमात्मा**, **जीवन** और **मृत्यु** से सम्बन्धित विचारों का वर्णन है। जो हैं- मीमांसा, वेदांत, न्याय, योग, सांख्य और वैशेषिक।
- **स्मृतियाँः** वेदांग और सूत्रों के बाद स्मृतियों का उदय हुआ। इन्हें धर्म शास्त्र भी कहा जाता है।
- मनुस्मृति के भाष्यकार क्रमशः हैं—**मेघातिथि**, **भारुचि**, **कुल्लूक भट्ट** तथा **गोविंद राज**।
- याज्ञवल्क्य स्मृति के भाष्यकार क्रमशः—अपरार्क, विश्वरूप एवं विज्ञानेश्वर हैं।

## लौकिक साहित्य

- लौकिक साहित्य के अंतर्गत ऐतिहासिक एवं अर्द्ध-ऐतिहासिक ग्रंथों तथा जीवनियों का उल्लेख किया जाता है जिनसे भारतीय इतिहास को जानने में काफी मदद मिलती है।
- **कौटिल्य (चाणक्य)** रचित अर्थशास्त्र से मौर्यकालीन इतिहास एवं शासन व्यवस्था की जानकारी प्राप्त होती है।
- ऐतिहासिक रचनाओं में सर्वाधिक महत्व कश्मीरी कवि कल्हण द्वारा रचित राजतरंगिणी का है।
- अर्द्ध-ऐतिहासिक रचनाओं में पाणिनी की **अष्टाध्यायी**, **कात्यायन** की **वार्तिका**, **गार्गी संहिता**, पतंजलि का **महाभाष्य**, विशाखदत्त का **मुद्राराक्षस** तथा कालिदास कृत **मालविकाग्निमित्रम्** आदि विशेष रूप से उल्लेखनीय हैं।
- गार्गी संहिता यद्यपि एक ज्योतिष ग्रंथ है तथापि इसमें भारत पर होने वाले यवन आक्रमण का उल्लेख मिलता है।
- ऐतिहासिक जीवनियों में अश्वघोष का **बुद्धचरित**, बाणभट्ट का **हर्षचरित**, वाक्पति राज का **गौड़वाहो**, विल्हण का **विक्रमांकदेवचरित**, पद्मगुप्त का **नवसहसांकचरित**, जयानक कृत **पृथ्वीराज विजय** इत्यादि उल्लेखनीय हैं।

## विदेशी यात्रियों के विवरण

- विदेशी यात्रियों के विवरण साहित्यिक साक्ष्य के अंतर्गत आते हैं। इनके विवरण से तत्कालीन सामाजिक एवं राजनीतिक अवस्था का पता चलता है।
- विदेशियों के विवरण को तीन भागों में बाँटा गया है—**(1)** यूनान और रोम के लेखकों का विवरण, **(2)** चीनी यात्रियों के वृत्तांत तथा **(3)** अरब यात्रियों के वृत्तांत।

## यूनान एवं रोम के लेखकों का विवरण

- **हेरोडोट्सः** इन्हें इतिहास का पिता कहा जाता है। इन्होंने अपनी पुस्तक **हिस्टोरिका** में **पाँचवी शताब्दी** ईसा पूर्व के ग्रीस-फारस संबंधों का वर्णन किया है।
- **मेगस्थनीजः** यह **सेल्यूकस निकेटर** का राजदूत था जो चन्द्रगुप्त मौर्य के दरबार में आया था। इन्होंने **'इण्डिका'** नामक अपने ग्रंथ में मौर्ययुगीन समाज एवं संस्कृति के विषय में लिखा है।
- **डायमेकसः** यह सीरियाई नरेश **एन्टियोकस प्रथम** का राजदूत था जो **बिन्दुसार** के दरबार में आया था।
- **डायोनिसियसः** यह मिस्र नरेश टॉलमी द्वितीय फिलाडेल्फस का राजदूत था जो अशोक के दरबार में आया था।
- **टॉलमीः** इन्होंने दूसरी शताब्दी ई. के आस-पास **(150 ई.) 'भूगोल'** नामक ग्रंथ की रचना की थी।
- **प्लिनीः** इन्होंने **'नेचुरल हिस्टोरिका'** नामक ग्रंथ की रचना प्रथम शताब्दी ईस्वी में की थी। इसमें भारतीय पशुओं, पेड़-पौधों, खनिज पदार्थों इत्यादि का विवरण दिया गया है।

## चीनी यात्रियों के वृत्तांत

- चीनी यात्री फाह्यान, सुंगयुन, ह्वेनसांग तथा इत्सिंग के विवरण भारतीय इतिहास के पुनर्निर्माण में विशेष उपयोगी रहे हैं।
- **फाह्यानः** यह गुप्त नरेश **चन्द्रगुप्त विक्रमादित्य (375–415 ई.)** के समय भारत आया था। इन्होंने अपने विवरण में मध्यदेश के समाज एवं संस्कृति का वर्णन किया है जिसमें इन्होंने मध्य देश की जनता को 'सुखी एवं समृद्ध' बताया है। फाह्यान भारत में 12 वर्षों तक रहे।
- **सुंगयुनः** यह **518 ई.** में भारत आया था। उन्होंने अपने तीन वर्षों की यात्रा में बौद्ध ग्रंथों की प्रतियाँ एकत्रित की।
- **ह्वेनसांगः** इसे युवा **नव्वांग** के नाम से भी जाना जाता है। यह **हर्षवर्द्धन** के समय **629 ई.** के आस-पास भारत आया था। यह 16 वर्षों तक भारत में रहा।
- ह्वेनसांग का यात्रा वृतांत 'सि-यू-की' के नाम से जाना जाता है इसमें 138 देशों का विवरण मिलता है।
- ह्वेनसांग की जीवनी ह्वीली ने लिखी थी। यह ह्वेनसांग का मित्र था।
- **इत्सिंगः** यह **सातवीं शताब्दी** के अंत में भारत आया था। इसने अपने विवरण में **नालन्दा विश्वविद्यालय**, **विक्रमशिला विश्वविद्यालय** के अतिरिक्त अपने समय की भारतीय दशाओं का वर्णन किया है।

## अरब यात्रियों के वृत्तांत

- अरबी लेखकों में अलबरूनी, अल-बिलादुरी, सुलेमान, अल-मसूदी, हसन निजामी, फरिश्ता, निजामुद्दीन इत्यादि मुसलमान लेखक की कृतियों से भारतीय इतिहास विषयक महत्वपूर्ण जानकारी प्राप्त होती है।
- **अलबरूनीः** इसका पूरा नाम अबूरेहान-मुहम्मद-इब्द-अहमद-अलबरूनी था। इसका जन्म 973 ई. में ख्वारिज्म (खींवा) में हुआ था।

- यह महमूद गजनवी के साथ भारत आया था। यह अरबी, फारसी एवं संस्कृत भाषाओं का अच्छा ज्ञाता था।
- **इब्नखुर्दावः** इसने नवीं सदी के ग्रंथ **'किलबुल-मसालिक वल-ममालिक'** में भारतीय समाज तथा व्यापारिक मार्गों का विवरण दिया है।
- **अलमसूदीः** इसने अपने ग्रंथ **'मुरूरज जहब'** में तत्कालीन भारतीय समाज का सजीव चित्रण किया है।
- **सुलेमानः** इसके विवरण से प्रतिहार एवं पाल राजाओं के विषय में जानकारी प्राप्त होती है।
- **मीर मुहम्मद मासूम** के तारीख-ए-हिन्द से सिन्ध देश के इतिहास तथा मुहम्मद-बिन-कासिम की सफलताओं की जानकारी मिलती है।

## पुरातत्व संबंधी साक्ष्य

पुरातत्व के अंतर्गत तीन प्रकार के साक्ष्य आते हैं-**अभिलेख**, **मुद्रा** एवं **स्मारक**।

### अभिलेख

- अभिलेख **पाषाण शिलाओं**, **स्तंभों**, **दीवारों**, **मुद्राओं** एवं **ताम्रपत्रों** पर उत्कीर्ण किए जाते थे।
- अभिलेखों के अध्ययन को पुरालेख शास्त्र कहते हैं।
- सबसे प्राचीन अभिलेख मध्य एशिया के बोगजकोई से प्राप्त अभिलेख है। जिसमें हिती नरेश सुब्बिलिमा तथा मितन्नी नरेश मतिऊजा के बीच संधि का उल्लेख है।
- **बोगजकोई अभिलेख** (एशिया माइनर) लगभग **1400 ई.पू.** का अभिलेख है जिसमें वैदिक देवता इन्द्र, मित्र, वरुण एवं नासत्य के नाम मिलते हैं।

**महत्वपूर्ण अभिलेख**

| क्र.सं. | अभिलेख | शासक एवं अभिलेख की विशेषताएँ |
|---|---|---|
| 1. | हाथीगुम्फा अभिलेख (तिथि रहित अभिलेख) | कलिंग राज खारवेल |
| 2. | जूनागढ़ (गिरनार अभिलेख) | रुद्रदामन (सुदर्शन झील के बारे में जानकारी) |
| 3. | नासिक अभिलेख | गौतमी बलश्री (सातवाहनों की उपलब्धियाँ) |
| 4. | प्रयाग स्तम्भ अभिलेख | समुद्रगुप्त (इसकी दिग्विजयों की जानकारी) |
| 5. | ऐहोल अभिलेख | पुलकेशिन द्वितीय |
| 6. | मन्दसौर अभिलेख | मालवा नरेश यशोवर्मन |
| 7. | ग्वालियर अभिलेख | प्रतिहार नरेश भोज |
| 8. | भीतरी एवं जूनागढ़ अभिलेख | स्कन्दगुप्त (हूणों पर विजय का विवरण) |
| 9. | देवपाड़ा अभिलेख | बंगाल शासक विजयसेन |
| 10. | बांसखेड़ा, और मधुबन अभिलेख | हर्षवर्द्धन की उपलब्धियों पर प्रकाश |
| 11. | बालाघाट कार्ले अभिलेख | सातवाहनों की उपलब्धियाँ |
| 12. | अयोध्या अभिलेख | शुंगों की उपलब्धियाँ |
| 13. | भरहुत अभिलेख | सुंगनरेण शब्द खुदे होने से शुंगों द्वारा निर्मित |
| 14. | एरण अभिलेख | भानुगुप्त |

- भागवत धर्म विकसित होने का प्रमाण यवन राजदूत 'हेलियोडोरस' के बेसनगर (विदिशा) गरुड़ स्तम्भ लेख से प्राप्त होता है।
- सर्वप्रथम **'भारतवर्ष'** शब्द का उल्लेख **कलिंग नरेश खारवेल** के हाथीगुम्फा अभिलेख से प्राप्त होता है।
- सर्वप्रथम दुर्भिक्ष की जानकारी देने वाला अभिलेख **सोहगौरा अभिलेख** है।
- सर्वप्रथम भारत पर होने वाले हूण आक्रमण की जानकारी स्कंदगुप्त के भीतरी स्तंभ लेख से प्राप्त होती है।
- **सती प्रथा** का पहला साक्ष्य 510 ई. के **एरण अभिलेख** (सेनापति भानुगुप्त) से मिलता है।
- **रेशम बुनकर** की श्रेणियों की जानकारी **मंदसौर अभिलेख** से प्राप्त होती है।

### मुद्रा

- यद्यपि भारत में सिक्कों की प्राप्ति आठवीं शताब्दी ई.पू. से ही मिलती है।
- प्राचीनतम सिक्कों को आहत सिक्के (Punch Marked Coins) कहा जाता है, साहित्यिक ग्रंथों में इन्हें **कार्षापण**, **पुराण**, **धरण**, **शतमान** आदि नामों से भी जाना जाता है।
- आहत सिक्के अधिकांशतः चांदी के टुकड़े हैं जिन पर विविध आकृतियाँ अंकित की गई हैं।
- सिक्कों पर लेख लिखवाने का कार्य सर्वप्रथम यवन शासकों ने किया।
- प्राचीन भारत के गणराज्यों का अस्तित्व मुद्राओं से ही प्रमाणित होता है।
- कनिष्क के सिक्कों से हमें उसके बौद्ध धर्म का अनुयायी होने का पता चलता है।

### स्मारक

- स्मारकों के अन्तर्गत विभिन्न इमारतें, खण्डहर, मन्दिर, विहार, स्तूप, मूर्तियाँ आदि आते हैं।

## भारतीय इतिहास का काल विभाजन

- 19वीं शताब्दी (1851 ई.) में स्कॉटलैण्ड के दार्शनिक जेम्स मिल ने अपनी किताब 'ए हिस्ट्री ऑफ ब्रिटिश इण्डिया' में भारतीय इतिहास को हिन्दू, मुस्लिम एवं ब्रिटिश तीन काल खण्डों में विभाजित किया था। इसका आधार शासकों का धर्म एक महत्त्वपूर्ण ऐतिहासिक परिवर्तन था।
- जेम्स मिल को ऐसा लगता था कि भारत में अंग्रेजों के आने से पूर्व यहाँ केवल हिन्दू एवं मुसलमान तानाशाहों का ही राज चलता था। परन्तु वास्तव में, विभाजन का यह आधार गलत था, क्योंकि हम देखते हैं कि प्राचीन भारत में भी हिन्दू धर्म के साथ-साथ अन्य गैर-हिन्दू (जैसे- बौद्ध, जैन आदि) धर्म एवं परम्पराओं का भी सम्मान किया जाता था।
- उसी प्रकार मध्यकाल के इस्लामी शासन के दौरान भी हिन्दुओं को भी जीवन जीने का अधिकार था। तुलसीदास, सूरदास, मीराबाई आदि जैसे महान् सन्त मध्यकाल में ही हुए।
- पश्चिम में आधुनिक काल को विज्ञान, तर्क, लोकतन्त्र, समानता, जैसे आधुनिक मूल्यों के रूप में जाना जाता है। उनका मानना है कि ब्रिटिश जब भारत आए तभी से आधुनिक संकल्पना भारत में आई।
- इसलिए इन्होंने इस काल को आधुनिक तथा उसके पूर्व के काल को प्राचीन एवं मध्यकाल के नाम से जाना है।

## औपनिवेशिक भारत के बारे में जानने के लिए स्त्रोत

औपनिवेशिक (Colonial Period) भारत के लगभग 250 वर्षों के इतिहास को जानने के लिए प्रमुख साधन निम्नलिखित हैं-

**1. सर्वेक्षण (Surveys)**

- अंग्रेजों का यह मानना था कि किसी भी देश में प्रशासनिक गतिविधियों को सुचारु रूप से परिचालित करने के लिए वहाँ का सर्वेक्षण करना अति आवश्यक है।
- 19वीं शताब्दी के पूर्वार्द्ध में अंग्रेजों ने सम्पूर्ण देश के मानचित्र निर्माण का कार्य आरम्भ किया, साथ ही गाँव एवं अन्य क्षेत्रों के लिए राजस्व संगठित सर्वेक्षण का कार्य प्रारम्भ किया।
- जिसके अन्तर्गत भू-आकृतिक अध्ययन, मृदा की गुणवत्ता का अध्ययन, पेड़-पौधों एवं जीव-जन्तु, स्थानीय इतिहास, फसल प्रतिरूपण आदि का अध्ययन आरम्भ किया।

**2. आधिकारिक अभिलेखों से ज्ञात इतिहास**

- ब्रिटिश काल के इतिहास को जानने व समझने में ब्रिटिश अधिकारियों द्वारा लिखे गए दस्तावेज महत्त्वपूर्ण स्रोत हैं।

- भारत में ब्रिटिश शासक अपने सभी आधिकारिक प्रतिलेखों (रिकॉर्ड) को लिखित रूप में रखा करते थे। उनका यह मानना था कि किसी भी दस्तावेज को लिखित रूप में रखना महत्त्वपूर्ण है।
- उन्होंने अपने सभी निर्णयों, समझौतों, अन्वेषणों को सुरक्षित रूप में रखा, इतिहासकारों के लिए एक प्रमुख साधन हैं। परन्तु इनके द्वारा लिखे गए दस्तावेजों में पक्षपात पूर्ण दृष्टिकोण की झलक मिलती है।
- साथ ही इन दस्तावेजों से जन सामान्य के बारे में कोई विशेष जानकारी नहीं मिली है। पाण्डुलिपियाँ प्राय: ताड़-पत्रों अथवा भूर्ण नामक वृक्ष की छाल से विशेष तरीके से तैयार भोज-पत्र पर लिखी जाती थी।
- वहीं अभिलेख पत्थर तथा धातु जैसी अपेक्षाकृत कठोर सतहों पर उत्कीर्ण किए जाते थे।

**3. समाचार पत्र एवं साहित्य**

- मुद्रण के आविष्कार के बाद समाचार-पत्र एक सामान्य प्रक्रिया के अन्तर्गत आने लगा।
- बहुत सारे समाचार-पत्र लोगों के बीच वर्नाकुलर माध्यम के द्वारा चर्चित होने लगे। समाचार-पत्रों में सामान्य जीवन तथा संस्कृति को भली-भाँति उकेरा गया।

**इतिहास का महत्त्व**

- वर्तमान का कैसे विकास हुआ है, हमारे भौतिक और सामाजिक विश्व की गतिविधियाँ समझने तथा वर्तमान की अतीत से तुलना करने में इतिहास सहायक होता है।

## प्रश्नमाला

**1. प्राचीन भारत के अध्ययन के लिए पुरातात्विक सामग्री का विशिष्ट महत्व है, क्योंकि-**

(a) भारतीय ग्रन्थों का रचनाकाल ठीक से ज्ञात न होने के कारण किसी काल विशेष की अवस्था का ज्ञान नहीं हो पाता
(b) साहित्यिक साधनों में लेखक का दृष्टिकोण बहुधा सही चित्रण करने में बाधक होता है
(c) पुरातात्विक सामग्री में हेर-फेर करना सम्भव नहीं होता
(d) उपर्युक्त सभी

**2. सूची-I को सूची-II से सुमेलित कीजिए तथा नीचे दिए कूटों से सही उत्तर का चयन कीजिए-**

| सूची-I (अभिलेख) | सूची-II (सम्बन्धित राजा) |
|---|---|
| (A) हाथी गुंफा अभिलेख | 1. विजय सेन |
| (B) नासिक अभिलेख | 2. रुद्रदामन |
| (C) गिरनार शिला लेख | 3. गौतमी पुत्र शतकर्णी |
| (D) देवपाड़ा अभिलेख | 4. खारवेल |

| | (A) | (B) | (C) | (D) |
|---|---|---|---|---|
| (a) | 2 | 1 | 3 | 4 |
| (b) | 4 | 3 | 2 | 1 |
| (c) | 4 | 3 | 1 | 2 |
| (d) | 4 | 1 | 3 | 2 |

**3. ऐहोल अभिलेख किस शासक से सम्बन्धित है?**

(a) पुलकेशिन द्वितीय
(b) अमोघवर्मन
(c) पुलकेशिन I
(d) मयूरशर्मन

**4. अभिलेखों के अध्ययन को कहते हैं-**

(a) पुरालेख शास्त्र
(b) अभिलेख विज्ञान
(c) साहित्यिक लेख शास्त्र
(d) शिलाशास्त्र

**5. ब्राह्मी लिपि को सर्वप्रथम पढ़ा था-**

(a) 1905 में प्रिंसेप ने
(b) 1837 में प्रिंसेप ने
(c) 1837 में सर विलियम जोन्स ने
(d) 1905 में स्मिथ ने

**6. किस अभिलेख से ज्ञात होता है कि ईरानी सम्राट दारा प्रथम ने सिन्धु प्रदेश पर अधिकार किया था?**

(a) बोगजकोई अभिलेख
(b) बेहिस्तून और पर्सिपोलिस अभिलेख
(c) अलअमर्ना अभिलेख
(d) हेलियोडोरस का बेसनगर स्तम्भ लेख

**7. निम्नलिखित में कौन-सा सुमेलित नहीं हैं?**

(a) अशोक-बराबर गुहालेख
(b) दशरथ-नागार्जुनी गुहालेख
(c) सातवाहन-नासिक गुहालेख
(d) कार्कोट-कार्ले गुहालेख

**8. निम्नलिखित में कौन-सा सुमेलित नहीं है?**

(a) स्काईलेक्स-यूनानी लेखक
(b) सुमाचीन-चीनी लेखक
(c) तारानाथ-भारतीय लेखक
(d) अलमसूदी-अरबी लेखक

**9. ग्वालियर प्रशस्ति में किस सम्राट के विषय में ऐतिहासिक जानकारी प्राप्त होती है?**

(a) रामभद्र
(b) वत्सराज
(c) नागभट्ट
(d) मिहिरभोज

**10. पुरातत्व शास्त्री यह कैसे पता करता है कि कौन-सी वस्तु पत्थरों से बनी है?**

(a) भवनों, मूर्तियों एवं पेण्टिंग के अवशेषों से
(b) खनन से प्राप्त शस्त्र, हथियार एवं आभूषणों से
(c) भूमि के नीचे पाए जाने वाले सिक्के, बर्तन आदि से
(d) उपरोक्त सभी

**11. प्राचीन दिनों में किन विषयों पर पुस्तकें नहीं लिखी गईं?**

(a) रहस्यमयी हत्याएँ
(b) धार्मिक मान्यताएँ एवं क्रियाएँ
(c) राजाओं का जीवन
(d) कथा, कविता एवं नाटक

**12. भारतीय इतिहास को 'प्राचीन', 'मध्य' और 'आधुनिक' कालों में विभाजित करने में समस्याएँ भी हैं। निम्नलिखित में से वह समस्या कौन-सी हैं?**

(a) त्रिविभाजन भारतीय राज्यों की क्रमिक प्रगति को दर्शाता है
(b) तीन काल भारतीय इतिहास को वर्णित करने के लिए अपर्याप्त हैं
(c) यह संकल्पना पश्चिम से ली गई है, जहाँ आधुनिक काल विज्ञान, तर्कणा, लोकतन्त्र, स्वतन्त्रता और समानता से सम्बन्धित है
(d) भारतीय इतिहास में 'प्राचीनकाल' और 'मध्यकाल' तथा 'मध्यकाल' और 'आधुनिक काल' में अन्तर की स्पष्ट रेखाएँ प्रतीत होती है

**13. पाण्डुलिपियों और अभिलेखों पर निम्नलिखित दो कथनों A और B पर विचार कीजिए और सही उत्तर का चयन कीजिए—**

**A. पाण्डुलिपियाँ प्राय: ताड़-पत्रों अथवा भूर्ण नामक वृक्ष की छाल से विशेष तरीके से तैयार भोज-पत्र पर लिखी जाती थीं।**

**B. अभिलेख पत्थर तथा धातु जैसी अपेक्षाकृत कठोर सतहों पर उत्कीर्ण किए जाते थे।**

कूट

(a) A और B दोनों सही हैं
(b) A गलत है और B सही है
(c) A और B दोनों गलत हैं
(d) A सही है और B गलत है

**14. सबसे पुरानी पाण्डुलिपियाँ .......... पर लिखी गई थीं।**

(a) पत्थरों (b) कागज
(c) लकड़ी (d) ताड़-पत्रों

**15. निम्नलिखित कथनों में से कौन-से/कौन-सा सही है ?**

**A. जब इतिहासकार, ऐतिहासिक पत्रों, मानचित्रों एवं ग्रन्थों को पढ़ते हैं तब उन्हें विभिन्न ऐतिहासिक प्रसंगों के प्रति संवेदनशील होना चाहिए।**

**B. इतिहास अलग-अलग समूह के लोगों के लिए अलग-अलग था।**

**सही विकल्प का चयन कीजिए।**

(a) केवल A
(b) केवल B
(c) A और B दोनों
(d) न तो A और न ही B

**16. भारतीय दर्शन की प्रारम्भिक शाखा कौन-सी है?**

(a) सांख्य (b) मीमांसा
(c) वैशेषिक (d) चार्वाक

**17. 'सत्यमेव जयते' शब्द कहाँ से लिया गया है?**

(a) मनुस्मृति (b) भगवद्गीता
(c) ऋग्वेद (d) मुण्डकोपनिषद

**18. 'जो यहां है वह अन्यत्र भी है, जो यहां नहीं है वह कहीं नहीं है' यह निम्न में से किस ग्रंथ में कहा गया है?**

(a) रामायण (b) महाभारत
(c) गीता (d) राजतरंगिणी

**19. हिन्दू विधि द्वारा मान्य कर कितना था?**

(a) उपज का आधा भाग
(b) उपज का छठां भाग
(c) उपज का एक-तिहाई भाग
(d) उपज का एक-चौथाई भाग

**20. मुद्राराक्षस का लेखक निम्न में कौन है?**

(a) अश्वघोष
(b) विशाखदत्त
(c) कालिदास
(d) भास

**21. विक्रम संवत् कब से प्रारम्भ हुआ?**

(a) 78 ई.
(b) 58 ई.पू.
(c) 72 ईसा पूर्व
(d) 57 ईसा पूर्व

## उत्तरमाला

**1.** (d) **2.** (b) **3.** (a) **4.** (a) **5.** (b) **6.** (b) **7.** (d) **8.** (c) **9.** (d) **10.** (d)
**11.** (a) **12.** (c) **13.** (a) **14.** (d) **15.** (c) **16.** (a) **17.** (d) **18.** (b) **19.** (b) **20.** (d)
**21.** (b)

❑❑❑

# 2 प्रारंभिक समाज

## आरंभिक मानव

खाद्य संग्राहक समुदाय के लोग भोजन व पानी की तलाश में तथा मवेशियों के लिए चारे हेतु एक जगह से दूसरी जगह पर भ्रमण करते थे। जिनका वर्णन निम्नानुसार है -

- आरम्भिक मानव (The Earliest Human) भोजन के लिए शिकार पर निर्भर थे। अत: उन्हें अपना शिकार ढूँढने के लिए एक जगह से दूसरी जगह जाना पड़ता था। यदि वे ज्यादा दिनों तक एक ही जगह पर रहते तो वह आस-पास के जानवरों, पौधों, फलों को खाकर समाप्त कर देते थे।
- पेड़ों और पौधों में अलग-अलग मौसम में फल-फूल आते हैं। अत: उपयुक्त मौसम के अनुसार लोग उनकी तलाश में जल संसाधनों की खोज में अन्य स्थानों पर घूमते थे। पुरातत्वविदों को कुछ ऐसी वस्तुएँ मिली हैं, जिनका निर्माण और उपयोग शिकारी खाद्य संग्राहक करते थे।
- आरम्भिक मानव ने अपने काम के लिए पत्थरों, लकड़ियों और हड्डियों के औजारों का निर्माण किया। इनमें से पत्थरों के औजार आज भी बचे हैं। इनमें से कुछ औजारों का उपयोग फल-फूल काटने, हड्डियाँ और माँस काटने तथा पेड़ों की छाल और जानवरों की खाल उतारने के लिए किया जाता था।

## आरंभिक मानव का निवास-स्थल

- आरम्भिक मानव पुरास्थलों में रहते थे। पुरास्थल उस स्थान को कहते हैं जहाँ औजार, बर्तन और इमारतों जैसी वस्तुओं के अवशेष मिलते हैं। ऐसी वस्तुओं का निर्माण लोगों ने अपने काम के लिए किया था और बाद में वे उन्हें वहीं छोड़ गए। ये औजार जमीन के ऊपर, अन्दर, कभी-कभी समुद्र और नदी के तल में भी पाए जाते हैं।
- भीमबेटका, हुंस्गी एवं कुरनूल गुफाएँ, भारत में ऐसे पुरास्थल हैं जहाँ पर शिकारी खाद्य संग्राहकों के होने के प्रमाण मिले हैं। इनके अतिरिक्त भी और कई स्थानों पर शिकारी खाद्य संग्राहक रहते थे। कई पुरास्थल नदियों और झीलों के किनारे पाए गए हैं।
- भीमबेटका आधुनिक मध्य प्रदेश में स्थित आवासीय पुरास्थल है, जहाँ आदि मानव रहते थे। यहाँ स्थित गुफाओं और कन्दराओं में वे इसलिए रहते थे।

## पाषाण औजारों का निर्माण

पाषाण उपकरणों को प्राय: दो तरीकों से बनाया जाता था-

- **पत्थर से पत्थर को टकराना**- यानी जिस पत्थर से कोई औजार बनाना होता था, उसे एक हाथ में लिया जाता था और दूसरे हाथ से एक पत्थर का हथौड़ी जैसा उपयोग होता था। इस तरह आघात करने वाले पत्थर से दूसरे पत्थर पर तब तक शल्क निकाले जाते थे, जब तक वांछित आकार वाला उपकरण न बन जाए।
- **दबाव शल्क-तकनीक** दूसरे तरीके को 'दबाव शल्क- तकनीक' कहा जाता था। इसमें क्रोड को एक स्थिर सतह पर टिकाया जाता था और इस क्रोड पर हड्डी या पत्थर रखकर उस पर हथौड़ीनुमा पत्थर से शल्क निकाले जाते थे, जिससे वांछित उपकरण बनाए जाते थे।

## आग की खोज

- आधुनिक आन्ध्र प्रदेश स्थित कुरनूल गुफा में राख के अवशेष मिले हैं। इसका तात्पर्य यह है कि आरम्भिक लोग आग जलाना सीख गए थे।
- आग का प्रयोग; जैसे- प्रकाश के लिए, माँस पकाने के लिए और खतरनाक जानवरों को दूर भगाने आदि के लिए किया जाता था।

## भाषा एवं कला

- होमो हैबिलिस सबसे पहले बोलने वाले लोग थे। बोली जाने वाली भाषा और कला का विकास लगभग 40000-95000 वर्ष पूर्व हुआ था।
- आरम्भिक मानव ने अपनी कलात्मक क्षमता का प्रयोग शैल चित्रकला के रूप में किया।
- जिन गुफाओं में आरम्भिक मानव रहते थे, उनमें से कुछ की दीवारों पर चित्र मिले हैं। इन चित्रों के कुछ सुन्दर उदाहरण मध्य प्रदेश और दक्षिणी उत्तर प्रदेश की गुफाओं से प्राप्त हुए हैं। इन चित्रों में जंगली जानवरों का सजीव चित्रण किया गया है।)

## प्रागैतिहासिक काल

- जिस काल के इतिहास का लिखित विवरण नहीं मिलता, वह काल प्रागैतिहासिक काल कहलाता है, जैसे-पाषाण काल।
- जिस काल के लिखित विवरण तो मिलते हैं लेकिन उसका अर्थ स्पष्ट नहीं हो सका है, वह काल आद्य ऐतिहासिक काल कहलाता है, जैसे-सिन्धु सभ्यता तथा वैदिक सभ्यता।
- जिस काल से लिखित साक्ष्य का स्पष्ट विवरण प्राप्त होता है वह काल ऐतिहासिक काल कहलाता है, जैसे-महाजनपदों के बाद का काल (छठी सदी ई.पू. से)।
- प्रागैतिहासिक काल को सामान्यत: तीन भागों में बाँटा गया है-**पुरापाषाण काल**, **मध्यपाषाण काल** तथा **नव या उत्तर पाषाण काल**।

### पुरापाषाण काल (5,00,000-10,000 ई.पू.)

- सर्वप्रथम पाषाण कालीन सभ्यता तथा संस्कृति का अन्वेषण रार्बट ब्रूस फुट महोदय ने 1863 ई. में किया।
- पुरापाषाण काल को तीन भागों में बाँटा जाता है-(1) निम्न पुरापाषाण काल, (2) मध्य पुरापाषाण काल तथा (3) उच्च पाषाण काल।
- निम्न पुरापाषाण युग के स्थल वर्तमान पाकिस्तान की सोहन घाटी एवं महाराष्ट्र में पाए गए हैं।
- इस काल के लक्षण थे-कुल्हाड़ी या हस्तकुठार (हैंड एक्स), विदारिणी (क्लीवर) और खंडक (गंडासा) का प्रयोग।
- भारत में सबसे पुराना **हस्तकुठार सोहन घाटी** से प्राप्त हुआ है।

- **लोहंदा नाला (बेलन घाटी, उत्तर प्रदेश)** से पशु की हड्डी से बनी मूर्ति प्राप्त हुई है।
- **हथनौरा (मध्य प्रदेश)** से हाथी का सबसे पुराना जीवाश्म मिला है।
- मध्य पुरापाषाण युग के औजार मुख्यत: शल्क (Flake) से बने थे। अत: इस संस्कृति को फलक संस्कृति की संज्ञा दी गई है।
- खुरचनी, फलक, वेधनी, वेधक तथा तक्षणी इस संस्कृति के प्रधान उपकरण थे।
- पुरापाषाण काल में आग का आविष्कार हुआ जबकि नवपाषाण काल में पहिए का आविष्कार हुआ।
- इस काल के **मानवों की गुफाएँ भीमबेटका** से मिली हैं जिनमें विभिन्न कालों की चित्रकारी देखने को मिलती है।
- उच्च पुरापाषाण कालीन चित्रों में भैंसे, हाथी, बाघ, गैंडे तथा सूअर के चित्र प्रमुख हैं।
- भीमबेटका गुफाओं की खोज **1958** में **बी.एस. वाकणकर** ने की थी।

**पुरापाषाण युग**

| श्रेणी | क्षेत्र-जहाँ से औजार पाए गए |
|---|---|
| निम्न पुरापाषाण युग | सोहन घाटी, (पाकिस्तानी पंजाब)<br>बेलन घाटी (जिला-मिर्जापुर, उत्तर प्रदेश) |
| मध्य पुरापाषाण युग | सोहन घाटी, बेलन घाटी नर्मदा घाटी और तुंगभद्रा घाटी |
| उत्तर पुरापाषाण युग | बेलन घाटी, छोटानागपुर पठार, मध्य भारत, नागपुर, गुजरात, महाराष्ट्र, कर्नाटक और आंध्र प्रदेश |

## मध्यपाषाण काल (10,000 ई.पू. से 6000 ई.पू.)

| | | |
|---|---|---|
| ताम्र पाषाण संस्कृति | – | 4500 ई.पू. - 2500 ई.पू. (भारतीय उपमहाद्वीप के उ.प. क्षेत्र |
| सिन्धु सभ्यता | – | 2500 / 2350 ई.पू. से 1750 ई.पू. |
| ग्रामीण संस्कृतियाँ चमकीले मृद्भांड | – | 1750 ई.पू. से 1000 ई.पू. |
| ऋग्वैदिक काल | – | 1500 ई.पू. से 1000 ई.पू. |
| उत्तर-वैदिक काल | – | 1000 ई.पू. से 600 ई.पू. |
| महाजनपद काल | – | 1000 ई.पू. से प्रारंभ तत्पश्चात मगध का उदय |

- यह काल पुरापाषाण काल तथा नवपाषाण काल दोनों की सम्मिश्रित विशिष्टताओं का प्रदर्शन करता है।
- इस काल के लोग शिकार करके, मछली पकड़कर तथा खाद्य वस्तुएँ बटोरकर पेट भरते थे।
- मध्यपाषाण काल में पाषाण के लघु उपकरण बनाए जाते थे।
- भारत में सबसे पहला लघु **पाषाण उपकरण 1867 ई.** में विंध्य क्षेत्र में **सी.एल. कार्लाइल** द्वारा खोजा गया।
- प्रमुख मध्यपाषाण कालीन उपकरण–**इकधर**, **फलक**, **वेधनी**, **अर्द्धचन्द्राकार**, **समलंब** इत्यादि हैं।
- मध्यपाषाण काल में प्रक्षेपास्त्र तकनीक का विकास हुआ जिससे **तीर-कमान** का प्रचलन आरंभ हुआ।
- तापमान में बदलाव आने से जौ, गेहूँ, धान जैसी फसलें उगने लगी।

**मध्यपाषाण युग**

| स्थान | स्थान | समय |
|---|---|---|
| आदमगढ़ | होशंगाबाद के समीप मध्य प्रदेश | 7वीं सहस्राब्दी ई.पू. |
| भीमबेटका | भोपाल के समीप मध्य प्रदेश | 7वीं से 5वीं सहस्राब्दी ई.पू. |
| बोधोर | सीधी के समीप मध्य प्रदेश | 8वीं से 5वीं सहस्राब्दी ई.पू. |
| बागोर | भीलवाड़ा के समीप राजस्थान | 6वीं सहस्राब्दी ई.पू. |
| महागढ़ | मेजा के समीप उत्तर प्रदेश | 10वीं सहस्राब्दी ई.पू. |
| सराय नाहरराय | प्रतापगढ़ के समीप उत्तर प्रदेश | 10वीं सहस्राब्दी ई.पू. |
| पायसरा | मुंगेर के समीप बिहार | 7वीं सहस्राब्दी ई.पू. |

# प्रश्नमाला

**1. भारतीय प्रागैतिहास के जनक थे-**
(a) राबर्ट ब्रूस फुट
(b) जॉन मार्शल
(c) मार्टिमर ह्वीलर
(d) ए. कनिंघम

**2. आभूषण से युक्त मध्य पाषाणिक मानव समाधियाँ प्राप्त हुई हैं-**
(a) भीमबेटका से
(b) बागोर से
(c) महदहा से
(d) सराय नाहर राय से

**3. खाद्य उत्पादनपरक अर्थव्यवस्था सम्बन्धित है-**
(a) मध्य पूर्व पाषाण काल से
(b) उच्च पूर्व पाषाण काल से
(c) मध्य पाषाण काल से
(d) नव पाषाण काल से

**4. पाषाण युगीन मानव को आग की जानकारी हुई थी-**
(a) निम्न पुरापाषाणकाल
(b) उच्च पुरापाषाण काल
(c) मध्य पाषाण काल
(d) नव पाषाण काल

**5. पुरापाषाणकालीन मानव का मुख्य व्यवसाय था-**
(a) कृषि (b) पशुपालन
(c) आखेट (d) व्यापार

**6. मनुष्य ने कृषि का ज्ञान प्राप्त किया-**
(a) पुरा-पाषाण काल में
(b) मध्य-पाषाण काल में
(c) नव पाषाणकाल में
(d) ताम्र-प्रस्तर काल में

**7. निम्नलिखित में कौन-सा नवपाषाण कालीन स्थल भारत में नहीं है-**
(a) मेहरगढ़ (b) दाओजली
(c) कोल्डिहवा (d) चिरान्द

**8. चावल का प्राचीनतम उल्लेख किस स्थान से सम्बन्धित है ?**
(a) महदहा (b) सराय नाहरराय
(c) कोलडीहवा (d) भीमबेटका

**9. प्राचीन भारत में कृषि के प्राचीनतम उल्लेख कहाँ से मिलते हैं ?**
(a) बोरी (b) मेहरगढ़
(c) इनामगाँव (d) गिलुन्द

**10. भीमबेटका के सन्दर्भ में निम्न कथनों पर विचार कीजिए—**
**A. भीमबेटका आधुनिक मध्य प्रदेश में स्थित है।**
**B. यहाँ स्थित गुफाओं और कन्दराओं में आदि मानव निवास करते थे।**
**उपरोक्त कथनों में से कौन-सा/से कथन सत्य है/हैं ?**
(a) केवल A
(b) केवल B
(c) A और B दोनों
(d) न तो A और न ही B

**11. आग की खोज के सन्दर्भ में निम्न कथनों में से कौन-सा सत्य है/हैं ?**
(a) आधुनिक आन्ध्र प्रदेश स्थित कुरनूल गुफा में राख के अवशेष प्राप्त हुए हैं
(b) आरम्भिक लोग आग जलाना सीख गए थे
(c) मानव को आग की जानकारी निम्न पुरापाषाण काल में हुई थी
(d) उपरोक्त सभी

**12. किस स्थान पर मृतक को प्राय: उत्तर की ओर सिर करके दफनाया जाता था ?**
(a) इनामगाँव (b) बुर्जहोम
(c) मेहरगढ़ (d) भीमबेटका

**13. महापाषाणों के विषय में निम्नलिखित कथनों में से कौन-सा कथन सही है ?**
(a) ये पत्थर के औजार बनाने के लिए कच्चा माल उपलब्ध कराते थे
(b) ये सभी भूमिगत और दृष्टि से ओझल रूप में पाए गए थे
(c) ये भारतीय उपमहाद्वीप के उत्तर-पश्चिम में संकेन्द्रित थे
(d) इनका उपयोग दफन करने की जगहों को चिह्नित करने के लिए किया जाता है

**14. हम यह आज कैसे जानते हैं कि पुरापाषाण युग में भारत में शुतुरमुर्ग होते थे ?**
(a) विदेशी यात्रियों के वृत्तान्तों में इनका वर्णन है
(b) उस समय की कृतियों में इन पक्षियों का विविध लेख हमें मिलता है
(c) महाराष्ट्र के पटने पुरास्थल से शुतुरमुर्ग के अण्डों के अवशेष मिले हैं
(d) शुतुरमुर्गों पर मौखिक स्मृतियाँ हमारे पास दिल्ली के राष्ट्रीय संग्रहालय में अभिलेखित हैं

**15. पुरास्थलों के सन्दर्भ में निम्नलिखित में से कौन सही है ?**
**A. वह स्थान जहाँ वस्तुओं के अवशेष मिलते हैं।**
**B. ये केवल जमीन के ऊपर ही पाए जाते हैं।**
**C. ये केवल जमीन के अन्दर ही पाए जाते हैं।**
**D. ये समुद्र और नदी के तल में कभी नहीं पाए जाते हैं।**
**कूट**
(a) A, B और C (b) केवल D
(c) केवल A (d) A और B

**16. सबसे पहले जिस जंगली जानवर को पालतू बनाया गया, वह है-**
(a) भेड (b) बकरी
(c) कुत्ता (d) गाय

**17. भारत में सबसे पुराना हस्तकुठार कहाँ से प्राप्त हुआ है ?**
(a) पल्लवारम से
(b) नर्मदा घाटी से
(c) सोहन घाटी से
(d) इनमें से कोई नहीं

**18. ताम्राश्म काल में महाराष्ट्र के लोग मृतकों के शरीर को फर्श के नीचे किस तरह रखकर दफनाते थे?**
(a) उत्तर से दक्षिण की ओर
(b) पूर्व से पश्चिम की ओर
(c) दक्षिण से उत्तर की ओर
(d) पश्चिम से पूर्व की ओर

**19. मानव द्वारा सर्वप्रथम प्रयुक्त अनाज था–**
(a) गेहूं (b) चावल
(c) जौ (d) बाजरा

**20. भारत के किस स्थल की खुदाई से लौह धातु के प्रचलन के प्राचीनतम प्रमाण मिले हैं?**
(a) तक्षशिला (b) अंतरजीखेड़ा
(c) कौशाम्बी (d) हस्तिनापुर

## उत्तरमाला

| | | | | | | | | | |
|---|---|---|---|---|---|---|---|---|---|
| **1.** (a) | **2.** (c) | **3.** (d) | **4.** (c) | **5.** (c) | **6.** (c) | **7.** (a) | **8.** (c) | **9.** (b) | **10.** (c) |
| **11.** (d) | **12.** (b) | **13.** (d) | **14.** (c) | **15.** (c) | **16.** (c) | **17.** (d) | **18.** (a) | **19.** (c) | **20.** (b) |

❑❑❑

# कृषक एवं पशुपालन

## नवपाषाण काल (6000 ई.पू. से आरंभ)

- इस काल की शुरुआत **6,000 ईसा** पूर्व से होती है।
- नवपाषाणकालीन लोगों को बीज का ज्ञान हुआ और इससे वे फसल उपजाने लगे।
- स्थायी निवास की अवधारणा नवपाषाण काल में आई तथा मानव ने **'कुत्ते'** को सर्वप्रथम पालतू बनाया।
- इस काल के लोग पॉलिशदार पत्थर के औजारों और हथियारों का प्रयोग करते थे।
- नवपाषाण काल की प्रमुख विशेषताएँ थी–कृषि का आरंभ, गर्त-आवास (बुर्जहोम), मानव शव के साथ पशु (कुत्ता) को दफनाना, बड़ी मात्रा में अस्थि के औजार, पोत-निर्माण, ऊन के साक्ष्य, स्थायी जीवन एवं समाज का निर्माण थीं।

## आद्य ऐतिहासिक काल

- आद्य ऐतिहासिक काल को दो भागों में बाँटा जाता है–**(1)** ताम्रपाषाण काल (2200 ई.पू.–700 ई.पू.) अहाड़ संस्कृति (2200 ईसा पूर्व-1500 ईसा पूर्व), मालवा (1700-1200 ईसा पूर्व), जोखे (जोर्वे) संस्कृति (महाराष्ट्र) (1400-700 ईसा पूर्व) लौह काल या महापाषाण संस्कृति - (1000 ईसा पूर्व) और **(2)** लौह काल (1000 ई.पू.–600 ई.पू.)।
- **ताम्रपाषाण काल** मुख्यत: ग्रामीण संस्कृति थी। इसे कृषक संस्कृति, पशुचारिक संस्कृति एवं क्षेत्रीय संस्कृति भी कहा जाता है।
- ताम्रपाषाण कालीन लोग **तांबे और पाषाण ( पत्थर )** का साथ-साथ प्रयोग करते थे। आगे चलकर यह भारत में कई संस्कृतियों का आधार बना।
- दक्षिणी-पूर्वी राजस्थान की संस्कृति को **अहार संस्कृति या अहाड़** कहा जाता है। अहार का प्राचीन नाम ताम्बवर्ती था।
- **नवदाटोली**, **एरण** और **नागदा मालवा संस्कृति** के मुख्य स्थल हैं। नवदाटोली का उत्खनन कार्य **प्रो. एच.डी. सांकलिया** ने करवाया।
- इस काल में 'ताँबा' धातु का सर्वप्रथम प्रयोग हुआ तथा प्रथम औजार **'कुल्हाड़ी'** बनाया गया **( साक्ष्य स्थल-अतिरम्पकम )**।
- **लौह काल:** लौह काल का निर्धारण सामान्यत: 1000 ई.पू. से 600 ई.पू. के बीच किया जाता है।
- उत्तर भारत में लौह काल के साथ-साथ **चित्रित धूसर मृद्‌भांड ( पी.जी. डब्ल्यू. )** संस्कृति कायम हुई।
- दक्षिण भारत में लौह काल महापाषाण संस्कृति के समकालीन था।

नवपाषाण काल उस पूर्व धातु चरण संस्कृति का सूचक है, जब यहाँ रहने वाले लोगों ने अनाज उगाकर और पशुओं को पालतू बनाकर भोजन की पूर्ति की व्यवस्था कर ली थी और एक स्थान पर स्थायी जीवन बिताना आरम्भ कर दिया था।

## खेती और पशुपालन की शुरुआत

- नवपाषाण युग में आरम्भिक मानव को कृषि में सफलता प्राप्त हुई। इसी युग में मानव ने पशुपालन करना भी प्रारम्भ किया।
- दुनिया की बदलती जलवायु के साथ ही लोग जिन पशुओं और वनस्पतियों का प्रयोग भोजन के रूप में करते थे, वे भी समय के साथ बदलने लगे।
- नवपाषाण काल में कृषि से सम्बन्धित कुछ मूलभूत क्रियाओं की जानकारी लोगों को हुई; जैसे- खाने योग्य वनस्पतियों, बीजों, बीजों का अंकुरण इत्यादि।
- सबसे पहले जिस जंगली जानवर को पालतू बनाया गया वह कुत्ता था। धीरे-धीरे लोग भेड़, बकरी, गाय और सूअर जैसे जानवरों को अपने घर के नजदीक आने को उत्साहित करने लगे। ऐसे जानवर अधिकतर घास खाते थे तथा झुण्ड में रहते थे।

## बसने की प्रक्रिया

- 'बसने की प्रक्रिया' (Domestication) का नाम लोगों द्वारा पौधे उगाने तथा जानवरों की देखभाल करने के आधार पर दिया गया है। अपनाए गए ये पौधे तथा जानवर सामान्यतया जंगली पौधों तथा जानवरों से भिन्न होते हैं।
- बसने की प्रक्रिया पूरी दुनिया में धीरे-धीरे चलती रही। यह लगभग 12,000 साल पहले शुरू हुई। वास्तव में, आज हम जो भोजन करते हैं, वह इसी बसने की प्रक्रिया के कारण है। कृषि के लिए अपनाई गई सबसे प्राचीन फसलों में गेहूँ तथा जौ आते हैं।

## एक नवीन जीवन-शैली

- जब लोग पौधे उगाने लगे तो उनकी देखभाल के लिए उन्हें एक ही जगह पर लम्बे समय तक रहना पड़ता था। बीज बोने से लेकर फसलों के पकने तक, पौधों की सिंचाई करने, खरपतवार हटाने, जानवरों और चिड़ियों से उनकी सुरक्षा करने जैसे बहुत-से काम सम्मिलित थे।
- अनाज को भोजन और बीज, दोनों ही रूपों में बचाकर रखना आवश्यक था, इसलिए लोगों को इसके भण्डारण की बात सोचनी पड़ी।
- पशुपालन नवपाषाण काल में भोजन व आजीविका का अतिरिक्त साधन बना। शुरुआती कृषकों और पशुपालकों के साथ होने के साक्ष्य मिले हैं। ये पूरे भारतीय उपमहाद्वीप में पाए गए हैं। इनमें सबसे महत्त्वपूर्ण पश्चिमोत्तर क्षेत्र में, आधुनिक कश्मीर में और पूर्वी तथा दक्षिण भारत में पाए गए हैं।

## स्थायी जीवन की ओर

- पुरातत्वविदों को कुछ पुरास्थलों पर झोंपड़ियों और घरों के निशान मिले हैं; जैसे कि बुर्जहोम (वर्तमान कश्मीर में) के लोग गड्ढे के नीचे घर बनाते थे, जिन्हें गर्तवास कहा जाता है। इनमें उतरने के लिए सीढ़ियाँ होती थीं। इससे उन्हें ठण्ड के मौसम में सुरक्षा मिलती थी।

- पुरातत्वविदों को झोंपड़ियों के अन्दर और बाहर दोनों ही स्थानों पर आग जलाने की जगहें मिली हैं। ऐसा लगता है कि लोग मौसम के अनुसार घर के अन्दर या बाहर खाना पकाते होंगे।
- बहुत सारी जगहों से पत्थर के औजार भी मिले हैं। इनमें से कई ऐसे हैं, पुरापाषाणयुगीन उपकरणों से भिन्न हैं। इसलिए इन्हें नवपाषाण युग का माना गया है। इनमें वे औजार भी हैं, जिनकी धार को और अधिक पैना करने के लिए उन पर पॉलिश चढ़ाई जाती थी।
- नवपाषाण युग के पुरास्थलों से कई प्रकार के मिट्टी के बर्तन मिले हैं। कभी-कभी इन पर अलंकरण भी किया जाता था। बर्तनों का उपयोग चीजों को रखने के लिए किया जाता था।
- चावल, गेहूँ तथा दलहन जैसे अनाज अब आहार का महत्त्वपूर्ण हिस्सा बन गए थे। इसके साथ-साथ अब लोग कपड़े भी बुनने लगे थे। इसके लिए कपास जैसे आवश्यक पौधे उगाए जाने लगे।

**पाषाण युग की प्राप्त सामग्रियाँ एवं उनके पुरास्थल**

| प्राप्त सामग्रियाँ ( अनाज और हड्डियाँ ) | पुरास्थल |
|---|---|
| गेहूँ, जौ, भेड़, बकरी, मवेशी | मेहरगढ़ (आधुनिक पाकिस्तान) |
| चावल, जानवरों की हड्डियों के टुकड़े | कोल्डिहवा (आधुनिक उत्तर प्रदेश) |
| चावल, मवेशी (मिट्टी पर खुरों के निशान) | महगढ़ा (आधुनिक उत्तर प्रदेश) |
| गेहूँ और दलहन | गुफक्राल (आधुनिक कश्मीर) |
| गेहूँ और दलहन, कुत्ते, मवेशी, भैंस, भेड़, बकरी | बुर्जहोम (आधुनिक कश्मीर) |
| गेहूँ, हरे चने, जौ, भैंस, बैल | चिरान्द (आधुनिक बिहार) |
| ज्वार-बाजरा, मवेशी, भेड़, बकरी, सूअर | हल्लूर (आधुनिक आन्ध्र प्रदेश) |
| काला चना, ज्वार-बाजरा, मवेशी, भेड़, सुअर | पैय्यमपल्ली (आधुनिक तमिलनाडु) |

## रीति-रिवाज एवं जनजाति

- पुरातत्वविदों ने 'जनजाति' शब्द का प्रयोग प्राय: पशुपालक समूह के लोगों के लिए किया था। विद्वानों के अनुसार ये सदस्य ऐसे रीति-रिवाजों (Customs) को मानते थे, जो पहले से ही प्रचलित थे।
- जनजाति के सदस्य शिकार, भोजन-संग्रह, खेती, पशुपालन और मछलीपालन जैसे व्यवसाय अपनाते थे एवं खेती से सम्बन्धित सभी कार्य; जैसे- बीज बोने, पौधों की देखभाल करना, फसल काटना आदि करते थे।
- जनजाति के लोगों में गरीब और अमीर के बीच कोई अन्तर नहीं होता था, इसलिए जनजातीय समाज अन्य समाजों से भिन्न होते थे।

## भारतीय उपमहाद्वीप में स्थित महत्त्वपूर्ण नवपाषाण स्थल

**मेहरगढ़**

- मेहरगढ़ (Mehrgarh) ईरान जाने वाले सबसे महत्त्वपूर्ण रास्ते, बोलन दर्रे के पास एक हरा-भरा स्थल है। यहाँ के स्त्री-पुरुषों ने इस स्थान पर सबसे पहले जौ, गेहूँ उगाना और भेड़-बकरी पालना सीखा था।
- यहाँ से खुदाई में जानवरों की हड्डियाँ मिली हैं, जिसमें हिरण तथा जैसे जंगली जानवरों की हड्डियाँ भी सम्मिलित हैं।

**दाओजली हेडिंग**

- उत्तर-पूर्व में असम के चित्तग्राम क्षेत्र में यह स्थल प्राप्त हुआ है। यहाँ से खरल और मूसल जैसे पत्थरों के उपकरण मिले हैं। साथ ही यहाँ से जेडाइट पत्थर भी मिला है।
- सम्भवत: यह पत्थर चीन से आया होगा।

**कोल्डिहवा**

- कोल्डिहवा (Koldihwa), महगढ़ा इलाहाबाद (प्रयागराज) जिले में बेलन नदी के तट पर स्थित अन्य महत्त्वपूर्ण नवपाषाण स्थल है।
- कोल्डिहवा से धान की खेती के प्राचीनतम प्रमाण मिले हैं।

**चिरान्द**

- चिरान्द (Chirand) मध्य गंगा घाटी में स्थित महत्त्वपूर्ण नवपाषाण स्थल है। यह स्थल बिहार में स्थित है।
- यहाँ से पॉलिशदार पत्थर कुल्हाड़ी, हथौड़े के साथ ही हड्डी व सींग के बने उपकरण मिले हैं।

## प्रश्नमाला

**1. नवपाषाण काल के सन्दर्भ में निम्न कथनों पर विचार कीजिए**

**A. यह 10,000 वर्ष से पूर्व से लेकर उसके बाद के काल को नवपाषाण काल कहा जाता है।**

**B. इस काल में पत्थर के औजार प्राय: छोटे हुआ करते थे।**

**उपरोक्त कथनों में से कौन-सा/से कथन सत्य है/हैं ?**

(a) केवल A
(b) केवल B
(c) A और B दोनों
(d) न तो A और न ही B

**2. निम्नलिखित कथनों में से कौन-सा सत्य है ?**

(a) बुर्जहोम आधुनिक उत्तर प्रदेश में स्थित है
(b) गुफक्राल आधुनिक पाकिस्तान में स्थित है
(c) हल्लूर आधुनिक आन्ध्र प्रदेश में स्थित है
(d) महंगढ़ा आधुनिक पाकिस्तान में स्थित है

**3. जनजातीय लोगों के सन्दर्भ में निम्न में से कौन-सा कथन अनुच्छेद के आधार पर गलत है ?**

(a) जनजातीय महिलाएँ फसल दावकर अनाज कूटती-पीसती हैं
(b) जनजातीय पुरुष आमतौर पर पशुओं के बड़े-बड़े झुण्डों को चराते हैं
(c) इनके बच्चे पौधों की देखभाल करते हैं और पक्षियों तथा जानवरों को दूर भगाते हैं
(d) उपरोक्त में से कोई नहीं

**4. दाओजली हेडिंग के सन्दर्भ में निम्न में से कौन-सा कथन असत्य है ?**

(a) यहाँ भारत के उत्तर-पूर्व में असम के चित्तग्राम क्षेत्र से यह स्थल प्राप्त हुआ है
(b) यहाँ से खरल और मूसल जैसे उपकरण मिले हैं
(c) यहाँ से चौकोर तथा आयताकार घरों के अवशेष मिले हैं
(d) यहाँ से जेडाइट पत्थर भी मिला है

**5. किस काल के पाषाण उपकरणों पर पॉलिश किए जाने के साक्ष्य मिले हैं ?**

(a) नवपाषाण
(b) मध्यपाषाण
(c) पुरापाषाण
(d) इनमें से कोई नहीं

**6. कथन (A) तथा कथन (B) को पढ़ें तथा सही विकल्प चुनें।**

**A. लगभग 2500 वर्ष पूर्व लोहे के औजारों, जिनमें जंगलों के साफ करने के लिए कुल्हाड़ियाँ और जुताई के लिए हलों के**

**फाल सम्मिलित हैं, के बढ़ते प्रयोग का प्रमाण मिलता है जो कृषि उत्पादन में बढ़ोतरी के लिए उपयोगी थे।**

**B. लगभग 2500 वर्ष पूर्व तक अनेक शहर विकसित हुए।**

**कूट**

(a) (A) और (B) दोनों सही हैं और (a) तथा (b) में कोई सम्बन्ध नहीं है।
(b) (A) सही है, परन्तु (B) गलत है।
(c) (A) गलत है, परन्तु (B) सही है।
(d) (A) और (B) दोनों सही हैं और (A) तथा (B) में सम्बन्ध है।

**7. निम्नलिखित में से किसके अनुसार एशिया के धन्वाकर क्षेत्र से नव-पाषाणकालीन संस्कृति का प्रसार हुआ ?**

(a) सर जॉन मार्शल
(b) दयाराम साहनी
(c) गॉर्डन चाईल्ड
(d) उपर्युक्त में से कोई नहीं

**8. नव-पाषाणकालीन संस्कृति के प्रस्तर उपकरण सन् 1860 ई. में लेन्सुरियर को जहाँ प्राप्त हुए—**

(a) उत्तर प्रदेश की टोंस नदी घाटी में
(b) उत्तर प्रदेश की बेलन घाटी में
(c) उत्तर प्रदेश के मोरहना पहाड़ में
(d) टेरी समूह तमिलनाडु में

**9. नवपाषाण काल में 'महापाषाण' लगाये जाते थे—**

(a) मृतकों को सम्मान देने के लिए
(b) अभिलेख एवं शिलालेखों के लिए
(c) तत्कालीन संस्कृति की जानकारी के लिए
(d) उपर्युक्त सभी

**10. हल-बैल, जुए, मुहर एवं नाव से परिचित था—**

(a) नवपाषाणकालीन मानव
(b) पूर्व-पुरापाषाणकालीन मानव
(c) उत्तर-पुरापाषाणकालीन मानव
(d) ताम्रपाषाणकालीन मानव

## उत्तरमाला

**1.** (c) **2.** (c) **3.** (d) **4.** (c) **5.** (a) **6.** (b) **7.** (c) **8.** (a) **9.** (a) **10.** (d)

❑❑❑

# आरंभिक नगर

## हड़प्पा संस्कृति

- **रेडियो कार्बन $C^{14}$** के आधार पर सिन्धु सभ्यता की सर्वमान्य तिथि 2350 ई.पू. से 1750 ई.पू. मानी गई है।
- मार्टियर व्हीलर ने हड़प्पा को सुमेरियन सभ्यता का उपनिवेश कहा है।
- **सर जॉन मार्शल** 'सिंधु सभ्यता' शब्द का प्रयोग करने वाले पहले पुरातत्वविद् थे।
- सिन्धु सभ्यता को **कांस्य (Bronze)** युग में सम्मिलित किया गया है।
- हड़प्पा सभ्यता से चार प्रजातियों के अस्तित्व प्राप्त हुए हैं, इनमें सर्वाधिक संख्या भूमध्यसागरीय लोगों की थी। इसके अलावा प्रोटो ऑस्ट्रेलॉयड, मंगोलॉयड तथा अल्पाइन लोगों का भी निवास था। यह बात ध्यान देने योग्य है कि यहाँ नीग्रो प्रजाति के लोग नहीं रहते थे।

**हड़प्पा सभ्यता की सीमाएं**

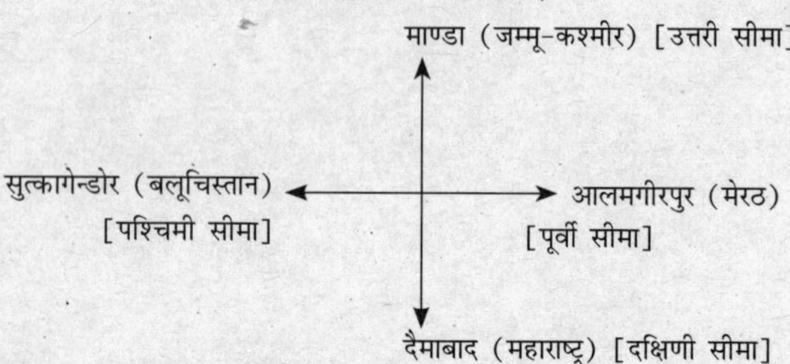


- सिन्धु सभ्यता की लिपि भावचित्रात्मक थी। यह लिपि **दाईं से बाईं** ओर **बाईं से दाईं** ओर लिखी जाती थी।
- सिन्धु सभ्यता के लोगों ने नगरों तथा घरों के विन्यास के लिए ग्रिड पद्धति अपनाई।
- घरों के दरवाजे और खिड़कियाँ सड़क की ओर न खुलकर पीछे की ओर खुलते थे। केवल **लोथल** नगर के घरों के दरवाजें **मुख्य सड़क** की ओर खुलते थे।
- सिन्धु सभ्यता की मुख्य फसलें–**गेहूँ और जौ** थीं।
- माप की इकाई संभवत: 16 के अनुपात में थी।
- मोहनजोदड़ो से प्राप्त अन्नागार सैंधव सभ्यता की सबसे बड़ी इमारत है। मोहनजोदड़ो से प्राप्त वृहत् स्नानागार एक प्रमुख स्मारक है, जिसके मध्य स्थित स्नानकुंड 11.88 मीटर लम्बा, 7.01 मीटर चौड़ा एवं 2.43 मीटर गहरा है।
- सैंधववासी मिठास के लिए शहद का प्रयोग करते थे।
- हड़प्पा संस्कृति का शासन संभवत: वणिक वर्ग के हाथों में था।
- पिगट ने **हड़प्पा** एवं **मोहनजोदड़ो** को विस्तृत साम्राज्य की जुड़वां राजधानी कहा है।
- सिन्धु सभ्यता के लोग धरती को उर्वरता की देवी मानकर उसकी पूजा किया करते थे।
- **वृक्ष-पूजा** एवं **शिव-पूजा** के प्रचलन के साक्ष्य भी सिन्धु सभ्यता से मिलते हैं।
- स्वास्तिक चिह्न संभवत: हड़प्पा सभ्यता की देन है। सिन्धु सभ्यता के नगरों में किसी भी मंदिर के अवशेष नहीं मिलते।
- सिन्धु घाटी के लोग **पशुपति की पूजा** करते थे।
- सिन्धु सभ्यता में मातृदेवी की उपासना सर्वाधिक प्रचलित थी।
- पशुओं में **कूबड़ वाला साँड**, इस सभ्यता के लोगों के लिए विशेष पूजनीय था।
- शवों को जलाने एवं गाड़ने दोनों प्रथाएँ प्रचलित थीं। हड़प्पा में शवों को दफनाने की प्रथा थी, जबकि मोहनजोदड़ो में जलाने की प्रथा विद्यमान थी। लोथल एवं कालीबंगा में युग्म समाधियाँ मिली हैं।

**सैंधव सभ्यता के प्रमुख स्थल**

| वर्ष | उत्खननकर्ता | प्रमुख स्थल | नदी | स्थिति |
|---|---|---|---|---|
| 1921 | दयाराम साहनी | हड़प्पा | रावी के बाएँ तट | पाकिस्तान (मांटगोमरी जिला) |
| 1922 | राखलदास बनर्जी | मोहनजोदड़ो | सिन्धु के बाएँ तट | पाकिस्तान (सिंध प्रांत) का लरकाना जिला |
| 1931 | गोपाल मजूमदार (1935-36 में मैके) | चन्हूदड़ो | सिन्धु | सिंध प्रांत (पाकिस्तान) |
| 1953 | बी.बी. लाल एवं बी.के. थापर | कालीबंगन | घग्घर | राजस्थान (हनुमानगढ़ जिला) |
| 1953 | फज़ल अहमद | कोठदीजी | सिन्धु के बाएँ तट | सिंध प्रांत (खैरपुर) |
| 1953–54 | रंगनाथ राव | रंगपुर | मदार | गुजरात (काठियावाड़) |
| 1953–56 | यज्ञदत्त शर्मा | रोपड़ | सतलुज | पंजाब (रोपड़) |
| 1955–63 | रंगनाथ राव | लोथल | भोगवा | गुजरात (अहमदाबाद) |
| 1958 | यज्ञदत्त शर्मा | आलमगीरपुर | हिन्डन | उत्तर प्रदेश (मेरठ) |
| 1927–62 | आर. एल. स्टाइन, जॉर्ज डेल्स | सुत्कांगेडोर | दाश्क | पाकिस्तान (मकरान) में समुद्र तट के किनारे |
| 1974 | रवीन्द्र सिंह बिष्ट | बनावली | रंगोई | हरियाणा (हिसार) |

| | | | | |
|---|---|---|---|---|
| 1990–91 | रवीन्द्र सिंह बिष्ट | धौलावीरा | मनहर व मानसर | गुजरात (कच्छ) |
| 1963–79 | जॉर्ज डेल्स | बालाकोट | बिंदार | अरब सागर |
| 1975–76 | जे.पी. जोशी | माण्डा | चिनाब | जम्मू (अखनूर) |

- आग में पकी हुई मिट्टी को **टेराकोटा** कहा जाता है।
- हड़प्पा संस्कृति के सर्वाधिक स्थल 'गुजरात' (आजादी के बाद) में मिले हैं।
- सिन्धु घाटी के लोगों की एक महत्वपूर्ण रचना नृत्य करती हुई बालिका की मूर्ति है, जो कांसे से निर्मित है।
- मोहनजोदड़ो का अर्थ होता है–**'मुर्दों का टीला'**।
- सिन्धु सभ्यता की लिपि में **64 मूल चिह्न** तथा **250–400** तक अक्षर सम्मिलित हैं।
- लिपि में सर्वाधिक प्रचलित चिह्न मछली का है।
- सैंधव सभ्यता के विनाश का संभवत: सबसे प्रभावी कारण बाढ़ था।
- हड़प्पा तथा मोहनजोदड़ो की खुदाइयों से पता चलता है कि कई बार इन नगरों का पुनर्निर्माण किया गया था।

**हड़प्पा संस्कृति की आयातित वस्तुएँ एवं आयातक क्षेत्र**

| क्र.सं. | आयातित वस्तुएँ | आयातक क्षेत्र |
|---|---|---|
| 1. | सोना | कर्नाटक (कोलार), फारस, अफगानिस्तान |
| 2. | चाँदी | मद्रास, फारस, अफगानिस्तान |
| 3. | तांबा | खेतड़ी (राजस्थान), बलूचिस्तान, अफगानिस्तान |
| 4. | टिन | मध्य एशिया, ईरान, अफगानिस्तान |
| 5. | सीसा | राजस्थान, दक्षिणी भारत, ईरान, अफगानिस्तान |
| 6. | गोमेद | सौराष्ट्र (गुजरात) |
| 7. | फिरोजा | फारस |
| 8. | लाजवर्द | बदख्शां (अफगानिस्तान), बलूचिस्तान |
| 9. | शिलाजीत | हिमालय |
| 10. | जुबमणि | महाराष्ट्र |
| 11. | स्टेटाइट | ईरान |
| 12. | हरा अमेजन | नीलगिरी पहाड़ियाँ |
| 13. | अलवास्ट | राजस्थान, बलूचिस्तान |
| 14. | वैदूर्य | बदख्शां (अफगानिस्तान) |
| 15. | स्फटिक | दक्कन का पठार, उड़ीसा, बिहार |
| 16. | हरित मणि | दक्षिण भारत |
| 17. | डापर बिटुमन | बलूचिस्तान |
| 18. | शैलखड़ी | राजस्थान, गुजरात, बलूचिस्तान |
| 19. | नीलरत्न | बदख्शां |
| 20. | स्लेट | कांगड़ा |

**हड़प्पा संस्कृति का पतन एवं मत**

| क्र.सं. | मत | प्रस्तुतकर्ता विद्वान |
|---|---|---|
| 1. | आर्यों द्वारा विनाश | व्हीलर व गार्डन |
| 2. | भीषण बाढ़ द्वारा नष्ट | मार्शल, मैके व एस.आर. राव |
| 3. | मोहनजोदड़ो में आगजनी द्वारा विनाश | डी.डी. कौशांबी |
| 4. | वर्षा की कमी से कृषि व पशुपालन | ऑरेल स्टाइन |
| 5. | भूकम्प द्वारा विनाश | डेल्स |
| 6. | जलप्लावन एवं भूतात्विक परिवर्तनों द्वारा विनाश | दयाराम साहनी |
| 7. | ओलावृष्टि एवं जलवायु परिवर्तन द्वारा विनाश | ऑरेल स्टाइन व अमलानंद घोष |
| 8. | प्राकृतिक आपदाओं द्वारा विनाश | केनेडी |
| 9. | महामारी द्वारा विनाश | कलकत्ता व कराची के शव परीक्षक |
| 10. | प्रशासनिक शिथिलता के कारण पतन | सर जॉन मार्शल |

# प्रश्नमाला

**1. प्रथम सूची को द्वितीय सूची से सुमेलित कीजिए व सही उत्तर बताइए—**

| सूची-I | सूची-II |
|---|---|
| 1. लोथल | (a) सिन्धु |
| 2. रोपड़ | (b) सरस्वती |
| 3. चन्हूदड़ो | (c) भोगवा |
| 4. बनावली | (d) सतलज |
| 5. सुत्कागेन्डोर | (e) दाश्क |

(a) 1-d, 2-c, 3-a, 4-b
(b) 1-c, 2-d, 3-a, 4-b, 5-e
(c) 1-b, 2-a, 3-c, 4-d
(d) 5-a, 1-b, 2-c, 3-d, 4-e

**2. कौन-सा स्थल हिण्डन नदी के किनारे पर अवस्थित है ?**
(a) कालीबंगा (b) आलमगीरपुर
(c) लोथल (d) रंगपुर

**3. पुरातत्त्वविदों के अनुसार 'सैन्धव साम्राज्य' में तीन राजधानियाँ थीं, दो राजधानियाँ-हड़प्पा एवं मोहनजोदड़ो हैं, तीसरी राजधानी निम्नलिखित में से है—**
(a) चन्हूदड़ो (b) डाबरकोट
(c) कालीबंगा (d) बनावली

**4. कालीबंगा का शाब्दिक अर्थ है—**
(a) प्रेतों का टीला
(b) काली चूड़ियाँ
(c) सिन्धु सभ्यता के अवशेष
(d) उपर्युक्त सभी

**5. खेत जोतने के प्रमाण जहाँ से मिले हैं—**
(a) कालीबंगा (b) सुरकोटदा
(c) लोथल (d) रंगपुर

**6. सैन्धव सभ्यता से सम्बन्धित सर्वाधिक पुरास्थल किस नदी के तट पर विद्यमान है ?**
(a) सिन्धु (b) सतलज
(c) घग्घर (d) हिण्डन

**7. सिन्धुवासियों का मुख्य भोज्य पदार्थ क्या था ?**
(a) गेहूँ और चावल
(b) गेहूँ और जौ
(c) चावल और जौ
(d) उपर्युक्त में से कोई नहीं

**8. वह सैंधव पुरास्थल जहाँ झूकर-झांगर संस्कृति विकसित हुई ?**
(a) सुरकोटदा (b) चन्हूदड़ो
(c) लोथल (d) कालीबंगा

**9. स्वतन्त्रता के उपरान्त भारत के किस प्रान्त से सबसे अधिक सैंधव पुरास्थल खोजे गए हैं ?**
(a) पश्चिमी उत्तर प्रदेश
(b) राजस्थान
(c) गुजरात
(d) पंजाब

**10. सिंधु घाटी की लिपि की सूचना प्राप्त होती है—**
(a) आभूषणों से (b) मूर्तियों से
(c) मोहरों से (d) खिलौने से

**11. सिन्धु घाटी सभ्यता के निम्नलिखित स्थलों में से कौन उत्तर-प्रदेश में स्थित है ?**

(a) लोथल (b) आलमगीरपुर
(c) कालीबंगा (d) चन्हूदड़ो

**12. घोड़े के अस्थि-अवशेष प्राप्त हुए हैं—**
(a) मोहनजोदड़ो से (b) हड़प्पा से
(c) कालीबंगा से (d) सुरकोटडा से

**13. सिन्धुघाटी सभ्यता की सबसे बड़ी इमारत कौन थी?**
(a) मोहनजोदड़ो का महाजल कुण्ड
(b) मोहनजोदड़ो का स्नानागार
(c) हड़प्पा के राजा का महल
(d) उपर्युक्त में से कोई नहीं

**14. मोहनजोदड़ों के महान् स्नानागार की खोज किसने की थी?**
(a) मार्शल
(b) माधोस्वरूप वत्स
(c) आर. डी. बनर्जी
(d) कनिंघम

**15. किस काल से स्वास्तिक प्रतीक का प्राचीनतम सन्दर्भ मिलता है?**
(a) वैदिककाल (b) हड़प्पाकाल
(c) मौर्यकाल (d) गुप्तकाल

**16. सिन्धुघाटी के समाज में कौन-सा पशु शक्ति के प्रतीक से सम्बन्धित था?**
(a) वृषभ (b) घोड़ा
(c) सिंह (d) गज

**17. सिन्धु घाटी सभ्यता का प्रसिद्ध नगर हड़प्पा स्थित था—**
(a) सिन्धु नदी के तट पर
(b) रावी नदी के तट पर
(c) गंगा नदी के तट पर
(d) सरस्वती नदी के तट पर

**18. निम्न में से विश्व की सर्वाधिक प्राचीन सभ्यता कौन-सी है?**
(a) मिस्र की सभ्यता
(b) मेसोपोटामिया की सभ्यता
(c) हड़प्पा की सभ्यता
(d) उपरोक्त में से कोई नहीं

**19. सैन्धव सभ्यता के सन्दर्भ में निम्नलिखित में से कौन-सा कथन सत्य नहीं है?**
(a) सैन्धव समाज मातृप्रधान था।
(b) नगरों के भग्नावशेषों से पता चलता है कि शहरों के लोग विलासितापूर्ण जीवन जीते थे।
(c) भिन्न-भिन्न वर्गों का अस्तित्व था।
(d) समाज में पुरोहित वर्ग सबसे प्रभावशाली था।

**20. निम्न कथनों पर विचार कीजिए—**
**A. हड़प्पा के लोगों के प्रमुख उद्योग कपड़ा बुनना, बर्तन बनाना आदि थे।**
**B. हड़प्पा सभ्यता से नाव बनाने के साक्ष्य भी प्राप्त हुए हैं।**
**उपरोक्त कथनों में से कौन-सा/से कथन सत्य है/हैं?**
(a) केवल A
(b) केवल B
(c) A और B दोनों
(d) न तो A और न ही B

**21. भारत के निम्नलिखित राज्यों में से किस एक राज्य में हड़प्पा के नगर सबसे बड़ी संख्या में मिले हैं?**
(a) हरियाणा
(b) गुजरात
(c) जम्मू और कश्मीर
(d) पंजाब

**22. हड़प्पा सभ्यता के लोग बनाते थे-**
**A. पत्थर की मुहरें**
**B. पीले रंग से डिजाइन किए गए पात्र**
**C. लोहे से बनी तकलियाँ**
**D. सोने से बने बर्तन**
**कूट**
(a) A, B और C
(b) B, C और D
(c) A और C
(d) A और D

**23. "हड़प्पा" निवासी सम्बन्ध रखते थे-**
(a) पीतल युग से
(b) ताँबा (ताम्र) युग से
(c) काँस्य युग से
(d) लौह युग से

**24. सिन्धु सभ्यता के बारे में निम्न में से कौन-सा कथन असत्य है?**
(a) नगरों में नालियों की सुदृढ़ व्यवस्था थी।
(b) व्यापार और वाणिज्य उन्नत दशा में था।
(c) मातृदेवी की उपासना की जाती थी।
(d) लोग लोहे से परिचित थे।

**25. सैंधव सभ्यता के महान् स्नानागार कहाँ से प्राप्त हुए हैं?**
(a) मोहनजोदड़ो (b) हड़प्पा
(c) लोथल (d) कालीबंगा

**26. निम्नलिखित में से कौन-सा सिंधु घाटी की सभ्यता पर प्रकाश डालता है?**
(a) शिलालेख
(b) पुरातत्त्व संबंधी खुदाई
(c) बर्तनों और मुहरों पर लिखावट
(d) धार्मिक ग्रंथ

**27. निम्नांकित में से कौन हड़प्पा संस्कृति पर प्रकाश डालता है?**
(a) शिलालेख
(b) टेराकोटा मुद्राओं में अंकित लेख
(c) पुरातात्विक खुदाइयां
(d) उपर्युक्त सभी

**28. सिंधु सभ्यता का कौन-सा स्थान भारत में स्थित है?**
(a) हड़प्पा
(b) मोहनजोदड़ो
(c) लोथल
(d) उपरोक्त में से कोई नहीं

**29. सिंधु सभ्यता संबंधित है–**
(a) प्रागैतिहासिक युग से
(b) आद्य-ऐतिहासिक युग से
(c) ऐतिहासिक युग से
(d) उत्तर-ऐतिहासिक युग से

## उत्तरमाला

| | | | | | | | | | |
|---|---|---|---|---|---|---|---|---|---|
| **1.** (b) | **2.** (b) | **3.** (c) | **4.** (b) | **5.** (a) | **6.** (c) | **7.** (b) | **8.** (b) | **9.** (c) | **10.** (c) |
| **11.** (b) | **12.** (d) | **13.** (d) | **14.** (c) | **15.** (b) | **16.** (a) | **17.** (b) | **18.** (c) | **19.** (d) | **20.** (c) |
| **21.** (b) | **22.** (d) | **23.** (b) | **24.** (d) | **25.** (a) | **26.** (b) | **27.** (c) | **28.** (c) | **29.** (b) | |

❑❑❑

# 5 वैदिक काल

वैदिक काल का विभाजन–**ऋग्वैदिक काल 1500–1000 ई.पू.** और उत्तर **वैदिक काल 1000–600 ई.पू.** में किया गया है। इसके संस्थापक आर्य थे।

## ऋग्वैदिक काल

- ऋग्वैदिक लोगों द्वारा सर्वप्रथम **तांबे का प्रयोग किया** गया था, ऋग्वेद में **अयस नामक धातु** का उल्लेख मिलता है।
- **मैक्समूलर** ने आर्यों का मूल निवास स्थान **मध्य एशिया** को माना है। आर्यों द्वारा निर्मित सभ्यता वैदिक सभ्यता कहलाई।
- सिन्धु सभ्यता के विपरीत आर्य सभ्यता एक ग्रामीण सभ्यता थी। उनकी भाषा वैदिक संस्कृत थी।
- आर्य समाज **पितृप्रधान** था। समाज की सबसे छोटी इकाई परिवार (कुल) थी जिसका मुखिया **'कुलप'** कहलाता था।
- आर्यों ने प्रशासनिक इकाई को 5 भागों में बाँटा था–**कुल**, **ग्राम**, **विश**, **जन** तथा **राष्ट्र**।
- ग्राम का मुखिया **ग्रामिणी** एवं विश का प्रधान **विशपति** कहलाता था। जन के शासक को **राजन** कहा जाता था।
- राज्याधिकारियों में **पुरोहित** एवं **सेनानी** प्रमुख थे।
- **सूत**, **रथकार** तथा **कम्मादि** नामक अधिकारी **रत्निन** कहे जाते थे। इनकी संख्या राजा सहित करीब 12 हुआ करती थी।

**वैदिक कालीन नदियाँ**

| क्र.सं. | प्राचीन नाम | वर्तमान नाम |
|---|---|---|
| 1. | सिंधु | इन्दुस या इन्डस |
| 2. | सरस्वती | सरस्वती |
| 3. | शुतुद्रि | सतलुज |
| 4. | विपाशा | व्यास |
| 5. | परुष्णी | रावी |
| 6. | अस्किनी | चिनाब |
| 7. | वितस्ता | झेलम |
| 8. | दृषद्वती | घग्घर |
| 9. | गोमल | गोमती |
| 10. | कुंभा | काबुल |
| 11. | सुवास्तु | स्वात |
| 12. | सदानीरा | गंडक |
| 13. | कुर्मु | कुर्रम |

- **पुरप-दुर्गपति** एवं **स्पश-जनता** की गतिविधियों को देखने वाले गुप्तचर होते थे।
- **व्राजपति**-गोचर भूमि का अधिकारी होता था।
- **उग्र**-अपराधियों को पकड़ने का कार्य करता था।
- **सभा** एवं **समिति** राजा को सलाह देने वाली संस्था थीं। सभा श्रेष्ठ एवं संभ्रात लोगों की संस्था थीं।

**वैदिक काल में प्रयोग किए जाने वाले शब्द**

| | | |
|---|---|---|
| राजा | – | गोप्ता |
| अतिथि | – | गोहंता/गोहन |
| युद्ध | – | गविष्टि, गेसू, गम्य |
| गाय | – | अघन्या |
| लांगल | – | हल |
| व्राजपति | – | चारागाह प्रमुख |
| कुलप | – | परिवार का प्रधान |
| स्पश | – | गुप्तचर |
| खिल्य | – | चारागाह |
| बेकनाट | – | सूदखोर |
| अनाज | – | धान्य |

- **ऋग्वैदिक काल** में महिलाएँ भी **सभा** एवं **विदथ** में भाग लेती थीं।
- ऋग्वेद में जन शब्द का उल्लेख **275 बार**, **विश 170 बार**, **सभा 8 बार**, **समिति 9 बार** एवं **शूद्र** शब्द का उल्लेख **एक** बार आया है।
- **ऋग्वेद में 25 नदियों** का उल्लेख है, जिसमें **सरस्वती** सबसे महत्वपूर्ण तथा पवित्र नदी थी यद्यपि इसमें गंगा का एक बार और यमुना का तीन बार उल्लेख हुआ है।
- **ऋग्वेद में** सर्वाधिक बार सिन्धु नदी का उल्लेख हुआ है।

**आर्यों का मूल स्थान एवं मत**

| क्र.सं. | आर्यों का मूल स्थान | सिद्धांत प्रतिपादक |
|---|---|---|
| 1. | मध्य एशिया | मैक्समूलर |
| 2. | तिब्बत | दयानन्द सरस्वती |
| 3. | पामीर का पठार | एडवर्ड मेयर |
| 4. | रूसी तुर्किस्तान | हर्जफील्ड |
| 5. | बैक्ट्रिया | जेसी रॉड |
| 6. | स्टेस मैप्लन (किरगीज) | ब्रेडस्टीन |
| 7. | जर्मनी (स्कैंडेनेविया) | पेंका एवं हर्ट |
| 8. | डेन्यूब नदी के पास (हंगरी) | प्रो. गाइल्स |
| 9. | दक्षिणी रूस | नेहरिंग, प्रो. चाइल्ड एवं प्रो. मीयर्स |
| 10. | पश्चिमी बाल्टिक समुद्र तट | मच |
| 11. | मध्य भारत (मध्य प्रदेश) | राजबली पांडे |
| 12. | कश्मीर | एल.डी. कल्ला |
| 13. | ब्रह्मर्षि देश | गंगानाथ झा |
| 14. | सप्त सैंधव प्रदेश | डॉ. सम्पूर्णा नंद |
| 15. | देविकानंद प्रदेश (मुल्तान) | डी.एस. त्रिवेदी |
| 16. | उत्तरी ध्रुव (आर्कटिक) | बाल गंगाधर तिलक |

- ऋग्वेद के 7वें मण्डल में **दाशराज्ञ युद्ध** का वर्णन किया गया है जो परुष्णी (रावी) नदी के तट पर **सुदास** एवं **दस** जनों के मध्य लड़ा गया, जिसमें **सुदास** की विजय हुई।
- युद्ध के लिए **गविष्टि शब्द** का प्रयोग किया गया है, जिसका अर्थ है–गायों की खोज।

**ऋग्वेद में शब्दों का उल्लेख (बारंबारता)**

| | | | | | |
|---|---|---|---|---|---|
| ऊँ या ओऽम् | 1028 | ग्राम | 13 | पिता | 335 |
| जन | 275 | क्षत्रिय | 9 | शूद्र | 1 |
| वर्ण | 23 | सभा | 8 | विदथ | 122 |
| राष्ट्र | 10 | अग्नि | 200 | विष्णु | 6 |
| गण | 46 | गंगा | 1 | मित्र | 1 |
| पूषण | 8 | विश | 171 | कुलप | 2 |
| गृह | 90 | ब्राह्मण | 14 | वैश्य | 1 |
| माता | 234 | सेना | 20 | समिति | 9 |
| राजन्य | 1 | इन्द्र | 250 | सोम | 120 |
| वरुण | 30 | गौ | 176 | यमुना | 3 |
| सूर्य | 10 | अश्व | 315 | कृषि | 24 |
| रुद्र | 3 | समुद्र | 1 | | |

- विधवा अपने मृतक पति के **छोटे भाई (देवर)** से या बहनोई से पुत्र प्राप्ति के लिए सहवास कर सकती थी, जिसे **नियोग** कहा जाता था।
- स्त्रियाँ शिक्षा ग्रहण करती थीं। ऋग्वेद में लोपामुद्रा, घोषा, सिकता, अपाला एवं विश्वारा जैसी विदुषी स्त्रियों का वर्णन है।
- आर्यों का मुख्य पेय पदार्थ सोमरस था।
- ऋग्वैदिक समाज में तीन प्रकार के वस्त्रों का उपयोग होता था–**1.** वास, **2.** अधिवास, **3.** उष्णीष। **अन्दर पहनने** वाले कपड़े को **नीवि** कहा जाता था।

**शब्दों का उल्लेख**

| शब्द | पुस्तक |
|---|---|
| ओऽम | वृहदारण्यक उपनिषद् |
| अर्द्धांगिनी (पत्नी) | शतपथ ब्राह्मण |
| सत्यमेव जयते | मुण्डकोपनिषद् |
| पाप-पुण्य | ऋग्वेद |
| स्वर्ग-नरक | ऋग्वेद |

- **ऋण देकर** ब्याज लेने वाले व्यक्ति को **वेकनॉट** (सूदखोर) कहा जाता था।
- **'अमाजू'** अविवाहित स्त्रियों को कहा जाता था।
- ऋग्वैदिक काल का मुख्य व्यवसाय **पशुपालन** एवं **कृषि** था।
- कृषि संबंधी प्रक्रिया से सम्बन्धित उल्लेख ऋग्वेद के चतुर्थ मण्डल में मिलता है।
- चारों आश्रमों का वर्णन सर्वप्रथम **जाबालोपनिषद्** में मिलता है।
- अतिथि को **'गोहन्ता'** कहा जाता था तथा गाय को **'अघन्या'** (न मारने योग्य) कहा गया है।
- आर्यों के मुख्य देवता **'इन्द्र'** तथा प्रिय पशु **'घोड़ा'** था।
- वैदिक काल में लोहे को **'श्याम अयस्'** तथा ताँबे को **'लोहित अयस्'** कहा जाता था। आर्यों द्वारा खोजी गई धातु **लोहा** थी।
- **व्यापारी वर्ग** को **'पणि'** कहा जाता था। कारोबार वस्तु-विनिमय प्रणाली पर आधारित था।
- ऋग्वैदिक आर्यों ने देवताओं को तीन भागों में विभक्त किया–

1. **आकाश के देवता**–सूर्य, द्यौस, मित्र, पूषन, विष्णु, उषा, सविता आदि।
2. **अंतरिक्ष के देवता**–इन्द्र, मरुत, रुद्र, वायु आदि।
3. **पृथ्वी के देवता**–अग्नि, सोम, पृथ्वी, बृहस्पति तथा सरस्वती आदि।

**ऋग्वैदिक देवियां**–अदिति, ऊषा, पृथ्वी, अरण्यानी, इला

| पंच महायज्ञ | |
|---|---|
| **1.** ब्रह्मयज्ञ या ऋषियज्ञ | वेदपाठ द्वारा प्राचीन ऋषियों के प्रति श्रद्धा व कृतज्ञता |
| **2.** देवयज्ञ | हवन की अग्नि में घी (बलि) की आहुति देकर देवताओं का आह्वान |
| **3.** पितृयज्ञ | अपने पूर्वजों को जल व भोजन (श्राद्ध) का तर्पण करके उनके प्रति कृतज्ञता की अभिव्यक्ति |
| **4.** भूतयज्ञ | प्राणीमात्र के प्रति कृतज्ञता व्यक्त करने के लिए पशु-पक्षियों, कीटों एवं भूत-प्रेतों की बलि (भोजन) देना। |
| **5.** नृयज्ञ या अतिथियज्ञ | अतिथि-सत्कार के माध्यम से मानव के प्रति कृतज्ञता दर्शाना |

## उत्तर वैदिक काल

- उत्तर वैदिक काल में यज्ञीय कर्मकाण्डों में जटिलता एवं भव्यता आ गई।
- **यज्ञ-विधान** क्रिया **उत्तर वैदिक काल** की देन है।
- **राजसूय यज्ञ** का प्रचलन उत्तर वैदिक काल में हुआ। यह राज्याभिषेक से सम्बन्धित था। इस यज्ञ के दौरान राजा रत्नियों के घर जाता था तथा साथ में भोजन करता था।
- **अश्वमेध यज्ञ शक्ति** का द्योतक था।
- वाजपेय यज्ञ में **राजा रथों की दौड़** का आयोजन करता था। यह यज्ञ **खान-पान** से सम्बन्धित था।
- **अग्निष्टोम यज्ञ** में अग्नि को पशुबलि दी जाती थी।
- **पूषन ऋग्वैदिक काल** में पशुओं के देवता थे, जो उत्तर वैदिक काल में **शूद्रों के देवता** हो गए।
- **उत्तर वैदिक काल** में इन्द्र के स्थान पर **प्रजापति सर्वाधिक प्रिय** एवं महत्वपूर्ण देवता हो गए।
- उत्तर वैदिक काल में **प्रजापति सृष्टि** के रचयिता, विष्णु विश्व के रक्षक एवं पूषन शूद्रों के देवता थे।
- अथर्ववेद के अनुसार "राष्ट्र राजा के हाथों में हो तथा राजा और देवता मिलकर उसे सुदृढ़ बनाएं।"
- **उत्तर वैदिक काल** में ही सर्वप्रथम **गोत्र** एवं **आश्रम** व्यवस्था का उल्लेख हुआ है।
- **पुनर्जन्म** की अवधारणा पहली बार **वृहदारण्यक** उपनिषद् में आई है।
- **ऐतरेय ब्राह्मण** में चारों वर्णों के कर्तव्यों का वर्णन मिलता है।

## आश्रम व्यवस्था

- आश्रम व्यवस्था की स्थापना उत्तर वैदिक काल में हुई।
- छांदोग्य उपनिषद् में केवल तीन आश्रमों का उल्लेख है।
- सर्वप्रथम जाबालोपनिषद् में 4 आश्रम बताए गए हैं।
- उत्तर वैदिक काल में केवल 3 आश्रमों (ब्रह्मचर्य, ग्रहस्थ व वानप्रस्थ की स्थापना हुई। चौथा आश्रम (संन्यास) महाजनपद काल में स्थापित किया गया)
- गृहस्थ आश्रम को सभी आश्रमों में श्रेष्ठ माना जाता है, क्योंकि इस आश्रम में मनुष्य त्रिवर्ग (पुरुषार्थो) धर्म, अर्थ एवं काम का एक साथ उपभोग करता है।
- इसी आश्रम में वह त्रि: ऋण से निवृत्त होता है।

ऋषि ऋण → ग्रंथों का अध्ययन

पितृ ऋण → पुत्र प्राप्ति

देव ऋण → यज्ञ करना

## सोलह संस्कार

- उत्तर वैदिक काल में लोगों की जीविका का मुख्य आधार कृषि हो गई।
- उत्तर वैदिक काल में खेत जोतने के हल को **सिरा** तथा हल रेखा को **सीता** कहा जाता था।
- **'शतमान'** और **'निष्क'** उत्तर वैदिक कालीन मुद्राएँ थीं।
- भारत का सर्वाधिक प्राचीन दर्शन सांख्य दर्शन है, जिसमें प्रकृति को मूल कहा गया है।
- प्रथम बार **पक्की ईंटों** का प्रयोग उत्तर वैदिक काल के **कौशाम्बी** नगर से मिला है।

**वेद-उपवेद और उनके रचनाकार**

| वेद | उपवेद | रचनाकार |
|---|---|---|
| ऋग्वेद | आयुर्वेद | धन्वंतरि |
| यजुर्वेद | धनुर्वेद | विश्वामित्र |
| सामवेद | गन्धर्ववेद | भरतमुनि |
| अथर्ववेद | शिल्पवेद | विश्वकर्मा |

**वेदों के ब्राह्मण, आरण्यक और उपनिषद्**

| वेद | ब्राह्मण | आरण्यक | उपनिषद् |
|---|---|---|---|
| (1) ऋग्वेद | ऐतरेय, कौशितकी | ऐतरेय, कौशितकी | ऐतरेय, कौशितकी |
| (2) सामवेद | ताण्ड्य, पंड्विंश | छान्दोग्य, जैमिनीय | छान्दोग्योपनिषद्, जैमिनीय उपनिषद् |
| (3) यजुर्वेद | तैत्तिरीय, शतपथ | तैत्तिरीय, शतपथ | तैत्तिरीय, बृहदारण्यक, ईशोपनिषद् |
| (4) अथर्ववेद | गोपथ | – | मुण्डकोपनिषद् |

**आस्तिक षड्दर्शन का संक्षिप्त परिचय**

| क्र.सं. | दर्शन | प्रवर्तक | अन्य विद्वान/व्याख्याकार |
|---|---|---|---|
| 1. | मीमांसा | जैमिनी (मीमांसा-सूत्र) | शबरस्वामी, प्रभाकर, कुमारिल इत्यादि। |
| 2. | वेदान्त | बादरायण (ब्रह्म-सूत्र) | शंकराचार्य, वाचस्पति, रामानुज, माधवाचार्य इत्यादि। |
| 3. | न्याय | गौतम (न्याय-सूत्र) | वात्स्यायन, उदयनाचार्य, जयन्तभट्ट इत्यादि। |
| 4. | वैशेषिक | कणाद (वैशेषिक-सूत्र) | प्रशस्तपाद, केशवमिश्र तथा विश्वनाथ। |
| 5. | सांख्य | कपिल (सांख्य-सूत्र) | ईश्वरकृष्ण (सांख्यकारिका), वाचस्पति इत्यादि। |
| 6. | योग | पतंजलि (योग-सूत्र) | व्यास। |

## प्रश्नमाला

**1. प्राचीनकालीन 'अस्किनी' का वर्तमान नाम है—**
(a) रावी नदी (b) चिनाब नदी
(c) झेलम नदी (d) व्यास नदी

**2. श्रेष्ठी शब्द वैदिककाल में प्रयुक्त होता था—**
(a) दासों के लिए
(b) सैनिकों के लिए
(c) व्यवसायी संगठन के लिए
(d) पारिवारिक लोगों के लिए

**3. ऋग्वैदिक आर्यों की भाषा क्या थी ?**
(a) द्रविड़ (b) प्राकृत
(c) संस्कृत (d) देवनागरी

**4. 'आर्य' शब्द का शाब्दिक अर्थ है-**
(a) विद्वान् (b) श्रेष्ठ
(c) योद्धा (d) यज्ञ करने वाला

**5. उपनिषदों का प्रतिपाद्य विषय रहा है—**
(a) धार्मिक विषय
(b) राजनीतिक विषय
(c) सामाजिक परिवेश का विषय
(d) दार्शनिक विवेचन

**6. छान्दोग्य उपनिषद का सम्बन्ध किस वेद संहिता से है ?**
(a) ऋग्वेद (b) यजुर्वेद
(c) सामवेद (d) अथर्ववेद

**7. पूर्व वैदिक आर्यों का मुख्य व्यवसाय था—**
(a) व्यापार (b) वाणिज्य
(c) कृषि (d) पशुपालन

**8. निम्नलिखित में से कौन पूर्व वैदिक युग का प्रमुख खाद्यान्न था ?**
(a) गेहूँ (b) जौ
(c) चावल (d) चना

**9. ऋग्वेद में उल्लिखित पणि सम्बन्धित है—**
(a) कृषि से (b) व्यापार से
(c) उद्योग से (d) पशुपालन से

**10. चार वर्णों का उल्लेख प्रथम बार हुआ है—**
(a) ऋग्वेद के प्रथम मण्डल में
(b) ऋग्वेद के द्वितीय मण्डल में
(c) ऋग्वेद के नवम् मण्डल में
(d) ऋग्वेद के दशम् मण्डल में

**11. निम्नलिखित में से कौन वैदिक समाज में प्रचलित नहीं था ?**
(a) विधवा विवाह (b) बहुपत्नीकता
(c) प्रेम विवाह (d) सतीप्रथा

**12. निम्नलिखित विदुषी स्त्रियों में किसका उल्लेख ऋग्वेद में मिलता है ?**
(a) गार्गी (b) अपाला
(c) कात्यायनी (d) उपरोक्त सभी

**13. ऋग्वेद काल में निष्क अलंकरण था—**
(a) कान का (b) हाथ का
(c) नाक का (d) गले का

**14. वैदिक यज्ञ-परम्परा में होता का सम्बन्ध था—**
(a) ऋग्वेद से (b) यजुर्वेद से
(c) सामवेद से (d) अथर्ववेद से

**15. ऋग्वेद के किस देवता को 'असुर' की उपाधि दी गई है ?**
(a) इन्द्र (b) वरुण
(c) अग्नि (d) रुद्र

**16. वैदिक काल में दार्शनिक वाद विवादों की एक कुशल वक्ता थी—**
(a) मैत्रेयी (b) गार्गी
(c) घोषा (d) अपाला

**17. उत्तर वैदिक काल में पंचाल का प्रसिद्ध दार्शनिक शासक था—**
(a) जनक (b) परीक्षित
(c) दिवोदास (d) प्रवाहण जैवालि

**18. 'दस राजाओं के युद्ध' का विजयी राजा सुदास निम्न में से किस जन से सम्बद्ध था ?**
(a) पुरु (b) अनु
(c) यदु (d) त्रित्सु

**19. ऋग्वेद के किस मण्डल में शूद्र शब्द का उल्लेख हुआ है ?**
(a) प्रथम (b) सप्तम्
(c) अष्ठम् (d) दशम्

**20. राजा की उत्पत्ति के विषय में प्रथम उल्लेख किस ग्रन्थ में मिलता है ?**

(a) कौटिल्य अर्थशास्त्र
(b) शतपथ ब्राह्मण
(c) रामायण
(d) ऐतरेय ब्राह्मण

**21. उत्तर वैदिक काल की प्रमुख फसल क्या थी ?**
(a) गेहूं व चावल
(b) जौ व गेहूँ
(c) मक्का व अरहर
(d) कोई नहीं

**22. संस्कृत की सबसे पुरानी कृति ऋग्वेद है, यह कितनी पुरानी है ?**
(a) लगभग 5000 वर्ष
(b) लगभग 3500 वर्ष
(c) लगभग 1500 वर्ष
(d) लगभग 1700 वर्ष

**23. इनमें से सबसे प्राचीन ग्रन्थ किसे माना जाता है ?**
(a) ऋग्वेद (b) यजुर्वेद
(c) सामवेद (d) अथर्ववेद

**24. निम्न में से किस भारतीय साहित्यिक धरोहर का अर्थ है .......... '( गुरु के ) पास जाकर समीप बैठना' ?**
(a) आरण्यक (b) पुराण
(c) उपनिषद् (d) वेद

**25. ऋग्वेद में गंगा और यमुना नदी का ......... बार नाम आया है।**
(a) बारह
(b) एक
(c) लगभग एक हजार
(d) सौ

**26. पुरु, यदु और भरत का वेदों में उल्लेख .......... की तरह है।**
(a) जन (b) राष्ट्र
(c) राजन (d) दस्यु

**27. 'ऋग्वेद' मूल रूप से निम्नलिखित में से किस भाषा में रचा गया था ?**
(a) पालि (b) संस्कृत
(c) प्राकृत (d) ब्राह्मी

**28. ऋग्वेद काल में जनता निम्न में से मुख्यतया किसमें विश्वास करती थी–**
(a) मूर्ति पूजा
(b) एकेश्वरवाद
(c) देवी पूजा
(d) बलि एवं कर्मकाण्ड

**29. 'आयुर्वेद' अर्थात् 'जीवन का विज्ञान' का उल्लेख सर्वप्रथम मिलता है–**
(a) आरण्यक में (b) सामवेद में
(c) यजुर्वेद में (d) अथर्ववेद में

**30. यज्ञों से संबंधित वेद कौन-सा है?**
(a) यजुर्वेद (b) ऋग्वेद
(c) सामवेद (d) अथर्ववेद

**31. बोगजकोई महत्त्वपूर्ण है, क्योंकि–**
(a) यह मध्य एशिया एवं तिब्बत के मध्य एक महत्त्वपूर्ण व्यापारिक केन्द्र था।
(b) यहां से प्राप्त अभिलेखों में वैदिक देवता एवं देवियों का नामोल्लेख प्राप्त होता है।
(c) वेद के मूल ग्रंथों की रचना यहां हुई थी।
(d) उपरोक्त में से कोई नहीं।

**32. निम्नलिखित में से किसका संकलन ऋग्वेद पर आधारित है?**
(a) यजुर्वेद
(b) सामवेद
(c) अथर्ववेद
(d) उपरोक्त में से कोई नहीं

**33. उपनिषद् काल के राजा अश्वपति शासक थे–**
(a) काशी के (b) कैकेय के
(c) पांचाल के (d) विदेह के

**34. वैदिक नदी कुभा का स्थान कहाँ निर्धारित होना चाहिए?**
(a) अफगानिस्तान (b) चीनी तुर्किस्तान में
(c) कश्मीर में (d) पंजाब में

## उत्तरमाला

| | | | | | | | | | |
|---|---|---|---|---|---|---|---|---|---|
| **1.** (b) | **2.** (c) | **3.** (c) | **4.** (b) | **5.** (d) | **6.** (c) | **7.** (d) | **8.** (b) | **9.** (b) | **10.** (d) |
| **11.** (d) | **12.** (d) | **13.** (d) | **14.** (a) | **15.** (b) | **16.** (b) | **17.** (d) | **18.** (d) | **19.** (d) | **20.** (d) |
| **21.** (a) | **22.** (c) | **23.** (a) | **24.** (c) | **25.** (b) | **26.** (a) | **27.** (b) | **28.** (d) | **29.** (d) | **30.** (a) |
| **31.** (b) | **32.** (b) | **33.** (b) | **34.** (a) | | | | | | |

❑❑❑

# 6 प्रारंभिक राज्य

## महाजनपदों का उदय

- छठी शताब्दी ई.पू. में भारतवर्ष 16 जनपदों में बंटा हुआ था। इसकी जानकारी बौद्ध ग्रंथ अंगुत्तर निकाय एवं जैन ग्रंथ भगवती सूत्र से मिलती है।
- उस समय मगध, वत्स, कौशल एवं अवन्ति सर्वाधिक शक्तिशाली जनपद थे।
- मगध के दूसरे नाम मगधपुर, वृहद्रथपुर, वसुमति, कुशाग्रपुर और बिम्बिसारपुरी थे।
- महाजनपदों में अश्मक एकमात्र ऐसा जनपद था जो दक्षिण भारत में स्थित था।
- गान्धार एवं कम्बोज के क्षत्रियों को शस्त्रोप जीवितः कहा जाता था।

| महाजनपद | प्रमुख शासक | राजधानी | वर्तमान स्थान |
|---|---|---|---|
| अंग | ब्रह्मदत्त | चंपा | भागलपुर, मुंगेर (बिहार) |
| काशी | अजातशत्रु | वाराणसी (उ.प्र.) | इलाहाबाद के आसपास (मगध में मिलाया) |
| कोशल | प्रसेनजित | श्रावस्ती/साकेत | अवध (उ.प्र.) |
| वत्स | उद्यन | कौशाम्बी (उ.प्र.) | इलाहाबाद के आसपास |
| चेदि | शिशुपाल | शक्तिमती/थीवती | बुंदेलखंड (उ.प्र.) द.पू. राजस्थान |
| मगध | बिम्बिसार, अजातशत्रु | गिरिव्रज/राजगृह | पटना, गया, शाहाबाद (बिहार) |
| वज्जि | लिच्छवी वंश | वैशाली | वैशाली व उत्तरी बिहार |
| अवन्ति | चन्ड प्रद्योत | उत्तरी अवन्ति-उज्जैन, दक्षिणी अवन्ति-महिष्मती | द.प. मध्य प्रदेश |
| मल्ल | – | पावा/कुशीनारा | देवरिया (उ.प्र.) |
| पांचाल | – | अहिच्छत्र, काम्पिल्य | बरेली, बदायूँ, फर्रूखाबाद (उ.प्र.) रुहेलखण्ड |
| शूरसेन | – | मथुरा | ब्रजमंडल क्षेत्र (उ.प्र.) |
| कुरू | – | हस्तिनापुर/इन्द्रप्रस्थ | दिल्ली, मेरठ एवं हरियाणा |
| मत्स्य | – | विराटनगर | जयपुर (राजस्थान), भरतपुर |
| अश्मक | – | पोटली/पोतन | नर्मदा गोदावरी नदी क्षेत्र (द. भारत) |
| गान्धार | – | तक्षशिला | कश्मीर एवं उ.प. पाकिस्तान, (शिक्षा केन्द्र) |
| कम्बोज | – | हाटक/राजपुर | राजोरी एवं हजारा क्षेत्र (पाकिस्तान) |

## मगध का उत्कर्ष

- मगध के प्रारंभिक राजवंश की स्थापना **"वसु"** के पुत्र और **"जरासन्ध"** के पिता **"वृहद्रथ"** ने की थी।

## हर्यक वंश

### बिम्बिसार

- बिम्बिसार ने मगध में लगभग **545 ई.पू.** में हर्यक वंश की स्थापना की एवं राजगृह को अपनी राजधानी बनाया।
- जैन साहित्य में इसे श्रेणिक कहा गया है।
- बिम्बिसार ने युद्ध में राज्यों को जीत कर तथा वैवाहिक संबंधों के द्वारा वंश का विस्तार किया।
- **उनका प्रथम विवाह** कौशल नरेश प्रसेनजित की बहन महाकौशला से हुआ।
- **द्वितीय विवाह** लिच्छवी गणराज्य के शासक चेटक की बहन चेलना से।
- **तीसरा विवाह** मद्र प्रदेश की राजकुमारी क्षेमा के साथ हुआ।
- बिम्बिसार ने अंग महाजनपद को मगध साम्राज्य में मिलाया।
- महात्मा बुद्ध की सेवा के लिए बिम्बिसार ने **राजवैद्य जीवक** को भेजा। अवन्ति के राजा चण्ड प्रद्योत जब पाण्डु रोग से ग्रसित थे उस समय भी बिम्बिसार ने **जीवक** को उनकी सेवा सुश्रुषा के लिए भेजा था।

### अजातशत्रु

- अजातशत्रु अपने पिता बिम्बिसार की हत्या कर 493 ई.पूर्व में मगध का शासक बना।
- अजातशत्रु का उपनाम **कुणिक** था, इसे **पितृहंता** शासक कहा गया है।
- अजातशत्रु ने वैशाली के विरुद्ध **'महाशिलाकण्टक'** तथा **'रथमूसल'** नामक अस्त्रों का प्रयोग किया।
- अजातशत्रु का सुयोग्य मन्त्री **वर्षकार** (वस्सकार) था। इसी की सहायता से अजातशत्रु को **वैशाली पर विजय** पाने में सफलता मिली।
- अजातशत्रु ने कोशल के राजा **प्रसेनजित** को पराजित कर **काशी का प्रदेश** प्राप्त किया और उसकी **पुत्री वजिरा** से विवाह किया।

**मगध के प्रमुख वंश**

| वंश | संस्थापक | काल | राजधानी |
|---|---|---|---|
| वृहद्रथ वंश | वृहद्रथ | महाभारत काल | गिरिव्रज (राजगृह) |

| हर्यक वंश | बिम्बिसार | 545 ई.पू. | राजगृह |
|---|---|---|---|
| शिशुनाग वंश | शिशुनाग | 412 ई.पू. | वैशाली |
| नन्द वंश | महापद्मनंद | 344 ई.पू. | पाटलिपुत्र |

- अजातशत्रु की **हत्या 461 ई.पू.** में उसके **पुत्र उदयन** ने की और स्वयं मगध का शासक बना।

### उदयन

- **'गार्गी संहिता'** तथा **'वायु पुराण'** के अनुसार उदयन ने **'पाटलिपुत्र'** नामक राजधानी की स्थापना की।
- बौद्ध ग्रंथों में इसे पितृहन्ता कहा गया है।

### शिशुनाग वंश

- हर्यक वंश का अन्तिम राजा उद्यन का पुत्र **नागदशक** था जिसकी **हत्या 412 ई.** पूर्व में उसके **अमात्य (मंत्री) शिशुनाग** ने कर दी और नए वंश शिशुनाग वंश की स्थापना की।

### शिशुनाग (412-394 ई.पू.)

- **शिशुनाग** ने अपनी राजधानी पाटलिपुत्र से बदलकर **वैशाली** में स्थापित की।
- **शिशुनाग** ने अवंती राज्य को जीतकर मगध में मिला लिया।

### कालाशोक (394 ई.पू.-366 ई.पू.)

- शिशुनाग का उत्तराधिकारी **कालाशोक** अपनी राजधानी को पुनः पाटलिपुत्र ले गया।
- इसके शासन काल में द्वितीय बौद्ध संगीति का **आयोजन** हुआ।

### नन्द वंश

- नंद वंश का संस्थापक **महापद्मनन्द** एक शूद्र शासक था, इसने 'एकराट' एवं 'एकछत्र' की उपाधि धारण की थी।
- पुराणों में **महापद्मनन्द** को 'सर्वक्षत्रान्तक' क्षत्रियों का नाश करने वाला तथा **परशुराम** का अवतार कहा गया है।
- खारवेल के हाथीगुफा अभिलेख से महापद्मनंद की कलिंग विजय की जानकारी मिलती है।
- व्याकरणाचार्य पाणिनी महापद्मनंद के मित्र थे।
- नंदवंश का अन्तिम शासक **घनानंद** था। यह सिकन्दर का समकालीन था।
- घनानंद को ग्रीक लेखकों ने **'अग्रमीज'** एवं **'जैन्द्रमीज'** कहा।

### महाजनपद कालीन प्रशासन

- ग्राम प्रशासन की सबसे छोटी इकाई थी।
- ग्राम से ऊपर खटीक एवं द्रोणमुख का स्थान था।
- शौल्किक अधिकारी व्यापारियों से कर वसूलता था।
- इस काल में राजतंत्र मजबूत हुआ तथा स्वतंत्र नौकरशाही एवं स्थायी सेना अब मुख्य विशेषता बन गयी।
- वस्सकार (मगध) दीर्घ नारायण (कौशल) इस काल के मंत्री थे।
- ग्रामणी ग्राम का प्रशासनिक अधिकारी था।

| प्रमुख अधिकारी | | |
|---|---|---|
| • बलिसाधक | – | बलि ग्रहण करने वाला |
| • शौल्किक | – | शुल्क वसूल करने वाला |
| • रज्जुग्राहक | – | भूमि मापने वाला |
| • द्रोपमापक | – | अनाज की तौल का निरीक्षक |

इस काल में 60 नगरों का उल्लेख मिलता है। जिनमें 6 महानगर थे। **1.** राजगृह **2.** चम्पा **3.** श्रावस्ती **4.** काशी **5.** कौशाम्बी **6.** साकेत (अयोध्या)

## प्रारम्भिक राज्यों में कर व्यवस्था

- महाजनपदों के राजा विशाल किले बनवाते थे और बड़ी सेना रखते थे, इसलिए उन्हें प्रचुर संसाधनों की आवश्यकता होती थी, इसके लिए उन्हें कर्मचारियों की भी आवश्यकता होती थी। अत: महाजनपदों के राजा लोगों द्वारा समय-समय पर लाए गए उपहारों पर निर्भर न रहकर अब नियमित रूप से कर वसूलने लगे।
- फसलों पर लगाए गए कर सबसे महत्त्वपूर्ण थे, क्योंकि अधिकांश लोग कृषक ही थे। प्राय: उपज का 1/6वाँ हिस्सा कर के रूप में निर्धारित किया जाता था, जिसे भाग कहा जाता था।
- पशुपालकों को जानवरों या उनके उत्पाद के रूप में कर देना पड़ता था। व्यापारियों को सामान खरीदने-बेचने पर भी कर देना पड़ता था तथा शिकारियों व संग्राहकों को जंगल से प्राप्त वस्तुएँ देनी होती थीं।

## प्रारम्भिक राज्यों में कृषि परिवर्तन

- इस युग में कृषि के क्षेत्र में दो बड़े परिवर्तन आए। पहला परिवर्तन तो यह हुआ कि हल के फाल (Plough Share) अब लोहे के बनने लगे थे। कठोर जमीन को लकड़ी के फाल की तुलना में लोहे (Plough Share) के फाल से आसानी से जोता जा सकता था। इससे फसलों की उपज बढ़ गई। दूसरा परिवर्तन यह हुआ कि लोगों ने धान के पौधों का रोपण शुरू किया अर्थात् खेतों में बीज छिड़ककर धान उपजाने के बजाय धान की पौध तैयार कर उनका रोपण शुरू किया गया।

## मगध

- लगभग 200 वर्षों के अन्तर्गत गंगा का दक्षिणी क्षेत्र मगध (Magadha) सबसे महत्त्वपूर्ण जनपद बन गया।
- गंगा और सोन जैसी नदियाँ मगध से होकर बहती थीं। ये नदियाँ यातायात, जल वितरण और जमीन को उपजाऊ बनाने के लिए बहुत महत्त्वपूर्ण थीं।
- मगध का एक हिस्सा जंगलों से भरा था। इन जंगलों में रहने वाले हाथियों को पकड़कर और उन्हें प्रशिक्षित कर सेना के काम में लाया जाता था। यही नहीं, जंगलों से घर, गाड़ियाँ तथा रथ बनाने के लिए लकड़ी प्राप्त होती थी।
- इस क्षेत्र में लौह-अयस्क की खदानें थीं। मजबूत औजार और हथियार बनाने के लिए ये बहुत उपयोगी थे। मगध में दो बहुत ही शक्तिशाली शासक बिम्बिसार (महाजनपद के पहले शासक) तथा अजातसत्त (अजातशत्रु) हुए। अन्य जनपदों को जीतने के लिए ये हर सम्भव साधन अपनाते थे।
- महापद्मनन्द एक और महत्त्वपूर्ण शासक थे। उन्होंने अपने नियन्त्रण का क्षेत्र इस उपमहाद्वीप के उत्तर-पश्चिम भाग तक फैला लिया था।
- बिहार में राजगृह (आधुनिक राजगीर) कई वर्षों तक मगध की राजधानी बनी रही। बाद में पाटलिपुत्र (आज का पटना) को राजधानी बनाया गया।

## वज्जि

- मगध के समीप ही वज्जि राज्य था, जिसकी राजधानी वैशाली (बिहार) थी। यहाँ एक अलग किस्म की शासन व्यवस्था थी, जिसे गण या संघ कहते थे। गण शब्द का प्रयोग कई सदस्यों वाले समूह के लिए किया जाता है। संघ का तात्पर्य संगठन या सभा होता है।
- गण या संघ में कई शासक होते थे। कभी-कभी लोग एक साथ शासन करते थे, जिसमें से प्रत्येक व्यक्ति राजा कहलाता था। ये सभी राजा विभिन्न अनुष्ठानों को

एक साथ सम्पन्न करते थे। सभाओं में बैठकर ये बातचीत, बहस और वाद-विवाद के माध्यम से तय करते थे कि क्या करना है और किस तरह करना है ? शत्रुओं के आक्रमण से निपटने के लिए वे मिलकर चर्चाएँ करते थे।

- दीर्घ निकाय में वज्जि संघ का वर्णन मिलता है। दीर्घ निकाय एक प्रसिद्ध बौद्ध ग्रन्थ है, जिसमें बुद्ध के कई व्याख्यान दिए गए हैं।

## भारत से बाहर के प्रारम्भिक राज्य

- लगभग 2500 वर्ष पहले एथेन्स के लोगों ने एक शासन व्यवस्था की स्थापना की, जिसे प्रजातन्त्र या गणतन्त्र कहते हैं।
- यह व्यवस्था लगभग 200 वर्षों तक चली। इसमें 30 वर्ष से ऊपर के उन सभी पुरुषों को पूर्ण नागरिकता प्राप्त थी, जो दास नहीं थे। वहाँ एक सभा थी, जो महत्त्वपूर्ण विषयों पर निर्णय लेने के लिए वर्ष भर में कम-से-कम 40 बार बुलाई जाती थी। इस सभा में नागरिक भाग ले सकते थे।
- व्यापारियों तथा शिल्पकारों के रूप में एथेन्स में रहने और काम करने वाले बहुत से विदेशियों को भी नागरिक अधिकार नहीं मिले थे। एथेन्स में खदानों, खेतों, घरों और कार्यशालाओं में काम कर रहे दासों को भी नागरिक अधिकार नहीं मिले थे।

## प्रश्नमाला

**1. निम्न में से किस शासक ने अपने राजवैद्य जीवक को अवन्ति नरेश चण्डप्रद्योत के राज्य में चिकित्सार्थ भेजा था ?**
(a) अजातशत्रु (b) उदयिन
(c) बिम्बिसार (d) कालाशोक

**2. इनमें से किस महाजनपद में गणतन्त्र की शासन व्यवस्था थी ?**
(a) वज्जि (b) मगध
(c) अवन्ति (d) वत्स

**3. छठी शताब्दी ईसा पूर्व के सोलह महाजनपदों के सन्दर्भ में निम्न में से कौन-सा कथन असत्य है ?**
(a) सोलह महाजनपदों के वज्जि और मल्ल गणतन्त्र थे, शेष सभी राजतन्त्रात्मक राज्य थे
(b) सोलह महाजनपदों में मगध सर्वाधिक शक्तिशाली था
(c) इनमें अश्मक ही एक ऐसा जनपद था, जो दक्षिण भारत में गोदावरी के किनारे स्थित था
(d) उपरोक्त में से कोई नहीं

**4. मल्ल महाजनपद की राजधानी कहाँ स्थित थी ?**
(a) कुशीनगर में
(b) मथुरा में
(c) उज्जयिनी में
(d) चम्पा में

**5. ज्यादातर 'महाजनपदों' की मजबूत किलेबन्दी थी, क्योंकि—**
(a) वह इनकी समृद्धि और शक्ति को प्रदर्शित करती थी
(b) शासकों को आक्रमण का भय था और वे स्वयं की रक्षा को सुनिश्चित करना चाहते थे
(c) ये उनके 'समृद्ध' योद्धा परम्पराओं के प्रतीक थे
(d) इनके आस-पास लकड़ी, ईंटों या पत्थरों की उपलब्धि थी

**6. छठी शताब्दी ईसा पूर्व में मगध महाजनपद के पहले शासक थे—**
(a) प्रसेनजीत (b) बिम्बिसार
(c) अजातशत्रु (d) महावीर

**7. निम्नलिखित का मिलान कीजिए—**

| | |
|---|---|
| **A. नर्मदा घाटी** | **I. आरम्भिक गणतन्त्र** |
| **B. वज्जि** | **II. आखेट और संग्रहण** |
| **C. गारो पहाड़ियाँ** | **III. लगभग 2500 वर्ष पूर्व के शहर** |
| **D. गंगा घाटी** | **IV. प्रथम नगर** |
| **E. सिन्धु और उसकी सहायक नदियाँ** | **V. आरम्भिक कृषि** |

**कूट**

| | A | B | C | D | E |
|---|---|---|---|---|---|
| (a) | V | VIII | III | II | I |
| (b) | I | II | III | IV | V |
| (c) | V | I | II | IV | III |
| (d) | II | I | V | III | IV |

## उत्तरमाला

**1.** (c) **2.** (a) **3.** (d) **4.** (a) **5.** (b) **6.** (b) **7.** (d)

❑❑❑

# नए विचार

## जैन धर्म

- जैन धर्म का संस्थापक **'सम्राट भरत'** के पिता **ऋषभदेव** को माना गया है।
- पार्श्वनाथ के अनुयायियों को **निर्ग्रन्थ** कहा जाता था।
- महावीर स्वामी जैन धर्म के **24वें** एवं **अन्तिम** तीर्थंकर थे।
- महावीर का जन्म **540 ई.पू.** में **कुण्डग्राम** (वैशाली) में हुआ था। इनके पिता सिद्धार्थ **'ज्ञातृक क्षत्रियों के संघ'** के सरदार थे और माता त्रिशला (विदेहदत्ता) लिच्छवी राजा चेटक की बहन थी।
- 12 वर्षों की कठिन तपस्या के बाद महावीर को **जृम्भिक ग्राम** के समीप **ऋजुपालिका नदी** के तट पर साल वृक्ष के नीचे सम्पूर्ण ज्ञान का बोध हुआ। इसी समय से महावीर जिन **(विजेता)** एवं अर्हत **(पूज्य)** और निर्ग्रन्थ **(बंधनहीन)** कहलाए। जिन के अनुयायी ही आगे चलकर जैन कहलाए।
- महावीर का विवाह कौण्डिन्य गोत्र की **कन्या यशोदा** के साथ हुआ।
- महावीर की पुत्री का नाम **'अणोज्जा'** या **'प्रियदर्शनी'** था।
- महावीर ने अपने उपदेश **प्राकृत (अर्धमागधी)** भाषा में दिए।
- महावीर ने अपने शिष्यों को 11 गणधरों में विभाजित किया था।
- 30 वर्ष धर्म–प्रचार करने के बाद 468 ई.पू. में (72 वर्ष की आयु) राजगृह के समीप पावापुरी नामक स्थान पर मल्लराजा सृसितपाल के राजप्रासाद में महावीर स्वामी को निर्वाण प्राप्त हुआ था।
- महावीर ने गृहस्थों के लिए पाँच अणुव्रत बताएँ हैं–**1.** सत्य वचन, **2.** अहिंसा, **3.** अस्तेय (चोरी नहीं करना), **4.** अपरिग्रह (सांसारिक वस्तुओं का त्याग), तथा **5.** ब्रह्मचर्य।
- कर्नाटक के **श्रवणबेलगोला** में 10वीं शताब्दी के मध्य में विशाल बाहुबली की मूर्ति (गोमतेश्वर की मूर्ति) का निर्माण किया गया। जिसका निर्माण गंग साम्राज्य के सेनापति चामुण्डराय के द्वारा कराया गया।
- जैन तीर्थंकरों की जीवनी **भद्रबाहु** द्वारा रचित **कल्पसूत्र** में है।
- **कैवल्य जैन** धर्म से सम्बन्धित है।
- जैनियों द्वारा अपने पवित्र ग्रन्थों के लिए सामूहिक रूप से अंग का प्रयोग किया जाता है।
- जैन धर्म में ईश्वर की मान्यता नहीं है।
- **मांउट आबू** स्थित दिलवाड़ा मन्दिर जैन समुदाय का पवित्र तीर्थस्थल है।
- जैन साहित्य को **'आगम' (सिद्धान्त)** कहा जाता है। इसके अंतर्गत 12 अंग, 12 उपांग, 10 प्रकीर्ण, 6 छेदसूत्र, 4 मूलसूत्र एवं अनुयोग सूत्र आते हैं।

**विभिन्न जैन संगीतियाँ**

| जैन संगीति | काल | स्थान | शासन काल | अध्सक्ष | परिणाम |
|---|---|---|---|---|---|
| प्रथम | 300 ई.पू. | पाटलिपुत्र | चंद्रगुप्त मौर्य | स्थूलभद्र | जैन धर्म का श्वेताम्बर एवं दिगम्बर मतों में विभाजन। |
| द्वितीय | द्वितीय शताब्दी ई.पू. | कलिंग | कलिंग राज खारवेल | आचार्य संभूति | जैन धर्म के प्रधान भाग 12 अंगों का संपादन हुआ। |
| तृतीय | प्रथम सदी | आंध्र प्रदेश | – | आचार्य अर्द्धवली | अंगों का संकलन। |
| चतुर्थ | चौथी सदी | वल्लभी | – | आचार्य नागार्जुन सूरि | धर्मग्रंथों का पुनः विवेचन हेतु किया गया। |
| पंचम | पाँचवी सदी | वल्लभी | – | आचार्य देवर्धि क्षमाश्रमण | धर्मशास्त्रों को शुद्ध रूप में संकलन हेतु किया गया। |

### जैन साहित्य

- जैन धर्म के ग्रंथ अर्द्धमागधी (प्राकृत) भाषा में लिखे गए थे।
- भद्रबाहु ने कल्पसूत्र को संस्कृत में लिखा।
- **आचरांग सूत्रः** जैन मुनियों के जीवन के लिए आचार नियम
- **भगवती सूत्रः** महावीर के जीवन तथा कृत्यों एवं समकालीनों का वर्णन है, इसमें सोलह महाजनपदों का उल्लेख है।
- **नायाधम्मकहाः** महावीर की शिक्षाओं का संग्रह
- **12 उपांगः** इसमें ब्राह्मणों का वर्णन, प्राणियों का वर्गीकरण, खगोल विद्या, काल विभाजन, मरणोपरान्त जीवन आदि का वर्णन किया गया है।
- **10 प्रकीर्णः** जैन धर्म से संबंधित विधि विषयों का वर्णन।
- **6 छेदसूत्रः** इसमें भिक्षुओं के लिए उपयोगी नियम तथा विधियों का संग्रह है।
- **थेरावलिः** इसमें जैन सम्प्रदाय के संस्थापकों की सूची दी गई है।
- **नादि सूत्र एवं अनुयोग सूत्रः** जैनियों के शब्दकोष हैं। इसमें भिक्षुओं के लिए आचरण संबंधी बाते शामिल हैं।

### अन्य जैन ग्रंथ

- कुवलयमाला – उद्योतन सूरी
- स्यादवादजरी – मल्ली सेन
- द्रव्यसंग्रह – नेमिचन्द
- चन्द्रगुप्त मौर्य के काल में मगध में अकाल पड़ने पर जैन भिक्षु भद्रबाहु के नेतृत्व में कर्नाटक चले गए लेकिन **'स्थूलभद्र'** ने कुछ जैनियों को मगध में ही रोके रखा।
- कालांतर में जैन धर्म दो सम्प्रदायों **दिगम्बर** और **श्वेताम्बर** में विभाजित हो गया।

| जैन सिद्धों की पाँच श्रेणियाँ | |
|---|---|
| 1. तीर्थंकर | जिसने मोक्ष प्राप्त किया हो |
| 2. अर्हंत | जो निर्वाण प्राप्ति की ओर अग्रसर हो। |
| 3. आचार्य | जो जैन भिक्षु समूह का प्रमुख हो। |
| 4. उपाध्यक्ष | जैन शिक्षक |
| 5. साधु | सभी जैन भिक्षुक। |

- श्वेत वस्त्र धारण करने वाले **श्वेताम्बर** तथा नग्न रहने वाले **दिगम्बर** कहलाए।
- **श्वेताम्बर** सम्प्रदाय के उपसम्प्रदाय हैं–पुजेरा, मूर्तिपूजक, डेरावार्सा, मन्दिर मार्गी, ढूंढिया, स्थानकवासी, साधुमार्गी तथा तेरापंथी।
- **दिगम्बर** सम्प्रदाय के उपसम्प्रदाय हैं–बीसपंथी, तेरापंथी, तीसपंथी, गुमानपंथी।
- पूर्वजन्म के कर्मफल को समाप्त करने एवं वर्तमान जन्म के कर्मफल से बचने हेतु महावीर ने त्रिरत्न का सिद्धांत दिया। जैन धर्म के त्रिरत्न हैं–
  1. **सम्यक् दर्शनः** जैन तीर्थंकरों के उपदेशों में दृढ़ विश्वास ही सम्यक् दर्शन है।
  2. **सम्यक् ज्ञानः** जैन धर्म के सिद्धांतों का ज्ञान ही सम्यक् ज्ञान है।
  3. **सम्यक् चरित्रः** प्राप्त ज्ञान को कार्यरूप में परिणत करना ही सम्यक् चरित्र है।

## प्रमुख जैन तीर्थ स्थल

- **अयोध्या**–यहाँ 5 तीर्थंकरों का जन्म हुआ था। प्रथम तीर्थंकर ऋषभदेव का जन्म यहीं हुआ था।
- **सम्मेद शिखर**–यहाँ पार्श्वनाथ ने अपना शरीर त्यागा था।
- **पावापुरी**–यहाँ महावीर स्वामी ने निर्वाण प्राप्त किया था।
- **कैलाश पर्वत**–यहाँ आदिनाथ ऋषभदेव ने निर्वाण प्राप्त किया था।
- **श्रवणबेलगोला**–यहाँ गोमतेश्वर बाहुबली की विशाल प्रतिमा है।
- **माउंट आबू**–यहाँ सफेद संगमरमर से बने दिलवाड़ा के जैन मंदिर स्थित हैं।
- **जैन धर्म को आश्रय प्रदान करने वाले शासक**–बिम्बिसार, अजातशत्रु, उदयिन, चण्डप्रद्योत, महापद्मनंद, धनानंद, चन्द्रगुप्त मौर्य, बिन्दुसार, सम्प्रति, खारवेल, अमोघवर्ष तथा कुमारपाल हैं।

| तीर्थंकर एवं उनके प्रतीक | | |
|---|---|---|
| 1. | ऋषभदेव | बैल |
| 2. | अजितनाथ | हाथी |
| 3. | संभवनाथ | घोड़ा |
| 4. | अभिनंदननाथ | बंदर |
| 5. | सुमतिनाथ | चकवा |
| 6. | पद्मप्रभु | लाल कमल |
| 7. | सुपार्श्वनाथ | स्वास्तिक |
| 8. | चंद्रप्रभु | चंद्र |
| 9. | पुष्पदंत | मगर |
| 10. | शीतलनाथ | कल्पवृक्ष |
| 11. | श्रेयांसनाथ | गैंडा |
| 12. | वासुपूज्य | भैंसा |
| 13. | विमलनाथ | शूकर |
| 14. | अनंतनाथ | सेही |
| 15. | धर्मनाथ | वज्र दंड |
| 16. | शांतिनाथ | सींगदार हिरण |
| 17. | कुंथुनाथ | बकरा |
| 18. | अरहनाथ | मत्स्य |
| 19. | मल्लिनाथ | कलश |
| 20. | मुनिसुब्रतनाथ | कछुआ |
| 21. | नेमिनाथ | नीलकमल |
| 22. | अरिष्टनेमि (कृष्ण के संबंधी) | शंख |
| 23. | पार्श्वनाथ | ऋजदार सर्प |
| 24. | महावीर स्वामी | सिंह |

# बौद्ध धर्म

- बौद्ध धर्म के प्रवर्तक गौतम बुद्ध का जन्म **(563 ई.पू.) कपिलवस्तु** के समीप **लुम्बिनी** वन में हुआ था।
- उनके पिता **शुद्धोधन** कपिलवस्तु के शाक्यगण के प्रधान थे तथा माता **मायादेवी** कोलीय गणराज्य की कन्या थी।
- गौतम बुद्ध के बचपन का नाम **सिद्धार्थ** था।
- इनकी माता की मृत्यु इनके जन्म के सातवें दिन हो गई थी। इनका लालन-पालन इनकी सौतेली माँ प्रजापति गौतमी ने किया था।

| भगवान बुद्ध से सम्बन्धित तथ्य | |
|---|---|
| महामाया | गौतम बुद्ध की माँ |
| राहुल | गौतम बुद्ध का पुत्र |
| चन्ना | बुद्ध का सारथी |
| चुन्द कम्मार पुत्त | जिसका दिया मांस खाने से बुद्ध की मृत्यु हुई। |
| कंथक | बुद्ध का प्रिय घोड़ा |
| सुजाता | कृषक बाला, जिसकी दी गई खीर बुद्ध ने खाई |
| प्रजापति गौतमी | बुद्ध की मौसी, प्रथम बौद्ध भिक्षुणी |
| आलार कलाम | जिनसे बुद्ध ने योग एवं उपनिषद् की शिक्षा ली। |
| सुभद्द | जिसे बुद्ध ने अपना अन्तिम उपदेश दिया था। |
| देवदत्त | बुद्ध का चचेरा भाई |
| अश्वत्थ | वह पीपल का वृक्ष जिसके नीचे बुद्ध को ज्ञान प्राप्त हुआ। |
| स्तूप | महापरिनिर्वाण के प्रतीक |
| वैशाली | यहाँ बुद्ध का अन्तिम वर्षकाल बीता था। |
| सालवृक्ष | जिसके नीचे बुद्ध की मृत्यु हुई। |
| शुद्धोधन | बुद्ध के पिता एवं शाक्य कुल के मुखिया। |
| यशोधरा | बुद्ध की पत्नी। |

- **गौतम बुद्ध** का विवाह 16 वर्ष की आयु में **'यशोधरा'** के साथ हुआ था।
- बुद्ध को **सारथी 'चन्ना'** के साथ रथ पर सैर करते हुए चार घटनाओं ने संन्यास की ओर प्रवृत्त किया–**1.** बुढ़ापा, **2.** रोग, **3.** मृत्यु, **4.** एक संन्यासी।

| बुद्ध के जीवन के चार स्थल | |
|---|---|
| 1. लुम्बिनी | जन्म |
| 2. बोधगया | ज्ञान प्राप्ति |
| 3. सारनाथ | प्रथम धर्मोपदेश |
| 4. कुशीनारा | मृत्यु |

- सांसारिक दुःखों से व्यथित होकर **सिद्धार्थ** ने **29 वर्ष** की अवस्था में गृहत्याग किया, जिसे बौद्ध ग्रंथों में महाभिनिष्क्रमण कहा गया है।

| गौतम बुद्ध के जीवन की घटनाएँ | |
|---|---|
| 1. महाभिनिष्क्रमण | गृह त्याग की घटना |
| 2. सम्बोधि | ज्ञान प्राप्त होने की घटना |
| 3. महापरिनिर्वाण (शरीर, त्याग, मृत्यु) | निर्वाण |

- गृहत्याग करने के बाद सिद्धार्थ (बुद्ध) ने वैशाली के **आलार कलाम** से सांख्य दर्शन की शिक्षा ग्रहण की।
- उरुवेला में सिद्धार्थ को **कौणिडिन्य**, **वप्प**, **भद्दिय**, **महाआज** एवं **असराजि** नामक पाँच साधक मिले। बिना अन्न-जल ग्रहण किए 6 वर्ष की कठिन तपस्या के बाद 35 वर्ष की आयु में वैशाख की पूर्णिमा की **रात निरंजना** (फल्गु) नदी के किनारे, **पीपल वृक्ष** के नीचे, सिद्धार्थ को ज्ञान प्राप्त हुआ। ज्ञान-प्राप्ति के बाद **सिद्धार्थ बुद्ध** के नाम से जाने गए तथा वह स्थान बोधगया कहलाया।

| बुद्ध के जीवन से जुड़े प्रतीक | |
|---|---|
| 1. हाथी | बुद्ध के गर्भ में आने का प्रतीक |
| 2. कमल | जन्म का प्रतीक |
| 3. सांड | यौवन का प्रतीक |
| 4. घोड़ा | गृह-त्याग का प्रतीक |
| 5. पीपल | ज्ञान का प्रतीक |
| 6. शेर | समृद्धि का प्रतीक |
| 7. पदचिन्ह | निर्वाण का प्रतीक |
| 8. स्तूप | मृत्यु का प्रतीक |

- बुद्ध ने अपना प्रथम उपदेश **सारनाथ (ऋषिपतनम्)** में दिया, जिसे बौद्ध ग्रंथों में धर्मचक्र प्रवर्तन कहा गया है।
- बुद्ध ने अपने उपदेश जनसाधारण की **भाषा पाली** में दिए।
- बुद्ध ने आनन्द के अनुरोध पर संघ में पहली बार वैशाली में महिलाओं को प्रवेश दिया। संघ में प्रवेश पाने वाली पहली महिला प्रजापति गौतमी थी।
- कहा जाता है कि **बुद्ध की मृत्यु (483 ई.पू.)** 80 वर्ष की आयु में कुशीनारा, (देवरिया, उ.प्र.) में शिष्य चुन्द द्वारा सूकर माँस खिलाए जाने के बाद हो गई।
- **मल्लों** ने अत्यन्त सम्मानपूर्वक **बुद्ध का अंत्येष्टि संस्कार** किया।
- मृत्यु के बाद बुद्ध के शरीर के अवशेषों को आठ भागों में बाँटकर उन पर **आठ स्तूपों** का निर्माण कराया गया।

**बौद्ध महासभाएँ**

| सभा | समय | स्थान | अध्यक्ष | शासनकाल | कार्य विशेषता |
|---|---|---|---|---|---|
| प्रथम | 483 ई.पू. | राजगृह | महाकश्यप | अजातशत्रु | सुत्तपिटक तथा विनय पिटक का संग्रहण। |
| द्वितीय | 383 ई.पू. | वैशाली | सर्वकामी | कालाशोक | बौद्धसंघ स्थविर तथा महासंघिक में बँटा। |
| तृतीय | 251 ई.पू. | पाटलिपुत्र | मोग्गलिपुत्त तिस्स | अशोक | अभिधम्म पिटक को संकलित कर कथावत्थु को जोड़ा गया। |
| चतुर्थ | प्रथम ई. | कुण्डलवन (कश्मीर) | वसुमित्र 'अध्यक्ष' अश्वघोष 'उपाध्यक्ष' | कनिष्क | विभाषाशास्त्र का संकलन एवं बौद्ध धर्म महायान तथा हीनयान में बँटा। |

- **"इच्छा अर्थात् तृष्णा सब कष्टों का कारण है"** इस मत का प्रचार करने वाला धर्म, बौद्ध धर्म है।
- बौद्ध धर्म के त्रिरत्न हैं–**बुद्ध**, **धम्म** एवं **संघ**।
- बुद्ध ने चार आर्य सत्यों का उपदेश दिया जो इस प्रकार हैं–**1.** दुःख, **2.** दुःख समुदाय, **3.** दुःख निरोध तथा **4.** दुःख निरोधगामी प्रतिपदा।
- बौद्ध धर्मग्रंथ के महान टीकाकार बुद्धघोष हैं।
- सांसारिक दुःखों से मुक्ति हेतु, बुद्ध ने अष्टांगिक मार्ग की बात कही।

## अष्टांगिक मार्ग

(i) **सम्यक् दृष्टि** वस्तुओं के वास्तविक स्वरूप का ध्यान रखना।
(ii) **सम्यक् संकल्प** आसक्ति, द्वेष, हिंसा से मुक्त विचार।
(iii) **सम्यक् वाक्** अप्रिय वचनों का परित्याग।
(iv) **सम्यक् कर्मात्** दान, दया, सत्य, अहिंसा, सत्कर्मों का अनुसरण।
(v) **सम्यक् आजीविका** सदाचार के नियमों के अनुकूल जीवन व्यतीत करना।
(vi) **सम्यक् व्यायाम** विवेकपूर्ण प्रयत्न करना
(vii) **सम्यक् स्मृति** मिथ्या धारणाओं का परित्याग कर सच्ची धारणा रखना।
(viii) **सम्यक् समाधि** मन अथवा चित्त की एकाग्रता।

**बौद्ध साहित्य के तीन पिटक निम्नलिखित हैं–**

1. **सुत्तपिटक** – बुद्ध के धार्मिक विचार और वचनों का संग्रह
2. **विनय पिटक** – बौद्ध दर्शन की विवेचना और नियम
3. **अभिधम्म पिटक** – बुद्ध के दार्शनिक विचार

- बुद्ध ने मध्यम मार्ग (मध्यमा-प्रतिपदा) का उपदेश दिया।
- अनीश्वरवाद के संबंध में बौद्ध धर्म एवं जैन धर्म में समानता है।
- सर्वाधिक बुद्ध मूर्तियों का निर्माण गान्धार शैली के अंतर्गत किया गया, लेकिन बुद्ध की प्रथम मूर्ति मथुरा शैली के अंतर्गत बनी थी।
- रुम्मिनदेई स्तंभ लेख से बुद्ध के जन्म स्थान का संकेत मिलता है।
- बौद्धों के **प्रस्ताव पाठ** को **अनुसावन** कहा जाता था।
- बौद्ध धर्म में **प्रत्यक्ष मतदान** को **'विवतक'** कहा जाता था।
- बौद्ध संघ में **प्रविष्ट** होने को **उपसम्पदा** कहा जाता था (बौद्ध संघ में प्रवेश की न्यूनतम आयु 15 वर्ष थी)
- बौद्ध संघों में प्रशासनिक कार्यों के लिए होने वाले **गुप्त मतदान** को **गुल्हक** कहा जाता था।
- बौद्ध धर्म प्रचारक संन्यासी, अनुयायी, **'भिक्षुक'** तथा गृहस्थ जीवन व्यतीत करते हुए बौद्ध धर्म अपनाने वाले **'उपासक'** कहलाए।
- बौद्ध धर्म में **पुनर्जन्म** की मान्यता है।

**तृतीय बौद्ध संगीति के बाद अशोक द्वारा भेजे गए धर्म प्रचारक**

| प्रचारक | स्थान |
|---|---|
| महेन्द्र एवं संघमित्रा | श्रीलंका |
| रक्षित | उत्तरी कनारा |
| महादेव | मैसूर |
| मज्झान्तिक | कश्मीर-गांधार |
| धर्मरक्षित | पश्चिमी भारत |
| मज्झिम | हिमालय |
| महाधर्मरक्षित | यवन राज्य |

## बौद्ध धर्म के पंथ

वैशाली की द्वितीय बौद्ध संगीति में सर्वप्रथम बौद्धों का **स्थविरवादियों** एवं **महासंधिकों** में विभाजन हुआ; परंतु मुख्य मतभेद चौथी संगीति (कश्मीर) में पैदा हुए तथा इस संगीति में **महायान** एवं **हीनयान** नामक दो मुख्य बौद्ध सम्प्रदाय बन गए। 8वीं सदी के बाद **वज्रयान** भी एक अलग पंथ बन गया।

**लघु पंथ**–बुद्ध के परिनिर्वाण के बाद दूसरी तथा तीसरी सदियों में कई उपश्रेणियाँ बन गई। फलत: तीसरी संगीति के काल तक दो मुख्य समूहों (स्थविरवादी तथा महासंधिक) में से 18 पंथों का उदय हो चुका था। वसुमित्र की 18 पंथों पर लिखित पुस्तक से विभिन्न पंथों के उदय का पता चलता है।

| महासंघिकों से निम्नलिखित पंथ उभरे– | |
|---|---|
| **1.** व्यावहारिक | **2.** लोकोत्तरवादी |
| **3.** काकुत्रिय | **4.** बहुश्रुतिय |
| **5.** प्रज्ञपतिवादी | **6.** चैत्य-शैल |
| **7.** अपर-शैल | **8.** उत्तर-शैल |
| **स्थविरवादियों से निकले पंथ थे–** | |
| **1.** हेमावत | **2.** सर्वासितवादी |
| **3.** वात्सिपुत्रिय | **4.** भद्रजनिक |
| **5.** धमोत्रिरीय | **6.** सम्मितिय |
| **7.** शन्नागरिका | **8.** महिपासक |
| **9.** धर्म गुप्टिक | **10.** कस्यपीय अथवा सुवर्षक |
| **11.** सौत्रांतिक या संक्रांतिवादिन | |

## प्रमुख बौद्ध विद्वान

1. **अश्वघोष** कनिष्क के समकालीन थे, इन्होंने बुद्धचरितम ग्रंथ की रचना की थी।
2. **नागार्जुन** इन्होंने बौद्ध दर्शन की माध्यमिक विचारधारा का प्रतिपादन किया जो शून्यवाद के नाम से जानी जाती है।
3. **वसुबन्धु** ने बौद्ध धर्म का विश्वकोश कहे जाने वाले अभिधम्म कोश की रचना की।
4. **बुद्धघोष** इनके द्वारा लिखी गयी पुस्तक विशुद्धि मार्ग हीनयान सम्प्रदाय का प्रमुख ग्रंथ है।

## शैव धर्म

- **ऋग्वेद** में शिव के लिए **'रुद्र'** नामक देवता का उल्लेख है।
- शैव सम्प्रदाय का प्रथम उल्लेख **पतंजलि के महाभाष्य** में शिव भागवत नाम से हुआ है।
- वामन पुराण में शैव सम्प्रदायों की संख्या चार बताई गई है जो इस प्रकार है–**1.** पाशुपत, **2.** कापालिक, **3.** कालामुख और **4.** लिंगायत।
- **पाशुपत सम्प्रदाय** के अनुयायियों को **पंचार्थिक** कहा गया है। इस मत का प्रमुख सैद्धान्तिक ग्रंथ **पाशुपत सूत्र** है। श्रीधर पंडित एक विख्यात **पाशुपत आचार्य** थे।
- शैवों का सर्वाधिक प्राचीन सम्प्रदाय **पाशुपत सम्प्रदाय** था जिसके संस्थापक **लकुलीश** थे। इनका जन्म गुजरात में हुआ था।
- **कापालिक सम्प्रदाय** के **ईष्टदेव भैरव** थे। इस सम्प्रदाय का प्रमुख केन्द्र श्री **शैल नामक** स्थान था।
- **कालामुख सम्प्रदाय** के अनुयायियों को शिव पुराण में महाव्रतधर कहा गया है।
- **लिंगायत सम्प्रदाय** (जंगम) दक्षिण में प्रचलित था। इस सम्प्रदाय के लोग **शिवलिंग** की उपासना करते थे।
- **लिंगायत सम्प्रदाय** के प्रवर्तक **अल्लभ प्रभु** तथा उनके शिष्य **बासव** थे। इस सम्प्रदाय को **वीरशिव/वीरशैव** सम्प्रदाय भी कहा जाता है।
- **कश्मीरी शैव** शुद्ध रूप से दार्शनिक तथा ज्ञानमार्गी थे। इनके संस्थापक **वसुगुप्त** थे।
- दसवीं शताब्दी में **मत्स्येन्द्रनाथ** ने **नाथ सम्प्रदाय** की स्थापना की। इस सम्प्रदाय का व्यापक प्रचार-प्रसार **बाबा गोरखनाथ** के समय में हुआ।
- **पल्लव काल** में शैव धर्म का प्रचार-प्रसार **नयनारों** द्वारा किया गया उनकी संख्या 63 बताई गई है जिनमें **अप्पर**, **तिरुमूलर**, **संबंदर** एवं **सुन्दरर** आदि प्रसिद्ध हैं।

## वैष्णव धर्म

- **भागवत धर्म** के संस्थापक **वृष्णि वंशीय** यादव कुल के नेता **वासुदेव कृष्ण** थे।
- श्रीकृष्ण का उल्लेख सर्वप्रथम **छान्दोग्य उपनिषद्** में मिलता है, इसमें श्रीकृष्ण को **देवकी पुत्र** व ऋषि **घोर अंगिरस** का शिष्य बताया गया है।
- तीसरी-चौथी शताब्दी से **भागवत सम्प्रदाय वैष्णव धर्म** में परिवर्तित हो गया।
- **विष्णु के दस अवतारों** का उल्लेख **मत्स्यपुराण** में मिलता है। दस अवतार हैं–**मत्स्य**, **कूर्म**, **वराह**, **नृसिंह**, **वामन**, **परशुराम**, **राम**, **कृष्ण**, **बुद्ध** और **कल्कि**।
- विष्णु के अवतारों में **'कृष्ण'** अवतार सर्वाधिक लोकप्रिय था।
- नारायण का प्रथम उल्लेख **'शतपथ ब्राह्मण'** में मिलता है।
- भागवत धर्म से सम्बन्धित प्रथम अभिलेख बेसनगर का **गरुड़ स्तम्भ** है।
- **अवतारवाद के सिद्धांत** की अवधारणा सर्वप्रथम **'भगवद्गीता'** में मिलती है।
- चतुर्व्यूह पूजा का सर्वप्रथम उल्लेख विष्णु संहिता में मिलता है।
- चतुर्व्यूह के चार प्रमुख देवता-**1.** संकर्षण, **2.** प्रद्युम्न, **3.** अनिरुद्ध, **4.** साम्ब थे।
- पांचरात्र व्यूह के नायक-संकर्षण, वासुदेव, प्रद्युम्न, अनिरुद्ध एवं कृष्ण थे।
- साम्ब देवता सूर्य पूजा से सम्बन्धित थे, ये पांचरात्र व्यूह में नहीं आते थे।
- तमिल प्रदेशों में यह धर्म अलवार संतों के माध्यम से विकसित हुआ। इन संतों की संख्या करीब 12 थीं। इन सब में तिरुमंगाई सर्वाधिक प्रसिद्ध थे, और जबकि आण्डाल महिला संत थी।

**धर्म-मत तथा उनके संस्थापक**

| क्र.सं. | सम्प्रदाय | संस्थापक |
|---|---|---|
| **1.** | पाशुपत | लकुलीश |
| **2.** | प्रत्यभिज्ञा | वसुगुप्त |
| **3.** | स्पदंस्तार | कलत ओर सोमनांद |
| **4.** | लिंगायत | बासव |
| **5.** | अद्वैत | शंकराचार्य एवं बादरायण |
| **6.** | विशिष्टाद्वैत एवं श्री सम्प्रदाय | रामाजानुचार्य |
| **7.** | ब्रह्म सम्प्रदाय | माधवाचार्य |
| **8.** | सनक सम्प्रदाय | निम्बकाचार्य |
| **9.** | आजीवक | मक्खलि घोषाल |
| **10.** | नित्यवादी | प्रकुध कच्चायन |
| **11.** | घोर अक्रियवादी | संजय वेट्ठलिपुत्र |
| **12.** | भौतिकवादी (यादृच्छाया) | पूरण कश्यप |

## संघ

- महावीर तथा बुद्ध दोनों का ही मानना था कि घर का त्याग करने पर ही सच्चे ज्ञान की प्राप्ति हो सकती है। ऐसे लोगों के लिए उन्होंने संघ (Sangh) नामक संगठन बनाया, जहाँ घर का त्याग करने वाले लोग एक साथ रह सकें।
- संघ में **रहने** वाले बौद्ध भिक्षुओं के लिए बनाए गए नियम 'विनयपिटक नामक ग्रन्थ में मिलते हैं। विनयपिटक से हमें पता चलता है कि संघ में पुरुषों और स्त्रियों के रहने की अलग-अलग व्यवस्था थी। सभी व्यक्ति संघ में प्रवेश ले सकते थे। संघ में प्रवेश के लिए बच्चों को अपने माता-पिता से, दासों को अपने स्वामी से, राजा के यहाँ काम करने वाले लोगों को राजा से तथा कर्जदारों को अपने देनदारों से अनुमति लेनी होती थी।
- संघ में प्रवेश लेने वाले स्त्री-पुरुष बहुत सादा जीवन जीते थे। वे अपना अधिकांश समय ध्यान करने में बिताते थे और दिन के एक निश्चित समय में वे शहरों तथा गाँवों में जाकर भिक्षा माँगते थे। यही कारण है कि उन्हें भिक्षु तथा भिक्षुणी (भिखारी के लिए प्राकृत शब्द) कहा गया। संघ में प्रवेश लेने वालों में ब्राह्मण, क्षत्रिय, व्यापारी, मजदूर, नाई, गणिकाएँ तथा दास शामिल थे। इनमें से कई लोगों ने बुद्ध की शिक्षाओं के विषय में लिखा तथा कुछ लोगों ने संघ में अपने जीवन के विषय में सुन्दर कविताओं की रचना की थी।
- लद्दाख क्षेत्र के बौद्ध और मुसलमान दोनों ही तिब्बत के राजकीय ग्रन्थ केसर सागा को स्थानीय रूप में गाते हैं।
- बौद्ध धर्म के महायान परम्परा के अन्तर्गत महात्मा बुद्ध की प्रतिमा व मूर्तियों को बनाया जाता है तथा उनकी पूजा की जाती है। इसमें संस्कृत भाषा का भी प्रयोग किया जाता है।
- बौद्ध धर्म में यह माना जाता है कि जिस तरह नदियों के महासागर में मिलने से नदियों की पहचान समाप्त हो जाती है। उसी प्रकार बौद्ध धर्म को स्वीकारने वाला वर्ण, श्रेणी, परिवार सब से मुक्त हो जाता है।

## विहार

- जैन तथा बौद्ध भिक्षु पूरे वर्ष एक स्थान से दूसरे स्थान घूमते हुए उपदेश दिया करते थे। केवल वर्षा ऋतु में जब यात्रा करना कठिन हो जाती थी तो वे एक स्थान पर ही निवास करते थे। ऐसे समय में वे अपने अनुयायियों द्वारा उद्यानों में बनवाए गए अस्थायी निवासों में अथवा पहाड़ी क्षेत्रों की प्राकृतिक गुफाओं में रहते थे।
- समय परिवर्तन के साथ-साथ भिक्षु भिक्षुणियों ने स्वयं तथा उनके समर्थकों ने अधिक स्थायी शरण स्थलों की आवश्यकता का अनुभव किया। तब कई शरण स्थल बनाए गए, जिन्हें विहार (Vihar) कहा गया। आरम्भिक विहार लकड़ी के बनाए गए तथा बाद में इनके निर्माण में ईंटों का प्रयोग होने लगा। पश्चिमी भारत में विशेषकर कुछ विहार पहाड़ियों को खोद कर बनाए गए।
- प्रायः किसी धनी व्यापारी, राजा अथवा भू-स्वामी द्वारा दान में दी गई भूमि पर विहार का निर्माण होता था। स्थानीय व्यक्ति भिक्षु भिक्षुणियों के लिए भोजन, वस्त्र तथा दवाइयाँ लेकर आते थे, जिसके बदले ये भिक्षु और भिक्षुणी लोगों को शिक्षा देते थे।
- प्राचीनकाल में भारत में पर्वत गुफाओं को काटकर चैत्यगृह तथा विहारों का निर्माण किया गया। चैत्य उपासना के केन्द्र होते थे। इसमें शवदाह के पश्चात् बचे अवशेषों को भूमि में गाड़कर रखा जाता था।

## आश्रम व्यवस्था

- जैन तथा बौद्ध धर्म जिस समय लोकप्रिय हो रहे थे लगभग उसी समय ब्राह्मणों ने आश्रम-व्यवस्था (The System of Ashramas) का विकास किया। यहाँ आश्रम शब्द का तात्पर्य लोगों द्वारा रहने तथा ध्यान करने के लिए प्रयोग में आने वाले स्थान से नहीं है, बल्कि इसका तात्पर्य जीवन के एक चरण से है। ब्रह्मचर्य, गृहस्थ, वानप्रस्थ तथा संन्यास नामक चार आश्रमों की व्यवस्था की गई। ब्रह्मचर्य के अन्तर्गत ब्राह्मण, क्षत्रिय तथा वैश्य से यह अपेक्षा की जाती थी कि इस चरण के दौरान वे सादा जीवन बिताकर वेदों का अध्ययन करेंगे।
- गृहस्थ आश्रम के अन्तर्गत उन्हें विवाह कर एक गृहस्थ के रूप में रहना होता था। वानप्रस्थ के अन्तर्गत उन्हें जंगल में रहकर साधना करनी होती थी। अन्ततः उन्हें सब कुछ त्यागकर संन्यासी बन जाना होता था।

## प्रश्नमाला

**1. गौतम बुद्ध का जन्म हुआ—**
(a) 563 ई. पू.
(b) 565 ई. पू.
(c) 560 ई. पू.
(d) उपर्युक्त में से कोई नहीं

**2. बुद्ध का प्रथम गुरु था—**
(a) रुद्रक रामपुत्र
(b) अलार कलाम
(c) मोग्गलिपुत्त तिस्स
(d) कौण्डिन्य

**3. 'धर्मचक्र प्रवर्तन' है—**
(a) बुद्ध का प्रथम उपदेश
(b) महावीर का प्रथम उपदेश
(c) बुद्ध का महाभिनिष्क्रमण
(d) बुद्ध का महापरिनिर्वाण

**4. बौद्ध धर्म का साहित्य कहलाता है—**
(a) त्रिपिटक (b) चार सूत्र
(c) द्वादशांग (d) निपात्तसूत्त

**5. सुमेलित कीजिए—**

| **बुद्ध की अवस्थाएँ** | **प्रतीक** |
|---|---|
| **(A) जन्म** | **(1) बोधिवृक्ष** |
| **(B) महाभिनिष्क्रमण** | **(2) स्तूप** |
| **(C) धर्मचक्र प्रवर्तन** | **(3) चक्र** |
| **(D) निर्वाण** | **(4) अश्व** |
| **(E) महापरिनिर्वाण** | **(5) कमल और वृषभ** |

| | (A) | (B) | (C) | (D) | (E) |
|---|---|---|---|---|---|
| (a) | 1 | 2 | 3 | 4 | 5 |
| (b) | 5 | 4 | 3 | 1 | 2 |
| (c) | 1 | 2 | 3 | 4 | 5 |

(d) उपर्युक्त में से कोई नहीं

**6. कौन-सा बुद्ध के त्रिरत्न में नहीं आता ?**
(a) ज्ञान (b) बुद्ध
(c) धर्म (d) संघ

**7. निम्नलिखित को सुमेलित कीजिए—**

| **बौद्ध संगीतियाँ** | **तत्कालीन शासक** |
|---|---|
| **(A) प्रथम बौद्ध संगीति** | **(1) कनिष्क** |
| **(B) द्वितीय बौद्ध संगीति** | **(2) अशोक** |
| **(C) तृतीय बौद्ध संगीति** | **(3) कालाशोक** |
| **(D) चतुर्थ बौद्ध संगीति** | **(4) अजातशत्रु** |

| | (A) | (B) | (C) | (D) |
|---|---|---|---|---|
| (a) | 4 | 3 | 2 | 1 |
| (b) | 2 | 3 | 1 | 4 |
| (c) | 4 | 1 | 3 | 2 |
| (d) | 1 | 2 | 3 | 4 |

**8. जैन धर्म के संस्थापक थे—**
(a) ऋषभदेव (b) नेमिनाथ
(c) पार्श्वनाथ (d) महावीर स्वामी

**9. महावीर स्वामी का जन्म हुआ था—**
(a) 540 ई. पू. (b) 540 ई.
(c) 400 ई. पू. (d) 640 ई. पू.

**10. जैन धर्म के प्रथम तीर्थंकर कौन थे ?**
(a) महावीर (b) पार्श्वनाथ
(c) नेमिनाथ (d) ऋषभदेव

**11. जैन धर्म के 23वें तीर्थंकर माने जाते हैं—**
(a) ऋषभनाथ (b) पार्श्वनाथ
(c) महावीर (d) अजितनाथ

**12. गौतम बुद्ध के पिता शुद्धोधन कहाँ के राजा थे ?**
(a) कोलिय गणराज्य
(b) कपिलवस्तु के शाक्यगण
(c) लिच्छवि गणराज्य
(d) पावा के मल्ल गणराज्य

**13. बौद्ध धर्म से सम्बन्धित चतुर्थ बौद्ध संगीति के अध्यक्ष थे—**
(a) वसुमित्र
(b) पतंजलि
(c) महाकस्सप
(d) मोगलिपुत्र तिस्स

**14. निम्नलिखित में से किस अभिलेख में गौतम बुद्ध के शरीर-अवशेषों पर स्तूप-निर्माण का प्रमाण मिलता है ?**
(a) महास्थान अभिलेख
(b) पिपरहवा अभिलेख
(c) लुम्बिनी अभिलेख
(d) सारनाथ अभिलेख

**15. अनेकांतवाद किस धर्म का मूल सिद्धांत एवं दर्शन है ?**
(a) जैन धर्म का (b) बौद्ध धर्म का
(c) हिन्दू धर्म का (d) सिक्ख धर्म

**16. तीर्थंकर महावीर का जन्म हुआ था—**
(a) पावा में (b) कुण्डग्राम में
(c) मगध में (d) श्रावस्ती में

**17. महावीर की माता का नाम था—**
(a) त्रिशला (b) महामाया
(c) सुनन्दा (d) गौतमी

**18. जैन धर्म के तेइसवें तीर्थंकर पार्श्वनाथ का जन्म स्थान कहाँ है ?**
(a) अयोध्या (b) वाराणसी
(c) कुण्डग्राम (d) श्रवणबेलगोला

**19. महावीर की शिक्षा का विशेष नाम क्या है ?**
(a) चार आर्य सत्य
(b) चातुर्याम
(c) पंचमहायज्ञ
(d) पंचमहाव्रत

**20. महावीर के जीवनकाल में जैन संघ का प्रथम विच्छेदक था—**
(a) जामालि (b) जावालि
(c) जंम्मल (d) केशी

**21. बौद्ध धर्म को स्वीकार करने वाली प्रथम महिला कौन थी ?**
(a) यशोधरा (b) महामाया
(c) विम्बा (d) गौतमी

**22. किस स्थान पर महात्मा बुद्ध ने प्रथम धर्मोपदेश दिया था ?**
(a) सारनाथ (b) बोधगया
(c) कुशीनगर (d) लुम्बिनी

**23. महावीर को किस आयु में सर्वोच्च ज्ञान प्राप्त हुआ ?**
(a) 30 वर्ष (b) 32 वर्ष
(c) 40 वर्ष (d) 42 वर्ष

**24. बुद्ध के जीवन की प्रमुख घटनाओं के सन्दर्भ में सूची I को सूची II से सुमेलित कीजिए तथा नीचे दिए गए कूटो में से सही उत्तर का चयन कीजिए-**

| सूची I | सूची II |
|---|---|
| A. जन्म | I. कमल एवं साँड |
| B. गृहत्याग | II. घोड़ा |
| C. ज्ञान | III. बोधिवृक्ष |
| D. निर्वाण | IV. पदचिह्न |

कूट

| | A | B | C | D |
|---|---|---|---|---|
| (a) | IV | III | II | I |
| (b) | I | II | III | IV |
| (c) | I | III | II | IV |
| (d) | IV | II | I | III |

**25. बुद्ध द्वारा लालसाओं व इच्छाओं की तृष्णा को निम्नलिखित में से क्या बताया गया ?**
(a) पिपासा
(b) तृष्णा
(c) तन्हा
(d) तीव्र इच्छा

**26. बौद्ध धर्म में, बोधिसत्व थे-**
(a) वे लोग जिन्होंने निर्वाण (प्रबोध) प्राप्त किया
(b) बुद्ध की प्रतिमाएँ
(c) चीनी बौद्ध तीर्थयात्री
(d) बौद्ध विद्वान्

**27. जातक कथाओं के विषय में निम्नलिखित में से कौन-सा सही है ?**
(a) इनकी रचना जैन साधुओं द्वारा की गई थी, जिन्हें सामान्य लोगों द्वारा लिखा गया और उनका संकलन किया गया।
(b) इनकी रचना सामान्य लोगों द्वारा की गई थी, जिन्हें बौद्ध भिक्षुओं द्वारा लिखा गया और उनका संकलन किया गया।
(c) इनकी रचना सामान्य लोगों द्वारा की गई थी, जिन्हें जैन साधुओं द्वारा लिखा गया और उनका संकलन किया गया।
(d) इनकी रचना बौद्ध भिक्षुओं द्वारा की गई थी, जिन्हें सामान्य लोगों द्वारा लिखा गया और उनका संकलन किया गया।

**28. "जिस तरह महासागरों में मिलने पर नदियों की अलग- अलग पहचान समाप्त हो जाती है ठीस उसी तरह ......... वे अपना वर्ण, श्रेणी और परिवार सब त्याग देते हैं।"**
**यह उद्धारण किस ग्रन्थ से लिया गया है ?**
(a) पाली ग्रन्थ (b) जैन ग्रन्थ
(c) वैदिक ग्रन्थ (d) बौद्ध ग्रन्थ

## उत्तरमाला

1. (a) 2. (b) 3. (a) 4. (a) 5. (b) 6. (a) 7. (a) 8. (a) 9. (a) 10. (d)
11. (b) 12. (b) 13. (a) 14. (b) 15. (a) 16. (b) 17. (a) 18. (b) 19. (d) 20. (a)
21. (d) 22. (a) 23. (b) 24. (b) 25. (b) 26. (a) 27. (b) 28. (d)

❑❑❑

# 8 प्रथम साम्राज्य

## मौर्य साम्राज्य

मौर्यकाल के स्रोत

| साहित्यिक स्रोत | पुरातात्विक स्रोत |
|---|---|
| बौद्ध साहित्य (दीप वंश महावंश, दिव्यावदान, जातक) | • चन्द्रगुप्त मौर्य के अभिलेख |
| **जैन साहित्य**-कल्पसूत्र | • अशोक के अभिलेख |
| **अन्य साहित्य**-पुराण, मुद्राराक्षस, इण्डिका, कथासरित सागर, वृहत कथामंजरी | • रुद्रदामन के अभिलेख |
| | • मृदभांड |
| | • स्थापत्य कला |

### चन्द्रगुप्त मौर्य ( 322-298 ई.पू. )

- चन्द्रगुप्त मौर्य ने अपने गुरु चाणक्य की सहायता से नंदशासक 'धनानन्द' का वध करके मौर्य साम्राज्य की स्थापना की थी।
- नंद वंश का विनाश करने में चन्द्रगुप्त मौर्य ने कश्मीर के राजा पवर्तक से सहायता ली थी।
- चन्द्रगुप्त मौर्य को मुद्राराक्षस (ऐतिहासिक नाटक) में **'वृषल'** तथा **'कुलहीन'** कहा गया है।
- चन्द्रगुप्त मौर्य को 'दिव्यावदान' में 'मूर्धन्यभिक्षित क्षत्रिय' कहा गया है।
- चन्द्रगुप्त मौर्य के अन्य नाम सैण्ड्रोकोट्स, एण्ड्रोकोट्स आदि थे।
- 'चन्द्रगुप्त' के प्रशासन का प्राचीन अभिलेखीय साक्ष्य **रुद्रदामन** के **जूनागढ़** अभिलेख से मिलता है।
- भारतीय साम्राज्य का पहला ऐतिहासिक सम्राट **चन्द्रगुप्त मौर्य** को माना जाता है।
- **सेल्यूकस** का राजदूत **मेगास्थनीज** चन्द्रगुप्त के दरबार में आया, जिसने **'इण्डिका'** नामक पुस्तक लिखी।
- मेगास्थनीज ने पाटलिपुत्र को **पालिब्रोथा** कहा है।
- सेल्यूकस निकेटर ने अपनी पुत्री **हेलेना** की शादी चन्द्रगुप्त मौर्य के साथ कर दी और चार प्रांत **काबुल**, **कन्धार**, **हेरात** एवं **मकरान** चन्द्रगुप्त को दे दिए।
- प्लूटार्क के अनुसार, चन्द्रगुप्त ने सेल्यूकस को **500 हाथी** उपहार में दिए थे।
- प्लूटार्क के अनुसार, चन्द्रगुप्त के पास **6 लाख की पैदल सेना** थी जिसे जस्टिन ने डाकुओं का गिरोह कहा है।

### बिन्दुसार ( 298-272 ई.पू. )

- चन्द्रगुप्त मौर्य तथा माता **'दुर्धरा'** का पुत्र **'बिन्दुसार'** 298 ई.पू. में मगध की राजगद्दी पर बैठा।
- बिन्दुसार के अन्य नाम हैं–**अमित्रघात**, **अमित्तोकेट्स** (यूनानियों द्वारा दिया गया), **नन्दसार**, **भद्रसार** (वायुपुराण), **बिन्दुसार** (परिशिष्टपर्वन) तथा **बिन्दुपाल** (चीनी ग्रन्थ)।
- बिन्दुसार के शासनकाल में **'तक्षशिला'** में दो बार विद्रोह हुआ। दूसरे विद्रोह का दमन अशोक ने किया था।
- बिन्दुसार **आजीवक** सम्प्रदाय का अनुयायी था।
- जैन ग्रंथों में बिन्दुसार को **सिंहसेन** कहा गया है।
- एथीनियस के अनुसार बिन्दुसार ने सीरिया के शासक एण्टियोकस प्रथम से मदिरा, सूखे अंजीर एवं एक दार्शनिक भेजने की प्रार्थना की थी लेकिन सीरियाई शासक ने दार्शनिक नहीं भेजा।

| बिन्दुसार के नाम | | |
|---|---|---|
| भद्रसार | – | वायुपुराण |
| अमित्तोकेट्स या अमित्रघात | – | यूनानी लेखक |
| सिंहसेन | – | जैन ग्रंथ |
| अलिड्रोकेड्स | – | स्ट्रेबो |
| बिन्दुपाल | – | चीनी विवरण |

### अशोक ( 269-232 ई.पू. )

- बिन्दुसार का उत्तराधिकारी **अशोक महान** हुआ जो 269 ई.पू. में मगध की राजगद्दी पर बैठा।
- **अशोक** की माता का नाम **शुभद्रांगी** था।
- राजगद्दी पर बैठने के समय **अशोक अवन्ती** का राज्यपाल था।
- अशोक ने **99 भाइयों** की हत्या करके सिंहासन प्राप्त किया **( सिंहली स्रोत )**।
- **कारुवाकी** और **तिष्यरक्षिता** अशोक की दो महारानियाँ थीं।
- अशोक की पत्नी **'महादेवी'** (शाक्यकुलीन विदिशा की राजकुमारी) से **महेन्द्र** और **संघमित्रा** नामक दो संतान हुई।
- अशोक ने बौद्ध धर्म के प्रचार के लिए अपने पुत्र **महेन्द्र** एवं पुत्री **संघमित्रा** को श्रीलंका भेजा।
- **चारुमती** और **संघमित्रा** अशोक की दो पुत्रियाँ थीं।
- अशोक ने अपने अभिषेक के आठवें वर्ष लगभग **261 ई.पू.** में **कलिंग** पर आक्रमण किया और कलिंग की राजधानी **तोसली** पर अधिकार प्राप्त कर लिया।

| अशोक के नाम | | अभिलेख |
|---|---|---|
| अशोक मौर्य | – | गिरनार अभिलेख |
| अशोक वर्द्धन | – | पुराण |
| पियदस्सी | – | भाब्रु शिलालेख |
| अशोक | – | मास्की, गुर्जरा, नेत्तूर, उद्गोलम अभिलेख |

- "प्लिनी" का कथन है कि मिस्र के राजा (टॉलमी-II) फिलाडेल्फस ने पाटलिपुत्र में डायोनिसियस नामक एक राजदूत भेजा था।

## अशोक के लेखों से सम्बन्धित तथ्य

- टोपरा और मेरठ के स्तम्भों को **फिरोजशाह तुगलक** ने दिल्ली मंगवाया।
- **कौशाम्बी स्तम्भ** को अकबर इलाहाबाद लाया था जिस पर अशोक ने **स्तम्भलेख उत्कीर्ण** करवाये थे।
- **वैराट** का अभिलेख **कनिघंम** कलकत्ता लाया गया।
- मौर्य साम्राज्य **137 वर्ष** तक रहा। इस वंश का अन्तिम शासक **वृहद्रथ** था।
- **उपगुप्त** नामक बौद्ध भिक्षु ने अशोक को **बौद्ध धर्म** की दीक्षा दी थी।
- प्रादेशिक, रज्जुक, युक्तक को प्रतिवर्ष धर्म प्रचार के लिए भेजा जाता था जो अनुसंधान कहलाता था।
- अशोक ने **भाब्रू शिलालेख** में स्वयं को **'पियदसिम राजा मगधे'** कहा है।
- **मास्की**, **गुर्जरा**, **नेतूर** एवं **उद्गोलम** अभिलेखों में उसका नाम अशोक मिलता है।
- अशोक ने **आजीवकों** के रहने हेतु **बराबर की पहाड़ियों** में चार गुफाओं का निर्माण करवाया, जिनका नाम **कर्ण**, **चोपड़**, **सुदामा** तथा **विश्व झोपड़ी** था।
- अशोक के पौत्र दशरथ ने आजीवकों को **नागार्जुन गुफा प्रदान** की थी।
- अशोक के शिलालेखों में **ब्राह्मी**, **खरोष्ठी**, **ग्रीक** एवं **अरमाइक** लिपि का प्रयोग हुआ है।
- अशोक का सबसे छोटा स्तम्भ-लेख **रुम्मिन्देई** है जिसकी खोज फीहरर ने की। इसी अभिलेख में लुम्बिनी में धम्म यात्रा के दौरान अशोक द्वारा भूराजस्व की दर घटाने की घोषणा की गई है।

**मौर्यकालीन शिलालेख**

| क्र.सं. | शिलालेख | खोज का वर्ष | लिपि |
|---|---|---|---|
| 1. | शाहबाजगढ़ी | 1836 | खरोष्ठी |
| 2. | मानसेहरा | 1889 | खरोष्ठी |
| 3. | गिरनार | 1822 | ब्राह्मी |
| 4. | धौली | 1837 | ब्राह्मी |
| 5. | कालसी | 1837 | ब्राह्मी |
| 6. | जोगढ़ | 1850 | ब्राह्मी |
| 7. | सोपारा | 1882 | ब्राह्मी |
| 8. | एर्रागुड़ी | 1916 | ब्राह्मी |

- अशोक का **शर-ए-कुना ( कंधार )** अभिलेख ग्रीक एवं आरमाइक भाषाओं में प्राप्त हुआ है।
- अशोक के शिलालेखों की खोज 1750 ई. में **टीफेन्थेलर** ने की थी। इनकी संख्या 14 है।
- **अशोक के अभिलेखों** को पढ़ने में सबसे पहली सफलता **1837 ई.** में **जेम्स प्रिंसेप** को मिली।

**अभिलेखों में वर्णित विषय**

| अभिलेख | वर्णित विषय |
|---|---|
| पहला शिलालेख | 1. पशुबलि की निन्दा<br>2. समाज में उत्सव का निषेध<br>3. सभी मनुष्य मेरी संतान हैं। |
| दूसरा शिलालेख | 1. लोक कल्याणकारी कार्य<br>2. चेर, चोल, पांड्य, सत्तियपुत्र का उल्लेख |
| तीसरा व चौथा शिलालेख | 1. धर्म संबंधी नियम<br>2. रज्जुकों की नियुक्ति<br>3. महामात्रों को प्रति 5वें वर्ष पर दौरे का आदेश |
| पांचवाँ शिलालेख | 1. धर्म महामात्रों की नियुक्ति के संकेत<br>2. समाज तथा वर्ण व्यवस्था का उल्लेख |
| छठा शिलालेख | आत्म संयम की शिक्षा। |
| सातवाँ-आठवाँ शिलालेख | अशोक की तीर्थयात्राओं का वर्णन |
| नौवाँ शिलालेख | सच्ची भेंट व शिष्टाचार की व्याख्या |
| दसवाँ शिलालेख | राजा तथा राज्य कर्मचारियों को सदा प्रजा के हित की चिन्ता करनी चाहिए। |
| ग्यारहवाँ शिलालेख | धम्म नीति की व्याख्या एवं विशेषता |
| बारहवाँ शिलालेख | 1. स्त्री महामात्रों की नियुक्ति<br>2. सभी के विचारों एवं सत्कारों के सम्मान की बात |
| तेरहवाँ शिलालेख | 1. कलिंग युद्ध का वर्णन<br>2. पाँच यूनानी शासकों के नाम-अन्तियोक, अत्तिकिनि, तुरमय, अलिकसुन्दर, मग<br>3. आटविक राज्यों का उल्लेख |
| चौदहवाँ शिलालेख | लोगों को धार्मिक जीवन व्यतीत करने की प्रेरणा। |

## अशोक के स्तम्भ लेख

**अशोक के स्तम्भ लेख**

| क्र.सं. | स्तम्भ लेख | स्थान |
|---|---|---|
| 1. | प्रयाग स्तम्भ लेख | इलाहाबाद |
| 2. | दिल्ली-टोपरा | दिल्ली |
| 3. | दिल्ली-मेरठ | दिल्ली |
| 4. | रामपुरवा | चम्पारण (बिहार) |
| 5. | लौरिया नन्दन गढ़ | चम्पारण (बिहार) |
| 6. | लौरिया अरेराज | चम्पारण (बिहार) |

## अशोक के स्तम्भ लेख

1. **मेरठ स्तंभ लेख** को मेरठ से प्राप्त कर फिरोजशाह तुगलक दिल्ली लेकर आया था।
2. **टोपरा स्तंभ लेख** टोपरा गांव (यमुना नगर हरियाणा) से प्राप्त हुए, जिन्हें फिरोजशाह तुगलक दिल्ली लेकर आया था।
3. **प्रयाग स्तंभ लेख** कौशाम्बी (इलाहाबाद, उत्तर प्रदेश) से प्राप्त हुए और अकबर द्वारा लाए गए।
4. **रामपुरवा स्तंभ लेख** से दो स्तंभ लेख प्राप्त एक स्तंभ लेखविहीन। लेखयुक्त स्तंभ पर सिंह की आकृति उत्कीर्ण है। वर्तमान में यह राष्ट्रपति भवन में स्थापित है। लेखविहिन स्तंभ पर वृषभ तथा बैल की आकृति उत्कीर्ण है।
5. **लौरिया नंदनगढ़ स्तंभ लेख** चरांख जिला (बिहार) से प्राप्त हुए हैं। इन पर मयूर चित्र अंकित हैं।
6. **रुम्मिनदेई स्तंभ लेख** सबसे छोटा स्तम्भ लेख है। शासनादेश का (रुम्मिनदेई गंपाल से प्राप्त) विषय आर्थिक है।

| धम्म प्रचार के लिए भेजे गए व्यक्ति | | | |
|---|---|---|---|
| 1- | महेन्द्र व संघमित्रा | | श्रीलंका |
| 2- | मज्झान्तिक | – | कश्मीर व गांधार |
| 3- | महारक्षित | – | यूनान |
| 4- | महाधर्म रक्षित | – | महाराष्ट्र |
| 5- | महादेव | – | मैसूर |

## मौर्य प्रशासन

- सम्राट की सहायता के लिए एक मन्त्रिपरिषद् होती थी जिसमें सदस्यों की संख्या **12, 16** या **20** हुआ करती थी।
- साम्राज्य में मन्त्रियों एवं पुरोहित की नियुक्ति के पूर्व इनके चरित्र को काफी **जाँचा-परखा** जाता था, जिसे उपधा परीक्षण कहा जाता था।
- अर्थशास्त्र में शीर्षस्थ अधिकारी के रूप में तीर्थ का उल्लेख मिलता है जिसे **महामात्र** भी कहा जाता था। इनकी **संख्या 18** होती थी।
- **अशोक** के समय मौर्य साम्राज्य में प्रांतों की **संख्या 5** थी। प्रांतों को चक्र कहा जाता था।
- प्रांतों के प्रशासक **कुमार** या **आर्यपुत्र** या **राष्ट्रिक** कहलाते थे।
- प्रांतों का विभाजन विषय में किया गया था, जो **विषयपति** के अधीन होते थे।
- **प्रशासन** की सबसे छोटी इकाई **ग्राम** थी, जिसका मुखिया **ग्रामिक** कहलाता था।
- प्रशासकों में सबसे छोटा **गोप** था, जो **दस ग्रामों** का शासन संभालता था।
- मेगास्थनीज के अनुसार नगर का प्रशासन **30 सदस्यों** का एक मंडल करता था जो **6 समितियों** में विभाजित था। प्रत्येक समिति में 5 सदस्य होते थे।
- प्लूटार्क/जस्टिन के अनुसार चन्द्रगुप्त ने नंदों की पैदल सेना से तीन गुनी अधिक संख्या में आदमियों को लेकर सम्पूर्ण उत्तर-भारत को रौंद डाला था।
- युद्ध-क्षेत्र में सेना का नेतृत्व करने वाला अधिकारी नायक कहलाता था।
- सैन्य विभाग का सबसे बड़ा अधिकारी सेनापति होता था।
- मेगास्थनीज के अनुसार मौर्य सेना का रख-रखाव पाँच सदस्यीय, छह समितियाँ करती थीं।
- केन्द्रीय अधिकारी तंत्र में सबसे ऊंचे **अधिकारी तीर्थ** कहलाते थे, जो निम्नलिखित हैं–

| तीर्थ | विभाग |
|---|---|
| पुरोहित | प्रधानमन्त्री तथा प्रमुख धर्माधिकारी |
| समाहर्ता | राजस्व विभाग का प्रधान अधिकारी |
| सन्निधाता | कोषाध्यक्ष |
| प्रदेष्टा | फौजदारी न्यायालय का न्यायाधीश |
| नायक | सेना का संचालक |
| कर्मान्तिक | उद्योग-धंधों का प्रधान निरीक्षक |
| व्यावहारिक | दीवानी न्यायालय का न्यायाधीश |
| दण्डपाल | सेना की सामग्रियों को जुटाने वाला प्रधान अधिकारी |
| आटविक | वन विभाग का प्रधान |
| अंतपाल | सीमावर्ती दुर्गों का रक्षक |
| दौवारिक | राजमहल की देखभाल करने वाला प्रधान |
| अंतर्वेदिक | सम्राट की अंगरक्षक सेना का प्रधान |
| नागरक | नगर का प्रमुख अधिकारी या नगर (पौर) कोतवाल |
| दुर्गपाल | राजकीय दुर्ग रक्षकों का अध्यक्ष |
| युवराज | राजा का उत्तराधिकारी |
| सेनापति | युद्ध विभाग का मन्त्री |
| मन्त्रिपरिषदाध्यक्ष | परिषद् का अध्यक्ष |

- एक स्थान से दूसरे स्थान पर भ्रमण करके कार्य करने वाले गुप्तचर को संचार कहा जाता था।
- मौर्य काल में दो प्रकार के न्यायालय थे–**1. धर्मस्थीय** एवं **2. कण्टकशोधन**।
- **धर्मस्थीय**–न्यायालय का **न्यायाधीश–व्यावहारिक**, कण्टकशोधन का **प्रदेष्ट्रि** एवं जनपदीय न्यायालय का **न्यायाधीश राजुक** कहलाता था।
- राज्य के सप्तांग सिद्धांत की व्याख्या सर्वप्रथम कौटिल्य (चाणक्य) ने की थी जिसके अंतर्गत **राजा**, **अमात्य**, **जनपद**, **दुर्ग**, **कोष**, **दण्ड** एवं **मित्र** सम्मिलित थे।

## प्रांतीय शासन/प्रशासन

मौर्य साम्राज्य पांच बड़े प्रांतों में विभाजित था।

| | प्रांत | | राजधानी |
|---|---|---|---|
| 1. | उत्तरापथ | – | तक्षशिला |
| 2. | अवन्ति | – | उज्जयिनी |
| 3. | दक्षिणापथ | – | सुवर्णगिरी (कर्नाटक) |
| 4. | कलिंग | – | तोसली |
| 5. | प्राची | – | पाटलिपुत्र |

## मुद्रा

- मौर्य साम्राज्य की राजकीय मुद्रा पण थी।
  सोने के सिक्के: सुवर्ण एवं पाद
  चांदी के सिक्के: कार्षापण, पण एवं धरण
  तांबे का सिक्का: मासक, काकणी, अर्द्धकाकणी

## मौर्यकालीन आर्थिक एवं सामाजिक व्यवस्था

- राज्य की आय का मुख्य स्रोत भूमिकर था, जो उपज का 1/6 भाग होता था।
- सरकारी भूमि को **सीता भूमि** कहा जाता था।
- बिना वर्षा के अच्छी खेती होने वाली भूमि को **अदेवमातृक** कहा जाता था।
- प्रांतों से कर एकत्रित करने की जिम्मेदारी **स्थानिक** तथा **गोप** नामक अधिकारी की होती थी।
- मौर्यकाल में बलि एक प्रकार का धार्मिक कर था एवं नकद रूप में लिए जाने वाले कर को हिरण्य कहा जाता था।
- मेगास्थनीज ने भारतीय समाज को सात वर्गों में विभाजित किया है–**1.** दार्शनिक, **2.** किसान, **3.** अहीर, **4.** कारीगर, **5.** सैनिक, **6.** निरीक्षक एवं **7.** सभासद।
- अर्थशास्त्र में **शूद्रों** को **आर्य** कहा गया है।
- मौर्यकाल में **सामूहिक समारोह** को **'प्रवहण'** कहा जाता था।
- **मुद्राराक्षस** (ऐतिहासिक नाटक) में चन्द्रगुप्त के राजप्रासाद को **सुभांग** कहा गया है।
- **स्वतन्त्र** वेश्यावृत्ति अपनाने वाली महिला **रूपाजीवा** कहलाती थी।

# प्रश्नमाला

1. किस शासक का उपनाम 'अमित्रघात' था ?
(a) अजातशत्रु (b) चन्द्रगुप्त मौर्य
(c) बिन्दुसार (d) धनानन्द

2. अशोक के शासनकाल में न्यायिक अधिकारी होते थे—
(a) राजुक
(b) महामात्र
(c) प्रादेशिक
(d) इनमें से कोई नहीं

3. मौर्य वंश का अन्तिम शासक था—
(a) सम्प्रति (b) कुणाल
(c) बृहद्रथ (d) शतधन्वा

4. सूची-I को सूची-II से सुमेलित कीजिए तथा नीचे दिये गए कूटों की सहायता से सही उत्तर का चयन कीजिए—

| सूची-I ( प्रान्त ) | सूची-II ( राजधानी ) |
|---|---|
| **(A) उत्तरापथ** | **(1) तोसली** |
| **(B) अवन्ति** | **(2) सुवर्णगिरि** |
| **(C) दक्षिणापथ** | **(3) तक्षशिला** |
| **(D) कलिंग** | **(4) उज्जैन** |

**कूट :**

| | (A) | (B) | (C) | (D) |
|---|---|---|---|---|
| (a) | 1 | 2 | 3 | 4 |
| (b) | 3 | 2 | 1 | 4 |
| (c) | 3 | 4 | 2 | 1 |
| (d) | 2 | 1 | 3 | 4 |

5. मेगस्थनीज की इण्डिका के अनुसार भारतीय समाज में वर्ग थे—
(a) सात (b) छः
(c) पाँच (d) नौ

6. मौर्यकाल में 'सीताध्यक्ष' होता था—
(a) व्यापार देखने वाला प्रमुख
(b) धार्मिक गतिविधियों का प्रमुख
(c) खजाने का प्रमुख
(d) राजकीय जमीन को देखने वाला

7. "सभी मनुष्य मेरे पुत्र हैं"— यह कथन अशोक के कौन-से वृहद् अभिलेख में वर्णित है ?
(a) तृतीय वृहद् शिलालेख
(b) द्वितीय शिलालेख
(c) षष्ठ शिलालेख
(d) सप्तम शिलालेख

8. किस ग्रन्थ में चन्द्रगुप्त मौर्य के लिए 'वृषल' शब्द का प्रयोग किया गया है ?
(a) ब्राह्मण साहित्य
(b) जैन साहित्य
(c) मुद्राराक्षस
(d) भद्रबाहु

9. निम्नलिखित में से कौन-सी लिपियाँ अशोक के अभिलेखों में प्रयुक्त की गयी हैं ?
(a) ब्राह्मी, खरोष्ठी, आरमाइक और ग्रीक
(b) खरोष्ठी, ग्रीक, शारदा और ब्राह्मी
(c) देवनागरी, आरमाइक, ब्राह्मी और खरोष्ठी
(d) ब्राह्मी, खरोष्ठी, ग्रीक और देवनागरी

10. अशोक के शासनकाल में आयोजित बौद्ध संगीति का अध्यक्ष कौन था ?
(a) अश्वघोष
(b) ब्रह्मगुप्त
(c) महेन्द्र
(d) मोगलिपुत्त तिस्स

11. अशोक ने कलिंग राज्य पर कब आक्रमण किया ?
(a) 260 ई. पू. (b) 261 ई. पू.
(c) 273 ई. पू. (d) 280 ई. पू.

12. 'इण्डिका' नामक यूनानी ग्रन्थ का लेखक था-
(a) हेलियोडोरस (c) मेगस्थनीज
(b) डोयोनिसियस (d) सेल्यूकस

13. अशोक के किस शिलालेख में उसकी कलिंग विजय का उल्लेख मिलता है—
(a) नौवें (b) ग्यारहवें
(c) तेरहवें (d) बारहवें

14. मौर्यकाल में राजकीय मुद्रा को क्या कहा जाता था ?
(a) निष्क (b) पण
(c) कार्षापण (d) शतमान

15. अशोक का समकालीन सीरिया और पश्चिम एशिया का शासक कौन था ?
(a) अलेक्जैण्डर
(b) अंटियोकस द्वितीय
(c) मगस
(d) टालमी द्वितीय फिलोडेल्फस

16. अशोक द्वारा बराबर गुफा का निर्माण कराया गया था-
(a) ब्राह्मणों के लिए
(b) बौद्धों के लिए
(c) जैनों के लिए
(d) आजीविकों के लिए

17. चन्द्रगुप्त मौर्य की एक पत्नी सेल्यूकस निकेटर की पुत्री थी, उसका नाम क्या था ?
(a) कुमार देवी (b) दत्त देवी
(c) करुवाकी (d) हेलन

18. अशोक के किस स्थान के अभिलेख को रानी का अभिलेख कहा जाता है ?
(a) धौली (b) कौशाम्बी
(c) मास्की (d) गुर्जरा

19. अशोक के अभिलेखों की भाषा क्या है ?
(a) ब्राह्मी (b) खरोष्ठी
(c) पाली (d) प्राकृत

20. अशोक ने कलिंग पर आक्रमण किया—
(a) शासन के आठवें वर्ष में
(b) शासन के दसवें वर्ष में
(c) शासन के तेरहवें वर्ष में
(d) शासन के पन्द्रहवें वर्ष में

21. निम्न में से कौन-सा कथन असत्य है ?
(a) मौर्य साम्राज्य के रूप में पहली बार भारत में एक अखिल भारतीय साम्राज्य का निर्माण हुआ
(b) विदेशी यात्री फाह्यान चन्द्रगुप्त मौर्य के दरबार में आया था
(c) मगध अपने समकालीन राज्यों में सर्वाधिक शक्तिशाली था
(d) मौर्य काल में राजनीतिक प्रणाली में अपेक्षाकृत एकरूपता थी

22. मेगास्थनीज के सन्दर्भ में निम्न कथनों पर विचार कीजिए—
**A. मेगास्थनीज चन्द्रगुप्त मौर्य के दरबार में सेल्यूकस का राजदूत बनकर आया था।**
**B. मेगास्थनीज ने चन्द्रगुप्त को सैण्ड्रोकोट्स कहा था।**
उपरोक्त कथनों में से कौन-सा/से कथन सत्य है/हैं ?
(a) केवल A
(b) केवल B
(c) A और B दोनों
(d) न तो A और न ही B

23. अशोक का हृदय परिवर्तन किस युद्ध के पश्चात् हुआ था ?
(a) कलिंग का युद्ध
(b) तक्षशिला का युद्ध
(c) उज्जैन का युद्ध
(d) अवन्ति का युद्ध

24. मौर्य शासक अशोक द्वारा लड़ी गई लड़ाई का स्थल कलिंग वर्तमान में कहाँ है ?
(a) केरल
(b) आन्ध्र प्रदेश
(c) कर्नाटक
(d) ओडिशा

**25. अर्थशास्त्र के अनुसार मौर्यकाल में उत्तर-पश्चिम .......... के लिए प्रसिद्ध था।**

(a) कपास
(b) सोना एवं बहुमूल्य पत्थर
(c) चाँदी एवं ताँबा
(d) कम्बल

**26. निम्नलिखित में से मौर्य साम्राज्य में उत्तराधिकार का कौन-सा क्रम सही है ?**

(a) चन्द्रगुप्त मौर्य, अशोक, बिन्दुसार, दशरथ मौर्य
(b) चन्द्रगुप्त मौर्य, दशरथ मौर्य, बिन्दुसार, अशोक
(c) चन्द्रगुप्त मौर्य, बिन्दुसार, दशरथ मौर्य, अशोक
(d) चन्द्रगुप्त मौर्य, बिन्दुसार, अशोक, दशरथ मौर्य

**27. सांची का स्तूप किस शासक ने बनवाया था?**

(a) बिम्बिसार
(b) अशोक
(c) हर्षवर्धन
(d) पुष्यमित्र

**28. मौर्यों के बाद दक्षिण भारत में सबसे प्रभावशाली राज्य था–**

(a) सातवाहन (b) पल्लव
(c) चोल (d) चालुक्य

**29. अर्थशास्त्र के संबंध में निम्नलिखित कथनों में से कौन सही नहीं है?**

(a) यह राजा के कर्तव्यों को निर्दिष्ट करता है।
(b) यह देश के उस समय के आर्थिक जीवन का वर्णन करता है।
(c) यह राजनीति के सिद्धांत स्थापित करता है।
(d) यह वित्तीय सुधारों की आवश्यकता पर बल देता है।

**30. निम्नांकित में से किसकी तुलना मैकियावेली के 'प्रिंस' से की जा सकती है?**

(a) कालिदास का 'मालविकाग्निमित्रम्'
(b) कौटिल्य का 'अर्थशास्त्र'
(c) वात्स्यायन का 'कामसूत्र'
(d) तिरुवल्लुवर का 'तिरुक्कुरल'

**31. अभिलेख जिससे यह प्रमाणित होता है, कि चन्द्रगुप्त का प्रभाव पश्चिम भारत पर था, है–**

(a) कलिंग अभिलेख
(b) अशोक का गिरनार अभिलेख
(c) रुद्रदामन का जूनागढ़ अभिलेख
(d) अशोक का सोपारा शिलालेख

**32. निम्नांकित कथन पर विचार कीजिए–**

**कथन (A) : लगभग दो वर्ष के अभियान के पश्चात् सिकंदर महान् ने 325 ई.पू. में भारत छोड़ दिया।**

**कारण (R) : वह चन्द्रगुप्त मौर्य से पराजित हुआ था।**

**नीचे दिए कूट से सही उत्तर चुनिए–**

**कूट :**

(a) A और R दोनों सही हैं तथा R, A की सही व्याख्या करता है।
(b) A तथा R दोनों सही हैं, परन्तु R, A की सही व्याख्या नहीं करता है।
(c) A सही है, परन्तु R गलत है।
(d) A गलत है, परन्तु R सही है।

**33. निम्नलिखित में से किस स्रोत में अशोक के राज्यकाल में तृतीय बौद्ध संगीति होने का उल्लेख मिलता है?**

**1. अशोक के अभिलेख**
**2. दीपवंश**
**3. महावंश**
**4. दिव्यावदान**

**नीचे दिए गए कूट से सही उत्तर का चयन कीजिए–**

(a) 1 एवं 2 (b) 2 एवं 3
(c) 3 एवं 4 (d) 1 एवं 4

## उत्तरमाला

| | | | | | | | | | |
|---|---|---|---|---|---|---|---|---|---|
| **1.** (c) | **2.** (a) | **3.** (c) | **4.** (c) | **5.** (a) | **6.** (d) | **7.** (c) | **8.** (c) | **9.** (a) | **10.** (d) |
| **11.** (b) | **12.** (c) | **13.** (c) | **14.** (b) | **15.** (b) | **16.** (d) | **17.** (d) | **18.** (b) | **19.** (d) | **20.** (a) |
| **21.** (b) | **22.** (c) | **23.** (a) | **24.** (d) | **25.** (d) | **26.** (d) | **27.** (b) | **28.** (a) | **29.** (b) | **30.** (b) |
| **31.** (c) | **32.** (c) | **33.** (b) | | | | | | | |

❑❑❑

# 9 दूरस्थ भूमि से संपर्क

## मौर्योत्तर काल

### शुंग वंश

- मौर्य सेनापति पुष्यमित्र शुंग ने **185 ई.पू.** में अन्तिम मौर्य शासक वृहद्रथ की हत्या कर शुंग वंश की नींव रखी।
- शुंग काल को **वैदिक प्रतिक्रिया** (पुनर्जागरण) का काल कहा जाता है।
- शुंग शासकों ने अपनी राजधानी विदिशा में स्थापित की थी।
- **भरहुत स्तूप** का निर्माण **पुष्यमित्र शुंग** ने करवाया था।
- गार्गी संहिता के अनुसार पुष्यमित्र शुंग ने यवन शासक डेमेट्रियस के साथ प्रथम युद्ध किया था।
- **अयोध्या अभिलेख** के अनुसार **पुष्यमित्र शुंग** ने अपने शासन के अन्तिम दिनों में पतंजलि के नेतृत्व में दो **अश्वमेध यज्ञ** करवाये थे।
- **महाभाष्य** के रचयिता **पतंजलि** पुष्यमित्र के पुरोहित थे।
- पुष्यमित्र की मृत्यु के बाद इस वंश का अगला शासक **अग्निमित्र** बना, जो पहले **विदिशा का उपराजा** था।
- शुंग वंश के 9वें शासक भागवत (भागभद्र) के शासनकाल में यवन राजदूत हेलियोडोरस ने भागवत धर्म ग्रहण कर विदिशा (बेसनगर) में गरुड़-स्तम्भ की स्थापना की।

### कण्व वंश

- **112 वर्ष शासन** करने के बाद **शुंगवंश** के अन्तिम शासक देवभूति की हत्या (73 ई.पू.) उसके सेनापति **वासुदेव** द्वारा की गई तत्पश्चात उसने **कण्व वंश** की नींव डाली।
- पुराणों के अनुसार कण्वों ने **45 वर्षों** तक शासन किया।
- इस वंश में केवल 4 राजा हुए: **1.** वासुदेव **2.** भूमिमित्र **3.** नारायण **4.** सुशर्मा।

### सातवाहन/आंध्र वंश

- सातवाहन वंश के संस्थापक **सिमुक (सिन्धुव, शिपक)** ने अन्तिम कण्व नरेश सुशर्मा की हत्या कर सातवाहन साम्राज्य की स्थापना की।
- शुंग, कण्व तथा सातवाहन तीनों ही ब्राह्मण समुदाय से थे।
- सातवाहन (आन्ध्र वंश) शासकों ने अपनी राजधानी प्रतिष्ठान में स्थापित की थी। (प्रतिष्ठान महाराष्ट्र के औरंगाबाद जिले में स्थित है।)

#### कृष्ण

- यह सिमुक का भाई था। इसने सातवाहन साम्राज्य को नासिक तक बढ़ाया तथा नासिक की गुफाओं का निर्माण किया।

#### शातकर्णी प्रथम

- इसने अनूप प्रदेश (नर्मदा घाटी) तथा विदर्भ (बरार) पर आधिपत्य स्थापित किया।
- इसने अपनी राजधानी अमरावती (गुण्टूर, आंध्र प्रदेश) को बनाया।
- इसने सर्वप्रथम दक्षिणाधिपति की उपाधि धारण की एवं दक्षिण में अपना राज्य बढ़ाया।
- नानाघाट का नायनिका अभिलेख के अनुसार इसने के अनुसार इसने दो अश्वमेध यज्ञ किये थे।

#### हाल

- हाल के सेनापति विजयानन्द ने श्रीलंका पर विजय प्राप्त की थी।

#### गौतमीपुत्र शातकर्णी

- यह सातवाहन वंश का महानतम शासक था।
- इसके शासन एवं उपलब्धियों के बारे में जानकारी नासिक अभिलेख से प्राप्त होती है।
- नासिक अभिलेख में इसे 'एकमात्र ब्राह्मण' या 'अद्वितीय ब्राह्मण' कहा गया है।
- इसने खतियदपमादलस की उपाधि धारण की थी।
- नासिक अभिलेख में इसे 'मुद्रतोयपित वाहन' कहा गया है।

#### वशिष्ठीपुत्र पुलुमावी

- यह गौतमीपुत्र शातकर्णी का पुत्र एवं उत्तराधिकारी था।
- शक शासक रुद्रदामन ने पुलुमावी को 2 बार हराया था परंतु संबंधी होने के कारण बर्बाद नही किया।
- पुलुमावी ने दक्षिणीपथेश्वर की उपाधि धारण की थी।
- पुलुमावी के समय समुद्र व्यापार एवं नौ-सैनिक शक्ति में पर्याप्त विकास हुआ।

#### यज्ञश्री शातकर्णी

- यह सातवाहन वंश का अंतिम महत्वपूर्ण शासक था।
- इसके सिक्के पर नाव के चित्र अंकित हैं।

#### अन्य तथ्य

- सातवाहन शासक शातकर्णी प्रथम ने **दो अश्वमेध** तथा एक **राजसूय यज्ञ किए** एवं इसने **दक्षिणाधिपति** तथा **अप्रतिहतचक्र** की उपाधि धारण की। वशिष्ठी पुत्र पुलुमावी के शासनकाल में सिक्के पर **दो पतवार** वाले जहाज का चित्रण मिलता है।
- सातवाहन शासकों के समय के प्रसिद्ध साहित्यकार **हाल** एवं **गुणाढ्य** थे।
- हाल ने **गाथा सप्तशती** तथा गुणाढ्य ने **वृहत्कथा** नामक पुस्तकों की रचना की थी।
- सातवाहन शासकों ने **चाँदी**, **ताँबे**, **सीसे**, **पोटीन** और **काँसे** की मुद्राओं का प्रचलन किया।

- ब्राह्मणों को भूमि-अनुदान देने की प्रथा का आरंभ सर्वप्रथम **सातवाहन शासकों** ने ही किया।
- सातवाहनों की **भाषा प्राकृत एवं लिपि ब्राह्मी** थी।
- सातवाहनों का समाज **मातृसत्तात्मक** प्रतीत होता है।

## कलिंग का चेदि वंश

- इस वंश की स्थापना महामेघवाहन ने की थी।

### खारवेल

- यह चेदि वंश का सबसे महान शासक था।
- इसके शासन एवं उपलब्धियों के बारे में जानकारी हाथीगुम्फा अभिलेख (उदयगिरी) से प्राप्त होती है।
- खारवेल ने भुवनेश्वर मंदिर का निर्माण करवाया।
- हाथीगुम्फा अभिलेख के अनुसार खारवेल ने चोल, चेर एवं पाण्ड्य शासकों को पराजित किया था।

## भारत में इण्डो-ग्रीक राज्य

- भारत पर मौर्योत्तर काल का प्रथम यूनानी आक्रमणकारी **( 183 ई.पू. ) डेमेट्रियस प्रथम** था जिसके सेनापति अपोलोड्स तथा मिनान्डर थे।
- डेमेट्रियस ने राजधानी **सियालकोट ( साकल )** में बनाई तथा भारतीय उपाधि–**धर्महित**, **अजय**, **इण्डोरम** धारण की।
- इलाहाबाद के रेह नामक स्थान से **मिनाण्डर के अभिलेख** मिले हैं।
- मिनाण्डर को **'एशिया का संरक्षक'** कहा गया है।
- युक्रेटाइड्स ने **तक्षशिला** में **राजधानी** बनाया।
- एण्टियाल किडास के शासनकाल में **हेलियोडोरस** ने **विदिशा** में **गरुड़ स्तम्भ** की स्थापना की थी।
- भारतीय संस्कृत नाटकों में प्रयुक्त शब्द यवनिका (पर्दा) यूनानी भाषा से लिया गया है।
- सर्वप्रथम लेख उत्कीर्ण **सिक्का** एवं **स्वर्ण सिक्का** चलाने का श्रेय यूनानियों को जाता है।
- **मिनाण्डर** एवं **नागसेन** के बीच वार्तालाप का उल्लेख **'मिलिंदपन्हो' नामक ग्रंथ** में वर्णित है।

## शक 'सिथियन'

- **'पर्सिपोलिस'** तथा **'नक्शीरुस्तम'** अभिलेखों से शकों की जानकारी मिलती है।
- **शक मूलतः** मध्य एशिया के निवासी थे और चरागाह की खोज में भारत आए।
- शकों की कुल पाँच शाखाएँ थीं–पहली शाखा ने अफगानिस्तान, दूसरी शाखा पंजाब (राजधानी–तक्षशिला), तीसरी शाखा ने मथुरा, चौथी शाखा ने पश्चिमी भारत एवं पाँचवीं शाखा ने ऊपरी दक्कन पर प्रभुत्व स्थापित किया।
- शकों का सबसे प्रतापी शासक रुद्रदामन प्रथम था, जिसका शासन **( 130–150 ई. )** गुजरात के बड़े भाग पर था। इसने काठियावाड़ की अर्धशुष्क **सुदर्शन झील** (मौर्यों द्वारा निर्मित) का जीर्णोद्धार किया।
- **रुद्रदामन** ने सबसे पहले विशुद्ध संस्कृत भाषा में **गिरनार अभिलेख** जारी किए।
- शकों पर विजय के उपलक्ष्य में 58 ई.पू. में उज्जैन के स्थानीय शासक द्वारा एक नया संवत् विक्रम संवत् चलाया गया। उसी समय से **'विक्रमादित्य'** एक लोकप्रिय उपाधि बन गयी, जिसकी संख्या भारतीय इतिहास में 14 तक पहुँच गई। गुप्त सम्राट **चन्द्रगुप्त द्वितीय** सबसे विख्यात विक्रमादित्य था।

## पार्थियन/'पहलव'

- पार्थियन मुख्यतः **सीस्तान** तथा **आरकोसिया** के निवासी थे।
- पहलव वंश का वास्तविक संस्थापक **मिथ्रेडेट्स प्रथम** था।
- भारत में **पहला पार्थियन** शासक **माउस** था।
- सबसे शक्तिशाली पहलव शासक **गोण्डोफर्नीस ( 20–41 ई. )** था जिसका उल्लेख तख्तेबही अभिलेख में किया गया है।
- प्रथम ईसाई धर्म प्रचारक सेण्ट थॉमस उसी समय भारत आया था।

# कुषाण वंश

## दूरस्थ भूमि से सम्पर्क में व्यापारियों की भूमिका

- दूरस्थ भूमि से सम्पर्क में व्यापारियों की भूमिका प्रमुख थी। व्यापारी कई प्रकार के सामान एक स्थान से ले जाकर दूसरे स्थान पर बेचते थे। उदाहरणस्वरूप, दक्षिण भारत सोना, मसाले, विशेषतौर पर काली मिर्च तथा कीमती पत्थरों के लिए प्रसिद्ध था।
- काली मिर्च की रोमन साम्राज्य में इतनी माँग थी कि इसे 'काले सोने' के नाम से जानते थे। व्यापारी इन सामानों को समुद्री जहाजों और सड़कों के रास्ते रोम पहुँचाते थे। दक्षिण भारत में ऐसे अनेक रोमन सोने के सिक्के मिले हैं। व्यापारियों ने कई समुद्री रास्ते खोज निकाले।

## समुद्र तटों से लगे राज्यों का दूरस्थ भूमि से सम्पर्क

- भारतीय उपमहाद्वीप के दक्षिणी भाग के तटीय क्षेत्र में बहुत-से पहाड़, पठार और नदी के मैदान हैं। नदियों के मैदानी क्षेत्रों में कावेरी का मैदान सबसे उपजाऊ है।
- संगम कविताओं में मुवेन्दार की चर्चा मिलती है। यह एक म शब्द है, जिसका अर्थ तीन मुखिया है। इसका प्रयोग तीन शासक परिवारों के मुखियाओं के लिए किया गया है। ये थे चोल, मेर तथा पाण्ड्य, जो 2300 वर्ष पहले दक्षिण भारत में काफी शक्तिशाली माने जाते थे।
- इन तीनों मुखियाओं के अपने दो दो सत्ता केन्द्र थे। इनमें से तटीय हिस्से में और दूसरा अन्दरूनी हिस्से में था। इस तरह क केन्द्रों में से दो बहुत महत्त्वपूर्ण थे। एक चोलों का पतन पुलारा कावेरीपत्तनम, दूसरा गायों की राजधानी मदुरै।
- संगम काल में दक्षिण भारत और रोम के मध्य व्यापार काफी विकसित अवस्था में था। भारत में अरिकामेड से रोमन बर्तन, एम्फोरा (लम्बा एवं दोनों हत्थे लगा जार), मनके मिले हैं।
- मुवेन्दार के लगभग 200 वर्षों के बाद पश्चिम भारत में सातवाहन नामक राजवंश का प्रभाव बढ़ गया। सातवाहनों का सबसे राजा गौतमी पुत्र श्री सातकर्णी था।
- उसके बारे में हमें उसकी माँ, गौतमी बलश्री के एक अभिलेख मे पता चलता है। वह और अन्य सभी सातवाहन शासक दणाण (दक्षिण की ओर जाने वाला रास्ता) के स्वामी कहे जाते

# रेशम मार्ग

- रेशम बनाने की तकनीक का आविष्कार सबसे पहले चीन में 7000 वर्ष पहले हुआ। इस तकनीक को उन्होंने हजारों साल तक बाकी दुनिया से छुपाए रखा। पर चीन से कुछ लोग पैदल, पोड़ी या ऊँटो पर दूर-दूर की जगहों पर जाते थे और अपने साथ रेशमी कपड़े भी ले जाते थे।
- जिस रास्ते से ये लोग यात्रा करते थे वह रेशम मार्ग (Tho Silk Route) के नाम से प्रसिद्ध हो गया। कभी-कभी चीन के शासक ईरान और पश्चिमी एशिया के शासकों को उपहार के रूप में रेशमी कपड़े भेजते थे।

- यहाँ से रेशम के बारे में जानकारी और भी पश्चिम की ओर फैल गई। लगभग 2000 वर्ष पहले रोम के शासकों और धनी लोगों के बीच रेशमी कपड़े पहनना एक फैशन बन गया। इस प्रकार पहले रेशम व्यापार मार्ग पर रोमन शासकों का नियन्त्रण था।
- इसकी कीमत बहुत ही ज्यादा होती थी, क्योंकि चीन से इसे लाने में दुर्गम पहाड़ी और रेगिस्तानी रास्तों से होकर जाना पड़ता था। यही नहीं, रास्ते के आस-पास रहने वाले लोग व्यापारियों से यात्रा शुल्क भी मांगते थे।

## कनिष्क

- रेशम मार्ग पर नियन्त्रण रखने वाले शासकों में सबसे प्रसिद्ध कुषाण थे। 2000 वर्ष पहले मध्य एशिया तथा पश्चिमोत्तर भारत पर इनका शासन था।
- पेशावर और मथुरा कुषाणों के दो मुख्य शक्तिशाली केन्द्र थे। तक्षशिला भी इनके ही राज्य का हिस्सा था।
- कुषाण वंश के शासनकाल में ही रेशम मार्ग की एक शाखा मध्य एशिया से होकर सिन्धु नदी के मुहाने के पत्तनों तक जाती थी, फिर यहाँ से जहाजों द्वारा रेशम, पश्चिम की और रोमन साम्राज्य तक पहुंचता था।
- भारतीय उपमहाद्वीप में सबसे पहले सोने के सिक्के जारी करने वाले शासकों में थे। रेशम मार्ग पर यात्रा करने वाले व्यापारी इनका उपयोग किया करते थे। कुषाण कुषाणों का सबसे प्रसिद्ध राजा कनिष्क था। वह 78 ई. में कुषाण साम्राज्य का शासक बना।
- कनिष्क ने एक बौद्ध परिषद् का गठन किया, जिसमें एकत्र होकर विद्वान् महत्त्वपूर्ण विषयों पर विचार-विमर्श करते थे। बुद्ध की जीवनी, बुद्ध चरित के रचनाकार कवि अश्वघोष, कनिष्क के दरबार में रहते थे। अश्वघोष तथा अन्य बौद्ध विद्वानों ने अब संस्कृत में लिखना आरम्भ कर दिया था।
- कनिष्क के समय बौद्ध धर्म की एक नई धारा महायान का विकास हुआ था। इसकी दो मुख्य विशेषताएँ थीं। पहले, मूर्तियों में बुद्ध की उपस्थिति सिर्फ कुछ संकेतों के माध्यम से दर्शाई जाती थी। उदाहरणस्वरूप, बुद्ध की निर्वाण प्राप्ति को पीपल के पेड़ की मूर्ति द्वारा दर्शाया जाता था।
- बौद्ध धर्म में दूसरा परिवर्तन बोधिसत्व में आस्था को लेकर आया था। बोधिसत्व उन्हें कहते हैं, जो ज्ञान प्राप्ति के बाद एकान्तवास करते हुए ध्यान साधना कर सकते थे, लेकिन ऐसा करने के बजाय, वे लोगों को शिक्षा देने और सहायता करने के लिए सांसारिक परिवेश में ही रहना ठीक समझने लगे। बौद्ध धर्म का प्रसार पश्चिमी और दक्षिणी भारत में हुआ, जहाँ बौद्ध भिक्षुओं के रहने के लिए पहाड़ों में दर्जनों गुफाएँ खोदी गईं। यात्रा करने वाले व्यापारी इन गुफाओं वाले मठों में विश्राम के लिए रुकते थे। बौद्ध धर्म दक्षिण-पूर्व की ओर श्रीलंका, म्यांमार, थाइलैण्ड तथा इण्डोनेशिया सहित दक्षिण-पूर्व एशिया के अन्य भागों में भी फैला। थेरवाद नामक बौद्ध धर्म का आरम्भिक रूप इन क्षेत्रों में कहीं अधिक प्रचलित था।

## संगम काल

- 'संगम' का शाब्दिक अर्थ होता है- 'साहित्यकारों की सभा या मण्डली'। भारत में तीन संगम - प्रथम मदुराई, दूसरा कपाटपुरम और तीसरा पुनः मदुराई में हुए। इन तीनों संगमों में अनेक देवी-देवताओं और महात्माओं ने भाग लिया। साथ ही अनेक महत्त्वपूर्ण ग्रन्थों की रचना हुई। ये ग्रन्थ दक्षिण भारत का इतिहास एवं तमिल संस्कृति की जानकारी के लिए एकमात्र स्रोत हैं। **अरिकामेडु व्यापारिक** केन्द्र के रूप में प्रसिद्ध था। अरिकामेडु (220 से 1900 साल पहले) पाण्डिचेरी में एक पतन (बन्दरगाह) था। यहाँ ईंटों से बना एक ढाँचा मिला है, जो सम्भवत: गोदाम रहा हो तथा भूमध्यसागरीय क्षेत्र से एम्फोरा जैसे पात्र मिले हैं जिनमें शराब व तेल इत्यादि भरे जा सकते थे। इन पात्रों में दोनों तरफ पकड़ने के लिए हत्थे भी लगे होते थे।

## विदेशी तीर्थयात्री

- व्यापारी काफिलों में तथा जहाजों पर दूर-दूर जाया करते थे। बहुत-से तीर्थयात्री भी उनके साथ यात्रा पर निकल पड़ते थे।
- तीर्थयात्री वे स्त्री-पुरुष होते हैं, जो प्रार्थना के लिए पवित्र स्थानों की यात्रा किया करते हैं।
- भारत की यात्रा पर आए चीनी बौद्ध तीर्थयात्री फा-शिएन (फाह्यान) काफी प्रसिद्ध है। वह लगभग 1600 वर्ष पहले आया।
- श्वैन त्सांग (ह्वेनसांग) 1400 वर्ष पहले भारत आया और उसके लगभग 50 वर्ष बाद इत्सिंग आया।
- वे सब बुद्ध के जीवन से जुड़ी जगहों और प्रसिद्ध मठों को देखने के लिए भारत आए थे। इनमें से प्रत्येक तीर्थयात्री ने अपनी यात्रा का वर्णन लिखा। इन्होंने अपनी यात्रा के दौरान आई मुश्किलों के बारे में भी लिखा है।
- ह्वेनसांग तथा अन्य तीर्थयात्रियों ने नालन्दा में बहुत समय अध्ययन तथा अध्यापन में व्यतीत किया था। यह बौद्ध अध्ययन का महत्त्वपूर्ण केन्द्र था। उनके अनुसार, इस विश्वविद्यालय के नियम अधिक कठोर एवं अनुशासित थे। विद्वान् एकजुट होकर वाद-विवाद करते थे। इसमें उच्च कोटि के विद्वान् हिस्सा लेते थे, जो समस्याओं का समाधान करते थे।

## भारत में मुक्ति पन्थ की शुरुआत

- मौर्योत्तर काल के बाद कुछ देवताओं की महत्ता बढ़ गई थी। यह हिन्दू धर्म का मुख्य लक्षण बन गया था। इन देवताओं में शिव, विष्णु तथा देवियों (दुर्गा) का महत्त्वपूर्ण स्थान था।
- भक्ति का तात्पर्य किसी व्यक्ति द्वारा किसी विशेष देवता के प्रति समर्पण है। कोई भी व्यक्ति भक्ति पन्थ का अनुसरण कर सकता है।
- भक्ति भगवद्गीता से लिया गया शब्द है, जिसका अर्थ है- भगवान के प्रति समर्पण भाव। धीरे-धीरे भक्ति का विस्तार भारत के दूसरे भाग में होता गया।
- कुषाण मूलत: चीन की यू-ची जाति की एक शाखा थी जिसका प्रभाव मध्य एशिया, ईरान, अफगानिस्तान तथा पाकिस्तान तक था।
- कुजुल कडफाइसिस **प्रथम (30–80 ई.)** कुषाण वंश का प्रथम शासक था जिसके सिक्कों पर **'युवांग' महाराज**, **राजाधिराज** आदि उपाधियाँ अंकित होती थी।
- भारत में कुषाण साम्राज्य का वास्तविक संस्थापक **विम कडफाइसिस** था। यह शैव मत का अनुयायी था, इसके सिक्कों पर-**शिव**, **नन्दी** तथा **त्रिशूल** की आकृतियाँ मिलती हैं।
- कुषाण शासकों में सर्वप्रथम सोने के सिक्के **विम कडफाइसिस** द्वारा चलाए गए थे।
- **कनिष्क सर्वाधिक** (78 ई.) शक्तिशाली कुषाण शासक था।
- कनिष्क की राजधानी पुरुषपुर या **पेशावर** थी। कुषाणों की द्वितीय राजधानी मथुरा थी।
- कनिष्क ने एक संवत् चलाया जो **शक-संवत् (78 ई.)** कहलाता है जिसे भारत सरकार द्वारा प्रयोग में लाया जाता है।
- बौद्ध धर्म की **चौथी बौद्ध संगीति** कनिष्क के शासनकाल में **कुण्डलवन** (कश्मीर) में हुई।
- कनिष्क का राजवैद्य आयुर्वेद का विख्यात **विद्वान चरक** था, जिसने **चरक संहिता** की रचना की।
- महाविभाषा सूत्र के रचनाकार **वसुमित्र** हैं। इन्हें ही बौद्ध धर्म का **विश्वकोश** कहा जाता है।
- कनिष्क के राजकवि अश्वघोष ने **बौद्धों की रामायण** 'बुद्धचरित' की रचना की।

- **वसुमित्र**, **पार्श्व**, **नागार्जुन**, कनिष्क के दरबार की विभूति थे।
- भारत का आइन्सटीन नागार्जुन को कहा जाता है। इनकी पुस्तक **माध्यमिक सूत्र** (सापेक्षता का सिद्धान्त) है।
- कनिष्क बौद्ध धर्म के **महायान सम्प्रदाय** का अनुयायी था।
- **गांधार** एवं **मथुरा शैली** का विकास **कनिष्क** के शासनकाल में हुआ था।
- कुषाण वंश का अन्तिम शासक **वासुदेव** था।
- आरम्भिक कुषाण शासकों ने भारी संख्या में स्वर्ण मुद्राएँ जारी कीं थी।
- भारत में सर्वप्रथम **द्वैध शासन** की विचित्र प्रथा की शुरुआत कुषाणों द्वारा की गई।
- कुषाणों द्वारा ही सर्वाधिक शुद्ध सोने के सिक्के प्रचलन में लाए गए।

## नाग वंश

- पुराणों के अनुसार **पद्मावती**, **मथुरा** तथा **नागपुर** में नाग कुलों का शासन था।
- पद्मावती के नाग लोग **'भारशिव'** कहलाते थे।
- मथुरा का **नागवंशी शासक** गणपति नाग एवं पद्मावती का शासक **नागसेन** था।
- चन्द्रगुप्त द्वितीय का विवाह नागवंशीय कन्या **'कुबेरनागा'** से हुआ था।
- चन्द्रगुप्त द्वितीय ने **सर्वनाग** (नाग सरदार) को विषयपति या प्रांतीय गवर्नर नियुक्त किया था।

## वाकाटक वंश

- **वाकाटक** (विष्णुवृद्धि गोत्र के ब्राह्मण) वंश का शासन दक्षिण भारत में **तीसरी से छठी शताब्दी** के बीच का था। ये शैव भक्त थे।
- वाकाटक, शातकर्णी, कदम्ब एवं चालुक्य शासक स्वयं को **'हरितिपुत्र'** कहते थे।
- वाकाटक शासकों ने **'धर्ममहाराज'** की उपाधि धारण की थी।
- वाकाटक वंश का संस्थापक विन्ध्यशक्ति था जिसे **'वाकाटक वंशकेतु'** कहा गया है।
- वाकाटक शासक **प्रवरसेन प्रथम** ने चार अश्वमेध यज्ञ किए तथा **'सम्राट'** की उपाधि धारण की थी।
- पृथ्वीसेन प्रथम को इलाहाबाद प्रशस्ति में **'कुन्तलेन्द्र'** कहा गया है।
- प्रवरसेन द्वितीय ने प्रवरपुर नामक राजधानी बनाई एवं इसने **'सेतुबंध'** नामक काव्य लिखा था।
- **पृथ्वीसेन द्वितीय** को 'वंश के खोए हुए भाग्य को बनाने वाला' कहा गया है।
- अजन्ता की गुफा **16, 17** और **चैत्यगुफा 19** वाकाटक काल की हैं।
- **'कालिदास'** ने प्रवरसेन द्वितीय के संरक्षण में **'मेघदूत'** नामक ग्रंथ की रचना की।
- **सर्वसेन** ने प्राकृत भाषा में **'हरिविजय'** नामक काव्य की रचना की थी।

## आभीर वंश

- आभीर वंश का संस्थापक **'ईश्वरसेन'** था।
- ईश्वरसेन ने 248–249 ई. में **कलचुरि चेदि संवत्** की स्थापना की थी।

## इक्ष्वाकु वंश

### इक्ष्वाकु

- ये सातवाहनों के सामन्त थे जो कृष्णा गुण्टूर क्षेत्र में शासन करते थे।
- शान्तमूल के उत्तराधिकारी वीर पुरुषदत्त ने नागार्जुनकोण्डा स्तूप का निर्माण करवाया था।
- तीसरी शताब्दी के बाद इक्ष्वाकु राज्य कांचीपुरम के पल्लवों के अधिकार में चला गया।
- इक्ष्वाकु वंश का संस्थापक **'श्रीशान्तमूल'** था।
- पुराणों में इक्ष्वाकु को **श्रीपर्वतीय** तथा **आंध्रभृत्य** कहा गया है।
- इक्ष्वाकु **बौद्ध मत** के संरक्षक थे।

## चुटूशातकर्णी वंश

- यह **सातवाहन शासकों** की एक शाखा थी।
- चुटूशातकर्णी वंश का अंत **कदंब शासकों** द्वारा किया गया था।

# प्रश्नमाला

**1. 'पेरिप्लस ऑफ द एरिथ्रियन सी' की रचना हुई—**
(a) प्रथम शती में
(b) द्वितीय शती में
(c) ई.पू. प्रथम शती में
(d) ई.पू. द्वितीय शती में

**2. मीनांडर का नाम 'मिलिन्द' इस साहित्य में मिलता है—**
(a) जैन साहित्य (b) वेद
(c) बौद्ध साहित्य (d) पुराण

**3. भारत में प्रथम शक शासक था—**
(a) माउस (b) गोडोंफर्निस
(c) गुदुह्वर (d) डेमेट्रियस

**4. सातवाहन वंश की नींव डाली—**
(a) सुशर्मा (b) सिमुक
(c) कृष्ण (d) शातकर्णि

**5. किस नरेश के काल में ईसाई धर्म प्रचारक सेंट थामस आया था ?**
(a) रुद्रदामा (b) गोंदोफर्निस
(c) मिनांडर (d) नहपान

**6. कुषाण शासकों में सर्वप्रथम किसने स्वर्ण सिक्के जारी किए ?**
(a) कुजुलकडफिसस
(b) विमकडफिसस
(c) कनिष्क
(d) हुविष्क

**7. कनिष्क की राजधानी थी—**
(a) मथुरा (b) पुरुषपुर
(c) गांधार (d) साकल

**8. सूची-I को सूची-II से सुमेलित कीजिए तथा सूचियों के नीचे दिए गए कूटों में से सही उत्तर का चयन कीजिए—**

| सूची-I | सूची-II |
|---|---|
| (A) श्रेणी | (1) भूमिकर |
| (B) बैकर | (2) निगम |
| (C) व्यापारी | (3) श्रेष्ठि |
| (D) उद्रंग | (4) सार्थवाह |

कूट :

| | (A) | (B) | (C) | (D) |
|---|---|---|---|---|
| (a) | 2 | 3 | 4 | 1 |
| (b) | 2 | 4 | 3 | 1 |
| (c) | 4 | 3 | 2 | 1 |
| (d) | 1 | 2 | 4 | 3 |

**9. नागार्जुन किस शासक के दरबार में रहते थे ?**
(a) चन्द्रगुप्त द्वितीय
(b) कनिष्क
(c) समुद्रगुप्त
(d) गौतमीपुत्र शातकर्णि

**10. सर्वप्रथम ब्राह्मण को कर मुक्त भूमि देने का अभिलेखीय प्रमाण इन शासकों का मिलता है—**
(a) मौर्य (b) सातवाहन
(c) गुप्त (d) कुषाण

**11. भारत से मुख्य रूप से रोम को निर्यात होने वाली वस्तु थी—**
(a) मसाले (b) माणिक्य
(c) हाथीदाँत (d) लौहवस्तु

**12. अधोलिखित में से कौन रजत मुद्रा थी ?**
(a) पण (b) शतमान
(c) निष्क (d) काकिणी

**13. नीचे दो वक्तव्य दिए गए हैं। एक को कथन A तथा दूसरे को कारण R कहा गया है।**
**कथन (A) : श्रेणियाँ धार्मिक आधार पर उदारतापूर्वक दान दिया करती थीं।**
**कारण (R) : उदारतापूर्वक दान देने से श्रेणियों का प्रचार-प्रसार होता था।**
(a) कथन A तथा कारण R दोनों सत्य है तथा A की सही व्याख्या R करता है
(b) कथन A तथा कारण R दोनों सत्य हैं, किन्तु A की सही व्याख्या R नहीं करता है
(c) कथन A सत्य है, किन्तु R गलत है
(d) कथन A गलत है, किन्तु R सत्य है

**14. किसने सर्वप्रथम स्वर्ण मुद्राएं चलाई ?**
(a) मौर्य (b) शक
(c) इण्डोबैक्ट्रीयन (d) कुषाण

**15. चरक और नागार्जुन किसके दरबार की शोभा थे ?**
(a) कनिष्क (b) रुद्रदमन
(c) पुष्यमित्र (d) चन्द्रगुप्त मौर्य

**16. सातवाहनों का सबसे महान राजा कौन था ?**
(a) गौतमीपुत्र शातकर्णी
(b) शातकर्णी प्रथम
(c) वाशिष्ठीपुत्र पुलमावी
(d) यज्ञ श्री शातकर्णी

**17. शुंग वंश का संस्थापक था—**
(a) पुष्यमित्र (b) पुष्पमित्र
(c) पुष्यधर्मन (d) अग्निमित्र

**18. पुष्यमित्र शुंग के पुरोहित थे—**
(a) पतंजलि
(b) पाणिनी
(c) उपर्युक्त दोनों
(d) उपर्युक्त में से कोई नहीं

**19. किस अभिलेख से ज्ञात होता है कि पुष्यमित्र शुंग ने दो अश्वमेध यज्ञ किये थे ?**
(a) अयोध्या अभिलेख से
(b) बेसनगर अभिलेख से
(c) भरहुत अभिलेख से
(d) उपर्युक्त में से कोई नहीं

**20. पुराणों के अनुसार शुंग वंश का अन्तिम शासक था—**
(a) वज्रमित्र (b) भाग
(c) देवभूति (d) आन्ध्रक

**21. शुंग वंश के अन्तिम शासक देवभूति की हत्या कर कण्व वंश की स्थापना की गई थी—**
(a) वासुदेव द्वारा (b) भूमिमित्र द्वारा
(c) नारायण द्वारा (d) सुशर्मन द्वारा

**22. मुवेन्दार के सन्दर्भ में निम्न में से कौन-सा कथन सत्य है ?**
(a) संगम कविताओं में इसकी चर्चा मिलती है
(b) यह एक तमिल शब्द है
(c) इसका अर्थ तीन मुखिया होता है
(d) उपरोक्त सभी

**23. निम्न कथनों पर विचार कीजिए—**
**A. मुवेन्दार के लगभग 500 वर्षों के बाद पश्चिम भारत में सातवाहन नामक राजवंश का प्रभाव बढ़ गया था।**
**B. सातवाहनों का सबसे प्रमुख राजा राजराज प्रथम था।**
**उपरोक्त कथनों में से कौन-सा/से कथन सत्य है/हैं ?**
(a) केवल A
(b) केवल B
(c) A और B दोनों
(d) न तो A और न ही B

**24. रेशम के सन्दर्भ में निम्न में से कौन-सा कथन सत्य है ?**
(a) चीन में रेशम बनाने की तकनीक का आविष्कार सबसे पहले हुआ था
(b) चीन ने इस तकनीक को हजारों साल तक बाकी दुनिया से छुपाए रखा
(c) कभी-कभी चीन के शासक ईरान और पश्चिमी एशिया के शासकों को उपहार के रूप में रेशमी कपड़े भेजते थे
(d) उपरोक्त सभी

**25. बुद्ध की जीवनी, बुद्ध चरित के रचनाकार कवि अश्वघोष किसके दरबार में रहते थे ?**
(a) चन्द्रगुप्त (b) कनिष्क
(c) अशोक (d) बिन्दुसार

**26. रोमन साम्राज्य में काली मिर्च की इतनी माँग थी कि इसे .......... के नाम से जानते थे।**
(a) काला जादू (b) काला ताबीज
(c) काला पत्थर (d) काला सोना

**27. प्रारम्भिक काल से शुरू करके आरोही क्रम में निम्नलिखित को सजाएँ—**
**A. वेदों की रचना की शुरुआत**
**B. महापाषाणों के निर्माण की शुरुआत**
**C. इनामगाँव में कृषकों का निवास**
**D. चरक**
**कूट**
(a) C, D, B, A
(b) D, C, B, A
(c) A, B, C, D
(d) B, C, D, A

**28. दो हजार साल पहले, एक व्यापारी ने बताया कि वह गाजा, पेट्रा और अपोलोगोस में जा चुका है। निम्नलिखित में से कौन-से व्यापार मार्ग के माध्यम से उसने यात्रा की ?**
(a) मार्ग जिन पर फारसी शासकों का नियन्त्रण था।
(b) मार्ग जिन पर कुषाणों का नियन्त्रण था।
(c) मार्ग जिन पर चीनी शासकों का नियन्त्रण था।
(d) मार्ग जिन पर रोमन शासकों का नियन्त्रण था।

## उत्तरमाला

| | | | | | | | | | |
|---|---|---|---|---|---|---|---|---|---|
| **1.** (a) | **2.** (c) | **3.** (a) | **4.** (b) | **5.** (b) | **6.** (b) | **7.** (b) | **8.** (a) | **9.** (b) | **10.** (b) |
| **11.** (a) | **12.** (b) | **13.** (a) | **14.** (c) | **15.** (a) | **16.** (a) | **17.** (a) | **18.** (a) | **19.** (a) | **20.** (c) |
| **21.** (a) | **22.** (d) | **23.** (d) | **24.** (d) | **25.** (b) | **26.** (d) | **27.** (c) | **28.** (a) | | |

❑❑❑

# 10 राजनीतिक विकास

## गुप्त काल

- घटोत्कच गुप्त श्रीगुप्त का उत्तराधिकारी था।
- **श्रीगुप्त** ने **275 ई.** में गुप्त राजवंश की स्थापना की थी।
- गुप्तों के **पूना** एवं **सिद्धपुर** ताम्रपत्र अभिलेखों में **घटोत्कच (280–319)** को प्रथम **गुप्त राजा** कहा गया है।
- प्रसिद्ध गुप्त संवत् **319 ईसवी** से शुरू किया गया था।
- घटोत्कच ने भी महाराज की उपाधि धारण की थी।
- **चन्द्रगुप्त प्रथम** (319–335 ई.) यह **महाराजाधिराज की उपाधि** धारण करने वाला प्रथम गुप्त शासक था।
- चन्द्रगुप्त प्रथम ने **लिच्छवी** राजकुमारी के साथ विवाह किया था।
- **समुद्रगुप्त** (335–375 ई.) का वास्तविक नाम **'काच'** था, युद्धों में विजय प्राप्ति के उपरान्त इसने **समुद्रगुप्त** नामक उपाधि धारण की। यह **विष्णु** का उपासक था।
- समुद्रगुप्त का दरबारी कवि **'हरिषेण'** था जिसने इलाहाबाद के प्रयाग प्रशस्ति लेख में समुद्रगुप्त की युद्ध में मिली विजय श्रृंखलाओं का वर्णन किया।
- वी.ए. स्मिथ, ने समुद्रगुप्त को **'भारतीय नेपोलियन'** कहा। इसने धरणिबन्ध (पृथ्वी को बांधना) अपना वास्तविक लक्ष्य बनाया था।
- समुद्रगुप्त ने महान बौद्ध भिक्षु **वसुबन्धु** को संरक्षण दिया था।
- समुद्रगुप्त संगीत-प्रेमी था। ऐसा अनुमान उसके शासन काल में प्रचलित अपने द्वारा किए गए सिक्कों पर उसे **वीणा-वादन** करते हुए चित्र से लगाया गया है।
- श्रीलंका नरेश मेघवर्मन ने समुद्रगुप्त से **'गया'** में एक बुद्ध मंदिर बनवाने की अनुमति मांगी थी।

| गुप्तकालीन आर्थिक शब्दावली | |
|---|---|
| भाग | राजा को भूमि उत्पादन से प्राप्त होने वाला हिस्सा |
| भोग | राजा को उपहार स्वरूप मिलने वाला कर |
| उपरंग | स्थायी काश्तकारों के लिए कर |
| उपरिकर | अस्थायी कृषकों के लिए कर |
| हिरण्य | द्रव्य (नकद) रूप से लिया जाने वाला कर |
| विष्टि | निःशुल्क या बेगार श्रम |
| दीनार | स्वर्ण मुद्राएँ |
| अग्रहार | मंदिरों एवं ब्राह्मणों को दान की जाने वाली भूमि |

### गुप्तकालीन रचनाएं

1. मालविकाग्निमित्रम्–कालिदास–अग्निमित्र एवं मालविका की प्रणय कथा
2. अभिज्ञानशाकुन्तलम्–कालिदास–दुष्यन्त एवं शकुन्तला की प्रेम कथा
3. मुद्राराक्षस– विशाखदत्त–चन्द्रगुप्त मौर्य कालीन विश्लेषण एवं कथा
4. विक्रमोवर्शीयम्–कालिदास–सम्राट पुरूरवा एवं अप्सरा उर्वशी की प्रेम कथा
5. मृच्छकटिकम्–शूद्रक–चारूदत्त एवं वसन्तसेना की प्रेम गाथा
6. स्वप्नवासवदत्तम्–भास–महाराज उदयन एवं वासवदत्ता की प्रेम कथा
7. देवीचन्द्रगुप्तम्–विशाखदत्त–चन्द्रगुप्त-II द्वारा शक राजा का वध एवं ध्रुव देवी (रामगुप्त की पत्नी) से विवाह

### अन्य रचनाएं

| | | |
|---|---|---|
| दशकुमारचरित | – | दंडी |
| काव्यादर्श | – | दंडी |
| अमरकोष | – | अमर सिंह |
| वृहतसंहिता | – | वराहमिहिर |
| पंच सिद्धांतिका | – | वराहमिहिर |
| ब्राह्मस्फुट सिद्धांत | – | ब्रह्मगुप्त |
| सूर्य सिद्धांत | – | ब्रह्मगुप्त |
| आर्यभटीय | – | आर्यभट्ट |
| पंचतंत्र | – | विष्णु शर्मा |
| कामसूत्र | – | वात्स्यायन |
| चरक संहिता | – | चरक |

| समुद्रगुप्त के पदाधिकारी | |
|---|---|
| संधिविग्रहिक | संधि एवं युद्ध का मन्त्री |
| कुमारामात्य | गुप्त साम्राज्य का सबसे बड़ा अधिकारी |
| खाद्यटपाकिक | राजकीय भोजनालय का अध्यक्ष |
| महादण्डनायक | न्यायाधीश |

- समुद्रगुप्त के प्रयाग अभिलेख में उसे **'लिच्छवी दौहित्र'** बताया गया है।
- **रामगुप्त** ने शक राजा से पराजित होकर प्रजा की रक्षा हेतु अपनी पत्नी **ध्रुवदेवी** को शक शासक को देना स्वीकार किया था।
- **चन्द्रगुप्त-II ( 380–415 ई. )** ने नागवंश की राजकुमारी 'कुबेरनागा' से विवाह किया।
- चन्द्रगुप्त–II ने उज्जैन को गुप्त साम्राज्य की दूसरी राजधानी बनाया।
- शकों पर विजय के उपलक्ष्य में चन्द्रगुप्त–II ने चाँदी के सिक्के चलाए।
- चन्द्रगुप्त–II के शासनकाल में संस्कृत भाषा के सबसे प्रसिद्ध कवि कालिदास थे।
- चन्द्रगुप्त–II के दरबार में रहने वाले नवरत्न थे–**वराहमिहिर**, **अमरसिंह**, **कालिदास**, **बेतालभट्ट**, **घटकर्पर क्षपणक**, **वररुचि**, **शंकु**, **धन्वंतरि** (आयुर्वेदाचार्य) आदि।
- चन्द्रगुप्त के शासनकाल में प्रचलित व्याघ्र शैली के सिक्के मिले हैं।
- महरौली का **लौह-स्तम्भ** गुप्त शासक **चन्द्रगुप्त द्वितीय** ने बनवाया था।
- दक्षिणी दिल्ली में महरौली स्थित लौह स्तम्भ में **चन्द्र नामक शासक** की विजयों का उल्लेख है।

- चीनी यात्री **फाह्यान (399–411 ई.)** चन्द्रगुप्त द्वितीय के समय भारत आया।
- फाह्यान ने नालंदा में बुद्ध के शिष्य सारिपुत्र की अस्थियों से निर्मित स्तूप का उल्लेख किया है।
- **कुमारगुप्त प्रथम** (415–455 ई.) को **'महेन्द्रादित्य'** भी कहा जाता है।
- कुमारगुप्त प्रथम के काल में **'पुष्यमित्र'** नामक जाति ने आक्रमण किया था।
- कुमारगुप्त प्रथम के काल में नालंदा विश्वविद्यालय की स्थापना की गई।
- **स्कन्दगुप्त** (455–467 ई.) के समय सर्वप्रथम हूणों ने भारत पर आक्रमण किया था।
- हूणों को परास्त कर स्कन्दगुप्त ने **'विक्रमादित्य'** की उपाधि धारण की।
- स्कन्दगुप्त को **'शुक्रादित्य'**, **'देवराय'** तथा **'परिक्षिप्तवृक्षा'** कहा गया है।
- स्कन्दगुप्त ने गिरनार पर्वत पर स्थित **सुदर्शन झील** का पुनरुद्धार किया।
- स्कन्दगुप्त ने पर्णदत्त को सौराष्ट्र का गवर्नर नियुक्त किया।
- **अन्तिम गुप्त** शासक **भानुगुप्त** था।

## गुप्तकालीन स्थापत्य

- गुप्तकाल को भारतीय इतिहास एवं संस्कृति का स्वर्णयुग माना जाता है।

### गुप्तकाल के प्रमुख मंदिर

(i) देवगढ़ का दशावतार मंदिर – ललितपुर (उत्तर प्रदेश)
(ii) तिगवा का विष्णु मंदिर – जबलपुर (मध्य प्रदेश)
(iii) एरण का विष्णु मंदिर – सागर (मध्य प्रदेश)
(iv) भूमरा का शिव मंदिर – सतना (मध्य प्रदेश)
(v) नचना कुठार का पार्वती मंदिर – पन्ना (मध्य प्रदेश)
(vi) भीतर गांव का कृष्ण मंदिर – कानपुर (उत्तर प्रदेश)
(vii) नागोद का शिव मंदिर – सतना (मध्य प्रदेश)

| गुप्तशासक एवं अभिलेख | |
|---|---|
| समुद्रगुप्त | प्रयाग प्रशस्ति अभिलेख |
| कुमारगुप्त | बिलसड़ स्तम्भ लेख |
| स्कन्दगुप्त | भीतरी स्तम्भलेख |

## प्रशासनिक एवं आर्थिक व्यवस्था

- गुप्त साम्राज्य की सबसे बड़ी प्रादेशिक इकाई **'देश'** थी, जिसके शासक को **गोप्ता** कहा जाता था। एक दूसरी प्रादेशिक इकाई **भुक्ति** थी, जिसके शासक **उपरिक** कहलाते थे।
- भुक्ति के नीचे **विषय** नामक प्रशासनिक इकाई होती थी, जिसके प्रमुख **विषयपति** कहलाते थे।
- पुलिस विभाग का मुख्य अधिकारी **दण्डपाशिक** कहलाता था।
- पुलिस विभाग के साधारण कर्मचारियों को **चारण** एवं **भाट** कहा जाता था।

## विभिन्न प्रकार के कर

1. धान्य – अनाज में राजा का हिस्सा
2. चाट – लुटेरों से बचाने के लिए कर
3. भट्टकर – पुलिस कर
4. प्रणय – अनिवार्य कर
5. विष्टि – बेगार कर

| गुप्त कालीन विद्वान | |
|---|---|
| वत्स भट्टी | रावणवध |
| भास | स्वप्नवासवदत्तम्, चारूदत्तम् |
| अमर सिंह | अमरकोश |
| शूद्रक | मृच्छकटिकम् |
| वराहमिहिर | बृहत्संहिता, पंचसिद्धान्तिका |
| आर्यभट्ट | सूर्य सिद्धांत, आर्यभटीय |
| ब्रह्मगुप्त | ब्रह्म सिद्धांत |
| राजशेखर | काव्यमीमांसा |
| वागभट्ट | अष्टांग हृदय (चिकित्सा से सम्बन्धित) |
| बाणभट्ट | हर्षचरित |
| धन्वंतरि | शल्यशास्त्र (चिकित्सा से सम्बन्धित) |

**गुप्तकालीन महत्वपूर्ण मंदिर**

| मंदिर | स्थान |
|---|---|
| विष्णु मंदिर | तिगवा (जबलपुर मध्य प्रदेश) |
| शिव मंदिर | भूमरा (नागोद, मध्य प्रदेश) |
| पार्वती मंदिर | नचना कुठार (मध्य प्रदेश) |
| दशावतार मंदिर | देवगढ़, (ललितपुर, उत्तर प्रदेश) |
| शिव मंदिर | खोह (नागोद, मध्य प्रदेश) |
| भितरगाँव का मंदिर | भितरगाँव (कानपुर, उत्तर प्रदेश) |

- प्रशासन की सबसे छोटी इकाई **ग्राम** थी। ग्राम का प्रशासन ग्रामसभा द्वारा संचालित होता था। ग्रामसभा का मुखिया **ग्रामिक** कहलाता था एवं अन्य सदस्य **महत्तर** कहलाते थे।
- ग्राम समूहों की छोटी इकाई को **पेठ** कहा जाता था।
- गुप्त शासक कुमारगुप्त के **दामोदरपुर ताम्रपत्र** में भूमि बिक्री संबंधी अधिकारियों के क्रियाकलापों का उल्लेख है।
- भू-राजस्व कुल उत्पादन का **1/4** से **1/6** भाग तक हुआ करता था।
- गुप्तकालीन सोने के सिक्कों को **दीनार** एवं **चांदी** के सिक्कों को रुप्यक कहा जाता था।

### गुप्त साम्राज्य के प्रशासनिक अधिकारी

महाबलाधिकृत – सेनापति
महादण्डनायक – न्यायाधीश
दण्डपाशिक – पुलिस विभाग का सर्वोच्च अधिकारी
सन्धिविग्रहिक – युद्ध तथा संधि से संबंधित विदेश मंत्री
विनय स्थिति – शिक्षा एवं धार्मिक मामलों का प्रधान
महाअक्षपटलिक – लेखा विभाग का सर्वोच्च अधिकारी
चौरोद्धरणिक – गुप्तचर विभाग का प्रधान

### सामाजिक एवं सांस्कृतिक अवस्था

- कायस्थों का सर्वप्रथम वर्णन **याज्ञवल्क्य स्मृति** में मिलता है जबकि जाति के रूप में कायस्थों का सर्वप्रथम वर्णन ओशनम् स्मृति में मिलता है।
- सती होने का प्रथम **अभिलेखीय साक्ष्य 510 ई.** के भानुगुप्त के **एरण अभिलेख** से मिलता है।
- गुप्तकाल में **वेश्यावृत्ति** करने वाली महिलाओं को **गणिका** कहा जाता था। वृद्ध वेश्याओं को **कुट्टनी** कहा जाता था।
- अजन्ता में निर्मित कुल 29 गुफाओं में वर्तमान में केवल 6 ही शेष हैं, जिनमें गुफा संख्या **16** एवं **17** ही **गुप्तकालीन** है। इसमें गुफा संख्या 16 में उत्कीर्ण मरणासन्न राजकुमारी का चित्र प्रशंसनीय है।
- अजंता की गुफाएँ बौद्धधर्म की **महायान शाखा** से सम्बन्धित हैं।
- गुप्तकाल में विष्णु शर्मा द्वारा लिखित **पंचतंत्र (संस्कृत)** को संसार का सर्वाधिक प्रचलित ग्रंथ माना जाता है। बाइबिल के बाद इसका स्थान दूसरा स्थान है।
- **याज्ञवल्क्य**, **नारद**, **कात्यायन** एवं **बृहस्पति** स्मृतियों की रचना गुप्तकाल में ही हुई।

- **चन्द्रगुप्त–II** के दरबार के प्रमुख विद्वान आर्यभट्ट ने आर्यभटीय एवं **सूर्य सिद्धान्त** नामक ग्रंथ लिखे एवं दशमलव प्रणाली का विकास किया। सर्वप्रथम इन्होंने ही बताया कि पृथ्वी सूर्य के चारों ओर घूमती है।
- **वराहमिहिर प्रसिद्ध** खगोल शास्त्री थे। इन्होंने **बृहतसंहिता** तथा **पंचसिद्धान्तिका** नामक ग्रंथों की रचना की।
- ब्रह्मगुप्त ने **ब्रह्म सिद्धान्त** नामक ग्रंथ की रचना की, जिसमें उन्होंने बताया कि प्राकृतिक नियमानुसार समस्त वस्तुएँ पृथ्वी पर गिरती हैं।
- वागभट्ट ने आयुर्वेद के प्रसिद्ध **ग्रंथ अष्टांग** हृदयम् की रचना की।
- **'तिगिन'** को हूणों का प्रथम राजा माना गया है।

### धार्मिक स्थिति

- मंदिरों एवं मूर्तियों का निर्माण हुआ।
- अवतारवाद की अवधारणा का उदय हुआ।
- ब्राह्मण धर्म के अंतर्गत वैष्णव एवं शैव भक्ति का विकास हुआ।
- नव हिन्दू धर्म की शुरुआत इसी काल में हुई।
- वैष्णव धर्म सबसे प्रधान बन गया। शैव सम्प्रदाय को भी संरक्षण मिला।
- त्रिदेव (ब्रह्मा, विष्णु, महेश) की संकल्पना इसी काल में विकसित हुई।

## गुप्तोत्तर काल

- गुप्त वंश के पतन के बाद अनेक क्षेत्रीय राजवंशों का उद्भव हुआ, जिनमें **मैत्रक**, **मौखरी**, **पुष्यभूति**, **परवर्ती गुप्त** और **गौड़** प्रमुख थे।

### वल्लभी का मैत्रक् वंश

- इस वंश का संस्थापक भट्टारक था।
- ध्रुवसेन द्वितीय हर्षवर्द्धन का समकालीन था। इसी के समय ह्वेनसांग ने वल्लभी की यात्रा की थी।
- ध्रुवसेन चतुर्थ ने **परमभट्टारक**, **महाराजाधिराज**, **परमेश्वर** तथा **चक्रवर्ती** की उपाधि धारण की थी। भट्टी इसका दरबारी कवि था।

### मौखरी वंश

- इस वंश का संस्थापक हरिवर्मा था।
- ग्रहवर्मा अन्तिम मौखरी शासक था। इसका विवाह हर्षवर्द्धन की बहन राज्यश्री से हुआ था।

### उत्तरगुप्त वंश

- इस वंश की जानकारी के स्रोत अफसढ़ तथा देववर्नाक के अभिलेख से प्राप्त होते हैं।
- कृष्णगुप्त को अफसढ़ अभिलेख में **'नृप'** कहा गया है।
- जीवित गुप्त ने **क्षितीशचूड़ामणि** की उपाधि धारण की।
- देवगुप्त का उल्लेख **मधुवन** तथा **बांसखेड़ा** अभिलेखों में हुआ है।
- जीवितगुप्त द्वितीय को **यशोवर्मन** ने पराजित कर **परवर्ती गुप्त** राज्य का अंत कर दिया।

### थानेश्वर का वर्द्धन वंश

- इस वंश का संस्थापक पुष्यभूति था।
- हरियाणा के अम्बाला जिले के थानेश्वर नामक स्थान पर 'पुष्यभूति वंश' की स्थापना की गई।
- **राज्यवर्द्धन** के पश्चात् 16 वर्ष की उम्र में **606 ई.** में हर्ष **थानेश्वर** का शासक बना।
- **हर्ष** और चालुक्य राजा **पुलकेशिन द्वितीय** के बीच (623 ई.) नर्मदा नदी के पास युद्ध हुआ, जिसमें **हर्षवर्द्धन** पराजित हुआ। (ऐहोल अभिलेख)

| हर्ष के समय महत्वपूर्ण अधिकारी | |
|---|---|
| महाबलाधिकृत | मुख्य सेनापति |
| अमात्य | मन्त्रिपरिषद् के मन्त्री |
| उपरिक | भुक्ति का प्रशासक |
| दण्डपाशिक | पुलिस अधिकारी |
| वृहदेश्वर | अश्व सेना का अधिकारी |
| बलाधिकृत | पैदल सेना का अधिकारी |
| स्कंदगुप्त | गजसेना का मुख्य अधिकारी |
| कुंतल | अश्वसेना का प्रधान अधिकारी |
| अवंति | शांति एवं युद्ध का मन्त्री |

- हर्ष को उत्तरी **भारत का स्वामी** कहा जाता था।
- हर्ष की उपाधि **'शिलादित्य'** तथा **'परमभट्टारक मगध नरेश'** थी।
- हर्ष ने **'सुप्रभात स्त्रोत'** और **'अष्टमहाश्रीचैत्य संस्कृत स्त्रोत'** नामक दो ग्रंथों की रचना की थी।
- **प्रियदर्शिका**, **रत्नावली** तथा **नागानन्द** नामक तीन संस्कृत नाटक ग्रंथों की रचना हर्ष ने की थी।
- मालवा के शासक देवगुप्त ने **ग्रहवर्मा** की हत्या कर दी और **राज्यश्री** को बंदी बनाकर कारागार में डाल दिया।
- शशांक **शैव धर्म** का अनुयायी था। इसने **बोधिवृक्ष** (बोधगया) को कटवा दिया।
- **हर्ष** ने शशांक को पराजित करके **कन्नौज पर अधिकार** कर लिया तथा उसे अपनी राजधानी बनाया।
- चीनी यात्री **ह्वेनसांग हर्षवर्द्धन** के शासनकाल में **भारत** आया।
- ह्वेनसांग का यात्रा वृत्तांत चीनी ग्रंथ **'सी-यू-की'** से प्राप्त होता है।
- ह्वेनसांग के अनुसार गुप्त सम्राट **नरसिंह गुप्त बालादित्य** ने नालंदा में **80 फुट ऊँची** तांबे की बुद्ध प्रतिमा को स्थापित करवाया था।
- हर्ष ने **641 ई.** में अपने दूत चीन भेजे तथा **643 ई.** एवं **645 ई.** में दो चीनी दूत उसके दरबार में आए।
- **हर्ष** ने कश्मीर के शासक से **बुद्ध के दंत अवशेष** बलपूर्वक प्राप्त किए।
- चीनी यात्री ह्वेनसांग से मिलने के बाद हर्ष ने **बौद्ध धर्म** की महायान शाखा को **राज्याश्रय प्रदान** किया तथा वह पूर्ण रूप से बौद्ध बन गया।
- हर्ष के समय में **नालंदा महाविहार** महायान बौद्ध धर्म की शिक्षा का प्रधान केन्द्र था।
- हर्ष के समय में प्रयाग में प्रत्येक पाँचवें वर्ष एक समारोह आयोजित किया जाता था जिसे **महामोक्षपरिषद्** कहा जाता था।
- **बाणभट्ट** हर्ष के दरबारी कवि थे। उन्होंने **हर्षचरित** एवं **कादम्बरी** की रचना की।
- प्रशासन की सुविधा के लिए हर्ष का साम्राज्य कई प्रांतों में विभाजित था। प्रांत को **भुक्ति** कहा जाता था। प्रत्येक भुक्ति का शासक **राजस्थानीय**, **उपरिक** अथवा **राष्ट्रीय** कहलाता था।
- हर्षचरित में प्रान्तीय शासक के लिए **'लोकपाल'** शब्द प्रयोग किया गया है।
- **ग्राम प्रशासन** की सबसे छोटी इकाई थी। ग्राम प्रशासन का प्रधान **ग्रामाक्षपटलिक** कहा जाता था।
- पुलिसकर्मियों को **चाट** या **भाट** कहा गया है। **दण्डपाशिक** तथा **दाण्डिक** पुलिस विभाग के अधिकारी होते थे।
- अश्व सेना के अधिकारियों को **बृहदेश्वर**, पैदल सेना के अधिकारियों को **बलाधिकृत या महाबलाधिकृत** कहा जाता था।

- हर्ष के प्रमुख पदाधिकारी थे–**कुमारामात्य** (उच्च प्रशासकीय सेवा में नियुक्त अधिकारी), **दीर्घध्वज** (राजकीय संदेशवाहक) एवं **सर्वगत** (गुप्तचर विभाग के सदस्य)।
- हर्षचरित में सिंचाई के साधन के रूप में **तुलायंत्र** (जलपंप) का उल्लेख मिलता है।

## प्रश्नमाला

**1. गुप्त वंश ( 319-20 ) को प्रारम्भ करने का श्रेय किसे दिया जाता है ?**
(a) श्रीगुप्त (b) चन्द्रगुप्त I
(c) समुद्रगुप्त (d) कुमारगुप्त

**2. किसने समुद्रगुप्त को 'भारत का नेपोलियन' कहा ?**
(a) डॉ. आर. सी. मजूमदार
(b) डॉ. वी. ए. स्मिथ
(c) डॉ. एच. सी. रायचौधरी
(d) डॉ. के. पी. जायसवाल

**3. मेहरौली स्तम्भ लेख किस शासक से सम्बन्धित है ?**
(a) चन्द्रगुप्त II (b) चन्द्रगुप्त मौर्य
(c) चन्द्रगुप्त I (d) समुद्रगुप्त

**4. चन्द्रगुप्त II ने 'विक्रमादित्य' की उपाधि कब धारण की ?**
(a) शकों के उन्मूलन के बाद
(b) अपने समस्त विजय अभियानों के बाद
(c) अपने विवाह के बाद
(d) उपर्युक्त सभी के बाद

**5. गुप्तकालीन दशावतार मन्दिर कहाँ स्थापित है ?**
(a) देवगढ़ में
(b) तिगवाँ में
(c) भीतरगाँव में
(d) उपर्युक्त में से कहीं नहीं

**6. निम्नलिखित में से कौन-सा ग्रन्थ ऐतिहासिक महत्व का नहीं है ?**
(a) कालिदास का मालविकाग्निमित्रम्
(b) विशाखादत्त का मुद्राराक्षस
(c) बाणभट्ट का कादम्बरी
(d) कल्हण की राजतरंगिणी

**7. 'महाराजाधिराज' की उपाधि धारण करने वाला प्रथम गुप्त सम्राट था—**
(a) श्री गुप्त
(b) चन्द्रगुप्त प्रथम
(c) समुद्रगुप्त
(d) चन्द्रगुप्त द्वितीय विक्रमादित्य

**8. सुमेलित कीजिए—**

| सूची-I ( ग्रंथकार ) | सूची-II ( मूलग्रन्थ ) |
|---|---|
| (A) वराहमिहिर | 1. प्रबन्ध चिन्तामणि |
| (B) विशाखादत्त | 2. मृच्छकटिकम् |
| (C) शूद्रक | 3. वृहत् संहिता |
| (D) विल्हण | 4. देवी चन्द्रगुप्तम् |
| | 5. विक्रमांकदेवचरित |

**कूट :**

| | (A) | (B) | (C) | (D) |
|---|---|---|---|---|
| (a) | 3 | 4 | 5 | 2 |
| (b) | 3 | 4 | 2 | 5 |
| (c) | 5 | 3 | 4 | 1 |
| (d) | 1 | 3 | 5 | 2 |

**9. किस गुप्त शासक ने हूणों को पराजित किया था ?**
(a) श्रीगुप्त (b) चन्द्रगुप्त द्वितीय
(c) कुमार गुप्त (d) स्कन्दगुप्त

**10. गुप्त काल को 'क्लासिक युग' क्यों कहते हैं ?**
(a) वाणिज्य एवं व्यवसाय में प्रगति के कारण
(b) कला व साहित्य में प्रगति के कारण
(c) तकनीकी प्रगति के कारण
(d) सार्वभौम सत्ता के कारण

**11. प्राचीन भारत के इतिहास में निम्न में से किस काल को स्वर्ण युग के नाम से जाना जाता है ?**
(a) मौर्य काल (b) मौर्योत्तर काल
(c) गुप्त काल (d) गुप्तोत्तर काल

**12. हर्षवर्धन के सन्दर्भ में निम्न में से कौन-सा/से कथन असत्य है/हैं ?**
(a) हर्षवर्धन ने लगभग 606 ई. से 647 ई. तक उत्तरी भारत के क्षेत्रों पर शासन किया था।
(b) हर्षवर्धन के दरबारी कवि बाणभट्ट थे।
(c) चीनी तीर्थयात्री इत्सिंग काफी समय के लिए हर्ष के दरबार में रहा था।
(d) चालुक्य नरेश, पुलकेशिन द्वितीय ने हर्षवर्धन को हराया था।

**13. कालीदास की अभिज्ञानशाकुन्तलम् के सन्दर्भ में निम्न कथनों पर विचार कीजिए—**
**A. इसमें कालीदास ने उस काल के राजदरबार का वर्णन किया है।**
**B. इनके नाटकों में राजा एवं ब्राह्मण प्राकृत बोलते हैं।**
**C. इसमें दुष्यन्त एवं शकुन्तला के बीच प्रेम प्रसंग का वर्णन किया गया है।**
**उपरोक्त कथनों में से कौन-सा/से कथन सही है/हैं ?**
(a) A, B और C (b) A और B
(c) B और C (d) A और C

**14. दक्षिण के राज्यों में सभाओं के सन्दर्भ में निम्न कथनों पर विचार कीजिए—**
**A. पल्लवों के अभिलेखों में स्थानीय सभाओं की चर्चा की गई है।**
**B. नगरम व्यापारियों के एक संगठन का नाम था।**
**उपरोक्त कथनों में से कौन-सा/से कथन सही है/हैं ?**
(a) केवल A
(b) केवल B
(c) A और B दोनों
(d) न तो A और न ही B

**15. हर्षवर्धन किस वंश का थाः**
(a) मौर्य वंश
(b) गुप्त वंश
(c) पाल वंश
(d) पुण्यभूति वंश

**16. समुद्रगुप्त की निम्नलिखित में से कौन-सी ऐसी नीति थी, जो विशिष्ट रूप से दक्षिणापथ शासकों के लिए थी ?**
(a) इन्होंने पराजय स्वीकार की और इन्हें पुनः शासन करने के लिए अनुमति दी गई।
(b) उनके साम्राज्यों को उखाड़ फेंका गया और उन्हें समुद्रगुप्त के साम्राज्य का अंग बनाया गया।
(c) इन्होंने समुद्रगुप्त की अधीनता स्वीकार की और अपनी पुत्रियों का विवाह उससे किया।
(d) ये उपहार लाते थे, उसके आदेशों का पालन करते थे और उसके दरबार में उपस्थित होते थे।

## उत्तरमाला

**1.** (b) **2.** (b) **3.** (a) **4.** (a) **5.** (a) **6.** (c) **7.** (b) **8.** (b) **9.** (d) **10.** (b)
**11.** (c) **12.** (c) **13.** (b) **14.** (c) **15.** (d) **16.** (a)

❑❑❑

# 11 संस्कृति एवं विज्ञान

- गुप्त काल को भारतीय इतिहास में **स्वर्णिम युग** के नाम से जाना जाता है। इस काल में भारत में विज्ञान, प्रौद्योगिकी, गणित, खगोलशास्त्र, धर्म, दर्शन स्थापत्य कला तथा मूर्तिकला आदि के क्षेत्रों में नए-नए आविष्कार हुए। इसी समय सातवीं शताब्दी में दक्षिण भारत में पल्लवों के अधीन स्थापत्य कला एवं मूर्तिकला का विकास हुआ। गणित तथा खगोलशास्त्री आर्यभट्ट ने गणित तथा विज्ञान विषयों की पुस्तकों का आविष्कार भी इसी काल में किया गया था। कागज का आविष्कार भी गुप्त काल में किया गया था।

## लौह स्तम्भ

- महरौली (दिल्ली) में कुतुबमीनार परिसर में स्थित यह लौह स्तम्भ (The Iron Pillar) भारतीय शिल्पकारों की कुशलता का अद्‌भुत उदाहरण है।
- इसका निर्माण लगभग 1500 **साल** पहले हुआ था। इसकी ऊँचाई **7.2 मी** और वजन 3 टन से भी ज्यादा है।
- इसमें 'चन्द्र' नाम के एक शासक का उल्लेख है, जो सम्भवत: गुप्त वंश के थे। इस स्तम्भ की मुख्य विशेषता यह है कि इतने वर्षों के बाद भी इसमें जंग नहीं लगा है।

## ईंटों और पत्थरों की इमारतें

- स्तूप का शाब्दिक अर्थ टीला होता है, यह विभिन्न आकार के थे-कहीं यह गोल या लम्बे तो कहीं यह बड़े एवं छोटे होते थे।
- सभी स्तूपों में एक समानता है। प्राय: सभी स्तूपों के भीतर एक छोटा-स डिब्बा रखा रहता है। इन डिब्बों में बुद्ध या उनके अनुयायियों के शरीर के अवशेष, उनके द्वारा प्रयोग की जाने वाली कोई वस्तु या कीमती पत्थर अथवा सिक्के रखे रहते हैं।
- प्रारम्भिक स्तूप, धातु-मंजूषा के ऊपर रखा मिट्टी का टीला होता था। बाद में टीले को ईंटों से ढक दिया गया और बाद के काल में उस गुम्बदनुमा ढाँचे को तरासे हुए पत्थरों से ढक दिया गया है।
- स्तूपों के चारों ओर परिक्रमा करने के लिए एक वृत्ताकार पथ बना होता था, इस रास्ते को रेलिंग से घेर दिया जाता था, जिसे वेदिका कहते हैं।
- इस काल में कुछ आरम्भिक हिन्दू मन्दिरों का भी निर्माण किया गया। इन मन्दिरों में विष्णु, शिव तथा दुर्गा; जैसे देवी-देवताओं की पूजा होती थी।
- मन्दिरों का सबसे महत्त्वपूर्ण भाग गर्भ गृह होता था जहाँ मुख्य देवी या
- देवता की मूर्ति को रखा जाता था। मन्दिरों में उसके ऊपर काफी ऊँचाई तक निर्माण किया जाता था, जिसे शिखर कहते थे।

## स्तूप तथा मन्दिर

- स्तूपों तथा मन्दिरों (Stupas and Temples) को बनाने के लिए काफी धन खर्च होता था, इसलिए आमतौर पर राजा या रानी ही इन्हें बनवाने का निश्चय करते थे।
- अच्छे किस्म के पत्थर ढूँढकर शिलाखण्डों को खोदकर निकालना तथा उनको तय किए गए स्थान पर पहुँचाया जाता था। यहाँ पत्थरों को काट-छाँट कर तराशने के बाद खम्भों, दीवारों, फर्शों तथा छतों का आकार दिया जाता था।
- शानदार मन्दिरों तथा स्तूपों का निर्माण करने वाले शिल्पकारों को सारा खर्च राजा-रानी देते थे। इनमें आने वाले भक्त जो उपहार अपने साथ लाते थे, उनसे इमारत की सजावट की जाती थी।
- मन्दिर समाज तथा अर्थव्यवस्था दोनों के लिए महत्त्वपूर्ण थे। शासक विभिन्न देवी-देवताओं के प्रति भक्ति भाव को दर्शाने के लिए मन्दिर बनवाते थे।
- एलोरा गुफा भारत के महाराष्ट्र राज्य में **औरंगाबाद** जिले में स्थित यूनेस्को का एक विश्व विरासत स्थल है। यह अपनी स्मारक गुफाओं के लिए विश्व प्रसिद्ध है। इसमें 12 बौद्ध गुफा, 17 हिन्दू गुफा तथा 5 जैन धर्म से सम्बन्धित गुफाएँ उपस्थित हैं।
- दशावतार गुफा (गुफा-15) में भित्ति चित्रों के माध्यम से भगवान विष्णु के दस अवतारों का वर्णन किया गया है। यह गुफा राष्ट्रकूट काल में बनाई **गई थी**।

### अजन्ता एवं एलोरा की चित्रकला

- अजन्ता की पहाड़ियों में सैकड़ों सालों के दौरान कई गुफाएँ खोदी गई थीं। इनमें से ज्यादातर बौद्ध भिक्षुओं के लिए बनाए गए विहार थे, जिनमें से कुछ को चित्रों द्वारा सजाया गया था।
- इन चित्रों के रंग 1500 साल बाद भी चमकदार हैं। ये रंग पौधों तथा खनिजों से बनाए गए थे।

**कला के विभिन्न रूप**

| कलारूप | नाम |
|---|---|
| A. कला की वह तकनीक जो 'असली जैसी तस्वीरों' को बनाने में सहायक थी। | 1. तैल चित्रकला |
| B. चित्रकारी जिनमें भारतीय भू-दृश्यों को अनूठा, अनछुआ दिखाया जाता था। | 2. नयनाभिराम |
| C. भारत में यूरोपवासियों की ऐश्वर्यपूर्ण जीवन शैली, धन सम्पदा और रौब दर्शाती चित्रकला | 3. रूप चित्रण |
| D. ब्रिटिश साम्राज्यवादी इतिहास और विजयी दृश्यों को चित्रित करने वाली चित्रकला | 4. इतिहास चित्रकला |

## महाकाव्य एवं पुस्तकें

- इस युग में कई प्रसिद्ध महाकाव्यों की रचना की गई तथा इन उत्कृष्ट रचनाओं में स्त्री-पुरुषों की वीरगाथाएँ तथा देवताओं से जुड़ी कथाएँ हैं।
- लगभग 1800 साल पहले एक प्रसिद्ध तमिल महाकाव्य 'सिलप्पादिकारम्' की रचना इलांगों नामक कवि ने की थी।
- एक और तमिल महाकाव्य (Epics), मणिमेखलई को लगभग **1400** साल पहले सन्तनार द्वारा लिखा गया था। इसमें कोवलन् तथा माधवी की बेटी की कहानी है।
- कालिदास संस्कृत में लिखते थे, उनकी सबसे प्रसिद्ध रचना मेघदूत है। इसमें एक विरही प्रेमी बरसात के बादल को अपना सन्देशवाहक बनाने की कल्पना करता है।
- ये पुराण लौकिक संस्कृत में लिखे गए हैं, जिन्हें सुनने का अधिकार महिलाओं एवं शूद्रों को भी था।
- महाभारत एवं रामायण दोनों महाकाव्यों का समाज में काफी प्रचार प्रसार हुआ। महाभारत का ही अंश भगवतगीता है।
- महाभारत एवं पुराणों का रचयिता वेदव्यास को माना जाता है। संस्कृत में रामायण की रचना वाल्मीकि ने की थी।

## गणित एवं विज्ञान की पुस्तकें

- गणितज्ञ तथा खगोलशास्त्री आर्यभट्ट ने संस्कृत में आर्यभट्टीयम नामक पुस्तक लिखी थी। इसमें उन्होंने लिखा कि दिन और रात पृथ्वी के अपनी धुरी पर घूमने से होते हैं। उन्होंने ग्रहण के बारे में भी एक वैज्ञानिक तर्क दिया था। आर्यभट्ट ने वृत्त की परिधि को नापने की विधि निकाली थी, जो उतनी ही सही है, जितनी की आज प्रयुक्त होने वाली विधि है।
- यद्यपि अंकों का प्रयोग पहले से होता आ रहा है, परन्तु इस काल में भारत के गणितज्ञों ने एक नए चिह्न का आविष्कार किया। गिनती की यह पद्धति अरबों द्वारा अपनाई गई थी। तब यह यूरोप में फैल गई। आज भी यह पूरी दुनिया में प्रयोग की जाती है।

## कागज का आविष्कार

- कागज का आविष्कार लगभग 1900 साल पहले काई **लून** नामक व्यक्ति ने चीन में किया था। उसने पौधों के रेशों, कपड़ों, रस्सियों और पेड़ की छालों को पीट-पीट कर लुगदी बनाकर उसे पानी में भिगो दिया। फिर उस लुगदी को दबाकर उसका पानी निचोड़ा और तब सुखा कर कागज बनाया।
- कागज बनाने की तकनीक को सदियों तक गुप्त रखा गया। लगभग 1400 साल पहले यह कोरिया तक पहुँची। इसके तुरन्त बाद ही यह जापान तक फैल गई थी।

## प्रश्नमाला

**1. अधोलिखित में कौन गुप्तकालीन स्वर्ण मुद्रा है?**
(a) कौड़ी (b) दीनार
(c) निष्क (d) पण

**2. अंकोरवाट का मंदिर कहाँ पर स्थित है?**
(a) जावा (b) सुमात्रा
(c) कम्बोडिया (d) चम्पा

**3. बुद्ध की खड़ी प्रतिमा निम्न में से किस काल में बनाई गई?**
(a) गुप्तकाल (b) कुषाणकाल
(c) मौर्यकाल (d) गुप्तोत्तर काल

**4. अजन्ता और एलोरा गुफाएं हैं–**
(a) आंध्र प्रदेश (b) मध्य प्रदेश
(c) महाराष्ट्र (d) राजस्थान

**5. कनिष्क के समकालीन निम्नलिखित नामों का अध्ययन करें और निम्नांकित कोड के अनुसार अपना उत्तर इंगित करें–**
**(I) अश्वघोष**
**(II) वसुमित्र**
**(III) कालिदास**
**(IV) कम्बन**
**कोड:**
(a) I और IV (b) II और III
(c) I और II (d) उपर्युक्त सभी

**6. चट्टानों को काट कर महाबलीपुरम् का मंदिर किसके द्वारा बनवाया गया?**
(a) पल्लव (b) चोल
(c) चालुक्य (d) राष्ट्रकूट

**7. निम्नलिखित जोड़ों में से कौन-सा सही मेल खाता है?**
(a) एलोरा की गुफाएं शक
(b) महाबलीपुरम् राष्ट्रकूट
(c) मीनाक्षी मंदिर पल्लव
(d) खजुराहो चंदेल

**8. उड़ीसा में कोणार्क मंदिर का निर्माण किसने करवाया था?**
(a) राजा नरसिंह देव-I
(b) राजा कृष्ण देव राय
(c) कनिष्क
(d) पुलकेशिन-II

**9. निम्न में से किसने नालन्दा विश्वविद्यालय का भ्रमण व वहाँ अध्ययन किया था?**
(a) ह्वेनसांग
(b) फाहयान
(c) मेगस्थनीज
(d) उपरोक्त में से कोई नहीं

**10. अंकोरवाट का विष्णु मंदिर कहाँ है?**
(a) भारतवर्ष में
(b) श्रीलंका में
(c) कम्बोडिया में
(d) जापान में

**11. मिलिन्दपन्हो–**
(a) संस्कृत नाटक है
(b) जैन वृत्तान्त है
(c) पालि ग्रंथ है
(d) फारसी महाकाव्य है

**12. हेलियोडोरस का बेसनगर अभिलेख संदर्भित है–**
(a) संकर्षण तथा वासुदेव से
(b) संकर्षण तथा प्रद्युम्न से
(c) संकर्षण, प्रद्युम्न तथा वासुदेव से
(d) केवल वासुदेव से

**13. कालिदास द्वारा रचित 'मालविकाग्निमित्र' नामक नाटक का नायक था–**
(a) पुष्यमित्र शुंग (b) गौतमीपुत्र शातकर्णी
(c) अग्निमित्र (d) चन्द्रगुप्त द्वितीय

**14. एलोरा में गुफाओं तथा शैलकृत मंदिरों का संबंध है, केवल-**
(a) बौद्धों से
(b) बौद्धों तथा जैनियों से
(c) हिन्दुओं तथा जैनियों से
(d) हिन्दुओं, बौद्धों तथा जैनियों से

**15. आध्यात्मिक ज्ञान के विषय में नचिकेता और यम का संवाद किस उपनिषद् में प्राप्त होता है?**

(a) वृहदारण्यक उपनिषद् में
(b) छान्दोग्य उपनिषद् में
(c) कठोपनिषद् में
(d) केन उपनिषद् में

**16. महरौली ( दिल्ली ) में कुतुबमीनार परिसर में स्थित लौह स्तम्भ का निर्माण कब हुआ था ?**
(a) लगभग 1500 वर्ष पहले
(b) लगभग 1400 वर्ष पहले
(c) लगभग 1300 वर्ष पहले
(d) लगभग 1200 वर्ष पहले

**17. सिलप्पादिकारम् से सम्बन्धित निम्न कथनों में से कौन-सा सत्य है ?**
(a) इसमें केवलन् नामक व्यापारी की कहानी है
(b) केवलन् पुहार में रहता था
(c) यह अपनी पत्नी कन्यगी की उपेक्षा कर नर्तकी माधवी से प्रेम करने लगा था
(d) उपरोक्त सभी

**18. वृत्त की परिधि को नापने की विधि का आविष्कार निम्न में से किसने किया था ?**
(a) आर्यभट्ट
(b) आइंस्टीन
(c) अरस्तू
(d) न्यूटन

**19. गर्भगृह, कुछ प्रारम्भिक हिन्दू मन्दिरों का सबसे महत्त्वपूर्ण भाग था—**
(a) मन्दिरों में वह स्थान जहाँ लोग एकत्रित हो सकते थे।
(b) वह स्थान जहाँ धार्मिक अनुष्ठान नहीं किए जाते थे।
(c) गुफाएँ जिन्हें मूर्तियों तथा भित्ति चित्रों द्वारा पूरी तरह सजाया जाता था।
(d) वह स्थान जहाँ मुख्य देवी या देवता की मूर्ति को रखा जाता था।

**20. एलोरा की गुफा-15 का भित्ति चित्र, जिसमें विष्णु को नरसिंह अर्थात् पुरुष-सिंह के रूप में दिखलाया गया है, किस काल की कृति है ?**
(a) राष्ट्रकूट काल
(b) गुर्जर प्रतिहार काल
(c) चालुक्य काल
(d) गुप्त काल

**21. मन्दिर के बारे में दिए गए (A), (B) और (C) वक्तव्यों पर विचार कर सही उत्तर का चयन करें।**

**A. मन्दिर नगर, नगरीकरण का एक महत्त्वपूर्ण प्रतिरूप प्रस्तुत करते थे।**

**B. मन्दिर, अर्थव्यवस्था और समाज दोनों के लिए अत्यन्त महत्त्वपूर्ण होते थे।**

**C. शासक विभिन्न देवी-देवताओं के प्रति अपना भक्तिभाव दर्शाने के लिए मन्दिर बनवाते थे।**

**कूट**
(a) B और C सही हैं, A सही नहीं है
(b) A और C सही हैं, B सही नहीं है
(c) A, B और C सभी सही हैं
(d) A और B सही हैं, C सही नहीं है

## उत्तरमाला

**1.** (b) **2.** (c) **3.** (b) **4.** (c) **5.** (c) **6.** (a) **7.** (d) **8.** (a) **9.** (a) **10.** (c)
**11.** (a) **12.** (d) **13.** (d) **14.** (d) **15.** (c) **16.** (a) **17.** (d) **18.** (d) **19.** (d) **20.** (a)
**21.** (c)

❑❑❑

# 12 नए राजा एवं राज्य

## उत्तर भारत के प्रमुख राजवंश

### कश्मीर के राजवंश

- कल्हण की राजतरंगिणी से ज्ञात होता है कि 800–1200 ई. तक कश्मीर में तीन राजवंशों-**कार्कोट वंश**, **उत्पल वंश** एवं **लोहार वंश** ने शासन किया।
- **कार्कोट राजवंश** की स्थापना 7वीं शताब्दी में **दुर्लभवर्धन** ने की थी।
- कार्कोट वंश का सर्वाधिक शक्तिशाली शासक **ललितादित्य मुक्तापीड** विद्वानों का संरक्षक था, इसके दरबार में **क्षीर**, **उद्भट**, **दामोदर गुप्त** आदि विद्वान रहते थे।
- कश्मीर के **मार्त्तण्ड-मंदिर** का निर्माण **ललितादित्य** द्वारा करवाया गया था।
- **अवन्ति वर्मन** के अभियन्ता **सुय्य** ने सिंचाई के लिए नहरों का निर्माण करवाया था।
- उत्पल वंश की स्थापना **अवन्ति वर्मन** ने की थी।
- उत्पल वंश की **रानी दिद्दा (980 ई.)** एक महत्वाकांक्षी शासिका थी।
- उत्पल वंश के बाद कश्मीर पर **लोहार वंश** का शासन स्थापित हुआ।
- लोहार वंश का संस्थापक **संग्रामराज** था। इसकी पत्नी **सूर्यमती** ने प्रशासन को सुधारने में उसकी सहायता की।
- लोहार वंश का प्रमुख शासक हर्ष विद्वान, कवि तथा कई भाषाओं का ज्ञाता था।
- **कल्हण हर्ष** का आश्रित कवि था, जिसने **राजतरंगिणी** की रचना की।
- **जयसिंह** लोहार वंश का अन्तिम शासक था।
- **कल्हण** ने 'राजतरंगिणी' की रचना **जयसिंह** के शासन काल में पूरी की, इसमें कश्मीर के बारे में विस्तृत जानकारी मिलती है।

### पाल वंश

- बंगाल में अराजकता फैल जाने पर (750–770 ई.) जनता ने दयिता विष्णु के **पौत्र** और सेनापति वप्यात के पुत्र गोपाल को शासक चुना।
- इस वंश की राजधानी मुंगेर थी।
- तारानाथ के अनुसार गोपाल ने **ओदन्तपुरी** का प्रसिद्ध विहार बनवाया।
- **धर्मपाल (770–810 ई.)** गोपाल का उत्तराधिकारी एवं **पाल वंश** का शक्तिशाली शासक था। गुजरात के कवि **'सोडड्ल'** ने इसे **'उत्तरापथस्वामी'** कहा है।
- धर्मपाल की राजसभा में प्रसिद्ध बौद्ध लेखक हरिभद्र निवास करता था।
- धर्मपाल ने **विक्रमशिला** तथा **सोमपुरी** (पहाड़पुर) में विहार की स्थापना की।
- **देवपाल (810–850 ई.)** ने जावा के शैलेन्द्रवंशी शासक **बालपुत्रदेव** के अनुरोध पर उसे नालंदा में एक बौद्ध विहार बनवाने के लिए पाँच गाँव दान में दिए।
- **देवपाल** ने **ओदन्तपुरी** (बिहार) के प्रसिद्ध **बौद्ध मठ** का निर्माण करवाया था।
- **संध्याकरनन्दी** द्वारा रचित **रामपाल चरित** में इस वंश का अन्तिम **शासक रामपाल** को माना गया है।
- कन्नौज के लिए त्रिपक्षीय संघर्ष **पालवंश**, **गुर्जर प्रतिहार वंश** एवं **राष्ट्रकूट वंश** के बीच हुआ। इसमें पालवंश की ओर से सर्वप्रथम **धर्मपाल** शामिल हुआ था।
- **गौड़ीय रीति** नामक साहित्यिक विद्या का विकास **पाल शासकों** के समय में हुआ।
- पाल शासक **बौद्ध धर्म** के अनुयायी थे।

### सेन वंश

- 'सामंत सेन' ने **'राढ़'** में **सेन वंश** (1080 ई.) की स्थापना की थी।
- इसकी राजधानी **नदिया (लखनौती)** थी।
- सेनवंश का प्रथम स्वतन्त्र शासक **विजयसेन** था, जो शैवधर्म का अनुयायी था।
- विजयसेन ने **देवपाड़ा में प्रद्युम्नेश्वर मन्दिर** (शिव का विशाल मन्दिर) की स्थापना की थी।
- **बल्लाल सेन (1158–78 ई.)** ने **'दानसागर'** और **'अद्भुतसागर'** ग्रंथ लिखा।
- **लक्ष्मणसेन (1178–1205 ई.)** बंगाल का अन्तिम **हिन्दू शासक** था।
- **हलायुद्ध** लक्ष्मणसेन का प्रधान **न्यायाधीश** एवं **मुख्यमन्त्री** था।
- लक्ष्मणसेन के राजदरबार में **'गीत गोविन्द'** के लेखक **जयदेव**, **'पवनदूतम्'** के लेखक **धोई**, **'ब्राह्मणसर्वस्व'** के लेखक **हलायुद्ध** आदि विद्वान मौजूद थे।
- **सेन राजवंश** प्रथम राजवंश था, जिसने अपना अभिलेख सर्वप्रथम **हिन्दी** में उत्कीर्ण करवाया।
- **बख्तियारुद्दीन मुहम्मद-बिन-खिलजी** (1202 ई.) ने लखनौती पर आक्रमण कर सेन वंश को समाप्त कर दिया।

### हिन्दूशाही वंश

- **शाही वंश** के राजा **लंगतुरमान** को (9वीं सदी) अपदस्थ कर उसके मन्त्री **कल्लर** ने हिन्दूशाही वंश की स्थापना की।
- भीम ने अपनी पुत्री का विवाह **लोहार वंश** (कश्मीर) के **राजा सिंहराम** से किया, जिनके यहाँ **दिद्दा** नाम की पुत्री पैदा हुई।
- इस वंश के पराक्रमी शासक **जयपाल** ने **महमूद गजनवी** से हारने के पश्चात् 1001 ई. में **अग्नि में कूदकर आत्महत्या** कर ली थी।
- **जयपाल**, **आनन्दपाल**, **त्रिलोचनपाल** और **भीमपाल** ने करीब 50 वर्षों तक महमूद गजनवी से संघर्ष किया।

## उड़ीसा के पूर्वी गंग संस्थापक वज्रहस्त पंचम

- **अनन्तवर्मा चोड्गंग ( 1076–1148 ई. )** पूर्वी गंग वंश का सबसे प्रतापी शासक था।
- इसका संस्थापक वज्रहस्त पंचम था।
- चोड्गंग ने पुरी के प्रसिद्ध **जगन्नाथ मंदिर** भुवनेश्वर के लिंगराज मंदिर का निर्माण **पयाति-I** ने कराया था।
- चोड्गंग **संस्कृत** तथा **तेलुगु साहित्य** का महान संरक्षक था।
- उड़ीसा के **सूर्यवंशी शासकों** ने गजपति की उपाधि धारण की थी।
- 14वीं सदी में उड़ीसा **दिल्ली सल्तनत** के अधीन आ गया।

## राजपूत वंश

- 'राजपूत' शब्द संस्कृत के **'राजपुत्र'** शब्द का अपभ्रंश हैं।
- **राजतरंगिणी** (कल्हण रचित) में 36 राजपूत कुलों का वर्णन है।
- कुछ विद्वानों के अनुसार राजपूत जाति के लोग प्राचीन आर्य क्षत्रिय नहीं बल्कि उत्तर से आए सिथियन एवं शक् है क्योंकि शक-सिथियन तथा राजपूतों के रीति-रिवाज आपस में मिलते हैं यथा सूर्य-पूजा, अश्वमेध यज्ञ करना आदि।
- **"चन्दबरदाई कृत पृथ्वीराजरासो"** के अनुसार आबू पर्वत पर वशिष्ठ द्वारा किए गए अग्निकुंड से चार योद्धा गुर्जर–**प्रतिहार**, **परमार**, **चालुक्य** और **चव्हाण** निकले, जिन्होंने दैत्यों को खदेड़कर पाताल में पहुँचा दिया।
- राजपूत काल में बड़े पैमाने पर **'सती प्रथा'** तथा **'जौहर प्रथा'** प्रचलित थी।

## गुर्जर-प्रतिहार वंश

- इस वंश की स्थापना **हरीशचन्द्र** नामक राजा ने की थी।
- **नागभट्ट प्रथम ( 730–756 ई. )** प्रतिहार वंश का वास्तविक संस्थापक था।
- गुर्जर जाति का सर्वप्रथम उल्लेख **पुलकेशिन द्वितीय** के ऐहोल अभिलेख से प्राप्त होता है।
- प्रतिहार वंश का सर्वाधिक शक्तिशाली एवं **प्रतापी राजा मिहिरभोज** प्रथम था।
- मिहिरभोज ने अपनी **राजधानी कन्नौज** में बनाई थी। वह विष्णुभक्त था, उसने विष्णु के सम्मान में आदि **वराह** तथा **प्रभास** की उपाधि ग्रहण की थी।
- राजशेखर प्रतिहार शासक **महेन्द्रपाल प्रथम** के दरबार में रहते थे।
- इस वंश का अन्तिम राजा **यशपाल ( 1036 ई. )** था।

## चौहान वंश ( दिल्ली और अजमेर )

- दिल्ली नगर की स्थापना **तोमर नरेश अनंगपाल** ने 11वीं सदी के मध्य में की थी।
- 7वीं सदी में **सांभर अजमेर** के आस-पास के क्षेत्र में **वासुदेव** ने **शाकंभरी** के **चौहान राज्य** की स्थापना की।
- चौहान शासक **अजयपाल** ने **अजमेर नगर** की स्थापना कर महल और मंदिर बनवाए।
- नौवीं सदी के मध्य में **विग्रहराज** चतुर्थ (बीसलदेव) ने **तोमर वंशी** शासक से दिल्ली जीत ली।
- **विग्रहराज चतुर्थ** (1153–63 ई.) ने **'हरकेलि' नामक संस्कृत** नाटक की रचना की थी।
- **सोमदेव विग्रहराज-IV** के **राजकवि** थे। इन्होंने **ललित विग्रहराज** नामक नाटक लिखा।
- पृथ्वीराज तृतीय के **राजकवि चन्दबरदाई** ने **पृथ्वीराज रासो**, **जयानक** ने **पृथ्वीराज विजय** तथा जयचन्द्र ने **हम्मीर महाकाव्य** की रचना की।
- **तराइन** का प्रथम युद्ध **1191** में हुआ, जिसमें **पृथ्वीराज तृतीय** की विजय एवं **गोरी की हार** हुई।
- तराइन का द्वितीय युद्ध 1192 में हुआ, जिसमें **गोरी की विजय** एवं **पृथ्वीराज तृतीय** की हार हुई।

## मालवा का परमार वंश

- **820 ई.** में **उपेन्द्र** ने कन्नौज के प्रतिहार साम्राज्य के **खण्डहरों** पर **परमार वंश** की स्थापना की।
- **मुंज ( 974–995 ई. )** के दरबार में **धनिक**, **हलायुद्ध**, **पद्मगुप्त** तथा **धनंजय** नामक विद्वान रहते थे।
- नवसहसांक चरित के रचयिता **पद्मगुप्त**, **दशरूपक** के रचयिता धनंजय तथा **दशरूपलोक** के रचयिता धनिक थे।
- इस वंश का प्रतापी शासक भोज था, जिसने उज्जैन को अपनी राजधानी बनाया।
- अंतत: 1297 ई. में मालवा को दिल्ली सल्तनत में मिला दिया गया।

## बुंदेलखण्ड का चंदेल वंश

- बुन्देलखण्ड का प्राचीन नाम **'जेजाकभुक्ति'** था।
- **नन्नुक ( 831 ई. )** इस वंश का प्रथम राजा था।
- चंदेलों ने **खजुराहो** को राजधानी बनाया।
- चंदेल वंश का प्रथम स्वतन्त्र एवं सबसे प्रतापी राजा **यशोवर्मन** था।
- **यशोवर्मन ( हर्षपुत्र )** ने **कालिंजर** को जीतकर **महोबा** को राजधानी बनाया।
- यशोवर्मन ने कन्नौज पर आक्रमण कर एक **विष्णु की प्रतिमा** प्राप्त की, जिसे उसने खजुराहो के **विष्णु मंदिर** में स्थापित किया।
- **धंगदेव ( धंग )** ने राजधानी को कालिंजर से बदलकर **खजुराहो** में स्थानांतरित कर दिया।
- धंगदेव के उत्तराधिकारी **गंडदेव** ने **महमूद गजनवी** के विरुद्ध बने **भारतीय राजसंघ** को सहयोग दिया।
- **कंदरिया महादेव मंदिर** का निर्माण **धंगदेव** द्वारा **999 ई.** में किया गया था।
- चंदेल शासक **कीर्तिवर्मन** की राजसभा में रहने वाले **कृष्ण मिश्र** ने **प्रबोध चन्द्रोदय** की रचना की थी। इन्होंने महोबा के समीप **कीर्तिसागर** नामक जलाशय का निर्माण किया।
- **आल्हा-उदल** नामक दो सेनानायक **परमर्दिदेव** के दरबार में रहते थे, जिन्होंने **पृथ्वीराज चौहान** के साथ युद्ध करते हुए अपनी जान गवायी थी।
- चंदेल वंश के अन्तिम शासक **परमर्दिदेव** ने **1202 ई.** में कुतुबुद्दीन ऐबक की अधीनता स्वीकार कर ली। इस कारण उसके मन्त्री **अजयदेव** ने उसकी हत्या कर दी।
- **1305 ई.** में चन्देल राज्य **दिल्ली** में मिला लिया गया।
- खजुराहो मंदिरों का निर्माण 10वीं से 12वीं सदी ई. में चंदेल शासकों के शासनकाल में हुआ।

## गुजरात का सोलंकी वंश ( चालुक्य वंश )

- **सोलंकी वंश** के **संस्थापक मूलराज** (942–995 ई.) ने **अन्हिलवाड़** को अपनी राजधानी बनाया। मूलराज प्रथम **शैवधर्म का अनुयायी** था।
- **भीम-I ( 1025–26 ई. )** के समय **महमूद गजनवी** ने सोमनाथ के मंदिर पर आक्रमण व लूटपाट की थी।
- **भीम प्रथम** के सामन्त **बिमल** ने आबू पर्वत पर **दिलवाड़ा का प्रसिद्ध** जैन मंदिर बनवाया।
- सोलंकी वंश का प्रथम शक्तिशाली शासक **जयसिंह ( 1094–1153 ई. )** था।
- जयसिंह ने 'सिद्धराज' की उपाधि धारण की तथा जैन आचार्य **हेमचन्द्र** को संरक्षण दिया।

- **माउण्ट आबू पर्वत** (राजस्थान) पर एक मंडप बनाकर जयसिंह सिद्धराज ने अपने सातों पूर्वजों की **गजारोही मूर्तियों** की स्थापना की।
- **अजयपाल** के पुत्र **मूलराज द्वितीय** ने **1178 ई.** में आबू पर्वत के समीप मोहम्मद गोरी को परास्त किया।
- **मोढ़ेरा के सूर्य मंदिर** का निर्माण **सोलंकी राजाओं** के शासनकाल में हुआ था।
- **सोलंकी वंश** का अन्तिम शासक **भीम-II** था।
- **भीम-II** के एक सामन्त **लवण प्रसाद** ने गुजरात में **बघेल वंश** की स्थापना की थी।
- **भीम द्वितीय** को 1187 ई. में **कुतुबुद्दीन ऐबक** ने पराजित किया।

## त्रिपुरी का कलचूरी वंश

- यह राज्य **नर्मदा के दक्षिण** और **गोदावरी के उत्तर** में स्थित था।
- **कलचूरी वंश** की स्थापना 845 ई. में **कोकल्ल** ने की थी।
- कलचूरियों की राजधानी **जबलपुर ( म.प्र. ) के निकट त्रिपुरी** में थी।
- राजशेखर ने कलचूरी शासक युवराज के दरबार में ही **'काव्यमीमांसा'** और **'विद्धसालभंजिका'** की रचना की। **विद्धसालभंजिका** में युवराज को **'उज्जयिनी भुजंग'** कहा गया है।
- कलचूरी वंश का एक शक्तिशाली शासक **गांगेय** देव था, जिसने **'विक्रमादित्य'** की उपाधि धारण की।
- कलचूरी वंश का सबसे महान शासक **लक्ष्मीकर्ण** था, जिसने **कलिंग** पर विजय प्राप्त की और **त्रिकलिंगाधिपति** की उपाधि धारण की।

## गहड़वाल वंश

- **कन्नौज** में **1080–85** के मध्य चन्द्रदेव ने गहड़वाल वंश की स्थापना की।
- इस वंश के प्रतापी शासक **गोविन्द चन्द्र** को उसके लेखों में विविध विधाविचार **वाचस्पति** कहा गया है।
- गोविन्द चन्द्र के **मन्त्री लक्ष्मीधर** द्वारा कृत्य **कल्पतरु नामक** ग्रंथ की रचना की गई।
- इस वंश का अन्तिम शक्तिशाली **राजा जयचन्द** था, जिसकी 1194 ई. में चन्दावर के युद्ध में **मोहम्मद गोरी** से पराजित होने पर हत्या कर दी गई थी।

## सिसोदिया वंश

- सिसोदिया वंश स्वयं को **'सूर्यवंशी'** कहते थे।
- सिसोदिया शासक **मेवाड़ ( राजस्थान )** पर राज्य करते थे। उनकी राजधानी चित्तौड़ थी।
- **खतौली का युद्ध 1518 ई.** में **राणा सांगा** एवं **इब्राहिम लोदी** के बीच हुआ था।
- राणा कुम्भा ने **चित्तौड़** में **विजयस्तम्भ** का निर्माण करवाया था।
- हल्दीघाटी का युद्ध **महाराणा प्रताप** एवं **अकबर** के बीच **1576 ई.** में हुआ।

# दक्षिण भारत के प्रमुख राजवंश

## राष्ट्रकूट राजवंश

- **राष्ट्रकूट** मान्यखेट के **राष्ट्रिकों/राठिकों** के वंशज थे।
- अशोक के **अभिलेखों में राष्ट्रकूटों** का उल्लेख है।
- 760 ई. में **दंतिदुर्ग ( राष्ट्रकूट )** ने चालुक्य शासक **कीर्तिवर्मन द्वितीय** को पराजित कर मान्यखेट को अपनी राजधानी बनाया।
- दन्तिवर्मा ने **'महाराजाधिराज'**, **'परमेश्वर'** तथा **'परमभट्टारक'** जैसी उपाधियाँ धारण की थीं।
- **कृष्ण प्रथम ( 758–773 ई. )** ने **'शुभतुंग'** और **'अकालवर्ष'** उपाधियाँ धारण की।
- एलोरा के प्रसिद्ध **कैलाश मंदिर** का निर्माण **कृष्ण प्रथम** ने करवाया था।
- **ध्रुव ( 780–793 ई. )** ने सिंहासनारोहण के पश्चात् **'धारावर्ष'** और **'श्री वल्लभ'** जैसी उपाधि धारण कीं थी।
- ध्रुव राष्ट्रकूट वंश का पहला शासक था, जिसने कन्नौज पर अधिकार करने हेतु त्रिपक्षीय संघर्ष में भाग लिया और प्रतिहार नरेश वत्सराज एवं पाल नरेश धर्मपाल को पराजित किया।
- त्रिपक्षीय संघर्ष में भाग लेने वाले राष्ट्रकूट शासक- ध्रुव, गोविंद-III, इन्द्र-III, कृष्ण-III थे।
- **गोविन्द तृतीय ( 793–814 ई. )** ने त्रिपक्षीय संघर्ष में भाग लेकर चक्रायुद्ध एवं उसके संरक्षक धर्मपाल तथा प्रतिहार वंश के शासक **नागभट्ट-II** को पराजित किया।
- पल्लव, पाण्ड्य, केरल के चेर एवं गंग शासकों के संघ को **गोविन्द-III** ने नष्ट किया।
- **अमोघवर्ष ( 814–878 ई. )** ने मान्यखेत नगर बसाकर उसे राजधानी बनाया।
- अमोघवर्ष ने कन्नड़ के प्रसिद्ध ग्रंथ **'कविराजमार्ग'** की रचना की।
- **इन्द्र-III** के शासन काल में अरब निवासी अलमसूदी भारत आया। इसने तत्कालीन राष्ट्रकूट शासकों को भारत का सर्वश्रेष्ठ शासक कहा।
- राष्ट्रकूट वंश का अन्तिम महान शासक **कृष्ण-III** था। इसने **तक्कोलम** के युद्ध में **चोल शासक परान्तक** को पराजित किया था। इसी के दरबार में कन्नड़ भाषा के **कवि पोन्न** रहते थे, जिन्होंने **शान्ति पुराण** की रचना की थी।
- **कर्क द्वितीय** (972–73 ई.) अन्तिम राष्ट्रकूट शासक था। इसे **तैलप द्वितीय** नामक सामंत ने पराजित कर **कल्याणी के चालुक्य वंश** की स्थापना की।

## पश्चिमी चालुक्य वंश ( बादामी/वातापी )

- वातापी के चालुक्य वंश का निर्माणकर्त्ता **कीर्तिवर्मन** को माना जाता है।
- बादामी के चालुक्य शासक **हरिति पुत्र** होने का दावा करते थे।
- बादामी के चालुक्य वंश का संस्थापक **पुलकेशिन प्रथम** (535–566 ई.) था, जिसने वातापी को राजधानी बनाया।
- 637–638 ई. में कन्नौज के हर्षवर्द्धन को **पुलकेशिन द्वितीय** ने हराया था।

**प्रसिद्ध विद्वान एवं उनके संरक्षक**

| विद्वान | संरक्षक |
|---|---|
| उदयराज | गुजरात का महमूद बेगड़ा |
| हेमचन्द्र | कुमार पाल (अन्हिलवाड़ के चालुक्य) |
| नागार्जुन | कनिष्क |
| अमर सिंह | चंद्रगुप्त विक्रमादित्य |
| रविकीर्ति | पुलकेशिन द्वितीय (चालुक्य बादामी) |
| वाक्पतिराज | कन्नौज का यशोवर्मन |
| भवभूति | कन्नौज का यशोवर्मन |
| हरिषेण | समुद्रगुप्त |
| राजशेखर | महेंद्रपाल और महिपाल (गुर्जर-प्रतिहार) |
| सोमदेव | पृथ्वीराज तृतीय |
| चन्दबरदाई | पृथ्वीराज चौहान (तृतीय) |
| बाणभट्ट | हर्ष |
| दण्डी | नरसिंह वर्मन द्वितीय (पल्लव) |
| भारवि | सिंहविष्णु (पल्लव) |
| गुणाढ्य | हाल (सातवाहन) |

| | |
|---|---|
| महावीराचार्य | अमोघवर्ष (राष्ट्रकूट) |
| जिनसेन | अमोघवर्ष (राष्ट्रकूट) |
| शाकटायन | अमोघवर्ष (राष्ट्रकूट) |
| जयदेव (गीतगोविन्द) | लक्ष्मणसेन (बंगाल) |
| विल्हण | विक्रमादित्य VI (कल्याणी का चालुक्य) |
| विज्ञानेश्वर | विक्रमादित्य VI (कल्याणी का चालुक्य) |
| लक्ष्मीधर | गोविंदचंद्र (कनौज शासक) |
| श्री हर्ष | जयचंद्र (कन्नौज) |
| कल्हण | हर्ष (कश्मीर) |
| फिरदौसी | महमूद गजनवी |
| अमीर खुसरो | बलबन से अलाउद्दीन खिलजी तक |

- पुलकेशिन द्वितीय चालुक्य वंश का सबसे महान राजा था। इसने **'श्री पृथ्वीवल्लभ'**, **'परमेश्वर'** तथा **'परमभागवत'** जैसी उपाधियाँ धारण की थीं।
- **पुलकेशिन-II** ने हर्षवर्द्धन को हराकर **'परमेश्वर'** एवं **'दक्षिणापथेश्वर'** की उपाधि धारण की थी।
- **विक्रमादित्य-II** के शासनकाल में ही दक्कन में अरबों ने आक्रमण किया। इस आक्रमण का मुकाबला विक्रमादित्य के भतीजे **पुलकेशिन** ने किया। इस अभियान की सफलता पर **विक्रमादित्य-II** ने इसे अवनिजनाश्रय की उपाधि प्रदान की।
- चालुक्य नरेश विक्रमादित्य द्वितीय ने पल्लव नरेश नंदिवर्मन द्वितीय को पराजित करके कांचीकोण्ड की उपाधि धारण की।
- **विक्रमादित्य-II** की प्रथम पत्नी लोकमहादेवी ने **पट्टदकल** में विरुपाक्ष महादेव मंदिर तथा उसकी दूसरी पत्नी **त्रैलोक्य देवी** ने त्रैलोकेश्वर मंदिर का निर्माण करवाया।
- इस वंश के अन्तिम राजा कीर्तिवर्मन द्वितीय को सामंत दन्तिदुर्ग ने परास्त कर (राष्ट्रकूट वंश) की स्थापना की।

## पूर्वी चालुक्य वंश (वेंगी)

- **पुलकेशिन द्वितीय (वातापी वंश)** के भाई एवं वायसराय विष्णुवर्द्धन ने 615 ई. में आंध्र प्रदेश में पूर्वी **चालुक्य वंश** की स्थापना की।
- **पूर्वी चालुक्य** वंश की राजधानी **वेंगी** थी।
- **जयसिंह प्रथम (633–663 ई.)** के समय पल्लवों ने पुलकेशिन द्वितीय (वातापी) को हराया।
- इस वंश के प्रमुख शासक थे–**जयसिंह प्रथम**, **इन्द्रवर्द्धन**, **विष्णुवर्द्धन द्वितीय**, **जयसिंह द्वितीय** एवं **विष्णुवर्द्धन-III**।

## चालुक्य (कल्याणी) वंश

- चालुक्यों की तीन शाखाएँ थीं–**1.** कल्याणी के चालुक्य, **2.** वातापी के चालुक्य और **3.** वेंगी के चालुक्य।
- चालुक्य वंश (कल्याणी) के प्रमुख शासक हुए–**तैलप प्रथम**, **तैलप द्वितीय**, **विक्रमादित्य**, **जयसिंह**, **सोमेश्वर**, **सोमेश्वर-II**, **विक्रमादित्य-VI**, **सोमेश्वर-III** एवं **तैलप-III**।
- कल्याणी के चालुक्य वंश की स्थापना **तैलप द्वितीय** (973–997 ई.) ने राष्ट्रकूट शासक खोट्टिग के **भतीजे कर्क** को पराजित करके की थी।
- सोमेश्वर प्रथम ने मान्यखेट से राजधानी हटाकर **कल्याणी (कर्नाटक)** को बनाया।
- **विल्हण** एवं **विज्ञानेश्वर** **विक्रमादित्य-VI** के दरबार में रहते थे।
- विक्रमादित्य-VI इस वंश का सबसे महान राजा था, जिसने 1076 ई. में **'विक्रम संवत्'** की शुरुआत की। इसके दरबार में **विज्ञानेश्वर** एवं **विल्हण** निवास करते थे।
- **मिताक्षरा** (हिन्दू विधि ग्रंथ, **याज्ञवल्क्य स्मृति** पर व्याख्या) नामक ग्रंथ की रचना महान **विधिवेत्ता विज्ञानेश्वर** ने की थी एवं **'विक्रमांकदेवचरित'** की रचना विल्हण ने की थी।
- सोमदेव ने कथासरितसागर नामक पुस्तक लिखी।
- विक्रमांकदेवचरित के लेखक विल्हण थे।

## पल्लव वंश

- कांची के पल्लव वंश की प्रथम जानकारी हरिषेण की प्रयाग प्रशस्ति एवं ह्वेनसांग यात्रा विवरण से मिलती है। पल्लव पहले सातवाहनों के सामंत थे।
- सिंहविष्णु (पृथ्वी का शेर) ने 575 ई. में पल्लव वंश की नींव डाली।
- 'किरातार्जुनीयम' का लेखक भारवि सिंहविष्णु (अवनीसिंह) के संरक्षण में था।
- सिंहविष्णु बौद्ध तथा वैष्णव दोनों धर्मों का अनुयायी था।
- सिंहविष्णु ने मामल्लपुरम में आदिवराह गुहा मंदिर बनवाया था।
- पल्लव वंश की राजधानी काँची (तमिलनाडु में काँचीपुरम) थी।
- पल्लव वंश के प्रमुख शासक हुए क्रमशः महेन्द्र वर्मन प्रथम (600–630 ई.), नरसिंह वर्मन प्रथम (630–668 ई.), महेन्द्र वर्मन द्वितीय (668–670), परमेश्वर वर्मन प्रथम (670–680 ई.), नरसिंह वर्मन-II (704–728), नंदिवर्मन-I (731–795) हुए।
- महेन्द्र वर्मन-I (600–630 ई.) के शासन काल में पल्लवों और चालुक्यों के मध्य लम्बा संघर्ष शुरू हो गया था।
- महेन्द्र वर्मन प्रथम ने 'मत्तविलास प्रहसन' नामक परिहास नाटक की रचना की।
- महेन्द्र वर्मन प्रथम ने **मतविलास, विचित्र चित** एवं **गुणभर शत्रुमल्ल** की उपाधि धारण की थी।
- महाबलीपुरम के एकाश्म मंदिर, जिन्हें रथ कहा गया है, का निर्माण पल्लव राजा नरसिंह वर्मन प्रथम के द्वारा करवाया गया था। रथ मंदिरों में सबसे छोटा द्रौपदी रथ है जिसमें किसी प्रकार का अलंकरण नहीं मिलता है।
- नरसिंह वर्मन प्रथम के शासनकाल (641 ई.) में चीनी यात्री ह्वेनसांग कांची गया था।
- पल्लववंशी शासक नरसिंह वर्मन प्रथम ने पुलकेशिन-II को लगभग 642 ई. में परास्त किया और राजधानी बादामी पर अधिकार कर 'महामल्ल' और 'वातापिकोंड' की उपाधि धारण की।
- अरबों के आक्रमण के समय पल्लवों का शासक नरसिंह वर्मन-II था उसने 'राजसिंह' (राजाओं में सिंह), 'आगमप्रिय' (शास्त्रों का प्रेमी) और 'शंकरभक्त' (शिव का उपासक) की उपाधियाँ धारण की थी। उसने काँची के कैलाशनाथ मंदिर का निर्माण करवाया, जिसे राजसिद्धेश्वर मंदिर भी कहा जाता है। इसी मंदिर के निर्माण से द्रविड़ स्थापत्य कला की शुरुआत हुई। यह महाबलिपुरम् में **शोर मंदिर** के नाम से विख्यात है।
- महाबलिपुरम के सप्त पैगोडा का निर्माण नरसिंह वर्मन-I ने करवाया।
- दशकुमारचरित के लेखक दण्डी नरसिंह वर्मन (द्वितीय) के दरबार में रहते थे।
- पल्लव वंश का अन्तिम शासक अपराजित (879–897 ई.) हुआ।

**पल्लव कला एवं वास्तुकला**

**द्रविड़ शैली**–पल्लवों के नेतृत्व में द्रविड़ शैली का विकास चार चरणों में हुआ–

1. **महेन्द्र वर्मन शैली**–इसके अंतर्गत कठोर पाषाण को काटकर गुहा मन्दिरों का निर्माण हुआ, जिन्हें (मण्डप शैली) मण्डप कहा जाता है।
2. **नरसिंह वर्मन शैली (मामल्लशैली)**–इस शैली का विकास नरसिंहवर्मन प्रथम मामल्ल के काल में हुआ। इसमें रथ या एक शिलाखंडीय (एकाश्म मंदिर) हैं जो मामल्लपुरम में पाए जाते हैं किंतु वास्तव में आठ हैं–धर्मराज, अर्जुन, भीम, सहदेव, द्रौपदी, गणेश पिदारी एवं वालायान कुट्टीय।

3. **राजसिंह शैली**–इसके अंतर्गत गुहा मंदिरों के स्थान पर पाषाण, ईंट की सहायता से इमारती मन्दिरों का निर्माण किया गया। इस शैली का प्रयोग नरसिंह वर्मन-II ने किया। महाबलीपुरम् का मन्दिर, मुकुंद मंदिर, कांची का कैलाशनाथ मंदिर एवं ऐरावतेश्वर मंदिर आदि इस शैली के मन्दिर है।
4. **नंदि वर्मन शैली**–इस शैली के अंतर्गत अपेक्षाकृत छोटे मंदिर निर्मित हुए। इसका प्रयोग नंदि वर्मन ने किया, जैसे-काँची के मुक्तेश्वर मंदिर, बैकुण्ठपेरूमल मंदिर आदि।

## चोल वंश

- प्राचीन चोल (संगमकालीन) साम्राज्य की राजधानी 'उरैयुर' थी।
- करिकाल द्वारा राजधानी को कावेरीपट्टनम में स्थानांतरित किया गया।
- 9वीं शताब्दी में विजयालय ने तंजौर को राज्य की राजधानी बनाया।
- चोलकालीन मंदिर शिव को समर्पित है।
- चोल राज्य पेन्नार एवं कावेरी नदियों के बीच पूर्वी तट पर अवस्थित था।
- विजयालय ने 850 ई. में चोल वंश की स्थापना की, जिसकी राजधानी तंजौर थी।
- विजयालय ने 'नरकेसरी' की उपाधि धारण की और निशुम्भसूदिनी देवी का मंदिर बनवाया।
- आदित्य प्रथम (880–907 ई.) शिव का उपासक था। इसने कोदण्डराम की उपाधि धारण की।
- **परान्तक प्रथम (907–55 ई.)** ने पांड्य शासक राजसिंह द्वितीय को पराजित कर 'मदुरैकोण्ड' की उपाधि धारण की।
- परान्तक प्रथम **तक्कोलम के युद्ध** में राष्ट्रकूट एव पश्चिम गंग की सम्मिलित सेना से पराजित हुआ।
- **राजराज प्रथम (985–1014 ई.)** ने दक्षिण भारत में स्वायत्तशासी लोकप्रशासन स्थापित किया तथा भूमि की पैमाइश एवं सर्वेक्षण का कार्य कराया।
- **राजराज प्रथम** ने शैलेन्द्र नरेश श्री **विजयोतुंगवर्मन** द्वारा निर्मित **चूड़ामणि** बौद्ध विहार को आर्थिक सहायता प्रदान की थी।
- राजराज प्रथम **शैव धर्म** का अनुयायी था। इसने तंजौर में राजराजेश्वर का शिव मंदिर बनाया।

**चोल अभिलेखों में उल्लेखित करों के नाम**

| कर का नाम | सम्बन्धित क्षेत्र |
|---|---|
| आयम | राजस्व |
| कडिमै | लगान |
| मरमज्जाडि | वृक्ष कर |
| किडाक्काशु | नर पशु पर लगने वाला कर |

| चोल शासकों की प्रशासनिक इकाई | |
|---|---|
| मण्डलम | प्रांत |
| कोट्टम | कमिश्नरी |
| नाडु | जिला |
| कुर्रम | ग्रामों का संघ |
| पाडिकावल | गांव की रक्षा के लिए लिया जाने वाला कर |
| वालल्तिनम् | द्वार कर |
| मनैइरै | भवन कर (गृहकर) |
| आजीवक्कवकाशु | आजीवकों पर लगने वाला कर |
| पेवरि | तेलियों से लिया जाने वाला कर |
| मगन्मै | कुम्हार, लुहार, सुनार आदि से लिया जाने वाला कर |

**चोल शासकों द्वारा निर्मित कराए गए मंदिर**

| राजा | स्थान | मंदिर |
|---|---|---|
| विजयालय | नात्तीमलाई | चोलेश्वर मंदिर |
| आदित्य प्रथम | कुम्भकोणम् | नागेश्वर मंदिर |
| आदित्य प्रथम | तिरुक्कट्टले | सुरन्देश्वर मंदिर |
| परान्तक प्रथम | श्रीनिवासनल्लूर | कोरंगनाथ मंदिर |
| राजराज प्रथम | तंजौर | राजराजेश्वर मंदिर |
| राजराज द्वितीय | तन्नवेली | विरुवालीश्वरम् मंदिर |
| कुलोतुंग तृतीय | त्रिभुवनम् | कम्पहरेश्वर मंदिर |

- **राजेन्द्र प्रथम (1014–44 ई.)** ने कलिंग और बंगाल पर विजय प्राप्त कर 'गंगैकोण्ड चोल' की उपाधि धारण की।
- राजेन्द्र प्रथम ने विजय की स्मृति में कावेरी तट के निकट **'गंगैकोण्ड चोलपुरम'** नामक नई राजधानी का निर्माण कराया एवं सिंचाई के लिए, चोलगंगम् नामक तालाब बनवाया।
- **राजेन्द्र प्रथम** ने **1017 ई.** में लंका नरेश **महेन्द्र पंचम** को परास्त कर संपूर्ण सिंहल राज्य पर अधिकार कर लिया।
- **राजेन्द्र प्रथम** ने दो बार अपना **दूतमंडल चीन** भेजा था।
- राजेन्द्र प्रथम को **'दक्षिण भारत का नेपोलियन'** कहा जाता है।
- **राजाधिराज प्रथम (1052–54 ई.)** को चालुक्य शासक **सोमेश्वर** ने कोप्पम के युद्ध में पराजित कर मार डाला था।
- **राजेन्द्र द्वितीय** के समय **1055 ई.** में चोल राज्य में अकाल पड़ा था।
- चोल शासक अधिराजेन्द्र 1070 ई. में जनविद्रोह में मारा गया था।
- **तुंगभद्रा** के तट पर **विजयस्तम्भ** वीर राजेन्द्र ने स्थापित कराया।

| प्रमुख चोल शासकों की उपाधियाँ | |
|---|---|
| परान्तक प्रथम | मदुरैकोण्ड |
| राजराज प्रथम | राजकेसरी, अरुमोलि, मुमाडिचोल देव, चोलमण्ड, काण्डलूर |
| राजेन्द्र प्रथम | 'गंगईकोण्डचोल', मुडिगुंडचोल, कदराम कोंडन, पण्डितचोल |
| कुलोतुंग प्रथम | शुंगम विवर्त, कटैकोण्डचोलन, मलैनडु कोण्डचोलन |

- **कुलोतुंग प्रथम (1070–1120 ई.)** ने 1087 ई. में लंका नरेश विजयबाहु से संधि की तथा अपनी पुत्री का विवाह **सिंहल राजकुमार** से किया।
- **कुलोतुंग प्रथम** ने 1077 ई. में 72 सदस्यों वाले प्रतिनिधिमंडल को चीन भेजा था।
- व्यापारिक वस्तुओं से कर हटा लेने के कारण **कुलोतुंग प्रथम** को **'शुंगमविवर्त'** कहा गया।
- **कुलोतुंग-II** ने **चिदम्बरम् मंदिर** में स्थापित **गोविन्दराज (विष्णु)** की मूर्ति समुद्र में फेंकवा दी। कालान्तर में **वैष्णव आचार्य रामानुजाचार्य** ने उक्त मूर्ति का पुनरुद्धार किया और उसे **तिरुपति के मंदिर** में पुन: प्रतिष्ठित करवाया।
- चोल वंश का अन्तिम राजा **राजेन्द्र तृतीय** था।
- राजा के व्यक्तिगत **अंगरक्षकों को वेडैक्कार** कहा जाता था।
- **पेरुन्दरम्** चोल प्रशासन में भाग लेने वाले **उच्च श्रेणी के पदाधिकारियों** को एवं **शेरुन्दरम निम्न श्रेणी के पदाधिकारियों** को कहा जाता था।
- चोलों की राजधानी क्रमानुसार–**उरैयूर, तंजौर, गंगेकोंडचोलपुरम्** एवं **काँची** थी।
- चोल साम्राज्य 6 प्रशासनिक ईकाइयों में विभक्त था–**राज्य → मंडलम्, प्रांत → वलनाडु, जिला → नाडु, कुर्रम/कोट्टम।**
- द्वितीय पांड्य साम्राज्य में भूमि माप का उल्लेख थलवईपुरम की ताँबे की प्लेटों में किया गया है।

## प्रश्नमाला

**1. निम्नलिखित में से कौन-सा राजवंश त्रिकोणीय संघर्ष में सम्मिलित नहीं था?**
(a) राष्ट्रकूट
(b) पाल
(c) प्रतिहार
(d) इनमें से कोई नहीं

**2. एलोरा का कैलाश मन्दिर किस वंश के शासक ने बनवाया था?**
(a) राष्ट्रकूट वंश (b) चोल वंश
(c) पल्लव वंश (d) चालुक्य वंश

**3. ग्वालियर प्रशस्ति में किस सम्राट् के विषय में ऐतिहासिक जानकारी प्राप्त होती है?**
(a) रामभद्र (b) वत्सराज
(c) नागभट्ट (d) मिहिरभोज

**4. दिलवाड़ा के प्रसिद्ध जैन मन्दिरों का निर्माण करवाया था—**
(a) परमारों ने (b) प्रतिहारों ने
(c) सोलंकियों ने (d) चन्देलों ने

**5. चोल शासक किस धर्म के अनुयायी थे?**
(a) वैष्णव (b) शैव
(c) जैन (d) बौद्ध

**6. चोलकालीन स्थानीय प्रशासन में सर्वसाधारण की सभा किसके अधीन होती थी?**
(a) सभा (b) समिति
(c) कोट्टम् (d) उर

**7. एक जाति के रूप में कायस्थों का सर्वप्रथम उल्लेख मिलता है—**
(a) याज्ञवल्क्य स्मृति
(b) ओशनम् स्मृति
(c) नारद स्मृति
(d) पाराशर स्मृति

**8. किस चोल शासक ने पहली स्वर्ण मुद्रा जारी की थी?**
(a) उत्तम चोल (b) राजराज प्रथम
(c) राजाधिराज (d) राजेन्द्र चोल

**9. किस चोल शासक ने सबसे पहले भूमि की पैमाइश करायी थी?**
(a) राजराज प्रथम (b) सुन्दर चोल
(c) गण्डरादित्य (d) राजेन्द्र चोल

**10. चोल प्रशासन की विशेषता क्या थी?**
(a) शक्तिशाली मन्त्रिपरिषद्
(b) शक्तिशाली राजा
(c) वित्तीय शासन का विकेन्द्रीकरण
(d) स्वायत्तशासी ग्राम प्रशासन

**11. 7वीं से 12वीं शताब्दी के मध्य गुर्जर प्रतिहार निम्न में से किस क्षेत्र में शासन करते थे?**
(a) दक्कन का पठार
(b) आन्ध्र प्रदेश
(c) गुजरात, राजस्थान
(d) पश्चिम बंगाल, बिहार

**12. निम्न कथनों पर विचार कीजिए—**
**A. गुर्जर प्रतिहार, राष्ट्रकूट और पाल वंशों के शासक सदियों तक कन्नौज के ऊपर नियन्त्रण को लेकर आपस में लड़ते रहे।**
**B. इस समय के शासकों ने बड़े मन्दिरों का निर्माण करवा कर भी अपनी सत्ता और संसाधनों का प्रदर्शन करने का प्रयास किया।**
**उपरोक्त कथनों में से कौन-सा/से कथन सही है/हैं?**
(a) केवल A
(b) केवल B
(c) A और B दोनों
(d) न तो A और न ही B

**13. गजनी के सुल्तान महमूद द्वारा सोमनाथ मन्दिर को नष्ट करने के पीछे कौन-सा मुख्य कारण था?**
(a) उसे मन्दिर की वास्तुकला पसन्द नहीं था।
(b) उसने इस्लाम के महान् नायक के रूप में श्रेय लेने की कोशिश की।
(c) वह किसी अन्य उद्देश्य के लिए मन्दिर का प्रयोग करना चाहता था।
(d) वह वहाँ एक महल बनाना चाहता था।

**14. निम्नलिखित में से कौन-सा 9वीं शताब्दी की मन्दिर स्थापत्य कला का हिस्सा था?**
(a) सजावटी द्वार (द्वार)
(b) रंगशाला (नृत्य प्रस्तुत करने की जगह)
(c) यज्ञ वेदी (पवित्र मन्त्रों का उच्चारण करने की जगह)
(d) हवन कुण्ड (वर्ग पिरामिडाकार कुण्ड जिस[illegible] अग्नि प्रज्वलित की जाती थी)

**15. हिरण्य गर्भ नामक अनुष्ठान किया जात[illegible] था—**
(a) जब एक राजा किसी क्षेत्र को जीतता था
(b) राजा को क्षत्रिय घोषित करने के लिए चा[illegible] वह जन्म से क्षत्रिय न हो
(c) हिरण का शिकार करने से पहले
(d) पुत्र के जन्म के लिए

**16. तमिलनाडु के चिन्गलेपुट जिले में उत्तरामेरू[illegible] के शिलालेख में निर्धारित नियम के कारण निम्नलिखित में से कौन 'सभा' के सदस्य नह[illegible] बन सकते?**
(a) वे जिनके अपने घर थे
(b) वे जिन्होंने अपना हिसाब-किताब नहीं दि[illegible] था
(c) 35 से 70 वर्ष की आयु के लोग
(d) वेदों का ज्ञान रखने वाले लोग

**17. चोल साम्राज्य में सभा का सदस्य बनने [illegible] लिए निम्नलिखित में से कौन-सी एक श[illegible] नहीं थी?**
(a) उनकी आयु 25 से 70 वर्ष के बीच हो[illegible] चाहिए
(b) उन्हें भूमि का स्वामी होना चाहिए, जहाँ [illegible] भू-राजस्व वसूला जाता है
(c) उनके पास अपना घर होना चाहिए
(d) उन्हें वेदों का ज्ञान होना चाहिए

**18. अभिकथन (A) अलबरूनी ने किताब अल[illegible] हिन्द लिखी।**
**कारण (R) गजनी का सुल्तान महमूद अप[illegible] द्वारा जीते गए लोगों के बारे में कई बा[illegible] जानना चाहता था।**
**सही विकल्प का चयन कीजिए।**
(a) (A) और (R) दोनों सही हैं और (A), ([illegible] का कारण है।
(b) (A) और (R) दोनों गलत हैं।
(c) (A) और (R) दोनों सही हैं, किन्तु (A[illegible] (R) का कारण नहीं है।
(d) (A) सही है, परन्तु (R) गलत है।

## उत्तरमाला

| | | | | | | | | | |
|---|---|---|---|---|---|---|---|---|---|
| **1.** (d) | **2.** (a) | **3.** (d) | **4.** (d) | **5.** (b) | **6.** (d) | **7.** (a) | **8.** (b) | **9.** (a) | **10.** (d) |
| **11.** (c) | **12.** (c) | **13.** (b) | **14.** (a) | **15.** (b) | **16.** (b) | **17.** (a) | **18.** (d) | | |

# 13 दिल्ली सल्तनत

दिल्ली सल्तनत के प्रमुख वंश

| शासक | शासन काल (ईस्वी सन्) |
|---|---|
| **गुलाम वंश** | |
| कुतुबुद्दीन ऐबक | 1206–10 |
| आरामशाह | 1210–11 |
| इल्तुतमिश | 1211–36 |
| रुकुनुद्दीन फिरोज | 1236 |
| रजिया बेगम | 1236–40 |
| मुइजुद्दीन बहरामशाह | 1240–42 |
| अलाउद्दीन मसूदशाह | 1242-46 |
| नासिरुद्दीन महमूद | 1246–66 |
| बलबन | 1266–87 |
| कैकुबाद एवं शम्सुद्दीन कैमुर्स | 1287–90 |
| **खिलजी वंश** | |
| जलालुद्दीन खिलजी | 1290–96 |
| अलाउद्दीन खिलजी | 1296–1316 |
| कुतुबुद्दीन मुबारक खिलजी | 1316–20 |
| **तुगलक वंश** | |
| ग्यासुद्दीन तुगलक | 1320–25 |
| मुहम्मद-बिन-तुगलक | 1325–51 |
| फिरोज तुगलक | 1351–88 |
| अन्य शासक | 1388–1414 |
| **सैयद वंश** | |
| खिज्र खाँ | 1414–21 |
| मुबारक शाह | 1421–34 |
| मुहम्मद शाह | 1434–45 |
| अलाउद्दीन आलम शाह | 1445–51 |
| **लोदी वंश** | |
| बहलोल लोदी | 1451–89 |
| सिकन्दर लोदी | 1489–1517 |
| इब्राहिम लोदी | 1517–26 |

## गुलाम वंश (1206–90 ई.)

- **1206–90 ई.** तक **'दिल्ली सल्तनत'** पर शासन करने वाले तुर्क सरदारों को **'गुलाम वंश'** का शासक माना जाता है।
- इस काल में कुत्बी (**कुतुबुद्दीन ऐबक**), शम्सी (**इल्तुतमिश**) तथा बलबनी (**बलबन**) नामक राजवंशों ने शासन किया। इल्तुतमिश तथा बलबन **इल्बरी तुर्क** थे।
- गुलाम वंश (दास वंश) के सभी सुल्तानों में केवल तीन ही दास थे–**1.** कुतुबुद्दीन ऐबक, **2.** इल्तुतमिश तथा **3.** बलबन।
- **कुतुबुद्दीन ऐबक (1206–10 ई.)** का जन्म तुर्किस्तान में हुआ था, जिसे **मोहम्मद गोरी** ने गजनी में एक व्यापारी से खरीदा था।
- गोरी के गुलाम सरदार **कुतुबुद्दीन ऐबक** ने **1206 ई.** में गुलाम वंश (दास वंश) की स्थापना की एवं **लाहौर** को अपनी राजधानी बनाया।
- **कुतुबुद्दीन ऐबक** ने अपना राज्याभिषेक **24 जून, 1206 ई.** को किया था।
- दिल्ली की **कुव्वत-उल-इस्लाम मस्जिद** एवं **अजमेर का अढ़ाई दिन का झोंपड़ा नामक मस्जिद** का निर्माण ऐबक ने करवाया था।
- प्राचीन **नालंदा विश्वविद्यालय** को ध्वस्त करने वाला ऐबक का सहायक सेनानायक **बख्तियार खिलजी** था।
- ऐबक को उदारता तथा दानशीलता के कारण **'लाखबख्श'** कहा गया है।
- ऐबक की **मृत्यु 1210 ई.** में **चौगान** खेलते समय **घोड़े से गिरकर** हो गई। इसे लाहौर में दफनाया गया।
- **इल्तुतमिश (1210–36 ई.)** तुर्किस्तान का **इल्बरी तुर्क** था, जो ऐबक का **गुलाम** एवं **दामाद** था। ऐबक की मृत्यु के समय वह बदायूँ का गवर्नर था।
- इल्तुतमिश को मोहम्मद गोरी ने **'अमीर-उल-उमरा'** की उपाधि दी थी।
- इल्तुतमिश ने **चालीस गुलाम सरदारों** का एक गुट बनाया, जो **'तुर्कान-ए-चहलगानी'** (चालीसा) कहलाता था।
- **18 फरवरी, 1229** को बगदाद के खलीफा ने इल्तुतमिश को **'सुल्तान-ए-आजम'** की उपाधि प्रदान की। **'नासिर-अमीर-उल-मोमिन'** भी इल्तुतमिश की उपाधि थी।
- **'इक्ता व्यवस्था'** का प्रचलन इल्तुतमिश ने किया था।
- इल्तुतमिश ने चाँदी का **टंका (175 ग्रेन)** तथा तांबे का **जीतल नामक** सिक्का चलवाया।
- **इल्तुतमिश** की मृत्यु **अप्रैल 1236 ई.** में हो गई थी।
- **रजिया बेगम (1236–40)** प्रथम मुस्लिम महिला थी, जिसने शासन की बागडोर संभाली।
- रजिया पर्दाप्रथा को त्यागकर पुरुषों की तरह कुबा (कोट) एवं कुलाह (टोपी) पहनकर राजदरबार में बेपर्दानशींन होकर जाती थी।
- रजिया ने अपने सिक्के पर **उद्मत-उल-निश्वाँ** की उपाधि धारण की।
- रजिया ने **मलिक जलालुद्दीन** याकूत को **अमीर-ए-आखूर** (अश्वशाला का प्रधान) नियुक्त किया।
- रजिया ने भटिंडा के सूबेदार **अल्तूनिया** से पराजित होकर उससे विवाह कर लिया।
- रजिया की हत्या **13 अक्टूबर, 1240 ई.** को डाकुओं के द्वारा **कैथल** के पास कर दी गई थी।
- **सुल्तान नासिरुद्दीन** ने बलबन को **'उलुग खाँ'** की उपाधि दी।
- **बलबन (1266–87 ई.)** इल्तुतमिश का गुलाम था। इसका वास्तविक नाम **बहाउद्दीन** था।
- बलबन ने स्वयं को **फिरदौसी** के शाहनामा में वर्णित **अफरसियाब** का वंशज बताया।

- **बलबन 1266 ई.** में **ग्यासुद्दीन** के नाम से दिल्ली की गद्दी पर बैठा। यह मंगोलों के आक्रमण से दिल्ली की रक्षा करने में सफल रहा।
- **तुर्कान-ए-चहलगानी** का विनाश बलबन ने किया था।
- राजदरबार में **सिजदा** एवं **पाबोस** प्रथा की शुरुआत बलबन ने की थी।
- बलबन ने **फारसी रीति-रिवाज** पर आधारित **नवरोज उत्सव** को प्रारंभ करवाया।
- अपने विरोधियों के प्रति बलबन ने कठोर **'लौह एवं रक्त'** की नीति का पालन किया।
- बलबन के समय में बंगाल के शासक **तुगरिल खां** ने विद्रोह किया।
- बलबन के दरबार में फारसी के प्रसिद्ध कवि **अमीर खुसरो** एवं **अमीर हसन** रहते थे।
- बलबन ने **'मलिक मुकद्दीर'** को **'तुगरिलकुश'** की उपाधि प्रदान की।
- गुलाम वंश का अन्तिम शासक **शमशुद्दीन क्यूमर्श** था, जिसका सेनापति **जलालुद्दीन फिरोज खिलजी** था।

## खिलजी वंश (1290-1320 ई.)

- खिलजी मूलत: तुर्क थे, परंतु अफगानिस्तान में दीर्घकाल तक रहने के कारण उन्होंने उस देश के रीति-रिवाजों को अपना लिया था।
- **जलालुद्दीन फिरोज खिलजी (1290–96 ई.)** ने गुलाम वंश के शासन को समाप्त कर 13 जून, 1290 ई. को खिलजी वंश की स्थापना की।
- **अलाउद्दीन खिलजी (1296–1316 ई.)** अपने चाचा एवं ससुर जलालुद्दीन खिलजी की **कड़ा (इलाहाबाद)** में 20 जुलाई, 1296 ई. को हत्या कर सुल्तान बना। इसके बचपन का नाम **अली गुरशस्प** था।
- अलाउद्दीन का राज्यभिषेक दिल्ली में बलबन के **'लाल महल'** में हुआ।
- अलाउद्दीन खिलजी **ने सिकन्दर-ए-सानी की उपाधि धारण की।**
- अलाउद्दीन ने विश्व विजय एवं नए धर्म की स्थापना का विचार दिल्ली के कोतवाल अलाउल-मुल्क के समझाने पर त्याग दिया था।
- अलाउद्दीन ने खलीफा की सत्ता को मान्यता प्रदान करते हुए **'यामिन-उल-खिलाफत-नासिरी-अमीर-उल-मोमिनीन'** (खलीफा का नायब) की उपाधि धारण की।
- बाजार विनिमय प्रणाली, अलाउद्दीन खिलजी द्वारा आरम्भ की गयी।
- बाजार नियंत्रण की पूरी व्यवस्था का संचालन **दीवान-ए-रियासत** नामक अधिकारी करता था।

| अलाउद्दीन खिलजी द्वारा बाजार नियन्त्रण के लिए नियुक्त अधिकारी | |
|---|---|
| शहना-ए-मण्डी | बाजार अधीक्षक |
| दीवान-ए-रियासत | बाजार पर नियंत्रण रखना |
| सराय अदल (न्यास का स्थान) | अनाज, कपड़ा, शक्कर, मेवा, तेल आदि का बाजार |
| बरीद-ए-मण्डी | बाजार निरीक्षक |
| मुन्हैयान | गुप्तचर |

- इसने **खम्स (लूट का धन)** में सुल्तान का हिस्सा 1/5 भाग के स्थान पर 4/5 भाग कर दिया।

| अलाउद्दीन खिलजी का विजय अभियान |
|---|
| **उत्तर भारत:** गुजरात → रणथम्भौर → चित्तौड़ → मालवा → धार → चन्देरी → शिवाना → जालौर |
| **दक्षिण भारत:** देवगिरि → वारंगल → द्वारसमुद्र → मालाबार |

- **जमात खाना मस्जिद, अलाई दरवाजा, सीरी का किला** तथा **हजार खम्भा महल या हजार सुतून** का निर्माण अलाउद्दीन खिलजी ने करवाया था।
- अलाउद्दीन द्वारा नियुक्त **परवाना-नवीस** नामक अधिकारी वस्तुओं का परमिट जारी करता था।

| अलाउद्दीन की मन्त्रिपरिषद् | |
|---|---|
| दीवान-ए-विजारत | वजीर |
| दीवान-ए-इंशा | शाही आदेशों का पालन करवाना |
| दीवान-ए-आरिज | सैन्यमन्त्री |
| दीवान-ए-रिसालत | विदेश विभाग |

- **सराए-ए-अदल** यहाँ वस्त्र, शक्कर, जड़ी-बूटी, मेवा, दीपक का तेल एवं अन्य निर्मित वस्तुएँ बिकने के लिए आती थी।
- अलाउद्दीन खिलजी की आर्थिक नीति की जानकारी **जियाउद्दीन बरनी** कृत **तारीखे फिरोजशाही** से मिलती है।
- **खजाइन-उल-फुतूह**-अमीर खुसरो, **रेहला**-इब्नबतूता एवं **फुतूह-उस-सलातीन**-इसामी की कृति है।
- मूल्य-नियन्त्रण को सफल बनाने में **मुहतसिब** (सेंसर) एवं **नाजिर** (नाप-तौल अधिकारी) की महत्वपूर्ण भूमिका थी।
- राजस्व सुधारों के अंतर्गत अलाउद्दीन ने सर्वप्रथम **मिल्क, इनाम** एवं **वक्फ** के अंतर्गत दी गई भूमि को वापस लेकर उसे **खालसा भूमि** में बदल दिया।
- अलाउद्दीन खिलजी ने कई नवीन कर लगाए थे–**चराई कर**, जो **दुधारू पशुओं पर कर, घरी कर**, जो **घरों** एवं **झोपड़ी** पर लगाया जाता था।
- अलाउद्दीन ने राजस्व व्यवस्था से भ्रष्टचार एवं लूट को खत्म करने के लिए एक नए विभाग **दीवान-ए-मुस्तखराज** की स्थापना की।
- **कुतुबुद्दीन मुबारक खिलजी 1316 ई.** को दिल्ली के सिंहासन पर बैठा।

| अमीर खुसरो |
|---|
| • अमीर खुसरो (मुहम्मद हसन) का जन्म उत्तर प्रदेश के बदायूँ (पटियाली) में 1253 ई. में हुआ था। |
| • बलबन से लेकर मुहम्मद तुगलक तक 8 सुल्तानों के दरबार में रहे। |
| • इनका उपनाम (तुती-ए-हिन्द) भारत का तोता था। |
| • अमीर खुसरो निजामुद्दीन औलिया के शिष्य थे। |
| • इन्होंने सितार-तबला के आविष्कार के साथ ही कव्वाली गायन का आरंभ भी किया। |

| दिल्ली सल्तनतकालीन प्रमुख अधिकारी एवं उनके कार्य |
|---|
| **वजीर**–राजस्व विभाग (दीवान-ए-विजारत) का प्रधान |
| **आरिज-ए-मुमालिक**–सेना विभाग (दीवान-ए-अर्ज) का प्रधान |
| **दबीर-ए-खास (अमीर मुंशी)**–शाही पत्र-व्यवहार विभाग (दीवान-ए-इंशा) का प्रधान |
| **दीवान-ए-रिसालत**–विदेश विभाग का प्रधान |
| **सद्र-उस-सुदूर**–धर्म विभाग का प्रधान |
| **काजी-उल-कजात**–न्याय विभाग का प्रधान |
| **बरीद-ए-मुमालिक**–गुप्तचर विभाग का प्रधान |
| **अमीर-ए-आखुर**–अश्वशाला का प्रधान |
| **मुस्तौफी-ए-मुमालिक**–महालेखाकार |
| **मुशरिफ-ए-मुमालिक**–महालेखा परीक्षक |
| **अमीर-ए-मजलिस**–शाही उत्सवों का प्रधान |
| **खजीन**–कोषाध्यक्ष |
| **कोतवाल**–शहर की शांति व्यवस्था का सर्वोच्च अधिकारी |

| दिल्ली सल्तनतकालीन प्रमुख विभाग |
|---|
| **दीवान-ए-वजारत**–वित्त विभाग |
| **दीवान-ए-अर्ज**–सैन्य विभाग |
| **दीवान-ए-मुस्तखराज**–राजस्व विभाग |
| **दीवान-ए-इंशा**–पत्राचार विभाग |
| **दीवान-ए-रिसालत**–विदेश विभाग |

**दीवान-ए-खैरात**–दान विभाग
**दीवान-ए-अमीर-कोही**–कृषि विभाग-विदेश विभाग
**दीवान-ए-बंदगान**–दासों का विभाग
**दीवान-ए-इश्तिहाक**–पेंशन विभाग
**दीवान-ए-वक्फ**–व्यय विभाग
**दीवान-ए-रियासत**–बाजार पर नियन्त्रण रखने वाला विभाग

| सल्तनत काल में पाँच प्रकार के कर लगाए जाते थे | | |
|---|---|---|
| **1.** | उश्र | – मुसलमानों से लिया जाने वाला भूमि कर |
| **2.** | खराज | – गैर-मुसलमानों पर भूमिकर |
| **3.** | खम्स | – लूट, खानों एवं भूमि में गड़े हुए खजानों से प्राप्त धन |
| **4.** | जकात | – मुसलमानों पर धार्मिक कर |
| **5.** | जजिया | – गैर-मुसलमानों पर धार्मिक कर |

## तुगलक वंश (1320–1414 ई.)

- **ग्यासुद्दीन तुगलक (गाजी मलिक, 1320–25 ई.)** यह दीपालपुर का सूबेदार था जिसने 5 सितम्बर, 1320 ई. को अन्तिम खिलजी शासक **खुसरो शाह** को पराजित कर **तुगलक वंश** की नींव डाली एवं 8 सितम्बर, 1320 ई. को **'ग्यासुद्दीन तुगलक शाह'** के नाम से गद्दी पर बैठा।
- ग्यासुद्दीन तुगलक का पिता एक **करौना तुर्क** था तथा माता पंजाब के **जाट की पुत्री** थी।
- **ग्यासुद्दीन तुगलक** ने लगभग **29 बार** मंगोलों के आक्रमण को विफल किया।
- ग्यासुद्दीन तुगलक ने **'गाजी'** या **'काफिरों का घातक'** की उपाधि धारण की थी।
- ग्यासुद्दीन ने आर्थिक नीति का आधार **संयम (रस्म-ए-मियान)** को बनाया तथा लगान के रूप में कर **1/10** या **1/12** भाग वसूल किया।
- ग्यासुद्दीन **नहरों का निर्माण** करने वाला पहला सुल्तान था।
- अमीर खुसरो के अनुसार "सैकड़ों पण्डितों की पगड़ी अपने मुकुट के पीछे छुपाए रहता था अर्थात् वह अत्यधिक विद्वान था।"
- **निजामुद्दीन औलिया** ने ग्यासुद्दीन के बारे में कहा था–**'दिल्ली अभी बहुत दूर है।'**
- ग्यासुद्दीन का मकबरा कृत्रिम झील के अन्दर निर्मित है। इसकी दीवारें मिस्र के पिरामिडों की भांति भीतर की ओर झुकी हुई हैं। इस मकबरे का पंचभुजीय होना इसकी महत्वपूर्ण विशेषता है। मकबरे में अमल एवं कलश का प्रयोग हिन्दू मंदिर के समान हुआ है।
- **मुहम्मद-बिन-तुगलक** (1325–51 ई.) यह ग्यासुद्दीन तुगलक की मृत्यु के बाद **मार्च**, **1325 ई.** में दिल्ली का सुल्तान बना।
- मुहम्मद-बिन-तुगलक को **'मनियारों का राजकुमार'** कहा जाता है।
- इसका मूल नाम जूना खां (जौना खां) था। इसे **उलूग खां** की उपाधि दी गयी थी।
- मध्यकालीन सभी सुल्तानों में मुहम्मद तुगलक सर्वाधिक **शिक्षित**, **विद्वान** एवं **योग्य व्यक्ति** था।
- बरनी ने मुहम्मद-बिन-तुगलक की पाँच योजनाओं का उल्लेख किया है–**1. दोआब क्षेत्र में कर वृद्धि** (1326–27), **2. राजधानी परिवर्तन** (1326–27), **3. सांकेतिक मुद्रा का प्रचलन** (1329–30), **4. खुरासान अभियान** और **5. कराचिल अभियान**।
- **मुहम्मद-बिन-तुगलक** के समय दक्षिण भारत में **बहमनी** तथा **विजयनगर** साम्राज्य की स्थापना हुई।
- मुहम्मद-बिन-तुगलक ने अपनी राजधानी दिल्ली से **देवगिरि** में स्थानान्तरित की और इसका नाम **दौलताबाद** रखा।
- मुहम्मद-बिन-तुगलक ने कृषि के विकास के लिए **'अमीर-ए-कोही'** नामक एक नवीन विभाग की स्थापना की।
- सांकेतिक मुद्रा के अंतर्गत **मुहम्मद-बिन-तुगलक ने पीतल** (फरिश्ता के अनुसार), **ताँबा (बरनी के अनुसार)** धातुओं के सिक्के चलवाए, जिनका मूल्य **चाँदी के रुपए टंका** के बराबर होता था।
- अफ्रीकी यात्री **इब्नबतूता** लगभग **1333 ई.** में भारत आया। सुल्तान ने इसे दिल्ली का **काजी** नियुक्त किया। **1342 ई.** में सुल्तान ने इसे अपने राजदूत के रूप में चीन भेजा।
- इब्नबतूता की पुस्तक **रेहला में मुहम्मद तुगलक** के समय की घटनाओं का वर्णन है।
- **मुहम्मद-बिन-तुगलक** की मृत्यु **20 मार्च**, **1351 ई.** को सिन्ध के विद्रोह को दबाते समय **थट्टा के निकट गोडाल** में हो गई।
- **फिरोजशाह तुगलक (1351–88 ई.)** मुहम्मद-बिन-तुगलक का चचेरा भाई था, जो उसकी मृत्यु के बाद **20 मार्च**, **1351 ई.** को दिल्ली का शासक बना।
- फिरोजशाह तुगलक **ब्राह्मणों पर जजिया** लागू करने वाला पहला मुसलमान शासक था।
- इसके शासनकाल में **टोपरा (खिज्राबाद गाँव)** एवं **मेरठ से अशोक** के **दो स्तम्भों** को लाकर दिल्ली में स्थापित किया गया।
- फिरोजशाह ने **जाजनगर (उड़ीसा)** पर आक्रमण करके **जगन्नाथ मंदिर** एवं **नगरकोट (काँगड़ा)** के ज्वालामुखी मंदिर को ध्वस्त किया।
- फिरोजशाह ने लगभग **24 कष्टदायक** करों को समाप्त किया तथा केवल 4 कर (**खराज**, **खम्स**, **जजिया** व **जकात**) ही लिये।
- फिरोज तुगलक ने सिंचाई कर **1/10** तथा भूमिकर उपज का **1/5** से **1/2** भाग लिया।
- फिरोज तुगलक ने सिंचाई के लिए **पाँच बड़ी नहरें** बनवाई।
- फिरोज तुगलक ने फलों के **1200 बाग** लगवाए तथा **300 नए नगर** बसाए।
- फिरोज तुगलक ने **रोजगार दफ्तर** नामक विभाग की स्थापना की।
- फिरोज तुगलक ने **ताँबे** और **चाँदी** के सिक्के जारी करवाए, जिन्हें **अद्धा** एवं **बिख** कहा जाता था।
- सुल्तान फिरोज तुगलक ने अनाथ **मुस्लिम महिलाओं**, **विधवाओं** एवं **लड़कियों** की सहायता के लिए एक नए विभाग **दीवान-ए-खैरात** की स्थापना भी की।
- दासों की देखभाल के लिए फिरोज ने एक नए विभाग **दीवान-ए-बंदगान** की स्थापना भी की।
- इसने सैन्य पदों को **वंशानुगत** बना दिया।
- इसने अपनी आत्मकथा **फुतूहात-ए-फिरोजशाही** की रचना की।
- इसने **जियाउद्दीन बरनी** एवं **शम्स-ए-सिराज अफीक** को अपना संरक्षण प्रदान किया।
- फिरोज शाह के काल में निर्मित **खान-ए-जहाँ तेलंगानी** के मकबरे की तुलना **जेरुसलम** में निर्मित **उमर की मस्जिद** से की जाती है।
- सुल्तान फिरोज तुगलक ने दिल्ली में **कोटला फिरोजशाह** किले का निर्माण करवाया।
- **सितम्बर**, **1388 ई.** में फिरोजशाह तुगलक की मृत्यु के बाद **अबुबक्र** को **1389 ई.** में **सुल्तान** बनाया गया।

- **नासिरुद्दीन महमूद तुगलक (1398–1414)** तुगलक वंश का अन्तिम शासक था।
- इसका शासन **दिल्ली से पालम** तक ही रह गया था इसके समय ही तैमूर लंग का आक्रमण हुआ।
- **7 दिसम्बर, 1398 ई.** को तैमूर लंग (समरकन्द निवासी) ने भारत पर आक्रमण कर अथाह **धन सम्पत्ति लूटी**।
- तैमूर लंग ने पंजाब के शासक **खिज्र खां सैय्यद** को **मुल्तान**, **लाहौर** और **दीपालपुर के प्रदेशों में** अपना प्रतिनिधि नियुक्त किया।

## सैय्यद वंश (1414–1451 ई.)

- **खिज्र खाँ ( 1414–21 ई. ) सैय्यद वंश** का संस्थापक था। यह स्वयं को **पैगम्बर का वंशज** मानता था।
- खिज्र खाँ **तैमूर लंग** का सेनापति था एवं यह नियमित रूप से **तैमूर** के पुत्र **शाहरुख** को कर भेजा करता था।
- खिज्र खां ने **'रैयत-ए-आला'** की उपाधि धारण की।
- खिज्र खां का प्रशासन **उदार** एवं **न्यायसंगत** था।
- **मुबारक शाह** (1421–34 ई.) पहला सुल्तान था, जिसके काल में दिल्ली के दरबार में **हिन्दू अमीरों** का उल्लेख मिलता है।
- खिज्र खाँ के पुत्र **मुबारक शाह** ने **शाह** की **उपाधि धारण** की थी।
- **याहिया-बिन-अहमद** सरहिन्दी को मुबारक शाह का संरक्षण प्राप्त था।
- मुबारकशाह ने यमुना के तट पर **'मुबारकाबाद'** नामक शहर बसाया।
- **19 फरवरी, 1434 ई.** को सरदार **सरवर-उल-मुल्क** ने छल से मुबारक शाह की हत्या कर दी।
- **मुहम्मद शाह ( 1434–44 ई. )** का पूर्व नाम **फरीद खां** था।
- मुहम्मद शाह ने **पंजाब** व **मुल्तान** के शासक **बहलोल लोदी** को **'खान-ए-खाना'** की उपाधि दी तथा **'पुत्र'** कह कर पुकारा।
- **अलाउद्दीन आलमशाह ( 1443–51 ई. )** इस वंश का अन्तिम शासक था।
- **आलमशाह** की मृत्यु **1476 ई.** में बदायूँ में हो गई।
- सैय्यद वंश का शासन करीब **37 वर्षों** तक रहा।

## लोदी वंश (1451–1526 ई.)

- **बहलोल लोदी ( 1451–89 ई. )** दिल्ली का प्रथम **अफगान शासक** था। वह **गिलजोई कबीले** की शाखा **शाहूखेल** में पैदा हुआ था।
- 19 अप्रैल, 1451 ई. को **'बहलोल शाह गाजी'** की उपाधि धारण कर **बहलोल लोदी** दिल्ली की गद्दी पर बैठा।
- बहलोल लोदी ने **'बहलोली सिक्के'** का प्रचलन करवाया।
- **जुलाई 1489 ई.** को जलाली के निकट बीमार पड़ने के कारण **बहलोल लोदी** की मृत्यु हो गई।
- **सिकन्दरशाह लोदी** (1489–1517 ई.) 17 जुलाई, 1489 ई. में **'सिकन्दरशाह लोदी'** सिंहासन पर बैठा।
- **सिकन्दर लोदी** ने **1504 ई.** में **'आगरा'** शहर की नींव डालकर इसे अपने साम्राज्य की दूसरी राजधानी बनाया।
- सिकन्दर लोदी **'गुलरुखी'** के उपनाम से कविताएँ लिखा करता था।
- सिकन्दर लोदी ने मुसलमानों को **ताजिया निकालने** एवं मुसलमान **स्त्रियों के पीरों** तथा संतों की **मजार/कब्रों** पर जाने पर प्रतिबंध लगा दिया।
- भूमि मापन के प्रामाणिक पैमाने **गज-ए-सिकन्दरी ( 30 इंच )** का प्रचलन सिकन्दर लोदी ने किया।
- सिकन्दर लोदी के आदेश पर संस्कृत के एक **आयुर्वेद ग्रंथ** का फारसी में **फरहंगे सिकन्दरी** के नाम से अनुवाद हुआ।
- सिंकदर लोदी के काल में **गायन विद्या** के एक महत्वपूर्ण ग्रंथ **लज्जत-ए-सिकन्दरशाही** की रचना फारसी में की गई।
- **इब्राहिम शाह लोदी** (1517–26 ई.) को सिकन्दर लोदी की मृत्यु (गले की बीमारी के कारण) के बाद **22 नवम्बर, 1517 ई.** को अमीरों ने सर्वसम्मति से दिल्ली के **सिंहासन** पर बैठाया।
- इब्राहिम लोदी के समय अफगान सरदारों ने **बिहार के गर्वनर दरिया खां लोहानी** के नेतृत्व में विद्रोह कर दिया।
- **इब्राहिम लोदी** एवं **राणा सांगा** के मध्य **1517–18** में खतौली का युद्ध हुआ, जिसमें **इब्राहिम लोदी** की हार हुई।
- **बाबर** ने **पानीपत के प्रथम युद्ध ( 1526 ई. )** में **इब्राहिम** की हत्या कर **मुगलवंश की नींव** डाली।

**मध्यकालीन महिला शासिकाएँ**

| वंश | महिला शासिका | राज्य | शासन काल |
|---|---|---|---|
| गुलाम वंश | रजिया सुल्तान | दिल्ली | 1236 से 1240 ई. |
| काकतीय | रानी रुद्राम्बा | द्वारसमुद्र | – |
| बहमनी | मखदूम जहाँ | दक्षिण (बहमनी) | 1461 से 1469 ई. |
| गोंड | रानी दुर्गावती | गढ़कटंगा | 1560 से 1564 ई. |
| अहमदशाही | चाँदबीबी सुल्ताना | अहमदनगर | 1595 से 1596 ई. |
| आदिलशाही | बेगम बड़ी साहिबा | बीजापुर | 1656 से 1663 ई. |
| भोंसले | तारा बाई | मराठा राज्य | 1700 से 1707 ई. |

## सल्तनतकालीन प्रशासनिक एवं आर्थिक व्यवस्था

- **सुल्तान** की उपाधि **तुर्की शासकों** द्वारा प्रारम्भ की गई थी।
- **महमूद गजनवी** पहला शासक था, जिसने **सुल्तान की उपाधि** धारण की थी।
- **इल्तुतमिश** ने अपने पुत्र के स्थान पर अपनी **पुत्री रजिया** को अपना उत्तराधिकारी मनोनीत किया।
- **अलाउद्दीन खिलजी** एक मात्र ऐसा सल्तनत शासक था, जिसने सुल्तान के पद को सर्वोच्च रखते हुए **सिकन्दर-ए-सानी** जैसी उपाधियाँ ग्रहण की थी।
- **मुबारक खिलजी** सल्तनत का एक मात्र ऐसा शासक था, जिसने स्वयं को ही **'खलीफा'** घोषित कर दिया था।
- सल्तनतकालीन **सैन्य व्यवस्था** को प्रारम्भ करने का श्रेय **इल्तुतमिश** को है।
- सल्तनत काल में स्थायी सेना के गठन का श्रेय **अलाउद्दीन खिलजी** को दिया जाता है।
- अलाउद्दीन खिलजी द्वारा सैनिकों की सीधी भर्ती तथा उन्हें नकद वेतन देने की प्रथा को प्रारम्भ किया गया।
- **अलाउद्दीन** ने **घोड़े दागने** की प्रथा प्रारम्भ की।

## सामाजिक अध्ययन

- मंगोल सेना के वर्गीकरण की **दशमलव प्रणाली** को सल्तनतकालीन **सैन्य व्यवस्था** का आधार बनाया गया था।
- सल्तनत काल में अच्छी नस्ल के **घोड़े तुर्की**, **अरब** एवं **रूस** से मंगाए जाते थे। हाथी मुख्यतः **बंगाल** से मंगाए जाते थे।
- **काजी-उल-कुजात** सुल्तान के पश्चात् **न्याय विभाग** का सर्वोच्च अधिकारी होता था।
- सल्तनतकालीन कानून शरीयत, कुरान एवं हदीस पर आधारित था।
- मुस्लिम कानून के चार महत्वपूर्ण स्रोत थे-**कुरान**, **हदीस**, **इजमा** एवं **कयास**।
- **अमीरों** का महत्व बलबन (1266–86 ई.) तथा अलाउद्दीन खिलजी (1296–1316 ई.) के समय घट गया, लेकिन सैय्यद तथा लोदी (1414–1526 ई.) काल में काफी बढ़ गया।

**सल्तनतकालीन सिक्के**

| शासक | सिक्का | धातु |
|---|---|---|
| मोहम्मद गोरी | देहलीवाल | सोना, चाँदी, मिश्रित धातु |
| इल्तुतमिश | टंका, जीतल, अद्ल | चाँदी, ताँबा, ताँबा + चाँदी |
| बलबन | माशा | चाँदी |
| मुबारक शाह खिलजी | टका-ए-अलाई | सोना |
| मुहम्मद-बिन-तुगलक | सरागनी, अदली | चाँदी, काँसा |
| फिरोजशाह तुगलक | अद्वा एवं बिख | ताँबा, चाँदी |

- मन्त्रिपरिषद् को **'मजलिस-ए-खलवत'** कहा जाता था।
- **बहराम शाह (1240–42 ई.)** के समय **'नायब-ए-मुमालिकत'** पद का सृजन हुआ, जिस पर सर्वप्रथम **इख्तियारुद्दीन ऐतगीन** को नियुक्त किया गया।
- दिल्ली सल्तनत को अनेक प्रांतों में बाँटा गया था, जो **'इक्ता'** कहलाते थे।
- **इक्ता** या **सूबे** का शासन **नायब** या **वली** या **मुक्ति** द्वारा संचालित होता था।
- **इक्ताओं** को **शिकों (जिलों)** में विभाजित किया गया था।
- **शिकदार शिक** का प्रमुख होता था, जो एक **सैनिक पदाधिकारी** था।
- **शिकों** को **परगनों** में विभाजित किया गया था।
- परगने का प्रमुख **'आमिल'** होता था। दोआब क्षेत्र में कुल **55 परगने** थे।
- एक शहर या **100 गाँवों** के शासन की देख-रेख **अमीर-ए-सादा** नामक अधिकारी करता था।
- प्रशासन की सबसे छोटी **इकाई ग्राम** होती थी।
- सल्तनतकाल में बंटाई प्रणाली को **किस्मत-ए-गल्ला**, **गल्ला-बक्शी** एवं **हासिल** आदि नामों से जाना जाता था।
- सल्तनत काल में बँटाई के तीन प्रकार थे-
  1. **खेत बँटाई:** खड़ी फसल या फसल बोने के तुरंत बाद ही खेत बांटकर करों को निर्धारित करना।
  2. **लंक बँटाई:** भूसे से अलग किए बिना ही कटी फसल का बंटवारा।
  3. **रास बँटाई:** खलिहान में अनाज से भूसा अलग करने के बाद फसल का बंटवारा।
- **'मुशरिफ'** नामक अधिकारी लगान निश्चित करता था।
- भूमि का नाप-जोख करने के बाद क्षेत्रफल के आधार पर लगान का निर्धारण **मसाहत** कहलाता था। इसकी शुरुआत **अलाउद्दीन खिलजी** ने की।
- बलबन द्वारा **इक्ता उत्तराधिकारियों** के हस्तांतरण पर प्रतिबन्ध लगा दिया गया।
- फिरोजशाह तुगलक के समय **जजिया** भूमि कर से अलग कर के रूप में वसूल किया जाता था।
- **देवल** सल्तनत काल में अंतर्राष्ट्रीय बन्दरगाह के रूप में प्रसिद्ध था।

**नगर एवं संस्थापक**

| नगर | संस्थापक |
|---|---|
| जोधपुर | मारवाड़ का राव जोधा |
| जौनपुर | फिरोजशाह तुगलक (जमनापुर के स्थान पर) उसका नाम जौना खाँ (मुहम्मद-बिन-तुगलक) के नाम पर रखा गया। |
| हैदराबाद | कुली कुतुब शाह, 1590 ई. में गोलकुंडा के कुतुबशाही राज्य की नई राजधानी बनी। |
| अहमदाबाद | पुराना शहर असावल के स्थान पर गुजरात के अहमदशाह द्वारा स्थापित किया गया। |
| मुस्तफाबाद | महमूद बेगड़ा |
| मुहम्मदाबाद | महमूद बेगड़ा |
| दिल्ली/दिल्लिका | तोमर राजा अनंगपाल |
| फिरोजाबाद | फिरोजशाह तुगलक |
| शाहजहाँनाबाद | शाहजहाँ |
| फतेहपुर सीकरी | अकबर |
| महाबलीपुरम् | नरसिंह वर्मन प्रथम |
| बीकानेर | बीका (जोधा का पुत्र) |
| फतेहाबाद | फिरोजशाह तुगलक |
| हिसार | फिरोजशाह तुगलक |
| फिरोजपुर | फिरोजशाह तुगलक |
| पाटलिपुत्र | उदायिन |
| जयपुर | राजा सवाई जय सिंह |
| अमृतसर | गुरु रामदास (चौथे गुरु) |
| श्री नगर | अशोक |
| गंगईकोण्डचोलपुरम् | चोल वंश का राजेन्द्र चोल |
| अजमेर | अजयराज (चौहान) |
| आगरा | सिकंदर लोदी |
| हुशंगाबाद | हुशंगशाह |
| नीरसपुर | इब्राहिम आदिलशाह द्वितीय |
| विजयनगर | हरिहर प्रथम |
| कोलकाता | जॉब चारनौक |
| राय पिथौरा | पृथ्वीराज चौहान |
| तुगलकाबाद | ग्यासुद्दीन तुगलक |
| आदिलाबाद | मुहम्मद-बिन-तुगलक |
| दीनपनाह | हुमायूँ |
| खिज्राबाद | खिज्र खाँ |
| गोहानानाथ | मुहम्मद-बिन-तुगलक |
| इलाहाबाद | अकबर |
| जाफराबाद | जाफर खाँ |
| सीरी | अलाउद्दीन खिलजी |

## सल्तनतकालीन साहित्य एवं संगीत

- सल्तनतकाल में लाहौर फारसी भाषा का एक महत्वपूर्ण केन्द्र था।
- जलालुद्दीन खिलजी द्वारा स्थापित राजकीय पुस्तकालय का अध्यक्ष अमीर खुसरो था।
- **'तारीखे अलाई'** के नाम से प्रसिद्ध ग्रंथ में अलाउद्दीन खिलजी के शासन काल के प्रारम्भिक 15 वर्षों की घटनाओं का उल्लेख है।
- फिरोज तुगलक के शासन काल में शास्त्रीय रचना **रागदर्पण** का फारसी में अनुवाद किया गया।

**सल्तनतकालीन साहित्य**

| लेखक | पुस्तक | विषय |
|---|---|---|
| अलबरूनी | किताब-उल-हिन्द | भारतीय विज्ञान पर |
| अलबरूनी | कानून-ए-मसौदी | खगोलशास्त्र पर |
| अलबरूनी | जवाहिर-फिल-जवाहिर | खनिज विज्ञान पर |
| फिरोजाबादी | क्वासुम | अरबी शब्दकोश |

| हसन निजामी | ताज-उल-मआसिर | इल्बरी इतिहास |
|---|---|---|
| अबू बक्र | चचनामा | सिंध का इतिहास |
| बुखारी | लुवाब-उल-अलाब | फारसी चयनिका |
| मिनहाज-उस-सिराज | तबकाते नासिरी | 1260 ईसवी तक मुस्लिम वंश का इतिहास |
| अमीर खुसरो | खजाइन-उल-फुतूह | अलाउद्दीन के अभियान |
| अमीर खुसरो | तुगलकनामा | ग्यासुद्दीन का उदय |
| अमीर खुसरो | मिफताह-उल-फुतूह | जलालुद्दीन के अभियान |
| अमीर खुसरो | खाम्साह | इनकी 5 प्रमुख रचनाएँ मुतला-उल-अनवर, |

| | | शीरीन खुसरो, लैला-मजनूं, आइना-ए-सिकन्दरी तथा हसत बहिस्त का संग्रह है। |
|---|---|---|
| फिरोज तुगलक | फुतूहात-ए-फिरोजशाही | आत्मकथा |
| जिया-उद्दीन बरनी | फतवा-ए-जहाँदारी | सांसारिक बातों पर न्यायिक सलाह |
| जिया-उद्दीन-बरनी | तारीख-ए-फिरोजशाही | तुगलकों का इतिहास |
| इसामी | फुतूह-उस-सलातीन | बहमनी साम्राज्य |
| फिरदौसी | शाहनामा | महमूद गजनवी का राज्य |
| इब्नबतूता | किताब-उल-रेहला | यात्रा वृत्तांत |

## प्रश्नमाला

**1. निम्न कथनों पर विचार कीजिए—**

**A. गुलाम वंश की प्रारम्भिक राजधानी लाहौर में थी।**

**B. कुतुब मीनार की नींव कुतुबुद्दीन ऐबक ने रखी थी।**

**उपरोक्त कथनों में से कौन-सा/से कथन सत्य है/हैं ?**

(a) केवल A
(b) केवल B
(c) A और B दोनों
(d) न तो A और न ही B

**2. निम्न कथनों पर विचार कीजिए—**

**A. अलाउद्दीन खिलजी ने अपने सैनिकों के लिए सीरी नामक एक नया गैरीसन शहर बनाया था।**

**B. इसने सैनिकों को नकद वेतन देना आरम्भ किया था।**

**उपरोक्त कथनों में से कौन-सा/से कथन सत्य है/हैं ?**

(a) केवल A
(b) केवल B
(c) A और B दोनों
(d) न तो A और न ही B

**3. निम्नलिखित में से किस दिल्ली के सुल्तान की प्रशंसा में एक संस्कृत प्रशस्ति पाई गई हैं ?**

(a) इल्तुतमिश
(b) गयासुद्दीन बलबन
(c) अलाउद्दीन खिलजी
(d) फिरोज तुग़लक

**4. दिल्ली के सुल्तानों के शासनकाल में निम्नलिखित में से कौन-सी एक प्रशासनिक भाषा थी ?**

(a) फारसी (b) उर्दू
(c) हिन्दी (d) अरबी

**5. खिलजी और तुगलक वंश के अन्तर्गत प्रशासन और समेकन के सन्दर्भ में सही क्या है ?**

(a) अलाउद्दीन खिलजी और मुहम्मद तुगलक गंगा के मैदानी इलाकों पर जोर जबरदस्ती अपना अधिकार लम्बे समय तक रख पाए
(b) उपमहाद्वीप का काफी बड़ा हिस्सा दिल्ली के सुल्तानों के अधिकारों में रहा
(c) गंगा के मैदानी इलाके के घने जंगलों वाले क्षेत्र को पहली बार पैठा गया
(d) दिल्ली से बंगाल जैसे सुदूर प्रान्तों का नियन्त्रण कठिन था

**6. कथन (A) रजिया ने अपने अभिलेखों में अपना नाम पुरुषों जैसा लिखकर अपने पुरुष होने का भ्रम पैदा किया।**

**कथन (B) तवारिख के लेखकों ने सामाजिक तथा लिंगभेद को आधार बनाकर यह तर्क दिया कि पुरुष स्त्रियों की तुलना में श्रेष्ठ होते हैं।**

(a) (A) और (B) दोनों सही हैं तथा (A), (B) का सही स्पष्टीकरण है
(b) (A) और (B) दोनों सही हैं, किन्तु (A), (B) का सही स्पष्टीकरण नहीं है
(c) (A) सही है, किन्तु (B) गलत है
(d) (A) गलत है, किन्तु (B) सही है

**7. मोहम्मद गोरी के किस दास ने बंगाल एवं बिहार पर विजय प्राप्त की?**

(a) कुतुबुद्दीन ऐबक
(b) इल्तुतमिश
(c) बख्तियार खिलजी
(d) यल्दूज

**8. 'एक घटना......एक परिणाम रहित विजय' कथन किस आधुनिक इतिहासकार ने अरबों द्वारा सिन्ध विजय के सन्दर्भ में कहा है-**

(a) विसेण्ट स्मिथ (b) एलफिंसटिन
(c) लेनपूल (d) मैक्समूलर

**9. मुहम्मद-बिन-कासिम द्वारा सिन्ध की विजय कब हुई?**

(a) 713 ईसवी (b) 716 ईसवी
(c) 712 ईसवी (d) 719 ईसवी

**10. इब्नबतूता की भारत यात्रा किस शासक के काल में हुई?**

(a) मुहम्मद बिन तुगलक
(b) सिकन्दर लोदी
(c) फिरोज तुगलक
(d) अलाउद्दीन खिलजी

**11. सल्तनत काल के अधिकांश अमीर एवं सुल्तान किस वर्ग के थे?**

(a) तुर्क (b) मंगोल
(c) तातार (d) अरब

**12. बाजार नियंत्रण प्रथा लागू की थी-**

(a) गयासुद्दीन तुगलक
(b) अलाउद्दीन
(c) जलालुद्दीन खिलजी
(d) बलबन

**13. मुहम्मद बिन कासिम था-**

(a) तुर्क (b) मंगोल
(c) अरब (d) तुर्क-अफगान

**14. मंगोल आक्रमणकारी चंगेज खां भारत की उत्तर-पश्चिम सीमा पर निम्न में से किसके काल में आया था?**

(a) अलाउद्दीन खिलजी
(b) इल्तुतमिश
(c) बलबन
(d) ऐबक

**15. आगरा नगर की स्थापना निम्न में से किसने की थी?**

(a) अकबर (b) सिकन्दर लोदी
(c) इब्राहिम लोदी (d) बहलोल लोदी

**16. मोरक्को देश का यात्री इब्नबतूता किसके शासनकाल में भारत आया?**

(a) मुहम्मद बिन तुगलक
(b) बाबर
(c) अकबर
(d) महमूद गजनवी

**17. निम्न कथनों पर विचार कीजिए जो अलाउद्दीन खिलजी से संबंधित हैं-**

**I. उसने कृत्य जमीनों की पैमाइश के बाद जमीन की मालगुजारी वसूल की।**

**II. उसने लगान को अपनी पूरी सल्तनत में लागू किया।**

**III. उसने प्रांतों के गवर्नरों के अधिकारों को समाप्त किया!**

**निम्न में से सही उत्तर चुनिए-**

(a) I व II (b) I व III
(c) I व III (d) I, II व III

**18. अमीर खुसरो किसका दरबारी कवि था?**

(a) मुहम्मद बिन-तुगलक
(b) अलाउद्दीन खिलजी
(c) शेरशाह सूरी
(d) हुमायूं

**19. 'शर्ब' कर लगाया जाता था-**

(a) व्यापार कर
(b) सिंचाई पर
(c) गैर-मुसलमानों पर
(d) उद्योग पर

**20. टोपरा तथा मेरठ से दो अशोक स्तम्भ दिल्ली कौन लाया था?**

(a) अलाउद्दीन खिलजी
(b) फिरोज शाह
(c) मुहम्मद गौरी
(d) सिकन्दर लोदी

**21. सूची-I तथा सूची-II को सुमेलित कीजिए तथा नीचे दिए गए कूट से सही उत्तर चुनिए-**

| सूची-I | सूची-II |
|---|---|
| **A. जियाउद्दीन बरनी** | **1. तारीख-ए-मुबारकशाही** |
| **B. हसन निजामी** | **2. तबकाते नासिरी** |
| **C. मिनहाज-उस-सिराज** | **3. तारीख-ए-फिरोजशाही** |
| **D. याहिया-बिन-अहमद** | **4. ताजुल मासिर** |
| | **5. तबकाते अकबरी** |

**कूट :**

| | A | B | C | D |
|---|---|---|---|---|
| (a) | 1 | 2 | 3 | 4 |
| (b) | 5 | 3 | 4 | 2 |
| (c) | 3 | 4 | 5 | 1 |
| (d) | 3 | 4 | 2 | 1 |

**22. निम्न में से किस राजवंश के अन्तर्गत विजारत का चरमोत्कर्ष हुआ?**

(a) इलबरी (b) खिलजी
(c) तुगलक (d) लोदी

**23. सूची-I तथा सूची-II को सुमेलित कीजिए तथा नीचे दिए गए कूट से सही उत्तर चुनिए-**

| सूची-I | सूची-II |
|---|---|
| **A. अकबर** | **1. सड़क-ए-आजम** |
| **B. मुहम्मद तुगलक** | **2. चहलगानी अमीर** |
| **C. इल्तुतमिश** | **3. आइन-ए-दहसाला** |
| **D. शेरशाह** | **4. प्रतीक मुद्रा** |

**कूट :**

| | A | B | C | D |
|---|---|---|---|---|
| (a) | 1 | 2 | 3 | 4 |
| (b) | 2 | 3 | 1 | 4 |
| (c) | 3 | 4 | 2 | 1 |
| (d) | 4 | 1 | 3 | 2 |

**24. जवाबित थे-**

(a) कृषि सम्बन्धित कानून
(b) राज्य कानून
(c) हिन्दुओं से सम्बन्धित मामले
(d) उपरोक्त में से कोई नहीं

**25. कथन (A) : अलाउद्दीन के दक्षिणी अभियान धन प्राप्ति के अभियान थे।**

**कारण (R) : वह दक्षिणी राज्यों को कब्जे में करना चाहता था।**

(a) A और R दोनों सही हैं तथा R, A की सही व्याख्या करता है
(b) A और R दोनों सही हैं परंतु R, A की सही व्याख्या नहीं करता है
(c) A सही है परंतु R गलत है
(d) A गलत है परंतु R सही है

**26. सूची-I तथा सूची-II को सुमेलित कीजिए तथा नीचे दिए गए कूट से सही उत्तर चुनिए-**

| सूची-I | सूची-II |
|---|---|
| **A. फिरोज तुगलक** | **1. दीवान-ए-रियासत** |
| **B. बलबन** | **2. नौरोज** |
| **C. अलाउद्दीन** | **3. नहरों का निर्माण** |
| **D. जहाँगीर** | **4. सर टॉमस रो** |

**कूट :**

| | A | B | C | D |
|---|---|---|---|---|
| (a) | 1 | 2 | 3 | 4 |
| (b) | 4 | 1 | 2 | 3 |
| (c) | 3 | 2 | 1 | 4 |
| (d) | 4 | 3 | 2 | 1 |

**27. राज्य के खर्च पर हज यात्रा की व्यवस्था करने वाला पहला भारतीय शासक था-**

(a) अलाउद्दीन खिलजी
(b) फिरोज तुगलक
(c) अकबर
(d) औरंगजेब

**28. अलाउद्दीन खिलजी के निम्न सेनाध्यक्षों में से कौन-सा तुगलक वंश का प्रथम सुल्तान बना?**

(a) गाजी मलिक
(b) मलिक काफूर
(c) जफर खां
(d) उलूग खां

**29. किसने सल्तनत काल की डाक व्यवस्था का विस्तृत विवरण दिया है?**

(a) अमीर खुसरो
(b) इब्नबतूता
(c) सुल्तान फिरोज शाह
(d) जियाउद्दीन बरनी

**30. तैमूर ने किसके शासन काल में भारत पर आक्रमण किया?**

(a) अलाउद्दीन खिलजी के
(b) बहलोल लोदी के
(c) फीरोज तुगलक के
(d) मुहम्मद शाह तुगलक के

**31. मुहम्मद बिन तुगलक अपनी राजधानी दिल्ली से ले गया?**

(a) दौलताबाद (b) कालिंजर
(c) कन्नौज (d) लाहौर

**32. दिल्ली से दौलताबाद राजधानी के स्थानान्तरण का आदेश दिया था-**

(a) सुल्तान फिरोज तुगलक ने
(b) सुल्तान गयासुद्दीन तुगलक ने
(c) सुल्तान मुबारक ने
(d) सुल्तान मुहम्मद बिन तुगलक ने

## उत्तरमाला

**1.** (c) **2.** (c) **3.** (c) **4.** (a) **5.** (b) **6.** (d) **7.** (c) **8.** (c) **9.** (c) **10.** (a)
**11.** (a) **12.** (b) **13.** (c) **14.** (b) **15.** (b) **16.** (a) **17.** (c) **18.** (b) **19.** (b) **20.** (b)
**21.** (d) **22.** (c) **23.** (c) **24.** (b) **25.** (c) **26.** (c) **27.** (b) **28.** (a) **29.** (b) **30.** (d)
**31.** (a) **32.** (d)

❑❑❑

# 14 साम्राज्य का निर्माण

## मुगल साम्राज्य

### बाबर (1526–30 ई.)

- बाबर पितृवंश की ओर से **तैमूर का पंचम वंशज** तथा मातृवंश की ओर से **चंगेज खाँ** का 14वाँ वंशज था।
- बाबर का जन्म **14 फरवरी, 1483 ई.** में **फरगना** में हुआ था।
- बाबर के पिता **उमरशेख मिर्जा फरगना** नामक छोटे राज्य के शासक थे।
- बाबर ने **1507 ई. पादशाह** की उपाधि धारण की, जिसे अब तक किसी तैमूर शासक ने धारण नहीं की थी।
- बाबर के चार पुत्र थे–**हुमायूँ**, **कामरान**, **असकरी** तथा **हिन्दाल**।
- पानीपत के प्रथम युद्ध में बाबर ने पहली बार **तुलुगमा युद्ध नीति** एवं **तोपखाने** का प्रयोग किया था। **उस्ताद अली** एवं **मुस्तफा बाबर** के दो प्रसिद्ध निशानेबाज थे, जिसने पानीपत के प्रथम युद्ध में भाग लिया था।
- बाबर के मात्र दो सरदार (अमीर) **ख्वाजा कलाँ** तथा **मीर मरान** ने पानीपत युद्ध के बाद वापस काबुल जाने की इच्छा व्यक्त की।
- **खानवा के युद्ध ( 1527 ई. )** में बाबर ने **राणा सांगा** को पराजित किया एवं **'गाजी'** की उपाधि धारण की।
- खानवा युद्ध का वर्णन **श्यामल दास लेखक** की कृति **'वीर विनोद'** में किया गया है।
- 48 वर्ष की आयु में **26 दिसम्बर**, **1530 ई.** को आगरा में बाबर की मृत्यु हो गई।
- प्रारंभ में बाबर का शव आगरा में **'नूर अफगान'** (आधुनिक आरामबाग) **बाग** में दफनाया गया, था परंतु बाद में उसे काबुल में उसी के द्वारा चुने गए स्थान पर दफनाया गया।
- बाबर ने अपनी आत्मकथा तुर्की भाषा में **तुज़ुके बाबरी** (बाबरनामा) की रचना की, जिसका अनुवाद बाद में फारसी भाषा में **अब्दुल रहीम खानखाना** ने किया।

**बाबर द्वारा लड़े गए प्रमुख युद्ध**

| वर्ष | युद्ध | पक्ष | परिणाम |
|---|---|---|---|
| 21 अप्रैल, 1526 ई. | पानीपत का प्रथम युद्ध | इब्राहिम लोदी एवं बाबर | बाबर विजयी |
| 17 मार्च, 1527 ई. | खानवा का युद्ध | राणा साँगा एवं बाबर | बाबर विजयी |
| 29 जनवरी 1528 ई. | चन्देरी का युद्ध | मेदनी राय एवं बाबर | बाबर विजयी |
| 6 मई, 1529 ई. | घाघरा का युद्ध | अफगान एवं बाबर | बाबर विजयी |

### हुमायूँ (1530–56 ई.)

- हुमायूँ का जन्म **6 मार्च**, **1508 ई.** में **काबुल** में हुआ था।
- हुमायूँ की माँ **'माहिम बेगम'** शिया मत में विश्वास रखती थी।
- हुमायूँ **दर्शनशास्त्र**, **ज्योतिषशास्त्र**, **फलित** ज्योतिष तथा **गणित** का ज्ञाता था।
- **30 दिसम्बर**, **1530 ई.** को 23 वर्ष की अवस्था में हुमायूँ का राज्याभिषेक **आगरा** में हुआ।
- आगरा की गद्दी पर बैठने से पहले **हुमायूँ बदख्शाँ** का सूबेदार था।
- हुमायूँ ने **काबुल**, **कन्धार** एवं **पंजाब** की **सूबेदारी कामरान** को, **संभल** की सूबेदारी **असकरी** को, **अलवर** एवं **मेवाड़** की सूबेदारी **हिन्दाल** को तथा **बदख्शां** की सूबेदारी अपने चचेरे भाई **सुलेमान मिर्ज़ा** को प्रदान की थी।
- हुमायूँ ने 1533 ई. में दिल्ली में 'दीनपनाह' नामक नया भवन बनवाया।
- **चौसा का युद्ध** बक्सर के निकट 25 जून, 1539 ई. में **शेर खाँ** एवं **हुमायूँ** के बीच हुआ। इस युद्ध में **शेर खाँ** विजयी रहा।
- **बिलग्राम या कन्नौज युद्ध** 17 मई, 1540 ई. में **शेर खाँ** एवं **हुमायूँ** के बीच हुआ। इस युद्ध में भी **हुमायूँ पराजित** हुआ, जिससे शेर खाँ ने आसानी से **आगरा** एवं **दिल्ली** पर अधिकार कर लिया।
- **बिलग्राम युद्ध** के बाद **हुमायूँ सिन्ध** चला गया, जहाँ 15 वर्षों तक घुमक्कड़ों जैसा निर्वासित जीवन व्यतीत किया।
- **सरहिन्द के युद्ध** में हुमायूँ ने पंजाब के सूरी शासक **सिकन्दर शाह** को **1555 ई.** में पराजित कर पुनः दिल्ली की गद्दी पर बैठा।

**मुगल-अफगान युद्ध**

| वर्ष | युद्ध | पक्ष |
|---|---|---|
| 1531 | देवरा का युद्ध | हुमायूँ एवं महमूद लोदी |
| 1539 | चौसा का युद्ध | हुमायूँ एवं शेरशाह |
| 1540 | कन्नौज (बिलग्राम) का युद्ध | हुमायूँ एवं शेरशाह |
| 1555 | सरहिन्द का युद्ध | बैरम खाँ एवं सिकन्दर सूर |

- **1 जनवरी**, **1556 ई.** को **'दीनपनाह'** भवन में स्थित पुस्तकालय की सीढ़ियों से गिरने के कारण हुमायूँ की मृत्यु हो गई।
- **लेनपुल** के अनुसार, **'हुमायूँ ने जिस प्रकार लुढ़क-लुढ़क कर जीवन व्यतीत किया, उसी तरह वह उन मुसीबतों से बाहर निकल आया।'**
- दिल्ली में हुमायूँ का मकबरा हुमायूँ की पत्नी **हाजी बेगम** ने बनवाया था।
- **हुमायूँ के मकबरे** का वास्तुकार **मीरक मिर्जा नामक पारसी** था।

## शेरशाह सूरी और उसके उत्तराधिकारी

- सूर साम्राज्य का संस्थापक अफगान वंशीय **शेरशाह सूरी** था।
- इसके पिता **हसन खाँ** जौनपुर राज्य के अंतर्गत **सासाराम** (बिहार) के जमींदार थे।
- शेरशाह का असली नाम **'फरीद'** था। इसका जन्म 1472 ई. में बजवाड़ा (पंजाब, होशियारपुर) में हुआ था।
- फरीद ने **एक शेर को तलवार के एक ही वार से मार** दिया था। उसकी इस बहादुरी से प्रसन्न होकर बिहार के अफगान शासक **मुहम्मद बहार खाँ लोहानी** ने उसे **शेर खाँ** की उपाधि प्रदान की।

- 1527 ई. में शेर खां ने मुगलों की नौकरी कर ली तथा उसके प्रशासन तथा सैनिक दोषों का अध्ययन कर 1528 ई. में नौकरी छोड़ दी। तत्पश्चात् शेर खां ने दक्षिण बिहार के **जलाल खां** के रक्षक व शिक्षक के रूप में नौकरी कर ली।
- **जलाल खां** की मृत्यु (1528 ई.) के बाद **शेर खां** वहाँ का **नायब-सूबेदार/वकील** नियुक्त किया गया।
- कालान्तर में **मुगल शासक** हुमायूँ से संघर्ष कर (बिलग्राम युद्ध) 1540 ई. में **शेरशाह** दिल्ली की गद्दी पर बैठा।
- **शेरशाह** ने मारवाड़ अभियान के संदर्भ में कहा था–**"मैंने मुट्ठी भर बाजरे के लिए हिन्दुस्तान का साम्राज्य लगभग खो दिया था।"**
- **22 मई, 1545 ई.** में कालिंजर किले को जीतने के क्रम में उक्का नामक आग्नेयास्त्र चलाते हुए **शेरशाह की मृत्यु** हो गई। उस समय कालिंजर का शासक कीरत सिंह था।
- शेरशाह का मकबरा **सासाराम** में झील के बीच ऊँचे टीले पर निर्मित किया गया है।
- **शेरशाह** ने भूमि की माप के लिए **(39 अंगुल या 32 इंच)** सिकन्दरी **गज** एवं **सन की डंडी** का प्रयोग किया।
- शेरशाह ने **178 ग्रेन का चांदी का रुपया** एवं **380 ग्रेन का तांबे का दाम** नामक सिक्का चलवाया।
- शेरशाह ने **रोहतासगढ़** के **दुर्ग** एवं कन्नौज के स्थान पर **शेरसूर नामक** नगर बसाया।
- शेरशाह के समय पैदावार का लगभग **1/3 भाग सरकार** लगान के रूप में वसूल करती थी।
- **कबूलियत** एवं **पट्टा प्रथा** की शुरुआत शेरशाह ने की थी।
- शेरशाह ने **1541 ई.** में **पाटलिपुत्र को पटना** के नाम से पुन: स्थापित किया।
- शेरशाह ने **ग्रैंड ट्रंक रोड** की मरम्मत करवाई।
- **डाक प्रथा** का प्रचलन **शेरशाह** के द्वारा किया गया।
- **शेरशाह** के काल में मलिक मुहम्मद जायसी ने **'पद्मावत्'** नामक ग्रंथ की रचना की।

## अकबर (1556–1605 ई.)

- 15 अक्टूबर, 1542 ई. को अकबर को अमरकोट (सिंध क्षेत्र) के **राणा वीरसाल** के महल में **हमीदा बानो बेगम** ने जन्म दिया था।
- **1552 ई.** में मात्र 9 वर्ष की आयु में **अकबर को मुनीम खाँ** के संरक्षण में गजनी का गर्वनर नियुक्त किया गया था।
- **1555 ई.** में अकबर को **लाहौर** का गवर्नर नियुक्त कर दिया गया।
- **13 साल 4 महीने की उम्र** में अकबर पर **मुगलिया वंश** का **ताज** रख दिया गया।
- हुमायूँ की मृत्यु के बाद बैरम खां ने **'कलानौर'** (गुरुदासपुर, पंजाब) में **14 फरवरी, 1556 ई.** को अकबर का राज्याभिषेक कर दिया।
- **बैरम खाँ 1556** से **1560 ई.** तक अकबर का **संरक्षक** रहा।
- दिल्ली में **हेमू** (मोहम्मद आदिलशाह का सेनापति) ने मुगल गवर्नर **तर्दीबेग खां** को मार भगाया तथा दिल्ली पर अधिकार कर लिया।
- **अकबर** (बैरम खां के नेतृत्व में) एवं **हेमू के मध्य 5 नवम्बर, 1556 ई.** को पानीपत के मैदान में संघर्ष हुआ, जिसमें अकबर की विजय हुई। यह **पानीपत के द्वितीय युद्ध** के नाम से जाना जाता है।
- **1556** से **1560 ई.** तक के शासन में अकबर के ऊपर **धाय माँ माहम अनगा** एवं उसके सम्बन्धियों का अधिक प्रभाव रहा, जिसे इतिहासकारों ने **पेटीकोट शासन** की संज्ञा दी है।

**अकबर के कुछ महत्वपूर्ण कार्य**

| वर्ष | कार्य |
|---|---|
| 1562 ई. | दास प्रथा का अंत |
| 1562 ई. | अकबर की 'हरमदल' से मुक्ति |
| 1563 ई. | तीर्थयात्रा कर समाप्त |
| 1564 ई. | जजिया कर समाप्त |
| 1571 ई. | फतेहपुर सीकरी की स्थापना एवं राजधानी का आगरा से फतेहपुर सीकरी स्थानान्तरण |
| 1575 ई. | इबादतखाने की स्थापना |
| 1579 ई. | महजर की घोषणा |
| 1580 ई. | 'दहसाला प्रणाली (टोडरमल द्वारा) लागू |
| 1582 ई. | दीन-ए-इलाही की घोषणा |

- मई 1562 में अकबर ने **'हरम-दल'** से अपने को पूर्णत: मुक्त कर लिया।
- **हल्दीघाटी का युद्ध 18 जून, 1576 ई.** को मेवाड़ के शासक महाराणा प्रताप एवं अकबर के बीच हुआ। इसमें मुगल सेना का नेतृत्व मान सिंह एवं आसफ खाँ ने किया था।
- अकबर ने **जैनधर्म जैनाचार्य** हरिविजय सूरि को **जगतगुरु** की उपाधि प्रदान की थी।
- राजस्व प्राप्ति की **जब्ती प्रणाली** अकबर के शासनकाल में प्रचलित थी।
- अकबर के दीवान **राजा टोडरमल** ने 1580 ई. में **दहसाला बन्दोबस्त** व्यवस्था लागू की थी।
- अकबर के दरबार का प्रसिद्ध संगीतकार **तानसेन** था।
- अकबर के दरबार का प्रसिद्ध चित्रकार **अब्दुस समद** था।
- **दसवंत** एवं **बसावन** अकबर के दरबार के अन्य प्रसिद्ध चित्रकार थे।
- अकबर के शासनकाल के प्रमुख **संगीतकार–तानसेन, बाजबहादुर, बाबा रामदास** एवं **बैजू बावरा** थे।
- स्थापत्यकला के क्षेत्र में अकबर की महत्वपूर्ण कृतियाँ हैं–आगरा का **लालकिला**, फतेहपुर सीकरी में **शाहीमहल, दीवाने खास, पंचमहल, बुलंद दरवाजा, जोधाबाई का महल, इबादत खाना, इलाहाबाद का किला** और **लाहौर का किला**।
- **बीरबल** के बचपन का नाम महेश दास था।
- संगीत सम्राट् **तानसेन** का नाम पहले रामतनु पाण्डेय था, जिनका जन्म ग्वालियर में हुआ था। इनकी प्रमुख कृतियाँ थीं–**मियाँ की तोड़ी, मियाँ का मल्हार, मियाँ का सारंग** इत्यादि।
- **कण्ठाभरण वाणी विलास** की उपाधि अकबर ने **तानसेन** को प्रदान की थी।
- **गुजरात-विजय** के उपलक्ष्य में **बुलन्द दरवाजे** का निर्माण अकबर ने करवाया था।
- अकबर ने **शीरी कलम** की उपाधि **अब्दुस समद** को एवं **जरी कलम** की उपाधि **मुहम्मद हुसैन कश्मीरी** को दी थी।
- **मुगलों** की राजकीय भाषा **फारसी** थी।
- अकबर के समकालीन प्रसिद्ध सूफी सन्त **शेख सलीम चिश्ती** थे।
- अकबर की मृत्यु **16 अक्टूबर, 1605 ई.** को **अतिसार रोग** के कारण हुई। इसे आगरा के निकट **सिकन्दरा** में दफनाया गया।
- **युसुफजइयों** के विद्रोह को दबाने के दौरान **बीरबल की हत्या** हुई थी।
- **1602 ई.** में **सलीम** (जहाँगीर) के निर्देश पर दक्षिण भारत से आगरा की ओर आ रहे **अबुल-फज़ल** की हत्या रास्ते में **वीरसिंह बुन्देला** नामक सरदार ने कर दी थी।
- मुगल समाट् अकबर ने **'अनुवाद विभाग'** की स्थापना की। **नकीब खाँ, अब्दुल कादिर बंदायूंनी** तथा **शेख सुल्तान** ने रामायण एवं महाभारत

का फारसी अनुवाद किया व **महाभारत** का नाम **'रज्मनामा'** (युद्धों की पुस्तक) रखा।

- अबुल फज़ल का बड़ा **भाई फैजी अकबर** के दरबार में राजकवि के पद पर आसीन था। इसने **सूरदास रचित नल दमयंती** का फारसी अनुवाद **सहेली** नाम से किया था।
- **अबुल फज़ल दीन-ए-इलाही** धर्म का **मुख्य पुरोहित** था।
- अबुल फज़ल ने अकबर की प्रेरणा से **अकबरनामा ग्रंथ** की रचना की, यह ग्रंथ तीन भागों में विभक्त है। **'आईन-ए-अकबरी'** इसी ग्रंथ का तीसरा खण्ड है।
- **पंचतंत्र** का फारसी भाषा में अनुवाद **अबुल फज़ल** ने **अनवर-ए-सादात** नाम से तथा **मौलाना हुसैन फैज** ने **यार-ए-दानिश** नाम से किया।

## अकबर के नवरत्न

1. **बीरबल**-इनका जन्म काल्पी में हुआ था। बचपन का नाम महेशदास था। अकबर ने इन्हें कविराज एवं राजा की उपाधि तथा 2000 का मनसब प्रदान किया। ये अकबर के न्याय विभाग के सर्वोच्च अधिकारी थे।
2. **अबुल फजल**-इन्होंने आईन-ए-अकबरी, अकबरनामा की रचना की, अबुल फजल दीन-ए-इलाही धर्म के मुख्य पुरोहित थे। इनकी हत्या शहजादा सलीम ने करवायी थी।
3. **तानसेन**- अकबर ने इन्हे कण्ठाभरण वाणी विलास की उपाधि दी। इनके समय ध्रुपद्र गायन शैली का विकास हुआ।
4. **अब्दुर्रहीम खान-ए-खाना**- यह बैरम खां का पुत्र था। इन्होंने बाबरनामा का फारसी में अनुवाद किया था।
5. **मान सिंह**- ये आमेर के राजा भारमल के पौत्र तथा भगवान दास के पुत्र थे। अकबर के मेवाड़ (हल्दी घाटी), काबुल, बंगाल एवं बिहार के अभियानों में मुख्य भूमिका निभायी।
6. **टोडरमल**- इनका जन्म अवध के सीतापुर में हुआ। अकबर के शासन में दहशाला (भूमि सुधार) की व्यवस्था दी।
7. **फैजी**-अकबर ने इन्हे राजकवि के पद पर आसीन किया था। इन्होंने गणित की प्रसिद्ध पुस्तक लीलावती का फारसी में अनुवाद किया।
8. **हकीम हुकाम**- ये अकबर के रसोईघर का कार्य संभालते थे।
9. **मुल्ला दो प्याजा**- ये अपनी बुद्धिमानी व वाकपटुता के कारण नवरत्नों में शामिल थे।

## जहाँगीर (1605–27 ई.)

- जहाँगीर का जन्म 30 अगस्त, 1569 ई. को हुआ था।
- अकबर ने अपने पुत्र का नाम **सलीम** सूफी संत **शेख सलीम चिश्ती** के नाम पर रखा था।
- अकबर **सलीम** को प्यार से **'शेखू बाबा'** पुकारता था।
- **अब्दुर रहीम खानखाना** को **सलीम** का **अतालिक (शिक्षक)** नियुक्त किया गया था।
- सलीम **फारसी**, **तुर्की** एवं **हिंदी** भाषा का ज्ञाता था।
- 24 अक्टूबर, 1605 ई. को सलीम, **''नूरुद्दीन मुहम्मद जहाँगीर बादशाह गाजी''** के नाम से आगरा की गद्दी पर बैठा।
- सलीम का पहला विवाह जयपुर (आमेर) के राजा भगवानदास की पुत्री तथा मानसिंह की बहन **मानबाई** से **13 फरवरी**, **1585 ई.** को हुआ था।
- सलीम ने **'मानबाई'** को **'शाह बेगम'** की उपाधि दी थी।
- सलीम के सबसे बड़े पुत्र 'खुसरो' का जन्म **शाह बेगम** के गर्भ से हुआ।
- **मानबाई** ने सलीम की शराबखोरी से तंग आकर **आत्महत्या** कर ली थी।
- **1586 ई.** में सलीम का दूसरा विवाह उदयसिंह की पुत्री **जगत गोसाई** से हुआ था जिससे **शहजादा खुर्रम** (शाहजहाँ) का जन्म हुआ।
- जहाँगीर के चौथे पुत्र **'शहरयार'** का जन्म एक रखैल से हुआ था।
- जहाँगीर को **न्याय की जंजीर** (70 गज लम्बी, 60 घंटियों) के लिए याद किया जाता है। यह जंजीर सोने की बनी थी, जो आगरे के किले के **शाहबुर्ज** एवं यमुना-तट पर स्थित पत्थर के खम्भे में लगवाई हुई थी।
- बदायूँनी के अनुसार **सलीम** ने **1591 ई.** में अकबर को जहर देकर मारने का प्रयास किया था।
- जहाँगीर के सबसे बड़े पुत्र **खुसरो** ने **1606 ई.** में अपने पिता के विरुद्ध विद्रोह कर दिया। खुसरो और जहाँगीर की सेना के बीच युद्ध **जालंधर** के निकट **भैरावल** नामक मैदान में हुआ।
- खुसरो को सहायता देने के कारण जहाँगीर ने **सिक्खों के 5वें गुरु अर्जुनदेव** को फाँसी दिलवा दी।
- अहमदनगर के वजीर **मलिक अम्बर** के विरुद्ध सफलता से खुश होकर जहाँगीर ने **खुर्रम** को **शाहजहाँ** की उपाधि प्रदान की थी।
- **1622 ई.** में **कंधार** मुगलों के हाथ से निकल गया। **शाही अब्बास** ने इस पर अधिकार कर लिया।
- **लाडली बेगम** शेर अफगान एवं मेहरुन्निसा की पुत्री थी, जिसकी शादी जहाँगीर के पुत्र **शहरयार** के साथ हुई थी।
- **नूरजहाँ** की माँ अस्मत बेगम ने गुलाब से इत्र निकालने की विधि खोजी थी।
- **महावत खाँ** ने झेलम नदी के तट पर 1626 ई. में **जहाँगीर**, **नूरजहाँ** एवं उसके भाई **आसफ खाँ** को बन्दी बना लिया था।
- जहाँगीर के काल को चित्रकला का स्वर्णकाल कहा जाता है।
- जहाँगीर ने **आगा रजा** के नेतृत्व में **आगरा में एक चित्रशाला** की स्थापना करवाई थी।
- जहाँगीर के दरबार के प्रमुख चित्रकार थे–**आगा रजा**, **अबुल हसन**, **मुहम्मद नासिर**, **मुहम्मद मुराद**, **उस्ताद मंसूर**, **बिशनदास**, **मनोहर**, **गोवर्धन**, **फारुख बेग** एवं **दौलत**।
- उस्ताद मंसूर व अबुल हसन को जहाँगीर ने क्रमशः **नादिर-अल-अस्त्र** एवं **नादिर-उल-जमाँ** की उपाधि दी।
- 1626 ई. में नूरजहाँ बेगम द्वारा निर्मित **एत्माद-उद-दौला** का मकबरा। मुगलकालीन प्रथम ऐसी इमारत है, जो पूर्णरूप से सफेद संगमरमर से बनी है। सर्वप्रथम इसी इमारत में **पित्रादुरा नामक** रत्न जड़ाऊ शैली का प्रयोग किया गया।
- जहाँगीर के दरबार में **कैप्टन हॉकिन्स**, **सर टॉमस रो**, **विलियम फिंच** एवं **एडवर्ड टैरी** नामक यूरोपीय यात्री आए थे।
- जहाँगीर की मृत्यु **(28 अक्टूबर**, **1627 ई. को)** भीमवार नामक स्थान पर हुई।
- जहाँगीर के शव को **शाहदरा (लाहौर)** में **रावी नदी** के किनारे दफनाया गया।

## शाहजहाँ (1627–58 ई.)

- **शाहजहाँ (खुर्रम)** का जन्म **5 फरवरी**, **1592 ई.** को लाहौर में हुआ था।
- शाहजहाँ का विवाह आसफ खाँ की पुत्री **अर्जुमन्द बानो बेगम** (मुमताज महल) के साथ हुआ।
- जहाँगीर की मृत्यु के बाद शाहजहाँ के **श्वसुर आसफ खाँ** ने खुसरो के पुत्र **दार बख्श** को तात्कालिक तौर पर बादशाह बना दिया।
- **शहरयार** ने लाहौर में स्वयं को बादशाह घोषित कर दिया था।
- आसफ खाँ ने आक्रमण कर **शहरयार की आँखें निकलवा** दीं।

- शाहजहाँ द्वारा **आसफ खाँ को वजीर का पद** तथा **महावत खाँ को खानखाना की उपाधि** दी गई।
- 24 फरवरी, 1628 ई. को शाहजहाँ **'अबुल मुजफ्फर शहाबुद्दीन मुहम्मद साहब किरान-ए-शानी शाहजहाँ'** के नाम से शासक बना।
- शाहजहाँ ने **सिजदा** एवं **पायबोस** की प्रथा समाप्त कर दी और **चहार-तस्लीम** प्रथा शुरू की।
- शाहजहाँ ने **इलाही सवंत** के स्थान पर **हिजरी संवत** चलाया।
- शाहजहाँ ने अपने शासन के 11वें वर्ष **झरोखा दर्शन** एवं 12वें वर्ष **तुलादान प्रथा** को समाप्त करवा दिया।
- **शाहजहाँ** ने 1638 ई. में अपनी राजधानी को आगरा से दिल्ली लाने के लिए यमुना नदी के दाहिने तट पर **शाहजहाँनाबाद** की नींव डाली।
- शाहजहाँ के शासनकाल को **स्थापत्यकला** का **स्वर्णयुग** कहा जाता है। शाहजहाँ द्वारा बनवाई गई प्रमुख इमारतें हैं–दिल्ली का लालकिला, दीवाने आम, दीवान-ए- खास, दिल्ली की जामा मस्जिद, आगरा की मोती मस्जिद तथा ताजमहल आदि।
- ताजमहल का निर्माण करने वाला मुख्य स्थापत्य कलाकार **उस्ताद अहमद लाहौरी** था।
- शाहजहाँ ने संगीतज्ञ **लाल खाँ** को **'गुण समन्दर'** की उपाधि प्रदान की थी।
- शाहजहाँ के पुत्रों में **दाराशिकोह** सर्वाधिक विद्वान था। इसने **भगवद्‌गीता, योगवशिष्ठ, उपनिषद** एवं **रामायण** का अनुवाद फारसी में करवाया। इसने **सर्र-ए-अकबर** (महान रहस्य) नाम से उपनिषदों का अनुवाद भी करवाया था।
- दारा की हत्या **30 अगस्त, 1659 ई.** को कर दी गई तथा इसे हुमायूँ के मकबरे में दफना दिया गया।
- **शाहजहाँ** ने दिल्ली में **एक कॉलेज** का निर्माण कराया व **दारुल बका** नामक कॉलेज की मरम्मत कराई।
- **सितम्बर, 1657 ई.** में शाहजहाँ के गंभीर रूप से बीमार पड़ने पर मृत्यु की अफवाह फैलने के कारण उसके पुत्रों के बीच उत्तराधिकार युद्ध प्रारंभ हुआ। उस समय **शुजा बंगाल, मुराद गुजरात** एवं **औरंगजेब दक्कन** में था।
- औरंगजेब ने **सितम्बर, 1658 ई.** में शाहजहाँ को कैद कर लिया तथा **31 जनवरी, 1666 ई.** को 74 वर्ष की आयु में कैदी के रूप में शाहजहाँ की मृत्यु हो गई।

## औरंगजेब आलमगीर (1658–1707 ई.)

- **औरंगजेब** का जन्म 3 नवम्बर, 1618 ई. को उज्जैन के दोहद नामक स्थान पर मुमताज महल के गर्भ से हुआ था।
- औरंगजेब के बचपन का अधिकांश समय नूरजहाँ के पास बीता।
- **'पीर मुहम्मद हकीम'** औरंगजेब के गुरु थे।
- 18 मई 1637 ई. को औरंगजेब का विवाह फारसी राजघराने की राजकुमारी **दिलरास बानो बेगम** (राबिया बीबी) से हुआ था।
- औरंगजेब ने अपना प्रथम राज्याभिषेक **'अबुल मुजफ्फर मुइउद्दीन मुहम्मद औरंगजेब बहादुर आलमगीर पादशाह गाजी'** की उपाधि से 31 जुलाई, 1658 को करवाया तथा देवराई के युद्ध में सफल होने के बाद शाहजहाँ के शानदार महल में **15 जून, 1659** को दूसरी बार अपना राज्याभिषेक करवाया।
- औरंगजेब ने **कुरान** को अपने **शासन का आधार** बनाया।
- औरंगजेब सुन्नी धर्म को मानता था, उसे **जिन्दा पीर** भी कहा जाता था।
- 1669 ई. में औरंगजेब ने मुस्लिम पर्व **'मुहर्रम'** मनाना बंद करवा दिया।
- 1679 ई. में **जजिया** कर फिर से लागू कर दिया गया तथा 1665 ई. में हिन्दुओं के **'होली'** के **त्यौहार पर भी प्रतिबंध** लगाया गया।
- 1702 ई. में हिन्दुओं की **अँगूठियों** पर **हिन्दू देवी-देवताओं** के नाम खुदवाने की मनाही की गई।
- 1703 ई. में अहमदाबाद में साबरमती के तट पर **मुर्दों की अंत्येष्टि** पर प्रतिबंध लगाया गया।
- औरंगजेब के शासनकाल में मुगल सेना में **सर्वाधिक हिन्दू सेनापति** थे।
- औरंगजेब के समय **सूबों की संख्या 20** थी।
- औरंगजेब के समय में **हिन्दू मनसबदारों की संख्या लगभग 337** थी, जो अन्य मुगलों सम्राटों की तुलना में अधिक थी।
- औरंगजेब ने सर्वप्रथम **18 करों को समाप्त किया**, जैसे–राहदारी, पिंडारी (भूमिकर) तथा गृहकर आदि।
- औरंगजेब ने प्रजा के चरित्र की निगरानी करने हेतु **'मुहतसिब'** नामक अधिकारी नियुक्त किया था।
- इस्लाम स्वीकार नहीं करने के कारण सिक्खों के **9वें गुरु तेगबहादुर** की हत्या **औरंगजेब** ने 1675 में दिल्ली में करवा दी थी।
- भरतपुर राजवंश की नींव औरंगजेब के शासनकाल में **जाट नेता** एवं **राजाराम** के भतीजे **चूड़ामन** ने की थी।
- **जयसिंह** एवं **शिवाजी** के बीच पुरन्दर की संधि **22 जून, 1665** को सम्पन्न हुई।
- **मई, 1666 ई.** को आगरे के किले के दीवान-ए-आम में औरंगजेब के समक्ष शिवाजी उपस्थित हुए। यहाँ शिवाजी को कैद कर **जयपुर भवन** में रखा गया।
- औरंगजेब ने **बीबी का मकबरा** का निर्माण **1679 ई.** में औरंगाबाद (महाराष्ट्र) में करवाया।
- 1686 ई. में **बीजापुर** एवं **1687** में **गोलकुण्डा** को औरंगजेब ने मुगल साम्राज्य में मिला लिया।
- औरंगजेब की मृत्यु **3 मार्च, 1707 ई.** को **अहमदनगर** में हुई।

**औरंगजेब के काल में प्रमुख विद्रोह**

| क्र.सं. | विद्रोह | काल | नेता |
|---|---|---|---|
| 1. | जाट विद्रोह | 1667–88 ई. | गोकुल,राजाराम, चूड़ामन |
| 2. | अफगान विद्रोह | 1667–72 ई. | भागू, अकमल खाँ |
| 3. | सतनामी विद्रोह | 1672 ई. | सतनामी अनुयायी |
| 4. | बुंदेला विद्रोह | 1661–1707 ई. | चम्पतराय, जुझार सिंह, छत्रसाल |
| 5. | राजपूतों का विद्रोह | 1679–1709 ई. | दुर्गादास राठौर |
| 6. | सिक्ख विद्रोह | 1675 मृत्यु तक | गुरु तेग बहादुर, गुरु गोविन्द सिंह एवं बंदा बहादुर |

## मुगलकालीन प्रशासनिक, सामाजिक, आर्थिक एवं सांस्कृतिक व्यवस्था

### केन्द्रीय प्रशासन

- अकबर के शासन में 4 मंत्री पद थे-वजीर (वकील), दीवान, मीर बख्शी एव सद्र।
  (i) **वजीर** यह साम्राज्य का प्रधानमंत्री होता था। इसे सैनिक एवं असैनिक दोनों मामलों में असीमित अधिकार प्राप्त थे।
  (ii) **दीवान** अकबर ने वजीर के एकाधिकार को समाप्त करने के लिए इस पद की स्थापना की। यह वित एवं राजस्व का सर्वोच्च अधिकारी होता था।

**दीवान की सहायता के लिए अधिकारी**

- **दीवान-ए-खालिसा** शाही भूमि की देखभाल करने वाला अधिकारी

- ❖ **दीवान-ए-तन** वेतन एवं जागीरो की देखभाल करने वाला
- ❖ **मुस्तौफी** आय व्यय का निरीक्षक

(iii) **मीर बख्शी** यह सैन्य विभाग का सर्वोच्च अधिकारी होता था। इसका कार्य सैनिकों की भर्ती, रसद प्रबंधन, सैनिको के लिए हथियार, हाथी घोड़े आदि का प्रबंधन एवं शाही महल की सुरक्षा तथा मनसबदारी व्यवस्था को सुचारू रूप से चलाना था।

(iv) **सद्र-ए-कुल/सद्र-उस-सुदूर** यह धर्मिक मामलों में बादशाह का सलाहकार था। इसे शेख उल इस्लाम भी कहा जाता था।

- मीरबख्शी द्वारा **'सरखत'** नाम के पत्र पर हस्ताक्षर के बाद ही सेना को हर महीने वेतन मिलता था।
- जब कभी **सद्र** न्याय विभाग के प्रमुख का कार्य करता था, तब उसे **काजी** कहा जाता था।
- **सद्र-उस-सुदूर** सम्राट को धार्मिक विषयों में परामर्श देता था।
- लगानमुक्त भूमि **मदद-ए-माश** का निरीक्षण **सद्र** करता था।

## प्रांतीय प्रशासन

मुगल साम्राज्य सूबों (प्रांत) में बंटा हुआ था।

सूबे/प्रांत — प्रमुख सर्वोच्च अधिकारी-सिपहसालार सूबेदार था

↓

सरकार/जिले — सर्वोच्च अधिकारी-फौजदार सरकार परगनों में विभाजित था

↓

परगना/महल — सर्वोच्च अधिकारी शिकदार परगना, गांवों से मिलकर बनता था

↓

गांव/ग्राम — सर्वोच्च अधिकारी: मुकद्दम, चौधरी या खुत

| मुगल काल में प्रधान विभाग | |
|---|---|
| दीवान | आय व्यय विभाग |
| मीर बख्शी | सेना तथा वेतन विभाग |
| खानसामा | शाही परिवार का प्रबंधक |
| काजी | न्याय विभाग का प्रबंधक |
| मुहतसिब | प्रजा के चरित्र एवं धर्म का निरीक्षण |
| मुशरिफ | राजसचिव |
| नाजिरे बयूतात | शाही कारखाने का अधीक्षक |
| मीर आतिश | तोपखाने का निरीक्षक |
| दरोगा-ए-डाक चौकी | डाक अधीक्षक |
| मीर बर्र | वन अधीक्षक |
| मीर तोजक | उत्सवों आदि का प्रबंधक |
| मीर मुंशी | शाही पत्रों को लिखनेवाला |

- **मीर सामा** सम्राट् के घरेलू विभागों का प्रधान होता था।
- मुगल सेना 4 भागों में बँटी हुई थी–**1. पैदल सेना**, **2. घुड़सवार**, **3. तोपखाना** और **4. हस्ति सेना**।
- अकबर के समय प्रधानमन्त्री को **'वकील'** और वित्तमन्त्री को **'वजीर'** कहते थे।
- **सूबेदार** का प्रति **दो-तीन** वर्ष में स्थानान्तरण कर दिया जाता था।
- **टकसाल** का अधिकारी **'दरोगा'** कहलाता था।
- **हस्ति सेना** हेतु **पीलवान** नामक अलग विभाग गठित किया गया था।
- **मनसबदारी प्रथा** मुगलकालीन सैन्य व्यवस्था का आधार थी। इस प्रथा को सम्राट् अकबर द्वारा शुरू किया गया था।
- अरबी भाषा में 'मनसब' का अर्थ होता है–**पद**। **मनसब** शब्द **मनसबदार** की प्रतिष्ठा का सूचक था।
- अकबर की मनसबदारी व्यवस्था मंगोल नेता **चंगेज खां** की **'दशमलव प्रणाली'** पर आधारित थी।
- 10 से 500 तक मनसब प्राप्त करने वाले **मनसबदार**, **500** से **2500** तक मनसब प्राप्त करने वाले **अमीर** एवं **2500** से ऊपर तक मनसब प्राप्त करने वाले **अमीर-ए-आजम** कहलाते थे।
- जहाँगीर ने सवार पद में **दो-अस्पा** एवं **सिंह-अस्पा** की व्यवस्था की। **महावत खाँ** की सर्वप्रथम इस पद पर नियुक्ति की गई थी।
- 1573 ई. में अकबर द्वारा गठित **जल सेना** का अधिकारी **'मीर-ए-बद्र'** कहलाता था।

| परगने का शासन | |
|---|---|
| शिकदार | परगने में शांति तथा सुव्यवस्था की स्थापना के अतिरिक्त काश्तकारों द्वारा खजाने में जमा करने के लिए लाए गए मालगुजारी के रुपयों को भी संभालता था। |
| आमिल | परगने का वित्त अधिकारी था। |
| फोतदार | यह परगने का खजांची होता था। |
| कानूनगो | यह पटवारियों का प्रधान होता था। |
| कारकुन | ये उत्पादन योग्य भूमि, पैदावार, मालगुजारी वसूली, बकाया आदि बातों का लेखा रखते थे। |

- अकबर ने **जजिया कर 1564 ई.** में समाप्त कर दिया।
- औरंगजेब ने **जजिया कर 1679 ई.** में पुनः लागू कर दिया।
- मुहम्मद शाह (1719–48 ई.) ने 1720 में **जजिया कर** को पुनः समाप्त किया।
- मुगल शासकों में से केवल **अकबर ही निरक्षर** था, जबकि **जहाँगीर**, **शाहजहाँ** और **औरंगजेब** शिक्षित शासक थे।

## मुगलकालीन भू-राजस्व व्यवस्था

- अकबर ने **1560 ई.** में भू-राजस्व की नई प्रणालियाँ-**टोडरमल की जब्ती प्रणाली**, **करोड़ी व्यवस्था**, **दहसाला प्रणाली**, **बंटाई** तथा **नस्क** (कनकूत) आदि चलाई।
- शेरशाह द्वारा भू-राजस्व हेतु अपनाई जाने वाली पद्धति **राई** का उपयोग अकबर ने भी किया था।
- अकबर के द्वारा **करोड़ी नामक अधिकारी** की नियुक्ति 1573 ई. में की गई। इसे अपने क्षेत्र से **एक करोड़ दाम** वसूल करना होता था।
- 1570–71 ई. में टोडरमल ने खालसा भूमि पर भू-राजस्व की नवीन प्रणाली जब्ती प्रारंभ की। इसमें कर निर्धारण की दो श्रेणियाँ थीं–**1. तखशीस** एवं **2. तहसील**।
- औरंगजेब ने अपने शासनकाल में **नस्क प्रणाली** को अपनाया और भू-राजस्व की राशि को **उपज का आधा कर** दिया।
- 1580 ई. में अकबर ने **वास्तविक उत्पादन**, **स्थानीय कीमत**, **उत्पादकता** आदि के आधार पर **'दहसाला प्रणाली'** प्रचलित की।
- नकदी फसलों को **'जींस-ए-आला'** कहा जाता था।
- **खालसा भूमिः** प्रत्यक्ष रूप से बादशाह के नियन्त्रण में होती थी।
- **जागीर भूमिः** तनख्वाह के बदले दी जाने वाली भूमि कहलाती थी।
- **सयूरगल/मदद-ए-माश** अनुदान में दी गई लगानहीन भूमि। इस प्रकार की भूमि **मिल्क** कहलाती थी।

| उत्पादकता के आधार पर भूमि का वर्गीकरण | |
|---|---|
| **पोलज भूमि** | सबसे अधिक उपजाऊ व प्रतिवर्ष खेती होने वाली भूमि थी। |
| **परती भूमि** | पोलज से कम उपजाऊ व एक फसल पश्चात् बोई जाने वाली भूमि थी। |
| **चाचर भूमि** | एक फसल बाद के 3–4 वर्षों के लिए खाली भूमि। |
| **बंजर भूमि** | प्रायः, खाली भूमि, कभी-कभी कृषिकार्य। |

| मुगल काल में कृषक | |
|---|---|
| 1. खुदकाश्त | ये किसान उसी गाँव की भूमि पर खेती करते थे, जहाँ के वे निवासी थे। |
| 2. पाही काश्त | ये दूसरे गाँव जाकर कृषि कार्य करते थे। |
| 3. मुजारियन | खुदकाश्त कृषकों से भूमि किराए पर लेकर कृषि कार्य करने वाले। |

## मुगलकालीन सिक्के

- अकबर ने दिल्ली में एक **शाही-टकसाल** का निर्माण कराया था जिसका अध्यक्ष **अब्दुस्समद** को बनाया गया था।
- अकबर ने असीरगढ़ विजय की स्मृति में अपने सिक्के पर **बाज की आकृति** अंकित कराई थीं।
- औरंगजेब ने सिक्कों पर **कलमा खुदवाना** बंद करा दिया था।
- मुगल काल में रुपए की सर्वाधिक **ढलाई औरंगजेब** के समय में हुई।
- **आना** सिक्के का प्रचलन शाहजहाँ ने किया था।
- जहाँगीर ने अपने समय में सिक्कों पर अपनी आकृति बनवाई, साथ ही उस पर **अपना** एवं **नूरजहाँ** का नाम अंकित करवाया।
- सबसे बड़ा सिक्का **शंसब** सोने का था। **इलाही** सबसे प्रचलित स्वर्ण सिक्का था।
- **चाँदी का रुपया** मुगलकालीन अर्थव्यवस्था का आधार था।
- **दाम** का प्रयोग दैनिक लेन-देन में किया जाता था। **40 दाम** का एक रुपया होता था।

## मुगलकालीन साहित्य

- बाबर ने एक नई काव्यशैली **मुबैइयान** को प्रारम्भ किया।
- हुमायूँ के काल में **तारीखे रशीदी** की रचना **मिर्जा हैदर दोगलत** ने की।
- हूमायूँनामा की रचना **गुलबदन बेगम** (हुमायूँ की बहन) ने की जिसके एक भाग में **बाबर का इतिहास** एवं दूसरे भाग में **हुमायूँ का इतिहास** मिलता है।
- दरबारी इतिहास लेखन परम्परा की शुरुआत अकबर के द्वारा की गई।

**मुगलकालीन साहित्य**

| साहित्य | लेखक |
|---|---|
| **तुर्की भाषा** | |
| तुजुक-ए-बाबरी | बाबर |
| **फारसी भाषा** | |
| हुमायूँनामा | गुलबदन बेगम (बाबर की पुत्री) |
| अकबरनामा | अबुल फज़ल |
| आईन-ए-अकबरी | अबुल फज़ल |
| तबकात-ए-अकबरी | निजामुद्दीन अहमद |
| ताजकिरात-उल-वाकियात | जौहर आफतावची |
| तारीख-ए-शेरशाही | अब्बास खां सरवानी |
| मुन्तखब-उल-तवारीख | अब्दुल कादिर बदायूँनी |
| तजकिरा-ए-हुमायूँ | बयाजिद बायत |
| तुजुक-ए-जहाँगीरी | जहाँगीर (मौतमिद खान ने पूर्ण की) |
| इकबालनामा-ए-जहाँगीरी | मौतमिद खाँ |
| मस्सारे जहाँगीरी | ख्वाजा कामगार |
| मक्जम-ए-अफगानी | निआतम अल्लाह |
| तारीख-ए-फरिश्ता | मुहम्मद कासिम फरिश्ता |
| मासर-ए-रहीनी | मुल्ला अब्दुल बकी नहावंदी |
| बादशाहनामा | मोहम्मद अमीन कजवीनी |
| पादशाहनामा | अब्दुल हमीद लाहौरी |
| शाहजहाँनामा | इनायत खान |
| आलम-ए-सालेह | मुहम्मद सालेह |
| मुन्तखब-अल-लुबाब | खाफी खां |
| आलमगीरनामा | काजिम शीराजी |
| नुख्शा-ए-दिलकुशा | भीमसेन |
| फुतुहात-ए-आलमगीरी | ईश्वरदास नागर |
| वाकयाते आलमगीरी | आकिल खाँ |
| मासिर-ए-आलमगीरी | मुहम्मद साकी मुस्तैद खाँ |
| खुलासा-उल-तवारीख | सुजान राय |
| सियारुल मुतखरीन | गुलाम हुसैन |
| तवारीख-ए-मुजफ्फरी | मुहम्मद अली |
| मजमा-उल-बहरीन | दारा शिकोह |

- **बदायूँनी** द्वारा लिखित **मुन्तखब-उल-तवारीख** को हिन्दुस्तान का आम इतिहास कहा जाता है।
- **राम भक्ति शाखा** के कवि तुलसीदास ने अकबर के शासनकाल में 1574 ई. में **'रामचरितमानस'** की रचना आरम्भ की।
- बदायूँनी अकबर की धार्मिक नीतियों का कट्टर विरोधी था।
- अकबर का **राजकवि फैजी** था, इसी के अधीन अकबर ने **अनुवाद विभाग** की स्थापना की थी।
- औरंगजेब के समय **मुहम्मद साकी** द्वारा लिखी गई **मासिरे आलमगीरी** को मुगल राज्य का **गजेटियर** कहा गया है।

| फारसी भाषा (अनूदित पुस्तकें) | |
|---|---|
| महाभारत (संस्कृत) | बदायूँनी, |
| रामायण | अबुल फज़ल |
| अथर्ववेद | हाजी इब्राहिम सरहिंदी |
| लीलावती | फैजी |
| राजतरंगिणी | शाह मुहम्मद शाहाबादी |
| कालियादमन तथा पंचतंत्र | अबुल फज़ल |
| नल दमयंती | फैजी |
| हरिवंश | मौलाना शौरी |
| पचास उपनिषद, भगवत् गीता तथा योग वशिष्ठ | दारा शिकोह |

| हिंदी | |
|---|---|
| रामचरितमानस | तुलसीदास |
| विनय पत्रिका | तुलसीदास |
| सूर सागर | सूरदास |
| प्रेम वाटिका | रसखान |
| सुंदर श्रृंगार | सुंदर कविराय |
| कवित्त रत्नाकार | सेनापति |
| कविन्द्र कल्पतरु | कविन्द्र आचार्य |
| कविप्रिया, रसिक प्रिया, अलंकार मंजरी, रामचन्द्रिका | केशवदास |

| संस्कृत | |
|---|---|
| अकबरशाही, श्रृंगार दर्पण | पद्म सुंदर |
| भानुचंद्र चरित | आचार्य सिद्धचंद्र उपाध्याय |
| रस गंगाधर, गंगालहरी | जगन्नाथ पंडित |

## प्रश्नमाला

**1. पानीपत का प्रथम युद्ध हुआ था—**
(a) सन् 1524 में (b) सन् 1525 में
(c) सन् 1526 में (d) सन् 1527 में

**2. निम्नलिखित में से किस युद्ध में शेरशाह सूरी ने भाग लिया था ?**
(a) पानीपत के प्रथम युद्ध में
(b) पानीपत के द्वितीय युद्ध में
(c) पानीपत के तृतीय युद्ध में
(d) उपर्युक्त में से किसी में भी नहीं

**3. नूरजहाँ का वास्तविक नाम था—**
(a) हाजी बेगम (b) रशीदा बेगम
(c) मेहरुन्निसा (d) अर्जुमन्द बानो बेगम

**4. अकबर ने 'जजिया' को कब समाप्त किया ?**
(a) 1562 ई. में (b) 1563 ई. में
(c) 1564 ई. में (d) 1565 ई. में

**5. हल्दीघाटी की लड़ाई सन् 1576 ई. में किसके बीच हुई थी ?**
(a) मेवाड़ और मुगल
(b) चित्तौड़ और मुगल
(c) मारवाड़ और मुगल
(d) जोधपुर और मुगल

**6. निम्नलिखित में से कौन-सा विकल्प गलत है ?**
(a) अबुल फजल - अकबरनामा
(b) बँदायूनी - आलमगीरनामा
(c) बाबर - तुजुक-ए-बाबरी
(d) जहाँगीर - तुजुक-ए-जहाँगीरी

**7. महान् मुगल सम्राट् अकबर के जीवन की अन्तिम विजय थी—**
(a) कन्धार (b) खानदेश
(c) असीरगढ़ (d) अहमदनगर

**8. अकबर की धार्मिक नीति से सम्बन्धित नहीं है-**
(a) तीर्थ यात्रा कर की समाप्ति
(b) इबादतखाना
(c) दीन-ए-इलाही
(d) हल्दीघाटी का युद्ध

**9. निम्नलिखित में से कौन मुगल बादशाह द्वारा लिखी गई है ?**
(a) तुजुक-ए-बाबरी
(c) तुजुक-ए-जहाँगीरी
(b) हुमायूँनामा
(d) रक्कात-ए-आलमगीरी

**10. औरंगजेब ने जजिया कर पुनः कब लगाया ?**
(a) 1678 ई. (b) 1679 ई.
(c) 1680 ई. (d) 1681 ई.

**11. किस युद्ध में बाबर ने 'जेहाद' का उद्घोष किया। 'तमगा' नामक कर समाप्त किया एवं युद्धोपरान्त विजयी होकर 'गाजी' की उपाधि धारण की ?**
(a) पानीपत का प्रथम युद्ध
(b) खानवा का युद्ध
(c) चंदेरी का युद्ध
(d) घाघरा का युद्ध

**12. बाबर ने निम्न में से किसे पानीपत के प्रथम युद्ध में हराया था**
(a) बहलोल लोदी को
(b) सिकन्दर लोदी को
(c) इब्राहिम लोदी को
(d) खिज्र खाँ को

**13. निम्न कथनों पर विचार कीजिए—**
**A. जहाँगीर के शासनकाल में मुगल चित्रकला चरमोत्कर्ष पर थी।**
**B. जहाँगीर ने तुर्की भाषा में अपनी आत्मकथा तुजुक-ए-जहाँगीरी की रचना की थी।**
**उपरोक्त कथनों में से कौन-सा/से कथन गलत है/हैं ?**
(a) केवल A
(b) केवल B
(c) A और B दोनों
(d) न तो A और न ही B

**14. शाहजहाँ के सन्दर्भ में निम्न कथनों में से कौन-सा/से सत्य है/हैं ?**
(a) शाहजहाँ का विवाह अर्जुमन्दबानो बेगम से हुआ था
(b) इसके काल में अफगान अभिजात खान ए जहाँ लोदी ने विद्रोह किया था
(c) इसने अहमदनगर के विरुद्ध अभियान शुरू किया था
(d) उपरोक्त सभी

**15. औरंगजेब के सन्दर्भ में निम्न कथनों में से कौन-सा/से कथन सत्य है/हैं ?**
(a) औरंगजेब ने उलेमा वर्ग की सलाह के अनुसार इस्लामी ढंग से शासन किया था
(b) इसने हिन्दू त्योहारों को सार्वजनिक रूप से मनाए जाने पर प्रतिबन्ध लगा दिया
(c) अपने व्यक्तिगत चारित्रिक गुणों के कारण औरंगजेब को 'जिन्दा पीर' के नाम से जाना जाता था
(d) उपरोक्त सभी

**16. निम्न कथनों पर विचार कीजिए—**
**A. अकबर के राजस्व मन्त्री टोडरमल ने 10 वर्ष की कालावधि के लिए कृषि की पैदावार, कीमतों और कृषि का सावधानीपूर्वक सर्वेक्षण किया।**
**B. 17वीं सदी के आखिर में किसान विद्रो ने मुगल साम्राज्य के स्थायित्व चुनौती दी थी।**
**उपरोक्त कथनों में से कौन-सा/से कथन स है/हैं ?**
(a) केवल A
(b) केवल B
(c) A और B दोनों
(d) न तो A और न ही B

**17. 'विश्व शान्ति' का विचार किस मुगल शास ने आगे बढ़ाया ?**
(a) हुमायूँ (b) जहाँगीर
(c) अकबर (d) शाहजहाँ

**18. कथन (A) अकबर, जहाँगीर और शाहज ने सुलह-ए-कुल ( सर्वत्र शान्ति ) के विच को शासन का सिद्धान्त बनाया।**
**कथन (B) विभिन्न धर्मों से जुड़े हुए व्यक्ति के साथ विचार-विमर्श से अकबर समझ बनी कि जो विद्वान धार्मिक रीति अ मतांधता पर बल देते हैं, वे अकसर कट होते हैं।**
**कूट**
(a) (A) और (B) दोनों सही हैं तथा (A), का सही स्पष्टीकरण है।
(b) (A) और (B) दोनों सही हैं, किन्तु (A (B) का सही स्पष्टीकरण नहीं है।
(c) (A) सही है, किन्तु (B) गलत है।
(d) (A) गलत है, किन्तु (B) सही है।

**19. सवाई राजा जय सिंह द्वारा प्रथम वेधश जंतर-मंतर कहाँ स्थापित की गई?**
(a) जयपुर (b) उज्जैन
(c) अयोध्या (d) दिल्ली

**20. औरंगजेब ने बीजापुर की विजय कब थी?**
(a) 1685 (b) 1686
(c) 1687 (d) 1684

**21. मुगलकाल में सेना का प्रधान निम्न मे कौन था?**
(a) शहना-ए-पील (b) मीर बख्शी
(c) वजीर (d) सवाहेनिगार

**22. अकबरकालीन सैन्य व्यवस्था आधा थी-**
(a) मनसबदारी (b) जमींदारी
(c) सामंतवादी (d) आइन-ए-दहश

**23. टोडरमल ने किस क्षेत्र में ख्याति अ की थी?**
(a) सैन्य अभियान (b) भू-राजस्व
(c) हास-परिहार (d) चित्रकला

24. उपनिषद् का फारसी में अनुवाद किस मुगल सम्राट के शासन काल में हुआ?
(a) शाहजहाँ (b) अकबर
(c) जहाँगीर (d) औरंगजेब

25. मध्यकाल में सर्वप्रथम भारत से व्यापार संबंध स्थापित करने वाले थे?
(a) डच (b) अंग्रेज
(c) फ्रांसीसी (d) पुर्तगाली

26. शेरशाह सूरी की मृत्यु हुई-
(a) आगरा में (b) कालिंजर में
(c) रोहतास में (d) सासाराम में

27. सम्राट अकबर द्वारा निम्न में किसको 'जरी कलम' की उपाधि प्रदान की गई थी?
(a) मोहम्मद हुसैन (b) मुकम्मल खां
(c) अब्दुस्समद (d) मीर सैयद अली

28. बाबर ने अपने बाबरनामा में किस हिन्दू राज्य का उल्लेख किया है?
(a) उड़ीसा (b) गुजरात
(c) मेवाड़ (d) कश्मीर

29. मुगलकालीन भारत में राज्य की आय का प्रमुख स्रोत क्या था?
(a) लूट (b) राजगत सम्पत्ति
(c) भू-राजस्व (d) कर

30. निम्नांकित में से किस युद्ध में एक पक्ष द्वारा प्रथम बार तोपों का उपयोग किया गया था?
(a) पानीपत का प्रथम युद्ध
(b) खानवा का युद्ध
(c) प्लासी का युद्ध
(d) पानीपत का तीसरा युद्ध

31. निम्नांकित युद्धों का सही कालानुक्रम दिए गए कूट से चुनिए-
A. पानीपत का तृतीय युद्ध 1. 1601 ई.
B. हल्दी घाटी का युद्ध 2. 1761 ई.
C. तराइन का द्वितीय युद्ध 3. 1576 ई.
D. असीरगढ़ का युद्ध 4. 1192 ई.
कूट :

| | A | B | C | D |
|---|---|---|---|---|
| (a) | 1 | 2 | 3 | 4 |
| (b) | 2 | 3 | 4 | 1 |
| (c) | 4 | 3 | 2 | 1 |
| (d) | 3 | 4 | 2 | 1 |

32. अकबर द्वारा अपनाई गई 'सुलहकुल' (सार्वभौम शान्ति तथा भाई-चारा) की अवधारणा निम्नांकित में से किस पर आधारित थी?
(a) राजनीतिक उदारता
(b) धार्मिक सहनशीलता
(c) उदारवादी सांस्कृतिक दृष्टिकोण
(d) उपरोक्त सभी

33. निम्न में से किसने मुगल काल का ऐतिहासिक विवरण लिखा है?
(a) गुलबदन बेगम (b) नूरजहा बेगम
(c) जहाँआरा बेगम (d) जेबुन्निसा बेगम

34. मुगल सम्राट जिसने सर्वाधिक संख्या में हिन्दू अधिकारियों की नियुक्ति की थी, का नाम है?
(a) अकबर (b) औरंगजेब
(c) हुमायूं (d) शाहजहाँ

35. अनवर-ए-सुहैली नामक ग्रन्थ निम्नलिखित में किसका अनुवाद है?
(a) पंचतन्त्र (b) महाभारत
(c) रामायण (d) सूरसागर

36. किस इतिहासकार ने 'दीन-ए-इलाही' को धर्म कहा?
(a) अबुल फजल
(b) अब्दुल कादिर बदायूंनी
(c) निजामुद्दीन अहमद
(d) उपरोक्त में से कोई नहीं

37. किस बादशाह के अन्तर्गत मुगल सेना में सर्वाधिक हिन्दू सेनापति थे?
(a) हुमायूं (b) अकबर
(c) जहाँगीर (d) औरंगजेब

38. दारा शिकोह ने किस शीर्षक के अन्तर्गत उपनिषदों का फारसी में अनुवाद किया था?
(a) अल फिहरिश्वत
(b) किताब अल बयां
(c) मज्म-उल-बहरीन
(d) सिर्र-ए-अकबर

39. निम्नलिखित मुगल बादशाहों में किसने अपनी आत्मकथा फारसी में लिखी?
(a) बाबर (b) अकबर
(c) जहाँगीर (d) औरंगजेब

40. 'जजिया' किसके शासनकाल में पुनः लगाया गया था-
(a) अकबर (b) औरंगजेब
(c) जहाँगीर (d) हुमायूं

## उत्तरमाला

| | | | | | | | | | |
|---|---|---|---|---|---|---|---|---|---|
| 1. (c) | 2. (d) | 3. (c) | 4. (c) | 5. (a) | 6. (b) | 7. (c) | 8. (d) | 9. (c) | 10. (b) |
| 11. (b) | 12. (c) | 13. (b) | 14. (d) | 15. (d) | 16. (a) | 17. (c) | 18. (a) | 19. (a) | 20. (b) |
| 21. (b) | 22. (a) | 23. (b) | 24. (a) | 25. (d) | 26. (b) | 27. (a) | 28. (c) | 29. (c) | 30. (a) |
| 31. (b) | 32. (d) | 33. (a) | 34. (b) | 35. (a) | 36. (b) | 37. (d) | 38. (d) | 39. (c) | 40. (b) |

□□□

# 15 स्थापत्य कला

## सल्तनतकालीन स्थापत्य

(i) **कुव्वत-उल-इस्लाम मस्जिद**–कुतुबुद्दीन ऐबक ने निर्माण करवाया। भारतीय इस्लामिक शैली में निर्मित यह प्रथम स्थापत्य है। इसका विस्तार इल्तुतमिश एवं अलाउद्दीन ने किया।

(ii) **अढ़ाई दिन का झोंपड़ा**–अजमेर में इसका निर्माण कुतुबुद्दीन ऐबक ने करवाया। यह एक संस्कृत विद्यालय था। इसकी दीवारों पर हरिकेलि (विग्रहराज-IV द्वारा रचित) नाटक के अंश हैं।

(iii) **कुतुबमीनार**–निर्माण कार्य कुतुबुद्दीन ऐबक ने शुरू किया। इल्तुतमिश ने 3 मंजिल बनवायी। फिरोजशाह तुगलक ने इसकी मरम्मत एवं इसकी एक और मंजिल बनवायी।

(iv) **सुल्तानगढ़ी का मकबरा**–इसका निर्माण इल्तुतमिश ने करवाया। यह दिल्ली में स्थित है।

(v) **अतारकिन का दरवाजा**–इसका निर्माण इल्तुतमिश ने नागौर (राजस्थान) में करवाया।

(vi) **हौज-ए-शम्शी**–इल्तुतमिश ने बदाँयू में बनवाया।

(vii) **अलाई दरवाजा**–यह कुव्वत-उल-इस्लाम मस्जिद का प्रवेश द्वार है। इसे अलाउद्दीन खिलजी ने बनवाया। यहां पहली बार घोड़े की नाल की आकृति में मेहराब बनाया गया।

(viii) **जमात खाना मस्जिद**–इसका निर्माण अलाउद्दीन खिलजी ने करवाया।

(ix) **ऊखा मस्जिद**–मुबारक शाह खिलजी ने भरतपुर (राजस्थान) में बनवाई।

(x) **तुगलकाबाद**–निर्माण ग्यासुद्दीन तुगलक ने करवाया।

(xi) **ग्यासुद्दीन तुगलक का मकबरा**–दिल्ली में स्थित यह पंच कोणीय मकबरा है।

(xii) **आदिलाबाद किला**–दिल्ली में मुहम्मद-बिन-तुगलक ने बनवाया।

(xiii) **कोटला फिरोजशाह**–दिल्ली में फिरोजशाह तुगलक ने बनवाया।

(xiv) **काली मस्जिद**–फिरोजशाह तुगलक द्वारा निर्मित है।

(xv) **खान-ए जहां तेलंगानी का मकबरा**–निजामुद्दीन में स्थित यह अष्ठकोणीय मकबरा है। इसका निर्माण जौनाशाह (खान-ए जहाँ II) ने करवाया।

- आगरा में स्थित फतेहपुर सीकरी का निर्माण मुगल शासक अकबर ने करवाया था।
- पंचमहल, सलीम चिश्ती का मकबरा और मरियम-उज-जमानी महल फतेहपुर सीकरी में अवस्थित है।
- अकबर की धार्मिक और आध्यात्मिक रुचि के परिणामस्वरूप फतेहपुर सीकरी में इबादत खाना (आराधना गृह) की स्थापना की गई।
- 1578 ई. में इबादतखाने को धर्म-संसद में परिवर्तित कर दिया।

**मुगलकालीन निर्माण कार्य**

| निर्माण | स्थान | निर्माण कर्ता |
|---|---|---|
| काबुलीबाग | पानीपत | बाबर |
| बाबरी मस्जिद | अयोध्या | बाबर के सेनापति मीर बांकी |
| जामा मस्जिद | सम्भल (हेल) | बाबर |
| आगरा की मस्जिद | आगरा | हुमायूँ |
| दीनपनाह नगर | दिल्ली | हुमायूँ |
| पुराना किला | दिल्ली | शेरशाह सूरी |
| रोहतासगढ़ का किला | सीमा प्रांत | |
| शेरशाह का मकबरा | सासाराम (बिहार) | शेरशाह सूरी |
| हुमायूँ का मकबरा | दिल्ली | हमीदा बानो बेगम |
| आगरा का किला | आगरा | अकबर |
| जहाँगीरी महल | फतेहपुरी सीकरी | अकबर |
| फतेहपुर सीकरी महल | फतेहपुरी सीकरी | अकबर |
| जोधाबाई का महल | फतेहपुरी सीकरी | अकबर |
| मरियम की कोठी | फतेहपुरी सीकरी | अकबर |
| बीरबल का महल | फतेहपुरी सीकरी | अकबर |
| पंचमहल | फतेहपुरी सीकरी | अकबर |
| तुर्की सुल्तान की कोठी | फतेहपुरी सीकरी | अकबर |
| खासमहल | फतेहपुरी सीकरी | अकबर |
| जामा मस्जिद | फतेहपुरी सीकरी | अकबर |
| बुलंद दरवाजा | फतेहपुरी सीकरी | अकबर |
| शेख सलीम चिश्ती का मकबरा | फतेहपुरी सीकरी | अकबर |
| अकबर का मकबरा | सिंकदरा | जहाँगीर |
| एतमादुद्दौला का मकबरा | आगरा | नूरजहाँ |
| जहाँगीर का मकबरा | शाहदरा (लाहौर) | नूरजहाँ |
| आगरा महल | आगरा | शाहजहाँ |
| शीशमहल | आगरा | शाहजहाँ |
| खासमहल | आगरा | शाहजहाँ |
| मुसम्मन बुर्ज | आगरा | शाहजहाँ |
| नगीना मस्जिद | आगरा | शाहजहाँ |
| मोती मस्जिद | आगरा | शाहजहाँ |
| जामी मस्जिद | आगरा | जहाँआरा |
| ताजमहल | आगरा | शाहजहाँ |
| शाहजहाँनाबाद | दिल्ली | शाहजहाँ |
| लालकिला | दिल्ली | शाहजहाँ |
| दीवान-ए-आम | दिल्ली | शाहजहाँ |
| रंगमहल | दिल्ली | शाहजहाँ |

| जामा मस्जिद | दिल्ली | शाहजहाँ |
|---|---|---|
| राबिया-उद-दौरानी का मकबरा | औरंगाबाद | औरंगजेब |

| बादशाही मस्जिद | लाहौर | औरंगजेब |
|---|---|---|
| मोती मस्जिद | दिल्ली (लालकिला में) | औरंगजेब |

## प्रश्नमाला

**1. निम्न कथनों पर विचार कीजिए—**

**A. कुतुबमीनार पाँच मंजिली इमारत है।**

**B. इस इमारत की पहली मंजिल का निर्माण कुतुबुद्दीन ऐबक ने करवाया था।**

**उपरोक्त कथनों में से कौन-सा/से कथन असत्य है/हैं ?**

(a) केवल A

(b) केवल B

(c) A और B दोनों

(d) न तो A और न ही B

**2. निम्न कथनों पर विचार कीजिए—**

**A. चार बाग बनाने की परम्परा बाबर के समय प्रारम्भ हुई थी।**

**B. सर्वाधिक सुन्दर चार बागों को कश्मीर, आगरा तथा दिल्ली में जहाँगीर और शाहजहाँ ने बनवाया था।**

**उपरोक्त कथनों में से कौन-सा /से कथन सही है/हैं ?**

(a) केवल A

(b) केवल B

(c) A और B दोनों

(d) न तो A और न ही B

**3. हुमायूँ के मकबरे के सन्दर्भ में निम्न में से कौन-सा कथन सही है ?**

(a) यह मकबरा एक विशाल औपचारिक चारबाग के मध्य स्थित है

(b) इसका निर्माण 'आठ स्वर्गों' अथवा हिस्त विहिश्त की परम्परा में हुआ था

(c) इस इमारत का निर्माण लाल बलुआ पत्थर से हुआ था

(d) उपरोक्त सभी

**4. पितरा ड्यूरा था/थी-**

(a) यूनानी देवता

(b) धात्विक तकनीक

(c) भवनों को सजाने की शैली

(d) उत्तराधिकारी की भूमिका

**5. शाहजहाँ द्वारा 'दीवाने आम' बनवाने के सन्दर्भ में निम्नलिखित में से कौन-सा कथन उपयुक्त है ?**

(a) प्रजा में सन्तोष बेहतर शासन में सहायता करता है

(b) अपराध की दर को नियन्त्रित करना आवश्यक था

(c) ताजमहल का सफेद संगमरमर शान्ति का प्रतीक है

(d) राजा का न्याय छोटे-बड़े को एकसमान मानता है

**6. निम्नलिखित में से कौन-सा युग्म मुगल चारबाग का एक स्थल नहीं है ?**

(a) हुमायूँ का मकबरा

(b) कुव्वत-उल-इस्लाम मस्जिद

(c) शालीमार बाग

(d) लाल महल बारी

**7. पिश्तक का क्या अर्थ है, जो मुगल वास्तुकला का एक महत्त्वपूर्ण पहलू है ?**

(a) चालीस खम्भों का सभा भवन

(b) आयताकार अहाते

(c) मेहराबदार प्रवेशद्वार

(d) आठ कमरों से घिरा हुआ केन्द्रीय सभा भवन

**8. किस मुगल शासक का मकबरा भारत में नहीं है?**

(a) औरंगजेब (b) जहाँगीर

(c) हुमायूं (d) बाबर

**9. अयोध्या स्थित बाबरी मस्जिद का निर्माण किसने किया था?**

(a) बाबर (b) हुमायूं

(c) निजामुल मुल्क (d) मीर बांकी

**10. शेरशाह सूरी का मकबरा स्थित है-**

(a) आगरा (b) सासाराम

(c) दिल्ली (d) औरंगाबाद

**11. अकबर का मकबरा कहाँ पर स्थित है?**

(a) सिकन्दरा (b) आगरा

(c) औरंगाबाद (d) फतेहपुर सीकरी

**12. निम्न में से किसका निर्माण अकबर ने करवाया था-**

(a) बुलन्द दरवाजा (b) जामा मस्जिद

(c) कुतुब मीनार (d) ताजमहल

**13. दिल्ली के लाल किले में मोती मस्जिद का निर्माण किया था-**

(a) अकबर ने (b) जहाँगीर ने

(c) शाहजहाँ ने (d) औरंगजेब ने

## उत्तरमाला

**1.** (d) **2.** (b) **3.** (d) **4.** (c) **5.** (a) **6.** (b) **7.** (c) **8.** (d) **9.** (d) **10.** (b)
**11.** (a) **12.** (a) **13.** (d)

❑❑❑

# 16 सामाजिक परिवर्तन

- मध्यकालीन भारत में समाज, व्यापार, शिल्प धर्म आदि के क्षेत्रों में वृहद् पैमाने पर परिवर्तन देखा जा सकता है।
- जहाँ एक ओर हम्पी, सूरत, मसूलीपट्टनम, तंजावुर जैसे शहरों का विनाश हो रहा था तो दूसरी ओर 18वीं शताब्दी के दौरान बम्बई, कलकत्ता तथा मद्रास जैसे आधुनिक शहरों का विकास हो रहा था।
- साथ ही इस काल में यूरोपीय व्यापारिक कम्पनियाँ मसालों एवं वस्त्रों के व्यापार के लिए भारतीय उपमहाद्वीप की ओर आगमन कर रही थीं।
- धर्म के क्षेत्र में गुरुनानक, कबीर, तुलसीदास जैसे महान् सन्त हुए जिन्होंने भारतीय समाज को एक रूपरेखा प्रदान की। इस्लाम के क्षेत्र में सूफी परम्परा का विकास देखा गया, जो प्रेम एवं भक्ति की अवधारणा पर केन्द्रित था।

## शहर, व्यापार एवं शिल्प

- मध्यकालीन भारत में बहुत प्रकार के नगर हुआ करते थे, यथा मन्दिर नगर, प्रशासनिक नगर, पत्तन नगर, वाणिज्यिक नगर इत्यादि।
- तंजावुर चोलो की राजधानी थी, जो एक प्रशासनिक नगर हुआ करता था। नगर में भीड़भाड़ वाले बाजार हुआ करते थे। तंजावुर एक मन्दिर नगर भी था।
- तंजावुर एवं उरैयूर में सलिया नामक बुनकरों का समुदाय था, जो वस्त्र उत्पादन का कार्य करते थे।
- मध्यकालीन भारत में कुछ शहरों का विकास मन्दिरों के चारों तरफ हुआ, जिनमें प्रमुख हैं- भिल्लास्वामिन (विदिशा या भिलशा, मध्य प्रदेश)। गुजरात में सोमनाथ, तमिलनाडु में काँचीपुरम एवं मदुरैय एवं आन्ध्र प्रदेश में तिरुपति।
- इसके अतिरिक्त इस काल में कुछ पर्यटक स्थलों का विकास शहरों के रूप में भी जैसे हुआ; - वृन्दावन, तिरुवन्नामलैय (तमिलनाडु) एवं अजमेर। अजमेर 12वीं शताब्दी में चौहान राजाओं की राजधानी थी, यह शहर धार्मिक सहिष्णुता का एक प्रमुख केन्द्र हुआ करता था।
- प्रसिद्ध सूफी सन्त ख्वाजा मुइनुद्दीन चिश्ती का निवास स्थान यहाँ था। अजमेर में पुष्कर नामक एक झील थी, जहाँ पर प्राचीन काल का ब्रह्मा का एक मन्दिर भी है।
- इस काल में व्यापारियों के बहुत से समूह पाए जाते थे, इनमें एक प्रमुख समूह वंजारो का था। बहुत से व्यापारिक समूह अपने-अपने संघों का निर्माण किया।
- 16वीं शताब्दी में काबुल एवं कन्धार (अफगानिस्तान) जो प्राचीन रेशम मार्ग पर अवस्थित थे, इस काल में घोड़ों के व्यापार का प्रमुख केन्द्र बन गए, साथ ही यहाँ पर दासों का व्यापार हुआ करता था।
- बीदर अपनी ताँबा एवं चाँदी की शिल्पकारी के लिए प्रसिद्ध था। बाद में इस शिल्पकारी को बीदरी के नाम से जाना जाने लगा।
- पांचाल या विश्वकर्मा समाज का एक प्रमुख समूह हुआ करता था, जिसके अन्तर्गत स्वर्णकार, कांस्यकार, लुहार, राजमिस्त्री एवं बढ़ई को सम्मिलित किया जाता था।
- इस काल में गुजरात में अहमदाबाद एक प्रमुख व्यापारिक नगर के रूप में उदित हुआ, पश्चिम बंगाल में मुर्शिदाबाद रेशम उद्योग के लिए विख्यात था।

## हम्पी, सूरत और मसूलीपट्टनम

- हम्पी कृष्णा- तुंगभद्रा बेसिन में अवस्थित था। यह शहर 1336 ई. में विजयनगर साम्राज्य की राजधानी बना था।
- हम्पी की किलाबन्द चारदीवारी में किसी भी प्रकार के चूना या गारा का प्रयोग नहीं किया गया था।
- मुस्लिम व्यापारियों को सामूहिक रूप से मूर कहा जाता था। इसके अतिरिक्त चेट्टि एक प्रमुख व्यापारिक वर्ग था। हम्पी में मन्दिर सांस्कृतिक गतिविधियों का प्रमुख स्थल हुआ करता था। मन्दिरों में देवदासियाँ हुआ करती थीं।
- महानवमी हम्पी का प्रमुख त्यौहार था, 1565 ई. में गोलकुण्डा, बीजापुर, अहमदनगर, बरार एवं बीदर के दक्कनी सुल्तानों ने मिलकर विजयनगर साम्राज्य पर आक्रमण किया। इसके साथ ही हम्पी का अवसान हो गया।
- भारत के पश्चिमी तट पर सूरत एक प्रमुख व्यापारिक केन्द्र हुआ करता था। सूरत पश्चिम एशिया एवं हारभुज की खाड़ी के साथ व्यापार का मुख्य स्थल हुआ करता था।
- सूरत को 'मक्का का द्वार' कहा जाता था, क्योंकि यहाँ से बहुत सारे जहाज मक्का जाने वाले तीर्थ यात्रियों को ले जाया करते थे।
- सूरत अपने जरी के कामों के लिए प्रसिद्ध था। सूरत के व्यापारी हुण्डी व्यवस्था का प्रयोग किया करते थे, जो सुदूर क्षेत्र के देशों; जैसे - काहिरा (मिश्र) वसरा (इराक) एवं एंटवर्थ (बेल्जियम) में भी मान्य था।
- सूलीपट्टनम एक मछली पकड़ने वाला पत्तन शहर था, जो कृष्णा नदी के डेल्टाई क्षेत्र में अवस्थित था। यह किला डचों के द्वारा बनाया गया था। मीरजुमला जो व्यापारी के साथ-साथ मुगल प्रान्तपति भी था उसने डचों एवं अंग्रेजों के विरुद्ध व्यापारिक प्रतिस्पर्द्धा की। 1686-87 ई. में मुगल बादशाह औरंगजेब ने गोलकुण्डा को मुगल साम्राज्य में मिला लिया।
- मुल्ला अब्दुल गफूर एवं बीरजी बोरा दो प्रमुख भारतीय व्यापारी थे। 18वीं शताब्दी में कलकत्ता, मद्रास एवं बम्बई शहर का उदय हुआ।
- ब्लैक अर्थात् देशी व्यापारियों तथा शिल्पकारों को इन 'ब्लैक टाउन्स' में सीमित कर दिया गया। जबकि गोरे शासकों में मद्रास में फोर्ट सेण्ट जार्ज और कलकत्ता में 'फोर्ट सेण्ट विलियम' को अपना आवास बनाया।
- 1498 ई. में वास्को-डि-गामा मसालों की खोज में भारत (कालीकट, केरल) पहुँचा। पश्चिम में कोलम्बस जो इटली का रहने वाला था, ने 1492 ई. में वेस्टइण्डीज की खोज की थी।
- औपनिवेशिक काल में विकसित हुए नए शहर तथा कस्बों ने शिक्षित और ऊँची जाति के भू-स्वामियों को आकर्षित किया, साथ ही मजदूरों के लिए अच्छी कार्य दशाएँ उपलब्ध कराई और यह शहर दलितों के लिए दिन-प्रतिदिन के अपमान से बचने का रास्ता बन गए।

## भक्ति आन्दोलन की शुरुआत

- हिन्दुओं की धार्मिक स्थिति अत्यन्त दयनीय हो गई थी, उन्हें मुसलमानों से अपमानित होना पड़ता था।
- हिन्दू समाज में बाल-विवाह, बहु-पत्नी प्रथा, पर्दा - प्रथा, छुआछूत आदि कुरीतियों ने घर कर लिया था। इससे भी भक्ति आन्दोलन को बल मिला। सिद्ध और जैन धर्माचार्यों के जादू-टोने, तन्त्र-मन्त्र आदि से गुमराह लोगों के लिए भक्ति आन्दोलन अत्यन्त शान्तिप्रद लगा।
- इस्लाम धर्म की कट्टरता के कारण भारत में सूफी मत का प्रचार-प्रसार प्रारम्भ हुआ, तो हिन्दू धर्म की कुरीतियों और बाह्य आडम्बरों ने यहाँ के सन्तों को जनता के उद्धार हेतु प्रेरित किया।

### दर्शर और भक्ति

- भारत के सर्वाधिक प्रभावशाली दार्शनिकों में से एक शंकर का जन्म 8वीं शताब्दी में केरल प्रदेश में हुआ था। वे अद्वैतवाद के समर्थक थे, जिसके अनुसार जीवात्मा और परमात्मा (जो परम सत्य है) दोनों एक ही हैं। उन्होंने यह शिक्षा दी कि ब्रह्म अर्थात् परम सत्य परमात्मा एक है। वह निर्गुण और निराकार है।
- शंकर ने हमारे चारों ओर के संसार को मिथ्या या माया माना और संसार का परित्याग करने अर्थात् संन्यास लेने और ब्रह्म की सही प्रकृति को समझने और मोक्ष प्राप्त करने के लिए ज्ञान के मार्ग को अपनाने का उपदेश दिया।
- रामानुज 11वीं शताब्दी में तमिलनाडु में पैदा हुए थे। वे विष्णु भक्त अलवार सन्तों से बहुत प्रभावित थे। उनके अनुसार मोक्ष प्राप्त करने का उपाय विष्णु के प्रति अनन्य भक्ति भाव रखना है।
- भगवान विष्णु की कृपा दृष्टि से भक्त उनके साथ एकाकार होने का परमानन्द प्राप्त कर सकता है। रामानुज ने विशिष्टाद्वैत के सिद्धान्त को प्रतिपादित किया।

### दक्षिण भारत में नयनार और अलवार

- 7वीं से 9वीं शताब्दियों के बीच कुछ नये धार्मिक आन्दोलनों का प्रादुर्भाव हुआ। इन आन्दोलन का नेतृत्व नयनारों (शैव सन्तों) और अलवारों (वैष्णव सन्तों) ने किया।
- ये सन्त सभी जातियों से थे, जिनमें पुलैया और पनार जैसी 'अस्पृश्य' समझी जाने वाली जातियों के लोग भी सम्मिलित थे।
- वे बौद्धों और जैनों के कटु आलोचक थे और नयनार शिव तथा अलवार विष्णु के प्रति सच्चे प्रेम को मुक्ति का मार्ग बताते थे।
- उन्होंने संगम साहित्य (तमिल साहित्य का प्राचीनतम उदाहरण और सामान्य सन् यानी ईसवी सन् की प्रारम्भिक शताब्दियों में रचित) में समाहित प्यार और शूरवीरता के आदर्शों को अपनाकर भक्ति के मूल्यों में उनका समावेश किया था।
- नयनार और अलवार घुमक्कड़ साधु सन्त थे। वे जिस किसी स्थान या गाँव में जाते थे, वहाँ के स्थानीय देवी-देवताओं की प्रशंसा में सुन्दर कविताएँ रचकर उन्हें संगीतबद्ध कर दिया करते थे। नयनार के गीतों के दो संकलन हैं-तेवरम् और तिरुवाचकम्।
- अलवार सन्त संख्या में 12 थे। वे भी भिन्न-भिन्न प्रकार की पृष्ठभूमि से आए थे। उनमें से सर्वाधिक प्रसिद्ध थे- पेरिय अलवार, उनकी पुत्री अण्डाल, तोण्डरडिप्पोडी अलवार और नम्मालवार।

### बसवन्ना का वीर शैववाद आन्दोलन

- तमिल भक्ति आन्दोलन और मन्दिर पूजा के परिणामस्वरूप जो प्रतिक्रिया हुई, वह बसवन्ना और अल्लमा प्रभु और अक्कमहादेवी जैसे उसके साथियों द्वारा प्रारम्भ किए गए वीर शैव आन्दोलन में स्पष्टत: दिखलाई देती है। यह आन्दोलन 12वीं शताब्दी के मध्य में कर्नाटक में प्रारम्भ हुआ था।
- वीरशैवों ने सभी प्राणियों की समानता के पक्ष में और जाति तथा नारी के प्रति व्यवहार के बारे में ब्राह्मणवादी विचारधारा के विरुद्ध अपने प्रबल तर्क प्रस्तुत किए। इसके अतिरिक्त वे सभी प्रकार के कर्मकाण्डों और मूर्ति पूजा के विरोधी थे।

### महाराष्ट्र के सन्त

- 13वीं से 17वीं शताब्दी तक महाराष्ट्र में अनेकानेक सन्त कवि हुए, जिनके सरल मराठी भाषा में लिखे गए गीत आज भी जन-मन को प्रेरित करते हैं।
- उन सन्तों में सबसे महत्त्वपूर्ण थे- ज्ञानेश्वर, नामदेव, एकनाथ और तुकाराम तथा सक्कू बाई जैसी स्त्रियाँ तथा चोखमेला का परिवार, 'अस्पृश्य' समझी जाने वाली महार जाति का था।
- भक्ति की यह क्षेत्रीय परम्परा पंढरपुर में विट्ठल (विष्णु का एक रूप) पर और जन-मन के हृदय में विराजमान व्यक्तिगत देव (ईश्वर) सम्बन्धी विचारों पर केन्द्रित थी।
- इन सन्त कवियों ने कर्मकाण्ड, आडम्बर, पवित्रता के ढोंग और जन्म पर आधारित सामाजिक अन्तरों आदि का विरोध किया।

| नाथपन्थी, सिद्ध और योगी |
|---|
| मध्यकाल में अनेक ऐसे धार्मिक समूह उभरे, जिन्होंने साधारण तर्क-वितर्क का सहारा लेकर रूढ़िवादी धर्म के कर्मकाण्डों, आडम्बरों और अन्य बनावटी पहलुओं तथा समाज-व्यवस्था की आलोचना की। उनमें नाथपन्थी, सिद्धाचार और योगी जन उल्लेखनीय हैं। ये समूह विशेषतौर पर 'नीची' कही जाने वाली जातियों में बहुत लोकप्रिय हुए। |

### इस्लाम और सूफी मत

- सन्तों और सूफियों में बहुत अधिक समानता थी, यहाँ तक कि यह भी
- माना जाता है कि उन्होंने आपस में कई विचारों का आदान-प्रदान किया और उन्हें अपनाया।
- सूफी मुसलमान रहस्यवादी थे। वे धर्म के बाहरी आड़म्बरों को अस्वीकार करते हुए ईश्वर के प्रति प्रेम और भक्ति तथा सभी मनुष्यों के प्रति दया भाव रखने पर बल देते थे।
- सूफी लोगों ने मुस्लिम धार्मिक विद्वानों द्वारा निर्धारित विशद् कर्मकाण्ड और आचार संहिता को बहुत कुछ अस्वीकार कर दिया।
- मध्य एशिया के महान् सूफी-सन्तों में गज्जाली, रूमी और सादी के नाम उल्लेखनीय हैं।
- नाथपन्थियों, सिद्धों और योगियों की तरह, सूफी भी यही मानते थे कि दुनिया के प्रति अलग नजरिया अपनाने के लिए दिल को सिखाया-पढ़ाया जा सकता है।
- 11वीं शताब्दी से अनेक सूफी जन मध्य एशिया से आकर हिन्दुस्तान में बसने लगे थे। दिल्ली सल्तनत की स्थापना के साथ यह प्रक्रिया उस समय और भी मजबूत हो गई, जब उपमहाद्वीप में सर्वत्र बड़े-बड़े अनेक सूफी केन्द्र विकसित हो गए।
- औलियाओं की एक लम्बी परम्परा थी, जैसे- अजमेर के ख्वाजा मुइनुद्दीन चिश्ती, दिल्ली के कुतुबउद्दीन बख्तियार काकी, पंजाब के बाबा फरीद, दिल्ली के ख्वाजा निजामुद्दीन औलिया और गुलबर्ग के बन्दानवाज गिसुदराज।
- सूफी - सन्त अपने खानकाहों में विशेष बैठकों का आयोजन करते थे। सभी प्रकार के भक्तगण, जिनमें शाही घरानों के लोग तथा अभिजात और आम लोग भी सम्मिलित होते थे, इन खानकाहों में आते थे। वे आध्यात्मिक विषयों पर चर्चा करते थे।
- सूफी सन्त के मकबरों को दरगाह के नाम से जाना जाता है।

## उत्तर भारत में धार्मिक बदलाव

- 13वीं सदी के बाद उत्तरी भारत में भक्ति आन्दोलन की नई शुरुआत हुई। यह एक ऐसा युग था, जब इस्लाम ब्रह्मवादी हिन्दू धर्म, सूफीमत, भक्ति की विभिन्न धाराओं ने और नाथपन्थियों, सिद्धों तथा योगियों ने परस्पर एक-दूसरे को प्रभावित किया।
- नए नगरों और राज्यों का उद्भव हो रहा था और लोग अपने लिए नए-नए व्यवसाय और नई-नई भूमिकाएँ खोज रहे थे। ऐसे लोग विशेष रूप से शिल्पी, कृषक, व्यापारी और मजदूर इन नए सन्तों के विचारों को सुनने के लिए एकत्रित हो जाते थे। फिर वे उनका प्रचार करते थे।
- कबीर और गुरु नानक जैसे कुछ सन्तों ने सभी आडम्बरपूर्ण रूढ़िवादी धर्मों को अस्वीकार कर दिया।
- तुलसीदास और सूरदास जैसे कुछ अन्य सन्तों ने उस समय विद्यमान विश्वासों तथा पद्धतियों को स्वीकार करते हुए उन्हें सब की पहुँच में लाने का प्रयत्न किया।
- तुलसीदास ने ईश्वर को राम के रूप में धारण किया। अवधी (पूर्वी उत्तर प्रदेश की बोली) में लिखी गई तुलसीदास की रचना रामचरितमानस उनके भक्ति भाव की अभिव्यक्ति और साहित्यिक कृति दोनों ही दृष्टियों से महत्त्वपूर्ण है।
- सूरदास, श्रीकृष्ण के अनन्य भक्त थे। उनकी रचनाएँ सूरसागर, सूरसारावली
- और साहित्य लहरी में संगृहीत हैं एवं उनके भक्ति भाव को अभिव्यक्त करती हैं।
- असोम के शंकर देव (परावर्त्ती 15वीं शताब्दी) जो इन्हीं के समकालीन थे, ने विष्णु की भक्ति पर बल दिया और असमिया भाषा में कविताएँ तथा नाटक लिखे। उन्होंने ही नामघर (कविता पाठ और प्रार्थना गृह) स्थापति करने की पद्धति चलाई।
- ऐसे ही एक प्रमुख सन्त घासीदास भी थे, जिन्होंने सतनामी आन्दोलन की शुरुआत की थी।
- मीराबाई एक राजपूत राजकुमारी थी, जिनका विवाह 16वीं शताब्दी में मेवाड़ के एक राजश्री घराने में हुआ था। मीराबाई, रविदास, जो 'अस्पृश्य' जाति के माने जाते थे, की अनुयायी बन गई। वे कृष्ण के प्रति समर्पित थी और उन्होंने अपने गहरे भक्ति-भाव को कई भजनों में अभिव्यक्त किया है।

### कबीर

- कबीर (Kabir) एक अत्यधिक प्रभावशाली सन्त थे। उनका पालन-पोषण बनारस में या उसके आस-पास के एक मुसलमान जुलाहा परिवार में हुआ था।
- कबीर के विचारों की जानकारी उनकी साखियों और पदों के विशाल संग्रह से मिलती है, जिनके बारे में यह कहा जाता है कि उनकी रचना तो कबीर ने की थी।
- कबीर के उपदेश प्रमुख धार्मिक परम्पराओं की पूर्ण एवं प्रचण्ड अस्वीकृति पर आधारित थे। उनके उपदेशों में ब्राह्मणवादी हिन्दू धर्म और इस्लाम दोनों की बाह्य आडम्बरपूर्ण पूजा के सभी रूपों का मजाक उड़ाया गया है।
- उनके काव्य की भाषा बोलचाल की हिन्दी थी, जो आम आदमियों द्वारा आसानी से समझी जा सकती थी। उन्होंने कभी-कभी बीज लेखन की भाषा का भी प्रयोग किया, जिसे समझना कठिन होता है।
- कबीर, निराकार परमेश्वर में विश्वास रखते थे। उन्होंने यह उपदेश दिया कि भक्ति के माध्यम से ही मोक्ष यानी मुक्ति प्राप्त हो सकती है। हिन्दू तथा मुसलमान दोनों लोग उनके अनुयायी हो गए।

### गुरु नानक

- तलवंडी (पाकिस्तान में ननकाना साहिब) में जन्म लेने वाले बाबा गुरु नानक (Guru Nanak) (1469-1539 ई.) ने करतारपुर (रावी नदी के तट पर डेरा बाबा नानक) में एक केन्द्र स्थापित करने से पहले कई यात्राएँ कीं।
- उन्होंने अपने अनुयायियों के लिए करतारपुर में एक नियमित उपासना पद्धति अपनाई, जिसके अन्तर्गत उन्हीं के शब्दों (भजनों) को गाया जाता था।
- उनके अनुयायी अपने-अपने पहले धर्म या जाति अथवा लिंग-भेद को अनदेखा करके एक सांझी रसोई में एकत्रित खाते-पीते थे। इसे लंगर कहा जाता था।
- गुरुनानक ने उपासना और धार्मिक कार्यों के लिए जो जगह नियुक्त की थी, उसे धर्मसाल कहा गया। आज इसे गुरुद्वारा कहते हैं।
- 1539 ई. में अपनी मृत्यु के पूर्व बाबा गुरुनानक ने एक अनुयायी को अपना उत्तराधिकारी चुना। इनका नाम लहणा था, लेकिन ये गुरु अंगद के नाम से जाने गए। 'गुरु अंगद' नाम का महत्त्व यह था कि गुरु अंगद, बाबा गुरु नानक के ही अंग माने गए।
- गुरु अंगद ने बाबा गुरु नानक की रचनाओं का संग्रह किया और उस संग्रह में अपनी कृतियाँ भी जोड़ दीं। संग्रह एक नई लिपि गुरमुखी में लिखा गया था। गुरु अंगद के तीन उत्तराधिकारियों ने भी अपनी रचनाएँ 'नानक' के नाम से लिखीं।
- इन सभी का संग्रह गुरु अर्जुन ने 1604 ई. में किया। 17वीं शताब्दी के प्रारम्भ से केन्द्रीय गुरुद्वारा हरमन्दिर साहब (स्वर्ण मन्दिर) के आस-पास रामदासपुर शहर (अमृतसर) विकसित होने लगा के था।
- प्रशासन में यह वस्तुत: स्वायत्त था। आधुनिक इतिहासकार इस युग सिख समुदाय को 'राज्य के अन्तर्गत राज्य' मानते हैं।
- मुगल सम्राट जहाँगीर इस समुदाय को एक सम्भावित खतरा मानता था। उसने 1606 ई. में गुरु अर्जुन को मृत्युदण्ड देने का आदेश दिया।
- 17वीं शताब्दी में सिख आन्दोलन का राजनीतिकरण शुरू हो गया, गया, जिसका दूरगामी परिणाम यह हुआ कि 1699 ई. में गुरु गोविन्द सिंह ने 'खालसा पन्थ' की स्थापना की।

**मार्टिन लूथर का धर्मसुधार आन्दोलन**

सोलहवीं सदी के समय यूरोप में भी धार्मिक उथल-पुथल हुई, उस समय ईसाई धर्म में अनेक परिवर्तन हुए जिसके नेता मार्टिन लूथर (1483-1546) थे। लूथर ने लैटिन भाषा की बजाय आम लोगों की भाषा के प्रयोग को प्रोत्साहन दिया और बाइबिल का जर्मन भाषा में अनुवाद किया। उन्होंने देखा कि रोमन कैथोलिक चर्च के विचार (आचार-व्यवहार) बाइबिल की शिक्षाओं के विरुद्ध हैं अत: उन्होंने इसका विरोध किया। अनेक प्रोटेस्टेटर ईसाई सम्प्रदाय लूथर की शिक्षाओं में ही अपना उद्भव ढूँढ़ते हैं।

## प्रश्नमाला

**1. निम्न कथनों पर विचार कीजिए—**

**A. तंजावुर चोलों की राजधानी थी, जो एक प्रशासनिक नगर हुआ करता था।**

**B. तंजावुर तथा उरैयूर में 'सलिया' नामक बुनकरों का समुदाय था।**

**उपरोक्त कथनों में से कौन-सा/से कथन गलत है/हैं ?**

(a) केवल A
(b) केवल B
(c) A और B दोनों
(d) न तो A और न ही B

**2. हम्पी के सन्दर्भ में निम्न में से कौन-सा/से कथन सही है/हैं ?**

(a) हम्पी कृष्णा-तुंगभद्रा बेसिन में अवस्थित था
(b) यह शहर 1336 ई. में विजयनगर साम्राज्य की राजधानी बनी थी
(c) हम्पी की किलाबन्द चहार दीवारी में किसी भी प्रकार के चूना या गारे का प्रयोग नहीं किया गया था
(d) उपरोक्त सभी

**3. निम्न कथनों पर विचार कीजिए—**

**A. हुण्डी एक प्रकार का दस्तावेज हुआ करता था, जिसमें एक व्यक्ति द्वारा जमा कराई गई रकम दर्ज रहती थी।**

**B. मसूलीपट्टनम एक मछली पकड़ने वाला पत्तन शहर था।**

**उपरोक्त कथनों में से कौन-सा/से कथन सही है/हैं ?**

(a) केवल A
(b) केवल B
(c) A और B दोनों
(d) न तो A और न ही B

**4. भक्ति आन्दोलन की शुरुआत के सांस्कृतिक कारणों में निम्न में से कौन-सा/से कथन गलत है/हैं ?**

(a) हिन्दुओं की धार्मिक स्थिति अत्यन्त दयनीय हो गई थी, उन्हें मुसलमानों से अपमानित होना पड़ता था
(b) हिन्दू समाज में बाल-विवाह, बहु-पत्नी प्रथा, पर्दा प्रथा आदि कुरीतियों से भक्ति आन्दोलन को बल मिला था
(c) सिद्ध और जैन धर्माचार्यों के जादू-टोने, तन्त्र-मन्त्र आदि से गुमराह लोगों के लिए यह शान्तिप्रद था
(d) उपरोक्त में से कोई नहीं

**5. कबीर के सन्दर्भ में निम्न में से कौन-सा/से कथन सही है/हैं ?**

(a) कबीर, निराकार परमेश्वर में विश्वास रखते थे
(b) उन्होंने उपदेश दिया कि भक्ति के माध्यम से ही मोक्ष की प्राप्ति हो सकती है
(c) हिन्दू तथा मुसलमान दोनों लोग उनके अनुयायी थे
(d) उपरोक्त सभी

**6. सूफी-सन्तों के मकबरे को कहा जाता है—**

(a) इबादतगाह (b) दरगाह
(c) ईदगाह (d) खानकाह

**7. हैजियोग्राफी सम्बन्धित है—**

(a) सन्त के जीवनी लेखन से
(b) शासक के आत्मकथा लेखन से
(c) सन्त के आत्मकथा लेखन से
(d) शासक के जीवनी लेखन से

**8. निम्नलिखित में से किसने अपनी कृतियों को भी सम्मिलित करते हुए बाबा गुरुनानक की रचनाओं को गुरुमुखी में संकलित किया ?**

(a) गुरु तेग बहादुर
(b) गुरु गोविन्द सिंह
(c) गुरु अंगद
(d) गुरु अर्जुन

**9. निम्नलिखित में से कौन-सा मध्ययुगीन काल के वाणिज्यिक शहर का लक्षण/रूपक है ?**

(a) पुरोहितों एवं तीर्थयात्री वहाँ के नागरिकों और यात्रिकों की मुख्य संरचना/संयोजन बनाते थे
(b) यह राजाओं की राजधानी होता था
(c) मन्दिर अर्थव्यवस्था एवं समाज दोनों के लिए ही महत्त्वपूर्ण होता था
(d) वहाँ सामान्यत: मण्डपिका होता था

**10. औपनिवेशिक काल में नए शहर बने, कई कस्बे विकसित हुए। इसका ये परिणाम हुआ कि—**

**A. वे केवल शिक्षित और ऊँची जातियों के भू-स्वामियों को ही आकर्षित कर पाए।**

**B. उन्होंने मजदूरों के लिए अच्छी कार्य-दशाएँ और श्रमिक-अधिकार प्रस्तुत किए।**

**C. उन्होंने दलित जातियों के लिए दिन-प्रतिदिन होने वाले अपमान से बचने का रास्ता बनाया।**

**सही विकल्प चुनें—**

(a) केवल B सही है
(b) केवल C सही है
(c) केवल A सही है
(d) A, B और C तीनों सहीं हैं

**11. भक्ति संस्कृति का भारत में पुनर्जन्म हुआ-**

(a) वैदिक काल में
(b) दसवीं शताब्दी ईस्वी में
(c) बारहवीं शताब्दी ईस्वी में
(d) पंद्रहवीं और सोलहवीं शताब्दी ईस्वी में

**12. निम्न में से किस सूफी संत के विचारों को सिक्खों के धर्मग्रन्थ 'आदि ग्रन्थ' में संकलित किया गया है?**

(a) शेख मुइनुद्दीन चिश्ती
(b) कुतुबुद्दीन बख्तियार काकी
(c) फरीदुद्दीन गंज-ए-शकर
(d) शेख निजामुद्दीन औलिया

**13. मीराबाई समकालीन थीं-**

(a) तुलसीदास के
(b) चैतन्य महाप्रभु के
(c) गुरूनानक के
(d) रामकृष्ण परमहंस के

**14. पंजाब में अमृतसर नगर को स्थापित किया था?**

(a) गुरू नानक ने
(b) गुरू गोविन्द सिंह ने
(c) गुरू तेग बहादुर ने
(d) गुरू रामदास ने

**15. बनारस एवं इलाहाबाद के तीर्थयात्रा कर की समाप्ति के लिए किसने मुगल बादशाह के सामने बनारस के पण्डितों का नेतृत्व किया था?**

(a) हरनाथ (b) जगन्नाथ
(c) कवीन्द्राचार्य (d) कवि हरिनाम

**16. निम्नलिखित सूफियों में कृष्ण को कौन औलिया के रूप में मानता है-**

(a) शाह मोहम्मद गौस
(b) शाह वली उल्लाह
(c) शाह अब्दुल अजीज
(d) ख्वाजा मीर दर्द

**17. निम्नलिखित सूफी सिलसिलों में कौन संगीत के विरुद्ध था?**

(a) चिश्तिया (b) सुहरावर्दिया
(c) कादिरिया (d) नक्शबंदिया

**18. अमीर खुसरो ने किसके विकास में अग्रगामी की भूमिका निभाई?**

(a) बृज भाषा (b) अवधी
(c) खड़ी बोली (d) भोजपुरी

**19. भारत में चिश्तिया सूफी मत को स्थापित किया-**

(a) ख्वाजा बदरुद्दीन ने
(b) ख्वाजा मुईनुद्दीन ने
(c) शेख अहमद सरहिन्दी ने
(d) शेख बहाउद्दीन जकारिया ने

**20. किस सिक्ख गुरू ने विद्रोही राजकुमार खुसरो की सहायता धन और आर्शीवाद से की थी-**

(a) गुरू हरगोविन्द ने
(b) गुरू गोविन्द सिंह ने
(c) गुरू अर्जुन देव
(d) गुरू तेग बहादुर ने

## उत्तरमाला

| | | | | | | | | | |
|---|---|---|---|---|---|---|---|---|---|
| **1.** (d) | **2.** (d) | **3.** (c) | **4.** (d) | **5.** (d) | **6.** (b) | **7.** (c) | **8.** (c) | **9.** (c) | **10.** (d) |
| **11.** (d) | **12.** (c) | **13.** (b) | **14.** (d) | **15.** (c) | **16.** (a) | **17.** (d) | **18.** (c) | **19.** (b) | **20.** (c) |

❑❑❑

# 17 क्षेत्रीय संस्कृति

- मध्यकालीन भारत में एक वृहद् पैमाने पर सामाजिक परिवर्तन हुआ, साथ ही बहुत सारी क्षेत्रीय संस्कृतियों का विकास भारतीय उपमहाद्वीप में देखा गया।
- आज के दिनों में हम लोग जो विभिन्न प्रकार की भाषाएँ, भोजन, परिधान, नृत्य, संगीत, चित्रकारी देखते हैं, इन सभी का उदय इसी काल में हुआ।
- मध्यकालीन भारत में कुछ जनजातियों ने संगठित रूप से एकत्रित होकर एक बड़े साम्राज्य का निर्माण किया।
- 9वीं शताब्दी में सुदूर दक्षिण में मलयालम भाषा एवं लिपि का विकास हुआ। बंगाल में बांग्ला भाषा विकसित हुई।
- ओडिसा में जगन्नाथ सम्प्रदाय का आविर्भाव हुआ। शास्त्रीय संगीत के क्षेत्र में कत्थक नृत्य का विकास हुआ, जिसे मुगल सम्राटों ने संरक्षण प्रदान किया।

## चेर और मलयालम का विकास

- महोदयपुरम का चेर राज्य प्रायद्वीप के दक्षिण-पश्चिमी भाग में है, जो आज केरल राज्य का एक हिस्सा था, 9वीं शताब्दी में स्थापित किया गया।
- सम्भवत: मलयालम भाषा इस क्षेत्र में बोली जाती है। शासकों ने मलयालम भाषा एवं लिपि का प्रयोग अपने अभिलेखों में किया।
- क्षेत्रीय भाषा के साथ-साथ चेर लोगों ने संस्कृत की परम्पराओं से भी बहुत कुछ ग्रहण किया। केरल का मन्दिर - रंगमंच, जिसकी परम्परा इस युग तक खोजी जा सकती है संस्कृत के महाकाव्यों पर आधारित था।
- मलयालम भाषा की पहली साहित्यिक कृतियाँ, जो लगभग 12वीं शताब्दी की बताई जाती हैं, प्रत्यक्ष रूप से संस्कृत की ऋणी हैं। यह भी एक काफी रोचक तथ्य है कि 14वीं शताब्दी का एक ग्रन्थ लीला तिलकम, जो व्याकरण तथा काव्यशास्त्र विषयक है 'मणिप्रवालम' शैली में लिखा गया था।
- 'मणिप्रवालम' का शाब्दिक अर्थ है हीरा और मूंगा, जो यहाँ दो भाषाओं (संस्कृत तथा क्षेत्रीय भाषा) के साथ साथ प्रयोग की ओर संकेत करता है।

### जगन्नाथी सम्प्रदाय

- अन्य क्षेत्रों में क्षेत्रीय संस्कृतियाँ, क्षेत्रीय धार्मिक परम्पराओं से विकसित हुई थीं। इस प्रक्रिया का सर्वोत्तम उदाहरण है पुरी, उड़ीसा (इस समय ओडिशा) में जगन्नाथ का सम्प्रदाय (जगन्नाथ का शाब्दिक अर्थ है, दुनिया का मालिक जो विष्णु का पर्यायवाची है)।
- आज भी जगन्नाथ की काष्ठ प्रतिमा स्थानीय जनजातीय लोगों द्वारा बनाई जाती है जिससे यह तात्पर्य निकलता है कि जगन्नाथ मूलत: एक स्थानीय देवता थे, जिन्हें आगे चलकर विष्णु का रूप मान लिया गया।
- 12वीं शताब्दी में गंग वंश के एक अत्यन्त प्रतापी राजा अनन्तवर्मन ने पुरी में पुरुषोत्तम जगन्नाथ के लिए एक मन्दिर बनवाने का निश्चय किया। उसके बाद 1230 ई. में राजा अनन्तवर्मन तृतीय ने अपना राज्य पुरुषोत्तम जगन्नाथ को अर्पित कर दिया और स्वयं को जगन्नाथ का 'प्रतिनियुक्त' घोषित किया।
- ज्यों-ज्यों इस मन्दिर को तीर्थस्थल यानी तीर्थ यात्रा के केन्द्र के रूप में महत्त्व प्राप्त होता गया, सामाजिक तथा राजनीतिक मामलों में भी इसकी महत्ता बढ़ती गई।
- जिन्होंने भी उड़ीसा को जीता, जैसे मुगल, मराठे और अंग्रेजी ईस्ट इण्डिया कम्पनी, सब ने इस मन्दिर पर अपना नियन्त्रण स्थापित करने का प्रयत्न किया वे सब यह महसूस करते थे कि मन्दिर पर नियन्त्रण, प्राप्त करने से स्थानीय जनता में उनका शासन स्वीकार्य हो जाएगा।

### राजपूताना

- 19वीं शताब्दी में ब्रिटिश लोग उस क्षेत्र को जहाँ आज का अधिकांश राजस्थान स्थित है, राजपूताना (The Rajputana) कहते थे। इससे यह समझा जा सकता है कि वह एक ऐसा प्रदेश था, जहाँ केवल अथवा प्रमुख रूप से राजपूत ही रहा करते थे, लेकिन यह बात आंशिक रूप से ही सत्य है।
- यह भी सच है कि राजस्थान में राजपूतों के अतिरिक्त अन्य लोग भी रहते हैं। तथापि, अक्सर यह माना जाता है कि राजपूतों ने राजस्थान को एक विशिष्ट संस्कृति प्रदान की।
- राजस्थान की सांस्कृतिक परम्पराएँ वहाँ के शासकों के आदर्शों तथा अभिलाषाओं के साथ घनिष्ठता से जुड़ी हुई थीं। लगभग 8वीं शताब्दी से आज के राजस्थान राज्यों के अधिकांश भाग पर विभिन्न परिवारों के राजपूत राजाओं का शासन रहा। पृथ्वीराज एक ऐसा ही शासक था।

#### कत्थक नृत्य

- यह नृत्य शैली, उत्तर भारत के अनेक भागों से जुड़ी है। 'कत्थक' शब्द 'कथा' शब्द से निकला है, जिसका प्रयोग संस्कृत तथा अन्य भाषाओं में कहानी के लिए किया जाता है।
- कत्थक मूल रूप से उत्तर भारत के मन्दिरों में तथा कहानी सुनाने वालों की एक जाति थी। ये कथाकार अपने हाव-भाव तथा संगीत से अपने कथावाचन को अलंकृत किया करते थे।
- 15वीं तथा 16वीं शताब्दियों में भक्ति आन्दोलन के प्रसार के साथ कत्थक, एक विशिष्ट नृत्य शैली का रूप धारण करने लगा।
- राधा-कृष्ण के पौराणिक आख्यान (कहानियाँ) लोक नाट्य के रूप में प्रस्तुत किए जाते थे, जिन्हें 'रासलीला' कहा जाता था। रासलीला में लोक नृत्य के साथ कत्थक कथाकार के भूल हाव-भाव भी जुड़े होते थे।
- मुगल बादशाहों और उनके अभिजातों के शासनकाल में कत्थक राजदरबार में प्रस्तुत किया जाता था, जहाँ इस नृत्य ने अपने वर्तमान अभिलक्षण अर्जित किए।
- अवध के अन्तिम नवाब वाजिदअली शाह के संरक्षण में, यह एक प्रमुख कला रूप में उभरा।
- 1850-1875 ई. के दौरान यह नृत्य शैली के रूप इन दो क्षेत्रों में ही नहीं, बल्कि आज के पंजाब, हरियाणा, जम्मू-कश्मीर, बिहार तथा मध्य प्रदेश के निकटवर्ती क्षेत्रों में भी पक्के तौर पर संस्थापित हो गया।

- अनेक अन्य सांस्कृतिक गतिविधियों की तरह कत्थक को भी 19वीं तथा 20वीं शताब्दियों में अधिकांश ब्रिटिश प्रशासकों ने नापसन्द किया।
- फिर भी यह 'जीवित' बचा रहा और गणिकाओं द्वारा पेश किया जाता रहा। स्वतन्त्रता प्राप्ति के बाद तो देश में इसे छः 'शास्त्रीय' नृत्य रूपों में मान्यता मिल गई।
- अन्य नृत्य-रूप, जिन्हें इस समय शास्त्रीय माना जाता है, ये हैं- भरतनाट्यम् (तमिलनाडु), कथकली (केरल), ओडिसी (उड़ीसा), कुचिपुड़ी (आन्ध्र प्रदेश) एवं मणिपुरी (मणिपुर)।

## लघुचित्रों की परम्परा

- एक अन्य परम्परा जो कई रीतियों से विकसित हुई, वह थी लघु चित्रों की परम्परा। लघुचित्र (जैसा कि उनके नाम से पता चलता है) छोटे आकार के चित्र होते हैं, जिन्हें सामान्यतौर पर जल रंगों से कपड़े या कागज पर चित्रित किया जाता है।
- प्राचीनतम लघुचित्र, ताल-पत्रों अथवा लकड़ी की तख्तियों पर चित्रित किए गए थे। इनमें से सर्वाधिक सुन्दर चित्र, जो पश्चिम भारत में पाए गए; जैन ग्रन्थों को सचित्र बनाने के लिए प्रयोग किए गए थे।
- मुगल बादशाह अकबर, जहाँगीर और शाहजहाँ ने अत्यन्त कुशल चित्रकारों को संरक्षण प्रदान किया था, जो प्राथमिक रूप से इतिहास और काव्यों की पाण्डुलिपियाँ चित्रित करते थे। ये पाण्डुलिपियाँ सामान्यतौर पर चटक रंगों में चित्रित की जाती थीं।
- अक्सर उपहार के रूप में भी इन चित्रों का आदान-प्रदान किया जाता था और ये कुछ गिने-चुने लोगों (बादशाह और उनके घनिष्ठ जनों) द्वारा ही देखे जा सकते थे।
- मुगल साम्राज्य के पतन के साथ अनेक चित्रकार मुगल दरबार छोड़कर नये उभरने वाले क्षेत्रीय राज्यों के दरबारों में चले गए। परिणामस्वरूप मुगलों की कलात्मक रुचियों ने दक्षिण के क्षेत्रीय दरबारों और राजस्थान के राजपूती राजदरबारों को प्रभावित किया।
- मुगल उदाहरणों का अनुसरण करते हुए, शासकों तथा उनके दरबारों के दृश्य चित्रित किए जाने लगे। इनके साथ-साथ, मेवाड़, जोधपुर, बूँदी, कोटा और किशनगढ़ जैसे केन्द्रों में पौराणिक कथाओं तथा काव्यों के विषयों का चित्रण बराबर जारी रहा।
- आधुनिक हिमाचल प्रदेश के इर्द-गिर्द हिमालय की तलहटी का क्षेत्र 17वीं शताब्दी के बाद वाले वर्षों में, इस क्षेत्र में लघु चित्रकला की एक साहसपूर्ण एवं भावप्रवण शैली का विकास हो गया, जिसे 'बसोहली' शैली कहा जाता है।
- 1739 ई. में नादिरशाह के आक्रमण और दिल्ली विजय के परिणामस्वरूप मुगल कलाकार, मैदानी क्षेत्रों की अनिश्चितताओं से बचने के लिए पहाड़ी क्षेत्रों को पलायन कर गए। उन्हें वहाँ जाते ही आश्रयदाता तैयार मिले, जिसके फलस्वरूप चित्रकारी की कांगड़ा शैली की स्थापना हुई।
- 18वीं शताब्दी के मध्य तक कांगड़ा के कलाकारों ने एक नई शैली विकसित कर ली, जिसने लघु चित्रकारी में एक नई जान डाल दी। उनकी प्रेरणा का स्रोत था, वहाँ की वैष्णव परम्पराएँ। ठण्डे नीले और हरे रंगों सहित कोमल रंगों का प्रयोग और विषयों का काव्यात्मक निरूपण इस कांगड़ा शैली की विशेषता थीं।

## बांग्ला भाषा का विकास

- प्रारम्भिक (ईसा पूर्व प्रथम सहस्राब्दी के मध्य भाग के) संस्कृत ग्रन्थों के अध्ययन से यह पता चलता है कि बंगाल के लोग संस्कृत से उपजी हुई भाषा नहीं बोलते थे।
- ईसा पूर्व चौथी-तीसरी शताब्दी से बंगाल और मगध (दक्षिण बिहार) के बीच वाणिज्यिक सम्बन्ध स्थापित होने लगे थे, जिसके कारण सम्भवतः संस्कृत का प्रभाव बढ़ता गया होगा।
- चौथी शताब्दी के दौरान, गुप्तवंशीय शासकों ने उत्तरी बंगाल पर अपना राजनीतिक नियन्त्रण स्थापित कर लिया और वहाँ ब्राह्मणों को बसाना शुरू कर दिया। इस प्रकार गंगा की मध्यघाटी के भाषायी तथा सांस्कृतिक प्रभाव अधिक प्रबल हो गए।
- 8वीं शताब्दी से पाल शासकों के अन्तर्गत एक क्षेत्रीय राज्य का उद्भव हो गया। 14वीं से 16वीं शताब्दियों के बीच बंगाल पर सुल्तानों का शासन रहा, जो दिल्ली में स्थित शासकों से स्वतन्त्र थे। 1586 ई. में जब अकबर इस प्रदेश (बंगाल) को जीत लिया, तो उसे 'सूबा' माना जाने लगा।
- वस्तुतः 15वीं शताब्दी तक आते-आते उपभाषाओं तथा बोलियों का बंगाली समूह, एक सामान्य साहित्यिक भाषा के द्वारा एकबद्ध हो गया। यह साहित्यिक भाषा उस क्षेत्र के पश्चिमी भाग की बोलचाल की भाषा थी, जिसे अब पश्चिम बंग कहा जाता है।
- यद्यपि बंगाली का उद्भव संस्कृत से ही हुआ है, पर यह अपने क्रम विकास की अनेक अवस्थाओं से गुजरी है।
- बंगाली के प्रारम्भिक साहित्य को दो श्रेणियों में बाँटा जा सकता है एक श्रेणी, संस्कृत की ऋणी है और दूसरी, उससे स्वतन्त्र है।
- पहली श्रेणी में संस्कृत महाकाव्यों के अनुवाद, 'मंगलकाव्य' (शाब्दिक अर्थों में शुभ यानी मांगलिक काव्य, जो स्थानीय देवी-देवताओं से सम्बन्धित है) और भक्ति साहित्य, जैसे गौड़ीय वैष्णव आन्दोलन के नेता श्री चैतन्यदेव की जीवनियाँ आदि सम्मिलित हैं।

## जनजातियाँ, खानाबदोश एवं स्थाई समुदाय

- इस उपमहाद्वीप में समाज वर्ण के अनुसार पहले से ही विभक्त थे यह नियम ब्राह्मणों द्वारा सुझाए गए थे। जिसे शासकों द्वारा अपनाया गया था।
- इसके अतिरिक्त बहुत सारे समुदाय ब्राह्मणों द्वारा सुझाए गए नियमों एवं कर्मकाण्डों को नहीं मानते थे। और न ही वे असमान वर्गों में विभाजित थे। अक्सर ऐसी जातियों को जनजातियाँ कहा जाता है।
- प्रत्येक जनजाति के सदस्य नातेदारी के बन्धन से जुड़े होते थे। जनजातीय समूहों में संयुक्त रूप से भूमि एवं चारागाहों पर नियन्त्रण होता था।
- समकालीन इतिहासकारों ने जनजातियों के बारे में बहुत कम जानकारी दी है। कुछ अपवादों को छोड़कर यदि देखा जाए तो जनजातीय लोग भी लिखित दस्तावेज नहीं रखते थे।
- लेकिन समूह रीति-रिवाजों एवं मौखिक परम्पराओं का वे संरक्षण करते थे। ये परम्पराएँ आज के इतिहासकार को जनजातीय इतिहास लिखने में सहायता प्रदान करती हैं।
- पंजाब की खोखर जनजाति 13वीं एवं 14वीं सदी के दौरान बहुत प्रभावशाली थी। बाद में यहाँ पर गरूकड़ लोग ज्यादा महत्त्वपूर्ण हो गए। उनका प्रधान कयालखान गरूकड़ था। जिसे बादशाह अकबर ने मनसबदार बनाया था।
- मुल्तान और सिन्ध में मुगलों द्वारा अधीन कर लिए जाने से पहले लंगाह और ओरधुन महत्त्वपूर्ण जनजातियाँ थीं। उत्तर-पश्चिम भारत में बलोच एक शक्तिशाली जनजाति थी, जो अलग-अलग मुखियों वाले कई कुलों बँटी हुई थी।
- पश्चिमी हिमालय के क्षेत्र में गद्दी गडरियों की जनजाति रहती थी। उपमहाद्वीप के सुदूर उत्तर-पूर्वी भाग पर नागा, अहोम एवं कई महत्त्वपूर्ण जनजातियों का प्रभुत्व था।
- वर्तमान बिहार और झारखण्ड क्षेत्र में 12वीं सदी तक चेर, सरदार, का उदय हो चुका था। मुगल बादशाह अकबर के प्रसिद्ध सेनापति राजा मानसिंह ने 1591 ई. में चेर लोगों को पराजित किया।
- वर्तमान झारखण्ड, उड़ीसा एवं बंगाल के क्षेत्रों में मुण्डा एवं सन्थाल नाम की जनजातियाँ रहा करती थीं। कर्नाटक एवं महाराष्ट्र की पहाड़ियों में कोली, बेराद, तथा कई दूसरी जनजातियों का निवास स्थान था। कोली लोग गुजरात के कई क्षेत्रों में रहते थे।

- दक्षिण भारत में कोड़ागा, बेतर, मारवाड़ और दूसरी जनजातियाँ रहा करती थीं। भील जनजाति पश्चिमी और मध्य भारत में फैली हुई थी। वर्तमान छत्तीसगढ़, मध्य प्रदेश, महाराष्ट्र एवं आन्ध्र प्रदेश में गोण्ड जनजाति पाई जाती थी।
- बंजारा लोग महत्त्वपूर्ण व्यापारी तथा खानाबदोश थे। उनका कारवाँ टांडा कहलाता था। सुल्तान अलाउद्दीन खिलजी बंजारों का ही उपयोग नगर के बाजारों तक अनाज की ढुलाई के लिए करते थे।

## नई जातियाँ और श्रेणियाँ

- 17वीं शताब्दी के आरम्भ में भारत आने वाले एक अंग्रेज व्यापारी पीटर मुंडी ने बंजारों का वर्णन किया है। जैसे-जैसे अर्थव्यवस्था और समाज की आवश्यकताएँ बढ़ती गई और छोटी-छोटी जातियाँ उभरने लगी।
- 11वीं और 12वीं सदी तक आते-आते क्षत्रियों के बीच नए राजपूत गोत्रों की ताकत में अभिवृद्धि हुई। वे हूण, चन्देल, चालुक्य और कुछ दूसरी वंश परम्पराओं से आते थे।

## गोण्ड

- गोण्ड (The Gonds) लोग गोण्डवाना नामक विशाल वन प्रदेश में रहते थे। वे लोग स्थानान्तरित कृषि करते थे। गोण्ड जनजाति कई छोटे-छोटे कुलों में बँटी होती थी। प्रत्येक कुल का अपना राजा या राई होता था।
- जिस समय दिल्ली के सुल्तानों की ताकत घट रही थी उसी समय कुछ बड़े गोण्ड राज्य छोटे गोण्ड सरदारों पर हावी होने लगे थे। अकबरनामा में गड़कटंगा के गोण्ड राज्य का वर्णन है। इन राज्यों की प्रशासनिक व्यवस्था केन्द्रीकृत थी।
- ये राज्य गड़ों में विभाजित थे, हर गड़ किसी विशेष गोण्ड कुल के नियन्त्रण में था। ये पुन: 84 गाँवों की इकाइयों में विभाजित होते थे, जिन्हें चौरासी कहा जाता था। चौरासी का उप-विभाजन बरहोतों में होता था, जो बारह - बारह गाँवों से मिलकर बना होता था।
- गढ़कटंगा के राजा अमनदास ने संग्राम शाह की उपाधि धारण की, उसके पुत्र दलपत ने महोबा के चन्देल राजपूत राजा सालवाहन की पुत्री रानी दुर्गावती से विवाह किया।
- दलपत कुछ दिनों में मर गया। रानी दुर्गावती ने अपने पाँच साल के नारायण के नाम पर शासन की कमान सँभाली।
- गढ़कटंगा एक समृद्ध राज्य था, इसने हाथियों को पकड़ने एवं दूसरे राज्यों में उनका निर्यात करने के व्यापार में खासा धन कमाया।
- मुगलों ने गढ़कटंगा राज्य को अपने कब्जे में ले लिया तथा वीर नारायण के चाचा चन्दरशाह को दे दिया।

## अहोम

- अहोम (The Ahom) लोग मौजूदा म्यांमार से आकर 13वीं सदी में ब्रह्मपुत्र घाटी में आ बसे। उन्होंने भुइयाँ (भूस्वामी) लोगों की पुरानी राजनीतिक व्यवस्था का अन्त करके नए राज्य की स्थापना की।
- 16वीं शताब्दी के दौरान उन्होंने चुटियों और कोच-हाजों के राज्यों को अपने राज्य में मिला लिया।
- अहोमों ने एक बड़ा राज्य बनाया इसके लिए उन्होंने 1530 के दशक में आग्नेयास्त्रों का उपयोग किया। 1660 ई. तक आते-आते उन्होंने बारूद तथा तोपो का निर्माण करना शुरू कर दिया।
- 1662 ई. में मीरजुमला के नेतृत्व में मुगलों ने अहोम राज्य पर हमला किया एवं अहोमों की पराजय हुई। अहोम राज्य बेगार पर निर्भर था।
- राज्य के लिए जिन लोगों से जबरन काम लिया जाता था, वे 'पाइक' कहलाते थे।
- अहोम समाज कुलों में विभाजित था, जिन्हें 'खेल' कहा जाता था। अहोम लोगों ने चावल की खेती के लिए नए तरीके अपनाए। किसानों को अपने ग्राम समुदाय द्वारा जमीन दी जाती थी।
- समुदाय की सहमति के बिना राजा तक इसे वापिस नहीं ले सकता था। प्रारम्भ में अहोम लोग जनजातीय देवताओं की उपासना करते थे कालान्तर में वे हिन्दू धर्म से प्रभावित होने लगे।
- अहम समाज एक अत्यन्त परिष्कृत समाज था। वे कवियों, ब्राह्मणों तथा विद्वानों को दान दिया करते थे।
- बुरंजी नामक ऐतिहासिक कृतियों को पहले अहोम भाषा में और फिर असमिया में लिखा गया था।

## मंगोल

- इतिहास में सबसे प्रसिद्ध पशुचारी और शिकारी संग्राहक जनजाति मंगोलों (The Mongol) की थी। वे मध्य एशिया के घास के मैदानों और थोड़ा उत्तर की ओर के वन प्रान्तों में बसे हुए थे।
- 1206 ई. में चंगेज खान ने मंगोल और तुर्की जनजाति में एकता पैदा करके उन्हें एक शक्तिशाली सैन्य बल में बदल डाला।

## प्रश्नमाला

**1. पंजाब में 13वीं से 14वीं सदी के दौरान निम्न में से कौन-सी जनजाति बहुत प्रभावशाली थी ?**

(a) गोण्ड
(b) अहोम
(c) खोखर
(d) इनमें से कोई नहीं

**2. निम्न कथनों पर विचार कीजिए—**

**A. गोंड लोग गोंडवाना नामक विशाल वन प्रदेश में रहते थे।**

**B. अकबरनामा में गड़कटंगा के गोण्ड नामक राज्य का वर्णन किया गया है।**

**उपरोक्त कथनों में से कौन-सा/से कथन सत्य है/हैं ?**

(a) केवल A
(b) केवल B
(c) A और B दोनों
(d) न तो A और न ही B

**3. निम्न कथनों पर विचार कीजिए—**

**A. अहोम लोग मौजूदा म्यांमार से आकर 13वीं सदी में ब्रह्मपुत्र घाटी में आ बसे थे।**

**B. 16वीं शताब्दी के दौरान उन्होंने चुटियों और कोच-हाजों के राज्यों को अपने राज्य में मिला लिया था।**

**उपरोक्त कथनों में से कौन-सा/से कथन असत्य है/हैं ?**

(a) केवल A
(b) केवल B
(c) A और B दोनों
(d) न तो A और न ही B

**4. निम्नलिखित में से किस सुल्तान ने अनाज को शहर के बाजारों में भेजने के लिए बंजारों का प्रयोग किया ?**

(a) मोहम्मद बिन तुगलक
(b) अलाउद्दीन खिलजी
(c) बलबन
(d) फिरोजशाह तुगलक

**5. शास्त्रीय नृत्यों के सन्दर्भ में निम्नलिखित में से कौन-सा कथन सत्य है ?**

(a) कथकली, कथक शैली का शास्त्रीय रूप है।
(b) कथक शैली को शास्त्रीय नृत्य के रूप में मान्यता केवल स्वतन्त्रता प्राप्ति के पश्चात् मिली है।
(c) यह लोक नृत्यों से सदा श्रेष्ठ होते हैं।
(d) शास्त्रीय नृत्यों के आठ मान्य रूप हैं।

**6. निम्नलिखित में से किस पन्थ पर आदिवासी प्रभाव परिलक्षित होता है ?**

(a) वेंकटेश्वर पन्थ
(b) जगन्नाथ पन्थ
(c) विश्वनाथ पन्थ
(d) अमरनाथ पन्थ

**7. गढ़ कटंगा के गोण्ड राज्य के सम्बन्ध में निम्नलिखित कथनों में से कौन-सा कथन सही है ?**

(a) यह एक समृद्ध राज्य था। इसने जंगली हाथियों को पकड़कर और उनको दूसरे राज्यों में निर्यात करके धन कमाया
(b) यह कमजोर बुन्देलों और मराठों के विरुद्ध अधिक शक्तिशाली बना
(c) 1656 ई. में मुगल सेनाओं ने गढ़ कटंगा पर हमला किया और उन्हें रानी दुर्गावती द्वारा हार का मुँह देखना पड़ा
(d) यह राज्य केवल नगरों से बना था

**8. निम्नलिखित का सुमेल कीजिए—**

| (नृत्य शैली) | (राज्य) |
|---|---|
| **A.** कत्थक | **I.** आन्ध्र प्रदेश |
| **B.** भरतनाट्यम | **II.** तमिलनाडु |
| **C.** कथकली | **III.** उत्तर प्रदेश |
| **D.** कुचिपुड़ी | **IV.** केरल |

**कूट**

| | A | B | C | D |
|---|---|---|---|---|
| (a) | III | I | II | IV |
| (b) | II | I | III | IV |
| (c) | III | II | IV | I |
| (d) | III | IV | I | II |

## उत्तरमाला

**1.** (c) **2.** (c) **3.** (d) **4.** (b) **5.** (d) **6.** (b) **7.** (a) **8.** (c)

❑❑❑

# 18 कम्पनी शक्ति की स्थापना

## 18वीं शताब्दी में भारत

- 1707 ई. में औरंगजेब की मृत्यु के पश्चात् मुगल सत्ता कमजोर पड़ गई। औरंगजेब ने अपने शासनकाल में दक्कन में एक लम्बी लड़ाई लड़ते हुए साम्राज्य के सैन्य एवं वित्तीय संसाधनों को बहुत अधिक खर्च कर दिया था।
- इस आर्थिक व राजनीतिक संकट के दौर में 1739 ई. में ईरान के शासक नादिरशाह ने दिल्ली पर आक्रमण किया। नादिरशाह के आक्रमण के बाद अफगान शासक अहमदशाह अब्दाली के आक्रमणों का सिलसिला शुरू हो गया।
- उसने 1748 ई. से 1761 ई. के बीच उत्तर-भारत पर पाँच बार हमला किया। फर्रुखसियर और आलमगीर द्वितीय की हत्या कर दी गई तथा अहमदशाह एवं शाहआलम द्वितीय को उनके अभिजातों ने अन्धा कर दिया था।

### हैदराबाद

- निजाम-उल-मुल्क आसफजहाँ (1724-48) मुगल बादशाह फर्रुखसियर के दरबार में एक अभिजात था, जिसने हैदराबाद राज्य की स्थापना की थी।
- हैदराबाद राज्य पश्चिम की ओर मराठों के विरुद्ध और पठारी क्षेत्र के स्वतन्त्र तेलुगू सेनानायकों के साथ युद्ध करने में संलग्न रहता था। पूर्व दिशा में निजाम-उल-मुल्क, आसफजहाँ कोरोमण्डल तट पर स्थित वस्त्रोत्पादक धन-सम्पन्न क्षेत्र पर अपना नियन्त्रण प्राप्त करने की महत्त्वाकांक्षा रखता था।

### अवध

- बुरहान-उल-मुल्क सआदत खान ने अवध राज्य की स्थापना की थी। अवध एक समृद्धशाली प्रदेश था, जो गंगा नदी के उपजाऊ मैदान में फैला हुआ था।
- बुरहान -उल-मुल्क ने अवध क्षेत्र में मुगल प्रभाव को कम करने की कोशिशों के चलते मुगलों द्वारा नियुक्त अधिकारियों (जागीरदारों) की संख्या में कटौती कर दी।

### बंगाल

- मुर्शीद कुली खान के नेतृत्व में बंगाल धीरे-धीरे मुगल नियन्त्रण से अलग हो गया। अलीवर्दी खान के शासनकाल में जगत् सेठ का साहूकार घराना अत्यन्त समृद्धशाली हो गया था।

### मराठा

- शिवाजी की मृत्यु के पश्चात् मराठा राज्य में प्रभावी शक्ति, चितपावन ब्राह्मणों के एक परिवार के हाथ में रही, जो शिवाजी के उत्तराधिकारियों के शासनकाल में 'पेशवा' (प्रधानमन्त्री) के रूप में अपनी सेवाएँ देते रहे। पूणे मराठा राज्य की राजधानी बन गई थी।
- 1720 से 1761 ई. के मध्य, मराठा साम्राज्य का काफी विस्तार हुआ। 1720 के दशक तक मालवा और गुजरात मुगलों से छीन लिया गया।
- 1730 के दशक तक, मराठा नरेश को समस्त दक्कन प्रायद्वीप के अधिपति के रूप में मान्यता मिल गई तथा साथ ही इस क्षेत्र पर 'चौथ' और 'सरदेशमुखी' कर वसूलने का अधिकार भी मिल गया।
- 1761 ई. में पानीपत की तीसरी लड़ाई मराठा और अहमदशाह अब्दाली के मध्य हुई थी। मराठा महासंघ में सम्मिलित थे-नागपुर के भोंसले, बड़ौदा के गायकवाड़, इन्दौर के होल्कर, ग्वालियर के सिन्धिया, पुणे के पेशवा।

## भारत में यूरोपीय कम्पनियों का आगमन व प्रसार

- भारत में यूरोपीय कम्पनियों के आगमन का क्रम इस प्रकार है-**पुर्तगाली → डच → अंग्रेज → डेनिश → फ्रांसीसी**।
- **वास्कोडिगामा** ने **17 मई, 1498 ई.** में भारत के पश्चिमी तट पर स्थित **कालीकट** बन्दरगाह पहुँचकर भारत एवं यूरोप के बीच नए समुद्री मार्ग की खोज की।
- **फ्रांसिस्को द अल्मेडा 1505 ई.** में भारत में प्रथम **पुर्तगाली वायसराय** बनकर आया।
- **अलफांसो द अल्बुकर्क 1509 ई.** में भारत में पुर्तगालियों का वायसराय बना।
- **अल्बुकर्क** ने **1510 ई.** में बीजापुर के **युसुफ आदिल शाह** से गोवा को जीता।
- पुर्तगालियों ने अपनी पहली **व्यापारिक कोठी कोचीन** में खोली थी।
- **कारनेलिस द हस्तमान** 1596 ई. में भारत आने वाला प्रथम डच नागरिक था।
- डचों द्वारा व्यापार की आधारशिला भारत में रखने का श्रेय **1592 ई.** में **एमस्टर्डम** की व्यापारिक कम्पनी को है।
- डचों ने 1602 ई. में पूर्व से व्यापार करने के लिए **'डच ईस्ट इण्डिया कम्पनी'** की स्थापना की।
- **डच ईस्ट इण्डिया कम्पनी** का मुख्य **प्रशासनिक केन्द्र 'बटाविया'** में स्थित था।
- **कोरोमंडल तट** पर **मसुलीपत्तनम (मसूलीपट्टनम)** में **1605 ई.** में प्रथम डच फैक्ट्री की स्थापना की गई।
- सन् 1688 ई. की **'गौरवपूर्ण क्रांति'** जिसमें विलियम इंग्लैण्ड का राजा बन गया, **अंग्रेज-डच** संबंध सुधर गए।
- **डच** भारत से **नील**, **शोरा** और **सूती वस्त्र** का निर्यात करते थे।
- **बेदरा युद्ध 1759 ई.** में **अंग्रेजों** एवं **डचों** के मध्य हुआ था।
- **अंग्रेजों** ने पूर्णरूप से डचों को **1795 ई.** में भारत से बाहर कर दिया था।
- **अंग्रेजों की प्रथम व्यापारिक कोठी** (फैक्ट्री) **सूरत** में **1608 ई.** में खोली गई थी।
- लुई चौदहवें के **मन्त्री कोलबर्ट** ने पूर्व में व्यापार करने के लिए 1664 ई. में एक **फ्रेंच ईस्ट इण्डिया कम्पनी** का निर्माण किया। इसका नाम **'इन्डेसेओरियंतलेस'** था।
- भारत में फ्रांसीसियों की प्रथम कोठी **फ्रैंको कैरो** के द्वारा **सूरत में 1668 ई.** में स्थापित की गई थी।
- **फ्रांसिस मार्टिन** ने **1674 ई.** में **पुदुचेरी** की स्थापना की।

- **डेनमार्क वासियों** का आगमन भारत में **1616 ई.** में हुआ।
- 1620 ई. में तमिलनाडु के ट्रैंकोबार नामक क्षेत्र में डेनमार्क वासियों ने व्यापारिक केन्द्र खोला।
- **'सेरमपुर'** डेनो का प्रमुख व्यापारिक केन्द्र था।
- **1731 ई.** में स्वीडिश ईस्ट इण्डिया कम्पनी की स्थापना हुई।

## ब्रिटिश-फ्रेंच संघर्ष

- **प्रथम कर्नाटक युद्ध** 1746–48 ई. यह युद्ध एंग्लो फ्रेंच का युद्ध विस्तार था, जो ऑस्ट्रिया के उत्तराधिकार से प्रभावित था। 1748 ई. में हुई **एक्स-ला-चैपल** की संधि के द्वारा ऑस्ट्रिया के उत्तराधिकार के लिए लड़ा गया। युद्ध समाप्त हो गया और इसी संधि के तहत **प्रथम कर्नाटक युद्ध** भी समाप्त हुआ।
- **दूसरा कर्नाटक युद्ध** 1749–54 ई. में हुआ। इस युद्ध में फ्रांसीसी गवर्नर **डूप्ले** की हार हुई, इसलिए उसे वापस बुला लिया गया और उसकी जगह पर **गोडेहू** को भारत में अगला फ्रांसीसी गवर्नर बनाया गया। **पुदुचेरी की संधि** (जनवरी, 1755 ई.) के साथ युद्धविराम हुआ।
- **तीसरा कर्नाटक युद्ध** 1756–63 ई. के बीच हुआ। यह 1756 ई. में शुरू हुआ सप्तवर्षीय युद्ध का ही एक अंश था। **पेरिस की संधि** होने पर यह युद्ध समाप्त हुआ।
- अंग्रेजी सेना ने 1760 ई. में सर आयरकूट के नेतृत्व में **वांडिवाश** की लड़ाई में फ्रांसीसियों को बुरी तरह हराया। इसमें फ्रांसीसी सेना का नेतृत्व **लाली** कर रहा था।
- अंग्रेजों ने 1761 ई. में पुदुचेरी को फ्रांसीसियों से छीन लिया।
- पेरिस संधि के अंतर्गत **अंग्रेजों** ने **1763 ई.** में चन्द्रनगर को छोड़कर शेष अन्य प्रदेशों को लौटा दिया, जो **1749 ई.** तक फ्रांसीसी कब्जे में थे। ये प्रदेश भारत की आजादी तक फ्रांसीसियों के कब्जे में रहे।

## ब्रिटिश ईस्ट इण्डिया कम्पनी

- भारत आए यूरोपियों में सर्वाधिक शक्तिशाली **नौशक्ति अंग्रेजों** की थी।
- **विलियम डेक** ने 1579 ई. में पूर्वी क्षेत्र का भ्रमण किया।
- 1599 ई. में **जॉन मिल्डेनहाल** नामक ब्रिटिश यात्री थलमार्ग से भारत आया।
- **'ब्रिटिश मर्चेन्ट एडवेचर'** कम्पनी की स्थापना 1599 ई. में हुई।
- इंग्लैण्ड की महारानी एलिजाबेथ ने 31 दिसम्बर, 1600 ई. को एक चार्टर प्रदान किया, जिसके अनुसार **इंग्लिश ईस्ट इण्डिया कम्पनी** का जन्म हुआ।
- 1608 ई. में इंग्लैण्ड के राजा जेम्स प्रथम के दूत के रूप में **कैप्टन हॉकिन्स सूरत** पहुँचा, जहाँ से वह मुगल सम्राट **जहाँगीर** से मिलने आगरा गया।
- जहाँगीर ने **हॉकिन्स** से प्रसन्न होकर उसे आगरा में बसने की अनुमति के साथ-साथ **4000** का **मनसब** एवं **जागीर** प्रदान की।
- ब्रिटिश ईस्ट इण्डिया कम्पनी का प्रथम गवर्नर **टॉम्स स्मिथ** था।
- जहाँगीर के दरबार में **जेम्स प्रथम** के राजदूत **कैप्टन हॉकिन्स** (1609 ई.) तथा **सर टॉमस रो** 1615 ई. में भारत आए।
- बम्बई का गवर्नर **गेराल्ड औगियार** बम्बई का वास्तविक संस्थापक था।
- औगियार ने **ताँबे** और **चाँदी** के सिक्के ढालने के लिए टकसाल की स्थापना की।
- 1661 ई. में इंग्लैण्ड के **सम्राट चार्ल्स द्वितीय** का विवाह पुर्तगाल की राजकुमारी कैथरीन से होने के कारण **चार्ल्स को दहेज** के रूप में बम्बई प्राप्त हुआ था, जिसे उन्होंने 10 पौंड सोने के वार्षिक किराए पर **ईस्ट इंडिया कम्पनी** को दे दिया।
- **1698 ई.** में अंग्रेजी ईस्ट इण्डिया कम्पनी ने तीन गाँव-**सूतानुती**, **कालीकाता** एवं **गोविन्दपुर** की जमींदारी 1200 रुपए भुगतान कर प्राप्त की और यहाँ पर **फोर्ट विलियम** का निर्माण किया। कालान्तर में यही **कलकत्ता** (कोलकाता) नगर कहलाया, जिसकी नींव **जॉब चारनौक** ने रखी।

| यूरोपीय कंपनियों का भारत आगमन | |
|---|---|
| पुर्तगाली | 1498 ई. |
| अंग्रेज | 1600 ई. |
| डच | 1602 ई. |
| डेनिश | 1616 ई. |
| फ्रांसीसी | 1664 ई. |
| स्वीडिश | 1731 ई. |

# बंगाल पर अंग्रेजों का अधिकार

- उत्तर मुगलकाल में बंगाल सर्वाधिक समृद्ध प्रांत था।
- बंगाल का प्रथम स्वतन्त्र शासक **मुर्शीद कुली खाँ** तथा उसके उत्तराधिकारी शुजाउद्दीन और अलीवर्दी खाँ के समय बंगाल इतना अधिक सम्पन्न हो गया था कि इसे भारत का स्वर्ग कहा जाने लगा।
- अलीवर्दी खाँ ने यूरोपियों की तुलना मधुमक्खियों से करते हुए कहा कि यदि उन्हें न छेड़ा जाए तो वे शहद देंगी, और यदि छेड़ा जाए तो काट-काट कर मार डालेंगी।
- 10 अप्रैल, 1756 को सिराजुद्दौला बंगाल का नवाब बना।
- सिराजुद्दौला के प्रतिद्वन्द्वी और विरोधियों में प्रमुख–पूर्णिया के नवाब शौकत जंग, सिराज की मौसी घसीटी बेगम तथा सेनापति मीर जाफर थे।
- अक्टूबर 1756 ई. में मनिहारी के युद्ध में सिराजुद्दौला ने शौकत जंग को पराजित कर उसकी हत्या कर दी।
- **ब्लैक होल** की घटना (20 जून, 1756 ई.) का उल्लेख **हॉलवेल** ने किया है, जिसमें 146 अंग्रेजों को एक छोटे कमरे में बंद कर दिया गया था। जिसमें दम घुटने के कारण अगले दिन मात्र 23 व्यक्ति ही जीवित बचे थे।
- सिराजुद्दौला (बंगाल के नवाब) तथा अंग्रेजों के बीच 9 फरवरी, 1757 ई. को अलीनगर की संधि हुई थी।
- **प्लासी का युद्ध** 23 जून, 1757 ई. को अंग्रेज सेनापति रॉबर्ट क्लाइव एवं बंगाल के नवाब सिराजुद्दौला के बीच हुआ था।
- प्लासी के युद्ध में सेनापति **मीर जाफर** ने नवाब के साथ दगाबाजी की जिससे प्रसन्न होकर **ईस्ट इण्डिया कम्पनी** ने मीर जाफर को बंगाल का नवाब बना दिया। मीर जाफर को **क्लाइव का गीदड़** कहा जाता था।
- **प्लासी के युद्ध** के बाद कंपनी को **24 परगने** की जमींदारी प्राप्त हुई।
- नवाब **मीर जाफर** को अंग्रेजों ने 1760 ई. में हटाकर उसके दामाद **मीर कासिम** को बंगाल का नवाब बनाया था।
- **मीर कासिम** ने अपनी राजधानी को **मुर्शिदाबाद** से **मुंगेर** में स्थानान्तरित कर दिया था।
- **बक्सर का युद्ध** 1764 ई. में **अंग्रेजों** एवं **मीर कासिम** के बीच हुआ, जिसमें **मीर कासिम** का साथ अवध के **नवाब शुजाउद्दौला** एवं **मुगल सम्राट शाहआलम द्वितीय** ने दिया था।
- बक्सर के युद्ध में अंग्रेजी सेना का नेतृत्व **हेक्टर मुनरो** ने किया था।
- **बक्सर** के युद्ध के बाद पुन: मीर कासिम की जगह **मीर जाफर** को बंगाल का नवाब बना दिया गया।
- मुगल बादशाह **शाहआलम द्वितीय** (1759–1806 ई.) के साथ **रॉबर्ट क्लाइव** ने **इलाहाबाद की प्रथम संधि 12 अगस्त, 1765 ई.** को की।
- रॉबर्ट क्लाइव ने **जुलाई 1765 ई.** में अवध के **नवाब शुजाउद्दौला** के साथ **इलाहाबाद की संधि** की।
- नवाब मीर जाफर की मृत्यु **5 जनवरी**, **1765 ई.** को हो गई।

- **के.एम. पन्नीकर** के अनुसार **"प्लासी का युद्ध एक सौदा था"**।
- अंग्रेजों का संरक्षण प्राप्त कर बंगाल का प्रथम **नवाब निजामुद्दौला** बना था।
- 1765–72 ई. के मध्य बंगाल में **द्वैध शासन की व्यवस्था** की शुरुआत हुई, जिसके जनक **लियोनेल कार्टिस** थे।
- **इलाहाबाद की संधि** के तहत **बादशाह शाहआलम** के व्यक्तिगत खर्च के लिए **26 लाख रुपए** वार्षिक पेंशन दी गई।

| बंगाल के नवाब | |
|---|---|
| मुर्शिद कुली खां | 1713–27 ई. |
| शुजाउद्दीन | 1727–39 ई. |
| सरफराज खां | 1739–40 ई. |
| अलीवर्दी खां | 1740–56 ई. |
| सिराजुद्दौला | 1756–57 ई. |
| मीर जाफर | 1757–60 ई. |
| मीर कासिम | 1760–63 ई. |
| मीर जाफर (दूसरी बार) | 1763–65 ई. |
| निजामुद्दौला | 1765–70 ई. |
| सैफुद्दौला | 1770 ई. |
| मुबारकद्दौला | 1770–75 ई. |

## आंग्ल-मैसूर संघर्ष

- **1732 ई.** में **राजा वाडियार** चिक्का कृष्णराज के काल में मैसूर में सत्ता हस्तांतरण की प्रक्रिया आरंभ हुई।
- 18वीं सदी के प्रारंभ में दो मन्त्रियों **नंदराज** और **देवराज** ने मैसूर में सत्ता पर कब्जा कर लिया।
- **हैदर अली** ने अपना जीवन एक घुड़सवार के रूप में आरंभ किया था। किंतु **1761 ई.** में वह **मैसूर का वास्तविक** शासक बन गया।
- **फ्रांसीसियों** की सहायता से **हैदर अली** ने **डिंडीगुल** में एक शस्त्रागार स्थापित किया।
- हैदर अली धर्मनिरपेक्ष दृष्टिकोण वाला शासक था।
- **प्रथम आंग्ल-मैसूर युद्ध (1767–69 ई.)** के समय हैदर ने चतुराई से अंग्रेजों का सामना करते हुए 4 अप्रैल, 1769 को उन्हें मद्रास की संधि पर हस्ताक्षर करने के लिए बाध्य किया।
- **द्वितीय आंग्ल-मैसूर युद्ध** के समय **हैदर अली** ने ब्रिटिश कम्पनी के विरुद्ध **निजाम** तथा **मराठों** से मिलकर एक संयुक्त मोर्चा तैयार किया। इस दौरान हैदर ने अंग्रेज **कर्नल बेली** को हराकर कर्नाटक की **राजधानी अरकाट** पर अधिकार कर लिया।

**आंग्ल-मैसूर संघर्ष एवं महत्वपूर्ण संधियाँ**

| वर्ष | गवर्नर जनरल | प्रमुख युद्ध | संधि |
|---|---|---|---|
| 1767–69 ई. | – | प्रथम आंग्ल-मैसूर युद्ध | मद्रास की संधि |
| 1780–84 ई. | वारेन हेस्टिंग्स | द्वितीय आंग्ल-मैसूर युद्ध | मंगलूर की संधि |
| 1790–92 ई. | कॉर्नवालिस | तृतीय आंग्ल-मैसूर युद्ध | श्रीरंगपट्टनम की संधि |
| 1799 ई. | लॉर्ड वेलेजली | चतुर्थ आंग्ल-मैसूर युद्ध | – |

- **द्वितीय आंग्ल-मैसूर युद्ध** के समय ही **7 दिसंबर, 1782** को हैदर अली की मृत्यु हो गई थी।
- **द्वितीय आंग्ल-मैसूर युद्ध** (1780–84) के समय बंगाल का गवर्नर जनरल **वारेन हेस्टिंग्स** (1774–85) था।
- हैदर अली के बाद उसका पुत्र **टीपू सुल्तान मैसूर** का शासक बना।
- टीपू ने **बादशाह** की उपाधि धारण की। उसने **1796** में **नौसेना बोर्ड** का गठन किया।
- टीपू प्रथम भारतीय शासक था, जिसने अपनी प्रशासनिक व्यवस्था में **पाश्चात्य प्रशासनिक व्यवस्था** का मिश्रण किया।
- टीपू द्वारा जारी सिक्कों पर **हिन्दू देवी-देवताओं** के चित्र तथा **हिन्दू संवत्** की आकृतियाँ अंकित थीं।
- टीपू सुल्तान ने **1787 ई.** में अपनी राजधानी **श्रीरंगपट्टनम** में स्थापित की, साथ ही उसने फ्रांस एवं मैसूर की मैत्री का प्रतीक स्वतन्त्रता का **वृक्ष लगवाया** और फ्रांसीसी क्रांति से प्रभावित होकर **जेकोबिन क्लब** का सदस्य बना।
- टीपू ने **1796 ई.** में आधुनिक **नौसेना खड़ी करने** की कोशिश की तथा **जहाजों** के नमूने स्वयं तैयार किए।
- टीपू ने **मंगलौर**, **वाजिदाबाद** तथा **मोलीदाबाद** में पोत बनाने के घाट बनाए।
- टीपू ने आधुनिक **कैलेण्डर** की शुरुआत की।
- टीपू ने कहा था, **"मैं अंग्रेजों के स्थल साधनों को तो समाप्त कर सकता हूँ, परंतु समुद्र को तो नहीं सुखा सकता।"**
- 4 मई, 1799 ई. को चतुर्थ **आंग्ल-मैसूर** युद्ध लड़ते हुए टीपू **श्रीरंगपट्टनम दुर्ग** के पास शहीद हो गया।
- वेलेजली को आयरलैंड ने **मार्क्विस** की उपाधि प्रदान की।

### टीपू के राज्य के विभाग

- **राजस्व** तथा **वित्त** (मीर आसिफ कचहरी के अधीन)
- **सेना विभाग** (मीर आसिफ कचहरी के अधीन)
- **जुमला विभाग** (एक अन्य मीर कचहरी के अधीन)
- **तोपखाना** तथा **दुर्ग रक्षा विभाग** (मीर सदर कचहरी के अधीन)
- **वाणिज्य विभाग** (मलिक-उक्तज्जार के अधीन)
- **नाविक विभाग** (मीर याम कचहरी के अधीन)
- **कोष** और **टका विभाग** (मीर खजाना कचहरी के अधीन)
- इन 7 के अतिरिक्त 3 अन्य छोटे विभाग भी थे–"डाक तथा गुप्तचर विभाग, लोक निर्माण तथा पशु विभाग।"

## मराठों से लड़ाई

- 18वीं शताब्दी के अन्तिम से कम्पनी मराठों की ताकत को भी काबू समाप्त करने के बारे में सोचने लगी थी। 1761 ई. में पानीपत की तीसरी लड़ाई में हार के बाद दिल्ली से देश का शासन चलाने का मराठों का सपना चूर-चूर हो गया।
- उन्हें कई राज्यों में बाँट दिया गया। इन राज्यों की बागडोर सिन्धिया, होलकर, गायकवाड़ और भोंसले जैसे अलग-अलग राजवंशों के हाथों में थी। ये सारे सरदार एक पेशवा (सर्वोच्च मन्त्री) के अन्तर्गत एक कन्फेडरेसी (राज्यमण्डल) के सदस्य थे।
- एक के बाद एक कई युद्धों में कम्पनी ने मराठों को घुटने टेकने पर मजबूर कर दिया। पहला युद्ध 1782 ई. में सालबाई सन्धि के साथ समाप्त हुआ, जिसमें कोई पक्ष नहीं जीत पाया। दूसरा अंग्रेज मराठा युद्ध (1803–05 ई.) कई मोर्चों पर लड़ा गया।
- अन्ततः 1817 –19 ई. के तीसरे अंग्रेज मराठा युद्ध में मराठों की ताकत को पूरी तरह कुचल दिया गया। पेशवा को पुणे से हटाकर कानपुर के पास बिठूर में पेंशन पर भेज दिया गया। अब विन्ध्य के दक्षिण में स्थित पूरे भू-भाग पर कम्पनी का नियन्त्रण हो चुका था।

## अंग्रेजों द्वारा सर्वोच्चता की स्थापना

- लॉर्ड हेस्टिंग्स (1813 से 1823 ई. तक गवर्नर-जनरल) के नेतृत्व में 'सर्वोच्चता' की एक नई नीति शुरू की गई। कम्पनी का दावा था कि उसकी सत्ता सर्वोच्च है, इसलिए वह भारतीय राज्यों से ऊपर है।

- जब अंग्रेजों ने कित्तूर (फिलहाल कर्नाटक में) के छोटे से राज्य को कब्जे में लेने का प्रयास किया तो रानी चेन्नम्मा ने हथियार उठा लिए और अंग्रेजों के विरुद्ध आन्दोलन छेड़ दिया। 1824 ई. में उन्हें गिरफ्तार किया गया।
- 1830 ई. के दशक के अन्त में ईस्ट इण्डिया कम्पनी रूस के प्रभाव से बहुत डरी हुई थी। कम्पनी को भय था कि कहीं रूस का प्रभाव पूरे एशिया में फैलकर उत्तर-पश्चिम से भारत को भी अपनी चपेट में न ले ले।
- अंग्रेजों ने 1838 ई. से 1842 ई. के बीच अफगानिस्तान के साथ एक लम्बी लड़ाई लड़ी और वहाँ अप्रत्यक्ष कम्पनी शासन स्थापित कर लिया। 1843 ई. में सिन्ध भी कब्जे में आ गया। इसके बाद पंजाब की बारी थी। काफी संघर्षों के बाद 1849 ई. में अंग्रेजों ने पंजाब का भी अधिग्रहण कर लिया।

## विलय नीति

- अधिग्रहण की अन्तिम लहर 1848 ई. से 1856 ई. के बीच गवर्नर-जनरल बने लॉर्ड डलहौजी के शासनकाल में चली। लार्ड डलहौजी ने एक नई नीति अपनाई, जिसे विलय नीति का नाम दिया गया।
- यह सिद्धान्त इस तर्क पर आधारित था कि यदि किसी शासक की मृत्यु हो जाती है और उसका कोई पुरुष वारिस नहीं है, तो उसकी रियासत हड़प कर ली जाएगी यानी कम्पनी के भू-भाग का हिस्सा बन जाएगी।
- इस सिद्धान्त के आधार पर एक के बाद एक कई रियासतें सतारा (1848 ई.), सम्बलपुर (1850 ई.), उदयपुर (1852 ई.), नागपुर (1853 ई.) और झाँसी (1854 ई.) अंग्रेजों के हाथ में चली गईं।
- • 1856 ई. में कम्पनी ने अवध को भी अपने नियन्त्रण में ले लिया। इस बार अंग्रेजों ने एक नया तर्क दिया। उन्होंने कहा कि वे अवध की जनता को नवाब के कुशासन से आजाद कराने के लिए 'कर्त्तव्य से बँधे हुए हैं, इसलिए वे अवध पर कब्जा करने को मजबूर हैं।

## नए शासन की स्थापना

- गवर्नर-जनरल वॉरेन हेस्टिंग्स (1773-1785 ई.) उन बहुत सारे महत्त्वपूर्ण व्यक्तियों में से था, जिन्होंने कम्पनी की ताकत फैलाने में अहम भूमिका अदा की थी। वॉरेन हेस्टिंग्स के समय तक आते-आते कम्पनी न केवल बंगाल, बल्कि बम्बई और मद्रास में भी सत्ता प्राप्त कर चुकी थी।
- ब्रिटिश क्षेत्र मोटे तौर पर प्रशासकीय इकाइयों में बँटे हुए थे, जिन्हें प्रेसिडेन्सी कहा जाता था।
- उस समय तीन प्रेसिडेन्सी थीं बंगाल, मद्रास और बम्बई। हर एक का शासन गवर्नर के पास होता था।
- सबसे ऊपर गवर्नर-जनरल होता था। इनका विकास कलकत्ता, सूरत तथा मद्रास व्यापारिक केन्द्रों से हुआ था। वॉरेन हेस्टिंग्स ने कई प्रशासकीय सुधार किए।
- न्याय के क्षेत्र में उसके सुधार विशेष रूप से उल्लेखनीय थे। 1772 ई. से एक नई न्याय व्यवस्था स्थापित की गई।
- इस व्यवस्था में प्रावधान किया गया कि हर जिले में दो अदालतें होंगी फौजदारी अदालत और दीवानी अदालत।
- दीवानी अदालतों के मुखिया यूरोपीय जिला कलेक्टर होते थे। मौलवी और हिन्दू पण्डित उनके लिए भारतीय कानूनों की व्याख्या करते थे।
- अंग्रेजों के आने से पहले पुर्तगालियों ने भारत के पश्चिमी तट पर उपस्थिति दर्ज करा दी थी। वे गोवा में अपना ठिकाना बना चुके थे।
- पुर्तगाल के खोजी यात्री वास्को डी गामा ने ही 1498 ई. में पहली बार भारत तक पहुँचने के इस समुद्री मार्ग का पता लगाया था। पुर्तगालियों के द्वारा 'कैलिको' नाम से सूती कपड़े भारत से यूरोप ले जाया जाता था।

## प्रश्नमाला

**1. स्पेन निवासी कोलम्बस ने अमेरिका की खोज कब की?**

(a) 1492 ई. (b) 1498 ई.
(c) 1502 ई. (d) 1506 ई.

**2. व्यापारिक मार्ग की खोज में सम्पूर्ण यूरोप का नेतृत्व मुख्य रूप से निम्नलिखित में से किसने किया?**

(a) फ्रांसीसी
(b) डच
(c) ब्रिटिश
(d) पुर्तगाली और स्पेनिश

**3. भारत की खोज पुर्तगाल निवासी वास्कोडिगामा ने कब की?**

(a) 1494 ई. (b) 1498 ई.
(c) 1502 ई. (d) 1504 ई.

**4. वास्कोडिगामा निवासी था—**

(a) स्पेन (b) पुर्तगाल
(c) हॉलैण्ड (d) अमेरिका

**5. भारत में यूरोपीय क्रमशः आये—**

(A) पुर्तगाली (B) डच
(C) अंग्रेज (D) फ्रांसीसी

(a) A, C, B, D (b) D, C, B, A
(c) B, A, D, C (d) C, A, D, B

**6. महारानी एलिजाबेथ के एक चार्टर द्वारा 'ईस्ट इण्डिया कम्पनी' की स्थापना हुई—**

(a) 24 नवम्बर, 1600 ई.
(b) 31 दिसम्बर, 1600 ई.
(c) 26 जनवरी, 1600 ई.
(d) 28 फरवरी, 1600 ई.

**7. भारत में पहला अंग्रेजी कारखाना खुला—**

(a) अहमदाबाद (1600 ई.)
(b) सूरत (1602 ई.)
(c) सूरत (1613 ई.)
(d) सूरत (1601 ई.)

**8. अंग्रेजों ने दक्षिण भारत में सर्वप्रथम कहाँ फैक्ट्री स्थापित की?**

(a) त्रिचनापल्ली (b) मद्रास
(c) मछलीपट्टम (d) पॉण्डिचेरी

**9. सर्वप्रथम फ्रांसीसी कारखाना 1668 ई. में स्थापित हुआ—**

(a) सूरत में (b) मद्रास में
(c) पॉण्डिचेरी में (d) कलकत्ता में

**10. अंग्रेजों और फ्राँसीसियों के मध्य युद्ध में कर्नाटक किसके अधिकार क्षेत्र में था?**

(a) मराठों के
(b) दक्कन के निजाम के अधीनस्थ एक सूबा था, जिस पर अर्काट के नवाब का शासन था
(c) बंगाल के नवाबों के अधिकार में था
(d) वह स्वतन्त्र राज्य था

**11. तीसरे कर्नाटक युद्ध की कौन सी निर्णायक लड़ाई थी, जिसने अंग्रेजों के पक्ष में नक्शा बदल दिया?**

(a) माही की लड़ाई
(b) पॉण्डिचेरी की लड़ाई
(c) चन्द्रनगर की लड़ाई
(d) बाण्डीवाश की लड़ाई

**12. सूची-I को सूची-II से सुमेलित कीजिए और सूचियों के नीचे दिये गये कूटों में से सही उत्तर का चयन कीजिए—**

| सूची-I | सूची-II |
|---|---|
| A. डच | (1) गोवा |
| B. इंग्लिश | (2) पुलीकट |
| C. पुर्तगीज | (3) हुगली |
| D. फ्रेंच | (4) चिनसूरा |

कूट-

| | (A) | (B) | (C) | (D) |
|---|---|---|---|---|
| (a) | 3 | 4 | 1 | 2 |
| (b) | 1 | 3 | 2 | 4 |
| (c) | 2 | 3 | 1 | 4 |
| (d) | 2 | 1 | 4 | 3 |

**13. पहला मुगल सम्राट जो अंग्रेजों का पेंशनर बना—**
(a) शाहआलम द्वितीय
(b) आलमगीर द्वितीय
(c) मुहम्मदशाह
(d) अहमदशाह

**14. नादिरशाह के भारत पर आक्रमण करने का प्रमुख कारण था—**
(a) भारत की अपार सम्पदा
(b) धर्म प्रचार
(c) अपने सैनिकों के कत्ल का बदला
(d) विश्व विजय करना

**15. दो वक्तव्य दिए गए हैं। एक को कथन (A) तथा दूसरे को कारण (R) कहा गया है. इन पर विचार कीजिए।**
**कथन (A) : औरंगजेब ने अपने साम्राज्य का विस्तार दक्षिण में सुदूरतम सीमाओं से आगे बढ़ाने का प्रयास किया।**
**कारण (R) : इस प्रयास में मुगल साम्राज्य के धन-जन की अत्यधिक क्षति हुई।**
**दिए गए कूटों की सहायता से सही उत्तर का चयन कीजिए—**
(a) कथन A और R दोनों सत्य हैं तथा R, A की सही व्याख्या करता है
(b) A और R दोनों सत्य हैं, किन्तु R, A की सही व्याख्या नहीं करता
(c) A सही है और R गलत है
(d) A गलत है और R सही है

**16. सूची-I को सूची-II से सुमेलित कीजिए—**

| सूची-I (राज्य) | सूची-II (संस्थापक) |
|---|---|
| (A) हैदराबाद | 1. सादात खाँ |
| (B) रुहेलखण्ड | 2. दाऊद |
| (C) मैसूर | 3. निजाम-उल-मुल्क |
| (D) अवध | 4. हैदरअली |

**दिए गए कूटों की सहायता से सही उत्तर का चयन कीजिए—**
**कूट :**

| | (A) | (B) | (C) | (D) |
|---|---|---|---|---|
| (a) | 1 | 2 | 3 | 4 |
| (b) | 2 | 3 | 4 | 1 |
| (c) | 3 | 2 | 4 | 1 |
| (d) | 4 | 1 | 2 | 3 |

**17. मुगल बादशाह फर्रुखसियर ने किस सिख की हत्या करवा करवा दी ?**
(a) बंदा बहादुर (b) गोविन्द सिंह
(c) फतह सिंह (d) जोरावर सिंह

**18. 'खालसा पंथ' की स्थापना गुरु गोविन्द सिंह ने किस सन् में की ?**
(a) 1688 (b) 1689
(c) 1699 (d) 1690

**19. रणजीत सिंह का सम्बन्ध किस मिसल से था ?**
(a) फुलकिया (b) शहीदी
(c) रामगढ़िया (d) सुकरचकिया

**20. महादजी सिंधिया ने कहाँ शासन किया ?**
(a) ग्वालियर (b) इन्दौर
(c) बड़ौदा (d) नागपुर

**21. प्रथम कर्नाटक युद्ध यूरोप के किस युद्ध की भारत में प्रति ध्वनि थी ?**
(a) सप्तवर्षीय युद्ध
(b) तीस वर्षीय युद्ध
(c) गुलाबों का युद्ध
(d) आस्ट्रियन उत्तराधिकार युद्ध

**22. निम्नांकित में से किसने अंग्रेजों को बंगाल, बिहार और उड़ीसा की दीवानी के अधिकार प्रदान किए ?**
(a) शाह आलम II
(b) मीरजाफर
(c) मीरकासिम
(d) नज्मउद्दौला

**23. सन् 1751 में सिराजुदौला को पराजित किया था—**
(a) लॉर्ड कैनिंग ने
(b) लॉर्ड हेस्टिंग्स ने
(c) लॉर्ड क्लाइव ने
(d) लॉर्ड कार्नवालिस ने

**24. बक्सर के युद्ध में अवध का एक नवाब भी पराजित हुआ था, वह था—**
(a) अमीर उदौला (b) शुजाउदौला
(c) अमीनउदौला (d) वसीउदौला

**25. निम्न कथनों पर विचार कीजिए—**
**A. अवध का संस्थापक मुर्शिदकुली खाँ था।**
**B. बंगाल का संस्थापक आसफजहाँ था।**
**उपरोक्त कथनों में से कौन-सा/से कथन सत्य है/हैं ?**
(a) केवल A
(b) केवल B
(c) A और B दोनों
(d) न तो A और न ही B

**26. निम्न कथनों पर विचार कीजिए—**
**A. गुरु गोविन्द सिंह ने 1699 ई. में खालसा पन्थ की स्थापना की थी।**
**B. 18वीं शताब्दी में सिखों ने अपने-आपको पहले जत्थों में और बाद में मिस्लों में संगठित किया।**
**उपरोक्त कथनों में से कौन-सा/से कथन सत्य है/हैं ?**
(a) केवल A
(b) केवल B
(c) A और B दोनों
(d) न तो A और न ही B

**27. निम्न कथनों पर विचार कीजिए—**
**A. ईस्ट इण्डिया कम्पनी की स्थापना 1692 ई. में हुई थी।**
**B. वॉरेन हेस्टिंग्स 1785 ई. में इंग्लैण्ड वापस चला गया था।**
**उपरोक्त कथनों में से कौन-सा/से कथन सत्य है/हैं ?**
(a) केवल A
(b) केवल B
(c) A और B दोनों
(d) न तो A और न ही B

**28. ईस्ट इण्डिया कम्पनी ने 1651 ई. में बंगाल में हुगली नदी के किनारे फैक्टरी स्थापित की—**
(a) स्थानीय किसानों से नील खरीदकर उसे इंग्लैण्ड भेजने के लिए
(b) एक आधार (बेस) स्थापित करने के लिए जहाँ से फैक्टर अपना काम चला सकें
(c) इंग्लैण्ड को निर्यात करने हेतु सूती कपड़ों के उत्पादन के लिए
(d) मसालों को खरीदकर उन्हें इंग्लैण्ड भेजने के लिए

**29. निम्नलिखित मदों में से कौन-सी मद 'कैलिको' के नाम से जानी गई, जिसे पुर्तगाली भारत से यूरोप ले गए थे ?**
(a) मसाले
(b) फुटकर माल (पीस गुड्स)
(c) सूती कपड़े
(d) मस्लिन (मलमल)

**30. 18वीं सदी में किसके नेतृत्व में बंगाल धीरे-धीरे मुगल नियन्त्रण से अलग हो गया ?**
(a) नादिरशाह
(b) अलीवर्दी खान
(c) बुरहान-उल-मुल्क
(d) मुर्शिद कुली खान

**31. अठारहवीं शताब्दी के अन्तिम चरण में बम्बई. मद्रास और बंगाल प्रेसीडेन्सियों का विकास ईस्ट इण्डिया कम्पनी के किन व्यापारिक केन्द्रों से हुआ ?**
(a) सूरत, मदुरै, दिल्ली

(b) सूरत, मद्रास, कलकत्ता
(c) नागपुर, मदुरै, दिल्ली
(d) पुणे, मद्रास, कलकत्ता

**32. भारत में 1772 ई. में स्थापित की गई दीवानी अदालत के सम्बन्ध में A और B कथनों पर विचार कीजिए और सही उत्तर का चयन कीजिए।**

**A. यह एक फौजदारी अदालत थी।**

**B. यह यूरोपियन जिलाधीशों की अध्यक्षता में चलती थी।**

**कूट**

(a) A और B दोनों गलत हैं
(b) A सही है, B गलत है
(c) A गलत है, B सही हैं
(d) A और B दोनों सही हैं

**33. टीपू सुल्तान की राजधानी थी-**

(a) बेलुर
(b) द्वार समुद्र
(c) सेरिंगपट्टम
(d) श्रीरंगम (श्रीरंगपट्टनम्)

**34. भारत में ईस्ट इंडिया कंपनी की सफलता का राज था-**

(a) भारत में राष्ट्रीय भावना की कमी।
(b) कम्पनी की सेना को पश्चिमी प्रशिक्षण मिला था तथा उनके पास आधुनिक हथियार थे।
(c) भारतीय सैनिकों में राष्ट्रीय भावना का अभाव था जिसके फलस्वरूप कोई भी जो उन्हें अच्छा वेतन दे, अपनी सेवा में लगा सकता था।
(d) उपर्युक्त तीनों।

**35. भारत में ब्रिटिश साम्राज्य के अंतर्गत अवध को मिलाया गया था-**

(a) सहायक गठजोड़ की नीति द्वारा
(b) अतिक्रमण के सिद्धान्त के अंतर्गत
(c) कुशासित राज्य की घोषणा करके
(d) युद्ध के द्वारा

**36. कर्नाटक युद्ध किन-किन के मध्य लड़ा गया?**

(a) अंग्रेज व फ्रांसीसी
(b) अंग्रेज व डच
(c) अंग्रेज व मराठे
(d) हैदर अली व मराठे

**37. रणजीत सिंह किस मिसल से सम्बन्धित थे?**

(a) सुकरचकिया (b) संघावालिया
(c) अहलूवालिया (d) रामगढ़िया

**38. निम्न यूरोपीय शक्तियों ने भारतीय व्यापार में समय-समय पर प्रवेश किया—**

**1. अंग्रेज 2. डच**
**3. फ्रांसीसी 4. पुर्तगाली**

**निम्न कूट से उनके प्रवेश का सही तिथिक्रम निर्धारित कीजिए?**

(a) 1, 2, 3, 4
(b) 4, 2, 1, 3
(c) 3, 4, 2, 1
(d) 2, 3, 4, 1

**39. निम्नलिखित में से किसका सुमेलन नहीं है?**

(a) लॉर्ड कॉर्नवालिस स्थायी बन्दोबस्त
(b) लॉर्ड वेलेजली सहायक सन्धि
(c) लॉर्ड डलहौजी व्यपगत का सिद्धान्त
(d) लॉर्ड कैनिंग उच्चतम निष्क्रियता

**40. फ्रांसीसी दक्कन में शक्ति स्थापित करने में असफल रहे, क्योंकि?**

(a) डूप्ले सक्षम सेनापति नहीं था।
(b) अंग्रेजों की फौज अधिक शक्तिशाली थी।
(c) भारतीय लोग फ्रांसीसियों को पसंद नहीं करते थे।
(d) पाण्डिचेरी सामरिक केन्द्र नहीं था।

## उत्तरमाला

| | | | | | | | | | |
|---|---|---|---|---|---|---|---|---|---|
| **1.** (a) | **2.** (d) | **3.** (b) | **4.** (b) | **5.** (a) | **6.** (b) | **7.** (c) | **8.** (c) | **9.** (a) | **10.** (b) |
| **11.** (d) | **12.** (c) | **13.** (a) | **14.** (a) | **15.** (a) | **16.** (c) | **17.** (a) | **18.** (c) | **19.** (d) | **20.** (a) |
| **21.** (d) | **22.** (a) | **23.** (c) | **24.** (b) | **25.** (d) | **26.** (c) | **27.** (b) | **28.** (b) | **29.** (c) | **30.** (d) |
| **31.** (b) | **32.** (c) | **33.** (d) | **34.** (d) | **35.** (c) | **36.** (a) | **37.** (a) | **38.** (b) | **39.** (d) | **40.** (b) |

❑❑❑

# ग्रामीण जीवन और समाज

## भारतीय अर्थव्यवस्था पर ब्रिटिश प्रभाव

- **वारेन हेस्टिंग्स** ने **1772 ई.** में **द्वैध शासन** व्यवस्था को समाप्त कर भू-राजस्व की वसूली के लिए **फार्मिंग सिस्टम** (इजारेदारी प्रथा) की शुरुआत की।
- फार्मिंग सिस्टम के अंतर्गत राजस्व वसूली की जिम्मेदारी उसे दी जाती थी, जो सबसे अधिक बोली लगाता था।
- **क्लाइव** के समय भू-राजस्व का **वार्षिक बंदोबस्त** होता था, जिसे **हेस्टिंग्स** ने बढ़ाकर 5 वर्ष कर दिया था।
- कॉर्नवालिस ने गवर्नर जनरल बनने के बाद एक **10 साला बंदोबस्त** लागू किया, जिसे 1793 ई. में **स्थायी बंदोबस्त** (इस्तमरारी बंदोबस्त) में परिवर्तित कर दिया गया।
- **स्थायी बंदोबस्त** के अंतर्गत ब्रिटिश भारत का लगभग 19% हिस्सा आता था। यह व्यवस्था **बंगाल**, **बिहार**, **उड़ीसा**, **वाराणसी** तथा **उत्तरी कर्नाटक** के क्षेत्रों में लागू थी।
- स्थायी बंदोबस्त के अंतर्गत भू-राजस्व की वसूली का **अधिकार जमींदारों** को दिया गया था, जिनका हिस्सा वसूली का **1/10** या **1/11** होता था।
- **1792 ई.** में स्थापित **रैयतवाड़ी व्यवस्था** के जन्मदाता **थॉमस मुनरो** एवं **कैप्टन रीड** थे।
- सर्वप्रथम रैयतवाड़ी व्यवस्था को **तमिलनाडु** के **बारामहल** जिले में लागू किया गया।

| यूरोपियों की प्रथम फैक्ट्रियाँ | |
|---|---|
| पुर्तगाली | 1502 ई. (कोचीन-केरल) |
| डच | 1605 ई. (मसुलीपट्टनम-आंध्र प्रदेश) |
| अंग्रेज | 1611 ई. (मसुलीपटट्नम आंध्र प्रदेश) |
| डेनिश | 1620 ई. (ट्रावनकोर-तंजौर) |
| फ्रांसीसी | 1668 ई. (सूरत-गुजरात) |

- यह व्यवस्था **तमिलनाडु**, **मद्रास** (चेन्नई), **बम्बई**, **असम** तथा **कुर्ग** के कुछ हिस्सों में लागू की गई थी, जो कुल ब्रिटिश भारत का **51% हिस्सा** था।
- **रैयतवाड़ी व्यवस्था** में किसानों को अधिक लगान लिए जाने के विरुद्ध न्यायालय में ज़ाने की अनुमति नहीं थी।
- **महालवाड़ी व्यवस्था** ब्रिटिश भारत के कुल क्षेत्रफल के 30 प्रतिशत हिस्से पर लागू थी।
- **महालवाड़ी व्यवस्था** के अंतर्गत दक्कन के कुछ जिले, **उत्तर भारत** (संयुक्त प्रांत), **आगरा**, **अवध**, **मध्य प्रांत** तथा **पंजाब** के कुछ हिस्से शामिल थे।
- **महालवाड़ी व्यवस्था** का प्रस्ताव सर्वप्रथम **1819 ई.** में **हॉल्ट मैकेंजी** द्वारा लाया गया था।
- **औद्योगीकरण** एवं **धन की निकासी** संबंधी विचारों को सर्वप्रथम **दादाभाई नौरोजी** ने उद्घाटित किया।
- **ताराशंकर बंदोपाध्याय** के उपन्यास गणदेवता में जजमानी प्रथा का वर्णन है।
- **कवासजी नाना भाई** ने 1854 ई. में प्रथम **सूती मिल** की स्थापना **बम्बई** में की।
- **1855 ई.** में **जॉर्ज ऑकलैण्ड** द्वारा बंगाल के रिसंरा में **जूट मिल** स्थापित की गई।
- **1907** में **जमशेदजी टाटा** ने **टाटा आयरन एण्ड स्टील कम्पनी** की स्थापना की।
- जलविद्युत की शुरुआत **1898 ई.** में **दार्जिलिंग शहर** को रोशनी प्रदान करने के लिए की गई।
- **1924** ई. एकवर्थ कमेटी की अनुशंसा पर **रेल बजट** को **आम बजट** से अलग कर दिया गया और उसी वर्ष दो निजी कम्पनियों–**ईस्ट इण्डिया रेलवे** एवं **ग्रेट इंडियन पेनिन्सुलर रेलवे** की स्थापना हुई।

| यूरोपियों की भारत में प्रमुख बस्तियाँ | |
|---|---|
| **पुर्तगाली:** | गोवा, दीव, दमन, बसई सोल आदि पश्चिमी तटों पर तथा पूर्वी तट पर बम्बई, सैनथोम (मद्रास के निकट), हुगली (बंगाल) |
| **डच:** | मसुलीपट्टनम (1605 ई.) पुलीकट, (1610 ई.) सूरत (1616 ई.) कासिम बाजार, बड़ा बाजार, बड़ा नगर, पटना, बालासोर, नागपट्टम (1658 ई.) और कोचीन (1663 ई.) |
| **अंग्रेज:** | सूरत, आगरा, अहमदाबाद, भड़ौच, बम्बई, मद्रास, हरिहरपुर, बालासोर, हुगली, पटना, कासिम बाजार |
| **फ्रेंच:** | सूरत (1668 ई.), मसुलीपट्टनम (1669 ई.) पांडिचेरी, चन्द्रनगर |

## भारतीय नील की माँग

- नील का पौधा मुख्य रूप से उष्णकटिबन्धीय इलाकों में ही उगता है। 13वीं सदी तक इटली, फ्रांस और ब्रिटेन के कपड़ा उत्पादक कपड़े की रँगाई के लिए भारतीय नील का उपयोग कर रहे थे।
- 17वीं सदी तक आते-आते यूरोपीय कपड़ा उत्पादकों ने नील के आयात पर लगी पाबन्दी पर ढील देने के लिए अपनी सरकारों को राजी कर
- लिया। कैरीबियाई द्वीप समूह स्थित सेंट डॉमिंग्यू में फ्रांसीसी, ब्राजील में पुर्तगाली, जमैका में ब्रिटिश और वेनेजुएला में स्पैनिश लोग नील की खेती करने लगे। उत्तरी अमेरिका के भी बहुत सारे भागों में नील के बागान सामने आ गए थे।
- 18वीं शताब्दी के आखिर तक भारतीय नील की माँग और बढ़ गई। ब्रिटेन में औद्योगीकरण का युग शुरू हो चुका था और उसके कपास उत्पादन में भारी मात्रा में वृद्धि हुई।
- अब कपड़ों की रँगाई की माँग और तेजी से बढ़ने लगी। जब नील की माँग बढ़ी उसी दौरान वेस्टइण्डीज और अमेरिका से मिलने वाली आपूर्ति अनेक कारणों से बन्द हो गई।
- नील की खेती के दो मुख्य तरीके थे निज और रैयती।

- नील की खेती की व्यवस्था में बागान मालिक स्वयं अपनी जमीन में नील का उत्पादन करते थे, या तो वह जमीन खरीद लेते थे या दूसरे जमींदारों से जमीन भाड़े पर ले लेते थे और मजदूरों को काम पर लगाकर नील की खेती करवाते थे।
- जैसे-जैसे नील का व्यापार फैला, कम्पनी के अफसर और व्यावसायिक एजेण्ट नील के उत्पादन में पैसा लगाने लगे। समय बीतने के साथ कम्पनी के बहुत सारे अधिकारियों ने नील के अपने कारोबार पर ध्यान देने के लिए अपनी नौकरियाँ छोड़ दीं।
- भारी लाभ की उम्मीद में स्कॉटलैण्ड और इंग्लैण्ड के बहुत सारे लोग भारत आए और उन्होंने नील के बागान लगा लिए। जिनके पास नील की पैदावार के लिए पैसा नहीं था उन्हें कम्पनी और नए-नए बैंक कर्जा देने को तैयार रहते थे।.

## नील की खेती की समस्याएँ

- बागान मालिकों को नील की खेती का क्षेत्रफल फैलाने में कठिनाई आ रही थी।
- नील की खेती केवल उपजाऊ जमीन पर ही की जा सकती थी। इस प्रकार
- की जमीन लेने के प्रयास में उन्होंने किसानों को उनकी जमीनों से बेदखल
- करना प्रारम्भ किया। जिससे टकराव और तनाव पैदा हो जाता था।
- मजदूरों का इंतजाम करना भी आसान नहीं था। बड़े बागान के लिए बहुत सारे मजदूरों की आवश्यकता होती थी।
- मजदूरों की आवश्यकता भी सबसे अधिक उसी समय होती थी जब किसान धान की खेती में व्यस्त रहते थे।
- बड़े पैमाने पर नील की खेती के लिए बहुत सारे हल-बैलों की भी आवश्यकता थी। एक बीघा नील की खेती के लिए दो हल चाहिए होते थे।
- इसका तात्पर्य यह था कि यदि किसी बागान मालिक के पास एक हजार
- बीघा जमीन है, तो उसे दो हजार हलों की आवश्यकता पड़ती है।

## रैयतों की जमीन पर नील की खेती

- रैयती व्यवस्था के तहत बागान मालिक रैयतों के साथ एक अनुबन्ध करते थे। कई बार वे गाँव के मुखियाओं को भी रैयतों की तरफ से समझौता करने के लिए बाध्य कर देते थे।
- जो अनुबन्ध पर दस्तखत कर देते थे, उन्हें नील उगाने के लिए कम ब्याज दर पर बागान मालिकों से नकद कर्जा मिल जाता था।
- कर्जा लेने वाले रैयत को अपनी कम-से-कम 25% जमीन पर नील की खेती करनी होती थी।
- बागान मालिक बीज और उपकरण उपलब्ध कराते थे, जबकि मिट्टी को तैयार करने, बीज बोने और फसल की देखभाल करने का जिम्मा काश्तकारों के ऊपर रहता था।
- जब कटाई के बाद फसल बागान मालिक को सौंप दी जाती थी, तो रैयत को नया कर्जा मिल जाता था और वही चक्र दोबारा शुरू हो जाता था।
- उन्हें नील की जो कीमत मिलती थी, वह बहुत कम थी और कर्जों का सिलसिला कभी समाप्त ही नहीं होता था।
- समस्याएँ और भी थीं। बागान मालिक चाहते थे कि किसान अपने सबसे बढ़िया खेतों में ही नील की खेती करें, लेकिन नील के साथ परेशानी यह थी कि उसकी जड़ें बहुत गहरी होती थी और वह मिट्टी की सारी ताकत खींच लेती थीं।
- नील की कटाई के बाद वहाँ धान की खेती नहीं की जा सकती थी।

## नील विद्रोह और उसके बाद

- मार्च 1859 ई. में बंगाल के हजारों रैयतों ने नील की खेती से इनकार कर दिया। जैसे-जैसे विद्रोह फैला, रैयतों ने बागान मालिकों को लगान चुकाने से भी इनकार कर दिया।
- वे तलवार, भाले और तीर-कमान लेकर नील की फैक्ट्रियों पर हमला करने लगे। औरतें अपने बर्तन लेकर लड़ाई में कूद पड़ीं। बागान मालिकों के लिए काम करने वालों का सामाजिक बहिष्कार कर दिया गया।
- बागान मालिकों की तरफ से लगान वसूली के लिए आने वाले गुमाश्ता - एजेण्टों की पिटाई की गई। किसान नील की खेती करने के पक्षधर नहीं थे, परन्तु बल प्रयोग द्वारा उन्हें डराया धमकाया जाता था।
- इस बगावत के बाद बगानों में नील का उत्पादन धराशायी हो गया। इसके बाद बागान मालिक बिहार पर ध्यान देने लगे।
- 19वीं सदी के आखिर में कृत्रिम रंगों का निर्माण होने लगा था। इससे उनका व्यवसाय भी बुरी तरह से प्रभावित हुआ फिर भी, वे उत्पादन फैलाने में सफल रहे।
- जब महात्मा गाँधी दक्षिण अफ्रीका से लौटे तो बिहार के एक किसान ने उन्हें चम्पारण आकर नील किसानों की दुर्दशा को देखने का न्यौता दिया था।
- वर्ष 1917 में महात्मा गाँधी का यह दौरा बागान मालिकों के विरुद्ध चम्पारण आन्दोलन की शुरुआत थी।

## प्रश्नमाला

**1. अंग्रेजों की आर्थिक नीति के कारण निम्न प्रभाव हुए—**
(a) सम्पदा निष्कासन
(b) ब्रिटिश व्यापार बढ़ा
(c) भारतीय उद्योग धन्धे घटे
(d) उपर्युक्त सभी

**2. लॉर्ड क्लाइव ने लगान वसूली का कार्य किसे सौंपा ?**
(a) भारतीय पदाधिकारियों को
(b) गवर्नर को
(c) जमींदारों को
(d) सामंतों को

**3. स्थायी बन्दोबस्त व्यवस्था कब शुरू की ?**
(a) 1792 ई. में (b) 1793 ई. में
(c) 1791 ई. में (d) 1790 ई. में

**4. स्थायी बन्दोबस्त व्यवस्था किसने शुरू की ?**
(a) कार्नवालिस ने
(b) लॉर्ड क्लाइव ने
(c) होमर ने
(d) मैकाले ने

**5. जमींदारों को कहा जाता था—**
(a) रैयत
(b) किसानी रैयत
(c) सरकारी रैयत
(d) दीवानी रैयत

**6. रैयतवाड़ी प्रथा शुरू हुई थी—**
(a) दक्षिण-पश्चिम भारत में
(b) उत्तरी भारत में
(c) पूर्वी भारत में
(d) पश्चिमी भारत में

**7. भारत में समस्त भूमि का कितने प्रतिशत भाग स्थायी बन्दोबस्त के अधीन था ?**
(a) 20% (b) 10%
(c) 15% (d) 19%

**8. महालवाड़ी प्रथा के अधीन कितने प्रतिशत भूमि थी ?**
(a) 30% (b) 20%
(c) 25% (d) 35%

**9. रैयतवाड़ी की स्थापना कब हुई ?**
(a) 1872 ई. में (b) 1820 ई. में
(c) 1852 ई. में (d) 1854 ई. में

**10. रैयतवाड़ी व्यवस्था सर्वप्रथम कहाँ लागू की गई ?**
(a) बम्बई में (b) कलकत्ता में
(c) मद्रास में (d) बंगाल में

**11. स्थायी व्यवस्था के कारण भूमि के मूल्य में—**
(a) कमी आई
(b) वृद्धि हुई
(c) भाव अपरिवर्तित रहे
(d) इनमें से कोई नहीं

**12. रैयतवाड़ी के तहत कृषकों से सारा लगान कौन वसूलता था ?**
(a) जमींदार (b) ताल्लुकेदार
(c) सामंत (d) सरकार

**13. किन राष्ट्रवादियों ने अंग्रेजों के आर्थिक शोषण का नाम 'निकास सिद्धान्त' दिया था ?**
(a) महादेव रानाडे
(b) रमेशचन्द्र दत्त
(c) दादा भाई नौरोजी
(d) गोखले

**14. निम्न कथनों पर विचार कीजिए—**
**A. 1765 ई. में कम्पनी दीवान बन गई थी लेकिन अभी भी खुद को एक व्यापारी ही मानती थी।**
**B. कम्पनी भारी-भरकम लगान तो चाहती थीं लेकिन अभी उसके आकलन और वसूली की नियमित व्यवस्था करने में हिचकिचा रही थी।**
**उपरोक्त कथनों में से कौन-सा/से कथन सही है/हैं ?**
(a) केवल A
(b) केवल B
(c) A और B दोनों
(d) न तो A और न ही B

**15. निम्न कथनों पर विचार कीजिए—**
**A. रैयतवाड़ी व्यवस्था में राजस्व आकलन से पहले उनके खेतों का सावधानीपूर्वक और अलग से सर्वेक्षण किया जाना चाहिए।**
**B. मुनरो का मानना था कि अंग्रेजों को पिता की भाँति किसानों की रक्षा करनी चाहिए।**
**उपरोक्त कथनों में से कौन-सा/से असत्य है/हैं ?**
(a) केवल A
(b) केवल B
(c) A और B दोनों
(d) न तो A और न ही B

**16. नील विद्रोह के सम्बन्ध में निम्न में से कौन-सा कथन दिए गए अनुच्छेद के आधार पर गलत है ?**
(a) मार्च 1859 में बंगाल के रैयतों ने नील की खेती करने से इनकार कर दिया था
(b) रैयतों ने बागान मालिकों को लगान चुकाने से भी इनकार कर दिया।
(c) बागान मालिकों के लिए काम करने वालों का सामाजिक बहिष्कार कर दिया गया
(d) उपरोक्त में से कोई नहीं

**17. नील की खेती की दो मुख्य प्रणालियाँ थीं—**
(a) निज और रैयती
(b) खरीफ और रबी
(c) निज और सीढ़ीनुमा खेती
(d) निज और खेती

**18. ईस्ट इण्डिया कम्पनी के शासन के दौरान किस राजस्व बन्दोबस्त के अन्तर्गत राजस्व एकत्र करने और उसे कम्पनी को अदा करने की जिम्मेदारी गाँव के मुखिया को सौंपी गई ?**
(a) जमींदारी बन्दोबस्त
(b) स्थायी बन्दोबस्त
(c) रैयतवाड़ी बन्दोबस्त
(d) महालवाड़ी बन्दोबस्त

**19. निम्नलिखित कथनों के आधार पर सही विकल्प की पहचान कीजिए**
**अभिकथन (A) गुजरात और बंगाल में जब्त व्यवस्था प्रचलित थी।**
**कारण (R) यह व्यवस्था उन स्थानों पर लागू की गई थी जहाँ पर भूमि का निरीक्षण. और उसका लेखा-जोखा सावधानीपवूक रखा गया था।**
**सही विकल्प का चयन कीजिए।**
(a) (A) गलत है, लेकिन (R) सही है
(b) (A) और (R) दोनों सही हैं तथा (R), (A) की सही व्याख्या है
(c) (A) सही है, लेकिन (R) गलत है
(d) (A) और (R) दोनों सही हैं परन्तु (R), (A) की सही व्याख्या नहीं है

## उत्तरमाला

| | | | | | | | | | |
|---|---|---|---|---|---|---|---|---|---|
| **1.** (d) | **2.** (a) | **3.** (b) | **4.** (a) | **5.** (c) | **6.** (a) | **7.** (d) | **8.** (a) | **9.** (b) | **10.** (c) |
| **11.** (b) | **12.** (d) | **13.** (c) | **14.** (c) | **15.** (d) | **16.** (d) | **17.** (a) | **18.** (d) | **19.** (b) | |

❑❑❑

# 20 उपनिवेशवाद और आदिवासी समाज

- ब्रिटेन ने भारत को उपनिवेश बनाने के बाद अपना हित साधने के लिए समाज के प्रभावी वर्गों से सम्पर्क साधने का प्रयास किया और इस कार्य में उसे सफलता भी मिली, लेकिन उच्च वर्ग से सम्पर्क करने के बाद ये वर्ग अपना हित साधने में लग गए जिसका प्रत्यक्ष-अप्रत्यक्ष प्रभाव किसान, मजदूर एवं आदिवासी वर्ग पर पड़ा।
- अपने हितों की रक्षा करने के लिए इन वर्गों ने आन्दोलनों के द्वारा अपना तीव्र विरोध प्रकट किया। बिहार के छोटानागपुर क्षेत्र में कई जनजातीय समूह हैं- मुण्डा, सन्थाल, उराँव आदि इनमें से कुछ प्रमुख जनजातीय समूह हैं।
- इन लोगों ने बाहरी लोगों (अंग्रेज एवं अन्य क्षेत्रों से आए अंग्रेजों के नौकर, समर्थक, अधिकारी आदि), जिन्हें वे दीकु कहते थे।

## जनजातीय समूहों के लोगों का जीवन

- 19वीं सदी तक देश के विभिन्न भागों में आदिवासी तरह-तरह की गतिविधियों में सक्रिय थे। उनमें से कुछ समुदाय झूम की खेती करते थे। झूम की खेती को घुमन्तू खेती भी कहा जाता है।
- इस तरह की खेती अधिकांशत: जंगलों में छोटे-छोटे भूखण्डों पर की जाती थी। ये लोग जमीन तक धूप लाने के लिए पेड़ों के ऊपरी हिस्से को काट देते थे और जमीन पर उगी घास-फूस जल कर साफ कर देते थे।
- घुमन्तू किसान मुख्य रूप से पूर्वोत्तर और मध्य भारत की पर्वतीय व जंगली पट्टियों में ही रहते थे।
- इन आदिवासी समुदायों की जिन्दगी जंगलों में बेरोकटोक आवाजाही और फसल उगाने के लिए जमीन और जंगलों के उपयोग पर आधारित थी। वे केवल इसी तरीके से घुमन्तू खेती कर सकते थे।
- पंजाब के पहाड़ों में रहने वाले गुज्जर और आन्ध्र प्रदेश के लबाड़िया आदि समुदाय गाय-भैंस के झुण्ड पालते थे।
- कुल्लू के गद्‌दी समुदाय के लोग गडरिये थे और कश्मीर के बकरवाल बकरियाँ पालते थे। 19वीं सदी से पहले ही बहुत सारे जनजातीय कबीले एक जगह रुक कर खेती करने लगे थे। वे बार-बार जगह बदलने की बजाय साल-दर-साल एक ही जगह खेती करते थे।
- बहुत सारे समुदाय में छोटानागपुर के मुण्डाओं की तरह जमीन पूरे कबीले की सम्पत्ति होती थी। कुल के सभी सदस्यों को उन मूल निवासियों का वंशज माना जाता था जिन्होंने सबसे पहले आकर जमीन को साफ किया था।
- ब्रिटिश अफसरों को गोण्ड और सन्थाल जैसे एक जगह ठहर कर रहने वाले आदिवासी समूह शिकारी-संग्राहक या घुमन्तू खेती करने वालों के मुकाबले ज्यादा सभ्य दिखाई देते थे। जंगलों में रहने वालों को जंगली और बर्बर माना जाता था।

### औपनिवेशिक शासन का आदिवसियों के जीवन पर प्रभाव

- अंग्रेजों के आने से पहले बहुत सारे क्षेत्रों में आदिवासियों के मुखियाओं का महत्त्वपूर्ण स्थान होता था। उनके पास औरों से ज्यादा आर्थिक ताकत होती थी और वे अपने क्षेत्र पर नियन्त्रण रखते थे। कई जगह उनकी अपनी पुलिस होती थी और वे जमीन एवं वन प्रबन्धन के स्थानीय नियम स्वयं बनाते थे।
- ब्रिटिश शासन के तहत आदिवासियों मुखियों के कामकाज और अधिकार काफी बदल गए थे। उन्हें कई-कई गाँवों पर जमीन का मालिकाना हक तो मिल रहा था, लेकिन उनकी शासकीय शक्तियाँ छिन गई।
- अंग्रेज चाहते थे कि घुमन्तू आदिवासियों के समूह एक जगह स्थायी रूप से रहें और खेती करें। स्थायी रूप से एक जगह रहने वाले किसानों को नियन्त्रित करना आसान था। अंग्रेज अपने शासन के लिए आमदनी का नियमित स्रोत भी चाहते थे। फलस्वरूप उन्होंने जमीन के बारे में कुछ नियम लागू कर दिए। उन्होंने जमीन को मापकर प्रत्येक व्यक्ति का हिस्सा तय कर दिया।
- उन्होंने यह भी तय कर दिया कि किसे लगान देना होगा। कुछ किसानों को भू-स्वामी और दूसरों को पट्टेदार घोषित किया गया।

### वन कानून का आदिवासियों के जीवन पर प्रभाव

- आदिवासी समूहों का जीवन जंगलों से जुड़ा हुआ था। अत: वन कानूनों में आए बदलावों से आदिवासियों के जीवन पर भी भारी प्रभाव पड़ा। अंग्रेजों ने सारे जंगलों पर अपना नियन्त्रण स्थापित कर लिया था और जंगलों को राज्य की सम्पत्ति घोषित कर दिया था।
- कुछ जंगलों को आरक्षित वन घोषित कर दिया गया। ये ऐसे जंगल थे जहाँ अंग्रेजों की आवश्यकताओं के लिए इमारती लकड़ी पैदा होती थी। इन जंगलों में लोगों को स्वतन्त्र रूप से घूमने, झूम खेती करने, फल एकत्रित करने या पशुओं का शिकार करने की इजाजत नहीं थी।
- वर्ष 1906 में सोग्राम संगमा द्वारा असम में और क्षेत्रों वर्ष 1930 के दशक में मध्य प्रान्त में हुआ वन सत्याग्रह इसी तरह के विद्रोह थे। नोट वन अधिकार कानून 2006 अनुसूचित जनजातियों के अधिकारों को स्वीकारता है।

### व्यापार की समस्या

- 19वीं शताब्दी के दौरान जनजातीय समूहों ने पाया कि व्यापारी और महाजन जंगलों में जल्दी-जल्दी आने लगे हैं। वे वन उपज खरीदने, कर्जा देने और आदिवासियों को मजदूरी पर रखने के लिए आ रहे थे।
- 18वीं सदी में भारतीय रेशम की यूरोपीय बाजारों में भारी माँग थी। भारतीय रेशम की अच्छी गुणवत्ता सबको आकर्षित करती थी और भारत का निर्यात तेजी से बढ़ रहा था।
- जैसे-जैसे बाजार फैलता गया, वैसे-वैसे ईस्ट इण्डिया कम्पनी के अफसर इस माँग को पूरा करने के लिए रेशम उत्पादन पर बल देने लगे।
- वर्तमान झारखण्ड में स्थित हजारीबाग के आस-पास रहने वाले सन्थाल रेशम के कीड़े पालते थे।
- रेशम के व्यापारी अपने एजेण्टों को भेजकर आदिवासियों को कर्ज देते थे और उनके कृमिकोषों को एकत्रित कर लेते थे। एक हजार कृमिकोषों के लिए ₹ 3-4 मिलते थे।

- इसके बाद इन कृमिकोषों को बर्दवान या गया भेज दिया जाता था, जहाँ उन्हें पाँच गुना 'कीमत पर बेचा जाता था। निर्यातकों और रेशम उत्पादकों के बीच कड़ी का काम करने वाले बिचौलियों को जमकर लाभ होता था।

## जनजातीय समूहों के विद्रोह

- 19वीं और 20वीं शताब्दियों के दौरान देश के विभिन्न भागों में जनजातीय समूहों ने बदलते कानूनों, अपने व्यवहार पर लगी पाबन्दियों, नए करों और व्यापारियों व महाजनों द्वारा किए जा रहे शोषण के विरुद्ध कई बार बगावत की।
- 1831-32 ई. में कोल आदिवासियों ने और 1855 ई. में सन्थालों ने बगावत कर दी थी। मध्य भारत में वर्ष 1910 में बस्तर विद्रोह और वर्ष 1940 में महाराष्ट्र में वर्ली विद्रोह हुआ।
- छोटानागपुर के क्षेत्र में बिरसा मुण्डा जिस आन्दोलन का नेतृत्व कर रहे थे वह भी इसी तरह का विद्रोह था।
- काम की तलाश में घर से दूर जाने वाले आदिवासियों की दशा तो और भी खराब थी।
- 19वीं सदी के आखिर से ही चाय बागान फैलने लगे थे। खनन उद्योग भी एक महत्त्वपूर्ण उद्योग बन गया था।
- असम के चाय बागानों और झारखण्ड की कोयला खादानों में काम करने के लिए आदिवासियों को बड़ी संख्या में भर्ती किया गया।
- इन लोगों को ठेकेदारों के माध्यम से भर्ती किया जाता था। ये ठेकेदार न केवल उन्हें बहुत कम वेतन देते थे, बल्कि उन्हें वापस घर भी लौटने नहीं देते थे।

### बिरसा मुण्डा

- बिरसा का जन्म 1870 ई. के दशक के मध्य में हुआ। उनके पिता गरीब थे। बिरसा का बचपन भेड़-बकरियाँ चराते, बाँसुरी बजाते और स्थानीय अखाड़ों में नाचते-गाते बीता था।
- लड़कपन में ही बिरसा ने अतीत में हुए मुण्डा विद्रोहों की कहानियाँ सुन ली थीं। उन्होंने कई बार समुदाय के सरदारों (मुखियाओं) को विद्रोह का आह्वान करते देखा था।
- बिरसा के समुदाय के लोग ऐसे स्वर्ण युग की बात किया करते थे जब मुण्डा लोग दीकुओं के उत्पीड़न से पूरी तरह आजाद थे। सरदारों का कहना था कि एक बार फिर उनके समुदाय के परम्परागत अधिकार बहाल हो जाएँगे।
- बिरसा का आन्दोलन आदिवासी समाज को सुधारने का आन्दोलन था। उन्होंने मुण्डाओं से आह्वान किया कि वे शराब पीना छोड़ दें, गाँवों को साफ रखें और डायन व जादू-टोने में विश्वास न करें।
- बिरसा ने मिशनरियों और हिन्दू जमींदारों का भी लगातार विरोध किया। वह उन्हें बाहरी मानते थे जो मुण्डा जीवन शैली को नष्ट कर रहे थे।
- 1895 ई. में बिरसा ने अपने अनुयायियों से आह्वान किया कि वे अपने गौरवपूर्ण अतीत को पुनर्जीवित करने के लिए संकल्प लें।
- वह अतीत के एक ऐसे स्वर्ण युग सतयुग की चर्चा करते थे जब मुण्डा लोग अच्छा जीवन जीते थे, तटबन्ध बनाते थे, कुदरती झरनों को नियन्त्रित करते थे, पेड़ और बाग लगाते थे तथा पेट भरने के लिए खेती करते थे।
- अंग्रेजों को बिरसा आन्दोलन के राजनीतिक उद्देश्यों से बहुत ज्यादा परेशानी थी। यह आन्दोलन मिशनरियों, महाजनों, हिन्दू भू-स्वामियों और सरकार को बाहर निकालकर बिरसा के नेतृत्व में मुण्डा राज स्थापित करना चाहता था।
- अंग्रेजों की भू-नीतियाँ उनकी परम्परागत भूमि व्यवस्था को नष्ट कर रही थीं। जब आन्दोलन फैलने लगा तो अंग्रेजों ने सख्त कार्यवाही का फैसला लिया। उन्होंने 1895 ई. में बिरसा को गिरफ्तार किया और दंगे-फसाद के आरोप में दो साल की सजा सुनाई।
- 1897 ई. में जेल से लौटने के बाद बिरसा समर्थन जुटाते हुए गाँव-गाँव घूमने लगे। उन्होंने लोगों को उकसाने के लिए परम्परागत प्रतीकों और भाषा का उपयोग किया।
- वे आह्वान कर रहे थे कि उनके नेतृत्व में साम्राज्य की स्थापना के लिए 'रावणों' (दीकु और यूरोपियों) को तबाह कर दें। बिरसा के अनुयायी दीकु और यूरोपीय सत्ता के प्रतीकों को निशाना बनाने लगे।
- उन्होंने थाने और चर्चों पर हमले किए और महाजनों व जमींदारों की सम्पत्तियों पर धावा बोल दिया। सफेद झण्डा बिरसा राज का प्रतीक था।
- वर्ष 1900 में बिरसा की हैजे से मृत्यु हो गई और आन्दोलन ठण्डा पड़ गया। यह आन्दोलन दो मायनों में महत्त्वपूर्ण था। पहला, इसने
- औपनिवेशिक सरकार को ऐसे कानून लागू करने के लिए मजबूर किया जिनके द्वारा दीकु लोग आदिवासियों की जमीन पर आसानी से कब्जा न कर सकें।
- दूसरा, इसने एक बार फिर जता दिया कि अन्याय का विरोध करने और औपनिवेशिक शासन के विरुद्ध अपने गुस्से को अभिव्यक्त करने में आदिवासी सक्षम हैं।

## प्रश्नमाला

**1. लबाड़िया समुदाय के लोगों का निवास स्थान निम्न में से कहाँ है ?**
(a) राजस्थान में
(b) उत्तर प्रदेश में
(c) हरियाणा में
(d) आन्ध्र प्रदेश में

**2. निम्न कथनों पर विचार कीजिए—**
**A. अंग्रेज चाहते थे कि घुमन्तू आदिवासियों के समूह एक जगह स्थायी रूप से रहें और खेती करें।**
**B. अंग्रेजों को स्थायी रूप से एक जगह रहने वाले किसानों को नियन्त्रित करना आसान था।**
**उपरोक्त कथनों में से कौन-सा/से कथन सत्य है/हैं ?**
(a) केवल A
(b) केवल B
(c) A और B दोनों
(d) न तो A और न ही B

**3. निम्न कथनों पर विचार कीजिए—**
**A. बिरसा मुण्डा का जन्म 1870 ई. के दशक के मध्य में हुआ था।**
**B. बिरसा का आन्दोलन आदिवासी समाज को सुधारने का आन्दोलन था।**
**उपरोक्त कथनों में से कौन-सा/से कथन असत्य है/हैं ?**
(a) केवल A
(b) केवल B
(c) A और B दोनों
(d) न तो A और न ही B

**4. निम्न कथनों पर विचार कीजिए—**
**A. बहुत सारे आदिवासी समूहों ने औपनिवेशिक वन कानूनों का विरोध किया था।**
**B. वर्ष 1930 के दशक में मध्य प्रान्त में हुआ वन सत्याग्रह इसी तरह के विद्रोह थे।**
**उपरोक्त कथनों में से कौन सा/से कथन गलत है/हैं ?**
(a) केवल A
(b) केवल B
(c) A और B दोनों
(d) न तो A और न ही B

**5. ब्रिटिश शासन के अन्तर्गत स्थानान्तरीय कृषकों को कौन-सी समस्याओं का सामना करना पड़ा ?**

(a) उनके कृषि उत्पादन में गिरावट आई
(b) उनकी गतिविधियाँ प्रतिबन्धित हो गई थीं
(c) बेरोजगारी
(d) शोषण

**6. वन अधिकार कानून-2006 अपने शीर्षक में कौन-सी श्रेणी के अधिकारों को स्वीकारता है?**
(a) अति पिछड़ी जातियाँ
(b) अनुसूचित जनजातियाँ
(c) अनुसूचित जातियाँ
(d) आर्थिक रूप से पिछड़े वर्ग

**7. मुण्डा विद्रोह का नेता कौन था?**
(a) बिरसा (b) कान्हू
(c) तिलका मांझी (d) सिद्धू

**8. आनंदमठ उपन्यास की कथावस्तु आधारित है-**
(a) चुआर विद्रोह पर
(b) संन्यासी विद्रोह पर
(c) पालीगर विद्रोह पर
(d) तालुकदारों के विद्रोह पर

**9. सन् 1857 के बरेली विद्रोह का नेता कौन था?**
(a) खान बहादुर
(b) कुंवर सिंह
(c) मौलवी अहमद शाह
(d) विरजीस कादिर

**10. नील आन्दोलन का जमकर समर्थन करने वाले हिन्दू पैट्रियट के सम्पादक थे-**
(a) हेम चन्द्राकर
(b) हरीशचन्द्र मुखर्जी
(c) दीनबन्धु मित्र
(d) दिगम्बर विश्वास

**11. निम्नलिखित में से कौन फराजी विद्रोह का नेता था?**
(a) आगा मोहम्मद रजा
(b) दादू मियां
(c) शमशेर गाजी
(d) वजीर अली

**12. पागलपन्थी विद्रोह वस्तुतः एक विद्रोह था?**
(a) भीलों का (b) गारों का
(c) गोण्डों का (d) कोलियों का

**13. निम्नलिखित में से कौन-सा स्थान गढ़करी विद्रोह का केन्द्र था?**
(a) बिहार शरीफ
(b) कोल्हापुर
(c) सूरत
(d) सिलहट

## उत्तरमाला

**1.** (d) **2.** (c) **3.** (d) **4.** (d) **5.** (b) **6.** (b) **7.** (a) **8.** (b) **9.** (a) **10.** (b)
**11.** (b) **12.** (b) **13.** (b)

❑❑❑

# 21 1857 ई. का विद्रोह

- **1857 के विद्रोह** का तात्कालिक कारण **चर्बी लगे कारतूसों** का प्रयोग था यद्यपि इस विद्रोह के अन्य मुख्य कारण आर्थिक, सामाजिक, राजनीतिक एवं धार्मिक थे।
- **29 मार्च, 1857 ई.** को बैरकपुर में **34वीं नेटिव इन्फैन्ट्री** के एक सैनिक **मंगल पांडे** ने गाय एवं सूअर की चर्बी मिले कारतूसों को मुँह से काटने से स्पष्ट मना कर दिया और अंग्रेजी के खिलाफ विद्रोह का बिगुल फूँक दिया, फलस्वरूप उसे गिरफ्तार कर **8 अप्रैल, 1857 ई.** को फाँसी दे दी गई।
- **10 मई, 1857 ई.** के दिन मेरठ की पैदल टुकड़ी **20 N.I.** ने क्रांति की शुरुआत की।
- **11 मई, 1857** को प्रात: ही दिल्ली पहुँचकर दिल्ली पर अधिकार कर लिया गया।
- दिल्ली में विद्रोहियों को मुगल शासक **बहादुरशाह** ने **बख्त खाँ** के सहयोग से नेतृत्व प्रदान किया।

| 1857 विद्रोह का नाम |
|---|
| • **सर जॉन सीले**–सैनिक विद्रोह |
| • **वी.डी. सावरकर**–एक सुनियोजित राष्ट्रीय स्वतन्त्रता संग्राम |
| • **एस.एन. सेन**–स्वतन्त्रता संग्राम |
| • **आर.सी. मजूमदार**–न तो राष्ट्रीय था, न ही स्वतन्त्रता संग्राम |
| • **बेंजामिन डिजरायली**–एक राष्ट्रीय विद्रोह |

| सैनिक विप्लव और असैनिक विद्रोह का प्रसार (1857–58) | |
|---|---|
| 2 फरवरी, 1857 ई. | 19वीं स्थानीय पैदल सेना का बहरामपुर विप्लव। |
| 10 मई, 1857 ई. | मेरठ में सैनिकों का विप्लव। |
| 11–30 मई, 1857 ई. | दिल्ली, फिरोजपुर, बम्बई, अलीगढ़, इटावा, बुलन्दशहर, नसीराबाद, बरेली, मुरादाबाद आदि उत्तर प्रदेश के नगरों में विद्रोह का आरंभ। मुगल सम्राट को भारत का सम्राट घोषित किया जाना। |
| जून, 1857 ई. | ग्वालियर, भरतपुर, झांसी, इलाहाबाद, सुल्तानपुर, लखनऊ आदि में विप्लव। राजपूताना, मध्य भारत एवं बंगाल के कुछ भागों में असैनिक विद्रोह। |
| जुलाई, 1857 ई. | सागर; महू और स्यालकोट जैसे पंजाब के कुछ स्थानों पर विप्लव। |
| अगस्त, 1857 ई. | सागर एवं नर्मदा की घाटी में असैनिक विद्रोह। |
| सितम्बर, 1857 ई. | दिल्ली पर अंग्रेजों का अधिकार, मध्य भारत में विद्रोह। |
| अक्टूबर, 1857 ई. | कोटा राज्य में विद्रोह। |
| दिसम्बर, 1857 ई. | सर कोलिन कैम्पबेल द्वारा कानपुर को जीतना एवं तात्यां टोपे का भागना। |
| मार्च, 1858 ई. | लखनऊ पर अंग्रेजों का अधिकार। |
| अप्रैल, 1858 ई. | अंग्रेजों का झांसी पर अधिकार, बिहार में जगदीशपुर के कुँवर सिंह द्वारा विद्रोह। |
| मई, 1858 ई. | बरेली, जगदीशपुर, कालपी पर अंग्रेजों का अधिकार। रुहेलखंड में भारतीय विद्रोहियों के छापामार आक्रमण। |
| जुलाई से दिसम्बर 1858 ई. | सम्पूर्ण भारत में अंग्रेजी सत्ता पुन: स्थापित होना। |

- तात्यां टोपे, जिनका वास्तविक नाम **रामचन्द्र पांडुरंग** था। झांसी की पराजय के बाद नेपाल चले गए।
- **तात्यां टोपे** एक जमींदार मित्र के विश्वासघात के कारण पकड़े गए, जिनको 18 अप्रैल, 1859 को फाँसी दे दी गई।
- झाँसी की रानी लक्ष्मीबाई अंग्रेज **जनरल ह्यूरोज** से लड़ते हुए **17 जून, 1858** को वीरगति को प्राप्त हुई।
- 1857 की क्रांति के समय ब्रिटिश प्रधानमन्त्री **पामर्स्टन** था।
- विद्रोह से पूर्व **अजीमुल्लाह**, **नाना साहब** एवं **रंगाबापू सतारा** का पक्ष रखने लंदन गए थे।
- मौलवी अहमदुल्लाह ने अंग्रेजों के विरुद्ध **जिहाद का नारा** दिया था।
- 1857 ई. के क्रांति के स्थानीय विद्रोही नेताओं में प्रसिद्ध सतारा के **रंगा बापूजी गुप्ते**, हैदराबाद के **सोनाजी पंडित**, **रंगाराव पांगे**, मौलवी **सैय्यद अलाउद्दीन**, कर्नाटक के **भीमराव मुंडर्गी**, **छोटा सिंह**, **कोल्हापुर** के **अण्णाजी फड़नवीस**, **तात्यां मोतित**, मद्रास के **गुलाम गौस**, **सुल्तान बख्श**, चिंगलपुट के **अरणागिरि**, **कृष्णा**, कोयम्बटूर के **मुलबागल स्वामी**, केरल के **विजय कुदारत कुंजी मामा**, **मुल्ला सली कोनजी मरकार**, गोवा में **दीपूजी राणा**, गोलकुंडा क्षेत्र में **चिंताभूपति** और उसका भतीजा **संन्यासी भूपति** तथा असम में **दीवान मनीराम दत्त** थे।
- **जॉन लारेन्स** ने कहा था कि यदि विद्रोहियों में एक भी योग्य नेता होता तो हम सदा के लिए हार जाते।
- **वी.डी. सावरकर** ने अपनी पुस्तक में 1857 के विद्रोह को **"भारत का प्रथम स्वतन्त्रता संग्राम"** कहा।
- **आर.सी. मजूमदार** ने कहा कि **"यह न तो प्रथम, न ही राष्ट्रीय और न ही स्वतन्त्रता संग्राम था।"**
- **डॉ. एस.एन. सेन** ने 1857 के विद्रोह पर अपनी पुस्तक **'1857'** लिखी।

1857 ई. की क्रांति के महत्वपूर्ण केन्द्र

| केन्द्र | विद्रोह तिथि | भारतीय नायक | दमन तिथि | ब्रिटिश नायक |
|---|---|---|---|---|
| दिल्ली | 11–12 मई, 1857 ई. | बहादुरशाह जफर, बख्त खां (सैन्य नेतृत्व) | 21 सितम्बर, 1857 ई. | निकलसन एवं हडसन |
| कानपुर | 5 जून, 1857 ई. | नाना साहब, तात्यां टोपे (सैन्य नेतृत्व) | 6 सितंबर, 1857 ई. | कैम्पबेल |
| लखनऊ | 4 जून, 1857 ई. | बेगम हजरत महल, बिरजिस कादिर | मार्च, 1858 ई. | कैम्पबेल, हेनरी लारेन्स (मारा, गया) |
| झाँसी | जून, 1857 ई. | रानी लक्ष्मीबाई | 3 अप्रैल, 1858 ई. | जनरल ह्यूरोज |
| इलाहाबाद | 1857 ई. | लियाकत अली | 1858 ई. | कर्नल नील |
| जगदीशपुर | अगस्त, 1857 ई. | कुँवर सिंह, अमर सिंह | 1858 ई. | विलियम टेलर एवं विंसेट आयर |
| बरेली | 1857 ई. | खान बहादुर खाँ | 1858 ई. | हडसन |
| फैजाबाद | 1857 ई. | मौलवी अहमदउल्ला | 1858 ई. | कर्नल नील |
| फतेहपुर | 1857 ई. | अजीमुल्ला | 1858 ई. | जनरल रेनर्ड |

## प्रश्नमाला

**1. सन् 1857 की क्रांति के कारणों में तात्कालिक कारण था—**
(a) राजनीतिक असंतोष
(b) धार्मिक असंतोष
(c) सामाजिक असंतोष
(d) सैनिक असंतोष

**2. सन् 1857 का विद्रोह कहाँ से शुरू हुआ ?**
(a) मेरठ (b) कलकत्ता
(c) कानपुर (d) इलाहाबाद

**3. नाना साहब ने विद्रोह का नेतृत्व किया—**
(a) कानपुर में (b) इलाहाबाद में
(c) कलकत्ता में (d) मेरठ में

**4. निम्नलिखित में से कौन-सा सुमेलित नहीं है ?**
(a) नाना साहब — कैम्पबेल
(b) रानी लक्ष्मीबाई — जनरल ह्यूरोज
(c) बेगम हजरत महल — जनरल हैवलाक
(d) ताँत्या टोपे — जनरल नील

**5. बहादुर शाह जफर को गिरफ्तार करके कहाँ भेज दिया गया ?**
(a) नेपाल (b) भूटान
(c) रंगून (d) ब्रिटेन

**6. 1857 की क्रांति में निम्नलिखित में से किस वर्ग ने भाग नहीं लिया ?**
(a) जमींदार ने
(b) किसान ने
(c) कारीगर ने
(d) नया मध्यम वर्ग ने

**7. किस इतिहासकार ने 1857 के विद्रोह को "भारत का प्रथम स्वतन्त्रता संग्राम" कहा है ?**
(a) आर. सी. मजूमदार
(b) वी. डी. सावरकर
(c) एस. एन. सेन
(d) ताराचन्द

**8. निम्नलिखित में से किन समाचार-पत्रों ने स्वतन्त्रता संग्राम के काल में क्रांतिकारी आतंकवाद की वकालत की ?**
**1. संध्या 2. युगान्तर**
**3. काल**
**नीचे दिए गए कूटों से सही उत्तर का चयन कीजिए—**
**कूट :**
(a) 1 एवं 2 (b) 1 एवं 3
(c) 2 एवं 3 (d) 1, 2 एवं 3

**9. 1857 में सिपाहियों के विद्रोह के ठीक पश्चात् निम्नलिखित में से कौन-सी एक घटना हुई ?**
(a) संथाल विद्रोह
(b) कुकी बगावत
(c) बंगाल में नील क्षेत्रपालों के विरुद्ध किसान विप्लव
(d) सिविल सेवा में प्रवेश के लिए आयु-सीमा घटाने के विरुद्ध उत्तेजना

**10. सन् 1857 में बरेली में विद्रोह नेतृत्व किसने किया था ?**
(a) अमर सिंह
(b) लियाकत अली
(c) खान बहादुर खाँ
(d) नाना साहेब

**11. सुमेलित कीजिए—**

| सूची-I | सूची-II |
|---|---|
| **(A) नाना साहब** | **1. दिल्ली** |
| **(B) नवाब हमीद अली खाँ** | **2. कानपुर** |
| **(C) मौलवी अहमदुल्लाह** | **3. अवध** |
| **(D) मनीराम दीवान** | **4. असम** |

**कूट :**

| | (A) | (B) | (C) | (D) |
|---|---|---|---|---|
| (a) | 1 | 2 | 4 | 3 |
| (b) | 1 | 2 | 3 | 4 |
| (c) | 2 | 1 | 3 | 4 |
| (d) | 2 | 1 | 4 | 3 |

**12. वीर कुँवर सिंह ने अंग्रेजों के विरुद्ध अपनी अन्तिम लड़ाई कब लड़ी ?**
(a) अक्टूबर 1857
(b) दिसम्बर 1857
(c) फरवरी 1858
(d) अप्रैल 1858

**13. ब्रिटिश भारत के औपनिवेशिक इतिहास का महाविभाजक काल निम्न में से किसे कहा जाता है ?**
(a) 1757 ई. का प्लासी युद्ध
(b) 1857 ई. का विद्रोह
(c) 1764 ई. का बक्सर का युद्ध
(d) उपरोक्त में से कोई नहीं

**14. नवाबों की छिनती सत्ता के सन्दर्भ में निम्न में से कौन-सा/से कथन सत्य है/हैं ?**
(a) 18वीं सदी के मध्य से ही राजाओं और नवाबों की सत्ता छिनने लगी थी
(b) उनकी सेनाओं को भंग कर दिया गया था
(c) उनके राजस्व वसूली के अधिकार व क्षेत्र एक-एक करके छीने जा रहे थे
(d) उपरोक्त सभी

**15. निम्न में से कौन-सा युग्म गलत है ?**

| | केन्द्र | विद्रोह |
|---|---|---|
| (a) | दिल्ली | बहादुरशाह जफर |
| (b) | कानपुर | नाना साहब |
| (c) | बरेली | लियाकत अली |
| (d) | जगदीशपुर | कुँवर सिंह |

**16. निम्न कथनों पर विचार कीजिए—**
**A. ब्रिटिश संसद ने 1858 ई. में ईस्ट इण्डिया के सारे अधिकार ब्रिटिश साम्राज्य के हाथ में सौंप दिए थे।**

**B. 1858 ई. में भारत के गवर्नर-जनरल को वायसराय का ओहदा दिया गया था।**

**उपरोक्त कथनों में से कौन-सा/से कथन असत्य है/हैं ?**

(a) केवल A
(b) केवल B
(c) A और B दोनों
(d) न तो A और न ही B

**17. 1856 ई. में निम्नलिखित गवर्नर-जनरलों में से किसने यह निर्णय किया था कि बहादुरशाह जफर अन्तिम मुगल बादशाह होंगे और उनकी मृत्यु के बाद उनके किसी वंशज को बादशाह नहीं माना जाएगा ?**

(a) कैनिंग (b) कॉर्नवालिस
(c) डलहौजी (d) हेस्टिंग्स

**18. 1857 ई. के विद्रोह के तत्काल बाद ब्रिटिश सरकार की प्रशासनिक नीतियों में आए परिवर्तनों के सन्दर्भ में निम्नलिखित दो कथनों पर विचार कीजिए।**

**A. ब्रिटिश संसद ने 1858 ई. में एक नया कानून पारित किया और ईस्ट इण्डिया कम्पनी के सभी अधिकार ब्रिटिश साम्राज्य के हाथों में सौंप दिए।**

**B. यह तय किया गया कि सेना में भारतीय सिपाहियों का अनुपात बढ़ाया जाए तथा यूरोपीय सिपाहियों की संख्या को कम किया जाए।**

**सही विकल्प चुनिए।**

(a) A सही है, B गलत है
(b) A और B दोनों गलत हैं
(c) A गलत है, B सही है
(d) A और B दोनों सही हैं

**19. 1857 ई. के विद्रोह के बाद अंग्रेजों ने किस प्रकार भारत पर अपने नियन्त्रण को समेकित किया ?**

(a) तुष्टिकरण तथा सम्पत्ति अधिकारों की सुरक्षा करके
(b) ईस्ट इण्डिया कम्पनी के सभी अधिकार ब्रिटिश साम्राज्य के हाथ में सौंप कर ताकि भारतीय मामलों को ज्यादा बेहतर ढंग से सँभाला जा सके
(c) अवध, बिहार, मध्य भारत और दक्षिण भारत से ज्यादा सिपाहियों की भर्ती कर
(d) भूमिहीनों तथा किसानों की रक्षा के लिए नीतियाँ बनाकर

**20. ईस्ट इण्डिया कम्पनी की नीतियों का साधारण जनता/लोगों ने कैसे विरोध जताया— इस बात का अध्ययन करने के लिए निम्न में से कौन-सा एक द्वितीयक स्रोत का उदाहरण है ?**

(a) कम्पनी फौज में कार्यरत एक सिपाही का जीवनवृत्त
(b) विभिन्न सरकारी कार्यालयी शाखाओं में भेजने हेतु कम्पनी अधिकारों/प्रशासकों द्वारा तैयार किए गए नोट्स व रिपोर्ट्स
(c) मेरठ में 1857 ई. में हुए विद्रोह पर एक इतिहासकार का शोध-प्रबन्ध
(d) उस समय के एक ग्रामीण व्यक्ति द्वारा लिखी पुस्तक जिसमें उसने अपने आस-पास के लोगों के संवेगों का वर्णन किया हुआ है

**21. 1857 के विद्रोह के समय ब्रिटिश प्रधानमंत्री कौन था?**

(a) चर्चिल (b) पामर्स्टन
(c) एटली (d) ग्लेडस्टोन

**22. भारत की स्वतंत्रता की पहली लड़ाई ( 1857 ) से कौन-सा स्थान संबंधित नहीं है?**

(a) कलकत्ता से (b) दिल्ली से
(c) झांसी से (d) पटना से

**23. विचार कीजिए–**

**कथन (A):1857 में प्रथम स्वतंत्रता संग्राम ब्रिटिश सरकार से स्वतंत्रता प्राप्त करने में असफल रहा।**

**कारण (R): बहादुर शाह जफर के नेतृत्व को जन सहयोग नहीं मिला था और अधिकांश महत्त्वपूर्ण रियासतों के शासक उनका साथ देने में कतरा गए।**

**नीचे दिए गए कोड से सही उत्तर चुनिए-**

(a) दोनों (A) और (R) सत्य हैं और (R), (A) का सही स्पष्टीकरण है।
(b) दोनों (A) और (B) सत्य हैं परंतु (R), (A) का सही स्पष्टीकरण नहीं है।
(c) (A) सत्य है और परंतु (R) असत्य है।
(d) (A) असत्य है परंतु (R) सत्य है।

**24. वर्ष 1857 के विद्रोह से निम्न में से कौन सम्बन्धित नहीं था?**

(a) बेगम हजरत महल
(b) कुंवर सिंह
(c) उधम सिंह
(d) मौलवी अहमदुल्ला

**25. 1 नवम्बर, 1858 को महारानी विक्टोरिया का घोषणा-पत्र इलाहाबाद में पढ़कर सुनाया था-**

(a) लॉर्ड विलियम बेंटिक ने
(b) लॉर्ड कैनिंग ने
(c) लॉर्ड बर्नहम ने
(d) सर हरकोर्ट बटलर ने

## उत्तरमाला

| | | | | | | | | | |
|---|---|---|---|---|---|---|---|---|---|
| 1. (b) | 2. (a) | 3. (a) | 4. (d) | 5. (c) | 6. (d) | 7. (b) | 8. (d) | 9. (c) | 10. (c) |
| 11. (c) | 12. (d) | 13. (b) | 14. (d) | 15. (c) | 16. (d) | 17. (a) | 18. (a) | 19. (b) | 20. (c) |
| 21. (b) | 22. (d) | 23. (a) | 24. (c) | 25. (b) | | | | | |

❑❑❑

# 22 महिलाएँ एवं सुधार

- 11वीं शताब्दी के बाद से ही मुस्लिम शासकों के आक्रमणों एवं उनका वर्चस्व स्थापित होने के फलस्वरूप पूरे देश में प्राचीन भारतीय शिक्षा-पद्धति का ह्रास होने लगा एवं मुस्लिम शिक्षा-व्यवस्था प्रचलित हो गई।
- भारतीय समाज में स्त्रियों की दुर्दशा एवं पर्दा प्रथा जैसी बुराइयों के व्याप्त होने का कारण मध्यकाल में हुए इन विदेशी आक्रमणों को ही माना जाता है।
- इसके बाद से परिवार के सम्मान एवं सुरक्षा के दृष्टिकोण से हिन्दू स्त्रियाँ घरेलू कार्यों तक सीमित होने लगीं। इस काल के बाद से हुए स्त्री शिक्षा के अभाव के कुपरिणामस्वरूप भारतीय समाज अंधविश्वास के भव जाल में फँस गया।

## प्रारंभिक दिनों में महिलाओं की दशा

- हिन्दू समाज में जो कुरीतियाँ थीं, उनके कारण स्त्रियों की दुर्दशा हो गई थी। अनेक कुरीतियों; जैसे—सती-प्रथा, बाल-विवाह आदि का कुप्रभाव जीवन भर महिलाओं को झेलना पड़ता था। परिवार में पुत्री का जन्म होने पर शोक मनाया जाना आम बात थी। विधवाओं का जीवन अत्यन्त कष्टमय था।
- 18वीं शताब्दी तक भारतीय महिलाओं की स्थिति में पर्याप्त सुधार नहीं हुए। ब्रिटिश काल में पाश्चात्य शिक्षा-व्यवस्था की शुरुआत के बाद महिलाओं की शिक्षा के प्रयास शुरू हुए और इसके बाद इनकी स्थिति में धीरे-धीरे सुधार होने लगे।

### राजा राममोहन राय और सती-प्रथा का विरोध

- राजा राममोहन राय को 'भारतीय पुनर्जागरण का अग्रदूत' और 'आधुनिक भारत का जनक' कहा जाता है। राजा राममोहन राय प्रथम भारतीय थे, जिन्होंने भारतीय समाज में प्रचलित मध्ययुगीन बुराइयों के विरोध में आन्दोलन चलाया और जागृति के युग का सूत्रपात किया।
- राजा राममोहन राय ने 20 अगस्त, 1828 को ब्रह्म समाज की स्थापना की और भारतीय समाज में फैली विभिन्न बुराइयों का विरोध करना प्रारम्भ किया। राजा राममोहन राय के प्रयासों द्वारा ही लॉर्ड विलियम बैण्टिंक ने 1829 ई. में अधिनियम 17 पारित कर 'सती-प्रथा' पर रोक लगाई।
- राजा राममोहन राय आधुनिक शिक्षा के समर्थक थे। उन्होंने भारत में विज्ञान के प्रचार के लिए अंग्रेजी शिक्षा दिए जाने का समर्थन किया।
- ब्रह्म समाज द्वारा हिन्दू समाज में सुधार लाने, जाति-भेद, वर्ण-भेद आदि को समाप्त करने तथा विधवाओं की स्थिति में सुधार के लिए भी विशेष प्रयास किए गए। ब्रह्म समाज ने बाल-विवाह एवं बहु-विवाह को अनुचित एवं विधवा विवाह को उचित ठहराया।

### आत्माराम पाण्डुरंग एवं विधवा-विवाह

- ब्रह्म समाज के ही आधार पर 1867 ई. में महाराष्ट्र में प्रार्थना समाज की स्थापना हुई। इसके संस्थापक आत्माराम पाण्डुरंग थे।
- प्रार्थना समाज ने जाति-व्यवस्था का विरोध किया और अन्तर्जातीय विवाह, विधवा-विवाह, स्त्री-शिक्षा आदि पर अधिक बल दिया।
- आगे चलकर महादेव राणाडे, सर. आर. डी. भण्डारकर, सर नारायण चन्द्रवरकर इत्यादि महापुरुषों ने भी प्रार्थना समाज की सेवा की।
- 1861 ई. में महादेव गोविन्द राणाडे ने महाराष्ट्र में विधवा-विवाह के प्रचार के लिए 'विडो रिमैरिज एसोसिएशन' की स्थापना की।

### दयानन्द सरस्वती एवं समाज सुधार

- आधुनिक भारत में सामाजिक एवं धार्मिक पुनर्जागरण लाने में दयानन्द सरस्वती द्वारा 1875 ई. में स्थापित आर्य समाज की महत्त्वपूर्ण भूमिका रही है।
- वैदिक ग्रन्थों का अध्ययन कर दयानन्द सरस्वती ने निष्कर्ष निकाला कि हिन्दू धर्म में प्रचलित अनेक परम्पराएँ और प्रथाएँ हिन्दू धर्म की मूल भावना के विपरीत हैं।
- उनका विश्वास था कि वैदिक धर्म के प्रचार से ही समाज और देश का कल्याण हो सकता है।
- आर्य समाज में अन्धविश्वास, मूर्तिपूजा, हिंसात्मक यज्ञ, पर्दा प्रथा, बाल-विवाह, बहु-विवाह, छूआछूत आदि का घोर विरोध किया गया तथा विधवा विवाह, नारी शिक्षा आदि पर विशेष बल दिया।

### रामकृष्ण मिशन और स्त्री पुनरुद्धार

- रामकृष्ण मिशन की स्थापना स्वामी विवेकानन्द ने अपने गुरु रामकृष्ण परमहंस की स्मृति में की।
- रामकृष्ण मिशन ने स्त्रियों की स्थिति में सुधार के लिए प्रयास किए। इस मिशन ने स्त्रियों के महत्त्व को स्वीकारते हुए इनके सम्मान की बात की।

### ईश्वरचन्द्र विद्यासागर एवं नारी शिक्षा

- ईश्वरचन्द्र विद्यासागर ने महिलाओं की स्थिति में सुधार लाने के लिए अपना जीवन अर्पित कर दिया।
- उनके प्रयासों से कलकत्ता एवं अन्य स्थानों पर बालिका विद्यालयों की स्थापना हुई एवं बाल विवाह का विरोध किया।
- हिन्दू समाज में विधवाओं की दयनीय दशा में सुधार के लिए उन्होंने लोकमत तैयार किया। उन्हीं के प्रयासों से 1856 ई. में विधवा-पुनर्विवाह अधिनियम पारित हुआ। उन्होंने समाज को प्रेरित करने के लिए अपने इकलौते पुत्र का विवाह एक विधवा से ही किया।

### महिलाओं की स्थिति सुधारने में अन्य सुधारकों का योगदान

- बदरुद्दीन तैयब जी ने मुसलमानों में बाल-विवाह, बहु-विवाह, पर्दा प्रथा आदि कुरीतियों का विरोध किया एवं इन्हें दूर करने के प्रयास किए।
- ज्योतिराव गोविन्दराव फूले ने 1873 ई. में सत्यशोधक समाज की स्थापना की। इस संस्था ने बालिकाओं, विशेषकर उत्पीड़ित जातियों की बालिकाओं के बीच शिक्षा के प्रसार के लिए विशेष प्रयास किए।

- ज्योतिबा फूले ने 1854 ई. में बालिकाओं के लिए स्कूल की स्थापना की, जो भारत में लड़कियों का प्रथम स्कूल था।
- दक्षिण भारत के आन्ध्र प्रदेश में काण्डुकुरी वीरेशलिंगम ने स्त्री-शिक्षा तथा विधवा-पुनर्विवाह के लिए आन्दोलन चलाया।
- 19वीं सदी में मुमताज़ अली ने कुरान शरीफ की आयतों का हवाला देकर महिलाओं की शिक्षा के लिए तर्क दिया था।
- भोपाल की बेगमों ने अलीगढ़ में लड़कियों के लिए प्राथमिक स्कूल खोला था। बेगम 'रुकैया सखावत हुसैन' ने कलकत्ता और पटना में मुस्लिम
- लड़कियों के लिए स्कूल खोले थे। इसी प्रकार पण्डिता रमाबाई ने पूना में एक विधवा गृह की स्थापना की।
- पूना में घर पर ही रहकर शिक्षा प्राप्त करने वाली ताराबाई शिन्दे ने 'स्त्री पुरुष तुलना' नाम से एक किताब प्रकाशित की थी, जिसमें पुरुषों और महिलाओं के बीच मौजूद सामाजिक अन्तर की आलोचना की गई थी।
- 1880 के दशक तक आते-आते भारतीय महिलाएँ विश्वविद्यालय में प्रवेश लेने लगी थीं। उनमें से कुछ चिकित्सक और कुछ शिक्षिका बन गईं।
- बहुत सारी महिलाएँ लिखने लगीं और उन्होंने समाज में महिलाओं की स्थिति पर अपने आलोचनात्मक विचार प्रकाशित किए।
- संस्कृत की महान् विदुषी पण्डिता रमाबाई का मानना था कि हिन्दू धर्म महिलाओं का दमन करता है।
- उन्होंने पूना में एक विधवा गृह की स्थापना की, जहाँ ससुराल वालों के हाथों अत्याचार झेल रही महिलाओं को पनाह दी जाती थी।

## बाल विवाह कानून, 1929

- महिला संगठनों के विकास तथा इन मुद्दों पर हो रहे लेखन के कारण सुधारों के पक्ष में आवाज और मजबूत हुई। लोग बाल-विवाह जैसी परम्पराओं को चुनौती देने लगे।
- वर्ष 1929 में बाल-विवाह निषेध अधिनियम पारित किया गया। इस कानून के बारे में वैसी कड़वी बहसें और संघर्ष नहीं हुए जैसे पुराने सुधारवादी कानूनों के बारे में हुए थे।
- इस कानून के अनुसार 18 साल से कम आयु के लड़के और 16 साल से कम आयु की लड़की की शादी नहीं की जा सकती थी। बाद में यह आयु बढ़ाकर क्रमश: 21 साल व 18 साल कर दी गई थी।

## प्रश्नमाला

**1. 'भारतीय पुनर्जागरण' के जनक थे—**
(a) राजा राममोहन राय
(b) देवेन्द्रनाथ टैगोर
(c) विद्यासागर
(d) केशवचन्द्र सेन

**2. 1815 में कलकत्ता में राजा राममोहन राय ने किस सभा की स्थापना की ?**
(a) वेदांत कॉलेज (b) ब्रह्म समाज
(c) आत्मीय सभा (d) बालिका विद्यालय

**3. 1829 में सती-प्रथा निरोध अधिनियम पारित हुआ, किन्तु इसके पूर्व निम्नलिखित में से किसने सती-प्रथा को सामाजिक कुरीति बताते हुए पुस्तक लिखी थी ?**
(a) ईश्वरचन्द्र विद्यासागर
(b) दयानन्द सरस्वती
(c) राजा राममोहन राय
(d) केशवचन्द्र सेन

**4. सती-प्रथा के निषेध से समाज में इस सुधार की तीखी प्रतिक्रिया हुई। निम्नलिखित में से कौनसी प्रतिक्रिया इस सुधार का परिणाम थी ?**
(a) इसे धार्मिक परम्पराओं के विरुद्ध बताया गया
(b) सती-प्रथा निषेध के कारण समाज में अव्यवस्था फैल गयी
(c) लोगों ने कानून के विरोध में इसे जारी रखने का संकल्प दोहराया
(d) कतिपय रूढ़िवादियों ने सती-प्रथा को समाज की बुराई न मानते हुए इसके विरोध में प्रीवी कौंसिल में अपील की, किन्तु वहाँ से हार जाने के बाद शान्त हो गए

**5. ईश्वरचन्द्र विद्यासागर का समाज सुधार के क्षेत्र में सर्वाधिक महत्वपूर्ण कार्य था—**
(a) जाति प्रथा का विरोध किया
(b) स्त्री शिक्षा को बढ़ावा दिया
(c) विधवा पुनर्विवाह कानून बनवाया
(d) मूर्ति पूजा का विरोध किया

**6. बैथून स्कूल की स्थापना की थी—**
(a) राजा राममोहन राय
(b) दयानन्द सरस्वती
(c) ईश्वरचन्द विद्यासागर
(d) विवेकानन्द

**7. विडोरिमैरेज एसोसिएशन' की स्थापना की—**
(a) विष्णु शास्त्री पंडित
(b) गोपाल हरिदेशमुख
(c) आर. जी. भण्डारकर
(d) भास्कर पडुरंग

**8. 'विधवा विवाह उत्तेजक मंडल' की स्थापना की कब हुई थी।**
(a) 1865 ई. (b) 1912 ई.
(c) 1896 ई. (d) 1832 ई.

**9. दक्षिण भारत में आरम्भ के दौर में कंडुकरि विरशेलिंगम ने निम्नलिखित कार्य किया—**
**1. विरशेलिंगम दक्षिण में महिला शिक्षा के पक्ष में नहीं थे**
**2. विधवा पुनर्विवाह के पक्षधर थे**
**3. नारी शिक्षा तथा नारी स्वतन्त्रता के प्रबल पक्षधर थे**
**4. विरशेलिंगम आगामी पीढ़ी के लिए पिता तुल्य थे**
**दिए गए कूटों की सहायता से सही उत्तर का चयन कीजिए—**
(a) केवल 1 एवं 2
(b) 3 एवं 4
(c) 2, 3 एवं 4
(d) केवल 3

**10. 'मिरात-उल-अखबार' किसकी कृति है ?**
(a) राजा राममोहन राय की
(b) मुंशी प्रेमचन्द्र की
(c) सर सैयद अहमद खाँ
(d) शाह वली उल्ला की

**11. सर सैयद अहमद खाँ महिलाओं के लिए आधुनिक शिक्षा के विरोधी थे। निम्नलिखित में से कौन-सा दृष्टिकोण उनसे असम्बद्ध था—**
(a) महिलाएं कुशल माताएं एवं गृहिणियाँ बने
(b) वे महिलाओं में पर्दा प्रथा के पक्ष में थे
(c) वे बहुविवाह को तर्कसंगत मानते थे
(d) वे स्त्रियों को नौकरी कराने के पक्ष में थे

**12. भारतीय पुनर्जागरण का अग्रदूत और आधुनिक भारत का जनक निम्न में से किसे कहा जाता है ?**
(a) बाल गंगाधर तिलक
(b) दयानन्द सरस्वती
(c) विवेकानन्द
(d) राजा राममोहन राय

**13. ज्योतिराव फूले ने निम्न में से कब सत्य शोधक समाज की स्थापना की थी ?**
(a) 1876 ई. (b) 1863 ई.
(c) 1873 ई. (d) 1883 ई.

**14. भारत के राष्ट्रीय आन्दोलन के नेताओं द्वारा प्रयुक्त रणनीति से सम्बन्धित ऊपर दिए गए सारांश के आधार पर निम्नलिखित में से कौन-सा सबसे बेहतर निष्कर्ष निकाला जा सकता है ?**

(a) स्त्रियों और पुरुषों को 'लेन-देन' की नीति का अनुपालन करने के लिए प्रोत्साहित किया गया
(b) भारतीय महिलाएँ अपने भाषणों द्वारा अनेक लोगों को आन्दोलन में सम्मिलित कर सकती थीं
(c) राष्ट्रवादी नेताओं ने महिलाओं को उनके अधिकार दिलवाने के लिए समर्थन माँगा और वादा किया कि स्वतन्त्रता के बाद उन्हें वोट देने का अधिकार दिलवाएँगे
(d) स्त्रियों की भागीदारिता स्वतन्त्रता संघर्ष को और अधिक आकर्षक बनाएगी

**15. 19वीं सदी में निम्नलिखित में से किसने कुरान शरीफ की आयतों का हवाला देकर महिलाओं की शिक्षा के लिए तर्क दिया ?**

(a) रुकैया सखावत हुसैन
(b) मुमताज अली
(c) सैय्यद अहमद खाँ
(d) जियाउद्दीन बरनी

**16. राममोहन राय ने अपने लेखन में तर्क दिया और विश्वास उत्पन्न किया कि सती होने की अनुमति नहीं है, क्योंकि**

(a) महिलाएँ जो सती हुईं वो मृत्यु की कामना करती थीं
(b) अंग्रेज इसके खिलाफ/विरुद्ध थे
(c) प्राचीन ग्रन्थ, इसका समर्थन नहीं करते हैं
(d) प्राचीन ग्रन्थ जो संती- प्रथा का समर्थन करते हैं उनको फेंक देना चाहिए

**17. 1829 ई. में सती-प्रथा को प्रतिबन्धित करवाने में किसका योगदान था ?**

(a) राजा राममोहन रॉय
(b) स्वामी दयानन्द सरस्वती
(c) ज्योतिराव फुले
(d) ईश्वरचन्द्र विद्यासागर

**18. राजा राम मोहन राय ने निम्न में से किसका विरोध नहीं किया था?**

(a) बाल विवाह
(b) सती प्रथा
(c) पाश्चात्य शिक्षा
(d) विधवा विवाह

**19. उन्नीसवीं शताब्दी के दौरान होने वाले ''वहाबी आन्दोलन'' का मुख्य केंद्र था-**

(a) लाहौर (b) पटना
(c) अमृतसर (d) पुणे

**20. निम्न महापुरुषों में से कौन 'भारतीय जागृति' का जनक कहलाता है?**

(a) विवेकानन्द
(b) राजा राममोहन राय
(c) रवीन्द्रनाथ टैगोर
(d) दयानन्द सरस्वती

**21. सूची-I को सूची-II से सुमेलित कीजिए–**

| सूची-I | सूची-II |
|---|---|
| 1. प्रार्थना समाज | A. राजा राममोहन राय |
| 2. ब्रह्म समाज | B. विवेकानन्द |
| 3. आर्यसमाज | C. दयानन्द सरस्वती |
| 4. रामकृष्ण मिशन | D. रानाडे |
| | E. रामकृष्ण परमहंस |

(a) 1-A, 2-B, 3-C, 4-D
(b) 1-B, 2-E, 3-A, 4-C
(c) 1-D, 2-A, 3-C, 4-E
(d) 1-D, 2-A, 3-C, 4-B

**22. निम्नांकित समाज सुधार संगठनों में से किनकी स्थापना महाराष्ट्र में नहीं हुई थी?**

1. योग-क्षेम सभा
2. श्री नारायण परिपालन सभा
3. सरीन सभा

कूट :
(a) 1 तथा 2 (b) 1 तथा 3
(c) 2 तथा 3 (d) उपरोक्त सभी

## उत्तरमाला

| | | | | | | | | | |
|---|---|---|---|---|---|---|---|---|---|
| 1. (a) | 2. (c) | 3. (c) | 4. (d) | 5. (c) | 6. (c) | 7. (a) | 8. (a) | 9. (c) | 10. (a) |
| 11. (c) | 12. (d) | 13. (c) | 14. (c) | 15. (b) | 16. (c) | 17. (a) | 18. (c) | 19. (b) | 20. (b) |
| 21. (d) | 22. (d) | | | | | | | | |

❑❑❑

# 23 जाति व्यवस्था को चुनौती

## हिन्दु सुधार आन्दोलन

### ब्रह्म समाज

- ब्रह्म समाज की स्थापना 20 अगस्त, 1828 ई. को कलकत्ता में राजा राममोहन राय ने की थी। राजा राममोहन राय द्वारा ब्रह्म समाज स्थापित करने का मुख्य उद्देश्य हिन्दू समाज में फैली विभिन्न बुराइयों—सती प्रथा, जातिवाद, अस्पृश्यता एवं बहुविवाह आदि का उन्मूलन करना था।
- इन्हीं के प्रयासों से लॉर्ड विलियम बैंटिक ने 1829 ई. में एक कानून बनाकर सती प्रथा को प्रतिबन्धित कर दिया।
- राजा राममोहन राय ने भारतीय पत्रकारिता के लिए भी विशेष प्रयास किए थे, उन्हें पत्रकारिता का अग्रदूत कहा जाता है।
- राजा राममोहन राय ने स्त्रियों को सम्पत्ति में अधिकार देने एवं बहुपत्नी विवाह तथा बाल विवाह को रोकने हेतु भी विशेष प्रयास किए थे।
- 1830 ई. में राजा राममोहन राय, मुगल शासक अकबर द्वितीय के दूत बनकर तत्कालीन ब्रिटिश सम्राट विलियम चतुर्थ के दरबार में उपस्थित होने के लिए ब्रिटेन गए थे, जहाँ इनको अकबर द्वितीय की पेंशन राशि बढ़ाने का पक्ष ब्रिटिश सम्राट के सम्मुख रखना था।
- 27 सितम्बर, 1833 ई. को राजा राममोहन राय की ब्रिस्टल (इंग्लैण्ड) में मृत्यु हो गई थी।
- राजा राममोहन राय की मृत्यु के बाद आचार्य रामचन्द्र विद्या वागीश तथा द्वारिकानाथ टैगोर ने ब्रह्म समाज के कार्यों को आगे बढ़ाया। इससे पूर्व द्वारिकानाथ तत्त्वबोधिनी सभा के द्वारा सामाजिक सुधार कार्य कर रहे थे।
- 1858 ई. में केशवचन्द्र सेन द्वारा ब्रह्म समाज की सदस्यता ग्रहण करने पर उन्हें आचार्य बनाया गया।

### राजा राममोहन राय

- राजा राममोहन राय का जन्म 22 मई, 1774 ई. को हुगली (बंगाल) में हुआ था। इनकी शिक्षा पटना एवं बनारस में हुई थी। राजा राममोहन राय को अरबी, फारसी, संस्कृत, लैटिन, यूनानी, अंग्रेजी तथा हिब्रू आदि भाषाओं का अच्छा ज्ञान था, इन्होंने जॉन डिग्बी के दीवान के रूप में कम्पनी में कुछ समय तक कार्य किया था।
- राजा राममोहन राय को भारतीय पुनर्जागरण का अग्रदूत माना जाता है।
- सुभाषचन्द्र बोस ने राजा राममोहन राय को युगदूत कहा था। राजा राममोहन राय को राजा की उपाधि मुगल शासक अकबर द्वितीय ने दी थी।
- तुहफतुल मुवाहिद्दीन, गिफ्ट टू मोनोथीस्ट्स तथा प्रीसेप्ट्स ऑफ जीसस, राजा राममोहन राय द्वारा लिखित प्रमुख पुस्तकें हैं।
- बंगाली पत्रिका संवाद कौमुदी का सम्पादन राजा राममोहन राय ने किया था अपने मत का प्रचार करने हेतु राजा राममोहन राय ने 1814 ई. में आत्मीय सभा का गठन किया था।
- 1825 ई. में वेदान्त कॉलेज की स्थापना भी राजा राममोहन राय ने की थी। 1817 ई. में कलकत्ता में हिन्दू कॉलेज की स्थापना राजा राममोहन राय एवं डेविड हेयर ने की थी।
- इन्होंने 1822 ई. में फारसी भाषा में मिरात-उल-अखबार तथा अंग्रेजी में ब्रह्मानिकल मैगजीन का प्रकाशन किया।

### केशवचन्द्र सेन

- केशवचन्द्र सेन ने ब्रह्म समाज के विचारों को अपनी वाक्पटुता एवं उदारवादी दृष्टिकोण से फैलाया, परंतु अन्तर्जातीय विवाह को बढ़ावा देने के मुद्दे पर देवेन्द्रनाथ के साथ उनका वैचारिक मतभेद हो गया।
- फलत: 1865 ई. में देवेन्द्रनाथ के अनुयायियों ने आदि ब्रह्म समाज का गठन किया तथा देवेन्द्रनाथ के विचारों को आगे बढ़ाया, जबकि केशवचन्द्र सेन के नेतृत्व वाले ब्रह्म समाज को भारतीय ब्रह्म समाज कहा गया।
- केशवचन्द्र सेन ने सामाजिक सुधारों में गति लाने के लिए इण्डियन रिफॉर्म एसोसिएशन की स्थापना की तथा सरकार से अनुरोध करके ब्रह्म विवाह अधिनियम को कानूनी रूप देने के लिए राजी किया।
- 1878 ई. में आचार्य केशवचन्द्र सेन ने अपनी अल्पायु पुत्री का विवाह कूच विहार के राजा से कर दिया, जोकि ब्रह्म विवाह अधिनियम, 1872 का उल्लंघन था। अत: भारतीय ब्रह्म समाज में उनके प्रति असन्तोष पनपने लगा।
- केशवचन्द्र सेन के अनुयायियों ने भारतीय ब्रह्म समाज से पृथक् होकर साधारण ब्रह्म समाज का गठन किया, जिसका मुख्य उद्देश्य जाति प्रथा, मूर्तिपूजा का उन्मूलन तथा नारी मुक्ति को बढ़ावा देना था।
- आचार्य केशव के प्रयासों से ही मद्रास में वेद समाज और महाराष्ट्र में प्रार्थना समाज की स्थापना हुई। 1861 ई. में केशवचन्द्र सेन ने इण्डियन मिरर नामक पत्र का प्रकाशन किया था, जो अंग्रेजी का भारत में प्रकाशित होने वाला प्रथम दैनिक अखबार था।
- 'ब्रह्मवाद ही हिन्दुवाद है'—का नारा आदि ब्रह्म समाज ने दिया था। साधारण ब्रह्म समाज की रूपरेखा आनन्द मोहन बोस ने तैयार की थी तथा उन्हें ही उसका प्रथम अध्यक्ष बनाया गया। शिवनाथ शास्त्री, विपिनचन्द्र पाल, द्वारिकानाथ गांगुली तथा सुरेन्द्रनाथ बनर्जी साधारण ब्रह्म समाज के प्रमुख समर्थक थे।

### प्रार्थना समाज

- प्रार्थना समाज की स्थापना 1867 ई. में आत्माराम पाण्डुरंग ने बम्बई में केशवचन्द्र सेन की सहायता से की थी। महादेव गोविन्द रानाडे तथा पण्डिता रमाबाई ने प्रार्थना समाज को प्रसिद्धि दिलाने में महत्त्वपूर्ण भूमिका निभाई थी।

- प्रार्थना समाज के प्रमुख उद्देश्य जाति प्रथा का विरोध, अछूतों का उद्धार, बाल विवाह का प्रतिरोध तथा विधवा विवाह, स्त्री शिक्षा को बढ़ावा देना आदि थे।
- महादेव गोविन्द रानाडे को पश्चिम भारत में सांस्कृतिक पुनर्जागरण का अग्रदूत कहा जाता है।
- 1871 ई. में रानाडे ने सार्वजनिक समाज की स्थापना की। इन्हें अपनी प्रचण्ड मेधाशक्ति के कारण **महाराष्ट्र का सुकरात** भी कहा जाता था।
- महादेव गोविन्द रानाडे ने 1884 ई. में दक्कन एजुकेशनल सोसायटी तथा 1891 ई. में महाराष्ट्र में विडो रिमैरिज एसोसिएशन की स्थापना की थी।
- महिलाओं के कल्याण के लिए आर्य महिला समाज की स्थापना पण्डिता रमाबाई ने की थी। आर्य समाज के एक अन्य अनुयायी प्रो. डी के कर्वे ने पूना में विडो होम तथा वर्ष 1906 ई. में बम्बई में इण्डियन वूमेन्स यूनिवर्सिटी की स्थापना की थी।
- प्रार्थना समाज ने दलित जाति मण्डल, समाज सेवा लीग, आदि कल्याणकारी संगठनों की स्थापना की।
- आर जी भण्डारकर, अगरकर, गोपाल हरिदेशमुख, मालाबारी शिन्दे आदि प्रार्थना समाज से जुड़े थे।
- गोपाल हरिदेशमुख को लोकहितवादी के नाम से जाना जाता है।

## आर्य समाज

- आर्य समाज की स्थापना 1875 ई. में स्वामी दयानन्द सरस्वती ने **बम्बई** में की थी।
- 1877 ई. में इसका मुख्यालय लाहौर को बनाया गया था। आर्य समाज के 10 प्रमुख सिद्धान्त निर्धारित किए गए हैं, जो निम्नलिखित है :

  1. वेद ही ज्ञान के स्रोत हैं, इसलिए वेदों का अध्ययन आवश्यक है।
  2. वेदों के आधार पर मन्त्र पाठ करना।
  3. मूर्ति पूजा का खण्डन।
  4. जादू-टोने एवं अवतारवाद का विरोध।
  5. निराकार ईश्वर की सत्ता में विश्वास।
  6. कर्म, पुनर्जन्म एवं आत्मा के बारम्बार जन्म लेने पर विश्वास।
  7. स्त्रियों की शिक्षा को प्रोत्साहन।
  8. बाल विवाह एवं बहुविवाह का विरोध।
  9. विशेष परिस्थितियों में विधवा विवाह को स्वीकृति।
  10. संस्कृत एवं हिन्दी भाषा का प्रचार-प्रसार।

स्वामी दयानन्द सरस्वती ने जाति रहित एवं वर्ग रहित समाज, विदेशी दासता से मुक्ति एवं आर्य समाज की स्थापना के लिए महत्त्वपूर्ण कार्य किए।

- उन्होंने गौसेवा के लिए गौरक्षिणी सभा की स्थापना की थी तथा **गौकरुणानिधि** नामक पुस्तक की रचना भी की थी।
- आर्य समाज का प्रसार पंजाब, पश्चिमी उत्तर प्रदेश, राजस्थान तथा महाराष्ट्र में अधिक हुआ था। आर्य समाज के अन्य महत्त्वपूर्ण समर्थक-पण्डित गुरुदत्त, लाला लाजपतराय, स्वामी श्रद्धानन्द तथा महात्मा हंसराज आदि थे।
- दयानन्द सरस्वती ने हिन्दू धर्म छोड़कर अन्य धर्म अपनाने वालों के लिए शुद्धि आन्दोलन चलाया था।
- स्वामी दयानन्द सरस्वती ने अपने आर्य धर्म के प्रचार-प्रसार का कार्य सर्वप्रथम हरिद्वार से शुरू किया था तथा यही इन्होंने पाखण्ड-खण्डिनी पताका फहराई थी।
- 1893 ई. में आर्य समाज का विभाजन हो गया।
- लाला हंसराज ने 1886 ई. में दयानन्द एंग्लो-वैदिक कॉलेज (लाहौर) तथा स्वामी श्रद्धानन्द ने लेखराम आदि की सहायता से वर्ष 1902 ई. में गुरुकुल काँगड़ी विश्वविद्यालय हरिद्वार की स्थापना की थी। ये पाश्चात्य शिक्षा के विरोधी थे।

## स्वामी दयानन्द सरस्वती

- स्वामी दयानन्द सरस्वती का जन्म 1824 ई. में गुजरात के मौरवी नामक स्थान पर हुआ था। इनके बचपन का नाम मूलशंकर था।
- दण्डी स्वामी पूर्णानन्द से इन्होंने 24 वर्ष की अवस्था में संन्यास की दीक्षा ली थी। इन्होंने पुन: ''वेदों की ओर लौटो'' का नारा दिया था।
- सत्यार्थ प्रकाश पुस्तक की रचना दयानन्द सरस्वती ने की थी।
- उनकी अन्य प्रमुख पुस्तकें-पाखण्ड खण्डन, वेद भाष्य भूमिका ऋग्वेद भाष्य, अद्वैतमत का खण्डन, संस्कार विधि पंचमहायज्ञ विधि, वल्लभाचार्य मत का खण्डन आदि हैं।
- 1861 ई. में मथुरा के स्वामी विरजानन्द से इन्होंने वेदों की गहन शिक्षा प्राप्त की। इन्होंने ही सर्वप्रथम स्वराज स्वदेशी शब्द का प्रयोग किया था तथा हिन्दी को राष्ट्रभाषा के रूप में स्वीकार किया था।
- इनकी मृत्यु अजमेर में 30 अक्टूबर, 1883 ई. को हुई थी।
- स्वामी दयानन्द सरस्वती द्वारा किए गए परिवर्तनों एवं सुधारों के कारण ही इन्हें भारत का मार्टिन लूथर किंग कहा जाता है। वेलेंटाइन शिरोल ने आर्य समाज को भारतीय अशान्ति का जन्मदाता कहा है।

## रामकृष्ण मिशन

रामकृष्ण परमहंस (1837-1886 ई.) दक्षिणेश्वर काली मन्दिर के पुजारी थे। उनका प्रारम्भिक नाम **गदाधर भट्टाचार्य** था।

- शंकर वेदान्त से सम्बद्ध तोतापुरी ने उन्हें दीक्षित कर रामकृष्ण का नाम दिया। इनका मानना था कि सभी धर्मों का सार एक है और मानव की सेवा ही ईश्वर की सेवा है, क्योंकि मानव ईश्वर का ही मूर्तिमान रूप है। इनके विचारों का प्रचार इनके शिष्य विवेकानन्द ने किया।
- रामकृष्ण मिशन की स्थापना स्वामी विवेकानन्द ने 1897 ई. में बेल्लूर (कलकत्ता) में की थी। मिशन के दो मठ बारानगर (कलकत्ता) एवं मायावती (अल्मोड़ा) में स्थापित किए गए थे।
- इस मिशन की स्थापना स्वामी विवेकानन्द ने अपने गुरु रामकृष्ण परमहंस की शिक्षाओं के प्रचार-प्रसार के लिए की थी। रामकृष्ण मिशन ईसाई मिशनरी जैसी संस्थाओं पर आधारित था। इसका मुख्य कार्य सेवा था।
- इसके सिद्धान्त का आधार वेदान्त दर्शन था। विवेकानन्द ने रामकृष्ण के सम्मान में 1887 ई. में ही बेल्लूर मठ की स्थापना की थी। स्वामी विवेकानन्द का मुख्य ध्येय दरिद्र नारायण की सेवा करना तथा हिन्दू धर्म की वास्तविकता से लोगों का परिचय कराना था।
- उन्होंने पश्चिम में जाकर 1893 ई. में **शिकागो** (अमेरिका) के विश्व धर्म सम्मेलन में भाग लेकर हिन्दू धर्म की महत्ता प्रतिपादित की थी।
- स्वामी विवेकानन्द ने मनुष्य की सेवा को ही ईश्वर की सेवा बताया था।

## स्वामी विवेकानन्द

- स्वामी विवेकानन्द का मूल नाम **नरेन्द्रनाथ दत्त** था। महाराजा खेतड़ी के सुझाव पर नरेन्द्रनाथ दत्त ने अपना नाम स्वामी विवेकानन्द रखा था। 1893 ई. में शिकागो में हुई धर्म संसद में स्वामी विवेकानन्द ने हिन्दू धर्म से पाश्चात्य जगत को अवगत कराया।
- 1896 ई. में इन्होंने न्यूयॉर्क में वेदान्त सोसायटी का गठन किया था।
- वर्ष 1900 ई. में पेरिस में आयोजित द्वितीय विश्व धर्म सम्मेलन में भी स्वामी विवेकानन्द ने भाग लिया था।

- मारग्रेट नोबल (सिस्टर निवेदिता) उनकी शिष्या थी। स्वामी जी को 19वीं शताब्दी के नव **हिन्दू जागरण** का संस्थापक भी कहा जाता है।
- सुभाषचन्द्र बोस ने स्वामी विवेकानन्द को ''आधुनिक राष्ट्रीय आन्दोलन का आध्यात्मिक पिता'' कहा था।
- स्वामी विवेकानन्द ने प्रबुद्ध भारत (अंग्रेजी) एवं उद्बोधन (बंगाली) नामक पत्रिकाओं का प्रकाशन किया था। राजयोग, कर्मयोग एवं वेदान्त फिलॉसफी उनकी प्रसिद्ध पुस्तकें हैं।

## थियोसोफिकल सोसायटी

- थियोसोफिकल सोसायटी की स्थापना 1875 ई. में न्यूयॉर्क (अमेरिका) में मैडम हेलना ब्लावत्सकी तथा कर्नल हेनरी ऑल्काट ने की थी।
- भारत में इसका मुख्यालय 1882 ई. में अड्यार (मद्रास) में बनाया गया था।
- थियोसोफिकल सोसायटी को भारत में प्रचारित एवं प्रसारित करने में आयरिश महिला ऐनी बेसेण्ट (1847-1933 ई.) का विशेष योगदान था।
- थियोसोफिकल सोसायटी के प्रमुख उद्देश्य निम्नलिखित थे :
  1. धार्मिक भाईचारे को बढ़ावा देना।
  2. धर्म को आधार बनाकर समाज सेवा करना।
  3. प्राचीन धर्म की महत्ता को प्रतिपादित करना।
  4. पुनर्जन्म एवं कर्म की भावना को मानकर, ईश्वर की एकता में विश्वास करना।
  5. ईश्वर को आत्मिक हर्षोन्मान एवं अन्तर्ज्ञान द्वारा प्राप्त किया जा सकता है।

ऐनी बेसेंट ने भारत में होमरूल लीग की स्थापना वर्ष 1916 ई. में की थी। उन्होंने हिन्दू धर्म के प्रचार-प्रसार के लिए मद्रास में हिन्दू सम्मेलन का आयोजन किया।

- थियोसोफिकल सोसायटी एवं होमरूल लीग आन्दोलन ने भारत में सामाजिक सुधार, शिक्षा के विकास तथा राष्ट्रीय चेतना जगाने में विशेष भूमिका निभाई थी।

## ऐनी बेसेंट

- ऐनी बेसेंट ने 1898 ई. में बनारस में सेण्ट्रल हिन्दू कॉलेज की स्थापना की थी, जिसे 1916 ई. में मदन मोहन मालवीय जी ने बनारस हिन्दू विश्वविद्यालय के रूप में विकसित किया था।
- ऐनी बेसेंट ने 1893 ई. के **शिकागो विश्व धर्म सम्मेलन** में भाग लिया था।
- इनकी विचारधारा को दैव विज्ञान के नाम से भी जाना जाता था।
- ऐनी बेसेंट कांग्रेस के 33वें अधिवेशन (कलकत्ता, 1917 ई.) में प्रथम महिला अध्यक्षा बनी थीं।

## यंग बंगाल आन्दोलन

- यंग बंगाल आन्दोलन का प्रवर्तक **हेनरी विवियन डेरोजियो** (1809-31 ई.) था। इस आन्दोलन की शुरुआत 1826-31 ई. के मध्य बंगाल से हुई थी।
- इस आन्दोलन के प्रमुख उद्देश्य निम्नलिखित थे :
  1. सामाजिक चेतना का प्रसार करना।
  2. प्रेस की स्वतन्त्रता।
  3. उच्च सरकारी नौकरियों में भारतीयों की भागदारी बढ़ाना।
  4. नारी शिक्षा एवं नारी अधिकारों को प्रोत्साहन देना।
- एंग्लो-इण्डियन हेनरी विवियन डेरोजियो फ्रांस की क्रान्ति से बहुत प्रभावित थे, इन्होंने हिन्दू कॉलेज में 1826-31 ई. तक पढ़ाया।
- इन्होंने अपने छात्रों को विवेकपूर्ण ढंग से सोचने, स्वतन्त्रता, समानता एवं सत्य का आलम्बन करने की सलाह दी थी। डेरोजियो की कम उम्र में हैजे के कारण मृत्यु हो गई थी।
- डेरोजियो को सुरेन्द्रनाथ बनर्जी ने बंगाल में आधुनिक सभ्यता का अग्रदूत एवं अपनी जाति के पिता के रूप में मान्यता दी थी।
- इनके प्रमुख अनुयायी रामगोपाल घोष, कृष्ण मोहन बनर्जी तथा महेश चन्द्र घोष थे। हेनरी विवियन डेरोजियो के अनुयायियों को **डेरोजिया** के नाम से जाना जाता था।
- यंग बंगाल आन्दोलन ने बंगाल में नारी शिक्षा एवं नारियों के अधिकारों के प्रति चेतना फैलाने में महत्त्वपूर्ण योगदान दिया था।
- एकेडमिक एसोसिएशन एवं सोसायटी फॉर द एक्जीवीशन ऑफ जनरल नॉलेज की स्थापना हेनरी विवियन डेरोजियो ने की थी।
- एंग्लो-इण्डियन हिन्दू एसोसिएशन, बंगहित सभा एवं डिबेटिंग क्लब का गठन भी हेनरी विवियन डेरोजियो ने किया था।
- ईस्ट इण्डिया पत्र का सम्पादन हेनरी विवियन डेरोजियो ने किया था। डेरोजियो ने किया था।
- डेरोजियो को आधुनिक भारत का **प्रथम राष्ट्रवादी कवि** माना जाता है।

## मुस्लिम सुधारवादी आन्दोलन

### अलीगढ़ आन्दोलन

- अलीगढ़ आन्दोलन का प्रवर्तन **सर सैयद अहमद खाँ** ने किया था। इस आन्दोलन का मुख्य उद्देश्य मुसलमानों में पाश्चात्य शिक्षा एवं वैज्ञानिक सोच को बढ़ावा देना था।
- सर सैयद अहमद खाँ चाहते थे कि मुस्लिम वर्ग पाश्चात्य शिक्षा ग्रहण करके ही प्रशासन में अपना स्थान प्राप्त कर सकता है।
- इसके साथ ही सैयद अहमद खाँ ने इस्लाम में व्याप्त सामाजिक कुरीतियों के विरुद्ध भी आवाज उठाई।
- सर सैयद अहमद खाँ शुरुआत में हिन्दू-मुस्लिम एकता के हिमायती थे, परंतु अंग्रेजों की संरक्षणवादी नीति का अनुसरण करने के बाद वे मुस्लिम वर्ग के लिए कार्य करने लगे।
- अलीगढ़ आन्दोलन का भारतीय राष्ट्रीय कांग्रेस के मुकाबले अच्छी स्थिति में स्थापित करने के लिए तत्कालीन वायसराय **लॉर्ड नॉर्थब्रुक** ने दस हजार रुपये का व्यक्तिगत दान भी दिया था। यद्यपि यह आन्दोलन मुस्लिम वर्ग की भलाई के लिए शुरू हुआ था, परंतु शीघ्र ही यह राजनीतिक एवं प्रशासनिक उद्देश्य के लिए काम करने लगा।
- इस आन्दोलन से जुड़े अन्य प्रमुख व्यक्ति—चिराग अली, नजीर अहमद, अल्ताफ हुसैन आदि थे।

### सर सैयद अहमद खाँ

- सर सैयद अहमद खाँ का जन्म 1817 ई. में **दिल्ली** में हुआ था। 1857 ई. के विद्रोह के समय सर सैयद अहमद खाँ कम्पनी की न्यायिक सेवा में कार्य करते हुए राजभक्त बने रहे। सैयद अहमद खाँ ने पीरीमुरीदी तथा दास प्रथा को इस्लाम के विरुद्ध बताया था।
- 'तहजीब-उल-अखलाक' पत्रिका का प्रकाशन सर सैयद अहमद खाँ ने किया था। सर सैयद अहमद खाँ ने समकालीन वैज्ञानिक शान्ति के परिप्रेक्ष्य में कुरान पर टीका लिखी थी।
- 864 ई. में कलकत्ता में **साइंटिफिक सोसायटी** तथा 1875 ई. में अलीगढ़ में **मुस्लिम एंग्लो ओरिएण्टल कॉलेज** की स्थापना सर सैयद अहमद खाँ ने की थी।

- देशभक्त एसोसिएशन की स्थापना बनारस के राजा शिवप्रसाद के साथ सर सैयद अहमद खाँ ने की थी।

## अहमदिया आन्दोलन

- अहमदिया आन्दोलन की शुरुआत 1889 ई. में पंजाब के कादियान नामक स्थान पर **मिर्जा गुलाम अहमद** ने की थी।
- गुलाम अहमद ने हिन्दू देवता कृष्ण तथा ईसा मसीह का अवतार होने का दावा किया। इसने स्वयं को हजरत मुहम्मद की बराबरी में इस्लाम का मसीहा माना।
- इस आन्दोलन का प्रमुख उद्देश्य इस्लाम को मूल रूप में स्थापित करना तथा मुस्लिम वर्ग में आधुनिक वैज्ञानिक प्रगति को धार्मिक मान्यता देना था।
- अहमदिया आन्दोलन का हिन्दू एवं ईसाई धर्मों की मान्यताओं को मानने के कारण वैचारिक विरोध हुआ था।
- उन्होंने इस्लामी तलाक और बहुपत्नी विवाह के कानून का पोषण किया। यह एक उदारवादी आन्दोलन था, जिसने जेहाद का विरोध किया था।

## देवबन्द आन्दोलन

- 1867 ई. में उत्तर प्रदेश के सहारनपुर जिले के देवबन्द स्थान पर कुरान एवं हदीस की शिक्षाओं का प्रसार करने तथा विदेशियों के खिलाफ जेहाद का नारा देने के लिए एक इस्लामी मदरसे की स्थापना की गई थी।
- इस मदरसे की स्थापना में **मोहम्मद कासिम ननौतवी** एवं **रशीद अहमद गंगोही** का विशेष योगदान रहा था। देवबन्द आन्दोलन की शुरुआत इसी मदरसे से हुई थी।

  इस आन्दोलन के प्रमुख उद्देश्य निम्नलिखित थे–

  1. मुस्लिम सम्प्रदाय का नैतिक एवं धार्मिक पुनरुद्धार करना।
  2. अंग्रेजी शिक्षा एवं पाश्चात्य संस्कृति पर प्रतिबन्ध करना।
  3. मुस्लिम धर्म का प्रचार-प्रसार करने हेतु धार्मिक व्यक्तियों को तैयार करना।
- देवबन्द शाखा ने 1885 ई. में बनी भारतीय राष्ट्रीय कांग्रेस का समर्थन किया, किंतु 1888 ई. में देवबन्द के उलेमा ने सैयद अहमद खाँ की बनाई संयुक्त भारतीय देशभक्त सभा तथा मोहम्मडन एंग्लो ओरियण्टल एसोसिएशन के विरुद्ध फतवा जारी किया।
- महमूद उल हसन (1851-1920 ई.) ने देवबन्द शाखा के धार्मिक विचारों को राजनीतिक तथा बौद्धिक रंग देने का प्रयत्न किया।
- मिर्जा गुलाम अहमद ने अपने विचारों को 'बहराहीन-ए-अहमदिया' नामक पुस्तक में प्रस्तुत किया था। देवबन्द आन्दोलन से जुड़े प्रसिद्ध विद्वान् एवं लेखक शिबली नोमानी थे। इन्होंने वर्ष 1984 ई. में लखनऊ में नदवतल उलेमा तथा दारूल उलूम की स्थापना की थी।
- इस आन्दोलन से मौलाना अबुल कलाम आजाद जैसे नेता का उदय हुआ। इसके अन्य प्रमुख नेता महमूद-उल-हसन थे।

## पारसी सुधार आन्दोलन

- पारसियों की सामाजिक अवस्था का पुनरुद्धार करना और पारसी धर्म की पुनः प्राचीन शुद्धता को प्राप्त करने के लिए 1851 ई. में नौरोजी फरदोनजी, दादाभाई नौरोजी एवं एस. एस. बंगाली ने रहनुमाई मजदायसन सभा गठित की।
- नौरोजी फरदोन जी पहले अध्यक्ष तथा एस. एस बंगाली पहले सचिव थे। इस सभा ने अपने सन्देश को पारसियों तक पहुँचाने के लिए एक पत्रिका 'रास्त गोफ्तार' (सत्यवादी) चलाई।
- के. आर. कामा ने पारसियों में शिक्षा के प्रसार के सम्बन्ध में उल्लेखनीय कार्य किए।
- बी. एम. मालाबारी ने भी अपनी जाति की बहुत सेवा की। वर्ष 1910 ई. में एक जोरोस्ट्रियन सम्मेलन हुआ।

## सिक्खों में सुधार आन्दोलन

- सिखों के धर्म सुधार आन्दोलन के अग्रदूत दयालदास थे। उन्होंने सिखों में प्रचलित हिन्दू रीति-रिवाजों के विरुद्ध उपदेश दिए और मूर्तिपूजा का विरोध किया।
- उनके अनुयायी निरंकारी कहलाए। उनके पुत्र दरबारा सिंह ने निरंकारी आन्दोलन को पंजाब और उत्तर-पश्चिमी सीमा प्रान्त में बहुत प्रचारित किया।
- 1815 ई. में **रामसिंह** के नेतृत्व में नामधारियों का सिख सुधार आन्दोलन शुरू हुआ, जो धर्म और नैतिकता में सादगी के पक्षधर थे। वे भक्ति संगीत पर जोर देते ओर सफेद कपड़े पहनते थे, किंतु वे अंग्रेजों द्वारा पकड़ लिए गए और रंगून भेज दिए गए।
- पाश्चात्य शिक्षा के लाभों को सिख समाज तक पहुँचाने के लिए 1892 ई. में अमृतसर में खालसा कॉलेज की स्थापना की गई, जो आगे चलकर गुरुनानक विश्वविद्यालय बना।
- वर्ष 1920 ई. में गुरुद्वारों के महन्तों के खिलाफ अकाली आन्दोलन चला। वर्ष 1922 ई. में गुरुद्वारा प्रबन्धन एक्ट पारित किया गया।
- वर्ष 1925 ई. में इसे संशोधित कर शिरोमणि गुरुद्वारा प्रबन्धक कमेटी की स्थापना हुई।

## निम्न जातीय आन्दोलन

- 19वीं सदी में भारतीय समाज में पाश्चात्य शिक्षा के फलस्वरूप चेतना का संचार हुआ, जिससे भारतीय समाज में प्रचलित अवैज्ञानिक एवं अन्धविश्वासों से परिपूर्ण रीति-रिवाजों, प्रथाओं आदि के प्रति विरोध की भावना भी फैलने लगी।
- दक्षिण भारत में निम्नजातीय आन्दोलनों की शुरूआत सर्वप्रथम हुई। इस क्रम में पश्चिमी भारत में **ज्योतिराव गोविन्दराव फुले** (1827-90 ई.) ने निम्नजातियों के कल्याण के लिए सत्यशोधक समाज की स्थापना की।
- उन्होंने निम्न जातियों के लोगों, स्त्रियों आदि के कल्याण के लिए कार्य करते हुए 1876 ई. में पूना नगरपालिका की सदस्यता ग्रहण की 1888 ई. के बाद लोग उन्हें महात्मा कहने लगे।
- केरल में दलितों को मन्दिर में प्रवेश कराने के लिए नारायण गुरु (1854-1928 ई.) तथा 'श्री नारायण धर्म परिपालन योगक्षेम' संगठन ने **एझवा आन्दोलन** चलाया, जिसके परिणामस्वरूप दलितों को मन्दिरों में प्रवेश करने का अधिकार मिला।
- नारायण गुरु ने मानव के लिए एक धर्म, एक जाति तथा एक ईश्वर का नारा दिया।
- दक्षिण भारत में दलितों के उत्थान के लिए वर्ष 1917 ई. में श्री पी. त्यागराज तथा डॉ. टी. एम. नैयर ने ब्राह्मणों के विरोधस्वरूप दक्षिण भारतीय उदारवादी संघ की स्थापना की।
- इसमें रामास्वामी नायकर (1879-1973 ई.) ने नायकर जस्टिस पार्टी का गठन करके हिन्दू धर्म का तीव्र विरोध किया। उन्होंने हिन्दी भाषा एवं मूर्तिपूजा का विशेष विरोध किया। उनके अनुयायी उन्हें तन्ते (पिता) एवं पेरियार (महान् आत्मा) के नाम से पुकारते थे।
- नायकर के बाद इस आन्दोलन को नायकर को मित्र श्री सी. एन. अन्नादुरै (1909-69 ई.) ने आगे बढ़ाया। अन्ना ने इस दल का नाम बदलकर द्रविड़ संघ रखा तथा दलितों के उत्थान के लिए काम किया।
- औपनिवेशिक काल में दलितों के उत्थान के लिए सर्वाधिक प्रशंसनीय कार्य डॉ. भीमराव अम्बेडकर ने किए। उन्होंने बहिष्कृत हितकारिणी सभा, पूना समझौता आदि के द्वारा दलितों का उत्थान किया।
- डॉ. भीमराव अम्बेडकर ने बौद्ध धर्म अपनाकर जाति प्रथा को चुनौती पेश करते हुए हिन्दू धर्म में व्याप्त बुराइयों को मानने से इनकार किया था।
- 19वीं और 20वीं शताब्दी के मध्य निम्न जातियों के उत्थान के लिए विशेष प्रयास किए गए।

- गाँधीजी ने अछूतों के उत्थान हेतु कई कार्य किए। सर्वप्रथम इन्हें हरिजन नाम दिया तथा इनके कल्याण के लिए वर्ष 1932 ई. में गाँधीजी ने अखिल भारतीय अस्पृश्यता निवारण संघ की स्थापना की, जिसे वर्ष 1933 ई. में हरिजन सेवक संघ नाम दिया गया।
- वर्ष 1931 ई. में कांग्रेस के कराची अधिवेशन में पारित मूल अधिकारों के घोषणा-पत्र में जात-पात की जगह समानता की बात पहली बार की गई।

## प्रमुख सामाजिक सुधार

औपनिवेशिक काल में किए गए प्रमुख सामाजिक सुधार निम्नलिखित हैं :

### सती प्रथा

- पुर्तगाली वायसराय अल्बुकर्क ने 1510 ई. में गोवा में इस प्रथा को बन्द करवाया था।
- राजा राममोहन राय के प्रयासों से लॉर्ड विलियम बैंटिक ने 4 दिसम्बर, 1829 ई. को 17वें नियम के तहत बंगाल में सती प्रथा पर रोक लगा दी।
- 1830 ई. में मुम्बई एवं मद्रास सहित अन्य क्षेत्रों में भी सती प्रथा पर रोक लगा दी गई।

### बाल विवाह

- बाल विवाह के विरुद्ध सर्वप्रथम आवाज राजा राजमोहन राय ने उठाई थी, परंतु केशवचन्द्र सेन व बी. एम. मालाबारी के प्रयासों से सर्वप्रथम 1872 ई. में देसी बाल विवाह अधिनियम पारित हुआ था
- इस अधिनियम में 14 वर्ष से कम आयु की बालिकाओं तथा 18 वर्ष से कम आयु के बालकों के विवाह को प्रतिबन्धित किया गया।
- एस. एस. बंगाली के प्रयासों के फलस्वरूप 1891 ई. में ब्रिटिश सरकार ने एज ऑफ कन्सेण्ट एक्ट पारित किया, जिसमें 12 वर्ष से कम आयु की कन्याओं के विवाह पर रोक लगा दी गई।
- वर्ष 1930 ई. में बाल विवाह को रोकने के लिए शारदा अधिनियम पारित किया गया, जिसमें विवाह की आयु बालिकाओं के लिए 14 वर्ष तथा बालकों के लिए 18 वर्ष निर्धारित की गई।

### विधवा पुनर्विवाह

- विधवा पुनर्विवाह के क्षेत्र में सर्वाधिक योगदान कलकत्ता के संस्कृत कॉलेज के आचार्य **ईश्वरचन्द्र विद्यासागर** ने दिया।
- उन्होंने एक हजार हस्ताक्षरों से युक्त-पत्र, डलहौजी को भेजकर विधवा विवाह को कानूनी रूप देने का अनुरोध किया था।
- ईश्वरचन्द्र विद्यासागर के प्रयासों के फलस्वरूप ब्रिटिश सरकार (लॉर्ड कैनिंग) ने 1856 ई. में हिन्दू विधवा पुनर्विवाह अधिनियम 15 पारित किया, जिसमें विधवा पुनर्विवाह को कानूनी मान्यता दी गई।
- डी. के. कर्वे एवं वीरेसलिंगम पुन्तलु ने भी विधवा पुनर्विवाह के लिए कार्य किया।

### बाल हत्या प्रथा

- बाल हत्या की प्रथा राजपूतों एवं बंगाल में अधिक प्रचलित थी।
- इनमें बालिका शिशुओं को बेरहमी से मार दिया जाता था।
- 1795 ई. में बंगाल नियम 21 और 1804 ई. में नियम 3 के तहत इस कुप्रथा को रोकने के व्यापक प्रयास किए गए।

### दास प्रथा

- 1789 ई. में दासों के निर्यात को बन्द कर दिया गया।
- 1833 ई. के चार्टर एक्ट द्वारा ब्रिटिश सरकार ने दासता पर पूर्ण प्रतिबन्ध लगाया था तथा प्रतिबन्ध को 1843 ई. में सम्पूर्ण भारत पर लागू किया गया।
- 1860 ई. में दासता को भारतीय दण्ड संहिता के द्वारा अपराध घोषित कर दिया गया।

**प्रमुख सामाजिक-धार्मिक सुधार संगठनः एक दृष्टि में**

| संस्था | संस्थापक |
|---|---|
| आत्मीय सभा (बंगाल) | राजा राममोहन राय |
| परमहंस मण्डली (महाराष्ट्र) | दादोवा पाण्डुरंग |
| तत्त्वबोधिनी सभा (बंगाल) | देवेन्द्र नाथ टैगोर |
| साधारण ब्रह्म समाज (कलकत्ता) | विश्वनाथ शास्त्री |
| गुरुवायूर सत्याग्रह (केरल) | के. केलप्पन |
| ब्रह्म समाज ऑफ साउथ इण्डिया | श्री धरालू नायडू |
| धर्म सभा (कलकत्ता) | राधाकान्त देव (मद्रास) |
| पूना सेवा सदन (पूना) | श्रीमती रमाबाई रानाडे |
| दक्कन एजुकेशन सोसायटी (पूना) | जी. जी. अगरकर |
| सर्वेण्ट ऑफ इण्डिया सोसायटी (बम्बई) | गोपालकृष्ण गोखले |
| सोशल सर्विस लीग (बम्बई) | एम. जोशी |
| देव समाज (लाहौर) | शिवनारायण अग्निहोत्री |
| विधवा विवाह संघ (महाराष्ट्र) | विष्णु शास्त्री पण्डित |
| मानव धर्म सभा (गुजरात) | मेहताजी दुर्गादास मन्चाराम |
| राजमुन्द्र सामाजिक सुधार संगठन | वीरेसलिंगम |
| भारत धर्म महामण्डल | पण्डित दीनदयाल शर्मा |
| तरुण स्त्री सभा (कलकत्ता) | जे. ई. डी. बेटन |
| सेवा समिति (इलाहाबाद) | एच. एन. कुंजरू |
| नदवा-तल-उलेमा (लखनऊ) | मौलाना शिबली नोमानी, सैयद नजीर हुसैन |
| राधास्वामी सत्संग (आगरा) | शिवदयाल खत्री |
| अखिल भारतीय दलित वर्ग संघ | बी. आर. अम्बेडकर (तुलसी राम) |
| अखिल भारतीय हरिजन संघ | महात्मा गाँधी |

## प्रश्नमाला

**1. मध्य भारत में निम्न में से किसने सतनामी आन्दोलन की शुरुआत की थी?**

(a) हरिदास ठाकुर ने
(b) श्री नारायण गुरु ने
(c) घासीदास ने
(d) उपरोक्त में से कोई नहीं

**2. निम्न में से किसने सत्यशोधक समाज की स्थापना की थी?**

(a) विवेकानन्द ने
(b) आत्माराम पाण्डुरंग
(c) ज्योतिराव फुले ने
(d) राजा राममोहन राय ने

**3. निम्न कथनों पर विचार कीजिए—**

**A. 1820 के दशक में हेनरी लुई विवियन डेरोजियो हिन्दू कॉलेज, कलकत्ता में अध्यापक थे।**

**B. इनके द्वारा यंग बंगाल मूवमेन्ट का प्रारम्भ किया गया था।**

**उपरोक्त कथनों में से कौन-सा/से कथन सत्य हैं/हैं ?**

(a) केवल A

(b) केवल B

(c) A और B दोनों

(d) न तो A और न ही B

**4. ज्योतिराव फुले ने अपनी पुस्तक 'गुलामगिरी' को निम्नलिखित में से किन्हें समर्पित किया ?**

(a) उन भारतीयों को, जिन्होंने भारतीय स्वाधीनता संग्राम में भाग लिया

(b) उन भारतीय सैनिकों को जो द्वितीय विश्वयुद्ध में मारे गए थे

(c) उन अमेरिकियों को, जिन्होंने गुलामों को मुक्ति दिलाने के लिए अमेरिकी गृहयुद्ध में भाग लिया

(d) उन महिलाओं को, जिन्होंने ब्रिटेन में नारी मताधिकार आन्दोलन में भाग लिया

**5. ज्योतिराव फुले ने जाति-असमानता की आलोचना किसके द्वारा की .........**

(a) जाति-व्यवस्था के खण्डन हेतु धर्मग्रन्थों को पढ़ना और उनको उद्धत करना।

(b) पूर्व-सदियों में भक्ति और सूफी आन्दोलनों से प्रभावित होकर।

(c) सभी मनुष्यों की विज्ञान आधारित जैविक समानता के दावे को मानकर।

(d) यह तर्क देकर कि आर्य विदेशी थे और उन्होंने मूल निवासियों पर आधिपत्य स्थापित कर जाति-व्यवस्था लागू की।

**6. तमिलनाडु में पेरियार ने गैर ब्राह्मण आन्दोलन आरम्भ किया। इसने जाति-प्रथा को कई चुनौतियाँ दीं। निम्न कथनों पर विचार कीजिए और सही विकल्प चुनें।**

(a) उन्होंने "मानवता की एक जाति, एक धर्म, एक ईश्वर" का नारा दिया।

(b) उन्होंने स्वाभिमान आन्दोलन आरम्भ किया।

(c) उन्होंने मन्दिर-प्रवेश आन्दोलन आरम्भ किया।

(d) उन्होंने मद्रास में 1864 ई. में वेद समाज की स्थापना की।

**7. ब्रह्म समाज का सिद्धान्त आधारित है-**

(a) नास्तिकता पर

(b) अद्वैतवाद पर

(c) एक देववाद पर

(d) बहुदेववाद पर

**8. बाल विवाह प्रथा को नियंत्रित करने हेतु वर्ष 1872 के सिविल मैरिज एक्ट ने लड़कियों के विवाह की न्यूनतम उम्र निर्धारित की?**

(a) 14 वर्ष

(b) 16 वर्ष

(c) 18 वर्ष

(d) उपरोक्त में से कोई नहीं

**9. फारसी साप्ताहिक 'मिरातुल अखबार' को प्रकाशित करते थे?**

(a) लाला लाजपत राय

(b) राजा राममोहन राय

(c) सर सैयद अहमद खां

(d) मौलाना शिबली नोमानी

**10. दलित वर्णों का संघ स्थापित किया गया था-**

(a) डॉ. बी.आर. अम्बेडकर द्वारा

(b) बाबू जगजीवन राम द्वारा

(c) एन.एस. काजरोलकर द्वारा

(d) महात्मा ज्योतिबा फुले द्वारा

**11. राधा स्वामी सत्संग के संस्थापक कौन थे?**

(a) हरिदास स्वामी

(b) शिव दयाल साहब

(c) शिव नारायण अग्निहोत्री

(d) स्वामी श्रद्धानन्द

**12. ''देव समाज'' का संस्थापक निम्न में से कौन था?**

(a) वल्लभभाई पटेल

(b) दादाभाई नौरोजी

(c) शिव नारायण अग्निहोत्री

(d) रामकृष्ण परमहंस

**13. ब्रह्म समाज किस सिद्धान्त पर आधारित है?**

(a) ऐकेश्वरवाद

(b) बहुईश्वरवाद

(c) अनीश्वरवाद

(d) अद्वैतवाद

**14. 'स्वदेशवाहिनी' के सम्पादक थे-**

(a) सी. वी. रामन पिल्लै

(b) सी. एन. मुद्लियार

(c) के. रामकृष्ण पिल्लै

(d) सी. आर. रेड्डी

## उत्तरमाला

**1.** (c) **2.** (c) **3.** (c) **4.** (c) **5.** (d) **6.** (b) **7.** (c) **8.** (a) **9.** (b) **10.** (a)
**11.** (b) **12.** (c) **13.** (a) **14.** (c)

❑❑❑

# 24 राष्ट्रवादी आन्दोलन

## उदारवादी युग

- **1885–1905 ई.** तक भारतीय राष्ट्रीय आन्दोलन में कांग्रेस पर पूरी तरह से उदारवादियों का प्रभाव रहा, जिसके प्रमुख नेतृत्वकर्त्ता सुरेन्द्रनाथ बनर्जी, दादाभाई नौरोजी, फिरोजशाह मेहता, गोपालकृष्ण गोखले, महादेव रानाडे, मदनमोहन मालवीय इत्यादि थे।
- **उदारवादी क्रांति** में नहीं वरन् क्रमिक सुधारों में विश्वास रखते थे। इनकी मांगों में अवज्ञा तथा चुनौती का स्वर न होकर प्रार्थना का स्वर होता था।
- उदारवादी पाश्चात्य सभ्यता और विचारों से प्रभावित थे। वे ब्रिटेन से स्थायी संबंध की स्थापना भारत के हित में मानते थे।
- **उदारवादियों** के साधनों को **राजनैतिक भिक्षावृत्ति** की संज्ञा दी गई है।
- **लाला लाजपत राय** ने उदारवादी नेतृत्व को अवसरवादी आन्दोलन की संज्ञा दी।
- **उदारवादी नेता दादाभाई नौरोजी** को **ग्रैंड ओल्ड मैन ऑफ इण्डिया** कहा जाता था।
- **'धन के निष्कासन का सिद्धांत' दादाभाई नौरोजी** द्वारा 1867 में प्रस्तुत किया गया था।
- **रमेशचन्द्र दत्त** ने भारत के आर्थिक इतिहास पर प्रथम पुस्तक **इकनॉमिक हिस्ट्री ऑफ इण्डिया** लिखी।
- उदारवादी कांग्रेसी नेताओं ने **'प्रतिनिधित्व के बिना कर नहीं'** का नारा दिया।
- **उदारवादियों** के प्रयास से ही **1892 ई.** का एक्ट पारित हुआ।
- उदारवादी नीतियों में परिवर्तन के बाद कांग्रेस ने औपनिवेशिक स्वराज्य तथा स्वाधीनता को अपना लक्ष्य घोषित किया।

## उग्रवादी युग

- **1906 ई.** के बाद भारतीय राजनीति में कांग्रेस के भीतर उग्रवादी (क्रांतिकारी) दल का उदय हुआ, जिसके प्रमुख नेता **लाला लाजपत राय, बाल गंगाधर तिलक, विपिनचन्द्र पाल** एवं **अरविन्द घोष** थे।
- **तिलक** का वक्तव्य था, **"स्वराज्य मेरा जन्मसिद्ध अधिकार है और मैं इसे लेकर रहूँगा।"**
- भारत में क्रांतिकारी गतिविधियों की शुरुआत 1897 ई. में महाराष्ट्र से मानी जाती है।
- भारत में **आर्य बान्धव समिति** नामक क्रांतिकारी संस्था **तिलक** की प्रेरणा से स्थापित की गई थी।
- **तिलक** द्वारा **1893 ई.** में **गणपति त्यौहार** तथा **1895 ई.** में **शिवाजी उत्सव** की घोषणा की गई।
- **1897 ई.** में **चापेकर बंधुओं** द्वारा पूना में दो अधिकारियों **रैण्ड** तथा **एमहर्स्ट** की हत्या कर दी गई।
- **वी.डी. सावरकर** द्वारा 1904 ई. में नासिक में स्थापित **मित्रमेला नामक संस्था** ने ही **अभिनव भारत समाज** के रूप में प्रसिद्धि पाई।
- **1905 ई.** में **श्यामजी कृष्ण वर्मा** ने लंदन में **भारत स्वशासन समिति** का गठन किया, जिसे प्राय: **इण्डिया हाउस** की संज्ञा दी जाती थी। वी. डी. सावरकर, हरदयाल और मदनलाल ढींगरा इस क्रांतिकारी संगठन के सदस्य बन गए।
- **1909 ई.** में **मदनलाल ढींगरा** ने **कर्नल विलियम कर्जन वाइली**, जो इण्डिया ऑफिस में राजनीतिक सलाहकार थे, की गोली मार कर हत्या कर दी थी।
- लॉर्ड कर्जन ने 19 जुलाई, 1905 को बंगाल विभाजन के निर्णय की घोषणा की, जिसके परिणामस्वरूप 7 अगस्त, 1905 को कलकत्ता के टाउन हॉल में स्वदेशी आंदोलन की घोषणा की गई।
- 16 अक्टूबर, 1905 को बंगाल विभाजन की घोषणा प्रभावी हो गई। यह दिन पूरे बंगाल में **राखी दिवस** के रूप में मनाया गया। साथ ही इसी दिन से भारतीयों का ब्रिटिश सरकार के विरुद्ध प्रथम सुनियोजित जन-आंदोलन प्रारंभ हुआ।

### स्वदेशी आंदोलन

- **1905 ई.** में ही कांग्रेस के **बनारस अधिवेशन** में **स्वदेशी** और **बहिष्कार आंदोलन** का अनुमोदन किया गया।
- स्वदेशी आंदोलन को आगे बढ़ाने के लिए **अश्विनी कुमार दत्त** ने **बारिसाल** में **स्वदेश बांधव समिति** की स्थापना की।
- स्वदेशी आंदोलन के दौरान **कृष्ण कुमार मिश्रा** ने **एंटी सर्कुलर सोसाइटी** की स्थापना की थी।
- **स्वदेशी आंदोलन** के दौरान विदेशी वस्तुओं के बहिष्कार का सुझाव सबसे पहले **कृष्ण कुमार मित्र** ने अपने **पत्र संजीवनी** में दिया था।
- **स्वदेशी आन्दोलन** के दौरान स्वदेशी प्रतिज्ञाओं की पद्धति को मंदिर में प्रयोग करने वाले सुरेन्द्रनाथ बनर्जी पहले व्यक्ति थे।
- स्वदेशी आंदोलन को पंजाब क्षेत्र में लाला लाजपत राय तथा अजीत सिंह ने मजबूती दी। सैय्यद हैदर रजा ने इसे दिल्ली में मजबूती प्रदान की।
- अजीत सिंह ने लाहौर में 'अन्जुमने-मोहिब्बाने वतन' नामक एक संस्था की स्थापना की एवं 'भारत माता' नाम से अखबार निकाला था।
- लाला लाजपत राय एवं अजीत सिंह को मांडले जेल भेज दिया गया।
- स्वदेशी आन्दोलन के दौरान शांति निकेतन की तर्ज पर 'बंगाल नेशनल कॉलेज' की स्थापना की गई। इसके पहले आचार्य अरविंद घोष थे।
- 15 अगस्त, 1906 को राष्ट्रीय शिक्षा परिषद् की स्थापना की गई।
- गुरुदास बनर्जी ने बंगाल में राष्ट्रीय शिक्षा की स्थापना की।
- ब्रिटिश सरकार ने स्वदेशी आन्दोलन में छात्रों की भागीदारी समाप्त करने हेतु 'कार्लाइल सर्कुलर' लागू किया, जिसके तहत् शैक्षिक संस्थानों को दिए जाने वाले अनुदान तथा छात्रवृत्ति को रोका जाना था।
- स्वदेशी आन्दोलन के अवसर पर रवीन्द्र नाथ ठाकुर ने **'आमार सोनार बांग्ला'** नामक गीत लिखा, जो वर्तमान में बांग्लादेश का राष्ट्रीय गीत है।

## मुस्लिम लीग

- सन् 1906 में आगा खाँ एवं सलीमुल्ला खाँ के द्वारा ढाका में मुस्लिम लीग की स्थापना की गई।
- मुस्लिम लीग का प्रथम अध्यक्ष आगा खाँ को बनाया गया, जबकि इसके संस्थापक सलीमुल्ला थे।
- लीग का संविधान 1906 ई. में कराची में बना। इसके अनुसार प्रथम अधिवेशन 1908 ई. में अमृतसर में हुआ, जिसकी अध्यक्षता आगा खाँ ने की।

## क्रांतिकारी आंदोलन

- कांग्रेस के **कलकत्ता अधिवेशन 1906** में पहली बार **दादाभाई नौरोजी** ने **स्वराज** शब्द का उल्लेख किया।
- स्वदेशी आंदोलन को चलाने के मुद्दे को लेकर उग्रवाद एवं उदारवाद में मतभेद उभरे और 1907 ई. में सूरत में कांग्रेस का विभाजन हो गया।
- बंगाल में **क्रांतिकारी आन्दोलन** की शुरुआत **भद्रलोक समाज** ने की।
- **श्री पी. मिश्रा** तथा **वारिन्द्र कुमार घोष** एवं **भूपेन्द्र दत्त** के सहयोग से 1902 ई. में **मिदनापुर अनुशीलन समिति** का गठन किया गया।
- 1902 ई. में **वारिन्द्र कुमार घोष** ने **भवानी मंदिर** नामक पुस्तिका का **प्रकाशन** किया।
- **विपिनचन्द्र पाल** ने बंगाल के युवाओं का नेतृत्व किया। उन्हें बंगाल में तिलक का सेनापति माना जाता था।
- 1908 ई. में **हेमचंद्र कानूनगो** द्वारा माणिकतल्ला में बम बनाने का कारखाना खोला गया। पुलिस के द्वारा इस कारखाने पर छापा मारकर 34 लोगों को गिरफ्तार किया गया एवं उन पर **अलीपुर षड्यंत्र केस** के तहत मुकदमा चलाया गया।
- **प्रफुल्ल चाकी** एवं **खुदीराम बोस** ने किंग्सफोर्ड को मारने के लिए मुजफ्फरपुर में उस पर बम फेंका। असफलता के पश्चात् प्रफुल्ल चाकी ने स्वयं को गोली मार ली और **खुदीराम बोस** को 11 अगस्त, 1908 को फाँसी दी गई।
- **भाई परमानन्द**, **सोहन सिंह भाखना** तथा **हरनाम सिंह** ने **लाला हरदयाल** के साथ मिलकर **1913 ई.** में **गदर पार्टी** की स्थापना की। इसका प्रथम अध्यक्ष **सोहन सिंह भाखना** को बनाया गया। इस पार्टी का मुख्यालय **सैन फ्रांसिस्को** में **युगान्तर आश्रम** नाम से बनाया गया।
- 1913 ई. में प्रकाशित **गदर पत्रिका** का प्रकाशन हिन्दी, गुरुमुखी, अंग्रेजी, गुजराती एवं उर्दू में होता था।
- वर्ष **1914** में ही **कामागाटामारु प्रकरण** घटित हुआ। इस घटना में सिंगापुर में रहने वाले गुरुदत्त सिंह ने कामागाटामारु नामक जहाज को किराए पर लेकर 376 यात्रियों के साथ वैंकूवर की ओर प्रस्थान किया, किंतु कनाडा पुलिस ने उन्हें आगे बढ़ने से मना कर दिया।
- 1907 में रामानाथपुरी ने **'सरकुलर-ए-आजादी'** तथा **वैंकूवर** से तारकनाथ दास ने **'फ्री हिन्दुस्तान'** का प्रकाशन किया।
- **रहीम हुसैन**, **सोहनलाल पाठक** एवं **बलवंत सिंह** ने इन यात्रियों की लड़ाई के लिए **शोर कमेटी** (तटीय समिति) की स्थापना की।
- भारत की ब्रिटिश सरकार ने जहाज को सीधे कलकत्ता लाने का आदेश दिया।
- जहाज के बजबज पहुँचने पर यात्रियों एवं पुलिस में मुठभेड़ हुई।
- प्रथम विश्व युद्ध में ब्रिटिश का समर्थन तत्कालीन भारत की राजनीतिक पार्टियों, जैसे–कांग्रेस, मुस्लिम लीग, मॉडरेट, नेशनलिस्ट, राजे-रजवाड़ों ने किया।
- राष्ट्रवादी नेता तिलक और गाँधी जी ने युद्ध के दिनों में सरकार की सहायता हेतु धन और सेना के लिए गाँव का दौरा किया।
- **कांग्रेस के लखनऊ अधिवेशन 1916 ई.** में **कांग्रेस-लीग** समझौता हुआ एवं कांग्रेस का एकीकरण हुआ। इसके तहत कांग्रेस ने पहली बार मुसलमानों के पृथक् निर्वाचन मंडल की मांग मान ली। गरम दल एवं नरम दल का भी एकीकरण हुआ।
- तिलक एवं बेसेन्ट द्वारा अप्रैल एवं सितम्बर, 1916 में **होमरूल लीग** की स्थापना की गई।
- **बाल गंगाधर तिलक** द्वारा 28 अप्रैल, 1916 को पूना में होमरूल लीग की स्थापना की गई। तिलक ने **मराठा** एवं **केसरी पत्र** द्वारा इसका प्रचार-प्रसार किया।
- **तिलक** के **होमरूल लीग** में **जोसेफ बैपतिस्ता** को अध्यक्ष और **एन. सी. केलकर** को सचिव बनाया गया।
- **तिलक** को इण्डियन अनरेस्ट के लेखक **वेलेंटाइन शिरोल** ने भारतीय **अशांति का जनक** कहा।
- **गोपाल कृष्ण गोखले** द्वारा स्थापित संस्था **सर्वेन्ट ऑफ इण्डिया सोसाइटी** के सदस्यों को लीग में प्रवेश की अनुमति नहीं थी।
- **एनी बेसेन्ट** की लीग का मुख्यालय मद्रास के निकट **अड्यार** नामक स्थान पर था। इन्होंने अपने समाचार-पत्रों **न्यू इण्डिया एवं कॉमनवील** की सहायता से होमरूल के विचारों को प्रसारित-प्रचारित करने का कार्य किया।
- **जवाहर लाल नेहरू**, **बी. चक्रवर्ती** तथा **जे. बनर्जी** आदि नेताओं ने **बेसेन्ट की लीग** की सदस्यता ग्रहण की। बेसेन्ट ने **मांटेग्यू-चेम्सफोर्ड** के सुधारों की घोषणा के बाद **20 अगस्त**, **1917** को होमरूल लीग को समाप्त करने की घोषणा कर दी।

### रॉलेट एक्ट

- न्यायाधीश सर सिडनी रॉलेट की रिपोर्ट के आधार पर 17 मार्च, 1919 को केन्द्रीय विधान परिषद् में रॉलेट एक्ट पारित किया गया।
- सरकार ने 10 सितंबर, 1917 ई. में न्यायाधीश सर सिडनी रॉलेट की अध्यक्षता में एक सेडीशन समिति की स्थापना की। इसका उद्देश्य भारत में क्रांतिकारी आंदोलन की जांच करना था।
- इस एक्ट के द्वारा अंग्रेज सरकार जिसको चाहे बिना मुकदमा चलाये जेल में बन्द कर सकती थी।
- इस एक्ट को **'बिना अपील'**, **'बिना वकील'** तथा **'बिना दलील'** का कानून भी कहा गया।
- महात्मा गांधी ने रॉलेट एक्ट के विरुद्ध सत्याग्रह सभा बनायी, जिसके सदस्य जमनालाल बजाज, द्वारका दास, शंकरलाल बैकर, उमा सोमानी व बी.जी. हानीमिन थे।
- इस एक्ट के विरोध में 6 अप्रैल, 1919 ई. को एक देशव्यापी हड़ताल करवायी गयी। दिल्ली में 30 मार्च, 1919 ई. को आन्दोलन का नेतृत्व स्वामी श्रद्धानन्द ने सम्भाला।

## जलियाँवाला बाग हत्याकाण्ड

- **13 अप्रैल**, **1919** को अमृतसर में **जलियाँवाला हत्याकाण्ड** वैशाखी के दिन हुआ।
- **डॉ. सतपाल** एवं **डॉ. सैफुद्दीन किचलू** की गिरफ्तारी के विरोध में हो रही जनसभा पर **ब्रिगेडियर जनरल आर. डायर** ने बिना किसी चेतावनी के गोली चलवा दी। सरकारी रिपोर्ट के अनुसार इसमें 379 व्यक्ति मारे गए एवं 1200 लोग घायल हुए। इस हत्याकांड में हंसराज नामक एक भारतीय ने डायर को सहयोग दिया था।
- **जलियाँवाला काण्ड** के समय **चमनदीप** ने पंजाब में **डंडा फौज** का गठन किया।
- इस हत्याकांड के विरोध में **रवीन्द्रनाथ टैगोर** ने **नाइट** की **उपाधि** वापस कर दी।
- इस हत्याकांड की जांच के लिए सरकार ने **19 अक्टूबर**, **1919** को **लॉर्ड हण्टर** की अध्यक्षता में एक आयोग का गठन किया। जिसमें तीन भारतीय सदस्यों (**चिमन लाल सीतलवाड़**, **शहजादा सुल्तान अहमद** एवं **जगत नारायण**) सहित कुल 8 सदस्य थे।

- **जलियाँवाला बाग हत्याकाण्ड** की जाँच के लिए कांग्रेस द्वारा **मदनमोहन मालवीय** की अध्यक्षता में एक समिति गठित की गई, जिसके सदस्य **मोतीलाल नेहरू, महात्मा गाँधी, सी.आर. दास, तैय्यबजी** एवं **जयकर** थे।

## गाँधी युग

- गाँधी जी 1893 ई. में दक्षिण अफ्रीका गए और वहाँ अपने 20 वर्षों के **प्रवास** के दौरान रंगभेद नीति के खिलाफ लड़ाई लड़ते रहे। यहीं पर गाँधी जी ने सर्वप्रथम सत्याग्रह आन्दोलन चलाया।
- दक्षिण अफ्रीका में महात्मा गाँधी ने अपनी विचारधारा को प्रचारित-प्रसारित करने के लिए **फीनिक्स सैटलमेंट** एवं **टॉलस्टाय फार्म** की स्थापना की।
- गाँधी जी ने अपने प्रसिद्ध ग्रंथ **हिन्द स्वराज** की रचना 1909 ई. में लंदन जाते समय की थी।
- सन् 1915 ई. में गाँधी जी दक्षिण अफ्रीका से भारत वापस लौटे, इन्होंने अपना राजनीतिक **गुरु गोपालकृष्ण गोखले** को बनाया।
- गाँधी जी ने भारत आने पर 1915 ई. में **अहमदाबाद** के पास **साबरमती नदी के तट** पर **सत्याग्रह आश्रम** की स्थापना की।
- भारत आने पर गाँधी जी द्वारा राजनीतिक क्षेत्र में उनका सर्वप्रथम महत्वपूर्ण कार्य (द, अफ्रीका में) **गिरमिटिया प्रथा** (मजदूरों की भर्ती किए जाने के संबंध में) का विरोध था।
- अप्रैल, 1917 में गाँधी जी द्वारा **चम्पारण सत्याग्रह** प्रारम्भ किया गया।
- भारत में गाँधी जी द्वारा चलाया गया पहला वास्तविक **किसान सत्याग्रह 'खेड़ा सत्याग्रह'** (1918) था।
- गाँधी जी ने खेड़ा (गुजरात) में **कर नहीं देने का आन्दोलन** चलाया।
- 1918 ई. में गाँधी जी ने अहमदाबाद मिल मजदूरों की हड़ताल के समर्थन में पहली बार भूख हड़ताल की थी।
- अहमदाबाद के मिल मजदूरों एवं मिल मालिकों के बीच **प्लेग बोनस** को लेकर विवाद आरम्भ हुआ था और मजदूर हड़ताल पर चले गए थे।
- गाँधीजी द्वारा स्थापित **हरिजन सेवक संघ** के संस्थापक अध्यक्ष **घनश्याम दास बिड़ला** थे।

### खिलाफत आंदोलन

- 23 नवम्बर, 1919 को दिल्ली में अखिल भारतीय खिलाफत कमेटी का अधिवेशन हुआ और गाँधी जी ने इस अधिवेशन की अध्यक्षता की।
- गाँधी जी ने खिलाफत आंदोलन को हिन्दू-मुस्लिम की एकता का अवसर माना।
- 20 जून, 1920 को इलाहाबाद में हुई हिन्दू-मुस्लिम की संयुक्त बैठक में असहयोग के अस्त्र को अपनाए जाने का निर्णय लिया गया।
- 31 अगस्त, 1920 के दिन को खिलाफत दिवस के रूप में मनाया गया।
- 1924 में खिलाफत आंदोलन उस समय समाप्त हो गया, जब तुर्की में कमाल पाशा के नेतृत्व में बनी सरकार ने खलीफा के पद को समाप्त कर दिया।

### असहयोग आंदोलन

- सितम्बर, 1920 में लाला लाजपत राय की अध्यक्षता में कलकत्ता में असहयोग आन्दोलन के कार्यक्रम पर विचार करने के लिए कांग्रेस महासमिति के अधिवेशन का आयोजन किया गया।
- 1 अगस्त, 1920 को गाँधी जी द्वारा असहयोग आन्दोलन की शुरुआत की गई।
- दिसम्बर, 1920 में नागपुर अधिवेशन में कांग्रेस ने असहयोग आंदोलन की पुष्टि कर दी।
- असहयोग आंदोलन के कारण थे–रॉलेट एक्ट, जलियाँवाला बाग हत्याकाण्ड, हण्टर कमेटी की रिपोर्ट, भारतीय स्वराज की मांग इत्यादि।
- असहयोग आंदोलन के रचनात्मक कार्य थे–शराब का बहिष्कार, हिन्दू-मुस्लिम एकता एवं अहिंसा पर बल, छुआछूत से परहेज, स्वदेशी वस्तुओं का प्रयोग, हाथ से बुने खादी कपड़े का प्रयोग, कड़े कानूनों की सविनय अवज्ञा करना, कर न देना आदि।
- गाँधी जी ने नागपुर में कांग्रेस के पुराने लक्ष्य अंग्रेजी साम्राज्य के अंतर्गत स्वशासन के स्थान पर स्वराज को नया लक्ष्य घोषित किया। गाँधी जी की इस घोषणा से बेसेन्ट, जिन्ना एवं पाल ने असंतुष्ट होकर कांग्रेस छोड़ दी।
- मुहम्मद अली पहले नेता थे, जिन्हें सर्वप्रथम असहयोग आन्दोलन में गिरफ्तार किया गया।
- आंदोलन के आरम्भ में महात्मा गाँधी ने **कैसर-ए-हिन्द** एवं जमनालाल बजाज ने **राय बहादुर** की उपाधि वापस कर दी।
- गाँधी जी के आह्वान पर असहयोग आन्दोलन के खर्च की पूर्ति के लिए सन् 1921 में तिलक स्वराज फंड की स्थापना की गई।
- 5 फरवरी, 1922 को उत्तर प्रदेश के गोरखपुर जिले में चौरी-चौरा की घटना घटी जिसमें किसानों के एक जुलूस पर गोली चलाए जाने के कारण क्रुद्ध भीड़ ने थाने में आग लगा दी, जिससे 21 सिपाहियों की मृत्यु हो गई।
- चौरी-चौरा कांड से क्षुब्ध होकर 12 फरवरी, 1922 को गाँधी जी द्वारा असहयोग आंदोलन को समाप्त करने की घोषणा की गई।
- 13 मार्च, 1922 को गाँधी जी को गिरफ्तार कर लिया गया। न्यायाधीश ब्रूम फील्ड ने गाँधी जी को असन्तोष भड़काने के अपराध में 6 वर्ष की कैद की सजा सुनाई, लेकिन स्वास्थ्य संबंधी समस्या के कारण गाँधी जी को 5 फरवरी, 1924 को रिहा कर दिया गया।
- **जून, 1922** में कांग्रेस द्वारा **सविनय अवज्ञा जाँच समिति** का गठन हकीम अजमल खाँ की अध्यक्षता में किया गया।

### स्वराज पार्टी

- इसका उद्देश्य कांग्रेस के अन्दर रहकर चुनावों में हिस्सा लेना और विधान परिषद् में स्वदेशी सरकार के गठन की मांग उठाना था।
- मार्च, 1923 में **मोतीलाल नेहरू** एवं **सी.आर. दास** के द्वारा इलाहाबाद में **स्वराज पार्टी** का गठन किया गया।
- **नागपुर झण्डा सत्याग्रह** 1923 ई. में कांग्रेस के ध्वज के प्रयोग को रोकने के विरुद्ध नागपुर में हुआ।
- **गुरु का बाग सत्याग्रह** (1922–23 ई.) यह सत्याग्रह अपदस्थ महन्त और नवगठित शिरोमणि गुरु द्वारा प्रबन्धन कमेटी के मध्य विवादित भूमि पर पेड़ काटे जाने के कारण हुआ।
- **तारकेश्वर सत्याग्रह** 1924 ई. में बंगाल स्थित एक भ्रष्ट महन्त के विरुद्ध स्वामी विश्वानन्द ने प्रारम्भ किया।
- **वायकोम सत्याग्रह** 1924–25 ई. में केरल के त्रावणकोर राज्य में एझवा कांग्रेस नेता टी.के. माधवन ने मन्दिर में प्रवेश के लिए चलाया।

- **अक्टूबर, 1924** में **शचीन्द्र नाथ सान्याल, राम प्रसाद बिस्मिल** तथा **चन्द्रशेखर आजाद** के द्वारा कानपुर में **हिन्दुस्तान रिपब्लिकन एसोसिएशन** (एचआरए) की स्थापना की गई।
- **दिसम्बर, 1924** के **बेलगाँव कांग्रेस अधिवेशन** की अध्यक्षता **महात्मा गाँधी** ने की।
- **9 अगस्त, 1925** को काकोरी कांड की घटना घटी, जिसमें **राम प्रसाद बिस्मिल, अशफाकउल्ला, रोशन लाल** एवं **राजेन्द्र लाहिड़ी** पर मुकद्दमा चला कर फांसी दे दी गई।
- **सन् 1925** में **विट्ठलभाई पटेल** को **केन्द्रीय विधान मंडल** (सेन्ट्रल लेजिस्लेटिव असेम्बली) का अध्यक्ष चुना गया।
- **चन्द्रशेखर आजाद** के द्वारा सितम्बर, 1928 में दिल्ली के **फिरोजशाह कोटला** मैदान में **हिन्दुस्तान सोशलिस्ट रिपब्लिकन एसोसिएशन** की स्थापना की गई।

## नेहरू रिपोर्ट

- **28 अगस्त, 1928** को मोतीलाल नेहरू के द्वारा **नेहरू रिपोर्ट** प्रस्तुत की गई।
- **नेहरू रिपोर्ट** को अन्तिम रूप से अगस्त, 1928 में आयोजित सर्वदलीय सम्मेलन में स्वीकार किया गया। इस सम्मेलन की अध्यक्षता डॉ. अंसारी ने की थी।
- रिपोर्ट में **डोमिनियन स्टेट्स** को पहला एवं **पूर्ण स्वराज्य** को दूसरा लक्ष्य घोषित किया गया।
- मुस्लिम लीग के अध्यक्ष मुहम्मद अली जिन्ना ने कुछ दिन के बाद **नेहरू रिपोर्ट** को अस्वीकार कर दिया। **नेहरू रिपोर्ट** से सिक्ख लोग भी असंतुष्ट थे।
- नेहरू रिपोर्ट में पृथक निर्वाचन मण्डल को अस्वीकार कर दिया था।
- जिन्ना ने नेहरू रिपोर्ट के विकल्प के रूप में मार्च, 1929 में **14 सूत्री मांगपत्र** प्रस्तुत किया।
- मोतीलाल नेहरू ने **पब्लिक सेफ्टी बिल** को भारतीय गुलामी विधेयक नं. 1 की संज्ञा दी।

## साइमन कमीशन

- 3 फरवरी, 1928 को साइमन कमीशन मुम्बई पहुँचा।
- साइमन कमीशन के विरोध के दौरान लाला लाजपत राय की हत्या करवाने वाले पुलिस अधीक्षक सांडर्स की हत्या (अक्टूबर, 1928) भगत सिंह, चन्द्रशेखर आजाद एवं राजगुरु के द्वारा कर दी गई।
- केन्द्रीय विधान मंडल में **ट्रेड डिस्प्यूट सेफ्टी बिल** पर बहस के दौरान 8 अप्रैल, 1929 को भगत सिंह एवं बटुकेश्वर दत्त के द्वारा बम फेंका गया।

## सविनय अवज्ञा आंदोलन

- 1929 ई. का लाहौर अधिवेशन **जवाहर लाल नेहरू** की अध्यक्षता में सम्पन्न हुआ, जिसमें नेहरू रिपोर्ट को पूर्णत: निरस्त घोषित कर दिया गया। इसी अधिवेशन में कांग्रेस कार्यकारिणी को **सविनय अवज्ञा** शुरू करने का अधिकार दिया गया।
- 26 जनवरी, 1930 को कांग्रेस द्वारा पूर्ण स्वराज्य की घोषणा की गई एवं इस दिन को प्रथम स्वाधीनता दिवस के रूप में मनाने का निश्चय किया गया।
- फरवरी, 1930 में साबरमती आश्रम में हुई कांग्रेस कार्यकारिणी की दूसरी बैठक में महात्मा गाँधी को सविनय अवज्ञा आंदोलन शुरू करने का दायित्व सौंपा गया।
- महात्मा गाँधी के द्वारा 12 मार्च, 1930 को अपने 78 समर्थकों के साथ साबरमती आश्रम से 385 किमी. दूर स्थित दाण्डी के लिए प्रस्थान किया गया। लगभग 24 दिन बाद 6 अप्रैल, 1930 को दाण्डी पहुँचकर गाँधी जी ने समुद्र तट पर नमक कानून तोड़ा।
- **सविनय अवज्ञा आंदोलन** के दौरान बिहार में **कर न अदायगी** का आंदोलन चलाया गया।
- मध्यप्रांत, महाराष्ट्र और कर्नाटक में इस दौरान **वन सत्याग्रह** नामक आंदोलन चलाया गया।
- **बारदोली आन्दोलन** की सफलता के बाद महिलाओं ने **वल्लभ भाई पटेल** को **सरदार** की उपाधि प्रदान की।
- 5 मई, 1930 को गाँधी जी को गिरफ्तार कर लिया गया।

## गोलमेज सम्मेलन

- 5 मार्च, 1931 को गाँधीजी एवं इरविन के मध्य एक समझौता हुआ, जिसे 'गाँधी-इरविन समझौता' के नाम से जाना जाता है।
- 23 मार्च, 1931 को लाहौर षड्यंत्र केस के तहत् भगत सिंह, सुखदेव और राजगुरु को फांसी दे दी गई। भगत सिंह को **शहीद-ए-आजम** कहा जाता है।
- 'इन्कलाब जिंदाबाद' का पहली बार नारे के रूप में प्रयोग भगत सिंह के द्वारा किया गया था। यद्यपि इसकी रचना मुहम्मद इकबाल ने की थी।
- भगत सिंह ने कहा कि "क्रांति की तलवार की धार वैचारिक पत्थर पर रगड़ने से ही आती है।"
- भगवती चरण वोहरा ने **'फिलॉसफी ऑफ द बॉम्ब'** की रचना की।
- **प्रथम गोलमेज सम्मेलन** 12 नवम्बर, 1930 से 13 जनवरी, 1931 के मध्य ब्रिटेन के प्रधानमन्त्री **रैम्जे मैक्डोनाल्ड** की अध्यक्षता में आयोजित किया गया। इसमें कांग्रेस ने भाग नहीं लिया था।
- 7 सितम्बर, 1931 से प्रारम्भ होने वाले दूसरे गोलमेज सम्मेलन में कांग्रेस के प्रतिनिधि के रूप में **महात्मा गाँधी** ने हिस्सा लिया।
- इसी आंदोलन के दौरान **विंस्टन चर्चिल** ने ब्रिटिश सरकार की आलोचना करते हुए गाँधी जी को **देशद्रोही फकीर** कहा था।
- द्वितीय गोलमेज सम्मेलन में **मदनमोहन मालवीय** एवं **एनी बेसेन्ट** ने स्वयं के खर्चे पर इस सम्मेलन में हिस्सा लिया था।
- द्वितीय गोलमेज सम्मेलन की असफलता के बाद गाँधी जी ने 3 जनवरी, 1932 को सविनय अवज्ञा आंदोलन को दोबारा प्रारम्भ किया। सविनय अवज्ञा आन्दोलन अन्तिम रूप से 7 अप्रैल, 1934 को वापस लिया गया।
- गाँधी जी ने द्वितीय गोलमेज की असफलता पर कहा **"साम्प्रदायिक मतभेद के बर्फ का पहाड़ स्वतन्त्रता के सूरज की गर्मी से पिघल जाएगा।"**

## कम्युनल अवार्ड

- 16 अगस्त, 1932 को ब्रिटेन के प्रधानमन्त्री रैम्जे मैकडोनाल्ड के द्वारा **साम्प्रदायिक पंचांट (कम्युनल अवार्ड)** जारी किया गया।
- गाँधी जी ने 20 सितम्बर, 1932 को कम्युनल अवार्ड के विरुद्ध आमरण अनशन शुरू कर दिया। 26 सितम्बर, 1932 को मदनमोहन मालवीय, डॉ. राजेन्द्र प्रसाद, पुरुषोत्तम दास एवं सी. राजगोपालाचारी के प्रयासों से महात्मा गाँधी एवं अम्बेडकर के मध्य पूना समझौता हुआ, जो **पूना पैक्ट** के नाम से जाना जाता है।
- समझौते के अंतर्गत अम्बेडकर ने हरिजनों के पृथक् प्रतिनिधित्व की मांग को वापस ले लिया और संयुक्त निर्वाचन के सिद्धान्त को स्वीकार किया। हरिजनों के लिए सुरक्षित 75 स्थानों को बढ़ाकर 148 कर दिया गया और केन्द्रीय विधान मंडल में 18% सीट आरक्षित की गई।
- 17 नवम्बर, 1932 से लंदन में तृतीय गोलमेज सम्मेलन प्रारम्भ हुआ, जिसका कांग्रेस ने बहिष्कार किया।
- 1 अगस्त, 1933 को गाँधी जी के द्वारा व्यक्तिगत सविनय अवज्ञा आंदोलन प्रारम्भ किया गया।
- बंगाल में **सूर्य सेन** के द्वारा **इंडियन रिपब्लिकन आर्मी** की स्थापना इसी समय की गई।
- सूर्यसेन इस अस्थायी क्रांतिकारी संगठन के प्रथम सदस्य थे। 16 फरवरी, 1933 को इन्हें गिरफ्तार कर 12 जनवरी, 1934 को फांसी दे दी गई।
- लॉर्ड वेलिंगटन के समय ही 1935 ई. का **भारत शासन अधिनियम** बनाया गया। 1935 के अधिनियम द्वारा बर्मा को भारत से अलग कर दिया गया।
- जवाहर लाल नेहरू ने 1935 ई. के अधिनियम को **दासता का अधिकार** पत्र कहा। उन्होंने इसे एक ऐसी मशीन की संज्ञा दी, **जिसमें ब्रेक तो अनेक हैं, लेकिन इंजन एक भी नहीं** है।
- 1 सितम्बर, 1939 को द्वितीय विश्वयुद्ध प्रारम्भ हुआ, इस समय भारत के तत्कालीन वायसराय लॉर्ड लिनलिथगो थे।
- 15 नवम्बर, 1939 को कांग्रेस शासित प्रदेशों के मन्त्रियों ने मन्त्रिमण्डलों से त्याग-पत्र दे दिया।
- 22 दिसम्बर, 1939 को कांग्रेसी मन्त्रियों के त्याग-पत्र देने के बाद मुस्लिम लीग ने अम्बेडकर के साथ मिलकर मुक्ति दिवस मनाया।

- हरिपुरा के कांग्रेस अधिवेशन के समय सुभाष चन्द्र बोस ने जवाहर लाल की अध्यक्षता में एक **राष्ट्रीय योजना समिति** की स्थापना की।
- 1939 में त्रिपुरी अधिवेशन में **सुभाष चन्द्र बोस**, गाँधी जी के उम्मीदवार **पट्टाभिसीतारमैया** को हराकर कांग्रेस के अध्यक्ष बने।
- कार्यकारिणी में गाँधी जी की तटस्थता के कारण सुभाष चन्द्र बोस ने त्रिपुरी काँग्रेस की अध्यक्षता से त्याग-पत्र देने के बाद 3 मई, 1939 को **फारवर्ड ब्लॉक** की स्थापना की।
- सुभाष चन्द्र बोस के राजनीतिक गुरु देशबन्धु चितरंजन दास थे।
- 8 अगस्त, 1940 को वायसराय लॉर्ड लिनलिथगो के द्वारा **अगस्त प्रस्ताव** प्रस्तुत किया गया।
- मार्च, 1940 को मुस्लिम लीग ने लाहौर अधिवेशन में पृथक् 'पाकिस्तान' का प्रस्ताव प्रस्तुत किया, यद्यपि प्रस्ताव में पाकिस्तान शब्द का जिक्र नहीं था।
- **लाहौर अधिवेशन** की अध्यक्षता **जिन्ना** ने की थी, जबकि इसमें पाकिस्तान प्रस्ताव का मसविदा **सिकन्दर हयात खान** ने तैयार किया एवं इसे **फजलुल हक** ने पेश किया जिसकी स्वीकृति **खलिक उज्जमा** ने दी।
- 17 अक्टूबर, 1940 को व्यक्तिगत सत्याग्रह की शुरुआत की गई, जिसमें प्रथम सत्याग्रही विनोबा भावे एवं द्वितीय सत्याग्रही जवाहर लाल नेहरू थे।
- द्वितीय विश्वयुद्ध के समय ब्रिटेन के प्रधानमन्त्री चर्चिल थे।
- अमेरिकी राष्ट्रपति रुजवेल्ट, आस्ट्रेलियाई प्रधानमन्त्री ईवार तथा चीनी राष्ट्रपति च्याँग काई शेक के दबाव स्वरूप ब्रिटिश प्रधानमन्त्री चर्चिल ने स्टैफर्ड क्रिप्स की अध्यक्षता में एक आयोग का गठन किया। यह क्रिप्स मिशन 22 मार्च, 1942 को भारत पहुँचा एवं क्रिप्स प्रस्ताव पेश किया गया।
- क्रिप्स प्रस्ताव को महात्मा गाँधी ने **उत्तर तिथीय चेक** कहा।
- जवाहर लाल नेहरू ने **क्रिप्स प्रस्ताव** को ऐसे बैंक की संज्ञा दी, जो टूट रहा है।
- जवाहर लाल नेहरू ने कहा कि "उनके पुराने मित्र क्रिप्स शैतान का वकील बनकर भारत आए थे।"
- 15 दिसम्बर, 1941 को **मोहन सिंह** ने मलाया में **आजाद हिन्द फौज** का गठन किया।
- इसी समय जापान में **रास बिहारी बोस** के द्वारा **इंडिया इंडिपेन्डेंस लीग** की स्थापना की गई।
- 14 जुलाई, 1942 को वर्धा में आयोजित कांग्रेस कार्यसमिति की बैठक ने **भारत छोड़ो आन्दोलन** पर एक प्रस्ताव पारित किया।

## भारत छोड़ो आंदोलन

- आरम्भ में कांग्रेस 'भारत छोड़ो आंदोलन' के पक्ष में नहीं थी, तो गाँधीजी ने कहा "मैं देश के बालू से ही कांग्रेस से बड़ा आंदोलन खड़ा कर दूंगा।"
- 1 अगस्त, 1942 को तिलक दिवस पर इलाहाबाद में नेहरू ने कहा "हम आग से खेलने जा रहे हैं। ऐसी द्विधारी तलवार का प्रयोग करने जा रहे हैं, जिसकी चोट उल्टी हमारे ऊपर पड़ सकती है।"
- 8 अगस्त, 1942 को मुम्बई के ऐतिहासिक ग्वालिया टैंक मैदान में भारतीय कांग्रेस कमेटी की वार्षिक बैठक में ''भारत छोड़ो प्रस्ताव'' को पास कर दिया गया।
- गाँधी जी ने प्रस्ताव पास होने के बाद "करो या मरो" का नारा दिया।
- आन्दोलन प्रारम्भ होते ही 9 अगस्त, 1942 को सभी कांग्रेस कार्यकारिणी के सदस्यों को गिरफ्तार कर लिया गया एवं गाँधी जी को सरोजिनी नायडू सहित पुणे के आगा खाँ पैलेस में रखा गया और कांग्रेस को असंवैधानिक संस्था घोषित कर दिया गया।
- सरकार की दमनात्मक नीति के विरुद्ध 10 फरवरी, 1943 को गाँधी जी द्वारा आगा खाँ पैलेस में 21 दिन के उपवास की घोषणा की गई।
- 'भारत छोड़ो आन्दोलन' के **दौरान जयप्रकाश नारायण** ने **'आजाद दस्ते'** का गठन किया। यह एक भूमिगत आन्दोलन था।
- भूमिगत रेडियो स्टेशन की स्थापना बम्बई एवं नासिक में की गई, जिसका मुख्य कार्य कांग्रेस की सूचनाओं का प्रसारण करना था (संचालन ऊषा मेहता के द्वारा)।
- बलिया में गाँधीवादी चितूपांडे के नेतृत्व में पहली समानांतर सरकार स्थापित हुई।
- बंगाल में मिदनापुर में तामलुक जातीय सरकार की स्थापना हुई।
- मुस्लिम लीग ने 'भारत छोड़ो आन्दोलन' का विरोध किया एवं 23 मार्च, 1943 को लीग ने पाकिस्तान दिवस मनाने का आह्वान किया।
- दिसम्बर, 1943 में लीग के कराची अधिवेशन में 'विभाजन करो और छोड़ो' का नारा दिया गया।
- साम्यवादी दल, अकाली एवं हिन्दू महासभा ने 'भारत छोड़ो आंदोलन' की आलोचना की।
- अम्बेडकर एवं तेजबहादुर सप्रू ने भी 'भारत छोड़ो आंदोलन' की आलोचना की।
- जर्मनी में **सुभाष चन्द्र बोस** ने **हिटलर** से मुलाकात की और हिटलर ने उन्हें **नेताजी** की उपाधि प्रदान की। जर्मनी में सुभाष ने **फ्री इंडिया सेंटर** की स्थापना की। इसी संस्था द्वारा उन्होंने पहली बार **जय हिन्द** का नारा दिया।
- जुलाई, 1943 को रास बिहारी बोस द्वारा आजाद हिंद फौज की कमान सुभाष चन्द्र बोस को सौंपी गई।
- 21 अक्टूबर, 1943 को सुभाष चन्द्र बोस ने सिंगापुर में स्वतन्त्र भारत की अस्थायी सरकार का गठन किया, जिसका मुख्यालय रंगून था।
- सुभाष ने **रानी झाँसी रेजिमेंट (महिलाओं के लिए)**, **सुभाष ब्रिगेड**, **नेहरू ब्रिगेड** एवं **गाँधी ब्रिगेड** की स्थापना की।
- आजाद हिन्द फौज के गिरफ्तार अधिकारी पीके सहगल, कर्नल गुरुदयाल ढिल्लो एवं मेजर शाहनवाज खाँ पर राजद्रोह का आरोप लगाकर दिल्ली के लाल किले में नवम्बर, 1945 ई. में मुकदमा चलाया गया। इनके पक्ष में तेजबहादुर सप्रू, जवाहर लाल नेहरू, भूला भाई देसाई, केएन काटजू ने दलील दी। तीनों को फाँसी की सजा हुई, किंतु वायसराय ने उन्हें माफ कर दिया।
- 25 जून, 1945 को **शिमला सम्मेलन** का आयोजन किया गया।
- शिमला सम्मेलन में कांग्रेस प्रतिनिधि के रूप में मौलाना अबुल कलाम आजाद एवं लीग के प्रतिनिधि के रूप में जिन्ना ने हिस्सा लिया।
- 18 फरवरी, 1946 को मुम्बई में रॉयल इंडियन नेवी के सिगनल्स प्रशिक्षण संस्थान **एस एम आर एस तलवार** के गैर कमीशंड अधिकारियों एवं सिपाहियों ने विद्रोह कर दिया। यह विद्रोह शीघ्र ही कराची, मद्रास एवं कलकत्ता में फैल गया।
- विद्रोहियों ने **एम एस खान** के नेतृत्व में नौसेना केन्द्रीय हड़ताल समिति का गठन किया।
- सैनिकों ने पटेल एवं जिन्ना के दबाव के फलस्वरूप आत्मसमर्पण कर दिया।
- 24 मार्च, 1946 को 'कैबिनेट मिशन' भारत आया। इसके सदस्यों में **सर स्टैफर्ड क्रिप्स**, **श्री ए.वी. अलेक्जेंडर** तथा **पैथिक लारेंस** शामिल थे।
- कैबिनेट मिशन ने लीग की पाकिस्तान की माँग को नामंजूर कर दिया।
- कैबिनेट योजना को लीग ने 6 जून, 1946 और कांग्रेस ने 25 जून, 1946 को मंजूरी दे दी।
- कैबिनेट मिशन योजना के तहत् हुए संविधान सभा के निर्माण के लिए हुए चुनाव में 296 सीटों में से 208 पर कांग्रेस, 73 पर लीग एवं 4 पर सिक्खों ने स्थान प्राप्त किया।
- 24 अगस्त, 1946 को पं. नेहरू के नेतृत्व में भारत की पहली अंतरिम राष्ट्रीय सरकार की घोषणा की गई, जिसका गठन 2 सितम्बर, 1946 को हुआ।
- 26 अक्टूबर, 1946 को लीग के 5 सदस्य अंतरिम सरकार में शामिल हुए।
- 9 दिसम्बर, 1946 को दिल्ली में संविधान सभा की पहली बैठक हुई, मुस्लिम लीग ने जिसका बहिष्कार किया।

- 20 फरवरी, 1947 को ब्रिटिश प्रधानमन्त्री एटली द्वारा ऐतिहासिक घोषणा की गई, जिसके तहत् जून 1948 के पहले अंग्रेज भारत छोड़ देंगे।
- वेवल ने ब्रेक डाउन प्लान 31 मार्च, 1947 तक अंग्रेजों को भारत छोड़ने का सुझाव दिया।
- पटेल ने कहा कि "जिन्ना विभाजन चाहते हैं या नहीं, पर अब हम स्वयं विभाजन चाहते हैं।"
- सरदार वल्लभभाई पटेल को **भारत का बिस्मार्क** कहा जाता है।
- माउंटबेटन ने 15 अगस्त, 1947 को भारतीयों को सत्ता सौंपने का दिन निर्धारित किया।
- माउंटबेटन योजना के आधार पर ही 4 जुलाई, 1947 ई. को ब्रिटिश संसद में प्रधानमन्त्री एटली द्वारा भारतीय स्वतन्त्रता विधेयक प्रस्तुत किया गया, जिसे 18 जुलाई, 1947 को स्वीकृति मिली। विधेयक के अनुसार भारत और पकिस्तान दो स्वतन्त्र राष्ट्रों की घोषणा की गई।
- **माउंटबेटन योजना** को **मौलाना आजाद** एवं **पुरुषोत्तम दास टंडन** ने अस्वीकार कर दिया।
- **वीपी मेनन** ने भारत को दो भागों में विभाजित करने की योजना बनाई।
- गाँधी जी को माउंटबेटन ने **वन मैन बाउंड्री फोर्स** कहा।
- **15 अगस्त, 1947 ई.** को भारत स्वतन्त्र हुआ।
- स्वतन्त्रता प्राप्ति के समय ब्रिटेन के प्रधानमन्त्री **क्लीमेन्ट एटली** एवं कांग्रेस के अध्यक्ष **जेबी कृपलानी** थे।
- स्वतन्त्र भारत के प्रथम वायसराय **लॉर्ड माउंटबेटन** बने।
- प्रथम भारतीय एवं अन्तिम वायसराय **चक्रवर्ती राजगोपालाचारी** हुए।

**कांग्रेस अधिवेशन**

| अधिवेशन | वर्ष | स्थान | अध्यक्ष |
|---|---|---|---|
| पहला | 1885 | बम्बई | व्योमेश चन्द्र बनर्जी |
| दूसरा | 1886 | कलकत्ता | दादाभाई नौरोजी |
| तीसरा | 1887 | मद्रास | बदरूद्दीन तैय्यबजी |
| चौथा | 1888 | इलाहाबाद | जॉर्ज यूल |
| 5वां | 1889 | बम्बई | विलियम वेडर बर्न |
| 6ठा | 1890 | कलकत्ता | फिरोजशाह मेहता |
| 7वां | 1891 | नागपुर | पी.आनन्द चार्लू |
| 8वां | 1892 | इलाहाबाद | व्योमेश चन्द्र बनर्जी |
| 9वां | 1893 | लाहौर | दादाभाई नौरोजी |
| 10वां | 1894 | मद्रास | अल्फ्रेड वेब |
| 11वां | 1895 | पूना | सुरेन्द्रनाथ बनर्जी |
| 12वां | 1896 | कलकत्ता | रहीमतुल्ला सयानी |
| 13वां | 1897 | अमरावती | सी.शंकरन नायर |
| 14वां | 1898 | मद्रास | आनंद मोहन बोस |
| 15वां | 1899 | लखनऊ | रमेश चन्द्र दत्त |
| 16वां | 1900 | लाहौर | एन.वी. चन्द्रावरकर |
| 17वां | 1901 | कलकत्ता | दिनशा इंदुलजी वाचा |
| 18वां | 1902 | अहमदाबाद | सुरेन्द्रनाथ बनर्जी |
| 19वां | 1903 | मद्रास | लालमोहन घोष |
| 20वां | 1904 | बम्बई | सर हेनरी कॉटन |
| 21वां | 1905 | बनारस | गोपाल कृष्ण गोखले |
| 22वां | 1906 | कलकत्ता | दादाभाई नौरोजी |
| 23वां | 1907 | सूरत | डॉ. रासबिहारी घोष |
| 24वां | 1908 | मद्रास | डॉ. रासबिहारी घोष |
| 25वां | 1909 | लाहौर | पं. मदनमोहन मालवीय |
| 26वां | 1910 | इलाहाबाद | विलियम वेडरबर्न |
| 27वां | 1911 | कलकत्ता | पं. बिशन नारायण दत्तधर |
| 28वां | 1912 | पटना | आर.एन. माधोलकर |
| 29वां | 1913 | कराची | नवाब सैय्यद मो. बहादुर |
| 30वां | 1914 | मद्रास | भूपेन्द्र नाथ बसु |
| 31वां | 1915 | बम्बई | सत्येन्द्र प्रसन्न सिन्हा |
| 32वां | 1916 | लखनऊ | अम्बिकाचरण मजूमदार |
| 33वां | 1917 | कलकत्ता | श्रीमती एनी बेसेन्ट |
| विशेष अधि. | 1918 | बम्बई | हसन इमाम |
| 34वां | 1918 | दिल्ली | पं. मदनमोहन मालवीय |
| 35वां | 1919 | अमृतसर | पं. मोतीलाल नेहरू |
| विशेष अधि. | 1920 | कलकत्ता | लाला लाजपत राय |
| 36वां | 1920 | नागपुर | सी. विजय राघवाचार्य |
| 37वां | 1921 | अहमदाबाद | हकीम अजमल खां |
| 38वां | 1922 | गया | देशबंधु चितरंजन दास |
| विशेष अधि. | 1923 | दिल्ली | मौलाना अब्दुल कलाम आजाद |
| 39वां | 1923 | काकीनाडा | मौलाना मोहम्मद अली |
| 40वां | 1924 | बेलगांव | महात्मा गाँधी |
| 41वां | 1925 | कानपुर | श्रीमती सरोजिनी नायडू |
| 42वां | 1926 | गुवाहाटी | एस. श्रीनिवास आयंगर |
| 43वां | 1927 | मद्रास | डॉ. एम.ए. अंसारी |
| 44वां | 1928 | कलकत्ता | पं. मोती लाल नेहरू |
| 45वां | 1929–30 | लाहौर | पं. जवाहर लाल नेहरू |
| 46वां | 1931 | कराची | सरदार वल्लभभाई पटेल |
| 47वां | 1932 | दिल्ली | अमृत रणछोड़ दास सेठ |
| 48वां | 1933 | कलकत्ता | श्रीमती नलिनी सैनगुप्ता |
| 49वां | 1934–35 | बम्बई | डॉ. राजेन्द्र प्रसाद |
| 50वां | 1936 | लखनऊ | पं. जवाहर लाल नेहरू |
| 51वां | 1937 | फैजपुर | पं. जवाहर लाल नेहरू |
| 52वां | 1938 | हरिपुरा | सुभाष चन्द्र बोस |
| 53वां | 1939 | त्रिपुरा | सुभाष चन्द्र बोस |
| 54वां | 1940–45 | रामगढ़ | मौलाना अब्दुल कलाम आजाद |
| 55वां | 1946 | मेरठ | आचार्य जे.बी. कृपलानी |
| 56वां | 1948 | जयपुर | बी. पट्टाभिसीतारमैया |
| 57वां | 1950 | नासिक | पुरुषोत्तम दास टंडन |

**प्रमुख उपाधियाँ**

| उपाधि | प्राप्तकर्ता | दाता |
|---|---|---|
| राजा | राजा राममोहन राय | अकबर द्वितीय |
| महात्मा | महात्मा गाँधी | रवीन्द्र नाथ टैगोर |
| गुरुदेव | रवीन्द्र नाथ टैगोर | महात्मा गाँधी |
| अर्द्धनंगा फकीर | महात्मा गाँधी | विंस्टन चर्चिल |
| देशद्रोही फकीर | महात्मा गाँधी | विंस्टन चर्चिल |
| वन मैन बाउंड्री फोर्स | महात्मा गाँधी | लॉर्ड माउंटबेटन |
| राष्ट्रपिता | महात्मा गाँधी | सुभाषचन्द्र बोस |
| नेताजी | सुभाषचन्द्र बोस | एडोल्फ हिटलर |
| सरदार | वल्लभभाई पटेल | बारदोली की महिलाएं |
| विवेकानन्द | स्वामी विवेकानन्द | महाराजा खेतड़ी |
| कायदे आजम | मोहम्मद अली जिन्ना | महात्मा गाँधी |
| देशनायक | सुभाष चन्द्र बोस | रवीन्द्रनाथ टैगोर |
| देशरत्न | राजेन्द्र प्रसाद | महात्मा गाँधी |

**ब्रिटिशकाल में विदेशों में भेजे गए शिष्टमंडल**

| वर्ष | शिष्टमंडल | देश | गवर्नर जनरल/वायसराय |
|---|---|---|---|
| 1787 ई. | किर्क पैट्रिक शिष्टमंडल | नेपाल | कॉर्नवालिस |
| 1797 ई. | मेलकम शिष्टमंडल (1) | ईरान | वेलेजली |
| 1808 ई. | एलफिंस्टन शिष्टमंडल | काबुल | मिन्टो |
| 1808 ई. | मेलकम शिष्टमंडल (2) | ईरान | मिन्टो |
| 1809 ई. | डेविड सेटान शिष्टमंडल | सिंध | मिन्टो |
| 1892 ई. | रॉबर्ट्स शिष्टमंडल (2) | काबुल | लैंसडाउन |
| 1893 ई. | हेनरी डूरंड शिष्ट मंडल | काबुल | लैंसडाउन |
| 1903 ई. | यंग हस्बैंड शिष्ट मंडल | तिब्बत | कर्जन |
| 1904 ई. | डेन शिष्टमंडल | काबुल | कर्जन |
| 1912 ई. | डॉ. अंसारी मिशन (चिकित्सा) | तुर्की | हार्डिंग |
| 1938 ई. | डॉ. अटल मिशन (चिकित्सा) | चीन | लिनलिथगो |

**क्रांतिकारियों पर हुए प्रसिद्ध मुकदमें**

| | | |
|---|---|---|
| अलीपुर षड्यंत्र केस | 1908 | अलीपुर या मानिकतल्ला षड्यंत्र केस अरविन्द घोष सहित कई व्यक्तियों पर चलाया गया। |
| नासिक षड्यंत्र केस | 1909–10 | विनायक सावरकर को निर्वासन, अन्य 26 को कारावास। |
| हावड़ा षड्यंत्र | 1910 | जतिन मुखर्जी इस केस में मुख्य अभियुक्त थे। |
| ढाका षड्यंत्र केस | 1910 | पुलिनदास को 7 वर्ष की सजा। |
| दिल्ली षड्यंत्र | 1915 | मास्टर अमीर चन्द, अवध बिहारी बोस एवं बाल मुकुन्द को फांसी। |
| बनारस षड्यंत्र | 1915–16 | शचीन्द्र नाथ सान्याल को आजीवन काला पानी। |
| काकोरी षड्यंत्र | 1925 | रामप्रसाद बिस्मिल एवं अशफाक उल्ला खां को फांसी। |
| लाहौर षड्यंत्र | 1929–30 | भगत सिंह, राजगुरु, सुखदेव सहित 19 लोगों को फांसी। |

**भारत तथा विदेशों में गुप्त समितियों का गठन**

| समितियाँ | वर्ष | संगठनकर्त्ता | विशेष |
|---|---|---|---|
| अनुशीलन समिति (ढाका) | 1902 | पुलिन बिहारी दास | बंगाल की प्रथम क्रांतिकारी संस्था थी, महाराष्ट्र तथा पूरे भारत की यह प्रथम समिति थी। |
| मित्र मेला (महाराष्ट्र) | 1899 | वी.डी. सावरकर | |
| अभिनव भारत (महाराष्ट्र) | 1904 | वी.डी. सावरकर, गणेश सावरकर | |
| अनुशीलन समिति (कलकत्ता) | 1907 | बारीन्द्र कुमार घोष, जतीन्द्र नाथ बनर्जी एवं भूपेन्द्र दत्त | |
| गदर पार्टी (अमेरिका के सैन फ्रांसिस्को) | 1913 | लाला हरदयाल एवं सोहन सिंह भाखना | यह भारत में सशस्त्र क्रांति करवाना चाहती थी। |
| हिन्दुस्तान रिपब्लिकन एसोसिएशन | 1924 | चंद्रशेखर आजाद, शचीन्द्र सान्याल, रामप्रसाद बिस्मिल | अंग्रेज अफसरों में भय व्याप्त करना। |
| हिन्दुस्तान सोशलिस्ट रिपब्लिकन एसोसिएशन | 1928 | शचीन्द्र सान्याल, रामप्रसाद बिस्मिल | इसकी स्थापना अखिल भारतीय स्तर पर की गई थी। |
| इन्डियन इन्डिपेन्डेस लीग (जापान) | 1942 | रास बिहारी बोस | – |

**ब्रिटिशकालीन समितियाँ**

| आयोग/समितियाँ | अध्यक्ष | स्थापना वर्ष | वायसराय | उद्देश्य |
|---|---|---|---|---|
| इनाम आयोग | इनाम | 1852 ई. | लॉर्ड डलहौजी | भूस्वामियों की उपाधियों की जाँच करने के लिए |
| स्ट्रेची आयोग | रिचर्ड स्ट्रेची | 1880 ई. | लॉर्ड लिटन | अकाल पीड़ितों को राहत दिलाने के लिए |
| हण्टर आयोग | विलियम हण्टर | 1882 ई. | लॉर्ड रिपन | शिक्षा की प्रगति के पुनरावलोकन के लिए |
| हरशेल समिति | हरशेल | 1893 ई. | लॉर्ड लैंसडाउन | टकसाल संबंधी सुझाव देने के लिए |
| लायल आयोग | जेम्स लायल | 1898 ई. | लॉर्ड एल्गिन | 1880 के दुर्भिक्ष आयोग की रिपोर्ट का अध्ययन कर सुझाव देने के लिए |
| मैक्डोनाल्ड आयोग | सर एंटोनी मैक्डोनाल्ड | 1901 ई. | लॉर्ड कर्जन | दुर्भिक्ष पर स्ट्रेची आयोग की रिपोर्ट पर अपना सुझाव देने के लिए |
| मॉन्क्रीफ आयोग | सर एंटोनी स्कॉट मॉन्क्रीफ | 1901 ई. | लॉर्ड कर्जन | सिंचाई व्यय की योजना बनाने के लिए |
| फ्रेजर आयोग | सर डब्ल्यू. फ्रेजर | 1902 ई. | लॉर्ड कर्जन | पुलिस प्रशासन की कार्य पद्धति की जाँच करना |
| रैले आयोग | थॉमस रैले | 1902 ई. | लॉर्ड कर्जन | विश्वविद्यालय से सम्बन्धित |
| सैडलर आयोग | माइकल सैडलर | 1917 ई. | लॉर्ड चेम्सफोर्ड | कलकत्ता विश्वविद्यालय की कार्यप्रणाली और उसके दोषों की जाँच के लिए गठित |
| शाही आयोग | लॉर्ड ली | 1923 ई. | लॉर्ड रीडिंग | भारतीय नागरिक सेवा से सम्बन्धित दोषों को दूर करने हेतु |
| स्कीन समिति (भारतीय सेण्डहर्स्ट समिति) | एंड्रयू स्कीन | 1925 ई. | लॉर्ड रीडिंग | भारतीय सेना के भारतीयकरण संबंधी सुझाव देने हेतु |
| बटलर समिति | हरकोर्ट बटलर | 1927 ई. | लॉर्ड इरविन | ब्रिटिश परमसत्ता और देशी राज्यों के अच्छे संबंध स्थापित करने के उद्देश्य से गठित |
| व्हिटले आयोग | जे.एच. व्हिटले | 1928 ई. | लॉर्ड इरविन | श्रमिकों की स्थिति का अध्ययन करने और रिपोर्ट प्रस्तुत करने के उद्देश्य से |
| लिण्डसे आयोग | ए.डी. लिण्डसे | 1929 ई. | लॉर्ड इरविन | मिशनरी शिक्षा के विकास के लिए |
| सप्रू समिति | तेज बहादुर सप्रू | 1934 ई. | लॉर्ड वेलिंग्टन | संयुक्त राज्य में बेरोजगारी के कारणों के अध्ययन के लिए |
| वुडहेड आयोग (दुर्भिक्ष जाँच आयोग) | सर जॉन वुडहेड | 1943–44 ई. | लॉर्ड वेवेल | बंगाल दुर्भिक्ष के कारणों की जाँच करने के लिए |

## भारत के महान स्वाधीनता सेनानी एक दृष्टि में

| नाम | जन्म | मृत्यु | क्यों प्रसिद्ध हैं |
|---|---|---|---|
| अब्दुल गुलाम जिलानी | 25.10.1904 | 10.02.1932 | ढाका जेल में मारे गए। |
| अब्दुल गफ्फार खान | 06.02.1890 | 20.01.1988 | बादशाह खान के नाम से लोकप्रिय इन्हें 'सीमांत गाँधी' भी कहा जाता है। खुदाई खिदमतगार आंदोलन (लाल कुर्ती) के नेता, भारत रत्न से सम्मानित। |
| आगा खान | 1877 | 1957 | मुस्लिम लीग के संस्थापक सदस्य एवं अध्यक्ष (1906–13 तक), 1932 में लीग ऑफ नेशंस में भारतीय दल का प्रतिनिधित्व। |
| अमलेंदु घोष | 22.01.1947 | | 'बंगाल टाइगर' के नाम से प्रसिद्ध, वियतनाम दिवस मनाते समय पुलिस फायरिंग में मारे गए। |
| सर आशुतोष मुखर्जी | 29.09.1864 | 25.05.1924 | 'रॉयल बंगाल टाइगर' |
| अरविंद घोष | 15.08.1872 | 05.12.1950 | बंगाल के उग्रवादी नायक (1806–10)। पांडिचेरी में संत बन गए। 'युगांतर' का संपादन। |
| एनी बेसेन्ट | 01.10.1847 | 20.09.1933 | प्रमुख थियोसोफिस्ट, सेंट्रल हिंदू कॉलेज (अब, बी.एच.यू.) की स्थापना; होमरूल लीग (1916); कांग्रेस अध्यक्ष 1917 में। |
| आचार्य जगदीश चंद्र बसु | 30.11.1858 | 23.11.1937 | बंगाल के वैज्ञानिक |
| आचार्य विनोबा भावे | 11.09.1895 | 15.11.1982 | भूदान आंदोलन। |
| भोलानाथ चटर्जी | – | 27.01.1916 | जानकारी छुपाने के लिए आत्महत्या |
| शालिनी प्रसाद भट्टाचार्य | – | 03.02.1935 | राजशाही जेल में फांसी। |
| भगत सिंह | 27.09.1907 | 23.03.1931 | राजुगुरु और सुखदेव के साथ लाहौर जेल में फांसी; लाहौर षड्यंत्र केस में अभियुक्त; सांडर्स की हत्या, सेंट्रल लेजिस्लेटिव एसेंबली में बम फेंका। |
| बंकिम चंद्र चटर्जी | 27.06.1838 | 08.04.1894 | 'बंगाल के संत', **वंदे मातरम्** (आनंद मठ) के रचयिता |
| विपिन चंद्र पाल | 07.11.1858 | 20.05.1932 | 'देश नायक', उग्रपंथी नेता। |
| बालगंगाधर तिलक | 23.07.1856 | 01.08.1920 | 'लोकमान्य'; उग्रवादी नेता। |
| बदरुद्दीन तैयब जी | 10.10.1844 | 1906 | हाई कोर्ट में पहले भारतीय वकील |
| सी.एफ. एंड्रूज | 12.02.1871 | 05.02.1944 | 'दीनबन्धु'। |
| चंद्रशेखर आजाद | 23.07.1906 | 27.07.1931 | 'सौ युद्धों के नायक; 'आजाद'; हिन्दुस्तान सोशलिस्ट रिपब्लिकन आर्मी के नेता। |
| कर्नल मिश्रा | – | 14.04.1945 | नेताजी ने 'शेर-ए-हिंद' की उपाधि दी। |
| धीरेन्द्र नारायण मुखर्जी | 24.06.1899 | 19.02.1969 | हमेशा जेल में ही रहे। |
| दामोदर चापेकर (हरि चापेकर) | – | 18.04.1898 | यरवदा में फांसी। |
| दादाभाई नौरोजी | 04.09.1825 | 30.06.1917 | 'ग्रांड ओल्ड मैन ऑफ इंडिया'। |
| डॉ. राधाकृष्णन | 05.09.1888 | 17.04.1975 | महान दार्शनिक, स्वतन्त्र भारत के पहले उप-राष्ट्रपति। |
| डॉ. राजेन्द्र प्रसाद | 03.12.1884 | 18.02.1963 | 'देशरत्न', स्वतन्त्र भारत के पहले राष्ट्रपति। |
| गोपाल कृष्ण गोखले | 09.05.1866 | 19.02.1915 | 'देश नायक', गाँधीजी के राजनीतिक गुरु'; 'सर्वेंट्स ऑफ इंडिया सोसायटी' के संस्थापक। |
| यतीन्द्र मोहन सेनगुप्ता | 22.02.1885 | 23.07.1963 | 'देशप्रिय'। |
| जयप्रकाश नारायण | 11.10.1902 | 08.10.1979 | 'लोकनायक', समाजवादी। |
| कस्तूरबा गाँधी | 11.04.1869 | 22.02.1944 | सामाजिक कार्यकर्ता, गाँधी जी की पत्नी। |
| कुँवर सिंह | 1777 ई. | 1858 ई. | 1857 के विद्रोह के नेता, बिहार के जगदीशपुर से आंदोलन की शुरुआत की। |
| खुदीराम बोस | 03.12.1889 | 11.08.1908 | पहले शहीद, मुजफ्फरपुर के जज किंग्सफोर्ड की पत्नी की हत्या के जुर्म में फांसी (किंग्सफोर्ड की हत्या का षड्यंत्र) |
| लाला लाजपत राय | 28.01.1865 | 17.11.1928 | 'पंजाब केसरी'। |
| लाल बहादुर शास्त्री | 02.10.1904 | 11.01.1966 | 'जय जवान-जय किसान' का नारा दिया; भारत के प्रधानमन्त्री, ताशंकद समझौता |
| ले. जोसफीन और हैवलडारस्टेले | | 03.04.1945 | आई.एन.ए. की रानी झांसी रेजीमेंट की दो महिलाएँ। |
| मिस इला सेन और मीरा देवी | – | 27.01.1932 | कालापानी की सजा; मैजिस्ट्रेट स्लेव की गोली मारकर हत्या। |
| महात्मा गाँधी (मोहनदास करमचंद गाँधी) | 02.10.1869 | 30.01.1948 | 'राष्ट्रपिता' एवं 'बापू'। |
| मौलाना अबुल कलाम आजाद | 11.11.1888 | 22.02.1958 | अल हिलाल पत्रिका के संपादक, राष्ट्रीय आंदोलन के प्रमुख नेता। |
| मालिनी देवी | 20.11.1870 | 25.03.1955 | राष्ट्रवादी नेत्री। |
| मदन मोहन मालवीय | 25.12.1861 | 12.11.1946 | राष्ट्रवादी, बनारस हिंदू विश्वविद्यालय के संस्थापक (1916), 'महामना' की उपाधि से विभूषित। |
| मदन लाल ढींगरा | 18.02.1883 | 17.08.1909 | लंदन में कर्जन वाइली की गोली मारकर हत्या की। |
| निर्मल जीवन घोष | 1916 | 1934 | राष्ट्रभक्त। |
| नागेंद्र नाथ दत्त | 1885 | 1918 | राष्ट्रभक्त। |
| नेताजी सुभाष चंद्र बोस | 23.01.1897 | 18.08.1945 | 'आजाद हिंद फौज' का गठन, 'फारवर्ड ब्लॉक के संस्थापक, दिल्ली चलो' और 'तुम मुझे खून दो, मैं तुम्हें आजादी दूँगा' नारा दिया। |

| | | | |
|---|---|---|---|
| प्रद्योत कुमार भट्टाचार्य | | 12.01.1933 | मिदनापुर जेल में फांसी। |
| पंडित मोतीलाल नेहरू | 0.7.05.1851 | 06.02.1931 | 'स्वराज्य पार्टी' के संस्थापक सचिव, नेहरू रिपोर्ट से संबंद्ध। |
| प्रफुल्ल चंद्र चाकी | 18.12.1888 | 01.05.1908 | खुदीराम बोस के साथी। |
| पंडित जवारहलाल नेहरू | 14.11.1889 | 27.05.1964 | 'राष्ट्र निर्माता'; 1946 में अंतरिम सरकार के नेता, स्वतन्त्र भारत के पहले प्रधानमन्त्री। |
| फिरोजशाह मेहता | 04.08.1845 | 0.5.11.1915 | 'बांबे क्रॉनिकल' के संस्थापक' (1913), 'इंडियन एसोसिएशन' की 1876 ई. में स्थापना की। |
| रासबिहारी बोस | 25.05.1886 | 21.01.1945 | 'विप्लवी' नायक', दिल्ली में लॉर्ड हार्डिंग पर बम फेंका। |
| रवींद्रनाथ टैगोर | 0.7.05.1861 | 07.08.1941 | 'कविगुरु', 'गुरुदेव' - साहित्य (गीतांजलि) के लिए नोबेल पुरस्कार। |
| रोहिनी बरुआ | – | 18.12.1928 | फरीदपुर जेल में फांसी। |
| रामप्रसाद बिस्मिल | 18.06.1897 | 19.12.1927 | गोरखपुर जेल में फांसी (काकोरी षड्यंत्र के अभियुक्त)। |
| स्वामी विवेकानन्द | 12.01.1863 | 0.4.07.1902 | 'भारत की प्रेरणा' |
| सोहनलाल पाठक | 07.01.1883 | 10.02.1916 | मांडले जेल में फांसी। |
| सत्येन्द्र नाथ बोस | 01.01.1894 | 04.02.1974 | आईसीएस पास करने वाले प्रथम भारतीय। |
| सुरेन्द्र नाथ बनर्जी | 10.11.1848 | 06.08.1925 | भारतीय राजनीति के जनक। |
| वल्लभभाई पटेल | 31.10.1875 | 15.12.1950 | 'लौह पुरुष' की उपाधि से विभूषित। |
| उधम सिंह | 26.12.1899 | 31.07.1940 | 'भारत के लाल'। |
| मेडलीन स्लेड (मीराबेन) | 22.11.1892 | 20.07.1982 | गाँधी जी की प्रसिद्ध शिष्या, 1982 ई. में 'पद्म भूषण' दिया गया। |
| कैथरिन मैरी हेलीमेन | 1900 ई. | 18.07.1982 | गांधी जी की प्रसिद्ध यूरोपीय भक्त, सामाजिक कार्यकर्ता, कौसानी (कुमाऊं पहाड़ियों) में आश्रम। |
| विनायक दामोदर सावरकर | 28.05.1883 | 26.02.1966 | महाराष्ट्र के क्रांतिकारी नेता, 'हिंदू महासभा' के अध्यक्ष, 'अभिनव भारत' के संस्थापक। |

**ब्रिटिश कालीन प्रमुख समाचार-पत्र**

| प्रकाशन | पत्र/पत्रिका | संस्थापक | स्थान | भाषा |
|---|---|---|---|---|
| 1780 | बंगाल गजट | जे. आगस्स हिक्की | कलकत्ता | अंग्रेजी |
| 1816 | बंगाल गजट | गंगा किशोर भट्टाचार्य | कलकत्ता | बंगाली |
| 1818 | समाचार दर्पण | मार्शमैन | कलकत्ता | बांग्ला |
| 1818 | दिग्दर्शन | मार्शमैन | कलकत्ता | बांग्ला |
| 1821 | संवाद कौमुदी | राजा राममोहन राय | कलकत्ता | बांग्ला |
| 1822 | मिरात-उल अखबार | राजा राममोहन राय | कलकत्ता | फारसी |
| 1822 | बॉम्बे समाचार | फर्दूनजी मर्जबान | बम्बई | गुजराती |
| 1826 | उदण्ड मार्तण्ड (हिंदी का पहला समाचार-पत्र) | जुगल किशोर शुक्ला | कलकत्ता | हिन्दी |
| 1830 | बंगदत्त | द्वारिकानाथ टैगोर, प्रसन्न टैगोर | कलकत्ता | बांग्ला |
| 1832 | जाम-ए जमशेद | – | बम्बई | गुजराती |
| 1851 | रास्त गोफ्तार | दादाभाई नौरोजी | बम्बई | गुजराती |
| 1852 | सत्य प्रकाश | करसान दास मूलजी | अहमदाबाद | गुजराती |
| 1853 | हिन्दू पेट्रियॉट | गिरीश चन्द्र घोष, हरिशचन्द्र मुखर्जी | कलकत्ता | अंग्रेजी |
| 1859 | सोमप्रकाश | द्वारका नाथ विद्याभूषण | कलकत्ता | बांग्ला |
| 1861 | इण्डियन मिरर | देवेन्द्रनाथ टैगोर, मनमोहन घोष, द्वारिकानाथ टैगोर | कलकत्ता | अंग्रेजी |
| 1861 | टाइम्स ऑफ इण्डिया | अंग्रेजी प्रेस (राबर्ट नाइट) | बम्बई | अंग्रेजी |
| 1862 | इन्दु प्रकाश | जस्टिस रानाडे | बम्बई | मराठी |
| 1864 | नेटिव ओपिनियन | वी.एन. मांडलिक | बम्बई | अंग्रेजी |
| 1865 | पायनियर | अंग्रेजी प्रेस (राबर्ट नाइट) | इलाहाबाद | अंग्रेजी |
| 1866 | ज्ञान प्रदायिनी | नवीन चन्द्र राय | लाहौर | हिन्दी/बांग्ला |
| 1867 | कविवचन सुधा | भारतेन्दु हरिश्चन्द्र | वाराणसी | हिन्दी |
| 1868 | अमृत बाजार पत्रिका | मोतीलाल घोष, शिशिर घोष | कलकत्ता | बांग्ला अंगेजी |
| 1868 | मद्रास मेल | अंग्रेजी प्रेस (राबर्ट नाइट) | मद्रास | अंग्रेजी |
| 1873 | बंग दर्शन | बंकिम चन्द्र चटर्जी | कलकत्ता | बांग्ला |
| 1877 | ट्रिब्यून | सर दयाल सिंह मजीठिया | लाहौर | अंग्रेजी |
| 1877 | हिन्दी प्रदीप | बालकृष्ण भट्ट | वाराणसी | हिंदी |
| 1878 | स्टेट्समैन | रॉबर्ट नाइट | कलकत्ता | अंग्रेजी |
| 1878 | हिन्दू | वी.राघवचारी | मद्रास | अंग्रेजी |
| 1879 | बंगाली | एस.एन. बनर्जी | कलकत्ता | अंग्रेजी |
| 1881 | बंगवासी | जोगिन्दर नाथ बोस | कलकत्ता | बांग्ला |

| | | | | |
|---|---|---|---|---|
| 1881 | मराठा | बाल गंगाधर तिलक | बम्बई | अंग्रेजी |
| 1881 | केसरी | बाल गंगाधर तिलक | बम्बई | मराठी |
| 1890 | इण्डिया | दादाभाई नौरोजी | बम्बई | अंग्रेजी |
| 1899 | हिन्दुस्तान स्टैण्डर्ड (रिव्यू) | सच्चिदानन्द सिन्हा | दिल्ली | अंग्रेजी |
| 1900 | इण्डियन रिव्यू | जी.एन. नटेशन | मद्रास | अंग्रेजी |
| 1903 | इण्डियन ओपिनियन | महात्मा गाँधी | द. अफ्रीका | अंग्रेजी |
| 1905 | इण्डियन सोशियोलॉजिस्ट | श्याम जी कृष्ण वर्मा | लन्दन | अंग्रेजी |
| 1906 | युगान्तर | भूपेन्द्र दत्त, बारीन्द्र घोष | कलकत्ता | बंगाली |
| 1907 | मॉडर्न रिव्यू | रामानन्द चटर्जी | कलकत्ता | अंग्रेजी |
| 1909 | वन्देमातरम् | हरदयाल, श्यामजी कृष्ण वर्मा | पेरिस | अंग्रेजी |
| 1910 | प्रताप | गणेश शंकर विद्यार्थी | कानपुर | हिन्दी |
| 1911 | कामरेड, हमदर्द | मौलाना मुहम्मद अली | कलकत्ता | अंग्रेजी |
| 1912 | अल हिलाल | अबुल कलाम आजाद | कलकत्ता | उर्दू |
| 1913 | बॉम्बे क्रॉनिकल | फिरोजशाह मेहता | बम्बई | अंग्रेजी |
| 1913 | गदर | लाला हरदयाल | सैन फ्रांसिस्को | अंग्रेजी |
| 1914 | कॉमनवील | एनी बेसेन्ट | बम्बई | अंग्रेजी |
| 1914 | न्यू इण्डिया | एनी बेसेन्ट | बम्बई | अंग्रेजी |
| 1918 | सर्वेन्टस ऑफ इण्डिया | श्री निवास शास्त्री | मद्रास | अंग्रेजी |
| 1919 | इण्डिपेन्डेन्ट | मोतीलाल नेहरू | इलाहाबाद | अंग्रेजी |
| 1919 | नवजीवन | महात्मा गाँधी | अहमदाबाद | गुजराती |
| 1919 | यंग इण्डिया | महात्मा गाँधी | अहमदाबाद | अंग्रेजी |
| 1922 | हिन्दुस्तान टाइम्स | के. एम. पणिक्कर | बम्बई | अंग्रेजी |
| 1933 | हरिजन | महात्मा गाँधी | पुणे | हिन्दी |

| राष्ट्रीय स्वतन्त्रता आंदोलन संबंधी प्रमुख वचन एवं नारे | |
|---|---|
| "स्वराज्य हमारा जन्मसिद्ध अधिकार है।" | **–बाल गंगाधर तिलक** |
| "सरफरोशी की तमन्ना अब हमारे दिल में है।" | **–रामप्रसाद बिस्मिल** |
| "सारे जहाँ से अच्छा हिन्दोस्तां हमारा।" | **–इकबाल** |
| "जय हिन्द।" | **–सुभाषचन्द्र बोस** |
| "हे राम।" | **–महात्मा गाँधी** |
| "जन-गण-मन-अधिनायक जय हो।" | **–रवीन्द्रनाथ टैगोर** |
| "हू लिव्स इफ इण्डिया डाइज।" | **–जवाहरलाल नेहरू** |
| "इन्कलाब जिन्दाबाद।" | **– मोहम्मद इकबाल तथा भगत सिंह बाद में** |
| "दिल्ली चलो।" | **–सुभाष चन्द्र बोस** |
| "करो या मरो।" | **–महात्मा गाँधी** |
| "आराम हराम है।" | **–जवाहरलाल नेहरू** |
| "भारतवर्ष को तलवार के बल पर जीता गया था और तलवार के बल पर ही उसे ब्रितानी कब्जे में रखा जाएगा।" | **–लॉर्ड एल्गिन** |

**स्वतन्त्रता आंदोलन से सम्बन्धित पुस्तकें एवं उनके लेखक**

| पुस्तक | लेखक |
|---|---|
| वंदेमातरम् | अरविंद घोष |
| न्यू लैम्प्स फॉर ओल्ड | अरविंद घोष |
| भवानी मंदिर | बारिन्द्र घोष |
| हिन्द स्वराज | महात्मा गांधी |
| गोरा | रवीन्द्रनाथ टैगोर |
| घरे-बाहरे | रवीन्द्रनाथ टैगोर |
| भारत एक खोज | जवाहरलाल नेहरू |
| एसेज इन इंडियन इकोनॉमिक्स | महादेव गोविन्द रानाडे |
| राइज ऑफ द मराठा पावर | महादेब गोविन्द रानाडे |
| आर्कटिक होम ऑफ दि वेदाज | बाल गंगाधर तिलक |
| गीता रहस्य | बाल गंगाधर तिलक |
| बन्दी जीवन | सचीन्द्र नाथ सान्याल |
| गाँधी वर्सेज लेनिन | एस.ए.डांगे |
| प्रॉब्लम ऑफ द ईस्ट | लॉर्ड कर्जन |
| नील दर्पण | दीनबंधु मित्र |
| इंडिया टुडे | आर.पी. दत्त |
| इंडिया विन्स फ्रीडम | अबुल कलाम आजाद |
| ठाकुरमार झोली | डी. एम. मजूमदार |
| इंडिया अनरेस्ट | वेलेन्टाइन शिरोल |
| प्राच्य और पाश्चात्य | स्वामी विवेकानंद |
| निबंधमाला | विष्णुकृष्ण चिपलुकर |
| गौर करुणानिधि | स्वामी दयानंद सरस्वती |
| लेटर्स फ्रॉम रसिया | रवीन्द्रनाथ टैगोर |
| विदर इंडिया | रवीन्द्रनाथ टैगोर |
| सोवियत एशिया | जवाहरलाल नेहरू |
| पाथेर दाबी | अवनीन्द्रनाथ टैगोर |
| हिस्ट्री ऑफ हिन्दू केमेस्ट्री | पी.सी. राय |
| पीजेंट्री ऑफ बंगाल | आर.सी. दत्त |
| पावर्टी एण्ड अनब्रिटिश रूल इन इंडिया | दादाभाई नौरोजी |
| दुर्गेश नंदिनी | बंकिम चन्द्र चटर्जी |
| बंग दर्शन | बंकिम चन्द्र चटर्जी |
| आनंद मठ | बंकिम चन्द्र चटर्जी |
| इंडिया इन ट्राँजिशन द इकोनॉमिक | एम.एन. राय |
| हिस्ट्री ऑफ ब्रिटिश इंडिया | आर.सी. दत्त |
| इंडियन स्ट्रगल | सुभाष चन्द्र बोस |
| इंडियन मुसलमान्स | डब्ल्यू हंटर |
| गणदेवता | ताराशंकर बंद्योपाध्याय |
| फिलॉस्फी ऑफ द बॉम | भगवतीचरण बोहरा |
| व्हाई सोशलिज्म | जयप्रकाश नारायण |

# प्रश्नमाला

**1. भारतीय राष्ट्रीय कांग्रेस की स्थापना के समय भारत का वायसराय था-**
(a) लॉर्ड इरविन (b) लॉर्ड कैनिंग
(c) लॉर्ड डफरिन (d) ए. ओ. ह्यूम

**2. भारतीय राष्ट्रीय कांग्रेस की स्थापना की-**
(a) ए. ओ. ह्यूम ने
(b) व्योमेश चन्द्र बनर्जी ने
(c) लॉर्ड डफरिन ने
(d) लॉर्ड रिपन ने

**3. भारतीय राष्ट्रीय कांग्रेस के अधिवेशन में 72 प्रतिनिधियों ने भाग लिया। सर्वाधिक प्रतिनिधि किस प्रेसीडेंसी के थे ?**
(a) बंगाल प्रेसीडेंसी
(b) बम्बई प्रेसीडेंसी
(c) मद्रास प्रेसीडेंसी
(d) उत्तर-पश्चिमी प्रदेश

**4. नीचे दो वक्तव्य दिए गए हैं एक को कथन (A) तथा दूसरे को कारण (R) कहा गया है। इन पर विचार कीजिए-**
**कथन (A) : सूरत अधिवेशन 1907 ई. में कांग्रेस का विभाजन हो गया।**
**कारण (R) : गरमपंथी स्वदेशी तथा बहिष्कार का पूरे देश में प्रचार करना चाहते थे।**
(a) कथन A तथा R दोनों सत्य हैं तथा A की व्याख्या R करता है
(b) कथन A तथा R दोनों सत्य हैं, किन्तु A की सही व्याख्या R नहीं करता है
(c) कथन A गलत है, किन्तु R सही है
(d) कथन R गलत है, किन्तु A सही है

**5. 'अभिनव भारत' नामक गुप्त संस्था की स्थापना की-**
(a) चापेकर बंधु
(b) सावरकर बंधु
(c) पांडुरंग महादेव
(d) अरविन्द घोष

**6. चम्पारन में गांधीजी को बुलाने का श्रेय प्राप्त है-**
(a) डॉ. राजेन्द्र प्रसाद को
(b) राजकुमार शुक्ल को
(c) ब्रजकिशोर को
(d) जयप्रकाश नारायण को

**7. 'भारत छोड़ो' प्रस्ताव किस अधिवेशन में पारित किया गया ?**
(a) कलकत्ता (b) बम्बई
(c) जयपुर (d) दिल्ली

**8. भारत की आजादी के समय इंगलैण्ड का प्रधानमंत्री कौन था ?**
(a) चर्चिल (b) एटली
(c) मेक्डोनाल्ड (d) डिजरैली

**9. कांग्रेस के जिस अधिवेशन में पूर्ण स्वतन्त्रता की माँग की गयी थी, उसके अध्यक्ष थे-**
(a) मोतीलाल नेहरू
(b) जवाहरलाल नेहरू
(c) सुभाषचन्द्र बोस
(d) वल्लभभाई पटेल

**10. सूची-I को सूची-II से सुमेलित कीजिए और दिए गए कूटों की सहायता से सही उत्तर दीजिए-**
**सूची-I**
**(A) पूर्ण स्वराज्य की घोषणा**
**(B) भारत छोड़ो**
**(C) लाल कुर्ती आन्दोलन**
**(D) बारदोली आन्दोलन**
**सूची-II**
**1. महात्मा गांधी**
**2. जवाहरलाल नेहरू**
**3. खान अब्दुल गफ्फार खाँ**
**4. सरदार वल्लभभाई पटेल**
**कूट :**

| | (A) | (B) | (C) | (D) |
|---|---|---|---|---|
| (a) | 2 | 1 | 3 | 4 |
| (b) | 4 | 3 | 2 | 1 |
| (c) | 1 | 2 | 4 | 3 |
| (d) | 3 | 1 | 2 | 4 |

**11. द्वितीय गोलमेज सम्मेलन में भाग लेने वाले कांग्रेस प्रतिनिधियों में से किसका नाम हटा दिया गया ?**
(a) मदनमोहन मालवीय
(b) घनश्यामदास बिड़ला
(c) डॉ. अंसारी
(d) सरोजिनी नायडू

**12. आर्म्स एक्ट निम्न में से कब पारित किया गया था ?**
(a) 1866 ई. में (b) 1856 ई. में
(c) 1886 ई. में (d) 1878 ई. में

**13. "स्वतन्त्रता मेरा जन्म सिद्ध अधिकार है और मैं इसे लेकर रहूँगा" — यह कथन निम्न में से किसका है ?**
(a) महात्मा गाँधी
(b) जवाहर लाल नेहरू
(c) सुभाष चन्द्र बोस
(d) बालगंगाधर तिलक

**14. खान अब्दुल गफ्फार खान ने उत्तर-पश्चिमी सीमान्त प्रान्त में शक्तिशाली अहिंसक आन्दोलन चलाया जिसे .......... के रूप में जाना जाता है।**
(a) राम-रहीम आन्दोलन
(b) ख़िलाफ़त आन्दोलन
(c) खुदाई खिदमतगार आन्दोलन
(d) पख्तून आन्दोलन

**15. औपनिवेशिक शिक्षा पर गाँधीजी के विचारों के सम्बन्ध में निम्नलिखित कथनों में से कौन-सा कथन गलत है ?**
(a) औपनिवेशिक शिक्षा ने भारतीयों के मस्तिष्क में हीनता का भाव पैदा कर दिया।
(b) अंग्रेजी में दी जा रही शिक्षा ने भारतीयों को अपने सामाजिक परिवेश से काट दिया।
(c) पश्चिमी शिक्षा में जीवन के अनुभवों और व्यावहारिक ज्ञान की अपेक्षा पाठ्य-पुस्तकों पर अधिक बल दिया गया।
(d) अंग्रेजी शिक्षा पढ़ने और लिखने की अपेक्षा मौखिक ज्ञान पर अधिक बल दिया गया।

**16. "मैं यह विचार सहन नहीं कर सकता कि जिस व्यक्ति के पास सम्पत्ति है वह वोट ( मत ) दे सकता है, लेकिन वह आदमी जिसके पास चरित्र है पर सम्पत्ति या शिक्षा नहीं है वह वोट ( मत ) नहीं दे सकता या जो दिनभर अपना पसीना बहाकर ईमानदारी से काम करता है वह वोट ( मत ) नहीं दे सकता क्योंकि उसने गरीब आदमी होने का गुनाह किया है।" उपरोक्त कथन निम्न में से किसके द्वारा कहा गया है ?**
(a) सुभाषचन्द्र बोस
(b) बी.आर. अम्बेडकर
(c) महात्मा गाँधी
(d) जवाहरलाल नेहरू

**17. यदि आप एक चरमपन्थी नेता होते, तो अंग्रेजी सरकार के विरुद्ध आपने निम्न में से कौन-सा तरीका अपनाया होता ?**
**A. अंग्रेजी संस्थानों तथा वस्तुओं का बहिष्कार**
**B. क्रान्तिकारी हिंसा तथा बल का प्रयोग**
**C. अंग्रेजी शासन के विरुद्ध प्रदर्शन करते, याचिकाएँ दायर करते तथा लेख लिखते**
**सही विकल्प का चयन कीजिए।**
(a) B और C (b) A और B
(c) A, B और C (d) A और C

**18. कांग्रेस को औपनिवेशिक शासन के विरुद्ध सभी भारतीयों की ओर से बोलने के लिए बुलावा दिया गया-**
(a) केवल वही एकमात्र दल था, जिसमें सभी भारतीयों को संगठित कर विरोध के लिए तैयार करने की शक्ति थी

(b) स्वतन्त्रता के लिए लड़ाई में लोगों ने अपना सम्पूर्ण विश्वास तथा समर्थन इस दल को दिया था
(c) क्योंकि वे विदेशी शासन के विरुद्ध लड़ाई के लिए प्रत्येक व्यक्ति का पूरा समर्थन चाहते थे
(d) क्योंकि इसने स्वयं को सभी समुदायों के प्रतिनिधित्व के रूप में प्रदर्शित किया था

**19. हिन्दुस्तान सोशलिस्ट रिपब्लिक एसोसिएशन की स्थापना की-**
(a) वीर सावरकर ने
(b) ऊधम सिंह ने
(c) भगत सिंह ने
(d) चन्द्रशेखर आजाद ने

**20. निम्न का सही क्रम बनाइए-**
**A. रेग्यूलेटिंग एक्ट**
**B. सूरत की फूट**
**C. बंगाल का विभाजन**
**D. मुस्लिम लीग की स्थापना**
(a) A B C D (b) A C D B
(c) A C B D (d) A D C B

**21. किन दो नेताओं ने भारत में दौरा कर सामाजिक उत्थान का कार्य किया?**
(a) गांधी, तिलक
(b) जवाहर लाल नेहरू, सुभाष चन्द्र बोस
(c) विपिन चन्द्र पाल, अरविन्द घोष
(d) गोपाल कृष्ण गोखले, मोतीलाल नेहरू

**22. निम्न में से कौन सुमेलित क्रम में है?**
(a) एनी बेसेन्ट - यंग इंडिया
(b) महात्मा गांधी - न्यू इंडिया
(c) बी.जी. तिलक - केसरी
(d) सुरेन्द्र नाथ बनर्जी - मराठा

**23. रौलेट एक्ट भारत में लागू किया गया था-**
(a) सन् 1909 में
(b) सन् 1919 में
(c) सन् 1930 में
(d) सन् 1942 में

**24. 'होमरूल' आंदोलन किसने प्रारम्भ किया?**
(a) ऐनी बेसेन्ट (b) लोकमान्य तिलक
(c) महात्मा गांधी (d) सरदार पटेल

**25. 'सर्वेन्ट्स ऑफ इंडिया सोसायटी' के संस्थापक कौन थे?**
(a) बाल गंगाधर तिलक
(b) गोपाल कृष्ण गोखले
(c) के.एम. राय
(d) एम.के. गांधी

**26. मार्ले-मिन्टो सुधार बिल किस वर्ष में पारित किया गया?**
(a) 1905 (b) 1909
(c) 1911 (d) 1920

**27. 1946 का कैबिनेट मिशन तीन कैबिनेट मंत्रियों से गठित था। निम्नलिखित में से कौन इसका सदस्य नहीं था?**
(a) लॉर्ड पैथिक लारेन्स
(b) ए.वी. अलेक्जेण्डर
(c) सर स्टेफोर्ड क्रिप्स
(d) लॉर्ड एमरी

**28. वर्ष 1909 के इण्डियन काउन्सिल एक्ट में किस बात की व्यवस्था की गई थी?**
(a) द्वैधशासन प्रणाली
(b) साम्प्रदायिक प्रतिनिधित्व
(c) संघीय व्यवस्था
(d) प्रान्तीय स्वायत्तता

**29. करमचन्द गांधी दीवान थे-**
(a) पोरबंदर के
(b) राजकोट के
(c) बीकानेर के
(d) उपरोक्त सभी राज्यों के

**30. निम्नलिखित व्यक्तियों में से किसने इरविन तथा गांधी को-'दो महात्मा' कहा था?**
(a) मीरा बेन
(b) सरोजिनी नायडू
(c) मदन मोहन मालवीय
(d) जवाहर लाल नेहरू

**31. जलियांवाला बाग हत्याकाण्ड के लिए उत्तरदाई जनरल डायर को निम्नांकित में से किसने मार दिया था?**
(a) पृथ्वी सिंह आजाद
(b) मोहन सिंह जोशी
(c) ऊधम सिंह
(d) सरदार किशन सिंह

**32. होमरूल लीग के संबंध में निम्नलिखित में से क्या असत्य है?**
(a) सबसे पहले इसकी योजना ऐनी बेसेन्ट ने वर्ष 1914-15 में प्रस्तुत की थी।
(b) तिलक की होमरूल लीग महाराष्ट्र, कर्नाटक, मध्य प्रांत एवं बरार तक सीमित थी।
(c) तिलक द्वारा स्थापित होमरूल लीग अधिक शक्तिशाली थी।
(d) तिलक और बेसेन्ट के मतभेदों के उपरान्त भी दोनों लीग बनी रहीं।

**33. भारत में द्वैध शासन प्रारम्भ किया गया-**
(a) गवर्नमेन्ट ऑफ इन्डिया एक्ट, 1935 से
(b) मार्ले-मिन्टो सुधारों से
(c) मॉन्टफोर्ड सुधारों से
(d) साइमन कमीशन योजना से

**34. ब्रिटिश हाउस ऑफ कामन्स का चुनाव जिस प्रथम भारतीय ने लड़ा था, वह थे-**
(a) दादा भाई नौरोजी
(b) गोपाल कृष्ण गोखले
(c) फिरोज शाह मेहता
(d) डब्ल्यू. सी. बनर्जी

**35. महाराष्ट्र में गणपति पर्व का शुभारम्भ किया था-**
(a) बाल गंगाधर तिलक ने
(b) गोपाल कृष्ण गोखले ने
(c) अरविंद घोष ने
(d) विपिन चन्द्र पाल ने

## उत्तरमाला

| | | | | | | | | | |
|---|---|---|---|---|---|---|---|---|---|
| **1.** (c) | **2.** (a) | **3.** (b) | **4.** (a) | **5.** (b) | **6.** (b) | **7.** (b) | **8.** (b) | **9.** (b) | **10.** (a) |
| **11.** (c) | **12.** (d) | **13.** (d) | **14.** (c) | **15.** (d) | **16.** (b) | **17.** (c) | **18.** (a) | **19.** (d) | **20.** (b) |
| **21.** (a) | **22.** (c) | **23.** (b) | **24.** (a) | **25.** (b) | **26.** (b) | **27.** (d) | **28.** (b) | **29.** (d) | **30.** (b) |
| **31.** (c) | **32.** (d) | **33.** (c) | **34.** (a) | **35.** (a) | | | | | |

❑❑❑

# स्वतंत्रता के पश्चात भारत

- आजादी के बाद भारतीय जनमानस में एक नए दृष्टिकोण का विकास हुआ जो आधुनिक भारत के निर्माण में दृष्टिगोचर होता है।
- इतिहास के एक लम्बे कालखण्ड के पश्चात् भारत औपनिवेशिक दासता से मुक्त होकर एक सम्प्रभु राष्ट्र की ओर अग्रसर हुआ।
- परन्तु तत्कालीन समय में देश में सर्वत्र भुखमरी, गरीबी, बीमारी, अशिक्षा एवं असमानता व्याप्त थी, जो स्वतन्त्र भारत के लिए एक चुनौती थी। इसके साथ ही देश विभिन्न प्रान्तों एवं क्षेत्रों में विभाजित था। (565 रियासत)

## स्वतन्त्रता के बाद की चुनौतियाँ

आजादी के बाद भारत के सामने कई बड़ी चुनौतियाँ थीं, जो निम्न प्रकार हैं-

- बँटवारे के कारण 80 लाख शरणार्थी पाकिस्तान से भारत आए। इन सभी को नए राष्ट्र में सम्मिलित करना रियासतों की समस्या थी।
- भारत को एक ऐसी राजनीतिक व्यवस्था भी विकसित करनी थी जो यहाँ के लोगों की आशाओं और आकांक्षाओं को सबसे अच्छी तरह व्यक्त कर सके।
- वर्ष 1947 में भारत की आबादी लगभग 34.5 करोड़ बड़ी थी। इसमें ऊँची जाति और नीची जाति, बहुल हिन्दू समुदाय और अन्य धर्मों को मानने वाले भारतीय थे।
- भारत के एकमात्र भारतीय गर्वनर जनरल सी. राजगोपालाचारी थे।

### नए संविधान की रचना

- संविधान सभा के द्वारा भारतीय संविधान दिसम्बर 1946 से नवम्बर 1949 के मध्य लिखा गया था।
- 26 जनवरी, 1950 को भारतीय संविधान लागू किया गया, एवं संविधान सभा के ड्राफ्टिंग समिति के अध्यक्ष डॉ. भीमराव अम्बेडकर थे।

### राज्यों का गठन

- प्रधानमन्त्री जवाहरलाल नेहरू और उपप्रधानमन्त्री वल्लभभाई पटेल, दोनों ही भाषा के आधार पर राज्यों के गठन (Formation of States) की नीति के विरोधी थे।
- कन्नड़ भाषी, मराठी भाषी, सभी अपने-अपने राज्य के इन्तजार में थे। सबसे गहरा असन्तोष मद्रास प्रेसीडेन्सी के तेलुगू भाषी जिलों में दिखाई दिया। अक्टूबर, 1952 में वयोवृद्ध गाँधीवादी पोट्टी श्री रामुलु तेलुगू भाषियों के हितों की रक्षा के लिए आन्ध्र प्रदेश के गठन की माँग करते हुए भूख हड़ताल पर बैठ गए थे।
- 58 दिन के अनशन के बाद 15 दिसम्बर, 1952 को पोट्टी श्रीरामुलू का देहान्त हो गया, इसके बाद केन्द्र सरकार को यह माँग माननी पड़ी थी।
- 1 अक्टूबर, 1958 को आन्ध्र के रूप में एक नए राज्य का गठन हुआ, बाद में आन्ध्र प्रदेश बना।
- वर्ष 1956 में राज्य पुनर्गठन आयोग का गठन किया गया। आयोग ने सुझाव दिया कि असमिया, बांग्ला, उड़िया, मलयालम, कन्नड़ और तेलुगू भाषियों के लिए अलग-अलग प्रान्तों का गठन किया गया।
- वर्ष 1960 में बम्बई प्रान्त को मराठी और गुजराती भाषी, दो अलग राज्यों बाँट दिया गया। वर्ष 1966 में पंजाब का विभाजन हुआ और हरियाणा को अल राज्य का दर्जा दे दिया गया।

### विकास की योजनाएँ बनाना

- वर्ष 1950 में सरकार ने आर्थिक विकास के लिए नीतियाँ बनाने और उनको ला करने के लिए एक 'योजना आयोग' का गठन किया।
- भारत ने 'मिश्रित अर्थव्यवस्था' को अपनाया था। इसमें राज्य और निजी क्षेत्र, दो ही उत्पादन बढ़ाने और रोजगार उत्पन्न करने में महत्त्वपूर्ण भूमिका अदा करें
- वर्ष 1956 में दूसरी पंचवर्षीय योजना तैयार की गई। इस योजना के इस्पा जैसे भारी उद्योगों और विशाल बाँध परियोजनाओं आदि पर सबसे ज्यादा ध्या केन्द्रित किया गया।

### स्वतन्त्र विदेशी नीति

- 1950-60 के दशकों में शीत युद्ध का उदय हुआ, शक्तिशाली देशों के बी प्रतिद्वन्द्विता पैदा हुई और अमेरिका व सोवियत संघ के बीच वैचारिक टकरा गहरे होते चले गए।
- दोनों देशों ने अपने-अपने समर्थक देशों को मिलाकर सैनिक गठबन्धन ब लिए। प्रधानमन्त्री जवाहरलाल नेहरू नवस्वाधीन भारत के विदेश मन्त्री भी थे
- मिस्र, यूगोस्लाविया, इण्डोनेशिया, घाना और के राजनेताओं के नेतृत्व में गुटनिरपे आन्दोलन में दुनिया के देशों से आह्वान किया कि वे इन दोनों मुख्य सैनि गठबन्धों में सम्मिलित न हो।
- दोनों देशों ने युद्ध को टालने के प्रयास किए और अकसर युद्ध के विरु मानवतावादी और नैतिक व्यवहार अपनाया परन्तु विभिन्न कारणों से भारत सहि बहुत सारे गुटनिरपेक्ष देशों को युद्धं का सामना करना पड़ा।

### महात्मा गाँधी की हत्या

- वर्ष 1947 में स्वतन्त्रता के साथ देश विभाजन ने गाँधी जी को निराश किया था। द के दौरान उनकी सक्रियता को देखते हुए माउण्टबेटन ने उन्हें 'वन मैन आर्मी' कह
- पाकिस्तान को रोकड़ बाकी (Cash Balance) दिलाने के लिए गाँधी जी ने कांग्र के नेताओं को राजी किया। इस मामले पर उन्होंने आमरण अनशन भी किया
- उनकी प्रार्थना सभा में कुरान की आयतें पढ़ी गईं। इन कार्यों को कट्टरपन हिन्दुओं ने पसन्द नहीं किया।
- तनावपूर्ण माहौल में 30 जनवरी, 1948 को नाथूराम गोडसे ने महात्मा गाँधी क हत्या दिल्ली में कर दी। पण्डित जवाहरलाल नेहरू ने इस अवसर पर कहा "हमारे जीवन से प्रकाश बुझ गया है। "
- महात्मा गाँधी की हत्या के बाद भारतीय नेतृत्व के लिए जवाहरलाल नेहरू आ आए। संविधान सभा के अध्यक्ष डॉ. राजेन्द्र प्रसाद को संविधान लागू होने

बाद देश का पहला राष्ट्रपति बनाया गया तथा प्रथम आम चुनाव (1951-52) में कांग्रेस की जीत के बाद जवाहरलाल नेहरू देश के पहले प्रधानमन्त्री बने ।

### भारत-चीन संबंध

- 1 अक्टूबर, 1949 में चीन में साम्यवादी सरकार की विधिवत् स्थापना की गई। गैर-साम्यवादी देशों में भारत ही एकमात्र ऐसा देश था, जिसने 30 दिसम्बर, 1949 को चीन में इस नई सरकार को मान्यता दी थी।
- वर्ष 1950 में कोरिया युद्ध के समय भारत ने चीन का साथ दिया।
- 25 अक्टूबर, 1950 को चीनी सेना ने तिब्बत पर खुला आक्रमण कर दिया, जिसका भारत सरकार ने विरोध किया।

### पंचशील समझौता

- दोनों देशों के बीच नई दिल्ली में 29 अप्रैल, 1954 को तिब्बत को लेकर एक समझौता हुआ, जोकि 'पंचशील समझौता' के नाम से ही जाना जाता है।
- पंचशील समझौते के अनुसार भारत ने अंग्रेजों से विरासत में प्राप्त उन सभी विशेषाधिकारों का परित्याग कर दिया, जो अब तक उसे तिब्बत में प्राप्त थे।
- ये विशेषाधिकार थे- ल्हासा में एक एजेण्ट, ग्यान्त्से एवं यातुंग में व्यापारिक एजेन्सियाँ तथा ग्यान्त्से जाने वाले व्यापारिक मार्ग पर डाक एवं तारघर तथा उसकी सुरक्षा के लिए एक छोटा संरक्षक सैनिक दल सम्मिलित था।

## स्वतन्त्रता पश्चात् सामाजिक एवं लोक-हित विकासात्मक योजनाएँ

स्वतन्त्रता पश्चात् सामाजिक एवं लोक-हित सम्बन्धी विकासात्मक योजनाएँ निम्न हैं -

### योजना आयोग का गठन

- स्वतन्त्रता प्राप्ति के पश्चात् 15 मार्च, 1950 को पण्डित जवाहरलाल नेहरू की अध्यक्षता में योजना आयोग का गठन किया गया ताकि देश की मौलिक पूँजी एवं मानवीय संसाधनों की आवश्यकता का अनुमान लगाया जा सके। इसका अध्यक्ष प्रधानमन्त्री होता है।
- 1 अप्रैल, 1951 को प्रथम पंचवर्षीय योजना प्रारम्भ की गई, जिसमें कृषि के विकास को प्राथमिकता दी गई।
- दूसरी पंचवर्षीय योजना में इस्पात जैसे भारी उद्योगों और विशाल परियोजनाओं पर ज्यादा बल दिया गया। अब तक कुल 12 पंचवर्षीय योजनाओं को क्रियान्वित किया जा चुका है।
- प्रधानमन्त्री नरेन्द्र मोदी ने 15 अगस्त, 2014 को स्वतन्त्रता दिवस के अवसर पर योजना आयोग का नाम बदलकर नीति आयोग करने की घोषणा की। 1 जनवरी, 2015 को इसकी स्थापना की गई थी।

### शिक्षा के विकास हेतु उठाए गए कदम

शिक्षा के विकास हेतु उठाए गए कदम निम्न हैं-

- वर्ष 1949 में उच्च शिक्षा के क्षेत्र में सुधार लाने के लिए डॉ सर्वपल्ली राधाकृष्णन की अध्यक्षता में एक भारतीय विश्व विद्यालय शिक्षा कमीशन नियुक्त किया गया।
- इसी आयोग की सिफारिश पर वर्ष 1953 में विश्वविद्यालय अनुदान आयोग (UGC) की स्थापना की गई।
- वर्ष 1952 में माध्यमिक शिक्षा में सुधार लाने हेतु 'मुदालियर आयोग' एवं वर्ष 1964 में डॉ. जी ए कोठारी की अध्यक्षता में कोठारी प्रशिक्षण एवं अनुसन्धान आयोग का गठन किया गया।
- वर्ष 1952 में राष्ट्रीय शैक्षिक प्रशिक्षण एवं अनुसन्धान परिषद् (NCERT) की स्थापना की गई।
- वर्ष 2010 में प्राथमिक शिक्षा को बच्चों के विकास हेतु संविधान में दिए गए मौलिक अधिकारों के अन्तर्गत भी रखा गया एवं यह प्रावधान दिया गया कि 14 वर्ष की आयु तक के बच्चों को नि:शुल्क व अनिवार्य - प्राथमिक शिक्षा दी जाएंगी।

### विकास हेतु अन्य कार्य

- वर्ष 1957 में बलवन्त राय मेहता की अध्यक्षता में 'ग्रामोद्धार समिति' नामक दल का गठन किया गया।
- परिणामस्वरूप 2 अक्टूबर, 1959 को पंचायती राज का राजस्थान के नागौर जिले में उद्घाटन पण्डित जवाहरलाल नेहरू द्वारा किया गया।
- वर्ष 1952 में बढ़ती जनसंख्या को नियन्त्रित करने हेतु 'परिवार नियोजन कार्यक्रम' प्रारम्भ किया गया।
- पण्डित जवाहरलाल नेहरू ने समाजवादी अवधारणा विकास के अन्तर्गत मिश्रित अर्थव्यवस्था को प्राथमिकता दी, जिसमें सरकारी और निजी क्षेत्रों को बढ़ावा दिया गया।
- खाद्यान्न के क्षेत्र में आत्म-निर्भरता लाने हेतु वर्ष 1966 में हरित क्रान्ति का प्रारम्भ किया गया।

## प्रश्नमाला

**1. संविधान सभा की ड्राफ्टिंग कमेटी का अध्यक्ष निम्न में से कौन था ?**

(a) जवाहरलाल नेहरू
(b) बाल गंगाधर तिलक
(c) डॉ. भीमराव अम्बेडकर
(d) उपरोक्त में से कोई नहीं

**2. नीति आयोग के गठन की घोषणा किस वर्ष की गई थी ?**

(a) वर्ष 2014
(b) वर्ष 2015
(c) वर्ष 2016
(d) वर्ष 2017

**3. भारत में योजना आयोग की स्थापना कब हुई थी ?**

(a) वर्ष 1950
(b) वर्ष 1960
(c) वर्ष 1970
(d) वर्ष 1975

**4. स्वतन्त्रता के तुरन्त बाद भारत द्वारा निम्नलिखित में से किस समस्या का सामना नहीं किया गया ?**

(a) राजाओं द्वारा शासित राज्यों को भारतीय संघ में सम्मिलित करने का प्रयास
(b) आर्थिक विकास
(c) पाकिस्तान से आने वाले शरणार्थी
(d) भारत, पाकिस्तान और ग्रेट ब्रिटेन में समान रूप से सम्पदा और कर्ज का बँटवारा

**5. निम्नलिखित में से कौन भारत का एकमात्र भारतीय गवर्नर-जनरल था ?**

(a) बी. पट्टाभि सीतारमय्या
(b) टी.टी. कृष्णमाचारी
(c) सी. राजगोपालाचारी
(d) डॉ. सर्वपल्ली राधाकृष्णन

**6. राज्यों के गठन के सन्दर्भ में निम्न अभिकथन (A) व कारण (R) को पढ़ें तथा सही विकल्प चुनें।**

**अभिकथन (A) प्रधानमन्त्री जवाहरलाल नेहरू और उप-प्रधानमन्त्री वल्लभभाई पटेल, दोनों ही भाषा के आधार पर राज्यों के गठन की नीति के विरोधी थे।**

**तर्क (R) राज्य पुनर्गठन आयोग ने वर्ष 1965 में सुझाव दिया कि असमिया, बंगला, उड़िया, तमिल, मलयालम, कन्नड़ और तेलुगू भाषियों के लिए अलग-अलग प्रान्तों का गठन करने के उद्देश्य से जिलों और प्रान्तों की सीमा को पुनः तय किया जाए।**

**कूट**

(a) (A) और (R) दोनों गलत हैं

(b) (A) सही है, लेकिन (R) गलत है

(c) (A) और (R) दोनों सही हैं, लेकिन (R) सही व्याख्या नहीं है (A) की

(d) (A) और (R) दोनों सही हैं और (R) सही व्याख्या करता है (A) की

## उत्तरमाला

**1.** (c) **2.** (a) **3.** (a) **4.** (d) **5.** (c) **6.** (b)

❑❑❑

# भूगोल

# भूगोल, सामाजिक अध्ययन तथा विज्ञान के रूप में

## भूगोल का अर्थ

- सर्वप्रथम भूगोल शब्द का प्रयोग **इरेटोस्थेनीज** नामक ग्रीक विद्वान (276-194 ई.पू.) ने किया। यह शब्द, **ग्रीक भाषा** के दो मूल शब्दों **'Geo' (पृथ्वी)** एवं **'graphos' (वर्णन)** से प्राप्त किया गया है। दोनों को एक साथ रखने पर इसका अर्थ बनता है **पृथ्वी का वर्णन**। पृथ्वी को सर्वदा **मानव के आवास** के रूप में देखा गया है।

**भूगोल का परिचय**

सम्पूर्ण ब्रह्माण्ड में मानव के निवास के रूप में वर्तमान समय तक **प्रमाणित एकमात्र ग्रह 'पृथ्वी'** के बारे में तथ्यात्मक विवरणों के साथ संपूर्ण अध्ययन करने वाला विज्ञान है- **'भूगोल' या 'ज्योग्रेफी'** (Geography)। विषय के रूप में 'भूगोल' का शाब्दिक अर्थ है-**'गोल पृथ्वी'**। वास्तव में, यह शब्द **पृथ्वी के मात्र एक ही गुण** का परिचायक है न कि सम्पूर्ण भूगोल की वास्तविक सीमाओं का। केवल पृथ्वी गोल है कहने से इसके सभी गुणों का वर्णन नहीं होता है। इसके अन्य पहलु भी हैं। पृथ्वी का वर्णन शब्द भी भूगोल के सम्पूर्ण अध्ययन क्षेत्र का परिचय कराने में अपूर्ण है क्योंकि मात्र पृथ्वी का वर्णन कर देने से भूगोल का **वास्तविक लक्ष्य नहीं प्राप्त** किया जा सकता है। विभिन्न विद्वानों द्वारा प्राचीन काल से ही इसे **एक शास्त्र** के रूप में मान्यता प्रदान की गई है जिसके अन्तर्गत पृथ्वी के वर्णन के साथ ही विभिन्न देशों के निवासियों के **रहन-सहन, मुख्य धरातलीय आकृतियों** का अध्ययन तथा विभिन्न क्रियाओं जैसे **ज्वालामुखी, भूकम्प, ज्वार-भाटा, लहरें** आदि को महत्व प्रदान किया गया। समय परिवर्तन के साथ वर्तमान शताब्दी में सम्पूर्ण **भौगोलिक अध्ययन को सम्पूर्ण पृथ्वी** के अध्ययन से हटा कर धरातलीय पेटियों में **मानव कल्याण के समस्त पहलुओं** को शामिल कर लिया गया है। यहाँ तक कि भूगोल के मूल अर्थ **'पृथ्वी के वर्णन'** के स्थान पर गणितीय विधियों से **उनके सत्यापन एवं विश्लेषण** का भी कार्य किया जा रहा है।

- पृथ्वी का वर्णन, मानव ने प्रकृति के साथ **समझौता, अनुकूलन** (Adaptation) अथवा **आपरिवर्तन** (Modification) के माध्यम से किया है।

**भूगोल क्या है?**

भूगोल का प्रमुख उद्देश्य **धरातल की प्रादेशिक/क्षेत्रीय भिन्नताओं** की व्याख्या करना है।
— **रिचर्ड हार्टशोर्न**

भूगोल धरातल के **कारणात्मक तथ्यों में भिन्नता का** अध्ययन करता है।
— **अलफ्रेड हैटवर**

### भूगोल एक एकीकृत (Integrating) विषय के रूप में

- भूगोल एक **संकलनात्मक** (Synthesis) **विषय** है, जो क्षेत्रीय संकलन का प्रयास करता है जबकि इतिहास, **कालिक संकलन** का प्रयास करता है। इसके उपागम की **प्रकृति समग्रात्मक** (Holistic) होती है।
- **नौ-संचालन** (Navigation) तकनीकी ने यूरोपीय देशों को भारत सहित **कई एशियाई एवं अफ्रीकी राष्ट्रों पर उपनिवेशीकरण** करने में सहायता की, क्योंकि उन्हें **समुद्र के माध्यम** से नौ-संचालन का ज्ञान मिला।
- एक **भूगोलवेत्ता को गणित एवं कला**, विशेषत: **मानचित्र रेखांकन में, निपुण** होना चाहिए। भूगोल खगोलीय स्थितियों के अध्ययन से भी जुड़ा हुआ है, जो **अक्षांश एवं देशांतर** का विवरण प्रस्तुत करता है।
- पृथ्वी का आकार **भू-आभ** (Geoid) है, परंतु **भूगोलवेत्ता का** मूल उपकरण **मानचित्र है, जो द्वि-आयामी** होता है।
- भूगोल **व्यष्टिपरक सूचनाओं** के **बहाव का अवरोध नहीं** करता, जैसा कि शरीर की सभी कोशिकाओं की **एक झिल्ली** (Membrane) द्वारा पृथक पहचान होती है परन्तु **रक्त का बहाव अवरुद्ध नहीं** होता। वस्तुगत भूगोल का उपागम वही है जो सामान्य भूगोल का होता है।
- इस उपागम का प्रयोग **एक जर्मन भूगोलवेत्ता 'अलेक्जेंडर वॉन हम्बोल्ट'** (1769-1859) द्वारा किया गया, जबकि **प्रादेशिक भूगोल का विकास हम्बोल्ट** के समकालीन एक दूसरे जर्मन भूगोलवेत्ता **कार्ल रिटर (1779-1859)** द्वारा किया गया।

## भूगोल की शाखाएँ (विषयवस्तुगत या क्रमबद्ध उपागम के आधार पर)

- विषयवस्तुगत या क्रमबद्ध उपागम के आधार पर भूगोल की शाखाओं को तीन भागों में बाँटा जा सकता है- भौतिक भूगोल, मानव भूगोल और जीव भूगोल।

### भौतिक भूगोल

**भौतिक भूगोल (Physical Geography)**- इसके अन्तर्गत मानव से सम्बन्धित भौतिक वस्तुओं जैसे पृथ्वी, समुद्र, वायुमण्डल आदि के तत्त्वों एवं इनमें परिवर्तन लाने वाले प्रक्रमों का तथ्यपरक अध्ययन किया जाता है।

- भौतिक भूगोल की प्रमुख शाखाएँ निम्न हैं-
  1. **ब्रहमांड विज्ञान (Cosmography)**-यह **विज्ञान खगोल, भूविज्ञान** तथा **भौतिक भूगोल इन तीनों विषयों का** सम्मिलित अध्ययन करता है किन्तु इसका विषय **क्षेत्र खगोलीय पिण्डों तथा पृथ्वी के प्रमुख लक्षणों** के **वर्णन एवं चित्रण तक** ही सीमित रहता है।
  2. **भूआकृतिकी (Physiography)-भौतिक भूगोल** की इस शाखा के **अन्तर्गत भूपृष्ठ के प्राकृतिक लक्षणों** का अध्ययन किया जाता है।
  3. **भू-आकृति विज्ञान (Geomorphology)**-इसके अन्तर्गत **भूधरातल** पर मिलने वाली **विभिन्न स्थलाकृतियों की उत्पत्ति, उनकी उत्पत्ति में सहायक प्रक्रमों तथा** उनके **विकास या विनाश का** वस्तुपरक अध्ययन किया जाता है।
  4. **पर्वत विज्ञान (Orography)**-इसके अन्तर्गत **पर्वतों की उत्पत्ति, संरचना, विकास तथा** उनके विभिन्न प्रकार के प्रभावों का अध्ययन किया जाता है।

5. **समुद्र विज्ञान (Oceanography)**-इसके अन्तर्गत **सागरों की उत्पत्ति**, उनकी **गतियाँ, तापमान, लवणता**, उनका मानव जीवन पर प्रभाव आदि का अध्ययन किया जाता है।

6. **जलवायु विज्ञान (Climatology)**-इसके अन्तर्गत वायु मण्डल की **संरचना, उसका संघटन, तापमान, वर्षण, वर्षा, चक्रवात, वायुराशि**, विश्व के प्रमुख **जलवायु प्रदेशों का एवं उनके मानव-जीवन** एवं उसके क्रिया-कलापों पर पड़ने वाले **प्रभावों का अध्ययन** किया जाता है।

7. **भूकम्प विज्ञान (Seismology)**-भौतिक भूगोल की इस शाखा के अन्तर्गत **भूकम्पों का वैज्ञानिक अध्ययन** एवं **तथ्यपूर्ण विश्लेषण** शामिल किया गया है।

8. **भूगर्भ-शास्त्र (Geology)**-यह वह विज्ञान है जो भौतिक भूगोल से सम्बन्धित अध्ययनों को आधार प्रदान करता है। इसके अन्तर्गत **पृथ्वी की उत्पत्ति, उसकी संरचना, संगठन** आदि **ऐतिहासिक पहलुओं का अध्ययन** किया जाता है। इसमें उन प्रक्रमों का भी अध्ययन किया जाता है जो **शैलों की मूल अवस्था में परिवर्तन** के लिए उत्तरदायी होते हैं।

9. **संरचनात्मक भूविज्ञान (Structural Geology)**-भूविज्ञान की यह शाखा **भौतिक भूगोल से घनिष्ठ रूप** से अन्तर्सम्बन्धित है क्योंकि इसमें **शैलों के स्तरों, उनकी निक्षेपण स्थिति, आयु, स्वरूप, भूपृष्ठ पर उनके** वितरण आदि का अध्ययन किया जाता है।

10. **भूगति विज्ञान (Geodynamics)**-इसके अन्तर्गत पृथ्वी के **आन्तरिक भाग के गतिक बलों एवं प्रक्रमों** का अध्ययन किया जाता है।

11. **जल विज्ञान (Hydrology)**-इस शाखा के अन्तर्गत **भूपृष्ठ के ऊपर** या उसके **नीचे प्रवाहित होने** वाली **जल राशियों का** अध्ययन उनके भौतिक प्रभावों को दृष्टि में रखकर किया जाता है।

12. **भूकालानुक्रम (Geochronology)**-यह **भूविज्ञान** एवं **भूगोल में प्रयुक्त** होने वाली **ऐसी प्रणाली या विधि** है जिससे **पृथ्वी एवं उससे सम्बन्धित** तत्वों की **ऐतिहासिक समय-सारणी** तैयार की जाती है।

13. **अश्म ( चट्टान ) विज्ञान (Lithology)**-इस शाखा के अन्तर्गत **चट्टानों** एवं **शैलों के बृहत् प्रतिदर्शी** (Macro Models) के आधार पर उनका **वैज्ञानिक अध्ययन** किया जाता है।

14. **पुरा भूगोल (Palaeogeography)**-भौतिक भूगोल की इस शाखा के **अन्तर्गत भूपृष्ठ पर आदि** काल से **विद्यमान स्थल** एवं **जल संहतियों** के **प्रतिरूपों का अध्ययन** किया जाता है।

15. **जैव भूगोल (Biogeography)**-भूगोल की इस शाखा के अन्तर्गत **जीव-जन्तुओं एवं पेड़-पौधों के भौगोलिक पक्षों** जैसे उनके **धरातलीय एवं जलवायविक सम्बन्ध**, प्रभाव तथा वितरण का क्रमबद्ध अध्ययन किया जाता है।

16. **पारिस्थितिकी (Ecology)**-इसके **अन्तर्गत जीवों** एवं उनके **वातावरण** के **पारस्परिक सम्बन्धों** का अध्ययन किया जाता है।

17. **हिमनद विज्ञान (Glaciology)**-इस शाखा के अन्तर्गत **हिमनद या हिमानियों के** रूप में **बर्फ एवं उसके** विभिन्न रूपों, **प्रकृति, वितरण, प्रक्रम के** रूप में कार्य एवं तज्जनित परिणामों (स्थलाकृतियों) का अध्ययन किया जाता है।

18. **सरोवर विज्ञान (Limnology)**-भूगोल की इस शाखा के अन्तर्गत **ताजे पानी की झीलों एवं सरोवरों की उत्पत्ति से लेकर** उनके सम्पूर्ण **जीवन-चक्र** तक का वैज्ञानिक अध्ययन किया जाता है।

19. **पादप भूगोल (Phytogeography)**-भूगोल की इस शाखा के अन्तर्गत **भौगोलिक वातावरण** के अनुसार **पृथ्वी पर पौधों के वितरण** एवं उनकी विशेषताओं का अध्ययन किया जाता है।

20. **ज्वालामुखी विज्ञान (Vulcanology)**-इस शाखा के अन्तर्गत **ज्वालामुखियों का समग्र रूप से** अध्ययन किया जाता है। इसके तहत **ज्वालामुखी की उत्पत्ति, प्रकृति, निस्सृत पदार्थों, वितरण तथा प्रभावों के अध्ययन** को प्रमुखता दी जाती है।

21. **मृत्तिका विज्ञान (Pedology)**-इसके अन्तर्गत **मिट्टी के निर्माण**, उसकी विशेषताओं एवं **भू-धरातल** पर उसके वितरण का वैज्ञानिक अध्ययन किया जाता है।

22. **मौसम विज्ञान (Meteorology)**-इसके अन्तर्गत **मौसम संबंधी पूर्वानुमानों** के लिए धरातल के विभिन्न भागों में स्थित **मौसम सूचना केन्द्रों के सिनाप्टिक चार्टों** का अध्ययन करके वायुमण्डल में सक्रिय भौतिक घटनाओं एवं प्रक्रमों का **विश्लेषणात्मक अध्ययन** किया जाता है।

23. **सूक्ष्म मौसम विज्ञान (Macrometeorology)**-मौसम विज्ञान की इस शाखा के अन्तर्गत **वायुमण्डल की सबसे निचली परत** का क्रमबद्ध एवं सर्वांगीण अध्ययन किया जाता है।

24. **गुफा विज्ञान (Speleology)**-भूगोल की इस शाखा के **अन्तर्गत गुफाओं का विशिष्ट** अध्ययन किया जाता है।

25. **घास विज्ञान (Agrostology)**-भूगोल की इस शाखा के अन्तर्गत **घासों का भौगोलिक पर्यावरण के** संबंध में विशिष्ट अध्ययन करते हुए धरातल पर उनके वितरण को दर्शाया जाता है।

26. **खनिज विज्ञान (Minerology)**-यह भूगर्भ विज्ञान की वह शाखा है जिसके अन्तर्गत **खनिज पदार्थों की उत्पत्ति** से लेकर **उनके गुणों, विशेषताओं** एवं **वितरण का वैज्ञानिक** अध्ययन किया जाता है।

27. **प्राणि भूगोल (ZOO-Geogrphy)**-इस शाखा के अन्तर्गत **भूपृष्ठ पर मिलने वाले प्राणियों** (विशेष रूप से जानवरों) के वितरण का अध्ययन किया जाता है।

28. **वर्षण विज्ञान (Hyetology)**-इसके अन्तर्गत वर्षण से सम्बन्धित विभिन्न घटनाओं जैसे-**वर्षा, फुहार, ओला** आदि का वैज्ञानिक अध्ययन किया जाता है।

## मानव भूगोल (Human Geography)

**मानव भूगोल (Human Geography)**-इस शाखा के अन्तर्गत **मानव के जन्म से लेकर** वर्तमान समय तक उसके **विकास, क्रिया-कलापों, परिवर्तनों, स्थानान्तरों आदि** का अध्ययन किया जाता है।

- मानव भूगोल की प्रमुख शाखाएँ निम्न हैं-

1. **मानव भूगोल (Anthropogeography)**-मानव भूगोल की इस शाखा के अन्तर्गत **मानव की उत्पत्ति से लेकर वर्तमान समय** तक उसके **पर्यावरण के साथ सम्बन्धों** का अध्ययन किया जाता है।

2. **मानव जाति विज्ञान (Ethnology)**- इसके अन्तर्गत धरातल पर विस्तृत मानव जाति का प्रजातीय इकाइयों (Racial Units) के रूप में **वैज्ञानिक अध्ययन** किया जाता है।

3. **सांस्कृतिक भूगोल (Cultural Geography)**-इसके अन्तर्गत विश्व में पायी जाने वाली **विभिन्न संस्कृतियों** का पर्यावरण के साथ उनके सम्बन्धों को ध्यान में रखकर तथा वितरण-प्रतिरूप को दर्शाते हुए वैज्ञानिक अध्ययन किया जाता है।

4. **सामाजिक भूगोल (Social Geography)**-इस भौगोलिक शाखा के अन्तर्गत नगरीय एवं ग्रामीण जनसंख्या, अधिवास, सामाजिक विशेषताओं, क्रिया-कलापों आदि का वैज्ञानिक विवेचन शामिल किया जाता है।
5. **आर्थिक भूगोल (Economic Geography)**-यह मानव भूगोल की एक प्रमुख शाखा है। इसमें मानव की उत्पत्ति से लेकर वर्तमान समय तक विकसित हुए उसके विभिन्न **आर्थिक क्रिया-कलापों** का समग्र अध्ययन किया जाता है।
6. **कृषि भूगोल (Agricultural Geography)**-भूगोल की इस शाखा के अन्तर्गत कृषि की भौगोलिक दशाओं एवं विभिन्न फसलों के उत्पादन तथा वितरण प्रतिरूप का अध्ययन किया जाता है।
7. **प्रादेशिक भूगोल (Regional Geography)**-भूगोल की इस शाखा के अंतर्गत भौतिक एवं मानवीय समानताओं के आधार पर सम्पूर्ण धरातल का वर्गीकरण करके उनका क्रमबद्ध अध्ययन किया जाता है।
8. **नगरीय भूगोल (Urban Geography)**-यह अधिवास भूगोल की एक प्रमुख शाखा है, जिसके अन्तर्गत शहरों एवं नगरों का अध्ययन उनकी उत्पत्ति, स्थिति, कार्यात्मक प्रतिरूप, विकास आदि को ध्यान में रखकर किया जाता है।
9. **ग्रामीण भूगोल (Rural Geography)**-यह भी अधिवास भूगोल की एक प्रमुख शाखा है जिसके अन्तर्गत ग्रामीण क्षेत्रों के बसाव प्रतिरूप, कार्यात्मक विवरण, उनके अधिवास आदि तथ्यों का अध्ययन किया जाता है।
10. **अधिवास-भूगोल (Domicile Geography)**-भूगोल की इस शाखा में ग्रामीण एवं नगरीय अधिवासों की स्थिति, उत्पत्ति, प्रतिरूप, व्यावसायिक संरचना आदि तथ्यों का अध्ययन किया जाता है।
11. **जनसंख्या भूगोल (Population Geography)**-यह मानव भूगोल की वह शाखा है जिसमें स्वयं मानव की जनसंख्या, लोगों का वितरण, आयु संरचना, घनत्व, वृद्धि, स्थानान्तरण, व्यावसायिक संरचना तथा उनके आवासों का अध्ययन किया जाता है।
12. **प्रजातीय भूगोल (Racial Geography)**-भूगोल की यह शाखा प्राणि शास्त्रीय अवधारणा (Biological Concept) के आधार पर मानव-प्रजातियों की उत्पत्ति, विकास, विश्व-वितरण तथा उनके स्थानान्तरणों एवं विभिन्न प्रजातियों के पारस्परिक सम्मिश्रण का विवेचन करती है।
13. **राजनीतिक भूगोल (Political Geography)**-इसके अन्तर्गत भौगोलिक कारकों का विभिन्न देशों की राजनीति पर प्रभाव, राजनीतिक दशा तथा अन्तर्राष्ट्रीय विवादों एवं सम्बन्धों का अध्ययन किया जाता है।
14. **निर्वाचन भूगोल (Electoral Geography)**-यह राजनीतिक भूगोल की एक प्रमुख एवं नवीन शाखा है जिसमें निर्वाचन से सम्बन्धित क्षेत्रीय विभिन्नताओं का अध्ययन निर्वाचक मण्डलों को ध्यान में रखकर किया जाता है। साथ ही इसके अंतर्गत निर्वाचन के आंकड़ों का भौगोलिक विश्लेषण भी किया जाता है।
15. **भाषा भूगोल (Linguistic Geography)**-भूगोल की इस शाखा के अन्तर्गत किसी भाषा या क्षेत्रीय बोली में पायी जाने वाली क्षेत्रीय एवं भौगोलिक विभिन्नताओं का अध्ययन किया जाता है।
16. **गणितीय भूगोल (Mathematical Geography)**-भूगोल की इस शाखा में विभिन्न भौगोलिक तत्वों का अध्ययन गणितीय विश्लेषण करते हुए किया जाता है।
17. **मानचित्र-कला (Cartography)**-चूंकि मानचित्र भौगोलिक अध्ययन के सर्व प्रमुख आधार हैं अत: उनकी निर्माण-विधियों का अध्ययन मानचित्र कला के अन्तर्गत किया जाता है।
18. **वाणिज्यिक भूगोल (Commercial Geography)**-भूगोल की इस शाखा में मानव के वाणिज्यिक कार्यों, विशेष रूप से व्यापार का सर्वांगपूर्ण अध्ययन किया जाता है।
19. **व्यावहारिक भूगोल (Behavioural Geography)**-इसमें मानव व्यवहार एवं उस पर पड़ने वाले भौगोलिक प्रभावों का अध्ययन क्षेत्रीय एवं स्थानिक विशेषताओं को ध्यान में रखकर किया जाता है।
20. **अनुप्रयुक्त भूगोल (Applied Geography)**-यह भूगोल की अपेक्षाकृत सबसे नवीन शाखा है जिसके अन्तर्गत वर्तमान मानवीय समस्याओं जैसे-अल्पविकास, जनसंख्या का आधिक्य, नगरीय एवं ग्रामीण भूमि-उपयोग, मानव-स्वास्थ्य से सम्बन्धित समस्याओं, नगर-नियोजन आदि का अध्ययन अधिकतम मानव कल्याण की दृष्टि से किया जाता है।
21. **औद्योगिक भूगोल (Industrial Geography)**-इसके अन्तर्गत विभिन्न उद्योगों के लिए कच्चे माल की प्राप्ति के स्रोतों, उत्पादन की समस्याओं, उत्पादित वस्तुओं के व्यापार, उद्योगों के स्थानिक वितरणों आदि का अध्ययन किया जाता है।
22. **सैन्य भूगोल (Military Geography)**-भूगोल की इस शाखा में अन्तर्राष्ट्रीय सीमा विवादों, सामरिक महत्व के क्षेत्रों, युद्धों एवं सन्धियों के भौगोलिक कारकों, विभिन्न राष्ट्रों के उपनिवेशों, संयुक्त राष्ट्र संघ की गतिविधियों एवं अन्तर्राष्ट्रीय शान्ति तथा सद्भावना का अध्ययन भौगोलिक परिप्रेक्ष्य में किया जाता है।
23. **परिवहन भूगोल (Transport Geography)**-इसके अन्तर्गत विभिन्न प्रकार के परिवहनीय साधनों एवं मार्गों पर पड़ने वाले भौगोलिक प्रभावों, उद्योगों, कच्चे मालों एवं कृषि वस्तुओं के व्यापार एवं वितरण पर पड़ने वाले यातायात के साधनों के प्रभावों का अध्ययन किया जाता है।
24. **चिकित्सा भूगोल (Medical Geography)**-इसके अन्तर्गत विश्व-स्तर पर व्याप्त पर्यावरण प्रदूषण एवं वायुमण्डलीय अशुद्धियों के मानव जीवन पर पड़ने वाले नकारात्मक प्रभावों का अध्ययन मानव जीवन को स्वास्थ्य कर बनाने की दृष्टि से किया जाता है।

## जीव-भूगोल (Bio-Geography)

- जीव भूगोल के अन्तर्गत निम्न शाखाओं को शामिल किया जाता है-
  1. **जीव-भूगोल:** इसमें पशुओं एवं उनके निवास क्षेत्र के स्थानिक स्वरूप एवं भौगोलिक विशेषताओं का अध्ययन किया जाता है।
  2. **वनस्पति भूगोल:** यह प्राकृतिक वनस्पति का उसके निवास क्षेत्र (Habitat) में स्थानिक प्रारूप का अध्ययन करता है।
  3. **पारिस्थितिकी भूगोल:** इसमें प्रजातियों (Species) के निवास/स्थिति क्षेत्र का वैज्ञानिक अध्ययन किया जाता है।
  4. **पर्यावरण भूगोल:** संपूर्ण विश्व में पर्यावरणीय प्रतिबोधन के फलस्वरूप पर्यावरणीय समस्याओं, जैसे-भूमि-ह्रास, प्रदूषण, संरक्षण की चिंता आदि का अनुभव किया गया, जिसके अध्ययन हेतु इस शाखा का विकास हुआ।

## प्रादेशिक उपागम पर आधारित भूगोल की शाखाएँ

- क्षेत्रीय अध्ययन, प्रादेशिक नियोजन, प्रादेशिक विकास, भौगोलिक चिन्तन, मानव पारिस्थितिकी, क्षेत्र सर्वेक्षण विधियाँ तथा भू-सूचना विज्ञान तकनीक (Geoinformatics), जैसे- **दूर संवेदन तकनीक**, भौगोलिक सूचना तंत्र (G.I.S.), **वैश्विक स्थितीय तंत्र** (G.P.S.) आदि।
- **भौगोलिक सूचना तंत्र** (G.I.S.) ने ज्ञान के नये परिदृश्य को खोला है। वैश्विक स्थितीय तंत्र (G.P.S.) बिल्कुल सही स्थिति ज्ञात करने के लिए सुविधाजनक उपकरण हो गया है।

## मानव भूगोल की प्रद्धति
## (Nature of human Geography)

- मानव भूगोल भौतिक पर्यावरण तथा मानव-जनित सामाजिक- सांस्कृतिक पर्यावरण के अंतर्संबंधों का अध्ययन उनकी परस्पर अन्योन्यक्रिया के द्वारा करता है।

- भूगोलवेत्ता **'ग्रिफिथ टेलर'** ने एक नई संकल्पना प्रस्तुत की, जो दो विचारों **पर्यावरणीय निश्चयवाद** और **संभववाद** के बीच मध्य मार्ग को परिलक्षित करती है। उन्होंने इसे **नवनिश्चयवाद** अथवा **रुको और जाओ निश्चयवाद** का नाम दिया।

## भूगोल तथा क्रमबद्ध विज्ञान

- क्रमबद्ध विज्ञान को प्राकृतिक अथवा भौतिक विज्ञान (Natural of Physical Science) भी कहते हैं। इस विज्ञान के अन्तर्गत हम नियमों को प्रयोगशाला के अन्दर अथवा प्रयोगशाला के बाहर सिद्ध कर सकते हैं। क्रमबद्ध विज्ञान तथा भूगोल के सम्बन्धों को हम निम्नलिखित भागों में बांट सकते हैं-

1. **भूगोल तथा भौतिकी (Geography and Physics):** भूगोल में हम पृथ्वी, सूर्य, चांद, सितारों आदि के आकार, विस्तार, गति तथा उनके गुरुत्वाकर्षण के बारे में पढ़ते हैं। वास्तव में यह सारा अध्ययन भौतिकी के नियमों पर आधारित है। इस ज्ञान के लिए भूगोल को भू-भौतिकी पर निर्भर रहना पड़ता है। चन्द्रमा की गुरुत्वाकर्षण शक्ति द्वारा आए हुए ज्वार-भाटे का अध्ययन तब तक पूरा नहीं हो सकता जब तक भूगोल में भौतिकी का आश्रय नहीं लिया जाता।
2. **भूगोल तथा रसायन विज्ञान (Geography and Chemistry):** रसायन विज्ञान मुख्यतः लवणों तथा तेजाबों के अध्ययन से सम्बन्धित है। ये सभी पदार्थ आधुनिक उद्योगों में प्रयोग किए जाते हैं और उद्योगों का अध्ययन भूगोल के मुख्य विषयों में से एक है। इसके अतिरिक्त, भूगोल में हम वायुमण्डल की विभिन्न गैसों के बारे में पढ़ते हैं। गैसों से सम्बन्धित ज्ञान हमें रसायन विज्ञान से ही प्राप्त होता है। इस प्रकार भूगोल का रसायन विज्ञान से भी गहरा सम्बन्ध है।
3. **भूगोल तथा वनस्पति विज्ञान (Geography and Botany):** वनस्पति विज्ञान में हम वृक्षों, पौधों, झाड़ियों, लताओं तथा घास आदि के बारे में पढ़ते हैं। वनस्पति विज्ञान में उनकी जीवनी तथा भूगोल में उनका वितरण पढ़ा जाता है। इस प्रकार वनस्पति समूह (flora) के सम्बन्ध में हमें विस्तृत जानकारी वनस्पति विज्ञान से ही प्राप्त होती है।
4. **भूगोल तथा जीव विज्ञान (Geography and Zoology):** जीव विज्ञान हमें जीव-जन्तुओं (fauna) के बारे में जानकारी देता है। यह विज्ञान जीवों की विभिन्न जातियों तथा उनके जीवन के बारे में अध्ययन करता है। भूगोल में हम स्थलमण्डल, वायुमण्डल तथा जलमण्डल में निवास करने वाले जीव-जन्तुओं पर भौगोलिक तत्वों के प्रभाव के विषय में अध्ययन करते हैं तथा उनके विश्व-वितरण के बारे में जानकारी प्राप्त करते हैं। इस प्रकार भूगोल जीव विज्ञान से जुड़ा हुआ है।
5. **भूगोल तथा भू-गर्भ विज्ञान (Geography and Geology):** भू-गर्भ विज्ञान का सम्बन्ध मुख्यतः भौतिक भूगोल से है। भू-गर्भ विज्ञान में हम प्रधानतः पृथ्वी की उत्पत्ति, उसके गर्भ में छिपे हुए खनिज तथा चट्टानों की उत्पत्ति के विषय में पढ़ते हैं। इनके वितरण तथा मनुष्य द्वारा इनके प्रयोग का अध्ययन भूगोल के अन्तर्गत आता है। **डब्ल्यू. एम. डेविस** (W.M. Davis) के अनुसार, "भू-गर्भ विज्ञान भूतकाल का भूगोल है तथा भूगोल वर्तमान काल का भू-गर्भ विज्ञान है।" "डेविस महोदय ने सबसे पहले 'अपरदन चक्र' का विचार प्रस्तुत करके भौतिक भूगोल को एक नई दिशा प्रदान की। रीटर महोदय ने कहा है कि, भूगोलवेत्ता को भू-गर्भ शास्त्री पर निर्भर रहना चाहिए।"

## भूगोल तथा सामाजिक विज्ञान

सामाजिक विज्ञान के निम्नलिखित विषयों से भूगोल का गहरा सम्बन्ध है:

**1. भूगोल तथा अर्थशास्त्र (Geography and Economics)**

- भूगोल की एक महत्वपूर्ण शाखा **'आर्थिक भूगोल'** है, जिसका सीधा सम्बन्ध अर्थशास्त्र से है। यदि हम दोनों की विषय-वस्तु पर दृष्टिपात करें तो इन दोनों में अत्यधिक समानता मिलेगी।
- भूगोल में हम मनुष्य की आर्थिक क्रियाओं तथा उन पर पड़ने वाली प्राकृतिक परिस्थितियों के प्रभाव का अध्ययन करते हैं। अर्थशास्त्र हमें मनुष्य की आर्थिक आवश्यकताओं तथा उनकी पूर्ति के साधनों के बारे में जानकारी देता है।

**2. भूगोल तथा राजनीति विज्ञान (Geography and Political Science)**

- राजनीति विज्ञान में हम राज्यों के संगठन एवं स्वरूप का तथा विभिन्न राज्य-व्यवस्थाओं का अध्ययन करते हैं। विभिन्न राज्य-व्यवस्थाओं में भौगोलिक संसाधनों का विकास विभिन्न ढंग से किया जाता है।
- उदाहरणतया, संयुक्त राज्य अमेरिका की पूंजीवादी तथा चीन की साम्यवादी राजनीति एक-दूसरे से भिन्न है तथा वहां पर भौगोलिक दृष्टिकोण एवं संसाधनों के विकास की क्रिया भी भिन्न है।
- विभिन्न देशों तथा राज्यों की सीमाओं में परिवर्तन होने से भौगोलिक तथा राजनैतिक परिवर्तन आते हैं। भारतीय उप-महाद्वीप में म्यांमार (बर्मा), पाकिस्तान तथा बंगलादेश के अस्तित्व में आने से इस क्षेत्र की राजनीति तथा भौगोलिक व्यवस्था में महत्वपूर्ण परिवर्तन आए हैं।
- भारत में राज्यों के पुनर्गठन से भी इन दोनों विषयों पर प्रभाव पड़ा है। अतः हम यह कह सकते हैं कि भूगोल एवं राजनीति विज्ञान का निकट का सम्बन्ध है।

**3. भूगोल तथा इतिहास (Geography and History)**

- भूगोल तथा इतिहास का चोली और दामन का सम्बन्ध है । भूगोल 'स्थान' का विज्ञान है जबकि इतिहास 'समय' का। **हार्टशॉर्न** (Hartshorne) के अनुसार, "Description according to time is history, that accourding to space is Geography; History is a narrative, geography a description." किसी भी क्षेत्र का वर्तमान विकास वहां पर अतीत में होने वाले घटनाक्रमों पर निर्भर करता है।
- अतः इतिहास, भूगोल को एक प्रकार की पृष्ठभूमि प्रदान करता है। **वूल्ड्रिज** तथा **ईस्ट** के अनुसार, भूगोलवेत्ता तथा इतिहासकार यह भली-भांति जानते हैं कि उन दोनों के अध्ययन का अन्तर्सम्बन्ध है और दोनों को एक-दूसरे से ज्ञान लेना पड़ता है।"
- आगे चलकर ये महानुभाव लिखते हैं कि, "वास्तव में भूगोल, इतिहास से, जिसने इसे बनाया है, अलग नहीं हो सकता।" (Geography is in fact in inseparable from history which produced it)। बदले में, "भूगोल वह मंच प्रदान करता है जिस पर इतिहास का नाटक खेला जाता है।" (Geography provides the stage on which drama of history is enacted.)

**4. भूगोल तथा सैन्य विज्ञान (Geography and Military Science)**

- सैन्य विज्ञान में हम अलग-अलग सामाजिक संगठनों के बीच होने वाले युद्धों की कला, कारण एवं प्रभावों का अध्ययन करते हैं। किसी भी अच्छे सैनिक के लिए रण-क्षेत्र की भौगोलिक स्थिति (जैसे- पहाड़, मैदान, घाटी, दलदल, समुद्र, मरुस्थल, जंगल तथा वहां की जलवायु, आदि) के बारे में जानकारी प्राप्त करना अति आवश्यक है।
- यद्यपि आज के वैज्ञानिक युग में युद्ध करने के ढंग बिल्कुल बदल गए हैं, फिर भी युद्ध में भूगोल के इन मूल तत्वों की अवहेलना नहीं की जा सकती। एक अच्छा मानचित्र किसी भी सफल सैनिक का सबसे महत्वपूर्ण हथियार है।

- किसी भी देश का सैनिक संगठन वहां की भौगोलिक दशाओं पर बहुत हद तक निर्भर करता है। उदाहरणतया, इंग्लैण्ड चारों ओर से समुद्र से घिरा हुआ है, अत: वहां पर नौसेना को सर्वोच्च महत्व दिया जाता है। इसके विपरीत, भारत में थल सेना का अधिक महत्व है।

**5. भूगोल तथा गणित एवं नक्षत्र विज्ञान (Geography and Mathematics and Astronomoy)**

- भूगोल में भू-सर्वेक्षण, अक्षांश एवं देशान्तर तथा पृथ्वी के नक्षत्रीय सम्बन्धों का अध्ययन करने के लिए हमें गणित पर आश्रित होना पड़ता है। टॉलेमी ने पहली बार अक्षांश तथा देशान्तर रेखाओं को निर्धारित करने के लिए गणित का सहारा लिया था।
- मध्य काल में अरब के भूगोलवेत्ताओं ने गणितीय भूगोल (Methematical Geography) को बहुत प्रोत्साहन दिया। **हार्टशॉर्न** के अनुसार, "गणितीय भूगोल मुख्य रूप से पृथ्वी के नक्षत्रीय अध्ययन से सम्बन्धित हैं" (Mathematical geography consisted in large part of study of the earth as an astronomical body) अत: यह स्पष्ट है कि भूगोल का ज्ञान प्राप्त करने के लिए गणित का ज्ञान आवश्यक है।

## प्रश्नमाला

**1. भूगोल के अध्ययन की शुरुआत किस रूप में हुई थी ?**
(a) सामाजिक अध्ययन के रूप में
(b) विज्ञान के रूप में
(c) 'a' और 'b' दोनों
(d) उपरोक्त में से कोई नहीं

**2. सामान्यत: भूगोल की शाखाओं का निर्धारण किस आधार पर किया जाता है ?**
(a) विषय-वस्तु के आधार पर
(b) प्राचीनता के आधार पर
(c) विश्लेषण के आधार पर
(d) उपरोक्त में से कोई नहीं

**3. भूगोल के अध्ययन की वैज्ञानिक पद्धति की विशेषता निम्न में से कौन-सी है ?**
(a) इसमें केवल वर्णन पर बल दिया जाता है
(b) इसमें कारण- कार्य पर बल नहीं दिया जाता है
(c) इसमें वैज्ञानिक पद्धति का समावेश किया जाता है
(d) यह भूगोल को सामाजिक अध्ययन मानकर अध्ययन करता है

**4. प्रयुक्त भूगोल की शाखा-**
(a) भौगोलिक ज्ञान तथा कौशल के उपयोग पर बल देती है
(b) पर्यावरण का सम्पूर्ण अध्ययन करती है
(c) मनुष्य के आर्थिक क्रिया-कलापों पर बल देती है
(d) उपरोक्त सभी

**5. उच्च प्राथमिक स्तर पर भूगोल और अर्थशास्त्र एकसाथ निम्नलिखित में सहायक हो सकते हैं ?**
(a) पर्यावरण, संसाधन एवं विकास के मुद्दों के प्रति दृष्टिकोण विकसित करना
(b) संसाधनों के इष्टतम को समझाना
(c) बहुलवाद को समझाना
(d) पर्यावरण एवं स्थानों के बारे में ज्ञान को विकसित करना

**6. भूगोल की वह शाखा, जो विशिष्ट मानव जनसंख्या की संरचना के विषय से सम्बन्धित है, कहलाती है-**
(a) जैव भूगोल
(b) जनसांख्यिकी
(c) मानव भूगोल
(d) नगरीय भूगोल

**7. भूगोल की किस शाखा में भूगोल और पृथ्वी विज्ञान का समन्वय पाया जाता है ?**
(a) आर्थिक भूगोल
(b) मानव भूगोल
(c) भौतिक भूगोल
(d) पर्यावरण भूगोल

**8. निम्नलिखित में से किसका अध्ययन भौतिक विज्ञान के शाखा के अन्तर्गत किया जाता है ?**
(a) जल मंडल
(b) वायुमंडल
(c) पर्यावरण
(d) उपरोक्त (a) और (b) दोनों

**9. निम्नलिखित में से भूगोल की किस शाखा में मानव और पर्यावरण के बीच अर्न्तसंबंध का अध्ययन किया जाता है ?**
(a) प्रयुक्त भूगोल
(b) मानव भूगोल
(c) आर्थिक भूगोल
(d) उपरोक्त में से कोई नहीं

**10. सर्वप्रथम भूगोल शब्द का प्रयोग किसने किया था ?**
(a) इरेटोस्थेनीज
(b) थाइमस
(c) हम्बोल्ट
(d) रिटर

## उत्तरमाला

**1.** (a) **2.** (a) **3.** (c) **4.** (a) **5.** (a) **6.** (b) **7.** (c) **8.** (d) **9.** (d) **10.** (a)

❑❑❑

# 2 ग्रहः सौरमण्डल में पृथ्वी

## ब्रह्मांड

'**सम्पूर्ण अंतरिक्ष** (Space) और उसमें स्थित सभी प्रकार के **द्रव्य व ऊर्जा** ही सामूहिक रूप से **ब्रह्माण्ड** कहलाते हैं।'

**ब्रह्माण्ड** के अंतर्गत सभी आकाशीय **पिण्डों** एवं **उल्काओं** तथा समस्त सौर परिवार जिसमें **सूर्य**, **चन्द्र**, **ग्रह** आदि शामिल हैं, का अध्ययन किया जाता है।

| ब्रह्माण्ड की उत्पत्ति के प्रमुख सिद्धान्त |
|---|
| • **गैसीय परिकल्पना (Gaseous Hypothesis)**–काण्ट। यह सिद्धान्त न्यूटन के गुरुत्वाकर्षण के नियम पर आधारित है। |
| • **निहारिका परिकल्पना (Nebular Hypothesis)**–लाप्लास |
| • **ग्रहाणु परिकल्पना (Planetesimol Hypothesis)**–चैम्बरलिन एवं मोल्टन |
| • **द्वैतारक परिकल्पना (Binary Star Hypothesis)**–रसेल |
| • **सुपरनोवा परिकल्पना (Supernova Hypothesis)**–हॉलय एवं लिटलिटन |
| • **निहारिका मेघ परिकल्पना (The Nebular Cloud Hypothesis)**–वान वाइजसैकर |
| • **महाविस्फोटक सिद्धान्त (Big-Bang Theory)**–यह सिद्धान्त दो सिद्धान्तों पर आधारित है– |
| **1. निरन्तर उत्पत्ति का सिद्धान्त**–इसके प्रतिपादक गोल्ड और हरमैन बॉण्डी थे। |
| **2. संकुचन विमोचन का सिद्धान्त**–इसके प्रतिपादक डॉ. ऐलन सैण्डेज थे। |

- आधुनिक विचारधारा के अनुसार ब्रह्माण्ड के दो भाग हैं–
  **(1)** वायुमण्डल, **(2)** अंतरिक्ष।
- ब्रह्माण्ड में लगभग **एक खरब ($10^{11}$)** आकाशगंगाएँ (Galaxies) हैं। प्रेक्षणीय (Perceptible) ब्रह्माण्ड का विस्तार लगभग **20 अरब प्रकाश** वर्ष (लगभग $2 \times 10^{26}$ मीटर) है और इसका कोई केन्द्र नहीं है।
- केपलर के नियमानुसार, प्रत्येक ग्रह द्वारा सूर्य की परिक्रमा के **आवर्तकाल का वर्ग**, **अर्ध दीर्घ अक्ष** (Semi-Major Axis) के घन के समानुपाती होता है–
  - केपलर ने यह सिद्ध किया कि सूर्य के चारों ओर प्रत्येक नक्षत्र का मार्ग **दीर्घवृत्ताकार** है।
  - खगोल भौतिकी में बाह्य अंतरिक्ष में परिकल्पित होल को जहां से तारे और ऊर्जा निकलती है, **व्हाइट होल** कहते हैं।

## आकाशीय पिण्ड

- **आकाशगंगा या मंदाकिनी (Galaxy)**–यह तारों का एक विशाल पुंज है। अंतरिक्ष (Universe) में **1,00,000** मिलियन आकाशगंगाएँ हैं। प्रत्येक **आकाशगंगा** में **1,00,000** मिलियन तारे हैं। तारों के अतिरिक्त आकाशगंगा में धूल एवं गैसें भी पाई जाती हैं। पृथ्वी **ऐरावत पथ (Milky Way)** नामक आकाशगंगा का एक भाग है। **वृहत् मैगेलेनिक मेघ** (Large Magellanic Cloud), **लघु मैगेलेनिक मेघ** (Small Magellanic Cloud), **उर्सा माइनर सिस्टम** (Ursa Minar System), **स्कल्पटर सिस्टम** (Sculptor System), ड्रेको सिस्टम आदि अन्य आकाशगंगाएँ हैं।
  इस विशाल ब्रह्माण्ड में विभिन्न द्रव्यों के एक साथ संकेन्द्रण के फलस्वरूप तारों का निर्माण होता है। इन तारों का बड़ा समूह मिलकर आकाशगंगा का निर्माण करता है।
- **निहारिका (Nebulae)**–यह एक अत्यधिक प्रकाशमान आकाशीय पिण्ड है, जो गैस एवं धूलकणों से मिलकर बना होता है। **ओरियन निहारिका** (Orion Nebulae) **ऐरावत पथ** (Milky Way) में स्थित है।
- **तारामण्डल (Constellation)**–ये तारों के समूह हैं। प्राचीन काल में इनकी विशिष्ट आकृतियों के आधार पर इनका नामकरण किया गया था। आधुनिक समय में **89 तारामण्डलों** की पहचान की गई है। इनमें **हाइड्रा (Hydra)** सबसे बड़ा है।
- **क्वासर्स (Quasors or Quasi-Stellar Radio Source)**–ये वे आकाशीय पिण्ड हैं जो आकार में **आकाशगंगा** (Galaxy) से छोटे हैं, परंतु उससे अधिक मात्रा में ऊर्जा का उत्सर्जन करते हैं। इस प्रकार के अत्यधिक चमकीले आकाशीय पिण्डों की खोज **1962 ई.** में की गई। **1983 ई.** में एक ऐसे क्वासर की खोज की गई, जिसका चमकीलापन (Luminosity) सूर्य से $1.1 \times 10^{15}$ गुना अधिक था।
- **तारे (Stars)**–आकाशगंगा में गैस के बादल होते हैं एवं तारों का निर्माण इन बादलों से होता है। तारों से निरन्तर ऊर्जा का उत्सर्जन होता रहता है। सूर्य भी एक तारा है। अंतरिक्ष में कुछ तारे युग्मों में पाए जाते हैं जिन्हें **'युग्म तारा'** (Binary Star) कहा जाता है।
- **उपग्रह (Satellite)**–ये छोटे आकाशीय पिण्ड हैं, जो किसी ग्रह के चारों ओर चक्कर लगाते हैं। इनका अपना प्रकाश नहीं होता, बल्कि ये तारों से प्रकाश ग्रहण करते हैं।

**तारों का औसत तात्विक संगठन**

| तत्व | मात्रा ( प्रतिशत में ) |
|---|---|
| हाइड्रोजन | 70 |
| हीलियम | 28 |
| कार्बन, नाइट्रोजन तथा निऑन | 1.5 |
| लौह वर्ग के तत्व | 0.5 |

- **क्षुद्रग्रह (Asteroid)**–ये छोटे-छोटे आकाशीय पिण्ड हैं, जो **मंगल** एवं **बृहस्पति** ग्रह के बीच स्थित हैं। इनकी संख्या लगभग **45,000** है। ये आकार में चन्द्रमा से भी काफी छोटे हैं। **फोर वेस्टा** (4 Vesta) एकमात्र क्षुद्रग्रह है, जिसे नग्न आंखों से देखा जा सकता है।
- **उल्का (Meteors)**–ये वास्तव में ठोस आकाशीय पदार्थ हैं, जो पृथ्वी के वायुमण्डल में प्रवेश करने पर घर्षण के कारण जलने लगते हैं एवं चमकीला प्रकाश उत्पन्न करते हैं। कभी-कभी ये टुकड़े **उल्कापात** (Meteorite) के

रूप में पृथ्वी पर गिरते हैं। इनमें **लोहा** एवं **निकेल** जैसे भारी पदार्थों की प्रधानता होती है।

- **धूमकेतु (Comets)**–ये आकाशीय **धूल-कण**, **गैस**, **बर्फ** आदि पदार्थों से निर्मित आकाशीय पिण्ड हैं। ये सूर्य की परिक्रमा करते हैं। सूर्य के निकट आने पर, सूर्य की ओर स्थित भाग के पदार्थों के वाष्पीकरण से इसके सिर (Head) का निर्माण होता है। इसकी पूंछ सदैव सूर्य से दूर होती है। **टेम्पल-1**, **हेलबॉप**, **फोर्ब्स**, **हेली** आदि धूमकेतु के उदाहरण हैं।
- **सूर्य (Sun)**–यह एक तारा है, जो पृथ्वी से लगभग **15 करोड़** किमी. दूर स्थित है। इसके बाहरी सतह का तापमान **6000°C** है। सूर्य का बाहरी भाग **क्रोमोस्फीयर** (Chromosphere) कहलाता है। केन्द्रीय भाग को **फोटोस्फीयर** (Photosphere) कहा जाता है एवं इसका तापमान **15,000°C** है।
- **चन्द्रमा (Moon)**–यह पृथ्वी का उपग्रह है, जो पृथ्वी से **3,84,365** किलोमीटर दूर स्थित है। चन्द्रमा पर दिन का तापमान लगभग **100°C** एवं रात का तापमान लगभग माइनस **180°C** होता है। चन्द्रमा पर गुरुत्वाकर्षण बल का मान पृथ्वी के गुरुत्वाकर्षण का $\frac{1}{6}$वां भाग है। कम गुरुत्वाकर्षण बल के कारण चन्द्रमा पर वायुमण्डल का अभाव है।
- **फ्रॉनहॉफर रेखाएँ (Fraunhofer Lines)**–सौर स्पैक्ट्रम में **7 रंगों** के अतिरिक्त अनेक काली रेखाएँ दिखाई देती हैं, जिन्हें **'फ्रॉनहॉफर रेखाएं'** कहा जाता है। इन रेखाओं की तीव्रता एवं मोटाई से तत्व विशेष के घनत्व एवं तापमान का ज्ञान होता है।
- **सौर ज्वाला (Solar Flames)**–सूर्य से हर दिशा में प्रक्षेपित प्रोटॉन्स का बहुत अधिक उत्सर्जन कभी-कभी लगभग **700 किमी. प्रति सेकेण्ड** की गति से तीव्र होकर **कोरोना** को पार करके अंतरिक्ष में चला जाता है जिसे **'सौर ज्वाला'** नाम दिया गया है।
- **औरोरा बोरियेलिस (Aurora Borealis) या उत्तरी ध्रुवीय ज्योति** उत्तरी ध्रुव पर लगभग **100 से 1000 किमी.** की ऊँचाई पर कभी-कभी रंगीन प्रकाश दृष्टिगोचर होता है। इसका कारण **सौर ज्वालाओं** का पृथ्वी के वायुमण्डल में प्रवेश करने पर हवा के कणों से टकराना है।
- **औरोरा ऑस्ट्रालिस (Aurora Australis) या दक्षिण ध्रुवीय ज्योति-सौर** ज्वालाओं के भू-वायुमण्डल में प्रवेश करने पर वायु कणों से टकराव के बाद **दक्षिणी ध्रुव** पर दिखाई देने वाला रंगीन प्रकाश।
- **सौर पवन (Solar Wind)**–सौर परिमण्डल से निरन्तर निकलने वाली कम प्रभावशाली प्रोटॉन्स की तीव्रधारा जिसकी गति लगभग **640 किमी. प्रति सेकेण्ड** होती है, **सौर पवन** कहलाती है। सूर्य की घूर्णन गति के कारण इसका आकार सर्पाकार होता है। इनके साथ **चुम्बकीय क्षेत्र** होता है जिसके कारण पृथ्वी का चुम्बकीय क्षेत्र इनको विक्षेपित कर देता है।

> सुपरनोवा एक विस्फोटी तारे का उदाहरण है, जब तारा धीरे-धीरे ठंडा होकर लाल रंग का दिखने लगता है, तो उसे 'रक्त दानव तारा' कहा जाता है। जब केन्द्र में हीलियम, कार्बन में और कार्बन भारी पदार्थ जैसे लोहे में परिवर्तित होने लगता है, तो इसके फलस्वरूप तारे में तीव्र विस्फोट होता है जिसे सुपरनोवा कहते हैं।

- **पल्सर**–एक उच्च चुम्बकीय घूर्णन करने वाला **न्यूट्रॉन तारा** है। यह इलेक्ट्रोमैग्नेटिक विकिरण की बीम उत्सर्जित करता है। तेजी से घूमने के कारण इसका नाम **पल्सर** है।
- **वेन एलेन बेल्ट (Van Allen Belt) या चुम्बकीय मण्डल (Magnetosphere)** –वह चुम्बकीय मण्डल जिसकी ऊँचाई धरातलीय सतह से **64 हजार किमी.** होती है। **वेन एलेन बेल्ट** कहलाती है। यह बेल्ट पृथ्वी का चुम्बकीय कवच है जिसमें सूर्य से निकले हुए **प्रोटॉन्स एवं इलेक्ट्रॉन्स** फंस कर पृथ्वी की चुम्बकीय शक्ति से बंध जाते हैं।

# सौरमण्डल

## सूर्य (Sun)

- यह मुख्यत: हाइड्रोजन और हीलियम गैसों से बना हुआ अत्यन्त गर्म स्वयं-प्रकाशमान (Self-luminous) तारा है।
- पृथ्वी इसके चारों ओर दीर्घवृत्ताकार कक्षा में परिक्रमा करती है जिससे दोनों के बीच की दूरी बदलती रहती है।
- पृथ्वी से सूर्य की **औसत दूरी 1.496 × 10¹¹** कि.मी. है जिसे खगोलीय इकाई (Astronomical Unit—AU) का नाम दिया गया है।
- सूर्य का व्यास पृथ्वी के व्यास का लगभग **109 गुना** है। सूर्य का द्रव्यमान सम्पूर्ण सौरमण्डल के द्रव्यमान का 99.87 प्रतिशत है।
- **'मध्य रात्रि सूर्य'** एक प्राकृतिक घटना है जो ग्रीष्मकाल में उच्च अंक्षाशों पर देखी जाती है। इस दौरान सूर्य इन अक्षांशों पर उस समय चमकता है, जब पृथ्वी के अन्य भागों में मध्यरात्रि का समय होता है।
- सूर्य अपने अक्ष पर **पूर्व से पश्चिम** की ओर घूमता है।
- सूर्य का केन्द्रीय भाग क्रोड कहलाता है, जिसका तापमान **$1.5 \times 10^7$°C** है तथा सूर्य की बाहरी सतह का **तापमान 6000°C** है।
- सूर्य की ऊर्जा का स्रोत नाभिकीय संलयन है।
- सौर ज्वाला को उत्तरी ध्रुव पर **औरोरा बोरियालिस** और दक्षिणी ध्रुव पर **औरोरा ऑस्ट्रालिस** कहते हैं।
- सूर्य के प्रकाश को पृथ्वी तक पहुँचने में **8 मिनट 16.6** सेकेण्ड का समय लगता है। सूर्य की उम्र 5 बिलियन वर्ष है।

| सूर्य से सम्बन्धित प्रमुख तथ्य | | |
|---|---|---|
| **पृथ्वी से औसत दूरी** | – | 14,95,98,900 किमी. |
| **व्यास** | – | 13,90,000 किमी. |
| **क्रोड का तापमान** | – | 1,50,00,000°C (लगभग) |
| **प्रकाश मण्डल का तापमान** | – | 5,527°C |
| **घूर्णन अवधि** | – | 25.38 दिन (विषुवत् रेखा के सापेक्ष); 33 दिन (ध्रुवों के सापेक्ष) |
| **रासायनिक संघटन** | – | हाइड्रोजन-71%, हीलियम-26.5%, अन्य तत्व-2.5% |
| **आयु** | – | 5 बिलियन वर्ष (लगभग) |
| **सूर्य का सम्भावित जीवन काल** | – | 10 बिलियन वर्ष (लगभग) |
| **सूर्य के प्रकाश को पृथ्वी तक पहुँचने में लगा समय** | – | 8 मिनट 16.6 सेकेण्ड |
| **प्रकाश किरण की चाल (निर्वात में)** | – | 3,00,000 किमी./सेकेण्ड |

- **सौर कलंक** (Sun Spot)–सूर्य के परिमण्डल में दिखने वाले धब्बे जिनका तापमान सूर्य की सतह के **तापमान (6000°C)** से काफी कम **(लगभग 1500°C)** होता है। सम्भवत: यह चुम्बकीय रेखाओं का बन्द क्षेत्र है। सौर कलंकों की अधिकता के समय पृथ्वी पर **चुम्बकीय आंधियों (Magnetic Storms)** का जन्म होता है जिसका प्रभाव रेडियो, टेलीविजन, वायरलैस आदि पर पड़ता है।
- **सूर्य की संरचना**–सूर्य की बाहरी सतह का तापमान, जिसे **प्रकाश-मण्डल** (Photospheres) कहते हैं, लगभग 5.770 केल्विन है, परंतु जैसे-जैसे हम इसके अन्दर की तरफ बढ़ते हैं, न केवल तापमान बल्कि दबाव और घनत्व भी बढ़ते जाते हैं।

- सूर्य के क्रोड का तापमान लगभग $15 \times 10^6$ K है। इतने उच्च ताप पर पदार्थ केवल गैसीय अवस्था में ही रह सकता है। **अतः सूर्य केवल गैसों से ही बना है।** इसमें 70% हाइड्रोजन, 28% हीलियम और 2% लीथियम तथा यूरेनियम जैसे भारी तत्व भी शामिल हैं।
- **सूर्य के केन्द्रीय भाग को कोर (Core) कहा जाता है, यहीं पर ऊर्जा का उत्पादन मुख्य रूप से होता है।**
- सूर्य की जो चक्रिका (Disk) दिखाई पड़ती है वह **प्रकाश-मण्डल** (Photosphere) है। इसके ऊपर की सतह **वर्ण-मण्डल** (Chromosphere) कहलाती है, जिसका रंग कुछ लाल होता है। यह मुख्यत: हाइड्रोजन से बनी होती है और 1,200 किलोमीटर तक फैली हुई है। इसके और ऊपर की सतह को **प्रभा-मण्डल** (Corona) कहते हैं जो सूर्य ग्रहण के समय दिखाई देती है।
- सूर्य की सबसे ऊपरी परत को **कोरोना** कहते हैं।
- सूर्य, इसकी परिक्रमा करने वाले **8 ग्रहों**, इन ग्रहों के उपग्रहों (जैसे चन्द्रमा) एवं अनेक **क्षुद्रग्रहों** (Asteroids), **धूमकेतुओं** (Comets) तथा **उल्काओं** (Meteors) को सामूहिक रूप से **सौरमण्डल** कहते हैं।
- **ग्रह**–सूर्य के चारों ओर परिक्रमा करने वाले **आकाशीय पिण्डों** को ग्रह कहते हैं। इनका अपना प्रकाश नहीं होता है, बल्कि वे सूर्य के प्रकाश से ही प्रकाशित होते हैं।
- सौरमण्डल में **8 ग्रह** हैं। सूर्य से बढ़ती दूरी के क्रम में इनके नाम हैं: **बुध** (Mercury), **शुक्र** (Venus), **पृथ्वी** (Earth), **मंगल** (Mars), **बृहस्पति** (Jupiter), **शनि** (Saturn), **अरुण** (Uranus) तथा **वरुण** (Neptune)।
- द्रव्यमान के अनुसार ग्रहों को पार्थिव ग्रह और जोवियन ग्रह में बांटा जाता है।
- पार्थिव ग्रह छोटे एवं ठोस होते हैं जिसके अंतर्गत बुध, शुक्र पृथ्वी और मंगल को सम्मिलित किया जाता है।
- जोवियन ग्रह बड़े एवं तरल अवस्था में हैं, जिसके अंतर्गत बृहस्पति, शनि, अरूण एवं वरूण को सम्मिलित किया जाता है।

## बुध (Mercury)

- बुध सूर्य का सबसे **निकटतम** एवं **सबसे छोटा ग्रह** है।
- यह सौरमण्डल का तीव्रतम (Fastest) ग्रह है।
- बुध, चन्द्रमा के सदृश दिखाई देता है। बुध ग्रह का **घनत्व 5.4** ग्राम प्रति घन सेमी. है जोकि पृथ्वी के घनत्व के बराबर है।
- इस ग्रह का कोई उपग्रह नहीं है।

## शुक्र (Venus)

- शुक्र ग्रह का आकार लगभग पृथ्वी के समान है तथा यह पृथ्वी के निकटतम है। इसे **सौन्दर्य का देवता** भी कहते हैं।
- इसके वायुमण्डल में **97% कार्बन डाइ-ऑक्साइड** पाई जाती है।
- यह सबसे **चमकीला** एवं **सबसे गर्म** ग्रह है।
- शुक्र ग्रह का कोई उपग्रह नहीं है।
- इसे **भोर का तारा** (Morning star) व **सांझ का तारा** (Evening star) भी कहते हैं क्योंकि यह **भोर** में या **सांय** को दिखाई देता है।

## पृथ्वी (Earth)

| पृथ्वी से सम्बन्धित प्रमुख तथ्य | |
|---|---|
| **सम्पूर्ण धरातलीय क्षेत्रफल** | : 51,00,66,100 वर्ग किलोमीटर |
| **भूमि क्षेत्रफल** | : 14.89 करोड़ वर्ग किलोमीटर (29.08%) |
| **जनसंख्या** | : 7.586 बिलियन |
| **सूर्य से दूरी** | : 14,95,98,900 किमी. |
| **सूर्य के प्रकाश का पृथ्वी तक पहुँचने का समय** | : 8 मिनट और 16.6 सेकेण्ड |
| **प्रकाश-वर्ष** | : 9.4605 × 1,015 मीटर |
| **चन्द्रमा का व्यास** | : 3,476 किमी. |
| **पृथ्वी की चन्द्रमा से औसत दूरी** | : 3,84,403 किमी. |
| **पृथ्वी की अक्षीय घूर्णन अवधि** | : 23 घण्टा 56 मिनट और 4.09 सेकेण्ड |
| **पृथ्वी की परिक्रमण अवधि** | : 365 दिन 5 घण्टा 48 मिनट और 45.5 सेकेण्ड |
| **पृथ्वी के अक्ष का कक्षा तल पर झुकाव** | : 23½ |
| **पृथ्वी के अक्ष पर कक्षा तल का कोण** | : 66½ |

- पृथ्वी सूर्य का **तीसरा निकटतम** ग्रह है।
- पृथ्वी का सम्पूर्ण क्षेत्रफल **51,00,66,100 वर्ग किमी.** है, जिसमें इसका **70.92%** भाग समुद्रों से ढका हुआ है तथा शेष **29.08%** भाग में सम्पूर्ण जनसंख्या निवास करती है।
- पृथ्वी का एक प्राकृतिक उपग्रह चन्द्रमा है।
- पृथ्वी पर जल की अत्यधिक उपस्थिति के कारण यह अंतरिक्ष से **नीला दिखाई** देता है। इसलिए, इसे **नीला ग्रह** भी कहा जाता है।
- भूस्थिर उपग्रह पृथ्वी के चारों और विषुवतीय तल में **पृथ्वी के चक्रण की दिशा (पश्चिम से पूर्व)** में **24 घण्टे** के आवर्तकाल से चक्कर लगाता है।

## मंगल (Mars)

- यह सौरमण्डल में सूर्य से **चौथे स्थान** पर स्थित एक **चमकीला ग्रह** है।
- आयरन ऑक्साइड की उपस्थिति के कारण इसे **लाल ग्रह** (Red Planet) भी कहा जाता है।
- इसके **दो ध्रुव** हैं तथा यहाँ भी पृथ्वी की भांति ऋतु परिवर्तन होता है।
- यहाँ पर अनेक ज्वालामुखी, गहरे गड्ढे तथा ऊबड़-खाबड़ ऊंचे भू-भाग हैं। सबसे ऊंचा पर्वत **'निक्स ओलम्पिया'** है जो एवरेस्ट से तीन गुना ऊंचा है।
- इसके दो उपग्रह हैं–**फोबोस** और **डीमोस**।
- मंगल की परिक्रमा कक्षा में जाने वाला प्रथम देश भारत है।

## बृहस्पति (Jupiter)

- बृहस्पति सौरमण्डल का **सबसे बड़ा** व **भारी ग्रह** है।
- इसके वायुमण्डल में मुख्यत: **मीथेन**, **अमोनिया** व **हाइड्रोजन गैस** पाई जाती है।
- बृहस्पति ग्रह के **82 उपग्रह** हैं।
- यह पृथ्वी से **11 गुना भारी** है। इस ग्रह पर एक विशाल गड्ढा है जिसमें से आग की लपटें निकलती रहती हैं जिससे यह विशाल लाल धब्बे जैसा दिखाई देता है। इसका एक उपग्रह **गैनीमीड सौरमण्डल** का सबसे बड़ा उपग्रह है।
- इसका अक्ष **1° झुका** होने के कारण यहाँ मौसम सदा समान रहता है।

## शनि (Saturn)

- शनि बृहस्पति के बाद सौरमण्डल का **दूसरा सबसे** बड़ा ग्रह है।
- इस ग्रह के **149 उपग्रह** हैं। **टाइटन** नामक उपग्रह सबसे बड़ा है व इसमें नाइट्रोजन युक्त वायुमण्डल पाया जाता है।
- शनि ग्रह के चारों ओर सुन्दर **वलय (Rings)** पाए जाते हैं। इन **वलयों** की **संख्या 10** है।

- इस ग्रह का घनत्व 0.68 ग्राम प्रति घन सेमी. है, अतः यह सबसे कम घनत्व वाला ग्रह है।

## अरुण (Uranus)

- अरुण सूर्य से **सातवां दूरस्थ** ग्रह है। इस ग्रह की **खोज वर्ष 1781 ई.** में विलियम हर्शेल ने की थी।
- शनि की भांति ही इस ग्रह के चारों ओर भी वलय पाए जाते हैं। इन वलयों में **अल्फा, बीटा, गामा** व **एप्सीलॉन** प्रमुख वलय हैं। इस ग्रह के **27 उपग्रह** तथा 11 धुंधले वलय हैं।
- यह अपने अक्ष पर **पूर्व से पश्चिम** की ओर घूमता है, जबकि अन्य ग्रह (शुक्र को छोड़कर) **पश्चिम से पूर्व** की ओर घूमते हैं।

## वरुण (Neptune)

- यह सूर्य से आठवां दूरस्थ ग्रह है। इस ग्रह की खोज **1846** में जॉन गैले ने की थी।
- इसके वायुमण्डल में मुख्य रूप से हाइड्रोजन गैस पाई जाती है। इसके साथ ही कुछ मात्रा में मीथेन गैस भी पाई जाती है। **मीथेन के कारण ही यह ग्रह हरे रंग का दिखाई पड़ता है।**
- इस ग्रह के **13 उपग्रह** हैं।

| सौरमण्डल से सम्बन्धित महत्वपूर्ण तथ्य | |
|---|---|
| **सबसे भारी ग्रह** | बृहस्पति (Jupiter) |
| **रात्रि में लाल दिखाई देने वाला ग्रह** | मंगल (Mars) |
| **सौरमण्डल का सबसे बड़ा उपग्रह** | गैनीमीड (Ganymede) |
| **सौरमण्डल का सबसे छोटा उपग्रह** | डीमोस (Deimos) |
| **सौरमण्डल में ग्रहों की संख्या** | 8 (Eight) |
| **सबसे बड़ा ग्रह** | बृहस्पति (Jupiter) |
| **सबसे छोटा ग्रह** | बुध (Mercury) |
| **पृथ्वी का प्राकृतिक उपग्रह** | चन्द्रमा (Moon) |
| **सूर्य से सबसे निकट ग्रह** | बुध (Mercury) |
| **पृथ्वी के सबसे निकट ग्रह** | शुक्र (Venus) |
| **सबसे अधिक चमकीला ग्रह** | शुक्र (Venus) |
| **सबसे अधिक चमकीला तारा** | साइरस (Dog Star) |
| **सबसे अधिक उपग्रहों वाला ग्रह** | शनि (Saturn) |
| **नीला ग्रह** | पृथ्वी (Earth) |
| **लाल ग्रह** | मंगल (Venus) |
| **भोर का तारा** | शुक्र (Venus) |
| **सांझ का तारा** | शुक्र (Venus) |
| **पृथ्वी की बहन** | शुक्र (Venus) |
| **सौन्दर्य का देवता** | शुक्र (Venus) |
| **हरा ग्रह** | वरुण (Neptune) |
| **विशाल लाल धब्बे वाला ग्रह** | बृहस्पति (Jupiter) |
| **सबसे बड़ा क्षुद्रग्रह** | डॉग सेरस (Dog Ceres) |

**सौरमण्डल के ग्रहों के महत्वपूर्ण भौतिक गुण**

| ग्रह (Planets) | उपग्रहों की संख्या | सूर्य से दूरी (करोड़ किमी.) | सूर्य की परिक्रमा करने का काल | घूर्णन अवधि (अपने अक्ष के पारित) | अक्ष से झुकाव | विषुवत् रेखीय व्यास (किमी.) | द्रव्यमान (पृथ्वी का द्रव्यमान = 1) | सतह का माध्य ताप | अन्य गुण |
|---|---|---|---|---|---|---|---|---|---|
| बुध (Mercury) | 0 | 5.80 | 88 दिन | 58.6 दिन | 0° | 4,880 | 0.055 | 167°C | सूर्य के निकटतम तथा तीव्रतम ग्रह |
| शुक्र (Venus) | 0 | 10.82 | 225.8 दिन | 243 दिन | 3° | 12,104 | 0.815 | 464°C | अधिकतम चमकीला, अधिकतम गर्म व पृथ्वी के निकटतम ग्रह |
| पृथ्वी (Earth) | 1 | 14.96 | 365.25 दिन | 23.9 घण्टे | 23°27' | 12,756 | 1.0 | 15°C | अधिकतम घनत्व वाला ग्रह |
| मंगल (Mars) | 2 | 22.80 | 687 दिन | 24.6 घण्टे | 23°59' | 6,786 | 0.108 | – 65°C | |
| बृहस्पति (Jupiter) | 82 | 77.86 | 11.9 वर्ष | 9.9 घण्टे | 3°05' 27' | 1,42,984 | 317.9 | – 150°C | सबसे बड़ा ग्रह |
| शनि (Saturn) | 149 | 112.90 | 29.5 वर्ष | 10.3 घण्टे | 26°44' | 1,20,660 | 95.5 | – 140°C | सबसे कम घनत्व वाला ग्रह, सबसे अधिक उपग्रहों वाला ग्रह |
| अरुण (Uranus) | 27 | 287.25 | 84 वर्ष | 17.2 घण्टे | 82°5' | 51,118 | 14.6 | – 214°C | |
| वरुण (Neptune) | 13 | 450.40 | 164.8 वर्ष | 16.1 घण्टे | 28°48' | 49,528 | 17.2 | – 218°C | सूर्य से सबसे दूर स्थित ग्रह |

## चन्द्रमा

- चन्द्रमा एक गोलाकार आकाशीय पिण्ड व पृथ्वी का प्राकृतिक उपग्रह है। यह पृथ्वी के चारों ओर अपने अक्ष पर घूमता है। चन्द्रमा को **जीवाश्म ग्रह** भी कहा जाता है। यह पृथ्वी के दृव्यमान का 1/81 है।
- चन्द्रमा का आकार पृथ्वी के आकार का लगभग 1/6 है। अन्य सभी उपग्रहों के आकार अपने मातृ ग्रह के आकार के 1/8 से भी कम हैं।
- चन्द्रमा की प्रकाश किरण को पृथ्वी तक पहुँचने में **1.3 सेकेण्ड** का समय लगता है। इसके विपरीत सूर्य के प्रकाश को पृथ्वी तक पहुँचने में लगभग **8 मिनट 16.6 सेकेण्ड** लगते हैं।
- चन्द्रमा को पृथ्वी का एक चक्कर लगाने में **27 दिन 7 घण्टा 43 मिनट और 11.47 सेकेण्ड** का समय लगता है। चन्द्रमा को अपने अक्ष पर एक बार घूमने में भी ठीक इतना ही समय लगता है। यही कारण है कि हमें सदैव चन्द्रमा की एक ही सतह दिखाई देती है।

- अध्ययन से पता चला है कि चन्द्रमा की आयु भी लगभग उतनी ही है जितनी पृथ्वी की और चन्द्रमा का निर्माण भी लगभग **4.6 अरब** वर्ष पूर्व ही हुआ था।
- चन्द्रमा दीर्घवृत्ताकार पथ में पृथ्वी की **परिक्रमा** करता है। जब चन्द्रमा पृथ्वी के सबसे निकट होता है, तो इस अवस्था को **सूपरमून (Supermoon)** कहा जाता है। चन्द्रमा की पृथ्वी से सबसे दूर की अवस्था **एपोजी (Apogee)** कहलाती है।
- चन्द्रमा की अक्षीय और कक्षीय गति समान होने के कारण ही सदैव चन्द्रमा के केवल एक ही पृष्ठ को देखा जा सकता है।
- चन्द्रमा के अधिकतम **57% भाग** को ही पृथ्वी की सतह से देखा जा सकता है।

## प्लूटो (प्लूटोइड)

- प्लूटो को सौरमण्डल के ग्रहों की श्रेणी से हटाने के बाद खगोलशास्त्रियों ने अब उसके जैसे अन्य क्षुद्रग्रहों के लिए एक नई श्रेणी बना दी है जिसका नाम प्लूटोइड दिया गया है। इस आशय का निर्णय खगोलशास्त्रियों की अंतर्राष्ट्रीय संस्था IAU की ओस्लो में जून 2008 में संपन्न बैठक में लिया गया। आईएयू की ओस्लो बैठक में यह निर्णय लिया गया कि वरुण के बाद या उससे दूर की कोई भी गोलाकार वस्तु जिसमें गुरुत्वाकर्षण बल के साथ-साथ न्यूनतम निर्धारित चमक होगी, उसे प्लूटोइड कहा जाएगा। ज्ञातव्य है, कि 24 अगस्त, 2006 को अंतर्राष्ट्रीय खगोलीय संघ द्वारा प्लूटो को सौरमण्डल से हटा दिया गया था। अब इसे बौने ग्रहों की सूची में डाल दिया गया है। इसका उपनाम 134340 प्लूटो है।

| चन्द्रमा से सम्बन्धित महत्वपूर्ण आंकड़े | | |
|---|---|---|
| **चन्द्रमा की पृथ्वी से दूरी** | – | 3,84,403 किमी. |
| **व्यास** | – | 3,476 किमी. |
| **चन्द्रमा का व्यास पृथ्वी के व्यास के अनुपात में** | – | 1 : 3.7 |
| **चन्द्रमा का द्रव्यमान पृथ्वी के द्रव्यमान के अनुपात में** | – | 1 : 81 |
| **घनत्व (पानी के सापेक्ष)** | – | 3·34 |
| **घनत्व (पृथ्वी के सापेक्ष)** | – | 0.6 |
| **चन्द्रमा तथा पृथ्वी के गुरुत्वाकर्षण बलों में अनुपात** | – | 0 : 166 |
| **चन्द्रमा की सतह का अदृश्य भाग** | – | 41 % |
| **चन्द्रमा की पृथ्वी से अधिकतम दूरी (अपभू दूरी)** | – | 4,06,699 किमी. |
| **चन्द्रमा की पृथ्वी से न्यूनतम दूरी (उपभू दूरी)** | – | 3,56,399 किमी. |
| **चन्द्रमा की पृथ्वी के चारों ओर घूमने की अवधि (परिभ्रमण काल)** | – | 27 दिन 7 घण्टे 43 मिनट 11.47 सेकेण्ड |
| **चन्द्रमा का घूर्णन अवधि काल** | – | 27 दिन 7 घण्टे 43 मिनट 11.47 सेकेण्ड |
| **चन्द्रमा पर वायुमण्डल** | – | लुप्त (Absent) |
| **चन्द्रमा के उच्चतम पर्वत की ऊंचाई** | – | 35,000 फीट (लिबनिट्ज पर्वत, जोकि चन्द्रमा के दक्षिणी ध्रुव पर स्थित है) |
| **चन्द्रमा के प्रकाश को पृथ्वी तक पहुँचने में लगा समय** | – | 1.3 सेकेण्ड |
| **चन्द्रमा की अपनी धुरी पर घूमने की गति** | – | 3,680 किमी. प्रति घण्टा |
| **चन्द्रमा की पृथ्वी के चारों ओर घूमने की गति (कक्षीय चाल)** | – | 3,680 किमी. प्रति घण्टा |
| **चन्द्रमा की परिधि** | – | 10,927 किमी. |
| **पलायन वेग** | – | 2.4 किमी. |
| **तापमान (दोपहर के समय)** | – | 127° सेण्टीग्रेड |
| **तापमान (रात्रि के समय)** | – | माइनस 180° सेण्टीग्रेड |

## पृथ्वी की आकृति तथा आंतरिक संरचना

- **आकृति**–पृथ्वी एक **लध्वभ गोलाभ** (Oblate Spheroid) है, अर्थात् ऐसी गेंद जो लगभग गोलीय है, परंतु ध्रुवों पर थोड़ी चपटी तथा मध्य में थोड़ा उभार लिए हुए है। पृथ्वी के भूमध्य रेखीय तथा ध्रुवीय व्यास क्रमश: **12,756 किमी.** तथा **12,713 किमी.** हैं।
- पृथ्वी का औसत घनत्व 5.5 है जबकि भू-पर्पटी का घनत्व लगभग 3.0 है।
- सामान्य रूप से पृथ्वी में प्रत्येक **32 मीटर की गहराई पर तापमान में 1°C की वृद्धि** होती है।
- प्रथम 100 किमी. की गहराई में प्रत्येक किमी. पर 12°C की वृद्धि होती है उसके बाद के 300 किमी. की गहराई में प्रत्येक किमी. पर 2°C एवं उसके पश्चात् प्रत्येक किमी. की गहराई पर 1°C की वृद्धि होती है।

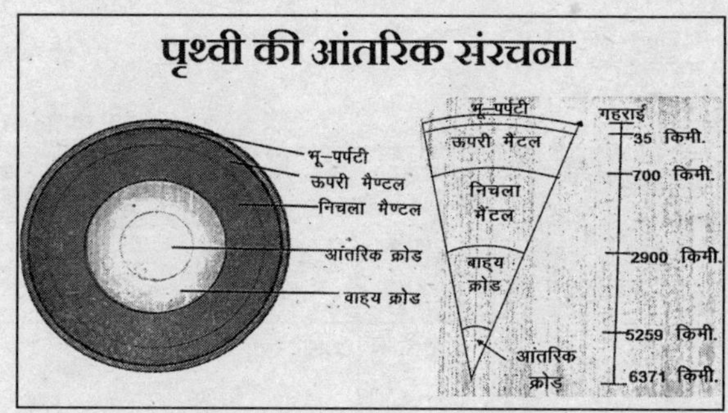


- पृथ्वी के आन्तरिक भाग को तीन वृहत् मण्डलों या परतों में विभाजित किया जा सकता है, ये तीन मण्डल या परतें इस प्रकार हैं–

1. **भू-पटल (Crust)**–यह पृथ्वी की सबसे बाहरी परत है। भूकम्पीय तरंगों की गति के आधार पर भू-पटल को दो भागों में विभाजित किया गया है–
   - **(i) ऊपरी परत**–इसमें मुख्यत: ग्रेनाइट चट्टानें पाई जाती हैं जिसके द्वारा महाद्वीपों का निर्माण हुआ है। इस परत में **सिलिका** एवं **एल्यूमीनियम** जैसे तत्वों की प्रधानता है, अत: इसे **सियाल** (Sial) भी कहा जाता है। इसका **औसत घनत्व 2.7** है।
   - **(ii) निम्न परत**–इसमें बेसाल्ट चट्टानों की अविच्छिन्न परत पाई जाती है, जिसके द्वारा महाद्वीपीय सतह का निर्माण हुआ है। यह मुख्यत: **सिलिका** (Si) एवं **मैग्नीशियम** (Mg) से मिलकर बनी है, अत: इसे **सीमा** कहा जाता है। इसका औसत **घनत्व 3.0** है।
2. **अनुपटल (Mantle)**–भू-पटल के निचले आधार पर भूकम्पीय तरंगों की गति में अचानक वृद्धि हो जाती है। वास्तव में निचली भू-पटल परत तथा ऊपरी अनुपटल (Upper Mantle) परत के बीच एक **असम्बद्ध** परत विद्यमान है, जिसे **मोहो-असंबद्धता** (Moho Discontinuity) कहते हैं। इसमें भूकम्पीय तरंगों की गति मन्द पड़ जाती है। इसे **निम्न गति का मण्डल** (Zone of Low Velocity) कहते हैं।

3. **भू-क्रोड (Core)**–इस परत को **धात्विक क्रोड** या **गुरुमण्डल** या **अंतरतम** भी कहते हैं। अनुपटल और भू-क्रोड की सीमा को **गुटेनबर्ग असंबद्धता** (Guttenberg Discontinuity) कहते हैं। इस सीमा के सहारे घनत्व में अत्यधिक परिवर्तन होते हैं। भू-क्रोड में **निकिल** एवं **फेरस** की प्रधानता है। इसे **निफे** (Nife) भी कहते हैं। इसका आयतन पृथ्वी के कुल आयतन का 16 प्रतिशत तथा कुल द्रव्यमान का **32 प्रतिशत** है। यह परत तरल अथवा प्लास्टिक अवस्था में है, लेकिन अत्यधिक दबाव के कारण ठोस की तरह आचरण करती है। बाह्य कोर तरल तथा आन्तरिक कोर ठोस अवस्था में है जिसे लेहमैन असंबद्रता के नाम से जाना जाता है।

**पृथ्वी की परतें, उनका आयतन एवं द्रव्यमान**

| परत | आयतन | द्रव्यमान |
|---|---|---|
| **भू-पटल (Crust)** | 0.5% | 0.2% |
| **अनुपटल (Mantle)** | 83.5% | 67.8% |
| **भू-क्रोड (Core)** | 16.0% | 32.0% |

**भू-पर्पटी एवं सम्पूर्ण पृथ्वी में विभिन्न तत्वों की मात्रा (% में)**

| तत्व | भू-पर्पटी में मात्रा (प्रतिशत में) | तत्व | सम्पूर्ण पृथ्वी में मात्रा (प्रतिशत में) |
|---|---|---|---|
| **ऑक्सीजन** | 46.8 | लोहा | 35 |
| **सिलिकन** | 27.7 | ऑक्सीजन | 30 |
| **एल्यूमीनियम** | 8.1 | सिलिकन | 15 |
| **लोहा** | 5.0 | मैग्नीशियम | 13 |
| **कैल्शियम** | 3.6 | निकेल | 2.4 |
| **सोडियम** | 2.8 | सल्फर | 1.9 |
| **पोटेशियम** | 2.5 | | |
| **मैग्नीशियम** | 2.0 | | |

- **ऐस्थेनोस्फीयर (Asthenosphere)**–मेंटल के ऊपरी **250 किमी.** मोटे भाग को ऐस्थेनोस्फीयर कहते हैं। इस भाग में स्थित चट्टानें आंशिक रूप से पिघली अवस्था में हैं। इसी भाग के ऊपर भूपर्पटी (Crust) स्थित है जिस पर महाद्वीप तथा महासागर आधारित हैं।

## पृथ्वी तल के मण्डल

पृथ्वी तल पर चार मण्डल हैं-

1. **स्थल भाग या स्थलमण्डल (Lithosphere)**–पृथ्वी की बाह्य भूपर्पटी (Crust) जिस पर महाद्वीप तथा महासागर स्थित हैं, स्थलमण्डल कहलाता है। इसका क्षेत्रफल **14.89 करोड़ वर्ग किमी.** अर्थात् पृथ्वी तल का **29.08%** है, उत्तरी गोलार्द्ध में यह भाग अधिक है और दक्षिणी गोलार्द्ध में कम। इसके बाहरी आवरण को भू-पटल कहते हैं जो ठोस तथा कठोर है।
2. **जलमण्डल (Hydrosphere)**–इसका क्षेत्रफल 36.12 करोड़ वर्ग किमी. अर्थात् पृथ्वी तल का **71%** है। इस समस्त जल भाग को, जिसमें महासागर आते हैं, जलमण्डल कहते हैं।
3. **वायुमण्डल (Atmosphere)**–पृथ्वी के धरातल के चारों ओर रंगहीन, गन्धहीन और स्वादहीन गैसों का एक विशाल आवरण है, जो लगभग 800 किमी. की ऊँचाई तक है, इसे वायुमण्डल कहते हैं।
4. **जैवमण्डल (Biosphere)**–पृथ्वी तल पर, उससे ऊपर तथा नीचे, जहाँ कहीं भी पेड़-पौधे, जीव-जन्तु एवं मानव जीवन का अस्तित्व है उस भाग को जैवमण्डल कहते हैं। अत: यह भाग स्थलमण्डल, जलमण्डल तथा वायुमण्डल तीनों में ही फैला हुआ है।

# चट्टान

- खनिज पदार्थों से युक्त कठोर निक्षेपों (Deposits) से बने पिण्ड जो पृथ्वी के धरातल की रचना करते हैं, चट्टान कहलाते हैं। चट्टानें तीन प्रकार की होती हैं–

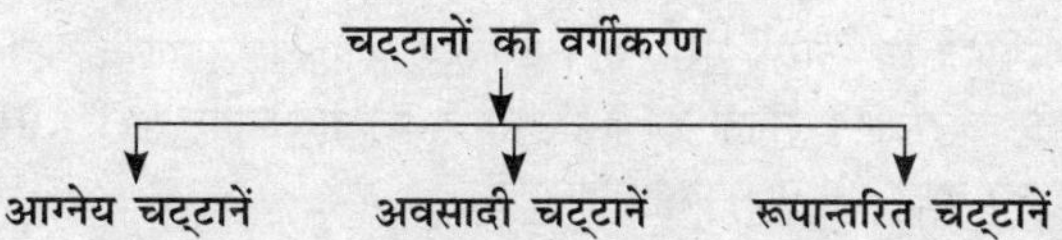


- चट्टान निर्माणकारी खनिज वर्गों में सिलिकेट (फेल्सपार, अभ्रक आदि) सर्वप्रथम है तथा ऑक्साइड (क्वार्ट्ज, हेमेटाइट, मैग्नेटाइट आदि) और कार्बोनेट (कैल्साइट, डोलोमाइट आदि) का स्थान क्रमश: उसके बाद आता है।

## आग्नेय चट्टानें (Igneous Rocks)

- जो पदार्थ पृथ्वी के गर्त से बाहर निकलकर, ठण्डे होकर ठोस हो जाते हैं उन्हें आग्नेय चट्टानें कहते हैं। ये या तो ज्वालामुखी के लावा के जमने से बनती हैं या गर्त के अन्दर ठण्डी होकर जम जाने से बनती हैं, या अन्य चट्टानों की दरारों में भरकर जम जाने से बनती हैं। ये रवेदार, चमकदार, परतरहित होती हैं। आग्नेय शैलों के प्रमुख उदाहरण हैं–**ग्रेनाइट**, **बेसाल्ट**, **गैब्रों**, **आब्सीडियन**, **डायोराइट**, **डोलोराइट**, **एण्डेसाइट**, **पेरिडोटाइट**, **फेलसाइट**, **पिचस्टोन**, **प्यूमिस**, **परलाइट** आदि।

### मध्यवर्ती आग्नेय चट्टानों के विभिन्न रूप

1. **बैथोलिथ (Batholith)**–ये प्राय: **गुम्बद** के आकार के होते हैं, जिनके आकार तीव्र ढाल वाले एवं आधार तल अधिक गहराई में होता है। इनका ऊपरी भाग अत्यधिक असमान (Irregular) एवं ऊबड़-खाबड़ होता है। **बैथोलिथ** ग्रेनाइट चट्टानों के रूप में विश्व के अधिकांश पर्वतों के कोर (Core) के रूप में मौजूद हैं।
2. **लैकोलिथ (Lacolith)**–पृथ्वी के धरातल के निकट परतदार चट्टानों के बीच गुम्बदाकार संरचना में **मैग्मा** के जमने के कारण इसका निर्माण होता है।
3. **फैकोलिथ (Phacolith)**–जब मैग्मा का निक्षेप तरंगों के रूप में होता है तो इसे **फैकोलिथ** कहा जाता है। मोड़ों की **अपनति** (Anticline) एवं **अभिनति** (Syncline) में लावा के जमाव के फलस्वरूप इस संरचना का विकास होता है।
4. **लोपोलिथ (Lopolith)**–जब लावा का जमाव धरातल के नीचे अवतल आकार वाले छिछले बेसिन में होता है, तो एक **तश्तरीनुमा** संरचना का निर्माण होता है, जिसे **लोपोलिथ** कहा जाता है।
5. **सिल (Sill)**–जब लावा का जमाव चट्टानों की दो परतों के बीच होता है, तो **सिल** का निर्माण होता है। यह प्राय: **चट्टानों की परतों** के समान्तर होता है।
6. **डाइक (Dyke)**–**सिल** के विपरीत **डाइक** में मैग्मा का जमाव परतों के लम्बवत् होता है। इनकी लम्बाई कुछ मीटर से सैकड़ों किमी. तक हो सकती है।

### रासायनिक संरचना की दृष्टि से आग्नेय चट्टानों को दो वर्गों में विभाजित किया जाता है:

1. **अम्लीय चट्टानें (Acid Rocks)**–इनमें **सिलिका** की मात्रा अधिक होती है। इनका रंग हल्का होता है। ये चट्टानें अपेक्षाकृत हल्की होती हैं, **जैसे–ग्रेनाइट**।

2. **क्षारीय चट्टानें (Basic Rocks)**–इनमें सिलिका की मात्रा कम होती है। इनमें **फेरो-मैग्नीशियम** की प्रधानता होती है। लोहे की अधिकता के कारण इन चट्टानों का रंग गहरा होता है। इनका घनत्व भी अधिक होता है, **जैसे–गैब्रो**, **बेसाल्ट**, **रायोलाइट** आदि।

- पूर्व की चट्टानों के ऊपर स्थित बेसाल्ट चट्टान टोपी (Caps) के समान दिखाई पड़ती हैं। इस प्रकार की स्थलाकृति को **'मेसा'** (Mesa) कहा जाता है। अपरदन के कारण मेसा का अधिकांश भाग कट जाता है एवं उसका आकार छोटा होने लगता है। इस अत्यन्त छोटी आकार वाली **'मेसा'** को **'बुट या बुटे'** (Butte) कहा जाता है।

## अवसादी/तलछटी/परतदार चट्टानें (Sedimentary Rocks)

- ये वे चट्टानें हैं जिनका निर्माण विखण्डित ठोस पदार्थों, जीव-जन्तुओं एवं पेड़-पौधों के जमाव से होता है।
  - इन चट्टानों में अवसादों की विभिन्न परतें पाई जाती हैं।
  - इन चट्टानों में **जीवाश्म (Fossils)** पाए जाते हैं।
  - धरातल का 75% भाग अवसादी चट्टानों से ढँका हुआ है एवं शेष 25% भाग आग्नेय एवं रूपान्तरित चट्टानों से आवृत्त है।
  - यद्यपि अवसादी चट्टानें धरातल का अधिकांश भाग आवृत्त किए हुए हैं, फिर भी भू-पटल के निर्माण में इनका योगदान 5% ही है, शेष 95% भाग आग्नेय एवं रूपान्तरित चट्टानों से निर्मित है।
  - ये चट्टानें क्षैतिज रूप में बहुत कम पाई जाती हैं। पार्श्ववर्ती दबाव के कारण इनकी परतों में मोड़ पड़ जाता है एवं ये चट्टानें सामूहिक रूप से अपनति एवं अभिनति के रूप में पाई जाती हैं।
  - इन चट्टानों में **जोड़ (Joints)** पाए जाते हैं।
- ये चट्टानें प्राय: मुलायम होती हैं (जैसे–**चीका-मिट्टी**, **पंक** आदि), परंतु ये कड़ी भी हो सकती हैं (जैसे–**बलुआ पत्थर**)।
- **उत्पत्ति एवं संघटन (Origin and Composition) के आधार पर परतदार चट्टानों को तीन मुख्य वर्गों में विभाजित किया जा सकता है–**

1. **यान्त्रिक क्रियाओं द्वारा निर्मित अथवा चट्टानों के विखण्डित पदार्थों से निर्मित–**
   **(a)** पवन द्वारा निर्मित जैसे–लोएस।
   **(b)** हिमानी द्वारा निर्मित जैसे–बोल्डर, क्ले।
   **(c)** जल द्वारा निर्मित, जैसे–बलुआ पत्थर (Sandstone), गोलाश्म (Conglomerate), चीका-मिट्टी (Clay), शेल (Shale) आदि। सिल्ट एवं क्ले के संगठित होने से शेल का निर्माण होता है।
2. **जैविक तत्वों द्वारा निर्मित–**
   **(a)** जीव-जन्तुओं द्वारा निर्मित, जैसे–चूना-पत्थर (Limestone), खड़िया (Chalk)।
   **(b)** पेड़-पौधों द्वारा निर्मित, जैसे–पीट (Peat), कोयला, लिग्नाइट।
3. **रासायनिक तत्वों द्वारा निर्मित** जैसे–डोलोमाइट (Dolomite), सेंधा नमक (Rock Salt), जिप्सम, चूना पत्थर (Limestone) आदि।

## कायान्तरित या परिवर्तित चट्टानें (Metamorphic Rocks)

- पृथ्वी के अन्दर उपस्थित ताप तथा दबाव के कारण परतदार चट्टानें बहुत समय बाद परिवर्तित चट्टानों में बदल जाती हैं और कायान्तरित चट्टानों के समान दिखाई देती हैं। इनमें रवे बन जाते हैं और **चमक** तथा **कठोरता** आ जाती है। इस प्रकार चूने की चट्टानें संगमरमर में, कार्बन या कोयले की चट्टानें हीरे में, चिकनी मिट्टी की चट्टानें स्लेट में तथा रेत की चट्टानें, **क्वार्ट्ज** में परिवर्तित हो जाती हैं। इसीलिए इन्हें **परिवर्तित चट्टानें** कहते हैं।

# पर्वत

- **पर्वत धरातल** के ऊपर उठे ऐसे भागों के रूप में होते हैं, जिनका ढाल तीव्र होता है और शिखर भाग संकुचित क्षेत्र वाला होता है।
- यद्यपि पठार भी धरातल से ऊंचे उठे हुए भाग ही होते हैं किंतु पर्वत से इस बात में उनकी भिन्नता होती है कि पठारों का **शिखर भाग चौरस** तथा **सपाट** होता है।
- **पर्वत श्रेणी (Mountain Series)**–एक ही प्रकार और एक ही आयु के पहाड़ों एवं पहाड़ियों का ऐसा क्रम जिसमें **कई शिखर**, **कटक**, **घाटियाँ** आदि सम्मिलित हों, **'पर्वत श्रेणी'** के नाम से जाना जाता है। पर्वत श्रेणियाँ एक **सीधी रेखा** में अपेक्षाकृत संकरे स्वरूप में विस्तृत होती हैं। हिमालय पर्वत श्रेणी इसका एक प्रमुख उदाहरण है।
- **पर्वत शृंखला (Mountain Chain)**–विभिन्न युगों में निर्मित लम्बे एवं संकरे पर्वतों का समानान्तर विस्तार **पर्वत शृंखला** या **पर्वतमाला** कहलाता है, जैसे **अप्लेशियन पर्वत शृंखला**, **रॉकीज पर्वत शृंखला** आदि।
- **पर्वत समूह (Cordillera)**–महाद्वीपीय भागों में एक छोर से दूसरे छोर तक पर्वत श्रेणियों के संयुक्त विस्तार को पर्वत समूह या पर्वत-प्रदेश कहते हैं। कोर्डिलेरा शब्द का प्रयोग वस्तुत: दक्षिणी अमेरिका में **एण्डीज पर्वतमाला** एवं उत्तरी अमेरिका में **रॉकी**, **कास्केड**, **सिएरा नेवादा** और **तटीय श्रेणी** (जिन्हें संयुक्त रूप से पश्चिमी कोर्डिलेरा कहा जाता है) के लिए किया जाता है।

## पर्वतों का वर्गीकरण

- **नवीन अथवा युवा पर्वत (New or Young Mountains)**–ये वे पर्वत हैं जो महाद्वीपीय प्रवाह (Continental drift) के बहुत समय बाद अस्तित्व में आए इनके उदाहरण हैं **: हिमालय पर्वत शृंखला**, **एण्डीज**, **रॉकीज**, **आल्पस**, आदि।
- **प्राचीन पर्वत (Old Mountains)**–ये वे पर्वत हैं जो महाद्वीपीय प्रवाह से पैंजिया (Pangaea) बनने के बहुत पहले बन चुके थे। इनके उदाहरण हैं: **पेनाइन्स** (यूरोप), **अप्लेशियन्स** (अमेरिका) तथा **अरावली पर्वत शृंखला** (भारत)।

### निर्माण विधि के अनुसार पर्वतों के प्रकार

- **मोड़दार पर्वत (Folded Mountain)**–भू-सन्नति की परतदार चट्टानों में पार्श्विक सम्पीड़न बल के द्वारा इनका निर्माण होता है। ये मुख्यत: परतदार चट्टानों से निर्मित हैं। इन चट्टानों में छिछले सागर में रहने वाले जीवों के जीवाश्म पाए जाते हैं। **उदाहरण:**
  1. **एशिया के मोड़दार पर्वत (Folded Mountain)**–हिमालय, अराकान, सुलेमान, हिन्दुकुश, जैग्रॉस, एलब्रुज, पाण्टिक, टॉरस, कराकोरम, क्यूनलून आदि।
  2. **यूरोप के मोड़दार पर्वत:** काकेशस, बाल्कन, कारपेथियन, आल्पस, डिनारिक, एपीनाइन, पेरिनीज आदि।
  3. **अफ्रीका** में एटलस, **उत्तरी अमेरिका** में रॉकी एवं **दक्षिणी अमेरिका** में एण्डीज महत्वपूर्ण मोड़दार पर्वत हैं। एण्डीज की लम्बाई विश्व में सबसे अधिक 7,000 किमी. है।
- **भ्रंशोत्थ पर्वत (Block Mountain)**–दो भ्रंश तलों के सहारे जब कोई भू-खंड ऊपर उठ जाता है तो खंड पर्वत का निर्माण होता है। **भारत** में **नीलगिरि**, **जर्मनी में हॉर्ज** एवं **ब्लैक फॉरेस्ट** तथा **फ्रांस में वॉस्जेज**, पाकिस्तान का **सॉल्ट रेन्ज** भ्रंशोत्थ पर्वतों के उदाहरण हैं। कैलिफोर्निया का **सियारा नेवादा** विश्व का सर्वाधिक विस्तृत भ्रंशोत्थ पर्वत है।

- **ज्वालामुखी पर्वत (Volcanic Mountain)**–इनका निर्माण **ज्वालामुखी** उद्गार के फलस्वरूप निकले पदार्थों के जमाव से होता है। विश्व का सबसे ऊंचा ज्वालामुखी पर्वत **चिली का एकांकागुआ ( 7,021 मी. )** है। यह मृत ज्वालामुखी है। इक्वाडोर का **कोटोपैक्सी ( 5,897 मी. )** विश्व का सबसे ऊंचा सक्रिय ज्वालामुखी है। इक्वाडोर का **चिम्बोराजो**, **अफ्रीका का किलीमन्जारो** अन्य ऊँचे ज्वालामुखी पर्वत हैं।
- **अवशिष्ट पर्वत (Relicit Mountain)**–जब पठार, पर्वत या उच्च मैदान अपरदित होकर पर्वतों का रूप धारण कर लेते हैं तो उन्हें अवशिष्ट पर्वत कहा जाता है। भारत में **अरावली, सतपुड़ा, विंध्यन, पूर्वी घाट, पश्चिमी घाट, यूरोप में यूराल, स्कॉटलैंड की पहाड़ियाँ** एवं **पेनाइन श्रेणी, अमेरिका के मोनेडनॉक आदि अवशिष्ट पर्वतों के उदाहरण** हैं।
- भारत का **पश्चिमी घाट** वास्तविक पर्वत श्रेणी नहीं है। यह वास्तव में एक **भ्रंश कगार** है।

**विश्व की प्रमुख पर्वत श्रेणियाँ**

| क्र.सं. | पर्वत श्रेणी | स्थिति | सर्वोच्च शिखर |
|---|---|---|---|
| 1. | **कार्डिलेरा डि लॉस एण्डीज** | दक्षिणी अमेरिका | एकांकागुआ |
| 2. | **रॉकी पर्वत श्रेणी** | उत्तरी अमेरिका | माउंट एल्बुर्ज |
| 3. | **हिमालय-कराकोरम-हिंदुकुश** | दक्षिणी-मध्य एशिया | माउंट एवरेस्ट |
| 4. | **ग्रेट डिवाइडिंग रेंज** | पूर्वी ऑस्टेलिया | कोस्यूस्को |
| 5. | **ट्रांस अंटार्कटिका पर्वत** | अंटार्कटिका | माउंट किकपैट्रिक |
| 6. | **ब्राजीलियन अटलांटिक तटीय श्रेणी** | पूर्वी ब्राजील | पिको डिबैंडेरिया |
| 7. | **पश्चिमी सुमात्रा जावा श्रेणी** | प. सुमात्रा तथा जावा | केरिंटजी |
| 8. | **एल्यूशियन रेंज** | अलास्का तथा उ.प्र. प्रशान्त महासागर | शिशैल्डिन |
| 9. | **तियेन शान** | दक्षिणी-मध्य एशिया | पीके पोवेडा |
| 10. | **सेंट्रल न्यू गीनिया रेंज** | आयरिन जाया-पापुआ-न्यू गिनी | जायाकुसुम |
| 11. | **अल्टाई माउंटेन्स** | मध्य एशिया | गोरा बलुआ |
| 12. | **यूराल पर्वत श्रेणी** | मध्य रूस | गोरा नैराड्नाया |
| 13. | **कमचटका स्थित श्रेणी** | पूर्वी रूस | क्ल्यूचेव्स-काया सोपका |
| 14. | **एटलस पर्वत** | उत्तरी पश्चिमी अफ्रीका | जेबेल टाउब्का |
| 15. | **बर्खोयान्स्क पर्वत** | पूर्वी रूस | गोरा मास खाया |
| 16. | **पश्चिमी घाट** | पश्चिमी भारत | अनाईमुदी |
| 17. | **सियरा मादरे ओरिएंटल** | मैक्सिको | ओरीजावा |
| 18. | **जैग्रोस पर्वत श्रेणी** | ईरान | जार्ड कुह |
| 19. | **स्कैंडिनेवियन रेंज** | पश्चिमी नॉर्वे | गैलढोपिजेन |
| 20. | **इथियोपियन उच्च भूमि** | इथियोपिया | रास डासन |
| 21. | **पश्चिमी सियरा मादरे** | मैक्सिको | नेवाडो डि कोलिमा |
| 22. | **मालागासी श्रेणी** | मेडागास्कर द्वीप | मारोमोकोट्रो |
| 23. | **ड्रेकेन्सबर्ग** | दक्षिण-पूर्व अफ्रीका | दबनाएँट-लेन्याना |
| 24. | **चेर्सकोगो खेबेट** | पूर्वी रूस | गोरा पोबेडा |
| 25. | **काकेशस** | जॉर्जिया | एल्बुर्ज |

**विश्व के सबसे ऊंचे पर्वत शिखर**

| नाम | महाद्वीप | देश | पर्वत श्रेणी | ऊंचाई ( मीटर ) | प्रथम चढ़ाई का दिनांक/वर्ष |
|---|---|---|---|---|---|
| **माउंट एवरेस्ट** | एशिया | नेपाल-तिब्बत | हिमालय | 8,848 | 29 मई, 1953 |
| **K-2 ( गॉडविन ऑस्टिन )** | एशिया | भारत | कराकोरम | 8,611 | 31 जुलाई, 1954 |
| **कंचनजंगा** | एशिया | नेपाल-भारत | हिमालय | 8,586 | 25 मई, 1955 |
| **लहोत्से (Lhotse)** | एशिया | नेपाल-तिब्बत | हिमालय | 8,516 | 18 मई, 1956 |
| **मकालू** | एशिया | तिब्बत-नेपाल | हिमालय | 8,463 | 15 मई, 1955 |
| **धौ-युऔ** | एशिया | तिब्बत-नेपाल | हिमालय | 8,201 | 19 अक्टूबर, 1954 |
| **धौलागिरि** | एशिया | नेपाल | हिमालय | 8,167 | 13 मई, 1960 |
| **मनास्लू** | एशिया | नेपाल | हिमालय | 8,163 | 9 मई, 1956 |

## पठार

ऐसी उच्च भूमि को पठार कहा जाता है, जिसका शिखर वाला भाग काफी विस्तृत एवं सपाट हो। पठार निम्न प्रकार के होते हैं–

- सामान्यतः पठार की ऊँचाई समुद्र तल से 500 मीटर या इससे अधिक होती है।
- दुनिया की छत (रूफ ऑफ द वर्ल्ड) **पामीर के पठार** (16000 फीट) को कहा जाता है।
- **अंतरपर्वतीय पठार**–ये चारों तरफ से पर्वतों से घिरे होते हैं। उदाहरण–**तिब्बत का पठार, बोलीविया का पठार, पेरू का पठार, कोलम्बिया का पठार, मैक्सिको का पठार, गोबी का पठार, तारिम बेसिन, ग्रेट बेसिन, ईरान का पठार** आदि।
- **महाद्वीपीय पठार**–ये काफी विस्तृत एवं अति प्राचीन पठार हैं। उदाहरण–**बाल्टिक पठार, दक्षिण भारत का पठार, अरब का पठार, अफ्रीकी पठार, ब्राजील का पठार** आदि।
- **पर्वतपदीय पठार**–ये पठार पर्वत से सटी हुई लम्बी उच्च भूमि के रूप में मैदान या समुद्र तक फैले हुए होते हैं। उदाहरण–**पैटागोनिया का पठार, उत्तरी अमेरिका का पीडमोंट पठार** आदि।
- **ज्वालामुखी या लावा पठार**–दरारी उदभेदन के फलस्वरूप निकलने वाले लावा के द्वारा ऐसे पठारों का निर्माण होता है। **दक्कन का पठार, कोलम्बिया का पठार** इसके उदाहरण हैं।

**विश्व: प्रमुख पठार व अवस्थिति**

| क्र.सं. | पठार | अवस्थिति |
|---|---|---|
| 1. | **एशिया माइनर** | तुर्की |
| 2. | **अनातोलिया का पठार** | तुर्की |
| 3. | **मेसेटा पठार** | स्पेन |
| 4. | **चियापास पठार** | मैक्सिको |
| 5. | **कोलैरेडो पठार** | अमेरिका |
| 6. | **ग्रेट बेसिन पठार** | अमेरिका |
| 7. | **अलास्का पठार** | अमेरिका |
| 8. | **कोलंबिया पठार** | अमेरिका |
| 9. | **ओजार्क पठार** | अमेरिका |
| 10. | **पीडमोंट पठार** | अमेरिका |
| 11. | **लॉरेंशिया पठार** | कनाडा |
| 12. | **माटोग्रासो पठार** | ब्राजील |
| 13. | **ब्राजील पठार** | ब्राजील |
| 14. | **बोरबोरमा पठार** | ब्राजील |
| 15. | **तकला माकन पठार** | चीन |
| 16. | **तिब्बत का पठार** | तिब्बत |
| 17. | **मंगोलियाई पठार** | मंगोलिया/चीन |
| 18. | **ईरान पठार** | ईरान |
| 19. | **मध्य साइबेरिया पठार** | रूस |
| 20. | **मेघालय पठार** | भारत |
| 21. | **छोटा नागपुर पठार** | भारत |
| 22. | **दक्कन पठार** | भारत |
| 23. | **पेशावर पठार** | पाकिस्तान |
| 24. | **लीबियाई पठार** | लीबिया/मिस्र |
| 25. | **अहागार का पठार** | अल्जीरिया/लीबिया |
| 26. | **पामीर का पठार** | कजाकिस्तान |

## मैदान

ये पृथ्वी के धरातल पर द्वितीयक क्रम के सर्वाधिक स्पष्ट एवं सरल उच्चावच तथा अपेक्षाकृत समतल व निम्न भूभाग हैं। अत्याधिक न्यून ढाल होने के कारण इन क्षेत्रों में नदियों का प्रवाह मन्द एवं विसर्पित हो जाता है।

**विश्व के प्रमुख मैदान**

| मैदान का प्रकार | उदाहरण |
|---|---|
| **कार्स्ट मैदान (Karst Plain)** | सर्बिया एवं मांटेनेग्रो |
| **हिम अपरदित मैदान (Glacial Plains)** | कनाडा, फिनलैंड, स्वीडन |
| **जलोढ़ मैदान (Alluvial Plain)** | सिन्धु-गंगा का मैदान, मिसीसिपी का मैदान, नील का मैदान, डेन्यूब का मैदान, ह्वांगहो और यांगटीसी-क्यांग का मैदान आदि। |
| **बट्टड़ मृतिका मैदान (Till Plain)** | न्यू इंग्लैंड प्रदेश |
| **लोएस का मैदान (Loess Plain)** | उत्तरी चीन |
| **तटीय मैदान (Coastal Plain)** | कोरोमण्डल तट (भारत), फ्लोरिडा का मैदान (सं.रा. अमेरिका) |
| **समप्राय मैदान (Peni Plain)** | मध्य रूस का मैदान, पेरिस बेसिन |
| **झीलों के मैदान (Lacustrine Plain)** | नीदरलैंड का मैदान |

## झील

- महाद्वीपों के मध्यवर्ती भाग अर्थात् धरातल पर उपस्थित जलपूर्ण भागों को झील कहा जाता है।
- विश्व में अधिकांश झीलों का निर्माण हिमानीकरण द्वारा हुआ है, यही कारण है, कि सर्वाधिक झीलें उच्च अक्षांशों एवं ऊंचे पर्वतीय क्षेत्रों में पाई जाती हैं।
- **डेल्टा झीलें**–नदियों द्वारा समुद्री तटों के समीप भारी मात्रा में कांप या जलोढ़ (Alluvium) जमा कर देने से उसकी घाटी ऊंची होने लगती है और नदी कई उपशाखाओं में विभाजित हो जाती है। कांप के अत्यधिक जमाव से नदियों एवं सागरों का जल झीलों के रूप में अवरुद्ध हो जाता है जिसे डेल्टा झील की संज्ञा दी जाती है।
- भारत में कृष्णा तथा गोदावरी नदियों के बीच **कोलेरू झील** का निर्माण हो जाने से ही दोनों के डेल्टा क्षेत्रों का विकास हुआ है।
- **लैगून**–समुद्र तटीय भागों में समुद्री लहरों द्वारा रेत पदार्थों का जमाव कर देने से अवरोधक बन जाते हैं और सागरों का जल एक झील के रूप में अलग दिखाई पड़ता है ऐसी झीलों को **पश्चजल** या **लैगून** (Lagoon) झीलें कहा जाता है।
- भारत में ओडिशा राज्य की **चिल्का झील लैगून** या **अवरोधक झील** का सर्वोत्तम उदाहरण है।
- क्षेत्रफल की दृष्टि से यूरेशिया की **कैस्पियन सागर** (क्षेत्रफल लगभग 3,86,400 वर्ग किमी.) विश्व की सबसे बड़ी झील है।
- साइबेरिया की **बैकाल झील** (औसत गहराई 4,700 फीट) विश्व की सबसे अधिक गहरी झील है।
- उत्तरी अमेरिका की सुपीरियर झील विश्व की सबसे बड़ी **मीठे पानी** की झील है।
- तुर्की की **लेक वॉन (लवणता 333%)** विश्व की सर्वाधिक खारे पानी की झील है। मृत सागर की लवणता **243%** है जो **वॉन लेक** के बाद दूसरी सर्वाधिक खारी झील है।
- **कैस्पियन सागर** विश्व की सबसे बड़ी खारे पानी की झील है।

- भारत के पश्चिमी तट पर स्थित लैगून झीलों को स्थानीय रूप से **कयाल (Kayal)** कहा जाता है। पश्चिमी तट की लैगून झीलों में सबसे बड़ी केरल की **वेम्बनाद** झील है।
- विश्व की सबसे बड़ी कॉल्डेरा झील इंडोनेशिया की **टोबा झील** है।
- विश्व की सबसे **नीची झील** मृत सागर है।
- उड़ीसा की **चिल्का**, आंध्र प्रदेश की **पुलीकट** एवं **केरल** की **वेम्बनाद झील लैगून** के उदाहरण हैं।
- **लुइसियाना** में **मिसीसिपी डेल्टा** में निर्मित **पोचासिट्रयन झील** डेल्टा झील का उदाहरण है।
- अरल सागर (खारे पानी का) झील **कजाकिस्तान** व **उज्बेकिस्तान** की सीमा बनाती है।
- विक्टोरिया झील **केन्या**, **तंजानिया** एवं **युगांडा** की सीमा बनाती है।
- **लोपोनोर झील** चीन में स्थित है यहीं पर चीन का आणविक परीक्षण संस्थान है।
- **विक्टोरिया झील** के बीच से विषुवत रेखा गुजरती है।
- **ग्रेट बियर झील** (कनाडा) आर्कटिक वृत्त से गुजरती है।
- चर्चिल नदी रेंडियर झील को हडसन की खाड़ी से जोड़ती है।

**क्षेत्रफल के आधार पर विश्व की प्रमुख झीलें**

| क्र.सं. | झीलें | स्थिति | क्षेत्रफल (वर्ग कि.) | विवरण |
|---|---|---|---|---|
| 1. | **कैस्पियन सागर** | कजाकिस्तान, रूस, तुर्कमेनिस्तान, अजरबैजान व ईरान | 3,71,000 | विश्व की सबसे बड़ी खारे जल की झील है। |
| 2. | **सुपीरियर** | कनाडा व अमेरिका | 82,414 | विश्व की सबसे बड़ी मीठे जल की झील है। |
| 3. | **विक्टोरिया** | युगांडा, केन्या व तंजानिया | 69,485 | अफ्रीका की सबसे बड़ी झील। |
| 4. | **ह्यूरन** | कनाडा व अमेरिका | 59,600 | |
| 5. | **मिशीगन** | अमेरिका | 58,000 | एक देश के अन्दर सबसे बड़ी झील। |
| 6. | **टंगानिका** | बुरूंडी, तंजानिया, जांबिया, कांगो | 32,893 | विश्व की सबसे लम्बी झील। |
| 7. | **बैकाल** | रूस | 31,500 | विश्व की सर्वाधिक गहरी व ताजे जल की झील। |
| 8. | **ग्रेट बियर** | कनाडा | 31,080 | कनाडा की सबसे बड़ी झील। |
| 9. | **मलावी** | मलावी, मोजाम्बिक, तंजानिया | 30,044 | |
| 10. | **ग्रेट स्लेव** | कनाडा | 28,930 | उत्तरी अमेरिका की सबसे गहरी झील। |
| 11. | **इरी** | कनाडा व अमेरिका | 25,719 | |
| 12. | **ओंटारियो** | कनाडा व अमेरिका | 19,477 | |
| 13. | **लेडोगा** | रूस | 18,130 | यूरोप की सबसे बड़ी झील। |
| 14. | **बाल्खश** | कजाकिस्तान | 16,400 | |
| 15. | **बोस्टक** | अंटार्कटिका | 15,690 | अंटार्कटिका की सबसे बड़ी झील। |
| 16. | **ओनेगा** | रूस | 9,891 | |
| 17. | **टिटिकाका** | पेरू व बोलिविया | 8,135 | विश्व की सबसे ऊंची नौकायन झील। |
| 18. | **निकारागुआ** | निकारागुआ | 8,001 | यह एक कॉल्डेरा झील है। |
| 19. | **अथाबास्का** | कनाडा | 7,920 | |
| 20. | **ताइमर** | रूस | 6,990 | उत्तरी आर्कटिक क्षेत्र की सबसे बड़ी झील। |
| 21. | **तुर्कानर** | इथियोपिया व केन्या | 6,405 | विश्व की सबसे बड़ी स्थाई मरुस्थलीय व क्षारीय झील। |
| 22. | **रेंडियर** | कनाडा | 6,330 | हिमाच्छादन क्रिया से निर्मित झील। |
| 23. | **इसिक कुल** | किर्गिस्तान | 6,200 | |
| 24. | **उरमियाँ** | ईरान | 6,001 | |
| 25. | **वार्नेन** | स्वीडन | 5,545 | |
| 26. | **विनिपेग** | कनाडा | 5,403 | कनाडा की सबसे बड़ी झील जो जाड़े में पूर्णत: जम जाती है। |
| 27. | **अल्बर्ट** | युगांडा व कांगो | 5,299 | |
| 28. | **मवेरू** | जाम्बिया व कांगो | 5,120 | |
| 29. | **नेडिटलिंग** | कनाडा | 5,066 | बैफिन द्वीप की सबसे बड़ी झील। |
| 30. | **निपिगोन** | कनाडा | 4,843 | |
| 31. | **मनीतोबा** | कनाडा | 4,706 | |
| 32. | **ग्रेट साल्ट** | अमेरिका | 4,662 | विश्व की तीसरी सर्वाधिक खारे जल की झील। |

| | | | | |
|---|---|---|---|---|
| 33. | **किंघई (कोकोनोर)** | चीन | 4,489 | |
| 34. | **सैमा** | फिनलैंड | 4,400 | |
| 35. | **वुड** | कनाडा व अमेरिका | 4,350 | |
| 36. | **खानका** | चीन व रूस | 4,190 | |

**विश्व के प्रमुख अंतरीप**

| क्र.सं. | अंतरीप | देश | मुख्य नगर | महासागर/सागर | अवस्थिति |
|---|---|---|---|---|---|
| 1. | **अंगुलहास केप** | द. अफ्रीका | अगुलहास | हिन्द महासगार | द. हिन्द महासागर |
| 2. | **ब्लांकी केप** | संयुक्त राज्य अमेरिका | पोर्ट-ओरफर्ड | प्रशान्त महासागर | ऑरिगन, प्रशान्त महासागर |
| 3. | **केप केनरेवल** | संयुक्त राज्य अमेरिका | कनकिरल नगर | अटलांटिक महासागर | अटलांटिक महासागर तट |
| 4. | **केनकन केप** | मेक्सिको | केनकन | अटलांटिक महासागर | मैक्सिको की खाड़ी |
| 5. | **चिडली केप** | कनाडा | चिडली | लेब्राडोर सागर | लेब्राडोर प्रायद्वीप |
| 6. | **कॉड केप** | मैसाचुसेट्स की खाड़ी | बोर्न | फंडी की खाड़ी | उ. अटलांटिक महासागर |
| 7. | **फेयरवेल केप** | ग्रीनलैंड | लेब्रोडोर | उत्तर अटलांटिक महासागर | अटलांटिक महासागर |
| 8. | **फरिया केप** | अंगोला | – | अटलांटिक महासागर | द. अटलांटिक महासागर |
| 9. | **फरायो केप** | ब्राजील | फरायो | द. अटलांटिक | द. अटलांटिक महासागर |
| 10. | **गुड होप केप** | द. अफ्रीका | गुड होप | द. अटलांटिक | केपटाउन के दक्षिण में हिन्द महासागर |
| 11. | **गुआडीफुल** | सोमालिया | गुआडीफुल | अरब सागर | हिन्द महासागर |
| 12. | **हैटिरास** | संयुक्त राज्य अमेरिका | फरिस्को | उ. अटलांटिक महासागर | अटलांटिक महासागर |
| 13. | **हार्न-केप** | चिली | केप हॉर्न | – | द. अटलांटिक महासागर |
| 14. | **होव्रे केप** | ऑस्ट्रेलिया | – | तस्मान सागर | द. प्रशान्त महासागर |
| 15. | **आईसी केप** | संयुक्त राज्य अमेरिका | वैनराईट | चुकसी सागर | उत्तरी प्रशान्त महासागर |
| 16. | **कन्याकुमारी** | भारत | कन्याकुमारी | – | हिन्द महासागर |
| 17. | **लिबुविन** | ऑस्ट्रेलिया | – | तस्मान सागर | द. प्रशान्त महासागर |
| 18. | **लूकाज** | मेक्सिको | सान लूकाज | प्रशान्त महासागर | उ. प्रशान्त महासागर |
| 19. | **सातापान** | यूनान | – | भूमध्य सागर | भूमध्य सागर |
| 20. | **नॉर्थ केप** | न्यूजीलैंड | – | द. प्रशान्त महासागर | प्रशान्त महासागर |

## भूकम्प

- पृथ्वी के भूपटल में किसी ज्ञात या अज्ञात, अंतर्जात या बाह्य, प्राकृतिक या कृत्रिम कारणों से होने वाला कंपन ही भूकम्प (Earthquake) कहलाता है।
- **भूकम्प मूल अथवा उत्पत्ति केन्द्र (Focus)**–धरातल के नीचे जिस स्थान पर भूकम्प की घटना का प्रारम्भ होता है उसे भूकम्प का उत्पत्ति केन्द्र या **भूकम्प-मूल** कहा जाता है।

### भूकम्प के प्रकार

गुटेनबर्ग तथा रिक्टर ने भूकम्प मूल की गहराई के आधार पर भूकम्प को तीन भागों में विभाजित किया है।

1. सामान्य भूकम्प – 0–50 किमी.
2. मध्यवर्ती भूकम्प – 50–250 किमी.
3. गहरे पातालीय भूकम्प – 250–700 किमी.

- **भूकम्प अधिकेन्द्र (Epicentre)**–भूकम्प मूल के ठीक ऊपर पृथ्वी के तल का वह स्थान, जहाँ सबसे पहले भूकम्पीय तरंगों का पता चलता है, **अधिकेन्द्र** कहलाता है। भूकम्प से प्रभावित क्षेत्रों में **अधिकेन्द्र** ही ऐसा बिन्दु है जो भूकम्प मूल के **निकटतम स्थित** होता है।
- **सीस्मोलॉजी या भूकम्प विज्ञान (Seismology)–भूकम्पमापी यन्त्र** द्वारा अंकित लहरों का अध्ययन करने वाला विषय या विज्ञान **सीस्मोलॉजी** के नाम से जाना जाता है।
- **भूकम्पलेखी या भूकम्पमापी यन्त्र (Seismograph)**–जिस यन्त्र के द्वारा भूकम्पीय लहरों का अंकन किया जाता है उसे **भूकम्पीय यन्त्र** या **सीस्मोग्राफ** कहते हैं।
- **भूकम्पीय लहरें (Seismic Waves)**–भूकम्प की उत्पत्ति के समय भूकम्प मूल से उठने वाली लहरों को भूकम्पीय लहरें कहा जाता है। ये लहरें सबसे पहले भूकम्प मूल के ठीक ऊपर धरातल पर स्थित **अधिकेन्द्र** या Epicentre पर पहुँचती हैं।
- **समाघात रेखाएँ (Isoseismal Lines)**–भूकम्पीय लहरों द्वारा उत्पन्न समान आघात क्षेत्रों (Places of equal intensity) को मिलाने वाली रेखाओं को **समाघात रेखाओं** के नाम से जाना जाता है। ये रेखाएं प्राय: **वृत्ताकार** होती हैं जिनका केन्द्र **अधिकेन्द्र** होता है।

- विश्व के अधिकांश (63%) भूकम्प प्रशान्त महासागर तटीय पेटी (Circum-Pacific Belt) में अनुभव किए जाते हैं। विश्व के 21% भूकम्प **मध्य महाद्वीपीय पेटी** (Mid-continental belt) में आते हैं। भारत का भूकम्प क्षेत्र इसी पेटी में सम्मिलित है।
- **भूकम्पीय तीव्रता का मापन**–भूकम्पों की तीव्रता का मापन वर्तमान समय में दो पैमानों के आधार पर किया जाता है–**1.** मरकेली पैमाना तथा **2.** रिक्टर पैमाना।

## भूकम्पीय तरंगें

- भूकम्प के समय जो ऊर्जा भूकम्प मूल से निकलती है, उसे प्रत्यास्थ ऊर्जा कहते हैं। भूकम्प के दौरान कई प्रकार की भूकम्पीय तरंगें उत्पन्न होती हैं। जिन्हें तीन श्रेणियों में रखा जा सकता है।

1. **प्राथमिक अथवा लम्बवत् तरंगें (Primary or longitudina waves)** –इन्हें P(पी) तरंगें भी कहा जाता है। ये अनुदैर्ध्य तरंगें हैं एवं ध्वनि तरंगों की तरह चलती हैं। तीनों भूकम्पीय लहरों में सर्वाधिक तीव्र गति P तरंगों की होती है। यह ठोस के साथ-साथ तरल माध्यम में भी चल सकती है, परंतु ठोस की तुलना में तरल माध्यम में इनकी गति मंद हो जाती है। S तरंगों की तुलना में P तरंगों की गति 66% अधिक होती है।
2. **अनुप्रस्थ अथवा गौण तरंगें (Secondary or Transverse waves)**–इन्हें S (एस) तरंगें भी कहा जाता है। ये प्रकाश तरंगों की भाँति अनुप्रस्थ व्यवहार करती है। ये सिर्फ ठोस माध्यम में ही चल सकती है और तरल माध्यम में प्रायः लुप्त हो जाती है।
3. **धरातीलय तरंगें (Surface or Long Waves)**–इन्हें L (एल) तरंगें भी कहा जाता है। ये पृथ्वी के ऊपरी भाग को ही प्रभावित करती हैं। ये अत्यधिक प्रभावशाली तरंगें है एवं सबसे लंबा मार्ग तय करती हैं। इनकी गति अत्यंत धीमी होती है एवं ये सबसे देर में पहुंचती हैं परंतु इनका प्रभाव सर्वाधिक विनाशकारी होता है।
4. P और S लहरें युग्म में चलती हैं। P-S तरंग युग्मों की गति सर्वाधिक होती है।

## ज्वालामुखी

- ज्वालामुखी से तात्पर्य उस छिद्र या दरार से है जिसमें होकर पृथ्वी के आन्तरिक भाग में स्थित लावा तथा अन्य पदार्थ ऊपर आते हैं, जबकि ज्वालामुखी उद्गार तथा उससे निकलने वाले पदार्थों के धरातल पर आने की क्रिया को **'ज्वालामुखी क्रिया'** कहते हैं।
- **सक्रिय ज्वालामुखी (Active Volcano)**–जिस ज्वालामुखी में लावा, गैस आदि के रूप में विखण्डित पदार्थ सदैव निकला करते हैं, उन्हें जाग्रत या सक्रिय ज्वालामुखी कहा जाता है। इटली का एटना, स्ट्रॉमबोली, हवाई द्वीप का **मोनालोआ सक्रिय ज्वालामुखी** के उदाहरण हैं।
- **इटली का स्ट्रॉमबोली, हवाई द्वीप का मोनालोआ ज्वालामुखी आम्लिज** लावा शंकु के प्रमुख उदाहरण हैं।
- **जापान का फ्यूजीयामा** पर्वत **मिश्रित शंकु** का सर्वोतम उदाहरण है।
- इटली में **क्ले ग्राइयन** क्षेत्र में **सोल्फहारा** नामक गन्धकीय **धुंआरा** स्थित है।
- विश्व का सबसे ऊंचा **मृत ज्वालामुखी** एण्डीज पर्वतमाला में स्थित **एकांकागुआ** है। इसकी **ऊँचाई 6,960** मीटर है।
- विश्व का **सबसे ऊंचा ज्वालामुखी** इक्वाडोर का **कोटोपैक्सी** (दक्षिण अमेरिका) है। इसकी ऊँचाई **19,613** फीट है।
- इटली के **स्ट्रॉमबोली ज्वालामुखी** से हमेशा प्रज्वलित गैसें निकलती रहती हैं, जिससे आस-पास का क्षेत्र प्रकाशमान होता रहता है। इसी कारण इसे **भूमध्यसागर** का **प्रकाश स्तंभ** भी कहा जाता है।
- कुल सक्रिय ज्वालामुखी का अधिकांश भाग प्रशान्त महासागर के तटीय भागों में पाया जाता है।
- सबसे विशाल ज्वालामुखी **मोनालोआ** है, जो **10 किमी.** लम्बी है।
- सबसे अधिक सक्रिय ज्वालामुखी अमेरिका स्थित **सेंट हेलेन्स** है।
- **सौर मंडल** का सबसे सक्रिय ज्वालामुखी मंगल ग्रह स्थित **ओलंपस मॉन्स** है। इसका फैलाव 520 किमी. में है।
- ऑस्ट्रेलिया महाद्वीप में एक भी ज्वालामुखी नहीं है।
- भारत में **नारकोंडम** और **बैरन** 2 ज्वालामुखी हैं, जो अंडमान-निकोबार द्वीप समूह में स्थित हैं।
- बहुत-से **ज्वालामुखी क्षेत्रों में विस्फोट** के समय दरारों से होकर **जल व वाष्प** कुछ ऊँचाई तक झरने की तरह निकलते हैं। इसे **गीजर** कहा जाता है।
- अमेरिका के **येलोस्टोन पार्क** में शंकु आकार का **ओल्ड फेथफूल गीजर** सबसे प्रसिद्ध है। इसमें हर 44 मिनट से दो घंटे के बीच विस्फोट होता है।
- **प्रसुप्त ज्वालामुखी (Dormant Volcano)**–ये वे ज्वालामुखी हैं जो उद्गार के बाद शान्त पड़ जाते हैं, परंतु इनमें कभी भी उद्गार हो सकता है। उदाहरण–इटली का विसुवियस, इंडोनेशिया का क्राकाटोआ, जापान का फ्यूजीयामा आदि।
- **मृत ज्वालामुखी (Extinct Volcano)**–वैसे ज्वालामुखी, जिनमें भूगर्भिक इतिहास के अनुसार बहुत लम्बे समय से पुनः उद्गार नहीं हुआ है, मृत ज्वालामुखी कहलाते हैं। उदाहरण–म्यांमार का माउंट पोपा, अफ्रीका का किलिमन्जारो, ईरान का कोह सुल्तान आदि।
- ज्वालामुखी के शीर्ष पर स्थित कीप के आकार के गर्त को **क्रेटर** कहा जाता है। कॉल्डेरा क्रेटर का विस्तृत रूप है। अमेरिका की ओरोगन झील, **महाराष्ट्र की लोनार झील**, राजस्थान की पुष्कर झील आदि कॉल्डेरा झील के उदाहरण हैं।

**विश्व के प्रमुख ज्वालामुखी**

| क्र.सं. | नाम | ऊँचाई (मी.) | श्रेणी/स्थिति | देश |
|---|---|---|---|---|
| 1. | **ओजोसडेल सलाडो** | 6,885 | एण्डीज | अर्जेंटीना-चिली |
| 2. | गुआल्लाटीरी | 6,060 | एण्डीज | चिली |
| 3. | **कोटोपैक्सी** | 5,897 | एण्डीज | इक्वाडोर |
| 4. | लैसकर | 5,641 | एण्डीज | चिली |
| 5. | टुंपुगटीटो | 5,640 | एण्डीज | चिली |
| 6. | पोपोकैटेपिटल | 5,451 | अप्टीप्लानो डि | मैक्सिको |
| 7. | सैंगे | 5,230 | एण्डीज | इक्वाडोर |

| | | | | |
|---|---|---|---|---|
| 8. | क्ल्यूचेव्सकाया सोप्का | 4,850 | कमचटका प्रायद्वीप | रूस |
| 9. | प्यूरेस | 4,590 | एण्डीज | कोलम्बिया |
| 10. | मोनालोआ | 4,170 | हवाई द्वीप | अमेरिका |
| 11. | टकाना | 4,078 | सियरामादरे | ग्वाटेमाला |
| 12. | माउंट इरबेस | 3,795 | रॉस | अंटार्कटिका |
| 13. | रिंदजानी | 3,726 | लाम्बोका | इंडोनेशिया |
| 14. | पिकोडिटीडे | 3,718 | चेरेरिफ (कनारी द्वीप) | जायरे |
| 15. | सेमेरू | 3,676 | जावा | इंडोनेशिया |
| 16. | नीरागोंगा | 3,470 | विरूंगा | स्पेन |
| 17. | कोरयाक्सकाया | 3,456 | कमचटका प्रायद्वीप | रूस |
| 18. | इराजू | 3,452 | सेंट्रल कार्डिलेरा | कोस्टारिका |
| 19. | स्लामाट | 3,428 | जावा | इंडोनेशिया |
| 20. | माउंट स्पर | 3,374 | अलास्का श्रेणी | अमेरिका |
| 21. | माउंट एटना | 3,308 | सिसिली | इटली |
| 22. | लैसेन पीक | 3,186 | कास्केड श्रेणी, कैलिफोर्निया | अमेरिका |
| 23. | माउंट सेंट हेलेन्स | 2,949 | कास्केड श्रेणी, वांशिगटन | अमेरिका |
| 24. | टैम्बोरा | 2,850 | सुमात्रा | इंडोनेशिया |
| 25. | द पीक | 2,060 | त्रिस्ता-डि-कुन्हा | द. अटलांटिक |

**विश्व के प्रमुख सक्रिय ज्वालामुखी**

| क्र.सं. | ज्वालामुखी | अवस्थिति | विवरण |
|---|---|---|---|
| 1. | एटना | सिसली तट (इटली) | एक मिश्रित ज्वालामुखी 3,500 वर्षों से उद्गार जारी है, भूमध्य सागर में स्थित है। |
| 2. | स्ट्रॉम्बोली | लिपारी द्वीप (इटली) | इसमें से प्रज्वलित गैसें निकलती हैं। इस कारण इसे भूमध्य सागर का 'प्रकाश स्तंभ' भी कहते हैं। |
| 3. | यासुर | तान्ना द्वीप (वनुआतु) | विगत 800 वर्षों से उद्गार जारी है। |
| 4. | एम्ब्रीज | वनुआतु | इसमें वर्ष 1935 से उद्गार जारी है। |
| 5. | टिनाकुला | सोलोमन द्वीप | यहाँ पर प्रथम अभिलिखित उद्गार सन् 1595 में दर्ज किया गया था। |
| 6. | लांगिला | पापुआ न्यू गिनी | हाल ही में इसका प्रमुख उद्गार चक्र वर्ष 2006 से प्रारंभ होकर वर्ष 2007 तक चला। |
| 7. | बागाना | पापुआ न्यू गिनी | यह पापुआ न्यू गिनी का सर्वाधिक सक्रिय ज्वालामुखी है। |
| 8. | सेमेरु | इंडोनेशिया | यह इंडोनेशिया स्थित जावा द्वीप का सर्वोच्च ज्वालामुखी पर्वत है। |
| 9. | मेरापी | इंडोनेशिया | यह इंडोनेशिया का सबसे सक्रिय ज्वालामुखी है। |
| 10. | दुकोनो | इंडोनेशिया | वर्ष 1933 से इसमें उद्गार लगातार जारी है। |
| 11. | साकुरा जिमा | जापान | यह ऐरा कॉल्डेरा में स्थित है। |
| 12. | सुवानोसे जिमा | जापान | यह बुजोकु जनजाति का निवास स्थान है। |
| 13. | सांवा मारिया | ग्वाटेमाला | यह ग्वाटेमाला की पश्चिमी उच्च भूमि में स्थित है। |
| 14. | पकाया | ग्वाटेमाला | कई शताब्दियों तक प्रसुप्त रहने के पश्चात् वर्ष 1965 से लगातार उद्गार जारी है। |
| 15. | एरेनल | कोस्टारिका | यह सन् 1984–2010 के मध्य सक्रिय रहा था। |

## मरूस्थल

- मरूस्थल स्थलखंड के शुष्क व अर्द्धशुष्क भाग हैं। ये मुख्यत: उपोष्ण एवं उच्च वायुदाब क्षेत्रों में पाए जाते हैं। जहाँ वायु नीचे उतरती है और तापीय प्रतिलोमन की स्थिति बनाती है।
- महाद्वीपीय अवस्थिति या तट से दूरी भी इसकी उत्पत्ति का कारण है क्योंकि आंतरिक भागों की ओर जाने पर वर्षा की मात्रा में कमी आती है। ठंडी महासागरीय धाराएँ भी इनके निर्माण के लिए उत्तरदायी कारक है।
- मरूस्थल चट्टानी, पथरीले या रेतीले तीनों प्रकार के हो सकते हैं।

**विश्व के मरूस्थल**

| मरूस्थल का नाम | देश | क्षेत्रफल (वर्ग किमी.) |
|---|---|---|
| **सहारा** | उत्तरी अफ्रीका | 8,600,000 |
| **अरेबियन** | सीरिया और सऊदी अरब | 2,323,000 |
| **कालाहारी** | दक्षिण अफ्रीका | 930,000 |
| **थार** | भारत | 200,000 |
| **ऑस्ट्रेलियन** | ऑस्ट्रेलिया | 1,550,000 |

| गोबी | मध्य एशिया | 1,300,000 |
|---|---|---|
| तुर्केशियन | मध्य एशिया | 450,000 |
| तकला माकन | चीन | 270,000 |
| रुबल खाली | सऊदी अरेबिया | 647,000 |
| नूबियन | उत्तरी अफ्रीका | 259,000 |

## द्वीप

द्वीप स्थलखंड के ऐसे भाग है, जिनके चारों ओर जल का विस्तार पाया जाता है। उत्पत्ति के आधार पर इन्हें निम्नलिखित वर्गों में रखा जाता है।

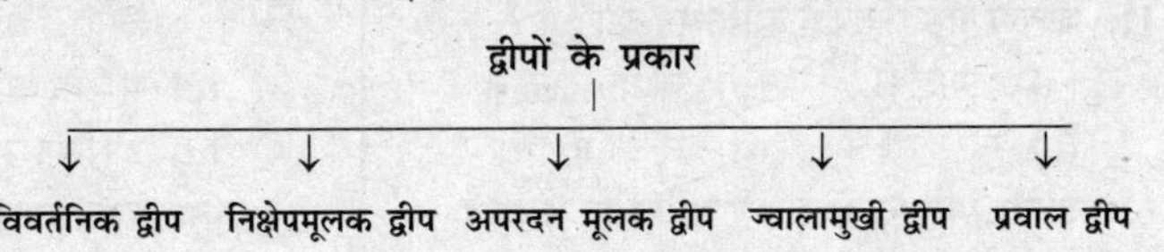


**विश्व के सबसे बड़े द्वीप**

| क्र.सं. | द्वीप | क्षेत्र (वर्ग किमी.) | अवस्थिति |
|---|---|---|---|
| 1. | ग्रीनलैंड | 21,66,086 | आर्कटिक एवं अटलांटिक महासागर के मध्य अवस्थिति, राजनीतिक रूप से डेनमार्क का भाग। |
| 2. | न्यूगिनी | 785,753 | प्रशान्त महासागर स्थित द्वीप जो ओशिनिया उपक्षेत्र के मेलानेशिया में स्थित, इस द्वीप पर दो देश इंडोनेशिया एवं पापुआ न्यू गिनी विस्तारित। |
| 3. | बोर्नियो | 748,168 | दक्षिणी चीन सागर, सुलु सागर, सेलेबिज सागर, मकास्सर स्ट्रेट जावा सागर एवं कारीमाता स्ट्रेट से घिरा 3 देशों (ब्रुनेई, इंडोनेशिया एवं मलेशिया) की भूमि वाला द्वीप। |
| 4. | मेडागास्कर | 587,713 | हिन्द महासागर स्थित सबसे बड़ा द्वीप। |
| 5. | बैफिन द्वीप | 507,451 | कनाडा स्थित सबसे बड़ा द्वीप। |
| 6. | सुमात्रा | 443,066 | सुंडा स्ट्रेट, मलक्का स्ट्रेट एवं कारीमाता स्ट्रेट और हिन्द महासागर से घिरा हुआ इंडोनेशिया का प्रमुख द्वीप। |
| 7. | होंशू | 225,800 | प्रशान्त महासागर स्थित जापान का सबसे बड़ा द्वीप। |
| 8. | विक्टोरिया | 217,291 | कनाडा स्थित दूसरा सबसे बड़ा द्वीप। |
| 9. | ग्रेट ब्रिटेन | 209,331 | यूनाइटेड किंगडम का प्रमुख द्वीप, इसी पर इंग्लैंड, स्कॉटलैंड एवं वेल्स स्थित हैं। |
| 10. | एल्लेसमेरे | 196,236 | कनाडा का तीसरा बड़ा द्वीप। |
| 11. | सुलावेसी | 180,681 | इंडोनेशिया का महत्वपूर्ण द्वीप। |
| 12. | दक्षिण द्वीप | 145,836 | प्रशान्त महासागर स्थित न्यूजीलैंड का सबसे बड़ा द्वीप। |
| 13. | जावा द्वीप | 138,794 | इंडोनेशिया की राजधानी जकार्ता इसी पर अवस्थित। |
| 14. | उत्तरी द्वीप | 111,583 | न्यूजीलैंड का दूसरा सबसे बड़ा द्वीप। |
| 15. | लुजोन | 109,965 | प्रशान्त महासागर स्थित फिलीपींस का सबसे बड़ा द्वीप। |
| 16. | न्यूफाउंडलैंड | 108,860 | कनाडा का द्वीप जहाँ मछलियाँ अत्यधिक मात्रा में पाई जाती हैं। |
| 17. | क्यूबा | 104,556 | उत्तरी अटलांटिक महासागर में स्थित है। |
| 18. | आइसलैंड | 101,826 | नॉर्वे के ऊपर (डेनमार्क के अधीन) |
| 19. | मिंडनाओ | 97,530 | फिलीपींस के पास अवस्थित है। |
| 20. | आयरलैंड | 84,421 | अटलांटिक महासागर में अवस्थित है। |

# प्रश्नमाला

**1. इनमें से कौन बृहस्पति का उपग्रह नहीं है ?**

(a) टाइटन (b) यूरोपा

(c) आयो (d) कैलिस्टो

**2. दो ग्रह जिनके उपग्रह नहीं हैं, वे हैं—**

(a) पृथ्वी एवं बृहस्पति

(b) बुध एवं शुक्र

(c) बुध एवं शनि

(d) शुक्र एवं मंगल

**3. पृथ्वी की सियाल परत का निर्माण हुआ है—**

(a) बेसाल्ट एवं मैग्नीशियम से

(b) निकल से

(c) सिलिका एवं एल्युमिनियम से

(d) लोह एवं निकल से

**4. स्ट्राम्बोली ज्वालामुखी पाया जाता है—**

(a) स्पेन में (b) इंग्लैण्ड में

(c) रूस में (d) इटली में

**5. साधारण भूकंप की गहराई होती है—**

(a) 100 किमी (b) 80 किमी

(c) 50 किमी (d) 30 किमी

**6. दक्षिण अमेरिका का पैटागोनिया का पठार किस प्रकार के पठार का उदाहरण है ?**

(a) महाद्वीपीय पठार

(b) ज्वालामुखी पठार

(c) गिरिपदीय पठार

(d) हिमानी पठार

**7. तटीय मैदान का उदाहरण है—**

(a) फ्लोरिंग का मैदान

(b) अर्जेंटीना का मैदान

(c) यूरोप का मैदान

(d) इनमें से कोई नहीं

**8. किस मेखला को 'प्रशांत महासागर का ज्वालाकृत' कहते हैं ?**

(a) मध्य अटलांटिक मेखला

(b) अन्तरा प्लेट मेखला

(c) मध्य महाद्वीपीय मेखला

(d) परिप्रशांत महासागरीय मेखला

**9. भारत का अरावली पर्वत उदाहरण है—**

(a) ब्लॉक पर्वत का

(b) वलित पर्वत का

(c) प्राचीन वलित पर्वत का

(d) नवीन वलित पर्वत का

**10. 'लाल ग्रह' किस ग्रह को कहा जाता है?**
(a) बुध को (b) मंगल को
(c) शुक्र को (d) शनि को

**11. वरूण ग्रह की खोज किसने की थी?**
(a) हरशेल ने (b) जोहान गाले ने
(c) रदरफोर्ड ने (d) न्यूटन ने

**12. उत्तरी गोलार्द्ध में सबसे बड़ा दिन होता है—**
(a) 15 सितम्बर को
(b) 10 जून को
(c) 21 जून को
(d) 5 मई को

**13. मंगल ग्रह के वायुमण्डल में अधिकांश क्या पाया जाता है?**
(a) ऑक्सीजन
(b) कार्बन-डाइ-आक्साइड
(c) नाइट्रोजन
(d) मीथेन

**14. रॉकी पर्वत क्षेणी स्थित है—**
(a) एशिया में
(b) अफ्रीका में
(c) द. अमेरिका में
(d) उत्तरी अमेरिका में

**15. निम्न में से असत्य कथन चुनिए—**
(a) डॉप्लर प्रभाव के द्वारा ब्रह्माण्ड के विस्तार का पता लगाया जाता है।
(b) बुध के बाद शुक्र दूसरा निकटतम (सूर्य के) ग्रह है।
(c) द. ध्रुव पर छः महीने दिन तथा छः महीने रात होती है।
(d) उत्तरी गोलार्द्ध में सबसे बड़ा दिन 10 जनवरी होता है।

**16. सूर्य के सम्बन्ध में निम्नलिखित में से कौन-सा कथन असत्य है?**
(a) सौरमण्डल में प्रकाश तथा ऊर्जा का स्रोत सूर्य है
(b) सूर्य में नाभिकीय संलयन क्रिया होती है
(c) सूर्य के आन्तरिक भाग को कोरोना कहते हैं
(d) उपरोक्त सभी

**17. निम्नलिखित में से ग्रहों का कौन-सा संयोजन गैसीय ग्रह कहलाता है?**
(a) बृहस्पति, शनि, यूरेनस, नेप्च्यून
(b) बृहस्पति, मंगल, पृथ्वी, नेप्च्यून
(c) शुक्र, बृहस्पति, मंगल, शनि
(d) मंगल, शुक्र, शनि, यूरेनस

**18. निम्नलिखित में से कहाँ, सभी अक्षांशों पर दोपहर का सूर्य वर्ष में कम-से-कम एक बार सीधा ऊपर से चमकता है?**
(a) कर्क रेखा और मकर रेखा के मध्य
(b) आर्कटिक वृत्त और अण्टार्कटिक वृत्त के मध्य
(c) केवल कर्क रेखा और विषुवत् वृत्त के मध्य
(d) केवल मकर रेखा और विषुवत् वृत्त के मध्य

**19. विषुव के दिन सूर्य की सीधी किरणें पड़ती**
(a) कर्क रेखा पर
(b) विषुवत् रेखा पर
(c) मकर रेखा पर
(d) आर्कटिक वृत्त पर

**20. पृथ्वी को भू-आभ के रूप में वर्णित किया जाता है।**
(a) पृथ्वी की दो-तिहाई सतह जल से ढकी है
(b) जीवन के लिए अनुकूल परिस्थितियाँ केवल पृथ्वी पर पाई जाती हैं
(c) पृथ्वी ध्रुवों के पास थोड़ी चपटी है
(d) पृथ्वी न तो अधिक गर्म है और न ही अधिक ठण्डी है

**21. ऋतुएँ निम्नलिखित कारणों में से किस**
(a) पृथ्वी के अपने अक्ष पर इर्द-गिर्द घूर्णन के कारण आभामण्डल बनता है
(b) पृथ्वी का अक्ष अपने कक्षीय सतह से $66\frac{1}{2}°$ कोण बनाता है
(c) मकर रेख। पर सूर्य की सीधी किरणें $23\frac{1}{2}°$ दक्षिण पर पड़ती हैं
(d) पृथ्वी का परिक्रमण और एक ही दिशा में उसके अक्ष का झुका होना

**22. सौरमण्डल में हम जैसे-जैसे सूर्य से दूर जाते हैं-**
(a) ग्रहों का आकार क्रमश: घटता जाता है
(b) सूर्य के बहुत नजदीक के ग्रह गैस और तरल पदार्थों से बने होते हैं और सूर्य से बहुत दूर स्थित ग्रह चट्टानों से बने होते हैं
(c) ग्रहों द्वारा सूर्य के चारों ओर एक परिक्रमण करने की अवधि बढ़ती जाती है
(d) ग्रहों द्वारा सूर्य के चारों ओर एक परिक्रमण करने की अवधि घटती जाती है

**23. निम्नलिखित कथनों पर विचार कीजिए।**
**कथन (A) आतपन की मात्रा भूमध्य रेखा से ध्रुवों की ओर घटती है।**
**कारण (R) पृथ्वी का अक्ष सूर्य के चारों ओर परिक्रमण की समतल कक्षा से $66\frac{1}{2}°$ का कोण बनाता है, जो विभिन्न अक्षांशों पर प्राप्त होने वाले आतपन की मात्रा को बहुत प्रभावित करता है।**
**कूट**
(a) A सही है, लेकिन R गलत है
(b) A और R दोनों गलत हैं
(c) A और R दोनों सही हैं और R, A की सही व्याख्या नहीं करता है
(d) A और R दोनों सही हैं और R, A की सही व्याख्या करता है

## उत्तरमाला

| | | | | | | | | | |
|---|---|---|---|---|---|---|---|---|---|
| **1.** (a) | **2.** (b) | **3.** (c) | **4.** (d) | **5.** (c) | **6.** (c) | **7.** (a) | **8.** (d) | **9.** (c) | **10.** (b) |
| **11.** (b) | **12.** (c) | **13.** (b) | **14.** (d) | **15.** (d) | **16.** (c) | **17.** (b) | **18.** (c) | **19.** (b) | **20.** (c) |
| **21.** (d) | **22.** (c) | **23.** (d) | | | | | | | |

❑❑❑

# ग्लोब

## ग्लोब: विशेषताएँ एवं महत्त्व

- ग्लोब द्वारा पृथ्वी के उत्तरी तथा दक्षिणी ध्रुव को प्रदर्शित किया जाता है तथा ग्लोब को अक्ष के साथ झुका हुआ दिखाया जाता है।
- ग्लोब द्वारा पृथ्वी पर स्थित भू-आकृतियाँ; जैसे-स्थल, जल, महासागर, महाद्वीप, द्वीप, पर्वत आदि को आसानी से प्रदर्शित किया जाता है।
- ग्लोब का एक मापक या पैमाना होता है, जिसकी सहायता से भू-आकृतियों को आनुपातिक रूप से प्रदर्शित किया जाता है। अत: पृथ्वी पर स्थित आकृति या स्थान की सही दूरी तथा आकार का निर्धारण किया जा सकता है।
- वह वृत्त जो ग्लोब पर दिन को रात से विभाजित करता है, प्रदीप्ति वृत्त कहलाता है।
- ग्लोब पृथ्वी का छोटा प्रतिरूप होता है, इसलिए पृथ्वी का परिक्रमण समझने के लिए यह उत्तम साधन है। ग्लोब द्वारा पृथ्वी की सभी काल्पनिक रेखाओं; जैसे- अक्षांश तथा देशान्तर रेखाओं का समझा जा सकता है।

### अक्षांश रेखाएँ

- विषुवत् वृत्त से ध्रुवों तक स्थित सभी समानान्तर वृत्तों को अक्षांश (समानान्तर) रेखाएँ (Latitudes) कहा जाता है। अक्षांशों को अंश में मापा जाता है।
- विषुवत् वृत्त शून्य अंश अक्षांश को दर्शाती है। चूँकि, विषुवत् वृत्त से दोनों ओर ध्रुवों के बीच की दूरी पृथ्वी के चारों ओर के वृत्त का एक-चौथाई है। अत: इसका माप होगा 360° का 1/4 अर्थात् 90° इस प्रकार 90° उत्तरी अक्षांश उत्तर ध्रुव को दर्शाता है तथा 90° दक्षिणी अक्षांश दक्षिणी ध्रुव को।
- जैसे-जैसे हम विषुवत् वृत्त से दूर जाते हैं, अक्षांशों का आकार घटता जाता है। महत्त्वपूर्ण अक्षांश (समानान्तर ) रेखाएँ विषुवत् वृत्त (0°) उत्तरी ध्रुव (90° उ.) तथा दक्षिणी ध्रुव (90° द.) के अतिरिक्त चार महत्त्वपूर्ण अक्षांश (समानान्तर) रेखाएँ और भी हैं, जो निम्न प्रकार हैं
  - उत्तरी गोलार्द्ध में कर्क रेखा ($23\frac{1}{2}^{\circ}$ उत्तरी), यह भारत के मध्य से गुजरती है।
  - दक्षिणी गोलार्द्ध में मकर रेखा ($23\frac{1}{2}^{\circ}$ दक्षिणी)
  - विषुवत् वृत्त के $66\frac{1}{2}^{\circ}$ उत्तर में उत्तरी ध्रुव वृत्त
  - विषुवत् रेखा के $66\frac{1}{2}^{\circ}$ दक्षिण में दक्षिणी ध्रुव वृत्त
- पृथ्वी पर $23\frac{1}{2}^{\circ}$ उत्तरी अक्षांश से $23\frac{1}{2}^{\circ}$ दक्षिणी अक्षांश के बीच का क्षेत्र उष्णकटिबन्ध कहलाता है। उस क्षेत्र में सर्वाधिक गर्मी पड़ती है। इन क्षेत्रों में सूर्य वर्ष में एक बार सिर के ऊपर होता है।
- पृथ्वी पर $23\frac{1}{2}^{\circ}$ उत्तर से $66\frac{1}{2}^{\circ}$ उत्तर का क्षेत्र उत्तरी उपोष्ण कटिबन्ध कहलाता है। इसी तरह दक्षिण में $23\frac{1}{2}^{\circ}$ दक्षिणी अक्षांश से $66\frac{1}{2}^{\circ}$ दक्षिण अक्षांश के बीच का क्षेत्र दक्षिणी उपोष्ण कटिबन्ध कहलाता है।
- इन क्षेत्रों में तापमान मध्यम होता है। यहाँ दोपहर में सूर्य कभी भी सिर के ऊपर नहीं होता है। यह उत्तरी गोलार्द्ध में कर्क रेखा एवं उत्तर ध्रुव वृत्त तथा दक्षिणी गोलार्द्ध में मकर रेखा एवं दक्षिण वृत्त के बीच वाले क्षेत्र है।
- $66\frac{1}{2}^{\circ}$ से 90° उत्तरी अक्षांश का क्षेत्र उत्तरी शीतकटिबन्ध तथा $66\frac{1}{2}^{\circ}$ से 90° दक्षिणी अक्षांश का क्षेत्र दक्षिणी शीतकटिबन्ध कहलाता है। यहाँ सूर्य की किरणें तिरछी पड़ती हैं।

### देशान्तर रेखाएँ

- ग्लोब पर उत्तर से दक्षिण की ओर खींची जाने वाली काल्पनिक रेखाओं को देशान्तर रेखाएँ (Longitudes) कहते हैं। ये रेखाएँ समानान्तर नहीं होती हैं तथा उत्तरी और दक्षिणी ध्रुव पर आपस में मिल जाती हैं। इनका आकार समान रहता है।
- देशान्तर रेखाओं की लम्बाई बराबर होती है तथा ये पूर्व तथा पश्चिम में विभाजित होती हैं। देशान्तर रेखा अर्द्धवृत्त का निर्माण करती है। दो स्थानों के बीच की दूरी को देशान्तर के अंशों (मिनट, सेकण्ड) में मापा जाता है।
- समय का निर्धारण 0° देशान्तर से किया जाता है। यह ग्रीनविच (ब्रिटेन) में स्थित है। इसे प्रधान याम्योत्तर रेखा कहते हैं। प्रत्येक देशान्तर के बीच 4 मिनट के समय का अन्तर होता है।
- पृथ्वी को एक-एक घण्टे वाले 24 समय क्षेत्रों में बाँटा गया है। 15° देशान्तर 1 घण्टे के बराबर होता है।
- भारत का समय ग्रीनविच के समय से 5 घण्टा 30 मिनट आगे है।
- गुजरात तथा अरुणाचल प्रदेश के समय में दो घण्टे (30° देशान्तर ) का अन्तर पाया जाता है। गुजरात की तुलना में अरुणाचल प्रदेश उच्च अक्षांश पर स्थित है।

### देशान्तर रेखाएँ और समय

- ग्रीनविच (ब्रिटेन) से गुजरने वाली देशान्तर रेखा को प्रधान याम्योत्तर रेखा कहते हैं। ग्रीनविच पर स्थित प्रमुख याम्योत्तर रेखा पर सूर्य जिस समय आकाश में सबसे ऊँचे बिन्दु पर होगा, उस समय प्रधान याम्योत्तर रेखा पर स्थित सभी स्थानों पर दोपहर होगा।
- पृथ्वी पश्चिम से पूर्व की ओर चक्कर लगाती है, अत: ग्रीनविच के पूर्व में स्थित स्थानों का समय ग्रीनविच समय से आगे होगा तथा जो स्थान पश्चिम में स्थित है, उनका समय ग्रीनविच समय से पीछे होता है।
- देशान्तर रेखाओं के माध्यम से समय के अन्तर की गणना निम्नलिखित विधि से की जा सकती है

- पृथ्वी लगभग 24 घंटे में अपने अक्ष पर 360° घूम जाती है, अर्थात् वह 1 घंटे में 15° एवं 4 मिनट में 1° घूमती है।
- इस प्रकार जब ग्रीनविच देशान्तर रेखा पर ( प्रमुख याम्योत्तर रेखा) स्थित किसी स्थान पर 12 बजते (दोपहर ) हैं, तब ग्रीनविच से 15° पूर्व में समय 15 × 4 = 60° मिनट अर्थात् ग्रीनविच से आगे अर्थात् वहाँ दोपहर के 1 बजे होंगे। वहीं ग्रीनविच के 25° पश्चिम में स्थित किसी स्थान का समय 25 x 4 = 100 मिनट = 1 घण्टा 40 मिनट पीछे होगा, अर्थात् वहाँ सुबह के 10 : 20 बजे होंगे।

### मानक समय

- विश्व को 24 समय जोनों में विभाजित किया गया है। इन समय क्षेत्रों को ग्रीनविच मध्य समय (GMT) एवं मानक समय में एक घण्टे के अन्तराल के आधार पर विभाजित किया जाता है। चूँकि पृथ्वी घूर्णन के साथ प्रति घण्टा 15° देशान्तर की दूरी तय करती है, अत: पृथ्वी के 360° को 24 समय जोनों में विभाजित किया जाता है, जिसमें प्रत्येक की चौड़ाई 15° है यानि 1° देशान्तर के बीच 4 मिनट समय का अन्तर होता है।
- भारत में सम्पूर्ण देश के लिए एक ही मानक जोन है। यहाँ मानक समय $82\frac{1}{2}^{\circ}$
- पूर्वी देशान्तर से निर्धारित किया गया है जो इलाहाबाद के निकट से होकर गुजरती है। भारत उत्तरी गोलार्द्ध में स्थित है। यह 8°4' से लेकर 37°6' उत्तरी अक्षांश तथा 68°7' से 97°25' पूर्वी देशान्तर के मध्य स्थित है।

## पृथ्वी की गतियाँ

पृथ्वी की दो प्रकार की गतियाँ होती हैं–**(1)** दैनिक गति या घूर्णन (Rotation) तथा **(2)** वार्षिक गति या परिक्रमण (Revolution)।

- **घूर्णन ( दैनिक गति )**–जब पृथ्वी अपनी काल्पनिक धुरी पर सूर्य के सामने पश्चिम से पूर्व की ओर एक पूरा चक्कर लगा लेती है तो यह उसकी **दैनिक गति** कहलाती है।
- पृथ्वी एक पूरा चक्कर **23 घण्टे 56 मिनट और 4.09 सेकेण्ड** अर्थात् एक दिन में लगा पाती है। इस गति के कारण ही पृथ्वी पर रात तथा दिन होते हैं। चूँकि पृथ्वी अपनी धुरी पर $23\frac{1}{2}^{\circ}$ अक्षांश झुकी है इसलिए रात-दिन वर्ष भर समान नहीं रहते हैं।
- पृथ्वी की धुरी वह काल्पनिक रेखा है जो उत्तरी और दक्षिणी ध्रुवों को मिलाती है और पृथ्वी के केन्द्र से गुजरती है, पृथ्वी की धुरी पृथ्वी के कक्षीय तल से $66\frac{1}{2}^{\circ}$ झुकी होती है तथा कक्षा के अभिलम्ब से $23\frac{1}{2}^{\circ}$ झुकी होती है।
- **परिक्रमण ( वार्षिक गति )**–जब पृथ्वी अपने अण्डाकार पथ से घूमकर सूर्य के चारों ओर एक चक्कर या परिक्रमा लगा लेती है तो इसे उसकी वार्षिक गति कहते हैं।
- पृथ्वी सूर्य का एक चक्कर एक वर्ष में **( 365 दिन 5 घण्टे 48 मिनट और 45.51 सेकेण्ड** या **$365\frac{1}{4}$ दिन )** लगा पाती है। वार्षिक गति के कारण रात-दिन छोटे-बड़े होते हैं तथा ऋतु परिवर्तन होता है।
- पृथ्वी जिस मार्ग पर सूर्य का चक्कर लगाती है, उस मार्ग को उसकी कक्षा (Orbit) कहते हैं। इस मार्ग के तल को कक्षीय तल कहते हैं।

### उपसौर

- पृथ्वी जब सूर्य के अत्यधिक पास होती है तो इसे **उपसौर** कहते हैं। ऐसी स्थिति 3 जनवरी को होती है।
- उपसौर के समय पृथ्वी और सूर्य के मध्य की औसत दूरी 147 मिलियन कि.मी. होती है।

### अपसौर

- पृथ्वी जब सूर्य से अधिकतम दूरी पर होती है तो इसे अपसौर कहते हैं। ऐसी स्थिति 4 जुलाई को होती है।
- अपसौर के समय पृथ्वी और सूर्य के मध्य की औसत दूरी 152 मिलियन कि.मी होती है।
- **ऋतु परिवर्तन**–पृथ्वी **$23\frac{1}{2}^{\circ}$** कक्षीय तल के अभिलम्ब से एक ओर झुकी है अर्थात् कक्षीय तल से धुरी **$66\frac{1}{2}^{\circ}$** का कोण बनाती है। अत: **21 जून** को उत्तरी गोलार्द्ध सूर्य के समीप होता है और दक्षिणी गोलार्द्ध सूर्य से दूर। उस समय उत्तरी गोलार्द्ध में ग्रीष्म ऋतु और दक्षिणी गोलार्द्ध में शीत ऋतु होती है। **21 मार्च** को दोनों गोलार्द्धों की दूरी समान होती है और पृथ्वी पर वसन्त ऋतु पाई जाती है। यही अवस्था **23 सितम्बर** को होती है जब शरद ऋतु पाई जाती है, परिवर्तन का यह क्रम निरन्तर चलता रहता है।

### सूर्य के सापेक्ष पृथ्वी की स्थिति

- 21 जून को पृथ्वी का अक्ष सूर्य की ओर 23½ झुका होता है।
- इस तिथि को सूर्य की किरणें कर्क रेखा पर लम्बवत् पड़ती हैं। इस स्थिति को कर्क संक्रांति या ग्रीष्म अयनांत कहते हैं।
- 21 जून को उत्तरी गोलार्द्ध में दिन बड़ा तथा रात्रि छोटी होती है। दक्षिणी गोलार्द्ध में इस समय शीत ऋतु होती है।
- 22 दिसम्बर को दक्षिणी गोलार्द्ध सूर्य की ओर तथा उत्तरी गोलार्द्ध विपरीत दिशा में स्थित होता है। इस तिथि को सूर्य मकर रेखा पर लम्बवत् चमकता है। इस स्थिति को मकर संक्रांति या शीत अयनांत कहते हैं।
- 21 मार्च व 23 सितम्बर, इन दोनों स्थितियों में सूर्य की किरणें विषुवत रेखा पर लम्बवत् पड़ती है।
- 21 मार्च की स्थिति को बंसत विषुव एवं 23 सितम्बर वाली स्थिति को शरद विषुव कहा जाता है।

### ग्रहण

- जब पृथ्वी, सूर्य एवं चन्द्रमा के बीच आ जाती है, तो चन्द्रमा को सूर्य का प्रकाश प्राप्त नहीं हो पाता है, बल्कि पृथ्वी की छाया चन्द्रमा पर पड़ने लगती है। इसे **चन्द्र ग्रहण** कहा जाता है।
- ग्रहण के दौरान पड़ने वाली छाया का सबसे काला भाग प्रच्छाया (Umbra) का होता है।
- चन्द्र ग्रहण सदैव **पूर्णिमा** को होता है, परंतु प्रत्येक पूर्णिमा को नहीं, क्योंकि पृथ्वी एवं चन्द्रमा के कक्ष तलों में **5°** का परस्पर झुकाव पाया जाता है। अत: चन्द्रमा पृथ्वी के कक्ष तल में कभी-कभी ही होता है।
- जब चन्द्रमा, पृथ्वी एवं सूर्य के बीच आ जाता है, तो चन्द्रमा की छाया पृथ्वी पर पड़ती है एवं सूर्य का प्रकाश पूर्ण रूप से पृथ्वी को नहीं मिल पाता है, इसे **सूर्य ग्रहण** कहा जाता है।
- सूर्य ग्रहण सदैव अमावस्या के दिन होता है, परंतु प्रत्येक अमावस्या को नहीं, क्योंकि पृथ्वी एवं चन्द्रमा के कक्ष तलों में झुकाव के कारण सूर्य ग्रहण उसी अमावस्या को होता है, जिस **अमावस्या को चन्द्रमा** पृथ्वी के कक्ष तल में आ जाता है।
- जब चन्द्रमा, सूर्य को पूरी तरह ढँक लेता है तो इसे पूर्ण सूर्य ग्रहण कहा जाता है, परंतु जब चन्द्रमा सूर्य का कुछ भाग ही ढँक पाता है, तो इसे **आंशिक सूर्य ग्रहण** कहा जाता है। सूर्य ग्रहण की अवधि में जब सूर्य

एक चमकती हुई अंगूठी के रूप में दिखाई पड़ता है, तो इसे **'डायमण्ड रिंग'** कहा जाता है।

- एक कैलेण्डर वर्ष में अधिकतम **7 ग्रहण** (सूर्य ग्रहण एवं चन्द्र ग्रहण को मिलाकर) हो सकते हैं, तथा सूर्य ग्रहण की घटना वर्ष में कम-से-कम **2 बार** व अधिकतम **5 बार** हो सकती है।

### ज्वार-भाटा

- सूर्य व चन्द्रमा की आकर्षण शक्तियों के कारण सागरीय जल के प्रसार उठने तथा आगे (तट) को ओर बढ़ने की अवस्था को ज्वार तथा जल के नीचे उतरने व पीछे (सागर) की ओर लौटने की अवस्था को भाटा कहा जाता है।
- पृथ्वी के परिभ्रमण (घूर्णन) के कारण 24 घंटे में प्रत्येक स्थान पर दो बार ज्वार एवं दो बार भाटा आता है।
- जब सूर्य पृथ्वी तथा चन्द्रमा एक सीधी रेखा में होते हैं तो यह स्थिति **युति-वियुति** या **सिजिगी** कहलाती है। सिजिगी की स्थिति पूर्णमासी व अमावस्या को उत्पन्न होती है। इस समय उनकी सम्मिलित आकर्षण शक्ति के परिणामस्वरूप दीर्घ ज्वार या वृहत ज्वार का अनुभव किया जाता है।

### उपभू

जब पृथ्वी चन्द्रमा से निकटतम स्थिति पर होती है तो उसे चन्द्रमा की उपभू स्थिति कहते हैं। इस स्थिति में चन्द्रमा का ज्वारोत्पादक बल सर्वाधिक होता है, जिस कारण उच्च ज्वार उत्पन्न होता है।

### अपभू

जब चन्द्रमा पृथ्वी से अधिकतम दूरी पर स्थित होता है तो उसे अपभू कहते हैं। इस समय चन्द्रमा का ज्वारोत्पादक बल न्यूनतम होता है, जिस कारण लघु ज्वार उत्पन्न होता है।

## मानचित्र

- भूगोल में मानचित्र (Map) भौगोलिक स्थान, आकृति, मौसम आदि भौगोलिक विषय वस्तु को दर्शाता है। मानचित्र को समझने की सर्वव्यापी भाषा को रूदि चिन्हों द्वारा समझा जा सकता है। इसके घटक में दिशा, संकेत, दूरी आदि शामिल होते हैं।
- यह भौगोलिक अवधारणाओं को स्पष्ट करता है। मानचित्र पृथ्वी पर स्थित सागर, महासागर, देश, महादेश या अन्य स्थानों की दूरी तथा आकृति का आनुपातिक रूप से प्रदर्शन करता है
- विषय-वस्तु के आधार पर मानचित्र को अनेक भागों में बाँटा गया है; जैसे— प्राकृतिक मानचित्र, राजनीतिक मानचित्र, जलवायुविक मानचित्र, पर्यावरणीय मानचित्र, अन्तर्राष्ट्रीय, राष्ट्रीय या क्षेत्रीय मानचित्र आदि ।
- **दीवार मानचित्र और एटलस** (Wall Map and Atlas Map) दीवार पर लगाया जाने वाला मानचित्र छोटे आकार का होता है। इसका मापक पैमाना बहुत बड़ा होता है। एटलस कई मानचित्रों का संग्रह होता है।
- **स्थलाकृति मानचित्र** (Topographic Map) पृथ्वी की स्थलीय आकृति को दिखाने वाले मानचित्र को स्थलाकृतिक मानचित्र कहा जाता है। स्थलाकृतिक मानचित्र में सड़क, शहर, जलीय स्रोत, पर्वत, पहाड़, जंगल आदि को दिखाया जाता है।
- **विशिष्ट मानचित्र** (Thematic Map) विशिष्ट मानचित्र किसी विशेष विषय को प्रदर्शित करता है; जैसे- जनसंख्या, जनघनत्व, मौसम, पर्यावरण, जलवायु आदि। विशिष्ट मानचित्र सामान्य भौगोलिक विशेषताओं को प्रदर्शित नहीं करता है।

## प्रश्नमाला

**1. भारतीय मानक समय एवं ग्रीनविच माध्य समय के बीच कितने समय का अन्तर है?**

(a) –4 घण्टे 30 मिनट
(b) –5 घण्टे
(c) +5 घण्टे 30 मिनट
(d) +6 घण्टे 30 मिनट

**2. हमारी आकाशगंगा के केन्द्र की परिक्रमा करने में सूर्य को समय लगता है (मिलियन वर्ष में)**

(a) 25 (b) 100
(c) 150 (d) 500

**3. जैसे-जैसे हम पूर्वी गोलार्द्ध से पश्चिमी गोलार्द्ध की ओर जाते हैं देशान्तर रेखाओं का आकार–**

(a) बढ़ जाता है
(b) घट जाता है
(c) समान रहता है
(d) उपरोक्त में से कोई नहीं

**4. महासागरों में ज्वार-भाटा की उत्पत्ति के क्या कारण हैं?**

(a) सूर्य के प्रभाव से
(b) पृथ्वी की घूर्णन गति से
(c) सूर्य, पृथ्वी और चन्द्रमा के संयुक्त प्रभाव से
(d) गुरुत्वाकर्षण, अभिकेन्द्रीय बल तथा अपकेन्द्रीय बल से

**5. किस तारीख को सबसे बड़ा दिन होगा-**

(a) 22 जुलाई (b) 25 दिसम्बर
(c) 21 जून (d) 23 मार्च

**6. उत्तरी गोलार्द्ध में कर्क संक्रांति के समय 12 घण्टे का दिन होगा?**

(a) कर्क रेखा पर
(b) मकर रेखा पर
(c) आर्कटिक वृत्त पर
(d) विषुवत रेखा पर

**7. वृहत् ज्वार आता है–**

(a) जब सूर्य तथा चन्द्रमा एक सीधी रेखा में होते हैं
(b) जब सूर्य तथा चन्द्रमा समकोण बनाते हैं
(c) जब तेज हवा चल रही हो
(d) जब रात बहुत ठण्डी हो

**8. निम्न में से कौन देशान्तर प्रधान याम्योत्तर के साथ ग्लोब पर वृहत-वृत्त का निर्माण करता है?**

(a) $0^{\circ}$
(b) $90^{\circ}$ पूर्व
(c) $90^{\circ}$ पश्चिम
(d) $180^{\circ}$

**9. वह कौन-सी तिथि/तिथियां हैं, जब दोनों गोलार्द्धों में दिन और रात बराबर होते हैं?**

(a) 21 जून
(b) 22 दिसम्बर

(c) 21 मार्च और 23 सितम्बर

(d) 21 जून एवं 22 दिसम्बर

**10. निम्न में से कौन-सा कथन सही नहीं है ?**

(a) विषुवत् वृत्त से दूर जाने पर अक्षांशों का आकार घटता जाता है

(b) विषुवत् वृत्त सबसे बड़े वृत्त का निर्माण करता है

(c) पृथ्वी पर कुल 180 अक्षांश रेखाएँ हैं।

(d) उपरोक्त सभी

**11. देशान्तर रेखा के सम्बन्ध में निम्न में से कौन-सा कथन सही नहीं है ?**

(a) देशान्तर रेखाएँ लम्बाई में बराबर होती हैं

(b) देशान्तर रेखा अर्द्धवृत्त का निर्माण करती है

(c) पृथ्वी पर कुल 361 देशान्तर रेखाएँ हैं

(d) समय का निर्धारण 0° देशान्तर से किया जाता है

**12. यदि जून में लन्दन में सुबह 10:00 बजे हैं, तो भारतीय मानक समय होगा दोपहर-**

(a) 3:00 बजे (b) 3:30 बजे

(c) 2:00 बजे (d) 2:30 बजे

**13. प्रदीप्ति वृत्त है-**

(a) वृत्त जो ग्लोब को दो भागों में विभाजित करता है

(b) वृत्त जो ग्लोब पर दिन को रात से विभाजित करता है

(c) विषुव पर पृथ्वी की स्थिति, जब दिन और रात बराबर होते हैं

(d) एक विशेष मध्याह्न रेखा पर दोपहर 12:00 बजे सूर्य की स्थिति

**14. अभिकथन (A) सूर्य गुजरात में अरुणाचल प्रदेश से लगभग दो घण्टे बाद अस्त होता है।**
**कारण (R) अरुणाचल प्रदेश, गुजरात की तुलना में उच्च अक्षांश पर स्थित है।**

**कूट**

(a) A और R दोनों सत्य हैं और R, A की स्पष्ट व्याख्या नहीं करता है

(b) A सत्य है और R असत्य है

(c) A असत्य है और R सत्य है

(d) A और R दोनों सत्य हैं तथा R, A की स्पष्ट व्याख्या करता है

**15. ग्लोब के विषय में कौन-से कथन सही हैं ?**

**A. ग्लोब पृथ्वी का सही मॉडल ( छोटा प्रतिरूप ) है।**

**B. ग्लोब आकार और प्रकार में भिन्न हो सकते हैं।**

**C. ग्लोब पर देश, महाद्वीप और महासागर उनके सही आकार में दिखाए जाते हैं।**

**D. यह स्थिर और न घूमने वाला है।**

**कूट**

(a) A, B और C (b) B, C और D

(c) A, B और D (d) A, C और D

**16. निम्नलिखित सूचना के आधार पर आपको ग्लोब पर किसी स्थान की सही स्थिति निरूपित करनी है**
**'यह 20° आक्षांश पर स्थित है।'**
**इस सूचना के आधार पर आप ...............**

(a) उत्तरी या दक्षिणी अक्षांश के संकेत की भी आवश्यकता होगी

(b) पूर्वी या पश्चिमी अक्षांश के संकेत के साथ-साथ उस जगह के देशान्तर की भी आवश्यकता होगी

(c) उत्तरी या दक्षिणी अक्षांश के संकेत के साथ-साथ उस जगह के देशान्तर की भी आवश्यकता होगी

(d) आराम से ग्लोब पर इस स्थान की सही स्थिति निरूपित कर सकते हैं

**17. भारत के सन्दर्भ में कथनों A, B और C पर विचार करते हुए सही उत्तर का चयन कीजिए।**

**A. भारत उत्तरी गोलार्द्ध में स्थित है।**

**B. कर्क रेखा देश के मध्य से गुजरती है।**

**C. भारत की मुख्य भूमि का विस्तार 68°7' पूर्वी तथा 97°25' पूर्वी अक्षांशों के बीच है।**

**कूट**

(a) A, B और C तीनों सही हैं

(b) A और B सही हैं, जबकि C गलत है

(c) A और C सही हैं, जबकि B गलत है

(d) B और C सही हैं, जबकि A गलत है

## उत्तरमाला

| | | | | | | | | | |
|---|---|---|---|---|---|---|---|---|---|
| **1.** (c) | **2.** (a) | **3.** (c) | **4.** (c) | **5.** (c) | **6.** (d) | **7.** (a) | **8.** (d) | **9.** (c) | **10.** (c) |
| **11.** (c) | **12.** (b) | **13.** (b) | **14.** (c) | **15.** (d) | **16.** (b) | **17.** (a) | | | |

❑❑❑

# प्राकृतिक तथा मानव पर्यावरण

## पर्यावरण

- पर्यावरण को अंग्रेजी में 'Environment' कहा जाता है, जो फ्रेंच शब्द 'इन्वार्म' से बना है, जिसका अर्थ 'घिरा हुआ होता है। इस प्रकार शब्द उत्पत्ति की दृष्टि से पर्यावरण का अर्थ आस-पास के घिरे आवरण से है, परन्तु पर्यावरण का तात्पर्य बहुत ही व्यापक है। पर्यावरण में सामाजिक, भौतिक, आर्थिक, सांस्कृतिक, प्राकृतिक आदि सभी चीजें आती हैं।
- किसी भी जीवित प्राणी के चारों ओर पाए जाने वाले व्यक्ति, स्थान, वस्तुएँ एवं प्रकृति को पर्यावरण कहते हैं। यह प्राकृतिक एवं मानव निर्मित परिघटनाओं का मिश्रण है। प्राकृतिक पर्यावरण में पृथ्वी पर पाई जाने वाली जीवीय एवं अजीवीय दोनों परिस्थितियाँ सम्मिलित हैं।

### पर्यावरण का वर्गीकरण

- पर्यावरण का वर्गीकरण उसके स्वरूप तथा निर्माण के आधार पर किया जाता है। निर्माण के आधार पर पर्यावरण को दो समूहों में वर्गीकृत किया जाता है। पहला है, प्राकृतिक पर्यावरण तथा दूसरा है, मानव पर्यावरण परन्तु वर्तमान समय में पर्यावरण को भौतिक, जैव तथा सांस्कृतिक रूप में विभाजित किया जाता है।

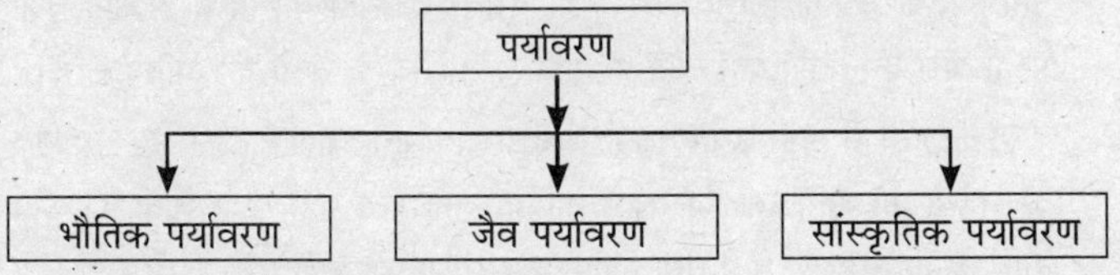


- भौतिक पर्यावरण (Physical Environment) में भौतिक चीजें; जैसे - वायुमण्डल, जलमण्डल, स्थलमण्डल आदि को शामिल किया जाता है।
- **जैव पर्यावरण** (Biological Environment) में सभी जीवित प्राणियों को शामिल किया जाता है। इसमें पौधे तथा जन्तु आते हैं। भारतीय उपमहाद्वीप में उन मृत जीव जन्तुओं के खाने के बाद गिद्ध गुर्दे (किडनी) के काम न करने के (हनी) के काम कारण मरने लगे, जिनका उपचार डिक्लोफेनैक मेडिसिन के द्वारा हुआ था।
- **सांस्कृतिक पर्यावरण** (Cultural Environment) में मनुष्य द्वारा बनाई गई संरचनाएँ, जो समाज, शासन, नैतिकता, मान्यताएँ, धर्म आदि से सम्बन्धित हैं, सम्मिलित होती हैं।

### पर्यावरण के घटक

- पर्यावरण एक व्यापक अवधारणा है। पर्यावरण का विस्तार सभी क्षेत्रों में पाया जाता है। अतः प्रत्येक अस्तित्वमान चीज पर्यावरण के अन्तर्गत आती है।
- पर्यावरण के प्राकृतिक घटक का निर्माण स्वतः प्रकृति से हुआ है; जैसे - जल, वायु, जीव-जन्तु आदि । प्राकृतिक घटक को जैव तथा अजैव दो भागों में बाँटा जाता है। जैव घटक में जीवित जीव-जन्तु, पौधे आदि आते हैं। अजैव घटक में जीवनविहीन चीजों को रखा जाता है; जैसे - भवन, शहर, उद्योग आदि ।

### जैव मण्डल

- जीवमण्डल (Biosphere) स्थल, जल तथा हवा के बीच का एक सीमित भाग है। यह वह भाग है जहाँ जीवन मौजूद है। यहाँ जीवों की बहुत-सी प्रजातियाँ हैं, जोकि सूक्ष्म जीवों तथा बैक्टीरिया से लेकर बड़े स्तनधारियों के आकार में पाई जाती हैं। अतः यह पर्यावरण के विभिन्न परिमण्डल होते हैं। जीवमण्डल के प्राणियों को मुख्यतः दो भागों (जन्तु जगत् एवं पादप जगत्) में विभक्त किया जा सकता है।
- गंगा एवं ब्रह्मपुत्र के अलवण जल में डॉल्फिन पाई जाती है। इसकी उपस्थिति से जल की शुद्धता का पता लगता है। डॉल्फिन अभयारण्य बिहार में है।
- पृथ्वी के तीनों परिमण्डल (भूमण्डल, जलमण्डल, वायुमण्डल) आपस में पारस्परिक क्रिया करते हैं तथा एक-दूसरे को किसी-न-किसी रूप में प्रभावित करते हैं।
- पारितन्त्र के सन्तुलन के लिए सभी प्राणी अनिवार्य होते हैं। जैवमण्डल में सभी जीवित प्राणी जीवित रहने के लिए एक-दूसरे से परस्पर सम्बन्धित व आश्रित होते हैं।
- उद्योग, तापीय विद्युत संयन्त्र तथा गाड़ियों के उत्सर्जी पदार्थ वायु को प्रदूषित करते हैं।
- कार्बन डाइऑक्साइड वायु का एक महत्त्वपूर्ण घटक है, लेकिन कार्बन डाइऑक्साइड की मात्रा में वृद्धि के कारण पृथ्वी के तापमान में वृद्धि हो रही है, इसे भूमण्डलीय तापन कहा जाता है। इसलिए भूमण्डल, वायुमण्डल तथा जलमण्डल के बीच के प्राकृतिक सन्तुलन को बनाए रखने के लिए संसाधनों के सीमित उपयोग की आवश्यकता है।

## प्राकृतिक वनस्पति एवं वन्यजीव

- प्राकृतिक वनस्पति में प्रकृति द्वारा निर्मित वनस्पति आती है। इसका निर्माण मनुष्य द्वारा नहीं किया जाता है वरन् ये स्वयं उगते हैं । स्थल की ऊँचाई व अक्षांश वनस्पति को प्रभावित करते हैं। मिट्टी की परत की मोटाई, ढाल, तापमान, भूमि वनस्पति की वृद्धि को प्रभावित करती है। प्राकृतिक वनस्पति को सामान्यतः तीन वर्गों में बाँटा जाता है। ये हैं—जंगल, घास भूमियाँ तथा झाड़ियाँ ।

### जंगल

- जंगल (Forest) वृक्षों के सघन समूह होते हैं। जंगल का निर्माण अनेक कारकों से होता है; जैसे-तापमान, वर्षा, मिट्टी आदि । जंगलों को विशेषता के आधार पर निम्न प्रकारों में बाँटा गया है

### 1. उष्णकटिबन्धीय सदाबहार वन

- उष्णकटिबन्धीय सदाबहार वन (Tropical Evergreen Forest) विषुवत् रेखा तथा उसके आस-पास (0°-10°S) तथा (0°-10°N) पाए जाते हैं। इस क्षेत्र में जलवायु उष्ण होती है तथा पर्याप्त वर्षा होती है। इसलिए यहाँ घने वन पाए जाते हैं। भारत में यह अण्डमान-निकोबार द्वीप समूहों में पाए जाते हैं। ब्राजील के उष्णकटिबन्धीय सदाबहार वनों को पृथ्वी का फेफड़ा कहा जाता है।
- उष्णकटिबन्धीय सदाबहार वन में वृक्ष अलग-अलग समय में अपनी पत्तियाँ गिराते हैं। इसलिए यह कभी भी अनावृत्त नहीं दिखते हैं। अत: यह वर्षभर हरा-भरा रहता है। इस वन के प्रमुख वृक्ष रोजवुड, एबोनी, महोगनी आदि हैं। इनका विस्तार पृथ्वी के 7% क्षेत्र पर हैं, परन्तु यह सबसे ज्यादा ऑक्सीजन का उत्सर्जन करते हैं।

### 2. उष्णकटिबन्धीय पर्णपाती वन

- उष्णकटिबन्धीय पर्णपाती वन (Tropical Deciduous Forest) विषुवतीय वन से ऊपर पाए जाते हैं। इस प्रकार के वनों का सर्वाधिक विस्तार भारत, उत्तरी ऑस्ट्रेलिया तथा मध्य अमेरिका में पाया जाता है। इस प्रकार के वन वर्ष में एक बार पत्ते विहीन हो जाते हैं, इसलिए इसे पर्णपाती वन कहा जाता है। इसे मानसूनी वन भी कहा जाता है। यह भारत के मध्य प्रदेश, उत्तर प्रदेश, बिहार, झारखण्ड, ओडिशा तथा महाराष्ट्र राज्य के कुछ भागों में पाए जाते हैं। उष्णकटिबन्धीय पर्णपाती वन में साल, शीशम, नीम आदि प्रमुख वृक्ष पाए जाते हैं। इन वनों में बाघ, शेर, हाथी, लंगूर आदि जीव प्रमुखता से पाए जाते हैं। गुजरात के गिर वन क्षेत्र में एशियाई शेरों का निवास स्थल पाया जाता है।

### 3. शीतोष्णकटिबन्धीय सदाबहार वन

- ये वन अधिकांशत: मध्य अक्षांशीय क्षेत्र तथा तटवर्ती क्षेत्रों तथा महाद्वीपों के पूर्वी किनारों पर पाए जाते हैं। इनका सर्वाधिक विस्तार दक्षिण-पूर्व अमेरिका, दक्षिण-पूर्व ब्राजील तथा दक्षिणी चीन में पाया जाता है।
- इस वन में कठोर लकड़ियों वाले वृक्ष; जैसे—ओक, मैपल, यूकेलिप्टस आदि पाए जाते हैं।

### 4. शीतोष्णकटिबन्धीय पर्णपाती वन

- शीतोष्णकटिबन्धीय पर्णपाती वनों (Temperate Deciduous Forest) का विस्तार अमेरिका के उत्तरी भाग, चीन, न्यूजीलैण्ड, चिली और तटवर्ती क्षेत्रों में पाया जाता है। ठण्ड के मौसम में ये वन अपने पत्ते गिरा देते हैं।
- इन वनों में ओक, ऐश, बीच आदि के वृक्ष पाए जाते हैं।

### 5. भू-मध्य सागरीय वन

- भूमध्य सागरीय वन (Mediterranean Forest) भूमध्य सागर के आस-पास पाए जाते हैं, परन्तु इनका विस्तार एशिया तथा अफ्रीका (दक्षिण पश्चिम अफ्रीका) में भी पाया जाता है। यह महाद्वीपों के पश्चिमी एवं दक्षिण-पश्चिमी किनारों पर मिलते हैं। उत्तरी अमेरिका के कैलिफोर्निया (दक्षिण-पश्चिम ऑस्ट्रेलिया) में भी भूमध्य सागरीय वन पाए जाते हैं।

### 6. शंकुधारी वन

- शंकुधारी वनों (Coniferous Forest) का विस्तार (50-70° N) उत्तरी गोलार्द्ध में पाया जाता है, उन्हें टायगा (टैगा) वन भी कहा जाता है। इस प्रकार के वन ऊँचे पर्वतीय क्षेत्रों (हिमालय, आल्पस) में भी पाए जाते हैं। हिमालयी क्षेत्र में जंगली बकरी एवं हिम तेन्दुआ अधिक संख्या में विचरण करते हैं। शंकुधारी वन सबसे ज्यादा क्षेत्रफल पर पाए जाते हैं। यहाँ नरम काष्ठ वाले सदाबहार वृक्ष मिलते हैं।
- चीड़, देवदार, पाइन, सीडर आदि वृक्ष इन वनों में पाए जाते हैं। ध्रुवीय भालू, सिल्वर फॉक्स आदि प्रमुख जीव प्रमुखता से मिलते हैं।

## प्रमुख घास भूमियाँ तथा झाड़ियाँ

- घासभूमियों को दो मुख्य भागों में बाँटा जाता है, ये हैं उष्णकटिबन्धीय घासभूमि तथा शीतोष्णकटिबन्धीय घासभूमि।
- उष्णकटिबन्धीय घासभूमि का विस्तार विषुवत् रेखा से ऊपर की ओर मिलता है। इस भूमि में वृक्ष भी घास के साथ पाए जाते हैं। इन्हें अलग-अलग क्षेत्रों में अलग-अलग नामों से जाना जाता है । पूर्वी अफ्रीका में इसे सवाना, ब्राजील में कैंपोस तथा वेनेजुएला में लानोस कहा जाता है। इस प्रकार की घासभूमियों में हाथी, जंगली भैंसा, हिरन, जेब्रा, शेर, चीता आदि जन्तु पाए जाते हैं।
- शीतोष्ण कटिबन्धीय घासभूमि का विस्तार अर्जेण्टीना उत्तरी अमेरिका, दक्षिण अफ्रीका, मध्य एशिया ऑस्ट्रेलिया में मुख्यत: पाया जाता है। इसमें अनेक जंगली जानवर पाए जाते हैं। घासभूमि को भी अलग-अलग नामों से जाना जाता है; जैसे—अर्जेण्टीना में पम्पास, उत्तरी अमेरिका में प्रेयरी, दक्षिण अफ्रीका में वैल्ड्स, मध्य एशिया में स्टैपी तथा ऑस्ट्रेलिया में डाउन्स, न्यूजीलैण्ड में कैटरबरी तथा हंगरी में पुस्ताज कहा जाता है।

### उष्णकटिबन्धीय, उपोष्णकटिबन्धीय, शीतोष्ण तथा मरुभूमि में जीवन

- **उष्णकटिबन्धीय** जीवन वहाँ की भौगोलिक स्थिति से पूरी तरह प्रभावित है। विषुवतीय क्षेत्र में मानवीय गतिविधियाँ काफी सीमित हैं। यहाँ पर मानव विकास बहुत ही कम है। लोग बहुत ही पिछड़ी अवस्था में हैं। कृषि कार्य भी उन्नत नहीं है तथा उद्योगों का विकास न के बराबर है। यहाँ की पिग्मी प्रजाति वृक्षों पर निवास करती है। यहाँ वृक्षों पर रहने वाले जीव-जन्तुओं की अधिकता है।
- उष्णकटिबन्ध से ऊपर **उपोष्णकटिबन्धीय** क्षेत्र पाया जाता है। इस क्षेत्र में मानव जनसंख्या की अधिकता है। सबसे अधिक जनघनत्व यहाँ पाया जाता है। कृषि कार्य उन्नत अवस्था में है तथा उद्योगों की संख्या भी ज्यादा है। इसमें सदाबहार तथा पतझड़ दोनों प्रकार की वनस्पतियाँ मिलती हैं। जंगली जानवरों की भी अधिकता पाई जाती है।
- **शीतोष्णकटिबन्ध** मानव विकास सूचकांक में सबसे ऊपर का क्षेत्र है। यहाँ कृषि तथा उद्योग दोनों उन्नत दशा में हैं। यहाँ पर हाथी, हिरन, बाघ जैसे जन्तु पाए जाते हैं।
- **मरुभूमि क्षेत्र** में जीवन दुर्गम है। सहारा के क्षेत्र तो लगभग जनशून्य हैं। मरुभूमि में कृषि का प्राय: अभाव पाया जाता है। घास की झाड़ी होने से यहाँ जंगली पशु पाए जाते हैं। अधिकांश झाड़ियाँ तथा वृक्ष कम पानी में भी जीवित रहने वाले होते हैं। मुख्यत: ऊँट, हिरन तथा अन्य जमीन में रहने वाले जीव-जन्तु पाए जाते हैं। लद्दाख एक प्रमुख मरुस्थल का उदाहरण है।
- शुष्क, अर्द्धशुष्क व रेगिस्तानी क्षेत्रों में भौतिक एवं रासायनिक अपक्षय की क्रिया होती रहती है। मरुभूमियों में वायु की अपरदन क्रिया द्वारा अनेकों प्रकार की स्थलाकृतियों का निर्माण होता है। इनमें प्रमुख हैं—अपवाहन बेसिन, इन्सेलबर्ग, छत्रक शिला, भू-स्तम्भ, ज्यूजेन, यारडंग, ड्राइकान्टर आदि।

## प्रश्नमाला

**1. पर्यावरण के लिए प्रयुक्त शब्द 'इन्वायरमेण्ट' की उत्पति किस शब्द से हुई है ?**
(a) ग्रीक (b) फ्रेंच
(c) इंग्लिश (d) अरबी

**2. निम्न में से कौन-सा/से शीतोष्ण कटिबन्धीय घासभूमि हैं ?**
**A. प्रेयरी B. पम्पास C. वेल्ड्स**
**कूट**
(a) केवल A
(b) A और C
(c) B और C
(d) A, B और C

**3. जैवमण्डल के विषय में सबसे उपयुक्त कथन है-**
(a) भूमि, जल, वायु, पौधे और पशु
(b) पर्यावरण के विभिन्न परिमण्डल
(c) मनुष्य का तात्कालिक परिवेश
(d) पौधे और पशु जगत्

**4. निम्नलिखित घास भूमियों में से कौन-सी अमेरिकी मूल निवासियों का निवास स्थल है ?**
(a) स्टेपी (b) प्रेयरीज
(c) पम्पास (d) वैल्ड्स

**5. इनमें से कौन-से घटकों में अन्तर के कारण किसी स्थान की प्राकृतिक वनस्पति की सघनता एवं प्रकार में भी परिवर्तन होता है ?**
**A. तापमान एवं नमी**
**B. अक्षांश एवं ऊँचाई**
**C. ढाल एवं मिट्टी की परत की मोटाई**
**D. पवन के बहने की दिशा**
**कूट**
(a) C और D
(b) A और C
(c) A, B और D
(d) A, B और C

**6. किस प्रकार के वन में नरम काष्ठ वाले वृक्ष; जैसे- चीड़, देवदार आदि उगते/पैदा होते हैं ?**
(a) शीतोष्ण सदाबहार वन
(b) शीतोष्ण पर्णपाती वन
(c) उष्णकटिबन्धीय पर्णपाती वन
(d) शंकुधारी वन

**7. पम्पास घास का मैदान कहाँ पाया जाता है ?**
(a) न्यूज़ीलैण्ड
(b) ऑस्ट्रेलिया
(c) दक्षिण अफ्रीका
(d) अर्जेण्टीना

**8. भारत का शीत मरूस्थल ......... में स्थित है।**
(a) शिमला (b) श्रीनगर
(c) लद्धाख (d) मनाली

**9. निम्नलिखित में से किसे "पृथ्वी का फेफड़ा" कहा जाता है ?**
(a) ब्राजील के उष्णकटिबंधीय सदाबहार वन
(b) मध्य अमेरिका का उष्णकटिबंधीय पर्णपाती वन
(c) चीन का समशीतोष्ण सदाबहार वन
(d) चिली का शीतोषण पर्णपाती वन

**10. एशियाई शेरों का निवास स्थल पाया जाता है-**
(a) महाराष्ट्र (b) गुजरात
(c) मध्य प्रदेश (d) उत्तर प्रदेश

## उत्तरमाला

**1.** (b) **2.** (d) **3.** (b) **4.** (b) **5.** (d) **6.** (d) **7.** (d) **8.** (c) **9.** (a) **10.** (b)

❑❑❑

# वायु

## वायुमण्डल

- वायुमण्डलीय घटना के अध्ययन को **मौसम विज्ञान** कहा जाता है।
- पृथ्वी के चारों ओर **32 किमी.** की ऊँचाई में वायु का आवरण वायुमण्डल के कुल द्रव्यमान का **99%** होता है।
- पृथ्वी तल के चारों ओर लगभग **800 किमी.** की ऊँचाई तक वायु का जो आवरण पाया जाता है उसे **वायुमण्डल** कहते हैं। वायुमण्डल पृथ्वी पर उचित ताप बनाए रखने में सहायक है तथा सूर्य की अनेक हानिकारक विकिरणों से जीवों की रक्षा करता है।
- वायुमण्डल में जलवाष्प की मात्रा इसके कुल आयतन का 4 से **5 प्रतिशत** है। ध्रुवीय क्षेत्रों में शुष्क वायुमण्डल में जलवाष्प की मात्रा काफी कम (1%) होती है, जबकि उष्ण-आर्द्र प्रदेशों में इसकी मात्रा अधिक (4%) होती है।

## वायुमण्डल का संगठन एवं संरचना

- **वायुमण्डल का संगठन**–पृथ्वी तल से लगभग **50 किमी. की ऊँचाई** तक है। वायुमण्डल का संगठन (Composition) निम्न प्रकार है–

| गैसें | प्रतिशत आयतन |
|---|---|
| **नाइट्रोजन** | 78.03 |
| **ऑक्सीजन** | 20.99 |
| **ऑर्गन** | 0.93 |
| **कार्बन-डाइ-ऑक्साइड** | 0.03 |
| **हाइड्रोजन** | 0.01 |
| **नियॉन** | 0.0018 |
| **हीलियम** | 0.0005 |
| **क्रिप्टॉन** | 0.0001 |
| **जिनॉन** | 0.000,005 |
| **ओजोन** | 0.000,0001 |

- 50 किमी. की ऊँचाई के बाद वायुमण्डल में मुख्यत: परमाणवीय ऑक्सीजन $O_2$, ओजोन $O_3$, हाइड्रोजन तथा हीलियम पाई जाती है।
- आयनमण्डल के ऊपर ताप शीघ्रतापूर्वक बढ़ता है। आयनमण्डल तापमण्डल का भाग है।
- वायुदाब मापन, वायुदाब मापी यन्त्र या **बैरोमीटर** की सहायता से किया जाता है।
- वायुदाब को प्रति इकाई क्षेत्रफल पर पड़ने वाले वायु-भार के रूप में मापते हैं।
- जलवायु वैज्ञानिकों द्वारा इसके मापन के लिए जिस इकाई का प्रयोग किया जाता है वह **'मिलीबार'** कहलाती है। एक मिलीबार एक वर्ग सेण्टीमीटर क्षेत्रफल पर एक ग्राम भार के बल के बराबर होता है।
- **वायुमण्डलीय परतें (Atmospheric Layers)**–वायुमण्डल को मुख्यत: 5 परतों में बांटकर अध्ययन किया जाता है। इन परतों को मण्डल कहते हैं–

1. **क्षोभमण्डल या अधोमण्डल (Troposphere)**–यह 12 किलोमीटर **( भूमध्यरेखा के ऊपर 16किमी और ध्रुवों पर 8 किमी की ऊँचाई तक )** की ऊंचाई तक फैला हुआ वायुमण्डलीय भाग है। इस भाग में वायुमण्डलीय ताप **17°C से घटकर –53°C** हो जाता है, अर्थात प्रत्येक 165 मीटर की ऊँचाई चढ़ने पर ताप 1°C कम हो जाता है। इस भाग में सबसे अधिक उथल-पुथल होती है, जैसे आंधी का चलना, बादलों का बनना, वर्षा होना आदि इसीलिए इसे क्षोभमण्डल कहते हैं। मौसम संबंधी अधिकांश परिवर्तनों के लिए क्षोभमण्डल ही उत्तरदायी है। क्षोभ मण्डल को **संवहन मण्डल** भी कहा जाता है, क्योंकि संवहन धाराएँ इस मण्डल की बाह्य सीमा तक ही सीमित होती हैं। क्षोभमण्डल तथा समतापमण्डल के बीच स्थित संक्रमण स्तर को **क्षोभ सीमा ट्रोपोपॉज** (Tropopause) कहा जाता है।
2. **समतापमण्डल (Stratosphere)**–यह भाग **12 किमी. से 50 किमी.** की ऊँचाई तक फैला हुआ है। पृथ्वी तल से **लगभग 10** किलोमीटर से **50 किमी.** की ऊँचाई तक ओजोन गैस विद्यमान है जिसे ओजोन मण्डल कहते हैं। ओजोन की परत सबसे अधिक सघन **लगभग 22 किमी.** की ऊँचाई पर है। यह परत सूर्य से आने वाले विकिरण में से हानिकारक पराबैंगनी विकिरण को अवशोषित कर लेती है। इस भाग में ताप –53°C से बढ़कर लगभग 7°C हो जाता है, परंतु यह ताप वृद्धि प्रत्येक 100 मीटर ऊंचाई में केवल 0.16°C के समतुल्य है, अर्थात बहुत कम है, इसलिए इस भाग में ताप को लगभग एक समान माना जाता है और इसीलिए इसे समतापमण्डल (स्ट्रेटोस्फीयर) कहते हैं। यह भाग शान्त है, क्योंकि इसमें न आंधी है, न वर्षा, न बादल है।
3. **मध्यमण्डल (Mesosphere)**–यह भाग पृथ्वी तल से 50 किमी. से 80 किमी. की ऊँचाई तक फैला हुआ है। इस मंडल में **ऊँचाई के साथ तापमान** में ह्रास होता है एवं 80 किमी. की ऊँचाई पर तापमान –100°C हो जाता है।
4. **आयनमण्डल अथवा तापमण्डल (Ionosphere or Thermosphere)** –यह भाग पृथ्वीतल से **80 किमी.** की **ऊँचाई से 500 किमी.** की ऊँचाई तक फैला हुआ है। इसमें ताप –93°C से बढ़कर 427°C हो जाता है। इस भाग में सूर्य से आने वाली एक्स किरणें तथा पराबैंगनी किरणों द्वारा वायु आयनित (Ionised) हो जाती है जिससे इस भाग में मुख्यत: इलेक्ट्रॉन तथा आयन (आवेशित परमाणु) ही पाए जाते हैं। पृथ्वी से प्रेषित रेडियो तरंगें इस मण्डल से परावर्तित होकर पुन: पृथ्वी पर वापस लौट आती हैं।
5. **बाह्य मंडल (Exosphere)**–इसकी ऊँचाई 640–1000 किमी. के मध्य है। इसमें भी विद्युत आवेशित कणों की प्रधानता होती है एवं यहाँ क्रमश: नाइट्रोजन ($N_2$) ऑक्सीजन ($O_2$), हीलियम (He), हाइड्रोजन ($H_2$) आदि गैसों की अलग परतें होती है। इस मंडल में 1000 किमी. बाद वायुमंडल अत्यंत विरल हो जाता है।

## सूर्यातप

- सूर्य से विकिरित की जाने वाली सम्पूर्ण ऊष्मा को प्राय: सौर विकिरण (Solar Radiation) कहा जाता है, यद्यपि इसमें प्रकाश आदि विकिरण भी सम्मिलित होते हैं।
- सूर्य पृथ्वी से 13 लाख गुना बड़ा है एवं उसकी पृथ्वी से औसत दूरी 15 करोड़ किमी. है। सूर्य की किरणें इस दूरी को 3 लाख किमी. प्रति सेकेण्ड की दर से तय करती है।
- यह विकिरण लघु तरंगों के रूप में पृथ्वी तक पहुँचता है।
- ऊष्मा की कुल 100 इकाइयों में 35 इकाइयां पृथ्वी के धरातल पर पहुँचने के पहले ही अंतरिक्ष में परावर्तित हो जाती हैं। इनमें से 6 इकाइयां वायुमंडल की ऊपरी परत से परावर्तन व प्रकीर्णन द्वारा, 27 इकाइयाँ बादलों के ऊपरी परत से तथा 2 इकाइयां मुख्यत: पृथ्वी के धरातल द्वारा परावर्तित होकर वापस लौट जाती है।
- पृथ्वी पर पहुँचने वाले सौर विकिरण को ही **सूर्यातप (Insolation)** कहते हैं। यह ऊष्मा या लघु तरंगों के रूप में पृथ्वी पर पहुँचती है और हमारी पृथ्वी का धरातल इसी विकिरित ऊर्जा को प्रति सेकेण्ड **2 कैलोरी प्रति वर्ग सेमी.** की दर से प्राप्त करता है।
- वायुमण्डल की सबसे बाह्य परत पर पहुँचने वाली कुल सौर विकिरित ऊर्जा का **51% भाग** ही पृथ्वी को प्रत्यक्ष एवं अप्रत्यक्ष रूप से प्राप्त होता है जबकि शेष **49% भाग वायुमण्डल** से गुजरते समय गैस कणों एवं धूलकणों से बिखरकर, बादलों से परावर्तित होकर तथा जलवाष्प द्वारा अवशोषित होकर मार्ग में ही रूक जाता है।
- सूर्यातप की सर्वाधिक मात्रा **विषुवत रेखा** के पास उपलब्ध होती है क्योंकि यहाँ **दिन-रात की अवधि** बराबर होती है।
- **उच्चतम व न्यूनतम तापमान–दोपहर ( 12 बजे )** के समय पृथ्वी सर्वाधिक सौर ऊर्जा प्राप्त करती है एवं अधिकतम ताप दिन के **2 से 4 बजे** के बीच प्राप्त होता है क्योंकि इस समय पृथ्वी द्वारा प्राप्त की गई ऊष्मा पृथ्वी द्वारा अवशोषित व परावर्तित की गई ऊष्मा से अधिक होती है। इसलिए इसे दिन का उच्चतम तापमान कहते हैं।
- **तापमान का प्रतिलोमन (Temperature Inversion)**–पर्वतीय क्षेत्रों में ढालों पर नीचे की ओर ठण्डी हवा के नीचे आने से भी धरातल अत्यधिक ठंडा हो जाता है। ऐसी दशा में ऊंचाई के साथ तापमान घटने की बजाय बढ़ने लगता है और तापमान के ऊर्ध्वाधर वितरण का क्रम उलट जाता है। ऐसी विपरीत परिस्थिति को ही तापमान का व्युत्क्रमण या तापीय **प्रतिलोमन** कहा जाता है।
- **एल्बिडो**–किसी भी सतह से परावर्तित होने वाली सूर्यातप की मात्रा एवं उसी सतह को प्राप्त होने वाली मात्रा के अनुपात को एल्बिडो कहते हैं। पृथ्वी का **एल्बिडो 35** है।
- **गुप्त ऊष्मा**–पृथ्वी द्वारा अवशोषित 51 इकाइयां पुन: पार्थिव या भौमिक विकिरण द्वारा लौटा दी जाती हैं। इनमें से 17 इकाइयां सीधे अंतरिक्ष में लौट जाती है, जबकि 34 इकाइयां वायुमंडल में प्रत्यक्ष विकिरण, तापीय संवहन व ऊष्मा विक्षोभ वाष्पीकरण व संघनन की गुप्त ऊष्मा के द्वारा अवशोषित कर ली जाती हैं।
- पृथ्वी का **औसत तापमान 15°C** है।
- पूर्वी साइबेरिया में स्थित **बर्खोयान्सक** को पृथ्वी का शीत ध्रुव कहा जाता है।
- **तापमान विसंगति (Thermal Anomaly)**–किसी स्थान के औसत तापमान एवं उस अक्षांश में औसत तापमान के अंतर को तापमान विसंगति कहा जाता है। **उत्तरी गोलार्द्ध** में तापमान की **अधिकतम** एवं **दक्षिणी गोलार्द्ध** में **न्यूनतम** विसंगति पाई जाती है।

## वायुदाब तथा पवन

### वायुदाब

- स्थल या सागर के प्रति इकाई क्षेत्र में वायु जो भार डालती है उसे वायुदाब कहते हैं।
- सागर तल पर **वायुदाब अधिकतम** होता है। किसी भी स्थान पर वायुदाब दो बार बढ़ता है एवं दो बार घटता है। इसे **वायुदाबमापी (Barometer)** से मापा जाता है।
- वर्तमान समय में वायुदाब मापने के लिए फोर्टिन एवं एवीरॉयड बैरोमीटर का प्रयोग किया जाता है।
- जलवायु वैज्ञानिकों ने इसके लिए मिलीबार/हैक्टोपास्कल को इकाई माना है जो 1 मिलीबार/वर्ग सेमी. पर 1 ग्राम भार का बल के बराबर है।
- एक हजार मिलीबार का वायुमंडलीय दबाव एक वर्ग सेमी. 1.053 किग्रा भार है जो पारे के 75 सेमी. ऊँचे स्तंभ दबाव के बराबर होता है।
- समुद्रतल पर पारे के 70 सेमी. ऊँचे स्तंभ का वायुदाब 1012.25 मिलीबार होता है।
- वायुदाब और इसके वितरण को नियन्त्रित करने वाले प्रमुख कारक तापमान, समुद्र तल से ऊँचाई, पृथ्वी की घूर्णन गति तथा जलवाष्प हैं।

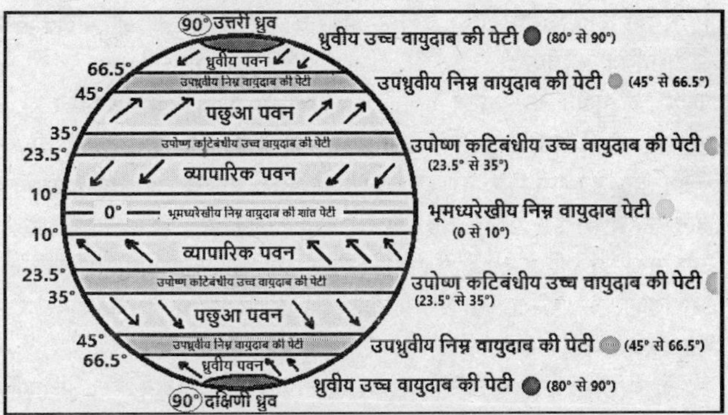


- **वायुदाब की पेटियाँ (Pressure Belts)**–वायुमण्डलीय दाब के अक्षांशीय वितरण को वायुदाब का क्षैतिज वितरण कहते हैं। इसके कारण वायुदाब की पेटियों का निर्माण होता है।
- वायुदाब की पेटियाँ दो प्रकार की हैं–**(i) ताप जनित** तथा **(ii) गति जनित**।
- पृथ्वी के धरातल पर विद्यमान वायुदाब की पेटियों का विवरण निम्नानुसार है–
  1. **विषुवतरेखीय निम्न वायुदाब की पेटी (Equatorial Low Pressure Belt)**–विषुवत् रेखा से **10 डिग्री उत्तरी** और **दक्षिणी अक्षांशों** के मध्य यह एक ताप जनित पेटी है। यहाँ साल भर तापमान ऊंचा रहता है। अत: **वायुदाब कम** रहता है। यहाँ वायुमण्डल में संवहन धाराएँ उत्पन्न होती हैं तथा वायु का क्षैतिज रूप से प्रवाह नहीं होता है इसलिए इसे शान्त **पेटी ( डोलड्रम )** कहते हैं।
  2. **उपोष्ण उच्च वायुदाब की पेटियाँ (Sub-Tropical High Pressure Belts)**–कर्क और मकर रेखाओं से लगभग 35 डिग्री उत्तरी और दक्षिणी अक्षांशों के मध्य ये दो पेटियाँ स्थित हैं। यह पृथ्वी की घूर्णन गति के कारण उत्पन्न वायुदाब की पेटियाँ हैं। विषुवत् रेखा से उठी हुई पवनें इस पेटी में नीचे उतरती हैं। इसी प्रकार उपध्रुवीय क्षेत्रों से पवनें

इस पेटी में उतरती हैं, फलतः यहाँ वायुदाब बढ़ जाता है। **विषुवत रेखा** से **30°** से **35°** अक्षांशों के मध्य दोनों गोलार्द्धों में उच्च वायुदाब की पेटियाँ उपस्थित होती हैं। इस उच्च वायुदाब वाली पेटी को **अश्व अक्षांश** कहते हैं।

3. **उपध्रुवीय निम्न वायुदाब की पेटियाँ (Sub-Polar Low Pressure Belts)**–यह गति जनित वायुदाब की पेटियाँ आर्कटिक और अण्टार्कटिक वृत्तों से **45 डिग्री उत्तरी** और **दक्षिणी अक्षांशों** तक विस्तृत हैं।
4. **ध्रुवीय उच्च वायुदाब की पेटियाँ (Polar High Pressure Belts)**–ध्रुवों के निकट निम्न तापमान के कारण वायुदाब सदैव उच्च रहता है। अतः दोनों गोलार्द्धों में स्थित ये पेटियाँ ताप जनित हैं।

## पवन

- **समदाब रेखाएं (Isobars)**–मानचित्र पर वायुदाब के वितरण को समदाब रेखाओं से दिखाया जाता है। समदाब रेखाएँ वे कल्पित रेखाएँ हैं जो समुद्रतल के बराबर घटाए हुए समान वायुदाब वाले स्थानों को मिलाती हैं।
- गतिशील हवा के क्षैतिज प्रवाह को पवन तथा ऊर्ध्वाधर प्रवाह को वायुधारा कहते हैं।
- पृथ्वी के धरातल पर वायुदाब में क्षैतिज विषमताओं के कारण हवा उच्च वायुदाब क्षेत्र से न्यून वायुदाब क्षेत्र की ओर प्रवाहित होती है। सूर्यातप के असमान वितरण के कारण पृथ्वी के धरातल पर वायुदाब में क्षैतिज विषमता उत्पन्न होती है।
- पवन की **दिशा एवं गति** को दाब प्रवणता, पृथ्वी की **गुरुत्वाकर्षण शक्ति**, **कॉरिआलिस बल का प्रभाव**, **अभिकेन्द्रीय त्वरण** तथा **भूतल से घर्षण** और उसके द्वारा उत्पन्न अवरोध, आदि कारक सम्मिलित रूप से प्रभावित करते हैं।
- पृथ्वी के घूर्णन के कारण हवाएँ दाब प्रवणता द्वारा निर्देशित दिशा में न बहकर अपनी मूल दिशा से विक्षेपित हो जाती हैं। यह विक्षेपण पृथ्वी के घूर्णन का ही परिणाम है। इसे **कॉरिआलिस प्रभाव या कॉरिआलिस बल** कहते हैं। इस प्रभाव के कारण उत्तरी गोलार्द्ध की पवनें अपने दाहिनी ओर तथा दक्षिणी गोलार्द्ध में पवनें अपनी बाईं ओर विक्षेपित हो जाती हैं। इस विक्षेप को फेरल नामक वैज्ञानिक ने सिद्ध किया था, अतः इसे **फेरल का नियम** कहते हैं।
- **स्थाई या प्रचलित अथवा भूमण्डलीय पवनें:** वायुदाब के अक्षांशीय अंतर के कारण एक कटिबन्ध से दूसरे कटिबन्ध की ओर लगातार वर्ष भर बहने वाली पवनों को स्थाई या प्रचलित या भूमण्डलीय पवनें कहते हैं। वर्ष भर ये पवनें नियत दिशा में चलती हैं। स्थाई पवनें निम्नलिखित हैं:

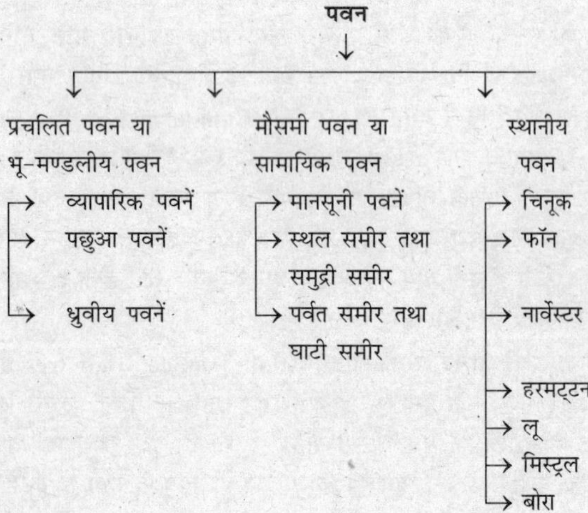


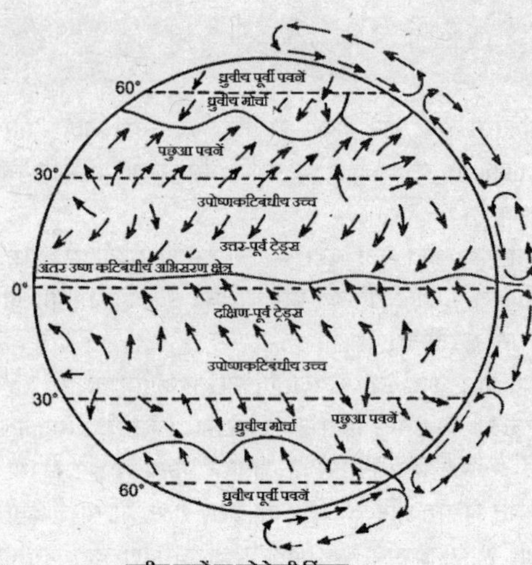


ग्रहीय पवनें या प्लेनेटरी विंड्स

1. **व्यापारिक अथवा सन्मार्गी पवनें (Trade Winds)**–भूमध्यरेखीय निम्न वायुदाब कटिबन्ध की ओर दोनों ही गोलार्द्धों में उपोष्ण उच्च वायुदाब कटिबन्धों से निरन्तर बहने वाली पवन को व्यापारिक पवन कहते हैं। उत्तरी गोलार्द्ध में ये उत्तर पूर्व व्यापारिक पवन के रूप में एवं दक्षिणी गोलार्द्ध में दक्षिण-पूर्ण व्यापारिक पवन के रूप में लगातार बहती है।
2. **पछुआ पवनें (Westerlies)**–**अयनवृत्तीय** अथवा **उपोष्ण उच्च वायुदाब कटिबन्ध** से उपध्रुवीय न्यून वायुदाब कटिबन्ध की ओर बहने वाली पवन को पश्चिम दिशा में बहने के कारण **पछुआ पवन** कहते हैं।
   - यह पवन उत्तरी गोलार्द्ध में **दक्षिण-पश्चिम** से **उत्तर-पूर्व** की ओर एवं **दक्षिणी गोलार्द्ध** में **उत्तर-पूर्व** से **दक्षिण-पूर्व** की ओर प्रवाहित होती हैं।
   - पछुआ पवनों का सर्वोत्तम विकास 40° से 45° दक्षिणी अक्षांशों के बीच होता है, जहाँ इसे **गरजता चालीसा**, **प्रचण्ड पचासा**, **चीखता साठा** के नाम से जाना जाता है।
3. **ध्रुवीय पवनें (Polar Winds)**–ध्रुवीय उच्च वायुदाब कटिबन्ध से उपध्रुवीय न्यून वायुदाब कटिबन्ध की ओर बहने वाली पवनों को **ध्रुवीय पवनें** कहते हैं।

**सामयिक पवनें (Periodical Winds)**–समयानुसार अथवा मौसम के परिवर्तन के साथ जिन पवनों की दिशा बदलती है उन्हें सामयिक पवनें कहते हैं। सामयिक पवनों के प्रमुख उदाहरण हैं।

(i) **मानसूनी पवनें:** मानसून शब्द अरबी भाषा के **'मौसिम'** शब्द से बना है जिसका अर्थ होता है मौसम। अतः ये पवनें मौसम के अनुसार चलती हैं। ये **6 महीने समुद्र** से स्थल की ओर तथा **6 महीने स्थल** से समुद्र की ओर चलती हैं। इस प्रकार ये हवाएँ बड़े पैमाने पर चलने वाली स्थलीय और जलीय हवाएँ ही हैं। इनका क्षेत्र व्यापारिक पवनों का प्रदेश है। ग्रीष्म में ये पवनें समुद्र से स्थल की ओर चलती हैं जिन्हें **'ग्रीष्मकालीन मानसून'** कहते हैं। शीत ऋतु में ये पवनें स्थल से समुद्र की ओर चलती हैं, जिन्हें **'शीतकालीन मानसून'** कहते हैं। मानसूनी पवनें **भारत**, **पाकिस्तान**, **बांग्लादेश**, **श्रीलंका**, **म्यांमार**, **अरब सागर**, **बंगाल की खाड़ी सहित दक्षिण-पूर्वी एशिया**, **उत्तरी ऑस्ट्रेलिया**, **चीन** और **जापान** के ऊपर बहती हैं।

(ii) **समुद्री एवं स्थलीय समीर (Land and Sea Breeze)**–स्थल और जलीय भाग के तापमान ग्रहण करने के स्वभाव में विषमता होने के कारण दिन के समय वायुमण्डल की निचली परतों में समुद्र समीर बहती है अर्थात् दिन में समुद्र से स्थल की ओर

हवाएँ चलती हैं। ये हवाएँ समुद्र के समीपवर्ती भागों के तापमान एवं आर्द्रता को अत्यधिक प्रभावित करती हैं। रात्रि के समय स्थल भाग शीघ्र ठंडा हो जाता है जिससे रात्रि को वायुदाब स्थल पर अधिक हो जाता है और जलीय भाग पर कम रहता है। इसलिए रात्रि को हवाएँ **स्थल से जल की ओर बहने** लगती हैं, इनको **स्थलीय समीर** कहते हैं।

(iii) **पर्वत एवं घाटी समीर**–पर्वतीय क्षेत्रों में दिन के समय पर्वत के ढाल, घाटी तल की अपेक्षा अधिक गर्म हो जाते हैं। इस कारण पवन घाटी तल से पर्वतीय ढाल की ओर बहने लगती है। इसे घाटी समीर कहते हैं। सूर्यास्त के पश्चात् पर्वतीय ढाल पर से पार्थिव विकिरण द्वारा ऊष्मा का विसर्जन घाटी तल की अपेक्षा बड़ी तेजी से होता है। इस कारण ढाल की ऊँचाइयों से ठण्डी और घनी पवन नीचे घाटी की ओर बहने लगती है। इसे पर्वत समीर कहते हैं।

- **स्थानीय पवनें (Local Winds)**–स्थानीय पवनें स्थानीय तापमान और वायुदाब के अंतर के कारण विकसित होती हैं। यह पवनें छोटे क्षेत्रों को ही प्रभावित करती हैं और वायुमण्डल की सबसे निचली परत में ही सीमित रहती हैं।

## प्रमुख स्थानीय पवनें

### गर्म एवं शुष्क हवाएं

- **चिनूक**–पर्वतीय ढाल के सहारे चलने वाली गर्म एवं शुष्क हवा (संयुक्त राज्य अमेरिका)।
- **फॉन**–आल्पस पर्वत के उत्तरी ढाल से नीचे उतरने वाली गर्म एवं शुष्क हवा (यूरोप), सर्वाधिक प्रभाव स्विट्जरलैंड में।
- **सिरॉक्को**–सहारा मरुस्थल से भूमध्य सागर की ओर चलने वाली गर्म हवा **अन्य नाम**–खमसिन (मिस्र), गिबिली (लीबिया), बिली (ट्यूनीशिया), सिरॉक्को (इटली), लेवेक (स्पेन)।
- **हरमट्टन (Harmattan)**–सहारा रेगिस्तान से उत्तर-पूर्व दिशा में चलने वाली गर्म एवं शुष्क हवा।
- **ब्रिकफील्डर**–ऑस्ट्रेलिया के विक्टोरिया प्रान्त में चलने वाली गर्म एवं शुष्क हवा।
- **सान्टा अना (Santa Ana)**–द. कैलिफोर्निया राज्य (USA) में चलने वाली गर्म तथा शुष्क हवा।
- **नॉरवेस्टर (Norwester)**–न्यूजीलैंड में उच्च पर्वतों से उतरने वाली गर्म, शुष्क तथा धूल भरी हवा।
- **ब्लैक रोलर (Black Roller)**–वृहत मैदान (उ. अमेरिका) की द. पश्चिम या उ. पूर्वी हवा।
- **शामल (Shamal)**–मेसोपोटामिया (इराक) तथा फारस की खाड़ी से चलने वाली गर्म एवं शुष्क उ. पूर्वी हवा।
- **बर्ग्स (Bergs)**–द. अफ्रीका में जाड़े में चलने वाली गर्म हवा।
- **सॉमम (Somum)**–ईरान में कुर्दिस्तान पर्वत से उ. पश्चिम दिशा में चलने वाली गर्म हवा।
- **काराबुरॉन (Caraburon)**–ग्रीष्म के प्रारम्भ में तारिम बेसिन में चलने वाली गर्म एवं शुष्क हवा।

### ठण्डी हवाएं

- **मिस्ट्रल (Mistral)**–रोनघाटी (फ्रांस) में जाड़े में चलने वाली ठण्डी हवा।
- **बोरा (Bora)**–युगोस्लाविया के एड्रियाटिक तट पर चलने वाली ठण्डी हवा।
- **ट्रैमोण्टाना (Tramontana)**–उत्तरी इटली में चलने वाली ठण्डी हवा।
- **पोनेन्टी (Ponente)**–भूमध्य सागरीय क्षेत्रों, विशेषकर कोर्सिल तथा भूमध्य सागरीय फ्रांस में चलने वाली शुष्क व ठण्डी हवा।
- **पैम्पेरो (Pampero)**–अर्जेन्टीना तथा उरुग्वे के पम्पास क्षेत्र में चलने वाली तीव्र ध्रुवीय हवा दक्षिण-पश्चिम या दक्षिण दिशा में चल ने वाली रैखिक प्रचण्ड वायु (Line Squall)।
- **पापागयो (Papagayao)**–मैक्सिको के तट पर चलने वाली शीतल, शुष्क व तीव्र हवा।
- **बुरान (Buran)**–रूस एवं मध्यवर्ती एशिया में प्रवाहित होने वाली उत्तर-पूर्वी पवन को बुरान कहा जाता है। शीतकाल में हिम के कणों से युक्त बुरान को पूर्गा (Purga) कहते हैं।
- **जोरान (Joran)**–जूरा पर्वत से जेनेवा झील तक रात्रि में चलने वाली शीतल एवं शुष्क पवन।
- **नार्दर (Norther)**–टेक्सास राज्य (USA) में चलने वाली शुष्क एवं शीतल हवा।
- **ब्लिजार्ड (Blizzard)**–यह वास्तव में ध्रुवीय पवन है, जो अत्यधिक सर्द एवं हिमकणों से युक्त होती है। यह साइबेरिया एवं उत्तरी अमेरिका के उत्तरी भाग में प्रवाहित होती है।

## आर्द्रता

वायुमंडल में विद्यमान जलवाष्प की मात्रा को **आर्द्रता** कहते हैं।

## आर्द्रता सामर्थ्य

- एक निश्चित तापमान पर एक घन मीटर वायु जितने ग्राम जलवाष्प अवशोषित कर सकती है, उसे वायु की आर्द्रता सामर्थ्य कहते हैं।
- वायु की आर्द्रता सामर्थ्य तापमान में वृद्धि के साथ-साथ बढ़ती जाती है। जिस न्यूनतम तापमान पर कोई वायु संतृप्त हो जाए उसे ओसांक बिन्दु कहा जाता है।
- वायु का तापमान जितना अधिक होगा, उसमें वाष्प धारण करने की क्षमता उतनी ही बढ़ जाएगी। यही कारण है, कि शीत ऋतु की अपेक्षा ग्रीष्म ऋतु में वायु अधिक वाष्प ग्रहण करती है।

**आर्द्रता के प्रकार**

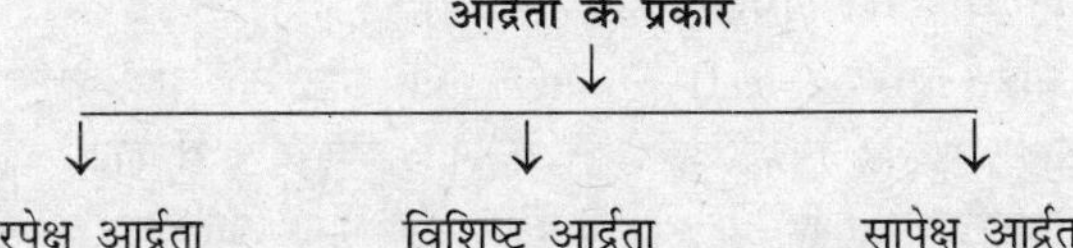


- **निरपेक्ष आर्द्रता (Relative Humidity)**–वायु के प्रति इकाई आयतन में विद्यमान जलवाष्प की मात्रा को **निरपेक्ष आर्द्रता** कहते हैं। इसे ग्राम प्रति घनमीटर में अभिव्यक्त किया जाता है।
- **सापेक्षिक आर्द्रता (Absolute Humidity)**–किसी भी तापमान पर वायु में उपस्थित जलवाष्प तथा उसी तापमान पर उसी वायु की आर्द्रता सामर्थ्य के अनुपात को **सापेक्षिक आर्द्रता** कहते है। वायु की सापेक्षिक आर्द्रता वाष्पीकरण की मात्रा और दर को निर्धारित करती है, अत: जलवायु का यह एक महत्वपूर्ण घटक है।

$$\text{सापेक्ष आद्रता} = \frac{\text{वायु में उपस्थित जलवाष्प की मात्रा}}{\text{वायु का अधिकतम जल वाष्प सामर्थ्य}} \times 100$$

- **विशिष्ट आर्द्रता (Specific Humidity)**–वायु के प्रति इकाई भार में जलवाष्प के भार को विशिष्ट आर्द्रता कहा जाता है। इसे ग्राम प्रति किलोग्राम के रूप में व्यक्त किया जाता है।

# बादल और वर्षण

## बादल

- वायुमण्डल में काफी ऊँचाई पर खुली स्वच्छन्द हवा में जलवाष्प के संघनन से बने जलकणों या हिमकणों की विशाल राशि को बादल कहते हैं। इनकी ऊँचाई भूमध्यरेखा के समीप या निम्न अक्षांशों से अधिक होती है जो ध्रुवीय क्षेत्रों की ओर घटती जाती है।
- ये स्थानीय मौसम तथा आर्द्रता को पर्याप्त रूप से प्रभावित करते हैं।

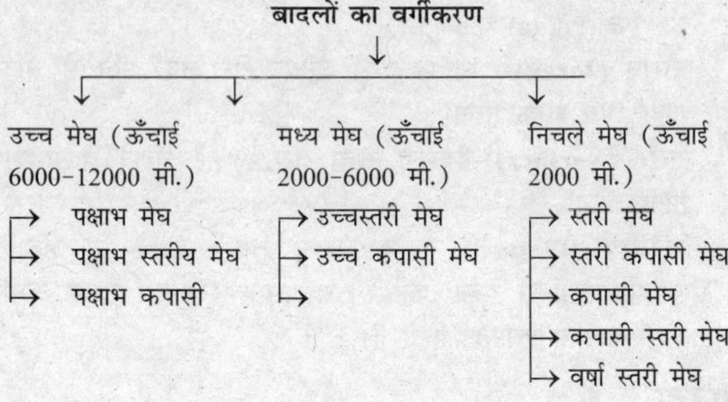


## वर्षण

- खुली हवा में वायुमण्डल की जलवाष्प का लगातार होने वाला संघनन संघनित कणों के आकार को बढ़ा देता है और जब इनका आकार इतना बड़ा हो जाता है, कि हवा का अवरोध उन्हें गुरुत्वाकर्षण के विपरीत लटकाए रखने में असमर्थ हो जाता है तब ये कण धरातल पर गिरने लगते हैं। जल की बूंदों एवं हिमकणों के रूप में इन कणों के गिरने की प्रक्रिया ही **वृष्टि** या **वर्षण** (Precipitation) कहलाती है।
- वर्षण की यह क्रिया निम्नलिखित रूपों में संपन्न हो सकती है–
  1. **हिमवृष्टि या हिमपात**–जब संघनित होने की प्रक्रिया हिमांक बिन्दु से नीचे संपन्न होती है तब हिमसीकरों के रूप में होने वाले वर्षण को **हिमवृष्टि** या **हिमपात** कहा जाता है।
  2. **सहित वृष्टि (Sleet)**–इस प्रकार की वृष्टि की बूंदों के जमने या हिमकणों के पिघले हुए जल के पुन: जम जाने से होती है, जिसमें जलवृष्टि एवं हिमवृष्टि दोनों का मिश्रण पाया जाता है।
  3. **उपलवृष्टि या ओला पड़ना (Hailstrom)**–जब आसमान से बर्फ की ठोस गोलियों की बौछार होने लगती है, तब उसे उपलवृष्टि या ओला पड़ने का नाम दिया जाता है।
  4. **जलवृष्टि या वर्षा (Rainfall)**–जब संघनित होने वाली जलवाष्प का ओसांक हिमांक बिन्दु से ऊपर रहता है तब जल की बूंदों के रूप में होने वाली वृष्टि को जलवृष्टि या वर्षा कहते हैं। हिम मापन के लिए हिममापी यन्त्र तथा जलवर्षा का मापन 'रेन गेज' नामक यन्त्र की सहायता से किया जाता है। वर्षा की मात्रा को मापने के स्वचालित यन्त्र को 'रेनोग्राफ' कहते हैं।

## वर्षा के प्रकार

हवा में ठण्डे होने के भेद के आधार पर वर्षा के तीन भेद किए गए हैं–

1. **संवहनीय वर्षा (Convectional Rainfall)**–धरातल के अत्यधिक गर्म होने के फलस्वरूप वायुमण्डल में उत्पन्न संवहन धाराओं में होने वाली वर्षा को संवहनीय वर्षा कहा जाता है। **संवहनीय वर्षा अल्पकालिक** एवं **मूसलाधार** होती है। इसके द्वारा मेघाच्छादन की न्यूनतम मात्रा से अधिकतम वर्षा प्राप्त होती है। इस प्रकार की वर्षा बिजली की चमक एवं बादलों की गरज के साथ होती है। यह वर्षा मुख्यत: **विषुवतीय क्षेत्रों** में होती है।
2. **चक्रवातीय वर्षा (Cyclonic Rainfall)**–चक्रवातों के कारण होने वाली वर्षा को चक्रवातीय वर्षा कहते हैं। यह वर्षा धीरे-धीरे होती है। शीतकाल में **उत्तरी भारत** में होने वाली वर्षा **चक्रवातीय वर्षा** ही होती है। यह वर्षा मुख्य रूप से शीतोष्ण कटिबंधीय क्षेत्र में शीतोष्ण चक्रवातों द्वारा होती है।
3. **पर्वतीय वर्षा (Orographic Rainfall)**–गर्म और आर्द्र वायु जब पर्वत श्रेणी जैसे स्थलाकृतिक अवरोधों से टकराती है तो बाध्य होकर ऊपर उठती है, इससे जो वर्षा होती है उसे पर्वतीय वर्षा कहते हैं। इस प्रकार की वर्षा में **वायु-विमुख ढाल शुष्क** रह जाते हैं और **वृष्टि-छाया क्षेत्रों** (Rain-shadow zone) की श्रेणी में आ जाते हैं।

- वायु में किसी भी तापमान पर इतनी जलवाष्प विद्यमान है जितनी उसकी धारक क्षमता है तो उस वायु को संतृप्त (Saturated) वायु कहते हैं।
- यदि वायु संतृप्त अवस्था में पहुँच जाने के बाद भी उत्तरोत्तर ठण्डी होती जाए और जलवाष्प से जल बनने की प्रक्रिया प्रारम्भ हो जाए तो **संघनन** (Condensation) प्रारम्भ हो जाता है। वायु में जिस तापमान पर संघनन प्रारम्भ होता है उस तापमान को **ओसांक** (Dew Point) कहते हैं।
- जल के द्रव से गैसीय अवस्था में परिवर्तन की प्रक्रिया को **वाष्पीकरण** कहते हैं।

## संघनन

- जल के गैसीय अवस्था से द्रव अवस्था में बदलने की प्रक्रिया को **संघनन** कहते हैं।
- **ओस**, **पाला**, **कुहरा**, **कुहासा**, **बादल**, वृष्टि, आदि संघनन के विविध रूप हैं।
- **ओस (Dew)**–पौधों की पत्तियों तथा भूमि पर उपस्थित अन्य वस्तुओं की सतहों पर जल की अति सूक्ष्म बूंदों के संचय को ओस कहते हैं। ये बूँदे रात्रि के समय भौतिक विकिरण द्वारा वायु के ओसांक के नीचे किसी तापमान तक संघनन के परिणामस्वरूप उत्पन्न होती हैं।
  - ओस के निर्माण के लिए साफ आकाश, शान्त वायुमण्डल, उच्च सापेक्षिक आर्द्रता एवं ठण्डी तथा लम्बी रात का होना आवश्यक है। ओस के निर्माण के लिए यह आवश्यक है, कि तापमान हिमांक से ऊपर हो।
- **पाला अथवा तुषार (Frost)**–जब वायु का तापमान हिमांक पर या इससे कम हो जाता है तो जलवाष्प जल-कणों के बदले हिम-कणों के रूप में जमा हो जाता है, इसे तुषार या पाला कहते हैं।
- **कुहरा (Fog)**–कुहरा वायुमण्डल की निचली परतों में उपस्थित अदृश्यता है जो जल की छोटी-छोटी बूंदों, धूम्र तथा धूलकणों की एक घनी संहति के रूप में होता है।
- **धुन्ध (Mist)**–धुन्ध कुहरे का ही एक रूप है। जब कुहरा घना न होकर हल्का-पतला होता है तो उसे धुन्ध कहते हैं। इसमें दृश्यता 1 किलोमीटर तक होती है।
- **हिम (Snow)**–जब कभी संघनन क्रिया के समय वायु का तापमान हिमांक बिन्दु से नीचे हो जाता है तो वाष्प हिम-कणों के रूप में बदल जाती है जिससे धरातल पर हिमपात होता है।

# चक्रवात एवं प्रतिचक्रवात

## चक्रवात (Cyclone)

- जब वायुदाब में अंतर पड़ने के कारण केन्द्र में निम्न दाब का निर्माण हो जाता है एवं उसके चारों ओर उच्चदाब रहता है तो वायु **चक्राकार प्रतिरूप** बनाते हुए **उच्चदाब से निम्न दाब के केन्द्र** की ओर तेजी से चलने लगती है, इसे ही चक्रवात कहते हैं। इस प्रकार चक्रवात सामान्यत: चलते-फिरते **निम्न दाब** के केन्द्र होते हैं, जो चारों ओर से क्रमश: **अधिक वायुदाब वाले समदाब रेखाओं** से घिरे हुए होते हैं।
  - चक्रवात में वायु के चलने की दिशा उत्तरी गोलार्द्ध में घड़ी की सुइयों के विपरीत एवं दक्षिणी गोलार्द्ध में घड़ी की सुइयों की दिशा में होती है।
  - चक्रवातों को विभिन्न क्षेत्रों में अलग-अलग नामों से जाना जाता है। जैसे–**हरीकेन**–कैरिबियन सागर एवं मैक्सिको की खाड़ी, **टायफून**–चीन, फिलीपीन्स एवं जापान के निकट, **साइक्लोन**–हिन्द महासागर, **विलीविलीज**–ऑस्ट्रेलिया एवं मेडागास्कर, **टॉरनेडो**–दक्षिण एवं पूर्वी अमेरिका।

## चक्रवात

- चक्रवात निम्न वायुदाब के केन्द्र होते हैं जिनके चारों ओर क्रमश: बढते वायुदाब की समदाब रेखाएं होती हैं। चूंकि केन्द्र से बाहर की ओर वायुदाब बढ़ता जाता है। इसलिए परिधि से केन्द्र की ओर हवाएं चलने लगती हैं।

## शीतोष्ण कटिबंधीय चक्रवात

- ये गोलाकार, अंडाकार या V आकार के होते हैं, जिनके कारण इन्हें लो (Low) गर्त (Depression) या ट्रफ (Trough) कहते हैं।
- शीतोष्ण कटिबंधीय चक्रवात 35°–65° अक्षांशों के मध्य दोनों गोलार्द्धों में उत्पन्न होते हैं, जहाँ ये पछुआ पवनों के प्रभाव से पश्चिम से पूर्व दिशा में चलते हैं।

## उष्ण कटिबंधीय चक्रवात

- कर्क रेखा व मकर रेखा के मध्य उत्पन्न होने वाले चक्रवातों को उष्ण कटिबंधीय चक्रवात कहा जाता है।
- ग्रीष्मकाल में केवल गर्म सागरों के ऊपर इनकी उत्पत्ति अंतर उष्ण कटिबंधीय अभिसरण क्षेत्र के सहारे उस समय होती है जब यह खिसककर 5° से 30° उत्तरी अक्षांश तक चला जाता है।
- सामान्य रूप से इन चक्रवातों का व्यास 80 से 300 किमी. तक होता है परंतु कुछ इतने छोटे होते हैं जिनका व्यास 50 किमी. से भी कम होता है।
- ये व्यापारिक हवा के साथ पूर्व से पश्चिम दिशा में अग्रसर होते हैं।
- इन्हें भारत में चक्रवात, आस्ट्रेलिया में विली-विली, संयुक्त राज्य अमेरिका में हरीकेन, चीन व फिलीपींस में टाइफून एवं जापान में टाइफू कहा जाता है।

## प्रति चक्रवात (Anti-Cyclone)

- यह वृत्ताकार समदाब रेखाओं द्वारा घिरा हुआ वायु का एक ऐसा क्रम है, जिसके केन्द्र में वायुदाब अधिक होता है। केन्द्र से बाहर की ओर यह क्रमश: घटता जाता है। फलस्वरूप हवाएँ केन्द्र से परिधि की ओर चलती हैं। इनकी उत्पत्ति मुख्यत: उपोष्ण कटिबन्धीय उच्च दाब क्षेत्र में होती है। यहाँ वायु ऊपर से नीचे उतरती है एवं मन्द गति से प्रवाहित होती हैं। प्रति चक्रवात में वायु की दिशा उत्तरी गोलार्द्ध में घड़ी की सुइयों के अनुकूल तथा दक्षिणी गोलार्द्ध में विपरीत होती है।

## वायुराशियाँ

- वायुराशि वायुमंडल का वह विशाल एवं घना भाग है जिसकी भौतिक विशेषताओं (तापमान, आद्रता) में अलग-अलग ऊँचाई पर क्षैतिज दिशा में समरूपता पाई जाती है। सामान्यत: वायुराशियों का विस्तार कई सौ किलोमीटर तक होता है। इनमें वायु की अनेक परतें पाई जाती है जिनमें भौतिक विशेषताएं (तापमान एवं आद्रता) लगभग एक समान होती है, वायुराशियों की उत्पत्ति तब देखी जाती है, जब धरातल पर वायुमंडलीय, तापमान एवं आद्रता में लंबे समय तक स्थिरता पाई जाती है।

## वाताग्र (Front)

- जब दो विपरीत स्वभाव वाली वायु राशियाँ एक-दूसरे के सम्पर्क में आती हैं तो इनके बीच एक असमान पृष्ठ का निर्माण हो जाता है, इसे ही वाताग्र कहा जाता है। इस प्रकार वाताग्र वह सीमातल है जो दो वायुराशियों को एक-दूसरे से अलग करता है।

# प्रश्नमाला

**1. वायुमंडल में सबसे अधिक मात्रा किस गैस की है?**
(a) ऑक्सीजन
(b) कार्बन डाइ-ऑक्साइड
(c) नाइट्रोजन
(d) आर्गन

**2. समान वायुदाब को मिलाने वाली रेखा है–**
(a) समताप रेखाएँ
(b) समदाब रेखाएँ
(c) समलवणता रेखा
(d) इनमें से कोई नहीं

**3. लौटते मानसून से सर्वाधिक वर्षा होती है–**
(a) बिहार में (b) उत्तर प्रदेश में
(c) तमिलनाडु में (d) कर्नाटक में

**4. कथन (A) : वायुमण्डल अधिकांश ऊष्मा परोक्ष रूप से सूर्य से तथा प्रत्यक्ष रूप में पृथ्वी के धरातल से प्राप्त करता है।**
**कारण (R) : पृथ्वी के धरातल पर सौर लघु तरंगें पार्थिव ऊर्जा की लम्बी तरंगों में परिणित होती हैं।**
**कूट:**
(a) A और R दोनों सही हैं तथा R, A की सही व्याख्या करता है
(b) A और R दोनों सही हैं परंतु R, A की सही व्याख्या नहीं करता है
(c) A सही है परंतु R गलत है
(d) A गलत है परंतु R सही है

**5. बेतार के तार का सम्पर्क पृथ्वी के धरातल को परावर्तित किया जाता है-**
(a) ट्रोपोस्फीयर द्वारा
(b) स्ट्रेटोस्फीयर द्वारा
(c) आइनोस्फीयर द्वारा
(d) इक्सोस्फीयर द्वारा

**6. निम्नलिखित में से कौन-सा कथन सही नहीं है :**
(a) जल वाष्प निचले वायुमंडल की अति परिवर्ती गैस है।
(b) अधिकतम तापमान की मेखला विषुवत रेखा के सहारे पाई जाती है।
(c) शीत कटिबंध उभयगोलार्द्धों में ध्रुवांमवृत्त एवं ध्रुवों के बीच उपस्थित है।

(d) जेट वायुधाराएं अत्यधिक ऊंचाई की हवाएं हैं जो धरातलीय मौसमी दशाओं को प्रभावित करती है!

**7. निम्नलिखित में से कौन सुमेलित नहीं है?**

(a) चिनूक - संयुक्त राज्य अमेरिका
(b) बूरन - सहारा
(c) बिलीजर्ड - कनाडा
(d) सामूम - ईरान

**8. निम्नलिखित में कौन-सा सुमेलित नहीं है?**

(a) चिनूक - संयुक्त राज्य अमेरिका
(b) सिरॉको - सिसिली
(c) बिलिजर्ड - चिली
(d) नार्वेस्टर्स - भारत

**9. निम्नलिखित नोबल गैसों में से कौन-सी वायु में नहीं पाई जाती है?**

(a) हीलियम (b) ऑर्गन
(c) रेडॉन (d) निऑन

**10. वायु मण्डल में ओजोन पर्त-**

(a) वर्षा करती है
(b) प्रदूषण उत्पन्न करती है
(c) पराबैंगनी विकिरण से पृथ्वी पर जीवन की रक्षा करती है
(d) वायु मंडल में ऑक्सीजन उत्पन्न करती है

**11. ओजोन परत मुख्यतः जहाँ अवस्थित रहती है, वह है-**

(a) ट्रोपोस्फीयर (b) स्ट्रेटोस्फीयर
(c) मेसोस्फीयर (d) आयनोस्फीयर

**12. निम्न दी गई गैसों को वायुमण्डल में उपस्थिति की मात्रा के आधार पर घटते क्रम में व्यवस्थित कीजिए-**

**(A) नाइट्रोजन**
**(B) आर्गन**
**(C) कार्बन डाइ ऑक्साइड**
**(D) ऑक्सीजन**

**कूट**

(a) A-B-C-D (b) A-D-B-C
(c) B-D-A-C (d) A-C-B-D

**13. निम्न कथनों पर विचार कीजिए**

**A. एल निनो सामान्य मानसूनी प्रक्रिया है जिससे भारत में बारिश होती है।**

**B. ला निनो सामान्य मानसून के विपरीत प्रक्रिया है जिससे भारत में वर्षा की कमी होती है।**

**उपरोक्त में कौन-सा /से कथन सही है/ हैं ?**

(a) केवल A
(b) केवल B
(c) A तथा B दोनों
(d) न तो A और न ही B

**14. निम्न में से वायुमण्डल की कौन-सी परत वायुयान उड़ान के लिए आदर्श है ?**

(a) समतापमण्डल (b) बाह्यमण्डल
(c) क्षोभमण्डल (d) आयनमण्डल

**15. बैरोमीटर का प्रयोग**

(a) वर्षा को नापने के लिए
(b) तापमान को मापने के लिए होता है।
(c) वायुमण्डलीय दाब को मापने के लिए
(d) समुद्र के स्तर को मापने के लिए

**16. वायुमण्डल की निम्नलिखित में से कौन-सी परत रेडियो तरंगों के संचरण में सहायता करती है ?**

(a) मध्यमण्डल (b) बाह्य वायुमण्डल
(c) बहिर्मण्डल (d) समतापमण्डल

**17. पृथ्वी की सतह से शुरू कर वायुमण्डल की परतों के सही क्रम का चयन कीजिए**

(a) मध्यमण्डल, क्षोभमण्डल, बाह्यमण्डल, समतापमण्डल
(b) समतापमण्डल, मध्यमण्डल, बाह्य वायुमण्डल, बहिर्मण्डल, क्षोभमण्डल
(c) क्षोभमण्डल, समतापमण्डल, मध्यमण्डल, बाह्यमण्डल, बहिर्मण्डल
(d) बहिर्मण्डल, समतापमण्डल, मध्यमण्डल, क्षोभमण्डल, बाह्यमण्डल

**18. भारत के दक्षिणी भागों विशेषकर तमिलनाडु और आन्ध्र प्रदेश में शरद् ऋतु में वर्षा होती है, क्योंकि**

(a) पवन स्थल भागों से लौटकर अरब सागर की ओर प्रवाहित होती है
(b) पवन स्थल भागों से लौटकर बंगाल की खाड़ी की ओर प्रवाहित होती है
(c) पवन अरब सागर से बंगाल की खाड़ी की ओर प्रवाहित होती है
(d) पवन बंगाल की खाड़ी से अरब सागर की ओर प्रवाहित होती है

**19. आतपन का सम्बन्ध है-**

(a) सूर्य ऊर्जा के साथ
(b) बहिर्मण्डल और उसमें होने वाली गैसों के साथ
(c) वायुदाब के साथ
(d) मौसमी पवनों के साथ

**20. स्थल समीर, समुद्री समीर और लू कौन-सी पवनें हैं ?**

(a) ग्रहीय पवन (b) स्थायी पवन
(c) स्थानीय पवन (d) मौसमी पवन

## उत्तरमाला

| | | | | | | | | | |
|---|---|---|---|---|---|---|---|---|---|
| **1.** (c) | **2.** (b) | **3.** (c) | **4.** (a) | **5.** (c) | **6.** (b) | **7.** (b) | **8.** (c) | **9.** (c) | **10.** (c) |
| **11.** (b) | **12.** (b) | **13.** (d) | **14.** (a) | **15.** (c) | **16.** (b) | **17.** (c) | **18.** (c) | **19.** (a) | **20.** (d) |

□□□

# 6 जल

## जलमण्डल

- जलमण्डल (Hydrosphere) से तात्पर्य पृथ्वी पर उपस्थित समस्त जलराशि से है। भूमण्डल के लगभग 70.8% भाग पर जल है।
- जलमण्डल के अंतर्गत **महासागर** (Oceans), **सागर** (Seas), **खाड़ियाँ** (Bays) आदि सम्मिलित किए जाते हैं।
- दक्षिणी गोलार्द्ध में 84% जल और 19% स्थल तथा उत्तरी गोलार्द्ध में 40% जल और 60% स्थल भाग है। जलमण्डल का वह बड़ा भाग जिसकी कोई निश्चित सीमा न हो महासागर (Ocean) कहलाता है।
- सबसे बड़ा **महासागर प्रशान्त** महासागर है।
- **समुद्र (Sea)**–जलमण्डल का वह बड़ा भाग जो तीन तरफ से स्थल से घिरा हो और एक ओर महासागर से मिला हो, समुद्र कहलाता है।
- **खाड़ियाँ (Bay)**–इसके दोनों किनारे स्थल से घिरे होते हैं एक ओर टापुओं का समूह होता है और दूसरी ओर का मुहाना समुद्र से मिला होता है।
- **खाड़ी (Gulf)**–समुद्र के स्थलीय भाग में प्रवेश कर जाने पर जो जल का क्षेत्र बनता है उसे खाड़ी कहते हैं।
- **महाद्वीपीय मग्नतट (Continental Shelf)**–महासागरों के कुल क्षेत्रफल का लगभग 7.5% भाग महाद्वीपीय मग्नतट है।
- यह तट मनुष्य के लिए अत्यन्त उपयोगी है। ये तट बालू एवं बजरी के विशाल भंडार के स्रोत हैं।
- विश्व के कुल खनिज तेल तथा गैस के उत्पादन का 20% भाग महाद्वीपीय मग्नतट से प्राप्त होता है।
- जहाँ तट से लगे उच्च पर्वतीय भाग होते हैं, वहाँ पर **मग्नतट संकरे** होते हैं।
- **महाद्वीपीय मग्नढाल (Continental Slope)**–समस्त सागरीय क्षेत्र के 8.5% भाग पर पाए जाते हैं। इस क्षेत्र का सर्वाधिक विस्तार अटलांटिक महासागर (12.4%) में पाया जाता है।
- **महासागरीय गर्त (Oceanic Deeps)**–महासागरीय नितल के लगभग 7% भाग पर फैले हैं। ये सक्रिय ज्वालामुखी तथा प्रबल भूकम्प वाले क्षेत्रों से सम्बन्धित हैं।
- प्रशांत महासागर में गुआम द्वीप (फिलीपींस) के समीप स्थित मेरियाना गर्त विश्व का सबसे गहरा गर्त है जिसे चैलेंजर गर्त भी कहते हैं।
- **महासागरीय कटक (Oceanic Ridges)**–पर्वतों की दो श्रृंखलाओं से बने होते हैं जो एक विशाल अवनमन द्वारा अलग किए गए होते हैं। कहीं-कहीं ये कटक समुद्री जलस्तर से ऊपर उठकर द्वीप बन जाते हैं; जैसे–**एजोर्स द्वीप**।

**कुछ महत्वपूर्ण गर्त**

| गर्त का नाम | स्थिति | गहराई (मीटर) |
|---|---|---|
| **मेरियाना** | उत्तरी प्रशान्त महासागर | 11,033 |
| **टोंगा** | मध्य दक्षिण प्रशान्त महासागर | 10,882 |
| **प्यूर्टोरिको** | अटलांटिक महासागर (पश्चिमी द्वीप समूह) | 8,392 |
| **सुण्डा** | पूर्वी हिन्द महासागर | 7,450 |
| **डाएमेण्टिना** | हिन्द महासागर के दक्षिण-पूर्व | 8,047 |

- महाद्वीपीय मग्नतट तथा मग्नढाल पर संकरी, गहरी तथा खड़ी दीवार से युक्त घाटियों को महासागर के अन्दर होने के कारण अंत:सागरीय कन्दराएँ या 'कैनियन' कहा जाता है।
- अलास्का के पश्चिम बेरिंग सागर में संसार के सबसे लम्बे कैनियन पाए जाते हैं; जैसे-बेरिंग, प्रिबिलॉफ तथा जेमजुग कैनियन।
- समुद्री पर्वत (Abyssal Hills) की सर्वाधिक संख्या प्रशान्त महासागर में पाई जाती है।
- एम्पेरर पर्वत जो प्रशान्त महासागर में हवाई द्वीप समूहों का विस्तार है, सुविख्यात है।
- प्रवाल भित्ति तथा द्वीप प्रधानत: प्रशान्त महासागर की विशेषता है।

## विश्व के महासागर

### प्रशान्त महासागर (Pacific Ocean)

- विश्व का सबसे बड़ा और गहरा महासागर जिसकी आकृति त्रिभुजाकार है।
- क्षेत्रफल **16.572 करोड़ वर्ग किमी.** है।
- उत्तर में **बेरिंग जलडमरूमध्य**, दक्षिण में अंटार्कटिका महाद्वीप, पश्चिम में एशिया तथा ऑस्ट्रेलिया एवं पूर्व में उत्तरी तथा दक्षिणी अमेरिका महाद्वीप स्थित है।
- इस महासागर में **सर्वाधिक गर्त** पाए जाते हैं।
- प्रशान्त महासागर में **अटलांटिक** तथा **हिन्द महासागर** के समान मध्यवर्ती कटक (Central Ridge) नहीं पाया जाता है।
- कुछ बिखरे कटक; जैसे–**एल्बेट्रोस पठार**, **न्यूजीलैंड कटक**, **क्वींसलैंड पठार** (Lord Howridge), **हवाई कटक** आदि पाए जाते हैं।
- तटवर्ती सागर जैसे–बेरिंग सागर, जापान सागर, पीला सागर, जावा सागर, बाण्डा सागर, अरफुरा सागर, कोरल सागर पश्चिमी भाग में स्थित हैं।
- अलास्का की खाड़ी, कैलिफोर्निया की खाड़ी, पनामा की खाड़ी, फाल्सो की खाड़ी पूर्वी भाग में स्थित है।
  - ❖ सर्वाधिक द्वीप तथा जलमग्न कैनियन प्रशान्त महासागर में पाए जाते हैं।
  - ❖ एल्बेट्रोस कटक पूर्वी प्रशान्त महासागर में स्थित हैं।

**प्रशान्त महासागरीय धाराएँ**

| क्र.सं. | धाराएं | स्वरूप |
|---|---|---|
| **1.** | उत्तरी विषुवतरेखीय जलधारा | गर्म |
| **2.** | क्यूरोशियो जलधारा | गर्म |
| **3.** | उत्तरी प्रशान्त प्रवाह | गर्म |
| **4.** | अलास्का की धारा | गर्म |

| | | |
|---|---|---|
| 5. | सुशिमा धारा | गर्म |
| 6. | क्युराइल जलधारा | ठंडी |
| 7. | कैलिफोर्निया धारा | ठंडी |
| 8. | दक्षिणी विषुवतरेखीय जलधारा | गर्म |
| 9. | पूर्वी ऑस्ट्रेलिया धारा | गर्म |
| 10. | हम्बोल्ट/पेरूवियन धारा | ठंडी |
| 11. | अंटार्कटिका प्रवाह | ठंडी |
| 12. | प्रति विषुवतरेखीय जलधारा | गर्म |
| 13. | एलनिनो धारा | गर्म |
| 14. | ओखोटस्क धारा | ठंडी |

## अटलांटिक महासागर (Atlantic Ocean)

- यह महासागर संसार का छठा भाग है जिसका क्षेत्रफल **लगभग 8.296** करोड़ वर्ग किमी. (प्रशान्त महासागर का आधा है)
- **आकृति 'S'** आकार के सदृश है।
- इसके **पश्चिम** में उत्तरी तथा दक्षिणी अमेरिका, **पूर्व** में यूरोप तथा अफ्रीका, **दक्षिण** में अंटार्कटिका, उत्तर (North) में ग्रीनलैंड, हडसन की खाड़ी, बाल्टिक सागर तथा उत्तरी सागर स्थित है।
- इसमें कई सीमान्त सागर, खाड़ियाँ तथा असंख्य द्वीप पाए जाते हैं।
- मग्नतट स्थित सागरों एवं खाड़ियों में **कैरीबियन सागर**, **मैक्सिको खाड़ी**, **हडसन खाड़ी**, **उत्तरी सागर**, **बाल्टिक सागर**, **नॉर्वे सागर**, **डेनमार्क जलडमरूमध्य**, **बिस्के की खाड़ी**, **भूमध्य सागर** तथा **गिनी की खाड़ी** आदि प्रमुख हैं।
- मग्नतट स्थित द्वीपों में ब्रिटिश द्वीप (डागर बैंक), न्यूफाउंडलैण्ड (ग्राण्ड बैंक), आइसलैंड, बरमूडा, सेण्ट हेलेना ट्रिनिडाड, फॉकलैंड, जॉर्जिया, शटलैंड सैण्डविच केनारी, केपवर्डे प्रमुख हैं।
- **मध्य अटलांटिक कटक (Mid Atlantic Ridge)** अटलांटिक महासागर की मुख्य विशेषता है।
- आइसलैंड एवं अटलांटिक महासागर के बीच यह वाइविले थॉमसन कटक कहलाती है। ग्रीनलैंड एवं आइसलैंड के बीच टेलीग्राफिक पठार के नाम से प्रसिद्ध है।
- भूमध्य रेखा के निकट रोमांश गर्त (Romanche Deep) इसे दो भागों में बांटता है। उत्तरी भाग डॉल्फिन श्रेणी तथा दक्षिणी भाग का नाम चैलेंजर श्रेणी है।
- मध्य अटलांटिक कटक का अधिकांश भाग जलमज्जित है परंतु इसकी कई चोटियाँ महासागरीय जलस्तर से बाहर निकली हुई हैं; जैसे–अजोर्स का पाइको तथा केपवर्डे द्वीप।
- सबसे तीव्र शिखर भूमध्य रेखा के निकट सेण्ट पाल नामक द्वीप समूह का है।
- अटलांटिक महासागर में सेण्ट हेलेना, गुआ तथा बोवेट द्वीप, ज्वालामुखी द्वीप हैं।
- प्रमुख गर्त प्यूर्टोरिको गर्त, रोमांश गर्त, दक्षिणी सैण्डविच गर्त, केपवर्ड गर्त हैं।
- प्रमुख द्रोणियाँ गुयाना, अंगोला, केपवर्ड द्रोणी, केप, अगुलहास, लेब्राडोर, ब्राजील, स्पेनिश तथा केनारी है।

## अटलांटिक महासागरीय धाराएँ

1. उत्तरी अटलांटिक महासागर में ऋतुओं के अनुसार पवनों की दिशा और धाराओं में कोई परिवर्तन नहीं होता है।
2. उत्तरी और प्रति विषुवतीय धाराएँ सभी ऋतुओं में निरंतर बहती है।
3. कई कारक संयुक्त रूप से धाराओं की उत्पत्ति और दिशा परिवर्तन में योगदान देते हैं।
4. उत्तरी अटलांटिक में कई धाराएँ समुद्र में बहती हैं जैसे–**उत्तरी अटलांटिक धारा**।
5. उत्तरी अटलांटिक महासागर **आर्कटिक महासागर** से जुड़ा है।

## हिन्द महासागर (Indian Ocean)

- क्षेत्रफल 7.34 करोड़ वर्ग किमी., गहराई 4,000 मी.।
- यह एक ओर प्रशान्त महासागर तथा दूसरी ओर अटलांटिक महासागर से मिला है।
- इसके उत्तर में दक्षिण एशिया, दक्षिण में अंटार्कटिका महाद्वीप, पूर्व में ऑस्ट्रेलिया महाद्वीप तथा पश्चिम में अफ्रीका महाद्वीप है।
- **गर्तों (Trenches)** का अभाव है। केवल जावा के दक्षिण से **सुण्डा गर्त** तथा डायमेण्टिना गर्त पाई जाती है।
- हिन्द महासागर का सबसे बड़ा द्वीप मेडागास्कर है। अन्य द्वीप हैं: **अंडमान-निकोबार द्वीप**, **मॉरीशस द्वीप**, **श्रीलंका द्वीप**, **जंजीबार द्वीप** आदि।
- **लक्षद्वीप व मालदीव** प्रवाल द्वीपों के उदाहरण हैं।
- ज्वालामुखी द्वीपों में मॉरीशस व रीयूनियन द्वीप महत्वपूर्ण हैं। अन्य द्वीपों में **लंकादीव**, **मालदीव**, **चैगोस**, **न्यू एमस्टर्डम**, **सेण्ट पॉल**, **कारगुलेन**, **सेंचलीस**, **प्रिन्स एडवर्ड**, **क्रोजेट** एवं **डियागो गार्शिया** आदि प्रमुख हैं।

## हिन्द महासागरीय धाराएँ

1. उत्तरी हिन्द महासागर में ऋतुओं के अनुसार मानसूनी पवनों की दिशा बदलने से धाराओं की दिशा बदल जाती है।
2. ग्रीष्म ऋतु में **उत्तरी और प्रति विषुवतीय** धाराएँ पूरी तरह समाप्त हो जाती हैं।
3. धाराओं की उत्पत्ति और दिशा परिवर्तन में पवनों की प्रमुख भूमिका रहती है।
4. **स्थल अवरूद्ध** होने के कारण धाराएँ तटों का अनुसरण करती हैं।
5. उत्तरी हिन्द महासागर में कोई ठंडी धारा नहीं है।

## आर्कटिक महासागर

- यह सबसे छोटा महासागर है जिसके अधिकांश भाग पर बर्फ जमी रहती है। इसको छिपता हुआ महासागर भी कहा जाता है।
- **ब्यूफोर्ट, लाप्टेव, कारा, श्वेतसागर** आदि इसके सीमान्त सागर हैं। यह सबसे कम गहरा महासागर है।
- विश्व का सबसे चौड़ा महाद्वीपीय मग्नतट इसी महासागर में है।
- फराओ कटक तथा स्पिट्सबर्जन इसके महत्वपूर्ण कटक (Ridges) हैं।
- **क्षेत्रफल की दृष्टि से महासागर (घटता क्रम)**–प्रशान्त महासागर > अटलांटिक महासागर > हिन्द महासागर > आर्कटिक महासागर
- **गहराई की दृष्टि से (घटता क्रम)**–मेरियाना गर्त (प्रशान्त महासागर) > प्यूर्टोरिको गर्त (अटलांटिक) > डायमेण्टिना (हिन्द महासागर)। समुद्र की गहराई का मापक **'फैदम'** होता है। (1 फैदम = 6 फीट)

विश्व की प्रमुख जलसंधियाँ

| क्र.सं. | जलसंधि | संबद्ध स्थल | भौगोलिक स्थिति |
|---|---|---|---|
| 1. | बेरिंग जलसंधि | बेरिंग सागर एवं चुकसी सागर | अलास्का-रूस |
| 2. | एमक्ल्यूरे जलसंधि | आर्कटिक महासागर | कनाडा |
| 3. | शैली कॉफ जलसंधि | अलास्का की खाड़ी | अलास्का-कोडियाक द्वीप |
| 4. | यूकाटन जलसंधि | मैक्सिको की खाड़ी एवं कैरीबियन सागर | मैक्सिको-क्यूबा |
| 5. | फ्लोरिडा जलसंधि | मैक्सिको की खाड़ी एवं अटलांटिक महासागर | सं.रा. अमेरिका-क्यूबा |
| 6. | बेलद्वीप जलसंधि | सेंट लॉरेंस एवं अटलांटिक महासागर | कनाडा |
| 7. | डेविस जलसंधि | बेफिन खाड़ी एवं अटलांटिक महासागर | ग्रीनलैंड-कनाडा |
| 8. | हडसन जलसंधि | हडसन की खाड़ी एवं अटलांटिक महासागर | कनाडा |
| 9. | मैगेलन जल संधि | प्रशान्त एवं दक्षिण अटलांटिक महासागर | चिली |
| 10. | डेनमार्क जलसंधि | उत्तरी अटलांटिक एवं आर्कटिक महासागर | ग्रीनलैंड-आइसलैंड |
| 11. | डोवर जलसंधि | इंग्लिश चैनल एवं उत्तरी सागर | इंग्लैंड-फ्रांस |
| 12. | नॉर्थ चैनल | आयरिश सागर एवं अटलांटिक महासागर | आयरलैंड-इंग्लैंड |
| 13. | जिब्राल्टर जलसंधि | भूमध्य सागर एवं अटलांटिक महासागर | स्पेन-मोरक्को |
| 14. | बोनी-फैसियो जलसंधि | भूमध्य सागर | कोर्सिका-सार्डिनिया |
| 15. | ओरंटो जलसंधि | एड्रियाटिक सागर एवं एजियन सागर | इटली-अल्बानिया |
| 16. | डार्डनेलीज जलसंधि | मारमरा सागर एवं एजियन सागर | तुर्की |
| 17. | बासपोरस जलसंधि | काला सागर एवं मारमरा सागर | तुर्की |
| 18. | मेसिना जलसंधि | भूमध्य सागर | इटली-सिसली |
| 19. | हारमुज जलसंधि | फारस की खाड़ी एवं आमीन की खाड़ी | ओमान-ईरान |
| 20. | बाब-अल मंदेब जलसंधि | लाल सागर एवं अरब सागर | यमन-जिबूती |
| 21. | मोजाम्बिक चैनल | हिन्द महासागर | मोजाम्बिक-मालागासी |
| 22. | पाक जलसंधि | मन्नार एवं बंगाल की खाड़ी | भारत-श्रीलंका |
| 23. | मलक्का जलसंधि | अंडमान सागर एवं दक्षिणी चीन सागर | इंडोनेशिया-मलेशिया |
| 24. | सुंडा जलसंधि | जावा सागर एवं हिन्द महासागर | इंडोनेशिया |
| 25. | कारीमाता जलसंधि | दक्षिणी चीन सागर एवं जावा सागर | इंडोनेशिया |
| 26. | फार्मोसा जलसंधि | दक्षिण चीन सागर- पूर्वी चीन सागर | चीन-ताइवान |
| 27. | सुशीमा जलसंधि | जापान सागर एवं पूर्वी चीन सागर | जापान |
| 28. | कोरिया जलसंधि | जापान सागर एवं पूर्वी चीन सागर | जापान-कोरिया |
| 29. | सुगारू जलसंधि | जापान सागर एवं प्रशान्त महासागर | जापान |
| 30. | नेमुरो जलसंधि | प्रशान्त महासागर | जापान |

## महासागरीय लवणता

- सागरीय जल के भार एवं उसमें घुले हुए पदार्थों के भार के अनुपात को सागरीय लवणता (Salinity) कहा जाता है। इसे आमतौर पर भागों प्रति हजार (पीजीटी) के रूप में व्यक्त किया जाता है। समुद्री जल की लवणता लगभग 35 ग्राम प्रति हजार ग्राम है। 24.7% की लवणता को खारे पानी को ठीक करने के लिए ऊपरी सीमा माना गया है।
- महासागरीय जल में लवण की मात्रा के घटते क्रम में सोडियम क्लोराइड–NaCl (77.8) > मैग्नीशियम क्लोराइड–$MgCl_2$ (10.9) मैग्नीशियम सल्फेट–$MgSO_4$ (4.7) कैल्शियम सल्फेट–$CaSO_4$ (3.6) > पौटेशियम सल्फेट–$K_2SO_4$ (2.5) > कैल्शियम कॉर्बोनेट–$CaCO_3$ (0.3) > मैग्नीशियम ब्रोमाइट $MgBr_2$ (0.2)।
- कर्क तथा मकर रेखाओं के बीच (35° अक्षांश निकट) में लवणता सबसे ज्यादा होती है और ध्रुवों पर सबसे कम।
- भूमध्यरेखीय भागों में अपेक्षाकृत कम लवणता पाई जाती है क्योंकि यहाँ प्रतिदिन वर्षा होती है।
- समान खारेपन वाले स्थानों को मिलाकर खींची गई रेखा को समलवण रेखा (Isohaline) कहते हैं।
- महासागरों में मिलने वाली लवणता में सबसे अधिक उत्तरी अटलांटिक महासागर के सारगैसो क्षेत्र में 38% मिलती है।
- सागरों में सबसे ज्यादा लवणता (भूमध्यसागर–39‰ से ज्यादा) > **लाल सागर** (37.41%) > **फारस की खाड़ी** में मिलती है।
- यहाँ लवणता मिलने का कारण वर्षा का अभाव स्वच्छ जल प्रदायिनी नदियों का अभाव, उच्च तापमान एवं वाष्पीकरण की तीव्रता है।

- सबसे ज्यादा लवणता वान झील (टर्की) 330%, मृत सागर (इजरायल, जॉर्डन) 240%, साल्ट लेक (अमेरिका) 220%।

## महासागरीय धाराएं

### महासागरीय जलधाराएँ

- महासागरों की सतह पर एक निश्चित दिशा में बहुत अधिक दूर तक बहने वाले जल को महासागरीय धारा (Ocean Currents) कहते हैं।
- धाराएँ दो प्रकार की होती हैं–गर्म (Warm) एवं ठण्डी (Cold)।
- जो धाराएँ भूमध्य रेखा से ध्रुवों की ओर (निम्न अक्षांशों से उच्च अक्षांशों की ओर) गति करती हैं वे गर्म होती हैं। यह मार्ग क्षेत्र का ताप बढ़ा देती हैं।
- जो धाराएँ ध्रुवीय क्षेत्रों से भूमध्य रेखा की ओर (उच्च अक्षांशों से निम्न अक्षांशों की ओर) गति करती हैं, वे ठण्डी होती हैं। यह मार्ग क्षेत्र का ताप घटा देती हैं।
- उत्तरी गोलार्द्ध में धाराएँ दाहिनी ओर एवं दक्षिणी गोलार्द्ध में बाईं ओर प्रवाहित होती हैं। यह कॉरिओलिस बल के प्रभाव से होता है।
- जल धाराओं (Current) के उत्पन्न होने के कारण:

**1.** पृथ्वी की घूर्णन गति
**2.** तापमान में भिन्नता
**3.** घनत्व का अंतर
**4.** वायुदाब एवं पवनें
**5.** सागर की लवणता में अंतर
**6.** तट रेखा का आकार

समुद्र का जल कभी शान्त नहीं रहता। इसमें सदैव कुछ-न-कुछ गति विद्यमान रहती है। जिनके मुख्य रूप ये हैं–

### 1. लहरें

- वायु के प्रभाव से समुद्र के जल-तल के ऊपर-नीचे होने की क्रिया को लहर कहते हैं। लहर का ऊपर उठा हुआ भाग **शिखर** (Crest) और नीचे दबा हुआ भाग **द्रोणी** (Trough) कहलाता है। एक शिखर से दूसरे शिखर अथवा एक द्रोणी से दूसरी द्रोणी तक की दूरी **लहर की लम्बाई** कहलाती है।
- समुद्र में लहरों का आकार वायु के वेग, वायु की अवधि और समुद्र के विस्तार पर निर्भर करता है। तूफानों से उठी हुई लहर जब समुद्र में बहुत दूर तक पहुँच जाती है और उसकी ऊंचाई घट जाती है तो उसे **महातरंग** (Swell) कहा जाता है।
- **सुनामी-सुनामी** (Tsunami) जापानी भाषा का एक शब्द है जिसका अर्थ है 'तट पर आती लहरें'। ये विशिष्ट प्रकार की समुद्री लहरें सागर के नित्तल में आए भूकम्प, भूस्खलन, उल्कापात एवं ज्वालामुखी विस्फोटों से उत्पन्न भू-विवर्तनिक शक्तियों की देन हैं। वैज्ञानिक शाखा में सुनामी को अत्यधिक लम्बी तरंगदैर्ध्य वाली सागरीय लहरों की श्रृंखला के रूप में परिभाषित किया जाता है, जिसका निर्माण भूकम्पों विशेषकर 7.5 या इससे अधिक तीव्रता वाले भूस्खलन तथा अंत: समुद्रीय हलचल के कारण जल के अचानक हुए विस्थापन से होता है।

### 2. जलधाराएं

- समुद्री सतह की विशाल जल-राशि की एक निश्चित दिशा में होने वाली सामान्य गति को **महासागरीय धारा** कहते हैं। धाराएँ अपनी गति और तापमान में आस-पास के समुद्री जल से भिन्नता लिए हुए होती हैं।
- समुद्र में चलने वाली धाराएँ दो प्रकार की होती हैं–

  **1. गरम धाराएँ (Warm Currents)–**जो धाराएँ भूमध्य रेखा से ध्रुवों की ओर चलती हैं, वे अपने आस-पास के जल से गरम होती हैं। अत: ये गरम धाराएँ कहलाती हैं; जैसे–गल्फस्ट्रीम और ब्राजील की धारा।

  **2. ठण्डी धाराएँ (Cold Currents)–**जो धाराएँ ध्रुवों की ओर से भूमध्य रेखा की ओर चलती हैं, वे अपने आस-पास के जल से अधिक ठण्डी होती हैं, इसलिए वे ठण्डी धाराएँ कहलाती हैं।

- **स्थाई हवाओं का प्रवाह**, **तापमान में भिन्नता**, **घनत्व में अंतर**, आदि ऐसे कारक हैं जो धाराओं की उत्पत्ति में सहायक होते हैं।
- अधिकांश मुख्य महासागरीय धाराएँ प्रचलित पवनों का अनुसरण करती हैं। जहाँ कहीं पवनें मौसम के अनुसार बदल जाती हैं, वहाँ साथ-ही-साथ धाराओं की दिशा भी परिवर्तित हो जाती है।
- धाराओं पर जलवायु का **सम और विषम** दोनों ही प्रकार का प्रभाव होता है। ठण्डी धाराओं के समीप का तट महीनों हिम से जमा रहता है जिससे वहाँ का भूखंड वीरान रूप धारण कर लेता है। **फॉकलैंड**, **लेब्राडोर** और **क्यूराइल** धाराओं का कुछ ऐसा ही प्रभाव होता है। किंतु जिन भागों से होकर गरम धाराएँ प्रवाहित होती हैं, वहाँ इनका बहुत ही सम और उत्तम प्रभाव होता है। उत्तर-पश्चिमी यूरोप और पूर्वी जापान की उन्नति का कारण भी गरम धाराएँ ही हैं। नॉर्वे, जापान आदि देशों के बंदरगाह गर्म धाराओं के कारण ही वर्ष भर व्यापार के लिए खुले रहते हैं।

### एल-निनो तथा ला-निना धारा
**(El-Nino and La-Nina Current)**

- एल-निनो पेरू के पश्चिमी तट से **200 किमी.** दूरी पर उत्तर से दक्षिण दिशा में चलने वाली एक गर्म जलधारा है।
- इसे विपरीत धारा (Counter Current) भी कहते हैं क्योंकि सामान्य समय में इस भाग में **पेरू जल धारा** दक्षिण से उत्तर की ओर बहती है।
- एल-निनो के कारण पेरू में सामान्य से अधिक वर्षा होती है।
- **एल-निनो माडोकी (El-Nino Madoki)–**इसका अनुभव दो दशक पूर्व किया गया है। जो कि मध्य प्रशान्त महासागर में उत्पन्न होती है। इसे तिथि रेखा (Date Line) एल-निनो भी कहते हैं क्योंकि यह तिथि रेखा के पास उत्पन्न होती है। इसकी उत्पत्ति का कारण नासा ने जलवायु परिवर्तन बताया है।
- जब एल-निनो का विस्तार प्रशान्त महासागर से **हिन्द महासागर** तक हो जाता है तब **हिन्द महासागर** पर निम्न दाब और भारतीय प्रायद्वीप पर उच्चदाब का आविर्भाव हो जाता है जिससे हवाएँ भारत से हिन्द महासागर की ओर चलने लगती हैं अत: भारत में सूखे की स्थिति उत्पन्न हो जाती है।

**महासागरों की प्रमुख धाराएँ**

| अटलांटिक महासागर की धाराएँ | प्रकृति |
|---|---|
| उत्तरी विषुवतीय जलधारा | उष्ण अथवा गर्म |
| दक्षिणी विषुवतीय धारा | उष्ण |
| फ्लोरिडा की धारा | उष्ण |
| गल्फ स्ट्रीम या खाड़ी की धारा | उष्ण |
| नॉर्वे की जलधारा | उष्ण |
| लेब्राडोर की धारा | उष्ण |
| **प्रशान्त महासागर की धाराएँ** | |
| उत्तरी विषुवतरेखीय जलधारा | उष्ण अथवा गर्म |
| उत्तरी प्रशान्त प्रवाह | गर्म |
| अलास्का की धारा | गर्म |
| सुशीमा धारा | गर्म |
| क्यूराइल जलधारा (आयोशियो धारा) | गर्म |
| **हिन्द महासागर की धाराएँ** | |
| दक्षिणी विषुवतरेखीय जलधारा | गर्म एवं स्थायी |
| मोजाम्बिक धारा | गर्म एवं स्थायी |
| अगुलहास धारा | गर्म एवं स्थायी |

| | |
|---|---|
| पूर्व ग्रीनलैंड धारा | ठण्डी |
| कनारी की धारा | ठण्डी |
| ब्राजील की जलधारा | गर्म |
| बेंगुएला की धारा | ठण्डी |
| अंटार्कटिका प्रवाह | ठण्डी |
| विपरीत विषुवतरेखीय जलधारा | ठण्डी |
| कैलिफोर्निया की धारा | ठण्डी |
| दक्षिण विषुवतरेखीय जलधारा | गर्म |
| पूर्वी ऑस्ट्रेलिया धारा (न्यू साउथवेल्स) धारा | गर्म |
| हम्बोल्ट अथवा पेरूवियन धारा | ठंडी |
| विपरीत विषुवतरेखीय जलधारा | गर्म |
| पश्चिमी ऑस्ट्रेलिया की धारा | ठण्डी एवं स्थायी |
| ग्रीष्मकाल मानसून प्रवाह | गर्म एवं परिवर्तनशील |
| शीतकालीन मानसून प्रवाह | परिवर्तनशील |

- **ला-निना** भी एक **विपरीत महासागरीय** (Counter Ocean Current) धारा है। इसका आविर्भाव पश्चिमी प्रशान्त महासागर में उस समय होता है जब पूर्वी **प्रशान्त महासागर (पेरू तट)** पर एल-निनो का प्रभाव समाप्त हो जाता है। यह भारत में सामान्य मानसून से अधिक वर्षा करती है।
- **ला-निना** एल-निनो की विपरीत स्थिति है अर्थात् **ला-निना** साधारण स्थिति है इससे भारत का मानसून प्रभावित नहीं होता।

**सारगैसो सागर**

उत्तरी अटलांटिक महासागर में उत्तर भूमध्य रेखीय धारा, गल्फस्ट्रीम तथा कनारी धारा द्वारा एक प्रतिचक्रवातीय प्रवाह क्रम पाया जाता है जिसमें गतिहीन एवं शान्त जल पाया जाता है जिसमें सारगैसम घास फैली रहती है। इस भाग को सारगैसो सागर कहा जाता है। सारगैसो सागर को सर्वप्रथम स्पेन के नाविकों ने देखा था। सारगैसो सागर के चारों ओर समुद्री धाराएँ प्रवाहित होती हैं। इस सागर का तट नहीं है।

**प्रवाल भित्तियाँ (Coral Reefs)**

- प्रवाल भित्तियों का निर्माण मूँगा (Corals) (जो संघ सिलेण्ट्रेटा का एक समुद्री जीव है जो उष्ण कटिबन्धीय महासागरों में पाया जाता है), जीवों के अस्थिपंजरों के समेकन एवं संयोजन द्वारा होता है।
- प्रवाह (Corals) के विकास के लिए 20–25°C तापक्रम, सूर्य की किरणों के प्रवेश तक की सामुद्रिक गहराई, (200 मी.) अवसाद मुक्त जल, सामान्य सामुद्रिक लवणता, (35%) अंत: सागरीय चबूतरों की उपस्थिति एवं मानवीय आर्थिक क्रिया-कलापों से विमुक्त क्षेत्रों की आवश्यकता होती है।

**प्रवाल भित्ति के प्रकार (Types of Coral Reefs)**

1. तटीय प्रवाल भित्ति (Fringing Reef) महाद्वीपीय या द्वीपों के किनारे निर्मित होने वाली प्रवाल भित्ति। उदाहरण दक्षिणी फ्लोरिडा, मलेशिया तथा भारत के मन्नार की खाड़ी एवं अंडमान में मिलते हैं।
2. अवरोधक प्रवाल भित्ति (Barrier Reef) समुद्री तट या द्वीप से कुछ हटकर इनकी स्थिति इसकी प्रमुख विशेषता है। इसका विकास तट के समानान्तर होता है।

   विश्व की **सबसे बड़ी प्रवाल भित्ति** ऑस्ट्रेलिया के **उत्तर-पूर्वी तट** पर स्थित **ग्रेट बैरियर रीफ** है। इसकी लम्बाई 1900 किमी. व चौड़ाई 160 किमी. है।
3. वलयाकार प्रवाल भित्ति या एटॉल (Coral Ring or Attol) ऐसी प्रवाल भित्ति जो किसी द्वीपीय जलमग्न पठार के चारों ओर अण्डाकार रूप में पाई जाती है **प्रवाल वलय** के रूप में जानी जाती है।

## झील

- झील (Lakes), जल के स्रोत हैं, जो सामान्यत: चारों तरफ से स्थल से घिरे होते हैं। झीलों को अनेक प्रकार से विभाजित किया जाता है; जैसे- निर्माण के आधार पर झील एवं उनके उदाहरण निम्नलिखित हैं
  1. **भूकम्पकृत या अभिनत झील** स्विट्जरलैण्ड की जेनेवा झील
  2. **भ्रंशदरारी झील** मृत सागर, टांगानिका, बैकाल
  3. **केटर झील टिटिकाका** (बोलीविया), लोनार (भारत)
  4. **हिमानी निर्मित झील** ठिसो सिकरू, देवताल
  5. **मानव निर्मित झील** उकाई झील (गुजरात)
- लवणता के आधार पर झीलों का विभाजन खारे पानी तथा मीठे पानी की झोल के रूप में करते हैं। कैस्पियन सागर विश्व की सबसे बड़ी खारे पानी की झील है। बैकाल विश्व की सबसे गहरी झील है।
- तिब्बत पठार में स्थित ठिसो सिकरू विश्व की सबसे ऊँची झील है। पेरू तथा बेलोविया की सीमा पर स्थित टिटिकाका सबसे ऊँची नौकागम्य झील है। भारत की अन्य प्रमुख झील वूलर, डल झील जम्मू-कश्मीर, साँभर, लूनकरनसर, पंचभद्रा, डीडवाना - राजस्थान, स्टैनले-तमिलनाडु, लोकटक-मणिपुर, कोलेक -आन्ध्र प्रदेश, बेम्बनाड झील-केरल आदि हैं।

## नदियाँ

- नदियाँ (Rivers) जल की प्रमुख स्रोत हैं। ये जल के निरन्तर गतिशील स्रोत हैं। सामान्यत: नदियाँ किसी न किसी रूप में सागर में मिलती हैं। नदियाँ जब मैदान में प्रवेश करती हैं, तो मुड़ जाती हैं जिससे विसर्प बनता है। भारत की नदियों को दो भागों में बाँटा जाता है-हिमालय की नदियाँ तथा प्रायद्वीपीय नदियाँ।
- **हिमालय की नदियों** को सिन्धु तन्त्र, ब्रह्मपुत्र तन्त्र, सतलज तन्त्र तथा गंगा नदी तन्त्र कहते हैं। प्रायद्वीपीय नदियों को गोदावरी नदी तन्त्र, कृष्णा नदी तन्त्र, कावेरी नदी तन्त्र में विभाजित किया जाता है। भारत के कुल अपवाह क्षेत्र के 77% भाग पर गंगा, ब्रह्मपुत्र, महानदी, कृष्णा तथा गोदावरी का विस्तार है। उत्तर भारत अथवा हिमालयी नदियाँ हिमाच्छादित प्रदेशों से निकलती हैं, ये नदियाँ बर्फ के पिघलने से अधिकांश जल प्राप्त करती हैं अत: ये वर्ष भर बहती रहती हैं । प्रायद्वीपीय नदियाँ वर्षा पर निर्भर करती हैं इसलिए ग्रीष्म ऋतु में सूख जाती हैं। भारत की माही नदी कर्क रेखा को दो बार पार करती है। कोलकाता, बन्दरगाह, हुगली नदी पर स्थित है।
- गंगा-ब्रह्मपुत्र बेसिन मैदानी क्षेत्र में चाप झील पायी जाती है। जनसंख्या घनत्व अधिक होता है। यहाँ सुन्दरवन डेल्टा पाया जाता है, जिसमें मैंग्रोव वन स्थित है।

### भारत की प्रमुख नदियाँ

- भारत की प्रमुख नदियाँ एवं उन पर बने बाँध निम्न हैं

**नदी एवं बाँध**

| बाँध | नदी | राज्य |
|---|---|---|
| नागार्जुनसागर | कृष्णा | आन्ध्र प्रदेश |
| पोचमपाद | गोदावरी | आन्ध्र प्रदेश |
| श्रीशैलम | कृष्णा | आन्ध्र प्रदेश |
| सरदार सरोवर | नर्मदा | गुजरात |
| उकाई | ताप्ती | गुजरात |
| हीराकुड | महानदी | ओडिसा |

| | | |
|---|---|---|
| भाखड़ा नांगल | सतलुज | पंजाब |
| पोंग (महाराणा प्रताप सागर) | व्यास | हिमाचल प्रदेश |
| थीन रणजीत सागर | रावी | पंजाब |
| बगलिहार | चिनाब | जम्मू-कश्मीर |
| चुटक | सुरु | जम्मू-कश्मीर |
| पंचेत | दामोदर | झारखण्ड |
| मैथन | बराकर | झारखण्ड |
| टिहरी | भागीरथी | उत्तराखण्ड |
| कोयना | कोयना | महाराष्ट्र |
| मेट्टूर | कावेरी | तमिलनाडु |
| कृष्णराज सागर | कावेरी | कर्नाटक |
| अल्माट्टी | कृष्णा | कर्नाटक |
| मुल्लापेरियार | पेरियार | केरल |
| गाँधीसागर | चम्बल | मध्य प्रदेश |
| निम्मो बाजगो | सिन्धु | जम्मू-कश्मीर |

- तवा बाँध क्षेत्र के स्थानीय लोग 1990 के दशक में मछली पकड़ने के अधिकार को लेकर संगठित हुए थे।

### विश्व की प्रमुख नदियाँ

- विश्व की सबसे लम्बी नील नदी है, जो अफ्रीका महाद्वीप में बहती है जबकि लम्बाई के अनुसार दूसरी सबसे बड़ी नदी अमेजन है, परन्तु अपवाह क्षेत्र में सबसे बड़ी नदी अमेजन है। यह भूमध्यरेखीय प्रदेश में अवस्थित है।
- राइन नदी यूरोप का सबसे व्यस्ततम आन्तरिक जल परिवहन मार्ग है। इसे कोयला नदी भी कहा जाता है। यूरोप का व्यस्ततम बन्दरगाह रॉटरडम इसी नदी पर स्थित है। डेन्यूब यूरोप के चार देशों की राजधानियों - बेलग्रेड, ब्रातिस्लावा, बुखारेस्ट व बुडापेस्ट से गुजरती है।
- वोल्गा यूरोप की सबसे लम्बी नदी है। कांगो नदी विषुवत् रेखा को तथा लिम्पोबो नदी मकर रेखा को दो बार काटती है।

### हिमनद

- पर्वतीय तथा ध्रुवीय क्षेत्रों की वह रेखा, जिसके ऊपर वर्ष भर हिम का आवरण रहता है तथा बर्फ पूर्णतया कभी नहीं पिघलती है, हिमरेखा कहलाती है।
- भूमध्य रेखा से ध्रुवों की ओर जाने पर हिमरेखा की ऊँचाई क्रमशः बढ़ती जाती है। हिमनद के निक्षेपण को हिमोढ़ कहा जाता है।
- भूमध्यरेखा पर हिमरेखा की ऊँचाई 6000 मीटर हैं, जबकि हिमालय पर हिम-रेखा की ऊँचाई 5500 मीटर है।
- भारतीय हिमनदों में सबसे बड़ा काराकोरम श्रेणी में अवस्थित सियाचिन हिमनद है जो 72 किमी लम्बा है। बर्फ से ढकी ऊँची पर्वत चोटियाँ जिससे हिमनद निकलती है, हिमछत्रक कहलाती हैं।
- पाई आरेख द्वारा आँकड़ों को प्रतिशत के रूप में अथवा स्पष्ट टुकड़ों में बाँटकर प्रदर्शित करना आसान होता है।

## जल संकट एवं संरक्षण

- जल सभी जीवित प्राणियों के अस्तित्व का कारण है, परन्तु उपयोग वाले मीठे जल के स्रोत बहुत ही कम हैं।
- विश्व में उपयोगी जल की मात्रा लगभग 2% है तथा इसका वितरण भी असमान है।
- जल संकट की समस्या के समाधान हेतु तथा सभी को जल की उपलब्धता सुनिश्चित करने के लिए जल संरक्षण आवश्यक है। जल का संरक्षण उसके कुशल उपयोग तथा विज्ञान एवं प्रौद्योगिकी के उपयोग से बढ़ाया जा सकता है।
- भारत सरकार ने जल संरक्षण हेतु अनेक प्रयास किए हैं। वर्तमान समय में जल संरक्षण हेतु स्थानीय, राज्यीय, राष्ट्रीय तथा वैश्विक प्रयास किये जा रहे हैं।

## प्रश्नमाला

**1. सबसे बड़ा महासागर कौन-सा है ?**
(a) प्रशांत महासागर
(b) अटलांटिक महासागर
(c) हिन्द महासागर
(d) आर्कटिक महासागर

**2. निम्नलिखित में से असत्य कथन चुनिए—**
(a) औसत रूप से 1000 ग्राम सागरीय जल में 35 ग्राम विभिन्न लवण उत्पादक पदार्थ घुले होते हैं।
(b) 200 मीटर की गहराई तक तापमान बहुत तीव्र गति से गिरता है।
(c) पृथ्वी के 29% भाग पर स्थल है।
(d) महासागरीय गर्त महासागरों के सबसे कम गहरे भाग होते हैं।

**3. पेरू धारा है, एक—**
(a) गर्म धारा
(b) ठण्डी धारा
(c) (a) और (b) दोनों
(d) कोई भी नहीं

**4. निम्नलिखित में से कौन-सी दक्षिण अटलांटिक महासागर की शीतल धारा है ?**
(a) कैनेरी धारा
(b) बेंगुला धारा
(c) अगुलहास धारा
(d) ब्राजील धारा

**5. निम्नांकित में संसार का सर्वाधिक व्यस्त महासागरीय मार्ग कौन-सा है ?**
(a) हिन्द महासागर
(b) उत्तरी अटलांटिक महासागर
(c) दक्षिणी अटलांटिक महासागर
(d) प्रशान्त महासागर

**6. उच्चतम लवणता पाई जाती है—**
(a) मृत सागर में
(b) लाला सागर में
(c) लेक वॉन (टर्की) में
(d) सॉल्ट लेक (अमेरिका) में

**7. सुण्डा जलसंधि किसे जोड़ती है ?**
(a) हडसन की खाड़ी एवं अटलांटिक महासागर
(b) जावा सागर एवं हिन्द महासागर
(c) जापान सागर एवं चीन सागर
(d) तस्मान सागर एवं द. सागर

**8. निम्न में से गर्म जलधाराओं वाला समूह है—**
(a) पूर्वी आस्ट्रेलियाई धारा, क्यूरोशिवो धारा, एलनिनो
(b) पेरू धारा, अगुलहास धारा, मोजाम्बिक धारा
(c) फॉकलैंड धारा, पेरू धारा, अगुलहास धारा
(d) अगुलहास धारा, केनारी की धारा, लैब्राडोर की धारा

**9. निम्न में से कौन-सा कारक महासागरीय धाराओं की उत्पत्ति से सम्बन्धित नहीं है ?**
(a) तापमान में भिन्नता

(b) वाष्पीकरण और वर्षा
(c) वायुदाब और पवनें
(d) भूकंप

**10. निम्नलिखित में से कौन-सी हिन्द महासागर की धाराएँ हैं?**
(a) मोजाम्बिक धारा
(b) दक्षिण विषुवत रेखीय धारा
(c) उत्तरी-पूर्वी मानसून धारा
(d) उपरोक्त सभी

**11. पृथ्वी पर सर्वाधिक विस्तार किस मण्डल का है?**
(a) स्थलमण्डल
(b) जलमण्डल
(c) 'a' और 'b' दोनों
(d) इनमें से कोई नहीं

**12. निम्नलिखित में कौन सबसे बड़ा ग्लेशियर है?**
(a) सालौनी (b) गंगोत्री
(c) जेमु (d) सियाचिन

**13. उत्तरी अमेरिका का पूर्वी तट व जापान के आसपास समुद्र मत्स्य प्रचुर हैं, क्योंकि-**
(a) तट के साथ गर्म धारा बहती है
(b) गर्म व ठण्डी धाराओं का मिलन है
(c) तट के साथ एक ठण्डी धारा बहती है
(d) उपरोक्त में से कोई नहीं

**14. अटलाण्टिक महासागर में अनेक पोताश्रय एवं पत्तन हैं, क्योंकि-**
(a) संयुक्त राज्य अमेरिका एवं यूरोप के बीच भारी मात्रा में समुद्री व्यापार होता है
(b) अटलाण्टिक महासागर में मत्स्य उद्योग विकसित है।
(c) अटलाण्टिक महासागर की तट रेखा अधिक तन्दुरित है
(d) अटलाण्टिक महासागर की तट रेखा अधिक छिछली है

**15. बेरिंग जलडमरूमध्य पानी का संकरा भाग है, जो जोड़ता है-**
(a) प्रशान्त महासागर और अटलाण्टिक महासागर
(b) अटलाण्टिक महासागर और हिन्द महासागर
(c) आर्कटिक महासागर और प्रशान्त महासागर
(d) हिन्द महासागर और प्रशान्त महासागर

**16. निम्नलिखित में से किस विषय सामग्री को पाई आरेख के द्वारा सबसे अच्छी तरह से प्रदर्शित किया जा सकता है?**
(a) जलाशयों का वितरण
(b) वायुदाब का विवरण
(c) समुद्री लहरों का वितरण
(d) तापमान का वितरण

**17. तैराक मृत सागर में तैर सकते हैं, क्योंकि-**
(a) नमक की मात्रा की अधिकता, सागर को सघन बनाती है
(b) पवनें सागर जल की सतह पर तीव्र गति से चलती हैं
(c) इस सागर में ठण्डी धाराओं की अपेक्षा गर्म धाराओं की उत्पत्ति अधिक है
(d) यह सागर निम्न ज्वारभाटों की अपेक्षा उच्च ज्वारभाटों को अधिक अनुभव करता है

**18. हिमनद के निक्षेपण को कहा जाता है?**
(a) तटबंध (b) समुद्री गुफा
(c) हिमोढ़ (d) लोयस

**19. निम्नलिखित में से कौन-सी नदियाँ 'सुन्दरवन डेल्टा' का निर्माण करती हैं?**
(a) महानदी एवं गोदावरी
(b) कृष्णा एवं कावेरी
(c) गंगा एवं ब्रह्मपुत्र
(d) नर्मदा एवं तापी

**20. जल एक संसाधन के सम्बन्ध में कथन A, B व C को ध्यान में रखते हुए सही विकल्प का चुनाव कीजिए।**
**A. पृथ्वी पर जल न बढ़ाया जा सकता है और न घटाया जा सकता है।**
**B. केवल 2.7% पृथ्वी का पानी मानव उपयोग के लिए उपयुक्त है।**
**C. जल एक नवीकरणीय संसाधन है।**
**कूट**
(a) B और C सही हैं
(b) A और B सही हैं
(c) A और C सही हैं
(d) उपरोक्त सभी

## उत्तरमाला

| | | | | | | | | | |
|---|---|---|---|---|---|---|---|---|---|
| **1.** (a) | **2.** (d) | **3.** (b) | **4.** (b) | **5.** (b) | **6.** (c) | **7.** (b) | **8.** (a) | **9.** (d) | **10.** (d) |
| **11.** (b) | **12.** (d) | **13.** (b) | **14.** (c) | **15.** (a) | **16.** (b) | **17.** (a) | **18.** (c) | **19.** (c) | **20.** (a) |

❑❑❑

# मानव पर्यावरण: वास स्थान, परिवहन तथा संचार

## वास स्थान : अर्थ एवं प्रकार

- वास स्थान उस स्थल को कहते हैं, जहाँ लोग निवास करते हैं । निवास करने वाले लोगों की संख्या घटती या बढती रहती है। वास स्थान कुछ तथा बहुत से घरों का समूह हो सकता है। छोटे-छोटे गाँव से लेकर बड़े से बड़ा शहर भी वास स्थान के अन्तर्गत आते हैं। सामान्यत: वास स्थान में रहना ही शामिल नहीं होता वरन् अन्य कई प्रकार की गतिविधियाँ वास स्थान के साथ संलग्न होती हैं। वास स्थान अनेक कारकों (अनूकूल जलवायु, जल की उपलब्धता, उपजाऊ मृदा आदि) से प्रभावित होता है।
- निवास अवधि के आधार पर वास स्थान को स्थाई निवास तथा अस्थाई निवास के रूप में बाँटा जाता है। स्थायी निवास का तात्पर्य है कि व्यक्ति अपना सर्वाधिक समय वहीं गुजारता है, जब व्यक्ति कहीं किसी कार्य से कुछ समय के लिए ठहरता है तो वह अस्थाई निवास कहलाता है। अस्थाई निवास दिन, माह, वर्ष आदि कितने समय का भी हो सकता है।
- सामाजिक आर्थिक संरचना, जनसंख्या, जनघनत्व आदि के आधार पर वास स्थान का विभाजन ग्राम तथा शहर में किया जाता है।

### ग्रामीण निवास स्थान

- ग्रामीण निवास स्थानों (Rural Settlement) में क्षेत्रों के अनुसार विविधता पाई जाती है। आर्थिक तथा सामाजिक कारक भी ग्रामीण निवास के स्वरूप को प्रभावित करते हैं। ग्रामीण निवास स्थान सघन या प्रकीर्ण हो सकते हैं।
- समूहबद्ध आवास (Clustered agglomerated and Nucleted Settlement) ये आवास बहुत ही संघनित होते हैं। घरों का निर्माण एक साथ समूह में किया जाता है। उत्तरी भारत की गंगा घाटी में इस तरह के आवास देखने को मिलते हैं।
- **अर्द्ध गुच्छित आवास** (Semi- Clustered Settlement) इस प्रकार के आवास समूहबद्ध आवास से कम सघन होते हैं। ऐसे आवास उत्तर भारत तथा दक्षिण भारत में बहुतायत से पाए जाते हैं।
- **उपग्राम** (Hamleted Settlement) इस प्रकार के आवास हिमालय के क्षेत्र में तथा मरुस्थलीय क्षेत्र में पाए जाते हैं। ग्राम वस्तुत: बहुत से या कुछ छोटे-छोटे समूहों में विभाजित होते हैं। यह विभाजन सामाजिक, आर्थिक तथा अन्य कारकों से प्रभावित होता है।
- **विच्छिन्न आवास** (Dispersed Settlement) ये हेमलेट से भी छोटे होते हैं। ऐसे आवास एक या दो घरों के समूह में पाए जाते हैं। ये अति दुर्गम, पहाड़ी आदि क्षेत्रों में जहाँ जनसंख्या बहुत ही कम होती है, वहाँ पाए जाते हैं।

### शहरी वास स्थान

- शहरों का स्वरूप तथा वर्गीकरण अलग-अलग आधार पर किया जाता है। भारत में शहर की संरचना हेतु निम्नलिखित शर्तें निर्धारित हैं। शहर के लिए निर्धारित शर्तें
  - ❖ जनसंख्या कम-से-कम 5000 या अधिक होनी चाहिए।
  - ❖ शहर की कुल आबादी का 75% भाग गैर कृषि कार्य में संलग्न होना चाहिए।
  - ❖ शहर का जनघनत्व 400 व्यक्ति प्रतिवर्ग किमी होना चाहिए।

## परिवहन

### सड़क परिवहन

- भारत की सड़क व्यवस्था विश्व की तीसरी बड़ी सड़क व्यवस्था है।
- राष्ट्रीय राजमार्ग की लम्बाई देश की कुल सड़कों की **लम्बाई** की मात्र 2% है किंतु ये सड़क यातायात के 40% भाग का भार वहन करती है।
- भारत में वर्तमान में सड़कों की कुल लंबाई 54 लाख 72 हजार 144 किमी. है।
- राष्ट्रीय राजमार्गों की कुल लं. 1,51,019 किमी. तथा राज्य महामार्गों की कुल लं. 1,86,528 किमी. तथा जिला मार्ग 6,32,154 किमी. है।
- सबसे लंबा राष्ट्रीय महामार्ग राष्ट्रीय महामार्ग-7 है। (2369 किमी.)
- **राष्ट्रीय राजमार्ग** वे सड़कें हैं, जिनके निर्माण एवं मरम्मत की जिम्मेदारी केन्द्र सरकार की होती है। इसका नियन्त्रण केन्द्रीय लोक निर्माण विभाग द्वारा किया जाता है। ये व्यापार केन्द्रों और राजधानियों को जोड़ते हैं।
- स्वर्णिम चतुर्भुज योजना (Golden Quadrilateral) के अंतर्गत 5846 किमी. लम्बे राष्ट्रीय राजमार्ग द्वारा **चार बड़े महानगरों**-दिल्ली, मुम्बई, चेन्नई, कोलकाता को जोड़ने का प्रयास है।
- राष्ट्रीय राजमार्ग विकास कार्यक्रम के अंतर्गत बनने वाले उत्तर-दक्षिण गलियारे से **श्रीनगर** को **कन्याकुमारी** से तथा पूर्व-पश्चिम गलियारे से **सिलचर** को **पोरबन्दर** से जोड़ा जाएगा। जिसकी कुल लम्बाई **7300 किमी.** है।
- वर्तमान में भारत में सड़कों की लंबाई के हिसाब से प्रथम तीन राज्य महाराष्ट्र, ओडिशा तथा उत्तर प्रदेश हैं। जबकि पक्की सड़कों की लंबाई के हिसाब से प्रथम तीन राज्य हैं- महाराष्ट्र, तमिलनाडु तथा उत्तर प्रदेश।
- पक्की सड़कों के घनत्व की दृष्टि से गोवा का सर्वोच्च स्थान है।
- **प्रधानमन्त्री ग्राम सड़क योजना** के अंतर्गत 500 की आबादी वाले सभी गाँवों को बारहमासी सड़कों से जोड़ना है।
- **सागरमाला परियोजना** के तहत देश के 12 बड़े बन्दरगाहों को जोड़ने वाली सड़कों को चार लेन बनाने की योजना है।
- **राष्ट्रीय राजमार्ग संख्या-15** राजस्थान के थार मरुस्थल से गुजरने वाला राष्ट्रीय राजमार्ग है।

### रेल परिवहन

- भारत में पहली रेलगाड़ी **अप्रैल**, 1853 में **मुम्बई** से थाणे के बीच (34 किमी.) चलाई गई।
- भारतीय रेल एशिया की सबसे बड़ी तथा विश्व की दूसरी बड़ी रेल व्यवस्था (**USA का प्रथम स्थान**) है।

- वर्तमान में भारतीय रेल नेटवर्क की लं. 69,182 किमी. है, जिस पर 7,349 स्टेशन हैं।
- भारतीय रेल प्रशासन एवं प्रबन्धन की जिम्मेदारी रेलवे बोर्ड पर है। भारतीय रेलवे को **18 जोन में** बाँटा गया है। प्रत्येक जोन का प्रधान **महाप्रबन्धक** होता है।
- देश में रेलमार्गों की सर्वाधिक लम्बाई उत्तर जोन (NR) (11040 किमी.) के अंतर्गत है।
- भारत के उत्तरी समतल मैदानों में रेलमार्ग का सर्वाधिक घनत्व है। मेघालय में रेलमार्ग नहीं है।
- भारतीय रेल का सर्वाधिक लम्बा रेलमार्ग डिब्रूगढ़ से कन्याकुमारी (4278 किमी.) है। इसे **विवेक एक्सप्रेस 82 घण्टे 40 मिनट** में पूरा करेगी।
- **बिजली** से चलने वाली **प्रथम** गाड़ी **डेक्कन क्वीन** थी जो बम्बई एवं पुणे के मध्य चली (1925 ई.) थी।
- कोलकाता एवं दिल्ली में भूमिगत मेट्रो रेल की सुविधा है।

**भारतीय रेलवे जोन के मुख्यालय**

| जोन | मुख्यालय |
|---|---|
| उत्तर रेलवे (NR) | नई दिल्ली |
| पश्चिम रेलवे (WR) | चर्चगेट, मुम्बई |
| दक्षिण-मध्य रेलवे (SCR) | सिकन्दराबाद |
| दक्षिण-पूर्व रेलवे (SER) | कोलकाता |
| मध्य रेलवे (CR) | मुम्बई सेन्ट्रल (महराष्ट्र) |
| दक्षिण रेलवे (SR) | चेन्नई (तमिलनाडु) |
| उत्तर-पूर्वी रेलवे (NER) | गोरखपुर (उत्तर प्रदेश) |
| पूर्वी रेलवे (ER) | कोलकाता (प. बंगाल) |
| उत्तर-पूर्वी सीमान्त रेलवे (NEFR) | मालेगाँव (गुवाहाटी) |
| पूर्वी मध्य रेलवे (ECR) | हाजीपुर (बिहार) |
| उत्तर-पश्चिम रेलवे (NWR) | जयपुर (राजस्थान) |
| पूर्वी तटवर्ती रेलवे (ECR) | भुवनेश्वर (ओडिशा) |
| उत्तर-मध्य रेलवे (NCR) | इलाहाबाद (उ. प्रदेश) |
| दक्षिण-पश्चिम रेलवे (SWR) | हुबली (धारवाड़ कर्नाटक) |
| पश्चिम-मध्य रेलवे (WCR) | जबलपुर (मध्य प्रदेश) |
| दक्षिण-पूर्व मध्य रेलवे (SECR) | बिलासपुर (छत्तीसगढ़) |
| कोलकाता मेट्रो (KMR) | कोलकाता (प. बंगाल) |
| दक्षिण तटीय रेलवे | विशाखापट्टनम (आन्ध्र प्रदेश) |

- **भारतीय रेल में तीन गेज रहे हैं–ब्रॉड गेज** (1.676 मी.), **मीटर गेज** (1.0 मी.) और **नैरो गेज (0.672 मी.)**। गेज से तात्पर्य रेल की दोनों पटरियों के बीच दूरी से है।
- कोयले से चलने वाला देश का सबसे पुराना भाप लोकोमोटिव 'फेयरी क्वीन' था।
- **कोंकण रेलवे** परियोजना के तहत **रोहा** (महाराष्ट्र) से **मंगलौर** (कर्नाटक) के बीच 760 किमी. लम्बे रेलमार्ग का निर्माण किया गया है। इस रेलमार्ग में 92 सुरंगें, 179 बड़े पुल एवं 56 रेलवे स्टेशन हैं। कोंकण रेल **महाराष्ट्र, गोवा** एवं **कर्नाटक** राज्यों से होकर गुजरती है।
- समझौता एक्सप्रेस भारत और पाकिस्तान के बीच चलने वाली रेलगाड़ी का नाम है।

## जल परिवहन

- देश के जलमार्गों को दो भागों में बाँटा गया है–आन्तरिक अथवा अंतर्देशीय जल परिवहन (Inland Water Ways) एवं जहाजरानी परिवहन (Shipping)
- अंतर्देशीय जलमार्गों के विकास के लिए सन् 1986 में आन्तरिक जल परिवहन प्राधिकरण (Inland Water Ways Authority of India) का गठन किया गया।
- **बराक नदी के जलमार्ग** को लखपुर (असोम) से भागा, (असोम) अगला राष्ट्रीय जलमार्ग प्रस्तावित किया गया है, जो **121 किमी.** लम्बा राजमार्ग है।

**भारत के राष्ट्रीय जलमार्ग**

| जलमार्ग | स्थान (किमी.) | लम्बाई (किमी.) |
|---|---|---|
| राष्ट्रीय जलमार्ग-1 | इलाहाबाद से हल्दिया (1986) | 1620 |
| राष्ट्रीय जलमार्ग-2 | सादिया से धुबरीपट्टी (1988) | 891 |
| राष्ट्रीय जलमार्ग-3 | कोल्लम से कोट्टापुरम (1991) | 168 |
| राष्ट्रीय जलमार्ग-4 | काकीनाडा और पुदुचेरी कनाल और कालुवैली टैंक पर बना है (गोदावरी व कृष्णा नदी) | 1028 |
| राष्ट्रीय जलमार्ग-5 | ब्राह्मणी नदी के तालचर, धमारा, कनाल, पूर्वी तटीय कनाल के गोयनखली छरबतिया, महानदी डेल्टा के साथ मताई नदी पर फैले छरबतिया धमारा मार्ग को अपने अन्दर समेटता है। | 585 |

**भारत के प्रमुख बन्दरगाह**

| नाम | नदी/समुद्र | राज्य |
|---|---|---|
| कांडला | कच्छ की खाड़ी | गुजरात |
| मुम्बई | अरब सागर | महाराष्ट्र |
| जवाहरलाल नेहरू या न्हावा शेवा | अरब सागर | महाराष्ट्र |
| मार्मागोवा | अरब सागर | गोवा |
| न्यू मंगलौर | अरब सागर | कर्नाटक |
| कोच्चि | अरब सागर | केरल |
| न्यू तूतीकोरिन | बंगाल की खाड़ी | तमिलनाडु |
| चेन्नई | बंगाल की खाड़ी | तमिलनाडु |
| एन्नौर | बंगाल की खाड़ी | तमिलनाडु |
| विशाखापट्टनम | बंगाल की खाड़ी | आन्ध्र प्रदेश |
| पारादीप | बंगाल की खाड़ी | ओडिशा |
| हल्दिया | हुगली नदी | पश्चिम बंगाल |
| कोलकाता | हुगली नदी | पश्चिम बंगाल |

- देश का सबसे बड़ा **बन्दरगाह मुम्बई** है। इसे भारत का प्रवेश द्वार भी कहते हैं।
- देश का सर्वश्रेष्ठ **प्राकृतिक** बन्दरगाह **विशाखापट्टनम्** है। यह भारत का सबसे गहरा बन्दरगाह है। डॉल्फिन नोज चट्टान के पीछे स्थित है।
- **गुजरात स्थित कांडला एक ज्वारीय बन्दरगाह** है। यह मुक्त व्यापार क्षेत्र वाला बन्दरगाह है।
- **चेन्नई** एक **कृत्रिम बन्दरगाह** है। यह एक प्राचीन बन्दरगाह भी है।
- एन्नौर बन्दरगाह निजी हाथों में है।

- न्यू मंगलौर बन्दरगाह को कुद्रेमुख से लौह-अयस्क के निर्यात के लिए विकसित किया गया है।
- **मार्मागोवा** बन्दरगाह **जुआरी नदी** की एश्चुरी पर स्थित है।

## वायु परिवहन

- भारत में वायु परिवहन की शुरुआत 1911 ई. में हुई **जब इलाहाबाद से नैनी तक वायुयान डाक सेवा** का गठन किया गया।
- 1953 ई. में सभी वैमानिक कम्पनियों का राष्ट्रीयकरण करके उसको दो निगमों के अधीन रखा गया।
  **1.** भारतीय विमान निगम (Indian Airlines Corporation)
  **2.** एयर इण्डिया अंतर्राष्ट्रीय निगम (Air India International Corporation)

**प्रमुख अंतर्राष्ट्रीय हवाई अड्डे**

| नाम | स्थान |
|---|---|
| छत्रपति शिवाजी अंतर्राष्ट्रीय हवाई अड्डा (सान्ताक्रुज) | मुम्बई |
| सुभाष चन्द्र बोस हवाई अड्डा (दमदम) | कोलकाता |
| इन्दिरा गांधी अंतर्राष्ट्रीय हवाई अड्डा | दिल्ली |
| मीनाम्बक्कम अंतर्राष्ट्रीय हवाई अड्डा (कामराज) | चेन्नई |
| तिरुअंनतपुरम अंतर्राष्ट्रीय हवाई अड्डा | तिरुवनंतपुरम |
| अमृतसर अंतर्राष्ट्रीय हवाई अड्डा (गुरु रामदास) | अमृतसर |
| बेगमपेट अंतर्राष्ट्रीय हवाई अड्डा | हैदराबाद |
| कोच्चि अंतर्राष्ट्रीय हवाई अड्डा (नेन्दुबसरी) | कोच्चि |
| लोकप्रिय गोपीनाथ बोरडोलियो अंतर्राष्ट्रीय हवाई अड्डा | गुवाहाटी |
| गोवा अंतर्राष्ट्रीय हवाई अड्डा | गोवा |
| कैम्पेगोड़ा अंतर्राष्ट्रीय हवाई अड्डा | बंगलुरु |
| सरदार वल्लभभाई पटेल अंतर्राष्ट्रीय हवाई अड्डा | अहमदाबाद |

- हवाई अड्डों के प्रबन्धन के क्षेत्र में सबसे महत्वपूर्ण निकाय भारतीय विमान पत्तन प्राधिकरण (AAI) है। यह प्राधिकरण देश में स्थित सभी हवाई अड्डों के प्रबन्धन के लिए उत्तरदायी है।
- **एयर इण्डिया** को अंतर्राष्ट्रीय उड़ानों का दायित्व सौंपा गया जबकि **इंडियन एयरलाइन्स** को अंतर्देशीय तथा पड़ोसी देशों की सेवाओं की जिम्मेदारी सौंपी गई।
- 31 मार्च, 2007 को इंडियन एयरलाइंस व एयर इण्डिया का आपस में विलय कर दिया गया, अब इसका मुख्यालय **मुम्बई** में है।
- एयर इण्डिया ही देश में सरकारी क्षेत्र की एकमात्र एविएशन कम्पनी है।
- **निजी क्षेत्र की एविएशन कम्पनी हैं** जेट एयरवेज, इण्डिगो।
- निजी क्षेत्र में देश का पहला हवाई अड्डा कोच्चि में बना।
- 'पवनहंस हेलीकॉप्टर्स लिमिटेड' तेल एवं प्राकृतिक गैस निगम, ऑयल इण्डिया लिमिटेड, निजी संस्थानों एवं राज्य सरकारों को हेलीकॉप्टर सेवा प्रदान करता है।
- जब पुराने हवाई अड्डे से दूर नए स्थल पर बिल्कुल नवीन हवाई अड्डे का निर्माण किया जाता है तो उसे **ग्रीन फील्ड हवाई अड्डा** कहा जाता है।
- वैसी परियोजनाएँ जो पहले से चलाई जा रही परियोजनाओं में सुधार करके या उनका उन्नयन करके बनाई जाती हैं उन्हें **ब्राउन फील्ड परियोजना** (Brown Field Project) कहते हैं।
- **शमशाबाद** (हैदराबाद) एवं देवनहल्ली (बंगलुरु) में **ग्रीनफील्ड** हवाई अड्डे का निर्माण किया गया है।
- वर्तमान में भारत में **137 (2022 तक) हवाई अड्डे हैं जिनमें कई अंतर्राष्ट्रीय महत्व** के हैं।
- इन्दिरा गाँधी राष्ट्रीय उड़ान अकादमी एक स्वायत्त संस्था है जो **फुर्सतगंज** उत्तर प्रदेश में है। इस संस्था का प्रमुख उद्देश्य पायलटों का प्रशिक्षण है।
- भारतीय विमानपत्तनम प्राधिकरण का गठन 1 अप्रैल, 1995 को किया गया था जो देश के सभी हवाई अड्डों के प्रबन्धन के लिए जिम्मेदार है।
- नागर विमानन मन्त्रालय के अंतर्गत एक स्वायत्त संस्था की स्थापना इंदिरा गांधी राष्ट्रीय उड़ान अकादमी के नाम से की गई है। नागर विमानन क्षेत्र में एक नया परिवर्तन हवाई अड्डों का निजीकरण तथा इस क्षेत्र में निजी एवं सार्वजनिक क्षेत्र की भागीदारी को बढ़ावा देना है।
- नागर विमानन नीति 2017 के अनुसार 2025 तक भारत तीसरा सबसे बड़ा नागर विमानन बाजार होगा तथा घरेलू टिकटिंग बढ़ाकर 30 करोड़ करनी है।

# संचार

- प्रत्येक व्यक्ति की अपनी भावना, जिज्ञासा, संवेग होता है तथा वह इसे दूसरे व्यक्ति के पास पहुँचाता है। ऐसा वह माध्यमों की सहायता से करता है।
- इन्हीं माध्यमों को संचार (Communication) कहा जाता है अर्थात् संचार ऐसा माध्यम है, जो सन्देश को एक स्थान से दूसरे स्थान पर पहुँचाता है।
- संचार को उसकी प्रकृति के आधार पर बाँटा जाता है, जैसे- व्यक्तिगत या निजी संचार तथा सार्वजनिक संचार । सामान्य तौर पर संचार के साधनों को दो भागों में बाँटा जाता है; 1. जनसंचार माध्यम तथा 2. सोशल मीडिया

## जनसंचार

- ये एक साथ बहुत से लोगों, बहुत बड़े क्षेत्र तथा बहुत ज्यादा सूचनाओं से जुड़े होते हैं। इसके अन्तर्गत प्रिन्ट मीडिया तथा इलेक्ट्रॉनिक मीडिया आता है। मीडिया का व्यापारिक घरानों के साथ सम्बन्ध होने के कारण स्वतन्त्र नहीं माना जाता। यह लोकतन्त्र में महत्त्वपूर्ण भूमिका निभाते हैं। इन पर सरकार का नियमित हस्तक्षेप नहीं होता है।
- भारत का पहला अखबार वर्ष 1780 में प्रकाशित 'बंगाल गजट' था। इसकी शुरुआत जेम्स ऑगस्ट हिक्की ने अंग्रेजी में की थी।
- इलेक्ट्रॉनिक मीडिया में टी.वी. चैनल, रेडियो आदि आते हैं। भारत में रेडियो की शुरुआत एम. वी. गोपालस्वामी द्वारा 1936 में मैसूर में की गई थी। समाचार चैनल पर विज्ञापन का मूल्य चैनल की लोकप्रियता पर निर्भर करता है।
- टी.वी., जनसंचार (Mass Media) के साथ-साथ मनोरंजन का महत्त्वपूर्ण साधन बन गया है। भारत में पहली बार टेलीविजन की शुरुआत 15 सितम्बर, 1959 में दिल्ली से की गई।

## सोशल मीडिया

- वर्तमान समय में इण्टरनेट के प्रयोग ने सोशल मीडिया (Social Media) के उपयोग को बहुत अधिक बढ़ावा दिया है। सोशल मीडिया, लोगों को अपने विचार, भावना आदि दूसरों तक पहुँचाने में बहुत ही सहायक है।
- वर्तमान समय में प्रचलित कुछ प्रमुख सोशल नेटवर्किंग वेबसाइट निम्नलिखित हैं
  (i) फेसबुक - मार्क जुकरबर्ग
  (ii) ट्विटर - जैक डोरजे, बिग स्टोन, इवान विलियम, नो एच ग्लोस
  (iii) हाइक - केविन भारती मित्तल
  (iv) गूगल प्लस - विक जुन्डोट्रा
  (v) लिंक्डइन — रैड हॉफमैन
  (vi) व्हाट्सएप - जैम कुम और ब्रैयन एक्टन

## प्रश्नमाला

**1. भारत में रेल परिवहन के सम्बन्ध में निम्न में से कौन-सा कथन असत्य है ?**
(a) भारत में पहली बार रेलवे का संचालन मुम्बई से थाणे के बीच हुआ था
(b) भारतीय रेलवे का विभाजन 16 जोन में किया गया है
(c) मेट्रो रेलवे का मुख्यालय कोलकाता में है
(d) भारत का सबसे बड़ा रेलवे प्लेटफॉर्म गोरखपुर में है

**2. निम्नलिखित युग्मों को सुमेलित कीजिए**

| | नहर मार्ग | | विस्तार |
|---|---|---|---|
| A. | पनामा नहर | I. | कैस्पियन सागर-काला सागर |
| B. | कील नहर | II. | भूमध्यसागर-लाल सागर |
| C. | वोल्गा नहर | III. | प्रशान्त महासागर-अटलाण्टिक महासागर |
| D. | स्वेज नहर | IV | उत्तरी सागर-कालासागर |

कूट

| | A | B | C | D |
|---|---|---|---|---|
| (a) | I | II | III | IV |
| (b) | III | IV | I | II |
| (c) | II | I | III | IV |
| (d) | IV | III | II | I |

**3. लोकतन्त्र में संचार माध्यम एक महत्त्वपूर्ण भूमिका निभाते हैं-**
(a) देश और संसार के बारे में समाचार देने और उनमें होने वाली घटनाओं पर चर्चा करने में
(b) वस्तुओं का विज्ञापन करने में ताकि लोग अपनी पसन्द की वस्तुओं को खरीद सकें
(c) क्रिकेट के आयोजनों का प्रसारण करना, ताकि लोग घर बैठे इसे देख सकें
(d) विभिन्न प्रकार के मनोरंजन की चीजें प्रस्तुत करना

**4. विश्व में भारत का सबसे ऊँचा सड़क मार्ग निम्नलिखित में से कौन-सा है ?**
(a) शिलांग - सिलचर
(b) ऊधमपुर - श्रीनगर
(c) ईटानगर- पासीघाट
(d) मनाली-लेह

**5. अधिकांश दुर्गम क्षेत्रों में और आपदाओं के समय लोगों को बचाने और भोजन, जल, कपड़े एवं दवाओं को वितरित करने के लिए यातायात का कौन-सा साधन बेहद उपयोगी है ?**
(a) रेलमार्ग (b) सड़कमार्ग
(c) जलमार्ग (d) वायुमार्ग

**6. मानवीय बस्तियों के लिए आदर्श बसाव स्थान के चयन के लिए निम्नलिखित में से कौन-सी परिस्थितियाँ उपयुक्त है/हैं ?**
A. अनुकूल जलवायु
B. जल की उपलब्धता
C. उपयुक्त भूमि
D अनुपजाऊ मिट्टी

कूट
(a) A, B और D (b) A और B
(c) C और D (d) A, B और C

**7. भारत का सबसे गहरा बन्दरगाह कौन-सा है ?**
(a) मुम्बई बन्दरगाह
(b) विशाखापट्टनम बन्दरगाह
(c) कोच्चि बन्दरगाह
(d) हल्दिया बन्दरगाह

**8. कोंकण रेल किन राज्यों से होकर नहीं गुजरती है ?**
(a) महाराष्ट्र (b) गोवा
(c) कर्नाटक (d) तमिलनाडु

**9. भारत में निजी क्षेत्र का पहला हवाई अड्डा कहाँ है ?**
(a) मुंबई (b) कोच्चि
(c) कोलकाता (d) बंगलूरु

**10. विश्व की दूसरी सबसे बड़ी रेल व्यवस्था कहाँ है ?**
(a) चीन (b) भारत
(c) यू.एस.ए. (d) कनाडा

## उत्तरमाला

**1.** (b) **2.** (b) **3.** (a) **4.** (d) **5.** (d) **6.** (d) **7.** (b) **8.** (d) **9.** (b) **10.** (b)

❑❑❑

# संसाधनः प्राकृतिक तथा मानव

- वे प्राकृतिक या मानव निर्मित वस्तुएँ या सम्पत्ति जिसमें मानव की जरूरतों की पूर्ति करने की क्षमता हो तथा जो प्रयोग में लाया जा रहा हो, संसाधन कहलाता है।

## प्राकृतिक संसाधन

- **प्राकृतिक संसाधन (Natural Resources)** का निर्माण प्रकृति द्वारा किया जाता है। इसके निर्माण में मनुष्य की कोई भूमिका नहीं होती है। प्राकृतिक संसाधन में जैविक संसाधन तथा अजैविक संसाधन आते हैं।
- **जैविक संसाधन (Biotic Resources)** में सभी जीवित प्राणी तथा वनस्पति आते हैं। अजैविक संसाधन (Abiotic Resources) में मृदा, जल, वायु, खनिज, चट्टान आदि आते हैं। वे संसाधन जिनके बारे में पता चल चुका है, परन्तु उनका उपयोग नहीं हो रहा है सम्भावित संसाधन कहलाते हैं; जैसे- लद्दाख में यूरेनियम के भंडार।
- प्राकृतिक संसाधनों को भण्डार की दृष्टि से नवीकरणीय और अनवीकरणीय संसाधनों में विभाजित किया जा सकता है। जिनका वर्णन निम्न प्रकार है-
  1. **नवीकरणीय संसाधन (Renewable Resources)**- इस प्रकार के संसाधनों का उपयोग करने के बाद पुन: उपयोग किया जा सकता है अर्थात् इसमें चक्रीय उपयोग की प्रक्रिया पाई जाती है। प्रमुख नवीकरणीय संसाधन हैं— ऑक्सीजन, जल, सौर ऊर्जा, बायोमास, भूतापीय ऊर्जा आदि। जिनका मुख्य स्रोत गर्म जल के झरने भी हैं।
  2. **अनवीकरणीय संसाधन (Non-renewable Resources)**- इस प्रकार के संसाधनों का उपयोग के तुरन्त बाद चक्रीय क्रम में पुन: उपयोग नहीं किया जाता है, जैसे- कोयला, प्राकृतिक गैस आदि।
- संसाधन को वितरण के आधार पर सर्वव्यापक संसाधन तथा स्थानिक संसाधन में बाँटा जाता है। संसाधन, जो किसी क्षेत्र में पाए जाते हैं, परन्तु जिसका उपयोग नहीं हो पाया है, उसे सम्भावित संसाधन कहते हैं।

## खनिज

- खनन द्वारा प्राप्त पदार्थ को खनिज कहा जाता है। खनिज का निष्कर्षण कर उसके शुद्धरूप को प्राप्त किया जाता है। खनिज (Minerals) धातुओं का प्रमुख स्रोत है। नमक खनिज में नहीं आता क्योंकि इसका खनन नहीं किया जा सकता है।
- खनिजों की प्राप्ति खनन क्रिया से होती है। खनिज प्राप्ति की प्रमुख विधियाँ निम्नलिखित हैं
  (i) **खुले में खनन** (विवृत खान-खनन) (Open Minning) इस प्रकार की खनन क्रिया में मृदा की ऊपरी सतह को हटाकर खनिजों के अयस्कों की प्राप्ति की जाती है।
  (ii) **खदान खनन** (Ovarrying Minning) यह खुले खनन से ज्यादा वैज्ञानिक तरीका है। इसमें सुरंग बनाकर अयस्कों की प्राप्ति की जाती है।
  (iii) **ड्रिलिंग** (प्रवर्धन) (Drilling) इसमें मशीन द्वारा बहुत पतले छिद्र बनाकर खनन कार्य किया जाता है।
  (iv) **निस्तापन** (Calcination) यह ताप द्वारा अयस्कों या धातु प्राप्ति की विधि है। इसमें विभिन्न ताप पर अलग-अलग धातुएँ प्राप्त की जाती
  (v) **वाष्पीकरण** (Evaporation) इसमें वाष्पशील तथा गैर वाष्पशील पदार्थों को अलग किया जाता है। इसी विधि से नमक प्राप्त किया जाता है।

### खनिजों का वर्गीकरण

- खनिजों का वर्गीकरण धातु तथा अधातु के साथ-साथ ऊर्जा खनिज के रूप किया जाता है।

#### धातु खनिज

- जिन खनिजों के निष्कर्षण से धातु की प्राप्ति होती है, उसे धातु खनिज (Metallic Minerals) कहा जाता है; जैसे- लोहा, एल्युमीनियम आदि।
  (i) अलौह खनिज (Non-Ferrous Minerals) इस प्रकार के खनिज में चुम्बकीय गुण नहीं पाए जाते हैं; जैसे-ताँबा, एल्युमीनियम आदि।
  (ii) लौह खनिज (Ferrous Minerals) इसमें लौह धातु से सम्बन्धित खनिज आते हैं; जैसे- लोहा, कोबाल्ट आदि।
- भारत में लौह एवं इस्पात उत्पादन केन्द्र क्रमशः विशाखापत्तनम् (आन्ध्र प्रदेश), विजयनगर (कर्नाटक) तथा सलेम (तमिलनाडु), जमशेदपुर (झारखण्ड) आदि हैं।

#### अधातु खनिज

- जिन खनिजों के निष्कर्षण से अत्यधिक पदार्थों की प्राप्ति होती है उन्हें अधातु खनिज (Non-Metallic Minerals) कहते हैं; जैसे- सल्फर, कार्बन आदि।

## ऊर्जा संसाधन

- जिन स्रोतों से ऊर्जा प्राप्त होती है, उन्हें ऊर्जा संसाधन (Energy Resources) कहते हैं। नवीनकरणीय स्रोतों को पुन: प्रयोग में लाया जाता है, जबकि अनवीकरणीय (काला सोना) ऊर्जा स्रोतों का तुरन्त पुन: चक्रण नहीं किया जा सकता है।
- अनवीकरणीय ऊर्जा स्रोत को परम्परागत स्रोत तथा नवीकरणीय ऊर्जा स्रोत को गैर परम्परागत स्रोत भी कहा जाता है। ऊर्जा के स्रोतों का विभाजन निम्न प्रकार से किया जाता है।
- नवीकरणीय ऊर्जा (गैर-परम्परागत) स्रोत के उदाहरण सौर उर्जा, वायु, भू-तापीय, जल, बायोमास, ज्वार आदि हैं। सी.एन.जी. को पर्यावरण मित्र कहा जाता है, जिसका उपयोग आटोमोबाइल ईंधन में होता है।

- अनवीकरणीय ऊर्जा (परम्परागत स्रोत) स्रोत के उदाहरण कोयला, (काला सोना), पेट्रोलियम, प्राकृतिक गैस, परमाणु ऊर्जा आदि हैं।

## नाभिकीय ऊर्जा

- परमाणु के नाभिक के संलयन या विखण्डन से प्राप्त ऊर्जा को नाभिकीय ऊर्जा (Nuclear Power) कहा जाता है। सूर्य में नाभिकीय संलयन तथा परमाणु भट्टी में नाभिकीय विखण्डन की क्रिया होती है। परमाणु ऊर्जा संयन्त्रों में बिजली नाभिकीय विखण्डन से उत्पन्न की जाती है। लद्दाख क्षेत्र में विद्यमान यूरेनियम सम्भावित संसाधन है।

**भारत के प्रमुख परमाणु ऊर्जा केन्द्र**

| स्थान | राज्य |
|---|---|
| 1. तारापुर | महाराष्ट्र |
| 2. रावतभाटा | राजस्थान |
| 3. काकरापार | गुजरात |
| 4. कैगा | कर्नाटक |
| 5. नरौरा | उत्तर प्रदेश |
| 6. कलपक्कम | तमिलनाडु |
| 7. कुंडलकुलम | तमिलनाडु |

**भारत में कुल 22 नाभिकीय ऊर्जा संयन्त्र स्थापित**

वर्ष 1984 में भोपाल गैस त्रासदी, कीटनाशक का उत्पादन करने वाले एक प्लांट से जहरीली गैस (मिथाइल आइसोसायनाइट) के रिसाव से हुई थी।

## भूमि तथा मृदा

- भूमि तथा मृदा (Land and Soil) प्रमुख प्राकृतिक संसाधन हैं। इसका विस्तार पृथ्वी के लगभग एक तिहाई भाग पर है। मनुष्य अपने सभी क्रियाकलाप भूमि पर ही करता है। मनुष्य भूमि तथा मृदा से अनेक प्रकार की धातुएँ तथा अन्य संसाधन प्राप्त करता है। भूमि का उपयोग मुख्यत: स्थलाकृति से निर्धारित होता है। मृदा का निर्माण अनेक कारकों से प्रभावित होता है। चट्टान की प्रारम्भिक संरचना (आग्नेय, अवसादी, कायान्तरित) से मृदा की प्रकृति प्रभावित होती है।
- भूमि तथा मृदा की प्रकृति का वनस्पति, जीवजन्तु तथा मानव क्रियाकलाप पर महत्त्वपूर्ण प्रभाव पड़ता है।
- • मृदा परिच्छेदिका की मोटाई समय से निर्धारित होती है। स्थलरूप भी मृदा के प्रकार के निर्धारण में सहायक होते हैं।
- कुछ महत्त्वपूर्ण चट्टानों के प्रकार एवं उसके उदाहरण निम्नलिखित हैं

  1. आग्नेय डायोराइट, ग्रैबो, ग्रेनाइट, बेसाल्ट, रोयोलाइट
  2. अवसादी कांग्लोमरेट, बालू, सिल्ट, डोलोमाइट, चूना पत्थर
  3. कायान्तरित/परतदार संगमरमर, कोयला, नीस्ट, ग्रिस

## मृदा संसाधन का संरक्षण

### मृदा एक महत्त्वपूर्ण संसाधन

- मनुष्य के लगभग सारे क्रियाकलाप मृदा के संसाधन से संबंधित हैं। वर्तमान समय में अनेक कारणों से मृदा प्रदूषण बढ़ता जा रहा है। अत: मृदा संरक्षण के लिए निम्न तरीके अपनाए जा सकते हैं।
- **पलवार** (Mulching) इसमें मृदा के ऊपरी भाग को घासपात से ढक दिया जाता है, ताकि मृदा की नमी बनी रहे और वायु अपरदन कम हो।
- **सीढ़ीदार खेती** (Terrace Farming) यह प्राय: ऊँची-नीची भूमि तथा पर्वतीय क्षेत्रों में अपनाई जाती है। इसका उद्देश्य जलसंरक्षण करना तथा मृदा कटाव को रोकना है।
- **अन्तरासंस्थान** (Inter Cropping) इसमें दो फसलों को एक साथ उगाया जाता है। समोच्च जुताई (Contour Ploughing) ऊँची भूमि को मृदा अपरदन से बचाने के लिए इस विधि का उपयोग किया जाता है।
- **रक्षक मेखला** पवन की गति की रोकथाम कर मृदा आवरण के संरक्षण में रक्षक मेखलाएँ सहायक होती हैं।

### संसाधनों का संरक्षण

- संसाधनों का संरक्षण क्रमश: वस्तुओं का पुन: उपयोग करना, पुनर्चक्रण करना, उपभोग कम करना आदि से होता है। यह सतत पोषणीय विकास में सहायक होते हैं।

## मानव संसाधन

- मानव भी एक प्रकार का संसाधन है, क्योंकि मानव ही अन्य स्रोतों को उपयोगी बनाता है। मानव संसाधन (Human Resources) में केवल कुशल मानव ही आते हैं।
- पृथ्वी पर मानव का विस्तार जनसंख्या के प्रतिरूप के अन्तर्गत आता है। विश्व की कुल जनसंख्या का लगभग 60% भाग 10 देशों में निवास करता है।
- किसी क्षेत्र विशेष में रहने वाली जनसंख्या को जब प्रतिवर्ग किमी में प्रदर्शित किया जाता है, तो उसे जन घनत्व कहते हैं।

## जनसंख्या वितरण को प्रभावित करने वाले कारक

- पृथ्वी पर जनसंख्या का वितरण अनेक कारकों से प्रभावित होता है। इन कारकों को सामान्यत: भौगोलिक, सामाजिक-सांस्कृतिक तथा आर्थिक रूप में विभाजित किया जाता है।
- जनसंख्या वितरण को प्रभावित करने वाले प्रमुख भौगोलिक कारक हैं- स्थलाकृतिक स्वरूप, जलवायु, मृदा, जल, खनिज लवण आदि। जनसंख्या वितरण को प्रभावित करने वाले सामाजिक सांस्कृतिक कारक में धर्म, सांस्कृतिक सौहार्द, नृजातीय संघर्ष आदि प्रमुख हैं। आर्थिक कारक में आर्थिक क्रियाकलाप, जैसे- कृषि, उद्योग आदि आते हैं।

## जनसंख्या परिवर्तन के प्रतिरूप

- जनसंख्या में परिवर्तन का तात्पर्य जनसंख्या में वृद्धि या कमी, लिंगानुपात में परिवर्तन ( वृद्धि या कमी) आदि आते हैं।
- जनसंख्या के प्रतिरूप में परिवर्तन लाने वाले कारकों में जन्मदर, मृत्युदर, प्रजनन दर, जलवायु, प्रवास आदि सम्मिलित किए जाते हैं।
  - **जन्मदर** (Birth Rate) प्रति हजार की संख्या में जन्म लेने वालों की संख्या को जन्मदर कहा जाता है।
  - **मृत्युदर** (Death Rate) प्रति हजार की संख्या में मरने वालों की संख्या को मृत्यु दर कहा जाता है।
  - **वृद्धि दर** (Growth Rate) जन्मदर तथा मृत्युदर के अन्तर को वृद्धि दर कहा जाता है। यदि जन्म दर मृत्यु दर से अधिक है, तो जनसंख्या में वृद्धि होगी। जन्म दर मृत्यु दर के बराबर होने पर जनसंख्या वृद्धि स्थिर रहती है।

❖ **प्रवास** (Migration) इसमें अनेक कारकों से प्रभावित होकर मानव या मानव समूह का एक स्थान से दूसरे स्थान पर जाना प्रवास कहलाता है। प्रवास का प्रमुख कारण है- पुश फैक्टर तथा पुल फैक्टर। प्रवास आन्तरिक, बाह्य, स्थाई, अस्थाई आदि अनेक प्रकार का हो सकता है। पश के लिए चरागाह की प्राप्ति हेतु भी हिमालयीय तथा मध्य एशिया के क्षेत्रों में प्रवास होता है, जिसे ऋतु प्रवास कहते हैं। भारत की भोटिया जनजाति में ऋतु प्रवास प्रचलित है।

## प्रश्नमाला

**1. ऑस्ट्रेलिया में स्थित कालगूर्ली किसके लिए विख्यात है?**
(a) स्वर्ण उत्पादन
(b) उत्तम जलवायु
(c) शिक्षा केन्द्र
(d) मुर्गीपालन

**2. बाकू किस लिए प्रसिद्ध है?**
(a) सघन रेल परिवहन जाल
(b) गहन कृषि
(c) खनिज तेल
(d) विनिर्माण उद्योग

**3. बॉक्साइट अयस्क है-**
(a) सीसा का (b) एल्यूमीनियम का
(c) जस्ता का (d) तांबा का

**4. पेट्रोलियम के संबंध में कौन-से कथन सही हैं?**
**1. मध्य पूर्व में संसार के पेट्रोल के लगभग 60% भंडार पाए जाते हैं।**
**2. अलास्का में टेक्सास के समतुल्य पेट्रोलियम भंडार प्रमाणित हैं।**
**3. संयुक्त राज्य अमेरिका पेट्रोलियम का प्रमुख उत्पादक एवं प्रमुख आयातक दोनों ही है।**
**नीचे दिए गए कूट से सही उत्तर चुनिए-**
(a) 1 तथा 2 सही हैं
(b) 2 तथा 3 सही हैं
(c) 1 तथा 3 सही हैं
(d) सभी सही हैं

**5. निम्नांकित कथनों में कौन सही हैं?**
**1. चीन संसार में अग्रणी कोयला उत्पादक है।**
**2. यूक्रेन में डोनेट्स्क बेसिन प्रमुख कोयला उत्पादक क्षेत्र है।**
**3. जर्मनी में सार क्षेत्र प्रमुख कोयला उत्पादन क्षेत्र है।**
**4. संयुक्त राज्य अमेरिका में मुख्य कोयला उत्पादन क्षेत्र अप्लेशियन प्रदेश में हैं।**
**कूट :**
(a) 1 एवं 2 (b) 2 एवं 3
(c) 1, 2 एवं 3 (d) उपरोक्त सभी

**6. सूची-I तथा सूची-II को सुमेलित कीजिए तथा सूचियों के नीचे दिए गए कूट से सही उत्तर चुनिए-**

| सूची I | सूची II |
|---|---|
| A. लौह-अयस्क | 1. पोर्ट रेडियम |
| B. खनिज तेल | 2. बिन्थम |
| C. तांबा | 3. बाकू |
| D. यूरेनियम | 4. मेसाबी |

**कूट :**

| | A | B | C | D |
|---|---|---|---|---|
| (a) | 4 | 3 | 2 | 1 |
| (b) | 3 | 4 | 1 | 2 |
| (c) | 1 | 2 | 3 | 4 |
| (d) | 1 | 3 | 2 | 4 |

**7. एशिया में मातृ मृत्यु-दर उच्चतम है-**
(a) बांग्लादेश में
(b) भारत में
(c) इंडोनेशिया में
(d) नेपाल में

**8. निम्नांकित देशों में से किस एक के पास खनिज तेल का सबसे बड़ा प्रमाणित भंडार है-**
(a) कुवैत (b) ईरान
(c) इराक (d) नाइजीरिया

**9. विश्व में प्राकृतिक रबड़ का सबसे बड़ा उत्पादक देश है-**
(a) ब्राजील (b) भारत
(c) मलेशिया (d) थाईलैण्ड

**10. 'डोनबांस' क्षेत्र प्रसिद्ध है-**
(a) लौह अयस्क के लिए
(b) कोयले के लिए
(c) ताम्र अयस्क के लिए
(d) सोने के लिए

**11. किम्बरले प्रसिद्ध है-**
(a) स्वर्ण खनन के लिए
(b) हीरे के खनन के लिए
(c) इस्पात उद्योग के लिए
(d) ऑटोमोबाइल उद्योग के लिए

**12. निम्नलिखित में से कौन एक सही सुमेलित है?**
(a) हेमाइट यूगान्डा
(b) सेमाइट मलेशिया
(c) सकाई सूडान
(d) बुशमैन बोत्सवाना

**13. निम्नलिखित में से कौन सुमेलित नहीं है?**
(a) बोलीविया टिन
(b) ब्राजील लौह अयस्क
(c) मेक्सिको चांदी
(d) पेरु नाइट्रेट

**14. निम्नलिखित में से कौन एक देश बहुत महत्त्वपूर्ण यूरेनियम अयस्क निक्षेप के लिए जाना जाता है?**
(a) कनाडा (b) चीन
(c) पाकिस्तान (d) जायरे

**15. जापान लगभग आत्मनिर्भर है-**
(a) बॉक्साइट में (b) लौह अयस्क में
(c) तांबे में (d) खनिज तेल में

**16. विश्व में यूरेनियम का वृहत्तम भंडार पाया जाता है-**
(a) ऑस्ट्रेलिया में
(b) ब्राजील में
(c) कनाडा में
(d) दक्षिण अफ्रीका में

**17. भारत किस खनिज के उत्पादन में आत्मनिर्भर है?**
(a) टिन (b) चांदी
(c) सोना (d) ग्रेफाइट

**18. बोकारो इस्पात कारखाने में किस विदेशी देश का सहयोग प्राप्त किया गया?**
(a) अमेरिका (b) ब्रिटेन
(c) फ्रांस (d) सोवियत संघ

**19. निम्न में से कहाँ जल विद्युत गृह स्थित है?**
(a) कोयना (b) नैवेली
(c) काठगोदाम (d) ट्रॉम्बे

**20. निम्न में कौन लौह क्षेत्र है?**
(a) सीवान (b) झरिया
(c) कुद्रेमुख (d) सिंह भूम

**21. भारत में लौह-अयस्क निम्न में से किस क्रम की शैलों में पाया जाता है?**
(a) विंध्य (b) कुडप्पा
(c) धारवाड़ (d) गोण्डवाना

**22. भारत का सबसे महत्त्वपूर्ण खनिजयुक्त रॉक तंत्र है-**
(a) कुडप्पा तंत्र (b) धारवाड़ तंत्र
(c) गोंडवाना तंत्र (d) विन्ध्य तंत्र

**23. सूची-I को सूची-II से सुमेलित कीजिए तथा नीचे दिए गए कूट से सही उत्तर चुनिए-**

| सूची-I | सूची-II |
|---|---|
| A. कोयला | 1. कुद्रेमुख |
| B. तांबा | 2. जावर |
| C. लौह-अयस्क | 3. खेतड़ी |
| D. चांदी | 4. तलचर |

कूटः

| | A | B | C | D |
|---|---|---|---|---|
| (a) | 1 | 2 | 3 | 4 |
| (b) | 2 | 1 | 3 | 4 |
| (c) | 4 | 3 | 1 | 2 |
| (d) | 3 | 2 | 4 | 1 |

**24. सूची-I को सूची-II से सुमेलित कीजिए तथा नीचे दिए गए कूट का प्रयोग करके सही उत्तर चुनिए?**

| सूची-I (स्थान) | सूची-II (खनिज) |
|---|---|
| A. अंकलेश्वर | 1. लौह-अयस्क |
| B. डाली-रजहरा | 2. खनिज तेल |
| C. कोडरमा | 3. तांबा |
| D. खेतड़ी | 4. अभ्रक |

कूटः

| | A | B | C | D |
|---|---|---|---|---|
| (a) | 1 | 2 | 3 | 4 |
| (b) | 2 | 1 | 4 | 3 |
| (c) | 4 | 3 | 2 | 1 |
| (d) | 3 | 2 | 1 | 4 |

**25. निम्नलिखित राज्यों में से किस एक में पेट्रो-रसायन उद्योगों के लिए आदर्श दशाएं पाई जाती हैं?**
(a) गुजरात (b) महाराष्ट्र
(c) तमिलनाडु (d) उत्तर प्रदेश

**26. निम्न में तांबा, सोना, लोहा, कोयले का सही क्रम ढूंढें-**
(a) खेतड़ी-कोलार-कुद्रेमुख-झरिया
(b) कोलार-खेतड़ी-कुद्रेमुख-झरिया
(c) झरिया-कोलार-कुद्रेमुख-खेतड़ी
(d) खेतड़ी-कुद्रेमुख-कोलार-झरिया

**27. भारत विश्व में अग्रणी उत्पादक है-**
(a) हीरों का
(b) लौह अयस्क का
(c) अभ्रक का
(d) टंगस्टन का

**28. सूची-I को सूची-II से सुमेलित करें तथा सूचियों नीचे दिए गए कूट से सही उत्तर का चयन कीजिए-**

| सूची-I (खनन क्षेत्र) | सूची-II (खनिज) |
|---|---|
| A. गुरुमहिसानी | 1. जस्ता |
| B. तलचर | 2. यूरेनियम |
| C. जादूगौड़ा | 3. लौह-अयस्क |
| D. जावर | 4. कोयला |

कूटः

| | A | B | C | D |
|---|---|---|---|---|
| (a) | 1 | 2 | 3 | 4 |
| (b) | 2 | 4 | 3 | 1 |
| (c) | 3 | 4 | 2 | 1 |
| (d) | 3 | 2 | 1 | 4 |

**29. जादुगुड़ा प्रसिद्ध है-**
(a) लौह अयस्क के लिए
(b) मैंगनीज के लिए
(c) सोने के लिए
(d) यूरेनियम के लिए

**30. निम्नलिखित नगरों में से किसमें मलिन बस्ती जनसंख्या सर्वाधिक है?**
(a) बंगलोर में (b) चेन्नई में
(c) दिल्ली में (d) सूरत में

**31. 2011 की जनगणना के अनन्तिम आंकड़ों के अनुसार भारत में न्यूनतम यौन अनुपात पाया जाता है?**
(a) चण्डीगढ़ में
(b) दमन एवं दीव में
(c) दादरा एवं नगर हवेली में
(d) हरियाणा में

**32. निम्नलिखित में से कौन-सा आटोमोबाइल ईंधन पर्यावरण मित्र है?**
(a) CNG (b) PNG
(c) LPG (d) KG-16

**33. निम्नलिखित में से कौन-सा राज्य भारत में मैंगनीज का सर्वाधिक उत्पादन करता है?**
(a) महाराष्ट्र (b) मध्य प्रदेश
(c) कर्नाटक (d) उड़ीसा

**34. निम्नलिखित में से किस केंद्र शासित प्रदेश मे आबादी का घनत्व सबसे कम है?**
(a) दमन और दीव
(b) दादरा और नगर हवेली
(c) अंडमान और निकोबार
(d) पुडुचेरी

**35. भारत की जनगणना-2011 के अन्तिम आंकड़ों के अनुसार निम्नलिखित में से किस राज्य में शिशु लिंगानुपात सर्वाधिक है?**
(a) छत्तीसगढ़ (b) हरियाणा
(c) उत्तर प्रदेश (d) पंजाब

**36. 2011 मे निम्नलिखित राज्यों में से किस राज्य में उच्चतम लिंगानुपात है?**
(a) तमिलनाडु (b) आन्ध्र प्रदेश
(c) कर्नाटक (d) ओडिशा

**37. जनगणना 2011 के अनुसार निम्नलिखित राज्यों में से किस राज्य में पुरूष और महिला साक्षरता दर में अधिकतम अंतर है?**
(a) केरल में (b) उत्तर प्रदेश में
(c) मिजोरम में (d) गुजरात में

**38. 2011 की जनगणना के अनुसार भारत में निम्नलिखित राज्यों में से सबसे अधिक जनसंख्या घनत्व वाला राज्य कौन-सा है?**
(a) पश्चिम बंगाल
(b) केरल
(c) उत्तर प्रदेश
(d) बिहार

**39. सूची-I और सूची-II से सुमेलित कीजिए तथा नीचे दिए गए कूट से सही उत्तर चुनिए?**

| सूची-I (केंद्र) | सूची-II (खनिज) |
|---|---|
| A. मकुम | 1. लौह-अयस्क |
| B. डल्लीराजहरा | 2. कोयला |
| C. कोरापुट | 3. मैंगनीज |
| D. चित्रदुर्ग | 4. बॉक्साइट |

कूट:

| | A | B | C | D |
|---|---|---|---|---|
| (a) | 3 | 2 | 1 | 4 |
| (b) | 2 | 1 | 4 | 3 |
| (c) | 4 | 3 | 2 | 1 |
| (d) | 1 | 2 | 3 | 4 |

**40. तातीपाका तेल शोधनशाला अवस्थित है?**
(a) असम राज्य में
(b) उत्तर प्रदेश राज्य में
(c) कर्नाटक राज्य में
(d) आन्ध्र प्रदेश राज्य में

**41. 2011 की जनगणना के अनुसार, निम्न में से किस राज्य में जनसंख्या में कमी आई है?**
(a) नागालैण्ड (b) मणिपुर
(c) त्रिपुरा (d) सिक्किम

**42. निम्न में से किसमें उष्णकटिबन्धीय सदाबहार वनों का विस्तार मिलता है ?**
**A. सह्याद्रि**
**B. पश्चिमी घाट**
**C. लक्षद्वीप**
**कूट**
(a) केवल A (b) A और C
(c) B और C (d) A, B और C

**43. निम्न में से कौन-सा कथन सत्य है ?**
(a) विश्व की कुल जनसंख्या का लगभग 60% दस देशों में निवास करता है
(b) विश्व का औसत जनघनत्व 51 व्यक्ति प्रतिवर्ग किमी है
(c) जनसंख्या वितरण अनेक आर्थिक, सामाजिक, धार्मिक कारकों से प्रभावित होता है
(d) उपरोक्त सभी

**44. धरातल के निकट पाए जाने वाले खनिजों को साधारणतया खोदकर निकालने की प्रक्रिया को क्या कहते हैं ?**
(a) विवृत-खान खनन
(b) सिन्टरन
(d) निस्तापन
(c) उत्खनन

**45. निम्न में से किस उत्पाद को काला सोना कहा जाता है ?**
(a) पेट्रोलियम (b) ताँबा
(c) कोयला (d) सोना

**46. लद्दाख में पाया जाने वाला यूरेनियम एक उदाहरण है**
(a) वास्तविक संसाधन का
(b) निक्षेप संसाधन का
(c) सम्भाव्य संसाधन का
(d) भण्डार संसाधन का

**47. वितरण के आधार पर संसाधनों को वर्गीकृत किया जा सकता है-**
(a) सर्वव्यापक संसाधन और स्थानिक संसाधन
(b) वास्तविक संसाधन और सम्भाव्य संसाधन
(c) नवीकरणीय संसाधन और अनवीकरणीय संसाधन
(d) जैव संसाधन और अजैव संसाधन

**48. रक्षक मेखलाएँ सहायता करती हैं**
(a) अवनलिकाओं को बनने से रोकने और मृदा क्षय को बचाने में
(b) पवन की गति की रोकथाम कर मृदा आवरण के संरक्षण में
(c) मृदा में नमी बनाए रखने में
(d) मृदा के ऊपर से जल के प्रवाह को मन्द करने में

**49. निम्नलिखित में से कौन-सा कथन खनिज के सन्दर्भ में सही नहीं है ?**
(a) सभी खनिज अधात्विक होते हैं।
(b) ये प्राकृतिक रूप से प्राप्त होने वाले पदार्थ हैं।
(c) इनका एक निश्चित रासायनिक संघटन होता है।
(d) ये विभिन्न प्रकार के भू-वैज्ञानिक परिवेश में निर्मित होते हैं।

**50. निम्नलिखित में से कौन-सा युग्म भारत में इस्पात उत्पादन केन्द्रों के सन्दर्भ विषम हैं ?**
(a) अलीगढ़ - उत्तर प्रदेश
(b) विशाखापत्तनम - आन्ध्र प्रदेश
(c) विजयनगर - कर्नाटक
(d) सलेम - तमिलनाडु

**51. निम्नलिखित को पढ़िए तथा मिट्टी के संरक्षण की सही पद्धति का चयन कीजिए-**
**(A) रासायनिक उर्वरकों का अत्यधिक उपयोग**
**(B) मल्च बनाना**
**(C) समोच्चरेखीय रोधिकाएँ**
**(D) रक्षक मेखलाएँ**
**कूट**
(a) A, C और D
(b) A, B और C
(c) B, C और D
(d) A, B और D

**52. निम्नलिखित में से संसाधनों से सम्बन्धित कौन-सा कथन गलत/सही नहीं है ?**
(a) वायु, जल, मिट्टी और खनिज प्राकृतिक संसाधन हैं
(b) समय और प्रौद्योगिकी दो महत्त्वपूर्ण कारक हैं, जो पदार्थों को संसाधन में परिवर्तित कर सकते हैं
(c) समय के साथ संसाधन आर्थिक रूप से मूल्यवान हो सकते हैं
(d) लोग स्वयं संसाधन नहीं हैं

**53. निम्नलिखित में से संसाधन संरक्षण का कौन-सा सही साधन है ?**
**A. वस्तुओं का पुनः उपयोग करना**
**B. वस्तुओं का एक बार उपयोग करके उन्हें फेंक देना।**
**C. वस्तुओं का उपभोग कम करना।**
**D. वस्तुओं को पुनः चक्रण में लाना।**
**कूट**
(a) A, B और D (b) B, C और D
(c) A, B और C (d) A, C और D

## उत्तरमाला

| | | | | | | | | | |
|---|---|---|---|---|---|---|---|---|---|
| **1.** (a) | **2.** (c) | **3.** (b) | **4.** (d) | **5.** (d) | **6.** (a) | **7.** (a) | **8.** (a) | **9.** (c) | **10.** (b) |
| **11.** (b) | **12.** (d) | **13.** (d) | **14.** (a) | **15.** (c) | **16.** (a) | **17.** (d) | **18.** (d) | **19.** (a) | **20.** (c) |
| **21.** (c) | **22.** (b) | **23.** (c) | **24.** (b) | **25.** (a) | **26.** (a) | **27.** (c) | **28.** (c) | **29.** (d) | **30.** (c) |
| **31.** (b) | **32.** (a) | **33.** (b) | **34.** (c) | **35.** (a) | **36.** (a) | **37.** (c) | **38.** (d) | **39.** (b) | **40.** (d) |
| **41.** (d) | **42.** (d) | **43.** (d) | **44.** (a) | **45.** (c) | **46.** (c) | **47.** (a) | **48.** (b) | **49.** (a) | **50.** (a) |
| **51.** (c) | **52.** (d) | **53.** (d) | | | | | | | |

❑❑❑

# कृषि

## कृषि

- कृषि एक बहुप्रचलित व्यवसाय है, जिससे संसार की सम्पूर्ण जनसंख्या के भरण-पोषण हेतु भोजन की प्राप्ति होती है। इस व्यवसाय में **पशुपालन** और **मत्स्यपालन** भी आते हैं। कृषि फसल, खाद्य फसलों और औद्योगिक फसलों के रूप में वर्गीकृत की जाती है। संसार का केवल 10 प्रतिशत भू-भाग ही कृषि योग्य है।

### कृषि के प्रकार

#### स्थानांतरी कृषि

- यह कृषि का सबसे प्राचीन रूप है। यह अधिकतर उष्ण कटिबन्धों में रहने वाले लोगों द्वारा की जाती है। इसमें वन के छोटे भू-भागों के वृक्षों और झाड़ियों को जला दिया जाता है, जिससे वन भूमि साफ हो जाती है। उस पर कुछ वर्षों तक कृषि की जाती है, जिसमें जड़ वाली फसलों की उपज की मात्रा अधिक होती है।
    - भूमि की उर्वरता खत्म हो जाने पर उसे छोड़कर दूसरी जगह पर पहले वाली क्रिया अपनायी जाती है और वन के भू-भाग को साफ कर दिया जाता है तथा फसलें उगाई जाती हैं। इसी वजह से इसे **काटना** और **जलाना** या **बुश फेलो कृषि** भी कहा जाता है। इसमें एक साथ कई फसलें पैदा की जाती हैं। विश्व के अलग-अलग क्षेत्रों में इसके अलग-अलग नाम हैं।

**विश्व के विभिन्न भागों में स्थानांतरी कृषि के नाम**

| नाम | क्षेत्र |
|---|---|
| तुंग्या | म्यांमार |
| कैंगिन | फिलीपीन्स |
| चेन्ना | श्रीलंका |
| लैदांग | इंडोनेशिया |
| रोका | ब्राजील |
| लोगन | पश्चिमी अफ्रीका |
| मिल्पा | यूकाटन और ग्वाटेमाला |
| टावी | मालागासी |
| कोनूको | वेनेजुएला |
| रे | वियतनाम |
| झूम | उत्तरी-पूर्वी भारत |

#### स्थानबद्ध कृषि

- यह स्थानांतरी कृषि के बिल्कुल विपरीत है। इसके अन्तर्गत किसी भी स्थान पर रहने वाले किसान और उसके परिवार द्वारा स्थायी रूप से मिलजुल कर कृषि कार्य किया जाता है। इस प्रकार की कृषि में भूमि के किसी भाग पर फसलों को अदल-बदल कर बोया जाता है, जिससे भूमि की उर्वरता बनी रहती है।

#### जीविका निर्वाह कृषि

- इस कृषि में फसलें सिर्फ आजीविका के लिए उगायी जाती हैं। यह कृषि स्थानांतरी या स्थानबद्ध दोनों प्रकार की होती है। जब तक कृषि का मुख्य उद्देश्य मात्र उत्पादक विशेष की निजी आवश्यकताओं की पूर्ति तक ही सीमित रहता है, तब तक हर प्रकार की कृषि जीविका निर्वाह कृषि के वर्ग में आती है। इस प्रकार कृषि का आधुनिक समय में एक विशेष रूप विकसित हो गया है, जिसे गहन जीविका कृषि कहते हैं।

#### गहन जीविका निर्वाह कृषि

- एशिया के मानसूनी जलवायु वाले क्षेत्रों में व अधिक जनसंख्या के घनत्व वाले प्रदेशों में गहन जीविका कृषि की जाती है। इस कृषि में तेज गति से बढ़ती जनसंख्या के भोजन की पूर्ति के लिए उपस्थित भूमि का बड़े पैमाने पर उपयोग किया जाता है। इन क्षेत्रों में धान की खेती का प्रभुत्व रहता है। इस प्रकार की कृषि के कुछ महत्त्वपूर्ण देश हैं—भारत, बांग्लादेश, थाईलैण्ड, श्रीलंका, फिलीपीन्स और इंडोनेशिया इत्यादि।

#### गहन कृषि

- इस प्रकार की कृषि में फसलों का अधिक-से-अधिक उत्पादन करने के लिए उपस्थित भूमि की प्रत्येक इकाई पर अधिक मात्रा में पूँजी और श्रम का उपयोग होता है। इस कृषि की विशेषता यह है कि इस क्षेत्र में जनसंख्या घनत्व अधिक होता है। अत: बीजों, कीटनाशक दवाइयों, पर्याप्त सिंचाई और फसल परिवर्तन इत्यादि साधनों का प्रयोग करके कृषि को संचालित किया जाता है। जापान, चीन, बांग्लादेश, मलेशिया आदि देशों में इस प्रकार की कृषि की जाती है।

#### विस्तृत कृषि

- बहुत बड़े आकार वाले खेतों पर यान्त्रिक विधियों से सम्पन्न होने वाली कृषि को **विस्तृत कृषि** कहते हैं। इस कृषि में श्रमिकों का उपयोग कम होता है, लेकिन प्रति व्यक्ति उत्पादन की मात्रा अधिक होती है। इसमें प्रति हैक्टेयर उत्पादन कम होता है, लेकिन कुल उत्पादन बहुत ज्यादा होता है। कम जनसंख्या वाले क्षेत्रों में इस प्रकार की खेती होती है, क्योंकि ऐसे प्रदेशों में कृषि भूमि अधिक होती है। इस प्रकार की खेती में संयुक्त राज्य अमेरिका का मध्यवर्ती और पश्चिमी मैदानी भाग, कनाडा का प्रेयरी क्षेत्र, अर्जेण्टीना का पम्पास, ऑस्ट्रेलिया का डाऊंस और भूतपूर्व सोवियत संघ के स्टेपी क्षेत्र को शामिल किया जाता है।

#### मिश्रित कृषि

- यह वह कृषि है जिसमें कृषि-कार्यों के साथ-साथ पशुपालन का कार्य भी किया जाता है। इस कृषि का संबंध सघन जनसंख्या वाले क्षेत्रों से है जिनमें किसान अपनी आय बढ़ाने के लिए कृषि के साथ-साथ आधुनिक ढंग से पशुपालन भी करता है। इस प्रकार की कृषि सम्पूर्ण यूरोप, संयुक्त राज्य अमेरिका के पूर्वी

भाग तथा अर्जेण्टीना के पम्पास क्षेत्र में होती है। इसमें किसान एक ही साथ कई फसलों की खेती करते हैं ताकि एक फसल पर निर्भर रहने का जोखिम कम हो सके।

## रोपण या बागानी कृषि

- यह कृषि का बहुत ही विशिष्टीकृत रूप है। रोपण कृषि के अन्तर्गत सैकड़ों हेक्टेयर भूमि में **कहवा, चाय, मसाले** और **रबड़** की फसलें पैदा की जाती हैं। इन फसलों को मुख्य रूप से निर्यात के लिए ही पैदा किया जाता है। रोपण कृषि में भारी मात्रा में पूँजी लगाई जाती है और बहुत बड़ी संख्या में श्रमिकों की आवश्यकता होती है। रोपण कृषि मलेशिया, भारत, श्रीलंका आदि देशों के कुछ भागों में की जाती है।

## उद्यान कृषि या ट्रक फार्मिंग

- यह व्यापारिक स्तर पर सब्जियों, फल और फूलों का उत्पादन करने वाली कृषि है। इन कृषि उत्पादों के परिवहन में ट्रकों का अधिक उपयोग होने के कारण इसे ट्रक फार्मिंग भी कहा जाता है। इस प्रकार की कृषि का विकास संसार के औद्योगिक क्षेत्रों के नजदीकी भागों में हुआ है जहाँ से इन उत्पादों की नियमित आपूर्ति की जाती है। संयुक्त राज्य अमेरिका का उत्तरी-पूर्वी भाग, इंग्लैण्ड, फ्राँस और डेनमार्क इत्यादि इसके प्रमुख क्षेत्र हैं।

## भूमध्यसागरीय कृषि

- यहाँ पर कृषि काफी गहन, विशेषीकृत एवं विविध फसल है। यहाँ निर्वाहन कृषि व्यावसायिक कृषि के साथ पाई जाती है। गेहूँ, जौ एवं सब्जियाँ घरेलू उपयोग के लिए उगाई जाती हैं, जबकि रसदार फल, जैतून एवं अंगूर की कृषि मुख्यत: निर्यात के लिए की जाती है। वस्तुत: भूमध्यसागरीय भूमि '**संसार का बागानी क्षेत्र है**' एवं **शराब उद्योग का हृदय स्थल** भी।

## डेयरी फार्मिंग

- पश्चिमी यूरोप के विभिन्न भागों में यथा ब्रिटेन, डेनमार्क, नीदरलैंड, दक्षिणी स्कॅडिनेविया, स्विट्जरलैंड, उत्तरी अमेरिका के ग्रेट लैक्स (सुपीरियर, मिशिगन, ईरी, ओन्टरियो, ह्यूरन) एवं उत्तरी अटलांटिक राज्यों के दक्षिण (घास एवं दुग्ध पेटी) के क्षेत्र व्यापारिक दुग्ध उद्योग के लिए विशेषीकृत हैं। दुग्ध उद्योग का विकास दक्षिणी क्षेत्रों में हुआ है, यथा—दक्षिण-पूर्व ऑस्ट्रेलिया, ऑकलैण्ड प्रायद्वीप एवं बंगानूई तथा तरंकाई निम्न भूमि, उत्तरी द्वीप, न्यूजीलैंड आदि। डेयरी उद्योग का संकेन्द्रण जापानी महानगरों में अल्प मात्रा में हुआ है। न्यूजीलैंड, डेनमार्क एवं ऑस्ट्रेलिया आदि दुग्ध उत्पाद के अग्रणी राष्ट्र हैं, पूर्व सोवियत संघ मक्खन जबकि पनीर के उत्पादन में न्यूजीलैंड एवं नीरदरलैंड का महत्त्वपूर्ण स्थान है।
- डेयरी फार्मिंग उस जलवायु के लिए काफी महत्त्वपूर्ण है, जहाँ खाद्यान्न की कृषि नहीं हो सकती, लेकिन इसका विकास महानगरीय भाग से जुड़ा हुआ है। यह एक पूँजी गहन व्यवसाय है।

## सहकारी खेती

- यह सहकारिता के सिद्धान्त पर आधारित कृषि है। इसके अन्तर्गत उत्पादन के कारकों पर उन सभी किसानों का सामूहिक स्वामित्व होता है जो सहकारी समिति के सदस्य होते हैं। किसान स्वेच्छा से सहकारिता को अपनाते हैं। प्रजातांत्रिक सिद्धान्तों के आधार पर इसकी कार्यकारिणी के सदस्य दिन प्रतिदिन के निर्णय लेते हैं। हर सदस्य सहकारी खेतों पर अपना श्रम देता है। सहकारी खेती की विशेषता यह है कि इसके जोत का आकार बड़ा हो जाने के कारण मशीनीकरण किया जा सकता है।
- यूरोप के कुछ देशों जैसे—डेनमार्क, स्वीडन, नार्वे, नीदरलैंड तथा बेल्जियम में सहकारिता बहुत सफल हुई है। भारत में स्वतंत्रता के बाद सहकारी आन्दोलन चलाया गया, परंतु कृषि के क्षेत्र में सहकारिता को सफलता कम मिली।

# विश्व की प्रमुख फसलें

- खाद्यान्न पफसलें—इन फसलों को धान्न फसलें भी कहा जाता है। इस वर्ग में वे खाद्य पदार्थ आते हैं, जिनके बीज मण्डमय (Starchy) होते हैं। उदाहरण के लिए—गेहूँ, चावल, मक्का, सोरघम और अन्य मोटे अनाज आदि। इन फसलों का थोड़ा-बहुत हिस्सा पशुओं के चारे के काम आता है तथा मुख्य हिस्सा मानव के भोजन के काम आता है। इनके अतिरिक्त अन्य प्रमुख फसलें हैं— व्यापारिक फसलें, बागानी फसले।

| | फसलें | भौगोलिक परिस्थितियाँ | उत्पादक क्षेत्र व स्थिति |
|---|---|---|---|
| **I. खाद्यान्न फसलें** | | | |
| **1.** | **गेहूँ**<br>**किस्में**—शीतकालीन व बसंतकालीन | मुख्यत: शीतोष्ण कटिबन्धीय फसल, किंतु अनगिनत किस्में होने के कारण उष्ण और उपोष्ण कटिबन्धों में भी पैदा होती है। | **सं. रा. अमेरिका**—उ. व. द. डकोटा, मिनिसोटा, मोण्टाना, मिसौरी, ओक्लाहामा, नेब्रास्का, टेक्सास, अरकंसास, कोलोरेडो, ओहयो, इण्डियाना, वर्जीनिया, न्यूयार्क, पेन्सिलवानिया। |
| | | **तापमान**—निम्नतम 10°C तथा अधिकतम 25°C;<br>90 दिन पाला रहित मौसम; **वर्षा**—50-80 सेमी;<br>**मिट्टी**— हल्की मृदा, दोमट या भारी दोमट; चूना और फास्फेट वाली मिट्टी सर्वोत्तम; ह्यूमस युक्त काली मृदा। | **पूर्व सोवियत संघ**—यूक्रेन, काला सागर का उत्तरी भाग, वोल्गा बेसिन, प. साइबेरिया।<br>**चीन**—ह्वांगहो और वीहो घाटी, शांटांग प्रायद्वीप, यांगटिसिक्यांग का मैदान।<br>**भारत**—उत्तरी भारत का विशाल जलोढ़ मैदान। |
| **2.** | **चावल** | **तापमान**—20°C-27°C तक; **वर्षा**—120 सेमी.-200 सेमी.; **मिट्टी**—चिकनी दोमट, गहरी चिकनी, चिकनी मिट्टी; **सस्ता श्रम**—फसल बोने, पानी भरने, काटने व चावल निकालने हेतु। | **चीन**—सीक्यांग घाटी, यांगटीसिक्यांग घाटी का द. पू. तटीय प्रदेश।<br>**भारत**—प. बंगाल, उत्तर प्रदेश, पंजाब, बिहार, तटीय भारत।<br>**इण्डोनेशिया**—जावा, सुमात्रा, बोर्नियो, सेलिबीज।<br>**बांग्लादेश**—सिलहट, बोगरा, खुलना, जैसौर, रंगपुर, ढाका, पावना, फरीदपुर |
| **3.** | **मक्का (कॉर्न)** | उपोष्ण और नम उपोष्ण की फसल, किंतु विभिन्न जलवायु में पैदा हो सकती है।<br>**तापमान**—18°C-27°C तक; कम आर्द्रता व खुली धूप;<br>पाला से मुक्त 40 दिन की अवधि; **वर्षा**—50-125 सेमी.;<br>**मिट्टी**—चिकनी दोमट और कांप मिट्टी उपयुक्त, प्रमुख उर्वरक नाइट्रोजन और सल्फेट। | **सं. रा. अमेरिका**—पेन्सिलवानिया, केन्टुकी, मिसौरी, इलीनोइस, ओहियो, अरकंसास, नेब्रास्का।<br>**चीन**—जेचवान बेसिन, केन्टन डेल्टा, मध्यवर्ती मैदान, यांगटीसिक्यांग और उत्तरी चीन।<br>**ब्राजील**—मिनास गिरास, साओपालो, रायो ग्राण्डे, डी सूल, पराना। |

| | | | |
|---|---|---|---|
| **II. व्यापारिक फसलें** | | | |
| **1.** | गन्ना | उष्ण-आर्द्र कटिबन्धीय फसल। **तापमान**–21°C-27°C तक; **वर्षा**–75-150 सेमी.; **मिट्टी**–गहरी दोमट; चिकनी तथा जलोढ़ मिट्टी; **उर्वरक**–अमोनिया सल्फेट, नाइट्रेट और सुपर फास्फेट। | **ब्राजील**–उत्तरी-पूर्वी तटीय भाग (द. पू. क्षेत्र-पाराइबो, पेरानाम्बुको, बाहिया, मिनास गिरास, साओपालो, रियो-डि-जेनेरो। **भारत**–उत्तर प्रदेश, बिहार, तमिलनाडु, महाराष्ट्र, आन्ध्र प्रदेश, कर्नाटक। **क्यूबा**–मध्य पश्चिमी क्षेत्र, कामागुर, ओरियण्ड। |
| **2.** | कपास उत्पत्ति के अनुसार कपास की दो किस्में होती हैं– अमेरिकन और एशियाई कपास। | उष्ण और सामान्य वर्षा वाली जलवायु उत्तम। **तापमान**–20°C-35°C तक; **वर्षा**–50-100 सेमी.; पाला रहित 200 दिन आवश्यक; **मिट्टी**–अच्छी अपवाह वाली चूनायुक्त दोमट मिट्टी, चिका प्रधान दोमट और काली मिट्टी; **उर्वरक**–नाइट्रोजन, अमोनिया सल्फेट, फास्फोरिक एसिड। | **चीन**–मध्यपूर्व चीन, यांगटीसिक्यांग की मध्य घाटी व डेल्टा क्षेत्र, ह्वांगहो क्षेत्र। **सं.रा.अमेरिका**–उ. व द. कैरोलिना, जार्जिया, अलबामा, टेनेसी, मिसीसिपी, टेक्सास, अरकंसास, मिसौरी, ओक्लाहामा, वर्जीनिया। **भारत**–महाराष्ट्र, गुजरात, उत्तर प्रदेश, पंजाब, तमिलनाडु, आंध्र प्रदेश। |
| **3.** | जूट | उष्ण-आर्द्र कटिबन्धीय फसल। **तापमान**–25°C-35°C तक; **वर्षा**–125 सेमी.-200 सेमी.; **मिट्टी**–कछारी और डेल्टाई कांप मिट्टी; खेतों में हमेशा जल व सस्ते श्रमिक आवश्यक। | **भारत**–प. बंगाल, बिहार, असम, ओडिशा और पूर्वी उत्तर प्रदेश। **बांग्लादेश**–नारायणगंज, मेमनसिंह, सिराजगंज, ढाका, वोगरा, रंगपुर, राजशाही, फरीदपुर। |
| **4.** | तम्बाकू | उष्ण और उपोष्ण कटिबन्धीय क्षेत्र उत्तम। **तापमान**–18°C; **वर्षा**–50-100 सेमी.; **मिट्टी**–दोमट और खनिज तत्त्वों से युक्त मिट्टी। | **चीन**–जेचवान बेसिन, उत्तरी मैदान, मंचूरिया और दक्षिणी मैदान। **ब्राजील**–रियो-डि-ग्राण्डे, बाहिया, साओपालो। **भारत**–आन्ध्र प्रदेश, गुजरात, कर्नाटक, महाराष्ट्र, बिहार, उत्तर प्रदेश। |
| **III. बागान फसलें** | | | |
| **1.** | रबर | उष्ण कटिबन्धीय फसल। **तापमान**–21°C-30°C तक; **वर्षा**–200-300 सेमी.; **मिट्टी**–लैटेराइट, दोमट और लावायुक्त मिट्टी; सुप्रवाहित भूमि। | **थाइलैण्ड**–प्रायद्वीपीय क्षेत्र। **इण्डोनेशिया**–जावा द्वीप के पूर्वी व पश्चिमी तटीय भाग, सुमात्रा का मध्य व पश्चिमी भाग, बोर्नियो। **मलेशिया**–पश्चिमी तटीय क्षेत्र, पर्वतीय **क्षेत्र**–जौहार, पेराक, मलक्काए, पिंनाग, सेलांग्रोर, डिढिने। |
| **2.** | कहवा | उष्ण कटिबन्धीय फसल **तापमान**–काफिया अरेबिका के लिए 15°C-25°C तथा; **काफिया रोवस्टा** के लिए 20°C-30°C तक **वर्षा**–150-250 सेमी.; **मिट्टी**–लावायुक्त या लाल मिट्टी। | **ब्राजील**–यहाँ कहवे के बागान को फेजेन्डा कहा जाता है। मुख्य उत्पादक क्षेत्र हैं–साओपालो, रियो–डि–जेनेरो, मिनास गिरास। **कोलम्बिया**–काउका घाटी, केल्डास क्षेत्र, पूर्वी कार्डिलेरा, बुकारामंगा, बगोटा। |
| **3.** | चाय | उष्ण आर्द्र कटिबन्धीय फसल। **मिट्टी**–हल्की व गहरी बलुई दोमट जो पोटाश और लौहांश से युक्त हो। **उर्वरक**–अमोनिया सल्फेट, फास्फेट और हड्डी की खाद। | **भारत**–असम की घाटी, प. बंगाल के दार्जिलिंग, जलपाइगुड़ी; द. भारत में नीलगिरि और अन्नामलाई। **चीन**–यांगटीसिक्यांग घाटी, द. पू. पहाड़ियाँ, क्यांगसी, फूकेन। **श्रीलंका**–केण्डी, नुएलाइलिया, मध्यवर्ती उच्च पहाड़ी ढाल। |

## प्रश्नमाला

**1. निम्न में से कौन-सी रबी की फसल है ?**
(a) गेहूँ (b) चना
(c) सरसों (d) उपरोक्त सभी

**2. निम्न में से कौन-सी भारतीय कृषि की विशेषता नहीं है ?**
(a) जोत का आकार छोटा और विखंडन
(b) वर्षा पर अधिक निर्भरता
(c) व्यापारिक कृषि की कमी
(d) उच्च तकनीकी का प्रयोग

**3. चावल फसल है—**
(a) रबी की
(b) खरीफ की
(c) जायद की
(d) इनमें से कोई नहीं

**4. 'झूम कृषि' को हिमाचल प्रदेश में क्या कहा जाता है ?**
(a) कुमारी (b) पोनम
(c) खील (d) बेवर

**5. बड़ी फर्मों एवं बड़े पैमाने पर मशीनों द्वारा की गई कृषि अन्तर्गत आती है—**
(a) रोपण कृषि के अन्तर्गत
(b) शुष्क कृषि के अन्तर्गत
(c) स्थानबद्ध कृषि के अन्तर्गत
(d) विस्तृत कृषि के अन्तर्गत

**6. गेहूँ के उत्पादन में भारत का संसार में स्थान है—**
(a) प्रथम (b) द्वितीय
(c) तृतीय (d) चतुर्थ

**7. गन्ने के उत्पादन में विश्व में प्रथम स्थान है—**
(a) ब्राजील का (b) चीन का
(c) भारत का (d) अमेरिका का

**8. चावल की फसल के लिए कितने तापमान की आवश्यकता होती है ?**
(a) 20° से 27° (b) 18° से 20°
(c) 30° से 50° (d) 30° से 40°

**9. भारत में सोयाबीन का सबसे अधिक उत्पादन किया जाता है—**

(a) उत्तर प्रदेश (b) मध्य प्रदेश
(c) राजस्थान (d) पंजाब

**10. श्वेत क्रान्ति किससे सम्बन्धित है ?**

(a) दुग्ध उत्पादन से
(b) दलहन उत्पादन से
(c) मांस उत्पादन से
(d) मत्स्य उत्पादन से

**11. अमेरिका किस फसल का विश्व में सबसे बड़ा उत्पादक है ?**

(a) गेहूँ का (b) चावल का
(c) मक्का का (d) बाजरा का

**12. क्यूबा को कहा जाता है—**

(a) चावल का कटोरा
(b) गेहूँ का कटोरा
(c) मक्का का कटोरा
(d) चीनी का कटोरा

**13. व्यावसायिक फसलों में कौन शामिल नहीं है ?**

(a) गन्ना (b) कॉफी
(c) रबर (d) चावल

**14. विश्व में सब्जी उत्पादन में किस देश का प्रथम स्थान है ?**

(a) भारत का (b) चीन का
(c) रूस का (d) जर्मनी का

**15. पूँजी आधारित कृषि के अन्तर्गत कौन-सी कृषि आती है ?**

(a) शुष्क कृषि (b) जल कृषि
(c) वेदिका कृषि (d) बागानी कृषि

**16. निम्न में से किस आधार पर कृषि का विभाजन किया जाता है ?**

(a) अवधि के आधार पर
(b) फसल की मात्रा के आधार पर
(c) भौगोलिक विविधता के आधार पर
(d) उपरोक्त सभी

**17. निम्न पर विचार कीजिए**

**यह खेती मुख्यतः मानसूनी प्रदेश तथा दक्षिण-पूर्वी एशिया में की जाती है। यह सघन जनसंख्या वाले प्रदेशों की मुख्य विशेषता है। इसमें वर्ष भर कृषि कार्य किया जाता है। उपरोक्त कथन निम्न में से किस प्रकार की कृषि को इंगित करता है ?**

(a) स्थाई कृषि
(b) जीवन-निर्वाह कृषि
(c) मिश्रित कृषि
(d) इनमें से कोई नहीं

**18. कृषि की एक पद्धति जिसमें व्यापक स्तर पर आधुनिक आगतों का उपयोग अधिक उत्पादकता प्राप्त करने के लिए किया जाता है, कहलाती है-**

(a) स्थानान्तरी कृषि
(b) निर्वाह कृषि
(c) वाणिज्यिक खेती
(d) गहन कृषि

**19. निम्नलिखित देशों में से किसमें स्थानान्तरी कृषि को मिल्पा नाम से जाना जाता है ?**

(a) मैक्सिको (b) ब्राजील
(c) भारत (d) मलेशिया

**20. विशेष रूप से निर्मित टैंकों और तालाबों में मछली का प्रजनन कहलाता है-**

(a) विटीकल्चर
(b) ऑर्टीकल्चर
(c) पिसीकल्चर
(d) सेरीकल्चर

## उत्तरमाला

| | | | | | | | | | |
|---|---|---|---|---|---|---|---|---|---|
| **1.** (d) | **2.** (d) | **3.** (b) | **4.** (c) | **5.** (d) | **6.** (b) | **7.** (a) | **8.** (a) | **9.** (b) | **10.** (a) |
| **11.** (c) | **12.** (d) | **13.** (d) | **14.** (b) | **15.** (d) | **16.** (d) | **17.** (b) | **18.** (c) | **19.** (a) | **20.** (c) |

❑❑❑

# नागरिकशास्त्र

# विविधता

- विविधता का तात्पर्य ऐसी स्थिति से है जिसमें समस्त भाषायी, क्षेत्रीय, भौगोलिक एवं सांस्कृतिक रूप से अलग-अलग रहने वाले मानव एक समूह/समाज या एक स्थान विशेष में साथ-साथ निवास करते हैं।
- विविधता भौगोलिक संरचना में अन्तर से भी बढ़ती है, जैसे पहाड़ी क्षेत्र में रहने वाले लोग मैदानी क्षेत्र के लोगों से अलग होते हैं तथा उनके रीति-रिवाज, बसावट आदि में भी अन्तर पाया जाता है।

## भारत में विविधता

- भारत एक विशाल देश है, यहाँ अनेक धर्म, भाषा, त्योहार, खानपान से सम्बन्धित लोग रहते हैं। यदि हम भारत का भ्रमण करते हैं तो हमें भारत के अलग-अलग राज्यों में अलग-अलग प्रकार की विविधताएँ देखने को मिलती हैं। भौगोलिक कारक क्षेत्र विशेष की विविधता को प्रभावित करते हैं।

### भारत में विविधता के प्रकार

भारत में विभिन्न प्रकार की नस्ल के लोग पाए जाते हैं, यहाँ नस्ल का तात्पर्य लोगों के ऐसे समूह से है, जो रंग-रूप, आकार-प्रकार एवं शारीरिक बनावट में एक-दूसरे से भिन्न हो।

- **प्रजातीय विविधता** (Racial Diversity)- भारत में विभिन्न प्रजातियों के लोग निवास करते हैं। यहाँ प्रजाति का अर्थ है उन व्यक्तियों का समूह जिनमें ऐसी शारीरिक विशेषता पाई जाती है, जो उन्हें दूसरे व्यक्तियों से अलग करती है। प्रजातीय विविधता, उन लोगों के शारीरिक बनावट आधार हो सकती है।
- **भाषाई विविधता** (Linguistic Diversity)- 1971 की जनगणना के अनुसार भारत में क्षेत्रीय भाषा के रूप में बोली जाने वाली भाषाओं की संख्या 652 थी, जिनमें से कई कबीलाई भाषाएँ थीं, जो भारत की कुल जनसंख्या में 1% से भी कम लोगों द्वारा बोली जाती हैं। संविधान की 8वीं अनुसूची में 22 भाषाएँ समाहित हैं। भाषाएँ विविधता को प्रदर्शित करती है।
- **धार्मिक विविधता** (Religious Diversity)- धार्मिक आधार पर भी भारत विविधता पूर्ण परिवेश का प्रतिनिधित्व करता है। यहाँ विविध धर्म के लोग यथा हिन्दू, मुस्लिम, सिक्ख, ईसाई, बौद्ध तथा जैन इत्यादि रहते हैं। इन सभी धर्मों का पालन करने वाले लोगों में भाषाई, रहन-सहन, खान-पान, वेश-भूषा तथा धार्मिक इत्यादि बिन्दुओं के आधार पर विविधता पाई जाती है। भारत में हिन्दू धर्म के लोगों की बहुलता है।
- **जातीय विविधता** (Caste Diversity)- भारतीय समाज में जाति का महत्त्वपूर्ण स्थान है। प्राचीन हिन्दू धर्म की वर्णव्यवस्था ने बाद में रूढ़िवादी रूप में जाति का स्वरूप ग्रहण कर लिया। जाति समाज में सामाजिक तथा आर्थिक स्तर का निर्धारक बन गई। भारत में सभी धर्मों में जातीय संरचना पाई जाती है।

## विविधता में एकता

- इस विचारधारा का सर्वप्रथम उपयोग पण्डित जवाहरलाल नेहरू ने किया था। भारत की विविधता भारत के लोगों की शक्ति है। विभिन्न संस्कृतियों, प्रदेशों तथा विभिन्न धर्मों के लोगों ने एक साथ मिलकर ब्रिटिश साम्राज्य विरोध किया था।
- विविधता में एकता (Unity in Diversity) का प्रदर्शन वर्ष 1919 के जलियाँवाला बाग हत्याकाण्ड में दिखाई दिया। यह सिख लोगों के विरुद्ध एक प्रकार की क्रूरता थी, लेकिन इस घटना का सिख, मुस्लिम एवं हिन्दुओं ने एक साथ मिलकर विरोध किया था।

## भेदभाव

- भारतीय समाज में धार्मिक, आर्थिक, सामाजिक आदि के आधार पर अन्तर पाया जाता है। जातीय संरचना से भारतीय समाज में भेदभाव (Discrimination) बढ़ा है।
- भेदभाव समाज की वह स्थिति है, जिसमें लोगों को अनेक आधारों पर विभेद का सामना करना पड़ता है। भेदभाव लैंगिक, संस्थागत, व्यक्तिगत आदि अनेक प्रकार का हो सकता है।
- गरीब लोगों के साथ सामान्य रूप से भेदभाव होता है। भेदभाव की समाप्ति समानता की स्थापना करके ही की जा सकती है। जैसे लड़कियों को किसी विशेष कार्य के लिए सही तथा गलत मानना, लैंगिक भेदभाव को दर्शाता है।
- **वैयक्तिक भेदभाव** (Individual Discrimination)- यह एक व्यक्ति के द्वारा अपने निजी व्यवहार के कारण किसी दूसरे के साथ किया गया नकारात्मक व्यवहार है।
- **संस्थागत व्यवहार** (Institutional Discrimination)- यह किसी संस्था के द्वारा समाज के किसी विशेष वर्ग के प्रति भेद-भाव से सम्बन्धित है; जैसे—औपनिवेशिक काल में महिलाओं को वोट डालने से वंचित रखा जाता था।

### पूर्वाग्रह

- पूर्वाग्रह (Prejudice) का सम्बन्ध किसी जाति / व्यक्ति के प्रति प्रमाणित तथ्यों को जाने बिना अपनाया गया दृष्टिकोण है। सामान्यत: इसका सम्बन्ध व्यक्ति के प्रति उस असाधारण व्यवहार से है, जो जाति, लिंग, विश्वास, नृजातीयता पर आधारित है।

### रूढ़िबद्ध धारणा

- जब किसी व्यक्ति विशेष या समुदाय विशेष से एक विशिष्ट रूप में व्यवहार किया जाता है तब ऐसी धारणा रूढ़िबद्ध धारणा कहलाती है। यह एक विचारधारा होती है, जिसमें किसी व्यक्ति विशेष को एक ही दृष्टिकोण से देखा जाता है।

- समाज में लड़के एवं लड़कियों के बीच भेदभाव मूलक अवधारणा रूढ़िबद्ध धारणा का उदाहरण है । जातीय विभेद तथा अन्तर को रूढ़िबद्ध धारणा के रूप में देखा जा सकता है। महिलाएँ जिम्मेदार वाहन के रूप में कार्य करके इस धारणा को चुनौती भी दे रही हैं।

## सामाजिक समानता

- सामाजिक समानता (Social Equality) का तात्पर्य है, समाज में रहने वाले सभी व्यक्ति एक समान हैं चाहे वे किसी वंश, धर्म, लिंग जाति क्षेत्र आदि से सम्बन्धित हों। सामाजिक समानता किसी विशेष के विशेषाधिकार का निषेध करती है।
- भारतीय संविधान के मूल अधिकार के अन्तर्गत अनुच्छेद 14 से 18 तक समानता का प्रावधान किया गया है। इसमें अनुच्छेद 17 में अस्पृश्यता/छुआछूत के उन्मूलन का प्रावधान है। वर्तमान समय में असमानता का महत्त्वपूर्ण निर्धारक गरीबी निर्धनता बन गई है।
- सामाजिक समानता का शिक्षण करते समय विभिन्न सामाजिक संस्कृति के महत्त्व को बताना आवश्यक होता है।

## डॉ. भीमराव अम्बेडकर

- डॉ. भीमराव अम्बेडकर (1891-1956) एक समाज सुधारक राजनीतिज्ञ, तथा विधिवेत्ता थे। वे जाति-प्रथा के विरोधी तथा सामाजिक समानता के समर्थक थे।
- उन्होंने दलितों के उत्थान के लिए अनेक प्रयास किए। अम्बेडकर संविधान की प्रारूप समिति के अध्यक्ष थे। वे बालिका शिक्षा के प्रबल समर्थक थे। वे स्वतन्त्र भारत के प्रथम विधि मन्त्री थे।

## प्रश्नमाला

**1. धार्मिक विविधता के सन्दर्भ में निम्न कथनों पर विचार कीजिए-**

**A. भारत सिर्फ मुस्लिम तथा हिन्दू धर्मों का स्थल है।**

**B. भारत में मुस्लिम लोगों की बहुलता है।**

**उपरोक्त कथनों में से कौन-सा/से कथन सही है/हैं ?**

(a) केवल A (b) केवल B
(c) A और B दोनों (d) न तो A और न ही B

**2. बम्बई उच्च न्यायालय द्वारा हाजी अली दरगाह में महिलाओं के प्रवेश का अधिकार देना निम्न में से किस प्रकार का प्रयास है।**

(a) लैंगिक समानता का प्रयास
(b) जातीय समानता का प्रयास
(c) नैसर्गिक समानता का प्रयास
(d) उपरोक्त में से कोई नहीं

**3. आदिवासियों को रंग-बिरंगे कपड़े पहने, सिर पर मुकुट लगाए और नाचते-गाते हुए एक रूढ़िबद्ध रूप में प्रदर्शित करने के परिणामस्वरूप प्राय:**

(a) संसार का ध्यान गरीब आदिवासियों की समस्याओं की ओर आकर्षित होता है।
(b) इस प्रकर के समूहों के प्रति भेदभाव होता है।
(c) आदिवासी संस्कृति को प्रोत्साहन मिलता है।
(d) भारतीय संस्कृति की विविधता प्रदर्शित होती है।

**4. दलित और आदिवासी लड़कियों द्वारा स्कूल छोड़ने की दर सबसे अधिक है-**

(a) लड़कियों के लिए अलग स्कूल नहीं मिलने के कारण।
(b) शिक्षा का लाभ लड़की के ससुराल वालों को मिलने के कारण।
(c) क्योंकि उनके माता-पिता शिक्षा को महत्त्व नहीं देते।
(d) गरीबी और सामाजिक भेद-भाव के कारण।

**5. निम्नलिखित उदाहरणों में से विविधता को दर्शाने वाले उदाहरण का चयन करें।**

(a) परितोष को बांग्ला अच्छी आती है, वहीं सुचिता हिन्दी बोलती है।
(b) सरोज को स्कूल जाने का अवसर मिला, जबकि निर्मला को स्कूल जाने का अवसर नहीं मिला।
(c) एलेन एक गरीब परिवार से वास्ता रखता है, जबकि साइमन का परिवार बहुत अमीर है।
(d) रघु सुरेश को फुटबॉल की टीम में सम्मिलित नहीं करना चाहता है, क्योंकि वह समाज के एक विशेष समुदाय से आता है।

**6. भारत का वर्णन करने के लिए 'विविधता में एकता' मुहावरे का निर्माण किसने किया था ?**

(a) राजेन्द्र प्रसाद ने
(b) जवाहरलाल नेहरू ने
(c) बी. आर. अम्बेडकर ने
(d) एम. के. गाँधी ने

**7. निम्नलिखित को सुमेलित कीजिए तथा सही विकल्प का चयन कीजिए।**

| | |
|---|---|
| **A. लोगों को एक ही छवि में बाँधना** | **I. पूर्वाग्रह** |
| **B. दूसरे लोगों को नकारात्मक रूप से देखना/मानना** | **II. अस्पृश्यता/ छुआछूत** |
| **C. किसी के साथ दूसरे की अपेक्षा असमुचित रूप से व्यवहार करना।** | **III. रूढ़िबद्ध धारणा** |
| **D. शुद्धता और अशुद्धता को मानना।** | **IV. भेदभाव** |

कूट

| | A | B | C | D |
|---|---|---|---|---|
| (a) | II | III | I | IV |
| (b) | III | I | IV | II |
| (c) | IV | III | II | I |
| (d) | I | IV | II | III |

**8. जब हम व्यक्तियों को एक ही छवि में बाँधते हैं, तो, हम रूढ़िवादी धारणा का निर्माण करते हैं। नीचे दिया गया एक विकल्प इस छवि को तोड़ता है। सही विकल्प की पहचान कीजिए।**

(a) लड़के शारीरिक रूप से मजबूत होते हैं।
(b) लड़के भावुक और ध्यान रखने वाले होते हैं।
(c) लड़के खेलों में अच्छे होते हैं।
(d) लड़के ऊधमी और शरारती होते हैं।

**9. निम्न कथनों को ध्यान से पढ़िए तथा सही विकल्प का चयन कीजिए।**

**कथन (A) भारतीय स्वतन्त्रता संग्राम में भिन्न सांस्कृतिक, धार्मिक तथा क्षेत्रीय पृष्ठभूमि वाले लोगों ने हिस्सा लिया तथा देश को स्वतन्त्रता दिलवाई।**

**कारण (B) भारतीय विविधता हमेशा इसकी ताकत रही हैं।**

**कूट**

(a) कथन (A) तथा कारण (B) दोनों सही हैं किन्तु (B), (A) का कारण नहीं है।
(b) कथन (A) गलत है जबकि कथन (B) सही है।
(c) कथन (A) सही है जबकि कथन (B) गलत है।
(d) कथन (A) तथा कारण (B) दोनों सही हैं किन्तु (B), (A) का कारण है।

## उत्तरमाला

**1.** (d) **2.** (a) **3.** (d) **4.** (a) **5.** (a) **6.** (b) **7.** (b) **8.** (b) **9.** (d)

# संविधान

## भारतीय संविधान का निर्माण

- संविधान सभा के सिद्धान्त के सर्वप्रथम दर्शन **1895** के **'स्वराज विधेयक'** में होते हैं, जिसे **तिलक** के निर्देशन में तैयार किया गया था।
- द्वितीय विश्वयुद्ध की आवश्यकताओं और राष्ट्रीय तथा अंतर्राष्ट्रीय शक्तियों द्वारा विवश कर दिए जाने पर 1940 के प्रस्ताव में ब्रिटिश सरकार ने कहा था कि भारत का संविधान स्वयं भारतवासियों द्वारा ही तैयार किया जाएगा।
- 1942 की क्रिप्स योजना के द्वारा ब्रिटेन ने स्पष्टतया स्वीकार किया कि भारत में एक निर्वाचित संविधान सभा का गठन होगा, जो युद्ध के बाद भारत के लिए संविधान तैयार करेगी। अंत में 1946 की कैबिनेट मिशन योजना में भारतीय संविधान सभा के प्रस्ताव को स्वीकार कर इसे व्यावहारिक रूप प्रदान किया गया।
- **कैबिनेट मिशन योजना** में निश्चित किया गया कि भारतीय संविधान के निर्माण हेतु परोक्ष निर्वाचन के आधार पर एक संविधान सभा की स्थापना की जाए जिसमें **कुल 389** सदस्य हों। जिनमें **292 ब्रिटिश** प्रान्तों के प्रतिनिधि, **4 चीफ कमिश्नर** क्षेत्रों के प्रतिनिधि और 93 देशी रियासतों के प्रतिनिधि हों।

## संविधान सभा के विकास के चरण

- संविधान के निर्माण में संविधान सभा को **2 वर्ष, 11 माह** तथा **18 दिन** लगे। संविधान सभा का पहला विचार एम.एन.राव. ने रखा। अपने कार्यकाल में संविधान सभा निम्नलिखित तीन चरणों से गुजरी–

### प्रथम चरण

- यह चरण **6 दिसम्बर, 1946 से 14 अगस्त, 1947** तक चला। इसमें संविधान सभा कैबिनेट मिशन द्वारा सुझाई गई सीमाओं के भीतर कार्य करती रही। इस चरण में **पंडित जवाहर लाल नेहरू** ने संविधान का **उद्देश्य प्रस्ताव** प्रस्तुत किया, जिसके आधार पर संविधान का प्रारूप तैयार करने की प्रक्रिया आरम्भ हुई।

### द्वितीय चरण

- यह चरण **15 अगस्त, 1947 से 26 नवम्बर, 1949** तक चला। इस दौरान संविधान सभा एक प्रभुत्वसम्पन्न एवं अस्थायी संस्था के रूप में कार्य करती रही। इस दौरान संविधान के प्रारूप का संविधान सभा में वाचन किया गया व उस पर व्यापक विचार-विमर्श हुआ।

### तृतीय चरण

- यह चरण **27 नवम्बर, 1949 से मार्च, 1952** तक चला। इस दौरान संविधान सभा तब तक एक अस्थायी संसद के रूप में कार्य करती रही, जब तक भारत में आम चुनाव के पश्चात् निर्वाचित प्रतिनिधि नहीं चुने गए व नई संसद का निर्माण नहीं हुआ।
- संविधान निर्माताओं ने लगभग **60 देशों** के संविधानों का अवलोकन किया और इसके **प्रारूप में 114** दिनों तक विचार हुआ।

| संविधान दिवस |
|---|
| 26 नवंबर भारत में **संविधान दिवस** के रूप में मनाया जाता है। इसकी शुरुआत 2015 से हुई, क्योंकि यह वर्ष संविधान निर्माता **डॉ. भीमराव अंबेडकर** के 125वें जन्मदिवस के रूप में मनाया गया था। |
| **अंतर्राष्ट्रीय लोकतंत्र दिवस** |
| 15 सितंबर, 2015 को विश्व भर में **अंतर्राष्ट्रीय लोकतंत्र दिवस** मनाया गया। संयुक्त राष्ट्र महासभा ने वर्ष 2007 में एक प्रस्ताव पारित कर इस दिवस को मनाने की घोषणा की थी। |
| **राष्ट्रीय मतदाता दिवस** |
| • राष्ट्रीय मतदाता दिवस वर्ष 2011 से प्रति वर्ष 25 जनवरी को मनाया जाता है। वर्ष 2023 में राष्ट्रीय मतदाता दिवस का विषय है 'वोट जैसा कुछ नहीं, वोट जरूर डालेंगे हम'। |

## संविधान सभा के प्रमुख सदस्य

- संविधान सभा के अस्थायी अध्यक्ष- सच्चिदानंद सिन्हा, स्थायी अध्यक्ष डॉ. राजेन्द्र प्रसाद तथा उपाध्यक्ष एच. सी. मुखर्जी व वी.टी. कृष्णमाचारी थे।
- कांग्रेस के सभी शीर्ष नेता पं. जवाहर लाल नेहरू, सरदार वल्लभ भाई पटेल, डॉ. राजेन्द्र प्रसाद, मौलाना आजाद, चक्रवर्ती राजगोपालाचारी, पं. गोविन्द वल्लभ पन्त, बाल गोविन्द खेर, बाबू पुरुषोत्तम दास टण्डन, के.एम. मुन्शी, आचार्य जे.बी. कृपलानी और टी.टी. कृष्णमाचारी इसके सदस्य थे।
- कांग्रेस के अतिरिक्त अन्य दलों से सम्बद्ध व्यक्तियों में डॉ. सर्वपल्ली राधाकृष्णन, डॉ. श्यामा प्रसाद मुखर्जी, पं. हृदयनाथ कुंजरू, एन. गोपालास्वामी आयंगर, डॉ. जयकर बख्शी, टेकचन्द, सर अल्लादि कृष्णास्वामी अय्यर, प्रो. के. टी. शाह और डॉ. भीमराव अम्बेडकर प्रमुख थे।
- **महिला सदस्यों** में श्रीमती सरोजिनी नायडू, श्रीमती हंसा मेहता और श्रीमती दुर्गाबाई देशमुख प्रमुख थीं।
- संविधान सभा की सदस्यता अस्वीकार करने वाले व्यक्तियों में **तेजबहादुर सप्रू** (स्वास्थ्य के आधार पर) एवं **जयप्रकाश नारायण** थे।
- महात्मा गांधी संविधान सभा के सदस्य नहीं थे।

## संविधान सभा की समितियाँ

संविधान सभा ने संविधान के निर्माण से सम्बन्धित विभिन्न कार्यों को करने के लिए कई समितियों का गठन किया। इनमें **आठ बड़ी** समितियाँ थीं एवं कई अन्य छोटी। बड़ी समितियों एवं इनके अध्यक्षों के नाम इस प्रकार हैं–

| बड़ी समितियाँ एवं उनके अध्यक्ष | | |
|---|---|---|
| 1. | संघ शक्ति समिति | – पंडित जवाहर लाल नेहरू |
| 2. | संघीय संविधान समिति | – पंडित जवाहर लाल नेहरू |
| 3. | प्रांतीय संविधान समिति | – सरदार वल्लभभाई पटेल |
| 4. | प्रारूप समिति | – डॉ. भीमराव अंबेडकर |
| 5. | मौलिक अधिकारों एवं अल्पसंख्यकों से सम्बन्धित परामर्श समिति | – सरदार वल्लभभाई पटेल |
| | इस समिति की दो उप-समितियाँ थीं– | |
| | (i) मौलिक अधिकार उप-समिति | – जे.बी. कृपलानी |
| | (ii) अल्पसंख्यक उप-समिति | – एच.सी. मुखर्जी |
| 6. | झंडा समिति | – जे.बी. कृपलानी |
| 7. | प्रक्रिया नियम समिति | – डॉ. राजेन्द्र प्रसाद |
| 8. | राज्यों के लिए समिति | – पं. जवाहर लाल नेहरू |
| 9. | संचालन समिति | – डॉ. राजेन्द्र प्रसाद |
| | संविधान सभा के संवैधानिक सलाहकार **बी. एन. राव** द्वारा संविधान का पहला प्रारूप तैयार किया गया था। इस प्रारूप में 243 अनुच्छेद एवं 13 अनुसूचियाँ थीं। | |

## प्रारूप समिति

- संविधान के प्रारूप को तैयार करने के लिए **29 अगस्त, 1947 ई.** को प्रारूप समिति का गठन किया गया, **डॉ. भीम राव अम्बेडकर** इसके अध्यक्ष थे।
  - 30 अगस्त, 1947 ई. को प्रारूप समिति की प्रथम बैठक हुई। इसके पश्चात् संविधान के प्रारूप पर **114** दिनों तक चर्चा की गई। इस दौरान तैयार प्रारूप का तीन बार **वाचन (Reading)** किया गया।
  - **डॉ. बी. आर. अम्बेडकर** ने संविधान सभा के समक्ष **'द कॉन्स्टीट्यूशन ऐज सैटल्ड बाई द असेंबली बी पास्ड'** प्रस्ताव पेश किया। संविधान के प्रारूप पर पेश इस प्रस्ताव को 26 नवम्बर, 1949 को पारित कर दिया गया और इस पर अध्यक्ष व सदस्यों ने हस्ताक्षर किए।

| प्रारूप समिति के सदस्य | |
|---|---|
| 1. | **के.एम. मुंशी** (बम्बई से निर्वाचित) |
| 2. | **मुहम्मद सादुल्ला** (असम से निर्वाचित, मुस्लिम लीग) |
| 3. | **बी.एम. मित्र** |
| 4. | **अल्लादी कृष्णा स्वामी अय्यर** (मद्रास से निर्वाचित, निर्दलीय) |
| 5. | **एन. गोपालस्वामी अयंगर** (मद्रास से निर्वाचित) |
| 6. | **डी.पी. खेतान** (निर्दलीय) |

| छोटी समितियाँ एवं उनके अध्यक्ष | |
|---|---|
| 1. | संविधान सभा के कार्यों से सम्बन्धित समिति–**जी.वी. मावलंकर** |
| 2. | कार्य संचालन समिति–**डॉ. के.एम. मुंशी** |
| 3. | सदन समिति–**बी. पट्टाभि सीतारमैया** |
| 4. | राष्ट्रध्वज सम्बन्धी तदर्थ समिति–**डॉ. राजेन्द्र प्रसाद** |
| 5. | मौलिक अधिकारों, अल्पसंख्यकों एवं जनजातियों व बहिष्कृत क्षेत्रों के लिए सलाहकार समिति–**सरदार वल्लभभाई पटेल** |
| 6. | क्रीडेंसियल समिति–**अल्लादी कृष्णास्वामी अय्यर** |
| 7. | वित्त एवं कर्मचारी (स्टाफ) समिति–**डॉ. राजेन्द्र प्रसाद** |
| 8. | प्रेस दीर्घा समिति–**उषानाथ सेन** |
| 9. | आयुक्तों के प्रांतों के लिए समिति–**बी. पट्टाभि सीतारमैया** |
| 10. | भाषाई प्रांतों से सम्बन्धित आयोग–**एस. के. धर** |
| 11. | वित्तीय प्रावधान सम्बन्धी विशेषज्ञ समिति– **नलिनी रंजन सरकार** |
| 12. | सर्वोच्च न्यायालय के लिए तदर्थ समितियाँ–**एस. वरदाचरियार** |
| 13. | आवास समिति–**बी. पट्टाभि सीतारमैया** |

- भारतीय **संविधान के पिता/आधुनिक मनु** की संज्ञा डॉ. बी. आर. अम्बेडकर को दी जाती है।
- संविधान सभा में **डॉ. बी. आर. अम्बेडकर** का निर्वाचन **पश्चिम बंगाल** से हुआ था।
- संविधान की प्रस्तावना में 26 नवंबर, 1949 का उल्लेख उस दिन के रूप में किया गया है, जिस दिन **भारत के लोगों ने सभा में संविधान को अपनाया, उसे लागू किया व स्वयं को ही सौंपा।**
- 26 नवंबर, 1949 को अपनाए गए संविधान में **प्रस्तावना, 22 भाग, 395 अनुच्छेद** और **8 अनुसूचियाँ** थीं। **प्रस्तावना** को पूरे संविधान को लागू करने के बाद लागू किया गया।

## संविधान की स्वीकृति

- प्रारूप समिति द्वारा संविधान का जो प्रारूप तैयार किया गया, वह 1 फरवरी, 1948 के दिन संविधान सभा के अध्यक्ष को सौंप दिया गया। 26 नवम्बर, 1949 को संविधान सभा ने भारतीय संविधान को अन्तिम रूप प्रदान किया और इसी दिन इस पर अध्यक्ष के हस्ताक्षर हुए।
- संविधान के 15 अनुच्छेद, 26 नवम्बर, 1949 को ही लागू कर दिए गए थे परंतु शेष संविधान 26 जनवरी, 1950 को लागू किया गया।
- 26 जनवरी, 1950 को संविधान लागू करने का वास्तविक कारण यह था कि 1930 से ही सम्पूर्ण भारत में 26 जनवरी का दिन 'स्वाधीनता दिवस' के रूप में मनाया जाता था।
- सम्पूर्ण संविधान के निर्माण में 2 वर्ष, 11 मास और 18 दिन का समय लगा। इस कार्य पर 63 लाख 93 हजार 729 रुपए खर्च हुए। अन्तिम रूप से स्वीकृत संविधान में **395 अनुच्छेद** और **8 अनुसूचियाँ** थीं।

# भारतीय संविधान के प्रमुख स्रोत

## विदेशी स्रोत

- **ब्रिटिश संविधान**–भारतीय संविधान में **संसदात्मक शासन प्रणाली**, कानून का शासन, **एकीकृत संस्थात्मक ढांचा** (एकीकृत न्यायिक व्यवस्था, एकीकृत नौकरशाही तथा **इकहरी नागरिकता**), विधि निर्माण की प्रक्रिया, संसद व विधानमण्डलों के सदस्यों के विशेषाधिकार एवं उन्मुक्तियाँ तथा **मन्त्रिमण्डल के सामूहिक उत्तरदायित्व** के सिद्धान्त, फस्ट पास्ट द पोस्ट सिस्टम पर ब्रिटिश संविधान का प्रभाव दृष्टिगोचर होता है।
- **अमेरिका का संविधान**–भारतीय संविधान में **मौलिक अधिकारों**, सर्वोच्च न्यायालय से सम्बन्धित व्यवस्थाओं, संविधान की सर्वोच्चता, **राष्ट्रपति पर महाभियोग**, उपराष्ट्रपति, **उच्चतम व उच्च न्यायालयों** के न्यायाधीशों को हटाने की विधि, न्यायिक समीक्षा पर अमेरिका के संविधान का प्रभाव देखा जा सकता है।
- **कनाडा का संविधान**–हमारी **संघात्मक व्यवस्था**, हमारे संविधान में संघ के लिए 'यूनियन' (Union) शब्द का प्रयोग और अवशिष्ट शक्तियाँ केन्द्र को सौंपे जाने की व्यवस्था, केन्द्र द्वारा राज्यपालों की नियुक्ति को कनाडा के संविधान से ग्रहण किया गया।
- **ऑस्ट्रेलिया का संविधान**–भारतीय संविधान की प्रस्तावना में निहित भावनाएँ, **समवर्ती सूची तथा इस सूची** के विषयों पर संघ और इकाइयों के बीच उत्पन्न होने वाले विवादों को निपटाने के उपाय, संयुक्त बैठक ऑस्ट्रेलिया के समान हैं।
- **आयरलैण्ड का संविधान**–भारतीय संविधान में **नीति निदेशक सिद्धान्त**, राष्ट्रपति के **निर्वाचक मण्डल की व्यवस्था**, राज्यसभा में कला, साहित्य,

विज्ञान आदि से सम्बन्धित विशिष्ट व्यक्तियों के मनोनयन की प्रणाली आयरलैण्ड के संविधान से मिलती है।

- **जापान का संविधान**–भारतीय संविधान के **अनुच्छेद 21** की शब्दावली 'विधि द्वारा स्थापित प्रक्रिया को छोड़कर' (except according to procedure established by law) जापान के संविधान से ली गई है।
- **फ्रांस** - गणतंत्र व प्रस्तावना में स्वतंत्रता, समानता व बंधुत्व लिया गया।
- **सोवियत संघ** - प्रस्तावना में न्याय (सामाजिक, आर्थिक, राजनीतिक तथा मूल कर्तव्यों को प्रभावित करता है।)
- **दक्षिण अफ्रीका का संविधान**–भारतीय संविधान की **संशोधन पद्धति** दक्षिण अफ्रीका के संविधान की संशोधन पद्धति से मिलती है।
- **जर्मनी का वीमर संविधान**–भारतीय संविधान के अंतर्गत आपातकाल में राष्ट्रपति को **मौलिक अधिकारों** के स्थगन सम्बन्धी जो अधिकार दिए गए हैं, वे **जर्मनी** के **'वीमर संविधान'** से लिए गए हैं।

## देशी या भारतीय स्रोत

- **नेहरू समिति रिपोर्ट**–नेहरू रिपोर्ट (1928) में कहा गया था कि भारत का भावी संविधान अपने स्वरूप में संघीय होगा, देशी रियासतों का कोई अलग अस्तित्व नहीं होगा, **संसदात्मक शासन प्रणाली** अपनाई जाएगी। वर्तमान संविधान में ऐसा ही किया गया है। अल्पसंख्यकों के लिए रक्षा उपाय, **संघीय राजव्यवस्था के मूल स्रोत** और **मूल अधिकार** भी नेहरू रिपोर्ट में मिलते हैं।
- **1935 के भारतीय शासन अधिनियम** की लगभग 200 धाराएँ ऐसी हैं, जिन्हें या तो अक्षरशः अथवा वाक्य रचना में साधारण परिवर्तन करके संविधान में स्थान दिया गया है। 1935 ई. के अधिनियम से प्रमुखतया इन महत्वपूर्ण व्यवस्थाओं को लिया गया है: **(i)** भारतीय संविधान की तीन सूचियाँ तथा शक्ति का पृथक्करण, **(ii)** राज्यपाल के पद की व्यवस्था, **(iii)** राज्य अथवा राज्यों में संवैधानिक व्यवस्था की विफलता पर उनकी शासन व्यवस्था केन्द्र सरकार द्वारा तथा **(iv)** वर्तमान संविधान 1935 के अधिनियम की भांति ही प्रशासनिक व्यवस्था के उल्लेख सहित एक विस्तृत वैज्ञानिक प्रलेख है। 1935 के अधिनियम से बहुत कुछ ग्रहण किया गया है। लेकिन इसके बावजूद वर्तमान संविधान को 1935 के अधिनियम का वृहत् संस्करण नहीं कहा जा सकता है।
- भारतीय संविधान 26 जनवरी, 1950 को लागू हुआ। इसके लागू होने के बाद भारतीय संविधान का निरन्तर विकास हुआ है। वस्तुतः संविधान का विकास एक अनवरत प्रक्रिया है।

# संविधान के लक्षण

- संविधान में जिस प्रकार केन्द्र और राज्यों के मध्य शक्तियों का बंटवारा किया गया है, उससे केन्द्रीय सरकार अधिक शक्तिशाली प्रतीत होती है, किंतु राज्यों के मामलों में केन्द्र द्वारा हस्तक्षेप किया जाना हमारे संविधान का सामान्य लक्षण नहीं है।
- वस्तुतः भारतीय संविधान न तो **विशुद्ध परिसंघीय** है, और न ही **विशुद्ध एकात्मक**, बल्कि यह दोनों का समन्वय है, अर्थात् अर्द्धसंघीय है। यह अपने ढंग का एक अनोखा संविधान है।
- भारतीय संविधान इस बात पर अत्यधिक बल देता है कि **संघीय सिद्धांत** की अपेक्षा देश का हित सर्वोपरि है।

## भारतीय संविधान में एकात्मक लक्षण

- शक्तियों का बंटवारा केन्द्र के पक्ष में।
- केन्द्र राज्यों की सीमा, नाम तथा क्षेत्र में परिवर्तन कर सकता है।
- **एकल नागरिकता** का प्रावधान
- राज्यपाल की नियुक्ति केन्द्र द्वारा
- आपातकाल में **पूर्णतया एकात्मक** स्वरूप
- राज्यों में राष्ट्रपति शासन
- **संविधान संशोधन** करने की पहल का अधिकार केन्द्र के पास
- एकीकृत न्याय व्यवस्था
- आर्थिक दृष्टि से राज्यों की दुर्बल स्थिति
- **अंतर्राष्ट्रीय संधियों** के पालन हेतु विधायी शक्ति केन्द्र के पास
- महत्वपूर्ण विषयों का एकीकृत रूप
- संघ की राज्यों को निर्देश देने की शक्ति (अनुच्छेद-256)
- राज्यों के प्रतिनिधित्व में समानता नहीं
- अधिकारी तंत्र का नियंत्रण **(अखिल भारतीय सेवाएं)**
- उच्च न्यायालय के न्यायाधीशों की नियुक्ति में केन्द्र की भूमिका

## भारतीय संविधान में संघात्मक लक्षण

- **लिखित संविधान**
- **संविधान की सर्वोच्चता**
- संघ एवं राज्यों के बीच शक्तियों का विभाजन
- स्वतन्त्र न्यायपालिका
- संविधान संशोधन की **जटिल प्रक्रिया**
- केन्द्र तथा राज्यों में पृथक् सरकारें

उपर्युक्त लक्षणों के अतिरिक्त भी कई ऐसे तत्व हैं, जिनका वर्णन संविधान में नहीं है, लेकिन वे उसके संघीय स्वरूप को प्रभावित करते हैं, जैसे–

- भारत में दलीय स्वरूप
- प्रधानमन्त्री का करिश्माई व्यक्तित्व
- योजना आयोग (वर्तमान में नीति आयोग)
- राष्ट्रीय विकास परिषद्
- जी.एस.टी. परिषद

# भारतीय संविधान की उद्देशिका

## उद्देशिका

- प्रत्येक संविधान के प्रारम्भ में सामान्य रूप से एक प्रस्तावना होती है, जिसके द्वारा संविधान के प्रमुख उद्देश्यों को भली-भाँति समझा जा सकता है। संविधान के लागू होने के बाद से प्रस्तावना में केवल 1 बार संशोधन (42वाँ संविधान संशोधन) हुआ है, अतः वर्तमान समय में संविधान की प्रस्तावना निम्नलिखित है–

> "हम भारत के लोग, भारत को एक सम्पूर्ण प्रभुत्व-सम्पन्न, **समाजवादी**, **पंथनिरपेक्ष**, **लोकतन्त्रात्मक** गणराज्य बनाने तथा उसके समस्त नागरिकों को सामाजिक, आर्थिक और राजनीतिक न्याय, विचार, अभिव्यक्ति, विश्वास, धर्म और उपासना की स्वतन्त्रता, प्रतिष्ठा और अवसर की समानता प्राप्त कराने के लिए तथा उन सबमें व्यक्ति की गरिमा और राष्ट्र की एकता तथा अखण्डता सुनिश्चित करने वाली बन्धुता बढ़ाने के लिए दृढ़-संकल्प होकर अपनी इस संविधान सभा में आज तारीख 26 नवम्बर, 1949 (मिति मार्गशीर्ष शुक्ल सप्तमी संवत् 2006 विक्रमी) को एतद् द्वारा इस संविधान को अंगीकृत, अधिनियमित और आत्मार्पित करते हैं।"

- प्रस्तावना में रेखांकित शब्द (**समाजवादी**, **पंथनिरपेक्ष** तथा **अखण्डता**) मूल संविधान की प्रस्तावना में नहीं थे। इन्हें **42वें संवैधानिक संशोधन** (1976) के आधार पर प्रस्तावना में जोड़ा गया है।

- प्रस्तावना संविधान की कुंजी तथा संविधान का सबसे श्रेष्ठ अंग है। पूर्व मुख्य न्यायाधीश सुब्बा राव ने कहा है, **''प्रस्तावना संविधान के आदर्शों व आकांक्षाओं को बताती है।''**
- संविधान की उद्देशिका या प्रस्तावना का आधार पं. जवाहर लाल नेहरू द्वारा प्रस्तुत 'उद्देश्य-प्रस्ताव' है, जिसे उन्होंने 13 दिसम्बर, 1946 को संविधान निर्मात्री सभा में प्रस्तुत किया था।
- प्रस्तावना से चार तथ्य स्पष्ट होते हैं: **(1)** सत्ता का स्रोत, **(2)** शासन का प्रकार, **(3)** शासन प्रणाली के लक्ष्य एवं **(4)** स्वीकृति एवं क्रियान्वयन की तिथि।
- बेरूबारी वाद में सर्वोच्च न्यायालय ने कहा था कि प्रस्तावना संविधान का कानूनी भाग नहीं है। तथापि **केशवानन्द भारती वाद (1973)** में पूर्व निर्णय को बदलते हुए सर्वोच्च न्यायालय ने इसे संविधान का अभिन्न अंग बताया। अत: प्रस्तावना में संशोधन किया जा सकता है, किंतु प्रस्तावना का वह भाग जो बुनियादी ढाँचे का भाग है, उसे संसद द्वारा बदला नहीं जा सकता।
- डॉ. सुभाष कश्यप के अनुसार, **''संविधान शरीर है, तो प्रस्तावना उसकी आत्मा, प्रस्तावना आधारशिला है, तो संविधान उस पर खड़ी अट्टालिका ...।''**
- नानी पालकीवाला ने प्रस्तावना को संविधान का परिचय-पत्र कहा।

## उद्देशिका के तत्व

- संविधान घोषित करता है कि भारत के लोगों ने ही संविधान को **अंगीकृत** (Adopted), **अधिनियमित** (Enacted) तथा **आत्मार्पित** (Given to Themselves) किया है। अत: देश की **सम्प्रभुता** (Sovereignty) अंतत: लोगों में ही निहित है।
- यह लोगों के उन **आदर्शों** (Ideals) व **आकांक्षाओं** (Aspirations) जिन्हें प्राप्त करने की आवश्यकता है, की भी उद्घोषणा करता है।
- आदर्श, आकांक्षाओं से भिन्न हैं। संविधान द्वारा भारत को एक **संप्रभुतासम्पन्न, समाजवादी, पंथनिरपेक्ष, लोकतांत्रिक गणराज्य** के रूप में घोषित करने के आदर्शों को प्राप्त कर लिया गया है। परंतु, आकांक्षाओं के अंतर्गत **न्याय, स्वतन्त्रता, समता** व **बंधुता** आदि तत्व हैं, जिन्हें अभी भी प्राप्त किया जाना है। **उद्देशिका आदर्श व आकांक्षाओं की प्राप्ति का साधन** है।

## उद्देशिका का उद्देश्य

- **संविधान के प्राधिकार का स्रोत स्पष्ट करना:** उद्देशिका से स्पष्ट होता है कि संविधान के प्राधिकार का मूल स्रोत **भारत के लोगों में निहित है।**
- **संविधान निर्माण का उद्देश्य स्पष्ट करना** वस्तुत: उद्देशिका में उन महान अधिकारों तथा स्वतन्त्रताओं की घोषणा की गई है, जिन्हें भारत के लोगों ने सभी नागरिकों के लिए सुनिश्चित करने की इच्छा की थी।
- उद्देशिका में संविधान के अधिनियमन की तिथि का उल्लेख है।
- उद्देशिका में भारतीय राजव्यवस्था एवं सरकार के स्वरूप के साथ-साथ नागरिकों के अधिकारों एवं स्वतन्त्रताओं का भी वर्णन किया गया है।

## उद्देशिका की शब्दावली

### सम्प्रभुता सम्पन्न (Sovereign)

- **सम्प्रभुता सम्पन्न राष्ट्र** इस बात पर बल देता है, कि भारत के बाहर ऐसी कोई सत्ता (Authority) नहीं है, जिस पर यह देश किसी भी रूप में निर्भर है। वस्तुत:, यह शब्द बिना किसी बाह्य दबाव या प्रभाव के **आत्मनिर्णय की शक्ति** का परिचायक है।
- एक संप्रभु राज्य होने के नाते भारत किसी **विदेशी सीमा अधिग्रहण** अथवा किसी अन्य देश के पक्ष में अपनी सीमा के किसी हिस्से से दावा छोड़ सकता है।

### समाजवादी (Socialist)

- **समाजवाद** (Socialism) से संविधान का अभिप्राय है–**लोकतांत्रिक साधनों से समाज के समाजवादी स्वरूप** (Socialistic Pattern of Society) की प्राप्ति।
- भारतीय समाजवाद लोकतांत्रिक समाजवाद है न कि साम्यवादी समाजवाद। इसे राज्याश्रित समाजवाद भी कहा जाता है, जिसमें उत्पादन और वितरण के सभी साधनों का **राष्ट्रीयकरण और निजी संपत्ति** का उन्मूलन शामिल है।
- भारतीय समाजवाद **मार्क्सवाद और गांधीवाद** का मिला-जुला रूप है, जिसका गांधीवादी समाजवाद की ओर ज्यादा झुकाव है।

### पंथनिरपेक्ष (Secular)

- भारत एक **पंथनिरपेक्ष राज्य** (Secular State) है–इसका तात्पर्य यह नहीं है कि भारत एक **धर्मविहीन** (Non-religious) या **अधार्मिक** (Irreligious) या **धर्म विरोधी** (Anti-religious) राज्य है।
- इसका सीधा अभिप्राय यह है कि यह राज्य स्वयं में धार्मिक नहीं है और **सर्वधर्म समभाव** के प्राचीन भारतीय सिद्धांत का अनुकरण करता है।
- इसका तात्पर्य यह भी है, कि राज्य धर्म के आधार पर नागरिकों में **विभेद** (Discrimination) नहीं करेगा।
- राज्य धर्म को किसी नागरिक का व्यक्तिगत मामला समझता है, जिसमें किसी धर्म में विश्वास करने या न करने का अधिकार सम्मिलित है।
- इसके बावजूद भी भारत अपने विशिष्ट सामाजिक-सांस्कृतिक वातावरण के कारण उस अर्थ में **पंथनिरपेक्ष** (Secular) नहीं है, जिस अर्थ में **पश्चिमी देश** हैं।

### लोकतांत्रिक (Democratic)

- लोकतांत्रिक पद का तात्पर्य यह है कि केवल उन्हीं शासकों को सरकार चलाने का अधिकार है, जो लोगों द्वारा **निर्वाचित** हैं।
- भारत **प्रतिनिधि-लोकतंत्र** (Representative Democracy) की व्यवस्था का पालन करता है, जिसमें सांसदों (MPs) तथा विधायकों (MLAs) का सीधे जनता द्वारा निर्वाचन किया जाता है।
- पंचायतों व नगरपालिकाओं के माध्यम से लोकतंत्र को अत्यंत छोटे स्तर तक लाए जाने का प्रयास किया गया है (73वाँ तथा 74वाँ संविधान संशोधन अधिनियम-1992 एवं 1993)।
- इसके होते हुए भी, प्रस्तावना में न केवल राजनीतिक लोकतंत्र को अपितु सामाजिक व आर्थिक लोकतंत्र को भी सम्मिलित किया गया है।
- सामजिक लोकतंत्र के बिना राजनीतिक लोकतंत्र सुनिश्चित नहीं किया जा सकता **–डॉ. बी.आर. अम्बेडकर**

**लोकतंत्र दो प्रकार** का होता है–**प्रत्यक्ष** व **अप्रत्यक्ष**। प्रत्यक्ष लोकतंत्र में लोग अपनी शक्ति का इस्तेमाल प्रत्यक्ष रूप से करते हैं, जैसे–**स्विट्जरलैण्ड** में। प्रत्यक्ष लोकतंत्र के चार प्रमुख औजार हैं, इनके नाम हैं–**परिपृच्छा** (Enquiry)] **पहल** (Initiative), **प्रत्यावर्तन** या **प्रत्याशी** को वापस बुलाना (Recall) तथा **जनमत संग्रह** (Referendum) दूसरी ओर अप्रत्यक्ष लोकतंत्र में लोगों द्वारा चुने गए प्रतिनिधि सर्वोच्च शक्ति का इस्तेमाल करते हैं।

### गणराज्य (Republic)

- गणराज्य पद से तात्पर्य–भारत में वंश परंपरा से कोई शासक नहीं होता है और राज्य के सभी राजनीतिक **प्राधिकारी** (Authority) **प्रत्यक्ष** या **परोक्ष नीति** से जनता द्वारा ही निर्वाचित होते हैं। उदाहरण–भारत के राष्ट्रपति का चुनाव।
- केशवानंद भारती वाद (1973) से प्रस्तावना को संविधान के मूल ढाँचे का हिस्सा माना गया। इसके बाद से संविधान में मूल ढ़ाँचे के सिद्धान्त की उत्पत्ति हुई।

## सामाजिक, आर्थिक और राजनीतिक न्याय

- उद्देशिका (Preamble) भारतीय राज्य को कल्याणकारी प्रकृति के माध्यम से नागरिकों को **राजनीतिक न्याय** (Political Justice) के साथ-साथ **सामाजिक एवं आर्थिक न्याय** (Social and Economic Justice) की प्राप्ति सुनिश्चित करती है।
- किसी भी प्रकार की **अर्हता** (Qualification) के बिना **सार्वभौम वयस्क मताधिकार** (Universal Adult Franchise) के द्वारा भारत में राजनीतिक न्याय सुनिश्चित किया गया है।
- जबकि पिछड़े हुए नागरिकों के लिए **आरक्षण** [अनुच्छेद 15 (4)], **उपाधियों का अंत** (अनुच्छेद 18) तथा **अस्पृश्यता का उन्मूलन** (अनुच्छेद 17) के द्वारा **सामाजिक न्याय** को सुनिश्चित किया गया है तथा राज्य के **नीति-निदेशक तत्वों** के माध्यम से **आर्थिक न्याय** को सुनिश्चित किया गया है।
- सामाजिक, आर्थिक व राजनीतिक न्याय के इन तत्वों को **1917 की रूसी क्रांति** से लिया गया है।

### विचार, अभिव्यक्ति, विश्वास, धर्म और उपासना की स्वतन्त्रता

- स्वतन्त्रता एक मुक्त समाज की अनिवार्य विशेषता है, जो किसी व्यक्ति के **बौद्धिक**, **मानसिक** व **आध्यात्मिक पक्षों** के पूर्ण विकास में सहायता करती है। भारतीय संविधान के **अनुच्छेद 19** के अंतर्गत व्यक्तियों को **6 लोकतांत्रिक स्वतन्त्रताओं** तथा **अनुच्छेद 25–28** के अंतर्गत **धार्मिक स्वतन्त्रता** के अधिकार को सुनिश्चित करता है।

### प्रतिष्ठा और अवसर की समता

- समता का अर्थ है समाज के किसी भी वर्ग के लिए विशेषाधिकार की अनुपस्थिति और बिना किसी भेदभाव के हर व्यक्ति को समान अवसर प्रदान करने के उपबंध।
- जब तक प्रतिष्ठा व अवसर की समता नहीं है, तब तक स्वतन्त्रता रूपी फल को प्राप्त नहीं किया जा सकता।
- इस संदर्भ में भारतीय संविधान केवल **धर्म**, **मूलवंश**, **जाति**, **लिंग**, **जन्म स्थान** या इनमें से किसी के आधार पर राज्य द्वारा किसी भी **विभेद** (Discrimination) को **अवैधानिक** (Illegal) घोषित करता है। (अनुच्छेद-15)
- इसके साथ ही समाज के उपेक्षित वर्गों को राष्ट्र की मुख्यधारा में लाने हेतु संसद ने **अनुसूचित जातियों**, **अनुसूचित जनजातियों** तथा **अन्य पिछड़े वर्गों** के लिए कुछ कानून बनाए हैं।
- यह **संरक्षणात्मक विभेद** (Protective Discrimination) अर्थात् उक्त वर्गों के संरक्षण हेतु किया गया सकारात्मक भेदभाव है।
- **राज्य के नीति-निदेशक सिद्धांत (अनुच्छेद-39)** महिला तथा पुरुष को जीवनयापन के लिए पर्याप्त साधन और समान काम के लिए समान वेतन के अधिकार को सुरक्षित करते हैं।

## भारतीय संविधान की विशेषताएँ

- **(1)** लोक प्रभुता पर आधारित संविधान; **(2)** निर्मित, लिखित और सर्वाधिक व्यापक संविधान; **(3)** सम्पूर्ण प्रभुत्व सम्पन्न लोकतान्त्रिक गणराज्य; **(4)** समाजवादी राज्य; **(5)** धर्मनिरपेक्ष (पंथ निरपेक्ष) राज्य; **(6)** कठोरता और लचीलेपन का समन्वय; **(7)** एकात्मकता की ओर झुका हुआ संघात्मक शासन; **(8)** संसदात्मक शासन व्यवस्था; **(9)** मूल अधिकार और मौलिक कर्तव्य; **(10)** नीति-निदेशक तत्व; **(11)** स्वतन्त्र न्यायपालिका और अन्य स्वतन्त्र अभिकरण; **(12)** साम्प्रदायिक प्रतिनिधित्व का अंत और वयस्क मताधिकार का प्रारम्भ; **(13)** इकहरी नागरिकता; **(14)** संसदीय प्रभुता तथा न्यायिक सर्वोच्चता में समन्वय; **(15)** अल्पसंख्यकों तथा पिछड़े वर्गों के कल्याण की विशेष व्यवस्था एवं **(16)** एक राष्ट्रभाषा।

## संविधान की अनुसूचियाँ

- **प्रथम अनुसूची:** इसमें भारतीय संघ के घटक राज्यों और संघीय क्षेत्रों का उल्लेख है।
- **द्वितीय अनुसूची:** इसमें राष्ट्रपति राज्यपाल लोकसभा के अध्यक्ष और उपाध्यक्ष राज्यसभा के सभापति और उप-सभापति, विधानसभा के अध्यक्ष और उपाध्यक्ष विधान परिषद् के सभापति और उप-सभापति, उच्चतम न्यायालय और उच्च न्यायालयों के न्यायधीशों और भारत के नियन्त्रक एवं महालेखा परीक्षक आदि को प्राप्त होने वाले वेतन भत्ते और पेन्शन आदि का उल्लेख है।
- **तृतीय अनुसूची:** इसमें विभिन्न जनप्रतिनिधियों द्वारा पद ग्रहण के समय ली जाने वाली शपथ की व्यवस्था व प्रारूप का वर्णन है।
- **चतुर्थ अनुसूची:** विभिन्न राज्यों तथा संघीय क्षेत्रों के राज्यसभा में प्रतिनिधित्व का विवरण है।
- **पाँचवी अनुसूची:** इसमें विभिन्न अनुसूचित जातियों और अनुसूचित जनजातियों के प्रशासन और नियन्त्रण के बारे में उल्लेख है।
- **छठी अनुसूची:** इसमें असम, मेघालय, त्रिपुरा और मिजोरम राज्यों के जनजाति क्षेत्रों के प्रशासन के बारे में प्रावधान हैं।
- **सातवीं अनुसूची:** इसमें संघ सूची, राज्य सूची और समवर्ती सूची के विषयों का उल्लेख मिलता है।
- **आठवीं अनुसूची:** इसमें भारत की **22 भाषाओं** का उल्लेख किया गया है।
- **नौवीं अनुसूची:** इसके अंतर्गत राज्य द्वारा सम्पत्ति के अधिग्रहण की विधियों का उल्लेख किया गया है। इस अनुसूची में सम्मिलित विधियों को न्यायालय में चुनौती नहीं दी जा सकती। (पहले संविधान संशोधन से जोड़ी गई)
- **दसवीं अनुसूची:** इसमें दल-बदल रोकने से सम्बन्धित प्रावधानों का उल्लेख है। दिसम्बर, 2003 में 91वें संविधान संशोधन के द्वारा दलबदल से सम्बन्धित प्रावधानों में महत्वपूर्ण परिवर्तन किया गया है।
- **ग्यारहवीं अनुसूची:** इसके आधार पर **'पंचायती राजव्यवस्था'** को संवैधानिक दर्जा प्रदान किया गया है। (73वें संविधान संशोधन से जोड़ी गई)
- **बारहवीं अनुसूची:** शहरी क्षेत्र की स्थानीय संस्थाओं को संवैधानिक दर्जा प्रदान किया गया है। (74वें संविधान संशोधन से जोड़ी गई)

# भारतीय नागरिकता

- भारतीय संविधान निर्माताओं ने भारतीय संविधान के दूसरे भाग में **अनुच्छेद 5 से 11** तक नागरिकता सम्बन्धी विभिन्न उपबन्धों का प्रावधान किया। भारत में ब्रिटेन के समान एकल नागरिकता का प्रावधान किया गया है, वहीं अमेरिका में दोहरी नागरिकता है। भारतीय **नागरिकता अधिनियम, 1955** के सम्बन्ध में विभिन्न प्रावधान लागू किए गए। इस अधिनियम के अनुसार निम्न में से किसी एक आधार पर नागरिकता प्राप्त की जा सकती है–

## नागरिकता सम्बन्धी प्रावधान

- संविधान के **भाग-2 में नागरिकता** शीर्षक के अंतर्गत के **अनुच्छेद-5 से 11** में यह बताया गया है कि संविधान के लागू होने के समय किन व्यक्तियों को भारत का नागरिक माना जाएगा।
- **अनुच्छेद-5** से अनुच्छेद-8 तक में नागरिकों के 4 वर्गों का उल्लेख किया गया है। **अनुच्छेद-9** में प्रावधान है कि किसी विदेशी राज्य की नागरिकता स्वीकार करने पर कोई व्यक्ति भारत का नागरिक नहीं रहेगा।

- **अनुच्छेद-10** तथा 11 संसद को नागरिकता से सम्बन्धित विधि बनाने की शक्ति प्रदान करते हैं।
- **राष्ट्रपति, उपराष्ट्रपति, राज्यपाल, उच्चतम न्यायालय व उच्च न्यायालय के न्यायाधीश, महान्यायवादी और महाधिवक्ता** जैसे पदों पर केवल **भारतीय नागरिक** ही आसीन हो सकते हैं।
- संसद और राज्य विधानमण्डलों के सदस्य बनने का अधिकार केवल भारत के नागरिकों को प्राप्त है।

## संवैधानिक प्रावधान

- अनुच्छेद-5 से अनुच्छेद-8 तक प्रत्येक अनुच्छेद में नागरिकों के विशेष वर्ग निर्धारित किए गए हैं-

### अधिवास द्वारा नागरिकता

- अनुच्छेद-5 के अनुसार प्रत्येक व्यक्ति जो संविधान के प्रारम्भ के समय भारत के राज्य क्षेत्र में अधिवास करता है, वह भारत का नागरिक होगा, यदि निम्न में से कम-से-कम एक शर्त पूरी करता हो-
  1. वह भारत के राज्य क्षेत्र में जन्मा हो।
  2. उसके माता-पिता में से कोई एक भारत के राज्य क्षेत्र में जन्मा हो।
  3. वह संविधान लागू होने से ठीक पहले कम-से-कम 5 वर्षों तक साधारण तौर पर भारत का निवासी रहा हो।

### पाकिस्तान से प्रव्रजन करके आए व्यक्तियों की नागरिकता

- **अनुच्छेद-6** में बताया गया है कि पाकिस्तान से प्रव्रजन करके आए किन व्यक्तियों को भारत का नागरिक समझा जाएगा। ऐसे व्यक्तियों को दो वर्गों में बाँटा गया है-
  1. जो 19 जुलाई, 1948 से पहले भारत आ गए थे तथा
  2. जो 19 जुलाई, 1948 के बाद भारत आए हैं।
- 19 जुलाई, 1948 की तिथि का महत्व यह है कि इसी तिथि से भारत से पाकिस्तान और पाकिस्तान से भारत आने-जाने के लिए **अनुमति पत्र की प्रणाली** शुरू की गई थी।

### पाकिस्तान को प्रव्रजन करने वाले लोगों की नागरिकता

- **अनुच्छेद-7** में प्रावधान है कि जिस व्यक्ति ने मार्च, 1947 के पश्चात् भारत से पाकिस्तान के लिए प्रव्रजन कर लिया हो वह भारत का नागरिक नहीं समझा जाएगा। किंतु, यदि वह स्थाई रूप से भारत लौटने के लिए अनुमति लेकर वापस आ गया है, तो उसकी नागरिकता के सम्बन्ध में वही नियम लागू होंगे जो **अनुच्छेद-6 में 19 जुलाई, 1948** के बाद भारत आने वाले व्यक्तियों पर लागू होते हैं। अर्थात् ऐसे व्यक्ति को पंजीकरण के लिए आवेदन करना होगा, जो कम-से-कम 6 महीने तक भारत में रहने के बाद ही किया जा सकेगा।

### भारत से बाहर रहने वाले भारतीय मूल के व्यक्तियों की नागरिकता

- **अनुच्छेद-8** उन व्यक्तियों की नागरिकता का उपबंध करता है जो संविधान के लागू होने के समय **भारत के निवासी** नहीं थे, परंतु वे भारतीय मूल के हैं।
- इसके अनुसार जिस व्यक्ति का जन्म अथवा जिसके माता-पिता, दादा-दादी या नाना-नानी में से किसी का जन्म भारत शासन **अधिनियम, 1935** द्वारा परिभाषित भारत में हुआ था और वर्तमान में वह व्यक्ति साधारण तौर पर किसी अन्य देश में रह रहा है, वह भारत का नागरिक समझा जाएगा, यदि वह अपने निवास के देश में भारत के राजनयिक या कांउसिल के प्रतिनिधि के समक्ष नागरिकता का आवेदन प्रस्तुत करता है और उसके आवेदन पर उसकी नागरिकता का पंजीकरण कर लिया जाता है।

## नागरिकता अधिनियम, 1955

- भारतीय संसद को **अनुच्छेद-11** के अंतर्गत नागरिकता के सम्बन्ध में विधि-निर्माण का अधिकार दिया गया है। इसी के **अंतर्गत वर्ष 1955** में नागरिकता अधिनियम पारित किया गया **(अनुच्छेद-11)**।
- इस अधिनियम को अब तक आठ बार संशोधित किया जा चुका है। **(वर्ष-1957, 1960, 1986, 1992, 2003, 2005, 2015, 2019)** इस अधिनियम के अनुसार, भारतीय नागरिकता निम्नलिखित पाँच प्रकार से प्राप्त की जा सकती है।

## भारतीय नागरिकता प्राप्ति हेतु पाँच प्रकार

1. **जन्म से नागरिकता (By Birth)**–भारत में जन्म से (26 जनवरी, 1950 के बाद) एवं माता-पिता में से कोई भी भारतीय नागरिक होना चाहिए।

   **इस विधि के दो अपवादः प्रथम**, यह विधि वहाँ लागू नहीं होती, जहाँ जन्म के समय शिशु का पिता किसी दूसरे देश या शत्रु देश का **राजनयिक** (Diplomat) हो, **द्वितीय**, शत्रुओं के अधीन भारत के किसी भाग में जन्म लेने वाले बच्चे हों।

2. **वंशाधिकार द्वारा नागरिकता (By Descent)**–भारत के बाहर किसी अन्य देश में 26 जनवरी, 1950 ई. को या उसके बाद जन्म लेने वाला व्यक्ति भारत का नागरिक हो सकता है, यदि उसके जन्म के समय उसके माता या पिता में से कोई भी एक भारत का नागरिक हो।

   **माता की नागरिकता** के आधार पर विदेश में जन्मे व्यक्ति को नागरिकता प्रदान करने का प्रावधान **नागरिकता संशोधन अधिनियम, 1992** द्वारा किया गया है। **3 दिसम्बर, 2004** के बाद भारत से बाहर जन्मा कोई व्यक्ति वंश के आधार पर भारत का नागरिक नहीं हो सकता, यदि उसके जन्म के एक वर्ष के भीतर **भारतीय कांउस्लेट** में उसके जन्म का पंजीकरण न करा दिया गया हो या केन्द्र सरकार की सहमति से उक्त अवधि में पंजीकरण न हुआ हो।

3. **पंजीकरण द्वारा नागरिकता (By Registration)**–ऐसा व्यक्ति, जो भारत का नागरिक नहीं है, वह निम्नलिखित शर्तों में से किसी एक से सम्बन्धित होने पर भी पंजीकरण द्वारा भारत का नागरिक बन सकता है, जैसे–भारत में जन्म लेने वाला कोई व्यक्ति यदि भारत के नागरिक के रूप में पंजीकृत होना चाहता है, तो उसे भारत में **लगातार 5 से 7 वर्षों** तक रहने का प्रमाण प्रस्तुत करना होगा।
   - **नागरिकता संशोधन अधिनियम, 1986** के पहले उपर्युक्त निवास करने की **अवधि मात्र 6 महीने** थी।
   - भारतीय मूल के वे व्यक्ति, जो अविभाजित भारत से बाहर किसी देश अथवा स्थान में रह रहे हों, **भारतीय नागरिकों** के साथ विवाह करने वाली स्त्रियाँ, भारतीय नागरिकों के **अल्पवयस्क बच्चे** आदि इस विधि से नागरिकता प्राप्त कर सकते हैं।
   - OCI कार्डधारक व्यक्तियों को नागरिकता।
4. **देशीयकरण द्वारा नागरिकता (By Naturalization)**–किसी विदेशी नागरिक द्वारा भारत सरकार को आवेदन करके भारतीय नागरिकता प्राप्त की जा सकती है। इसके लिए निम्नलिखित शर्तें अनिवार्य हैं-
   - वह जिस देश का नागरिक है, उसकी **नागरिकता का त्याग**।
   - वह उस देश का नागरिक नहीं होना चाहिए, जहाँ देशीयकरण द्वारा **भारतीय नागरिकों** को नागरिकता लेने से रोका जाता हो।
   - **वह देशीयकरण** के आवेदन के तत्काल पूर्व कम-से-कम एक वर्ष तक भारत में रहा हो।
   - वह पूर्ण आयु, क्षमता एवं सद्चरित्र वाला व्यक्ति होना चाहिए।
   - उसे संविधान में **उल्लिखित भाषाओं** में से किसी भी एक भाषा का पर्याप्त ज्ञान होना चाहिए।

❖ उसे राष्ट्र के प्रति **सकारात्मक आस्था** रखना अथवा निश्चित रूप से निष्ठा की एक शपथ लेनी चाहिए।

5. **भूमि के अर्जन द्वारा (By Acquisition of Land)**–यदि कोई नया राज्य क्षेत्र भारत के राज्य क्षेत्र में सम्मिलित हो जाता है अथवा कर लिया जाए, उदाहरण के लिए, **1974** ई. में सिक्किम का विलय भारत में हो गया अत: सिक्किमवासी भारतीय नागरिक हो गए, तो भारत सरकार यह सुनिश्चित करेगी कि उस क्षेत्र के लोग भारत के नागरिक होंगे अथवा नहीं।

> भारत में केवल **एकल नागरिकता** (Single Citizenship) का प्रावधान है। भारत की नागरिकता को **अनुच्छेद-11** के अंतर्गत संसद, कानूनों के माध्यम से नियंत्रित/नियमित (Regulate) करती है।

### नागरिकता की समाप्ति

- **अनुच्छेद-10** यह स्पष्ट करता है, कि किसी नागरिक की नागरिकता का अधिकार संसद द्वारा बनाई गई विधि के अलावा किसी अन्य प्रकार से छीना या समाप्त (Terminate) नहीं किया जा सकता।
- **अनुच्छेद-11** संसद को नागरिकता के अर्जन, समाप्ति एवं नागरिकता सम्बन्धी अन्य उपबंधों में परिवर्तन करने की पूर्ण शक्ति प्रदान करता है। **नागरिकता अधिनियम, 1955** के अनुसार किसी भारतीय नागरिक की नागरिकता समाप्ति के तीन आधार हैं-

**परित्याग, पर्यावसान और वंचित किया जाना।**

1. **परित्याग (Renunciation)**–भारत का कोई भी वयस्क नागरिक घोषणा करके अपनी नागरिकता का त्याग कर सकता है। इस प्रकार की घोषणा वही व्यक्ति कर सकता है, जो भारत के अतिरिक्त किसी दूसरे देश का नागरिक है।
2. **पर्यावसान (Termination)**–भारत का वह नागरिक, जिसने **देशीयकरण** अथवा **रजिस्ट्रीकरण** द्वारा अपनी इच्छा से भारत की नागरिकता स्वीकार की थी तथा वर्तमान में वह स्वेच्छा से किसी दूसरे देश की नागरिकता ग्रहण कर लेता है।
3. **वंचित किया जाना (Deprivation)**–ऐसा भारतीय नागरिक, जो पंजीकरण के द्वारा भारत का नागरिक बना है, उसे केन्द्र सरकार के आदेश द्वारा नागरिकता से वंचित किया जा सकता है।

> भारत सरकार निम्नलिखित में से किसी भी आधार पर किसी व्यक्ति को भारतीय नागरिकता से वंचित कर सकती है-
> - संविधान के प्रति निष्ठा न रखने अथवा संविधान में आस्था न रखने वाले व्यक्ति को।
> - युद्ध के समय शत्रुओं की सहायता करने वाले व्यक्ति को।
> - यदि किसी व्यक्ति ने कपटपूर्वक अर्थात् गलत तरीके से भारतीय नागरिकता अर्जित की है।
> - देशीयकरण या पंजीकरण द्वारा नागरिकता प्राप्ति के 5 वर्ष के अंदर किसी अन्य देश द्वारा 2 वर्ष की सजा दिए जाने पर।
> - किसी भारतीय नागरिक स्त्री/पुरुष द्वारा दूसरे देश के स्त्री/पुरुष के साथ विवाह करने पर।
> - लगातार 7 वर्षों तक भारत से बाहर रहने पर।

## नागरिकता सम्बन्धी विवाद

- सोनिया गांधी के प्रधानमन्त्री बनने की संभावना ने (13वीं लोकसभा) इस विवाद को जन्म दिया कि **देशीयकरण** (Naturalization) अथवा **पंजीकरण** (Registration) के द्वारा नागरिकता अर्जित करने वाला कोई व्यक्ति भारत के उच्चतम संवैधानिक पद अर्थात् प्रधानमन्त्री के पद पर आसीन हो सकता है अथवा नहीं।
- लोकसभा का चुनाव लड़ने के प्रश्न पर भारतीय संविधान **सामान्य नागरिक** (Ordinary Citizen) और **देशीयकृत नागरिक** (Naturalized Citizen) में कोई विभेद नहीं करता है। कोई भी लोकसभा सदस्य संवैधानिक रूप से प्रधानमन्त्री बन सकता है, यदि उसे लोकसभा में आवश्यक समर्थन प्राप्त है।
- भारतीय संविधान का **अनुच्छेद-14** विधि के समक्ष समता का आश्वासन देता है और **अनुच्छेद-16** सरकारी नियोजनों व नियुक्तियों में अवसर की समता प्रदान करता है तथा किसी भी विभेद (Discrimination) का प्रतिषेध करता है। अत: भारतीय संविधान का कोई भी उपबंध किसी **देशीयकृत नागरिक** (Naturalized Citizen) को प्रधानमन्त्री बनने से नहीं रोकता।

उल्लेखनीय है कि अमेरिकी संविधान अपने **देशीयकृत नागरिकों** (Naturalized Citizen) को **केवल सीनेट का सदस्य** (भारत का राज्यसभा के समकक्ष) बनने का अधिकार देता है एवं **अमेरिका में जन्मा व्यक्ति ही अमेरिकी राष्ट्रपति हो सकता है।**

## विदेशी निवासियों के लिए भारतीय नागरिकता

- भारतीय **डायस्पोरा** के व्यापक अध्ययन तथा उनके साथ रचनात्मक सम्बन्ध बनाने के उपायों पर अनुशंसा देने के लिए भारत सरकार ने सन् 2000 में **एल. एम. सिंघवी** की अध्यक्षता में एक समिति का गठन किया।
- *समिति ने अपनी रिपोर्ट में (**सन् 2000**) कुछ देशों में निवास करने* वाले **भारतीय मूल के नागरिकों** (Persons of Indian Origin—PIOs) को **दोहरी नागरिकता** प्रदान करने की सिफारिश की।
- नागरिकता (संशोधन) अधिनियम, 2003 के माध्यम से भारत सरकार ने नागरिकता अधिनियम, 1955 में संशोधन करते हुए 16 देशों (पाकिस्तान एवं बांग्लादेश को छोड़कर) के PIOs के लिए **विदेशी भारतीय नागरिकता** का प्रावधान किया।
- भारतीय मूल के विदेशों में रहने वाले व्यक्तियों को भारत सरकार द्वारा नागरिकता से अलग विशेष दर्जा प्रदान करने का प्रावधान किया गया है।

## विदेशों में बसे भारतीय मूल के लोगों की श्रेणियाँ

1. **अनिवासी भारतीय (Non-Resident Indians—NRIs)**
2. **भारतीय मूल के व्यक्ति (Person of Indian Origin—PIO)**
3. **भारत के सीमापारीय नागरिक (Overseas Citizen of India—OCI)**

1. **अनिवासी भारतीय (NRIs)**–ऐसे भारतीय नागरिक जो नौकरी अथवा व्यवसाय के उद्देश्य से वर्ष **में 182 दिन** अथवा उससे अधिक समयावधि तक विदेशों में रहते हैं तथा भारतीय पासपोर्ट धारण करते हैं, अनिवासी **भारतीय (NRI)** कहलाते हैं।
   - ❖ **संयुक्त राष्ट्र संघ (UNO)** और अन्य किसी नियुक्तियों पर भारत सरकार द्वारा भेजे जाने वाले व्यक्तियों को भी अनिवासी भारतीय का दर्जा दिया जाता है।
   - ❖ **अनिवासी भारतीयों** द्वारा लम्बे समय से माँग की जा रही थी कि उन्हें भी भारत के आम चुनाव में मतदान का अधिकार दिया जाए।
   - ❖ भारत सरकार द्वारा **वर्ष-2011** में एक अधिसूचना जारी करके अनिवासी भारतीयों को भारत में मतदाता के रूप में पंजीकरण कराने हेतु सुविधा प्रदान कर दी गई।
   - ❖ **फॉर्म-6 A** के माध्यम से विदेशों में रहने वाले सक्षम मतदाता आवेदन करके मतदाता सूची में अपना नाम सम्मिलित करवा सकेंगे।
2. **भारतीय मूल के व्यक्ति (PIO)**–वे लोग, जो स्वयं अथवा जिनके पूर्वज कभी भारत के नागरिक थे, लेकिन वर्तमान में ये लोग किसी दूसरे देश के नागरिक बन गए हैं।
   - ❖ ऐसे व्यक्तियों को जिनके पास कभी भी भारत का पासपोर्ट रहा है तथा जिनके माता-पिता, दादा-दादी अथवा नाना-नानी में से कोई भी **भारत शासन अधिनियम, 1935** के अंतर्गत तत्कालीन भारत क्षेत्र

का निवासी रहा हो, अथवा किसी ऐसे क्षेत्र का निवासी था, जो बाद में भारत का हिस्सा बन गया हो, तो उस व्यक्ति और उसके **वैवाहिक सम्बन्धी** (Spouse) को **भारतीय मूल का व्यक्ति** (PIO) माना जाता है।

- ऐसे व्यक्ति जो **पाकिस्तान, श्रीलंका, नेपाल, भूटान, अफगानिस्तान,** चीन अथवा बांग्लादेश के नागरिक हैं अथवा कभी रहे हैं, वे भारतीय मूल के व्यक्तियों में शामिल नहीं होते हैं।

**PIO कार्ड:** वर्ष 2002 में भारतीय मूल के व्यक्तियों के लिए भारतवंशी कार्ड (PIO Card) की प्रक्रिया प्रारंभ की गई थी। इस कार्ड द्वारा भारतवासियों को निम्नलिखित सुविधाएँ दी गई थीं-

- भारतीय मूल का कार्ड धारक व्यक्ति कार्ड जारी होने की तिथि से 15 वर्षों तक बगैर वीजा के भारत आ सकता है।
- भारत में आने की तिथि से 180 दिनों तक विदेशी क्षेत्रीय पंजीकरण अधिकारी (Foreigners Regional Registration Officer—FRRO) के पास पंजीकरण कराने की छूट दी गई है।
- भारतीय मूल के कार्ड धारक व्यक्ति (PIO) को भी अनिवासी भारतीयों (NRI) के समान आर्थिक, वित्तीय तथा शैक्षिक सुविधाएँ प्राप्त हैं, परंतु कुछ सुविधाएँ इनको नहीं मिलती हैं, जैसे–भारतीय मूल के व्यक्ति (PIO) का कार्ड धारक कृषि भूमि नहीं खरीद सकता है।

**भारतीय मूल के व्यक्ति** (PIO) के कार्डधारक को **पर्वतारोहण, अनुसंधान कार्य** एवं **मिशनरी** गतिविधियों के लिए सरकार से अनुमति लेनी आवश्यक है। चुनाव लड़ने जैसे राजनीतिक अधिकार इन्हें नहीं दिए गए हैं।

3. **भारत के सीमापारीय नागरिक (OCI)–नागरिकता ( संशोधन ) अधिनियम 2005** में सभी देशों के भारतीय मूल के व्यक्तियों को विदेशी भारतीय नागरिकता प्रदान करने के (अपवाद पाकिस्तान और बांग्लादेश) प्रावधान किए गए, जब तक कि उनके गृह देश (Home Country) स्थानीय कानूनों के अनुसार दोहरी नागरिकता प्रदान करते हों।

   भारत सरकार द्वारा **सीमापारीय नागरिकता** का प्रारंभ **वर्ष-2005** से किया गया है। इसके लिए प्रमुख प्रावधान इस प्रकार हैं-

- ऐसा व्यक्ति, जो **भारतीय नागरिकता ( संशोधन )** अधिनियम, 2005 लागू होने के समय अथवा इसके पश्चात् कभी भी भारत का नागरिक रहा हो अथवा भारतीय संविधान के लागू होने के समय भारतीय नागरिक बनने की योग्यता रखता हो, वह व्यक्ति जो वर्तमान में दूसरे देश का नागरिक है, परंतु भारत के किसी ऐसे क्षेत्र से सम्बन्ध रखता है, जो **15 अगस्त, 1947** के बाद भारत का अंग बन गया।
- इन योग्यताओं को धारण करने वाले व्यक्तियों के पुत्र-पुत्री, पोता-पोती अथवा नाती-नातिन को भी ओ.सी.आई. कार्ड जारी किया जा सकता है, परंतु उनके **वैवाहिक सम्बन्धियों** (Spouses) को **ओ.सी.आई.** कार्ड की सुविधा नहीं दी गई है और वह व्यक्ति जो कभी भी **पाकिस्तान** अथवा **बांग्लादेश** का नागरिक रहा है, वह सीमापारीय भारतीय नागरिकता प्राप्त नहीं कर सकता।
- इसे लोकप्रिय रूप में दोहरी **नागरिकता** (Dual Citizenship) भी कहा जाता है।

**सीमापारीय नागरिकता की समाप्ति**

यदि कोई व्यक्ति, जिसे ओ.सी.आई. का दर्जा प्राप्त है, वह इस दर्जे को त्यागना चाहता है, तो उसे इस सम्बन्ध में निर्धारित प्रारूप के अनुसार घोषणा करनी पड़ेगी और केन्द्र सरकार द्वारा ऐसी किसी घोषणा को स्वीकार करते ही ओ.सी.आई. दर्जा प्राप्त व्यक्ति की नागरिकता समाप्त हो जाएगी।

इसके अतिरिक्त निम्नलिखित आधार पर सीमापारीय नागरिकता (OCI) भारत सरकार द्वारा समाप्त की जा सकती है-

1. यदि किसी व्यक्ति ने झूठे तथ्यों के आधार पर अथवा कोई तथ्य छुपाकर **सीमापारीय नागरिकता** (OCI) प्राप्त की है।
2. यदि वह भारत के संविधान के प्रति असम्मान प्रकट करता है।
3. यदि वह भारत के युद्धरत होने की दशा में शत्रु देश के साथ व्यापार करना अथवा ऐसी जानकारी को साझा करना, जिससे शत्रु देश को लाभ हो और भारत को नुकसान पहुँचे।
4. सीमापारीय नागरिकता (OCI) प्राप्त करने के बाद 5 वर्षों की समयावधि के अंदर 2 वर्षों तक जेल में रहने पर व्यक्ति का ओ.सी.आई. दर्जा समाप्त किया जा सकता है।
5. यदि भारत सरकार की दृष्टि में ओ.सी.आई. कार्ड का दर्जा प्राप्त व्यक्ति से भारत की संप्रभुता, अखण्डता, सुरक्षा एवं जनहित को नुकसान हो सकता हो।

**नागरिकता से सम्बन्धित अनुच्छेद**

| अनुच्छेद | विषय-वस्तु |
|---|---|
| 5. | संविधान लागू होने के समय नागरिकता। |
| 6, | कुछ वैसे व्यक्तियों के नागरिकता अधिकार जिन्होंने पाकिस्तान से भारत में प्रवर्जन किया है। |
| 7. | पाकिस्तान से प्रवर्जित व्यक्तियों के नागरिकता अधिकार। |
| 8. | भारतीय मूल के वैसे लोगों के नागरिकता अधिकार जो भारत के बाहर रह रहे हैं। |
| 9. | जो व्यक्ति स्वेच्छा से विदेशी राज्यों की नागरिकता प्राप्त कर रहे हैं, उन्हें भारतीय नागरिकता नहीं मिल सकती। |
| 10. | नागरिकता अधिकारों की निरंतरता। |
| 11. | संसद द्वारा कानून बनाकर नागरिकता अधिकारों का नियमन। |

**दोहरी नागरिकता**

दोहरी नागरिकता के अंतर्गत ऐसे भारतीयों को जो 26 जनवरी, 1950 (पाकिस्तान और बांग्लादेश को छोड़कर) के बाद देश छोड़कर विदेशों में चले गए थे, को दोहरी नागरिकता प्रदान की जाएगी।

## नागरिकता संशोधन विधेयक, 2016

- नागरिकता संशोधन विधेयक, 2016 उन **हिन्दू, बौद्ध, सिक्ख, जैन, पारसी, ईसाई नागरिकों को प्रकृतिकरण** (Naturalisation) द्वारा भारतीय नागरिकता प्रदान करने के लिए बनाया गया है, जो बिना दस्तावेज के हैं और वे **बांग्लादेश, पाकिस्तान** या **अफगानिस्तान** चले गए थे तथा वहाँ जाने के बाद उनके **दस्तावेज** (Document) निरस्त हो गए।
- यह अधिनियम, **नागरिकता अधिनियम, 1955** को संशोधित करने के लिए बनाया गया है, जो उपरोक्त तीन देशों में रहने वाले भारतीय मूल के अवैध प्रवासियों को भारतीय नागरिकता प्रदान करने का प्रावधान करता है।
- प्रवासी भारतीयों के लिए **'ओवर सीज सिटीजन ऑफ इण्डिया'** (OCI) योजना का शुभारम्भ तत्कालीन प्रधानमन्त्री डॉ. मनमोहन सिंह ने जनवरी, 2006 में हैदराबाद में चौथे प्रवासी भारतीय दिवस सम्मेलन में किया। विदेशी नागरिकता प्राप्त भारतीयों को **(OCI) कार्ड** के तहत भारत आने के लिए पूर्ण जीवन काल के लिए वीजा प्राप्त होगा।
- **OCI कार्डधारकों** को भारत में न तो मताधिकार प्राप्त है और न ही कोई सार्वजनिक पद वह प्राप्त कर सकते हैं।
- **भारतीय नागरिकता संशोधन अधिनियम, 1986** के आधार पर भारतीय नागरिकता संशोधन अधिनियम, 1955 में निम्नलिखित संशोधन किए गए हैं :

1. अब **भारत में जन्मे केवल** उस व्यक्ति को ही भारतीय नागरिकता प्रदान की जाएगी, जिसके माता-पिता में से कोई एक भारत का नागरिक हो।
2. जो व्यक्ति पंजीकरण के माध्यम से भारतीय नागरिकता प्राप्त करना चाहते हैं, उन्हें अब भारत में **कम-से-कम पांच** वर्ष व्यतीत करने होंगे।
3. देशीयकरण द्वारा नागरिकता तभी प्रदान की जाएगी, जब सम्बन्धित व्यक्ति **कम-से-कम 10 वर्षों** तक भारत में रह चुका हो। पहले यह **अवधि 5 वर्ष थी। नागरिकता संशोधन अधिनियम, 1986** जम्मू-कश्मीर व असम सहित भारत के सभी राज्यों पर लागू है।

- **नागरिकता संशोधन अधिनियम, 2019** के द्वारा पाकिस्तान बांग्लादेश के अल्पसंख्यकों (हिंदू, सिख, इसाई, पारसी आदि) को भारतीय नागरिकता देने का प्रावधान किया गया।

## मौलिक अधिकार

- मोतीलाल नेहरू समिति ने 1928 में अमेरिका के संविधान से प्रभावित होकर अधिकारों से संबंधित विधेयक (Bill of Right) की माँग की।
- **मौलिक अधिकार**–मौलिक अधिकार वे अधिकार होते हैं, जो व्यक्ति के जीवन तथा विकास के लिए अनिवार्य होने के कारण संविधान के द्वारा नागरिकों को प्रदान किए जाते हैं। व्यक्ति के इन अधिकारों में राज्य के द्वारा भी मनमाने तौर पर हस्तक्षेप नहीं किया जा सकता।
- भारतीय संविधान के तृतीय भाग में मौलिक अधिकारों, के सम्बन्ध में कुल **23 अनुच्छेद ( अनुच्छेद 12 से 30 और 32 से 35)** है। यह विश्व का सर्वाधिक विस्तृत अधिकार पत्र है।
- संविधान के अनुच्छेद 32 के अंतर्गत दी गई 5 व्यवस्थाओं के द्वारा नागरिक अपने अधिकारों की रक्षा के लिए सर्वोच्च न्यायालय या उच्च न्यायालयों की शरण ले सकता है।

### संविधान द्वारा प्रदत्त मौलिक अधिकार

भारतीय संविधान के भाग 3 द्वारा नागरिकों को 7 मौलिक अधिकार प्रदान किए गए थे, किंतु **44वें संवैधानिक संशोधन (1978)** के द्वारा सम्पत्ति के अधिकार से सम्बन्धित सभी उपबन्धों को निरस्त करके संविधान के भाग 12 में एक नया अध्याय-4 व अनुच्छेद 300A के तहत कानूनी दर्जा दिया गया।

इस नए अध्याय में केवल एक ही अनुच्छेद है-अनुच्छेद 300(ए)। अब सम्पत्ति के अधिकार को अन्य मौलिक अधिकारों की भांति संवैधानिक संरक्षण प्राप्त नहीं है। अत: अब भारतीय नागरिकों को 6 मौलिक अधिकार प्राप्त हैं, जो निम्नलिखित हैं: **(1)** समानता का अधिकार, **(2)** स्वतन्त्रता का अधिकार, **(3)** शोषण के विरुद्ध अधिकार, **(4)** धार्मिक स्वतन्त्रता का अधिकार, **(5)** संस्कृति तथा शिक्षा सम्बन्धी अधिकार, एवं **(6)** संवैधानिक उपचारों का अधिकार।

#### समानता का अधिकार (अनुच्छेद 14-18)

1. **कानून के समक्ष समानता**-अनुच्छेद 14 के अनुसार भारत के राज्य क्षेत्र में राज्य किसी भी व्यक्ति को कानून के समक्ष समानता या कानून द्वारा समान संरक्षण से वंचित नहीं करेगा।
2. **धर्म, नस्ल, जाति, लिंग या जन्म स्थान के आधार पर भेदभाव का निषेध**-अनुच्छेद 15 में कहा गया है कि ''राज्य के द्वारा धर्म, मूलवंश, जाति, लिंग, जन्म स्थान के आधार पर नागरिकों के प्रति जीवन के किसी क्षेत्र में भेदभाव नहीं किया जाएगा।''
3. **अवसर की समानता**-अनुच्छेद 16 के अनुसार, ''सभी नागरिकों को सरकारी पदों पर नियुक्ति के समान अवसर प्राप्त होंगे और इस सम्बन्ध में केवल धर्म, मूलवंश, जाति, लिंग या जन्म स्थान या इनमें से किसी के आधार पर सरकारी नौकरी या पद प्रदान करने में भेदभाव नहीं किया जाएगा।''
4. **अस्पृश्यता का निषेध**-अनुच्छेद 17 में कहा गया हैं कि ''अस्पृश्यता का अंत किया जाता है और उसका किसी भी रूप में आचरण निषिद्ध किया जाता है। अस्पृश्यता से उत्पन्न किसी अयोग्यता को लागू करना एक दण्डनीय अपराध होगा।''
   - 1955 के **'अस्पृश्यता अपराध अधिनियम'** द्वारा अस्पृश्यता को एक दण्डनीय अपराध घोषित किया गया है।
   - 1989 में इस कानून को **'अनुसूचित जाति व जनजाति निरोधक** कानून' 1989 का नाम दे दिया गया है।
5. **उपाधियों का निषेध-अनुच्छेद 18** में व्यवस्था की गई है कि **''सेना अथवा शिक्षा सम्बन्धी उपाधियों के अलावा राज्य अन्य कोई उपाधियाँ प्रदान नहीं कर सकता।''** इसके साथ ही भारतवर्ष का कोई नागरिक बिना राष्ट्रपति की आज्ञा के विदेशी राज्य से भी कोई उपाधि स्वीकार नहीं कर सकता।

#### स्वतन्त्रता का अधिकार (अनुच्छेद 19-22)

- संविधान के **अनुच्छेद 19** द्वारा नागरिकों को 7 स्वतन्त्रताएँ प्रदान की गई थी, किंतु **44वें संवैधानिक संशोधन** द्वारा सम्पत्ति के मौलिक अधिकार के साथ-साथ 'सम्पति की स्वतन्त्रता' भी समाप्त कर दी गई है, अत: अब नागरिकों को 6 स्वतन्त्रताएँ ही प्राप्त हैं:
  - **अनुच्छेद 19(1) : विचार और अभिव्यक्ति की स्वतन्त्रता**-भारत के सभी नागरिकों को **विचार करने, भाषण देने** और अपने व **अन्य व्यक्तियों के विचारों के प्रचार** की स्वतन्त्रता है। इसमें प्रेस की स्वतन्त्रता भी सम्मिलित है। यही बात आकाशवाणी और दूरदर्शन के सम्बन्ध में है।
  - **अनुच्छेद 19(2) : अस्त्र-शस्त्र रहित तथा शान्तिपूर्वक सम्मेलन की स्वतन्त्रता**-व्यक्तियों के द्वारा अपने **विचारों के प्रचार के लिए शान्तिपूर्वक** और **बिना शस्त्रों के सभा या सम्मेलन** किया जा सकता है तथा उनके द्वारा जुलूस या प्रदर्शन का भी आयोजन किया जा सकता है। राज्य के द्वारा सार्वजनिक सुरक्षा के हित में शक्ति की इस स्वतन्त्रता को प्रतिबन्धित किया जा सकता है।
  - **अनुच्छेद 19(3) : समुदाय और संघ निर्माण की स्वतन्त्रता**-संविधान के द्वारा सभी **नागरिकों को समुदायों और संघ के निर्माण की स्वतन्त्रता प्रदान** की गई है। परंतु इस स्वतन्त्रता की आड़ में व्यक्ति ऐसे समुदायों का निर्माण नहीं कर सकता जो षड्यन्त्र करे अथवा शान्ति और व्यवस्था को भंग करें।
  - **अनुच्छेद 19(4) : अबाध भ्रमण की स्वतन्त्रता**-भारत के सभी नागरिक बिना किसी प्रतिबन्ध या विशेष अधिकार-पत्र के सम्पूर्ण भारत के **क्षेत्र में भ्रमण** कर सकते हैं। राज्य सामान्य जनता के हित और अनुसूचित जातियों तथा जनजातियों के हित में इस पर उचित प्रतिबन्ध लगा सकता है।
  - **अनुच्छेद 19(5) : भारत राज्य क्षेत्र में अबाध निवास की स्वतन्त्रता**-भारत के सभी **नागरिक अपनी इच्छानुसार स्थाई या अस्थाई रूप** में किसी स्थान पर बस सकते हैं। राज्य के द्वारा सामान्य जनता के हित और अनुसूचित जातियों तथा जनजातियों के हित में इस पर उचित प्रतिबन्ध लगाया जा सकता है।
  - **अनुच्छेद 19(6) : वृत्ति, उपजीविका या कारोबार की स्वतन्त्रता**-संविधान में सभी **नागरिकों को वृत्ति, उपजीविका, व्यापार अथवा व्यवसाय** की स्वतन्त्रता प्रदान की गई है किंतु राज्य जनता के हित में इन स्वतन्त्रताओं पर उचित प्रतिबन्ध लगा सकता है।

- **अपराध की दोष सिद्धि के विषय में संरक्षण**-अनुच्छेद 20 में कहा गया है कि "किसी भी व्यक्ति को उस समय तक अपराधी नहीं ठहराया जा सकता जब तक कि उसने अपराध के समय में लागू किसी कानून का उल्लंघन न किया हो।"
- **व्यक्तिगत स्वतन्त्रता तथा जीवन की सुरक्षा ( अनुच्छेद 21 )**-अनुच्छेद 21 में कहा गया है कि "किसी व्यक्ति को उसके जीवन तथा दैहिक स्वाधीनता से विधि द्वारा स्थापित प्रक्रिया को छोड़कर अन्य किसी प्रकार से वंचित नहीं किया जा सकता।" **44वें संवैधानिक संशोधन (1979)** के अनुसार अब आपातकाल में भी जीवन और व्यक्तिगत स्वतन्त्रता के अधिकार को समाप्त या सीमित नहीं किया जा सकता है।
- 86वें संविधान संशोधन (2002) के द्वारा संविधान के अनुच्छेद 21 में खण्ड 21(क) को जोड़ा गया है। अनुच्छेद 21(क) में प्रावधान किया गया है कि राज्य छः से चौदह वर्ष की आयु के बालकों को विधि द्वारा निर्धारित प्रक्रिया के अनुसार निःशुल्क और अनिवार्य शिक्षा प्रदान करेगा।
- **बन्दीकरण की अवस्था में संरक्षण ( अनुच्छेद 22)**-अनुच्छेद 22 के द्वारा बन्दी बनाए जाने वाले व्यक्ति को कुछ अधिकार प्रदान किए गए हैं। इसमें कहा गया है कि उसके अपराध के बारे में अथवा बन्दी बनाने के कारणों को बतलाए बिना किसी व्यक्ति को अधिक समय तक बन्दीगृह में नहीं रखा जाएगा। **अनुच्छेद 22** के द्वारा बन्दी बनाए जाने वाले व्यक्तियों को जो अधिकार प्रदान किए गए हैं वे दो प्रकार के अपराधियों पर लागू नहीं होंगे। प्रथम, शत्रु देश के निवासियों पर और द्वितीय, 'निवारक निरोध अधिनियम' के अंतर्गत गिरफ्तार व्यक्तियों पर।

## शोषण के विरुद्ध अधिकार (अनुच्छेद 23 और 24)

- **मानव के दुर्व्यापार और बलात् श्रम का प्रतिषेध-अनुच्छेद 23** के द्वारा बेगार तथा इसी प्रकार का अन्य जबरदस्ती लिया हुआ श्रम निषिद्ध ठहराया गया है, जिसका उल्लंघन विधि के अनुसार दण्डनीय अपराध है। परंतु राज्य सार्वजनिक उद्देश्य से **अनिवार्य श्रम की योजना** लागू कर सकता है, लेकिन ऐसा करते समय राज्य नागरिकों के बीच धर्म, मूलवंश, जाति, वर्ण या सामाजिक स्तर के आधार पर कोई भेदभाव नहीं करेगा।
- **बालश्रम का निषेध-अनुच्छेद 24** में कहा गया है कि **14 वर्ष से कम आयु वाले किसी बच्चे को कारखानों,** खानों या अन्य किसी जोखिम भरे काम पर नियुक्त नहीं किया जा सकता लेकिन बच्चों को साधारण कार्यों में लगाया जा सकता है।

## धार्मिक स्वतन्त्रता का अधिकार (अनुच्छेद 25-28)

- **अंतःकरण की स्वतन्त्रता-अनुच्छेद 25** में कहा गया है कि सार्वजनिक व्यवस्था, सदाचार और स्वास्थ्य तथा इस भाग के अन्य उपबन्धों के अधीन रहते हुए सभी व्यक्तियों को अंतःकरण की स्वतन्त्रता तथा कोई भी धर्म अंगीकार करने, उसका अनुसरण एवं प्रचार करने का अधिकार प्राप्त होगा।
- **अनुच्छेद 25** में व्यवस्था की गई है कि सार्वजनिक प्रकृति के हिन्दू धार्मिक संस्थाओं (मन्दिरों व अन्य स्थानों) में हिन्दू समाज के सभी वर्गों को समान रूप से (प्रवेश) करने का अधिकार होगा।
- **धार्मिक मामलों का प्रबन्ध करने की स्वतन्त्रता-अनुच्छेद 26** प्रत्येक धर्म के अनुयायियों को निम्न अधिकार प्रदान करता है:
  1. धार्मिक संस्थाओं तथा दान से स्थापित सार्वजनिक सेवा संस्थाओं की स्थापना तथा उनके पोषण का अधिकार;
  2. धर्म सम्बन्धी निजी मामलों का स्वयं प्रबन्ध करने का अधिकार;
  3. चल और अचल सम्पत्ति के अर्जन और स्वामित्व का अधिकार;
  4. उस सम्पत्ति का विधि के अनुसार संचालन करने का अधिकार।
- **धार्मिक व्यय के लिए निश्चित धन पर कर की अदायगी से छूट-अनुच्छेद 27** के द्वारा ऐसी सम्पूर्ण आय को कर से मुक्त कर दिया गया है, जिसे धार्मिक एवं परोपकारी कार्यों में खर्च करना निश्चित किया गया हो।
- **शिक्षण संस्थाओं में धार्मिक शिक्षा प्राप्त करने या न प्राप्त करने की स्वतन्त्रता-अनुच्छेद 28** में कहा गया है कि "राजकीय निधि से संचालित किसी भी शिक्षण संस्था में किसी प्रकार की धार्मिक शिक्षा प्रदान नहीं की जाएगी। इसके साथ ही राज्य द्वारा मान्यता प्राप्त या आर्थिक सहायता प्राप्त शिक्षण संस्था में किसी व्यक्ति को किसी धर्म विशेष की शिक्षा ग्रहण करने के लिए बाध्य नहीं किया जा सकेगा।

## संस्कृति और शिक्षा सम्बन्धी अधिकार (अनुच्छेद 29-30)

- **अनुच्छेद 29** के अनुसार, "नागरिकों के प्रत्येक वर्ग को अपनी भाषा, लिपि या संस्कृति सुरक्षित रखने का पूर्ण अधिकार प्राप्त है।" यह भी कहा गया है कि किसी राजकीय या राजकीय सहायता से संचालित शिक्षण संस्था में प्रवेश के सम्बन्ध में मूलवंश, जाति, धर्म, और भाषा या इनमें से किसी एक के आधार पर भेदभाव नहीं किया जाएगा।
- **अनुच्छेद 30** के अनुसार धर्म या भाषा पर आधारित सभी अल्पसंख्यक वर्गों को अपनी रुचि की शैक्षणिक संस्थाओं की संस्थापना तथा उनके प्रशासन का अधिकार होगा।

## संवैधानिक उपचारों का अधिकार (अनुच्छेद 32)

- मूल अधिकारों को क्रियान्वित करने की व्यवस्था के उद्देश्य से संवैधानिक उपचारों के अधिकार को भी संविधान में स्थान दिया गया है। इसका तात्पर्य यह है कि नागरिक अधिकार के महत्व को स्पष्ट करते हुए **डॉ. अम्बेडकर** ने कहा था, **"यह संविधान का हृदय तथा आत्मा है।"** इन मौलिक अधिकारों की रक्षा हेतु न्यायालय द्वारा निम्नलिखित पाँच प्रकार के लेख जारी किए जा सकते हैं:

  1. **बन्दी प्रत्यक्षीकरण**-बन्दी प्रत्यक्षीकरण का आशय है, **बन्दी को न्यायालय में उपस्थित किया** जाए। यह अवैध रूप से बन्दी बनाए गए व्यक्ति की अपील पर जारी किया जाता है। यदि न्यायालय उसके बन्दीकरण को अवैध समझता है, तो वह उसको मुक्त करने का आदेश दे सकता है।
  2. **परमादेश**-यह लेख उस समय जारी किया जाता है, जब कोई **पदाधिकारी अपने सार्वजनिक कर्तव्य का निर्वाह नहीं करता**। इस प्रकार के आज्ञा-पत्र के आधार पर पदाधिकारी को उसके कर्तव्य का पालन करने का आदेश जारी किया जाता है।
  3. **प्रतिषेध**-यह आज्ञा-पत्र **सर्वोच्च न्यायालय तथा उच्च न्यायालयों द्वारा निम्न न्यायालयों तथा अर्ध-न्यायाधिकरणों को जारी करते** हुए, आदेश दिया जाता है कि वे इस मामले में अपने यहाँ कार्यवाही न करें क्योंकि यह मामला उनके अधिकार-क्षेत्र के बाहर है।
  4. **उत्प्रेषण**-यह आज्ञा-पत्र अधिकांशतः **किसी विवाद को निम्न न्यायालयों से उच्च न्यायालयों में भेजने के लिए जारी** किया जाता है, जिससे वह अपनी शक्ति से अधिक अधिकारों का उपभोग न करें या अपनी शक्ति का दुरुपयोग करते हुए न्याय के प्राकृतिक सिद्धान्तों को भंग न करें। इसके आधार पर उच्च न्यायालय निम्न न्यायालयों से किन्हीं विवादों के सम्बन्ध में सूचना भी प्राप्त कर सकते हैं।
  5. **अधिकार-पृच्छा**-जब कोई व्यक्ति ऐसे पदाधिकारी के रूप में कार्य करने लगता है जिसके रूप में कार्य करने का उसे वैधानिक रूप से अधिकार नहीं है, तो न्यायालय अधिकार पृच्छा के आदेश द्वारा उस व्यक्ति से पूछता है कि वह किस आधार पर इस पद पर कार्य कर रहा है और जब तक वह इस प्रश्न का सन्तोषजनक उत्तर नहीं देता, वह कार्य नहीं कर सकता।

| केवल भारतीय नागरिकों को प्राप्त मूल अधिकार |
|---|
| **1.** धर्म, मूलवंश, जाति, लिंग या जन्म-स्थान के आधार पर विभेद का प्रतिषेध, (अनुच्छेद-15)। |
| **2.** सरकारी सेवाओं के विषय में अवसर की समानता, (अनुच्छेद-16)। |
| **3.** वाक्-स्वातंत्र्य, समवेत् होने, संघ बनाने, संचरण, निवास एवं वृत्ति की स्वतन्त्रताएँ, (अनुच्छेद-19)। |
| **4.** अल्पसंख्यक वर्ग के हितों का संरक्षण, (अनुच्छेद-29)। |
| **5.** शिक्षण संस्थाओं की स्थापना और प्रशासन करने का अल्पसंख्यक वर्गों का अधिकार, (अनुच्छेद-30)। |
| **विदेशियों को प्राप्त मूल अधिकार** |
| **1.** विधि के समक्ष समता और विधि का समान संरक्षण, (अनुच्छेद-14)। |
| **2.** अपराधों के लिए दोष-सिद्धि में संरक्षण, (अनुच्छेद-20)। |
| **3.** जीवन का अधिकार, (अनुच्छेद-21)। |
| **4.** शोषण के विरुद्ध अधिकार, (अनुच्छेद-23, 24)। |
| **5.** धर्म की स्वतन्त्रता का अधिकार, (अनुच्छेद-25, 26, 27, 28)। |

| निजता का अधिकार |
|---|
| 24 अगस्त, 2017 को सर्वोच्च न्यायालय की 9 सदस्यीय संविधान पीठ ने **निजता का अधिकार** मामले पर निर्णय देते हुए इसे मौलिक अधिकार माना है। |
| के.एम. पुट्टा स्वामी वाद में दिए उच्चतम न्यायालय के निर्णय के अनुसार निजता का अधिकार **अनुच्छेद 21** के जीवन और स्वतन्त्रता के अधिकार का अंतर्भूत अंग है। |
| निजता का अधिकार भारतीय संविधान के **भाग तीन** के अंतर्गत निहित विभिन्न मूलभूत स्वतन्त्रताओं के तहत स्वभावतः संरक्षित है। |

## अनुच्छेद-21: जीवन एवं दैहिक स्वतन्त्रता के संरक्षण का अधिकार

- राज्य के द्वारा किसी भी व्यक्ति को विधि द्वारा स्थापित प्रक्रिया (Procedure Established by Law) से ही उसके जीवन एवं दैहिक स्वतन्त्रता (शारीरिक स्वतन्त्रता) से वंचित किया जाएगा।
- **अनुच्छेद 21** के तहत प्रदत्त प्राण एवं दैहिक स्वतन्त्रता के अर्थ के विस्तार में **मेनका गांधी बनाम भारत संघ वाद 1978** की विशेष भूमिका रही है।
- इसी वाद में न्यायालय ने पहली बार माना कि अनुच्छेद 21 में प्रयुक्त दैहिक स्वतन्त्रता में वे समस्त आवश्यक तत्व शामिल हैं, जो व्यक्ति को पूर्ण बनाने में सक्षम हैं।
- इन अर्थों में **अनुच्छेद 19** के तहत प्रदान किए गए स्वतन्त्रता के समस्त अधिकार स्वयं ही समाहित हो जाते हैं। उच्चतम न्यायालय ने अपने विभिन्न निर्णयों के द्वारा **अनुच्छेद 21** के अर्थों का विस्तार किया है।
- न्यायपालिका ने इस बात पर बल दिया कि जीवन के अधिकार में मात्र पशुतुल्य जीवन स्वीकार नहीं होगा, बल्कि मानव होने के नाते सम्मानपूर्ण जीवन चाहिए।
- न्यायपालिका के अनुसार **अनुच्छेद-19** और **अनुच्छेद-21** एक-दूसरे के पूरक हैं, इसलिए जीवन के अधिकार में स्वतन्त्रता का अधिकार **(अनुच्छेद-19)** स्वाभाविक रूप में सम्मिलित हो जाता है।
- न्यायपालिका ने इस सन्दर्भ में विधि की उचित प्रक्रिया को सिद्धांत माना अर्थात् विधि उचित होनी चाहिए। **तार्किक** होनी चाहिए, **सही** होनी चाहिए।
- न्यायपालिका को विधि की व्याख्या करने का अधिकार तो है ही, साथ ही उसके औचित्य के परीक्षण करने की शक्ति भी है।
- न्यायिक सक्रियता का प्रारम्भ **मेनका गांधी वाद** से ही माना जाता है। इसमें न्यायपालिका ने **प्राकृतिक न्याय** (Natural Justice) के सिद्धांत का प्रतिपादन किया।

## अनुच्छेद-21 में अंतर्निहित अधिकार

उच्चतम न्यायालय ने मेनका गाँधी मामले में अपने फैसले को दोबारा स्थापित किया। इसमें **अनुच्छेद 21** के भाग के रूप में निम्नलिखित अधिकारों की घोषणा की:

1. मानवीय प्रतिष्ठा के साथ जीने का अधिकार।
2. स्वच्छ पर्यावरण-प्रदूषण रहित जल एवं वायु में जीने का अधिकार एवं हानिकारक उद्योगों के विरुद्ध सुरक्षा का अधिकार।
3. जीवन रक्षा का अधिकार।
4. निजता का अधिकार।
5. आश्रय का अधिकार।
6. स्वास्थ्य का अधिकार।
7. 14 वर्ष की उम्र तक निःशुल्क शिक्षा का अधिकार।
8. निःशुल्क कानूनी सहायता का अधिकार।
9. अकेले कारावास में बंद होने के विरुद्ध अधिकार।
10. त्वरित सुनवाई का अधिकार।
11. हथकड़ी लगाने के विरुद्ध अधिकार।
12. अमानवीय व्यवहार के विरुद्ध अधिकार।
13. फाँसी में देरी के विरुद्ध अधिकार।
14. विदेश यात्रा करने का अधिकार।
15. बंधुआ मजदूरी करने के विरुद्ध अधिकार।
16. हिरासत में शोषण के विरुद्ध अधिकार।
17. आपातकालीन चिकित्सा सुविधा का अधिकार।
18. सरकारी अस्पतालों में समय पर उचित इलाज का अधिकार।
19. राज्य के बाहर न जाने का अधिकार।
20. निष्पक्ष सुनवाई का अधिकार।
21. कैदी के लिए जीवन की आवश्यकताओं का अधिकार।
22. महिलाओं के साथ सम्मानपूर्ण व्यवहार करने का अधिकार।
23. सार्वजनिक फाँसी के विरुद्ध अधिकार।
24. सुनवाई का अधिकार।
25. सूचना का अधिकार।
26. प्रतिष्ठा का अधिकार।
27. दोषसिद्धि वाले न्यायालय आदेश से अपील का अधिकार।
28. सामाजिक सुरक्षा तथा परिवार के संरक्षण का अधिकार
29. सामाजिक एवं आर्थिक न्याय एवं सशक्तिकरण का अधिकार।
30. बार केटर्स के विरुद्ध अधिकार।
31. जीवन बीमा पॉलिसी के विनियोग का अधिकार।
32. सोने का अधिकार।
33. शोर, प्रदूषण से मुक्ति का अधिकार।
34. विद्युत (बिजली) का अधिकार।

- **अनुच्छेद 21(A):** 86वें संशोधन द्वारा जोड़ा गया है, जिसके अनुसार **6-14 वर्ष के बच्चों को अनिवार्य व निःशुल्क प्राथमिक शिक्षा** दी जाएगी। इस सम्बन्ध में राज्य के द्वारा विधि का निर्माण किया जाएगा।
- पशुओं के साथ उत्पीड़नात्मक व्यवहार **प्रिवेन्शन ऑफ क्रूयल्टी एक्ट** (PCA), 1960 के तहत प्रतिबन्धित है।
- सुप्रीम कोर्ट ने **अनुच्छेद-21** में प्रयुक्त शब्द जीवन को विस्तारित करते हुए जानवरों के जीवन को भी इसमें सम्मिलित किया, उन्हें भी जीने का अधिकार है।

## मौलिक कर्तव्य

- मूल कर्तव्य नागरिकों के लिए उस **'आचार संहिता'** की तरह हैं, जिनका पालन उन्हें राज्य के स्थायित्व एवं समृद्धि के लिए करना आवश्यक होता है। स्वर्ण सिंह समिति की सिफारिशों के आधार पर **42वाँ संशोधन,**

1976 **द्वारा** संविधान में **'मूल कर्तव्य'** शीर्षक से एक नया भाग 4 (क) जोड़ा गया। इस नए भाग में अनुच्छेद 51 (क) में 10 मौलिक कर्तव्यों का उल्लेख किया गया।

- 86वें संविधान संशोधन सन् 2002 में अभिभावकों के लिए **6-14 वर्ष** के अपने बच्चों को शिक्षा का अवसर प्रदान करने का कर्तव्य जोड़ देने से अब नागरिकों के निम्नांकित **11 मूल कर्तव्य** इस प्रकार हैं-

1. भारत के प्रत्येक नागरिक का यह कर्तव्य होगा कि वह संविधान का पालन करे और उसके आदर्शों, संस्थाओं, **राष्ट्रध्वज व राष्ट्रगान** का आदर करे।
2. प्रत्येक भारतीय **नागरिक स्वतन्त्रता** के लिए हमारे **राष्ट्रीय आन्दोलन** को प्रेरित करने वाले उच्च आदर्शों को हृदय में संजोए रखे और उनका पालन करे।
3. प्रत्येक भारतीय नागरिक का यही कर्तव्य है कि वह **भारत की सम्प्रभुता, एकता और अखण्डता** की रक्षा करे और उसे अक्षुण्ण बनाए रखे।
4. प्रत्येक भारतीय नागरिक का यह कर्तव्य है कि वह **देश की रक्षा करे और बुलाए जाने** पर राष्ट्र की सेवा करे।
5. भारत के सभी लोगों में **समरसता** और **समान भ्रातृत्व** की भावना का विकास करे जो धर्म, भाषा, प्रदेश या वर्ग पर आधारित सभी भेदभाव से परे हो और ऐसी प्रथाओं का त्याग करे जो स्त्रियों के सम्मान के विरुद्ध हो।
6. हम सब अपनी समन्वित संस्कृति की **गौरवशाली परंपरा** का महत्व समझें व उसका संरक्षण करें।
7. प्रत्येक नागरिक का यह कर्तव्य है कि वह वैज्ञानिक दृष्टिकोण, **मानववाद और ज्ञानार्जन** तथा सुधार की भावना का विकास करे।
8. प्रत्येक नागरिक का यह कर्तव्य है कि वह प्राकृतिक पर्यावरण, जिसके अंतर्गत **वन, झील, नदी और वन्य जीव भी** हैं, की रक्षा करे और उनका संवर्द्धन करे तथा प्राणी मात्र के प्रति दया भाव रखे।
9. प्रत्येक नागरिक का यह कर्तव्य है कि वह **सार्वजनिक सम्पत्ति** को सुरक्षित रखे व हिंसा से दूर रहे।
10. प्रत्येक नागरिक का यह कर्तव्य है कि वह **व्यक्तिगत** व **सामूहिक** गतिविधियों के सभी क्षेत्रों में उत्कर्ष की ओर बढ़ने का सतत प्रयास करे जिससे राष्ट्र निरन्तर बढ़ते हुए प्रगति और उपलब्धि की नवीन ऊंचाइयों को छू सके।
11. **86वें संविधान संशोधन अधिनियम, 2002** द्वारा **अनुच्छेद 51** में संशोधन करके **खण्ड (ज)** के बाद जोड़े गए नए खण्ड के अनुसार प्रारम्भिक शिक्षा को सर्वव्यापी बनाने के उद्देश्य से अभिभावकों के लिए भी यह कर्तव्य निर्धारित किया गया है कि वे **छः से चौदह वर्ष तक के अपने बच्चों को शिक्षा का अवसर प्रदान** करें।

## राज्य के नीति-निदेशक तत्व

- राज्य के नीति-निदेशक तत्व को आयरलैण्ड के संविधान से लिया गया है।
- राज्य के **नीति-निदेशक तत्वों** का वर्णन संविधान के **भाग 4** में **अनुच्छेद 36-51** के मध्य किया गया है। राज्य के नीति-निदेशक तत्वों का तात्पर्य भारतीय संविधान में उन सिद्धान्तों या आदेशों से है, जो राज्य की नीति का निदेशन करते हैं और इस बात की ओर संकेत करते हैं कि राज्य की नीति क्या होनी चाहिए। ये तत्व सदैव सरकार का मार्गदर्शन करते हैं।
- संविधान में **नीति-निदेशक** तत्वों का उल्लेख इसलिए किया गया है, क्योंकि ये तत्व राज्य के आदर्शों को स्पष्ट करते हैं। चाहे किसी भी दल की सरकार बने किंतु वह संविधान में उल्लिखित इन तत्वों के अनुसार निर्धारित नीतियों पर ही शासन चलाती है।
- राज्य के नीति-निदेशक तत्व सामाजिक-आर्थिक न्याय प्रदान करते हैं।

| महत्वपूर्ण अनुच्छेद |
|---|
| • अनुच्छेद 38- राज्य लोक कल्याण की अभिवृद्धि के लिए सामाजिक व्यवस्था बनाएगा। |
| • अनुच्छेद 39 क-समान न्याय और निःशुल्क विधिक सहायता |
| • अनुच्छेद 40- ग्राम पंचायतों का संगठन |
| • अनुच्छेद 41- कुछ दशाओं में काम, शिक्षा और लोक सहायता पाने का अधिकार |
| • अनुच्छेद 42- काम की न्यायसंगत और मानवोचित दशाओं का तथा प्रसूति सहायता का उपबन्ध |
| • अनुच्छेद 43- कर्मकारों के लिए निर्वाह मजदूरी आदि |
| • अनुच्छेद 44- नागरिकों के लिए एक समान सिविल संहिता |
| • अनुच्छेद 45- बालकों के लिए निःशुल्क और अनिवार्य शिक्षा |
| • अनुच्छेद 46- अनुसूचित जातियों, अनुसूचित जनजातियों और अन्य दुर्बल वर्गों के शिक्षा और अर्थ सम्बन्धी हितों की अभिवृद्धि |
| • अनुच्छेद 47- पोषाहार स्तर और जीवन स्तर को ऊंचा करने तथा लोक स्वास्थ्य का सुधार करने का राज्य का कर्तव्य |
| • अनुच्छेद 48- कृषि और पशुपालन का संगठन |
| • अनुच्छेद 48क- पर्यावरण का संरक्षण तथा संवर्धन |
| • अनुच्छेद 49- राष्ट्रीय महत्व के स्मारकों और स्थानों का संरक्षण |
| • अनुच्छेद 50- कार्यपालिका से न्यायपालिका का पृथक्करण |
| • अनुच्छेद 51- अंतर्राष्ट्रीय शान्ति और सुरक्षा की अभिवृद्धि |

## मूल अधिकार एवं निदेशक तत्वों में विवादित पक्ष

### शंकरी प्रसाद वाद

1. **शंकरी प्रसाद वाद** में उच्चतम न्यायालय ने कहा कि **अनुच्छेद-13(2)** में वर्णित **विधि में संशोधन विधि** शामिल नहीं है।
2. न्यायपालिका के अनुसार, **सामान्य विधि व संशोधन विधि** में अंतर है।
3. उपर्युक्त से अभिप्राय है कि संसद सामान्य विधि के द्वारा मूल अधिकारों को सीमित नहीं कर सकती है, बल्कि संविधान संशोधन के द्वारा, मूल अधिकारों को छीना जा सकता है।

   **सम्पत्ति का अधिकार** पहले मूल अधिकार था, बाद में **जमींदारी उन्मूलन कानून** द्वारा, उसे मूल अधिकारों की श्रेणी से हटाकर **कानूनी अधिकार** (Legal Right) बना दिया गया।

### गोलकनाथ वाद (1967)

1. न्यायपालिका ने **शंकरीप्रसाद वाद** के निर्णय को परिवर्तित कर दिया।
2. **अनुच्छेद-13(2)** में वर्णित विधि में संशोधन विधि भी सम्मिलित है।
3. अर्थात् न्यायपालिका ने सामान्य विधि और संशोधन विधि के अंतर को अस्वीकार कर दिया।
4. अब संसद के द्वारा **सामान्य विधि अथवा संशोधन विधि** किसी के द्वारा भी मूल अधिकारों को छीना नहीं जा सकता है।

### भविष्यलक्षी विधि का सिद्धांत

- भविष्यलक्षी गोलकनाथ वाद में **भविष्यलक्षी विधि का सिद्धांत** (Principle of Prospective Over Ruling) प्रतिपादित किया गया जिसका अभिप्राय है कि गोलकनाथ वाद के निर्णय के बाद **मूल अधिकारों** में किसी भी प्रकार का **संशोधन** सम्भव नहीं है।

**इंदिरा साहनी बनाम भारत संघ वाद ( मण्डल वाद )**

- उच्चतम न्यायालय ने स्पष्ट तौर पर कहा कि संविधान में आरक्षण का आधार सामाजिक है, आर्थिक नहीं। इसलिए, नरसिम्हा राव सरकार द्वारा दिए गए 10% आरक्षण को अवैध करार दिया गया।
- उच्चतम न्यायालय ने कहा कि भारत में आरक्षण की अधिकतम सीमा **50% से अधिक नहीं** होनी चाहिए। इसके लिए न्यायालय ने **अनुच्छेद-335** का सन्दर्भ दिया, जिसमें यह उल्लिखित है कि अनुसूचित जाति एवं जनजातियों को आरक्षण प्रदान करते समय सरकारी सेवाओं की कुशलता प्रभावित नहीं होनी चाहिए।
- पिछड़ी जाति में से उन लोगों को अलग कर दिया गया जिनका सामाजिक-शैक्षिक उत्थान हो चुका है, और वे समाज में आर्थिक रूप से भी सम्पन्न हैं, भले ही वे पिछड़ी जाति में शामिल हों। इन्हीं को लोकप्रिय रूप में **क्रीमी-लेयर** का नाम दिया गया। उच्चतम न्यायालय ने क्रीमी-लेयर की पहचान के लिए एक **आयोग** के गठन का निर्देश दिया।
- उच्चतम न्यायालय ने नियुक्तियों में **कैरी-फॉरवर्ड के नियम** को स्वीकार कर लिया। इसके नियम के अनुसार, यदि आरक्षित सीटें खाली रह जाती हैं, तो उन्हें अगले-साल भरा जाएगा, परंतु इसमें 50% की अधिकतम आरक्षण सीमा का उल्लंघन नहीं होना चाहिए।
- आरक्षण की 50% सीमा प्रत्येक वर्ष की नौकरियों के लिए होगी न कि नौकरियों की कुल संख्या के लिए।
- विशेषज्ञता के कुछ पदों के लिए आरक्षण का पालन नहीं किया जाएगा।
- **वर्तमान स्थिति:** उच्चतम न्यायालय ने अब 50% के अतिरिक्त 3% आरक्षण विकलांग व्यक्तियों के लिए देने पर सहमति दी है तथा आर्थिक रूप से पिछड़े वर्ग (103वें संशोधन द्वारा) को 10% आरक्षण का प्रावधान किया गया है। अपवादस्वरूप राज्य तमिलनाडु है, जहाँ इससे अधिक आरक्षण है।

## प्रश्नमाला

**1. भारतीय संविधान सभा के सम्बन्ध में निम्न कथनों पर विचार कीजिए-**

**A. संविधान सभा का गठन कैबिनेट मिशन योजना द्वारा किया गया।**

**B. संविधान सभा के सदस्यों का निर्वाचन अप्रत्यक्ष रूप से विधानसभा द्वारा किया जाना था, जिसमें देशी रियासतें भी सम्मिलित थीं।**

**उपरोक्त में कौन-सा/से कथन सही है/हैं ?**

(a) केवल A
(b) केवल B
(c) A और B दोनों
(d) न तो A और न ही B

**2. निम्नलिखित कथनों पर विचार कीजिए**

**A. भारतीय संविधान में संघात्मक शासन तथा केन्द्र की अवशिष्ट शक्ति का प्रावधान कनाडा से लिया गया है।**

**B. भारतीय संविधान में एकल नागरिकता अमेरिकी संविधान से प्रभावित है।**

(a) कथन A सही है कथन B गलत है।
(b) कथन A गलत है कथन B सही है।
(c) दोनों कथन (A) तथा (B) सही हैं।
(d) (A) तथा (B) दोनों कथन गलत हैं।

**3. निम्नलिखित पर विचार कीजिए-**

**A. सामाजिक न्याय**
**B. आर्थिक न्याय**
**C. राजनीतिक न्याय**
**D. धार्मिक न्याय**

**उपरोक्त में से किसका/किनका उल्लेख संविधान की प्रस्तावना में मिलता है ?**

(a) A और B (b) B और C
(c) A, B और C (d) उपरोक्त सभी

**4. भारतीय संविधान के किस खण्ड को अकसर संविधान की 'अन्तरात्मा' कहा जाता है ?**

(a) नीति-निदेशक सिद्धान्तों से सम्बन्धित खण्ड
(b) मौलिक अधिकारों से सम्बन्धित खण्ड
(c) अनुसूचित जाति, अनुसूचित जनजाति एवं अन्य पिछड़ा वर्ग के लिए आरक्षण नीति से सम्बन्धित खण्ड
(d) संविधान की प्रस्तावना

**5. संविधान के किस अनुच्छेद के अन्तर्गत - 'अस्पृश्यता' के कारण किसी योग्यता को लागू करना कानून के अनुसार एक दण्डनीय अपराध होगा ?**

(a) अनुच्छेद 21 (b) अनुच्छेद 28
(c) अनुच्छेद 15 (d) अनुच्छेद 17

**6. रंग-भेद की प्रथा पर दिए गए A और B कथनों पर विचार कीजिए।**

**A. यह प्रथा जातियों के बीच भेदभाव करती है, परन्तु सभी को मत देने की अनुमति प्रदान करती है।**

**B. यह प्रथा जातियों को एक-दूसरे से मिलने से रोकती हैं, परन्तु सभी को समान रूप से सार्वजनिक सुविधाएँ प्रदान करती है।**

**कूट**

(a) A और B दोनों गलत हैं
(b) केवल A सही है
(c) केवल B सही है
(d) A और B दोनों सही हैं

**7. प्रदूषण रहित हवा का अधिकार, भारत में किस मौलिक अधिकार के भाग के रूप में स्वीकारा गया है ?**

(a) आजादी (b) समानता
(c) जीवन (d) न्याय

**8. ऐसी राजनीतिक व्यवस्था जिसमें एक से अधिक स्तर की सरकार को .........कहा जा सकता है।**

(a) गणतन्त्रात्मक (b) संघवाद
(c) धर्मनिरपेक्ष (d) उदारवादी

**9. मूल भारतीय संविधान में कितने भाग, अनुच्छेद और अनुसूची थे ?**

(a) 22 भाग, 395 अनुच्छेद और 8 अनुसूची
(b) 24 भाग, 450 अनुच्छेद और 12 अनुसूची
(c) 22 भाग, 390 अनुच्छेद और 8 अनुसूची
(d) 24 भाग, 425 अनुच्छेद और 12 अनुसूची

**10. राज्य के नीति-निदेशक सिद्धान्त किस देश के संविधान से लिए गए हैं?**

(a) आयरलैण्ड (b) कनाडा
(c) ब्रिटेन (d) सं.रा. अमेरिका

**11. भारत के संविधान में सम्मिलित समवर्ती सूची किस देश की देन है?**

(a) सोवियत संघ (b) ऑस्ट्रेलिया
(c) इटली (d) कनाडा

**12. संविधान सभा का संवैधानिक सलाहकार किसे नियुक्त किया गया था?**

(a) डॉ. बी.आर. अम्बेडकर
(b) के.टी. शाह
(c) डॉ. बी.एन. राव
(d) ए.के. अय्यर

**13. भारतीय संविधान में सम्मिलित नीति-निदेशक तत्वों की प्रेरणा हमें किस संविधान से प्राप्त हुई?**

(a) ऑस्ट्रेलिया (b) अमेरिका
(c) फ्रांस (d) आयरलैण्ड

**14. भारतीय संविधान की प्रस्तावना में 'धर्म निरपेक्ष' शब्द किस संशोधन द्वारा जोड़ा गया?**

(a) 42वां (b) 45वां
(c) 51वां (d) 43वां

**15. भारतीय संविधान में मौलिक कर्तव्यों को सम्मिलित किया गया था-**
(a) 40वें संशोधन द्वारा
(b) 42वें संशोधन द्वारा
(c) 43वें संशोधन द्वारा
(d) 44वें संशोधन द्वारा

**16. भारतीय संविधान सभा की स्थापना की गई थी-**
(a) 10.06.1946 को
(b) 09.12.1946 को
(c) 26.11.1949 को
(d) 26.12.1949 को

**17. भारतीय संविधान सभा की प्रारूप समिति के अध्यक्ष-**
(a) डॉ. राजेन्द्र प्रसाद थे।
(b) जवाहर लाल नेहरू थे।
(c) बी.आर. अम्बेडकर थे।
(d) पुरुषोत्तम दास टंडन थे।

**18. निम्नलिखित में से कौन-से अधिकार भारतीय संविधान के अनुच्छेद 32 के अंतर्गत प्रवर्तित किए जा सकते हैं?**
(a) संवैधानिक अधिकार
(b) मौलिक अधिकार
(c) विधिक अधिकार
(d) उपरोक्त सभी

**19. भारतीय संविधान का कौन-सा अनुच्छेद अल्पसंख्यकों की अपनी मनपसंद शिक्षण संस्थाओं को स्थापित एवं संचालित करने के अधिकार का संरक्षण प्रदान करता है?**
(a) 16 (b) 26
(c) 29 (d) 30

**20. "मद्रास राज्य बनाम चम्पकम दोरायराजन" मुकदमे में भारतीय सर्वोच्च न्यायालय के निर्णय के परिणामस्वरूप निम्नलिखित में से किस मौलिक अधिकार को संशोधित किया गया?**
(a) विधि के समक्ष समानता का अधिकार
(b) भेदभाव के विरुद्ध अधिकार
(c) अस्पृश्यता के विरुद्ध अधिकार
(d) विचार एवं अभिव्यक्ति की स्वतंत्रता का अधिकार

**21. भारतीय संविधान में आपात उपबन्ध किस देश के संविधान पर आधारित है?**
(a) फ्रांस
(b) जर्मनी के वाइमर संविधान
(c) जापान
(d) यू.एस.एस.आर.

**22. भारतीय संविधान के निम्नलिखित अनुच्छेद में से कौन विधायन सत्ता पर पूर्ण नियंत्रण लगाता है?**
(a) अनुच्छेद 14 (b) अनुच्छेद 15
(c) अनुच्छेद 16 (d) अनुच्छेद 17

**23. भारतीय संविधान के अनुच्छेद 13 का मुख्य उद्देश्य निम्नलिखित में से किसके संदर्भ में संविधान की सर्वोच्चता सुनिश्चित करता है?**
(a) राज्य के नीति-निदेशक तत्त्व
(b) मौलिक अधिकार
(c) मौलिक कर्त्तव्य
(d) उपरोक्त सभी

**24. भारत का संविधान स्पष्टत: 'प्रेस की आजादी' की व्यवस्था नहीं करता है, किंतु यह आजादी अंतर्निहित है, अनुच्छेद-**
(a) 19 (i) अ में
(b) 19 (i) ब में
(c) 19 (i) स में
(d) 19 (i) द में

**25. भारतीय संविधान के अनुच्छेद 352 के अनुसार 'राष्ट्रीय आपात' की घोषणा निम्नलिखित में से किन परिस्थितियों में की जा सकती है-**
(a) संवैधानिक मशीनरी की विफलता
(b) बाह्य आक्रमण
(c) आंतरिक अशांति
(d) युद्ध, बाह्य आक्रमण अथवा सशस्त्र विद्रोह

**26. मौलिक अधिकारों के अंतर्गत कौन-सा अनुच्छेद बच्चों के शोषण से संबंधित है?**
(a) अनुच्छेद 17 (b) अनुच्छेद 19
(c) अनुच्छेद 23 (d) अनुच्छेद 24

**27. संविधान की उद्देशिका के संबंध में निम्न कथनों पर विचार कीजिए और दिए गए कूट की सहायता से बताइये कि इनमें से कौन सही है?**
**1. पंडित नेहरू द्वारा प्रस्तुत "ऑब्जेक्टिव प्रस्ताव" अंततोगत्वा उद्देशिका बना।**
**2. इसकी प्रकृति न्याययोग्य (Justiciable) नहीं है।**
**3. इसका संशोधन नहीं किया जा सकता है।**
**4. संविधान के विशिष्ट प्रावधानों को यह रद्द (override) नहीं कर सकता।**

**कूट:**
(a) केवल 1 और 2
(b) केवल 1, 2 और 4
(c) केवल 1, 2 और 3
(d) केवल 2, 3 और 4

**28. भारतीय संविधान की प्रस्तावना में 'पंथनिरपेक्ष' शब्द जोड़ा गया?**
(a) 25वें संशोधन द्वारा
(b) 42वें संशोधन द्वारा
(c) 44वें संशोधन द्वारा
(d) 52वें संशोधन द्वारा

**29. संसद राज्य सूची के विषय कें संबंध में कानून बना सकती है-**
(a) राष्ट्रपति की इच्छा से
(b) यदि राज्य सभा ऐसा संकल्प पारित करती है
(c) किसी भी परिस्थिति में
(d) संबंधित राज्य के विधानमंडल से पूछ कर

**30. निम्नलिखित में से किसकी संस्तुति पर भारतीय संविधान में मूल कर्त्तव्य शामिल किया गया?**
(a) बलवंत राय मेहता समिति की
(b) आयंगर समिति की
(c) स्वर्ण सिंह समिति की
(d) ठक्कर समिति की

**31. निम्नलिखित में से कौन एक संवैधानिक संस्था नहीं है?**
(a) वित्त आयोग
(b) नीति आयोग
(c) लोक सेवा आयोग
(d) चुनाव आयोग

**32. भारत में नागरिकता की निम्नलिखित विशेषताओं में से कौन-सी सही है?**
(a) राज्य तथा राष्ट्र की दोहरी नागरिकता
(b) राज्य की एकल नागरिकता
(c) सम्पूर्ण भारत की एकल नागरिकता
(d) भारत और अन्य देश की दोहरी नागरिकता

**33. निम्नलिखित में से किस राज्य ने भारतीय संविधान के मूल संरचना के सिद्धांत की रूपरेखा प्रतिपादित की?**
(a) गोपालन बनाम मद्रास राज्य
(b) गोलकनाथ बनाम पंजाब राज्य
(c) केशवानन्द भारती बनाम केरल राज्य
(d) उपर्युक्त में से कोई नहीं

**34. भारत में, नागरिकों के मौलिक अधिकारों में संशोधन कौन कर सकता है?**

(a) लोक सभा (b) राज्य सभा
(c) संसद (d) सर्वोच्च न्यायालय

**35. भारतीय संविधान का कौन-सा अनुच्छेद भारत की विदेश नीति से सम्बन्धित है?**

(a) अनुच्छेद 380
(b) अनुच्छेद 312
(c) अनुच्छेद 60
(d) अनुच्छेद 51

**36. अनुच्छेद-21 के दायरे में नहीं आता है?**

(a) एक चिकित्सक द्वारा घायल को चिकित्सीय सहायता
(b) कार्यस्थल पर महिलाओं का लैंगिक उत्पीड़न
(c) पानी की गुणवत्ता को दूषित करना
(d) मृत्युदण्ड

**37. अनुच्छेद 40 का सम्बन्ध है–**

(a) कृषि और पशुपालन
(b) अर्न्तराष्ट्रीय शान्ति
(c) राष्ट्रीय महत्त्व के स्मारक
(d) ग्राम पंचायतों का गठन

**38. राज्यों के नीति निदेशक तत्वों का उल्लेख संविधान के किस भाग में किया गया है?**

(a) भाग-2 में (b) भाग-3 में
(c) भाग-4 में (d) भाग-5 में

**39. अंतःकरण की स्वतंत्रता का उल्लेख किस अनुच्छेद में किया गया है?**

(a) अनुच्छेद-20 में
(b) अनुच्छेद-22 में
(c) अनुच्छेद-25 में
(d) अनुच्छेद-30 में

**40. प्रत्यक्ष लोकतंत्र किस देश में है?**

(a) जर्मनी (b) ब्रिटेन
(c) स्वीडन (d) स्विट्जरलैंड

**41. कानून के समक्ष समता किस अनुच्छेद में वर्णित है?**

(a) अनुच्छेद-14 (b) अनुच्छेद-17
(c) अनुच्छेद-18 (d) अनुच्छेद-20

**42. निम्न में से कौन-सा मौलिक कर्त्तव्य नहीं है?**

(a) समान भ्रातृत्व की भावना का विकास करना
(b) देश की रक्षा करना
(c) देश की एकता एवं अखंडता की रक्षा करना
(d) सार्वजनिक सम्पत्ति को नष्ट करना

**43. स्वतन्त्रता के अधिकार का उल्लेख किन अनुच्छेदों में किया गया है?**

(a) अनुच्छेद 14-18
(b) अनुच्छेद 19-22
(c) अनुच्छेद 23-24
(d) अनुच्छेद 25-26

**44. संविधान दिवस मनाने की शुरुआत कब से हुई?**

(a) 2010 से (b) 2012 से
(c) 2013 से (d) 2015 से

**45. भारतीय संविधान में संशोधन पद्धति किस देश के संविधान से ली गई है?**

(a) ऑस्ट्रेलिया (b) जर्मनी
(c) अमेरिका (d) दक्षिण अफ्रीका

## उत्तरमाला

| | | | | | | | | | |
|---|---|---|---|---|---|---|---|---|---|
| **1.** (b) | **2.** (a) | **3.** (d) | **4.** (a) | **5.** (d) | **6.** (a) | **7.** (d) | **8.** (a) | **9.** (a) | **10.** (a) |
| **11.** (b) | **12.** (c) | **13.** (d) | **14.** (a) | **15.** (b) | **16.** (b) | **17.** (c) | **18.** (b) | **19.** (d) | **20.** (b) |
| **21.** (b) | **22.** (a) | **23.** (b) | **24.** (a) | **25.** (d) | **26.** (d) | **27.** (b) | **28.** (b) | **29.** (b) | **30.** (c) |
| **31.** (b) | **32.** (c) | **33.** (c) | **34.** (c) | **35.** (d) | **36.** (b) | **37.** (d) | **38.** (c) | **39.** (c) | **40.** (d) |
| **41.** (a) | **42.** (d) | **43.** (b) | **44.** (d) | **45.** (d) | | | | | |

❑❑❑

# 3 सरकार

- सरकार राज्य का एक महत्त्वपूर्ण अंग होता है। सरकार शब्द का प्रयोग संकुचित तथा व्यापक दोनों रूपों में किया जाता है। संकुचित अर्थ में सरकार कार्यपालिका से सम्बन्धित होती है। परन्तु व्यापक रूप में सरकार में कार्यपालिका, विधायिका तथा न्यायपालिका शामिल होते हैं।

## सरकार के स्तर

सरकार अनेक स्तरों पर कार्य करती है और इसे तीन भागों में विभाजित किया जा सकता है।

- **राष्ट्रीय स्तर** (National Level)- राष्ट्रीय सरकार समस्त राष्ट्र के विषय में निर्णय लेती हैं। इसका निर्णय देश के प्रत्येक नागरिक को प्रभावित करता है। जब राष्ट्रीय सरकार कोई निर्णय लेती है तो इसका पालन सभी राज्य करते हैं। राजनयिक, वाणिज्यिक एवं अन्य कई निर्णय राष्ट्रीय स्तर की सरकार द्वारा लिए जाते हैं। यह संविधान में वर्णित संघ सूची तथा समवर्ती सूची के विषयों पर कानून बनाती है।
- **राज्य स्तर** (State Level)- राज्य स्तर की सरकार राज्य से सम्बन्धित कार्यों को करती है। यह सम्बन्धित राज्यों के लिए कानून का निर्माण, क्रियान्वयन आदि का कार्य करती है। वर्तमान समय में राज्य सरकार बहुत से लोककल्याणकारी कार्य; जैसे- स्वास्थ्य, शिक्षा, विद्युत आदि करती है। यह सरकार संविधान में वर्णित राज्य सूची तथा समवर्ती सूची के विषयों पर कानून बनाती है।
- **स्थानीय स्तर** (Local Level)- स्थानीय सरकार सम्बन्धित गाँव, कस्बे या शहर के लोगों द्वारा नियन्त्रित की जाती है। इसमें स्थानीय स्तर के विकास कार्यों का निर्णय स्थानीय लोगों द्वारा किया जाता है; जैसे- बच्चों के खेलने का पार्क, स्थानीय विवादों का निपटारा आदि।

**सरकार के प्रकार**

| विशेषता | सरकार के रूप | परिभाषा |
|---|---|---|
| एक, कुछ लोग लोकतन्त्र अथवा सम्पूर्ण लोगों द्वारा शासन | लोकतंत्र | ऐसा तन्त्र जहाँ देश की शासन व्यवस्था में जनता की भागीदारी होती है। |
| | प्रत्यक्ष तथा प्रतिनिधिक लोकतंत्र | जनता की भागीदारी के आधार पर लोकतन्त्र को दो प्रकार में विभाजित किया जाता है। पहला है, प्रत्यक्ष लोकतन्त्र तथा दूसरा है, अप्रत्यक्ष लोकतन्त्र या प्रतिनिधि लोकतन्त्र। प्रत्यक्ष लोकतन्त्र में जनता प्रत्यक्ष रूप से शासन कार्य करती है, कानून बनाती है। वर्तमान समय में स्विट्जरलैण्ड में प्रत्यक्ष लोकतन्त्र प्रणाली है। अप्रत्यक्ष प्रतिनिधिक लोकतन्त्र में जनता द्वारा चुने गए प्रतिनिधि शासन कार्य में भाग लेते हैं। विश्व के अधिकांश देशों में इसी प्रकार की सरकार पायी जाती है। |
| | संवैधानिक राजसत्ता | इस तन्त्र में राजा प्रमुख होता है, परन्तु शासन निर्वाचित लोगों द्वारा चलाया जाता है; जैसे- ब्रिटेन |
| | राजसत्ता | इस तन्त्र में सम्राट ही सर्वोपरि होता है शासन का अधिकार पुत्र को हस्तान्तरित होता रहता है; जैसे - प्राचीन मिस्र |
| | अभिजात्य वर्गीय | इसमें कुछ उच्च वर्गीय लोग सत्ता चलाते हैं तथा शासन का अधिकार परिवार में ही हस्तान्तरित होता रहता है; जैसे-प्राचीन ग्रीस |
| **सख्त शासकों का शासन** | निरंकुश शासन | निरंकुश शासन इसमें राजा को असीमित शक्ति प्राप्त होती है तथा कोई भी संवैधानिक नियन्त्रण नहीं होता है; जैसे-हिप्पियास एथेन्स का अन्तिम तानाशाह शासक। |
| | तानाशाही शासन | इसमें एक व्यक्ति हिंसापूर्वक सभी शक्तियाँ हथिया लेता है एवं तब तक शासन करता है, जब तक तख्ता पलट या उसकी मृत्यु न हो जाए; जैसे- कुछ अफ्रीकी देशों में (मिश्र) |
| | अधिनायकवादी शासन | इसमें प्रत्येक व्यक्ति के जीवन पर सरकार नियन्त्रण करती है तथा उस पर निगाह रखती है जैसे- सोवियत संघ |
| | साम्यवाद | इसमें सभी प्रकार के व्यापार सरकारी नियन्त्रण में होते हैं; जैसे- चीन |
| **सरकार की अनुपस्थिति** | अराजकतावाद | अराजकतावाद में सरकार की अनुपस्थिति होती है। |

## लोकतान्त्रिक सरकार

जब जनता निर्वाचन प्रक्रिया के द्वारा अपने प्रतिनिधियों का चुनाव करती तो इससे यह माना जाता है कि जनता स्वयं की शासक है और विधि निर्माण प्रक्रिया में सम्मिलित है। इस प्रकार की सरकार को लोकतान्त्रिक सरकार कहा जाता है। इसके दो प्रकार हैं- अध्यक्षात्मक सरकार ( राष्ट्रपति सरकार ) एवं संसदीय सरकार इन दोनों ही प्रकार

की सरकार के निर्माण में जनता की भूमिका होती है। लोकतान्त्रिक सरकार कानून के शासन पर आधारित होती है।

लोकतान्त्रिक सरकार के निम्न भाग हैं, जो इसकी विशेषताओं को दर्शाते हैं-

- **प्रतिभागिता** (Participation)- लोकतन्त्र में जनता को शासन कार्य में भाग लेने का अवसर प्राप्त होता है। इसी कारण अब्राहम लिंकन ने कहा है "लोकतन्त्र जनता का, जनता के लिए तथा जनता द्वारा संचालित शासन है।" प्रत्यक्ष लोकतन्त्र में जनता प्रत्यक्ष रूप से सरकार का संचालन करती है, जबकि अप्रत्यक्ष लोकतन्त्र में जनता के द्वारा निर्वाचित प्रतिनिधि शासन का संचालन करते हैं।
- **विवादों का समाधान** (Resolving Conflict)- उच्चतम न्यायालय राज्यों तथा राज्यों के बीच राज्य तथा केन्द्र के बीच विवादों का समाधान करती है। जनता तथा जनता, सरकार तथा जनता के बीच विवादों का निर्णय न्यायपालिका द्वारा किया जाता है। संविधान में कार्यों का विभाजन संघीय सूची, राज्य सूची तथा समवर्ती सूची में किया गया है।
- **समता** (Equalits)- संविधान में यह कहा गया है कि राज्य, भारत के राज्य क्षेत्र में किसी व्यक्ति को विधि के समक्ष समता से या विधियों के समान संरक्षण से वंचित नहीं करेगा। (अनुच्छेद 14)। इसी को ध्यान में रखते हुए, अनुच्छेद 17 के अन्तर्गत अस्पृश्यता को कानूनी रूप से समाप्त कर दिया गया है।
- **न्याय** (Justice)- सरकार किसी भी व्यक्ति के साथ न्याय देने में भेदभाव नहीं करेगी। विधि के समक्ष समानता के अन्तर्गत कोई भी व्यक्ति चाहे वह अमीर-गरीब, ऊँचा- नीचा, अधिकारी-गैर अधिकारी इत्यादि हो कानून के उपर नहीं है। भारतीय संविधान की प्रस्तावना में सामाजिक, आर्थिक एवं राजनीतिक न्याय की बात कही गई है।

## प्रश्नमाला

**1. इनमें से कौन-सा लोकतान्त्रिक सरकार का गुण है ?**

(a) यह अभिव्यक्ति की स्वतन्त्रता सुनिश्चित करती है
(b) यह शान्तिपूर्वक एकत्रित होने और कार्य करने की स्वतन्त्रता सुनिश्चित करती है
(c) यह राजनीति की आलोचना की अनुमति देती है
(d) उपरोक्त सभी

**2. इनमें से कौन-सा कार्य सरकार द्वारा किया जाता है ?**

(a) विदेशी सम्बन्धों का प्रबन्धन
(b) राष्ट्रीय संसाधनों का नियन्त्रण, संरक्षण एवं धारणीय प्रयोग
(c) बैंकिंग कार्यों पर नियन्त्रण
(d) उपरोक्त सभी

**3. निम्न पर विचार कीजिए-**

**A. केन्द्र तथा राज्यों के बीच विवाद**
**B. राज्यों के बीच विवाद**

**उपयुक्त में से किस विवाद का समाधान केवल उच्चतम न्यायालय द्वारा किया जाता है ?**

(a) केवल A
(b) केवल B
(c) A और B दोनों
(d) उपरोक्त में से कोई नहीं

**4. निम्न कथनों पर विचार करें**

**A. सरकार के तीनों तन्त्रों की शक्तियों को परिसीमित एवं परिभाषित होना चाहिए।**
**B. सरकार के सभी अंग 'कानून के शासन' के अन्तर्गत बाध्य हैं।**

**उपरोक्त में से कौन-सा/से कथन सही है/हैं ?**

(a) केवल A
(b) केवल B
(c) A और B दोनों
(d) इनमें से कोई नहीं

**5. भारतीय राज्य की सरकार किस प्रकार की है ?**

(a) अध्यक्षात्मक सरकार
(b) लोकतान्त्रिक सरकार
(c) साम्यवादी सरकार
(d) पूँजीवादी सरकार

**6. निम्नलिखित में से कौन-सा विषय राज्य सूची के अन्तर्गत आएगा ?**

**A. श्रीलंका के साथ व्यापार सम्बन्धों को बनाए रखने का निर्णय।**
**B. नए 100 रुपये का नोट जारी करना।**
**C. प्रारम्भिक स्कूलों/विद्यालयों में मध्याह्न भोजन योजना को लागू करने का निर्णय।**
**D. किसानों को बिजली/विद्युत उपलब्ध कराने का निर्णय।**

**सही विकल्प का चयन कीजिए-**

(a) A और C (b) A और D
(c) C और D (d) B और C

**7. साम्यवादी देश का उदाहरण है-**

(a) नेपाल (b) चीन
(c) श्रीलंका (d) भूटान

**8. अधिनायकवादी शासन का उदाहरण कौन-सा देश था ?**

(a) जर्मनी
(b) अमेरिका
(c) पूर्व सोवियत संघ
(d) इनमें से कोई नहीं

**9. प्राचीन ग्रीस में किस प्रकार का शासन था ?**

(a) तानाशाही शासन
(b) साम्यवादी शासन
(c) अभिजात्य वर्गीय शासन
(d) निरंकुश शासन

## उत्तरमाला

**1.** (d) **2.** (d) **3.** (b) **4.** (c) **5.** (b) **6.** (c) **7.** (b) **8.** (c) **9.** (c)

□□□

# 4 लोकतन्त्र

लोकतन्त्र एक ऐसी राजनीतिक प्रणाली तथा शासन पद्धति है, जिसमें सरकार जनता की होती है तथा उसके प्रति उत्तरदायी भी होती है। डेमोक्रेसी शब्द 'डेमोस' तथा 'क्रेशिया' से मिलकर बना है, जिसका शाब्दिक अर्थ - जनता का शासन। लोकतन्त्र का मुख्य उद्देश्य शासन में प्रत्यक्ष या अप्रत्यक्ष रूप से जनता की भागीदारी सुनिश्चित करना है।

**अब्राहम लिंकन** के अनुसार, "लोकतन्त्र जनता का, जनता के लिए तथा जनता द्वारा संचालित शासन है।" लोकतन्त्र में जनता अपनी सरकार चुनती है तथा उसके कार्यों से सन्तुष्ट नहीं होने पर बदल भी देती है।

- भारतीय लोकतन्त्र में जनता प्रतिनिधि का प्रत्यक्ष रूप से चुनाव करते हैं तथा सरकार को लोग अप्रत्यक्ष रूप से चलाते हैं। भारत में प्रतिनिधि लोकतन्त्र है।
- भारत में स्वतन्त्रता के पश्चात् सार्वभौमिक वयस्क मताधिकार को अपनाया गया है । स्वतन्त्रता पूर्व देश में कुछ ही लोगों को मतदान का अधिकार प्राप्त था ।

## लोकतन्त्र के प्रकार

लोकतन्त्र दो प्रकार का होता है-

- **प्रत्यक्ष लोकतन्त्र** (Direct Democracy)- इसमें जनता की, सरकार के निर्णय निर्माण प्रक्रिया में प्रत्यक्षत: भागीदारी होती है। स्विट्जरलैण्ड इसका दुर्लभ उदाहरण है।
- **अप्रत्यक्ष लोकतन्त्र** (Indirect Democracy)- इसमें जनता अपने प्रतिनिधियों का चुनाव करती है, जो सरकार की निर्णय निर्माण प्रक्रिया में भाग लेते हैं। यह सरकार का सबसे सामान्य प्रारूप है, जिसको **USA**, कनाडा, ब्रिटेन, भारत आदि में देखा जा सकता है।

एथेनियन (एथेन्स) लोकतन्त्र में नियुक्तियाँ लॉटरी के माध्यम से होती थीं। इसमें नागरिकों को सेना व नौसेना में अपनी सेवाएँ देनी थीं। इसमें सभी को नागरिकता प्राप्त नहीं थी।

## समानता

- समानता लोकतन्त्र की महत्त्वपूर्ण विशेषता है, जो इसके कार्यों के सभी आयामों को प्रभावित करती है। यह सुनिश्चित करती है कि व्यक्ति धर्म, जाति, लिंग आदि भेदभाव के बिना अपनी प्रतिभा का विकास कर सके।
- भारतीय संविधान में महिला हो या पुरुष चाहे वह किसी भी जाति, धर्म, सम्प्रदाय, के हों सभी समान हैं। भारत में समानता की स्थापना हेतु निम्न सांविधानिक उपबन्ध किए गए हैं-
  1. कानून के समक्ष समानता। ( अनुच्छेद 14 )
  2. किसी से भी धर्म, जाति, सम्प्रदाय, लिंग, स्थान या जन्म के आधार पर, भेदभाव नहीं किया जा सकता। ( अनुच्छेद 15 )
  3. प्रत्येक व्यक्ति को सार्वजनिक स्थलों; जैसे— होटल, मन्दिर, दुकान, कुओं आदि पर जाने की इजाजत है।
     सार्वजनिक भोजनालय, सार्वजनिक मनोरंजन
  4. अस्पृश्यता का अन्त। (अनुच्छेद 17)

## विक्लांगता अधिनियम

भारत सरकार ने वर्ष 1995 में विकलांगता अधिनियम पारित किया था। इस अधिनियम के अनुसार, विकलांग व्यक्ति को समान अधिकार प्राप्त है। सरकार को उनके लिए सभी स्कूलों में मुफ्त शिक्षा की व्यवस्था की जानी चाहिए। सभी सार्वजनिक स्थलों (सरकारी भवन, स्कूल, रेलवे स्टेशन) पर सुगम (ढालनुमा ) रास्ता बनाना चाहिए। विकलांगता अधिनियम 2016 के अन्तर्गत सरकारी नौकरियों में विकलांग व्यक्तियों के लिए 4% आरक्षण का प्रावधान किया गया है।

## मत देने का अधिकार

भारत में मतदान का अधिकार प्रत्येक वयस्क नागरिक को दिया गया है, जिसकी आयु 18 वर्ष या उससे ऊपर है। मतदान के माध्यम से जनता अपनी पसन्द की सरकार चुनती है। भारत में मतदान के अधिकार के प्रति महिलाओं एवं पुरुषों के प्रति किसी भी प्रकार का भेदभाव नहीं अपनाया जाता है।

## असमानता

- भारत में जाति प्रथा, असमानता (Inequality) के समान प्रारूपों में से एक है। भारत के शिक्षित नगरीय लोगों में भी यह धारणा पाई जाती है। दलितों के प्रति भेदभाव सभी जगह देखे जाते हैं। दलित का अर्थ तथाकथित निचली जातियों से है। महिलाओं को सामाजिक बराबरी को सुनिश्चित करने के लिए वैधानिक प्रावधान भी किया गया है।

## नागरिक अधिकार आन्दोलन

- नागरिक अधिकार अधिनियम 1964 नस्ल, धर्म, जन्मस्थान के आधार पर भेदभाव को रोकता है। इसके अनुसार, देश का प्रत्येक व्यक्ति, चाहे वह अफ्रीकन हो या अमेरिकन सभी से समान रूप से व्यवहार किया जाएगा। अमेरिका में नागरिक अधिकार आन्दोलन 1 दिसम्बर, 1955 में प्रारम्भ हुआ था, जब गोरे लोगों द्वारा रोजा पार्क्स को बस में एक सीट देने से इन्कार कर दिया गया था। उसके बाद अमेरिका में लोगों द्वारा समान अधिकार की माँग की गई थी और इस प्रकार नस्लीय भेदभाव का अन्त हुआ।

## तवा मत्स्य संघ

- तवा मत्स्य संघ मछुआरों का सहकारी संगठन है। इस संघ का गठन मध्य प्रदेश के सतपुड़ा क्षेत्र में सरकार की नीतियों के विरोध में किया गया। सरकार ने 1994 में निजी कम्पनियों को सतपुड़ा क्षेत्र में मछली पकड़ने का अधिकार दे दिया था। बाद में इसे वापस ले लिया गया।

## प्रश्नमाला

**1. "यह जनता का, जनता के द्वारा, जनता के लिए शासन हैं", निम्न में से किसने यह परिभाषा दी थी ?**
(a) महात्मा गाँधी
(b) अब्राहम लिंकन
(c) नेल्सन मण्डेला
(d) डॉ. भीमराव अम्बेडकर

**2. निम्न कथनों पर विचार कीजिए-**
**A. अप्रत्यक्ष लोकतन्त्र में जनता अपने प्रतिनिधियों का चुनाव करती है।**
**B. समानता सुनिश्चित करती है कि व्यक्ति धर्म, जाति, लिंग आदि भेदभाव के बिना अपनी प्रतिभा का विकास कर सके।**
**उपरोक्त कथनों में से कौन-सा/से कथन सही है/हैं ?**
(a) केवल A (b) केवल B
(c) A और B दोनों (d) इनमें से कोई नहीं

**3. निम्नलिखित देशों पर विचार कीजिए**
**A. ब्रिटेन**
**B. भारत**
**C. अमेरिका**
**उपयुक्त में से किस/किन देश/देशों में प्रत्यक्ष लोकतन्त्र पाया जाता है/हैं ?**
(a) केवल A (c) A और B
(b) B और C (d) इनमें से कोई नहीं

**4. संयुक्त राज्य अमेरिका में 'नागरिक 'अधिकार आन्दोलन' शुरू हुआ था।**
(a) सभी अफ्रीकी अमेरिकन नागरिकों के लिए समान अधिकारों तथा जातीय मतभेद की समाप्ति की माँग के लिए
(b) अफ्रीकी अमेरिकन महिलाओं के मताधिकार की माँग के लिए
(c) अफ्रीकी अमेरिकन पुरुषों में मताधिकार की माँग के लिए
(d) अफ्रीकी अमेरिकन वरिष्ठ नागरिकों की सामाजिक सुरक्षा की माँग के लिए

**5. तवा मत्स्य संघ, मछुआरों की सहकारी समितियों का एक संघ, जो जंगलों से विस्थापित निवासियों के अधिकारों के लिए लड़ रहा है, किस राज्य में है ?**
(a) उत्तराखण्ड में (b) मध्य प्रदेश में
(c) छत्तीसगढ़ में (d) झारखण्ड में

**6. भारतीय संविधान के किस अनुच्छेद का उल्लंघन हो रहा है ?**
(a) अनुच्छेद 15 (b) अनुच्छेद 360
(c) अनुच्छेद 25 (d) अनुच्छेद 370

**7. विकलांगता अधिनियम, 1995 के किस प्रावधान का पालन विद्यालय नहीं कर रहा है ?**
(a) विकलांग व्यक्तियों की शिक्षा के अधिकार
(b) अनौपचारिक शिक्षा के लिए योजनाएँ और कार्यक्रम
(c) रैम्प वाले सार्वजनिक स्थानों और भवनों तक सुरक्षित पहुँच
(d) विकलांग व्यक्तियों के लिए मुख्यधारा वाली और संयोजित शिक्षा

**8. ऐथीनियन लोकतन्त्र की निम्नलिखित में से कौन-सी विशेषता नहीं थी ?**
(a) कई पदों पर नियुक्तियाँ लॉटरी के माध्यम से की जाती थीं।
(b) 30 वर्ष से अधिक आयु के उन सभी पुरुषों और महिलाओं को पूर्ण नागरिकता प्राप्त थी, जो दास नहीं थे।
(c) सभी नागरिकों को सेना व नौसेना में अपनी सेवाएँ देनी होती थीं।
(d) मामलों के निर्णयों के लिए आयोजित की गई सभाओं में सभी नागरिक उपस्थित होते थे।

**9. भारतीय लोकतन्त्र के सन्दर्भ में निम्नलिखित में से कौन-सा कथन गलत है ?**
(a) भारत में सरकार को लोग अप्रत्यक्ष रूप से चलाते हैं।
(b) भारत में पहला आम चुनाव वर्ष 1950 में हुआ था।
(c) भारतीय जनता का एक छोटा हिस्सा भारतीय स्वतन्त्रता से पहले भी मतदान कर सकता था।
(d) स्वतन्त्रता के बाद भारत ने प्रतिनिधि लोकतन्त्र को अपनाया।

**10. भारतीय संविधान के किस अनुच्छेद का उल्लंघन हो रहा है ?**
(a) अनुच्छेद-15
(b) अनुच्छेद-25
(c) अनुच्छेद-10
(d) अनुच्छेद-22

**11. तवा मत्स्य संघ का संबंध किस राज्य से है ?**
(a) उत्तर प्रदेश
(b) मध्य प्रदेश
(c) राजस्थान
(d) गुजरात

**12. भारत में किस प्रकार का लोकतंत्र है ?**
(a) प्रत्यक्ष लोकतंत्र
(b) प्रतिनिधि लोकतंत्र
(c) अप्रत्यक्ष लोकतंत्र
(d) (b) और (c) दोनों

## उत्तरमाला

**1.** (b) **2.** (c) **3.** (d) **4.** (a) **5.** (b) **6.** (a) **7.** (c) **8.** (b) **9.** (b) **10.** (a)
**11.** (b) **12.** (d)

❑❑❑

# 5 संसदीय सरकार

## कार्यपालिका

- भारत में संसदीय शासन प्रणाली अस्तित्व में है, जो ब्रिटिश विरासत से प्राप्त हुई है।
- इस संसदीय प्रणाली में दो प्रकार के कार्यपालिका प्रमुख का प्रावधान किया गया है–**1.** संवैधानिक प्रमुख तथा **2.** वास्तविक प्रमुख।

## राष्ट्रपति

- भारतीय संविधान के **अनुच्छेद 52 में 'राष्ट्रपति'** पद का प्रावधान किया गया है। राष्ट्रपति का पद सर्वाधिक सम्मान, गरिमा तथा प्रतिष्ठा का है। वह राष्ट्र का अध्यक्ष होता है।
- केन्द्र की समस्त कार्यपालिका शक्तियाँ उसमें निहित होती हैं, जिनका प्रयोग वह स्वयं या अपने अधीनस्थ अधिकारियों के माध्यम से करता है।
- भारत सरकार के समस्त कार्यपालिका सम्बन्धी कार्य उसके ही नाम से संचालित किए जाते हैं।
- वह भारत का प्रथम नागरिक कहलाता है।

## योग्यताएँ

- भारतीय संविधान के अनुच्छेद 58 के अनुसार राष्ट्रपति पद के उम्मीदवार के लिए निम्नलिखित योग्यताएँ अनिवार्य हैं।
  1. वह भारत का नागरिक हो।
  2. उसकी **आयु 35** वर्ष से कम न हो।
  3. लोकसभा का सदस्य निर्वाचित होने की योग्यता रखता हो।
  4. भारत या राज्य सरकार के अधीन किसी लाभ के पद पर आसीन न हो।
- राष्ट्रपति पद के उम्मीदवार के लिए निर्वाचक मण्डल के **50 सदस्य, प्रस्तावक** के रूप में तथा **50 सदस्य अनुमोदक** के रूप में आवश्यक माने जाते हैं।

## कार्यकाल, वेतन एवं शपथ

- राष्ट्रपति का **कार्यकाल 5 वर्ष** का होता है, किंतु अपने उत्तराधिकारी के पद ग्रहण करने तक वह अपने पद पर बना रहता है। यदि मृत्यु, त्यागपत्र अथवा महाभियोग द्वारा पदच्युति के कारण राष्ट्रपति का पद इस अवधि के अंतर्गत रिक्त हो जाए तो इस स्थिति में नए राष्ट्रपति का **चुनाव पुनः 5** वर्ष की सम्पूर्ण अवधि के लिए होता है न कि शेष अवधि के लिए।
- राष्ट्रपति का **मासिक वेतन 5,00,000** (आयकर से मुक्त) रुपये है। इसके अतिरिक्त उन्हें निःशुल्क निवास स्थान व संसद द्वारा स्वीकृत अन्य भत्ते प्राप्त होते हैं।
- संविधान के **अनुच्छेद 59** के अनुसार राष्ट्रपति का वेतन और भत्ते उसके कार्यकाल में घटाए नहीं जा सकते।
- राष्ट्रपति को उसके पद और गोपनीयता की **शपथ भारत** के **मुख्य न्यायाधीश** द्वारा दिलाई जाती है।
- राष्ट्रपति अपना **त्यागपत्र उपराष्ट्रपति** को सम्बोधित करता है।

## निर्वाचन प्रक्रिया

- राष्ट्रपति का चुनाव एक निर्वाचक मण्डल द्वारा किया जाता है, जिसके सदस्य संसद के दोनों सदनों तथा राज्यों की विधानसभाओं के निर्वाचित सदस्य होते हैं।
- निर्वाचन आनुपातिक प्रतिनिधित्व की **एकल संक्रमणीय मत-पद्धति** द्वारा होता है।
- मतदान गुप्त मतपत्र द्वारा होता है और चुनाव में सफलता प्राप्त करने के लिए उम्मीदवार को **'न्यूनतम कोटा'** प्राप्त होना आवश्यक होता है। न्यूनतम कोटा निर्धारित करने के लिए निम्न सूत्र अपनाया जाता है–

$$\textbf{न्यूनतम कोटा} = \frac{\text{दिए गए मतों की संख्या}}{\text{राष्ट्रपति पद हेतु प्रत्याशियों की संख्या}} + 1$$

## निर्वाचक के मत का मूल्य

राज्य की विधानसभा के प्रत्येक निर्वाचित सदस्य का मत-मूल्य

$$= \left[\frac{\text{राज्य की कुल जनसंख्या}}{\text{राज्य की विधानसभा की कुल निर्वाचित सदस्यों की संख्या}}\right] \div 1000$$

संसद के प्रत्येक निर्वाचित सदस्य का मत-मूल्य

$$= \left[\frac{\text{सभी राज्यों की विधानसभाओं के कुल निर्वाचित सदस्यों के कुल मतों की संख्या}}{\text{संसद के कुल निर्वाचित सदस्यों की संख्या}}\right] \div 1000$$

**भारत के राष्ट्रपति**

| क्र.सं. | नाम | कार्यकाल | प्रमुख तथ्य |
|---|---|---|---|
| 1. | डॉ. राजेन्द्र प्रसाद | जनवरी 26, 1950–मई 13, 1962 | प्रथम राष्ट्रपति, सर्वाधिक अवधि (12 वर्ष) तक |
| 2. | डॉ. राधाकृष्णन् | मई 13, 1962–मई 13, 1967 | भारत के प्रथम उपराष्ट्रपति व दूसरे राष्ट्रपति बने |
| 3. | डॉ. जाकिर हुसैन | मई 13, 1967–मई 3, 1969 | प्रथम मुस्लिम राष्ट्रपति, सबसे कम अवधि, कार्यकाल के दौरान मृत्यु |
| 4. | वी.वी. गिरि | मई 3, 1969–जुलाई 20, 1969 | प्रथम कार्यवाहक राष्ट्रपति |
| 5. | एम. हिदायतुल्लाह | जुलाई 20, 1969–अगस्त 24, 1969 | राष्ट्रपति पद की शपथ लेने वाले सर्वोच्च न्यायालय के एकमात्र मुख्य न्यायाधीश |

| | | | |
|---|---|---|---|
| 6. | वी.वी. गिरि | अगस्त 24, 1969–अगस्त 24, 1974 | एकमात्र राष्ट्रपति जिनके निर्वाचन में द्वितीय चक्र की मतगणना करनी पड़ी |
| 7. | फखरूद्दीन अली अहमद | अगस्त 24, 1974–फरवरी 11, 1977 | कार्यकाल के दौरान मृत्यु |
| 8. | बी.डी. जत्ती | फरवरी 11, 1977–जुलाई 25, 1977 | कार्यवाहक राष्ट्रपति |
| 9. | नीलम संजीव रेड्डी | जुलाई 25, 1977–जुलाई 25, 1982 | सबसे कम उम्र के व एकमात्र निर्विरोध निर्वाचित राष्ट्रपति (64 वर्ष) |
| 10. | ज्ञानी जैलसिंह | जुलाई 25, 1982–जुलाई 25, 1987 | प्रथम सिख राष्ट्रपति |
| 11. | आर. वेंकट रमन | जुलाई 25, 1987–जुलाई 25, 1992 | सर्वाधिक कम उम्र के राष्ट्रपति |
| 12. | डॉ. शंकर दयाल शर्मा | जुलाई 25, 1992–जुलाई 25, 1997 | भारत के आठवें उपराष्ट्रपति व नौवें राष्ट्रपति बने, इनका लंबा राजनीतिक जीवन-काल रहा। |
| 13. | के. आर. नारायणन | जुलाई 1997–जुलाई 2002 | भारत की तत्कालीन अस्थिर राजनीतिक परिस्थितियों के कारण इनका कार्यकाल काफी पेचीदा रहा। |
| 14. | डॉ. ए.पी.जे. अब्दुल कलाम | जुलाई 2002–जुलाई 2007 | राष्ट्रपति बनने वाले प्रथम वैज्ञानिक |
| 15. | प्रतिभा देवीसिंह पाटिल | जुलाई 2007–जुलाई 25, 2012 | प्रथम महिला राष्ट्रपति |
| 16. | प्रणव मुखर्जी | जुलाई 25, 2012–जुलाई 2017 | भारत के राष्ट्रपति पद से पूर्व यह भारत के वित्त मंत्री तथा रक्षा मंत्री तथा विदेश मंत्री जैसे पदों पर भी आसीन रहे। |
| 17. | रामनाथ कोविन्द | जुलाई 25, 2017– 24 जुलाई, 2022 | ये राष्ट्रपति पद पर आसीन होने से पूर्व बिहार राज्य के राज्यपाल भी रहे। |
| 18. | द्रोपदी मुर्मू | जुलाई 25, 2022– अब तक | प्रथम जनजातीय राष्ट्रपति (संथाल जनजाति) व दूसरी महिला राष्ट्रपति |

## क्तियाँ

भारतीय संविधान के तहत भारत के राष्ट्रपति को विविध प्रकार की शक्तियाँ प्राप्त हैं; जैसे–

1. **कार्यपालिका शक्तियाँ**
   - केन्द्र सरकार की समस्त शक्तियाँ राष्ट्रपति के हाथों में निहित होती हैं। उसी के नाम से देश की नीतियों का संचालन होता है।
   - उसे विशिष्ट पदों पर नियुक्तियाँ करने का अधिकार है। वह **प्रधानमन्त्री** एवं **अन्य मन्त्रीगण,** सर्वोच्च न्यायालय एवं उच्च न्यायालय के मुख्य न्यायाधीशों, नियन्त्रक एवं महालेखा परीक्षक, निर्वाचन आयुक्तों, वित्त आयोग, राष्ट्रीय मानवाधिकार आयोग, राष्ट्रीय महिला आयोग, राज्यपालों, संघ लोक सेवा आयोग के अध्यक्ष व अन्य सदस्यों की नियुक्ति करता है।
   - वह विदेशी राजनयिकों का **आमन्त्रण-पत्र** स्वीकार करता है तथा राजदूतों को नियुक्ति-पत्र जारी करता है।
2. **विधायी शक्तियाँ**
   - राष्ट्रपति संसद का **अभिन्न अंग** होता है। उसके **हस्ताक्षर** से ही कोई कानून बन सकता है।
   - वह संसद का सत्र **आहूत करने, सत्रावसान** करने तथा **लोकसभा को भंग** भी कर सकता है।
   - वह **लोकसभा के प्रथम सत्र** को सम्बोधित करता है। **संयुक्त अधिवेशन बुलाकर अभिभाषण** देता है।
   - **नए राज्य के निर्माण, राज्य की सीमा में परिवर्तन** से सम्बन्धित विधेयक, **धन विधेयक** या **संचित निधि** पर भारित व्यय वाला विधेयक, **राज्यहित से जुड़े विधेयक बिना राष्ट्रपति** की पूर्वानुमति के संसद में प्रस्तुत नहीं होते हैं।
   - वह लोकसभा के लिए **आंग्ल-भारतीय समुदाय** से **2** तथा राज्यसभा के लिए **कला, साहित्य, विज्ञान, समाज सेवा** या **सहकारिता** क्षेत्र के **12 सदस्यों** को मनोनीत कर सकता है। (104वें संविधान संशोधन से एंग्लो इण्डियन के आरक्षण को समाप्त किया गया।)
   - संविधान के **अनुच्छेद 123** के अंतर्गत असामान्य स्थिति में वह **अध्यादेश** जारी कर सकता है।
3. **न्यायिक शक्तियाँ**
   - संविधान के **अनुच्छेद 72** के तहत राष्ट्रपति को किसी अपराधी की सजा को क्षमा करने, उसका प्रविलम्बन करने, परिहार और कम करने का अधिकार प्राप्त है। वह **मृत्युदण्ड को** माफ भी कर सकता है।
   - वह **सैन्य प्रशासन** द्वारा प्राप्त सजा या कोर्ट मार्शल की सजा को भी माफ कर सकता है।
   - उसे अधिकार है कि किसी सार्वजनिक हित के प्रश्न पर सर्वोच्च **न्यायालय से परामर्श** ले सके **अनुच्छेद 143(1)**।
4. **सैन्य शक्तियाँ**
   - संविधान के **अनुच्छेद 53** के अंतर्गत भारत का राष्ट्रपति, रक्षा बलों का **सर्वोच्च कमाण्डर** होता है।
   - उसे **युद्ध और शान्ति की घोषणा करने** तथा सैन्य बलों के प्रविस्तारण हेतु आदेश देने की शक्ति प्राप्त है।
5. **विवेकी शक्तियाँ**
   - भारतीय संविधान के अनुसार राष्ट्रपति मन्त्रिपरिषद् की सलाह पर कार्य करता है। किंतु विशेष परिस्थितियों में उसे अपने विवेक से काम करना होता है। वे स्थितियाँ हैं:
     **(i)** जब किसी एक पार्टी को **लोकसभा** में स्पष्ट बहुमत प्राप्त नहीं हो।
     **(ii)** प्रधानमंत्री की अचानक मृत्यु की दशा में प्रधानमन्त्री की नियुक्ति करनी हो।
   - यदि **सत्तारूढ़ मन्त्रिपरिषद्** के विरुद्ध अविश्वास प्रस्ताव पारित हो गया हो।
6. **आपातकालीन शक्तियाँ**
   - भारतीय संविधान में राष्ट्रपति को तीन स्थितियों में विशिष्ट आपातकालीन शक्तियाँ प्रदान की गई हैं।
   - **संविधान के अनुच्छेद 352** के अंतर्गत **युद्ध, बाह्य आक्रमण** या **सशस्त्र विद्रोह** की स्थिति से निपटने के लिए उसे विशेष शक्तियाँ प्राप्त हैं।
   - **संविधान के अनुच्छेद 356** के अंतर्गत यदि कोई राज्य संवैधानिक रूप से अक्षम हो गया है, तो राष्ट्रपति वहाँ आपातकाल की घोषणा कर सकता है। (राष्ट्रपति शासन)
   - **संविधान के अनुच्छेद 360** के अंतर्गत आर्थिक संकट की स्थिति में राष्ट्रपति अपनी विशिष्ट शक्तियों का प्रयोग कर इसका सामना करने का प्रयास कर सकता है (वित्तीय आपातकाल अभी तक प्रयोग नहीं)।

## राष्ट्रपति की वीटो (निषेधाधिकार) शक्तियाँ

भारत के राष्ट्रपति को तीन प्रकार की वीटो शक्ति प्राप्त हैं:

- **आत्यंतिक वीटो (Absolute Veto)**–इस वीटो शक्ति के तहत राष्ट्रपति किसी विधेयक पर अपनी अनुमति नहीं देता है, अर्थात् वह अपनी अनुमति को सुरक्षित रख सकता है।

- **निलम्बनकारी वीटो (Suspension Veto)**–इस वीटो शक्ति के अंतर्गत राष्ट्रपति किसी विधेयक को **संसद** के पास **पुनर्विचार** हेतु भेज सकता है।
- **जेबी वीटो (Pocket Veto)**–इस वीटो शक्ति के तहत राष्ट्रपति किसी विधेयक को अनिश्चित काल के लिए अपने पास सुरक्षित रख सकता है। अर्थात् इस वीटो शक्ति के प्रयोग द्वारा राष्ट्रपति किसी विधेयक पर न तो अनुमति देता है न ही अनुमति देने से मना करता है और न ही पुनर्विचार हेतु संसद के पास भेजता है।
- विवादास्पद **भारतीय डाक (संशोधन) विधेयक 1986** के सम्बन्ध में तत्कालीन राष्ट्रपति ज्ञानी जैलसिंह द्वारा जेबी वीटो का प्रयोग किया गया था। भारत में किसी राष्ट्रपति द्वारा जेबी वीटो का यह प्रथम प्रयोग था।

| महाभियोग (अनुच्छेद 61) |
|---|
| राष्ट्रपति को उसकी पदावधि की समाप्ति के पूर्व संविधान के उल्लंघन के आरोप में महाभियोग लगाकर पदमुक्त किया जा सकता है। संसद के किसी भी सदन में महाभियोग की प्रक्रिया 14 दिन की पूर्व सूचना के साथ शुरू की जा सकती है बशर्ते उस पर सदन के एक-चौथाई सदस्य लिखित प्रस्ताव द्वारा सहमति व्यक्त करें। आरोपों का अन्वेषण अनिवार्य रूप से किया जाना चाहिए। इस दौरान राष्ट्रपति को अपना पक्ष प्रस्तुत करने का अधिकार है। यदि संसद के दोनों सदन दो-तिहाई बहुमत से प्रस्ताव पारित कर देते हैं, तो राष्ट्रपति को पदमुक्त किया जा सकता है। |

## पद रिक्ति

- यदि राष्ट्रपति का **पद मृत्यु, त्यागपत्र** अथवा **पद से हटाए** जाने के कारण रिक्त होता है, तो उपराष्ट्रपति राष्ट्रपति के रूप में कार्य करता है। यदि उपराष्ट्रपति भी अनुपस्थित है तो सर्वोच्च न्यायालय का मुख्य न्यायाधीश राष्ट्रपति के रूप में कार्य करता है मुख्य न्यायाधीश की अनुपस्थिति में सर्वोच्च न्यायालय का वरिष्ठतम न्यायाधीश राष्ट्रपति के रूप में कार्य करता है।
- राष्ट्रपति के पद के लिए नया चुनाव पद रिक्त होने के **6 महीने** के भीतर ही होना जरूरी है।
- संविधान द्वारा राष्ट्रपति पद पर **पुनः निर्वाचन** के लिए किसी प्रकार का प्रतिबन्ध नहीं लगाया गया है।

| राष्ट्रपति से संबंधित महत्वपूर्ण अनुच्छेद |
|---|
| • **अनु. 52**–भारत का राष्ट्रपति |
| • **अनु. 53**–संघ की कार्यपालिका शक्ति |
| • **अनु. 54**–राष्ट्रपति का निर्वाचक मण्डल |
| • **अनु. 55**–राष्ट्रपति के निर्वाचन की रीति |
| • **अनु. 56**–राष्ट्रपति की पदावधि |
| • **अनु. 57**–पुनःनिर्वाचन के लिए पात्रता |
| • **अनु. 58**–राष्ट्रपति निर्वाचित होने के लिए अर्हताएँ |
| • **अनु. 59**–राष्ट्रपति के पद के लिए शर्तें |
| • **अनु. 60**–राष्ट्रपति द्वारा शपथ या प्रतिज्ञान |
| • **अनु. 61**–राष्ट्रपति पर महाभियोग चलाने की प्रक्रिया |
| • **अनु. 62**–राष्ट्रपति का पद रिक्त होने की स्थिति में उसे भरने के लिए निर्वाचन करने का समय और आकस्मिक रिक्ति को भरने के लिए निर्वाचित व्यक्ति की पदावधि। |
| • **अनु. 72**–क्षमा आदि की और कुछ मामलों में दंडादेश के निलंबन, परिहार या लघुकरण की राष्ट्रपति की शक्ति। |
| • **अनु. 73**–संघ की कार्यपालिका शक्ति का विस्तार |
| • **अनु. 74**– मंत्री परिषद का राष्ट्रपति को परामर्श |
| • **अनु. 123**–राष्ट्रपति का अध्यादेश जारी करना |
| • **अनु. 143**–राष्ट्रपति की सर्वोच्च न्यायालय से सलाह लेने की शक्ति |

| राष्ट्रपति द्वारा नियुक्त अधिकारी |
|---|
| **1.** संघ के मन्त्री |
| **2.** राज्यों के राज्यपाल |
| **3.** उच्चतम न्यायालय और उच्च न्यायालयों के न्यायाधीश |
| **4.** भारत का महान्यायवादी (अनुच्छेद-76) |
| **5.** भारत का नियंत्रक एवं महालेखा परीक्षक (अनुच्छेद-148) |
| **6.** संघ लोक सेवा आयोग का अध्यक्ष और सदस्य |
| **7.** मुख्य निर्वाचन आयुक्त एवं अन्य निर्वाचन आयुक्त |
| **8.** राष्ट्रीय अल्पसंख्यक आयोग का अध्यक्ष एवं सदस्य |
| **9.** राष्ट्रीय महिला आयोग का अध्यक्ष एवं सदस्य |
| **10.** राष्ट्रीय मानवाधिकार आयोग का अध्यक्ष एवं सदस्य |
| **11.** अनु. जाति व अनु. जनजाति आयोग का अध्यक्ष एवं सदस्य |
| **12.** पिछड़ा वर्ग आयोग का अध्यक्ष एवं सदस्य |
| **13.** संघ राज्य क्षेत्रों के राज्यपाल या प्रशासक |
| **14.** वित्त आयोग (अनुच्छेद-280) |
| **15.** राजभाषा आयोग आदि। |

| राष्ट्रपति द्वारा पदच्युत अधिकारी |
|---|
| **1.** संघ के मन्त्री |
| **2.** राज्यों के राज्यपाल |
| **3.** भारत का महान्यायवादी (Attorney General of India) आदि। |

## ऐसे विधेयक जिन्हें राष्ट्रपति की पूर्वानुमति आवश्यक है

1. धन विधेयक **(अनुच्छेद 110)**
2. किसी नए राज्य का निर्माण या वर्तमान राज्य के क्षेत्र, सीमा या ना में परिवर्तन करने वाले विधेयक **(अनुच्छेद 3)**
3. ऐसा विधेयक जो भारत की संचित निधि से व्यय करने से सम्बन्धि है; किंतु धन विधेयक नहीं है **(अनुच्छेद 117)**
4. भूमि अधिग्रहण से सम्बन्धित विधेयक
5. व्यापार की स्वतन्त्रता को सीमित करने वाला राज्य का कोई विधेय **(अनुच्छेद 304)**
6. कराधान से सम्बन्धित ऐसा विधेयक जिससे राज्य का हित प्रभावि होता हो **(अनुच्छेद 274)**

## राष्ट्रपति, विशिष्ट तथ्य

- 12वें राष्ट्रपति के रूप में निर्वाचित होने वाली श्रीमती प्रतिभा देवी सि पाटिल भारत की **प्रथम महिला राष्ट्रपति** थीं।
- 1969 ई. के राष्ट्रपति चुनाव में **अंतःकरण की आवाज पर खुला मतद** हुआ था। इसमें निर्दलीय प्रत्याशी वी. वी. गिरि ने कांग्रेस के अधिकृ प्रत्याशी **नीलम संजीव रेड्डी** को पराजित किया था।
- **नीलम संजीव रेड्डी** भारत के ऐसे राष्ट्रपति हैं, जो **लोकसभा** के अध्य भी थे।
- भारत में कार्यकारी राष्ट्रपति के रूप में वी.वी. गिरि (डॉ. जाकिर हु की मृत्यु के कारण), **एम. हिदायतुल्ला** (वी.वी. गिरि द्वारा त्यागपत्र कारण), एवं **बी.डी. जत्ती** ने (फखरुद्दीन अली अहमद की मृत्यु कारण) कार्य किया था।
- राष्ट्रपति के रूप में **डॉ. राजेन्द्र प्रसाद** ने **सबसे लम्बी अवधि** (1950–62) त एवं **डॉ. जाकिर हुसैन** ने (कार्यकारी राष्ट्रपति छोड़कर) **सबसे कम अव** (1 वर्ष 11 दिन) तक कार्य किया था।
- राष्ट्रपति पद के लिए अब तक कुल 15 चुनाव सम्पन्न हुए हैं। अतः **रामनाथ** कोविंद क्रमांक के अनुसार भारत के **15वें राष्ट्रपति** हैं। वि

डॉ. राजेन्द्र प्रसाद दो बार राष्ट्रपति चुने गए थे, अत: व्यक्ति के क्रम के अनुसार ये 14वें राष्ट्रपति हैं तथा 15वें राष्ट्रपति के रूप में श्रीमती द्रोपदी मुर्मू ने शपथ ली।

- कार्यवाहक राष्ट्रपतियों को भी यदि मिला लिया जाए तो अब तक कुल 18 व्यक्तियों ने राष्ट्रपति का पद ग्रहण किया है।
- संविधान सभा ने अपनी अन्तिम बैठक (14 जनवरी, 1950) में निर्विरोध रूप में **डॉ. राजेन्द्र प्रसाद** को भारत का **अंतरिम राष्ट्रपति** (26 जनवरी, 1950 से राष्ट्रपति पद के लिए प्रथम चुनाव तक) निर्वाचित किया था।
- **डॉ. जाकिर हुसैन** और **फखरुद्दीन अली अहमद** का **निधन** उनके कार्यकाल के दौरान हो गया था।
- भारतीय गणतंत्र में (1982 ई. में) निर्विरोध निर्वाचित होने वाले एकमात्र राष्ट्रपति **नीलम संजीव रेड्डी** हैं। वे अब तक के सबसे कम उम्र के राष्ट्रपति थे।
- **डॉ. वी.वी. गिरि** भारत के एकमात्र ऐसे राष्ट्रपति हैं, जिनको **द्वितीय चक्र की मतगणना** के बाद सफलता प्राप्त हुई थी। वे **सबसे कम मतों के अंतर** (50.2 प्रतिशत) से जीतने वाले राष्ट्रपति भी हैं।
- **एम. हिदायतुल्लाह** सर्वोच्च न्यायालय के ऐसे **प्रथम न्यायाधीश** हैं, जिन्होंने भारत के कार्यवाहक राष्ट्रपति का पदभार ग्रहण किया था।
- वी.वी. गिरि अब तक के एकमात्र ऐसे राष्ट्रपति हैं, जिन्होंने **कार्यवाहक राष्ट्रपति पद** से त्यागपत्र देकर राष्ट्रपति पद के लिए चुनाव लड़ा था।
- भारत के राष्ट्रपति का **सरकारी आवास राष्ट्रपति भवन** (President House) है। 1950 ई. तक इसे **वायसरॉय हाउस** (Viceroy House) कहा जाता था। इसका डिजाइन ब्रिटिश वास्तुकार **एडविन लुटियन्स** ने तैयार किया था।

## उन्मुक्तियाँ एवं विशेषाधिकार

- संविधान के **अनु. 361** के तहत भारत के राष्ट्रपति व राज्यपालों को कई उन्मुक्तियाँ एवं विशेषाधिकार प्रदान किए गए हैं।
- राष्ट्रपति या राज्यपाल को अपने पदीय कर्तव्यों के निर्वहन में किए गए कार्यों के लिए किसी न्यायालय में उत्तरदायी नहीं ठहराया जा सकता है।
- राष्ट्रपति या राज्यपाल के विरुद्ध उसकी पदावधि के दौरान कोई भी **दाण्डिक कार्यवाही** (Criminal Proceeding) न तो संस्थित की जाएगी और न ही चालू रखी जाएगी।
- **राष्ट्रपति या राज्यपाल** के विरुद्ध उनकी पदावधि के दौरान उनकी **गिरफ्तारी या कारावास** के लिए किसी न्यायालय द्वारा कोई आदेशिका जारी नहीं की जाएगी।

## राष्ट्रपति की विवेकाधीन शक्तियाँ

- **अनुच्छेद 53** के अनुसार, संघ की कार्यपालिका शक्ति राष्ट्रपति में निहित होगी।
- **अनुच्छेद 74** के अनुसार, राष्ट्रपति को सहायता और सलाह देने के लिए एक मन्त्रिपरिषद् होगी, जिसका प्रमुख प्रधानमन्त्री होगा।
- **42वें संविधान संशोधन 1976** द्वारा **अनु. 74** में संशोधन कर यह प्रावधान किया गया कि राष्ट्रपति मन्त्रिपरिषद् की सलाह के अनुसार कार्य करेगा। इस प्रकार, राष्ट्रपति को **मन्त्रिपरिषद् की सलाह** मानने के लिए **बाध्य कर** दिया गया।
- **44वें संविधान संशोधन** द्वारा **अनु. 74** में पुन: संशोधन कर यह प्रावधान किया गया कि राष्ट्रपति मन्त्रिपरिषद् की सलाह को एक बार **पुनर्विचार** के लिए वापस लौटा सकता है। किंतु पुनर्विचार के पश्चात् दी गई सलाह को मानने के लिए वह बाध्य है।
- **अनुच्छेद 75(3)** के अनुसार, मन्त्रिपरिषद् लोकसभा के प्रति **सामूहिक रूप से उत्तरदायी** (Collectively Responsible) होगी।
- इस प्रकार, राष्ट्रपति अपने सभी कार्य **मन्त्रिपरिषद् की सलाह** के अनुसार ही करता है तथा इसी कारण वह किसी के प्रति उत्तरदायी नहीं होता है।
- राष्ट्रपति के कार्यों के लिए **मन्त्रिपरिषद् लोकसभा** के प्रति सामूहिक रूप से उत्तरदायी होती है।
- कुछ संविधान विशेषज्ञ भारतीय राष्ट्रपति को **नाममात्र का प्रमुख, कठपुतली राष्ट्रपति** या **रबर की मोहर** (Rubber Stamp) की संज्ञा प्रदान करते हैं।
- भारतीय संविधान में **राष्ट्रपति की** वही स्थिति है, जो ब्रिटिश संविधान में **सम्राट की** है। वह राष्ट्र का प्रधान है, कार्यपालिका का नहीं। वह राष्ट्र का प्रतिनिधित्व करता है, शासन का नहीं। वह साधारणतया मन्त्रियों की सलाह मानने को बाध्य होगा।
- राष्ट्रपति मन्त्रियों की सलाह के **विरुद्ध कुछ नहीं कर** सकता है और न मन्त्रियों की सलाह के बिना कुछ कर सकता है।
- इस प्रकार संविधान राष्ट्रपति को स्पष्टत: कोई विवेकीय शक्ति प्रदान नहीं करता है, किंतु संवैधानिक परंपरा के अनुसार राष्ट्रपति निम्नलिखित **विवेकाधीन शक्तियों** (Discretionary Power) का प्रयोग करता है–

1. यदि लोकसभा चुनाव में **खण्डित जनादेश** (Broken Mandate) प्राप्त होता है, तो राष्ट्रपति प्रधानमन्त्री की नियुक्ति में अपने विवेक का प्रयोग करता है तथा सामान्यतया ऐसे **दल या गठबंधन** के नेता को सरकार बनाने के लिए आमन्त्रित करता है, जो उसकी राय में सदन में विश्वास मत प्राप्त कर सकता है।
2. सामान्यतया: **मन्त्रिपरिषद् की** सलाह पर राष्ट्रपति लोकसभा का **विघटन** (Dissolution) कर देता है, किंतु यदि कोई सरकार लोकसभा में अपना बहुमत खो देती है अथवा उसके विरुद्ध अविश्वास प्रस्ताव पारित हो जाता है तथा **मन्त्रिपरिषद् लोकसभा** के **विघटन** की सिफारिश करती है, तो राष्ट्रपति ऐसी सिफारिश को मानने के लिए बाध्य नहीं है।
3. यदि प्रधानमन्त्री का **आकस्मिक निधन** हो जाता है तथा सत्ताधारी पार्टी किसी व्यक्ति को अपना नया नेता नहीं चुन पाती है, तो राष्ट्रपति अपने विवेक से सत्ताधारी पार्टी के **किसी व्यक्ति** को **प्रधानमन्त्री** नियुक्त कर सकता है। प्रधानमन्त्री **इंदिरा गाँधी** की हत्या के पश्चात् ऐसी स्थिति उत्पन्न हुई थी।
4. ऐसी स्थिति में जब मन्त्रिपरिषद् ने लोकसभा में अपना विश्वास खो दिया हो, किंतु **त्यागपत्र देने को तैयार** न हो तो राष्ट्रपति स्वविवेक से सरकार को बर्खास्त कर सकता है।
5. **अनु. 74** के अंतर्गत मन्त्रिपरिषद् की सलाह पर पारित विधेयक **अनु. 111** के तहत राष्ट्रपति की स्वीकृति के लिए रखा जाता है। **राष्ट्रपति अपने विवेकाधिकार** शक्ति का प्रयोग करता है।
6. जब राष्ट्रपति **जेबी वीटो** (Pocket Veto) का प्रयोग करता है, तब भी वह अपने विवेक का प्रयोग करता है, क्योंकि वह स्वविवेक से ही विधेयक पर अनुमति न **देने या पुनर्विचार** हेतु वापस न भेजने का निर्णय करता है।
7. राष्ट्रपति **अनु. 86(2)** के तहत संसद को संदेश भेज सकता है। संसद को संदेश भेजने की यह शक्ति राष्ट्रपति की विवेकाधीन शक्ति है।

## उप-राष्ट्रपति

- भारतीय संविधान की अधिकृत अग्रता अधिपत्र में राष्ट्रपति के बाद उपराष्ट्रपति को सर्वोच्च स्थान दिया गया है। अत: 'उपराष्ट्रपति' का पद उच्च गरिमा एवं प्रतिष्ठा का पद है।

- '**उपराष्ट्रपति**' पद की संकल्पना **संयुक्त राज्य अमेरिका** के संविधान से ली गई है।
- भारतीय संविधान के **अनुच्छेद 63** में उपराष्ट्रपति पद का प्रावधान है, जो **अनुच्छेद 64** के तहत 'राज्यसभा का पदेन सभापति' होता है।

## योग्यताएँ

1. वह भारत का नागरिक हो।
2. उसकी आयु **35 वर्ष** से कम न हो।
3. वह राज्यसभा का सदस्य चुने जाने की योग्यता रखता हो।
4. लाभ का पद न धारण करता हो।

**उप-राष्ट्रपति से सम्बन्धित अनुच्छेद**

| अनुच्छेद | विषयवस्तु |
|---|---|
| 63 | भारत का उप-राष्ट्रपति |
| 64 | उप-राष्ट्रपति का राज्यों की परिषद् का पदेन सभापति होना |
| 65 | उप-राष्ट्रपति का आकस्मिक रिक्तियों अथवा राष्ट्रपति की अनुपस्थिति में राष्ट्रपति के कर्तव्यों का निर्वहन |
| 66 | उप-राष्ट्रपति का चुनाव |
| 67 | उप-राष्ट्रपति का कार्यकाल |
| 68 | उप-राष्ट्रपति कार्यालय की रिक्ति की पूर्ति के लिए चुनाव का समय निर्धारण तथा आकस्मिक रिक्ति की पूर्ति के लिए चुने गए व्यक्ति का कार्यकाल |
| 69 | उप-राष्ट्रपति द्वारा शपथ ग्रहण |
| 70 | अन्य आकस्मिकताओं में राष्ट्रपति के कर्तव्यों का निर्वहन |
| 71 | उप-राष्ट्रपति के चुनाव सम्बन्धी अथवा उससे जुड़े मामले |

## निर्वाचन

- संविधान के **अनुच्छेद 66** के अनुसार उपराष्ट्रपति का निर्वाचन, संसद के दोनों सदनों के निर्वाचित व नामित सदस्यों से मिलकर बनाए गए '**निर्वाचन मण्डल**' द्वारा किए जाने का प्रावधान है।
- यह निर्वाचन अप्रत्यक्ष रूप से समानुपातिक प्रतिनिधित्व पद्धति के अनुसार एकल संक्रमणीय मत द्वारा किया जाता है। चुनाव विवाद की स्थिति में उच्चतम न्यायालय में अपील की जाती है।

**भारत के उप-राष्ट्रपति**

| क्र. सं. | नाम | पदावधि | विशिष्ट तथ्य |
|---|---|---|---|
| 1. | डॉ. सर्वपल्ली राधाकृष्णन (1888–1975) | 1952–62 | यू.जी.सी. के प्रथम अध्यक्ष |
| 2. | डॉ. जाकिर हुसैन (1897–1969) | 1962–67 | राज्यपाल |
| 3. | वराहगिरि वेंकटगिरि (1884–1980) | 1967–69 | कार्यवाहक राष्ट्रपति |
| 4. | गोपाल स्वरूप पाठक (1896–1982) | 1969–74 | राष्ट्रपति नहीं |
| 5. | बी.डी. जत्ती (1916–2002) | 1974–79 | कार्यवाहक राष्ट्रपति |
| 6. | न्यायमूर्ति मोहम्मद हिदायतुल्लाह (1905–92) | 1979–84 | मुख्य न्यायाधीश |
| 7. | आर. वेंकटरमन (1910) | 1984–87 | केन्द्रीय मन्त्री |
| 8. | डॉ. शंकर दयाल शर्मा (1918–99) | 1987–92 | मुख्यमन्त्री |
| 9. | के.आर. नारायणन (1920–2005) | 1992–97 | राजदूत |
| 10. | कृष्णकांत | 1997-2002 | |
| 11. | भैरों सिंह शेखावत (1923) | 2002–07 | मुख्यमन्त्री |
| 12. | डॉ. हामिद अंसारी (1937) | 2007–17 | राजदूत |
| 13. | मुप्पावारापु वेंकैया नायडु (1949) | 2017–22 | केन्द्रीय मन्त्री |
| 14. | जगदीप धनखड़ | 2022 से अब तक | गवर्नर |

## कार्यकाल

- उपराष्ट्रपति का कार्यकाल 5 वर्ष निर्धारित किया गया है।
- किंतु यदि वह चाहे तो निर्धारित कार्यकाल से पूर्व भी राष्ट्रपति को अप इस्तीफा दे सकता है।

## वेतन एवं भत्ते

- वर्तमान में उपराष्ट्रपति को **4,00,000 रुपये** प्रति माह वेतन व अन्य भ प्राप्त होते हैं।

## कार्य-अधिकार

- भारतीय संविधान में 'सामान्य स्थिति' में कोई कार्य या दायित्व उपराष्ट्र को नहीं सौंपा गया है।
- भारतीय संविधान का **अनुच्छेद 65** 'असामान्य स्थिति' में उपराष्ट्रपति राष्ट्रपति का कार्य-अधिकार सौंपता है।
- **असामान्य स्थिति** का अर्थ है कि जब राष्ट्रपति अनुपस्थित है, अस्व है या अन्य किसी कारण से अपने दायित्व निर्वहन में असक्षम है उसकी पदच्युति हो गई है या उसने पद-त्याग कर दिया है या उस मृत्यु हो गई है।
- **अनुच्छेद 64** के अनुसार जब उपराष्ट्रपति, राष्ट्रपति के रूप में कार्य करे तब वह राज्यसभा के सभापति के पद से जुड़े कर्तव्यों का पालन नहीं करे
- यह स्थिति भारत में देखने में तब आई जब राष्ट्रपति **डॉ. जाकिर हु** तथा **फखरूद्दीन अली अहमद** का निधन हो गया था और क्रम उपराष्ट्रपति वी.वी गिरि तथा उपराष्ट्रपति बी.डी. जत्ती ने राष्ट्रपति कर्तव्य निभाया था।
- उपराष्ट्रपति जब राष्ट्रपति के रूप में कार्य करता है तो उसे राष्ट्रपति के में वेतन-भत्ते व अन्य सुविधाएँ प्राप्त होती हैं, किंतु जब वह राज्यसभा सभापति के रूप में कार्य करता है, तो उसे राज्यसभा के सभापति के रूप वेतन व अन्य सुविधाएँ प्राप्त होती हैं न कि उपराष्ट्रपति के रूप में।

## पदच्युति

- भारतीय संविधान के **अनुच्छेद 67, 68 और 71** के अनुसार उपराष्ट्र को ऐसे संकल्प द्वारा हटाया जा सकता है, जिसे राज्यसभा के तत्काल समस्त सदस्यों के प्रभावी बहुमत से पारित किया गया हो और जि लोकसभा की सहमति प्राप्त हो।

# प्रधानमन्त्री

- संविधान के **अनुच्छेद 74** में मन्त्रिपरिषद् के प्रधान के रूप में **प्रधानम** का उल्लेख किया गया है। संविधान द्वारा भारत में संसदीय शासन प्रणा की स्थापना की गई है तथा कार्यपालिका की सर्वोच्च शक्ति राष्ट्रपति निहित की गई है, परंतु वास्तविक सत्ताधारी के तौर पर उसकी सम शक्तियों का प्रयोग प्रधानमन्त्री द्वारा किया जाता है। वह सत्ताधारी दल नेता तथा सरकार का प्रमुख तथा सदन का नेता होता है।

## नियुक्ति

- संविधान के **अनुच्छेद 75** के तहत प्रधानमन्त्री की नियुक्ति राष्ट्रपति द्वा की जाती है।
- सामान्य परिस्थितियों में राष्ट्रपति द्वारा लोकसभा में बहुमत प्राप्त दल नेता को प्रधानमन्त्री के रूप में नियुक्त किया जाता है, परंतु लोकस में किसी भी दल को बहुमत प्राप्त न होने की स्थिति में प्रधानमन्त्री नियुक्ति में राष्ट्रपति द्वारा स्वविवेक का प्रयोग किया जाता है।

## शक्तियाँ एवं कार्य

- प्रधानमन्त्री द्वारा मन्त्रियों की **नियुक्ति एवं पदच्युति** की अनुशंसा राष्ट्रपति को की जाती है।
- लोकसभा में बहुमत प्राप्त दल के नेता होने के कारण वह लोकसभा में शासन की प्रमुख नीतियों एवं कार्यों की घोषणा करता है तथा लोकसभा के सदस्यों द्वारा गम्भीर विषयों से सम्बन्धित पूछे गए प्रश्नों के उत्तर देता है।
- देश की वित्त **व्यवस्था एवं वार्षिक बजट** निर्धारित करने में भी प्रधानमन्त्री की भूमिका होती है।
- शासकीय विधेयकों को प्रधानमन्त्री की सलाह के अनुसार तैयार किया जाता है।
- अपने दल में अनुशासन एवं एकता कायम रखने तथा दल की नीतियों को क्रियान्वित कराने हेतु **प्रधानमन्त्री दलीय सचेतक** के माध्यम से आदेश जारी करता है।
- वह किसी भी समय राष्ट्रपति से लोकसभा के विघटन की अनुशंसा कर सकता है।
- उसके द्वारा मन्त्रियों के बीच मन्त्रालयों का **आवंटन तथा पुनः परिवर्तन** किया जाता है।
- प्रधानमन्त्री **मन्त्रिपरिषद् की बैठकों** की **अध्यक्षता** करता है तथा उसके निर्णयों को प्रभावित करता है।
- संविधान के **अनुच्छेद 78** के अनुसार वह **प्रशासन तथा विधान सम्बन्धी** सभी निर्णयों की सूचना राष्ट्रपति को देता है।
- **महत्वपूर्ण पदाधिकारियों** यथा **भारत का महान्यायवादी, भारत का नियन्त्रक एवं महालेखा परीक्षक, निर्वाचन आयुक्त, संघ लोक सेवा आयोग के अध्यक्ष तथा अन्य सदस्यगण** आदि की नियुक्तियों के सम्बन्ध में **राष्ट्रपति को सलाह** देता है।
- राज्यों के **राज्यपालों की नियुक्ति** का निर्णय वास्तविक रूप में **प्रधानमन्त्री** व मंत्रीपरिषद की सलाह पर राष्ट्रपति द्वारा लिया जाता है।
- प्रधानमन्त्री नीति आयोग का अध्यक्ष होता है तथा **'भारत रत्न', 'पद्मविभूषण' 'पद्मभूषण'** एवं **'पद्मश्री'** आदि उपाधियों की स्वीकृति की अनुशंसा प्रधानमन्त्री द्वारा ही की जाती है।

**प्रधानमंत्री: स्मरणीय तथ्य**

**प्रथम प्रधानमन्त्री** (1947–64) जवाहर लाल नेहरू
**प्रथम महिला प्रधानमन्त्री** (1966–77) श्रीमती इन्दिरा गाँधी
**प्रथम गैर-कांग्रेसी प्रधानमन्त्री** (1977–79) श्री मोरारजी देसाई
**लोकसभा का सामना न करने वाले प्रधानमन्त्री** (1979–80) चौधरी चरण सिंह
**अविश्वास प्रस्ताव द्वारा हटाए जाने वाले प्रथम प्रधानमन्त्री** (1989–90) विश्वनाथ प्रताप सिंह
**सबसे कम कार्यकाल वाले प्रधानमन्त्री** (1996–96) अटल बिहारी वाजपेयी मात्र 13 दिन

**विशिष्ट तथ्य**

- भारत के तीन प्रधानमन्त्रियों (**जवाहर लाल नेहरू, लाल बहादुर शास्त्री** एवं **श्रीमती इन्दिरा गाँधी**) की मृत्यु उनकी पदावधि के दौरान हुई थी। **राजीव गाँधी** की मृत्यु लोकसभा **चुनाव के दौरान** हुई थी।
- **गुलजारी लाल नन्दा** दो बार (**जवाहर लाल नेहरू** एवं **लाल बहादुर शास्त्री** की मृत्यु के बाद) भारत के **कार्यवाहक प्रधानमन्त्री** चुने गए थे। **इन्दिरा गाँधी** की मृत्यु के बाद **राजीव गाँधी** को कार्यवाहक प्रधानमन्त्री नियुक्त किया गया था।
- **लाल बहादुर शास्त्री** की मृत्यु 11 जनवरी, 1966 को भारत से बाहर (**ताशकंद** में) हुई थी।
- **चौधरी चरण सिंह** भारत के ऐसे प्रधानमन्त्री थे, जिन्होंने अपने कार्यकाल में एक बार भी संसद का सामना नहीं किया।
- प्रधानमन्त्री पद से त्यागपत्र देने वाले प्रथम व्यक्ति **मोरारजी देसाई** थे (**प्रथम गैर-कांग्रेसी प्रधानमन्त्री**)।
- **राजीव गाँधी** सबसे **कम उम्र** में तथा **मोरारजी देसाई** सबसे **अधिक उम्र** में प्रधानमन्त्री नियुक्त हुए थे।
- **चौधरी चरण सिंह** और **अटल बिहारी वाजपेयी** ऐसे प्रधानमंत्री थे, जिन्होंने लोकसभा में **विश्वास प्रस्ताव पर मतदान के पूर्व** ही अपना त्यागपत्र दे दिया था तथा **विश्वनाथ प्रताप सिंह** और **एच.डी. देवगौड़ा** ऐसे प्रधानमन्त्री थे, जिन्हें लोकसभा में **विश्वास मत प्राप्त न कर पाने** के कारण त्यागपत्र देना पड़ा।
- देश की **प्रथम महिला** प्रधानमन्त्री **श्रीमती इन्दिरा गाँधी** थी।
- राजकुमारी **अमृत कौर** किसी एक विभाग का कार्यभार **सबसे लम्बी अवधि** तक देखने वाली **केन्द्रीय मन्त्री** थीं। वह **केन्द्रीय मन्त्रिमण्डल** में शामिल होने वाली **प्रथम महिला** मन्त्री भी थीं।
- केन्द्रीय मन्त्रिमण्डल से **त्यागपत्र** देने वाले **प्रथम मन्त्री श्यामा प्रसाद मुखर्जी** थे।
- भारत के **प्रथम उप-प्रधानमन्त्री सरदार वल्लभ भाई पटेल** थे।
- सर्वप्रथम लोकसभा में **अविश्वास प्रस्ताव** प्रधानमन्त्री **जवाहर लाल नेहरू** के विरुद्ध लाया गया था।
- एक कार्यकाल में **सबसे कम समय** (13 दिन) तक प्रधानमन्त्री का पद धारण करने वाले व्यक्ति **अटल बिहारी वाजपेयी** रहे।

- 91वें **संविधान संशोधन**-2003 द्वारा **अनुच्छेद-75** में उपबंध (1क) जोड़कर यह प्रावधान किया गया है कि मन्त्रिपरिषद् के प्रधानमन्त्री सहित सदस्यों की कुल संख्या लोकसभा के कुल सदस्य संख्या की **15 प्रतिशत** से अधिक नहीं होगी।

**भारत के प्रधानमन्त्री**

| नाम | कार्यकाल | विशेष |
|---|---|---|
| जवाहर लाल नेहरू | 1947–64 | सबसे लम्बा कार्यकाल |
| लाल बहादुर शास्त्री | 1964–66 | |
| इन्दिरा गाँधी | 1966–77 | |
| मोरारजी देसाई | 1977–79 | प्रथम गैर-कांग्रेसी प्रधानमन्त्री |
| चरण सिंह | 1979–80 | एकमात्र प्रधानमन्त्री जिन्होंने लोकसभा का सामना नहीं किया। |
| इन्दिरा गाँधी | 1980–84 | |
| राजीव गाँधी | 1984–89 | |
| वी. पी. सिंह | 1989–90 | अविश्वास प्रस्ताव द्वारा हटने वाले एकमात्र प्रधानमन्त्री |
| चन्द्रशेखर | 1990–91 | |
| पी. वी. नरसिम्हा राव | 1991–96 | एकमात्र प्रधानमन्त्री जो पद ग्रहण करते समय किसी भी सदन के सदस्य नहीं थे। |
| अटल बिहारी वाजपेयी | 16–28 मई, 1996 | सबसे छोटा कार्यकाल (13 दिन) |
| एच. डी. देवगौड़ा | 1996–97 | एकमात्र प्रधानमन्त्री जो पद ग्रहण करते समय विधानसभा के सदस्य थे। |
| इन्द्रकुमार गुजराल | 1997–98 | |
| अटल बिहारी वाजपेयी | 19 मार्च, 1998 से 12 अक्टूबर, 1999; 13 अक्टूबर, 1999 से 22 मई, 2004 | |
| डॉ. मनमोहन सिंह | 2004–14 | |
| नरेन्द्र मोदी | 26 मई 2014 से अब तक | लगातार तृतीय कार्यकाल |

- **गुलजारी लाल नन्दा** ऐसे प्रधानमन्त्री थे जो पद ग्रहण के समय राज्यसभा के सदस्य थे।

## उप-प्रधानमन्त्री

- संविधान में **उप-प्रधानमन्त्री** पद का कोई प्रावधान नहीं है। किंतु समय-समय पर राजनीतिक कारणों से सत्तारूढ़ दल द्वारा संवैधानिक प्रावधानों से हटकर उप-प्रधानमन्त्री की नियुक्ति की गई। इस प्रकार, यह **विशुद्ध रूप से एक राजनीतिक पद** है।
- अब तक कुल **आठ व्यक्तियों** को उप-प्रधानमन्त्री नियुक्त किया गया है। सर्वप्रथम पण्डित जवाहर लाल नेहरू के प्रधानमन्त्रित्व काल में **सरदार वल्लभ भाई पटेल** को उप-प्रधानमन्त्री के पद पर नियुक्त किया गया था, जो **1947 ई. से 1950 ई.** तक इस पद पर रहे।
- संवैधानिक दृष्टि से **उप-प्रधानमन्त्री और मन्त्रिमण्डल** के अन्य मन्त्रियों की स्थिति में कोई अंतर नहीं होता है।
- उप-प्रधानमन्त्री मन्त्री के रूप में ही शपथ लेता है किंतु, व्यावहारिक दृष्टि से वह प्रधानमन्त्री के बाद दूसरे स्थान पर होता है।
- इसे मन्त्रिमण्डल के **वरिष्ठतम मन्त्री का दर्जा** भी कहा जा सकता है। उप-प्रधानमन्त्री को कोई विशेष अधिकार प्राप्त नहीं है। वह प्रधानमन्त्री की अनुपस्थिति में उसके सभी सम्पादित कार्यों को करता है।
- प्रधानमन्त्री की मृत्यु या त्यागपत्र के पश्चात् उप-प्रधानमन्त्री उसका पद ग्रहण नहीं करता है, क्योंकि प्रधानमन्त्री की मृत्यु या त्यागपत्र के पश्चात् **मन्त्रिपरिषद् का विघटन** कर दिया जाता है।
- अब तक कुल **7 बार** मन्त्रिमण्डल द्वारा **उप-प्रधानमन्त्री** पद का सृजन किया गया है। किंतु अब तक उप-प्रधानमन्त्री नियुक्त किए जाने वाले व्यक्तियों की **संख्या 8** है। इसका कारण यह कि 1979 ई. में प्रधानमन्त्री **मोरारजी देसाई ने दो उप-प्रधानमन्त्री चौधरी चरण सिंह** (वरिष्ठ) और **जगजीवन राम** (कनिष्ठ) को नियुक्त किया था। **चौधरी देवी लाल** को दो बार (**वी.पी. सिंह** और **चन्द्रशेखर** के कार्यकाल में) **उप-प्रधानमन्त्री** बनाया गया था।

**भारत के उप-प्रधानमन्त्री**

| क्र.सं. | उप-प्रधानमन्त्री | अवधि |
|---|---|---|
| **1.** | सरदार वल्लभ भाई पटेल | 15.08.1947 से 15.12.1950 |
| **2.** | मोरारजी देसाई | 13.03.1967 से 19.07.1969 |
| **3.** | जगजीवन राम | 24.01.1979 से 28.07.1979 |
| **4.** | चौधरी चरण सिंह | 24.01.1979 से 28.07.1979 |
| **5.** | वाई.बी. चव्हाण | 28.07.1979 से 01.01.1980 |
| **6.** | चौधरी देवी लाल | 02.12.1989 से 01.08.1990 |
| **7.** | चौधरी देवी लाल | 10.11.1990 से 21.06.1991 |
| **8.** | लाल कृष्ण आडवाणी | 29.06.2002 से 22.05.2004 |

## मन्त्रिपरिषद्

### मन्त्रिपरिषद्

- भारतीय संविधान में **अनुच्छेद-74** के तहत राष्ट्रपति को उसके दायित्वों के निर्वाह में सलाह देने के लिए मन्त्रिपरिषद् सह प्रधानमन्त्री पद का प्रावधान किया गया है।
- केन्द्र और राज्य मन्त्रिपरिषद् की सदस्य संख्या लोकसभा (केन्द्र के लिए) और विधानसभा (राज्यों के लिए) की **कुल संख्या की 15%** से अधिक नहीं होनी चाहिए तथापि छोटे राज्यों के लिए न्यूनतम **संख्या 12** निर्धारित की गई है।
- संवैधानिक रूप से देश की समस्त शक्तियाँ राष्ट्रपति के हाथों में समाहित हैं, किन्तु उसकी समस्त शक्तियों का उपयोग मन्त्रिपरिषद् प्रधानमन्त्री के नेतृत्व में संचालित होता है।

### मन्त्रिपरिषद् का गठन

- राष्ट्रपति लोकसभा में स्पष्ट बहुमत प्राप्त नेता को **'प्रधानमन्त्री'** पद के लिए आमन्त्रित करता है।
- भारत का **राष्ट्रपति, प्रधानमन्त्री** को पद और **गोपनीयता** की शपथ दिलाता है।
- प्रधानमन्त्री की सलाह पर राष्ट्रपति मंत्रियों की नियुक्ति करता है तथा **मन्त्रिपरिषद्** के लिए विभिन्न विभागों के प्रमुख के रूप में **राष्ट्रपति को मन्त्रियों** के नामों की सूची भेजता है, जिन्हें राष्ट्रपति शपथ दिलाता है।
- 'प्रधानमन्त्री सह मन्त्रियों' के लिए आवश्यक है कि वे संघ की विधायिका के सदस्य हों।
- कोई भी व्यक्ति बिना संसद की सदस्यता के भी **मन्त्री** बन सकता है, किंतु उसे **6 माह के अन्दर संसद** के किसी भी सदन की सदस्यता ग्रहण करनी पड़ेगी अन्यथा उसे अपने पद से त्यागपत्र देना पड़ेगा।
- भारत में **सामूहिक उत्तरदायित्व** की संकल्पना का प्रावधान है। इसका अर्थ है कि मन्त्रिपरिषद् सामूहिक रूप से लोकसभा के प्रति उत्तरदायी है। यदि सरकार के विरुद्ध अविश्वास प्रस्ताव पारित होता है, तो सम्पूर्ण मन्त्रिपरिषद् का अंत हो जाता है।

**1.** मन्त्रिपरिषद् में तीन स्तर के सदस्य होते हैं-

**(i)** कैबिनेट स्तर के मन्त्री

**(ii)** केंद्रीय राज्य स्तर के मन्त्री/केंद्रीय राज्यमंत्री स्वतंत्र प्रभार

**(iii)** उपमन्त्री

**2.** यह एक **सांविधानिक निकाय** है, जिसका वर्णन संविधान के **अनुच्छेद-74** व **75** में किया गया है।

**3.** सैद्धान्तिक रूप से मन्त्रिपरिषद् को समस्त शक्तियाँ प्राप्त हैं, परंतु मन्त्रिमण्डल द्वारा इसके कार्यों का निर्धारण किया जाता है।

- ❖ मन्त्रिमण्डल द्वारा लिए गए नीतिगत निर्णयों का क्रियान्वयन मन्त्रिपरिषद् द्वारा किया जाता है।
- ❖ मंत्रीपरिषद यह एक बड़ा निकाय है, जिसमें 50 से 70 मन्त्री तक शामिल होते हैं। समय एवं परिस्थितियों के अनुसार प्रधानमन्त्री इसके आकार को घटा अथवा बढ़ा सकते हैं।

## मन्त्रिमण्डल

**1.** यह मन्त्रिपरिषद् का एक भाग होता है। इसमें केवल कैबिनेट स्तर के मन्त्री ही शामिल होते हैं।

**2.** **44वें संविधान** संशोधन, **1978 द्वारा अनुच्छेद-352** में मन्त्रिमण्डल (कैबिनेट) शब्द को जोड़ा गया; जबकि संविधान के मूल पाठ में इस शब्द को स्थान नहीं दिया गया था। मंत्रीमंडल शब्द का प्रयोग संविधान में केवल एक बार किया गया है।

**3.** व्यावहारिक रूप में मन्त्रिमण्डल सदैव मन्त्रिपरिषद् की ही शक्तियों का प्रयोग करता है और मन्त्रियों के कार्यों का निर्धारण करता है।

**4.** नीतिगत निर्णयों को क्रियान्वित करने के लिए यह मन्त्रिपरिषद् को निर्देश देता है तथा निर्णयों के क्रियान्वयन की निगरानी भी करता है।

**5.** यह मन्त्रिपरिषद् से आकार में छोटा निकाय है या **जिसमें 15–20** मन्त्री होते हैं।

## मन्त्रियों के प्रकार

### कैबिनेट मन्त्री, राज्य मन्त्री, उपमन्त्री

- **कैबिनेट** (कैबिनेट मन्त्रियों का समूह) भारत के प्रशासन की **सर्वोच्च** इकाई है। यही सरकार की नीतियों का संचालन करती है। इसके सदस्य अपने विभागों (मंत्रालय) के अध्यक्ष होते हैं।
- कैबिनेट शब्द का उल्लेख संविधान में नहीं किया गया था। **44वें संविधान संशोधन, 1978** द्वारा अब इस शब्द को **अनुच्छेद-352** में शामिल कर लिया गया है। आपातकाल लागू करने के लिए राष्ट्रपति को भेजी जाने वाली लिखित अनुशंसा पर **कैबिनेट मन्त्रियों के हस्ताक्षर** का होना अनिवार्य कर दिया गया है।
- कैबिनेट मन्त्री को सहायता देने के लिए **राज्यमन्त्री** और **उपमन्त्री** की नियुक्ति की जाती है।
- **राज्यमन्त्री**- इन्हें कैबिनेट की बैठकों में भाग लेने का अधिकार नहीं होता। इनकी दो श्रेणी हैं।

### राज्यमन्त्री की श्रेणी

1. स्वतन्त्र प्रभार वाले राज्यमन्त्री।
2. वे राज्यमन्त्री जिन्हें स्वतन्त्र प्रभार नहीं दिया गया है। स्वतन्त्र प्रभार का मन्त्री अपने विभाग का प्रमुख होता है; जबकि बिना स्वतन्त्र प्रभार वाले मन्त्री कैबिनेट मन्त्री के अधीन कार्य करते हैं।

- **उपमन्त्री**-उपमन्त्री **कनिष्ठ** (Junior) मन्त्री होता है, जो किसी कैबिनेट मन्त्री अथवा स्वतन्त्र प्रभार वाले राज्यमन्त्री के अधीन कार्य करता है।

**मन्त्रिपरिषद्, प्रधानमन्त्री, कैबिनेट मन्त्री, राज्यमन्त्री** और **उपमन्त्री** इन सबका सामूहिक नाम है; जबकि मन्त्रिमण्डल केवल **कैबिनेट मन्त्रियों** का एक समूह है। आकार में मन्त्रिपरिषद् बड़ी होती है एवं मन्त्रिमण्डल छोटा, परंतु महत्व की दृष्टि से मन्त्रिमण्डल बड़ा होता है, क्योंकि वही शासन की नीति का संचालन करता है।

### सामूहिक उत्तरदायित्व

- **अनुच्छेद 75(3)** में कहा गया है कि **मन्त्रिपरिषद्** लोकसभा के प्रति सामूहिक रूप से उत्तरदायी होगी। इसका तात्पर्य यह है कि किसी मन्त्री के कार्य के लिए अकेला वही मन्त्री उत्तरदायी नहीं होगा, बल्कि उसके कार्य के लिए सम्पूर्ण मन्त्रिपरिषद् उत्तरदायी होती है।
- अत: यदि मन्त्रिपरिषद् के किसी एक सदस्य के विरुद्ध अविश्वास प्रस्ताव पारित हो जाता है, तो उस दशा में सम्पूर्ण मन्त्रिपरिषद् को अपना त्यागपत्र देना होता है।
- इस प्रकार, **सामूहिक उत्तरदायित्व** के सिद्धान्त के अनुसार सम्पूर्ण मन्त्रिपरिषद् एक इकाई के रूप में कार्य करती है तथा सभी मन्त्री एक-दूसरे के कार्यों के लिए उत्तरदायी होते हैं।
- मन्त्री चाहे जिस भी सदन से हो सामूहिक उत्तरदायित्व लोकसभा के प्रति ही होगा।

### मन्त्रिपरिषद् की कार्यप्रणाली

- मन्त्रिपरिषद् की ओर से मन्त्रिमण्डल या कैबिनेट एक इकाई के रूप में कार्य करता है। इसकी बैठक प्राय: सप्ताह में एक बार होती है। वैसे प्रधानमन्त्री जब चाहे बैठक बुला सकता है।
- मन्त्रिपरिषद् की बैठक में **प्रधानमन्त्री** अध्यक्षता करता है तथा उसकी अनुपस्थिति में वरिष्ठ मन्त्री अध्यक्षता करता है। मन्त्रिपरिषद् की बैठक के लिए कोई **कोरम** (न्यूनतम उपस्थिति सदस्य संख्या) नहीं होता है।
- मन्त्रिपरिषद् की ओर से **मन्त्रिमण्डल** या **कैबिनेट** ही प्रत्येक मामले पर निर्णय लेता है। प्राय: सभी निर्णय एकमत से लिए जाते हैं। मतभेद की अवस्था में निर्णय बहुमत से लिए जाते हैं। बहुमत से लिया गया निर्णय सभी मन्त्रियों का संयुक्त निर्णय माना जाता है।
- यदि कोई मन्त्री इस निर्णय से सहमत नहीं होता तो उसे अपने पद से त्यागपत्र देना पड़ता है।
- सर्वप्रथम 1950 ई. में **डॉ. श्यामा प्रसाद मुखर्जी** और **के.सी. नियोगी** ने तथा इसके बाद **डॉ. मथाई** और **श्री देशमुख** ने भी मन्त्रिमण्डल के निर्णयों से मतभेद होने के कारण त्यागपत्र दिए थे।

## संघीय संसद

- भारत की केन्द्रीय व्यवस्थापिका को संसद के नाम से संबोधित किया जाता है। भारतीय संसद का गठन लोकसभा, राज्यसभा और राष्ट्रपति से मिलकर होता है।

### राज्यसभा

- भारतीय संविधान का अनुच्छेद 80 संसद के उच्च सदन के रूप में राज्यसभा का उल्लेख करता है।
- राज्यसभा में सदस्यों की अधिकतम संख्या 250 हो सकती हैं, इसके सदस्यों की वर्तमान संख्या 245 है।
- राज्यसभा के 12 सदस्यों का मनोयन राष्ट्रपति द्वारा किया जाता है।
- मनोनीत किए जाने वाले सदस्यों के लिए यह आवश्यक है कि वह कला, साहित्य, विज्ञान, समाज सेवा या सहकारिता के क्षेत्रों में विशिष्ट स्थान रखता हो।
- राज्यसभा का संविधान में कार्यकाल निर्धारित नहीं किया गया था, बल्कि जन-प्रतिनिधित्व अधिनियम 1951 से **6 वर्ष** के लिए होता है। यह एक स्थायी सदन है, जो कभी भंग नहीं किया जा सकता है।
- प्रत्येक **2 वर्ष** पश्चात् इसके **1/3 सदस्य** अवकाश ग्रहण करते हैं और उनके स्थान पर नए सदस्य स्थान ग्रहण करते हैं। राज्यसभा में भी विपक्ष के नेता को कैबिनेट-स्तर का दर्जा प्राप्त होता है।
- राष्ट्रपति वर्ष में कम-से-कम दो बार राज्यसभा का अधिवेशन आहूत करता है। राज्यसभा की अंतिम बैठक और अगले सत्र की प्रथम बैठक में छ: माह से अधिक का अंतर नहीं होना चाहिए।

### राज्यसभा सदस्य की अनिवार्य योग्यताएँ

- वह भारत का नागरिक हो।
- उनकी आयु **30 वर्ष** से कम न हो।
- वह भारत सरकार या राज्य सरकार के अधीन किसी लाभ के पद पर न हो।
- वह पागल या दिवालिया न हो।
- जिस राज्य का वह प्रतिनिधित्व पाना चाहता है, उस राज्य के संसदीय क्षेत्र का वह मतदाता हो।

### सभापति

- पहले सभापति डॉ.एस. राधाकृष्णन थे।
- भारत का उपराष्ट्रपति, राज्यसभा का पदेन सभापति होता है। राज्यसभा के सदस्यों में से एक सभापति का निर्वाचन किया जाता है।
- सभापति की अनुपस्थिति में उप-सभापति, सभापति के कर्तव्यों का पालन करता है।

### राज्यसभा की शक्तियाँ व कार्य

- राज्यसभा, लोकसभा के साथ मिलकर कानून बनाती है, संविधान में संशोधन करती है। संसद का अभिन्न अंग होने के कारण, बिना इसकी सहमति के कोई विधेयक कानून नहीं बन सकता है।

### राज्यसभा के विशेष कार्य

- केवल राज्यसभा को यह अधिकार प्राप्त है कि वह संविधान के **अनुच्छेद 312** के तहत अखिल भारतीय सेवाओं का सृजन कर सके।
- केवल राज्यसभा को यह अधिकार प्राप्त है कि वह **अनुच्छेद 249** के तहत राज्य सूची के किसी विषय को राष्ट्रीय महत्व का घोषित कर सके।
- **राज्यसभा** ने अपने इस अधिकार का प्रयोग अब तक दो बार (1952 व 1986) किया है।

### राज्यसभा व लोकसभा की समान शक्ति

- वह लोकसभा के साथ मिलकर राष्ट्रपति तथा **उपराष्ट्रपति के निर्वाचन** में शामिल होती है।
- वह लोकसभा के साथ मिलकर **'महाभियोग'** की प्रक्रिया में भाग लेती है।
- एक माह से अधिक अवधि तक यदि आपातकाल लागू रखना हो, तो उस प्रस्ताव का अनुमोदन वह **लोकसभा** से मिलकर करती है।

**महत्वपूर्ण पदाधिकारियों के मासिक वेतन**

| पदाधिकारी | वेतन (₹ में) |
|---|---|
| 1. राष्ट्रपति | 5,00,000 |
| 2. उप-राष्ट्रपति | 4,00,000 |
| 3. प्रधानमंत्री | 2,00,000 |
| 4. लोकसभा अध्यक्ष | 1,25,000 |
| 5. राज्यपाल | 3,50,000 |
| 6. सर्वोच्च न्यायालय के मुख्य न्यायाधीश | 2,80,000 |
| 7. सर्वोच्च न्यायालय के अन्य न्यायाधीश | 2,50,000 |
| 8. उच्च न्यायालय के मुख्य न्यायाधीश | 2,50,000 |
| 9. उच्च न्यायालय के अन्य न्यायाधीश | 2,25,000 |
| 10. नियंत्रक एवं महालेखा परीक्षक | 2,50,000 |
| 11. मुख्य चुनाव आयुक्त | 2,50,000 |
| 12. महान्यायवादी | 2,50,000 |

**भारत का महान्यायवादी**

- संविधान के अनुच्छेद 76 में भारत के महान्यायवादी के पद का वर्णन है।
- महान्यायवादी की नियुक्ति राष्ट्रपति करता है।
- भारत का महान्यायवादी किसी भी सदन या उसकी समिति में बोल सकता है, परंतु मत नहीं दे सकता।
- महान्यायवादी को भारत के राज्यक्षेत्र में सभी न्यायालयों में सुनवाई का अधिकार होता है।

## संसद सदस्यों के विशेषाधिकार

संसद के सदस्यों को कुछ विशेषाधिकार प्राप्त हैं, जो निम्न हैं–

- सदन द्वारा निर्मित नियमों के अंतर्गत उन्हें सदन में भाषण (सर्वोच्च न्यायालय व उच्च न्यायालयों के न्यायाधीशों के व्यवहार के अतिरिक्त) की पूर्ण स्वतन्त्रता है।
- सदस्यों को दीवानी मामलों में, सदन की बैठक के **40 दिन पूर्व** व **40 दिन बाद बंदी** नहीं बनाया जा सकता। यह सुविधा उन्हें फौजदारी मामलों तथा निवारक विरोध (Preventive detention) अधिनियम के विरुद्ध उपलब्ध नहीं हैं।
- अनुच्छेद 105 के तहत संसद के किसी भी सदन के आदेशानुसार छापी गई किसी रिपोर्ट, पर्चे अथवा कार्यवाही के लिए उनके **विरुद्ध न्यायालय** में कार्यवाही नहीं की जा सकती।
- सदन की अनुमति के बिना, संसद के अधिवेशन के दौरान, किसी भी सदस्य को गवाही देने के लिए बाध्य नहीं किया जा सकता।

### संसद के सदस्यों की निरर्हता

- कोई भी सदस्य संसद की सदस्यता से वंचित किया जा सकता है, यदि वह बिना किसी सूचना के **60 दिन तक सदन** से अनुपस्थित रहता है।
- वह पार्टी के निर्देशन के विरुद्ध वोट देता है अथवा वोट देने नहीं जाता।
- वह स्वेच्छा से उस दल की सदस्यता त्याग देता है, जिसके टिकट से वह सदन का सदस्य निर्वाचित हुआ था।

## संसद के सत्र

- भारतीय संसदीय व्यवस्था में संसद के तीन सत्र होते हैं, परंतु दो सत्रों के बीच 6 माह से अधिक अंतर नहीं होना चाहिए।
  1. **बजट सत्र**, इस सत्र के दौरान आय बजट प्रस्तुत एवं पारित किया जाता है। यह सत्र फरवरी से मई तक चलता है। (सबसे लम्बी अवधि वाला सत्र)
  2. मानसून सत्र, इस सत्र की कार्यविधि जुलाई से अगस्त माह तक होती है।
  3. शीतकालीन सत्र, सबसे कम समय की कार्यविधि है, जो नवम्बर से दिसम्बर तक की होती है।

| संसद के अंग | |
|---|---|
| 1. | **राष्ट्रपति** (President) यह कार्यपालिका का **संवैधानिक प्रमुख** है, परंतु कानून निर्माण की प्रक्रिया में भी इसकी भूमिका है। |
| 2. | **लोकसभा** (House of the People) यह प्रथम या निम्न सदन अथवा लोकप्रिय सदन है। |
| 3. | **राज्यसभा** (Council of States) यह **द्वितीय** या **उच्च सदन** है। |
| इस प्रकार **राष्ट्रपति, लोकसभा** तथा **राज्यसभा** तीनों संसद के भाग हैं। | |

## लोकसभा की संरचना

- भारतीय संविधान के अनुसार लोकसभा का गठन सार्वभौमिक **वयस्क मतदान** (Universal Adult Suffrage) के आधार पर प्रत्यक्ष चुनाव द्वारा चुने गए जनता के प्रतिनिधियों से होता है।
- लोकसभा को **लोकप्रिय सदन** (Popular House) भी कहते हैं, क्योंकि इसके सदस्य जनता द्वारा प्रत्यक्ष रूप से निर्वाचित होते हैं। इसे अंग्रेजी में 'House of People' कहा जाता है। लोकसभा राज्यसभा से अधिक शक्तिशाली है। अनेक प्रसंगों में संसद का आशय लोकसभा से ही लिया गया है।
- लोकसभा के गठन के बारे में संविधान के **अनुच्छेद-81** में प्रावधान किया गया है। **अनुच्छेद-81** के तहत मूल संविधान में लोकसभा की सदस्य संख्या 500 निश्चित की गई थी, लेकिन समय-समय पर इसमें वृद्धि की गई है।
- 31वाँ संविधान संशोधन-1974 इसके द्वारा लोकसभा की अधिकतम सदस्य संख्या 547 निश्चित की गई। इन 547 सदस्यों में से 545 सदस्यों के **निर्वाचन** की एवं आंग्ल भारतीय वर्ग के प्रतिनिधि के रूप में 2 सदस्यों के राष्ट्रपति द्वारा **मनोनयन** की व्यवस्था की गई। परंतु, अब **गोवा, दमन और दीव पुनर्गठन अधिनियम, 1987** द्वारा निश्चित किया गया है कि लोकसभा की **अधिकतम सदस्य संख्या 552** हो सकती है। इनमें से **अधिकतम**

**530 सदस्य राज्यों के निर्वाचन क्षेत्रों से व 20 सदस्य संघीय क्षेत्रों से** निर्वाचित किए जा सकेंगे एवं **राष्ट्रपति आंग्ल-भारतीय समुदाय के 2 सदस्यों** को मनोनीत कर सकता था।

वर्तमान में लोकसभा की सदस्य संख्या 545 है। इन सदस्यों में 530 सदस्य राज्यों से और **13 सदस्य** संघीय क्षेत्रों से निर्वाचित होते हैं। 104वें संविधान संशोधन द्वारा आंग्ल भारतीय आरक्षण को समाप्त कर दिया गया है।

राज्यों में तथा एक राज्य के सभी निर्वाचन क्षेत्रों में यथासाध्य एक समान रखा जाएगा। इसलिए राज्यों को स्थान आवंटित करते समय निम्नलिखित बातों को ध्यान में रखा जाएगा-

1. प्रत्येक राज्य को लोकसभा में स्थानों का आवंटन इस प्रकार किया जाएगा कि स्थानों की संख्या से उस राज्य की **जनसंख्या का अनुपात** सभी राज्यों के लिए यथासाध्य एक समान हो, किंतु यह उपबंध किसी राज्य पर तभी लागू होगा; जबकि, उस राज्य की जनसंख्या **60 लाख** से अधिक हो।
2. प्रत्येक राज्य को प्रादेशिक निर्वाचन क्षेत्रों में इस प्रकार विभाजित किया जाएगा कि प्रत्येक निर्वाचन क्षेत्र की जनसंख्या का उसको आवंटित स्थानों की संख्या से अनुपात पूरे राज्य में यथासाध्य एक समान हो **[अनुच्छेद-81(2)]**।

## परिसीमन

- संविधान में यह व्यवस्था की गई थी कि अनुच्छेद 82 के तहत प्रत्येक दस वर्ष में होने वाली जनगणना के बाद **परिसीमन आयोग** (Delimination Commission) का गठन राष्ट्रपति द्वारा किया जाएगा। जिससे लोकसभा में राज्य व संघ राज्य क्षेत्र के प्रतिनिधियों की संख्या का निर्धारण किया जाएगा।
- देश को विभिन्न निर्वाचन क्षेत्रों में इस तरह से विभाजित करना कि क्षेत्रगत और जनसंख्यागत आधार पर देश के सभी नागरिकों को समुचित प्रतिनिधित्व प्राप्त हो सके।
    - संविधान की इस व्यवस्था के अंतर्गत वर्ष 1971 की जनगणना के आधार पर लोकसभा के निर्वाचित सदस्यों की संख्या 543 निश्चित की गई थी। इसमें मनोनीत सदस्य शामिल नहीं हैं।
    - **42वें संवैधानिक संशोधन** द्वारा इस व्यवस्था को समाप्त करते हुए निश्चित किया गया था कि वर्ष 2000 तक ये निर्वाचन क्षेत्र वही रहेंगे, जो वर्ष 1971 की जनगणना के आधार पर निर्धारित किए गए थे।
    - **84वें संविधान संशोधन 2001** द्वारा लोकसभा के कुल सदस्यों की संख्या एवं लोकसभा में राज्यवार प्रतिनिधित्व 2026 तक यथावत् रखने का निर्णय लिया गया है।
    - इस प्रकार अब 2026 तक लोकसभा सदस्यों की **संख्या 543** ही रहेगी। कुल स्थानों और राज्यवार प्रतिनिधित्व को यथावत रखते हुए राज्य में निर्वाचन क्षेत्रों का परिसीमन किया जा सकता है।
    - निर्वाचन क्षेत्रों का परिसीमन वर्ष 1991 की जनगणना पर आधारित होगा।

## लोकसभा का निर्वाचन

- लोकसभा के सदस्यों का चुनाव **प्रत्यक्ष रूप** से, **वयस्क मताधिकार** के आधार पर होता है। पहले 21 वर्ष की आयु प्राप्त व्यक्ति को वयस्क समझा जाता था, किंतु संविधान के 61वें **संविधान संशोधन-1989** द्वारा मताधिकार की आयु **21 वर्ष से घटाकर 18 वर्ष** कर दी गई है।
- अत: कोई भी व्यक्ति जो भारत का नागरिक है तथा जिसकी आयु 18 वर्ष या उससे अधिक है, वह लोकसभा के निर्वाचन में मतदान कर सकता है। यदि वह चित्तविकृत, अनिवास, किसी अपराध या भ्रष्ट आचरण के आधार पर संसद द्वारा बनाई गई किसी विधि के अधीन मत देने से अयोग्य न हो **(अनुच्छेद-326)**।

### सदस्यों की योग्यताएँ

- लोकसभा तथा राज्यसभा सदस्यों की अर्हताएँ **अनुच्छेद-84** में दी गई हैं। इसके अनुसार कोई व्यक्ति लोकसभा का सदस्य चुने जाने के योग्य होगा, यदि वह
    1. भारत का नागरिक हो,
    2. उसकी आयु **25 वर्ष** (लोकसभा) एवं 30 वर्ष (राज्यसभा) से कम नहीं हो।
    3. निर्वाचन आयोग द्वारा प्राधिकृत व्यक्ति के समक्ष शपथ ली है। (अनुसूची 3 के तहत शपथ।
    4. उसके पास ऐसी अन्य योग्यताएँ हों जो संसद द्वारा बनाई गई विधि के तहत निर्धारित की गई हैं।

    (1) संबंधित निर्वाचन क्षेत्र में मतदाता के रूप में पंजीकृत होना आवश्यक है।

    (2) आरक्षित सीट पर चुनाव में भाग लेने हेतु संबंधित राज्य या राज्य क्षेत्र का अनुसूचित जाति या अनुसूचित जनजाति का सदस्य होना आवश्यक है।
- संसद ने **जनप्रतिनिधित्व अधिनियम, 1951** (People's Representation Act, 1951) पारित कर संसद सदस्यों के लिए कुछ योग्यताएँ निर्धारित की हैं।

### सदस्यता के लिए निरर्हताएँ

- संविधान के **अनुच्छेद-101** तथा **102** में संसद सदस्यों की निरर्हताओं का वर्णन किया गया है।
- **अनुच्छेद-101** के अनुसार यदि कोई सदस्य संसद के दोनों सदनों अथवा राज्य विधानमण्डल के किसी सदन का सदस्य चुन लिया जाता है, तो उसे एक सदन में अपना स्थान छोड़ना होगा।
- **अनुच्छेद-102** के अनुसार कोई व्यक्ति **लोकसभा या राज्यसभा** का सदस्य चुने जाने के योग्य नहीं होगा-
    1. यदि वह भारत सरकार के या किसी राज्य की सरकार के अधीन कोई **लाभ का पद** धारण करता है। **मन्त्रियों का पद लाभ का पद नहीं है।**
    2. यदि वह **विकृतचित्त** है अथवा **दिवालिया** है।
    3. यदि वह भारत का नागरिक नहीं है या उसने किसी विदेशी राज्य की नागरिकता स्वेच्छा से अर्जित कर ली है या वह किसी विदेशी राज्य के प्रति निष्ठा रखता हो।
    4. यदि वह दल-बदल कानून के तहत् अयोग्य हो। **52वें संविधान संशोधन, 1985** द्वारा **10वीं अनुसूची** को संविधान में **जोड़कर** दल-बदल करने वाले सदस्यों को अयोग्य घोषित करने के संबंध में प्रावधान किया गया है।
    5. कोई व्यक्ति संसद के **दोनों सदनों** का एक साथ (एक समय में) सदस्य नहीं होगा और न ही संसद के किसी सदन और किसी राज्य के **विधानमण्डल की सदस्यता** एक साथ धारण करेगा।

### संसद सदस्यों की अयोग्यता सम्बन्धी प्रश्नों का निर्धारण

- **अनुच्छेद-103** के अनुसार, यदि यह प्रश्न उठता है कि संसद के किसी सदन का कोई सदस्य **अनुच्छेद-102** में वर्णित किसी अयोग्यता से ग्रस्त हो गया है या नहीं तो यह प्रश्न राष्ट्रपति को निर्देशित किया जाएगा और उसका निर्धारण करने से पहले राष्ट्रपति **निर्वाचन आयोग की राय लेगा और उसकी राय** के अनुसार कार्य करेगा।

## लोकसभा का कार्यकाल

- संविधान के **अनुच्छेद-83(2)** के अनुसार, लोकसभा का कार्यकाल प्रथम बैठक की तारीख से **5 वर्ष** तक होता है। 5 वर्ष की अवधि समाप्त होते ही लोकसभा भंग हो जाती है, परंतु इस अवधि के पूर्व भी प्रधानमन्त्री के परामर्श पर राष्ट्रपति द्वारा लोकसभा को भंग किया जा सकता है।
- आपातकाल की घोषणा लागू होने पर संसद विधि द्वारा लोकसभा के कार्यकाल में वृद्धि कर सकती है। जो एक बार में एक वर्ष से अधिक नहीं होगा।
- दूसरी आपात उद्घोषणा के कारण पाँचवीं लोकसभा का कार्यकाल दो बार एक-एक वर्ष के लिए बढ़ाया गया था। किंतु इस प्रकार बढ़ाई गई अवधि किसी भी दशा में संकट काल की घोषणा की समाप्ति के पश्चात् 6 माह से अधिक जारी नहीं रहेगी।
- **42वें संविधान संशोधन अधिनियम, 1976** द्वारा लोकसभा का कार्यकाल 6 वर्ष कर दिया गया था, जिसे **44वें संविधान संशोधन अधिनियम 1978** द्वारा पुनः 5 वर्ष कर दिया गया।

### अधिवेशन व गणपूर्ति

- राष्ट्रपति वर्ष में कम-से-कम दो बार लोकसभा का अधिवेशन बुलाएगा लोकसभा के एक सत्र की अन्तिम बैठक तथा आगामी सत्र की पहली बैठक के लिए नियत तारीख के बीच **6 माह से अधिक** अंतर नहीं होगा।
- अधिवेशन प्रारम्भ करने के लिए **गणपूर्ति** (Quorum) सदन की कुल सदस्य संख्या का **1/10 भाग** उपस्थित होना आवश्यक है। यदि इतने सदस्य उपस्थित न हों तो अध्यक्ष अधिवेशन को तब-तक के लिए निलंबित कर देगा जब तक कि गणपूर्ति न हो जाए।

## लोकसभा के प्रमुख पदाधिकारी

### लोकसभा अध्यक्ष

- 1919 एक्ट से इसकी स्थापना हुई तथा पहले अध्यक्ष जी.वी. मावलंकर थे। भारत में संसदीय प्रणाली अपनाने के कारण **निम्न सदन लोकसभा** को **राजनीतिक व्यवस्था** में महत्वपूर्ण स्थान प्राप्त है। इसी कारण लोकसभा अध्यक्ष को पद सूची के वरीयता क्रम में भारत के मुख्य न्यायधीश के समान छठा स्थान प्राप्त है। हमारे यहाँ लोकसभा स्पीकर को लगभग वही शक्तियाँ प्राप्त हैं, जो ब्रिटेन के हाउस ऑफ कॉमन्स के स्पीकर को प्राप्त हैं।
- **ब्रिटिश हाउस ऑफ कॉमन्स** का स्पीकर निर्दलीय व्यक्ति होता है, वहीं भारत में स्पीकर अपनी **दलीय सदस्यता** का त्याग नहीं करता है।

### लोकसभा उपाध्यक्ष

- लोकसभा, अध्यक्ष की भाँति उपाध्यक्ष भी निर्वाचित करती है। यह उपाध्यक्ष अध्यक्ष की अनुपस्थिति में सदन की अध्यक्षता करता है। उपाध्यक्ष **सचिवालय बजट समिति** (Secretariat Budget Committee) का अध्यक्ष होता है।
- **सच्चिदानन्द सिन्हा (1921)** पहले लोकसभा उपाध्यक्ष थे, परंतु स्वतन्त्रता प्राप्ति के बाद प्रथम उपाध्यक्ष **अनन्तशयनम आयंगर** थे।

### प्रोटेम स्पीकर

- आम चुनावों के बाद राष्ट्रपति लोकसभा के सबसे वरिष्ठ सदस्य को प्रोटेम स्पीकर के रूप में नियुक्त करता है। स्पीकर का चुनाव और नव-निर्वाचित सदस्यों को शपथ ग्रहण कराना प्रोटेम स्पीकर का कार्य है। प्रोटेम स्पीकर सर्वप्रथम बहुमत दल के उम्मीदवार का स्पीकर के रूप में प्रस्ताव रखता है। यदि इस प्रस्ताव को लोकसभा बहुमत से स्वीकार कर लेती है, तो लोकसभा स्पीकर का चुनाव हो जाता है अन्यथा प्रोटेम स्पीकर दूसरे सदस्य का प्रस्ताव रखता है।

### लोकसभा महासचिव

- यह कार्यपालिका का स्थायी पदाधिकारी होता है, जो 60 वर्ष तक इस पर कार्य कर सकता है। वह संसद या लोकसभा के प्रति नहीं अपितु लोकसभा अध्यक्ष के प्रति उत्तरदायी होता है। महासचिव के प्रमुख कार्य निम्नलिखित हैं-
    - वह राष्ट्रपति की ओर से सदन के अधिवेशन में उपस्थित होने के लिए सदस्यों को आमन्त्रण जारी करता है तथा अध्यक्ष की अनुपस्थिति में विधेयकों को प्रमाणित करता है।
    - वह सदन की ओर से सन्देश भेजता है व अध्यक्ष के सन्देशों को प्राप्त भी करता है। सदन या समितियों के समक्ष जो गवाह प्रस्तुत होते हैं, इनके विरुद्ध समन (वारण्ट) जारी कर सकता है।

### लोकसभा के अध्यक्ष और उपाध्यक्ष

- संविधान के **अनुच्छेद-93** के अनुसार लोकसभा को अपने सदस्यों में से एक **अध्यक्ष** (Speaker) और एक **उपाध्यक्ष** (Deputy Speaker) चुनने का अधिकार है। इन दोनों के अलावा 10 लोगों का एक पैनल भी नियुक्त किया जाता है, जो आवश्यकता पड़ने पर इन अधिकारियों के कर्तव्यों का निष्पादन करता है।
- अध्यक्ष एवं उपाध्यक्ष दोनों का कार्यकाल 5 वर्ष का होता है। इसके पूर्व भी वे स्वेच्छा से त्यागपत्र दे सकते हैं।
- अध्यक्ष अपना त्यागपत्र उपाध्यक्ष को तथा उपाध्यक्ष अपना त्यागपत्र अध्यक्ष को देता है।
- इसके अतिरिक्त, उन्हें लोकसभा के तत्कालीन समस्त सदस्यों के बहुमत से पारित संकल्प द्वारा अपने पद से हटाया जा सकता है।
- परंतु ऐसा संकल्प तब तक प्रस्तावित नहीं किया जा सकता, जब तक कि उस संकल्प को प्रस्तावित करने के अभिप्राय की **सूचना कम-से-कम 14 दिन पूर्व** अध्यक्ष या उपाध्यक्ष (जिसे भी हटाना हो) को न दे दी गई हो।
- पदत्याग, पदच्युति या अन्य किसी कारण से अध्यक्ष की अनुपस्थिति की स्थिति में उपाध्यक्ष लोकसभा की अध्यक्षता करता है।
- संविधान के अनुसार लोकसभा के अध्यक्ष और उपाध्यक्ष को संसद द्वारा निर्धारित वेतन और भत्ते प्राप्त होंगे।
- वर्तमान में लोकसभा अध्यक्ष को **1,25,000 रुपए मासिक वेतन** प्राप्त होता है। इन दोनों पदाधिकारियों को निःशुल्क निवास स्थान तथा केन्द्रीय मन्त्रियों को मिलने वाली अन्य **सुविधाएँ** भी प्राप्त होती हैं।
- अध्यक्ष अपने पद पर लोकसभा को भंग किए जाने के बाद भी उस समय तक बना रहता है, जब तक नई लोकसभा की प्रथम बैठक न हो। **लोकसभा अध्यक्ष लोकसभा के सदस्य के रूप में शपथ ग्रहण करता है, लोकसभा के अध्यक्ष के रूप में नहीं।** अतः लोकसभा के अध्यक्ष को कोई शपथ ग्रहण नहीं कराता है।

### लोकसभा अध्यक्ष के अधिकार तथा कार्य

- वह लोकसभा की बैठकों की अध्यक्षता करता है और सदन की कार्यवाही का संचालन करता है।
- वह सदन में शांति व्यवस्था बनाए रखने के लिए उत्तरदायी है। वह सदन में अव्यवस्था पैदा करने वाले सदस्यों को सदन से बाहर जाने का आदेश दे सकता है।
- यदि कोई सदस्य उसकी आज्ञा न माने व सदन की कार्यवाही में निरन्तर बाधा डाले, तो वह उसकी **सदस्यता निलंबित** (Suspend) भी कर सकता है।
- वह सदन के नेता के **परामर्श से सदन** की **कार्यवाही** का क्रम निश्चित करता है।
- राष्ट्रपति के **उद्घाटन-भाषण** के संबंध में किए जाने वाले वाद-विवाद आदि का समय निश्चित करता है।

- सदन में अव्यवस्था उत्पन्न होने पर वह **सदन की कार्यवाही** स्थगित कर सकता है।
- वह लोकसभा और राज्यसभा के **संयुक्त अधिवेशन** (Joint session) की अध्यक्षता करता है।
- कोई विधेयक **धन-विधेयक** (Money Bill) है अथवा नहीं, इस बात का निर्णय लोकसभा अध्यक्ष द्वारा किया जाता है।
- किसी प्रश्न पर **सदन में पक्ष-विपक्ष** के बराबर मत आने की स्थिति में लोकसभा अध्यक्ष **निर्णायक मत** (Casting Vote) भी देता है, **अनुच्छेद-100(1)**।
- अध्यक्ष विभिन्न विधेयकों, प्रस्तावों आदि पर मतदान करवा कर परिणाम घोषित करता है। वह प्रश्नों को स्वीकार अथवा अस्वीकार करने का कार्य करता है तथा काम रोको प्रस्ताव भी उसकी अनुमति से ही पेश हो सकता है।
- प्रक्रिया सम्बन्धी सभी विवादों पर उसका निर्णय अन्तिम होता है।
- सदन में कोई भी सदस्य अध्यक्ष की आज्ञा से ही भाषण कर सकता है।
- वह सदन की कार्यवाही से ऐसे शब्दों को निकाले जाने (Expunge) का आदेश दे सकता है, जिन्हें वह असंसदीय और अशिष्ट समझे।
- सदन और राष्ट्रपति के बीच समस्त **पत्र-व्यवहार** लोकसभा अध्यक्ष के माध्यम से ही होता है। इस प्रकार वह सदन तथा राष्ट्रपति के मध्य **विचार-विनिमय** का माध्यम होता है।
- लोकसभा अध्यक्ष संसद की कुछ **समितियों का पदेन सभापति** होता है।
- वह सदन में **दर्शकों** और **प्रेस-प्रतिनिधियों** के प्रवेश पर नियंत्रण भी लगा सकता है।
- वह सदन के सदस्यों के विशेष अधिकारों की रक्षा करता है। अध्यक्ष की अनुपस्थिति में उक्त सभी कार्यों का सम्पादन उपाध्यक्ष करता है। यदि दोनों पदाधिकारी अनुपस्थिति हों, तो लोकसभा अपने सदस्यों में से एक सदस्य को अध्यक्ष चुन लेती है।
- सदन के परिसर से किसी व्यक्ति को पुलिस द्वारा अध्यक्ष की पूर्वानुमति से ही गिरफ्तार किया जा सकता है।

## लोकसभा की शक्तियाँ और कार्य

- यद्यपि लोकसभा संसद का **निम्न सदन** है, किंतु, वह राज्यसभा से अधिक शक्तिशाली है। यह जनता का **वास्तविक प्रतिनिधित्व** करने वाला सदन है। इसकी शक्तियों एवं कार्यों का उल्लेख निम्नलिखित शीर्षकों के अंतर्गत किया जा सकता है-

### व्यवस्थापिका सम्बन्धी शक्ति

- प्रत्येक विधेयक (Act) को विधि (Law) बनाने के पूर्व लोकसभा की स्वीकृति आवश्यक है। राज्यसभा में यदि कोई विधेयक पारित हो जाता है, तो भी उसे लोकसभा द्वारा पारित किया जाना आवश्यक है।
- यदि किसी साधारण विधेयक को पुन: स्थापित किया गया है और उसके सम्बन्ध में संसद के दोनों सदनों में कोई मतभेद उत्पन्न हो जाता है तो गतिरोध दूर करने के लिए राष्ट्रपति **अनुच्छेद-108** के तहत दोनों सदनों का **संयुक्त अधिवेशन** (Joint Session) (लोकसभा अध्यक्ष की अध्यक्षता में) आहूत करता है।
- इस बैठक में **साधारण बहुमत** द्वारा विधेयक को पारित किया जाता है। राज्यसभा की तुलना में लोकसभा की लगभग दुगुनी सदस्य संख्या के कारण अन्तिम निर्णय लोकसभा सदस्यों द्वारा ही होता है।
- इस प्रकार कानून निर्माण के क्षेत्र में राज्यसभा की अपेक्षा लोकसभा अधिक शक्तिशाली है।

### कार्यपालिका पर नियंत्रण की शक्ति

- भारतीय संविधान के द्वारा संसदीय शासन व्यवस्था की स्थापना की गई है। व्यवहारत: संसदीय शासन प्रणाली में कार्यपालिका (मन्त्रिपरिषद्) को व्यवस्थापिका **( मुख्यत: लोकसभा )** के नियंत्रण में कार्य करना पड़ता है।
- भारत में लोकसभा का कार्यपालिका अर्थात् मन्त्रिपरिषद् पर पूर्ण नियंत्रण होता है।

  केन्द्रीय मन्त्रिपरिषद् सामूहिक रूप से लोकसभा के प्रति उत्तरदायी होती है।
- **अनुच्छेद-75(3)** के अनुसार **मन्त्रिपरिषद्** केवल उसी समय तक अपने पद पर बनी रहती है, जब तक कि उसे लोकसभा का विश्वास प्राप्त हो। यदि लोकसभा मन्त्रिपरिषद् के विरुद्ध अविश्वास प्रस्ताव पारित कर देती है, तो मन्त्रिपरिषद् को तुरन्त त्यागपत्र देना पड़ता है।
- यदि लोकसभा सरकार द्वारा पेश किए गए बजट को अस्वीकृत कर दे या **राष्ट्रपति के अभिभाषण** (Presidential Address) के लिए उसके धन्यवाद प्रस्ताव को अस्वीकृत कर दे तो भी मन्त्रिपरिषद् को त्यागपत्र देना पड़ता है।
- इसके अतिरिक्त, **लोकसभा अनेक प्रकार** से कार्यपालिका पर नियन्त्रण रख सकती है।
- लोकसभा के सदस्य मन्त्रियों से सरकारी नीति के सम्बन्ध में व सरकार के कार्यों के सम्बन्ध में **प्रश्न** तथा **पूरक प्रश्न** पूछ सकते हैं।
- लोकसभा के सदस्य **काम रोको प्रस्ताव** व **निन्दा प्रस्ताव** प्रस्तुत कर सकते हैं, सरकार की नीति की आलोचना कर सकते हैं तथा सरकारी विधेयक को अस्वीकार करके, मन्त्रियों के वेतन में कटौती का प्रस्ताव स्वीकार करके अथवा किसी सरकारी विधेयक में कोई संशोधन करके, अपना विरोध प्रदर्शित कर सकते हैं।
- कार्यपालिका पर नियंत्रण की शक्ति के अंतर्गत ही लोकसभा **संघीय लोकसेवा आयोग, भारत के नियंत्रक** और **महालेखा परीक्षक, वित्त आयोग, भाषा आयोग** की रिपोर्ट पर विचार करती है।

### वित्तीय शक्ति

- भारतीय संविधान द्वारा वित्तीय क्षेत्र में शक्ति लोकसभा को ही प्रदान की गई है। इस सम्बन्ध में राज्यसभा की स्थिति बहुत गौण (Secondary) है।
- **अनुच्छेद-109** के अनुसार धन विधेयक केवल लोकसभा में ही प्रस्तावित किए जा सकते हैं, राज्यसभा में नहीं।
- लोकसभा से पारित होने के बाद **धन विधेयक** राज्यसभा में भेजा जाता है और **राज्यसभा** के लिए यह आवश्यक है कि उसे धन विधेयक की प्राप्ति की तिथि से **14 दिनों** के अन्दर विधेयक लोकसभा को लौटा दे।
- राज्यसभा विधेयक में संशोधन के लिए सुझाव दे सकती है लेकिन, उन्हें स्वीकार करना या न करना लोकसभा की इच्छा पर निर्भर करता है।
- संविधान यह भी व्यवस्था करता है कि यदि **धन विधेयक** पारित होने के बाद **14 दिन के अन्दर राज्यसभा** सिफारिशों सहित या सिफारिशों के बिना धन विधेयक लोकसभा को न लौटाए, तो निश्चित तिथि के बाद वह दोनों सदनों से पारित मान लिया जाएगा।
- **वार्षिक बजट** (Annual Budget) और **अनुदान** (Grant) सम्बन्धी माँगें भी लोकसभा के समक्ष ही रखी जाती हैं और इस प्रकार के समस्त व्यय को स्वीकृति देने का अधिकार भी लोकसभा को ही प्राप्त है।

### संवैधानिक संशोधन सम्बन्धी शक्ति

- **लोकसभा** को **राज्यसभा** के साथ मिलकर संविधान के किसी उपबंध का **परिवर्द्धन, परिवर्तन** या **निरसन के** रूप में संशोधन का अधिकार प्राप्त है।
- **अनुच्छेद-368** के अनुसार संविधान संशोधन की प्रक्रिया यह है कि संशोधन विधेयक संसद के किसी भी सदन में प्रस्तुत किया जा सकता है और **प्रत्येक**

**सदन में उस सदन की कुल सदस्य संख्या के बहुमत द्वारा तथा उस सदन के उपस्थित और मत देने वाले सदस्यों के कम-से-कम दो-तिहाई बहुमत द्वारा** पारित किया जाना आवश्यक होता है।

- संविधान संशोधन विधेयक के सम्बन्ध में यदि संसद के दोनों सदनों में असहमति है तो विधेयक अस्वीकार समझा जाएगा क्योंकि संशोधन विधेयक पर विचार करने के लिए संसद के दोनों सदनों की संयुक्त बैठक आहूत करने का कोई प्रावधान नहीं है।
- लोकसभा में राज्यों द्वारा निर्वाचित होने वाले कुल सदस्यों की **संख्या 543** है। जिसमें से **84 स्थान अनुसूचित जातियों** के लिए तथा **47 स्थान अनुसूचित जनजातियों** के लिए आरक्षित हैं।

**शीर्ष लोकसभा सीटों वाले 5 राज्य**

| स्थान | राज्य | लोकसभा सीटें |
|---|---|---|
| पहला | उत्तर प्रदेश | 80 |
| दूसरा | महाराष्ट्र | 48 |
| तीसरा | पश्चिम बंगाल | 42 |
| चौथा | बिहार | 40 |
| पाँचवाँ | तमिलनाडु | 39 |

- संघ शासित राज्यों में **7 सीटों** के साथ **दिल्ली** शीर्ष पर है।
- नवगठित राज्यों में तेलंगाना को 17, झारखण्ड को 14, छत्तीसगढ़ को 11 तथा उत्तराखण्ड को 5 सीटें प्राप्त हुई हैं।
- **अनुसूचित जातियों** के लिए सर्वाधिक 17 **सीटें उत्तर प्रदेश** में आरक्षित हैं; जबकि **अनुसूचित जनजाति के लिए एक भी सीट आरक्षित नहीं है।**
- निम्नलिखित 12 राज्य ऐसे हैं, जहाँ अनुसूचित जनजाति के लिए लोकसभा में कोई स्थान आरक्षित नहीं है- **उत्तर प्रदेश, उत्तराखण्ड, हिमाचल प्रदेश, हरियाणा, पंजाब, तमिलनाडु, केरल, गोवा, बिहार, सिक्किम, अरुणाचल प्रदेश तथा नागालैण्ड**।
- लोकसभा में **अनुसूचित जनजातियों** के लिए **सर्वाधिक 6 सीटें मध्य प्रदेश में आरक्षित हैं।**
- अनुसूचित जनजातियों के लिए लोकसभा में सीटों का आरक्षण कुल 17 राज्यों में है।
- ऐसे 4 राज्य हैं जहाँ अनुसूचित जाति तथा अनुसूचित जनजाति में से किसी के लिए सीटों का आरक्षण नहीं है-

**1.** अरुणाचल प्रदेश **2.** सिक्किम
**3.** गोवा **4.** नागालैण्ड

## निर्वाचक मण्डल के रूप में कार्य

- लोकसभा **निर्वाचक मण्डल** के रूप में भी कार्य करती है। **अनुच्छेद-54** के अनुसार लोकसभा तथा राज्यसभा के निर्वाचित सदस्य, राज्य विधानसभाओं एवं केन्द्र शासित प्रदेशों (**दिल्ली** एवं **पुदुचेरी**) की विधानसभाओं के निर्वाचित सदस्यों के साथ मिलकर राष्ट्रपति का निर्वाचन करते हैं।
- **अनुच्छेद-66** के अनुसार लोकसभा और राज्यसभा के सभी सदस्य मिलकर **उपराष्ट्रपति का चुनाव** करते हैं। लोकसभा द्वारा सदन के अध्यक्ष और उपाध्यक्ष को भी निर्वाचित किया जाता है **अनुच्छेद-93** के अनुसार।

**लोकसभा का कार्यकाल और उसके अध्यक्ष**

| क्रम | गठन के पश्चात् की प्रथम बैठक | भंग होने की तिथि | अध्यक्ष | अध्यक्ष का कार्यकाल |
|---|---|---|---|---|
| पहली लोकसभा | 13 मई, 1952 | 04 अप्रैल, 1957 | गणेश वासुदेव मावलंकर | 15 मई, 1952 से 27 फरवरी, 1956 |
| | | | एम. अनंतशयनम आयंगर | 08 मार्च, 1956 से 10 मई, 1957 |
| दूसरी लोकसभा | 10 मई, 1957 | 31 मार्च, 1962 | एम. अनंतशयनम आयंगर | 11 मई, 1957 से 16 अप्रैल, 1962 |
| तीसरी लोकसभा | 16 अप्रैल, 1962 | 03 मार्च, 1967 | हुकुम सिंह | 17 अप्रैल, 1962 से मार्च, 1967 |
| चौथी लोकसभा | 16 मार्च, 1967 | 27 दिसम्बर, 1970 | नीलम संजीव रेड्डी | 17 मार्च, 1967 से 19 जुलाई, 1969 |
| | | | गुरदयाल सिंह ढिल्लो | 08 अगस्त, 1969 से 19 मार्च, 1971 |
| पाँचवीं लोकसभा | 19 मार्च, 1971 | 18 जनवरी, 1977 | गुरदयाल सिंह ढिल्लो | 22 मार्च, 1971 से 1 दिसम्बर, 1975 |
| | | | बलिराम भगत | 05 जनवरी, 1976 से 25 मार्च, 1977 |
| छठी लोकसभा | 25 मार्च, 1972 | 22 अगस्त, 1979 | नीलम संजीव रेड्डी | 26 मार्च, 1977 से 13 जुलाई, 1977 |
| | | | के.एस. हेगड़े | 21 जुलाई, 1977 से 21 जनवरी, 1980 |
| सातवीं लोकसभा | 21 जनवरी, 1980 | 31 दिसम्बर, 1984 | बलराम जाखड़ | 22 जनवरी, 1980 से 27 अक्टूबर, 1984 |
| आठवीं लोकसभा | 15 जनवरी, 1985 | 27 नवम्बर, 1989 | बलराम जाखड़ | 16 जनवरी, 1985 से 18 दिसम्बर, 1989 |
| नौवीं लोकसभा | 18 दिसम्बर, 1989 | 13 मार्च, 1991 | रवि राय | 19 दिसम्बर, 1989 से 9 जुलाई, 1991 |
| दसवीं लोकसभा | 09 जुलाई, 1991 | 10 मई, 1996 | शिवराज वी. पाटिल | 10 जुलाई, 1991 से 22 मई, 1996 |
| ग्यारहवीं लोकसभा | 22 मई, 1996 | 04 दिसम्बर, 1997 | पी.ए. संगमा | 23 मई, 1996 से 23 मार्च, 1998 |
| बारहवीं लोकसभा | 23 मार्च, 1998 | 26 अप्रैल, 1999 | जी.एम.सी. बालयोगी | 24 मार्च, 1998 से 19 अक्टूबर, 1999 |
| तेरहवीं लोकसभा | 20 अक्टूबर, 1999 | 06 फरवरी, 2004 | जी.एम.सी. बालयोगी | 22 अक्टूबर, 1999 से 03 मार्च, 2002 |
| | | | मनोहर गजानन जोशी | 10 मई, 2002 से 02 जून, 2004 |
| चौदहवीं लोकसभा | 02 जून, 2004 | 18 मई, 2009 | सोमनाथ चटर्जी | 04 जून, 2004 से 31 मई, 2009 |
| पन्द्रहवीं लोकसभा | 01 जून, 2009 | 18 मई, 2014 | मीरा कुमारी (प्रथम महिला) | 04 जून, 2009 से 04 जून, 2014 |
| सोलहवीं लोकसभा | 18 मई, 2014 | 25 मई, 2019 | सुमित्रा महाजन | 06 जून, 2014 से 6 जून 2019 |
| सत्रहवीं लोकसभा | 16 जुलाई, 2019 | | ओम बिड़ला | 19 जून, 2019 से जून 2023 |
| अठाहरवीं लोकसभा | 24 जून, 2024 | – | ओम बिड़ला | 26 जून, 2024 से अब तक |
| संविधान के अनुच्छेद-94 के अंतर्गत लोकसभा भंग (Dissolve) हो जाने पर लोकसभा अध्यक्ष (Speakar of Lok Sabha) अपना पद नई लोकसभा की प्रथम बैठक होने तक नहीं छोड़ता है। | | | | |

## राज्यसभा के पदाधिकारी

### सभापति

- भारत का उपराष्ट्रपति अमेरिका की भाँति राज्यसभा का पदेन (Ex-officio) सभापति होता है **(अनुच्छेद-89)**। पदेन सभापति से तात्पर्य है कि उपराष्ट्रपति पद के कारण राज्यसभा का सभापति पद प्राप्त करता है और सदन में पीठासीन होता है।
- जब सभापति (उपराष्ट्रपति) राष्ट्रपति के रूप में कार्य करता है, तब राज्यसभा के सभापति का पद रिक्त हो जाता है और सभापति के कर्तव्य उप-सभापति द्वारा पूरे किए जाते हैं।

### सभापति के अधिकार तथा कर्तव्य

- राज्यसभा के सभापति के अधिकार तथा कर्तव्य लगभग वही हैं, जो लोकसभा के अध्यक्ष के हैं। अंतर केवल इतना है कि राज्यसभा के सभापति को धन विधेयक के सम्बन्ध में निर्णय लेने का अधिकार नहीं है।
- इसके अतिरिक्त, सभापति दोनों सदनों की संयुक्त बैठक की अध्यक्षता भी नहीं करता है। सभापति की अनुपस्थिति में उनके समस्त कार्य उप-सभापति करता है।
- लोकसभा अध्यक्ष तथा उपाध्यक्ष दोनों का कार्यकाल 5 वर्ष का होता है; जबकि राज्यसभा के सभापति (उपराष्ट्रपति) का कार्यकाल 5 वर्ष का एवं उप-सभापति का कार्यकाल 6 वर्ष का होता है।
- लोकसभा अध्यक्ष अपना त्यागपत्र लोकसभा के उपाध्यक्ष को तथा उपाध्यक्ष, अध्यक्ष को सौंपता है; जबकि राज्यसभा का सभापति (उपराष्ट्रपति) अपना त्यागपत्र **राष्ट्रपति** को देता है और उप-सभापति अपना त्यागपत्र **सभापति** को देता है।
- राज्यसभा का सभापति मतों के बराबर होने की स्थिति में निर्णायक मत (Casting vote) देता है।

### उप-सभापति

राज्यसभा का उप-सभापति राज्यसभा द्वारा अपने सदस्यों से ही चुना जाता है। यह अपने पद पर तब तक कार्य करता है, जब तक उसे राज्यसभा के समस्त सदस्यों के संकल्प द्वारा हटाया न जाए।

### राज्यसभा महासचिव

राज्यसभा महासचिव सदन का तीसरा महत्वपूर्ण पदाधिकारी होता है। वह सभी संसदीय कृत्यों और क्रियाकलापों और प्रक्रिया व प्रथा सम्बन्धी मामलों में सभापति का, सदन का और सदस्यों का सलाहकार होता है। यह भी लोकसभा महासचिव की भाँति कार्यपालिका का स्थायी तथा निरपेक्ष पदाधिकारी होता है।

**राज्यसभा से सम्बन्धित महत्वपूर्ण तथ्य**

- संविधान की **अनुसूची 4** में राज्यसभा के लिए आवंटित स्थानों की सूची दी गई है। **राज्यसभा के लिए सर्वाधिक 31 सदस्य उत्तर प्रदेश से चुने जाते हैं दूसरा स्थान महाराष्ट्र का है, जहाँ से** 19 **सदस्य राज्यसभा के लिए चुने जाते हैं।**
- 18–18 सदस्य **आन्ध्र प्रदेश** तथा **तमिलनाडु** से चुने जाते हैं और उनका स्थान संयुक्त रूप से तीसरा है।
- 16–16 सदस्यों के साथ **बिहार** तथा **पश्चिम बंगाल** चौथे स्थान पर हैं।
- पाँचवें स्थान पर **मध्य प्रदेश** तथा **गुजरात** हैं जहाँ से 11–11 सदस्य राज्यसभा के लिए चुने जाते हैं।
- राज्यसभा का सभापति (उपराष्ट्रपति) राज्यसभा का सदस्य नहीं होता है।
- राज्यसभा का विघटन नहीं होता है क्योंकि, यह एक **स्थायी सदन** है।
- राज्यसभा के सदस्य **6 वर्ष** के लिए चुने जाते हैं। प्रत्येक दूसरे वर्ष राज्यसभा के **1/3 सदस्य** अवकाश ग्रहण करते हैं तथा उतने ही नए सदस्य चुने जाते हैं। इस प्रकार राज्यसभा के सभी सदस्य एक साथ नहीं चुने जाते हैं।
- राज्यसभा के सभापति (उपराष्ट्रपति) का चुनाव लोकसभा तथा राज्यसभा के सदस्यों द्वारा किया जाता है।
- राज्यसभा के उप-सभापति का चुनाव **राज्यसभा** के सदस्यों द्वारा अपने सदस्यों में से **6 वर्ष** के लिए किया जाता है।
- राज्यसभा के सभापति तथा उप-सभापति दोनों के पद रिक्त होने पर राष्ट्रपति द्वारा राज्यसभा के सदस्यों में से नियुक्त सदस्य सभापति के रूप में कार्य करता है।
- राज्यसभा के सदस्यों का चुनाव विधानसभाओं के निर्वाचित सदस्यों द्वारा किया जाता है। अतः इनके चुनाव में जनता प्रत्यक्ष रूप से भाग नहीं लेती है।
- राज्यसभा को **अनुच्छेद-249** के अंतर्गत **राज्यसूची में वर्णित** विषय को **राष्ट्रीय महत्व** का विषय घोषित करने तथा **अनुछेद-312** के अंतर्गत नई **अखिल भारतीय सेवाओं** के सृजन का विशेषाधिकार है।
- राज्यसभा का सभापति (उपराष्ट्रपति) अपना **त्यागपत्र राष्ट्रपति** को देता है; जबकि **उप-सभापति** अपना **त्यागपत्र सभापित** को देता है।

## राज्यसभा की शक्तियाँ और कार्य

राज्यसभा लोकसभा से तुलनात्मक रूप से **कम शक्तिशाली सदन** है। राज्यसभा की रचना लोकसभा के सहयोगी और सहायक सदन के रूप में की गई है फिर भी, इसका अपना महत्व है। राज्यसभा की शक्तियाँ और कार्य निम्नलिखित हैं-

### विधायी शक्तियाँ

- लोकसभा के साथ-साथ राज्यसभा भी विधि निर्माण सम्बन्धी कार्य करती है। संविधान के द्वारा अवित्तीय विधेयकों एवं अन्य विधेयकों के सम्बन्ध में लोकसभा और राज्यसभा दोनों को समान शक्तियाँ प्रदान की गई हैं।
- अवित्तीय विधेयक दोनों सदनों में से किसी भी सदन में प्रस्तावित किया जा सकता है और दोनों सदनों से पारित होने के बाद ही राष्ट्रपति के पास हस्ताक्षर के लिए भेजा जाता है।
- सामान्यतः सभी महत्वपूर्ण विधेयक लोकसभा में ही प्रस्तावित किए जाते हैं, राज्यसभा में नहीं।
- राज्यसभा लोकसभा द्वारा पारित साधारण विधेयक को 6 माह तक अपने पास रोक सकती है, किंतु वह किसी विधेयक को समाप्त नहीं कर सकती है।
- **अनुच्छेद-108** के अनुसार, यदि किसी साधारण विधेयक के सम्बन्ध में लोकसभा और राज्यसभा में मतभेद उत्पन्न हो जाता है, तो मतभेद को दूर करने के लिए राष्ट्रपति दोनों सदनों का संयुक्त अधिवेशन आहूत करेगा और विधेयक पर अन्तिम निर्णय बहुमत के आधार पर होगा।
- भारतीय संविधान के लागू होने के बाद **3 अप्रैल, 1952** को **काउंसिल ऑफ स्टेट्स** नाम से सर्वप्रथम राज्यसभा का गठन हुआ, जिसकी प्रथम बैठक 13 मई, 1952 को हुई जिसके सभापति उपराष्ट्रपति **डॉ. सर्वपल्ली राधाकृष्णन थे।**
- 23 अगस्त, 1954 को सभापति ने **सदन** से घोषित किया कि काउंसिल ऑफ स्टेट्स को अब **राज्यसभा** नाम से जाना जाएगा।
- प्रथम लोकसभा का गठन **17 अप्रैल, 1952** को तथा बैठक 13 मई 1952 को हुई थी। इस प्रकार, 13 मई, 2002 को भारतीय संसद ने अपना **स्वर्ण जयन्ती समारोह** (50 वर्ष पूरे होने पर) मनाया था।

### वित्तीय शक्ति

- राज्यसभा को कुछ वित्तीय शक्तियाँ प्राप्त हैं, यद्यपि इस सम्बन्ध में संविधान के द्वारा राज्यसभा को लोकसभा की तुलना में कमजोर स्थिति प्रदान की गई है।

- संविधान के **अनुच्छेद-109** में यह स्पष्ट रूप से उपबंधित किया गया है कि राज्यसभा में **धन विधेयक** (Money Bill) प्रस्तुत नहीं किया जा सकता है।
- यह केवल लोकसभा में ही प्रस्तुत किया जा सकता है; जबकि लोकसभा किसी धन विधेयक को पारित कर देती है, तो वह राज्यसभा के पास उसकी अनुशंसाओं के लिए भेजा जाता है।
- **राज्यसभा 14** दिन तक धन विधेयक को अपने पास रोक सकती है। यदि वह विधेयक प्राप्त होने के दिन से 14 दिनों के भीतर उस विधेयक को अपनी अनुशंसा सहित लोकसभा को नहीं लौटा देती है, तो वह विधेयक उस रूप में दोनों सदनों द्वारा पारित समझा जाएगा।
- राज्यसभा वित्त विधेयक के सम्बन्ध में अपने सुझाव भी लोकसभा को दे सकती है, लेकिन यह लोकसभा की इच्छा पर निर्भर है कि उन सुझावों को माने अथवा न माने।

## संविधान में संशोधन सम्बन्धी शक्ति

- संविधान संशोधन के सम्बन्ध में राज्यसभा को लोकसभा के समान शक्ति प्राप्त है। लोकसभा के पारित संशोधन विधेयक तभी स्वीकृत समझा जाएगा, जब वह राज्यसभा द्वारा पारित कर दिया जाए।
- संशोधन विधेयक पर राज्यसभा की असहमति होने पर संशोधन विधेयक अस्वीकार समझा जाएगा।
- सन् 1989 ई. में **64वाँ संविधान संशोधन विधेयक** क्रमश: पंचायत व नगरपालिका सम्बन्धी विधेयक राज्यसभा द्वारा पारित न होने के कारण समाप्त हो गए थे।

### आपातकाल सम्बन्धी शक्ति

- राष्ट्रपति की आपातकालीन उद्घोषणा की स्वीकृति दोनों सदनों के द्वारा अनिवार्य है। यदि घोषणा उस समय की गई हो जब लोकसभा विघटित हो गई हो, तो उस समय घोषणा का राज्यसभा द्वारा स्वीकृत होना अनिवार्य है।

### अन्य शक्तियाँ

- उपर्युक्त शक्तियों के अतिरिक्त राज्यसभा को कुछ अन्य शक्तियाँ भी प्राप्त हैं, जिनका प्रयोग वह लोकसभा के साथ मिलकर करती है–

1. **राज्यसभा** के निर्वाचित **सदस्य राष्ट्रपति** के चुनाव में भाग लेते हैं।
2. राज्यसभा के सदस्य **लोकसभा के सदस्यों** के साथ मिलकर **उपराष्ट्रपति** का चुनाव करते हैं।
3. राज्यसभा, लोकसभा के साथ मिलकर **राष्ट्रपति, सर्वोच्च न्यायालय के न्यायाधीश** तथा कुछ पदाधिकारियों पर महाभियोग लगा सकती है। महाभियोग का प्रस्ताव तभी पारित समझा जाता है, जब दोनों सदन इस प्रकार के प्रस्ताव को स्वीकार कर लें।
4. **राज्यसभा** बहुमत से प्रस्ताव पास कर **उपराष्ट्रपति** को उसके पद से हटा सकती है। यदि लोकसभा प्रस्ताव पर सहमत हो जाती है।

### राज्यसभा की विशेष शक्तियाँ

- राज्यसभा को निम्नलिखित दो कार्य करने का अधिकार प्राप्त है–

1. **अनुच्छेद-249** के अनुसार, यदि राज्यसभा उपस्थित तथा मत देने वाले सदस्यों के दो-तिहाई बहुमत से प्रस्ताव पारित कर यह घोषित करती है कि **राज्य सूची में उल्लिखित कोई विषय राष्ट्रीय महत्व का है,** तो संसद उस विषय पर कानून का निर्माण कर सकती है। ऐसा प्रस्ताव एक वर्ष से अधिक समय तक प्रभावी नहीं रहता है, लेकिन यदि राज्यसभा चाहे तो हर बार इसे एक वर्ष के लिए बढ़ाया जा सकता है।
   अब तक राज्यसभा ने ऐसा प्रस्ताव दो बार पारित किया है। पहली बार वर्ष **1952** में व्यापार, वाणिज्य, उत्पादित वस्तुओं की उपलब्धि तथा वितरण को राष्ट्रीय महत्व का विषय घोषित करते हुए उस पर संसद को कानून बनाने का अधिकार राज्यसभा ने संसद को दिया था।
2. **अनुच्छेद-312** के अंतर्गत राज्यसभा उपस्थित और मत देने वाले सदस्यों के दो-तिहाई बहुमत से प्रस्ताव पारित करके नई अखिल भारतीय सेवाओं की स्थापना का अधिकार संसद को दे सकती है।
   राज्यसभा द्वारा ऐसे प्रस्ताव के अभाव में संसद अथवा संघ सरकार किसी नई अखिल भारतीय सेवा की स्थापना नहीं कर सकती।

### राज्यसभा ने अब तक दो बार विशेषाधिकार का प्रयोग किया है

1. वर्ष 1961 में इस अधिकार का प्रयोग करते हुए **भारतीय इंजीनियरिंग सेवा, भारतीय वन सेवा** तथा **भारतीय चिकित्सा सेवा** के सृजन का अधिकार संसद को दिया गया।
2. वर्ष 1965 में राज्यसभा भारतीय **कृषि सेवा** तथा **भारतीय शिक्षा सेवा** के सृजन का अधिकार संसद को दिया गया।

### संसदीय विशेषाधिकार

- संविधान का **अनुच्छेद-105** संसद तथा उसके सदस्यों के विशेषाधिकार के बारे में है। संसद तथा उसके सदस्यों को प्रदत्त प्रमुख विशेषाधिकार निम्नलिखित हैं–
- संसद सदस्यों को, संसद के अधिवेशन के दौरान या अधिवेशन के **40 दिन पूर्व** या पश्चात् किसी सिविल मामले में गिरफ्तार नहीं किया जाएगा। यह छूट आपराधिक मामलों में प्राप्त नहीं है।
- यदि कोई सदस्य गिरफ्तार किया जाता है, तो इसकी पूर्वसूचना यथास्थिति अध्यक्ष या सभापति को देना आवश्यक है।
- किसी **संसद सदस्य** को, **संसद के अधिवेशन** के दौरान यथास्थिति अध्यक्ष या सभापति की अनुमति के बिना किसी न्यायालय के समक्ष साक्षी के रूप में उपस्थित होने के लिए विवश नहीं किया जा सकेगा।
- संसद सदस्यों को सम्बन्धित सदन या समितियों में बोलने की पूर्ण स्वतन्त्रता है और इसके लिए उनके विरुद्ध कोई कार्यवाही नहीं की जा सकती है। किंतु उच्चतम न्यायालय या उच्च न्यायालयों के न्यायाधीशों के विरुद्ध कोई टिप्पणी नहीं की जा सकती है, ऐसा केवल तब किया जा सकता है जब उनके विरुद्ध महाभियोग प्रस्ताव पर विचार-विमर्श हो रहा हो।
- संसद की सदन की कार्यवाहियों को प्रकाशित करने तथा दूसरों की प्रकाशित करने से रोकने का अधिकार है।
- संसद या उसके सदस्यों के विशेषाधिकारों का उल्लंघन करने वाले व्यक्ति को दण्डित करने का अधिकार है।
- सम्बन्धित सदन के **अध्यक्ष की आज्ञा** के बिना सदन के परिसर में किसी सदस्य को **गिरफ्तार नहीं** किया जाएगा।
- किसी संसदीय समिति के प्रतिवेदन एवं कार्यवाहियों को, सम्बन्धित सदन के पटल पर रखे जाने के पूर्व प्रकाशित करने से रोकने का अधिकार है।

**अनुच्छेद-194 के अंतर्गत उपर्युक्त सभी शक्तियाँ एवं विशेषाधिकार राज्य विधानमण्डल के सदनों और सदस्यों को प्राप्त हैं।**

### संसद की विधायी प्रक्रिया

- देश के लिए कानून का निर्माण करना संसद का सबसे महत्वपूर्ण कार्य है। कानून के निर्माण में संसद के तीनों अंग (लोकसभा, राज्यसभा तथा राष्ट्रपति) भाग लेते हैं।
- जब किसी कानून का प्रारूप संसद में पेश किया जाता है। तो उसे **विधेयक** (Bill) कहा जाता है।
- विधेयक को कोई विधिक बल प्राप्त नहीं होता है। जब विधेयक संसद के दोनों सदनों द्वारा पारित होने के पश्चात् राष्ट्रपति द्वारा हस्ताक्षरित हो

जाता है, तब उसे **अधिनियम** (Act) या **विधि** (Law) कहा जाता है। अधिनियम को विधिक बल प्राप्त होता है।

- अतः विधि निर्माण के लिए सर्वप्रथम प्रस्ताव विधेयक के रूप में संसद के समक्ष लाया जाता है।

## विधेयक

- विधेयकों को उनकी प्रकृति के आधार पर दो वर्गों, यथा-**सरकारी विधेयक** (Government Bills) तथा **गैर-सरकारी विधेयक** (Private Bills) में विभक्त किया जाता है। जब विधेयक किसी मन्त्री द्वारा पेश किया जाता है, तो उसे **सरकारी विधेयक** कहा जाता है।
- मन्त्रिपरिषद् के सदस्यों के अलावा किसी भी अन्य सदस्य के द्वारा प्रस्तुत विधेयक निजी सदस्य **विधेयक** अथवा **गैर-सरकारी** कहलाता है।
- ऐसा सदस्य स्वयं सत्तारूढ़ दल का भी हो सकता है, आमतौर पर गैर-सरकारी या निजी सदस्य विधेयक विपक्षी दलों द्वारा सरकार की नीतियों की आलोचना करने के उद्देश्य से पेश किए जाते हैं।

## प्रत्येक विधेयक के तीन वाचन होते हैं

- **प्रथम वाचन** से तात्पर्य है-विधेयक को पेश करने की अनुमति का प्रस्ताव, जिसके पारित होने पर विधेयक पेश किया जाता है।
- **दूसरे वाचन** में विधेयक के सिद्धांतों और उसके **उपबंधों** पर सामान्य रूप से चर्चा की जाती है।
- **तीसरे वाचन** में इस प्रस्ताव पर चर्चा होती है कि विधेयक को पारित किया जाए अथवा नहीं।
- लोकसभा में प्रायः प्रत्येक शुक्रवार को निजी विधेयकों के लिए कुछ समय देने की परंपरा है।

  सरकारी विधेयक भी दो प्रकार के होते हैं-

  1. साधारण विधेयक (Ordinary Bills)
  2. धन विधेयक (Money Bills)

## साधारण विधेयक सम्बन्धी प्रक्रिया

- साधारण विधेयक सरकार के किसी मन्त्री या संसद के किसी सदस्य द्वारा संसद के किसी भी सदन में रखा जा सकता है। साधारण विधेयक को कानून बनने से पूर्व कई चरणों से गुजरना पड़ता है, जो निम्नलिखित हैं-

  1. **विधेयक की प्रस्तुति या प्रथम वाचन (First Reading)**–जब संसद का कोई **गैर-सरकारी सदस्य** किसी विधेयक को संसद के किसी सदन के समक्ष उपस्थित करना चाहता है तो उसे सबसे पहले सदन के अध्यक्ष को एक माह पूर्व सूचना देनी पड़ती है।
     - सरकारी विधेयकों के लिए किसी सूचना की आवश्यकता नहीं होती। लोकसभा अध्यक्ष अथवा राज्यसभा सभापति विधेयक को पेश करने की तिथि निश्चित करता है।
     - निर्धारित तिथि पर विधेयक के प्रस्तुतकर्ता को विधेयक को पेश करने के लिए अध्यक्ष या सभापति की आज्ञा लेनी पड़ती है। आज्ञा मिलने पर विधेयक प्रस्तुतकर्ता विधेयक को पेश करता है।
     - साधारणतः **किसी विधेयक** का पेश होना ही उसका प्रथम वाचन मान लिया जाता है। **प्रथम वाचन** में कोई विवाद नहीं होता है, परंतु यदि विधेयक को पेश करने का विरोध किया जाता है या विधेयक महत्वपूर्ण है तो प्रस्तुतकर्ता विधेयक के सम्बन्ध में संक्षिप्त भाषण दे सकता है।
     - विरोधी सदस्य भी संक्षेप में उत्तर देते हुए आलोचना कर सकते हैं। जब सदस्य बहुमत से विधेयक का समर्थन कर देते हैं, तो विधेयक **सरकारी गजट** में प्रकाशित किया जाता है।
     - जब कभी लोकसभा का अध्यक्ष किसी विधेयक को सदन में पेश करने की आज्ञा प्रदान करने के पूर्व ही उसे **सरकारी गजट** में प्रकाशित करने की आज्ञा दे दे, तो इससे प्रथम वाचन पूरा हुआ मान लिया जाता है।
  2. **द्वितीय वाचन (Second Reading)**–सदन में विधेयक के पेश हो जाने के पश्चात् उसकी प्रतियाँ सदन के सदस्यों को बाँट दी जाती हैं और उसका द्वितीय वाचन प्रारम्भ हो जाता है।

     विधेयक के प्रथम वाचन और उसके द्वितीय वाचन में प्रायः दो दिन का अंतर रहता है, परंतु यदि अध्यक्ष आवश्यक समझे तो उसी दिन विधेयक के दूसरे वाचन की आज्ञा दे सकता है। इस अवसर पर विधेयक का प्रस्तावक निम्न प्रस्तावों में से कोई एक प्रस्ताव रख सकता है कि-

     **(i)** सदन विधेयक पर तुरन्त विचार करे अथवा

     **(ii)** विधेयक **प्रवर समिति** (Select Committee) को भेज दिया जाए अथवा

     **(iii)** विधेयक को दोनों सदनों की **संयुक्त प्रवर समिति** (Joint Select Committee) में भेज दिया जाए अथवा

     **(vi)** जनमत के लिए विधेयक को प्रसारित किया जाए।

     सामान्यतः आवश्यक सरकारी विधेयकों या विवादरहित विधेयकों को तुरन्त द्वितीय वाचन के लिए रख लिया जाता है। शेष विधेयकों को **प्रवर समिति** या **संयुक्त प्रवर** समिति को सौंप दिया जाता है। **द्वितीय वाचन में विधेयक के मूल सिद्धान्तों के सम्बन्ध में ही** विचार-विमर्श किया जाता है। प्रत्येक अनुच्छेद पर विस्तार से विचार नहीं किया जाता और न ही विधेयक के सम्बन्ध में कोई संशोधन प्रस्तुत किया जाता है।

     - **समिति अवस्था (Committee Stage)**–यदि विधेयक को प्रवर समिति में भेजने के प्रस्ताव को स्वीकार कर लिया जाता है, तो एक **तदर्थ समिति** (Adhoc Committee) नियुक्त कर दी जाती है।
     - समिति में विधेयक का प्रस्तावक भी होता है। सदन के सदस्यों में से ही किसी सदस्य को सदन का अध्यक्ष समिति का सभापति नियुक्त कर देता है।
     - **समिति विधेयक** के प्रत्येक अनुच्छेद पर गहनता से विचार करती है। वह विधेयक के विषय से सम्बन्धित विशेषज्ञों से परामर्श ले सकती है।
     - समिति के लिए यह आवश्यक है कि विधेयक के सम्बन्ध में तीन महीने के अन्दर अथवा सदन द्वारा निर्धारित समय के अन्दर अपनी रिपोर्ट प्रस्तुत कर दे।
     - **प्रतिवेदन अवस्था (Report Stage)**–इस स्तर पर समिति द्वारा प्रस्तुत रिपोर्ट तथा विधेयक के सम्बन्ध में प्रस्तुत संशोधनों को छपवाकर उसकी प्रतियों को संसद सदस्यों में वितरित कराया जाता है। इसके पश्चात् विधेयक का प्रस्तुतकर्ता निम्नलिखित में से कोई एक प्रस्ताव रखता है कि-

       **(i)** प्रवर-समिति द्वारा रिपोर्ट किए हुए विधेयक पर विचार कर लिया जाए।

       **(ii)** समिति के पास विधेयक को पुनः भेज दिया जाए अथवा

       **(iii)** विधेयक को जनमत जानने के लिए पुनः प्रसारित किया जाए।
     - यदि सदन विधेयक पर उसी रूप में विचार करना स्वीकार कर लेता है, जिस रूप में **प्रवर-समिति** ने संशोधित रूप में पेश किया है, तो सदन में विधेयक के संशोधित रूप में एक-एक उपबन्ध पर विस्तार से विचार किया जाता है।
     - इस समय **विचाराधीन अनुच्छेद** या उसके किसी भाग पर सदस्य अपनी ओर से संशोधन प्रस्तुत करते हैं। पहले संशोधन पर वाद-विवाद होता है और उस पर मत लिया जाता है, उसके बाद संशोधित अनुच्छेद पर मत लिया जाता है।

इस प्रकार विधेयक के एक-एक अनुच्छेद को स्वीकार तथा अस्वीकार किया जाता है। वस्तुत: विधेयक के पास होने में सबसे अधिक महत्वपूर्ण चरण यही होता है।

3. **तृतीय वाचन (Third Reading)**–तृतीय वाचन विधेयक के पारित होने की **अन्तिम अवस्था** होती है। इस वाचन में विधेयक की प्रत्येक धारा पर वाद-विवाद तथा मतदान नहीं होता बल्कि **केवल मूल सिद्धान्तों पर पुनः बहस होती है, भाषा से सम्बन्धित संशोधन किए जाते हैं** तथा सम्पूर्ण विधेयक पर मतदान कराया जाता है।
   यदि विधेयक सदन में **उपस्थित और मतदान में भाग लेने वाले समस्त सदस्यों के बहुमत द्वारा** स्वीकार कर लिया जाता है, तो सदन का अध्यक्ष प्रमाणित करके विधेयक को दूसरे सदन के विचार के लिए भेज देता है।
4. **विधेयक दूसरे सदन में (Bill in the Second House)**–जब एक सदन विधेयक को पारित कर देता है, तो पीठासीन अधिकारी उस पर सहमति प्राप्त करने के लिए उसे दूसरे सदन को प्रेषित करता है।
   प्रथम सदन की भाँति दूसरे सदन में भी विधेयक को उपर्युक्त सभी अवस्थाओं से होकर गुजरना पड़ता है। यदि दूसरा सदन भी, विधेयक को **उपस्थित और मतदान करने वाले सदस्यों के बहुमत से पारित कर देता है तो उसे राष्ट्रपति के पास सहमति के लिए भेजा जाता है।**
   परंतु यदि विधेयक को लेकर संसद के दोनों सदनों में गतिरोध उत्पन्न हो जाता है तो राष्ट्रपति विधेयक को पारित कराने के लिए संसद का **संयुक्त अधिवेशन** (Joint Session) आहूत कर सकता है।
   **संसद का संयुक्त अधिवेशन**- संविधान के अनुच्छेद-108 के अंतर्गत संसद के संयुक्त अधिवेशन का उपबंध किया गया है। जब कोई साधारण विधेयक एक सदन द्वारा पारित करके दूसरे सदन को भेजा जाता है, तो निम्नलिखित परिस्थितियों में राष्ट्रपति **संयुक्त अधिवेशन** बुला सकता है-
   **(i)** यदि दूसरे सदन ने विधेयक को अस्वीकार कर दिया हो।
   **(ii)** या दूसरे सदन ने ऐसा संशोधन करने का प्रस्ताव किया हो जिसके लिए दोनों सदन अन्तिम रूप से असहमत हों।
   **(iii)** या दूसरा सदन 6 माह तक विधेयक को अपने पास रोके रखता हो।
   **संसद के संयुक्त अधिवेशन की अध्यक्षता लोकसभा का अध्यक्ष करता है।** यदि अधिवेशन में उपस्थित और मतदान करने वाले सदस्यों के बहुमत से विधेयक पास हो जाता है, तो उसे दोनों सदनों द्वारा पारित समझा जाता है।
   धन विधेयक तथा संविधान संशोधन विधेयक के सम्बन्ध में संयुक्त अधिवेशन नहीं बुलाया जा सकता है क्योंकि धन विधेयक पर लोकसभा का निर्णय अन्तिम होता है तथा संविधान संशोधन, विधेयक संसद के दोनों सदनों द्वारा अलग-अलग विशेष बहुमत से पारित होना चाहिए।
   स्वतन्त्र भारत के संसदीय इतिहास में अब तक कुल **तीन बार** विवादास्पद विधेयकों को पारित करने के लिए **संसद का संयुक्त अधिवेशन** आहूत किया गया है। सर्वप्रथम **6 मई, 1961** को प्रधानमन्त्री **जवाहर लाल नेहरू** के कार्यकाल में **दहेज निरोध विधेयक** पारित करने के लिए संयुक्त अधिवेशन बुलाया गया था।
   **दूसरी** बार संयुक्त अधिवेशन प्रधानमन्त्री **मोरारजी देसाई** के समय में **16 मई, 1978** को **बैंकिंग सेवा आयोग विधेयक** पर विचार करने के लिए बुलाया गया था।
   **तीसरी** बार संयुक्त अधिवेशन **26 मार्च, 2002** को **आतंकवाद निरोधी विधेयक (पोटा)** पर विचार के लिए प्रधानमन्त्री **अटल बिहारी वाजपेयी** के कार्यकाल में बुलाया गया था।
   **अनुच्छेद-118(4)** के अंतर्गत प्रावधान है कि संसद के संयुक्त अधिवेशन की अध्यक्षता **लोकसभा का अध्यक्ष** करता है, किंतु यदि वह अनुपस्थित है, तो **लोकसभा का उपाध्यक्ष, यदि वह भी अनुपस्थित हो तो** राज्यसभा का उपसभापति **तथा उसकी भी अनुपस्थिति में कोई** ऐसा व्यक्ति संयुक्त अधिवेशन की अध्यक्षता करता है, जो **अधिवेशन में उपस्थित सदस्यों द्वारा चुना जाए।**
5. **राष्ट्रपति की स्वीकृति (Assent of the President)**–जब दोनों सदनों द्वारा अलग-अलग या संयुक्त बैठक में पारित विधेयक को राष्ट्रपति की स्वीकृति के लिए भेजा जाता है, तो **अनुच्छेद-111 के अनुसार राष्ट्रपति विधेयक को स्वीकृत कर सकता है** या **स्वीकृति रोक सकता है** या **उसे अपनी सिफारिशों के साथ संसद को पुनर्विचार के लिए लौटा सकता है।**
   परंतु यदि दोनों सदन विधेयक को पुन: संशोधन सहित या संशोधन किए बिना दूसरी बार पारित कर देते हैं तो **राष्ट्रपति विधेयक** पर हस्ताक्षर करने के लिए **बाध्य** होता है। (44वें संशोधन से)
   राष्ट्रपति के हस्ताक्षर होने के बाद विधेयक (Bill) अधिनियम (Act) बन जाता है। उसके बाद उस अधिनियम को सरकारी गजट में प्रकाशित करके लागू कर दिया जाता है।
   जब राष्ट्रपति न तो विधेयक पर अपनी अनुमति देता है और न ही उसे पुनर्विचार के लिए संसद के पास भेजता है तो उस विधेयक का अंत हो जाता है। इसे राष्ट्रपति की पॉकेट वीटो शक्ति कहा जाता है।
   पॉकेट वीटो शक्ति का सर्वप्रथम प्रयोग राष्ट्रपति ज्ञानी जैलसिंह ने वर्ष 1986 में भारतीय डाक (संशोधन) विधेयक के संबंध में किया था।

## धन विधेयक

- संविधान के **अनुच्छेद-110** के अंतर्गत **धन विधेयक** (Money Bills) को परिभाषित किया गया है। **अनुच्छेद-110** के अनुसार कोई विधेयक धन विधेयक कहा जाता है, यदि उसमें निम्नलिखित विषयों से सम्बन्धित प्रावधान हों–

1. किसी **कर** का अधिरोपण, उत्सादन, परिहार, परिवर्तन या विनियमन;
2. भारत सरकार द्वारा **धन उधार** लेने का या कोई **प्रत्याभूति देने का विनियमन** अथवा भारत सरकार द्वारा अपने ऊपर ली गई या ली जाने वाली किन्हीं **वित्तीय बाध्यताओं से सम्बन्धित विधि** का संशोधन;
3. भारत की **संचित निधि** या **आकस्मिकता निधि** की अभिरक्षा, ऐसी किसी निधि में **धन जमा** करना या उसमें से **धन निकालना;**
4. भारत की **संचित निधि** में से धन का विनियोग;
5. किसी व्यय को भारत की संचित निधि पर **भारित व्यय घोषित करना** या ऐसी किसी व्यय की **रकम को बढ़ाना;**
6. भारत की **संचित निधि** या भारत के लोक लेखा के मद से **धन प्राप्त करना** अथवा ऐसे धन की **अभिरक्षा** या उसका **निर्गमन** अथवा संघ या राज्य के लेखाओं की संपरीक्षा; या
7. उपखण्ड (1) से उपखण्ड (6) में विनिर्दिष्ट किसी विषय से सम्बन्धित कोई विषय।
   कोई विधेयक केवल इस कारण धन विधेयक नहीं समझा जाएगा कि वह **जुर्मानों** या **अर्थदण्डों के अधिरोपण** का अथवा लाइसेन्स के लिए या की गई सेवाओं के लिए फीसों की मांग का उपबंध करता है अथवा किसी **स्थानीय प्राधिकारी या निकाय द्वारा स्थानीय प्रयोजनों के लिए किसी कर के अधिरोपण, उत्सादन, परिहार, परिवर्तन या विनियमन का उपबंध करता है।**

**धन विधेयक के पारित होने की प्रक्रिया**

- धन विधेयक को पारित करने की प्रक्रिया, साधारण विधेयक की प्रक्रिया से अलग है। धन विधेयक को संविधान के **अनुच्छेद-110** के अंतर्गत परिभाषित किया गया है तथा उसे पारित करने के लिए **अनुच्छेद-109** के तहत विशेष प्रक्रिया का प्रावधान किया गया है।
- **अनुच्छेद-109** के अनुसार धन विधेयक राज्यसभा में पेश नहीं किया जा सकता है। इसे केवल लोकसभा में पेश किया जाता है।
- धन विधेयक को लोकसभा में पेश किए जाने के पूर्व **राष्ट्रपति** की सहमति आवश्यक है। लोकसभा द्वारा पारित किए जाने के बाद विधेयक को राज्यसभा में उसकी सिफारिश के लिए भेजा जाता है। इसके साथ लोकसभा अध्यक्ष का यह **प्रमाण-पत्र** भी संलग्न होता है कि वह विधेयक **धन विधेयक** है।
- **धन विधेयक के संबंध में राज्यसभा के अधिकार अत्यंत सीमित हैं।** वह धन विधेयक में कोई संशोधन नहीं कर सकती है, उसके संबंध में सिर्फ अपनी सिफारिश दे सकती है।
- **राज्यसभा को धन विधेयक 14 दिन के अंदर सिफारिश सहित या अपने मूल रूप में लोकसभा को लौटाना होता है।** अत: जहाँ सभी विधेयक राज्यसभा में विचार-विमर्श और **पारित** करने के लिए भेजे जाते हैं वहीं धन विधेयक विचार-विमर्श के बाद लोकसभा को **लौटाने** के लिए भेजा जाता है।
- लोकसभा राज्यसभा की सिफारिशों को स्वीकार या अस्वीकार कर सकती है। सिफारिशों को स्वीकार या अस्वीकार करने का धन विधेयक पर कोई प्रभाव नहीं पड़ता है और इन दशाओं में विधेयक को दोनों सदनों द्वारा पारित माना जाता है।
- **यदि राज्यसभा 14 दिन के अंदर धन विधेयक को लोकसभा में वापस नहीं करती है, तो भी इस अवधि की समाप्ति पर विधेयक को दोनों सदनों द्वारा पारित समझा जाता है।** अत: राज्यसभा को अधिकतम 14 दिन तक धन विधेयक को अपने पास रोकने की शक्ति है।
- दोनों सदनों द्वारा पारित धन विधेयक को राष्ट्रपति के पास सहमति के लिए भेजा जाता है। **राष्ट्रपति धन विधेयक को पुनर्विचार के लिए वापस नहीं कर सकता है, क्योंकि उसे उसकी पूर्वानुमति से ही लोकसभा में प्रस्तुत किया जाता है।**

## वित्त विधेयक

- सामान्य बोलचाल में ऐसा विधेयक जो धन सम्बन्धी विषयों से सम्बन्धित होता है, वित्त विधेयक (Financial Bill) कहलाता है।
- सैद्धान्तिक दृष्टि से वित्त विधेयक ऐसे विधेयक को कहा जाता है, जिसमें धन विधेयक से सम्बन्धित विषयों के साथ-साथ कुछ अन्य विषयों से सम्बन्धित उपबंध भी जुड़े होते हैं। यथा–
  कोई विधेयक जो लौह अयस्क के बारे में प्रावधान करने के साथ-साथ अयस्क पर **कर** लगाने का भी प्रावधान करता है, **वित्त विधेयक** है।
- इस प्रकार **प्रत्येक धन विधेयक, वित्त विधेयक होता है।** लेकिन प्रत्येक वित्त विधेयक धन विधेयक नहीं होता। यद्यपि अंतिम रूप से धन विधेयक का निर्धारण **लोकसभा अध्यक्ष द्वारा किया जाता है।**
- **वार्षिक वित्त विधेयक** में बहुत-से अन्य उपबंध होते हैं, किंतु उसे धन विधेयक माना जाता है क्योंकि अध्यक्ष द्वारा उसे धन विधेयक के रूप में पृष्ठांकित किया जाता है जो अगले वित्त वर्ष के लिए केन्द्र सरकार के वित्तीय प्रस्ताव होते हैं।
- इसे बजट पेश किए जाने के तुरंत बाद सदन में रखा जाता है। इसे लाने का विरोध नहीं किया जाता है।
- धन विधेयक के समान ही **वित्त विधेयक को भी सर्वप्रथम लोकसभा में पेश किया जाता है तथा उसे पेश करने के पूर्व राष्ट्रपति की अनुमति आवश्यक होती है।**
- धन विधेयक के साथ उक्त दो समानताओं के अतिरिक्त वित्त विधेयक, सामान्य विधेयक के समान होता है। **अत: वित्त विधेयक को राज्यसभा द्वारा पारित होना चाहिए। राज्यसभा उसे संशोधित या नामंजूर कर सकती है तथा गतिरोध होने पर अनुच्छेद-108 के तहत संयुक्त अधिवेशन बुलाया जा सकता है तथा राष्ट्रपति उसे पुनर्विचार के लिए वापस कर सकता है।**
- लोकसभा अध्यक्ष द्वारा निम्न दो वित्त विधेयकों को **धन विधेयक** का प्रमाण-पत्र नहीं दिया जाता है–
  1. ऐसा वित्त विधेयक जिसमें **अनुच्छेद-110** में निर्दिष्ट विषयों के बारे में उपबंध के साथ-साथ कुछ अन्य विषयों के बारे में भी उपबंध करता है **[अनुच्छेद-117(1)]**।
  2. ऐसा वित्त विधेयक जो भारत की संचित निधि से व्यय का उपबंध करता है **[अनुच्छेद-117(3)]**।
  3. वित्तीय वर्ष में व्यय की पूति के लिए भारत की संचित निधि से धनराशि निकालने के लिए किया जाता है **[अनुच्छेद-114]**।
- **भारत की संचित निधि से व्यय का प्रावधान करने वाले वित्त विधेयक को पारित** करने के लिए **विशेष प्रक्रिया** का प्रावधान किया गया है।
- ऐसे विधेयक को संसद के **किसी भी सदन** (राज्यसभा में भी) में **पेश** किया जा सकता है तथा उसे पेश करने के लिए राष्ट्रपति की सिफारिश आवश्यक नहीं है, किंतु संसद के किसी सदन द्वारा ऐसे वित्त विधेयक को पारित किए जाने से पूर्व **सदन से विधेयक पर विचार करने के लिए राष्ट्रपति की सिफारिश आवश्यक है।**
- अत: **अनुच्छेद-117(3)** के अंतर्गत आने वाला वित्त विधेयक एक सामान्य विधेयक की तरह होता है। अंतर सिर्फ यह होता है कि उसे तभी पारित किया जाता है, जब राष्ट्रपति ने उस पर विचार करने के लिए संबद्ध सदन से सिफारिश की हो।
  इसे पेश किए जाने के लिए राष्ट्रपति की अनुमति की आवश्यकता नहीं होती है।

**संसद से सम्बन्धित अनुच्छेद**

| अनुच्छेद | विषय-वस्तु |
|---|---|
| 79 | संसद का गठन |
| 80 | राज्यसभा का संघटन |
| 81 | लोकसभा का संघटन |
| 82 | प्रत्येक जनगणना के पश्चात् पुनर्समायोजन |
| 83 | संसद के सदनों की अवधि |
| 84 | संसद की सदस्यता के लिए योग्यता |
| 85 | संसद के सत्र, सत्रावसान एवं विघटन (भंग) |
| 86 | राष्ट्रपति का सदनों को संबोधित करने तथा संदेश देने का अधिकार |
| 87 | राष्ट्रपति का विशेष संबोधन |
| | संसद के पदाधिकारीगण |
| 89 | राज्यसभा के सभापति तथा उप-सभापति |
| 90 | राज्यसभा के उप-सभापति पद की रिक्ति, त्यागपत्र तथा विमुक्ति |
| 91 | सभापति के कर्तव्यों के निर्वहन अथवा सभापति के रूप में कार्य करने की उप-सभापति की शक्ति |
| 92 | सभापति अथवा उप-सभापति का सदन की अध्यक्षता से विरत रहना; जबकि उनकी विमुक्ति सम्बन्धी कोई प्रस्ताव विचाराधीन हो। |
| 93 | लोकसभा के अध्यक्ष तथा उपाध्यक्ष। |
| 94 | लोकसभा अध्यक्ष तथा उपाध्यक्ष पद की रिक्ति, त्यागपत्र तथा विमुक्ति |
| 95 | लोकसभा उपाध्यक्ष अथवा किसी अन्य व्यक्ति का लोकसभा अध्यक्ष के कर्तव्यों का निर्वहन |

| | |
|---|---|
| 96 | लोकसभा अध्यक्ष तथा उपाध्यक्ष का सदन की अध्यक्षता से विरत रहना; जबकि उनकी विमुक्ति सम्बन्धी कोई प्रस्ताव विचाराधीन हो। |
| 97 | सभापति एवं उप-सभापति तथा लोकसभा अध्यक्ष एवं उपाध्यक्ष के वेतन एवं भत्ते |
| 98 | संसद सचिवालय |
| | **कार्यवाही का संचालन** |
| 99 | सदस्यों द्वारा शपथ ग्रहण |
| 100 | दोनों सदनों में मतदान, रिक्तियों तथा कोरम की पूर्ति के बिना भी सदनों का कार्य करने का अधिकार |
| | **सदस्यों की अयोग्यता** |
| 101 | सीटों की रिक्ति |
| 102 | सदस्यता से अयोग्य ठहरना |
| 103 | सदस्यों की अयोग्यता से सम्बन्धित प्रश्नों पर निर्णय |
| 104 | अनुच्छेद 99 के अंतर्गत शपथ करने के पहले स्थान ग्रहण करने तथा मतदान देने पर दंड। |

## संसदीय प्रश्न

- संसद में पूछे जाने वाले प्रश्न विभिन्न प्रकार के होते हैं–

1. **तारांकित प्रश्न:** जब प्रश्न पूछने वाला सदस्य सदन में तुरंत उत्तर चाहता है, तो वह प्रश्न के शीर्ष पर तारा (Star) लगा देता है इसलिए इसे **तारांकित प्रश्न** कहा जाता है। तारांकित प्रश्न का उत्तर तुरंत मौखिक रूप से दिया जाता है तथा इसके संबंध में पूरक प्रश्न भी पूछा जा सकता है।

   **अतारांकित प्रश्न** वे होते हैं, जिनके लिए लिखित उत्तर दिए जाते हैं। स्वाभाविक तौर पर इनमें सदस्य को पूरक प्रश्न पूछने का अवसर नहीं मिलता है।

   कोई प्रश्न तारांकित माना जाए या अतारांकित इसका निर्णय लोकसभा एवं राज्यसभा में क्रमश: **अध्यक्ष** या **सभापति** द्वारा किया जाता है।

2. **अल्प सूचना प्रश्न:** अल्प सूचना प्रश्न का संबंध किसी लोकमहत्व के तात्कालिक मामले से होता है; जो साधारण प्रश्न के लिए निर्धारित 10 दिन की अवधि की अपेक्षा कम समय की सूचना पर पूछा जाता है। इसका उत्तर साधारणतया मौखिक रूप से दिया जाता है।

3. **पूरक प्रश्न:** जब मन्त्री द्वारा किसी प्रश्न का उत्तर दिया जाता है, तो उस उत्तर की किसी बात को लेकर पुन: जो प्रश्न पूछा जाता है, उसे पूरक प्रश्न कहा जाता है। विभिन्न मंत्रालयों से सम्बन्धित प्रश्न को पूछने के लिए सप्ताह में अलग-अलग दिन निर्धारित किए जाते हैं।

4. **गैर-सरकारी सदस्यों से पूछे जाने वाले प्रश्न:** संसद में मन्त्रिपरिषद् के सदस्यों के अतिरिक्त अन्य सदस्यों से पूछे जाने वाले प्रश्नों को गैर-सरकारी सदस्यों से पूछा जाने वाला प्रश्न कहा जाता है।

   जब कोई **गैर-सरकारी सदस्य** किसी विधेयक, संकल्प या कार्य के लिए उत्तरदायी होता है, तो उससे सम्बन्धित कार्य के विषय में प्रश्न पूछा जा सकता है।

## शून्य काल (Zero Hour)

- संसद के दोनों सदनों में प्रश्न काल के तुरंत बाद एक घंटे का समय **शून्य काल** कहा जाता है। शून्य काल में विचार के लिए विषय पहले से निर्धारित नहीं होता है। शून्य काल में बिना पूर्व सूचना के सार्वजनिक महत्व का कोई भी प्रश्न उठाया जा सकता है और किसी मन्त्री से उत्तर देने को कहा जा सकता है। इसी कारण इसे **प्रश्न-उत्तर सत्र** भी कहा जाता है।
- भारतीय संविधान व संसदीय प्रक्रिया में **शून्य काल** शब्द का उल्लेख नहीं है। चूंकि यह समय दोपहर 12 बजे आरम्भ होता है, अत: मीडिया द्वारा इसे शून्य काल नाम दे दिया गया है। इस प्रकार संसदीय व्यवस्था में शून्य काल भारत की देन है।
- वर्तमान नियमों के अनुसार शून्य काल के दौरान कुल 20 मामले उठाए जा सकते हैं।
- यह भारतीय संसदीय व्यवस्था द्वारा विकसित किया गया एक नवाचार है, जिसकी शुरुआत वर्ष 1962 से की गई थी।

## आधे घंटे की चर्चा

- जब किसी पर्याप्त लोकमहत्व के मामले में किसी तारांकित, अतारांकित या अल्प सूचना प्रश्न द्वारा संसद में उत्तर दिया गया हो तथा उत्तर में कोई ऐसा तथ्य शामिल हो, जिसका स्पष्टीकरण आवश्यक हो तो ऐसे तथ्य के संबंध में संसद में चर्चा अंतिम आधे घंटे (5 pm–5:30 pm) में की जाती है।
- **लोकसभा में सप्ताह में तीन दिन सोमवार, बुधवार तथा शुक्रवार** को तथा **राज्यसभा** में सभापति की अनुमति से किसी भी दिन ऐसी चर्चा की जा सकती है। किंतु, चर्चा से कम-से-कम तीन दिन पूर्व इसकी लिखित सूचना दी जानी चाहिए।

## अल्पकालीन चर्चाएँ

- किसी अविलम्बनीय (जिसे टाला नहीं जा सकता हो) लोक महत्व के विषय को सदन के ध्यान में लाने के लिए कोई **गैर-सरकारी सदस्य** अल्पकालीन चर्चा प्रारम्भ कर सकता है।
- अल्पकालीन चर्चा के लिए सप्ताह में दो दिन का समय निर्धारित किया गया है। सामान्यत: ऐसी चर्चा मंगलवार तथा गुरुवार को की जाती है।
- अल्पकालीन चर्चा उठाने की परंपरा वर्ष 1953 में आरंभ की गई थी। इस चर्चा को प्रारम्भ करने के लिए, मामले का संक्षिप्त वर्णन करते हुए और उसके कारणों को दर्शाते हुए गैर-सरकारी सदस्य इसकी सूचना महासचिव को देता है।
- ऐसी सूचना पर दो और सदस्यों के हस्ताक्षर होते हैं। चर्चा की स्वीकृति के संबंध में निर्णय अध्यक्ष अथवा सभापति द्वारा किया जाता है।

## व्यवस्था का प्रश्न

- जब संसद में किसी कार्यवाही के दौरान संसदीय प्रक्रिया के किसी नियम का उल्लंघन किया जाता है, तो संसद का कोई सदस्य **व्यवस्था का प्रश्न** उठा सकता है।
- यह एक साधारण प्रक्रिया है, क्योंकि इसके उठाए जाने पर सदन की कार्यवाही निलम्बित (Suspend) हो जाती है तथा जो सदस्य उस समय बोल रहा होता है, उसे अपना भाषण रोकना पड़ता है।
- कोई प्रश्न व्यवस्था का प्रश्न है या नहीं, इसका निर्णय **पीठासीन अधिकारी** द्वारा किया जाता है।

**प्रशासनिक सुधार के लिए गठित प्रमुख समितियाँ/आयोग**

| अध्यक्ष | वर्ष | विषय |
|---|---|---|
| ए.डी. गोखले | 1951 | भारतीय लोक प्रशासनिक संस्थान की स्थापना की सिफारिश |
| ए. रामास्वामी मुद्लियार | 1956 | पब्लिक सर्विस समिति (भर्ती तथा योग्यता) |
| के. सन्थानम | 1964 | भारतीय तथा राज्य प्रशासनिक सेवाएँ और जिला प्रशासन की समस्याएँ |

| | | |
|---|---|---|
| मोरारजी देसाई | 1966–70 | प्रशासनिक सुधार आयोग तथा के. हनुमन्तैया (1967–70) |
| डी.एस. कोठारी | 1976 | भारतीय उच्च सिविल सेवा में, परीक्षा तथा भर्ती सम्बन्धी नीतियाँ तथा विधि |
| धर्मवीर | 1979 | राष्ट्रीय पुलिस आयोग |
| सतीश चन्द्र | 1988–89 | सिविल सेवा परीक्षा पद्धति की समीक्षा |
| एन.एन. वोरा | 1997 | राजनीतिज्ञों के अपराधियों से सम्बन्ध |
| पी.सी. जैन | 1998 | प्रशासनिक कानूनों की समीक्षा |
| वाई.के. अलघ | 2001–02 | सिविल सेवा परीक्षा पद्धति के मूल्यांकन एवं इसमें सुधार के सुझाव हेतु |
| पी.सी. होता | 2002–04 | सिविल सेवा में सुधार हेतु |
| बी.के. चतुर्वेदी | 2004–05 | सुरेन्द्र नाथ चतुर्वेदी व पी. सी. होता समितियों की रिपोर्ट पर विचार हेतु |
| वीरप्पा मोइली | 2005 | द्वितीय प्रशासनिक सुधार आयोग |

# प्रश्नमाला

**1. निम्नलिखित में से किन संस्थाओं को मिलाकर संसद बनती है ?**

**A. लोकसभा**

**B. भारत का राष्ट्रपति**

**C. राज्यसभा**

**सही विकल्प चुनें-**

(a) A और C

(b) A और B

(c) A, B और C तीनों

(d) B और C

**2. राज्यसभा से सम्बन्धित निम्न में से कौन-सा कथन असत्य है ?**

(a) राज्यसभा में अधिकतम सदस्यों की संख्या 250 हो सकती है।

(b) राज्यसभा अखिल भारतीय सेवाओं का सृजन कर सकती है।

(c) राज्यसभा में 15 सदस्य राष्ट्रपति द्वारा नामांकित किए जाते हैं।

(d) राज्यसभा के सदस्यों का निर्वाचन अप्रत्यक्ष मतदान द्वारा होता है।

**3. संसद का निम्न सदन है-**

(a) राज्यसभा (b) लोकसभा

(c) विधानसभा (d) विधानपरिषद्

**4. लोकसभा के प्रत्येक सत्र का प्रथम घण्टा ....... से शुरू होता है।**

(a) सार्वजनिक काल

(b) विशेषाधिकार काल

(c) शून्यकाल

(d) प्रश्नकाल

**5. हमारी व्यवस्था में संसद को बहुत अधिक अधिकार प्राप्त हैं, क्योंकि-**

(a) इसे कानून बनाने की शक्ति प्राप्त है।

(b) इसे न्यायपालिका को अनदेखा करने की शक्ति प्राप्त है।

(c) यह जनता का प्रतिनिधित्व करती है।

(d) संसद में सभी शक्तियाँ निहित/प्रदान हैं।

**6. भारतीय जनतन्त्र में कार्यकारी का कार्य ............. है।**

(a) अधिनियम बनाना

(b) संसद द्वारा बनाए गए अधिनियमों को लागू करना

(c) प्रधानमन्त्री को चुनना

(d) राष्ट्रपति को चुनना

**7. लोकसभा में सत्ताधारी दल का मुखिया इनमें से कौन होता है ?**

(a) प्रधानमन्त्री (b) अध्यक्ष

(c) उपराष्ट्रपति (d) राष्ट्रपति

**8. निम्नलिखित में से किसको भारत का पहला नागरिक कहा जाता है ?**

(a) गृहमन्त्री को

(b) राष्ट्रपति को

(c) प्रधानमन्त्री को

(d) भारत के मुख्य न्यायाधीश को

**9. भारतीय संसद पर दिए गए A और B कथनों पर विचार कीजिए।**

**A. कोई भी राजनीतिक दल जिसके पास लोकसभा में कितने भी संसदीय सदस्य हों, वह सरकार बना सकती हैं।**

**B. लोकसभा, राज्यसभा और राष्ट्रपति संसद के अंग हैं।**

**कूट**

(a) A और B दोनों गलत है

(b) केवल A सही है

(c) केवल B सही है

(d) A और B दोनों सही हैं

**10. निम्नलिखित कथनों पर विचार करें और सही विकल्प का चयन करें।**

**कथन (A) राज्यसभा मुख्यतः देश के राज्यों के प्रतिनिधि के रूप में कार्य करती हैं।**

**कथन (B) राज्य सभा कोई भी विधान (कानून) और विधेयक बनाने का प्रस्ताव पेश नहीं कर सकती। बिल को कानून के रूप में लागू करने के लिए आवश्यक नहीं है कि उसे राज्य सभा की सहमति मिल चुकी हो।**

**कूट**

(a) A सही हैं किन्तु B गलत है

(b) A गलत हैं किन्तु B सही है

(c) A और B दोनों गलत हैं

(d) A और B दोनों सही हैं

**11. भारत का राष्ट्रपति अपना त्यागपत्र किसको सौंपता है?**

(a) लोक सभा का अध्यक्ष

(b) भारत का उप-राष्ट्रपति

(c) भारत का मुख्य न्यायाधीश

(d) भारत का प्रधानमंत्री

**12. भारत में बजट का राजस्व अनुमान तैयार किया जाता है–**

(a) प्रत्यक्ष-कर के केन्द्रीय बोर्ड द्वारा

(b) मंत्रिमण्डल सचिवालय द्वारा

(c) संबंधित आयोगों द्वारा

(d) वित्त मंत्रालय द्वारा

**13. भारत में उपराष्ट्रपति का निर्वाचन होता है–**

(a) संसद के दोनों सदनों द्वारा

(b) संसद के दोनों तथा राज्यों का विधानसभाओं द्वारा

(c) भारत के राष्ट्रपति द्वारा

(d) लोकसभा के सदस्यों द्वारा

**14. किस सभा का अध्यक्ष उसका सदस्य नहीं होता है?**

(a) राज्य सभा (b) लोक सभा

(c) विधानसभा (d) विधान परिषद्

**15. राज्य सभा के सदस्य का कार्यकाल कितने वर्ष होता है?**

(a) 3 वर्ष (b) 5 वर्ष

(c) 6 वर्ष (d) 2 वर्ष

**16. राष्ट्रपति और उपराष्ट्रपति की अनुपस्थिति में कौन कार्यभार ग्रहण करेगा?**
(a) सर्वोच्च न्यायालय का मुख्य न्यायाधीश
(b) लोक सभा का अध्यक्ष
(c) मंत्रिपरिषद्
(d) प्रधानमंत्री का कैबिनेट

**17. भारत में राष्ट्रपति के चुनाव के लिए चुनाव मंडल के सदस्य होते हैं-**
(a) लोकसभा के चुने हुए सदस्य
(b) राज्यसभा के चुने हुए सदस्य
(c) राज्यविधान सभा के चुने हुए सदस्य तथा संसद के दोनों सदनों के निर्वाचन सदस्य।
(d) राज्य विधान परिषद् के चुने हुए सदस्य

**18. जो व्यक्ति संसद का सदस्य नहीं है, केंद्रीय मंत्री रह सकता है-**
(a) एक वर्ष (b) छह माह
(c) तीन माह (d) एक माह

**19. राज्यसभा के संदर्भ में निम्नांकित में से कौन-सा कथन सही है?**
(a) इसके एक-तिहाई सदस्य प्रति दो वर्ष में अवकाश प्राप्त करते हैं।
(b) इसके आधे सदस्य प्रति दो वर्ष में अवकाश प्राप्त करते हैं।
(c) इसके आधे सदस्य प्रति तीन वर्ष में अवकाश प्राप्त करते हैं।
(d) इसके एक-तिहाई सदस्य प्रति तीन वर्ष में अवकाश प्राप्त करते हैं।

**20. भारतीय संविधान ने अवशिष्ट शक्तियों को-**
(a) संघीय सरकार को दिया है
(b) राज्य सरकारों को दिया है
(c) संघीय तथा राज्य सरकार दोनों को दिया है
(d) न संघीय न ही राज्य सरकारों को दिया है

**21. एक वर्ष में कम-से-कम कितनी बार संसद की बैठक होना आवश्यक है?**
(a) एक बार (b) दो बार
(c) तीन बार (d) चार बार

**22. भारत में वह मंत्री जो संसद के दोनों सदनों में से किसी सदन का भी सदस्य नहीं है उसे मंत्री के पद से मुक्त हो जाना पड़ता है-**
(a) 6 माह बाद (b) एक वर्ष बाद
(c) दो वर्ष बाद (d) तीन वर्ष बाद

**23. किस राज्य का लोकसभा व राज्यसभा में प्रतिनिधित्व सबसे अधिक है?**
(a) उत्तर प्रदेश (b) मध्य प्रदेश
(c) महाराष्ट्र (d) आंध्र प्रदेश

**24. लोकसभा का सचिवालय सीधे नियंत्रित होता है-**
(a) केंद्रीय गृह मंत्रालय द्वारा
(b) संसदीय मामलों के मंत्रालय द्वारा
(c) प्रधानमंत्री द्वारा
(d) लोकसभा के अध्यक्ष द्वारा

**25. निम्न में से भारत का राष्ट्रपति किसकी नियुक्ति नहीं करता है?**
(a) उप-राष्ट्रपति
(b) प्रधानमंत्री
(c) राज्यपाल
(d) मुख्य निर्वाचन आयोग

**26. लाभ का पद परिभाषित हुआ है-**
(a) संविधान द्वारा
(b) सर्वोच्च न्यायालय द्वारा
(c) संघीय मंत्रिपरिषद् द्वारा
(d) संसद द्वारा

**27. भारत की संचित निधि से 'धन निर्गम' पर किसका नियंत्रण है?**
(a) नियंत्रक तथा महालेखा परीक्षक
(b) भारत के वित्त मंत्री
(c) अधिकृत मंत्री
(d) उपरोक्त में से किसी का नहीं

**28. भारतीय संविधान का कौन-सा अनुच्छेद संसद को अंतर्राष्ट्रीय समझौते को लागू करने के लिए, विधि निर्माण करने की शक्ति प्रदान करता है?**
(a) अनुच्छेद 249 (b) अनुच्छेद 250
(c) अनुच्छेद 252 (d) अनुच्छेद 253

**29. शून्य काल प्रारंभ होता है–**
(a) दोपहार 12 बजे (b) दोपहर 1 बजे
(c) दोहन 2 बजे (d) शाम 4 बजे

**30. संविधान के किस अनुच्छेद के अंतर्गत धन विधेयक को परिभाषित किया गया है?**
(a) 109 (b) 110
(c) 111 (d) (b) तथा (c) दोनों

**31. महाधिवक्ता किसके प्रसादपर्यंत पद धारण करता है?**
(a) राष्ट्रपति (b) राज्यपाल
(c) मुख्यमंत्री (d) प्रधानमंत्री

**32. भारतीय राष्ट्रपति के रिक्त पद को भर दिया जाना चाहिए?**
(a) 90 दिनों में
(b) 6 माह में
(c) एक वर्ष में
(d) संसद द्वारा निर्धारित अवधि में

**33. निम्न राज्यों में से कौन एक विधानसभा के लिए दो महिला सदस्यों को मनोनीत कर सकता है?**
(a) हिमाचल प्रदेश
(b) केरल
(c) उत्तर प्रदेश
(d) कोई नहीं

**34. राष्ट्रपति के निर्वाचन के लिए गठित निर्वाचक मंडल में सम्मिलित होते हैं-**
(a) संघीय संसद तथा राज्य व्यवस्थापिकाओं के सभी सदस्य
(b) संघीय संसद तथा राज्य विधान सभाओं के सभी सदस्य
(c) संघीय संसद तथा राज्य विधान सभाओं के सभी निर्वाचित सदस्य
(d) संघीय सदस्य तथा राज्य विधान सभाओं के सभी निर्वाचित सदस्य

**35. भारत के प्रथम विधि अधिकारी के रूप में कौन जाना जाता है?**
(a) भारत का मुख्य न्यायाधीश
(b) भारत का विधि मंत्री
(c) भारत का महान्यायवादी
(d) विधि सचिव

**36. कोई विधेयक धन विधेयक है या नहीं इसका निर्णय कौन करता है–**
(a) राष्ट्रपति
(b) प्रधानमंत्री
(c) लोकसभा अध्यक्ष
(d) मंत्रिपरिषद्

## उत्तरमाला

| | | | | | | | | | |
|---|---|---|---|---|---|---|---|---|---|
| **1.** (c) | **2.** (c) | **3.** (b) | **4.** (d) | **5.** (c) | **6.** (b) | **7.** (a) | **8.** (b) | **9.** (c) | **10.** (a) |
| **11.** (b) | **12.** (d) | **13.** (a) | **14.** (a) | **15.** (c) | **16.** (a) | **17.** (c) | **18.** (b) | **19.** (a) | **20.** (a) |
| **21.** (b) | **22.** (a) | **23.** (a) | **24.** (d) | **25.** (a) | **26.** (b) | **27.** (d) | **28.** (d) | **29.** (a) | **30.** (b) |
| **31.** (b) | **32.** (b) | **33.** (d) | **34.** (c) | **35.** (c) | **36.** (c) | | | | |

❑❑❑

# 6 राज्य सरकार

## राज्यपाल

- राज्यपाल की केंद्र द्वारा नियुक्ति कनाडा के संविधान से प्रभावित है।
- राज्यपाल राज्य का संवैधानिक पद है। जिसके द्वारा कार्यपालिका-के कार्य संचालित होते हैं।
- भारतीय संविधान का **अनुच्छेद 153** राज्यपाल पद का प्रावधान करता है।
- **अनुच्छेद 154** के अंतर्गत यह उल्लेखित है कि राज्य की समस्त कार्यपालिका शक्ति राज्यपाल में निहित होगी जिसका प्रयोग, वह संविधान के अनुसार स्वयं या अधीनस्थ अधिकारियों द्वारा करेगा।
- भारतीय संसदीय शासन प्रणाली में 'राज्यपाल' राज्य व्यवस्थापिका का अभिन्न अंग होता है।
- भारतीय संविधान के **अनुच्छेद 168(1)** के तहत प्रत्येक राज्य में एक विधानमण्डल होगा जोकि राज्यपाल तथा दो या जहाँ एक सदन हो, वहाँ एक सदन से मिलकर बनेगा।
- 1956 के सातवें संवैधानिक संशोधन से दो या अधिक राज्यों के लिए एक ही राज्यपाल होने की छूट दी।

## योग्यताएँ

- वह भारत का नागरिक हो।
- **35 वर्ष** की आयु पूरी कर चुका हो।
- किसी प्रकार के लाभ के पद पर न हो।
- राज्य विधानसभा का सदस्य चुने जाने के योग्य हो।

## नियुक्ति

- संविधान के **अनुच्छेद 155** के अनुसार राज्यपाल की नियुक्ति राष्ट्रपति के द्वारा की जाती है।

### शपथ ग्रहण

- राज्यपाल को सम्बन्धित राज्य के उच्च न्यायालय के मुख्य न्यायाधीश अथवा अन्य उपलब्ध वरिष्ठतम न्यायाधीश के समक्ष ग्रहण करनी होती है।

### पदावधि

- संविधान के **अनुच्छेद 156** के तहत राज्यपाल, राष्ट्रपति के प्रसादपर्यन्त अपना पद धारण करेगा। इसके उपरांत भी वह 5 वर्ष के कार्यकाल को पूरा करेगा। इसके पूर्व वह कभी भी 'राष्ट्रपति' को अपना त्यागपत्र दे सकता है।
- एक ही राज्यपाल की नियुक्ति ज़ब दो या अधिक राज्यों के लिए होगी तो राज्यपाल को देय-वेतन-भत्ते एवं उपलब्धियाँ उन राज्यों के बीच ऐसे अनुपात में बाँट दिए जाएँगे जो राष्ट्रपति अपने आदेश द्वारा अवधारित करे। (**अनुच्छेद 158 (3)** क के अनुसार)

## कार्य एवं अधिकार

- राज्यपाल के कार्य व शक्तियाँ निम्नलिखित हैं–

### कार्यपालिका सम्बन्धी कार्य

- राज्य कार्यपालिका के सभी कार्य राज्यपाल के नाम से संचालित होते हैं, जिसके लिए 'मन्त्रिपरिषद् का गठन' किया जाता है।
- राज्यपाल, कार्यपालिका सम्बन्धी कार्यों को संचालित करने के लिए 'मुख्यमन्त्री' की नियुक्ति करता है।
- मुख्यमन्त्री की सलाह पर वह **मन्त्रिपरिषद्** के सभी मन्त्रियों की नियुक्ति करता है।
- वह राज्य लोक सेवा आयोग के अध्यक्ष एवं सदस्यों, महाधिवक्ता, राज्य वित्त आयोग के अध्यक्ष, राज्य मानवाधिकार आयोग एवं राज्य महिला आयोग के अध्यक्ष की नियुक्ति करता है।
- राज्य लोक सेवा आयोग के सदस्य/अध्यक्ष आदि को हटाने का अधिकार राष्ट्रपति को है।

### आपात शक्ति

- भारतीय संविधान के **अनुच्छेद 356** के तहत 'राज्यपाल' के लिखित संदेश पर राष्ट्रपति सम्बन्धित राज्य में राज्य की असवैधानिकता के आधार पर राष्ट्रपति शासन लागू कर सकता है।

### विवेकी शक्तियाँ

- भारतीय संविधान के **अनुच्छेद 167(3)** के अंतर्गत राज्यपाल को विवेकी शक्तियाँ प्राप्त हैं। यह वह स्थिति हैं, जब विधानसभा में कार्यपालिका अपना बहुमत खो चुकी हो और नई सरकार का गठन करना हो।
- आम चुनाव के बाद किसी भी राजनीतिक दल को स्पष्ट बहुमत प्राप्त नहीं हो और कार्यपालिका का गठन करना हो।
- राज्य में संवैधानिकता की स्थिति खतरे में हो और राष्ट्रपति शासन का विचार करना हो।
- राष्ट्रपति के विचार के लिए विधेयक आरक्षित करना।
- पुनर्विचार के लिए व्यवस्थापिका को विधेयक लौटाना।

### विशेष दायित्व

- भारतीय संविधान के **अनुच्छेद 371(2)** के अंतर्गत राज्यपाल को महाराष्ट्र और गुजरात राज्यों में विदर्भ, मराठवाड़ा, सौराष्ट्र एवं कच्छ के लिए विकास बोर्डों से सम्बन्धित मामलों का विशेष उत्तरदायित्व है।

### विधायी शक्तियाँ

- भारतीय संविधान के **अनुच्छेद 168** के तहत वह राज्य व्यवस्थापिका का अभिन्न अंग होता है।
- वह विधानमण्डल में अभिभाषण देता है, विधानमण्डल के समक्ष बजट प्रस्तुत कराता है।

- वह विधानसभा का सत्र आहूत करता है, सत्रावसान करता है तथा समय पर विघटन भी कर सकता है।
- वह विधान परिषद् के कुल सदस्यों में से **1/6 सदस्य** जो साहित्य, कला, विज्ञान, समाज सेवा तथा पत्रकारिता में विशेष स्थान रखते हैं, उन्हें विधान परिषद् के सदस्य के रूप में मनोनीत करता है।
- राज्यपाल की पूर्वानुमति के पश्चात् ही कोई अनुदान माँग विधानमण्डल के समक्ष पेश की जा सकती है।
- वह विधानमण्डल द्वारा पारित किसी विधेयक को कानून का रूप दे सकता है या राष्ट्रपति की सहमति के लिए, अनु. 201 के तहत विधेयक को रोक भी सकता है।
- विशेष परिस्थितियों में संविधान के **अनुच्छेद 213** के अंतर्गत राज्यपाल को अध्यादेश जारी करने का अधिकार प्राप्त है, जिसे विधानसभा द्वारा 6 सप्ताह के अंदर स्वीकृत होना पड़ता है।

### न्यायिक शक्तियाँ

- भारतीय संविधान का अनुच्छेद 161 राज्यपाल को विशेष न्यायिक शक्तियाँ प्रदान करता है।
- किसी अपराध के लिए साबित दोषी की सजा को क्षमा करने, प्रवलिम्बन करने, विराम या परिहार करने की शक्ति राज्यपाल को प्राप्त है। उसे दण्डादेश के निलम्बन, परिहार या लघुकरण की शक्ति भी प्राप्त है।

### राज्य व्यवस्थापिका और राज्यपाल

- राज्य विधानमण्डल द्वारा पारित विधेयक राज्यपाल के हस्ताक्षर के पश्चात् ही कानून के रूप में अस्तित्व में आता है।
- संविधान का **अनुच्छेद 174** राज्यपाल को अधिकार देता है कि वह व्यवस्थापिका के किसी भी सदन का अधिवेशन बुलाए, उसे संबोधित करे तथा सत्रावसान करे।
- राज्यपाल, विधानसभा का विघटन भी कर सकता है।
- संविधान के **अनुच्छेद 175** के अंतर्गत राज्यपाल विधानमण्डल में विलम्बित किसी विधेयक के सम्बन्ध में सन्देश भेज सकता है।
- विधानसभा के प्रथम सत्र तथा नव-निर्वाचित विधानसभा के प्रथम सत्र में या दोनों सदनों में संयुक्त रूप से वह अभिभाषण कर सकता है।
- इस अध्यादेश को कानूनी सत्ता प्राप्त है जो **छः सप्ताह** तक प्रभावी रहती है। इसे **6 सप्ताह** के अंतर्गत विधानसभा से स्वीकृति दिलाना आवश्यक है।

**महाधिवक्ता**

- संविधान के अनुच्छेद 165 के अनुसार राज्यपाल द्वारा किसी ऐसे व्यक्ति को जो उच्च न्यायालय का न्यायाधीश नियुक्ति होने की अर्हता धारण करता हो राज्य का महाधिवक्ता नियुक्त किया जाता है।
- यह राज्य का सर्वोच्च विधि अधिकारी होता है, उसे राज्य विधानमण्डल के सदनों की कार्यवाहियों में भाग लेने एवं बोलने का अधिकार प्राप्त हैं, परन्तु मतदान का अधिकार नहीं है।
- वह राज्य सरकार को विधि सम्बन्धी ऐसे विषयों पर सलाह देता है तथा ऐसे अन्य कर्तव्यों का पालन करता है, जो समय-समय पर राज्यपाल द्वारा उसे निर्देशित किए जाते है अथवा सौंपे जाते हैं।
- महाधिवक्ता राज्यपाल के प्रसादपर्यन्त पद धारण करता है तथा ऐसा पारिश्रमिक प्राप्त करता है, जो राज्यपाल द्वारा अवधारित किया जाता है।

## मुख्यमन्त्री

- संसदीय शासन व्यवस्था में द्विशासन प्रमुख का प्रावधान है। संवैधानिक प्रमुख के रूप में राज्यपाल तथा वास्तविक प्रमुख के रूप में मुख्यमन्त्री। वास्तव में राज्यपाल की समस्त शक्तियों का उपयोग मुख्यमन्त्री ही करता है।
- भारतीय संविधान के **अनुच्छेद 163 (1)** के तहत मुख्यमन्त्री की नियुक्ति राज्यपाल द्वारा की जाती है।
- मुख्यमन्त्री पद के लिए किसी योग्यता की अनिवार्यता नहीं है। मुख्यमन्त्री पद पर नियुक्ति के लिए राज्यपाल उस व्यक्ति को आमन्त्रित करता है, जिसे विधानसभा में स्पष्ट बहुमत प्राप्त हो।
- भारतीय संविधान के **अनुच्छेद 163(1)** के तहत राज्यपाल को उसके कार्यों का सम्पादन करने में सहायता और सलाह देने के लिए एक मन्त्रिपरिषद् होगी जिसका प्रधान मुख्यमन्त्री होगा।

### शक्तियाँ एवं कार्य

- अनुच्छेद 169 मुख्यमन्त्री मन्त्रियों की नियुक्ति राज्यपाल द्वारा करवाता है तथा उन मन्त्रियों को जोड़कर रखता है। किसी भी तरह के मतभेद उत्पन्न होने पर उनके मध्य समन्वय करता है।
- वह विधानसभा का नेता होता है और विधानमण्डल तथा राज्यपाल, मन्त्रिपरिषद् तथा राज्यपाल के मध्य सम्पर्क सूत्र का कार्य करता है।
- राज्यपाल द्वारा किए जाने वाले सभी नियुक्ति सम्बन्धी कार्य मुख्यमन्त्री की सलाह पर संचालित होते हैं।
- वह राज्य का नेता होता है। राष्ट्रीय स्तर पर राज्य की जनता की ओर से प्रतिनिधित्व करता है।
- वह राज्य के लिए नीति-निर्माण में महत्वपूर्ण भूमिका निभाता है। राज्य का समस्त दायित्व उसी के कन्धों पर होता है।
- वह राज्य योजना आयोग का अध्यक्ष तथा राष्ट्रीय विधान परिषद् का सदस्य होता है।

### मन्त्रिपरिषद्

- मुख्यमन्त्री की नियुक्ति राज्यपाल करता है तथा अन्य मन्त्रियों की नियुक्ति राज्यपाल मुख्यमन्त्री की सलाह पर करता है। इस मन्त्रिपरिषद् के गठन में शामिल मन्त्रीगण राज्यपाल के प्रसादपर्यन्त अपना पद धारण करते है।
- मन्त्रिपरिषद् राज्य की विधानसभा के प्रति सामूहिक रूप से उत्तरदायी होती है।
- कोई मन्त्री छः माह तक बिना किसी सदन की सदस्यता ग्रहण किए उस राज्य का मुख्यमन्त्री या मन्त्री बना रह सकता है। तत्पश्चात् या तो उसे किसी सदन की सदस्यता प्राप्त करनी होती है अन्यथा पद त्याग करना पड़ता है।

## विधान परिषद्

### संरचना

- भारतीय संविधान के **अनुच्छेद 169** के अंतर्गत विधान परिषद् की संकल्पना प्रस्तुत की गई है, जो राज्य विधानसभा द्वारा कुल सदस्य संख्या के बहुमत तथा मत देने वाले और उपस्थित होने वाले सदस्यों की संख्या के कम-से-कम **2/3 बहुमत** द्वारा पारित संकल्प से सृजित की जा सकती है। इस संकल्प को संसद में भेजा जाता है जहाँ राष्ट्रपति की सहमति के साथ ही विधान परिषद् का गठन सम्भव होता है।

### गठन

- विधान परिषद् के सदस्यों की संख्या उस राज्य के विधानसभा के सदस्यों की संख्या से **1/3 से अधिक** नहीं हो सकती। किन्तु, वह संख्या 40 से कम नहीं होनी चाहिए।
- विधान परिषद् के सदस्यों की संख्या के **1/6 सदस्य**, राज्य के राज्यपाल द्वारा उन लोगों में से मनोनीत किए जाते हैं जो कला, विज्ञान, साहित्य, समाज सेवा या सहकारिता क्षेत्र में विशेष अनुभव रखते हैं।

- विधान परिषद् के **1/12 सदस्यों** का निर्वाचन, अध्यापकों से मिलकर बने निर्वाचक मण्डल के माध्यम से होता है।
- **1/12 सदस्यों** का निर्वाचन, 3 वर्ष से स्नातकों से बने निर्वाचक मण्डल के माध्यम से होता है।
- विधान परिषद् की कुल सदस्य **संख्या 1/3 सदस्य स्थानीय निकायों के** निर्वाचक मण्डल द्वारा निर्वाचित होते हैं।
- विधान परिषद् के कुल सदस्यों के **1/3 सदस्य** उस राज्य की विधानसभा द्वारा निर्वाचित होते हैं।

### निर्वाचन पद्धति

- विधान परिषद् के सदस्यों का निर्वाचन जनता द्वारा अप्रत्यक्ष रूप से, आनुपातिक प्रतिनिधित्व की एकल संक्रमणीय मत पद्धति द्वारा होता है।

### कार्यकाल

- विधान परिषद् एक स्थायी सदन है। राज्यपाल इसे विघटित नहीं कर सकता।
- इसके सदस्यों का कार्यकाल **6 वर्ष** का होता है। इसके 1/3 सदस्य प्रत्येक दो वर्ष की समाप्ति पर अपना पदत्याग करते हैं और उनके स्थान पर नए सदस्यों का चुनाव होता है।
- विधान परिषद् को संबोधित करने के लिए परिषद् के सदस्य अपनों में से ही एक सभापित तथा एक उप-सभापति का चुनाव करते हैं। इनकी अनुपस्थिति में राज्यपाल द्वारा नियुक्त व्यक्ति सभापति के पद पर कार्य करता है।

### कार्य एवं क्षेत्राधिकार

- विधान परिषद् को विधायी कार्य सम्बन्धी क्षेत्राधिकार प्राप्त है। इसके तहत वह विधानसभा के साथ मिलकर कानून बनाती है। संविधान में संशोधन हेतु विधानसभा के साथ संयुक्त रूप से भूमिका निभाती है। किसी तरह की असहमति होने पर संयुक्त बैठक की जाती है, जहाँ बहुमत के आधार पर निर्णय लिए जाते हैं।
- धन विधेयक पर चर्चा करने के लिए विधान परिषद् को 14 दिनों का अवसर प्राप्त है।
- यद्यपि धन विधेयक पर विधान परिषद् की स्थिति कमजोर है तथापि विधानसभा में बहुमत होने के कारण मनमाने तरीके से काम करने के समय राज्य कार्यपालिका पर विधान परिषद् अंकुश लगाती है।
- कार्यपालिका सम्बन्धी मामलों में वह मन्त्रियों से विभिन्न माध्यमों द्वारा प्रश्न पूछ सकती है। प्रशासन के किसी गलत कार्य के लिए सम्बन्धित् मंत्रालय की आलोचना कर सकती है।
- यद्यपि विधान परिषद् को प्रभावी कार्य अधिकार प्राप्त नहीं हैं तथापि यह वरिष्ठ सदस्यों और विद्वान् जनों की परिषद् है, जो सदन को महत्वपूर्ण विषयों पर महत्वपूर्ण सलाहकार साबित होते हैं।
- विधान परिषद् राज्य विधानमण्डल का **उच्च सदन** अथवा **द्वितीय सदन** होता है।
- विधान परिषद् के सदस्यों का निर्वाचन अप्रत्यक्ष रूप से **आनुपातिक प्रतिनिधित्व पद्धति** के अनुसार **एकल संक्रमणीय मत प्रणाली** के आधार पर होता है।
- विधान परिषद् एक स्थायी निकाय है, जिसका विघटन नहीं किया जा सकता, परन्तु एक-तिहाई सदस्य प्रत्येक दो वर्ष की समाप्ति के बाद सेवानिवृत्त हो जाते हैं तथा उनके स्थान पर नए सदस्य निर्वाचित हो जाते हैं। विधान परिषद् के सदस्यों का **कार्यकाल 6** वर्ष का होता है।
- विधान परिषद् के सदस्यों की संख्या अधिकतम राज्य की विधानसभा के सदस्यों की संख्या की एक-तिहाई होती है, परन्तु वह **40 से कम** नहीं हो सकती।
- विधान परिषद् राज्य के कुछ विशेष वर्गों का प्रतिनिधित्व करती है।
- राज्य की मन्त्रिपरिषद् विधान परिषद् के प्रति उत्तरदायी नहीं होती है।
- विधान परिषद् में मन्त्रिपरिषद् के विरुद्ध अविश्वास प्रस्ताव पारित कर उसे पदच्युत नहीं किया जा सकता। वह मन्त्रिपरिषद् के कार्यों की जाँच, आलोचना ही कर सकती है, जो प्रश्न एवं पूरक प्रश्न पूछकर तथा स्थगन प्रस्ताव द्वारा की जाती है।
- धन विधेयक विधान परिषद् में प्रस्तावित नहीं किया जा सकता है।
- विधान परिषद् के सदस्य राष्ट्रपति के निर्वाचन हेतु गठित निर्वाचक मण्डल के सदस्य नहीं होते हैं अर्थात् विधान परिषद् के सदस्य राष्ट्रपति के चुनाव में भाग नहीं ले सकते।
- जम्मू और कश्मीर में 2019 के जम्मू और कश्मीर पुर्नगठन विधेयक 2019 से विधान परिषद् को समाप्त किया गया।
- विधान परिषद वर्तमान में 6 राज्यों में है-आंध्र प्रदेश, तेलंगाना, उत्तर प्रदेश, बिहार, महाराष्ट्र, कर्नाटक।

## विधानसभा

- विधानसभा एकल सदनीय व्यवस्था में महत्वपूर्ण भूमिका में होती है।
- विधानसभा राज्य विधानमण्डल का **निम्न सदन** अथवा **प्रथम सदन** होता है।
- विधानसभा के सदस्यों का निर्वाचन **प्रत्यक्ष रूप** से **पूर्ण वयस्क मताधिकार** के आधार पर साधारण बहुमत की पद्धति द्वारा होता है।
- विधानसभा का **कार्यकाल 5 वर्ष** का होता है, परन्तु कार्यकाल पूर्ण होने के पूर्व मुख्यमन्त्री के परामर्श पर राज्यपाल द्वारा इसे भंग किया जा सकता है।
- विधानसभा के सदस्यों की संख्या अधिकतम **500** तथा न्यूनतम **60** हो सकती है। **अपवाद-गोवा (40), मिजोरम (40), सिक्किम (32) एवं पुदुचेरी (30)।**
- विधानसभा राज्य की समस्त जनता का प्रतिनिधित्व करती है।
- राज्य की मन्त्रिपरिषद् विधानसभा के प्रति उत्तरदायी होता है।
- विधानसभा मन्त्रिपरिषद् के विरुद्ध अविश्वास प्रस्ताव पारित कर उसे पदच्युत कर सकता है।
- विधानसभा मन्त्रिपरिषद् के विरुद्ध अविश्वास प्रस्ताव पारित कर उसे पदच्युत कर सकता है।
- धन विधेयक केवल विधानसभा में प्रस्तावित किया जा सकता है। (अनु. 198)
- निर्वाचन हेतु विधानसभा के सभी निर्वाचित (मनोनीत नहीं) सदस्य निर्वाचन हेतु गठित निर्वाचक मण्डल के सदस्य होते हैं अर्थात् विधानसभा के निर्वाचित सदस्य राष्ट्रपति के चुनाव में भाग ले सकते हैं।

### गठन

- भारतीय संविधान गठन के अनुच्छेद 170 के अनुसार विधानसभा के सदस्यों की संख्या अधिकतम 500 और न्यूनतम 60 हो सकेगी। सिक्किम, अरुणाचल प्रदेश और गोवा के लिए नयूनतम संख्या 30 है, मिजोरम के लिए यह संख्या 40 है।
- राज्य विधानसभा के लिए राज्यपाल द्वारा आंग्ल-भारतीय समुदाय से 1 सदस्य का मनोनयन किया जाता है।
- विधानसभा सदस्यों का चुनाव प्रत्यक्ष रूप से जनता द्वारा, वयस्क मताधिकार के आधार पर गुप्त मतदान पद्धति के अनुसार होता है।

### कार्यकाल

- विधानसभा सदस्यों का **कार्यकाल 5 वर्ष** का होता है।

### योग्यता

- विधानसभा सदस्य होने के लिए अनिवार्य योग्यताएँ हैं–
  - ❖ भारत का नागरिक हो।

- **25 वर्ष** की आयु पूरी कर चुका हो।
- उसका नाम राज्य विधानसभा की मतदाता सूची में शामिल हो।
- किसी लाभ के पद पर न हो।
- पागल या दिवालिया न हो।

## विधानसभा अध्यक्ष

- **विधानसभा को** संबोधित करने के लिए **विधानसभा अध्यक्ष** पद का प्रावधान किया गया है।
- विधानसभा के **अध्यक्ष व उपाध्यक्ष को** विधानसभा के सदस्यों के बीच से चुना जाता है। इनकी कार्यवधि विधानसभा सदस्यों के कार्यकाल के समान होती है।

## कार्य व अधिकार

- विधानसभा को विविध शक्तियाँ एवं अधिकार क्षेत्र प्राप्त हैं–

1. **विधायी कार्यक्षेत्र:** विधानसभा को संविधान द्वारा विधित **राज्य सूची** के विषय पर **कानून बनाने** का अधिकार प्राप्त है। वह विधान परिषद् के साथ मिलकर संविधान में संशोधन भी कर सकती है। राज्य सूची के विषय पर जहाँ द्विसदनीय व्यवस्था हो, वहाँ **विधानसभा + विधान परिषद् + राज्यपाल** की सम्मिलित अनुमति अनिवार्य है।
2. **वित्तीय कार्यक्षेत्र:** विधानसभा को राज्य बजट पारित करने का अधिकार है। वह राज्य सरकार द्वारा प्रस्तुत बजट में कटौती प्रस्ताव कर उसके बजट अनुमानों को बदलने, कम करने के लिए आदेश दे सकती है।
3. **कार्यपालिका कार्यक्षेत्र:** विधानसभा राज्य सरकार पर विभिन्न माध्यमों से नियंत्रण रखती है। वह **'काम रोको प्रस्ताव'**, **'**ध्यानाकर्षण प्रस्ताव**'** वाद-विवाद, प्रश्नकाल और अंतिम शस्त्र के रूप में **'अविश्वास प्रस्ताव'** पारित कर राज्य सरकार को सत्ताच्युत कर सकती है। राज्य का मुख्यमन्त्री विधानसभा का नेता होता है। 'सामूहिक उत्तरदायित्व सिद्धांत' के परिणामस्वरूप वह विधानसभा के प्रति मन्त्रिपरिषद् सहित अपने दायित्वों के संदर्भ में उत्तरदायी होता है।

# प्रश्नमाला

**1. निम्न कथनों पर विचार कीजिए**
**A. राज्यपाल का कार्यकाल 5 वर्ष का होता है।**
**B. राज्यपाल को अपने पद से राष्ट्रपति द्वारा हटाया जा सकता है।**
**उपरोक्त में से कौन-सा/से कथन सही है/ हैं ?**
(a) केवल A
(b) केवल B
(c) A और B दोनों
(d) न तो A और न ही B

**2. राज्यपाल के सम्बन्ध में निम्न में से कौन-सा कथन असत्य है ?**
(a) राज्यपाल राज्य कार्यपालिका का प्रधान होता है
(b) राज्यपाल हमेशा मुख्यमन्त्री की सलाह पर कार्य करता है।
(c) राज्यपाल अपना त्याग-पत्र राष्ट्रपति को देता है
(d) राज्य के जिला न्यायालय के न्यायाधीश की नियुक्ति राज्यपाल करता है

**3. निम्न पर विचार कीजिए**
**A. राज्यपाल B. मुख्यमन्त्री C. महाधिवक्ता उपरोक्त में कौन-सा/से राज्य की कार्यपालिका के अन्तर्गत आता है / हैं ?**
(a) केवल A (b) B और C
(c) A और C (d) A, B और C

**4. निम्न में कौन-सा राज्यपाल का विधायी कृत्य नहीं है ?**
(a) विधानपरिषद् के कुछ सदस्यों की नियुक्ति करना
(b) राज्य लोक सेवा आयोग के अध्यक्ष तथा सदस्यों की नियुक्ति करना
(c) '1' और '2' दोनों
(d) उपरोक्त में से कोई नहीं

**5. मुख्यमन्त्री का चुनाव कैसे होता है ?**
(a) चुनाव में बहुमत प्राप्त करने वाली पार्टी के अध्यक्ष द्वारा
(b) चुनाव में बहुमत प्राप्त करने वाली पार्टी के विधायकों के द्वारा
(c) प्रधानमन्त्री के सुझाव पर भारत के राष्ट्रपति द्वारा
(d) गवर्नर की संस्तुति पर भारत के राष्ट्रपति द्वारा

**6. राज्य सरकार के कार्यों पर चर्चा करते हुए स्वास्थ्य, जल, यातायात इत्यादि से सम्बन्धित मुद्दों पर चर्चा की जा सकती है, जिससे**
(a) शिक्षार्थी इन मुद्दों को समझने तथा इन पर आलोचनात्मक विचार बनाने के लिए स्वतन्त्र
(b) विद्यार्थियों को सभी के लिए बेहतर सुविधाएँ पाने हेतु आन्दोलन आयोजित करने के लिए सजग किया जा सके
(c) विद्यार्थियों को इन मुद्दों पर उनके राज्य द्वारा किए जाने वाले प्रयासों की जानकारी मिल सके
(d) विद्यार्थियों को इन क्षेत्रों में सरकार की भूमिका को याद करवाया जा सके

**7. गठबन्धन सरकार से अभिप्राय है-**
(a) चुनावों के बाद किसी भी दल को स्पष्ट बहुमत न मिलने की स्थिति में दो या दो से अधिक राजनीतिक दलों के बीच सत्ता की साझेदारी
(b) कार्यपालिका और न्यायपालिका के बीच सत्ता की साझेदारी
(c) राज्य सरकार तथा पंचायती राज संस्थानों के बीच सत्ता की साझेदारी
(d) केन्द्र और राज्य सरकार के बीच सत्ता की साझेदारी

**8. राज्य की विधायिका, अंग से अभिप्राय है**
(a) सर्वोच्च न्यायालय के न्यायाधीश
(b) कानून लागू करने के लिए उत्तरदायी नौकरशाह
(c) नागरिकों द्वारा निर्वाचित प्रतिनिधि
(d) देश का प्रत्येक नागरिक

**9. मुख्यमन्त्री को कौन नियुक्त करता है ?**
(a) प्रधानमन्त्री
(b) राज्यपाल
(c) उच्च न्यायालय के मुख्य न्यायाधीश
(d) राष्ट्रपति

**10. निम्नलिखित में से कौन, भारत में एक राज्य के राज्यपाल की नियुक्ति करते हैं ?**
(a) अटॉर्नी जनरल
(b) विधानसभा के सदस्य
(c) संसद के सदस्य
(d) केन्द्र सरकार

**11. जन स्वास्थ्य के क्षेत्र में, 'कोस्टारीका' उपागम किसे कहा गया है ?**
(a) सेना के जवानों के स्वास्थ्य पर खर्चा करना
(b) स्वास्थ्य और सुरक्षा पर एक समान खर्च करना
(c) सुरक्षा बजट पर स्वास्थ्य बजट से अधिक खर्च करना
(d) सैन्य बल न रखना, ताकि जन-स्वास्थ्य पर अधिक खर्च किया जा सके

**12. राज्यपाल को वेतन तथा भत्ता दिया जाता है–**
(a) कन्सालिडेटेड फण्ड ऑफ स्टेट से
(b) कन्सालिडेटेड फण्ड ऑफ इण्डिया से

(c) कन्टिन्जेसी फण्ड ऑफ स्टेट से
(d) (a) और (b) दोनों द्वारा

**13. किस अनुच्छेद के तहत राज्यपाल की नियुक्ति होती है?**
(a) अनुच्छेद-152
(b) अनुच्छेद-155
(c) अनुच्छेद-156
(d) अनुच्छेद-160

**14. निम्न वाक्यों का अध्ययन कीजिए-**
**कथन-(A) मंत्री नीति बनाते हैं और लोक सेवक उनका क्रियान्वयन करते हैं।**
**कारण-( R ) संसदीय प्रणाली में 'मंत्रियों का उत्तरदायित्व' का सिद्धांत कार्य करता है।**
(a) कथन (A) और कारण (R) दोनों सही हैं और कथन कारण का सही स्पष्टीकरण है।
(b) कथन (A) और कारण (R) दोनों सही हैं किंतु कथन कारण का सही स्पष्टीकरण नहीं है।
(c) कथन (A) सही है पर कारण (R) गलत है।
(d) कथन (A) गलत है पर कारण (R) सही है।

**15. निम्नांकित राज्यों में अनुसूचित जनजातियों के लिए लोकसभा में स्थान आरक्षित नहीं है?**
(a) केरल तथा तमिलनाडु
(b) कर्नाटक तथा केरल
(c) तमिलनाडु तथा कर्नाटक
(d) उपरोक्त सभी

**16. निम्नलिखित राज्य युग्मों में से किसे राज्यसभा में समान प्रतिनिधित्व प्राप्त है?**
(a) आंध्र प्रदेश तथा महाराष्ट्र
(b) आंध्र प्रदेश तथा तमिलनाडु
(c) गुजरात तथा राजस्थान
(d) महाराष्ट्र तथा तमिलनाडु

**17. राज्यसभा में उत्तर प्रदेश को आवंटित स्थान निम्न में से किन राज्यों को आवंटित स्थानों का योग है?**
(a) आंध्र प्रदेश तथा मध्य प्रदेश
(b) आंध्र प्रदेश तथा तमिलनाडु
(c) बिहार तथा गुजरात
(d) महाराष्ट्र तथा मध्य प्रदेश

**18. लोकसभा में बिहार को आवंटित स्थान निम्न में से किन राज्यों को आवंटित स्थानों का योग है?**
(a) असम तथा मध्य प्रदेश
(b) असम तथा तमिलनाडु
(c) कर्नाटक तथा राजस्थान
(d) पंजाब तथा पश्चिम बंगाल

**19. उत्तराखंड गठन के बाद उत्तर प्रदेश में कितने विधानसभा क्षेत्र शेष बचे?**
(a) 401 (b) 402
(c) 403 (d) 404

**20. भारत के किसी राज्य में विधान परिषद् का सृजन अथवा समाप्ति की जा सकती है-**
(a) संसद द्वारा
(b) किसी राज्य के राज्यपाल की संस्तुति पर राष्ट्रपति द्वारा
(c) मंत्रिपरिषद् की संस्तुति पर राज्य के राज्यपाल द्वारा
(d) राज्य विधानसभा के तत्संबंधी संकल्प को पारित करने पर संसद द्वारा

**21. किस अनुच्छेद के तहत राज्य का एक विधानमंडल होगा?**
(a) अनुच्छेद-168
(b) अनुच्छेद-170
(c) अनुच्छेद-169
(d) अनुच्छेद-172

**22. राज्य का राज्यपाल मंत्रिपरिषद् के परामर्श से स्वतंत्र कार्य कर सकता है-**
**1. विधान सभा में सरकार को अपना बहुमत सिद्ध करने को कहने के लिए।**
**2. मुख्यमंत्री को बर्खास्त करने के लिए।**
**3. भारत के राष्ट्रपति के विचारार्थ किसी विधेयक को आरक्षित करने के लिए।**
**4. विधायिका द्वारा पारित किसी विधेयक को पुनर्विचार हेतु वापस करने के लिए।**
**5. उच्च न्यायालय का परामर्श मांगने के लिए।**
**अधोलिखित कूटों में से सही उत्तर का चयन कीजिए-**
**कूटः**
(a) 1, 2, 3 और 4
(b) 2, 3, 4 और 5
(c) 1, 2, 4 और 5
(d) उपर्युक्त सभी

**23. निम्न राज्यों का सृजन वर्ष 1960 के बाद हुआ था। इन्हें उनके गठन के आरोही कालक्रमानुसार व्यवस्थित करिए और अपना उत्तर दिए गए कूट की सहायता से चुनिए-**
**1. हरियाणा 2. सिक्किम**
**3. नागालैण्ड 4. मेघालय**
**कूटः**
(a) 1, 2, 3, 4 (b) 2, 3, 4, 1
(c) 3, 1, 4, 2 (d) 2, 4, 1, 3

## उत्तरमाला

**1.** (c) **2.** (b) **3.** (d) **4.** (b) **5.** (b) **6.** (b) **7.** (a) **8.** (c) **9.** (b) **10.** (d)
**11.** (d) **12.** (b) **13.** (b) **14.** (b) **15.** (d) **16.** (b) **17.** (a) **18.** (a) **19.** (c) **20.** (d)
**21.** (a) **22.** (a) **23.** (c)

❑❑❑

# 7 स्थानीय सरकार

## ऐतिहासिक पृष्ठभूमि

- वित्तीय विकेंद्रीयकरण की शुरुआत लॉर्ड मेयो द्वारा सन् 1870 में एक संकल्प से शुरू की गई।
- लॉर्ड रिपन के सन् 1882 के संकल्प को स्थानीय स्वशासन का मेग्नाकार्टा कहा गया व लॉर्ड रिपन को स्थानीय स्वशासन का जनक कहा जाता है।
- स्थानीय शासन **'महात्मा गाँधी'** की संकल्पना राम राज्य या ग्राम स्वराज्य का परिष्कृत रूप है। गाँधीजी की इस संकल्पना को फलीभूत करने के लिए भारतीय संविधान के अनुच्छेद 40 में राज्य सरकार को निर्देश दिए गए थे, जो सन् 1993 में **73वें संविधान** संशोधन के पणिामस्वरूप सम्भव हुआ।
- **73वें एवं 74वें** संविधान संशोधन 1993 के तहत, अनुसूची 11 व 12 को जोड़ा गया। स्थानीय शासन भारतीय परिसंघीय व्यवस्था में तीसरे स्तर की सरकार को सामने ला खड़ा किया।
- **'पंचायती राज'** और **'नगरपालिका प्रणाली'** को संवैधानिक अस्तित्व प्राप्त करने में एक लम्बा संघर्ष करना पड़ा।
- **वर्ष 1956** में गठित बलवन्त राय मेहता समिति ने सर्वप्रथम पंचायती राज को स्थापित करने की सिफारिश की जिसे स्वीकार कर लिया गया, साथ ही सभी राज्यों को इसे क्रियान्वित करने के लिए कहा गया।
- सर्वप्रथम राजस्थान के नागौर जिले में **2 अक्टूबर 1959** को पण्डित जवाहर लाल नेहरू ने पंचायती राज की नींव रखी, और उसी दिन इसे सम्पूर्ण राज्य (राजस्थान)में लागू कर दिया गया।
- किंतु वाँछित सफलता प्राप्ति में कमी ने, इस पर गम्भीरता से विचार करने के लिए मजबूर किया। अनेक समितियों का गठन किया गया जिन्होंने अपनी सिफारिशों से पंचायती राज को मजबूती प्रदान की।

## पंचायती राज संस्थाओं को संवैधानिक दर्जा

- वर्ष, 1989 में तत्कालीन प्रधानमन्त्री **श्री राजीव गाँधी** ने पंचायतों के सुधार व सशक्तिकरण में विशेष रुचि ली तथा एल.एम.सिंघवी समिति और थुंगन समिति की सिफारिशों के आधार पर लोकसभा में **64वाँ संविधान संशोधन विधेयक** प्रस्तुत किया। जिसे लोकसभा द्वारा पारित कर दिया गया, लेकिन राज्यसभा द्वारा अस्वीकार कर दिए जाने के कारण विधेयक समाप्त हो गया।
- तत्पश्चात्, वर्ष 1992 में पंचायत सम्बन्धी प्रावधान के लिए प्रधानमन्त्री पी.वी. नरसिम्हा राव द्वारा 73वाँ संविधान संशोधन विधेयक संसद में लाया गया, जिसे लोकसभा एवं राज्यसभा ने क्रमश: **22** एवं **23 दिसम्बर, 1992** को पारित कर दिया।
- **17 राज्यों** की विधानसभाओं द्वारा अनुमोदित किए जाने के बाद **20 अप्रैल, 1993** को राष्ट्रपति ने इस विधेयक पर अपनी सहमति प्रदान कर दी। 24 **अप्रैल, 1993** से **73वाँ संविधान संशोधन अधिनियम** पूरे **देश में लागू हो गया।**
- 73वें संविधान अधिनियम संशोधन अधिनियम 1992 के पारित होने से देश के संघीय लोकतांत्रिक ढाँचे में एक नए युग का सूत्रपात हुआ और पंचायती राज संस्थाओं को संवैधानिक दर्जा प्राप्त हो गया।
- इस संविधान संशोधन द्वारा संविधान में भाग-9 को पुन: स्थापित कर **16 नए अनुच्छेद ( अनुच्छेद-243A से अनुच्छेद-243(O) तक )** और **11वीं अनुसूची** जोड़ी गई। इसके द्वारा पंचायतों के गठन, संरचना, निर्वाचन, सदस्यों की अर्हताएँ, पंचायतों की शक्तियाँ, प्राधिकार और उत्तरदायित्व आदि के लिए प्रावधान किए गए हैं।
- ग्यारहवीं अनुसूची में कुल **29 विषयों** का उल्लेख है, जिन पर पंचायतों को विधि बनाने की शक्ति प्रदान की गई है।
- यह संशोधन अधिनियम **24 अप्रैल, 1993** को प्रवर्तित हुआ इसलिए प्रत्येक वर्ष **24 अप्रैल** को **पंचायत दिवस** (Panchayat Day) के रूप में मनाया जाता है।
- इस संशोधन अधिनियम का अभिपालन करने वाला प्रथम राज्य मध्य प्रदेश है। **मध्य प्रदेश** में सन् 1994 में पंचायत चुनाव आयोजित किए गए थे।
- इस अधिनियम की मुख्य विशेषता यह है कि अन्य बातों के साथ-साथ इसमें सभी **अनुसूचित जातियों, अनुसूचित जनजातियों** और **महिलाओं** के लिए सीटों का आरक्षण और स्थानीय निकायों की वित्तीय स्थिति को मजबूत बनाने के उपायों सहित **राज्य वित्त आयोग** व **राज्य निर्वाचन आयोग** का प्रावधान किया गया है।
- इस अधिनियम द्वारा स्थापित पंचायती राज का प्रमुख लक्ष्य ग्रामवासियों में **शक्ति का विकेन्द्रीकरण** कर उन्हें विकासमूलक प्रशासन में भागीदारी के योग्य बनाना और गाँवों को **सामाजिक** एवं **आर्थिक न्याय** प्रदान करना है।
- इस प्रकार, भारत में पंचायती राज शक्तियों के विकेन्द्रीकरण, प्रशासन में लोगों की भागीदारी तथा सामुदायिक विकास का प्रतिनिधित्व करता है।

| 11वीं अनुसूची के विषय ( अनुच्छेद 243 छ ) | |
|---|---|
| **1.** | कृषि एवं कृषि विस्तार। |
| **2.** | **भूमि विकास,** भूमि सुधार, चकबंदी और भूमि संरक्षण। |
| **3.** | **लघु सिंचाई,** जल-प्रबंधन और जल-क्षेत्र का विकास। |
| **4.** | **पशुपालन, डेयरी उद्योग** और **कुक्कुट पालन।** |
| **5.** | **मत्स्य उद्योग।** |
| **6.** | सामाजिक वानिकी और फार्म वानिकी। |
| **7.** | **लघु वन उपज।** |
| **8.** | लघु उद्योग जिसके अंतर्गत खाद्य प्रसंस्करण उद्योग भी हैं। |
| **9.** | **खादी ग्रामोद्योग** और कुटीर उद्योग। |
| **10.** | ग्रामीण आवास। |
| **11.** | **पेयजल।** |

| | |
|---|---|
| **12.** | ईंधन और चारा। |
| **13.** | **सड़कें, पुलिया, पुल**, फेरी, जल-मार्ग, अन्य संचार साधन। |
| **14.** | **ग्रामीण विद्युतीकरण** जिसके अंतर्गत विद्युत का वितरण है। |
| **15.** | गैर-पारम्परिक ऊर्जा स्रोत। |
| **16.** | **गरीबी उन्मूलन कार्यक्रम।** |
| **17.** | शिक्षा, प्राथमिक और माध्यमिक विद्यालय सहित शिक्षा। |
| **18.** | तकनीकी प्रशिक्षण और व्यावसायिक शिक्षा। |
| **19.** | **प्रौढ़** और **अनौपचारिक शिक्षा।** |
| **20.** | पुस्तकालय |
| **21.** | सांस्कृतिक क्रिया-कलाप। |
| **22.** | बाजार और मेले। |
| **23.** | स्वास्थ्य और स्वच्छता, जिसके अंतर्गत अस्पताल, प्राथमिक स्वास्थ्य केन्द्र और औषधालय भी हैं। |
| **24.** | परिवार कल्याण। |
| **25.** | महिला एवं बाल विकास। |
| **26.** | समाज कल्याण (विकलांग व मानसिक रूप से मंद व्यक्तियों सहित)। |
| **27.** | दुर्बल वर्गों (अनुसूचित जातियों व जनजातियों) का कल्याण। |
| **28.** | **सार्वजनिक वितरण प्रणाली।** |
| **29.** | सामुदायिक आस्तियों का अनुरक्षण। |

| पंचायती राज | |
|---|---|
| अनुच्छेद-243 | परिभाषाएँ |
| अनुच्छेद-243(A) | ग्रामसभा |
| अनुच्छेद-243(B) | ग्राम पंचायतों का गठन |
| अनुच्छेद-243(C) | पंचायतों की संरचना |
| अनुच्छेद-243(D) | स्थानों का आरक्षण |
| अनुच्छेद-243(E) | पंचायतों का कार्यकाल |
| अनुच्छेद-243(F) | सदस्यता के लिए आयोग्यताएँ |
| अनुच्छेद-243(G) | पंचायतों की शक्तियाँ, प्राधिकार व उत्तरदायित्व |
| अनुच्छेद-243(H) | पंचायतों द्वारा कर लगाने की शक्तियाँ और उनकी विधियाँ |
| अनुच्छेद-243(I) | वितिय स्थिति के पुनर्विलोकन के लिए वित्त आयोग का गठन |
| अनुच्छेद-243(J) | पंचायतों के लेखाओं की संपरीक्षा |
| अनुच्छेद-243(L) | पंचायतों के लिए निर्वाचन |
| अनुच्छेद-243(L) | संघ राज्य क्षेत्रों में लागू होना |
| अनुच्छेद-243(M) | इस भाग का कुछ क्षेत्रों में लागू न होना |
| अनुच्छेद-243(N) | विद्यमान विधियों व पंचायतों का बना रहना |
| अनुच्छेद-243(O) | निर्वाचन संबंधी मामलों में न्यायालयों के हस्तक्षेप का वर्णन |

- **अनुच्छेद 40** के तहत यह प्रावधान किया गया है कि राज्य ग्राम पंचायतों के गठन के लिए कदम उठाएगा और उन्हें स्वायत्त शासन की इकाई के रूप में कार्य करने के योग्य बनाने के लिए आवश्यक शक्तियाँ और अधिकार प्रदान करेगा। इस अधिनियम के प्रमुख प्रावधान निम्नलिखित हैं।

## पंचायतों का गठन और संरचना

- **अनुच्छेक 243(B) भारत में त्रिस्तरीय पंचायती राज व्यवस्था** का प्रावधान करता है। प्रत्येक राज्य में ग्राम स्तर पर **ग्राम पंचायत**, मध्यवर्ती स्तर पर **क्षेत्र पंचायत** और जिलास्तर पर **जिला पंचायत** के गठन का प्रावधान है, किंतु उस राज्य में जिसकी जनसंख्या **20 लाख** से कम है, वहाँ मध्यवर्ती स्तर पर पंचायतों का गठन करना आवश्यक नहीं है।
- भारत में **पश्चिम बंगाल** ऐसा राज्य है, जहाँ **चार स्तरीय पंचायत व्यवस्था** अपनाई गई है। वहाँ पंचायतों के चार स्तर यथा- **ग्राम पंचायत, अंचल पंचायत, आंचलिक परिषद्** और **जिला परिषद्** हैं।
- अनुच्छेद 243(c) में पंचायतों की संरचना के बारे में प्रावधान किया गया है। इसके तहत राज्य विधानमण्डल को **विधि** द्वारा **पंचायतों** की संरचना के सम्बन्ध में उपबंध करने की शक्ति प्रदान की गई है।
- परंतु किसी भी स्तर पर, पंचायत के प्रादेशिक क्षेत्र की **जनसंख्या** और ऐसी पंचायत में निर्वाचन द्वारा भरे जाने वाले स्थानों की संख्या में अनुपात समस्त राज्य में यथासंभव एक ही होगा।
- पंचायतों के सभी स्थान प्रादेशिक निर्वाचन क्षेत्रों से प्रत्यक्ष निर्वाचन द्वारा चुने गए प्रतिनिधियों द्वारा भरे जाएंगे।
- **ग्राम पंचायत के अध्यक्ष** का चुनाव राज्य द्वारा बनाई गई विधि के अनुसार होगा तथा **मध्यवर्ती** व **जिला पंचायतों के अध्यक्ष** का चुनाव उसके निर्वाचित सदस्यों द्वारा अपने में से किया जाएगा।

## 73वाँ संविधान संशोधन अधिनियम, 1993

- विभिन्न समितियों की सिफारिशों पर मनन-चिन्तन के पश्चात् 73वाँ संविधान संशोधन अधिनियम (1993) अंतत: विविध विशेषताओं के साथ पारित किया गया और 24 अप्रैल, 1993 से सम्पूर्ण भारत में लागू कर दिया गया।
- वर्तमान में इस अधिनियम के तहत पूरे भारत में त्रिस्तरीय पंचायती राज व्यवस्था को अपनाया गया है, पश्चिम बंगाल में चार स्तरीय पंचायती राज व्यवस्था को अपनाया गया है।
- पंचायती राज के सम्बन्ध में भारतीय संविधान का अनुच्छेद 243 में 243(ण) विशेष उल्लेख करता है।
- पंचायती राज व्यवस्था की संरचना त्रिस्तरीय है।
- महिलाओं को 1/3 आरक्षरण का प्रावधान किया गया।

### पंचायती राज का पदसोपान

- 'जिलापरिषद्' स्थानीय ग्रामीण स्वशासन में शीर्ष पर स्थित है।
- शीर्ष स्तर पर जिलापरिषद्, मध्य स्तर पर पंचायत समिति, निम्न स्तर पर पंचायत, ग्राम सभा तथा ग्राम कचहरी।

## जिला-परिषद्

- जिला-परिषद् स्थानीय स्वशासन की शीर्ष संस्था है, जो मध्य स्तर पर तथा ग्रामीण स्तर पर पंचायतों और प्रखण्ड समिति के मध्य समन्वयन स्थापित करता है।

### जिला-परिषद् का गठन

- सामान्य तौर पर जिले की सभी पंचायत समितियों के प्रधान
- उस जिले के निर्वाचित संसद तथा विधानसभा सदस्य
- जिला विकास अधिकारी
- महिलाओं तथा पिछड़े वर्गों के प्रतिनिधि सदस्य
- अनुसूचित जाति एवं अनुसूचित जनजाति के प्रतिनिधि
- सहकारी बैंक का अध्यक्ष, सह-सदस्य होते हैं

### पंचायत समिति

- पंचायती राज की त्रिस्तरीय संरचना में मध्य स्तर पर पंचायत समिति है। इसे पंचायत समिति, **'क्षेत्र समिति'** तथा 'आंचलिक परिषद्' भी कहते हैं।
- पंचायत समिति का गठन, सम्बन्धित ग्राम पंचायतों के प्रमुख, कुछ महिला प्रतिनिधि, अनुसूचित जाति तथा अनुसूचित जनजाति के प्रतिनिधि से मिलकर होता है।
- कुछ राज्यों में कुछ सदस्य ग्राम सभा द्वारा चुने जाते हैं।
- पंचायत समिति की अध्यक्षता के लिए 'प्रमुख' का चुनाव किया जाता है। प्रमुख को 'प्रधान' तथा चेयरमैन के नाम से भी जाना जाता है।

### कार्य व अधिकार

- प्रखण्ड विकास पदाधिकारी प्रखण्ड समिति का मुख्य कार्यपालिका अधिकारी होता है। बीडीओ के अधीन सहायक अधिकारी तथा ग्राम विकास कर्मचारी होता है, जों पंचायत समिति द्वारा नियोजित कार्यों को क्रियान्वित करता है।

- पंचायत समिति, क्षेत्रीय विकास के लिए योजना और कार्यक्रम बनाती हैं तथा राज्य सरकार की सहमति से उसे लागू करती है।
- सामुदायिक विकास कार्यक्रम को प्रभावी रूप से क्रियान्वित करती है।
- क्षेत्र में स्वास्थ्य, प्राथमिक शिक्षा, स्वच्छता तथा संचार के विकास के लिए कार्य करती है।
- समिति ग्राम पंचायतों के कार्यों का निरीक्षण करती हैं, ग्राम पंचायत के बजट पर विचार करती है तथा आवश्यकता पड़ने पर महत्वपूर्ण सुझाव भी देती है।

### आय के साधन

- पंचायत समिति, अपने दायित्वों के निर्वाह के लिए राज्य सरकार द्वारा प्राप्त धनराशि पर निर्भर है।

**पंचायती राज से सम्बन्धित समितियाँ**

| क्र.सं. | पं. समिति का नाम | कार्यकाल | प्रमुख सिफारिशें |
|---|---|---|---|
| 1. | **बलवन्त राय मेहता समिति (अध्यक्ष-बलवन्त राय मेहता)** | 1956–57 | • स्थानीय स्तर पर लोकतान्त्रिक विकेन्द्रीकरण<br>• त्रिस्तरीय पंचायती राज की स्थापना (जिला-परिषद् प्रखण्ड समिति ग्राम पंचायत) |
| 2. | **अशोक मेहता समिति (अध्यक्ष-अशोक मेहता)** | 1977–78 | • द्विस्तरीय पंचायती राज की स्थापना (मण्डल पंचायत एवं जिला-परिषद्)<br>• राजनीतिक दलों का प्रतिनिधित्व चार वर्षीय कार्यकाल |
| 4. | **वी.के. राव समिति** | 1985 | • चुनाव व अन्य विवादों के निपटारे के लिए प्रत्येक राज्य में न्यायिक न्यायाधिकरण स्थापित किया जाए।<br>• जिले में योजना की बुनियादी इकाई बनाना<br>• नियमित चुनाव आयोजित करनारा |
| 3. | **एल.एम. सिंघवी समिति (अध्यक्ष-लक्ष्मीमल सिंघवी)** | 1986–87 | • पंचायती राज को संवैधानिक दर्जा दिया जाए<br>• राजनीतिक दलों की सहमति में प्रतिबन्ध<br>• जिला नियोजन में राजनीति एवं प्रशासनिक संरचना |
| 4. | **पी.के. थुंगन समिति (अध्यक्ष-पी.के. थुंगन)** | 1988 | • पंचायती राज को संवैधानिक दर्जा |

## ग्राम पंचायत

- त्रिस्तरीय पंचायती राज व्यवस्था में सतही स्तर पर तीन प्रकार की संस्थाएँ होती हैं–

  **1.** ग्राम सभा, **2.** ग्राम पंचायत और **3.** न्याय पंचायत

### ग्राम सभा

- ग्राम सभा एक या अनेक छोटे-छोटे ग्रामों से मिलकर बनी सभा हैं। गाँव की यह सभा व्यवस्थापिका का कार्य करती हैं। यह एक स्थायी संस्था है। गाँव का वह प्रत्येक व्यक्ति जो 18 वर्ष की आयु पूरी कर चुका है तथा उसका नाम वहाँ की मतदाता सूची में शामिल है, ग्राम सभा का सदस्य होता है।
  - इस अधिनियम के द्वारा **ग्राम सभा** (Gram Sabha) को **संवैधानिक दर्जा** दिया गया है। किसी **ग्राम की निर्वाचक नामावली** (Voter List) **में दर्ज नामों वाले व्यक्तियों को सामूहिक रूप से ग्राम सभा** कहा जाता है। **ग्राम सभा** में एक या एक से अधिक गाँव शामिल किए जा सकते हैं।
  - **अनुच्छेद 243 (क)** के अनुसार, ग्राम सभा, गाँव के स्तर पर ऐसी शक्तियों का प्रयोग और ऐसे कार्यों का सम्पादन करेगी, जो **राज्य विधानमण्डल** विधि द्वारा उपबन्धित करे।
  - **ग्राम पंचायत** ग्राम सभा की कार्यकारी संस्था है तथा ग्राम सभा, ग्राम पंचायत के कार्यों का निरीक्षण तथा मूल्यांकन करती है।

### ग्राम सभा के कार्य

- ग्राम ग्रामीण स्तर पर ग्राम सभा ग्रामों के लिए नीति बनाती है।
- गाँव के विकास के लिए योजनाओं का निर्माण करती है।
- ग्राम सभा के प्रत्यक्ष मतदान से ग्राम पंचायत का गठन किया जाता है। ग्राम पंचायत में एक 'मुखिया' तथा अन्य कुछ पंच होते हैं।

### पंचायत

- पंचायत का गठन 'ग्राम सभा' के सदस्यों द्वारा होता हैं। 'पंचायत' के प्रमुख का चुनाव ग्राम की जनता द्वारा प्रत्यक्ष रूप से होता है। ग्राम-प्रमुख को मुखिया, सरपंच तथा प्रमुख के नाम से भी सम्बोधित किया जाता है।
- पंचायत में एक मुखिया या प्रमुख तथा कुछ पंच होते हैं। इन पंचों की संख्या विभिन्न राज्यों में अलग-अलग है। पंचायत के शेष पंचों का चुनाव ग्राम सभा करती है।

### पंचायत के कार्य

- पंचायत ग्राम सभा की कार्यकारी संस्था है, जो निम्नलिखित कार्यों को सम्पादित करती है:

1. **नागरिक सम्बन्धी कार्य** पंचायत, नागरिकों के उत्तम स्वास्थ्य, जीवन के लिए स्वच्छ पेयजल, आवागमन के साधन, संचार व्यवस्था, शिक्षा इत्यादि के सम्बन्ध में प्रावधान करती है। प्रकाश की व्यवस्था, स्कूल की व्यवस्था करती है।
2. **जन कल्याण कार्य:** पंचायत, कल्याण के कार्यों को प्रभावी बनाने के लिए परिवार नियोजन, जन्म पंजीकरण, मृत्यु पंजीकरण, प्रौढ़ शिक्षा केन्द्र, आँगनबाड़ी योजनाएँ, कृषि तथा पशुपालन को प्रोत्साहित करने का कार्य करती है।
3. **विकास कार्य:** पंचायत ग्रामीण विकास के लिए सड़क, कुआँ, हैण्डपम्प, नालियों, पुलिया आदि तथा प्रधानमंत्री आवास योजनाओं का क्रियान्वयन करती है।

### पंचायत की आय के साधन

- पंचायतें अपने दायित्वों के निर्वाह के लिए प्रत्यक्ष तथा अप्रत्यक्ष करारोपण कर सकती हैं। वह गृहकर, चुंगी कर, वाहन कर, हाट कर, पशु के क्रय-विक्रय पर कर लगाती है।
- पंचायतें, पंचायत भवन, तालाब आदि को पट्टे पर देकर धन प्राप्त कर सकती हैं।
- पंचायतों को विभिन्न कार्यों व योजनाओं के संचालन के लिए राज्य सरकार तथा केन्द्र सरकार द्वारा अनुदान राशि प्राप्त होती है।

## न्याय पंचायत

- ग्राम पंचायत स्तर पर स्थानीय अपराधों की या समस्याओं के निपटारे के लिए न्याय पंचायत की व्यवस्था की गई है।

- इसका गठन ग्राम पंचायत द्वारा चुने गए सदस्यों से मिलकर होता है।

## कार्य व अधिकार

- स्थानीय स्तर पर समस्याओं को निपटाने का यह प्रमुख न्यायिक मंच है।
- न्याय पंचायत को गाँव के छोटे-छोटे दीवानी तथा फौजदारी मामले में निर्णय देने का अधिकार है।
- न्याय पंचायत **500 रुपए** तक का जुर्माना भी कर सकती है। किंतु वह कारावास की सजा नहीं सुना सकती है।
- इसके निर्णय के विरुद्ध साधारणतया अपील नहीं होती किंतु, अधीनस्थ न्यायालयों में इसे अपील के लिए पेश किया जा सकता है।
- न्याय पंचायत में किसी अधिवक्ता की जरूरत नहीं होती है।

## नगरपालिकाएँ

- स्थानीय नगरीय शासन अनुसूची 12 में नगरपालिका प्रणाली का प्रावधान है, जिसे संवैधानिक वैधता प्राप्त है।
- **74वें संविधान संशोधन** अधिनियम, (1933) के तहत भारतीय संविधान के **अनुच्छेद 243( त ) से 243( य ) ( छ )** के तहत इसका विशेष उल्लेख किया गया है।
- भारतीय संविधान के अनुच्छेद 243(य) के अनुसार तीन प्रकार की नगरीय व्यवस्था का उल्लेख किया गया है-
    1. **नगर पंचायत** संक्रमणशील क्षेत्र के लिए वह क्षेत्र जो ग्रामीण व शहरी दोनों का सम्मिलित रूप है। (10,000–20,000) की जनसंख्या वाले क्षेत्र में।
    2. **नगरपालिका परिषद्** छोटे-छोटे नगरों के लिए 20,000 से 3 लाख की जनसंख्या वाले क्षेत्र में।
    3. **नगर निगम** वृहत नगरों के लिए जहाँ की जनसंख्या 3 लाख से अधिक है।
- किसी नगर को किस प्रारूप में रखा जाएगा यह निर्णय लेने का अधिकार सम्बन्धित राज्य के राज्यपाल को है।

| पंचायती राज | |
|---|---|
| अनुच्छेद-243(P) | परिभाषा |
| अनुच्छेद-243(Q) | नगर पालिकाओं का गठन |
| अनुच्छेद-243(R) | नगर पालिकाओं की संरचना |
| अनुच्छेद-243(S) | वार्ड समितियों आदि का गठन और संरचना |
| अनुच्छेद-243(T) | स्थानों का आरक्षण |
| अनुच्छेद-243(U) | नगर पालिकाओं की अवधि आदि |
| अनुच्छेद-243(V) | सदस्यता के लिए आयोग्यताएँ |
| अनुच्छेद-243(W) | नगरपालिकाओं आदि की शक्तियाँ, प्राधिकार व उत्तरदायित्व |
| अनुच्छेद-243(X) | नगरपालिकाओं द्वारा कर लगाने की शक्तियाँ और उनकी विधियाँ |
| अनुच्छेद-243(Y) | वित्त आयोग |
| अनुच्छेद-243(Z) | नगरपालिकाओं के लेखाओं की संपरीक्षा |
| अनुच्छेद-243(ZA) | नगरपालिकाओं के लिए निर्वाचन |
| अनुच्छेद-243(ZB) | संघ राज्य क्षेत्रों का लागू होना |
| अनुच्छेद-243(ZC) | इस भाग का कतिपय क्षेत्रों को लागू न होना |
| अनुच्छेद-243(ZD) | जिला योजना के लिए समिति |
| अनुच्छेद-243(ZE) | महानगर योजना के लिए समिति |
| अनुच्छेद-243(ZF) | विद्यमान विधियों पर नगरपालिकाओं का बना रहना |
| अनुच्छेद-243(ZG) | निर्वाचन संबंधी मामलों में न्यायालयों के हस्तक्षेप का वर्णन |

| 12वीं अनुसूची के 18 विषय | |
|---|---|
| 1. | नगरीय योजना, जिसमें शहरी योजना भी हैं। |
| 2. | भू उपयोग नियमन व भवन निर्माण |
| 3. | आर्थिक एवं सामाजिक विकास की योजनाएँ |
| 4. | सड़कें एवं पुल |
| 5. | घरेलू, औद्योगिक एवं वाणिज्यिक प्रयोजन के जल प्रबंधन |
| 6. | सार्वजनिक स्वास्थ्य, स्वच्छता, सफाई एवं कचरा प्रबंधन |
| 7. | अग्निशमन सेवाएं |
| 8. | नगरीय व वानिकी पर्यावरण संरक्षण एवं पारिस्थितिकी तंत्र का प्रबंधन |
| 9. | समाज के विशिष्ट आवश्यकता वाले कार्य के हितों का संरक्षण |
| 10. | गंदी बस्ती सुधार व उन्नयन कार्यक्रम |
| 11. | शहरी निर्धनता निवारण कार्यक्रम |
| 12. | सार्वजनिक उद्यान, खेल मैदान इत्यादि विकसित करना |
| 13. | सांस्कृतिक, शैक्षणिक एवं सौन्दर्यपरक पहलुओं का विस्तार |
| 14. | श्मशान, कब्रिस्तान, विद्युत शवदाह, गृहों का प्रबंधन |
| 15. | काजी गृहों का प्रबंधन |
| 16. | जन्म-मृत्यु पंजीयन |
| 17. | रोड़ लाइट, पार्किंग बस स्टाफ जैसी सार्वजनिक सुविधा का विस्तार |
| 18. | वधशालाओं एवं चमड़ा उद्योग का विनियमन |

## नगरपालिका का गठन

- प्रथम नगरपालिका का गठन 1687 में चेन्नई में हुआ था। प्रत्येक नगरपालिका को प्रान्तीय निर्वाचन क्षेत्रों में विभाजित किया जाता है, जिन्हें '**वार्ड**' कहते हैं।
- नगरपालिका के सदस्य इन 'वार्डो' से जनता द्वारा प्रत्यक्ष रूप से चुने जाते हैं।

### राज्य विधानमण्डल की विधि अनुसार,

- राज्य की लोकसभा तथा विधानसभा के सदस्य जो नगरपालिका में मतदाता हैं।
- राज्य की राज्यसभा तथा विधान परिषद् के सदस्य नगरपालिका के मतदाता हैं।
- नगरपालिका प्रशासन का विशेष ज्ञान रखने वाले व्यक्ति तथा कुछ समितियों के अध्यक्ष को नगरपालिका में प्रतिनिधित्व व सदस्यता प्रदान की गई है।

## नगरपालिका का कार्यकाल

- नगरपालिका अपने पहले अधिवेशन की तारीख से 5 वर्ष तक अपने अस्तित्व में बनी रहती है।
- किंतु समय से पूर्व भी इसका विघटन किया जा सकता है। यदि इसका विघटन हो जाता है तो विघटन की तारीख से 6 माह के अन्दर उसका पुनर्गठन हो जाना चाहिए। पुनर्गठित नगरपालिका विघटित नगरपालिकाओं के शेष कार्यकाल तक कार्य करेगी।

## सदस्यों की योग्यताएँ

- नगरपालिका का सदस्य होने के लिए अनिवार्य योग्यताएँ हैं-
    - वह भारतीय नागरिक हो।
    - वह **21 वर्ष** की आयु पूरी कर चुका हो।
    - वह पागल व दिवालिया न हो।
    - वह सरकारी लाभ के पद पर आसीन न हो।

## नगरपालिका का कार्य क्षेत्र

- भारतीय संविधान की **अनुसूची 12** में वर्णित 18 विषयों पर कार्य करने का अधिकार प्राप्त है।
- विविध कार्यों को विविध समितियों के माध्यम से नगरपालिका संचालित करती है।
- वह आर्थिक एवं सामाजिक विकास के लिए योजनाएँ बनाती है तथा उन्हें क्रियान्वित करती है।

- वह समाज के पिछड़े वर्गों के विकास के लिए कार्य करती है। विकलांग तथा मानसिक रूप से विक्षिप्त लोगों के हितों की रक्षा करती है।
- वह नगरीय सुख-सुविधाओं-सड़क प्रकाश, पेयजल, सीवरेज इत्यादि की व्यवस्था करती है।
- वह जनगणना करवाने में सहयोग करती है।

## प्रश्नमाला

**1. भारत में पंचायती राज निम्न में से किस संविधान संशोधन द्वारा लागू किया गया था ?**
(a) 71 वें संविधान संशोधन द्वारा
(b) 72वें संविधान संशोधन द्वारा
(c) 73वें संविधान संशोधन द्वारा
(d) 74वें संविधान संशोधन द्वारा

**2. 73वाँ संविधान संशोधन के सन्दर्भ में निम्न में से कौन-सा/से कथन सही है/हैं ?**
(a) यह अधिनियम 24 अप्रैल, 1993 को प्रभाव में आया था
(b) इसका उद्देश्य उत्तरदायित्व का विकास करना है
(c) 11वीं अनुसूची में इस संशोधन द्वारा पंचायती राज सम्मिलित किया गया था
(d) उपरोक्त सभी

**3. निम्न कथनों पर विचार कीजिए**
**A. पंचायती व्यवस्था में महिलाओं के लिए आरक्षण की व्यवस्था की गई है।**
**B. स्थानीय शासन के विषय को संविधान की सातवीं अनुसूची में संघ सूची में सम्मिलित किया गया है।**
**उपरोक्त कथनों में से कौन सा/से कथन सही है/हैं ?**
(a) केवल A (b) केवल B
(c) A और B दोनों (d) इनमें से कोई नहीं

**4. पंचायत समिति के सन्दर्भ में निम्न कथनों पर विचार कीजिए-**
**A. पंचायत समिति पंचायती राज प्रणाली का द्वितीय स्तर है।**
**B. इसे जनपद पंचायत के नाम से भी जाना जाता है।**
**.......... उपरोक्त कथनों में से कौन-सा/से कथन सही है/हैं ?**
(a) केवल A (b) केवल B
(c) A और B दोनों (d) इनमें से कोई नहीं

**5. नगरीय प्रशासन के सन्दर्भ में निम्न में से 'कौन सा/से कथन सही है/हैं ?**
(a) नगरीय स्वशासन को जून, 1993 में 74वें संविधान संशोधन द्वारा वैधानिक दर्जा प्रदान किया गया था
(b) छोटे शहरी क्षेत्रों के लिए नगर परिषद् होती है
(c) नगर निगम बड़े शहरी क्षेत्रों के लिए है
(d) उपरोक्त सभी

**6. 'जनपद पंचायत' के अन्तर्गत-**
(a) कई जिला परिषद होते हैं
(b) कई ग्राम पंचायतें होती हैं
(c) कई नगरपालिका वार्ड होते हैं
(d) कई ग्राम सभाएँ होती हैं

**7. 'ग्राम सभा' के बारे में निम्नलिखित कथनों में से कौन-सा सही है ?**
(a) सभी ग्राम पंचायतों की विकास सम्बन्धी योजनाओं का ग्राम सभा में पुनरीक्षण किया जाता है
(b) ग्राम सभा सभी ग्राम पंचायतों के धनराशि के वितरण को नियमित करती है
(c) यह जिले में सभी गाँवों के सरपंचों की बैठकों का स्थल है
(d) ग्राम सभा का सचिव ग्राम सभा और ग्राम पंचायत की बैठक बुलाने तथा कार्यवाही का आलेख रखने के लिए उत्तरदायी होता है

**8. जनपद पंचायत के कार्यों के विषय में निम्नलिखित दो कथनों A और B पर विचार कीजिए तथा सही उत्तर का चयन कीजिए।**
**A. जनपद पंचायत जिला स्तर पर विकास योजनाएँ निर्धारित करती हैं।**
**B. जनपद पंचायत, ग्राम पंचायतों के मध्य धन वितरण नियमित करने में जिला परिषद् की सहायता करती है।**
**कूट**
(a) A गलत है और B सही है
(b) A और B दोनों सही हैं
(c) A और B दोनों गलत हैं
(d) A सही है और B गलत है

**9. 'पटवारियों' (लेखपालों) के कार्य की देखभाल निम्नलिखित में से कौन करता है ?**
(a) तहसीलदार
(b) ग्राम पंचायत का सरपंच
(c) जिलाधीश
(d) सम्बन्धित क्षेत्र के पुलिस स्टेशन का एस एच ओ

**10. निम्नलिखित में से कौन ग्राम पंचायत में चुनकर आते हैं और कार्य सम्भालते हैं ?**
**A. सरपंच** **B. वार्ड के सदस्य**
**C. सचिव** **D. ग्राम सभा सदस्य**
**कूट**
(a) B, C और D (b) A और B
(c) A और C (d) A, B और C

**11. निम्नलिखित में से कौन ग्रामीण प्रशासनिक अधिकारी नहीं है ?**
(a) लेखपाल
(b) पटवारी
(c) नगर निगम वार्ड कॉउन्सिलर
(d) भूमि रिकॉर्ड अधिकारी

**12. भारतीय संविधान के कौन-से अनुच्छेद में जिला योजना समिति का गठन होता है?**
(a) अनुच्छेद 243 ZD
(b) अनुच्छेद 244 ZD
(c) अनुच्छेद 242 ZD
(d) अनुच्छेद 243 ZE

**13. भारत में महिलाओं के लिए स्थान आरक्षित है**
(a) पंचायती राज संस्थाओं में
(b) राज विधान सभाओं में
(c) मंत्रिमण्डल में
(d) लोक सभा में

**14. पंचायत समिति के सदस्य-**
(a) जनता द्वारा प्रत्यक्ष रूप से चुने जाते हैं
(b) पंचायत के सदस्यों द्वारा चुने जाते हैं
(c) जिलाधिकारी द्वारा मनोनीत किए जाते हैं
(d) खुली प्रतियोगिता के आधार पर भर्ती किए जाते हैं

**15. 2 अक्टूबर, 1959 को पंचायती राज का प्रारम्भ कहाँ हुआ?**
(a) नागौर (b) सीकर
(c) साबरमती (d) नागपुर

**16. मेयर का कार्यकाल कितने वर्ष होता है?**
(a) 1 वर्ष (b) 2 वर्ष
(c) 3 वर्ष (d) 5 वर्ष

**17. कौन-सी भाषा हमारे संविधान की आठवीं अनुसूची में सम्मिलित नहीं है?**
(a) गुजराती (b) कश्मीरी
(c) राजस्थानी (d) डोंगरी

**18. प्रथम पंचायती राज व्यवस्था का उद्घाटन पं. जवाहर लाल नेहरू द्वारा 2 अक्टूबर, 1959 को किया गया था-**
(a) साबरमती में (b) वर्धा में
(c) नागौर में (d) सीकर में

**19. जिस समिति की संस्तुति पर देश में पंचायती राज को लागू किया गया था, उसके अध्यक्ष थे-**
(a) अशोक मेहता
(b) बलवन्त राय मेहता
(c) चिमन भाई मेहता
(d) जीवराज मेहता

**20. भारतीय संविधान के अनुच्छेद 314 के तहत प्रथम राजकीय भाषा आयोग का गठन हुआ था-**
(a) वर्ष 1950 में के.एम. मुंशी की अध्यक्षता में
(b) वर्ष 1955 में बी.जी. खेर की अध्यक्षता में
(c) वर्ष 1960 में एस.सी. छागला की अध्यक्षता में
(d) वर्ष 1965 में हुमायूं कबीर की अध्यक्षता में

**21. संविधान की आठवीं अनुसूची में सम्मिलित भाषाओं में निम्नांकित में से कौन-सी भाषा बोलने वाले सर्वाधिक है?**
(a) बंगाली (b) गुजराती
(c) मराठी (d) तेलुगू

**22. सूची—I को सूची—II के साथ सुमेलित कीजिए तथा सूचियों के नीचे दिए गए कूट का प्रयोग कर सही उत्तर चुनिए-**

| सूची-I (संविधान के अनुच्छेद) | सूची-II (विषय) |
|---|---|
| A. अनु. 40 | 1. गांव पंचायत का गठन |
| B. अनु. 41 | 2. काम करने का अधिकार |
| C. अनु. 44 | 3. समान नागरिक संहिता |
| D. अनु. 48 | 4. कृषि एवं पशुपालन का गठन |

**कूट:**

| | A | B | C | D |
|---|---|---|---|---|
| (a) | 1 | 2 | 3 | 4 |
| (b) | 2 | 3 | 1 | 4 |
| (c) | 1 | 3 | 4 | 2 |
| (d) | 3 | 2 | 4 | 1 |

**23. भारत में त्रि-स्तरीय पंचायत राजतंत्र की सिफारिश की थी-**
(a) अशोक मेहता समिति ने
(b) बलवन्त राय मेहता समिति ने
(c) जी.के.वी. राव समिति ने
(d) एल.एम. सिंघवी समिति ने

**24. पंचायतों एवं नगरपालिकाओं के सम्बन्ध में भारतीय संविधान में किस वर्ष प्रावधान किया गया?**
(a) 1991 (b) 1995
(c) 2000 (d) 1993

**25. निम्नलिखित में से कौन संवैधानिक प्राधिकरण हैं?**
**1. राज्य निर्वाचन आयोग 2. राज्य वित्त आयोग**
**3. जिला पंचायत 4. राज्य निर्वाचन अधिकारी**

**कूटः**
(a) केवल 1 और 2
(b) केवल 1, 2 और 3
(c) केवल 2, 3 और 4
(d) 1, 2, 3 और 4

**26. निम्न में से किस राज्य में पंचायती राज का शुभारम्भ सबसे पहले हुआ?**
(a) उत्तर प्रदेश (b) बिहार
(c) राजस्थान (d) गुजरात

**27. जिस समिति ने लोकतांत्रिक विकेंद्रीकरण और पंचायत राज की सिफारिश की उसका सभापति कौन था?**
(a) के.एम. पन्निकर
(b) एच.एन. कुंजरु
(c) महात्मा गांधी
(d) बलवन्त राय मेहता

**28. पंचायत समिति के सदस्य-**
(a) खंड विकास अधिकारी द्वारा मनोनीत किए जाते हैं।
(b) जिला पंचायत अध्यक्ष द्वारा मनोनीत किए जाते हैं।
(c) प्रत्यक्ष रूप से जनता द्वारा निर्वाचित किए जाते हैं।
(d) ग्राम पंचायत के सदस्यों द्वारा अप्रत्यक्ष रूप से निर्वाचित किए जाते हैं।

**29. संसद के सूचना अधिकार अधिनियम को भारत के राष्ट्रपति की स्वीकृति प्राप्त हुई-**
(a) 15 मई, 2005 को
(b) 5 जून, 2005 को
(c) 15 जून, 2005 को
(d) 12 अक्टूबर, 2005 को

**30. हमारे संविधान के किस भाग में तीन सोपानों में पंचायतें बनाने की परिकल्पना की गई है?**
(a) भाग IX (b) भाग X
(c) भाग XI (d) भाग XII

**31. निम्नलिखित में से कौन-सी एक समिति पंचायती राज संस्था से सम्बन्धित नहीं है?**
(a) पी.वी.एन. राव समिति
(b) एल.एम. सिंघवी समिति
(c) अशोक मेहता समिति
(d) बलवन्त राय मेहता समिति

**32. ट्राइसेम एक कार्यक्रम है-**
(a) ग्रामीण विकास का
(b) औद्योगिक विकास का
(c) शहरी विकास का
(d) सुरक्षात्मक तैयारियों का

**33. भारतीय संविधान की ग्यारहवीं अनुसूची सम्बन्धित है-**
(a) पंचायती राज से
(b) नगरपालिका से
(c) केंद्र-राज्य सम्बन्धों से
(d) उपर्युक्त में से कोई नहीं

**34. निम्नलिखित में से कौन पंचायतों की वित्तीय स्थिति का पुनर्विलोकन करने के लिए 'वित्त आयोग' का गठन करता है?**
(a) सम्बन्धित राज्य का मुख्यमंत्री
(b) सम्बन्धित राज्य का वित्तमंत्री
(c) सम्बन्धित राज्य का राज्यपाल
(d) सम्बन्धित राज्य का पंचायती राज्यमंत्री

**35. निम्नलिखित में से किसे भारत में 'स्थानीय स्वायत्त शासन' का जनक माना जाता है?**
(a) लॉर्ड डलहौजी (b) लॉर्ड कैनिंग
(c) लॉर्ड कर्जन (d) लॉर्ड रिपन

**36. संविधान के किस संशोधन द्वारा केंद्रीय मंत्रियों की संख्या लोकसभा के कुल सदस्यों के 15% पर सीमित कर दी गई है?**
(a) 91वां संशोधन
(b) 92वां संशोधन
(c) 90वां संशोधन
(d) उपर्युक्त में से कोई नहीं

**37. निम्नलिखित पंचायतों में से किसे/किन्हें उत्तर प्रदेश में जिला योजना में सम्मिलित किया जाता है?**
**I. नगर पंचायत II. ग्राम पंचायत**
**III. क्षेत्र पंचायत**
**नीचे दिए गए कूट से सही उत्तर चुनिए :**

**कूटः**
(a) केवल I
(b) केवल I और III
(c) केवल II और III
(d) I, II और III सभी

**38. भारतीय संविधान के अनुच्छेद 243(ZJ) के अनुसार सहकारी समिति के निदेशकों की अधिकतम संख्या हो सकती है?**
(a) 21 (b) 15
(c) 11 (d) 7

## उत्तरमाला

| | | | | | | | | | |
|---|---|---|---|---|---|---|---|---|---|
| 1. (c) | 2. (d) | 3. (a) | 4. (c) | 5. (d) | 6. (b) | 7. (d) | 8. (d) | 9. (a) | 10. (b) |
| 11. (c) | 12. (a) | 13. (a) | 14. (a) | 15. (a) | 16. (d) | 17. (c) | 18. (c) | 19. (b) | 20. (b) |
| 21. (a) | 22. (a) | 23. (b) | 24. (d) | 25. (b) | 26. (c) | 27. (d) | 28. (c) | 29. (c) | 30. (a) |
| 31. (a) | 32. (a) | 33. (a) | 34. (c) | 35. (d) | 36. (a) | 37. (d) | 38. (a) | | |

❑❑❑

# 8 न्यायपालिका

## सर्वोच्च न्यायालय

- भारतीय संविधान के **अनुच्छेद-124** के तहत भारत में सर्वोच्च न्यायालय का गठन किया गया है। संसद को अधिकार है कि वह न्यायाधीशों की संख्या को निश्चित करें।
  - ❖ सर्वोच्च न्यायालय(न्यायाधीशों की संख्या) संशोधन बिल 2019 से न्यायाधीशों की कुल संख्या 34 (1 मुख्य न्यायाधीश और 33 अन्य न्यायाधीश) हैं।
  - ❖ यह मौलिक अधिकारों का संरक्षक होता है।
  - ❖ अनुच्छेद 129 के तहत सर्वोच्च न्यायालय एक अभिलेख न्यायालय है। अत: इसकी अवमानना पर दण्ड दिया जा सकता है।

### न्यायाधीशों की योग्यताएँ

- सर्वोच्च न्यायालय का न्यायाधीश नियुक्त होने के लिए निम्नलिखित योग्यताएँ आवश्यक हैं–
  1. भारत का नागरिक हो।
  2. किसी उच्च न्यायालय में अथवा दो या दो से अधिक न्यायालयों में लगातार **कम-से-कम 5 वर्षों तक** न्यायाधीश के पद पर रह चुका हो/या किसी उच्च न्यायालय में कम-से-कम 10 वर्ष तक अधिवक्ता रहा हो/या राष्ट्रपति की दृष्टि में विधि का विद्वान् हो।

### न्यायाधीशों की नियुक्ति

- सर्वोच्च न्यायालय के न्यायाधीशों को राष्ट्रपति द्वारा नियुक्त किया जाता है। सर्वोच्च न्यायालय के मुख्य न्यायाधीश इस प्रसंग में राष्ट्रपति को परामर्श देने के पूर्व अनिवार्य रूप से 'चार वरिष्ठतम न्यायाधीशों के समूह' (कॉलेजियम) से परामर्श करते हैं तथा परामर्श के आधार पर राष्ट्रपति को परामर्श देते हैं।

### न्यायाधीशों के वेतन तथा भत्ते

- वर्तमान में सर्वोच्च न्यायालय के मुख्य न्यायाधीश **को ₹2,80,000** प्रति माह तथा अन्य **न्यायाधीशों को ₹2,50,000** प्रति माह वेतन प्राप्त होता है।
- उनके वेतन व भत्ते भारत की संचित निधि से दिए जाते हैं।

### कार्यकाल व महाभियोग

- सर्वोच्च न्यायालय के न्यायाधीशों की कार्यावधि **उनकी आयु के 65 वर्ष** तक की होती है किंतु, इससे पूर्व वह राष्ट्रपति को संबोधित कर अपना इस्तीफा दे सकता है।

#### सर्वोच्च न्यायालय के न्यायाधीशों को केवल

1. प्रमाणित कदाचार तथा
2. शारीरिक व मानसिक असमर्थता के आधार पर संसद के प्रत्येक सदन द्वारा विशेष बहुमत प्रक्रिया द्वारा पारित 'महाभियोग प्रस्ताव' के माध्यम से हटाया जा सकता है। [अनुच्छेद 124 (4)]

- अब तक मात्र दो बार **महाभियोग प्रक्रिया** की आवश्यकता हुई। प्रथम बार (1991–93 में) उच्चतम न्यायालय के न्यायाधीश **आर. रामास्वामी** के विरुद्ध तथा 2011 में कोलकाता उच्च न्यायालय के मुख्य न्यायाधीश **सौमित्र सेन** के विरुद्ध महाभियोग लाया गया।

### कार्य एवं क्षेत्राधिकार

#### प्रारंभिक क्षेत्राधिकार

- भारतीय संविधान के **अनुच्छेद 131** के अंतर्गत सर्वोच्च न्यायालय को संघ तथा राज्यों या राज्य तथा राज्यों के बीच विवादों का हल निकालने का प्रारंभिक क्षेत्राधिकार है।
- इस क्षेत्राधिकार के तहत सर्वोच्च न्यायालय उसी विवाद को निर्णय के लिए स्वीकार करेगा जिसमें किसी तथ्य या विधि का प्रश्न शामिल है।

#### अपीलीय क्षेत्राधिकार

- सर्वोच्च न्यायालय देश का सर्वोच्च अपीलीय न्यायालय है। संविधान **अनुच्छेद-132** के तहत उच्च न्यायालय के अंतिम आदेश या निर्णय के विरुद्ध सर्वोच्च न्यायालय में अपील की जा सकती है। संविधान की व्याख्या के लिए संवैधानिक पीठ का गठन होता है जिसमें 5 या अधिक न्यायाधीशों की बैंच होती है।

#### परामर्शदात्री क्षेत्राधिकार

- संविधान **अनुच्छेद-143** के तहत राष्ट्रपति सर्वोच्च न्यायालय से सार्वजनिक महत्व के किसी मामले पर सुझाव माँग सकता है। सर्वोच्च न्यायालय आवश्यकतानुसार सुझाव दे भी सकता है और इनकार भी कर सकता है।

#### न्यायिक पुनर्विलोकन

- उच्चतम न्यायालय को संसद या विधानमण्डलों द्वारा पारित किसी अधिनियम तथा कार्यपालिका द्वारा दिए गए किसी आदेश की **वैधानिकता का पुनर्विलोकन** करने का अधिकार है।

#### मौलिक अधिकारों का संरक्षक

- भारतीय संविधान **अनुच्छेद-32** के तहत सर्वोच्च न्यायालय भारतीय नागरिकों के मौलिक अधिकारों का संरक्षक है। इसके लिए उसे विभिन्न प्रकार के 'रिट्स' जारी करने का अधिकार है। मौलिक अधिकारों के हनन पर सीधे सर्वोच्च न्यायालय में अपील की जा सकती है।
- सर्वोच्च न्यायालय को 'बंदी प्रत्यक्षीकरण' 'परमादेश', 'प्रतिषेध', 'उत्प्रेषण' तथा 'अधिकार पृच्छा' रिट्स जारी करने का अधिकार है।

## अंतरण का क्षेत्राधिकार

- उच्चतम न्यायालय, उच्च न्यायालयों में लम्बित मामलों को अपने यहाँ अंतरित कर सकता है तथा किसी उच्च न्यायालय में लम्बित मामलों को दूसरे उच्च न्यायालय में अंतरित कर सकता है।

### सर्वोच्च न्यायालय के न्यायाधीशों के सम्बन्ध में स्मरणीय तथ्य

- सर्वोच्च न्यायालय का प्रथम मुख्य न्यायाधीश-**हीरालाल जे कानिया।**
- सर्वोच्च न्यायालय की प्रथम महिला मुख्य न्यायाधीश-**मीरा साहिब फातिमा बीबी**

**सर्वोच्च न्यायालय के संदर्भ में विशिष्ट तथ्य**

- भारत में संघीय न्यायालय (Federal Court) की स्थापना 1 अक्टूबर, 1937 को भारत सरकार अधिनियम, 1935 के तहत की गई थी। इसके प्रथम मुख्य न्यायाधीश **सर मौरिस ग्वेयर** थे।
- भारत के 11वें मुख्य **न्यायाधीश एम. हिदायतुल्ला** ने 20 जुलाई, 1969 से 24 अगस्त, 1969 तक भारत के कार्यवाहक राष्ट्रपति का पदभार ग्रहण किया था। वे अब तक के एकमात्र ऐसे मुख्य न्यायाधीश हैं, जिन्होंने कार्यवाहक राष्ट्रपति के रूप में कार्य किया।
- भारत के मुख्य न्यायाधीश के पद पर सबसे लम्बी अवधि तक (7 वर्ष 4 माह 20 दिन) कार्य करने वाले न्यायाधीश **न्यायमूर्ति वाई.वी. (यशवंत विष्णु) चन्द्रचूड़** हैं। दूसरा स्थान **भुवनेश्वर प्रसाद सिन्हा** का है, जिन्होंने लगभग 4 वर्ष 4 माह तक मुख्य न्यायाधीश के पद पर कार्य किया था।
- भारत के मुख्य न्यायाधीश के रूप में सबसे कम समय तक (मात्र 18 दिन) कार्य करने वाले न्यायाधीश न्यायमूर्ति के.एन. सिंह (कमल नारायण सिंह) हैं। **दूसरे स्थान पर न्यायमूर्ति एस. राजेन्द्र बाबू** (29 दिन) तथा **तीसरे स्थान पर न्यायमूर्ति जी. वी. पटनायक** (40 दिन) है।
- न्यायमूर्ति **फातिमा बीबी** उच्चतम न्यायालय की **प्रथम महिला न्यायाधीश** थीं। अब तक उच्चतम न्यायालय में नियुक्त होने वाली अन्य महिला न्यायाधीश-**न्यायमूर्ति सुजाता मनोहर, न्यायमूर्ति रूमापाल, न्यायमूर्ति ज्ञान सुधा मिश्रा** और **न्यायमूर्ति रंजना देसाई हैं।**
- **न्यायमूर्ति ज्ञान सुधा मिश्रा** उच्चतम न्यायालय की **चौथी महिला जज** हैं। उन्हें अप्रैल, 2010 में उच्चतम न्यायालय में नियुक्त किया गया था, इसके पूर्व वह पटना उच्च न्यायालय की मुख्य न्यायाधीश थीं।
- 37वें मुख्य न्यायाधीश **न्यायमूर्ति के.जी. बाल कृष्णन** भारत के **प्रथम दलित मुख्य न्यायाधीश** थे।
- 38वें मुख्य न्यायाधीश न्यायमूर्ति **एस.एच. कपाड़िया स्वतन्त्र भारत** में जन्म लेने वाले भारत के प्रथम मुख्य न्यायाधीश थे।
- 17वें मुख्य न्यायमूर्ति **पी.एन. भगवती** भारत में **लोक हित वाद** (Public Interest Litigation—PIL) के प्रणेता कहे जाते हैं।

**राष्ट्रपति द्वारा परामर्श के लिए भेजे गए मामले**

1. 1951 में इन **री देल्ही लॉ एक्ट** (दिल्ली विधि अधिनियम) के मामले को
2. 1952 में इन **री सी कस्टम्स एक्ट** के मामले को
3. 1956 में इन **री बेरूबारी** के मामले को
4. 1958 में इन **री केरल एजुकेशन** विधेयक को
5. 1965 में **केशव सिंह** के मामले को
6. 1974 में इन **री प्रेसिडेंशियल पोल** (राष्ट्रपति चुनाव) के मामले को
7. 1978 में इन **री स्पेशल कोर्ट रिफरेन्स** के मामले को
8. 1991 में **कावेरी जल विवाद अधिकरण** के मामले को
9. 1993 में **अयोध्या मंदिर** के मामले को
10. 1998 में उच्चतम न्यायालयों के न्यायाधीशों की नियुक्ति और स्थानांतरण के मामले को।
11. 2001 का विशेष निर्देश (प्राकृतिक गैस से सम्बन्धित मामला)
12. 2002 का विशेष निर्देश (गुजरात विधानसभा के चुनाव का मामला)

## उच्च न्यायालय

- भारत संविधान के अनुच्छेद 214 के अनुसार प्रत्येक राज्य के लिए एक उच्च न्यायालय होगा, लेकिन संसद विधि द्वारा दो से अधिक राज्यों और किसी संघ राज्य क्षेत्र के लिए एक ही उच्च न्यायालय स्थापित कर सकता है।
- उच्च न्यायालय, राज्य न्यायपालिका के शीर्ष पर स्थित है। जो एक अभिलेख न्यायालय है, जिसकी अवमानना पर किसी को दण्डित किया जा सकता है।
- वर्तमान में 25 उच्च न्यायालय हैं जो 36 राज्यों सह संघ शासित प्रदेश तक विस्तृत हैं।
- उच्च न्यायालयों के लिए न्यायाधीशों की कोई निश्चित न्यूनतम संख्या नहीं है। यह विभिन्न न्यायालयों में अलग-अलग हो सकती है।

### गठन

- भारतीय संविधान के **अनुच्छेद 216** के तहत प्रत्येक उच्च न्यायालय का गठन एक मुख्य न्यायाधीश तथा ऐसे अन्य न्यायाधीशों से मिलकर होता है, जो समय-समय पर राष्ट्रपति द्वारा निर्धारित किए जाएँ।

### न्यायाधीशों की योग्यताएँ

- उच्च न्यायालय के न्यायाधीशों के लिए अनिवार्य योग्यताएँ हैं–
  - ❖ वह भारत का नागरिक हो।
  - ❖ भारत के राज्य क्षेत्र में कम-से-कम दस वर्ष तक न्यायाधीश के पद पर कार्य कर चुका हो अथवा
  - ❖ किसी उच्च न्यायालय का या ऐसे दो या अधिक न्यायालयों का लगातार कम-से-कम दस वर्ष तक अधिवक्ता रहा हो।

### न्यायाधीशों की नियुक्ति

- उच्च न्यायालय के मुख्य न्यायाधीश की नियुक्ति भारत के मुख्य न्यायाधीश तथा उस राज्य के राज्यपाल से परामर्श लेकर भारत का राष्ट्रपति करता है।
- उच्च न्यायालय के अन्य न्यायाधीशों की नियुक्ति राष्ट्रपति सम्बन्धित राज्य के मुख्य न्यायाधीश की सलाह लेकर करता है।

### शपथ ग्रहण

- उच्च न्यायालय के न्यायाधीशों को राज्यपाल के समक्ष शपथ ग्रहण करना होता है।

### वेतन तथा भत्ते

- वर्तमान में उच्च न्यायालय के मुख्य न्यायाधीश को **₹ 2,50,000** प्रति माह तथा अन्य न्यायाधीशों को **₹ 2,25,000** प्रति माह वेतन प्राप्त होता है।
  - ❖ उनके वेतन व भत्ते राज्य की संचित निधि से दिए जाते हैं तथा पेंशन भारत की संचित निधि से दिए जाते हैं।

### कार्यकाल

- उच्च न्यायालय के न्यायाधीशों के अवकाश ग्रहण करने की अधिकतम आयु सीमा 65 वर्ष है।

- किसी न्यायाधीश को उसके कार्यकाल से पूर्व कदाचार और अक्षमता के आधार पर उसी रीति से हटाया जा सकता है, जिस प्रकार उच्चतम न्यायालय के न्यायाधीश को हटाया जाता है (महाभियोग जैसी प्रक्रिया द्वारा)।
- किंतु कोई भी न्यायाधीशों, राष्ट्रपति को संबोधित अपना त्यागपत्र समय से पूर्व भी सौंप सकता है।

### न्यायाधीशों पर प्रतिबंध

- संविधान के **अनुच्छेद 220** के अनुसार उच्च न्यायालय का कोई स्थायी न्यायाधीश पदनिवृत्ति के पश्चात् उसी उच्च न्यायालय में या उस उच्च न्यायालय के किसी अधीनस्थ न्यायालय में वकालत नहीं कर सकता।
    - ❖ किंतु वह अन्य उच्च न्यायालयों या सर्वोच्च न्यायालय में वकालत कर सकता है।

**भारत के उच्च न्यायालय**

| क्र.सं. | नाम | स्थापना वर्ष | राज्य क्षेत्रीय अधिकारिता | अवस्थित | खण्डपीठ |
|---|---|---|---|---|---|
| 1. | बम्बई (मुंबई) | 1862 | महाराष्ट्र, दादरा एवं नगर हेवली | मुंबई | नागपुर, पणजी और औरंगाबाद |
| 2. | कलकत्ता (कोलकाता) | 1862 | पश्चिम बंगाल, अण्डमान और निकोबार द्वीप | कोलकाता | पोर्ट ब्लेयर |
| 3. | मद्रास (चेन्नई) | 1862 | तमिलनाडु और पुदुचेरी | मद्रास (चेन्नई) | |
| 4. | इलाहाबाद | 1866 | उत्तर प्रदेश | इलाहाबाद | लखनऊ |
| 5. | कर्नाटक | 1884 | कर्नाटक | बंगलौर | |
| 6. | पटना | 1916 | बिहार | पटना | |
| 7. | गुवाहाटी | 1948 | असम और नागालैंड | गुवाहाटी | कोहिमा, मिजोरम और अरुणाचल प्रदेश |
| 8. | उड़ीसा | 1948 | उड़ीसा | कटक | |
| 9. | राजस्थान | 1949 | राजस्थान | जोधपुर | जयपुर |
| 10. | आन्ध्र प्रदेश | 2019 | आन्ध्र प्रदेश | अमरावती | |
| 11. | मध्य प्रदेश | 1956 | मध्य प्रदेश | जबलपुर | ग्वालियर, इन्दौर |
| 12. | जम्मू-कश्मीर | 1957 | जम्मू-कश्मीर | श्रीनगर | जम्मू |
| 13. | केरल | 1958 | केरल और लक्षद्वीप | अर्नाकुलम | |
| 14. | गुजरात | 1960 | गुजरात | अहमदाबाद | |
| 15. | दिल्ली | 1966 | दिल्ली | दिल्ली | |
| 16. | पंजाब-हरियाणा | 1966 | पंजाब, हरियाणा, चण्डीगढ़ | चण्डीगढ़ | |
| 17. | हिमाचल प्रदेश | 1971 | हिमाचल प्रदेश | शिमला | |
| 18. | सिक्किम | 1975 | सिक्किम | गंगटोक | |
| 19. | झारखण्ड | 2000 | झारखण्ड | राँची | |
| 20. | छत्तीसगढ़ | 2000 | छत्तीसगढ़ | बिलासपुर | |
| 21. | उत्तराखंड | 2000 | उत्तराखण्ड | नैनीताल | |
| 22. | मणिपुर | 2013 | मणिपुर | इम्फाल | |
| 23. | मेघालय | 2013 | मेघालय | शिलांग | |
| 24. | त्रिपुरा | 2013 | त्रिपुरा | अगरतला | |
| 25. | तेलंगाना | 1954 | तेलंगाना | हैदराबाद | |

## कार्य एवं क्षेत्राधिकार

- राज्य उच्च न्यायालय के कार्य एवं अधिकार की सीमा राज्य तक होती है, किंतु, संसद विधि द्वारा इसे दूसरे राज्य की सीमा से भी जोड़ सकती है।
- उच्च न्यायालय के कार्यों में शामिल हैं–
    - ❖ अपीलीय अधिकारिता
    - ❖ रिट अधिकारिता
    - ❖ अधीक्षण क्षेत्राधिकार
    - ❖ न्यायिक पुनर्विलोकन शक्ति
    - ❖ संविधान के संरक्षक

## अधीनस्थ न्यायालय

- प्रत्येक राज्य में जिला स्तर पर अधीनस्थ न्यायालय होता है। अधीनस्थ न्यायालय, उच्च न्यायालय के नियंत्रण में कार्य करता है।
- अधीनस्थ न्यायालय तीन प्रकार के होते हैं–
    - ❖ दीवानी न्यायालय
    - ❖ फौजदारी न्यायालय
    - ❖ राजस्व न्यायालय

## न्यायाधीशों की नियुक्ति

- भारतीय संविधान **अनुच्छेद 233** के अनुसार ऐसा व्यक्ति, जो कि राज्य या संघ की नियमित सेवा में नहीं है, लेकिन यदि वह कम-से-कम 7 वर्ष तक अधिवक्ता रहा है तथा उसकी नियुक्ति के लिए राज्य के उच्च न्यायालय में सिफारिश की है तो उसे जिला न्यायाधीश के पद पर नियुक्त किया जा सकेगा।
- **अनुच्छेद 233 (1)** के अनुसार जिला न्यायाधीशों की नियुक्ति, पदस्थापना और प्रोन्नति उस राज्य के राज्यपाल द्वारा की जाएगी। अपने इस अधिकार का प्रयोग करने से पूर्व वह उच्च न्यायालय से परामर्श करेगा।

- जिला न्यायालयों तथा उनके अधीनस्थ अन्य न्यायालयों पर उच्च न्यायालय का पूर्ण प्रशासनिक नियंत्रण होगा।
- संविधान का **अनुच्छेद 237** राज्यपाल को यह अधिकार देता है कि वह अधीनस्थ न्यायालय सम्बन्धी प्रावधान किसी भी श्रेणी के मजिस्ट्रेट पर लागू करें।

## लोक अदालत

- सिविल प्रक्रिया संहिता (1908) के तहत सिविल कोर्ट के समान शक्तियाँ निहित हैं।
- कानूनी सेवा प्राधिकरण अधिनियम 1987 को लोक अदालत को वैधानिक दर्जा प्रदान करता है।
- पहला लोक अदालत शिविर 1982 गुजरात में शुरू किया गया था।
- यह गांधीवादी सिद्धांतों से प्रभावित है, जो वैकल्पिक विवाद समाधान प्रणाली के घटकों में से एक है।
- लोक अदालत कानूनी विवादों के मैत्रीपूर्ण समझौते के लिए एक वैधानिक मंच है। यह लोक उपयोगी सेवाओं के विवादों के संबंध में मुकदमेबाजी पूर्व सफल एवं निर्धारण के लिए है।
- ऐसे फौजदारी विवादों को छोड़कर जिनमें समझौता नहीं किया जा सकता, दीवानी फौजदारी, राजस्व अदालतों में लम्बित सभी कानूनी विवाद मैत्रीपूर्ण समझौते के लिए लोक अदालत में ले जा सकते हैं।
- भारत में पहली लोक अदालत महाराष्ट्र में स्थापित की गई थी।

## प्रश्नमाला

**1. निम्नलिखित कथनों पर विचार कीजिए-**

**A. उच्चतम न्यायालय में न्यायाधीशों की संख्या घटाने या बढ़ाने का अधिकार राष्ट्रपति को है।**

**B. उच्चतम न्यायालय में वर्तमान में न्यायाधीशों की संख्या 31 है।**

कूट

(a) 'A' सही परन्तु 'B' गलत
(b) 'A' तथा 'B' दोनों गलत
(c) 'A' गलत परन्तु 'B' सही
(d) 'A' तथा 'B' दोनों सही

**2. निम्नलिखित कथनों पर विचार कीजिए-**

**A. उच्च न्यायालय के न्यायाधीशों की नियुक्ति सम्बन्धित राज्य का राज्यपाल करता है।**

**B. उच्च न्यायालय के न्यायाधीशों की संख्या राष्ट्रपति निर्धारित करता है।**

कूट

(a) 'A' सत्य परन्तु 'B' असत्य है
(b) 'A' तथा 'B' दोनों असत्य हैं
(c) 'A' असत्य परन्तु 'B' सत्य है
(d) 'A' तथा 'B' दोनों सत्य हैं

**3. निम्न कथनों पर विचार कीजिए**

**A. परमादेश जारी करने के लिए उच्च न्यायालय को उच्चतम न्यायालय से अधिक शक्ति प्राप्त है।**

**B. उच्च न्यायालय के न्यायाधीश को विधानसभा के परामर्श पर राज्यपाल हटा सकता है।**

कूट

(a) 'A' सत्य परन्तु 'B' असत्य है
(b) 'A' तथा 'B' दोनों असत्य हैं
(c) 'A' असत्य परन्तु 'B' सत्य है
(d) 'A' तथा 'B' दोनों सत्य हैं

**4. जनहित याचिका (PIL) द्वारा ......... आई है।**

(a) न्यायिक सक्रियता में गिरावट
(b) सरकारी काम-काज में बाधा
(c) न्याय मिलने में बढ़त
(d) न्याय मिलने में बाधा

**5. न्यायपालिका के सन्दर्भ में निम्नलिखित प्रावधानों में से भिन्न को पहचानिए।**

(a) न्यायाधीशों की नियुक्ति सरकारी हस्तक्षेप के बिना होती है।
(b) न्यायाधीशों का सेवा काल निश्चित होता है
(c) शक्तियों का पृथक्करण
(d) एक बार नियुक्ति के बाद न्यायाधीश को हटाना बहुत कठिन है।

**6. न्यायिक समीक्षा पर दिए गए निम्नलिखित 'दो कथनों A और B पर विचार कीजिए और सही उत्तर का चयन कीजिए।**

**A. संसद द्वारा पारित किया गया कोई कानून संविधान के आधारभूत ढाँचे का उल्लंघन करता है, तो न्यायपालिका ऐसे कानून को रद्द कर सकती है।**

**B. कोई विधेयक न्यायपालिका के द्वारा पास किए बिना कानून नहीं बन सकता है।**

कूट

(a) A गलत है और B सही है
(b) A और B दोनों गलत हैं
(c) A सही है और B गलत है
(d) A और B दोनों सही हैं

**7. अपराध की जाँच करने में पुलिस की भूमिका के सम्बन्ध में निम्नलिखित कथनों में से कौन-सा कथन सही है?**

(a) सर्वोच्च न्यायालय के दिशा-निर्देश पुलिस को जाँच के दौरान किसी को सताने या पीटने या गोली मारने की अनुमति नहीं देते हैं।
(b) पुलिस हिरासत में दिए गए इकबालिया बयान को पुलिस आरोपी के खिलाफ सबूत के रूप में इस्तेमाल कर सकती है।
(c) कोई व्यक्ति दोषी है या नहीं यह निर्धारित करना पुलिस का काम है।
(d) यदि पुलिस को ऐसा लगता है कि सबूत आरोपी के दोषी होने का संकेत दे रहा है, तो वह अदालत में प्रथम सूचना रिपोर्ट दाखिल कर सकती है।

**8. भारतीय उच्चतम न्यायालय द्वारा दिए गए डी. के. बसु निर्देश क्या हैं?**

(a) गिरफ्तारी, नजरबन्दी और पूछताछ के दौरान पुलिस द्वारा पालन की जाने वाली प्रक्रियाओं से जुड़े निर्देश
(b) कार्यस्थल पर यौन उत्पीड़न की रोकथाम के लिए निर्देश
(c) बच्चों के हानिकारक रोजगारों से बचाव के लिए निर्देश
(d) घरेलू हिंसा से महिलाओं के बचाव के लिए निर्देश

**9. भारत में अपील प्रणाली किसे कहते हैं?**

(a) निचले न्यायालय के आदेश के विरुद्ध उच्च न्यायालय में अपील का प्रावधान
(b) न्यायिक सेवा में आवेदन का प्रावधान
(c) न्यायालय के आदेश के विरुद्ध संसद में अपील का प्रावधान
(d) राज्य कार्यपालिका प्रमुख का सर्वोच्च अपील प्राधिकारी के रूप में कार्यरत् होने का प्रावधान

**10. निम्न में से क्या दीवानी कानूनों के दायरे में नहीं आता है?**

(a) ज़मीन की बिक्री से सम्बन्धित विवाद
(b) बच्चों की परिरक्षा का दावा करना
(c) तलाक का मुकदमा दायर करना
(d) दहेज के लिए औरतों को तंग करना

**11. सॉलिसिटर जनरल निम्न में से क्या होता है?**

(a) सरकारी अधिवक्ता
(b) राष्ट्रपति का कानूनी अधिकारी
(c) कानूनी सलाहकार
(d) प्रशासनिक अधिकारी

**12. न्यायिक पुनर्विलोकन में न्यायालय को निम्नलिखित अधिकार है-**

(a) यदि कोई कानून या आदेश संविधान के विपरीत हो तो उसे असंवैधानिक घोषित करना

(b) निचले न्यायालयों के आदेशों का पुनर्विलोकन करना

(c) निचले न्यायालयों के निर्णय के विरुद्ध अपील सुनना

(d) उपर्युक्त में से कोई नहीं

**13. किस अनुच्छेद के तहत सर्वोच्च न्यायालय एक अभिलेख न्यायालय है ?**

(a) अनुच्छेद-125 (b) अनुच्छेद-126

(c) अनुच्छेद-128 (d) अनुच्छेद-129

**14. सर्वोच्च न्यायालय के मुख्य न्यायाधीश को कितना मासिक वेतन प्राप्त होता है ?**

(a) 2,80,000 (b) 2,50,000

(c) 2,25,000 (d) 2,00,000

**15. निम्न में से कौन-सा कथन असत्य है ?**

(a) सर्वोच्च न्यायालय के प्रथम मुख्य न्यायाधीश हीरालाल जे कानिया थे।

(b) वर्तमान में भारत में 25 उच्च न्यायालय हैं।

(c) सर्वोच्च न्यायालय की प्रथम मुख्य महिला न्यायाधीश फातिमा बीबी थी।

(d) इनमें से कोई नहीं

**16. बंबई ( मुम्बई ) उच्च न्यायालय की स्थापना कब की गई थी ?**

(a) 1850 में (b) 1852 में

(c) 1858 में (d) 1862 में

**17. इलाहाबाद ( प्रयागराज ) उच्च न्यायालय की खण्डपीठ कहाँ स्थित है ?**

(a) वाराणसी (b) मेरठ

(c) लखनऊ (d) गाजीपुर

**18. भारत में किसे 'लोकहितवाद' का जनक कहा जाता है ?**

(a) बालकृष्णन (b) सुधा मिश्रा

(c) पी.एन. भगवती (d) इनमें से कोई नहीं

## उत्तरमाला

| | | | | | | | | | |
|---|---|---|---|---|---|---|---|---|---|
| **1.** (c) | **2.** (c) | **3.** (a) | **4.** (c) | **5.** (c) | **6.** (c) | **7.** (d) | **8.** (a) | **9.** (a) | **10.** (d) |
| **11.** (c) | **12.** (a) | **13.** (d) | **14.** (a) | **15.** (d) | **16.** (d) | **17.** (c) | **18.** (c) | | |

❑❑❑

# 9 सामाजिक न्याय और हाशियाकरण

- भारत एक कल्याणकारी राज्य है और किसी कल्याणकारी राज्य में 'सामाजिक न्याय' शासन का आधार माना जाता है। भारतीय संविधान की प्रस्तावना भी आर्थिक तथा राजनीतिक न्याय, के साथ प्राय: सामाजिक न्याय पर बल देती है।
- प्राचीनकाल से ही भारतीय समाज में विभिन्न आधार पर असमानताएँ विद्यमान रही हैं। स्वतन्त्रता के पश्चात् सामाजिक न्याय के लिए प्रयास करना काफी महत्त्वपूर्ण चुनौती रही है।

## हाशियाकरण

- हम जिन पन्नों पर लिखते हैं उनकी बाईं ओर खाली जगह होती है जहाँ आमतौर पर लिखा नहीं जाता है। उसे पन्ने का हाशिया कहा जाता है। कुछ ऐसा ही समाज में भी होता है। कुछ लोगों को समाज की मुख्य धारा से अलग-थलग रखा जाता है।
- किसी भी व्यक्ति या समुदाय के हाशियाकरण (Marginalisation) की वजह यह हो सकती है कि वे एक अलग भाषा बोलते हैं, अलग रीति-रिवाज अपनाते हैं या बहुसंख्यक समुदाय के मुकाबले किसी दूसरे धर्म के हैं।
- वे अपनी गरीबी के कारण, सामाजिक हैसियत में 'कमतर' माने जाने की वजह से और शेष लोगों के मुकाबले कमतर मनुष्य के रूप में देखे जाने की वजह से खुद को हाशिए पर महसूस करते हैं। कई बार हाशियाई समूहों को लोग दुश्मनी और डर के भाव से भी देखते हैं।
- हाशियाकरण किसी एक ही दायरे में महसूस नहीं होता। आर्थिक, सामाजिक और राजनीतिक सभी दायरे समाज के कुछ तबकों को हाशियाई महसूस करने के लिए विवश करते हैं।

## भारत में हाशिए पर खड़े समूह

भारत में शिक्षा के दृष्टिकोण से अनुसूचित जनजाति, अन्य पिछड़ा वर्ग, धार्मिक रूप से अल्पसंख्यक, महिलाएँ तथा बच्चे हाशिए पर खड़े समुदाय माने जाते हैं।

## भारत में हाशियाकरण के कारण

भारत में हाशियाकरण के निम्नलिखित कारण हैं-

- प्राचीन काल से विद्यमान जाति एवं वर्ण व्यवस्था
- पुरुषप्रधान समाज तथा लिंग भेद
- आर्थिक विषमता
- राजनीतिक इच्छाशक्ति का अभाव
- अशिक्षा के कारण जागरूकता का अभाव
- रूढ़िवादी व्यवस्था में अन्धविश्वास तथा आस्था

## आदिवासी और हाशियाकरण

- आदिवासी शब्द का मतलब होता है 'मूल निवासी'। ये ऐसे समुदाय हैं जो जंगलों के साथ जीते आए हैं और आज भी उसी तरह जी रहे हैं।
- भारत की लगभग 8% आबादी आदिवासियों की है। देश के बहुत सारे महत्त्वपूर्ण खनन एवं औद्योगिक क्षेत्र आदिवासी इलाकों में हैं।
- आदिवासियों की सारी आबादी एक जैसी नहीं है। भारत में 500 से ज्यादा तरह के आदिवासी समूह हैं। छत्तीसगढ़, झारखण्ड, मध्य प्रदेश, ओडिशा, गुजरात, महाराष्ट्र, राजस्थान, आन्ध्र प्रदेश, पश्चिम बंगाल तथा उत्तर-पूर्व के अरुणाचल प्रदेश, असोम, मणिपुर, मेघालय, मिजोरम, नागालैण्ड एवं त्रिपुरा आदि राज्यों में आदिवासियों की संख्या काफी ज्यादा है।
- अकेले ओडिशा में ही 60 से ज्यादा अलग-अलग जनजातीय समूह रहते हैं। आदिवासियों के बहुत सारे जनजातीय धर्म होते हैं। उनके धर्म इस्लाम, हिन्दू, ईसाई आदि धर्मों से बिल्कुल अलग हैं। वे अकसर अपने पुरखों की, गाँव और प्रकृति की उपासना करते हैं।
- प्रकृति से जुड़ी आत्माओं में पर्वत, नदी, पशु आदि की आत्माएँ हैं। ये विभिन्न स्थानों से जुड़ी होती हैं और इनका वहीं निवास माना जाता है।
- ग्राम आत्माओं की अकसर गाँव की सीमा के भीतर निर्धारित पवित्र लता-कुंजों में पूजा की जाती है, जबकि पुरखों की उपासना घर में ही की जाती है।
- सरकारी दस्तावेजों में आदिवासियों के लिए 'अनुसूचित जनजाति' शब्द का इस्तेमाल किया जाता है।
- तत्कालीन समाज में चेकोट करियन जानू (सी. के. जानू) का नाम उल्लेखनीय है। जानू आदिवासी गोत्र महासभा की नेता हैं। केरल में 2001 से भूमिहीन जनजातियों के लिए भूमि के पुनर्वितरण को लेकर एक आन्दोलन चल रहा है जिसे जानू ने अपना नेतृत्व प्रदान किया है।
- जानू ने विभिन्न राज्यों में जनजातियों के संवैधानिक अधिकारों के उल्लंघन के लिए काफी हद तक सम्बन्धित राज्य सरकारों को ही जिम्मेदार ठहराया है।

## अनुसूचित जाति तथा हाशियाकरण

- अनुसूचित जाति आर्थिक, सामाजिक, राजनीतिक तथा शैक्षणिक रूप से पिछड़े समाज का वह वर्ग है जिसे भारतीय समाज में जन्म पर आधारित सामाजिक वर्गीकरण में सबसे नीचे रखा जाता है।
- प्राचीन काल से ही इन्हें अछूतों की तरह समझा जाता है तथा काफी हद तक मानवीय अधिकारों से वंचित रखा गया है।
- वर्ष 2011 की जनगणना के अनुसार भारतीय जनसंख्या का 16.6% भाग अनुसूचित जातियों का है।

## अल्पसंख्यक और हाशियाकरण

- अल्पसंख्यक शब्द आमतौर पर ऐसे समुदायों के लिए इस्तेमाल किया जाता है जो संख्या की दृष्टि से बाकी आबादी के मुकाबले बहुत कम हैं। लेकिन यह अवधारणा केवल संख्या के सवाल तक ही सीमित नहीं है।

- इसमें न केवल सत्ता और संसाधनों तक पहुँच जैसे मुद्दे जुड़े हुए हैं, बल्कि इसके सामाजिक व सांस्कृतिक आयाम भी होते हैं।
  भारत सरकार ने छः धार्मिक समुदायों को अल्पसंख्यक माना है, जो निम्न हैं-
- मुस्लिम, सिक्ख, ईसाई, बौद्ध, जोरोस्ट्रियन (पारसी) तथा जैन।

## महिलाएँ तथा बच्चे एवं हाशियाकरण

- भारतीय समाज में महिलाओं की स्थिति प्राचीनकाल से ही चिन्ताजनक रही है। पितृसत्तात्मक समाज में पुत्र प्राप्ति की इच्छा के कारण भ्रूणहत्या समाज के समक्ष हमेशा ही एक ज्वलन्त मुद्दा रहा है।
- इसके अतिरिक्त महिलाओं के साथ बलात्कार, दहेज प्रथा, अत्याचार, हिंसा आदि की घटनाएँ उन्हें समाज में हाशिए पर रखने का प्रत्यक्ष प्रमाण हैं।
- समाज में बच्चे भी हाशिए पर रखे जाते हैं। बच्चों के साथ शोषण जैसे- बाल-मजदूरी, यौनाचार, आदि उनके हाशिएकरण के प्रमाण हैं।

# सामाजिक न्याय को प्रोत्साहन

- संविधान को लागू करने के लिए राज्य और केन्द्र सरकारें जनजातीय आबादी वाले या भारी दलित आबादी वाले इलाकों में विशेष प्रकार की योजनाएँ लागू करती हैं।
- सामाजिक न्याय को प्रोत्साहित करने के लिए सरकारी नौकरियों में अनुसूचित जाति/जनजातियों के लिए आरक्षण का प्रावधान तथा न्यूनतम मजदूरी अधिनियम भी पारित किया गया है। यह निश्चित करता है कि किसी भी परिस्थिति में वेतन एक निश्चित राशि से कम नहीं होगा।
- यह मजदूरों को मालिकों द्वारा किए जाने वाले शोषण से बचाने में भी सहायक होता है।
- शिक्षा संस्थानों और सरकारी नौकरियों में दलितों व आदिवासियों के लिए सीटों के आरक्षण का कानून एक महत्त्वपूर्ण तर्क पर आधारित है। इसके पीछे समझ यह है कि हमारे जैसे समाज में जहाँ कुछ तबकों को सदियों तक पढ़ने-लिखने और नई निपुणताएँ हासिल करने के अवसरों से वंचित रखा गया है, वहाँ लोकतान्त्रिक सरकार को इन तबकों की सहायता के लिए ठोस कदम उठाने चाहिए।

## सामाजिक न्याय के संवैधानिक प्रावधान

- संविधान में ऐसे कई सिद्धान्त सूत्रबद्ध किए गए हैं, जो हमारे समाज और राज्य व्यवस्था को लोकतान्त्रिक बनाते हैं। इन सिद्धान्तों को मौलिक अधिकारों के माध्यम से परिभाषित किया गया है। यह हमारे संविधान का एक महत्त्वपूर्ण हिस्सा है।
- ये अधिकार भारतीयों को समान रूप से उपलब्ध होते हैं। जहाँ तक बात हाशियाई तबकों की है उन्होंने इन अधिकारों को दो तरह इस्तेमाल किया है। पहला, अपने मौलिक अधिकारों पर जोर देकर उन्होंने सरकार को अपने साथ हुए अन्याय पर ध्यान देने के लिए कहा है।
- दूसरा, उन्होंने इस बात के लिए दबाव डाला है कि सरकार इन्हें लागू करें। कई बार हाशियाई तबकों के संघर्ष की वजह से ही सरकार को नए कानून बनाने पड़े हैं।
- संविधान के अनुच्छेद 17 के अनुसार अस्पृश्यता या छुआछूत का उन्मूलन किया जा चुका है। इसका मतलब यह है कि अब कोई भी व्यक्ति दलितों को पढ़ने, मन्दिरों में जाने और सार्वजनिक सुविधाओं का इस्तेमाल करने से नहीं रोक सकता।
- संविधान में ऐसे दूसरे भी अनुच्छेद हैं जो अस्पृश्यता के खिलाफ हैं। उदाहरण के लिए, संविधान के अनुच्छेद 15 में कहा गया है कि भारत के किसी भी नागरिक के साथ धर्म, नस्ल, जाति, लिंग या जन्मस्थान के आधार पर भेदभाव नहीं किया जाएगा। समानता के अधिकार का हनन होने पर दलित इस प्रावधान का सहारा लेते हैं।
- संविधान में राष्ट्रीय अनुसूचित जाति आयोग, राष्ट्रीय अनुसूचित जनजाति आयोग तथा भाषायी अल्पसंख्यकों के लिए विशेष अधिकारियों की नियुक्ति का प्रावधान है।

## सामाजिक न्यास के सरकारी प्रयास

- हाशियाई समुदायों को भेदभाव और शोषण से बचाने के लिए नीतियों के अतिरिक्त हमारे देश में कई कानून भी बनाए गए हैं।

## अनुसूचित जाति एवं अनुसूचित जनजाति अधिनियम, 1989

- यह कानून 1989 (अत्याचार अधिनियम, 1989) में दलितों तथा अन्य समुदायों की माँगों के जवाब में बनाया गया था। उस समय सरकार पर इस बात के लिए भारी दबाव पड़ रहा था कि वह दलितों और आदिवासियों के साथ रोजमर्रा होने वाले दुर्व्यवहार और अपमान पर रोक लगाने के लिए ठोस कार्रवाई करे।
- इस कानून में अपराधों की एक बहुत लम्बी सूची दी गई है। इनमें से कई अपराध तो इतने भयानक हैं कि उनके बारे में सोच कर ही दिल दहल जाता है।
- इस कानून में न केवल भयानक अपराधों का उल्लेख किया गया है, बल्कि यह कानून इस बात की ओर इशारा भी करता है कि साधारण इन्सान भी कितने जघन्य कृत्य कर सकते हैं।

# प्रश्नमाला

**1. सरकारी दस्तावेजों में आदिवासियों के लिए कौन-सा शब्द प्रयोग किया जाता है?**
(a) आदिम मानव
(b) अनुसूचित जनजाति
(c) अनुसूचित वर्ग
(d) अनुसूचित मानव

**2. भारतीय संविधान ने वंचित लोगों के अधिकारों की रक्षा की गारण्टी दी है तथा उनके हितों का ध्यान रखा है, क्योंकि**
(a) भारत एक सम्प्रभु राज्य है
(b) भारत एक कल्याणकारी राज्य है
(c) भारत एक लोकतान्त्रिक राज्य है
(d) भारत एक गणराज्य है

**3. निम्नलिखित में से किस समुदाय के सामाजिक, आर्थिक और शैक्षिक स्तर की जाँच करने के लिए न्यायाधीश राजिन्दर सच्चर की अध्यक्षता में भारत सरकार द्वारा समिति का गठन किया गया?**
(a) आंग्ल-भारतीय
(b) मुस्लिम
(c) जैन
(d) सिक्ख

**4. न्यूनतम वेतन अधिनियम**
(a) नियोगकर्ताओं को कर्मचारियों का न्यूनतम वेतन निश्चित करने की छूट देता है
(b) संगठित क्षेत्र के केवल सरकारी कर्मचारियों के लिए है
(c) निश्चित करता है कि मजदूरों को न्यूनतम वेतन मिलना चाहिए
(d) निश्चित करता है कि वेतन एक निश्चित न्यूनतम से कम नहीं होना चाहिए

**5. निम्नलिखित में से कौन-सी नीति सामाजिक न्याय को प्रोत्साहित करती है?**
**A. सरकारी नौकरियों में सूचीगत दलित जाति के उम्मीदवार को आरक्षण देना**
**B. न्यूनतम मेहनताना कानून पारित करना**
**कूट**
(a) A और B दोनों
(b) A और B दोनों ही नहीं
(c) केवल A
(d) केवल B

**6. ( अत्याचार निवारण ) अधिनियम, 1989 को निम्नलिखित में से कौन-से समुदाय को न्याय दिलाने के लिए पारित किया गया था ?**

(a) आदिवासी एवं दलित
(b) केवल अल्पसंख्यक
(c) दलित एवं अल्पसंख्यक
(d) अल्पसंख्यक एवं आदिवासी

**7. सरकारी शिक्षण संस्थाओं में अध्ययन तथा 'सरकारी संस्थानों में नौकरी के अवसर में सहयोग हेतु किन आधारों को अपनाया जाता है ?**

**A.** जाति **B.** पारिवारिक आय
**C.** लिंग **D.** व्यक्तिगत आय

**सही विकल्प का चयन कीजिए।**

(a) A, B और C (b) केवल A
(c) B, C और D (d) A और B

**8. बहुमत की निरंकुशता का अर्थ है-**

(a) बहुसंख्यक और अल्पसंख्यक पृथक् पथों का अनुसरण करते हैं।
(b) बहुसंख्यक, अल्पसंख्यक को अलग कर अपने हितों में लगा रहता है।
(c) जहाँ बहुसंख्यक व अल्पसंख्यक सामूहिक रूप से निर्णय लेते हैं।
(d) एक समुदाय का संख्यात्मक प्रभुत्व।

**9. भारत में लगभग कितनी तरह के आदिवासी समूह हैं?**

(a) 500 से ज्यादा
(b) 500 से कम
(c) 300 के लगभग
(d) 100 के लगभग

**10. जनगणना 2011 के अनुसार भारतीय जनसंख्या का कितने प्रतिशत भाग अनुसूचित जातियों का है?**

(a) 20.2% (b) 18.6%
(c) 16.6% (d) 15.4%

**11. निम्नलिखित में से कौन अल्पसंख्यक समुदाय नहीं है?**

**(A)** पारसी **(B)** तमिल
**(C)** जैन

(a) (A) और (B) (b) केवल (C)
(c) केवल (B) (d) सभी

**12. सी. के जानू हैं-**

(a) भौतिकी विज्ञानी
(b) अर्थशास्त्री
(c) मानव विज्ञानी
(d) आदिवासी कार्यकर्त्ता

**13. निम्नलिखित में से कौन हाशिएकरण का कारण हो सकते हैं?**

**(A)** लिंगभेद
**(B)** राजनीतिक इच्छाशक्ति का अभाव
**(C)** जागरूकता

(a) केवल (A)
(b) केवल (B)
(c) (A) और (B)
(d) इनमें से कोई नहीं

**14. ओडिशा में लगभग कितने जनजातीय समूह निवास करते हैं?**

(a) 50 से कम
(b) 60 से अधिक
(c) 100 से अधिक
(d) इनमें से कोई नहीं

## उत्तरमाला

**1.** (b) **2.** (c) **3.** (b) **4.** (d) **5.** (a) **6.** (a) **7.** (a) **8.** (d) **9.** (a) **10.** (c)
**11.** (c) **12.** (d) **13.** (c) **14.** (b)

❑❑❑

# लिंग

## लिंग : अर्थ तथा अवधारणा

- लिंग भेद एक सामाजिक-सांस्कृतिक समस्या है, जो भारत सहित विश्व के अनेक देशों में प्रारम्भ से ही विद्यमान रही है।
- लिंग भेद से आशय उन अनेक सामाजिक मूल्यों और रूढ़िवादी धारणाओं से है, जिसे हमारी संस्कृति ने स्त्रीलिंग और पुल्लिंग होने के जैविक अन्तर के साथ जोड़ दिया है। यह शब्द बहुत-सी असमानताओं और स्त्री-पुरुष के बीच के शक्ति सम्बन्धों को भी समझने में सहायता करता है।

### लिंग की भूमिका

- लिंग की भूमिका (Grender Role) सामाजिक, आर्थिक तथा सांस्कृतिक रूप से देखी जा सकती है।
- सदियों से समाज में अनेक प्रकार के विभेद को लिंग शब्द सूचित करता आ रहा है।
- लिंग की अवधारणा से समाज में अलग-अलग प्रकार की भूमिकाओं को बताया जाता है। वर्तमान समय में लिंग से एक श्रेष्ठ वर्ग तथा एक अपेक्षाकृत कमजोर वर्ग को सूचित किया जाता है।
- समाज के स्वरूप के आधार पर लिंग का स्वरूप बदलता है, जैसे पितृसत्तात्मक समाज में पुरुष को शक्तिशाली तथा अधिक अधिकार सम्पन्न माना जाता है, जबकि मातृसत्तात्मक समाज में माता/पुत्री को उच्चतर स्थान प्राप्त होता है।
- भारतीय समाज में लिंग के प्रति पूरी तरह निष्पक्ष तथा तार्किक दृष्टिकोण नहीं देखा जा सकता है। सामान्यत: समाज में पुरुषों को ज्यादा अधिकार प्राप्त होते हैं तथा उनके कार्यों को श्रेष्ठ समझा जाता है, जबकि महिलाओं को कम अधिकार प्राप्त होते हैं।
- भारतीय समाज में लिंग की भूमिका जन्म से पूर्व (लिंग चयन में) तथा मृत्यु के बाद ( अन्तिम संस्कार की परम्परा) तक देखी जा सकती है।
- लिंग की भूमिका को परिवार की संरचना तथा स्वरूप के आधार पर
- बताना ज्यादा व्यावहारिक होगा; जैसे- शहरी समाज में लिंग के प्रति पक्षपात में कमी हुई है, परन्तु लिंगानुपात में अन्तर बना रहना लिंग के प्रति निष्पक्ष दृष्टिकोण का सूचक नहीं है। आदिवासियों में महिलाओं की शिक्षा के प्रति भेदभाव मूलक विचार व्याप्त हैं।
- यद्यपि कानून शिक्षा से लेकर सम्पत्ति तक के अधिकारों में स्त्री-पुरुष की समानता को स्थापित करता है, परन्तु भारतीय समाज अभी भी पुरुषों के पक्ष में झुका प्रतीत होता है। यद्यपि तमिलनाडु की टोडा जनजाति में महिलाओं की स्थिति पुरुषों से श्रेष्ठ होती है, परन्तु ये अपवाद मात्र है।

### 20वीं सदी के दौरान हुए परिवर्तन

- बीसवीं सदी के उत्तरार्द्ध में धीरे-धीरे परिवर्तन देखने को मिलता है। इस समय महिलाएँ औपचारिक शिक्षा तेजी से प्राप्त करने लगीं। कुछ महिलाओं ने तो महत्त्वपूर्ण पद भी प्राप्त किए।
- मध्यम वर्ग में लड़कियों ने पुरानी परम्पराओं के साथ-साथ पढ़ना तथा कार्य करना शुरू कर दिया। वे मुख्य रूप से गृह से सम्बन्धित कार्य करती थीं।
- आधुनिक काल में महिलाओं की भूमिका में लगातार परिवर्तन हो रहा है। आज भी परिवार की भूमिका बनी हुई है परन्तु व्यक्तिगत स्वतन्त्रता का स्थान महत्त्वपूर्ण होता जा रहा है।
- आज विवाह विच्छेद भी पहले से ज्यादा देखने को मिलता है। यदि किसी कार्य स्थल पर 30 या अधिक महिलाएँ कार्य कर रही हैं तो वहाँ शिशु गृह की स्थापना करना अनिवार्य कर दिया गया है।
- इस सदी में महिलाओं में जागरुकता बढ़ी व नारी मताधिकार आन्दोलन हुआ, जिसमें महिलाओं को मताधिकार देने से सम्बन्धित प्रमुख माँगें सम्मिलित थीं।

### भारत में लिंग-भेद

- लिंग भेद भारतीय समाज की बड़ी समस्या है, जो आज भी विद्यमान है। भारतीय समाज में महिलाओं को लिंग के आधार पर सामाजिक, आर्थिक, राजनीतिक असमानताओं का सामना करना पड़ता है। भारत सरकार अनेक कानून बनाकर तथा अन्तर्राष्ट्रीय अभिसमय को लागू कर लिंग-भेद को समाप्त करने का प्रयास कर रही है।

### महिला आन्दोलन

- महिला आन्दोलन का मुख्य उद्देश्य सामाजिक, आर्थिक, राजनीतिक तथा अन्य स्तर पर लिंग-भेद रहित समानता का स्तर प्राप्त करना रहा है। यह आन्दोलन महिलाओं की स्वतन्त्रता का समर्थन करता है।
- भारत में महिला आन्दोलन की शुरुआत अनेक कारकों से हुई; जैसे- अंग्रेजी शिक्षा का प्रभाव, सामाजिक तथा धार्मिक आन्दोलनकारियों का योगदान, वैश्विक घटनाओं का प्रभाव, महिलाओं में नवीन चेतना का उदय आदि।
- 19वीं शताब्दी तक अनेक कारणों से शिक्षित वर्ग बालिकाओं को घर पर ही शिक्षा देता था।
- भारत तथा विश्व में महिला आन्दोलन में कुछ समानता देखी जा सकती है।
- महिलाओं ने अपने अधिकारों की प्राप्ति के लिए संगठित होकर अभियान चलाया। इसमें महिलाओं की व्यापक भागीदारी रही साथ ही बुद्धिजीवियों का समर्थन महिला आन्दोलन को मिला। महिला आन्दोलन ने जागरूकता का विकास किया। महिलाओं में अपने अधिकारों के प्रति चेतना का विकास हुआ।
- कुछ महिलाएँ; जैसे- रमाबाई, रुकैया, लक्ष्मी लाकड़ा आदि जिन्होंने सामाजिक कार्यकर्ता तथा महिला सशक्तीकरण में विशेष योगदान दिया।

### रमाबाई ( 1858-1922 )

- रमाबाई एक भारतीय समाज सुधारक, महिला शिक्षा की समर्थक तथा शिक्षाशास्त्री थीं। उन्होंने महिलाओं की शिक्षा के लिए पुणे में एक विद्यालय की स्थापना (1899) की। उन्होंने विधवाओं तथा बालिकाओं की शिक्षा हेतु विशेष कार्य किया।

## रुकैया सखवत हुसैन

- रुकैया बेगम बंगाली लेखक, शिक्षाशास्त्री, सामाजिक कार्यकर्ता तथा महिलाओं के अधिकारों की समर्थक थी।
- इन्होंने अनेक कहानी, नाटक, लेखों तथा पत्र-पत्रिकाओं के माध्यम से महिलाओं के शोषण तथा उत्पीड़न का विरोध किया।
- इन्होंने पहली बार मुस्लिम लड़कियों के लिए कलकत्ता (कोलकाता) में विद्यालय की स्थापना की।
- वर्ष 1916 में इन्होंने मुस्लिम महिला संघ की स्थापना कोलकाता में की। इसका उद्देश्य मुस्लिम महिलाओं में शिक्षा का प्रसार करना था।

## लक्ष्मी लाकड़ा

- लक्ष्मी लाकड़ा महिला सशक्तीकरण की पहचान बन चुकी हैं। लक्ष्मी मूल रूप से झारखण्ड से सम्बन्धित पहली आदिवासी महिला हैं जिन्हें उत्तरी रेलवे में पायलट नियुक्त किया गया।
- उन्होने राँची से पॉलिटेक्निक करने के बाद रेलवे में कार्य करना शुरू किया।

## भारतीय संविधान में लैंगिक समानता के प्रावधान

- भारतीय संविधान द्वारा स्थापित लोकतन्त्र भारत के सभी वर्गों तथा नागरिकों के कल्याण पर बल देता है। साथ ही इस दिशा में कई सार्थक प्रावधान किए गए हैं। मौलिक अधिकारों के अन्तर्गत भी लिंग भेद को अस्वीकार किया गया है; जैसे

1. संविधान के अनुच्छेद 14 में विधि के समक्ष समता की बात कही गयी है।

2. अनुच्छेद 15 धर्म, मूल, वंश, जाति, लिंग आदि के आधार पर किसी भी प्रकार के विभेद को समाप्त करता है। साथ ही अनुच्छेद 15 ( 3 ) राज्य को स्त्रियों और बालकों के लिए विशेष प्रावधान करने की शक्ति प्रदान करता है। यथा- बच्चों के लिए शिक्षा का प्रबन्ध, कल्याण से सम्बन्धित कार्य।

3. संविधान के अनुच्छेद 21 (क) के द्वारा अनिवार्य प्राथमिक शिक्षा का प्रावधान किया गया है, जो बिना किसी प्रकार के विभेद पर आधारित है।

- नीति-निदेशक तत्त्व के अन्तर्गत प्रावधान

1. राज्य प्रत्येक स्त्री और पुरुष को समानरूप से आजीविका के साधन उपलब्ध कराने का प्रयत्न करेगा - अनुच्छेद 39 (क)

2. राज्य प्रत्येक नागरिक को चाहे वह स्त्री हो या पुरुष समान कार्य के लिए समान वेतन का प्रावधान करेगा - अनुच्छेद 39 (घ)

3. स्त्रियों की प्रसूति सहायता अनुच्छेद (42)

4. राज्य द्वारा समान नागरिक संहिता बनाने का प्रयास किया जाएगा।

5. संविधान के अनुच्छेद 51 (क) (v) में स्त्रियों के हितों की बात कही गई है। संविधान के अनुच्छेद 325 में वयस्क मताधिकार का प्रावधान है।

- स्थानीय शासन के ग्रामीण [233 (d)] तथा शहरी [234 (T)] दोनों स्वरूपों में 1/3 सीटें महिलाओं के लिए आरक्षित कर दी गई हैं। साथ ही राज्य चाहे तो स्थानीय शासन में महिलाओं के लिए 50% सीटें आरक्षित कर सकता है। सर्वोच्च न्यायालय के कई निर्णय महिलाओं की स्थिति से जुड़े हुए हैं; जैसे-

1. डी. पॉलराज बनाम भारत संघ वाद में अनुच्छेद 15 (3) के आधार पर महिलाओं के घरेलू हिंसा संरक्षण अधिनियम, 2005 को संवैधानिक घोषित किया गया।

2. विशाखा बनाम राजस्थान के वाद में सर्वोच्च न्यायालय द्वारा यह निर्धारित किया गया कि महिला कर्मियों का यौन उत्पीड़न लैंगिक समानता एवं प्राण तथा दैहिक स्वतन्त्रता के अधिकारों के अतिक्रमण के अन्तर्गत आता है।

- महिला आयोग की स्थापना महिलाओं के कल्याण हेतु सुझाव देने के लिए की गई है। महिला तथा बाल विकास मन्त्रालय महिलाओं की स्थिति सुधारने के लिए प्रयासरत है।
- घरेलू हिंसा रोकथाम तथा निवारण अधिनियम, 2005 द्वारा महिलाओं को प्रताड़ना से मुक्त करने का प्रयास किया गया। घरेलू हिंसा में घरेलू महिला, बच्चे तथा घरेलू सहायिका को सम्मिलित किया गया है। हिन्दू उत्तराधिकार अधिनियम, 1956 को 2005 में संशोधित कर पिता की सम्पत्तियों में पुत्र तथा पुत्रियों के साथ माताओं को भी समान अधिकार दिया गया।
- भारत में महिलाओं की राजनीतिक भागीदारी का इतिहास प्राचीनकाल से देखा जा सकता है, परन्तु इसे उन्नत राजनीतिक भागीदारी नहीं कहा जा सकता है। संविधान सभा में महिलाओं की कुल संख्या 15 थी।
- वर्तमान समय में संसद तथा विधानमण्डल में महिलाओं के लिए 33% सीटें आरक्षित करने की बात की जा रही है।

## प्रश्नमाला

**1. निम्नलिखित में कौन-सा कथन असत्य है ?**

(a) भारतीय समाज में लैंगिक अन्तराल एक बड़ी समस्या है।
(b) भारतीय समाज केवल पितृ सत्तात्मक है।
(c) समाज के स्वरूप के आधार पर लिंग की भूमिका बदल जाती है।
(d) उपरोक्त सभी

**2. निम्नलिखित कथनों पर विचार कीजिए**

**A. संविधान के अनुच्छेद 233 ( d ) में शहरी क्षेत्रीय प्रशासन में महिलाओं से सम्बन्धित प्रावधान किए गए हैं।**

**B. संविधान के अनुच्छेद 234 (T) में ग्रामीण क्षेत्रीय प्रशासन में महिलाओं से सम्बन्धित प्रावधान किए गए हैं।**

**उपरोक्त में से कौन-सा/से कथन सही है/हैं ?**

(a) केवल A
(b) केवल B
(c) A और B
(d) न तो A और न ही B

**3. निम्नलिखित कथनों पर विचार कीजिए-**

**A. भारतीय संविधान की प्रस्तावना में लैंगिक विभेद को नकारा गया है।**

**B. घरेलू हिंसा संरक्षण अधिनियम, 2005 महिलाओं को संरक्षण प्रदान करता है।**

**कूट**

(a) कथन A सही है, जबकि कथन B गलत है
(b) कथन A गलत है, जबकि कथन B सही है
(c) कथन A तथा B दोनों सही हैं
(d) कोई कथन सही नहीं है

**4. निम्नलिखित में कौन-सा कथन सही नही है ?**

(a) प्राचीनकाल में महिलाओं की राजनीतिक भागीदारी पुरुषों के समान थी
(b) संविधान सभा में महिलाओं की कुल संख्या 15 थी
(c) संविधान तथा विधानमण्डल में महिलाओं के लिए 33% सीटें आरक्षित करने वाला प्रावधान संसद के दोनों सदनों से पारित किया जा चुका है
(d) (a) और (c) दोनों सही नहीं हैं

**5. निम्नलिखित कथनों पर विचार कीजिए-**

**A. तमिलनाडु की माँगनियार जनजाति का समाज मातृप्रधान है।**

**B. भारतीय समाज में मातृप्रधान समाज का अभाव है।**

**कूट का प्रयोग कर सही उत्तर चुनिए**

(a) कथन A सही है कथन B गलत है
(b) कथन A सही नहीं है, जबकि कथन B सही है
(c) कथन A तथा कथन B दोनों सही हैं
(d) कथन A तथा B दोनों गलत हैं

**6. भारत में स्त्री - पुरुष कार्य - सहभागिता के सम्बन्ध में कौन-सा कथन सही है-**

(a) पुरुष तथा स्त्री कार्य-सहभागिता बराबर है।
(b) ग्रामीण क्षेत्र में स्त्री कार्य-सहभागिता पुरुषों से अधिक है।
(c) शहरी क्षेत्र में स्त्री कार्य-सहभागिता पुरुषों से अधिक है।
(d) ग्रामीण क्षेत्र में स्त्री कार्य-सहभागिता शहरी क्षेत्रों में स्त्री कार्य सहभागिता से कम है।

**7. "19वीं शताब्दी के दौरान अधिकतर शिक्षित महिलाओं को स्कूल भेजने के बजाय उनके उदारवादी पिताओं तथा पतियों ने उन्हें घर पर ही पढ़ाया।"**
**निम्नलिखित में से कौन-सा कथन उपरोक्त प्रचलन का सही कारण नहीं है?**
(a) लड़कियों को घर पर पढ़ाने में पुरुषों को बहुत खुशी होती थी।
(b) लड़कियों को स्कूल पहुँचने के लिए सार्वजनिक स्थानों से गुजरते हुए यात्रा करनी पड़ती थी और उनकी सुरक्षा भी एक चिन्ता थी।
(c) उस समय इस बात का डर था कि स्कूल लड़कियों को घरेलू कार्य करने से रोकेगा।
(d) लोगों को भय था कि स्कूल लड़कियों को घर से दूर ले जाएँगे।

**8. हिन्दू उत्तराधिकार ( संशोधन ) अधिनियम, 2005 के अनुसार निम्नलिखित में से क्या सत्य है?**
(a) परिवार के केवल पुत्रों अथवा पुरुष सदस्यों को ही पारिवारिक सम्पत्ति में अधिकार प्राप्त है।
(b) केवल पत्नी को ही अपने दिवंगत पति की सम्पत्ति में उत्तराधिकार है।
(c) पुत्रों-पुत्रियों और उनकी माताओं का सम्पत्ति में बराबर हिस्सा होता है।
(d) आर्य समाज के अनुयायियों पर यह अधिनियम लागू नहीं होता है।

**9. रमाबाई, जो महिला शिक्षा की योद्धा थी, कभी स्कूल नहीं गईं। फिर भी उन्हें 'पण्डिता' की उपाधि दी गई, क्योंकि-**
(a) उन्होंने अपने माता-पिता से पढ़ना-लिखना सीखा।
(b) उनके मिशन ने विधवाओं और गरीब महिलाओं को न केवल पढ़ने-लिखने के लिए प्रोत्साहित किया, अपितु व्यावसायिक कुशलताओं की सहायता से स्वावलम्बी होने की शिक्षा भी दी।
(c) वे संस्कृत पढ़ना-लिखना जानती थीं, जो एक बहुत बड़ी उपलब्धि थी, क्योंकि उनके समय में महिलाओं को इस प्रकार का ज्ञान अर्जित करने की अनुमति नहीं थी।
(d) उन्होंने महिला शिक्षा को बढ़ावा देने के लिए पुणे के पास खेड़गाँव में एक मिशन स्थापित किया।

**10. एकल स्त्री होने के कारण रिंकी को किराये पर घर मिलने में कठिनाई हो रही है। प्रॉपर्टी डीलर उसे अपनी झूठी वैवाहिक स्थिति बताने की सलाह देता है। सामाजिक न्याय की दृष्टि से इस सम्बन्ध में उसकी निम्न में से कौन-सी प्रतिक्रिया तर्कसंगत होगी?**
(a) "झूठी वैवाहिक स्थिति नहीं बताऊँगी, यह मेरी प्रतिष्ठा और आत्म-सम्मान के विरुद्ध है।"
(b) "सामान्य रूप से खुद को वैवाहिक बताना मेरी सामाजिक प्रतिष्ठा को बढ़ाएगा, अत: मैं झूठी वैवाहिक स्थिति बताऊँगी।"
(c) "मैं एकल और स्वतन्त्र रहना चाहती हूँ अत: झूठी वैवाहिक स्थिति नहीं बताऊँगी।"
(d) "मुझे घर चाहिए, इसलिए झूठी वैवाहिक स्थिति बताऊँगी। यह कोई महत्त्वपूर्ण बात नहीं हैं।"

## उत्तरमाला

1. (b) 2. (d) 3. (c) 4. (d) 5. (d) 6. (d) 7. (b) 8. (c) 9. (c) 10. (c)

❑❑❑

# 11 जीवका निर्वहन

## आजीविका

- कोई व्यक्ति जीवन की विभिन्न कालावधियों में जिस क्षेत्र में काम करता है। उसी को उसकी आजीविका (Livelihood) या 'वृत्ति' या करियर (Career) कहते हैं या दूसरे शब्दों में कह सकते हैं। आजीविका प्रायः ऐसे कार्यों को कहते हैं, जिससे जीविकोपार्जन होता है; जैसे- शिक्षक, डॉक्टर, वकील, श्रमिक, कलाकार किसान आदि।
- व्यक्तिगत तथा सामूहिक गतिविधियाँ (कार्य) दोनों आजीविका के साधन माने जाते हैं। आजीविका में जीवन को बनाए रखने की क्षमता परिसम्पत्तियाँ (भौतिक तथा सामाजिक) तथा गतिविधियाँ सम्मिलित होती हैं।
- जीवन को सुखद, आनन्ददायक तथा जीवित बनाए रखने वाले स्रोतों को आजीविका का स्रोत कहा जाता है। प्रमुख आजीविका के स्रोत हैं- कृषि, छोटे व्यापार रोजगार आदि।
- प्रारम्भ में आर्थिक गतिविधियों के रूप में वस्तु-विनिमय प्रणाली प्रचलि थी, जिसमें वस्तुओं का आदान-प्रदान आवश्यकता के अनुरूप होता था।
- भारत एक कृषि प्रधान देश है, यहाँ कृषि को आजीविका का मुख्य साधन माना जाता है।

### आजीविका के प्रकार

आजीविका को तीन मुख्य प्रकारों में बाँटा जाता है। ये इस प्रकार हैं-

1. **प्राथमिक आजीविका** (Primary Livelihood)- इसमें मनुष्य द्वारा अपनाई गई प्राथमिक गतिविधियाँ आती हैं। इसमें संसाधनों का दोहन किया जाता है। प्राथमिक आजीविका के प्रमुख उदाहरण हैं-
   (i) कृषि एवं बागवानी, (ii) मत्स्यपालन, (iii) खनन
2. **द्वितीयक आजीविका** (Secondary Livelihood)- इसमें प्राथमिक गतिविधियों को ही प्रसंस्कृत किया जाता है; जैसे-विनिर्माण, खाद्य प्रसंस्करण तथा सिलाई आदि।
3. **तृतीयक आजीविका** (Tertiary Livelihood)- यह प्रथम तथा द्वितीय आजीविका के स्रोतो पर निर्भर है। परन्तु इसकी प्रकृति सेवा की होती। इसमें सम्मिलित हैं-सेवा, परिवहन, प्रशासन तथा बैंकिंग

### ग्रामीण जीविका निर्वाहन

- भारत में कृषि जीविका निर्वहन का प्रमुख साधन है। अधिकांश लोग भारत में कृषि व्यवसाय से जुड़े हुए हैं। किसानों को वित्तीय सहायता नाबार्ड के सहयोग से बैंक प्रदान करते हैं। किसान बैंकों से आवश्यकतानुसार ऋण की माँग करते हैं। किसान भी लघु, मध्यम व सीमान्त जोत वाले होते हैं। इसके अलावा कुक्कुट पालन, ईंट भट्टा उद्योग, दुकानदारी आदि ग्रामीण जीविका निर्वहन (Rural Livelihood) के प्रमुख साधन हैं।
- ग्रामीण क्षेत्र में आजीविका के साधन के उदाहरण के रूप में तमिलनाडु में समुद्र तट पर स्थित एक गाँव कलापट्टू का विवरण है। इस गाँव में खेती के अतिरिक्त टोकरी, बर्तन, घड़े, ईंट, बैलगाड़ी इत्यादि बनाए जाते हैं।
- कलपट्टु में लोग नर्स, शिक्षक, धोबी, बुनकर, नाई, साइकिल ठीक करने वाले और लोहार के रूप में अपनी सेवाएँ देते हैं।
- नागालैण्ड के फेक जिले में चिमाजी गाँव में चखेसंग समुदाय के लोग रहते है। वे लोग 'सीढ़ीनुमा खेती' करते है, इसका तात्पर्य है कि पहाड़ी की ढलाऊ जमीन को छोटे-छोटे सपाट टुकड़ों में बाँटा जाता है और उस जमीन को सीढ़ियों के रूप में बदल दिया जाता है। चिमाजी के लोगों के पास अपने-अपने खेत हैं। वे संयुक्त रूप से एक-दूसरे के खेतों में भी काम करते हैं।
- समुद्र के तट पर स्थित गाँव के लोग आजीविका के लिए मछली उद्योग से जुड़े होते है। इसके लिए उनके साधन जाल व 'कैटामरैन' होते हैं। कैटामरैनः मछुआरों की एक खास तरह की एक छोटी नाव को कहा जाता है। मानसूनी मौसम मछलियों के प्रजनन का समय होता है।
- महात्मा गाँधी राष्ट्रीय रोजगार गारण्टी योजना, 2009 के अन्तर्गत ग्राम पंचायत स्तर पर गरीबी रेखा से नीचे जीवन यापन करने वाले लोगों को वर्ष में 100 दिन ही रोजगार उपलब्ध कराया जाता है।
- गाँवों व नगरों में बाजार उत्पादों को बेचने के लिए महत्त्वपूर्ण स्थान प्रदान करता है। वस्तुओं का निर्माण उन स्थानों पर किया जाता है, जहाँ अनुकूल परिस्थितियाँ विद्यमान होती हैं; जैसे- जल, परिवहन, बाजार आदि की उपलब्धता।

### शहरी जीविका निर्वहन

यह शहरों से सम्बन्धित होता है, यहाँ पर अधिकांश लोग गैर कृषि कार्यों में संलग्न रहते हैं। वर्ष 1971 की जनगणना के हिसाब से शहरी बसावट को निम्न रूपों में बाँटा गया है -

1. सभी म्यूनिसिपल कॉर्पोरेशन, म्यूनिसिपल बोर्ड, केण्टोनमेण्ट एरिया एवं संसूचित क्षेत्र।

2. वे सभी स्थानीय मौहल्ले, जो स्थानीय निकाय के अन्तर्गत नहीं आते हैं, लेकिन उस शहर के भाग होते हैं।

3. संयुक्त राष्ट्र द्वारा प्रतिपादित तीन शर्तों को पूरा करते हैं।
(i) जिसकी जनसंख्या 5000 से अधिक हो।
(ii) 75% से अधिक वयस्क पुरुष वर्ग गैर कृषि कार्यों में संलग्न हो।
(iii) जनसंख्या घनत्व कम-से-कम 400 व्यक्ति/वर्ग किमी हो।

- नगरों पर सड़क परिवहन के तहत व्यक्तिगत व सामूहिक आजीविका के साधन भी उपलब्ध होते हैं; जैसे-रिक्शा, ऑटोरिक्शा, बैलगाड़ी, घोड़ागाड़ी, ट्रक व बस इत्यादि।

**धारणीय आजीविका**

- यह मनुष्य केन्द्रित होता है। इसमें मनुष्य की आवश्यकताओं को लगातार पूरा करने का प्रयास किया जाता है।

- इसमें व्यापक रणनीति अपनाई जाती है ताकि संसाधनों का कुशलतम उपयोग हो सके और वे भविष्य के लिए भी बचे रहें।

**ऋतुप्रवास**

- इसमें मौसमी बदलाव के फलस्वरूप एक क्षेत्र से दूसरे क्षेत्रों में जीवों का स्थानान्तरण होता है। ऋतुप्रवास (Transhumance) मनुष्य, जानवर, पशु पक्षियों आदि में पाया जाता है। यह अस्थायी प्रकृति का होता है।
- जैसे कश्मीर में गुज्जर बकरवाल जनजाति तथा उत्तराखण्ड में भोटिया का अपने जानवरों के साथ स्थान परिवर्तन। इसी तरह साइबेरियाई क्रेन का भारत में आना भी ऋतु प्रवास का एक उदाहरण है।

## प्रश्नमाला

**1. शहरी क्षेत्रों के सन्दर्भ में संयुक्त राष्ट्र द्वारा प्रतिपादित तीन शर्तों में निम्न में से कौन-से कथन सम्मिलित हैं।**

(a) जिनकी संख्या 5000 से अधिक हो।
(b) 75% से अधिक वयस्क पुरुष वर्ग गैर कृषि कार्यों में संलग्न हों।
(c) जनसंख्या घनत्व कम से कम 400 व्यक्ति/वर्ग किमी हो
(d) उपरोक्त सभी

**2. निम्नलिखित पर विचार कीजिए**

**A. व्यक्तिगत गतिविधियाँ**
**B. सामूहिक गतिविधियाँ**

**उपयुक्त में कौन-सा आजीविका की गतिविधियों के अन्तर्गत आता है ?**

(a) केवल A
(b) केवल B
(c) A और B दोनों
(d) न तो A और न ही B

**3. राजस्थान के केवलादेव पक्षी अभयारण्य में साइबेरिया से आनेवाले पक्षी साइबेरियन क्रेन निम्न में से किसका उदाहरण हैं ?**

(a) मौसमी प्रवास का
(b) स्थायी प्रवास का
(c) (a) और (b) दोनों
(d) इनमें से कोई नहीं

**4. निम्न में से कौन-सी गतिविधि ग्रामीण क्षेत्र. में की जाने वाली गैर-कृषि से सम्बन्धित है ?**

(a) जमीन की जुताई
(b) साइकिल की रिपेयरिंग
(c) फसलों की कटाई
(d) खेतों में बुआई

**5. निम्नलिखित में से 'वस्तु विनिमय पद्धति' की सही विशेषता कौन-सी है ?**

(a) यह वस्तुओं के लेन-देन को आसान बनाती है।
(b) यह वह व्यापार है, जिसमें वस्तुओं की अदला-बदली में धन का प्रयोग किया जाता है।
(c) यह खर्चीली और समय साध्य प्रक्रिया है।
(d) यह धन का उपयोग किए बिना वस्तुओं की अदला-बदली का व्यापार है।

**6. दादन व्यवस्था (Putting out System) के अन्तर्गत बुनकर और सौदागर के बीच निम्नलिखित में से व्यापार का कौन-सा रूप है ?**

(a) बुनकर सूत खुले बाजार से खरीदते हैं और कपड़ा कम कीमत पर सौदागर को बेचते हैं
(b) सौदागर से न्यूनतम बोली पर सूत खरीदा जाता है और कपड़ा ऊँची बोली पर बेचा जाता है।
(c) सौदागर द्वारा सूत बुनकर को बेचा जाता है और बुनकर अपनी खपत के लिए कपड़ा बनाते हैं।
(d) सौदागर द्वारा सूत की आपूर्ति बुनकर के लिए की जाती है और तैयार कपड़ा बुनकर से कम कीमत पर वापस खरीदा जाता है।

**7. आकस्मिक रोजगार से क्या अभिप्राय है ?**

(a) मजदूरों को तय पूर्ण विशेष अवधियों के लिए रोजगार दिया जाना
(b) मजदूरों को अपनी इच्छा अनुरूप काम पर आना
(c) मजदूरों को वर्दी न देकर औपचारिक वस्त्रों में काम पर बुलाना
(d) नियुक्तिकर्ता द्वारा आवश्यकता के अनुरूप मजदूरों को काम पर बुलाना

**8. "कपड़ा वहाँ बन सकता है जहाँ कपास, पानी के साधन, परिवहन और काम कर सकने की आयु वाले लोग उपलब्ध हों।" इसे निम्न में से किस संकल्पना को समझाने के लिए उदाहरण के रूप में प्रयोग किया जा सकता है ?**

(a) जमीन के उपयोग के पैटर्न (प्रतिमान)
(b) स्थानिक अन्त:क्रिया
(c) केन्द्रीय स्थान
(d) क्षेत्रीय साझेदारी

**9. बुनकरों को .............. में उचित मूल्य मिलता है ?**

(a) दादन व्यवस्था
(b) वस्त्र निर्यात के कारखाने/फैक्ट्री
(c) सहकारी संस्थाओं
(d) अन्तर्राष्ट्रीय बाजार

**10. चखेसंग समुदाय के लोग किस राज्य में निवास करते हैं?**

(a) मणिपुर (b) नागालैण्ड
(c) मिजोरम (d) मेघालय

**11. शहरी क्षेत्र उसे कहा जाता है जिसकी जनसंख्या–**

(a) कृषि में संलग्न हो
(b) खनन में संलग्न हो
(c) औद्योगिक गतिविधियों में संलग्न हो
(d) इनमें से कोई नहीं

**12. मनरेगा योजना के अन्तर्गत कितने दिनों का रोजगार उपलब्ध कराया जाता है?**

(a) वर्ष में 200 दिन
(b) वर्ष में 150 दिन
(c) वर्ष में 100 दिन
(d) वर्ष में 80 दिन

## उत्तरमाला

**1.** (d) **2.** (c) **3.** (a) **4.** (b) **5.** (c) **6.** (d) **7.** (d) **8.** (b) **9.** (c) **10.** (b)
**11.** (c) **12.** (c)

❑❑❑

# मीडिया की समझ

## मीडिया

- मीडिया शब्द के अन्तर्गत संचार के साधन आते हैं। ये साधन बहुत से उपकरणों, संगठनों के समूह हैं, जो सूचना का संग्रहण तथा वितरण करते हैं। मीडिया में समाचार-पत्र, पत्रिकाएँ, दूरदर्शन, रेडियो, मेल, टेलीफोन आदि आते हैं।

### मीडिया के प्रकार

मीडिया के निम्नलिखित प्रकार हैं-

(i) प्रिन्ट मीडिया ( किताब, पम्फलेट, समाचार-पत्र, पत्रिका)

(ii) रिकार्डिंग (ग्रामोफोन, चुम्बकीय टेप, कैसेट आदि)

(iii) सिनेमा तथा श्रव्य दृश्य सामग्री

(iv) रेडियो

(vi) इण्टरनेट

(v) टेलीविजन

(vii) मोबाइल

## जन संचार

- जन संचार (Mass Media) शब्द का प्रयोग बड़े स्तर पर सूचनाओं के सम्प्रेषण हेतु साधन के लिए किया जाता है।
- इसमें बहुत तेजी से संचार का आदान-प्रदान होता है।

### जनसंचार के प्रकार

जनसंचार के प्रमुख प्रकार निम्नलिखित हैं-

- प्रसारण इसमें बड़े स्तर पर संचार को प्रेषित किया जाता है। इसका प्रसारण केबल, उपग्रह आदि से होता है।
- वेबकास्टिंग इसमें वेबसाइट के द्वारा संचार का प्रसारण किया जाता है।

#### फिल्म

- सिनेमा भी संचार का साधन माना जाता है। साथ ही यह मनोरंजन का प्रमुख साधन भी होता है।
- सिनेमा के माध्यम से समाज या देश की समस्याओं को प्रदर्शित किया जाता है। यह समाज सुधार ( अन्धविश्वास, भेदभाव ) को बल प्रदान करता है, तथा लोगों को जागरूकता बनाता है।

#### इण्टरनेट

- इण्टरनेट (Internet) बहुत से नेटवर्कों का समूह है। यह विश्व के नेट को आपस में जोड़ता है तथा उनके बीच सूचनाओं का आदान-प्रदान करता है।
- इसे सूचना का राजपथ (Information Highway) कहा जाता है।

#### मोबाइल

- मोबाइल (Mobile) टेलीफोन का ही आधुनिक रूप है। सर्वप्रथम मोटोरोला कम्पनी ने आधुनिक मोबाइल फोन का निर्माण किया था।
- मोबाइल एक साथ रेडियो, टेलीविजन, कम्प्यूटर, टेलीफोन आदि का कार्य करता है।
- यह आधुनिक संचार का सबसे प्रभावशाली उपकरण है। ऑडियो रिकार्डिंग तथा रीप्रोडक्शन यह ध्वनि का संग्रहण है। इसमें वैसे यन्त्र आते हैं, जो ध्वनि का संग्रह करते हैं ताकि बाद में इसका प्रयोग किया जा सके।
- इसमें माइक्रोफोन, रिकार्डिंग उपकरण, लाउडस्पीकर आदि आते हैं।

### मीडिया के कार्य/भूमिका

- मीडिया लोगों को अपनी भावना, विचार आदि प्रस्तुत करने का
- अवसर प्रदान करती है। इसके द्वारा लोग अपने विचार, सोच आदि को दूसरे तक पहुँचाते हैं।
- मीडिया सम्पूर्ण विश्व से खबरों को लाती है तथा सम्पूर्ण विश्व
- को खबरें प्रदान करती है; इससे अन्तर्राष्ट्रीय स्तर पर जुड़ाव होता है।
- मीडिया मनोरंजन तथा शिक्षण सम्बन्धी कार्य भी करती है; जैसे - कलात्मक तथा ऐतिहासिक फिल्में।

#### जनसंचार के उद्देश्य

जनसंचार में संचार के साथ अन्य कई चीजें शामिल होती हैं।

हेतु जनसंचार के प्रमुख उद्देश्य हैं-

- जनसंचार व्यापारिक तथा सामाजिक मुद्दों को जनता तक पहुँचाने का कार्य करता है।
- यह जनता को जागरूक बनाने के उद्देश्य से कार्य करता है।
- जनसंचार का उद्देश्य मनोरंजन करना भी है।
- जनता में राजनीतिक घटनाओं की सूचना पहुँचाना।
- लोगों को जागरुक करना।

## प्रिण्ट मीडिया

- इसमें मुद्रण से प्रकाशित होने वाले संचार के साधन आते हैं। प्रिण्ट मीडिया सबसे पुराना मीडिया का साधन है। प्रिण्ट मीडिया ( Print Media) में अखबार, पत्र-पत्रिका, सरकारी गजट, गैर-सरकारी सूचना-पत्र, किताब आदि आते हैं।

### अखबार

- भारत में जनसंचार का सबसे पुराना साधन अखबार है। अखबार की शुरुआत अंग्रेजों के समय से हुई। भारत का पहला अखबार बंगाल गजट था। अखबार सस्ता तथा सबसे लोकप्रिय संचार का साधन है।

## पत्र-पत्रिकाएँ

- पत्र-पत्रिकाएँ (Magazine) भी प्रिण्ट मीडिया के प्रकार हैं, परन्तु इनका प्रकाशन सामान्यत: अर्द्धमासिक, मासिक, वार्षिक आधार पर किया जाता है। पत्र - पत्रिकाओं में अलग-अलग प्रकार के विषयों का संकलन किया जाता है। पत्रिकाओं को भी कई भागों में विभाजित किया जाता है- समसामयिक पत्रिका, साहित्यिक पत्रिका आदि।

## विज्ञापन

- विज्ञापन के द्वारा किसी उत्पाद की महत्ता बताकर जनता को आकर्षित किया जाता है। इससे उत्पाद का महत्त्व बढ़ जाता है।
- मीडिया, विज्ञापन के द्वारा किसी उत्पाद के बारे में लोगों को बताती है। वह किसी उत्पाद को अन्य उत्पादों से बेहतर बनाता है। इसमें व्यक्तिगत भावनाओं के प्रति अपील समता के मुद्दे पर आलोचनात्मक चर्चा की जाती है।
- विज्ञापन द्वारा जनता की भावनाओं को ब्राण्ड के प्रति उभारा जाता है।
- लोकतन्त्र तथा विज्ञापन में गहरा सम्बन्ध है। यह शासन के कार्यों तथा उद्देश्यों से जनता को सूचित करता है।
- विज्ञापन के रूढ़िवादी चित्रण में महिलाओं का पिकअप का पति के द्वारा ऑफिस छोड़ना, चाय के बागान से भी इस चाय बना आदि को देखा जा सकता है।

**मीडिया और लोकतन्त्र**

- मीडिया तथा लोकतन्त्र दोनों एक-दूसरे के पूरक माने जाते है। लोकतन्त्र के विकास में मीडिया की महत्वपूर्ण लोकतन्त्र मीडिया की स्वतन्त्रता बनाए का कार्य करता है। मीडिया विश्व के विभिन्न देशों से सम्बद जागरूक करती है। इसे लोकतन्त्र का चतुर्थ माना जाता है।

**मीडिया और विज्ञापन**

- विज्ञापन का मुख्य उद्देश्य होता है अधिक-से-अधिक जनता तक पहुँच बनाना। चूँकि मीडिया जनता से जुड़ी होती है, इसलिए विज्ञान हेतु मीडिया का सहारा लिया जाता है। मीडिया द्वारा प्रसारित विज्ञान सरकारी, व्यक्तिगत, सामूहिक, वाणिज्यिक आदि हो सकते हैं। ज्ञापन का मुख्य उद्देश्य उत्पादों की अन्य उत्पादों से श्रेष्ठता साबित करना है।
- वर्तमान समय में विज्ञापन मीडिया की आय के प्रमुख हैं। लोकप्रिय समाचार चैनल पर प्रचार करना खर्चीला होता है। विज्ञापन तथा व्यक्तिगत हित दोनों प्रकार का हो सकता है।

## सेंसरशिप

- सार्वजनिक संचार, प्रेस, रेडियो या अन्य साधनों से प्रकाशित द प्रसारित सूचना को रोकना या नियन्त्रित करना सेंसरशिप कहलाता है। यह प्रत्यक्ष अथवा अप्रत्यक्ष हो सकती है। सरकारें तथा निजी संगठन सेंसरशिप में संलग्न हो सकते हैं।
- इसके माध्यम से सरकारी तन्त्रों द्वारा प्रकाशित सूचना को आपतिजनक, हानिकारक, संवेदनशील या असुविधाजनक माना जाता है। इसके माध्यम से वर्ष 1975-77 में आपातकाल के दौरान, भारत सरकार के दौरान लेखों व समाचार-पत्रों पर लगाई गई रोक को समझा जा सकता है।

## प्रश्नमाला

**1. निम्नलिखित में से कौन-सा कथन सही है?**

(a) मीडिया सूचना का संग्रहण तथा सम्प्रेषण करती है।
(b) मीडिया के उपकरणों को संचार के साधन भी कहते हैं।
(c) मीडिया का स्वरूप समय के साथ परिवर्तित होता रहा है।
(d) उपरोक्त सभी कथन सही हैं।

**2. अपने क्षेत्र विशेष का एक व्यापारिक प्रतिष्ठान कार्य करने के लिए आवेदन निकालता है। उस प्रतिष्ठान द्वारा निम्न में से किसमें विज्ञापन प्रकाशित करवाना सर्वाधिक उपयुक्त होगा?**

(a) लोकप्रिय क्षेत्रीय अखबार
(b) राष्ट्रीय अखबार
(c) अन्तर्राष्ट्रीय अखबार
(d) उपरोक्त में से कोई नहीं

**3. निम्नलिखित कथनों पर विचार कीजिए**

**A. प्रिण्ट मीडिया सबसे पुराना मीडिया का साधन है।**
**B. प्रिण्ट मीडिया में अखबार, पत्र-पत्रिकाएँ, सरकारी गजट, सूचना पत्र आदि आते हैं।**

**कूट का प्रयोग कर सही उत्तर चुनिए**

(a) कथन A सही है तथा कथन B गलत है।
(b) कथन A गलत है तथा कथन B सही है।
(c) कथन A तथा कथन B दोनों सही हैं।
(d) कथन A तथा कथन B दोनों सही नहीं है।

**4. निम्नलिखित में से कौन-सा कथन सामाजिक विज्ञापन का उद्देश्य नहीं है?**

(a) सामाजिक तन्त्रों और सामाजिक समूहों को लक्ष्य बनाना
(b) व्यक्तिगत वाणिज्यिक लाभ के लिए सामाजिक तन्त्रजाल वाली साइटों (Sites) पर उत्पादों का विज्ञापन देना।
(c) जन साधारण के सदस्यों को ऐच्छिक सामाजिक गतिविधियों में व्यस्त रहने हेतु अभिप्रेरित करना।
(d) चूँकि व्यक्ति अन्य व्यक्तियों को प्रभावित करते हैं, इसलिए उनकी अभिवृत्ति और मानसिक धारणा को बदलना।

**5. लोकतन्त्र में संचार माध्यम एक महत्त्वपूर्ण भूमिका निभाते हैं**

(a) देश और संसार के बारे में समाचार देने और उनमें होने वाली घटनाओं पर चर्चा करने में
(b) वस्तुओं का विज्ञापन करने में ताकि लोग अपनी पसन्द की वस्तुओं को खरीद सकें।
(c) क्रिकेट के आयोजनों का प्रसारण करना, ताकि लोग घर बैठे इसे देख सकें।
(d) विभिन्न प्रकार के मनोरंजन की चीजें प्रस्तुत करना।

**6. निम्नलिखित कथनों पर ध्यान दें और लोकतन्त्र में संचार माध्यम की सही भूमिका का चयन करें।**

**A. इसे समाचार के माध्यम से नागरिकों को सूचना पहुँचानी चाहिए।**
**B. इसे विज्ञापन के दृष्टिकोण को समाचार कार्यक्रमों के माध्यम से देनी चाहिए।**
**C. इसे हर दृष्टिकोण की चर्चा करनी चाहिए।**

**कूट**

(a) A और C (b) A और B
(c) A, B और C (d) B और C

**7. निम्नलिखित में से कौन-सा विज्ञापन रूढ़िवादी चित्रण (जेण्डर-स्टीरीओटाइप) का उदाहरण नहीं हैं?**

(a) लिपस्टिक के विज्ञापन में एक महिला का मेक-अप करना।
(b) गाड़ी के विज्ञापन में एक महिला को पति द्वारा ऑफिस (दफ्तर) छोड़ा जाना।
(c) स्पोर्ट्स जूते के विज्ञापन में एक लड़की फुटबॉल खेलती हुई।
(d) चाय के विज्ञापन में एक माँ का सुबह चाय बनाना।

**8. निम्नलिखित में से कौन-सा संचार का साधन नहीं है?**

(a) कंप्यूटर (b) मोबाइल
(c) टेलीविजन (d) फ्रिज

**9. 'सूचना का राजपथ' किसे कहा जाता है?**

(a) इंटरनेट को
(b) रेडियो को
(c) अखबार को
(d) इनमें से कोई नहीं

**10. निम्नलिखित में से मीडिया के अन्तर्गत नहीं आता है–**

(a) प्रिन्ट मीडिया (b) टेलीविजन
(c) इंटरनेट (d) कोई भी नहीं

**11. विज्ञापन के रूढ़िवादी चित्रण में शामिल है–**

(a) महिलाओं का मेकअप करना
(b) महिला को पति के द्वारा ऑफिस छोड़ना
(c) चाय के बागान में माँ द्वारा चाय बनाना
(d) सभी

**12. आधुनिक संचार का सबसे शक्तिशाली उपकरण है–**

(a) इंटरनेट (b) टेलीविजन
(c) रेडियो (d) सभी

**13. जनसंचार के उद्देश्यों में शामिल नहीं है–**

(a) जनता को जागरूक करना
(b) मनोरंजन करना
(c) सूचना पहुँचाना
(d) फिल्म बनाना

**14. निम्न में से सत्य कथन चुनिए–**

(a) सिनेमा संचार का साधन नहीं है।
(b) टेलीविजन प्रिन्ट मीडिया का भाग है
(c) दोनों (a) और (b)
(d) कोई भी नहीं

**15. 19वीं शताब्दी के दौरान किसके विकास ने बड़े पैमाने पर सामाजिक रीति-रिवाज और व्यवहार के बारे में वाद-विवाद तथा चर्चाओं को सुगम बनाया?**

(a) रंगमंच (b) चलचित्र
(c) रेडियो (d) पत्रिकाएँ

**16. निम्न में से किससे संबंध होने के कारण मीडिया स्वतंत्र नहीं रहा है?**

(a) नागरिक समाज
(b) सरकारी विभाग
(c) व्यापारिक घटना
(d) NGOs

## उत्तरमाला

**1.** (d) **2.** (a) **3.** (c) **4.** (b) **5.** (a) **6.** (a) **7.** (c) **8.** (d) **9.** (a) **10.** (d)
**11.** (d) **12.** (a) **13.** (d) **14.** (b) **15.** (d) **16.** (c)

❑❑❑

# सामाजिक अध्ययन की अवधारणा एवं प्रकृति

## सामाजिक अध्ययन का अर्थ

सामाजिक अध्ययन से तात्पर्य समाज का अध्ययन है। यह विषय मानवीय संबंधों की विवेचना करता है। हम सभी समाज में रहते हैं। कैसे रहते थे, कैसे रहते हैं एवं कैसे रहना चाहिए, इन्हीं बातों का अध्ययन इस विषय के अन्तर्गत किया जाता है। सामाजिक अध्ययन से तात्पर्य उन सभी विषयों से है जो मानवीय सम्बन्धों की व्याख्या करते हैं।

सामाजिक अध्ययन व्यक्ति और समाज से सम्बन्धित विभिन्न विषयों जैसे–इतिहास, भूगोल, नागरिक शास्त्र इत्यादि अर्थशास्त्र आदि से सामग्री ग्रहण कर उसको एकीकृत एवं समन्वित रूप में इस प्रकार प्रस्तुत करता है जिससे कि व्यक्ति अपने समाज से भली-भांति जिससे उसे व्यवस्थित होने तथा अपने और समाज के कल्याण और उत्थान में भरपूर सहयोग देने का पूरा-पूरा अवसर मिल सके।

### सामाजिक अध्ययन की कुछ परिभाषाएँ

1. **ई.बी. वेस्ले (E.B. Wesley) के शब्दों में :** "सामाजिक अध्ययन नाम उन विद्यालय विषयों के लिए प्रयोग में लाया जाता है जो मानवीय संबंधों का विवेचन करते हैं।"
2. **जे.एफ. फोरेस्टर (J.F. Forrester) के अनुसार–**"सामाजिक अध्ययन समाज का अध्ययन है और उसका प्रमुख उद्देश्य बालकों को जिस संसार में उन्हें रहना है और जिस तरह उस संसार का निर्माण हुआ है उसे समझने में सहायता करना है ताकि वे जिम्मेदार नागरिक बन सकें। इसका लक्ष्य विवेचनात्मक चिंतन को विकसित करना, सामाजिक परिवर्तन के लिए तत्पर रहना, सार्वजनिक कल्याण को ध्यान में रखकर काम करने का मन बनाना, दूसरों की संस्कृति की सराहना करने तथा मनुष्य और राष्ट्रों के बीच विद्यमान अंतर्निर्भरता से परिचित कराना है।"
3. **शैक्षिक अनुसंधान विश्वकोश (Encyclopaedia of Educational Research) के अनुसार :** "सामाजिक अध्ययन वह अध्ययन है जो हर मानव के रहन-सहन के ढंग, उसकी आवश्यकताओं तथा उन्हें पूरा करने से संबंधित विभिन्न क्रियाकलापों और उसके द्वारा विकसित संस्थाओं के बारे में ज्ञान प्रदान करता है।"

   उपरोक्त परिभाषाओं के आधार पर सामाजिक अध्ययन के अर्थ और उसकी प्रकृति के बारे में निम्न बातें कही जा सकती हैं–

   (A) सामाजिक अध्ययन के द्वारा नागरिकों में बेहतर गुणों का विकास किया जा सकता है जिससे वे देश की प्रगति में अपना सहयोग प्रदान कर सकते हैं।

   (B) सामाजिक अध्ययन के "अन्तर्गत ''समाज के इतिहास को जानने" तथा "मानव का इसके विकास में योगदान" की विवेचना की जाती है।

   (C) सामाजिक अध्ययन समाज की संरचना एवं उसके संगठन का अध्ययन करने से सम्बन्धित है।

   (D) सामाजिक अध्ययन के अन्तर्गत मानवीय संबंधों एवं मानव से जुड़े हुए क्रियाकलापों का अध्ययन किया जाता है।

   (E) सामाजिक अध्ययन, अध्ययन का ऐसा विषय है जिसके माध्यम से मानव समाज तथा उससे संबंधित सभी बातों की जानकारी प्राप्त होती है।
4. **जॉन यू. माइकेलिस (John.U. Michaelis) के अनुसार :** "सामाजिक अध्ययन का संबंध व्यक्तियों और उनकी अपने भौतिक और सामाजिक परिवेश के प्रति अंत: क्रिया से होता है। वह मानवीय संबंधों की विवेचना करता है।"

## सामाजिक अध्ययन का क्षेत्र

सामान्यत: **'क्षेत्र'** शब्द का तात्पर्य, प्रसंग, विस्तार, विविधता इत्यादि शब्दों से लिया जाता है। शिक्षा में **'क्षेत्र'** शब्द का अर्थ किसी विषय के विस्तार से लिया जाता है। "निकलसन" तथा "राईट" के अनुसार "सामाजिक अध्ययन का क्षेत्र वास्तव में बहुत विस्तृत है और इसका अभिप्राय सपूर्ण संसार में मनुष्य का वर्तमान जीवन है।"

सामाजिक अध्ययन के क्षेत्र को निम्न बिन्दुओं के द्वारा जाना जा सकता है–

1. **सामाजिक अध्ययन समूहों का अध्ययन है :** सामाजिक अध्ययन के अन्तर्गत समाज के विभिन्न समूहों का अध्ययन किया जाता है। सामाजिक अध्ययन में व्यक्तियों एवं उनके सम्बन्धों पर अधिक बल दिया जाता है। सामाजिक अध्ययन में समाज में होने वाली प्रत्येक घटना अथवा क्रिया को महत्वपूर्ण स्थान प्रदान किया जाता है।
2. **सामाजिक अध्ययन मानव जीवन का अध्ययन है :** सामाजिक अध्ययन मानव सम्बन्धों का एक विस्तृत अध्ययन है। मानव ही इस विषय का आधार बिन्दु है। मनुष्य के अपने समाज, परिवार, पड़ोसी इत्यादि से किस प्रकार के संबंध हैं संस्थाओं के साथ उसके किस प्रकार के संबंध हैं, इन सभी प्रश्नों के उत्तर सामाजिक अध्ययन के क्षेत्र के प्राप्त किए जाते हैं। सामाजिक अध्ययन में उन सभी सामाजिक विज्ञानों एवं मानव शास्त्रों से महत्वपूर्ण सामग्री ली जा सकती है जिनसे मानवीय संबंधों को ठीक प्रकार से जानने तथा समझने में सहायता मिल सके।
3. **अन्तर्राष्ट्रीय सद्भावना उत्पन्न करना :** देश के नागरिकों में अन्तराष्ट्रीय सद्भावना का विकास करना सामाजिक अध्ययन का महत्त्वपूर्ण कार्य है। सामाजिक अध्ययन में उन सभी अनुभवों को सम्मिलित किया

जाता है जो बालकों में अन्तर्राष्ट्रीयता की भावना उत्पन्न कर सकें। सामाजिक अध्ययन के शिक्षण द्वारा अन्तर्राष्ट्रीय सद्भावना के भावों को बालकों में पोषित किया जा सकता है।

4. **तत्कालीन घटनाओं का अध्ययन :** समाज में कुछ न कुछ निरन्तर परिवर्तन आते रहते हैं। जो कुछ घट चुका है उसका अध्ययन ही नहीं अपितु जो कुछ वर्तमान में घटित हो रहा है उन घटनाओं का अध्ययन करना भी इसी क्षेत्र का भाग है। प्रत्येक नवीन घटना भूतकाल से ही अपना आधार प्राप्त करती है। इन घटनाओं का अध्ययन सामाजिक अध्ययन के अन्तर्गत किया जाता है।

**सामाजिक विज्ञान और सामाजिक अध्ययन में अन्तर**

| सामाजिक अध्ययन | सामाजिक विज्ञान |
|---|---|
| 1. सामाजिक अध्ययन सरल एवं स्पष्ट विषय है। | 1. सामाजिक विज्ञान एक गम्भीर विषय है। |
| 2. सामाजिक अध्ययन एक छात्र-प्रधान विषय है। | 2. सामाजिक विज्ञान शिक्षक-प्रधान विषय है। |
| 3. सामाजिक अध्ययन में व्यावहारिक पक्ष पर अत्यधिक बल दिया जाता है। | 3. सामाजिक विज्ञान में सैद्धान्तिक पक्ष पर बल दिया जाता है। |
| 4. सामाजिक अध्ययन विषय को विद्यालयों में पढ़ाया जाता है। | 4. सामाजिक विज्ञान का स्तर काफी उच्च होता है। इसका अध्ययन कॉलेज स्तर पर ही संभव होता है। |
| 5. सामाजिक अध्ययन की विषय-वस्तु में अधिक गहराई नहीं पाई जाती है। | 5. सामाजिक विज्ञान में अनुसंधान, खोज एवं प्रयोगों के लिए पर्याप्त स्थान प्रदान किया जाता है। |
| 6. सामाजिक अध्ययन का क्षेत्र काफी संकुचित होता है। | 6. सामाजिक विज्ञान का क्षेत्र काफी विस्तृत एवं व्यापक होता है। |
| 7. सामाजिक अध्ययन का उद्देश्य मानव को अच्छे नागरिकों के रूप में विकसित करना है। | 7. सामाजिक विज्ञान का उद्देश्य ज्ञान प्रदान करना है। |
| 8. सामाजिक अध्ययन एकीकृत रूप में ज्ञान प्रदान करता है। | 8. सामाजिक विज्ञान एकान्त रूप में ज्ञान प्रदान करता है। |

## सामाजिक अध्ययन शिक्षण के मूल्य या लाभ

माध्यमिक कक्षाओं में सामाजिक अध्ययन शिक्षण के निम्न लाभ हैं–

1. **राष्ट्रीय मूल्यों का विकास :** सामाजिक अध्ययन की शिक्षा छात्रों में देश प्रेम की भावना को विकसित करने में भी सहायता प्रदान करती है। नागरिकशास्त्र के शिक्षण से बच्चों में राष्ट्रीय दृष्टिकोण को विकसित किया जाता है। वर्तमान समय में इस प्रकार के मूल्यों को छात्रों में विकसित करने की प्रमुख आवश्यकता है। इस विषय के अन्तर्गत छात्रों को सहयोग, प्रेम, सहानुभूति के साथ रहना सिखाया जाता है। इतिहास की गाथाएँ बालकों के अन्दर देशभक्ति की भावना का विकास करती हैं।
2. **सामाजिक अध्ययन शिक्षण के उद्देश्य :** विद्यालयों में सामाजिक अध्ययन विषय को पढ़ाने से पूर्व यह जानना अत्यन्त आवश्यक है कि इसके शिक्षण के क्या उद्देश्य हो सकते हैं। शिक्षण प्रक्रिया में लक्ष्यों एवं उद्देश्यों का अधिकतम महत्त्व होता है। शिक्षण पद्धतियाँ, पाठ्यक्रम, अनुशासन इत्यादि सभी क्रियाएं उद्देश्यों पर निर्भर होती हैं।
3. **सामाजिक मूल्यों का विकास :** इस विषय के अध्ययन से व्यक्ति को अपनी सामाजिक संरचना का पूर्ण ज्ञान होता है। इस विषय के व्यापक अध्ययन के द्वारा विद्यार्थियों में समाज का कल्याण करने, समाज में शान्ति बनाए रखने इत्यादि तत्वों का विकास होता है।
4. **सांस्कृतिक मूल्यों का विकास :** इस विषय के अध्ययन के द्वारा छात्रों में अपनी प्राचीन तथा वर्तमान संस्कृति को जानने की समझ विकसित होती है। यह विषय अपनी सांस्कृतिक विरासत के प्रति आत्मगौरव की भावना को विकसित करता है। इससे छात्रों को विभिन्न देशों के रहन-सहन एवं संस्कृति इत्यादि का ज्ञान होता है।
5. **नैतिक मूल्यों का विकास :** सामाजिक अध्ययन का मुख्य उद्देश्य छात्रों में अच्छे नैतिक गुणों का विकास करना होता है। इसके अध्ययन द्वारा छात्रों की मानसिक शक्तियों को विकसित करने में सहायता मिलती है। इसके माध्यम से छात्रों में उचित एवं अनुचित का निर्णय लेने की योग्यता का विकास होता है।
6. **राजनीतिक मूल्यों का विकास :** भारत एक लोकतान्त्रिक देश है। भारत में विभिन्न धर्म, संस्कृति, मूल्यों में आस्था रखने वाले लोग रहते हैं। इन सभी को समान स्थान देने के लिए भारत वर्ष में निरपेक्ष जनतंत्रात्मक गणराज्य की स्थापना की गई है। लोकतन्त्र की सफलता हेतु यह आवश्यक है कि देश के प्रत्येक नागरिक को सरकार की कार्यप्रणाली की जानकारी हो। यह विषय देश के भावी नागरिकों को राजनीतिक तथ्यों की जानकारी प्रदान करता है।

## सामाजिक अध्ययन के उद्देश्य

1. सामाजिक अध्ययन के शिक्षण द्वारा बालकों में तर्क-शक्ति, विचार-शक्ति, कल्पना-शक्ति आदि मानसिक शक्तियों का विकास होता है।
2. सामाजिक अध्ययन शिक्षण के माध्यम से छात्रों में व्यक्तिगत उत्तरदायित्व, नागरिकता तथा अन्तर्राष्ट्रीयता की भावना का विकास किया जा सकता है।
3. सामाजिक अध्ययन का उद्देश्य मानव समाज की व्याख्या करना है। मानव समाज से तात्पर्य भौतिक, प्राकृतिक, सामाजिक, आर्थिक एवं राजनैतिक वातावरण से है। छात्रों को यह ज्ञात होना आवश्यक है कि यह वातावरण कैसे अस्तिव में आया। इन सभी की जानकारी सामाजिक अध्ययन के शिक्षण से प्राप्त होती है।
4. सामाजिक अध्ययन के शिक्षण द्वारा छात्रों को यह समझाया जा सकता है कि संसार के विभिन्न भागों में भौगोलिक परिस्थितियों ने सामाजिक प्रगति को कैसे तथा कहाँ तक प्रभावित किया है।
5. सामाजिक अध्ययन के शिक्षण का उद्देश्य छात्रों में उचित अभिवृत्तियों का विकास करना है। **बाइनिंग** लिखते हैं– "सामाजिक अध्ययन के शिक्षक को अपने छात्रों में वैज्ञानिक दृष्टिकोण, भक्ति भावना, सच्चाई, सहिष्णुता, सहयोग, नागरिक उत्तरदायित्व, बुद्धिमत्तापूर्ण आशावादिता की उचित अभिवृत्तियों के विकास के लिए सभी अवसरों का उपयोग करना चाहिए।"
6. सामाजिक अध्ययन के शिक्षण के द्वारा छात्रों में सामाजिकता की भावना का उचित विकास किया जा सकता है। ब्रिटेन की पाठ्यक्रम सुधार समिति की एक रिपोर्ट के अनुसार "विद्यालयों में सामाजिक अध्ययन की पढ़ाई का उद्देश्य व्यक्ति को, समुदाय में ले जाकर और उसको सामूहिक जीवन प्रक्रिया तथा सामूहिक आदर्शों से परिचित कराकर, सामाजिकता की ओर अग्रसर करना अथवा सामाजिक चरित्र का विकास करना है।"
7. कोठारी आयोग ने अपनी रिपोर्ट में कहा है, "सामाजिक ज्ञान के अध्ययन का उद्देश्य विद्यार्थियों को उनके वातावरण सम्बन्धों की समझ और ऐसे अभिमत एवं मूल्यों में सहायक होने से है जो समुदाय, राष्ट्र

तथा विश्व के मामलों में विवेकपूर्ण ढंग से भाग लेने में उपयोगी हो। भारत में अच्छी नागरिकता और भावात्मक एकीकरण की स्थापना के लिए सामाजिक ज्ञान का प्रभावी कार्यक्रम अनिवार्य है।"

8. सामाजिक अध्ययन के शिक्षण के द्वारा छात्रों में उच्च आदर्शों एवं उत्तम नागरिकता से संबंधित गुणों का समावेश करना इसका प्रमुख उद्देश्य है।

## माध्यमिक स्तर पर सामाजिक अध्ययन के उद्देश्य

विद्यालय स्तर पर सामाजिक अध्ययन के प्रमुख उद्देश्य हैं–

1. सामाजिक संस्थाओं की कार्यप्रणाली के प्रति सकारात्मक दृष्टिकोण को उत्पन्न करना।
2. समाज में व्याप्त कुरीतियों तथा अंधविश्वासों को दूर करने हेतु वचनबद्ध होना।
3. मानचित्र, ग्राफ, चार्ट, मॉडल इत्यादि बनाने से संबंधित कौशल का विकास करना।
4. विश्व में घट रही घटनाओं के प्रति जागरूक करना।
5. ऐतिहासिक तथ्यों की तुलना एवं समीक्षा इत्यादि करने के कौशल का विकास करना।
6. समाज के सभी समूहों, वर्गों, जाति, धर्म, संस्कृति के प्रति सहयोग की भावना का विकास करना।
7. विभिन्न प्रकार की सामाजिक समस्याओं के समाधान हेतु कुशलताओं का विकास करना।
8. नागरिकता व सामाजिकता से सम्बन्धित कर्तव्यों व अधिकारों से अवगत कराना।
9. छात्रों में अपनेपन की भावना पैदा करना।
10. युग पुरुषों, सुधारकों व समाजसेवियों के योगदान की सराहना करना।

### सामाजिक अध्ययन का अन्य विषयों के साथ सम्बन्ध

विद्यालय स्तर पर ऐसा कोई भी विषय नहीं है जिसका सम्बन्ध सामाजिक अध्ययन के साथ ना हो। पाठ्यक्रम में शामिल प्रत्येक विषय शिक्षा के उद्देश्यों को पूरा करते हैं। मानव का अध्ययन करना 'सामाजिक अध्ययन' का मुख्य उद्देश्य है।

1. **सामाजिक अध्ययन एवं कला :** हरबर्ट स्पेंसर के अनुसार, "शिक्षा से अभिप्राय छात्रों को भावी जीवन के लिए तैयार करना है।" विद्यालय के पाठ्यक्रम में विभिन्न प्रकार की कलाओं का महत्त्वपूर्ण स्थान होता है। ड्राइंग, पेंटिंग, संगीत एवं अन्य कलाओं का ज्ञान विद्यार्थियों को प्रदान किया जाता है। इतिहास पढ़ाते समय शासकों के चित्रों का संकलन, समय रेखा बनाना, राज्यों की सीमाओं को मानचित्र में प्रदर्शित करना इत्यादि सामाजिक अध्ययन एवं कला का सम्बन्ध प्रदर्शित करते हैं। विभिन्न कलाओं जैसे, चित्रकला, मूर्तिकला, नाट्यकला, संगीतकला इत्यादि का अध्ययन करते समय उनका इतिहास जानना अत्यन्त आवश्यक होता है।
2. **सामाजिक अध्ययन और विज्ञान :** आज का युग विज्ञान एवं तकनीकी का युग है। सामाजिक अध्ययन तथा विज्ञान दोनों के पाठ्यक्रम के स्वरूप और आयोजन प्रणाली में बहुत कुछ एक जैसा पाया जाता है। सामाजिक अध्ययन में जहां इतिहास, भूगोल, नागरिकशास्त्र, अर्थशास्त्र इत्यादि विषयों की सामग्री से अनुभव लिए जाते हैं, वहीं विज्ञान में भौतिकशास्त्र, रसायन-शास्त्र, जीवविज्ञान एवं वनस्पति विज्ञान से उचित सामग्री ली जाती है। इतिहास के शिक्षण द्वारा वैज्ञानिकों तथा अन्वेषकों की जन्म भूमि एवं उनके जीवनकाल की परिस्थितियों का ज्ञान प्राप्त होता है। विज्ञान में कुछ प्रकरण तो ऐसे हैं जो सीधे तौर पर भूगोल की परिधि में ही आते हैं जैसे–चट्टानें, मिट्टी, पृथ्वी, जलवायु, वर्षा सिंचाई आदि। विज्ञान के अध्ययन के द्वारा विद्यार्थियों को वैज्ञानिक आविष्कारों का ज्ञान होता है।
3. **सामाजिक अध्ययन एवं गणित :** इतिहास के घटना-चक्रों को जान हेतु प्रत्येक स्तर पर गणित की आवश्यकता होती है। अर्थव्यवस्थ समय-तालिका, वंश एवं मानचित्र संबंधी मात्रा, गणना तथा परिणा गणित के द्वारा ही संभव है। वस्तुओं के उत्पादन, क्रय-विक्रय इत्यादि का विवरण गणित के माध्यम से ही सम्भव है। इसी प्रकार भूगोल के शिक्षण में भी गणित का महत्त्वपूर्ण स्थान है। पृथ्वी के बारे महत्त्वपूर्ण जानकारियां, जैसे आकार, लम्बाई-चौड़ाई, दिन-रात का बनना, विभिन्न देशों की जलवायु आदि का अध्ययन सभी में गणित की आवश्यकता होती है।
4. **सामाजिक अध्ययन एवं भाषा :** किसी भी विषय को समझने के लि भाषा का ज्ञान होना अत्यन्त आवश्यक है। भाषा के माध्यम से को भी विषय अपने अस्तित्व में आता है। भाषा के चारों कौशल–सुनन बोलना, पढ़ना तथा लिखना इत्यादि सामाजिक अध्ययन विषय को छा तक पहुँचाने का एकमात्र साधन हैं।

भाषा अपने आप में कोई विषय नहीं है अपितु विभिन्न विषयों को सीख का माध्यम है।

## सामाजिक अध्ययन का पाठ्यक्रम

शिक्षा एक गतिशील प्रक्रिया है, जो जीवन-पर्यन्त चलती है। शिक्षा मनुष्य समस्त तत्वों के मूल को समझने की शक्ति प्रदान करती है। विद्यालय में शि द्वारा कुछ विशिष्ट उद्देश्यों की पूर्ति हेतु ज्ञान प्रदान किया जाता है। भारत तरह विश्व की अन्य सभ्यताओं में भी प्रारम्भ से ही शिक्षा को महत्वपूर्ण स्थ प्राप्त है। अरस्तु ने ठीक ही लिखा है–

"शिक्षित व्यक्ति अशिक्षित व्यक्तियों से उतने ही श्रेष्ठ होते हैं जि जीवित मृतकों से।"

**शिक्षा आयोग :** "विद्यालय की देखभाल में उसके अंदर तथा बाहर अ प्रकार के कार्यकलापों से छात्रों को विभिन्न अध्ययन के अनुभव प्राप्त होते हम विद्यालय पाठ्यक्रम को इन अध्ययन की समष्टि मानते हैं।"

**मुनरो के अनुसार :** "पाठ्यक्रम में वे समस्त अनुभव निहित हैं जिन विद्यालय द्वारा शिक्षा के उद्देश्यों की प्राप्ति के लिए उपयोग में लाया जाता है

उपर्युक्त परिभाषाओं को समझने के बाद पाठ्यक्रम के सम्बन्ध में नि बातें स्पष्ट होती हैं–

1. पाठ्यक्रम में वे सभी क्रियाएं सम्मिलित हैं, जो विद्यालय में विद्यार्थि को दी जाती हैं।
2. पाठ्यक्रम को मानव जाति के सम्पूर्ण ज्ञान तथा अनुभव का समझना चाहिए।
3. पाठ्यक्रम में भिन्न-भिन्न अनुभवों की सम्पूर्णता निहित होती है।
4. पाठ्यक्रम शिक्षा के उद्देश्यों को प्राप्त करने का एक महत्वपूर्ण स है।
5. पाठ्यक्रम में विविध प्रकार के कलात्मक, शारीरिक, बौद्धिक अनु तथा प्रयोग सम्मिलित होते हैं।

## पाठ्यक्रम के उद्देश्य

1. पाठ्यक्रम छात्रों को एक ऐसा वातावरण प्रदान करता है जिसमें बालक अपने विचार, तर्क, चिन्तन, मनन, स्मरण इत्यादि सभी शक्तियों का विकास कर सकें।
2. पाठ्यक्रम का प्रमुख उद्देश्य छात्रों में खोज की प्रवृत्ति का विकास करना है जिससे छात्र अधिक से अधिक नए ज्ञान को अर्जित कर सकें।
3. पाठ्यक्रम का मुख्य उद्देश्य छात्रों के व्यक्तित्व के विभिन्न पहलुओं का विकास करना है, जिसमें शारीरिक, मानसिक, नैतिक इत्यादि तत्व शामिल हैं।
4. पाठ्यक्रम का प्रमुख उद्देश्य छात्रों की क्षमताओं तथा योग्यताओं का विकास करना होता है एवं इसके साथ-साथ वह बालकों की विभिन्न प्रकार की रुचियों को भी प्रोत्साहित करता है।
5. पाठ्यक्रम छात्रों की क्षमताओं को विकसित करके विभिन्न प्रकार की रचनात्मक व सृजनात्मक शक्तियों का विकास करता है।

## सामाजिक अध्ययन पाठ्यक्रम निर्माण के सिद्धान्त

1. **उपयोगिता का सिद्धान्त :** सामाजिक अध्ययन के पाठ्यक्रम में इन प्रकरणों जैसे विषय सामग्री, अनुभवों इत्यादि को शामिल किया जाना चाहिए जिससे दैनिक जीवन में इसकी उपयोगिता बनी रहे। किन्तु इस उपयोगिता का क्षेत्र व्यापक होना चाहिए। पाठ्यक्रम सामाजिक समस्याओं को हल करने में सक्षम होना चाहिए।
2. **उच्च कक्षाओं की आवश्यकता पूर्ति का सिद्धान्त :** विद्यालयों में छात्रों की पढ़ाई प्राइमरी के बाद माध्यमिक, उच्च माध्यमिक कॉलेज इत्यादि स्तरों तक होती है। अत: प्रत्येक स्तर पर बनाए जा रहे सामाजिक अध्ययन के पाठ्यक्रम में उन समस्त बातों का समावेश होना आवश्यक है जो आगे की कक्षाओं के पाठ्यक्रम का आधार बन सकें।
3. **रुचि का सिद्धान्त :** पाठ्यक्रम में सदैव छात्रों की रुचि का ध्यान विशेष तौर पर रखा जाना आवश्यक है। पाठ्यक्रम का निर्माण करते समय छात्रों की रुचि एवं अनुभवों का समावेश करना चाहिए जिससे विद्यार्थियों की रुचि विषय के अध्ययन में बनी रहे।
4. **क्रियाशीलता का सिद्धान्त :** बालक प्राकृतिक रूप से क्रियाशील होते हैं। इस दृष्टि से पाठ्यक्रम में ऐसी पाठ्य सामग्री एवं अधिगम अनुभवों को स्थान प्रदान किया जाना चाहिए, जिससे छात्रों को अधिक क्रियाशील रहने का अवसर प्राप्त हो सके।
5. **लचीलेपन का सिद्धान्त :** पाठ्यक्रम में लचीलेपन का सिद्धान्त अत्यन्त ही महत्त्वपूर्ण है। इस सिद्धान्त का अर्थ है कि पाठ्यक्रम में समय एवं परिस्थितियों के अनुसार आवश्यक परिवर्तन करने चाहिए। इसमें बालकों की व्यक्तिगत भिन्नता का ध्यान विशेष रूप से रखा जाना चाहिए। सामाजिक अध्ययन शिक्षण के मूल उद्देश्य, एवं शिक्षण अधिगम के तरीकों में भी परिवर्तन किए जाने चाहिए। अत: पाठ्यक्रम में जड़ता के स्थान पर लचीलेपन का गुण होना चाहिए।
6. **उद्देश्यों तथा लक्ष्यों को दृष्टिगत रखने का सिद्धान्त :** पाठ्यक्रम वह धुरी है जिसके आस-पास शिक्षा की समस्त प्रक्रिया घूमती है। शिक्षा मुख्यत: एक उद्देश्यपूर्ण प्रक्रिया है जिसको प्राप्त करने में शिक्षण विधियों एवं पाठ्यक्रम का पहला सिद्धान्त है कि वह उद्देश्यों को ध्यान में रखे।
7. **बाल केन्द्रीयता का सिद्धान्त :** पाठ्यक्रम सदैव बालक के लिए ही तैयार किया जाता है। इसका तात्पर्य यह है कि सामाजिक अध्ययन में किसी भी स्तर के पाठ्क्रम के निर्माण हेतु उस स्तर से सम्बन्धित बालकों की आयु, उनकी योग्यताओं, क्षमताओं, रुचियों एवं पूर्व ज्ञान इत्यादि का ध्यान अवश्य रखना चाहिए। यदि बालक में सहयोग तथा सामाजिकता के गुण भरने है तो इन बातों का ध्यान विशेष रूप से रखना चाहिए।

**सामाजिक अध्ययन पाठ्यक्रम का विकास :** एक विद्वान के कथनानुसार, "किसी पाठ्यक्रम को बुनियादी तथा सर्वकालिक महत्त्व का मानना वस्तुस्थिति के अनुसार सोचने की अयोग्यता का सूचक है तथा स्वयं को धोखा देना है। वास्तविकता तो यह है कि प्रत्येक पाठ्यक्रम उसकी स्याही सूखने के साथ ही पुराना हो जाता है।"

**राल्फटाइलर (Ralf Tyler)** ने अपनी पुस्तक **"पाठ्यक्रम तथा अनुदेशन के मूल-भूत सिद्धान्त"** में पाठ्यक्रम विकास के एक प्रतिमान की चर्चा की है। उनके अनुसार पाठ्यक्रम विकसित करने हेतु निम्न सोपानों का अनुसरण करना चाहिए–

1. उद्देश्यों को परिभाषित करना
2. प्रयोजनों से संबंधित शैक्षिक अनुभव
3. इन अनुभवों का संगठन
4. प्रयोजनों का मूल्यांकन

**पाठ्यक्रम विकास के तत्त्व :** पाठ्यक्रम विकास निरंतर चलने वाली प्रक्रिया है, जो शिक्षा के उद्देश्यों को प्राप्त करने में महत्त्वपूर्ण भूमिका अदा करती है।

1. **शिक्षण के उद्देश्य :** सामाजिक अध्ययन पाठ्यक्रम के विकास की प्रक्रिया एवं उसके शिक्षण-अधिगम हेतु विशेष स्तर के लिए निर्धारित किए गए उद्देश्य से आरम्भ होती है। हमें सर्वप्रथम उद्देश्यों का प्रतिपादन करना आवश्यक होता है। सामाजिक अध्ययन के शिक्षण द्वारा, जिन मूल्यों एवं उद्देश्यों की प्राप्ति की जानी है एवं उनका निर्धारण एक निश्चित शब्दावली में किया जाना आवश्यक होता है। अन्य शब्दों में सभी प्रकार के साधनों का प्रयोग तथा अनेकों परिवर्तन भी कुछ उद्देश्यों की प्राप्ति के लिए किए जाते हैं।
2. **अनुदेशनात्मक प्रारूप :** उद्देश्यों को सुनिश्चित करने के पश्चात यह बात ध्यान देने योग्य है कि छात्रों को किस प्रकार से अनुदेशन प्रदान किया जाये। अनुदेशन प्रदान करने के लिए विभिन्न प्रकार की शिक्षण प्रणालियों का प्रयोग किया जाता है। इसके अन्तर्गत इस प्रकार की परिस्थितियां उत्पन्न की जाती हैं, जिनसे बालक भली प्रकार से अधिगम कर सकें।
3. **मूल्यांकन :** पाठ्यक्रम विकास की प्रक्रिया का तीसरा चरण है– मूल्यांकन करना। इसके द्वारा समस्त शिक्षण विधियाँ एवं पाठ्यवस्तु का प्रयोग किस सीमा तक उपयोगी सिद्ध हुआ है यह जांचा जाता है। इसके द्वारा ज्ञानात्मक, क्रियात्मक तथा भावात्मक क्षेत्रों की जांच की जाती है। विभिन्न शिक्षण विधियों एवं पाठ्यवस्तु की सहायता से ही शिक्षण के उद्देश्यों को प्राप्त किया जा सकता है।
4. **पृष्ठपोषण :** यह पाठ्यक्रम विकास का आखिरी चरण है। पृष्ठपोषण मूल्यांकन के पश्चात प्राप्त किया जाता है। मूल्यांकन के द्वारा छात्रों की सीखने की स्थिति का अनुमान लगाया जाता है एवं उसी के आधार पर शिक्षकों तथा छात्रों को पृष्ठपोषण प्रदान किया जाता है। पृष्ठपोषण के द्वारा पाठ्यक्रम के प्रारूप में सुधार किया जाता है। इस प्रकार यह कहा जा सकता है कि पाठ्यक्रम विकास का प्रमुख उद्देश्य छात्रों तथा बालकों का विकास करना है। उपरोक्त वर्णित सोपानों का अनुसरण करके सामाजिक अध्ययन शिक्षण हेतु एक उपयुक्त पाठ्यक्रम का विकास किया जा सकता है।

## पाठ्यक्रम विकास की आवश्यकता

पाठ्यक्रम विकास की आवश्यकता निम्नलिखित बातों से समझी जा सकती है–

1. छात्रों में खोज प्रवृत्ति को बढ़ावा देना।
2. छात्रों का सर्वांगीण विकास करना।
3. छात्रों की मानसिक शक्तियों का विकास करना।
4. छात्रों का नैतिक विकास करना।
5. छात्रों में रचनात्मक व सृजनात्मक शक्तियों का विकास करना।
6. छात्रों में लोकतांत्रिक भावना का विकास करना।
7. छात्रों में सभ्यता व संस्कृति का हस्तांतरण करना।
8. छात्रों को भावी जीवन के लिए तैयार करना।
9. छात्रों में तर्क-वितर्क की शक्ति का विकास करना।
10. छात्रों की क्षमता, योग्यता एवं रुचि का विकास करना।

## पाठ्यक्रम के प्रकार

**पाठ्यक्रम अनेकों प्रकार के होते हैं। पाठ्यक्रम के प्रमुख प्रकार निम्नलिखित हैं–**

1. बाल केन्द्रित पाठ्यक्रम
2. सुसम्बद्ध पाठ्यक्रम
3. व्यवसाय केन्द्रित पाठ्यक्रम
4. पूर्णयता मुक्त पाठ्यक्रम
5. विषय केन्द्रित पाठ्यक्रम
6. एकीकृत पाठ्यक्रम
7. शिल्प कला केन्द्रित पाठ्यक्रम
8. मूल पाठ्यक्रम
9. क्रिया केन्द्रित पाठ्यक्रम
10. अनुभव केन्द्रित पाठ्यक्रम

### राष्ट्रीय पाठ्यक्रम की विशेषताएँ

1. पाठ्यक्रम में पर्यावरण शिक्षा की भी व्यवस्था की जाए।
2. पाठ्यक्रम में व्यावसायिक शिक्षा पर विशेष ध्यान दिया जाए।
3. पाठ्यक्रम में गणित शिक्षण तथा विज्ञान शिक्षण को विशेष स्थान दिया जाए।
4. पाठ्यक्रम में खेलकूद तथा शारीरिक शिक्षा को अनिवार्य विषय के रूप में स्थान दिया जाए।
5. 1968 ई. की भाषा-नीति को पाठ्यक्रम में महत्त्वपूर्ण स्थान प्रदान किया जाए।
6. सभी छात्रों के लिए एक कोर पाठ्यक्रम अनिवार्य हो।
7. पाठ्यक्रम में संकीर्णता को कोई स्थान नहीं दिया जाए।
8. पाठ्यक्रम प्रजातंत्र, धर्म निरपेक्षता एवं समाजवाद को बढ़ावा देने वाला होगा।
9. प्राथमिक एवं माध्यमिक स्तर पर सभी नए सीखने वालों को विस्तृत आधार वाली सामान्य शिक्षा प्रदान करना।
10. पाठ्यक्रम में भौतिक तथा शैक्षिक दोनों प्रकार के संसाधनों का प्रावधान करना।

**वर्तमान पाठ्यक्रम के दोष :** वर्तमान पाठ्यक्रम- निर्माण के विभिन्न सिद्धान्तों के आधार पर विश्लेषण करें तो उसमें निम्न दोष दिखाई पड़ते हैं–

1. वर्तमान पाठ्यक्रम लोकतन्त्रीय सिद्धान्तों के समान नहीं है।
2. वर्तमान पाठ्यक्रम शिक्षा के अनौपचारिक साधनों जैसे–प्रेस, समाचार-पत्र, रेडियो आदि के प्रति उदासीन है।
3. इसमें समृद्ध तथा महत्वपूर्ण विषय-सूचियों का अभाव-सा है।
4. वर्तमान पाठ्यक्रम सैद्धान्तिक तथा पुस्तकीय है।
5. यह छात्रों को जीवन के संघर्षों, थपेड़ों इत्यादि का मुकाबला करने के योग्य नहीं बना पाता।
6. वर्तमान पाठ्यक्रम क्रिया-प्रधान न होकर सिर्फ सूचनाओं को प्रदान करता है।
7. वर्तमान पाठ्यक्रम में छात्रों की आवश्यकताओं के लिए कोई स्थान नहीं है।

### पाठ्यक्रम के संबंध में कोठारी आयोग के सुझाव (1964–66)

कोठारी आयोग ने माध्यमिक पाठ्यक्रम के दोषों को दूर करने हेतु अपने कुछ सुझाव दिए हैं जो निम्नलिखित हैं–

1. **पूर्व प्राथमिक स्तर :** पहली से चौथी कक्षा तक के पाठ्यक्रम में गणित, भाषा, सृजनात्मक क्रियायें इत्यादि विषयों का छात्रों को ज्ञान कराया जाना आवश्यक है।
2. **उच्च प्राथमिक स्तर :** पांचवीं से सातवीं कक्षा के पाठ्यक्रम में दो भाषाएं, नैतिक तथा आध्यात्मिक शिक्षा, गणित, विज्ञान, कला और शारीरिक शिक्षा इत्यादि विषयों का ज्ञान प्रदान किया जाना चाहिए।
3. **पूर्व माध्यमिक स्तर :** आठवीं से दसवीं कक्षा के पाठ्यक्रम में तीन भाषाऐं, विज्ञान, गणित, नागरिक शास्त्र, नैतिक शिक्षा, कार्य अनुभव इत्यादि विषयों को पाठ्यक्रम में रखने की सिफारिश की है।
4. **उच्च माध्यमिक स्तर :** इस पाठ्यक्रम में एक विदेशी भाषा एवं दो भारतीय भाषा को शामिल करना अनिवार्य है।

**निम्न में से कोई तीन विषय–**

| | |
|---|---|
| 1. भूगोल | 9. तर्कशास्त्र |
| 2. समाज शास्त्र | 10. भौतिकी |
| 3. गणित | 11. गृहविज्ञान |
| 4. इतिहास | 12. अर्थशास्त्र |
| 5. मनोविज्ञान | 13. कला |
| 6. रसायन शास्त्र | 14. जीव विज्ञान |
| 7. भूगर्भ शास्त्र | 15. कार्य अनुभव |
| 8. शारीरिक सेवा | 16. कला |

### पाठ्यक्रम में व्याप्त दोषों को दूर करने के उपाय

1. पाठ्यक्रम में ऐसे अनुभवों का समावेश होना चाहिए जो बालकों को सांस्कृतिक विरासत का ज्ञान करा सके।
2. पाठ्यक्रम का निर्माण उपलब्ध साधनों को ध्यान में रखकर ही करना चाहिए जिससे अध्यापक व छात्रों को कठिनाइयों का सामना ना करना पड़े।
3. सामाजिक अध्ययन के पाठ्यक्रम का निर्माण करते समय शिक्षण के उद्देश्यों का पूरी तरह से मनन कर लेना चाहिए।
4. पाठ्यक्रम का निर्माण करते समय अनुभवी अध्यापकों एवं समाजशास्त्रियों को उपयुक्त स्थान प्रदान करना चाहिए।
5. पाठ्यक्रम का निर्माण हमेशा बाल केन्द्रित होना चाहिए।
6. पाठ्यक्रम में सैद्धांतिकता तथा व्यावहारिकता दोनों का ही उचित समन्वय एवं तालमेल रहना चाहिए।
7. पाठ्यक्रम का निर्माण करते समय शिक्षण विधियों का उल्लेख आवश्यक रूप से किया जाना आवश्यक है।

8. पाठ्यक्रम में इस प्रकार के अनुभवों का निर्माण करना चाहिए जिससे छात्र अपने चारों ओर के सामाजिक वातावरण से परिचित हो सके।

## सामाजिक अध्ययन पाठ्यक्रम आयोजन के संगठन के उपागम

सामाजिक अध्ययन पाठ्यक्रम के आयोजन करते समय निम्नलिखित उपागमों (approach) की आवश्यकता होती है।

1. **सह-संबंध उपागम :** इस उपागम की मुख्य विशेषता दूसरे विषयों के साथ सह-संबंध है। सामाजिक अध्ययन विषय के शिक्षण के अन्तर्गत अधिगम सामग्री को किसी भी कक्षा विशेष के लिए संगठित किया जाए तो वह पूर्ण रूप से सह-संबंधित नजर आए।
2. **एकीकरण उपागम :** इस उपागम की पूर्ण अवधारणा एकीकृत रूप पर टिकी हुई है। सामाजिक अध्ययन के पाठ्यक्रम को विकसित करते समय सामाजिक विज्ञान के विभिन्न विषयों जैसे इतिहास, भूगोल, नागरिकशास्त्र, अर्थशास्त्र इत्यादि को समन्वित रूप से शामिल करना। पाठ्यक्रम में विषय सामग्री, प्रकरण तथा अनुभवों का इस प्रकार से चयन किया जाए कि इनका पूरी तरह आपस में एकीकरण तथा समन्वय हो सके। इस उपागम के अन्तर्गत ज्ञान तथा कौशलों का आयोग एकीकृत रूप में ही किया जाता है।

   सामाजिक अध्ययन के पाठ्यक्रम के गठन के समय इस बात का ध्यान अवश्य रखना चाहिए कि सामाजिक विज्ञान के शिक्षण के दौरान छात्रों को सभी विषयों का ज्ञान एकीकृत रूप में दिया जाए।
3. **प्राकरणिक उपागम :** इस उपागम के अनुसार पाठ्यक्रम में इस बात पर जोर दिया जाता है कि अधिगम अनुभवों को प्रकरण के अनुसार ही गठित किया जाए। प्राथमिक, माध्यमिक, उच्च माध्यमिक स्तर पर सामाजिक अध्ययन में जो कुछ भी पढ़ाया जाना है, उस विषय सामग्री को प्रकरणों में बाँट लिया जाए तथा इसके बाद यह निश्चित कर लिया जाए कि कौन-कौन से प्रकरणों का शिक्षण कौन-कौन सी श्रेणियों में किया जाना है।

   जिन प्रकरणों को जिन श्रेणियों में आरंभ किया जाए उनकी शिक्षा उसी श्रेणी में पूरी तरह से देखी जाए तथा उन्हें अगली श्रेणी में न पढ़ाया जाए। इस उपागम का प्रयोग करते समय, सुविधानुसार सरल प्रकरण को पहले से पढ़ा दिया जाए तथा कठिन प्रकरण को बाद में पढ़ा दें।
4. **चक्राकार उपागम :** इस उपागम के अनुसार पाठ्यक्रम का गठन करते समय किसी प्रकरण को किसी एक कक्षा में आरम्भ करके उसी कक्षा में अन्त नहीं कर दिया जाता अपितु उसे उसकी कठिनाई को ध्यान में रख कर आगे की कक्षाओं में समाप्त करने की बात की जाती है। इसमें प्रकरण का चुनाव पहले से ही कर लिया जाता है फिर इन प्रकरणों को बालकों की मानसिक शक्ति के अनुसार बढ़ती हुई कठिनाई के आधार पर उचित अंशों में विभक्त कर लिया जाता है। प्राथमिक कक्षाओं में शुरुआत सरल प्रकरणों से होती है तत्पश्चात उनकी कठिनाई का दायरा धीरे-धीरे आगे की कक्षाओं में बढ़ाते जाते हैं। इस प्रकार का आयोजन स्पाइरल आकृत्ति के प्रकार का होता है।
5. **कालक्रम उपागम :** इस प्रकार का पाठ्यक्रम बनाते समय इस बात को ध्यान में रखना आवश्यक है कि वे सभी प्रकरण जो कक्षा में पढ़ाए जाने हैं वो सभी कालक्रमानुसार आयोजित रहें। जो प्रकरण पहले पढ़ाने हैं, उन्हें पढ़ाया जाए एवं जो प्रकरण बाद में पढ़ाए जाने हैं, उन्हें भी क्रमानुसार पढ़ाया जाये इस उपागम के अन्तर्गत विचार, घटना एवं तथ्यों के क्रमिक उल्लेख करने की दृष्टि से भी सोचकर कुछ अधिक व्यापक संदर्भ में आधारित उपागम का प्रयोग पाठ्यक्रम संगठन हेतु करने का प्रयत्न करते हैं।

सामाजिक अध्ययन के पाठ्यक्रम का निर्माण करते समय सदैव ही क्रमिक विकास एवं क्रमिक उपयोग संबंधी बातों को ध्यान में रखकर ही आगे बढ़ाया जाए।

**सामाजिक अध्ययन पाठ्यपुस्तक : क्रॉनबेक ( Cronback )** के अनुसार, "अमेरिका में आज के शैक्षिक चित्र का केन्द्र-बिन्दु पाठ्य-पुस्तक हैं।"

भारतीय शिक्षा प्रणाली में पाठ्यपुस्तक ही सामाजिक अध्ययन शिक्षण का प्रमुख आधार है। आज शिक्षा को विभिन्न स्तरों, प्राथमिक, निम्न माध्यमिक, माध्यमिक तथा विश्वविद्यालयों में बाँटा गया है एवं सभी स्तरों के लिए भिन्न-भिन्न पाठ्यचर्या निश्चित की गई है।

पाठ्यपुस्तकें हमारे पूर्वजों के ज्ञान-अनुभव, रहन- सहन, विकास, संस्कृति, सभ्यता इत्यादि से सम्बन्धित ज्ञान हम तक पहुँचाती हैं।

**क्रो** एवं **क्रो** के अनुसार, "केवल पाठ्य पुस्तक या केवल शिक्षक शिक्षा का सर्वोत्तम साधन नहीं हैं। यदि युवा पीढ़ी को अपने उत्तरादायित्वों को पूरा करने के लिए प्रशिक्षित करना है तो उचित प्रकार से चयन की गई पाठ्यपुस्तकों एवं भली-भांति प्रशिक्षित अध्यापक के मेल की आवश्यकता है।"

**हैरोलिकर** के अनुसार "पाठ्यपुस्तक ज्ञान, अनुभवों, भावनाओं, विचारों, प्रवृत्तियों तथा मूल्यों के संचय का साधन हैं।"

**लेंग** के अनुसार "यह अध्ययन क्षेत्र की किसी शाखा की एक प्रमाणित पुस्तक होती है।"

## सामाजिक अध्ययन पाठ्य पुस्तकों की उपयोगिता

पाठ्यपुस्तकें शिक्षा प्रणाली में महत्त्वपूर्ण स्थान रखती हैं। पाठ्यपुस्तकें अध्यापक तथा छात्रों दोनों के लिए अत्यंत उपयोगी हैं। पाठ्यपुस्तकों से निम्नलिखित लाभ होते हैं–

1. एक अच्छी पाठ्यपुस्तक के द्वारा, एक साथ अनेक बच्चों को पढ़ाना सम्भव होता है।
2. पाठ्यपुस्तकें शिक्षक की पूरक होती हैं। कक्षा में पढ़ाया गया प्रत्येक पाठ बच्चों द्वारा पूर्ण रूप से ग्रहण नहीं हो पाता है, इस स्थिति में पुस्तकें बच्चों की सहायता करती हैं।
3. पाठ्यपुस्तकें मूल्यांकन कार्य में अध्यापक की सहायता करती हैं।
4. शिक्षा प्रक्रिया को व्यवस्थित रूप से चलाने के लिए पाठ्यपुस्तकों की आवश्यकता होती है। पाठ्य पुस्तक के द्वारा अध्यापक को यह ज्ञात हो जाता है कि किसी कक्षा विशेष में उसे कितनी विषय-सामग्री पढ़ानी है।
5. पाठ्यपुस्तक एक ऐसा साधन है जो शिक्षा में एकरूपता ला सकती है।
6. पाठ्यपुस्तकें कक्षा में पढ़ाए गये पाठ को दोहराने तथा गृहकार्य करने में भी बच्चों की सहायता करती हैं।

**भारतीय पुस्तकों का स्तर :** भारतीय स्कूलों की पाठ्यपुस्तकों की स्थिति अत्यंत शोचनीय है। इस शोचनीय दशा के विषय में "माध्यमिक शिक्षा आयोग" का विचार है कि "हम आधुनिक स्कूलों की पाठ्यपुस्तकों के स्तर से बहुत ही असन्तुष्ट हैं और हमारा विचार है कि इनमें आमूल सुधार किए जाने चाहिए।"

भारतीय पाठ्यपुस्तकों का मुख्य दोष है कि उनकी तैयारी शिक्षण-विधि के अनुसार नहीं की जाती है। पुस्तकों की तैयारी में पाठ्यवस्तु का चयन, व्यवस्था इत्यादि भी एक समस्या है। पाठ्यवस्तु की व्यवस्था छात्रों के मानसिक स्तर एवं आयु को ध्यान में रखकर करनी चाहिए। परन्तु भारतीय पुस्तकों में इसका अत्यन्त अभाव पाया जाता है।

इस समस्या को दूर करने के लिए लेखक को पाठ्यवस्तु के चयन एवं सगंठन के सिद्धान्तों को जानना अत्यंत आवश्यक है। लेखक को बाल-मनोविज्ञान,

बाल-विकास के सिद्धान्तों का भी ज्ञान होना आवश्यक है। भारतीय पाठ्यपुस्तकों की एक मुख्य समस्या प्रस्तुतीकरण है। पाठ्यपुस्तकों के लिखने में भाषा एवं शैली भी एक समस्या है। भाषा तथा शैली का प्रयोग बालकों के मानसिक स्तर और उनके शब्दिक ज्ञान के अनुरूप होना चाहिए। एक अच्छी पाठ्यपुस्तक में सरल परिच्छेदों का प्रयोग किया जाना चाहिए।

पाठ्यपुस्तकों के निर्माण में उदाहरणों का समुचित रूप से प्रयोग होना चाहिए। उदाहरणों को सरल होना चाहिए। प्रदर्शनात्मक उदाहरण उपयोगी एवं प्रभावशाली रंगों में प्रस्तुत किए जाने चाहिए।

भारतीय पाठ्यपुस्तकों का एक दोष यह भी है कि उनकी आकृति एवं शैक्षिक साधन उचित प्रकार के नहीं हैं। पाठ्यपुस्तक में शैक्षिक साधन जैसे प्रश्न, उपयोगी सहायक पुस्तकें, अनुक्रमणिका इत्यादि भी छात्रों की योग्यता के अनुसार होनी चाहिए।

## सामाजिक अध्ययन की पाठ्यपुस्तक का चयन

**सामाजिक अध्ययन की पाठ्यपुस्तक के चयन में निम्न बातों का ध्यान रखना आवश्यक है–**

1. **पाठ्यपुस्तक में उदाहरण :** पाठ्यपुस्तक में उदाहरणों का चयन उनकी उपयुक्तता पर्याप्त मात्रा में होना चाहिए।
2. **पाठ्यपुस्तक का लेखक :** पाठ्यपुस्तक का लेखक अनुभवी होना चाहिए। तथा अपने विषय में निपुण होना चाहिए। तथा उसे विभिन्न प्रकार की शिक्षण-विधियों का ज्ञान होना चाहिए।
3. **पाठ्यपुस्तक का प्रस्तुतीकरण :** पाठ्य-पुस्तकों का प्रस्तुतिकरण इस प्रकार का हो कि वह दूसरे विषयों की पाठ्य-सामग्री से सह-सम्बन्ध स्थापित कर सकें।
4. **पाठ्यपुस्तक की आकृति :** पाठ्य-पुस्तक की बाह्य आकृति में मुख्यत: टाइप, जिल्द, कागज, शब्दों के बीच की दूरी इत्यादि का ध्यान रखना चाहिए।
5. **पुस्तक का मूल्य :** सामाजिक अध्ययन की पाठ्य-पुस्तक का मूल्य कम होना चाहिए जिससे छात्र उसे आसानी से खरीद सकें।
6. **पाठ्यपुस्तक की व्यवस्था :** पाठ्यपुस्तक की व्यवस्था करते समय छात्रों की रुचि, आयु एवं योग्यता का ध्यान रखना आवश्यक है।
7. **पाठ्यपुस्तक के शैक्षिक साधन :** पाठ्यपुस्तक में शैक्षिक साधन जैसे–अभ्यास के लिए प्रश्न, निर्देश एवं सहायक पुस्तकों की सूची, जाँच इत्यादि उपयोगी होनी चाहिए।

## सामाजिक अध्ययन की पाठ्यपुस्तक कैसी हो?

**सामाजिक अध्ययन की पाठ्य-पुस्तक में निम्न लिखित गुण होने आवश्यक हैं–**

1. छोटी कक्षाओं की पाठ्यपुस्तक सदैव चित्रमय होनी चाहिए। माध्यमिक स्तर की पाठ्यपुस्तक की आकृति एवं बनावट सरल तथा साधारण होनी चाहिए।
2. पाठ्यपुस्तक में चिकना कागज प्रयोग किया जाना चाहिए।
3. पाठ्यपुस्तक का निर्धारण पाठ्यक्रम के अनुरूप होना चाहिए।
4. पाठ्यपुस्तक में चित्रों, चार्ट, ग्राफ इत्यादि का भी प्रयोग किया जाना चाहिए।
5. सामाजिक अध्ययन की पाठ्यपुस्तक में प्रत्येक अध्याय के अन्त में अभ्यास के लिए कुछ न कुछ प्रश्न अवश्य दिए जाने चाहिए।
6. पाठ्यपुस्तक में घटनाओं के बारे में समस्त सूचनाएं प्रदान की जानी चाहिए।
7. भाषा तथा शैली छात्रों के अनुरूप।

## राष्ट्रीय पाठ्यचर्या की रूपरेखा-2005 (National Curriculum Framework 2005)

राष्ट्रीय पाठ्यचर्चा की रूपरेखा (2005) का आकार उन विचारों का परिणाम है जिनकी उत्पत्ति विभिन्न विषयों के विद्धानों, राष्ट्रीय शैक्षिक अनुसंधान तथा प्रशिक्षण परिषद् के सदस्यों के गहन विचार-विमर्श से हुई।

राष्ट्रीय शैक्षिक अनुसंधान की कार्यकारिणी ने 14 तथा 19 जुलाई, 2004 की बैठकों में राष्ट्रीय पाठ्यचर्चा को संशोधित करने का निर्णय लिया।

राष्ट्रीय शैक्षिक अनुसंधान परिषद् के द्वारा राष्ट्रीय संचालन समिति का गठन वर्ष 2005 में किया गया। **प्रो. यशपाल** को इस समिति का अध्यक्ष नियुक्त किया गया।

**राष्ट्रीय पाठ्यचर्या की रूपरेखा-2005 की महत्त्वपूर्ण विशेषताएं निम्न हैं–**

1. **परिप्रेक्ष्य (Perspective) :** महात्मा गाँधी ने शिक्षा को जीवन में सर्वोच्च स्थान प्रदान किया है। उन्होंने शिक्षा को एक ऐसा माध्यम बनाया, जो सामाजिक व्यवस्था में फैली हुई हिंसा तथा अन्याय को दूर कर सके।

   स्वतंत्रता संग्राम के दौरान अभिव्यक्त शिक्षा संबंधी सरोकारों को स्वतंत्रता पश्चात, राष्ट्रीय आयोगों द्वारा मुखरित किया गया। ये आयोग थे–माध्यमिक शिक्षा आयोग (1952-53) एवं शिक्षा आयोग (1964-66)। वर्ष 1986 में शिक्षा पर पूरे देश की एक शिक्षा नीति बनी। इस समिति के अनुरूप पूरे देश की स्कूली पाठ्यचर्या के मूल में एक सर्वसामान्य तत्व शामिल होना चाहिए।

   इस नीति ने राष्ट्रीय शैक्षिक अनुसंधान तथा प्रशिक्षण परिषद को राष्ट्रीय पाठ्यचर्या की रूपरेखा विकसित करने एवं इस रूपरेखा की समय-समय पर समीक्षा करने का उत्तरदायित्व सौंपा।

   प्रो. यशपाल की अध्यक्षता में गठित समिति की रिपोर्ट, जिसका शीर्षक था **"लर्निंग विदाउट बर्डन"** (शिक्षा बिना बोझ के), 1993 ने छात्रों पर से शिक्षा के बोझ को कम करने से सम्बन्धित अपने सुझाव इस रिपोर्ट में व्यक्त किए।
2. **सीखना और ज्ञान (Learning and Knowledge) :** बाल-केन्द्रित शिक्षा का तात्पर्य है कि बच्चों के अनुभवों को प्राथमिकता देना। पाठ्यचर्या का वर्तमान सरोकार बच्चों को सार्थक अनुभव देने वाली एवं समाहित करने वाली शिक्षा प्रदान करने से है।

   पाठ्यचर्या बच्चों को इतना सक्षम बनाएं कि वे अपनी आवाज ढूंढ़ सकें। बच्चे प्राय: उसी वातावरण में सीख सकते हैं जहाँ उन्हें महत्त्वपूर्ण स्थान प्रदान किया जाता है। शैशवकाल से किशोरावस्था तक का समय बहुत तेजी से विकास और परिवर्तन का होता है। पाठ्यचर्या का ऐसा रुख होना चाहिए जो शारीरिक व मानसिक विकास में सहायक हो सके। कक्षा में सभी बच्चों के लिए समावेशी माहौल तैयार किया जाना चाहिए, विशेषकर उन बच्चों के लिए जो शारीरिक रूप से असमर्थ हैं। शिक्षा में समावेश समाज में समावेश का ही एक महत्वपूर्ण घटक है। इसीलिए स्कूलों का यह दायित्व बनता है कि वे एक ऐसी उदार पाठ्यचर्या को अपनाएं जो प्रत्येक विद्यार्थियों के लिए सुलभ हो।
3. **पाठ्यचर्चा के क्षेत्र, स्कूल की अवस्थाएं और आकलन (Curriculum Areas, School stage and Assessment) :** पाठ्यचर्या के प्रत्येक क्षेत्र पर गहन अध्ययन एवं पुनर्विचार की आवश्यकता है जिससे कि उभरती सामाजिक जरूरतों के सदर्भ में प्रवेश के विशेष बिन्दु पहचाने जा सकें। इस संबंध में कलाओं, स्वास्थ्य तथा शारीरिक शिक्षा की भूमिका व स्थिति पर विशेष ध्यान देना होगा।

इस दस्तावेज में भाषा में बहुभाषिकता निहित हैं। बहुभाषिकता, जो बच्चे की अस्मिता का निर्माण करती है तथा जो भारत के भाषा-परिदृश्य का विशिष्ट लक्षण है। उसका संसाधन के रूप में उपयोग, कक्षा की कार्यनीति का हिस्सा बनाना तथा उसे लक्ष्य के रूप में रखना रचनात्मक भाषा शिक्षक का कार्य है।

द्विभाषी क्षमता संज्ञानात्मक वृद्धि, सामाजिक सहिष्णुता, विस्तृत चिंतन एवं बौद्धिक उपलब्धियों के स्तर को बढ़ा देती है। सामाजिक और राष्ट्रीय स्तर पर बहुभाषिकता भी अन्य राष्ट्रीय संसाधन से की जा सकती है।

सर्वांगीण विकास के संदर्भ में इस विषय की उपयोगिता को नीतिगत स्तर पर रेखांकित करने की आवश्यकता है तथा जिसमें प्रशासकों, स्कूल में अन्य विषयों के शिक्षक, स्वास्थ्य विभाग, अभिभावक और बच्चे भागीदारी कर सकते हैं।

4. **विद्यालय एवं कक्षा का वातावरण (School and classroom Environment) :** सीखने की प्रक्रिया सामाजिक संबंधों में निरतंर चलती रहती है। विद्यालय छात्रों के समुदाय के लिए, जिसमें शिक्षक और छात्र दोनों आते हैं संस्थागत स्थान होते हैं। बच्चों को अधिकतर वे स्थान पसंद आते हैं जहाँ ढेर सी खुली जगह, पशु-पक्षी, पेड़-पौधे, हरियाली व रंग-बिरंगा वातावरण इत्यादि हों। बच्चे अपने संसार को बहु इंद्रियों से महसूस करते हैं, विशेषकर दृष्टि तथा स्पर्श इन्द्रियों से। बहुत से स्कूलों में बाहरी शैक्षिक गतिविधियों के लिए खेल के मैदान नहीं होते हैं। यह पाठ्यचर्या द्वारा अधिगम की गुणवत्ता के साथ भारी समझौता है।

5. **व्यवस्थागत सुधार (Systematic Reforms) :** विभिन्न स्तरों पर शिक्षा की गुणवत्ता संबंधी प्रयासों के लिए आवश्यक है कि पाठ्यचर्या में आवश्यक सुधार लाया जाए। वर्तमान स्कूली शिक्षा की अकादमिक योजना मुख्यत: 'ऊपर से नीचे' चलने वाले वार्षिक अभ्यास पर आधारित है। इसका ध्यान केवल इस बात पर ही निर्भर रहता है कि किस प्रकार शिक्षा के समय को साल भर तक विषय पढ़ाने एवं स्कूल की अन्य गतिविधियों के बीच विभाजित किया जा सके।

## प्रश्नमाला

**1. निम्न कथनों पर विचार कीजिए-**

**A. सामाजिक अध्ययन तथा गणित में कोई सम्बन्ध नहीं है।**

**B. सामाजिक अध्ययन का सम्बन्ध केवल कला से है।**

**नीचे दिए गए कूट की सहायता से सही उत्तर का चयन कीजिए**

(a) कथन A सही है, जबकि कथन B गलत है।
(b) कथन A तथा कथन B दोनों सही हैं।
(c) कथन A गलत है तथा कथन B सही है।
(d) कथन A तथा कथन B दोनों गलत हैं।

**2. निम्न शिक्षण विधियाँ या सूत्रों पर विचार कीजिए-**

**A. सरल से जटिल की ओर**

**B. विशिष्ट से सामान्य की ओर**

**C. ज्ञात से अज्ञात की ओर**

**उपरोक्त में से किसका/किनका उपयोग सामाजिक विज्ञान के शिक्षण में किया जाता है?**

(a) केवल A (b) A और B
(c) B और C (d) A, B और C

**3. बिना बोझ के शिक्षा के सम्बन्ध में निम्न कथनों पर विचार कीजिए-**

**A. यशपाल समिति ने विश्वविद्यालय स्तरीय पर शिक्षण प्रक्रिया को बिना बोझ के शिक्षा बताया।**

**B. यशपाल समिति ने व्यापक तथा सतत मूल्यांकन पर बल दिया।**

**उपरोक्त में कौन-सा /से कथन सही है/हैं?**

(a) केवल A (b) केवल B
(c) A और B दोनों (d) न तो A और न ही B

**4. लोकतान्त्रिक संस्थाओं की समझ को विकसित करने के लिए निम्नलिखित में से सबसे उचित पाठ्यक्रम संकलित उपागम को चुनिए।**

(a) मुख्य रूप से राष्ट्र स्तरीय उदाहरणों को प्रस्तुत करना
(b) शिक्षार्थियों को कठोर वास्तविक स्थितियों से परिचित कराना
(c) वास्तविक स्थितियों के साथ आदर्श स्थिति के उदाहरणों को प्रस्तुत करना
(d) आदर्श स्थितियों को दर्शाना

**5. निम्नलिखित प्रश्नों में कौन-सा संकल्पनात्मक ज्ञान को आँकता है?**

(a) हम धरती के केन्द्र तक क्यों नहीं जा सकते हैं? कारण दीजिए।
(b) अन्तर्जनित व बहिर्जनित बल क्या होता है?
(c) सागर का जल नमकीन क्यों होता है? कारण बताइए।
(d) वायु की गुणवत्ता खराब क्यों हो रही है? कारण बताइए और वायु की गुणवत्ता को सुधारने के लिए रास्ते तथा साधन बताइए।

**6. सामाजिक अध्ययन में निम्नलिखित में से किन-किन पक्षों का अध्ययन किया जाता है?**

(a) आर्थिक पक्ष
(b) सांस्कृतिक पक्ष
(c) राजनीतिक पक्ष
(d) उपरोक्त सभी पक्षों का

**7. बालकों के विकास से संबंधित संज्ञानात्मक विकास का सिद्धांत दिया गया?**

(a) जीन पियाजे द्वारा
(b) रिच द्वारा
(c) क्रो और क्रो द्वारा
(d) थॉमसन द्वारा

**8. राष्ट्रीय शिक्षा नीति 2020 किस राष्ट्रीय शिक्षा नीति को प्रतिस्थापित करके लाया गया है?**

(a) राष्ट्रीय शिक्षा नीति 2006
(b) राष्ट्रीय शिक्षा नीति 1996
(c) राष्ट्रीय शिक्षा नीति 1986
(d) राष्ट्रीय शिक्षा नीति 2018

**9. राष्ट्रीय शिक्षा नीति 2020 में कब तक सकल नामांकन अनुपात को 100% करने का लक्ष्य रखा गया है?**

(a) वर्ष 2024 (b) वर्ष 2025
(c) वर्ष 2030 (d) वर्ष 2035

**10. राष्ट्रीय शिक्षा नीति 2020 के अन्तर्गत शिक्षा क्षेत्र पर घरेलू उत्पाद का कितना प्रतिशत सार्वजनिक व्यय का लक्ष्य रखा गया?**

(a) 8% (b) 7%
(c) 6% (d) 9%

**11. राष्ट्रीय पाठ्यचर्चा की रूपरेखा-2005 का गठन निम्न में से किसके द्वारा किया गया है?**

(a) शिक्षा मंत्रालय
(b) राज्य सरकारों
(c) राष्ट्रीय शैक्षणिक अनुसन्धान एवं पशिक्षण परिषद्
(d) इनमें से कोई नहीं

**12. छात्रों के प्रगति के मूल्यांकन के लिए मानक निर्धारक निकाय के रूप में .......... राष्ट्रीय आकलन केन्द्र (NAC) की स्थापना का प्रावधान किया गया है?**

(a) परख (PARAKH)
(b) विकास (VIKASH)
(c) ऊर्जा (URJA)
(d) प्रगति (PRAGATI)

**13. सामाजिक विज्ञान की पाठ्य-पुस्तकों के प्रति क्या दृष्टिकोण होना चाहिए ?**
(a) याद करने योग्य एक अभिलेख के रूप में
(b) अन्तिम वक्तव्य के रूप में
(c) आगामी पूछताछ के अवसर के रूप में
(d) ज्ञान के भंडार के रूप में

**14. निम्नलिखित में से कौन-से सामाजिक विज्ञान के उद्देश्य हैं ?**
(a) सामाजिक विज्ञान शिक्षण द्वारा रूचि, अभिरूचि व मूल्य आदि गुणों का विकास करना
(b) सामाजिक विज्ञान शिक्षण से तर्कपूर्ण चिन्तन का विकास करना
(c) सामाजिक विज्ञान शिक्षण द्वारा सामाजिक तथ्यों एवं सिद्धांतों का बोध कराना
(d) उपरोक्त सभी।

**15. राष्ट्रीय शिक्षा नीति का मुख्य उद्देश्य है ?**
(a) एक समान शिक्षा नीति लागू करना
(b) गरीब छात्रों पर विशेष ध्यान देना
(c) लड़कियों को स्कूल भेजना
(d) छात्रों को पढ़ाई के प्रति जागरूक बनाना

**16. निम्नलिखित में से पाठ्यक्रम विकास के तत्व नहीं है-**
(a) शिक्षण के उद्देश्य
(b) मूल्यांकन
(c) अनुदेशनात्मक प्रारूप
(d) उपयोगिता का सिद्धांत

**17. सामाजिक अध्ययन पाठ्यक्रम आयोजन के संगठन का निम्नलिखित में से कौन-सा उपागम नहीं है ?**
(a) सह-संबंध उपागम
(b) एकीकरण उपागम
(c) चक्राकार उपागम
(d) उपयोगिता उपागम

**18. सामाजिक अध्ययन में मुख्यत: किसका अध्ययन किया जाता है ?**
(a) समाज का
(b) कुछ जातियों का
(c) विज्ञान का
(d) इनमें से कोई नहीं

**19. निम्न में से असत्य कथन चुनिए-**
(a) सामाजिक अध्ययन सरल एवं स्पष्ट विषय है।
(b) सामाजिक अध्ययन का क्षेत्र काफी संकुचित होता है।
(c) सामाजिक अध्ययन एक छात्र प्रधान विषय है।
(d) सामाजिक अध्ययन का कोई उपयोग नहीं है।

**20. सामाजिक अध्ययन पाठ्यक्रम निर्माण के सिद्धान्तों में कौन नहीं है ?**
(a) रुचि का सिद्धांत
(b) क्रियाशीलता का सिद्धांत
(c) लचीलेपन का सिद्धांत
(d) मूल्यांकन का सिद्धांत

## उत्तरमाला

| | | | | | | | | | |
|---|---|---|---|---|---|---|---|---|---|
| **1.** (d) | **2.** (d) | **3.** (b) | **4.** (c) | **5.** (b) | **6.** (d) | **7.** (a) | **8.** (c) | **9.** (c) | **10.** (c) |
| **11.** (c) | **12.** (a) | **13.** (d) | **14.** (d) | **15.** (a) | **16.** (d) | **17.** (d) | **18.** (a) | **19.** (d) | **20.** (d) |

❑❑❑

# कक्षा-कक्ष प्रक्रिया, गतिविधियां तथा संवाद

## शिक्षण योजना का तात्पर्य

शिक्षण गतिशील एवं सुनियोजित प्रक्रिया है। शिक्षण का प्रमुख लक्ष्य अधिगमकर्त्ता के व्यवहार में वांछनीय परिवर्तन लाना है। शिक्षक लक्ष्यों की प्राप्ति हेतु अच्छी शिक्षण योजनाओं का प्रयोग करता है।

शिक्षण योजना में अधिगमकर्त्ता के व्यवहार के उद्देश्यों के विस्तृत निर्देश को सशर्त प्रस्तुत करने की तीव्र इच्छा को सम्मिलित किया गया है। शिक्षण योजना को एक कार्य में उपयुक्त योजना की आवश्यकता होती है जिससे शिक्षा का लक्ष्य आसानी से प्राप्त कर सकते हैं। योजनाएँ स्थिति की आवश्यकता के अनुसार बदली जाती हैं।

**आई. के. डेविस** के अनुरूप, "योजनाएँ शिक्षण की विस्तृत विधियाँ हैं।"

## शिक्षण विधि की परिभाषा

शिक्षक विद्यार्थियों को अधिक सिखाने तथा ज्ञान के संप्रेषण हेतु विभिन्न रोचक विधियों द्वारा पाठ्यवस्तु प्रस्तुत करता है। ये विधियाँ, विषय तथा पाठ्य बिन्दु के अनुरूप बदल जाती हैं। विधि जो एक शिक्षक उपयोग करता है, उसे विषय-वस्तु की प्रकृति और अधिगमकर्त्ता की योग्यता पर निर्भर होना चाहिए।

आज विविध दर्शनों, छात्रों की रुचि, आवश्यकताओं, विचारधाराओं, मनोविज्ञान और वैज्ञानिक सिद्धांतों के आधार पर विभिन्न शिक्षण-विधियाँ प्रचलन में आई हैं। प्रत्येक शिक्षक की अपनी एक विधि होती है जो विभिन्न विधियों का समन्वित रूप होती है।

सभी विधियों को तीन भागों में बाँटा गया है–

1. कहना विधि – व्याख्यान, समूह-चर्चा, प्रश्न पूछना आदि।
2. करना विधि–योजना, प्रयोगशाला, कार्य-प्रस्तुत आदि।
3. प्रदर्शित करना विधि – भ्रमण, प्रदर्शन आदि।

### शिक्षण योजना एवं शिक्षण विधि के मध्य अंतर

शिक्षण योजना तथा शिक्षण विधियों का समान तात्पर्य में प्रयोग किया जाता है परन्तु दोनों में पर्याप्त अंतर होता है। विभिन्न अंतर निम्न हैं –

1. शिक्षण विधियों द्वारा तकनीकी ज्ञान का शिक्षण किया जाता है परन्तु शिक्षण योजनाओं में शिक्षण के तरीकों का अध्ययन किया जाता है।
2. शिक्षण विधि में शिक्षण ध्येय को अधिक महत्त्वपूर्ण नहीं मानते हैं, परन्तु शिक्षण योजना में ध्येय का महत्त्वपूर्ण स्थान होता है।
3. शिक्षण विधियों का प्रमुख ध्येय प्रभावोत्पादक प्रस्तुतीकरण है, परन्तु शिक्षण योजना का प्रमुख ध्येय नयी अधिगम स्थितियों को खोजना है।
4. शिक्षण विधियों में शिक्षण के सूक्ष्म-दृष्टिकोण का प्रयोग किया जाता है परन्तु शिक्षण योजना में शिक्षण के वृहत-स्तरीय दृष्टिकोण का प्रयोग किया जाता हैं।
5. योजनाओं के विचार तकनीकी ज्ञान से प्राप्त हो जाते हैं तथा विधियों के विचार शिक्षा-शास्त्र से प्राप्त होते हैं।
6. शिक्षण योजना, में आधारभूत तत्व, व्यावहारिक ध्येय तथा अधिगम परिस्थितियों को शामिल किया जाता है। शिक्षण विधियों द्वारा तकनीकी ज्ञान का शिक्षण किया जाता है परन्तु शिक्षण योजनाओं में शिक्षण के तरीकों का अध्ययन किया जाता है।
7. शिक्षण विधि मानव संगठन के सामान्य सिद्धातों पर आधारित है, परन्तु शिक्षण योजना कार्य के नए सांगठनिक सिद्धातों पर आधारित है।
8. शिक्षण योजना का प्रमुख उद्देश्य ध्येय को उपयुक्त अधिगम परिस्थितियों में प्राप्त करना है। शिक्षण विधि का उद्देश्य विचार-विषय का प्रभावशाली तरीके से प्रस्तुतीकरण है।

विषय-वस्तु और कार्य का प्रस्तुतीकरण शिक्षण विधि के प्रमुख तत्व हैं।

## शिक्षण-विधियाँ (Teaching Methods)

1. **भाषण या व्याख्यान विधि (Lecture Method):** यह अत्यंत पुरानी विधि है। इस विधि के अंतर्गत शिक्षक द्वारा बालकों को जो भी ज्ञान प्रदान किया जाता है उसका प्रमुख स्त्रोत एवं केंद्रबिंदु स्वयं शिक्षक ही होता है। शिक्षक द्वारा सामाजिक अध्ययन के जिस प्रकरण को विद्यार्थियों को पढ़ाना होता है उसे वह पहले से ही तैयार कर लेता है फिर उसे व्याख्यान के रूप में कक्षा में प्रस्तुत करता है। शिक्षक को इस विधि का अनुसरण करने हेतु विषय-वस्तु का उचित चयन, कक्षा-कक्ष में व्याख्यान, कथन, वर्णन तथा प्रभावपूर्ण प्रस्तुतीकरण इत्यादि बातों पर विशेष ध्यान देना होता है। शिक्षक को भाषण पर अपने अनुभव, व्याख्यान-कौशल तथा स्वयं के व्यक्तित्व का यथेष्ट प्रभाव डालना पड़ता है। शिक्षक विषय के तथ्यों एवं विचारों को सही ढंग से छात्रों को समझाता है। छोटी कक्षाओं में यह विधि वार्ता के रूप में एवं बड़ी कक्षाओं में कथन या व्याख्यान के रूप में प्रयुक्त होती है।

### भाषण एवं व्याख्यान विधि के लाभ

1. यह विधि शिक्षक को अनेक प्रकार की शिक्षण सामग्री को प्रयोग में लाने के अवसर प्रदान करता है।
2. भाषण अथवा व्याख्यान विधि सामाजिक अध्ययन से संबंधित विभिन्न विषयों को पढ़ाने हेतु उपयोगी हो सकती है एवं कक्षा शिक्षण से संबंधित विभिन्न प्रकार के स्तरों एवं अवस्थाओं में भी मूल्यवान हो सकती है।
3. पाठ्यक्रम के बड़े अंश को आसानी से थोड़े समय में समाप्त किया जा सकता है।

4. शिक्षक के व्याख्यान अथवा भाषण से विद्यार्थी को ज्ञान हेतु पाठ्यपुस्तकों एवं अन्य स्त्रोतों पर निर्भर होना पड़ता है। छात्रों को विषय से संबंधित महत्त्वपूर्ण बातें शिक्षक के व्याख्यान के माध्यम से प्राप्त हो जाती हैं।
5. वे शिक्षक जो विषय-वस्तु को अच्छे प्रकार से तैयार करते हैं एवं जिनका मौखिक प्रस्तुतीकरण प्रभावशाली होता है उनके लिए यह विधि प्रभावपूर्ण शिक्षण का सशक्त साधन होती है। शिक्षक अपने हाव-भाव, मुख-मुद्रा, भाषण-कौशल के द्वारा व्याख्यान विधि को अत्यधिक रोचक, स्पष्ट तथा सरल बना सकता है।
6. व्याख्यान विधि के प्रयोग से छात्रों की भाषा संबंधी योग्यताओं के विकास में सहायता मिलती है। शिक्षक की धारा-प्रवाह प्रवृत्ति तथा विचारों को सही ढंग से प्रस्तुत करने का प्रभाव छात्रों पर पड़ता है जिससे वे अपनी भाषण-कला, बोलचाल तथा विचार-संप्रेषण कला को निखारते हैं।
7. शिक्षक के लिए इस विधि से पढ़ाना बहुत आसान है। इसमें शिक्षक को विद्यार्थियों पर विशेष ध्यान देने की आवश्यकता नहीं होती है एवं विद्यार्थियों से क्रियात्मक सहयोग एवं क्रियात्मक कार्य कराने की भी आवश्यकता नहीं होती है।
8. व्याख्यान विधि में छात्र अपनी श्रवणेन्द्रियों को सजग, सक्रिय तथा चुस्त रखता है जिससे कि वह व्याख्यान के अंशों को सुनकर आवश्यक ज्ञान प्राप्त कर सकें। भाषण को ध्यानपूर्वक सुनकर छात्र भविष्य में भी व्यावहारिक जीवन में आवश्यक ज्ञान प्राप्त कर सकते हैं।

## भाषण या व्याख्यान विधि के दोष

1. व्याख्यान विधि के पढ़ाने से कक्षा का वातावरण नीरस तथा अरुचिकर हो जाता है। छात्र मूकदर्शक बनकर शिक्षक के व्याख्यान को सुनते रहते हैं। प्रत्येक छात्र कक्षा में शारीरिक रूप से उपस्थित रहते हैं परन्तु उनका मन और मस्तिष्क कहीं होता है, वे कक्षा में ऊँघते रहते हैं। इस प्रकार छात्र शिक्षक का भाषण न तो सुनते हैं न ही कोई ज्ञान प्राप्त कर पाते हैं।
2. यह विधि बिना समझे हुए ज्ञान प्राप्ति पर जोर देती है एवं छात्रों में रटने की प्रवृत्ति को बढ़ावा देती है।
3. व्याख्यान विधि मनोविज्ञान के नियमों तथा सिद्धांतों के प्रतिकूल है। इस विधि में छात्रों की रुचि, मनोदशा तथा आवश्यकताओं को महत्त्व नहीं दिया जाता है। इसमें शिक्षक छात्रों के ज्ञान को महत्त्व न देकर केवल विषय-वस्तु को प्रस्तुत करने के कार्य पर बल देता है।
4. व्याख्यान विधि में शिक्षक एवं विद्यार्थी के मध्य कोई सहयोग नहीं होता, वे दोनों एक-दूसरे हेतु अजनबी बने रहते हैं।
5. यह विधि सामाजिक अध्ययन, शिक्षण के विभिन्न उद्देश्यों जैसे-सामाजिकता का विकास, सामाजिक समायोजन, जनतांत्रिक मूल्यों का विकास, गुणवान नागरिक बनने की शिक्षा, मानवीय गुणों का विकास एवं प्रगति हेतु आवश्यक क्षमताओं का विकास इत्यादि की प्राप्ति हेतु अनुपयुक्त है।
6. इस विधि के द्वारा केवल वे ही शिक्षक प्रभावपूर्ण ढंग से पढ़ा सकते हैं जिन्होंने विषय-वस्तु की पूर्ण तैयारी की हो, एवं व्याख्यान को प्रभावशाली तरीके से प्रस्तुत कर सकें।
7. इस विधि के द्वारा छात्र विद्यालय के पुस्तकालय का उपयोग नहीं कर पाता क्योंकि एक शिक्षक का भाषण उसके अनुभव पर आधारित होता है।
8. व्याख्यान विधि में ज्ञान को मौखिक रूप में बिना किसी शिक्षण सामग्री अथवा प्रयोगात्मक क्रियाओं द्वारा प्रस्तुत किया जाता है। इस विधि में करके सीखना (Learning by doing), व्यवहारात्मक उपयोग एवं परीक्षण इत्यादि का कोई महत्त्व नहीं है। इस प्रकार इस विधि से छात्रों की योग्यता का विकास नहीं हो पाता तथा वे शिक्षण अधिगम प्रक्रिया में सक्रिय नहीं हो पाते हैं।

## स्त्रोत विधि (Source Method)

सामाजिक अध्ययन के शिक्षण हेतु यह एक सक्रिय विधि है। जानकारी अथवा ज्ञान प्राप्ति हेतु हम साधन, स्त्रोतों की सहायता लेते हैं, जो हमें अपनी परिस्थिति विशेष में प्राप्त हो। जिसकी सहायता से हमें ज्ञान अथवा सूचना की प्राप्ति हो उसे ही स्त्रोत विधि कहा जाता है। इस विधि के अनुरूप विद्यार्थी विभिन्न स्त्रोत साधनों के द्वारा सामाजिक अध्ययन को सही प्रकार से समझ पाते हैं जिसमें शामिल है-जीवनी, ऐतिहासिक काल, सिक्के, धातु, पत्थर इत्यादि।

**सामाजिक अध्ययन शिक्षण में स्त्रोत विधि का प्रयोग**-सामाजिक विज्ञान की विषय सामग्री से छात्रों को सामाजिक परिवेश को समझने, अपने को उसमें भलीभांति समायोजित होने एवं सामाजिक प्रगति में अपना योगदान देने में कुशलता विकसित होती है। इस शिक्षण विधि से इतिहास, भूगोल, राजनीतिशास्त्र, नागरिकशास्त्र, तात्पर्यशास्त्र इत्यादि सामाजिक विज्ञान विषयों से संबंधित अधिगम अनुभवों का समावेश देखने को मिलता है।

ऐतिहासिक पृष्ठभूमि की विषय-सामग्री के प्रस्तुतीकरण एवं शिक्षण अधिगम हेतु स्त्रोतों का अध्ययन सामाजिक अध्ययन में शिक्षक द्वारा किया जाता है। इतिहास में घटित भूतकालीन घटनाओं को जानने हेतु विभिन्न प्रकार के ऐतिहासिक साक्ष्यों तथा स्त्रोतों की आवश्यकता होती है जो निम्न प्रकार से हैं-

1. **पुरातात्विक स्त्रोत :** पुरातत्व विज्ञान प्राचीन इतिहास के योगदान हेतु अत्यधिक महत्त्वपूर्ण है। इसके अन्तर्गत प्राचीन ऐतिहासिक जानकारी ऐतिहासिक शिलालेखों के द्वारा प्राप्त की जा सकती है। स्त्रोतों के रूप में लिखित अथवा मुद्रित सामग्री जैसे, पांडुलिपियों, आज्ञापत्र, दस्तावेजों, जीवन गाथाओं, आत्मकथा, वंशावली, धार्मिक, लौकिक इत्यादि शामिल है।
2. **साहित्य स्त्रोत :** साहित्यिक स्रोत तीन प्रकार के हैं-(अ) **धार्मिक साहित्य**-धार्मिक साहित्यों में वेद, काव्य, पुराण, बौद्ध साहित्य, जैन साहित्य, धर्मशास्त्र, कुरान इत्यादि शामिल हैं।

   (ब) **लौकिक साहित्य**-इस साहित्य में कविता, उपन्यास, नाटक, कला, जीवनी, आत्मकथा, भविष्य इत्यादि शामिल होते हैं। इनके द्वारा मानव के जीवन की सामाजिक सांस्कृतिक एवं आर्थिक जानकारी मिलती है।

   (स) **विदेशी साहित्य**-विदेशी इतिहासकारों ने भी विभिन्न देशों के इतिहास के बारे में लिखा है जिससे विभिन्न देशों की सांस्कृतिक, राजनैतिक, सामाजिक जानकारी मिलती है। इन इतिहासकारों में फाहियान, मेगस्थनीज, ह्वेनसांग तथा अलबरुनी इत्यादि शामिल हैं।
3. **वस्तु या सामग्री संबंधी स्त्रोत :** इनके अन्तर्गत विभिन्न स्थानों पर खुदाई करने से प्राप्त अवशेष, मूर्तियां, ताम्रपत्र लेख, सिक्के, यंत्र, पत्थर, शिलालेख इत्यादि शामिल हैं।

**स्त्रोत विधि के लाभ-**

1. यह विधि विद्यार्थियों के ऐतिहासिक शोध के लिए उपयोगी है।
2. यह विधि प्राथमिक कक्षा के विद्यार्थियों हेतु उपयुक्त हो सकती है।
3. यह विधि विद्यार्थियों में विचारों को एकत्रित करना, तुलना करना एवं उसका विश्लेषण करना सिखाती है।

4. यह विधि सक्रियता तथा विचार के भावों को विकसित करती है।
5. सामाजिक अध्ययन को अच्छी तरह से समझने हेतु विश्वसनीय जानकारी आसानी से प्राप्त हो जाती है।
6. स्त्रोत विधि के द्वारा हम भूतकाल में हुई घटनाओं के बारे में जान सकते हैं तथा उन्हें समझ सकते हैं।
7. यह उपयोगी मानवीय क्रियाशीलता प्रदान करती है जैसे मानसिक अभ्यास, कल्पनाशील तथा विचार इत्यादि। ये क्रियाएँ केवल पुस्तकों द्वारा विकसित नहीं हो सकती हैं।

## प्रश्नोत्तर विधि (Question-Answer Method)

प्रश्नोत्तर विधि अत्यंत प्राचीन विधि है जो सुकरात द्वारा प्रयोग में लाई गई थी। इसलिए इस विधि को सुकरात विधि (Socratic Method) भी कहा जाता है। इस विधि के अन्तर्गत शिक्षक शिक्षण द्वारा ज्ञान के आधार पर छात्रों से प्रश्न करके छात्रों को विषय के प्रति आकर्षित करता है। शिक्षक छात्रों से प्रमुख शिक्षण बिन्दुओं के आधार पर विचारपूर्ण प्रश्न करता है। इस विधि में प्रश्न सामान्य स्तर, निम्न स्तर तथा उच्च स्तर के बनाए जाते हैं। शिक्षक की सफलता विचारोत्तेजक प्रश्नों एवं भाषा की सरलता, प्रश्नों के गठन इत्यादि पर निर्भर करती है।

उदाहरण : भारत की जनसंख्या

शिक्षक : भारत की अधिकांश जनसंख्या कहाँ रहती है?

छात्र : गाँवों में।

शिक्षक : गाँवों की जनसंख्या के लोगों का प्रमुख व्यवसाय क्या है?

छात्र : कृषि

शिक्षक : भारत की सबसे अधिक जनसंख्या किस राज्य में निवास करती है?

छात्र : उत्तर प्रदेश।

**प्रश्नोत्तर विधि के लाभ–**

1. इससे पुराने ज्ञान को नवीन ज्ञान के साथ संबद्ध किया जाता है।
2. यह विधि प्राथमिक तथा माध्यमिक स्तर की कक्षाओं हेतु उपयोगी है।
3. यह विधि छात्रों के अंदर उत्सुकता पैदा करती है एवं पाठ में रुचि पैदा करती है।
4. इसमें अधिगम के मनोवैज्ञानिक सिद्धांत को सम्मिलित किया जाता है।
5. इसके द्वारा छात्रों से उनके स्तर के अनुकूल प्रश्न पूछे जाते हैं।
6. इस विधि के अन्तर्गत छात्र सक्रिय रहता है।
7. यह छात्र के ज्ञान का मूल्यांकन करने हेतु उपयोगी है।

**दोष–**

1. सभी शिक्षक कुशल प्रश्नकर्त्ता नहीं हो सकते।
2. प्रश्नोत्तर विधि के द्वारा पूर्ण ज्ञान प्राप्त नहीं किया जा सकता।
3. जब शिक्षक प्रश्न पूछ रहा हो तब उसे छात्रों की रुचि, योग्यता तथा आवश्यकताओं को ध्यान में रखना चाहिए।
4. यह विधि उच्च कक्षाओं हेतु उपयोगी नहीं है।
5. इसके अंतर्गत अच्छे प्रश्नों को तैयार करना तथा उन्हें मनोवैज्ञानिक ढंग से क्रम में लगाना कठिन होता है।

## समूह-चर्चा विधि (Group Discussion Method)

इस विधि के अंतर्गत शिक्षक तथा छात्र दोनों मिलकर विषय पर चर्चा करते हैं। दोनों के सहयोग से अधिगम अध्यापन किया जाता है। यह सामाजिक अध्ययन शिक्षण की सबसे महत्त्वपूर्ण विधि है।

शिक्षण कार्य के दौरान शिक्षक विषय प्रस्तुत करने के पश्चात छात्रों के विचार उस विषय पर आमंत्रित करता है। इस प्रकार शिक्षक तथा छात्र समूह-चर्चा द्वारा विषय की समस्याओं का समाधान करते हैं।

**योकम एवं सिम्पसन** के अनुरूप–"समूह-चर्चा संवाद का एक विशिष्ट रूप है। इसमें सामान्य बातचीत की अपेक्षा अधिक विस्तृत एवं विवेकयुक्त विचारों का आदान-प्रदान होता है। सामान्यत: समूह-चर्चा में महत्त्वपूर्ण विचारों को शामिल किया जाता है।"

**जेम्स एम. ली** के अनुरूप– "समूह-चर्चा एक शैक्षणिक प्रक्रिया है जिसमें शिक्षक एवं छात्र सहयोगपूर्ण ढंग से किसी समस्या या प्रकरण पर बातचीत करते हैं।" इस विधि द्वारा छात्र को शिक्षक द्वारा विषय पर बोलने हेतु प्रोत्साहित किया जाता है एवं छात्र अपने भाव या विचार स्वतंत्र रूप से देते हैं।

इस विधि को अत्यधिक उपयोगी बनाने हेतु पहले छात्रों को किसी विषय पर पूर्ण तैयारी हेतु कह दिया जाता है जिससे कि छात्र पूर्ण तैयारी के साथ शिक्षक के साथ प्रश्नों पर विचार-विमर्श कर सकें।

यह विधि दो प्रकार की होती है–

1. **औपचारिक**–इस विधि में किसी बिन्दु पर चर्चा करने हेतु निर्णय इत्यादि हेतु किसी एक को जज अथवा अध्यक्ष बना दिया जाता है ताकि वह विषय पर उचित निर्णय दे सकें।
2. **अनौपचारिक**–इसके द्वारा किसी विषय के पक्ष-विपक्ष में चर्चा की जाती है।

### समूह-चर्चा विधि के लाभ

1. सामाजिक विषय के विषयों का अध्ययन और शिक्षण को इस विधि के द्वारा सुगम एवं रोचक बनाया जाता है। यह विधि किसी विषय के उचित अधिगम में सहायक होती है।
2. इस विधि के द्वारा छात्र विभिन्न स्त्रोतों से सूचनाएँ एवं ज्ञान एकत्रित करने में सक्षम बनते हैं।
3. यह विधि छात्रों की तर्क-शक्ति, विचार-शक्ति एवं कल्पना-शक्ति के विकास हेतु उचित अवसर प्रदान करती है।
4. समूह-चर्चा विधि के द्वारा देश और विश्व की समस्याओं के प्रति छात्रों में जागरूकता उत्पन्न होती है।
5. समूह-चर्चा के दौरान दूसरों के विचारों को ध्यान से सुनने एवं असहमत होने पर सहिष्णुतापूर्ण व्यवहार करने से छात्रों में नम्रता, सहिष्णुता, सहृदयता जैसे गुणों का विकास होता है।
6. छात्रों में सामूहिक रूप से निर्णय लेने की आदत का विकास करने में योगदान देती है।

### समूह-चर्चा विधि के दोष

1. यह विधि सामाजिक अध्ययन के पाठ्यक्रम से संबंधित अनुभवों को प्रदान करने एवं इसके शिक्षण के सभी उद्देश्यों को प्राप्त करने में समर्थ नहीं है।
2. इस विधि में छात्र विषय की पूर्ण तैयारी के बिना तर्क-वितर्क नहीं कर सकता तथा उसे विषय की पहले से पूर्ण जानकारी होनी चाहिए।
3. यह विधि वर्तमान में देश के विद्यालयों में उपलब्ध परिस्थितियों द्वारा सामाजिक अध्ययन शिक्षण हेतु उपयुक्त नहीं है।
4. यह विधि छात्रों के लिए समान शिक्षण अवसर उपलब्ध कराने हेतु व्यवहारात्मक रूप से सही नहीं है। वे छात्र जो मेधावी होते हैं वे समूह-चर्चा में हावी रहते हैं एवं शर्मीले एवं भीरु प्रवृत्ति के छात्र इस विधि में सक्रिय नहीं हो पाते हैं।

5. इस विधि द्वारा समय तथा शक्ति का अपव्यय होता है। कक्षा में तर्क-वितर्क करने से समय अधिक लगता है एवं कभी-कभी आपस में तीखी बहस हो जाती है जिससे कक्षा का वातावरण खराब होता है।

## कहानी-कथन विधि (Storytelling Method)

इस विधि के द्वारा विषय विशेष के शिक्षण उद्देश्यों को कहानी के द्वारा मौखिक रूप से प्रस्तुत किया जाता है। मौखिक रचना द्वारा किसी भी विषय को भाषा विशेष द्वारा कहानी के रूप में आसानी से समझाया जा सकता है। कहानी के रूप में विषय को कहने अथवा सुनाने से किसी विषय के सूक्ष्म एवं जटिल अंशों को सरल बनाया जाता है जिससे बालक उसे समझ सके। छात्र कहानी सुनने में स्वाभाविक रुचि लेते हैं, एवं कहानी के रूप में प्रस्तुत ज्ञान को आनंदपूर्वक ग्रहण करते हैं।

कहानी द्वारा छात्रों की रुचियों एवं उमंगों को मनोरंजन द्वारा प्रस्तुत करते हुए उनकी कल्पना एवं तार्किक शक्तियों को इस प्रकार विकसित किया जाता है कि उनमें सामाजिक तथा नैतिक गुणों का विकास हो सके। यह विधि प्राथमिक कक्षाओं में भाषा एवं सामाजिक अध्ययन विषयों के शिक्षण हेतु तथा माध्यमिक कक्षाओं में इतिहास, भूगोल, तर्कशास्त्र, राजनीति विज्ञान पढ़ाने हेतु उपयुक्त है।

### कहानी-कथन विधि के सिद्धांत

1. शिक्षक को कहानी का सम्पूर्ण ज्ञान होना चाहिए।
2. कहानी कहने से पूर्व ज्ञान के महत्त्वपूर्ण अंशों को हृदयंगम करके पूरी तरह समझ कर शिक्षक द्वारा छात्रों को कहानी सुनाई जानी चाहिए।
3. कहानी सुनाते समय बालकों की मानसिक अवस्था, रुचियों एवं संवेगात्मक विशेषताओं को ध्यान में रखना चाहिए।
4. कहानी सुनाते समय शिक्षक को कहानी के भावों एवं हाव-भाव का प्रदर्शन करना चाहिए।
5. कहानी को पढ़ कर नहीं बल्कि अपनी भाषा में सुनाना चाहिए जिससे बालक की रुचि बनी रहे।

### कहानी-कथन विधि के गुण

1. यह विधि विषय के ज्ञान के साथ-साथ बालकों की विचाराभिव्यक्ति की योग्यता में भी वृद्धि करने में सहायक होती है।
2. इस विधि के द्वारा कम आयु के बालक तथ्यों को आसानी से सीख सकते हैं।
3. यह विधि छात्रों की सामाजिक, नैतिक, मानसिक तथा भावात्मक पहलुओं का विकास करती है।
4. यह एक मनोवैज्ञानिक विधि है क्योंकि यह सरल से कठिन, ज्ञात से अज्ञात इत्यादि शिक्षण सूत्रों को ध्यान में रखकर प्रयोग में लाई जाती है।
5. इस विधि के माध्यम से छात्रों की मानसिक शक्तियों को जागृत करने तथा सक्रिय बनाए रखने में सहायता मिलती है।
6. इस विधि के द्वारा नीरस तथ्यों का भी सरल ढंग से प्रस्तुतीकरण किया जा सकता है।
7. इस विधि से बालकों की स्मरण शक्ति को बढ़ाने में भी सहायता मिलती है जिससे महान पुरुषों, खोजों इत्यादि की कहानी सुनकर उनका मन-मस्तिष्क कल्पनाशील हो जाता है।
8. कहानी-कथन विधि से छात्रों को इतिहास या भूगोल तथा अन्य विषयों से संबंधित विषय-वस्तु का ज्ञान कराया जाता है, जिससे छात्रों में तर्क करने तथा निर्णय लेने की क्षमता में वृद्धि हो।

### कहानी-कथन विधि के दोष

1. इस विधि के द्वारा शिक्षक पर अत्यधिक बोझ पड़ता है।
2. इस विधि में कुशल शिक्षकों की कमी होती है एवं उनमें भाषा कौशल की कमी पाई जाती है।
3. कहानी-कथन विधि एक कला है एवं प्रत्येक शिक्षक इसे प्रभावशाली ढंग से नहीं सीखा सकता।
4. यह विधि प्राय: इतिहास शिक्षण के लिए अत्यंत उपयोगी है; अन्य विषयों को इस विधि द्वारा पढ़ाया जाना कठिन है।
5. यह विधि प्राथमिक स्तर की कक्षाओं हेतु महत्वपूर्ण है, माध्यमिक स्तर पर इस विधि का कोई महत्त्व नहीं है।

## निरीक्षण विधि (Survey Method)

निरीक्षण विधि द्वारा विशेष समय में अधिक-से-अधिक संख्या में सूचना ग्रहण की जाती है। इस विधि द्वारा छात्र स्वयं निरीक्षण करके भौगोलिक तथ्यों का ज्ञान प्राप्त कर सकते हैं। शिक्षक द्वारा छात्रों को उचित निरीक्षण कार्य क्षेत्र से परिचित करा कर छात्र अधिक-से-अधिक ज्ञान थोड़े समय में प्राप्त कर सकते हैं। छात्र अपने आस-पास के क्षेत्रों जैसे पहाड़, पठार, मैदान, जनसंख्या संबंधी जानकारी एकत्र करना, कृषि-उपजें तथा उद्योग इत्यादि के बारे में सामान्य ज्ञान प्राप्त कर सकते हैं। निरीक्षण विधि सामान्य समस्याओं को हल करने हेतु महत्वपूर्ण जानकारी प्रदान करती है।

इस विधि का प्रयोग प्राथमिक कक्षाओं से लेकर माध्यमिक कक्षाओं तक किया जाता है।

प्रभावी निरीक्षण हेतु निरीक्षणकर्त्ता को निरीक्षण विश्वसनीयता भी स्थापित करनी चाहिए।

**निरीक्षण विधि के प्रकार–**

1. सूचना-एकत्रण के स्त्रोत
2. समूह जांच
3. परिवर्तनों की प्रकृति

### कालक्रमिक विधि (Chronological Method)

यह विधि प्रमुख रूप से इतिहास विषय के शिक्षण के लिए उपयोगी है। इसके द्वारा इतिहास से संबंधित विभिन्न घटनाओं के घटनाक्रम का पता चलता है।

शिक्षक कालक्रमिक क्रम में इतिहास के विभिन्न घटनाक्रम के आरम्भिक समय को पढ़ाता है।

यह विधि छात्रों में किसी देश के इतिहास से संबंधित ज्ञान को विकसित करने में सहायक होती है।

**शिक्षण प्रतिमान (Teaching Models):** शिक्षण प्रतिमान शिक्षण कला की अस्थायी परिकल्पना है। शिक्षण प्रतिमानों द्वारा कक्षा में शैक्षणिक क्रियाकलापों को उचित रूप से चुना जाता है।

**ज्वाइस एवं वील** के अनुरूप "शिक्षण प्रतिमान एक योजना है जिसको पाठ्यक्रम निर्माण करने, अनुदेशन सामग्री निर्मित करने एवं कक्षा या अन्य वातावरण में अनुदेशन को निर्देशित करने हेतु प्रयोग में लाया जाता है।"

किसी भी शिक्षण प्रतिमान में निम्न गुण होने आवश्यक है–

1. शिक्षण प्रतिमान में क्रमिक सोपानों की पुनरावृत्ति की जा सकती है।
2. प्रतिमान द्वारा शिक्षण प्रभाव सृजित किया जा सकता है।
3. अधिगम परिस्थितियाँ छात्रों की प्रतिक्रिया हेतु अधिक जानकारी उपलब्ध कराती हैं।
4. शिक्षण प्रतिमान किसी भी सत्यापित सिद्धांत पर आधारित होना चाहिए।
5. शिक्षण प्रतिमान में क्रमिक सोपानों का उल्लेख किया जाता है।

## शिक्षण प्रतिमान के उद्देश्य

1. यह नवीनतम शैक्षणिक विधियों को विकसित करने में सहायता करता है।
2. यह अधिक बालकों को पढ़ाने हेतु शिक्षक की क्षमता को विकसित करने में सहायता प्रदान करता है एवं बालकों में पर्यावरण के प्रति रुचि पैदा करता है।
3. इसके द्वारा छात्रों को उत्प्रेरणा की उपयुक्त तकनीक एवं प्रविधियों का भी प्रावधान किया जाता है।
4. इसके द्वारा शिक्षण तथा छात्रों की अंत:क्रियाओं के प्रारूप का सृजन किया जाता है।

### शिक्षण के प्रतिमान

1. **ऐतिहासिक शिक्षण प्रतिमान–**
   (i) वैयक्तिक विकास प्रतिमान
   (ii) ब्राउडी का उत्कृष्ठ मानविकी प्रतिमान
   (iii) सुकरात का शिक्षण प्रतिमान
2. **दर्शन-विषयक शिक्षण प्रतिमान–**
   (i) प्लेटो का विस्तृत सूचना प्रतिमान
   (ii) काण्ट का शासन प्रतिमान
   (iii) जॉन लॉक का प्रभाव प्रतिमान
3. **मनोगत शिक्षण प्रतिमान–**
   (i) स्टोरो का कम्प्यूटर संबंधित प्रतिमान
   (ii) रोबर्ट ग्लेसर का आधारभूत शिक्षण प्रतिमान
   (iii) जॉन कारोल का स्कूल अधिगम का शिक्षण प्रतिमान
   (iv) नील फ्लेन्डर्स कां स्कूल शिक्षण का अन्योन्य क्रिया प्रतिमान
4. **शिक्षक शिक्षा हेतु शिक्षण प्रतिमान–**
   (i) टर्नर का शिक्षण प्रतिमान
   (ii) तबू का शिक्षण प्रतिमान
   (iii) शिक्षक की स्वयंभूति में विभिन्नता का प्रतिमान
5. **शिक्षक के आधुनिक प्रतिमान–**
   (i) सामाजिक अंत:क्रिया प्रतिमान
   (ii) व्यवहारात्मक परिवर्तन शिक्षण प्रतिमान
   (iii) सूचना-प्रस्तुति प्रतिमान

## शिक्षण प्रतिमान के लाभ

1. शिक्षण प्रतिमान शिक्षण की प्रकृति के शोध कार्य हेतु अत्यधिक मात्रा में अवसर प्रदान करता है।
2. यह छात्र की व्यक्तिगत योग्यता, सामाजिक कुशलता एवं व्यावहारिक पहलुओं के विकास में उपयोगी है।
3. प्रभावी शिक्षण हेतु अनुदेशन सामग्री का विकास किया जाता है, तथा पाठ्यक्रम विकास का माध्यम बनता है।
4. नवीन शिक्षण प्रतिमान मनोवैज्ञानिक शक्ति का शिक्षण में उपयोग करता है।

## शिक्षण सहायक सामग्री (Teaching Aids)

शिक्षण सहायक सामग्री शिक्षा के लिए अतिआवश्यक हैं। वर्तमान में लगभग सभी विषयों में शिक्षण सामग्री तथा दृश्य-श्रव्य सामग्री का प्रयोग बढ़ता जा रहा है। सामाजिक अध्ययन शिक्षण में दृश्य-श्रव्य सामग्री का प्रयोग अनिवार्य हो गया है।

एक शिक्षक अपने शिक्षण कार्य के दौरान विविध प्रकार की सहायक सामग्री जैसे चार्ट, मानचित्र, फिल्म, मॉडल, रेडियो इत्यादि का उपयोग करता है।

**अरस्तु** के अनुरूप "श्रव्य और दृश्य सामग्री वह सामग्री है जो छात्र अपनी दृष्टि और कानों के माध्यम से ग्रहण करता है।"

## श्रव्य-दृश्य सामग्री की विशेषताएँ

1. श्रव्य-दृश्य सामग्री का प्रमुख उद्देश्य छात्रों को पाठ में प्रेरणा देना है।
2. श्रव्य-दृश्य सामग्री से समय की बचत होती है तथा छात्रों की शिक्षण में रुचि भी बढ़ती है।
3. श्रव्य-दृश्य सामग्री छात्रों में कल्पनाशक्ति एवं सोचने की शक्ति का विकास करती है।
4. श्रव्य-दृश्य सामग्रियाँ शिक्षण को अधिक रुचिकर बनाती हैं एवं छात्रों को अनुभव के ज्यादा-से-ज्यादा अवसर प्रदान करती हैं।
5. श्रव्य-दृश्य सामग्री सीखने और समझने में सहायता करती है।

## दृश्य सामग्री के तीन भाग

श्रव्य-दृश्य सामग्री को तीन भागों में बाँट सकते हैं–

1. दृश्य सामग्री
2. श्रव्य सामग्री
3. दृश्य और श्रव्य सामग्री

## विविध शिक्षक सहायक सामग्री

1. **श्यामपट/चाक बोर्ड :** श्यामपट शिक्षक का सबसे महत्त्वपूर्ण साधन है जो पाठन-विधि तथा पाठ्य-वस्तु में उपयोगी होता है। यह शिक्षण सामग्री हमारे देश के समस्त विद्यालयों में सामान्य रूप से प्रयोग होती है। कुछ विषय जिनमें इतिहास, भूगोल तथा विज्ञान श्यामपट के बिना नहीं पढ़ाए जा सकते हैं।

   वर्तमान में समय परिवर्तन के साथ-साथ इसके स्वरूप में अत्यधिक अंतर आ गया है। अब कक्षाओं में लकड़ी, धातु के बोर्डों के स्थान पर प्लास्टिक के बने बोर्डों का चलन बढ़ गया है। ये बोर्ड अब रंगीन बनते हैं। शिक्षक कक्षा में छात्रों को श्यामपट पर मानचित्र, चित्र, ग्राफ इत्यादि बनाकर पढ़ाते हैं, जिससे छात्रों का ध्यान पढ़ते समय श्यामपट पर रहे। श्यामपट पर लिखा अथवा चित्रित किया हुआ होने से विषय को छात्रों द्वारा अच्छी तरह से समझने तथा नोट करने में सहायता मिलती है। श्यामपट की लिखावट एवं चित्रांकन इत्यादि का छात्रों पर मनोवैज्ञानिक एवं शैक्षिक दोनों प्रकार से गहरा प्रभाव पड़ता है। शिक्षक को श्यामपट पर लिखते समय अथवा चित्र इत्यादि बनाते समय उसके बारे में मौखिक रूप से व्याख्यान करते रहना चाहिए। श्यामपट पर रंगीन चाकों का प्रयोग आवश्यक वस्तुओं पर बल देने एवं चित्रों को सजीव तथा आकर्षक बनाने के लिए किया जाता है।
2. **चार्ट :** चार्ट एक दृश्य शिक्षण सामग्री साधन है, जिसमें तथ्यों तथा चित्रों का समन्वय छात्रों को सिखाने तथा सुगमता प्रदान करने हेतु क्रमबद्ध तरीके से प्रस्तुत किया जाता है। सामाजिक विज्ञान शिक्षण में चार्ट का प्रमुख स्थान है। सामाजिक विज्ञान का शिक्षक इनका उपयोग 'क्रियात्मक संबंधों' को स्पष्ट करने हेतु करता है। चार्ट स्पष्ट एवं प्रभावशाली होने चाहिए। शिक्षक को चार्ट तैयार कराने हेतु छात्रों का सहयोग करना चाहिए। चार्टों द्वारा तथ्यों, आंकड़ों इत्यादि के माध्यम से स्पष्ट किए जाने वाले संबंधों को प्रदर्शित किया जाता है। चार्ट के विशेष बिंदुओं को प्रदर्शित करने हेतु शिक्षक को संकेतक का प्रयोग करना चाहिए।
3. **चित्र :** चित्रों का सामाजिक विज्ञान शिक्षण में प्रमुख योगदान है, विशेष रूप से भूगोल विषय को माध्यमिक स्तर की कक्षाओं में पढ़ाने हेतु। छात्र स्वाभाविक रूप से चित्रों की तरफ आकर्षित होते हैं। इतिहास

विषय को भी प्राचीन शासकों के चित्र, लड़ाईयाँ, ऐतिहासिक घटनाओं, शहरों इत्यादि के चित्रों द्वारा अधिक रुचिकर बना सकते हैं।

सामाजिक विज्ञान का शिक्षक चित्रों का प्रयोग छात्रों को वास्तविकता का ज्ञान देने, रुचि एवं प्रयास को जागृत करने एवं कल्पना-शक्ति को विकसित करने में सहायता कर सकता है। राजनीतिक, सामाजिक, धार्मिक, आर्थिक एवं सांस्कृतिक पृष्ठभूमि और घटनाओं इत्यादि से संबंधित चित्र सामाजिक विज्ञान के ज्ञान को प्राप्त करने में सहयोग प्रदान करते हैं। पाठ्य-विषय चित्र छात्रों को मनोवैज्ञानिक ढंग से कक्षा में उपस्थित रखते हैं।

4. **मानचित्र :** इतिहास एवं भूगोल शिक्षण में मानचित्रों का प्रमुख योगदान होता है। मानचित्र का प्रमुख उद्देश्य विभिन्न वस्तुओं का वितरण, विभिन्न देशों एवं प्रदेशों की तुलना, राज्य सीमा का ज्ञान, प्राकृतिक संसाधनों का वितरण, जलवायु-प्रदर्शन और भौगोलिक संबंधों इत्यादि को स्पष्ट करता है। मानचित्र के उपर्युक्त लाभ प्राप्त करने हेतु छात्रों को मानचित्र की भाषा, संकेत, मापक, दिशाएं, अक्षांश-देशान्तर और प्रक्षेप का ज्ञान कराया जाना आवश्यक है।

5. **टेलीविजन :** टेलीविजन शिक्षण की नवीनतम श्रव्य-दृश्य सामग्री है। टेलीविजन पर हम विभिन्न गतिविधियों को देखने के अलावा सुन भी सकते हैं। भारत में विद्यालय शिक्षा हेतु टेलीविजन का प्रारंभ आकाशवाणी ने 1961 में फोर्ड फाउण्डेशन एवं दिल्ली के शिक्षा निदेशालय के सहयोग से किया।

दिसम्बर, 1980 में शिक्षा-मंत्रालय ने दूरदर्शन, एन.सी.ई.आर.टी के सहयोग से शैक्षिक कार्यक्रम प्रसारण शुरू किए।

मुक्त विद्यालय या दूरस्थ शिक्षा का तो यह सबसे सफल साधन है, राष्ट्रीय चैनल दूरदर्शन पर 'ज्ञान दर्शन' के नाम से शैक्षणिक कार्यक्रम का प्रसारण किया जाता है।

दूरदर्शन पर अधिकांश कार्यक्रम सामाजिक रुचियों एवं सामाजिक कल्याण से जुड़े होते हैं। इस दृष्टि से प्रसारित क्षेत्रीय, राष्ट्रीय समाचार, कृषि कार्यक्रम, गोष्ठियां, सांस्कृतिक गतिविधियां इत्यादि विभिन्न कार्यक्रमों से सामाजिक अध्ययन के शिक्षण में सहायता मिलती है।

हम टेलीविजन पर प्रसारित होने वाले विभिन्न शैक्षणिक कार्यक्रमों की सहायता से विभिन्न प्रकार की शैक्षणिक समस्याओं का समाधान कर सकते हैं।

मनोरंजन और शिक्षा दोनों का समन्वय होने के कारण वर्तमान में दूरदर्शन छात्रों हेतु बहुत ही सशक्त दृश्य-श्रव्य साधन सिद्ध हो रहा है। टेलीविजन की उपयोगिता का उल्लेख करते हुए **थट और गेरबेरिच** ने कहा है, "टेलीविजन सबसे अधिक आशापूर्ण श्रव्य-दृश्य सामग्री है, क्योंकि संदेशवाहन के इस एक यंत्र में रेडियो एवं चलचित्र के सभी गुणों का सम्मिश्रण है।"

6. **रेडियो :** रेडियो आधुनिक समय में मनोरंजन के साथ-साथ शिक्षा प्राप्ति का एक अमूल्य साधन है। रेडियो प्रसारण द्वारा किसी के द्वारा कही गई बातों को ज्यों-का-त्यों प्रस्तुत कर शिक्षण अधिगम प्रक्रिया में आवश्यकतानुसार प्रयुक्त किया जा सकता है।

रेडियो पर महान नेताओं, समाज-सुधारकों, धार्मिक व्यक्तियों के भाषण, विद्वानों के व्याख्यानों द्वारा छात्रों के चरित्र-निर्माण और नागरिकता संबंधी गुणों के विकास में सहायता मिलती है। रेडियो पर जब पाठ्यक्रम से संबंधित प्रकरणों जैसे–परिवार नियोजन, प्रदूषण की समस्या, राष्ट्रीय एकता, जलवायु परिवर्तन, कृषि, संयुक्त-राष्ट्रसंघ इत्यादि पर आधारित व्याख्यान जब छात्र सुनते हैं तो उन्हें इन विषयों का अच्छी तरह ज्ञान प्राप्त करना रोचक एवं सहज हो जाता है।

7. **चलचित्र या फिल्म :** चलचित्र श्रव्य-दृश्य साधन सामग्री है, जिसे सुना एवं देखा जा सकता है। चलचित्रों को सामाजिक एवं मनोवैज्ञानिक ढंग से उपयुक्त होने चाहिए। सामाजिक अध्ययन से संबंधित सामान्य रुचि के विषयों एवं पाठ्यक्रम के विशेष प्रकरणों को पढ़ाने हेतु शैक्षिक फिल्में बनाई जा रही हैं।

स्वदेश-प्रेम की भावना को उत्पन्न करने हेतु विभिन्न स्वतंत्रता सेनानियों की फिल्में प्रदर्शित की जाती हैं।

छात्रों के शैक्षणिक विकास हेतु डॉक्यूमेण्ट्री फिल्में बनाई जा रही हैं, जिससे उन्हें विषय से संबंधित जानकारी मिल सके।

देश के बहुत-से विश्वविद्यालयों और राज्यों के शिक्षा विभागों में बहुत-सी शैक्षणिक फिल्में शिक्षण के उपयोग में लाई जाती हैं। चलचित्रों या फिल्मों द्वारा छात्रों की समझने की शक्ति एवं विचार-प्रक्रिया को विकसित किया जाता है। यह छात्रों को स्वाध्ययन करने हेतु प्रोत्साहित करती है।

## प्रश्नमाला

**1. निम्नलिखित पर विचार कीजिए-**

**A. धनात्मक पुनर्बलन का प्रयोग करना**

**B. सही संकेत तथा प्रतिपुष्टि का प्रयोग करना**

**C. सहयोगी शिक्षण गतिविधियों का आयोजन करना**

**D. पाठ्य पुस्तक का निर्माण करना**

**उपरोक्त में से कौन-सा/से कार्य शिक्षक कक्षा-कक्ष में करता है/हैं ?**

(a) A और B (b) B और C

(c) B, C और D (d) A, B और C

**2. निम्नलिखित कथनों पर विचार कीजिए-**

**A. विद्यार्थी के आर्थिक, सामाजिक, सांस्कृतिक तथा अन्य वातावरण कक्षा-कक्ष की प्रक्रिया को प्रभावित करते हैं।**

**B. शिक्षक विशेष की योग्यता तथा व्यक्तित्व कक्षा-कक्ष प्रक्रिया को प्रभावित नहीं करता है ।**

**नीचे दिए गए विकल्पों की सहायता से ही उत्तर का चयन कीजिए-**

(a) A सही है और B गलत है।

(b) A गलत है और B सही है।

(c) A और B दोनों सही हैं।

(d) A और B दोनों गलत हैं।

**3. शिक्षण गतिविधियों के सम्बन्ध में निम्नलिखित कथनों पर विचार कीजिए-**

**A. इसका उद्देश्य विद्यार्थियों में व्यावहारिक ज्ञान का विकास करना है।**

**B. शिक्षण गतिविधियाँ विद्यार्थी की पढ़ने की क्षमता को कम करती हैं।**

**नीचे दिए गए कूट का प्रयोग कर सही उत्तर चुनिए-**

(a) केवल A

(b) केवल B

(c) A और B दोनों

(d) न तो A और न ही B

**4. प्रश्न-उत्तर तकनीक सामाजिक विज्ञान शिक्षण में काफी प्रभावी हो सकती है, क्योंकि .......... को सुनिश्चित करती है।**

(a) परीक्षा को बेहतर तरीके से करने सम्बन्धी विद्यार्थियों की योग्यता

(b) विद्यार्थियों द्वारा अच्छी तैयारी के साथ कक्षा में आने

(c) अधिक अनुशासित कक्षा

(d) शिक्षार्थियों द्वारा सक्रिय सहभागिता

**5. इतिहास पढ़ते वक्त 'वंशावली चार्ट' का प्रयोग होता है**

**A. किसी साम्राज्य या वंश के वर्धन एवं विकास को चित्रित करने के लिए।**

**B. अनुक्रम एवं प्रकार्यात्मक सम्बन्धों को दर्शाने के लिए।**

**C. एक कालक्रमिक रूपरेखा देने के लिए।**

**D. शिक्षार्थियों में स्थान की अवधारणा, विकसित करने के लिए।**

**कूट**

(a) C और D (b) A, B और C
(c) A, C और D (d) B, C और D

**6. कक्षा में शामिल होते हैं-**

(a) केवल कक्षा-कक्ष की गतिविधियाँ
(b) केवल कक्षा कक्ष की बाह्य गतिविधियाँ
(c) विद्यालय और जीवन की बाह्य दोनों प्रकार की गतिविधियाँ
(d) उपरोक्त में से कोई नहीं

**7. कक्षा-कक्ष प्रक्रिया को कितने भागों में बाँटा गया है ?**

(a) 2 (b) 4
(c) 6 (d) 3

**8. निम्नलिखित में से किसने शिक्षण विधि में परियोजना ( प्रोजेक्ट ) को प्रतिपादित किया ?**

(a) किल पैट्रिक (b) थॉमसन
(c) जीन पियाजे (d) रिच

**9. निम्नलिखित शिक्षण विधियों में से कौन-सी विधि सर्वाधिक व्यवहारिक शिक्षण विधि है ?**

(a) प्रर्दशन विधि
(b) व्याख्यान विधि
(c) समस्या समाधान विधि
(d) उपरोक्त में से कोई नहीं

**10. निम्नलिखित में से कौन-से संवाद के उद्देश्य हैं ?**

(a) शिक्षण कार्य को प्रभावी बनाना
(b) ज्ञान अनुभव, कौशल आदि का प्रभावी संचार करना
(c) मानव विकास को बढ़ावा देना
(d) उपरोक्त में से सभी

**11. निम्नलिखित में से क्या शिक्षण की दृश्य सामग्री के अन्तर्गत नहीं आता है ?**

(a) ग्लोब (b) चार्ट
(c) रेडियो (d) श्याम पट्ट

**12. कक्षा में प्रश्न पूछकर शिक्षक करना चाहता है-**

(a) छात्रों का ध्यान आकर्षित
(b) कक्षा में शांति बनाए रखना
(c) छात्रों में उत्तर देने की क्षमता का विकास
(d) उपरोक्त सभी

**13. निम्नलिखित में से कौन-सा नियमों, विनियमों और मूल्यों के सामाजिक अधिगम को बढ़ावा देगा ?**

(a) परियोजना कार्य (b) समूह-चर्चा
(c) किताब पढ़ना (d) निबंध लिखना

**14. निम्नलिखित में से क्या प्रभावी संवाद की विशेषता है ?**

(a) संवाद के शब्द सरल तथा उपयुक्त होने चाहिए।
(b) संवाद का स्तर श्रोता के अनुरूप होना चाहिए।
(c) संवाद में प्रेषक और प्रेषित के बीच अन्तराल नहीं होना चाहिए।
(d) उपरोक्त सभी

**15. कक्षा-कक्ष प्रक्रिया में शिक्षक के व्यवहार को निम्न भागों में बाँटा गया है ?**

(a) योजना (b) अनुदेश
(c) प्रबंधन योजना (d) उपरोक्त सभी

## उत्तरमाला

**1.** (d) **2.** (a) **3.** (a) **4.** (d) **5.** (c) **6.** (c) **7.** (d) **8.** (a) **9.** c) **10.** (d)
**11.** (c) **12.** (d) **13.** (b) **14.** (d) **15.** (d)

❑❑❑

# आलोचनात्मक चिन्तन का विकास

## आलोचनात्मक चिन्तन : अर्थ एवं आवश्यकता

- आलोचनात्मक चिन्तन का शाब्दिक अर्थ है-आलोचना के साथ चिन्तन करना अर्थात् किसी भी विचार, अर्थ, अवधारणा आदि के पक्ष तथा विपक्ष पर विचार करना। आलोचनात्मक चिन्तन वैज्ञानिक पद्धति पर आधारित है। इसका अर्थ किसी की अनावश्यक आलोचना करना नहीं होता है। यद्यपि आलोचनात्मक चिन्तन स्वयं निर्देशित प्रक्रिया है, जिसमें सुनियोजित चरण में उच्च स्तर पर चिन्तन किया जाता है। रॉबर्ट एनिस के अनुसार, "आलोचनात्मक चिन्तन क्या करना है या किस पर विश्वास करना है, का कारणयुक्त तथा प्रभावी चिन्तन है।" दूसरे शब्दों में, "आलोचनात्मक चिन्तन अच्छे निर्णय के लिए कौशलयुक्त तथा उत्तरदायित्वपूर्ण चिन्तन है।"

### आलोचनात्मक चिन्तन की आवश्यकता

- व्यक्तित्व के निर्माण तथा व्यक्तिगत विकास में।
- आलोचनात्मक तथा विश्लेषणात्मक क्षमता के विकास में।
- उच्चस्तरीय निर्णय लेने तथा समस्या समाधान की क्षमता के विकास में।
- वैज्ञानिक चिन्तन तथा तार्किकता के विकास में।
- छात्रों में विवेचना, मूल्यांकन तथा विश्लेषण का कौशल विकसित करने में।

### आलोचनात्मक चिन्तन की विशेषताएँ

आलोचनात्मक चिन्तन की विशेषताएँ निम्नलिखित हैं

- आलोचनात्मक चिन्तन गुण तथा दोष का निष्पक्ष मूल्यांकन करता है। अत: निष्पक्षता इसकी प्रमुख विशेषता है।
- आलोचनात्मक चिन्तन में वैज्ञानिक प्रवृत्ति पाई जाती है। इसमें कारण कार्य सम्बन्ध का विशेष महत्त्व होता है।
- व्यक्तिगत क्षमता तथा विविधता का पोषक है।
- वस्तुनिष्ठता तथा विषयनिष्ठा में सामंजस्य को प्रोत्साहन देता है।

### आलोचनात्मक चिन्तन और पठन-पाठन की आवश्यकता

- पठन-पाठन की गुणवत्ता का आलोचनात्मक चिन्तन से सीधा सम्बन्ध है। आलोचनात्मक चिन्तन छात्रों को तर्क करने पर बल देता है। साथ ही सर्वाधिक उपयोगी विचार अपनाने पर बल देता है।
- पठन-पाठन के मूल्यांकन का सबसे बेहतर तरीका आलोचनात्मक चिन्तन है। आलोचनात्मक चिन्तन वर्तमान में पठन-पाठन की प्रक्रिया के दोषों की पहचान कर उसे सुधारने में सहायक होता है।
- आलोचनात्मक चिन्तन व्यक्तिवाद तथा बहुलतावाद को बढ़ावा देता है। इससे पठन-पाठन क्रिया का स्वरूप विविधतापूर्ण बनता है, जैसे कक्षा-कक्ष में छात्रों की सामाजिक, सांस्कृतिक (नृजातीय) विविधता को महत्त्व देने में आलोचनात्मक चिन्तन सहायक है।
- आलोचनात्मक चिन्तन पठन-पाठन की क्रिया में अनेक विचारों को समावेशित कर उसे नवाचार से युक्त बनाता है। पठन-पाठन क्रिया के स्वरूप को निरन्तर गतिशील बनाए रखने में यह सहायक है; जैसे- वर्तमान शिक्षा प्रणाली को उपयुक्त बनाने के लिए नए सुधार करना।

### आलोचनात्मक चिन्तन के लाभ

आलोचनात्मक चिन्तन के लाभ निम्न प्रकार हैं

- आलोचनात्मक चिन्तन संकल्पनाओं के निर्माण, अनुप्रयोग तथा विस्तार को बढ़ावा देता है। इससे उत्तरदायित्व की भावना का विकास होता है।
- आलोचनात्मक चिन्तन भाषागत कौशल, चिन्तन कौशल तथा सहभागी कार्य करने के कौशल में सहायक है।
- यह दूसरे के तर्क तथा विश्वासों को समझने तथा उसका निष्पक्ष मूल्यांकन कर अपनी एक बेहतर अवधारणा के निर्माण में सहायक है।
- यह समाज को पूर्वाग्रह मुक्त बनाने में सहायक है।
- विद्यार्थियों में विश्लेषणात्मक तथा संश्लेषणात्मक क्षमता का विकास होता है।
- अकादमिक कार्य में आलोचनात्मक चिन्तन के निम्न लाभ हैं
  - दूसरे के तर्क तथा विश्वासों को समझने में।
  - दूसरे के तर्क तथा विश्वासों के आलोचनात्मक मूल्यांकन में।
  - स्वतन्त्र सोच विकसित करने में।
- कार्यस्थल में भी आलोचनात्मक चिन्तन निम्न रूप में सहायक होता है
  - उसके निर्णय की गहन जानकारी में।
  - पूर्वाग्रह मुक्त विचार में।
  - समस्या के समाधान में।
- दैनिक जीवन में आलोचनात्मक चिन्तन का महत्त्व इस प्रकार है
  - व्यक्तिगत गलतियों से बचने में।
  - उचित निर्णय लेने तथा क्रियान्वयन में।
  - स्वतन्त्र व्यक्तिगत सोच के निर्माण में।

### आलोचनात्मक चिन्तन के विकास में शिक्षक की रणनीति

विद्यार्थियों में आलोचनात्मक चिन्तन के विकास में शिक्षक को केन्द्रीय स्थिति में न होना चाहिए, वरन् उसे आलोचनात्मक चिन्तन के विकास हेतु उचित अवसर उत्प करने का कार्य करना चाहिए। ऐसा करने से प्रत्येक विद्यार्थी के समूह में आलोचनात्म चिन्तन का विकास होगा।

- शिक्षक विद्यालय में वाद-विवाद प्रतियोगिता का आयोजन कर विद्यार्थियों तर्क-वितर्क का अवसर प्रदान करें। साथ ही उन्हें वाद-विवाद के उपरान्त समस समाधान करने पर बल देना चाहिए।
- इसमें शिक्षक को केन्द्रीय भूमिका का निर्वहन नहीं करना चाहिए, बल्कि मार्गदर्श की तरह कार्य करना चाहिए।

- विशेष रूप से सामाजिक विज्ञान के शिक्षण में शिक्षक को नमनीय तथा उदार वातावरण बनाने का प्रयास करना चाहिए। शिक्षक को कक्षा की विविधता तथा बहुलता को बनाए रखने वाली रणनीति अपनानी चाहिए।
- शिक्षक को मूर्त तथा अमूर्त उदाहरण का प्रयोग कर तुलनात्मक क्षमता का विकास करना चाहिए।
- छात्रों को परिस्थिति को विभिन्न परिप्रेक्ष्यों में देखने में सहायता देनी चाहिए तथा उसमें विभिन्न कुशलता का भी विकास करना चाहिए, जिससे क्षमता निर्माण को बढ़ावा मिलता है।

## आलोचनात्मक चिन्तन के विकास हेतु क्रिया-कलाप

आलोचनात्मक चिन्तन के विकास हेतु अनेक प्रकार के क्रिया-कलाप कराए जाने चाहिए। इस प्रकार के क्रिया-कलापों से छात्रों की बुद्धि का विकास होता है तथा उनकी अनेक दृष्टिकोण से सोचने की क्षमता बढ़ती है।

- आगमनात्मक क्रिया-कलापों को अपनाकर विद्यार्थियों में आलोचनात्मक चिन्तन क्षमता को बढ़ाया जा सकता है।
- पहले उन्हें एक ही अवधारणा के विविध पक्षों के विषय में जानना चाहिए। इसके बाद एक सामान्य निष्कर्ष निकालने को कहना चाहिए।
- विद्यार्थियों को सोचने तथा विचार करने के लिए पर्याप्त समय देना चाहिए। साथ ही सोचने तथा विचार करने के लिए प्रोत्साहित करना चाहिए। विद्यार्थियों को गलत होने या असफल होने के डर से मुक्त करना चाहिए।
- किसी भी पाठ्यक्रम में बहुत से उदाहरण दिए जाने चाहिए। ऐसे उदाहरणों की प्रधानता होनी चाहिए, जो आम जीवन से सम्बन्धित हैं।
- प्रयोग, अनुभव तथा निरीक्षण से परिपूर्ण क्रिया-कलापों का संचालन कर आलोचनात्मक चिन्तन को बढ़ाया जा सकता है। ऐसे कार्य दिए जाने चाहिए, जो अनेक दृष्टिकोणों से सम्बन्धित हों। समस्या समाधान के क्रिया-कलाप से आलोचनात्मक क्षमता का विकास होता है।
- शिक्षा का स्वरूप सहभागी होना चाहिए तथा स्वतन्त्र विचारों को भी महत्त्व दिया जाना चाहिए। विद्यार्थियों को चित्र, आँकड़ों तथा अन्य सांख्यिकीय तालिका को देखकर निष्कर्ष निकालने हेतु प्रोत्साहित करना चाहिए।
- उत्तरदायित्व बढ़ाकर छात्रों के व्यावहारिक ज्ञान को बढ़ाया जा सकता है। अतः क्रिया-कलापों में उत्तरदायित्व वाले कार्यों को सौंपना बेहतर होगा।
- खुले उत्तर वाले प्रश्न करके आलोचनात्मक चिन्तन को बढ़ाया जा सकता है; जैसे- महिलाओं पर कार्य के दोगुने बोझ का क्या तात्पर्य है।

## ब्लूम का वर्गीकरण

- ब्लूम एक मनोवैज्ञानिक था, जिसने वर्ष 1956 में शैक्षणिक उद्देश्यों की प्राप्ति के लिए तीन क्रमागत सिद्धान्तों का प्रतिपादन किया। इसे ब्लूम का वर्गीकरण (Bloom's Taxonomy) कहते हैं।

| 1. ज्ञानात्मक पक्ष | 2. भावात्मक पक्ष | 3. क्रियात्मक पक्ष |
|---|---|---|
| ज्ञान (स्मृति) | आग्रहण | प्रत्यक्षीकरण |
| बोध (अवबोध) | अनुक्रिया या प्रतिक्रिया | व्यवस्था |
| प्रयोग | संगठन/व्यवस्थापन | निर्देशात्मक अनुक्रिया |
| विश्लेषण | मूल्य प्रणाली | |
| संश्लेषण | | जटिल प्रत्यक्ष अनुक्रिया |
| मूल्यांकन | | |

ब्लूम के वर्गीकरण के तीन प्रकार निम्नलिखित हैं-

1. **ज्ञानात्मक पक्ष** (Cognitive) ब्लूम ने ज्ञानात्मक पक्ष को छः वर्गों में विभाजित किया है। इन्हें मानसिक प्रक्रिया की जटिलता तथा पदानुक्रमिता के अनुसार विकसित किया गया है। यह प्रणाली सरल से जटिल तथा मूर्त से अमूर्त की ओर है।
2. **भावात्मक** (Psychomotor) भावात्मक पक्ष में अनुभूति प्रधान है। इसमें प्रत्येक व्यक्ति का व्यवहार व्यक्तिगत तथा भौतिक वातावरण से प्रभावित होता है।
3. **क्रियात्मक पक्ष** (Affective) क्रियात्मक पक्ष में वे शैक्षणिक उद्देश्य सम्मिलित होते हैं, जिनका सम्बन्ध शारीरिक तथा क्रियात्मक कौशल से होता है।

### ब्लूम के वर्गीकरण में संशोधन

ब्लूम के वर्गीकरण को वर्ष 2001 में उसके शिष्य लॉरेन एण्डरसन तथा डेविड कैथवोहल ने संशोधित किया।

ब्लूम ने इसमें निम्न संशोधन किए

- संज्ञा को क्रिया में बदला गया।
- ज्ञान को याददास्त क्रिया में बदला गया।
- अवबोध को समझने की क्रिया में बदला गया।
- संश्लेषण को रचना करने की क्रिया में बदला गया।
- संश्लेषण तथा मूल्यांकन का स्थान परस्पर बदल दिया गया।

## प्रश्नमाला

**1. निम्नलिखित में से कौन-सा प्रश्न विद्यार्थियों के आलोचनात्मक (तार्किक) चिन्तन कौशल को विकसित करने में सहायता करेगा?**

(a) महिलाओं पर कार्य का दोगुना बोझ
(b) प्रदूषण को नियन्त्रित करने के लिए सरकार द्वारा किए जाने वाले दो उपायों को लिखिए
(c) भारतीय स्वास्थ्य और भारतीय शिक्षा में सरकार की क्या भूमिका है
(d) 'सभी संक्रामक रोग जल जनित होते हैं।' सत्य अथवा असत्य बताइए

**2. सामाजिक विज्ञान की कक्षा में बच्चों में चिन्तन प्रक्रिया तथा समालोचनात्मक दृष्टिकोण को प्रोत्साहित करने हेतु निम्न में से कौन-सी युक्तियाँ सबसे उपयुक्त हैं?**

**A.** मुद्दों पर चर्चा
**B.** दृश्य-श्रवण सामग्री (ऑडियो-विजुअल्स)
**C.** शिक्षक का मत

कूट
(a) A और B (b) A और C
(c) B और C (d) A, B और C

**3. सामाजिक विज्ञान की कक्षा में निम्नलिखित गतिविधियों में से कौन-सी समालोचनात्मक चिन्तन को बढ़ावा देती हैं?**

**A. प्रश्नोत्तरी (क्विज़) का आयोजन करना जिसमें सभी प्रश्नों के उत्तर शिक्षक द्वारा लिखवाए गए नोट्स में हैं।**
**B. विद्यार्थियों को नियमित तौर पर पाठ्य पुस्तक की विषय-वस्तु को पढ़ने के लिए प्रोत्साहित करना।**
**C. कक्षा में वाद-विवाद आयोजित करने के लिए सामान्य ज्ञान के विषय उपलब्ध करवाना।**
**D. बच्चों को समाचार पढ़ने तथा उस विषय-वस्तु पर सवाल करने के लिए प्रोत्साहित करना।**

कूट
(a) C और D (b) B, C और D
(c) A और B (d) A, B और C

**4. निम्नलिखित प्रश्न सामान्यतः सामाजिक विज्ञान की कक्षा में प्रयोग किए जाते हैं। उन प्रश्नों का चयन कीजिए जो आलोचनात्मक चिन्तन के विकास के लिए वृहत्तर क्षेत्र उपलब्ध कराते हैं?**

**A. 'कानून के नियम' से आप क्या समझते हैं? अपने रोजमर्रा के जीवन से एक या दो उदाहरण देकर समझाएँ।**

**B. दो सुझावों को सूचीबद्ध कीजिए जो घरेलू हिंसा के विरुद्ध भारतीय कानून के बारे में जागरूकता पैदा करने के लिए प्रयोग किए जा सकते हैं?**

**C. 'घरेलू हिंसा' से आप क्या समझते हैं? महिलाओं को घरेलू हिंसा के विरुद्ध नए कानूनों के द्वारा प्राप्त दो संवैधानिक अधिकारों को सूचीबद्ध कीजिए।**

**D. "भारत में 'कानून के नियम' का सामान्यतः पालन नहीं किया जाता है।" क्या आप इस कथन से सहमत हैं? अपने उत्तर की पुष्टि कीजिए।**

**कूट**

(a) केवल B
(b) B और C
(c) केवल D
(d) A और B

**5. इनमें से किसके द्वारा सामाजिक विज्ञान की कक्षा में आलोचनात्मक चिन्तन बढ़ाया जा सकता है?**

**A. सूचना स्त्रोत की विश्वसनीयता ढूँढ़ना**

**B. संगत और असंगत सूचना में अन्तर करना**

**C. पाठ्य पुस्तक के विषयों पर निर्देशित चर्चा करना**

**D. प्रमाणों के आधार पर परिणाम निकालना**

**कूट**

(a) A, C और D
(b) A, B और D
(c) A, B और C
(d) B, C और D

**6. "आलोचनात्मक चिन्तन क्या करना है या किस पर विश्वास करना है, का कारणयुक्त तथा प्रभावी चिन्तन है"। यह कथन किस मनोवैज्ञानिक का है?**

(a) रॉबर्ट एनिस (b) रॉबर्ट डाल
(c) थॉमसन (d) एस. डी. ब्रेंक

**7. निम्नलिखित में से क्या आलोचनात्मक चिंतन की विशेषता है?**

(a) आलोचानात्मक चिंतन गुण तथा दोष का निष्पक्ष मूल्यांकन करता है।
(b) आलोचानात्मक चिंतन में वैज्ञानिक प्रवृत्ति पाई जाती है। इसमें कारण-कार्य संबंध का विशेष महत्त्व होता है।
(c) आलोचनात्मक चिंतन व्यक्तिगत क्षमता तथा विविधता का पोषक है।
(d) उपरोक्त सभी

**8. दैनिक जीवन में आलोचनात्मक चिंतन का महत्त्व है-**

(a) व्यक्तिगत गलतियों से बचने में
(b) उचित निर्णय लेने तथा क्रियान्वयन में
(c) स्वतंत्र व्यक्तिगत सोच के निर्माण में
(d) उपरोक्त सभी

**9. निम्नलिखित में से क्या ब्लूम के वर्गीकरण के अंतर्गत नहीं आता है?**

(a) ज्ञानात्मक पक्ष
(b) भावनात्मक पक्ष
(c) आर्थिक पक्ष
(d) क्रियात्मक पक्ष

**10. अवलोकनीय तथ्यों से निष्कर्ष निकालने की प्रक्रिया ...... कही जाती है?**

(a) विश्लेषण
(b) प्रतिपादन
(c) निगमन
(d) इसमें से कोई नहीं

**11. निम्नलिखित में से कौन-सा कार्य आलोचनात्मक चिंतन के अंतर्गत नहीं आता है?**

(a) विभिन्न पक्षों पर विचार करना
(b) वाद-विवाद में सम्मिलित होना
(c) आप क्या जानते हैं? प्रश्न का उत्तर देना
(d) वाद विवाद में सम्मिलित होकर दूसरे को भ्रमित करना

**12. निम्नलिखित में से कौन-सा आलोचनात्मक चिंतन के विकास में सहायक है?**

(a) क्या (b) क्यों
(c) कैसे (d) उपरोक्त सभी

**13. आलोचनात्मक चिंतन की आवश्यकता क्यों पड़ती है?**

(a) व्यक्तित्त्व के निर्माण तथा व्यक्तिगत विकास में
(b) छात्रों को पढ़ाई के प्रति जागरूक बनाने के लिए
(c) छात्रों को दंड देने के लिए
(d) छात्रों में नकारात्मक विचार को दूर करने के लिए

## उत्तरमाला

**1.** (a) **2.** (d) **3.** (b) **4.** (d) **5.** (b) **6.** (a) **7.** (d) **8.** (d) **9.** (c) **10.** (a)
**11.** (d) **12.** (d) **13.** (a)

❑❑❑

# पूछताछ/अनुभव जन्य साक्ष्य

## पूछताछ आधारित अधिगम : अर्थ, उद्देश्य एवं विशेषताएँ

- पूछताछ आधारित अधिगम पूछताछ प्रक्रिया से सम्बन्धित है। इसमें छात्रों का उत्तरदायित्व है कि वह चाहे जिस तरह से समस्या की जाँच कर सकते हैं। इसमें छात्र सवालों का चयन करते हैं तथा उनके उत्तर की प्राप्ति का प्रयास करते हैं। पूछताछ छात्रों को अलग-अलग प्रकार से सोचने का अवसर देती है।

### उद्देश्य

पूछताछ आधारित अधिगम के उद्देश्य (Objective) निम्नलिखित हैं-

- छात्रों में ज्ञानात्मक कौशलों का विकास करना।
- छात्रों की जिज्ञासा, अभिवृत्ति एवं अभिरुचि का विकास करना।
- छात्र पूछताछ द्वारा, प्रत्ययों की तार्किक ढंग से व्याख्या करता है अर्थात् छात्रों में वैज्ञानिक दृष्टिकोण उत्पन्न करना।
- परिपृच्छा से समस्यात्मक घटनाओं की व्याख्या करने की क्षमता का विकास करना।
- अनुदेशनात्मक शिक्षण का उद्देश्य बोध क्षमता का विकास करना है।

### विशेषताएँ

पूछताछ आधारित अधिगम की विशेषताएँ (Features) निम्न प्रकार हैं-

- इसके द्वारा छात्रों में वैज्ञानिक अभिवृत्ति का विकास किया जा सकता है।
- इससे छात्रों में जिज्ञासा की प्रवृत्ति का विकास होता है।
- यह सहयोग व कठिन श्रम की जाँच चाहती है।
- छात्र व शिक्षक, दोनों को परिचर्चा में भाग लेने व सार्थक विचार रखने का समान अधिकार होता है।
- इस प्रतिमान की सफलता के लिए पहला अवलम्ब ऐसी सामग्री का निर्माण है, जो चुनौतीपूर्ण समस्या का निर्माण करे।
- यह वैज्ञानिक अध्ययनों में उपयोगी है।
- यह व्यावहारिक ज्ञान प्रदान करने में महत्त्वपूर्ण भूमिका निभाता है।

### पूछताछ प्रक्रिया के प्रमुख घटक

पूछताछ प्रक्रिया के प्रमुख घटक निम्नलिखित हैं-

1. **पूर्व ज्ञान की समीक्षा** शिक्षक को छात्रों के पूर्व ज्ञान की जानकारी होनी चाहिए। इसमें छात्र पूर्व ज्ञान तथा अनुभव को नई समस्या या पाठ्य वस्तु से जोड़ता है।
2. **पृष्ठाधार सूचना प्रदान करना** इसका उद्देश्य सम्बन्धित विषय-वस्तु की पूर्वगामी सूचना प्रदान करना है। इससे विद्यार्थी उचित पूछताछ तथा मूल्यांकन करने में सफल होते हैं। पृष्ठाधार सूचना की प्राप्ति निम्न स्रोतों से की जा सकती है-
   - लेख तथा पुस्तकें
   - संग्रहालय
   - चित्र
   - श्रव्य तथा दृश्य सामग्री
   - वेबसाइट आदि।
3. **छात्रों को उत्तरदायी बनाने के लिए प्राप्त परिणाम को परिभाषित करना** इसमें छात्रों से आशा की जाती है कि वे क्या जानते हैं? छात्र किस प्रकार की समस्याओं का समाधान करने में सफल हैं तथा उनका समाधान कैसे करते हैं? छात्रों की पूछताछ प्रक्रिया को परिभाषित कर उनके वर्तमान शिक्षण स्तर को जाना जाता है। छात्रों में उत्तरदायित्व बढ़ाने के लिए टीमवर्क, प्रोजेक्ट कार्यक्रम आदि का आयोजन किया जा सकता है।
4. **पूछताछ की सामान्य प्रक्रिया** इसका उद्देश्य छात्रों में पूछताछ की कौशल प्रक्रिया का विकास करना है। इसमें छात्रों को क्षेत्र विशेष की चयनित सूचना प्रदान की जाती है; जैसे— सुनामी कैसे आती है?
5. **छात्रों में सूचना तथा संचार प्रस्तुतीकरण की स्थापना** इस घटक में छात्रों को सूचना तो प्रदान की जाती है, साथ ही उनके द्वारा प्राप्त किए गए ज्ञान को कैसे प्रस्तुत करना है, सिखाया जाता है। इसके लिए निम्नलिखित कार्य किए जा सकते हैं;
   - पूर्व ज्ञान की सूचना प्रदान करना।
   - तथ्यों, आँकड़ों तथा उदाहरणों को प्रस्तुत करना।
   - तार्किकता तथा समस्या समाधान प्रक्रिया पर बल देना।
   - इसके लिए प्रौद्योगिकी का उपयोग करना।
   - प्रशिक्षक द्वारा समूह कार्य का प्रशिक्षण देना।

**वैज्ञानिक अनुसन्धान और पूछताछ आधारित अधिगम में तुलना**

| वैज्ञानिक अनुसन्धान | पूछताछ आधारित अधिगम |
|---|---|
| वैज्ञानिक किसी विशेष विषय-वस्तु पर ध्यान देते हैं। यह समय के साथ-साथ परिवर्तित होते रहते हैं। | इसमें पाठ्यक्रम के अनुसार विषय-वस्तु का चयन किया जाता है। |
| शोधकर्ता स्वयं प्रश्न करता है तथा उसका उत्तर देता है। | इसमें छात्र उत्तर पाने के लिए प्रश्न करता है। |
| शोधकर्ता अपने शोध का प्रतिरूप प्रश्न के अनुसार करता है। | इसमें छात्र अपने अनुभव तथा ज्ञान के आधार पर प्रश्न करता है। |
| शोधकर्ता अपनी सूचना, जानकारी आदि का, दूसरे के साथ भागीदारी करता है। | पूछताछ आधारित अधिगम में भी यही प्रक्रिया देखने को मिलती है। |

## अनुभवजन्य साक्ष्य

छात्र सीखने की प्रक्रिया में प्रत्यक्ष या अप्रत्यक्ष रूप से अपने अनुभवों द्वारा ज्ञान प्राप्त करता है, परन्तु उनका ज्ञान तार्किक दृष्टि से उपयुक्त नहीं होता है। वह अनुभव के

द्वारा ज्ञान तो प्राप्त कर लेता है, परन्तु तार्किक रूप से उसे प्रमाणित नहीं कर पाता है। अनुभवजन्य साक्ष्य, छात्रों के ज्ञान को पुष्ट एवं गहन आधार प्रदान करते हैं। इसमें इन्द्रियों के माध्यम से वास्तविक दुनिया में एकत्रित आँकड़ों को भी सम्मिलित किया जाता है।

- अनुभवजन्य साक्ष्य (Empirical Evidence) ऐसे साक्ष्य हैं, जिनका परीक्षण अनुभव के माध्यम से किया जाता है।
- सामाजिक अध्ययन/सामाजिक विज्ञान शिक्षण के अन्तर्गत, कक्षा-कक्ष में विभिन्न तथ्यों पर प्रमाण उपलब्ध कराना, तो सम्भव नहीं होता है, लेकिन एक शिक्षक को चाहिए कि वह पाठ्य-वस्तु से सम्बन्धित तथ्यों पर ही छात्रों को अनुभव प्रदान कराएँ। जिसका छात्र प्रत्यक्ष अनुभव कर सकें।
- सामाजिक विज्ञान शिक्षण में, छात्रों को अनुभव से अनुभूत करते समय एक शिक्षक को ध्यान रखना चाहिए कि प्रत्यक्ष ज्ञान छात्रों में मौलिकता, सत्यता एवं ज्ञान की भावना पैदा करे, साथ ही प्रश्नों के माध्यम से छात्रों के पूर्व ज्ञान, रुचि एवं मनोदशा का अन्वेषण करते हुए उनकी समस्याओं का समाधान करे।
- अनुभवजन्य साक्ष्यों के माध्यम से छात्रों में नवीन ज्ञान का प्रसार होता है, साथ ही उनके इस विषय से सम्बन्धित पुराने ज्ञान को मज़बूत आधार मिलता है।

## आगमन तथा निगमन

- आगमन विधि में, पहले विषय-वस्तु के साक्ष्यों तथा तथ्यों के बारे में जाना जाता है। इसके बाद साक्ष्यों तथा तथ्यों का विश्लेषण कर एक सामान्य अवधारणा का निर्माण किया जाता है; जैसे- ऐतिहासिक साक्ष्यों के आधार पर इतिहास का पुनर्निर्माण करना। आगमनात्मक अधिगम को व्याख्यात्मक शिक्षण विधि का विरोधाभासी माना जाता है।
- निगमन विधि में पहले से विकसित अवधारणाओं का परीक्षण किया जाता है। इसमें तथ्यों की खोज तथा विश्लेषण, अवधारणाओं की वैधता या अवैधता सिद्ध करने के लिए की जाती है।
- निगमन विधि में पूर्वधारणाओं का विशेष महत्त्व होता है। इसलिए इसे आगमन विधि से कम प्रगतिशील माना जाता है।

## आगमन तथा निगमन विधि के सिद्धान्त

- आगमन विधि में पहले जिन पर अवधारणाओं का निर्माण किया जाना होता है, उस पर तथ्यों तथा आँकड़ों का समूहीकरण तथा विश्लेषणात्मक परीक्षण किया जाता है। इसमें विभिन्न उदाहरणों के बीच समानता ढूंढकर एक सामान्य सिद्धान्त पर पहुँचा जाता है। यह व्याख्यात्मक शिक्षण विधि का विरोधाभासी होता है।
- निगमन विधि में अवधारणाओं की सत्यता की जाँच की जाती है। इसमें अवधारणा के प्रत्येक पक्ष के साक्ष्यों की खोज की जाती है, जो पक्ष साक्ष्यहीन होते हैं, उन्हें हटा दिया जाता है। इसमें नियमों व सिद्धान्तों से उदाहरणों को सिद्ध किया जाता है।

### उत्तम विवरण के लिए अनुमान

उत्तम विवरण का अनुमान दो मुख्य विधियों द्वारा किया जाता है, जो निम्न प्रकार हैं

- प्रमाणों का वर्णन करना तथा
- प्रमाणों की व्याख्या करना।

### वर्णनात्मक अनुमान

इसमें मुख्य बल प्रमाणों या स्रोतों का वर्णन करने पर दिया जाता है। वर्णनात्मक अनुमान (Descriptive Inference) निम्न तीन पर आधारित होता है

- एकाएक नए तथ्यों का मिलना
- पहले से स्थापित तथ्य
- पूर्व ज्ञान

### व्याख्यात्मक अनुमान

- व्याख्यात्मक अनुमान (Explanatory Inference) सामाजिक विज्ञान में महत्त्वपूर्ण स्थान रखता है। सामाजिक सरोकार की दृष्टि से इसका पर्याप्त महत्त्व है। सामाजिक अध्ययन में अनेक व्याख्यात्मक प्रतिमान हैं, परन्तु आकस्मिक प्रतिमानों का महत्त्वपूर्ण स्थान है। इसमें कारण- कार्य पर पर्याप्त बल दिया जाता है।

## प्रश्नमाला

**1. प्रायः देखा गया है कि सांस्कृतिक, सामाजिक और वर्ग भिन्नता के कारण कक्षा में पक्षपात, पूर्वाग्रह और प्रवृत्तियाँ पैदा होती हैं, इसलिए**

(a) शिक्षण के उपागम को अबाध (खुला) रखने की आवश्यकता नहीं है
(b) इन पर अधिक ध्यान देने की आवश्यकता है
(c) इस प्रकार के पूर्वाग्रहों एवं प्रवृत्तियों का कठोरता से दमन करने की आवश्यकता है
(d) उपरोक्त में से कोई नहीं

**2. परिपृच्छा का उद्देश्य होता है, छात्रों में-**

(a) ज्ञानात्मक कौशलों का विकास करना
(b) वैज्ञानिक दृष्टिकोण उत्पन्न करना
(c) जिज्ञासा, अभिवृत्ति एवं अभिरुचि का विकास करना
(d) उपरोक्त सभी

**3. सामाजिक विज्ञान की कक्षा में यदि आपको ज्ञानार्जन हेतु आगमनात्मक उपागम का प्रयोग करना है तो आप**

(a) विभिन्न स्तरों (ग्रेड) की शिक्षण-अधिगम गतिविधियों को एकीकृत कर लेंगी।
(b) समस्या को एक सामान्य सिद्धान्त के प्रयोग से हल कर लेंगी।
(c) विभिन्न उदाहरणों के बीच समानता ढूँढ़कर एक सामान्य सिद्धान्त पर पहुँचेंगी।
(d) बच्चे को स्वयं ज्ञान सृजित करने की स्वतन्त्रता दे देंगी।

**4. सामाजिक विज्ञान की कक्षा के सन्दर्भ में A और B कथनों को पढ़िए तथा सही विकल्प का चयन कीजिए।**
**कथन (A) बच्चों को द्वन्द्व/संघर्ष के बारे में जानने और पूछताछ से दूर रखना चाहिए।**
**कथन (B) शिक्षाशास्त्रीय दृष्टिकोण से, जो द्वन्द्व/संघर्ष मीडिया में निपटा दिया गया हो, जिस पर बहस एवं चर्चा हो चुकी हो, वह कक्षा में शिक्षण के लिए अधिगम उपयुक्त होगा।**

(a) A और B दोनों गलत हैं
(b) A गलत है और B सही है
(c) A और B दोनों सही हैं
(d) A सही है और B गलत है

**5. कक्षा में प्राकृतिक वनस्पतियों का परिचय देने से पहले निम्न में से कौन-सा तरीका आनुभाविक अधिगम हेतु उपयोगी हो सकता है?**

(a) किसी क्षेत्र की वनस्पतियों पर जलवायु परिवर्तन के प्रभाव पर वाद-विवाद
(b) विद्यालय व घर के आस-पास के वृक्षों का अवलोकन करना
(c) क्षेत्र विशेष में पाई जाने वाली प्राकृतिक वनस्पतियों को विश्व के मानचित्र पर दर्शाना
(d) प्राकृतिक इतिहास संग्रहालय (नैचुरल हिस्ट्री म्यूज़ियम) का भ्रमण

**6. स्वयं ज्ञान अर्जित करने की प्रक्रिया कहलाती है?**

(a) साक्ष्य
(b) अन्वेषण
(c) कौतूहल
(d) उपरोक्त सभी

**7. निम्नलिखित में से पूछताछ आधारित उपागम का क्या उद्देश्य है?**

(a) छात्रों में ज्ञानात्मक कौशल का विकास करना
(b) छात्रों में जिज्ञासा, अभिवृत्ति एवं अभिरूचि का विकास करना

(c) छात्रों में वैज्ञानिक दृष्टिकोण उत्पन्न करना
(d) उपरोक्त सभी

**8. अनुभवजन्य साक्ष्य क्या है ?**
(a) ऐसे साक्ष्य जिसका परीक्षण अनुभवों के माध्यम से किया जाता है।
(b) आँकड़ों के संग्रह के विश्वसनीय तरीकों का उपयोग कर एकत्र आँकड़े
(c) अनुसंधान के लिए एक संरण्यात्मक दृष्टिकोण
(d) मौट्रिक इकाइयों में मापे गए आकड़ें

**9. पूछताछ आधारित उपागम की विशेषता नहीं है।**
(a) इसके द्वारा छात्रों में वैज्ञानिक अभिवृत्ति का विकास किया जाता है।
(b) इससे छात्रों में जिज्ञासा की प्रवृत्ति का विकास होता है।
(c) यह उपागम वैज्ञानिक अध्ययन के लिए उपयोगी नहीं है।
(d) यह उपागम वैज्ञानिक ज्ञान प्रदान करने में महत्वपूर्ण भूमिका निभाता है।

**10. वैज्ञानिक अनुसन्धान के संबंध में निम्नलिखित में से कौन-सा कथन असत्य है ?**
(a) इसमें विशेष विषय-वस्तु पर ध्यान दिया जाता है
(b) इसमें शोधकर्ता अपने शोध के प्रतिरूप प्रश्न करता है।
(c) इसमें सूचना, जानकारी दूसरे के साथ साझा की जाती है।
(d) इसमें पाठ्यक्रम के अनुसार विषय वस्तु का चयन किया जाता है।

**11. सूचना की प्राप्ति किस स्त्रोत से की जा सकती है ?**
(a) लेख तथा पुस्तकें
(b) संग्रहालय
(c) वेबसाइट
(d) सभी से

**12. वर्णनात्मक अनुमान किन पर आधारित होता है ?**
(a) पूर्व ज्ञान
(b) पहले से स्थापित तथ्य
(c) नए तथ्यों का मिलना
(d) सभी पर

**13. किस विधि में पूर्वाधारणाओं का विशेष महत्त्व होता है ?**
(a) आगमन विधि
(b) निगमन विधि
(c) दोनों (a) और (b) में
(d) किसी में भी नहीं

**14. किस विधि को व्याख्यात्मक शिक्षण विधि का विरोधाभासी माना जाता है ?**
(a) आगमन विधि
(b) निगमन विधि
(c) मूल्यांकन विधि
(d) कोई भी नहीं

## उत्तरमाला

**1.** (c) **2.** (d) **3.** (d) **4.** (a) **5.** (b) **6.** (b) **7.** (d) **8.** (b) **9.** (c) **10.** (d)
**11.** (d) **12.** (d) **13.** (b) **14.** (a)

❑❑❑

# 5 सामाजिक अध्ययन शिक्षण की समस्याएं

सामाजिक अध्ययन संबंधी शिक्षण एक जटिल मानवीय क्रियाकलाप है। कक्षा में शिक्षण तथा अधिगम प्रक्रिया के दौरान अनेक विषय पढ़ाए जाते हैं।

सामाजिक अध्ययन विषय समन्वय अध्ययन प्रदान करता है, जिनमें इतिहास, भूगोल, राजनीतिशास्त्र तथा तात्पर्यशास्त्र इत्यादि विषय प्रमुख हैं।

सामाजिक अध्ययन विशेष सामग्री शामिल करता है जो एक विद्वान व्यक्ति के विकास हेतु सहायक होती है एवं वह व्यक्ति नवीन समस्याओं को पूरी तरह से समझने के योग्य होता है। सामाजिक अध्ययन में ज्ञान, कौशल, प्रक्रियाएँ तथा मूल्यों का विशेष महत्त्व है, जिससे अधिगमकर्त्ता शैक्षणिक उद्देश्य को सफलतापूर्वक प्राप्त करने हेतु प्रयास करता है। विश्व के विभिन्न देशों विद्यालयों में प्राथमिक एवं माध्यमिक स्तर पर सामाजिक अध्ययन शिक्षण के विभिन्न उद्देश्य और लक्ष्यों को बनाए रखते हैं।

**विद्यालय स्तर पर सामाजिक अध्ययन पढ़ाए जाने के निम्न कारण हैं–**

1. हमारा समाज जिसमें हम रहते हैं उसको समझना। सामाजिक अध्ययन से हम सीखते हैं कि किस प्रकार समाज को संगठित एवं शासित करना होगा।
2. समाज की विभिन्नता, जीवन शैली, सांस्कृतिक तथा पारम्परिक प्रथाओं को समझना।
3. उपयुक्त कौशल, योग्यताएँ तथा मानसिक एवं शारीरिक क्षमता में वृद्धि करना।
4. विभिन्न देशों की परम्परा तथा उनका भारत के साथ संबंधों को समझना।
5. समाज के सामाजिक, राजनैतिक तथा आर्थिक पहलू जैसे; अशिक्षा, बाल-श्रम, गरीबी इत्यादि को समझना।
6. समाज के विकास एवं प्रक्रिया परिवर्तन को समझना एवं ये परिवर्तन मानवीय समाज के जीवन को किस प्रकार प्रभावित करते हैं।
7. पृथ्वी की जानकारी, जीवन की उत्पत्ति के बारे में समझना एवं ब्रह्माण्ड की संरचना को समझना।

## सामाजिक अध्ययन शिक्षण की समस्याएँ

1. **पाठ्यक्रम सम्बन्धी समस्याएं :** सामाजिक अध्ययन शिक्षण का पाठ्यक्रम बच्चों की उम्र तथा सामान्य बुद्धि क्षमता के अनुरूप जटिल है इसके कारण उनमें सामाजिक अध्ययन को सीखने की क्षमता का विकास क्रमबद्ध रूप से नहीं होता है।
2. **नकारात्मक अनुभव :** सामाजिक अध्ययन शिक्षण की सबसे प्रमुख समस्या है कि किस प्रकार शिक्षक के सामाजिक अध्ययन के नकारात्मक दृष्टिकोण में परिवर्तन लाना है। बहुत-से छात्र यह सोचते हैं कि सामाजिक अध्ययन विषय की पढ़ाई के पश्चात इसका भविष्य में कोई उपयोग नहीं है, एवं वे उनके बेहतर जीवन को जीने हेतु पर्याप्त धन नहीं कमा सकते।
3. **सामुदायिक संसाधनों का उपयोग न होना:** सामाजिक अध्ययन शिक्षण में सामुदायिक संसाधन जिनमें तारामंडल, संग्रहालय, नदियाँ, चिड़ियाघर एवं स्मारक इत्यादि प्रमुख हैं। इनका प्रयोग सामाजिक अध्ययन शिक्षण में नहीं किया जाता है।
4. **छात्रों की वैयक्तिक विभिन्नताएँ :** एक ही कक्षा-कक्ष में विभिन्न आयु, बुद्धि, क्षमता तथा रुचि के छात्र होते हैं। इनके अतिरिक्त उनकी अधिग्रहण क्षमता सामाजिक एवं आर्थिक पृष्ठभूमि भी भिन्न होती है, जिसके कारण कक्षा में सामाजिक अध्ययन शिक्षण में कठिनाई होती है।
5. **विषय के प्रति सकारात्मक दृष्टिकोण की कमी :** ज्यादातर विद्यार्थी सामाजिक अध्ययन को एक कठिन विषय के रूप में मानते हैं एवं कुछ की तो इसमें बिलकुल भी रुचि नहीं होती है। विद्यार्थी कक्षा में सामाजिक अध्ययन को पढ़ते समय इस पर जरा भी ध्यान नहीं देते तथा वे शिक्षण कार्य को समस्यात्मक बना लेते हैं।
6. **प्राथमिक स्तर पर बच्चों को प्रत्यक्ष ज्ञान के आधार पर अवसर उपलब्ध न कराना :** प्राथमिक स्तर पर बच्चों के मस्तिष्क का विकास पूर्णरूपेण नहीं होता है। प्रत्यक्ष ज्ञान के आधार पर छोटे बच्चे जल्दी सीख सकते हैं। परन्तु विद्यालयों में बच्चों को पाठ्य-वस्तु से सम्बंधित विषय का प्रत्यक्ष ज्ञान न कराना शिक्षण की मुख्य समस्या है।
7. **एक अच्छे शिक्षक की कमी :** सामाजिक अध्ययन शिक्षण की समस्याओं में एक अच्छे शिक्षक की समस्या भी महत्वपूर्ण है। शिक्षक विषय को पढ़ाने हेतु पूर्णरूप से प्रशिक्षित नहीं होते हैं, जिसके कारण वे पुरानी घिसी-पिटी शिक्षण कला की शिक्षा प्रदान करते हैं।
8. **अच्छी शिक्षण विधि की कमी :** एक अच्छी शिक्षण विधि का शिक्षण प्रक्रिया में प्रमुख स्थान होता है। भारत में सामाजिक अध्ययन शिक्षण की व्याख्या विधि में कुछ कमियां दिखती हैं। शिक्षक विद्यालयों में पारम्परिक विधियों का प्रयोग करते हैं जिनमें गहन अध्ययन, अभिनय, समूह-चर्चा इत्यादि प्रमुख हैं। वर्तमान समय में ये विधियाँ प्रभावशाली नहीं हैं।
9. **उपलब्ध संसाधनों की कमी:** संसाधनों की उपलब्धता भी विशिष्ट तथा स्थानीय परिस्थितियों पर आधारित होती है। वर्तमान समय में विद्यालय संसाधनों की उपलब्धता का अभाव होता है। शिक्षक को चाहिए कि वह पाठ्यचर्या विषयक प्रक्रमों की रूपरेखा लागू करते उपलब्ध संसाधनों के बारे में छात्रों को जागरूक करे।

10. **अच्छे पुस्तकालयों की कमी :** सामाजिक विज्ञान एक अध्ययन का विषय है। विद्यार्थियों को कक्षा में पूर्ण रूप से जो अध्याय नहीं मिलते उनसे संबंधित पुस्तकों की आवश्यकता होती है। विद्यालयों में पुस्तकों की पूर्ति हेतु अच्छे पुस्तकालयों की कमी होती है एवं जो पुस्तकालय हैं उनमें नए संस्करण की पुस्तकों की कमी होती है।
11. **मूल्यांकन और आकलन की समस्या :** सामाजिक अध्ययन मुक्त:अंत विषय है अत: इस कारण से उपलब्धियों को बनाए रखने में समस्या होती है। सामाजिक अध्ययन के शिक्षक मूल्यांकन तथा आकलन परीक्षण हेतु प्रशिक्षित नहीं होते हैं। मूल्यांकन प्रक्रिया में विभिन्न तकनीकों का प्रयोग होता है। परन्तु सामाजिक अध्ययन के शिक्षकों हेतु कुछ तकनीकें कठिन होती हैं।
12. **वांछनीय नौकरी के विकल्प की कमी :** विद्यार्थियों हेतु वांछनीय नौकरी के विकल्प खुले नहीं हैं। विद्यार्थी यह महसूस करते हैं कि सामाजिक अध्ययन के कौशलों की वास्तविक संसार के कार्यों में पूर्णतया कमी होती है।
13. **गैर-उपयोगिता विषय के रूप में सामाजिक अध्ययन :** सामाजिक अध्ययन विषय का लोकप्रिय दृष्टिकोण है, इसका गैर-उपयोगी विषय होना। कक्षा-कक्ष में विद्यार्थियों तथा शिक्षकों के मध्य अरुचिकर भावों का शिक्षण प्रक्रिया में प्रभाव पड़ता है।

## सामाजिक अध्ययन शिक्षण में पिछड़े बालकों की समस्याएँ

1. पिछड़ेपन की मात्रा
2. अपने समान आयु वाले बालकों के साथ सामंजस्य
3. मन्द तथा अपर्याप्त शारीरिक विकास
4. सांवेगिक कठिनाइयां अथवा अस्थिरता
5. प्रदत्त शैक्षिक सुविधाओं की मात्रा एवं प्रकार

### सामाजिक अध्ययन शिक्षण एवं अधिगम की समस्या के समाधाान हेतु कुछ महत्वपूर्ण सुझाव

1. समूह शिक्षण सामाजिक अध्ययन की नवीन शिक्षण विधि है। समूह शिक्षण कक्षा-कक्ष की शिक्षण-अधिगम प्रक्रिया स्तर को विस्तार रूप से सुधारने में सहायक होती है।
2. सामाजिक अध्ययन के विद्यार्थियों के विकास हेतु सकारात्मक दृष्टिकोण होना आवश्यक है। उन्हें सामाजिक अध्ययन के लाभों की जानकारी होनी चाहिए। विद्यार्थियों को माता-पिता तथा शिक्षकों द्वारा अभिप्रेरित करना चाहिए।
3. विषय से संबंधित पुस्तकों में सुधार होना चाहिए। एक पाठ्यपुस्तक विद्यार्थियों के मानसिक स्तर के अनुरूप होनी चाहिए। विभिन्न विषय जैसे सामाजिक विज्ञान, विज्ञान, गणित तथा अंग्रेजी इत्यादि सभी अधिगम कर्त्ता को सही ज्ञान प्रदान करते हैं।
4. विभिन्न स्तर के विद्यालयों में विद्यार्थियों को समस्याओं के प्रति सलाह प्रदान करनी चाहिए। सलाह विद्यार्थियों के व्यवसाय से संबंधित हो एवं जो उन्हें बेहतर ढंग से सिखा सके।
5. सरकार को शैक्षिक सेमिनारों को आयोजित करना चाहिए तथा सामाजिक अध्ययन के विद्यार्थियों हेतु शिक्षकों का सम्मेलन करना चाहिए।
6. सरकार द्वारा समस्त विद्यालयों में अधिक पुस्तकालयों को स्थापित करना चाहिए। इन पुस्तकालयों में सामाजिक अध्ययन की पर्याप्त पाठ्यपुस्तक होनी चाहिए।
7. कक्षा-कक्ष प्रक्रिया में एक उपयुक्त शिक्षण विधि शिक्षकों द्वारा प्रयोग में लानी चाहिए। शिक्षक अधिगम प्रक्रिया हेतु वैकल्पिक विधियों का प्रयोग कर सकता है। सामाजिक अध्ययन के शिक्षक को अधिगम तथा शिक्षण विधियों का विकास करना चाहिए।
8. अधिगम प्रक्रिया की गुणवत्ता को उस विषय के अनुभवी शिक्षकों के द्वारा सुधारा जा सकता है, क्योंकि अनुभवी शिक्षक उसके विषय के शिक्षण के प्रति दृढ़ता के साथ कार्य करेगा।

## समूह-शिक्षण की उत्पत्ति

समूह शिक्षण की उत्पत्ति के बारे में पता लगाना कठिन है क्योंकि समूह-शिक्षण का विकास बहुत-सी संस्थाओं के द्वारा किया गया है।

### समूह-शिक्षण का तात्पर्य

यह एक ऐसा शिक्षण है जो अकेले शिक्षक द्वारा नहीं किया जाता है अपितु जिसे एक समूह में सम्मिलित लोगों द्वारा मिल-जुलकर किया जाता है। समूह शिक्षण, शिक्षण का वह रूप है जिसमें दो या दो से अधिक शिक्षक मिलकर इस प्रकार पढ़ाने का प्रयत्न करते हैं जिससे शिक्षण के निर्धारित उद्देश्यों को उचित रूप से प्राप्त किया जा सके।

**कार्लो आलसन** के अनुरूप, "समूह शिक्षण एक ऐसी अनुदेशनात्मक स्थिति है जिसमें एक-दूसरे के पूरक विभिन्न शिक्षण कौशलों में दक्ष दो या दो से अधिक शिक्षक किसी विशेष अनुदेशनात्मक कार्य को छात्रों के किसी एक समूह हेतु समय और विद्यार्थियों की संख्या में पर्याप्त लचीलापन रखते हुए सहयोगपूर्ण ढंग से योजना बना कर पूरा करते हैं।"

**एस. जी. काल्हन** के अनुरूप, "समूह शिक्षण एक ऐसी शिक्षण-अधिगम प्रक्रिया है जिसमें दो या दो से अधिक शिक्षक आपस में सहयोग करते हुए विद्यार्थियों के एक समूह विशेष के शिक्षण हेतु एक कार्यक्रम तय करते हैं, उसे अपनाते हैं तथा फिर उससे प्राप्त परिणामों का मूल्यांकन करते हैं।"

### समूह शिक्षण की विशेषताएं

1. समूह शिक्षण सहकारिता तथा सामूहिक उत्तरदायित्व के सिद्धान्तों पर निर्भर है।
2. समूह शिक्षण शिक्षक में आत्म-विश्वास पैदा करता है।
3. समूह शिक्षण शिक्षण की गुणवत्ता में सुधार कर सकता है।
4. समूह शिक्षण के द्वारा उपलब्ध मानवीय तथा भौतिक संसाधनों को विद्यार्थियों के हित में समय पर उपयोग करने में सहायता मिलती है।
5. समूह शिक्षण में उत्तरदायित्व निभाते हुए प्रत्येक शिक्षक विद्यार्थियों की आवश्यकता तथा रुचि का ध्यान रखते हैं।
6. इस प्रकार के शिक्षण में प्रत्येक शिक्षक अपनी योग्यता के अनुरूप अधिकाधिक योगदान देने की कोशिश करता है।
7. समूह शिक्षण में प्रत्येक सदस्य को स्वतंत्रता होती है कि वह अपनी रुचि तथा योग्यताओं के आधार पर समूह शिक्षण में योगदान एवं भूमिका का चयन कर सके।

8. कक्षा-कक्ष में समूह शिक्षक के विभिन्न प्रतिमान प्रयोग में लाये जा सकते हैं।
9. समूह शिक्षण विद्यार्थियों को सकारात्मक प्रभाव प्रदान करते हैं।
10. यह एक प्रशिक्षण योजना है जो अधिगम प्रक्रिया में उपयोगी है।
11. समूह शिक्षण को शिक्षण प्रक्रिया में योजना, संगठन, नियंत्रण तथा मूल्यांकन की आवश्यकता होती है।

## सामाजिक अध्ययन में समूह शिक्षण के उद्देश्य

1. सामाजिक अध्ययन शिक्षण प्रक्रिया में होने वाली गलतियों तथा अपव्यय पर रोक लगाना।
2. सामाजिक अध्ययन की शिक्षण अधिगम प्रक्रिया को अधिक प्रभावशाली बनाना।
3. शिक्षण प्रक्रिया में समूह भावना एवं साथ में कार्य करने की भावना का विकास करना।
4. विद्यालय तथा विद्यार्थियों की आवश्यकता के अनुरूप शिक्षण की व्यवस्था करना एवं सामाजिक अध्ययन के विषयों एवं प्रकरणों की शिक्षण संबंधी कठिनाइयों को दूर करना।
5. अनुभवी, योग्य शिक्षकों की सेवाओं से अधिक से अधिक विद्यार्थियों को लाभ प्रदान करना।
6. शिक्षा के गुणवत्ता स्तर एवं शिक्षण तथा अधिगम प्रक्रिया में सुधार करना।
7. सामाजिक अध्ययन के शिक्षकों की रुचियों, योग्यताओं तथा क्षमताओं का अधिकाधिक लाभ उठाना।
8. शिक्षक वर्ग में सहयोग तथा सामूहिक उत्तरदायित्व की भावना को विकसित करना।

### समूह शिक्षण के प्रकार

सामाजिक अध्ययन में समूह शिक्षण विभिन्न प्रकार के होते हैं –

1. **विभागीय समूह शिक्षण :** इस प्रकार के शिक्षण में शिक्षक एक ही विद्यालय में एक ही विषय अथवा विभाग से संबंधित होते हैं। ये सभी अपनी-अपनी योग्यता, दक्षता तथा रुचि के अनुरूप शिक्षण कार्य में सहयोग प्रदान करते हैं।
2. **अंतः विद्यालय समूह शिक्षण :** इस प्रकार के शिक्षण में शिक्षकों का एक विद्यालय से संबंध न होकर एक ही विभाग या विषय से संबंध होना आवश्यक होता है। किसी विद्यालय में कोई शिक्षक किसी विशेष योग्यता अथवा कुशलता में दक्ष होते हैं तो दूसरे विद्यालय में अलग योग्यता अथवा कुशलता में आगे होते हैं। यदि इन सभी विद्वानों या विशेषज्ञों का एक शिक्षण समूह बना दिया जाए तो इससे विद्यार्थियों को विषय जानने, समझने में सहायता मिल सकती है।
3. **अंतः अनुशासन समूह शिक्षण :** इस प्रकार के शिक्षण में विभिन्न विषयों को पढ़ाने वाले अनुभवी तथा दक्ष शिक्षक समूह शिक्षण के दौरान अपने अपने विषय संबंधी ज्ञान को उचित ढंग से विद्यार्थियों के सामने प्रस्तुत करने का प्रयत्न करते हैं एवं इस प्रकार के समूह शिक्षण अंतः अनुशासन विषयों या प्रकरणों के शिक्षण हेतु उपयुक्त होता है।

## यशपाल समिति और उसकी सिफारिशें

मानव संसाधन विकास मंत्रालय विभाग के द्वारा राष्ट्रीय सलाहकार समिति की स्थापना हुई थी। सन् 1993 में भारत सरकार ने प्रो. यशपाल की अध्यक्षता में इस समिति को गठित किया। इन्होंने 'सीखना बिना बोझ के' रिपोर्ट को सरकार के समझ प्रस्तुत किया। इस रिपोर्ट में शैक्षिक संस्थाओं की बौद्धिक स्वायत्तता के संरक्षण एवं वर्तमान विनियामक संस्थाओं को प्रतिस्थापित या सम्मिलित करके एक सर्वोच्च राष्ट्रीय उच्च शिक्षा आयोग का गठन करने की सिफारिश की गई।

**सिफारिशें–**

1. गृह कार्य की प्रकृति इस प्रकार की होनी चाहिए कि उसे अलग-अलग प्रकार दिया जा सके। गृह-कार्य पाठ्यपुस्तक से संम्बंधित नहीं होना चाहिए।
2. शिक्षकों द्वारा विद्यालय में सहकारी शिक्षण को बढ़ावा देने हेतु को प्रोत्साहित किया जाना चाहिए।
3. शिक्षकों को व्यावहारिक प्रशिक्षण दिया जाना चाहिए जोकि आधुनिक ज्ञान पर आधारित हो तथा सामाजिक एवं व्यक्तिगत आवश्यकताओं के अनुकूल हो।
4. शिक्षकों को पाठ्यपुस्तकों में बच्चों की रुचि में वृद्धि हेतु सहयोग करना चाहिए।
5. टेलीविजन प्रसारण कार्यक्रम छात्रों, शिक्षकों तथा माता-पिता को सम्बोधित करने हेतु लगातार चलाने चाहिए।
6. शिक्षकों हेतु सेवारत शिक्षा कार्यक्रमों को उनकी व्यावसायिक वृद्धि हेतु व्यवस्थित रूप से चलाना चाहिए।
7. भाषा पुस्तकों को बालकों के जीवन अनुभवों का पर्याप्त रूप से प्रतिनिधित्व करना चाहिए।
8. विषय की पुरानी विषय वस्तु प्रकृति को बदलना चाहिए। प्राचीन समय की पद्धति माध्यमिक कक्षा IX तथा X में व्यवस्थित अध्ययन हेतु उपयोगी होती है।
9. सामाजिक विज्ञान के कक्षा VI–VII और IX–X के पाठ्यक्रम के लिए हमारी सामाजिक, राजनैतिक तथा आर्थिक प्रणाली के जीवन-दर्शन के विचारों को शामिल किया जाता है। यह छात्रों के विश्लेषण के योग्य होना चाहिए।
10. इतिहास विषय के कक्षा VI–VII के पाठ्यक्रम में स्वतंत्रता संघर्ष और पूर्व स्वतंत्रता के विकास पर प्रकाश डालना चाहिए।
11. माध्यमिक स्तर पूर्व सभी कार्यक्रमों का पुनर्गठन किया जाना चाहिए ताकि प्रचुर गतिशीलता के साथ छात्रों को समस्त पाठ्यक्रमों में जाने का अवसर मिल सके।
12. परीक्षा प्रणाली में सुधार, पाठ्यक्रम निर्माण की प्रक्रिया को वैज्ञानिक ढंग से तथा शोध के आधार पर विकसित करना चाहिए।
13. माध्यमिक तथा उच्चतर कक्षाओं के दौरान प्रकृति विज्ञान के पाठ्यक्रम को प्रयोगों अथवा कुछ अन्य गतिविधियों पर आधारित होना चाहिए।
14. विद्यालयों में पाठयपुस्तक तथा दूसरी सामग्री की बहुलता हो, जिनमें स्थानीय ज्ञान और पारम्परिक कौशल शामिल हो सके एवं बच्चों के मध्य स्फूर्तिदायक माहौल सुनिश्चित हो सके।
15. नागरिक शास्त्र, जो आज पढ़ाया जाता है, बच्चों की क्षमता पर बड़ा बोझ डालता है। इसलिए इसके मौजूदा स्वरूप में परिवर्तन कर इसे समकालीन अध्ययन के द्वारा प्रतिस्थापित किया जा सकता है।

## प्रश्नमाला

**1. अन्वेषण को इच्छुक रचनात्मक दृष्टिकोण से एक सामाजिक विज्ञान की शिक्षिका अपने शिक्षार्थियों को किस रूप में देखेगी ?**

**A. सामाजिक प्रक्रियाओं में खोज करने को उत्सुक।**

**B. स्त्रोतों के आधार पर कल्पनाशील।**

**C. समस्याओं के समाधान के सुझावों की कोशिश करने वाले**

**D. विवादास्पद मुद्दों को उच्चतर शिक्षा के स्तर पर चर्चा करने के लिए स्थगित करने वाले।**

कूट

(a) B, C और D (b) A और B

(c) A, B और C (d) A, B और D

**2. समसामयिक मुद्दों को सामाजिक विज्ञान की कक्षा में लाने के क्या उद्देश्य होने चाहिए ?**

**A. देश से जुड़े मुद्दों के प्रति रुचि को बढ़ावा देना।**

**B. विश्लेषण और आलोचनात्मक मूल्यांकन करने का कौशल विकसित करना।**

**C. सनसनीखेज खबर उपलब्ध कराकर विषय के प्रति रुचि पैदा करना।**

**D. विद्यालय परिसर के अधिगम और विद्यालय के बाहर की दुनिया को जोड़ने में अधिगमकर्ता की सहायता करना।**

कूट

(a) A, C और D सही हैं

(b) B, C और D सही हैं

(c) A, B और C सही हैं

(d) A, B और D सही हैं

**3. सामाजिक विज्ञान की कक्षा में 'समानता' पर चर्चा करते समय उद्देश्य होना चाहिए।**

**A. अधिगमकर्ताओं के साथ गरिमा से जुड़े मुद्दों को सम्बोधित करना।**

**B. सभी का सम्मान करने के प्रति अधिगमकर्ताओं को संवेदनशील बनाना।**

कूट

(a) A, C और D सही हैं।

(b) B, C और D सही हैं।

(c) A, B और C सही हैं।

(d) A, B और D सही हैं।

**4. निम्नलिखित कथनों पर विचार करें-**

**A. NCERT की सामाजिक विज्ञान की पाठ्य-पुस्तकों में बहुत से काल्पनिक और वास्तविक वृत्तांतों का उपयोग किया गया है।**

**B. वृत्तांतों से छात्रों को विचारों और संस्थाओं को समझने और उन पर चिन्तन करने का बढ़ावा मिलता है।**

कूट

(a) A सही है, B गलत है

(b) A गलत है, B सही है

(c) A, B सही हैं, B, A की व्याख्या करता है

(d) A और B दोनों सत्य हैं, लेकिन B, A की व्याख्या नहीं करता है

**5. कक्षा में महिलाओं की समस्याओं की ओर संवेदनशीलता को प्रोत्साहित किया जा सकता है-**

**A. छात्रों को इतिहास में महिला के ऊपर पाठ्य पुस्तकों को पढ़ने के लिए कहने के द्वारा।**

**B. महिलाओं के लिए संवैधानिक प्रावधानों को सूचीबद्ध करने के द्वारा ।**

**C. भेदभाव के साक्ष्यों पर सामूहिक आत्म-विश्लेषण के द्वारा ।**

**D. समाज में पुरुषों और महिलाओं के बीच शक्ति/बल सम्बन्धों पर चर्चा करने के द्वारा**

कूट

(a) B और D (b) B और C

(c) C और D (d) A और C

**6. सामाजिक अध्ययन के संबंध में सामान्य अवधारण है कि-**

(a) सामाजिक विज्ञान बहुत नीरस और उपयोगी है।

(b) सामाजिक विज्ञान अनावश्यक रूप से विस्तृत है।

(c) सामाजिक विज्ञान रोजगारोन्मुख है।

(d) उपरोक्त सभी

**7. सामाजिक अध्ययन के प्रमुख उपागमों में निम्नलिखित में से कौन उपागम नहीं हैं ?**

(a) समस्या आधारित उपागम

(b) समुदाय आधारित उपागम

(c) व्यक्ति आधारित उपागम

(d) दल आधारित उपागम

**8. निम्नलिखित में से किस उपागम से रचनात्मकता साहस, उत्तरदायित्व तथा सहिष्णुता का विकास होता है ?**

(a) समस्या आधारित उपागम

(b) दल आधारित उपागम

(c) प्रयोग आधारित उपागम

(d) समुदाय आधारित उपागम

**9. निम्नलिखित में से किस उपागम में समुदाय को अधिगम का केन्द्र माना जाता है ?**

(a) दल आधारित उपागम

(b) समुदाय आधारित उपागम

(c) सहयोग आधारित उपागम

(d) प्रयोग आधारित उपागम

**10. निम्नलिखित में से किस प्रकार के उपागम में ऐतिहासिक स्थल के पर्यटक को शामिल किया जाता है ?**

(a) समस्या आधारित उपागम

(b) प्रयोग आधारित उपागम

(c) सहयोग आधारित उपागम

(d) उपरोक्त में से कोई नहीं

## उत्तरमाला

**1.** (c) **2.** (d) **3.** (c) **4.** (c) **5.** (c) **6.** (d) **7.** (c) **8.** (b) **9.** (b) **10.** (b)

□□□

# स्रोत: प्राथमिक एवं द्वितीयक

## स्रोत

- स्थान, व्यक्ति या वस्तुएँ, जिनसे हमें भूत, वर्तमान तथा भविष्य से सम्बन्धित जानकारियाँ मिलती हैं, स्रोत (Sources) कहलाते हैं। उदाहरण के लिए, हड़प्पा सभ्यता के पुरातात्विक स्रोतों से वर्तमान समय में उसके बारे में जानकारी प्राप्त होती है। स्रोतों से हमें प्राचीन समाज के बारे में पता चलता है साथ ही आने वाले समाज के स्वरूप को बताने में यह सहायक होता है।

### स्रोतों के प्रकार

- जानकारी तथा सूचना प्राप्ति के आधार पर स्रोतों को मुख्यत: दो प्रकारों में बाँटा जाता है— प्राथमिक स्रोत तथा द्वितीयक स्रोत।

#### 1. प्राथमिक स्रोत

ऐसे स्रोत, जो अपने मूल रूप में पाए जाते हैं प्राथमिक स्रोत (Primary Sources) अथवा मूल स्रोत कहलाते हैं। ये मुख्यत: तीन रूपों में मिलते हैं।

- **भौतिक स्रोत** (Physical Sources) इसके अन्तर्गत स्मारक, प्रतिमा, अस्त्र-शस्त्र, मूर्ति, भग्नावशेष, स्तम्भ, नदी, समुद्र, पर्वत, प्राचीन सिक्के, आदि आते हैं।
- **मौखिक स्रोत** (Oral Sources) इसके अन्तर्गत लोकगीत, दन्त कथाएँ, कहानियाँ, रीति-रिवाज, परम्पराएँ आदि आते हैं।
- **लिखित या मुद्रित स्रोत** (Written or Printed Sources) इसके अन्तर्गत प्राचीन ग्रन्थ, डायरी, हस्तलिपियाँ, नियमावली, पत्र-पत्रिकाएँ आदि आते हैं।

प्राथमिक स्रोत के गुण निम्न हैं

- प्राथमिक स्रोत सम्बन्धित पक्ष का निष्पक्ष विवरण देने में सहायक होते हैं।
- प्राथमिक स्रोत अध्ययनकर्ता को अपने ढंग से सोचने तथा विचार करने का अवसर उपलब्ध करवाते हैं।
- प्राथमिक स्रोत से आलोचना तथा चिन्तन की क्षमता का विकास होता है।

प्राथमिक स्रोत की सीमाएँ निम्न हैं

- प्राथमिक स्रोतों को लम्बे समय तक सुरक्षित रखना कठिन होता है।
- प्राथमिक स्रोतों की सहायता से अध्ययन तथा अध्यापन खर्चीला होता है।
- सभी के लिए प्राथमिक स्रोत उपलब्ध होना कठिन है।
- सीखने के प्रारम्भिक स्तर पर प्राथमिक स्रोत ज्यादा सहायक नहीं हैं।

**प्राथमिक तथा द्वितीयक स्रोतों में तुलना**

| | प्राथमिक स्रोत | द्वितीयक स्रोत |
|---|---|---|
| क्षेत्र | बहुत से लोगों द्वारा डाटा का संग्रह। इसमें क्षेत्रगत पुस्तिका, प्रयोग, साक्षात्कार, सर्वेक्षण आदि आते हैं। | इसमें परिष्कृत डाटा होता है; जैसे- पुस्तक, शोध-पत्र, गाइड आदि। |
| प्रकृति | यह मूल स्रोत है। यह मूल्य निरपेक्ष होता है। | मूल स्रोत पर आधारित होने के कारण इस पर व्यक्ति या विचारधारा का प्रभाव होता है। |
| सुलभता | प्राथमिक स्रोत लगभग मूल जगह पर ही पाए जाते हैं। अत: इससे अध्ययन-अध्यापन खर्चीला होता है। | यह सभी जगह उपलब्ध करवाए जा सकते हैं। ये सस्ते भी होते हैं। |

#### 2. द्वितीयक स्रोत

- ऐसे सभी स्रोत, जो प्राथमिक स्रोतों का व्याख्यान तथा विश्लेषण करते हैं, द्वितीयक स्रोत (Secondary Sources) कहलाते हैं। ये स्रोत का क्रमबद्ध रूप से अध्ययन करते हैं। द्वितीयक स्रोत प्राथमिक स्रोतों का चित्रात्मक तथा ग्राफीय वर्णन करते हैं। विश्वकोष, आत्मकथाएँ, पाठ्य-पुस्तकें, वृत्त-चित्र आदि द्वितीयक स्रोत के उदाहरण हैं।

द्वितीयक स्रोत के गुण निम्न हैं

- द्वितीयक स्रोत आसानी से तथा अधिक मात्रा में उपलब्ध होते हैं।
- इनका भण्डारण तथा वितरण आसान होता है। इसे लम्बे समय तक सुरक्षित रखा जा सकता है।
- ये कम खर्चीले होते हैं।

द्वितीयक स्रोत की निम्न सीमाएँ हैं

- द्वितीयक स्रोत पर व्यक्तिगत प्रभाव आसानी से देखा जा सकता है। अत: इसकी निष्पक्षता पर प्रश्न उठाया जाता है।
- द्वितीयक स्रोत स्वस्थ आलोचनात्मक बुद्धि के विकास में उतने सहायक नहीं माने जाते हैं, जितने प्राथमिक स्रोत माने जाते हैं।

## सामाजिक अध्ययन शिक्षण में स्रोतों का प्रयोग

- स्रोतों के प्रयोग से छात्रों की तर्कशक्ति के विकास में सहायता मिलती है। इनके प्रयोग से अर्जित ज्ञान में सजीवता आती है और विद्यार्थियों को अन्वेषण एवं परीक्षण की आदत पड़ती है, इसलिए शिक्षक का यह कर्त्तव्य है कि वह छात्रों को उपयोगी सामग्री से परिचित कराएँ तथा उसका विवरण प्रस्तुत करें।
- शिक्षक को चाहिए कि वह छात्रों के समक्ष मूल स्रोतों का प्रदर्शन उचित समय पर ही करें।
- शिक्षक मूल स्रोतों का प्रयोग करते समय छात्रों को कुछ विशिष्ट अनुच्छेदों के अध्ययन का उत्तरदायित्व भी दे सकता है, परन्तु ये सभी अनुच्छेद रोचक एवं विषय से सम्बन्धित होने चाहिए।
- इससे छात्रों को स्वयं करके सीखने तथा पर्यवेक्षण सम्बन्धी ज्ञान का विकास होता है।

# प्रश्नमाला

**1. निम्न कथनों पर विचार कीजिए—**

**A. द्वितीयक स्त्रोत आसानी से तथा अधिक मात्रा में उपलब्ध होते हैं।**

**B. द्वितीयक स्त्रोतों का भण्डारण तथा वितरण प्राथमिक स्त्रोतों की अपेक्षा कठिन है।**

**कूट**

(a) कथन A सही है तथा कथन B गलत है
(b) कथन A गलत है तथा कथन B सही है
(c) उपरोक्त दोनों कथन सही हैं
(d) उपरोक्त दोनों कथन गलत हैं

**2. निम्नलिखित कथनों पर विचार कीजिए—**

**A. प्राथमिक साक्ष्य द्वितीयक साक्ष्यों से ज्यादा विश्वसनीय है।**

**B. इतिहास का पुनर्निर्माण केवल प्राथमिक स्त्रोतों से किया जाता है।**

**उपरोक्त में कौन-सा/से कथन सही है/हैं ?**

(a) केवल A
(b) केवल B
(c) A और B दोनों
(d) न तो A और न ही B

**3. मौसमी उपकरणों के द्वारा मौसम सम्बन्धी सूचनाएँ एकत्र करना उदाहरण है—**

(a) तृतीयक आँकड़ों का
(b) विधागत आँकड़ों का
(c) प्राथमिक आँकड़ों का
(d) द्वितीयक आँकड़ों का

**4. छोटे बच्चों की शिक्षा को समझने के एक ग्रामीण समुदाय के जीवन इतिहास का अध्ययन करना किस प्रकार के आँकड़े का उदाहरण है ?**

(a) गौण आँकड़े
(b) वर्णनात्मक आँकड़े
(c) क्लीनिकल केस अध्ययन आँकड़े
(d) प्राथमिक आँकड़े

**5. एक शिक्षक 'भारत के विभाजन' पर प्राथमिक स्त्रोतों पर आधारित एक कार्य योजना (प्रोजेक्ट) करवाना चाहता है ?**

(a) मौखिक इतिहास
(b) समाचार-पत्रों का पुरालेखागार
(c) उपन्यास
(d) आत्मकथाएँ

**6. जानकारी और सूचना प्राप्ति के आधार पर स्त्रोतों को कितने भागों में बाँटा गया है ?**

(a) प्राथमिक स्त्रोत
(b) द्वितीयक स्त्रोत
(c) प्राथमिक और द्वितीयक स्त्रोत दोनों
(d) उपरोक्त में से कोई नहीं

**7. निम्नलिखित में से कौन प्राथमिक स्त्रोतों के रूप हैं ?**

(a) भौतिक स्त्रोत
(b) मौखिक
(c) लिखित या मुद्रित स्त्रोत
(d) उपरोक्त सभी

**8. निम्नलिखित में से कौन प्राथमिक स्त्रोतों के गुण हैं ?**

(a) प्राथमिक स्त्रोत संबंधित पक्ष का निष्पक्ष विवरण देने में सहायक होते हैं।
(b) प्राथमिक स्त्रोत अध्ययनकर्ता को अपने ढ़ंग से सोचने और विचार करने का अवसर उपलब्ध कराते हैं।
(c) प्राथमिक स्त्रोत से आलोचना एवं चिंतन का विकास होता है।
(d) उपर्युक्त सभी

**9. निम्नलिखित में कौन प्राथमिक स्त्रोतो के अंतर्गत नहीं हाता है ?**

(a) स्मारक (b) सिक्के
(c) पाठ्य-पुस्तकें (d) प्राचीन ग्रंथ

**10. द्वितीयक स्त्रोत का निम्नलिखित में से कौन-सा गुण नहीं है ?**

(a) द्वितीयक स्त्रोत आसानी से और अधिक मात्रा में उपलब्ध होते हैं।
(b) इनका भंडारण और वितरण आसान होता है।
(c) इन्हें लम्बे समय तक सुरक्षित नहीं रखा जा सकता है।
(d) ये कम खर्चीले होते हैं।

**11. निम्नलिखित में से कौन-से द्वितीयक स्त्रोत के उदाहरण हैं ?**

(a) आत्मकथाएँ (b) पाठ्य पुस्तकें
(c) वृत-चित्र (d) उपरोक्त सभी

# उत्तरमाला

**1.** (a) **2.** (a) **3.** (c) **4.** (d) **5.** (b) **6.** (c) **7.** (d) **8.** (d) **9.** (c) **10.** (c)
**11.** (d)

❑❑❑

# 7 परियोजना कार्य

## परियोजना

- शिक्षा में परियोजना' (Project) कार्य एक ऐसी प्रक्रिया है, जिसमें अधिगमकर्ता को व्यक्तिगत या सामूहिक रूप से शामिल किया जाता है। परियोजना एक सुनिश्चित या पूर्व-निर्धारित कार्य होता है। इसका क्रियान्वयन अधिगम प्रक्रिया में एक निश्चित उद्देश्य के लिए किया जाता है।
- स्टीवैन्सन के अनुसार, "परियोजना वह समस्यायुक्त कार्य है, जो स्वाभाविक रूप से प्राकृतिक वातावरण में किया जाता है।" परियोजना विधि के समर्थकों में वाइगोत्स्की, जेरेमी बर्नर, जीन पियाजे, जॉन डी. वी. महत्त्वपूर्ण हैं। परियोजना विधि स्वयं करके सीखो तथा सामूहिक रूप से करके सीखो दोनों विधियों का गुण एकसाथ रखती है। इसमें व्यावहारिक पक्ष पर अधिक बल दिया जाता है।

## परियोजना के प्रकार

- शिक्षण कार्य के अन्तर्गत परियोजना का विभाजन उसकी प्रकृति तथा स्वरूप के आधार पर किया जाता है। क्षेत्र के आधार पर इसे संकीर्ण तथा व्यापक परियोजना के रूप में विभाजित किया जाता है।
- परन्तु शैक्षणिक परियोजना को मुख्यत: व्यक्तिगत तथा सामूहिक दो भागों में बाँटा जाता है।
    1. **व्यक्तिगत परियोजना** इस प्रकार के परियोजना कार्य में एक छात्र का या छात्रों को अलग-अलग कार्य करना होता है। इस प्रकार की परियोजना में व्यक्तिगत ज्ञान, अनुभव तथा कौशल का विकास होता है। इसका चयन सामान्यत: विद्यार्थियों की इच्छानुसार किया जा सकता है।
    2. **सामूहिक/समूह परियोजना** यह सामूहिक शिक्षण की एक व्यावहारिक प्रक्रिया है। इसमें बहुत सारे अधिगमकर्ता को एक साथ संलग्न किया जाता है। इससे छात्रों में सामूहिक कार्य करने, सामंजस्य स्थापित करने तथा उत्तरदायित्व की भावना का विकास होता है। इसमें कार्य की रचना, कार्य को सीखने, समूहों के विचारपूर्वक चयन पर विशेष बल दिया जाता है।

## परियोजना कार्य के सोपान

- परियोजना विधि से शिक्षण करते समय निम्नलिखित पदों का अनुसरण किया जाना चाहिए
    1. परिस्थिति उत्पन्न करना, शिक्षक बालकों से विचार-विमर्श करके ऐसी परिस्थिति उत्पन्न करता है कि जिससे उनकी किसी विशेष कार्य में रुचि जाग्रत हो जाती है और उससे सम्बन्धित समस्या का समाधान करने के लिए तत्पर हो जाता है।
    2. परियोजना का चयन समस्या के समाधान के लिए बालक विभिन्न प्रकार की योजना प्रस्तुत करते हैं। शिक्षक उन योजनाओं के गुण-दोषों का विवेचन करके उन्हें ऐसी योजना को चुनने में सहायता करते हैं जो सर्वोत्तम तथा समस्त बालकों के लिए सर्वाधिक उपयुक्त होती है।
    3. उद्देश्य निरूपण शिक्षक छात्रों की रुचि, आवश्यकता तथां उनकी योग्यताओं को ध्यान में रखकर लक्ष्यों का निर्धारण कर आवश्यक निर्देश एवं सुझाव प्रस्तुत करते हैं।
    4. परियोजना का कार्यक्रम बनाना निर्धारित लक्ष्यों की प्राप्ति के लिए विभिन्न साधनों पर विचार-विमर्श किया जाता है। साथ ही उनका तुलनात्मक अध्ययनं करके उपयुक्त कार्यक्रम का चयन किया जाता है।
    5. परियोजना का कार्यान्वयन कार्यक्रम को निश्चित करने के बाद उसे छात्रों द्वारा पूर्ण किया जाता है। छात्र कार्यक्रम में निर्धारित विभिन्न क्रियाओं को वैयक्तिक एवं सामूहिक रूप से पूर्ण करते हैं। शिक्षक उनकी क्रियाओं का निरीक्षण तथा मार्गदर्शन आवश्यकतानुसार करते हैं।
    6. परियोजना का मूल्यांकन इस पद से विचार-विमर्श करके यह ज्ञात किया जाता है कि लक्ष्यों की प्राप्ति हुई अथवा नहीं। सब छात्र अपने कार्य के सम्बन्ध में अपने-अपने विचार व्यक्त करते हैं। शिक्षक उनके कार्य की जाँच करके सफलता का आकलन करते हैं।
    7. अवधारणा का विकास परियोजना पूरी हो जाने पर छात्रों के कार्यों के प्रति एक सामान्य तथा व्यक्तिगत विचारों का विकास होता है।

## परियोजना कार्य के गुण/लाभ

- शिक्षा में परियोजना कार्य के गुण / लाभ निम्न हैं-
    1. समय और शक्ति की बचत इसमें बालक अपनी रुचि के अनुसार कार्य करते हैं जिससे कार्य बड़ी तेजी से होता है तथा थोड़े समय में अच्छा प्रतिफल मिलता है।
    2. विद्यार्थियों को स्वतन्त्रता परियोजना पद्धति में अध्यापक छात्रों को प्रदत्त स्थिति से लेकर प्रोजेक्ट को चुनने, योजना बनाने, क्रियान्वित करने, मूल्यांकन करने तथा आलेखन में उनका मार्गदर्शन करता है तथा इसमें छात्र अपनी रुचियों तथा क्षमता के अनुसार भी कार्य करते हैं। इसमें उनको कार्य करने की स्वतन्त्रता होती है। अपने आप सीखने के कारण छात्रों के व्यक्तित्व का विकास होता है। इससे रचनात्मक क्षमता का विकास होता है।
    3. श्रम की महानता, इस विधि में बच्चे सारा कार्य अपने हाथों से करते हैं। इस कार्य में हस्तकलाएँ भी सम्मिलित हैं। इससे वे श्रम की महानता को जानते हैं ।
    4. मनोवैज्ञानिक विधि, यह विधि मनोविज्ञान के नियमों पर आधारित है। शिक्षा मनोविज्ञान इस बात पर बल देता है कि सिखाने से पहले विद्यार्थियों को सीखने के लिए प्रेरित करना चाहिए, उनकी शिक्षा क्रियात्मक ढंग से होनी चाहिए।
    5. पुस्तकीय शिक्षण के दोषों से मुक्त पुस्तकीय विधि पाठ्य पुस्तक पर केन्द्रित होती है जिन्हें वे अपनी रुचियों के अनुकूल प्राप्त नहीं कर पाते। पुस्तकीय विधि नीरस, शुष्क तथा निष्क्रिय विधि है, जबकि योजना विधि रोचक व

मनोरंजक क्रियाओं से युक्त होती है। इस प्रकार योजना पद्धति पुस्तकालय विधि के दोषों से मुक्त होती है।

6. सामाजिक समायोजन का प्रशिक्षण परियोजना विधि में छात्रों को कार्य करते हुए विभिन्न प्रकार की स्थितियों से गुजरना पड़ता है। इसमें कार्य करते हुए दूसरों के सहयोग की भी आवश्यकता पड़ती है, जिससे उसके सामाजिक समायोजन की क्षमता बढ़ती है जोकि सामाजिक अध्ययन शिक्षण का एक महत्त्वपूर्ण उद्देश्य होता है।
7. जीवन की वास्तविक परिस्थितियों में शिक्षा परियोजना विधि का सम्बन्ध बालकों की प्रतिदिन की आवश्यकताओं तथा अनुभवों से होता है। इसमें केवल वही अंश पढ़ाए जाते हैं, जो वास्तविक जीवन से सम्बन्धित होते हैं। यह ज्ञान क्रियात्मक, उपयोगी तथा उचित स्वभावों का निर्माण तथा अभिरुचियों का निर्माता होता है।
8. छात्र शिक्षक का आपसी सम्बन्ध यह विधि छात्र तथा शिक्षक को साथ-साथ कार्य करने का मौका देती है, जिससे शिक्षक छात्र को और छात्र शिक्षक को समझते हैं। छात्र स्वतन्त्र वातावरण में कार्य करते हैं और शिक्षक उन्हें कार्य करते हुए उनका निरीक्षण करता है तथा जिससे वह उनकी कई योग्यताओं, अभिरुचियों, रुचियों, प्रवृत्तियों तथा क्षमताओं को परखता है एवं उसी के अनुरूप वह उनका मार्गदर्शन करके उन्हें उचित मार्ग की ओर अग्रसर करता है।
9. स्व-मूल्यांकन में सहायक यह विधि छात्र को स्व-मूल्यांकन करवाने में सहायक होती है। इससे जहाँ उन्हें अपनी उपलब्धियों से सन्तुष्टि होती है वहीं अपनी त्रुटियों को जानकर वह उनमें सुधार करता है। स्व-मूल्यांकन की यह प्रवृत्ति उसके भावी जीवन के विकास में महत्त्वपूर्ण भूमिका निभाती है।
10. ज्ञान प्राप्ति का स्रोत योजना विधि में कई बार कार्य करते-करते आकस्मिक ज्ञान भी प्राप्त होता रहता है। इस प्रकार का ज्ञान पुस्तकीय ज्ञान की अपेक्षा अधिक स्थायी होता है।

अत: परियोजना रिपोर्ट के मूल्यांकन के लिए निर्देशों के सूचीकरण में शिक्षक के मार्गदर्शन को अपेक्षाकृत कम महत्त्व दिया जा सकता है।

**पारम्परिक अनुदेश तथा परियोजना आधारित अधिगम में तुलना**

| तुलना के क्षेत्र | पारम्परिक अनुदेश | परियोजना |
|---|---|---|
| पाठ्यक्रम | इसमें पुस्तकों द्वारा निर्धारित केवल पुस्तकीय ज्ञान पर बल दिया जाता है। | इसमें पुस्तकीय ज्ञान तथा अन्य बाहरी ज्ञान का समन्वय बनाने पर बल दिया जाता है। |
| क्षेत्र | इसका क्षेत्र संकुचित होता है। इसमें पुस्तकों को ही महत्त्व दिया जाता है। | इसका क्षेत्र व्यापक होता है। इसमें पुस्तकीय ज्ञान को प्रयोग में लाए जाने पर बल दिया जाता है। |
| शिक्षक की भूमिका | शिक्षक की भूमिका, शिक्षक केवल पुस्तकीय ज्ञान को प्रदान करने के कार्य पर | इसमें छात्रों को स्वयं सीखने की भूमिका पर बल दिया जाता है। शिक्षक सहयोगी भूमिका निभाता है। |
| छात्र की भूमिका | इसमें छात्रों की भूमिका सीमित होती है। वे निष्क्रिय श्रोता की तरह होते हैं। | इसमें छात्रों की सर्वाधिक भूमिका होती है। वे सक्रिय रूप से शामिल होते हैं। |
| तकनीकी के प्रयोग | इसमें परम्परागत शिक्षण तकनीकों का प्रयोग किया जाता है। | इसमें नवीनतम शिक्षण तकनीकें अपनाई जाती है। |
| प्रभाव/मूल्यांकन | इसका प्रभाव सीमित होता है। इसमें सीमित पक्षों का मूल्यांकन किया जाता है। | इसका प्रभाव व्यापक होता है। इसमें व्यापक पक्षों के मूल्यांकन पर बल दिया जाता है। |

## परियोजना कार्य के क्रियान्वयन की प्रमुख चुनौतियाँ

- परियोजना कार्य के क्रियान्वयन की प्रमुख चुनौतियाँ निम्न हैं-

1. अधिक व्यय इस विधि में योजना को सफलतापूर्वक पूरा करने के लिए बहुत-सी सामग्री की आवश्यकता पड़ती है। कई बार ऐसा भी होता है कि कई वस्तुओं का इन्तजाम बाहर से करना पड़ता है। सामान्यत: विद्यालयों के पास इतना धन नहीं होता कि वे इनका खर्च वहन कर सकें जिसके कारण योजना पद्धति में कमी आ जाती है और इसके परिणाम सन्तोषजनक नहीं आ पाते।
2. विषय - सामग्री की अव्यवस्था इस विधि में सीखने के दौरान क्रम बिगड़ जाता है। सामाजिक अध्ययन में विषय-सामग्री को व्यवस्थित करना अति आवश्यक है। कई महत्त्वपूर्ण बातें न होने से विद्यार्थियों को कई प्रकार की उलझनों का सामना करना पड़ता है, जिससे उसके मन में सामाजिक अध्ययन के प्रति अरुचि पैदा हो सकती है।
3. पाठ्यक्रम को समय पर पूरा करने में कठिनाई इस विधि में शिक्षण करते समय निश्चित समय चक्र का अनुसरण नहीं किया जाता। इसमें शिक्षा क्रम भी निश्चित होता है। सभी विषयों का पाठ्यक्रम समय पर समाप्त नहीं किया जा सकता है जिससे विद्यालय का काम अस्त-व्यस्त हो जाता है। इस विधि द्वारा प्राप्त ज्ञान अत्यधिक अनिश्चित, अत्यधिक अव्यवस्थित होता है। इसमें कार्यों की पुनरावृत्ति कठिन होती है।

## परियोजना कार्य का मूल्यांकन

- परियोजना का अन्तिम चरण उसका मूल्यांकन होता है। इसमें कार्य करने के तरीके, प्रक्रिया तथा उद्देश्यों को भी मूल्यांकित किया जाता है। इसमें देखा जाता है कि निर्धारित लक्ष्य प्राप्त किए जा सके या नहीं।
- यदि लक्ष्य की प्राप्ति होती है, तो उसमें बेहतर तरीकों की खोज तथा अवधारणा के निर्माण पर बल दिया जाता है।
- यदि पूर्व निर्धारित लक्ष्य प्राप्त नहीं किए जा सके तो असफलता के कारणों का चरणबद्ध मूल्यांकन कर उसके दोषों को दूर करने का प्रयास किया जाता है।
- इसमें अपनाई गई विधियों तथा उसमें सुधार पर बल दिया जाता है।

## प्रश्नमाला

**1. निम्नलिखित में से कौन परियोजना विधि के समर्थक हैं?**

(a) जीन पियाजे
(b) जेरेमी बर्नर
(c) वाइगोत्स्की
(d) उपरोक्त सभी

**2. परियोजना वह समस्या युक्त कार्य है, जो स्वभाविक रूप से प्राकृतिक वातावरण में किया जाता है? यह कथन किस मनोवैज्ञानिक का है?**

(a) स्टीवैन्सन
(b) जेरेमी बर्नर
(c) जॉन डी.वी.
(d) वाइगोत्स्की

**3. परियोजना एक प्रकार का अन्वेषण है जो छात्र द्वारा ............ रूप से किया जाता है?**

(a) व्यक्तिगत (b) सांसारिक
(c) सामाजिक (d) परिवारिक

**4. परियोजना कार्य का अंतिम चरण क्या होता है ?**
(a) परियोजना खुद तैयार करना
(b) परियोजना को शिक्षक की सहायता से तैयार करना
(c) परियोजना का मूल्यांकन करना
(d) परियोजना को बेचना

**5. पारम्परिक अनुदेश के संबंध में क्या गलत है ?**
(a) इसमं केवल पुस्तकीय ज्ञान पर बल दिया जाता है
(b) इसमें छात्रों की भूमिका सीमित होती है
(c) इसमें परम्परागत शिक्षण तकनीकों का प्रयोग किया जाता है
(d) इसका प्रभाव व्यापक होता है। इसमें व्यापक पक्षों के मूल्यांकन पर बल दिया जाता है

**6. परियोजना विधि का जन्मदाता किसे माना जाता है ?**
(a) किलपैट्रिक को (b) स्किनर को
(c) जॉन डी.वी. को (d) क्रो और क्रो को

**7. परियोजना रिपोर्ट के मूल्यांकन के लिए निर्देशों के सूत्रीकरण के लिए निम्नलिखित में से किसे सबसे कम महत्त्व दिया जाता है ?**
(a) अधिगम प्रतिफल
(b) प्रस्तुतीकरण
(c) विद्यार्थियों की प्रतिभागिता
(d) शिक्षक का मार्गदर्शन

**8. निम्नलिखित कथनों पर विचार कीजिए-**
**कथन (A) परियोजना विधि में अधिगमकर्ता को व्यक्तिगत तथा सामूहिक दोनों रूपों में शामिल किया जा सकता है।**
**कारण (R) इस विधि में स्वयं करके सीखे तथा सामूहिक रूप से करके सीखो दोनों का गुण पाया जाता है।**
**कूट**
(a) कथन A तथा कारण R दोनों सही हैं तथा कारण R, कथन A की व्याख्या करता है
(b) कथन A तथा कारण R दोनों सही हैं परन्तु कारण R, कथन A की व्याख्या नहीं करता है
(c) कथन A सही है तथा कारण R गलत है
(d) कथन A गलत है तथा कारण R सही है

**9. निम्न में से कौन-सा परियोजना कार्य का गुण है ?**
**A. विद्यार्थियों को स्वतन्त्रता**
**B. श्रम की महानता**
**C. पुस्तकीय दोषों से युक्त**
**D. समायोजन का भाव**
**कूट**
(a) A और B (b) A, B और C
(c) A, B और D (d) B, C और D

**10. सामाजिक विज्ञान में परिणाम आधारित शिक्षार्थी अधिगम मॉडल निम्नलिखित में से किस पर प्राथमिक तौर पर केन्द्रित होगा ?**
(a) समूह गतिविधियाँ, भ्रमण एवं संकलित परीक्षाएँ
(b) कक्षा में पाठ्यक्रम का पूर्ण अध्ययन करवाना, सूचना आधारित शिक्षण व संकलित आकलन
(c) अधिगम उद्देश्य, अधिगम गतिविधियाँ, रचनात्मक व संकलित आकलन
(d) शिक्षा उद्देश्य, नई शिक्षण पद्धतियाँ, बोर्ड परीक्षा

**11. सामाजिक विज्ञान में परियोजना कार्य उपयोगी होते हैं ?**
**A. विषय आधारित कार्यों में**
**B. यदि उसमें संग्रहण तथा विश्लेषण नहीं करना हो**
**C. यदि पाठ्य सामग्री के अन्तर्गत सन्दर्भों पर आधारित हों**
**D. कक्षा अथवा घर पर समूह में कार्य करने के लिए**
**कूट**
(a) A और D (b) C और D
(c) B और D (d) A और B

**12. निम्न में से कौन-सा सामाजिक विज्ञान परियोजना करते हुए विद्यार्थी द्वारा द्वितीयक स्रोत के प्रयोग की ओर संकेत करता है ?**
**A. एक सरकारी अस्पताल में भ्रमण (विज़िट)।**
**B. एक फिल्म की समीक्षा करना।**
**C. एक स्वतन्त्रता सेनानी का साक्षात्कार करना।**
**D. प्राकृतिक संसाधनों के प्रयोग पर एक वृत्तचित्र (डॉक्यूमेण्ट्री)।**
**E. सिक्कों के संग्रहालय - रिजर्व बैंक ऑफ इण्डिया में भ्रमण।**
**कूट**
(a) B, C और D (b) B और D
(c) A, B और D (d) B, C, D और E

## उत्तरमाला

**1.** (d) **2.** (a) **3.** (a) **4.** (c) **5.** (d) **6.** (a) **7.** (d) **8.** (a) **9.** (c) **10.** (c)
**11.** (a) **12.** (d)

❑❑❑

# सामाजिक अध्ययन में मूल्यांकन

## मूल्यांकन-तात्पर्य

जब हम अध्ययन से संबंधित कोई कार्य प्रारम्भ करते हैं तो उसके पीछे कोई प्रयोजन अवश्य होता है। कार्य करने के पश्चात उत्सुकता रहती है कि हमने जो कार्य किया है ठीक किया है या नहीं और हमें इस कार्य से अपने उद्देश्य प्राप्ति में कैसा सहयोग मिल रहा है। इसके उद्देश्यों की प्राप्ति की दिशा में प्रयत्नों की सार्थकता का पता लगाना ही मूल्यांकन कहलाता है।

**शिक्षण-अधिगम प्रकिया** में कक्षा एवं कक्षा के बाहर अन्य गतिविधियों द्वारा जो पढ़ाया या सिखाया जाता है वह किस सीमा तक विषयों के उद्देश्य प्राप्ति में कितना सहायक है, इसका पता लगाना ही मूल्यांकन होता है।

**कोठारी आयोग** के अनुरूप, "मूल्यांकन एक निरन्तर प्रक्रिया, सम्पूर्ण शिक्षा प्रणाली का एकीकृत भाग और शैक्षिक उद्देश्यों से पूरी तरह संबंधित है। यह विद्यार्थियों की अध्ययन आदतों और अध्यापक की निर्देशन विधि पर बहुत प्रभाव डालता है और इस प्रकार न केवल शैक्षिक उपलब्धियों अपितु इनके सुधार में भी सहायता करता है।"

**रेमर्स गेज एवं रुमेल** के अनुरूप "मूल्यांकन केवल मात्र परीक्षण कार्यक्रम नहीं है। मूल्यांकन हेतु परीक्षण काम में लाए जाते हैं परंतु ये परीक्षण उन विभिन्न तकनीकों (जैसे निरीक्षण, चेक लिस्ट, प्रश्नावली, साक्षात्कार इत्यादि) में से एक है जो संपूर्ण मूल्यांकन हेतु काम में लाई जाती है।"

**क्विलन एवं हैना** के अनुरूप, "मूल्यांकन वह प्रक्रिया है जिसमें विद्यालय द्वारा बालकों में होने वाले व्यवहार परिवर्तनों के संबंध में सूचना एकत्रित की जाती है और उनकी व्याख्या की जाती है।"

**भारतीय शिक्षा आयोग (Indian Education Commission)** के अनुरूप "मूल्यांकन एक सतत प्रक्रिया है, संपूर्ण शिक्षा व्यवस्था का एक अभिन्न अंग है और अंतिम रूप से शैक्षिक उद्देश्यों से संबंधित है। यह विद्यार्थी की अध्ययन आदतों एवं शिक्षक की अनुदेशन विधि पर बहुत अधिक प्रभाव डालता है और इस तरह शैक्षिक उद्देश्यों के मापन में केवल सहायक ही सिद्ध नहीं होता बल्कि उसे सुधारता भी है।"

## मूल्यांकन का महत्त्व

मूल्यांकन अध्यापन शिक्षण प्रक्रिया का महत्त्वपूर्ण अंग है। मूल्यांकन शिक्षण विधियों में सुधार लाता है। मूल्यांकन का वास्तविक उद्देश्य विद्यार्थियों की कमजोरियों और असफलताओं की छानबीन करना ही नहीं बल्कि वांछित व्यवहार परिवर्तन की दिशा में उचित सहयोग प्रदान करना है। यह विद्यार्थियों के व्यक्तिगत मार्गदर्शन में सहायता करता है। मूल्यांकन द्वारा विद्यार्थियों के अवगुणों एवं असफलताओं का पता चलता है। यह विद्यार्थियों की विशेष योग्यताओं, रुचियों को उसके व्यावसायिक एवं शैक्षिक जीवन एवं भविष्य की योजना तैयार करने हेतु पूर्व अनुमान हेतु आवश्यक है। मूल्यांकन के द्वारा शिक्षण अधिगम के फलस्वरूप विद्यार्थी के व्यवहार के सभी पक्षों–भावात्मक, ज्ञानात्मक एवं क्रियात्मक इत्यादि में आए परिवर्तनों की जांच की जाती है। मूल्यांकन के द्वारा ही शिक्षक के कार्य की जांच एवं अभिभावकों एवं प्रशासकों की सन्तुष्टि एवं प्रगति के उचित स्तर को स्थापित किया जाता है।

## सामाजिक विज्ञान में मूल्यांकन का महत्त्व

मूल्यांकन शिक्षक को महसूस कराता है कि शिक्षा के लक्ष्य को प्राप्त करना है। सामाजिक अध्ययन में मूल्यांकन सामाजिक अध्ययन की शिक्षा प्रक्रिया का वह अंग है जिसके द्वारा पता लगाना होता है कि एक निश्चित समय में सामाजिक अध्ययन शिक्षण अधिगम के उद्देश्यों में कितनी सफलता मिली। मूल्यांकन सामाजिक अध्ययन शिक्षण में होने वाली समस्याओं के प्रति विद्यार्थियों को जागरूक करता है। इसके समाधान हेतु शिक्षक कक्षा में विभिन्न प्रकार की शिक्षण विधियां एवं तकनीकें प्रयोग में लाता है। मूल्यांकन के द्वारा विद्यार्थी जान सकते हैं कि शिक्षण विधियां और तकनीकें सफल रहीं या नहीं।

### मूल्यांकन को कैसे प्रभावशाली बना सकते हैं?

1. **वस्तुनिष्ठता के कारकों को कम करके :** जब इतिहास और भूगोल विषय की परीक्षा में बैठे हों, वस्तुनिष्ठता के कारकों को कम करने का प्रयास करना चाहिए।
2. **परीक्षा में प्रश्नों को उचित तरीके से संगठित कर :** प्रश्न-पत्र पूरे पाठ्यक्रम में से सम्मिलित होने चाहिए। प्रश्न-पत्र में विषय, उप-विषय शामिल होने चाहिए। यहाँ तीन प्रकार के प्रश्न-पत्र दिए गए हैं–वर्णनात्मक प्रश्न, लघु-उत्तरात्मक प्रश्न एवं वस्तुनिष्ठ प्रश्न।
3. **मूल्यांकन द्वारा निदानात्मक पहलू एवं उद्देश्यों को विकसित करके :** मूल्यांकन प्रक्रिया द्वारा विद्यार्थी इतिहास, नागरिक शास्त्र एवं भूगोल विषय में कठिनाइयों को पहचानकर एवं समाधान द्वारा लक्ष्य को प्राप्त कर सकते हैं। विद्यालयों में परीक्षाओं का उद्देश्य विद्यार्थियों की योग्यता एवं कौशल उपलब्धि का मूल्यांकन करना है। इन परीक्षाओं का उद्देश्य विद्यार्थी के कमजोर एवं मजबूत पहलुओं का विश्लेषण करना है।

## मूल्यांकन के गुण (लाभ)

1. **लक्ष्यों को स्पष्ट करने में सहायता :** मूल्यांकन का प्रमुख आधार लक्ष्य होता है। सामाजिक अध्ययन शिक्षा में लक्ष्यों का स्पष्टीकरण मूल्यांकन की प्रक्रिया को लागू करने की ओर प्रथम प्रयास है। मूल्यांकन द्वारा शिक्षक को जानने में सहायता मिलती है कि उसके लक्ष्यों की प्राप्ति कहाँ तक हो रही है। अतः मूल्यांकन द्वारा लक्ष्यों का स्पष्टीकरण करने

एवं शिक्षक को अपने लक्ष्यों की प्राप्ति में सफलता अथवा असफलता का बोध करने में सहायता मिलती है।

2. **मार्गदर्शन हेतु आधार प्रस्तुतीकरण :** मूल्यांकन द्वारा पता लगाया जा सकता है कि विद्यार्थियों ने शिक्षा के लक्ष्यों एवं उद्देश्यों की प्राप्ति में कितना प्रयास किया है। मूल्यांकन द्वारा विद्यार्थियों की कठिनाइयों, क्षमताओं एवं उपलब्धियों का पता लगा सकते हैं। मूल्यांकन एक मार्गदर्शन के रूप में शिक्षण विधि में सुधार द्वारा कमियों एवं त्रुटियों में सुधार करता है। विधार्थी शिक्षक के मार्गदर्शन में ही अच्छी शिक्षा ग्रहण कर सकता है।
3. **शिक्षण-विधियों में सुधार :** मूल्यांकन द्वारा शिक्षक की शिक्षण विधियों की कमियों का पता चलता है। इसके द्वारा हम जान सकते हैं कि शिक्षा के लक्ष्यों को कहाँ तक प्राप्त कर सकें। इन जानकारियों के आधार पर शिक्षक अपनी शिक्षण विधि की कमियों में सुधार कर सकता है। इस प्रकार शिक्षक शिक्षण विधियों में साधनों एवं तकनीकों का प्रयोग करके लक्ष्यों की प्राप्ति कर सकता है।
4. **पाठ्यक्रम में सुधार :** किसी विषय के पाठ्यक्रम में सुधार करने हेतु मूल्यांकन का महत्त्वपूर्ण योगदान होता है। समाज की आवश्यकताओं के अनुरूप शिक्षा के लक्ष्यों में समय-समय पर परिवर्तन करना पड़ता है। अत: शिक्षा के उद्देश्य भी समाज की आवश्यकताओं के अनुरूप बदलते रहते हैं। मूल्यांकन के द्वारा उद्देश्यों में परिवर्तन के साथ-साथ शिक्षाक्रम में भी परिवर्तन किया जा सकता है।
5. **अधिगम में अधिक सुधार लाना :** विद्यार्थी की नियमित रूप से कार्य करने की इच्छा इस बात पर निर्भर करती है कि उसके कार्य का मूल्यांकन सही ढंग से हो रहा है या नहीं। विद्यार्थी परीक्षाओं में रटी हुई बातों को लिख देते हैं, परन्तु मूल्यांकन से हम जान सकते हैं कि विद्यार्थियों ने कितना सीखा। मूल्यांकन का सही ढंग से प्रयोग कर विद्यार्थियों की सीखने की अभिरुचियों, कुशलताओं एवं स्वभाव में विकास कर सकते हैं।

## मूल्यांकन की प्रविधियां
## (Techniques of Evaluation)

मूल्यांकन प्रविधि का तात्पर्य बालक के ज्ञान और व्यवहार में हुए परिवर्तनों एवं उसकी व्यक्तिगत विशेषताओं का मूल्यांकन करना है। सामाजिक अध्ययन में मूल्यांकन की जो विधियां और तकनीक प्रयोग में ली जाती हैं, उनका संबंध विद्यार्थियों के संपूर्ण व्यवहार में परिवर्तनों की जांच और मापन से होता है।

सामाजिक अध्ययन में मूल्यांकन को तीन भागों में बांटा गया है–

1. सैद्धांतिक ज्ञान का मूल्यांकन
2. व्यवहारात्मक ज्ञान एवं क्रियात्मक कार्य का मूल्यांकन
3. भावात्मक व्यवहार में होने वाले परिवर्तनों का मूल्यांकन

व्यवहार में होने वाले परिवर्तनों के मूल्यांकन हेतु सामान्यत: निम्न प्रविधियों का प्रयोग किया जाता है–

1. **निरीक्षण प्रविधि (Observation Technique) :** इस प्रविधि के द्वारा बालकों के व्यवहार, क्रियाओं, बौद्धिक एवं संवेगात्मक परिपक्वता एवं सामाजिक व्यवस्थापन के कार्य किए जाते हैं। शिक्षक विद्यार्थियों की विद्यालय में सभी गतिविधियों का निरीक्षण करते हैं। यह प्रविधि शिक्षा के सभी स्तरों पर प्रयोग होती है। यह प्रविधि प्राथमिक स्तर के बालकों के मूल्यांकन हेतु उपयोगी है। माध्यमिक स्तर के विद्यार्थी इस प्रविधि का प्रयोग स्वयं-मूल्यांकन हेतु कर सकते हैं। यह प्रविधि आदतों एवं कुशलताओं के विकास को जांचने हेतु उपयोगी है। एक शिक्षक को निरीक्षण प्रविधि का प्रयोग शैक्षणिक परिस्थितियों में सही ढंग से करना चाहिए।
2. **अभिलेख (Records) :** विद्यार्थियों की डायरियां, शिक्षकों द्वारा तैयार घटना-वृत्त एवं संचित अभिलेख-पत्र भी मूल्यांकन प्रविधियां हैं–
   - **(i) घटना-वृत्त (Anecdotal Records) :** विद्यार्थियों के व्यवहार, जो वे किसी घटनावश एवं भावावेश की स्थिति में करते हैं, इस प्रविधि द्वारा प्रकाश डाला जाता है। घटना-वृत्त द्वारा विद्यार्थियों के दूसरों के प्रति दृष्टिकोण एवं व्यक्तित्व के प्रति जिज्ञासा प्राप्त की जा सकती है।
   - **(ii) संचित अभिलेख-पत्र (Cumulative Records) :** इस प्रक. ार के अभिलेख-पत्र विद्यालयों में प्रत्येक विद्यार्थी हेतु तैयार किये जाते हैं। विद्यार्थियों के संचित अभिलेख-पत्र में खेलों में भाग लेने, शैक्षिक प्रक्रिया, वार्षिक एवं अर्द्धवार्षिक इत्यादि को शामिल करते हैं।

     **राइटस्टोन** के अनुरूप "संचित अभिलेख-पत्र छात्रों, के निर्देशन हेतु आवश्यक सूचना को लेखबद्ध करने, फाइल बनाने एवं उसका उपयोग करने की एक विधि है। यह प्रत्येक छात्र के शैक्षिक, मानसिक, शारीरिक, सामाजिक एवं संवेगात्मक संचित विकास की व्यक्तिगत सूची प्रदान करता है।"
   - **(iii) विद्यार्थियों की डायरियाँ :** डायरियाँ विद्यार्थियों की रुचियों, अभिवृत्तियों, व्यक्तिगत एवं सामाजिक समस्याओं पर प्रकाश डालती हैं।
3. **क्रम-निर्धारण मान (Rating Scale) :** इसके अन्तर्गत किसी बालक या व्यक्ति के विशिष्ट गुणों, व्यवहार और लक्षणों इत्यादि का मूल्यांकन उसके सम्पर्क में रहने वाले व्यक्तियों से करवाया जाता है। यह विद्यार्थियों की शैक्षणिक उपलब्धियों एवं व्यावहारिक विशेषताओं के ज्ञान के बारे में उपयोगी होता है। यह विधि शिक्षक को विद्यार्थियों के कार्य के बारे में जागरूक बनाती है।

   **गैरेट** के अनुरूप "व्यक्ति के व्यवहार के कुछ लक्षण और विशेषताएं हैं जिनको वस्तुनिष्ठ- परीक्षणों की सहायता से सरलतापूर्वक नहीं जाना जा सकता है। क्रम-निर्धारण इन लक्षणों और विशेषताओं की सीमा के संबंध में निर्णयों को प्राप्त करने की विधि है।"
4. **विस्तृत अध्ययन (Case Study) :** इसमें किसी व्यक्ति का नियमित, पूर्ण एवं विस्तृत अध्ययन किया जाता है। इसके द्वारा व्यक्ति का बीता हुआ इतिहास और वर्तमान समय की जानकारी का अध्ययन किया जाता है।
5. **परीक्षा प्रविधि (Examination Technique) :** इसका प्रयोग ज्ञान या कार्य की व्यवस्थित जांच हेतु किया जाता है। यह प्रविधि शैक्षणिक मूल्यांकन में प्रयोग होती है। यह निम्न भागों में बांटी गई है–
   - **(i) मौखिक प्रविधि (Oral Techniques) :** मूल्यांकन की मौखिक प्रविधि का उपयोग निम्न स्तर की कक्षा में शिक्षण प्रक्रियाओं में किया जाता है। इसका प्रयोग पढ़ने की योग्यता, उच्चारण एवं सूचनाओं की जांच एवं लिखित परीक्षाओं की पूर्ति करने हेतु किया जाता है। इस प्रविधि के द्वारा बालकों के व्यक्तिगत गुणों एवं अवगुणों की जानकारी मिलती है। इसमें विद्यार्थी शिक्षक के सामने प्रश्नों का उत्तर देता है, जिससे शिक्षक उसके आत्म-विश्वास एवं दृढ़-शक्ति की जांच करता है।
   - **(ii) लिखित प्रविधि (Written Technique) :** इस प्रविधि में प्रश्नों के उत्तर लिखित रूप में दिए जाते हैं। यह प्रविधि मौखिक प्रविधि की तुलना में अधिक प्रभावशाली है। लिखित परीक्षाएँ

विद्यार्थियों की ज्ञान-प्राप्ति एवं पाठ्यपुस्तक को संगठित एवं व्याख्या करने की योग्यता इत्यादि की जांच करने में उपयोगी होती हैं।

लिखित परीक्षाएं तीन प्रकार की होती हैं-

- निबंधात्मक परीक्षा (Essay Type Examinations)
- लघु उत्तरात्मक प्रश्न (Short Answer Type Questions)
- वस्तुनिष्ठ प्रश्न (Objective Type Questions)

## शिक्षण-अधिगम प्रक्रिया एवं मूल्यांकन

मूल्यांकन शिक्षण-अधिगम प्रक्रिया का ही एक महत्त्वपूर्ण भाग है। किसी भी विषय में शिक्षण अधिगम प्रक्रिया के चार प्रमुख अवयव होते हैं, जिन्हें शिक्षण-अधिगम सामग्री या पाठ्यक्रम, शिक्षण-अधिगम विधियां एवं शिक्षण सामग्री और मूल्यांकन के नाम से जानते हैं।

## अधिगम मापन

मापन प्रक्रिया अधिगम तंत्र का एक महत्त्वपूर्ण भाग है। बालकों की शैक्षिक उपलब्धि की जांच हेतु एवं उनकी शारीरिक वृद्धि एवं मानसिक स्तर की बुद्धिलब्धि की व्याख्या करना ही मापन कहलाता है। एक मूल्यांकन प्रक्रिया अधिगम तंत्र के बदलाव और सुधार एवं प्रशिक्षण प्रक्रिया हेतु उपयोगी है।

## मापन एवं मूल्यांकन में अन्तर (Distinction between the terms Measurement and Evaluation)

1. वस्तुओं और व्यक्तियों के गुणों की परिमाणात्मक व्याख्या मापन के अन्तर्गत होती है। मूल्यांकन द्वारा वस्तुओं और व्यक्तियों के गुणों की परिमाणात्मक व्याख्या के अलावा गुणात्मक व्याख्या भी होती है।
2. मापन द्वारा परिणामों को बालक की प्रगति एवं शिक्षण अधिगम प्रक्रिया को भविष्य की सफलता की जानकारी हेतु प्रयुक्त नहीं कर सकते। मूल्यांकन एक विस्तृत एवं सतत प्रक्रिया है। तकनीकों की विविधता एवं क्षेत्र की विस्तृतता के कारण बालक और शिक्षण-अधिगम प्रक्रिया का सही ढंग से मूल्यांकन हो जाता है।
3. मापन का प्रमुख उद्देश्य किसी विषय या क्रिया में बालक की योग्यता या दक्षता का पता लगाना है। मूल्यांकन का उद्देश्य बालक के व्यक्तित्व की संपूर्ण रूप से व्याख्या करना है।
4. मापन द्वारा शैक्षिक कार्य निश्चित अवधि एवं समय पर सम्पूर्ण किया जाता है। मूल्यांकन कार्य निरन्तर चलने वाली प्रक्रिया है। यह निश्चित समय या अवधि की सीमाओं में बंधा नहीं रहता है।
5. मापन का कार्य शिक्षा के क्षेत्र में सीमित होता है। शैक्षिक उपलब्धियों को अंकों या प्रतिशत में मापा जाता है। मूल्यांकन का कार्य अंक या प्रतिशत प्रदान करने से नहीं बल्कि बालक का शैक्षिक उद्देश्य पूर्ण हुआ या नहीं इसका पता लगाना है।
6. मापन द्वारा बालक की शैक्षिक उपलब्धियों का ही मापन किया जा सकता है परन्तु मूल्यांकन में बालक की शैक्षिक उपलब्धियों के अतिरिक्त शिक्षण-अधिगम उद्देश्यों, पाठ्यक्रम, शिक्षण विधियों इत्यादि सभी पहलुओं का मूल्यांकन किया जाता है।
7. मापन में शैक्षिक तकनीकें भी सीमित मात्रा में उपयोग होती हैं। शैक्षिक उपलब्धियों का मापन परीक्षण एवं परीक्षाओं में प्राप्त अंकों द्वारा किया जाता है। मूल्यांकन में तकनीकी विस्तृत मात्रा में होती है। तकनीकों द्वारा व्यवहार के सभी पक्षों-ज्ञानात्मक, भावात्मक एवं क्रियात्मक परिवर्तनों की सम्पूर्ण जानकारी का पता चलता है।
8. मापन मूल्यांकन की प्रक्रिया में एक साधन (Means) के रूप में कार्य करता है।

## सामाजिक अध्ययन में मूल्यांकन के प्रयोजन

1. सामाजिक अध्ययन शिक्षण के शैक्षिक और अनुदेशनात्मक उद्देश्यों का निर्धारण करने एवं उनमें अनुकूल सुधार लाना।
2. सामाजिक अध्ययन में शिक्षक और विद्यार्थियों द्वारा अपने-अपने शिक्षण-अधिगम कार्यों को सही ढंग से करने हेतु अभिप्रेरणा और प्रोत्साहन प्रदान करना।
3. सामाजिक अध्ययन के शिक्षक को अपने विद्यार्थियों की आवश्यकताओं, उपलब्धियों के परिप्रेक्ष्य में शिक्षण कार्य के नियोजन एवं संगठन में सहायता करना।
4. शिक्षक, विद्यार्थी, अभिभावकगण, मार्गदर्शक कार्यकर्ताओं, प्रशासकों, अनुसंधानकर्ताओं, शैक्षिक नीतिधारकों, पाठ्यक्रम निर्माणकर्ताओं इत्यादि सभी को वांछित मूल्यांकन परिणाम वाली सूचनाएं एवं आंकड़े प्रदान करने में सहायता करना।
5. सामाजिक अध्ययन के विभिन्न प्रकरणों एवं विषय-वस्तु के शिक्षण-अधिगम हेतु उपयुक्त विधियों, सहायक सामग्री एवं साधनों के चयन एवं तकनीकी प्रविधियों के उपयोग में सहायता करना।
6. सामाजिक अध्ययन शिक्षण हेतु उचित अधिगम अनुभवों के चयन में सहायता करना।
7. सामाजिक अध्ययन विषय को पढ़ने वाले विद्यार्थियों को शैक्षिक, व्यावसायिक एवं व्यक्तिगत मार्गदर्शन में सहायता करना।
8. सामाजिक अध्ययन में विद्यार्थियों की अधिगम संबंधी कठिनाइयों के समाधान में सहायता करना एवं उन्हें उचित शिक्षण प्रदान करना।

## विभिन्न प्रकार के प्रश्न/परीक्षण

मूल्यांकन एक निरन्तर चलने वाली प्रक्रिया है। प्रमुखतया परीक्षाएँ एवं परीक्षण बालक की सफलता एवं असफलता का मूल्यांकन करते है। यहां विभिन्न प्रकार के परीक्षण एवं प्रश्न दिये गये हैं-

1. **निबंधात्मक प्रश्न (Essay Type Questions) :** हमारे देश के विद्यालयों में इस प्रकार की परीक्षा का प्रचलन निरन्तर बढ़ रहा है। इसमें विद्यार्थियों को एक निश्चित समय में प्रश्नों के उत्तरों को वर्णनात्मक रुप से लिखना होता है। इसके द्वारा विद्यार्थियों की अभिव्यंजना शक्ति, सुलेख, भाषा, लिखने की शक्ति इत्यादि में सहायता मिलती है। इस प्रकार के प्रश्नों के द्वारा विद्यार्थी अपने विचारों को व्यवस्थित रूप में व्यक्त करता है। इस प्रकार के प्रश्न आसानी से तैयार किये जा सकते हैं। इतिहास विषय के विद्यार्थियों में इस प्रकार के प्रश्नों के द्वारा शिक्षक इतिहास की घटनाओं और विभिन्न तथ्यों के संबंधों को समझ सकता है।
2. **लघु उत्तरात्मक प्रश्न (Short Answer Questions) :** इस प्रकार के प्रश्नों के द्वारा संक्षेप में उत्तर दिये जाते हैं, पांच या छः पक्तियों में विद्यार्थी पूरी बातें स्पष्ट रुप से लिखते हैं। ये प्रश्न विद्यार्थियों की अभिव्यक्ति की जांच के साथ वस्तुपरकता की दृष्टि से भी उपयुक्त रहते हैं।
3. **वस्तुनिष्ठ प्रश्न (Objective Type Questions) : सी.वी. गुण** के अनुरूप "वस्तुनिष्ठ परीक्षा प्रायः एकान्तर, प्रत्युत्तर, बहुनिवर्चन, तुल्य या रिक्त स्थान की पूर्ति रूप के प्रश्नों पर आधारित होती है और सही उत्तरों की उत्तरमाला द्वारा जांच की जाती है। यदि कोई प्रश्न उत्तरमाला के विपरीत है तो उसे गलत माना जाता है।"

इस प्रकार के प्रश्नों का चलन नई-नई परीक्षाओं में हो रहा है, इस प्रकार के प्रश्न परीक्षाओं में अधिक संख्या में पूछे जाते हैं।

4- **बहु-विकल्पीय प्रश्न (Multiple Choice Type Questions) :** इस प्रकार के प्रश्नों में एक प्रश्न के कई उत्तर दिए होते हैं। विद्यार्थी को इन उत्तरों में से किसी एक सही उत्तर को चुनना होता है। विद्यार्थियों को पाठ ध्यानपूर्वक पढ़ना चाहिए ताकि वे पहचान संबंधी योग्यता का उपयोग कर सही उत्तर का पता लगा सकें।

5. **युगलीकरण या मिलान करने वाले प्रश्न (Matching Type Questions) :** इस प्रकार के प्रश्नों में दो खाने दिए होते हैं। एक खाने में प्रश्न होते हैं एवं दूसरे खाने में उत्तर होते हैं। वे उत्तर जो प्रश्नों के सामने लिखे होते हैं, ये उत्तर प्रश्नों के सामने आगे-पीछे रहते हैं। विद्यार्थियों को दिए प्रश्नों से उनके ठीक उत्तर का मिलान करके प्रश्न के सामने ठीक उत्तर लिखने हेतु कहा जाता है।

## प्रश्नमाला

**1. निम्नलिखित कथनों पर विचार कीजिए- "इसे मात्रात्मक मूल्यांकन से बेहतर माना जाता है। इसमें मात्रात्मक मूल्यांकन के दोषों को समाप्त करने का प्रयास किया गया है। साथ ही मूल्यांकन का दायरा विस्तृत है। इसे ग्रेडिंग प्रणाली भी कहा जाता है।" उपरोक्त विवरण निम्न में से किस मूल्यांकन प्रणाली से सम्बन्धित है?**

(a) गुणात्मक मूल्यांकन
(b) मात्रात्मक मूल्यांकन
(c) उपचारात्मक मूल्यांकन
(d) निदानात्मक मूल्यांकन

**2. निम्न में से कौन-सा कथन सतत और व्यापक मूल्यांकन के सम्बन्ध में सही है?**

(a) CCE में लगातार मूल्यांकन पर बल दिया जाता है।
(b) CCE विद्यार्थियों तथा शिक्षकों दोनों के लिए उपयोगी है।
(c) सतत तथा व्यापक मूल्यांकन में विद्यालयी तथा बाहरी कार्यक्रमों को सम्मिलित किया जाता है।
(d) उपरोक्त सभी कथन सही हैं।

**3. दिए गए कथानों A और B को पढ़िए और सही उत्तर का चयन कीजिए।**

**A. आलोचनात्मक सोच धारणाओं के निर्माण तथा विचारों के अनुप्रयोग और विस्तार को बढ़ावा देती है ।**

**B. यह दूसरों के तर्कों और विश्वासों को समझने और मूल्यांकन करने में सहायता नहीं करती।**

**कूट**

(a) A असत्य है और B सत्य है
(b) A और B दोनों असत्य हैं
(c) A और B दोनों सत्य हैं
(d) A सत्य है और B असत्य है

**4. मूल्यांकन अध्यापकों को छात्रों के विषय में निम्न में से क्या जानने का अवसर देता है?**

**A. उन्होंने क्या सीखा है।**
**B. वे कैसे सीखते हैं।**
**C. उनकी क्या रुचियाँ हैं।**
**D. उन्होंने क्या नहीं सीखा है।**

**सही विकल्प का चयन करें-**

(a) A और D (b) A, B और D
(c) A, C और D (d) B और D

**5. सामाजिक विज्ञान की कक्षा में अधिगम के लिए आकलन निश्चित करता है-**

**A. शिक्षक को अपनी शिक्षण-अधिगम प्रक्रिया को पुनरावलोकन/समीक्षा तथा रूपान्तरित करने के लिए।**
**B. छात्रों का अपने समवयस्कों के आकलन का लगातार प्रयोग करना।**
**C. आकलन की बहुविध रणनीतियों का प्रयोग करना ।**
**D. आकलन की रूपरेखा को प्रतिपादित करते समय बोर्ड के दिशा-निर्देशों का प्रयोग।**

**सही विकल्प का चयन कीजिए।**

(a) A और C (b) B और C
(c) A, B और D (d) A, B और C

**6. "मूल्यांकन यह बताता है कि निर्धारित शैक्षणिक उद्द्श्यों को किस स्तर तक प्राप्त किया गया।" यह कथन किस मनोवैज्ञानिक का है?**

(a) रॉल्फ डब्ल्यू टेलर
(b) मेफात
(c) थॉमसन
(d) लेजार्ड

**7. निम्नलिखित में से किसमें मूल्यांकन का महत्त्वपूर्ण स्थान है?**

(a) शिक्षण में
(b) पाठ्यचर्चा में
(c) छात्रों की तुलना में
(d) उपरोक्त सभी

**8. अच्छे मूल्यांकन में कौन-सी विशेषताएँ अन्तर्निहित होनी चाहिए?**

(a) वैधता (b) विश्वसनीयता
(c) निष्पक्षता (d) उपरोक्त सभी

**9. सतत और व्यापक मूल्यांकन मुख्य रूप से ...... पर बल देता है?**

(a) मष्तिक, हृदय और हाथ की शिक्षा पर
(b) कमजोर अयोग्य विद्यार्थियों को उच्च स्तर पर प्रोन्नत करने
(c) बच्चों के सुधार के लिए लगातार परीक्षण करने
(d) बच्चे के व्यवहार का सतत अवलोकन करने

**10. संक्रियात्मक मूल्यांकन निम्नलिखित के लिए अनुपयुक्त है-**

(a) ग्रेड का निर्धारण करना
(b) विद्यार्थियों के सीखने का सारांशीकरण करना
(c) प्रस्तावित सत्र के अन्त में मूल्यांकन करना
(d) शिक्षण-अधिगम प्रक्रिया के दौरान प्रगति का आकलन

## उत्तरमाला

**1.** (a) **2.** (d) **3.** (d) **4.** (c) **5.** (d) **6.** (a) **7.** (d) **8.** (d) **9.** (d) **10.** (d)

❑❑❑